SANGUE E RUÍNAS

RICHARD OVERY

Sangue e ruínas
A grande guerra imperial, 1931-1945

Tradução
Berilo Vargas
Débora Landsberg
Pedro Maia Soares

Copyright © 2021 by Richard Overy
Publicado pela primeira vez em 2021 como *Blood and Ruins* pela Allen Lane, um selo da Penguin Press. Penguin Press é parte do grupo Penguin Random House.

Grafia atualizada segundo o Acordo Ortográfico da Língua Portuguesa de 1990, que entrou em vigor no Brasil em 2009.

Título original
Blood and Ruins: The Great Imperial War, 1931-1945

Capa
Kiko Farkas | Máquina Estúdio

Foto de capa
Richard Peter/ Deutsch Fotothek

Preparação
Julia Passos

Índice remissivo
Probo Poletti

Revisão
Clara Diament
Carmen T. S. Costa
Érika Nogueira Vieira

Dados Internacionais de Catalogação na Publicação (CIP)
(Câmara Brasileira do Livro, SP, Brasil)

Overy, Richard
  Sangue e ruínas : A grande guerra imperial, 1931-1945 / Richard Overy ; tradução Berilo Vargas, Débora Landsberg , Pedro Maia Soares. — 1ª ed. — São Paulo : Companhia das Letras, 2025.

  Título original: Blood and Ruins: The Great Imperial War, 1931--1945
  ISBN 978-85-359-4033-6

  1. Guerra – História 2. Segunda Guerra Mundial I. Título.

25-259860   CDD-980.033

Índice para catálogo sistemático:
1. Segunda Guerra Mundial : História   980.033

Aline Graziele Benitez – Bibliotecária – CRB-1/3129

Todos os direitos desta edição reservados à
EDITORA SCHWARCZ S.A.
Rua Bandeira Paulista, 702, cj. 32
04532-002 — São Paulo — SP
Telefone: (11) 3707-3500
www.companhiadasletras.com.br
www.blogdacompanhia.com.br
facebook.com/companhiadasletras
instagram.com/companhiadasletras
x.com/cialetras

Entramos na era clássica da guerra em grandíssima escala, a era da guerra científica com apoio popular — haverá guerras como jamais houve na Terra.

Friedrich Nietzsche, 1881

Sumário

Prefácio 13
Agradecimentos 21
Nota sobre a terminologia no texto 23
Lista de imagens 25
Lista de tabelas 29
Abreviações 31
Mapas 35

Prólogo — "Sangue e ruínas": A era da guerra imperial 53
1. Nações-império e crise global, 1931-40 83
2. Fantasias imperiais, realidades imperiais, 1940-3 178
3. A morte da nação-império, 1942-5 294
4. Mobilizando uma guerra total 438
5. Travar a guerra 504
6. Economias de guerra: Economias em guerra 596
7. Guerras justas? Guerras injustas? 670
8. Guerras civis 738
9. A geografia emocional da guerra 802
10. Crimes e atrocidades 842
11. De impérios a nações: Uma era mundial diferente 902

Notas 957
Índice remissivo 1095

Prefácio

Em dezembro de 1945, o ex-secretário de Estado americano Cordell Hull recebeu o prêmio Nobel da paz. Impossibilitado de comparecer por motivo de saúde, ele escreveu uma pequena mensagem endossando a busca pela paz depois da "espantosa provação da guerra mais generalizada e cruel de todos os tempos".[1] Hull era conhecido por seus excessos retóricos, mas as palavras que usou naquela ocasião parecem tão significativas hoje como há 75 anos. A era vivida por Hull viu uma guerra global numa escala até então inimaginável; os muitos conflitos agora agrupados sob o título genérico "guerra mundial" geraram sofrimentos, privações e mortes em dimensões quase ilimitadas. Nunca houve uma guerra como aquela, antes ou depois, nem mesmo a Grande Guerra. Outros conflitos mundiais podem acontecer no futuro, capazes, como disse Hull em 1945, de "acabar com a nossa civilização", mas isso não ocorreu até agora.

Uma guerra tão generalizada e cruel é um desafio múltiplo para o historiador. Com o tempo, desde os anos 1940, foi ficando cada vez mais difícil imaginar um mundo em que mais de 100 milhões de homens (e um número bem menor de mulheres) vestissem uniformes e saíssem para lutar com armas cuja capacidade de destruição tinha sido aprimorada na Primeira Guerra Mundial e evoluído de forma espetacular nos anos seguintes. É igualmente difícil imaginar grandes Estados convencerem a população a aceitar que até dois terços do produto nacional fossem dedicados a objetivos de guerra, que centenas de milhões tolerassem a pobreza e a fome induzidas pelo confronto, ou que a riqueza e as economias de tempos de paz fossem confiscadas e reduzidas a cinzas pelas demandas insaciáveis do conflito. E como é difícil também compreender a gigantesca escala de privações, desapropriações e perdas sofridas por bombardeios, deportações, confiscos e roubos. Acima de tudo, a guerra desafia nossa sensibilidade moderna a tentar entender que atos generalizados de atrocidade, terrorismo e crime sejam cometidos por centenas de milhares de pessoas que, na maioria dos casos, não são mais do que aquilo que o historiador Christopher Browning descreveu de forma memorável como "homens comuns", nem sádicos nem psicopatas.[2] Embora atos atrozes sejam corriqueiros em guerras civis e insurgências atuais, a época da Segunda Guerra Mundial assistiu a uma violenta onda de coerção, prisão, tortura, deportação e assassinatos em massa, genocídios perpetrados por militares uniformizados, forças policiais e de segurança ou guerrilheiros e milicianos, tanto homens como mulheres.

Houve um tempo em que bastava explicar a guerra como a reação militar de países amantes da paz às ambições imperiais de Hitler e Mussolini na Europa e das Forças Armadas japonesas no Leste da Ásia. Os relatos usuais do Ocidente, junto com as histórias oficiais soviéticas da guerra, concentram-se na narrativa do conflito militar entre os Aliados e os países do Eixo. A história do confronto está hoje amplamente compreendida e documentada em muitos relatos excelentes; portanto, não será repetida aqui na íntegra.[3] A ênfase no desfecho militar, apesar de importante, levanta questões sobre a crise mais ampla que deflagrou a guerra, sobre a natureza distinta de muitos dos conflitos ocorridos, sobre o contexto político, econômico e cultural do confronto, e por fim sobre a instável violência que persistiu por muito tempo depois do término formal dos combates em 1945. Acima de tudo, a visão convencional da guerra apresenta Hitler, Mussolini e as Forças Armadas japonesas como as causas da crise, e não como seus efeitos, que é o que de fato foram. Não é possível compreender bem as origens da guerra, o rumo que ela tomou e as consequências que produziu sem entender as forças históricas mais amplas que geraram anos de instabilidade política e internacional desde as primeiras décadas do século xx, e que por fim levaram os países do Eixo a implantar programas reacionários de conquista territorial imperial. Por sua vez, a derrota dessas ambições abriu lentamente caminho para uma relativa estabilização global e para os anos finais de crise do império territorial.

Esta nova história da Segunda Guerra Mundial tem por base quatro grandes pressupostos. Primeiro, o de que a cronologia convencional do conflito já não é útil. Os combates começaram ainda nos anos 1930 na China e só terminaram na China, no Sudeste Asiático, na Europa Oriental e no Oriente Médio na década seguinte a 1945. A guerra de 1939 a 1945 pode fornecer o cerne da narrativa, mas a história do conflito remonta pelo menos à ocupação japonesa da Manchúria, em 1931, e se estende até as últimas insurgências e guerras civis provocadas pela guerra, mas não solucionadas em 1945. Além disso, a Primeira Guerra Mundial e a violência que veio antes e depois influenciaram profundamente o mundo dos anos 1920 e 1930, o que sustenta a afirmação de que pouco se tem a ganhar ao separar os dois conflitos gigantescos. Ambos podem ser vistos como etapas de uma segunda Guerra dos Trinta Anos sobre a reordenação do sistema mundial num estágio final da crise imperial. A estrutura do livro reflete essas perspectivas temporais menos consolidadas. Muitas coisas ocorreram nos anos 1920 e 1930 sem as quais a natureza da guerra global e a maneira como foi travada e entendida na época não podem ser devidamente explicadas.

Segundo, o de que a guerra deve ser entendida como um acontecimento global, e não apenas como algo limitado à derrota dos países europeus do Eixo, em que a Guerra do Pacífico seria um apêndice. As zonas regionais instáveis na Europa Central, no Mediterrâneo, no Oriente Médio e no Leste da Ásia alimentaram a crise de estabilidade global e explicam por que a guerra atingiu não apenas países grandes, mas também áreas remotas, como as ilhas Aleutas, no norte do Pacífico; Madagascar, no sul do oceano Índico; ou as bases insulares do Caribe. A guerra asiática e suas consequências foram tão importantes para a criação do mundo do pós-Guerra quanto a derrota da Alemanha na Europa, quem sabe até mais. Ali, a criação da China moderna e o desmoronamento dos impérios coloniais andaram de mãos dadas durante a era das guerras mundiais.

Terceiro, o de que o conflito precisa ser redefinido como um conjunto de tipos diferentes de confronto. A forma principal é a conhecida guerra entre Estados, seja de agressão ou de defesa, porque só Estados são capazes de mobilizar recursos suficientes e manter um embate armado em grande escala. Mas ocorreram também guerras civis ao lado do conflito armado principal — na China, na Ucrânia, na Itália, na Grécia —, e "guerras de civis" travadas para se libertar de uma potência ocupante (incluindo os Aliados) ou como autodefesa civil, em especial para lidar com o impacto de bombardeios. Às vezes essas formas distintas se sobrepunham à guerra entre Estados ou nela convergiam — guerrilheiros na Rússia ou combatentes da Resistência francesa —, mas combates de guerrilha, guerras civis e insurgências constituem pequenos conflitos paralelos, travados sobretudo por civis empenhados em garantir proteção ou libertação. A mobilização civil ajudou a dar à Segunda Guerra Mundial seu caráter "total" e desempenha um papel importante no que vem em seguida.

Por fim, o de que esses três fatores — cronologia, área e definição — são resultado do argumento apresentado aqui: o de que a longa Segunda Guerra Mundial foi a última guerra imperial. Histórias mais gerais do período enfatizam o conflito entre "grandes potências" e o papel da ideologia, mas deixam de lado, ou minimizam, o significado do império territorial para definir a natureza do longo período de guerra de 1931 até o confuso resultado de 1945. Isso não significa ver a guerra por estreitas lentes leninistas, mas apenas reconhecer que o que liga as diferentes áreas e formas de conflito é a existência de uma ordem imperial global, dominada principalmente por britânicos e franceses, que influenciou e estimulou as fantásticas ambições do Japão, da Itália e da Alemanha, os chamados países "indigentes", para garantir a sobrevivência nacional e expressar a identidade da pátria ao conquistar novas zonas imperiais. Apenas recentemente os historiadores começaram a propor a noção de que os impérios do Eixo criaram seu próprio "vínculo" global para imitar os impérios mais antigos que desejavam suplantar.[4] Desígnios e crises imperiais a partir da Grande Guerra, ou mesmo antes, definiram as origens e o curso do segundo conflito, enquanto seu desfecho pôs fim a meio milênio de colonialismo e ajudou a consolidar o Estado-nação.[5] Os séculos de implacável expansão europeia cederam vez à contração da Europa. O que restou do tradicional domínio colonial desmoronou rapidamente nas décadas seguintes a 1945, à medida que as duas superpotências, Estados Unidos e União Soviética, dominavam a criação de uma nova ordem global.

O conteúdo a seguir é ditado por essas quatro abordagens. Há cinco capítulos amplamente narrativos (Prólogo, caps. 1-3 e cap. 11) e sete temáticos (caps. 4-10). Os primeiros capítulos exploram os fatores de longo prazo que influenciaram a crise dos anos 1930 e o advento da guerra, radicados na competição imperial e nacional de fins do século XIX e no período da Primeira Guerra Mundial. Um segundo conflito não era inevitável, mas a fragmentação do sistema global de comércio e finança nos anos 1920, que coincidiu com a insegurança crescente dos sistemas imperiais globais e o avanço do populismo nacional, criou tensão e gerou ambições difíceis de resolver através da cooperação. Uma mistura de ideologia ultranacionalista, crise econômica e oportunidade súbita incentivou o Japão, a Itália e a Alemanha a buscarem um imperialismo de "Nova Ordem" e resultou num grande desastre para os impérios estabelecidos — o britânico, o francês, o holandês e até o belga —, na esteira de uma inesperada série de derrotas entre 1940 e 1942. Os Estados da "Nova Ordem", embora tivessem preferido construir seus impérios regionais sem confrontar de imediato a União Soviética e os Estados Unidos, descobriram que suas ambições não poderiam ser alcançadas sem derrotar ou neutralizar essas potências: daí a campanha "Barbarossa" e a Guerra do Pacífico; daí, também, o caso especial das guerras genocidas contra os judeus, acusados pelo regime de Hitler de orquestrar o conflito global e frustrar a autoafirmação nacional alemã. Essa seção descreve um mundo de incertezas internacionais e políticas, no qual os novos impérios pareciam à beira de um possível triunfo, antes que toda a força dos Estados Unidos e da União Soviética pudesse ser mobilizada.

Os capítulos seguintes descrevem uma guerra mundial em que as ambições territoriais dos novos impérios foram anuladas, enquanto foram criadas as condições para uma ordem mundial diferente e mais estável, com base no princípio da nacionalidade, à custa do império e com a restauração de um sistema global de comércio e finanças que sofrera um colapso nos anos 1930. A economia e o poderio militar soviético e americano explicam essa transição. De forma significativa, ambos eram hostis por motivos de ideologia comunista ou liberal à sobrevivência de impérios coloniais tradicionais — assim como a China, o outro grande aliado — e ajudaram a definir no fim dos anos 1940 e durante os anos 1950 um mundo de Estados nacionais, em muitos casos dominados pelas superpotências da Guerra Fria, mas não governados como impérios territoriais. A Alemanha e o Japão lutaram até o fim por medo de extinção nacional, mas a eles também foi permitida uma existência nacional renovada após as forças internas que buscavam o império serem derrotadas. Nessa seção a derrota dos Estados da Nova Ordem foi explícita, embora não de todo predeterminada. Os maiores sacrifícios de efetivos e de recursos para todos os lados foram feitos nos últimos dois anos de guerra, antes que a vitória ou a derrota parecessem inevitáveis. E a violência, embora numa escala imensamente reduzida, persistiu nos anos seguintes a 1945, enquanto os conflitos políticos e ideológicos residuais dos anos de guerra eram resolvidos, não em todos os casos, é verdade, sob a estrela apagada do império e da ambição das superpotências. Esse é o assunto do último capítulo, quando os impérios tradicionais foram enfim desmontados para criar o mundo de Estados-nação em que vivemos.

A sinopse da última guerra imperial fornece o arcabouço dos capítulos temáticos nos quais são exploradas questões essenciais sobre a experiência mais ampla do conflito, tanto para os milhões de militares envolvidos na luta como para as sociedades civis que sustentaram o compromisso com a guerra total.[6] Como é que os Estados mobilizaram a força humana e os recursos materiais colossais de que necessitavam, e com que resultados? Como as Forças Armadas envolvidas organizaram e utilizaram esses recursos, e com que efeito? Como Estados, partidos ou indivíduos justificaram os embates que travavam e mantiveram o envolvimento em campanhas onerosas, quase sempre bárbaras, mesmo diante da possibilidade de derrota? Por que guerras civis ou guerras de civis paralelas se desenvolveram e com que consequências sociais ou políticas? Por fim, há capítulos sobre os danos que a guerra causou a todas as populações que a experienciaram. O que é chamado aqui de "geografia emocional da guerra" é uma tentativa de mapear o que o conflito fez em termos emocionais e psicológicos a todos os que foram arrastados para sua órbita, e em particular aos mais de 100 milhões de homens e mulheres mobilizados para a batalha. Comportamentos e expectativas foram alteradas pela guerra, motivados por uma ampla gama de sentimentos humanos: de um lado, o medo, o ódio, o ressentimento, a raiva; de outro, a coragem, o sacrifício, a ansiedade e a compaixão. Esse é um elemento da experiência de guerra difícil de descrever em termos históricos, e mesmo assim essencial para qualquer explicação do que o conflito faz com os indivíduos que se acham sob a constante pressão de circunstâncias excepcionais de guerra, tanto dentro como longe do campo de batalha. O tema final explora a violência e a criminalidade excessivas provocadas pelo conflito, e que resultaram em atrocidades generalizadas e em dezenas de milhões de mortos, a maioria civis. São formuladas duas perguntas essenciais: por que o número de mortes foi tão elevado tanto entre militares como entre civis — mais ou menos cinco vezes o número de mortos da Primeira Guerra Mundial — e por que os perpetradores queriam se entregar e se entregaram a níveis cruéis de violência de todos os tipos em todos os teatros de guerra? Essas duas perguntas estão claramente inter-relacionadas, mas não são iguais; a morte chegava em disfarces variados e por diversas razões, uma implacável companheira do conflito.

As fontes de qualquer nova história da Segunda Guerra Mundial agora são tão abundantes que não é possível fazer justiça a todas. Quarenta anos atrás, quando comecei a escrever sobre o período, era possível ler a maioria do que tinha sido escrito sobre o conflito e que tivesse algo interessante a dizer. Nas últimas quatro décadas, houve uma explosão mundial de escritos históricos sobre todos os aspectos da Segunda Guerra Mundial e os anos próximos a ela. Isso tornou impossível adotar mais que uma fração da literatura existente, e me concentrei aqui no material histórico que dá apoio aos argumentos centrais do livro, em vez de fingir uma abrangência enciclopédica. Não dá mais para haver uma história definitiva da guerra em um volume, ou mesmo em muitos. A publicação recente do *The Cambridge History of the Second World War* precisou de três vastos volumes, e mesmo assim não foi incluído tudo. Sigo a regra de usar material publicado em anos mais recentes, uma vez que isso em muitos casos incorpora todo o conhecimento já disponível em áreas particulares, embora haja muitos estudos essenciais de vários anos atrás, que tentei não deixar de fora. Tive a sorte de me beneficiar em particular dos abundantes novos estudos sobre questões de império e sobre a história da Ásia na guerra, aspectos da historiografia que costumavam ser negligenciados. Onde tive arquivos de apoio em áreas que pesquisei com rigor, eles foram usados. Os historiadores desfrutam agora de um rico banquete de recordações pessoais disponíveis em formato de livro ou em arquivos orais para iluminar, e de vez em quando até contradizer, o que dizem os historiadores sobre as experiências de guerra, e eu também recorri a esse cardápio, embora de modo mais esparso do que muitas narrativas recentes do conflito. É inevitável que muita coisa fique de fora, ou seja tratada de forma sumária, como os leitores vão descobrir; também vão ver que alguns tópicos conhecidos são desmembrados para se ajustarem a diferentes perspectivas nos capítulos temáticos — bombardeios, o Holocausto, o poder de combate são exemplos óbvios —, mas espero que o cerne do que a guerra significa historicamente esteja claro o bastante. Esta história pretende fazer grandes perguntas sobre os anos de guerra, na esperança de que experiências individuais façam mais sentido quando o contexto em que as pessoas foram obrigadas a operar estiver mais bem compreendido. É também uma história de morte, terror, destruição e empobrecimento, da "espantosa provação" de Cordell Hull. Sangue e ruínas foram o seu amargo curso.

Richard Overy
novembro de 2020

Agradecimentos

Muitos colegas, pesquisadores e estudantes contribuíram de uma forma ou de outra para este livro durante anos de discussões e conselhos. Quero agradecer individualmente a uma pequena parte deles, mas sou muito grato ao restante pelo seu envolvimento, de forma útil e crítica, neste meu trabalho sobre a guerra. Agradeço, em especial, ao meu colega de Exeter Martin Thomas, que me incentivou mais do que qualquer um a insistir na abordagem imperial da história da guerra. O departamento em Exeter é um porto seguro para qualquer um que queira vincular a história da guerra e sua violência excessiva à história do imperialismo.

Agradeço as seguintes pessoas por conselhos, ajuda e conversas durante a redação deste livro: Evan Mawdsley, Matthew Heaslip, Laura Rowe, Richard Toye, Roy Irons, Richard Hammond, Olivier Wieviorka, o falecido Sir Michael Howard, Hans van de Ven, Rana Mitter, Paul Clemence, Lucy Noakes, Zoe Waxman, Andrew Buchanan, Stephen Lee, Joe Maiolo, Klaus Schmider, Sönke Neitzel e Robert Gerwarth. Preciso agradecer generosamente a todos os autores cuja obra inestimável contribuiu para minha escrita. Tentei fazer o possível para que sua contribuição fosse reconhecida nas notas. Tenho uma dívida considerável, como sempre, com meu maravilhoso editor na Penguin, Simon Wonder, que aguardou de forma paciente este livro, mais do que qualquer editor deveria, e leu com envolvimento crítico tudo o que redigi. Sou muito grato às minhas agentes Gill Coleridge e agora Cara Jones, por seu apoio irrestrito durante a longa gestação desta história. E um muito obrigado à equipe que trabalhou na produção do livro: Richard Duguid, Eva Hodgkin, Charlotte Ridings, Jeff Edwards, Sandra Fuller e Matthew Hutchinson.

Nota sobre a terminologia no texto

Utilizo no texto os termos "Aliados" e "Eixo" porque ainda são de uso tão comum que é difícil evitá-los sem causar complicações. No entanto, vale ressaltar que os três principais Aliados não o eram em nenhum sentido formal, a não ser por uma aliança assinada entre a Grã-Bretanha e a União Soviética em 1942. E os países do Eixo também não formavam uma aliança coerente. Originariamente o termo descrevia as relações germano-italianas e foi cunhado por Mussolini. O Japão passou a ser aliado dos dois com o Pacto Tripartite de setembro de 1940, assim como vários outros países europeus que entraram na guerra contra a União Soviética, exceto a Finlândia, que era cobeligerante. No entanto, até setembro de 1940, o Japão não estava ligado ao Eixo europeu em nenhum sentido formal. Depois dessa data, a opinião mundial passou a se referir, quase de forma unânime, aos "países do Eixo", incluindo o Japão, e o nome permanece em quase todos os escritos de história moderna. Utilizo-o aqui como os contemporâneos o utilizavam, ciente das suas imperfeições.

Também é importante destacar problemas com a grande quantidade de estatísticas e números que aparecem no livro. É notória a natureza inexata do número de participantes em muitas batalhas grandes e pequenas e de suas armas de apoio; o mesmo ocorre com o cálculo de baixas de homens e máquinas, que depende de como a extensão ou a área de uma batalha em diferentes narrativas nacionais é definida. Tentei usar as estatísticas que parecem mais atualizadas e confiáveis, mas tenho consciência de que em muitos casos há estimativas que divergem dessas cifras. Com outras medições, sou menos preciso. Quando uso o termo "tonelada" em estatísticas de transporte de navio, bombas lançadas ou recursos produzidos, não faço nenhuma distinção entre as toneladas britânica, do sistema métrico decimal e a americana. São pesos diferentes, mas é cansativo ter que explicar em cada caso, e a diferença não é grande o suficiente para invalidar o uso de "tonelada". A tonelada curta americana é igual a 907,18474 quilos; a tonelada longa britânica equivale a 1016,0469088 quilos; e a tonelada métrica, a mil quilos. Em geral uso quilômetro em vez de milha, segundo o uso no mundo inteiro. Uma milha equivale a 1,6 quilômetro.

Sobre a questão da transliteração de nomes e lugares chineses, árabes e indianos, em geral tento seguir a prática atual, a não ser em casos em que o nome ainda é entendido na forma tradicional (por exemplo, Calcutá, e não Kolkata; Chiang Kai-shek, e não Jiang Jieshi). Topônimos chineses são em particular difíceis quando a transliteração atual tem pouca semelhança com o uso popular no Ocidente (como Guangzhou para Cantão), e tento colocar entre parênteses o nome original ao usá-lo pela primeira vez, embora no caso de Beijing eu evite tanto Pequim como Beiping, os nomes usados na época. Nomes transcritos do árabe podem assumir várias formas, e aqui também prefiro o que parece ser a prática acadêmica atual.

Lista de imagens

Frontispício 1: Desenho do exército italiano chegando ao porto de Bengasi, na província otomana de Cirenaica, durante a guerra ítalo-turca, de 1911. A guerra terminou com a Itália controlando as províncias de Cirenaica e Tripolitânia, rebatizadas de Líbia pelos conquistadores italianos. A Itália era um dos onze impérios europeus. Michelle Bridges/ Alamy/ Fotoarena

Frontispício 2: Assembleia Geral das Nações Unidas em Nova York, em 1971, com delegados de 132 países em pé durante um minuto de oração para marcar a sessão de abertura da assembleia em 21 de setembro. Granger/ Fotoarena

Prefácio: O ministro das Relações Exteriores da Alemanha Joachim von Ribbentrop lê sua declaração na assinatura do Pacto Tripartite entre Alemanha, Itália e Japão, na chancelaria do Reich, em 27 de setembro de 1940. O pacto confirmou as ambições imperiais dos três países na Europa, na África e na Ásia, onde pretendiam fundar uma nova ordem geopolítica. INTERFOTO/Alamy

Prólogo: Artilharia francesa dispara durante a Guerra do Rife contra a insurgência berbere no Marrocos, em 1925. Numa das principais guerras coloniais do século xx, forças tribais lutaram contra forças espanholas e francesas de 1921 a 1927 para preservar sua independência. Photo 12 Collection/Alamy

Capítulo 1: Soldados japoneses se abrigam atrás de sacos de areia na batalha por Xangai debaixo de um anúncio da Coca-Cola. Xangai era o mais cosmopolita dos grandes portos da China e um alvo importante para os invasores japoneses.

Foi tomada depois de acirrados combates contra as tropas nacionalistas chinesas, em novembro de 1937. CPA Media Pte Ltd/Alamy

Capítulo 2: Uma tropa de soldados alemães exaustos descansa à beira da estrada em algum lugar da Ucrânia soviética depois do início da Operação Barbarossa, em 22 de junho de 1941. A maioria dos soldados percorria a pé ou de bicicleta o interior da União Soviética. World of Triss/Alamy

Capítulo 3: O comandante supremo dos Aliados no Ocidente, general Dwight D. Eisenhower, passa por um tanque alemão Panzer VI "Tigre" tombado depois da batalha de Mortain, durante o avanço pela França, em agosto de 1944. Pictorial Press Ltd/Alamy

Capítulo 4: Coluna de jovens soviéticas em Leningrado em 1941, em marcha para se juntar a uma das muitas unidades de milícia popular organizadas contra o inimigo fascista logo depois da invasão alemã. SPUTNIK/Alamy

Capítulo 5: Soldados britânicos lutam para chegar em terra firme durante a Operação Husky, a invasão aliada da Sicília, em 12 de julho de 1943. O desembarque numa guerra anfíbia era um desafio. Soldados tinham que descer pela rede (visível na lateral do navio de desembarque) e carregar equipamento pesado até a terra. Shawshots/Alamy

Capítulo 6: Trabalhadora verifica as barbatanas dorsais do Boeing B-29 Superfortress americano, produzido em massa nos últimos dois anos da guerra para uso no bombardeio de longo alcance do Japão. Em 1944, as mulheres representavam um terço da força de trabalho nas fábricas de aeronaves americanas. Granger Historical Picture Archive/Alamy

Capítulo 7: Soldado alemão entre os cadáveres em decomposição de oficiais e intelectuais poloneses assassinados entre abril e maio de 1940 pelo serviço de segurança soviético NKVD perto da floresta de Katyn. As valas comuns foram descobertas em abril de 1943 pelos ocupantes alemães e os corpos foram exumados. O regime soviético alegou, até 1990, que a atrocidade tinha sido cometida pelos alemães. World History Archive/Alamy

Capítulo 8: O Batalhão Zoska do Exército da Pátria Polonês em 1933, uma das muitas unidades que tomaram parte na frustrada Insurreição de Varsóvia entre agosto e outubro de 1944, reprimida com grande ferocidade pelo exército e pelas forças de segurança da Alemanha. UtCon Collection/Alamy

Capítulo 9: Dois jovens soldados soviéticos durante a Batalha de Kursk em julho de 1943, um deles segurando uma cruz enquanto aguarda a hora de entrar em combate. Em toda parte, soldados recorriam a pequenos objetos e talismãs para lidar com o medo da batalha. Albatross/Alamy

Capítulo 10: Uma fila de crianças judias chegando ao centro de extermínio de Chelmno, na Polônia, para serem mortas em vans de gás envenenadas por monóxido de carbono. Os organizadores do Holocausto queriam as crianças mortas para garantir que a raça judaica jamais ressurgisse como ameaça ao Império Alemão. Prisma/Schultz Reinhard/Alamy

Capítulo 11: Jawaharlal Nehru discursa para delegados na Conferência afro-asiática de Bandungue, na Indonésia, em abril de 1955, a primeira grande conferência internacional de países asiáticos e africanos, muitos deles recém-libertados ou em vias de serem libertados das garras do imperialismo europeu e japonês. Ao lado de Nehru estão Kwame Nkrumah, representando Gana (Costa do Ouro), Julius Nyerere (representando Tanganica) e Gamal Abdel Nasser, líder do Egito independente. UtCon Collection/Alamy

Lista de tabelas

4.1   Total das Forças Armadas das grandes potências, 1939-45
      (em milhares) 445
4.2   Estatísticas comparativas de mortes militares alemãs e soviéticas,
      1939-45 449
4.3   A proporção de mulheres na força de trabalho nativa
      em 1939-44 (%) 486
6.1   A produção militar das grandes potências em guerra, 1939-45 601
6.2   Abastecimento de equipamentos militares pelos Estados Unidos
      pelo programa Lend-Lease, 1941-5 628
6.3   Navios mercantes japoneses e comércio de produtos básicos, 1941-5
      (1000 m. toneladas) 665

Abreviações

AI	Air Interception Radar [Radar de Interceptação Aérea]
AM	Amplitude Modulation [Modulação de Amplitude]
ASV	Air-to-surface-vessel Radar [Radar Ar-Superfície para Embarcações]
AWPD	Air War Plans Division [Divisão de Planos de Guerra Aérea]
BBC	British Broadcasting Corporation [Corporação Britânica de Radiodifusão]
BEF	British Expeditionary Force [Força Expedicionária Britânica]
BIA	Burma Independence Army [Exército para a Independência da Birmânia]
BMW	Bayerische Motoren Werke [Fábrica de Motores da Baviera]
CLN	Comitato della Liberazione Nationale [Comitê de Libertação Nacional]
CLNAI	Comitato della Liberazione Nationale Alta Italia [Comitê de Libertação Nacional do Norte da Itália]
DCR	Division Cuirassée de Réserve/Reserve Armoured Division (França) [Divisão Blindada de Reserva]
DKG	Deutsche Kolonialgesellschaft/German Colonial Society [Sociedade Colonial Alemã]
DLM	Division légère mécanique/Light mechanized division (França) [Divisão Mecanizada Leve]
DP	Displaced Person [Pessoa Deslocada]
ELAS	Exército Nacional de Libertação da Grécia

FFI	Forces Françaises de l'Intérieur [Forças Francesas do Interior]
FLN	Front de Liberation Nationale (Argélia) [Frente de Libertação Nacional]
FM	Frequency Modulation [Modulação de Frequência]
FUSAG	First United States Army Group [Primeiro Grupo do Exército dos Estados Unidos]
GCCS	Government Code and Cipher School (Reino Unido) [Escola de Códigos e Cifras do Governo]
GKO	Comitê de Defesa do Estado (União Soviética)
HF/DF	High Frequency/Direction Finding [Detecção de Direção de Alta Frequência]
HMS	His Majesty's Ship [Navio de Sua Majestade]
IFF	Identification, Friend or Foe [Identificação Amigo ou Inimigo]
IMT	International Military Tribunal [Tribunal Militar Internacional]
INA	Indian National Army [Exército Nacional Indiano]
JSC	Joint Security Control [Controle Conjunto de Segurança]
LCVP	Landing Craft, Vehicle, Personnel [Embarcação de Desembarque para Veículos e Pessoal]
LMF	Lack of Moral Fibre [Falta de Fibra Moral]
LST	Landing Ship, Tank [Navio de Desembarque para Tanques]
LVT	Landing Vehicle, Tracked [Veículo de Desembarque com Esteiras]
MIT	Massachusetts Institute of Technology [Instituto de Tecnologia de Massachusetts]
MPVO	Diretoria Principal da Defesa Aérea (União Soviética)
NAACP	National Association for the Advancement of Colored People [Associação Nacional para o Progresso de Pessoas de Cor]
NCO	Non-commissioned officer [Suboficial]
NKVD	Comissariado do Povo para Assuntos Internos (União Soviética)
NSDAP	National-sozialistische Deutsche Arbeiterpartei [Partido Nacional Socialista dos Trabalhadores Alemães]
OKW	Oberkommando der Wehrmacht [Alto-comando das Forças Armadas]
OSS	Office of Strategic Services (Estados Unidos) [Gabinete de Serviços Estratégicos]
OUN	Organization of Ukrainian Nationalists [Organização dos Nacionalistas Ucranianos]
PKW	Panzerkraftwagen [Veículo Blindado de Combate]
POW	Prisoner Of War [Prisioneiro de Guerra]
PPU	Peace Pledge Union [União do Pacto de Paz]
PWE	Political Warfare Executive [Executivo de Guerra Política]

RAF	Royal Air Force [Real Força Aérea]
RKFDV	Reichskommissar für die Festigung deutschen Volkstums [Comissário do Reich para o Fortalecimento do Germanismo]
RSHA	Reichssicherheitshauptamt [Escritório Central de Segurança do Reich]
RUSHA	Rasse-und Siedlungshauptamt [Escritório Central de Raça e Assentamento]
SA	Sturmabteilung [Divisão de Assalto]
SCR	Signal Corps Radio [Rádio do Corpo de Sinalização]
SD	Sicherheitsdienst [Serviço de Segurança]
SHAEF	Supreme Headquarters, Allied Expeditionary Force [Quartel-General Supremo das Forças Expedicionárias Aliadas]
SIGINT	Signals Intelligence [Inteligência de Sinais]
SO	Special Operations (Estados Unidos) [Operações Especiais]
SOE	Special Operations Executive (Reino Unido) [Executivo de Operações Especiais]
SS	Schutzstaffel [Tropa de Proteção, originalmente um esquadrão de proteção, sob o comando de Himmler veio a ser a elite de segurança do Partido Nacional Socialista dos Trabalhadores Alemães]
Stavka	Comando Supremo das Forças Armadas Soviéticas
UNRRA	United Nations Relief and Rehabilitation Administration [Administração das Nações Unidas para Assistência e Reabilitação]
URSS	União das Repúblicas Socialistas Soviéticas
USMC	United States Marine Corps [Corpo de Fuzileiros Navais dos Estados Unidos]
USS	United States Ship [Navio dos Estados Unidos]
VHF	Very High Frequency [Frequência Muito Alta]
V-Weapons	Vergeltungswaffen [Armas de Vingança]
Waffen-ss	Unidades militares da ss
WASP	Women Airforce Service Pilots (Estados Unidos) [Mulheres Pilotos do Serviço da Força Aérea]
WAVES	Women Accepted for Volunteer Emergency Service (Estados Unidos) [Mulheres Aceitas para Serviço Voluntário de Emergência]
WVHA	Wirtschafts-und Verwaltungshauptamt [Escritório Central de Economia e Administração]
ZOB	Organização de Combate Judaica (Polônia)
Z-Plan	Ziel-Plan (Marinha Alemã) [Plano de Objetivos]
ZZW	União Militar Judaica (Polônia)

Mapas

pp. 36-49:
1. Conquistas japonesas na China, 1931-41
2. Império Italiano, 1935-41
3. Expansão militar alemã, 1936-junho de 1941
4. Mediterrâneo e Oriente Médio, 1940-2
5. Império Alemão no Leste, 1941-3
6. Avanço do Japão para o Sul, 1941-4
7. A guerra germano-soviética, 1943-5
8. Recuo aliado no Pacífico, 1942-5
9. A Guerra no Ocidente, 1943-5

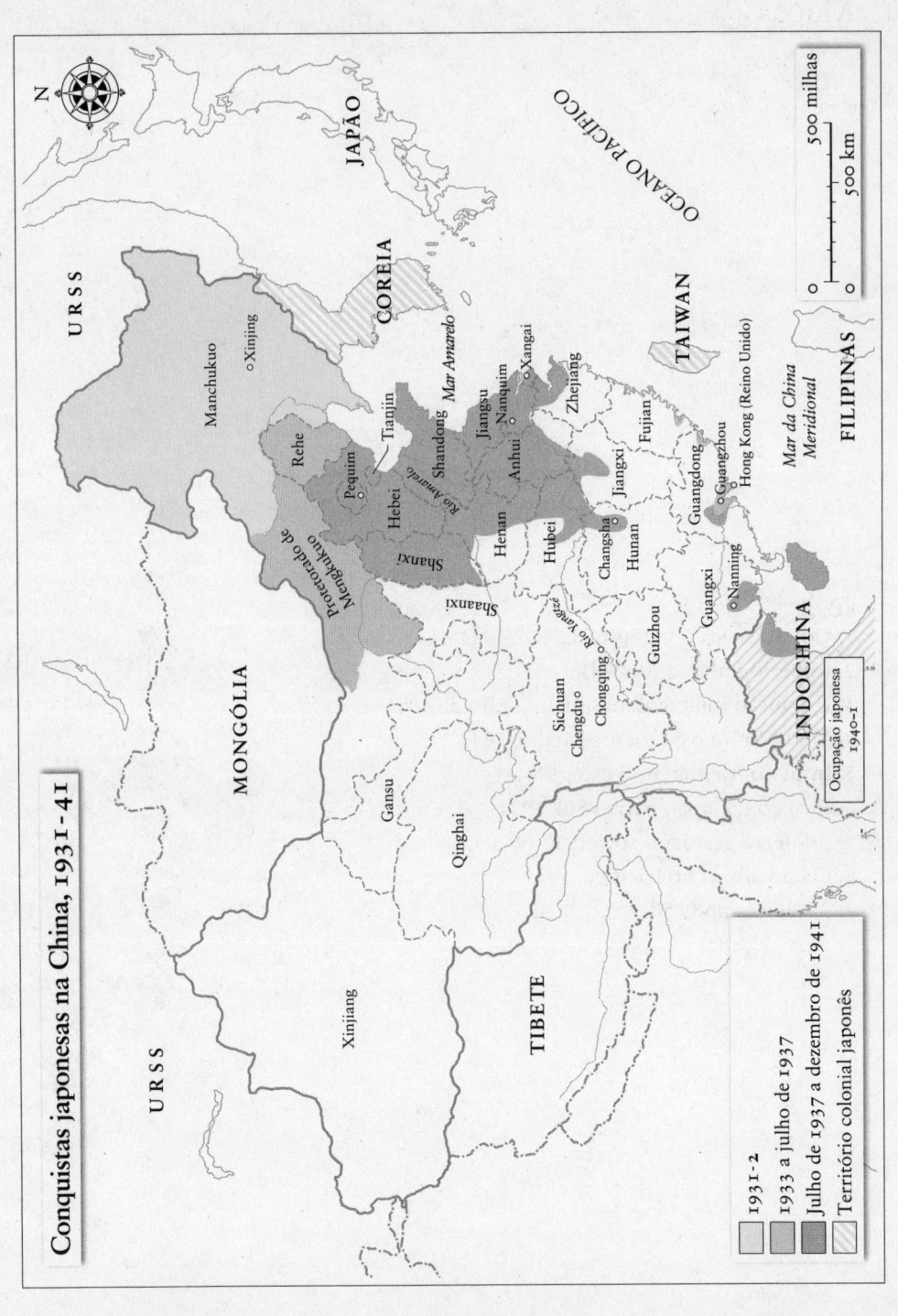

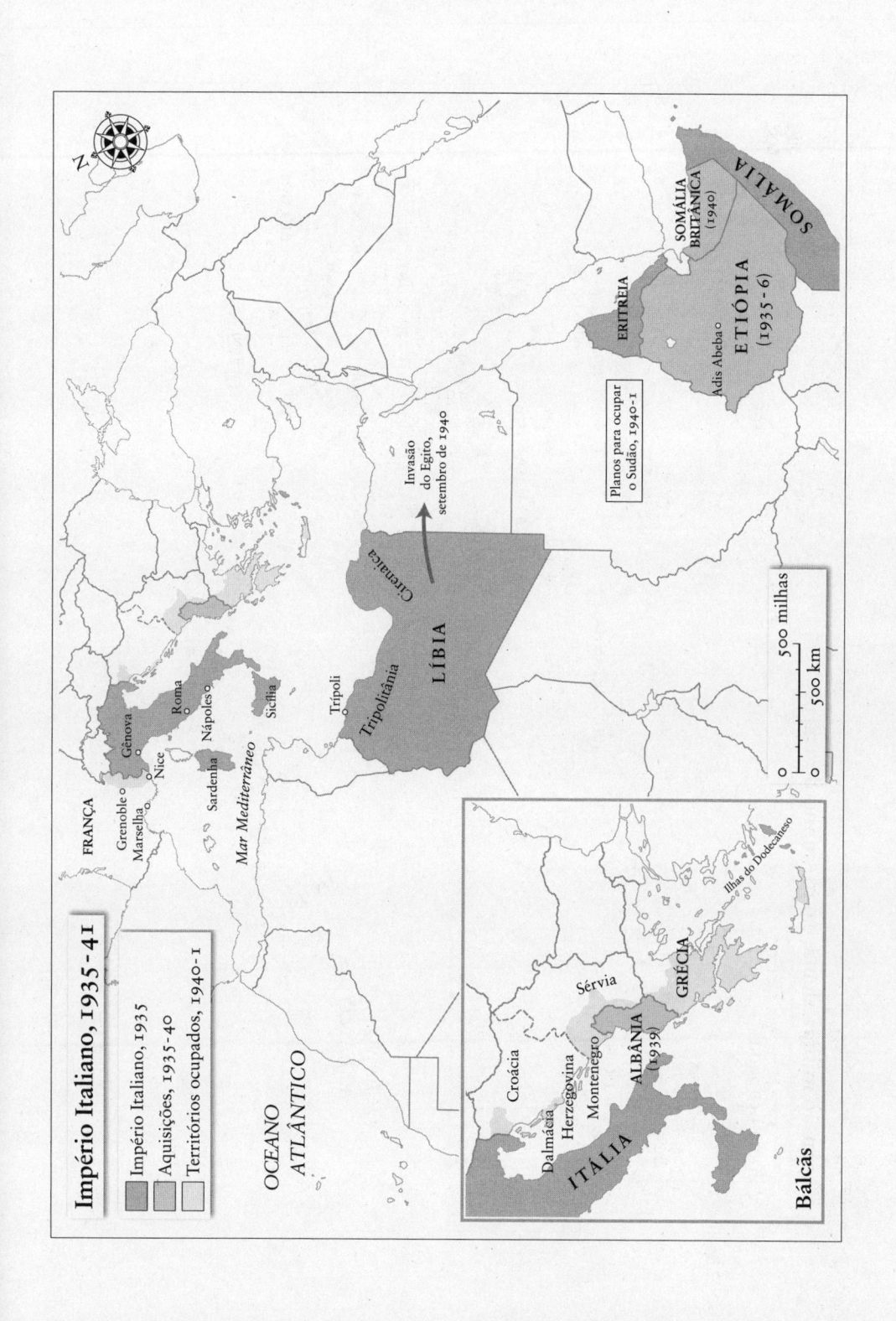

Império Italiano, 1935-41

- Império Italiano, 1935
- Aquisições, 1935-40
- Territórios ocupados, 1940-1

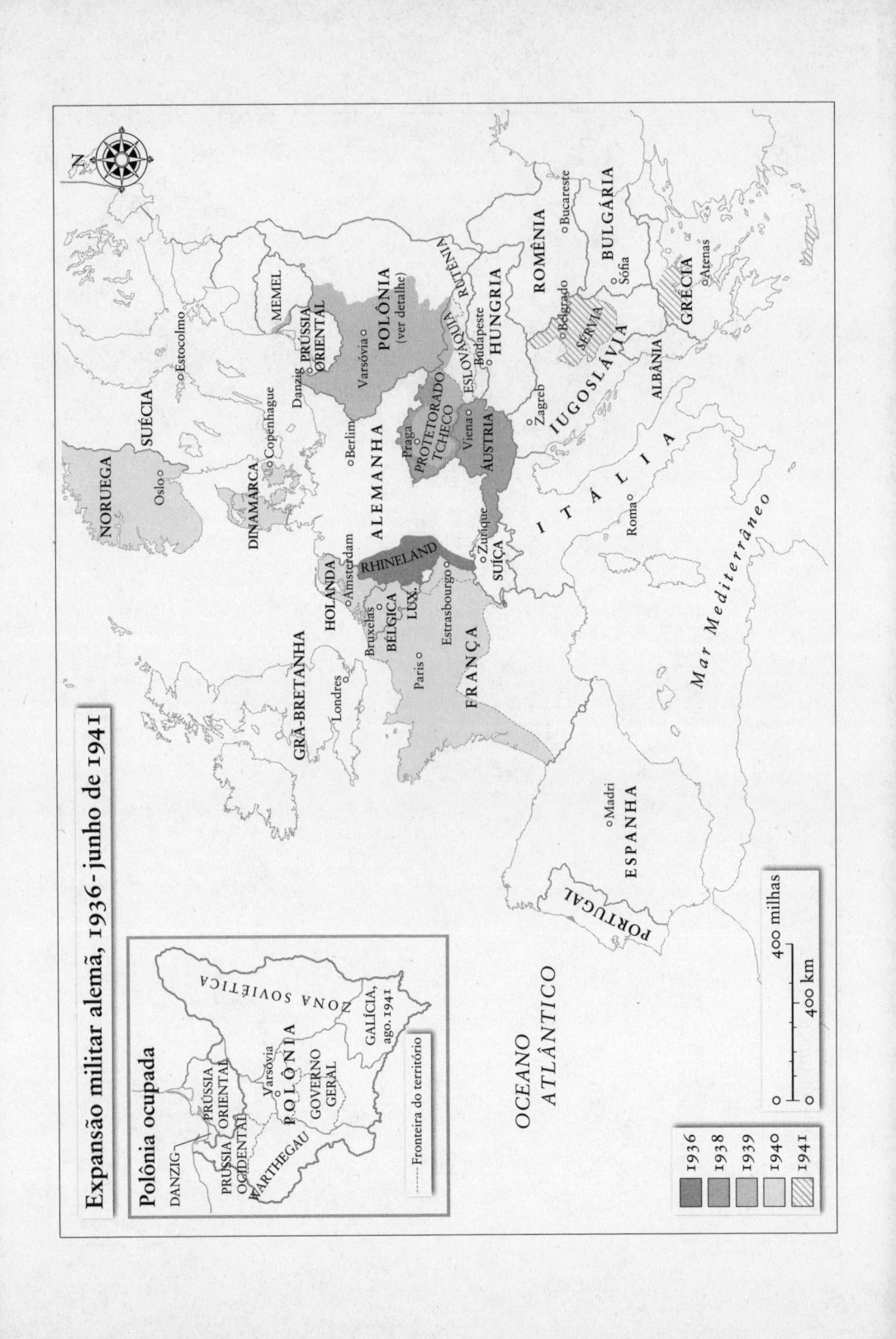

Expansão militar alemã, 1936 - junho de 1941

Polónia ocupada

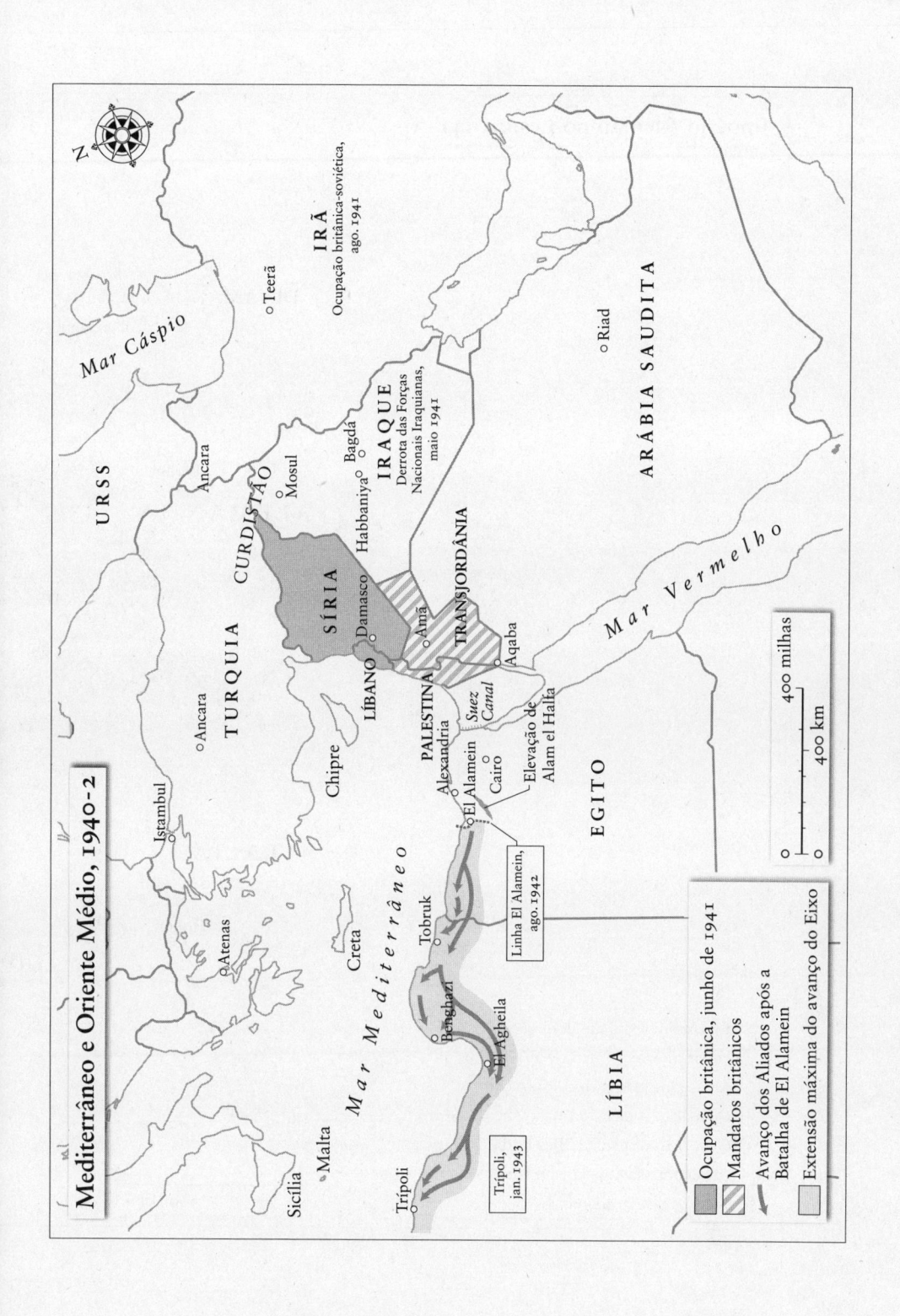

Mediterrâneo e Oriente Médio, 1940-2

- Teerã
- IRÃ — Ocupação britânica-soviética, ago. 1941
- Mar Cáspio
- URSS
- Ancara
- Mosul
- Bagdá
- IRAQUE — Derrota das Forças Nacionais Iraquianas, maio 1941
- Habbaniya
- ARÁBIA SAUDITA
- Riad
- TURQUIA
- CURDISTÃO
- Ancara
- Istambul
- SÍRIA
- Damasco
- LÍBANO
- Amã
- TRANSJORDÂNIA
- Aqaba
- Mar Vermelho
- Chipre
- PALESTINA
- Alexandria
- Cairo
- El Alamein
- Suez Canal
- Elevação de Alam el Halfa
- Atenas
- Creta
- EGITO
- Mar Mediterrâneo
- Linha El Alamein, ago. 1942
- Sicília
- Malta
- Tobruk
- Benghazi
- El Agheila
- Trípoli
- Trípoli, jan. 1943
- LÍBIA

Legenda:
- Ocupação britânica, junho de 1941
- Mandatos britânicos
- Avanço dos Aliados após a Batalha de El Alamein
- Extensão máxima do avanço do Eixo

400 milhas / 400 km

Império Alemão no Leste, 1941-3

DINAMARCA
Copenhague
Danzig
Berlim
ALEMANHA
Paris
Praga
PROTETORADO TCHECO
POL
ESLOV
ÁUSTRIA
Budapeste
HU
FRANÇA
Zagreb
IUGOS
ITÁLIA
Roma
ALBÂN

- Expansão alemã até dezembro de 1941
- Expansão alemã até novembro de 1942
- Áreas alocadas para colonização
- ① Ocupação romena da Bucóvina do Norte
- ② Ocupação romena da Bessarábia
- ③ Área controlada pela Romênia na Transnístria
- ☠ Centros de extermínio

300 milhas
300 km

Tallin ○
ESTÔNIA
Riga ○ LETÔNIA
LITUÂNIA
REICH
COMMISSARIAT
OSTLAND
Minsk ○
BIELORRÚSSIA
Varsóvia
GOVERNO
GERAL
RUTÊNIA
① ② ③
ROMÊNIA
Bucareste ○
BULGÁRIA
Sófia ○
Atenas ○
RÉCIA

○ Leningrado

Cerco de Leningrado, dez. 1941-3

○ Moscou

Batalha de Moscou, dez. 1941

URSS

SOB ADMINISTRAÇÃO MILITAR

COMISSARIADO DO REICH PARA O TERRITÓRIO DO LESTE UCRÂNIA

○ Kiev   Kharkiv ○

Batalha de Kharkiv, mar. 1942

○ Stalingrado

Batalha de Kiev, set. 1941

Batalha de Stalingrado, ago. 1942 - fev. 1943

Bacia do Donets   ○ Rostov

UCRÂNIA

CRIMEIA

○ Maikop

Mar Negro

○ Istambul

TURQUIA

N

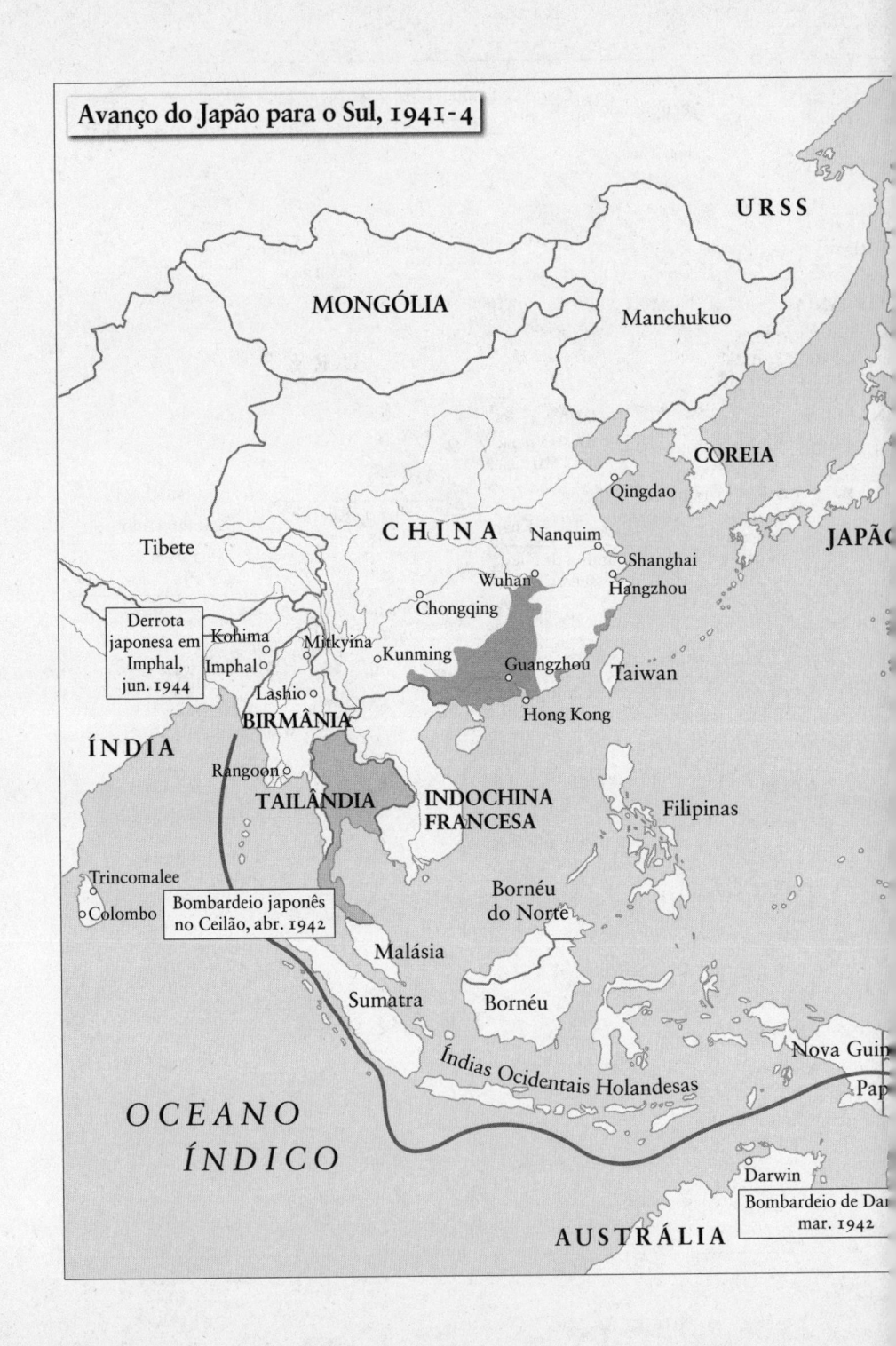

Avanço do Japão para o Sul, 1941-4

URSS

MONGÓLIA

Manchukuo

COREIA

Qingdao

CHINA   Nanquim
         Shanghai
Wuhan   Hangzhou
Chongqing

JAPÃO

Tibete

Derrota japonesa em Imphal, jun. 1944

Kohima   Mitkyina
Imphal   Kunming
         Guangzhou
Lashio
BIRMÂNIA   Hong Kong

Taiwan

ÍNDIA

Rangoon

TAILÂNDIA   INDOCHINA FRANCESA

Filipinas

Trincomalee
Colombo

Bombardeio japonês no Ceilão, abr. 1942

Malásia   Bornéu do Norte

Sumatra   Bornéu

Índias Ocidentais Holandesas

Nova Guiné
Pap

OCEANO ÍNDICO

Darwin
Bombardeio de Darwin, mar. 1942

AUSTRÁLIA

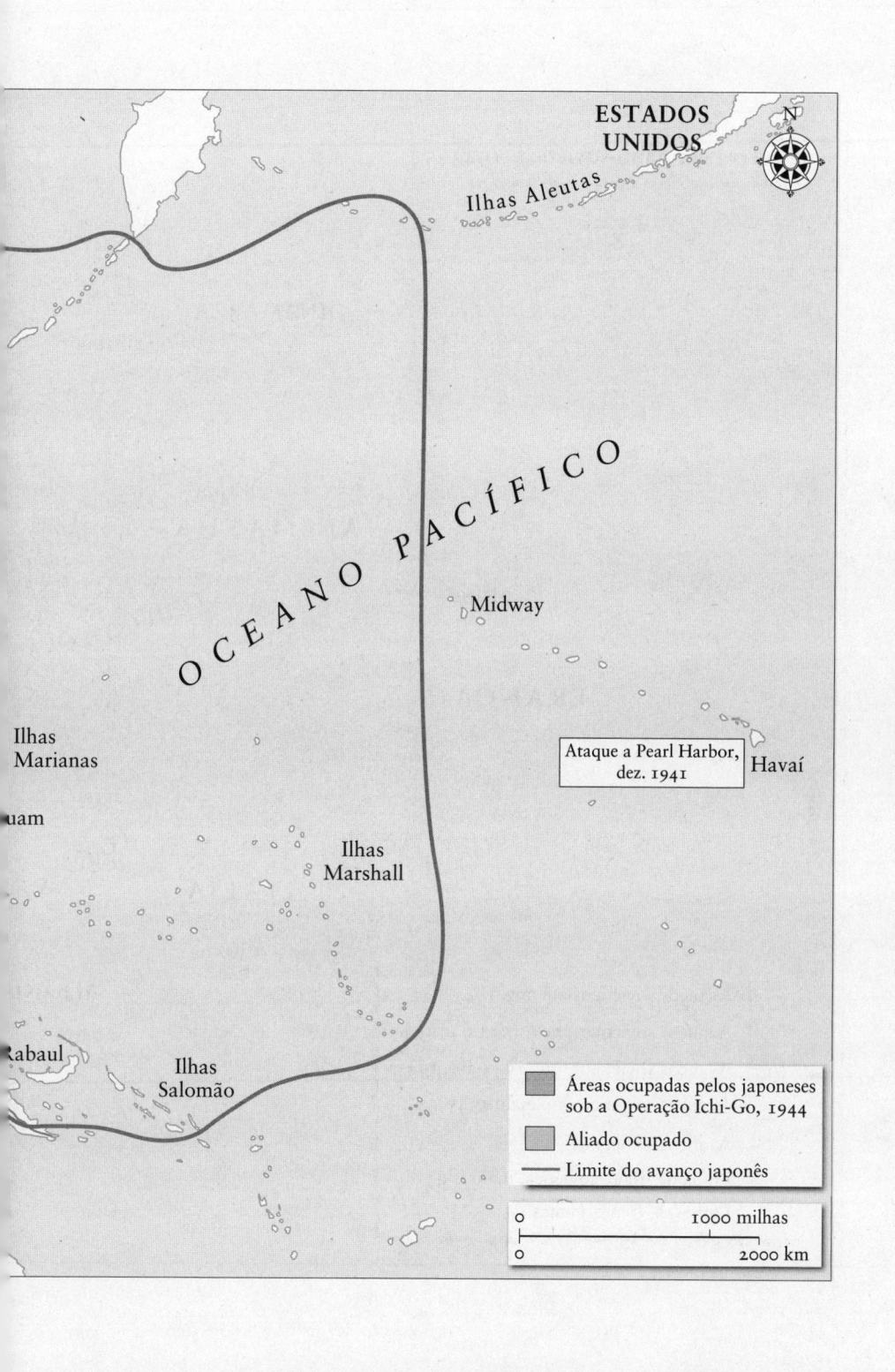

ESTADOS UNIDOS

Ilhas Aleutas

OCEANO PACÍFICO

Midway

Ilhas Marianas

Guam

Ataque a Pearl Harbor, dez. 1941

Havaí

Ilhas Marshall

Rabaul

Ilhas Salomão

■ Áreas ocupadas pelos japoneses sob a Operação Ichi-Go, 1944
■ Aliado ocupado
— Limite do avanço japonês

0 1000 milhas
0 2000 km

A guerra germano-soviética, 1943-5

- Avanços soviéticos até nov. 1943
- Avanços soviéticos, nov. 1943-out. 1944
- Avanços soviéticos, out. 1944-abr. 1945
- Avanços soviéticos até maio 1945
- Avanços soviéticos
- Linha de frente soviética, maio 1945
- Linhas de frente alemãs

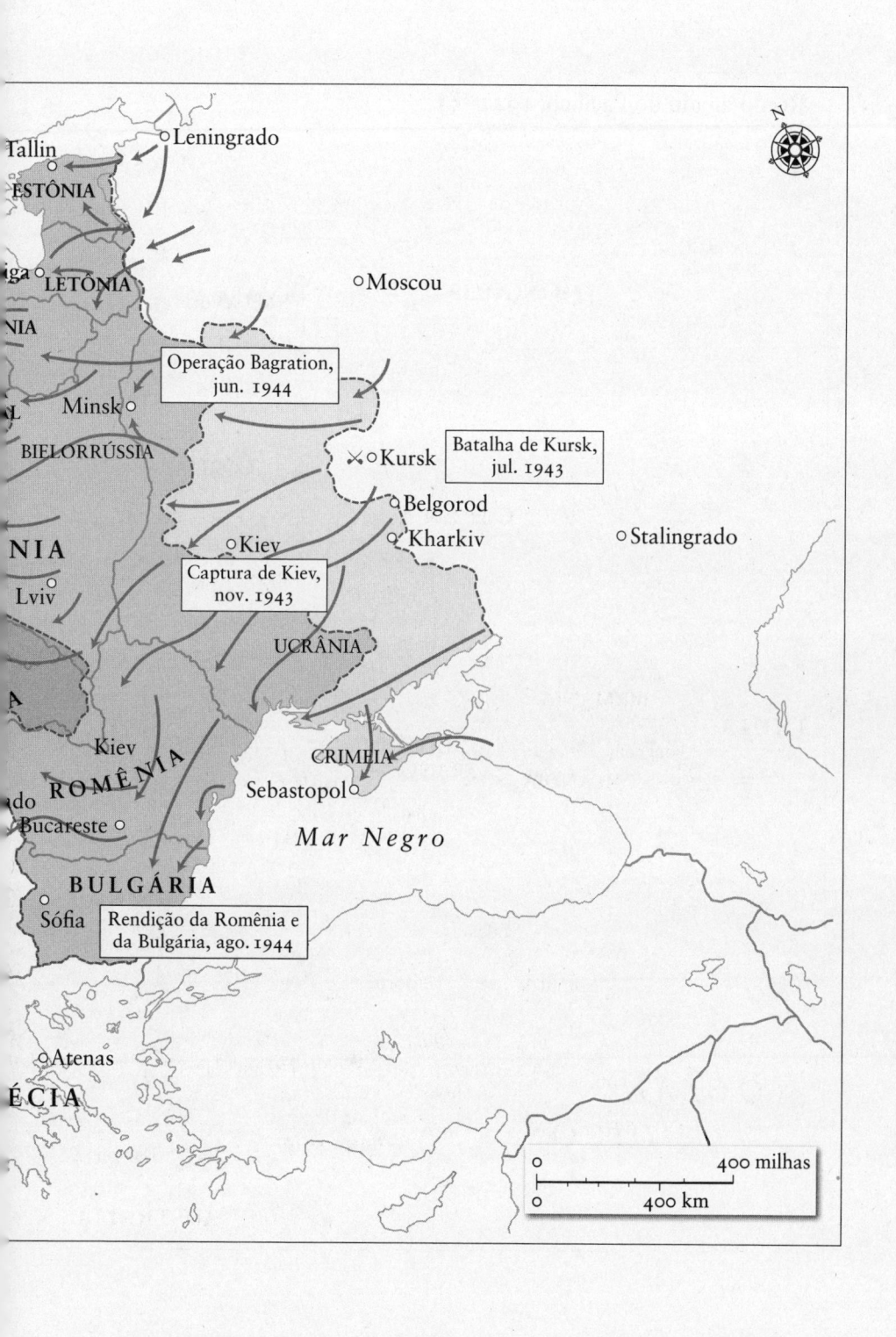

- Tallin
- Leningrado
- ESTÔNIA
- Riga
- LETÔNIA
- Moscou
- Operação Bagration, jun. 1944
- Minsk
- BIELORRÚSSIA
- Kursk
- Batalha de Kursk, jul. 1943
- Belgorod
- Kharkiv
- Stalingrado
- Kiev
- Captura de Kiev, nov. 1943
- Lviv
- UCRÂNIA
- Kiev
- ROMÊNIA
- CRIMEIA
- Sebastopol
- Bucareste
- *Mar Negro*
- BULGÁRIA
- Sófia
- Rendição da Romênia e da Bulgária, ago. 1944
- Atenas
- GRÉCIA

400 milhas
400 km

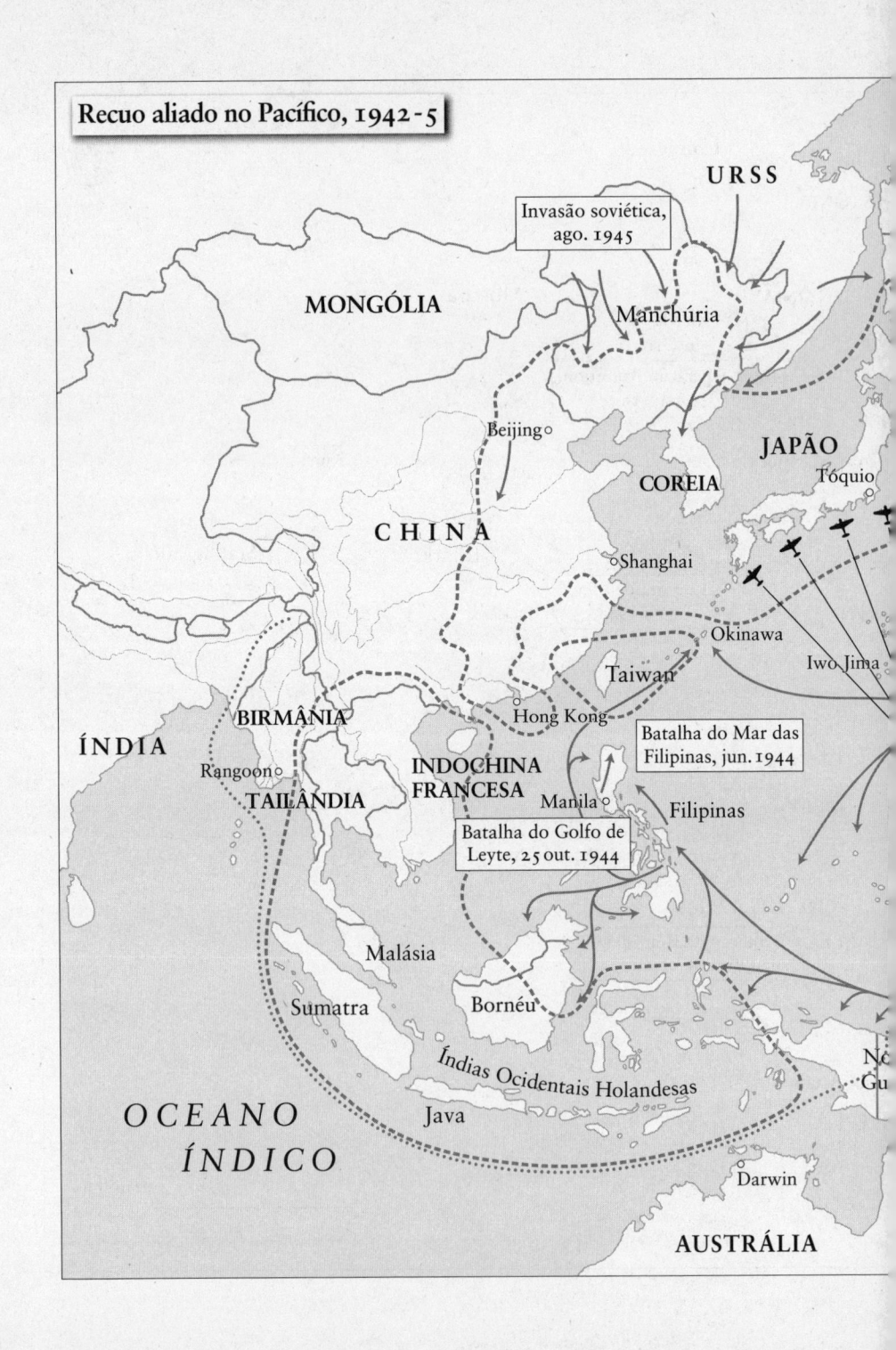

Recuo aliado no Pacífico, 1942-5

Invasão soviética, ago. 1945

URSS
MONGÓLIA
Manchúria
Beijing
CHINA
COREIA
JAPÃO
Tóquio
Shanghai
Okinawa
Iwo Jima
Taiwan
Hong Kong
ÍNDIA
BIRMÂNIA
Rangoon
INDOCHINA FRANCESA
TAILÂNDIA
Manila
Batalha do Mar das Filipinas, jun. 1944
Filipinas
Batalha do Golfo de Leyte, 25 out. 1944
Malásia
Sumatra
Bornéu
Índias Ocidentais Holandesas
Java
Nova Guiné
OCEANO ÍNDICO
Darwin
AUSTRÁLIA

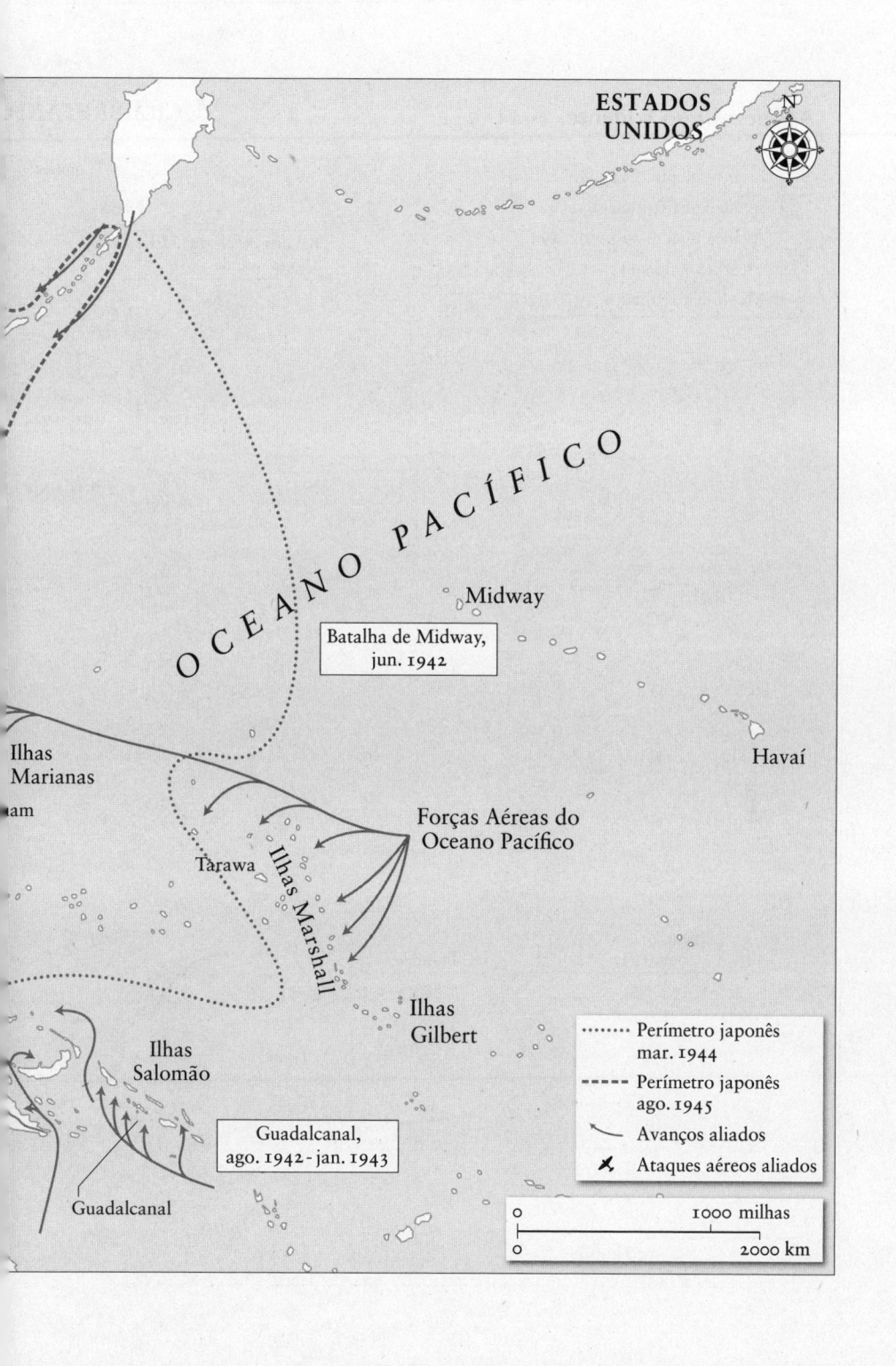

ESTADOS
UNIDOS

OCEANO PACÍFICO

Midway

Batalha de Midway,
jun. 1942

Ilhas
Marianas

Havaí

Tarawa

Forças Aéreas do
Oceano Pacífico

Ilhas Marshall

Ilhas
Gilbert

Ilhas
Salomão

Guadalcanal,
ago. 1942 - jan. 1943

Guadalcanal

.... Perímetro japonês
        mar. 1944
- - - - Perímetro japonês
        ago. 1945
───   Avanços aliados
  ✈   Ataques aéreos aliados

0   1000 milhas
0   2000 km

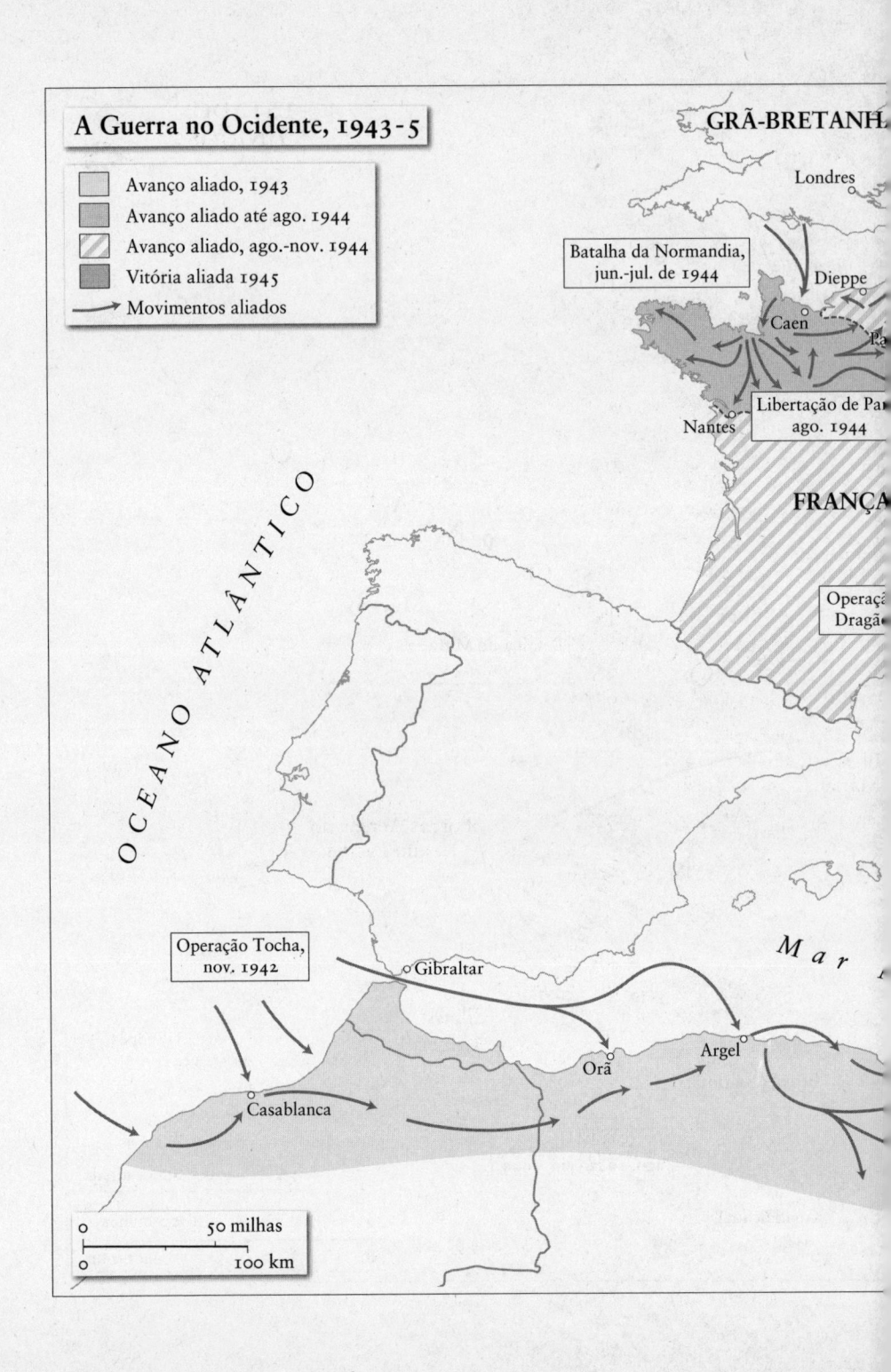

A Guerra no Ocidente, 1943-5

- Avanço aliado, 1943
- Avanço aliado até ago. 1944
- Avanço aliado, ago.-nov. 1944
- Vitória aliada 1945
- → Movimentos aliados

GRÃ-BRETANHA
Londres
Batalha da Normandia, jun.-jul. de 1944
Dieppe
Caen
Pa...
Nantes
Libertação de Pa...
ago. 1944
FRANÇA
Operação Dragã...

OCEANO ATLÂNTICO

Operação Tocha, nov. 1942
Gibraltar
Orã
Argel
Casablanca

Mar...

0 — 50 milhas
0 — 100 km

Mapa

HOLANDA
- Roterdã
- ixelas
- **BÉLGICA**

ALEMANHA
- Hamburgo
- Essen
- Dortmund
- Colônia
- Leipzig
- Berlim
- Dresden
- Mannheim
- Estrasbourgo
- Augsburg
- Munique
- Praga
- Viena

ÁUSTRIA
- Budapeste
- Varsóvia

- jon
- Lyon
- Marselha

ITÁLIA
- Pisa
- Roma
- Ânzio
- Cassino
- Salerno

Batalha de Cassino, maio 1944

- Palermo
- Messina

Invasão da Sicília, jul. 1943

iterrâneo
- Bizerta
- Túnis

Derrota do Eixo na Tunísia, maio 1943

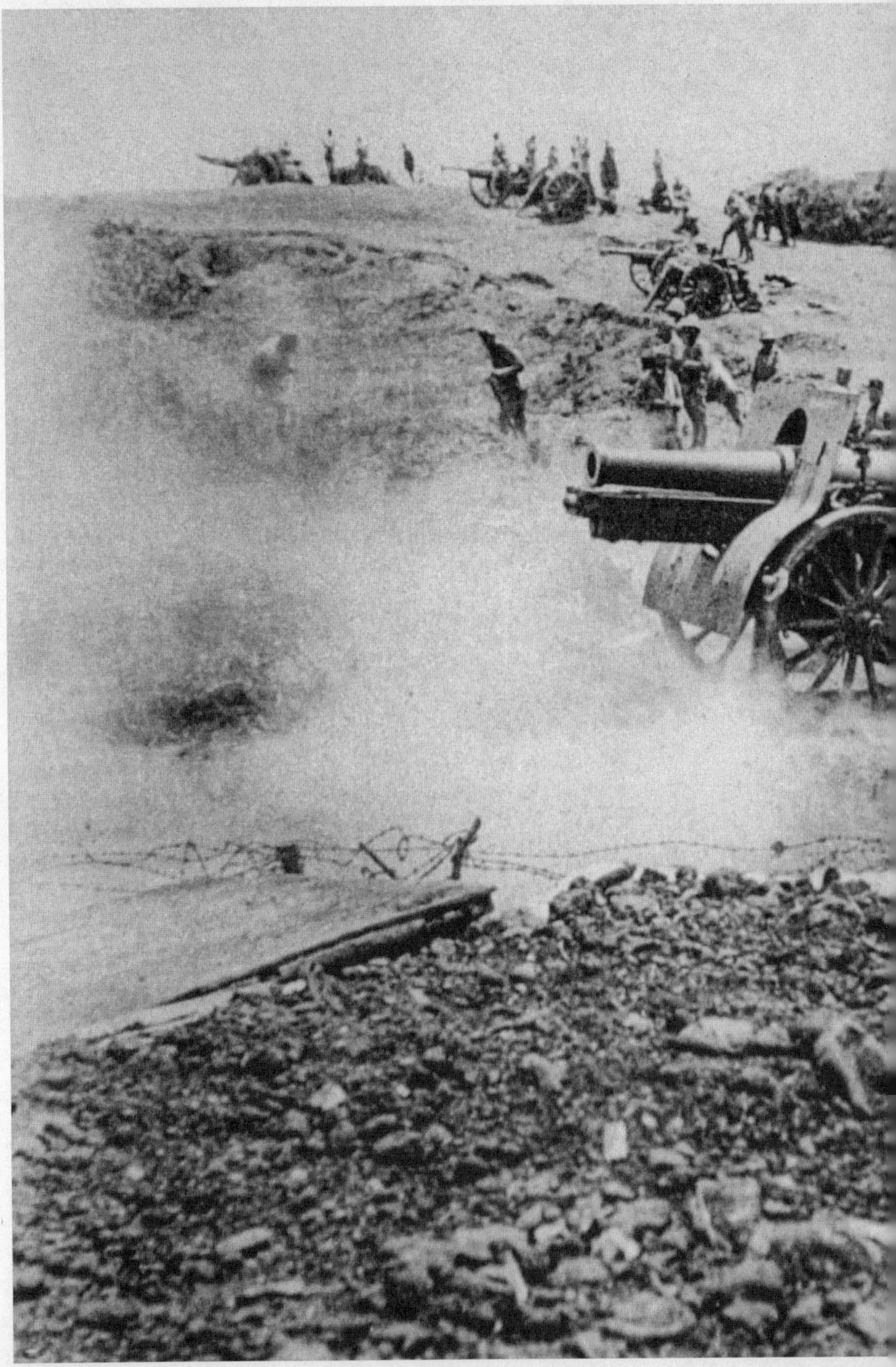

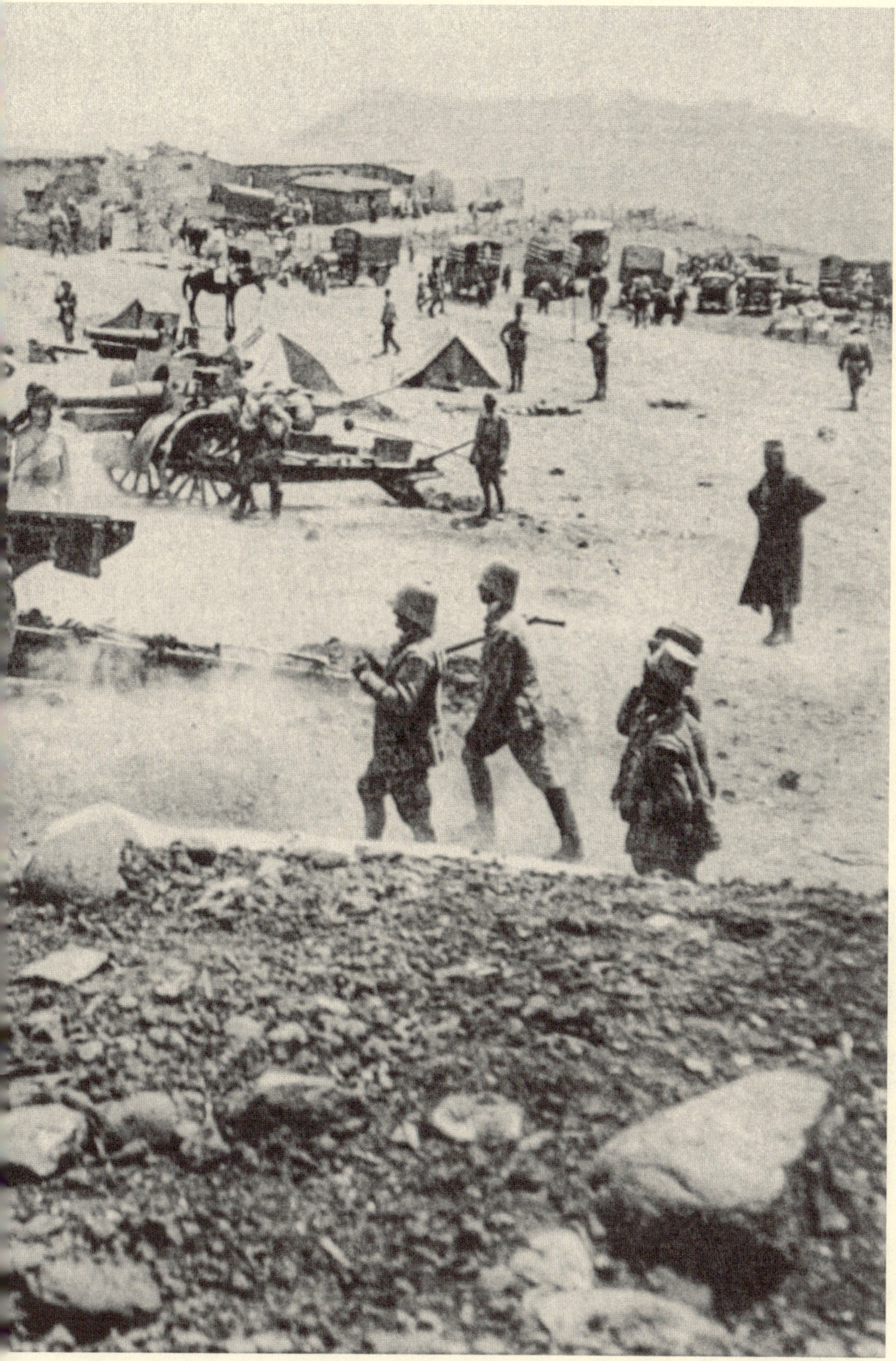

Prólogo

"Sangue e ruínas": *A era da guerra imperial*

> *O imperialismo, tal como era conhecido no século XIX, já não é possível, e a única questão é saber se será sepultado de forma pacífica ou em sangue e ruínas.*
>
> Leonard Woolf, 1928[1]

A citação que dá título a esta história da Segunda Guerra Mundial vem de *Imperialism and Civilization* [Imperialismo e civilização], escrito pelo economista político Leonard Woolf para demonstrar o significado do imperialismo moderno na definição da civilização moderna no começo do século XX. Ao longo dos cem anos que se estenderam até a década de 1920, dizia Woolf, o mundo ocidental passou por uma revolução extraordinária, com a indústria, a política de massas e o declínio da aristocracia transformando a sociedade. Essa transformação deu origem ao conceito moderno de Estado-nação, mas foi acompanhada pelo início de uma onda notável de conquistas imperiais até a época em que ele escreveu. Ele via a nova civilização como "beligerante, fervorosa, exploradora e proselitista", e grande parte dos escritos históricos recentes sobre império reforça esse julgamento. A dominação do globo por um punhado de países colonizadores representou um momento único na história mundial.[2] Para Woolf, a expansão imperial era uma força perigosa, explosiva, e, se entrasse em colapso, era provável que o fizesse com violência. Foi esse o contexto que testemunhou a

Grande Guerra e que vinte anos depois deu origem a um conflito ainda mais global e destruidor.

Woolf estava certo ao afirmar que as longas raízes da violência mundial, que terminou nos anos 1940 e 1950 com o colapso do império territorial, remontavam às últimas décadas do século XIX, quando o ritmo de modernização econômica e política se acelerou em todo o mundo desenvolvido. A industrialização e a urbanização em grande escala na Europa, na América do Norte e no Japão coincidiram com — e ajudaram a promover — um senso mais aguçado de nacionalidade. Duas potências modernizadoras, a Itália e a Alemanha, eram países novos; o primeiro só foi fundado em 1861, enquanto segundo foi uma década mais tarde. O Japão, única nação da Ásia que começou a se modernizar em termos europeus, era também em sentido real um país "novo", refundado com a Restauração Meiji de 1868, que derrubou o tradicional xogunato Tokugawa em benefício de uma nova elite de reformadores econômicos e militares governados pelo imperador Meiji. A modernização econômica, somada ao aumento da instrução, à rápida mobilidade social e à evolução de um aparelho estatal centralizado, serviu para unir o país. Esses processos também criaram, mesmo em países de linhagem bem mais antiga, um novo senso de identidade nacional e uma política mais genuinamente nacional. As mudanças sociais trouxeram organização política em massa e demandas por reformas liberais e maior representação popular. Com exceção do Império Russo, em 1900 todos os Estados modernizadores tinham parlamentos (com direito de voto limitado) e respeitavam o estado de direito para quem definiam como cidadão. Para as elites políticas e econômicas estabelecidas, essas mudanças enfraqueciam a distribuição tradicional de poder social e a autoridade política. Foi nesse ambiente de mudanças rápidas e imprevisíveis que as potências industriais em desenvolvimento se lançaram numa nova onda de imperialismo territorial, com o objetivo de dividir e dominar as partes do globo ainda fora do sistema existente de impérios coloniais. É através do prisma desse derradeiro impulso dinâmico que se compreendem melhor as origens de longo prazo da Segunda Guerra Mundial.

O que Woolf via como o "novo imperialismo" dos quarenta anos que precederam o início da guerra em 1914 era, em muitos sentidos, uma extensão de estruturas imperiais existentes. Grã-Bretanha, França, Espanha, Portugal e Holanda tinham um balaio de gatos de territórios espalhados pelo mundo — colônias, protetorados, esferas de influência, entrepostos, áreas cobertas por acordos que garantiam direitos privilegiados — bem antes do "novo" imperialismo. No entanto, essa nova onda imperialista foi diferente. Nasceu de um aguçado senso de competição entre países organizados, em parte porque buscavam novas fontes de materiais e de alimentos e novos mercados; em parte porque o "império" passou a ser visto no fim do século como uma forma de definir a identidade do Estado-nação como agente "civilizatório" do resto do mundo; e em parte como símbolo de prestígio nacional, que valia em especial para os novos países, cuja identidade era frágil, dividida por lealdades regionais e conflitos sociais. Em dezembro de 1894, o chanceler alemão, príncipe Chlodwig zu Hohenlohe-Schillingsfürst, anunciou que a "manutenção das nossas possessões coloniais é uma demanda da honra nacional e um indicativo da nossa reputação nacional".[3] Em 1885, na Itália, o ministro das Relações Exteriores declarou que, na "verdadeira corrida de obstáculos das aquisições coloniais em todas as partes do mundo", a Itália precisa encontrar "sua identidade de grande potência" adquirindo colônias próprias.[4] Para os reformadores japoneses que administravam o novo Estado Meiji, alguma forma de imperialismo era vista como demonstração essencial da nova "política nacional" [kokutai], e a ocupação das ilhas Curilas, Ryūkyū e Bonin nos anos 1870 foi o primeiro passo para a construção do que hoje é chamado de Grande Império do Japão [Dai Nippon Teikoku].[5] No meio século seguinte, o desejo desses três Estados de criar grandes impérios resultou na guerra mundial dos anos 1940.

A ligação entre forjar uma identidade nacional moderna e adquirir ou ampliar um império se tornou lugar-comum nos anos que precederam 1914, mesmo para os impérios dinásticos tradicionais da Europa Oriental, os Románov e os Habsburgo, cujas aspirações imperiais nos Bálcãs acabariam resultando em guerra. Para os países empenhados em consolidar ou construir um império ultramarino, as relações entre construção nacional e imperialismo eram explícitas. O termo "nação-império", em vez de "nação", define aqueles Estados que participaram da disputa territorial. O que é descrito como "nacionalização do imperialismo" continuou a ter importância central até os anos 1930 e o início de uma última onda de aquisição territorial violenta.[6] O império desempenhou um papel na definição mais clara do poder metropolitano ao enfatizar os supostos contrastes entre cidadão e súdito, civilizado e primitivo, moderno e arcaico — polaridades que definiram até os anos 1940 a forma como os Estados imperiais viam os povos e territórios que passavam a controlar. Essa visão de mundo era compartilhada por todas as potências imperiais e tinha por base um desrespeito quase absoluto pelas culturas e pelos valores existentes nos territórios ocupados. Na maioria dos casos, as esperanças do que o império poderia oferecer, desde novos consumidores até convertidos religiosos, eram descabidas. O que Birthe Kundrus chamou de "fantasias imperiais" teve um papel importante para estimular a competição entre Estados, mesmo onde estava claro que os custos poderiam superar as quase sempre limitadas vantagens de ter um império.[7] Eram fantasias poderosas sobre a colonização de fronteiras selvagens, a perspectiva de um eldorado de riquezas, uma exaltada "missão civilizatória", ou sobre o cumprimento de um destino manifesto que daria novo vigor à nação. Elas influenciaram a maneira como o "império" seria visto nos cinquenta anos seguintes.

As fantasias que sustentaram a onda do novo imperialismo não surgiram no vazio. Tiveram como base e, por sua vez, estimularam um envolvimento intelectual e científico com a noção de império que era compartilhada pelos muitos Estados imperiais. A ideia de competição nacional se devia em grande parte à aplicação de um paradigma darwiniano da sobrevivência do mais apto e do caráter natural da disputa entre Estados modernos. Foi um argumento amplamente debatido nos anos que precederam 1914, mas havia uma linha de pensamento que se destacava, associada a alguns dos mais distintos sucessores de Darwin, segundo a qual os países "saudáveis" estavam destinados por natureza a subjugar povos inferiores. Numa palestra ocorrida em 1900 sobre "A vida nacional do ponto de vista da ciência", o estatístico britânico Karl Pearson disse à plateia que era preciso manter o país num alto padrão de eficiência "em especial pela guerra com as raças inferiores e com as raças iguais pela disputa por rotas de comércio e fontes de matéria-prima e alimentos. Essa é a visão histórica natural da humanidade".[8] O general alemão Friedrich von Bernhardi, em *Deutschland und der nächste Krieg* [A Alemanha e a próxima guerra], publicado em 1912 e bastante traduzido, explicava a competição nacional em termos que muitos deviam considerar indiscutíveis: "As formas que sobrevivem são as que conseguem garantir para si as condições mais favoráveis de vida e se impor na economia universal da natureza. Os mais fracos sucumbem".[9] Um elemento-chave na aplicação da teoria darwiniana era a luta por recursos, para a qual se assumiu amplamente que no fim seria necessário mais território imperial. Em 1897, o geógrafo alemão Friedrich Ratzel cunhou o hoje conhecido termo "espaço vital" [*Lebensraum*] ao argumentar que culturas modernas superiores precisavam se expandir territorialmente para garantir fontes de alimento e materiais para uma população em crescimento, e que isso só poderia ser feito à custa de culturas "inferiores". As conclusões da geografia política de Ratzel, desenvolvida quando o jovem Adolf Hitler era um estudante na Áustria, foram discutidas pelo futuro ditador nos anos 1920 com seu companheiro Rudolf Hess.[10]

O sentimento de superioridade cultural que orientava o imperialismo europeu também se alimentava de teorias científicas contemporâneas que sugeriam uma hierarquia natural das raças, fundamentada, pelo que se dizia, em diferenças genéticas. Embora houvesse pouca prova científica convincente, o estado de atraso primitivo ou de franca barbárie em que supostamente subsistia o mundo colonizado significava que os recursos materiais e a terra seriam apenas desperdiçados se não fossem tomados pelos países avançados, cujo papel era levar os frutos da civilização a povos exóticos e decadentes. Esse contraste era tido como indiscutível e usado para justificar estratégias de discriminação racial e permanente estado de sujeição. Em 1900, lorde Curzon, o vice-rei britânico na Índia, afirmou que "todos os milhões que tenho de administrar são menos do que crianças em idade escolar". Na Alemanha, essa opinião se estendia até mesmo aos vizinhos europeus do império no Leste, que poderiam ser considerados, como disse o *Leipziger Volkszeitung* em 1914, "a sede da barbárie".[11] De forma mais perigosa, suposições de superioridade, fosse biológica ou ética, eram usadas para justificar o nível de violência extrema subjacente à onda do novo imperialismo.

Em quase todos os casos em que houve expropriação de território de entidades políticas estabelecidas, isso foi feito com maior ou menor grau de brutalidade ou ameaça. O destino da população nativa americana ou dos aborígenes australianos era tido, mesmo antes de 1914, como uma consequência lamentável, mas inevitável, da disseminação da conquista branca. A violência em massa que acompanhou a expansão na África e na Ásia a partir dos anos 1870 era vista da mesma forma, como necessária para a civilização ser exportada para beneficiar aqueles que a sofriam, uma violência que não despertava escrúpulos morais contemporâneos. Em 1904, no sudoeste alemão da África, um médico escreveu que "a solução final [*Endlösung*] para a questão nativa só pode ser acabar de forma total e definitiva com o poder dos nativos". A solução final como espaço vital não foi uma invenção do nacional-socialismo, por mais desconfiados que os historiadores possam estar de qualquer possível ligação causal entre as duas eras.[12] Essa linguagem também não era distintamente alemã nos anos que precederam 1914. Os conceitos gêmeos de "raça e espaço" que dominariam o imperialismo dos anos 1930 e 1940 foram estabelecidos no fértil período de reflexão sobre a função e os imperativos do império antes da Primeira Guerra Mundial.[13] Ao mesmo tempo, universos morais contrastantes foram construídos para tratar a população local, que seria um agente privilegiado do império, e os povos subjugados, que seriam tratados com um nível de coerção e justiça arbitrária bem diferente do centro metropolitano.

No entanto, o "mapa mental" das relações entre o país moderno e seu território imperial raramente correspondia à realidade histórica dos anos de construção do novo império. Na verdade, durante todo o período que vai até o desmonte do império territorial depois de 1945, existiu um abismo entre o império como "comunidade imaginada" e os custos e riscos reais para as comunidades nacionais que supostamente deveriam encontrar sua identidade moderna por meio da nação-império. Isso era verdade no caso das duas principais potências imperiais, a Grã-Bretanha e a França, que se viram forçadas a investir recursos para conquistar e defender territórios cada vez maiores. Em 1911, a Grã-Bretanha dominava uma área imperial de 31 milhões de quilômetros quadrados, com 400 milhões de habitantes; já a França, uma área de 12,5 milhões de quilômetros quadrados e 100 milhões de pessoas, um território vinte vezes maior do que a própria metrópole.[14] Nos novos países que pela primeira vez enveredavam pelo caminho do império era mais difícil gerar entusiasmo por colônias ultramarinas menores e menos bem-dotadas do que as dos impérios mais antigos, que atraíam poucos imigrantes e quase nenhum investimento. A invasão fracassada da Abissínia em 1895 deixou a Itália com nada mais do que partes da Somália e da Eritreia como seu novo império, além de gerar uma hostilidade interna contra novas aventuras imperiais. Havia apenas alguns milhares de italianos no minúsculo império, mas 16 milhões emigraram para outros destinos. Antes de a Itália ir à guerra contra o Império Otomano, em 1911, para tomar o controle da Tripolitânia e da Cirenaica (a atual Líbia), um jovem jornalista radical, Benito Mussolini, advertiu que qualquer demanda do governo por sangue e dinheiro para impulsionar a conquista seria respondida com uma greve geral. "A guerra entre países será, portanto, a guerra entre classes", afirmou ele, opinião que definiu seu próprio imperialismo posterior, quando fazia distinção entre países "proletários" como a Itália e as ricas potências plutocráticas.[15] Na Alemanha, a atitude em relação ao império ultramarino era igualmente ambivalente antes de 1914. Havia entusiasmo por colônias ultramarinas entre círculos predominantemente burgueses de empresários, clérigos e educadores, e em 1914 a Sociedade Colonial Alemã (DKG) tinha cerca de 40 mil membros — mas esse número era o dobro do de alemães instalados nos territórios ultramarinos.[16] A educação e a cultura populares antes de 1914 ajudaram a despertar um interesse pelos aspectos exóticos e românticos da colonização ultramarina, mas havia muito mais interesse por um sonhado império continental no "leste". Isso se revelaria um leitmotiv duradouro nas atitudes alemãs em relação ao território até a busca ativa por um império europeu nos anos 1930 e 1940, e vale a pena ser explorado com mais atenção.

A criação da Alemanha em 1871 incluiu áreas do leste da Prússia com grandes populações polonesas, resultado da partilha da Polônia entre a Rússia e a Áustria no começo do século XVIII. A região passou a ser vista como um quebra-mar vital contra o ameaçador oceano de eslavos do leste. Em 1886, o chanceler alemão Otto von Bismarck criou a Comissão Real de Assentamento Prussiano, cujo objetivo era se possível empurrar de volta a população polonesa através da fronteira para a Polônia russa e povoar o território com colonos alemães, que erradicariam o que era visto como formas primitivas de agricultura (a pejorativa "economia polonesa") e forneceriam uma força de fronteira estável contra qualquer outra ameaça. Essa "colonização interna", como ficou conhecida, foi bastante divulgada. Em 1894, foi criada uma organização para o leste, a *Ostmarkenverein*, para incentivar o processo de colonização. Ideias sobre "raça e espaço" foram aplicadas com facilidade na região, e bem antes de 1914 foram desenvolvidas fantasias sobre espalhar o imperialismo alemão mais para o leste, até terras vistas como prontas para a colonização, para onde a civilização moderna levaria ordem e cultura a uma área "mergulhada na barbárie e na pobreza mais profundas".[17] Surgiu uma literatura fronteiriça dos chamados "romances do leste" [*Ostroma-*

nen], permitindo que os alemães fundissem o imperialismo ultramarino com a colonização da fronteira oriental. Nesses romances, o polonês era apresentado de forma enganosa como "escuro" — pele, olhos e cabelos escuros — para enfatizar o aspecto colonial pela definição dele como "o outro", em contraste com o alemão culto. Num dos mais famosos romances do leste, *Das schlafende Heer* [O exército adormecido], escrito em 1904 por Clara Viebig, um camponês polonês de cor acobreada lamenta os "invasores brancos de cabelos louros".[18] Em 1914, pouco antes do início da guerra, estabeleceu-se uma sociedade para a "colonização interna", cuja revista comparava o Império Africano ao leste polonês, defendendo a expansão nas duas direções para criar o espaço necessário para a saudável raça alemã.[19]

Um fator importante no desenvolvimento do "novo imperialismo" foi sua instabilidade inerente e sua violência generalizada, características que marcaram a expansão imperial dos anos 1870 aos anos 1940. Grande parte do argumento a favor do império na parte final do século XIX e na década anterior à Primeira Guerra Mundial se baseava na necessidade estratégica no que era amplamente visto como uma disputa natural e instável entre as várias nações-império; mas se baseava também na necessidade de segurança em zonas de influência ou de interesse econômico onde a pressão imperial tinha provocado uma resposta violenta das comunidades locais. A imagem do pré-guerra como uma belle époque é uma construção eurocêntrica. A violência durante o período foi exportada da Europa para o mundo todo. A supremacia dos Estados modernizadores foi resultado de uma súbita aceleração no desenvolvimento dos elos de transporte e dos armamentos modernos, que, junto com dinheiro e treinamento, dava vantagem militar à potência imperial. Depois de 1868, o Japão logo imitou a organização europeia das Forças Armadas modernas e adotou a tecnologia mais avançada. No entanto, foi o único Estado asiático ou africano a fazê-lo de forma eficiente. A conquista das sociedades tradicionais foi completa, fosse contra os zulus ou matabeles no sul da África, fosse nas Índias Orientais holandesas, com a violenta conquista do sultanado de Achém, ou no Vietnã moderno, onde os franceses conquistaram Annam e Tonquim. A violência era uma característica explícita em todas as relações imperiais, mesmo após 1945, durante o eclipse final do império.

Para a história posterior das guerras mundiais, os conflitos imperiais entre adversários mais nivelados e Estados mais desenvolvidos foram mais significativos. A ênfase em 1914 como o fim da paz é de todo enganosa. O mundo cada vez mais globalizado que emergiu antes da guerra era regularmente desestabilizado por conflitos em grande escala (e momentos de crise aguda) que afetaram de forma profunda as relações entre as principais potências da Europa e o futuro da Ásia. Os mais importantes foram os conflitos do Japão, primeiro com a China em 1894, quando o Japão começou a invadir o estado tributário chinês na Coreia. Foi um conflito em grande escala, vencido pelos recém-formados Exército e Marinha japoneses; a Coreia se tornou um protetorado, e a grande ilha de Formosa (atual Taiwan), uma colônia, convertendo o Império Japonês num grande protagonista do jogo colonial. A segunda guerra foi travada contra o Império Russo, cujos governantes tinham impedido o Japão de anexar parte da província setentrional chinesa da Manchúria após a derrota chinesa e estabelecido negócios russos na região. Em 1904-5, um grande exército e quase toda a frota russa foram enviados numa missão insensata que envolvia uma viagem de 30 mil quilômetros do Báltico ao mar do Japão, onde sofreram uma derrota esmagadora, que resultou no Japão se apoderando das vastas atividades econômicas russas na Manchúria. Na guerra, 81 500 japoneses morreram e 381 mil foram feridos, de um total de 2 milhões de homens mobilizados, tornando-a o maior conflito externo que o Japão já tinha travado até então e transformando o papel do país na região.[20]

A guerra entre Espanha e Estados Unidos, em 1898-9, não foi planejada como um conflito imperial, mas a derrota espanhola deu aos Estados Unidos a posse temporária das Filipinas, de Porto Rico, de Guam e de várias ilhotas no Pacífico. A ideia de criar uma "Grande América" prosperou por um tempo, mas, quando a Suprema Corte decidiu que os novos territórios não faziam parte do país, o interesse pela ideia de um "império americano" perdeu força. As bases no Pacífico eram úteis do ponto de vista estratégico, mas os territórios tomados da Espanha ficaram numa espécie de limbo, sem fazer parte de um império formal, porém dependentes dos ocupantes americanos.[21] Além disso, em 1899 estourou uma grande guerra entre Grã-Bretanha e as duas repúblicas bôeres independentes sul-africanas, Transvaal e Estado Livre de Orange. A Guerra Sul-Africana, que durou de 1899 a 1902, foi o maior conflito de que a Grã-Bretanha participou em meio século. Cerca de 750 mil pessoas foram mobilizadas, e 22 mil foram mortas ou feridas; a Grã-Bretanha, lutando nesse caso contra outros colonos europeus brancos, foi amplamente condenada pelos europeus, mas acabou vencendo um conflito que estendeu de maneira substancial a área e os recursos disponíveis ao seu Império Africano, reforçando a noção darwiniana de que novos territórios imperiais só poderiam ser conquistados pela luta armada.[22]

As questões coloniais foram um catalisador vital para o que se provou ser as principais decisões que moldaram a eclosão da guerra em 1914. Os blocos de aliança formados a partir dos anos 1880 foram alimentados de modo essencial pela ansiedade estratégica em relação ao crescente poder e capacidade militar de Estados politicamente instáveis e em rápido processo de modernização, mas a rivalidade imperial também alimentava esse sentimento. A humilhação russa causada pelo Japão forçou as atividades econômicas do país a voltarem para o sudeste da Europa e para as relações com o Império Otomano; o conflito sobre questões imperiais entre França e Grã-Bretanha levou à entente anglo-francesa de 1904, e incertezas semelhantes levaram a uma entente russo-britânica três anos depois, numa colaboração que moldou a futura guerra europeia. A proteção de interesses econômicos globais, e não apenas europeus, também estimulou uma disputa pela expansão do poderio militar; a corrida naval entre Grã-Bretanha e Alemanha, em particular, não fazia nenhum sentido fora do contexto da globalização mais vasta dos seus interesses. Na verdade, a natureza da ambição imperial alemã, decorrente da crença de que um novo país precisava de um império para simbolizar seu status de potência mundial, explicava a contribuição dela para incidentes internacionais mais sérios anteriores a 1914, em especial a crise marroquina de 1905 e 1908, na qual ela tentou contestar acordos feitos por Grã-Bretanha, França e Espanha sobre a alocação de direitos de protetorado.

No entanto, tão importante quanto o Marrocos foi a decisão tomada em 1911 pelo governo italiano de Giovanni Giolitti, pressionado pela opinião interna nacionalista, de declarar guerra à Turquia e ocupar o que restava do Império Otomano no Norte da África. Lobbies nacionalistas e colonialistas afirmavam que, depois da humilhação na Abissínia, a solidificação da nova nação italiana precisava da expansão imperial para justificar o status de grande potência. Um dos seus principais porta-vozes, Enrico Corradini, definiu a Itália sem sua parcela de império como apenas um "país proletário", os mesmos termos usados mais tarde por Mussolini para justificar o novo imperialismo italiano nos anos 1930.[23] O grande objetivo da guerra era tanto o prestígio quanto o comércio ou o território, pois a guerra coincidia com o quinquagésimo aniversário de criação da nova nação italiana. Como no caso da Alemanha em relação ao Marrocos, o governo italiano, temendo que França e Grã-Bretanha bloqueassem qualquer nova tentativa de construir um império italiano na África, correu um risco considerável, embora no fim as duas principais potências imperiais não tenham conseguido conter a Itália. O resultado não foi a breve guerra colonial que os líderes italianos desejavam, mas, como os russos em 1904, eles se viram lutando contra outra grande potência.[24] O conflito durou um ano, de outubro de 1911 a outubro de 1912, e a Tripolitânia e a Cirenaica só foram cedidas pelos turcos porque a guerra no Norte da África tinha levado os Estados balcânicos independentes a tirar proveito da distração turca e lançar um ataque contra o que o país ainda tinha de território europeu. Os italianos chamaram a nova colônia de "Líbia", em homenagem ao nome dado à região no tempo do Império Romano, e começaram a preparar novas demandas para pressionar os britânicos e os franceses a fazerem concessões na África oriental.[25] No Egeu, a Itália ocupou as ilhas turcas do Dodecaneso como indenização e passou a assumir uma responsabilidade semicolonial por súditos europeus. A conquista da Líbia, como a derrota imposta pelos japoneses à China e à Rússia, afetou para uma geração inteira a ideia de que o império territorial só poderia ser garantido por novatos através da guerra, mesmo contra um grande adversário.

Há uma boa razão — e uma que não costuma ser usada — para afirmar que a arrogância italiana no Norte da África foi o gatilho que deflagrou a Grande Guerra. Vitórias balcânicas posteriores expulsaram a Turquia da maior parte dos seus territórios europeus, abrindo para a Sérvia a perspectiva de se tornar um grande ator na região. Nenhum dos dois impérios dinásticos interessados, a Rússia e a Áustria-Hungria, que enfrentavam crises políticas internas, estava preparado para abandonar seus negócios estratégicos na região. Desde 1882 a Itália era aliada da Alemanha e da Áustria, de modo que a ocupação italiana das ilhas do Dodecaneso em 1912 também possibilitou a ideia de que a Rússia poderia enfrentar novos obstáculos ao tentar acessar as águas quentes do Mediterrâneo, o que uma intervenção balcânica ativa poderia garantir. Embora a guerra europeia generalizada iniciada no fim de julho e no começo de agosto de 1914 costume ser atribuída à rivalidade entre as grandes potências endossada por sentimentos nacionais poderosos e a uma mistura de arrogância e insegurança entre os principais atores envolvidos, o papel da construção de um império e a definição de Estados modernos como Estados-nações são importantes para explicar por que países com tanta coisa a perder viam a guerra no continente como inevitável. No entanto, se a Sérvia aceitasse o ultimato austríaco de julho de 1914, os historiadores agora estariam incluindo mais uma breve crise imperial à longa lista iniciada nos anos 1890.[26]

Num sentido muito óbvio, a Grande Guerra *foi* um conflito imperial — todos os Estados que a ela aderiram em 1914-5 eram impérios, fossem dinásticos tradicionais ou países com territórios ultramarinos. Quando ela se tornou um conflito de atrito prolongado, os riscos aumentaram, de modo que a própria sobrevivência da nação-império passou a definir a natureza do embate. A ênfase histórica no longo e sanguinário impasse na Frente Ocidental reduziu o conflito a termos estritamente nacionalistas, mas a guerra ocorreu no mundo inteiro e tinha claras ambições imperiais.[27] A Rússia esperava estender sua influência ao Mediterrâneo Oriental e ao Oriente Médio às custas do Império Otomano; por sua vez, o Império Otomano, nas garras de uma revolução nacionalista, declarou guerra às potências aliadas — os impérios Britânico, Francês e Russo — em outubro de 1914 na esperança de conter a erosão do Império Turco no Oriente Médio e no Norte da África. A Itália, apesar de formalmente aliada às chamadas Potências Centrais — os impérios Alemão e Austro-Húngaro — pela Tríplice Aliança de 1882, optou por não entrar no conflito em 1914. Na verdade, depois de negociar com Londres um acordo redigido em termos muito vagos na primavera de 1915, sugerindo que a Itália seria recompensada com território imperial nos Bálcãs e na bacia do Mediterrâneo, o governo italiano se juntou aos Aliados. Embora a principal esperança fosse a derrota do Império Austríaco para que terras reivindicadas como italianas no nordeste da península pudessem enfim ser libertadas, as ambições do país também eram imperiais. A partir de 1912, na Líbia, forças italianas enfrentaram uma rebelião generalizada e incentivada pela Turquia. Enquanto a Itália discutia se entrava na guerra, duas grandes derrotas no Norte da África resultaram em 3 mil italianos mortos. Cerca de 40 mil soldados foram mantidos na colônia para defendê-la de uma jihad declarada em Constantinopla em novembro de 1914. Em 1918, a Itália tinha conseguido segurar o litoral líbio, mas Trípoli, a capital, estava praticamente sitiada.[28]

O esforço de guerra dos britânicos e dos franceses também se deu em escala global. Imediatamente depois do início dos combates europeus, os impérios aliados atacaram e ocuparam territórios coloniais alemães na África e no Pacífico. O Togo caiu em agosto de 1914, o sudoeste da África em maio de 1915 e Camarões em fevereiro de 1916; a África Oriental Alemã, apesar de nunca ter sido completamente conquistada, estava quase toda sob controle aliado em 1916. No Pacífico, a Grã-Bretanha recorreu ao Japão, com quem tinha negociado um tratado em 1902, para ocupar as ilhas do norte do Pacífico (conhecidas como *Nan'yō* pelos japoneses), que a Alemanha tinha comprado da Espanha trinta anos antes, e capturar a península de Shandong na China, que pertencia ao império ultramarino alemão. O Japão declarou guerra à Alemanha e capturou as colônias até o fim de 1914, ampliando a influência imperial do país na China e abrindo pela primeira vez uma vasta fronteira no Pacífico.[29] Em 1915, o governo japonês apresentou "21 exigências" à China, referentes à Mongólia, à província de Fujian e à Manchúria, seguindo os moldes dos tratados desiguais extraídos pelas potências imperiais antes de 1914.[30] O Japão achava que as outras potências beligerantes pouco poderiam fazer a respeito da extensão da influência japonesa enquanto estivessem atoladas na guerra na Europa. As "21 exigências" incluíam o requisito de que a China concordasse em não conceder mais portos ou ilhas às potências imperiais europeias, fixando um padrão para maior penetração imperial japonesa na China nas décadas seguintes.

De longe, a mais significativa das lutas imperiais fora da Europa foi a situação no Oriente Médio. Usando como base o Egito (ocupado pelos britânicos desde 1884 e declarado protetorado em 1914), uma guerra longa e complexa foi travada contra o Império Otomano pelo controle da região que ia do Mediterrâneo Oriental até a Pérsia (o atual Irã). A estratégia imperial britânica passou a se concentrar nos perigos para o seu império global caso qualquer outra potência viesse a dominar a região, e ao longo do conflito a Grã-Bretanha se empenhou para descobrir uma maneira de controlar, de um jeito ou de outro, toda a região do sul da Ásia e do mundo árabe, da Palestina ao Afeganistão.[31] O plano inicial, formalizado no Acordo Sykes-Picot de janeiro de 1915, era dividir o Império Otomano em esferas de influência: à Rússia tsarista foi atribuída influência em Constantinopla e na Anatólia, o coração da Turquia; à França, uma esfera baseada numa grande Síria vagamente definida; e à Grã-Bretanha, influência por toda a área da Palestina à Pérsia. Antes que isso pudesse ser realizado, ataques otomanos contra o canal de Suez, visto como a artéria principal do Império Britânico, tiveram que ser rechaçados. Quando forças do Império Britânico enfim obrigaram os turcos a recuarem para a Síria e o norte do Iraque, a Rússia já tinha abandonado a guerra, logo após a Revolução Bolchevique, deixando a Grã-Bretanha e a França como os únicos herdeiros imperiais de todo o Oriente Médio. O aliado alemão da Turquia tinha apoiado os esforços imperiais do país não só com equipamento e conselheiros militares, mas também instigando rebeliões religiosas ou nacionalistas contra a Grã-Bretanha e a França em todas as suas áreas e esferas de influência imperiais, em particular na Índia, no Afeganistão, no Norte da África e no Irã.[32] Todos esses esforços fracassaram, e em 1918 estava claro que o Oriente Médio inteiro seria dominado pela Grã-Bretanha e pela França e provavelmente seria dividido entre elas, garantindo mais uma região essencial para a extensão e consolidação da sua hegemonia imperial.[33]

Para a Alemanha, a perda de todas as colônias e o bloqueio marítimo aliado contra a pátria forçaram automaticamente os imperialistas alemães a abraçar a ideia de um império europeu maior, e em particular de uma vasta esfera de dominação alemã no Leste. Isso não era, de forma alguma, apenas mais uma fantasia imperial. Em 1915 havia forças alemãs bem inseridas na Polônia russa e ocupando os Países Bálticos. Fizeram recuar a fronteira com o "eslavismo", que tinha colorido as opiniões anteriores à guerra sobre a necessidade de uma forma qualquer de colonialismo oriental. Na região sob ocupação militar alemã no Leste havia padrões de controle que evocavam práticas coloniais nos territórios ultramarinos da Europa, em especial a distinção entre cidadãos e súditos. As populações dominadas eram governadas por diferentes regimes jurídicos, forçadas a saudar e se curvar quando funcionários alemães passavam, e forneciam mão de obra sob coerção.[34] Depois da fundação do Partido da Pátria Alemã em 1917, ideias sobre criar uma vasta área de colonialismo de ocupação no Leste se tornaram cada vez mais populares. "Vejo minha terra natal no auge do poder como o Império da Europa", dizia o herói de uma historieta patriótica para a juventude alemã.[35] A presença de soldados alemães em território imperial russo reforçava preconceitos populares sobre a Rússia como entidade política primitiva, pronta para ser colonizada, enquanto a linguagem usada pelos ocupantes evocava o vocabulário colonial dos impérios ultramarinos. Não havia palavras, de acordo com um relatório da Frente Oriental em 1914, para descrever a "vulgaridade e bestialidade" da população no lado russo da fronteira.[36]

O apogeu das ambições imperiais alemãs durante a guerra veio com o Tratado de Brest-Litovsk, assinado de forma compulsória pelo governo revolucionário bolchevique em março de 1918, o qual permitiu uma área de ocupação alemã que englobava todo o Império Russo ocidental, como a Bielorrússia, os Países Bálticos, a Polônia russa, a Ucrânia e a costa caucasiana do mar Negro, indo, na verdade, mais longe do que o Exército de Hitler conseguiria alcançar 25 anos depois. Isso abriu para os britânicos a perspectiva de um pesadelo imperial: um bloco alemão-otomano-Habsburgo sólido que dominava a parte central da Eurásia e o Oriente Médio. A situação se agravou em março de 1918 com o lançamento da última investida militar da Alemanha na Frente Ocidental, que obrigou os exércitos aliados a recuarem pela ameaça de uma derrota catastrófica. "Estamos na iminência de um desastre", advertiu Sir Henry Wilson, conselheiro militar do governo. Lorde Milner, um dos chamados pró-cônsules de império da Grã-Bretanha, disse ao primeiro-ministro David Lloyd George que era provável que as Potências Centrais "dominassem toda a Europa e a Ásia setentrional e central". Os medos populares britânicos imaginavam também uma África alemã que se estenderia do Atlântico ao Índico com a anexação pela Alemanha do Congo Belga.[37] Essa crise ilustra de maneira aguda as dimensões imperiais e globais de uma guerra que veio a ser travada tanto pelo futuro do império quanto pela sobrevivência das nações.

O pesadelo imperial britânico nunca se materializou. Os aliados mais fracos da Alemanha desmoronaram durante 1918 com o fracasso da Ofensiva de Março. Apoiados por tropas americanas depois da declaração de guerra dos Estados Unidos às Potências Centrais um ano antes, em abril de 1917, os Aliados ocidentais por fim puderam obrigar os exércitos alemães a recuarem para a fronteira do país. Em 11 de novembro, a guerra europeia chegou ao fim, botando abaixo três grandes impérios — o Alemão, o Austro-Húngaro e o Otomano —, o que se somou ao colapso do império dinástico russo em 1917. Tanto a Grã-Bretanha como a França viram sua vitória como uma conquista imperial. O Império Britânico tinha contribuído com uma notável força de trabalho, além do dinheiro e dos recursos necessários à metrópole num campo de batalha global. As colônias brancas ocupadas contribuíram com 1,3 milhão de homens, enquanto 1,2 milhão foram mobilizados na Índia; as colônias africanas forneceram centenas de milhares de trabalhadores, dos quais estima-se que 200 mil morreram.[38] O Império Francês forneceu 500 mil soldados (a maioria da África ocidental e setentrional francesa), recrutou mais de 200 mil trabalhadores, além de ter acumulado 1,6 bilhão de francos em contribuições e 5,5 milhões de toneladas de suprimentos.[39] A solidariedade do império se tornou tema central da propaganda de guerra, e os dois principais impérios esperavam que a guerra, para assegurar a sobrevivência da democracia, garantisse também, de modo paradoxal, a sobrevivência do império antidemocrático. Esse paradoxo é essencial para entender o dilema que todos os impérios enfrentaram depois de 1918; também ajuda a explicar o papel do imperialismo na produção de um segundo grande conflito vinte anos depois.

O maior problema dos impérios que sobreviveram depois da guerra estava na dificuldade de conciliar o princípio da nacionalidade com a ideia de império, um desafio convencionalmente associado ao presidente democrata americano Woodrow Wilson, cujo discurso perante o Congresso dos Estados Unidos em 18 de janeiro de 1918 estabeleceu o que ficaria conhecido como os "catorze pontos" para a formulação de uma nova ordem mundial internacionalista. O discurso ficou famoso em todo o mundo da noite para o dia, porque o décimo quarto ponto de Wilson invocava o direito à "independência política e à integridade territorial para Estados grandes e pequenos"; no fim do discurso, ele reiterou a opinião de que todos os povos e nacionalidades tinham o "direito de conviver em termos iguais de liberdade e segurança". Embora não tenha usado o termo "autodeterminação", as ambiguidades do discurso permitiam essa interpretação, e Wilson recebeu uma avalanche de petições de lobistas e de delegações de habitantes das colônias que entenderam de forma equivocada sua declaração como uma oportunidade para buscar a própria emancipação.[40] Na verdade, a ideia de "autodeterminação" desenvolvida a partir da declaração de Wilson nasceu entre os revolucionários russos em 1917, logo após a derrubada do regime tsarista em março. Ainda disposto a lutar na guerra, o governo provisório revolucionário anunciou, em 9 de abril de 1917, que seu principal objetivo de guerra era "o estabelecimento da paz permanente com base na autodeterminação dos povos". No ano seguinte, após a tomada do poder em novembro de 1917 pelos bolcheviques, a ala comunista radical do movimento socialista russo, Lênin, o presidente do novo governo, pediu a "libertação de todas as colônias; a libertação de todos os povos dependentes, oprimidos e não soberanos".[41] O apelo do comunismo russo, logo institucionalizado com a criação da Internacional Comunista [Comintern] em 1919, assustou tanto as potências imperiais que elas enviaram exércitos de intervenção em 1918-9 para apoiar as tropas "brancas" antibolcheviques russas. O Japão, com a lembrança ainda fresca do conflito com a Rússia, despachou 70 mil soldados para a Sibéria em 1918 e chegou a pensar em criar uma província siberiana dependente, com o respaldo de 250 mil soldados, com o objetivo de estender o Império Japonês para o norte. Os êxitos militares bolcheviques e a instabilidade interna japonesa enfim resultaram na retirada do Japão em 1920.[42]

Os primeiros sinais de que havia uma crise do império sendo provocada pela ideia de autodeterminação surgiram com a paz, quando os povos subjugados esperavam que sua contribuição para a vitória dos Aliados fosse correspondida pelas potências metropolitanas com quem eles haviam colaborado durante a guerra com concessões políticas, enquanto outros tinham esperança de que a retórica wilsoniana ajudasse a romper grilhões imperiais indesejados, e em alguns casos bastante recentes. Na primavera de 1919, Wilson e sua comitiva na Conferência de Paz de Paris foram bombardeados por peticionários ou petições pela plena soberania e pelo fim da presunção imperial de que os povos subjugados eram incapazes de governarem a si mesmos. Os peticionários incluíam Pérsia, Iêmen, Líbano, Síria, Tunísia, Indochina Francesa (hoje Vietnã, Laos e Camboja), Egito e Coreia. O nacionalista indiano Lala Lajpat Rai, cofundador da Liga Americana de Autogoverno da Índia, enviou um telegrama a Wilson para lhe agradecer por conferir uma nova carta de liberdade "para todas as nacionalidades pequenas, subjugadas e oprimidas do mundo". A intervenção americana, dizia Rai, tinha "obscurecido as potências imperiais da Europa".[43] Nenhuma petição foi atendida, e no ano seguinte ao fim da guerra ocorreram protestos generalizados, muitas vezes violentos, contra o governo imperial. Na Coreia, manifestações em março de 1919 foram brutalmente reprimidas; na Índia, rebeliões na cidade de Amritsar foram respondidas com tiros, resultando em 379 mortos; no Egito, líderes nacionalistas foram exilados, e oitocentas pessoas morreram em tumultos antibritânicos. "Não é essa a mais hedionda das traições?", escreveu um representante egípcio em Paris. "Não é a mais profunda negação de princípios?"[44] Apenas na Irlanda os nacionalistas foram bem-sucedidos ao desafiar os 110 mil soldados britânicos que estavam ali e alcançaram uma forma de independência em 1922, com o Estado Livre Irlandês.

No fim das contas, a prioridade da Conferência de Paz era criar Estados soberanos na Europa Oriental e Central que substituíssem os impérios dinásticos colapsados: disso resultaram Polônia, Iugoslávia, Tchecoslováquia, Finlândia, Estônia, Letônia, Lituânia e um pedaço da Áustria. O princípio de autodeterminação não foi aplicado a nenhum outro lugar. As delegações britânica e francesa conseguiram convencer Wilson a tirar a palavra "autodeterminação" do esboço do pacto de organização da Liga das Nações, que seria o principal agente da ordem internacionalizada, e substituí-la por um compromisso com a integridade territorial e a independência política dos países existentes.[45] Esse foi o começo de um processo político em 1919 no qual a pressão anglo-francesa conseguiu limitar de maneira substancial as ambições liberais tanto de Wilson como dos próprios críticos ingleses e franceses do império. Nos termos do Tratado de Versalhes, o Império Alemão vencido foi tratado de modo punitivo, perdendo todos os territórios ultramarinos, a Alsácia-Lorena, o Corredor Polonês na Prússia Oriental e parte da Silésia, além de ceder pequenas porções de terra para a Bélgica e para a Dinamarca, sendo então forçado a se desarmar por completo e aceitar uma conta de reparações de 132 bilhões de marcos por supostamente ter iniciado a guerra. A acusação de culpa pelo conflito teve um papel essencial em deixar a sociedade alemã alienada em todo o espectro político do acordo de paz, e o mesmo fez a decisão de despojar a Alemanha de todas as colônias sob a alegação de que o colonialismo alemão em particular era brutal e explorador demais para justificar a participação do país na "missão civilizatória", o que para os alemães não passava de mera hipocrisia.

Não é de surpreender que os beneficiários fossem, acima de tudo, os grandes Estados imperiais. Um dos primeiros atos combinados quando os Aliados se reuniram em Paris, em janeiro de 1919, foi confirmar as ocupações britânica e francesa de territórios imperiais alemães e otomanos. Em vez de anexá-los de forma direta e de imediato, eles concordaram com um sistema de mandato que os tornava curadores de povos "ainda incapazes de se manterem por conta própria" nas "árduas condições do mundo moderno". O sistema de mandato foi formalizado com a criação da Comissão Permanente de Mandatos da Liga das Nações em 1921, cujo pessoal, chefiado pelo acadêmico suíço William Rappard, deveria supervisionar a atividade das potências mandatárias para garantir que de fato preparavam as populações dos territórios sob mandato para o autogoverno. No entanto, as potências mandatárias na verdade tratavam as novas aquisições como acréscimos ao seu mapa imperial ou, como diria o político conservador britânico Neville Chamberlain, seu império num "sentido coloquial". Os mandatos no Oriente Médio resultaram de acirradas negociações entre Grã-Bretanha e França, mas ocuparam toda a área — Líbano e Síria para a França, Transjordânia, Iraque e Palestina para a Grã-Bretanha —, independente das promessas feitas a líderes árabes que tinham apoiado a campanha contra os turcos. Os mandatos das antigas colônias alemãs na África foram divididos também entre os impérios Britânico e Francês, com a concessão aos belgas de que Ruanda e Burundi, na bacia oriental do Congo, lhes seriam alocados.[46] O Japão ficou com o mandato sobre as ilhas alemãs do norte do Pacífico; enquanto a Austrália e a Nova Zelândia ficaram com a Nova Guiné alemã e Samoa ocidental. As populações reclamaram da forma como eram tratadas. "O governo francês", escreveu Joseph Bell, dos antigos Camarões Alemães em outubro de 1919, "nos está obrigando a viver sob a sua administração governamental, mas o nosso país não quer um governo francês." Petições proliferaram mais uma vez em Genebra, onde funcionava a Comissão de Mandatos, mas eram ignoradas pelas novas potências mandatárias, que dominavam a Liga. Dos nove membros da Comissão, a maioria era formada por diplomatas ou funcionários coloniais, dos quais oito representavam Estados imperiais, incluindo quatro das próprias potências mandatárias.[47]

Nos anos que se seguiram à Grande Guerra, o império sobreviveu tanto a pressões internacionalistas como a pressões nacionalistas graças à sua disposição de confrontar ameaças com o uso da violência. Na verdade, para todas as potências imperiais, diante de um mundo instável e politicamente perigoso, o império acabou se tornando mais e não menos importante, o que ajudou a definir e fortalecer a nação-império enquanto suprimia os direitos à plena independência nacional na África, no Oriente Médio e na Ásia. Woodrow Wilson, a despeito de toda a sua breve popularidade mundial, jamais quis que seus princípios desmantelassem o mundo dos impérios. Na opinião dele, as potências imperiais deveriam atuar numa condição tutelar, levando os benefícios da civilização a povos primitivos demais para a plena autonomia nacional, como os Estados Unidos faziam com as Filipinas e outros territórios adquiridos da Espanha. Seu comportamento em Paris, ao reagir de forma negativa a petições não europeias, confirmou sua preferência, mas grande parte do público americano interpretou a incapacidade de conter o imperialismo europeu e japonês como hipocrisia, e em 1919 o Senado dos Estados Unidos rejeitou o acordo firmado em Paris e a Liga das Nações como seu agente de sustentação.[48] Essa decisão não desvinculou por completo os Estados Unidos das questões mundiais, como às vezes se sugere, mas deixou a Liga firmemente nas mãos das grandes potências que tinham interesses diretos em manter o império.

Os impérios sobreviventes mais significativos foram os da Grã-Bretanha e da França. Depois da guerra, o Império Francês passou a desempenhar um papel mais importante na cultura metropolitana e a fornecer maior vantagem econômica. Com o acréscimo dos territórios sob mandato, o Império Francês alcançou a sua maior extensão geográfica e passou a ser chamado Grande França [*la plus grande France*]. A contribuição feita durante a guerra estimulou a ideia, associada em particular ao ministro das colônias, Albert Sarraut, de que o império precisava ser centralizado e consolidado para render ao máximo. Em 1923, seu conhecido livro *La Mise en valeur des colonies françaises* [O desenvolvimento das colônias francesas] esboçou o objetivo mais amplo do império: "aumentar a força e a riqueza do conjunto das Franças ultramarinas" garantiria "o poder e a prosperidade futuros da metrópole". Um empresário comentou que com o império a França era "um país de importância mundial".[49] Sucessivos governos franceses formaram um império bastante vinculado à economia metropolitana, protegida até certo ponto depois de 1928 por uma série de regulações, as tarifas Kircher, e baseada num bloco de moeda comum. Em 1939, o império já absorvia 40% das exportações francesas e fornecia 37% das importações; no mesmo ano, mais de 40% do investimento francês no exterior estava no império.[50]

A realidade, claro, não era totalmente consistente com a imagem popular, uma vez que a história do imperialismo francês foi pontuada durante os anos 1920 e 1930 por conflitos violentos. Alguns dos piores foram a Guerra do Rife, no Marrocos, e a supressão da revolta síria, ambas em 1925-6, e a brutal resposta a uma insurgência comunista na Indochina em 1930-1. Neste último, estimativas contemporâneas afirmavam que mais de mil manifestantes foram mortos por tiro ou bomba, 1300 aldeias foram destruídas e 6 mil pessoas foram presas, torturadas ou executadas. Trabalhadores das plantations, que se juntaram aos insurgentes, trabalhavam de quinze a dezesseis horas por dia vigiados por guardas armados e eram confinados a suas aldeias.[51] Aqui, como em todo o império, o governo francês e as autoridades coloniais estavam menos dispostos a fazer concessões políticas superficiais ao nacionalismo colonial do que os britânicos. Mas, internamente, o império atraiu muito engajamento popular. No fim dos anos 1920, havia mais de setenta revistas e jornais dedicados a questões coloniais. Em 1931, no auge da recessão mundial, uma grande exposição colonial foi realizada em Vincennes, em Paris, num vasto palácio construído e decorado com murais e símbolos exóticos dos territórios dispersos. Em cinco meses, foram vendidos 35,5 milhões de ingressos. A exposição, apesar de baseada na ideia de um império unitário, apresentava o mundo colonial como "o outro", reforçando as hierarquias que operavam na realidade do sistema.[52]

O Império Britânico continuava a ser o maior do mundo por uma margem considerável. Não havia dúvida de que isso contribuía para a posição da Grã-Bretanha como potência econômica global. Enquanto outros mercados encolhiam ou eram fechados, as exportações para as colônias aumentaram de um terço para quase metade de todo o comércio britânico entre 1910 e 1938, quando áreas do império forneciam 42% das importações; em 1930, quase 60% do investimento no exterior ia para regiões do império. Este ainda não era um bloco comercial fechado, mas se praticavam preferências imperiais. Como no caso francês, o relativo declínio de setores da indústria britânica era mascarado pela capacidade de exportar produtos superfaturados para regiões do império, enquanto o investimento britânico em suprimentos ultramarinos de estanho, borracha, petróleo, cobre e uma série de outras matérias-primas dava às casas comerciais e indústrias do país uma grande presença no mercado mundial. O império se enraizou na cultura popular britânica, ainda que para muitos fosse uma realidade remota, uma comunidade imaginada radicada na propaganda de unidade e paternalismo que, como no caso francês, não explicava o quase permanente estado de emergência e de ação coercitiva que ocorria em alguma parte do império todos os anos. A data mais importante do calendário era o Dia do Império, criado em 1902 no dia do aniversário da rainha Vitória, e que a partir dos anos 1920 era comemorado por quase todas as escolas do país. Em 1924-5, uma grande Exposição do Império foi montada em Wembley, em Londres, que atraiu 27 milhões de visitantes para uma área de 88 hectares, onde "raças residentes" eram abrigadas para serem observadas como animais num zoológico.[53]

Essas vantagens econômicas não eram compartilhadas pelos três países recém-chegados ao tumulto imperial no fim do século xix — Itália, Japão e Alemanha. Não por acaso, nos anos 1930, quando a economia global entrou em colapso, e com ela o internacionalismo, essas foram as três potências a lançar uma nova onda de imperialismo territorial violento, com base em noções de "nação-império" anteriores à guerra. Sua visão da ordem mundial depois de 1919 foi, por diferentes razões, tingida de um profundo ressentimento com o resultado do conflito e com a posição dominante assumida pelas principais potências ocidentais para moldar o arranjo pós-guerra e a subsequente arena política internacional. Foi assim até mesmo para as potências aliadas Itália e Japão, ambas as vitoriosas em 1919 e, diferentemente da Alemanha, ainda donas de impérios coloniais depois da guerra. Círculos nacionalistas nos três países compreenderam que a Grande Guerra tinha feito com que os principais impérios globais, o britânico e o francês, atingissem o auge da sua grandeza territorial. O seu poder global, apoiado pela Liga das Nações e pela retórica do internacionalismo, era usado para conter a expansão imperialista de outros Estados enquanto permitia que os dois países explorassem ao máximo seu status de "nação-império". Na verdade, quanto mais vigorosamente os britânicos e os franceses propagavam a fantasia de um império unido como fonte de força e prosperidade nacionais, mais os Estados desfavorecidos imaginavam que adquirir mais território era a única maneira de fortalecer seu status e proteger suas populações contra riscos econômicos. Ninguém tinha dúvida de que novas aquisições territoriais só eram possíveis pela guerra. A história mais recente confirmava isso: a Guerra Hispano-Americana de 1898, a Guerra Sul-Africana, a Guerra Russo-Japonesa, a conquista da Líbia que durou vinte anos e, nos anos 1920, os grandes conflitos imperiais no Marrocos, na Síria e no Iraque demonstravam essa verdade óbvia. O ressentimento pelo que era visto como falta de autonomia para decidir futuros nacionais alimentava uma rejeição cada vez maior dos valores "ocidentais" ou "liberais" baseados na colaboração pacífica e na política democrática. Não é difícil entender por que o sentimento nacionalista nesses três Estados acabou favorecendo soluções territoriais que pudessem pôr fim ao que consideravam sua subordinação permanente aos impérios Britânico e Francês, grandes em termos territoriais e ricos em recursos naturais, e aos Estados Unidos.

O ressentimento do Japão tinha origem na história da expansão japonesa, que tinha catapultado o país a uma posição de grande participante na política regional de poder no Leste da Ásia e no Pacífico no fim da Grande Guerra — um status ainda não de todo reconhecido pelos Aliados. Apesar de o Japão ter sido convidado para a Conferência de Paz de Paris como membro do Conselho dos Dez, formado por representantes dos principais Estados aliados, as decisões mais importantes eram negociadas pelas grandes potências ocidentais. As demandas japonesas de incluir uma cláusula de "igualdade racial" no Pacto da Liga foram rejeitadas pelas grandes potências, que não estavam preparadas para promover essa ideia. A Liga continuava a ser, aos olhos dos japoneses, uma construção ocidental, inadequada para "medidas de autorresgate nacional": em meados dos anos 1920, discutiu-se sem sucesso a ideia de que o Japão estabelecesse uma seção asiática da Liga que representasse melhor os interesses japoneses. Os esperados ganhos com a guerra — "uma posição de destaque no Oriente", como disse o ministro das Relações Exteriores Motono Ichirō — foram aos poucos sendo corroídos.[54] As potências ocidentais retomaram uma fatia do mercado na China. O Japão teve que concordar em devolver a concessão alemã de Shandong, tomada em 1914 com grande fanfarra nacionalista, à soberania chinesa; o reconhecimento americano de interesses especiais do Japão na China no acordo Lansing-Ishii de 1917 foi repudiado em 1922; a aliança anglo-japonesa assinada em 1902 foi revogada em 1923. "Em todos os lugares do mundo", observou o representante do Japão na Conferência de Paz, "o chamado americanismo avança..."⁵⁵ Na Conferência de Desarmamento de Washington de 1922-3, o Japão teve que aceitar que sua força naval respeitasse a proporção 5:5:3 a favor da Grã-Bretanha e dos Estados Unidos. O mesmo ocorreu na Conferência Naval de Londres, em 1930.⁵⁶ Acima de tudo, o apoio ocidental a uma nova China nacionalista, que aos poucos emergia dos conflitos entre caudilhos que vieram na esteira da queda do império em 1912, alienou o Japão, que considerava sua posição no país essencial para seus futuros interesses nacional-imperialistas. O Tratado das Nove Potências, negociado em Washington em 1922, também assinado pelo Japão, insistia numa política de portas abertas no comércio com a China e, de forma implícita, repudiava a ideia de que o Japão tivesse uma posição privilegiada na Ásia. Os críticos japoneses do sistema internacional falavam de uma nova ordem asiática baseada no "pensamento oriental" e rejeitavam modelos ocidentais de manutenção da paz, capitalismo e democracia liberal como inerentemente incompatíveis com os interesses estratégicos e políticos do país.⁵⁷

Uma questão central para os nacionalistas japoneses — qual o sentido dos "sacrifícios de sangue" feitos nas guerras com a China e a Rússia? — também o era para a Itália. A propaganda nacionalista no começo dos anos 1920 explorava o tema da construção de uma nova Itália "em nome dos mortos", cujo sacrifício, segundo esse argumento, tinha sido um escárnio à luz do acordo de paz de 1919. Embora durante a guerra o país tivesse sofrido 1,9 milhão de baixas, entre mortos e feridos, a delegação italiana foi tratada na Conferência de Paz como uma aliada cuja contribuição não lhe permitia receber a mesma consideração. Durante a guerra, os nacionalistas contavam como certo que haveria anexações depois do conflito na Dalmácia e até mesmo na Turquia; no Ministério Colonial, funcionários italianos falavam em criar uma África italiana da Líbia ao golfo da Guiné.⁵⁸ Em janeiro de 1919, num congresso convocado pelo Instituto Colonial Italiano para analisar o acordo de paz, um representante proclamou que o país "precisa alcançar a igualdade territorial no ultramar" com britânicos e franceses.⁵⁹ No mínimo, o governo italiano esperava que a Grã-Bretanha e a França honrassem os compromissos territoriais secretos assumidos no Tratado de Londres, assinado em 1915 para convencer a Itália a entrar na guerra, que incluíam a promessa de território na Dalmácia, o controle da Albânia, o reconhecimento de interesses italianos no Mediterrâneo e a possibilidade de que o país compartilhasse os espólios dos impérios Alemão e Otomano como "justa compensação".⁶⁰

Infelizmente para a delegação italiana, Wilson era hostil ao tratado e se recusou a ficar preso aos seus termos, enquanto a Grã-Bretanha e a França usaram a intransigência dele para mascarar seu próprio desejo de não fazer concessões à Itália. Divisões políticas no país sobre o que significava uma paz justa tornavam difícil coordenar um programa para exigir o cumprimento do tratado de Londres.⁶¹ Em abril, o primeiro-ministro italiano Vittorio Orlando abandonou a Conferência de Paris, mas ao voltar em maio estava mais claro do que nunca que o país não seria contemplado com novas concessões territoriais além do antigo território austríaco no nordeste da península italiana, nem mesmo teria permissão de administrar um território sob mandato. O resultado criou o mito da "vitória mutilada" [*la vittoria mutilata*]. Em suas memórias, Orlando afirma que "nunca uma paz deixou tão grande rastro de ressentimento e ódio, não só dos derrotados contra os vitoriosos, mas também dos vitoriosos contra seus aliados vitoriosos".[62] Esse legado de ressentimento caracterizou as ambições do governo nacionalista radical nomeado em outubro de 1922 e liderado por Benito Mussolini e seu recém-fundado Partido Fascista Italiano. Apesar de animado por uma profunda hostilidade contra o que ele chamava de "a aliança plutocrática e burguesa" entre Grã-Bretanha, França e Estados Unidos, havia limites para o que até mesmo um regime fascista poderia alcançar numa situação em que a Itália dependia pesadamente de créditos estrangeiros e lutava para controlar as poucas colônias que tinha, na Líbia e na África Oriental. Pela maior parte dos anos 1920, faltou à Itália, como ao Japão, autonomia internacional, impaciente por receber permissão para buscar uma política mais ousada nos Bálcãs, na bacia do Mediterrâneo e na África, mas indecisa quanto aos riscos envolvidos em expandir o legado de fantasias imperiais frustradas em Versalhes.[63]

O caso alemão era diferente tanto do italiano quanto do japonês. A Alemanha era um império derrotado, destituído de suas colônias ultramarinas e dos territórios poloneses internamente colonizados. Ali os ressentimentos alimentados pela derrota contavam com uma base social muito mais ampla do que na Itália ou no Japão, e com uma articulação política e cultural mais perigosa. A experiência inicial de fome generalizada, desemprego, hiperinflação e violência política (incluindo a violenta fronteira oriental com a Polônia) nos anos do pós-guerra marcou uma geração inteira e impôs à Alemanha um nível de dificuldades e humilhações que nenhuma outra potência imperial sofreu nos anos 1920. Os sacrifícios nacionais feitos durante a guerra criaram um sentimento direto de vitimização compartilhada.[64] A culpa dessa crise existencial era depositada em especial sobre as potências ocidentais vitoriosas que impuseram o acordo de paz. Em todo o espectro político havia ressentimento em relação à acusação de que a Alemanha sozinha era responsável pela guerra, de que ela precisava ser restringida em termos territoriais e desarmada, e de que o povo alemão não era humano e eficiente como colonizador. Esta última afirmação da Conferência de Paris, chamada nos anos 1920 de "mentira colonial" [*Koloniallüge*], era um insulto calculado, usado para justificar a tomada das colônias alemãs e a redução do país no futuro a uma posição subalterna na Europa. Quando os termos do tratado aliado foram discutidos na Assembleia Nacional de Weimar em março de 1919, os representantes, na maioria socialistas e liberais, rejeitaram as propostas coloniais por 414 votos a sete e pediram "o restabelecimento dos direitos coloniais alemães".[65] Dez anos depois, Adolf Hitler, então líder de um Partido Nacional Socialista em rápido crescimento, usou uma declaração eleitoral para rejeitar "como importante ataque à nossa honra nacional a afirmação falsa e monstruosa de que o povo alemão não tem capacidade de administrar colônias". A direita nacionalista nos anos 1920 interpretou as restrições impostas à Alemanha como uma forma de colonialismo reverso, no qual o futuro do país ficava refém dos interesses econômicos e políticos das potências imperiais, "uma colônia de exploração tributária", como disse Hitler.[66] Incapazes de contestar o monopólio de poder ocidental, os nacionalistas radicais redirecionaram o ressentimento para dentro, contra judeus e marxistas alemães que tinham, segundo eles, "apunhalado a Alemanha pelas costas" em 1918, abrindo caminho para a colonização ocidental do interior alemão.

O direito de ser considerada o que era chamado então de "Nação Cultural" [Kulturnation], capaz de compartilhar com outros impérios a missão civilizatória e modernizadora, foi tema recorrente nos anos 1920. Em 1926, o Ministério das Relações Exteriores alemão patrocinou um filme informativo chamado *História mundial como história colonial*, que ilustrava não só a ajuda econômica que as colônias poderiam trazer, mas também contestava a afirmação de que a Alemanha era incapaz de governar povos subjugados.[67] Embora fosse agora um Estado "pós-colonial", as ligações do país com o passado colonial eram mantidas através de organizações e de propagandas empenhadas em restabelecer a Alemanha como um império ultramarino em algum momento. A Sociedade Colonial Alemã atuava como uma instituição guarda-chuva que acolhia pequenas associações criadas para fazer campanha pelos direitos coloniais; tinha 30 mil membros com 260 filiais e apoiava uma vasta gama de periódicos coloniais. Notícias das ex-colônias e dos outros grandes impérios eram amplamente disseminadas. Subsídios e investimentos para empresas alemãs que operavam em ex-colônias aumentaram, de 73 em 1914 para 85 em 1933. A Escola Colonial de antes da guerra voltou a funcionar, e em 1926 uma Escola Colonial para Mulheres foi criada, ambas destinadas a treinar administradores e especialistas para um hipotético futuro império. Em 1925, uma exposição colonial foi realizada de modo incoerente em Berlim. O ministro das Relações Exteriores, Gustav Stresemann, aproveitou a ocasião para enfatizar o contraste entre os demais impérios europeus, incluindo Espanha, Portugal e Dinamarca, e os alemães, que eram de maneira singular um "povo [europeu] sem espaço" [Raum].[68]

A fonte de ressentimento mais explícita depois de 1919, na visão de Stresemann, era a ideia de que os alemães, como um povo vigoroso, progressista e culto, não tinham território suficiente para exibir essas qualidades e alimentar uma população em crescimento. Entre os círculos nacionalistas do país, e na verdade também fora deles, a perspectiva de que a expansão territorial de certa forma definia um país moderno e lhe permitia exercer domínio sobre uma hierarquia de povos subjugados se tornou lugar-comum na reflexão sobre o passado imperial, e possível futuro imperial, da Alemanha. O elemento-chave era "espaço". Nos anos 1920, as ideias pioneiras de Ratzel sobre a necessidade natural de *Lebensraum* se disseminaram pelo país, em especial por causa do território restrito definido pelo tratado de paz de Paris — a "mutilação injustificada, infundada e descabida do nosso próprio espaço vital", como disse um geógrafo alemão em 1931.[69] A popularidade da geopolítica, então uma nova ciência, na Alemanha dos anos 1930, da qual Karl Haushofer foi um dos pioneiros, decorria não tanto da própria ciência, que era confusa demais para a maioria, mas do vocabulário do espaço vital e suas implicações para a situação alemã. A popularidade do romance *Volk ohne Raum* [Um povo sem espaço], publicado em 1926 pelo ex-colono Hans Grimm e que vendeu 315 mil exemplares, vinha do próprio título, escolhido por um editor como um grito de guerra para as reivindicações germânicas. O conceito de *Raum* era mais amplo do que a palavra "espaço" sugere; denotava uma área onde o *Volk*, ou povo, plantaria suas qualidades culturais e seus atributos biológico-raciais especiais à custa de povos subjugados ou estrangeiros e, em particular, de acordo com a ala nacionalista radical, dos judeus como arquétipo da "antinação" cosmopolita.[70]

A ideia de garantir um território adicional para ser governado ou dominado por um povo definido em termos de sua homogeneidade racial e superioridade cultural era vista como uma compensação, nas palavras de Haushofer, pelos "pesados e sangrentos sacrifícios" da guerra.[71] Mas essas aspirações, amplamente compartilhadas na sociedade alemã, implicavam a questão de saber de onde viria essa compensação pelos supostos maus-tratos sofridos pela Alemanha. O lobby colonial, apesar de grande e bem-organizado, entendia que conquistas de colônias ultramarinas no período dos anos 1920 eram quiméricas, embora se esperasse que no futuro as potências ocidentais permitissem à Alemanha um projeto colonial colaborativo. A maioria dos círculos nacionalistas que abordavam a questão de "raça e espaço" se concentrava na vertente pré-guerra do pensamento imperial, reforçada pelo império de curta duração estabelecido em 1918 na Ucrânia, de que apenas a expansão para o leste prometia *Raum* num sentido autêntico e plausível. Aqui talvez fosse possível, como sugeriu nos anos 1930 o jurista alemão Carl Schmitt, construir uma "área maior" [*Grossraum*] na Europa Central e Oriental e manter outras potências distantes. O "leste", embora nunca definido com clareza, figurava regularmente em discussões sobre "espaço". Os geopolíticos em particular ressaltavam que, muito além das fronteiras agora limitadas da Alemanha, havia áreas de influência histórica alemã — fossem em termos de idioma, práticas agrícolas, tradições jurídicas ou até mesmo na forma de construir casas — que justificavam ver o leste como "espaço alemão". Esse conceito de "território racial e cultural" alemão foi retratado em diversos mapas usados em livros didáticos ou em propaganda política. Um mapa produzido por Albrecht Penck e Hans Fischer em 1925 dessa região cultural e racial germânica — amplamente imitado e disseminado — mostrava o espaço alemão se estendendo até o interior da Ucrânia e da Rússia, do lago Ladoga, ao norte, até Kherson, no extremo sul da Ucrânia, e no território dos chamados "alemães do Volga", migrantes do século XVIII cujos descendentes agora viviam sob domínio soviético.[72] O jovem Heinrich Himmler, mais tarde chefe das SS e o homem responsável pelo imperialismo feroz da Alemanha na Polônia e na União Soviética, registrou em seu diário, em 1921, depois de assistir a uma palestra sobre futuros objetivos territoriais germânicos: "O leste é o que há de mais importante para nós. O Ocidente morre fácil. Precisamos lutar e nos estabelecer no leste".[73] Nos anos 1920, não havia nada de especificamente nacional-socialista nessas opiniões.

Os sonhos alemães de reverter o veredicto da Grande Guerra e do acordo de paz, assim como as fantasias italianas de um império no Mediterrâneo, ou as ambições japonesas de dominação exclusiva da Ásia, continuaram a ser aspirações nos anos 1920, mas apoiavam ambições nacionais que remontavam a décadas antes da Grande Guerra. Não tornavam uma segunda guerra global inevitável. Na verdade, os ressentimentos que alimentavam essas fantasias não eram universais em nenhum dos três países, e quando a ordem mundial se estabilizou em meados dos anos 1920 em torno de um renascimento econômico encabeçado pelos Estados Unidos e da supressão de nacionalismos não europeus, foi possível para os três descobrir maneiras de trabalhar, ainda que de forma relutante, dentro das estruturas predominantes de colaboração política e econômica internacional. Na Alemanha e no Japão, a busca por mais território não era uma preocupação para a população tão importante quanto para círculos nacionalistas. Na Itália, onde a democracia entrou em colapso na esteira do acirrado conflito entre o nacionalismo radical e o centro e a direita, as principais prioridades políticas de Mussolini eram estabilizar o governo e supervisionar o renascimento econômico italiano. Nos anos 1920, os três países dependiam da contribuição das potências ocidentais para a lenta recuperação da economia mundial de comércio e investimento, e faziam da boca para fora elogios ao espírito internacionalista encarnado pela Liga das Nações. Em 1925, vencedores e vencidos assinaram o Tratado de Locarno, assegurando as fronteiras da Europa Ocidental estabelecidas em Versalhes. A Alemanha foi autorizada a ingressar na Liga em 1926. Em 1927, ela foi até mesmo convidada, contra forte oposição francesa e belga, a participar da Comissão Permanente de Mandatos, responsável por supervisionar suas antigas colônias, e recomendou como comissário o diretor da Federação da Indústria Alemã, Ludwig Kastl, em vez de um líder do barulhento lobby colonial. A Alemanha fazia questão de que os termos do mandato fossem respeitados, incluindo o compromisso de preparar as ex-colônias para uma eventual independência, e foi um alemão que cunhou em 1932 o termo "descolonização" [*Dekolonisierung*] para descrever um processo que já parecia em andamento.[74]

Isso era, no fim das contas, uma tentativa de acomodação diante de um mundo do pós-guerra no qual a estabilidade era tida como provavelmente temporária e sem dúvida imprevisível. Gustav Stresemann concebeu uma política externa alemã de "cumprimento" na esperança de que provas de boa-fé pudessem ser uma maneira melhor de revogar elementos do acordo de paz, mas sem excluir a possibilidade de uma mudança mais fundamental. No Japão, o partido liberal Minseitō, no poder durante grande parte do fim dos anos 1920, fazia campanha pelo desarmamento e pela cooperação com o Ocidente como o caminho mais sensato para alcançar objetivos japoneses e incentivar o desenvolvimento econômico.[75] Em meados dos anos 1920, houve um período em que o Japão chegou a pôr em prática uma estratégia de amizade com a China para substituir o confronto da década anterior. Até mesmo na Itália, onde Mussolini promoveu de forma consciente a ideia de uma "nova Itália" para contestar valores e interesses ocidentais, mostrou-se necessário falar pelo menos em "pacifismo verbal", como ele mesmo disse, em vez de correr o risco de um conflito. Uma solução para as novas ambições italianas de império teria que esperar, pensava ele, pelo "caos na Europa".[76] De todo modo, já havia problemas de sobra nas colônias existentes da Itália. A Somália e a Eritreia precisavam ser pacificadas; as tropas foram de 2500 homens para 12 mil, mas as insurgências regionais levaram dez anos para ser suprimidas. Na Líbia, o custo foi ainda maior. A partir de 1922, antes de Mussolini chegar ao poder, travou-se uma grande guerra contra tribos árabes pelo controle da maior parte do interior desértico do país, que só terminou em 1931, depois de anos de brutal repressão. Havia muitos riscos envolvidos na busca por novas áreas antes de assegurar o império existente, mas a campanha manteve em primeiro plano a ideia de que territórios imperiais só poderiam ser adquiridos pela conquista.[77]

Esse período de acomodação terminou de forma abrupta com o início da recessão econômica global em 1928-9, que teria consequências catastróficas para a década seguinte. Historiadores costumam concordar que a crise econômica teve um papel importante para destruir os esforços de reconstrução de uma ordem global depois de 1919 e sustentar algum compromisso significativo com o internacionalismo. Em muitos sentidos, o colapso da ordem econômica foi um ponto de virada mais decisivo do que 1914 ou 1919 na configuração da crise que resultou numa guerra global nos anos 1940.[78] A história da crise agora é bem conhecida, mas vale relembrar a escala do desastre, que atingiu uma economia mundial que vinha dando mostras de fraqueza contínua ao longo dos anos 1920, apesar de um breve boom de comércio e investimento em meados da década. Em 1932, havia mais de 40 milhões de desempregados registrados nas economias industriais, e dezenas de milhões de pessoas com regime de trabalho parcial, ou que foram demitidas como resultado de uma queda vertiginosa nos preços e na produção. Durante toda a recessão, de 1929 a 1932, o comércio mundial despencou extraordinários dois terços. As regiões mais pobres, dependentes de um ou dois produtos de exportação, mergulharam na mais desesperada pobreza. O fechamento das linhas de crédito provocou falências em toda parte e quase levou a Alemanha à bancarrota em 1932. Havia um pavor generalizado de que a crise significaria nada menos do que o fim do capitalismo, como os comunistas alegremente previam. Os nacionalistas alemães, com o mesmo contentamento, viam a recessão como o "crepúsculo da economia mundial" e do odiado sistema ocidental que a sustentava.[79]

A sensação de que o modelo ocidental de colaboração econômica e de internacionalismo estava condenado vinha de uma década de escritos de cassandras modernas, incluindo o caso mais célebre, *A decadência do Ocidente*, de Oswald Spengler. No verão de 1932, o presidente da Assembleia da Liga das Nações incentivou os países-membros a colaborarem ou se prepararem para o pior: "O mundo inteiro está sofrendo com uma crise terrível e a falta de confiança. As últimas esperanças globais estão agora em nossas mãos".[80] Mas a Liga, apesar dos esforços para definir o que era necessário para atenuar a crise, não conseguiu deter a corrida rumo ao nacionalismo econômico. À medida que a crise se agravava, cooperar parecia ser mais arriscado que proteger a economia nacional. Em junho de 1930, os Estados Unidos introduziram a tarifa Hawley-Smoot, isolando o mercado americano das importações estrangeiras; em novembro de 1931, depois de um longo debate político, a Grã-Bretanha abandonou o comércio liberal e impôs uma série de taxações, seguidas em agosto de 1932 de um sistema de preferência imperial, que concedia acesso privilegiado a importações do império; na França, as tarifas Kircher reduziram os impostos sobre produtos coloniais às custas do resto do mundo.[81] A crise levou à criação de blocos especiais de comércio e câmbio para o dólar, a libra esterlina e o franco. As economias mais fortes poderiam ter desempenhado um papel importante na proteção do sistema do qual se beneficiaram por tanto tempo, mas preferiram não o fazer, prejudicando as demais.

As consequências políticas foram profundas para os países que se viram penalizados pelos novos programas de nacionalismo econômico. No Japão, a recessão foi uma calamidade: as exportações, em particular de seda bruta, caíram 53%; as importações, 55%; o grande setor agrícola japonês, estagnado durante a maior parte dos anos 1920, sofreu um declínio ainda mais desastroso, reduzindo pela metade a renda agrícola e deixando milhões de camponeses numa pobreza paralisante.[82] O esforço para trabalhar dentro do sistema ocidental se revelou infrutífero, e uma onda de sentimento antiocidental levou ao colapso do governo moderado de Minseitō. A crescente onda de revolta nacionalista contra o sistema global colocou os militares numa posição mais dominante no governo japonês e pôs fim aos experimentos democráticos dos anos 1920.[83] Na Itália, atingida pela recessão de forma menos severa do que outras economias, a crise foi vista pelo regime como uma oportunidade para reacender internamente a revolução fascista ao estabelecer uma política imperial mais ativa no exterior, à medida que os grandes Estados se recolhiam numa carapaça de proteção. Na Alemanha, a recessão foi interpretada pela maior parte da população como mais uma punição por parte das potências vitoriosas. Quando tentou-se estabelecer um acordo tarifário com a Áustria, em 1931, os franceses vetaram. Durante a recessão, que deixou dois em cada cinco alemães desempregados e provocou uma queda de 40% da produção industrial e reduziu em mais da metade as exportações do país, ainda se esperava que a Alemanha pagasse as reparações de guerra e honrasse a grande dívida internacional contraída nos anos 1920. Durante a recessão, o lamento de que o país era pouco mais do que uma colônia começou a fazer mais sentido. Em 1930, os nacional-socialistas de Hitler, o mais radical entre os partidos nacionalistas, profundamente hostis à economia globalizada e à tutela ocidental, tornaram-se uma força política séria; em 1932, eram o maior partido do país, e em janeiro de 1933 assumiram o governo, quando o cargo de chanceler foi oferecido a Hitler. Ali, como na Itália e no Japão, os nacionalistas que tinham aproveitado fantasias imperiais consolidadas sobre "raça e espaço" nos anos 1920 podiam afirmar que sempre tinham estado certos. O mundo pendia perigosamente a favor deles.

Foi nesse contexto que primeiro o Japão, depois a Itália, e por fim a Alemanha de Hitler redimiram seus ressentimentos inflamados ao se lançar numa nova onda de imperialismo territorial nos anos 1930. Impulsionada pela crise econômica, cristalizou-se a ideia de que se tornara necessário revisar a ordem econômica e a política global, fundando uma ordem que não fosse mais baseada no já falecido internacionalismo das décadas anteriores, mas em blocos econômicos imperiais fechados, dominados — como as zonas imperiais britânicas e francesas — por um forte poder metropolitano.[84] Mais do que nunca, o poder imperial era visto como indispensável para a sobrevivência nacional, restaurando-se o paradigma imperial estabelecido no fim do século XIX. Essa opção, como disse o ministro das Relações Exteriores japonês Arita Hachirō, era inevitável: "Pequenos países não têm escolha senão se esforçar ao máximo para formar seus próprios blocos econômicos ou fundar Estados poderosos, para que sua própria existência não esteja em risco".[85] A luta por territórios adicionais e para garantir recursos, se necessário pela guerra, fez o relógio recuar para uma era imperial anterior. Ióssif Stálin, o ditador soviético, observando a crise do capitalismo de um Estado onde o desenvolvimento econômico tinha sido pouco afetado pela recessão mundial, compreendeu que o conflito comercial, cambial, "a luta intensificada por mercados" e o nacionalismo econômico extremo "puseram a guerra na ordem do dia como meio de fazer uma nova redistribuição do mundo e de esferas de influência". Dessa vez, o julgamento de Stálin, nem sempre bem-visto pelos historiadores, foi confirmado pelos acontecimentos.[86]

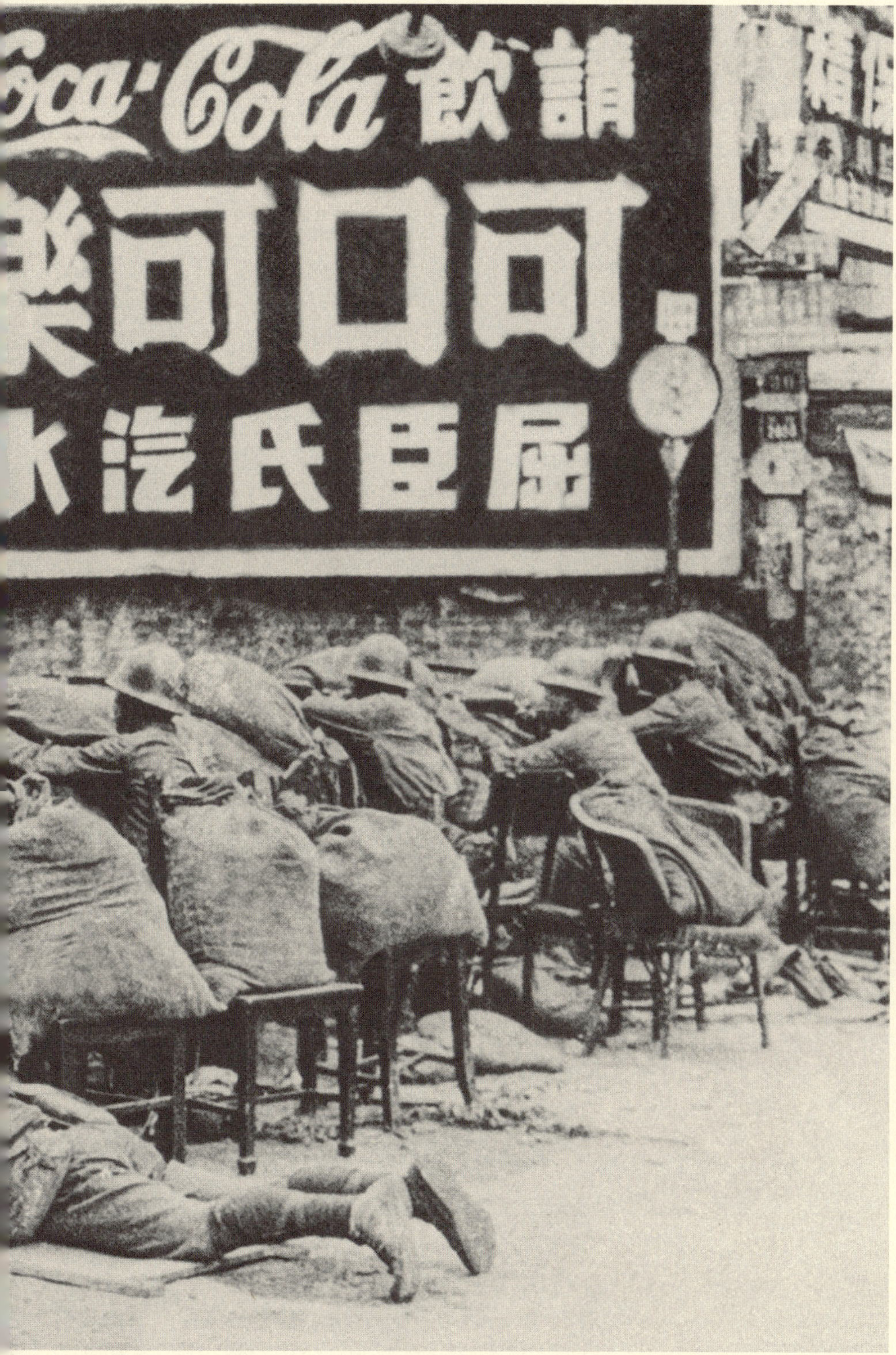

請飲 Coca-Cola
可口可樂
屈臣氏汽水

1. Nações-império e crise global, 1931-40

> *[...] num ato de violência revoltante, soldados chineses explodiram uma parte da linha férrea Mantetsu, a noroeste [da base militar] de Beitaying e atacaram nossos guardas ferroviários. Nossos guardas imediatamente revidaram, mobilizando a artilharia para bombardear Beitaying. Nossas forças agora ocupam uma parte da base.*
>
> Asahi, Osaka, 19 de setembro de 1931[1]

Esse artigo publicado na primeira página do popular jornal *Asahi* apresentou ao público japonês uma notícia da perfídia chinesa que ficou incrustada na percepção popular do país sobre quem era o culpado pelo início das subsequentes invasão e ocupação pelo Japão de toda a província setentrional chinesa da Manchúria. Era uma deturpação grotesca da verdade. Um grupo de engenheiros japoneses do Exército de Kwantung, enviado à Manchúria para proteger os interesses econômicos do império na região, plantou os explosivos nas primeiras horas da manhã de 18 de setembro de 1931, com o objetivo de oferecer um frágil pretexto para deflagrar um programa de expansão militar na China que só terminaria em 1945. Um pequeno incidente em termos globais, mas suas ramificações foram muito maiores. Foi o momento, nas profundezas da crise econômica mundial, em que se deu um primeiro passo para criar uma nova ordem imperial e econômica pela violência. Os tiros na base de Beitaying sinalizaram o começo do que viria a ser nos anos 1930 uma nova era imperial.

As circunstâncias daquilo que o governo japonês passou a chamar de "Incidente da Manchúria" foram moldadas pela crise global mais ampla e pelos esforços desesperados no Japão de buscar uma solução qualquer para a pobreza crescente e para o isolamento econômico. O Exército de Kwantung, que levava esse nome por causa da área de concessão japonesa na costa chinesa da Manchúria, conhecida como Território Alugado de Kwantung, vinha tramando havia anos ampliar o Império Japonês para a China continental. Provocados pela escala da crise econômica e cientes da persistente ameaça do nacionalismo chinês, os comandantes do Exército por fim resolveram agir sem consultar Tóquio. Depois de explodir, eles mesmos, um pequeno trecho da ferrovia do sul da Manchúria [*Mantetsu*], os soldados japoneses invadiram a guarnição chinesa no porto de Cheniangue. Capturaram o resto da cidade e, num assalto cuidadosamente planejado, avançaram em várias direções a partir do Território Alugado, tomando primeiro as áreas em torno da rede ferroviária principal, em seguida expulsando das regiões meridional e central da Manchúria os 330 mil homens mal equipados do caudilho chinês local Zhang Xueliang, completando a ocupação da província no começo de 1932. O Exército empregou 150 mil homens e, ao custo de 3 mil mortos, conquistou uma área quase do tamanho da Europa. Apesar da flagrante violação de disciplina, o imperador Showā japonês, Hirohito, aprovou a ação dois dias depois. Quase da noite para o dia o império foi transformado tanto em tamanho quanto em riqueza.[2]

O "Incidente da Manchúria" não foi a causa direta da guerra mundial ocorrida oito anos depois, mas inaugurou uma década de expansão imperial renovada que daria continuidade ao "novo imperialismo" do mundo pré-1914 e ao acordo imperial do fim da Grande Guerra. Nenhum dos três países que definiriam o novo imperialismo — Itália, Alemanha e Japão — começou com um plano ou um projeto claro de expansão, mas cada um agiu de forma oportunista em esferas de interesse estabelecidas. Também não coordenaram seu imperialismo, embora observassem de perto as conquistas uns dos outros. Ainda que líderes dos três Estados esperassem que uma guerra mais geral pudesse ser evitada por ora, enquanto completavam seus projetos imperiais, as instabilidades provocadas por esses três programas separados impulsionaram a marcha para a guerra global iniciada entre 1939 e 1941.

UMA NOVA ERA IMPERIAL

O fator crítico para Japão, Itália e Alemanha era território. O controle sobre áreas, exercido numa variedade de maneiras formais e informais, estava no cerne do império. O modelo desse princípio de "territorialidade" foram os quarenta anos de violenta expansão territorial e de pacificação que precederam os anos 1930 e que, em alguns casos, ainda estavam em vigor. Na verdade, é só nesse contexto mais longo que as decisões tomadas em Tóquio, Roma ou Berlim para travar suas guerras de agressão fazem sentido histórico. Os discursos de "raça e espaço" que tinham respaldado o império desde o fim do século XIX não haviam perdido nada da sua força justificativa para a geração que chegou ao poder nos anos 1930. Embora essa forma de imperialismo pareça, retrospectivamente, anacrônica, até mesmo ilusória, o paradigma de império na época parecia familiar e próximo. Os resultados da redistribuição de território em 1919-23, ou as consequências da catástrofe econômica de 1929, serviram apenas para fortalecer, ao invés de enfraquecer, a convicção de que tomar mais território e recursos era um meio indispensável de salvar o país, construir uma economia mais forte e satisfazer as necessidades de uma cultura superior.

Os líderes japoneses, italianos e alemães não eram, de forma alguma, os únicos a acreditar que a era do império não tinha acabado, apesar de todas as provas de que ambições nacionalistas, custos econômicos crescentes e insegurança constante assinalavam o gradual declínio do projeto imperial global. Em vez de tirarem a lição óbvia de que o imperialismo tradicional era um empreendimento em vias de extinção, eles defendiam que era isso o que lhes faltava, marcado por suas características particulares. Os outros fatores que costumam ser ressaltados na análise das origens da Segunda Guerra Mundial — a corrida armamentista, as crises diplomáticas, o conflito ideológico — eram os efeitos da nova onda de construção imperial, e não as causas. Os principais Estados da Liga das Nações poderiam, talvez com relutância, conviver com as diferenças ideológicas ou com o aumento nos gastos militares se isso fosse tudo o que os dividia; o fator que os grandes Estados imperiais não tinham como aceitar era que a nova onda de construção imperial, em seu puro sentido territorial, era agora incompatível com sua própria visão de império e a nova linguagem do internacionalismo que haviam tecido em torno dela.

A pergunta central a ser feita é por que, apesar das evidentes desvantagens de ter um império, dos riscos substanciais de segurança envolvidos e da força crescente do sentimento nacionalista, esses três Estados se decidiram pela "territorialidade" como princípio subjacente ao seu desafio à ordem existente nos anos 1930. Essa decisão parece ainda mais impressionante porque, diferentemente das guerras anteriores a 1914, nas quais territórios podiam ser conquistados através de conflitos de larga escala sem intervenção externa — a Guerra Sul-Africana ou a Guerra Ítalo-Turca são bons exemplos —, os alvos de agressão imperial nos anos 1930 eram todos Estados soberanos e membros da Liga das Nações, protegidos, ao menos no papel, pelo princípio da segurança coletiva. Não há uma resposta simples para essa pergunta, e as circunstâncias exatas diferiam entre as três zonas regionais, embora no entanto haja semelhanças notáveis nas justificativas e explicações dadas para controlar mais território. Talvez se possa acrescentar que a geração que chegou à liderança política e militar nos anos 1930 tinha crescido no mundo das fantasias imperiais, cercada por uma cultura que ressaltava a superioridade de Estados modernizadores e "avançados" como líderes na marcha da civilização contra os povos menos desenvolvidos ou primitivos por eles conquistados, tendo sido profundamente afetada pela experiência das guerras e da violenta afirmação da nacionalidade moderna. O império, alegava o líder italiano fascista Giuseppe Bottai, que governou durante um período de 1936 a capital etíope Adis Abeba, tinha "despertado em mim esse desejo de viver a guerra nas profundezas da minha consciência [...]. Vinte anos da minha vida ou mais *dentro* da guerra".[3]

O ponto de partida para explicar a busca pelo império territorial é, paradoxalmente, a nação. Nos três Estados a busca pelo império estava vinculada ao objetivo de conseguir autonomia nacional, o que significava, na verdade, libertar o país de uma situação em que seu desenvolvimento parecia limitado ou condicionado pela ordem internacional existente — "a intervenção e a opressão das grandes potências", como dizia um panfleto japonês.[4] Os nacionalistas japoneses, explicou um funcionário da *Mantetsu*, viam a Manchúria como uma "boia salva-vidas [...] da qual é impossível abrir mão se a nação quiser existir".[5] Essas formas do que foi chamado "nacionalismo catastrófico" antecipavam a possível extinção da autodeterminação nacional e apelavam para a urgente reafirmação da missão nacional.[6] Mussolini regularmente invocava a ideia de que o desenvolvimento da Itália era estrangulado pelas diversas possessões britânicas no Mediterrâneo, que permitiam à Grã-Bretanha "cercar, aprisionar a Itália".[7] Defender os interesses nacionais era visto como uma necessidade para proteger a população nacional ao garantir o seu futuro econômico e desenvolvimento demográfico, bem como para fornecer um senso mais seguro de identidade nacional como uma das grandes nações-império, e não uma potência subordinada. "Queremos um império", disse Hermann Göring a um conhecido inglês em 1937 durante uma discussão sobre o que inibia o futuro nacional da Alemanha.[8]

Em cada caso, o discurso nacionalista descrevia a nação como especial, destinada a dominar e liderar a região à sua volta. "Uma nação da Europa deve impor sua autoridade às outras", escreveu o comentarista político alemão Wilhelm Stapel. "Só a nação alemã pode ser o agente desse novo imperialismo."[9] Por sua vez, esperava-se que a população nacional se mostrasse digna de tomar parte na regeneração do país. "Estamos nos tornando e nos tornaremos", declarou Mussolini em 1933, "cada vez mais uma nação militar."[10] Na Alemanha, o "despertar nacional", ocorrido em 1933 com a revolução nacional-socialista, estava vinculado à ideia de que a entidade nacional agora poderia afirmar sua verdadeira força, não corrompida pelas supostas ameaças internacionalistas e cosmopolitas de judeus, marxistas e liberais, capazes de transformar a Alemanha, como temia Hitler, numa "segunda Suíça".[11] No Japão, onde os líderes militares dominaram a política nacional a partir de 1931, uma campanha generalizada para elevar a consciência do país e o entusiasmo pela expansão territorial foi lançada — a campanha de "defesa nacional" — e explorava temas da honra nacional e do sacrifício pelo país. Como na Itália e na Alemanha, as críticas aos novos rumos foram sufocadas pela polícia secreta e pelo censor. Ali, como na Europa, a busca pela autonomia nacional justificava o novo imperialismo e, por sua vez, criava um vínculo entre Estado e povo na construção de uma nova ordem.[12] O império era visto como um indicativo essencial de virilidade nacional e de valor racial, além de uma arena na qual normas morais convencionais podiam ser postas de lado, como tinha acontecido no século XIX.

Um segundo fator era mais prático. O novo imperialismo se vinculava a ambições econômicas mais amplas. A construção do império se destinava a transcender as limitações impostas pelas estruturas econômicas e territoriais globais existentes através da aquisição de "espaço vital" adicional para lidar com a pressão populacional e a escassez de terras, garantindo acesso a matérias-primas e alimentos e estabelecendo um bloco econômico no qual o comércio e o investimento seriam controlados pelo centro imperial, e não pela comunidade empresarial. Os três países compartilhavam um crescente compromisso com o planejamento estatal e eram hostis ao modelo ocidental de capitalismo liberal e aos valores ocidentais que o sustentavam. O capitalismo, disse Hitler num dos primeiros comícios do partido, "deve se tornar servo do Estado, e não senhor"; uma "economia popular" servia à comunidade e não aos interesses comerciais internacionais.[13] O imperialismo econômico precisava também atender às necessidades do povo. O atrativo da vantagem econômica era evidente nos três casos. Para a Itália, a conquista da Líbia e da Etiópia supostamente abriria novas terras agrícolas para que entre 1,5 milhão e 6,5 milhões de camponeses italianos pudessem se estabelecer no império em vez de migrar para o Novo Mundo. Dizia-se que a Albânia, anexada em 1939, era tão despovoada que poderia absorver 2 milhões de italianos.[14] Ali estava *lo spazio vitale* [o espaço vital], termo comum tanto na Itália quanto na Alemanha. A Etiópia era apresentada como uma terra de oportunidades de ouro, um eldorado transbordante de recursos minerais inexplorados. Relatórios sobre a Albânia sugeriam a existência de fontes de petróleo ainda não descobertas.[15] As aspirações japonesas de controlar a Manchúria tinham origem na esperança de que pelo menos 5 milhões de camponeses pobres do país pudessem se estabelecer ali até os anos 1950, enquanto os abundantes recursos manufaturados e primários da Manchúria, já bem desenvolvidos com a ajuda de investimentos japoneses antes da invasão, eram vistos como essenciais para o futuro do Japão num mundo em que o desenvolvimento do comércio e o acesso a matérias-primas pareciam perigosamente incertos. De 1926 a 1931, cerca de 90% dos investimentos japoneses no exterior foram direcionados a projetos manchus. Dizia-se que, sem o firme controle desses ativos, o Japão não poderia continuar a se modernizar economicamente ou desenvolver a força necessária para defender o império.[16]

O caso germânico não era diferente. Ideias sobre como garantir mais *Lebensraum*, essencial para a visão hitlerista do desenvolvimento alemão, passaram a ser moeda corrente quando os reveses econômicos do país, nos anos 1920 e 1930, foram atribuídos à falta de recursos adequados e de acesso garantido aos mercados. A propaganda popular sobre outros impérios europeus ressaltava as imensas disparidades entre o tamanho da pátria e a área total do império — a França teria sido aumentada 22 vezes, enquanto a Holanda, sessenta, e a Bélgica, oitenta. Calculava-se que o território do Império Britânico era 105 vezes maior do que as ilhas britânicas. Já a Alemanha, ao contrário, depois da perda de território nacional e colonial em 1919, tinha ficado menor.[17] Criar e dominar um bloco econômico na Europa Central e Oriental, com comércio controlado e autossuficiência em recursos essenciais e alimentos, passou a ser um elemento central da política econômica do regime hitlerista, mas era também uma visão amplamente compartilhada na Alemanha. "O espaço [*Raum*] econômico", disse Göring naquela conversa de 1937, "precisa ser ao mesmo tempo nosso espaço político."[18] O próprio Hitler tinha uma visão econômica do império. Refletindo sobre o imperialismo britânico em 1928 em seu segundo livro (não publicado), ele concluiu que, apesar de toda a retórica de exportar cultura e civilização, a "Inglaterra precisava de mercados e de fontes de matérias-primas para os seus produtos. E assegurava esses mercados por meios políticos e de poder". No fim das contas, prosperidade nacional significava conquista, assegurar "o pão da liberdade por meio das dificuldades da guerra".[19]

O terceiro fator era oportunidade. As hesitações e frustrações dos anos 1920 cederam a vez a um novo sentimento de que a crise da ordem do pós-guerra nos anos 1930 talvez tornasse possível agir com autonomia para construir uma nova ordem, com pouco risco de provocar uma crise maior. Esses cálculos são fundamentais para explicar o momento escolhido para a nova onda imperialista. O fracasso da comunidade internacional em enfrentar os efeitos da recessão global acelerou a tendência a buscar soluções nacionais para a crise e o colapso da colaboração, expresso com clareza na frustrada Conferência Econômica Mundial, ocorrida em Londres em junho de 1933.[20] Uma das consequências da crise global foi a relutância dos principais Estados da Liga em assumir riscos numa época em que mal podiam arcar com os custos do policiamento internacional. A incapacidade da Liga de ir além de uma censura ao Japão pela ocupação da Manchúria foi interpretada como uma clara mensagem de que o sistema de segurança coletiva não funcionava quando havia grandes países-membros envolvidos. Mais tarde os líderes japoneses se vangloriaram de o país ter sido "o arauto da queda da Liga das Nações" e de que, sem a iniciativa japonesa de expor a "incapacidade e inutilidade" da Liga, a Alemanha e a Itália talvez não tivessem a oportunidade de implementar suas políticas agressivas.[21] É verdade que tampouco houve uma oposição vigorosa à invasão da Etiópia ocorrida quatro anos depois nem à violação do acordo de Versalhes pela Alemanha, quando o rearmamento foi anunciado publicamente em 1935, ou quando, em março de 1936, a zona fronteiriça da Renânia voltou a ser militarizada. Cada passo bem-sucedido reforçava a crença de que a Grã-Bretanha e a França, como os grandes impérios entre os membros da Liga, não impediriam a construção de mais impérios. "Achamos que Genebra não passa de uma coleção de senhoras", disse um jornalista italiano a um colega britânico em Adis Abeba em 1936; "todos pensamos assim, e sempre o fizemos."[22] Os três países abandonaram a Liga: o Japão, em março de 1933; a Alemanha, em setembro de 1933; e a Itália, em dezembro de 1937.

O novo fracasso da Grã-Bretanha e da França em impedir o apoio armado alemão e italiano à revolta nacionalista do general Francisco Franco na Espanha, entre 1937 e 1939, ou em repudiar a ocupação alemã da Áustria, em 1938, ou o desmembramento da Tchecoslováquia pela Alemanha no mesmo ano fortaleceu essa crença e, acima de tudo, convenceu Hitler de que a Grã-Bretanha e a França fariam "gestos extremamente teatrais" no caso de uma invasão alemã da Polônia, mas, de novo, sem intervir em termos militares.[23] No entanto, para os três países, o essencial era agir antes que a União Soviética ou os Estados Unidos pudessem ou quisessem desempenhar um papel mais ativo nas questões mundiais. O Japão e a Alemanha estavam cientes de que a União Soviética, por ter desenvolvido uma grande presença industrial e militar nos anos 1930 com os Planos Quinquenais, era um perigo potencial para qualquer imperialismo futuro. Um dos fatores que guiavam a ocupação da Manchúria, apesar da longa fronteira com a União Soviética que resultou disso, era a necessidade de oferecer uma sólida defesa contra o risco de uma ação soviética contra o Império Japonês e salvaguardar seus recursos estratégicos.[24] Hitler, num importante documento estratégico que redigiu enquanto estava no poder, o chamado memorando do Plano Quadrienal, esboçado em agosto de 1936, ressaltou a ameaça que o Exército Vermelho representaria dentro de quinze anos e a necessidade de a Alemanha resolver o problema do espaço vital antes disso.[25] Os Estados Unidos eram uma incógnita. Forçados pelos efeitos catastróficos da Depressão econômica a recuar para um relativo isolamento e dependentes acima de tudo da Marinha para a defesa do hemisfério, representavam claramente apenas uma ameaça futura — mas sem dúvida uma ameaça. O tempo todo os Estados Unidos mantiveram uma atitude crítica em relação a imperialismos de qualquer tipo, ainda que o público americano relutasse em abraçar a ideia de intervenção armada para impedi-los.²⁶ Para o mundo imperial, novo ou antigo, as sombras de Lênin e Wilson acossavam suas ambições: o império precisava ser feito o quanto antes.

A sensação de que era possível construir uma nova ordem a partir de uma onda renovada de imperialismo territorial não tornava mais fácil tomar as decisões necessárias. O pano de fundo da tomada da Manchúria, da invasão da Etiópia ou da Tchecoslováquia e da Polônia revela bastante sobre a hesitação e a circunspeção de alguns líderes políticos dos três países, a despeito da visão posterior à guerra de que tudo aquilo era parte de um plano grandioso de dominação global. Gostassem ou não, ainda havia a noção de que precisavam pedir "permissão" para as grandes potências da Liga. Mussolini enfim superou as ansiedades de seus comandantes militares e de alguns colegas fascistas em relação a invadir a Etiópia ao alegar — de forma equivocada, como se viu — que tinha obtido uma promessa verbal da França e da Grã-Bretanha de que não o impediriam. Antes da ocupação da Albânia, ele hesitou em relação ao que as outras potências poderiam fazer (embora nesse caso a Liga tenha se limitado a registrar o protesto albanês, só para constar, mas sem tomar nenhuma providência).²⁷ A ocupação alemã das áreas de idioma germânico da Tchecoslováquia depois do Acordo de Munique, de 30 de setembro de 1938, costuma ser vista como um triunfo da diplomacia de intimidação de Hitler, mas o ditador alemão estava furioso por lhe ter sido negada uma guerra breve contra os tchecos por insistência das potências ocidentais. Antes da guerra contra a Polônia, um ano depois, ele disse à sua comitiva que não haveria um segundo Acordo de Munique.²⁸

Um dos motivos da cautela era a maior visibilidade dos conflitos imperiais nos anos 1930, incluindo em impérios já estabelecidos. Isso se devia acima de tudo ao desenvolvimento da mídia moderna — reportagens que cobriam o mundo todo, cinejornais e o rádio —, mas também ao trabalho da Liga das Nações, que, apesar de uma suposta timidez, oferecia uma tribuna pública para debater violações de soberania nacional, incluindo discussões muito abertas sobre a ilegítima tomada japonesa da Manchúria e o ataque de Mussolini à Etiópia.²⁹ O debate internacional obrigou os agressores a justificar suas ações nos três casos, alegando de forma capciosa que a invasão tinha sido realizada para proteger seus interesses contra países falidos. No debate da Liga sobre a Manchúria, a delegação japonesa insistiu em dizer que a China, como "Estado individual organizado", era uma "ficção". Os japoneses também sugeriram que a Manchúria não era uma colônia em nenhum sentido formal, mas tinha sido estabelecida como um Estado "independente" chamado Manchukuo, governado pelo imperador manchu deposto Puyi.³⁰ Mussolini justificou a tomada da Etiópia alegando que o país não passava de "um conglomerado de tribos bárbaras", um "não Estado".³¹

Hitler explicou que o protetorado alemão se estendia para as terras tchecas da Boêmia e da Morávia porque o Estado nacional tinha deixado de funcionar de forma eficaz, ainda que a Tchecoslováquia fosse em todos os sentidos uma nação europeia moderna, e não uma colônia em potencial. Nesse caso, também o "protetorado", termo que costuma ser associado ao imperialismo europeu como forma de disfarçar um controle real, foi apresentado como se desfrutasse de alguma autonomia política.[32] A guerra contra a Polônia foi anunciada por Hitler na manhã de 1º de setembro de 1939, com a afirmação de que tampouco os poloneses eram um povo capaz de construir um Estado, e que sem o governo alemão "o pior barbarismo prevalecerá", fazendo eco de modo inconsciente à condenação dos etíopes por Mussolini em 1935.[33]

A cautela era ditada não só pelas circunstâncias internacionais, mas também pelo problema de formar algum consenso entre as elites políticas e militares do país sobre os rumos da futura política. Esse era sem dúvida o caso no Japão, onde a política nacional era definida pelo conflito entre partidos políticos civis e as Forças Armadas, entre o Exército e a Marinha, e entre facções dentro do próprio Exército. Comandantes do Exército na península de Kwantung, ao dar início à invasão em setembro de 1931, o fizeram para desafiar o governo civil. O posterior impasse entre Exército e políticos resultou na renúncia do gabinete de Minseitō e, para todos os efeitos, no fim da supervisão civil do imperialismo militar. No entanto, as disputas dentro do Exército persistiram até meados dos anos 1930.[34] Brigas entre a Marinha e o Exército giravam em torno de argumentos rivais sobre avançar para o Norte ou para o Sul: a Marinha queria dar prioridade à defesa no Pacífico e a uma possível tomada das colônias europeias no Sudeste Asiático, ricas em recursos naturais, o que se revelaria uma opção desastrosa; o Exército olhava para a ameaça soviética ao Norte e queria consolidar sua estratégia continental primeiro no norte da China, construindo um bloco industrial e comercial forte, autossuficiente, que tornasse possível expandir o poderio militar japonês e defender o império. Essas discussões foram suspensas, em vez de resolvidas, com a publicação em 7 de agosto de 1936 dos "Fundamentos da política nacional", que endossavam tanto a forte defesa do império no continente asiático como a preparação naval para ampliar o território na direção sul.[35]

Não importam os argumentos a favor de uma cautela estratégica, a expansão japonesa na China continental prosseguiu de forma implacável durante os anos 1930. Foi impossível reverter a invasão da Manchúria, e, na verdade, ela se tornou um trampolim para que houvesse mais agressões territoriais japonesas, em parte para estabilizar a fronteira com a China nacionalista, em parte para assegurar mais recursos e centros de comunicação, e, ainda, porque o Exército japonês e seus apoiadores políticos em Tóquio desenvolveram um apetite inesperado por um império maior. Nos anos 1930, a expansão do controle territorial japonês não atraiu a mesma atenção internacional (ou mesmo de muitos historiadores modernos) da Manchúria. Em 17 de fevereiro de 1933, 20 mil soldados invadiram e ocuparam a província de Rehe, ao sul da Manchúria, e uma parte da Mongólia interior. A invasão deixou o exército de Kwantung a uma distância que tornava possível atacar a capital chinesa, Beijing. A partir de maio de 1933, o exército empreendeu o que ficou conhecido como a campanha da "Grande Muralha", dominando territórios ao sul até alcançar a Grande Muralha e ocupando a cidade chinesa de Tanggu, que logo se tornou um porto importante sob controle japonês, o maior da China. Em 1935, forças japonesas avançaram para outras províncias do interior da Mongólia e, em junho, convenceram o comandante chinês a desocupar a província de Hebei, na região em torno de Beijing. Ocupar um território maior do interior da Mongólia permitiu que os japoneses patrocinassem um segundo Estado "independente" chamado Mengkukuo, uma terra mongol governada nominalmente pelo príncipe Demchugdongrub, mas dominada, como ocorria com Manchukuo, pelo Exército japonês. Em janeiro de 1936, o governo de Tóquio enfim aprovou uma estratégia para controlar o resto do norte da China, onde o exército poderia isolar por completo as forças nacionalistas chinesas das regiões mais ricas e principal fonte das receitas do país. Quatro anos depois da tomada da Manchúria, a expansão japonesa abrangia uma vasta área da Ásia continental, transformando no decorrer desse processo a natureza da economia imperial do Japão.[36]

A aquisição da Manchúria e de outras regiões do norte da China possibilitou ao Japão enfim desafiar a ordem econômica existente na Ásia com alguma perspectiva de êxito. O objetivo era reduzir a contribuição das outras grandes potências comerciais para a região e redirecionar recursos para apoiar a indústria japonesa. A chave para isso era o desenvolvimento econômico de recursos em Manchukuo e no norte chinês. A Manchúria tinha sido o coração industrial da China, fornecendo 90% do petróleo, 70% do ferro, 55% do ouro, entre outros.[37] De 1932 a 1938, o Japão investiu 1,9 bilhão de ienes na região. O Exército e o governo insistiam no planejamento e no direcionamento econômico estatal para garantir que as metas fossem alcançadas. O Plano de Construção Econômica de Manchukuo foi publicado em março de 1933, e 26 corporações acabaram sendo criadas para produtos individuais. Os bancos chineses foram assumidos por instituições nipônicas ou passaram a ser dirigidos por japoneses, foi estabelecido um bloco monetário do iene, e a rede ferroviária dobrou de tamanho. Em 1937, fundou-se a Companhia de Desenvolvimento do Norte da China para garantir que a região atendesse aos interesses japoneses conforme o planejado. A área também foi incorporada ao bloco do iene.[38] Com os recursos agora disponíveis no novo território, a produção de aço japonesa subiu de 2 milhões de toneladas em 1930 para 5,6 milhões em 1938; a de carvão aumentou no mesmo período de

31 milhões para 49 milhões de toneladas. A expansão econômica era engolida por demandas militares. No Plano Esquemático de 1937, o Exército estabeleceu que teria 55 divisões no começo dos anos 1940; os gastos com defesa equivaliam a 14% dos gastos estatais em 1934, mas chegaram a 41% em 1938. Em 1934, o novo bloco econômico foi declarado zona de interesse especial apenas para o Japão — a chamada doutrina Amau —, e em 1938 o primeiro-ministro, o príncipe Konoe Fumimaro, emitiu um alerta declarando que uma nova ordem econômica tinha surgido no Leste da Ásia, da qual terceiros estavam excluídos. O boom industrial, de acordo com o Plano Esquemático do Exército, deveria suprir todos os recursos necessários para a defesa do império até 1941 e "fortalecer a nossa capacidade de liderar o Leste da Ásia".[39]

No entanto, a estratégia militar japonesa na China estava mal definida. A agitada fronteira com a China nacionalista de Chiang Kai-shek e seus parceiros caudilhos no norte estimulava mais incursões militares, porém seria difícil controlar um território maior com forças relativamente limitadas, e isso não resolveria o problema de estabelecer um contexto estável para a exploração da região já adquirida. A prioridade era controlar o norte da China em termos políticos e militares, em vez de embarcar numa grande guerra contra o sul nacionalista, e não havia planos para a guerra sino-japonesa que por fim eclodiu em julho e agosto de 1937. Dessa vez a iniciativa foi tomada pelos chineses. A estratégia de Chiang de estabelecer uma unidade nacional antes de confrontar a invasão japonesa — que significava, para todos os efeitos, destruir o comunismo chinês — já enfrentava uma grande oposição no fim de 1936. Numa visita à cidade de Xian, na província setentrional de Xianxim, Chiang foi sequestrado pelo general Zhang Xueliang, que havia sido o caudilho local, para demandar que ele encabeçasse uma campanha nacional contra os japoneses em cooperação com os comunistas. Depois de forte pressão nacional e internacional para que fosse solto, em especial de Stálin, Chiang voltou para sua capital Nanquim, onde disse ter tido uma visão, ainda durante o breve cativeiro, de que seu destino era salvar a China do Japão.[40]

A oportunidade de tomar um novo rumo veio de forma inesperada com um incidente banal perto de Beijing entre soldados japoneses e chineses, um de muitos atritos desse tipo, mas que Chiang interpretou como uma oportunidade de enfim enfrentar a contínua violação da soberania chinesa pelo Japão. O chamado incidente da "Ponte Marco Polo" (*Lugouqiao*, uma ponte antiga nos arredores de Beijing) começou na noite de 7 de julho de 1937, quando uma companhia do Exército da Guarnição da China resolveu fazer exercícios perto do local. Os japoneses foram brevemente alvejados, perderam contato com um soldado da unidade e exigiram o direito de entrar na pequena cidade-fortaleza de Wanping para buscar o desaparecido. Quando o acesso foi negado, as tropas invadiram a cidade e mataram duzentos soldados chineses. Comandantes locais dos dois lados logo buscaram um cessar-fogo, num evento que dificilmente se qualificaria como casus belli.[41] Apesar disso, a crise escalou a tensão, refletindo questões mais profundas em jogo entre a China e o Japão nos anos 1930. Em Tóquio, o ministro do Exército Sugiyama Hajime ignorou a atitude mais cautelosa do gabinete de Konoe para ordenar que três divisões fossem transferidas para assumir o controle total da região. Em 16 de julho, Beijing foi cercada. As operações do Exército japonês começaram em 26 de julho, e dentro de dois dias a antiga capital foi tomada. Tianjin, a cidade portuária vizinha, caiu em 30 de julho. Os planos japoneses se ampliaram para uma solução final do "Incidente do norte da China" com a destruição das principais tropas de Chiang e, se possível, a derrubada do regime. Isso ainda não significava uma grande guerra, mas Chiang resolveu "nacionalizar" o incidente ocorrido na ponte Marco Polo como uma ameaça à própria sobrevivência da nação chinesa. Em seu diário, logo depois de 7 de julho, ele escreveu: "Chegou o momento da determinação de lutar", e poucos dias depois acrescentou que a crise era "o ponto decisivo para a existência ou a extinção".[42] Logo após a queda de Beijing, em 7 de agosto, Chiang convocou uma "Reunião Conjunta de Defesa Nacional", incluindo todas as principais figuras políticas e militares da China nacionalista, para pedir que eles apoiassem uma grande guerra contra o inimigo japonês. A reação dos participantes foi unânime. Chiang divulgou a notícia do conflito — "A ilimitada expansão do Japão força a China, não lhe dando outra opção, a agir em autodefesa" —, e as melhores unidades do seu exército foram enviadas para Xangai, onde Chiang achava que o primeiro confronto significativo deveria ocorrer.[43]

As Forças Armadas japonesas contavam com uma campanha-relâmpago, "uma vitória rápida depois de uma guerra curta", primeiro com a destruição dos principais recursos militares de Chiang, depois com a ocupação japonesa da China até o baixo rio Yangtzé, no sul. Chefes do Exército esperavam alcançar os objetivos japoneses dentro de um mês; havia quem previsse em no máximo três meses. Os planos tinham muito em comum com a posterior Operação Barbarossa alemã, na qual a arrogância militar mais uma vez prevaleceu sobre a realidade militar e geográfica. O Exército japonês era inferior em termos numéricos, porém muito mais bem armado, treinado e ágil do que o adversário chinês, no entanto os planos de avanço militar quase não consideraram os espaços imensos e a geografia variada das regiões almejadas. O avanço logo perdeu força; as tropas japonesas foram incapazes de infligir uma vitória decisiva contra um inimigo capaz de recuar e se reagrupar nas vastas regiões do interior da China. O Exército japonês precisou aumentar de algumas divisões no verão de 1937 para 22 até o fim do ano, 34 um ano depois e 51 em 1941.[44] Quanto mais as tropas japonesas eram atraídas para a China central, mais difícil se tornava o suprimento logístico; quanto maior era o território a ser controlado, mais fragmentado se tornava o

Exército japonês. A estatura de Chiang cresceu com o que ele chamava de "guerra de resistência". A natureza atroz da maioria das ações de guerra japonesas na China, incluindo o uso de gás venenoso e da guerra biológica (antraz, peste, cólera), servia apenas para inflamar o ódio contra o invasor e consolidar um sentimento de unidade nacional que Chiang tinha tentado em vão criar no começo dos anos 1930. A determinação de Chiang também se fortaleceu, frustrando as expectativas japonesas de que, diante da realidade militar, ele desistiria. Apenas em 1938, foram feitas onze tentativas de convencê-lo a aceitar os termos de paz, e ele rejeitou todas.

No entanto, a resistência chinesa se provou frágil onde quer que fosse testada. As Forças Armadas japonesas, que receberam o novo nome de Exército da Área do Norte da China, partiram após a conquista de Beijing para o oeste e para o sul seguindo pelas principais rotas ferroviárias, cuja tomada era essencial para preservar a mobilidade e a capacidade de abastecimento. Junto com uma seção do Exército de Kwantung na Manchúria, as tropas japonesas avançaram para as províncias de Chahar e Xianxim, a oeste, e logo tomaram o vital centro ferroviário de Nankou das forças nacionalistas comandadas pelo general Tang Enbo, enviado para a região por Chiang no começo de agosto.[45] Como as tropas nacionalistas dependiam no front do norte de caudilhos locais aliados, incluindo Song Zheyuan, cujas forças em Tianjin e Beijing logo abandonaram a batalha, em julho, Chiang decidiu que a melhor estratégia seria atacar os japoneses numa área mais vulnerável perto das suas próprias forças militares, o Exército Central do Kuomintang. Sua escolha por Xangai como o principal campo de batalha excluiria da ameaça japonesa uma importante fonte de receita e daria uma resposta adequada à tomada de Beijing; poderia até envolver o apoio de potências externas, mas o objetivo principal, como disse aos chefes militares, era travar uma longa guerra de desgaste, o oposto do que os japoneses queriam. Com as forças de Chiang convergindo para Xangai, o Exército e a Marinha do Japão multiplicaram sua força, chegando a cinco divisões e 32 navios de guerra ancorados no porto. Em 14 de agosto, a pequena força aérea chinesa começou a campanha com um desastroso ataque que visava o navio capitânia japonês, mas em vez disso acabou destruindo hotéis e uma sala de jogos, matando e ferindo mais de 1300 civis. A grande força terrestre chinesa empurrou de início os japoneses para o litoral, mas o ataque estagnou. O Japão enviou mais tropas, a Marinha japonesa bloqueou a costa chinesa, e a Força Aérea Naval japonesa começou, em 15 de agosto, o que se tornaria uma prolongada ofensiva de bombardeios contra bases, portos e cidades chinesas.

Na última semana de agosto, os japoneses lançaram uma ambiciosa operação anfíbia para desembarcar tropas perto de Xangai com forte apoio de fogo naval. Em 13 de setembro, as forças japonesas estavam prontas para uma contraofensiva em um terreno difícil, repleto de obstáculos aquáticos e linhas de defesa chinesas improvisadas. Só em 12 de novembro conseguiram uma vitória, com muitas baixas dos dois lados: 40 400 japoneses e 187 mil chineses (incluindo três quartos do jovem corpo de oficiais de Chiang).[46] O quartel-general imperial do Japão queria que toda a área fosse dominada, incluindo a capital de Chiang em Nanquim, na esperança de que isso pusesse um fim decisivo à guerra. Os vitoriosos em Xangai avançaram rumo à capital perseguindo um inimigo desmoralizado e desorganizado, incendiando aldeias e assassinando moradores. Chiang já tinha ordenado a retirada do governo para Chongqing, no oeste, enquanto transferia seu quartel-general militar para Wuhan, ao sul. Uma força simbólica foi deixada para defender Nanquim, mas ela foi massacrada por uma onda de violência japonesa contra soldados e civis. A capital caiu em 13 de dezembro, pelas mãos do general Matsui Iwane e seu vice, o príncipe Asaka, e as tropas japonesas se entregaram a dias de pilhagem, estupro e assassinato.[47] Até o fim de 1937, os japoneses invasores tinham conquistado a um alto custo uma grande área da China central e ocidental, mas ainda estavam longe de assegurar a rápida vitória prevista em julho. Em 16 de janeiro de 1938, o príncipe Konoe anunciou que o Japão não teria mais nenhum contato com o regime de Chiang — na verdade, ainda que tenha demorado, um estado de guerra formal.

Apesar das excepcionais perdas militares e de uma severa escassez de armamento adequado, Chiang e seus generais, agora com o apoio de forças leais a um grupo independente de Guangxi, do extremo sul do país, prepararam-se para novas e importantes campanhas. A primeira, e uma das maiores da guerra, ocorreu em volta do grande entroncamento ferroviário de Xuzhou, ao norte de Nanquim, e contou com a participação de mais de 600 mil soldados. As tropas japonesas se aproximaram num movimento de pinça pelo norte e pelo sul. Os exércitos vitoriosos em Xangai agora se organizaram na Força Expedicionária da China Central e, junto com o Exército da Área do Norte da China, capturaram Xuzhou em maio de 1938, mas não conseguiram preparar uma armadilha para quarenta divisões chinesas, cujos soldados se retiraram em pequenos grupos protegidos por uma tempestade de poeira e neblina. No começo de abril, quando se aproximavam da cidade, as tropas chinesas tinham infligido uma das poucas derrotas táticas aos japoneses, quando uma força menor em termos numéricos foi expulsa da cidade de Taierzhuang, ao norte de Xuzhou, por tropas comandadas pelos líderes de Guangxi, os generais Li Zongren e Bai Chongxi, mas isso não foi suficiente para reverter a situação. A queda de Xuzhou foi uma grande derrota e abriu caminho para Wuhan e o controle de toda a planície central chinesa ao longo do rio Yangtzé. Os organizadores japoneses esperavam que a tomada de Wuhan e a consolidação do domínio japonês das regiões chinesas a norte e ao centro "pusessem fim à guerra", resultassem em um novo governo japonês e tornassem possível o Japão "controlar a China". A vitória também deixaria o Japão livre para enfrentar uma ameaça considerada mais séria mais ao norte da União Soviética, que agora abastecia os exércitos e a Força Aérea de Chiang com suas únicas armas modernas.[48] Chiang reagiu à ameaça com um ato de extraordinária crueldade. Ordenou que os diques do rio Amarelo fossem abertos para criar uma grande área pantanosa, que manteria os japoneses longe de Wuhan e do sul. Seus motivos eram apenas estratégicos, "usar a água para substituir soldados", mas o custo para a população chinesa local foi desastroso, assim como toda a política nacionalista de terra arrasada para negar recursos aos japoneses. Nenhum aviso foi dado, e 54 mil quilômetros quadrados de terras agrícolas baixas foram inundados. Estimativas feitas depois da guerra afirmavam que de 800 mil a 900 mil pessoas morreram (pesquisas recentes sugerem uma cifra mais perto de meio milhão). Mais de 4 milhões precisaram abandonar a planície inundada.[49]

A inundação do rio Amarelo sem dúvida impediu a rápida captura de Wuhan, mas, com o rio cheio, ele poderia ser usado pela Marinha japonesa para transportar soldados até o interior e oferecer cobertura. Em agosto, o 11º Exército japonês recebeu ordem para avançar até Wuhan, e sob um calor excessivo, atormentado pela malária e pela disenteria e com poucos alimentos e suprimentos, a infantaria marchou ou navegou até a cidade. A batalha contou com quase 2 milhões de homens e terminou em 21 de outubro de 1938 com a cidade ocupada pelos japoneses; Chiang transferiu o centro de poder de forma permanente para Chongqing, onde estaria protegido pelas montanhas das áreas agora controladas pelo Japão. Mais ao sul, um desembarque anfíbio bem-sucedido resultou nos japoneses tomando o importante porto de Guangzhou [Cantão] em 26 de outubro, enquanto a Marinha ocupava a ilha meridional de Hainan, em fevereiro de 1939, com isso dominando o golfo de Tonquim e a colônia francesa da Indochina. Em 1938, a onda de ocupações terminou de adquirir as áreas industriais mais ricas da China — Manchúria, Beijing, Xangai, Wuhan e Guangzhou — e negou a Chiang cerca de 87% da capacidade produtiva do país.[50] O Japão agora dominava uma vasta área do centro e do leste chineses, e era inevitável que o ritmo do avanço diminuísse. Durante 1939, houve pressão sobre as novas províncias fronteiriças de Hubei e Hunan, mas, depois de dois anos de muito conflito, da tomada da região produtiva do país e da destruição de um exército inimigo após o outro, o Japão estava um pouco mais perto de concluir o Incidente da China e consolidar sua presença imperial no continente.

A Guerra Sino-Japonesa teve a característica inusitada de que nenhum dos lados estava em condições de ganhar, e quanto mais tempo durava, menor a chance de uma vitória inquestionável. A decisão de Chiang de estabelecer um conflito que pudesse desgastar o inimigo pelo atrito regular só fazia sentido se as

Forças Armadas e o governo japoneses decidissem que a ideia de um império chinês teria que ser abandonada, e não havia nenhuma perspectiva de que isso ocorreria. As tropas chinesas lutavam com grandes desvantagens; escassez de armas modernas, instalações de treinamento precárias, falta de oficiais experientes na linha de frente, uma força aérea residual totalmente dependente de ajuda estrangeira, e quase não havia uma marinha. Embora o Japão tivesse um exército moderno para os padrões dos anos 1930, uma Força Aérea do Exército e da Marinha substancial, uma das maiores marinhas do mundo, uma base importante de produção militar nacional e um corpo de oficiais com sólida experiência no campo de batalha, era difícil fazer uso disso para alcançar mais do que vitórias locais. A simples escala e diversidade geográficas das regiões ocupadas pelas forças japonesas tornavam a vitória incerta; as áreas rurais eram controladas por certo período e perdidas quando as tropas japonesas seguiam adiante. Devido a problemas fundamentais de logística, esperava-se que as forças japonesas vivessem da terra, mas os moradores das aldeias logo aprenderam a esconder os grãos em armazéns subterrâneos, tornando o suprimento de alimentos uma batalha à parte. Se houvesse aviso suficiente da aproximação de japoneses, uma aldeia inteira era capaz de fugir para a mata ou para as montanhas com seu suprimento de comida: "Limparam as paredes e esvaziaram os campos", como diziam os relatórios japoneses.[51] A dificuldade de policiar áreas de retaguarda oferecia muitas oportunidades para insurgentes estabelecerem áreas de base de onde poderiam atormentar o inimigo japonês, tanto os comunistas no noroeste como guerrilheiros enviados por Chiang através do front poroso que dividia os dois lados. Em 1939, grande parte do esforço militar japonês era dedicada a combater insurgências, em vez de avançar para derrotar os exércitos regulares chineses, enquanto durante os meses de verão tropas foram necessárias na Manchúria para travar uma importante batalha de fronteira com as forças soviéticas nos altos de Nomonhan, que terminou com o armistício firmado em setembro. Em dezembro de 1939, Chiang juntou setenta divisões com efetivos insuficientes para lançar uma contraofensiva inesperada no norte, no vale do Yangtzé e nos arredores de Guangzhou, porém mais uma vez a luta foi inconclusiva. Em 1940, os dois lados se viram diante de um impasse. Para criar a ficção de que Chiang poderia de fato ser substituído, os japoneses montaram em março de 1940 um Estado fantoche, denominado "Governo Nacional da República Chinesa", em Nanquim, sob o comando do nacionalista renegado Wang Jingwei, que preferia um pacto com o Japão a seguir com o conflito. No entanto, ele não tinha nenhuma condição de fazer o acordo que os japoneses queriam, além confirmar o que eles já tinham obtido.[52] O governo japonês não esperava nem queria uma guerra prolongada, com custos econômicos e humanos excepcionais, mas a natureza dinâmica do conflito por uma nova ordem na Ásia tornava impossível admitir que a estratégia tinha fracassado. Em 1941, o embate na China tinha custado a vida de 180 mil japoneses, e deixado 324 mil feridos. As cifras das perdas chinesas, muito mais altas, são difíceis de calcular com algum grau de exatidão.

As ambições imperiais italianas sob Mussolini eram mais modestas do que as japonesas, mas nesse caso também a conquista territorial era um componente essencial. Mussolini, já em 1919, tinha declarado que o imperialismo era "uma eterna e imutável lei da vida", e durante toda a sua ditadura nunca deixou de lado o desejo de fazer da nova nação italiana o centro de um império mediterrâneo e africano, uma versão moderna da Roma antiga.[53] Suas esperanças iniciais consistiam em expandir o território na Europa, adquirir as regiões do que agora era a Iugoslávia que haviam sido prometidas à Itália no Tratado de Londres de 1915 e depois negadas na Conferência de Paz de Paris. No entanto, os chefes militares, com o respaldo do rei Vittorio Emanuele III, refrearam Mussolini por conta dos riscos de gerar um grande conflito. No começo dos anos 1930, quando a ordem internacional afundava em crise, Mussolini e os radicais do Partido Fascista resolveram exercer um imperialismo ativo a despeito da oposição. A área de expansão óbvia era a África Oriental, onde durante anos a Itália tinha tentado estender sua influência sobre as colônias italianas de Eritreia e Somália até o ainda independente Estado da Etiópia (Abissínia) — embora Mussolini tenha alimentado por pouco tempo a perigosa ideia de tomar a Córsega dos franceses. O conflito contra a Etiópia era difícil de conciliar com a cautela demonstrada por líderes importantes do Partido Fascista, pelo Exército e pela Casa Real, ou mesmo com o medo que Mussolini tinha de arriscar sua posição política. Ele enfim superou todas as objeções aos riscos envolvidos e, ciente do sucesso do Japão em desafiar a Liga na questão da Manchúria, encomendou planos para conquistar a Etiópia no outono de 1935. Extensos preparativos foram iniciados enquanto a Eritreia e a Somália eram abastecidas de tropas e de suprimentos; o fluxo era acompanhado com atenção por navios britânicos enquanto embarcações italianas, abarrotadas de soldados e veículos, passavam pelo canal de Suez.[54] Para Mussolini, a Etiópia era só o começo. Em 1934, ele afirmou em conversas privadas que a Itália precisava conquistar o Egito, então sob dominação britânica ("só seremos grandes se conseguirmos o Egito"), e, em março de 1935, acrescentou à lista a conquista do Sudão; ordenou que duas estações de rádio, a Rádio Bari e a Rádio Roma, começassem a transmitir propaganda antibritânica para todo o mundo árabe e explorou o Tratado de Comércio e Amizade, assinado com o Iêmen e com duração de dez anos, para constranger os britânicos no protetorado vizinho de Áden.[55] Em Malta, fascistas italianos clamavam pelo reconhecimento de que a região era na verdade da Itália, porém sob domínio de colonos britânicos, e que deveria ser devolvida em algum momento, enquanto a Marinha italiana traçava planos de contingência para tomar a ilha.⁵⁶ A visão imperial de Mussolini considerava o Mediterrâneo oriental e o nordeste da África o trampolim para um novo Império Romano.

A invasão da Etiópia era para ser uma campanha militar curta, uma *Blitzkrieg* italiana, mas poucos planos foram feitos para o período posterior à conquista e pouco esforço foi despendido para entender a natureza do povo que Mussolini queria dominar. Ao mesmo tempo, ele sofreu forte pressão dos britânicos e franceses, que propuseram vários projetos para dar à Itália uma voz mais ativa nos assuntos etíopes, até mesmo um mandato da Liga limitado sobre parte do território do país, tornando assim a guerra desnecessária. No entanto, Mussolini estava decidido a construir um império justamente para escapar da situação na qual a Itália só poderia ser compensada caso as potências da Liga decidissem, e em 22 de setembro de 1935, apesar das reservas do rei e do Ministério Colonial italiano, ele rejeitou as propostas. Àquela altura era tarde para optar por uma solução limitada, porque havia 500 mil soldados e 3 milhões de toneladas de suprimentos amontoados no exíguo território colonial italiano no Chifre da África.⁵⁷ Em 3 de outubro, citando uma provocação etíope, o Exército e a Força Aérea da Itália, sob comando do general Emilio De Bono, avançaram nos fronts norte e sul. O imperador etíope, Haile Selassie, ordenou que o tradicional tambor de guerra do império soasse em frente ao seu palácio na capital Adis Abeba, convocando o povo para o combate. Era um conflito assimétrico, que Mussolini desejava concluir rápido, para evitar mais complicações internacionais ou a interferência da Liga, no entanto logo estagnou. Haile Selassie, ciente do desequilíbrio de forças, ordenou que os exércitos travassem uma guerra de guerrilha, para tirar vantagem da topografia e da desorientação italiana: "Escondam-se, ataquem de repente, lutem uma guerra nômade, roubem, atirem e matem um a um".⁵⁸

Foi o maior conflito colonial desde a Guerra Sul-Africana, ocorrida 35 anos antes. O desfecho era previsível, mas sob De Bono os italianos avançaram devagar. Em dezembro, Mussolini chegou a pensar em se contentar com ganhos territoriais limitados. Políticos britânicos e franceses pressionavam para que ele aceitasse esse resultado, à custa da soberania etíope, até que o chamado Pacto Hoare-Laval (os dois ministros que conceberam a proposta) veio a público e, em meio ao alarido subsequente, foi repudiado. Em novembro, De Bono foi substituído pelo general Pietro Badoglio; em dezembro, o general Rodolfo Graziani, atacando o norte vindo da Somália, venceu uma batalha em Dolo ao usar gás venenoso pela primeira vez por ordem direta de Mussolini. Ignorando o conselho do imperador, os comandantes etíopes optaram por uma batalha aberta. Após dois combates em Tembien e a derrota de 50 mil etíopes em Amba Aradam, a resistência militar etíope foi destruída por uma combinação de bombas antipessoal e gás venenoso (tanto mostarda como fosgênio), que enfraqueceu a coesão de unidades do exército e provocou uma desmoralização generalizada.[59] Mussolini ainda considerou a possibilidade de impor um protetorado ou um Estado fantoche sob Haile Selassie, como o Estado fantoche de Manchukuo, mas com a queda da capital etíope em maio de 1936 optou pela simples anexação. Em 9 de maio, anunciou diante de uma multidão em êxtase na Piazza Venezia em Roma: "A Itália enfim tem seu império".[60]

A afirmação foi prematura. A Etiópia ainda não estava toda conquistada e uma guerra terrível de pacificação foi travada no ano seguinte. O custo para as tropas italianas foi alto: 15 mil mortos e 200 mil feridos. Mais de 800 mil soldados e pilotos italianos serviram para criar o que passou a ser chamado de África Oriental Italiana [*Africa Orientale Italiana*]. Das forças dispersas e dos civis etíopes apanhados no fogo cruzado, estima-se que 275 mil morreram.[61] Mais mortes se seguiram à vitória da Itália. Mussolini ordenou a execução de qualquer nobre etíope que se recusasse a reconhecer e colaborar com a nova administração, além da eliminação de líderes religiosos, supostos feiticeiros e bruxas, e "menestréis" locais que tradicionalmente viajavam pela sociedade etíope difundindo notícias e boatos. Em fevereiro de 1937, depois de uma tentativa fracassada de assassinar o governador italiano, Graziani, houve uma chuva de repressão em Adis Abeba que resultou na morte de pelo menos 3 mil etíopes, em estupro de mulheres e casas saqueadas.[62] O novo regime logo institucionalizou a diferença racial. Os etíopes não podiam ser cidadãos, mas continuavam súditos; o casamento entre italianos e etíopes foi proibido em dezembro de 1937; cinemas, lojas e o transporte público foram segregados. Em 1939, baixou-se um decreto chamado "Sanções em defesa do prestígio racial contra nativos na África italiana", que impunha penalidades a quem violasse o princípio da diferença racial.[63]

O que Mussolini esperava que fosse uma vitória fácil e rápida acabou sendo um conflito longo e exaustivo. Uma grande guarnição precisou ser mantida e financiada: em 1939, ainda havia 280 mil soldados na África Oriental. As baixas se acumulavam com a resistência etíope local desafiando a suserania italiana; a dura campanha de pacificação de três anos resultou em 9555 italianos mortos, 140 mil doentes e feridos e milhares de vítimas etíopes.[64] Os gastos com defesa na Itália, que tinham sido de 5 bilhões de liras em 1932-3 (22% dos gastos do governo), em 1936-7 totalizaram 13,1 bilhões de liras (33%), e em 1939-40 atingiram 24,7 bilhões de liras (45%). A guerra na Etiópia custou cerca de 57 bilhões de liras, pagos com empréstimos e impostos; a intervenção posterior na Espanha custou mais 8 bilhões de liras.[65] Os esforços para construir 2 mil quilômetros de estradas modernas e facilitar o policiamento da nova colônia quase quebraram o orçamento colonial.[66]

Os níveis cada vez mais elevados de gastos militares não poderiam ser compensados por quaisquer vantagens econômicas resultantes da ampliação do império. Diferentemente da experiência japonesa na Manchúria, o comércio com a Etiópia continuou unilateral. As exportações para o império subiram de 248 milhões de liras, em 1931, para 2,5 bilhões, em 1937, mas basicamente para atender as vastas demandas militares. A ideia de que a Etiópia poderia fornecer alimentos para os italianos no império e exportar um excedente para a Itália se mostrou ilusória: em 1939, 100 mil toneladas de trigo precisaram ser levadas para a Etiópia, cujas colheitas entraram em declínio, e, em 1940, só 35% das necessidades da região puderam ser produzidas ali. Embora se pretendesse modernizar a agricultura etíope levando para lá milhões de migrantes italianos, apenas quatrocentos camponeses chegaram até 1940, sendo que apenas 150 deles corajosos o suficiente para levar também suas famílias.[67] Havia mais operários do que agricultores, mas as 4 mil empresas italianas que operavam na África Oriental atendiam basicamente à imensa presença militar ou buscavam lucro rápido, de curto prazo, em vez de se empenharem em transformar economicamente o novo Império Africano. Houve algum esforço para encontrar petróleo e minerais, porém sem êxito. O governador italiano da província de Harrar, na Etiópia, lamentava a corrupção e o egoísmo provocados pela "febre do ouro", mas na verdade havia poucas riquezas a serem desfrutadas pelos italianos no coração do novo império.[68] A busca por alimentos adicionais para a população da Itália, que a conquista não resolveu, teve, no fim das contas, de ser remediada com uma política rigorosa de autossuficiência nacional ou "autarquia". As importações de trigo caíram dois terços entre 1930 e 1940, enquanto a produção nacional do grão aumentou quase um terço. Investimentos na indústria para sustentar o novo compromisso com o império e sua defesa cresceram de forma substancial, mas tudo teve de ser resolvido com recursos internos, além de exigir, como no Japão, uma intervenção estatal crescente para planejar o desenvolvimento industrial.[69]

No fim das contas, o novo império trouxe uma breve onda de entusiástico apoio nacionalista, e quase nada mais. Isso, porém, não impediu Mussolini de tirar proveito do que ele mesmo via como seu recém-descoberto status de líder de uma nação-império autônoma. Desafiando as potências ocidentais, apoiou com forças aéreas e terrestres a rebelião nacionalista de Franco durante quase três anos de combate na Guerra Civil Espanhola. O *Corpo truppe volontarie* italiano chegava a 30 mil pessoas em agosto de 1937, e, no fim, mais de 76 mil soldados, aviadores e milicianos fascistas italianos serviram na Espanha do lado nacionalista, lutando em alguns casos contra exilados italianos antifascistas que apoiavam a República Espanhola. Outros 3266 italianos morreram durante a campanha, elevando o total de mortos nos conflitos dos anos 1930 para mais de 25 mil.[70] A colaboração com "voluntários" alemães na Espanha aproximou mais que nunca Mussolini da Alemanha de Hitler, embora os líderes italianos insistissem que a visão de expansão imperial da Itália era independente de qualquer coisa que a Alemanha fizesse. Mussolini, em particular, logo voltou a conjeturar a possibilidade de novos alvos imperiais. Numa conversa privada em 1938, esboçou suas aspirações de dominar do sul dos Bálcãs até Istambul, tomar dos franceses a Tunísia e a Córsega e anexar as colônias somalis britânicas e francesas no Chifre da África; em fevereiro de 1939, sonhou em expulsar o Império Britânico da bacia do Mediterrâneo tomando o canal de Suez, Gibraltar, Malta e o Chipre.[71] Apesar de agora essas ambições remanescentes parecerem fantásticas, o relativo êxito na Etiópia e a confiança cada vez maior de Mussolini em poder substituir as "forças enfraquecidas pela idade" dos velhos impérios faziam com que parecessem menos ilusórias naquela época. A fase fascista, como disse o antissemita italiano Telesio Interlandi em 1938, foi definida por "uma vontade de império".[72]

Isso voltaria a encontrar expressão na tomada italiana da Albânia. Como a Etiópia, a Albânia era amplamente vista como objeto natural de anexação. Um breve protetorado exercido pela Itália entre 1917 e 1920 teve que ser abandonado por pressão internacional, e a Albânia se tornou membro da Liga das Nações. Uma aliança defensiva em 1926 dava à Itália a responsabilidade implícita de defender o país, enquanto estreitos laços econômicos foram impostos ao governante albanês Ahmet Zogu (mais conhecido como rei Zog). No entanto, Zog e seus aliados políticos queriam manter a independência, e, apesar das esperanças italianas de que algum tipo de protetorado fosse restabelecido nos anos 1930, nenhum ganho adicional pôde ser obtido.[73] No fim dos anos 1930, com o novo imperialismo italiano bem estabelecido, Mussolini e seu ministro das Relações Exteriores (e genro) Galeazzo Ciano tentaram converter a influência informal em domínio direto. Havia benefícios estratégicos, uma vez que o controle da Albânia significava a dominação dos dois lados do mar Adriático. Além disso, era um potencial ponto de apoio para construir um império italiano de dimensão europeia, com o qual Mussolini sonhava desde os anos 1920. A Itália ainda governava as distantes ilhas do Dodecaneso, tomadas da Turquia em 1912 e confirmadas como possessão italiana pelo Tratado de Lausanne, em 1923. Reforçadas com uma guarnição do Exército e com aeródromos bastante próximos do canal de Suez, as ilhas eram administradas por um governador-geral com plenos poderes e foram o primeiro passo da Itália rumo à formação de um império maior na Europa e no Levante, além de servirem de modelo para a tomada da Albânia.[74]

A aquisição da Albânia como parte do Império Italiano apresentava a sedutora perspectiva de em algum momento ligar o território do Adriático ao Egeu com o domínio italiano. Em maio de 1938, deu-se início aos planos de anexar a Albânia, com base em falsas alegações de que o país era rico em petróleo e cromo e alimentaria a economia de guerra da Itália. Os planos ficaram prontos no começo de 1939. Depois da ocupação alemã de Praga, em março de 1939, que não deflagrou nenhuma intervenção ocidental, Ciano passou a ser a favor da ação imediata. Mussolini mais uma vez hesitou; o plano não convenceu nem o rei, nem o Exército, que temiam que a Itália não tivesse capacidade militar por estar atolada na Etiópia e na Espanha para assumir mais compromissos. O fim da Guerra Civil Espanhola em março de 1939, quando a Divisão Littorio italiana tomou o último posto avançado republicano em Alicante, liberou recursos. Um ultimato para que a Albânia fosse transformada em protetorado italiano foi apresentado ao rei Zog em 5 de abril, e, depois da esperada recusa, 22 mil soldados italianos, com o apoio de duzentas aeronaves e trezentos tanques pequenos, invadiram o país nas primeiras horas da manhã de 7 de abril. A operação, preparada às pressas, foi mal organizada. Soldados que não sabiam dirigir receberam motocicletas; funcionários que não conheciam o código Morse foram recrutados para unidades de comunicação e transmissão de mensagens; soldados de infantaria aparecem nas fotografias das praias de invasão pedalando bicicletas para a batalha, em forte contraste com as imagens de tropas alemãs marchando pelas ruas de Praga.[75]

As deficiências foram mascaradas pela propaganda italiana, que saudava a invasão como um triunfo das armas modernas, mas ela só teve êxito porque quase não houve oposição armada. Os números das baixas italianas ainda são motivo de disputa. As perdas oficiais foram relatadas como doze, mas as estimativas albanesas sugerem entre duzentas e setecentas mortes italianas. Zog fugiu da capital, e, em 13 de abril, o monarca italiano foi declarado rei da Albânia. Embora, como Manchukuo, a Albânia não fosse em termos formais uma colônia, mas um Estado fantoche, a exploração do país seguiu os padrões coloniais de exploração. Um tenente-general foi nomeado, e conselheiros italianos dominaram a administração albanesa; a economia passou a ser controlada ou foi assumida por grupos italianos; os albaneses se tornaram súditos do rei da Itália; na vida pública, a língua do país teve que ceder a vez ao italiano; a resistência foi esmagada por uma dura presença policial. Até mesmo Ciano, que se beneficiou de forma ampla e corrupta das suas funções na Albânia, queixava-se de que os administradores italianos "tratam mal os nativos" e "têm mentalidade colonial", mas isso era uma consequência inevitável num Estado autoritário comprometido com métodos primitivos de expansão territorial.[76]

No fim, durante a maior parte dos anos 1930, o imperialismo exercido pelo Japão e pela Itália significava um compromisso com mobilizações militares em grande escala e com a guerra. Nos dois casos, centenas de milhares de jovens japoneses e italianos viveram combates por anos muito antes do início do conflito global: as Forças Armadas japonesas a partir de 1931, o Exército e a Força Aérea italianos quase de maneira contínua desde a pacificação da Líbia, em 1930-1, até a invasão da Albânia em 1939. Contrastando com isso, a Alemanha de Hitler iniciou seu programa de expansão mais tarde e, durante a maior parte da década, adquiriu mais território por meio de uma série de golpes sem derramar sangue. Só em 1939, com a invasão da Polônia, é que soldados alemães travaram um conflito por império na mesma escala da China ou da África Oriental. A afirmação de autonomia nacional significava algo bem diferente para a Alemanha, na qualidade de potência desarmada e empobrecida. Hitler passou seus primeiros anos de governo rejeitando a estratégia de "cumprir" os termos de Versalhes, seguida por pouco tempo nos anos 1920. Em outubro de 1933, a delegação alemã abandonou a Conferência de Desarmamento em Genebra para protestar contra o fato de outros Estados não terem levado adiante o desarmamento. No mesmo ano, o regime deixou de pagar as grandes dívidas internacionais do país e repudiou formalmente as reparações de guerra. Em 1936, a Renânia voltou a ser militarizada, rompendo o acordo de Locarno de 1925. No entanto, apesar de publicizar o desafio a Versalhes e Locarno, os líderes germânicos adotavam uma estratégia cautelosa enquanto a Alemanha ainda estivesse mal equipada com armamentos. Quando a Renânia foi reocupada em 7 de março de 1936, observou-se que Hitler estava em estado de grande ansiedade, com medo de ter levado suas ambições longe demais. Naquele dia, o jovem arquiteto Albert Speer estava no trem de Hitler a caminho de Munique, e mais tarde recordaria "a atmosfera tensa que emanava da seção do Führer". Segundo ele, Hitler sempre achou que a remilitarização tinha sido sua empreitada "mais audaciosa".[77]

Havia duas prioridades importantes para Hitler antes que pudesse haver qualquer ideia de construir um espaço vital imperial: recuperar a economia da situação desastrosa provocada pela crise econômica e remilitarizar a Alemanha a um nível que restaurasse o status do país como grande potência e deixasse uma margem de manobra para que o regime pudesse tomar o caminho que quisesse. O rearmamento começou em 1933, expandiu-se com um programa quinquenal em 1934 e foi divulgado, como parte do desafio ao acordo de paz, em março de 1936. Os gastos subiram de 1,2 bilhão de marcos do Reich em 1933-4 para 10,2 bilhões em 1936-7, quando grande parte da infraestrutura militar estava restaurada. A produção de armas e o treinamento de recrutas eram um programa de longo prazo. Como no Japão e na Itália, ter altos níveis de gastos com defesa exigia uma supervisão estatal rigorosa do resto da economia para evitar uma crise econômica e para controlar os gastos com consumo de uma população que tinha vivido anos de pobreza e desemprego e agora queria voltar a gastar. Foram postos em prática planos para tornar a Alemanha autossuficiente em termos de alimento e matérias-primas e menos dependente de um mercado mundial potencialmente hostil, ao mesmo tempo que se criava um bloco comercial dominado pelo país no centro e no sudeste da Europa, como uma rede de segurança em caso de crise internacional. Entre 1934 e 1939, acordos comerciais com a Romênia, a Iugoslávia e a Hungria alteraram o equilíbrio comercial do Leste da Europa a favor da Alemanha. A compra de petróleo e alimento levou ao crescimento das exportações da Romênia para a Alemanha entre 1933 e 1938, indo de 18% do comércio romeno para 37%.[78] Quando a Guerra Civil Espanhola eclodiu, a Alemanha passou a usar a ajuda a Franco como alavanca para obter acordos comerciais vantajosos em mais uma extensão do império econômico alemão "informal". Como uma parcela das exportações espanholas, o comércio alemão subiu de 11% no fim de 1936 para quase 40% dois anos depois ao fornecer metais indispensáveis à indústria militar alemã.[79] Hitler estava obcecado com o papel que o bloqueio tinha desempenhado na Grande Guerra e estava ansioso para que, como o bloco japonês do iene, em qualquer conflito futuro a Alemanha controlasse recursos suficientes no bloco comercial europeu para se proteger de pressões econômicas externas.

Em 1936, a sobrecarga imposta pelos altos gastos com defesa e a lenta recuperação do comércio internacional resultaram numa crise. Os chefes militares e o ministro da Economia, Hjalmar Schacht, responsável por grande parte da recuperação, queriam restringir os gastos militares e incentivar o comércio. Hitler era contra a ideia de limitar o crescimento do poderio militar justamente quando se sentia em condições de adotar uma política mais ativa de expansão imperial, e em agosto de 1936 expôs num memorando estratégico suas opiniões sobre o futuro econômico e militar do país. Por reconhecer que a ameaça soviética se tornava cada vez mais séria, Hitler queria que a Alemanha se preparasse militarmente na escala mais grandiosa possível, ao mesmo tempo que acelerava o programa de autossuficiência. A incapacidade de derrotar a ameaça bolchevique, dizia Hitler, levaria à "destruição final, até mesmo ao extermínio, do povo alemão". A questão de encontrar os recursos necessários para alimentar a população e assegurar as matérias-primas necessárias para a luta que tinham pela frente, concluía Hitler, só seria resolvida com a "expansão do espaço vital, e em particular da base de matérias-primas e alimentos, do povo alemão".[80] O resultado direto do memorando foi a declaração pública de um Segundo Plano Quadrienal em outubro de 1936 (o primeiro tinha sido de reemprego), com o líder do partido e comandante-chefe da Força Aérea alemã, Göring, como diretor. O plano representou uma acentuada ruptura na política alemã. O Estado agora controlava os preços, os níveis salariais, o comércio de importação-exportação, as transações em moeda estrangeira e os investimentos. A chamada "economia dirigida" [*gelenkte Wirtschaft*], como o planejamento econômico estatal japonês e italiano, era essencial para equilibrar as demandas de rearmamento acelerado e a estabilidade econômica interna.[81] Segundo o plano, estabeleceu-se um programa de grandes investimentos para materiais sintéticos substitutos (petróleo, têxteis, produtos químicos, borracha) com o objetivo de formar a base econômica para produção militar em larga escala. Em 1939, dois terços de todos os investimentos industriais já se destinavam a materiais estratégicos, enquanto os gastos militares absorviam 17% do produto nacional (em comparação com 3% em 1914) e 50% dos gastos governamentais.[82] Além disso, recursos adicionais deveriam ser fornecidos ao estender o "espaço vital" alemão num novo império europeu.

No entanto, há bem menos certeza sobre o que Hitler planejava fazer para estabelecer o "espaço vital no Leste e sua implacável germanização", como tinha sugerido aos chefes do Exército pela primeira vez em fevereiro de 1933 como objetivo de longo prazo.[83] Apesar dos esforços de historiadores para desenterrar suas intenções a partir dos esparsos comentários feitos por ele depois da redação de Mein Kampf [Minha luta], há poucas provas do planejamento programático de Hitler para além do desejo de expandir o futuro espaço vital alemão na Eurásia. Ele mesmo foi claramente influenciado pelos discursos que descobriu no começo dos anos 1920 sobre "raça e espaço", que em grande parte definiram o seu pensamento subsequente. Hitler tomou emprestada a ideia de conquista num "Leste" metafórico de um pensamento imperial alemão que remontava a quarenta anos, mas, fora o forte anticomunismo hitlerista e afirmações regulares de que o futuro do povo alemão estava "no Leste", há muito pouca coisa nos anos 1930 que sugira quais eram os seus objetivos exatos ou como ele definia o Leste. A ideia de que em última análise Hitler buscava o "domínio do mundo" continua a ser uma conjetura, embora ele claramente desejasse a expansão alemã para criar as bases de um império que rivalizasse com o poder global da Grã-Bretanha e da França, ou mesmo dos Estados Unidos.[84] Para Hitler, a visão do que era possível na prática era mais reativa do que programática, sua estratégia era oportunista e de curto prazo, ainda que sua obsessão de assegurar um espaço vital fosse invariável.

Em meados dos anos 1930, era mais fácil entender quem eram os amigos de Hitler do que prever quem seriam seus inimigos — à exceção dos judeus, que permaneceram de forma consistente na visão hitlerista como o principal inimigo do povo alemão em sua luta pela afirmação nacional. Ao longo de 1936, os agressores imperiais, Japão e Itália, se aproximaram da Alemanha. Em novembro de 1936, o Japão e a Alemanha assinaram o Pacto Anticomintern para coordenar uma resistência ao comunismo internacional (ao qual a Itália aderiu um ano depois). Em 1938, tanto a Alemanha como a Itália tinham reconhecido o Estado fantoche japonês de Manchukuo. Em outubro de 1936, a Itália e a Alemanha fizeram um acordo informal, mais tarde apelidado de Pacto do Eixo ao tomar por base a afirmação de Mussolini de que a Europa agora teria que girar em torno do "eixo" Roma-Berlim. Nas discussões, Hitler confirmou que para ele o Mediterrâneo era "um mar italiano", ao mesmo tempo que garantia aos líderes italianos que as ambições germânicas agora diziam respeito "ao Leste e ao Báltico".[85] A conquista italiana da Etiópia, feita para desafiar as potências da Liga, impressionou o público alemão. Em 1937, foi publicada na Alemanha a mesma quantidade de livros que aprovavam a colonização italiana na Líbia e na Etiópia quanto que criticavam o Império Britânico — "um Estado pirata", "roubando metade do mundo". Num livro sobre *Colônias e o Terceiro Reich*, de Hans Bauer, a conquista da Etiópia pela Itália foi aplaudida como o modelo que a Alemanha deveria imitar, rompendo o Acordo de Paz de Paris e adquirindo seu próprio espaço vital colonial.[86]

Especulações na Alemanha sobre a direção da estratégia hitlerista se refletiam na renovada popularidade do lobby por colônias ultramarinas. À medida que Versalhes era rapidamente desfeito, a barulhenta minoria de entusiastas coloniais dos anos 1920 esperava que Hitler encontrasse um meio de restaurar os territórios perdidos na África e no Pacífico ou de adquirir novos. Em 1934, o Partido Nacional-Socialista estabeleceu um Escritório Político Colonial comandado pelo ex-administrador colonial (e líder do partido) general Franz Ritter von Epp, e depois, em 1936, "coordenou" as organizações coloniais existentes numa nova Liga Colonial do Reich [*Reichskolonialbund*], com Von Epp como chefe. Em 1933, havia apenas 30 mil apoiadores do lobby colonial, mas em 1938 a nova liga contava com 1 milhão de membros, e em 1943, com mais de 2 milhões.[87] A literatura de propaganda sobre colônias foi de um punhado de publicações no começo dos anos 1930 para entre 45 e cinquenta por ano na segunda metade da década. Jovens alemães eram bombardeados por histórias e filmes de aventuras coloniais heroicas; um "Manual para a educação da Juventude Hitlerista nas colônias" foi editado com o objetivo de prepará-los para um futuro colonial.[88] Havia uma discussão generalizada, alimentada por Schacht, sobre se territórios africanos aliviariam de algum modo a escassez de metais raros ou alimentos mais exóticos. "Está mais claro do que nunca", anunciou o ministro da Economia num discurso em Leipzig, "que para um Estado industrial a posse de áreas coloniais com matérias-primas para expandir a economia nacional é indispensável."[89] No entanto, no fim, o clamor popular por colônias ultramarinas, apesar de manipulado pelo regime de Hitler em 1936-7 para tentar criar uma divisão entre Grã-Bretanha e França, tinha pouco apelo para os novos líderes alemães, cujos apetites territoriais eram continentais, mais do que coloniais em termos convencionais. "Queremos carta branca na Europa Oriental", disse Göring ao seu contato britânico em fevereiro de 1937, e em troca a Alemanha respeitaria os interesses imperiais da Grã-Bretanha.[90] A ideia de um império africano só ressurgiu mais tarde, quando os antigos impérios foram derrotados no verão de 1940.

A primeira vez que Hitler indicou um programa definido para expansão foi numa reunião realizada na Chancelaria do Reich, em 5 de novembro de 1937, que mais tarde ficou conhecida por conta das anotações feitas por seu ajudante de ordens Fritz Hossbach. Ele convocou os comandantes-chefes das Forças Armadas e o ministro das Relações Exteriores, o conde Konstantin von Neurath, para explicar a eles a estratégia que ele tinha desenvolvido para solucionar o problema alemão de "espaço" e o futuro da comunidade racial. O tamanho e a solidez racial do povo alemão lhes davam "o direito de ter um espaço vital maior". O futuro do país está "totalmente condicionado à solução da necessidade de espaço". As colônias ultramarinas eram, ele achava, uma solução insuficiente: "Áreas de produção de matérias-primas podem ser procuradas de maneira mais proveitosa na Europa, na proximidade imediata do Reich". O Império Britânico estava enfraquecido e era improvável que interviesse, e sem a Grã-Bretanha a França também se absteria. Hitler disse aos ouvintes que a Áustria e a Tchecoslováquia, que, alegava ele, eram capazes de alimentar de 5 milhões a 6 milhões de alemães, forneceriam esse espaço o quanto antes, em algum momento de 1938, se as circunstâncias internacionais permitissem. O Exército e o Ministério das Relações Exteriores não demonstraram entusiasmo por receio de arriscar os frutos da recuperação econômica e militar.[91] A morna resposta dos comandantes do Exército e de Von Neurath provocou uma significativa revolução política. Até fevereiro de 1938, a cúpula militar foi substituída, e o Ministério da Guerra foi abolido. Hitler assumiu a função de comandante supremo das Forças Armadas e criou uma instituição especial, o *Oberkommando der Wermacht* (OKW), para consolidar sua nova posição. O ministro das Relações Exteriores Von Neurath foi demitido e substituído pelo porta-voz dos negócios exteriores do partido, Joachim von Ribbentrop. Schacht, ainda crítico do programa de aumentar o rearmamento e relutando em abandonar sua campanha por ganhos na África, foi substituído pelo assessor de imprensa do partido, Walther Funk, de personalidade ineficiente e que gostava de beber. O partido era agora dominado por Göring.[92]

Mesmo essa nova trajetória estratégica estava cercada de incertezas. Hitler tinha consciência de que o momento de começar a expansão alemã dependia da atitude das outras grandes potências e do quanto poderiam estar distraídas por estar preocupadas com a ameaça japonesa e italiana, ou com a opaca ameaça do crescente poder soviético. Mas, no fim das contas, a data possível de 1938 se tornou definitiva. Um mês depois da reunião de "Hossbach", o Exército recebeu ordem para preparar planos de contingência para ocupar a Áustria e a Tchecoslováquia. Em março de 1938, Hitler achou a situação favorável o bastante para dar o primeiro passo. As consequências não eram previsíveis, e Hitler hesitou, como tinha feito no caso da Renânia. Göring acabou tomando a dianteira para forçar a submissão da Áustria e permitir a entrada de tropas alemãs em 12 de março. A ausência de protestos internacionais sérios abriu caminho para a decisão seguinte. Em 28 de maio, Hitler convocou uma reunião da cúpula militar e confirmou que os planos provisórios para o Caso Verde — a invasão e conquista da Tchecoslováquia — seriam implementados. O chefe do Estado-Maior do Exército, o general Ludwig Beck, anotou a avaliação que Hitler fez da situação: "Rússia: não vai tomar parte, não está preparada para uma guerra de agressão. Polônia e Romênia: medo da ajuda russa, não vão agir contra a Alemanha. Leste da Ásia: motivo de cautela da Inglaterra". Hitler concluiu que era hora de agir: "O momento favorável deve ser aproveitado [...]. Marcha-relâmpago na Tchecoslováquia". Uma ação decisiva, coercitiva na Europa Central, como havia sido a invasão italiana da Etiópia, também era um sinal de que a Alemanha agora ignorava a velha ordem internacional e queria construir uma nova de forma unilateral.

A história posterior da intervenção britânica e francesa e o Acordo de Munique, assinado em 30 de setembro, que permitia que a Alemanha ocupasse a maior parte das áreas germânicas da Tchecoslováquia, são bem conhecidos. Embora Hitler desejasse uma guerra imperial de curta duração — em especial para igualar a ação já executada pelo Japão e pela Itália —, uma crise europeia provocava uma preocupação internacional muito maior do que as distantes Manchúria e Etiópia. Em 28 de setembro, depois de encontros no dia anterior com o representante britânico, Sir Horace Wilson, enviado por Neville Chamberlain para explicar que uma invasão da Tchecoslováquia resultaria em guerra, Hitler foi relutantemente convencido por Göring e Von Neurath de que deveria dominar os tchecos por etapas. Os vários altos comandantes estavam tão ansiosos com os riscos que Hitler corria que começaram a pensar, no outono de 1938, em dar um golpe no ditador, embora só seis anos e grandes derrotas depois algo do tipo de fato se materializasse. No fim, Hitler desistiu de sua pequena guerra e aceitou um arranjo que dava à Alemanha acesso quase imediato às áreas germânicas dos Sudetos do Estado tcheco, que foram ocupadas em 1º de outubro. Os tchecos tiveram que aceitar a autonomia da metade eslovaca do país e fazer acordos econômicos desfavoráveis com a Alemanha. Seis meses depois, em 15 de março de 1939, quando o presidente tcheco Emil Hácha foi convocado a Berlim e submetido a forte e irresistível pressão dos líderes germânicos, forças alemãs entraram em Praga. No dia seguinte, Hitler declarou as províncias da Boêmia e da Morávia protetorados alemães. A Eslováquia se tornou um regime fantoche.

O caráter imperial dessas anexações é evidente, embora fosse um imperialismo de um tipo distinto do dos impérios dinásticos tradicionais que tinham governado a região apenas vinte anos antes, sendo mais parecido com o padrão praticado fora da Europa. Até mesmo o caso da Áustria, que foi incorporada à Grande Alemanha com o respaldo de um plebiscito quase unânime, fazia parte desse processo. Os austríacos se viram submetidos a um sistema jurídico que não tinham instigado, enquanto o nome escolhido para a região, Ostmark, ecoava o termo cunhado para a área de colonização interna anterior a 1914. O passado austríaco foi extinto em favor de um presente alemão. As áreas dos Sudetos adquiridas como resultado do Acordo de Munique foram igualmente incorporadas à Grande Alemanha, passando por cima das ambições de nacionalistas locais que falavam alemão, que almejavam uma Sudetolândia autônoma. Nas terras tchecas, o protetorado lembrava o sistema imposto em Manchukuo: o protetor do Reich atuava como vice-rei na região, responsável pelos assuntos externos e pela defesa, enquanto um sistema de governadores locais [Oberlandräte] supervisionava a polícia, a administração e a aplicação das leis e dos decretos oriundos, em última análise, do governo em Berlim. Uma administração tcheca foi mantida liderada por Hácha para organizar o funcionamento diário do protetorado, mas, de acordo com um decreto de 16 de março, suas atividades tinham de ser exercidas "em harmonia com as necessidades políticas, militares e econômicas do Reich". Cerca de 10 mil funcionários alemães supervisionavam o trabalho de 400 mil tchecos.[93] As Forças Armadas exercem mais uma camada militar de supervisão de recursos estratégicos, defesa civil, imprensa e propaganda, além do recrutamento de alemães tchecos. Em todas as áreas anexadas e no protetorado, a cidadania se tornou um fator definidor da separação entre cidadãos e súditos com base na raça, como no caso da Etiópia. Na Áustria e na Sudetolândia, a cidadania era reservada a quem era classificado como de etnia alemã, enquanto judeus e não alemães se tornaram súditos; no protetorado, os alemães tchecos podiam solicitar a cidadania do Reich (embora muitos não o fizessem), mas os tchecos continuaram súditos do protetor do Reich, enquanto os judeus perderam até esse privilégio limitado. Os alemães que se casavam com tchecos perdiam o direito à cidadania, o que incentivava um apartheid racial no protetorado. Cidadãos e súditos eram tratados de acordo com dois regimes jurídicos distintos: os cidadãos estavam sujeitos às leis do Reich, enquanto os tchecos estavam sujeitos a portarias e decretos impostos pelo vice-rei. A resistência tcheca foi esmagada de forma brutal, com a mesma incontinência praticada pela Itália na Etiópia e pelo Japão na China.[94]

Na Áustria, na Sudetolândia e no protetorado, recursos econômicos essenciais foram confiscados por empresas estatais ou por bancos alemães, enquanto o ouro e as reservas de moeda estrangeira, estatais ou de populações judaicas locais, foram apreendidos e repassados ao Banco Central alemão.[95] A principal instituição era a Reichswerke "Herman Göring", uma empresa com respaldo estatal criada em junho de 1937 para assumir o controle dos suprimentos alemães de minério de ferro. A Reichswerke logo adquiriu participação majoritária nos setores austríacos de minério de ferro e de engenharia mecânica, obrigando grupos privados a venderem suas participações de capital para o Estado. Na Sudetolândia, onde a organização do Plano Quadrienal já tinha identificado uma série de fontes minerais importantes bem antes da anexação, a Reichswerke assumiu de imediato o controle dos suprimentos de linhito (carvão acastanhado), que foi usado para desenvolver a produção de petróleo sintético local em Brüx.[96] O protetorado fornecia não apenas recursos minerais extras e instalações para a produção de ferro e aço em grande escala, mas também importantes produtores europeus de armas, como Skoda e as Fábricas de Armas Tchecas. No fim de 1939, a organização Reichswerke detinha o controle acionário de todas essas empresas. Firmas pertencentes de forma total ou parcial a judeus austríacos ou tchecos foram expropriadas nos termos da legislação destinada a "arianizar" as atividades comerciais judaicas, um processo que tinha começado na Alemanha no início da ditadura. Louis Rothschild foi feito refém pelos ocupantes alemães para que assinasse a transferência para o Reich de grandes propriedades da família no protetorado. Os ativos de capital da Reichswerke acabaram ultrapassando os 5 bilhões de marcos do Reich, cinco vezes mais do que os da empresa alemã mais próxima, a gigante química I. G. Farben. Os recursos disponíveis para o Reich, assim como os de controle estatal na Manchúria disponíveis para o Japão, ajudaram a sustentar altos níveis de produção militar e a fazê-lo dentro de um bloco econômico fechado, totalmente controlado por Berlim, e que fornecia o capital necessário para a exploração colonial.[97]

Não era bem um "espaço vital" no sentido aparentemente dado por Hitler. Apesar de ter ele falado na reunião de Hossbach sobre expulsar 1 milhão de pessoas da Áustria e 2 milhões da Tchecoslováquia, as transferências populacionais realizadas envolviam, basicamente, a emigração de mais ou menos meio milhão de judeus alemães, austríacos e tchecos, que buscaram refúgio no exterior contra a reconfiguração racial explícita nos planos alemães para os territórios tomados. Houve muita discussão entre os funcionários alemães responsáveis pelos novos territórios sobre se a política futura deveria ser baseada em assimilação ou separação racial. Só mais adiante, durante a guerra, é que o regime explorou a possibilidade de expulsar todos os tchecos que não pudessem ser "germanizados" — cerca de metade da população — e de tratar o protetorado como área de assentamento alemão.[98] Um programa para desapropriar agricultores tchecos de suas terras e estabelecer ali colonos germânicos foi lançado em pequena escala e só mais tarde ampliou seu escopo: em 1945, 16 mil fazendas, com uma área total de 550 mil hectares, tinham sido confiscadas.[99]

Não se sabe ao certo quando Hitler decidiu que poderia ser mais proveitoso encontrar na Polônia o espaço vital que buscava no Leste. Até o fim de 1938, os poloneses eram vistos como potenciais aliados num bloco antissoviético dominado pelos alemães, que devolveriam as terras germânicas que tinham recebido em Versalhes e que se tornariam de forma voluntária um país satélite da Alemanha. Só quando o governo polonês recusou diversas vezes o pedido alemão de construir uma ligação ferroviária e rodoviária extraterritorial que cruzaria o Corredor Polonês e reincorporar à Alemanha a Cidade Livre de Danzig, administrada pela Liga, é que Hitler decidiu travar contra os poloneses a pequena guerra que lhe tinha sido negada em 1938 e tomar os recursos do país à força. A Polônia agora tinha uma vasta região de ferro e aço que antes pertencia à Alemanha na Silésia, mas também poderia disponibilizar grandes áreas para assentamentos germânicos e produzir um excedente agrícola destinado a alimentar a população alemã. Na reunião de 23 de maio de 1838, quando revelou aos chefes militares suas intenções a respeito da Polônia, Hitler disse que "Danzig não é o objetivo neste caso. Trata-se, para nós, de completar o nosso espaço vital no Leste e assegurar suprimentos alimentares". Estes só poderiam vir do Leste porque era pouco povoado, prosseguiu Hitler. A competência agrícola alemã aumentaria em muitas vezes a produtividade da região.[100]

No entanto, uma guerra imperial contra a Polônia apresentava os mesmos riscos de intervenção de outras potências europeias que a crise tcheca do ano anterior. Hitler poderia ter aceitado a solução de um segundo protetorado se os poloneses cedessem às ameaças alemãs, mas no fim de março de 1939, contrariando as expectativas do ditador germânico, a Grã-Bretanha e depois a França se comprometeram publicamente a garantir a soberania polonesa. Enquanto a campanha militar alemã era preparada com cuidado nos meses de verão, a diplomacia do país tentava separar os poloneses dos seus garantidores, e um garantidor outro, embora sem êxito. Recorreu-se à propaganda para estimular o apoio interno a uma guerra que protegeria os alemães que moravam na Polônia de supostas atrocidades praticadas pelos poloneses e criar um pretexto para invasão. Como a Grã-Bretanha e a França não mudariam de ideia sobre o apoio à Polônia, Hitler tentou um acordo com a União Soviética para garantir que a formação de um bloco soviético-britânico-francês não atrapalhasse sua pequena guerra. O Pacto de Não Agressão, assinado em 23 de agosto de 1939, foi usado por Hitler para explicar a todos que o rodeavam que àquela altura os Estados ocidentais não ousariam mais intervir. Embora costume-se argumentar que Hitler buscava um conflito geral em 1939 porque os custos do rearmamento para uma economia frágil e sobrecarregada o obrigavam a travar uma guerra contra o Ocidente antes que fosse tarde, quase todas as provas demonstram que ele queria um combate localizado, para apoiar a expansão do espaço vital para o Leste, e não um grande conflito com os impérios Britânico e Francês — uma conclusão para uma década de construção de império, e não um prólogo para uma guerra mundial.[101] Havia, sem dúvida, motivos econômicos para tomar mais terras e recursos, mas não para iniciar um conflito global, para o qual esses recursos acabariam sendo necessários quando, ou se, viesse. A opinião de Hitler era que os alemães só deveriam se preparar para uma grande guerra em 1942-3, quando os programas de armamento estivessem concluídos.[102] Em 21 de agosto, Hitler autorizou apenas uma mobilização econômica limitada, destinada a um estado de conflito local e temporário; a ordem para iniciar a plena mobilização da economia só foi dada depois que a Grã-Bretanha e a França declararam guerra.[103]

No entanto, quanto mais se aproximava a data planejada para a invasão, mais se multiplicavam os riscos. Isso estava programado para ocorrer em 26 de agosto, foi adiado quando chegaram notícias de uma aliança anglo-polonesa, além da informação de que a Itália não honraria o Pacto de Aço, assinado em maio, para entrar do lado alemão numa guerra mais geral. Dados de inteligência provenientes de Londres sugeriam que dessa vez a Grã-Bretanha não estava blefando.[104] Em 28 de agosto, Hitler superou suas dúvidas e ordenou que marchassem, dando início à campanha na manhã de 1º de setembro. Sua opinião de que os impérios Francês e Britânico estavam em declínio terminal, cercados pelo medo das ambições italianas no Mediterrâneo e japonesas no Leste da Ásia, alimentava a ideia fixa de que o Ocidente descobriria um jeito de abandonar a Polônia à própria sorte quando ficasse claro que já não adiantava ajudar militarmente os poloneses. Um de seus ajudantes de ordens disse que ele deixou claro que queria entrar em conflito com os poloneses, mas "com os outros não queria guerra nenhuma". Depois da guerra, Göring insistiria em dizer a seus interrogadores que Hitler tinha certeza de que conseguiria chegar a um acordo com o Ocidente sobre a Polônia, como tinha conseguido no caso da Tchecoslováquia. "Na nossa opinião", afirmou Göring, "ele se apegava demais a isso."[105] Hitler rejeitou todos os conselhos que recebia de desistir do projeto porque não queria ser privado de seu primeiro conflito imperial por uma demonstração de liderança inconsistente e ansiedade equivocada. "Enfim tomei a decisão", disse ele ao ministro das Relações Exteriores, Ribbentrop, "de dispensar as opiniões de pessoas que me informaram mal numa dezena de ocasiões, e de confiar no meu próprio julgamento, que em todos esses casos [da Renânia a Praga] me deu conselhos melhores do que os especialistas."[106]

A decisão súbita e ousada, dessa vez inabalável, teve muito a ver com a rejeição de Mussolini do tímido conselho que recebeu em 1935 de não se arriscar a provocar uma guerra com a invasão que ele havia planejado para a Etiópia. Como a aventura africana, o aumento gradual da capacidade militar antes do conflito tornava difícil pensar em abandonar a campanha. Para muitos comandantes militares alemães, o confronto com a Polônia era uma retomada bem-vinda da marcha para o Leste ocorrida durante a Grande Guerra, na qual muitos tinham combatido, e dos conflitos do pós-guerra na fronteira alemã-polonesa, em 1919-20, quando soldados desmobilizados ingressaram como voluntários no *Freikorps* para lutar contra os poloneses. A Polônia era vista como um simples "Estado sazonal" [*Saisonstaat*], filha ilegítima do tratado de paz, e uma área pronta para receber futuros assentamentos germânicos.[107] Na primavera de 1939, o chefe do Exército, o general Franz Halder, manifestou diante de uma plateia na Academia das Forças Armadas a "sensação de alívio" por o conflito com a Polônia estar agora na agenda: "A Polônia", disse ele, "não deve apenas ser derrotada, mas liquidada o mais rápido possível".[108] No verão de 1939, disseram aos soldados que o inimigo que tinham pela frente era "cruel e astuto"; um relatório sobre os poloneses feito pelas Forças Armadas afirmava que a população camponesa se distinguia pela "crueldade, brutalidade, traição e mentira". Halder considerava os soldados poloneses os "mais estúpidos da Europa". Oficiais alemães de imediato assimilaram o preconceito antipolonês e a sensação de que o país merecia seu destino por bloquear a expansão alemã para a "antiga terra germânica", como disse na véspera da invasão o comandante de uma divisão de infantaria a seus homens. "Este", continuou ele, "é o espaço vital do povo alemão."[109] Hitler não achava que o confronto iminente era um conflito convencional entre grandes potências, mas sim contra um inimigo bárbaro e ameaçador contra o qual nenhuma piedade deveria ser demonstrada, que seria travado com "máxima brutalidade e sem misericórdia", como disse ele a seus comandantes em 22 de agosto. Ainda naquele dia, Hitler falou sobre a eliminação física do povo polonês de uma terra que seria "despovoada e colonizada por alemães".[110]

Às dezesseis horas do dia 31 de agosto, Hitler ordenou que a invasão começasse na manhã seguinte. Garantiu a Halder que "França e Inglaterra não vão marchar". Joseph Goebbels, o ministro da Propaganda, registrou em seu diário que o "Führer não acredita que a Inglaterra vá intervir".[111] Durante a noite, foi montada uma operação de codinome "Himmler" que simularia um ataque polonês a postos alemães da fronteira: homens da ss deixaram na estação de Hochlinden os corpos de seis prisioneiros de um campo de concentração mortos trajando o uniforme polonês, enquanto uma mensagem em polonês era transmitida pela torre de rádio de Gleiwitz e o corpo de um prisioneiro polonês morto era deixado no chão como prova da violação territorial praticada pela Polônia, servindo de justificativa para a guerra. Foi um artifício tão grosseiro quanto a sabotagem da ferrovia na Manchúria pelo exército japonês, em 1931. Pouco depois das cinco da manhã do dia 1º de setembro, a primeira aeronave alemã atacou a cidadezinha polonesa de Wieluń, enquanto o navio-escola alemão *Schleswig Holstein*, numa missão em Danzig, abriu fogo contra um forte no porto. A campanha que se seguiu estava projetada para ser tão rápida que as potências ocidentais se vissem diante de um fato consumado. O "Caso Branco" vinha sendo preparado desde abril, e em 1º de setembro havia 1,5 milhão de soldados alemães na Prússia Oriental, no leste da Alemanha e na Eslováquia, apoiados por 1929 aeronaves e 3 mil veículos blindados, a maioria agrupada em dez divisões motorizadas e cinco "Panzer". Eram unidades de armas combinadas altamente móveis, com muitos tanques, apoiadas por ondas de bombardeiros e bombardeiros de mergulho que percorriam o interior do território polonês, planejadas para servir de ponta de lança de um exército mais convencional de soldados de infantaria e cavalaria que seguia para explorar os danos feitos pelo punho blindado.

O exército polonês só foi mobilizado por completo no fim do dia, para evitar antagonizar os alemães. Era, no papel, não muito menor do que o alemão, com 1,4 milhão de homens, mas apoiado por novecentas aeronaves, quase todas obsoletas, e apenas 750 veículos blindados.[112] Os preparativos da Polônia se baseavam numa experiência operacional mais tradicional. Esperava-se que os exércitos do país pudessem segurar o ataque perto das fronteiras, enquanto se completava a mobilização, para em seguida recuar ordenadamente e resistir em pontos fortes estabelecidos. A força aérea logo foi suplantada; metade foi destruída na primeira semana de combates, e cem das aeronaves restantes receberam ordem de voar para bases na vizinha Romênia, para evitar a destruição total.[113] As tropas alemãs avançaram contra uma resistência local firme, mas depois de uma semana estavam a apenas 65 quilômetros de Varsóvia. Não foi uma batalha totalmente assimétrica, como costuma ser apresentada; de 13 a 15 de setembro foi travada uma batalha acirrada ao longo do rio Bzura, em frente à capital polonesa. As perdas germânicas de blindados e aeronaves não paravam de aumentar. Então, em 17 de setembro, a pedido dos alemães, 1 milhão de soldados soviéticos invadiram pelo leste e ocuparam uma zona da Polônia designada para a União Soviética nos termos do protocolo secreto do Pacto de Não Agressão. Lutando agora em duas frentes com poucas chances de êxito, a derrota polonesa era apenas uma questão de tempo. A partir de 22 de setembro, a recusa a tornar Varsóvia uma cidade aberta resultou em um pesado bombardeio de artilharia e aéreo. A capital polonesa se rendeu cinco dias depois, e Modlin, o último reduto polonês, caiu no dia 29. Cerca de 694 mil militares poloneses se tornaram prisioneiros dos alemães, 230 mil dos soviéticos, embora entre 85 mil e 100 mil tenham escapado para a Romênia e a Hungria. O total de militares poloneses mortos era de 63 330, e os feridos, 133 700; a Alemanha teve 13 981 mortos e desaparecidos e 30 322 feridos, quase o mesmo que as baixas italianas na Etiópia, enquanto o Exército Vermelho soviético, enfrentando uma escassa e desmoralizada defesa polonesa, acabou com 996 mortos e 2 mil feridos.[114] Apesar da grande diferença em números e qualidade, os alemães tiveram uma perda considerável de aeronaves: 285 destruídas e 279 avariadas, mais ou menos 29% das utilizadas.[115] Em 28 de setembro, representantes soviéticos e alemães se reuniram para assinar um segundo acordo, o Tratado de Amizade, e definir a demarcação de suas esferas de influência. Em quatro semanas, a Polônia tinha deixado de existir como um Estado moderno.

A curta campanha foi pouco afetada pela notícia de 3 de setembro de que a Grã-Bretanha e a França honrariam a promessa feita à Polônia declarando guerra, embora as evidências nas ruas alemãs naquele dia mostrassem alarme e desânimo, em vez da explosão de zelo patriótico evidente em 1914. Hitler acreditou durante semanas que a declaração de guerra era só pró-forma e que os dois países buscariam um jeito de se esquivar do compromisso assumido quando a Polônia estivesse dividida entre as duas ditaduras. Quase nenhuma ajuda militar ou material foi dada aos poloneses pelas potências ocidentais, que tinham, em privado, designado o país um território a ser restaurado mais tarde, quando vencessem a guerra.

À sombra de um conflito maior que Hitler não havia desejado, o projeto imperial já iniciado em terras tchecas foi aplicado de maneira mais implacável à Polônia, onde uma linguagem antiga de colonização, em geral usada antes de 1914, foi recuperada para definir e justificar a submissão da população cativa. Apesar da mudança de caráter do conflito depois da declaração de guerra ocidental, os planejadores, as forças de segurança e os funcionários econômicos alemães se puseram a estabelecer um assentamento imperial de longo prazo na região, junto com as demandas da improvisação em tempos de guerra. O objetivo, como disse no dia da invasão um planejador alemão na Prússia Oriental, era "um ato de colonização total".[116] Hans Frank, chefe da Associação Nacional Socialista de Advogados e governador da reduzida área polonesa conhecida como Governo Geral, via seu feudo como "um laboratório de administração colonial", e, embora o regime em Berlim preferisse não chamá-las de colônias, o ministro da Economia de Frank, Walter Emmerich, achava que o domínio alemão era de fato uma "variante europeia especial da política colonial".[117]

O arranjo constitucional final das áreas dominadas foi um assunto muito debatido. As conquistas alemãs foram provisoriamente divididas em várias unidades distintas: a província de Posen, tomada pelo Estado polonês nos termos do acordo de paz de 1919, foi transformada num novo distrito alemão, Wartheland; a antiga região prussiana mais ao norte no mar Báltico se tornou Reichsgau de Danzig-Prússia Ocidental; o restante do território, incluindo Varsóvia, ficou sendo o Governo Geral, com a capital em Cracóvia. A Alta Silésia, perdida para a Alemanha num plebiscito em 1920, foi reincorporada ao Reich. Seus recursos industriais ficaram sob tutela alemã e muitos foram colocados sob a supervisão da Reichswerke "Hermann Göring". Um total de 206 mil indústrias e comércios poloneses foi tomado e redistribuído para proprietários alemães ou empresas estatais.[118] Wartheland e Gau Danzig eram conhecidos como os "territórios orientais anexados", e uma fronteira policial especial os separava do resto da Alemanha, para impedir a movimentação fácil de poloneses no Reich. No caso do Wartheland, a maioria esmagadora da população, 85%, era polonesa. Só 6,6% eram alemães, e na cidade de Posen, a nova capital, apenas 2%.[119] No entanto, em todas as regiões, a nova classe dominante era germânica. Os alemães étnicos eram instruídos a usar um distintivo (a cor da pele não era indicativo de etnicidade). Os poloneses eram tratados como um povo colonizado, e se esperava que tirassem o chapéu e cedessem a vez na calçada a qualquer alemão que passasse, além de estar proibidos de frequentar teatros e prédios públicos designados só para alemães. Muitas mulheres alemãs treinadas na Escola Colonial para Mulheres na cidade de Rendsburg, no norte da Alemanha, para trabalhar num futuro império ultramarino foram realocadas para o Leste [*Osteinzatz*], a fim de praticar habilidades antes destinadas aos africanos. Os poloneses eram súditos, não cidadãos.[120] Tinham governadores locais, responsáveis pela administração regional, e que atuavam como elo entre o governo local e os ministérios em Berlim; ademais, o aparelho de segurança era dirigido por Heinrich Himmler.

O primeiro objetivo da política imperial alemã era destruir quaisquer vestígios da vida nacional e cultural polonesa e reestruturar racialmente toda a área. Antes da invasão, cinco unidades de ação especial [*Einsatzgruppen*] foram estabelecidas pelo vice de Himmler, Reinhard Heydrich. Formadas por cerca de 4250 homens da polícia e das forças de segurança, sua função era não só patrulhar áreas de retaguarda atrás do front, mas também capturar e executar a elite política, cultural e nacionalista polonesa, como o Exército e a polícia italianos fizeram na Etiópia.[121] O objetivo era deixar acéfala a elite do país, e dessa forma reduzir a sociedade a um nível correspondente ao "Leste" da imaginação colonial, em conformidade com a afirmação que Hitler fez aos chefes do Exército em agosto, de que seu desejo era "a destruição da Polônia".[122] Nunca saberemos o número exato de homens e mulheres assassinados durante o que ficou conhecido como Operação "Tannenberg", mas foram dezenas de milhares, possivelmente 60 mil. Alguns dos assassinados eram judeus, mas a política era voltada principalmente para a elite polonesa. Franz Halder registrou depois de uma conferência com Heydrich: "Limpeza espacial: judeus, intelligentsia, clero, nobreza".[123] Os judeus, no entanto, eram vitimizados de outras maneiras, espancados, humilhados, de vez em quando mortos, suas propriedades confiscadas por funcionários alemães ou saqueadas por soldados. Em outubro, muitos foram arrebanhados nos primeiros grandes guetos ou deportados dos territórios anexados para o Governo Geral, mas ainda não eram mortos de forma sistemática.[124]

O ideal imperial era "limpar" toda a área colonial de judeus e poloneses que não pudessem ser "germanizados" e substituí-los por colonos alemães, mas nesse meio-tempo a segregação e a submissão raciais foram impostas pelos novos senhores imperiais que se definiam como "portadores de cultura".[125] Em 7 de outubro de 1939, Himmler foi designado por Hitler comissário do Reich para o Fortalecimento da Identidade Alemã, com instruções de organizar os "novos territórios de colonização por meio de deslocamentos populacionais".[126] Himmler foi desde sempre entusiasta da ideia de um império oriental povoado por colonos germânicos. Ele mesmo escolheu o título do seu cargo e começou de imediato a preparar programas para assentar alemães e expulsar poloneses das terras agrícolas do Leste. Um registro racial foi introduzido para identificar poloneses cujas características físicas sugerissem algum sangue alemão. Himmler declarou em dezembro de 1919 que queria "um país de gente loura", no qual o "desenvolvimento de tipos mongóis no recém-colonizado Leste" fosse evitado.[127] Os antônimos imperiais — civilizado/bárbaro, familiar/exótico, culto/inculto — eram explorados para ressaltar o papel da diferença, ou da "alteridade", como acontecia antes de 1914.

É mais fácil entendermos a guerra contra a Polônia como o estágio final de um movimento amplamente descoordenado para fundar novos impérios territoriais nos anos 1939, deixando de lado a visão convencional que a considera o conflito de abertura da Segunda Guerra Mundial. Visto dessa perspectiva mais ampla, o esforço para fundar novas ordens imperiais vincula o destino do Japão, da Itália e da Alemanha nas regiões que haviam escolhido para construí-los. Nos três países, o consenso nacionalista surgiu a favor do império depois de anos de ressentimento popular e de frustração nacionalista, uma visão representada pelos líderes nacionais, embora não de todo causada por eles. Restringindo as opções estratégicas e silenciando, quase sempre à força, os elementos internos hostis ao, ou críticos do, novo imperialismo, os três novos Estados imperiais assumiram riscos para alcançar o que queriam. No entanto, quanto mais conseguiam, mais possível parecia realizar o objetivo de longo prazo de fragmentar a ordem global — um novo Império Romano, a liderança da Ásia, o Império Germanizado na Europa Oriental. Mas o resultado foi um beco sem saída estratégico. A ironia é que projetos imperiais que deveriam aumentar a segurança, proteger os interesses nacionais e, no fim, enriquecer as populações metropolitanas resultaram, na verdade, em mais insegurança e altos custos, como a maioria dos imperialismos. Os riscos eram tidos como justificáveis, porque a velha ordem internacional parecia à beira do colapso, e é provável que, se outras grandes potências precisassem lidar só com a tomada da Manchúria, da Etiópia e de terras tchecas, elas teriam no fim convivido com essa realidade alterada.

O problema estava na natureza dinâmica de toda expansão imperial. As novas conquistas se revelaram improvisações irreversíveis, como boa parte da construção de império antes de 1914, abrindo caminho para novos conflitos. A tomada da Manchúria arrastou o Japão para a defesa de interesses estratégicos no norte da China, e, por fim, para uma grande guerra com o regime nacionalista de Chiang Kai-shek; a ocupação italiana da Etiópia aguçou o apetite de Mussolini por mais, caso uma grande colônia pudesse ser adquirida a um custo relativamente baixo; a busca de Hitler por um espaço vital se revelou um conceito elástico, esticando mais e mais à medida que oportunidades surgiam, mas terminou numa guerra internacional pela Polônia não desejada por ele. Tanto o Japão como a Alemanha, apesar dos temores da futura ameaça da União Soviética, acabaram, contra suas expectativas, dividindo uma longa fronteira com ela. Para o Japão, o resultado foram dois grandes conflitos de fronteira com o Exército Vermelho, em 1918 e outra vez no verão de 1939. Apesar da derrota do Exército japonês em 1939, um cessar-fogo foi assinado em 15 de setembro, porque nenhum dos lados queria correr o risco de uma guerra total enquanto a situação europeia estivesse tão incerta.[128] Hitler postergou um conflito potencial contra a União Soviética com o Pacto de Não Agressão, mas entendia muito bem que a nova fronteira comum na Polônia ocupada não deveria ser permanente. Como pano de fundo, havia a atitude imprevisível dos Estados Unidos enquanto eles observavam a expansão dos novos impérios. O vínculo comum entre Itália, Alemanha e Japão era a determinação de não perder o que tinham adquirido; nos três casos eram aquisições territoriais feitas pela conquista, com um "sacrifício de sangue" que não seria ignorado, como teria sido depois da Grande Guerra. Não havia outra maneira, fora a guerra em grande escala, de as outras potências expulsarem os novos imperialistas dos seus territórios recém-obtidos. A questão da territorialidade tem implicações positivas e negativas.

UM CAMINHO TORTUOSO PARA A GUERRA MUNDIAL

A Segunda Guerra Mundial foi o resultado de decisões tomadas em Londres e Paris, não em Berlim. Hitler teria preferido consolidar sua conquista da Polônia e completar a dominação alemã da Europa Central e Oriental sem um grande conflito contra os dois impérios ocidentais. O fato de isso não ter acontecido se deveu em grande parte à crescente confiança, em 1939, de que o poderio militar e econômico franco-britânico teria condições de derrotar a Alemanha a longo prazo, e à resolução crescente, por parte do público francês e britânico, de que a ameaça de uma grande crise internacional, com a qual conviviam havia quase uma década, só poderia ser debelada se os fios de 1918 fossem retomados e mais uma vez fosse travada uma luta contra a Alemanha. Para a Grã-Bretanha e a França, declarar guerra era uma questão muito maior do que os pequenos confrontos travados pelos três Estados agressores, pois entendiam que seu conflito seria global, envolvendo seus interesses imperiais em todos os continentes e enfrentando ameaças não apenas em um palco, mas em três. A decisão de enfrentar primeiro a Alemanha foi ditada um pouco pelas circunstâncias acidentais da crise polonesa, mas em grande parte porque os dois vencedores da Grande Guerra tinham concluído que os desfechos não solucionados do acordo de 1919 tornavam inevitável uma segunda rodada de guerra europeia, depois da qual esperavam fundar uma ordem internacional mais sólida, em que a paz da Europa e a busca pacífica por impérios pudessem ser asseguradas de forma permanente.

A decisão foi tomada após anos de instabilidade, mas foi uma resolução fatídica e difícil, feita depois da experiência arrasadora da Grande Guerra. Embora os líderes alemães, italianos e japoneses imaginassem que a certa altura teriam que enfrentar um grande conflito com Estados que contestassem seus novos impérios regionais, a verdade é que eles não queriam nem esperavam que isso ocorresse nos anos 1930. Por outro lado, para os estadistas britânicos e franceses parecia axiomático que uma nova guerra, se viesse, fosse uma "guerra total" renovada, mais mortífera e custosa por causa das novas armas, e uma ameaça profunda à estabilidade econômica. A aceitação do conflito só se justificava se a ameaça à segurança imperial e à sobrevivência nacional fosse tida como perigosa e irreversível o bastante. Os dois Estados partiam do pressuposto de que a belicosidade e o poderio militar crescentes dos três regimes do Eixo se dirigiam em particular contra eles, uma continuação da luta hegemônica das grandes potências iniciada em 1914, em vez da visão mais funcional adotada pelos líderes alemães, italianos e japoneses de que o embate era o meio necessário para assegurar a dominação regional de uma área imperial. Dos três Estados, a Alemanha era o mais temido, não só devido à sua potencial força militar e econômica, mas também porque, para a visão ocidental de civilização e seus valores, Hitler parecia a personificação da hostilidade. Ao longo dos anos 1930, as principais democracias do Ocidente esperavam ter julgado de forma equivocada a crise e que a nova geração de estadistas autoritários aos quais se opunham compartilhasse a sua repulsa à perspectiva de uma renovação do terrível derramamento de sangue da Grande Guerra e não viesse a se engajar no que os políticos britânicos gostavam de chamar de "ato de cachorro doido".[129] Essas eram grandes preocupações e explicam a cautela com que os dois Estados abordaram as crises internacionais dos anos 1930, bem como a decisão final tomada em 1939 de que o cataclismo teria que ser enfrentado, não importava o que custasse.

A relutância dos governos britânico e francês em contemplar uma segunda grande guerra numa só geração encontrava eco no público em geral. Em ambos os países, durante os anos entreguerras, havia na opinião pública um vigoroso elemento hostil à ideia de guerra como solução para qualquer crise futura e que temia o que o conflito poderia significar. O fantasma da ansiedade popular se estendia de ex-soldados que tinham passado pela experiência das trincheiras e não queriam mais saber de combate a jovens socialistas e comunistas nos anos 1930, para quem a paz era um compromisso político. Se o pacifismo absoluto (ou "integral", como era chamado na França) estava confinado a uma minoria do movimento antiguerra, a hostilidade à ideia de um novo conflito se propagava num círculo mais amplo. O grande movimento antiguerra, a União Britânica da Liga das Nações, tinha 1 milhão de membros registrados e fazia campanha no país inteiro para defender as virtudes da paz contra a ameaça de guerra. Em

1936, um grande congresso pacifista em Bruxelas estabeleceu a Campanha Internacional da Paz com o objetivo de unir lobbies pacifistas na Europa Ocidental; a filial britânica era presidida por lorde Cecil, chefe da União Britânica da Liga das Nações e uma figura importante do establishment.[130] Até 1939, o lobby antiguerra fez campanha por soluções pacíficas. O Conselho Nacional de Paz Britânico preparou uma petição, no fim de 1938, por uma "Nova Conferência de Paz" que tinha coletado mais de 1 milhão de assinaturas quando foi apresentada ao primeiro-ministro, poucos dias antes de Chamberlain dar à Polônia sua garantia histórica.[131] O movimento contra a guerra era reforçado pela crença generalizada de que qualquer conflito futuro estaria fadado a envolver as populações civis ao usar uma mistura de armas de destruição em massa — bombas, gás ou mesmo guerra biológica. O medo dos bombardeios era tão arraigado que políticos, tanto na Grã-Bretanha como na França, estavam convencidos de que nenhum esforço deveria ser poupado para evitar uma guerra geral, em especial contra a Alemanha, se a consequência fosse um ataque aéreo imediato e que aniquilasse cidades vulneráveis.[132] O primeiro-ministro francês que assumiu em abril de 1938, Édouard Daladier, via os bombardeios como "um ataque à própria civilização", enquanto seu ministro das Relações Exteriores pacifista, Georges Bonnet, pouco antes da conferência de 1938 em Munique, achava que "a guerra com bombas" resultaria em revolução.[133] Na véspera da crise tcheca, Chamberlain contou ao gabinete que, ao sobrevoar Londres quando regressava da Alemanha, imaginou a chuva de explosivos e gases sobre a capital: "Não podemos perder de vista o fato de que a guerra hoje é uma ameaça direta a todos os lares deste país".[134]

Havia também questões profundas de segurança nos impérios globais Britânico e Francês que tornavam a perspectiva de uma guerra renovada, com todos os seus custos e perigos extravagantes, difícil de aceitar. É importante lembrar que a Grã-Bretanha e a França, apesar de líderes do sistema da Liga e, até meados dos anos 1930, as mais bem armadas das grandes potências, não eram como os Estados Unidos nos anos 1990: eram potências relativamente em declínio, com vastas obrigações no mundo inteiro, eleitorados hostis que relutavam em endossar a guerra, e economias que se recuperavam dos efeitos da depressão e nas quais a decisão de desviar recursos para gastos militares em grande escala teria que ser tomada levando em conta as necessidades sociais e as expectativas econômicas de populações democráticas. Nessas condições, o compromisso com a integridade da ordem internacional existente e a segurança do império, além da necessidade de evitar uma grande guerra, envolvia um complexo ato de malabarismo. Diferentemente dos Estados agressores, a Grã-Bretanha e a França se beneficiavam muito do mundo tal como era, e teria sido de fato uma surpresa se as duas potências entrassem mais cedo na guerra contra a nova onda de imperialismo, por mais que críticos tanto na época como agora achassem que deviam.

Para os dois impérios globais havia muita coisa em jogo num mundo em rápida transformação para que trocassem a paz pela guerra. "Já somos donos da maior parte do mundo, ou das melhores partes", afirmou o primeiro lorde do mar da Grã-Bretanha em 1934, "e só queremos manter o que já temos e impedir que outros tirem de nós."[135] Quando a ideia de devolver o mandato de Tanganica à Alemanha foi proposta no Parlamento em 1936, Anthony Eden, então secretário das colônias, contestou argumentando que havia "sérios obstáculos morais e jurídicos a qualquer transferência de território".[136] Em pesquisas de opinião realizadas em 1938 para testar as atitudes britânicas e francesas em relação à concessão de qualquer território ultramarino, uma grande maioria se manifestou contra. Cerca de 78% dos entrevistados britânicos preferiam ir à guerra a abandonar qualquer antiga colônia alemã mantida como mandato britânico. Em resposta às reivindicações italianas da Tunísia e da Córsega, Daladier anunciou publicamente, em novembro de 1938, que a França não abriria mão de "um centímetro de território".[137] Só em maio de 1940 é que os dois impérios começaram a pensar na possibilidade de ceder territórios, num esforço desesperado para comprar a neutralidade italiana durante a Batalha da França. Mas quando o Gabinete de Guerra britânico debateu a entrega de Malta a Mussolini, a maioria relutou, ainda que por apenas um voto.[138]

Apesar dos esforços na Grã-Bretanha e na França para ressaltar nos anos 1930 a importância da unidade imperial e as vantagens que todos desfrutavam do império em suas muitas formas, o território ultramarino continuava a ser fonte de constante insegurança, tanto interna como externa. Protestos árabes prosseguiam nos mandatos do Oriente Médio e na África do Norte francesa. A Grã-Bretanha concedeu autogoverno para o mandato do Iraque em 1932 (embora o controle informal continuasse), concedeu também um tratado anglo-egípcio em 1936 que confirmou a independência implícita e o controle conjunto do canal de Suez, e manteve duas divisões na Palestina para lidar com a insurgência árabe e a violência entre populações árabes e judias. O conflito na Palestina foi a maior ação militar empreendida por forças britânicas entre as guerras, e a dura repressão à rebelião resultou em pelo menos 5700 árabes mortos e 21 700 severamente feridos, prisões sem julgamento e vista grossa à tortura praticada pelas forças de segurança.[139] Na Índia, depois de uma onda de revoltas e assassinatos, os britânicos lançaram mão da "lei marcial civil" para prender adversários nacionalistas e comunistas em períodos de alta tensão — um total de 80 mil prisioneiros entre 1930 e 1934. Greves e protestos eram enfrentados com salvas de tiro. Em Cawnpore, em março de 1931, 141 pessoas foram mortas; em Karachi, em março de 1935, mais 47.[140] A Índia obteve certo grau de autogoverno em 1935, o que só dava direito de voto a 15% da população e não satisfazia as demandas do majoritário Partido do Congresso por independência total. Havia atividades grevistas e protestos trabalhistas generalizados em colônias africanas e caribenhas seriamente afetadas pela crise econômica, em Tanganica, na Rodésia do Norte, na Costa do Ouro e em Trinidad; no cinturão do cobre africano, trabalhadores foram baleados e mortos numa onda de greves em meados da década, enquanto em Barbados os protestos populares contra as dificuldades econômicas em 1937 deixaram catorze mortos a tiros e baionetas.[141]

Os protestos de operários e agricultores pobres eram em grande parte atribuídos a movimentos comunistas locais, que as potências imperiais combatiam com programas severos de exílio, prisão e repressão policial, mas havia também movimentos políticos que representavam as aspirações nacionalistas surgidas em 1919, alguns apaziguados com soberania limitada — como no Iraque ou no Egito —, e outros contestados com prisão sumária, supressão de organizações e publicações anti-imperiais e, no caso francês, com um estado de sítio em todo o império declarado em 1939.[142] O comunismo como movimento internacional estava ideologicamente empenhado em campanhas para acabar com o império colonial, o que explica a ansiedade britânica e francesa. Quando o Ministério da Aeronáutica britânico começou a planejar o bombardeiro de longo alcance "Ideal" em meados dos anos 1930, sua abrangência de voo não levava em conta a ameaça da Alemanha, mas uma possível guerra contra a União Soviética, cujas cidades e indústrias poderiam ser atingidas a partir de bases aéreas do império. O longo alcance contribuiria também para o que se chamava de "reforço do império" contra uma ameaça soviética.[143] O medo do comunismo explica também a atitude ambivalente para com a Guerra Civil Espanhola, quando a Grã-Bretanha e a França adotaram uma política formal de não intervenção, em vez de apoiar o governo republicano democrático. Por causa do medo popular de uma guerra geral e dos múltiplos problemas de manter unidos impérios globais difíceis de defender de forma adequada de ameaças externas e protestos políticos internos, a redução do risco passou a ser um componente essencial da estratégia britânica e francesa nos anos 1930.

Essa prevenção contra riscos costuma ser definida pelo termo "apaziguamento", mas é um termo infeliz, como observaria mais tarde um dos seus proponentes, o primeiro-ministro britânico Neville Chamberlain. Apaziguamento se tornou uma espécie de para-raios numa longa tradição de análises críticas e hostis ao comportamento ocidental diante de ditaduras, e um mantra para a falta de ação firme contra qualquer ameaça à segurança ocidental.[144] No entanto, para descrever a estratégica britânica e francesa nos anos 1930 é altamente enganoso. Em primeiro lugar, o termo implica uma comunhão de interesses entre dois Estados, e entre os funcionários, políticos e soldados responsáveis por tomar decisões estratégicas. Na realidade, a política nunca foi monolítica, refletindo, em vez disso, uma grande diversidade de pressupostos, esperanças e expectativas que mudavam de acordo com as circunstâncias, enquanto os formuladores de política empregavam uma vasta gama de opções possíveis para preservar os elementos-chave da estratégia anglo-francesa: segurança imperial, robustez econômica e paz interna. Faz mais sentido descrever essa estratégia nos termos que se tornaram bastante familiares na era da Guerra Fria vinte anos depois — contenção e dissuasão.[145] O desempenho dos dois Estados em sua abordagem dos problemas internacionais nos anos 1930 nunca foi uma simples abdicação covarde da responsabilidade, mas um esforço prolongado, por vezes incoerente, para conciliar a instabilidade internacional nos anos 1930 com o desejo de proteger o status quo imperial.

A contenção como parte do que hoje se chama *"soft power"* [poder de convencimento, de influência] assumiu muitas formas, desde os esforços franceses para manter um sistema de alianças na Europa Oriental até o Acordo Naval Anglo-Germânico de 1935, que estabelecia limites consensuais ao que a Alemanha poderia empreender em termos de rearmamento naval. Concessões ou acordos econômicos também eram uma parte importante da estratégia, e era uma crença generalizada que acordos ou empréstimos comerciais podiam atenuar a atitude beligerante de inimigos potenciais ou conquistar novos amigos. Em especial na Grã-Bretanha, a ideia de que um acordo geral — um "Grande Acordo", nas palavras de Chamberlain — seria viável se as grandes potências se sentassem para revisar Versalhes e suas consequências, embora nunca tenha sido testada a sério, indicava uma disposição para abordar de forma flexível a ordem do pós-guerra, desde que fundamentada em bases negociadas e aceitas por todos. Nos Estados Unidos, o presidente Roosevelt fez eco à ideia num "Novo acordo para o mundo", que seria negociado por meios pacíficos quando os Estados agressores fossem postos de quarentena. A ambição de conter a crise nos anos 1930 acabou se mostrando ilusória, mas o ressentimento do Japão, da Alemanha e da Itália pelo esforço contínuo das grandes potências ocidentais de limitar os danos que pudessem causar é uma indicação de que "apaziguamento" não descreve muito bem a realidade das relações deterioradas entre os Estados envolvidos.[146]

Com Roosevelt, o governo americano também era favorável a estratégias que contivessem os novos imperialistas, mas a prioridade era limitar qualquer ameaça ao hemisfério ocidental. Roosevelt levou mais a sério do que deveria a ideia de que japoneses ou alemães encontrariam formas subversivas de ameaçar os Estados Unidos a partir da América Central e da América do Sul. A defesa do hemisfério passou a ser o perfil estratégico preferido, pois não implicava nenhum compromisso com uma guerra ativa no exterior e agradava à opinião isolacionista. As Leis de Neutralidade, aprovadas no Congresso por políticos isolacionistas em 1935 e de novo em 1937, limitavam a ação presidencial, mas não impediam esforços para conter qualquer ameaça hemisférica com a ampliação da Marinha americana, sob a Lei Vinson de 1938, até os limites estabelecidos no tratado naval de Londres em 1930.¹⁴⁷ O medo de que o canal do Panamá fosse bombardeado por aeronaves alemãs partindo da América do Sul ou que fosse tomado pelos japoneses levou a esforços para ampliar as bases dos Estados Unidos ali, o que acabou por totalizar 134 instalações do Exército, da Marinha e da Aeronáutica.¹⁴⁸ Houve esforços para combater a propaganda e os interesses econômicos japoneses e alemães no hemisfério ao financiar jornais pró-americanos e comprar de forma preventiva matérias-primas escassas de que os Estados agressores precisavam. No Brasil, onde boatos descabidos sugeriam uma possível *Anschluss* [anexação] alemã das comunidades germânicas radicadas no país, o governo de Washington intermediou um acordo de armas, seguido, em 1941, de uma garantia de defender o Brasil de qualquer ameaça estrangeira.¹⁴⁹ Nada disso representava uma intervenção nos conflitos mundiais mais amplos, para a qual Roosevelt não tinha autorização. Uma das primeiras pesquisas experimentais de opinião pública, realizada em 1936, revelou que 95% dos entrevistados queriam que os Estados Unidos ficassem fora de todas as guerras; em setembro de 1939, apenas 5% eram a favor de ajudar os britânicos e os franceses.¹⁵⁰

O outro lado da moeda da contenção era a dissuasão. Essa palavra era amplamente usada nos anos 1930, bem antes do impasse nuclear. Seu objetivo pode ser resumido por um comentário feito por Chamberlain à irmã, em 1939, na véspera da crise final polonesa: "Não precisamos de forças ofensivas suficientes para conquistar uma vitória avassaladora. O que nós queremos são forças defensivas fortes o bastante para tornar impossível que o outro lado vença de outro modo que não seja a um custo alto demais para valer a pena".¹⁵¹ Ao longo dos anos 1930, tanto a Grã-Bretanha como a França optaram por sair de uma posição de gastos militares limitados para uma onerosa preparação militar em larga escala. O rearmamento não foi uma reação súbita a ações alemãs contra a Tchecoslováquia e a Polônia, mas uma política que vinha sendo adotada, muitas vezes com protestos internos consideráveis, desde pelo menos 1934, porém com ritmo acelerado depois de 1936. Na Grã-Bretanha, o governo tinha reconhecido já em meados dos anos 1930 que as múltiplas possíveis ameaças exigiam um grande programa de remilitarização. O Comitê de Requisitos de Defesa, estabelecido em 1933, recomendou em 1936 um aumento considerável dos gastos militares para a defesa imperial, com prioridade para a Marinha Real e para a formação de uma força aérea ofensiva e defensiva robusta. Um plano de mais ou menos quatro anos fez os gastos saltarem de 185 milhões de libras esterlinas, em 1936, para 719 milhões de libras esterlinas em 1939. Estimativas da inteligência britânica sugeriam que uma possível guerra com a Alemanha só ocorreria no fim da década, de modo que os gastos britânicos e alemães seguiram mais ou menos a mesma trajetória, com a diferença de que em 1934 a Grã-Bretanha já estava armada, e a Alemanha não.¹⁵²

A defesa das ilhas britânicas foi complementada por preparativos de defesa no exterior. Havia forças da Grã-Bretanha estacionadas em todo o Oriente Médio, no Iraque, na Jordânia, no Egito, em Chipre e na Palestina. O Egito era visto como especialmente importante, e o canal de Suez, como "o centro do Império" pela ligação marítima vital entre a Europa e os territórios asiáticos. O tratado com o Egito, assinado em 1936, permitia que a Grã-Bretanha mantivesse uma guarnição de 10 mil soldados no canal, enquanto Alexandria continuava a ser uma base naval importantíssima. Para defender o Império Britânico a leste de Suez — cerca de cinco sétimos do território imperial —, uma grande base naval em Singapura foi aprovada em 1933 e concluída cinco anos depois, ao custo de 60 milhões de libras esterlinas.[153] A situação na China, com a crescente intrusão japonesa, era mais desafiadora, e a defesa de Hong Kong de um assalto japonês bem planejado era tida como inviável. No entanto, empréstimos britânicos de material para as forças chinesas permitiram à Grã-Bretanha combater o que tem sido chamado de "guerra por procuração", para defender interesses britânicos e chineses.[154] Isso não ajudou muito a aplacar o medo que a Austrália e a Nova Zelândia sentiam de estar isoladas demais diante de uma ameaça japonesa, mas não havia muita coisa que a Grã-Bretanha pudesse fazer, considerando a multiplicidade de compromissos, além de esticar ao máximo seu crescente esforço de defesa por todo o império.

Nos anos 1930, a França também começou de uma base estabelecida, um Exército muito maior do que o britânico e uma Marinha de tamanho considerável. A crise econômica de meados dos anos 1930 impediu o aumento dos gastos militares, mas, em 1936, em resposta a ações alemãs para remilitarizar a Renânia, o recém-eleito governo da Frente Popular, que combinava partidos de esquerda e de centro-esquerda, iniciou um grande programa de rearmamento que, como os planos britânico e alemão, foi projetado para atingir o ponto máximo em 1940. Os gastos saltaram de 15,1 milhões de francos, em 1936, para 93,6 milhões em 1939. Para a França, a prioridade era construir as defesas da Linha Maginot e deixá-las armadas e equipadas: acreditava-se que era uma necessidade, por causa da diferença de tamanho das populações francesa e alemã. Para aquela parte do exército que não estava nas defesas de fronteira, o alto-comando francês desenvolveu uma doutrina baseada na campanha bem-sucedida que levou à derrota alemã em 1918. O núcleo da doutrina era o poder de fogo maciço como meio de apoiar um ataque ou neutralizar um ataque inimigo, permitindo à infantaria, ainda vista como a "rainha da batalha", ocupar o terreno passo a passo, embora com mobilidade limitada. A exploração do poder de fogo exigia uma "batalha metódica" altamente centralizada e gerenciada, na qual armas auxiliares, como tanques e aviões, teriam um papel de apoio, em vez de abrir caminho para uma guerra de manobras. A artilharia e as metralhadoras eram essenciais, e a infantaria só se movimentaria de acordo com o ritmo da "cortina de fogo" de apoio.[155] A ênfase num campo de batalha preparado na França metropolitana refletia uma atenção menor ao império por parte dos planejadores franceses. As colônias foram obrigadas a arcar com seus próprios gastos de defesa: os argelinos tiveram que buscar os 289 milhões de francos necessários para modernizar a base naval francesa em Mers-el-Kébir; nenhuma grande base naval foi construída na Indochina depois que planos para uma unidade de submarinos em Cam Ranh Bay foram vetados pelo comandante-chefe da Marinha francesa, o almirante Darlan, que deixou claro que o Império Francês na Ásia simplesmente não teria como ser protegido se a guerra viesse.[156]

A estrutura para uma política de dissuasão ficou muito mais evidente na época da crise de Munique, em setembro de 1938, e mais ainda um ano depois. A abordagem conjugada de contenção e dissuasão apoiava estratégias destinadas a ajudar a Grã-Bretanha e a França a evitarem a guerra ao mesmo tempo que continuavam a ser potências capazes de proteger seus interesses econômicos e territoriais globais. No entanto, é importante lembrar que, mesmo antes do início da guerra, em setembro de 1939, uma ou outra das grandes democracias tinha chegado perto de um conflito aberto com os novos Estados imperiais. No sul da China, uma situação de frágil trégua armada existia entre forças japonesas e britânicas, que ameaçava o tempo todo seguir para o embate aberto. Sem dúvida houve preparação para um conflito com a Itália em 1935-6 durante a crise etíope, como forma de limitar a ameaça a interesses imperiais britânicos no Oriente Médio e na África. Em agosto de 1935, 28 navios de guerra e o porta-aviões HMS *Courageous* foram enviados a Alexandria para advertir os italianos; unidades da Força Aérea Real no Oriente Médio foram fortalecidas e reforços do exército foram despachados. O comandante-chefe naval local estava ansioso por um ataque preventivo, mas tanto os chefes do Estado-Maior britânico como o governo francês preferiam evitar uma guerra que na prática poderia prejudicar interesses imperiais britânicos em toda a região.[157] Em 1938-9, foi a vez de a Marinha francesa ansiar impacientemente pela chance de infligir uma derrota súbita à frota italiana, contida dessa vez pelas esperanças britânicas de que Mussolini ainda poderia ser separado de Hitler por uma diplomacia cautelosa.

O exemplo mais claro dessa estratégia de diplomacia temerária veio com a crise da Tchecoslováquia, em 1938. A narrativa das ameaças da Alemanha e da traição britânica e francesa na Conferência de Munique, quando o governo tcheco foi forçado a aceitar a ocupação alemã de áreas de fala germânica da Sudetolândia, costuma apresentar isso como o ápice do apaziguamento iludido e fraco. Entretanto, na realidade Munique é o momento em que Hitler foi obrigado a abandonar a guerra que tanto desejava por um espaço vital germânico porque o risco de confronto com a Grã-Bretanha e a França num grande conflito era considerado então alto demais. Da perspectiva da época, parecia que Hitler tinha sido obrigado a aceitar a mudança territorial que os britânicos e os franceses estavam dispostos a permitir, um resultado da política de contenção, ainda que ruim para os tchecos. Na semana anterior à Conferência de Munique, as Forças Armadas britânicas e francesas tinham sido postas em estado de alerta. A Marinha Real recebeu ordem de mobilização; trincheiras foram cavadas às pressas em parques públicos de Londres para servirem de abrigos antiaéreos improvisados. Ordens de mobilização francesas foram emitidas em 24 de setembro, e havia 1 milhão de soldados armados, ainda que os chefes de Estado-Maior franceses e britânicos não confiassem muito que fossem capazes de conter a Alemanha pela guerra, uma vez que nem os programas de rearmamento, nem a Linha Maginot estavam concluídos.[158]

A mobilização, no entanto, tinha sido o gatilho que mergulhou a Europa em uma guerra em 1914. Hitler não previu isso, e até poucos dias antes da invasão planejada da Tchecoslováquia ainda insistia com seus comandantes militares apreensivos que a Grã-Bretanha e a França não interviriam. Apesar de britânicos e franceses temerem travar uma guerra que não tinham como vencer, nenhum dos dois governos estava preparado para aceitar que a Alemanha invadisse e conquistasse os tchecos a seu bel-prazer. Em 25 de setembro de 1938, a opinião de observadores em Berlim era que Hitler estava "recuando diante da atitude firme" de Chamberlain, uma percepção bem diferente da do líder britânico.[159] Dois dias depois, quando Hitler esperava poder ordenar a mobilização, Sir Horace Wilson, enviado pessoal de Chamberlain, entregou um recado — dito e repetido para que o intérprete tivesse certeza de que Hiler tinha entendido — de que, se a Alemanha atacasse a Tchecoslováquia, a França estava obrigada por tratado a lutar contra a Alemanha. Nesse caso, prosseguiu Wilson, "a Inglaterra se sentiria obrigada por uma questão de honra a oferecer assistência à França".[160] Hitler respondeu, furioso, que desse modo a guerra europeia começaria dentro de uma semana, mas o encontro o deixou ansioso. Na manhã seguinte, o embaixador francês confirmou as intenções da França de se opor a uma invasão alemã. Quando uma delegação encabeçada por Hermann Göring chegou logo depois, alguém perguntou a Hitler se ele desejava uma guerra geral em qualquer caso, e a resposta foi: "Como assim? Em qualquer caso? É óbvio que não!".[161] De mau humor, aceitou a sugestão de Mussolini, incentivada pelos britânicos, de uma conferência. Seu ajudante de ordens anotou no diário: "F.[ührer] não quer guerra" e "F.[ührer] acima de tudo não quer saber de guerra com a Inglaterra". O retrocesso era óbvio em Berlim. "O Führer cedeu, e por completo", anotou outro diarista em 27 de setembro; e dois dias depois: "Sérias concessões do Führer".[162]

Uma guerra europeia foi evitada em 1938 não apenas pelo medo dos governos britânico e francês, mas também porque Hitler foi dissuadido de atravessar esse limiar. De modo significativo, Chamberlain, ao passar de carro pelas ruas de Munique depois da conferência, foi aplaudido por multidões alemãs, genuinamente aliviadas pelo fato de a guerra ter sido evitada. A resposta na Grã-Bretanha e na França foi de alívio espontâneo por a paz ter sido salva. Mulheres francesas tricotavam luvas para que Chamberlain não sentisse frio no avião nas viagens de ida e volta à Alemanha; uma rua de Paris foi rebatizada às pressas com o nome de "Rue de Trente Septembre"; uma nova dança, "Le Chamberlain", foi inventada, embora talvez com tom irônico.[163] No dia seguinte à conferência em Munique, *Les Temps* concluiu que a França, com suas responsabilidades imperiais globais, necessitava de uma paz "profunda e absoluta".[164] Até hoje se conjectura se os dois países teriam mesmo lutado em 1938, mas no fim das contas nenhum dos dois precisou fazê-lo porque Hitler achou que o risco era grande demais. Um ano depois, com a crise da ameaça alemã à soberania polonesa, ambos aceitaram a probabilidade de guerra, embora esperassem que Hitler mais uma vez fosse dissuadido. Até o último minuto antes da invasão alemã da Polônia, em 1º de setembro, supunham que, se deixassem absolutamente clara a intenção de lutar, ele mais uma vez preferiria não se arriscar.

Muitos fatores mudaram de setembro de 1938 para setembro de 1939, tornando os governos britânico e francês mais confiantes para adotar uma linha firme na questão da ameaça alemã à Polônia. Apesar do alívio de a crise tcheca não ter resultado em guerra, tanto Chamberlain como Daladier tinham poucas dúvidas de que, se Hitler continuasse a se expandir na direção da Europa Oriental, usariam de violência para contê-lo. Isso não excluía a possibilidade de que soluções diplomáticas ou acordos econômicos tornassem a expansão alemã improvável, e as duas coisas foram tentadas em 1939. Mas quando as forças alemãs ocuparam o Estado tcheco e estabeleceram um protetorado em 15 de março de 1939, ficou evidente para as democracias que o próximo lance seria a guerra. Informado logo depois pelos serviços de inteligência que o ataque alemão à Polônia era iminente, Chamberlain deu uma garantia espontânea de soberania à Polônia na Câmara dos Comuns, em 30 de março. Poucos dias depois, a França fez eco a essa garantia, acrescentando também a Romênia e a Grécia. A Polônia em si não tinha grande importância nem para a Grã-Bretanha, nem para a França, mas se tornou, quase por acaso, o pretexto, e não a causa do confronto final entre os dois lados. Sem que as potências ocidentais soubessem, a recusa da Polônia, nos primeiros meses de 1939, a fazer qualquer concessão à Alemanha no que se referia ao status da Cidade Livre de Danzig ou ao Corredor Polonês através do antigo território prussiano levou Hitler a ordenar em abril de 1939 os preparativos para uma campanha de destruição da Polônia no fim de agosto daquele ano. A Grã-Bretanha e a França estavam, desse modo, presas a um conflito inevitável se a ameaça alemã à Polônia se materializasse. No ano que separou a crise tcheca da crise polonesa, os dois países enfim concordaram em coordenar suas ações. A França tinha sido inibida ao longo dos anos 1930 pela incerteza sobre se a Grã-Bretanha apoiaria militarmente as forças francesas na eventualidade de um conflito europeu. Em fevereiro de 1939, houve conversas entre os Estados-Maiores e, no mês seguinte, foi preparado um "Plano de Guerra", repetindo a estratégia que tinha trazido a vitória em 1918: uma campanha de três anos na qual a Alemanha seria contida por fortificações francesas, bloqueio econômico e combate aéreo, até que Hitler capitulasse ou lhe faltassem meios para resistir a uma invasão anglo-francesa. "Uma vez desenvolvida toda a capacidade de luta dos impérios Britânico e Francês", concluía o plano, "encararíamos com confiança o desfecho da guerra."[165]

Tornou-se prioridade para os dois Estados garantir que seus impérios de fato se unissem em torno da causa em 1939, se a guerra viesse. Para a Grã-Bretanha, isso não era nem de longe dado como certo depois de os principais domínios decidirem não apoiar a guerra durante a crise da Tchecoslováquia. Mas, na primavera de 1939, o primeiro-ministro do Canadá, Mackenzie King, angariou apoio nacional para se juntar à Grã-Bretanha numa possível guerra europeia, e os governos da Austrália e da Nova Zelândia seguiram o exemplo, ajudados pela conclusão da base naval de Singapura em 1938 e sustentados pela ideia da *Commonwealth* de "uma só voz". Na África do Sul, uma forte hostilidade da comunidade africâner à ideia de entrar em guerra dividiu a população branca até o momento em que o conflito começou, quando o primeiro-ministro, Jan Smuts, convenceu o Parlamento de que declarar guerra era proteger os interesses da própria África do Sul de se defender da ameaça do neocolonialismo alemão. Quando a guerra chegou, o vice-rei britânico na Índia, lorde Linlithgow, simplesmente anunciou que o país seguiria o exemplo, independente da opinião pública indiana.[166] Para a França, ansiosa por reforçar a sua estratégia continental, o império era ainda mais importante como parte dos preparativos para a guerra europeia em 1939. Isso refletia parcialmente a propaganda oficial de *le salut par l'empire* [salvação através do império], que ficou evidente nos meses que precederam o conflito. Embora Daladier ordenasse mais firmeza na repressão de adversários políticos em todo o império colonial, publicamente era enfatizada a ideia de que "somos 100 milhões, não podemos ser derrotados". Planos foram feitos para recrutar um número substancial de soldados coloniais para servir na França ou para liberar soldados franceses do serviço no ultramar, incluindo cinco divisões da África Ocidental, uma da Indochina e meia dúzia do Norte da África, totalizando 520 mil soldados em 1939.[167] Em grande parte, os esforços para mobilizar a economia imperial com o objetivo de produzir mais material de guerra fracassaram, mas o fornecimento de matérias-primas e de alimentos para o esforço de guerra francês se expandiu. Para o bem ou para o mal, depender do império era visto como vantagem no confronto com um inimigo cujo acesso a suprimentos ultramarinos poderia ser interrompido a qualquer momento pelas marinhas britânica e francesa.

A mudança no sentimento popular depois da onda de alívio gerada pelo acordo de Munique complementou a mudança no panorama militar e estratégico. Pesquisas de opinião revelaram que, quando a tinta do acordo mal tinha secado, grandes maiorias já eram contrárias a novas concessões à Alemanha. Uma pesquisa na França, em outubro de 1938, mostrou que 70% era contra ceder mais qualquer coisa; pesquisas em 1939 revelaram que 76% dos entrevistados na França e 75% na Grã-Bretanha apoiavam o uso da força para preservar o status de Danzig.[168] Mais significativa foi a mudança sísmica na atitude do lobby antiguerra nos dois países. A resposta popular à crise europeia foi diferente do entusiasmo nacionalista de 1914. Estava mais radicada na crença de que o colapso do projeto internacionalista e o avanço da ditadura militarista representavam um desafio profundo à civilização ocidental que já não podia ser ignorado. O estado de espírito era de resignação, uma vez que nem todos desejavam a guerra, mas era alimentado por um crescente senso de responsabilidade por valores democráticos e por uma rejeição do que muitos escritores agora viam de modo dramático como uma idade das trevas iminente. Em 1939, Leonard Woolf escreveu *Barbarians at the Gate* [Os bárbaros no portão] para alertar os seus compatriotas sobre a fragilidade do mundo moderno que eles tinham como certo e irreversível.[169]

As transformações em 1939 não tornavam a guerra inevitável, mas ficou difícil escapar dela depois que a Polônia se tornou objeto de agressão alemã. O governo francês teria preferido uma situação na qual algum acordo pudesse ser alcançado com a União Soviética para cercar a Alemanha, e mais assistência fosse arrancada dos Estados Unidos, onde grandes encomendas de aviões e motores de aeronaves foram feitas em 1938 e 1939. Apesar de um profundo poço de desconfiança conservadora em relação às motivações da União Soviética, um acordo militar foi explorado no fim do verão de 1939, mas a tentativa tropeçou na impossibilidade de conseguir permissão do governo e do alto-comando polonês para a presença de forças soviéticas no país. Nem os altos comandantes britânicos nem os franceses consideravam o Exército Vermelho um aliado militar útil, e todos superestimavam a força potencial do Exército polonês, um erro de percepção incentivado pela vitória anterior da Polônia contra o Exército Vermelho em 1920. Quando o Pacto Germano-Soviético foi anunciado em 24 de agosto, Chamberlain esbravejou contra a "traição russa", mas ele mesmo nunca tinha sido um entusiasta da colaboração militar, e para nenhum dos governos o pacto fazia alguma diferença no tocante ao compromisso de honrar a promessa feita à Polônia se a Alemanha invadisse.[170] Até hoje é elemento de conjetura, e não de fato saber, se Stálin teria ou não entrado de boa-fé numa aliança. Um Pacto Alemão era bem mais conveniente para Stálin e os interesses soviéticos, alinhando-se a uma preferência ideológica pela guerra entre Estados capitalistas-imperialistas da qual o comunismo soviético poderia em última análise recolher os pedaços arruinados da Europa.

Os cálculos segundo os quais Hitler seria dissuadido ao ver que os impérios Britânico e Francês rapidamente se rearmavam, ou pela onda de sentimento antifascista que se disseminava pelas democracias, não eram de todo descabidos. Uma mão mais fraca tinha obrigado Hitler a recuar da guerra em 1938. Fontes da inteligência sugeriam uma grave crise econômica na Alemanha, até a possibilidade de um golpe contra Hitler. Mesmo depois da invasão alemã da Polônia, em 1º de setembro, Chamberlain lhe deu a oportunidade de retirar suas forças, em vez de enfrentar uma guerra mundial. A ideia de uma conferência foi brevemente levantada pelos líderes italianos em 2 de setembro, repetindo a intervenção de Mussolini em setembro de 1938, mas a condição britânica, disse o secretário do Exterior, lorde Halifax, ao correspondente italiano Ciano, era "a retirada das tropas alemãs de solo polonês", o que encerrava qualquer perspectiva de paz.[171] Historiadores têm procurado provas convincentes de que Chamberlain quis se esquivar do seu compromisso ainda nessa fase avançada, mas não existe nenhuma. Só uma capitulação alemã total às demandas britânicas e francesas pelo fim da violência teria evitado a guerra mundial, e em 1º de setembro esse era o menos provável de todos os desfechos. Nem a contenção, nem a dissuasão tinham funcionado nesse caso. Pelo rádio, Chamberlain anunciou estado de guerra às 11h15 da manhã de 3 de setembro; Daladier anunciou estado de guerra às cinco da tarde daquele dia. Uma aliança temporária entre elites imperiais e antifascistas democráticos tinha tornado possível uma nova guerra mundial. "Não podemos perder", comentou o chefe do Estado-Maior britânico em seu diário.[172]

UMA BATALHA DE IMPÉRIOS: A GUERRA NO OCIDENTE

A declaração de guerra, em setembro de 1939, alterou por completo a natureza dos confrontos dos anos 1930. Hitler via sua guerra com a Polônia como um conflito limitado por espaço vital alemão justificado, aos seus olhos, pela existência anterior de grandes impérios europeus que tinham sido conquistados não muito tempo antes pela espada. Quando fez uma "oferta de paz" às democracias em 6 de outubro, uma semana antes da rendição polonesa, ele zombou dos Estados que o acusavam de querer o poder mundial por tomar umas poucas centenas de milhares de quilômetros quadrados de terra, quando eles próprios governavam 40 milhões no mundo inteiro.[173] A Grã-Bretanha e a França, de outro lado, viam o conflito como uma luta contra uma nova onda de construção de impérios violenta, e, ainda que não estivessem em guerra com a Itália e o Japão, sua visão da crise era genuinamente global. Precisavam esperar que a guerra com a Alemanha não incentivasse nenhum dos outros dois países a se aproveitar da distração deles na Europa, assim como tinham de esperar que a União Soviética não se aproveitasse do seu pacto com a Alemanha para também exercer pressão sobre seus impérios já tão sobrecarregados. Ao mesmo tempo, buscavam o apoio moral dos Estados Unidos e o fornecimento ativo de homens, dinheiro e suprimentos por seus impérios. A forma futura da Segunda Guerra Mundial foi determinada não pela ambição alemã na Europa Oriental, que tinha deflagrado o conflito, mas pela declaração anglo-francesa de 3 de setembro. Da perspectiva alemã, a guerra tinha sido imposta à Alemanha por forças externas. Numa transmissão ao povo germânico no dia seguinte, Hitler culpou não as democracias pelo estado de guerra que a Alemanha agora enfrentava, mas o "inimigo internacional judaico-democrático" que as forçara a lutar.[174] Para Hitler, a guerra passou a ser duas: uma contra os inimigos imperiais do Reich e outra contra os judeus.

O que veio em seguida às declarações britânica e francesa de guerra foi inteiramente diferente de 1914, quando milhões de homens estavam em combate, com altos números de baixas, desde os primeiros dias do conflito. A Grã-Bretanha e a França sabiam que a Alemanha estava envolvida demais na campanha polonesa para lançar um ataque ao Ocidente, mas nenhuma das duas tinha interesse em apoiar de maneira ativa a resistência polonesa. Os dois aliados já tinham concordado em privado que não havia como salvar a Polônia; o comandante-chefe francês, general Maurice Gamelin, tinha feito uma promessa limitada aos poloneses de que a França atacaria quinze dias depois da mobilização. Em 10 de setembro, Gamelin disse ao adido militar polonês que metade dos seus exércitos estava em combate contra o Sarre alemão, o que não era verdade. Um pequeno grupo de unidades francesas tinha avançado oito quilômetros, matado 196 alemães e recuado.[175] Gamelin disse ao escritor André Maurois que "não começaria a guerra com uma Batalha de Verdun", lançando a infantaria contra fortificações alemãs. Ele planejava uma "guerra científica", em suas palavras, compatível com a doutrina do Exército francês.[176] A quase completa inatividade no Ocidente (o primeiro soldado britânico foi morto em combate em 9 de dezembro, ao pisar numa mina terrestre francesa) alimentou a esperança pré-guerra de Hitler de que a declaração aliada fosse "apenas uma farsa" e de que o Ocidente realmente estivesse, como disse Albert Speer em suas memórias, "fraco demais, desgastado demais e decadente demais" para uma luta.[177] Nas primeiras semanas da guerra polonesa, ele ordenara uma contenção extrema no front ocidental por conta da crença de que poderia acabar rápido com a Polônia e apresentar à Grã-Bretanha e à França um fato consumado.

Apesar disso, Hitler não queria que as forças alemãs se limitassem a ficar na defensiva depois de alcançada a vitória sobre a Polônia. Em 8 de setembro, levantou pela primeira vez a ideia de uma ofensiva de outono no Ocidente. Na véspera da capitulação polonesa, em 26 de setembro, organizou uma reunião de comandantes do Exército e da Força Aérea na qual enfatizou que o tempo era favorável à acumulação de forças aliadas na França até o verão de 1940, e que um ataque precoce à França passando pelos Países Baixos desestabilizaria o inimigo mal preparado, garantiria bases aéreas e navais para atacar a Grã-Bretanha e protegeria a vulnerável região industrial do Ruhr de incursões e bombardeios aliados. O plano foi emitido em 9 de outubro como Diretiva de Guerra n. 6 para *"Fall Gelb"* [caso amarelo], mas nesse ínterim Hitler fez a primeira de numerosas tentativas de convencer os Aliados a aceitarem a posição irremediável da Polônia, dividida entre as ditaduras alemã e soviética.[178] Seu discurso de 6 de outubro teve uma recepção ambígua no Ocidente, onde ainda havia um lobby a favor de uma solução negociada realista. Daladier disse a Chamberlain que a ignorasse — "não dê satisfações a Herr Hitler" —, mas os britânicos passaram dias preparando uma resposta. Winston Churchill, agora primeiro lorde do Almirantado, queria uma redação que deixasse a porta aberta para "qualquer proposta genuína", e a versão final, embora rejeitando a ideia de que qualquer agressão pudesse ser tolerada, deu a Hitler a opção improvável de abandonar suas conquistas sem penalidades.[179] O efeito da refutação foi transformar a Grã-Bretanha aos olhos dos líderes alemães no principal inimigo empenhado, como informou Hitler ao comandante-chefe naval, "no extermínio da Alemanha". Goebbels ordenou à imprensa alemã que parasse de retratar Chamberlain como uma figura impotente e risível, e o apresentasse como um "velho malvado".[180]

Uma vez decidido por Hitler que uma ofensiva rápida no Ocidente era a opção mais segura, líderes do Exército se empenharam em dissuadi-lo. A campanha polonesa mostrou que mais treinamento, equipamento mais aprimorado e reflexão séria sobre táticas de campo de batalha eram necessários antes de arriscar um confronto com o exército francês, sem falar na necessidade de descansar e reagrupar. Um estudo do chefe de operações do Exército, Carl-Heinrich von Stülpnagel, sugeria adiar uma grande campanha para 1942.[181] Hitler continuava obstinado e marcou a data da ofensiva para entre 20 e 25 de outubro. O clima ajudou os líderes do Exército. O inverno de 1939-40 seria o pior do século. A data da invasão foi adiada para 12 de novembro, depois de novo para 12 de dezembro, e mais uma vez para 1º de janeiro de 1940, e, por fim, para uma data não especificada na primavera. Nesse meio-tempo, o plano mudou de forma. Em outubro, Hitler teve dúvidas sobre um ataque direto através da planície setentrional europeia; chegou a pensar, em vez disso, em concentrar as divisões blindadas para um ataque que partiria de um ponto mais ao sul, mas nenhum novo plano foi estabelecido, refletindo as incertezas do próprio Hitler. O chefe do Estado-Maior do Grupo de Exércitos A, coronel Erich von Manstein, também achava que um golpe decisivo poderia ser desferido se as divisões blindadas alemãs fossem concentradas mais ao sul, para que pudessem romper e cercar as forças inimigas quando avançassem para a Bélgica — o chamado "plano corte de foice". Suas ideias foram ignoradas pelos superiores, e Von Manstein foi transferido para o Leste como comandante de um corpo do Exército ainda em formação, para ficar calado. Quando os detalhes secretos do plano "Caso Amarelo" original caíram nas mãos dos Aliados, depois do pouso forçado de um avião de correio alemão na Bélgica, em 10 de janeiro, Hitler e o alto-comando do Exército tiveram novas incertezas sobre a direção do ataque. Por acaso, as opiniões de Von Manstein foram repassadas a Hitler por seu ajudante de ordens, e em 17 de fevereiro o coronel foi convidado a apresentar seu plano pessoalmente em Berlim. Hitler adorou o plano e baixou uma nova diretiva; quando a campanha ficou pronta, em maio de 1940, o "corte de foice" fazia parte dela.[182]

Do lado aliado, a única certeza era que a guerra tinha sido declarada. Em todos os demais cálculos havia um elemento de incerteza. As esperanças de que a resistência polonesa durasse meses, e não semanas, evaporaram, mas, como o planejamento anglo-francês se baseava numa guerra prolongada, na qual a Alemanha em última análise seria derrotada — como em 1918 — por escassez econômica, insatisfação popular e um confronto militar final, havia menos necessidade clara de ação urgente, mesmo com o exército alemão agora livre para seguir na direção oeste. A inteligência e o senso comum dos Aliados sugeriam que a Alemanha só estaria pronta para organizar uma ofensiva pelo menos em 1940, ou talvez mais tarde, embora houvesse sustos frequentes no fim do outono. O alto-comando francês julgava uma ofensiva como essa compatível com o plano original alemão. A Linha Maginot forçaria o inimigo a invadir num front estreito e defensável em algum lugar da Bélgica, onde suas forças seriam derrotadas ou contidas. Os Aliados achavam que o tempo estava a seu favor, enquanto aos poucos reuniam as forças militares e os recursos econômicos necessários.[183] Um Conselho Supremo de Guerra, formado por chefes militares e líderes civis, foi estabelecido no começo de setembro de 1939 para formalizar a colaboração franco-britânica, como havia ocorrido em 1918. A experiência da Grande Guerra claramente influenciava o pensamento Aliado sobre como travar um novo conflito da melhor maneira possível. Em novembro, "aproveitando perfeitamente a experiência adquirida nos anos 1914-8", os Aliados anunciaram que coordenariam as comunicações, as munições, os alimentos, o transporte marítimo e a guerra econômica contra a Alemanha.[184]

A colaboração militar se revelou um assunto mais complicado, mas depois de meses de incertezas Gamelin passou a fazer questão de que as unidades britânicas na França ficassem sob comando do general Alphonse Georges, comandante-chefe do front na região do nordeste francês. Em novembro, Gamelin traçou o plano operacional aliado, que consistia em adentrar a Bélgica para defender uma linha ao longo do rio Escalda ou do Dyle. Gamelin por fim optou pelo Plano Dyle, que prometia proteger a importante região industrial francesa no nordeste, apesar do risco de o caminho até o rio durar oito dias, sem que antes tivesse sido construída uma sólida linha de defesa. A pequena Força Expedicionária britânica estaria entre os exércitos a caminho da Bélgica. O grande obstáculo era a neutralidade do país, cujo governo tinha em 1936 revogado um tratado de defesa franco-belga e se recusou com teimosia, até que soldados alemães atravessaram a fronteira, a participar de reuniões de Estado-Maior conjunto ou a permitir a entrada dos Aliados, para não se arriscar a comprometer sua neutralidade.[185] Uma consequência disso é que o Plano Dyle teria que ser posto em prática às pressas. Gamelin estava convencido de que uma linha estratégica ofensiva/defensiva metódica na Bélgica ainda era a melhor opção da França. Os planos alemães que caíram nas mãos dos Aliados em janeiro de 1940 não sugeriram uma reavaliação: em vez disso, reforçaram a opinião de que criar um front belga tinha sido a escolha certa.[186]

O longo período de relativa inatividade, que ficou conhecido como Guerra de Mentira, sem dúvida teve os seus problemas. A opinião pública precisava de provas de sucesso militar para manter o que tinha sido uma aliança interna provisória a favor de uma declaração de guerra firme. Na verdade, como se queixou a revista francesa *Revue des Deux Mondes*, a expressão "Paix-Guerre" tinha sido substituída por "Guerre-Paix"; o *New York Times* ostentou a seguinte manchete em outubro de 1939: "38 repórteres de guerra em busca de uma guerra".[187] A derrota da Polônia e a proposta de paz de Hitler em outubro tinham fortalecido os círculos, em especial na direita filofascista ou na esquerda pacifista, que defendiam uma paz negociada, mas havia indícios de um desencanto mais generalizado com a guerra. Pesquisas de opinião Gallup feitas na Grã-Bretanha entre outubro de 1939 e fevereiro de 1940 revelaram uma proporção crescente de entrevistados favoráveis a conversar sobre a paz: 29% contra os 17% de antes.[188] As grandes forças aliadas mobilizadas no inverno de 1939-40 para ocupar a fronteira francesa em temperaturas congelantes também achavam difícil manter o ânimo por uma guerra que parecia distante de sua rotina diária sombria e desmoralizante. O filósofo e soldado francês da linha de frente Jean-Paul Sartre lamentou que tudo que ele e seus companheiros fizessem fosse comer, dormir e evitar o frio: "É isso [...], exatamente como os animais". Um recruta britânico abandonado num gélido alojamento disse se sentir como se "o drama tivesse dado lugar à farsa".[189]

Apesar dos esforços para retomar os laços de colaboração do conflito anterior, havia um resíduo de desconfiança dos dois lados, em especial porque o governo e o alto-comando franceses duvidavam que a Grã-Bretanha estivesse comprometida o suficiente com uma guerra terrestre em defesa da França. A decisão britânica de manter tropas e equipamento em áreas vitais do império contrariava a intenção francesa de recrutar um grande número de tropas coloniais para servir na França. Desde o início das discussões anglo-francesas, ficou claro que a velocidade de formação da Força Expedicionária Britânica era lenta demais para fazer face a um ataque alemão durante 1940. As forças da França mobilizadas somavam 84 divisões, com 23 divisões de fortaleza para guarnecer a Linha Maginot. Como a inteligência francesa calculava (de forma equivocada) que os alemães podiam mobilizar 175 divisões, havia uma grande lacuna a ser preenchida.[190] A contribuição britânica foi distorcida pela prioridade dada à Força Aérea e à Marinha durante os anos 1930, e pelo relativo descaso dispensado ao Exército. Depois de quase quatro meses de guerra, o Exército britânico só tinha enviado cinco divisões à França; mais oito divisões mal equipadas do Exército Territorial chegaram na época da invasão alemã. A primeira e única divisão blindada britânica só participou quando a batalha já tinha começado. O máximo que os chefes do Estado-Maior britânico poderiam oferecer era um exército de 32 divisões até o fim de 1941, pelo menos.[191] O apoio aéreo para a campanha na França também era muito limitado. No fim dos anos 1930, caças e bombardeiros tinham sido projetados para defender as ilhas Britânicas e criar uma força capaz de revidar os ataques alemães. A RAF relutava em abandonar esse perfil estratégico, e o resultado é que a grande maioria das aeronaves britânicas permaneceu na Grã-Bretanha. Em maio de 1940, havia cerca de 250 aviões da RAF na França, pouco mais do que os 184 da Força Aérea belga.[192]

Embora os preparativos para combate real partissem do pressuposto de que, a certa altura, a Alemanha seria o inimigo principal, não havia certeza sobre o que aconteceria no resto do mundo agora que havia um estado de guerra. Quando ficou clara a seriedade da declaração de "não beligerância" de Mussolini, em setembro de 1939 (termo escolhido porque parecia menos humilhante para a aliança do Eixo do que "neutralidade"), a posição da Itália se tornou difícil de avaliar. A Marinha francesa tinha começado a guerra impondo um bloqueio ao comércio italiano, mas em 15 de setembro ele foi suspenso após acordos econômicos em que aeronaves, motores de avião e caminhões Fiat italianos eram fornecidos às Forças Armadas francesas em troca de divisas e matérias-primas (embora Mussolini se recusasse a fornecer aviões para a Grã-Bretanha). O conde Ciano disse ao embaixador francês: "Conquistem algumas vitórias e estaremos do seu lado".[193] Os britânicos reforçaram a guarnição de Suez e acumularam estoques para um segundo palco de guerra. Os Aliados tratavam Mussolini como um oportunista para quem a possibilidade ainda não era convidativa o bastante.[194] A posição do Japão também era inconclusiva. Durante o verão de 1939, forças japonesas no sul da China pressionaram os impérios Francês e Britânico para que suspendessem o comércio com a região, e depois do início da guerra europeia o laço foi apertado. Tropas francesas e britânicas foram retiradas do enclave de Tianjin, e o Esquadrão China da Marinha Real foi transferido para Singapura. Hong Kong foi isolada pelos japoneses, enquanto navios chineses que tentavam sair da colônia eram periodicamente bombardeados e afundados pela Marinha japonesa. Os britânicos não tinham a menor vontade de travar uma guerra total contra o Japão, mas interesses aliados na China só sobreviveram ao inverno de 1939-40 por causa da contínua resistência chinesa.[195]

A incerteza mais perigosa era a atitude da União Soviética. Desde a assinatura do Pacto Germano-Soviético, em agosto de 1939, as potências aliadas passaram a tratar a URSS como potencial inimigo e o pacto, como uma aliança de fato. Agora se sabe que Stálin esperava que o acordo criasse um novo "equilíbrio" na Europa em torno do eixo soviético-alemão. "Essa colaboração", disse ele a Ribbentrop, "representa um poder ao qual todas as demais combinações devem ceder."[196] Os Aliados esperavam o pior depois da invasão e da ocupação do leste da Polônia e da pressão posterior sobre os países bálticos para permitir que forças soviéticas entrassem em seu território para protegê-los. Chamberlain e Daladier eram profundamente hostis ao comunismo e temiam que a guerra contra a Alemanha pudesse deixar a União Soviética tentada a avançar para o Oriente Médio ou para os impérios asiáticos. Em outubro, o embaixador da Grã-Bretanha em Moscou enviou um longo relatório em que analisava a possibilidade de uma guerra com a União Soviética, e, embora os chefes do Estado-Maior britânico continuassem se opondo a qualquer coisa que representasse um risco de conflito mais amplo, a guerra sempre esteve no âmbito das situações que poderiam ser enfrentadas pelos Aliados.[197] Quando, em 30 de novembro, a União Soviética atacou a Finlândia depois de o governo finlandês rejeitar pedidos de ceder bases a forças militares soviéticas, houve uma onda de protestos indignados na Grã-Bretanha e na França. Seus embaixadores em Moscou foram chamados de volta, e em 14 de dezembro os dois países tomaram a iniciativa de expulsar os soviéticos da Liga das Nações. Em Londres, fustigado por uma feroz campanha midiática antissoviética, o embaixador soviético, Ivan Maisky, se perguntava: "Quem é o inimigo número um? A Alemanha ou a União Soviética?".[198]

A guerra soviético-finlandesa arrastou a Escandinávia de forma inesperada para a Segunda Guerra Mundial. Também alertou os Aliados para a importância estratégica da região, caso a União Soviética ou a Alemanha viessem a dominá-la ou ocupá-la. A Escandinávia era fonte de importantes matérias-primas estratégicas — em particular, minério de ferro de alta qualidade —, enquanto o litoral norueguês oferecia a possibilidade de bases aéreas e navais para atacar a Grã-Bretanha. Uma ajuda militar muito limitada foi enviada aos finlandeses (cerca de 175 aeronaves britânicas e francesas, quinhentas peças de artilharia), enquanto os planejadores britânicos conceberam duas operações possíveis, de codinome "Avonmouth" e "Stratford", ambas aprovadas pelo Conselho Supremo de Guerra em fevereiro de 1940. A primeira envolvia o envio de uma pequena força anglo-francesa para o porto norueguês de Narvik, que entraria em território sueco e garantiria o controle do minério de ferro; a segunda consistia em despachar uma força adicional de três divisões para estabelecer uma linha defensiva no sul da Suécia. Nem a Noruega, nem a Suécia concordaram, e em março o Gabinete de Guerra britânico vetou a ideia apesar da forte pressão francesa por engajamento militar.[199] Os finlandeses enfim solicitaram um armistício em 13 de março, antes que qualquer plano aliado pudesse ser implementado, mas a derrota provocou a primeira de duas grandes crises políticas para os Aliados sobre a questão da Escandinávia. A hostilidade política contra Daladier cresceu durante a primavera, enquanto os anticomunistas o responsabilizavam por não ser mais ativo contra a União Soviética, e o centro e a esquerda reclamavam da incapacidade de enfrentar a Alemanha. Sua fama era de que seria irresoluto. Em 20 de março, Daladier foi forçado a deixar o cargo, embora continuasse como ministro da Defesa. Foi substituído pelo ministro das Finanças, Paul Reynaud, cuja reputação era diametralmente oposta — impulsivo, ativo, beligerante. Ele escreveu de imediato a Chamberlain para dizer que o que era necessário agora para neutralizar o impacto psicológico e moral da derrota finlandesa eram ações "ousadas e rápidas".[200]

No entanto, Reynaud preferia uma ação longe do front virado para a Alemanha, como já havia sido sugerido no governo de Daladier. Ele queria que os britânicos tomassem a dianteira na Escandinávia para minar as rotas usadas para fornecer minério de ferro à Alemanha e que uma Força Aérea combinada anglo-francesa posicionada no Iraque e na Síria bombardeasse campos de petróleo soviéticos no Cáucaso e interrompesse parte do suprimento de petróleo da Alemanha. O plano do Cáucaso foi tratado com mais atenção do que merecia. Um relatório britânico sugeria que três esquadrões de bombardeiros poderiam acabar com os campos de petróleo e "paralisar a máquina de guerra soviética", afirmação para a qual não havia nenhuma prova. Só a oposição do Gabinete de Guerra britânico ao risco inevitável de uma guerra total com a União Soviética impediu que a operação ocorresse.[201] Sobre a Noruega, Reynaud foi mais insistente, mas os britânicos queriam se concentrar na ameaça no oeste colocando minas ao longo do Reno para retardar o deslocamento alemão. O Gabinete francês, por sua vez, rejeitou a proposta britânica por medo de que os rios franceses também fossem minados em retaliação. O impasse foi por fim resolvido quando os britânicos concordaram em minar águas norueguesas se os franceses se comprometessem a aceitar minar o Reno mais para o fim do ano. A data para a colocação de minas na costa norueguesa, a operação "Wilfred", foi marcada para 8 de abril de 1940.[202]

A operação norueguesa terminou um mês depois, com a renúncia de Chamberlain, vítima, como Daladier, da incompetência da estratégia aliada na Escandinávia. Tanto a inteligência britânica como a francesa foram incapazes de fornecer um aviso antecipado sério da invasão alemã da Dinamarca e da Noruega, iniciada na manhã de 9 de abril. A notícia de que uma frota alemã avançava pelo mar do Norte chegou na noite de 8 de abril, pela agência de notícias Reuters. Os alemães vinham planejando uma possível operação na Escandinávia havia meses. Um estudo foi ordenado em 12 de dezembro para saber se era possível, levando em conta os limitados recursos navais alemães, ocupar a Noruega e salvaguardar o fluxo de minério de ferro. Hitler temia que a Noruega fosse ocupada pelos britânicos, mas havia também a preocupação de que a União Soviética usasse sua presença agressiva na região para ocupar o norte do país. Em janeiro, o general Nikolaus von Falkenhorst foi nomeado comandante-geral de uma operação naval, aérea e terrestre combinada que recebeu o codinome de *"Weserübung"* [Exercício Weser].[203] Os líderes alemães esperavam que uma reviravolta política na Noruega provocada pelo nacional-socialista Vidkun Quisling tornasse a ação militar desnecessária, mas a influência de Quisling foi bastante superestimada. Com o crescimento do interesse aliado pela Escandinávia, Hitler baixou a diretiva para *"Weserübung"* em 1º de março.[204] Era uma operação complexa e arriscada, numa época em que o principal eixo de preparação militar alemã estava no oeste, mas Hitler achava grandes demais os riscos de um flanco aliado no norte.

Em 2 de abril, Hitler deu ordem para que a operação começasse dentro de uma semana, e em 8 de abril, quando as primeiras minas foram colocadas pelos britânicos, submarinos, navios de transporte e navios de guerra alemães estavam no mar para dar apoio a desembarques em Trondheim e Narvik, enquanto paraquedistas alemães preparavam a primeira operação desse tipo contra a capital norueguesa, Oslo. Na manhã de 9 de abril, forças alemãs cruzaram a fronteira e, depois de uma breve troca de tiros, que deixou dezesseis soldados dinamarqueses mortos, o governo dinamarquês se rendeu. Paraquedistas e unidades de infantaria aerotransportadas alemãs tomaram os principais aeródromos do sul da Noruega, enquanto navios de transporte desembarcaram tropas e suprimentos ao longo da costa meridional norueguesa. O abastecimento aéreo e marítimo nos dois meses seguintes levou 107 mil soldados, 20 339 veículos e 101 mil toneladas de suprimentos para dar suporte à invasão. No começo de maio, mais de setecentos aviões apoiavam as operações alemãs.[205] As forças alemãs logo passaram a controlar a maior parte do sul e do centro da Noruega, apesar de a resistência ter sido mais forte do que o esperado. Entre 15 e 19 de abril, uma força combinada britânica, francesa e polonesa desembarcou em três pontos da costa e por um breve tempo assumiu o controle de Narvik, onde as unidades alemãs eram numericamente inferiores. Embora as baixas navais alemãs fossem altas em termos proporcionais (três cruzadores, dez destróieres, quatro submarinos e dezoito navios de transporte), a campanha mostrou a robustez evidente das Forças Armadas germânicas no que acabaria sendo a sua única grande operação combinada. Apoio aéreo próximo, uso efetivo de artilharia e infantaria trabalhando juntas, e comunicações eficientes ampliavam o poder de combate das tropas alemãs e desmoralizavam soldados aliados, a maioria dos quais nunca tinha visto um terreno montanhoso acidentado, muito menos lutado nele. Em 26 de abril, os britânicos abandonaram Trondheim; soldados aliados resistiram em Narvik até 8 de junho, quando os 24 500 soldados que haviam sobrado foram evacuados de volta para a Grã-Bretanha, mas a vitória alemã na Noruega estava garantida desde o início de maio, a um custo total de 3692 mortos e desaparecidos, contra 3761 mortos aliados.[206]

O fracasso na Noruega enfureceu Reynaud, que tinha apostado seu novo cargo de primeiro-ministro na promessa de ser bem-sucedido. No fim de abril, ele reclamou que os britânicos eram "velhos que não sabem correr risco". A opinião pública na Grã-Bretanha se voltou contra Chamberlain à medida que as notícias do desastre se propagavam. Embora grande parte da culpa pela preparação e execução falhas da intervenção aliada fosse de Churchill, como primeiro lorde do Almirantado, a campanha midiática no começo de maio teve como alvo o primeiro-ministro. A crise política atingiu o auge em 8 de maio, quando a Câmara dos Comuns debateu a Noruega. Uma testemunha descreveu Chamberlain como "desolado e murcho", defendendo a sua biografia em meio a discussões furiosas, mas muitos dos seus próprios apoiadores ficaram contra ele na votação convocada pela oposição trabalhista, e no dia seguinte ele resolveu renunciar.[207] O único político conservador com quem os partidos de oposição aceitavam trabalhar era Winston Churchill, e em 10 de maio ele se tornou chefe do governo. Nos seis meses seguintes, ambas as democracias passaram por grandes crises políticas por causa da Escandinávia. O mais notável é que a crença comum que ainda unia os dois aliados era a expectativa de que a guerra terminasse com a vitória anglo-francesa e que, por mais sérias que tivessem sido as falhas na Escandinávia, ainda se esperava que a estratégia de conter a Alemanha militarmente funcionasse. Quase não há indícios de que algum dos dois governos previa a reviravolta que se materializou nos dois meses seguintes.

Na manhã em que Churchill foi nomeado primeiro-ministro, forças alemãs começaram a campanha no oeste. A inteligência aliada estava mais preparada para essa eventualidade do que para a campanha norueguesa, uma vez que a estratégia se baseava em resistir a um ataque alemão, e não em lançar uma ofensiva própria, mas os serviços de inteligência foram totalmente incapazes de prever a forma com que se daria a campanha alemã, que rapidamente jogou por terra todos os preparativos aliados. Seu êxito notável surpreendeu até os comandantes germânicos. Muitos deles, assim como seus homólogos aliados, imaginavam que, caso a operação fracassasse, seria algo como uma repetição do front ocidental da Grande Guerra. Na verdade, com a perda de 27 mil soldados, a Holanda, a Bélgica e a França inteiras caíram em mãos alemãs. Nada poderia ser mais diferente da guerra vivida pelos comandantes dos dois lados 25 anos antes. Tanto durante como depois da guerra, os Aliados derrotados tentaram explicar a humilhação sofrida mencionando uma força alemã avassaladora, alimentada por anos de rearmamento frenético, em sombrio contraste com os esforços tardios e descoordenados no Ocidente. Historiadores já desfizeram essa imagem ao demonstrar que os recursos totais disponíveis em ambos os lados a rigor favoreciam os Aliados, em alguns casos por uma margem generosa. As divisões dos exércitos franceses, belgas, holandeses e britânicos no front nordeste na França somavam 151, enquanto as alemãs eram 135, incluindo 42 na reserva; as peças de artilharia aliadas totalizavam 14 mil, contra 7378 alemãs; os tanques aliados, muito superiores aos alemães em potência de fogo e blindagem, chegavam a 3874, contra 2439 alemães. Mesmo no ar, onde no fim dos anos 1930 sempre se imaginava que os alemães estivessem muito à frente, o equilíbrio de forças favorecia os Aliados; as estimativas vão de 4400 a 5400 aviões (incluindo números substanciais na reserva), em contraste com as 3578 aeronaves em condições operacionais disponíveis em 10 de maio para a Força Aérea alemã nas Esquadrilhas 2 e 3.[208]

Embora não estejam erradas, as cifras são enganosas em vários aspectos importantes. Os números do Exército e da Força Aérea incluem tropas belgas e holandesas, mas nenhum dos dois pequenos exércitos tinha planos acordados com os franceses, enquanto as duas pequenas Forças Aéreas não tinham um plano de defesa coordenado com franceses e britânicos e foram praticamente eliminadas em ataques contra suas bases aéreas nos primeiros dias da campanha. A paridade aérea entre Grã-Bretanha e França também era uma ilusão estatística. O alto-comando francês tinha apenas 879 aviões em condições operacionais em 10 de maio no front com os alemães, enquanto o contingente britânico de 416 era uma fração das 1702 aeronaves da linha de frente disponíveis para a RAF e mantidas na Grã-Bretanha para defesa da ilha. Os aviões franceses restantes, em boa parte obsoletos em 1940, ficavam em terminais ou em bases na França metropolitana, ao passo que 465 estavam no Norte da África para o caso de uma ofensiva italiana. Aquelas que estavam disponíveis no front vital eram atribuídas a exércitos individuais, e não concentradas, acentuando mais ainda a disparidade com a Força Aérea alemã concentrada e centralizada. Na verdade, os dois Aliados ocidentais dispunham de apenas 1300 aeronaves para enfrentar as 3578 alemãs.

Em artilharia, a disparidade também era menos significativa do que os números brutos sugerem. Os franceses dependiam muito de peças de artilharia de 1918, ao passo que havia pouquíssimos canhões antitanques modernos de 47 milímetros disponíveis em maio de 1940, com guarnições treinadas para usá-los, o que obrigava muitas divisões a usarem o canhão de 27 milímetros da Primeira Guerra Mundial, ineficaz contra tanques modernos. Os canhões antiaéreos também eram escassos: 3800 em comparação com os 9300 alemães.[209] Os melhores tanques franceses e britânicos, embora tivessem canhões de maior calibre e blindagem mais grossa do que os melhores tanques alemães, constituíam uma parte pequena da força total de tanques, enquanto os tanques franceses eram lentos e demandavam muito combustível. Mais importante era a organização dos tanques. As forças alemãs colocavam todos em dez divisões Panzer de armas combinadas e seis divisões motorizadas, uma força concentrada projetada como ponta de lança de um exército basicamente de infantaria e tração animal para romper e desorganizar a linha inimiga; os tanques franceses, mesmo os das três divisões mecanizadas leves (DML) ou das três Divisões Blindadas de Reserva (DBR), haviam sido projetados para funcionar no contexto de uma batalha de infantaria, ajudando a impedir o avanço inimigo, mais do que para operar como unidades ofensivas independentes. Dos 2900 tanques usados pela França, apenas 960 integravam essas unidades mecanizadas; o restante estava distribuído entre as divisões convencionais. Nenhum deles, claro, tinha participado dos combates modernos de tanques, diferentemente do Exército alemão.[210] A conclusão importante a ser tirada sobre o equilíbrio de forças é que o lado alemão desfrutava de superioridade local exatamente nos pontos que importavam.

A estratégia que cada lado escolheu ampliou essas diferenças. Como a derrota da França foi um ponto decisivo na guerra, vale a pena examinar o conflito de forma mais minuciosa. As disputas alemãs sobre a forma do "Caso Amarelo" estavam resolvidas por completo em março. As Forças Armadas germânicas foram organizadas em três grupos: o Grupo de Exércitos B, com três divisões Panzer, deveria entrar na Holanda e na Bélgica em direção à França para atrair a maior parte das forças francesas e britânicas para uma contraofensiva na Bélgica; o Grupo de Exércitos C ficava atrás das defesas alemãs da Muralha Ocidental para imobilizar as 36 divisões francesas que guarneciam a Linha Maginot; o elemento essencial era o Grupo de Exércitos A, liderado pelo general Gerd von Rundstedt, com sete divisões blindadas viradas para a floresta das Ardenas belgas e Luxemburgo. Avançando rápido pela floresta, ele atravessaria o rio Mosa no terceiro dia da campanha e depois seguiria para nordeste, em direção à costa do canal da Mancha, mantendo um escudo defensivo ao longo do flanco esquerdo exposto enquanto cercava as forças aliadas e aniquilava sua resistência. O êxito do plano dependia de o exército francês engolir a isca da ofensiva pelo norte da Bélgica, e um complicado plano de despistamento foi executado para dar a impressão de que esse era de fato o eixo principal do ataque alemão.

O estratagema acabou não sendo necessário, porque Gamelin e o alto-comando francês já tinham decidido havia tempos avançar para a Bélgica. Em março, Gamelin optou por aumentar ainda mais o risco aliado com a chamada "variante Breda", que envolvia um rápido desdobramento na Bélgica pelo Sétimo Exército francês de elite (antes uma formação de reserva), com apoio da Força Expedicionária Britânica, para se juntar ao exército holandês e criar um front defensivo contínuo. Breda ficava ainda mais longe da fronteira francesa do que o rio Dyle, mas Gamelin achou que trinta divisões aliadas conseguiriam chegar à fronteira holandesa a tempo de impedir o avanço alemão. O equilíbrio geral no norte seria de sessenta divisões aliadas contra 29 alemãs; no setor sul do front, o equilíbrio foi invertido, dezoito contra 45. Os franceses tiveram certeza, durante anos, de que a floresta das Ardenas era praticamente intransponível para exércitos modernos, e a deixou protegida por uma leve força de cobertura belga e sete divisões da reserva mal equipadas.[211] Os riscos eram excepcionais para os dois lados, mas cada um estava de certa forma preso ao legado de 1918: Gamelin, apoiado por comandantes britânicos, queria restaurar a linha contínua e a batalha metódica que acabara desgastando os alemães e estava certo de que o desfecho seria o mesmo; comandantes alemães, com medo de que o resultado fosse esse, apostaram tudo num avanço rápido seguido de um cerco que lhes escapara em 1914.

Quando as Forças Armadas alemãs começaram o combate no oeste lançando incursões arrasadoras contra aeródromos inimigos e capturando o importantíssimo forte belga de Eben-Emael, num ousado ataque de paraquedistas, Gamelin informou que aquela era "justamente a oportunidade que esperava".[212] O Primeiro e o Sétimo Exércitos franceses, junto com a Força Expedicionária Britânica, enfim foram admitidos em solo belga para avançar em direção à linha do Dyle e a Breda. O Nono e o Segundo Exércitos franceses estavam ao norte e ao sul de Sedan e eram o único obstáculo a uma investida alemã partindo do sul, se houvesse. No caso, quase nada saiu de acordo com o planejado. As forças aliadas, quando chegaram a Breda, descobriram que o exército francês tinha abandonado a área e ido para o norte. Em 14 de maio, Roterdã foi bombardeada em apoio ao avanço do exército alemão para a cidade; no dia seguinte, o comandante-chefe holandês anunciou que "esta luta desigual precisa parar" e de imediato se rendeu. A defesa belga ao longo do canal Albert, no leste, logo entrou em colapso sob o peso do ataque alemão, e unidades belgas recuaram para a rota do avanço francês. Uma espécie de front foi estabelecido ao longo do rio Dyle contra as divisões alemãs, que estavam em inferioridade numérica, mas não havia uma linha de defesa realmente preparada, enquanto o desdobramento aliado era prejudicado pelo fluxo de refugiados (as estimativas são de 8 milhões a 10 milhões de civis franceses e belgas) que congestionavam rodovias vitais para forças que avançavam ou recuavam.[213] Em 16 de maio, os defensores da linha do Dyle receberam ordem do general Georges, o comandante-geral, para recuar o mais depressa possível até a fronteira francesa porque mais ao sul, através das supostamente intransponíveis Ardenas, toda a linha francesa estava comprometida.

O plano operacional alemão tinha sido executado exatamente como os comandantes esperavam, com os Aliados avançando para dentro da armadilha belga. Hitler estabeleceu seu quartel-general em Münstereifel, num abrigo antiaéreo convertido para esse fim. Ele achava que a França seria derrotada em seis semanas, abrindo caminho para um acordo com a Grã-Bretanha, cujos líderes não iam querer "arriscar perder o império".[214] Foi aí que começaram a chegar notícias do ataque do Grupo de Exércitos A através de Luxemburgo e das Ardenas em 10 de maio. As unidades Panzer foram organizadas em três eixos, um sob comando do tenente-general Heinz Guderian, principal expoente de guerra blindada na Alemanha, em direção a Sedan; o segundo sob comando do tenente-general Hans Reinhardt, em direção a Monthermé, ao norte de Sedan; e um terceiro sob comando do general Hermann Hoth em direção à cidade belga de Dinant, projetado para fornecer defesa de flanco às outras duas investidas. O avanço logo enfrentou dificuldades com divisões blindadas e de infantaria brigando por espaço nas estradas estreitas. Os 41 140 veículos e os 140 mil homens provocaram um engarrafamento de 250 quilômetros que os comandantes lutavam para superar. A crise foi em parte resolvida por um planejamento logístico cuidadoso. Depósitos de combustível foram instalados ao longo do caminho, enquanto três batalhões de caminhões de transporte forneciam combustível, munição e suprimentos para as divisões blindadas durante o avanço. Quando tudo enfim começou a andar, essa organização logística foi essencial para permitir uma mobilidade rápida. Latas de gasolina eram distribuídas para tanques em marcha, como água para maratonistas sedentos.[215]

O momento mais crítico da campanha veio entre 11 e 13 de maio com a investida blindada praticamente paralisada, um alvo fácil para o poderio aéreo aliado. Havia poucas aeronaves aliadas sobrevoando esse setor vulnerável, porque a Força Aérea alemã mantinha um guarda-chuva protetor sobre o avanço, enquanto a maior parte da força aérea aliada estava combatendo esse avanço mais ao norte; no entanto, o pequeno número de pilotos franceses que davam notícia dos intermináveis comboios de veículos e tanques não foi levado a sério. À medida que avançavam por Luxemburgo e pelo sul das Ardenas, as colunas alemãs enfrentavam as forças belgas de fronteira e a cavalaria francesa, mas nenhum relato chegou a Georges ou a Gamelin de que isso poderia representar o grande ataque alemão, porque o plano francês se baseava na ideia de uma batalha importante na planície de Flandres mais ao norte. Em 13 de maio, apesar do pesadelo logístico da mobilização pelas Ardenas, os três avanços das divisões Panzer alemãs tinham alcançado o rio Mosa. A travessia foi um momento altamente dramático. As pontes tinham sido destruídas, e os franceses estavam entrincheirados na outra margem. A maior parte da força aérea alemã recebeu ordem para castigar as posições inimigas, e 850 bombardeiros e bombardeiros de mergulho estenderam um tapete de fumaça e destroços ao longo do rio. A 55ª Divisão francesa, oposta a Guderian em Sedan, tinha apenas um canhão antiaéreo. Embora se constatasse depois que os danos haviam sido menores do que o esperado, o impacto psicológico do bombardeio persistente deixou os defensores franceses temerosos e desmoralizados.[216] As três divisões de Guderian abriram caminho lutando contra artilharia pesada e tiro de metralhadoras, mas até as 23h já tinham avançado o suficiente para permitir que a primeira ponte fosse construída e os primeiros tanques atravessassem. Mais ao norte, o general Erwin Rommel comandou pessoalmente a travessia de sua Sétima Divisão Panzer em Houx, perto de Dinant, e contra uma feroz resistência francesa conseguiu estabelecer uma cabeça de ponte de três quilômetros até a noite; as duas divisões Panzer de Reinhardt em Monthermé encontraram resistência mais firme por causa da topografia ingrata, e ele levou dois dias para vencer os defensores e sair do bolsão estabelecido na margem ocidental do Mosa. No entanto, as travessias do Mosa tinham espalhado o pânico entre as divisões de reserva mais fracas, e alertado enfim o alto-comando francês da seriedade de uma situação que eles fingiam que não podia acontecer.

No meio da noite de 13 para 14 de maio, no quartel-general de Georges, a notícia foi finalmente dada em detalhes. Georges se desfez em lágrimas: "Nosso front foi rompido em Sedan! Houve um colapso".[217] O que veio em seguida foi o oposto da metódica batalha que Gamelin tinha planejado. Divisões da reserva no Segundo Exército do general Charles Huntziger se dissolveram; ao norte, o Nono Exército do general André Corap enfrentou uma crise parecida. Esforços de contra-ataque falharam porque o alto-comando francês não esperava uma batalha móvel de manobras. As comunicações eram pífias, e o abastecimento de combustível para os tanques e caminhões franceses era difícil de organizar; centenas de veículos franceses ficaram imobilizados no caminho das divisões Panzer alemãs. Unidades forçadas a marchar longas distâncias em alta velocidade chegavam exaustas ou sem equipamento. Na Bélgica, o avanço se converteu em retirada defensiva, deixando para trás suprimentos valiosos e depósitos de combustível. Não foi, como se costuma sugerir, um passeio, uma vez que houve resistência local e muitas vezes feroz, mas a resposta foi desorganizada e improvisada, o oposto do planejado pelos franceses. Em 16 de maio, Churchill afirmou em Londres que era "ridículo pensar que a França pudesse ser conquistada por 160 tanques", mas quando, no dia seguinte, ele voou a Paris para um encontro com Gamelin no Ministério das Relações Exteriores, encontrou funcionários já queimando documentos. Ao perguntar a Gamelin onde estava a reserva francesa, a resposta que recebeu foi lacônica: *"Il n'y en a pas"* — não existe.[218]

A escala da crise foi se revelando aos poucos, à medida que comandantes e políticos franceses compreendiam o que tinha acontecido, e a incerteza e as comunicações falhas aceleraram a debandada. Embora se esperasse que o avanço no Mosa fosse desacelerado e consolidado no caso de um contra-ataque francês, a resposta francesa foi tão desorganizada e fragmentada que os três corpos Panzer mudaram de direção e correram para os portos de Calais, Boulogne e Dunquerque, no canal da Mancha, como o plano de Manstein exigia. Isso provocou uma crise temporária de pânico no quartel-general alemão. Depois de uma semana de notável sucesso, Hitler agora temia que os flancos longos e expostos das divisões Panzer que avançavam incentivassem uma poderosa resposta francesa. Em 17 de maio, ele conversou com seus comandantes sobre se seria o caso de desacelerar o movimento. "O Führer está terrivelmente nervoso", comentou Franz Halder. "Está apavorado com o próprio sucesso, não quer arriscar nada, e por isso prefere nos segurar."[219] O Grupo de Exércitos C foi lançado contra a Linha Maginot em 18 de maio, para garantir que as 36 divisões de fronteira francesas ficassem onde estavam. Dois breves contra-ataques — um do norte, conduzido pelos tanques da Força Expedicionária Britânica em Arras, em 18 de maio; outro pela recém-formada Quarta Divisão Blindada francesa, em Moncornet, no dia 17, comandada pelo coronel Charles de Gaulle — geraram mais ansiedade em Hitler. A realidade era outra. O choque causado pelo avanço alemão e a total incoerência da resposta aliada serviram de forma direta às virtudes da guerra móvel alemã. Embora as divisões Panzer fossem duas vezes retardadas pelas intervenções apavoradas de Hitler — uma vez depois de Moncornet, outra depois de Arras —, elas tinham percorrido uma extensão de terreno notável em apenas uma semana, e os comandantes estavam ansiosos para avançar rumo à costa e cercar o Sétimo e o Primeiro Exércitos franceses, a Força Expedicionária Britânica e o Exército belga, presos no bolsão de Flandres. O golpe decisivo foi interrompido não por uma "ordem de parada" de Hitler, como se costuma sugerir, mas pelo nervoso comandante do Grupo de Exércitos A, Von Rundstedt, que mandou as divisões Panzer se agruparem, se reequiparem e descansarem, algumas se moverem para o sul e realizar a segunda parte da operação "Caso Vermelho", para derrotar forças francesas no resto do país, e outras seguirem para Dunquerque. Hitler aprovou as ordens de Rundstedt e lhe atribuiu a responsabilidade de decidir quando retomar o avanço. Em 28 de maio, as 21 divisões belgas encurraladas foram retiradas da equação quando o rei belga se rendeu. Dois dias antes, o exército alemão enfim fora autorizado a acabar de aniquilar as 25 divisões francesas e as dez divisões britânicas que permaneciam no bolsão atrás de uma tênue linha de defesa.

O esmorecimento temporário no quartel-general de Hitler não foi nada em comparação com a crise que se abateu sobre os Aliados. À medida que as notícias iam chegando, o governo francês via diante de si uma realidade que lhe parecia incrível. Às 7h30 de 15 de maio, Reynaud telefonou para Churchill com a sombria conclusão de que "levamos uma surra, perdemos a batalha".[220] No dia 20, Gamelin, cujas relações com Reynaud nunca tinham sido boas, foi afastado do cargo e substituído pelo comandante francês na Síria, o general Maxime Weygand, veterano da Grande Guerra e aliado de Reynaud. O marechal Philippe Pétain, que tinha triunfado em Verdun em 1916, foi chamado de volta do seu posto como embaixador em Madri para ser nomeado vice-primeiro-ministro e tentar reerguer o frágil moral do povo francês. Essas nomeações causaram uma breve recuperação da confiança em Londres e Paris: Weygand traçou (ou melhor, herdou de Gamelin) um plano para atacar os longos flancos alemães ao norte e ao sul, mas o plano não tinha nenhuma relação com a realidade; de modo mais realista, ele se preparou para recuar até a linha dos rios Somme e Aisne, pedindo às forças abatidas que demonstrassem uma "agressividade constante" durante o processo.[221] No entanto, não havia como esconder a escala da calamidade. Restavam apenas quarenta divisões francesas ao longo da nova linha de frente, com três grupos de reserva motorizados para tentar preencher qualquer lacuna aberta pelos alemães. O Gabinete de Guerra britânico e os chefes do Estado-Maior chegaram a uma conclusão óbvia. Em 25 de maio, uma comissão criada sob o comando do ex-secretário de gabinete Maurice Hankey apresentou um relatório sobre a "Estratégia britânica numa determinada eventualidade". Ele concluía que uma guerra mundial não seria decidida por acontecimentos na França, mas, com a ajuda dos Estados Unidos e do império e com a proteção da Força Aérea e da Marinha, a Grã-Bretanha poderia continuar sozinha.[222]

Os britânicos e os franceses começaram a pensar numa evacuação em 18 de maio, apenas pouco mais de uma semana depois do início da campanha. Graças a uma breve pausa concedida pela parada alemã, que permitiu ao comandante da Força Expedicionária Britânica, o major-general John Gort, estabelecer um perímetro ao norte e ao sul do bolsão, defendido sobretudo pelo que restava do Sétimo e do Primeiro Exércitos franceses, a operação "Dínamo" começou em Calais e em Boulogne em 26 de maio. Os soldados sitiados enfim receberam mais proteção aérea dos Spitfires e Hurricanes da RAF, vindos de bases no sul da Inglaterra. Com a batalha para eliminar o bolsão rugindo ao redor, 338 682 soldados foram embarcados em Dunquerque em 861 navios, sendo 247 mil britânicos e 123 mil franceses. Houve também uma evacuação francesa, amplamente ignorada nos relatos britânicos de Dunquerque. O Almirantado francês transferiu 45 mil soldados para a Grã-Bretanha, 4 mil para Le Havre, depois mais 100 mil para os portos de Cherbourg e Brest no norte da França, onde deveriam voltar a combater ao longo do Somme.²²³ A operação britânica foi concluída em 4 de junho com a perda de 272 navios, incluindo treze destróieres, e o abandono de todo o equipamento pesado — 63 mil veículos, 20 mil motos, 475 tanques e veículos blindados e 2400 canhões.²²⁴ Os soldados deixaram para trás, como um deles depois escreveu, "uma destruição infinita [...], um cenário de absoluto caos militar". O exército britânico não se rendeu em junho de 1940, mas a batalha na Bélgica e na França deve ser entendida como uma grande derrota, e não como uma evacuação heroica. O exército deixado para defender a Grã-Bretanha tinha em junho de 1940 apenas 54 canhões antitanque e 583 peças de artilharia. O exército regular fora por um período emasculado como força de combate.²²⁵

No fim de maio, enquanto o colapso da resistência no front nordeste prosseguia, os dois grandes Aliados começaram a considerar a terrível hipótese da capitulação, impensável duas semanas antes. Weygand, apesar de sua aparente tenacidade e energia, sugeriu ao Gabinete francês em 25 de maio pensar em abandonar a luta, e Reynaud foi o primeiro a pronunciar a palavra "armistício", embora fosse um termo ambíguo, como os alemães tinham descoberto em novembro de 1918. Isso teria que ser combinado com os britânicos nos termos de um compromisso, assinado em 25 de março de 1940, de que nenhum Aliado faria as pazes de forma separada. Em 26 de maio, Reynaud voou para Londres para explicar a Churchill que a França talvez tivesse que pensar em desistir. Sem que ele soubesse, naquela manhã o Gabinete de Guerra britânico tinha começado a discutir uma proposta do secretário do Exterior, Halifax, apresentada pelo embaixador italiano, de uma possível conferência convocada por Mussolini. Não estavam claras as motivações da Itália, pois àquela altura Mussolini também se preparava para declarar guerra pensando em lucrar com o que parecia aos líderes do país uma oportunidade de explorar a iminente conquista da França. Depois de três dias de debates, os britânicos decidiram se opor a qualquer iniciativa. Apesar de o episódio ser muitas vezes visto como um momento decisivo em que os apaziguadores quase triunfaram, era inevitável discutir as consequências de uma derrota total, e nem mesmo Halifax foi a favor de um acordo que comprometesse os interesses básicos da Grã-Bretanha. Após por fim conquistar o apoio de Chamberlain, que tinha uma cadeira no Gabinete de Guerra, Churchill conduziu o debate para rejeitar qualquer abordagem a Mussolini. Os líderes britânicos já contemplavam uma guerra sem os franceses: "Se a França não conseguia se defender", disse Churchill a colegas, "era melhor ter saído da guerra".²²⁶

A França continuou a lutar por mais três semanas em circunstâncias que rapidamente se deterioravam. A alternativa do armistício era o desfecho mais provável, mas outras opções foram exploradas. No fim de maio, levantou-se a ideia de um "reduto bretão", onde forças francesas, talvez reforçadas por um novo contingente britânico, poderiam manter uma linha defensiva em torno da

Bretanha e do porto de Cherbourg, e um estudo foi encomendado para testar sua viabilidade.[227] Mais esperança foi depositada na ideia de que a França poderia continuar a resistir a partir do seu império no Norte da África, onde grandes forças já estavam baseadas para se proteger da possibilidade de um ataque preventivo da Itália saindo da Líbia, e para onde milhares de soldados franceses poderiam ser transportados do continente. No começo de julho, Reynaud pôs em andamento planos para evacuar 80 mil homens para o Marrocos francês; De Gaulle, agora ministro da Guerra júnior depois do sucesso em Moncornet, pediu ao Almirantado francês que 870 mil homens fossem transferidos para a África em três semanas. Só a Marinha da Grã-Bretanha tinha esse tipo de capacidade, mas o esforço do país se concentrava em transferir todas as forças britânicas remanescentes na França ocidental (e 19 mil soldados poloneses) para somar aos que haviam sido resgatados em Dunquerque. A Operação "Aerial", o abandono da França, foi ordenada em 14 de junho e concluída em dez dias. Mais 185 mil homens voltaram para a Inglaterra, dessa vez com a perda de apenas seis destróieres e de 3% dos navios de transporte.[228] Em 22 de junho, Weygand perguntou ao comandante-chefe francês no Norte da África, o general Charles Noguès, quais eram as perspectivas de resistência com as forças disponíveis a partir da região. A essa altura, grande parte da frota francesa e cerca de 850 aviões estavam estacionados no Império Africano, mas apenas 169 tanques modernos e sete das catorze divisões estavam prontos para entrar em combate. Embora Noguès dispusesse de força suficiente para conter uma invasão, Weygand não achou realista buscar a opção imperial, não mais do que um reduto na França. Em 26 de junho, Noguès reconheceu, com "a morte na alma", que a resistência no império tinha acabado.[229]

Bem antes disso, o destino da França tinha sido decidido por uma ampla vitória germânica. Em 5 de junho, as Forças Armadas da Alemanha estavam prontas para o segundo estágio da campanha "Caso Vermelho", derrotando o que restava das tropas da França e forçando a rendição. A linha francesa formada às pressas às margens dos rios Somme, Aisne e Oise contava apenas com quarenta divisões contra as 118 disponíveis para os alemães. Nessa fase, a grande retaguarda de infantaria tinha alcançado a ponta de lança alemã, dando à nova linha de frente germânica forças relativamente renovadas. O general Georges disse a Weygand que eles lutavam apenas por uma questão de honra, pois não havia sobrado muito mais que isso: "Nada de reservas, nada de forças de socorro, nada de reforços [...], sem cavalaria, sem tanques. Situação trágica [...], luta sem esperança, uma situação sem escapatória".[230] Apesar da grande disparidade entre as forças, as unidades francesas mostraram melhor organização e determinação do que tinha sido possível nas primeiras semanas do colapso, mas o desfecho era inevitável. Em 9 de junho, o Grupo de Exércitos A da Alemanha tinha alcançado

Rouen, e no dia 12 os exércitos germânicos estavam perto de Paris, obrigando as forças francesas a recuarem para o norte e para o sul. Em 10 de junho, Weygand disse a Reynaud que "uma ruptura definitiva" do front era iminente.

O governo francês abandonou a capital e foi primeiro para o vale do Loire, depois para Bordeaux. Paris, onde bases aéreas tinham sido bombardeadas em 3 de junho, foi declarada uma cidade aberta, e no dia 14 o exército alemão entrou triunfante. Numa reunião de ministros em 12 de junho, Weygand disse aos presentes que a hora do armistício tinha chegado; Reynaud continuava indeciso, mas no dia 15, quando Georges fez uma reunião com comandantes franceses, todos concordaram que a batalha tinha que parar.[231] Reynaud, exausto e frustrado, curvou-se à realidade e renunciou no dia seguinte, para ser sucedido pelo principal defensor do armistício, o marechal Pétain. Mesmo assim a questão continuava não resolvida, pois Weygand tinha imaginado o armistício como "uma suspensão dos combates", o que poderia dar às forças francesas a possibilidade de se reagrupar. Já Pétain, ao anunciar a decisão pelo rádio, ao meio-dia de 17 de junho, disse ao povo francês que "precisamos cessar o combate". Weygand pediu a Georges para anunciar que ele tinha decidido apenas "tentar pôr fim ao combate" e dizer aos comandantes que continuassem lutando.[232] A Batalha da França terminou não com o anúncio de Pétain, mas oito dias depois. Embora o embate claramente tivesse terminado e milhares de soldados agora estivessem abandonando suas unidades para ir embora, as forças ainda intactas no oeste e no centro da França continuaram a combater, apesar da exaustão e da falta de equipamento. Os 120 mil homens do Sétimo Exército do general Frère ocuparam o vale do Loire e tentaram bloquear cada etapa do sistema fluvial à medida que os alemães se aproximavam. Só pararam de lutar no dia 25 de junho.[233]

O acordo para pedir um armistício foi atrapalhado em maio de 1940 pela decisão do ditador italiano de intervir do lado de Hitler contra as democracias. Mussolini não gostou do estado de "não beligerância" que fora obrigado a declarar em setembro de 1939 por a Itália não estar preparada, fosse em termos econômicos ou militares, depois de uma década de combates, para um confronto com a Grã-Bretanha e a França. Em dezembro, ele fez uma promessa ambígua a Hitler de honrar seu compromisso com o Eixo. Em março de 1940, escreveu que a Itália não poderia permanecer neutra durante toda a guerra sem se tornar "uma Suíça multiplicada por dez".[234] Mas Mussolini continuava sendo pressionado pela oposição da monarquia e da cúpula militar a não arriscar um conflito para o qual a Itália claramente não estava pronta. O comandante-chefe italiano, marechal Badoglio, disse a Mussolini que os preparativos só estariam concluídos em 1942, o que era, para dizer o mínimo, uma avaliação otimista. É difícil julgar até que ponto Mussolini respeitava esse conselho, pois estava preso à própria visão retórica do potencial militar italiano, mas também não sabia ao certo se a

Alemanha de fato atacaria no oeste, e, caso isso acontecesse, com que rapidez a campanha seria decidida.[235] Quando Hitler perguntou se a Itália poderia fornecer vinte ou trinta divisões para lutar ao lado das forças alemãs no vale do Ródano, o comando do Exército italiano rejeitou a ideia de imediato. O que Mussolini e seu círculo queriam era o que chamavam de guerra "paralela", e não "pela" ou "com" a Alemanha, como disse o vice-ministro da Guerra, Ubaldo Soddu, "mas *por nós*".[236] No entanto, quando as notícias das vitórias alemãs começaram a chegar, Mussolini decidiu que a Itália não poderia mais ficar parada. Em 13 de maio, anunciou que declararia guerra dentro de um mês. Em 28 de maio, depois de saber da rendição belga, marcou a data para 5 de junho, para não perder o bonde e não poder reivindicar "nenhum direito a participar da sucessão". A declaração foi adiada até 10 de junho, quando ele anunciou a guerra da sacada do Palazzo Venezia em Roma para uma multidão cujo entusiasmo, segundo testemunhas, foi bastante contido.[237]

A declaração não significava que a Itália estivesse pronta para participar, mas provocou uma retaliação imediata de bombardeiros britânicos e franceses que atacaram Turim e Gênova dois dias depois. Mussolini só se dignou a agir quando chegou a notícia de que Pétain tinha pedido um armistício. Ordenou que o exército italiano na fronteira oeste começasse uma ofensiva contra a França três dias depois. Então correu para Munique para um encontro com Hitler a fim de discutir os possíveis termos do armistício; no trem para a Alemanha, falou em pedir o máximo — ocupação de toda a França, captura da frota francesa, ocupação da Tunísia, da Somalilândia Francesa e da Córsega —, mas ao chegar percebeu de imediato, como disse a Ciano, que "seu papel era de segunda classe".[238] Hitler queria um armistício mais modesto, para que as mãos alemãs não ficassem atadas em um acordo de paz futuro e para evitar que os franceses fossem empurrados de volta para os braços da Grã-Bretanha. O armistício também oferecia a oportunidade, de acordo com Von Ribbentrop, de expulsar os judeus da Europa para a colônia francesa de Madagascar, agora que a França havia sido derrotada.[239] Hitler se recusou a permitir um acordo comum de armistício. Em 19 de junho, o alto-comando francês foi informado pela embaixada alemã na Espanha de que Hitler estava pronto para examinar as condições de um armistício, e no dia seguinte a delegação francesa atravessou a linha de frente para chegar a Compiègne, onde os alemães tinham sido obrigados a assinar o armistício 23 anos antes. Uma breve cerimônia no mesmo vagão de trem de 1918 confirmou o armistício em 22 de junho, mas ele só poderia entrar em vigor quanto a Itália concordasse em cessar as hostilidades.[240]

Como as forças italianas só começaram a lutar no dia 20, Mussolini foi obrigado a esperar alguns dias para ter alguma coisa de concreto que pudesse ser encerrada. Vinte e duas divisões com efetivo reduzido e mal equipadas atacaram a fronteira sudeste da França e quase não avançaram nada diante da oposição francesa bem entrincheirada e determinada. A cidade de Menton foi ocupada, mas fora isso o lado italiano teve apenas 1258 mortos e 2151 casos de queimadura de frio para mostrar após três dias de combate incompetente.[241] Apesar disso, um armistício foi acertado de forma relutante, e em 23 de junho uma delegação francesa chegou para assinar um acordo na Villa Incisa, em Roma. Os franceses, mesmo entendendo que não tinham escolha, não podiam aceitar que o armistício representasse uma derrota militar nas mãos dos italianos. Mussolini manteve a promessa feita a Hitler, e os termos foram muito mais modestos do que as ambições extremas que ele tinha alimentado, mas tanto no caso alemão como no italiano os termos não foram muito diferentes do acordo imposto em Versalhes à Alemanha — e em certo sentido foram piores. A soberania francesa foi efetivamente perdida com a ocupação do norte e do oeste do país; as Forças Armadas teriam que ser reduzidas a 100 mil homens, embora forças coloniais limitadas pudessem ser mantidas para garantir que a Grã-Bretanha não ocupasse com facilidade o território imperial francês; as bases navais e fortificações teriam que ser desmilitarizadas, as armas precisavam ser entregues e a frota, imobilizada. Os negociadores da Itália insistiram também que a Comissão Italiana de Armistício tivesse jurisdição sobre a Córsega, o Norte da África francês, a Somalilândia Francesa e a Síria.[242] A França de Pétain, agora com o centro do governo localizado na cidade termal de Vichy, governava com limitada independência um trecho de território não ocupado no centro e no sul do país.

A derrota dos Aliados em 1940 transformou a natureza da guerra. Incentivou a agressão italiana e japonesa a tirar proveito de uma ampla janela de oportunidade e ameaçar os impérios europeus com uma crise terminal. A derrota chocou Stálin, que esperava uma campanha bem mais prolongada, mas, como disse ao embaixador britânico Stafford Cripps em julho de 1940, o desfecho significava que não havia como retornar ao "velho equilíbrio".[243] Para sublinhar seu argumento, a União Soviética começou a avançar sobre o território da Europa Oriental, anexando os países bálticos e as províncias romenas da Bucóvina do Norte e da Moldávia. A derrota aliada acelerou o programa de rearmamento dos Estados Unidos e deixou claro para a opinião americana a ameaça que os países do Eixo representavam. Mas a maior consequência para Hitler foi o entendimento de que o Eixo europeu agora poderia criar uma "Nova Ordem" em toda a Europa, assim como os líderes japoneses se preparavam para aproveitar a chance apresentada de repente na Ásia com a derrota dos Aliados europeus. Esse não tinha sido um plano nos anos 1930; foi uma consequência imprevista da decisão da Grã-Bretanha e da França de declarar guerra, mas apresentava aos líderes do Eixo uma oportunidade estratégica excepcional. A principal barreira à segurança de qualquer "Nova Ordem" continuava a ser a resistência britânica. Num encontro com Mussolini em Munique em 18 de junho, Hitler insistiu em dizer que não desejava destruir o Império Britânico, que ele ainda considerava "um grande fator para o equilíbrio do mundo", mas se não houvesse um acordo de paz com o Ocidente em 1940 a guerra travada seria "total, absoluta e impiedosa".[244]

"UMA CATARATA DE DESASTRES"

Quando Churchill se ergueu na Câmara dos Comuns para proferir seu discurso de 20 de agosto de 1940, célebre pelos breves comentários sobre "os poucos" do Comando de Caças da RAF, passou a maior parte do seu lento relato resumindo a catástrofe que se abatera sobre as potências ocidentais no verão de 1940. "Que catarata de desastres", disse aos colegas parlamentares. "Os holandeses confiáveis subjugados [...]. A Bélgica invadida e derrotada; nossa ótima Força Expedicionária isolada e quase capturada [...]; nossa aliada, a França, eliminada; a Itália contra nós [...]". Essa perspectiva, apenas três meses antes, concluiu Churchill, "seria inacreditável".[245] Embora também contivesse uma fervorosa declaração de contínua resistência, esse discurso não foi recebido com muito entusiasmo pelo plenário. O secretário de Churchill, Jock Colville, ouvindo das galerias da Câmara dos Comuns, achou a sessão desanimada. Mais tarde, não conseguiu sequer se lembrar de ter ouvido a memorável frase sobre os "poucos".[246] O embaixador soviético em Londres, Ivan Maisky, também estava nas galerias. Mesmo considerando o discurso retoricamente limitado — "não está em sua melhor forma hoje" —, achou os corredores do Parlamento cheios de "uma nova confiança", apesar da catarata de desastres.[247] Poucas semanas antes, o filho de Churchill, Randolph, tinha explicado a Maisky que a beligerância britânica depois do colapso da França era essencial para a preservação do império: "Se perdermos o nosso império, seremos uma potência não de segunda, mas de décima categoria. Não temos nada. Vamos morrer de fome. Portanto, não nos resta nada a fazer senão lutar até o fim". Tal pai, tal filho, deve ter pensado Maisky.[248]

O rol de desastres não era, como insistiu Churchill, o que se esperava da declaração de guerra à Alemanha. O secretário militar Hastings Ismay escreveria mais tarde que se os chefes de Estado-Maior da Grã-Bretanha tivessem imaginado, ainda que remotamente, em agosto de 1939, que o resultado seria esse, "não teriam hesitado em alertar o Gabinete de que ir à guerra seria cortejar um desastre avassalador". Na verdade, concluiu ele, teriam recomendado "concessões humilhantes".[249] Agora o Império Britânico enfrentava sozinho a possibilidade de uma guerra mundial. No rescaldo da derrota francesa e da expulsão das forças britânicas que combatiam no continente europeu, o futuro do Império Britânico parecia de repente aberto às conjeturas internacionais. Isso não chegava a surpreender, devido à escala da derrota e à evidente dificuldade da Grã-Bretanha em defender postos avançados do império quando as próprias ilhas estavam sob ameaça. "O que o futuro reserva a nós, pessoalmente, agora?", escreveu o parlamentar britânico Henry "Chips" Channon em seu diário em julho de 1940. "Que bagunça [...]. Nosso reino expira devagar; vou lamentar muito o seu fim."[250] Na Índia, a notícia foi recebida com "perplexidade" e "tristeza", de acordo com relatórios sobre a opinião pública indiana, muito embora os anti-imperialistas vissem nela o prenúncio do fim da instituição inteira. "Vai-se espatifar", escreveu o líder do Partido do Congresso Jawaharlal Nehru, "e nem todos os cavalos do rei, nem todos os homens serão capazes de juntar os cacos de novo."[251] Fora do império, o provável colapso agora era tido como inevitável. Comentaristas soviéticos pressupunham que a Alemanha invadiria e ocuparia a Grã-Bretanha com relativa facilidade, enquanto a opinião pública americana, mesmo quando solidária, de repente já não tinha tanta certeza da sobrevivência britânica. Até mesmo o recente aliado francês da Grã-Bretanha viveu uma onda de anglofobia dirigida à contribuição hesitante que a Grã-Bretanha tinha dado à campanha, e também à falência da ordem mundial britânica. Entre os ministros do novo governo francês reunidos em Vichy, havia críticos hostis, como o novo primeiro-ministro, Pierre Laval, e seu sucessor, o almirante Darlan, que achavam que as reivindicações da Grã-Bretanha a um império não passavam de ecos vazios de uma era perdida. "O tempo da Inglaterra passou", escreveu Laval em julho de 1940. "Independente do que aconteça agora, ela vai perder o seu império."[252]

A fragilidade da posição britânica não passou despercebida pelo novo governo de Churchill. Embora ele esperasse inspirar o povo a continuar lutando pelo bem do império e pelos ideais que isso representava, em conversas privadas ele lamentava "nossa fraqueza, lentidão, falta de firmeza e motivação".[253] No entanto, a derrota da França logo se transformou num resultado mais positivo para o império do que os fatos justificavam. Chamberlain achava que os franceses haviam sido "nada mais que um fardo" e que a Grã-Bretanha estaria melhor sozinha, opinião que Churchill já tinha manifestado em conversas particulares quando comandava o Almirantado.[254] Consultada a opinião pública sobre a possibilidade de travar a guerra sozinha, as pesquisas mostraram que três quartos dos entrevistados esperavam dar continuidade à guerra, ao passo que uma fatia mais modesta de 50% confiava no resultado final.[255] A ideia de lutar "sozinho" era um grito de guerra para um país que agora se via como um Davi moderno lutando contra um Golias fascista, mas para Churchill e seus apoiadores políticos o conceito de "sozinho" abrangia não só as ilhas britânicas, mas todo o império. Churchill era sentimental na questão do império e lotou seu Gabinete, como observou o historiador Lewis Namier na época, de uma linhagem de "imperialistas de Kipling", que compartilhavam com ele esse apego.²⁵⁶ Para Churchill, a sobrevivência do império era a grande prioridade: "Meu ideal", afirmou em 1938, "é estreito e limitado. Quero ver o Império Britânico preservado por mais algumas gerações em sua força e em seu esplendor".²⁵⁷

No entanto, as opções estratégicas da Grã-Bretanha continuavam limitadas depois da queda da França. A prioridade era a sobrevivência, e isso significava evitar a destruição ou a derrota nas mãos de um inimigo alemão cujas forças agora se estendiam da Noruega à costa atlântica francesa. No verão de 1940, uma opção ainda era buscar uma paz negociada com o inimigo, reconhecendo que não havia um jeito eficaz de derrotar o Eixo. Essa era a opinião de uma minoria, cujo tamanho é difícil de avaliar, mas que tinha representação política. O porta-voz mais destacado de uma solução negociada era o primeiro-ministro da época da Primeira Guerra David Lloyd George. Embora continuasse afirmando que o país precisava travar uma guerra de forma mais efetiva do que o fizera sob o comando de Chamberlain, sua preferência, que deixava clara na imprensa e no Parlamento, era algum tipo de acordo com a Alemanha. Chamberlain achava que no fundo Lloyd George era outro marechal Pétain, aguardando nos bastidores o momento de substituir um governo falido, e Churchill mais tarde repetiu esse comentário sarcástico em sua réplica parlamentar a um discurso de Lloyd George em maio da 1941, o último grande discurso que ele faria.²⁵⁸ Lloyd George ficou magoado com a comparação, mas não é improvável que ele, como Pétain, se sentisse esmagado pelo custo terrível do conflito anterior e esperançoso de que a paz permitisse à Grã-Bretanha abandonar os anos de incerteza de antes da guerra em troca de uma identidade nacional revigorada sob o olhar atento da Alemanha. Não havia mandato para isso em 1940. Churchill estava decidido a não ter assumido o cargo de primeiro-ministro em maio só para pôr fim à guerra de forma ignominiosa poucas semanas depois, mas foi o difamado Chamberlain que, no fim de junho, fez uma transmissão mundial afirmando que a Grã-Bretanha "preferiria a ruína a admitir a dominação dos nazistas".²⁵⁹

A Grã-Bretanha não estava indefesa no verão de 1940, apesar de o Exército ter sido temporariamente reduzido ao nível da tropa de país menor depois de Dunquerque. A Marinha Real ainda era a maior do mundo, mesmo que seus recursos agora precisassem ser distribuídos por quatro teatros: as águas territoriais, o Atlântico, o Mediterrâneo e o império na Ásia. A RAF crescia em capacidade defensiva, tanto em termos numéricos quanto nos do sistema integrado de controle e comunicação projetado para garantir que caças fossem usados com parcimônia e eficácia contra quaisquer aeronaves inimigas que se aproximassem. Graças à economia comercial e financeira global da Grã-Bretanha e à sua grande frota mercante, recursos distantes podiam ser trazidos para alimentar uma economia de guerra que já superava a produção germânica numa série de armas.

Grandes encomendas feitas nos Estados Unidos deixaram a indústria americana comprometida, até agosto de 1940, apesar das Leis de Neutralidade aprovadas nos anos 1930, a fornecer 20 mil aeronaves americanas e 42 mil motores de avião, além de um fornecimento regular de combustível com octanagem de cem, que permitia aos caças britânicos melhorar seu desempenho em relação aos rivais alemães.[260] Em julho, ficou decidido que a Grã-Bretanha adotaria uma estratégia de três pontas que refletisse essas novas capacidades no conflito contra a Alemanha e a Itália. A primeira era o bloqueio e a guerra econômica, elemento-chave no planejamento anglo-francês para o combate em 1939; a segunda era a guerra política contra a Europa ocupada pelo Eixo, a ser executada por meio de uma mistura de propaganda política e sabotagem ("deixar a Europa em chamas", na descrição de Churchill); a terceira era o bombardeio "estratégico" de longo alcance contra a Alemanha e a Itália, dirigido em especial a centros industriais dentro da capacidade dos bombardeios.

Nenhuma dessas campanhas poderia ser conduzida com alguma esperança real de êxito. O bloqueio era frustrado pelo fato inesperado de que agora a Alemanha e a Itália dominavam a maior parte da Europa continental, com acesso a uma grande diversidade de matérias-primas e recursos alimentares, que as empresas e as Forças Armadas alemãs começaram quase de imediato a coordenar para o esforço de guerra. A guerra política e a sabotagem eram, na melhor das hipóteses, conjeturas. A propaganda por rádio e a distribuição de folhetos eram difíceis de coordenar entre várias organizações rivais, cada uma com um programa próprio. Embora as fontes de inteligência dessem a entender que na Europa ocupada havia um público receptivo, a perspectiva de fomentar uma resistência generalizada ou rebeliões locais era quase inexistente, enquanto as equipes organizadas pela Executiva de Operações Especiais (SOE, na sigla em inglês), postas de modo incongruente sob o comando do ministro da Guerra Econômica, Hugh Dalton, precisavam de tempo para treinar até que uma infiltração, mesmo limitada, fosse possível. No verão de 1940, a maior esperança estava no bombardeio da Alemanha. Numa famosa carta enviada em julho para lorde Beaverbrook, ministro da Produção de Aeronaves, Churchill concluiu que só "um ataque absolutamente arrasador, exterminador, por bombardeiros muito pesados", derrubaria o regime de Hitler. Os bombardeios começaram na noite de 11 para 12 de maio de 1940, contra alvos na região industrial de Ruhr-Renânia, e prosseguiram, praticamente todas as noites, quando as condições permitiam, pelo resto do ano. O impacto na Alemanha era desprezível, embora as incursões obrigassem milhares de pessoas a passarem as noites de verão em abrigos antiaéreos e provocassem demandas generalizadas da população para que a Força Aérea alemã respondesse à altura. As informações de inteligência pintaram de início um quadro otimista dos danos às instalações industriais e ao moral do povo, mas esse quadro logo se tornou mais sombrio quando ficou claro que apenas uma pequena fração das aeronaves encontrava a área de ataque, e que uma fração ainda menor das bombas a atingia de fato.²⁶¹ Embora relatos posteriores ressaltassem o impacto psicológico positivo dos bombardeios no moral britânico, os primeiríssimos ataques atraíram uma atenção bem modesta.

Além desses esforços, os líderes da Grã-Bretanha buscavam apoio no exterior. Nos Estados Unidos, a opinião pública se dividia não só quanto às perspectivas de sobrevivência britânica, mas também quanto à questão da intervenção americana de forma mais ativa na guerra europeia. Conseguir apoio dos Estados Unidos era a grande ambição de Churchill, mas ele tinha medo de ceder mais do que devia. No verão, quando houve rumores de que a frota britânica poderia ir para o Novo Mundo no caso de uma invasão, ele disse ao embaixador britânico, lorde Lothian, para "desestimular qualquer suposição egoísta da parte dos Estados Unidos de que vão ficar com os destroços do Império Britânico [...]".²⁶² Para os políticos americanos, a repetição constante do tema do império, para o qual havia pouco apoio nos Estados Unidos, independente de filiação política, podia ser alienante. "Nós nos entenderíamos muito melhor", disse o senador Arthur Vandenberg a lorde Halifax, "se vocês parassem de falar sobre o Império Britânico."²⁶³ Já a ajuda proveniente do império poderia ser tida como certa, embora o papel dele no verão de 1940 também fosse muito mais ambíguo depois da derrota dos Aliados do que a exaltada retórica londrina fazia supor. Levaria um bom tempo para que os recursos humanos e industriais do império fossem totalmente mobilizados, e grande parte seria utilizada para defesa local, e não enviada para a Grã-Bretanha. Nos primeiros quinze meses do conflito, a Grã-Bretanha supria 90% das necessidades militares do império.²⁶⁴

A mobilização dos recursos humanos do império variou muito. O instinto inicial dos domínios brancos foi o de rejeitar a ideia de despachar outra vez forças para o ultramar, como haviam feito na Primeira Guerra Mundial, e usar seus exércitos em defesa própria. O governo australiano concordou de forma relutante em enviar forças para o Oriente Médio; a mobilização do Canadá só foi possível por causa da promessa feita aos canadenses francófonos de que não seriam recrutados nem mandados para postos além-mar. Na África do Sul, onde existia uma tensão parecida entre as comunidades britânica e africâner, os voluntários sul-africanos dispostos a lutar fora do país usavam uma aba laranja nos uniformes para sinalizar a presença holandesa predominante no país. O apoio dos domínios à guerra continuou no verão de 1940, mas o primeiro-ministro australiano, Robert Menzies, se sentiu atraído pela ideia de uma paz negociada (embora mais tarde tenha recuado), enquanto no Canadá houve debates acirrados sobre os termos para estabelecer instalações de treinamento da RAF no território e fortes reclamações sobre as condições que as primeiras tropas canadenses foram obrigadas a aceitar em acampamentos na Grã-Bretanha.²⁶⁵ No Eire [Irlanda], que ainda era um domínio (embora desde 1937 um Estado independente), o primeiro-ministro Éamon de Valera se recusou a abandonar a neutralidade do país mesmo quando lhe ofereceram a possibilidade de uma Irlanda unida, pela qual ele tinha lutado duas décadas antes. "Nós, entre todos os povos", disse ele ao Parlamento irlandês em 2 de setembro de 1939, "sabemos o que significa a força usada por uma nação mais forte contra uma nação mais fraca." Churchill resmungou qualquer coisa sobre os irlandeses estarem "em guerra, mas fazendo corpo mole", porém o governo irlandês permaneceu impassível durante todo o conflito.²⁶⁶

No resto do império a reação foi mista. A situação na Índia era particularmente delicada, porque havia um entendimento implícito entre os políticos indianos dos mais diferentes credos políticos de que o apoio à guerra seria recompensado pela promessa imediata de reformas ou até de independência. Tropas indianas foram despachadas para reforçar a borda asiática do império, no Iraque, no Quênia, em Áden, no Egito e em Singapura, enquanto fundos internos substanciais foram levantados para apoiar a defesa da Índia. Mas os principais partidos do país, mesmo se opondo ao fascismo, queriam que os britânicos aceitassem certo custo político para combatê-lo. Em 29 de junho de 1940, Gandhi pediu independência total. O governo de Churchill não estava disposto a fazer nenhuma grande concessão, além de permitir que um Conselho Consultivo de Guerra fosse estabelecido em Déli, formado por indianos, junto com um Comitê Executivo ampliado, mas com as principais pastas — Defesa, Finanças e Interior — em mãos britânicas. O Partido do Congresso começou uma campanha de desobediência civil em outubro, e setecentos líderes do partido foram imediatamente adicionados aos quinhentos líderes do Partido Comunista Indiano que já estavam na prisão. Uma Portaria de Movimento Revolucionário foi preparada para permitir que o governo na Índia banisse o Partido do Congresso e destruísse sua organização, mas o Gabinete em Londres hesitou em usá-la. No entanto, até a primavera de 1941, 7 mil membros do Congresso já tinham sido condenados e 4400, encarcerados. Mesmo para os indianos que apoiavam a participação na guerra, a Grã-Bretanha só conseguia fornecer recursos muito limitados por causa das demandas da defesa interna. A Índia acabaria contribuindo com mais de 2 milhões de soldados voluntários, mas as condições militares das forças indianas nos primeiros anos do conflito eram rudimentares. Quando a guerra começou, o subcontinente indiano não dispunha de caças modernos e só contava com um canhão antiaéreo; quase dois anos depois, às vésperas da invasão japonesa do Sudeste Asiático, as forças na Índia ainda não tinham caças modernos, tanques ou veículos blindados, e dispunham de apenas vinte canhões antiaéreos e vinte armas antitanque.²⁶⁷ Quando se mudavam para outros teatros, as tropas indianas tinham que ser abastecidas quase totalmente por fontes britânicas. A posição britânica era tão fraca que, quando os japoneses insistiram, no começo de julho de 1940, para que a Grã-Bretanha fechasse a linha de suprimento "Estrada da Birmânia" das forças nacionalistas de Chiang Kai-shek na China, Churchill foi obrigado a ceder, pois não podia se arriscar a "todos os inconvenientes de uma guerra com o Japão".[268]

Outro problema sério era o Egito. Embora o país fosse formalmente independente nos termos do tratado de 1936, os britânicos mantinham uma forte presença política e militar e desfrutavam de privilégios especiais para a defesa do canal de Suez, linha de comunicação vital para a sobrevivência do império na Ásia. Em maio e junho de 1940, quando as forças britânicas enfrentavam a derrota na Europa, o governo egípcio de Ali Maher não só se recusou a ser arrastado para a guerra como também buscou ativamente acabar de vez com a presença britânica. Chegou-se a pensar em impor mais uma vez o protetorado estabelecido na Primeira Guerra Mundial, ou em decretar a lei marcial, mas no fim o peso das ameaças bastou para que o rei Faruk demitisse Maher e o substituísse por um político anglófilo, Hassan Sabry. Apesar de ter mais boa vontade para com as demandas britânicas, ele também se recusou a envolver o país no conflito; o governo egípcio só declarou guerra ao que restava do Eixo em 25 de fevereiro de 1945 para garantir um assento na nova Organização das Nações Unidas. Os britânicos viam a presença no Egito como componente indispensável de sua estratégia global. Os portos dos dois lados do canal foram reforçados, com a instalação de canhões pesados, violando o Tratado do Canal de 1888.[269] Navios alemães e italianos tiveram acesso negado durante a guerra, mas garantir a defesa do canal contra um inimigo determinado era difícil de conciliar com as prioridades britânicas na Europa, e a ameaça a Suez continuou sendo real durante os dois anos seguintes. A leste de Suez, era impossível cumprir a promessa de que a unidade do império significaria proteção britânica enquanto a maior ameaça continuasse a ser a invasão alemã. Em novembro de 1940, a inteligência germânica repassou aos japoneses um documento secreto capturado num navio afundado no oceano Índico que mostrava com clareza a visão britânica de que pouco poderia ser feito para salvar a posição imperial no Sudeste Asiático se o pior acontecesse. O império ainda era um recurso limitado para a Grã-Bretanha em 1940, mas ela também era um recurso limitado para o império e seus muitos postos avançados.

Essas questões incômodas ganharam destaque graças à realidade que os três impérios aliados — Holandês, Belga e Francês — tinham pela frente depois da conquista alemã. Os impérios Belga e Holandês ficaram inteiramente isolados das suas metrópoles. O acordo de armistício com a França permitia às autoridades de Vichy manter o controle possível sobre o Império Francês, mas o curso tomado pela guerra minou quase por completo o projeto imperial francês, deixando o império em outras mãos. Em 1942, o ministro da Colônias de Vichy, Jules Brérié, por fim renunciou: "Minha função acabou, pois não temos mais império".[270] Os três impérios tinham muitas variáveis imponderáveis a analisar. Os planos do Eixo de impor uma Nova Ordem na Europa eram incertos, e o destino dos territórios ultramarinos era desconhecido. Em meados de junho de 1940, num encontro entre Mussolini e Hitler, seus ministros do Exterior, Ciano e Von Ribbentrop, foram vistos debruçados sobre um mapa da África para dividir entre si os destroços do império: o Norte e o Oeste da África para a Itália, a África subsaariana para os alemães. Esses planos grandiosos estavam condicionados à derrota da Grã-Bretanha, mas no verão de 1940 a ideia de um império alemão-africano ressurgiu como possibilidade e foi defendida de forma entusiasmada pelo lobby colonial no Ministério das Relações Exteriores, pela Marinha alemã e pela Liga Colonial, cujo líder, Ritter von Epp, foi nomeado ministro provisório das Colônias em junho.[271] O primeiro planejamento especulativo sugeria um bloco imperial alemão de ex-colônias francesas, o Congo Belga, a Nigéria, até a África do Sul e as Rodésias, e incluía o uso da ilha francesa de Madagascar como lar semiautônomo para a população judaica da Europa.[272] A decisão alemã de permitir que a França continuasse com o império não era permanente, apenas refletia o desejo de afastar o país de qualquer possível reaproximação com a Grã-Bretanha, embora os britânicos assegurassem que isso não aconteceria ao tratar a França de Vichy, para todos os efeitos, como inimigo.

Nenhuma das três antigas potências imperiais podia ter certeza de que a Grã-Bretanha não se aproveitaria da sua derrota para estender a influência do país a suas esferas imperiais, fosse por necessidade estratégica de curto prazo, fosse por algum plano de longo prazo que tivesse em mente. Em maio de 1940, a Grã-Bretanha tinha ocupado o domínio dinamarquês da Islândia antes que os alemães o fizessem, e começou de imediato a tratar os moradores da ilha da forma colonial conhecida, prendendo e deportando o pequeno número de comunistas da ilha e controlando o comércio do país.[273] A posição dos Estados Unidos também era encorajadora. O lobby anticolonial americano promovia a ideia de que no futuro os impérios poderiam ser administrados sob supervisão e controle de um órgão internacional, como os mandatos em 1919; anti-imperialistas mais radicais viam a guerra europeia como uma oportunidade de estender a independência a todas as antigas colônias. Em junho de 1941, quando o governo britânico deparou com uma oposição cada vez mais forte na Islândia, forças dos Estados Unidos assumiram o comando, e dois anos depois a ilha foi declarada uma república independente. Em 1942, o secretário de Estado americano, Cordell Hull, sugeriu uma carta internacional que garantisse independência depois da guerra a povos coloniais sob um sistema de tutela internacional.[274] A derrota dos Estados metropolitanos arruinou suas reivindicações de manutenção do domínio imperial. O ano de 1940 foi, de fato, um momento decisivo na crise financeira do projeto imperial global.

Para a Bélgica e a Holanda, o desfecho da campanha militar de 1940 produziu uma situação política complexa. Ambas ficaram isoladas dos seus impérios e se viram na posição pouco familiar de países ocupados, súditos e não governantes. A decisão do rei belga de ficar em Bruxelas enfraqueceu as reivindicações dos ministros que tinham fugido para o exterior de representarem uma Bélgica no exílio e empurrou o Congo Belga para um limbo constitucional. Devido às vastas riquezas minerais do Congo, que incluíam os maiores depósitos de urânio do mundo, todas as grandes potências se interessavam por seu destino. Falava-se num possível acordo franco-alemão para assumir a colônia; em Bruxelas, as autoridades alemãs esperavam garantir que suas demandas sobre empresas de mineração colonial da Bélgica fossem reconhecidas; em maio de 1940, o governo britânico se recusou a reconhecer a neutralidade do Congo, porque esperava usar seus abundantes recursos no esforço de guerra dos Aliados. Numa tentativa de preservar a soberania belga, o rei decretou que o ministro das Colônias no exílio, Albert De Vleeschauwer, tivesse autoridade executiva sobre o Congo e Ruanda-Burundi a fim de manter sua neutralidade, mas em junho de 1940, após pressões britânicas, De Vleeschauwer concordou que os recursos do Congo fossem usados para o esforço de guerra aliado. Um ano depois, a moeda e o comércio congoleses foram integrados na zona econômica britânica.[275] Os Estados Unidos também estavam interessados no Congo e, em agosto de 1941, estacionaram ali 1200 soldados, incluindo soldados negros, logo retirados por insistência do governo belga no exílio, para não incentivar a população da colônia a ver os americanos negros como símbolo de sua futura libertação. De Vleeschauwer lutava para preservar a soberania belga apesar da intervenção britânica e americana, mas em 1943 havia fortes indícios de que depois da guerra os Estados Unidos insistiriam na internacionalização das ex-colônias como prelúdio da independência.[276]

A Holanda vivia uma situação igualmente desoladora. A rainha holandesa, Guilhermina, buscou refúgio em Londres com um governo no exílio, mas havia pouco que os holandeses exilados pudessem fazer para preservar o império. As colônias caribenhas de Curaçao e Suriname foram postas sob tutela britânica e americana, o que deixava em aberto seu futuro.[277] As intenções alemãs para a economia colonial foram frustradas pelo bloqueio naval britânico e pela hostilidade da administração colonial holandesa. O governo holandês nas Índias internou 2800 alemães e quinhentos membros do Partido Nacional-Socialista holandês que viviam na colônia, e, em retaliação, as autoridades germânicas na Holanda prenderam quinhentos cidadãos de destaque do país e os despacharam para o campo de concentração de Buchenwald. O interesse popular no futuro das colônias como elemento-chave da identidade nacional holandesa foi interpretado pelos alemães como uma ameaça política, e o principal movimento político, o Nederlandse Unie, foi banido.[278] As Índias Orientais Holandesas foram imediatamente submetidas à pressão do governo japonês para assegurar aumentos substanciais no suprimento de petróleo, borracha, estanho e outros materiais essenciais para o esforço de guerra nipônico. As Índias foram ameaçadas com intervenção militar se permitissem que outras potências minassem os interesses comerciais do Japão, e, embora o governo de Batávia (atual Jacarta) tenha adiado as discussões com representantes nipônicos até 1941, os japoneses já tinham assumido que as Índias faziam agora parte da sua nova ordem econômica na Ásia e haviam tomado quase toda a colônia no começo de 1942, pondo fim de forma provisória ao Império Holandês.[279]

O caso do Império Francês foi totalmente diferente, apesar de o seu destino durante a guerra o ter aproximado da experiência holandesa e belga. A atitude dos alemães para com o regime de Vichy alimentava a esperança de que o império pudesse ser salvo do naufrágio da França metropolitana. As exigências econômicas germânicas ao Império Africano tinham de ser atendidas de forma prioritária, mas elas em geral eram menos excessivas do que o esperado, e forças francesas foram autorizadas a permanecer no império a fim de manter a paz interna.[280] O marechal Pétain via o império como elemento essencial na criação de uma nova ordem na França. A propaganda de Vichy explorava a ideia de unidade entre a metrópole e as colônias e apresentava Pétain como o "salvador do Império"; a Liga Marítima e Colonial triplicou o número de membros durante a guerra, chegando a mais de 700 mil; um grandioso plano decenal foi preparado para o desenvolvimento econômico imperial, incluindo uma nova ferrovia transiberiana, parte da qual foi construída com trabalho forçado dos judeus; planos constitucionais sugeriam um possível parlamento e uma cidadania imperiais. O império se tornou, nas palavras de Charles-Robert Ageron, um "mito compensatório" da humilhação da derrota.[281] No entanto, a realidade era bem menos cor-de-rosa. As demandas italianas por território foram mantidas em suspenso com a ajuda alemã, mas estava claro que em algum momento Mussolini esperava obter grandes concessões territoriais às custas da França. Na Indochina, foi impossível ignorar a pressão exercida pelo Exército japonês para ser autorizado a enviar tropas e aeronaves ao norte do Vietnã, e em setembro de 1940 já havia 6 mil soldados e cinco bases aéreas japonesas, o início de uma invasão constante.[282] No entanto, a principal ameaça à integridade do Império Francês veio paradoxalmente não dos Estados do Eixo, mas do ex-aliado britânico. Enquanto as reivindicações do Eixo eram por ora contidas, não havia como controlar a Grã-Bretanha.

Em junho de 1940, a política britânica em relação a seu aliado recente era influenciada pela esperança de que o governo francês pudesse continuar lutando ao lado da Grã-Bretanha com as aeronaves, as tropas e os navios existentes no império. O ministro britânico das Colônias, lorde Lloyd, foi enviado a Bordeaux para tentar arrancar uma promessa de que a resistência francesa continuaria a partir do Norte da África e de que a frota mediterrânea francesa navegaria para lá em apoio. A promessa foi dada de imediato, mas revogada de forma sumária.[283] Quando o armistício foi assinado, o império abandonou a luta. Tudo que restou aos britânicos foi um pequeno número de forças francesas que tinham sido levadas para a Inglaterra e o vice-ministro da Guerra, Charles de Gaulle. Em 18 de junho, ele foi autorizado a fazer uma transmissão radiofônica a partir de Londres convocando os franceses a continuarem na luta, e dez dias depois ele foi reconhecido pelo governo de Churchill como o líder dos "franceses combatentes". Os combatentes levados para a Grã-Bretanha não demonstraram grande entusiasmo. Dos 11 mil marujos, todos, menos um grupo de 1500, preferiram voltar para a França; só 2 mil soldados atenderam ao chamado. A decisão britânica de fingir que ainda havia um aliado francês alienou o novo regime de Vichy, que condenou De Gaulle à morte, à revelia, como traidor.[284]

O confronto entre as autoridades britânicas e o governo de Vichy agora envolvia o destino da frota francesa. Os chefes de Estado-Maior britânicos não queriam que ela caísse nas mãos dos alemães porque isso faria a balança do poder naval no Mediterrâneo pender fortemente contra eles. Com alguma relutância, o Gabinete de Guerra decidiu que a frota deveria ser capturada ou destruída preventivamente. Em 3 de julho, a Marinha Real lançou a Operação "Catapulta" contra a Marinha francesa. Cerca de duzentos navios foram abordados e apreendidos em portos britânicos, embarcações de guerra no porto egípcio de Alexandria foram desarmadas e um cruzador de batalha no posto de Dacar, na África Ocidental, foi torpedeado. Na base principal de Mers-el-Kébir, perto da cidade argelina de Orã, uma esquadra britânica comandada pelo almirante James Somerville bloqueou o porto e deu ao comandante francês, o almirante Marcel-Bruno Gensoul, um ultimato para afundar seus navios, seguir para um porto britânico, americano ou caribenho, ou aceitar as consequências do combate. Gensoul achou que fosse blefe e se recusou a obedecer. Depois de esperar onze horas, os navios britânicos enfim abriram fogo, afundando o encouraçado *Bretagne* e avariando outras duas embarcações. Em 6 de julho, o encouraçado *Dunkerque* foi atingido por um torpedo e danificado com severidade. A Marinha francesa teve 1297 homens mortos e 351 feridos. Poucos dias depois, Vichy rompeu relações diplomáticas e enviou bombardeiros para atacar a base naval britânica em Gibraltar.[285]

O ataque letal à frota francesa chocou a opinião pública do país, mas era apenas parte da estratégia naval mais ampla da Grã-Bretanha contra o Império

Francês. O bloqueio agora se estendia à metrópole e às colônias africanas, interrompendo o comércio norte-africano e reduzindo importações essenciais de alimentos e petróleo para as colônias francesas. As importações de petróleo para a Argélia caíram para apenas 5% do nível de antes da guerra. Comboios de Vichy eram atacados por navios britânicos. Os efeitos provocaram crises locais de alimentos e reforçaram o ressentimento do regime e dos colonos pró-Vichy contra a intervenção britânica.[286] Depois de Mers-el-Kébir, o almirante Darlan tinha explorado por um breve período a ideia de um ataque conjunto ítalo-francês contra Alexandria, até que a proposta foi vetada por Mussolini.[287] Os britânicos também pressionaram as colônias francesas a tomarem o partido de De Gaulle. De início, só as Novas Hébridas do Pacífico o fizeram, mas foram seguidas mais tarde, em 1940, por Gabão, Camarões, Chade e Taiti, dividindo o império em duas metades armadas.[288] Em agosto, os britânicos esperavam atrair o Senegal para o lado da França Livre e, com a cooperação de De Gaulle, realizaram uma segunda operação, de codinome "Ameaça", contra a capital Dacar, onde o encouraçado *Richelieu* estava atracado e as reservas nacionais de ouro polonesas e belgas tinham sido armazenadas por motivos de segurança. O resultado dessa vez foi um fiasco, com grandes danos aos navios da Marinha Real envolvidos e dura resistência da guarnição de Vichy. A operação foi suspensa, mas ficou claro para todos os impérios europeus que a Grã-Bretanha estava preparada para impor de forma implacável os interesses britânicos de guerra às colônias dos outros países. No outono, correram muitos boatos de que a França estava prestes a concluir uma paz em separado, ou a transformar o império num bloco pan-europeu voltado contra a Grã-Bretanha. Churchill protestou com veemência contra os franceses e ameaçou bombardear Vichy se o regime se juntasse ao esforço de guerra alemão.[289] Assistindo a tudo da Holanda, o líder fascista holandês Anton Mussert afirmou que trezentos anos de imperialismo britânico representavam o verdadeiro inimigo da Europa e convocou os colonos holandeses na África do Sul a retomar a Guerra dos Bôeres.[290]

Para os Estados do Eixo europeu, o Império Britânico continuava a ser o único obstáculo para o reordenamento político da Europa continental e da bacia do Mediterrâneo, mas eles fizeram pouco esforço para coordenar estratégias que levassem a Grã-Bretanha à derrota ou à capitulação. A súbita oportunidade criada pela vitória na França deixou claro que pouco se tinha pensado em relação a uma estratégia futura, mas nem em Roma, nem em Berlim havia muito entusiasmo por um trabalho conjunto nesse sentido. Mussolini insistia em dizer que a sua era uma "guerra paralela", e não combinada com a de Hitler. Ele aceitava de má vontade os argumentos sobre a limitação das reivindicações territoriais contra a França e desaprovava a decisão germânica de permitir que Vichy mantivesse forças de defesa no Norte da África contra os britânicos, porque poderiam ser usadas contra a Itália.²⁹¹ Os dois regimes tinham visões diferentes da Nova Ordem que viria; para Mussolini era imperativo que a Itália estabelecesse uma presença imperial europeia, como Hitler tinha feito em todo o norte do continente, em vez de ficar confinada a um império na África ou no Oriente Médio. Hitler, por sua vez, estava satisfeito com o fato de Mussolini desenvolver uma esfera mediterrânea, mas instruiu suas Forças Armadas a não revelarem segredos aos italianos. Quando, no fim de junho, Mussolini se ofereceu para enviar um corpo expedicionário para participar da campanha que Hitler planejava contra a Grã-Bretanha, este recusou, de forma polida mas definitiva. Por sua vez, Mussolini recusou a oferta de Hitler de aeronaves alemãs para bombardear o canal de Suez. "Evidentemente", escreveu Ciano em seu diário, "a fé em nós e em nossas possibilidades não é excessiva!"²⁹² O Pacto de Aço com o qual a aliança ítalo-germânica teria sido sacramentada em maio de 1939 foi pouco mais do que um gesto. Até a primavera de 1941, os dois seguiram caminhos separados.

As opções estratégicas disponíveis para que Hitler e seus chefes militares pusessem fim à guerra no Ocidente no verão de 1940 poderiam ser reduzidas a duas: encontrar uma solução política aceitável para a Grã-Bretanha ou encontrar meios militares para acabar com a resistência britânica. Nenhuma das duas era simples e direta, em primeiro lugar porque não estava claro se o partido da paz na Grã-Bretanha tinha de fato os recursos políticos para produzir uma solução negociada, e em segundo porque não estava claro se era garantido que alguma das opções militares possíveis, do bloqueio à invasão, seria bem-sucedida. No fim, ele tentou todas as opções estratégicas, na esperança de que uma desse certo. A solução política parecia menos provável depois do discurso de Churchill de 18 de junho, no qual dizia que a Grã-Bretanha continuaria a lutar sozinha, mas Hitler, em conversas privadas, não conseguia entender por que os britânicos desejavam prosseguir. Franz Halder, o chefe do Estado-Maior do Exército, registrou um encontro com Hitler em 13 de julho: "O Führer está totalmente ocupado com a questão de saber por que a Inglaterra não quer seguir o caminho da paz".²⁹³ A confusão de Hitler vinha das mensagens contraditórias emanadas da Grã-Bretanha sobre a possibilidade de um acordo. Nos bastidores, em 1940, uma série de mensageiros manteve viva a ideia de que havia círculos influentes no país capazes de produzir uma solução negociada. Na Grã-Bretanha, observou Goebbels em seus diários, no fim de junho, "há dois partidos: um poderoso partido da guerra e da paz"; dias depois observou: "Os rumores de paz vindos da Inglaterra se intensificam".²⁹⁴

No começo de julho, Hitler resolveu fazer outro apelo público para que a Grã-Bretanha tivesse bom senso. Nos dias que antecederam o discurso, planejado para ser proferido no Reichstag em 19 de julho, Hitler explicou à sua equipe que não queria ser o instrumento de destruição do Império Britânico, porque sangue alemão seria derramado em proveito apenas dos americanos e dos japoneses.²⁹⁵ Os historiadores têm sido compreensivelmente céticos quanto a essa afirmação, mas Hitler compartilhava com Churchill uma admiração sentimental pelo que o Império Britânico tinha conquistado. Nos anos 1930, e outra vez durante a guerra, Hitler voltou ao assunto de que o Império Britânico era um modelo para os planos coloniais da própria Alemanha — como foi para outros imperialistas germânicos.²⁹⁶ Essa visão esquizofrênica do inimigo britânico se refletiu no discurso proferido em 19 de julho. Hitler prefaciou a oferta ao profetizar a destruição de um império "que nunca foi minha intenção destruir ou mesmo danificar"; fez em seguida um breve apelo à razão: "Não vejo nenhum motivo que obrigue a luta a continuar".²⁹⁷ O apelo, disse ele a Goebbels, deveria ser uma "oferta curta e rápida" sem nada de exato, mas seria sua "palavra derradeira".²⁹⁸ Churchill se recusou a responder. Quando Robert Vansittart, o conselheiro diplomático do Gabinete, lhe perguntou por que não contestou, Churchill lhe disse que nada tinha a dizer a Hitler, "deixamos de falar um com o outro".²⁹⁹ Lorde Halifax rejeitou a proposta poucos dias depois, e Hitler aceitou, com relutância, que aquela era "a recusa final".³⁰⁰

Hitler já esperava a rejeição, embora haja pouca dúvida de que um pedido britânico de armistício teria sido sua opção preferida, apesar de a preservação do Império Britânico ir contra os interesses dos seus aliados italianos, japoneses e soviéticos. No entanto, mesmo antes do discurso, ele tinha voltado a baixar a diretiva de novembro para um bloqueio marítimo e aéreo contra a Grã-Bretanha e autorizado o planejamento militar de uma possível invasão do sul da Inglaterra. A diretiva da invasão para a Operação Leão Marinho [*Seelöwe*] foi baixada em 16 de julho para um desembarque na costa sudeste da ilha. A condição prévia era a redução da RAF a um nível em que não tivesse mais "nenhuma capacidade de atacar a travessia alemã".³⁰¹ Poucos dias antes, ao discutir com sua equipe, ele tinha sugerido também pela primeira vez uma solução militar mais radical para o problema da resistência britânica. Tentando compreender os motivos da intransigência, começava a suspeitar que a Grã-Bretanha talvez contasse com a possibilidade de um acordo com a União Soviética. Dois dias depois da proposta de paz, Hitler teve um encontro com o seu comandante-chefe e explicou a ideia de uma campanha possível: "A Rússia precisa ser vigiada muito de perto", anotou seu ajudante de ordens da Força Aérea. "Um ataque à Rússia precisava ser planejado, e no maior sigilo." Hitler quis ver cinejornais sobre a guerra soviético-finlandesa para entender melhor sua suposta vítima.³⁰² Em 31 de julho, ele finalmente explicou sua conclusão estratégica para os comandantes militares. Como a Grã-Bretanha não ia desistir, eles deveriam se preparar para um possível ataque preventivo contra a União Soviética para liquidar qualquer esperança que os britânicos pudessem ter de fomentar uma guerra em duas frentes. Por enquanto, isso era apenas uma contingência, e não uma diretiva firme para ampliar a guerra, mas influenciou a convicção posterior de Hitler de que a solução para derrotar o Império Britânico estava no Oriente.

Essa decisão costuma ser vista como a raiz da gigantesca operação empreendida um ano depois contra o Exército Vermelho e uma clara indicação de que Hitler já não estava interessado em invadir ou subjugar a Grã-Bretanha. Trata-se de uma distorção da realidade. O alto-comando alemão acreditava que, de alguma forma, fosse por bloqueio, invasão ou iniciativas políticas, poderia garantir a capitulação britânica e Hitler, como disse aos seus comandantes em 21 de julho, não queria que os britânicos "tirassem a iniciativa de suas mãos".[303] A ideia de uma alternativa soviética foi de início uma reação à intransigência britânica, e não sugestão deliberada. A prioridade de Hitler no verão de 1940 ainda era acabar com a resistência da Grã-Bretanha, e não construir um império na Rússia. As estratégias britânica e soviética eram complementares, e não alternativas distintas. Havia, no entanto, razões sólidas para a preocupação de Hitler em relação às ambições soviéticas. Stálin aproveitou a oportunidade da guerra da Alemanha com o Ocidente para pressionar pelas reivindicações soviéticas nos termos secretos do Pacto de agosto de 1939. Passo a passo, a União Soviética estava invadindo a nova esfera imperial alemã no Leste. Em junho de 1940, quando Churchill enviou o político socialista radical Sir Stafford Cripps a Moscou como embaixador ("um lunático numa terra de lunáticos", comentaria ele depois), isso levantou a distinta possibilidade em Berlim de que o objetivo talvez fosse uma reaproximação britânico-soviética.[304] "Incerto", disse Hitler a seus chefes militares em 21 de julho, "o que se passa na Inglaterra"; poucos dias depois, Goebbels observou que poucos golpes pesados seriam necessários para "fazer [a Inglaterra] recuperar o juízo".[305]

Os planos alemães para uma ação militar contra a Grã-Bretanha eram sérios. Por mais que se preocupassem com a ameaça soviética, as forças germânicas passaram quase um ano combatendo os britânicos no mar, no ar e, na primavera de 1941, também em terra. Nenhum desses esforços substanciais faria sentido se o olhar de Hitler estivesse fixado apenas na União Soviética. A produção de armamentos terrestres foi desacelerada no verão de 1940 em troca da redistribuição de recursos para a produção de aeronaves e navios, enquanto o alto-comando preparava as diretivas e o material necessário para uma invasão anfíbia. O planejamento foi vasto e minucioso, e mais uma vez faria pouco sentido se o objetivo de criar o medo da invasão fosse apenas exercer pressão psicológica sobre os líderes britânicos para que abandonassem a luta. De todo modo, foi uma campanha inesperada para as Forças Armadas alemãs, que jogou sobre a Marinha e a Força Aérea o ônus de criar as condições apropriadas para uma travessia. Nenhuma das duas tinha sido orientada antes da guerra para realizar grandes operações anfíbias ou uma guerra aérea de longo alcance. A Marinha tinha sofrido perdas severas durante a campanha norueguesa, e os submarinos disponíveis ainda eram pouco numerosos para representar uma ameaça significativa à intervenção naval britânica. Havia muito mais nas mãos da capacidade da Força Aérea alemã de proteger as rotas marítimas da invasão e eliminar o poderio aéreo britânico. O problema era que até àquela altura as frotas aéreas germânicas tinham sido usadas com grande eficácia para apoiar ofensivas terrestres na Polônia, em 1939, e na Escandinávia e na Europa Ocidental, em 1940; a Força Aérea tinha pouca experiência em operações independentes de longo alcance. A reorientação para uma campanha importante no ultramar e a construção de aeródromos adequados tomaram tempo. No fim, a Força Aérea alemã se preparou para uma versão maior daquilo que tinha sido realizado na Polônia e na França, destruindo o poderio aéreo e debilitando a infraestrutura militar do inimigo antes da invasão, para em seguida construir um guarda-chuva protetor para a força de invasão contra o poderio naval inimigo e, ao mesmo tempo, oferecer apoio aéreo tático para operações terrestres.[306]

Os dois lados se deram conta de que o poderio aéreo era o fator decisivo no verão de 1940. Os chefes de Estado-Maior britânicos observaram em julho que "o xis da questão é a superioridade aérea".[307] O que se seguiu no fim dos meses de verão foi o primeiro grande conflito ar contra ar da guerra. As duas forças aéreas estavam organizadas de maneiras bem diferentes, a alemã em grandes frotas que combinavam aeronaves de bombardeio, caça, bombardeio de mergulho e de reconhecimento; a RAF em comandos separados definidos por função — Comando de Caças, Comando de Bombardeiros, Comando Costeiro —, mas sem uma força combinada para apoiar operações do Exército ou da Marinha. Na França, a Força Aérea alemã estacionou as Frotas Aéreas 2 e 3 com a maior parte do seu poderio aéreo, num total de 77 esquadrões de combate; na Noruega, esperava-se que a Frota 5, bem menor (seis esquadrões), atacasse alvos nas costas leste e nordeste. No começo de agosto, na véspera da campanha aérea alemã, havia 878 caças Messerschmitt Me109 monopostos, 310 caças Messerschmitt 110 bimotores, 949 bombardeiros e 280 bombardeiros de mergulho. A RAF tinha, no começo de agosto, 715 caças (dezenove esquadrões de Supermarine Spitfires e 29 esquadrões de Hawker Hurricanes), com mais 424 aeronaves disponíveis com um dia de aviso prévio. O Comando de Bombardeiros era bem menor do que o seu equivalente alemão, com apenas 667 aviões de bombardeio em julho de 1940, e cerca de 85% de suas missões no verão eram dirigidas a alvos na Alemanha, e não a bases aéreas, depósitos e navios de invasão germânicos.[308] A RAF tinha um grupo maior de pilotos de caça do que a Força Aérea alemã, e durante o período de combate aéreo diurno as fábricas britânicas produziram 2091 caças, enquanto as fábricas alemãs, apenas 988. O elemento crítico da batalha era o combate entre caças, e é isso que decidiria o conflito pelo sul da Inglaterra. O comandante-chefe das Forças Aéreas britânicas, o general Alan Brooke, deu à RAF uma ordem simples: "Impedir que o inimigo estabeleça superioridade aérea".[309]

Os alemães começaram a campanha para atingir a superioridade aérea de forma discreta. Os ataques exploratórios — *Störangriffe* — foram realizados com um pequeno grupo de aeronaves de dia e de noite no fim de junho e em julho para testar as defesas e dar às tripulações a chance de se adaptarem às condições sobre o solo britânico. As explorações não conseguiram detectar como era a organização do Comando de Caças, que dependia de uma complexa rede de comunicações para alertar sobre ataques iminentes e coordenar uma resposta. O elemento central era o uso do radar (determinação da direção de sinais de rádio) desenvolvido a partir de meados dos anos 1930. Uma cadeia de trinta estações de radar para detectar aeronaves que voavam alto e 31 para as que voavam baixo se estendia da Cornualha, no extremo oeste, ao norte da Escócia; era apoiada por um corpo de observadores em terra de 30 mil pessoas organizadas em mil pontos de observação. O radar e os pontos de observação eram interligados por uma rede de linhas telefônicas que os ligavam ao quartel-general do Comando de Caças e a diversas estações de caças, de tal maneira que um alerta poderia ser dado em poucos minutos para os aviões entrarem em ação. Embora o comandante-chefe do Comando de Caças, o marechal do ar Hugh Dowding, mais tarde tenha se queixado de que o sistema muitas vezes oferecia "dados de inteligência imprecisos e insuficientes", aquilo que forneceu foi suficiente para garantir que quase todas as incursões inimigas fossem recebidas com alguma dose de resistência dos caças, e não houve desperdício de tempo com patrulhas constantes.[310] Depois de mais de um mês de preparativos e de explorações, Göring, comandante-chefe da Força Aérea alemã, quis testar a resistência da RAF com uma série de ataques contra alvos do Comando de Caças, que teria início com o codinome "Dia da Águia" e terminaria, assim ele esperava, quatro dias depois com as defesas aéreas britânicas destruídas. Em 1º de agosto, o quartel-general de Hitler baixou uma ordem para começar a campanha pela supremacia aérea e o "Dia da Águia" foi marcado para 5 de agosto.[311] Condições meteorológicas adversas retardaram o início da campanha por mais de uma semana. O "Dia da Águia" foi marcado para 13 de agosto, mas as nuvens forçaram um início de campanha inseguro e nenhuma estação do Comando de Caças foi atacada naquele dia. As perdas alemãs chegaram a 45 aeronaves, enquanto a RAF perdeu apenas treze.

A abertura confusa do que viria a ser chamado a Batalha da Grã-Bretanha se estendeu por semanas. A promessa de que a RAF seria paralisada dentro de quatro dias, apesar de inspirada nos sucessos alcançados em 1939 e 1940, se revelou impossível de cumprir. No período de três semanas da fase de abertura da batalha, 53 ataques foram lançados contra estações da RAF, cada vez mais intensos nos últimos dez dias de agosto, com a melhora das condições meteorológicas. Desses ataques, 32 foram contra estações de caças, sendo todos, exceto dois, dirigidos ao Grupo 11, no sudeste da Inglaterra, mas apenas três estações foram temporariamente danificadas, todas avançadas, perto da costa. Aeródromos satélites permitiram que os aviões decolassem, apesar dos danos causados à estação principal, enquanto camuflagens cuidadosas ocultavam as aeronaves dispersas. Estações de radar tinham sido bombardeadas por pouco tempo no começo de agosto, porém, como o lado alemão não as considerava importantes, a cadeia permaneceu relativamente intacta. Embora muito se tenha falado da estreita margem que separa o sucesso da derrota, uma opinião adornada pela famosa frase de Churchill sobre os "poucos", em nenhum momento entre as últimas semanas de agosto e as primeiras de setembro o Comando de Caças chegou a ser reduzido em tamanho de forma significativa ou o número de seus pilotos foi insuficiente. Em 6 de setembro, o Comando de Caças tinha 738 aeronaves em condições de uso, enquanto a força alemã de caças estava reduzida a uma média de quinhentas.[312] Nessa fase, os bombardeiros de mergulho Junkers Ju87 e os bimotores Me110 tinham sido mais ou menos retirados, pois eram vistos como vulneráveis demais para serem lançados contra caças monomotores de alto desempenho. As perdas dos dois lados foram altas. Foi um confronto duro e dramático, mas era para isso que serviam as defesas aéreas da Grã-Bretanha.

 O inimigo alemão também considerava a RAF como os "poucos". No fim de agosto, a inteligência alemã sugeriu que dezoito estações de caças tinham sido destruídas e que o Comando de Caças estava reduzido a trezentos aviões, se tanto. A rádio germânica anunciou que "o domínio do ar" tinha sido alcançado.[313] Para pilotos que relatavam avistar edifícios em chamas e pistas de aeródromo esburacadas, e costumavam exagerar de modo significativo o número de aeronaves abatidas, a afirmação de início correspondia à sua experiência. Isso explica a decisão de mudar, no fim de agosto, para uma série de alvos militares e econômicos selecionados para enfraquecer o esforço de defesa britânico de imediato antes da invasão. Para o quartel-general de Hitler, a notícia do front aéreo sugeria que a supremacia aérea estava praticamente garantida. "Com a defesa dos caças ingleses afetada com severidade", escreveu o diarista oficial do Alto-Comando das Forças Armadas (OKW) em 3 de setembro, "a questão é, portanto, se a Inglaterra pode continuar a luta."[314] O estágio final do plano aéreo pré-invasão consistia em atacar Londres com uma série de golpes pesados para desorientar a capital no momento de maior ameaça. Em 2 de setembro, a Força Aérea foi instruída a organizar ataques a Londres, e três dias depois Hitler ordenou que os ataques começassem, ainda na esperança de que as notícias sobre a supremacia aérea estivessem corretas. Na noite de 5 para 6 de setembro, bombas foram despejadas em trinta bairros londrinos, de Croydon no sul a Enfield no norte, visando alvos militares, de transporte e serviços públicos.[315]

Ainda persiste o mito de que, em 7 de setembro, Hitler deslocou os ataques aéreos para Londres para se vingar das incursões da RAF em Berlim no fim de agosto, e que foi essa alteração de alvo que salvou o Comando de Caças. Na verdade, a mudança para Londres e outros alvos militares e industriais era compatível com os planos pré-invasão, e bombas caíam em áreas da cidade havia mais de uma semana, incluindo os amplos ataques de 5 e 6 de setembro.[316] Hitler pôde usar a alteração como uma oportunidade de abafar as críticas das comunidades germânicas no oeste da Alemanha que foram submetidas a bombardeios da RAF durante quatro meses. Num discurso de 4 de setembro amplamente divulgado, ele prometeu ao público alemão que arrasaria as cidades britânicas, mas a afirmação era apenas um floreio retórico. Uma semana após os ataques arrasadores a Londres, deveria vir a invasão. Hitler tinha marcado a data para 15 de setembro, quando as marés eram favoráveis e não era impossível ter boas condições meteorológicas. No dia 3, alterou a data para 20 ou 21 de setembro. Göring continuava a insistir que a RAF estava nas últimas. A guerra contra a Grã-Bretanha, disse ele a Goebbels, estaria terminada em três semanas.[317]

Os britânicos vinham se preparando havia meses para a invasão, e os líderes políticos e militares esperavam que ela acontecesse poucas semanas depois da derrota da França e fosse um desastre. Brooke comentou em julho que a escassez de homens treinados e de equipamento era "assustadora". Em Dunquerque, o Exército tinha perdido 88% da sua artilharia e 93% dos seus veículos.[318] Entre junho e agosto de 1940, mais 324 mil homens foram convocados, mas era tarde para treiná-los e equipá-los. Havia 300 mil fuzis da Primeira Guerra Mundial disponíveis para 22 divisões do Exército, apenas metade das quais podia ser considerada pronta para o tipo de combate móvel que os alemães travariam.[319] Era tão desesperadora a situação que Cripps foi instruído, ao chegar a Moscou, a tentar comprar aeronaves e tanques soviéticos, pedido que foi recusado de forma educada.[320] Não havia como saber exatamente quando a invasão poderia vir, e, embora os historiadores costumem ser céticos quanto às intenções alemãs, os britânicos sem dúvida achavam que viria. A população, segundo relatórios da Inteligência Interna, continuava na expectativa, mas menos ansiosa do que no começo do verão, animada pelas notícias das batalhas aéreas, que, como os relatórios alemães, exageravam bastante as perdas infligidas ao inimigo. No começo de setembro, o Ministério das Informações observou que o estado de espírito público era "extraordinariamente bom", refletido em especial no fato de que a ingestão de bebidas alcoólicas tinha diminuído.[321] No começo de setembro, provas de reconhecimento fotográfico e decodificações de mensagens "Enigma" ou "Ultra" (quebradas pela primeira vez em maio de 1940) sugeriam uma invasão iminente, e em 7 de setembro a palavra-código "Cromwell" foi emitida para colocar todo o sistema militar em alerta máximo, à espera de uma invasão dentro de doze horas. Nada aconteceu, mas o fim de semana seguinte, entre 14 e 15 de setembro, era tido como "o fim de semana da invasão" por causa da Lua e das marés favoráveis. Os soldados receberam ordem para dormir de uniforme, prontos para entrar em combate quando ouvissem o toque dos sinos locais.[322]

Por acaso, 14 de setembro foi a data em que Hitler se reuniu com seus comandantes-chefes para reexaminar as perspectivas da Operação Leão Marinho. Durante todo o mês de setembro, ele tinha recebido mensagens contraditórias sobre a possibilidade de uma invasão. Seu chefe de operações, Alfred Jodl, era a favor da rota mais indireta, sugerida durante o verão, de "contornar via Rússia".[323] O comandante-chefe da Marinha, o grande almirante Erich Raeder, tinha de início apoiado, mas em setembro já achava os riscos altos demais. Göring continuava insistindo que sua força tinha cumprido os requisitos e o cronograma. Hitler entendia que a invasão precisava funcionar na primeira tentativa, porque as consequências políticas de um fracasso comprometeriam os êxitos do ano, mas em 14 de setembro, de acordo com seu ajudante de ordens aeronáutico, ele ainda considerava "o êxito na Operação Leão Marinho a melhor solução para a vitória contra a Inglaterra".[324] O principal problema era a guerra aérea. O plano de invasão sempre pressupunha a conquista da supremacia aérea. Apesar das garantias de Göring, o OKW concluiu, em meados de setembro, que a resistência aérea britânica não tinha sido vencida; a invasão dependia de forma crucial do uso da força aérea para defender a tropa que atravessaria o canal da interceptação naval e dar apoio aéreo às cabeças de praia iniciais. Hitler decidiu rever a posição em 17 de setembro, momento em que a Força Aérea alemã tinha sido gravemente atacada em incursões diurnas a Londres dois dias antes, perdendo quase um quarto da potência de ataque no que se tornou, para os britânicos, o "Dia da Batalha da Grã-Bretanha". A Operação Leão Marinho foi adiada outra vez, e em 12 de outubro abandonou-se a ideia de concretizá-la naquele ano, porém poderia ser revivida, se necessário, na primavera seguinte.

O Império Britânico não desmoronou nem aceitou a derrota em 1940, mas o ano foi um momento decisivo na longa história do imperialismo europeu. A derrota e a ocupação na Europa comprometeram fatalmente as reivindicações das outras potências metropolitanas — França, Bélgica e Holanda — de dominar territórios distantes. Para o Império Britânico, a crise levantava questões complicadas sobre o futuro. No entanto, o governo britânico se recusou a enfrentar o paradoxo de ressaltar o valor do império para o esforço de guerra do país e ao mesmo tempo usar a força para sufocar demandas por maior autonomia política na Índia e governar o Egito sob lei marcial. A prioridade era a sobrevivência das ilhas britânicas. Nenhum dos lados, fosse o alemão ou o britânico, encontrou uma estratégia capaz de minar a disposição de luta do outro, ou de alcançar um resultado militar decisivo, mas é quase certo que, com um exército de 180 divisões e os despojos de grande parte da Europa continental, a Alemanha teria descoberto em 1941 um jeito de pôr fim à guerra no Oeste se Hitler não tivesse se voltado para o Leste. Já a Grã-Bretanha, por outro lado, não tinha como alcançar a vitória. Após ter sido expulsa da Europa duas vezes — na Noruega e na França —, enfrentado crises na África, ter a economia enfraquecida e defender de forma desesperada o acesso à economia mundial, a Grã-Bretanha corria o risco de falência estratégica. A guerra que ela travou durante um ano depois da queda da França foi aquela para a qual tinha se preparado nos anos 1930 — defesa aérea, uma Marinha poderosa, e menos conflitos imperiais. Foi o conflito para o qual Chamberlain se preparou, e que Churchill foi obrigado a lutar.

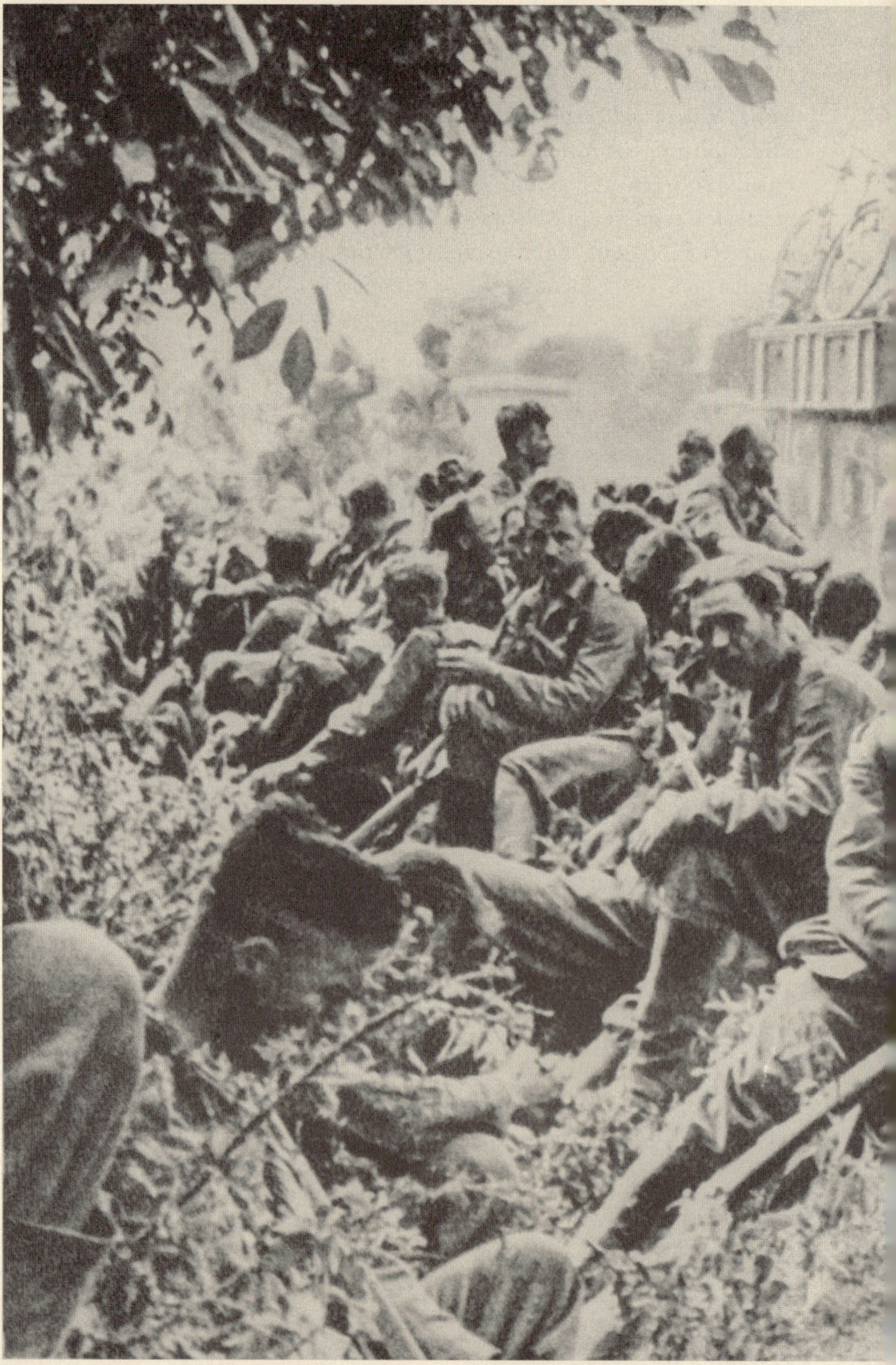

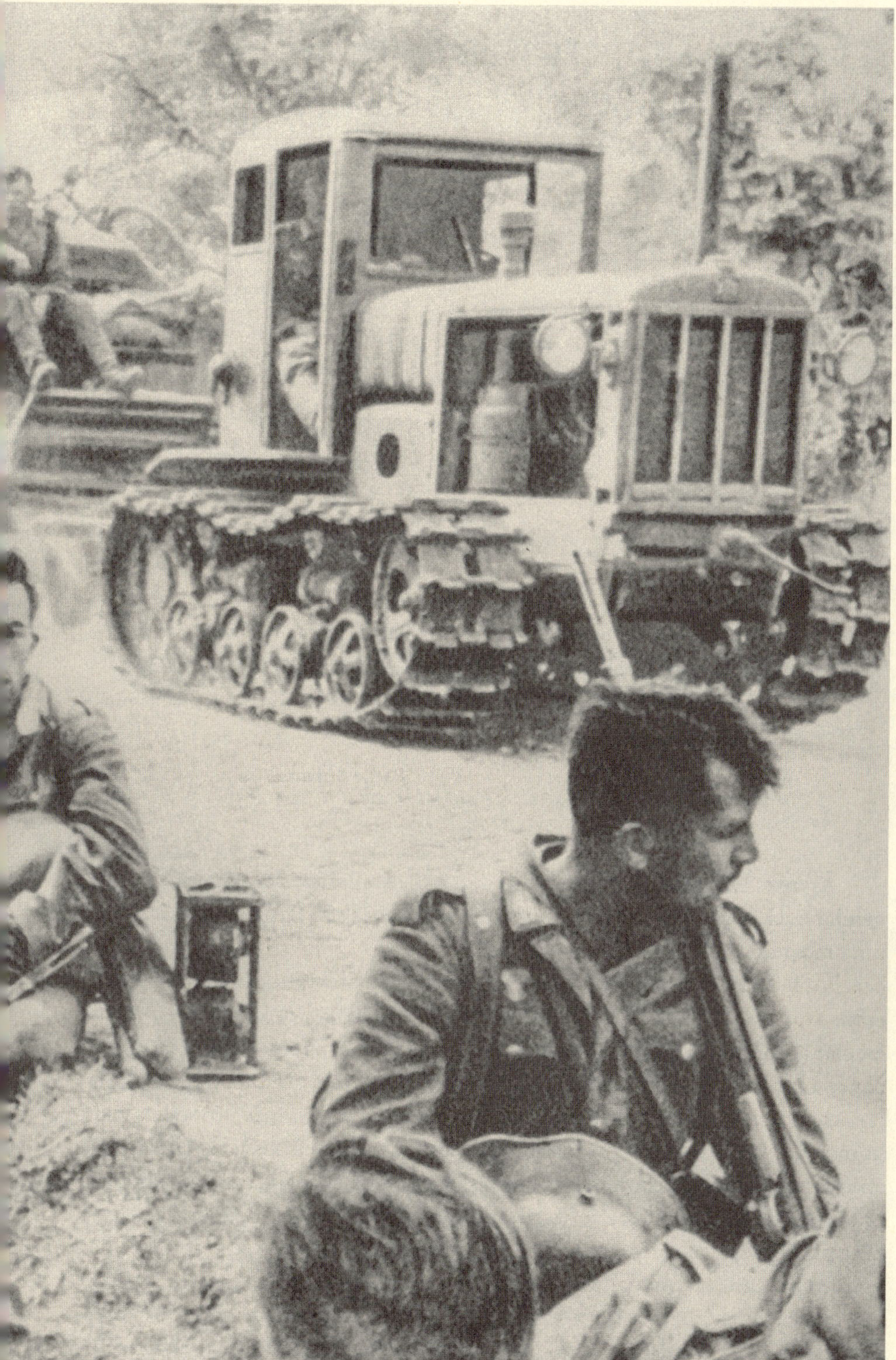

2. Fantasias imperiais, realidades imperiais, 1940-3

> *Os governos da Alemanha, da Itália e do Japão consideram ser pré-requisito de uma paz duradoura que cada nação do mundo receba o espaço ao qual tem direito [...] seu principal objetivo é estabelecer e manter uma nova ordem das coisas.*
>
> Pacto Tripartite, setembro de 1940[1]

Às treze horas de 27 de setembro de 1940, os ministros do Exterior da Alemanha e da Itália, junto com o embaixador japonês em Berlim, sentaram-se a uma mesa dourada no salão de gala da Chancelaria do Reich, cercados por um oceano de uniformes enfeitados, para assinar formalmente o Pacto Tripartite entre seus três impérios. Do lado de fora, uma multidão de crianças em idade escolar acenava com bandeiras japonesas e italianas, embora, de acordo com o conde Ciano, o ministro das Relações Exteriores da Itália, "sem convicção". Ciano achou a atmosfera no salão mais fria do que esperava, mas atribuiu o mau humor e a saúde precária dos berlinenses às longas noites passadas em abrigos antiaéreos debaixo das bombas britânicas.[2] Depois da assinatura do documento, que a pedido dos japoneses foi escrito em inglês para acelerar as formalidades, houve três pancadas fortes na vasta porta de entrada. Quando ela se abriu, Hitler entrou com uma teatralidade exagerada, sentou-se em silêncio à mesa, e esperou que os três signatários fizessem seus discursos preparados para o noticiário internacional. Do outro lado do mundo, em Tóquio, uma cerimônia menos grandiloquente foi realizada. O imperador só tinha aceitado o pacto uma semana antes, o que explica a redação às pressas em inglês para evitar erros de tradução. O ministro das Relações Exteriores do Japão, Matsuoka Yōsuke, acrescentou seu nome a um acordo que, como alegou mais tarde, foi concebido para instituir "a construção, e não a destruição, da paz mundial".[3] O pacto pretendia durar dez anos. Através dele, os três Estados se comprometiam a dar assistência militar uns aos outros no caso de uma potência entrar em guerra contra eles — ameaça dirigida sem nenhuma sutileza aos Estados Unidos. Mais que isso, porém, o pacto dividia o Velho Mundo entre as três potências imperiais: a Alemanha, na Europa Continental; a Itália, na bacia do Mediterrâneo e na África; e o Japão, no Leste da Ásia. Ali cada um deveria consolidar e estender uma "Nova Ordem". O acordo geopolítico publicamente sinalizava o momento em que as três potências se sentiram confiantes o suficiente para declarar que a velha ordem imperial, dominada durante séculos pelos impérios Britânico e Francês, tinha enfim acabado.

O PROBLEMA BRITÂNICO

A grandiosa declaração de uma nova ordem ainda deixava em suspenso a questão do que fazer com um Império Britânico que não tinha admitido a derrota. O "problema britânico" tinha vantagens e desvantagens: a Grã-Bretanha era um obstáculo, por mais frágil que parecesse, à consolidação da nova ordem; mas, para a Grã-Bretanha, a questão era como obstruir essas ambições sem esticar demais seus recursos e se arriscar a novos fracassos, ou até mesmo à perda do império.

O adiamento da Operação Leão Marinho pelos alemães expunha as incertezas que ainda existiam no planejamento germânico para encerrar a guerra com a Grã-Bretanha. Dois caminhos eram defendidos pelo círculo de conselheiros políticos e militares de Hitler: em primeiro lugar, a criação de um "bloco continental" para convencer os britânicos de que não havia alternativa política para uma paz negociada; em segundo lugar, uma estratégia periférica destinada a eliminá-los por meios militares a partir do Mediterrâneo, onde as forças britânicas estavam enfraquecidas pelas demandas da defesa interna. A primeira via entrou em vigor depois da derrota da França, quando se percebeu que a economia europeia agora poderia ser dominada a partir de Berlim. Economistas e funcionários alemães começaram a falar numa "área econômica maior", que abrangeria toda a Europa, e não apenas o Leste; planos foram postos em prática para estabelecer mercados integrados, um bloco com moeda comum baseado no marco do Reich, um esquema comum de compensação monetária e a penetração econômica alemã na indústria e nos bancos europeus.[4] A reconstrução da economia pela transformação de Berlim na capital financeira e comercial da Europa visava contestar a posição dominante que a City de Londres tinha desfrutado. Era uma medida preliminar para isolar a Grã-Bretanha politicamente e refletia o pensamento anterior à guerra de uma nova ordem global de zonas econômicas, popular também entre os líderes do Japão. Essa ideia de um "bloco continental" implicava, se possível, o recrutamento da França de Vichy e da Espanha de Franco para o lado do Eixo, assim como a consolidação das relações com a União Soviética fundamentadas no Pacto Germano-Soviético. No outono, com os britânicos não derrotados, pareceu que a ideia de fundir "uma poderosa aliança efetiva contra a Grã-Bretanha" exerceu uma atração temporária também sobre Hitler.[5]

No fim de outubro de 1940, Hitler embarcou no que para ele era um itinerário inusitado. Contrariando a prática comum de esperar que políticos europeus o visitassem em Berlim, ele tomou o trem do Führer para uma série de encontros de cúpula, primeiro com o general Franco, depois com o marechal Pétain e finalmente com seu colega ditador Mussolini. O objetivo era testar a ideia de um bloco continental e de uma opção mediterrânea contra o Império Britânico. Não está claro se ele esperava ter muito sucesso nessa turnê, mas o Estado-Maior do OKW, apoiado pelos comandantes-chefes da Força Aérea e da Marinha, vinha sustentando já havia algum tempo que a melhor maneira de atingir a Grã-Bretanha era ocupar Gibraltar, ameaçar o transporte marítimo britânico a partir de bases aéreas na África e tomar o canal de Suez, não só isolando a Grã-Bretanha do império na Ásia, mas abrindo caminho para o petróleo do Oriente Médio. Os planejadores militares tinham produzido uma diretiva para a Operação Felix, a captura de Gibraltar. As forças de Mussolini estavam agora em território egípcio, com um grande exército, mas todo esse empreendimento dependia de um acordo político com a Espanha, a França e a Itália para isolar a Grã-Bretanha e coordenar a campanha. A iniciativa estava condenada ao fracasso por causa da questão do império. O preço de Franco para cooperar era uma fatia do Império Francês na África e vastos subsídios, mas ainda assim não ficou claro se ele participaria do esforço de guerra. Quando os dois se encontraram em Hendaye, em 23 de outubro, na fronteira franco-espanhola, logo Hitler percebeu que não seria possível arrancar nada do generalíssimo; concessões do Império Francês na África alienariam a França e tornariam o "bloco" insustentável. Em Montoire, no dia 24, Pétain demonstrou a mesma relutância de Franco, dizendo-se preocupado com a ameaça espanhola e italiana às possessões francesas; Mussolini, com quem Hitler se encontrou em Florença no dia 28, continuava a se opor de forma resoluta a qualquer bloco que envolvesse a aceitação do status quo do Império Francês ou a fazer concessões à Espanha.[6] Naquele mesmo dia ele ordenou a invasão da Grécia sem sequer informar Hitler de antemão, uma rejeição simbólica de qualquer ideia de coordenação política.

A única possibilidade que ainda restava para a ideia de um bloco antibritânico vingar era a União Soviética, que já tinha feito uma reaproximação em separado com Mussolini no começo do verão.[7] Em 10 de novembro, o ministro das Relações Exteriores soviético, Viatcheslav Molotov, chegou a Berlim para estender os acordos feitos no ano anterior sobre a divisão da Polônia. A esperança de Ribbentrop era poder aproveitar o êxito de suas primeiras negociações convencendo a União Soviética de que sua esfera de influência adequada era em relação ao Império Britânico na Ásia e no Oriente Médio, agora aberto a pressões políticas e que em breve poderia ser isolado da rota vital do canal de Suez. Havia conversas de que Stálin poderia ser convencido a se juntar ao Pacto Tripartite dirigido à Grã-Bretanha, mas, quando Von Ribbentrop abordou o assunto, Molotov disse que só seria possível em troca de grandes concessões alemãs. Hitler, diria Ribbentrop mais tarde, tinha dúvidas sobre a ideia e se inclinava mais a ver como um "perigo monstruoso" continuar apaziguando Stálin.[8] A solução política foi por água abaixo quando ficou claro que a principal preocupação de Molotov e Stálin era ampliar os interesses soviéticos para o sudeste da Europa e a Turquia, áreas de interesse alemão e italiano. O resultado foi que nenhum dos supostos membros de uma aliança pan-europeia tinha interesse em lutar contra o Império Britânico, exceto a Itália. Depois dos três dias de reuniões, as opiniões de Hitler sobre a relação entre atacar a União Soviética e derrotar a Grã-Bretanha se tornaram mais firmes, mas elas já tinham sido fortalecidas pelo fracasso político na Espanha e na França. No trem que partiu de Montoire, Hitler tinha dito ao Estado-Maior do OKW que não havia alternativa real à derrubada da União Soviética no verão de 1941 para ter certeza de que derrotaria a Grã-Bretanha. Hitler se sentia pouco à vontade com a diplomacia, confiando mais na violência.[9]

No outono, a estratégia alemã atingiu o que se poderia chamar de impasse. Permanecia em vigor a diretiva do bloqueio, reeditada em 1º de agosto de 1949, antes do começo das batalhas aéreas, e por falta de alternativa o bloqueio aéreo-marítimo ficou sendo o principal meio de exercer pressão direta sobre o inimigo. O objetivo era impor um nível de guerra econômica contra o suprimento britânico de alimento e matérias-primas que fosse suficiente para esgotar a economia de guerra britânica e enfraquecer a vontade popular de continuar no conflito. Em 16 de setembro, Göring instruiu a Força Aérea a adotar um padrão de bombardeio noturno dirigido a instalações portuárias, estoques de alimento e combustível, armazéns e pontos de processamento de alimento, além de serviços públicos essenciais; a partir de novembro foram autorizadas operações contra a indústria aeronáutica e, em particular, o setor de motores aeronáuticos. A campanha naval contra o transporte marítimo britânico vinha sendo conduzida desde o começo da guerra, e Hitler ordenou que fosse intensificada. Havia pouca coordenação entre as duas armas, em grande parte devido à relutância de Göring em liberar aeronaves alemãs para o conflito no mar, e a Marinha teve que se contentar com um pequeno número de aeronaves para suplementar o que navios de superfície e submarinos conseguissem fazer. Os aviões lançaram 5704 minas em volta da costa britânica entre agosto de 1940 e junho de 1941, enquanto o punhado de aeronaves Focke-Wulf 200 "Condor" de longo alcance contribuiu para afundar 119 navios mercantes no período de um ano desde junho de 1940, com uma tonelagem total de 345 mil. Esperava-se conseguir mais êxito com o bloqueio naval. O plano era afundar uma média mensal de 750 mil toneladas dos 22 milhões de toneladas da Marinha mercante da Grã-Bretanha, um índice de perda que se esperava poder forçar o governo britânico a abandonar a guerra.[10]

O bloqueio naval envolvia muito mais do que a frota de submarinos que patrulhava os acessos atlânticos a partir das bases agora disponíveis na costa francesa do Atlântico. Conhecendo sua fraqueza em navios capitais, a Marinha alemã passou a usar táticas de ataque e fuga, operando uma mistura de embarcações mercantes convertidas ("navios fantasmas") e embarcações de guerra individuais. Ficou difícil para a Marinha Real rastreá-las em vastas extensões oceânicas. Os "navios fantasmas" representavam meio milhão de toneladas de transporte marítimo no fim de 1941; o *Scheer*, o *Hipper*, o *Scharnhorst* e o *Gneisenau* somavam mais 265 mil.[11] O novo encouraçado *Bismarck*, lançado em maio de 1941, destruiu o cruzador de batalha britânico *Hood* em sua viagem inaugural, mas foi afundado poucos dias depois, antes que pudesse causar mais danos. O instrumento fundamental do bloqueio, no entanto, era o submarino alemão (*Unterseeboot* ou *U-boot*). O comandante alemão almirante Karl Dönitz tinha à sua disposição um número relativamente pequeno deles. Embora no começo de 1941 já houvesse quase duzentos U-boots, havia sempre uma média de apenas 22 no mar, e em janeiro de 1941, de apenas oito.[12] Apesar disso, eles conseguiam produzir um estrago cada vez maior quando bases seguras foram disponibilizadas no oeste da França. No outono, Dönitz ordenou a seus navios que operassem nas chamadas "matilhas" [*Rudeltaktik*]. Por causa da ameaça aérea ao transporte marítimo nas costas meridionais, o comércio transoceânico britânico tinha sido transferido para as costas oeste e noroeste. Foi ali, nos acessos setentrionais, que os U-boots alemães se concentraram. A partir de setembro, os submarinistas alemães viveram um período que chamaram de "tempos felizes". Em outubro de 1940, eles afundaram 350 mil toneladas, mas em abril de 1941 atingiram um pico de 687 mil toneladas.[13]

Há muito tempo o governo britânico esperava uma renovação da guerra, mas não o que enfrentou a partir do verão de 1940, com a Alemanha controlando a maior parte do litoral setentrional europeu. Embora o transporte marítimo fosse escoltado desde o começo do conflito (a navegação de cabotagem, desde 6 de setembro de 1939; e a navegação oceânica, a partir de dois dias depois), a ameaça de invasão no outono de 1940 obrigou muitos navios pequenos de escolta a serem destinados à defesa da costa sudeste da Grã-Bretanha. A partir de outubro, uma vez suspensa a ameaça de invasão, o número de escoltas pôde ser aumentado, marinheiros puderam ser treinados para os comboios de proteção e para a guerra antissubmarina, e mais aviões puderam ser designados para a campanha. Durante o inverno, as aeronaves do Comando Costeiro, incluindo os hidroaviões Sunderland de longo alcance, obrigaram os submarinos alemães a se afastarem das águas interiores e dos acessos do norte, mais para dentro do Atlântico. Novas tecnologias ajudaram a aprimorar o desempenho das escoltas e das aeronaves: o uso de iluminação de alta potência, a introdução de radares de comprimento de onda métrico (chamado ASV Mk I e II para aviões, tipo 286 para navios de escolta) e cargas de profundidade mais eficientes.[14] A partir de fevereiro de 1941, as defesas antissubmarinas foram reorganizadas com o estabelecimento do Comando dos Acessos Ocidentais em Liverpool, responsável por toda a campanha antissubmarina, com escolta naval e Força Aérea reforçadas, mas o elemento-chave da estratégia, com respaldo da inteligência naval, era tentar evitar por completo os submarinos. Ao longo de 1940 e 1941, as perdas no transporte marítimo escoltado permaneceram baixas; em 1940-1, dos 8722 navios na principal rota do Atlântico Norte, perderam-se 256, alguns atingidos por submarinos, outros por causas marítimas convencionais. Embarcações que viajavam de forma independente, ou retardatárias, eram alvos regulares, mas encontrar um comboio e romper sua formação era uma tarefa extremamente difícil.[15]

No entanto, as perdas cumulativas em todos os mares representavam um perigo substancial para o esforço de guerra britânico. O volume de importações despencou, sujeito a controles rigorosos (em novembro de 1940, o comércio de bananas foi suspenso indefinidamente). Em março de 1941, Churchill apelidou a guerra no mar de "Batalha do Atlântico", que, como a Batalha da Grã-Bretanha, assumiu status icônico na memória de guerra britânica. Ele presidiu o comitê provisório da Batalha do Atlântico, que autorizou a redução do tempo para os navios mercantes realizarem operações e reparos nos portos, e mais restrições às importações. Todos os esforços foram feitos para produzir mais navios de escolta. O efeito geral, no começo de verão de 1941, foi limitar o raio de ação dos U-boots e impor perdas crescentes. Em março, três "ases" dos U-boots foram mortos ao atacar comboios com escoltas robustas; em maio de 1941, outro "ás", Otto Kretschmer, foi capturado com as tabelas de cifras do seu navio para o Enigma naval alemão, permitindo que Bletchley Park decifrasse mensagens navais de forma regular a partir do verão. De janeiro a maio de 1941, os U-boots tinham feito contato com 23% de todos os comboios; de junho a agosto de 1941, apenas com 4%.[16] Depois de um ano de esforços, o desgaste do transporte marítimo britânico era pequeno demais para afetar a capacidade ou a disposição da Grã-Bretanha de continuar no conflito.

O mesmo se aplicava à guerra aérea conduzida principalmente contra portos e o comércio britânicos, de setembro de 1940 a junho de 1941. Embora na memória popular, no que os britânicos logo batizaram de "blitz", os bombardeios alemães sejam vistos como bombardeios terroristas indiscriminados, Hitler insistiu duas vezes, quando perguntado por seu Estado-Maior, que ainda não autorizaria o terror, reservando-se, porém, o direito de fazê-lo em retaliação a bombardeios da RAF, cuja imprecisão durante os meses de outono e de inverno era interpretada na Alemanha como deliberadamente indiscriminada.[17] Durante os nove meses da campanha, as cidades portuárias, incluindo Londres e o porto interior de Manchester, foram os principais alvos. Das 171 incursões mais importantes, 141 foram dirigidas a portos e suas instalações de armazenamento e processamento, absorvendo 86% de todas as bombas incendiárias lançadas e 85% de todos os explosivos de alto poder.[18] Os líderes alemães tinham esperança de que o bombardeio noturno regular também atuasse para desmoralizar a população e provocar protestos sociais e políticos que complementariam a ansiedade oficial sobre alimento e comércio. Em novembro, foram ordenados ataques à indústria aeronáutica, uma campanha que incluiu o bombardeio de Coventry (Operação Sonata ao Luar), na noite de 14 para 15 de novembro, durante a qual grande parte do centro da cidade foi reduzida a cinzas, embora os bombardeiros devessem mirar trinta fábricas de motores e componentes aeronáuticos, algumas das quais foram severamente danificadas. Ataques contra Birmingham continuaram no fim do mês, mas, de dezembro de 1940 a junho de 1941, a prioridade ainda eram áreas portuárias e alvos comerciais, alguns dos quais, incluindo Glasgow, Belfast e Bristol, também continham alvos relacionados à indústria aeronáutica. Em 6 de fevereiro, Hitler confirmou essa prioridade, e mais uma vez ressaltou a importância de atacar alvos militares-econômicos, em vez de áreas residenciais.[19]

A campanha de bloqueio que durou nove meses foi uma anomalia entre as muitas realizadas pelos líderes alemães durante a guerra. Era uma estratégia baseada numa taxa de desgaste incerta, e não numa batalha decisiva. Nenhuma avaliação séria foi feita da dependência econômica que a Grã-Bretanha tinha de suprimentos vindos do exterior, e era quase impossível deduzir informações precisas sofre os efeitos econômicos dos bombardeios com base nos relatórios de danos. Para tripulantes e comandantes, foi uma campanha prolongada e desmoralizante, na qual eles sofreram muitas perdas em troca de nenhuma vantagem estratégica clara. Como na Batalha da Grã-Bretanha, as conquistas eram exageradas para justificar a ação, mas a capitulação não parecia estar mais próxima. Hitler se desinteressou pelo bombardeio como arma capaz de vencer a guerra e, em dezembro de 1940, já duvidava de que ele tivesse tido algum grande efeito na indústria britânica; dois meses depois, manifestou a mesma opinião a respeito do moral britânico. Nessa ocasião, seu julgamento foi sólido. O bombardeio sem dúvida provocou crises generalizadas e temporárias nas populações que o sofreram, mas não a ponto de obrigar o governo a ceder. Os efeitos do bloqueio sobre o comércio e a produtividade britânicos foram bastante modestos. A inteligência aérea alemã calculou que a produção britânica de aeronaves em 1941 seria de 7200 depois dos danos aparentemente infligidos, mas a produção real foi de 20 094.[20] Cálculos britânicos feitos no fim de 1941 mostraram que apenas 5% de um volume crescente de produção se perdeu por causa dos bombardeios.[21]

Na verdade, foram causados mais danos às perspectivas econômicas britânicas pela exaustão dos recursos financeiros da Grã-Bretanha no ultramar, por conta do nível excepcional de mobilização econômica durante 1939-40. Em dezembro de 1940, mais de metade das reservas de ouro e de dólares americanos de antes da guerra tinha sido gasta, e o que restou seria usado até março de 1941, deixando a Grã-Bretanha para todos os efeitos falida, com uma zona dolarizada que garantia importações essenciais. Grandes desequilíbrios também foram acumulados com o bloco da libra esterlina, que acabaram chegando a 3,35 bilhões de libras no fim da guerra, mas que poderiam ser congelados de forma indefinida.[22] Garantir suprimentos do Novo Mundo era de extrema importância, e em dezembro de 1940 Churchill pediu ao presidente Roosevelt que fizesse alguma coisa para impedir uma catástrofe econômica. Embora líderes americanos duvidassem que a Grã-Bretanha tivesse de fato esgotado sua capacidade de pagamento, Roosevelt se comprometeu num discurso no fim de dezembro a transformar seu regime no "arsenal da democracia", e no mês seguinte submeteu ao Congresso o projeto que viria a ser a Lend-Lease, prometendo o envio de produtos ao Império Britânico sem pagamento imediato. Antes que o projeto se tornasse lei em 11 de março, a Corporação de Reconstrução Financeira dos Estados Unidos fez um empréstimo de emergência de 425 milhões de dólares para evitar um calote britânico. "Sem essa ajuda", escreveu Churchill em caráter privado, "não seria possível esperar a derrota do hitlerismo."[23]

A campanha alemã contra as ilhas britânicas acabou sendo sustentada porque era difícil abandoná-la sem admitir o fracasso. Desistir da blitz teria mandado uma mensagem de esperança para as áreas ocupadas e os Estados Unidos, além de que teria sido incompreensível para a população no oeste da Alemanha, ainda sujeita a incursões da RAF todas as noites que o tempo permitia. Havia também um saldo positivo até mesmo numa ofensiva malsucedida. O combate contínuo no Ocidente foi projetado para dissipar qualquer receio em Moscou de que Hitler arriscaria uma guerra em duas frentes ao atacar o Leste, opinião a que Stálin se agarrou até o momento da invasão alemã em junho de 1941. Além disso, as Forças Armadas britânicas eram obrigadas a manter uma forte presença interna, para o caso de uma invasão na primavera, que boa parte do governo esperava. "Estamos todos dizendo e pensando", escreveu o parlamentar Harold Nicolson em seu diário em fevereiro, enquanto observava a evacuação de civis de áreas em Kent, "que a invasão deste país é inevitável."[24] A consequência imediata para o esforço de guerra britânico foi a impossibilidade de fornecer amplo reforço ao império, uma crise que abriu para o aliado italiano de Hitler a perspectiva de uma "guerra paralela" no Mediterrâneo e na África contra um adversário enfraquecido.

No verão e no outono de 1940, as ambições italianas tinham sido infladas por ser provável que a Alemanha fosse vitoriosa contra a Grã-Bretanha e porque a oportunidade de se aproveitar do conflito no Norte da Europa talvez não durasse muito. O Pacto Tripartite deu aos líderes italianos um senso renovado de que a Itália tinha agora a importância de uma grande potência, tendo sido convidada para participar da redivisão do mundo, mas de que era preciso apresentar provas para justificar esse status melhorado. Mussolini, como observou o jornalista italiano Orio Vergani, "queria chegar à mesa da suposta paz com uma vitória que fosse inteiramente italiana".[25] O que aconteceu logo após a derrota da França, quando reivindicações italianas exageradas de território, colônias e recursos militares franceses foram rejeitadas pelos líderes germânicos, fez crescer a hostilidade contra o aliado alemão, alimentando sérias dúvidas sobre se a Itália, em qualquer nova ordem europeia, seria algo além de um "oportunista de sorte" ou um "colaborador submisso" na esteira da vitória alemã.[26] O resultado paradoxal foi que a Itália, o mais fraco dos três signatários do pacto em setembro de 1940, foi o primeiro a se lançar num novo programa de construção de império.

O que não faltavam eram planos de contingência já prontos, em grande parte irrealistas — invasão de Malta, ocupação do Império Francês, ataques a Áden, Egito ou Suez, uma invasão da Suíça, do vale francês do Ródano, da Iugoslávia ou mesmo da Grécia. O principal critério da política italiana, confessou o general Quirino Armellini em seu diário, era agir: "Para começar, vamos à guerra, depois veremos o que acontece".[27] Mussolini ficou com a difícil decisão de continuar o conflito na África contra o inimigo britânico formal ou optar por um embate no sul da Europa para prevenir a ameaça do aliado alemão potencialmente hostil. Historiadores têm destacado de forma correta a natureza idiossincrática do planejamento estratégico italiano e o apego irracional, apesar de hesitante, de Mussolini por ambições militares muito acima das capacidades da Itália, mas o ditador caiu na armadilha de uma situação que ele mesmo havia criado, na qual a inação parecia tão perigosa para as novas ambições imperiais da Itália quanto a ação. Mussolini podia também afirmar que desde o início da sua política imperial ativa se mostrara um vencedor — na brutal pacificação da Líbia, na Etiópia, na Espanha, na Albânia, até mesmo no breve e nada glorioso ataque à França —, prova suficiente, como disse um observador, "da sua infalibilidade".[28]

Eram ilusões de grandeza que nenhum dos seus comandantes tinha coragem suficiente de contradizer.

Nos primeiros meses do esforço de guerra italiano contra o Império Britânico, Mussolini continuou com sorte. O protetorado britânico na Somalilândia, que fazia fronteira com o novo Império Africano da Itália na Etiópia, estava relativamente indefeso. Em agosto de 1940, uma força mista de soldados italianos e tropas askari locais atacou a guarnição britânica e os obrigou a evacuar para um protetorado do outro lado do mar Vermelho, em Áden (atual Iêmen). As forças do Império Britânico perderam 206 homens, enquanto foram 2052 os italianos mortos. No mar, tanto a Marinha Real como a Marinha italiana faziam questão de conservar forças navais com o objetivo primário de proteger as rotas de comboios no Mediterrâneo. As frotas travaram um combate indeciso na costa da Calábria, em Punta Stilo, em 9 de julho, quando navios britânicos foram salvos pelo fraco reconhecimento aéreo da Itália, enquanto bombardeiros italianos chegavam tarde e atacavam seus próprios navios. Embora nenhum lado tenha sofrido danos sérios, Mussolini declarou ao público italiano, poucos dias depois, que 50% da Força Naval britânica no Mediterrâneo tinha sido aniquilada.[29] No Norte da África, Mussolini estava impaciente para iniciar uma invasão do Egito, com o objetivo de cortar a linha de comunicação vital para o Império Britânico pelo canal de Suez. O comandante italiano marechal Rodolfo Graziani relutava em arriscar um ataque total por conta das condições do deserto, da ameaça às linhas de suprimento e do transporte inadequado. Mussolini lhe garantiu que o avanço para o Egito começaria no instante em que o primeiro soldado alemão pusesse o pé em solo britânico, mas, com o adiamento prolongado da Operação Leão Marinho, Mussolini ansiava por qualquer coisa que pudesse ser apresentada como triunfo. Em 13 de setembro, Graziani enfim cedeu às pressões de Roma e despachou sete divisões de infantaria através da fronteira líbia para o pequeno assentamento de Sidi Barrani, oitenta quilômetros adentro do deserto ocidental do Egito, onde parou e estabeleceu uma elaborada rede de acampamentos. As forças do Império Britânico recuaram para posições defensivas mais apropriadas depois de um conflito que deixou 120 italianos e cinquenta inimigos mortos. Dessa vez, Mussolini anunciou ao povo italiano o maior triunfo das armas em trezentos anos; uma estrada — a "Via da Vitória" — que atravessava as dunas até Sidi Barrani foi imediatamente construída.[30]

Mussolini percebeu que o conflito colonial não seria suficiente para dar à Itália uma posição similar à da Alemanha no arranjo europeu. Uma iniciativa na Europa continental ainda era um jeito mais seguro de reforçar a ideia de "guerra paralela". Durante os meses de agosto e setembro, ele chegou um pouco mais perto de um possível conflito com a Iugoslávia ou a Grécia, mesmo sabendo muito bem que os líderes alemães teriam vetado essa opção quando eles se encontraram em meados de agosto. A guerra com a Iugoslávia era vista mais como o combate alemão com a Polônia — uma correção do acordo pós-1918, quando a Itália teve as suas reivindicações territoriais negadas na região do Adriático. Foram feitos planos para que uma força de invasão de 37 divisões atacasse pela Eslovênia, mas incertezas sobre a reação alemã levaram Mussolini a cancelar os preparativos no fim de setembro.[31] O conflito com a Grécia era a única opção que restava, um cálculo cínico da possível posição de poder da Itália numa Europa dominada pelo Eixo, a ser conquistada ao custo da independência grega. O comandante italiano na Albânia, Sebastiano Visconti Prasca, achava que a Grécia estava pronta para ser conquistada num "passeio militar" que fortaleceria sua própria reputação militar. O conde Ciano via uma oportunidade de expandir sua satrapia colonial na Albânia para território grego; o governador das ilhas italianas egeias, Cesare De Vecchi, acalentava a ideia de uma ponte terrestre que ligasse o império na Albânia ao no Egeu oriental com a conquista da Grécia. Para provocar um rompimento das relações ítalo-gregas, De Vecchi até enviou de Rodes um submarino italiano para torpedear o antigo cruzador grego *Helli*, em 15 de agosto de 1940. Apesar das provocações, chefes militares e líderes políticos gregos se juntaram num esforço para pacificar o vizinho agressivo, e a verdade é que ainda não se sabia ao certo se Mussolini aprovaria uma guerra.[32]

    O momento decisivo para o hesitante Mussolini parece ter vindo em 12 de outubro, com a notícia de que as forças alemãs tinham entrado na Romênia para salvaguardar o campo petrolífero de Ploesti. A invasão alemã do sul da Europa, visto pelos líderes italianos como "esfera político-econômica" da Itália, exigia uma resposta. Numa reunião em 15 de outubro com líderes fascistas, Mussolini anunciou que a guerra com a Grécia começaria dentro de onze dias. O mau tempo adiou o começo para 28 de outubro. Mussolini advertiu Prasca de que o êxito dependia acima de tudo da velocidade da operação. Ele não pretendia avisar Hitler de antemão: "Ele vai ficar sabendo pelos jornais que ocupei a Grécia".[33] A decisão final, tomada tarde no dia, lançou os preparativos italianos na mais completa bagunça, vítima, como disse uma testemunha, da "incurável mania de improvisação" de Mussolini.[34] Uma mobilização militar limitada já tinha começado, mas, depois de o plano iugoslavo ter sido cancelado, Mussolini tinha ordenado a desmobilização de metade da força de 1,1 milhão de soldados na Itália continental. O planejamento original da campanha grega previa apenas oito divisões num ataque limitado a Épiro e às ilhas Jônicas; em meados de outubro, quando metade das divisões da Itália se desmobilizava, Mussolini resolveu aumentar a força de ataque para vinte divisões, numa campanha para tomar toda a Grécia, possivelmente com cooperação búlgara. As divisões chegaram à Albânia com falta de equipamento, soldados e suprimentos; por causa do estado ruim dos aeródromos, grande parte da Força Aérea designada para a campanha tinha que operar a partir de bases no sul da Itália. A falta de informações precisas sobre o potencial militar e o posicionamento das forças gregos agravava as dificuldades. A ofensiva deveria começar com apenas 60 mil soldados, 270 aeronaves de combate e 160 tanques leves L/3 num clima de inverno e num terreno extremamente hostil a combates.[35]

Os gregos entenderam o tamanho da ameaça e ativaram o plano de mobilização 1B com as unidades estacionadas na fronteira com a Albânia e na Trácia, para o caso de a Bulgária ter coordenado um ataque com a Itália. Informações de inteligência sugeriam em outubro que a maior ameaça vinha do exército italiano na Albânia, e estabeleceu-se uma frente defensiva entrincheirada com pontos de artilharia e metralhadoras escondidos na região montanhosa onde as tropas italianas teriam que lutar. Sem uma declaração de guerra, o ataque italiano começou na manhã de 28 de outubro, a tempo de Mussolini informar a Hitler, ao chegar no encontro de cúpula em Florença, que mais uma vez forças italianas avançavam de forma triunfante. A batalha foi um desastre previsível. As forças gregas tinham poucas armas ou aeronaves modernas, além de ter suprimentos limitados, mas contavam com a vantagem do moral elevado na defesa da pátria e do bom conhecimento da zona de combate. Unidades italianas logo sofreram baixas pesadas; a comunicação por rádio e telefone era tão precária que o Exército precisou recorrer a mensageiros à moda antiga ("nenhum telefonista eficiente", queixou-se o comandante da campanha em dezembro); o Exército precisava de 10 mil toneladas de suprimentos por dia, mas as instalações portuárias pequenas e congestionadas na Albânia só permitiam a entrega de 3500 toneladas.[36] Os aviões tinham que ser usados com parcimônia por causa do mau tempo, enquanto voos vindos do sul da Itália para apoiar as forças terrestres demoravam demais para serem úteis em qualquer crise local. Em poucos dias, o exército grego abriu um grande rombo na linha de frente italiana.

Em meados de novembro, o comandante-chefe grego, Alexandros Papagos, lançou uma contraofensiva que fez o exército grego penetrar oitenta quilômetros em território albanês. Em 22 de novembro, a cidade albanesa de Koritsa foi tomada. Sinos repicaram em toda a Grécia para marcar a primeira vitória aliada desde o começo da guerra, como observou um jornalista americano em Atenas. Nas ruas da capital, gregos tomados de euforia cantavam "Queremos Tirana!", em referência à capital albanesa.[37] A "guerra-relâmpago" de Mussolini ameaçava encerrar de forma abrupta o império europeu da Itália. Em vez do avanço rápido e triunfante em direção a Atenas, o Exército italiano foi obrigado a convocar milhares de homens apenas para salvar a Albânia. Entre novembro de 1940 e abril de 1941, mais 21 divisões foram enviadas para participar da guerra na Grécia, que incluíam mais de meio milhão de homens com 87 mil animais de carga e 16 mil veículos.[38] Em março de 1941, com os dois lados exaustos e os comandantes da Itália demitidos e substituídos, foi lançada uma grande ofensiva italiana, que dentro de quatro dias também empacou. Em condições ironicamente parecidas com o brutal front alpino em que Mussolini tinha lutado na Primeira Guerra Mundial, as perdas foram excepcionais. O total de baixas do país na campanha chegou a 154 172 (incluindo 13 755 mortos), com mais ou menos um quarto dos soldados mal equipados precisando combater em temperaturas abaixo de zero e com suprimentos alimentares e médicos insuficientes. O Exército grego sofreu mais ou menos 60 mil baixas, sendo 14 mil mortos e milhares mutilados por queimaduras de frio, com os membros inchados e enegrecidos precisando ser amputados em hospitais de campanha primitivos no alto das montanhas gregas.[39]

O fiasco grego teve repercussões perigosas para o resto do império ultramarino da Itália, porque os frenéticos esforços para reforçar a Albânia privaram tanto Graziani no Egito como as forças italianas na Etiópia de qualquer possibilidade de reforço, e obrigaram a Marinha a dar apoio à missão de abastecimento em larga escala no mar Adriático. A Marinha Real tirou proveito imediato das novas prioridades italianas. Em 12 de novembro de 1940, escoltando um comboio de Malta para Alexandria, a frota do almirante Cunningham no Mediterrâneo oriental, reforçada pela chegada através do canal de Suez do porta-aviões *Illustrious*, lançou um ataque arrasador contra o principal porto da Marinha italiana em Taranto, usando biplanos Fairey "Swordfish" que transportavam uma mistura de sinalizadores, bombas e torpedos. A missão se beneficiou do fraco reconhecimento aéreo-marítimo da Força Aérea italiana, mas principalmente da vantagem tática dos novos torpedos aéreos britânicos, capazes de passar por baixo da rede de proteção do porto (nesse caso não instalada por completo) e, graças a um novo fusível magnético, detonar sob a quilha de navios de guerra desprevenidos. Houve pouco fogo antiaéreo eficaz; iluminadas pelos sinalizadores da aeronave líder, duas ondas de torpedeiros-bombardeiros atingiram o porto. O encouraçado *Conte de Cavour* foi atingido fatalmente, enquanto dois outros encouraçados, o *Caio Duilio* e o *Littorio*, sofreram danos graves, embora não em caráter definitivo.[40] Apesar de a destruição não ser tão vasta como a Marinha Real julgou de início, a principal frota italiana se retirou às pressas para Nápoles, e em poucos meses, depois de um ataque que causou bastante estrago na costa do cabo Matapan, na Grécia, em 28 de março de 1941, quando a frota britânica de Alexandria afundou três cruzadores e dois destróieres e avariou o encouraçado *Vittorio Veneto*, a Marinha italiana decidiu que nenhum encouraçado do país navegaria fora do alcance da proteção dos caças, eliminando de vez qualquer ameaça que a principal frota italiana de batalha ainda pudesse representar.[41]

O Império Africano da Itália, sacramentado apenas cinco anos antes pela conquista da Etiópia, desmanchou-se em poucos meses depois do desastre grego. As forças britânicas no Oriente Médio e na África, apesar de também enfraquecidas pelas demandas de contingente e de recursos militares para defender as ilhas britânicas, eram mais bem organizadas e tecnicamente mais avançadas do que as forças italianas. Churchill, como Mussolini, estava ansioso por uma vitória em algum lugar e instigou o comandante-chefe britânico no Cairo, o general Archibald Wavell, a responder à incursão de Graziani no Egito. Apesar da grande desvantagem numérica de suas forças na África (a Itália tinha 298 500 militares italianos e 228 400 soldados locais na Líbia e na África Oriental, em comparação com os 60 mil homens das forças imperiais britânicas), Wavell preparou um contra-ataque para aproveitar a preocupação italiana com a Grécia. A Operação Compass foi lançada pelo deserto em 9 de dezembro, com 30 mil soldados da Sétima Divisão Blindada, uma divisão indiana e parte de uma divisão australiana no lento processo de formação. As forças imperiais britânicas se movimentaram rapidamente em dois eixos, infiltrando-se na linha italiana estática e atacando-a pela retaguarda. A surpresa e o pânico tomaram conta da linha de frente do Décimo Exército Italiano do general Italo Gariboldi. Com falta de equipamento, armas antitanque escassas e pouca experiência em guerra com blindados, a resistência italiana se desintegrou. Em 4 de janeiro, as forças imperiais britânicas chegaram a Bardia, onde 45 mil italianos se renderam; em 23 de janeiro, Tobruk caiu, com mais 22 mil prisioneiros. A Sétima Divisão Blindada cruzou o deserto para bloquear a retirada das unidades italianas em Beda Fomm, e em 7 de fevereiro de 1941 a batalha terminou, com grande parte do leste da Líbia em mãos britânicas, assim como 133 mil prisioneiros, 1290 armas, quatrocentos tanques e milhares de veículos. Apenas 8500 soldados italianos lutaram para alcançar uma segurança temporária no oeste da Líbia. Do lado do Império Britânico, quinhentos morreram durante os dois meses de campanha. Wavell poderia ter avançado até Trípoli, o último porto norte-africano em poder do Eixo, acabando com qualquer perspectiva de resistência italiana no deserto, mas ele estava sendo pressionado por demandas de outros teatros.[42] Seu próximo objetivo era a África Oriental italiana. Ali o governador italiano, Amadeo de Saboia, duque de Aosta, tinha diante de si uma tarefa impossível. Isolado de todos os suprimentos pelo bloqueio naval britânico e enfrentando uma insurgência generalizada da população etíope, sem veículos, combustíveis e munição suficientes (a maioria datada de 1918), o máximo que podia esperar era uma operação de contenção. Apenas cinco divisões imperiais britânicas foram necessárias para acabar com o império da Itália, com duas divisões indianas atacando a partir do Sudão, uma sul-africana e duas divisões africanas do Império Britânico a partir do Quênia. A campanha, que havia começado em 21 de janeiro, terminou, para todos os efeitos, em 6 de abril, quando Adis Abeba foi capturada. O imperador etíope Haile Selassie foi reconduzido ao trono sob supervisão britânica em maio de 1941. Em questão de semanas, quase todo o Império Italiano na África estava acabado.

As derrotas na África e na Grécia não tiraram a Itália da guerra, mas mostraram até que ponto o regime fascista tinha deixado de desenvolver uma máquina militar moderna e um aparelho de comando e controle capazes de equiparar a ambição imperial aos recursos disponíveis. Embora tenha havido muita discussão recente sugerindo que as Forças Armadas italianas eram mais eficazes como força de combate em campo do que a imagem popular do pós-guerra dá a entender, esse argumento continua difícil de sustentar de forma convincente. Em contrapartida, há menos dúvida de que, liderados com sensatez e equipados da maneira devida, os soldados italianos teriam tido um desempenho mais competente, e mais adiante na guerra isso provou ser verdadeiro, quando melhorias foram lentamente introduzidas. Também não há dúvida sobre a coragem de homens que enfrentaram condições sombrias, com equipamento obsoleto, lutando da melhor maneira que podiam. Mas as Forças Armadas derrotadas em 1940-1 não eram bem lideradas, nem equipadas de maneira efetiva, e o efeito disso no moral das tropas era, como não podia deixar de ser, debilitante. O maior problema foi a estrutura criada para administrar o esforço de guerra italiano. Mussolini concentrou em si mesmo a tomada de decisões, mas suas escolhas eram as de um militar amador, propenso a intervir de forma arbitrária e relutante em ouvir o conselho dos seus comandantes. A colaboração entre os ramos separados das Forças Armadas era precária.[43] Na melhor das hipóteses, o Exército italiano em 1940 estava equipado para uma guerra colonial limitada, mas totalmente despreparado para um conflito móvel moderno: havia pouquíssimos canhões antitanque; a artilharia era antiquada (no deserto, dos 7970 canhões de campo, apenas 246 tinham sido fabricados depois de 1930); e os tanques eram leves, com blindagem insuficiente e de pouca potência.[44] Embora Mussolini desejasse ter forças capazes de conduzir *la guerra lampo* [a guerra-relâmpago], o Estado fascista era uma barreira permanente à eficiência militar.

Enfrentando a derrota em todas as frentes, Mussolini por fim foi obrigado a pedir ajuda militar a Hitler. Um pedido formal foi feito em 17 de dezembro, e Hitler concordou, depois de alguma hesitação. A essa altura, os efeitos do ataque improvisado de Mussolini contra a Grécia ameaçavam desestabilizar toda a região balcânica, uma área onde a Alemanha tinha interesses importantes para o suprimento de matérias-primas e petróleo. A perspectiva de intervenção britânica (em 2 de novembro uma missão da Marinha Real chegou a Atenas, e as primeiras unidades da RAF chegaram poucas semanas depois) sugeria uma reprise da crise escandinava, com uma ameaça no flanco alemão, enquanto preparativos eram feitos para a principal campanha contra a União Soviética.[45] A derrota italiana, que parecia provável em dezembro de 1940, também teve repercussões infelizes para a reputação do Eixo, cujas reivindicações políticas tinham sido publicamente declaradas no Pacto Tripartite apenas três meses antes. Os líderes alemães concordaram em ajudar os italianos não por simpatizarem com suas aflições, mas porque isso servia aos próprios interesses. A assistência, como disse um homem da equipe de planejamento do OKW, foi "dada a contragosto e aceita a contragosto".[46] Sem que Mussolini soubesse, Hitler já tinha orientado suas Forças Armadas em 13 de dezembro a prepararem uma intervenção na Grécia com o codinome de Operação Marita. Com anuência da Bulgária, forças alemãs foram transferidas para a fronteira búlgaro-grega durante a primeira parte de 1941. O 12º Exército, sob comando do marechal de campo Wilhelm List, com cinco corpos militares e o apoio do Oitavo Corpo Aéreo, estava posicionado no fim de março com planos para invadir no começo de abril. Pouco disso foi coordenado com os italianos, que permaneceram presos ao front albanês até o ataque alemão.

Enquanto os preparativos para estabilizar os Bálcãs prosseguiam, Hitler autorizou a transferência de recursos aéreos e blindados para ajudar os italianos no Norte da África. O Décimo Corpo Aéreo, comandado pelo general Hans Geisler, especialista em operações contra o transporte marítimo, chegou à Sicília em dezembro de 1940, com 350 aviões, e começou a estabelecer bases para neutralizar a ameaça britânica a operações italianas de suprimento com aeródromos e submarinos em Malta. Em 16 de janeiro, o porta-aviões *Illustrious*, responsável pelos ataques a Taranto, foi danificado por aeronaves alemãs. Embora Malta não tivesse sido neutralizada por completo, os repetidos ataques aéreos na primavera de 1941 suprimiram a atividade naval britânica contra comboios italianos no teatro do Norte da África até as aeronaves alemãs serem transferidas no verão. Em janeiro e fevereiro de 1941, a 15ª Divisão Blindada e a Quinta Divisão Motorizada Leve foram transferidas para a Líbia, sob o comando do general Erwin Rommel, uma das estrelas da guerra de tanques na França. O Afrika Korps alemão forneceu uma nova espinha dorsal para o Exército italiano desmoralizado. Em fevereiro de 1941, restavam apenas seis divisões e uma centena de aeronaves italianas no oeste da Líbia. Graziani, o comandante-geral italiano no Norte da África, sucumbiu a um colapso nervoso e foi substituído por Italo Gariboldi. Mais blindados italianos chegaram junto com o corpo de exército alemão, e Rommel de imediato se pôs a testar as capacidades do Império Britânico. A Operação *Sonnenblume* [Girassol] foi projetada pelo quartel-general de Hitler como um avanço limitado a uma linha mais defensável a leste de Trípoli, mas Rommel percebeu que as forças inimigas que tinha diante de si, exaustas depois de semanas de perseguição pelo deserto, não tinham a menor condição de barrá-lo. As forças do Império Britânico estavam muito dispersas, e o número de tanques tinha sido muito reduzido depois de Compass. Rommel as empurrou de volta pelo deserto, e os esforços do alto-comando de Hitler e do comandante italiano na Líbia para contê-lo fracassaram. Embora fosse formalmente superior a Rommel, Gariboldi não conseguiu convencer o comandante alemão a seguir a liderança italiana. Na verdade, Rommel avançou para Tobruk, sitiando-a em 8 de abril de 1941. Embora Rommel não costumasse dar muita importância a seus aliados italianos — e estivesse chocado com o baixo nível do equipamento italiano —, a contraofensiva no deserto foi um esforço combinado ítalo-germânico, e pela primeira vez deu aos italianos a perspectiva de uma vitória real.

A mudança brusca da situação no deserto foi resultado acima de tudo da decisão política tomada em Londres de a Grã-Bretanha enviar uma força expedicionária para ajudar os gregos na luta contra o Eixo. A Grã-Bretanha tinha garantido a independência grega na primavera de 1939, junto com a da Polônia. Mas a intervenção na Grécia enfraqueceu uma já frágil presença militar no Norte da África, deixando o Egito e o canal de Suez vulneráveis, mas sem oferecer perspectivas reais de salvar a Grécia se as forças alemãs realmente decidissem lutar. Churchill, como Mussolini, também estava ansioso por uma vitória na Europa e, como o ditador italiano, era incapaz de compatibilizar a ambição política com a realidade militar. Em 9 de janeiro, depois de discussões com os chefes do Estado-Maior e do Gabinete de Guerra, Churchill conseguiu o que queria. Wavell foi instruído a desviar forças do front africano para ajudar os gregos, mas se opôs com vigor à ideia. "O que vocês precisam aí é de uma corte marcial e de um pelotão de fuzilamento", respondeu Churchill, furioso.[47] O primeiro-ministro britânico persistiu, mas o ditador grego, Ioannis Metaxas, relutava em aceitar ajuda com medo de que provocasse uma invasão alemã imediata. No entanto, depois de ele morrer em janeiro de 1941, o novo primeiro-ministro, Alexandros Koryzis, enfim assinou um acordo militar formal com a Grã-Bretanha, em 2 de março de 1941, quando a invasão alemã parecia iminente. O acordo deveria fazer parte de uma frente anti-Eixo mais ampla, que o secretário do Exterior de Churchill, Antony Eden, foi enviado ao Mediterrâneo para negociar. Chegando a Atenas, em 19 de fevereiro, Eden fez uma turnê inútil pela Turquia e pela Iugoslávia para tentar convencer os dois países a aderirem à causa aliada. Nenhum deles topou participar, pois naquele momento estava claro que a Alemanha era o lado vencedor — fato ainda mais evidente quando se levava em conta que as forças do Império Britânico estavam em franca retirada na Líbia. Soldados da Nova Zelândia e da Austrália, comandados pelo major-general Bernard Freyberg, formaram a "W Force" e desembarcaram na Grécia continental em 7 de março. Como na intervenção na Noruega, com a qual a campanha se parecia bastante, em seis semanas as forças britânicas foram expulsas de esforços inúteis para sustentar um aliado que desmoronava.

Quando as forças alemãs atacaram a Grécia, em 6 de abril (operação de que a inteligência britânica já tinha conhecimento graças a interceptações da inteligência Ultra), a situação política tinha mudado outra vez. O governo iugoslavo, que repelira os esforços de Eden, aderiu ao Pacto Tripartite em 25 de março, mas foi logo derrubado por um golpe militar antigermânico. Eden por um momento teve esperança de que Belgrado agora se juntasse a uma aliança greco-britânica, mas o novo regime iugoslavo também era cauteloso com qualquer compromisso que pudesse provocar uma invasão alemã. No entanto, o golpe enfureceu Hitler, e em poucos dias a campanha contra a Grécia foi ampliada para incluir uma operação a fim de destruir a Iugoslávia, que seria iniciada com um implacável bombardeio aéreo em Belgrado. A Diretiva n. 25 redirecionou o 12º Exército de List para atacar também o sul da Iugoslávia, enquanto novas unidades eram formadas na Hungria e na Áustria com o objetivo de atacar pelo norte. Cerca de novecentas aeronaves foram liberadas da guerra com a Grã-Bretanha para participar da nova campanha. Em nítido contraste com o emprego apressado e improvisado de forças italianas em outubro de 1940 contra a Grécia, os planejadores alemães alcançaram em duas semanas o que parecia impossível. Em 6 de abril, a ofensiva começou com 33 divisões, onze delas blindadas. O que se viu em seguida foi um modelo de "guerra-relâmpago". Em um terreno montanhoso difícil, numa paisagem não familiar, forças iugoslavas e gregas foram simplesmente varridas. Em 17 de abril, a Iugoslávia se rendeu; um armistício grego veio no dia 20, assinado com um comandante germânico local. A rendição grega incondicional aos alemães ocorreu um dia depois, enquanto o 12º Exército de List controlava a fronteira entre a Grécia e a Albânia para impedir a entrada das forças italianas. Mussolini protestou, alegando que aquela vitória deveria ser italiana, uma vez que a guerra seria dele. Hitler, com relutância, permitiu que italianos estivessem presentes numa segunda cerimônia de rendição em Salônica, em 23 de abril, onde o comandante grego, general Georgios Tsolakoglou, foi obrigado a reconhecer a reivindicação italiana. A realidade não passou despercebida pela Itália. No fim de abril, quando a distribuição dos despojos foi discutida em Viena, ficou evidente que o papel do país era agora o de satélite da Alemanha. A estratégia confusa, agressiva e desorganizada de Mussolini em 1940 levou, seis meses depois, à extinção definitiva de um Império Italiano independente. "O nosso destino como aliado", reclamou Ciano, "pode ser trágico: o de uma colônia."[48]

Para o Império Britânico, o resultado foi quase tão trágico quanto. Em 14 de abril, ficou claro que uma Dunquerque no Mediterrâneo era necessária. Poucos dias depois, teve início o embarque, e 50 mil soldados, tanto do Império Britânico como gregos, foram transportados para a ilha de Creta ou para o Egito. Como uma forte presença britânica em Creta representava uma ameaça contínua à segurança germânica, uma operação audaciosa foi planejada com o uso de paraquedistas de elite do general Kurt Student. Em 20 de maio, os paraquedistas alemães desembarcaram e, apesar das perdas excepcionalmente altas, asseguraram o controle da principal base aérea em Maleme. Durante dez dias, a briga acirrada pela ilha prosseguiu, mas os chefes do Estado-Maior britânico não viam razão para mais uma derrota abrangente, e em 31 de maio a guarnição do Império Britânico começou a evacuar para o Egito, com a perda de 3700 homens, 2 mil deles tripulantes de navios de guerra da Marinha Real acossados e bombardeados por aeronaves alemãs que vinham em ondas. As derrotas na Grécia e em Creta confirmaram que a presença britânica na Europa continental era impossível e, por sua vez, expuseram a reduzida força no Egito a uma ameaça ainda mais séria. O Departamento de Guerra preparou um plano de contingência para o "pior caso possível": abandonar o Egito, retirar-se para o Sudão, ou até mesmo seguir para os confins do sul da África. Em 24 de abril, Wavell, que se opusera ao fiasco da Grã-Bretanha na Grécia, informou ao Departamento de Guerra em Londres que não dispunha de nenhuma formação completa em termos de organização e equipamento. "Estamos lutando, como fazemos desde o começo da guerra", continuou, "com improvisações e insuficiências."[49] Na Grã-Bretanha, circulava uma piada segundo a qual a BEF, a sigla em inglês da Força Expedicionária Britânica, na verdade significaria "Back Every Fortnight" [Uma retirada a cada quinze dias]. O serviço de inteligência interna informou que a pergunta que mais preocupava o público era: "Será que os alemães vão *sempre* nos derrotar quando os enfrentarmos em terra?".[50]

Enquanto a crise na Grécia e em Creta se desenrolava, forças britânicas enfrentaram uma nova ameaça à sua posição no Oriente Médio quando nacionalistas iraquianos deram um golpe de Estado em 1º de abril, com o objetivo de reduzir a influência britânica e se juntar às forças do Eixo. A crise no Iraque vinha fermentando desde 1940, quando o nacionalista radical Rashid Ali al-Kailani, professor da faculdade de direito de Bagdá, se tornou primeiro-ministro. Ele era apoiado por uma cabala de oficiais iraquianos — conhecidos como Quadrado Dourado —, que queria usar a derrota aliada na Europa como pretexto para livrar o país da conexão imperial residual com a Grã-Bretanha. Ele foi deposto em 31 de janeiro de 1941, por pressão do governo britânico, mas já tinha contatado os alemães e os italianos para conseguir ajuda do Eixo. No começo de abril, seu golpe militar obrigou o regente, o príncipe Abdullilah, a fugir para o mandato britânico da Palestina. Rashid formou um "governo de defesa nacional" que foi quase de imediato reconhecido pela Alemanha e pela União Soviética, as duas potências que a Grã-Bretanha mais temia como uma ameaça à região.[51] Não se sabe ao certo se Rashid de fato desejava um conflito armado com as forças britânicas enfraquecidas no Iraque, mas, com medo de uma invasão alemã repentina no país depois da incursão nos Bálcãs, os chefes do Estado-Maior da Grã-Bretanha aprovaram a Operação Sabine, que consistia em deslocar milhares de soldados britânicos e indianos para o porto de Basra, no sul do Iraque, a fim de defender concessões de petróleo vitais para a Grã-Bretanha e a rota terrestre para o Mediterrâneo. O governo Rashid exigiu que eles fossem transferidos; os britânicos não só se recusaram, como também trouxeram mais forças, violando o acordo de defesa anglo-iraquiano. O Exército iraquiano se preparou para a guerra. O grande mufti de Jerusalém, o pró-alemão Amin al-Husayni, que estava em Bagdá após ter sido exilado da Palestina pelos britânicos, declarou uma jihad contra o inimigo imperial, convocando muçulmanos para uma guerra santa.[52] Em 25 de abril, um tratado foi finalizado com a Itália para suprir armas, em troca da promessa de conceder aos italianos acesso a petróleo e instalações portuárias. Armas começaram a chegar ao Iraque por intermédio da Síria controlada por Vichy. O oleoduto britânico para Haifa, na costa oriental do Mediterrâneo, foi interrompido, e o Exército iraquiano se preparou para cercar e tomar a principal base aérea britânica em Habbaniya, a noventa quilômetros de Bagdá, nas margens do Eufrates. Em 1º de maio, 9 mil soldados iraquianos, apoiados por artilharia e tanques leves, se entrincheiraram num planalto com vista para o aeródromo e se prepararam para a batalha.

No papel, as forças estavam desequilibradas. Havia apenas 1400 militares da Força Aérea e do Exército em Habbaniya, apoiados por 1250 soldados iraquianos, recrutados pelos britânicos para auxiliar a sua presença militar na região. A base abrigava uma unidade de treinamento da RAF, com uma mistura heterogênea de aeronaves de treinamento obsoletas e nove caças biplanos Gloster Gladiator. A força concentrada em Basra estava impedida de dar ajuda imediata, pois os iraquianos haviam decidido inundar a área que levava a Bagdá. Com grande relutância, levando em conta a fragilidade da posição britânica no Egito, Wavell foi obrigado a improvisar uma coluna móvel de socorro, "Habforce", que partiu da Palestina e da Transjordânia para salvar o Iraque. Habbaniya na verdade salvou a si mesma. Uma mistura de instrutores e aprendizes de piloto operava os treinadores, equipados com bombas, o dia inteiro contra as posições iraquianas. Desmoralizado, sem água e alimentos suficientes, e bombardeado e metralhado de modo implacável, o exército se desintegrou. Em 6 de maio, estava em plena retirada pela estrada para Fallujah quando deparou com tropas iraquianas adicionais indo na direção oposta. No caos que se seguiu, a RAF infligiu um bombardeio intenso contra os homens e veículos expostos. O exército foi perseguido até Fallujah, onde ocorreu uma batalha acirrada, até que, em 20 de maio, a cidade caiu em poder dos britânicos. A vasta destruição provocada pela artilharia e pelas bombas fez um soldado britânico se lembrar das imagens que tinha visto das "cidades arruinadas de Flandres durante a Grande Guerra".[53] Na semana seguinte, 1400 soldados da "Habforce", fortemente apoiados por aviões vindos de Habbaniya e Basra, convergiram em Bagdá. Em 30 de maio, Rashid, Al-Hussayni e oficiais do Quadrado de Ouro fugiram para o Irã e para a Turquia, deixando o prefeito da cidade incumbido de negociar um armistício. Com perdas modestas, o Exército e a Força Aérea iraquianos tinham sido derrotados e a revolta, reprimida. O conflito era familiar para os britânicos, que usaram milícias locais e soldados indianos para apoiar uma pequena força da metrópole, supondo que o inimigo, apesar de numeroso, era militarmente inadequado. "Para nós", escreveu Somerset de Chair, oficial de inteligência em Habbaniya, "foi apenas mais uma campanha ao longo das fronteiras orientais do nosso Império."[54]

O que dava mais urgência à campanha iraquiana era o medo de que os Estados do Eixo, agora posicionados nos Bálcãs e no Egeu, aproveitassem a oportunidade para apoiar a revolta e desestabilizar a já frágil posição da Grã-Bretanha no Oriente Médio. Rashid tentou usar contatos entre os alemães para que eles ajudassem a causa iraniana, mas a crise nos Bálcãs absorvia os esforços germânicos, enquanto Hitler via a área como parte da esfera da Itália e da França de Vichy. Só quando a revolta começou é que pareceu possível enfraquecer os britânicos, mas o apoio alemão se limitou a pequenas remessas de armas leves, uma missão militar em Bagdá e dois esquadrões de aeronaves, um de caças Messerschmitt Me110 e outro de obsoletos bombardeiros Heinkel He111; os italianos enviaram um esquadrão de biplanos Fiat CR-42. Eles foram autorizados a usar uma base aérea em Aleppo, na Síria, pelas autoridades de Vichy e mais tarde pousaram em Mosul, no norte do Iraque. Envolveram-se em ataques esporádicos, mas até o fim de maio tinham perdido 95% da força original. Como os italianos, os alemães estavam mais interessados no petróleo do Iraque. Uma Missão Petrolífera Alemã chegou em maio de 1941 para inspecionar a indústria e ver quais eram as perspectivas de assumi-la quando os britânicos fossem expulsos, deixando claro que o êxito do Eixo significaria a substituição de um senhor imperial por outro.[55] A intervenção chegou tarde e com uma força limitada demais para afetar o resultado. A Diretiva de Guerra n. 30, de Hitler, publicada em 23 de maio, prometia assistência à revolta de Rashid, mas àquela altura o conflito estava praticamente terminado; uma segunda diretiva, a de n. 32, publicada em 11 de junho, deixou claro que a operação para expulsar os britânicos do Oriente Médio só viria depois de concluída a campanha iminente contra a União Soviética.[56] Para Hitler, o Oriente Médio ainda era um showzinho secundário, fora do seu âmbito estratégico.

Durante o resto do conflito, o esforço germânico para explorar o sentimento antibritânico dos árabes e provocar novos levantes armados ficou confinado à guerra política. A campanha de propaganda dirigida ao mundo árabe foi a maior ofensiva política lançada pelo Eixo. Uma estação de rádio em árabe vinha sendo operada pelo Ministério das Relações Exteriores da Alemanha em Zeesen, ao sul de Berlim, desde abril de 1939, e em 1941 transmitia 24 horas por dia a mensagem central de que o imperialismo britânico e os judeus eram os principais inimigos do mundo árabe e do Islã, instigando muçulmanos do mundo inteiro a se rebelar contra eles.⁵⁷ As transmissões eram complementadas por um fluxo constante de folhetos e panfletos lançados no ar em todo o Oriente Médio, um total de 8 milhões até a primavera de 1942. Os alemães mobilizavam citações do Alcorão para apoiar a causa da libertação árabe da Grã-Bretanha, "o criminoso injusto e violento". Jogava-se com a ideia de uma conspiração judaica mundial para escravizar os povos árabes. A ss publicou 1 milhão de exemplares de um panfleto que afirmava que o gigante rei judeu Dajjal, citado no Alcorão, seria morto pelo servo de Deus Hitler: "Ele matará Dajjal, como está escrito, destruirá seus palácios e lançará seus aliados no fogo dos infernos".⁵⁸ A campanha teve pouco sucesso; a revolta iraquiana foi o único caso em que a hostilidade árabe contra as ambições imperiais da Grã-Bretanha resultou em violência. A propaganda foi prejudicada pela escassez de aparelhos de rádio — em toda a Arábia Saudita, havia apenas 26, e os 55 mil do Egito pertenciam principalmente a residentes europeus —, enquanto a exploração do Alcorão para apoiar uma motivação política clara foi repudiada pelos clérigos muçulmanos. O mulá iraniano Ruhullah Musavi, mais conhecido depois como aiatolá Khomeini, condenou a propaganda nacional-socialista como "o produto mais tóxico e hediondo da mente humana".⁵⁹ Era difícil engolir as alegações dos alemães e dos italianos de serem anti-imperialistas depois da supressão brutal de populações árabes e berberes na Líbia; segundo um relatório, apesar de supostamente respeitarem os árabes locais, os soldados alemães no Norte da África os tratavam como racialmente inferiores, chamando-os de "pessoas de cor", "negros" e até, de forma confusa, "judeus".⁶⁰

Apesar disso, depois da revolta iraquiana, os britânicos continuaram pessimistas em relação à contínua ameaça à segurança da região. Duas semanas depois da rendição de Bagdá, o chefe do Estado-Maior Imperial Geral, o general John Dill, disse ao seu chefe de operações: "Imagino que você perceba que podemos perder o Oriente Médio".⁶¹ A assistência dada às unidades aéreas do Eixo pelas autoridades francesas de Vichy na Síria mostrou mais uma vez que a Grã-Bretanha não deveria esperar nenhuma manifestação de simpatia do ex-aliado francês. Havia um grande número de forças francesas na Síria e no Líbano, com pelo menos 35 mil soldados franceses e coloniais e noventa tanques. Wavell foi instruído a eliminar a ameaça, e em 8 de junho uma força mista de britânicos, australianos, indianos e da França Livre avançou para o oeste do Iraque, rumo a Damasco, e para o norte da Palestina, rumo a Beirute. Depois de combates acirrados, o comandante francês, general Henri Dentz, pediu um armistício. A Grã-Bretanha assumiu o controle militar do mandato francês, enquanto a França Livre tentava reafirmar, com variados graus de êxito, o controle francês do governo civil.⁶² Forças e funcionários britânicos agora ocupavam todo o Oriente Médio, do Egito à fronteira iraniana, o maior nível de influência do país na região. Para mascarar a extensão do controle colonial, fez-se um esforço para montar uma campanha para divulgar as virtudes da democracia britânica. Como os alemães, os escritórios de publicidade da Grã-Bretanha mobilizaram o Alcorão para sustentar sua propaganda. Um pitoresco cartaz distribuído no Iraque proclamava que "a religião do Islã é o espírito da democracia [...]. A democracia é a essência do Alcorão [...]".[63] A campanha padecia da evidente disposição da Grã-Bretanha de adotar práticas imperiais tradicionais para manter o controle — censura à imprensa, prisões sumárias, deportação, conselheiros inseridos no governo central e local —, ao mesmo tempo que pregava as virtudes da política liberal. A Legação Americana em Bagdá informou a Washington a profundidade da penetração britânica no aparelho governamental e econômico, tudo projetado "para servir ao bem-estar do Império Britânico".[64] A prioridade britânica continuava a ser a segurança de suas comunicações e do abastecimento de petróleo, mas no fim de junho de 1941 uma nova ameaça surgiu com a invasão germânica da União Soviética. Abriu-se a possibilidade de que forças alemãs avançassem para o Oriente Médio vindas do Cáucaso, além do trajeto pelo Egito; pior ainda era o pesadelo geopolítico de que o Japão e a Alemanha juntassem forças para expulsar por completo os britânicos e seus aliados da Eurásia.

O MOMENTO MACKINDER

O geógrafo inglês Halford Mackinder é famoso por promover a ideia de que o espaço continental eurasiano, da Europa Central ao oceano Pacífico, era a "região [geopolítica] central" do globo. O controle dos recursos desse vasto continente, a "ilha mundial", traria junto a dominação da "periferia externa" dos Estados marítimos. "Quem governa a região central comanda a ilha mundial", escreveu ele em 1919. "Quem comanda a ilha mundial comanda o mundo."[65] Mackinder cunhou a ideia num artigo de 1904 sobre "O pivô geográfico da história" para alertar os britânicos sobre a possibilidade de seu poder global ser subvertido pelas comunicações modernas, que agora tornavam possível explorar os vastos recursos materiais da região central. Em 1919, ele chegou a sugerir que a Alemanha e o Japão talvez conseguissem dominar juntos a Eurásia às custas da Rússia e da China: a Alemanha, com seu pé plantado com firmeza na Europa Central e Oriental, o Japão, com a vantagem de uma "fachada oceânica".[66] A ideia teve pouco impacto na Grã-Bretanha e poderia ter continuado na obscuridade se não fosse o geógrafo alemão Karl Haushofer, que leu a obra de Mackinder e passou a escrever sobre o "pivô" geográfico nos anos pós-Grande Guerra. Foi Haushofer que popularizou o termo "geopolítica" para descrever a estreita relação entre circunstâncias geográficas e poder nacional. Um dos alunos de Haushofer no instituto em Munique onde ele trabalhava era o jovem Rudolf Hess, futuro vice de Hitler e um dos primeiros membros do Partido Nacional-Socialista. Hess apresentou o futuro ditador a Haushofer, que forneceu a Hitler material de leitura sobre assuntos geopolíticos durante o período em que esteve encarcerado na prisão de Landsberg, depois de uma fracassada tentativa de golpe, em 1923.[67]

Embora seja difícil rastrear o vínculo com Mackinder, não é improvável que Haushofer lhe tenha feito um relato de segunda mão do pivô geográfico. Na época em que ditava *Mein Kampf* para Hess, seu colega de cadeia, Hitler tinha claramente absorvido a ideia de que o destino alemão estaria na região central. "Só um grande espaço adequado nesta terra", escreveu Hitler, "assegura uma liberdade nacional de existência", e esse espaço seria encontrado num suposto "Leste".[68] Mais tarde, Haushofer elogiou a "maestria geopolítica" de Hitler, que refletia suas próprias ideias sobre o que ele chamava de "potências conquistadoras de espaço", tiradas de viagens que fez pelo Império Britânico, cuja maestria geopolítica ele também admirava. Haushofer esperava que a Alemanha ajudasse a construir uma potência terrestre eurasiana que excluísse e dominasse os marítimos anglo-saxões. Seus trabalhos iniciais sobre a colonização japonesa na Coreia e na Manchúria o convenceram de que o Japão também poderia tomar parte no projeto como o "parceiro de mentalidade continental de uma política continental do mundo".[69] Em 1913, Haushofer publicou um importante estudo sobre a posição mundial do Japão e seu futuro geopolítico como um "Japão maior". A geopolítica se tornou popular no Japão nos anos 1930, porque a ciência parecia confirmar a sabedoria da expansão territorial nipônica como um meio de superar a hegemonia ocidental. Num "Manifesto de geopolítica japonesa", escrito em 1940, o estudioso Tsunekichi Komaki defendeu a ideia da primazia japonesa em toda a Ásia Oriental.[70] A "região central" de Mackinder começou como uma conjetura abstrata sobre a futura estrutura de poder global, mas terminou como uma descrição da forma como os imperialistas alemães e japoneses buscavam o eldorado da dominação eurasiana. A fantasia de que a ordem geopolítica do mundo podia ser virada de cabeça para baixo por uma conquista territorial em larga escala foi a ambição expansionista mais extrema buscada pela Alemanha e pelo Japão nos anos 1930 e 1940. No entanto, a área que eles agora queriam conquistar era uma vasta extensão geográfica somada ao que já tinha sido tomado às custas de três dos mais poderosos Estados do mundo. A lacuna entre a imaginação e a realidade geopolíticas só poderia ser preenchida por uma mistura de arrogância racial e deliberado desrespeito por realidades militares e geográficas. Mackinder nunca esperou que a "região central" pudesse ser conquistada por completo por alguém vindo de fora; ao longo da história, nenhum Estado externo à Eurásia estabeleceu ali uma suserania permanente.

No entanto, a fantasia geopolítica não bastava para explicar o momento em que as decisões de conquista foram tomadas, pois em ambos os casos havia fortes fatores econômicos, estratégicos e ideológicos de curto prazo em jogo que apoiavam e complementavam a visão mais ampla de potência eurasiana. No caso de Hitler, a decisão de atacar a União Soviética foi desenvolvida aos poucos, em resposta a uma série de circunstâncias em processo de mudança pelas quais ambições imperiais fantásticas podiam ser justificadas para si, para as Forças Armadas e para o público alemão em geral como necessárias e inevitáveis. A escolha também cabia a Hitler. Como em 1939, com os preparativos para a guerra contra a Polônia, Hitler não queria ser dissuadido após ter tomado uma decisão, embora Göring e Von Ribbentrop, em seu círculo mais próximo, tenham tentado convencê-lo durante meses de que acabar antes com a Grã-Bretanha fazia mais sentido do ponto de vista estratégico. Foi uma decisão cercada de incertezas. Em dezembro de 1940, o comandante-chefe do Exército, o marechal de campo Walther von Brauchitsch, perguntou ao ajudante de ordens do Exército de Hitler se o ditador estava só blefando em relação aos planos de invadir a União Soviética, mas a resposta que recebeu foi que agora Hitler estava mesmo decidido a invadir. Um mês depois, o Estado-Maior do OKW estava tão inseguro sobre a "firmeza de intenção" de Hitler que precisou ser reassegurado de que a decisão era irreversível e não deveria mais ser posta em dúvida.[71]

Até então, a campanha planejada se desenvolvera numa espécie de vácuo. Para Hitler, enquanto lidava com o problema de derrotar o Império Britânico, houve múltiplos motivos de confrontar a ameaça "judaico-bolchevique" no Leste e realizar o desejo de tomar um "espaço vital" de verdade para o povo alemão. A causa imediata foi a recusa do governo de Churchill de fazer as pazes. No fim de julho de 1940, quando convocou uma reunião com os chefes das Forças Armadas para discutir uma estratégia futura, Hitler anunciou que seu desejo era aniquilar o Estado soviético com um grande golpe militar na primavera de 1941, mas o objetivo era remover a última possibilidade de uma aliança europeia para a Grã-Bretanha. O motivo antibritânico foi repetido como um mantra estratégico no período de dez meses entre agosto de 1940 e junho de 1941, e reapareceu em sua confusa fala à nação na manhã de 22 de junho de 1941, na qual anunciava o início da Operação Barbarossa: "Chegou a hora em que é preciso combater a conspiração de belicistas judaico-anglo-saxões com os poderes igualmente judaicos do centro bolchevique de Moscou".[72] A ideia de esmagar a União Soviética para forçar a Grã-Bretanha a um acordo era vista com ceticismo pelos planejadores do Exército, em particular pelo chefe do Estado-Maior Franz Halder, que registrou em janeiro de 1941 que a invasão "não afeta a Inglaterra […]. Não devemos subestimar os riscos que corremos no Ocidente".[73] Para Hitler, seu estratagema britânico apresentava uma guerra da mais pura agressão como um ataque preventivo ditado por ações alheias — uma inversão da realidade, como o conflito anterior contra a Polônia.

Na verdade, a campanha contra a União Soviética era mais do que uma via indireta para derrotar a Grã-Bretanha. Era por si só um objetivo de guerra, não apenas para afastar uma grande ameaça à construção do Império Alemão na Europa Oriental, mas também para formar o lugar futuro de um império eurasiano governado por Berlim. A ideia inicial em 1940 de uma campanha contra o Exército Vermelho surgiu nos primeiros dias de julho, por parte de líderes do Exército alemão ansiosos por desferir um golpe punitivo que mantivesse a União Soviética à distância e protegesse a fronteira oriental. Hitler é que pegou essa sugestão e a transformou num plano maior, anunciado em 31 de julho aos chefes militares, de aniquilar o Estado soviético antes que fosse tarde. As ações soviéticas nos Países Bálticos e na Romênia representavam uma ameaça inequívoca. A inteligência alemã detectou a movimentação soviética para fortificar e guarnecer a nova fronteira ocidental com a Polônia, ocupada pela Alemanha — a chamada "Linha Molotov" —, enquanto bases aéreas soviéticas eram transferidas para mais perto da fronteira, podendo alcançar Berlim. Depois da visita de Molotov, em novembro de 1940, Hitler indicou que a União Soviética deveria ser destruída o mais rápido possível, pois o apetite de Stálin era insaciável. A hipótese mais perigosa era a de um ataque simultâneo de uma aliança anglo-americana no Oeste e dos soviéticos no Leste. "A grande ansiedade do Führer", escreveu Ribbentrop em suas memórias, era que a Alemanha fosse arrastada para "uma guerra gigantesca em dois fronts, que causaria grande destruição de vidas e propriedades."[74] A natureza imponderável da situação estratégica daquele momento fazia a rápida derrota da União Soviética parecer militarmente racional. Em 30 de março de 1941, num discurso de duas horas e meia para todos os comandantes envolvidos na campanha vindoura, Hitler proclamou que a destruição do Estado soviético livraria a Alemanha da "ameaça russo-asiática de uma vez por todas".[75] Esse era um conflito com o qual os comandantes alemães se identificavam perfeitamente, não importavam as dúvidas que tinham sobre sua viabilidade. "A afirmação de Hitler de que os russos aproveitariam a primeira ocasião favorável para nos atacar", escreveu Albert Kesselring, comandante da Frota Aérea 2 na invasão, "me parecia sem dúvida correta." Era da maior importância, prosseguiu ele, "manter o comunismo longe da Europa Ocidental", atitude que ainda faria sentido dez anos depois, no auge da Guerra Fria.[76]

Uma questão que os comandantes militares alemães parecem não ter examinado a sério, mesmo aceitando a necessidade estratégica de uma guerra germano-soviética, era qual seria a utilidade, em última análise, da conquista do vasto território eurasiano. Por trás dos argumentos de Hitler de que ele estaria sendo forçado pelas circunstâncias a ir à guerra, havia o entendimento de que a conquista produziria o Império Alemão definitivo, vasto em escala e potencialmente inexpugnável para as grandes potências marítimas. Hitler era mais reticente em rever a estratégia sobre o imperialismo bruto que a tomada de mais *Lebensraum* implicava, mas, durante a longa reunião de 9 de janeiro de 1941 com seus generais, ele citou as "riquezas imensuráveis" em materiais e terra que cairiam em mãos alemãs. Quando o império se estendesse pelo interior da Rússia, prosseguiu ele, a Alemanha "terá todos os meios possíveis de entrar em guerra contra continentes".[77] A conquista da área designada por Hitler em agosto do ano anterior, de Arcangel, no norte, a Astracã, no sul, daria aos alemães o território que eles mereciam, a ser extraído da "ilha-mundo" de Mackinder. "Esse espaço na Rússia", disse Hitler ao seu círculo meses depois, "deve ser sempre dominado pelos alemães."[78] Era a apoteose da fantasia germânica alimentada durante décadas de um espaço imperial no "Leste".

Cada um desses motivos reforçava os outros, criando para Hitler um coquetel letal de justificativas para agir, mas o prêmio era um império alemão eurasiano que dois anos antes teria sido praticamente inimaginável. Enquanto sua decisão aos poucos se solidificava entre julho e dezembro de 1940, as Forças Armadas preparavam os planos em detalhes. O documento final, submetido à aprovação ou correção de Hitler em meados de dezembro, tinha por base dois estudos importantes conduzidos pelo Exército e pelo quartel-general de Hitler. O primeiro, feito pelo major-general Erich Marcks, ficou pronto em agosto. Sugeria dois eixos de ataque, um em direção a Leningrado e outro que tomaria a indústria ucraniana, antes de virar para o sul e para o norte e cercar Moscou. Em conversas pessoais, Marcks era pessimista a respeito de uma campanha cujos objetivos finais se estendiam de Arcangel ao Volga e que poderia resultar numa guerra maior que também incluísse os Estados Unidos, mas suas dúvidas nunca chegaram ao conhecimento de Hitler.[79] O outro estudo foi preparado pelo tenente-coronel Bernhard von Lossberg seguindo instruções do quartel-general de Hitler. Concluído em meados de setembro, o plano Lossberg previa três investidas distintas: uma em direção ao norte com o objetivo de capturar os portos bálticos necessários para abastecimento; uma pelo centro, com a maior parte das divisões blindadas e motorizadas, visando tomar Moscou; e uma no sul abrindo-se em leque para ocupar Odessa e a costa do mar Negro, bem como os abundantes recursos da Ucrânia — tudo isso a ser realizado numa temporada de campanha.[80]

A versão final, tirada dos dois planos, foi apresentada a Hitler em 5 de dezembro, depois de ele ter usado a visita de Molotov como uma confirmação de que o destino o convocava a eliminar a Rússia, "que estará sempre que possível no caminho da Alemanha". O ataque de três pontas era a melhor opção, mas Hitler queria se concentrar na captura de Leningrado e dos recursos da Ucrânia antes de seguir para Moscou. Jodl, seu chefe de operações, modificou desse modo o rascunho da diretiva, embora Halder e os chefes do Exército esperassem manter Moscou como o eixo principal. Em 18 de dezembro, Hitler assinou a Diretiva n. 21 da operação que ele resolveu chamar de "Barbarossa", em homenagem ao imperador do Sacro Império Romano-Germânico que encabeçara a Terceira Cruzada no século XII à Terra Santa, que tinha uma barba ruiva. A diretiva era bastante ambiciosa e ignorava em grande parte outras avaliações que questionavam se as Forças Armadas alemãs poderiam ter esperança de conquistar e ocupar um território desse tamanho. A divisão de Geografia Militar do Estado-Maior apresentou um relatório detalhado em agosto de 1940, no qual destacava os grandes recursos soviéticos já estabelecidos na Sibéria e os fatos topográficos e climáticos óbvios que limitavam em muito as possibilidades.[81] O general Georg Thomas, chefe do Escritório Econômico das Forças Armadas, tentou inutilmente demonstrar a Hitler até o momento da invasão que os suprimentos de petróleo eram inadequados: "O que a gente não tem, mas precisa", teria respondido Hitler em junho de 1941, "a gente conquista".[82]

Os meses de discussão e planejamento tiveram por base muitas suposições que nunca foram colocadas em dúvida no mais alto nível com seriedade. A capacidade de as Forças Armadas alemãs derrotarem o Exército Vermelho era tida como indiscutível. O plano Marcks previa uma campanha de oito a onze semanas, uma versão mais ampla da derrota da França; Von Lossberg achava que os principais estágios necessários para alcançar a reta final talvez levassem de nove a dezessete semanas. As convicções existentes sobre a fragilidade do Estado comunista e a incompetência e o baixo moral dos comandantes e soldados do Exército Vermelho se refletiam em avaliações regulares, que eram superficiais e desinformadas. "Vai ficar provado que o colosso russo", afirmou o chefe de operações de Hitler, "é uma bexiga de porco; você perfura, e ela estoura."[83] As Forças Armadas continuaram notavelmente desinformadas sobre o estado da indústria e a máquina militar soviéticos. Um "Manual das Forças Armadas da União Soviética", distribuído pela inteligência do Exército alemão em janeiro de 1941, afirmava com base em provas frágeis que o Exército Vermelho era "despreparado para a guerra moderna e incapaz de fazer uma resistência decisiva". Os generais alemães com frequência descreviam o inimigo em termos raciais depreciativos, como "mongóis" ou "asiáticos", como "hordas", e não como exércitos, numa linguagem que evocava as guerras coloniais. Em maio, o general Günther Blumentritt imaginou uma campanha de oito a catorze dias contra um exército de soldados "pouco instruídos, meio asiáticos", chefiados por oficiais incompetentes. Von Brauchitsch imaginava uma campanha de quatro semanas, com combates acirrados perto da fronteira germano-soviética, e depois uma série de operações de limpeza.[84] Hitler advertiu os comandantes de que os russos se revelariam um "adversário tenaz", mas eram uma massa "sem liderança". Na véspera da

Barbarossa, ele previu a vitória em quatro meses, uma estimativa mais cautelosa do que os palpites da maioria dos seus comandantes.⁸⁵

A convicção confiante de que as Forças Armadas alemãs eram muito superiores ao inimigo soviético servia de alicerce à estratégia de uma vitória rápida, essencial para libertar a Alemanha dos gargalos de recursos para o confronto com a Grã-Bretanha e os Estados Unidos. No entanto, o planejamento quase não levou em conta o problema de abastecer forças espalhadas por uma ampla área geográfica, onde o terreno e o clima eram totalmente diferentes das operações europeias anteriores. A capacidade de o Exército alemão montar e sustentar uma guerra móvel numa área onde só havia pavimento em 5% das estradas era duvidosa desde o início. A recusa a levar essas restrições a sério é ainda mais notável quando se sabe que muitos comandantes seniores, como Halder, tinham servido no front russo durante a Grande Guerra. No entanto, Halder achava que "tudo deve ser realizado com motores. Mais motorização [...]".⁸⁶ Na época da Barbarossa, o Exército tinha 600 mil veículos, mas muitos eram caminhões e vans capturados, de manutenção trabalhosa e para os quais era difícil encontrar peças de reposição. A campanha começou com mais de 2 mil tipos distintos de veículos. A dificuldade de encontrar transporte motorizado adicional obrigou os alemães a utilizarem 750 mil cavalos, muitos dos quais tinham que ser puxados ou montados até o front, uma vez que os animais ocupavam espaço demais como carga ferroviária, e nenhum deles estava acostumado aos extremos de calor no verão ou frio no inverno russos.⁸⁷ Para a campanha na União Soviética, o abastecimento por via ferroviária, do qual as forças germânicas dependiam desde 1939, não estava garantido, porque as locomotivas e os vagões alemães não podiam usar os trilhos soviéticos de bitola larga, que teriam de ser substituídos por engenheiros alemães na Rússia europeia. Para aliviar o problema dos gargalos, recorreu-se à improvisação. Tanques transportavam o dobro da carga habitual de combustível e munição e puxavam reboques com duzentos litros de gasolina para poderem se manter em movimento por mais tempo.⁸⁸ O terreno ruim, no entanto, aumentava o consumo de combustível, exacerbando uma situação já crítica no fornecimento de petróleo. Porém, mantinha-se o pressuposto de que a campanha terminaria tão rápido que a provável crise logística poderia ser deixada de lado.⁸⁹

De novembro de 1940 a maio de 1941, os preparativos foram acelerados. Em meados de novembro, Hitler autorizou Fritz Todt, plenipotenciário geral para construção, a começar a trabalhar num novo quartel-general militar no leste, numa área de 250 hectares de floresta perto da cidade de Rastenburg, na Prússia Oriental. Fingindo se tratar de uma nova fábrica de produtos químicos, um vasto sistema de casamatas, fortins e escritórios foi construído, cercado por arame farpado, bastiões de concreto e campos minados, de onde Hitler conduziria sua maior campanha. Ele chamou o lugar de *Wolfsschanze* [Toca do Lobo]. Os Aliados conduziam o esforço de guerra de capitais, mas Hitler preferiu dirigir a campanha isolado do aparelho ministerial e militar em Berlim, obrigando visitantes a viajarem num trem que fazia a ligação constante entre a capital alemã e o novo quartel-general.[90] O planejamento minucioso continuava, mas era necessário sigilo absoluto, para evitar que Stálin e o Exército Vermelho percebessem o que estava prestes a engolfá-los. Enquanto soldados e aviadores eram transferidos para o leste, divulgou-se a mentira de que eles estavam descansando e se preparando para realizar operações contra a Grã-Bretanha. As informações eram tão controladas que os próprios militares alemães só foram informados da operação em que embarcariam poucas horas antes do início. Circulavam boatos de que os russos tinham dado permissão para avançar até o Oriente Médio por solo soviético para cobrir as forças do Império Britânico, numa estratégia que de fato teria tido um impacto profundo no curso futuro da guerra.[91] Quando a Barbarossa finalmente começou, foi uma surpresa para as tropas de ambos os lados.

A guerra por *Lebensraum*, como contra a Polônia, exigia, além de preparativos militares, meios para transformar a Eurásia num espaço colonial. Hitler mais uma vez confiou a Himmler e ao aparelho de segurança "tarefas especiais" que seriam executadas por quatro *Einsatzgruppen*, formados no total por cerca de 3 mil agentes da polícia de segurança, da ss e do sd (serviço de segurança). Eles deveriam seguir o exército pela União Soviética com ordens de decapitar o sistema comunista assassinando funcionários do Partido Comunista, intelectuais, comissários militares e judeus no serviço público. Hitler gastou grande parte do seu longo discurso de 30 de março para os generais explicando que eles participariam de um conflito de aniquilação do inimigo bolchevique e que estavam autorizados a utilizar os métodos mais brutais, sem ligar para as restrições das leis de guerra convencionais. Um dos presentes lembrou que os 250 oficiais que ouviram a incitação para agir com força irregular e ilegal não se mexeram, não pronunciaram uma palavra. Nem todos estavam dispostos a participar nos termos estabelecidos por Hitler, mas muitos sim. Barbarossa foi concebida desde o início para ser um tipo diferente de guerra. Enquanto organizava os esquadrões da morte, Himmler começou a planejar aplicar na nova área colonial o padrão de limpeza étnica já desenvolvido na Polônia, em sua função de comissário do Reich para o Fortalecimento da Etnia Alemã (RKFDV, na sigla em alemão). O "Plano Geral para o Leste" [*Generalplan Ost*] inicial, produzido em 1940 pelo vice de Himmler, Konrad Meyer-Heitling, estendia-se apenas até a fronteira germano-soviética no antigo território polonês. Um novo plano foi encomendado em 21 de junho, na véspera da Barbarossa, e ficou pronto em apenas três semanas. Ele estendia o planejamento espacial até as vastas regiões da Eurásia onde a população eslava e os judeus deveriam dar lugar a assentamentos germânicos de longo prazo em "zonas de colonização" desenvolvidas no decorrer de trinta anos.[92]

Também foram feitos preparativos para tomar ou explorar de forma sistemática os recursos econômicos da região, como Hitler pretendia. Em fevereiro e março, um "Estado-Maior Econômico do Leste" foi ativado, sob o comando de Hermann Göring, que era chefe do Plano Quadrienal, e ele enfim aprovou a nova organização em 19 de março. A equipe, formada por mais de 6 mil pessoas — duas vezes o tamanho dos *Einsatzgruppen* —, seria responsável por apreender estoques de materiais, petróleo e alimentos e por assumir a administração de empresas industriais soviéticas para servirem à economia de guerra alemã. As quatro Inspetorias Econômicas planejadas deveriam operar na zona de conquista prevista, de Arcangel, no norte, passando pela área em torno de Moscou, até Baku, na fronteira iraniana, no sul.[93] Por instrução de Göring, a exploração planejada da agricultura ficou a cargo de Herbert Backe, secretário de Estado no Ministério da Agricultura, que de maneira cínica produziu a extraordinária estatística segundo a qual até 30 milhões de pessoas morreriam de fome nas áreas com déficit de grãos nos territórios ocupados, a fim de que os alimentos fluíssem para a Alemanha e suas Forças Armadas. Um decreto secreto, de abril de 1941, assinado por Paul Körner, vice de Göring, dava a Backe autoridade para ser implacável. O anúncio do que viria a ser chamado de "Plano da Fome" foi feito numa reunião de secretários de Estado em 2 de maio, um mês antes da invasão, sem que uma objeção fosse levantada, moral ou de qualquer outro tipo. "A pobreza, a fome e a frugalidade foram toleradas pelo indivíduo russo ao longo de séculos", afirmou Backe. "Seu estômago é elástico — portanto, nada de falsa piedade."[94]

Em junho de 1941, a maior força de invasão da história estava pronta. O Exército tinha mais de 3 milhões de homens, 3600 tanques e 7 mil peças de artilharia organizados em três grupos, Norte, Centro e Sul, com apoio de 2500 aeronaves. Os números de tanques e aviões não eram significativamente diferentes de um ano antes contra a França. Havia, no entanto, dezoito divisões Panzer e treze divisões motorizadas, um aumento em relação à campanha anterior que só foi possível graças à alocação de menos tanques e outros veículos para cada grupo. As divisões Panzer na invasão da França tinham cerca de trezentos tanques cada uma; na Barbarossa, o número era de mais ou menos 150, exceto no caso do Grupo de Exércitos de Centro, com uma média de 210. Desses, apenas 41% eram dos melhores modelos Mark IV e Mark III, sendo o restante uma mistura de tanques leves e equipamento tcheco e francês capturado.[95] As 78 divisões de infantaria dependiam basicamente de cavalos e carroças e avançavam a pé por longos trechos de campo desolado. O exército alemão, no entanto, não estava sozinho. Forças da Finlândia, da Romênia e da Eslováquia aderiram à campanha, e logo chegaram pequenos contingentes da Itália e da Hungria, elevando o número total da força de invasão para 3,7 milhões de homens, organizados em 153 divisões.

Levando em conta que a prioridade de Hitler era atender interesses alemães, a decisão de outros Estados de participar precisa ser explicada. No caso da Finlândia e da Romênia, havia um desejo de recuperar território perdido para a União Soviética em 1940, e até mesmo a perspectiva de tomar mais terras para criar uma "Grande Finlândia" e uma "Grande Romênia". O regime finlandês era muito cauteloso com a ligação com Hitler, mas a tentação de reverter o resultado contra o agressor soviético era maior do que qualquer escrúpulo. Para resistir ao poder soviético, afirmou o presidente do Parlamento finlandês, "a Finlândia se aliaria ao próprio diabo".[96] A campanha foi vendida como uma cruzada contra o comunismo materialista, e 480 pastores luteranos foram incorporados ao exército para reforçar a mensagem cristã do que viria a ser chamado de "Guerra de Continuação", para ressaltar a relação com o conflito de 1939-40.[97] A Finlândia foi informada do segredo da Barbarossa porque forças alemãs seriam posicionadas no extremo norte do país para proteger os interesses minerais germânicos na Escandinávia. Até mesmo um pequeno *Einsatzgruppe* foi estabelecido na Finlândia, e este acabou sendo responsável pelo assassinato de mais ou menos mil judeus e comunistas. O governo finlandês, no entanto, estabeleceu limites para a sua cooperação. Quando os territórios perdidos foram recuperados, as forças finlandesas não quiseram participar do cerco de Leningrado e não ajudaram no avanço alemão para Murmansk. A partir de novembro de 1941, nas palavras do presidente Risto Ryti, a Finlândia passaria a travar uma "guerra em separado".[98]

A Romênia era o outro único aliado importante para o início da invasão. Com as Forças Armadas alemãs já empenhadas na proteção do petróleo romeno, seria difícil esconder a campanha contra a União Soviética. Hitler admirava o ditador romeno, o marechal Ion Antonescu, que estabelecera com firmeza o seu governo como *Conducator* [líder] na primavera de 1941, apesar de ter uma opinião desfavorável dos romenos em geral e de suas Forças Armadas. O regime romeno também foi cauteloso ao participar da invasão alemã depois que Hitler insistiu que a Romênia devolvesse parte da Transilvânia à Hungria na Segunda Arbitragem de Viena, em agosto de 1940, mas argumentou-se muito que apenas com a Alemanha seria possível impedir que a União Soviética ameaçasse o que restava da integridade territorial do Estado, e talvez até reverter os termos da Arbitragem. Como os finlandeses, os romenos viam a guerra como uma cruzada, uma "grande guerra santa", nas palavras do vice-presidente Mihai Antonescu.[99] O regime mobilizou o Grupo de Exércitos Antonescu, formado por 325 685 homens do Terceiro e do Quarto Exércitos Romenos. Apesar de formalmente comandadas por Antonescu, as unidades foram incorporadas ao Grupo de Exércitos Alemão do Sul para seguir para Odessa. Embora alguns políticos romenos quisessem parar na fronteira da Bessarábia e da Bucóvina do Norte quando estas fossem recapturadas, Antonescu reconhecia que, uma vez comprometida, a Romênia teria que lutar até que a União Soviética fosse derrotada, do contrário estaria sujeita a duras represálias.[100]

A Eslováquia e a Hungria aderiram com menos entusiasmo. O governo eslovaco foi pressionado a participar, uma vez que forças alemãs lançariam o ramo sul da invasão em parte do solo eslovaco, mas o país contribuiu com duas divisões para tarefas de segurança na área de retaguarda e com um pequeno grupo móvel incorporado ao Grupo de Exércitos do Sul, destruído num contra-ataque soviético em julho. O governo húngaro e o regente Miklós Horthy não tinham interesse em participar da campanha, apesar de alguns generais acharem que talvez fosse possível com isso restaurar as fronteiras mais amplas da "Hungria histórica". Só quando três bombardeiros, supostamente soviéticos, atacaram a cidade de Kassa em 26 de junho é que Horthy e seu Gabinete enfim aprovaram a participação de um corpo de Exército móvel de 45 mil homens, mas eles partiram, segundo um comandante húngaro, "sem grande entusiasmo" por uma guerra cujo objetivo não conseguiam entender.[101] A ideia de uma "cruzada" europeia tinha pouco impacto e só foi usada pela propaganda alemã para dar uma rasa justificativa moral à agressão. Alfred Rosenberg, o futuro ministro dos Territórios Ocupados do Leste, observou à sua equipe dois dias antes do início da Barbarossa que não se tratava de uma cruzada para acabar com o bolchevismo, mas "para prosseguir a política mundial alemã e salvaguardar o império".[102]

Essa clara realidade torna difícil explicar por que Mussolini, cujas Forças Armadas já estavam no limite da sua capacidade no Norte da África e no Mediterrâneo, se ofereceu de forma voluntária para dar uma contribuição italiana, o Corpo d'Armata, à invasão. Embora Hitler desejasse manter a Barbarossa secreta para seu aliado, fontes da inteligência italiana forneciam detalhes regulares da campanha iminente, e em 30 de maio, sem dizer nada a Hitler, Mussolini mandou preparar três divisões — duas de infantaria, uma motorizada — para serem enviadas para o Leste quando a campanha começasse.[103] Hitler não gostou nada da oferta quando lhe foi transmitida dois dias antes de a Barbarossa começar, mas era difícil recusá-la. Os italianos, disse ele ao seu ajudante de ordens da Força Aérea, Nicolas von Below, "não tinham nenhuma força de combate que fosse digna desse nome".[104] O gesto de Mussolini inverteu o humilhante pedido por ajuda alemã que ele tinha sido obrigado a fazer no fim de 1940, e, como no caso da campanha francesa, a Itália ficaria com o pé na porta de qualquer acordo europeu de paz posterior, mesmo que agora fosse o parceiro menor.[105] Em agosto de 1941, Mussolini foi pessoalmente ao Front Oriental para passar em revista com Hitler o contingente italiano recém-chegado à Ucrânia. Seu aliado alemão discorreu sobre seus grandiosos planos para a primavera de 1942, indo além dos Urais até a Pérsia e o mar Cáspio. "E depois disso?", respondeu Mussolini, pela primeira vez irritado com as fantasias geopolíticas do seu colega ditador. "Choramos pela Lua, como Alexandre, o Grande?" Hitler, de acordo com o relato do seu intérprete, ficou "calado, mas furioso".[106]

Do outro lado da fronteira germano-soviética, as provas das intenções alemãs eram difíceis de calcular. Os líderes soviéticos não ignoraram a ameaça germânica e, depois da queda da França, o comissário de Defesa, marechal Semion Timoshenko, anunciou que a Alemanha agora era "o inimigo mais importante e mais forte".[107] Stálin estava ciente de que sua esperança inicial de uma guerra exaustiva entre as potências capitalistas, com a qual o mundo comunista lucraria, fora desfeita com a derrota da França, mas até o último dia antes da invasão ele queria evitar provocar a Alemanha, porque as forças soviéticas ainda não estavam prontas para um grande conflito. Um novo acordo comercial fora negociado em janeiro de 1941, e trens soviéticos, carregados de recursos, ainda viajavam para a Alemanha no fim de semana do ataque germânico. O plano, se a guerra viesse, era que pequenas forças de fronteira, atrás de defesas fixas, segurassem qualquer ataque inimigo por tempo suficiente para que a mobilização total pusesse a maior parte do Exército Vermelho em ação e obrigasse o adversário a recuar para o seu território. Os preparativos ainda não tinham terminado no verão de 1941: novos corpos mecanizados ainda estavam em processo de formação, as fortificações na nova fronteira ainda estavam sendo construídas e o plano de mobilização estava incompleto quando a guerra chegou. O chefe do Estado-Maior, general Georgii Zhukov, em resposta às claras provas de uma escalada militar alemã, ordenou uma mobilização gradual no fim de abril, e em 13 de maio 33 divisões foram despachadas para o oeste da União Soviética, mas em junho apenas um pequeno grupo estava totalmente equipado, enquanto a camuflagem essencial das bases aéreas só foi ordenada três dias antes de aviões alemães bombardearem e metralharem as fileiras de aeronaves soviéticas expostas.[108] O grande obstáculo à preparação adicional era o próprio Stálin, que interpretava cada fragmento de inteligência, em particular de fontes ocidentais, como uma provocação deliberada para atiçar uma guerra germano-soviética. O reconhecimento aéreo indicava preparativos alemães já em estágio avançado, enquanto 238 supostos agentes germânicos foram capturados na área fronteiriça. Mais de oitenta avisos de inteligência foram recebidos em Moscou, incluindo a data exata do ataque alemão, mas Stálin continuava inflexível.[109] Em meados de maio, o Exército sugeriu um possível ataque de desorganização para perturbar os preparativos alemães, mas nada de concreto foi feito. A afirmação de que isso fazia parte de um plano mais geral para invadir a Alemanha naquele verão não convence, em especial pelo que hoje se sabe da preocupação de Stálin em evitar um conflito.[110] Em 14 de junho, Zhukov tentou convencê-lo a ordenar a mobilização, mas Stálin respondeu: "Isso é guerra", e rejeitou a ideia.[111] Só na noite de 21 de junho é que Timoshenko e Zhukov enfim conseguiram arrancar de Stálin uma ordem para um estado de alerta mais elevado, porém tarde demais para os defensores perplexos; bombas e projéteis alemães começaram a desabar sobre eles nas primeiras horas da manhã seguinte, quando os telegramas de alerta estavam sendo decodificados.[112]

Hitler aguardava a realização final da sua decisão histórica em clara agitação. "Nervoso e preocupado", recordou seu ajudante de ordens da Força Aérea. "Estava falante, andava sem parar de um lado para outro e parecia esperar ansioso por alguma notícia."[113] Nikita Khruschóv diria mais tarde que, nos dias anteriores a 22 de junho, Stálin também parecia um homem "em estado de confusão, ansiedade, desmoralização, até mesmo de paralisia".[114] Hitler, ao escrever para Mussolini na noite de 21 de junho para informar sobre a invasão iminente, confessou "os meses de deliberação ansiosa" que viveu sobre "a decisão mais difícil da minha vida", o que dessa vez era quase decerto verdade. Às 3h30 da manhã seguinte, forças do Eixo atacaram ao longo do front. Hitler ditou uma proclamação para o povo alemão no momento em que os primeiros tiros eram disparados e, de olhos cansados depois de apenas três horas de sono, anunciou no Reichstag um estado de guerra com a União Soviética. Em seguida, partiu para a Toca do Lobo. Hitler nunca estivera na Rússia e não sabia quase nada sobre o povo que pretendia conquistar. Estava inseguro, como disse a Ribbentrop, em relação a "que força vamos encontrar quando realmente forçarmos a abertura da porta para o Leste".[115] Em Moscou, havia mais incerteza quando Stálin se reuniu com o Politburo. Ele queria "contatar com urgência Berlim" para se certificar de que o ataque não tinha sido autorizado por Hitler. Molotov foi incumbido de perguntar ao embaixador alemão o que estava acontecendo, e foi informado formalmente que os dois países estavam em guerra. "O que fizemos para merecer isto?", perguntou Molotov. Uma vez esclarecida a situação, Stálin, às 7h15 da manhã, ordenou às forças soviéticas que "aniquilassem" o invasor; à noite, ele instruiu o Exército Vermelho a levar a batalha para solo alemão.[116]

A realidade na linha de frente era totalmente diferente. O elemento surpresa e a confusão dos preparativos no lado soviético favoreceram as forças do Eixo em seu avanço implacável. Os três principais grupos de exército operavam de início em ofensivas próprias, destinadas a cercar e aniquilar a maior parte do Exército Vermelho antes que ele recuasse para além dos rios Duína e Dnieper. O Grupo de Exércitos do Norte, encarregado de capturar os Estados bálticos e Leningrado, atravessou a Lituânia em 26 de junho e penetrou profundamente na Letônia, antes de esperar que as divisões de infantaria os alcançassem. Riga caiu em 1º de julho, e na metade do mês os alemães seguiram para uma posição a apenas 96 quilômetros de Leningrado. O Grupo de Exércitos do Centro, comandado pelo marechal de campo Fedor von Bock, que continha a maior parte dos blindados alemães, chegou rapidamente à Bielorrússia e tomou Minsk em 28 de julho num movimento de pinça, fazendo 324 mil prisioneiros. Em seguida, Bock avançou para Smolensk, que caiu em 16 de julho, depois de combates acirrados nos flancos estendidos das divisões Panzer, organizados por Timoshenko num esforço desesperado para segurar a inundação alemã. Os combates mais intensos ocorreram no setor do Grupo de Exércitos do Sul, comandado pelo marechal de campo Gerd von Rundstedt, porque a inteligência alemã tinha sido incapaz de detectar que os soviéticos tinham decidido concentrar forças no eixo meridional para proteger os recursos industriais da Ucrânia. O Distrito Militar Especial de Kiev foi reforçado com corpos de exército mecanizados que dispunham dos tanques mais modernos da época. As áreas fronteiriças foram defendidas com ferocidade, e uma grande batalha entre tanques, que durou uma semana, se desenrolou no acesso a Dubno e Ostrog, impedindo o avanço rápido para Kiev, embora a maioria dos blindados soviéticos tenha sido destruída no processo. Lvov (hoje Lviv), no trajeto do flanco direito de Rundstedt, enfim foi tomada em 30 de junho, e em 2 de julho o Quinto e o Sexto Exércitos soviéticos estavam em franca retirada.[117] Forças romenas e alemãs ao sul demoraram até o fim de julho para ocupar os "territórios perdidos" na Bucóvina e na Bessarábia, e começaram a atravessar o rio Dniester no começo de agosto em sua marcha para Odessa. Estradas ruins, muita chuva e uma resistência obstinada retardaram o plano de montar um ataque de pinça em torno de Kiev para isolar as forças do Exército Vermelho a oeste do Dnieper, e o Grupo de Exércitos do Sul foi paralisado antes de alcançar os objetivos iniciais. Apenas em meados de julho é que as unidades blindadas de vanguarda de Rundstedt chegaram a uma distância de ataque de Kiev. Ele disse ao ajudante de ordens da Força Aérea de Hitler que "não tinha enfrentado um adversário tão bom em nenhum momento da guerra".[118]

O rápido progresso alemão no norte e no centro do front desarranjou os planos soviéticos de uma defesa avançada. Em junho de 1941, havia forças consideráveis disponíveis ao longo e atrás da fronteira, com pelo menos na teoria mais equipamento militar que a força atacante: 186 divisões com 3 milhões de homens, 19 800 peças de artilharia, 11 mil tanques e 9500 aeronaves de combate.[119] No entanto, o poderio aéreo soviético foi neutralizado em poucos dias por ataques a bases aéreas, que destruíram 2 mil aviões; no começo de julho, as perdas totais eram de 3990 e era difícil reparar as aeronaves danificadas no que agora era uma zona de combate. Muitos aviões soviéticos eram obsoletos e nenhum tinha rádio, o que tornava o controle centralizado das forças aéreas praticamente impossível. A força de tanques era formada basicamente de modelos mais antigos, pouco armados e mal blindados, principalmente o tanque leve T-26: o pequeno número de tanques médios T-34 e pesados KVI, que eram modernos e mais bem armados, representava apenas 8% do total e estava distribuído entre poucas unidades blindadas. Ainda que pudessem superar todos os tanques alemães, não era o suficiente para fazer diferença e perdiam em agilidade de manobra porque, como já foi dito, não tinham rádio.[120] Em toda parte, faltava ao exército em campo munição e combustível no caos criado pelo bombardeio incessante; duzentos dos 340 depósitos de suprimentos militares foram perdidos nas primeiras semanas de combate, exacerbando o problema do abastecimento. As comunicações eram primitivas e não demoraram a entrar em colapso diante do avanço alemão; com isso, os comandantes não conseguiam administrar o campo de batalha, nem mesmo saber o que se passava com as divisões mais próximas. Das 319 unidades — de infantaria, mecanizadas e de cavalaria — lançadas em batalha nos primeiros meses da Barbarossa, quase todas foram destruídas ou severamente desfalcadas.[121] As imensas perdas de militares soviéticos resultavam em grande parte de táticas rústicas herdadas da Grande Guerra, quando soldados de infantaria recebiam ordens para avançar em onda, uma após a outra, em direção ao fogo das metralhadoras. Um relatório alemão da linha de frente na região de Kiev descreveu o massacre que resultou de a infantaria ter sido pressionada quatro vezes a prosseguir sob fogo devastador, até que as metralhadoras alemãs ficaram quentes demais para serem operadas: "A fúria dos ataques", acrescentava o relatório, "nos exauriu e entorpeceu por completo [...]. O que estávamos travando agora era uma guerra longa, amarga e acirrada".[122] Em lugares onde uma defesa ou um contra-ataque organizados eram possíveis com uma liderança e suprimento melhores, as forças soviéticas se mostraram capazes de infligir grandes danos ao inimigo, mas a maré quase nunca virava a favor delas. No fim de setembro, as irrecuperáveis perdas soviéticas de homens mortos, desaparecidos ou presos atingiram a espantosa cifra de 2 067 301.[123]

Os êxitos iniciais trouxeram uma sensação de euforia ao lado alemão e pareciam confirmar as previsões feitas antes da guerra sobre a fragilidade soviética. Os planos de expansão da campanha inteira enfim pareciam viáveis. Halder anotou em seu diário, no dia 3 de julho, a conclusão — que se tornaria célebre — de "que a campanha russa foi vencida em duas semanas". A euforia era generalizada. "Eu não estou preocupado com a luta no front oriental", disse Hitler aos convidados de um jantar em 27 de julho, "porque tudo o que aconteceu se desenvolve do jeito que sempre considerei desejável [...]. Sempre achei que ter o Sol no Leste era essencial para nós." Duas semanas depois, ele pôde dizer sobre os territórios da Rússia: "Este chão é sem dúvida nosso".[124] Em 23 de junho, Halder supunha que Moscou e Leningrado cairiam dentro de um mês, que o exército chegaria ao Volga em outubro e por fim alcançaria as cidades petrolíferas de Baku e Batum em dezembro.[125] Durante meses, comandantes alemães imaginavam que não deveria haver mais reservas significativas de efetivo e equipamento soviéticos depois da destruição da maior parte do poderio aéreo e dos blindados disponíveis no front e de observarem a realidade das perdas soviéticas em número de prisioneiros e montanhas de mortos. Achavam que qualquer Estado que sofresse perdas naquela escala, muito superiores às impostas à França em 1940, pediria a paz, levando, portanto, a Barbarossa a uma conclusão rápida e vitoriosa. Estimativas da inteligência da Grã-Bretanha e dos Estados Unidos também achavam que a União Soviética não demoraria a ser vencida e que logo as forças alemãs estariam no Volga, confirmando avaliações pessimistas de antes da guerra da capacidade de resistência soviética. Embora os dois países tivessem resolvido oferecer à União Soviética um fluxo de suprimentos militares, a crença numa derrota soviética iminente recomendava uma cautela inicial, para evitar que os produtos caíssem em poder dos alemães.[126]

No entanto, acreditar que o Exército Vermelho estava derrotado era, na verdade, uma ilusão de ótica. As forças alemãs tinham demonstrado sua habilidade profissional ao avançar rápido contra uma defesa que se desintegrava, mas a campanha ressaltou muitas desvantagens e deficiências que os prognósticos mais pessimistas de antes da guerra sugeriam. A previsão de que o soldado soviético se revelaria um adversário duro foi confirmada pela resistência suicida demonstrada por muitas unidades, mesmo quando totalmente privadas de qualquer possibilidade de segurança. Deixados para trás pelo avanço germânico, muitos soldados sumiram nas florestas e nos pântanos e prepararam emboscadas para os soldados alemães, atrasando as unidades que vasculhavam os campos para eliminá-los. O tratamento bárbaro dispensado aos alemães capturados iniciou um ciclo severo de retaliação, com soldados e unidades de segurança germânicos assassinando supostos guerrilheiros e combatentes não convencionais e incendiando aldeias suspeitas de lhes dar abrigo. Prisioneiros eram executados de forma rotineira por ambos os lados. O general Gotthard Heinrici descreveu, em uma carta enviada à esposa no começo de julho, a sinistra realidade que os homens da sua divisão de infantaria enfrentavam:

> Os russos que estavam bem na nossa frente agora estão destruídos. Todo o incidente foi incrivelmente sangrento. Em alguns casos, não lhes demos a menor chance. Os russos agiam como feras com os nossos soldados feridos. Em troca, nossos homens atiraram e espancaram até a morte tudo que usasse uniforme marrom. As vastas florestas ainda estão repletas de soldados dispersos e fugitivos, alguns desarmados, e eles são extremamente perigosos. Mesmo quando despachamos divisões para essas áreas, dezenas de milhares deles conseguem escapar nesse terreno intransponível.[127]

Poucas semanas depois, contou à mulher: "Subestimamos os russos", e, dois dias depois: "Nosso avanço rápido se transformou num tropeço lento". Mais tarde, no mesmo mês, ele desafiou as autoridades da censura: "A guerra aqui nos custa caro. Será que era mesmo necessária?".[128]

A topografia e o clima ajudavam a criar mais dificuldades. A infantaria e os veículos levantavam uma poeira espessa e sufocante nas estradas de terra, mas uma chuva inesperada podia transformar os caminhos em rios de lama. Para os três grupos do exército, era difícil transpor zonas com florestas densas ou pântanos, e, à medida que o front se ampliava, distâncias aparentemente infinitas apresentavam problemas bem diferentes dos enfrentados na Polônia ou na França. A infantaria estava exausta por conta de longas marchas forçadas, ameaças de emboscada e calor. Um soldado escreveu em uma carta para casa sobre a "natureza infinita, do tipo cujo objetivo nunca se consegue alcançar", da paisagem interminável, "aqui sempre repetitiva e monótona".[129] Outro soldado reclamou das "malditas florestas russas! Perde-se a noção de quem é amigo e quem é inimigo. Então estamos atirando contra nós mesmos [...]".[130] O efeito sobre os milhares de cavalos era ainda mais severo, em especial sobre os pesados animais necessários para puxar peças de artilharia. Nas longas distâncias, em estradas ruins e sob calor intenso, os cavalos cansavam em poucos dias, mas como as divisões de infantaria tinham que tentar alcançar as blindadas na vanguarda, eles eram levados ao limite da resistência e muitas vezes morriam nos arreios. Milhares de veículos danificados tornavam as tropas ainda mais dependentes dos cavalos, mas em novembro só restavam 65% dos animais, agora diante do clima inclemente do inverno e sem forragem suficiente.[131] As previsões de que seria difícil realizar o abastecimento se cumpriram quase de imediato. Apenas algumas centenas de quilômetros de trilhos foram convertidas até meados de julho, aumentando a dependência de cavalos e veículos. O Grupo de Exércitos do Centro precisava de 24 trens de suprimento por dia, mas só recebia metade. Ao longo de toda a linha de frente, a escassez de combustível era crítica, ainda mais porque estradas ruins e poeira desaceleravam os tanques, e as pontes mal construídas do sistema fluvial russo eram quase sempre frágeis demais para aguentar veículos pesados, obrigando a desvios, o que aumentava mais ainda o consumo de combustível. O problema dos caminhões, em si um quebra-cabeça logístico por causa dos vários modelos diferentes, era agravado pelas pistas de areia que desgastavam pneus e pela poeira que entupia motores. "Estamos lutando numa sólida massa de lixo", comentou um soldado em meados de julho. O Exército perdeu um quarto da sua força de transporte nas quatro primeiras semanas; em novembro, depois de meses transportando produtos e homens por estradas inadequadas e tempo ruim, as Forças Armadas germânicas só dispunham de 15% dos veículos em condições de rodar.[132]

A vitória rápida foi uma aposta baseada numa interpretação totalmente equivocada das forças soviéticas e da natureza da zona de combate, da mesma forma que os japoneses tinham julgado mal quatro anos antes a dificuldade de infligir uma derrota rápida à China nos vastos espaços abertos da parte central do país. As forças germânicas na linha de frente precisavam descansar e se reequipar enquanto mantinham à distância as persistentes operações de contraofensiva de um inimigo que claramente não queria aceitar a derrota, mesmo estando debilitado demais para conseguir algo decisivo. A situação foi dificultada também pelo ressurgimento das discussões sobre direção estratégica que tinham sido suspensas, mas não resolvidas, em dezembro. Em 19 de julho, Hitler baixou a Diretiva n. 33, que efetivamente interrompeu o avanço para Moscou do Grupo de Exércitos do Centro. Parte dos recursos foi desviada para o norte, para ajudar no cerco de Leningrado, e parte para o sul, para ajudar Rundstedt a cercar as numerosas forças soviéticas em torno de Kiev, antes de seguir em direção à bacia do Donets e aos campos petrolíferos do Cáucaso, mais adiante. O avanço para Moscou só seria retomado no começo de setembro, quando a escassez de suprimentos fosse aliviada de algum modo. Chefes do Exército continuavam a bater com vigor na tecla de que a derrota do Exército Vermelho nas redondezas de Moscou traria o resultado final decisivo, e no fim de julho e começo de agosto a iniciativa estratégica se perdeu por causa das contínuas discussões sobre prioridade. Do ponto de vista estratégico, a opinião de Hitler de que os recursos econômicos na Ucrânia eram essenciais só fazia sentido se pudessem ser extraídos e usados rapidamente, o que não era de jeito nenhum garantido. Em comparação, Moscou era um alvo "indiferente", na opinião de Hitler. "Meus generais não entendem nada dos aspectos econômicos da guerra", queixou-se ele quando, em 24 de agosto, o general Guderian, comandante do Segundo Exército Panzer, tentou convencê-lo de que seu grupo deveria marchar para Moscou em vez de seguir para a Ucrânia, no sul.[133] Hitler, frustrado depois de um mês de discussões e combates inconclusivos, impôs sua vontade. Guderian levou suas tropas para o sul com menos da metade do complemento de tanques necessário, e, depois de batalhas acirradas em clima desfavorável, enfim se encontrou com a ala norte de Rundstedt na cidade de Lokhvitsa, a leste de Kiev, acuando cinco tropas soviéticas que Stálin determinou que ficassem e lutassem pela capital ucraniana. Em 19 de setembro, a cidade caiu, enquanto os exércitos soviéticos encurralados travaram mais seis dias de combates ferozes, antes de capitularem. A operação de Kiev tomou o número excepcional de 665 mil prisioneiros, resultado que sugeria que a vitória final deveria estar próxima.

Enquanto o Grupo de Exércitos do Sul, muito desfalcado e à beira da exaustão, avançava para além de Kiev e seguia para a região industrial do Donets e a Crimeia, as unidades do Grupo de Exércitos do Centro despachadas para o norte ajudaram as tropas do marechal de campo Ritter von Leeb a atravessar a Estônia até o fim de agosto e atingir os arredores de Leningrado em 8 de setembro. Com a tomada de Shlisselburg (Schlüsselburg), a última ligação terrestre de Leningrado com o interior foi cortada. Combates intensos nas linhas defensivas rudimentares construídas por milhares de civis continuaram até 25 de setembro, quando

Hitler devolveu algumas unidades para o Grupo de Exércitos do Centro. A cidade foi sitiada e atacada todos os dias com bombas e projéteis, enquanto Hitler esperava que os habitantes morressem de fome, em vez de forçar o Exército a empreender uma campanha onerosa de guerra urbana. Hitler queria que a cidade desaparecesse do mapa: "Foi concebida por eslavos asiáticos como uma porta de entrada para a Europa. Essa porta precisa ser fechada".[134] A partir de outubro, a cidade só pôde ser abastecida de forma irregular pelo lago Ladoga, onde uma "estrada de gelo" precária foi construída quando o lago congelou em meados de novembro. A prioridade passou a ser alimentar trabalhadores e soldados, mas em dezembro até eles recebiam apenas 225 gramas de pão rústico por dia, enquanto o resto dos moradores recebia 140 gramas. Durante os meses de inverno, cerca de 900 mil moradores morreram de inanição e de doenças em condições de dificuldades assombrosas, até que, em janeiro, a estrada de gelo começou a fornecer uma média de 2 mil toneladas por dia para que os sobreviventes pudessem resistir a um cerco que só terminaria em 1943.[135]

Com esperanças de ser bem-sucedido no norte e no sul, Hitler enfim permitiu que o Grupo de Exércitos do Centro reconstruísse suas forças para destruir o que ele supunha serem as últimas reservas do Exército Vermelho antes de Moscou, reunidas nos fronts ocidental e de reserva soviéticos. A Diretiva n. 35, baixada em 6 de setembro, concentrava-se principalmente em derrotar os exércitos comandados por Timoshenko (e, a partir de meados de setembro, pelo coronel-general Ivan Konev) a oeste de Moscou, e não em tomar a cidade, que deveria ser cercada mais a leste, embora comandantes e soldados a vissem como o objetivo depois de infindáveis campanhas pelo interior arrasado e abandonado do país. O início da nova campanha foi postergado durante semanas, enquanto esforços desesperados eram despendidos para reabastecer unidades desfalcadas. Em setembro, o Grupo de Exércitos do Centro estava reduzido a um terço da sua força de tanques, pois os que precisavam ser reparados tinham de ser enviados de volta para a Alemanha. O número de militares era outro gargalo. O Grupo de Exércitos do Centro tinha perdido 220 mil homens até setembro, conseguiu apenas 150 mil substituições e quase não tinha perspectiva de receber mais. A nova operação, cujo codinome não irônico era "Tufão", só poderia ser abastecida com combustível e alimento para as tropas durante algumas semanas por um sistema de suprimento totalmente sobrecarregado. Apesar disso, o avanço para Moscou reacendeu o otimismo germânico. Até mesmo o diretor do serviço de intendência, Eduard Wagner, que sabia como era precária a situação dos suprimentos em qualquer operação importante, escreveu em 5 de outubro que "o último grande colapso está bem na nossa frente [...]. A leste de Moscou. Então calculo que a guerra estará praticamente terminada".[136] Em 2 de outubro, a data em que a Tufão começou, Hitler voltou a Berlim para falar no dia seguinte ao povo alemão no

Sportpalast. Disse aos ouvintes que tinha retornado de "uma luta de significado realmente decisivo para o mundo", afirmação que continha muita verdade. O bolchevismo, o "inimigo feio, feroz, animalesco", prosseguiu ele, foi morto e "nunca mais se levantará" — afirmação que se revelaria bem pouco verdadeira.[137]

A Operação Tufão, como ofensivas anteriores, começou bem. O plano obedecia a um padrão bem conhecido: as cidades de Viazma e Briansk seriam envolvidas por três exércitos Panzer e por uma rede firme formada pela infantaria que se aproximava para impedir fugas; depois disso a estrada para Moscou e mais além ficaria praticamente sem defesa. Os comandantes soviéticos não se deram conta de que uma grande operação era iminente, ou de que o exército alemão enfraquecido ainda era capaz de fazer isso, até que um alerta urgente chegou apenas dois dias antes de o Segundo Exército Panzer de Guderian romper as defesas e avançar em direção a Oriol e Briansk. Em 2 de outubro, a ala norte do Grupo de Exércitos do Centro avançou para Viazma e enfrentou uma forte resistência. Oriol caiu no dia 3, e Viazma e Briansk foram cercadas quatro dias depois. Algumas forças soviéticas só conseguiram fugir de Viazma porque o Terceiro Grupo Panzer ficou sem combustível e durante um dia não conseguiu manter o cerco, mas o resultado final, como em Kiev, foi a captura ou a morte de 1 milhão de soldados soviéticos, um êxito que parecia enfim abrir caminho para Moscou quando os bolsões cercados fossem eliminados. Isso representou um grande atraso, porque fechar os bolsões exigiria dias de combate corpo a corpo exaustivo e letal, justo quando as fortes chuvas de outono, o período da *rasputitsa*, começavam. Moscou recuava enquanto soldados, cavalos e veículos alemães lutavam contra bolsões de contínua resistência soviética, escassez de suprimentos e estradas lamacentas que reduziam a marcha a quase o ponto de rastejar. A movimentação já tinha sido prejudicada pelo sistema rodoviário totalmente inadequado, com congestionamentos regulares em caminhos estreitos, pontes demolidas e minas soviéticas de efeito retardado que abriam crateras de trinta metros de largura nas poucas estradas pavimentadas. Na estrada de Briansk, utilizada para abastecer o Segundo Exército Panzer de Guderian, houve 33 demolições soviéticas, que incluíam onze pontes de grande importância; desvios consumiam tempo e combustível extras, além de levar veículos para terrenos pantanosos e caminhos de terra.[138] A lama só agravava uma situação já precária, na qual não havia como obter combustível e munição em quantidades adequadas para sustentar uma ofensiva bem antes do início das chuvas. O Terceiro Grupo Panzer ficou sem combustível dois dias depois do começo da operação e precisou ser abastecido por via aérea; duas semanas depois, a munição acabou, e mais teve que ser transportada de Varsóvia.[139] Nessas condições, o poder de combate do Grupo de Exércitos do Centro diminuiu muito. Em 1º de novembro, Von Bock anunciou que "novos avanços devem ser suspensos temporariamente".[140]

Durante todo o mês decorrido desde o início da Tufão, a resistência soviética tinha sido suficiente para desacelerar o ímpeto do ataque, mas quando o chão ficou congelado, em meados de novembro, solicitou-se das unidades alemãs exaustas e desfalcadas mais um esforço para tomar a capital soviética. Hitler oscilava entre achar que ainda era possível seguir até a linha do objetivo máximo depois de Moscou e reconhecer que a derrota do Exército Vermelho teria de ser postergada até 1942. Em 19 de novembro, ele chegou a comentar com Halder que uma paz negociada talvez fosse mesmo necessária, porque "os dois grupos opostos não conseguiriam destruir um ao outro". No dia seguinte, Fritz Todt, ministro das Munições, disse a Hitler sem rodeios: "Esta guerra não pode mais ser vencida por meios militares".[141] Os generais já tinham pedido uma retirada controlada para as linhas de outubro, a fim de evitar mais perdas, mas Hitler decidiu que a ofensiva deveria continuar independente de qualquer coisa. A capacidade de luta dos grupos, depois de mais de quatro meses de combates contínuos e exaustivos, de fato havia se esgotado. Em 21 de novembro, a operação praticamente empacou; poucas unidades conseguiram no começo de dezembro abrir caminho até um lugar de onde poderiam ver a capital, mas estes eram atos de desespero. As tropas combatiam num frio cortante, sem roupas adequadas, com pouco alimento e tanques e armas que não funcionavam bem em temperaturas abaixo de zero. "Estamos todos muito cansados da Rússia, muito cansados da guerra", escreveu um soldado, dando voz a uma desmoralização generalizada.[142] O Grupo de Exércitos do Centro estava reduzido à metade da sua força teórica, tendo sofrido 350 mil baixas desde o início do conflito, e enfrentava um constante desgaste de armas, que não havia como repor, porque o sistema de transporte deixara de funcionar quase por completo. Quando o Segundo Exército Panzer de Guderian, no trajeto para Moscou, enfim parou perto de Tula, só restavam quarenta tanques.

Os atrasos constantes no avanço da Tufão em direção ao cerco de Moscou deram ao lado soviético o alívio de que Stálin precisava. Em meados de outubro, o pânico tomou conta da capital, e repartições do governo foram evacuadas às pressas para Kuibyshev, a leste. Stálin resolveu ficar na capital ameaçada em 18 de outubro, e a população foi mobilizada para cavar linhas defensivas externas debaixo de chuva e neve. Stálin nomeou Zhukov comandante do front ocidental, que defendia Moscou. Os entre 80 mil e 90 mil soldados que de início estavam disponíveis logo foram complementados por unidades improvisadas, quase sem oficiais treinados, homens e equipamento, concentradas na linha Mozhaisk. No entanto, quando a linha entrou em colapso, Zhukov recuou para um cinturão defensivo a dezesseis quilômetros do centro de Moscou. Em 19 de novembro, enquanto as tropas exaustas de Bock avançavam outra vez, Stálin perguntou a Zhukov: "Você tem certeza de que somos capazes de segurar Moscou? [...] Fale a verdade, como um comunista". Zhukov não tinha certeza de nada, mas disse a Stálin: "Vamos segurar Moscou, sem dúvida alguma".[143] Nas últimas semanas de novembro, grandes reservas foram formadas e enviadas para a defesa, muitas retiradas do extremo oriente soviético e da Ásia Central, quando chegaram informações de inteligência inequívocas de que o Japão atacaria pelo sul, rumo a possessões britânicas, holandesas e americanas. Em 1º de dezembro, Von Brauchitsch informou que não havia mais "grandes formações de reservas" para o Exército Vermelho. Na verdade, Zhukov agora comandava 33 divisões de infantaria e sete de cavalaria, trinta brigadas de infantaria e duas blindadas, um total de 1 milhão de homens, setecentos tanques e 1100 aviões.[144]

O Exército Vermelho planejou uma operação limitada para rechaçar as pinças alemãs que se aproximavam e restabelecer uma linha defensiva robusta a oeste da capital. Às três horas da madrugada de 5 de dezembro, em meio à neve profunda, o exército soviético avançou em dois eixos principais, um ao norte e o outro ao sul de Moscou. Tropas e comandantes alemães foram pegos de surpresa e lutaram para adotar posições defensivas, para as quais a postura ofensiva da operação não os preparara. Klin, ao norte da capital, foi recapturada em 15 de dezembro, enquanto no sul a força de Guberian foi empurrada de volta 130 quilômetros, de Tula para Kaluga, onde os dois lados lutaram com ferocidade, disputando casa por casa, até que os alemães foram obrigados a recuar. Os comandantes alemães lutavam para lidar com a retirada inevitável e impedir um colapso total do Grupo de Exércitos do Centro, enquanto soldados congelados e subnutridos começavam a entrar em pânico. No extremo norte, o Exército Vermelho retomou a cidade de Tikhvin, enquanto no sul a captura de Rostov pelo Grupo de Exércitos do Sul, que lutava no limite da sua força, foi revertida. Pela primeira vez, o exército germânico estava em retirada, e continuaria assim até as chuvas de março interromperem a contraofensiva exaustiva para os dois lados. Cerca de 80 mil alemães morreram, mas o Exército Vermelho, ainda em muitos casos taticamente inepto e comandado por oficiais inexperientes, perdeu mais 440 mil soldados.[145] Para pôr fim ao que ameaçava ser um colapso total, Hitler baixou uma "ordem de parada" [*Haltebefehl*] em 26 de dezembro, que obrigava os soldados a ficarem onde estavam e defenderem a linha; uma semana antes, Hitler tinha demitido Von Brauchitsch e assumido pessoalmente o comando direto do Exército alemão para controlar seus comandantes mais de perto e evitar que cedessem à vontade de se retirar.

O fracasso da Operação Barbarossa já era evidente bem antes de dezembro. A aposta de que a União Soviética poderia ser derrotada de forma decisiva em quatro meses ou menos tinha sido desde o início uma aposta de alto risco, considerando a escassez de equipamento e de soldados treinados, além do estado inadequado das informações de inteligência sobre a capacidade soviética. "Fomos punidos", escreveu um oficial do Estado-Maior em dezembro de 1941, "por superestimar a nossa força e por nossa arrogância."[146] Havia também sólidas explicações estratégicas para o fracasso. O principal objetivo da invasão nunca foi enunciado com clareza, de modo que havia uma tensão entre o desejo do Exército de eliminar seu equivalente soviético e a obsessão de Hitler com o território a ser explorado. Essa tensão levou, primeiro, ao longo atraso da invasão em julho e agosto, enquanto eram discutidas as prioridades, e depois à contínua intervenção de Hitler, dividindo as forças alemãs para buscar o máximo de território possível. A incapacidade singular de levar em conta os problemas logísticos de operar em três grandes teatros a longa distância, em alguns dos terrenos mais inóspitos e das infraestruturas mais subdesenvolvidas da Europa, apenas ressaltava uma incapacidade mais geral de imaginação sobre o que constituía o "Leste". Para as Forças Armadas germânicas, as campanhas na Polônia e na França envolviam distâncias relativamente pequenas e contavam com os serviços da rede ferroviária alemã. Na área soviética, a insistência para que as unidades se movessem entre grupos do exército significava jornadas de longos e cansativos 450 a 650 quilômetros, com pouco respaldo ferroviário, em estradas ruins, e constantemente atormentados pelo inimigo. A pergunta que se costuma levantar é como foi que a máquina militar soviética sobreviveu ao violento ataque germânico sem colapsar. Mas, levando em conta os muitos obstáculos que as Forças Armadas alemãs enfrentaram, em particular nos últimos meses de 1941, a pergunta que se deve fazer é como a máquina militar da Alemanha conseguiu ocupar uma área tão grande e manter o controle sobre a maior parte dela até 1942. Havia um abismo permanente entre as expectativas de Hitler e do Estado-Maior do Exército e a realidade das condições no front, o que só foi superado pela resistência extraordinária e pela competência profissional das forças chamadas para executar uma tarefa superior ao que era operacionalmente viável, em condições cada vez piores. Os soldados alemães continuaram a lutar com um grande fatalismo. Em 2 de janeiro, enfrentando um cerco em Iukhnov, o general Heinrici escreveu outra vez uma carta à esposa: "É tão frustrante saber o que está vindo, o que é inevitável, mesmo assim tudo que digo é como falar com uma parede. Portanto, o destino vai seguir o seu curso sem misericórdia. Será a mesma coisa em grande escala. Já não me iludo sobre o curso geral da guerra".[147]

No cenário das primeiras derrotas alemãs no Leste, a guerra global foi transformada de modo fundamental. Na manhã de 7 de dezembro de 1941 (8 de dezembro no Japão), aeronaves de porta-aviões japoneses bombardearam a base naval americana de Pearl Harbor, no Pacífico, enquanto unidades do Exército japonês lançaram ofensivas no Sudeste Asiático e nas Filipinas contra as presenças britânica, holandesa e americana. A operação era sigilosa até mesmo para o embaixador do Japão em Berlim, o general Ōshima Hiroshi, que desde o verão de 1941 vinha pressionando Tóquio a entrar na guerra contra a União Soviética e "destruir o comunismo na sua fonte". Teria sido o "momento Mackinder, se isso acontecesse, talvez com toda a Eurásia sob dominação nipo-alemã, mas os líderes japoneses relutavam em tirar partido dos sucessos germânicos, embora, como escreveu o ministro das Relações Exteriores Toyoda Teijiro para Ōshima no fim de julho, Barbarossa tivesse dado ao Exército japonês "uma excelente oportunidade de resolver a questão nortista".[148] Em 25 de julho, o chefe do Estado-Maior do OKW, o marechal de campo Wilhelm Keitel, informou a Von Bock que "a esperança do Führer de que o Japão veja, com relação à Rússia, que seu momento mais oportuno chegou parece inútil".[149]

Em julho de 1941, os líderes japoneses já tinham decidido que um avanço no sul em direção ao petróleo e aos recursos do Sudeste Asiático fazia muito mais sentido do ponto de vista estratégico, além de respeitar o Pacto de Neutralidade firmado com a União Soviética em abril de 1941 pelo antecessor de Toyada, Matsuoka Yōsuke. Os japoneses prefeririam uma paz germano-soviética, para que Stálin pudesse aderir ao Pacto Tripartite numa campanha eurasiana contra as potências marítimas ocidentais, um resultado que seria mais compatível com as especulações geoestratégicas de Mackinder. Como consequência, os líderes japoneses não demonstraram entusiasmo quando os alemães insistiram que se juntassem a eles para derrotar a União Soviética, e o Japão não ofereceu nenhum apoio direto à campanha germânica.[150] Na verdade, os líderes japoneses esperavam que a Alemanha os ajudasse numa eventual guerra com os Estados Unidos, ainda que nos termos do Pacto Tripartite os alemães não precisassem fazê-lo, pois o Japão era o agressor. Hitler queria evitar uma guerra com os Estados Unidos, pois sua prioridade, estabelecida numa diretiva de março de 1941 sobre a "Cooperação com o Japão", era derrotar a Grã-Bretanha, ainda vista como o principal inimigo da Alemanha, mas quando a notícia sobre Pearl Harbor chegou, ele supôs que o Japão agora manteria os Estados Unidos afastados da Europa e distrairia os britânicos. Em contraste com a relutância japonesa em ajudar na campanha contra a União Soviética, Hitler optou por somar forças com o Japão contra os Estados Unidos.[151]

Nos quatro dias que se seguiram a Pearl Harbor, os Estados Unidos não estavam em guerra com o Eixo europeu, mas Chiang Kai-shek, encantado com a entrada deles no conflito asiático, declarou de imediato guerra ao Eixo. Em 11 de dezembro, Hitler deixou de lado a crise na Rússia para se dirigir ao Parlamento alemão e declarar guerra aos Estados Unidos, seguido, no mesmo dia, por Mussolini. Para demonstrar solidariedade, Hitler mandou Ribbentrop assinar um Acordo Germano-Japonês sobre Estratégia de Guerra Combinada, que na prática nunca passou de uma declaração retórica de intenções, já que a Alemanha não ofereceu quase nenhuma assistência estratégica ou militar ao conflito do Japão na Ásia. No entanto, na Alemanha e no Japão a notícia de Pearl Harbor — e a posterior série de vitórias japonesas no avanço no sul — despertou imediato entusiasmo público, apesar dos riscos evidentes. Multidões se reuniram em frente ao palácio imperial em Tóquio para agradecer ao imperador por sua orientação divina.[152] Relatórios da polícia secreta alemã mostravam que a população do país aceitava a guerra com os Estados Unidos — "a única resposta possível" — e supunha que as vitórias japonesas desviariam a atenção americana para o Pacífico, reduzindo a ajuda do programa de Empréstimo e Arrendamento para a Grã-Bretanha, o que enfraqueceria o esforço de guerra britânico e soviético e abreviaria a guerra. À medida que as vitórias se acumulavam, em contraste com as notícias desastrosas da Rússia, Goebbels decidiu que cada anúncio feito pelo rádio seria precedido por uma música apresentada por uma banda militar em homenagem ao Japão.[153] A Marinha alemã também saudou a guerra contra um Estado que em breve teria de longe a maior Marinha do mundo. Num encontro com Hitler no dia seguinte à declaração de guerra, o grande almirante Raeder lhe garantiu que os britânicos seriam abandonados pelos Estados Unidos, que redirecionariam seus esforços para a guerra no Pacífico.[154]

Nunca houve dúvida de que a declaração de guerra aos Estados Unidos foi um erro de cálculo estratégico de proporções fatais. Para os três Estados, já empenhados em campanhas exaustivas e custosas contra a China, a União Soviética e o Império Britânico, acrescentar uma guerra contra a maior economia do mundo dificilmente foi uma opção racional, e a verdade é que os líderes no Japão e na Alemanha esperavam evitá-la. A decisão foi facilitada por opiniões depreciativas sobre a capacidade ou a disposição dos Estados Unidos de entrarem em um grande conflito por conta de seu relativo despreparo militar e sua longa história de isolacionismo. No dia da declaração, Hitler disse aos convidados na hora do almoço que os oficiais americanos não passavam de "homens de negócios fardados", que não eram soldados de verdade; poucos dias depois, afirmou que a indústria americana era "terrivelmente superestimada".[155] Apesar disso, um colosso adormecido não deixa de ser um colosso. As declarações de guerra precisam ser entendidas em termos menos racionais. Para os líderes japoneses, o conflito se justificava como uma inevitável guerra de autodefesa contra as potências ocidentais que cercavam o país e incluía também combater a Grã-Bretanha e a Holanda. O plano do Ocidente, segundo o general Tōjō, era transformar o país "no 'pequeno Japão' de antes", pondo fim a 2600 anos de glória imperial. Os líderes nipônicos viam a guerra como uma missão sagrada para expulsar do país a cultura individualista e materialista do Ocidente e construir uma família de nações asiáticas sob o comando do "pai-imperador", o tradicional objetivo de *hakkō ichiu* [os oito cantos do mundo sob o mesmo teto]. Contrariando o cálculo racional das probabilidades, havia a convicção de que os espíritos dos imperadores mortos e dos soldados caídos salvaguardariam um império que nunca tinha sofrido uma derrota. As primeiras vitórias foram atribuídas ao "poder espiritual" do Japão e à proteção de "antepassados imperiais", enquanto as derrotas posteriores foram vistas como "falta de verdadeiro patriotismo". Nesses termos, a declaração de guerra japonesa não foi produto apenas de cálculos geopolíticos arriscados, mas refletia uma atitude cultural profundamente diferente da do inimigo ocidental.[156]

Para Hitler, a guerra contra os Estados Unidos explicitava o que, na sua visão, era um combate não declarado já travado por Washington por meio do programa Lend-Lease de ajuda à Grã-Bretanha e à União Soviética, da assistência no conflito marítimo e do congelamento de todos os ativos econômicos germânicos. Hitler, de todo modo, esperava havia muito tempo que o novo Império Alemão um dia entrasse em guerra com os Estados Unidos. Um estado formal de guerra simplificava bastante a batalha do Atlântico, uma vez que os capitães de submarinos já não sofriam, como disse ele ao embaixador japonês, "a fadiga psicológica de tentar distinguir entre navios americanos e britânicos".[157] Nas semanas que se seguiram à declaração, U-boots alemães foram enviados para o oeste, na Operação Paukenschlag [Batida de Tambor], na qual se moviam sub-repticiamente pela costa americana e afundavam navios que ainda não navegavam em comboios ou com proteção aérea. Nos primeiros quatro meses de 1942, 2,6 milhões de toneladas de navios e cargas dos Aliados foram afundadas, mais do que em todo o ano de 1941.[158] No entanto, por trás do argumento de que o estado de guerra simplesmente dava status formal a um conflito até então não declarado, havia uma teoria da conspiração mais ameaçadora. Na visão distorcida da realidade de Hitler, a hostilidade americana à Alemanha era obra dos judeus do mundo inteiro. Um dos intérpretes de Hitler anotou suas opiniões: "Os Estados Unidos equivalem a judeus em toda parte, judeus na literatura, judeus na política, judeus no comércio e na indústria, e um presidente completamente judaizado no topo".[159] Na versão nacional-socialista do mundo, Roosevelt era um lacaio judeu que pressionava os israelitas em Londres e Moscou a continuarem a guerra. Em 12 de dezembro, Hitler convocou uma reunião secreta com líderes partidários para explicar que o conflito com os Estados Unidos tinha sido orquestrado por judeus e que a profecia que ele tinha feito em janeiro de 1939, de que aniquilaria os judeus caso a Alemanha fosse arrastada para a guerra global, agora seria cumprida. Joseph Goebbels, que estava presente como gauleiter de Berlim, anotou no dia seguinte em seu diário: "A Guerra Mundial está aqui, o extermínio dos judeus tem que ser uma consequência necessária".[160] Embora historiadores hesitem em ver a reunião como o ponto de partida categórico do genocídio (uma vez que centenas de milhares já tinham sido assassinados nos territórios conquistados do

Leste controlados pelas forças de segurança e pelo exército), a ligação criada por Hitler entre conflito mundial e cumplicidade judaica tornava a declaração de guerra um acerto de contas racional para ele, e não a aposta irracional que poderia parecer.

Os líderes do Japão entendiam que o embate com os Estados Unidos estava longe de ser ideal, mas também encerrava outro estágio confuso da guerra não declarada, no qual os Estados Unidos restringiam o acesso japonês a recursos industriais essenciais, como petróleo, e forneciam ajuda e financiamento ao inimigo chinês do Japão. A decisão era muito parecida com a alegação de Hitler de que o inimigo britânico só poderia ser derrotado se um adversário maior e potencialmente mais forte fosse atacado: argumentava-se que lutar contra os Estados Unidos (e o Império Britânico) ajudaria de alguma forma a resolver o conflito na China. Em ambos os casos, era evidente que a guerra adicional não poderia ser bem-sucedida sem o acesso a recursos materiais adicionais, fosse na Ucrânia ou no Sudeste Asiático. Depois de dez anos de expansão imperial, o Japão via o Leste da Ásia mais ou menos como os Estados Unidos viam o hemisfério ocidental — como sua área natural de dominação, que deveria ser respeitada por outras potências. Os líderes japoneses achavam difícil entender por que a situação do momento não seria aceita como fato consumado, e as negociações com os Estados Unidos tinham começado com base na premissa de que a reivindicação do Japão de ser o líder de uma nova ordem asiática era legítima, e não de que a expansão japonesa era uma violação de normas internacionais. Em janeiro de 1941, o ministro das Relações Exteriores Matsuoka Yōsuke repreendeu publicamente os Estados Unidos por não fazerem nenhum esforço para compreender o papel do Japão na Ásia, que era o de "impedir a destruição da civilização" e estabelecer uma paz justa.[161] A intransigência americana era interpretada como parte de uma conspiração internacional para sufocar e extinguir a existência nacional japonesa. Não é de surpreender que os dois lados quase não tivessem nada em comum quando os japoneses se esforçaram, em 1941, para encontrar um modus vivendi com os Estados Unidos que lhes permitisse resolver o conflito na China em seus próprios termos e, ao mesmo tempo, garantir acesso aos recursos estratégicos necessários para sustentar o império.

Ironicamente, a preocupação de Roosevelt e de seus chefes militares se concentrava muito mais no conflito europeu do que no do Pacífico. Em seus discursos em 1941, o presidente se referiu a Hitler e à Alemanha 152 vezes, e ao Japão apenas cinco.[162] Partia-se do princípio de que o Japão poderia ser contido por provas do poderio naval americano (em maio de 1940, Roosevelt ordenou que a frota do Pacífico ficasse em Pearl Harbor de forma permanente depois de fazer manobras oceânicas) e por pressões econômicas sobre um Estado gravemente dependente de suprimentos americanos de metais e petróleo. Já em 1938, Roosevelt tinha proposto um embargo moral de petróleo, aço e financiamento contra o Japão, enquanto dinheiro era disponibilizado para a compra preventiva de materiais de que a indústria japonesa precisava.[163] Em janeiro de 1940, o Tratado Comercial de 1911 com o Japão foi revogado. Depois que os japoneses entraram no norte da Indochina Francesa, no verão de 1940, a Lei de Controle de Exportações introduziu restrições a uma série de materiais estratégicos para o Japão, incluindo combustível de avião, sucata de ferro e aço, minério de ferro, cobre e equipamento para refino de petróleo. Um ano depois, quando o sul da Indochina foi ocupado, os ativos japoneses foram congelados, e em 1º de agosto Roosevelt determinou que o Japão passasse a solicitar licenças federais para qualquer produto do petróleo, embora não quisesse que todas as solicitações fossem rejeitadas, para evitar que o país asiático fosse longe demais em sua reação. Esperava-se que o Japão ficasse intimidado com a crise iminente causada pela firmeza americana, embora o embaixador dos Estados Unidos no Japão, Joseph Grew, tenha alertado Washington de que "ameaçar os japoneses significa apenas aumentar a determinação deles".[164] A total desorganização da situação econômica do Japão de fato acelerou a tomada de decisões mais radicais. Durante 1941, líderes políticos e militares nipônicos discutiram os méritos de tentar resolver a crise na China pela diplomacia ou por mais conflito com a Grã-Bretanha e os Estados Unidos, situação que gostariam de evitar. Assim como a decisão de Hitler de atacar a União Soviética, os líderes japoneses chegaram aos poucos ao ponto em que a guerra parecia tão necessária quanto inevitável. Os políticos americanos não conseguiam entender o impacto que os quatro anos de combates na China tinham tido sobre o Japão. A sociedade japonesa agora estava preparada para a guerra total, com a diminuição de suprimentos de produtos e alimentos para a população, pesadas obrigações financeiras e uma cultura popular de sacrifício e austeridade.[165] Para os Estados Unidos, não havia nenhum sentimento de desespero diante do desastre iminente, mas para os líderes japoneses o fracasso na China e os efeitos estranguladores do embargo os forçavam a adotar soluções que racionalmente teriam evitado. A natureza incerta da resposta nipônica à crise foi encarnada no verão e no outono de 1941 pela expulsão de Matsuoka do Ministério das Relações Exteriores e pelo colapso do governo do príncipe Konoe. Os dois principais arquitetos da Nova Ordem japonesa foram substituídos pelo general Tōjō Hideki, um burocrata militar que personificava a ambivalência da elite japonesa em relação às opções do país. Como ministro da Guerra em julho de 1941, Tōjō conduziu a primeira reunião em que ficou combinado que a prioridade seria avançar no sul para acabar com a ajuda a Chiang Kai-shek e tomar o petróleo e as matérias-primas do Sudeste Asiático. O Exército e a Marinha, até então divididos sobre estratégias futuras, fundiram temporariamente seus planos. A guerra germano-soviética eliminou a ameaça russa à Manchúria, e apesar de o Exército ter dobrado o tamanho da guarnição de Kwantung durante o verão, pensando numa oportunidade de obter lucro rápido com a iminente derrota da URSS, o avanço no sul para isolar a China fazia um sentido estratégico mais imediato.[166] No fim de julho, o exército ocupou o sul da Indochina para interromper a principal rota de suprimento de ajuda a Chiang (que, segundo estimativas, representava 70% de todos os suprimentos em 1940). O resultado acelerou o movimento rumo à guerra. Em 9 de agosto, depois das restrições petrolíferas americanas, que ameaçavam cortar três quartos das importações de petróleo japonesas, aprovaram-se planos do Exército para um embate a partir de novembro. As preferências da Marinha anteciparam o prazo para outubro. A campanha foi aprovada numa conferência imperial em 6 de setembro e justificada, nas palavras de Konoe, como uma guerra de "legítima defesa".[167]

No entanto, em 16 de outubro, Tōjō sucedeu Konoe como primeiro-ministro e logo prometeu fazer novos esforços para alcançar uma solução diplomática que abrisse caminho para a paz na Ásia sob tutela japonesa, mas não, como disse Konoe, "para nos lançar de imediato numa guerra". O fim do prazo para decidir entre a guerra ou a paz foi transferido para novembro. Após dias de discussões de Gabinete, durante os quais as perspectivas das duas opções foram analisadas à exaustão, aprovou-se um novo esforço diplomático. Numa conferência imperial ocorrida em 5 de novembro, o imperador foi informado na voz passiva de que o conflito não poderia ser evitado se o arriscado lance final fracassasse. O Gabinete e os militares viam a guerra como uma imposição, e não como algo que eles mesmos teriam escolhido. Tōjō autorizou que dois planos fossem apresentados a Washington: o Plano A prometia a saída imediata da Indochina e da China (exceto Hainan, os territórios do norte e Manchukuo) dentro de dois anos, mas contava com uma série de concessões para restaurar o comércio, acabar com a ajuda à China e um acordo para os Estados Unidos não intervirem nas relações sino-japonesas; o Plano B era uma proposta mais modesta que prometia que não haveria mais agressão, desde que os Estados Unidos prometessem suspender o embargo comercial e rejeitassem assumir qualquer atuação na China.[168] Os dois planos foram apresentados a Washington pelo embaixador Nomura Kichisaburō e pelo diplomata veterano Kurusu Saburō. Em novembro de 1941, esses planos eram pouco mais do que um desejo, mas o lado japonês os levava a sério como oferta de uma solução negociada. Em 22 de novembro, os Estados Unidos interceptaram uma mensagem do tráfego diplomático japonês via rádio (de codinome "Magic") enviada aos negociadores do país na qual se reiterava que 29 de novembro era o fim do prazo para um acordo político: "Desta vez é sério quando dizemos que o prazo não pode de jeito nenhum ser alterado. Depois disso, as coisas vão começar a acontecer de forma automática".[169] A partir do fim de novembro, as Forças Armadas americanas entraram em alerta máximo em toda a região do Pacífico, mas ainda não se sabia onde seria o ataque japonês.

Roosevelt não se opunha a um acordo, desde que mantivesse a paz no Pacífico e atendesse aos interesses americanos, mas seu secretário de Estado, Cordell Hull, que conduzia as negociações com o Japão, era resolutamente contra qualquer concessão que deixasse parte da China nas mãos dos japoneses. Indo na contramão do conselho dos chefes militares e da vontade do presidente, ele entregou uma mensagem aos negociadores nipônicos em 26 de novembro, na qual deixava claro que no longo prazo o acordo só poderia ser feito se restaurasse a situação anterior à ocupação da Manchúria, demanda nem um pouco negociável para os líderes japoneses.[170] Vendo aquilo como um ultimato, o governo discutiu suas opções no dia 29. Tōjō concluiu que "não havia esperança de negociações diplomáticas" e a opção de ir à guerra prevaleceu. Poucos líderes japoneses parecem ter sido ativamente a favor da guerra com os Estados Unidos e o Império Britânico. A decisão foi tomada com a aceitação fatalista de que lutar era preferível à humilhação e à desonra. Na conferência imperial de 5 de novembro, Tōjō disse que o Japão se tornaria um país de terceira classe se aceitasse os termos americanos: "Os Estados Unidos talvez fiquem furiosos por um tempo, mas vão acabar entendendo".[171] Depois que os japoneses assumissem o controle do petróleo e dos recursos de que precisavam, era de esperar que o choque produzido na opinião pública americana abrisse caminho para um acordo compatível com os objetivos nacionais nipônicos. Ainda havia a opção, renovada em novembro, de que o Japão mediasse um acordo de paz entre a Alemanha e a União Soviética, deixando os Estados Unidos isolados, mas nenhum dos beligerantes manifestou interesse.[172]

No dia em que a mensagem de Hull foi entregue ao embaixador Nomura, a força móvel de ataque da Marinha japonesa, comandada pelo almirante Nagumo Chūichi, partiu de uma base nas ilhas Curilas para atacar a frota americana do Pacífico em Pearl Harbor. No dia 2 de dezembro, ele recebeu uma mensagem codificada que dizia: "Escalar o monte Niitaka 0812", e autorizava o ataque em 8 de dezembro, horário do Japão. Além disso, comboios de tropas seguiam em direção ao sul, da China e da Indochina para as Filipinas e a Malásia. Essa última notícia chegou a Washington, onde se supôs que as forças japonesas pretendiam ocupar a Malásia e as Índias Orientais Holandesas, mas a frota de Nagumo permaneceu incógnita até a hora do ataque. O plano de lançar uma investida surpresa a Pearl Harbor nasceu no fim de 1940, quando líderes da Marinha começaram a se preparar para avançar para o sul, mas já era assunto nos círculos navais japoneses desde os anos 1920.[173] Os detalhes foram elaborados por Kuroshima Kameto, um excêntrico oficial da equipe do comandante da frota, o almirante Yamamoto Isoroku, que se trancava nu em um quarto escuro durante dias para pensar em soluções de planejamento.[174] Um ataque aéreo lançado de uma frota naval era novidade. O ataque britânico a Taranto, em novembro de 1940, serviu de inspiração; funcionários da embaixada japonesa apareceram em Taranto um dia depois do ataque para observar de perto seu efeito. Eles também foram muito influenciados pelo uso bem-sucedido que a Alemanha fez de poderio aéreo para neutralizar a presença naval da Grã-Bretanha na Noruega, que era muito maior. Na primavera de 1941, os porta-aviões japoneses passaram para a autoridade de um único comandante de frota, visando maximizar o poder de ataque. Os torpedos aéreos foram modificados para atuar nas águas relativamente rasas das docas de Pearl Harbor sem ir para o fundo do mar, e pilotos da Marinha foram treinados de forma rigorosa para operar torpedos de baixa altitude e bombardeios de mergulho. Embora fosse um dos muitos altos oficiais japoneses que almejavam evitar um confronto com os Estados Unidos, Yamamoto entendeu que o ataque a Pearl Harbor era um primeiro passo essencial para impedir que a frota do Pacífico representasse uma ameaça às operações realizadas no Sudeste Asiático e à tomada de petróleo e outros recursos, que era a prioridade japonesa no sul. No entanto, quando apresentado ao Estado-Maior da Marinha, o plano foi rejeitado por desviar um grande volume da força naval nipônica da campanha asiática e colocar em risco os porta-aviões. Só quando Yamamoto ameaçou renunciar é que a Marinha cedeu, e o plano foi aprovado em 20 de outubro a contragosto. A Primeira Frota Aérea de Nagumo foi incumbida de destruir pelo menos quatro navios de guerra americanos ancorados, além de instalações portuárias e armazéns de petróleo. A força consistia em seis porta-aviões com 432 aeronaves, dois encouraçados, dois cruzadores e nove destróieres; o elemento naval era modesto para uma operação tão arriscada, mas durante anos os estrategistas japoneses consideravam o poderio aéreo o elemento crítico na guerra naval.

A surpresa foi completa na manhã de 7 de dezembro, embora Nagumo tivesse recebido ordem para atacar mesmo que sua força fosse detectada ao se aproximar de Oahu. Hoje já se conhecem bem as falhas americanas: as aeronaves estavam agrupadas no solo porque o comandante local, o almirante Husband Kimmel, tinha sido alertado sobre uma possível sabotagem; o limitado sistema de radar foi desligado às sete da manhã (só houve um único avistamento, que foi interpretado como B-17s em exercício); o Centro de Informações de Aeronaves (que imitava o sistema da RAF) ainda não tinha entrado em operação; não havia redes antitorpedo; um pequeno grupo de minissubmarinos japoneses destacados para penetrar nas defesas do porto antes do ataque aéreo, nas primeiras horas da manhã, foi localizado, e um deles foi destruído, mas depois disso não houve nenhum alerta geral; acima de tudo, as informações da inteligência americana alertarám que o Japão estava prestes a agir, mas tudo indicava que seria no Sudeste Asiático.[175] Na verdade, Yamamoto teve uma sorte inacreditável numa operação que, segundo ele, tinha apenas 55% de chance de dar certo.

De madrugada, duas ondas de caças Mitsubishi "Zero", bombardeiros BSB "Kate" e bombardeiros de mergulho D3 "Val" decolaram dos porta-aviões, totalizando 183 aviões na primeira e 167 na segunda.[176] Apesar do treinamento intensivo, a operação enfrentou dificuldades. A fase mais bem-sucedida foi a destruição de quase todas as aeronaves americanas no Havaí — 180 foram inutilizadas e 129, avariadas. O ataque aos navios capitais teve menos êxito. Entre os quarenta torpedeiros, apenas treze atingiram os alvos; os bombardeiros de mergulho tiveram dificuldade de distinguir alvos e não conseguiram fazer mais do que danificar dois dos oito cruzadores atracados; a segunda onda encontrou os alvos já envoltos em fumaça. Não só a taxa de acertos foi baixa, mas muitas bombas japonesas não explodiram. A explosão espetacular e o afundamento do USS *Arizona*, uma imagem icônica da batalha, resultaram de uma bomba que teve a sorte de entrar no paiol de munição frontal. Os aviadores retornaram relatando danos arrasadores, mas, como no ataque britânico em Taranto, o resultado foi menos impressionante do que parecia quando a fumaça se dissipou. Os porta-aviões americanos estavam no mar durante o ataque. Quatro encouraçados foram afundados e um encalhou; danos menores foram infligidos a outros três; dois cruzadores e três destróieres foram seriamente danificados, e dois auxiliares, afundados. Em dois meses, os 27 submarinos enviados pela Marinha japonesa para interceptar qualquer fuga e bloquear o Havaí depois do ataque só conseguiram afundar um petroleiro e danificar um navio de guerra.[177] O ataque conseguiu mais do que Yamamoto esperava, mas, com mais experiência e táticas melhores, poderia ter provocado mais estragos.

O que o ataque fez foi matar ou mutilar americanos: um total de 2403 morreram e 1178 foram feridos. Roosevelt foi poupado da tarefa de convencer o público dividido a entrar no conflito. Poucos dias antes de Pearl Harbor, ele disse ao seu confidente Harry Hopkins que não conseguia tomar a decisão de declarar guerra: "Somos uma democracia e um povo pacífico. Mas temos um bom histórico".[178] O ataque japonês logo despertou a opinião pública do país e pôs fim a anos de debate entre isolacionistas e intervencionistas. Derrotar o Japão a qualquer custo uniu os americanos das mais variadas opiniões. Para o Império Britânico, agora também ameaçado pela agressão nipônica, a fúria americana contra o Japão ameaçava minar qualquer possibilidade de os Estados Unidos se comprometerem a participar da guerra na Europa, até que ações alemãs e italianas mais uma vez pouparam Roosevelt da perspectiva de ter que convencer o público a também lutar contra o Eixo. Para garantir uma estratégia comum, Churchill encabeçou uma delegação a Washington em 22 de dezembro, onde, durante três semanas de discussões sob o codinome "Arcadia", os delegados britânicos tentaram conseguir que os americanos se comprometessem com a sua visão da guerra. Um acordo provisório já tinha sido alcançado em março de 1941 em conversas informais no nível do Estado-Maior militar de que a Europa era uma prioridade conjunta. No primeiro encontro entre Churchill e Roosevelt, na baía de Placentia, na Terra Nova, em agosto de 1941, foi esboçada a "Carta do Atlântico", na qual a derrota da "Alemanha nazista" era definida como indispensável para uma nova ordem mundial.

No encontro de cúpula de dezembro, Churchill conseguiu arrancar de Roosevelt, apesar das fortes reservas da Marinha americana, a afirmação de que a Europa continuava a ser a prioridade. Os dois lados também adotaram a atitude incomum — na verdade, única — de juntarem suas discussões estratégicas de guerra num fórum comum, o dos Chefes de Estado-Maior Conjunto, que incluía também os conselhos conjuntos para transporte marítimo, produção de munição e informações de inteligência.[179] Mesmo assim, persistiam divergências importantes. Roosevelt e seu Estado-Maior não gostavam da ideia de simplesmente seguir os planos britânicos daquilo que muitos anglofóbicos do entorno do presidente viam como uma "guerra de império". A prioridade inicial era impedir a derrota soviética. "Nada seria pior do que o colapso da Rússia", disse ele ao secretário do Tesouro. "Prefiro perder a Nova Zelândia, a Austrália, qualquer coisa, a ver o colapso da Rússia", opinião não muito simpática aos interesses imperiais da Grã-Bretanha.[180] Roosevelt e seu comandante-chefe do Exército, o general George Marshall, achavam que em 1942 seria necessário um ataque frontal à Europa de Hitler para ajudar o esforço de guerra soviético, mas os britânicos se opunham de forma vigorosa a correr esse risco — discussão que só foi resolvida em 1942, quando a operação se tornou claramente inviável. Para mostrar que Roosevelt pensava em termos de uma estratégia global americana, ele usou a conferência de Arcadia para lançar em 1º de janeiro de 1942, apenas três semanas depois do ataque a Pearl Harbor, uma declaração em nome do que ele chamou de "Nações Unidas", que seria formada por todos os diversos Estados em guerra com o Eixo. Como a Carta do Atlântico, a declaração de princípios fundamentais de autodeterminação e liberdade econômica marcou o ponto crucial em que os valores da velha ordem imperial foram substituídos pelos valores do internacionalismo americano, uma mudança que ficou explícita com a continuação da guerra.

Havia um curioso senso de irrealidade nas semanas em que ocorreram as discussões anglo-americanas. No Sudeste Asiático e no Pacífico Ocidental, o Exército e a Marinha japoneses se moviam de forma rápida e decisiva para conseguir o avanço para o sul. A escala era bem diferente da da Barbarossa. Por causa dos compromissos na China e da operação contra Pearl Harbor, os militares japoneses conseguiram reunir forças limitadas: onze divisões do Exército, das 51 disponíveis, e setecentos aviões; a Marinha pôde fornecer metade das suas mil aeronaves e tinha dois porta-aviões, dez encouraçados e dezoito cruzadores pesados para apoiar as operações anfíbias do Exército.[181] Foi uma campanha ainda mais arriscada do que Pearl Harbor, porque envolvia distribuir de maneira ampla forças escassas entre quatro grandes operações: a tomada das Filipinas, a ocupação da Tailândia, a tomada da Malásia e da base naval de Singapura e a conquista das Índias Orientais Holandesas. Apesar de tudo, foi um momento excepcional de triunfo na longa guerra que o Japão travava desde 1937. As defesas ocidentais eram fracas, sobretudo porque os britânicos podiam desviar poucos recursos da guerra na Europa e no Oriente Médio, e os reforços americanos estavam apenas começando. As forças holandesas consistiam em soldados coloniais locais depois da conquista alemã da Holanda. A maior parte das forças do Império Britânico na região era formada por divisões indianas inexperientes. Resumos diários de desastres chegavam a Londres e Washington, a começar pelo afundamento de dois navios capitais britânicos, enviados por insistência de Churchill para conter os japoneses. O encouraçado *Prince of Wales* e o cruzador de batalha *Repulse*, confiantes ao navegar para o mar do Sul da China de estar fora do alcance de qualquer aeronave nipônica conhecida e mal-informados sobre a capacidade japonesa, foram afundados em 10 de dezembro por bombardeiros torpedeiros que decolaram de bases na Indochina. Em questão de horas, o poderio naval britânico no Leste foi extinto. Só os japoneses deram nome ao confronto, a Batalha da Costa da Malásia.[182]

As duas grandes campanhas contra a Malásia Britânica e o protetorado americano das Filipinas começaram em 8 de dezembro. Pilotos especialmente treinados para longos voos transatlânticos atacaram as Filipinas, decolando de bases do Império Japonês em Taiwan; como em Oahu, encontraram aeronaves americanas agrupadas na pista de Clark Field e destruíram metade dos B-17s e um terço dos caças. Desembarques anfíbios começaram no dia 10 na ilha principal de Luzon e avançaram rápido para a capital, Manila, que se rendeu em 3 de janeiro. O comandante dos Estados Unidos, o general Douglas MacArthur, nomeado no começo do ano, retirou sua força mista americano-filipina para a península de Bataan, no sul. Sem cobertura aérea e com apenas mil toneladas de suprimentos transportados por submarinos americanos, a força estava condenada à derrota. MacArthur foi evacuado para a Austrália em 12 de março para lutar em outro momento. Bataan se rendeu em 9 de abril, e em 6 de maio, depois de uma defesa árdua e determinada da ilha-fortaleza de Corregidor, o comandante americano sobrevivente, o general Jonathan Wainwright, desistiu do combate. O 14º Exército japonês capturou quase 70 mil soldados, sendo 10 mil deles americanos. Os cativos foram obrigados a marchar ao longo da península de Bataan até um acampamento improvisado; doentes, exaustos e famintos, foram espancados, mortos e humilhados pelas forças imperiais japonesas, que por sua vez sofriam de uma pobreza de suprimentos médicos e alimentos e tinham sido ensinadas a desprezar a rendição.[183]

No norte da Malásia, o 25º Exército do general Yamashita Tomoyuki começou um ataque anfíbio em 8 de dezembro, mobilizando de início apenas alguns milhares de homens por causa da dificuldade de encontrar transporte suficiente. Seu exército foi recebido por uma defesa mal organizada que desmoronou em questão de dias, retirando-se de forma confusa pela península, até que Johore no sul foi abandonada em 28 de janeiro por ordem do comandante-chefe britânico na Malásia, o tenente-general Arthur Percival, e a grande força imperial evacuou para a ilha de Singapura. Yamashita liderou um ataque de cerca de 30 mil homens à ilha, que era vista pelo quartel-general imperial japonês como um objetivo indispensável para qualquer avanço futuro para as Índias Orientais Holandesas. Yamashita mobilizou muito menos homens do que os estimados 85 mil soldados britânicos, indianos e australianos (com a chegada de reforços, o total foi para 120 mil), agora amontoados numa base insular que não tinha sido preparada para se defender de uma invasão terrestre.[184] Em 8 de fevereiro, Yamashita ordenou que duas divisões e a Guarda Imperial lançassem um assalto noturno. Churchill passou um telegrama dizendo que os defensores deviam lutar e resistir até o último homem, mas isso era conversa de aventuras imperiais. Depois de semanas de retiradas desmoralizantes contra um inimigo quase sempre invisível e evidentemente brutal, as forças de defesa entraram em pânico. Enquanto lutavam para embarcar nos poucos barcos que restavam no porto de Singapura, Percival negociou a rendição com Yamashita. A captura de 120 mil homens foi a maior e mais humilhante derrota da história imperial britânica.[185] Outros postos avançados da Grã-Bretanha logo entraram em colapso. Em 25 de dezembro, Hong Kong se rendeu ao 16º Exército japonês, depois de resistir durante dezoito dias a uma ocupação inevitável. Bornéu Britânico, com seu campo petrolífero sabotado pelas forças em retirada, rendeu-se em 19 de janeiro. Em pouco tempo a Birmânia Britânica também estaria ameaçada.

A campanha para capturar a Birmânia não estava nos planos iniciais dos militares japoneses. A força original de invasão foi projetada para eliminar aeródromos britânicos próximos que poderiam ser usados para ameaçar a segurança da campanha malaia. Mas os comandantes japoneses se sentiram tentados, após provas de que as forças do Império Britânico estavam fragilizadas, a avançar mais e ocupar a Birmânia, além de ameaçar a Índia. O Exército japonês esperava ser possível que uma expansão maior pudesse até "forçar a Grã-Bretanha a se submeter, e os Estados Unidos a perderem a vontade de lutar".[186] De modo mais prosaico, a conquista cortaria as linhas de suprimentos enviados da Índia para os exércitos de Chiang no sudoeste da China, permitindo aos japoneses ocupar regiões ricas em produção de arroz e o campo petrolífero de Yenangyaung, que produzia 4 milhões de barris por ano. Os britânicos tinham uma força mal armada e mista, de cerca de 10 mil soldados britânicos, indianos e birmaneses, e dezesseis caças Brewster Buffalo obsoletos.[187] Eles se retiraram de forma desordenada para Rangum quando o 15º Exército japonês, sob comando do general Shōjirō Iida, iniciava a principal operação na Birmânia, em 22 de janeiro, com quatro divisões de 35 mil homens.

Como a rota de suprimento da Birmânia era essencial para a China, em dezembro Chiang ofereceu aos britânicos a chance de enviar tropas chinesas para o caso de um ataque japonês, mas o general Wavell, agora comandante-chefe na Índia, não só rejeitou de forma brusca a oferta, como também sabotou o esforço de Chiang para estabelecer um Conselho Militar Conjunto em Chongqing para supervisionar a estratégia geral da guerra na Ásia.[188] A apreensão unilateral britânica em relação aos suprimentos de ajuda do programa Lend-Lease para a China, armazenados em Rangum, exacerbou a tensão entre os dois aliados, em especial porque os suprimentos não faziam tanta diferença. Forças do Império Britânico abandonaram Rangum em 7 de março e se retiraram às pressas para o norte. Chiang ficou profundamente ressentido com a atitude condescendente dos britânicos, o "complexo de raça superior", como comentou uma testemunha americana.[189] "O senhor e o seu povo não têm a menor ideia de como lutar contra os japoneses", disse Chiang a Wavell em dezembro, antes mesmo de esse fato ficar evidente. "Resistir aos japoneses não é [...] como uma guerra colonial [...]. Para esse tipo de trabalho vocês, britânicos, são incompetentes."[190]

Chiang não esperava muito mais dos Estados Unidos, agora um aliado no conflito, mas queria a assistência americana. Roosevelt concordou em mandar um chefe de Estado-Maior para Chiang, e a escolha recaiu sobre um ex-adido militar na China, o general Joseph "Vinegar Joe" Stilwell, famoso por ter uma visão azeda de quase todo mundo, menos de si mesmo. Stilwell, em conversas privadas, considerava Chiang um "déspota obstinado, ignorante, preconceituoso e insolente", mas chegou a Chongqing no começo de março de 1942 para assumir o cargo que havia aceitado com relutância.[191] Sua primeira providência foi convencer Chiang a permitir que ele assumisse o comando de dois dos melhores exércitos chineses restantes, o Quinto e o Sexto, usá-los para retomar Rangum e manter aberta a rota de suprimento do programa Lend-Lease.

Chiang o advertiu de que a maioria das divisões chinesas era composta de pouco mais de 3 mil fuzileiros com algumas metralhadoras, um pequeno grupo de caminhões e nenhuma peça de artilharia.[192] Impávido, Stilwell, sem experiência de combate e pouca ou nenhuma informação de inteligência sobre o inimigo, partiu disposto a obstruir os japoneses na Birmânia central. O resultado foi um desastre previsível. Quase sem cobertura aérea e tendo pouca consideração pelos oficiais chineses que deveria comandar, Stilwell foi obrigado a recuar diante da competente campanha japonesa. Lashio, no norte da Birmânia, foi tomada em 28 de abril, e em maio o exército japonês controlava quase todo o território birmanês. Em 5 de maio, Stilwell fugiu para o oeste com um pequeno grupo, deixando milhares de soldados chineses entregues à própria sorte. O Sexto Exército foi praticamente aniquilado. Remanescentes do Quinto lutaram em condições apavorantes para alcançar alguns meses depois a cidade de Imphal, na fronteira indiana, aonde Stilwell já havia chegado em 20 de maio culpando Chiang, os generais chineses e os britânicos por tudo que tinha dado errado.

A longa retirada britânica para a Índia foi prejudicada por um vasto êxodo de refugiados, estimado em 600 mil, na maioria indianos ou anglo-birmaneses. Era difícil manter as forças dispersas do major-general William Slim abastecidas ou reforçadas, e os homens esfarrapados e exaustos que chegaram à Índia tinham perdido quase todo o equipamento militar. "Eles NÃO SABEM FAZER o seu trabalho", queixou-se o comandante britânico geral, o general Harold Alexander, "tão bem quanto os 'japas', e ponto-final."[193] As baixas do Império Britânico chegaram a 10 036 dos 25 mil que lutaram na Birmânia, e pelo menos 25 mil soldados chineses foram perdidos, enquanto as baixas japonesas não passaram de 4500 em toda a campanha.[194] Não se sabe quantos refugiados morreram em condições apavorantes enquanto tentavam atravessar as duas únicas passagens para Assam, na Índia. Talvez cerca de 90 mil tenham morrido de inanição, doenças e por conta da lama quase intransponível resultante das monções que, ironicamente, salvaram a Índia de uma invasão japonesa.[195] Stilwell voltou para Chongqing como comandante geral dos poucos militares americanos na China, mas a Birmânia e a estrada vital para suprir os chineses estavam perdidas, junto com qualquer esperança que Chiang pudesse ter de a China ser levada a sério como potência aliada. Chiang só aceitou Stilwell de volta porque ainda queria conquistar o apoio dos Estados Unidos, apesar de agora considerar a aliança "apenas palavras vazias".[196]

Mais ao sul, a conquista das Índias Orientais Holandesas era inevitável depois da perda de Singapura, e em 18 de março os Aliados se renderam e entregaram o arquipélago, deixando os ricos recursos da região em mãos japonesas. Para concluir a campanha, uma fileira de ilhas do Pacífico foi tomada, desde Wake e Guam, controladas pelos americanos no norte, às ilhas Gilbert e Ellice, no extremo sul. Em apenas quatro meses, as forças japonesas conquistaram quase toda a área imperial do Sudeste Asiático e do Pacífico. O exército capturou 250 mil prisioneiros, afundou ou danificou 196 navios, destruiu quase todas as aeronaves aliadas na região, e tudo isso ao custo de 7 mil mortos, 14 mil feridos, 562 aviões e 27 navios pequenos.[197] Foi uma guerra-relâmpago [*dengekisen*], como as que os chefes militares japoneses admiraram nas campanhas alemãs de 1940 e esperavam igualar em seu embate contra as potências anglo-saxônicas.[198] O Japão venceu com facilidade sua *Blitzkrieg*, no entanto isso ocorreu justo quando a versão alemã falhou. As razões do sucesso japonês não são difíceis de identificar. Diferentemente dos problemas logísticos que a campanha germânica enfrentou, a Marinha dominante e a grande força naval mercante do Japão estiveram à altura do desafio de fornecer homens e equipamento. A doutrina e a prática da guerra anfíbia tinham sido desenvolvidas durante anos, com evidente sucesso. Por outro lado, os Estados ocidentais dispunham de dados de inteligência escassos sobre as Forças Armadas japonesas, resultado não só do pouco esforço feito para coletar informações atualizadas, mas também produto do racismo arrogante que desdenhava da capacidade militar nipônica. O governador da Malásia disse, de forma memorável, a Percival: "Bem, imagino que vocês vão se livrar desses homenzinhos num piscar de olhos!".[199] Já os dados de inteligência japoneses eram minuciosos, garimpados por agentes que se misturavam à grande comunidade nipônica que morava ou trabalhava no Sudeste Asiático e se aproveitavam da hostilidade asiática ao domínio colonial. As forças japonesas estavam bem cientes do quanto as defesas do império deviam ser fracas; o Exército pôde mobilizar soldados e pilotos bem treinados, muitos dos quais tinham participado de combates prolongados nas condições severas da China.[200] As tropas disponíveis em todo o Sudeste Asiático para rechaçar uma invasão japonesa contavam com poucos soldados com experiência de combate, se é que tinham algum. Mal armados, quase sempre com treinamento limitado, cada vez mais tomados pela sensação assustadora e desmoralizante de que não havia como deter os soldados japoneses, quase nunca eram páreo para o inimigo. A conquista de Hong Kong mostrou com clareza o problema. Centro financeiro e comercial do Império Britânico na China, a colônia era defendida por dois destróieres antiquados, alguns torpedeiros, cinco aeronaves obsoletas e unidades do Exército infestadas, entre outras coisas, de doenças venéreas. Uma Unidade de Defesa Voluntária de expatriados locais foi formada com homens de 55 a setenta anos. As brigadas canadenses que chegaram pouco antes da queda de Hong Kong quase não tinham treinamento de combate.[201] Durante anos, as forças imperiais se acostumaram a uma dominação sem percalços. Agora enfrentavam um império rival ansioso para acabar com o domínio branco e que estava equipado para isso.

O colapso do Império Britânico na Ásia e no Pacífico foi completo. A conquista ia da fronteira do nordeste da Índia até as distantes ilhas Gilbert e Ellice, no Pacífico Sul. O alto-comando japonês não tinha planos de tomar a Índia e engavetou a proposta da Marinha de invadir as costas norte e leste da Austrália, porque o Exército não podia dispensar mais homens.[202] Apesar disso, em 19 de fevereiro, o porto australiano de Darwin foi bombardeado, enquanto uma tentativa de ocupar Port Moresby, na Nova Guiné, perto de alvos australianos, só foi repelida quando um porta-aviões japonês foi afundado e outro danificado por dois porta-aviões americanos, na Batalha do Mar de Coral, entre 7 e 8 de maio. Como se quisesse botar sal nas feridas britânicas, Nagumo levou sua força de porta-aviões ao oceano Índico em abril para bombardear bases navais britânicas em Colombo e Triquinimale no Ceilão (Sri Lanka), afundando três navios de guerra e forçando o que restou da frota oriental da Marinha Real a se retirar para Bombaim (Mumbai), a fim de evitar mais danos.²⁰³ Os chefes do Estado-Maior britânico estavam tão nervosos com as ameaças japonesas no oceano Índico que organizaram uma invasão da colônia francesa de Madagascar, em 5 de maio (Operação Ironclad), para evitar um desembarque japonês, mas precisaram combater durante seis meses para forçar a rendição da guarnição de Vichy.²⁰⁴

Em questão de semanas, a transformação geopolítica da região produziu uma mudança fundamental nas relações entre os Estados Unidos e seu aliado imperial. A rendição de Singapura depois de poucos dias de combate contrastava de modo desfavorável com a corajosa defesa da península de Bataan. O rápido colapso da defesa do Império Britânico na Ásia veio se somar aos muitos fracassos do esforço de guerra da Grã-Bretanha e confirmou o desejo das Forças Armadas dos Estados Unidos, e de grande parte do público americano, de não serem arrastadas para uma estratégia de resgate de um império que tinha passado dois anos sem conseguir se salvar.²⁰⁵ Roosevelt e seus assessores trataram rapidamente de formular uma estratégia global para compensar o debilitado papel mundial da Grã-Bretanha, seguindo diretrizes já bastante discutidas em Washington. O geógrafo da Johns Hopkins Isaiah Bowman, influência decisiva na atitude negativa de Roosevelt em relação ao império, achava que era hora de os Estados Unidos "fazerem uma mudança repentina para uma nova ordem mundial" depois de anos de comportamento "hesitante, tímido, duvidoso". Em maio de 1942, Norman Davis, presidente do Conselho de Relações Exteriores dos Estados Unidos, concluiu que "o Império Britânico, tal como existiu no passado, nunca mais reaparecerá", acrescentando que "os Estados Unidos talvez tenham que ocupar o lugar dele".²⁰⁶ O Comitê Consultivo para Problemas de Relações Exteriores do presidente, nomeado em 1939, já tinha delineado o compromisso com a autodeterminação colonial, a liberdade de comércio e o acesso igualitário a matérias-primas como as características da nova ordem.²⁰⁷

Nada separava tanto a opinião pública americana da britânica como a crise política que se agravava na Índia. Roosevelt tinha tocado no assunto da independência indiana na conferência de Arcadia, ao que Churchill, segundo ele mesmo, respondeu "de maneira tão veemente e longa" que Roosevelt preferiu não tocar mais no assunto em discussões futuras frente a frente (conselho que transmitiu a Stálin).²⁰⁸ Apesar disso, o presidente via a questão indiana como importante, com o Japão preparado para uma possível invasão, e em abril de 1942 enviou uma mensagem a Churchill incentivando-o a conceder autogoverno à Índia em troca da participação do país na guerra. Harry Hopkins, que estava presente quando o telegrama chegou, foi submetido a um discurso de Churchill, que durou a noite inteira, sobre a interferência do presidente. Um mês antes, Churchill tinha despachado Stafford Cripps, ex-embaixador em Moscou, para oferecer aos indianos uma complexa constituição federal, através da qual a Grã-Bretanha continuaria responsável pela defesa indiana, mas o Partido do Congresso a rejeitou como paliativo destinado a "balcanizar" a Índia, e a situação continuou num impasse. No entanto, para a maioria dos líderes britânicos, o futuro do império era uma questão a ser resolvida pela Grã-Bretanha, e não pelos Estados Unidos.[209] Em 1942, depois do fracasso de Cripps, a opinião americana endureceu em relação ao imperialismo britânico. Gandhi escreveu para Roosevelt em julho para incentivar os Aliados a reconhecerem que tornar o mundo "seguro para a liberdade" soava vazio na Índia e no império. O movimento nacionalista indiano queria que a Carta do Atlântico e a Declaração das Nações Unidas cumprissem a promessa que os Catorze Pontos de Woodrow Wilson não tinham honrado no fim da Primeira Guerra Mundial. O representante pessoal de Roosevelt na Índia, William Phillips, enviava ao presidente relatórios regulares sobre a apatia e a hostilidade de grande parte da população do país ("frustração, desânimo e desamparo").[210]

Um jornalista americano cunhou a frase *"Quit India"* ["Deixe a Índia"] no verão de 1942, mas o termo logo foi encampado pelo Partido do Congresso, quando os líderes se reuniram em agosto para formular uma resolução pedindo uma declaração imediata de que a Índia logo se tornaria independente. O que veio em seguida foi, como descreveu o vice-rei lorde Linlithgow, "de longe a rebelião mais séria desde a de 1857".[211] Em 9 de agosto, todos os líderes do Congresso foram presos, incluindo Gandhi, e encarcerados durante o resto da guerra; no fim de 1942, havia 66 mil indianos detidos; no fim de 1943, quase 92 mil, muitos em prisões insalubres e superlotadas, algemados e acorrentados. Os primeiros encarceramentos provocaram tumultos e violência no centro e no noroeste da Índia. As autoridades registraram de forma escrupulosa a destruição ou os danos causados a 208 delegacias, 332 estações ferroviárias, 749 prédios do governo e 945 agências dos correios. Houve 664 ataques a bomba perpetrados por manifestantes furiosos, quase sempre jovens.[212] Os britânicos, recorrendo a policiais e unidades do Exército indiano, suspenderam todas as restrições ao uso da força com a Portaria (de Poderes Especiais) das Forças Armadas, permitindo que a polícia e o Exército usassem armas de fogo, cassetetes, e até mesmo morteiros, gás e aviões com metralhadoras para dispersar as multidões. A polícia abriu fogo em pelo menos 538 ocasiões, matando, de acordo com estatísticas oficiais, 1060 indianos, mas quase certamente o número foi mais alto. Foi liberado o uso generalizado de chibatadas como forma de dissuasão. Um oficial distrital, depois de mandar flagelar em público 28 homens com um chicote para cachorro, escreveu: "Sem dúvida ilegal. Cruel? Talvez. Mas não houve mais problemas no distrito".[213] O Escritório da Índia em Londres fazia grandes esforços para restringir a divulgação de notícias sobre chibatadas e violência policial para o grande público, mas na Grã--Bretanha e nos Estados Unidos lobbies anti-imperialistas davam destaque a essas informações. O exercício deliberado de violência imperial no que ela tinha de mais implacável foi endossado por Churchill, que desprezava Gandhi e temia que a crise pudesse enfraquecer por completo o Raj. A ordem foi restaurada, mas os ressentimentos que motivaram a rebelião ressurgiriam depois de 1945, quando a emergência de guerra terminou.

Durante o verão de 1942, Roosevelt desenvolveu suas ideias sobre o futuro dos impérios coloniais sem se arriscar a consultar seu aliado britânico. Em junho, o ministro das Relações Exteriores soviético, Molotov, visitou Washington, e Roosevelt aproveitou a ocasião para sondar como os soviéticos se sentiam em relação à tutela como porta de acesso à independência. Molotov aprovou, uma vez que o anticolonialismo era parte do pensamento ortodoxo em Moscou. Roosevelt encerrou o encontro explicando sua opinião de que "os países brancos [...] não podiam esperar manter essas áreas como colônias". Esses sentimentos assinalavam uma diferença fundamental entre as abordagens americana e britânica da provável ordem mundial do pós-guerra. No fim daquele ano, numa conversa com um dos assessores mais próximos de Roosevelt sobre tutela no Caribe, Churchill explicou que, enquanto fosse primeiro-ministro, a Grã-Bretanha não largaria o seu império: "Não vamos permitir que os hotentotes, pelo voto popular, joguem os brancos no mar".[214] Durante a maior parte do ano seguinte ao avanço japonês no sul, o planejamento estratégico americano foi prejudicado por diferenças de opinião com os britânicos. Em maio de 1942, o brigadeiro Vivian Dykes, secretário britânico dos Chefes Conjuntos, queixou-se de que os americanos estavam decididos a colocar a Grã-Bretanha na "posição de satélite dos Estados Unidos".[215] A tensão persistia em relação a opiniões distintas sobre o futuro do Império Britânico e a ordem internacional do pós-guerra. Embora isso não impedisse a colaboração, os Estados Unidos agora se juntavam à união Soviética e à China na luta para acabar com o imperialismo, antigo e novo.

RAÇA E ESPAÇO: GOVERNAR IMPÉRIOS EM TEMPO DE GUERRA

Os impérios territoriais criados pelos Estados do Eixo eram inusitados em muitos sentidos. Diferentemente dos antigos impérios, que cresceram de forma desorganizada ao longo de décadas, eles se formaram em menos de dez anos — no caso alemão, em apenas três —, mas foram logo destruídos por completo com o fracasso na guerra. No entanto, apesar do compromisso com o conflito, que impunha demandas severas às metrópoles, os três Estados do Eixo começaram a construir as bases institucionais, políticas e econômicas dos novos impérios, mesmo com os combates ainda em andamento. A ilusão de que os impérios haviam se tornado uma característica permanente, não importa o desfecho do conflito maior, hoje parece difícil de explicar, em especial ao considerar que a União Soviética e os Estados Unidos emergiram como os grandes beligerantes do grupo Aliado. Mas como as guerras do Eixo tinham a ver com a construção de impérios, seu caráter frágil e improvisado foi ignorado de forma deliberada em favor de fantasias de um longo futuro imperial.

A operação das novas áreas imperiais tinha características comuns. Os líderes dos três Estados compartilhavam a linguagem do "espaço vital" e aprovavam graves medidas para defendê-lo quando conquistado. Os impérios constituíam uma mistura de diferentes formas administrativas e políticas, mais do que um todo coerente, e não tinham estruturas de controle comuns (como os impérios coloniais mais antigos). A forma política final das novas áreas ficou em suspenso até o fim das hostilidades, mas em cada caso o poder imperial dominante não era para ser restringido por noções convencionais de soberania e direito internacional. Enquanto a guerra prosseguia, grandes partes dos territórios conquistados eram gerenciadas por um governo ou uma administração militares; os recursos materiais das regiões capturadas se destinavam a atender de forma prioritária a necessidades militares. Tanto sob administração militar como sob administração civil, colaboradores foram procurados para dar assistência na gestão de serviços locais, e o mesmo foi feito com as forças policiais e milicianas necessárias para ajudar o Exército a garantir a segurança local. Os japoneses herdaram o sistema colonial de governança deixado pelos impérios derrotados; os alemães e os italianos herdaram estruturas de Estado que podiam ser exploradas onde fosse necessário, mesmo no odiado sistema soviético, para assegurar a estabilidade local. Em nenhum dos novos impérios, os sentimentos nacionais locais foram fomentados se ameaçassem a unidade da nova ordem ou prejudicassem os interesses do ocupante. Quaisquer atos considerados hostis a esses interesses eram criminalizados. Para impor autoridade, níveis extremos de terror foram introduzidos, imitando outros contextos coloniais, mas foram excedidos em escala e em horror: deportação, detenção sem julgamento, tortura rotineira, eliminação de aldeias inteiras, execuções em massa e, no caso dos judeus da Europa, extermínio. Juntos, os novos impérios custaram a vida, tanto de forma direta como indireta, de mais de 35 milhões de pessoas. Se existia uma diferença fundamental entre as experiências asiática e europeia, era o quanto a política racial definia a estrutura do império. Embora os soldados e funcionários japoneses sem dúvida vissem a raça nipônica como superior e tivessem um desprezo particular pelos chineses, a ideologia do império visava à ideia da "fraternidade asiática", na qual o Japão seria o irmão bem mais velho. Na Europa, e na Alemanha em particular, a estrutura da nova ordem tinha base racial, com "alemães" ou "italianos" no topo de um império hierárquico que condenou milhões de pessoas subjugadas ao desterro, à fome e a assassinatos em massa.

Os novos territórios do Japão na "Região Sul" [*Nampō*] foram vistos, de início, como uma área onde os erros cometidos na tentativa de subjugar e pacificar uma grande parte da China poderiam ser evitados. Eram áreas coloniais onde os japoneses podiam posar como libertadores da Ásia do jugo ocidental. Na China, o império foi imposto a um povo que não via o inimigo como libertador, mas como potência ocupante, cujo mandato dependia em última análise da disposição de usar o Exército e a polícia militar [*Kempeitai*] para impor obediência e submissão. Os territórios chineses ocupados nos anos 1930 eram formalmente governados por regimes fantoches, um deles baseado em Manchukuo; outro, na Mongólia interior; um "governo reformado" em Beijing, liderado por Wang Kemin; a Municipalidade Especial de Xangai, na cidade mais importante da China; e um governo provisório na capital nacionalista, Nanquim, primeiro liderado por Liang Hongzhi, depois, a partir de março de 1940, pelo antigo nacionalista chinês Wang Jingwei. Em dezembro de 1939, Wang assinou um acordo formal permitindo que o Japão estacionasse tropas e inserisse "conselheiros" (cujo conselho não podia ser ignorado) em toda a área da China central e meridional ocupada desde o começo da guerra, em 1937.[216] A soberania chinesa não era uma realidade em nenhuma dessas áreas: o norte da China era, na verdade, governado pela Comissão de Assuntos Políticos do Norte da China; Manchukuo só não era uma colônia no nome; o regime de Wang, embora alegasse ser o governo nacionalista legítimo, era usado pelo comando supremo japonês para pressionar Chiang Kai-shek a fazer um acordo de paz, e, quando isso falhou, Wang foi usado para ajudar a combater a resistência comunista através do Movimento de Pacificação Rural, mobilizando as limitadas forças militares que os japoneses permitiam. Wang e o seu sucessor, Chen Gongbo, em 1944, eram vigiados o tempo todo pelo Grupo Consultivo da Força Expedicionária Chinesa do Japão, baseada em Nanquim.[217]

Em toda a área que se tornou a China "nacional" governada por Wang, os japoneses implantaram programas de "pacificação" em larga escala, com o objetivo de estabelecer a ordem num nível local compatível com os interesses nipônicos. Agentes do Serviço Especial, civis trajando camisas brancas estampadas com o lema *senbu-xuanfu* [anunciando conforto], foram instruídos no "Esboço para o trabalho de Pacificação", de março de 1938, a "se livrarem do pensamento antinipônico [...] e conscientizarem [os chineses] de que devem confiar no Japão". Eles deviam ser incentivados a observar a "graciosa benevolência do Exército imperial" — o que era difícil depois dos massacres em Nanquim e arredores ocorridos poucos meses antes, e um dos muitos paradoxos enfrentados pelos jovens idealistas do Serviço Especial que tentavam conciliar a violência nipônica com a retórica de paz e cooperação mútua que eram instruídos a disseminar.[218] No nível das aldeias, os chamados "comitês de manutenção da paz", formados por moradores chineses, eram responsáveis pelo restabelecimento da ordem e pelo desenvolvimento do hábito de se curvarem ao passar diante de algum soldado japonês (sob risco de violência aleatória). Seguindo o padrão da "Liga da Concórdia" estabelecida em Manchukuo, que visava vincular a população à lealdade ao imperador e aos seus representantes, associações de bairro chinesas eram usadas para expressar sentimento pró-Japão e isolar, para punição, os que se recusavam a participar. Quem obedecesse era recompensado com um "certificado de súdito leal".[219] Para os chineses comuns, adaptar-se era uma garantia de sobrevivência, enquanto discordar levava a prisão, tortura e morte.

Muitos métodos utilizados para estabelecer a "ordem" foram transferidos para a Região Sul na esteira da rápida ocupação militar. O planejamento para um possível avanço no sul tinha começado em 1940, e em março de 1941 o Exército japonês produziu um documento que delineava os "Princípios para a administração e a segurança das regiões ocupadas do sul", que foi reafirmado na Conferência de Ligação do Quartel-General em Tóquio em novembro, duas semanas antes de Pearl Harbor.[220] Havia três políticas centrais, mantidas em todas as diferentes áreas ocupadas: o estabelecimento da paz e da ordem; a aquisição dos recursos necessários pelas forças japonesas do Exército e da Marinha; e a organização, na medida do possível, da autossuficiência dos territórios dominados. Além disso, a área ocupada foi dividida, como a China, numa colcha de retalhos com diferentes unidades dependentes e satélites, onde nenhuma decisão seria tomada sobre o seu destino final. A reunião de novembro determinou que "o incentivo prematuro de movimentos nativos de independência deve ser evitado". Depois da invasão, as áreas tomadas foram divididas para serem governadas por militares [*gunsei*] entre o Exército e a Marinha, de acordo com prioridades estratégicas. O Exército administrava a Birmânia, Hong Kong, as Filipinas, a Malásia, o Bornéu do Norte Britânico, Sumatra e Java; a Marinha era responsável pelo Bornéu Holandês, as Celebes (Sulawesi), as ilhas Molucas, Nova Guiné, o arquipélago de Bismarck e Guam. A Malásia e Sumatra foram unificadas numa Área de Defesa Especial, como o núcleo da nova zona do sul; Singapura, rebatizada como Syanan-to [Luz do Sul], recebeu um status especial com administração militar própria, e em abril de 1943 se tornou sede do Exército do Sul, quando este se mudou de Saigon, capital da Indochina.[221]

As anomalias eram a Tailândia e a Indonésia Francesa, ambas invadidas pelo exército japonês, embora não como Estados inimigos. Os tailandeses foram induzidos a permitir o acesso de tropas e aviões japoneses aos fronts na Malásia e na Birmânia, mas o resultado foi uma forma de ocupação. O governo tailandês do marechal de campo Plaek Phibunsongkhram assinou uma aliança com o Japão em 11 de dezembro de 1941, e em 25 de janeiro, depois de sofrer ataques a bomba por aeronaves aliadas, declarou guerra aos Aliados, supondo estar aderindo ao lado vitorioso. Houve também a promessa japonesa de que um território da Malásia, visto como parte da Tailândia histórica, seria restaurado. Em 18 de outubro de 1943, as províncias de Perlis, Kedah, Kelantan e Trenganu, no norte da Malásia, foram de fato transferidas para o domínio tailandês.[222] A Indochina Francesa, sob o regime colonial de Vichy, tinha sido obrigada a aceitar tropas japonesas no norte no verão de 1940, e uma ocupação plena em julho de 1941, quando Saigon se tornou quartel-general do Exército do Sul. Em 9 de dezembro de 1941, um Pacto de Defesa franco-japonês confirmou o direito do Japão de operar a partir de território francês com assistência francesa, e o marechal de campo Yoshizawa Kenkichi foi nomeado embaixador plenipotenciário para supervisionar os interesses nipônicos. O comandante do Exército do Sul, o marechal de campo Terauchi Hisaichi, tratava a Indochina como um território ocupado.[223]

No Japão, a aquisição da Região Sul levou ao estabelecimento de uma estrutura para supervisionar o novo projeto imperial, no que passou a ser chamado de Grande Guerra do Leste da Ásia. Em fevereiro de 1942, criou-se um Conselho para a Construção do Grande Leste da Ásia, e em 1º de novembro estabeleceu-se formalmente um Ministério para o Grande Leste da Ásia, embora sua jurisdição não se estendesse à Área Especial de Defesa de Malásia-Sumatra, que, em maio de 1943, junto com o resto das Índias Orientais Holandesas, foi declarada "pertencente ao Japão por toda a eternidade" como elemento integrante do império colonial japonês.[224] O Sul também se juntou à Esfera de Coprosperidade do Grande Leste Asiático, um conceito amorfo de colaboração continental liderado pelo Caminho Imperial Japonês, nome dado por Matsuoka numa entrevista a um jornal em 1º de agosto de 1940. Esperava-se que a esfera unisse os povos do Leste da Ásia e do Pacífico, uma vez que estivessem livres da dominação ocidental, para que pudessem avançar juntos em direção a um futuro pacífico e próspero. Ela logo se tornou um princípio fundamental do planejamento realizado em Tóquio para as áreas ocupadas e foi incorporada no discurso político e da imprensa como meio de legitimar a ocupação japonesa, que era descrita como distinta de mero colonialismo. A ideologia de harmonia e união criada para o império foi acompanhada de uma transformação política no próprio Japão, quando, em agosto de 1940, os partidos se dissolveram e formaram a Associação para a Promoção de uma Nova Ordem, rejeitando o parlamentarismo liberal em favor do compromisso comum guiado pelo imperador de promover o Caminho Imperial no Japão e em suas conquistas territoriais. A população estava unida numa única Associação de Assistência ao Caminho Imperial. A harmonia política no Japão, de acordo com o primeiro-ministro, o príncipe Konoe, era precondição para que o país fosse "a liderança no estabelecimento de uma nova ordem mundial".[225] Nação e império se tornaram cultural e politicamente inseparáveis.

As bases ideológicas da Nova Ordem japonesa eram essenciais para a autocompreensão dos milhares de funcionários, propagandistas e planejadores que saíram do Japão e se espalharam para ajudar na gestão dos novos territórios. A visão idealista do que o país agora seria capaz de conquistar para toda a Ásia e o Pacífico os animava, e de início eles foram bem recebidos pela parcela da população ocupada que esperava que a retórica da Esfera de Coprosperidade fosse o que dizia ser. O problema dos intelectuais e escritores japoneses mobilizados para promover a ideologia era a tensão entre afirmar que o Japão estava acabando com o colonialismo europeu e americano e a necessidade de posicionar o país de forma clara como o "núcleo", ou o "pivô", da nova ordem. Em Java, os propagandistas que acompanhavam a administração militar desenvolveram a ideia de que o Japão estava apenas recuperando a posição central que desempenhara milhares de anos antes como o líder cultural de uma área que ia do Oriente Médio à costa americana do Pacífico. "Em suma", afirmou a revista japonesa *Unabara* [Grande Oceano], "o Japão é o sol da Ásia, sua origem, seu poder supremo." Os ocupantes promoveram o "Movimento dos Três As", para que os indonésios compreendessem que o seu futuro estava com "a luz da Ásia, o Japão; a mãe da Ásia, o Japão; o líder da Ásia, o Japão".[226] No fim, a nova esfera foi concebida para criar uma forma de império consistente com a herança cultural japonesa, distinta da do Ocidente. Uma publicação do Instituto de Guerra Total, do começo de 1942, dizia que todos os povos da esfera alcançariam suas "posições apropriadas", "a mente" dos habitantes "se tornaria uma", mas no centro da esfera estaria o império do Japão.[227]

Para aqueles que no início se entusiasmaram com a ideia de uma Ásia diferente, a realidade do governo militar e da intervenção japonesa logo trouxe desesperança. O jornalista indonésio H. B. Jassin queixou-se numa revista de arte, em abril de 1942, que o povo tinha "absorvido tudo que era ocidental e rechaçado o que era oriental", mas que, em contrapartida, os "japoneses são ótimos porque podiam absorver o novo enquanto mantinham o que era deles". No entanto, em suas memórias do pós-guerra, ele recordou a amarga ironia do entusiasmo pela retórica de cooperação e harmonia "que depois ficou claro que não passava de balões bonitos, um maior e mais colorido e brilhante que o outro, mas cheios apenas de ar".[228] Até o chefe da missão japonesa de propaganda em Java, Machida Keiji, reconheceu a futilidade do esforço ideológico diante da realidade do governo militar e da hostilidade de grande parte dos chefes do Exército a ideias que estimulassem ambições indonésias: "A grande bandeira da Esfera de Coprosperidade do Grande Leste Asiático significava apenas uma nova exploração colonial japonesa, uma placa anunciando carne bovina, mas que na verdade é de cachorro".[229]

Os ocupantes militares costumavam ser mais pragmáticos e egocêntricos do que os ideólogos civis. A ameaça no cerne do domínio nipônico se tornou evidente logo após a chegada das forças japonesas. Nas Índias Orientais, a administração militar rapidamente baniu símbolos nacionalistas indonésios, impôs a censura, proibiu qualquer tipo de reunião, tornou ilegal a posse de armas de fogo e decretou toque de recolher. Suspeitos de saque eram publicamente decapitados ou deixados ao sol para morrer, com as mãos e os pés amarrados. Os javaneses tinham que se curvar ao passar por soldados japoneses, e, se não o fizessem, levavam um tapa na cabeça, ou coisa pior. Os abusos eram tão generalizados que os moradores chineses chamaram os primeiros tempos de ocupação de "o período em que as pessoas eram atingidas por mãos em movimento".[230] Na Malásia, logo após a vitória seguiu-se uma onda de execuções e espancamentos, direcionados a qualquer suspeito de ter sentimentos antijaponeses ou pró-britânicos. A intenção, de acordo com a linguagem eufemística da administração militar, era "indicar o caminho certo para eliminar possíveis erros". Cabeças cortadas eram expostas em postes nas ruas como alerta para os demais. Em Singapura, o *Kempeitai*, sediado no edifício da Associação Cristã de Moços, iniciou o que seria chamado de "purificação por eliminação" [*sook ching*], termo que a ss alemã compreenderia. O principal alvo era a comunidade chinesa, mas não se limitava a ela, e incluía professores, advogados, burocratas e homens jovens chineses ligados a forças políticas da China Nacionalista. As estimativas do número de pessoas executadas variam bastante, de 5 mil a 10 mil. A purificação na Malásia continental pode ter matado mais 20 mil pessoas.[231]

Em todas as áreas ocupadas, as três políticas definidas em novembro de 1941 foram aplicadas com resultados incertos. A busca por manter a ordem combinava a ameaça ou a realidade de castigos draconianos com as mesmas estratégias de pacificação e os mesmos comitês de autogoverno adotados no nível de aldeia na China. Na Malásia, comitês de paz foram criados para restaurar a ordem, usando muitos funcionários malaios que já integravam a administração colonial britânica. Reclamações ou trabalhos malfeitos eram considerados antijaponeses e podiam ser punidos com severidade. Com o tempo, associações de moradores foram introduzidas, como as do Japão e do norte da China, enquanto a polícia local e voluntários eram recrutados para formar milícias paramilitares e forças policiais auxiliares. Por fim, na maioria dos territórios, "conselhos consultivos" locais foram instalados, mas não tinham autoridade e permitiam que funcionários e militares japoneses avaliassem a opinião dos moradores sem assumir a responsabilidade. Movimentos de solidariedade, agora seguindo o modelo da Associação de Assistência ao Caminho Imperial no Japão, foram criados para atuar como uma forma de disciplina social. Nas Filipinas, partidos políticos foram dissolvidos; em seu lugar estabeleceu-se uma única Associação para o Serviço das Novas Filipinas, substituída em janeiro de 1944 pela Associação de Lealdade Popular. A conduta do grupo era supervisionada por *Kempeitais* ligados a cada unidade do Exército.[232] Eles dominavam o policiamento dos territórios, mas só davam conta da tarefa se recrutassem muitos agentes e espiões dispostos a denunciar compatriotas. O número de policiais militares era pequeno e se espalhava por um vasto território. Na Malásia, no auge da atividade, serviam apenas 195 *Kempeitais*.[233] Seu comportamento era arbitrário, e eles tinham autoridade para disciplinar forças japonesas, até oficiais superiores, se quisessem. Há muitos relatos de casos de acusações infundadas: se as vítimas tivessem sorte, sobreviveriam a torturas medonhas, até que sua inocência ficasse provada; se não, confessavam crimes improváveis e eram executadas.

Na prática, o caráter colonial do domínio japonês sem dúvida impôs uma aceitação prudente por parte das populações ocupadas, mas também provocou resistência armada ou desarmada — tratada com severidade excepcional. A resistência era possibilitada pela extensão geográfica do território controlado pelos japoneses, onde guarnições e forças policiais pouco numerosas e dispersas ficavam limitadas às cidades e ferrovias que as conectavam. Terrenos montanhosos, bosques e florestas davam às guerrilhas a oportunidade de lançar campanhas ocultas e ágeis. Quando a Região Sul foi ocupada, os japoneses já tinham adquirido muita experiência com a resistência em Manchukuo e na China, encabeçada sobretudo por comunistas chineses. Em Manchukuo, o exército japonês instituiu um sistema rudimentar de reassentamento rural em "aldeias coletivas" para impedir o acesso de guerrilheiros às aldeias e fazendas isoladas que ajudavam a abastecê-los. Até 1937, pelo menos 5,5 milhões de pessoas tinham sido transferidas para cerca de 10 mil aldeias coletivas. Em 1939 e 1940, depois de um programa de construção de estradas para melhorar as comunicações, uma grande operação foi lançada para livrar em definitivo Manchukuo de qualquer resistência armada. De 6 mil a 7 mil soldados japoneses, com entre 15 mil e 20 mil auxiliares da Manchúria, e mil unidades policiais de combate foram mobilizados. Aldeias suspeitas de prestar assistência à resistência foram reduzidas a cinzas, e seus moradores — homens, mulheres e crianças —, massacrados. As unidades de segurança adotavam o que os japoneses chamavam de estratégia "do carrapato", que consistia em se agarrar a um grupo guerrilheiro identificado e segui-lo de modo implacável até que fosse acuado e destruído. Milhares de esconderijos de guerrilha foram descobertos e eliminados, e em março de 1941 a resistência tinha praticamente acabado.[234]

Grande parte da resistência na Região Sul também foi conduzida por comunistas, que eram vistos pelas autoridades japonesas como uma ameaça especial. Os chineses no exterior desempenharam um papel importante, pois estavam ligados à guerra mais ampla na China. Em 1941, havia 702 grupos do Movimento de Salvação em todo o Sudeste Asiático, que forneciam ajuda e apoio moral ao esforço de guerra chinês, tanto nacionalista como comunista.[235] Na Malásia, a resistência comunista começou quase de imediato com a fundação do Exército Antijaponês do Povo Malaio, apoiado pelo grupo mais amplo União Antijaponesa do Povo Malaio. Em 1945, estimava-se que o exército tinha de 6500 a 10 mil combatentes, organizados em oito regimentos provinciais e assistidos por talvez até 100 mil pessoas organizadas na União.[236] A essa altura, a resistência contava com o apoio de aliados infiltrados e organizados pela Executiva de Operações Especiais britânica. Entre 1942 e o fim da guerra, a resistência passou por altos e baixos. A contrainsurgência japonesa contava com o apoio de espiões e agentes, incluindo ninguém menos do que o secretário-geral do Partido Comunista Malaio, Lai Tek, que em setembro de 1942 traiu uma reunião de guerrilheiros de alto nível nas cavernas de Batu, em Selangor, e possibilitou que os japoneses preparassem emboscadas e matassem líderes comunistas importantes. Em 1943, grandes operações de segurança desfalcaram seriamente as fileiras da guerrilha, e durante boa parte do tempo a simples sobrevivência na selva e nas montanhas era a principal prioridade. O movimento se envolveu em atos de sabotagem e assassinou quem trabalhava para as autoridades nipônicas, mas os constantes estímulos oferecidos pelos japoneses, como suborno ou anistia, diminuíram o número de combatentes. Os membros da União sofriam mais, pois não tinham a mobilidade dos guerrilheiros. Alguns esquemas de reassentamento foram implementados para impedir que aldeias remotas ajudassem os rebeldes, mas em uma escala muito diferente de Manchukuo, ou então depois deslocando milhões de pessoas durante a contrainsurgência britânica dos anos 1950. Sendo ou não verdade a afirmação do Exército Antijaponês de que teriam matado 5500 membros das forças japonesas e 2500 "traidores", o fato é que a resistência era uma fonte de irritação constante para a potência ocupante e um lembrete de que a "paz" e a "harmonia" no novo império eram apenas relativas.[237]

Nas Filipinas — além da Malásia, o único foco importante de resistência contínua —, os chineses de ultramar, tanto comunistas como nacionalistas, também tiveram seu papel, embora representassem apenas 1% da população filipina, enquanto na Malásia eram mais de um terço da população. Como havia muitos jovens imigrantes do sexo masculino, eles evitavam as operações de "limpeza" japonesas ao ingressar em pequenos movimentos esquerdistas chineses de resistência formados no início de 1942, a Força Guerrilheira Antijaponesa Chinesa das Filipinas e o Corpo de Voluntários Antijaponeses Chineses das Filipinas. Nas cidades, a resistência era encabeçada pela Liga Antijaponesa e Antifantoche Chinesa das Filipinas. Chineses de direita, ligados aos nacionalistas do continente, organizaram-se em mais quatro grupos pequenos, fragmentando ainda mais o esforço.[238] O principal grupo de resistência chinês era filipino, o Exército Antijaponês do Povo [*Hukbalahap*], liderado por Luis Taruc e formado em março de 1942. A primeira batalha que travaram naquele mês, contra quinhentos soldados japoneses, foi comandada pela temível Felipa Culala (conhecida como Dayang--Dayang), uma das muitas mulheres que ingressaram na resistência armada. No começo de 1943, havia cerca de 10 mil combatentes do *Huk*, mas uma força de 5 mil soldados japoneses, enviada em março daquele ano para a ilha principal de Luzon, infligiu-lhes uma séria derrota, obrigando o *Huk* a se concentrar em sobreviver e recrutar, como na Malásia.[239] Em 1944, o *Huk* mais uma vez chegou a cerca de 12 mil homens e mulheres, mas agora equipado pelos Estados Unidos com armas e um sistema de rádio eficiente, que se mostrou inestimável, em particular na ilha menor de Mindanao.[240] Eles acabaram se unindo a guerrilhas encabeçadas por americanos para apoiar a posterior invasão dos Estados Unidos, no outono de 1944.

A segunda vertente da política japonesa de ocupação, o fornecimento de recursos para os ocupantes e o esforço de guerra japonês, revelou-se mais complexa do que os planejadores poderiam ter imaginado em 1941. Em cada território tomado, diretivas deixavam claro que as necessidades do Japão tinham prioridade. A intenção era que as forças nipônicas vivessem dos recursos da terra, uma vez que abastecê-las ao longo de distâncias tão grandes era visto como impraticável. Isso significava impor às populações ocupadas "pressão sobre os meios de subsistência das pessoas [...] até o limite de sua resistência".[241] Foi assim até mesmo na Indochina, ainda sob limitado domínio francês. A principal justificativa por trás do avanço no sul era assumir o controle de recursos essenciais que não existiam em outras partes da Esfera de Coprosperidade do Grande Leste Asiático, e isso significava em particular a bauxita e o minério de ferro da Malásia, e o petróleo e a bauxita das Índias Orientais Holandesas. Embora os Aliados ocidentais sofressem com o colapso do fornecimento de borracha e estanho da Malásia e da Tailândia, nenhum desses recursos era urgente para o Japão. O suprimento de arroz e de outros alimentos era essencial para as tropas locais e para as ilhas japonesas. Diversos outros produtos foram confiscados ou comprados para uso dos ocupantes e não podiam ser negados. Em agosto de 1943, a administração militar na Malásia publicou uma portaria "para o controle de coisas e materiais importantes", dando aos japoneses o direito de requisitar tudo de que precisassem. Para lidar com a dificuldade de organizar a economia malaia descentralizada, um Plano Quinquenal de Produção foi publicado em maio de 1943, seguido, um mês depois, por um Plano Quinquenal Industrial. Para garantir suprimentos, estabeleceram-se associações monopolistas e agências centrais para o controle de preços e do comércio licenciado, mas a deterioração dos meios de transporte e a corrupção generalizada dificultaram a implementação desses planos.[242]

Em alguns casos, o suprimento para a economia das ilhas japonesas foi mantido de forma bem-sucedida, mas em outros não, e os resultados gerais não corresponderam exatamente às expectativas otimistas do comando supremo. As exportações de bauxita da Malásia e da ilha indonésia de Bintan para abastecer a indústria de alumínio chegaram a 733 mil toneladas em 1943, mas a produção malaia de manganês, afetada por demolições britânicas, despencou de 90 780 toneladas em 1942 para apenas 10 425 toneladas em 1944. As importações de minério de ferro do sul chegaram a 3,2 milhões de toneladas em 1940, mas em 1943 caíram para 271 mil toneladas, e em 1945 para 27 mil toneladas. Ironicamente, o minério de ferro de alta qualidade da Malásia tinha sido desenvolvido por empresas nipônicas nos anos 1930, fornecendo 1,9 milhão de toneladas em 1939 para a economia do Japão, mas durante os anos de guerra só foi oferecida uma minúscula fração dessa cifra. O suprimento só foi mantido graças à expansão da produção no norte da China ocupado.[243] As duas principais indústrias de exportação do Sudeste Asiático, a de borracha e a de estanho, definharam, criando desemprego e pobreza generalizados entre a força de trabalho malaia. O Japão precisava apenas de 80 mil toneladas de borracha por ano (e apreendeu estoques de 150 mil toneladas), por isso em 1943 a produção caiu para menos de um quarto dos números anteriores à guerra; 10 mil a 12 mil toneladas de estanho eram tudo de que precisavam, e como resultado a produção caiu de 83 mil toneladas em 1940 para apenas 9400 em 1944.[244] O principal recurso, e que havia motivado a invasão, era o petróleo. Os valiosos campos petrolíferos de Bornéu, Sumatra, Java e Birmânia produziam a cada ano mais do que o suficiente para atender as necessidades das Forças Armadas japonesas. A tentativa britânica e holandesa de tornar os poços inoperantes falhou em grande parte. As forças japonesas esperavam levar até dois anos para fazer o fluxo retornar ao nível anterior à guerra, mas algumas instalações voltaram a funcionar em alguns dias, de modo mais significativo o campo petrolífero de Palembang, em Sumatra, que produzia quase dois terços do petróleo da região. Para gerenciar a exploração, cerca de 70% dos funcionários da indústria petrolífera foram enviados ao Japão, deixando a indústria nacional carente de mão de obra qualificada. Em 1943, o petróleo do sul jorrava a um ritmo de 136 mil barris diários, mas quase três quartos disso eram consumidos na zona de guerra do sul, deixando o Japão com uma participação pequena na bonança.[245] Em 1944, o país importou apenas um sétimo do petróleo disponível antes do embargo americano, 4,9 milhões de barris, em vez de 37 milhões, uma situação que piorou com o bloqueio aéreo e marítimo americano, algo que os líderes militares japoneses não conseguiram prever.[246] O petróleo tinha feito a guerra parecer necessária, mas o conflito consumia petróleo.

O objetivo final da política, que era tornar a Região Sul autossuficiente — e com isso reduzir a necessidade de comercializar ou levar produtos das ilhas japonesas —, foi bem-sucedido ao custo de pobreza e fome generalizadas nas populações nativas. Era difícil impor a autossuficiência no curto prazo em áreas que eram, antes de tudo, colônias exportadoras que atendiam ao mercado mundial. As vendas para o Ocidente tinham possibilitado a importação de alimentos e bens de consumo necessários para a população local. Com o colapso do comércio multilateral, as áreas ocupadas foram forçadas a recorrer ao que poderia ser produzido ali ou trocado. O sul não foi integrado ao bloco monetário do iene operado na China, em Manchukuo e no Japão. Depois do colapso dos bancos coloniais, o sistema financeiro quebrou na maioria das áreas, exceto na Indochina e na Tailândia; como não havia mercados de títulos locais e a tributação era prejudicada pelo colapso das exportações, as administrações militares japonesas simplesmente imprimiam dinheiro para servir de vale militar e declaravam aquilo a moeda oficial.[247] A autossuficiência financeira foi imposta pela aplicação de punições severas para qualquer um que se recusasse a aceitar as notas japonesas impressas de modo tosco ou que mantivesse estoques de dinheiro antigo. "Tremam e obedeçam a este aviso", lia-se em cartazes distribuídos pela Malásia para anunciar que apenas os vales militares — apelidados de "dinheiro de banana" por causa da bananeira que ilustrava as notas — tinham valor de moeda. As violações eram punidas com tortura e execução. Esforços para reduzir a oferta de dinheiro e impedir a hiperinflação incluíam vendas de loteria em grande escala e impostos sobre lanchonetes, parques de diversão, jogos e prostituição (as chamadas *"taxi hostesses"*).[248]

No entanto, a inflação era um resultado inevitável da disputa por alimentos e produtos da guarnição japonesa, apesar dos esforços para impor controles de preços coercitivos. A dificuldade de manejar a economia numa área tão grande levou à corrupção desenfreada e à estocagem especulativa, em geral às custas da população urbana mais pobre. Sistemas de transporte sobrecarregados dificultavam a transferência de arroz de onde havia em excesso para onde faltava, ao mesmo tempo que sistemas de irrigação danificados e a perda de animais de tração mortos por doenças ou confiscados levaram à redução nas safras.[249] À medida que as demandas japonesas aumentavam, o padrão de vida da maior parte da população se deteriorava. Na Malásia, inadequada para a produção de arroz em larga escala, a população consumia mais raízes e bananas, mas esses alimentos forneciam apenas uma média de 520 calorias diárias. Recorrer ao mercado clandestino em busca de suplementação alimentar era inviável para os trabalhadores comuns. Em Singapura, o custo de vida disparou durante a guerra, de um índice cem em dezembro de 1941, para 762 em dezembro de 1943, e 10 980 em maio de 1945. Um sarongue no estado de Kedah, na Malásia, que em 1940 custava 1,80 dólar, chegou a mil dólares no começo de 1945.[250] Malaios eram vistos trabalhando descalços e quase nus, cobertos de trapos em vez de roupas. Em Java, em

1944, o racionamento garantia apenas entre cem e 250 gramas de arroz por dia, muito pouco para sustentar uma existência normal. Estimativas sugerem que 3 milhões de javaneses morreram de fome durante a ocupação, mesmo numa ilha que tinha sido autossuficiente em relação a alimentos. Nas ruas da Batávia, surgiram cartazes dizendo: "Os japoneses precisam morrer, estamos passando fome!".[251] Na Indonésia, o acordo francês de 1944, que permitia aos japoneses extraírem taxas mais elevadas da colheita de arroz, deixou os camponeses de Tonquim desesperadamente subalimentados. Ali, também, estima-se que entre 2,5 milhões e 3 milhões morreram de inanição no inverno de 1944-5.

Além da crise no padrão de vida, as populações dominadas precisavam lidar com as crescentes demandas dos ocupantes por trabalhos forçados, o que impunha um regime severo a uma força de trabalho já debilitada. O modelo tinha sido desenvolvido em Manchukuo, onde as autoridades japonesas ordenaram que, a cada ano, todos os homens entre dezesseis e sessenta anos prestassem quatro meses de trabalhos forçados [*rōmusha*] para o Exército japonês; em famílias com três ou mais indivíduos do sexo masculino, um era obrigado a executar um ano de trabalhos braçais. Estima-se que 5 milhões de manchus trabalharam para os japoneses, ajudados por 2,3 milhões de trabalhadores deportados do norte da China entre 1942 e 1945.[252] Na Região Sul, a falta de mão de obra para a construção de estradas, ferrovias, bases aéreas e fortificações levou à imposição de batalhões de *rōmusha*, mais notoriamente na construção da ferrovia birmanesa que ligava Bangcoc a Rangum, na qual se calcula que 100 mil malaios, indonésios, tâmeis indianos e birmaneses morreram por conta de doenças, de exaustão e de desnutrição, uma taxa de mortalidade equivalente a um terço da força recrutada. Em Java, os chefes de aldeia ficaram incumbidos da tarefa ingrata de fornecer cotas de mão de obra, sob coerção, para atender às demandas japonesas. No fim de 1944, havia 2,6 milhões de trabalhadores empregados no sistema *rōmusha* em obras de defesa, mas estimativas sugerem que a maioria dos 12,5 milhões de pessoas passíveis de recrutamento serviu em algum momento como mão de obra forçada. Trabalhadores transferidos para projetos no exterior, como os 12 mil javaneses levados para Bornéu no fim de 1943, eram maltratados e passavam fome.[253] A mão de obra utilizada nos trabalhos forçados era tida como descartável, e o tratamento que lhe era dispensado confirmava o status colonial das regiões tomadas durante a guerra.

No entanto, a linguagem da libertação explorada pelo Japão para assinalar o fim do imperialismo europeu e americano era bastante real. Comentaristas japoneses contrastavam a nova concepção de uma ordem asiática com o "egoísmo, a injustiça e a imoralidade" do domínio ocidental, em particular inglês. Tōjō alegava que o objetivo do Japão era "seguir o caminho da justiça, libertar o Grande Leste da Ásia dos grilhões dos Estados Unidos e da Grã-Bretanha".[254] Mas não era para ser um "momento Wilson", no qual o Japão concederia independência incondicional, porque as promessas do presidente Wilson em 1918 eram vistas pelos líderes japoneses como mera hipocrisia. Na análise de 1942, o Instituto Guerra Total diz que a independência não "seria baseada na ideia do liberalismo e da autodeterminação", mas definida em termos de ser um membro cooperativo da esfera japonesa.[255] A visão da esfera também não era produto do pan-asiatismo — como muitos nacionalistas anticoloniais chegaram a acreditar devido ao flerte inicial do Japão com o conceito —, pois a ideia pressupunha a igualdade entre os povos da Ásia. Uma avaliação sincera feita pelo Exército da Área do Sul sobre a independência da Birmânia explicitou as relações que muitos conquistadores tinham em mente. Qualquer novo regime "deve ter na superfície a aparência de independência, mas na verdade [...] ser induzido a executar políticas japonesas". No governo japonês e em círculos militares, a independência costumava ser — ou invariavelmente era — vista como uma oportunidade para concordar com o status especial do Japão como centro imperial. Como isso poderia ter funcionado no caso da Índia como "irmã" asiática do Japão é algo que nunca foi posto à prova, mas os líderes nipônicos pensaram bastante a respeito. Mesmo antes do avanço no sul, contataram a Liga da Independência Indiana, sediada em Bangcoc e liderada por Rash Behari Bose. Uma vez instalados na Malásia, com muitos soldados indianos capturados desejosos de abandonar a condição de prisioneiros de guerra, os japoneses estabeleceram um Exército Nacional Indiano (ENI) comandado pelo capitão sique Mohar Singh, com o objetivo de cooperar com a Liga. Tensões levaram à prisão de Singh e ao quase colapso do ENI, mas, em março de 1943, ele foi reativado sob comando do ex-congressista Subhas Chandra Bose, que, com o consentimento de Tōjō, declarou em 21 de outubro o Governo Provisório da Índia Livre [Azad Hind], do qual ele mesmo seria o chefe de Estado, primeiro-ministro, ministro da Guerra e ministro de Comércio Exterior. Uma divisão do ENI lutou em 1944 na fracassada invasão do nordeste da Índia, com baixas catastróficas, e a Índia Livre, sob supervisão japonesa, nunca se materializou.[256]

Em janeiro de 1942, Tōjō anunciou à Dieta japonesa que a Birmânia e as Filipinas em algum momento poderiam conquistar a independência caso se mostrassem leais ao Japão e a seus interesses. Antes da invasão, nacionalistas birmaneses e filipinos tinham visitado o Japão para buscar um possível apoiador para as campanhas anticoloniais. O Exército japonês concordou em estabelecer um Exército de Independência da Birmânia em dezembro de 1941, formado de início de um grupo de trinta nacionalistas "Thakin", incluindo Aung San, o futuro líder nacionalista. Os militares não fizeram nenhuma promessa, e quando rapidamente chegou a 200 mil homens o Exército de Independência da Birmânia foi dissolvido e substituído por uma Força de Defesa da Birmânia, chefiada e treinada por japoneses. Em 1943, a Birmânia enfim recebeu a promessa de independência e, em 1º de agosto, o novo país foi declarado, tendo o nacionalista Ba Maw como chefe de Estado após ter sido libertado do exílio britânico na África Oriental. Embora se falasse em termos formais na soberania birmanesa, na verdade os japoneses mantinham um controle rigoroso. "A independência que temos", reclamou Aung San em junho de 1944, "é só um nome. É só a versão japonesa do autogoverno regional."[257] Mais ou menos a mesma coisa aconteceu nas Filipinas depois da promessa de Tōjō. A administração militar permitiu que fosse instalado um regime fantoche em janeiro de 1942, encabeçado pelo político filipino Jorge Vargas. Seu papel era consultivo, e o conselho de Estado provisório deixou clara sua disposição de apoiar a administração militar e trabalhar para ser incluído na Esfera de Coprosperidade do Grande Leste Asiático. No verão de 1943, uma nova constituição foi introduzida sem partidos políticos ou voto popular, e Salvador Laurel, em vez de Vargas, foi nomeado chefe de Estado. Diferentemente da Birmânia, a elite filipina fez as pazes com o Japão e aceitou que o novo Estado tivesse apenas uma soberania limitada enquanto a presença militar japonesa continuasse.[258]

De início, não havia nenhuma intenção de oferecer "independência" ao resto da região dominada, que deveria ser integrada ao Japão. Quando o Ministério do Grande Leste Asiático organizou uma conferência sobre a região em novembro de 1943 em Tóquio, apenas a Birmânia e as Filipinas foram convidadas da Região Sul. À medida que a derrota se aproximava, novas circunstâncias abriram a possibilidade de uma "independência" maior. Em 7 de setembro de 1944, o sucessor de Tōjō, Koiso Kuniaki, anunciou que a Indonésia poderia conquistar sua independência "em uma data posterior" e permitiu que a bandeira nacionalista fosse hasteada, desde que ao lado da japonesa.[259] Concessões foram feitas para integrar indonésios à administração nipônica, embora assumindo um papel secundário. No entanto, uma independência formal só foi oferecida alguns dias antes da rendição do Japão. O outro caso ocorreu na anômala possessão francesa da Indochina. A crescente irritação japonesa com a atitude de funcionários e empresários franceses em 1944, depois da libertação da França e do fim do governo de Vichy, resultou na recomendação da Conferência Suprema de Liderança de Guerra, ocorrida em Tóquio em 1º de fevereiro de 1945, de que os militares assumissem o controle total da Indochina com o objetivo de criar regimes independentes pró-Japão. Em 9 de março, tropas japonesas lançaram a Operação Meigo Sakusen [Ação da Lua Brilhante], na qual começaram a desarmar as forças coloniais francesas; combates esporádicos prosseguiram até maio. Embora o Japão não tenha formalmente concedido independência, o ex-imperador da Cochinchina, Bao Dai, declarou o Vietnã independente em 11 de março. O Camboja declarou independência dois dias depois, e Luang Prabang (Laos), em 8 de abril. Cada Estado contava com um "conselho consultivo" nipônico e precisava colaborar com as forças japonesas; cada um tinha um governador-geral e um secretário-geral japoneses, o que limitava bastante qualquer ideia real de independência.[260] As últimas concessões na Região Sul ocorreram em parte por conta da necessidade de angariar algum apoio popular à iminente ação militar contra os Aliados invasores, mas é provável que o Japão quisesse incentivar aspirações à independência que tornassem difícil para as potências coloniais reafirmarem sua autoridade, como de fato ocorreu. Como o Grande Leste da Ásia japonês teria se desenvolvido se o Japão tivesse ganhado a guerra ou negociado a paz é motivo de especulação. A Esfera do tempo da guerra foi uma criação imperial, construída com base no conflito e arruinada por ele.

A Nova Ordem construída pelo Eixo europeu enfrentou uma realidade geopolítica totalmente diferente, embora também tenha sido erigida e arruinada pela guerra ainda mais do que o império do Japão. Os países invadidos e ocupados em 1940 e 1941 não eram colônias, mas Estados soberanos independentes, com estruturas políticas, jurídicas e econômicas próprias. O principal agressor foi a Alemanha de Hitler, que teve que resgatar o imperialismo fracassado de Mussolini na Europa e no Norte da África. O resultado disso é que a forma da Nova Ordem foi definida em especial a partir de Berlim e dos interesses alemães. O conceito central de uma *Grossraum* [literalmente "grande área"] não era diferente da ideia por trás da Esfera de Coprosperidade, na qual as noções ocidentais convencionais de soberania foram postas de lado para que um conjunto de Estados e territórios reconhecesse que o papel único do centro imperial era agir como a mão que dirigia o todo. Em 1939, o jurista alemão Carl Schmitt publicou um influente estudo sobre *O direito internacional e o Grossraum*, no qual defendia a ideia de que no futuro Estados hegemônicos se expandiriam para um "grande espaço" definido, onde haveria uma hierarquia em que o Estado em expansão estaria no centro e os demais territórios subjugados, ainda que "independentes" em termos formais, gravitariam à sua volta. De acordo com a argumentação de Schmitt, as ideias do direito internacional convencional sobre a soberania absoluta do Estado-nação moderno seriam inadequadas para uma nova era geopolítica de "grandes áreas". O "obsoleto direito internacional entre Estados", prosseguia ele, era basicamente uma construção judaica.[261] Schmitt foi apenas um de muitos teóricos que legitimaram a agressão de Hitler ao ver na criação da *Grossraum* a marca de uma nova época, na qual, como no caso dos territórios anexados do Japão, cada componente da Nova Ordem teria sua função e seu lugar definidos por como a Alemanha avaliava seus méritos.

Poucos alemães, incluindo Hitler, poderiam imaginar em 1939 que, no fim de 1941, a *Grossraum* germânica se estenderia da fronteira espanhola até a Rússia central, da Grécia à Noruega ártica. A área não era tratada de maneira uniforme, mas consistia, como o Império Japonês, num mosaico de diferentes modos de governança. Hitler insistia o tempo todo para que as decisões finais sobre a forma geopolítica da Nova Ordem fossem deixadas para quando a guerra fosse vencida, mas já existia durante o conflito uma distinção fundamental entre a área ocupada a oeste, norte e sudeste da Europa e a percepção alemã de toda a região oriental. O leste estava destinado a se tornar o coração do novo império territorial, com a destruição de Estados e a adoção de um padrão colonial de exploração, um processo já em andamento em terras tchecas e polonesas antes da vitória no oeste. No resto da Europa, Estados funcionais foram conservados sob supervisão alemã, usando os sistemas institucionais e administrativos estabelecidos.

A maior prioridade era terminar a construção da chamada "Grande Alemanha". Além das terras da Tchecoslováquia e da Polônia anexadas, a Alsácia-Lorena e Luxemburgo foram declarados território alemão e chefiados por uma administração civil, enquanto os pequenos territórios perdidos para a Dinamarca e a Bélgica no acordo pós-1919 foram tomados de volta. Fora da Grande Alemanha, os territórios ocupados que eram considerados linha de frente militar — norte e oeste da França e da Bélgica — tiveram um governo militar, enquanto uma administração formalmente independente continuava a funcionar junto com os militares, uma na estância termal francesa de Vichy, outra em Bruxelas. A Holanda e a Noruega eram administradas por comissários do Reich, respectivamente Arthur Seyss-Inquart e Josef Terboven, apesar de a última ter a presença do "governo" colaboracionista do nacional-socialista norueguês Vidkun Quisling.[262] A situação na Dinamarca era exclusiva da área ocupada. Como os dinamarqueses não resistiram à invasão, os alemães operavam uma *occupatio mixta*, figura do direito internacional usada para definir quando uma potência neutra é ocupada por uma beligerante, mas não entra em guerra com o grupo invasor. Os dinamarqueses tiveram permissão para manter intacto seu sistema político e, até 1943, mantiveram jurisdição. Juristas dinamarqueses definiram o status como "ocupação pacífica", na qual a Dinamarca supostamente retinha a sua soberania, ao mesmo tempo que permitia que os alemães cuidassem de como ela seria executada. As relações só se deterioraram após a nomeação, em novembro de 1942, de um alto representante alemão, o líder da ss Werner Best, e em 29 de agosto o governo e o rei, Cristiano x, se recusaram a continuar governando o território. Os alemães decretaram lei marcial e governaram a Dinamarca até 1945 por meio de um conselho de secretários ministeriais permanentes. Apesar de duvidoso do ponto de vista jurídico, os Aliados anunciaram em junho de 1944 que a Dinamarca, graças à presença de resistência, poderia ser considerada parte das Nações Unidas em guerra com a Alemanha.[263]

A situação no sudeste da Europa, onde Hitler não esperava intervir militarmente, era bem mais complexa. A área era vista pelos líderes italianos como parte da "esfera" do país nos termos do Pacto Tripartite, o que explica a decisão de atacar a Grécia, mas com o fracasso das forças italianas a Alemanha, ajudada pelas aliadas Bulgária e Hungria, derrotou e ocupou tanto a Grécia como a Iugoslávia. Quando a Grécia capitulou, o império africano da Itália já estava em frangalhos. A Eritreia, a Somália e a Etiópia foram perdidas para o Império Britânico, e a Líbia se tornara um campo de batalha, onde a presença colonial italiana era contestada não só pelas forças aliadas, mas também por rebeldes líbios, ansiosos por usar o conflito como oportunidade para acabar com o domínio italiano. Os britânicos usaram 40 mil auxiliares líbios para funções não combatentes e prometeram ao rei exilado Idris, que morava no Cairo, um autogoverno regional depois da derrota da Itália. O exército italiano, a polícia militar e colonos locais iniciaram uma campanha de pacificação brutal contra aldeias árabes e berberes, que lembrava a violenta contrainsurgência conduzida no começo dos anos 1930. Cada vez que as tropas do Império Britânico eram obrigadas a recuar para o Egito, a violência aumentava. Suspeitos eram enforcados em público da forma mais grotesca, alguns com um gancho de carne enfiado na mandíbula, esvaindo-se em sangue até morrer como animais num matadouro. O último espasmo de violência colonial forneceu um epílogo sórdido para o imperialismo africano da Itália.[264]

A perda da África tornou o sucesso do império europeu da Itália ainda mais relevante, mas a dependência das forças germânicas obrigou o país a praticar o que Davide Rodogno chamou de "imperialismo dependente", um oximoro que revelava a posição subordinada italiana na nova Europa. Em julho de 1941, um comissário italiano para o armistício se queixou de que, numa eventual vitória do Eixo, "a Europa permanecerá sob hegemonia alemã por alguns séculos".[265] A Itália teve que compartilhar os espólios do sudeste da Europa com a Alemanha e a Bulgária, e como consequência controlava um conjunto irregular de territórios, mais do que uma esfera coerente. Na Iugoslávia, a Itália ocupou o sul da Eslovênia, o sudoeste da Croácia, um pequeno trecho da costa da Dalmácia, Montenegro, parte do Kosovo e o oeste da Macedônia. O resto da Croácia e a Eslovênia eram parte da esfera germânica, enquanto o que sobrou do Estado sérvio se tornou um governo fantoche subserviente aos militares alemães. Na Grécia, a Itália ficou com as ilhas Jônicas, a maior parte da série de ilhas do Egeu e grande parte da Grécia continental, exceto o leste da Macedônia e a Trácia, que foram anexados pela Bulgária, enquanto a Macedônia helênica foi dominada pela Alemanha. Até 1943, um condomínio desconfortável foi estabelecido entre as administrações militares italiana e alemã.

Os territórios eram vinculados à Itália de várias maneiras. A Eslovênia foi anexada como a província italiana de Liubliana; Montenegro foi designado protetorado e era governado por um alto-comissário e um governo militar; a costa da Dalmácia foi anexada em junho de 1941, controlada por um governador italiano; o território grego era governado como se fosse uma anexação, mas, porque os alemães se recusaram a admitir um arranjo territorial final no armistício assinado com a Grécia, a situação era apenas de fato, ao passo que forças germânicas reivindicavam o controle de enclaves relevantes, como o importante porto do Pireu. A situação na Croácia ficou indefinida durante toda a ocupação italiana. Nacionalistas croatas esperavam criar um Estado independente, apesar da presença de dois exércitos de ocupação. Mussolini brincou com a ideia de reconstruir a monarquia história da Croácia, e um candidato italiano em potencial foi encontrado e seria chamado Tomislau II (em homenagem ao rei croata Tomislau, do século X), mas ele rejeitou o que deve ter-lhe parecido um cálice envenenado.[266] A Alemanha queria uma forma de protetorado governado pelo líder do Partido Camponês Croata, Vladko Maček, mas Mussolini insistia no líder do Movimento Revolucionário Croata (*Ustaša*), Ante Pavelič, colega fascista abrigado na Itália antes da guerra. Embora os líderes italianos explorassem a ideia de anexar parte ou a totalidade da Croácia, a presença germânica era desagradável e indesejada. Um plenipotenciário-geral alemão, o general Edmund Glaise von Horstenau, ficou baseado em Zagreb, e conselheiros alemães foram inseridos no regime croata. Em setembro de 1943, depois da rendição italiana, a Alemanha assumiu responsabilidade por toda a Croácia como Estado satélite governado por um regime fantoche.[267]

Embora nenhum dos territórios fosse formalmente uma colônia, a Itália tomou emprestada a prática colonial na África para organizar o controle do império europeu. Decisões relativas à área eram tomadas em Roma ou pelos delegados designados em cada região (governadores militares, altos-comissários, vice-governadores etc.). No nível local, foram nomeados funcionários colaboracionistas [*podestà*]. Não havia intenção de permitir nenhum grau de autonomia ou o desenvolvimento de nacionalismo popular. Onde possível, a polícia local ou milícias eram usadas para manter a ordem sob supervisão italiana. Aqueles que ameaçassem diretamente o governo civil ou militar italiano se tornavam vítimas de uma repressão operada pela polícia militar, que muitas vezes se manifestava na forma da violência mais extrema, como ocorreu na Líbia e na Etiópia. Oficiais e soldados italianos se espalharam por todo o império europeu e em geral dispunham de poucos recursos (em Creta, estima-se que 40% dos soldados não tinham botas e eram obrigados a usar tamancos de fabricação local). O medo e a frustração desempenhavam um papel importante na vida de homens que supostamente representavam uma raça imperial. Cada vez mais dilapidadas e propensas a doenças crônicas, como as guarnições do Exército japonês, as forças italianas descontavam sua frustração em quem resistia. Campos de concentração apareceram em todos os territórios, nos quais prisioneiros sofriam em condições terríveis de descaso, fome e falta de assistência médica. Como na Etiópia, houve um esforço para decapitar a elite local de professores, acadêmicos, médicos, advogados e estudantes que pudessem contestar o domínio italiano. Outros prisioneiros eram opositores militantes capturados ou apenas suspeitos; alguns foram vítimas da limpeza étnica na Eslovênia e na Dalmácia. Não se sabe ao certo o número de campos e de encarcerados, mas um relatório produzido depois do conflito por iugoslavos que investigavam crimes de guerra postulou o número exato de 149 488 presos civis. Pesquisas posteriores sugerem 109 mil, mas nos dois casos o número de vítimas durante a experiência imperial italiana foi alto.[268] Quando o esforço de guerra italiano entrava em crise terminal, em abril de 1943, funcionários do Ministério das Relações Exteriores produziram de repente a chamada *Carta d'Europa* [Mapa da Europa] para um encontro de cúpula entre Mussolini e Hitler, sugerindo uma ordem pós-guerra que permitisse o livre desenvolvimento de nacionalidades na nova Europa. Bem semelhante à decisão japonesa de fomentar a libertação quando o império encarou a derrota, a iniciativa veio no fim do experimento imperial italiano e talvez fosse destinada aos Aliados.[269] Os negociadores alemães insistiam que nenhum compromisso fosse assumido, e o Império Italiano na Europa continuou provisório até desaparecer por completo naquele mesmo ano, com a rendição do país.

    O fator mais importante para a Alemanha e para a Itália na ocupação da Europa continental era a aquisição de — e o acesso a — recursos materiais e alimentos que pudessem sustentar a ocupação e dar impulso à economia de guerra interna. Nisso os italianos estavam sempre em desvantagem diante da competição germânica. Como disse um general alemão em março de 1941: "Os italianos precisam se acostumar a não serem tratados como iguais nessa relação".[270] O destino dos recursos balcânicos ilustrava com clareza essa desigualdade. Ainda que a região estivesse, em termos formais, na esfera italiana, a Alemanha tinha penetrado amplamente na economia antes de 1940, dominando, em particular, o acesso ao petróleo romeno, que era de importância fundamental para os dois Estados. Diferentemente da tomada do petróleo das Índias Orientais pelos japoneses, os alemães não podiam apenas ocupar os campos petrolíferos do aliado romeno, que usava o produto para o próprio desenvolvimento industrial e como item essencial de exportação. No entanto, a partir do verão de 1940, a Alemanha era o principal freguês do petróleo romeno, restringindo o acesso italiano. A participação germânica na produção romena foi garantida pela tomada dos ativos petrolíferos de Estados inimigos, em particular a grande empresa holandesa Shell "Astra", e em março de 1941 uma única holding germânica, a Kontinental-Öl, supervisionava as aquisições alemãs de petróleo.[271] No segundo semestre de 1941, a Alemanha ficou com mais da metade da produção romena, mas nunca era suficiente. Em 1943, as exportações romenas atingiram o nível mais baixo da guerra. A participação alemã caiu para 45%, apenas 2,4 milhões de toneladas, dos 11,3 milhões de toneladas de petróleo que a Alemanha conseguia obter, a maior parte produzida de forma sintética no próprio país.²⁷²

Outros recursos balcânicos ficaram sob controle alemão à custa da Itália, porque as autoridades germânicas, em particular a organização do Plano Quadrienal de Göring, eram mais bem preparadas e implacáveis na garantia dos próprios interesses. Na Croácia, representantes alemães assinaram acordos em maio de 1941, sem informar os italianos, dando preferência a si mesmos na produção de minérios metálicos e em quaisquer campos de minério que viessem a ser desenvolvidos durante a guerra. Em abril de 1941, negociadores alemães asseguraram acesso privilegiado às reservas de bauxita na Herzegovina, ainda que se tratasse de uma zona de ocupação italiana, e insistiram para que as minas de chumbo e zinco do Kosovo ficassem vinculadas à Sérvia, que era controlada pelos alemães, e não à Albânia italiana. Só em junho de 1941 a Itália estabeleceu uma Comissão Econômica Ítalo-Croata, mas a essa altura já era tarde. Líderes croatas se empenhavam em apoiar a entrada alemã e rejeitavam uma presença italiana maior.²⁷³ Na Grécia, o mesmo padrão surgiu. A Alemanha escolheu ocupar a Macedônia, onde estavam os minerais mais importantes, e ficava com três quartos dos produtos exportados. Em 1942, a Alemanha absorveu 47% de toda a produção grega, enquanto a Itália ficou com apenas 6%, apesar de ocupar uma porção bem maior do território. Transportes deficientes, escassez de combustível e planejamento descoordenado prejudicavam os esforços italianos para extrair ainda que fosse um mínimo da sua própria "grande área".²⁷⁴

Os interesses germânicos prevaleceram por completo no resto da metade ocidental da *Grossraum*. No verão de 1940, Göring, como plenipotenciário para o Plano Quadrienal, anunciou que a economia da nova ordem tinha que ser supervisionada e coordenada pelo Estado alemão, porque a prioridade era o apoio de curto prazo ao esforço de guerra, e não a construção de uma economia europeia integrada. Empresas privadas germânicas foram autorizadas a participar, mas apenas em regime de tutela, e não de propriedade. Na Alsácia-Lorena, as minas de minério de ferro foram colocadas sob a tutela de Karl Raabe, designado pela holding Reichswerke, e ficaram em poder do Estado alemão até quase o fim da guerra. Os ativos industriais mais valiosos da Lorena também foram assumidos pela Reichswerke, com uma capacidade de produção de aço de 1,4 milhão de toneladas. As demais empresas foram distribuídas principalmente entre pequenas firmas alemãs de ferro e aço, cujas ambições podiam ser restringidas com mais facilidade.²⁷⁵ Na Bélgica, houve menos participação germânica direta na indústria ocupada, mas se esperava que as indústrias de carvão, ferro, aço e engenharia apoiassem o esforço de guerra alemão. Pouco carvão era exportado, uma vez que a Alemanha não precisava de mais, mas a produção de aço era importante para as necessidades militares do Reich, e depois de uma desaceleração da produção, no inverno de 1941-2, o magnata alemão do aço Hermann Röchling, chefe da União de Aço do Reich, criada pelo Estado, passou a supervisionar uma racionalização da produção belga, que aumentou a proporção de aço para uso alemão de 56%, em 1941-2, para 72% nos primeiros meses de 1944.[276] Recursos holandeses e noruegueses foram igualmente alinhados às necessidades do ocupante por alimento, matérias-primas, engenharia e instalações de reparo. Empresários em toda a *Grossraum* colaboravam pelos mais variados motivos, mas acima de tudo para preservar a integridade dos seus negócios e impedir a transferência forçada dos seus trabalhadores para a Alemanha. Diferentemente da estratégia de tomada e expropriação praticada na Europa Central e Oriental ocupada, as empresas privadas em geral sobreviviam, desde que os donos não fossem judeus. As empresas judaicas foram submetidas à política central alemã de "arianização" através de vários métodos, desde o confisco direto até a venda obrigatória, apesar de regimes locais também lançarem sua própria versão de expropriação judaica para impedir os esforços germânicos de adquirir todos os bens de judeus.

A *Grossraum* ocidental, embora fosse esfera de dominação alemã, como a japonesa, não era um espaço vital imperial. Esse espaço seria encontrado no Leste, primeiro nas áreas ocupadas em 1939-40, mas, acima de tudo, nas fantásticas visões abertas pela invasão da União Soviética de uma área vasta para colonização, limpeza étnica e exploração implacável. O Leste era "império" no sentido mais literal e brutal, mais próximo da experiência japonesa do que da dominação de Estados mais a oeste. Como no caso italiano, o termo formal "colônia" não costumava ser aprovado, mas a linguagem usada para os novos territórios eurasianos refletia, como na Polônia, uma imaginação espacial colonial. Uma vez iniciada a invasão, Hitler se inspirou bastante no modelo colonial para descrever o futuro da área oriental. Em suas conversas registradas (as chamadas "Conversas à mesa") nas semanas seguintes à invasão da Barbarossa, ele voltava com frequência ao tema da Rússia como o equivalente alemão da Índia britânica, onde uma vasta população era administrada por apenas 250 mil funcionários e soldados imperiais. "O que a Índia foi para a Inglaterra", disse ele em agosto de 1941, "os espaços no Leste serão para nós." Para a tarefa de administrar o novo império, a Alemanha produziria "um novo tipo de homem, governantes naturais [...], vice-reis". O colono germânico "deverá ser alojado em assentamentos excepcionalmente bonitos". Em 17 de setembro, quando a vitória total ainda parecia visível, ele comentou que "os alemães precisam adquirir o sentimento dos grandes espaços abertos [...], o povo alemão se elevará ao nível do seu império". Um mês depois, quando a Barbarossa já estava empacada, ele observou que o Leste "nos parece um deserto [...]. Há apenas uma obrigação: germanizar esse país pela imigração de alemães, e ver os nativos como peles-vermelhas".[277] A referência ao quase genocídio dos nativos americanos era uma analogia que não combinava muito bem com a imagem do domínio britânico na Índia, mas Hitler explorava essas comparações históricas para confirmar o paradigma colonial. O objetivo no Leste, de uma forma ou de outra, como disse ele ao seu aliado Martin Bormann em 16 de julho, era "dominar, administrar e explorar".²⁷⁸

A invocação regular de "espaço" para descrever o Leste, comum a toda uma geração de especialistas acadêmicos alemães que estudaram a região, era deliberada. Sugeria que aquele era um espaço passível de colonização, mais do que uma área já ocupada por uma grande população urbana e rural, organizada num Estado importante, com estruturas sociais e administrativas estabelecidas. Alfred Rosenberg, nomeado ministro para os Territórios Ocupados do Leste em 20 de julho de 1941, registrou em seu diário a visão que tinha da área russa: "O Oriente é fundamentalmente diferente do Ocidente, com suas cidades, suas indústrias, sua disciplina [...], as pessoas precisam entender que a desolação é pior do que se pode imaginar".²⁷⁹ À medida que as forças, os funcionários e os policiais alemães começaram a ocupar a região soviética, suas impressões confirmavam uma predisposição para ver aquilo tudo como espaço colonial. Um oficial dos serviços de inteligência do Exército registrou a impressão dura que causaram nele os russos com quem lidava: "O povo aqui cospe e assoa o nariz no chão. Os odores do corpo humano não são regulados, a limpeza dos dentes é uma raridade [...]. Sessões até mesmo com corpos instruídos e de alta posição podem ser um tormento para um europeu ocidental".²⁸⁰ Para os soldados comuns, aguentar a experiência da Rússia e dos russos era um lembrete permanente de como a guerra no Oriente era distinta. Quando os soldados do Sexto Exército do general Von Reichenau reclamaram do clima e da falta de comida decente, ele disse aos oficiais que "o soldado precisa suportar as privações como numa guerra colonial".²⁸¹ A luta irregular dos soldados soviéticos, com emboscadas, ataques noturnos, assassinato e mutilação de prisioneiros, parecia evocar um combate contra a resistência indígena "bárbara". "A luta que estamos travando contra os guerrilheiros", afirmou Hitler, "lembra muito a luta na América do Norte contra os índios vermelhos."²⁸² Alemães mandados para o Leste achavam a transição tão desagradável quanto ser removidos para uma colônia distante e hostil. As guardas femininas do campo de concentração de Majdanek, na Polônia, queixavam-se do frio cortante no inverno, do calor excessivo no verão infestado de mosquitos, dos alojamentos sombrios e das condições anti-higiênicas, dos prisioneiros cuja língua não conseguiam nem de perto entender e do constante medo de ataques. A compensação veio, como nas colônias, com a rígida prática do apartheid entre alemães e eslavos, o colonizador ficando com o que havia de melhor e cultivando um senso firme de superioridade civilizada.²⁸³

Como na Polônia conquistada, a população da União Soviética era tratada pelos ocupantes alemães como um povo colonial, capaz apenas de cumprir o papel de súdito, não de cidadão. Para muitos cidadãos soviéticos esse tratamento foi uma decepção. Nas primeiras semanas da ocupação, muita gente supôs que, com o fim do regime stalinista, a vida ia melhorar. "Vocês nos livraram da miséria do comunismo", dizia uma carta enviada em julho de 1941; uma família quis "desejar ao sr. Adolf Hitler boa sorte em seu futuro trabalho". Mas, dentro de alguns meses, o confisco de alimentos e os assassinatos generalizados sugeriam que o stalinismo talvez fosse dos males o melhor.[284] Os ocupantes e os ocupados tinham regimes jurídicos diferentes. A população soviética era obrigada a fazer cortesias de rotina a qualquer alemão, o que incluía tirar o chapéu ou o boné, e deixar de fazê-lo podia resultar em surra ou coisa pior. Placas indicando "só para alemães" mantinham ocupantes e ocupados separados. A visão germânica geral do povo subjugado era a de que se tratava de indivíduos simplórios, preguiçosos, desleixados, de compreensão limitada, "uma incapacidade infantil de se expressarem", e obedientes apenas ao chicote — instrumento utilizado por muitos administradores alemães, apesar dos esforços de Rosenberg para banir a flagelação.[285] Para induzir maior cooperação, Hitler fez um comentário que se tornaria notório: "Vamos fornecer aos ucranianos lenços, contas de vidro e tudo aquilo que os povos coloniais adoram".[286] Algum esforço foi feito para conquistar a boa vontade com gestos endereçados aos povos colonizados, como a organização de dias de carnaval, especialmente o 1º de maio e o 22 de junho (celebrado, ironicamente, como "dia da libertação"). Em Oriol, no Dia do Trabalho de 1943, a população foi reunida para que cada homem recebesse dois pacotes de tabaco russo, e as mulheres, um total de 4625 joias; para determinados trabalhadores havia sacos extras de sal.[287] No entanto, em geral a pacificação da população local era severa e radical, mesmo em áreas onde havia algum desejo popular de colaborar. As autoridades alemãs estabeleceram polícias locais e unidades auxiliares, as *Schutzmannschaften*, armadas com cassetetes e chicotes, e de vez em quando também com armas de fogo, e eram usadas como a primeira linha de disciplina contra quaisquer infrações cometidas pela população. Como os japoneses no Leste da Ásia, os alemães dependiam muito de informantes e agentes, que deram prosseguimento à prática de denúncia herdada dos soviéticos. As vítimas eram em muitos casos parentes de guerrilheiros ou judeus, cujo destino é tratado em capítulos posteriores, mas havia assassinatos regulares e generalizados de pessoas que, segundo o termo de Hitler, "nos olhem de soslaio". No distrito ucraniano de Poltava, unidades policiais mataram em média, ao longo de 1942, de duas a sete pessoas por dia.[288] As execuções de rotina caracterizavam o que podia ser reconhecido como uma expressão extrema de governo colonial.

Pouco se refletiu sobre como o novo espaço seria administrado quando o território estivesse ocupado. Rosenberg supunha, a partir de suas conversas com Hitler e outros líderes antes da Barbarossa, que a intenção era criar uma mescla de pequenos Estados independentes, junto com anexações e protetorados em toda a região, do Báltico a Baku. Mas, quando foi oficialmente designado ministro dos Territórios Ocupados do Leste, Hitler tinha começado a mudar de ideia sobre qualquer compromisso firme na organização do novo império no pós-guerra. Ele disse a Rosenberg que não seriam tomadas "decisões políticas finais de antemão". Quando nacionalistas locais declararam um governo na Lituânia, isso foi imediatamente suprimido. Apoiadores ucranianos da Organização dos Nacionalistas Ucranianos, de Stepan Bandera, anunciaram um novo regime ucraniano em Lvov em 30 de junho de 1941, com Bandera como *providayk* [líder], para exercer "autoridade soberana ucraniana", mas em 5 de julho Bandera foi detido e posto em prisão domiciliar em Berlim. A Organização dos Nacionalistas Ucranianos tinha esperado uma solução "croata" na Ucrânia, mas foi informada de que os ucranianos não eram "aliados" da Alemanha.[289]

Rosenberg não era contra estabelecer algum tipo de entidade ucraniana em termos alemães, mas seu novo ministério, como o Ministério do Grande Leste Asiático, era uma organização basicamente sem poder. "Não recebi autoridade total", queixou-se o novo ministro em seu diário quando ficou claro que toda a responsabilidade pela organização da economia das regiões ocupadas recaía sobre Göring e sua Equipe Econômica do Leste, enquanto Himmler, como chefe da ss e da polícia alemã, insistia que a segurança, o reassentamento étnico e a solução da "questão judaica" na área conquistada eram de responsabilidade das suas organizações, das quais existiam pelo menos cinco vertentes distintas.[290] Como o Leste ainda era uma zona de combate, as áreas imediatamente atrás da linha de frente continuaram sob administração militar, dirigidas por uma estrutura de comandantes de campo e de distrito e comandos de guarnições menores. Como os governos militares japoneses, a estrutura alemã era responsável por uma grande variedade de tarefas, incluindo a pacificação e a vigilância da população, a garantia de suprimentos para o esforço de guerra, o policiamento da área, a mobilização de mão de obra local, bem como um departamento judaico, responsável pelo registro e pela marcação de judeus e pela disposição de propriedades israelitas.[291] Eles contavam com colaboradores na população local, que eram nomeados prefeitos e funcionários rurais locais, replicando a administração civil. Mesmo em áreas administradas por civis, as Forças Armadas mantinham uma presença organizacional e um senso de prioridade. A estrutura resultante era tão incoerente para controlar a área ocupada que o ministério de Rosenberg ganhou o apelido de *"Cha-ostministerium"*, Ministério do Caos.

À medida que o front avançava, áreas de ocupação civil iam sendo estabelecidas: comissariados do Reich, cada um dirigido por um comissário nomeado por Hitler. De início eram dois, o Comissariado do Reich Ostland, que incorporava os Países Bálticos e a maior parte da Bielorrússia sob o comando do líder do partido Hinrich Lohse, e o Comissariado do Reich Ucrânia, que incluía parte da Bielorrússia e grande parte da Ucrânia em 1941, e depois mais território ucraniano em 1942, controlado pelo gauleiter da Prússia Oriental, Erich Koch. Dentro dessas áreas, Hitler e Himmler queriam que a região de Ostland até Bialystok fosse anexada à Alemanha, que a Galícia fosse juntada ao Governo Geral da Polônia, que a Crimeia fosse uma colônia alemã com o nome arcaico de Gottengau e que uma zona de assentamento alemão, que seria chamada de "Ingermanland", se estendesse até depois de Leningrado. Mais dois comissariados estavam nos planos, um em torno da área de Moscou e outro para o Cáucaso, logo que as forças alemãs tomassem a região sul. Hitler aceitou que o preço da participação romena era uma faixa de território no sudoeste da Ucrânia, com o nome de Transnístria, que passaria a fazer parte da "Grande Romênia". Ali Antonescu estabeleceu treze governadores militares [*pretorii*] para administrar uma estrutura de condados, usando a polícia e funcionários locais ucranianos para manter a ordem.[292]

A administração dos comissariados alemães foi estabelecida na *Braune Mappe* [Pasta Marrom] preparada pelo ministério de Rosenberg. Havia cerca de 24 Comissariados Gerais regionais (sendo o mais importante a Bielorrússia, com capital em Minsk), e abaixo deles comissários distritais e municipais, oitenta para as áreas urbanas, novecentos para as rurais.[293] A presença alemã era muito dispersa. Os comissários gerais contavam com uma equipe de cerca de cem funcionários, e os comissariados municipais e rurais, com pouco mais de dois ou três, auxiliados pela polícia e pela milícia designadas. No distrito de Glubokoye, na Bielorrússia, apenas 79 funcionários alemães supervisionavam uma população de 400 mil. Em toda a área de ocupação, que tinha uma população estimada de 55 milhões, havia apenas 30 mil funcionários alemães cuidando de tudo, de agronomia a mineração.[294] Muitos moradores das áreas rurais raramente viam alemães, a não ser numa das numerosas incursões punitivas em busca de guerrilheiros e de seus cúmplices. No interior, o *raion* [distrito] soviético foi mantido, sob a direção do prefeito ou do chefe do vilarejo. Nos termos de um decreto militar baixado em julho de 1941, era negado à população subjugada o direito de exercer autoridade acima do nível do *raion*. Todo poder estava nas mãos da hierarquia alemã dominante, amparada por um vasto sistema de colaboradores, voluntários, conformados ou coagidos. Junto com a organização civil, Himmler estabeleceu uma rede de altos chefes da ss e da polícia, em geral vinculados, sem muito rigor, ao Comissariado Geral, e também de chefes da ss e da polícia em nível distrital. Embora formalmente sob a autoridade dos comissários, Himmler permitia que seus homens ignorassem a vontade dos civis — na sua opinião "um bando de burocratas que ganham bem demais" — e recebessem ordens dele.[295] Rosenberg se ressentia profundamente do aparelho de segurança de Himmler, no entanto era por meio deste que a rotina diária do policiamento "colonial" era conduzida de forma brutal.

Para quase toda a população ocupada, o fator crítico não era como era administrada, mas como a economia local poderia garantir alimento e trabalho, agora que o sistema soviético tinha desaparecido. "A vida econômica", comentou um funcionário alemão no verão de 1941, "foi completamente extinta na velha Rússia." A destruição sistemática de tudo que pudesse ser útil para o invasor pelo Exército Vermelho deixou na Ucrânia, segundo outro observador alemão, uma cena de "devastação e vazio totais".[296] Nem tudo foi destruído em regiões onde as forças alemãs chegaram com rapidez suficiente, mas milhares de fábricas e seus operários tinham sido transferidos às pressas para o interior russo, desnudando a zona conquistada de capacidade industrial útil. A estratégia econômica alemã, estabelecida na chamada *Grünne Mappe* [Pasta Verde], era muito parecida com a do Japão: as Forças Armadas deveriam viver da terra; dava-se prioridade absoluta ao suprimento de materiais e equipamento para a economia de guerra e as Forças Armadas; a população local só seria abastecida na medida em que isso fosse conveniente para os interesses alemães, o resto sofreria o destino designado no "Plano da Fome". Em 28 de junho de 1941, Hitler confirmou que Göring teria "poderes totais de decisão" em todos os aspectos da economia ocupada, exercidos por meio da Equipe Econômica do Leste, criada antes da invasão.[297] Os estoques de materiais e o maquinário eram tomados pelas Brigadas de Butim e despachados para a Alemanha. Havia estoques substanciais de metais, matérias-primas, couro e peles, mas transportar o butim era difícil, e grande parte se perdia ou era danificada durante o transporte. Dos 18 milhões de toneladas de matérias-primas capturadas (principalmente ferro e carvão), apenas 5,5 milhões de toneladas chegaram ao Reich.[298] Só em setembro, quando forças alemãs se preparavam para ocupar o sul industrial da Ucrânia, é que Göring aprovou o estabelecimento de monopólios estatais para assumir o que restava da indústria soviética e explorá-la para o esforço de guerra. Um monopólio têxtil, a Ostfasergesellschaft, coordenava a produção para as Forças Armadas; a indústria pesada e a mineração foram totalmente tomadas por uma subsidiária da Reichswerke, a Berg und Hüttenwerkgesellschaft Ost (BHO); o petróleo, que Göring considerava "o principal objetivo econômico da invasão", seria administrado pelo monopólio da Kontinental-Öl quando o Cáucaso fosse capturado. O objetivo, explicou Paul Pleiger, vice de Göring para a indústria pesada, não era por enquanto "a exploração econômica, colonial", mas os requisitos de curto prazo para ganhar a guerra.[299]

Como os japoneses descobriram no Sudeste Asiático, restaurar a produção foi muito mais difícil do que os planos anteriores ao conflito faziam supor. O único grande êxito foi o minério de manganês em Nikopol, prioridade absoluta para fazer aço de alta qualidade. Depois de um começo vacilante, o secretário de Estado de Göring no Ministério da Aeronáutica, Erhard Milch, ficou com a responsabilidade urgente de reiniciar a produção. Em junho de 1942, as minas estavam outra vez gerando o total anterior à guerra, 50 mil toneladas por mês, superando a produção soviética em setembro; antes de serem retomadas, 1,8 milhão de toneladas foi despachado para o oeste. Em outros lugares, era difícil reparar os danos durante o conflito. Na importante região industrial da bacia de Donets, restaram apenas 2550 motores industriais dos 26400 existentes antes da invasão; minas foram detonadas, instalações que não puderam ser evacuadas foram sabotadas, e em toda parte o transporte era lento e pouco confiável. A barragem que alimentava a maior hidrelétrica da União Soviética, em Zaporizhia, tinha sido detonada, causando falta de energia em toda a zona industrial. Trabalhadores em regime de trabalho forçado a reconstruíram até 1943, pouco antes de os alemães a explodirem de novo enquanto se retiravam. As ricas minas de carvão e minério de Donbas não puderam ser restauradas. Engenheiros alemães e mineiros soviéticos conseguiram extrair 4 milhões de toneladas de carvão entre 1941 e 1943, apenas 5% da produção anterior à guerra; em dois anos, as 380 mil toneladas de minério de ferro e as 750 mil toneladas de linhito ("carvão castanho") não passaram de uma gota no oceano do suprimento alemão.[300] Esforços para reanimar a produção de ferro e aço se mostraram limitados, mesmo quando empresas privadas do Ruhr foram convidadas a participar como "padrinhos" — mas não donos — das instalações danificadas, convite aceito com relutância por empresas que já enfrentavam pressões na produção na Alemanha. O petróleo foi a maior decepção. Quando o exército germânico enfim chegou à cidade produtora de petróleo de Maikop, no Cáucaso, no outono de 1942, as cinquenta máquinas de perfuração necessárias para retomar a produção ainda estavam retidas no Reich, aguardando transporte. Engenheiros e equipamento tiveram que ser enviados para o leste vindos dos pequenos campos petrolíferos naturais alemães, privando a sedenta indústria nacional de expertise. No entanto, ao chegarem a Maikop, os engenheiros depararam com a destruição total dos poços pelos soviéticos. De dezembro de 1942 até 17 de janeiro de 1943, quando a área foi abandonada, os engenheiros extraíram pouco mais de 1500 toneladas de um campo que tinha fornecido 3,4 milhões de toneladas em 1940.[301] Apesar de toda a conversa sobre recorrer ao petróleo soviético para impulsionar o esforço de guerra, restaurar as instalações danificadas e descobrir um jeito de canalizar o petróleo ou transportar produtos petrolíferos na pequena frota de petroleiros da Alemanha teria exigido anos de trabalho, mesmo que o Cáucaso tivesse sido conquistado.

Nada ilustrou com mais clareza o elemento de irrealidade no cerne da estratégia de Hitler.

À medida que a guerra no Leste se transformava numa batalha de desgaste, as Forças Armadas tentavam aproveitar melhor a produção local de armas e equipamento para aliviar a pressão no seu sistema de transporte, mas só em 1942 é que foi feito um esforço para reanimar a produção de munição com o chamado "Programa Ivan", um plano para produzir mais de 1 milhão de projéteis por mês. Depois de canibalizar máquinas e materiais de instalações danificadas e de trazer mais recursos da Alemanha, a produção enfim começou em maio de 1943, com apenas 880 dos 9300 funcionários necessários. Poucos meses depois o programa foi encerrado, com a aproximação do Exército Vermelho. O número de empregos nas fábricas reativadas na região chegava apenas a 86 mil na primavera de 1943; os trabalhadores soviéticos que escaparam de ser enviados como mão de obra forçada para a Alemanha se revelaram difíceis de disciplinar e frustrantemente itinerantes.[302] O resultado líquido do conflito por recursos materiais foi bastante negativo. O alto custo do esforço de guerra no Leste cancelou o valor dos suprimentos limitados de matérias-primas e produtos fornecidos ou tomados. Uma pesquisa realizada pelo Escritório de Pesquisa para a Economia de Guerra, em março de 1944, calculou que os territórios ocupados do Leste tinham fornecido apenas o equivalente a 4,5 bilhões de marcos em mercadorias para o esforço de guerra alemão, de um total de 77,7 bilhões de marcos para toda a *Grossraum*, prova do quanto a antiga economia soviética estava empobrecida e prejudicada. O valor do butim capturado em todo o Leste ocupado foi estimado em apenas 59 milhões de marcos; o do resto da Europa equivalia a 237 milhões. Mesmo levando em conta a dificuldade bem real de calcular o valor de suprimentos em tempo de guerra, as estatísticas mostram que a fantasia das riquezas orientais era apenas isto — uma fantasia.[303]

Uma história muito parecida aconteceu com o suprimento de alimentos de uma área que acabou destinada, pelo menos na cabeça de Hitler, a ser o celeiro da Europa. Os alimentos produzidos nas zonas ocupadas eram para ser consumidos primeiro pelas Forças Armadas, depois qualquer excedente deveria ser mandado de volta à Alemanha para aumentar as rações internas. Segundo o "Plano da Fome", de Backe, alimentos para a população soviética não eram uma prioridade, em especial em áreas de onde pouco se esperava tirar em termos de recursos econômicos. "Grandes territórios a serem abandonados (inanição)", observou o general Thomas, chefe do Escritório de Economia de Guerra das Forças Armadas, em julho de 1941. A *Grüne Mappe* especificava que áreas arborizadas e urbanas não seriam alimentadas. Mesmo na zona produtora de excedentes da Ucrânia, a dificuldade de encontrar alimento para as Forças Armadas, já um mês depois do início da campanha, gerou uma diretiva para "exercer pressão ainda mais forte sobre a população", tomando qualquer coisa que pudesse ser consumida, sem dar a mínima importância à sobrevivência de quem produziu. Kiev deveria morrer de fome, e, quando forças alemãs a ocuparam em setembro, fez-se um esforço para proibir qualquer tentativa de camponeses do interior de levar produtos para a cidade, a fim de que o plano pré-guerra de exportar alimento para a Alemanha pudesse ser mantido.[304] A estratégia falhou não só porque metade dos alimentos do Exército (incluindo metade da forragem para centenas de milhares de cavalos) teve que ser enviada para o Leste, e não para a Alemanha, mas também porque uma política deliberada de fome privaria as Forças Armadas do uso da mão de obra local, prejudicaria o abastecimento de alimentos no ano seguinte e provocaria motins de fome em áreas da retaguarda.

Göring enfim ordenou que quem trabalhava para os ocupantes alemães "não deveria de maneira *nenhuma* passar fome", mas as famílias e aqueles que não trabalhavam recebiam pouco.[305] As rações vinham em níveis que mal davam para sustentar o trabalho ativo ou a vida comunitária: 1200 calorias por dia para "trabalho útil", 850 calorias para trabalho que não beneficiasse diretamente os ocupantes, 420 calorias para crianças de menos de catorze anos e judeus de qualquer idade. A fome em massa foi evitada, mas só porque muitas famílias urbanas fugiram para o interior, onde supostamente os alimentos eram mais abundantes. Mas ali também o confisco regular de safras, as altas demandas por impostos em espécie e o racionamento compulsório deixavam os aldeões com pouca comida. Eles compensavam a escassez cultivando vegetais em lotes e cavando porões secretos, onde podiam esconder alimentos das buscas regulares, mas a dieta era básica na melhor hipótese.[306] Os confiscos alemães eram tão abrangentes que uma "zona morta", sem produtos vegetais ou animais, caracterizava a área a 150 quilômetros das unidades de linha de frente. Nas cidades russas de Kursk e Kharkov, bem na linha de frente, as rações eram de cem gramas de pão por dia.[307] Consumidores urbanos sobreviviam como podiam graças a um grande mercado clandestino operado principalmente à base de trocas. A inflação de preços era impossível de regular com a presença alemã tão dispersa. Num comando de campo bielorrusso, o custo oficial no verão de 1942 de um quilo de pão era de 1,20 rublo, mas o preço não oficial era de 150 rublos; um litro de óleo de girassol negociado oficialmente custava 14,50 rublos, mas no mercado clandestino chegava a 280 rublos.[308] Nessas condições, a fome em massa era uma realidade diária, e o ressentimento contra a política alimentar germânica era um elemento-chave na alienação de uma população que esperava coisa melhor. O "celeiro da Europa" também não correspondeu às expectativas alemãs. Mais alimento foi obtido da União Soviética durante os anos de paz de 1939 a 1941 nos termos do Pacto Germano-Soviético do que nos anos de guerra. A maior parte do alimento extraído era consumida nas áreas ocupadas, e não na Alemanha. Cerca de 7 milhões de toneladas de grãos eram tomadas todos os anos pelas Forças Armadas e pelos ocupantes civis alemães no Leste, deixando apenas 2 milhões de toneladas para serem enviadas para a Alemanha em 1941-2, 2,9 milhões de toneladas em 1942-3, e 1,7 milhão de toneladas em 1943-4. Isso representou 10% do consumo alemão de grãos nos primeiros e nos últimos anos, e uma porcentagem mais substancial de 19% em 1942-3, depois de Hitler e Göring insistirem que até o último grama de alimento deveria ser extraído da área soviética, não importava o custo para a população local.[309]

Uma das principais razões da dificuldade de criar condições econômicas estáveis no Leste estava no gigantesco programa de reestruturação biopolítica empreendido durante a guerra, mesmo com o conflito em andamento. Hitler tinha especificado, num discurso importante de 6 de outubro de 1939, depois da derrota da Polônia, que queria uma "nova ordem etnográfica" no novo Império Alemão. A guerra, disse Hitler a Himmler dez dias depois, era "racial, sem limitações jurídicas".[310] Himmler e o grupo de especialistas acadêmicos reunidos pela ss no Gabinete Central de Segurança do Reich (RSHA), no Gabinete do Comissário do Reich para o Fortalecimento da Etnia Alemã (RKFDV) e no Gabinete Central de Raça e Reassentamento da ss (RUSHA) embarcaram numa complexa iniciativa para germanizar regiões selecionadas dos territórios ocupados, eliminar qualquer população excedente do resto da área colonizada e erradicar, de um jeito ou de outro, a grande população judaica presente em toda a região. Os primeiros planos de curto prazo, *Nahpläne* I-III, apresentaram resultados diversos. No fim de 1940, apenas 249 mil poloneses e judeus tinham sido deportados dos territórios poloneses anexados, em vez dos 600 mil previstos nos "Princípios de Planejamento para os Territórios Ocupados do Leste", apresentados a Himmler pelo vice do RKFDV, Konrad Meyer-Heitling, em janeiro de 1940, ou os 800 mil previstos no *Nahplan* II em abril de 1940. Muitos poloneses escaparam da deportação ou voltaram clandestinamente, enquanto o transporte ferroviário se revelava um obstáculo persistente. Muitos trabalhadores poloneses foram deportados para o oeste, e não para o leste, a fim de superar a escassez crônica de mão de obra da Alemanha, mas isso era o oposto de limpeza étnica. Como garantia de que não contaminariam a composição racial germânica, os poloneses enviados para a Alemanha eram investigados pelo pessoal do Gabinete Central de Raça e Reassentamento, que filtrava quem era considerado racialmente indesejável. Por fim, Hans Frank, chefe do Governo Geral Polonês, recusava-se a permitir que seu feudo se transformasse num depósito de poloneses e judeus reassentados dos territórios poloneses anexados. Os judeus eram, portanto, arrebanhados em guetos ou forçados a trabalhar nas fortificações da *Ostwall* na fronteira com a União Soviética, que logo se tornaria supérflua com a invasão. O *Nahplan* III, preparado em dezembro de 1940, previa a expulsão de 771 mil poloneses e judeus que não viviam em guetos, mas essa nova onda de limpeza étnica parou em março de 1941 por conta da prioridade do transporte de militares. Para Himmler e o frustrado aparelho de reassentamento racial, a guerra contra a União Soviética abriu por fim a possibilidade de romper o impasse ao expulsar todos aqueles que fossem racialmente inaceitáveis para rincões distantes da Rússia, onde a fome e o frio dariam fim a milhões deles.

No entanto, a Barbarossa foi uma ameaça, assim como uma promessa, de utopia racial. A área ocupada tinha milhões de eslavos e judeus que poderiam sobrepujar a pequena presença alemã e frustrar o objetivo de conquistar um espaço vital para a raça germânica. Uma solução era eliminar grande parte da população existente, desfecho já previsto no Plano da Fome de Backe e agora confirmado pelo Plano Geral do Leste, em julho de 1941. Outra solução estava nos esforços positivos de germanizar áreas essenciais no Leste, trazendo colonos e deportando pessoas não alemãs. Eram planos de longo prazo, mas foram postos em prática nos primeiros anos de ocupação. O Governo Geral, a Estônia, a Letônia, a Galícia e a Crimeia deviam ser totalmente germanizados pelo assentamento de alemães vindos do Oeste e daqueles que já viviam no Leste, além de elementos da população local que tivessem provas de traços ou sangue germânico capazes, na bizarra linguagem do planejamento racial de *Wiedereindeutschung*, de voltar a ser alemães. Cerca de 4 milhões de pessoas foram avaliadas por equipes locais da ss e de Reassentamento na Polônia, na Alsácia-Lorena e na área soviética ocupada, e separadas em três grandes categorias: Categoria O, as que seriam adequadas para colonizar o Leste; Categoria A, as que retornariam a campos no Reich para serem reeducadas e se tornarem alemãs; Categoria S, as que voltariam para seus lugares de origem por serem racialmente inadequadas, ou, em alguns casos, enviadas a campos de trabalhos forçados.[311] Buscava-se com afinco traços de presença biológica e cultural germânica sobrevivente na área soviética para mostrar que os colonos alemães do passado não tinham sido engolidos por completo pelo ambiente eslavo. O ministério de Rosenberg enviou o etnógrafo Karl Stumpp para chefiar o "Comando Stumpp" e fazer um recenseamento das aldeias ucranianas que parecessem residualmente "alemãs", embora oficiais para questões de raça da ss não vissem alguns alemães de Stumpp como aceitáveis, enquanto muitos aldeões resistiam a ser reclassificados como prováveis membros do *Volk*.[312]

Ao mesmo tempo teve início a reconstrução física da região, para assegurar a colonização a longo prazo de um espaço que poderia se estender até os Urais ou mais além. O objetivo era criar artérias de sangue alemão que correriam pelo grande corpo eslavo com a construção de "pontos de alojamento e segurança" [*Siedlungs-und Stützpunkte*] a cada cem quilômetros mais ou menos, com uma guarnição da ss e uma pequena população de colonos. Esses "pontos de segurança" salvaguardariam a área local de colonização alemã, além de possibilitarem a pacificação e o controle do interior eslavo. Haveria também cidades de no máximo 20 mil moradores, cercadas por um colar de aldeias povoadas por robustos agricultores alemães, evitando-se, com isso, os perigos sociais das cidades grandes e, ao mesmo tempo, radicando com firmeza os colonizadores no solo da nova terra. Essas colônias, observou Himmler num discurso no fim de 1942, "são como colares de pérola que estenderemos do Don ao Volga, quem sabe até os Urais".[313] Grandes cidades seriam erradicadas ou germanizadas por insistência de Hitler. Moscou e Leningrado seriam "arrasadas", e Varsóvia seria reduzida a uma cidade de 40 mil alemães para eliminar um elemento essencial da identidade nacional polonesa.[314]

A responsabilidade pelo programa de construção foi atribuída ao especialista em economia da ss Hans Kammler, sob a liderança geral de outra vertente administrativa de Himmler, o Escritório Central de Economia e Administração (WVHA). Kammler preparou um "Programa Provisório de Construção em Tempos de Paz", lançado em fevereiro de 1942, ainda que a paz fosse uma perspectiva remota. A primeira série de *Stützpunkte* começou ainda mais cedo, em julho de 1941, quando Himmler entregou a Odilo Globocnik, chefe da ss e da segurança policial na área de Lublin, a responsabilidade de cuidar das guarnições. A escassez de mão de obra, em particular judaica por causa das execuções em massa, retardou o programa, e no outono de 1942 as obras de construção foram praticamente abandonadas.[315] As tarefas militares tinham prioridade, incluindo as grandes rodovias necessárias na Polônia e na Ucrânia para ajudar a aliviar os problemas logísticos do Exército. A Organização Todt, responsável pelas obras de construção militares, trabalhou em nada menos do que 24993 quilômetros de estradas e centenas de pontes danificadas. A *Durchgangsstrasse* IV [Rodovia IV], de 2175 quilômetros, foi planejada para chegar à Crimeia e ao Cáucaso. As obras começaram em 1941 na Galícia em colaboração com o líder da ss local Friedrich Katzmann. Ele poupou os judeus que viviam no corredor por onde a estrada passaria para que pudessem morrer de trabalhar na construção. "Não importa", afirmou Katzmann, "se a cada quilômetro morrem mil ou 10 mil judeus." Os trabalhadores israelitas recebiam pouca comida, eram submetidos a surras arbitrárias e, se não conseguissem manter o ritmo de trabalho ou desmaiassem, eram mortos de forma sumária, não pela ss, mas pelos guardas de construção locais a serviço da Organização Todt. Calcula-se que 25 mil morreram ou foram mortos até o fechamento dos campos de trabalhos forçados, em 1943.[316]

O desafio era encontrar colonos para povoar as novas terras. Milhares de alemães dos Países Bálticos, da Romênia e da zona soviética de ocupação na Polônia acabariam se estabelecendo nos territórios anexados e ocupados, ao todo 544 296 até o fim de 1942, segundo o relatório oficial do RKFDV.[317] Mas, para as colônias conquistadas na área soviética, a perspectiva de encontrar alemães dispostos e racialmente aceitáveis era mais difícil. Erhard Wetzel, responsável pelo reassentamento no ministério de Rosenberg, observou que a população alemã no Oeste "se recusa a ser assentada no Leste [...] apenas porque acha os territórios orientais monótonos ou deprimentes demais, ou frios e primitivos demais".[318] Um assentamento alemão modelo foi estabelecido por ordem de Himmler na cidade de Zamość e arredores no Governo Geral do Leste, onde mais de 50 mil poloneses de trezentas aldeias foram deportados de suas fazendas e casas em novembro de 1942 para dar lugar a alemães. No entanto, meses depois, quando o projeto foi interrompido, havia apenas 10 mil alemães, em vez dos 60 mil planejados, a maioria da Bessarábia e da Romênia, alguns reassentados pela segunda vez.[319] Tanto a SA como a SS tentavam convencer seus membros a se apresentarem como voluntários para assentamentos no Leste, mas, em janeiro de 1943, a SA contava com apenas 1304 candidatos (em vez dos 50 mil previstos de início), dos quais apenas 422 de fato foram para o Leste. Já a SS, em junho de 1942, tinha recebido apenas 4500 candidatos, apesar da grandiosa ambição de Himmler de lotar as colônias com seus próprios homens.[320] Para ajudar a preencher o espaço, antigos colonos da África Oriental alemã foram reassentados em fazendas polonesas para que, de acordo com uma notícia de jornal de outono de 1943, "ainda pudessem realizar um trabalho verdadeiramente pioneiro em todas as áreas" no processo de reconstrução do Leste.[321] Em junho de 1941, foi feito um apelo aos holandeses, como um "povo germânico irmão", para "olharem para o Leste!", mas apenas algumas centenas de voluntários dos 6 mil que tinham ido trabalhar para os alemães foram colonizar a terra, em vez dos milhares esperados. Logo ficaram decepcionados com o tratamento paternalista que recebiam das autoridades alemãs e com o ambiente desconhecido. A esperança holandesa de receber um território permanente, como colônia, foi rejeitada. As queixas alemãs de que os holandeses viviam bêbados e eram indisciplinados fizeram muitos irem embora. Porém, até mesmo a Comissão Holandesa para o Destacamento de Agricultores para a Europa Oriental reclamava que a maioria dos voluntários do país era um "bando de aventureiros".[322]

No entanto, o planejamento utópico para colonização prosseguiu, apesar da ausência de um conjunto potencial de colonos alemães. Em suas manifestações mais radicais, os planos previam o colossal *Entvolkung* [despovoamento] do Leste ocupado. Uma versão do Plano Geral do Leste, preparada por Wetzel, sugeria um programa de colonização de trinta anos, no qual 31 milhões de pessoas teriam de ser expulsas, enquanto 14 milhões ficariam para trabalhar para a potência imperial. A versão final do Plano Geral do Leste, apresentada a Himmler em 23 de dezembro de 1942, e a versão final do Plano Geral de Assentamento, preparada por Hans Ehlich no fim de 1942, sugeriam projetos fantásticos numa época em que o esforço de guerra germânico já passava por uma crise profunda. Entre os povos do Leste ocupado, os planos calculavam que 85% de poloneses, 50% de tchecos, 50% de pessoas dos Países Bálticos, 75% de bielorrussos e 65% de ucranianos eram "descartáveis", totalizando 47 925 000 forasteiros raciais que seriam expulsos ou eliminados, sem incluir os judeus, cuja maioria já tinha sido assassinada.[323] O fantasista-chefe era o próprio Himmler, que imaginava, ainda no outono de 1942, uma presença imperial germânica que durasse de quatrocentos a quinhentos anos, e um império povoado por 600 milhões de alemães, dando prosseguimento, como mais tarde afirmou, à "batalha pela vida contra a Ásia".[324]

UM IMPÉRIO "LIVRE DE JUDEUS"

A expulsão em massa ou a morte de dezenas de milhões não seguiu o que foi sugerido nas muitas versões do plano geral para o Leste, embora milhões tenham falecido por conta das consequências da guerra, e outras centenas de milhares foram despejadas ou deportadas de suas casas. A exceção foi o destino da população israelita da região. A grande tragédia foi resultado de a maioria dos judeus europeus ainda viver nos locais definidos no período tsarista como "zona de assentamento", onde os judeus do Império Russo eram forçados a viver, que ia dos Países Bálticos até o sudoeste da Ucrânia; a situação foi agravada porque os antissemitas mais ferrenhos da Alemanha estavam concentrados no aparelho de segurança que ocupava aquelas mesmas áreas, que eles esperavam transformar num paraíso germânico. Dos 11 milhões de judeus que viviam na Europa, de acordo com cálculos do departamento de assuntos judaicos de Adolf Eichmann na sede da Gestapo, 6,6 milhões viviam nas áreas ocupadas do Leste e mais 1,5 milhão no resto da União Soviética.[325] Como resultado, a grande maioria dos israelitas mortos no genocídio ocorrido entre 1941 e 1943 era do Leste, embora sem dúvida não todos. O destino deles foi totalmente distinto do de milhões de pessoas condenadas a morrer de fome, serem deportadas para abrir espaço para os alemães ou enviadas para trabalhos forçados, porque os judeus foram eleitos o principal inimigo racial do povo alemão, que de um jeito ou de outro deveria ser eliminado, em particular na Alemanha, depois no Leste conquistado e por fim em toda a *Grossraum*. Essas áreas seriam "livres de judeus" [*judenrein*], na linguagem racial do regime. O que ficou conhecido depois de 1945 como Holocausto ou Shoah envolveu israelitas de todos os cantos do território ocupado ou dos países do Eixo. O Leste importava por ser o destino comum de todos os judeus que estavam em mãos alemãs, onde eram assassinados de uma forma que aos poucos foi ficando mais sistemática.

A guerra contra os israelitas estava intimamente ligada aos planos grandiosos de reestruturação étnica, mas essa era apenas uma das linhas que explicavam a eufemística "solução final" da questão judaica, que só era vista como um problema porque Hitler e a elite nacional-socialista construíram essa ideia em sua própria imaginação. No fundo, Hitler e os antissemitas que o cercavam tinham uma visão maniqueísta do mundo, segundo a qual o povo alemão, que representaria uma força para o bem racial, se opunha ao "judeu", que seria a fonte de todo o mal do mundo. Na bizarra escatologia hitlerista, a sobrevivência do povo germânico estava condicionada à eliminação dos israelitas, que representariam a "antinação" empenhada em contestar a "autopreservação das raças".[326] Em 1936, num dos poucos documentos que Hitler escreveu de próprio punho e que foi mostrado apenas para um grupo pequeno de colegas mais próximos, ele desenvolve a ideia de que não conseguir destruir a ameaça judaica seria a "mais terrível catástrofe racial" desde o colapso do Império Romano, o que resultaria na "destruição total" do *Volk* alemão.[327] Os termos usados para se referir ao enfrentamento previsto por Hitler eram duros: a aniquilação germânica ou a judaica. Sua primeira referência pública a isso ocorreu em 30 de janeiro de 1939, num discurso no Parlamento alemão, quando profetizou que a "aniquilação" [*Vernichtung*] era o destino reservado aos judeus se eles voltassem a mergulhar a Alemanha num conflito mundial.

Para Hitler, a guerra e os passos seguintes para a aniquilação judaica eram inseparáveis. Na verdade, mais tarde, ao se referir à sua profecia, ele disse que datava de 1º de setembro de 1939, o primeiro dia da guerra. Quando a Alemanha enfim se viu diante de um conflito mundial em dezembro de 1941, a profecia foi evocada numa reunião fatídica, de 12 de dezembro, como justificativa para a destruição irrestrita de judeus em toda a *Grossraum*. Poucos dias depois, após conferenciar com Hitler, Himmler anotou em seu diário: "Questão judaica: devem ser extirpados como guerrilheiros".[328] Em 30 de janeiro de 1942, no aniversário real de sua profecia, Hitler anunciou que "vai chegar a hora em que o pior inimigo mundial de todos os tempos terá encerrado o seu papel por pelo menos mil anos".[329] Duas semanas depois, ele disse a Goebbels que os judeus "também vão experimentar a própria aniquilação com a destruição de nossos inimigos", mais uma vez vinculando guerra e genocídio. Num discurso realizado no Parlamento alemão no fim de abril de 1942, Hitler por fim culpou os judeus do mundo todo pelos sofrimentos e perigos que a Alemanha enfrentou a partir do começo da Primeira Guerra Mundial para justificar a decisão de eliminá-los:

> As forças ocultas que empurraram a Inglaterra para a Primeira Guerra Mundial em 1914 foram os judeus. A força que nos enfraqueceu e por fim, espalhando o boato de que a Alemanha já não conseguiria levar seus estandartes de forma vitoriosa de

volta para casa, forçou a rendição era judaica. Os judeus fomentaram a revolução em nosso povo e nos tiraram qualquer possibilidade adicional de resistência. Os judeus, desde 1939, têm feito manobras que levaram o Império Britânico à sua crise mais perigosa. Os judeus foram os portadores da infecção bolchevique, que já ameaçou destruir a Europa. Eram também, ao mesmo tempo, os fomentadores da guerra nas fileiras dos plutocratas. Um círculo de judeus até empurrou os Estados Unidos para a guerra, contra os interesses do próprio país, simples e exclusivamente do ponto de vista judaico-capitalista.[330]

Essa mistura tóxica de ressentimento delirante e fabricação histórica retratava o judeu como um inimigo do povo alemão que deveria ser combatido até a morte. Para Hitler, essas opiniões não eram fruto da razão, que logo teria exposto sua natureza fantasiosa, mas de uma convicção profunda. Hitler nunca visitou um campo ou matou um judeu com as próprias mãos, mas sua equação metafórica do israelita com o mal histórico determinou a matança real que ocorreu nos anos intermediários da guerra, criando uma narrativa que justificava a vingança.

Os assassinatos em massa de judeus começaram em 1941 como um fenômeno descoordenado e variável, mas que só pode ser compreendido no contexto de um regime que desde 1933 isolava e vilipendiava os israelitas. Até 1940, a intenção era desapropriar a riqueza e obrigar os judeus a emigrarem, e centenas de milhares de fato o fizeram. O discurso sobre a ameaça histórica israelita se generalizou dentro e fora do país, mas o cerne da visão paranoica de Hitler estava embutido na educação política de toda uma geração de membros da ss, da polícia e das forças de segurança, e foi adotado também por sistemas acadêmicos que queriam encontrar respostas para a "questão judaica" hitlerista. Esses círculos garantiram que a visão metafórica de Hitler fosse transformada em políticas que perseguiram e mataram judeus de verdade. A situação mudou com a guerra, quando milhões de judeus poloneses caíram em mãos germânicas. Em 21 de setembro de 1939, Reinhardt Heydrich, chefe do RSHA, ordenou que se concentrassem todos os israelitas no Governo Geral e que fossem colocados em guetos ou campos de trabalhos forçados.[331] Os judeus que viviam na região anexada de Warthegau deveriam ser deportados para o Governo Geral, mas essa transferência se revelou uma tarefa difícil, e grandes guetos tiveram que ser estabelecidos no que agora era parte do território alemão. Na cidade de Kalisch, um gueto/campo de trabalhos forçados foi criado no outono de 1940, mas todos os judeus fracos, velhos ou doentes demais eram levados para uma floresta próxima e fuzilados — exemplo inicial de uma iniciativa genocida em nível apenas local.[332]

No Governo Geral, onde a maioria dos judeus poloneses já estava concentrada, Hans Frank ordenou que todos os homens israelitas de dezoito a sessenta anos fossem trabalhar de forma compulsória, em condições duríssimas, em projetos para o esforço de guerra. Em Lublin, Odilo Globocnik organizou 76 campos de trabalhos forçados para entre 50 mil e 70 mil homens judeus construírem fortificações, estradas e cursos de água, onde eram obrigados a passar os dias com água até os joelhos. Os trabalhadores já vivenciavam a violência letal: podiam ser abatidos a tiro ou enforcados por fugir ou supostamente fazer corpo mole. A dieta era tão debilitante que muitos morriam ou eram mortos por não conseguir mais trabalhar. Em 1941, muitos dos 700 mil trabalhadores judeus eram forçados a realizar as tarefas vestindo trapos e descalços.³³³ O resto da população judaica se amontoava em quatrocentos guetos, grandes e pequenos. Quando os guetos enchiam, as autoridades alemãs ficavam preocupadas com a ameaça de doenças ou com os custos de alimentação, enquanto o ritmo lento das deportações provocava discussões regulares entre as autoridades civis, o aparelho de segurança do RSHA, a polícia e as Forças Armadas. Demandas por mão de obra para o esforço de guerra conflitavam com o desejo de isolar e empobrecer as comunidades judaicas, e logo se chocaram com as ambições do aparelho de segurança de Himmler de exterminar ou deixar os judeus morrerem de fome ou de doença. A derrota da França alimentou durante pouco tempo a ideia de despachar todos os israelitas para a colônia francesa de Madagascar. Himmler sugeriu isso a Hitler em maio de 1940 e achou que o ditador estava "muito de acordo".³³⁴ A ilha deveria se tornar um protetorado alemão, com um governador supervisionando a inóspita colônia, onde os judeus seriam os colonizados infelizes. O plano se mostrou totalmente irrealista por conta do controle britânico dos mares, e mais tarde os próprios britânicos tomaram a ilha, em maio de 1942, para evitar uma possível ocupação japonesa. A aproximação da campanha Barbarossa incentivou a ideia de que os judeus agora poderiam ser empurrados mais para o Leste, e, ainda no verão de 1941, essa parecia ser a solução preferida de Hitler. "Não importa", disse ele ao ministro da Defesa da Croácia em julho, "se os judeus são mandados para Madagascar ou para a Sibéria."³³⁵ No entanto, o hábito de maltratar, saquear ou assassinar judeus como inimigos raciais já era disseminado o bastante para tornar a mudança de "evacuação" para assassinato em massa no antigo território soviético menos difícil de explicar.

O assassinato de judeus começou logo após 22 de junho de 1941, no que Wendy Lower chama de um "mosaico de histórias locais de holocausto", em que cada massacre tem sua própria história, mas as diversas peças ajudam a formar a imagem de um genocídio maior.³³⁶ Hitler tinha ordenado aos *Einsatzgruppen* que assassinassem judeus a serviço do Estado soviético, membros do Partido Comunista ou em cargo oficial, mas os termos do conflito logo abriram as comportas de uma violência dirigida aos judeus, em parte porque eles eram fáceis de identificar e se concentravam nas primeiras aldeias e cidades invadidas. As unidades de segurança eram auxiliadas pelas Forças Armadas, cujos membros não demoraram a ajudar os *Einsatzgruppen* a capturar e vigiar judeus, e de vez em quando a matá-los. Em 21 de junho, as tropas receberam instruções, até o nível de companhia, para agir de modo implacável e agressivo contra "agitadores bolcheviques, atiradores, sabotadores e judeus". Em setembro, o OKW baixou uma diretiva sobre "judeus nos territórios soviéticos recém-ocupados", que reforçava a necessidade de esforços "indiscriminados e enérgicos [...], em especial contra os judeus".[337] A insinuação de que os israelitas estavam por trás de todos os casos de saque, incêndio criminoso e tiroteio quando as tropas chegavam foi incorporada ao discurso oficial já nas primeiras semanas do conflito. Pouco importava que a maioria das alegações, ou mesmo todas, fosse fantasiosa, porque a culpa judaica era dada como certa. Em dezembro de 1941, o relatório do *Einsatzgruppe A* afirmava que os judeus "eram extremamente ativos como sabotadores e incendiários"; no fim de outubro, 30 mil já tinham sido mortos com base nessa alegação espúria.[338]

A reação dos comandantes militares era, em muitos casos, determinada por seu próprio antissemitismo e ódio ao comunismo, e eles de imediato aceitaram a ideia de que muitos dos supostos "guerrilheiros" ativos nos flancos do exército alemão eram judeus. Também incluíam as comunidades ciganas soviéticas como antros de prováveis espiões e sabotadores, e os ciganos eram mortos de forma rotineira junto com o alvo principal judaico. As unidades militares da SS precisaram de pouco incentivo. Já em julho de 1941, a Brigada de Cavalaria da SS foi instruída a matar de modo indiscriminado todos os judeus do sexo masculino, e depois também a eliminar famílias. No começo de agosto, numa matança que durou duas semanas, estima-se que 25 mil judeus tenham sido assassinados.[339] A facilidade com que "guerrilheiros" e "judeus" eram confundidos dava às unidades militares e de segurança ampla licença para matar, em especial na Sérvia ocupada, onde em novembro de 1941 homens judeus foram massacrados com a justificativa de todos serem guerrilheiros e sabotadores em potencial. Centenas já tinham sido assassinadas como reféns, seguindo a instrução do OKW de matar cem pessoas para cada soldado alemão morto pelas guerrilhas. Mais 8 mil foram liquidados em Belgrado por ordem do regime militar, quando ficou claro que não havia espaço para deportá-los para o Leste. Mulheres, crianças e ciganos tiveram o mesmo destino poucos meses depois, quando 7500 foram mortos com o uso de gás: durante dois meses, prometia-se todos os dias que determinado número de mulheres e crianças seria realocado; elas então eram postas num caminhão e trancadas até que o gás as matasse. As crianças eram enganadas com doces, para que tivessem a impressão de que tudo estava bem. Em 9 de junho de 1942, uma mensagem lacônica foi transmitida a Berlim: "Sérvia livre de judeus".[340]

Os principais instigadores do massacre foram os *Einsatzgruppen A, B, C* e *D*, que tiveram a colaboração, quando a escala dos assassinatos ficou evidente, da polícia comum de "manutenção da ordem" recrutada no Reich e de auxiliares locais ucranianos, bálticos e bielorrussos. Juntos, eles assassinaram cerca de 700 mil pessoas até dezembro de 1941, sendo 509 mil nas zonas civis e militares da Ucrânia (incluindo 96 mil mortos pelo exército romeno e unidades da segurança romenas na Transnístria).[341] Em alguns casos, comandantes militares locais ordenaram a construção de guetos, mas esses locais eram quase sempre temporários, pois Himmler instigava as unidades da ss e da polícia a acabar com eles. Na Bielorrússia, os assassinatos atingiram o clímax em outubro, com o massacre de 2 mil pessoas em Mogilev entre 1º e 2 de outubro, até 8 mil em Vitebsk e entre 7 mil e 8 mil em Borisov, dez dias depois. Em Minsk, um grande gueto foi criado, mas 10 mil foram mortos no começo de novembro para dar lugar às primeiras pessoas deportadas da Alemanha. Em Mogilev, no fim de setembro, o Exército sediou uma reunião de alto nível entre comandantes do Grupo de Exércitos do Centro, na qual Arthur Nebe, comandante do *Einsatzgruppe B*, falou sobre a questão judaica e a guerra antiguerrilha para incentivar a cooperação militar. Em outubro, unidades do Exército se distribuíram em leque pelo interior atrás de "bandidos", mas mataram na verdade muitos judeus. O comandante-chefe do Exército na Bielorrússia, general Gustav von Mauchenheim, disse que "os judeus devem desaparecer do interior, e os ciganos também devem ser aniquilados"; sua 707ª Divisão de Infantaria matou cerca de 10 mil judeus na área em torno de Minsk, além daqueles que haviam sido massacrados no gueto da capital.[342]

O tratamento era inconsistente, e alguns judeus sobreviveram por terem habilidades de que o Exército precisava, conseguirem escapar das primeiras detenções ou terem sido encaminhados para guetos onde a sobrevivência dependia apenas da sorte. Na Letônia e na Lituânia, onde em junho pogroms conduzidos por civis depois da chegada dos alemães ajudaram as atividades da ss local, guetos só foram montados após a primeira onda de assassinatos. Em Riga, metade da população judaica estava morta quando o gueto foi construído, em outubro de 1941; no começo de dezembro, 27 mil habitantes do gueto foram mortos na floresta vizinha de Rumbula, mais uma vez para dar lugar a judeus alemães. Na Ucrânia, pouco após a construção do gueto de Jitomir, o local foi esvaziado de 3145 judeus; o gueto em Ialta foi montado em 5 de dezembro, mas doze dias depois seus moradores foram assassinados.[343] A Ucrânia também foi local do maior massacre do genocídio, na ravina de Babi Yar, nos arredores de Kiev, supostamente em retaliação ao terrorismo "judaico" na cidade. Em 29 de setembro, uma parte considerável dos moradores judeus marchou pela cidade, muitos achando que seriam deportados, até chegarem ao ponto onde, ao longo do dia, grupos foram espancados, despidos e metralhados na ravina, totalizando 33 771 mortes em dois dias. Em toda a província de Kiev, 137 mil foram assassinados em setembro, mesmo com os combates ocorrendo mais a leste.[344] Uma testemunha, Irina

Khoroshunova, expressou em seu diário uma sensação que hoje é universal: "Só sei de uma coisa, algo terrível, horrível está acontecendo, algo inconcebível, que não dá para entender, alcançar ou explicar".³⁴⁵

Historiadores discordam sobre o momento em que Hitler ordenou o extermínio judaico, mas isso é ignorar que o genocídio começou a ser praticado em junho de 1941, sem que houvesse alguma ordem da mais alta autoridade nesse sentido. Ninguém em Berlim teria desaprovado os assassinatos, ainda menos Hitler, que recebia relatórios dos *Einsatzgruppen* ou de Himmler, que durante os meses de verão de 1941 cobrou que as unidades de segurança fossem mais implacáveis. A intervenção hitlerista só foi necessária em certos momentos decisivos. Marcar judeus alemães com uma estrela amarela resultou de instruções diretas do ditador depois que a Carta do Atlântico foi publicada, em agosto; em 18 de setembro, Hitler enfim ordenou que todos os judeus alemães, austríacos e tchecos fossem deportados para guetos no Leste, operação iniciada no fim de outubro. Àquela altura, o RSHA já falava em enviar para o Leste todos os judeus da *Grossraum* ocupada, em conformidade com as ordens dadas por Hitler para a Europa Central. Hitler parece ter ficado em particular irritado com a notícia de que Stálin tinha ordenado que os "alemães do Volga" — milhares de falantes do alemão no sul da Rússia, descendentes de colonos do século XVIII — fossem levados para a Sibéria e aprovou a declaração de Rosenberg de que "os judeus da Europa Central" sofreriam o mesmo fim, caso os alemães soviéticos fossem assassinados.³⁴⁶ Por fim, em dezembro de 1941 e janeiro de 1942, os envolvidos na política judaica se inspiraram em declarações hitleristas sobre aniquilação para concluir que a eliminação mais abrangente dos judeus em toda a Europa, fosse por assassinatos deliberados ou obrigando-os a trabalhar até morrer, era agora a política oficial. Hans Frank, incapaz de transferir a sua grande população judaica, mas ansioso por germanizar o Governo Geral, saiu da reunião de 12 de dezembro para informar aos seus administradores que agora poderiam liquidar, não importa como, os mais de 1 milhão de judeus que viviam ali. Hitler não ordena essa radicalização do genocídio, mas nenhum dos envolvidos tinha dúvidas de que não só os judeus da União Soviética e do leste da Polônia, já assassinados em grande número, mas todos em que a Alemanha poderia pôr as mãos seriam em algum momento despachados para campos de extermínio do Leste. Essa foi a principal conclusão da notória conferência de Wannsee, em 20 de janeiro de 1942 (adiada em dezembro), na qual Heydrich discutiu que a solução final para a questão judaica na Europa seria evacuá-los para o Leste, uma vez aprovada por Hitler. Heydrich, assim como Himmler, ainda pensava em explorar ao máximo a mão de obra israelita, enviando os deportados para morrerem de trabalhar, literalmente, cada vez mais para o Leste, mas os presentes em Wannsee entenderam que quem não pudesse trabalhar morreria. Evacuação, em última análise, significava extermínio, de uma forma ou de outra.³⁴⁷

Nenhum plano central relativo ao tratamento dos judeus foi desenvolvido em Wannsee. Durante 1942, as ondas de assassinato dependiam, assim como em 1941, de iniciativas locais da ss, de autoridades militares e civis e de incitações regulares de Himmler e Heydrich, até este ser assassinado em junho de 1942. A mais significativa dessas iniciativas envolveu uma mudança de método — do assassinato cara a cara (responsável por mais ou menos metade das mortes no Holocausto) para o uso de instalações de gás, fosse em vans e caminhões especialmente adaptados, fosse em salas ou câmaras de gás fixas. O uso dessas instalações foi desenvolvido pela primeira vez em outubro e novembro de 1941, como uma solução para a necessidade urgente de encontrar espaço nos guetos para judeus alemães e tchecos deportados. Arthur Greiser, gauleiter da Warthegau, queria permissão para matar até 100 mil judeus que ainda viviam na região depois do fracasso dos planos de deportação. Para isso, foi escolhida uma pequena casa senhorial perto da aldeia de Chelmno, onde a partir de novembro vans de gás foram usadas para os assassinatos. Ao mesmo tempo, Odilo Globocnik fez uma proposta a Haydrich, que foi aceita, de instalar uma câmara de gás fixa no antigo campo de trabalhos forçados de Belzec, perto de Lublin, onde os judeus que não conseguiam trabalhar eram assassinados.[348] A mudança para a morte por gás incluía um método já familiar do chamado programa T4 (por causa do endereço em Berlim, Tiergarten 4), no qual deficientes mentais da Alemanha e da Áustria, e mais tarde da Polônia ocupada, eram mortos dessa forma. Globocnik transferiu 120 funcionários do T4 para Lublin, enquanto outros prestavam assistência em outros locais de matança.[349] Belzec começou a matar judeus com gás em março de 1942, enquanto mais duas instalações em território polonês, em Sobibór e Treblinka, eram construídas. Sobibór começou com o uso em 1942, e Treblinka, em julho. Esses campos se tornaram pontos da chamada *Aktion Reinhard* [Operação Reinhard], para os quais judeus eram enviados especificamente para serem exterminados. Aqueles ainda considerados capazes de trabalhar foram retidos, mas na primeira onda de assassinatos no Governo Geral 160 mil foram mortos a gás. Depois do assassinato de Heydrich, Himmler disse aos altos oficiais da ss: "A grande migração de judeus terminará em um ano; depois disso nenhum mais circulará por aí. Uma limpeza completa tem que ser feita".[350]

A chamada "segunda onda" de assassinatos começou no verão de 1942. Foi o período mais letal do genocídio. Na segunda metade daquele ano, cerca de 1,2 milhão de judeus foram assassinados no Governo Geral. Na Ucrânia, onde a maior parte dos assassinatos ainda era praticada cara a cara, outros 773 mil foram mortos, esvaziando de judeus o Comissariado do Reich quase por completo. "Judeus: a limpeza do território chega aos últimos estágios", informou um relatório de 31 de dezembro de 1942. Os poucos milhares que restavam foram liquidados nos meses seguintes.[351] A matança impiedosa mascarava as contínuas discussão e incerteza sobre o uso da mão de obra israelita e da sobrevivência de bolsões judaicos em guetos e campos de trabalhos forçados. Em abril de 1942, sob pressão das Forças Armadas e de funcionários públicos no Leste, Himmler ordenou que homens de dezesseis a 35 anos fossem mantidos para trabalhar em fábricas e construções. Mas, no verão de 1942, ele mudou de ideia. Em vez de aceitar a sobrevivência do que via como ilhas de impureza racial nas áreas que seriam colonizadas, ele pediu que todos os projetos que empregassem israelitas fossem encerrados e os judeus mortos, em vez de serem enviados para o esforço de guerra. No entanto, as Forças Armadas e os administradores civis continuaram a desafiar ordens. No começo de 1943, ainda havia 120 mil judeus nos campos de trabalhos forçados da Polônia, e só no verão de 1943 é que Himmler conseguiu que todos fossem fechados para que a população israelita fosse assassinada junto com os judeus que restavam.[352] Na Galícia, 140 mil judeus que tinham escapado de ondas anteriores foram assassinados nos primeiros seis meses de 1943. Na Ucrânia ocupada pelos alemães, 150 mil sobreviventes foram liquidados nesse mesmo ano. Alguns campos sobreviveram para construir a *Durchgangsstrasse* IV, mas o último foi encerrado em dezembro de 1943, e com isso todos os judeus remanescentes foram mortos. Nessa época, dois grandes campos de trabalhos forçados e de extermínio tinham sido construídos em Auschwitz-Birkenau e Majdanek, onde mais de 1 milhão de judeus das regiões central, oeste e sul da Europa foram mortos com o uso de gás. Entre eles estavam os últimos trabalhadores judeus do Governo Geral e do grande gueto de Łódź, que foram mortos em agosto de 1944 quando o Exército Vermelho se aproximava, e metade dos judeus da Hungria, deportados apenas no verão. Em Auschwitz-Birkenau, 965 mil do 1,1 milhão de judeus deportados foram mortos, entre eles 216 mil crianças e adolescentes.[353] A essa altura, os centros dedicados ao extermínio tinham sido fechados e seu trabalho, concluído.

Por mais descoordenado e propenso a atritos que fosse o processo de assassinatos no Leste, para os judeus o resultado final era o mesmo — morrer de forma rápida ou lenta, mas morrer. Com os judeus da *Grossraum* mais ampla, a situação era mais complicada, porque não era tão fácil realizar deportações sem a colaboração das administrações ocupadas ou aliadas. O aparelho de segurança alemão não tinha nem a mão de obra, nem o conhecimento local necessários para atuar com independência, mesmo em áreas ocupadas; em Estados aliados ou satélites, era preciso ter cuidado para que a política germânica não parecesse atropelar interesses e atitudes locais. A dependência de policiais e funcionários locais determinava o êxito ou o fracasso dos planos alemães. A suposição de que pressão e recursos germânicos explicavam a extensão do genocídio para o resto da Europa foi, por muito tempo depois de 1945, a narrativa aceita, mas ela só conta metade da história. O antissemitismo existente em toda a Europa, em diversos formatos, desempenhou papel fundamental nas decisões de promover deportações, e na maioria dos casos não foi preciso que a Alemanha pressionasse demais, embora apenas no caso da Romênia e da Croácia isso tenha levado à matança autônoma de judeus. A extensão da perseguição aos israelitas foi, a partir dessa perspectiva, pan-europeia, e não apenas germânica. A Alemanha de Hitler era importante porque dava a outros Estados a oportunidade de resolver, se quisessem, sua "questão judaica", ao oferecer a população israelita do território ao Moloch alemão. Para delinear a oportunidade, o departamento de assuntos judaicos de Eichmann na Gestapo, o Ministério das Relações Exteriores da Alemanha e a ss enviaram às áreas ocupadas e aliadas delegados incumbidos de conduzir a diplomacia do genocídio, muito embora nem mesmo sua presença garantisse adesão e cooperação.

Não havia um padrão único na maneira como os judeus eram visados no restante da Europa, mas sim uma grande variedade de respostas, dependendo de circunstâncias locais, cálculo político e atitudes sociais em relação à "questão judaica". O antissemitismo também assumia diferentes formas: em alguns casos tinha por base o preconceito racial ou o medo de que os judeus debilitassem a identidade nacional; em outros havia um forte elemento religioso, com cristãos culpando os judeus de serem "assassinos de Cristo"; em outros, ainda, havia um forte motivo econômico para desapropriar a riqueza judaica a fim de atender a necessidades nacionais; ou uma combinação disso tudo, evidente na perseguição e na expulsão de judeus da Eslováquia, da Hungria e da Romênia. Esses três Estados do Eixo não precisavam tomar emprestado o antissemitismo alemão, pois desenvolveram um preconceito e uma discriminação próprios — no caso da Hungria e da Romênia, que remontava a décadas. Nos Estados ocupados do Ocidente, a ficção de que os judeus deveriam ser reassentados era usada não apenas para convencer comunidades israelitas a colaborar, mas também para distanciar colaboradores locais da realidade de participar no genocídio. Não importam os motivos e as circunstâncias, muitos europeus achavam que havia uma "questão judaica" para a qual eles também poderiam dar uma resposta.

Na Romênia, duras leis antissemitas foram aprovadas pela ditadura do rei Carol no começo de 1938, que destituíram 225 mil judeus de sua cidadania, fecharam jornais israelitas e demitiram funcionários públicos judeus. Em 1943, com o marechal Antonescu, a legislação prosseguiu. Atos arbitrários de violência e a destruição de propriedades judaicas eram cometidos com regularidade por fascistas romenos, mas a crise dos israelitas romenos chegou com a campanha Barbarossa e a reconquista da Bucóvina e da Bessarábia, onde viviam 800 mil judeus, muitos "apátridas", de acordo com as leis romenas de residência.[354] Ali o Exército, camponeses romenos e alemães étnicos residentes responsabilizavam as grandes comunidades israelitas por ajudarem na ocupação soviética que havia durado um ano, e em julho e agosto de 1941 perpetraram uma onda de massacres e pogroms, que levaram à morte talvez 60 mil judeus. A ss *Einsatzgruppe D* também forneceu alguns assassinos, mas a maior investida era romena. Antonescu, para cumprir uma política declarada de limpeza étnica (que incluía não só judeus, mas ciganos, húngaros e russos), ordenou a deportação dos judeus remanescentes; cerca de 147 mil foram redistribuídos para a Transnístria, onde viviam em acampamentos improvisados e insalubres. Destituídos de suas posses, eles viviam famintos e doentes e eram alvo de novas atrocidades. Dos deportados, mais de 100 mil morreram ou foram assassinados. Além disso, como a Transnístria deveria ser o coração da "Grande Romênia", judeus soviéticos também eram alvos de assassinato ou enviados para uma vida precária nos mesmos acampamentos improvisados. Deles estima-se que entre 130 mil e 170 mil pereceram.[355] No outono de 1942, por razões até hoje desconhecidas, Antonescu mudou de ideia sobre a deportação e rejeitou os pedidos germânicos de que judeus do resto da Romênia fossem enviados para campos de extermínio na Polônia. Na verdade, a deportação tinha sido planejada depois de um acordo com o representante da ss Gustav Richter, mas no fim de setembro os planos foram engavetados. Antonescu foi submetido a pressão internacional para não executar o acordo, mas a melhor explicação é que seu cumprimento parecia implicar um desafio à soberania romena, "um tapa na cara do país", como disse o líder do Partido Liberal num discurso naquele mesmo mês. Os judeus já deportados para a Transnístria podiam ser condenados à morte se tentassem partir, mas em março de 1944, quando a maioria já estava morta, Antonescu entregou a área para forças alemãs e repatriou os 10 700 sobreviventes. Nesse caso, o esforço germânico enfrentava limites claros para matar todos os judeus, ainda que as ações da própria Romênia tivessem causado a morte por abandono, doença e assassinato de mais de 250 milhões.[356]

A Eslováquia foi muito mais complacente. Sob a "proteção" informal do Reich desde março de 1939, o novo Estado foi tomado por um antissemitismo radical, ainda que apenas 4% da população fosse judia: havia um ressentimento profundo contra uma minoria judaica que dominava o comércio e os bancos e cuja identidade distinta era enfatizada pelo fato de falar alemão, húngaro ou iídiche, em vez de eslovaco. A "questão judaica" eslovaca começou a ser tratada a sério em 1939, mas o objetivo principal era, de início, expropriar os israelitas de seus bens. Até setembro de 1941, 85% dos negócios judaicos foram fechados ou tomados por não judeus (incluindo alemães). Um ano antes, o Parlamento eslovaco tinha aprovado um decreto segundo o qual a questão israelita deveria ser resolvida dentro de um ano. Passado esse tempo, um Código Judaico foi introduzido, restringindo de forma severa a vida da população semita. O governo de Jozef Tiso perguntou a Dieter Wisliceny, representante da ss, se a Alemanha aceitaria ficar com os judeus empobrecidos e livrar a Eslováquia dos custos e da responsabilidade. Uma Lei Constitucional que legalizava as deportações foi aprovada em 15 de maio de 1942; depois de um acordo, segundo o qual a Eslováquia pagaria quinhentos marcos por pessoa deportada para cobrir as "despesas de segurança" germânicas, 58 mil pessoas foram enviadas em trens eslovacos para campos de detenção, de onde a ss os levou para centros de extermínio. Judeus que tinham condição de trabalhar ou uma isenção especial ficaram na Eslováquia, mas, quando a Alemanha ocupou o Estado satélite em agosto de 1944, outros 13 500 foram enviados para morrer em Auschwitz-Birkenau — eles estavam entre os últimos a serem assassinados. As posses dos deportados foram tomadas pelo Estado e distribuídas para escolas e outras instituições do país. Cerca de 9 mil judeus eslovacos sobreviveram, de um total de 89 mil, escondidos por amigos, disfarçados de eslovacos étnicos ou conseguindo fugir para a Hungria, onde os judeus sobreviveram aos primeiros anos de guerra, apesar do virulento antissemitismo húngaro.[357]

A sociedade húngara era, se possível, mais antissemita do que a eslovaca ou a romena, e sem dúvida, durante a maior parte do período entreguerras, do que a germânica. Ali o ressentimento econômico em relação ao papel desempenhado pelos judeus nos negócios e nas profissões era um fator importante. Esforços para restringir o número de israelitas profissionais e empresários remontavam ao começo dos anos 1920. Em 1938 e 1939, a Primeira Lei Judaica e a Segunda Lei Judaica foram promulgadas, limitando o acesso de israelitas às profissões e revogando o direito ao emprego público. Regulamentações foram introduzidas ao longo dos anos 1940, para expropriar os judeus de seus bens e usar sua riqueza para financiar a redistribuição de terras; milhares de israelitas perderam o direito de viver do comércio. No começo dos anos 1940, o discurso de políticos e economistas antissemitas enfatizava a necessidade de emigrar de forma compulsória os 835 mil judeus da Hungria. O primeiro-ministro húngaro Pál Teleki, ao visitar Hitler em 1940, pediu uma solução europeia para a "questão judaica", coisa que nem mesmo Hitler achava possível àquela altura. Em julho de 1941, cerca de 14 mil judeus e refugiados apátridas foram empurrados através da fronteira com a Galícia ocupada pela Alemanha, onde as forças de segurança germânicas, que os receberam relutantes, mataram quase todos na cidade de Kamianets-Podilskyi, de longe o maior massacre ocorrido nas primeiras semanas da Barbarossa.[358] Dentro da Hungria, os judeus foram concentrados em guetos, e os homens capazes foram levados a campos de trabalhos forçados. Exigências para que os judeus fossem enviados a campos alemães na Polônia foram repelidas pelo regente, o almirante Horthy, e pelos círculos conservadores à sua volta, até que o regime foi derrubado pela ocupação militar germânica em 19 de março de 1944. Desimpedidos, Eichmann e os cerca de sessenta funcionários alemães que o acompanhavam se espantaram com a rapidez e abrangência dos esforços húngaros para registrar, confinar em guetos e deportar os judeus do país, às vezes ameaçando sobrecarregar a máquina de matar alemã. As deportações começaram em 15 de maio de 1944, apenas dois meses depois da ocupação, e em oito semanas 430 mil judeus tinham sido despachados, dos quais três quartos seguiram para a morte imediata em Auschwitz. Ao todo, cerca de meio milhão de judeus foram deportados, mas os esforços da elite conservadora para proteger os judeus de Budapeste, junto com as demandas das Forças Armadas húngaras por mão de obra israelita, impediram a aniquilação total, e cerca de 120 mil pessoas sobreviveram à ameaça de deportação.[359]

As exceções entre os países do Eixo foram a Bulgária e a Itália (até a ocupação alemã de dois terços da península em setembro de 1943). Sem dúvida o antissemitismo estava presente nos dois, mas, como no caso de Horthy na Hungria, havia fortes restrições internas a apenas cumprir ordens da Alemanha. Na Bulgária, uma importante legislação antissemita — A Lei para a Defesa da Nação — foi promulgada em novembro de 1940, mas só depois de um vigoroso debate entre a elite búlgara sobre sua legitimidade. Em 1941, medidas para adquirir parte da riqueza judaica entraram em vigor, e em 26 de agosto de 1942, depois de discussões com o RSHA em Berlim sobre implementar uma política judaica mais radical na Bulgária, um decreto do Gabinete autorizou que fosse criado um Comissariado de Assuntos Judaicos, que os judeus da capital, Sófia, fossem reassentados, a riqueza semita fosse confiscada e houvesse uma definição de "judeu" mais abrangente do que a equivalente germânica. Tiveram início preparativos para deportar os judeus do país, mas em março de 1943 membros do governo protestaram contra a ideia de a Alemanha determinar o destino da população israelita da Bulgária, mais ou menos como o regime romeno tinha feito. A partir de março, os judeus foram deportados das áreas do país que haviam sido ocupadas em 1941 — Trácia na Grécia e Macedônia Oriental na Iugoslávia —, mas o tsar Boris, hostil à ideia de atender às demandas alemãs, aprovou em março que a deportação fosse adiada, e em maio de 1943, cedendo a pressões externas e internas, concordou com a decisão de encerrar as deportações, as quais nunca tinha apoiado. Mais ao sul, a administração militar alemã e a SS iniciaram em março a deportação da Grécia, onde havia pouca oposição, e 60 mil judeus foram enviados para Auschwitz. No outono de 1943, o RSHA desistiu de fazer novas pressões sobre o governo búlgaro, e os 51 mil judeus sobreviveram à guerra, apesar dos rigores da legislação discriminatória.[360]

A atitude em relação à "questão judaica" dos responsáveis italianos por construir o império estava baseada em uma forte corrente de antissemitismo interno da minoria fascista, porém também havia resistência à ideia de a Alemanha ditar o que a Itália devia fazer com sua população israelita. Pressões de dentro do movimento fascista, mais do que imitar a Alemanha, levaram em 1938 à publicação de uma série de leis antissemitas, que seguiam o padrão europeu de eliminar judeus do serviço público, expulsar muitos deles das profissões e introduzir um regime de trabalhos forçados, mas nenhum campo de concentração foi criado, como Mussolini queria. Em 1942, Mussolini aprovou a formação de "Centros para o Estudo do Problema Judaico" em seis cidades italianas importantes, com o objetivo de divulgar a necessidade urgente de resolver a "questão judaica" de modo mais radical, mas isso não resultou em nenhuma grande iniciativa até a rendição italiana e a ocupação alemã.[361] Mesmo nas áreas italianas ocupadas, comandantes locais e autoridades em Roma resistiram aos esforços germânicos para que judeus e refugiados judeus fossem entregues, "por razões óbvias de prestígio político e humanidade", como explicou um deles. Em outubro de 1942, o especialista em questões judaicas do Ministério das Relações Exteriores alemão lamentou que em relação à solução final o Eixo não tivesse "uma política unificada nessas questões".[362] Isso mudou de forma drástica em setembro de 1943, quando forças germânicas ocuparam a Itália continental e o que restava do império. A polícia de segurança alemã e a Gestapo começaram a prender judeus italianos em Roma em outubro de 1943, e o mesmo ocorreu um mês depois mais ao norte — como na França, imigrantes recentes eram em particular os primeiros alvos. O ministro italiano do Interior do governo fantoche de Salò, Guido Guidi, ordenou em 30 de novembro a prisão e o confinamento de todos os judeus pela polícia italiana local, mas a maioria das prisões foi feita pelos alemães, que estabeleceram campos em Fossoli e, mais tarde, em Bolonha, como centros de detenção para deportação. Dos 32 802 judeus registrados pelo regime de Salò, apenas 6806 foram deportados, enquanto 322 morreram na Itália e 950 continuaram desaparecidos depois da guerra.[363] Para o aparelho genocida germânico, foi um desfecho decepcionante, mas compatível com a opinião que tinham dos italianos como aliados pouco confiáveis. A detecção e prisão de judeus dependiam de iniciativas locais, e não de algo mais sistemático. Talvez cerca de 6 mil tenham fugido para a Suíça, outros conseguiram alcançar as linhas dos Aliados, enquanto milhares ficaram escondidos em instituições católicas ou se misturaram a uma população na qual não eram facilmente identificados como judeus. Quem fosse flagrado abrigando israelitas podia passar alguns dias preso, mas não costumava ser fuzilado ou enforcado, como no Leste.[364]

Nos territórios ocupados no Oeste europeu e na Escandinávia, o destino dos judeus também variava a cada local, mas ali as autoridades germânicas tinham uma responsabilidade mais direta na implementação da política judaica do que entre os aliados do Eixo. Mesmo assim, a tarefa de registrar, identificar e até prender israelitas para deportação dependia muito da cooperação de não alemães, e isso nunca era uniforme. Na Bélgica, a polícia local prendeu apenas 17%

dos judeus levados pelos serviços de segurança alemães; na Holanda, cerca de 24%; no entanto, na França, forças policiais locais fizeram 61% das detenções de judeus para deportação, ainda que a disposição de colaborar diminuísse conforme a perspectiva de libertação se aproximava.[365] Se houve um denominador comum nas áreas ocupadas, estava no desejo de colaborar com a busca alemã por judeus em 1942, quando o maior número foi deportado do Ocidente; depois houve um declínio, conforme a situação da Alemanha na guerra ficava mais obviamente incerta. Na França, a "questão judaica" era antiga e havia sido motivada pela política da direita nacionalista. O antissemitismo público ficou mais evidente com a aproximação da guerra. "Paz! Paz! Os franceses não querem ir à guerra pelos judeus [...]" foi uma das respostas à crise tcheca em 1938. Em 1939, foram tomadas medidas para limitar a participação de refugiados israelitas nas profissões, enquanto os definidos como apátridas (incluindo o escritor Arthur Koestler) eram detidos e enviados para um dos muitos campos de concentração que surgiram na França em 1939 e 1940. Esses campos eram pouco distintos do exemplo alemão no descaso no fornecimento de alimentos e de alojamentos adequados e no duro regime de trabalhos forçados imposto aos prisioneiros. Em setembro de 1940, a cota servida era de 350 gramas de pão por dia e 125 gramas de carne. Mas em muitos casos nem isso havia. No campo de Gurs, os prisioneiros tentavam sobreviver à base de oitocentas calorias diárias. As mortes por doença ou desnutrição eram comuns. Na primavera de 1940, havia 5 mil refugiados judeus nos campos, mas no auge, em fevereiro de 1941, havia 40 mil.[366] Nenhum desses programas foi instigado pelos alemães, e quase todos os campos eram administrados por autoridades francesas. Os alemães só assumiram o controle do campo principal de deportações, em Drancy, nos arredores de Paris, em junho de 1943.

Houve uma onda de legislação antissemita no regime de Vichy, iniciado em junho de 1940. Depois de conversar com o primeiro-ministro Pierre Laval, em julho de 1940, o embaixador alemão informou a Berlim que "as tendências antissemitas do povo francês são tão fortes que não precisam de nenhum apoio adicional da nossa parte".[367] Em 5 de outubro de 1940, foi publicado um abrangente Estatuto Judaico, que proibia israelitas no serviço público e em outras profissões. Nele era definido como "judeu" qualquer indivíduo com dois avós semitas, e não três, como no caso alemão. Imigrantes judeus naturalizados depois de 1927 tiveram seu status revogado, permitindo-se, com isso, que fossem detidos e enviados para campos. Durante a preparação dos planos germânicos de colocar sob tutela negócios pertencentes a judeus, Vichy logo publicou uma lei francesa preventiva para permitir a expropriação. Em 1942, havia 42 227 administradores fiduciários franceses de propriedades israelitas, e apenas 45 alemães.[368] O governo ordenou o recenseamento de todos os judeus, e as listas resultantes ajudaram a Gestapo a prender semitas já identificados na época em que a zona de Vichy foi ocupada, em novembro de 1942. Alguns defendem que o regime de Vichy tentou se antecipar às ações alemãs para evitar coisa pior, mas as provas disso são escassas. Muitas coisas não foram exigidas pelos alemães, como a imposição da estrela amarela para os israelitas, em junho de 1942; a palavra "juif" [judeu] carimbada nos documentos de identidade e nos cartões de racionamento; ou o severo regime de campos de concentração, onde talvez 3 mil tenham morrido sob custódia francesa.[369] A primeira onda de prisões germânicas na zona ocupada ocorreu em maio de 1941, quando judeus foram colocados em mais quatro campos, três deles administrados pelos franceses, mas detenções e deportações para os campos na Polônia só começaram no verão de 1942, quando Theodor Dannecker, vice de Eichmann na França, insistiu que fossem deportados ao menos todos os refugiados judeus e aqueles que tinham perdido a naturalização. Vichy cooperou a ponto de enviar cerca de 11 mil judeus não franceses da zona sul, sendo que 4500 estavam presos. Em 1942, 41 951 foram deportados, seguidos por 17 069 no ano seguinte, e 14 833 em 1944, bem abaixo dos 100 mil que Eichmann e Dannecker haviam solicitado. Desses, 68% eram judeus estrangeiros, e 32%, franceses.[370] Vichy não endossava os assassinatos em massa, mas as condições impostas aos judeus e a caçada a eles realizada pela polícia e por funcionários franceses favoreceram os alemães.

Na Bélgica e na Holanda, a experiência das comunidades judaicas variou muito. Na Bélgica, 95% da população judia, cerca de 75 mil, era formada por estrangeiros. Apesar de sua vulnerabilidade óbvia, apenas 29 906 foram deportados, em especial em 1942, enquanto milhares foram abrigados por civis belgas ou escaparam à prisão. Por outro lado, na Holanda, havia uma grande população judaica, historicamente radicada, de cerca de 185 mil pessoas, das quais mais de 75% — 140 mil — foram deportadas para campos, e a maioria foi assassinada. Milhares foram escondidos por famílias holandesas, e desses pelo menos 16 100 sobreviveram, mas outros milhares foram encontrados ou denunciados à polícia holandesa ou alemã por uma parcela da população que não desaprovava os esforços germânicos para resolver a "questão judaica". Na Holanda, após o comissário do Reich Seyss-Inquart ordenar, em janeiro de 1941, o registro de todos os judeus, as autoridades alemãs ficaram dependendo da resposta de funcionários holandeses e das comunidades israelitas. Praticamente não houve objeção, embora àquela altura poucos pudessem imaginar para que os registros serviriam. A polícia holandesa se mostrou particularmente disposta a colaborar, uma vez que a política oficial era não antagonizar os alemães sem motivo. Ainda assim, os policiais se limitavam a deter os judeus e entregá-los à polícia germânica, em vez de prendê-los formalmente. Em cidades menores e aldeias, eram os policiais holandeses que reuniam os judeus e os entregavam para serem deportados durante o ano mais intenso, entre julho de 1942 e julho de 1943. Depois disso, como na França, a expectativa da derrota alemã e da libertação final provocou uma desaceleração colaborativa, mas àquela altura a maioria dos 140 mil já estava morta. Na Bélgica, a comunidade judaica era pequena e socialmente marginal, o que talvez explique a sobrevivência de uma fração muito maior. O antissemitismo não era uma questão essencial nem mesmo para os partidos de extrema direita — sem dúvida menos do que na Holanda e na França —, e em outubro de 1942, no auge das deportações, não judeus abrigaram cerca de 20 mil israelitas. O regime burocrático belga para registro de judeus era menos desenvolvido do que o holandês, e a população israelita, em grande parte composta de imigrantes, já estava bem versada na arte de desobedecer. Apesar disso, na Bélgica, burocratas e policiais colaboraram o máximo possível para localizar judeus, e os belgas não foram nem um pouco mais tímidos do que os franceses ou os holandeses em tomar posse de bens, riquezas e casas da população semita depois de os alemães pegarem a sua parte.

Apenas em dois países escandinavos foi possível salvar quase toda a população judaica. Até a renúncia do governo dinamarquês em agosto de 1943 e a onda de greves e protestos que se seguiu, nenhuma pressão foi exercida para que se entregasse a pequena população israelita do país. Assumindo que os judeus tinham participado do movimento de resistência, Hitler e Ribbentrop, em setembro de 1943, insistiram que o plenipotenciário do Reich Werner Best deportasse todos os judeus dinamarqueses. Best parece ter considerado isso um erro que alienaria ainda mais a sociedade dinamarquesa, e, quando teve início uma operação de resgate para levar judeus de barco para a Suécia, Best e a polícia alemã não se esforçaram muito para impedir.[371] Na Finlândia, a pequena comunidade judaica de cerca de 2200 pessoas não enfrentou a ameaça do antissemitismo interno, tampouco o governo finlandês foi pressionado a entregar a população israelita, exceto no caso de oito refugiados que foram devolvidos para a Alemanha. Apenas em 1944, quando se temia que a Alemanha ocupasse a Finlândia para impedir o país de se retirar da guerra, é que foram feitos planos de enviar judeus para a Suécia. Um pequeno grupo de crianças com suas mães foi enviado nos meses de verão, mas o governo finlandês relutava em deixar que os judeus saíssem, para que os Aliados não pensassem que a Finlândia aceitava participar do genocídio mais amplo. No fim, as forças de segurança e a polícia germânicas estavam dispersas demais para intervir, e os judeus sobreviveram até as forças finlandesas se renderem ao Exército Vermelho, tendo tido a sorte de escapar da rede cada vez maior que era jogada sobre os judeus sobreviventes, mesmo diante da derrota iminente.[372] Coerente até o fim, Hitler teria dito, em abril de 1945, pouco antes de cometer suicídio, que "o nacional-socialismo pode reivindicar com justiça a gratidão eterna do povo por ter eliminado os judeus da Alemanha e da Europa Central".[373]

★ ★ ★

A sombria narrativa da colaboração europeia no empenho alemão de criar uma Europa "livre de judeus" só estava relacionada à formação do Império Alemão no Leste porque Hitler, como Himmler ou Eichmann, não conseguia imaginar um império territorial no Leste, ou uma *Grossraum* maior, como uma área habitada por milhões de judeus. Estes eram descritos como o inimigo mundial dos esforços germânicos de construir uma ordem imperial que tivesse a Alemanha como centro. Todas as ambições de estabelecer essa ordem, jovialmente expressas no Pacto Tripartite em setembro de 1940, terminaram num fracasso absoluto, mas não sem que a violenta construção do império mergulhasse a Eurásia e sua periferia em programas de deportação, expropriação e assassinato concentrados num curto espaço de tempo, em contraste com a história da construção de impérios anteriores, mesmo em seus aspectos genocidas, que se estendiam por décadas ou ainda mais tempo. Os novos impérios sem dúvida poderiam ter sido construídos a um custo humano mais baixo, mas a tensão permanente entre fantasias e realidades imperiais provocou um espasmo de violência ilimitada, transformando o império da utopia imaginada num pesadelo distópico de frustração, castigo e destruição.

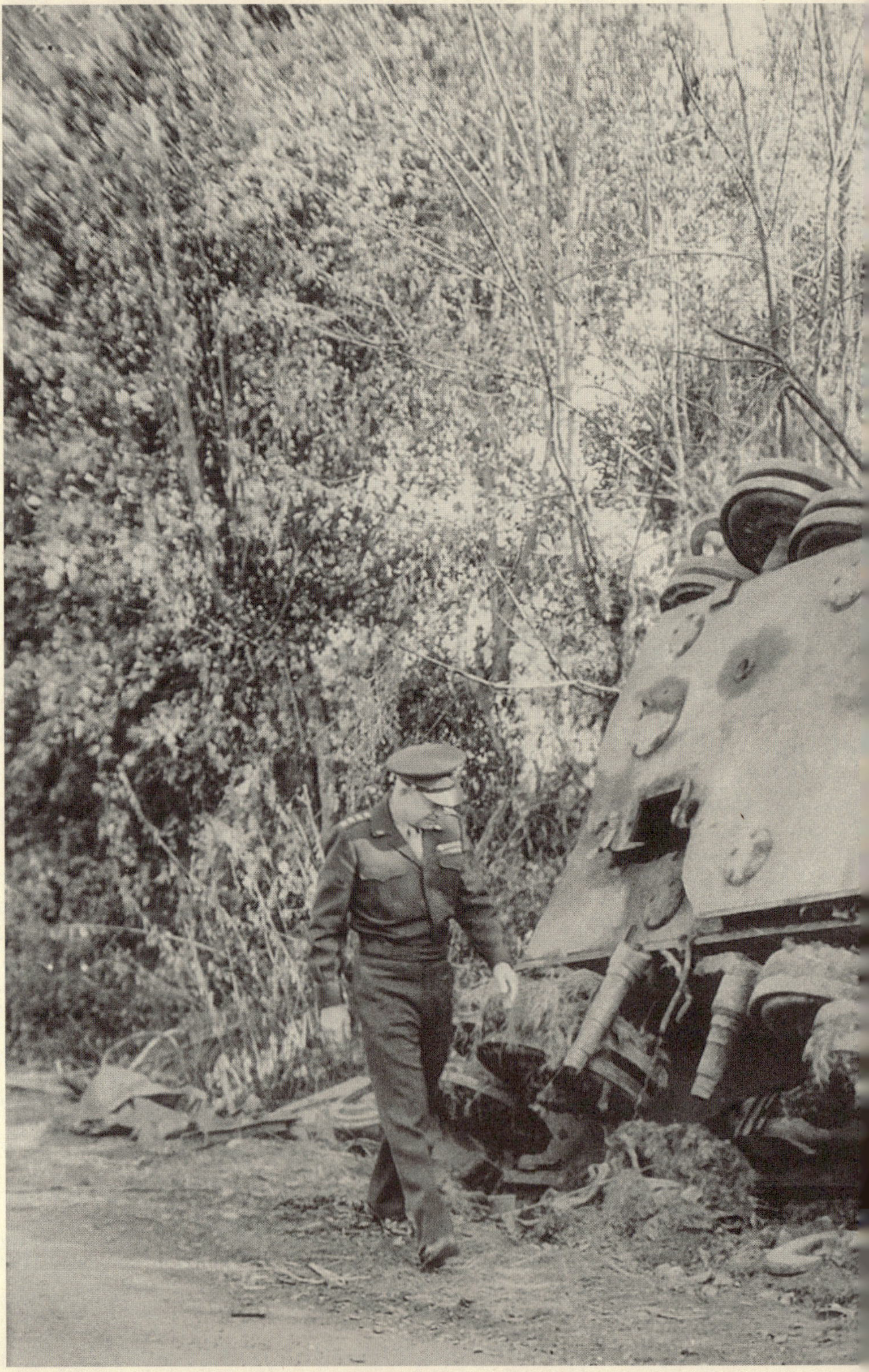

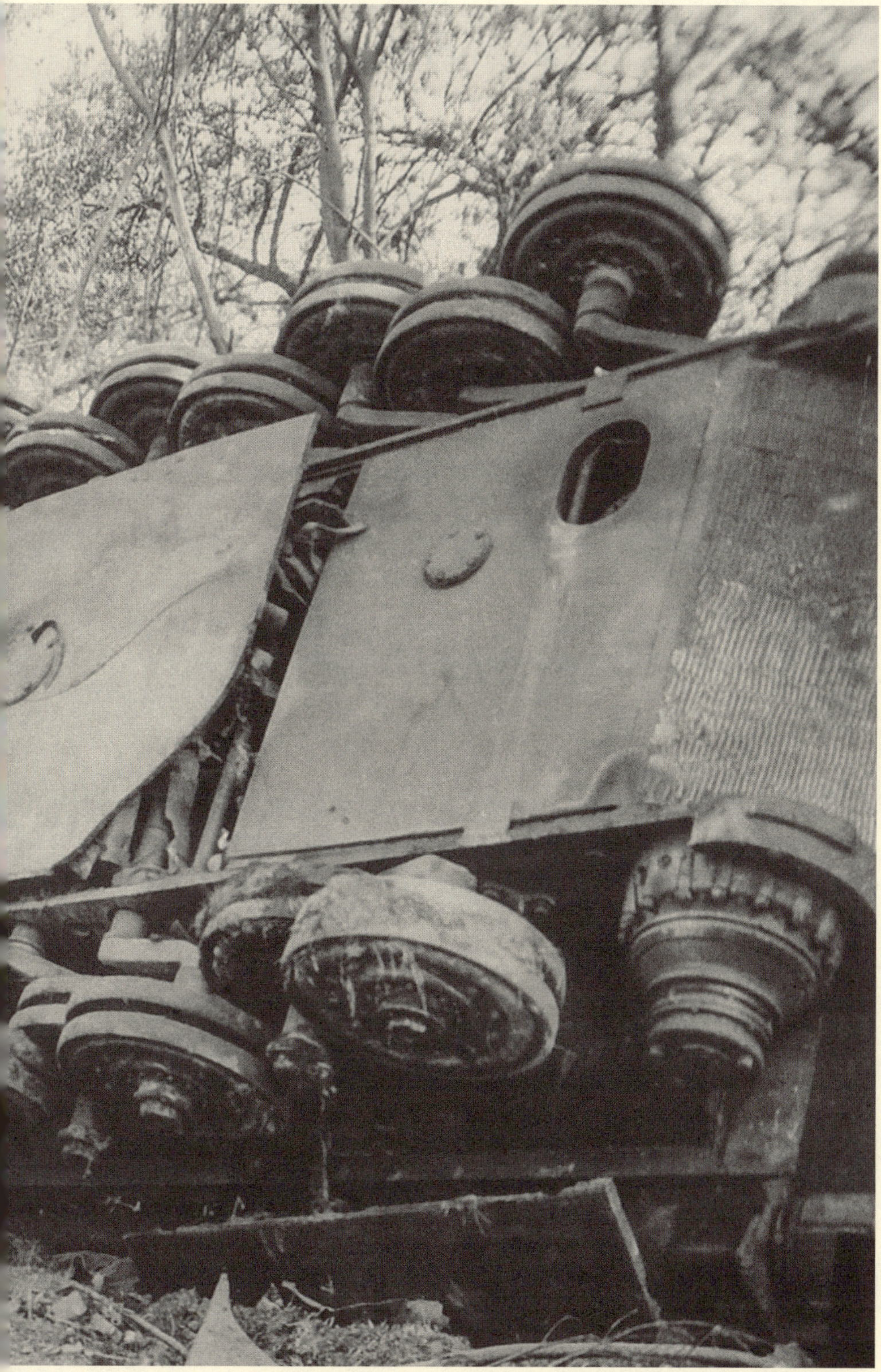

3. A morte da nação-império, 1942-5

> [...] *se vencermos, precisamos vencer tanto no Oriente como no Ocidente, e, se perdermos, deve ser da mesma forma.*
>
> Ōshima Hiroshi, novembro de 1942¹

No fim de novembro de 1942, o embaixador do Japão em Berlim convocou uma conferência com seus homólogos europeus para discutir com seriedade as perspectivas da guerra naquele momento. Sua fala coincidiu com três batalhas significativas, ocorridas em cada um dos principais teatros da guerra: em Stalingrado, no sul da Rússia, onde exércitos alemães e soviéticos travavam um combate titânico pela cidade; na ilha de Guadalcanal, nas ilhas Salomão britânicas, onde contingentes mais modestos de soldados japoneses e fuzileiros navais americanos se enfrentavam no perímetro do avanço nipônico; e no norte da Líbia, onde tropas do Império Britânico perseguiam uma força ítalo-alemã pela costa norte-africana, depois de uma retirada desordenada da (segunda) Batalha de El Alamein. Ōshima disse aos colegas que era hora de o Japão, a Itália e a Alemanha tentarem coordenar seu planejamento estratégico, e que ele esperava que isso significasse operações contra a Índia e uma possível junção com as forças germânicas no Oriente Médio. Meses antes, ele tinha concluído que "será quase impossível a Alemanha derrubar o regime stalinista", e ele era um dos vários diplomatas japoneses de alto escalão que ainda esperavam que os alemães fizessem as pazes com a União Soviética, talvez com mediação japonesa, para que um "Pacto Quadripartite" maior pudesse jogar a Eurásia contra as potências anglo-saxônicas.

A ideia de que as guerras de agressão podiam ser encerradas com acordos de paz vantajosos era uma ilusão japonesa persistente. Na primavera de 1943, uma delegação do Japão chegou a Berlim para tentar convencer Hitler a abandonar a campanha soviética em favor de uma estratégia mediterrânea que acabasse com a presença britânica e americana na região. Poucas semanas depois, em Tóquio, ocorreu uma reunião de altos oficiais e políticos que partia do princípio de que a chave para toda a guerra era uma paz germano-soviética; então os Aliados ocidentais teriam que chegar a um acordo na Europa, temendo a invasão comunista, e depois disso Chiang não teria escolha senão aceitar os termos na China, abrindo caminho para um acordo de paz abrangente e favorável com os Aliados.[2] Hitler não quis nem saber (nem Stálin quereria). A cada sugestão, ele respondia que derrotar a União Soviética era prioridade e que jamais poderia aceitar os termos. Em julho de 1943, com o esforço de guerra do Eixo passando por uma crise, Hitler garantiu a Ōshima que, entre eles, os alemães e os japoneses superariam qualquer obstáculo.[3]

Talvez só seja possível ver o quanto os líderes do Eixo estavam iludidos no momento decisivo da guerra, em 1942-3, ao olhar para trás depois de tudo ter passado. As batalhas travadas enquanto Ōshima refletia sobre uma futura estratégia global do Eixo não indicavam com certeza a vitória dos Aliados, que estava distante, mas impunham um limite à expansão territorial do Eixo. Stalingrado, Guadalcanal e El Alamein eram os últimos pontos de avanço. Depois disso, veio a longa e muito contestada retirada através dos territórios recém-conquistados, exceto no caso da Itália de Mussolini, onde o colapso do esforço de guerra ocorreu bem antes. O fato de a expulsão das forças do Eixo restantes dos lugares que haviam conquistado ter demorado tanto refletia a rejeição de uma solução política, em favor da contestação militar, e a impossibilidade, para aqueles que esperavam um acordo de paz sem derrota, como Ōshima, de fazer os líderes mudarem de rumo e se renderem, em vez de insistirem no confronto. Refletia também um descaso deliberado com os custos de seguir no conflito para as populações dos países do Eixo, das quais se esperava que sustentassem o esforço de guerra até o momento da rendição. Como e por que populações continuavam a lutar mesmo diante de uma derrota iminente e total ainda é uma pergunta difícil de responder.

BECOS SEM SAÍDA IMPERIAIS: EL ALAMEIN, STALINGRADO, GUADALCANAL

Durante grande parte de 1942, os líderes do Eixo ainda podiam imaginar um desfecho bem-sucedido. Em novembro daquele ano, quando a sorte militar da Itália já declinava de maneira irreversível, Mussolini ainda se gabava de que "essas tais de Nações Unidas" não tinham demonstrado "nada mais do que falhas e catástrofes".[4] No verão de 1942, o exército alemão e seus aliados ainda estavam na Rússia e no Egito, enquanto forças japonesas buscavam proteger o perímetro externo da vasta área terrestre e oceânica tomada no começo do ano e consolidar o controle do Japão sobre o território chinês. Em todas essas áreas, as "falhas e catástrofes" dos Aliados ficaram bastante evidentes na primeira metade do ano.

Para os chefes militares japoneses, o repentino sucesso na tomada da vasta Região Sul abriu a perspectiva inebriante de novas conquistas. "Para onde vamos daqui?", escreveu em seu diário o chefe do Estado-Maior da Frota Combinada. "Avançar para a Austrália? Para a Índia? Invadir o Havaí?" A equipe de planejamento naval preparou novas propostas, entre elas o plano do contra-almirante Yamaguchi Tamon de conquistar a Austrália e a Nova Zelândia antes de invadir a costa da Califórnia.[5] Anteriormente à tomada de alguma decisão, a pequena força de bombardeiros transportados por porta-aviões do tenente-coronel James Doolittle realizou uma incursão simbólica a Tóquio, em 18 de abril de 1942, e forçou uma reavaliação estratégica. Em vez do Pacífico, o exército japonês se voltou outra vez para a China. O ataque de Doolittle sem dúvida aumentou o moral americano, mas, como Chiang temia, fez o Exército Expedicionário Japonês ordenar uma operação para tomar áreas onde os chineses tinham bases aéreas que poderiam ser utilizadas pelos americanos. Duas colunas de 50 mil soldados se espalharam em leque saindo de Hangzhou (Hankow) e Nanchang, em direção às províncias de Zhejiang e Jiangxi, abrindo um vasto corredor e arrasando a área em volta das bases. O rápido sucesso seria seguido por um golpe final que nocauteou a capital de Chiang em Chongqing, em setembro, e empregou dezesseis divisões japonesas, mas a campanha foi abandonada por causa da demanda de efetivos para proteger o longo perímetro oceânico dos novos territórios — um indicador precoce de como seria difícil para o Japão travar duas guerras ao mesmo tempo.[6] O ataque de Doolittle também resultou na produção de um plano japonês para capturar a ilha Midway, no Pacífico central, e torná-la uma base para dificultar incursões americanas e interromper a comunicação oceânica entre o Havaí e a Austrália. O almirante Yamamoto instituiu um complexo plano para atrair a frota de porta-aviões dos Estados Unidos, que àquela altura estava reduzida a três navios, o USS *Enterprise*, o *Hornet* e o recém-reparado *Yorktown*, para defender Midway, a fim de que pudesse destruí-la e assegurar o domínio japonês do meio do oceano. Além de uma força de invasão e de um grupo de apoio para a própria Midway, uma força-tarefa secundária foi instruída a tomar duas das ilhas Aleutas, Attu e Kiska, próximas da costa do Alasca, para servir de base para proteger o perímetro setentrional. A força japonesa de porta-aviões contava com quatro das seis embarcações da frota nipônica — *Kaga*, *Aka-*

gi, *Hiryū* e *Sōryū* — e era comandada pelo vice-almirante Nagumo Chūich, cuja intenção era neutralizar aeronaves em Midway e combater os porta-aviões americanos que respondessem à ameaça.

A batalha subsequente jogou uma força americana de porta-aviões pequena e vulnerável contra uma grande parte da Frota Combinada japonesa. Os comandantes americanos, o almirante Chester Nimitz, no Havaí, e o contra-almirante Raymond "Electric Brain" Spruance, encarregado dos porta-aviões, tinham uma vantagem inesperada. Poucos dias antes de as forças-tarefas nipônicas chegarem à costa de Midway, em 3 de junho, a unidade de inteligência da Marinha no Havaí, comandada pelo capitão Joseph Rochefort, tinha decifrado códigos navais japoneses o suficiente para saber com segurança que a ilha Midway era o destino do inimigo e que a força de ataque dos porta-aviões do Japão se aproximava pelo noroeste, diferentemente da força de invasão menor, que se movia para leste.[7] Spruance e seu colega comandante da força-tarefa, o contra-almirante Frank Fletcher, posicionaram os três porta-aviões americanos ao norte do grupo de Nagumo, prontos para atacar. Às sete da manhã de 4 de junho de 1942, depois de localizar os porta-aviões japoneses, os aviões foram lançados, porém os ataques não tiveram nenhum efeito até a metade da manhã, quando, apesar de quase todas as 94 aeronaves enviadas terem sido perdidas, nenhum torpedo ou bomba tinha atingido os porta-aviões japoneses.

A última cartada do lado americano foram os esquadrões de 54 bombardeiros de mergulho *Dauntless*, que, na ausência de radar nos navios japoneses, só eram localizados ao mergulhar — uma "bela cascata de prata", como disse uma testemunha. Um total de dez bombas atingiu três porta-aviões japoneses. Naquele momento, eles estavam particularmente vulneráveis, pois a tripulação reabastecia as aeronaves, cercada por material bélico para ser carregado. *Kaga* virou uma carcaça em chamas em questão de minutos; a nau capitânia de Nagumo, *Akagi*, foi atingida por uma bomba que detonou os bombardeiros já abastecidos de combustível e bombas e se transformou em outro inferno; o *Sōryū* foi atingido poucos minutos depois, com o mesmo resultado. Embora *Yorktown* tenha sido avariado e mais tarde afundado por torpedos japoneses, sobraram bombardeiros de mergulho em número suficiente para acabar com o quarto porta-aviões japonês, o *Hiryū*, no fim da tarde. Um terço dos pilotos de porta-aviões altamente treinados se perdeu na confusão.[8] A Batalha de Midway (a Marinha japonesa se recusou a dar nome ao combate) costuma ser vista como um ponto decisivo, mas, apesar do drama intenso daquele dia e das severas perdas japonesas, foi bem menos que isso. Para a longa guerra que viria pela frente, o Japão ainda tinha uma frota de superfície e submarina colossal, enquanto os Estados Unidos só contavam, por enquanto, com mais dois porta-aviões e, depois dos danos sofridos pelo *Saratoga* e pelo *Enterprise*, e do afundamento do *Wasp* em setembro e do

Hornet em outubro de 1942, por um tempo ficaram sem nenhum.⁹ O fracasso da tomada de Midway e o abandono da operação para capturar Port Moresby foram logo compensados pela ocupação total em maio e junho de 1942 do protetorado britânico das ilhas Salomão, bem mais ao sul do perímetro, onde se pretendia construir um aeródromo em Guadalcanal, a ilha mais meridional, para que aeronaves partindo dali interrompessem as linhas de suprimento entre Austrália, o oeste dos Estados Unidos e o Havaí.

Enquanto o Japão conquistava cada vez mais na Ásia e no Pacífico, forças do Eixo no Norte da África avançavam para cruzar a fronteira egípcia até um ponto a apenas 96 quilômetros da principal base naval britânica em Alexandria e, mais além, do canal de Suez. Foi a terceira oscilação do pêndulo enquanto forças do Império Britânico enfrentavam o exército italiano apoiado por apenas três divisões alemãs do Afrika Korps, numa campanha que avançava e retrocedia na Cirenaica quando um ou outro lado chegava ao ponto de exaustão. Durante a maior parte do conflito, depois da desastrosa derrota do verão de 1941, as forças do Império Britânico superaram em número, quase sempre por uma margem significativa, as forças terrestres e aéreas do Eixo. Em novembro de 1941, a Operação Crusader, lançada para aliviar o cerco a Tobruk pelo substituto de Wavell, o general Claude Auchinleck, resultou numa confusa batalha de desgaste, mas o problema de suprimento enfrentado por Rommel e seus aliados italianos os obrigou a romper o contato e recuar até El Agheila, de onde Rommel tinha saído no começo do ano. Em janeiro de 1942, uma súbita melhora no fluxo de equipamento permitiu que Rommel retomasse a ofensiva contra um inimigo cansado, e agora as forças do Império Britânico foram empurradas de volta para uma linha em Ain el Gazala, a oeste da recém-aliviada Tobruk. O chefe do Estado-Maior italiano, o general Ugo Cavallero, planejou a Operação Venezia com Rommel e o comandante-geral no sul, o marechal de campo Albert Kesselring, para retomar Tobruk e avançar até a fronteira egípcia. Em 26 de maio, Rommel, que tratava os colegas italianos como subordinados, e não como aliados, ordenou o ataque à linha de Gazala. O Eixo tinha 90 mil homens organizados em três divisões alemãs, a 15ª e a 21ª Panzer e a Nonagésima Divisão Ligeira — as únicas unidades germânicas que combateram durante quase toda a campanha norte-africana —, e seis divisões italianas abaixo de sua capacidade plena, todas apoiadas por seiscentas aeronaves e 520 tanques (220 de modelos italianos menos eficazes).¹⁰ O Oitavo Exército Britânico, agora comandado, depois de várias substituições, pelo tenente-general Neil Ritchie, tinha 100 mil homens, 849 tanques e 604 aviões, incluindo bombardeiros médios Wellington, que decolavam de bases no Egito. Entrincheirados atrás da linha de Gazala e com grandes campos minados à frente, incluindo o reduto meridional de Bir Hacheim, que estava guarnecido por uma unidade da França Livre, a posição de Ritchie parecia no papel forte demais para os exércitos do Eixo, já esgotados pelo esforço anterior.[11]

A ofensiva do Eixo se revelou arriscada e custosa, mas a resposta do lado britânico ressaltou as deficiências que já haviam sido expostas — o envio de unidades em parcelas, deixando a infantaria sem a defesa de blindados, incapaz de coordenar de forma efetiva uma batalha de manobra — e permitiu a Rommel tomar a iniciativa. Bir Hacheim caiu em 10 de julho, depois de uma disputa acirrada, possibilitando que Rommel virasse para o norte e atacasse os blindados britânicos dispersos numa feroz batalha de tanques, que terminou com a aniquilação quase total da força aliada. O Oitavo Exército enviou 1142 tanques para a batalha e perdeu 1009. Em 13 de junho, as substanciais forças blindadas estavam reduzidas a setenta tanques em condições de operar.[12] O Oitavo Exército recuou de forma desordenada para Mersa Matruh, na fronteira egípcia, e dessa vez Rommel só precisou de um dia para invadir Tobruk, 20-1 de junho, capturando não apenas suprimentos essenciais de petróleo e alimentos, mas também 33 mil soldados britânicos, sul-africanos e indianos, incluindo seis generais. Embora o cansado exército de Rommel também estivesse reduzido a apenas cem tanques (quarenta italianos), no fim de junho, ele perseguiu o Oitavo Exército em território egípcio, até uma linha de 65 quilômetros entre a pequena parada ferroviária de El Alamein e a intransponível Depressão de Qattara. Mussolini voou até a Líbia com uma grande comitiva em 26 de junho, pronto para entrar num futuro bem próximo no Cairo, de forma triunfal. A notícia da queda de Tobruk chegou ao conhecimento de Churchill quando ele estava na Casa Branca conferenciando com Roosevelt. O choque foi visível. Fizeram-se promessas de envio de tanques e aviões, até mesmo de mandar de imediato a Segunda Divisão Blindada americana (o que Roosevelt vetou), ou de montar um exército americano que cobrisse a região do Egito a Teerã (o que Churchill vetou, por não querer levar americanos para uma zona imperial importantíssima). O embaixador americano no Cairo, Alex Kirk, fez um relato privado sobre a "trapalhada britânica" resultante de uma "estratégia deficiente e de métodos dilatórios", mas o próprio Auchinleck confessou em seu relatório a Londres que "ainda somos em grande parte um exército de amadores lutando contra profissionais".[13] Em 3 de julho, após deixar claro que a derrota tornaria remota a possibilidade de um "segundo front" na Europa em 1942, Churchill confidenciou de forma sombria a Ivan Maisky: "Os alemães guerreiam melhor do que nós [...]. Além disso, nos falta o 'espírito russo': morrer, mas não se render".[14]

Esse espírito russo ficou outra vez evidente quando os alemães conquistaram um território ainda mais extenso, durante o verão e o outono de 1942, depois das duras batalhas defensivas do inverno de 1941. Hitler esperava concluir a aniquilação do Exército Vermelho que lhe foi negada em 1941, mas os mesmos argumentos estratégicos que tinham enfraquecido a campanha no ano anterior ressurgiram. O alto-comando do Exército ainda preferia que a tomada de Moscou fosse a operação decisiva; Hitler preferia continuar a campanha interrompida em direção ao sul, até o Volga e o Cáucaso, talvez agora com uma perspectiva real de somar forças com Rommel em sua investida rumo ao canal de Suez e ao petróleo do Oriente Médio. Críticos falavam de "planos ofensivos utópicos", mas Hitler deixou claro que não seria mais uma vez desviado dos seus objetivos por especialistas e comandantes que diziam "isso não é possível, isso não vai funcionar". Disse ainda que problemas "devem ser resolvidos de forma incondicional" por uma liderança forte.[15] Hitler estava intelectualmente comprometido com a ideia de que o bloqueio — nesse caso isolar por completo o Exército Vermelho da indústria pesada e do petróleo de que precisava — era um elemento vital da guerra moderna. Como se para confirmar seu julgamento, fontes de inteligência subestimaram em muito a força potencial do Exército Vermelho e a capacidade da indústria soviética, deixando também de levar em conta a crescente debilidade das forças germânicas. Em março de 1942, o exército alemão já tinha sofrido mais de 1 milhão de baixas, sendo que nem todas passíveis de substituição, além da perda de grandes quantidades de equipamento, desde aeronaves a armas ligeiras, das quais a economia de guerra germânica só era capaz de repor uma fração. Das 162 divisões no front oriental, apenas oito foram classificadas como totalmente prontas para o combate nas próximas batalhas.

Em 5 de abril, Hitler baixou a Diretiva n. 41, "para acabar com todo o potencial de defesa que ainda resta aos soviéticos", isolar o Exército Vermelho de suprimentos essenciais e, em seguida, capturar Leningrado. A campanha alemã recebeu o codinome de Operação Azul. Era um plano complexo de quatro etapas, em que cada uma dependia do sucesso da anterior. Os exércitos alemães deveriam se aproximar por três eixos: do norte da área do Oriol para Voronej, da área em torno de Carcóvia para o sul, e por fim da Crimeia para Rostov. Eles se encontrariam na grande curva do rio Don, onde o Grupo de Exércitos do Sul se dividiria: o Grupo de Exércitos B deveria manter a área de Rostov a Stalingrado para proteger o Grupo de Exércitos A em seu avanço rumo ao Cáucaso para tomar campos petrolíferos. Nesse processo, supunha-se outra vez que cercos curtos seriam o bastante para capturar grandes pedaços do Exército Vermelho e destruir sua capacidade de resistir. Nesse ponto, Stalingrado não era o foco das atenções. Hitler esperava que a cidade fosse neutralizada, e não tomada. Cortar a rota de abastecimento do Volga para a Rússia central era a chave de tudo, não a cidade em si.

Hitler tinha ordenado em sua diretiva que o Grupo de Exércitos do Centro ficasse na defensiva, mas Stálin tirou a conclusão oposta, supondo que, como no fim de 1941, o front diante de Moscou era o mais ameaçado, e por isso deixou o sul relativamente mais fraco. Hitler não era o único culpado por realizar um planejamento ofensivo utópico. Stálin esperava ser capaz de aproveitar os êxitos do inverno ao lançar uma série de ofensivas contra a longa linha de 1600 quilômetros, visando expulsar por completo os alemães de território soviético.[16] As ofensivas deveriam começar no sul, onde a inteligência soviética supunha de forma equivocada ser a parte mais fraca da linha defensiva germânica, primeiro para recuperar a cidade de Carcóvia (Kharkiv), um entroncamento ferroviário ucraniano vital para as Forças Armadas alemãs, e em seguida retomar a Crimeia. Começando em 12 de maio, o marechal Semion Timoshenko enviou dois importantes grupos do exército a Carcóvia e além, enquanto as defesas germânicas esmoreciam diante de um inimigo que estava muito mais organizado e fortemente armado do que em 1941, mas no fim o Grupo de Exércitos do Sul alemão conseguiu atrair as forças soviéticas para uma armadilha, enquanto Timoshenko fazia os blindados avançarem rápido demais na frente da infantaria. Numa clássica batalha de cerco, a Operação Fredericus isolou as linhas de retaguarda vulneráveis dos exércitos soviéticos, e depois de dez dias a armadilha se fechou. Até 28 de maio, foram perdidos 240 mil soldados do Exército Vermelho, 1200 tanques e 2600 canhões, uma vitória que parecia ressaltar o otimismo de Hitler sobre a Azul.[17] Uma segunda ofensiva soviética para retomar a Crimeia foi rechaçada, e mais três exércitos, o 44º, o 47º e o 51º, foram aniquilados, com 170 mil soldados capturados. Em junho, Von Manstein foi incumbido de tomar Sebastopol, no mar Negro, com apoio da Quarta Frota Aérea de Richthofen. A cidade só se rendeu depois de um bombardeio intolerável em 4 de julho, no qual foram feitos mais 95 mil prisioneiros, o que valeu a Von Manstein um bastão de marechal de campo, mas atrasou o início da operação principal.[18]

A nova campanha começou em 28 de junho, e dentro de alguns dias se alcançou o mesmo ritmo de avanço do ano anterior, com a mesma surpresa. Apesar de Churchill ter avisado Stálin via interceptações Ultra sobre as disposições germânicas e de o plano de batalha ter sido descoberto após uma aeronave alemã cair atrás das linhas soviéticas, em 19 de junho, Stálin continuava convencido de que havia uma campanha de desinformação, exatamente como em junho de 1941.[19] Voronej foi tomada em 9 de julho, mas o avanço foi retardado por ataques furiosos nos flancos, que precisaram ser repelidos antes que a ala norte pudesse virar para o sul, perseguindo o que parecia ser um inimigo desmoralizado e desorganizado. Em 25 de julho, Rostov foi tomada e, dessa vez, mantida apesar de uma oposição que se dissolveu nas planícies que levavam a Stalingrado. Depois dos grandes cercos de 1941, os soldados do Exército Vermelho não tinham nenhum desejo de cair em outra armadilha germânica, mas sua cautela impossibilitou o Exército alemão de atingir o objetivo de "acabar com" a capacidade de o inimigo continuar lutando. "O Alto-Comando do Exército", queixou-se Von Bock, agora comandante do Grupo de Exércitos do Sul, "gostaria de cercar um inimigo que não está mais lá."[20] Os blindados alemães se encontraram na curva do Don, sem capturar em armadilhas os números previstos, e estavam agora a apenas 120 quilômetros de Stalingrado. Azul não tinha seguido o cronograma ou alcançado seus objetivos máximos, porém, apesar do pessimismo que tomava conta dos comandantes ao ocuparem grandes trechos de território soviético basicamente indefeso, Hitler achava que "os russos estão acabados" e baixou uma nova diretriz em 23 de julho, para a agora chamada Operação Braunschweig. Sob o codinome Edelweiss, o Grupo de Exército A, comandado pelo marechal de campo Wilhelm von List, deveria limpar a área ao sul do Don antes de seguir para a região do Cáucaso onde o exército se dividiria, parte para tomar a costa do mar Negro até Baku, parte para tomar os passos montanhosos do Cáucaso, e parte para ocupar a cidade petrolífera de Grozny; o Grupo de Exército B, comandado pelo coronel-general Maximilian von Weichs após Hitler demitir Von Bock pela segunda vez, deveria atravessar o rio Don para tomar Stalingrado, assumir o controle do baixo Volga e seguir para capturar Astracã, sob o codinome Fischreiher [Garça].[21] A contradição era óbvia para muitos comandantes de Hitler: havia cada vez mais territórios a serem ocupados por cada vez menos soldados.

As forças do Exército Vermelho foram se entregando ao pânico à medida que os alemães avançavam em sua direção, abandonavam linhas defensivas construídas às pressas junto com suas armas pesadas e ignoravam as ameaças dos oficiais e dos comissários militares. Em 28 de julho, Stálin baixou sua própria *Haltebefehl* [Ordem de parar] para as tropas. A Ordem 227, *Ni Shagu Nazad* [Nem um passo atrás], insistia que "cada metro de território soviético tem que ser defendido de forma obstinada, até a última gota de sangue".[22] "Unidades de bloqueio" dos serviços de segurança, criadas para os pânicos de 1941, foram posicionadas para capturar os supostos covardes e preguiçosos, que podiam ser fuzilados ou enviados para batalhões penais, embora na prática a maioria apenas fosse devolvida para suas unidades. Isso não impediu novas retiradas autorizadas, uma vez que Stálin não queria repetir a perda de prisioneiros do verão anterior, e ele ordenou aos comandantes que evitassem as já então notórias pinças do exército alemão.

O Grupo de Exército B avançou para o rio Don, com seus longos flancos protegidos por forças do Eixo da Romênia, da Itália e da Hungria, agora ampliadas de forma considerável sob pressão alemã: cinco divisões romenas, dez húngaras e cinco italianas. As forças blindadas germânicas achavam as estepes achatadas o terreno ideal para tanques, mas houve poucos combates. Nas palavras de um soldado alemão, "foi, sem a menor dúvida, a região mais desolada e triste em que já pus os olhos. Uma estepe árida, nua, sem vida, sem um arbusto, sem uma árvore, quilômetros e quilômetros sem uma aldeia".[23] Aquele seria um novo território germânico quando Stalingrado, agora o objetivo definitivo do Sexto Exército do general Friedrich Paulus, fosse tomada num rápido coup de main. No mapa, os vastos novos territórios impressionavam. Mais ao sul, a cidade petrolífera de Maikop foi ocupada pelo Grupo de Exército A no começo de agosto, e em 21 de agosto tropas alpinas germânicas hastearam a bandeira no alto do monte Elbrus, o pico mais elevado das montanhas do Cáucaso (façanha que enfureceu Hitler pelo tempo desperdiçado com montanhismo). Aquele foi o ponto em que a vitória definitiva nos três teatros do Eixo pareceu fugazmente possível.

O verão de 1942 foi o ponto mais baixo do conflito para os Aliados, que se viram obrigados a lutar três guerras separadas na Rússia, no Norte da África e na Ásia, com quase nenhuma ligação entre elas para economizar suprimentos e bens do Lend-Lease. Até isso estava limitado em 1942, enquanto a estrutura logística interaliada era aos poucos montada em meio à contínua ameaça de ataques de submarinos no Atlântico (campanha tratada no cap. 6). A beligerância americana de início fez pouca diferença no esforço geral de guerra dos Aliados, apesar do enorme potencial econômico agora disponível a eles e do breve triunfo em Midway. Roosevelt fazia a maior questão de informar o público americano e seus inimigos do Eixo sobre a gigantesca escala da produção militar, mas o público poderia muito bem ter perguntado o que estavam fazendo as 47 826 aeronaves e os 24 997 tanques produzidos em 1942. Nenhuma bomba americana caiu em solo alemão até janeiro de 1943; nenhuma unidade terrestre americana entrou em combate na Europa continental até julho de 1943; a primeira batalha terrestre no Pacífico começou em agosto de 1942 com apenas uma divisão. Após o medo anterior a Pearl Harbor de que o público americano não quisesse saber de guerra, Roosevelt agora se preocupava se não haveria conflito suficiente para satisfazê-lo.

Para os planejadores americanos, diante da crise do Império Britânico e da União Soviética, era essencial formular a estratégia dos Estados Unidos em termos americanos. O colapso da posição britânica no Sudeste Asiático encerrou um breve período no qual forças americanas, australianas, holandesas e do Império Britânico estavam unidas sob o comandante britânico general Wavell. No teatro do Pacífico, as Forças Armadas americanas estabeleceram dois comandos: o do oceano Pacífico, sob o almirante Chester Nimitz, e o do sudoeste do Pacífico, sob o general MacArthur. Forças australianas foram integradas à estrutura de comando dos Estados Unidos sob MacArthur, medida que os líderes do país aplaudiram depois de o Reino Unido fracassar em manter a Ásia e diante da ameaça súbita de uma possível invasão japonesa. Até o fim de 1943, os australianos eram a maioria das forças terrestres no sudoeste do Pacífico.[24] O teatro do Pacífico era agora assunto americano, e assim foi até bem mais tarde na guerra, em 1945, quando a Grã-Bretanha enfim teve condições de se oferecer para participar. Na reunião de Arcadia, em dezembro de 1941, chegou-se a um acordo segundo o qual a Europa era a prioridade, mas Churchill e seus chefes de Estado-Maior queriam se concentrar no teatro do Mediterrâneo primeiro, antes de tentar reentrar no continente europeu. Eles desenvolveram, com a concordância de Roosevelt, um plano de codinome Gymnast para uma operação contra o Norte da África francês, como uma forma de aliviar a pressão sobre o Egito, mas chefes militares americanos viam isso como um jeito escuso de ajudar o Império Britânico e prefeririam aliviar a pressão sobre a União Soviética, com um desembarque antecipado no norte da Europa.[25] O diretor de planejamento do general Marshall, o general de brigada Dwight D. Eisenhower, esbravejou contra "estrategistas amadores", o que Churchill e Roosevelt de fato eram, e fez planos para uma operação inicial na Europa, de codinome Sledgehammer, seguida por um grande ataque com 48 divisões em 1943, de codinome Roundup. Essa era uma estratégia mais consistente com a doutrina americana de concentração de força e rejeitava a estratégia periférica que Londres favorecia. Roosevelt foi informado de que Gymnast não era possível e repassou a notícia para Churchill, em 9 de março.[26]

A estratégia de enfrentar diretamente a Alemanha tinha várias motivações, além do desejo de evitar dar a impressão de que os Estados Unidos lutavam numa guerra da Grã-Bretanha. Depois do ataque a Pearl Harbor, a opinião pública americana foi tomada por um sentimento de impotência diante da investida japonesa e de desilusão com a liderança de Roosevelt após a primeira onda de furioso entusiasmo pela guerra. Líderes isolacionistas abandonaram sua campanha, mas isolacionistas de base prefeririam uma estratégia que priorizasse o Japão e insistiam em desconfiar do envolvimento num conflito europeu. Pesquisas de opinião nos primeiros meses de 1942 registraram de modo consistente grandes maiorias favoráveis a priorizar o Pacífico.[27] A esperança de Marshall de haver um desembarque inicial na Europa ocupada pelos alemães no fim de 1942 era uma maneira de silenciar críticas e renovar o compromisso na frente interna. Em março, Roosevelt disse a Churchill que os Estados Unidos queriam uma campanha na Europa "neste verão".[28] A outra preocupação era a sobrevivência da União Soviética. O temor de um possível armistício germano-soviético explica a insistência de Marshall em que um front precisava ser estabelecido na Europa Ocidental para desviar forças germânicas do Leste. O temor também fundamentou a decisão tomada em março por Roosevelt de apoiar a ideia da Sledgehammer. Em junho de 1942, durante uma visita de Molotov a Washington, Roosevelt lhe garantiu que Stálin podia "esperar a formação de um segundo front este ano", compromisso que até Marshall achou prematuro.[29] Por mais que Roosevelt compreendesse as realidades geopolíticas, seu entendimento estratégico e operacional era limitado. A promessa aos britânicos de apoiar a Gymnast, assim como sua promessa incondicional de um "segundo front" a Molotov, eram cálculos políticos destinados a assegurar a continuidade da beligerância britânica e soviética, mais do que compromissos militares sólidos.

O planejamento de Marshall abriu mais uma rachadura séria na aliança anglo-americana. Os tristes fracassos na Líbia só confirmaram os preconceitos americanos em relação a uma aventura norte-africana. Marshall foi enviado a Londres duas vezes para defender o seu ponto de vista, e, apesar de os britânicos apoiarem a Sledgehammer e a Roundup da boca para fora, por medo de que os líderes americanos lhes dessem as costas para enfrentar o Japão, a opinião pessoal de Churchill e dos chefes do Estado-Maior britânico era inteiramente negativa.[30] Depois da visita de Molotov, Churchill e o general Alan Brooke, chefe do Estado-Maior Geral Imperial, chegaram a Washington para tentar fazer Roosevelt mudar de ideia. A operação norte-africana era, segundo Churchill, "o verdadeiro segundo front na Europa", embora ainda naquele ano ele tentasse convencer Stálin de que bombardear a Alemanha era agora o "segundo front".[31] O presidente evitou uma resposta direta, permitindo que o planejamento continuasse tanto para a Sledgehammer como para a Gymnast, mas em 8 de julho, já em Londres, Churchill telegrafou para confirmar que os britânicos rejeitavam por completo a ideia de uma invasão da Europa continental em 1942. O temor de que isso afetasse a estratégia que priorizava a Europa não era gratuito. Marshall disse a Roosevelt dois dias depois que, se os britânicos persistissem, ele se voltaria para o Pacífico "em busca de uma decisão contra o Japão".[32] Churchill, em conversas particulares, lamentou a ameaça de Marshall — "só porque não podem ter um massacre na França este ano, os americanos ficam amuados e querem brigar no Pacífico" —, mas ela era séria.[33] Marshall conseguiu o apoio de outros chefes do Estado-Maior Conjunto, bem como do secretário de Guerra, Henry Stimson, e do secretário da Marinha, Frank Knox, para juntos pressionarem Roosevelt por uma mudança de prioridades que refletisse, de forma adequada, os interesses americanos. A revolta contra a estratégia britânica só terminou quando Roosevelt, para quem o compromisso atlântico sempre foi mais importante, ordenou enfim a Marshall, em 25 de julho, que abandonasse a invasão da Europa e se preparasse para a Gymnast (que agora se chamava Torch [Tocha]), a fim de que as forças americanas entrassem em combate antes do fim do ano — se possível, antes das eleições legislativas de meio de mandato, em novembro. Julho de 1942 foi o único momento em que Roosevelt invocou sua condição formal de comandante-chefe, assinando com esse título para obrigar seu Estado-Maior a obedecer. Eisenhower, arquiteto do plano Sledgehammer, considerou a decisão "o dia mais negro da história".[34] Chefes militares americanos foram obrigados a se preparar para uma operação que não queriam, numa região onde estava claro que havia interesses britânicos envolvidos.

A opinião britânica de que a Sledgehammer seria um fracasso desastroso não estava errada. O plano americano, preparado por Eisenhower e sua equipe, de levar de cinco a dez divisões através do canal da Mancha para ocupar Cherbourg e a península do Cotentin, como prelúdio para uma invasão mais completa na primavera seguinte, não tinha nenhuma relação com a realidade. Uma incursão anglo-canadense (Operação Jubileu), lançada com força substancial contra Dieppe em 19 de agosto para testar as defesas e oferecer algum apoio à União Soviética, foi eliminada em questão de horas pelos defensores alemães, que ficaram intrigados com o objetivo do ataque. A preocupação americana com a Sledgehammer vinha tanto do desejo de impor uma estratégia americana a um aliado recalcitrante, cuja obsessão com a defesa do Egito parecia distante da guerra real pela Europa, como da vontade de ajudar o Exército Vermelho. A decepção de Marshall foi compartilhada pelos líderes soviéticos. Molotov considerava que uma promessa era uma promessa, e Stálin levou a sério a garantia dada. Os chefes militares soviéticos compartilhavam com os americanos a doutrina estratégica da abordagem direta e desconfiavam que as preferências britânicas traíam uma preocupação maior com interesses imperiais de longo prazo do que com a tarefa de derrotarem juntos a Alemanha.

"Mil novecentos e quarenta e dois foi um ano de contrastes extraordinários", escreveu o chefe do Estado-Maior de Churchill, Hastings Ismay, em suas memórias. "Começou com uma calamidade horrível", mas terminou com "uma completa mudança da sorte".[35] Enquanto os Aliados discutiam prioridades, o palco estava sendo montado para as três batalhas que, de forma separada mas simultânea, transformaram a perspectiva estratégica no Pacífico, na Rússia e na África do Norte e transferiram a iniciativa para os Aliados. Em Guadalcanal, El Alamein e Stalingrado se atingiu um ponto decisivo: vale a pena explorar as três com mais detalhes. Havia diferenças profundas em escala e contexto entre elas. Guadalcanal envolveu um punhado de divisões e muitos navios e aeronaves navais lutando pelo controle do aeródromo de uma ilha; El Alamein também era pequena em escala, se comparada à guerra no front oriental, mas se desenrolou como uma grande batalha de aviões e tanques sobre distâncias consideráveis, diferente de Guadalcanal; a campanha de Stalingrado foi uma luta titânica disseminada pela maior parte do sul da Rússia e que envolveu centenas de milhares de homens, frotas aéreas inteiras e milhares de tanques. Além disso, os ambientes dos três combates não poderiam ser mais diferentes. Guadalcanal era uma ilha pequena, com 145 quilômetros de comprimento e quarenta quilômetros de largura, coberta quase toda por uma floresta densa onde vespas, escorpiões, crocodilos enormes e sanguessugas (que caíam das árvores sobre a carne humana) se somavam aos perigos representados pelo inimigo; a malária, a disenteria, a dengue e o "tifo do mato" eram endêmicos.[36] Quase todos os soldados que lutavam de ambos os lados em Guadalcanal sucumbiram a uma dessas doenças. El Alamein foi disputada no deserto árido a centenas de quilômetros de distância das bases de suprimento (no caso de Rommel, em julho de 1942, a mais de 1450 quilômetros do principal porto de Trípoli), onde soldados lidavam com calor extremo, pragas de mosca, tempestades de areia que podiam mudar a topografia local da noite para o dia, poeira sufocante e cegante que transformava o combate num jogo de cabra-cega militar, e ameaça regular de úlceras de pele, disenteria e desidratação severa. Stalingrado foi disputada durante semanas decisivas, em meio às ruínas de uma grande conurbação, com cerca de 65 quilômetros de largura, primeiro no calor intenso, depois no frio severo. A disenteria, a febre tifoide e as queimaduras de frio provavelmente afetaram mais o agressor, mas o campo de batalha era um lugar de adversidades compartilhadas em grande escala. Uma coisa as três tinham em comum: nenhuma foi uma luta decisiva que durou poucos dias; cada uma durou meses antes de chegar a uma conclusão, quando a vitória local era claramente inequívoca.

A ocupação das ilhas Salomão ocorreu em maio de 1942, quando a capital Tulagi foi tomada dos britânicos em retirada. Em junho, trabalhadores coreanos e engenheiros japoneses, com uma pequena guarnição de cerca de 1700 soldados, foram enviados a Guadalcanal, a maior das ilhas, para construir uma base aérea estratégica, que seria concluída até meados de agosto. Além de representar uma ameaça para o transporte marítimo aliado, ela protegeria a principal base da Marinha japonesa em Rabaul, na Nova Bretanha, mais ao norte. Os militares japoneses não esperavam uma intervenção aliada antes de 1943, mas o comandante-chefe da Marinha dos Estados Unidos, almirante Ernest King, recomendou à Frota do Pacífico que iniciasse uma contraofensiva o mais cedo possível, ainda nos meses de verão. O conhecimento do perigo potencial representado pelo aeródromo de Guadalcanal tornava a ilha um alvo óbvio, mas só no começo de julho a Operação Watchtower foi autorizada por Nimitz, com o emprego da Primeira Divisão de Fuzileiros Navais da Marinha.[37] Os preparativos foram apressados e inadequados demais para uma operação anfíbia importante, em terreno sobre o qual se sabia tão pouco que a inteligência da Marinha precisou recorrer a antigos exemplares da *National Geographic* e a entrevistas com missionários para formar uma imagem da ilha-alvo. Fotografias aéreas foram tiradas, mas os fuzileiros navais só as receberam quando já tinham desembarcado.[38] Tanto MacArthur como o chefe do Comando do Pacífico Sul da Marinha, vice-almirante Robert Ghormley, achavam os riscos altos demais e recomendaram o cancelamento, mas King insistia em desferir um golpe em algum lugar. Apesar do treinamento limitado e da escassez de suprimentos para uma campanha de duração imprevisível, a Primeira Divisão de Fuzileiros Navais do major-general Alexander Vandegrift embarcou na Nova Zelândia em 25 navios de transporte sob o contra-almirante Richmond Turner, protegidos por uma força-tarefa naval sob o vice-almirante Frank Fletcher, incluindo os únicos porta-aviões em condições de operar.

Os 76 navios chegaram despercebidos à costa norte de Guadalcanal na noite de 6-7 de agosto de 1942, e os fuzileiros navais entraram nas lanchas de desembarque, a maioria dos 23 mil com destino à costa, e destacamentos menores foram encarregados de tomar Tulagi e duas ilhas pequenas. Por sorte, contaram com o elemento surpresa, ajudados pela chuva forte e pela neblina que havia enquanto o comboio se aproximava, mas a pequena guarnição japonesa pouco podia fazer contra uma força inimiga tão superior. Os trabalhadores coreanos e os soldados fugiram para a mata, deixando provisões e equipamento. Em Tulagi e nas ilhas menores, a resistência foi mais acirrada, mas só durou até 8 de agosto. Nesses primeiros confrontos, os fuzileiros tiveram uma amostra do comportamento japonês no campo de batalha, com soldados que não se rendiam mesmo quando não fazia o menor sentido continuar lutando. Nas duas ilhas menores, 886 foram mortos e apenas 23 capturados, uma proporção que se repetiria pelo Pacífico.[39] Os fuzileiros estabeleceram um firme perímetro defensivo em torno do aeródromo, ao qual deram o nome de Henderson Field em homenagem a um major dos fuzileiros navais morto em Midway. O aeródromo passou a ser regularmente atacado por bombardeiros de longo alcance enviados de bases japonesas mais ao norte, o que levou Fletcher a retirar seus porta-aviões depois de dois dias, e Turner a retirar os vulneráveis navios de transporte, alguns ainda não descarregados, poucos dias depois, deixando apenas munição suficiente para quatro dias. Os poucos navios de superfície restantes foram quase totalmente destruídos na noite de 8-9 de agosto, num ataque de uma força-tarefa japonesa nos canais em volta da ilha de Savo, ao norte do aeródromo. Os fuzileiros navais mais uma vez tiveram sorte de os japoneses em Rabaul calcularem mal a natureza da ameaça que enfrentavam, supondo que apenas 2 mil fuzileiros tinham desembarcado, e não 20 mil, uma falha dos serviços de inteligência que persistiu durante semanas. Em 18 de agosto, uma pequena força de socorro de 2 mil soldados comandada pelo coronel Ichiki Kiyonao, o homem cujas tropas tinham provocado o acidente na ponte Marco Polo em 1937, desembarcou perto da base aérea com ordens para retomá-la. Sem esperar que a segunda metade dos soldados desembarcasse, ele atacou de imediato o perímetro dos fuzileiros navais. Sua unidade foi praticamente aniquilada, e Ichiki, bastante ferido, cometeu suicídio ritual antes de ser capturado.[40]

O ataque fracassado coincidiu com a chegada dos primeiros aviões dos fuzileiros navais ao aeródromo recém-concluído. A partir de então, salvo em poucas ocasiões nas quais o intenso fogo naval inutilizava de forma temporária a pista ou danificava as aeronaves ali baseadas, os reforços regulares do que veio a ser chamado de Força Aérea Cacto ("cacto" era o codinome de Guadalcanal) davam à guarnição americana um importante multiplicador de força. Acima de tudo, os aviões podiam ser usados para atacar os navios de transporte que iam e vinham entre Rabaul e Guadalcanal, à medida que o comando supremo japonês se dava conta de que a cabeça de ponte americana representava uma ameaça genuína e um desafio ao prestígio do exército nipônico depois de meses de conquistas fáceis. Em 28 de agosto, o general Yamamoto ordenou a Operação Ka, um grande comboio de tropas de 5600 soldados destacados para desembarcar em Midway, apoiados por uma grande força naval que incluía três dos porta-aviões restantes de Nagumo. Seguiu-se um engajamento de porta-aviões contra porta-aviões na Batalha das Ilhas Salomão Orientais, obrigando Nagumo a desengajar depois de perder 33 preciosas aeronaves de porta-aviões; entregues à própria sorte, os navios nipônicos de transporte de tropas foram atacados pelo ar e obrigados a recuar.[41] Nos meses seguintes, milhares de soldados japoneses foram trazidos, unidade por unidade, à noite — 20 mil até outubro, 43 mil até o fim da campanha. Mas o seu desempenho contra defesas bem estabelecidas e um corpo profissional de fuzileiros navais não se igualou de jeito nenhum ao desempenho de batalha exibido na tomada da Região Sul. Um segundo grande ataque, planejado para setembro sob comando do major-general Kawaguchi Kiyotake, teve um destino semelhante ao de Ichiki. A força de ataque foi dividida para atacar a leste, oeste e sul do aeródromo, mas a comunicação deficiente resultou em operações descoordenadas, distribuídas ao longo de três dias, sem nenhuma imaginação tática. A principal operação de 12 de setembro contra um morro baixo ao sul do aeródromo — logo apelidado "Morro Maldito" — consistiu em repetidas cargas contra a linha defensiva, até que a maior parte da força de Kawaguchi se acumulasse em pilhas de mortos em rápida decomposição. Os soldados japoneses deram a Guadalcanal o nome de "Ilha da Morte".

Em 18 de setembro, o quartel-general supremo do Japão deu prioridade a Guadalcanal sobre todas as outras operações, pondo um fim abrupto ao plano de avançar para Chongqing e minando operações em Papua Nova Guiné. O tenente-general Hyakutake Harukichi recebeu ordens de usar o 17º Exército e eliminar a cabeça de ponte americana, mas enquanto a Marinha japonesa continuava a duelar de modo eficaz com as forças-tarefas mais fracas da Marinha dos Estados Unidos e a bombardear com regularidade o aeródromo, as operações do Exército repetiam o mesmo padrão contra uma força americana com vasta artilharia pesada e tanques concentrada num pequeno enclave. Um ataque que durou três dias, de 23 a 25 de outubro, foi mais uma vez rechaçado com numerosas baixas japonesas. Houve mais uma tentativa de despachar uma grande força anfíbia para chegar em 14 de novembro, com onze navios transportando 30 mil homens, escoltados por uma grande força-tarefa baseada em volta dos encouraçados *Hiei* e *Kirishima*. Um pequeno esquadrão americano comandado pelo contra-almirante Daniel Callaghan foi enviado ao norte depois de proteger com êxito um navio de transporte de tropas com 6 mil homens para Henderson Field, e travou um combate frontal com a força de encouraçados comandada pelo vice-almirante Abe Hiroaki. Callaghan foi morto, mas a nau capitânia japonesa foi danificada com severidade, e Abe ficou ferido. No dia seguinte, o encouraçado japonês foi afundado por ataques aéreos ao tentar se afastar. O vice-almirante Kondō Nobutake recebeu uma ordem de Yamamoto para seguir em frente no encouraçado *Kirishima* e bombardear a base aérea, para que o comboio de soldados pudesse passar, mas foi interceptado por dois encouraçados enviados pelo substituto de Flecthter, o vice-almirante William Halsey, um dos quais, o *Washington*, tinha um comandante que entendia do recém-introduzido radar de direcionamento de fogo. O encouraçado japonês foi destroçado na primeira salva precisa e afundou em 15 de novembro.[42] O navio de transporte de tropas encalhou quando se aproximava à luz do dia, esperando que a força aérea inimiga tivesse sido neutralizada. Na verdade, foi recebido com uma chuva de bombas que afundou seis navios de transporte. Outros quatro conseguiram chegar à praia, mas foram destruídos pelo bombardeio aéreo e pela artilharia.

A Primeira Divisão de Fuzileiros navais foi por fim substituída em novembro e dezembro, e Vandegrift passou a responsabilidade ao comandante da tropa de 50 mil homens do Corpo XIV, o major-general Alexander Patch. A essa altura, o conflito estava praticamente terminado. A guarnição japonesa remanescente se entrincheirou, mas Tóquio tomou a decisão de abandonar a luta por uma base insular que já não poderia ser abastecida com segurança e tinha custado mais navios e pilotos do que Midway. Em 31 de dezembro, o imperador Hirohito aprovou a retirada, e em 20 de janeiro de 1943 teve início a Operação Ke para começar a evacuar os soldados ainda capazes de andar.[43] Em comboios noturnos, 10 642 homens foram retirados de Guadalcanal, deixando os feridos e debilitados encarregados de montar uma débil defesa. Quase sem comida e com suprimentos inadequados, os soldados evacuados eram só osso, quase todos estavam doentes, muitos deles incapazes de algum dia voltar a combater. Nos cinco meses da batalha, o Exército japonês (e as forças terrestres da Marinha) tinha perdido 32 mil homens, a maior parte morta por inanição e doenças, enquanto os suprimentos de comida desapareciam; cerca de 12 mil marinheiros e mais de 2 mil aviadores morreram, entre eles centenas de pilotos experientes.[44] A Primeira Divisão de Fuzileiros Navais, que combateu a maior parte da campanha, sofreu 1242 mortes, uma fração das perdas que sofreria em batalhas posteriores no Pacífico; a Marinha dos Estados Unidos perdeu 4911 tripulantes, e a Força Aérea, 420.[45] Para as Forças Armadas japonesas, Guadalcanal foi um desastre e absorveu um grande esforço militar com numerosas perdas de homens, navios e aeronaves na luta por uma base aérea distante. A desproporção revelava uma paranoia em relação à defesa do novo perímetro, mas o conflito também passou a simbolizar, como Stalingrado, um momento emblemático para um regime cujas forças militares já tinham atingido o limite do que eram capazes de alcançar.

A prolongada luta na linha de El Alamein se desenrolou no mesmo período que a batalha de Guadalcanal. Havia muito mais em jogo no combate no deserto do que no Pacífico, pois, além da paisagem árida, havia a possibilidade cada vez menor de o Eixo conquistar o Egito, tomar o canal de Suez e adquirir o petróleo do Oriente Médio. Hitler se mostrou muito otimista ao discutir o Oriente Médio em conversas privadas com o ministro de Armamentos, Albert Speer, em agosto: "Os ingleses vão ter que ficar olhando, impotentes, enquanto seu império colonial vem abaixo [...]. No fim de 1943 vamos armar nossas tendas em Teerã e no Golfo Pérsico".[46] Churchill chamou o conflito iminente de "Batalha do Egito" e pediu a Auchinleck que defendesse o território como se resistisse à invasão de Kent. Ele estava pessimista em relação ao desfecho: "Nada parece ajudá-los", queixou-se ele ao chefe de Operações do Exército: "Duvido do ânimo ofensivo desse exército". Roosevelt também duvidava do resultado para uma tropa cujos comandantes tinham cometido "todos os erros dos manuais".[47] A ameaça parecia tão real que o pessoal da embaixada do Cairo passou os primeiros dias de julho queimando documentos secretos, cujas folhas chamuscadas o vento espalhava pelas ruas próximas, enquanto em Londres os chefes do Estado-Maior desenvolveram um plano para a "pior situação possível" de evacuação até o Alto Nilo no Sudão, e uma linha defensiva final na Síria e na Palestina.[48]

Na verdade, o sucesso do Eixo em Gazala e Tobruk tinha debilitado uma força já dispersa para bem longe de suas bases de suprimento. Com apenas 10 mil soldados cansados, uma ofensiva bem-sucedida era uma ilusão. No fim de junho, Rommel esperava que seu oponente estivesse abatido e desmoralizado demais para resistir a uma investida final, mas o Afrika Korps estava reduzido a 58 tanques em condições de operar, e as divisões blindadas italianas, a quinze. A Divisão Aríete tinha apenas dezoito tanques e quarenta canhões, tendo perdido 36 canhões no primeiro dia da nova ofensiva.[49] Sem dúvida os soldados do Oitavo Exército estavam desiludidos com os meses de derrotas e retiradas. Os censores detectaram, nas cartas dos soldados, um aumento nas "conversas indiscretas e derrotistas".[50] Na linha de El Alamein, havia a expectativa geral de uma nova retirada para o delta do Nilo. Para conter a crise, Auchinleck tomou a medida inusitada de passar o Comando do Oriente Médio no Cairo para o seu vice e assumir a direção direta do Oitavo Exército, deixando um vazio no centro da máquina militar na região. Com muito esforço, ele organizou uma série de caixas defensivas muito espaçadas, esperando que tivessem poder de fogo concentrado o bastante para conter o ataque inimigo. Em 1º de junho, teve início o que os historiadores costumam chamar de Primeira Batalha de El Alamein, etapa inicial de uma disputa que se estendeu até o começo de novembro. O embate logo se transformou numa série de combates menores, com Rommel tentando romper as caixas e se mover rápido para atacar a retaguarda do inimigo, como tinha feito em Gazala. As condições eram ruins, pois a areia subia junto com a poeira comum nas batalhas, enquanto Rommel dispunha de poucas informações de inteligência sobre o inimigo, em especial porque a interceptação alemã de informações secretas do adido militar americano no Cairo, na qual o Eixo se baseara até junho, enfim foi descoberta e eliminada. Seus blindados foram detidos de imediato pelo fogo de uma caixa não detectada em Deir el Shein, e ele levou quase um dia para derrotar e expulsar a brigada indiana que a sustentava. Quando os italianos e a Nonagésima Divisão Ligeira tentaram avançar para o norte, em direção ao mar, visando cercar e isolar a principal caixa do Oitavo Exército, um intenso fogo concentrado de artilharia impediu o avanço e provocou um pânico temporário, bloqueando novos movimentos. As divisões alemãs e italianas foram bombardeadas de forma impiedosa pela Força Aérea do Deserto Ocidental, que a certa altura montava o equivalente a uma missão operacional a cada minuto. Nos dias 2 e 3 de julho, Rommel pressionou seus homens a atacarem de novo, mas as muitas baixas, a escassez de combustível e veículos e a exaustão puseram fim à tentativa frustrada de alcançar o delta e o canal de Suez. A sorte poderia ter ajudado Rommel, mas a operação foi uma aposta arriscada, considerando o estado do Afrika Korps. Ele mandou parar e se preparou para cavar trincheiras em frente às defesas de Alamein.

Com o aumento dos reforços, Auchinleck optou por não ficar na defensiva e tentar derrotar um inimigo agora consideravelmente enfraquecido. Lançou quatro ataques em julho, nenhum dos quais conseguiu romper a linha do inimigo. Ao longo do mês transcorrido desde o ataque inicial de Rommel, o Oitavo Exército sofreu 13 mil baixas, sem conseguir quase nada em troca. No começo de agosto, Churchill e o general Brooke fizeram escala no Egito a caminho de um encontro com Stálin. Furioso com o que considerava falta de iniciativa de Auchinleck, Churchill o demitiu e nomeou o general Harold Alexander para chefiar o Comando do Oriente Médio; um dos comandantes do Corpo do Oitavo Exército, o tenente-general William Gott, foi escolhido para coordenar todo o Exército em 6 de agosto. No dia seguinte, ele morreu num acidente aéreo, e Churchill enfim foi convencido a nomear o tenente-general Bernard Montgomery como substituto. Vindo da Inglaterra, Montgomery chegou ao quartel-general do Oitavo Exército em 13 de agosto. Pelo que amigos disseram ao chefe do Estado-Maior da Segunda Divisão da Nova Zelândia, Montgomery tinha a reputação de "louco". Sem dúvida era visto como um egoísta excêntrico, ansioso por deixar sua marca em todos os comandos. O dossiê alemão sobre Montgomery estava mais próximo da verdade, descrevendo-o como um "homem duro", implacável quando queria alguma coisa.[51] Ao chegar, para deixar claro que toda conversa sobre novas retiradas tinha que acabar, ele disse aos soldados: "Aqui vamos resistir e lutar; não haverá mais recuos [...]. Se não podemos ficar aqui vivos, então que fiquemos mortos". Logo se viu diante da possibilidade de uma nova ofensiva do Eixo, graças à inteligência Ultra, o que lhe deu pouco tempo para impor um novo começo. Ainda assim, seu impacto inicial foi extremamente salutar. Dentro de uma semana, relatórios dos censores mostravam que "um sopro de ar puro, de ar revigorante tomou conta das tropas britânicas no Egito".[52]

No fim de agosto, os dois lados fizeram uma pausa para recompor as forças destroçadas. O fluxo de novas tropas para o exército do Eixo foi impressionante, se considerados os problemas logísticos, mas as divisões alemãs e italianas continuavam criticamente carentes de combustível e munição, que eram interceptados e afundados por submarinos e aviões dos Aliados. Entre um terço e metade do petróleo e dos veículos embarcados para a Líbia se perdeu em setembro e outubro, resultando numa limitação para a estratégia do Eixo no deserto que não havia como resolver, devido ao comprometimento de poderio aéreo germânico no front russo e à erosão da frota mercante italiana.[53] O meio de transporte que levava o pouco combustível que havia para um front a centenas de quilômetros consumia até três quartos do suprimento antes de chegar ao destino. A captura de Tobruk tinha trazido pouco alívio, porque ela só tinha capacidade de processar 10 mil toneladas de carga por mês, mesmo sem bombardeios regulares, quando na verdade os exércitos do Eixo precisavam de 100 mil.[54] Cavallero e Kesselring prometeram a Rommel que medidas de emergência seriam tomadas para fornecer o combustível e a munição necessários, mas, no momento em que Rommel estava pronto para retomar a ofensiva, só havia combustível para oito dias de campanha. O equilíbrio de forças era menos pessimista: agora havia 84 mil soldados alemães e 44 mil soldados italianos, contra 135 mil homens das forças do Império Britânico, e 234 tanques alemães e 281 tanques italianos enfrentando 693 tanques do inimigo.[55] O poderio aéreo era uma diferença decisiva, porque Rommel estava longe das bases aéreas que seriam capazes de apoiá-lo, enquanto a Força Aérea do Deserto Ocidental estava a um curto voo do front e das linhas de abastecimento do Eixo.

Rommel planejou o que já se tornara um plano de batalha germânico convencional, que consistia em penetrar no front aliado por campos minados, em seguida virar para o nordeste e isolar as forças principais numa das colinas de topo achatado de Alam el Halfa, onde a infantaria aliada se entrincheirava com artilharia e canhões antitanque. A defesa de Montgomery se baseava em planos já traçados pelo Estado-Maior de Auchinleck, mas dependia do uso do poderio aéreo para degradar os veículos blindados do Eixo enquanto lutavam nos campos minados e para concentrar a artilharia numa barragem defensiva na própria colina. Novos equipamentos prometiam fazer uma diferença significativa: as forças blindadas aliadas agora dispunham cada vez mais de tanques americanos Grant e Sherman, que tinham uma vantagem sobre os veículos britânicos por disparar projéteis capazes de perfurar a blindagem (para lidar com blindados inimigos) e bombas de alta potência (para eliminar baterias antitanque e de artilharia). Montgomery também começou a receber canhões antitanque mais pesados, enfim capazes de lidar com os modelos alemães. O que Montgomery acrescentou ao plano foi o entendimento de que lutava uma batalha defensiva, basicamente estática, dependente da artilharia e do poderio aéreo, e de que deveria evitar a todo custo uma guerra móvel de manobra, coisa que o Oitavo Exército ainda não dominava por completo.

Dos dois planos, só o britânico funcionou. O que poderia ter sido a Segunda Batalha de Alamein foi chamado de Batalha de Alam el Halfa, uma vez que o engajamento geral se limitou à incapacidade alemã de tomar o monte. Na noite de 30 de agosto, as divisões Panzer começaram a se movimentar pelos campos minados para chegar ao deserto descampado de manhã. Na verdade, durante toda a noite, o acúmulo de homens e veículos acabou exposto a bombardeios intensos e incessantes, nos quais sinalizadores eram usados para iluminar o alvo. O engarrafamento significava um consumo de combustível perigosamente alto, e de manhã Rommel teve que abandonar a ideia de realizar um grande movimento de foice em volta do exército inimigo, em troca de um ataque mais limitado no próprio monte de Alam el Halfa. Ali suas forças foram imobilizadas por uma barreira letal de artilharia e de baterias antitanque ocultas. Durante dois dias, as forças de Rommel tentaram avançar, quase sem combustível e sob um desmoralizante bombardeio aéreo e de artilharia — uma barreira "como eu nunca tinha experimentado", escreveu uma das vítimas, depois de sete horas de bombardeio.[56] Em 2 de setembro, Rommel foi obrigado a ordenar uma retirada organizada para as linhas iniciais, mas as divisões motorizadas italianas, sem combustível ou transporte, abandonaram dois terços dos homens e um terço dos canhões. Foi a última tentativa de uma força limitada, com suprimentos insuficientes. No entanto, ela não foi decisiva. Rommel e os comandantes italianos se entrincheiraram atrás de um denso cinturão de 445 mil minas, sabendo que o inimigo ficaria cada dia mais forte.[57] Alam el Halfa, tanto quanto a batalha final, a segunda de Alamein, pôs fim à esperança de que a inépcia britânica no campo de batalha entregasse o Oriente Médio para o Eixo.

Para a batalha final, Montgomery teve a chance de deixar sua marca na tropa que comandava. Optou por uma batalha planejada com cuidado — quase sem dúvida a única opção num front estreito, defendido em profundidade —, porque entendeu as limitações da força que coordenava: "Limito o âmbito das operações", afirmou, "ao que é possível, e uso a força necessária para ser bem-sucedido".[58] Dadas as fraquezas já demonstradas, a decisão de Montgomery de preparar um plano claro e minucioso levou em conta a realidade, embora ele costume ser criticado pelo excesso de cautela. O esboço do que ficaria conhecido como Operação Lightfoot foi traçado em 6 de outubro e modificado, após muito diálogo com seus comandantes, quatro dias depois. Montgomery queria que a batalha fosse um trabalho em equipe, mesmo se ele desempenhasse de forma plena o papel de capitão. As derrotas anteriores tinham ressaltado as dificuldades de organizar um exército imperial multinacional comandado por britânicos.[59] Montgomery gastou um bom tempo superando desentendimentos. Compreendia também a importância de integrar ataques terrestres e aéreos e desenvolveu uma relação estreita com a Força Aérea do Deserto Ocidental do vice-marechal do ar Arthur Coningham. Os quartéis-generais táticos de ar e de terra deveriam estar sempre próximos um do outro. Ele também insistia em integrar blindados e infantaria ao fazer com que os comandantes se reunissem para discutir uma cooperação possível. A incapacidade de oferecer cobertura adequada à infantaria sempre foi fonte de discórdia. Por fim, a artilharia se concentraria em lançar uma barreira letal, evocando 1918.

Para garantir que o plano seria bem compreendido e que o conceito de armas combinadas seria devidamente adotado, Montgomery introduziu um mês de treinamento intensivo, incluindo inoculação de batalha, em exercícios com uso de munição e minas reais.[60] Por trás de todas as reformas, havia uma abundância de novos equipamentos, muitos vindos dos Estados Unidos, que forneceram 21% da força de tanques e quase metade dos esquadrões da Força Aérea do Deserto Ocidental. As forças aéreas do Exército americano estabeleceram a Décima Força Aérea no Egito, equipada com bombardeiros B-24 e B-17, que castigaram os portos líbios que abasteciam o Eixo e os comboios que navegavam pelas perigosas rotas do Mediterrâneo.[61] Em meados de outubro, o volume de homens e equipamentos diante do front do Eixo era potencialmente esmagador: doze divisões do Eixo incompletas com 80 mil homens (quatro alemãs, oito italianas) contra dez divisões aliadas com 230 mil homens; 548 tanques (incluindo 280 dos modelos italianos mais fracos e apenas 123 dos tanques germânicos mais eficientes) em oposição a 1060 das forças aliadas; 350 aeronaves contra 530, com muitos aviões aliados adicionais disponíveis em bases mais a leste.[62] A diferença no número de peças de artilharia e de importantíssimas armas antitanque era bem menor, mas as divisões italianas estavam seriamente mal dimensionadas e carentes de armas modernas. A divisão de paraquedistas Folgore, apesar do destaque na batalha final, quase não tinha equipamento pesado.[63]

O plano aliado para El Alamein consistia em atacar com a infantaria, ao norte da linha, a infantaria inimiga, em especial a italiana, e depois lançar blindados para repelir o contra-ataque. O front do Eixo deveria ser "desintegrado" pelo desgaste diário. Um plano de dissimulação complexo, no qual Montgomery insistia bastante, parecia mostrar muitos blindados no sul, o que obrigaria Rommel a manter a 21ª Divisão Panzer e a divisão blindada italiana Aríete para enfrentar o que era, no fim das contas, uma ameaça fantasma.[64] A operação foi marcada para a noite de 23 de outubro, durante a ausência de Rommel, que tinha ido à Alemanha tratar de problemas de saúde. Uma barreira de artilharia colossal precedeu a investida inicial de infantaria, cortando as comunicações germânicas. O substituto de Rommel, o general Georg Stumme, não fazia ideia do que se passava e foi até o front, onde seu carro foi metralhado e ele sofreu um ataque cardíaco fatal. Quando Rommel enfim voltou, no começo da noite do dia 25, o avanço do Império Britânico no norte ameaçava uma ruptura crítica, com o apoio de ataques de artilharia e aéreos incessantes. O plano de Montgomery não funcionou com perfeição, mas as reformas deram resultado. Durante dois dias, as forças de tanques e antitanques do Eixo conseguiram conter os blindados britânicos, mas em 26 de outubro sobravam apenas 39 tanques na 15ª Divisão Panzer, enquanto o Oitavo Exército ainda tinha 754.[65] As forças do Eixo "se desintegraram" numa guerra de desgaste impossível de vencer.

Àquela altura, Rommel percebeu que tinha sido enganado no sul e transferiu a 21ª Panzer e metade da Divisão Aríete para o norte, numa tentativa de impedir o avanço. Ele alertou o OKW de que essa era uma batalha perdida, e quando Montgomery alterou seu plano para montar a Operação Supercharge, em 1º de novembro — um ataque combinado de infantaria e blindados ao norte da linha —, a ruptura não pôde ser contida. Rommel informou a Hitler e ao comando supremo italiano que estava se retirando. Em 3 de novembro, Hitler baixou outra *Haltebefehl* — "nenhum outro caminho além da vitória ou da morte" —, mas o front do Eixo de fato se dissolvia. Em 2 de novembro, só restavam a Rommel 35 tanques, e ele tinha perdido metade da infantaria e da artilharia, incluindo todos os canhões antiaéreos pesados de 88 milímetros usados para destruir blindados inimigos.[66] Hitler cedeu e autorizou uma retirada limitada, mas o general Antonio Gandin, do Supremo Quartel-General italiano, continuou a insistir em defender a linha. O resultado foi seis divisões italianas quase totalmente destruídas, enquanto as do sul foram abandonadas quase sem munição, alimento ou água, e sem nenhum veículo. Os Aliados capturaram 7429 soldados alemães e 21521 soldados italianos, que seriam somados aos 7 mil feridos e mortos do Eixo; o Oitavo Exército sofreu 13560 baixas, incluindo 2350 mortos.[67] Montgomery tinha desenvolvido apenas um plano limitado de perseguição, e, apesar de ter caçado Rommel pela costa líbia, chegando a Trípoli em janeiro, os Aliados foram incapazes de capturar o que restava dos surrados exércitos do Eixo. Mesmo assim, a derrota foi ampla. O esforço de guerra italiano estava, para todos os efeitos, acabado, enquanto as Forças Armadas alemãs desperdiçaram uma quantidade imensa de homens e equipamento numa campanha pelo controle do Oriente Médio e seu petróleo para a qual os recursos eram claramente inadequados e a estratégia, desfocada. Hitler acabou desperdiçando recursos militares preciosos ao lutar em longos trechos de deserto. Embora a "Segunda Batalha de El Alamein" costume ser apresentada como um evento de resultado incerto, a verdade é que Hitler nunca apoiou Rommel o suficiente para tornar a vitória possível. Rommel não estava completamente derrotado quando suas tropas se retiraram para a Tunísia francesa, mas em 8 de novembro 65 mil soldados americanos e britânicos desembarcaram no noroeste da África na Operação Tocha, que tinha como objetivo esmagar as forças do Eixo pelo oeste e pelo leste. Só então, em 15 de novembro, é que Churchill autorizou que os sinos das igrejas tocassem em toda a Grã-Bretanha pela primeira vez durante a guerra.[68]

As disputas em Guadalcanal e El Alamein foram momentos decisivos para ambos os teatros, mas tiveram sua importância ofuscada pelo gigantesco conflito que surgiu do esforço germânico de interromper o fluxo de recursos e suprimentos que passava pelo Volga e dominar o petróleo soviético. As batalhas envolveram milhões de soldados e resultaram em baixas militares maiores do que as sofridas pela Grã-Bretanha ou pelos Estados Unidos durante toda a guerra. Enquanto 22 divisões combatiam no deserto, havia 310 divisões alemãs e soviéticas lutando umas contra as outras na região de Stalingrado, uma força de mais de 2 milhões de homens.[69] Como no caso de El Alamein, a data do início da batalha de Stalingrado é incerta. A história soviética considera 17 de julho de 1942 o começo do combate, data em que o 62º Exército e o 64º Exército entraram em conflito com o Sexto Exército alemão no rio Chir, a apenas 96 quilômetros de Stalingrado, mas foi apenas no fim de julho que Hitler enfim decidiu que queria tomar a cidade, em vez de sitiá-la. O Grupo de Exércitos B ficou imobilizado durante um período em julho e outra vez no começo de agosto, à espera de combustível e munição, e apenas quando Paulus, comandante do Sexto Exército, depois de semanas de combates persistentes, conseguiu desobstruir a curva do Don, capturando enfim 100 mil soldados do Exército Vermelho em Kalach, em 10 de agosto, foi possível atravessar o rio e começar a sério a marcha para Stalingrado. A essa altura, Paulus perdera metade dos seus blindados e tinha apenas duzentos tanques para enfrentar mais de 1200 tanques soviéticos, enquanto unidades alemãs sofreram 200 mil baixas em agosto.[70] Para apressar a tomada da cidade, que havia adquirido um significado simbólico para Hitler como "a cidade de Stálin", ele transferiu o Quarto Exército Panzer do general Hermann Hoth, do Grupo de Exércitos A, onde era essencial para a conquista do Cáucaso, para apoiar o ataque a Stalingrado. A mudança foi desastrosa, enfraquecendo a campanha pelo petróleo, mas sem dar ao Grupo de Exércitos B uma vantagem decisiva na tomada da cidade. Hoth foi obrigado a abrir caminho pela estepe da Calmúquia contra forte oposição, chegando a vinte quilômetros do centro urbano com apenas 150 tanques.

A mudança de prioridade foi uma decisão de Hitler. Como em 1941, o esforço confuso para conquistar tudo com forças em declínio em longas linhas de comunicação vulneráveis mostrou as limitações óbvias da liderança de Hitler. Quanto mais a crise se aprofundava, mais intolerante ele ficava com seus comandantes. Em setembro, Hitler assumiu durante dois meses o comando direto do Grupo de Exércitos A, para ter certeza de que os comandantes fariam o que ele queria. O general Halder anotou em seu diário que a estratégia de Hitler era "bobagem, e ele sabe disso".[71] Em 24 de setembro, Hitler demitiu o chefe do Estado-Maior do Exército, depois de meses de discussões gélidas, e o substituiu pelo tenente-general Kurt Zeitzler, um comandante mais jovem, mais dócil e, acima de tudo, mais entusiasticamente nacional-socialista do que qualquer outro candidato. A mudança assinalou o momento em que Hitler passou a querer uma liderança mais comprometida em termos ideológicos, julgando que seguiria de forma mais imediata seus impulsos estratégicos.[72] A campanha do Cáucaso, que Hitler comandou por algum tempo, estava intimamente ligada a Stalingrado, uma vez que o longo flanco que ficou exposto enquanto os exércitos alemães abriam caminho pela planície de Kuban e pela costa do mar Negro deveria ser protegido pelo Grupo de Exércitos B. Esperava-se que o Primeiro Exército Panzer, comandado pelo marechal de campo Ewald von Kleist, fizesse tudo que fosse preciso no sul com um apoio de infantaria limitado. Com soldados exaustos, suprimentos incertos, infraestrutura de transporte deficiente e a luta sendo travada em florestas e ravinas, os blindados estavam longe de ser a arma ideal. Apesar da inexperiência dos soldados e comandantes soviéticos enviados para a região — não havia unidades de montanha treinadas para batalhas nesse tipo de relevo, e lhes faltavam esquis, crampons, cordas e botas alpinas —, as forças de Kleist não conseguiram chegar e tomar Grozny ou Baku, e o principal elemento da Operação Brunswick empacou em novembro diante de uma oposição feroz na mesma época em que ocorria o esforço ao norte para tomar Stalingrado.[73]

A reação de Stálin ao avanço germânico foi ambígua, porque ele ainda considerava a ameaça a Moscou bastante real e queria que o exército soviético continuasse a contra-atacar o front central em Rjev e Viazma, mesmo com a crise mais ao sul. Estimativas alemãs da força soviética se mostraram bastante imprecisas, no entanto, entre julho e setembro, enquanto Stalingrado e os campos petrolíferos soviéticos eram ameaçados, Stavka, o alto-comando soviético, dispunha de reservas suficientes para direcionar cinquenta divisões e 33 unidades de brigada para os fronts do sul. Em 1942, a produção soviética de tanques e aviões estava muito à frente da germânica, enquanto as fábricas russas produziam três vezes mais peças de artilharia — fator essencial para o desempenho melhor do Exército Vermelho. À medida que os exércitos alemães se aproximavam do Volga e da própria Stalingrado, Stálin se agitava com a perspectiva de a campanha germânica realmente funcionar, e sentia raiva do que lhe parecia ser um jogo duplo dos seus aliados ocidentais, que não tinham desviado as forças alemãs para um "segundo front": "A partir de agora", disse ele a Maisky em outubro, "vamos saber com que tipo de aliados estamos lidando".[74] Em 26 de agosto, três dias depois que o primeiro corpo blindado de Paulus alcançou o Volga, ao norte de Stalingrado, Stálin nomeou Zhukov seu vice-comandante supremo, num reconhecimento implícito de que suas próprias limitações tinham custado ao Exército Vermelho incontáveis baixas e produzido crises estratégicas.[75] Ainda mais radical foi a decisão tomada em 9 de outubro de rebaixar a função dos comissários militares, ao retirar deles o direito ao comando duplo e restaurar a responsabilidade absoluta dos comandantes militares, reduzindo assim a importância da dimensão ideológica da guerra no exato momento em que Hitler tomava a direção oposta. As mudanças não diminuíram a interferência regular e direta de Stálin como chefe do Comitê de Defesa do Estado, mas por fim permitiram aos comandantes atuarem sem se preocupar com a política partidária, enquanto os comandantes germânicos eram limitados em tudo que faziam pela caprichosa intervenção de Hitler.

A luta pela cidade em si era apenas parte de um embate muito mais amplo, enquanto as forças germânicas e do Eixo rechaçavam ataques soviéticos em torno de um grande perímetro rural ao norte e ao sul. Muitos reforços enviados pelos dois lados para o front acabaram lutando nos arredores de Stalingrado, e não na área urbana. Os ataques soviéticos foram incapazes de romper o perímetro — o grande ataque de 19 de outubro pelo front Don, do general Konstantin Rokossovski, ao norte de Stalingrado, foi um grande e custoso fracasso —, mas imobilizaram as forças do Eixo e reduziram os efetivos e equipamentos do inimigo num ritmo constante durante a fase inicial da batalha.[76] O embate mais amplo significava que Paulus, cujo Sexto Exército enfim se encontrou com o Quarto Exército Panzer de Hoth em 3 de setembro, só podia utilizar uma pequena porção de suas forças na missão de tomar Stalingrado — apenas oito de vinte divisões incompletas —, enquanto fora da cidade as tropas raramente estavam mais preparadas para o combate do que as de dentro.[77] No entanto, o centro da história de Stalingrado se tornou a dura disputa pela cidade. Paulus parece ter confiado pouco em sua capacidade de tomá-la, mas Von Weichs, comandante do Grupo de Exércitos B, prometeu a Hitler, em 11 de setembro, que ela seria conquistada em dez dias.[78] Stalingrado foi submetida a um ataque pulverizador da Quarta Frota Aérea de Werner von Richthofen entre 24 e 25 de agosto, mas, para além de os escombros dificultarem a entrada de blindados e oferecerem excelente cobertura para os defensores escondidos entre vigas retorcidas e paredes caídas, isso surtiu pouco efeito no conflito. Depois de tomar parte da cidade antiga e seguir até o Volga no sul, uma grande ofensiva foi marcada para 13 de setembro, destinada a dominar toda a margem ocidental do rio. Paulus tinha diante de si um adversário temível, o general Vassili Chuikov, nomeado comandante do 62º Exército em 12 de setembro, depois de seu antecessor, o general Aleksander Lopatin, tentar atravessar o Volga para recuar. Durante três dias de luta acirrada, em que cada quarteirão era disputado, os alemães avançaram, tomando a maior parte da área central da cidade. Durante o dia, a potência de fogo e o poderio aéreo superiores davam a Paulus a iniciativa; à noite, "grupos de assalto" organizados do Exército Vermelho, armados com submetralhadoras, facas e baionetas, infiltravam-se nas áreas capturadas, aterrorizando os soldados alemães o bastante para recuperar o que tinha sido perdido.[79] "Bárbaros", queixou-se um soldado alemão em seu diário, "eles usam métodos de gângster, Stalingrado é um inferno."[80]

A batalha pela cidade foi, de fato, um teste de resistência extraordinário para os dois exércitos, que continuaram a lutar desfalcados, com pouco equipamento e comida insuficiente, ameaçados de todos os lados por franco-atiradores e grupos de assalto. Chuikov combatia o mais perto possível da linha de frente para impedir a artilharia alemã de disparar, mas o 62º Exército era apoiado por um fogo pesado de artilharia, direcionado da outra margem do rio, e por numerosas baterias dos temíveis foguetes Katiúcha, cuja descarga pesava quatro toneladas e se espalhava por uma área de quatro hectares. Os defensores da cidade também eram apoiados por mais de 1500 aeronaves da Oitava Força Aérea soviética, em vez das trezentas com que Chuikov tinha começado; graças a táticas e comunicações aprimoradas do lado soviético, a superioridade aérea germânica, tida como certa pelas tropas alemãs desde o início da Barbarossa, agora podia ser contestada com mais eficácia. Em outubro, Paulus foi incumbido de tomar a área do cais, usada para abastecer Chuikov com embarcações vindas do outro lado do Volga, e a uma grande zona industrial ao norte. Ele agora só contava com 66 569 soldados capazes de combater, dos 334 mil sob seu comando, que lutavam na angustiada esperança de que uma última investida enfim deixasse as forças de Chuikov sem outra opção além de se render. Impaciente pelo sucesso, Stálin incitava os defensores. Em 5 de outubro, disse ao general Andrei Yeremenko, comandante do front de Stalingrado: "Não estou nada satisfeito com o seu trabalho [...], transforme cada rua e prédio da cidade numa fortaleza", o que a rigor já era uma realidade.[81] Em 9 de novembro, com sete divisões cansadas, Paulus lançou a

Operação Hubertus para formar uma saliência no Volga de quinhentos metros de largura, mas contra-ataques e fogo de artilharia pesada interromperam a operação, com o 62º Exército ainda lutando para manter alguns poucos quilômetros de margem de rio. Zeitzler tentou convencer Hitler a abandonar a cidade e encurtar a linha, mas ele respondeu: "Não vou deixar o Volga!".[82] Àquela altura, é provável que a tropa de Paulus estivesse fraca demais para sair da cidade sem provocar uma grande crise. Havia poucos veículos funcionando, e quase todos os cavalos tinham sido mandados embora antes de novembro, para evitar mais perdas.[83] Em 18 de novembro, Chuikov recebeu uma mensagem enigmática para esperar uma "ordem especial". À meia-noite, foi informado de que o exército alemão, tanto dentro como fora da cidade, estava prestes a ser cercado.

Apesar de todo o foco em Stalingrado, a operação crítica foi Urano, o plano soviético para cercar e isolar os alemães na região. Embora, depois da guerra, Zhukov afirmasse que tinha sugerido o plano a Stálin numa reunião dramática no Kremlin em meados de setembro, não há registro desse encontro na agenda diária de Stálin. A discussão sobre um possível cerco envolveu um círculo mais amplo do Estado-Maior Geral, encabeçado pelo coronel-general Aleksandr Vasilevski, que junto com Zhukov apresentou a Stálin o plano da Operação Urano em 13 de outubro.[84] A ideia era simples: grandes forças de reserva deveriam se concentrar a norte e sudeste da longa saliência alemã que levava a Stalingrado e era defendida pelos aliados mais fracos do Eixo, romenos, húngaros e italianos, que haviam sido deixados ali para liberar as divisões alemãs para o ataque principal. O corredor tinha de ser bem largo — mais de 150 quilômetros —, para garantir que Paulus não escaparia e impedir um contra-ataque que reabrisse a saliência. Isso seria apenas parte do plano, pois mais uma vez Stálin e seu Estado--Maior estavam ansiosos para desestabilizar todo o front alemão. A Operação Marte foi planejada numa escala não muito diferente da Urano para rechaçar de forma simultânea o Grupo de Exércitos do Centro. Depois disso, se tudo desse certo, seriam lançadas operações planetárias maiores — Saturno no sul, Júpiter no norte —, o que levaria à destruição dos Grupos de Exércitos alemães do Sul e do Centro.

Para a Urano, o Exército Vermelho, no mais rigoroso sigilo e com operações complicadas de dissimulação, reuniu uma força de mais de 1 milhão de homens, 14 mil canhões pesados, 979 tanques e 1350 aviões.[85] Os serviços germânicos de inteligência foram quase totalmente incapazes de detectar a movimentação, mais uma vez por subestimar de forma apressada as forças soviéticas. A Urano começou em 19 de novembro, no norte, e um dia depois no sul. Como esperado, as forças débeis do flanco entraram em colapso, e em 23 de novembro as duas pinças se encontraram no vilarejo de Sovetski, poucos quilômetros ao sul de Kalach, que havia sido palco do desastre anterior, em agosto. O esforço para consolidar um corredor amplo com sessenta divisões e mil tanques logo foi concluído, e cerca de 330 mil homens do Sexto Exército e do Quarto Exército Panzer (e diversas unidades romenas e croatas) ficaram encurralados. O êxito notável da operação mostrou o quanto o Exército Vermelho tinha aprendido com os muitos erros cometidos no passado, além de ressaltar a incoerência estratégica do comando militar de Hitler. Qualquer ideia que Paulus pudesse ter tido para escapar da armadilha lutando foi esmagada quando, em 20 de novembro, Hitler lhe ordenou que aguentasse com firmeza na cidade. A promessa de abastecimento aéreo se mostrou impossível de cumprir por causa do tempo invernal ruim e da crescente intervenção da revigorada Força Aérea Vermelha; 499 aeronaves de transporte e mil tripulantes se perderam na tentativa.[86] Quando Von Manstein, comandante do recém-criado Grupo de Exércitos do Don, tentou avançar na Operação Wintergewitter [Tempestade de Inverno], suas unidades foram rechaçadas por reservas soviéticas blindadas. Paulus foi abandonado à própria sorte.

A campanha para reduzir o bolsão de Stalingrado só começou em 10 de janeiro, com o codinome Operação Kolt'so [Anel]. Nesse meio-tempo, forças soviéticas tinham tentado envolver uma segunda vez o Grupo de Exércitos do Don, de Von Manstein, numa operação que ficou conhecida como Pequeno Saturno. As forças italianas de cobertura foram destruídas, mas Von Manstein escapou do laço. Em 27 de dezembro, o Grupo de Exércitos A, ainda no Cáucaso, recebeu ordem para recuar rapidamente até Rostov e evitar que também fosse isolado. Zeitzler conseguiu arrancar a ordem hitlerista de retirada e a transmitiu de imediato pelo telefone da antessala do quartel-general privado de Hitler, imaginando, de forma correta, que ele tentaria revogar a ordem.[87] O Grupo de Exércitos A conseguiu se espremer pela brecha que se estreitava, reagrupando-se sob o comando de Von Manstein mais ou menos nas mesmas posições ocupadas antes de a Azul começar. A Operação Kolt'so completou a derrota. O Exército Vermelho achava que cerca de 80 mil homens tinham ficado presos, mas o total foi de mais de 250 mil. Cerca de 280 mil soldados, 250 tanques, 10 mil peças de artilharia e 350 aeronaves cercaram o bolsão; Paulus quase não foi capaz de juntar 25 mil homens em condições de lutar, 95 tanques e 310 canhões antitanque.[88] Alimentos e munição tinham quase desaparecido. Apesar disso, na primeira semana, a resistência foi surpreendentemente vigorosa. As áreas rurais periféricas logo foram reduzidas, e em 17 de janeiro só restava metade do bolsão. Em 22 de janeiro, forças soviéticas se prepararam para a investida final e, quatro dias depois, se encontraram com os veteranos de Chuikov. Paulus foi instruído por Hitler a não negociar termos de rendição, enquanto seus homens morriam de fome à sua volta, incapazes de disparar por falta de suprimentos: "Que ordens devo dar", perguntou pelo rádio de dentro do bolsão, "a tropas que não têm mais munição?".[89] Um soldado confessou no dia 19: "Meu moral voltou ao zero de novo [...]. Aqui só há amplos espaços brancos, bunkers, miséria, nenhuma casa adequada. Isso deve, de forma lenta mas segura, arruinar o espírito".[90] Os soldados começaram a se entregar antes mesmo de o quartel-general de Paulus, localizado na loja de departamentos Univermag, ser invadido em 31 de janeiro e a rendição ser formalmente aceita. No norte da cidade, a resistência persistiu até 2 de fevereiro. A campanha cobrou um preço bastante alto de ambos os lados. Os números relativos a Stalingrado continuam incertos, mas, entre julho e dezembro de 1942, os mortos alemães no front oriental chegaram a 280 mil; os mortos e desaparecidos italianos somaram 84 mil; em Stalingrado, 110 mil soldados do Eixo foram capturados, a maioria dos quais morreu. As irrecuperáveis perdas soviéticas (mortos e desaparecidos) nas campanhas no sul totalizaram 612 mil.[91]

Os planos mais ambiciosos incorporados em Saturno e Júpiter não se materializaram. A Operação Marte, destinada a desestabilizar o Grupo de Exércitos do Centro, dirigida pessoalmente por Zhukov e vista por Stálin como mais essencial do que a Urano, foi um fracasso desastroso, que rendeu pouco ganhos, quase 500 mil baixas e a perda de 1700 tanques, mas isso foi mascarado pelo êxito em Stalingrado.[92] Stálin e o alto-comando soviético ficaram decepcionados por a derrota no sul não ter trazido mais resultados, mas Stalingrado foi uma vitória notável, grandiosa se comparada aos sucessos mais modestos em Guadalcanal e El Alamein. O conflito capturou a atenção do mundo. "Stalingrado", dizia a manchete do jornal francês *La Semaine*, em 4 de fevereiro, "a maior batalha de todos os tempos."[93] Para o público germânico, a vitória ou a derrota em Stalingrado parecia ter um significado mais profundo do que ser apenas uma batalha. A derrota significou o fim da ambição de usar recursos soviéticos na luta contra o Ocidente, e um possível desafio intransponível para todo o projeto imperial. Em termos estratégicos, libertou a União Soviética das crises infindáveis dos primeiros quinze meses de guerra, embora não eliminasse por completo a ameaça alemã. As três batalhas demonstraram os perigos da superexpansão imperial, evidente em tantos exemplos de construção de impérios territoriais, ainda que seja uma tentação difícil de resistir quando a única maneira de alcançar a segurança do império é através de novos combates. No entanto, os Aliados precisavam vencer as três batalhas contra inimigos que tinham uma reputação assustadora. Elas não foram perdidas apenas por conta de fracassos estratégicos e táticos de japoneses, alemães e italianos, ou de recursos mais escassos, mas porque os Aliados aprenderam a lutar com mais eficiência. O resultado mudou o curso da guerra.

"GUERRA É LOTERIA"

Não há um consenso histórico sobre o momento em que Adolf Hitler percebeu que a guerra estava perdida para a Alemanha e seu projeto imperial fracassado. Quando uma delegação militar turca lhe perguntou, no verão de 1943, se esperava vencer, ele apenas respondeu: "Guerra é loteria".[94] Mas não há dúvida de que Hitler não queria ser quem admitiria publicamente a derrota. Numa reunião anual em Munique, em novembro de 1942, para comemorar o aniversário do Putsch hitleriano de 1923, ele teria dito: "Nunca devolvo terra onde um soldado alemão pisou". Menos de três meses depois, os ocupantes germânicos já haviam perdido Stalingrado e a estepe do Don. Hitler reagiu com uma mistura de desânimo e raiva, mas insistiu em ordenar que cada metro de solo fosse mantido, mesmo enquanto o território conquistado no Leste estava sendo abandonado. Segundo um depoimento feito depois da guerra, após cada briefing com seus generais, ele insistia em afirmar que a guerra "finalmente vai terminar com a vitória alemã". Recusava-se aceitar a noção de um acordo de paz com qualquer um dos Aliados, mas contava com o rompimento da aliança inimiga a qualquer momento. Apenas em fevereiro de 1944, ao debater a longa retirada germânica pela Ucrânia, ele admitiu ser irrefutável que em algum momento a retirada levasse à catástrofe. Qualquer novo recuo "significava, em última análise, uma derrota para a Alemanha". Comandantes que cedessem terreno sem serem ordenados por ele deveriam ser demitidos ou fuzilados, embora a maioria não tenha sido.[95] Para Hitler, não havia a menor dúvida de que a guerra deveria continuar até o amargo fim de algo que acabou se transformando, na verdade, numa longa retirada.

Líderes do Japão e da Itália também oscilavam entre o otimismo ilusório e a aceitação da dura realidade de que já não era possível vencer a guerra, embora houvesse a possibilidade de uma solução que não fosse a derrota absoluta. Guadalcanal, El Alamein e Stalingrado ficavam a milhares de quilômetros da Alemanha, e na verdade os Aliados levaram quase três anos para impor uma derrota geral a todos os inimigos depois das vitórias no inverno de 1942-3. No entanto, esse momento decisivo encerrou dois anos em que a nova ordem imperial declarada no Pacto Tripartite, de setembro de 1940, deveria fomentar a criação de vínculos estratégicos mais estreitos entre os novos impérios, aproveitando os êxitos militares para estabelecer um domínio imperial verdadeiramente global que ao mesmo tempo imitasse e substituísse o agora despedaçado mundo colonial europeu. Na verdade, o grau de colaboração entre os três impérios do Eixo nunca foi muito grande, mas um adendo ao pacto, assinado em 21 de dezembro de 1940, previa a criação de três comissões técnicas em cada capital do Eixo: uma "geral", uma "econômica" e uma "militar". Elas eram formadas por políticos, funcionários e representantes militares e deveriam funcionar como fórum para a troca de informações sobre estratégia, questões militares, tecnologia e inteligência. Elas só começaram a funcionar no verão de 1941, e os vínculos entre as três capitais se revelaram frágeis, para dizer o mínimo. Os japoneses logo perderam interesse pela comissão italiana, pois consideravam a Itália pouco mais do que um satélite da Alemanha, enquanto os negociadores italianos se recusavam a permitir que detalhes de tecnologia militar fossem revelados aos delegados japoneses. A cooperação na área de inteligência era limitada pela necessidade que cada um tinha de proteger seus próprios interesses imperiais. Na primavera de 1942, a função das comissões militares foi rebaixada — para "atuar à margem" —, pois a estratégia militar era definida fora do âmbito do pacto.[96] Mais coisas poderiam ter-se materializado se o exército alemão, partindo do Cáucaso, tivesse avançado em direção ao Irã e ao Iraque, enquanto os italianos poderiam ter saído de Suez. Caso a Grã-Bretanha pudesse ser expulsa do Oriente Médio, os líderes japoneses não se opunham a estabelecer uma conexão no oceano Índico, e em 18 de janeiro de 1942 eles assinaram um acordo com a Alemanha para dividir as esferas de interesse imperial no oceano Índico na altura do meridiano de setenta graus de longitude leste. O acordo produziu disputas regulares sobre supostas infrações na linha de demarcação, mas no fim de 1942 uma estratégia conjunta na região já não era mais possível.[97] Tudo o que restou foi uma limitada colaboração contra o transporte marítimo do Império Britânico, com um pequeno grupo de submarinos alemães operando a partir de uma base controlada pelos japoneses na Malásia — mas isso não ajudava muito o Japão. Depois de Stalingrado, tanto a Alemanha como o Japão entenderam que agora travavam guerras separadas para salvar seus impérios.[98]

Nessa fase, a colaboração entre os Aliados sem dúvida era maior do que entre as potências do Eixo, mas ainda havia grandes diferenças e discussões que azedavam as relações. Quando Churchill e Roosevelt se encontraram na cidade marroquina de Casablanca, em janeiro de 1943, que em novembro havia sido tomada das forças francesas de Vichy nos primeiros dias da Operação Tocha, a questão central era como levar o Eixo à derrota final. Na verdade, a estratégia aliada a partir de 1943, na sua forma mais simples, consistia em expulsar as potências do Eixo dos seus impérios recém-adquiridos, seguida pela invasão e ocupação do centro imperial, se necessário. Essa era uma estratégia mais simples para Stálin e para as Forças Armadas soviéticas, que enfrentavam apenas um grande inimigo, num espaço fácil de ser definido, enquanto os Aliados ocidentais enfrentavam três grandes inimigos em teatros de operação distintos, nos quais em 1943 um grande ataque anfíbio era a única forma de atrair o inimigo para a batalha. Entre eles, não havia muito acordo sobre a maneira mais eficiente de buscar a vitória, e muito se discutiu sobre o que seria possível ou desejável em termos estratégicos. Stálin recusou o convite para ir a Casablanca, porque estava envolvido demais nas últimas etapas da campanha de Stalingrado (o que era verdade), mas a ausência do líder soviético ressaltava seu descontentamento com os Aliados ocidentais por falharem em abrir um "segundo front" em 1942 ou em prometer fazer isso no começo de 1943. Sua ausência deixou Roosevelt, Churchill e os Estados-Maiores livres para defenderem sua própria visão de como enfrentar os três inimigos do Eixo, embora sempre conscientes da necessidade de oferecer algum alívio ao aliado soviético que ainda carregava o fardo mais pesado dos combates.

O encontro no Marrocos, que de maneira adequada recebeu o codinome Símbolo, mostrou até que ponto Roosevelt e seu Estado-Maior foram levados a apoiar a preferência britânica por lutar na África, e não na Europa, contrariando o conselho dado por todos os comandantes de Roosevelt. O encontro em Casablanca só foi possível porque Roosevelt tinha insistido numa operação que colocasse tropas americanas em combate na "Europa" (o que não era verdade), em vez de desviar ainda mais recursos para a guerra contra o Japão, que já tinha absorvido nove das dezessete divisões americanas no ultramar.[99] Foi difícil montar a Operação Tocha por causa das longas viagens oceânicas da Costa Leste americana e da Escócia para tropas ainda não de todo preparadas para um ataque anfíbio contra as forças francesas de Vichy, cuja vontade de resistir era incerta. O comandante supremo da Tocha, o general Eisenhower, calculava que a chance de êxito não passava de 50%. Duas forças-tarefa, uma americana para Casablanca e Orã, uma anglo-americana para tomar Argel, desembarcaram em 8 de novembro de 1942. A oposição foi mais forte no Marrocos do que na Argélia, mas em poucos dias os três portos estavam nas mãos dos Aliados, e em 13 de novembro um cessar-fogo foi negociado com o almirante Darlan, ex-primeiro-ministro de Vichy, que por acaso estava na Argélia para ver o filho doente. Com a aprovação de Roosevelt, ele logo foi nomeado por Eisenhower — apesar dos protestos generalizados na imprensa americana e britânica — alto-comissário imperial para o Norte e o Oeste da África, aprovado pelo Conselho Imperial Francês.[100] Para superar as objeções, Eisenhower disse que era um arranjo temporário, mas não ficou claro quanto tempo duraria. Brendan Bracken, confidente de Churchill, o advertiu: "Precisamos definir um limite para o papel do marinheiro Quisling", mas Eisenhower e Roosevelt preferiam a estabilidade que Darlan parecia oferecer a uma campanha militar que já enfrentava problemas.[101]

Segundo o plano militar, o tenente-general Kenneth Anderson, comandante britânico, formaria o Primeiro Exército para uma rápida movimentação na direção leste para tomar Túnis antes que os alemães e os italianos pudessem reforçá-la, mas, durante a aproximação, as tropas inexperientes empacaram sob a chuva forte e foram submetidas a um contra-ataque feroz de uma guarnição germânica que tinha sido rapidamente ampliada por ordem de Hitler. Em dezembro, Eisenhower adiou por dois meses o avanço para melhorar as linhas de abastecimento e trazer armamento pesado. O primeiro sinal do quanto as relações militares entre os Aliados ficariam difíceis foi revelado na opinião do general Brooke de que Eisenhower "como general é um caso perdido"; Montgomery, que lutaria sob o comando de Eisenhower até o fim da guerra na Europa, achava que "seu conhecimento sobre como fazer uma guerra e como travar uma batalha é definitivamente zero".[102] Eisenhower não tinha experiência de combate, diferentemente do seu homólogo britânico. As habilidades que aos poucos demonstrou eram de gestor militar, uma necessidade na situação de desacordos estratégicos e políticos, regulares e significativos, que se prolongaria pelos dois anos seguintes. Na verdade, grande parte dos seus primeiros meses no Norte da África foi gasta tentando lidar com as dificuldades políticas do Império Francês, que ele, de forma correta, considerava "um mar político perigoso".[103] A tempestade provocada pela nomeação de Darlan perdeu força quando ele foi assassinado na véspera de Natal em Argel por um jovem monarquista francês, mas a sua morte deixou no ar a questão de como administrar o território imperial e comandar as forças francesas agora, ipso facto, do lado Aliado. Em 11 de dezembro, em resposta à Tocha, forças alemãs e italianas ocuparam toda a França de Vichy, cuja autoridade política no Norte da África agora havia sido anulada. Os americanos preferiam o general Henri Giraud, que tinha escapado de uma prisão alemã, para suceder a Darlan, mas os britânicos queriam que De Gaulle desempenhasse algum papel. No entanto, Roosevelt o desprezava, por desfrutar de apoio popular na França e nas colônias francesas. Eisenhower só negociou um acordo em junho de 1943, quando um Comitê de Libertação Nacional foi criado com Giraud e De Gaulle como copresidentes. Persistiu o paradoxo de Roosevelt, ansioso por exibir suas credenciais democráticas em casa com a Carta do Atlântico e endossar uma administração imperial no Norte da África sem mandato popular. A explicação dada por Eisenhower era que havia uma "necessidade militar" de encobrir as contradições da política americana e as discussões com os britânicos.[104]

A Conferência de Casablanca foi convocada em 14 de janeiro e se tornou um campo de batalha interaliados sobre os rumos da estratégia aliada. Roosevelt entendia que seus chefes de Estado-Maior Conjunto estavam divididos entre priorizar o teatro da Europa ou o do Pacífico, onde forças americanas travavam todos os dias uma guerra de verdade contra o Eixo. Marshall e os chefe do Exército americano queriam combater do mesmo modo os alemães invadindo a França logo que fosse viável, mas os britânicos não tinham o mesmo entusiasmo. Os motivos do presidente para aceitar a Operação Tocha [Torch] e um inevitável envolvimento no teatro do Mediterrâneo eram tão políticos quanto militares. Ele e a maioria dos seus conselheiros e comandantes supunham que a preocupação britânica com a região refletia interesses imperiais. Eisenhower, por exemplo, não tinha a menor dúvida de que "os britânicos abordam de forma instintiva qualquer problema militar do ponto de vista do império"; para os britânicos, explicou um funcionário do Serviço Exterior americano, "a reaquisição e talvez até a expansão do império são uma tarefa essencial".[105] Uma das razões para o envolvimento de Roosevelt na região era garantir que nem a Grã-Bretanha, nem a França restabelecessem um papel imperial dominante no Mediterrâneo e no Oriente Médio, como aconteceu em 1919. Ele estava ciente também da necessidade de proteger os interesses petrolíferos americanos no Oriente Médio, que desejava expandir. A presença dos Estados Unidos serviria para atenuar as ambições britânicas e promover a estratégia global americana. Negociadores britânicos não costumavam expressar abertamente os seus motivos políticos, mas com Churchill não havia dúvida de que manter o papel do país na região era parte da grande estratégia imperial britânica. Quando Roosevelt discutiu um sistema de tutela colonial com Stálin, mais tarde naquele ano, Churchill resmungou: "Nada será tirado do Império Britânico sem uma guerra".[106]

Em Casablanca, os delegados britânicos argumentaram vigorosamente contra uma grande invasão da Europa em 1943 e não quiseram de forma alguma se comprometer com um plano preciso para um "segundo front". Preferiam, em vez disso, explorar a iminente conquista do Norte da África com novas operações contra a Itália. Pelo menos quatro planos britânicos tinham sido traçados entre novembro de 1940 e outubro de 1941 para possíveis invasões da Sicília ou da Sardenha, e a convicção de que a ditadura italiana era frágil demais para aguentar novos reveses militares continuava a influenciar o pensamento britânico sobre a próxima etapa depois de Tocha.[107] O lado britânico, contando com a derrota dentro de dois meses das forças do Eixo na Tunísia, queria que os americanos se comprometessem a invadir uma das grandes ilhas da Itália, e, depois de muita discussão, ficou acordado que seria montada a Operação Husky para tomar a Sicília, com a implicação de que ela poderia abrir caminho para uma invasão da Itália continental. A delegação americana obteve uma garantia de que em algum momento haveria uma invasão do noroeste da Europa, apoiada por um acordo entre a RAF e as Forças Aéreas do Exército dos Estados Unidos para empreender uma ofensiva combinada de bombardeios contra a Alemanha 24 horas por dia como preparação para uma invasão maior. A campanha para manter as rotas marítimas do Atlântico abertas também era tida como uma preliminar essencial para a invasão. Os britânicos aceitaram o compromisso americano no Pacífico, desde que não afetasse a prioridade europeia. No último dia da conferência, Roosevelt anunciou que os Aliados não aceitariam nada menos do que a rendição incondicional de todos os Estados do Eixo.

O lado americano estava mal preparado para os debates, enquanto os britânicos tinham um navio-quartel-general, o HMS *Bulolo*, no porto de Casablanca com uma vasta equipe de apoio.[108] Os chefes militares americanos saíram da conferência convencidos de que Roosevelt tinha cedido mais do que devia. Quando os Aliados ocidentais voltaram a se reunir em Washington, em maio, para a Conferência Trident, o lado americano estava mais bem preparado, e o fiel da balança entre os dois Aliados passou a pender a favor dos Estados Unidos. As campanhas do Pacífico continuariam como uma prioridade americana. Marshall queria que o teatro do Mediterrâneo fosse encerrado, de modo que houvesse forças suficientes para o que agora era chamado de Operação Overlord contra a costa setentrional da França, uma posição de negociação que forçou o lado britânico a ceder. Houve acordo para lançar operações limitadas contra a Itália, desde que não absorvessem recursos em excesso dos Aliados, enquanto seguiriam em frente os preparativos para um desembarque com força total em 1º de maio de 1944 na Normandia ou na Bretanha, decisão que definiu a estratégia dos Aliados ocidentais durante o resto da guerra.

A campanha no Mediterrâneo, confirmando os temores do lado americano, acabou se tornando maior e mais custosa do que os Aliados gostariam. A batalha pela Tunísia, que deveria terminar em menos de dois meses, levou sete. Forças italianas e alemãs mais a leste abandonaram Trípoli em 23 de janeiro de 1943 e se apressaram a defender a Linha Mareth de fortificações, construída pelos franceses no sul da Tunísia antes da guerra com o objetivo de manter longe os italianos. Ali o Oitavo Exército de Montgomery chegou para se preparar para romper a linha e se juntar à força anglo-americana que se aproximava vinda da Argélia. A fortaleza tunisiana agora estava reforçada por insistência de Hitler, ainda que houvesse pouca chance de evacuação em caso de derrota dos exércitos do Eixo. No norte, Rommel comandava forças alemãs; mais ao sul, o Primeiro Exército italiano era comandado pelo general Giovanni Messe. A superioridade numérica das forças aliadas era considerável — para a batalha na Linha Mareth em março, Messe tinha 94 tanques contra 620 —, mas o terreno montanhoso favorecia os defensores.[109] Rommel ordenou ataques de desorganização contra as forças que vinham da Argélia e, em 14 de fevereiro, no passo de Kasserine, impôs um grande revés ao Segundo Corpo de Exército americano, até que ele foi forçado a recuar. O general Alexander, nomeado comandante-geral terrestre sob Eisenhower, achava as tropas americanas "fracas, inexperientes e bastante destreinadas", e esse preconceito britânico influenciou os planos finais para acabar com a resistência do Eixo, dando às divisões americanas um papel subsidiário.[110] Com as forças do Eixo sem abastecimento adequado por causa de um bloqueio aéreo e marítimo feito pelos Aliados, não havia nenhuma dúvida sobre o desfecho, embora as linhas de defesa improvisadas do Eixo se mostrassem difíceis de penetrar. Em 9 de março, Rommel, com problemas de saúde, foi substituído no comando pelo comandante do Quinto Exército Panzer alemão, o coronel-general Hans--Jürgen von Arnim. Uma semana depois, a Linha Mareth foi invadida e Messe recuou para o norte. Os dois exércitos aliados somaram forças e empurraram o inimigo de volta para um pequeno enclave em torno de Túnis e Bizerta. Túnis sucumbiu em 7 de maio para os britânicos, e Bizerta para os americanos. No momento da rendição, o outrora formidável Afrika Korps estava reduzido a apenas dois tanques sem munição. A maioria dos soldados germânicos se rendeu até 12 de maio, mas Messe continuou a lutar mais um dia. Foi feito um total de 275 mil prisioneiros, na grande maioria alemães, uma perda maior do que em Stalingrado, em fevereiro. As baixas aliadas também foram numerosas, reflexo de pura inexperiência. O Primeiro Exército de Anderson sofreu 27 742 baixas no que deveria ter sido uma campanha de limpeza.[111]

A essa altura, o planejamento da invasão da Sicília estava bem adiantado. Eisenhower participou pouco, pois Alexander continuava sendo comandante-geral das forças terrestres, assistido por uma equipe de comandantes britânicos — Montgomery, o almirante Andrew Cunningham e o marechal da Força Aérea Arthur Tedder. A invasão seria o primeiro teste real de capacidade anfíbia na Europa e exigia a montagem de uma frota formidável de 2509 navios para transportar 160 mil homens do Sétimo Exército americano, do Oitavo Exército britânico e da Primeira Divisão Canadense, junto com 14 mil veículos e seiscentos tanques.[112] O plano inicial previa desembarques americanos na costa noroeste e britânicos no canto sudeste, mas estava claro que isso dispersaria demais as tropas — "uma bagunça total", era a opinião de Montgomery sobre o plano —, e, depois de sua intervenção vigorosa no começo de maio, a invasão ficou concentrada num triângulo na costa sul e sudeste da ilha.[113] O Sétimo Exército, comandado pelo general George Patton, desembarcaria na costa sul perto de Gela, o Oitavo Exército de Montgomery, perto de Avola, no sudeste, e os canadenses no meio, perto de Pancino. Para o alto-comando italiano, não havia certeza sobre onde seria o próximo golpe, e o que restava da capacidade de luta italiana estava muito espalhado pela Sicília, pela Sardenha, pela Córsega e pelo continente. O comandante-geral da ilha, o general Alfredo Guzzoni, tinha seis divisões, duas alemãs (incluindo a Divisão Panzer de Hermann Göring) e quatro italianas, das quais só uma estava de fato pronta para o combate. Juntas elas podiam reunir 249 tanques e pouco mais de mil aviões contra os 2510 que os Aliados tinham no teatro. Quase não havia defesas costeiras. Um comandante da Marinha se queixou de que "tudo era um fiasco total", mas a Marinha italiana, com apenas três pequenos encouraçados e dez destróieres ainda intactos, se recusou a deixar a base em La Spezia para tentar impedir os desembarques aliados.[114] O moral das forças italianas era baixo diante da perspectiva de defender a pátria com armas inadequadas, ao lado de um aliado alemão em que não confiavam, mas Mussolini estava otimista, assegurando em junho aos líderes fascistas que os Aliados eram lentos e incompetentes demais para estabelecer um ponto de apoio em território italiano. Se havia alguma dúvida sobre o objetivo dos Aliados, ela foi eliminada pelo implacável bombardeio marítimo e aéreo das duas ilhas de Pantelleria e Lampedusa, a caminho da Sicília, que se renderam em 11 e 12 de junho, respectivamente. Eisenhower instalou seu quartel-general num desconfortável túnel à prova de bombas em Malta. "Minha grande ambição nesta guerra", escreveu ele para Marshall poucas semanas antes, "é enfim chegar a um lugar onde a operação seguinte não tenha que ser anfíbia."[115]

Os comboios aliados chegaram à costa da Sicília na manhã de 11 de julho sem encontrar muita oposição nas praias. A presença aérea do Eixo tinha sido reduzida a apenas 298 aeronaves alemãs e 198 italianas com o bombardeio de bases aéreas, mas depois de mais quatro dias de combates aéreos restavam apenas 161 aviões do Eixo. No fim do mês, a Força Aérea italiana havia sido reduzida a 41 caças modernos e 83 bombardeiros.[116] Complementado pelo uso eficiente de artilharia pelas forças-tarefas navais, o gigantesco esforço aéreo aliado reduziu os contra-ataques alemães e italianos às pequenas cabeças de praia asseguradas no primeiro dia. A Divisão Hermann Göring atacou o desembarque americano em Gela e chegou a três quilômetros da praia, antes que o fogo da artilharia naval obrigasse os tanques a recuarem; a divisão italiana de Livorno, uma das poucas ainda capazes de realizar um combate eficaz, atacou no mesmo dia mais a oeste com uma longa coluna de tanques, mas eles foram quase dizimados por mais de mil tiros de canhão vindos de dois destróieres e dois cruzadores posicionados na costa.[117] Repetidas vezes o fogo naval foi uma contribuição essencial para as operações de desembarque dos Aliados. Os dois exércitos aliados começaram então a perseguir as forças inimigas terra adentro, mas Montgomery queria que seu exército fosse o responsável por interceptar o inimigo e tomar o porto de Messina, no nordeste, enquanto os americanos protegiam o seu flanco esquerdo. Patton já estava ressentido com o comportamento britânico na Tunísia e também achava que "esta guerra está sendo travada em benefício do Império Britânico".[118] Ignorando Montgomery, avançou quase sem defesa pela costa oeste para tomar Palermo, em 22 de julho, e correu para Messina, disposto a chegar à cidade antes de Montgomery. O Oitavo Exército tomou Catânia sem combate em 14 de julho, e Agrigento dois dias depois. Kesselring desistiu do aliado quando ficou claro que os soldados italianos se rendiam aos milhares e assumiu o comando direto das forças germânicas. Montgomery foi contido perto do monte Etna por uma defesa alemã eficiente, mas àquela altura já se preparava uma evacuação organizada. O Oitavo Exército chegou a Messina em 16 de agosto, logo atrás de Patton, mas nenhum dos dois foi capaz de interceptar o inimigo, cuja fuga à luz do dia pelo estreito de Messina não tinha sido prevista. Os alemães evacuaram 39 569 soldados, 9 mil veículos e 47 tanques; as forças italianas conseguiram evacuar 62 mil homens, mas apenas 227 veículos e doze mulas. Os Aliados fizeram 122 204 prisioneiros, mas os exércitos do Eixo perderam 49 700 homens, entre mortos e desaparecidos, enquanto a parte aliada perdeu 4299, uma proporção mais comum nas batalhas do Pacífico.[119]

A fantasia de resistência de Mussolini para salvar o que restava do império encolhido mostra até que ponto ele tinha perdido qualquer senso de proporção em 1943. A invasão siciliana encerrou de forma abrupta seus 21 anos no poder. As condições na Itália já tinham enfraquecido o pouco apoio com que ainda contava o regime fascista. A escassez de comida e o início de bombardeios pesados, incluindo, depois de muitos debates do lado aliado, o de alvos em Roma, em 19 de julho, confirmavam o entendimento da população de que a guerra estava perdida, pelo menos para a Itália. A desilusão afrouxou o domínio da ditadura sobre o povo, mas não produziu uma revolução popular. Na verdade, Mussolini foi deposto num golpe palaciano, instigado por seus próprios comandantes e colegas do Partido Fascista, muitos dos quais nunca tinham apoiado a guerra ilimitada que seu líder provocava ou a aliança evidentemente unilateral com a Alemanha. O chefe das Forças Armadas italianas, o general Vittorio Ambrosio, disse ao rei em março que Mussolini teria que ser substituído, talvez pelo marechal Badoglio, e em julho já havia planos para prender o antigo ditador. Quando Mussolini se encontrou com Hitler na Villa Gaggia, aos pés das montanhas Dolomitas, em 19 de julho, dia em que Roma foi bombardeada, seus comandantes lhe pediram que discutisse uma forma de a Itália sair da guerra, mas ele se recusou. Ao voltar para Roma, sem a garantia da assistência alemã, o ditador convocou o Grande Conselho Fascista, que não se reunia desde 1940, na esperança de reafirmar sua autoridade sobre o esforço de guerra em crise.

Foi uma oportunidade para seus adversários no partido, em especial o ex-embaixador em Londres, Dino Grandi, acabarem com a ditadura. Grandi redigiu uma moção para que o conselho rejeitasse o governo pessoal, restaurasse as prerrogativas da Coroa e estabelecesse um governo colegiado, com base num gabinete e num Parlamento. Grandi revelou seus planos ao rei, que incluíam romper a aliança com o Eixo e se juntar à causa aliada. A resolução foi apresentada ao Grande Conselho em 24 de julho, durante uma reunião que durou nove horas, varou as primeiras horas do dia 25, quando enfim a moção de Grandi foi votada. Dezenove dos presentes votaram a favor, sete contra.[120] Mussolini saiu, sem saber o que aquela decisão significava. Mais tarde, ainda no dia 25, participou de um briefing regular com o rei, que ali mesmo o destituiu do cargo de primeiro-ministro, substituindo-o por Badoglio. Quando saía da audiência, o ditador foi preso e levado para um quartel da polícia. Ele não tinha tomado nenhuma medida para garantir a própria segurança, achando que poderia apenas ignorar o resultado da votação. Encarava a possibilidade de um golpe do rei, disse sua mulher ao intérprete de Hitler, "com notável apatia".[121] A ditadura que levara a Itália a um breve triunfo imperial e ao desastre final terminou sem luta.

Diferentemente de Mussolini, Hitler e os líderes alemães já contavam com uma possível crise na Itália. A notícia da queda de Mussolini lançou Hitler num surto de ira contra "os judeus e a ralé" em Roma.¹²² Sua reação instintiva foi mandar as forças germânicas prenderem o rei, Badoglio e os demais conspiradores e reintegrarem seu colega ditador, mas o impulso logo passou. O rei e o novo governo declararam que sua intenção era sustentar o esforço de guerra ao lado da Alemanha. Na verdade, o OKW deu início à movimentação de uma força alemã considerável até a Itália, uma realocação de tropas do front oriental já iniciada em resposta à invasão da Sicília. Dentro de duas semanas, a Operação Alarich resultou na transferência de oito divisões para o norte da Itália, e no começo de setembro havia dezenove divisões germânicas na península ou a caminho. A Operação Konstantin também foi iniciada para fortalecer os Bálcãs, na eventualidade de os Aliados se dirigirem para lá em seguida.¹²³ O objetivo imediato era deter apenas em parte o avanço aliado; o objetivo mais amplo era se preparar para uma "traição" italiana, nas palavras de Hitler, se o governo Badoglio propusesse a paz, o que parecia provável. A decisão de Badoglio de buscar um armistício, que entrou em vigor em 8 de setembro, abriu caminho para um confronto direto com as Forças Armadas alemãs, que logo agiram para transformar a Itália da noite para o dia de nação aliada em território ocupado. Soldados italianos foram desarmados e internados, e a maioria foi despachada para a Alemanha, como mão de obra escrava. Na ilha grega de Cefalônia, os comandantes italianos locais resistiram à ordem de desarmar, e em 15 de setembro deflagrou-se uma luta contra a guarnição do exército alemão. Hitler ordenou que ninguém fosse feito prisioneiro, e cerca de 2 mil italianos morreram ou foram assassinados no breve conflito e seu vingativo rescaldo.¹²⁴

Hitler não sabia direito como tratar o antigo aliado. Chefes militares prefeririam a ideia de ocupação direta, mas Hitler temia o efeito que isso teria sobre outros aliados do Eixo. Seu instinto lhe recomendava criar um novo governo fascista, com ou sem Mussolini, para dar a impressão de que a Itália não era apenas um país ocupado; no entanto, em 12 de setembro, paraquedistas alemães realizaram um ataque audacioso ao hotel no Gran Massif onde Mussolini estava preso e o levaram às pressas para Munique, onde os dois ditadores se encontraram dois dias depois em meio a extravagantes manifestações de amizade. Mussolini logo descobriu que sua volta ao poder só ocorreria por ordem e graça do aliado alemão, que dominaria a península. Um plenipotenciário do Reich, Rudolf Rahn, foi de imediato nomeado; os comandantes germânicos fizeram questão de estabelecer zonas de operação nas quais organizaram administrações militares; os prefeitos italianos foram mantidos no cargo para cuidar dos assuntos diários, mas eram seguidos de perto por "conselheiros" alemães, e na verdade estavam sujeitos a constante supervisão germânica, situação muito parecida com o governo em Manchukuo.¹²⁵ Mussolini protestou contra a ideia de dirigir um "governo fantasma", mas não tinha escolha. Roma foi descartada como sede do novo regime, mas a preferência de Mussolini por Bolzano ou Merano no noroeste foi rejeitada, e os alemães o instalaram na pequena cidade de Saló, no lago de Garda, com os ministérios do que agora se chamava de *Repubblica Sociale Italiana* espalhados por várias cidades do vale do Pó.[126] Os alemães agora viam a Itália como um "aliado ocupado", oximoro que não deixava dúvida de que a Itália era uma dependência germânica. Os italianos que tinham saudado a queda de Mussolini estavam sujeitos a uma nova versão de ditadura.

Para os Aliados, a mudança de regime sugeria que o desejo de Churchill de tirar a Itália da guerra mantendo o teatro do Mediterrâneo tinha dado frutos. Mas, na reunião do "Quadrante" em Quebec, em agosto, Churchill descobriu que o lado americano ainda estava decidido a limitar a campanha no Mediterrâneo. Henry Stimson lamentou o que chamava de "guerra de alfinetadas", e a delegação americana recebeu antes da conferência um documento preparado pela divisão de operações do Departamento de Guerra para ilustrar o fato de que qualquer compromisso adicional na região era um uso "antieconômico" de recursos, cujo resultado seria conceder à Alemanha um "impasse estratégico" na Europa — uma opinião que seria justificada pelos acontecimentos.[127] Embora Churchill agora começasse a pensar em possíveis operações no Mediterrâneo Oriental, bem como na invasão da Itália, a pressão americana para que se comprometesse com Overlord limitou suas ambições. Todos concordavam que a prioridade era tomar rápido Roma (Eisenhower esperava que até outubro), enquanto as forças do Eixo estavam desorganizadas, mas o plano não levava em conta os preparativos germânicos. Kesselring, como comandante-chefe no sul, convenceu Hitler de que os Aliados deveriam ser enfrentados e combatidos numa área bem ao sul de Roma, com apoio das grandes forças agora comandadas por Rommel no norte.

Pensando bem, a escolha da Itália como linha de frente importante é difícil de entender. Nada a recomendava como campo de batalha, e uma simples olhada no mapa deixaria claro que as cadeias de montanhas e as numerosas travessias de rio tornavam implausível que um exército móvel se movesse rápido contra um inimigo competente. Os líderes aliados subestimaram a força da resistência que iam encontrar ou a rapidez com que as Forças Armadas alemãs poderiam transformar a Itália num front robustamente fortificado. Também não havia vantagens estratégicas óbvias em invadir a Itália, além de garantir que o armistício fosse de fato respeitado. Montgomery estava insatisfeito com a invasão, "sem uma ideia clara — ou plano — sobre como desenvolveriam as operações [...]. Não havia um objetivo claro definido".[128] Tanto o Oitavo Exército como o Quinto Exército do general Mark Clark, designados para a campanha italiana, estavam exaustos por conta de longos combates e enfrentavam a tarefa difícil de se aproximar de Roma num clima de outono e numa topografia hostil. Além disso, a campanha foi ordenada por entender que pelo menos sete divisões e uma grande quantidade de embarcações de desembarque logo seriam retiradas a fim de se prepararem para Overlord, uma decisão que também não fazia muito sentido estratégico se a Itália fosse levada a sério como teatro de operações.

A rigor, a invasão do sul da Itália produziu um impasse estratégico, como analistas americanos tinham previsto. Em 3 de setembro de 1943, na Operação Baytown, Montgomery levou o Oitavo Exército para o bico da bota italiana e atravessou a Calábria quase sem encontrar resistência. A operação mais importante era a Avalanche, que seria lançada pelo Quinto Exército de Clark na baía de Salerno, abaixo de Nápoles. O plano era arriscado e envolvia apenas três desembarques de divisão numa extensão de cinquenta quilômetro da baía, dividida por um rio. Clark recusou um bombardeio pré-desembarque, porque informações da inteligência indicavam que ali havia apenas forças alemãs fracas e que havia a possibilidade de uma surpresa total. Em 9 de setembro, um corpo do exército britânico e um do americano desembarcaram em praias bem afastadas entre si. O Décimo Exército alemão estava à espera. Kesselring ativou a Operação Achse para movimentar com rapidez reservas e extinguir a cabeça de praia. O que se desenrolou em seguida foi uma batalha acirrada, na qual por um momento pareceu que o desembarque seria um fracasso.[129] Clark foi salvo por um intenso canhoneio naval e pela superioridade aérea dos Aliados, e depois de mais de uma semana, na qual Eisenhower advertiu os chefes do Estado-Maior Conjunto de que o resultado era "incerto", Kesselring recuou com suas forças desgastadas para uma série de linhas de defesa formidáveis, que iam de costa a costa ao sul de Roma, posicionadas no maciço de Cassino, com seções que tinham os codinomes de Linha Gustav, Linha Hitler e Linha Bernhardt. Os Aliados entraram em Nápoles em 1º de outubro, logo depois de uma revolta popular contra os ocupantes germânicos, enquanto a leste o Oitavo Exército tomava os aeródromos de Foggia, que seriam usados como base para o bombardeio estratégico, realizado pela 15ª Aérea, dos campos petrolíferos romenos e de alvos na Áustria e no sul da Alemanha. No entanto, no fim de outubro, o desejo de Eisenhower de uma rápida tomada de Roma tinha evaporado, e em novembro os Aliados pararam na Linha Gustav, envolvidos numa guerra de desgaste custosa. O general Alexander agora defendia a campanha com base no argumento de que ela mantinha as forças alemãs ocupadas, mas as forças aliadas também estavam ocupadas, e por nada.

O outro front aliado, no Pacífico, enfrentava um problema similar para desalojar um forte defensor de bases insulares cuja captura ainda parecia distante da questão mais ampla de como derrotar o Japão. Depois da vitória em Guadalcanal, MacArthur e Nimitz organizaram uma conferência, em 10 de março de 1943, para planejar a estratégia que seria usada contra o Japão. Levando em conta a variedade e o grande número de guarnições e aeródromos nipônicos no perímetro sul, não havia alternativa senão prosseguir para eliminá-los aos poucos, acumulando poder naval e aéreo dos Aliados — em particular americano —, até que, numa data posterior, fosse possível ameaçar o Japão de forma direta. A primeira etapa recebeu o codinome Operação Cartwheel e era comandada por MacArthur, com a colaboração da Terceira Frota de porta-aviões e encouraçados de Halsey, que faria parte de modo temporário do Comando Central do Pacífico de Nimitz. Cartwheel envolvia uma série de treze operações anfíbias pelas ilhas Salomão e a costa da Nova Guiné, visando isolar e neutralizar a principal base militar e naval japonesa em Rabaul, na Nova Bretanha, parte do território australiano da Nova Guiné, que havia sido tomado em fevereiro de 1942.[130] O planejamento foi feito no quartel-general de MacArthur na Nova Guiné pelo contra-almirante Daniel Barbey, encarregado-geral do programa de desembarques anfíbios, e pelo contra-almirante Richmond Turner, no comando da força anfíbia, como havia ocorrido em Guadalcanal. Nimitz não tinha muita coisa a fazer enquanto não houvesse novas forças navais disponíveis. Os chefes do Estado-Maior Conjunto lhe ordenaram que invadisse as ilhas Gilbert e Ellice (hoje duas nações separadas, Kiribati e Tuvalu) em novembro de 1943, enquanto as ilhas Marshall apenas em junho de 1944, o que deixaria a campanha do Pacífico central ainda a mais de 3800 quilômetros das ilhas japonesas. Nimitz, ao organizar a tomada de Tarawa e Makin nas ilhas Gilbert em novembro, já tinha dezessete porta-aviões e treze encouraçados, uma força de superfície formidável que eclipsava por completo a Marinha Imperial Japonesa. Em 1943, no total, os estaleiros forneceram 419 novos navios de guerra, incluindo quarenta porta-aviões, a serem distribuídos e utilizados no mundo inteiro.[131]

A Marinha japonesa, principal responsável pela defesa do círculo de ilhas ocupadas, considerava a retenção do anel exterior, de acordo com a Diretiva n. 213, decretada em 25 de março de 1943, "questão de importância vital para a defesa nacional da nossa pátria imperial".[132] A "Nova Política Operacional" consistia em lutar até o último homem para manter cada ponto estratégico e assim desgastar o esforço de guerra americano, transformando as bases insulares, para todos os efeitos, em fortalezas que bloqueavam o avanço aliado, sob o ambicioso slogan: "Guerra dos cem anos".[133] Durante a maior parte de 1943, as guarnições esperaram sentadas, com as linhas de suprimento cada vez mais ameaçadas pela expansão do poderio aéreo do Exército e da Marinha americanos. Cartwheel começou com o ataque às ilhas Salomão, numa operação encabeçada pela Terceira Frota de Halsey e com o estranho codinome de Toenails [Unhas do Pé]. O ataque foi ordenado em 3 de junho e começou, duas semanas depois, com incursões preliminares na Nova Geórgia. O objetivo principal era a ilha de Munda, conquistada no fim de julho. A maioria dos soldados japoneses estava nas ilhas maiores de Kolombangara e Bougainville, mas foi decidido que as guarnições poderiam ser contornadas, isoladas e deixadas sem suprimentos, em vez de serem enfrentadas em custosos desembarques — uma estratégia adotada durante as campanhas de "saltos de ilha em ilha", durante os últimos dois anos de guerra. Uma ilha menor, Vella Lavella, foi tomada facilmente em 15 de agosto como um trampolim para Bougainville, e os japoneses preferiram evacuar Kolombangara a correr o risco de vê-la isolada. Estima-se que em Bougainville havia 35 mil soldados japoneses para defender aeródromos e praias, num total de 65 mil no 17º Exército comandado pelo general Hyakutake, de longe o maior desafio para limpar as ilhas Salomão. Ficou decidido que, em vez da ilha inteira, seria ocupado um enclave na costa oeste, em torno do cabo Torokina, onde era possível montar aeródromos e uma firme linha defensiva em meio aos contra-ataques japoneses vindos de áreas bem guarnecidas ao norte e ao sul.[134] Antes da investida principal, ataques aéreos constantes reduziram o poderio aéreo japonês na ilha e em Rabaul, enquanto as ilhas do Tesouro, a cerca de 120 quilômetros de Bougainville, eram tomadas quase sem resistência em 27 de outubro por tropas americanas e neozelandesas (estas últimas ao voltar da campanha no Norte da África), com o objetivo de serem usadas como ponto de concentração e estação avançada de radar para o desembarque principal. A investida contra Bougainville, chamada Operação Dipper, começou em 1º de novembro; em meados de dezembro, havia 44 mil soldados americanos em terra e já havia sido delimitada uma área de segurança. A luta continuou de forma esporádica até 18 de dezembro, quando o enclave foi garantido. Em março de 1944, Hyakutake, com as tropas debilitadas por doenças e pela fome, lançou uma série de ataques frontais, repetindo os erros táticos que havia cometido em Guadalcanal. Após um ataque noturno *banzai*, foram encontrados 3 mil japoneses mortos, deitados em pilhas distorcidas no ponto onde os tiros de artilharia e metralhadora os haviam derrubado. Hyakutake seguiu com as tropas para a mata.[135] Em agosto de 1945, quando a guerra acabou, apenas um terço dos seus homens continuava vivo. O movimento de pinça sobre as ilhas Salomão, parte da Catwheel, havia sido bem-sucedido.

Em setembro de 1943, MacArthur começou uma segunda pinça na costa setentrional da Nova Guiné, depois de aguardar o êxito da Operação Toenails. Em 4 de setembro, a Nona Divisão de Infantaria australiana tomou o porto de Lae sem encontrar nenhuma oposição além de ataques aéreos, e em 22 de setembro foi a vez do porto de Finschhafen, que foi defendido sem muito vigor. Até 2 de outubro, uma segunda força australiana assegurou a cabeça de praia e, logo depois, o porto. Duas semanas depois, um desembarque japonês com o objetivo de recuperar a base foi destroçado. Os primeiros triunfos foram consolidados, mas demorou sete meses até que fosse retomada a ofensiva contra as guarnições japonesas que haviam restado na costa setentrional. Nessa época, a base naval em Rabaul também estava vulnerável aos aviões da Marinha e do Exército americanos graças à Cartwheel, e em fevereiro de 1944 a frota se deslocou para Truk, mais ao norte, nas ilhas Carolinas, o que isolou durante o restante do conflito os 95 mil soldados ainda em Rabaul. Com as ilhas Salomão quase neutralizadas, Nimitz começou a parte referente ao Pacífico central do plano combinado com MacArthur, desviando o apoio naval dado à campanha do exército. Escolheu atacar duas ilhas do grupo Gilbert e Ellice: as ilhas Betio, no atol de Tarawa, e Makin. As atividades seriam coordenadas pelo almirante Spruance, comandante da Quinta Frota; pelo comandante de Guadalcanal Richmond Turner, encarregado da Quinta Força Anfíbia; e por Holland Smith, comandante do Quinto Corpo Anfíbio de fuzileiros navais. Duas ilhas em Ellice, Funafuti e Nanumea, foram tomadas até outubro, e nelas foram construídos aeródromos para apoiar desembarques futuros.[136] Makin era defendida por apenas trezentos soldados japoneses ajudados por 271 trabalhadores coreanos. Em 21 de novembro, eles enfrentaram um ataque de 6 mil homens, a maioria da inexperiente 27ª Divisão de Infantaria. Apesar da disparidade numérica, a ilha só pôde ser considerada conquistada na tarde do dia seguinte, resultando, do lado americano, em 56 mortos e 131 doentes e feridos.[137]

Isso não foi nada em comparação com a investida contra Betio, realizada pela Segunda Divisão de Fuzileiros Navais e iniciada no mesmo dia do ataque a Makin. Aproveitando as lições da experiência anterior, a Força Naval Especial japonesa tinha montado uma fortaleza insular que cobria todas as linhas de avanço com fogo oculto vindo de casamatas e bunkers escondidos. A pequena ilha oferecia pouco abrigo e antes havia sofrido um ataque que durou dias por bombardeio de artilharia e aéreo, mas os defensores estavam bem entrincheirados o bastante para evitar o pior, apesar de as bombas destruírem as comunicações japonesas, o que dificultou coordenar a defesa. Foram necessários quase três dias dos combates mais duros travados até então para assegurar o controle da ilha e do seu grande aeródromo. Fiel à "Nova Política Operacional", o ponto fortificado foi defendido quase até o último homem. Cerca de 4 mil japoneses morreram, havendo apenas 146 sobreviventes, na maioria trabalhadores coreanos recrutados. As baixas dos fuzileiros navais foram 984 mortos e 2072 feridos.[138] O comandante dos fuzileiros navais, Holland Smith, comentou após inspecionar a ilha arrasada: "Vejam essa defesa em profundidade. Os filhos da mãe eram uns mestres [...]. Você podia tomar um reduto, mas cada um tinha cobertura de mais dois".[139] A notícia de quanto havia custado tomar uma pequena ilha chocou a opinião pública americana, que de início exagerou as perdas. Os planejadores da Marinha e a força anfíbia se esforçaram para garantir que a entrada nas ilhas

Marshall, programada de início para ocorrer no verão de 1944, mas que foi antecipada depois da tomada do atol de Tarawa, fosse tratada com mais eficiência e custasse menos vidas americanas, mas a campanha poderia muito bem ter sido abandonada por completo. Em janeiro de 1944, Nimitz concordou com MacArthur que era melhor se concentrar no sudoeste do Pacífico e no caminho para as Filipinas, até que o almirante King, em "indignada consternação" com o plano "absurdo" de MacArthur, convenceu os chefes do Estado-Maior Conjunto a especificar uma investida às ilhas Marshall, chamada Operação Flintlock.[140] Nimitz resolveu evitar as ilhas mais bem defendidas na extremidade leste do arquipélago, Wotje e Maloelap, que segundo a inteligência secreta estavam sendo fortemente reforçadas, como Betio. Em vez disso, escolheu como alvo duas ilhas no oeste, Kwajalein e Eniwetok, de onde seria possível bombardear a principal base naval japonesa em Truk.

Kwajalein foi invadida em 1º de fevereiro de 1944, após a ocupação de quatro ilhotas com o objetivo de montar fogo de artilharia contra os defensores. Embora a Quarta Divisão dos Fuzileiros Navais e a Sétima Divisão de Infantaria tenham levado quatro dias para tomar a ilha, a defesa tinha sido construída às pressas com trincheiras, e não com os abrigos profundos usados em Betio. Cerca de 8 mil defensores foram mortos, ao custo de 313 fuzileiros navais. Nimitz ficou tão satisfeito com o resultado que ordenou uma rápida invasão de Eniwetok, de início marcada para 1º de maio. Ali também várias ilhotas foram tomadas primeiro, e Eniwetok foi invadida quatro dias depois, em 21 de fevereiro. A ilha foi capturada em dois dias, apesar de ter sido defendida com vigor, resultando em 348 mortos do lado americano e 4500 japoneses e coreanos mortos após lutar quase até a morte. As ilhas orientais permaneceram em poder dos japoneses até a rendição, em 1945, isoladas por mar e pelo ar e sem esperança de receber qualquer apoio.[141] O caminho agora estava aberto para Nimitz e Spruance seguirem para as ilhas Marianas, 2150 quilômetros mais próximas do Japão.

Em 1943, a escala dos combates, tanto no Pacífico como no Mediterrâneo, foi eclipsada pela guerra soviético-alemã ocorrida nos meses que se seguiram ao colapso germânico em Stalingrado, onde o Exército Vermelho ainda tinha diante de si mais de duzentas divisões do Eixo espalhadas num front terrestre de mais de 1500 quilômetros. Stálin e os líderes soviéticos esperavam que a Conferência de Casablanca confirmasse a intenção anglo-americana de invadir a França em 1943, agora que o Norte da África estava praticamente conquistado. A incapacidade de oferecer alguma coisa concreta em Casablanca, além de uma possível invasão da Sicília, deixou Stálin, como Churchill temia, "desapontado e furioso". Stálin disse a Roosevelt que a Sicília não era um substituto válido para "um segundo front na França".[142] A aliança atingiu talvez o seu ponto mais baixo quando Stálin foi informado do resultado da Conferência Trident, em maio — na qual ficou claro que os Aliados ocidentais não abririam um segundo front antes da primavera de 1944, mas continuariam a lutar no Mediterrâneo. Churchill piorou a situação ao sugerir que seus planos no Mediterrâneo poderiam ter impedido uma ofensiva alemã renovada contra o Exército Vermelho, pois Stálin sabia muito bem que a Operação Cidadela, a principal da Alemanha em 1943, estava prestes a ser lançada numa das maiores batalhas de toda a guerra. Em 24 de junho, Stálin mandou uma resposta dura, reiterando todas as promessas feitas e todos os compromissos assumidos pelos Aliados no ano anterior: "Não se trata apenas de estar decepcionado [...], tem a ver com a confiança [do governo soviético] nos Aliados ser posta severamente à prova [...]".[143] Durante as seis semanas seguintes, ele se recusou a responder a novas cartas, provocando em Washington e Londres o temor de que pudesse negociar uma paz em separado, uma hipótese sem fundamento, exagerada por rumores constantes e defendida em algumas histórias depois da guerra.[144] Stálin continuou a definir qualquer plano relativo ao Mediterrâneo como "diversionário". Até mesmo mais para o fim do ano, quando o planejamento da Overlord estava bem avançado, ele ainda duvidava da aliança. A caminho de Teerã e da primeira reunião de cúpula dos três líderes aliados, no fim de novembro, ele comentou que "a grande questão que está sendo decidida agora é se eles vão nos ajudar". Nessa fase, as vitórias soviéticas em 1943 faziam com que a ajuda parecesse menos necessária para Stálin. "Teremos poderio suficiente", ele teria dito, segundo Zhukov, "para destruir sozinhos a Alemanha de Hitler."[145] Essa pretensão nunca foi testada, mas ainda era verdade que a União Soviética suportou durante quase três anos o maior peso da luta contra o Eixo: "Sacrifícios colossais", lembrou Stálin a Churchill, em comparação com as perdas anglo-americanas, que foram "modestas".[146]

No fim de 1943, o curso da guerra no front oriental estimulou o otimismo de Stálin depois de um ano em que a balança enfim passou a pender com força a favor do Exército Vermelho. A situação no front seguia indefinida depois de Stalingrado, e isso ficou evidente no destino da cidade ucraniana de Carcóvia, que mudou de mãos duas vezes no período de um mês, entre fevereiro e março. Stálin fez questão, depois das operações de limpeza da estepe do Don, que o Exército Vermelho se mantivesse na ofensiva num front amplo, apesar dos meses de combates exaustivos. No extremo norte, a Operação Fagulha começou em 12 de janeiro, e dentro de uma semana abriu um corredor para Leningrado por uma brecha estreita no longo cerco, mas ali foi necessário abandonar uma segunda operação para cercar o Grupo de Exércitos do Norte, da Alemanha, quando o comandante germânico, o marechal de campo Georg von Küchler, encurtou e fortaleceu a linha defensiva. Outros planos de cercar e destruir o Grupo de Exércitos do Centro pelo agora chamado Grupo de Exércitos Central de Rokossovski não levaram a lugar nenhum — "Os apetites", reclamou Rokossovski, "prevaleceram sobre as possibilidades" —, porém, no início de fevereiro, a Operação Estrela mais ao sul, que visava Kursk e Khorkov, foi mais bem-sucedida. Kursk foi retomada em 8 de fevereiro; Belgorod, no mesmo dia; e no dia 16, quando um Corpo Panzer da SS abandonou a cidade, forças soviéticas reocuparam o que restou de Carcóvia, introduzindo uma grande entrada na linha de frente alemã.[147] Mas o Stavka cometeu o mesmo erro do ano anterior e pressionou as tropas cansadas a executarem projetos cada vez mais ambiciosos — nesse caso, tentar isolar o Grupo de Exércitos do Sul enquanto avançava para ocupar o sul industrial da Ucrânia. Von Manstein convenceu Hitler a autorizá-lo a montar um contra-ataque defensivo, e em 19 de fevereiro seus exércitos reforçados avançaram a oeste de Carcóvia contra um Exército Vermelho sobrecarregado. À medida que o avanço soviético se desintegrava, Von Manstein tomou Carcóvia em 15 de março e Belgorod poucos dias depois; ali fez uma pausa para criar a "varanda sul" de um grande saliente que ainda se projetava para dentro da linha alemã em torno de Kursk, com 185 quilômetros de largura e 128 quilômetros de profundidade.

O saliente de Kursk se tornou o cenário de uma das principais batalhas planejadas da guerra. O colapso depois de Stalingrado deixou Hitler em dúvida sobre como responder à nova situação. Em dezembro de 1942, planejadores do OKW tinham sugerido que fosse feita mais uma tentativa de tomar o petróleo do Cáucaso e recuperar a iniciativa estratégica, mas em fevereiro Hitler já reconhecia que isso era uma fantasia militar.[148] Em 18 de fevereiro, Hitler deixou claro aos seus comandantes que não "faria nenhuma grande operação este ano [...]", mas, depois do êxito de Von Manstein em Carcóvia, aceitou a sugestão de os Grupos de Exércitos do Centro e do Sul eliminarem o saliente de Kursk, encurtar a linha alemã, infligir uma derrota incapacitante ao Exército Vermelho cercado e recuperar parte do prestígio perdido depois de Stalingrado.[149] Não era uma ofensiva na mesma escala de 1941 ou 1942, mas que tinha como objetivo impedir novas ofensivas soviéticas em 1943, infligindo sérios danos locais. Outras operações menores foram planejadas ao sul de Carcóvia — Falcão e Pantera — a fim de apoiar Kursk, mas em meados de abril, com a Ordem Operacional n. 6, Hitler optou por Cidadela, um ataque ao pescoço do saliente de Kursk, ao norte da área em torno de Oriol e ao sul da recém-tomada Belgorod.[150] A essa altura, o alto-comando soviético já tinha decidido que o saliente de Kursk seria o objetivo germânico assim que a lama do degelo da primavera se dissipasse, uma proposta logo confirmada por reconhecimento regular. Em 12 de abril, Stálin se reuniu com Zhukov e Vasilevski para dar uma resposta. Ele não gostava nem um pouco da ideia de uma batalha defensiva, mas foi convencido de que um sólido campo de defesa em torno de Kursk atenuaria o ataque alemão, podendo ser logo seguido por um forte contragolpe realizado pelas forças de reserva na retaguarda para empurrar a frente germânica de volta para o rio Dnieper. O Grupo de Exércitos Central, comandado por Rokossovski, e o Grupo de Exércitos Voronej, comandado pelo general Nikolai Vatutin, receberam ordens de esperar uma ofensiva alemã a partir de pelo menos 10 de maio, e no fim de abril os dois comandantes confirmaram que já tinham condição de realizar a defesa.[151] No começo de maio, grande parte do equipamento e do reforço de efetivos necessários estava pronta, enquanto a mobilização de 300 mil civis no saliente ajudava a construir oito anéis defensivos, com 4800 quilômetros de trincheiras e valas antitanque, apoiados por milhares de espaldões de artilharia de terra e madeira, cercadas por espessas camadas de arame farpado e 942 mil minas antitanque e antipessoal.[152]

O plano de operação germânico seguiu um padrão previsível, com um movimento de pinça destinado a isolar e cercar os numerosos exércitos que agora se deslocavam de maneira visível para fortalecer o saliente. Ao norte, o Nono Exército, comandado pelo coronel-general Walter Model, formava uma haste da pinça, enquanto ao sul o Quarto Exército Panzer, comandado por Hoth e apoiado pelo Destacamento de Exército Kempf (em homenagem ao seu comandante, o general Werner Kempf), formava a outra. O problema para Hitler era decidir quando atacar. Von Manstein e o marechal de campo Günther von Kluge, comandantes dos Grupos de Exércitos do Sul e do Centro, estavam ansiosos para começar o mais cedo possível, supondo que o lado soviético estivesse despreparado, mas Model alegava que, depois dos duros combates do inverno e da primavera, suas forças precisavam de tempo para reforçar infantaria e blindados. Em 4 de maio, Hitler adiou a Cidadela para 12 de junho, mas a intensa atividade guerrilheira na região do Grupo de Exércitos do Centro reduziu a tal ponto os reforços que Model foi obrigado a fazer uma operação punitiva, a Barão Cigano, para tornar suas linhas de suprimento mais seguras, e com isso atrasou ainda mais o início da ofensiva, para 19 de junho. A essa altura, Hitler estava ansioso para garantir que, depois da Tunísia, a Itália permanecesse na guerra, mas, quando ficou claro que Mussolini continuaria a lutar, a Cidadela pareceu menos arriscada. Em todo caso, o resultado era incerto, e tanto o general Guderian, inspetor-geral das forças blindadas, quanto o chefe da inteligência do Exército alemão no Leste, Reinhard Gehlen, aconselharam que fosse cancelada.[153] Hitler mais uma vez postergou, dessa vez para permitir que mais tanques dos últimos modelos pesados, o Panzer V "Pantera" e o Panzer VI "Tigre", chegassem às unidades da linha de frente, apesar de que, quando ele por fim ordenou o início da operação, na manhã de 5 de julho, apenas 328 tinham chegado, dos quais 251 estavam com a força de ataque. A maioria dos tanques era dos modelos mais fracos Panzer III (309) e Panzer IV (245), enquanto o número médio de tanques por divisão blindada era agora de apenas 73, metade da força necessária.[154]

Para o lado soviético, a operação iminente estava longe de ser previsível. Era a primeira vez que o Exército Vermelho se entrincheirava para uma batalha defensiva, contrariando a expectativa de Stálin de lançar uma "ofensiva preventiva".[155] Operações defensivas em profundidade não eram a preferência natural de um exército treinado para ser ofensivo, e a falta de familiaridade com o novo campo tático explica alguns problemas encontrados na hora do combate. O longo atraso alemão foi inesperado e causou incerteza, embora oferecesse a oportunidade de reforçar o exército soviético, que em junho estava quase com sua potência total, com 40% das forças do Exército Vermelho e 75% dos blindados soviéticos amontoados nas zonas defensivas. Stálin estava impaciente, e em junho voltou a pensar em tomar a ofensiva primeiro, mas a opinião de Zhukov prevaleceu. Tropas eram colocadas em alerta com regularidade, mas nenhum ataque se materializava. No fim de junho, interceptações radiofônicas e interrogatórios de soldados alemães capturados por patrulhas soviéticas indicavam um ataque iminente, e a partir de 2 de julho o Exército Vermelho permaneceu em alerta máximo. No dia 4, um soldado capturado confirmou que a Cidadela começaria na manhã seguinte. Zhukov ordenou uma contrabarragem com artilharia, foguetes e aviões de bombardeio para depois da meia-noite, que por certo tempo convenceu os comandantes alemães surpresos de que estariam sendo vítimas de uma ofensiva soviética que tinha passado despercebida.[156] Quando ficou claro que a barragem era um ataque de desorganização, as forças germânicas começaram a sua própria ofensiva às 4h30. A batalha lançou forças imensas de ambos os lados. O Exército e a Força Aérea soviéticos puseram em campo 1 336 000 homens (e algumas mulheres), 3444 tanques e canhões autopropulsados, 19 mil peças de artilharia e morteiros e 2650 aeronaves (3700 com o acréscimo de forças de reserva de longo alcance); atrás do saliente estava o Grupo de Exércitos da Estepe, comandado pelo general Ivan Konev, com 573 mil homens, 1551 tanques e canhões autopropulsados e 7401 canhões e morteiros.[157] Os Grupos de Exércitos germânicos juntaram 900 mil homens (embora apenas 625 271 fossem tropas de combate), 2699 veículos blindados de combate, 9467 peças de artilharia e 1372 aeronaves.[158] O lado alemão contava com uma vantagem na qualidade de tanques, canhões autopropulsados e aeronaves de bombardeio; o lado soviético tinha uma vantagem numérica substancial.

A batalha que se seguiu e se estendeu por pouco mais de dez dias no próprio saliente de Kursk foi um fracasso para o exército alemão, uma conclusão que precisa ser enfatizada. Apesar das habilidades táticas das forças terrestres e aéreas alemãs, a Cidadela não foi a "vitória perdida" que Von Manstein lamentou em suas memórias depois da guerra, mas uma confirmação da eficácia e do acerto do plano original de Zhukov. No norte, o Nono Exército de Model avançou onze quilômetros nos dois primeiros dias até a cidadezinha de Ponyri, mas enfrentou uma barragem de fogo feroz que obrigou a infantaria germânica a lutar por todos os pontos fortes defensivos. O ataque foi interrompido em 7 de julho, na fortemente defendida crista de Olkhovatka, onde aviões soviéticos de ataque ao solo, mais bem coordenados, apoiaram a defesa do 13º Exército soviético. Model não conseguiu avançar mais, e no dia 9 o ataque estagnou em definitivo. Zhukov informou a Stálin que havia chegado a hora de desferir o primeiro golpe contraofensivo, e em 12 de julho forças dos Grupos de Exércitos Ocidental, Briansk e Central lançaram a Operação Kutuzov, que logo rompeu a frente germânica e ameaçou cercar o Segundo Exército Panzer, que apesar do nome não tinha tanques. Model recuou o Nono Exército pelo campo arrasado para tentar fechar a brecha, mas essa parte da ofensiva germânica tinha terminado. No sul, forças alemãs progrediram mais, em parte porque a inteligência soviética cometeu o erro de supor que a haste norte da pinça era a mais forte, fazendo Rokossovski receber mais recursos. Na ala sul, Hoth pôde empregar nove divisões blindadas, com duas divisões mais fracas no XXIV Corpo Panzer de reserva. Em dois dias de combates, o front de Vatutin cedeu trinta quilômetros em direção à principal rodovia entre Oboyan e Kursk, mas em 7 de julho os blindados alemães bateram de frente com a primeira das principais linhas defensivas, mantida pelo Primeiro Exército de Tanques. Combates ferozes permitiram que as divisões Panzer atravessassem o rio Psel, última barreira natural antes de Kursk, mas a cabeça de ponte alcançada pela Divisão Panzer da SS "Cabeça de Morte" foi o máximo a que chegaram.[159] Hoth redirecionou o Segundo Corpo Panzer da SS para um ataque contra um pequeno entroncamento ferroviário em Prokhorovka.

Durante anos, o combate de tanques que se seguiu em Prokhorovka foi descrito como a maior batalha de tanques da guerra, que terminou com a vitória soviética e centenas de tanques destruídos. A verdade é mais banal. Para impedir o avanço de duas divisões do Segundo Corpo Panzer da SS, uma das unidades de reserva, o Quinto Exército de Tanques de Guarda, comandado pelo general Pavel Rotmistrov, recebeu ordem para avançar com pressa e foi enviado para a batalha em 12 de julho sem o reconhecimento avançado ou o planejamento adequados. Rotmistrov parece ter acreditado, de forma equivocada, que fazia parte da contraofensiva de Belgorod, e lançou seus blindados em massa para duas divisões da SS, "Leibstandarte" e "Das Reich", cerca de quinhentos tanques contra 204 nas divisões germânicas. Sua força deparou com uma vala antitanque oculta e foi dizimada pela potência de fogo superior dos tanques alemães, em particular o Panzer IV com canhão aprimorado. Em dois dias, o Quinto Exército de Tanques de Guarda perdeu 359 tanques e canhões autopropulsados (208 foram perdas totais); enquanto as duas divisões Panzer da SS perderam apenas três em 12 de julho.[160] Foi uma grande vitória tática, mas não fez a Cidadela chegar mais perto de ser bem-sucedida, como Van Manstein esperava.

O front sul soviético não entrou em colapso e continuou a se recuperar; no dia 16, até mesmo a Quinta de Guarda, tão seriamente danificada, já tinha 419 tanques e 25 canhões autopropulsados.[161] O início da Operação Kutuzov obrigou Von Manstein a enviar divisões e aeronaves para o norte a fim de ajudar Von Kluge, embora o apoio aéreo germânico no sul já tivesse sido bastante desgastado pelos combates constantes, enquanto as perdas na infantaria tornavam difícil manter o terreno mesmo quando os blindados eram bem-sucedidos. Na verdade, a ênfase exagerada em Kursk como uma batalha de tanques deixa de levar em conta que aquela foi, na verdade, um combate de infantaria, artilharia e aeronaves, muito semelhante às últimas batalhas da Primeira Guerra Mundial. Hoth, perdendo a confiança, montou novos ataques ao sul de Prokhorovka numa tentativa de quebrar a resistência soviética. A Operação Roland começou em 14 de julho, mas com soldados cansados e sem reservas não foi possível romper a linha soviética. "Vi soldados destroçados cometerem todo tipo de erro primário", anotou um soldado alemão, "pois eles já não conseguiam se concentrar no que faziam."[162] No fim, a haste sul da pinça teve que ser abandonada em 23 de julho, porque, mais ao sul, novas ofensivas soviéticas em direção aos rios Mius e Donets forçaram Von Manstein a desviar mais forças envolvidas na Cidadela para outras áreas.[163]

Em 13 de julho, Hitler já tinha convocado Von Kluge e Von Manstein para anunciar que a operação teria que ser cancelada — não, como se costuma sugerir, por causa dos desembarques aliados na Sicília, embora isso fosse uma preocupação, mas devido em particular à crise repentina provocada pela ruptura no front de Model. A resposta de Hitler à crise na Itália demorou a manifestar-se, e apenas uma das três divisões do Segundo Corpo Panzer da ss, "Leibstandarte", foi de fato enviada para o Mediterrâneo, em 17 de julho. A Cidadela foi encerrada porque tinha falhado em seus objetivos iniciais; a contraofensiva soviética, não prevista pelo lado alemão, agravou o fracasso. Nas batalhas de desgaste de julho e agosto, o lado germânico sofreu 203 mil baixas, quase um terço da força inicial, e perdeu 1030 aeronaves. Em todo o front oriental, 1331 tanques e canhões autopropulsados foram perdidos. As baixas soviéticas foram muito mais altas — só em Kursk, tiveram 70 mil mortos ou desaparecidos, com a perda de 1600 tanques e quatrocentos aviões —, mas no verão de 1943 seu material pôde ser substituído com mais facilidade do que o alemão, com as fábricas soviéticas concentradas na produção em massa.[164] Devido ao esforço mais prolongado para conter a haste sul da pinça, a Operação Rumiantsev, a contraofensiva do sul, só pôde começar em 3 de agosto, quando o Grupo de Exércitos da Estepe, na reserva, e o Grupo de Exércitos Voronej, de Vatutin, foram liberados para Belgorod. A essa altura, depois de semanas de desgastes, o Grupo de Exércitos de Von Manstein tinha apenas 237 veículos de combate blindados e 175 mil homens; no fim de agosto, estava reduzido a 133 mil. Em 5 de agosto, Belgorod caiu rapidamente em poder do Exército Vermelho, e Stálin ordenou a primeira celebração da guerra em Moscou com uma salva de artilharia de 120 canhões e o céu tomado por fogos de artifício. Apesar de uma nova tentativa de Von Manstein para bloquear o avanço, Carcóvia foi tomada em 23 de agosto, mudando de mãos pela última vez.

Depois de Kursk houve uma virada definitiva na maré da guerra. As operações ao sul de Carcóvia em julho, com o objetivo de distrair Von Manstein de Kursk, progrediram um pouco, mas em meados de agosto o Stavka ordenou aos Grupos de Exércitos do Sudoeste e do Sul que retomassem o oeste de Donbass como um passo inicial para recuperar as regiões industriais da Ucrânia e avançar ainda mais para o oeste, após cruzar o rio Dnieper. Em 30 de agosto, Taganrog foi tomada; em 8 de setembro, Stalino (agora Donetsk); e em 22 de setembro, o Exército Vermelho chegou ao Dnieper ao sul da cidade de Dnepropetrovsk. Seguindo a estratégia de Stálin de atacar em todo o front para não dar ao exército alemão a chance de descansar, o Grupo de Exércitos do Oeste, comandado pelo general Vassili Sokolovski, lançou a Operação Suvorov, em 7 de agosto, visando Smolensk, palco de alguns dos combates mais acirrados de 1941. Foi retomada em 25 de setembro, depois de muita luta feroz num trecho de 240 quilômetros de extensão. Enquanto a frente germânica cedia, Hitler ordenou o estabelecimento de uma *Ostwall* [Linha Oriental], atrás da qual os exércitos alemães poderiam se posicionar para conter a maré. A parte sul recebeu o codinome Wotan e ia de Melitopol, no mar de Azov, a Zaporozhe, uma linha que defendia as matérias-primas e as indústrias de Nikopol e Krovii Rog, que Hitler via (de forma exagerada) como vitais para o prosseguimento futuro da guerra. A parte norte da *Ostwall*, a Linha Pantera, passava ao norte pelos rios Dniester e Desna, até Narva, na costa báltica. O simples comprimento já tornava impossível uma linha efetivamente fortificada, e as tropas ao chegarem só encontraram uma linha no mapa, e não uma posição defensiva firme. As forças germânicas conseguiram se retirar de forma ordenada, mas no fim de setembro Von Manstein já tinha recuado o Grupo de Exércitos do Sul para o outro lado do Dnieper, com suas sessenta divisões reduzidas a uma média de mil homens cada, e apenas trezentos tanques para todo o grupo.[165] No caminho, as unidades receberam ordem para adotar uma estratégia implacável de terra arrasada, destruindo o que pudessem, reduzindo aldeias a cinzas e obrigando homens e mulheres a marcharem com eles como mão de obra escrava. No norte distante, o grupo alemão de Exércitos do Norte, desprovido de homens e equipamento para ajudar mais ao sul, enfrentou uma grande investida soviética com apenas 360 mil homens e sete tanques, mas conseguiu manter um perímetro defensivo que só foi rompido em janeiro de 1944, quando Model, enviado para substituir Von Küchler, recuou para a Linha Pantera, deixando Leningrado por fim livre do cerco de dois anos e meio.

De agosto de 1943 a abril de 1944, o Exército Vermelho lutou quase sem parar em toda a Ucrânia e no leste da Bielorrússia, embora a insistência de Hitler para que Nikopol e Krivoi Rog resistissem, apesar do seu isolamento, enquanto o Exército Vermelho avançava pelo sul e pelo norte, significasse que alguma parte da zona industrial ucraniana permaneceria em mãos alemãs até fevereiro de 1944. No fim de setembro, com as forças soviéticas no Dnieper, Zhukov propôs um ataque aerotransportado para acelerar a tomada de territórios na outra margem do rio. O resultado foi um fracasso total, como ocorreu com tantas operações aerotransportadas durante a guerra, mas cerca de quarenta pequenas cabeças de ponte foram estabelecidas pelos soldados, que tinham sido informados de que os primeiros a atravessar o rio seriam recompensados com o cobiçado título de Herói da União Soviética. Nada menos do que 2438 prêmios foram concedidos, sendo 47 para generais.[166] O Grupo de Exércitos do Sul se mostrou forte o bastante para cercar as cabeças de ponte ao sul de Kiev durante outubro. Mas o Grupo de Exércitos Voronej, de Vatutin — agora com o novo nome de Primeiro Ucraniano por conta da mudança na geografia da batalha —, tinha enviado uma divisão ao outro lado do rio ao norte de Kiev, perto da aldeia de Liutej, para uma área de pântanos e charcos onde os alemães não viam perigo. No mais absoluto sigilo, o Terceiro Exército de Tanques de Guarda foi deslocado para a cabeça de ponte; o tempo ruim impediu o reconhecimento aéreo alemão, enquanto ao sul de Kiev medidas de despistamento foram concebidas para levar Von Manstein a acreditar que ali ocorreria um ataque. Em 3 de novembro, a defesa germânica foi completamente surpreendida quando dois exércitos inteiros saíram do terreno pantanoso.

Kiev foi tomada três dias depois, na véspera da celebração anual da Revolução Bolchevique de 7 de novembro. Em seu discurso comemorativo, Stálin proclamou "o ano da grande virada"; Molotov organizou um suntuoso banquete festivo, tão generoso no álcool que o embaixador britânico caiu em cima da mesa.[167] Kiev foi uma vitória simbólica, como Stalingrado, mas foi apenas parte de um grande avanço em todo o resto da Ucrânia. Ao sul, o Grupo de Exércitos da Estepe (agora o Segundo Ucraniano), de Konev, atravessou o Dnieper para ameaçar Nikopol, enquanto no extremo sul o 17º Exército alemão foi isolado na Crimeia, sem nenhuma perspectiva de resgate. Depois de desgastantes cinco meses de combates, a ofensiva soviética fez uma pausa, com as tropas exaustas pelo esforço, quase sem suprimentos e até mesmo sem calçados. No entanto, no começo da primavera de 1944, o resto do sul da Ucrânia foi enfim reconquistado; Nikopol caiu em 8 de fevereiro, Krivoi Rog, duas semanas depois. Konev alcançou o rio Dnieper e a fronteira da Moldávia em meados de março, e em 7 de abril entrou em território romeno, em Botoşani. Ao norte, Zhukov e Vatutin tomaram Rovno (a antiga capital do Comissariado do Reich na Ucrânia) e Lutsk, palco das grandes batalhas de tanques do verão de 1941, antes de seguir para o sul e chegar aos Cárpatos e à passagem de Jablonica para a Hungria. Esses foram os primeiros do que Stálin chamou de os "dez golpes arrasadores" de 1944.[168]

A ofensiva soviética em 1943 foi gigantesca em escala, do front de Leningrado ao mar de Azov no sul, e teve um alto custo em pessoal e equipamento. Os 6 milhões de soldados do Exército Vermelho lutaram quase sem parar entre julho e dezembro. Desde que os arquivos soviéticos foram abertos, muito se tem falado das deficiências das forças que empurraram o exército alemão: treinamento inadequado em todos os níveis, trabalho de Estado-Maior insuficiente, coleta deficiente de informações de inteligência, táticas desajeitadas, produção militar defeituosa, e assim por diante. Dessa perspectiva, é difícil entender como o Exército Vermelho, rechaçado de forma implacável em 1941 e 1942, foi capaz de inverter a situação de maneira tão dramática. Hoje, a opinião convencional, como disse Boris Sokolov, sugere que o exército alemão foi simplesmente "sepultado sob cadáveres", esmagado pelo imenso número de corpos que o Exército Vermelho pôde jogar sobre ele.[169] Isso reflete uma incompreensão profunda da realidade. Em 1943, as unidades do Exército Vermelho, assim como as alemãs, sofriam com a falta de recursos humanos, depois das colossais perdas de 1941-2. O grupo populacional disponível para o esforço de guerra soviético depois da perda de território era pouco maior do que aquele de que o Eixo dispunha, de cerca de 120 milhões. As forças alemãs precisaram ser disseminadas de forma ampla pela Europa ocupada, mas a maioria das melhores unidades de combate estava no front oriental, enquanto o Exército Vermelho tinha que manter forças consideráveis no Extremo Oriente por causa de uma possível ameaça japonesa. A mobilização soviética foi mais implacável: homens jovens e velhos eram recrutados, além de um número considerável de mulheres; soldados feridos eram devolvidos às unidades de combate o mais rápido possível, enquanto o número de tropas de apoio era menor do que no caso das forças germânicas. No entanto, nem mesmo números ainda maiores teriam garantido alguma coisa, não fosse o esforço contínuo a partir de 1942 para aprender com os próprios erros, melhorar o treinamento e modificar táticas para tentar reduzir perdas. Em novembro, uma Seção para Exploração da Experiência de Guerra foi montada formalmente com o objetivo de processar e disseminar todas as lições necessárias para tornar o combate do Exército Vermelho e da Força Aérea mais eficiente.[170] Ao mesmo tempo, deu-se prioridade à produção em massa de armas, de modo que a escassez de soldados de infantaria treinados pudesse ser atenuada pelo aumento da potência de fogo, do apoio aéreo e da mobilidade, com armamentos que agora se igualavam aos alemães, incluindo os caças La-5, Yak-1b e Yak-7b, e os enormes canhões autopropulsados ML-20 e AU-152. As remessas do Lend-Lease tornaram essa priorização possível, ainda que, na época de Kursk, a ajuda ainda fosse relativamente modesta. Apesar das persistentes deficiências, o aprimoramento gradativo foi suficiente para transformar as forças soviéticas da entidade inepta de 1941 numa formidável máquina de combate, que as Forças Armadas alemãs, apesar da óbvia experiência operacional e da criatividade tática, não conseguiram derrotar.

Em novembro de 1943, Stálin enfim cedeu ao pedido dos Aliados para uma reunião de cúpula, algo que vinha sendo tentado por Churchill e Roosevelt desde o verão. Stálin alegava estar ocupado demais visitando a linha de frente para se encontrar com eles (na verdade, durante todo o conflito, ele só esteve uma vez no quartel-general do Grupo de Exércitos do Ocidente, em 1º de agosto de 1943) e não tinha a menor vontade de encontrá-los em Scapa Flow, como Churchill tinha sugerido. Em vez disso, os três líderes chegaram a um acordo sobre a capital iraniana, Teerã, num país ocupado de forma conjunta por tropas britânicas e soviéticas em 1941. Havia apenas um objetivo importante na reunião, segundo o entendimento de Stálin e de Roosevelt: cimentar um firme acordo segundo o qual os Aliados ocidentais enfim montariam uma grande campanha na França em 1944 para aliviar o front soviético. Em outubro, numa reunião de ministros das Relações Exteriores em Moscou, um prelúdio de Teerã, Cordell Hull atualizou Molotov sobre os detalhes da Overlord, visando assegurar aos soviéticos que os Aliados não os decepcionariam. Para demonstrar boa-fé, no fim de outubro, a Missão Militar dos Estados Unidos em Moscou começou a fornecer ao lado soviético briefings diários dos preparativos para a invasão.[171] Apesar de ter sido forçado a confirmar a Overlord ao se encontrar de novo com Roosevelt em Quebec em agosto, Churchill ainda tinha dúvidas profundas de que fronts simultâneos na Itália e na França fossem "fortes o bastante para as tarefas a eles atribuídas", enquanto os chefes do Estado-Maior britânico viam com cautela a ideia de fazer da Overlord "o pivô da nossa estratégia, em torno do qual tudo o mais gira". Em novembro, antes de partir para a reunião de cúpula, Stimson avisou ao presidente que Churchill "queria enfiar uma faca nas costas da Overlord".[172] Para Roosevelt e Hopkins, ambos com problemas de saúde, a viagem a Teerã era um grande desafio físico, mas a escolha por uma viagem marítima no encouraçado *Iowa* se mostrou uma oportunidade valiosa para os chefes do Estado-Maior Conjunto, que acompanhavam o presidente, chegarem a um acordo unânime de que a Overlord era o "principal esforço terrestre e aéreo dos Estados Unidos e do Reino Unido contra a Alemanha" em 1944, com a campanha italiana não indo além de uma linha de Pisa a Rimini, depois da qual recursos poderiam ser liberados do teatro italiano para uma invasão simultânea ao sul da França, de codinome Operação Anvil. Um documento de trabalho recomendava que não houvesse as distrações nos Bálcãs ou no Egeu defendidas por Churchill. "Amém!", escreveu Roosevelt no texto.[173]

Os dois líderes ocidentais se encontraram primeiro no Cairo, na reunião Sextante, onde convidaram Chiang Kai-shek para discutir a guerra na China. Chiang se sentiu lisonjeado pela atenção, sobretudo porque, depois da reunião em outubro em Moscou, líderes soviéticos tinham sido convencidos de modo relutante a incluir a China como signatária de uma Declaração das Quatro Potências sobre os objetivos de guerra, dando ao país enfim o mesmo status de aliados muito mais poderosos e abrindo caminho para sua futura adesão ao Conselho de Segurança das Nações Unidas.[174] Roosevelt estava ansioso para manter a China na guerra e prometeu a Chiang uma campanha na Birmânia com o objetivo de abrir a rota de abastecimento, caso os britânicos realizassem uma operação anfíbia na baía de Bengala, de codinome Buccaneer, para desviar forças japonesas. Os dois líderes discutiram um fim para o colonialismo e concordaram que depois da guerra o Império Britânico teria que ser desfeito.[175] Roosevelt recusou um encontro privado com Churchill temendo que Stálin suspeitasse da criação de um "bloco" anglo-americano contra ele. O grupo voou em 27 de novembro para Teerã, onde Stálin tinha chegado num voo vindo de Baku, apesar de ter medo de avião. No dia seguinte teve um encontro isolado com Roosevelt, sem Churchill, e recebeu garantias de que haveria uma invasão em larga escala em 1944; a conversa serviu para prevenir qualquer tentativa de Churchill de questionar o compromisso. Quando, no dia 29, Stálin perguntou sem rodeios a Churchill se ele queria a Overlord, o primeiro-ministro foi obrigado a concordar, ciente agora de que era minoria. Apesar de suas dúvidas, não lhe restava muita margem de manobra. No dia seguinte, Roosevelt anunciou terem chegado a um acordo sobre a questão importantíssima do segundo front. "Estou feliz com a decisão", foi a observação lacônica de Stálin.[176] Stálin também aprovou a sugestão americana de uma invasão simultânea ao sul da França e rejeitou propostas britânicas de mais ação nos Bálcãs e no Mediterrâneo oriental por serem "indecisas", como de fato eram. Em outras questões, Roosevelt mais uma vez conseguiu o que queria de Stálin com base na reunião de outubro. Uma ordem internacional no pós-guerra, dominada pelo que Roosevelt chamava de "Quatro Policiais" (os Estados Unidos, a União Soviética, a Grã-Bretanha e a China), foi acertada em caráter provisório, assim como a ocupação conjunta e o desmembramento de uma Alemanha derrotada. Stálin deu a primeira indicação de que se juntaria à guerra contra o Japão depois que Hitler fosse derrotado. Com as decisões tomadas, a comemoração do aniversário de Churchill na embaixada britânica permitiu expressões de amizade. Stálin, um tanto embriagado, fez um brinde ao "meu amigo combatente Roosevelt" e ao "meu amigo combatente Churchill", enquanto Churchill respondeu com um a "Roosevelt, o presidente, meu amigo", mas a "Stálin, o poderoso", um contraste que não precisava de interpretação.[177]

A amizade ficou menos evidente quando Roosevelt e Churchill voltaram ao Cairo para continuar suas conversas sobre a China e o Mediterrâneo. A promessa de ajudar Chiang (que tinha voltado do Cairo poucos dias antes e descoberto que um complô montado contra ele pelos chamados "Jovens Generais" tinha sido sufocado) se tornou para os britânicos um indigesto pomo de discórdia. Já duravam quase um ano as discussões interaliadas sobre uma operação para abrir a Estrada da Birmânia, de codinome Anakim, que os britânicos rejeitavam com persistência.[178] Roosevelt estava decidido a cumprir o compromisso de uma operação na Birmânia para manter a China na guerra, mas depois de três dias de discussões com o lado britânico, que não queria levar adiante nem a Buccaneer, nem Anakim sem que houvesse uma substancial ajuda americana, ele abandonou a ideia. Em 7 de dezembro, Chiang foi informado de que a ação na Birmânia seria adiada até o fim de 1944, o que não o surpreendeu.[179] Surgiram também diferenças a respeito da nova obsessão de Churchill de tomar a antiga colônia italiana de Rodes dos ocupantes alemães ("a maluquice de Rodes", escreveu Brooke em seu diário em outubro), sobre a qual continuou a insistir no Cairo.[180] A posição americana era evitar novos compromissos no Mediterrâneo oriental. Churchill esperava convencer o governo turco a entrar na guerra, e para isso uma operação bem-sucedida no Dodecaneso talvez fosse uma boa isca, mas ao chegar ao Cairo para se reunir com os líderes aliados o presidente turco, Ismet Inönü, se manteve evasivo sobre qualquer mudança na posição de neutralidade do país. O Cairo, tanto quanto Teerã, expôs fraturas no pensamento anglo-americano sobre a estratégia futura da aliança, mas Churchill foi incapaz de conseguir fazer alguma alteração no firme compromisso com a invasão da França. Roosevelt, ao voltar a Washington, disse a Stimson: "Trouxe a Overlord para casa sã e salva".[181]

Teerã e Cairo definiram o próximo ano de operações. Os líderes aliados entenderam que os triunfos de 1943, que tinham eliminado o Império Italiano como inimigo, tornavam provável a derrota de outros impérios do Eixo, mesmo que não houvesse meios de julgar o tempo e os custos necessários para isso. A primavera e o verão de 1944 confirmaram a capacidade aliada de enfraquecer ainda mais a resistência do Eixo numa série de grandes batalhas complexas, e no outono já não havia dúvida sobre a vitória, mas a derrota definitiva da Alemanha e do Japão se mostrava frustrantemente fugidia. Embora uma postura defensiva tivesse sido imposta às Forças Armadas das duas potências do Eixo, com a tecnologia disponível e uma topografia favorável a defesa era capaz de deter e danificar bastante um inimigo dotado de recursos materiais muito mais vastos, em especial uma defesa ativa, quando contra-ataques e ações de desorganização limitados podiam ser usados para aumentar a capacidade dos defensores. As vantagens para os defensores eram muitas. Era possível cavar trincheiras e ocultar artilharia, até mesmo tanques, se não houvesse combustível suficiente para uma guerra móvel. Era difícil localizar ou destruir canhões defensivos escondidos. A criação de um campo de fogo completo, com casamatas e redutos interligados usando metralhadora e morteiro, como a defesa de Betio, tornava extremamente perigosos os avanços da infantaria e dos tanques inimigos. O fogo de morteiro, usando pólvora sem fumaça, era em particular difícil de localizar (quase sempre vindo de uma encosta reversa) e letal. Os morteiros modernos eram leves, fáceis de serem carregados por apenas um homem e capazes de disparar de 25 a trinta bombas por minuto, com trajetória alta e curto alcance, ideais para se defender do avanço inimigo. O Exército britânico ficou tão frustrado com o implacável fogo de morteiro das linhas alemãs que, em agosto de 1944, montou-se um Comitê Contramorteiros para obter aconselhamento científico sobre a forma certa de combatê-los. Radares de ondas estreitas foram explorados, e aparelhos projetados para ajudar a localizar posições de morteiro já estavam disponíveis no outono — ainda que não estivessem amplamente disponíveis —, mas a ameaça do morteiro nunca foi eliminada.[182]

Além dele havia uma grande variedade de armas antitanque, que também podiam ser bem escondidas para uma emboscada. A arma antitanque alemã *Panzerfaust*, fácil de usar e portátil, impôs grandes perdas entre os blindados aliados. Além disso, as minas e o arame farpado, que já eram utilizados desde a Primeira Guerra, eram amplamente usados para fornecer proteção extra. Dois exemplos mostram o quanto um campo defensivo moderno e competente podia ser difícil. A pequena ilha de Peleliu, em Palau, foi atacada em setembro de 1944 e se tornou, para os japoneses, uma batalha subterrânea, travada em quinhentas cavernas e túneis escavados no coral, muitos deles com portas de aço, cobertos com pedras e vigas de ferro, quase todos camuflados de forma hábil. As cavernas abertas a dinamite no coral eram seladas com a artilharia lá dentro, disparando por pequenas fendas. Os canhões e as casamatas tinham sido preparados para criar um campo de fogo para todas as direções, e as vantagens oferecidas pela natureza do terreno eram exploradas ao máximo. A ilha minúscula resistiu de 15 de setembro a 25 de novembro, antes de ser subjugada por completo. A operação foi tão exigente que a Primeira Divisão de Fuzileiros Navais só pôde voltar a combater seis meses depois.[183] Um segundo exemplo da campanha italiana mostra o mesmo nível de preparação defensiva. Antes da Operação Olive, montada pelo Oitavo Exército contra a extremidade da Linha Gótica germânica no Adriático, engenheiros alemães tinham criado uma posição defensiva formidável. Havia 8944 metros de valas antitanque, 72 517 minas antitanque, 23 172 minas antipessoal, 117 370 metros de arame farpado, 3604 abrigos, 2375 postos de metralhadora e 479 unidades de canhão antitanque.[184] O que surpreende não é a lentidão do avanço na Itália, no Pacífico ou no interior da Normandia, mas o fato de que defesas dessa profundidade e letalidade puderam ser superadas. Durante as campanhas de 1944, em especial contra um inimigo em retirada e defensivo, as forças aliadas precisaram aprender a lidar com o que aparecesse desenvolvendo táticas e tecnologias destinadas a neutralizar as vantagens de que um defensor desfrutava e aproveitar ao máximo a crescente ascendência em recursos materiais dos Aliados.

Na guerra na Ásia, até mesmo a postura defensiva foi abandonada durante um tempo quando o exército japonês retomou a ofensiva na Birmânia e na China para evitar uma calamidade estratégica. A ideia de uma campanha renovada na China, depois de um ano em que os exércitos de ocupação japoneses não fizeram quase nada além de realizar incursões punitivas contra forças guerrilheiras chinesas, foi concebida pelo coronel Hattori Takushiro na Seção de Operações do Exército japonês. O "Plano estratégico de longo alcance" exigia a conquista de um corredor ferroviário que ligava a área ocupada pelo Japão na China central à Indochina, a fim de criar uma nova linha de abastecimento que conectava as conquistas do Sudeste Asiático às ilhas japonesas, agora que a rota marítima estava sujeita a um bloqueio americano intensificado. Hattori esperava que isso estabilizasse a guerra e possibilitasse ofensivas renovadas na área do Pacífico até 1946. O objetivo imediato era uma campanha a partir do verão de 1944, de codinome Ichigō-sakusen [Operação Número Um], para tomar as principais rotas ferroviárias nas províncias de Henan, Hebei e Hunan até a fronteira da Indochina. Tōjō aprovou o plano em dezembro, mas recomendou que as ambições fossem reduzidas à captura de bases aéreas americanas na região — uma estratégia mais defensiva do que ofensiva. Hattori e os comandantes locais na China queriam mais que isso e, desafiando Tóquio, começaram em meados de abril de 1944 uma campanha em duas etapas: "Kogō" marcou a primeira fase de consolidação da ligação ferroviária Beijing-Hankou; "Shōkei" foi a segunda fase, que avançou para o sul em direção a Changsha e Hengyang a fim de se unir às forças japonesas que seguiam da Indochina para o norte. O Exército da Área Norte da China e o Exército Expedicionário Chinês utilizaram 500 mil dos 620 mil soldados na China nessas operações, a maior campanha da história do Japão.[185] As forças nacionalistas chinesas em confronto com os japoneses sofriam com uma falta crônica de suprimentos, soldados treinados, instalações médicas e até mesmo uniformes, e havia pouca perspectiva de receberem assistência dos outros exércitos de Chiang, por causa de uma nova tentativa do general Stilwell de abrir a rota de suprimento da Índia para a China.

A Ichigō foi bem-sucedida em todas as fases contra um inimigo enfraquecido e desmoralizado, apesar das longas linhas logísticas necessárias aos japoneses no front e da qualidade inferior dos recrutas de infantaria depois que as divisões experientes foram transferidas para a guerra no Pacífico. Depois de assumir o controle total da ferrovia Beijing-Hankou, em 26 de maio, 150 mil soldados japoneses invadiram a província de Hunan e, até 18 de junho, tomaram a cidade de Changsha, que não tinham conseguido ocupar no começo da guerra. O comandante chinês general Xue Yue contava com apenas 10 mil homens contra uma força sitiante de 30 mil. O alvo seguinte, Hengyang, defendida durante 47 dias por Xue e pelo general Fang Xianjue, caiu em 8 de agosto. O comandante da Força Aérea americana na China, o general Claire Chennault, queria de forma desesperada fornecer mais suprimentos para as tropas chinesas em Hengyang, mas foi instruído por Stilwell "a deixar eles se virarem".[186] A extensão da campanha e a crise que se desenrolava na Birmânia e no Pacífico fizeram o Estado-Maior japonês realizar novas tentativas de encerrar a operação, mas Hattori insistiu para que ela continuasse até mesmo depois da captura de seis bases aéreas americanas. Forças deslocadas do enclave japonês em Guangzhou e da Indochina completaram a tomada de uma rota ferroviária contínua norte-sul. As campanhas custaram ao exército nipônico 23 mil baixas, mas as forças chinesas desfalcadas de Chiang perderam três quartos de 1 milhão de homens.[187]

Uma campanha igualmente ambiciosa contra os Aliados foi planejada na Birmânia pelo 15º Exército nipônico, comandado pelo tenente-general Mutaguchi Renya, que, como Hattori, via a ocupação japonesa do nordeste da Índia não apenas como o meio de erradicar as bases aéreas em Assam, que naquele momento forneciam produtos do programa Lend-Lease para a China pelas montanhas, mas também como a chance de provocar uma revolta antibritânica na Índia e incentivar os Aliados a chegarem a um acordo. Em janeiro de 1944, Tōjō aprovou a Operação Ugō, uma iniciativa mais cautelosa de ocupar uma "zona estratégica no nordeste da Índia em torno de Imphal", no mesmo momento em que uma força anglo-indiana avançava mais ao sul para a região de Arakan, na Birmânia, onde a guarnição nipônica sofreu uma grande derrota no fim de fevereiro. Em 7-8 de março, o ataque às cidades de Imphal e Kohima foi praticado por uma força de três divisões de infantaria e 20 mil voluntários do Exército Nacional Indiano, cujo comandante, Subhas Chandra Bose, queria que sua tropa ajudasse a "libertar" a pátria. Sem transporte motorizado, o exército japonês contava com 12 mil cavalos e mulas e mais de mil elefantes. O comandante britânico, o tenente-general William Slim, foi avisado com antecedência da operação e preparou uma defesa na planície de Imphal. Os 155 mil defensores, apoiados por vastas forças aéreas, suplantavam em termos numéricos os 85 mil homens de Mutaguchi, que careciam de suprimentos, não tinham tanques e contavam com pouco apoio aéreo. O combate foi feroz dos dois lados. Slim se lembraria depois que "ninguém pediu nem ofereceu clemência".[188] Embora Kohima estivesse cercada e sitiada, o abastecimento aéreo manteve a guarnição lutando tanto ali como em Imphal, até que o exército japonês, debilitado por fome, doenças e meses de desgaste, recuasse, sofrendo baixas equivalentes a 70% da sua força. Em 4 de julho de 1944, a Operação Ugō foi encerrada por ordem do quartel-general imperial.[189]

Mais ao norte na Birmânia, Stilwell tinha convencido Chiang, apesar das conclusões da reunião de cúpula do Cairo, a permitir que ele tentasse mais uma vez abrir a Estrada da Birmânia usando tropas chinesas da Força X, treinadas e armadas na Índia, com apoio da Força Y, baseada na província de Yunnan. Chiang relutava em repetir o desastre de dois anos antes, mas Roosevelt enviou uma mensagem incisiva dizendo que se não o fizesse "os Estados Unidos e a China teriam oportunidades limitadas de cooperação futura". Chiang considerou de modo melancólico a possibilidade de a China agora "travar esta guerra sozinha" e cedeu.[190] Em meados de maio, Stilwell chegou à cidade de Myitkyina, onde mais uma vez deparou com uma defesa japonesa obstinada. Quando enfim tropas britânicas, indianas e chinesas forçaram o 33º Exército japonês a recuar para o sul, em agosto, a força de Stilwell tinha sofrido 80% de baixas. Slim continuou a perseguir os japoneses em retirada pela planície de Irrawaddy; Mandalay foi tomada em 20 de março de 1945, e Rangum, uma cidade agora em ruínas após um bombardeio aliado, foi invadida no fim de abril, época em que o Exército Nacional Birmanês, de Aung San, já tinha passado para o lado aliado. As tropas japonesas remanescentes se retiraram para a Malásia. No norte, as Forças X e Y chinesas enfim reabriram a Estrada da Birmânia em fevereiro de 1945 (agora chamada, com pouca justiça, de "Estrada Stilwell"), porém os primeiros suprimentos levaram meses para chegar à China.[191] A defesa da Birmânia foi uma disputa mortal para os japoneses. Dos 303 501 soldados mobilizados em três anos, 185 149 morreram em combate ou vítimas de fome e doenças, um testemunho sombrio da incapacidade do Exército japonês de abastecer as fronteiras do seu império. Em toda a campanha, os mortos britânicos somaram 4037; as tropas da Índia e da África Ocidental, que travaram grande parte da luta, perderam 6599.[192]

Tanto Ichigō como Ugō foram dirigidas em primeiro lugar contra o esforço aéreo americano, para impedir que a Força Aérea dos Estados Unidos apoiasse Chiang e bombardeasse as ilhas japonesas. Mas para o esforço de guerra nipônico o perigo maior estava no Pacífico, onde Nimitz, depois da bem-sucedida tomada das bases nas ilhas Marshall, seguiu em frente para atacar três ilhas nas Marianas — Saipan, Tinian e Guam — perto o bastante do Japão para interromper qualquer tráfego marítimo remanescente e bombardear as ilhas japonesas. A Quinta Frota, de Spruance, agora tinha recursos navais formidáveis. O contra-almirante Marc Mitscher recebeu o comando da Força-Tarefa 58, que incluía quinze porta-aviões e sete encouraçados novos para proteger a força de invasão das ilhas. A diretiva de 12 de março de 1944, emitida pelos chefes do Estado-Maior Conjunto, ordenou a Nimitz que iniciasse as operações em 15 de junho, enquanto no sudoeste do Pacífico o general MacArthur completava a captura do norte da Nova Guiné, para servir de trampolim para uma possível invasão do sul das Filipinas. A fim de acelerar essa operação, MacArthur ordenou às suas forças anfíbias e aéreas que ultrapassassem, sem enfrentar, as guarnições japonesas, que poderiam ser neutralizadas ou destruídas mais tarde. Protegidos pela Sétima Frota do vice-almirante Thomas Kinkaid e com a força anfíbia combinada australiana-americana comandada pelo contra-almirante Barbey, uma série de cinco desembarques anfíbios foi lançada, começando com a tomada das ilhas do Almirantado, onde o porto de Seeadler foi mais tarde usado como base de preparação para as Filipinas. Seguiram-se as operações Persecution e Reckless para montar cabeças de praia em torno do porto de Hollandia, em 22 de abril de 1944. Os três desembarques ocorridos ali não encontraram uma oposição séria, enquanto a interceptação das comunicações japonesas, decifradas numa base australiana montada na pista de corrida de Brisbane, deu às forças de MacArthur a oportunidade de se antecipar aos ataques inimigos ou conhecer de antemão seus planos de reforço.[193] Depois de se consolidar em Hollandia, novas operações tomaram a ilha Wakde, enfim assegurada no dia 25 depois de combates intensos, e em seguida Biak, invadida em 27 de maio. A força da guarnição tinha sido terrivelmente subestimada, e só depois de um mês de luta acirrada é que os aeródromos caíram em poder dos Aliados. No entanto, a ilha só foi pacificada em agosto, com a perda de um quinto da infantaria aliada empregada e quase todos os defensores japoneses. O oeste da Nova Guiné foi desobstruído por forças australianas, e ali bases aéreas foram construídas para o próximo movimento para o norte, com o perímetro sudoeste do Império Japonês totalmente rompido.[194]

A Marinha japonesa entendeu claramente que as Marianas seriam o próximo alvo americano e começou a reforçar a ilha em junho, pouco antes da invasão planejada. O tenente-general Saitō Yoshitsugu tinha 31 629 homens em Saipan, uma guarnição muito maior do que as estimativas da inteligência americana, que sugeriam apenas 11 mil soldados combatentes. Apesar de ainda incompletas, as defesas já estavam prontas para infligir sérios danos. As três divisões de fuzileiros navais e as duas do Exército designadas para a Operação Forager foram postas outra vez sob comando de Richmond Turner e Holland Smith, um total de 127 mil homens transportados para as ilhas por forças-tarefas de 535 navios, capazes de transportar colossais 320 mil toneladas de suprimentos.[195] Saipan seria invadida em 15 de junho, Guam, a antiga base americana, no dia 18, e Tinian em 15 de julho, mas a feroz resistência em Saipan tornou inviável o calendário original. A força de invasão da Segunda e da Quarta Divisões desembarcou em oito praias em 15 de junho, mas sofreu muitas baixas por conta da artilharia vinda de uma série de colinas perto do mar. O apoio de fogo naval intenso não conseguiu destruir posições ocultas de artilharia, e os fuzileiros navais foram vigorosamente alvejados por metralhadoras, morteiros e artilharia pesada. Em 18 de julho, Mitscher levou a Força-Tarefa 58 para longe de Saipan para proteger a invasão de uma frota japonesa que se aproximava, a Força Móvel, comandada pelo vice-almirante Ozawa Jisaburō. Spruance imaginou que a frota inimiga quisesse destruir os navios de desembarque e interromper a operação anfíbia, mas Ozawa viu ali a oportunidade de incentivar um grande engajamento da frota para destruir a Força-Tarefa 58 "com um só golpe".

O equilíbrio de forças era amplamente favorável a Mitscher, ainda que Ozawa tivesse trazido consigo nove porta-aviões e cinco encouraçados, o núcleo do que restava da Frota Combinada Japonesa. Os porta-aviões de Mitscher estavam carregados com novecentas aeronaves, incluindo os modelos navais mais modernos, o Grumman "Hellcat", o Curtis "Helldiver" e o torpedeiro Grumman "Avenger", com tripulações mais bem treinadas do que as nipônicas. Isso era o dobro do que Ozawa tinha à sua disposição, sendo que a perspectiva de reforços de aeronaves japonesas baseadas em terra tinha sido desgastada por uma semana de bombardeios e descargas de metralhadora contínuos por aviões americanos.[196] O resultado do que ficou conhecido como Batalha do Mar das Filipinas foi um desastre para a Força Móvel. Na manhã de 19 de junho, Ozawa despachou duas ondas de aviões num ataque à frota de Mitscher, posicionada para tirar o máximo proveito da inteligência de radar. Das 197 aeronaves enviadas, apenas 58 voltaram. Naquela manhã, de uma terceira onda, 29 de 47 retornaram, mas a quarta e última onda, com 82 aviões, não conseguiu encontrar a frota americana e seguiu para Guam, onde trinta foram abatidos, enquanto quase todos os que restavam se arrebentaram na pista danificada, sobrando apenas nove para retornar aos porta-aviões japoneses. Embora ainda seja difícil chegar a um número exato, pelo menos 330 aeronaves japonesas baseadas em porta-aviões ou em terra foram abatidas no que os aviadores americanos apelidaram de "Grande Abate de Peru nas Marianas". No dia seguinte, os japoneses perderam mais 65 aeronaves de porta-aviões, e os porta-aviões *Shokaku* e *Taiho* foram afundados por submarinos. A frota retornou ao Japão com apenas 35 aeronaves de porta-aviões em condições de operar.[197]

Agora quase sem sofrer ameaça do poderio marítimo ou aéreo do inimigo, a batalha de Saipan se tornou um caso de desgaste diário da força de Saitō, que recuava por cinturões de defesa ao norte da ilha. Em 30 de julho, sem água e comida, e encurralados por um fogo naval implacável, os defensores se prepararam para um último ato. Saitō cometeu suicídio, deixando mais de 4 mil soldados generosamente abastecidos de saquê para conduzirem uma carga *banzai* com as armas que pudessem encontrar ou improvisar. Atrás da primeira onda vieram os feridos e os doentes, com ataduras e muletas, que decidiram morrer com seus camaradas. Durante a noite de 7 para 8 de julho, eles atacaram em massa, com muita gritaria. A primeira unidade americana a ser atacada sofreu 918 baixas, entre mortos e feridos, de um total de 1107. Depois de horas de combate, quase sempre corpo a corpo, havia 4300 japoneses mortos. Dois dias depois, a ilha foi declarada sob controle, mas não antes de centenas de civis se amontoarem nos penhascos para cometer suicídio em massa, esfaqueando ou estrangulando os filhos antes de saltar.[198] Quase todos os defensores japoneses morreram, mas houve 14111 baixas americanas, um quinto da tropa de combate.[199]

A operação contra Guam começou em 21 de julho, depois de treze dias do bombardeio mais longo da guerra no Pacífico. Lutando contra uma defesa mais preparada, ela levou uma semana para estabelecer uma grande cabeça de praia, e a ilha só foi declarada sob controle em 11 de agosto, depois de três semanas de combates intensos que deixaram outros 1744 americanos mortos. Calcula-se que 3 mil soldados japoneses fugiram para a mata, onde alguns ficaram até o fim da guerra. A terceira ilha, Tinian, foi invadida em 24 de julho, mas foi só declarada sob controle em 1º de agosto, com poucas das dificuldades enfrentadas em Saipan ou Guam. A queda da Nova Guiné e em seguida das Marianas foi mais do que os principais estadistas do Japão poderiam perdoar, e em 18 de junho Tōjō foi obrigado a renunciar como primeiro-ministro, frustrado em sua esperança de que uma vitória na Birmânia, na China e nas Marianas convencesse os Estados Unidos a negociarem um acordo de paz.

Àquela altura, estava claro para os líderes japoneses que a aventura imperial da Alemanha também estava condenada. O embaixador Ōshima alertou o Ministério das Relações Exteriores em Tóquio, no começo de junho de 1944, de que "será muito difícil para a Alemanha continuar a lutar a partir de agora", opinião que provocou um temor crescente de que logo o Japão seria a única potência do Eixo ainda em combate contra os Aliados.[200] Nas duas semanas seguintes à mensagem de Ōshima, grandes operações na Europa, tanto no Oeste como no Leste, se revelaram decisivas. O lançamento da Overlord, na manhã de 6 de junho de 1944, enfim fez valer a promessa de Roosevelt que foi confirmada a Stálin em Teerã. Duas semanas depois, em 23 de junho, o Exército Vermelho lançou a Operação Bragation para expulsar o exército alemão da Bielorrússia. As batalhas posteriores não encerraram a guerra, mas selaram o destino da Alemanha.

A invasão pelo oeste parecia mais certa depois da Conferência de Teerã, mas continuou a ser uma questão controvertida no que se referia à escala de risco e às dúvidas persistentes de Churchill sobre sua viabilidade. O planejamento para o ataque começou em abril de 1943, dirigido pelo tenente-general britânico Frederick Morgan, e levou a novas disputas entre os Aliados. Dois lugares possíveis foram explorados, um deles na parte mais estreita do Pas-de-Calais, do outro lado do canal da Mancha; o outro a foz do rio Sena na península de Cotentin, na Normandia; os planejadores americanos preferiam a Normandia, já os britânicos, o Pas-de-Calais. Depois de dois dias de discussões no quartel-general de lorde Louis Mountbatten, chefe das Operações Combinadas, a opção pela Normandia prevaleceu. Em Quebec ("Quadrante"), em agosto de 1943, Morgan apresentou um plano para realizar um ataque estreito com três divisões em maio de 1944.[201] Só depois de Teerã é que o planejamento começou a sério, quando Roosevelt concordou com um comandante supremo para a empreitada. George Marshall queria a chance de comandar em campo, mas Roosevelt hesitou em perder seu conselheiro regular em Washington, e Eisenhower foi escolhido. Ele entregou o comando do Mediterrâneo ao general britânico Henry Maitland Wilson em janeiro de 1944 e levou consigo Montgomery, apesar do relacionamento espinhoso entre eles, para servir como comandante-geral das forças terrestres aliadas, que seriam chamadas de 21º Grupo de Exércitos. Em 21 de janeiro, a nova equipe de comando se reuniu para inspecionar o plano. Um desembarque de três divisões foi considerado fraco demais para ter alguma chance de ser bem-sucedido, e o plano foi alterado para cinco, e mais tarde para seis. O porto de Cherbourg era visto como um alvo essencial, assim como a cidade de Caen, em torno da qual Forças Aéreas aliadas poderiam ficar baseadas. Planejou-se formar uma força de 37 divisões na cabeça de praia, antes de expulsar o exército alemão pela França. Dois outros fatores pareciam essenciais para o sucesso: de início a Ofensiva Combinada de Bombardeiros, acertada em Casablanca, teria que enfraquecer a Força Aérea e a produção de guerra alemãs, o suficiente para reduzir o risco da Overlord; e depois o front italiano teria que ser estabilizado para que tropas e navios pudessem ser levados à Grã-Bretanha para a invasão.

Só no verão de 1943 é que os chefes do Estado-Maior Conjunto fizeram questão de que a ofensiva de bombardeiros se concentrasse em causar danos à Alemanha que poderiam ajudar a Operação Overlord. Planejadores da Força Aérea americana prepararam uma lista com 76 alvos principais, priorizando a indústria aeronáutica germânica, e esse objetivo foi incorporado na Diretiva Pointblank, emitida em 10 de junho de 1943 para o Comando de Bombardeiros e para a Oitava Força Aérea dos Estados Unidos. Solicitou-se que as duas forças aéreas fornecessem relatórios regulares aos chefes do Estado-Maior Conjunto sobre o êxito da campanha de bombardeio, a fim de ajudar a decidir o momento certo para a invasão. Em setembro, os chefes do Estado-Maior Conjunto tornaram o apoio à Overlord a principal prioridade da força de bombardeiros.[202] Os resultados foram inconsistentes. O marechal do ar Arthur Harris, encarregado do Comando de Bombardeiros, insistia que continuar com a estratégia de realizar ataques noturnos a cidades industriais era a melhor maneira de enfraquecer a economia de guerra alemã. Com a Operação Gomorrah no fim de julho e no começo de agosto de 1943, ele empreendeu uma série espetacular de ataques a Hamburgo, resultando na morte de 34 mil civis, mas com pouco efeito sobre as indústrias necessárias à guerra. A Oitava Força Aérea, que só conseguiu uma potência efetiva no fim de 1943, tinha como alvo as indústrias germânicas de rolamentos e aeronaves, mas com taxas de perdas tão altas que em novembro a campanha diurna quase parou e só foi retomada no interior da Alemanha em fevereiro de 1944. Logo após Hamburgo, Harris conduziu um bombardeio contínuo de Berlim durante o inverno de 1943-4, mas esses ataques também provocaram numerosas baixas sem causar nenhum efeito claramente decisivo sobre o poderio aéreo germânico. Harris tinha investido cerca de 2% do seu esforço de bombardeio em fábricas de montagem de caças e recebeu ordem para dedicar mais atenção e recursos a esses alvos.[203] Com provas de que a força de caça germânica crescia de forma consistente apesar do bombardeio, o general Ira Eaker, comandante da Oitava Força Aérea, e, a partir de janeiro de 1944, seu sucessor o brigadeiro-general James Doolittle foram informados de que Pointblank "precisa ser levada até o limite" para degradar o suficiente o poderio aéreo alemão.[204] Naquele mês, o general Carl Spaatz foi nomeado comandante-geral das forças aéreas estratégicas americanas na Europa. Ele estava comprometido com a ideia de que a Força Aérea germânica poderia ser fatalmente enfraquecida não só com a destruição da produção de aeronaves, mas também com o desgaste da força de caça alemã ao tentar deter o fluxo de bombardeiros.

A chave para eliminar a Força Aérea da Alemanha eram os caças de longo alcance. Até os últimos meses de 1943, nenhum esforço tinha sido feito para fornecer escolta de caças para bombardeiros americanos durante o dia sobre solo alemão, mas a constatação de que não havia outra maneira de reverter as altas taxas de perda resultou num programa para instalar tanques extras de combustível em três aeronaves, o P-38 Lockheed "Lightning", o Republic P-47 "Thunderbolt" e o North American P-51 "Mustang". Dos três, o "Mustang" se mostrou o mais bem-sucedido, capaz de voar além de Berlim ou até de Viena. O Oitavo Comando de Caças dos Estados Unidos, comandado pelo major-general William Kepner, não via a hora de usar aeronaves de longo alcance para combater a Força Aérea alemã e permitiu que seus numerosos caças, mais de 1200 no começo de 1944, voassem "freelance", perseguindo caças inimigos quando se juntavam ou subiam para interceptar, e seguindo-os quando voltavam para as bases, onde eram metralhados no chão.[205] O objetivo era não dar a menor trégua à força de caça inimiga. Embora os fluxos de bombardeiros da Oitava Força Aérea, agora priorizando a indústria aeronáutica alemã, sofressem as mais altas percentagens de perda na primavera de 1944 contra a Frota Aérea do Reich reorganizada e comandada pelo coronel-general Hans-Jürgen Stumpff, a hemorragia da força de caças alemã era irreversível. Em fevereiro, um terço dos caças germânicos se perdeu, e até abril esse número chegou a 43%. Como quase quatro quintos de todos os caças agora defendiam o Reich, o resultado foi privar as frentes de combate de aeronaves de reposição. Entre janeiro e junho de 1944, a Força Aérea germânica perdeu 6259 aviões em combate e 3626 em acidentes, reflexo do decadente regime de treinamento dos pilotos alemães.[206] As batalhas aéreas sobre a Alemanha, mais do que os bombardeios, garantiram que haveria a absoluta supremacia aérea quando a Overlord fosse lançada. Em 6 de junho, o dia da abertura da operação, a Frota Aérea 3 germânica no norte da França tinha apenas 520 aviões em condições de operar e 125 caças; os Aliados ocidentais reuniram um total de 12 837 aeronaves, incluindo 5400 caças.[207] "No céu há mais caças-bombardeiros americanos do que pássaros", escreveu um soldado alemão nos primeiros dias da invasão, "[...] a gente nunca vê aeronaves alemãs."[208]

A situação na Itália era menos importante do que destruir o poderio aéreo germânico, mas os chefes do Estado-Maior Conjunto definiram que o objetivo da campanha italiana seria alcançar a linha "Pisa-Rimini", ao norte de Roma, bem antes de começar a Overlord e garantir que o teatro do Mediterrâneo não distraísse a atenção do empreendimento maior, comprometendo recursos humanos e transporte. O impasse na Linha Gustav no fim de 1943 poderia ser aceito, uma vez que as forças alemãs estavam "presas" de todo modo; Kesselring tinha treze divisões no sul da Itália, mais oito no norte. Era Churchill quem insistia, depois de Teerã, em ver "a estagnação na Itália" como uma espécie de mácula no histórico britânico e recomendou mais uma vez que fosse feito um esforço final para alcançar Roma até fevereiro, bem antes da invasão da França.[209] Uma solução, já proposta pelo general Clark, era um desembarque anfíbio atrás da Linha Gustav no fim de 1943 para cortar as comunicações germânicas e talvez avançar pelas colinas Albanas para Roma, enquanto os alemães se retiravam. Eisenhower era contra a ideia, mas Churchill prevaleceu, esperando um desembarque ainda mais ambicioso na foz do Tibre, a uma distância de ataque da capital, embora muito longe da Linha Gustav. Churchill teve que convencer Roosevelt a permitir que embarcações de desembarque suficientes ficassem no Mediterrâneo por mais algumas semanas, para que a Operação Shingle pudesse ser realizada, mas Alexander e Clark insistiam num desembarque mais modesto de duas divisões nas praias de Anzio — perto o bastante da linha alemã para representar uma ameaça, mas também perto das colinas que levavam a Roma.[210] A operação foi planejada rápido demais, e não se pensou muito em como ela se desenrolaria depois do desembarque. O comandante escolhido do VI Corpo Americano, o major-general John Lucas, estava visivelmente pessimista quanto às perspectivas, suspeitando de uma segunda Gallipoli, com "o mesmo amador [...] ainda sentado no banco do técnico".[211] Lucas considerou o ensaio da operação anfíbia "um fiasco" após perder 43 veículos anfíbios e dezenove peças grandes de artilharia no mar. Em 22 de janeiro, o desembarque foi realizado num setor onde havia pouquíssimos soldados alemães. No segundo dia, a força tinha conquistado um front de quarenta quilômetros, momento em que Lucas se entrincheirou em vez de arriscar um avanço mais agressivo na retaguarda germânica. Kesselring emitiu a palavra código de alarme "Richard" para indicar um ataque costeiro e convocou as forças que pôde de Roma e três divisões do norte. Em 2 de fevereiro, com Lucas ainda inerte, o 14º Exército do general Eberhard von Mackensen tinha cercado a cabeça de praia, onde se estabeleceu, impedindo o progresso dos americanos até maio.[212] Lucas foi substituído por um dos seus comandantes de divisão, o major Lucian Truscott, mas isso fez pouca diferença no bloqueio para além de levantar o moral.

O desembarque em Anzio foi um fracasso estratégico, levantando novas dúvidas entre os críticos sobre a probabilidade de a Overlord ser bem-sucedida. Uma tentativa simultânea de romper a Linha Gustav, com o objetivo de se juntar às forças da cabeça de praia, não conseguiu, nas péssimas condições meteorológicas, desalojar os defensores alemães entrincheirados em posição vantajosa em terreno montanhoso. O ponto central da linha era a cidade de Cassino e as altas falésias, dominadas pela abadia beneditina de Monte Cassino. O custo de assumir o controle da cidade e invadir as falésias superava em muito as vantagens de avançar mais pela península. Em fevereiro e março, um Corpo Neozelandês, que incluía a Quarta Divisão Indiana, tentou duas vezes tomar a cidade sem êxito, em parte devido ao bombardeio de obliteração que precedera o ataque e bloqueara todas as ruas com entulho. Em 15 de fevereiro, bombardeiros da 15ª Força Aérea americana despejaram 351 toneladas de bombas na abadia, supondo de forma equivocada que era usada pelos alemães para se defender, e mataram 230 civis italianos que ali se haviam refugiado.[213] A Primeira Divisão de Paraquedistas germânica ocupava as ruínas, onde se manteve até maio. Alexander foi obrigado a repensar a campanha. A Operação Diadem trouxe o Oitavo Exército da costa do Adriático para ajudar a romper o impasse: enquanto as colinas de Cassino eram invadidas, o Quinto Exército de Clark deveria avançar pela costa oeste, e o Oitavo Exército abriria o vale do Liri e forçaria uma mudança de posição na linha alemã para cercar a forças de Kesselring. Havia mais de 300 mil soldados aliados, incluindo um corpo expedicionário francês comandado pelo general Alphonse Juin, e o Segundo Corpo Polonês, comandado pelo tenente-general Władysław Anders. Acreditava-se que a vitória ali impediria o Exército alemão de transferir divisões para enfrentar a Overlord.[214]

A operação por fim foi lançada em 11 de maio, apenas três semanas antes da invasão da França. Dentro de uma semana, o XIII Corpo britânico tinha aberto o vale do Liri, a oeste de Cassino, enquanto Truscott conseguiu enfim sair da cabeça de praia em Anzio. A surpresa foi completa contra uma força alemã desgastada por meses de duros combates nas montanhas; quatro dos principais comandantes germânicos estavam ausentes da batalha, dois para serem condecorados pessoalmente por Hitler. O embate mais acirrado foi pelas colinas que dominavam as ruínas de Cassino. O corpo de exército comandado por Anders abriu caminho encosta acima, lutando contra uma resistência alemã quase suicida e sofrendo pesadas baixas. Em 17 de maio, unidades polonesas estavam logo abaixo da abadia, mas os defensores germânicos, desfalcados e exaustos, começaram a se retirar. No dia seguinte, batedores poloneses encontraram a abadia ocupada apenas por feridos. Uma bandeira da Polônia foi hasteada sobre o prédio arruinado e um corneteiro tocou o *Karaków Hejnal*, o hino nacional polonês. Foi o momento mais simbólico na longa luta dos poloneses contra o inimigo alemão. Poucas horas depois, oficiais britânicos insistiram em adicionar a bandeira do Reino Unido.[215] Kesselring compreendeu que não poderia aguentar o peso da operação aliada e começou a se retirar para evitar ser cercado. Em vez de fechar o cerco, Clark ordenou a Truscott, agora avançando de Anzio, que se dirigisse a Roma, no norte. As forças de Clark entraram na capital italiana em 5 de junho, um dia antes da invasão da Normandia, para grande frustração de Churchill, que se irritou por uma clara vitória britânica não poder ser devidamente celebrada.[216] O exército alemão na Itália não foi de forma alguma aniquilado, como poderia ter sido. O argumento de que a frente italiana ajudou a Overlord é uma questão em aberto. Alexander tinha mais de 25 divisões na Itália, que sofreram 42 mil baixas na campanha para alcançar Roma. Pelo menos parte dessa força poderia ter contribuído para um êxito mais rápido na Normandia e quase decerto teria sofrido menos baixas.

Em Londres, a campanha italiana só importava na medida em que não absorvesse mais embarcações de desembarque essenciais para a Overlord. Mas no fim foi liberado o suficiente para deixar Eisenhower satisfeito. O desembarque ampliado, decidido em janeiro, resultou em novos atrasos, enquanto recursos e o transporte marítimo eram preparados. Em fevereiro, a operação foi marcada para 31 de maio, mas as condições ideais de luz da lua e maré baixa, que facilitariam a travessia e o desembarque, só ocorreriam na primeira semana de junho. Em maio, Eisenhower enfim decretou que 5 de junho seria o Dia D. Para garantir o êxito, era preciso descobrir um jeito de proteger o transporte marítimo enquanto os suprimentos eram levados para terra, pois a captura e a reparação de um porto importante sempre levariam tempo. Decidiu-se construir dois portos artificiais, ou "Mulberries", feitos de concreto e metal, que seriam construídos nos primeiros dias nas praias da Normandia; eles foram rebocados, em partes, no Dia D para serem montados por uma força-tarefa de 10 mil trabalhadores.[217] Era essencial também encontrar um meio de limitar a capacidade do exército de defesa na Normandia de conseguir reforço rápido. Em janeiro, o vice britânico de Eisenhower, o marechal do ar Tedder, recrutou o cientista do governo britânico Solly Zuckerman para planejar o bombardeio de cem pontos essenciais do sistema ferroviário francês a fim de dificultar o movimento de tropas alemãs. O plano foi aprovado por Eisenhower, mas provocou forte oposição. Em abril, Churchill disse ao Gabinete de Guerra que bombardear alvos e matar civis franceses poderia abrir uma "ruptura incurável" entre a França e os Aliados ocidentais. Ambos os comandantes de bombardeiros estratégicos, Spaatz e Harris, alegaram que atacar pequenos alvos ferroviários com bombardeiros pesados era um uso "inteiramente ineficaz" e "antieconômico" de suas forças.[218] Sua recusa em concordar com a campanha enfureceu Eisenhower, que ameaçou renunciar para não ter que lidar com "prima-donas". Eles se recusaram também a ceder o controle ao comandante da força aérea tática de Eisenhower, o marechal do ar Trafford Leigh-Mallory. Desesperado, Eisenhower disse a Churchill que "iria embora" se não conseguisse o que queria.[219] Chegou-se a um acordo que colocava as forças de bombardeiros sob comando direto de Eisenhower, mas permitia que Spaatz continuasse a bombardear alvos aéreos e petrolíferos alemães se a oportunidade surgisse. Roosevelt interveio para insistir que não deveria haver escrúpulos em relação ao bombardeio, e a campanha de cinco semanas, segundo funcionários franceses, reduziu o tráfego ferroviário no norte e no oeste do país para 15% a 10% em relação ao nível de janeiro, porém mais de 25 mil civis franceses foram mortos nos preparativos para a invasão.[220] No fim, os pesados bombardeiros acabaram sendo menos úteis do que os caças-bombardeiros e bombardeiros leves de Leigh-Mallory, que durante poucos dias antes da invasão destruíram 74 pontes e túneis com ataques precisos, isolando o noroeste da França.[221]

O terceiro elemento necessário para o triunfo era o quanto o lado alemão poderia ser enganado sobre o trajeto e o momento do desembarque. Tratava-se aqui de uma perspectiva assustadora, levando em conta o tamanho da força que se reunia no sul da Inglaterra e que chegaria a quase 3 milhões de homens. Um plano de dissimulação foi aprovado em janeiro com o codinome Bodyguard, visando convencer o lado alemão de que Pas-de-Calais era o verdadeiro objetivo da invasão. A chave foi a criação de um "Primeiro Grupo de Exércitos" fictício no sudeste da Inglaterra, colocado de forma ostensiva sob o comando do general Patton, que tinha sido temporariamente posto de lado por agredir um soldado que sofria de uma condição psiquiátrica. Acampamentos e equipamentos falsos, estações de rádio falsas e informações falsas de agentes duplos contribuíram para criar o quadro de que haveria uma força muito maior concentrada em frente a Calais. Em junho de 1944, a inteligência militar alemã estimou que havia oitenta divisões preparadas para invadir, quando na verdade havia apenas 38.[222] A dissimulação funcionou porque correspondia às suposições germânicas. Hitler e os chefes militares imaginaram que a rota mais curta através do canal da Mancha e mais próxima da vulnerável região industrial do Ruhr-Renânia era mesmo o lugar óbvio para a invasão. O homem escolhido para organizar a defesa na França, o marechal de campo Rommel, estava convencido de que Pas-de-Calais era o objetivo principal, mas provas de que haveria uma concentração de forças no sudoeste da Inglaterra o levaram a achar, no fim da primavera, que poderia haver um desembarque diversionário ou secundário na Normandia para testar as defesas germânicas, e que o assalto maior a Pas-de-Calais viria depois. Como resultado, as forças alemãs do Grupo de Exércitos B na França foram divididas entre o 15º Exército, comandado pelo coronel-general Hans von Salmuth, que tinha vinte divisões, incluindo quase todas as unidades motorizadas e blindadas, e deveria defender do Sena à Holanda; e o Sétimo Exército, comandado pelo coronel-general Friedrich Dollmann, com catorze divisões na Bretanha e na Normandia, mas uma única divisão Panzer. A dissimulação foi tão eficaz que apenas em agosto Hitler autorizou a transferência do 15º Exército para conter a maré aliada a oeste.

Havia muito tempo Hitler, que achava que a derrota dos Aliados ocidentais seria a "batalha decisiva", esperava uma invasão. Na Diretiva n. 51, de 3 de novembro de 1943, ele afirmou que uma invasão a oeste era mais perigosa do que o risco a leste e que teria de ser enfrentada num encontro decisivo para acabar de vez com a ameaça anglo-americana. Em março de 1944, segundo Rommel, ele falou aos comandantes alemães com "maravilhosa clareza" sobre sua estratégia a oeste:

> Toda a operação de desembarque do inimigo não deve, em hipótese alguma, durar mais do que algumas horas, ou, no máximo, alguns dias, para o que a tentativa de desembarque em Dieppe pode ser vista como "caso ideal". Depois de um desembarque derrotado, o inimigo não o repetirá em nenhuma situação. Meses seriam necessários [...] para preparar um novo desembarque. Mas isso não só desencorajaria os anglo-americanos de uma nova tentativa, como também daria a impressão desmoralizante de uma operação de desembarque fracassada.

A derrota, continuou Hitler, significaria que Roosevelt não seria reeleito, e Churchill estava velho demais, doente e sem poder para ressuscitar a invasão.[223]

Rommel teve que preparar o campo defensivo nos primeiros meses de 1944, à espera de uma invasão cuja data estava longe de ser certa. A Muralha do Atlântico já existia, mas ainda faltava muito para estar completa. Rommel recebeu 774 mil trabalhadores e 3765 veículos da Organização Todt para construção do império; em 6 de junho, eles tinham construído 12 247 dos 15 mil postos defensivos planejados, instalado meio milhão de obstáculo pelas praias e colocado 6,5 milhões de minas, mas as defesas na costa nordeste eram muito mais fortes do que na

Normandia. Ao longo da costa leste havia 132 baterias costeiras, mas no setor oeste havia apenas 47.[224] As unidades do Exército disponíveis também eram na verdade mais fracas do que sugeria o número de divisões. Muitos soldados eram homens mais velhos ou que se recuperavam de ferimentos, mais aptos para a defesa estática; a idade média nas seis divisões que guarneciam as fortificações da Muralha do Atlântico era 37 anos. Vinte das 58 divisões na França eram, de fato, tropas de guarnição. Havia também uma mescla de nacionalidades, incluindo unidades recrutadas nas estepes russas. Em muitos casos, as tropas ficaram longos períodos quase ociosas; estavam menos bem servidas de equipamento moderno, ou mesmo de armamento padrão, e as divisões costeiras tinham pouquíssimo combustível.[225]

O problema enfrentado em toda guerra anfíbia era decidir entre destruir o desembarque ainda nas praias ou esperar que a cabeça de praia se solidificasse para só então golpeá-la com reservas móveis e, assim, devolver o inimigo para o mar. Rommel era a favor da derrota na costa, usando divisões de defesa costeira apoiadas por reservas mantidas um pouco atrás para serem deslocadas e empregadas quando necessário. O comandante supremo do Oeste, Von Rundstedt, e o comandante das forças Panzer na França, general Geyr von Schweppenburg, prefeririam manter uma grande reserva móvel para ser direcionada para o eixo principal do ataque — nesse caso, a área em torno de Calais, mais adequada para o uso de blindados. Hitler resolveu a disputa com um acordo infeliz: Rommel foi autorizado a manter as defesas costeiras na expectativa de que os Aliados pudessem desembarcar não em um lugar, mas em dois ou até mesmo três, enquanto Von Schweppenburg controlava uma reserva móvel central de quatro divisões Panzer que seriam empregadas onde fosse necessário. O resultado foi que a reserva central não era forte o bastante para ser decisiva, mesmo que pudesse se mover sob constante ataque aéreo e sendo sabotada pela resistência, e a defesa costeira era limitada demais para expulsar os invasores das praias.[226] O timing era essencial para a vitória, mas não havia como saber quando a invasão viria. Tropas eram regularmente postas em alerta máximo até o perigo aparente passar. Intensos bombardeios no nordeste e mais leves na Normandia, uma parte deliberada da dissimulação, sugeriam uma invasão, como era esperado, na costa de Calais. Em maio, quando o tempo bom não provocou nenhuma ação aliada, o alto-comando de Hitler começou a se perguntar se a invasão ocorreria antes de agosto. A súbita deterioração do tempo no começo de junho provocou certo alívio. Rommel foi à Alemanha comemorar o aniversário da esposa, enquanto muitos oficiais superiores no dia crítico da invasão estavam ausentes praticando exercícios de mesa.

Em meados de maio, Eisenhower e Montgomery apresentaram aos comandantes da invasão o plano detalhado. A oeste, no pé da península de Cotentin, o Primeiro Exército do general Bradley invadiria pelas praias "Utah" e "Omaha" com duas divisões; mais a leste, em direção a Caen, o general Miles Dempsey comandaria o Segundo Exército Britânico com três divisões (incluindo unidades canadenses e da França Livre) pelas praias "Gold", "Juno" e "Sword". Seriam apoiados em ambos os flancos por operações aerotransportadas, os britânicos com a Sexta Divisão Aerotransportada, os americanos com a 82ª e a 101ª Divisões Aerotransportadas. Haveria mais de 12 mil aeronaves de apoio e 1200 navios da Marinha fazendo a escolta de mais de 4 mil navios para os desembarques anfíbios. Montgomery esperava tomar em alguns dias Caen e em seguida manter o pivô oriental para o contra-ataque alemão, enquanto as forças americanas invadiam a Bretanha e depois seguiam para Paris e para o Sena; ele planejou que os invasores chegariam a Paris em noventa dias. Nas três semanas seguintes houve um apagão total de informações para preservar a surpresa operacional. As tropas ficaram confinadas em acampamentos, os marinheiros ficaram trancados nos navios, e todo o tráfego diplomático, cartas para o exterior e ligações telegráficas foram temporariamente suspensos. Nos últimos dias, Eisenhower estava irritadiço e taciturno — o "nervosismo do Dia D", anotou seu ajudante —, embora, pensando bem, hoje é difícil entender por que ele teria receio de um possível desastre com forças tão imensas à sua disposição. Alan Brooke foi ainda mais pessimista em seu diário, refletindo que, no pior dos casos, a operação "pode muito bem ser o desastre mais horrível de toda a guerra".[227] A ansiedade foi agravada pela mudança nas condições meteorológicas, que foi o que convenceu Rommel a viajar para a Alemanha. Em três dias de reuniões tensas, Eisenhower interrogou o meteorologista-chefe, John Stagg, sobre as possibilidades. A data original da invasão teve que ser abandonada por causa dos ventos fortes e da chuva, mas na noite do dia 4 Stagg anunciou que o tempo melhoraria em um dia, o suficiente para justificar os riscos. Eisenhower avaliou com cuidado a decisão e fez a famosa declaração "O.k. Vamos em frente". As frotas zarparam no dia seguinte para invadir nas primeiras horas de 6 de junho.[228]

O elemento surpresa foi, de fato, quase total. A ideia da Normandia como distração fez com que os comandantes alemães tivessem dificuldade de entender se aquilo era a invasão total ou não. Hitler só foi informado da ação ao meio-dia e ficou evidentemente aliviado porque a tensão da espera tinha passado. O desembarque, disse ele ao seu Estado-Maior, foi "exatamente onde esperávamos!".[229] A resistência foi desigual, e mais acirrada e perigosa na praia de "Omaha" (todos os detalhes da fase anfíbia são discutidos no cap. 5), mas no fim do dia 132 450 soldados estavam em terra, apoiados por equipamento pesado e milhares de toneladas de suprimentos. Rommel contra-atacou com a 21ª Divisão Panzer no fim da tarde, mas a reserva blindada de Von Schweppenburg foi detida pelo poderio aéreo aliado, como Rommel já sabia que seria. Em 7 de junho, as cabeças de praia se interligaram, e, no dia 11, a área de segurança já tinha 326 mil soldados, 54 mil veículos e 104 mil toneladas de suprimentos.[230] Bayeux foi tomada em dois dias, mas o objetivo de Montgomery de ocupar Caen rápido foi frustrado por uma defesa improvisada. Na Operação Perch, lançada no dia 13 e destinada a capturar a cidade de Villers-Bocage e seguir para Caen, uma fina linha alemã infligiu uma grave derrota à Sétima Divisão Blindada, e a linha de frente se solidificou.

Pouco antes da invasão, no OKW, Jodl tinha previsto que a luta mostraria a diferença de ânimo entre "o soldado germânico ameaçado com a destruição de sua pátria e os americanos ou ingleses, que até agora não sabem direito por que estão lutando na Europa". Os soldados alemães de fato lutaram com inesperado vigor, mas, para muita gente, a disputa era finita. "Foi uma luta como no século passado", lembrou um *Panzergrenadier*, "como o homem branco lutando contra os índios."[231] As unidades regulares do Exército conseguiram estabelecer uma linha defensiva mantida de forma débil, enquanto Rommel trazia divisões da reserva. Os exércitos aliados lutaram contra o terreno, que favorecia os defensores — bosques, colinas, caminhos estreitos e sebes altas, a região do Bocage. Era fácil preparar emboscadas, e franco-atiradores contavam com uma cobertura generosa. Mesmo com o poderio aéreo dominante, que impedia a movimentação diurna germânica, exceto nos dias mais nublados, foi difícil superar as táticas defensivas da Alemanha. "O verdadeiro alemão 'nazista'", escreveu um soldado canadense, "luta até o fim e não está para brincadeiras. É jovem, duro e muito fanático."[232]

Apesar das muitas vantagens, o avanço era tão lento que no quartel-general de Eisenhower se temia a repetição do impasse de trincheiras da Primeira Guerra Mundial. O único êxito inicial veio quando Bradley avançou na península de Cotentin para tomar Cherbourg. As quatro divisões da península foram isoladas do restante da linha germânica e a defesa entrou em colapso. Em 22 de junho, forças americanas em terra, apoiadas por um bombardeio naval, iniciaram o cerco do porto. Hitler ordenou ao comandante da guarnição, o tenente-general Karl-Wilhelm von Schlieben, que resistisse a todo custo e até o último homem, mas no dia 26 o comandante se rendeu, apesar de parte da guarnição resistir durante mais cinco dias. Hitler esbravejou contra o "porco indigno" que se rendeu em vez de morrer. Ele já tinha quase desistido da ideia de repelir os invasores para o mar e ordenou a Rommel, em 29 de junho, que contivesse o inimigo "por meio de pequenos combates".[233] Insatisfeito com o jeito de Von Rundstedt conduzir a batalha, Hitler o substituiu pelo antigo comandante do Grupo de Exércitos do Centro, o marechal de campo Von Kluge.

Mais a leste, os exércitos de Montgomery foram bloqueados ao norte de Caen. Sob tempo ruim, Rommel conseguiu avançar quatro divisões Panzer, trazidas para fortalecer a defesa, e entre 29 de junho e 1º de julho lançou um contra-ataque no front de Caen, que só foi rechaçado com fogo intenso de artilharia. No começo de julho Eisenhower estava "fervendo de raiva" ao visitar o front, frustrado com o que lhe parecia excesso de cautela por parte de Montgomery, mas, depois de Cherbourg, o Grupo de Exércitos de Bradley teve a mesma dificuldade para avançar num campo inadequado para a guerra rápida e móvel. Em 8 de julho, Montgomery enfim lançou um ataque total às posições alemãs, a Operação Charnwood, mas Rommel já tinha recuado para uma zona defensiva devidamente preparada, com dezesseis quilômetros de profundidade ao sul de Caen, dominada pelo terreno montanhoso de Bourguébus, onde 78 canhões antiaéreos e destruidores de tanques de 88 milímetros tinham sido instalados. Em 13 de julho, Montgomery planejou uma grande investida, a Operação Goodwood, para imobilizar e destruir blindados alemães e ajudar Bradley a avançar mais para o oeste: "Todas as atividades no flanco leste", dizia um relatório enviado a Brooke, "têm por finalidade ajudar as forças no oeste".[234]

A Operação Goodwood se estendeu durante três dias de intensos combates, durante os quais tropas britânicas e canadenses abriram caminho através das três primeiras linhas de defesa, até serem detidas pela artilharia antitanque posicionada em terreno elevado. Em 20 de julho, uma forte chuva transformou o solo em lama e Montgomery encerrou a operação. Mesmo assim o objetivo de desgastar os defensores germânicos foi alcançado, a um custo considerável. No dia seguinte ao fim da batalha, Von Kluge disse a Hitler que "está chegando a hora em que esta frente já tão sobrecarregada vai quebrar". Até então, as unidades alemãs tinham perdido 2117 blindados e 113 mil soldados, incluindo Rommel, ferido por um tiro de metralhadora num ataque de aeronaves aliadas. As forças aliadas sofreram severas perdas em tanques, mas no fim de julho ainda tinham 4500, contra um total de 850 tanques alemães. A essa altura, mais de 1,5 milhão de homens e 330 mil veículos já tinham sido levados para a cabeça de praia.[235] A frustração de Eisenhower era compreensível, mas Montgomery atingiu seu objetivo. No fim de julho, havia seis divisões Panzer com 645 tanques no eixo leste ao sul de Caen, porém do lado oposto do grupo de Bradley, renomeado 12º Grupo de Exércitos, havia apenas duas, com 110 tanques em condições de uso. Foi ali, em 25 de julho, que as quinze divisões de Bradley, apoiadas agora pelo Terceiro Exército americano comandado por Patton, iniciaram a Operação Cobra, uma ruptura que enfim destruiu o frágil escudo que impedia o avanço aliado. Nessa fase, as 25 divisões que enfrentavam os Aliados estavam desgastadas por semanas de atrito com poucos reforços. Pelo menos onze delas já eram consideradas inaptas para combate, enquanto a mobilidade tinha sido praticamente reduzida a cavalos — fatos que incentivaram Hitler a ordenar que as tropas se mantivessem firmes em suas posições, uma vez que uma retirada móvel para uma linha defensiva mais longa no leste da França já não era possível.[236]

Dessa vez, o colapso alemão no setor ocidental do front foi rápido, completo. Depois de receber o ataque de 1500 bombardeiros pesados no começo da manhã, os defensores, aturdidos, foram dominados. Colunas americanas de blindados, até então empacadas no Bocage, agora usavam escavadeiras e tanques Sherman com "dentes" de aço (apelidados de "Rinocerontes") para atravessar sebes e pomares, enquanto forças germânicas confinadas às rodovias eram metralhadas e bombardeadas por caças-bombardeiros americanos. A cidade de Coutances foi tomada em dois dias de meia dúzia de divisões de infantaria destroçadas, e Bradley seguiu então para a cidade bretã de Avranches, avançando quarenta quilômetros em 36 horas. O exército de Patton estava agora plenamente mobilizado, e ele acelerou para ocupar toda a Bretanha, forçando as seis divisões germânicas que ainda estavam lá a se retirar para os portos de Brest, St. Nazaire e Lorient, que Hitler tinha declarado "cidades-fortalezas". Patton seguiu para leste rumo a Paris e ao Sena, quase sem encontrar forças germânicas que obstruíssem o caminho. Os comandantes alemães perceberam que todo o Grupo de Exércitos B corria o risco de ficar cercado, mas Hitler ordenou a Von Kluge que organizasse um contra-ataque na ruptura em Avranches. Com cinco divisões Panzer debilitadas e quatrocentos tanques, Von Kluge teve que organizar uma operação saindo da área em torno de Mortain para interromper o avanço de Patton. Avisado pela inteligência Ultra, Bradley implantou uma linha defensiva antitanque.

A operação alemã começou na noite de 7 de agosto, mas foi paralisada por um ataque aéreo implacável e, em um dia, estava de volta à linha de partida, ameaçada em ambos os flancos.[237] Em volta de Caen, o movimento de divisões Panzer para atacar Mortain enfraqueceu fatalmente o front. Em 8 de agosto, Montgomery resolveu partir para uma ofensiva geral, e em dois dias estava perto da cidade de Falaise, atrás do front alemão. Para fechar o cerco, Patton recebeu ordem de enviar parte do Terceiro Exército para o norte, e no dia 11 chegou a Argentan, a apenas 32 quilômetros dos canadenses que se aproximavam de Falaise, onde parou. Quando a pinça se fechava, Hitler demitiu Von Kluge e o substituiu por Walter Model, convocado de volta do Leste, mas já estava claro que o desastre era inevitável. Model ordenou ao que restava do Sétimo Exército que fugisse pela "Abertura de Falaise", mas 21 divisões foram destruídas, incluindo sete Panzer e duas de paraquedistas.[238] Milhares escaparam, deixando para trás grande parte do equipamento pesado e milhares de veículos; misturados a cadáveres e cavalos mortos, canhões e caminhões bloqueavam as estradas em pilhas confusas. Eisenhower visitou o caos dois dias depois: "Era possível, literalmente", escreveria mais tarde, "andar centenas de metros pisando apenas em carne morta e em decomposição".[239]

Enquanto as forças germânicas fugiam para leste tentando evitar a captura, Patton avançava quase indefeso por um campo para chegar ao Sena em Mantes--Gassicourt, a noroeste de Paris. Uma ala sul do Terceiro Exército atravessou o Sena ao sul de Paris, e em 25 de agosto estava a apenas cem quilômetros da fronteira alemã. Soldados germânicos em pequenos destacamentos lutavam com dificuldade para atravessar o rio, com o uso de balsas improvisadas ou até mesmo a nado. "Ganhamos terreno rapidamente", escreveu um soldado em uma carta para a família, "mas na direção errada."[240] Do outro lado do Sena, Model só conseguiu juntar quatro divisões fracas, com 120 tanques, contra uma investida de quarenta divisões aliadas. A essa altura, uma segunda operação de desembarque tinha ocorrido na costa francesa do Mediterrâneo contra o Grupo de Exércitos G, comandado pelo coronel-general Johannes Blaskowitz. A Operação Anvil [Bigorna], que levava esse nome no plano inicial aliado como contraponto do "martelo" da Normandia, deveria ocorrer junto com a Overlord, mas a escassez de lanchas de desembarque e a longa luta na Linha Gustav forçaram o seu adiamento. Churchill se opunha de forma vigorosa à sua retomada, pois esperava que a captura de Roma permitisse que Alexander fosse rápido para o nordeste da Itália, ameaçando até mesmo seguir para Viena — fantasia que Alexander chegou a compartilhar. Na verdade, forças deveriam ser transferidas da Itália, incluindo as quatro divisões francesas e 70% das forças aéreas táticas, para apoiar a renomeada Operação Dragoon, que tinha por objetivo desembarcar na costa da Provença e respaldar a ruptura na Normandia. Irritado com a decisão, Churchill disse aos chefes do Estado--Maior que "a combinação Arnold, King e Marshall é uma das equipes estratégicas mais estúpidas já vistas", embora um avanço para Viena, mesmo com forças reforçadas, fosse mais uma prova do quanto Churchill se afastara da realidade estratégica.[241] As forças alemãs no sul da França ficaram bastante enfraquecidas com a transferência de unidades para a Normandia, e sem dúvida eram um alvo mais fácil do que os exércitos de Kesselring em retirada ao norte de Roma. Como no caso da Overlord, havia incerteza sobre o lugar e o momento que ocorreria o desembarque aliado no Mediterrâneo. Mesmo após comboios de soldados serem avistados passando a oeste da Sardenha, em 12 de agosto, o OKW achava que o golfo de Gênova era o destino mais provável. Blaskowitz fez preparativos limitados para se o inimigo desembarcasse na costa sul da França, mas em meados de agosto ainda faltava muito para que ficassem prontos.[242]

A Dragoon foi aprovada pelos chefes do Estado-Maior Conjunto em 2 de julho, para ser lançada em 15 de agosto, o dia em que as hastes da pinça supostamente se fechariam em Falaise. A operação foi confiada ao Sétimo Exército americano, do tenente-general Alexander Patch, tendo à frente o VI Corpo de Exército, comandado por Truscott, veterano de Anzio. No dia seguinte ao desembarque, um corpo de exército da França Livre, comandado pelo general Jean de Lattre de Tassigny, com sete divisões, deveria tomar a base naval de Toulon e o importante porto de Marselha. O desembarque contou com vasto apoio naval, incluindo cinco encouraçados, nove porta-aviões e 24 cruzadores, respaldados por mais de 4 mil aeronaves da Força Aérea do Mediterrâneo. Churchill chegou num destróier para testemunhar o que ainda via como uma "operação bem conduzida, mas irrelevante e separada".[243] Os desembarques, incluindo uma operação com paraquedistas, ocorreram em trechos da costa provençal entre Toulon e Cannes, onde o Eixo não esperava e que eram defendidos apenas por um regimento de Panzergrenadier. Em quase todas as praias de desembarque houve uma resistência simbólica, e o avanço para o interior foi ordenado de imediato. O quartel-general do Grupo de Exército G reagiu com lentidão, sem saber ao certo se era um grande desembarque ou apenas um ataque com força substancial. A 11ª Divisão Panzer ficou presa do lado errado do rio Ródano, com todas as pontes destruídas pela interdição aérea, e não pôde ser usado para conter a cabeça de praia. No fim do primeiro dia, havia 60 150 soldados e 6737 veículos em terra, e a cabeça de praia foi logo ampliada.[244]

O quartel-general de Hitler enfim reagiu ao risco bastante real de todo o front na França entrar em colapso e mandou o 19º Exército, que controlava a costa sul, se retirar, em nítido contraste com a insistência de Hitler de que tudo precisava ser mantido. Junto veio a exigência de adotar uma política de terra arrasada durante a retirada do exército pelo vale do Ródano e fazer reféns todos os homens franceses em idade militar, mas isso se mostrou impossível. Blaskowitz só recebeu a ordem de Hitler dois dias depois, porque as comunicações tinham sido interrompidas; nas semanas seguintes, sob constante ataque aéreo, ele habilmente retirou suas forças pelo vale até uma posição defensiva entre a fronteira suíça e a Alsácia. Forças francesas libertaram Toulon e Marselha, enquanto as divisões americanas alcançaram Grenoble em 23 de agosto e depois se juntaram ao Terceiro Exército de Patton, renomeado Sexto Grupo de Exército e comandado pelo tenente-general Jacob Devers. Em 20 de agosto, o governo de Vichy foi evacuado às pressas por forças de segurança germânicas para Sigmaringen, perto do lago de Constança, no sul da Alemanha, para evitar a captura. Cinco dias depois, por insistência de De Gaulle, Paris foi ocupada por forças francesas comandadas pelo general Philippe Leclerc, embora libertar a cidade não estivesse entre as intenções de Eisenhower. O Comitê de Libertação Nacional, chefiado por De Gaulle, chegou para estabelecer um novo regime francês num país que em menos de três meses de conflito se livrou quase por completo do inimigo alemão.[245]

A campanha na França foi um desastre para as forças germânicas. Cerca de 265 mil foram mortos ou feridos, e estima-se que 350 mil tenham sido feitos prisioneiros. Quase todo o equipamento foi perdido na pressa da retirada. O êxito da invasão aliada, que tanto preocupara Eisenhower, Brooke e Churchill, não é difícil de explicar. O poderio aéreo avassalador; as marinhas dominantes, que permitiram aos Aliados montar operações anfíbias complexas; e forças terrestres generosamente abastecidas, exceto por breves momentos de crise logística — tudo isso criou um ambiente favorável a operações eficientes. O resultado era previsível, apesar da habilidade tática com que os soldados alemães continuaram a defender posições insustentáveis. Se Hitler tivesse ordenado antes uma retirada para uma posição defensiva preparada na fronteira alemã, a debandada talvez pudesse ter sido evitada, mesmo com a França já perdida. O custo para os Aliados foi, no entanto, bem alto. Até o fim de agosto, os Aliados tinham sofrido 206 703 baixas, mais da metade delas dos Estados Unidos.[246] A operação na Normandia e a destruição do Grupo de Exércitos B foram o ponto alto das conquistas anglo-americanas durante a guerra. Na Alemanha, o moral público despencou com as notícias do front. "Ninguém acredita mais em vencer a guerra", dizia um relatório policial da Baviera, "pois, para todo lado, nos teatros de guerra, há retiradas. O moral da população é, por isso, tão ruim quanto se pode imaginar."[247]

Enquanto os Aliados ocidentais ainda estavam confinados na cabeça de praia da Normandia, o Exército Vermelho começou uma das maiores e mais decisivas operações da guerra. A Operação Bagration, cujo nome era uma homenagem de Stálin a um general também georgiano, herói da guerra contra Napoleão, foi lançada de forma plena em 23 de junho, apesar de ataques nas zonas germânicas de retaguarda na Bielorrússia terem começado dois dias antes. Embora Stálin gostasse de fingir que a ação tinha sido programada para ajudar os Aliados, que pareciam atolados da região do Bocage, a operação contra o Grupo de Exércitos do Centro do marechal de campo Ernst Busch, a última força significativa em território soviético, tinha sido montada meses antes como parte de uma série de ataques por todo o vasto front, começando com uma ofensiva contra o exército finlandês no istmo da Carélia, que começou em 10 de junho, até grandes operações no sul, na Romênia e nos campos petrolíferos de Ploieşti, iniciadas em 20 de agosto. Era um empreendimento colossal, que refletia a crescente confiança e força material do Exército Vermelho. Para o lado alemão, com um exército dividido entre fronts no oeste, no sul e no leste, era essencial adivinhar de forma correta onde cairia o principal peso da ofensiva soviética no verão. Dado o êxito que o Exército Vermelho tinha tido no sul da Ucrânia, supunha-se que o inimigo se concentraria no sul e no eixo romeno. Gehlen, o chefe da inteligência do Exército no Leste, repetiu seus fracassos anteriores de inteligência ao prever que o Grupo de Exércitos do Centro poderia esperar "um verão tranquilo" — um dos erros mais absurdos da guerra.²⁴⁸ As forças germânicas eram mais fortes no sul e mais fracas no centro, uma posição que convinha com exatidão aos planos soviéticos.

O erro de julgamento alemão foi agravado por um complicado plano de dissimulação para mascarar a intenção de demolir o Grupo de Exércitos do Centro. Apenas cinco pessoas conheciam toda a operação — Zhukov, Vasilevski, seu vice Alexei Antonov e dois planejadores operacionais —, e eles foram proibidos de mencionar "Bagration" fosse por telefone, por carta ou pelo telégrafo. Nenhuma data foi marcada até que os preparativos estivessem prontos, mas todo o front oposto ao Grupo de Exércitos do Centro ficou ostensivamente na defensiva, cavando trincheiras e bunkers, enquanto mais ao sul foi montado um exército fantasma de tanques, acampamentos e parques de artilharia falsos, defendido por artilharia antiaérea ativa e patrulhado por aviões de combate para conferir maior realismo. O reforço dos grupos que lançariam a ofensiva, Primeiro, Segundo e Terceiro Grupos de Exército Bielorrussos, junto com o Primeiro Grupo de Exércitos Báltico, foi feito em sigilo absoluto. Em julho, havia 1 milhão de toneladas de suprimentos e 300 mil toneladas de combustível disponíveis, parte disso fruto dos suprimentos do programa Lend-Lease, que atingiram o auge em 1944.²⁴⁹ A dissimulação foi um fator importante, mas o notável êxito da Bagration, executada por grandes sistemas fluviais e por um campo que estava longe de ser ideal para uma movimentação rápida, contra um Grupo de Exército germânico que tinha desafiado diversos ataques desde o outono de 1943, deveu-se em grande parte a uma mudança de abordagem operacional. Dessa vez, o Exército Vermelho fez o que os alemães tinham feito com sucesso em 1941, avançando com pesadas pontas de lança no interior do front inimigo para cercar forças germânicas e desorientar os defensores. Busch tinha 51 divisões enfraquecidas, com 480 mil homens (embora apenas 166 mil fossem soldados regulares de combate), e Hitler havia ordenado que ele mantivesse as "cidades-fortaleza" na Bielorrússia — Mogilev, Orsha, Vitebsk, Bobruisk — como elementos de uma linha de defesa estática, contra a qual esperavam o custoso ataque frontal soviético de costume. Não havia divisões Panzer, apenas 570 veículos de combate blindados, porque um ataque era esperado no sul, onde o Grupo de Exércitos Norte da Ucrânia, de Model, tinha oito divisões Panzer. O front era apoiado por 650 aviões, mas com apenas 61 caças, pois eles agora defendiam o Reich ou combatiam na França. A força defensiva era tão fraca que cada quilômetro de front era mantido por em média cem homens.²⁵⁰ Os Grupos de Exército Soviéticos eram compostos de 166 divisões de fuzileiros, cavalaria e blindados, um total de 2,4 milhões de homens e mulheres, com 31 mil peças de artilharia, 5200 tanques e canhões autopropulsados e 5300 aviões, embora nem tudo tenha sido usado no ataque inicial.²⁵¹

Essa força ampla foi desencadeada na manhã de 23 de junho, começando no norte do saliente e avançando devagar para o sul nos dois dias seguintes. Tanques especiais com arado de minas foram despachados por campos minados, seguidos no escuro da madrugada por infantaria, tanques e artilharia, trabalhando juntos. Sinalizadores iluminavam a frente, enquanto holofotes ofuscavam os defensores; à medida que a defesa germânica vinha abaixo, forças mecanizadas avançavam pelas brechas para explorar as rupturas e seguir rápido, dessa vez com ordens de deixar que os bolsões de resistência fossem eliminados pelo avanço da infantaria. A ação desmentiu todos os preconceitos que os alemães tinham tido no passado sobre as operações previsíveis e desajeitadas do Exército Vermelho. As "cidades-fortaleza" foram logo cercadas, sendo que o alto-comando germânico negou aos seus comandantes a oportunidade de se retirarem. Vitebsk caiu em 26 de junho, Orsha um dia depois, e Mogilev e Bobruisk nos dois dias seguintes. Blindados soviéticos avançavam a uma velocidade surpreendente, considerando as dificuldades do terreno, e viraram para oeste e passaram por trás de Minsk, a capital bielorrussa, que caiu em 3 de julho, prendendo o Quarto Exército alemão num grande cerco. Em 29 de junho, Model, o apagador de incêndios militares de Hitler, substituiu Busch como comandante do Grupo de Exércitos do Centro, mas percebeu que não havia nada a fazer além de recuar da maneira mais organizada possível. Em duas semanas, um rombo de quatrocentos quilômetros de largura e quase 160 quilômetros de profundidade tinha sido aberto no front germânico, e mais de 300 mil soldados alemães foram feitos prisioneiros. A imprensa soviética comentou o lento progresso dos Aliados no Ocidente em tons que, segundo um jornalista britânico em Moscou, eram ao mesmo tempo "críticos e condescendentes".[252] O contraste era evidente enquanto o Exército Vermelho perseguia um inimigo que se retirava de forma desordenada para escapar da perspectiva de captura, como o exército alemão faria na França um mês depois. O Terceiro Grupo de Exércitos Bielorrusso avançou para a Lituânia, tomando Vilnius em 13 de julho e Kaunas em 1º de agosto. Unidades avançadas do Grupo de Exércitos do Báltico alcançaram o golfo de Riga no começo de agosto, isolando temporariamente o Grupo de Exércitos do Norte do que restava do Grupo de Exércitos do Centro. O avanço desacelerou e parou no fim de agosto, a mais de 480 quilômetros de onde havia partido em junho, na mais bem-sucedida de todas as grandes operações soviéticas.

Mais coisa aconteceria conforme as ofensivas tinham início mais ao sul, quando ficou evidente que a Bagration tinha sido um sucesso. Em 8 de julho, Stálin e Zhukov planejaram duas investidas na Polônia, a primeira pelo Primeiro Grupo de Exércitos Ucraniano (agora comandado por Konev), em direção a Lvov e Brody, lançada em 13 de julho; uma segunda operação foi realizada pela Primeira Frente Bielorrussa de Rokossovski, visando Brest e depois o rio Vístula, que passava por

Varsóvia, a capital polonesa. Konev, a caminho de Lvov, progrediu devagar sob terríveis condições meteorológicas, mas em 16 de julho a linha alemã foi penetrada, e o general Pavel Rybalko moveu o Terceiro Exército de Tanques da Guarda por um corredor estreito, sob fogo cerrado. A penetração funcionou, como tinha ocorrido em Minsk, e oito divisões germânicas foram cercadas na região de Łódź; Konev avançou para tomar Lvov em 27 de julho e alcançar o Vístula, onde uma grande cabeça de ponte foi estabelecida em Sandomierz. Rokossovski também foi bem-sucedido, avançando contra uma frente que se desintegrava, enquanto a Bagration atraía forças alemãs para o norte. Lublin foi tomada em 24 de julho; Brest, na fronteira soviética, quatro dias depois. O grupo de exércitos correu para o rio Vístula, onde chegou no dia 26, e em seguida seguiu para o norte, a fim de ocupar a margem oriental do rio em frente a Varsóvia. Outras tentativas de atravessar os rios Narev e Vístula foram rechaçadas por uma linha germânica que ressurgiu numa frente mais estreita e fácil de defender, graças mais uma vez a Model, pouco antes de ele ser transferido para a França. Restava a ofensiva final em direção aos Bálcãs, lançada contra o que àquela altura era um front alemão bastante enfraquecido, depois de doze divisões serem transferidas (incluindo seis divisões Panzer) para ajudar mais ao norte. De 20 a 29 de agosto, o Grupo de Exércitos Sul da Ucrânia sofreu um colapso quase total, com a perda de 150 mil soldados e a destruição do Sexto Exército, reconstituído depois do desastre em Stalingrado e agora mais uma vez vítima de um cerco.[253] Em 23 de agosto, o governo do marechal Antonescu foi derrubado, e o Exército romeno buscou um armistício. As vitórias soviéticas de junho a agosto fizeram parceiros e cobeligerantes da Alemanha no Eixo abandonarem um esforço de guerra falido enquanto ainda era possível.

Em quase todos os casos, os parceiros da Alemanha já previam a derrota germânica e procuravam, pelo menos a partir de 1943, encontrar um jeito de se desvincular de um compromisso que estava claro que seria punido pelos Aliados. O governo finlandês foi pressionado pelos Aliados para parar de combater, mas havia um medo — bastante real — de que a Finlândia, como a Itália e a Hungria, fosse ocupada pela Alemanha, que tinha 200 mil soldados no extremo norte do Ártico. Com o triunfo inegável da Bagration, o governo finlandês enfim decidiu correr o risco de abandonar a guerra. O marechal Mannerheim assumiu a função de chefe de Estado e, em 5 de setembro, as forças do país desistiram do conflito. O armistício com a União Soviética (e com a Grã-Bretanha, que tinha declarado guerra em dezembro de 1941) exigia que os finlandeses devolvessem todo o território anexado depois da primeira guerra soviético-finlandesa, em 1940, e cedessem uma base militar perto de Helsinque, mas Stálin não queria ocupar o país, por isso insistiu que os finlandeses expulsassem os alemães, o que começou a ser feito em outubro, de início seguindo a retirada de longe, mas, depois de testemunharem a política germânica de terra arrasada na Lapônia, com violência militar.[254] Líderes romenos também tinham contatado em segredo os Aliados ocidentais, mas foi o impacto súbito da invasão do Exército Vermelho, responsável por demolir a linha de defesa romena em três dias, que acelerou a decisão do rei Miguel de prender Antonescu. Em 31 de agosto, o Exército Vermelho estava em Bucareste, um dia depois de tomar o campo petrolífero de Ploieşti. Apesar de Hitler insistir na importância vital do petróleo para o esforço de guerra germânico, poucas providências foram tomadas para protegê-lo. Ainda havia uma presença alemã considerável na Romênia, mas as forças do país foram obrigadas a mudar de lado e combater ao lado do ex-inimigo soviético, livrando até meados de setembro a Romênia de forças do Eixo.

Na Bulgária, na Hungria e na Eslováquia, a situação era bem diferente. A Eslováquia tinha tentado reduzir qualquer compromisso militar com o esforço de guerra alemão em seguida aos desastres de 1942, mas só em 1944, depois da Bagration, é que os comandantes do Exército eslovaco decidiram rejeitar a aliança germânica. Em 29 de agosto, tropas da Alemanha entraram na Eslováquia e lutaram contra um levante popular, enfim esmagado em outubro; a Eslováquia só foi libertada pelo Exército Vermelho no começo de abril de 1945. A Bulgária, embora fosse signatária do Pacto Tripartite e cobeligerante contra a Grã-Bretanha e os Estados Unidos, diferentemente da Eslováquia não tinha declarado guerra à União Soviética. Apesar disso, Stálin queria uma presença soviética no país, uma vez que concessões na Bulgária tinham sido parte do acordo que ele desejava fazer com Hitler em novembro de 1941. Em 5 de setembro, a União Soviética declarou guerra, e três dias depois forças dos grupos de exércitos que ocupavam a Romênia se dirigiram para o sul. Em 9 de setembro, a Frente Pátria comunista tomou o poder em Sófia e a resistência acabou. Tropas e aeronaves soviéticas chegaram a Sófia uma semana depois, e o exército búlgaro foi obrigado, como o finlandês e o romeno, a combater os alemães na Sérvia e na Hungria. A essa altura, os esforços da Hungria para se desvincular da guerra eram bem conhecidos da contrainteligência alemã. Intermediários húngaros tinham começado a negociar com diplomatas britânicos em Istambul em setembro de 1943, mas foram informados de que apenas a rendição incondicional era aceitável e instruídos a aguardar para fazê-lo quando os Aliados chegassem à fronteira. No mesmo mês, Hitler ordenou que fosse iniciado o planejamento operacional para ocupar esse aliado nada confiável, cujos recursos materiais ele agora considerava vitais. Como o governo de Miklós Horthy continuava vacilante no começo de 1944, a Operação Margarethe foi ativada em 19 de março com a entrada, quase sem nenhuma oposição, de forças germânicas. O governo foi posto sob o comando do general Döme Sztójny, pró-Alemanha, e foi instalado um plenipotenciário germânico, Edmund Veesenmeyer. No entanto, no outono, Horthy tentou mais uma vez desvencilhar a Hungria da guerra e fez um acordo com Stálin.²⁵⁵ Em Moscou, uma delegação húngara negociou um acordo preliminar em 11 de outubro, no qual o país se comprometia a abandonar todo o território conquistado desde 1937 e a declarar guerra à Alemanha. Dessa vez os ocupantes germânicos obrigaram Horthy a renunciar ao cargo de regente e o governo foi substituído por um formado pelo Partido da Cruz Flechada, de orientação fascista, liderado pelo primeiro-ministro Ferenc Szálasi, que logo se tornou o Führer húngaro ao combinar seu cargo com o de chefe de Estado.²⁵⁶ A Hungria continuou a lutar até o fim em abril de 1945 como uma parceira relutante do Eixo, junto com a República Social Italiana, de Mussolini.

DERROTA A QUALQUER PREÇO

Em julho de 1944, enquanto batalhas ainda varriam a França, a Rússia e a China, oficiais ansiosos por evitar o pior à medida que a derrota se aproximava prepararam duas conspirações separadas para assassinar os líderes do esforço de guerra alemão e japonês. Depois de meses de críticas a Tōjō como líder da elite militar e política, um oficial do Estado-Maior, o major Tsunoda Tomoshige, planejou matá-lo com uma bomba carregada de cianeto de potássio. Ele e os outros conspiradores eram vinculados à radical Liga do Leste Asiático, do tenente-general Ishiwara, e queriam a remoção de Tōjō, um governo encabeçado pelo tio do imperador, o príncipe Higashikuni, e que tivessem início imediato conversas sobre a paz com os Aliados, mediadas pelos soviéticos. Antes que o plano pudesse ser executado, Tōjō renunciou como primeiro-ministro. Tsunoda foi denunciado, detido e ficou preso por dois anos. Os outros conspiradores foram, surpreendentemente, deixados em liberdade, incluindo Ishiwara, que declarou poucos meses depois, sem que ninguém o censurasse, que "o povo está insatisfeito com os militares e com o governo, e não se importa mais com o resultado da guerra".²⁵⁷

O complô para matar Hitler não teve nada em comum com o golpe abortado de Tsunoda, exceto pelo fato de também ter fracassado. Os principais conspiradores eram oficiais subalternos do Estado-Maior germânico, que achavam quase impossível convencer generais, apesar da evidente frustração e desilusão deles com o comando militar de Hitler, a apoiar o assassinato do líder supremo. O círculo era pequeno, baseado em torno de oficiais de Estado-Maior do Grupo de Exércitos do Centro, encabeçados pelo coronel Henning von Tresckow, mas em 1944 eles já tinham contatado a resistência civil conservadora liderada por Carl Goerdeler e o antigo chefe do Estado-Maior do Exército Ludwig Beck. Em abril de 1943, entrou no grupo o tenente-coronel Claus Schenk von Stauffenberg, um antigo entusiasta da revolução nacional hitlerista e apoiador voluntário do esforço de guerra, até se sentir repelido pela violência contra judeus e prisioneiros de guerra. Como seus colegas de resistência, ele queria deter Hitler antes que a Alemanha fosse destruída e saísse com a honra nacional manchada. Mas ele esperava que, com a morte do líder supremo da Alemanha, os Aliados ocidentais permitissem que o país sobrevivesse como uma grande potência, governada de forma autoritária por verdadeiros "nacional-socialistas". A resistência conservadora compartilhava a esperança de que um acordo pudesse ser alcançado no Ocidente, permitindo às forças germânicas se concentrar em conter a ameaça soviética.[258] Por mais de um ano, os conspiradores militares tinham buscado uma oportunidade para assassinar Hitler, mas todos os planos falharam. Em 1944, com a Alemanha enfrentando a possibilidade de ser invadida e destruída, os conspiradores queriam não apenas o assassinato, mas uma mudança de regime. Eles concordaram em matar Hitler e ativar na mesma hora a Operação Valquíria, um plano de contingência existente para o Exército suprimir um possível golpe ou uma possível revolução no país. Depois da crise na França e do avanço soviético pela Bielorrússia em junho, os conspiradores se prepararam para agir.

Não encontraram ninguém para cometer o ato, exceto o próprio Von Stauffenberg, que, apesar de ter perdido a mão direita, o olho direito e dois dedos da mão esquerda na batalha da Tunísia, se ofereceu como voluntário para levar uma bomba a uma reunião de Estado-Maior com Hitler e de alguma forma acionar o detonador. Mesmo esse compromisso quase não deu em nada. Von Stauffenberg levou a bomba para três reuniões diferentes no quartel-general de Hitler em Obersalzberg e na Toca do Lobo, mas resolveu que não a usaria se Himmler e Göring não estivessem também presentes. Em 20 de julho de 1944, Von Stauffenberg por fim resolveu que não era mais possível adiar. A história da tentativa de assassinato é bastante conhecida. A bomba que deveria ter matado Hitler, assim como Keitel e Jodl, seus assessores militares mais próximos, perdeu todo o efeito por ter sido colocada debaixo de uma mesa feita com grossas peças de carvalho numa cabana de madeira, e não num bunker fechado. Von Stauffenberg retornou a Berlim convencido de que Hitler estava morto e de que a Operação Valquíria tinha sido ativada no fim daquele dia. A essa altura, Hitler já havia falado com Goebbels, em Berlim, para dizer que tinha sobrevivido, embora a bomba tenha afetado seriamente sua saúde por um tempo. Um ramo do complô também foi ativado em Paris ainda naquele dia, quando unidades de segurança do Exército prenderam todo o pessoal da SS, do SD e da Gestapo por ordens dos conspiradores no Estado-Maior.[259] O complô desmoronou em poucas horas, quando as tropas leais perceberam que Hitler estava vivo. Von Stauffenberg e seus principais cúmplices foram executados às pressas no pátio do Ministério da Guerra. Em Paris, centenas foram presos, enquanto a Gestapo e a SS seguiam pistas obtidas após torturar os principais conspiradores. No outono, Himmler ativou a Operação

Tempestade, arrastando na rede do terror nazista 5 mil social-democratas e comunistas, para se prevenir caso quisessem conspirar. Hitler ficou satisfeito, dizendo que o golpe era uma "prova de que todo o Estado-Maior está contaminado", o que agravou a desconfiança que ele sempre tinha tido dos comandantes profissionais.[260] No entanto, as provas mostram que as Forças Armadas permaneceram avassaladoramente leais ao comandante supremo, enquanto grande parte do público manifestou uma mistura de consternação com o atentado contra a vida de Hitler e de alívio por ele ter sobrevivido. "O fato de soldados individuais estarem sendo mortos no front", explicou um tenente alemão capturado ao pai, também prisioneiro de guerra, "e de os oficiais em casa quebrarem o juramento deixou as pessoas furiosas."[261] Cartas e diários mostram o medo que os civis sentiram na época de que sem Hitler haveria caos político e militar, talvez mesmo guerra civil; pior ainda, como um pai escreveu para o filho soldado, "um novo mito da punhalada nas costas".[262] O atentado a bomba fortaleceu de forma temporária a crença na liderança essencial de Hitler e a vontade de continuar na guerra para expiar a traição de poucos.

Tanto no Japão como na Alemanha, havia círculos muito mais amplos que eram pessimistas quanto à probabilidade de derrota e aos terríveis custos da guerra, embora o sentimento de desânimo nunca tenha se transformado numa ameaça social ou política clara a quem desejava continuar a lutar. Na época e a partir de então, o fracasso do complô de Von Stauffenberg foi atribuído à incapacidade dos conspiradores de buscar o apoio das massas, mas, no contexto do Terceiro Reich, criar uma base de massa que exigisse o fim da guerra e um novo governo não passava de fantasia. Já no Japão, era possível altos funcionários e intelectuais criticarem a maneira como a guerra era conduzida e até mesmo tentar promover a ideia de negociar o fim do conflito, mas apenas dentro dos estreitos círculos da elite. O príncipe Konoe foi o mais sênior dos membros do Conselho de Anciãos [*jūshin*] a manifestar um pessimismo regular quanto ao resultado da guerra e a pressionar a corte imperial para se livrar de Tōjō. O principal conselheiro do imperador, Kido Kōichi, também achava que a guerra estava perdida de modo irremediável já no começo de 1944, assim como vários altos comandantes da Marinha e do Exército, mas eles relutavam em contrariar a opinião dos chefes militares. Em julho de 1944, Tōjō foi substituído como primeiro-ministro pelo general Koiso Kuniaki, governador-geral da Coreia, que publicamente seguiu comprometido com o conflito, apesar de em conversas privadas ser a favor de buscar a paz. No entanto, na ordem política nipônica não era possível contrariar os chefes do Exército e da Marinha, e eles continuavam comprometidos com a ideia de uma grande batalha final, a *hondo kessen*, para salvar a pátria.[263]

Já para os civis japoneses comuns, qualquer indício de derrotismo ou de resistência ilegal era reprimido com firmeza pelas autoridades. Já havia sinais de aversão à guerra em 1942, expressos em comentários casuais mas imprudentes, em pichações e cartas anônimas ou em boatos sobre a derrota. Tudo isso era investigado pela Polícia Superior Especial (popularmente conhecida como "Polícia do Pensamento"), que se concentrava em especial na possibilidade de o sentimento antiguerra levar a uma situação revolucionária vantajosa para o comunismo. Ela chegou até a prender membros do Conselho Central de Planejamento, porque suas opiniões sobre os planos econômicos estatais eram vistas como marxistas demais.[264] No entanto, era difícil rastrear quem espalhava boatos ou fazia "rabiscos públicos", e o número de incidentes, apesar de pequeno, aumentou de forma consistente durante a guerra. O Ministério do Interior registrou uma média de 25 casos de atitudes antiguerra e subversivas por mês de abril de 1942 a março de 1943, porém a média subiu para 51 por mês de abril de 1944 a março de 1945.[265] A hostilidade ao imperador também aumentou durante a guerra, expressa numa onda de pichações, mas houve poucas prisões e ações judiciais. Os que fossem pegos em flagrante podiam esperar ser levados para a polícia militar, a *Kempeitai*, e sofrer tortura para revelar um círculo mais amplo de derrotistas. O controle em nível local dependia da vigilância das associações de moradores, cujos líderes denunciavam qualquer caso de dissidência e derrotismo em sua comunidade. As famílias suspeitas de sentimentos antiguerra foram vigiadas durante todo o conflito pela polícia militar. Não havia espaço para protestos organizados, e os custos de sair da linha eram altos.[266]

A ameaça de terror também pairava sobre todas as cabeças alemãs por atos contra o esforço de guerra, desde a suposta prática de sabotagem até expressões espontâneas de derrotismo. O regime era comandado por homens obcecados pelo medo de que a agitação interna pudesse repetir a crise de 1918, e todo exemplo, por mais banal que fosse, era tratado de forma dura. Aqui também os números foram baixos em relação ao tamanho da população. As acusações perante o Tribunal Popular, estabelecido em Berlim para ouvir casos de traição de guerra, aumentaram de 552 em 1940 para um pico de 2003 em 1944, ano do atentado à bomba. O número total de condenados nos últimos anos do conflito, de 1943 a 1945, somaram 8386.[267] Era considerável o risco de ter conversas antiguerra ou derrotistas numa ditadura em que a denúncia era praticada de forma rotineira, e os perigos se multiplicaram nos dois últimos anos, quando a Gestapo e a polícia militar recorreram cada vez mais a breves audiências em tribunais improvisados para condenar à morte qualquer um que fosse considerado culpado de comprometer o esforço de guerra. No dia seguinte ao atentado à bomba, Heinrich Himmler foi nomeado para comandar o Exército de Reserva (responsável por treinar e organizar novos grupos de recrutas), cujo Estado-Maior tinha desempenhado um papel-chave na conspiração. Ele avisou aos comandantes do Exército que nenhuma reprise de 1918 seria tolerada; qualquer sinal de derrotismo nas fileiras do Exército, disse ele ao seu representante no OKW, seria reprimido com brutalidade por oficiais recrutados para fuzilar "qualquer um que abrisse a boca".²⁶⁸ O terror — voltado contra prisioneiros políticos, que eram mortos de forma arbitrária; contra trabalhadores estrangeiros que fugiam do trabalho; e contra alemães comuns, tanto civis quanto soldados, que ignoravam a exigência de apoiar a luta final contra o inimigo — piorou à medida que a situação na guerra se deteriorava. Nos primeiros meses de 1945, a polícia especial e patrulhas militares, autorizadas a matar suspeitos a seu critério, percorreram as cidades bombardeadas. Em Düsseldorf, um jovem soldado que cumpria dez anos de prisão por dizer que a guerra parecia sem sentido foi fuzilado; um adolescente enfermo de dezessete anos foi tirado do leito acusado de fingir a doença e assassinado; um homem idoso, sob alegação de ter fornecido comida a desertores, foi brutalmente torturado e enforcado em público, com um cartaz no pescoço que dizia: "Sou um traidor".²⁶⁹ Na vizinha Bochum, um homem comentou com a equipe que limpava o entulho de um bombardeio que "a guerra está perdida" e foi espancado até a morte por um colega civil, que resolveu fazer justiça popular com as próprias mãos.²⁷⁰

O terror dirigido às populações locais quando a derrota assomava no horizonte era real o bastante e sem dúvida inibia expressões abertas de protesto contra a guerra e suas consequências ou qualquer movimento social e político mais amplo para acabar com o conflito. As duas populações tinham sido submetidas a uma vigilância policial rigorosa durante doze anos e sabiam muito bem qual era o custo da dissidência. No entanto, o terror, por si só, não explica a disposição, muitas vezes entusiasmada, de continuar a lutar e trabalhar por um esforço de guerra falido. Nos dois casos, o japonês e o alemão, havia uma mistura de fatores complexos em jogo — psicológicos e materiais — que afetavam os indivíduos de várias maneiras. Não havia um modelo-padrão de comprometimento, fosse para militares ou para civis. O serviço de segurança germânico relatou no outono de 1944 que as pessoas, embora parecessem resignadas, assustadas, esperançosas de paz ou mesmo apáticas e indiferentes, continuavam dispostas "a resistir de forma incondicional".²⁷¹ Um fator que transcendia as provas crescentes de desmoralização era a convicção de que uma vitória ainda era possível, o que para muitos alemães foi confirmado pela supostamente providencial sobrevivência de Hitler, em julho. Líderes dos dois países continuavam a falar em vitória mesmo quando estava claro que o significado dessa palavra era vazio, mas na população em geral havia um forte desejo de se agarrar a qualquer fiapo de esperança que sugerisse uma mudança na situação. Na Alemanha, a propaganda regular sobre novas "armas milagrosas" secretas, iniciada por Goebbels em 1943, era com frequência repetida em diários e cartas, fazendo eco ao clichê de que Hitler guardava uma surpresa para os Aliados, uma esperança que sobreviveu até os últimos meses do conflito, apesar do ceticismo crescente sobre o valor real das armas de vingança, o míssil de cruzeiro V1 e o foguete V2, lançadas contra a Grã-Bretanha no verão de 1944. Quando, em dezembro de 1944, as forças germânicas foram despachadas nas Ardenas contra o front americano, na Operação Névoa de Outono, houve sinais de surgir uma onda de otimismo popular, de que outra rota para a vitória teria sido aberta numa inesperada repetição da campanha de 1940.[272] No Japão, a introdução de táticas suicidas camicase no outono de 1944 provocou algum entusiasmo de que um meio enfim tinha sido encontrado "que forçará o inimigo a se render", como dizia uma carta à imprensa.[273]

Mais importante para entender a ideia de combater até o fim era a crença entre soldados e aviadores de que mesmo na derrota era uma obrigação morrer lutando para, de alguma forma, preservar a nação, ainda que a confiança nos líderes já tivesse evaporado. Era um sentimento ao mesmo tempo destrutivo e autodestrutivo, alimentado por um fatalismo ou um niilismo que cresciam à medida que a perspectiva da morte se tornava mais real. Ainda que a possibilidade de vitória fosse agora remota e irrealista, militares japoneses e alemães tentavam cobrar um custo alto do inimigo que os levara à derrota, matando-o como um ato de vingança contra seu próprio destino. A Força de Ataque Especial camicase evidentemente se enquadrava nessa categoria, e 4600 homens se sacrificaram para infligir danos a navios e soldados inimigos. A cultura em que viviam ressaltava que a devoção ao imperador e à nação superava qualquer escrúpulo moral por enviar homens em missões suicidas. Quando essas missões começaram em outubro de 1944, o comunicado de imprensa da Marinha mencionava a "lealdade inabalável de águias divinas", e os grupos recebiam nomes honrosos, como "Unidade da Bravura Leal" e "Unidade da Sinceridade".[274] O que se esperava deles é que matassem o maior número possível de inimigos nos ataques camicase, mas o mesmo se aplicava também aos soldados comuns que em 1945 receberam ordem de preparar um envelope com um testamento e uma mecha de cabelo, que seria entregue à família deles depois do seu inevitável sacrifício. Alguns soldados viam a morte iminente como um preço justo a ser pago se americanos também morressem. "Agora precisamos aprender as lições de 'Saipan' e 'Guadalcanal'", escreveu um oficial japonês. "Precisamos pegar esses desgraçados e matá-los como se os moêssemos em pedacinhos." Ele sentia uma espécie de "serenidade" ao contemplar a morte na batalha.[275] De todo civil se esperava que matasse pelo menos um inimigo invasor, com qualquer arma que tivesse à mão. Uma estudante recebeu uma sovela com instruções para enfiá-la numa barriga americana.

As forças germânicas não organizaram unidades suicidas, mas lutaram para infligir danos onde fosse possível, mesmo em situações irremediáveis. A frase de efeito "vitória ou aniquilação" sem dúvida não terá inspirado todos os soldados individualmente, uma vez que o que parecia mais provável era a aniquilação, mas algum tipo de reivindicação pessoal da causa alemã ao infligir a morte ao inimigo devia sustentar soldados para quem a vitória agora era uma quimera. A perda de camaradas em grandes números em 1944 — nesse ano, 1 802 000 foram mortos — inspirava um desejo de vingá-los, matar ou ser morto, "um niilismo heroico", como disse um soldado em sua autobiografia, embora fosse um heroísmo marcado por uma vingança dura também voltada para civis dos territórios ocupados, não apenas contra soldados inimigos.²⁷⁶ Um veterano alemão da guerra na Itália explicou que a luta feroz refletia "sua raiva contra [...] a inutilidade do sacrifício que tinham feito de forma voluntária ano após ano e contra a falta de sentido da guerra".²⁷⁷ A realidade severa era perfeitamente entendida, mas ao que parece muitos soldados quiseram de fato participar de um momento bastante dramático e emocional quando a nação enfrentava seu nêmesis. "Vossa grande hora chegou [...]", disse o marechal de campo Von Rundstedt à tropa antes do início da contraofensiva final da Alemanha no oeste. "Não preciso dizer mais nada. Todos aqui sentem que é tudo ou nada."²⁷⁸ Nos últimos seis meses do conflito muitos soldados alemães absorveram a mentalidade mórbida da morte inevitável para sustentar uma resistência quase suicida até os ultimíssimos dias da guerra.

Nos últimos meses de combate, o medo do destino do país claramente determinava não só políticas públicas, mas também reflexões pessoais. A propaganda tanto no Japão como na Alemanha advertia que a população deveria esperar o pior da derrota nas mãos de inimigos decididos a erradicar essas nações e suas populações. O maior clichê da propaganda germânica, pelo menos a partir de 1943, era o argumento de que o contrário da vitória era o extermínio do povo alemão por uma aliança maligna a serviço dos judeus. Em fevereiro de 1945, uma diretiva de propaganda destacava o destino que aguardava a Alemanha se submetida à conquista soviética: "Todos os sofrimentos e perigos da guerra são pequenos quando comparados ao destino que os inimigos planejam para [o país] numa 'paz bolchevique'". A ameaça da "bala [bolchevique] na nuca" do povo alemão só poderia ser evitada pela mais firme resistência nacional até o último instante.²⁷⁹ No Japão, o discurso público explorava a noção da barbárie ocidental, que seria desencadeada contra a sociedade japonesa de forma irrestrita, a menos que a resistência popular mantivesse os bárbaros afastados. A propaganda explorava a alegação de que todas as mulheres eram passíveis de ser estupradas, e todos os homens, castrados. A ameaça física ou sexual às mulheres, caso elas não pudessem ser defendidas, era um medo generalizado.²⁸⁰ É impossível dizer até que ponto esses temores fantásticos eram de fato compartilhados pelo público ou pelas forças combatentes, mas a repetição constante da ideia de que a nação seria exterminada e a população, violada num contexto em que não se sabia ao certo o que os Aliados poderiam fazer num acesso de vingança tornava a resistência contínua menos irracional do que pode parecer para o público do pós-guerra.

Em ambos os casos, esses medos foram usados para justificar níveis extremos de mobilização no último ano da guerra por um Estado e um aparelho político que ainda retinham poder de coação. No Japão, toda a população foi mobilizada para a batalha final que devolveria os americanos ao mar quando eles invadissem. Em março de 1945, a Lei Pública n. 30 mobilizou todos os cidadãos nas áreas costeiras para o trabalho de defesa, incluindo crianças em idade escolar, mas no mesmo mês um segundo decreto determinou a criação de um Corpo de Combate de Cidadãos Patrióticos que montaria Unidades Voluntárias de Combate para todos os homens de dezesseis a sessenta anos e mulheres de dezessete a quarenta anos.[281] Eram voluntários apenas no sentido formal, pois poucas pessoas se arriscariam a não atender ao chamado; homens e mulheres participavam de sessões de treinamento com lanças de bambu e arremesso de pedras para simular ataques com granadas. O plano era mobilizar pelo menos 10 milhões de pessoas para o esforço final de resistência nipônica. Também na Alemanha, após o complô de julho, houve uma iniciativa do regime de organizar um esforço extremo por parte da população, do qual também era difícil se esquivar. Em 21 de julho, um dia depois da tentativa de assassinato, Goebbels foi designado plenipotenciário para a guerra total, nomeação bem recebida, de acordo com relatórios dos serviços de inteligência, porque demonstrava um compromisso com o máximo esforço para evitar a derrota e os medos a ela associados. Por maior que fosse a relutância dos alemães mais velhos e mais jovens em atender a uma mobilização de último suspiro, o apelo para participar da "luta final pela pátria" [*Kampf der Heimat*] era difícil de resistir. Em 29 de setembro de 1944, o Partido começou a organizar uma milícia popular — a *Volkssturm* — com a intenção de formar uma força de 6 milhões de homens não aptos para o serviço militar normal para defender o Reich em sua última crise. O decreto de Hitler que montava a milícia destacava que o "objetivo final [do inimigo] é exterminar o povo alemão". Quando a faixa etária da Juventude Hitlerista nascida em 1928 foi convidada a se apresentar de forma voluntária para servir antes do tempo, notáveis 70% se apresentaram. Anos depois, um dos jovens voluntários citou um motivo muito simples: "queríamos salvar a pátria".[282]

Para os Aliados, a ausência de um slogan óbvio que mobilizasse o esforço final para a vitória tinha suas próprias dificuldades. Embora no outono de 1944 os Aliados estivessem claramente "ganhando", as populações dos países aliados, em especial no Ocidente, não estavam menos cansadas e incertas em relação ao conflito do que as dos países do Eixo. No entanto, como não enfrentavam mais a ameaça de guerra dos primeiros tempos, era mais difícil invocar a motivação necessária para acabar com o conflito de uma vez por todas ou dissipar a frustração de ver que o nocaute não poderia ser dado como se esperava depois das vitórias do verão, quando Roma, Paris e Bruxelas voltaram para mãos aliadas. A diferença psicológica entre os dois lados era clara. Para alemães e japoneses não havia um "pós-guerra" tangível, apenas a vitória ou a destruição; para as populações aliadas, terminar o embate rápido, com o custo mais baixo possível, prometia desmobilização e um futuro melhor. A crença inicial de que a vitória estava próxima e a decepção quando ela não só deixou de se materializar, como parecia cada vez mais distante, eram compartilhadas tanto por militares como por civis. Nos Estados Unidos, Roosevelt, ao voltar da Conferência de Teerã em novembro de 1943, lamentou a visão popular de que "a guerra já está ganha e podemos relaxar".[283] Semanas antes, a revista *Life* foi autorizada a publicar a primeira fotografia de militares americanos mortos numa tentativa de reacender o entusiasmo pelo esforço de guerra. O otimismo no front interno de que a Alemanha estava perto da derrota persistiu durante os desembarques na Normandia e o avanço na França. Mas a desaceleração das campanhas, como observou Henry Stimson, acabou com a "confiança despreocupada numa vitória rápida" e resultou na percepção de que os Aliados "tinham pela frente uma guerra longa e uma luta muito difícil".[284] Na Grã-Bretanha, o início da campanha das armas V [de vingança] diminuiu o entusiasmo pela campanha na França, deixando a população da área ameaçada, segundo relatórios da Inteligência Interna, num estado de ansiedade e "extraordinário cansaço", porém mais que nunca desejosa de um fim imediato para o conflito. Montgomery esperava poder conseguir o que as pessoas queriam, mas em outubro era óbvio que a luta estava longe do fim. "Temos pela frente um combate dificílimo", escreveu ele para Brooke. "Se formos bem-sucedidos, imagino que para todos os efeitos ganhamos a guerra. Mas, se formos repelidos, é provável que ela se prolongue." Em fevereiro de 1945, os chefes de Estado-Maior britânicos previam que o fim da luta na Europa não viria antes da última semana de junho, e o mais provável era que durasse até novembro.[285]

Nas muitas linhas de frente, o estado de espírito dos homens atolados em constantes e amargos conflitos refletia os sentimentos de quem havia ficado em casa. Depois do sucesso inicial, a luta ficou mais acirrada. Mais soldados britânicos morreram em setembro e outubro de 1944 do que durante a campanha na Normandia. "O dia das grandes conquistas parecia ter acabado", queixou-se um soldado britânico. "Todas as perspectivas eram desanimadoras." Soldados que tinham apostado quando no outono a guerra acabaria (a previsão geral era outubro) se viram atolados na lama e debaixo de chuva nas planícies de Flandres, como tinha acontecido com seus pais, em perigo constante e morrendo de vontade de que aquilo acabasse. O ritmo lento e as pesadas baixas produziram uma visão cínica de uma vitória que estava sempre fora do alcance. "A guerra acabou", disse um tripulante de tanque à repórter Martha Gellhorn em dezembro de 1944. "Você não sabia? Ouvi no rádio semana passada [...]. Droga, tudo acabou. Me pergunto o que estou fazendo aqui."[286] Um oficial britânico na Bruxelas libertada recebeu no começo de setembro de um suboficial a notícia de que o rádio tinha anunciado que "a Alemanha desistiu e Hitler está na Espanha", mas isso não era mais que um desejo. "Ah, se esse boato de paz fosse verdade!", anotou ele em seu diário ao se dirigir, dias depois, para a batalha seguinte.[287] Quanto mais próxima parecia a paz, menos vontade alguns soldados tinham de assumir riscos e morrer antes da hora, diferentemente dos soldados alemães e japoneses entrincheirados para se defender, que sabiam que a chance de sobrevivência era mínima. O sistema de substituições no Exército americano, que àquela altura mobilizava meninos de dezoito anos para atender à necessidade urgente e imprevista de mais soldados, apenas enviava um a um para a infantaria numa unidade desfalcada, sem companheiros, sem preparação eficaz, e eles sofriam muitas baixas, ao lado de veteranos ansiosos para sobreviver à custa deles.[288] O Exército Vermelho enfrentava um problema parecido, com homens cada vez mais jovens ou mais velhos, ou ainda se recuperando de ferimentos, sendo recrutados para substituir as fileiras desfalcadas de soldados mais experientes. As condições para os soldados no front eram terríveis — escassez de alimentos e calçados, suprimentos médicos limitados, furtos e violência generalizados. "Nos últimos tempos", escreveu um soldado em uma carta à família, "tenho sentido um cansaço agudo da guerra [...], mas não adianta, claro. A guerra não vai acabar neste inverno." Os ânimos reviveram com o triunfo da Bagration, mas as provas demonstram que muitos soldados achavam que o inimigo estava derrotado e que poderiam parar na fronteira soviética, dando o trabalho por concluído. Na verdade, eles enfrentavam a possibilidade de seguir para a Alemanha: o esgotamento físico e mental do exército resultou numa longa pausa, de modo que a vitória ali também significou meses de combates acirrados ao longo de 1945.[289]

O problema criado pela tensão entre o desejo de paz e a realidade de um inimigo letal ainda a ser derrotado foi exacerbado no caso das forças britânicas e americanas pelos planos de desmobilização e reconversão para a produção em tempos de paz, iniciados em 1943, antes mesmo de a vitória se tornar claramente visível. Nos Estados Unidos, cortes na produção militar foram seguidos de planos para reabrir fábricas que produzissem uma quantidade limitada de bens civis, enquanto a publicidade comercial começou a se concentrar nos produtos que logo voltariam a estar disponíveis com a vitória. Programas de reconversão industrial foram preparados, provocando uma batalha que durou um ano entre militares, que queriam mais projéteis, bombas e tanques, depois das elevadas perdas sofridas na invasão da França e da Itália, e funcionários civis, que respondiam a demandas públicas generalizadas pelo fim dos controles e do racionamento. Com trabalhadores saindo para empregos tidos como mais seguros na indústria civil, a capacidade de produção militar encolheu 25%.[290] Soldados já estavam sendo mandados de volta para casa num esquema de desmobilização baseado na Classificação de Serviço Ajustada, que dava a cada militar uma pontuação que levava em conta o número de meses em combate, idade, situação familiar, ferimentos e medalhas. Uma nota 85 significava que estaria liberado para partir e que os combates tinham chegado ao fim para homens que lutavam desde 1942 ou o início de 1943. Tripulantes de bombardeiros eram enviados de volta aos Estados Unidos depois de trinta operações, se sobrevivessem tanto tempo, com o apelido de "Guerreiros Felizes". Soldados e aviadores podiam tentar melhorar sua qualificação ao reduzir a disposição de correr riscos à medida que se aproximava a perspectiva de regresso.[291] Na Grã-Bretanha, um problema parecido surgiu com o manual de "Liberação e reassentamento" publicado em setembro de 1944, que estabelecia as qualificações para desmobilização. No mesmo mês, quando Hitler ordenou a criação da *Volkssturm*, a milícia voluntária britânica, a *Home Guard* [Guarda Nacional], foi desativada, uma vez que seus serviços já não eram necessários. No serviço ativo, homens mais velhos ou que estavam no exterior havia muito tempo recebiam classificações favoráveis para a desmobilização, mas todos os militares podiam tentar melhorar sua nota para se qualificar. Dos militares classificados como mão de obra qualificada essencial para o programa de reconstrução, 10% seriam liberados primeiro, o que provocou uma corrida para demonstrar "habilidades" que os homens não tinham.[292] Embora em nenhum caso a promessa de liberação impedisse de seguir em combate, tanto para militares como para civis o foco no mundo do pós-guerra tornava a luta mais difícil de tolerar. "Ao que tudo indica", escreveu o vice-chefe do Estado-Maior do Exército americano para Eisenhower no começo de 1945, "vai ser muito difícil continuar dando à guerra qualquer nível de prioridade."[293]

Nesse sentido, as esperanças de líderes alemães e japoneses de que seus inimigos sofressem com a redução da vontade de combater conforme o conflito fosse se tornando mais prolongado e custoso não eram de todo infundadas. Discussões sobre estratégia continuaram a atormentar as relações anglo-americanas, enquanto a colaboração com a União Soviética permanecia instável e imprevisível, por conta das suspeitas sobre as ambições de Stálin na Europa Oriental que surgiram a partir do outono de 1944. Tanto na Europa como no Pacífico, o avanço dos Aliados diminuiu devido a um longo e complicado trajeto logístico até os novos fronts, e, no momento em que era mais necessário, ficou difícil tirar partido da grande vantagem material que tinha o lado aliado. Os comandantes alemães menosprezavam a resposta lenta do inimigo aos seus momentos de vantagem, enquanto a inteligência germânica observava um declínio na capacidade de avanço rápido e um clima tenso entre os Aliados. "A história nos ensina", anunciou Hitler aos seus generais no fim de agosto, "que todas as coalizões se rompem, mas é preciso aguardar o momento certo [...]. Continuaremos esta luta até que, como disse Frederico, o Grande, 'um dos nossos malditos inimigos, desesperado, desista'."²⁹⁴ No Japão, a ideia de que pelo menos uma vitória local pudesse ser suficiente para iniciar negociações com o inimigo cansado da guerra afetou o próprio imperador Hirohito até 1945.

Nos mais importantes fronts na Europa e na Ásia, instalou-se um relativo impasse. A contraofensiva final do Japão na China exauriu os dois lados. Embora a Ichigō tenha durado até o começo de 1945, planos mais ambiciosos de avançar outra vez e tentar tomar Chongqing estavam além da capacidade japonesa. A rota ferroviária do Vietnã para a Coreia foi, na verdade, uma vitória vazia. A 14ª Força Aérea do general Chennault na China continuou a decolar de novos aeródromos, atacando ferrovias e o tráfego ferroviário. Embora a longa campanha de 1944 tivesse enfraquecido de modo quase fatal o regime nacionalista de Chiang, ainda era possível fazer alguma coisa para impedir o novo avanço nipônico, levando a disputa a um estado de incerteza e indefinição. Marshall e Roosevelt tinham decidido havia muito tempo que uma grande campanha na Ásia continental não fazia sentido, e os exércitos chineses foram privados dos suprimentos de que precisavam. Os recursos enviados à China eram destinados na maioria a apoiar as forças aéreas americanas, incluindo os novos bombardeiros pesados Boeing B-29, tidos como uma forma mais eficiente de minar a resistência japonesa na China do que uma guerra terrestre.

Chiang ganhou algo nos últimos meses da campanha nipônica: ele fez questão de que o acerbo Stilwell fosse removido, depois que ele tentou convencer Roosevelt a pressionar Chiang para lhe dar o comando geral das forças chinesas, apesar dos seus fracassos na Birmânia. "Isso é um imperialismo totalmente sem disfarce", escreveu Chiang em seu diário ao saber das exigências americanas.²⁹⁵ Roosevelt de forma relutante concordou, e Stilwell foi obrigado a deixar a China no fim de outubro, depois de anos de esforço deliberado para envenenar as relações entre os dois aliados. Foi substituído pelo general Albert Wedemeyer, vice de Mountbatten, agora comandante-chefe britânico no Sudeste Asiático, que considerava Stilwell, com razão, incapaz de comandar até mesmo um regimento. Wedemeyer se pôs a reformar os Exércitos de Chiang, construindo uma força inicial de 36 divisões reabastecidas com equipamento americano. Planejou a Operação Carbonado, uma campanha no sul da China destinada a tomar Hong Kong ou Guangzhou no fim de 1945 ou em 1946, mas os japoneses se renderam antes que a operação começasse.²⁹⁶ Sem Stilwell, Chiang aceitou a liderança americana, apesar de manter em segredo uma missão de Miao Pin a Tóquio em março de 1945, que tentava negociar a completa retirada japonesa da China.²⁹⁷ No começo do verão de 1945, o Exército Expedicionário Japonês tentou tomar um dos novos aeródromos de Chennault em Zhijiang. Foi o último espasmo de agressão nipônica. Wedemeyer empregou 67 divisões chinesas, 600 mil homens, contra 50 mil soldados do Vigésimo Exército japonês. Na última grande batalha da guerra sino-japonesa, os exércitos nacionalistas enfim derrotaram e expulsaram seu vacilante inimigo.[298]

No Sudeste Asiático e no Pacífico, a estratégia aliada vivia sujeita a constantes discussões que atrapalhavam o progresso das campanhas dos Aliados depois dos êxitos em Saipan e na Birmânia. A partir do começo de 1944, a ideia de um desembarque anfíbio no norte da Sumatra foi-se tornando uma obsessão para Churchill, como prelúdio para a retomada de Singapura, com o codinome de Operação Culverin. O motivo era basicamente reafirmar a reputação da Grã-Bretanha em seu império asiático depois da derrocada de 1942 e restaurar o domínio colonial; Churchill estava convencido de que a Grã-Bretanha — e não os Estados Unidos — precisava ser vista como uma potência redentora.[299] Para os líderes americanos, a ação em Sumatra contribuiria pouco ou nada para derrotar o Japão, e claramente mostrava que os interesses imperiais vinham em primeiro lugar, mas Churchill insistia apesar de o seu Estado-Maior tentar fazê-lo se concentrar em ajudar os Estados Unidos no Pacífico. "Esse homem é um atraso de vida no esforço de guerra", queixou-se o chefe do Estado-Maior da Marinha Real depois de mais uma reunião inútil para convencer Churchill a desistir dessa ideia fixa.[300] "Estamos indo definitivamente ladeira abaixo", advertiu o Serviço de Informações da Grã-Bretanha nos Estados Unidos, "na opinião do americano médio." Uma pesquisa de opinião em dezembro de 1944 revelou que 58% dos americanos culpavam a Grã-Bretanha pelo declínio na cooperação entre os Aliados, e apenas 11% culpavam a União Soviética.[301] O plano Sumatra só foi abandonado em definitivo quando ficou claro que não seria possível atender às exigências de lanchas de desembarque, equipamento anfíbio e proteção de frota, mas Churchill continuou a propor planos inviáveis para invadir a Malásia (Operação Zipper) e Singapura (Operação Mailfist), que tiveram que ser abandonados.

As discussões com os britânicos eram complementadas por um confronto ainda mais nocivo entre Nimitz e MacArthur sobre a direção que a estratégia no Pacífico em 1945 deveria tomar. Desde o início de 1944, os chefes do Estado-Maior Conjunto tinham partido do princípio de que as Filipinas poderiam ser deixadas de lado para que a Marinha dos Estados Unidos, ajudada pelas forças de MacArthur, tomasse Taiwan e depois as ilhas japonesas. O almirante King achava que as Filipinas não tinham grande importância, embora os chefes militares japoneses vissem a perda das ilhas como uma limitação potencialmente desastrosa do seu campo de operações. MacArthur argumentava que tinha a obrigação moral de libertar a população das ilhas que havia abandonado dois anos antes, mas os chefes do Estado-Maior Conjunto não ficaram impressionados o bastante para desistir da ideia de usar Taiwan como um trampolim mais apropriado. Apenas quando ficou claro que Taiwan era bem defendida demais, enquanto as Filipinas pareciam vulneráveis a um ataque, King e Nimitz concordaram com uma invasão do exército comandada por MacArthur, mas não houve acordo sobre um comando conjunto da campanha. Embora MacArthur afirmasse de forma leviana que conquistaria as Filipinas "em trinta dias", evitando o que chamava de "massacre trágico e desnecessário de vidas americanas" na campanha de ilha em ilha, Marshall e outros presumiam que o exército ficaria atolado em um terreno difícil, quando a prioridade urgente era chegar mais perto do Japão, enquanto a Marinha temia que seu cronograma para invadir Iwo Jima e Okinawa fosse adiado se a campanha filipina se arrastasse.[302] MacArthur parecia indiferente à realidade do combate contra japoneses entrincheirados para se defender e aos óbvios custos para o povo filipino se a luta se prolongasse. As Filipinas sem dúvida poderiam ter sido deixadas de lado e neutralizadas a um custo mais baixo. Apenas em setembro de 1944 a nova direção estratégica por fim foi aprovada, pondo fim às discussões, e 20 de outubro foi a data definida para o desembarque inicial na pequena ilha filipina de Leyte. No fim do outono, com a guerra na Europa e na China num beco sem saída, um novo impasse no sul do Pacífico agora parecia possível.

Protegidas por uma grande presença naval, seis divisões do Exército (duas na reserva), totalizando 202 500 homens, desembarcaram em Leyte, defendida por uma única divisão japonesa de 20 mil soldados. Como Marshall temia, a operação atolou de forma literal quase de imediato. Em dois meses, houve três tufões e quase novecentos milímetros de chuva. Homens lutavam na lama das monções para descarregar e proteger suprimentos; a construção de aeródromos essenciais para o empreendimento foi retardada pelas condições de alagamento, e três campos operacionais só foram concluídos em meados de dezembro. Viver com roupas encharcadas e pés molhados trouxe uma série de casos de pé de trincheira e outras doenças. A ilha pouco defendida só foi conquistada depois de mais de dois meses de combates acirrados, em 31 de dezembro, mas a eliminação de unidades japonesas isoladas nas colinas e na mata se estendeu até maio de 1945. Com a campanha paralisada, para grande frustração de MacArthur, Nimitz o aconselhou a adiar as próximas etapas. A ilha principal de Luzon agora só seria invadida em 9 de janeiro. Em vez de um passeio de trinta dias, a conquista das ilhas só ocorreria mais tarde, em 1945. Em fevereiro, na Conferência de Ialta, os chefes do Estado-Maior Conjunto previram de maneira sombria que a guerra contra o Japão duraria até 1947.

O único ponto positivo na campanha foi a vitória naval conquistada entre 24 e 25 de outubro, quando a Marinha japonesa tentou fazer o que não tinha conseguido em Guadalcanal e Saipan: atacar e destruir as lanchas de desembarque e os suprimentos na baía de Leyte. Como a maioria das grandes operações navais japonesas, a Operação Shō-Go [Vitória] era excessivamente elaborada. Quatro forças de frota foram agrupadas em separado, em vez de serem concentradas para um único ataque: uma grande frota, formada em torno de dois superencouraçados com três encouraçados já antigos e dez cruzadores pesados, compunham a haste ocidental de um movimento de pinça; um segundo esquadrão compunha a haste oriental e entraria no golfo de Leyte com dois encouraçados e um cruzador pesado, apoiados por uma terceira força de reserva; e mais ao norte, para afastar a força-tarefa dos porta-aviões de Halsey, que dava suporte à operação em Leyte, uma frota isca de quatro porta-aviões com algumas aeronaves a bordo e dois encouraçados já antigos. Halsey mordeu a isca e seguiu para o norte na noite de 24 para 25 de outubro, a fim de interceptar os porta-aviões, mas então recebeu um aviso urgente para voltar quando as duas hastes da pinça japonesa se fechavam em Leyte. Ele destacou metade da sua força, deixando a outra metade para afundar todos os porta-aviões, mas a ajuda em Leyte não foi necessária.[303] As aeronaves, o escudo de destróieres e os canhões na ilha destruíram primeiro a haste oriental, que navegava pelo estreito de Surigao, e depois obrigaram a força principal comandada pelo almirante Kurita Takeo a recuar, após ele ter aberto caminho lutando pelo oeste do estreito de San Bernardino, quando perdeu tudo menos dois dos cruzadores pesados e o superencouraçado *Musashi*. Kurita ficou tão abalado com a resistência inesperada que se retirou, aparentemente, como diria depois, para caçar uma força fantasma de porta-aviões americanos, apesar de que, sem aeronaves, seus navios não seriam páreo caso a tal frota existisse. A Marinha japonesa perdeu três encouraçados, quatro porta-aviões, seis cruzadores pesados e mais outros dezessete navios de guerra.[304] A Batalha do Golfo de Leyte enfim quebrou a espinha dorsal do que restava da frota japonesa de superfície; mesmo que as praias da ilha e as lanchas de desembarque tivessem sido bastante danificadas, é quase certo que a Marinha dos Estados Unidos teria restaurado a situação. De modo sinistro, os primeiros ataques camicase foram lançados em 25 de outubro, atingindo três porta-aviões de escolta, um deles com grandes danos, no início de uma campanha suicida que durou um ano.

Na Europa, os três principais fronts que confrontavam as forças alemãs, na França e na Bélgica, na Itália e na Polônia, paralisaram no outono, uma combinação da resistência germânica mais resoluta e da pressão sobre as forças aliadas que combatiam de modo contínuo desde o verão com bases de suprimento muito distantes, na retaguarda. A capacidade do Exército alemão de continuar frustrando os Aliados foi inesperada, depois das retiradas desordenadas na Bielorrússia e na França. Em 4 de setembro, quando o grupo de Exércitos de Montgomery se aproximava da Antuérpia, Eisenhower disse aos seus comandantes que o inimigo alemão em todo o front estava prestes a entrar em colapso: "Estão desorganizados, em plena retirada, e é improvável que ofereçam alguma resistência significativa".[305] Apesar de rejeitar a exigência de Montgomery de permitir que seu grupo de Exércitos atravessasse o Reno e avançasse para Berlim numa frente estreita ("baseada apenas em desejos ilusórios", disse ele a Marshall uma semana depois), Eisenhower esperava tomar as regiões industriais do Ruhr e do Sarre num futuro previsível.[306] Na Itália, quando as forças germânicas recuavam de Roma para a Linha Gótica, ao norte de Florença, Alexander falava numa única investida para desobstruir o norte da Itália antes de avançar para Viena contra um inimigo que desmoronava e cujas divisões agora não passavam de 2500 homens, sem equipamento ou apoio aéreo.[307] Em ambos os casos, a esperança de que as forças alemãs estivessem à beira do colapso era prematura. Na Itália, a transferência de divisões do Exército para apoiar a campanha no sul da França privou Alexander do poder de ataque de que precisava, enquanto os chefes do Estado-Maior britânico recomendavam cautela num terreno difícil e com o mau tempo se aproximando. As forças aliadas deveriam agora avançar em dois eixos separados: o Quinto Exército de Clark, com apenas cinco divisões, tentaria abrir caminho pelas montanhas rumo a Bolonha, auxiliado pela chegada da recém-formada Décima Divisão de Montanha; o Oitavo Exército do tenente-general Oliver Leese cuidaria da Operação Olive, um avanço pela planície costeira rumo a Rimini. Embora a Linha Gótica tivesse sido rompida com êxito na costa, a batalha custou caro às forças aliadas, e mais à frente havia uma série de travessias de rios transformados em torrentes pelas fortes chuvas de outono. Alexander deparou com a dura oposição germânica, em terreno ideal para a luta defensiva, com tropas exaustas pela campanha, lama e a sensação desmoralizante de que o front italiano era visto pelos líderes aliados como uma área de menor importância. Clark mais tarde escreveu que seu avanço "simplesmente estacou porque os homens não conseguiam mais lutar [...], nosso avanço morreu, de forma lenta e dolorosa".[308] No fim de novembro, Alexander tinha modificado seu objetivo, que passou a ser a tomada de Bolonha e Ravena numa ofensiva em dezembro, mas isso se mostrou além da capacidade das tropas exaustas, e a linha parou. Em 30 de dezembro, Alexander adiou qualquer ofensiva importante para a primavera.

No front ocidental, o ritmo diminuiu na primeira semana de setembro, depois da frenética perseguição inicial, enquanto os suprimentos e a artilharia pesada avançavam. A questão do abastecimento, disse Eisenhower aos chefes do Estado-Maior Conjunto, estava "esticada a ponto de romper", uma vez que a manutenção dependia de portos agora a quase quinhentos quilômetros de distância, no noroeste da França.[309] Apesar disso, ele aprovou um plano ambicioso proposto por Montgomery de usar o Primeiro Exército Aerotransportado para capturar pontos estratégicos de travessia do Reno em Nijmegen e Arnhem, com apoio do xxx Corpo de Exército, comandado pelo tenente-general Brian Horrocks, aproximando-se pelo saliente criado depois da Antuérpia. Era uma operação incomum para Montgomery: planejada às pressas, com apoio aéreo mal integrado, informações de inteligência sobre forças alemãs limitadas, nenhuma barragem de artilharia bem definida e com forças germânicas significativas em ambos os flancos. Eisenhower só aprovou a Operação Market-Garden porque achava que o inimigo ainda estava desorganizado demais para resistir a um golpe ousado e queria travessias no baixo Reno para complementar as que esperava que o 12º Grupo de Exércitos de Bradley fizesse mais ao sul. Já Montgomery via a Market Garden como um meio de assegurar sua estratégia preferida de penetrar rapidamente na Alemanha e avançar para Berlim — opção que os comandantes americanos não tinham a menor vontade de incentivar se fosse significar uma vitória britânica com eles em segundo plano. O resultado é bem conhecido. As muitas armadilhas potenciais da operação ficaram evidentes logo que ela teve início, em 17 de setembro. Pontes foram tomadas em Nijmegen, mas em Arnhem os alemães contra-atacaram com as forças do II Corpo Panzer da SS, o que Montgomery não tinha previsto; o XXX Corpo ficou preso em uma única estrada estreita, com a infantaria incapaz de avançar rápido o suficiente e sob ataque constante. A falta de apoio terrestre no momento crítico resultou em um desastre em Arnhem, onde a maioria das tropas aerotransportadas foi morta ou capturada. A operação foi cancelada em 26 de setembro com 15 mil baixas aliadas; 3300 soldados alemães foram mortos ou feridos. A investida para o norte, em direção à Alemanha, evaporou.

O 21º Grupo de Exércitos teve que passar meses limpando a área em torno do saliente, em condições meteorológicas cada vez piores, num campo achatado de canais e aldeias destruídas, "a abominação da desolação", como descreveu um soldado.[310] Eisenhower fez questão de que Montgomery devotasse todos os esforços para abrir o porto da Antuérpia, bloqueado enquanto remanescentes do 15º Exército alemão se retiravam de forma inesperadamente organizada para a ilha de Walcheren, na foz do rio Escalda, de onde era possível interditar o transporte marítimo aliado. O Primeiro Exército Canadense foi incumbido de limpar a área ao norte da Antuérpia, mas tinha sido impedido pela necessidade de tomar os portos de Le Havre, Boulogne, Calais e Dunquerque, todos designados fortalezas por Hitler, e apenas em outubro foi possível desobstruir a área mais a leste. Walcheren enfim foi capturada em 8 de novembro, e a Antuérpia foi aberta ao tráfego marítimo aliado. Os primeiros navios Liberty atracaram em 28 de novembro, dando aos Aliados uma base de suprimento muito mais próxima, o que permitiria operações mais longas dentro da Alemanha. O front ali se estabilizou com o mau tempo, com baixas crescentes. O esforço exaustivo de combater durante quase seis meses levou a uma perda média de 40% da força de cada divisão de infantaria no Grupo de Exércitos de Montgomery.[311] Nem a corrida para Berlim em 1944, nem a corrida para Viena eram viáveis nas condições existentes.

A campanha para tomar o Sarre e as barragens do Roer mais ao sul também empacaram no fim do outono, quando as forças germânicas se retiravam para as fortificações da Linha Siegfried e para a defesa da floresta de Hürtgen, um campo de batalha onde o Exército americano não poderia empregar a combinação vencedora de aeronaves, blindados e artilharia. O Primeiro Exército do general Courtney sofreu cerca de 29 mil baixas enquanto a infantaria era obrigada a repelir o inimigo nas condições mais severas, por um território que não chegava a ser essencial para a campanha e com as represas no fim ainda em mãos alemãs.[312] O Terceiro Exército dos Estados Unidos, comandado por Patton, atravessou o rio Mosela com quatro divisões, mas o esforço custou um grande consumo de combustível e suprimentos e mais uma vez estacou antes dos objetivos traçados por Eisenhower. Em novembro, quando a ofensiva americana pôde ser retomada, as condições meteorológicas tinham piorado de modo acentuado, as forças germânicas no Ocidente, que no começo de setembro contavam apenas com treze divisões de infantaria e três divisões blindadas prontas para o combate, agora tinham setenta, incluindo quinze blindadas.[313] Bradley fez eco ao excesso de otimismo inicial de Montgomery, na esperança de que o 12º Grupo de Exércitos, apoiado pelo Sexto Grupo de Exércitos formado pelas forças que tinham avançado pelo vale do Ródano, tomasse a bacia do Sarre e seguisse para Ruhr. Em dezembro, tropas americanas, enfrentando cerrada oposição, alcançaram as fortificações da Linha Siegfried, mas ainda não tinham atravessado o Reno. Como na Itália, a grande ofensiva ali teve que ser adiada até a primavera.

No front oriental, a resistência germânica também endureceu. A população local nas províncias orientais foi mobilizada para cavar valas e trincheiras para uma nova *Ostwall*. Cerca de 700 mil homens, mulheres e adolescentes alemães, junto com trabalhadores poloneses, foram mobilizados compulsoriamente. Em algumas áreas, mulheres e meninos superavam em termos numéricos os homens, trabalhando turnos de doze horas para completar centenas de quilômetros de barreiras improvisadas em semanas. O Partido e a ss desempenhavam o papel principal na mobilização de trabalhadores para defesas que as Forças Armadas viam com ceticismo. Uma piada dizia que o Exército Vermelho levaria uma hora e dois minutos para romper a nova linha — uma hora para se recuperar de tanto rir e dois minutos para atravessá-la —, mas o objetivo da mobilização era tentar evitar o pânico e a fuga e fortalecer a motivação para a batalha final pela pátria.[314] Mais importante foi a ordem do novo chefe do Estado-Maior do Exército, Guderian, nomeado em 21 de julho depois da tentativa de assassinato, para construir um sistema de cidades-fortalezas, 25 ao todo, de Memel, na costa do Báltico, a Oppeln, na Silésia, que deveriam ser mantidas, de acordo com a diretiva de Hitler, como pontos fortes para desacelerar o avanço soviético quando ele ocorresse.[315] No entanto, o esperado golpe pelo Vístula não se materializou.

As forças soviéticas estavam exaustas da longa campanha pela Bielorrússia e pelo leste da Polônia e precisavam descansar, reagrupar-se e aguardar o estabelecimento de linhas de suprimento antes da investida final contra o Reich, adiada para janeiro de 1945.

A nova tentativa soviética mais ao norte de isolar as forças germânicas em Danzig e na Prússia Oriental foi contida por forte pressão alemã e por numerosas baixas soviéticas. Na verdade, Stálin se concentrou em ocupar os Países Bálticos para isolar o Grupo de Exércitos do Norte, da Alemanha, ao qual Hitler negou permissão para recuar e escapar do cerco. Em 10 de outubro, o Exército Vermelho alcançou a costa báltica perto de Memel, e 33 divisões alemãs, totalizando 250 mil homens, ficaram acuadas mais ao norte na península da Curlândia, na Letônia, onde a maioria permaneceu por ordem de Hitler até a derrota germânica final.[316] Uma segunda tentativa soviética de entrar na Prússia Oriental, lançada em 16 de outubro, atravessou a fronteira alemã e quase alcançou o importantíssimo entroncamento ferroviário de Gumbinnen, antes de ser rechaçada, para surpresa das forças soviéticas, por uma vigorosa resposta germânica que resultou em outra ofensiva aliada estagnada. A outra preocupação de Stálin, tanto militar quanto política, era posicionar de forma rápida o Exército Vermelho nos Bálcãs e na Europa Central e impedir qualquer tentativa de intervenção do Ocidente. Depois de ajudar o Exército de Libertação Nacional da Iugoslávia a tomar Belgrado no fim de outubro, o foco soviético passou a ser a Hungria, como portão de entrada para Viena, mas a feroz resistência alemã e húngara retardou o avanço, uma vez que Hitler queria proteger o pequeno campo petrolífero a sudeste do lago Balaton. Budapeste se tornou a principal fortaleza no sul, mantida por uma mescla de unidades alemãs e húngaras. Em 28 de outubro, Stálin ordenou ao Segundo Grupo de Exércitos Ucraniano, do general Malinovski, que capturasse Budapeste em um dia, pois o avanço para Viena era essencial em termos políticos, mas só em 26 de dezembro foi possível cercar Buda, a metade ocidental da cidade, e lhe impor um custoso cerco.[317] A campanha só terminou em fevereiro, com a maior parte da capital húngara destruída por bombas e projéteis, e a guarnição reduzida a cerca de 11 mil soldados, de um total de 79 mil em dezembro. Aproximadamente 100 mil soldados e civis húngaros morreram.[318] Para Stálin, como para Alexander na Itália, o caminho para Viena se mostrou além do alcance dos Aliados em 1944.

A estabilização temporária do front alemão na Polônia e da Prússia Oriental deixou Hitler tentado a arriscar uma manobra estratégica que ele vinha desenvolvendo desde agosto, quando exigiu uma força dedicada para atacar a retaguarda e o flanco do 12º Grupo de Exércitos dos Estados Unidos enquanto avançava, vinda da área em frente às montanhas dos Vosges. O Grupo de Tarefas G foi concebido com seis divisões blindadas e seis novas brigadas blindadas, mas por causa da contínua retirada o contra-ataque foi abandonado.³¹⁹ Em meados de setembro, Hitler tinha ampliado o plano com a ideia de atacar entre os Grupos de Exércitos americanos e britânicos, forçando o 21º Grupo de Exércitos de Montgomery a cair num bolsão, enquanto se dirigia à Antuérpia para acabar com a perspectiva de linhas de abastecimento aliadas mais próximas. Hitler esperava que a operação pudesse até provocar uma grande crise política entre seus inimigos ocidentais. "Contraofensiva a partir das Ardenas: objetivo Antuérpia", anunciou ele ao seu círculo mais íntimo em 16 de setembro.³²⁰ O plano, que veio logo depois da retirada pela França e das batalhas na fronteira germânica, foi visto com antipatia pela maioria dos comandantes do Exército, incluindo Von Rundstedt, reconvocado como comandante supremo do Ocidente no começo de setembro, e Model, comandante da campanha. O conceito de Hitler se baseava em concentrar forças escassas num momento em que todo o front exigia defesa, e só daria certo se o Exército pudesse capturar estoques de combustível e viver às custas dos suprimentos aliados. Seus comandantes entenderam os riscos de lançar uma grande ofensiva com pouca mobilidade (50 mil cavalos eram necessários para a operação), escassez de suprimentos de todos os tipos e unidades do Exército com treinamento limitado, mas não conseguiram fazer Hitler mudar de ideia.

Ele fez questão de que houvesse sigilo total para a Operação Wacht am Rhein [Vigília no Reno] e rebateu as objeções óbvias, insistindo em sua intuição de que, fossem quais fossem os problemas, a campanha transformaria o front ocidental e "talvez toda a guerra".³²¹ Em meados de novembro, ele precisou fazer uma cirurgia nas cordas vocais, o que contribuiu para adiar o que passou a ser chamado de Operação Herbstnebel [Névoa de Outono], até ele reaparecer em 1º de dezembro capaz de ao menos sussurrar.³²² A data foi adiada primeiro para 10 de dezembro, depois para dali a seis dias, com o objetivo de aproveitar o mau tempo que manteria o poderio aéreo aliado no chão. Na manhã de 16 de dezembro, 24 divisões de 410 mil homens, 1400 veículos de combate blindados, 1900 peças de artilharia e mais de mil aeronaves pegaram os Aliados totalmente de surpresa. Avançaram em três eixos: no norte, onde o Sexto Exército Panzer da SS de Sepp Dietrich deveria atravessar a floresta das Ardenas para tomar a Antuérpia; no centro, onde o general Hasso von Manteuffel avançaria para além do rio Mosa; e no sul, onde o general Erich Brandenberger cobriria o flanco da operação. Em poucos dias, um grande saliente foi formado, criado principalmente no front central, o "bulge" [bolsão], que deu à batalha seu nome americano. Hitler, enfim satisfeito por poder conduzir uma "ofensiva bem-sucedida", em vez de uma "defensiva prolongada e conduzida com teimosia", como afirmou aos comandantes num briefing em 11 de dezembro, disse a Goebbels que os efeitos sobre os Aliados foram "colossais".³²³

Ele estava certo ao dizer que a ofensiva causaria consternação no lado aliado. Um dia antes de ser lançada, em 15 de dezembro, Montgomery anunciou que o exército alemão já não tinha nenhuma capacidade ofensiva. Mesmo no dia seguinte ao início da operação germânica, Eisenhower a descreveu como um "contra-ataque bastante ambicioso" que logo seria interrompido, mas no dia 18 já não havia dúvida de que estava em andamento uma grande ofensiva para dividir as forças aliadas e chegar à costa belga.[324] A inteligência aliada tinha avisado ao Quartel-General Supremo das Forças Expedicionárias Aliadas (o SHAEF, na sigla em inglês), de Eisenhower, que tinha sido detectada uma concentração de reservas alemãs em frente ao setor das Ardenas, pouco defendido, mas graças à confiança exagerada de que as forças germânicas estavam em crise o alerta foi ignorado. Kenneth Strong, chefe da inteligência de Eisenhower no SHAEF, afirmou que o exército alemão estava sendo destruído na guerra de desgaste, perdendo vinte divisões a cada mês; a acumulação de reservas germânicas foi interpretada como uma preparação para a defesa final da barreira do Reno, enquanto uma operação na floresta das Ardenas parecia tão implausível agora quanto tinha parecido para o alto-comando francês em maio de 1940.[325] Os preparativos alemães foram ocultados ao máximo, com absoluto silêncio no rádio e detalhes do plano revelados apenas para um pequeno grupo. Enquanto isso, o reconhecimento aéreo aliado era prejudicado pelo mau tempo persistente.

A operação começou atacando o setor mais fraco da linha de frente americana, onde cinco divisões do Primeiro Exército, unidades em descanso ou novatas, estavam espalhadas pela área das Ardenas. Nem Hodges, comandante do Primeiro Exército, nem Bradley reagiram com firmeza às investidas alemãs iniciais (na verdade, Bradley permaneceu no seu quartel-general na cidade de Luxemburgo, dirigindo tudo por rádio e telefone), mas comandantes locais conseguiram segurar os importantes entroncamentos rodoviários em St. Vith e Bastogne, contra todas as probabilidades, frustrando o avanço germânico. Patton já tinha preparado um plano de contingência caso lhe solicitassem que movesse suas forças para o norte para ajudar o Primeiro Exército, e seis divisões foram rapidamente transferidas para ameaçar a ala sul do saliente. Ao norte, nas montanhas Elsenborn, o Sexto Exército Panzer da SS de Dietrich foi repelido por defesas antitanque resolutas. Quando o clima clareou no dia 23, as forças aéreas aliadas iniciaram um formidável ataque para conter o avanço germânico. A Força Aérea alemã, no papel ainda uma força substancial, teve a sua eficácia reduzida por causa da falta de combustível, de bases aéreas avançadas mal preparadas e da inexperiência de centenas de pilotos novatos, que tinham treinamento limitado. Em 1º de janeiro houve uma tentativa de concentrar 1035 caças e caças-bombardeiros para uma grande operação, de codinome Bodenplatte [Placa de Base], visando destruir bases aéreas táticas aliadas e por fim possibilitar a tomada de Bastogne. Os números exatos das perdas aliadas são difíceis de calcular, mas estão entre 230 e 290 aeronaves, a maioria delas no chão, sem camuflagem, mas a Força Aérea alemã perdeu mais de trezentos aviões, o maior número num único dia na guerra.[326] Os Aliados podiam arcar com as perdas; as forças aéreas britânicas e americanas no teatro europeu totalizavam, no fim de 1944, nada menos que 14 690 aeronaves.[327]

Nessa etapa, um esforço conjunto, de responsabilidade especial das forças americanas, estrangulou aos poucos o bolsão e começou a tarefa árdua, custosa e debilitante de repelir o exército germânico. Como os comandantes alemães tinham advertido, a falta de combustível e de equipamento e a inexperiência de muitos dos novos recrutas combatendo durante o inverno resultaram em altas perdas de homens e máquinas, ainda que as tropas alemãs lutassem, nas palavras de Eisenhower, "com uma espécie de fanatismo ou 'fúria germânica'".[328] Em 3 de janeiro, Hitler reconheceu que a ofensiva tinha fracassado, embora esperasse que a luta acirrada no frio brutal tivesse provocado um nível significativo de danos. Cinco dias depois, Hitler aceitou o pedido de retirada de Model e Manteuffel para evitar uma destruição maior de suas tropas desgastadas. Os dois lados sofreram baixas pesadas: as forças americanas perderam 103 102 homens, entre eles 19 246 mortos, entre meados de dezembro e o fim de janeiro; as perdas alemãs foram estimadas pelo OKW em 81 834, com 12 642 mortos e 20 582 desaparecidos. Sem se deixar desanimar pelo fracasso, Hitler ordenou uma segunda contraofensiva menor na Alsácia, de codinome Vento Norte, que teve o mesmo destino de Névoa de Outono. O OKW registrou no diário de guerra em 14 de janeiro que a iniciativa "passou para os Aliados", o que na verdade já tinha acontecido havia muito tempo.[329]

Embora Hitler não soubesse, sua jogada para dividir os Aliados ocidentais esteve mais perto de acontecer do que a disputa militar. A tensão entre Montgomery, os chefes do Estado-Maior britânico e Eisenhower foi exacerbada quase até o ponto de ruptura durante a ofensiva das Ardenas. Para lidar com a ameaça imediata, Eisenhower pediu a Montgomery que assumisse o comando do Primeiro e do Nono Exércitos americanos ao norte do saliente. Bradley ficou furioso com o que lhe pareceu falta de confiança em sua capacidade de liderança, mas foi obrigado a aceitar. Montgomery sem dúvida colaborou com confiança ao norte do saliente, mas contribuiu pouco com suas forças britânicas e canadenses, que sofreram apenas 1400 baixas, sendo duzentos mortos. Demorou a ordenar o contra-ataque, e seus críticos americanos aproveitaram essa demora para falar mal de suas habilidades como general. No fim de dezembro, Montgomery voltou a exigir permissão para assumir o comando geral das forças terrestres, como tinha feito no Dia D, para evitar que os Aliados corressem o risco de fracassar na iminente invasão da Alemanha. Ele comentou em caráter privado com Alan

Brooke, o chefe do Estado-Maior Geral Imperial, que em sua opinião Eisenhower "não sabe o que está fazendo". Marshall disse a Eisenhower para não se comprometer, mas ambos ficaram bastante ressentidos com a acusação implícita de que a estratégia de Eisenhower estava errada.³³⁰ Uma semana depois, após uma entrevista coletiva em 7 de janeiro na qual Montgomery deu a impressão, intencional ou não, de que os britânicos tinham salvado a situação na Batalha do Bulge, Eisenhower o advertiu de que, se persistisse, ia "prejudicar a boa vontade e a devoção a uma causa comum que fizeram desta força aliada algo único na história".³³¹

Brooke voltou ao assunto de um comandante único e uma investida estreita para chegar à Alemanha vindo da frente britânica durante reuniões com os chefes do Estado-Maior Conjunto no fim de janeiro, na ilha de Malta, prelúdio da reunião de cúpula de Ialta. Sua intervenção ameaçou provocar uma ruptura exposta entre os dois aliados. Numa reunião mal-humorada, Marshal disse aos chefes do Estado-Maior britânico que Eisenhower teria de renunciar se eles continuassem a criticar a sua maneira de conduzir a campanha, mas no dia seguinte, em 1º de fevereiro, Roosevelt fez questão de que Eisenhower ficasse. A persistência britânica poderia muito bem ter provocado uma grande crise, mas Churchill acompanhou Roosevelt. As questões continuaram abertas por muito tempo depois da guerra. Há bons argumentos dos dois lados do debate, mas o fator determinante foi a presença de um exército americano muito maior do que o britânico, cujos chefes não aceitariam o comando de um marechal de campo da Grã-Bretanha ou uma estratégia que conferisse o glamour de derrotar a Alemanha ao aliado britânico. "A organização do comando não é, claro, ideal", escreveu Eisenhower a Marshall, "mas é a mais exequível, levando em conta as questões de nacionalidade envolvidas e as personalidades disponíveis [...]."³³² Evitou-se por muito pouco uma ruptura ostensiva, mas até hoje não se sabe ao certo por que Montgomery foi incapaz de compreender os aspectos políticos delicados da aliança anglo-americana.

Em janeiro de 1945, a derrota alemã e japonesa era só uma questão de tempo, mas as batalhas dos últimos meses do conflito para subjugar os impérios inimigos que desmoronavam foram as mais sangrentas e custosas de toda a guerra para os Aliados. Entre dezembro de 1944 e maio de 1945, as mortes de militares americanos em combate em todos os teatros totalizaram 100 667, mais de um terço de todas as mortes em combate durante a guerra; entre janeiro e maio de 1945, as perdas irrecuperáveis soviéticas (ou seja, mortos e desaparecidos) nas operações mais importantes contra o território germânico totalizaram 300 686. Foram também os meses mais custosos para os alemães e os japoneses em número de mortos, tanto civis como militares. Nos últimos quatro meses de combate, as Forças Armadas germânicas tiveram 1 540 000 soldados mortos, incluindo muitos adolescentes ou homens mais velhos recrutados para preencher grandes lacunas nas unidades do Exército; pelo menos 100 mil civis morreram nos bombardeios. Nunca houve dúvidas sobre o desfecho. No início de 1945, os Aliados desfrutavam de um poderio aéreo avassalador — no fim de dezembro de 1944, a Força Aérea alemã tinha apenas 15% da capacidade total das forças aéreas combinadas dos Estados Unidos e da Grã-Bretanha —, enquanto a proporção de tanques e canhões autopropulsados era de quatro para um a favor dos Aliados, e de seis para um no front ocidental. Resistir numa situação tão desvantajosa era quase suicídio, mas refletia também a demanda por um esforço final extremo para preservar o núcleo territorial do império. "O princípio da luta fanática pela posse de cada metro do nosso solo pátrio", dizia a ordem do dia para um Grupo de Exércitos alemão em janeiro, "tem que ser para nós um dever sagrado."[333] Em Iwo Jima, o primeiro território pátrio do Japão a ser invadido, o comandante divulgou para os soldados uma lista de "Votos de coragem na batalha", com uma instrução segundo a qual "cada homem terá como seu dever matar dez inimigos antes de morrer".[334]

Hitler não tinha dúvida de estar diante do seu *Endkampf*, o momento final da derrota. Seu ajudante para assuntos da Força Aérea se lembrava de uma conversa que teve em janeiro com o líder desesperado: "Sei que a guerra está perdida. A superioridade aérea do inimigo é grande demais [...]. Jamais capitularemos, jamais. Podemos até ser derrotados, mas levaremos o resto do mundo conosco".[335] Embora sem dúvida preferisse a vitória, a alternativa da derrota absoluta não era, em seu grotesco universo moral, um desfecho indigno. Isso explica a sua insistência desesperada em apelar para a vitória ou a destruição, porque na sua cabeça era essencial para a nação alemã se redimir da vergonhosa rendição de 1918 lutando até o último suspiro, em vez de se entregar. Evitar a vergonha era um clichê da cultura histórica germânica, com poderoso apelo não só para Hitler, mas também para os círculos alemães ainda dispostos a sustentar o esforço de guerra.[336] O sacrifício redentor da derrota absoluta era tido como um ato moral de proporções heroicas, que serviria de lição para as gerações germânicas futuras enquanto reconstruíam a saúde e o vigor da raça. Em seu "testamento político", ditado no bunker em Berlim em 29 de abril de 1945, Hitler declarou que o esforço de guerra alemão "entrará para a história como a manifestação mais gloriosa e heroica da luta de um povo pela vida" e como prelúdio do renascimento de uma genuína "comunidade popular".[337]

Nos últimos meses da guerra europeia, as forças aéreas aliadas contribuíram com um pano de fundo apocalíptico muito adequado para as fantasias hitlerianas da destruição heroica do povo, com ruas reduzidas a escombros e incêndios violentos que acompanhavam a inexorável campanha final. Desde setembro de 1944, quando Eisenhower devolveu os bombardeiros pesados ao controle da Força Aérea, tanto o Comando de Bombardeiros da RAF como a Oitava e a 15ª Forças Aéreas dos Estados Unidos desencadearam os bombardeios mais colossais da guerra, despejando três quartos da tonelagem de bombas aliadas de toda a guerra em apenas oito meses contra uma defesa aérea alemã severamente desfalcada pelo atrito das forças de combate no espaço aéreo germânico, e cujo índice de perdas chegava a 50% por mês.[338] Tanto Henry Arnold, comandante das forças aéreas do Exército americano, como Harris esperavam que os bombardeiros desferissem o golpe decisivo que até então havia escapado aos exércitos aliados, mas o ataque a cidades que já tinham sido bombardeadas de modo reiterado era justificado pelo medo de que a Alemanha encontrasse um jeito de mudar o curso do conflito a seu favor com novas armas de guerra ou com um renascimento industrial caso o combate aéreo não fosse travado de forma implacável. O poderio disponível agora era assombroso: as forças aéreas dos Estados Unidos tinham 5 mil bombardeiros pesados na Europa, apoiados por 5 mil caças para escoltá-los e eliminar a Força Aérea alemã residual; o Comando de Bombardeiros tinha 1500 aviões, em especial o pesado Avro Lancaster. As perdas operacionais, que quase tinham encerrado as campanhas no fim de 1943, agora correspondiam, em média, a apenas 1% ou 2% de todos os ataques.[339]

Os bombardeiros deveriam ser lançados na Operação Furacão para atender à exigência de Eisenhower de causar o máximo de confusão possível nas infraestruturas militares e de transporte da Alemanha Ocidental, como preparativo para a invasão aliada iminente, mas os objetivos não foram definidos de forma muita clara. As incertezas sobre quais eram agora os alvos prioritários foi resolvida pela Diretiva Estratégica n. 2 do SHAEF, em 1º de novembro de 1944, que cobrava o máximo esforço contra alvos petrolíferos e de comunicações, enquanto, no mau tempo, os bombardeiros continuavam a realizar ataques mais genéricos contra "centros industriais".[340] Harris não acreditava muito no bombardeio de alvos precisos, embora seu Comando de Bombardeiros contribuísse para os planos de destruir as instalações de petróleo e infraestrutura de transporte. Na maior parte do tempo, seus ataques martelavam cidades, incluindo muitas cidades pequenas ainda não reduzidas a cinzas, na convicção de que deveria haver um ponto em que os danos sociais e psicológicos tornassem impossível continuar a guerra. Bombardeiros americanos, que despejavam cargas principalmente através das nuvens com orientação de radar, conseguiram provocar uma grave perturbação nas comunicações e reduzir a produção nacional de petróleo da Alemanha em quase dois terços em relação ao nível do ano anterior. Mas o golpe decisivo acabou não sendo desferido, embora os danos cumulativos causados a cidades, indústrias e populações alemãs tenham atingido um patamar excepcional na primavera de 1945, incluindo a tempestade de fogo que se abateu sobre Dresden na noite de 13-4 de fevereiro, matando, segundo estimativas recentes, 25 mil pessoas.

Em março de 1945, o ministro de Armamentos, Albert Speer, lembrou a Hitler que, se houvesse um colapso dos transportes e dos setores industriais mais importantes, a produção de guerra talvez sobrevivesse por seis semanas. Mas é pouco provável que isso levasse à rendição alemã, devido à determinação obsessiva que Hitler tinha de cair lutando, em vez de desistir. Nem mesmo a invasão terrestre teria sido evitada. Os bombardeiros eram vistos pelos comandantes da força terrestre como uma contribuição à guerra por terra, facilitando o avanço dos exércitos aliados, incluindo o Exército Vermelho. Dresden foi parte de um padrão de bombardeio de cidades no leste da Alemanha destinado a ajudar o avanço soviético, uma decisão tomada em conjunto na Conferência de Ialta, no começo de fevereiro, seguindo uma sugestão dada pelos britânicos e aceita pelo lado soviético, desde que se pudesse chegar a um acordo sobre uma linha de bombardeio adequada para evitar fogo amigo contra o Exército Vermelho.[341] O fator essencial era reduzir a mobilidade das Forças Armadas alemãs no campo cada vez mais estreito do conflito.

À época da reunião de cúpula dos Aliados em Ialta, ocorrida entre 4 e 11 de fevereiro de 1945 no Palácio de Livadia, em meio às ruínas da cidade da Crimeia, Stálin enfim tinha lançado a esperada operação para atravessar o Vístula no centro da Polônia e seguir para a capital germânica. O planejamento tinha começado em outubro de 1944, mas a necessidade de estabelecer novas linhas de suprimento, restabelecer unidades desfalcadas e treinar recrutas reunidos às pressas na travessia da Bielorrússia e do leste da Polônia — tudo isso provocou um atraso de três meses no lançamento. Stálin assumiu o comando direto do Exército Vermelho e mandou Zhukov, seu vice, assumir o controle do Primeiro Grupo de Exércitos Bielorrusso no ataque principal, com o Primeiro Grupo de Exércitos Ucraniano de Konev, ao sul, atacando da cabeça de ponte de Sandomierz, do outro lado do Vístula. O objetivo inicial era tão otimista quanto o de Montgomery: seguir para o rio Oder até 3 de fevereiro, depois para Berlim e o rio Elba até o começo de março, o que seria realizado num único avanço contínuo. Estava claro que a primeira ambição era realista, considerando a avassaladora vantagem material do lado soviético. Zhukov e Konev comandavam, juntos, 2,2 milhões de homens, 33 mil peças de artilharia e morteiros, 7 mil tanques e 5 mil aeronaves. Os Grupos de Exércitos A e do Centro alemães os enfrentavam, segundo números russos, com 400 mil soldados, 5 mil canhões, 1220 veículos blindados de combate e 650 aeronaves.[342] Mais ao norte, para empreender avanços simultâneos em direção à Prússia Oriental e à Pomerânia, estavam o Segundo e o Terceiro Grupos de Exércitos bielorrussos, com 1,67 milhão de homens e 3800 tanques somados.

A vasta ofensiva enfim foi lançada entre 12 e 14 de janeiro. Zhukov e Konev fizeram rápidos avanços contra uma defesa que se desintegrava. O Exército Vermelho alcançou o Oder na cidade-fortaleza de Küstrin em 31 de janeiro, lutando por trezentos quilômetros de território em apenas duas semanas para chegar a 65 quilômetros da capital alemã; no sul, as forças de Konev chegaram ao Oder na Breslávia no dia 24 de janeiro, atravessaram o rio e até o fim do mês tomaram uma grande parte do distrito industrial da Silésia. No norte, o progresso foi mais lento contra uma oposição germânica resoluta, mas alcançou-se a costa do Báltico em 26 de janeiro e a Prússia Oriental foi isolada; a capital da província, Königsberg, uma das cidades-fortaleza criadas em 1944, foi cercada e sitiada três dias depois, embora tenha resistido por mais de dois meses. Nas três semanas que precederam Ialta, o Exército Vermelho libertou o oeste da Polônia, tomou a Silésia e isolou forças alemãs na Prússia Oriental.

Independente de se Stálin queria ou não que o rápido sucesso da campanha fortalecesse seu poder de barganha com os Aliados, o resultado do avanço inicial no Leste contrastava com o progresso mais lento dos exércitos britânico e americano para desobstruir a margem ocidental do Reno e as defesas da Linha Siegfried em janeiro e fevereiro. As principais operações de Montgomery no norte do front — a Veritable, que visava abrir um caminho pela floresta de Reichswald, e a Grenade, cujo objetivo era que o Nono Exército dos Estados Unidos rompesse a linha do rio Roer — só começaram quando a Conferência de Ialta terminou, em 8 de fevereiro. Ao chegar à cidade da Crimeia, os três líderes aliados já não estavam preocupados em particular com o curso da guerra, àquela altura previsível, mas com os problemas da paz que viria depois. Boa parte da agenda foi destinada a satisfazer Stálin. Diferentemente de reuniões anteriores, o que os delegados ocidentais encontraram foi um homem cordial e contido, preparado "em muitos casos", recordava-se o presidente do Estado-Maior Conjunto, "a ceder para chegar a um acordo".[343] As aparências enganavam. Poucas semanas antes, ele tinha dito a uma delegação iugoslava em Moscou que com "os políticos burgueses é preciso ter o maior cuidado [...]. somos guiados não pelas emoções, mas pela análise, pelo cálculo". Stálin poderia ter acrescentado que também pela espionagem, uma vez que os soviéticos já estavam de posse de muitos dos documentos sensíveis preparados por Roosevelt e Churchill, enquanto no Palácio de Livadia havia microfones ocultos por toda parte.[344] Roosevelt estava cansado e claramente doente depois de viajar 9500 quilômetros, com uma escala primeiro em Malta para um encontro com Churchill. Anthony Eden, o secretário do Exterior de Churchill, achou-o "vago, disperso e ineficiente", mas chegou sabendo que precisava impressionar o público americano com uma demonstração de unidade e compromisso com uma ordem pacífica e democrática no pós-guerra. Isso ele conseguiu de forma ampla com o acordo geral sobre a Organização das Nações Unidas e a assinatura no último dia da Declaração da Europa Libertada, um compromisso que as três potências assumiam com governos baseados em eleições livres e na vontade do povo. Conseguiu também um acordo com Stálin de que a

União Soviética entraria em guerra contra o Japão depois da derrota da Alemanha, promessa que ainda parecia estrategicamente necessária para os americanos concluírem a guerra do Pacífico.[345]

A Declaração foi, na verdade, um esforço para disfarçar as claras divergências que existiam entre os Aliados. Sem que Roosevelt soubesse, Churchill já tinha desistido da maior parte da Europa Oriental quando se encontrou com Stálin em outubro em Moscou, onde produziu uma lista informal de participações relativas soviéticas e ocidentais — o chamado "acordo das porcentagens" —, na qual concedia a Stálin a Romênia e a Bulgária, desde que os britânicos ficassem com a palavra final na Grécia. A preocupação de Churchill era garantir que a Grã-Bretanha dominasse o Mediterrâneo e permitir à França um papel na Alemanha ocupada depois da guerra, o que Stálin aceitou a contragosto. O grande obstáculo era o futuro da Polônia, agora totalmente sob ocupação soviética. Roosevelt e Churchill concordaram, também com relutância, que a União Soviética ficasse com áreas ocupadas em 1939, mas não houve uma decisão firme sobre por onde passaria a fronteira compensatória da Polônia a oeste, esculpida no lado leste da Alemanha. A nova Polônia já tinha um comitê de comunistas estabelecido por Stálin em 1944 que atuava como um governo em espera, mas nem Churchill, nem Roosevelt queriam aceitar o novo regime tal como se apresentava e pretendiam envolver outros poloneses não comunistas. Stálin insistiu que a Polônia deveria ser democrática e independente, mas simpática aos interesses soviéticos, e na prática não havia meios de os Aliados ocidentais forçarem um resultado diferente, pois o lado stalinista estava decidido a não ceder no que se referia à segurança soviética. Alcançou-se um arranjo temporário quando Stálin concordou em permitir que uma comissão formada por Molotov e os embaixadores da Grã-Bretanha e dos Estados Unidos se encontrasse em Moscou para buscar uma fórmula para uma Polônia "democrática", mas a comissão logo se viu num impasse quando os três homens se reuniram, e a Polônia, causa inicial da guerra em 1939, foi entregue ao seu destino comunista.

Apesar da publicidade dada a Ialta como expressão da unidade aliada e da colaboração pós-guerra, capturada em fotos dos três líderes sorridentes, a verdade é que as relações entre eles se deterioraram rapidamente nos meses anteriores à derrota alemã. Stálin continuava receoso de que seus parceiros pudessem fazer um acordo em separado com a Alemanha. No fim de março, ele disse à delegação tcheca em Moscou que era possível que "nossos aliados tentem salvar os alemães e cheguem a um acordo com eles". Roosevelt não demorou a entender que a Declaração de Ialta não significava quase nada para Stálin. Em 24 de março, informado mais uma vez de que o líder soviético tinha obstruído os pedidos dos Estados Unidos de ajuda para repatriar prisioneiros de guerra americanos na Polônia, o presidente, frustrado, deu um murro na cadeira de rodas: "Não dá para fazer negócios com Stálin. Ele quebrou todas as promessas que fez em Ialta, uma por uma".[346]

No entanto, a face pública da aliança continuou inalterada pelo clima cada vez mais pesado de desconfiança e recriminação. O círculo em torno da Alemanha se fechou a oeste, leste e sul nos meses seguintes. Diferentemente dos Aliados, as Forças Armadas germânicas enfrentavam barreiras intransponíveis, que impediam qualquer possibilidade de que houvesse uma virada militar a seu favor. O sistema de transportes, que deveria ter ajudado com linhas internas de suprimento e comunicação, estava danificado demais para atender às necessidades; suprimentos militares eram transportados para o front muitas vezes por cavalos; o apoio aéreo agora era apenas residual para os exércitos terrestres; as divisões alemãs careciam de efetivos, e os substitutos eram enviados de forma aleatória, muitos vindos de grupos etários inadequados ou sem treinamento; unidades da *Volkssturm* recebiam uma mistura estranha de uniformes, poucos fuzis e metralhadoras e, no caso de uma unidade, 1200 granadas sem espoletas.[347] Soldados aliados informavam que a resistência germânica agora variava, como disse um deles, entre "a determinação selvagem e a apatia absoluta".[348] Acima de tudo, Hitler perdeu o resto de senso de realidade que ainda tinha em suas últimas semanas como comandante supremo, demitindo altos oficiais que não resistiam com firmeza e ordenando de modo insistente que "cada bloco de apartamentos, cada casa, cada andar, cada sebe, cada buraco de bomba seja defendido ao máximo".[349] Não permitiu que tropas alemãs encurraladas na península da Curlândia ou isoladas na Prússia Oriental saíssem pelo mar quando ainda era possível, a fim de fortalecer a defesa no núcleo territorial germânico. Ele se recusou a permitir que o Exército recuasse a linha de frente para trás da barreira do Reno ou, no caso da Itália, para trás do rio Pó. Em fevereiro e mais uma vez em março, despachou tropas desesperadamente necessárias na Alemanha para tentar romper o cerco soviético de Budapeste, na esperança de recuperar a área de produção de petróleo húngaro no lago Balaton, com resultados desastrosos, como era possível prever. Por fim, em 19 de março, publicou um decreto, que costuma ser conhecido como a *Nerobefehl* [Ordem de Nero], sobre aplicar a política de terra arrasada no território alemão para não deixar intacto absolutamente nada que os militares aliados pudessem usar, de pontes a estoques de alimento. O decreto tem sido interpretado como uma rejeição de Hitler ao próprio povo germânico, por eles não terem atendido à sua convocação para a glória imperial, deixando-os assim sem nada, mas é claro que a redação se referia apenas a equipamento, produção e transporte militares, e na cabeça de Hitler isso era compatível com a destruição que as autoridades soviéticas praticaram quatro anos antes com tudo que havia no caminho do exército alemão.[350] Nessa fase, autoridades locais, fossem militares ou do Partido, já agiam de acordo com seus próprios instintos e em muitos casos se recusavam a obedecer ao decreto, uma vez que isso claramente afetava a sobrevivência da população civil; a rigor, nas grandes cidades tinha sobrado pouca coisa que as forças aéreas aliadas já não tivessem destruído.

O colapso, quando veio, foi súbito. Em Ialta, os líderes aliados discutiram quando achavam que a guerra europeia terminaria e concluíram que não seria antes de 1º de julho, e que o mais certo seria até 31 de dezembro. A frágil defesa que ainda protegia a Alemanha e as forças germânicas na Itália se mostrou superficial. No front ocidental, a ambição de Eisenhower de tirar da margem direita do Reno as forças inimigas foi concluída em 10 de março, quando os Aliados calcularam que o exército alemão tinha perdido um terço da sua capacidade de luta, incluindo um total de 250 mil prisioneiros. Do lado ocidental do rio, agora havia 4 milhões de soldados posicionados em 73 divisões (na rendição germânica, 4,5 milhões em 91 divisões).[351] Eisenhower mais uma vez enfrentou pressões conflitantes de Montgomery e Bradley sobre onde o Reno deveria ser atravessado primeiro, e, embora apoiasse o plano britânico da Operação Plunder (respaldado pela operação aerotransportada Varsity), que deveria começar em 23 de março, ele não fez nada para impedir que o 12º Grupo de Exércitos de Bradley explorasse a derrota das tropas germânicas no setor central do front. Em 7 de março, uma força de reconhecimento da Nona Divisão Blindada capturou intacta a ponte Ludendorff em Remagen, e Bradley foi autorizado por Eisenhower a cruzar o Reno com suas tropas. A cabeça de ponte subsequente avançou pouquíssimo e foi contida até o fim de março, mas Patton decidiu que melhor do que esperar por Montgomery e um golpe operacional britânico era ele mesmo se mover. Em 7 de março, ele tomou Koblenz com o Terceiro Exército dos Estados Unidos, depois de avançar 88 quilômetros em 48 horas, e em 22 de março atravessou o Reno em Nierstein e Oppenheim, pouco antes dos britânicos mais ao norte.

Um dia depois, seguindo uma barragem de 3500 peças de artilharia, o 21º Grupo de Exércitos de Montgomery atravessou o Reno em Wesel. A resistência ali e mais ao sul agora era limitada e desigual, depois das derrotas a oeste do rio; houve acirrados e tenazes bolsões de combate, mas havia também uma disposição crescente, da parte dos soldados alemães, de se renderem. Embora a força levasse tempo para fazer a travessia do Reno, completada no dia 28, a partir de então o avanço foi tão rápido quanto o de Zhukov em janeiro. O Segundo Exército foi enviado para o Elba e Hamburgo, e o Primeiro Exército Canadense seguiu para a Holanda. O Nono Exército dos Estados Unidos foi devolvido ao comando de Bradley para o cerco da região industrial de Ruhr-Renânia. O marechal de campo Brooke lamentou a "atitude nacionalista dos aliados", que deixou o Grupo de Exércitos de Montgomery mais fraco, e os britânicos com a função mais limitada de proteger o flanco esquerdo aliado.³⁵² O avanço foi rápido na planície setentrional, onde uma cidade era ocupada depois da outra, mas não sem contestação. Bremen foi alcançada em 20 de abril e resistiu às forças britânicas durante seis dias; Montgomery tinha ordem de seguir logo para a Dinamarca, e o porto báltico de Lübeck, nesse caso para impedir o avanço do Exército Vermelho, pois nenhum acordo tinha sido feito com Stálin sobre a ocupação da Dinamarca ou da Holanda. Em 2 de maio, o Segundo Exército entrou em Lübeck, e a guerra no norte da Alemanha chegou praticamente ao fim.

Mais ao sul, o Grupo de Exércitos de Bradley atravessou o Reno em grandes números e mais uma vez enfrentou pouca oposição séria ao deslocar o Nono Exército do norte e o Primeiro Exército do sul para cercar, e depois dividir, o bolsão do Ruhr. Os 317 mil soldados do Grupo de Exércitos B alemão por fim depuseram suas armas em 17 de abril, quando seu comandante, o marechal de campo Model, dissolveu a organização para não ter que se render. Quatro dias depois, ele se matou numa floresta perto da cidade de Duisburg.³⁵³ A essa altura, Eisenhower e Bradley introduziram uma súbita mudança na estratégia americana. Embora a ambição original fosse avançar para Berlim depois de atravessar o Reno — "uma rápida investida para Berlim", Eisenhower tinha anunciado em setembro —, um confuso panorama de inteligência emergiu, sugerindo que tropas remanescentes de elite da Alemanha, em especial unidades da Waffen-ss, estavam concentradas no sul para criar uma *Alpenfestung* [fortaleza alpina], apoiada nas montanhas por estoques ocultos de alimentos e equipamento e até mesmo fábricas subterrâneas de aeronaves.³⁵⁴ Depois do choque do ataque nas Ardenas, os comandantes americanos tomaram todas as precauções para não serem apanhados desprevenidos outra vez. Os aparentes sinais de reforço e o medo de que uma grande força ainda na Itália pudesse ir para os Alpes eram, como afirmou Bradley em suas memórias, "uma ameaça terrível demais para ser ignorada", e em 28 de março Eisenhower escreveu direto para Stálin, e para Marshall e Montgomery, ordenando ao Sexto Grupo de Exércitos e ao Terceiro Exército de Patton que se deslocassem para o sul e para o sudeste a fim de eliminar a possibilidade de uma resistência final germânica nas montanhas.³⁵⁵ "Berlim como área estratégica", disse ele aos chefes do Estado-Maior Conjunto, "é descartada, pois agora está bastante destruída."³⁵⁶ Os outros exércitos americanos receberam ordem para avançar até o Elba depois de reduzirem o bolsão do Ruhr e aguardarem os russos.

Hoje, pensando bem, está claro que a *Alpenfestung* era uma fantasia dos serviços de inteligência, mas havia unidades da Waffen-ss e de blindados suficientes no sul para tornar esse medo mais plausível do que agora parece. Churchill e os chefes do Estado-Maior britânico ficaram horrorizados com a mudança de prioridades, mas Eisenhower garantiu, de forma furiosa, que dessa vez não toleraria objeções do seu difícil aliado. As forças americanas se deslocaram rápido do Reno para o rio Tauber, na Francônia, mas na Steigerwald e nas colinas da Francônia depararam com linhas defensivas improvisadas, guarnecidas, em muitos casos, por cadetes e unidades da Juventude Hitlerista, e os combates assumiram um caráter extremamente feroz e implacável, com pouca demonstração de misericórdia por qualquer um dos lados. A marcha até o Danúbio levou três semanas, mas o que restava da exausta defesa alemã já não conseguia oferecer uma resistência coordenada. "Era a imagem da miséria", anotou um espectador ao se referir aos soldados germânicos, "ver em fuga esses restos exaustos, esfarrapados e na maior parte desarmados do exército alemão."[357] As forças americanas avançaram pela Áustria, fecharam a passagem do Brenner para a Itália e seguiram para a Tchecoslováquia; ali uma frente comum foi estabelecida com o Exército Vermelho a oeste de Praga. Onde puderam evitar o terror que seu próprio lado infligia a qualquer um que se rendesse, soldados alemães abandonaram a luta no sul, o que resultou num total de 600 mil prisioneiros de guerra até o fim de abril.

Eisenhower talvez não precisasse ficar tão preocupado com a resistência final alpina se entendesse a situação no front italiano. Ali também forças alemãs se entrincheiraram para conter o inimigo nos últimos contrafortes de montanha antes do Vale do Pó e na costa do Adriático. O marechal de campo Kesselring, o comandante alemão na Itália, foi transferido em 10 de março para se tornar comandante supremo do Ocidente no lugar de Von Rundstedt, e seu substituto, o coronel-general Heinrich von Vietinghoff-Scheel, dispunha de 23 divisões desfalcadas (incluindo quatro do que restava do exército italiano de Mussolini) para segurar a linha da Ligúria, no oeste, a Ravena, no leste. Esticadas ao máximo, essas defesas tinham pela frente um inimigo com uma superioridade aérea avassaladora, uma vantagem de dois para um em artilharia e de três para um em veículos de combate blindados. Depois do impasse no inverno, os Aliados se prepararam para a batalha final. O Oitavo Exército começou seu assalto em 9 de abril, depois de um temível ataque de 825 bombardeiros pesados despejando bombas de fragmentação; o rio Santerno foi alcançado e atravessado dois dias depois, diante de um inimigo vacilante, e unidades neozelandesas avançadas seguiram rapidamente para Bolonha.[358] Em 14 de abril, o general Lucian Truscott, agora comandante do Quinto Exército americano depois que Clark se tornou comandante-geral do Grupo de Exércitos na Itália, lançou uma ofensiva para romper as linhas de defesa inimigas a partir do norte dos Apeninos, deparando com oposição irregular, mas feroz, até que a última Linha Gengis Khan foi rompida em 19 de abril. As duas alas da ofensiva aliada agora podiam avançar para Bolonha, e depois para o rio Pó, onde chegaram no dia 22. Uma vez rompidas as últimas linhas defensivas, as unidades germânicas recuaram como havia feito o exército na França em agosto de 1944, num esforço desesperado para evitar o colapso. Atravessaram o Pó e quem pôde correu para o nordeste em busca de uma possível rota para a Áustria. A essa altura, as guarnições do exército alemão nas principais cidades do norte enfrentavam uma revolta guerrilheira. As rendições se multiplicavam à medida que os exércitos aliados se aproximavam, mas o alto-comando germânico já tinha começado a explorar uma rendição geral por meio de negociações secretas. Embora o gauleiter do Tirol-Vorarlberg, Franz Hofer, tivesse apresentado meses antes em Berlim a ideia de criar um reduto alpino, o interesse despertado foi pífio, por sugerir uma atitude derrotista. No fim de abril, com as forças alemãs na Itália à beira do colapso, desapareceu qualquer ideia de resistência final.

Para Stálin, a ansiedade americana sobre a *Alpenfestung* era um alívio, pois significava que uma corrida entre os Aliados para Berlim poderia ser evitada. Embora ele tenha dito aos Aliados que Berlim também não era vista como importante pelo lado soviético, a tomada da capital de Hitler era uma prioridade política, mais do que militar. Stálin anunciou em janeiro que queria capturar o líder alemão em seu covil, e tropas soviéticas reagiram usando a palavra russa para covil, *berlog*, como seu destino, em vez de Berlim.[359] Apesar disso, houve um atraso inesperado quando se chegou à linha do Oder. No começo de fevereiro, Zhukov disse a Stálin que poderia tomar Berlim "com uma investida rápida" até meados do mês; quando Stálin estava em Ialta, Zhukov voltou a pedir permissão para uma campanha imediata. Mais ao sul, Konev estava impaciente para agir, prometendo alcançar o Elba nos últimos dias de fevereiro.[360] Stálin hesitou, depois decidiu, com os Aliados ocidentais aparentemente ainda atolados do outro lado do Reno, limpar primeiro os flancos do Exército Vermelho, onde ainda havia forte concentração de forças inimigas. Não se sabe com certeza quais eram suas motivações, embora limpar os flancos para evitar algum risco na tomada de Berlim fizesse todo sentido do ponto de vista estratégico. O líder soviético, depois de investir tanto em invadir e ocupar o núcleo territorial alemão, não podia se dar ao luxo de ter um ataque fracassado a Berlim. Zhukov foi enviado ao norte para ajudar a desobstruir a Pomerânia e chegar à costa do Báltico; ele passou dois meses ajudando o Segundo Grupo de Exércitos Bielorrusso de Rokossovski a derrotar o que restava do exército alemão na Prússia Oriental e no antigo Corredor Polonês. Danzig caiu em poder do Exército Vermelho em 30 de março. Naqueles dois meses, a luta quebrou qualquer resistência germânica vinda do norte, mas custou três vezes mais baixas do que a operação no Vístula-Oder em janeiro. Mais ao sul, Konev foi obrigado a travar duas grandes batalhas contra o Grupo de Exércitos do Centro, do general Ferdinand Schörner, na Silésia, enquanto no front do Danúbio a última contraofensiva alemã da guerra, a Operação Despertar da Primavera, encabeçada pelo Sexto Exército Panzer de Sepp Dietrich, cujo objetivo era retomar o campo petrolífero húngaro, teve de ser rechaçada em meados de março, com muitas baixas.³⁶¹ O caminho agora estava aberto para Viena, cercada e capturada em 13 de abril, e para Praga, onde parte dos últimos combates da guerra europeia ocorreu em maio, depois da rendição alemã.

Quando ficou claro que a bem-sucedida travessia do Reno no fim de março era o prelúdio de um avanço rápido dos Aliados ocidentais, Stálin ordenou preparativos imediatos para uma ofensiva em direção a Berlim, seguindo até a linha do Elba. A operação teve que ser desenvolvida às pressas, enquanto grandes forças eram redistribuídas dos flancos. Stálin queria que a capital alemã fosse tomada em cinco dias, e um vasto exército foi formado para a tarefa: os três Grupos de Exércitos de Zhukov, Konev e Rokossovistki tinham, somados, 2,5 milhões de homens organizados em 171 divisões e 21 unidades móveis, 6250 tanques, 7500 aeronaves, 41 mil peças de artilharia e morteiros; o Nono e o Terceiro Exércitos Panzer germânicos que defendiam o Oder tinham 25 divisões com 754 tanques, enquanto o 12º Exército, para a defesa de Berlim, comandado pelo tenente-general Walther Wenck, tinha seis divisões improvisadas formadas em abril e com poucas armas pesadas. Juntas, as forças germânicas só conseguiram reunir 766 mil homens, muitos deles combatentes ineficazes devido a ferimentos, fadiga de batalha ou idade. Ambos os lados esperavam, com grande expectativa, pelo que claramente era a última grande campanha da guerra. Em 16 de abril, a ofensiva começou no front de Zhukov, diante das colinas de Seelow, como a rota mais direta para Berlim. Zhukov empregou 143 holofotes para ofuscar os defensores alemães, mas a colossal barragem de artilharia preliminar não só revirou o solo em razão do avanço dos blindados, como também criou uma espessa nuvem de fumaça que refletia o brilho das luzes de volta para o Exército Vermelho.³⁶² No fim do segundo dia, as colinas foram invadidas a um alto custo, mas Stálin reagiu à informação de Zhukov sobre o ataque paralisado incentivando Konev, que tinha tido mais êxito ao sul, a se dirigir para o norte e tomar Berlim, numa corrida pela cidade. O Grupo de Exércitos de Konev enfrentou uma difícil travessia do rio Neisse, mas em 16 de abril, sob uma chuva de artilharia e fumaça artificial, um enxame de pequenos barcos atravessou e em uma hora conquistou espaço do outro lado. No primeiro dia, o inimigo foi repelido por treze quilômetros, e então a resistência alemã desmoronou, enquanto o Primeiro Grupo de Exércitos Ucraniano virava para oeste e noroeste em direção a Berlim. Em 18 de abril, a vanguarda de Konev tomou o quartel-general do Exército alemão em Zossen e se aproximou de Berlim. Em 25 de abril, parte da força de Konev contornou a capital e seguiu em frente para o rio Elba, onde, num vilarejo perto de Torgau, as forças soviéticas e americanas por fim se encontraram.

Em volta de Berlim, as últimas e frágeis linhas de defesa foram rompidas uma depois da outra. Konev estava prestes a vencer a corrida, com o Terceiro e o Quarto Exércitos de Tanques da Guarda avançando para os subúrbios de Berlim e se dirigindo ao centro governamental e ao covil de Hitler. No dia 25, ele estava em posição de ordenar a invasão do centro governamental e do Reichstag quando suas tropas avançadas se viram disparando contra o Oitavo Exército da Guarda do general Chuikov, parte do Grupo de Exércitos de Zhukov, que tinha conseguido acelerar a marcha para chegar ao centro da capital horas antes de Konev. Os homens de Chuikov tiveram a honra de tomar o covil e, em 30 de abril, um pequeno destacamento entrou no edifício do Reichstag e hasteou uma grande bandeira vermelha.[363] A poucas centenas de metros, Hitler e uma pequena comitiva se amontoaram no bunker construído embaixo da Chancelaria do Reich. Ele estava completamente desligado da realidade à sua volta, alimentando fantasias de que a derrota poderia ser evitada pela Providência. Em 12 de abril, quando chegou a notícia de que Roosevelt tinha morrido de hemorragia cerebral, Hitler por um momento chegou a pensar numa reviravolta: "Agora que o destino livrou o mundo do maior criminoso de todos os tempos, haverá um ponto de virada na maré da guerra".[364] Por dias ele manteve a ilusão de que o resgate ainda era possível, e em 24 de abril baixou uma ordem para que as tropas alemãs na cidade "restabelecessem uma ampla ligação com Berlim e assim decidissem a batalha de Berlim de forma vitoriosa".[365] No dia 28, enquanto a artilharia soviética bombardeava os edifícios lá em cima, Goebbels soltou um último grito de guerra, publicado num jornal improvisado da capital, o *Panzerbär* [Urso blindado], para definir o mito de Hitler como herói folclórico germânico: "Suas ordens ainda estão sendo emitidas de Berlim numa batalha pela liberdade que está fazendo história no mundo [...]. Ele está em pé no meio do campo de batalha mais quente que o homem já conheceu. E à sua volta se reuniram os soldados mais fantásticos que já existiram [...]".[366] Não havia saída. Quando interrogadores perguntaram a Jodl por que Hitler simplesmente não desistiu antes, ao se ver diante da derrota catastrófica, ele respondeu: "Mas será possível desistir de um império e de um povo antes de perder a guerra? Um homem como Hitler não faria isso".[367]

A "luta final" do Japão nunca se materializou na escala alemã porque as ilhas japonesas não foram invadidas, mas era intenção dos chefes militares linha-dura que uma batalha redentora parecida ocorresse para salvar a honra do império enquanto ele descambava para a derrota. Em janeiro de 1945, os Aliados ainda estavam a distância suficiente para permitir algum grau de confiança de que as duras batalhas do caminho pudessem realizar essa ambição, alimentada desde 1942, de que o custo de derrotar o Japão se mostraria alto demais para os Aliados, permitindo, finalmente, que a paz fosse negociada. Uma zona interna defensiva foi estabelecida de Taiwan e do leste da China, passando pelo sul da Coreia, até as ilhas Bonin, no Pacífico. No entanto, nesse caso também não havia dúvida sobre o desfecho, devido à superioridade material dos Aliados e ao colapso gradual da economia de guerra nipônica sob o impacto do bloqueio aéreo e naval imposto contra o comércio japonês. A única coisa que estava em questão era o ritmo do avanço aliado, e esse ritmo acabou sendo mais lento em 1945 do que se esperava, com as guarnições no império criando maneiras de enredar o inimigo em longas batalhas de desgaste em terreno da sua escolha.

A tensão no planejamento americano das campanhas finais ressurgiu devido ao avanço lento do grande contingente americano de MacArthur nas Filipinas, que ele considerava o melhor ponto de partida para a invasão das ilhas japonesas. O almirante King esperava que um bloqueio aéreo e marítimo combinado, agora possível com os bombardeiros saindo de bases nas Marianas, tornasse a invasão desnecessária, mas tanto Nimitz como MacArthur estavam convencidos de que o Japão só desistiria se as ilhas japonesas fossem invadidas e ocupadas. Para esse fim, Nimitz e Arnold, o comandante das forças aéreas do Exército, precisavam das bases insulares de Iwo Jima e Okinawa como bases aéreas e navais avançadas para servirem como pontos de apoio. A captura de Iwo Jima também impediria que aeronaves japonesas atacassem regularmente os bombardeiros pesados B-29, agora baseados na Marianas.[368] Antes que isso pudesse ser feito, MacArthur precisava terminar o mais rápido possível a ocupação da ilha principal do arquipélago das Filipinas, Luzon. A invasão começou em 7 de janeiro, com 175 mil soldados americanos, bem menos do que os 267 mil japoneses comandados pelo tenente-general Yamashita Tomoyuki, estatística que MacArthur, de modo pouco construtivo, chamou de "bobagem" quando foi informado.[369] Yamashita entendia seu objetivo como uma ação deliberada de retardamento para impedir uma possível invasão do Japão e manteve suas forças nas colinas e montanhas ao redor da área principal do vale em Luzon. Como resultado, o combate foi limitado na primeira semana, enquanto MacArthur insistia com seu comandante do Exército, o general Walter Krueger, que acelerasse a tomada da capital, Manila, para que ele pudesse anunciar uma vitória definitiva e retornar triunfante à cidade em que tinha morado antes de 1941.

A luta por Manila, em especial contra uma força terrestre da Marinha comandada pelo contra-almirante Iwabuchi Sanji, transformou-se numa campanha prolongada e feroz, na qual comandantes americanos foram instruídos a mudar as regras de engajamento para permitir que a artilharia disparasse contra áreas civis, enquanto o comando japonês baixou uma ordem que determinava que "todos os civis no campo de batalha serão mortos".[370] Soldados japoneses repetiram a violência extrema demonstrada em Nanquim, amarrando homens em grupos para atear fogo, matando mulheres e crianças em surtos monstruosos de brutalidade, estuprando mulheres e meninas pequenas. As áreas do centro e do sul da cidade tiveram que ser destruídas quarteirão por quarteirão, e a guarnição nipônica teve que ser liquidada. A destruição atingiu a antiga cobertura de MacArthur no Hotel Manila. Calcula-se que 100 mil filipinos foram mortos por fogo de artilharia, bombardeios e desumanidade japonesa; 16 mil japoneses foram mortos na defesa de Manila, mas apenas 1010 americanos — número inusitadamente baixo para a guerra do Pacífico.[371] Naquelas circunstâncias, MacArthur cancelou a marcha da vitória que havia planejado pelo centro da capital, libertada em ruínas em 3 de março. Embora os portos e aeródromos de Luzon agora pudessem ser usados para a invasão planejada, Yamashita se retirou para redutos nas montanhas, onde resistiu até a rendição japonesa, em agosto. O custo do combate que se seguiu foi excepcionalmente alto para as tropas dos dois lados, que lutavam no clima tropical, em terreno inóspito ideal para a defesa oculta, debilitadas por doenças e pela fadiga de batalha. No fim do combate pelas ilhas, as baixas japonesas somaram 380 mil, na maioria mortos, enquanto as perdas aliadas chegaram a 47 mil no campo de batalha, além de 93 mil vítimas de doenças, da fadiga de combate e de colapso psiquiátrico.[372] O custo foi mais alto do que o previsto e atrasou e diminuiu a capacidade de montar a próxima etapa da estratégia de invasão, exatamente como Yamashita queria.

A captura de Iwo Jima, uma das ilhas Bonin ao sul do Japão, e de Okinawa, a maior das ilhas Ryūkyū, foi uma das mais custosas da guerra do Pacífico. A Operação Detachment contra Iwo Jima deveria começar em fevereiro de 1945, seguida pela Operação Iceberg contra Okinawa, em abril. As duas ilhas eram tecnicamente território japonês, e soldados foram informados de que a defesa do solo nipônico era uma obrigação sagrada. Iwo Jima se tornou notória como uma das campanhas insulares onde as baixas americanas superaram as japonesas. Como os líderes nipônicos esperavam que a ilha fosse um alvo, o comandante de Iwo Jima, o tenente-general Kuribayashi Tadamichi, empregou seus 20 mil homens para construir uma fortaleza com cavernas e rochas vulcânicas num sistema de instalações defensivas, conectadas por túneis, onde homens, armas e provisões pudessem ser concentrados e fossem quase invisíveis para o inimigo. Kuribayashi mandou construir seu quartel-general a 22 metros de profundidade, com uma blocausse no topo protegida por um teto de concreto reforçado de três metros de espessura; a ilha tinha apenas dez quilômetros de comprimento por três de largura, mas dezessete quilômetros de túneis foram construídos debaixo da superfície rochosa. Um dos três aeródromos era cercado por nada menos que oitocentas casamatas.[373]

Assim fortificada, a ilha apresentava um completo campo de fogo, quase sem proteção para as três divisões de fuzileiros navais de 70 647 homens que compunham a força de invasão para o Dia D, em 19 de fevereiro. Elas receberam como suporte três dias de bombardeios pela Quinta Frota de Spruance, em vez dos dez dias solicitados, porque a Marinha quis seguir na direção norte para realizar ataques diretos à costa japonesa. Embora se estime que metade dos canhões pesados na ilha tenha sido neutralizada, bem como um quarto das casamatas e espaldões de artilharia, a defesa ainda retinha uma potência de fogo formidável. Kuribayashi aguardou a conclusão do desembarque para desencadear uma barragem feroz, o prelúdio de uma campanha de seis semanas nas quais os fuzileiros navais foram submetidos a fogo constante de artilharia, metralhadora e morteiro. Apesar de os aeródromos terem sido conquistados em poucos dias, desobstruir a ilha foi um desafio excepcional. A icônica bandeira hasteada no pico mais meridional do monte Suribachi, em 23 de fevereiro (capturada para a posteridade por um fotógrafo da Associated Press numa reconstituição três horas depois), foi seguida por mais seis dias de esforços para obrigar soldados japoneses a saírem das cavernas na montanha.[374] Mais ao norte, os fuzileiros navais avançaram devagar pela parte mais bem defendida da ilha, destruindo instalações inimigas com granadas, dinamite e lança-chamas e, enquanto isso, sofrendo baixas pesadas, com os homens cada vez mais exaustos e desorientados em consequência de um mês de combates contínuos. A blocausse de Kuribayashi foi por fim detonada com dinamite, enquanto lá dentro ele cometia suicídio ritual. Quando a ilha foi declarada sob controle total, em 27 de março, havia 6823 militares americanos mortos e 19 217 feridos ou incapacitados; dos 20 mil soldados da guarnição japonesa, só 1083 foram feitos prisioneiros.[375] A ilha se tornou uma base aérea americana de onde caças P-51 de longo alcance escoltavam ataques diurnos a cidades japonesas e onde centenas de bombardeiros B-29 faziam escala para reabastecer ou resolver problemas técnicos e avarias de combate.

Okinawa foi uma operação em escala muito maior. Como parte do território do Japão, era vista em Tóquio como um teste do que poderia acontecer quando os Aliados invadissem as ilhas principais. O comandante, o tenente-general Ushijima Mitsuru, seguiu as novas "táticas de dormência" usadas em Iwo Jima, que permitiram que o desembarque anfíbio ocorresse, atraindo os invasores para o sul da ilha fortemente defendido, onde cerca de 83 mil soldados, em especial do 32º Exército, estavam concentrados em outro sistema de cavernas, túneis e casamatas.[376] As informações da inteligência americana relativas à estratégia japonesa em Okinawa eram limitadas, mas dessa vez a Marinha foi mais precavida, bombardeando a ilha durante dez dias enquanto uma pequena força tomava as ilhas periféricas em Kerama Retto para usar como base de hidroaviões e ponto naval avançado. Os americanos organizaram uma grande armada para a invasão, com mais de 1200 navios de todos os tipos, mas mesmo antes de as tropas desembarcarem o vice-almirante Ugaki Matome já tinha formalmente estabelecido, em 5 de março, a Força Especial de Ataque de aeronaves suicidas e enviado a primeira investida de uma campanha suicida de quase três meses contra a frota dos

Estados Unidos que se aproximava. Um desses ataques atingiu a nau capitânia do comandante, o *Indianapolis*, em 30 de março, dois dias antes da invasão, e ele teve que se mudar para o *New Mexico*. Um total de 1465 aeronaves suicidas foi despachado, afundando 36 navios e danificando trezentos, entre os quais embarcações da Frota Britânica do Pacífico, bem menor, que enfim se juntara sob comando americano antes de ser enviada para conduzir operações menores e retornar à Austrália em maio, para reparos e reequipamento.[377]

Em 1º de abril, a força de invasão de 173 mil soldados do Exército e dos fuzileiros navais chegou em sete divisões comandadas pelo general Simon Bolivar Buckner. Não encontraram nenhuma oposição além dos ataques suicidas, e em questão de dias tinham estabelecido o controle da área do aeródromo. O primeiro contato com as unidades japonesas ocorreu em 8 de abril, com as tropas americanas se espalhando em leque pelo norte e pelo sul da ilha. Era na zona montanhosa do sul que Ushijima tinha concentrado suas forças ocultas, e mais uma vez o inimigo foi obrigado a avançar com lentidão penosa diante de defesas que tinham que ser eliminadas uma por uma, mesmo depois que a artilharia e o apoio naval lançaram 2,3 milhões de projéteis nas encostas.[378] Foi tão lento como o avanço em Iwo Jima, e mais uma vez exigiu-se o máximo das forças americanas durante cem dias de combate ininterrupto, num clima que no fim de maio tinha transformado as encostas em profundas poças de lama, onde corpos em decomposição empestavam o ar com seu cheiro pútrido. Demorou até junho para expulsarem o restante da guarnição para o sudoeste da ilha, onde os japoneses foram aos poucos eliminados à medida que ficavam sem munição, comida e suprimentos médicos. A resistência finalmente cessou em 21 de junho, três dias depois que Buckner foi morto numa explosão causada por um projétil de artilharia ao visitar as linhas de frente. Ushijima, a exemplo de Kuribayashi, cometeu suicídio. Cerca de 92 mil soldados japoneses e milicianos de Okinawa morreram, junto com uma grande população civil, estimada entre 62 mil e 120 mil pessoas. As baixas americanas entre Marinha, Exército e fuzileiros navais somaram 12 520 mortos e 36 613 feridos, mas houve 33 096 baixas não relacionadas à batalha, de fadiga e doenças, chegando a um total não muito inferior às perdas japonesas.[379] Essas baixas de Okinawa e Iwo Jima provocaram protestos nos Estados Unidos sobre o alto custo de tomar ilhas pequenas cujo valor estratégico era difícil de entender e alimentaram os temores em Washington de que invadir o Japão propriamente poderia estar acima da capacidade de tolerância da opinião pública americana.

A feroz resistência nipônica em posições preparadas precisa ser contextualizada no vacilante esforço de guerra do Japão conforme o bloqueio marítimo e, a partir de março de 1945, intensos ataques aéreos criaram uma grave crise para a indústria e a população do país. A campanha submarina e aérea contra o tráfego oceânico e costeiro nipônico atingiu o ponto mais alto em 1944 e 1945. A Marinha mercante japonesa foi reduzida de 5,9 milhões de toneladas para 890 mil entre 1942 e 1944, mas em 1945 grande parte da tonelagem restante não pôde mais ser usada para transportar bens do sul ou da Ásia continental, por causa da ameaça de submarinos e minas.[380] Em 1945, a vasta colocação de minas em áreas costeiras em torno do Japão levou ao colapso final de importações essenciais de matérias-primas, carvão e alimento. No geral, as importações a granel foram de 20 milhões de toneladas em 1941 para 2,7 milhões em 1945. As importações de minério de ferro para a indústria siderúrgica japonesa caíram para apenas 341 mil toneladas nos últimos seis meses da guerra, de 4,7 milhões em 1942; as importações de borracha caíram para zero; as de carvão, em particular da Ásia continental, totalizaram 24 milhões de toneladas em 1941 e apenas 548 mil nos últimos seis meses da guerra.[381] Faminta de recursos, a indústria japonesa de guerra estava à beira do colapso no verão de 1945.

O início do bombardeio pesado, realizado pelo 21º Comando de Bombardeiros, que operava em bases nas ilhas Marianas, complementou o impacto do bloqueio, embora grande parte dos danos fundamentais ao esforço de guerra nipônico e a redução de provisões para a população tenham precedido o bombardeio sistemático de cidades japonesas. O ataque a alvos de precisão nas indústrias aeronáutica e da construção naval começou em janeiro e fevereiro de 1945, mas a tática se mostrou ineficiente ao se usarem bombardeiros B-29 à luz do dia em grandes altitudes, com uma corrente de ar forte e persistente sobre o Japão. No começo de março, o novo comandante dos bombardeiros, o tenente-general Curtis LeMay, virou de cabeça para baixo as táticas americanas ao lançar ataques noturnos de baixa latitude (de 1500 a 2400 metros, em vez de 10 mil metros), usando grandes cargas de bombas incendiárias M-69, que continham o altamente eficiente gel incendiário napalm, desenvolvido por químicos de Harvard, letal para as cidades japonesas, nas quais predominavam estruturas de madeira.[382] O primeiro ataque a Tóquio, na noite do dia 9 para o dia 10 de março de 1945, com 325 B-29s carregando 1665 toneladas de bombas incendiárias, foi o ataque aéreo mais letal da guerra e destruiu mais de quarenta quilômetros quadrados da cidade num incêndio que matou, segundo os números da polícia, 83 793 pessoas.[383] Entre março e junho, a força de LeMay despejou 41 592 toneladas de bombas incendiárias nas áreas urbano-industriais mais importantes do Japão, queimando metade da área urbana; de junho a agosto, os B-29s bombardearam cidades menores, de pouco destaque industrial, queimando em alguns casos 90% da área urbana.[384] Uma pesquisa feita depois da guerra mostrou que naquela época a produção japonesa em fábricas de guerra nas áreas bombardeadas tinha caído em média para 27% do seu pico durante o conflito; nas áreas não bombardeadas, caiu em média para 50%.³⁸⁵ LeMay tentou convencer Marshall e os chefes do Estado-Maior Conjunto de que uma campanha concentrada no sistema ferroviário japonês completaria a destruição, tornando a invasão desnecessária.

Os comandantes da Marinha e da Força Aérea endossaram a ideia de que o dano infligido pelo bloqueio aéreo e marítimo seria suficiente para forçar o Japão a se render, mas os planejadores americanos continuavam convencidos de que só uma invasão garantiria a capitulação. Os dois lados se preparavam para o que parecia um confronto final inevitável. Na primavera de 1945, o Exército japonês começou a organizar a Operação Ketsu-gō [Decisiva]. Foram criados dois comandos de teatro: o Primeiro Exército Geral para a defesa do centro e do norte de Honshu; o Segundo Exército Geral para o oeste de Honshu, Shikoku e a ilha meridional de Kyushu. O objetivo era estabelecer uma força de sessenta divisões, 36 para contra-atacar frentes de invasão, 22 para realizar a defesa imediata da costa, e duas divisões blindadas móveis. Quando fosse útil, tanto o Exército quanto a Marinha eram favoráveis a táticas suicidas [*tokko*], incluindo nadadores suicidas e pequenos barcos suicidas carregados de explosivos.³⁸⁶ Em 8 de junho, com o imperador presente, foi criada a "Política Fundamental", que estabelecia uma luta final até a morte. No dia seguinte, um edito imperial convocou o povo a "esmagar as ambições desmedidas das nações inimigas" a fim de "alcançar os objetivos da guerra". Apenas uma semana antes, os chefes do Estado-Maior Conjunto dos Estados Unidos tinham pedido um plano formal de invasão, e MacArthur, o comandante terrestre designado, traçou a Operação Downfall, dividida em duas partes: uma invasão do sul de Kyushu (Operação Olympic), em 1º de novembro, seguida pela tomada da área de Tóquio (Operação Coronet), no começo da primavera de 1946. A primeira demandaria o uso de até dezessete divisões, enquanto a segunda empregaria 25, ambas apoiadas por uma vasta armada de navios de guerra e embarcações anfíbias, incluindo 22 porta-aviões americanos.³⁸⁷ A essa altura, líderes britânicos tinham se oferecido para participar, na esperança de que provas de boa-fé mantivessem viva a cooperação anglo-americana depois da guerra, mas as cinco divisões da Commonwealth que foram disponibilizadas (apenas uma toda britânica) representavam uma contribuição que Marshall classificou como "uma vergonha".³⁸⁸ A oferta de esquadrões de bombardeio da RAF foi tratada de forma sumária — "o maldito grupo dos Lancaster", queixou-se Stilwell, agora afiando sua língua ácida como sucessor de Buckner em Okinawa — e pouco progresso pôde ser feito antes do fim do conflito.³⁸⁹

Em 17 de janeiro, uma decisão precisava ser tomada na reunião entre o novo presidente, Harry S. Truman, e os chefes do Estado-Maior Conjunto. Truman era favorável a continuar a pressionar o Japão com o bloqueio naval e os bombardeios, mas, como os chefes do Exército, acreditava que só se deveria tentar invadir se as baixas pudessem ser menores do que o nível de derramamento de sangue de Iwo Jima e Okinawa. Embora muito se fale do medo do presidente de que houvesse entre 500 mil e 1 milhão de baixas, um número tirado da cartola por um jornalista americano em maio de 1945, e mais tarde repetido nas memórias de Truman, as estimativas do Exército que ele recebeu na época eram menos alarmistas.[390] MacArthur forneceu estatísticas que sugeriam um número provável de mortos e desaparecidos de 105 mil, distribuídos por uma campanha de noventa dias; os planejadores do Estado-Maior Conjunto sugeriram 43 500 mortos ou desaparecidos nas duas operações, enquanto Marshall, numa conferência com Truman e William Leahy, presidente do Estado-Maior Conjunto, sugeriu um total de 31 mil a 41 mil, embora considerasse todas as projeções apenas especulativas, o que de fato eram. Em agosto, o 57º Exército japonês, comandado pelo tenente-general Kanji Nishihara, aguardava o ataque, talvez já para outubro, em Kyushu com 150 mil.[391] Truman aprovou a invasão da ilha (nomeada "Diabolic") para novembro. A partir de junho, depois da queda de Okinawa e do fim da resistência nas Filipinas e na Birmânia, os dois lados aguardavam um confronto que só poderia ser evitado se os líderes japoneses abandonassem Ketsu-gō e aceitassem a rendição incondicional.

O ÚLTIMO ATO: RENDIÇÕES INCONDICIONAIS

Depois de uma guerra em tal escala, o ato de rendição da Alemanha e do Japão em 1945 foi um momento de anticlímax em meio ao intenso drama de batalhas travadas até o fim amargo. Em alguns casos, os combates persistiram por dias ou mesmo semanas depois do anúncio da rendição, mas, para a maioria esmagadora dos soldados, ela foi um alívio repentino do longo tormento da violência. Apesar disso, a rendição forçada era um processo complexo, em termos tanto políticos como militares, para ambos os lados. Em janeiro de 1943, o presidente Roosevelt anunciou na Conferência de Casablanca que as potências aliadas não aceitariam nada menos do que a rendição incondicional em parte para evitar que algum aliado se desviasse para buscar uma paz em separado, e em parte para garantir que os países do Eixo entendessem que não ganhariam nada com uma negociação, coisa que os três tentaram. Sem dúvida havia condições do lado dos Aliados. Roosevelt disse ainda que a vitória permitiria "a destruição de uma filosofia na Alemanha, na Itália e no Japão que se baseava na conquista e na subjugação de outros povos" — uma característica do império presente em todos os lugares.[392] Nos dois anos seguintes, novas condições foram anunciadas: ocupação e governo militar, desarmamento, o julgamento de criminosos de guerra, o expurgo de funcionários e políticos responsáveis pelo esforço de guerra, e a criação, observada pelos Aliados, de um sistema político e social democrático. Os Estados do Eixo sabiam que, caso se rendessem de forma incondicional, como era exigido, essas eram as condições prováveis, mas tanto os líderes como as populações esperavam coisa muito pior. Ainda não está claro se a exigência dos Aliados fez a guerra durar mais, no entanto uma disposição para fazer concessões teria minado o objetivo conjunto dos Aliados e endossado regimes agressivos.

Nem Hitler, nem Mussolini queriam ser os responsáveis por aceitar e assinar termos de rendição incondicional, e, no fim das contas, nenhum dos dois o fez. No Japão, a rendição — fosse incondicional ou condicional — não fazia parte do vocabulário cultural do país; ninguém deveria ou poderia se render sem a intervenção do imperador. Apenas um rescrito imperial poderia encerrar o estado de guerra, mas conseguir que o imperador Hirohito tomasse essa decisão sem precedentes de forma voluntária era uma questão extremamente delicada do ponto de vista político, militar e constitucional. Essas complexidades já estavam evidentes para os Aliados quando Roosevelt anunciou que só aceitaria a rendição incondicional. O termo não era, como ele mais tarde sugeriu, uma coisa que "apenas surgiu na minha cabeça". Isso tinha sido visto como uma demanda dos Aliados por funcionários do Departamento de Estado dos Estados Unidos desde pelo menos maio de 1942, e deveria ser bem distinto de um armistício, que era possível negociar, como os alemães tentaram fazer depois de assinar o armistício em novembro de 1918. Numa reunião com os chefes do Estado-Maior Conjunto, em 7 de janeiro de 1943, pouco antes de partir para Casablanca, Roosevelt lhes garantiu que abordaria a rendição incondicional como base da posição americana na guerra.[393] Churchill teria preferido uma solução que deixasse em aberto a possibilidade de um acordo de paz em separado com a Itália, negociado com uma facção anti-Mussolini, mas seu Gabinete de Guerra discordou, insistindo que a Itália também teria que aceitar essa condição.[394] Stálin só comentou a proposta em 1º de maio de 1943, quando usou o termo pela primeira vez num discurso, mas não era um compromisso ao qual atribuísse tanta importância como seus parceiros ocidentais, que precisavam que os soviéticos continuassem ativamente na guerra, e no fim as três potências do Eixo se renderam antes aos americanos.[395]

O conceito seria posto à prova pela primeira vez poucos meses depois, quando ficou claro, no verão de 1943, que a Itália poderia muito bem ser a primeira potência do Eixo a entrar em colapso. Havia desacordos anglo-americanos importantes na atitude a ser tomada em relação a um governo italiano que negociasse a paz e a sobrevivência da monarquia, o que Churchill estava disposto a aceitar, enquanto os americanos não tinham tanta certeza. Nas conversas, os britânicos usaram o termo "armistício", que os americanos rejeitaram. Concordaram em usar a expressão mais neutra "termos de rendição". No verão de 1943, quando a crise na Itália parecia iminente, os dois Aliados enfim concordaram com um governo militar conjunto depois da "rendição total sem compromisso" da Itália, a mesma linha adotada para a Alemanha até 1945.[396]

Após a queda do governo de Mussolini, em 25 de julho, nem o novo regime comandado pelo marechal Pietro Badoglio, nem os Aliados sabiam exatamente o que fazer. Badoglio anunciou que a guerra continuaria, embora não fosse isso que ele queria. Ambos os lados alimentavam ilusões sobe o que poderia ser possível. Os Aliados até esperavam que o exército italiano expulsasse os alemães da Itália antes de concordarem em se render, enquanto o rei Vittorio Emanuele tinha certeza de que os soldados italianos ainda "resistiriam e lutariam" o suficiente para alcançar uma solução negociada. Os Aliados começaram a usar o termo "capitulação honrosa" para convencer os italianos a se renderem, mas isso parecia sugerir a existência de uma margem de manobra a ser explorada pelos líderes italianos. A tensão entre britânicos e americanos sobre os termos do documento de rendição continuava, e Eisenhower por fim produziu um "armistício curto" que cobria apenas a rendição militar e o desarmamento, enquanto o "armistício longo" britânico, com condições políticas e econômicas mais duras, só foi combinado entre Churchill e Roosevelt na Conferência de Quebec no fim de agosto. Badoglio enviou diplomatas para contactar os Aliados e discutir uma possível colaboração militar, mas ainda sem nenhuma oferta de rendição. O general Giuseppe Castellano, o principal contato, entendeu que os Aliados estavam satisfeitos com a promessa de assistência militar italiana e convenceu Badoglio e os chefes do Exército a assinar o armistício curto de forma rápida, para que a Itália tivesse a chance de mudar de lado. Em 31 de agosto, Castellano foi ao quartel-general dos Aliados em Cassibile, na Sicília, onde, em 3 de setembro, a rendição militar foi assinada. Eisenhower queria mantê-la em sigilo até começar a invasão aliada em Salerno, poucos dias depois, para evitar a ocupação germânica da Itália.

Badoglio não quis contar aos colegas o que tinha acontecido ou ordenar os preparativos para o confronto com os alemães a fim de ajudar os Aliados, cujos planos de desembarcar em Salerno o lado italiano conhecia. Na noite de 7-8 de setembro, ele foi despertado em casa, de pijama, por um general americano furioso, comandante da divisão de paraquedistas que deveria chegar a Roma no dia seguinte para apoiar a defesa italiana da capital contra os alemães. O general tinha sido levado em segredo a Roma para avaliar a posição militar italiana. Badoglio foi obrigado a revelar que as forças armadas do país não tinham feito nada e pediu que a divulgação do armistício fosse adiada. Percebendo, enfim, a extensão da falsidade de Badoglio, Eisenhower, extremamente zangado, anunciou em 8 de setembro que a Itália se rendera de modo incondicional e obrigou o governo italiano a fazer o mesmo. Na noite do dia 8, Badoglio anunciou no rádio o armistício (mas evitou a palavra rendição).[397] Uma cerimônia formal foi realizada em Malta em 29 de setembro, durante a qual as 44 condições do "armistício longo" foram assinadas por Badoglio e pelo rei, que tinha fugido de Roma para o sul em 10 de setembro. Mas as dificuldades não acabaram aí. O governo soviético não via motivo para a União Soviética ficar fora dos procedimentos de rendição e do subsequente controle da Itália, uma vez que o Exército Vermelho tinha lutado contra forças italianas desde 1941 na frente russa. Os Aliados ocidentais rejeitaram que os soviéticos participassem de forma direta, mas ofereceram para a Itália uma função de consultoria no Conselho Consultivo Aliado. As objeções soviéticas foram relativamente silenciosas, mas Stálin aprendeu uma lição óbvia. Quando o Exército Vermelho impôs armistícios à Romênia e à Bulgária em 1944, e à Hungria em 1945, os Aliados ocidentais foram excluídos.[398] Tratados de paz subsequentes para os três Estados foram impostos em termos soviéticos, mas em troca Stálin permitiu que os Estados Unidos organizassem a ocupação e o acordo de paz com o Japão.[399]

A rendição incondicional em 1943 não pôs fim à guerra na Itália. As Forças Armadas germânicas desarmaram quase todas as unidades militares italianas e impuseram um duro regime na maior parte da península depois do anúncio da rendição, em 8 de setembro. O novo regime italiano comandado por Mussolini, estabelecido sob proteção alemã, não fazia parte do armistício. A rendição incondicional na Itália de todas as forças do Eixo, incluindo italianas que ainda lutavam por Mussolini, foi adiada para 1945, quando mais uma vez o esforço para obter os termos foi longo e complexo. No começo de 1945, os oficiais alemães mais importantes no front italiano começaram a discutir a possibilidade de encerrar a guerra, e em março o general Karl Wolff da ss visitou em segredo o representante do Gabinete Americano de Serviços Estratégicos (oss, na sigla em inglês) em Berna, Allen Dulles, graças aos bons ofícios de um mediador suíço, Gero von Gaervenitz. Wolff voltou à Itália prometendo convencer o comandante supremo no país, o marechal de campo Kesselring, a apoiar a ideia da rendição. Os britânicos e os americanos reagiram de forma positiva ao que chamaram de Operação Sunrise [Nascer do Sol] (Churchill insistia em chamá-la de Operação Crossword [Palavras Cruzadas]), mas em 20 de abril Dulles foi instruído a encerrar os contatos, pois era evidente que o comandante do Exército na Itália, Von Vietinghoff-Scheel, esperava conseguir um acordo que lhe permitisse levar suas tropas de volta à Alemanha com a honra intacta, em vez de se render de forma incondicional. Poucos dias antes, Wolff tinha voado a Berlim para um encontro pessoal com Hitler e foi instruído a manter contato com os americanos para conseguir um armistício em melhores condições: "capitular de modo incondicional", disse Hitler segundo Wolff, "seria absurdo".[400] Wolff voltou à Itália, feliz por ter sobrevivido ao encontro, mas as ordens do Quartel-General Supremo de Hitler eram para que as forças alemãs ficassem na Itália e lutassem até a morte.

Em março, a notícia das negociações secretas foi transmitida para Moscou por espiões soviéticos, e mais uma vez Stálin temeu que o Ocidente estivesse buscando uma paz em separado, dessa vez como prelúdio para o uso das tropas na Itália no combate ao avanço soviético na Europa Central. O ministro das Relações Exteriores da União Soviética Molotov exigiu de imediato que representantes soviéticos fossem incluídos em qualquer negociação, mas foi informado de que num front anglo-americano só os britânicos e os americanos poderiam ser responsáveis — rejeição semelhante à de 1943. Seguiu-se uma discussão desagradável, na qual os Aliados ocidentais foram acusados de trabalhar "pelas costas do governo soviético". Em 3 de abril, Stálin se queixou de que o Ocidente planejava "atenuar os termos do armistício para os alemães" para que os exércitos anglo-americanos pudessem avançar para o leste. Dois dias depois, em resposta à firme réplica de Roosevelt, Stálin explicou que o problema da rendição tinha revelado atitudes muito diferentes quanto "ao que um Aliado pode se permitir fazer em relação a outro Aliado".[401] Ainda não era um racha explícito, mas pressagiava a crescente distância de opinião dentro da aliança que se transformaria, passo a passo, no confronto aberto do pós-guerra. Moscou foi mais uma vez apaziguada, pelo menos em termos formais, pela decisão de permitir a presença soviética em qualquer cerimônia de rendição, para garantir que os alemães não fossem contemplados com uma paz fácil, e em 25 de abril o major-general Aleksei Kislenko, representante soviético no Conselho Consultivo Aliado formado em 1943, chegou ao quartel-general em Caserta.[402]

Nessa fase, a derrota era iminente, e a rendição, portanto, só uma questão de tempo. Mussolini não queria se render. Em meados de abril, chegou a Milão vindo da sede do seu governo em Salò e ficou sabendo que seu aliado alemão estava negociando a rendição sem sua presença. Queixou-se de ter sido "traído", mas seu instinto lhe recomendou fugir, e ele foi levado de carro até a fronteira suíça disfarçado de soldado germânico. Em 28 de abril, ele e outros líderes fascistas foram capturados e executados por guerrilheiros. Os corpos foram pendurados de cabeça para baixo numa praça em Milão, como carne de açougue. O marechal Graziani, comandante das dispersas forças italianas e da milícia fascista, que ainda lutava contra os Aliados, pediu aos alemães que assinassem em nome dos italianos, para não ter que assinar uma segunda rendição incondicional do país.[403] Em 25 de abril, Von Vietinghoff enviou dois diplomatas para outro encontro com Dulles em Berna, dessa vez com o objetivo de concordar com a rendição incondicional; Churchill foi informado na mesma hora e logo telegrafou a Stálin para saber se ele também aceitava a rendição naquele momento. Stálin, de forma inesperada, concordou, e no dia 27 dois oficiais alemães chegaram ao quartel-general aliado para cumprir as formalidades. A essa altura, 40 mil soldados do Eixo já tinham concordado em se render localmente, e até o fim do mês outros 80 mil também o fizeram.[404] No dia 29, o documento de rendição de dezessete páginas foi enfim assinado e entraria em vigor três dias depois, para dar aos comandantes alemães tempo de avisar suas forças dispersas.[405] No entanto, a rendição ainda não era inequívoca, porque Von Vietinghoff precisava ratificá-la pessoalmente como comandante-geral no quartel-general em Bolzano, capital da Operationszone Alpenvorland [Zona Operacional do Sopé dos Alpes]. Para evitar alertar Berlim sobre a rendição, os diplomatas voaram para Lyon e depois seguiram de carro pela Suíça até Bolzano. Ao chegar, à meia-noite de 30 de abril, Hitler já tinha sido informado da capitulação pelo gauleiter Franz Hofer, que era também o comissário supremo da Operantionszone. Num dos últimos atos antes de cometer suicídio, Hitler mandou prender Von Vietinghoff e substituí-lo pelo major-general Paul Schultz, que recebeu ordens para organizar uma retirada tática para a Áustria. Schultz foi preso por tropas da Waffen-ss de Wolff quando chegava, e em 1º de maio Von Vietinghoff por fim ordenou a todas as unidades militares que parassem de lutar. Em 2 de maio, Kesselring, agora comandante-chefe geral no Ocidente, reconheceu de modo relutante que, com a morte de Hitler, era inútil continuar resistindo e aprovou a capitulação. O alto-comando dos Aliados monitorou a rádio alemã para se assegurar de que mensagens de rendição estavam sendo transmitidas para as forças germânicas, e às 18h30 de 2 de maio a segunda rendição incondicional foi anunciada na Itália.[406]

A rendição em si acabou sendo bastante confusa. Algumas forças do Eixo — incluindo as unidades cossacas que assassinaram e mataram em seu trajeto pelo norte da Itália atrás de guerrilheiros — se recusaram a desistir e continuaram a lutar a caminho da Áustria pelos vales de Friuli na fronteira setentrional italiana. Caíram em emboscadas preparadas pelos guerrilheiros e, em represália, cometeram os últimos atos de atrocidade, massacrando 51 aldeões em Avanzis e 23 em Ovaro. Os combates ali só terminaram em 14 de maio, uma semana depois da rendição geral germânica, e um grupo de atiradores, encabeçado por um líder fascista desesperado, só foi extinto em 29 de maio.[407] Outras unidades se recusaram a depor as armas. Em 4 de maio, quando seguia de carro para o quartel-general de Von Vietinghoff em Bolzano, uma comissão aliada passou por barreiras controladas por soldados alemães e da Waffen-ss de cara fechada e ainda portando armas como se a guerra tivesse sido suspensa por um tempo, em vez de ter acabado. A explicação dos comandantes alemães foi que os soldados continuavam a portar armas por medo da vingança da guerrilha, e a comissão aliada, agora apoiada por tropas, levou dez dias para convencê-los a entregar as armas. Algumas unidades continuaram a resistir, e durante mais ou menos um mês bolsões isolados de soldados alemães, russos e fascistas italianos se esconderam nas matas fechadas e nas montanhas íngremes da região do vale de Merano, buscando comida à mão armada. Os comandantes aliados locais só puseram fim ao fiasco depois de semanas de operações improvisadas semelhantes ao banditismo. A população local, segundo informou um oficial britânico da Executiva de Operações Especiais (soe), se considerava "vivendo em condições piores do que durante a ocupação alemã".[408]

Houve outras complicações com a última rendição incondicional de todas as forças germânicas ainda na Europa, enquanto a tensão entre os Aliados ressurgiu poucos dias depois da crise sobre a rendição italiana. Na primavera de 1945, não havia dúvida quanto à derrota militar abrangente e a ocupação da Alemanha, enquanto grandes forças aliadas se concentravam no interior do país. Os esforços para abrir canais de comunicação com os Aliados ocidentais não tinham nenhuma chance de serem bem-sucedidos, e depois dos problemas na Itália o Ocidente não queria dar nenhum sinal de que negociações em separado estavam em andamento. O instrumento da rendição incondicional já tinha sido preparado e acordado em 1944 pelas três grandes potências aliadas, e obedecia de perto ao padrão do "armistício longo" italiano, embora a primeira versão assinada, como no caso da Itália, fosse o "armistício curto". Além disso, os Aliados tinham chegado a um acordo sobre a divisão territorial da Alemanha, com uma zona para cada um, embora isso tenha sido excluído do documento final. Mas ainda não estava claro quem se renderia e em que circunstâncias. A possibilidade de uma revolta popular na Alemanha para acabar com a guerra tinha sido sugerida com frequência pela inteligência ocidental, mas na primavera de 1945 esse desfecho já tinha se revelado uma fantasia política. O povo alemão, concluía um relatório para Churchill do Comitê Conjunto de Inteligência, não tinha "a energia, a coragem ou a organização para destruir o reinado do terror".[409] Não havia muita esperança de que Hitler fosse capturado e obrigado a assinar o documento de rendição, e se conjeturava que ele provavelmente cometeria suicídio para evitar a humilhação de ser pego. Hitler de fato não tinha a menor intenção de se tornar prisioneiro. Quando a notícia do assassinato de Mussolini chegou ao bunker da Chancelaria do Reich em 28 de abril, ele ficou horrorizado com a perspectiva de que seu próprio corpo também pudesse ser profanado e exibido diante de uma multidão germânica raivosa. A decisão de cometer suicídio, tomada em algum momento do dia 29, evitava qualquer risco, em sua opinião, de que sua imagem histórica viesse a ser maculada pela captura. Na tarde de 30 de abril, ele e Eva Braun, sua esposa por um dia, se mataram, ela com uma cápsula de cianeto, ele com um tiro na cabeça. Ele tinha dado ordem para seu corpo ser queimado, segundo seu ajudante Otto Günsche, para assim não ser "levado a Moscou para ser exibido num gabinete de curiosidades".[410]

No entanto, Hitler tinha lá suas ideias sobre como a guerra poderia terminar. Ele seguia achando que a Alemanha talvez ainda tivesse alguma margem de manobra. Karl Wolff disse a Dulles depois de visitar Hitler no bunker em 18 de abril que o líder alemão explicou que as forças do país ficariam concentradas numa série de redutos até que os exércitos soviéticos e americanos entrassem inevitavelmente em confronto, quando o Exército Vermelho tentasse avançar para além da linha de demarcação combinada em Ialta. Hitler esperava resistir em Berlim de seis a oito semanas, e então escolher de que lado ficaria na guerra entre os Estados Unidos e a União Soviética, evitando por completo a rendição.[411] Seu ajudante para assuntos aeronáuticos recordou em suas memórias que Hitler tinha esperança de que o Ocidente "deixe de insistir na rendição incondicional".[412] Em 20 de abril, disse ao ministro das Relações Exteriores que, se morresse defendendo Berlim, Ribbentrop deveria iniciar conversações de paz com o Ocidente buscando bases para um acordo abrangente; numa carta para o chefe do seu quartel-general, o marechal de campo Keitel, enviada nos últimos dias do bunker mas nunca entregue, Hitler voltou ao tema da sua convicção central de que o futuro objetivo do país ainda era "conquistar território no Leste para o povo alemão", mesmo que ele já não estivesse pessoalmente destinado a realizar isso.[413] Essas e outras fantasias acompanharam os últimos dias de Hitler. Ele não se importava com o destino do povo que conduzira à beira do desastre, pois a rendição significava que esse povo "tinha perdido o direito à existência".[414] Seu suicídio foi a renúncia final a assumir qualquer responsabilidade pelo fim dos combates. Isso deixava em aberto a questão de saber como impor a rendição incondicional a um sistema de governo em vias de colapso e às Forças Armadas, que se rendiam em grande número a comandantes aliados locais. A rendição em 2 de maio na Itália foi seguida dois dias depois pela rendição a Montgomery de todas as forças germânicas no norte da Alemanha, na Holanda e na Dinamarca. Essa área incluía a cidade de Flensburgo, perto da fronteira germano-dinamarquesa, e era ali que agora operava um governo alemão reorganizado. Hitler escreveu aos seus sucessores no seu testamento final: o grande almirante Karl Dönitz assumiria a presidência alemã, e o ministro da Propaganda Joseph Goebbels, a Chancelaria. Goebbels cometeu suicídio no bunker depois de Hitler, deixando Dönitz como o chefe titular do Estado germânico em colapso e do "governo de Flensburgo".

O novo governo funcionava numa espécie de limbo constitucional, mas Montgomery não ordenou a ocupação de Flensburgo nem a prisão do novo governo, que tinha muitos membros na lista dos principais criminosos de guerra dos Aliados. O resultado foi voltar a levantar suspeitas soviéticas profundas de que Dönitz se tornaria o Badoglio alemão. Em 6 de maio, o vice-chefe do Estado-Maior do Exército Vermelho, Aleksei Antonov, disse a representantes aliados em Moscou que o lado soviético se recusava a reconhecer a existência de um novo governo e fazia questão de que o alto-comando alemão assinasse a rendição incondicional. Do contrário, acrescentou Antonov, círculos em Moscou continuariam a achar que os Aliados ocidentais negociavam uma trégua em separado, para que as forças germânicas pudessem concentrar seus esforços contra o Exército Vermelho.[415] Dönitz sabia que a rendição era inevitável, mas, como temiam os soviéticos, ele preferia se render às potências ocidentais e seguir lutando no Leste. Ele adiou a aceitação imediata da rendição para que soldados e refugiados alemães tivessem tempo de fugir do avanço das forças soviéticas, até que Eisenhower lhe disse, em 5 de maio, que todas as forças tinham que se render de modo incondicional, não em fragmentos. Dönitz enfim enviou o chefe de operações do OKW, o coronel-general Jodl, ao quartel-general do SHAEF de Eisenhower, na cidade francesa de Reims, para assinar uma rendição, ainda na melancólica esperança de que pudesse envolver apenas a guerra no Ocidente. Ao chegar, Jodl descobriu que não havia nenhuma margem de manobra. Nas primeiras horas de 7 de maio, sem que Stálin fosse informado, o documento foi assinado.[416] Um observador soviético presente, o general Ivan Susloparov, teve dúvidas se deveria assinar sem instruções, mas o fez, temendo pelo que lhe poderia acontecer. Como era de esperar, Stálin ficou furioso e decidiu que o documento que os americanos tinham não era o ato de rendição incondicional, mas o que depois chamaria de "protocolo preliminar". O lado soviético exigia que uma cerimônia formal ocorresse em Berlim.[417] Eisenhower enviou seu vice britânico, o marechal do ar Tedder, para representá-lo em Berlim, e como testemunhas enviou um alto-comandante americano e um alto-comandante francês. No fim da noite de 8 de maio, em Karlshorst, o chefe militar do quartel-general supremo de Hitler, o marechal de campo Keitel, assinou um documento que os Aliados podiam considerar a rendição incondicional de forma unânime. A diferença entre os dois lados ficou consagrada nos dias chamados de Dia da Vitória na Europa: 8 de maio no Ocidente, 9 de maio na União Soviética — uma distinção mantida até hoje.

Assim como na Itália, esse não foi o fim decisivo que a rendição incondicional deixava implícito. Os combates continuaram nas terras tchecas até 12 de maio, quando as últimas forças germânicas sitiadas foram vencidas. O governo de Dönitz seguiu no poder, e diversos visitantes americanos e britânicos da equipe de levantamento de bombardeios pós-guerra chegaram para discutir com os ministros alemães. Encontraram uma cidade ainda fervilhando de soldados armados e guardas da SS.[418] Em 12 de maio, o quartel-general de Montgomery combinou com o regime alemão que o marechal de campo Ernst Busch, baseado em Flensburgo, deveria assumir o comando da província de Schleswig-Holstein para manter a ordem e ajudar a abastecer a população, um ato equivalente a reconhecer a autoridade do novo regime. Churchill era a favor de manter Dönitz, independente das dificuldades políticas, porque o regime poderia ajudar a estabilizar uma Alemanha ocupada. Se ele fosse "uma ferramenta útil para nós", escreveu Churchill, suas "atrocidades de guerra" poderiam ser ignoradas.[419] O resultado foi uma nova onda de protestos do governo e da imprensa soviéticos, que alegavam que o Ocidente planejava dar legitimidade ao novo governo alemão para formar uma aliança antissoviética. Botando lenha na fogueira, Stálin permitiu que uma campanha de imprensa sugerisse que Hitler não tinha morrido em Berlim, mas havia fugido, e provavelmente estava sob proteção dos Aliados ocidentais. A provocação levou a um esforço da inteligência britânica para confirmar que Hitler tinha de fato cometido suicídio, mas Stálin já sabia disso pelas provas colhidas no jardim da Chancelaria de Hitler, onde o corpo tinha sido queimado.⁴²⁰ As acusações de má-fé não surgiram por acaso. Havia dois anos que Stálin alimentava profundas suspeitas sobre como seus aliados lidariam com a derrota germânica. A sobrevivência do regime de Dönitz confirmava seus temores. No fim, Eisenhower, como comandante militar supremo na Europa, passou por cima de Churchill e de um Estado-Maior Conjunto vacilante e autorizou a ocupação de Flensburgo e a prisão de Dönitz e seu Gabinete. Em 23 de maio, mais de duas semanas depois de assinar a rendição, uma unidade de soldados britânicos prendeu os líderes alemães em Flansburgo.⁴²¹ Só então foi possível formar o Conselho de Controle Aliado conjunto e fazer uma declaração formal, em 5 de junho de 1945, sobre a derrota e a rendição incondicional germânica.

As complicações na Europa não eram nada em comparação com a dificuldade de forçar uma rendição japonesa, uma vez que para as Forças Armadas nipônicas o conceito era impensável, um estado de espírito confirmado pelas centenas de milhares de militares japoneses que tinham preferido morrer a desistir de uma batalha sem esperança de vitória. Para os líderes nipônicos, toda a estratégia da guerra no Pacífico tinha sido baseada na ideia de que depois das vitórias iniciais um acordo seria feito com os inimigos ocidentais para evitar ter de lutar até a rendição. A Suíça era tida como uma possível intermediária neutra, assim como o Vaticano, e por isso já no começo da guerra montou-se uma missão diplomática do Japão na Santa Sé. O governo japonês acompanhou de maneira atenta a rendição italiana em 1943 e promoveu a ideia de que, se Badoglio conseguiu modificar a rendição incondicional e manter o governo e o rei, então uma solução "Badoglio" nipônica poderia garantir a sobrevivência do sistema imperial.⁴²² Quando um novo Gabinete foi formado, em abril de 1945, depois de meses de crise militar, o novo primeiro-ministro, Suzuki Kantarō, de 68 anos, anunciou pelo rádio que "a guerra atual entrou numa fase séria na qual nenhum tipo de otimismo é permitido". Depois de ouvir o anúncio, o ex-premier Tōjō Hideki disse a um jornalista: "É o fim. É o nosso governo Badoglio".⁴²³ Suzuki foi nomeado depois de conversas com o imperador e o Conselho de Anciãos, porque pertencia ao círculo de japoneses favoráveis a encontrar uma forma de pôr fim à guerra em termos aceitáveis, mas, como Badoglio, ele também endossava seguir com o conflito para satisfazer os militares da linha dura no governo, para quem qualquer perspectiva de rendição era intolerável. Durante os meses que antecederam a capitulação final, políticos japoneses continuaram divididos entre o desejo de paz e o imperativo de lutar, se a paz fosse custar caro demais.

Abordagens formais e informais foram feitas tanto aos Estados Unidos como à União Soviética para testar se uma paz negociada seria possível, embora as diversas rejeições de todos os esforços japoneses desde 1938 para alcançar um acordo de paz negociado com o governo de Chiang Kai-shek devessem ter reduzido as expectativas. Em abril de 1945, enquanto Wolff conversava com Dulles, sondagens foram feitas para verificar se seria possível usar a mesma via suíça no caso do Japão. O adido naval japonês em Berlim mandou à Suíça seu assistente, o comandante Fujimura Yoshikazu, e ele conseguiu se encontrar com Dulles em 3 de maio. Impressionado com o êxito das negociações que levaram à rendição na Itália, Fujimura esperava convencer Dulles de que uma paz com concessões mútuas poderia ser negociada com Tóquio, permitindo a sobrevivência do sistema imperial e a continuação da ocupação nipônica das ilhas da Micronésia. As conversas logo morreram, quando o Departamento de Estados americano deixou claro que apenas a rendição incondicional era aceitável, enquanto as autoridades em Tóquio desconfiavam de qualquer negociação que não estivesse sob seu controle direto.[424] Em Estocolmo, esforços parecidos falharam (como havia ocorrido com as abordagens alemãs do começo do ano). Isso fez com que a União Soviética fosse vista como uma possibilidade, já que os dois países ainda não estavam em guerra.

Os japoneses tinham opiniões diversas e divididas sobre uma intervenção soviética no Leste Asiático. Em geral, esperava-se que em algum momento Moscou abandonasse o Pacto de Não Agressão assinado em 1941, mas não era possível saber ao certo se e quando isso resultaria em guerra. Se a União Soviética não estivesse disposta a mediar a paz entre o Japão e os Aliados, havia esperança de que o envolvimento dela na Ásia pudesse restaurar o equilíbrio contra o esmagador poderio americano, e talvez criar no pós-guerra condições em que o futuro nacional do Japão pudesse ser preservado com mais facilidade do que se os americanos dominassem o Leste Asiático. Assim como aconteceu com Hitler e os líderes alemães, floresceu a esperança de que o conflito entre os dois aliados da guerra pudesse deixar espaço de manobra para o Japão (como de fato acabou acontecendo).[425] Em julho, o embaixador nipônico em Moscou sondou a disposição soviética de intermediar um acordo e descobriu que, de forma compreensível, eles não estavam tão interessados. A essa altura, era evidente uma concentração militar soviética na fronteira da Manchúria, embora a possível data de uma invasão não passasse de conjetura. A ideia de usar a intervenção da URSS para moderar a esperada paz draconiana americana era extremamente arriscada, considerando que a Polícia do Pensamento japonesa tinha detectado um crescente sentimento comunista no Japão e na Coreia, mas mesmo assim era uma das esperanças que os líderes do país tinham de evitar uma rendição rigorosamente incondicional.[426]

Em junho, o governo japonês se viu diante de um impasse. Não havia saída através de potências neutras para negociar o fim da guerra; o Exército insistia em manter preparativos para um confronto final com a invasão americana das ilhas nipônicas; e havia cada vez mais indícios, transmitidos por um amigo próximo de Hirohito, Kido Kōichi, lorde guardião do selo privado, de agitação popular, até mesmo de sentimento de hostilidade ao próprio imperador rabiscado em pichações no que restava das paredes da cidade depois de três meses de bombardeios.

Em 8 de junho, Hirohito aprovou a "Política Fundamental para a Conduta de Guerra" das Forças Armadas, porque ainda pensava que algum sinal de triunfo militar era necessário antes de considerar o fim do conflito, mas, no dia 22, com a queda de Okinawa, Hirohito enfim instruiu o Conselho Supremo de Guerra a "pensar de modo imediato e detalhado em formas de acabar com a guerra [...]" porque "as condições dentro e fora do Japão estão ficando tensas".[427] Nas semanas seguintes, o impasse continuou, mas todas as partes, incluindo o imperador, queriam concessões dos Aliados. Estas incluíam manter o império colonial e interesses na China, evitando a ocupação, e permitindo que o Japão desarmasse suas forças e punisse seus próprios criminosos de guerra e — acima de tudo — mantivesse o sistema imperial e o *kokutai*, a essência nacional. A possibilidade dessa negociação era mantida por notícias regulares vindas dos Estados Unidos sobre o crescente cansaço dos combates e a perturbação causada pela desmobilização ou pela redistribuição, realidade já evidente no verão de 1945. O Conselho Supremo de Guerra foi informado, antes da reunião de 8 de junho para confirmar planos militares, de que seria possível, à luz das dificuldades internas dos Estados Unidos, "diminuir de modo considerável a vontade do inimigo de continuar a guerra".[428]

Embora os líderes japoneses não soubessem, houve muito debate nos Estados Unidos, a partir da primavera de 1942, sobre a rendição incondicional em relação ao Japão, coisa que não houve no caso da Alemanha. Funcionários do Departamento de Estado favoráveis a uma "paz branda" temiam que, se os Aliados insistissem em abolir a instituição imperial, isso oferecesse um "incentivo permanente à insurgência e à vingança".[429] No verão de 1945, líderes americanos queriam que a guerra fosse concluída de forma rápida e não gostavam nada da perspectiva de uma invasão anfíbia das ilhas japonesas, uma vez que fontes de inteligência indicavam um forte deslocamento de tropas e equipamentos nipônicos para a ilha de Kyushu, no sul, onde um desembarque americano ocorreria. Os conservadores que cercavam o secretário de Guerra, Henry Stimson, temiam que, quanto mais o conflito durasse, maior fosse o risco de intervenção soviética, ou mesmo de uma ocupação soviética do Japão; uma guerra mais prolongada poderia também significar a perspectiva de um movimento radical, até mesmo comunista, no Japão, fazendo eco aos temores de Tóquio. Stimson era a favor de uma declaração que definisse a rendição incondicional e incluísse a "paz branda" para reter o sistema imperial. Os opositores que defendiam uma "paz dura", encabeçados pelo recém-nomeado secretário de Estado James Byrnes, chamaram isso de apaziguamento e se recusaram a permitir que o Japão impusesse alguma condição. O presidente Truman era contra definir um termo que parecia óbvio, mas acabou sendo convencido de que uma declaração poderia servir como foco para o desejo de paz nipônico. O rascunho foi levado para a conferência interaliada realizada em Potsdam em 17 de julho para resolver questões ainda pendentes entre os Aliados sobre o futuro da Europa, e ali o esforço de Stimson para incluir uma cláusula que protegesse o status do imperador foi enfim frustrado. Truman, que considerava Hirohito um criminoso de guerra, concordou em substituí-la pela estipulação de que "o povo japonês terá liberdade para escolher sua própria forma de governo", o que, como se veria, deixava margem considerável para interpretação.[430] A Declaração de Potsdam, assinada por Estados Unidos, Grã-Bretanha e China, foi publicada em 26 de julho e ameaçava com destruição imediata se o Japão não se rendesse de modo incondicional. Era para ser publicada uma semana antes, mas foi esse o tempo que o documento levou para ser entregue ao quartel-general de campo de Chiang Kai-shek perto de Chongqing, decodificado, traduzido e aprovado.[431] A União Soviética ainda não estava em guerra com o Japão, por isso não foi signatária. Stálin concordou em cumprir a promessa feita na Conferência de Ialta de que a URSS entraria em guerra com o Japão e disse aos aliados que uma campanha estava programada para meados de agosto. Nenhum dos lados confiava por completo nas intenções do outro na Ásia, e na verdade travavam duas guerras distintas.[432]

Quando a declaração foi publicada, Truman sabia que a ameaça de "destruição imediata e total" estava prestes a assumir uma forma literal. Em 16 de julho, recebeu a notícia em Potsdam de que o primeiro teste de uma bomba nuclear na base aérea de Alamogordo no Novo México tinha sido um sucesso, a culminação do projeto de codinome Manhattan, iniciado três anos antes, com o auxílio do material de pesquisa de um projeto britânico anterior. O desenvolvimento exigiu um esforço industrial numa escala que só os Estados Unidos tinham condições de bancar. O físico japonês Nishina Yoshio tinha iniciado um programa experimental para isolar o vital isótopo U235 no urânio, necessário para fazer uma bomba, mas seu laboratório de madeira foi reduzido a cinzas num ataque aéreo, paralisando a pesquisa. Nos Estados Unidos, o Projeto Manhattan foi financiado de forma generosa, tinha à frente um time internacional de físicos do mais alto nível e recebeu alta prioridade. Dois modelos de bomba foram desenvolvidos, um baseado em urânio enriquecido, outro em plutônio, elemento artificial derivado de isótopos U239 de urânio. Se a Alemanha não se rendesse em maio de 1945, a primeira bomba talvez tivesse sido usada na Europa, como era a intenção original britânica. No Estado-Maior Conjunto dos Estados Unidos, havia divergências sobre a utilização da bomba, com alguns chefes achando que ela não deveria ser usada, mas a decisão acabou sendo política, e não militar.[433] No fim de julho de 1945, havia apenas duas bombas prontas, uma de cada tipo, e Truman, com aprovação de Churchill, preparou-se para usá-las em duas de uma seleção de cidades japonesas preservadas na campanha de bombardeio como possíveis alvos de demonstração. "Descobrimos", escreveu Truman em seu diário, "a bomba mais terrível da história do mundo." Quaisquer escrúpulos morais que possam tê-lo feito hesitar em conceder a aprovação foram postos de lado pela convicção de que a guerra com o Japão poderia terminar de forma rápida. Anotou ainda em seu diário: "Mas pode vir a ser a mais útil".⁴³⁴ Do seu ponto de vista, o objetivo dos anos empregados no desenvolvimento da bomba era usá-la assim que ficasse pronta.

Quando se soube que Suzuki tinha rejeitado a Declaração de Potsdam dois dias depois — "o governo vai ignorá-la", afirmou ele —, a decisão de seguir em frente com os ataques nucleares foi confirmada. A rejeição foi interpretada como prova de que os japoneses não estavam de fato interessados na paz, embora seja mais provável que a declaração tenha sido vista em Tóquio apenas como uma reiteração da exigência de rendição incondicional, coisa que os dois lados já sabiam e que não exigia resposta. Na lista de cidades anotadas pelo comandante da Força Aérea do Exército, Henry Arnold — Hiroshima, Kokura, Niigata, Nagasaki, Quioto —, a primeira foi escolhida.⁴³⁵ Em 6 de agosto, um bombardeiro B-29, o *Enola Gay*, saiu da ilha Tinian nas Marianas e lançou a primeira bomba, apelidada pelos americanos de modo insensível de "Little Boy" [Menininho]. Às 8h15 da manhã, ela explodiu a 550 metros do chão, derretendo toda a vida humana num raio de 1,5 quilômetro do epicentro da explosão, queimando quem estava a até cinco quilômetros e depois, na colossal onda de choque subsequente, arrancando a pele e destruindo os órgãos internos de quem sobreviveu ao clarão inicial. Os tripulantes do bombardeiro viram a imensa bola de fogo e a nuvem em forma de cogumelo ao voltar para a base. "Se eu viver cem anos", escreveu o copiloto Robert Lewis em seu diário, "nunca vou tirar da cabeça esses poucos minutos."⁴³⁶

Três dias depois o Supremo Conselho de Guerra japonês se reuniu para um dia de debates sobre como terminar a guerra. A suposição comum dos líderes ocidentais, muitas vezes endossada desde 1945 pelas histórias da rendição do Japão, consistia em ver o ataque nuclear como o fator decisivo para a capitulação nipônica. O padrão de causa e efeito é bastante plausível, porém mascara uma realidade japonesa mais complexa. No contexto da ofensiva de bombardeio convencional, o impacto local em Hiroshima não parecia muito diferente do resultado de um ataque devastador com bombas incendiárias, que já tinham queimado quase 60% da área urbana do Japão e matado mais de 260 mil civis. Quando o Conselho se reuniu, também era necessário considerar a invasão soviética da Manchúria. Em 8 de agosto, o ministro das Relações Exteriores soviético informou ao embaixador japonês em Moscou que no dia seguinte um estado de guerra passaria a existir entre os dois países. Suzuki viu aquilo como decisivo, pois liquidava qualquer esperança de mediação da URSS e implicava o risco de uma invasão soviética da Coreia ou das ilhas japonesas.⁴³⁷ Na manhã de 9 de agosto, o Conselho Supremo de Guerra se reuniu e houve uma longa discussão. A metade militar queria seguir lutando, a menos que os Aliados abandonassem os planos de ocupação, permitissem que os japoneses se desarmassem e punissem seus próprios criminosos de guerra, e que o sistema imperial fosse mantido intacto. A outra metade seguiu o ministro das Relações Exteriores Tōgō Shigenori ao aceitar a Declaração de Potsdam, desde que o sistema imperial fosse mantido, "uma condição" contra as "quatro condições" do Exército.[438] Nenhum dos presentes foi a favor da rendição incondicional, mesmo depois da notícia de que uma segunda bomba, dessa vez a de plutônio apelidada "Fat Man" [Homem Gordo], tinha sido lançada em Nagasaki naquela manhã (e não em Kokura, o alvo escolhido, que estava obscurecido por nuvens). O impasse só foi resolvido no fim do dia 9, quando Hirohito, pressionado por Suzuki e Kido, concordou em convocar uma Conferência Imperial no fim da noite. O presidente do Conselho Privado, Hiranuma Kiichirō, disse na reunião que a situação interna estava atingindo um ponto crítico: "A continuação da guerra criará uma desordem interna maior do que o seu encerramento". Hirohito vinha sendo avisado havia semanas de que o sentimento popular contra o conflito e contra ele próprio era alimentado pelos bombardeios e por uma crise de alimentos generalizada, e isso quase decerto pesou tanto para ele quanto a bomba e a invasão soviética.[439] Quando Suzuki enfim pediu que Hirohito interviesse nas primeiras horas do dia 10, o imperador anunciou que sancionava a decisão de aceitar a Declaração de Potsdam, desde que o sistema imperial fosse mantido. No dia seguinte, os Aliados foram formalmente notificados da aceitação condicional dos termos.

A resposta americana foi ambígua, porque Truman e Byrnes estavam sendo pressionados em Washington para aceitar o pedido do Japão e evitar mais derramamento de sangue. A nota confirmava que o imperador e o governo ficariam sujeitos à autoridade do comandante supremo dos Aliados no Japão, nos termos da rendição incondicional, mas não especificava se o sistema imperial seria suspenso ou abolido. Em 14 de agosto, uma segunda Conferência Imperial foi convocada, e nela Hirohito insistiu, a despeito das objeções do Exército, que a versão americana fosse aceita. Todos os chefes militares estavam agora obrigados a acatar a decisão imperial. Naquele dia, Hirohito gravou um rescrito imperial a ser transmitido na manhã seguinte. Os Aliados foram notificados por intermediários suíços da decisão do imperador no fim do dia. A população japonesa foi alertada por um anúncio no rádio que deveria aguardar uma transmissão importante ao meio-dia do dia 15. Durante a manhã, pessoas se reuniram onde quer que houvesse um aparelho de rádio; o imperador nunca tinha sido ouvido pelo público em geral. Quando a "Voz de Joia" enfim falou, as palavras eram difíceis de entender, não só porque o imperador falava um japonês arcaico e formal, mas também porque a recepção de rádio costumava ser ruim. Segundo um ouvinte, ele falou com "palavras estridentes, pouco claras e hesitantes", mas "o tom sombrio não deixava dúvida de que nos informava da derrota", ainda que as palavras fossem difíceis de entender.[440]

Hirohito não usou o termo "rendição", disse apenas que aceitaria a Declaração de Potsdam e "suportaria o insuportável" com o seu povo. Por que ele tomou a decisão inédita de intervir para passar por cima das discussões políticas dentro do seu governo e anunciar, pessoalmente, a decisão de se render de modo incondicional é um tema que permanecerá sujeito a conjeturas, mas há poucos motivos para favorecer uma explicação em detrimento de outra. Ele temia os bombardeios (nucleares ou convencionais), entendeu que o Japão estava completamente derrotado no campo de batalha, não queria uma ocupação soviética e pôde ver que uma grande crise social eclodia. Além disso, ele era produto do seu passado imperial, coisa que historiadores ocidentais relutam em levar em conta. Em julho, manifestou o medo particular de que as insígnias imperiais (espelho, espada e joia), transmitidas ao longo dos séculos para proteger o *kokutai* e a família imperial, pudessem cair com facilidade nas mãos dos Aliados invasores. Em seu "monólogo" pós-rendição, voltou ao tema de que a captura das insígnias sagradas significaria o fim do Japão histórico: "Determinei que, ainda que precisasse me sacrificar, tínhamos de pôr fim ao conflito".[441]

Foi o começo de um processo de rendição, e não a rendição propriamente dita. Em 15 de agosto um "governo Badoglio" foi estabelecido como medida interina, encabeçado pelo tio de Hirohito, o príncipe Higashikuni. No dia 17, foram feitos esforços para que os americanos aceitassem uma ocupação limitada de pontos específicos, mas a ideia foi rejeitada. A maior parte do vasto império do Japão ainda estava em mãos nipônicas, diferente do que tinha ocorrido após a derrota alemã, e membros da família imperial foram enviados para o oeste e para o sul para ordenar que comandantes locais se rendessem formalmente. Em Saigon, Singapura e Nanquim, os japoneses se renderam ao Comando do Sudeste Asiático de Mountbatten.[442] Em 9 de setembro, em Nanquim, o comandante geral japonês na China, o general Okamura Yasuji, se entregou com suas forças na China continental, em Taiwan e no norte do Vietnã ao representante de Chiang Kai-shek, o general He Yingqin; ignorando os acordos aliados, as tropas comunistas de Mao Tsé-tung organizaram uma rendição das forças japonesas no noroeste da China enquanto lutavam para tomar armas e suprimentos nipônicos.[443] As primeiras forças de ocupação americanas chegaram ao Japão em 28 de agosto. O comandante supremo, o general MacArthur, chegou dois dias depois. O principal documento de rendição foi assinado pelo ministro das Relações Exteriores Shigemitsu Mamoru a bordo do encouraçado americano *Missouri*, no porto de Tóquio, em 2 de setembro. Embora Stálin esperasse compartilhar a ocupação do Japão ao enviar forças para a metade setentrional de Hokkaido, Truman rejeitou de forma brusca a ideia. Em vez disso, a guerra soviética desenvolveu uma trajetória própria à medida que o Exército Vermelho avançava, depois da transmissão radiofônica do imperador, para o restante da Manchúria e, por fim, para a Coreia. O Exército japonês na Manchúria enfim assinou um armistício em 19 de agosto, mas a batalha pela ilha Sacalina do Sul prosseguiu até 25 de agosto, enquanto Stálin ordenava que as forças soviéticas ocupassem as Curilas, incluindo as do sul, atribuídas em Ialta à zona de ocupação americana. Essas conquistas só foram concluídas em 1º de setembro, um dia antes da cerimônia de rendição; o cessar-fogo foi negociado de forma independente das rendições que já ocorriam mais ao sul.[444]

As rendições incondicionais puseram fim a todas as guerras travadas na Europa e no Leste Asiático e aos projetos imperiais com os quais começaram, mas em cada caso terminar o conflito foi menos simples do que o termo "incondicional" poderia sugerir. Na Alemanha e no Japão, a rendição provocou uma onda de suicídios entre quem temia represálias, sentiu vergonha da derrota completa do império-nação, não soube lidar com o extremo tumulto emocional e psicológico provocado pelo esforço desperdiçado para construir a nova ordem ou tinha acreditado na propaganda sobre as barbaridades que o inimigo cometeria. O suicídio de Hitler foi um dos milhares ocorridos no período final de combate e nas semanas seguintes, incluindo o do almirante Hans-Georg von Friedeburg, que teve o azar de estar presente às três rendições alemãs e por fim se matou com um tiro quando o governo de Dönitz foi preso. Oito gauleiters do Partido cometeram suicídio, sete líderes seniores da ss, 53 generais, catorze comandantes da Força Aérea e onze almirantes. Josef Terboven, comissário do Reich na Noruega, explodiu-se em 8 de maio com cinquenta quilos de dinamite.[445] Entre os fiéis do Partido e da ss, os suicídios foram comuns nos meses imediatamente anteriores e posteriores à rendição; entre os principais criminosos de guerra julgados em Nuremberg, Hans Frank tentou se matar, enquanto Robert Ley e Hermann Göring conseguiram. Himmler evitou ir a julgamento engolindo cianeto ao ser capturado e identificado.

Reação similar se seguiu à rendição em todo o Japão e nos postos imperiais, onde o gesto honroso a fazer depois da derrota era cometer *gyokusai* [suicídio coletivo] ou *seppuku* [suicídio ritual]. Em Okinawa, o primeiro território japonês a ser conquistado por forças americanas, a população local, assim como os soldados, recebeu ordem para cometer suicídio em massa, em vez de cair em mãos inimigas. Alguns civis receberam granadas, mas outros recorreram a navalhas, ferramentas agrícolas ou varas. Um jovem de Okinawa disse mais tarde que tinha apedrejado a mãe e os irmãos mais novos.[446] Na elite japonesa, o suicídio se generalizou. Nove generais e almirantes se mataram logo após a rendição, incluindo o ministro da Guerra, Anami Korechika, e seu antecessor, o general Sugiyama Hajime, que se matou a tiro um dia antes de a esposa, vestida de branco, cometer suicídio ritual; Tōjō tentou cometer *seppuku*, mas não conseguiu e foi julgado em 1946.[447] Para outros milhões de ambos os lados, as rendições significaram alívio das demandas exaustivas da guerra total, mas as muitas discussões entre os Aliados em torno das rendições e suas consequências pressagiaram a Guerra Fria, enquanto as crises não resolvidas geradas pelo imperialismo na Europa, no Oriente Médio, na África e na Ásia significavam que ainda haveria pela frente anos de violência e conflito político.

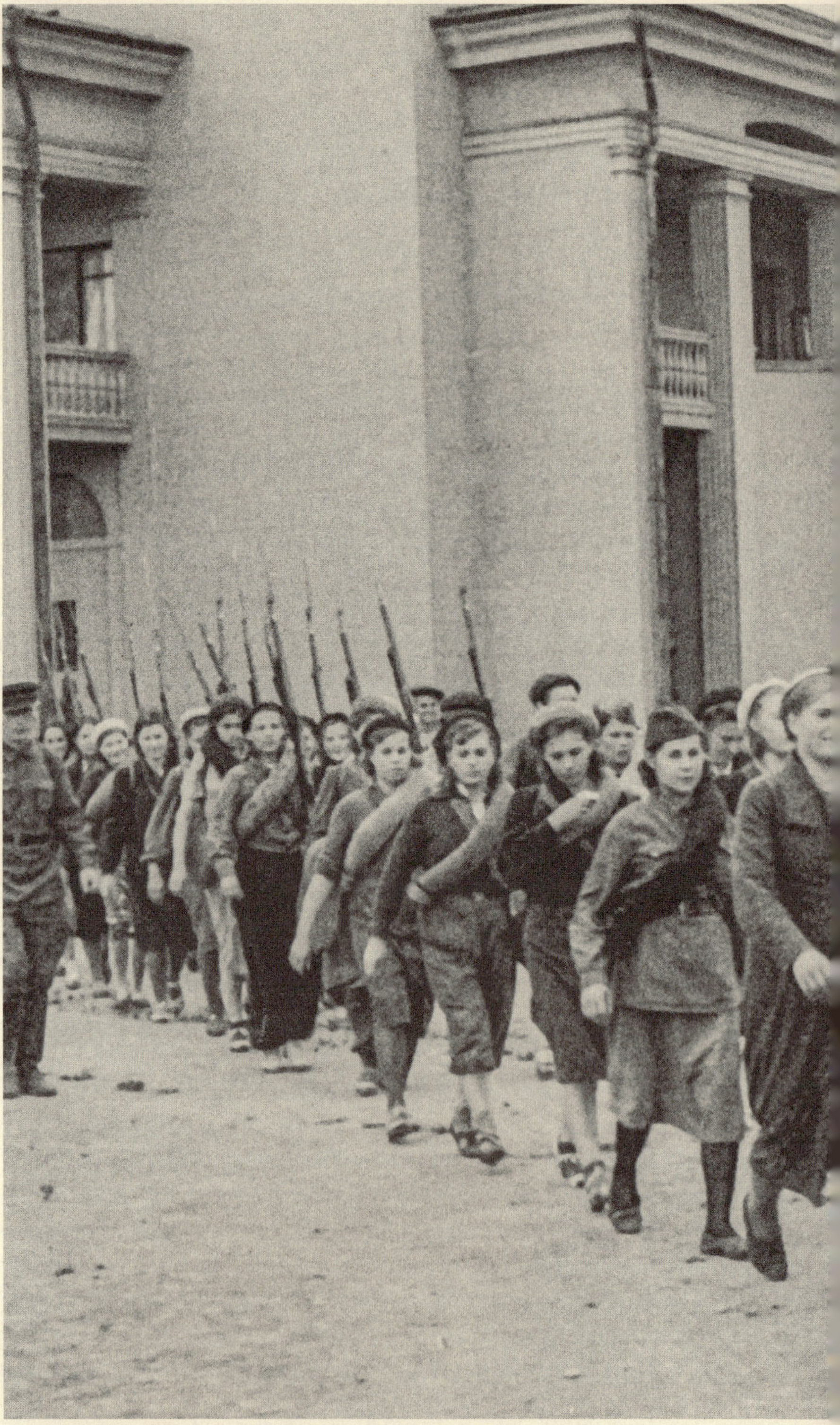

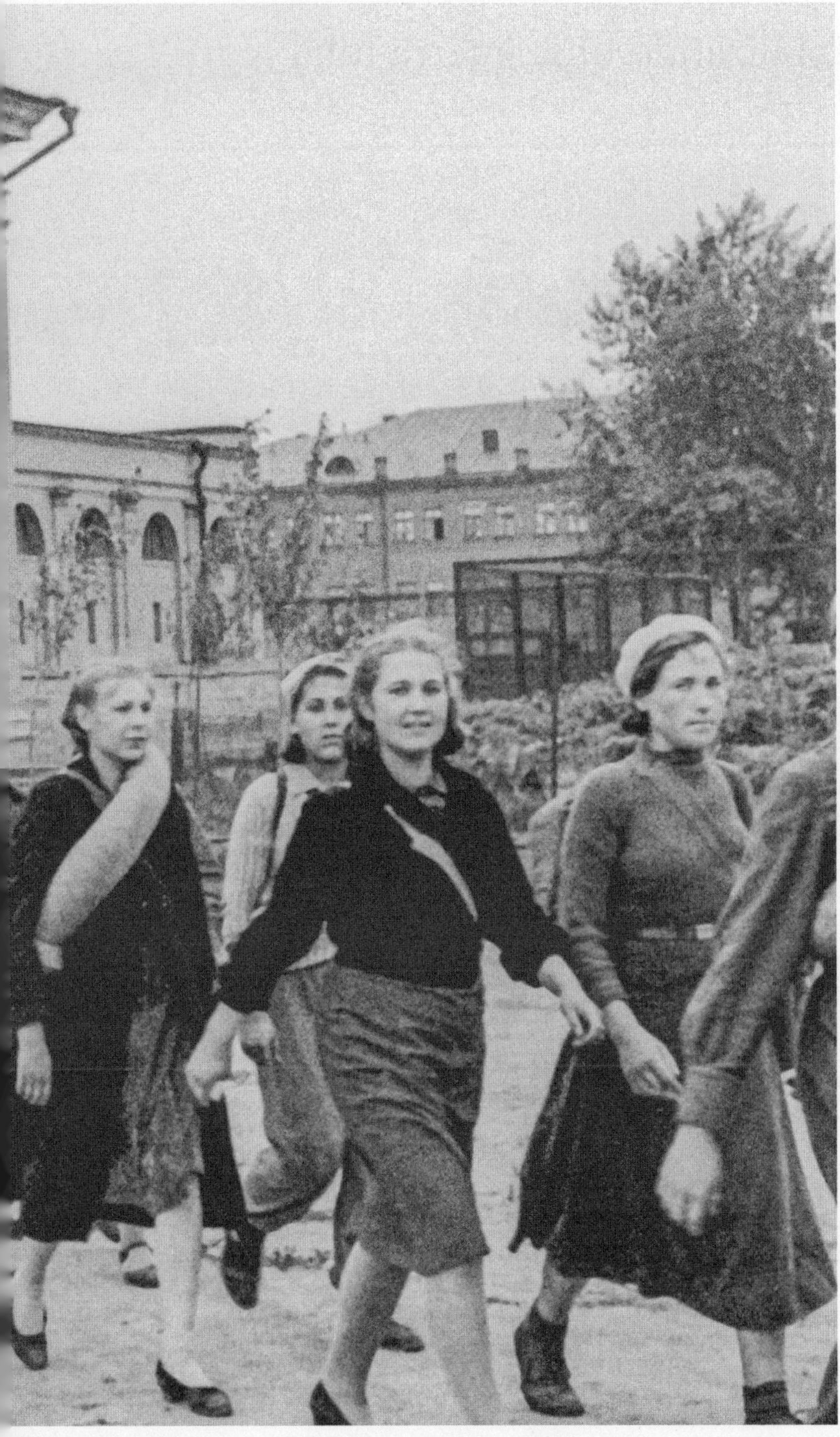

4. Mobilizando uma guerra total

> *Eu tinha dezesseis anos em 1941. Era baixa e magra [...]. Trabalhava numa máquina que fazia cartuchos para armas automáticas. Se eu não conseguisse alcançar a máquina, eles me colocavam em cima de uma caixa [...]. A jornada de trabalho era de pelo menos doze horas. E foi assim durante quatro anos. Sem dias de folga ou férias.*
>
> Elizaveta Kochergina, Tcheliabinsk[1]

Mobilizar os recursos para uma guerra global pode significar demandas excepcionais, como aconteceu com a jovem trabalhadora soviética citada acima. Na cidade de Tcheliabinsk, no interior da Rússia soviética, decretos trabalhistas obrigavam mulheres com filhos, jovens e velhos a trabalhar sem pausa para fabricar munição. Quando outra jovem, Vera Sheina, que soldava aletas em estojos de foguete, foi enviada para casa com queimaduras de metal quente nas pernas, o supervisor foi buscá-la, a arrastou de volta para o trabalho com as pernas enfaixadas e a obrigou a continuar o trabalho.[2] A União Soviética sugou o máximo da população durante o conflito, cobrando níveis de resistência que nenhum trabalhador ocidental teria tolerado. A experiência da mobilização, fosse nas Forças Armadas ou na indústria e na agricultura, variava bastante de um Estado para outro, mas em toda parte era governada pela crença quase universal de que a sobrevivência nacional na guerra total dependia de utilizar ao máximo os recursos humanos e materiais do país. Menos do que isso significava uma derrota provável. Em Tcheliabinsk, falhas de produção eram vistas como traição e eram punidas.

A visão da Segunda Guerra Mundial como um conflito de mobilização em massa é lugar-comum, mas levanta muitas questões. A escala do compromisso era única, baseada na experiência da Grande Guerra, durante a qual a mobilização em massa tinha surgido aos poucos, como uma inevitabilidade estratégica. Durante os conflitos dos anos 1930 até 1945, as grandes potências puseram uniforme em mais de 90 milhões de homens e mulheres; no mundo todo, o número sem dúvida passou de 120 milhões. A mobilização de recursos econômicos foi tão colossal quanto. A proporção da renda nacional gasta variava entre os principais combatentes, mas mesmo os números mais baixos indicam uma mudança extraordinária de prioridades. No Japão, em 1944 a guerra absorveu 76% de toda a renda nacional; na Alemanha, no mesmo ano, mais de 70% — picos excepcionais que indicavam os esforços desesperados para evitar a derrota. Entre as potências aliadas, a proporção máxima variava de quase dois terços na União Soviética, 55% na Grã-Bretanha para 45% da renda nacional nos Estados Unidos, onde os recursos eram abundantes. A exceção era a Itália fascista, onde não mais de um quinto do produto nacional ia para o conflito, resultado que refletia a relutância de Mussolini em desperdiçar apoio popular impondo um fardo de mobilização pesado demais, mas que também era consequência da escassez debilitante de recursos.[3] O compromisso do front interno com os combates significava que a maioria dos operários industriais produzia alguma coisa para o esforço de guerra, de armas a uniformes, de papéis a marmitas. Fora o fornecimento de alimentos básicos, toda a produção civil foi classificada como não essencial, podendo ser interrompida. A mobilização nessa escala era um fenômeno histórico único e só pode ser compreendida se considerado o contexto mais amplo em que ocorreu.

A mobilização em massa era uma expressão de modernidade. Só os Estados modernos, com uma base industrial e comercial substancial, uma grande força de trabalho tecnicamente treinada, um establishment científico desenvolvido e acesso a recursos e financiamentos adequados, podiam se envolver em um conflito em larga escala e fornecer armas e equipamento para sustentá-lo. Era necessária uma estrutura estatal burocrática moderna, capaz de desenvolver práticas administrativas e estatísticas que abrangessem todos os membros da sociedade. A capacidade dos Estados de entender a composição e o tamanho da economia agregada ainda era incipiente mesmo nos anos 1930, mas a capacidade de construir uma imagem estatística da força de trabalho e da produção industrial era essencial para qualquer planejamento macroeconômico de mão de obra e de alocação de recursos entre as Forças Armadas e as indústrias de guerra. A revolução estatística das primeiras décadas do século tornou isso possível, com Estados desenvolvendo sistemas de relato e registro complexos para toda uma gama de dados sociais e econômicos. A produção em larga escala de armas e equipamento militar estava no cerne da mobilização econômica, mas isso também só foi possível por causa das revoluções de produção e gestão nos primeiros anos do século, que tinham transformado a natureza da fabricação e da distribuição. A guerra industrializada dependia de um conjunto de armas de fácil reprodução e relativamente baratas, de forma que fosse possível sustentar grandes forças no campo de batalha e reabastecê-las durante os anos de combate — fenômeno hoje fora da capacidade dos Estados, devido aos custos crescentes e à complexidade técnica das armas atuais. A guerra moderna também exigia um nível suficiente de instrução entre recrutas e operários, já que o manuseio e a produção de armas ficaram mais sofisticados, e a guerra, mais burocratizada. No Japão, por exemplo, 30% dos recrutas do Exército eram analfabetos ou semianalfabetos em 1900; graças à popularização da instrução primária, essa percentagem era insignificante em 1920.[4] A variedade de armas usadas nas duas guerras mundiais — aeronaves, rádio, veículos de todos os tipos, artilharia de alto desempenho — significava que números substanciais de trabalhadores qualificados eram necessários tanto para as Forças Armadas como para a indústria, e isso também só era possível num contexto de sociedades com formação técnica avançada e divisão de trabalho precisa. Os Estados que careciam das características da modernidade, como a China nacionalista, só tinham condições de sustentar uma guerra com ajuda externa e, apesar do tamanho da China, não podiam alcançar a vitória. Nenhum dos Estados combatentes poderia ter tido as guerras mundiais na mesma escala uma geração antes.

Esses elementos de modernidade explicam por que a mobilização se tornou possível, mas não por que ela ocorreu. A disposição de governos para adotar a mobilização quase ilimitada, e a dos povos para se submeterem a ela, foi definida pelo surgimento do nacionalismo moderno e por novas percepções da ideia de cidadania. A nação moderna era uma entidade mobilizadora extraordinariamente poderosa, e a competição nacional, fosse econômica, imperial ou militar, passou a ser vista como consequência inevitável da luta nacional pela existência. O paradigma darwiniano de luta pela sobrevivência na natureza era entendido de forma ampla como perfeitamente aplicável à disputa entre povos, impérios e nações.[5] Durante as duas guerras mundiais, uma das principais forças de sustentação do conflito, por mais irracional que agora pareça, era o medo da extinção nacional e do colapso do império. Como nas duas guerras os esforços para alcançar uma paz negociada foram inúteis, regimes e povos supunham que a derrota seria absoluta, a menos que todos os recursos do país fossem mobilizados. Ao mesmo tempo, o surgimento da nação moderna ou da nação-império introduziu uma noção diferente de cidadania. Uma das responsabilidades de ser membro da nação consistia em servir em sua defesa, e um longo período de serviço militar obrigatório, amplamente adotado desde as últimas décadas do século XIX (exceto na Grã-Bretanha e nos Estados Unidos), era uma forma de desenvolver uma afinidade popular com a nação e de preparar para a mobilização em larga escala.

A Grande Guerra foi um divisor de águas na história da mobilização em massa. Embora nenhuma das nações envolvidas esperasse que o conflito evoluísse para uma guerra de desgaste e de sobrevivência nacional, a luta só pôde ser sustentada por grandes aumentos graduais em efetivos militares e pela exploração organizada da indústria e da agricultura para fornecer armas, alimentar as Forças Armadas e apoiar o envolvimento popular. A experiência consolidou a ideia de que a vitória na guerra moderna, industrializada, "total", dependia da mobilização irrestrita de recursos nacionais e de estender a responsabilidade pela condução do conflito a toda a comunidade nacional, homens e mulheres, e não apenas às Forças Armadas. Isso foi verdadeiro em particular na Alemanha, cujos chefes militares concluíram que a derrota em 1918 representou um fracasso da mobilização nacional. O general Erich Ludendorff, que cunhou o termo "guerra total" nas suas memórias publicadas depois do conflito, afirmava que no futuro as nações teriam de estar preparadas para colocar suas "forças mentais, morais, físicas e materiais a serviço da guerra".[6] Vinte anos depois, Adolf Hitler explicou a seus generais, numa reunião de maio de 1939, que se um grande embate ocorresse eles não deveriam contar com uma vitória rápida, como o Exército tinha esperado em 1914: "Cada Estado vai resistir o quanto puder [...], o uso irrestrito de todos os recursos é essencial [...]. A ideia de sair barato é perigosa, não existe essa possibilidade".[7] Um mês depois, o Conselho de Defesa do Reich, presidido por Hermann Göring, o comandante-chefe da Força Aérea alemã, começou a planejar com base na ideia de que, se um conflito geral entre as grandes potências voltasse a ocorrer, toda a população ativa de 43,5 milhões de homens e mulheres teria que ser mobilizada, pelo menos com 7 milhões nas Forças Armadas, e o restante produzindo alimentos, equipamento e armas para o esforço de guerra.[8]

Essa visão não estava confinada à Alemanha. Os vitoriosos de 1918 também achavam que explorar ao máximo os esforços nacionais (e imperiais) lhes garantira a vitória. O marechal Pétain, herói de Verdun, exortou os compatriotas a entenderem que a guerra moderna "exigia a mobilização de todos os recursos de um país".[9] O estrategista britânico Cyril Falls definiu, durante uma palestra sobre "A doutrina da guerra total", o novo conceito como "a dedicação de cada setor do país, de cada fase de sua atividade, ao objetivo do conflito".[10] No entreguerras, o caráter "democrático" do futuro embate entre as grandes potências era considerado, de forma ampla, inevitável. Como resultado, a barreira entre os militares e os civis no front interno, que existiu em 1914, foi derrubada; os trabalhadores na indústria, na agricultura e nos transportes poderiam ser considerados parte integrante do esforço de guerra, homens e mulheres. E a população civil, por ser no embate futuro um elemento tão importante quanto as Forças Armadas, não deveria mais esperar imunidade contra ações inimigas. Um experiente aviador britânico explicou a uma plateia na Escola de Guerra Naval em 1936 que o "poder da democracia" fez da população inimiga um alvo de ataque legítimo; "não é possível", concluiu ele, "traçar uma linha divisória entre combatentes e não combatentes".[11] Aviadores americanos nos anos 1930 também endossavam uma visão da guerra na qual "o objetivo supremo de todas as operações militares é minar a determinação das pessoas que permanecem em casa", a "massa civil — as pessoas na rua".[12]

O que hoje é conhecido como "civilização" da guerra tem suas raízes na Grande Guerra, mas foi ampliado pela experiência dos conflitos civis na Rússia em 1918-21, na China nos anos 1920 e na Espanha entre 1936 e 1939, nos quais os civis se tornaram tanto combatentes quanto vítimas. Nos anos 1930, a militarização das sociedades em tempo de paz refletia a convicção generalizada de que o conflito deveria envolver toda a comunidade e de que ela esperava ser incluída. Na União Soviética, na Alemanha, na Itália e no Japão, a estrutura política e ideológica dominante tinha por base a participação da comunidade na defesa do país. Esperava-se dos cidadãos soviéticos que defendessem o estado revolucionário ao lado das Forças Armadas, e todos os anos grupos da liga da juventude comunista [*Komsomol*], de ambos os sexos, recebiam treinamento paramilitar rudimentar; na Alemanha nacional-socialista, a comunidade racial [*Volksgemeinschaft*] era na totalidade obrigada a lutar pela existência futura da nação. O Japão já travava uma guerra total nos anos 1930 contra a China, num compromisso expresso através do Decreto Nacional de Mobilização Total, baixado em 1938. Os cidadãos japoneses organizavam milhares de associações comunitárias locais para incentivar o apoio ao imperialismo do país e consolidar a identificação popular com o esforço militar.[13] O governo chinês acabou seguindo o exemplo com a Lei Geral de Mobilização do Estado, de março de 1942, "para concentrar e usar todas as forças humanas e materiais do país", dando ao regime poderes extraordinários sobre todos os aspectos da vida militar, econômica e social.[14]

Na Grã-Bretanha, na França e nos Estados Unidos, com baixos níveis de militarização popular (apesar de terem forte cultura militar, graças à experiência da Grande Guerra), o conflito futuro também era imaginado como "guerra total", não só porque utilizaria "todos os recursos do país", como resumiu um autor militar britânico, mas por causa das "ilimitadas questões em jogo".[15] Planos para uma vasta mobilização da indústria da guerra existiam nos Estados Unidos desde os anos 1930; os governos britânico e francês planejavam no fim dos anos 1930, em caso de combate, retomar os fios da mobilização econômica e militar em massa deixados no fim da Grande Guerra. O conceito de "guerra total" acabou sendo uma dessas profecias que se convertem em realidade só porque muita gente acreditou nelas, um clichê infeccioso, como a "guerra ao terror" no século XXI. Como resultado, nenhum Estado, ou nenhuma força armada, correria o risco de evitar a mobilização de todas as energias sociais, materiais e psicológicas do país em busca da vitória numa guerra moderna. Até os Estados Unidos, que mobilizaram seus recursos com menos rigor do que outras potências combatentes e cujos civis não foram tocados pela realidade física do conflito, usaram a linguagem da "guerra total" para definir o esforço de guerra americano. Num discurso em julho de 1942, o secretário de Estado Cordell Hull disse a uma plateia que o conflito em curso era "uma luta de vida ou morte pela preservação da nossa liberdade, dos nossos lares, da nossa própria existência".[16] Ali, como em todos os Estados combatentes, a mobilização para a guerra total representou uma interação complexa das estruturas existentes da modernidade, da natureza de um embate moderno entre povos, tal como percebido pelas pessoas, e da disposição da população de identificar seus próprios interesses com a preocupação mais ampla da sobrevivência nacional ou imperial.

MOBILIZAÇÃO MILITAR

A mobilização de militares na Segunda Guerra Mundial era a maior prioridade de todos os Estados em guerra, mas ela estava condicionada a diversos fatores além da óbvia realidade do tamanho da população ou da natureza das campanhas travadas. Em primeiro lugar, a guerra moderna exigia grandes estruturas administrativas, burocráticas, de serviço e de treinamento que espelhassem a sociedade em tempos de paz e absorvessem milhões de pessoas uniformizadas. Na guerra do Pacífico, havia dezoito homens e mulheres americanos uniformizados para cada homem de fato em combate.[17] Em segundo lugar, as taxas de perda ditavam a demanda por mais recrutas. As perdas podiam resultar de combates intensos com alta proporção de mortos e feridos, da captura de prisioneiros ou de deserções. As altas taxas explicam os números extremos de mobilização na União Soviética, na Alemanha e no Japão, que, no total, movimentaram 60 milhões de militares. Perdas relativamente menores explicam por que os Estados Unidos e a Grã-Bretanha confiaram nas primeiras levas de recrutas e não precisaram recorrer a níveis de emergência de recrutamento em massa. Na União Soviética, 34,5 milhões foram mobilizados, o que representava 17,4% da população anterior à guerra (ou 25% da população que restou depois da conquista germânica da União Soviética ocidental); na Alemanha, incluindo as áreas anexadas entre 1938 e 1940, foram mobilizados 17,2 milhões, cerca de 18% da população anterior à guerra. Na Grã-Bretanha (sem considerar os domínios e o Império), o número de mobilizados foi de 5,3 milhões, e nos Estados Unidos, 16,1 milhões — respectivamente 10,8% e 11,3% da população antes da guerra.

A mobilização militar estava condicionada também à competição entre a mão de obra militar e a civil. Na Primeira Guerra Mundial, a onda inicial de recrutamento atraiu muitos trabalhadores qualificados, engenheiros e cientistas profissionais, deixando a economia de guerra carente de pessoal qualificado essencial. Na Segunda Guerra Mundial, compreendeu-se que as demandas militares precisavam ser balanceadas com as necessidades da indústria e da agricultura. Homens em profissões essenciais foram dispensados do recrutamento. Na Alemanha, em 1941, 4,8 milhões de trabalhadores foram excluídos do recrutamento, com ênfase especial em metalúrgicos qualificados; na Grã-Bretanha, cerca de 6 milhões ficaram isentos, a maioria trabalhadores qualificados em engenharia, construção naval e fabricação de produtos químicos, além de 300 mil agricultores.[18] Comissões de recrutamento nos Estados Unidos tiveram mais dificuldade, porque quase não houve preparação para uma grande guerra. No programa inicial de registro, milhões ficaram isentos, não só por motivos profissionais, mas também por compromissos familiares, analfabetismo ou risco psiquiátrico, e até mesmo por terem dentes ruins. As autoridades federais acabaram compilando uma lista com 3 mil trabalhos essenciais, que até 1944 mantiveram pelo menos 5 milhões de homens jovens fora das Forças Armadas.[19] Apenas na União Soviética a isenção era mais rara, por causa das baixas militares excepcionais; metade da força de trabalho adulta masculina acabou em algum momento nas Forças Armadas soviéticas. A produção nacional dependia imensamente de mulheres jovens como Elizaveta Kochergina, que substituíram os homens recrutados.[20]

Estimar o volume de mão de obra militar necessário era uma tarefa difícil, levada por expectativas sobre conflitos futuros e pela capacidade das Forças Armadas de absorver grandes números de recrutas e reservistas. Na maioria dos principais Estados, partia-se do princípio de que algo como a mobilização em massa da Grande Guerra seria necessário, e, tendo isso em mente, já no começo do conflito as reservas alemãs e francesas foram mobilizadas. Os reservistas chamados de volta às armas costumavam ser de faixas etárias mais velhas. Os soldados franceses feitos prisioneiros em 1940 — ao todo, 1,6 milhão — tinham em média 35 anos. Na primeira fase da guerra sino-japonesa, as Forças Armadas nipônicas convocaram 1 milhão de reservistas; quase metade do Exército da China em maio de 1938 era formada por homens na faixa dos 29 aos 34 anos. No Japão havia uma relutância inicial em recrutar homens mais jovens, que só foi superada nos últimos dois anos de guerra, quando grupos de dezenove e vinte anos enfim foram mobilizados.[21] O governo chinês de Chiang Kai-shek ordenou que todos os homens de dezoito a 45 anos fossem convocados para servir (exceto filhos únicos e deficientes), mas, de uma população enorme, apenas cerca de 14 milhões de fato se alistaram, reconhecendo-se que o recrutamento universal estava além da capacidade de cobrança do regime. Depois de uma onda inicial, nos primeiros anos da guerra, de voluntários patrióticos, escapar do alistamento se tornou uma prática generalizada. Os ricos tinham como pagar para que os filhos não servissem, enquanto outros eram contratados como mercenários, e não como recrutas. Nas províncias onde as cotas anuais não eram preenchidas, recrutadores do Exército percorriam aldeias arrebanhando jovens camponeses à mão armada. Amarrados com cordas e obrigados a marchar longas distâncias até os campos de treinamento, os recrutas chineses eram submetidos a um regime brutal e desmoralizante, que já de início reduzia seu valor como soldados. Estima-se que 1,4 milhão deles morreram de doença, fome e maus-tratos antes de chegar às suas unidades na linha de frente.[22]

Nos Estados Unidos, que não tinham uma reserva significativa de antigos recrutas, o planejamento inicial do chamado Programa da Vitória, no outono de 1941, partiu do pressuposto de que as Forças Armadas eram capazes de convocar e treinar uma força à altura do recrutamento em massa do inimigo. Para o Exército terrestre, previam-se 215 divisões com 9 milhões de homens, ainda que, caso a União Soviética perecesse, planejadores do Exército trabalhavam com o cenário pessimista de um exército de 25 milhões de soldados organizados em oitocentas divisões.[23] Graças à sobrevivência soviética, apenas noventa divisões ampliadas foram formadas. Mais tarde, elas foram reforçadas por unidades da América Latina, ansiosas para ajudar os Estados Unidos se isso significasse um papel na ordem pós-guerra. O México declarou guerra aos países do Eixo em maio de 1942, e o Brasil, seis meses depois. Em 1945, um grupo de aviadores mexicanos, o Águias Astecas, combateu nas Filipinas; uma divisão de tropas e um destacamento da Força Aérea brasileiros, apesar das objeções britânicas, chegaram à Itália a partir de julho de 1944, onde participaram dos combates de setembro até a derrota alemã, oito meses depois.[24]

Desde os estágios iniciais de mobilização, as potências combatentes aumentaram de forma gradual o tamanho das Forças Armadas, à medida que o alcance da guerra se expandia e as perdas se multiplicavam. As estatísticas sobre o tamanho das tropas militares durante o conflito são apresentadas na Tabela 4.1.

TABELA 4.1 TOTAL DAS FORÇAS ARMADAS DAS GRANDES POTÊNCIAS, 1939-45 (EM MILHARES)[25]

	1939	1940	1941	1942	1943	1944	1945
Alemanha	4522	5762	7309	8410	9480	9420	7830
Itália	1740	2340	3227	3810	3815	-	-
Japão	1620	1723	2411	2829	3808	5365	7193
Grã-Bretanha	480	2273	3383	4091	4761	4967	5090
União Soviética	-	5000	7100	11340	11858	12225	12100
Estados Unidos	-	-	1620	3970	9020	11410	11430

Esses números replicaram, e depois superaram, a escala de mobilização da Primeira Guerra Mundial. Em 1945, nos últimos estágios do conflito na Europa e na Ásia, as grandes potências do mundo tinham 43 milhões de homens e mulheres em uniforme, transformando a paisagem social familiar. Esse total também incluía as Forças Armadas polonesas, que em 1939-40, e outra vez em 1942, quando Stálin permitiu que prisioneiros de guerra poloneses se juntassem aos Aliados no Norte da África, continuaram a lutar sob comando aliado. No Exército polonês reconstituído em maio de 1940, havia 67 mil; tinha uma pequena Marinha polonesa, que navegava com a bandeira do país, e na Força Aérea Real havia aviadores poloneses. Em abril de 1944, 50 mil poloneses combatiam nas fileiras aliadas na Itália.[26]

Esses números brutos transmitem as dimensões da mobilização em massa, mas não revelam a natureza das sociedades militares que o recrutamento em massa produz. As Forças Armadas não eram uma massa. Embora costumem ser tratadas, quando de uniforme, como muito diferentes da vida civil, elas eram na verdade um espelho das sociedades de onde tinham sido convocadas. Eram organizações sociais complexas, que refletiam as múltiplas formas de mão de obra militar exigidas pela guerra moderna. Muitas dessas formas de mão de obra eram conhecidas da vida civil; a diferença era que agora homens e mulheres usavam uniforme. A ligação com a vida civil era ampliada pelo fato de que a maioria de quem serviu era formada por voluntários civis ou recrutas. A perda de muitos militares efetivos nos primeiros estágios da guerra aumentou a dependência que as Forças Armadas tinham da população em geral, responsável por trazer uma série de habilidades e aptidões adquiridas em tempos de paz. Os serviços auxiliares e de apoio eram gigantescos e contavam na maioria dos casos com homens mais velhos ou soldados que tinham sido feridos, além de mulheres voluntárias. Os que de fato participavam de combates eram sempre uma fração. O resto da sociedade militar era composto de recepcionistas, almoxarifes, operários, engenheiros, pessoal de logística, serviços de comunicações, organizações de inteligência, equipes de manutenção, arquivistas e responsáveis por registros, serviços médicos e veterinários, fornecimento e preparação de alimentos, financeiro, e assim por diante. Essa vasta comunidade de serviços explica a amplitude da mobilização. Em 1943, no exército alemão, havia 2 milhões de homens na linha de frente, enquanto 8 milhões executavam outras tarefas militares. O Exército dos Estados Unidos, em dezembro de 1943, tinha 7,5 milhões de homens alistados, mas apenas 2,8 milhões em unidades de batalha — dos quais uma proporção significativa exercia funções de apoio não ligadas a combate. A Oitava Força Aérea americana, na Grã-Bretanha no fim de 1943, tinha cerca de mil tripulantes de voo, mas 283 mil empregados nas muitas profissões não combatentes. Uma típica divisão de infantaria britânica tinha 15 500 homens, mas apenas 6720 lutavam na linha de frente.²⁷ Essas relações quantitativas eram menos acentuadas no Japão e na União Soviética, países com uma escassez desesperada de mão de obra para o front, mas o establishment militar em toda parte dependia, para a organização efetiva de combate, de milhões que não estavam lutando.

Assim como na sociedade civil, os militares precisavam de habilidades especializadas, ou da capacidade de transmitir de forma rápida essas habilidades pelo treinamento. Os processos de seleção em geral serviam para encontrar recrutas com habilidades comprovadas e níveis mais elevados de educação formal, e destiná-los a áreas do serviço militar mais complexas em termos técnicos. A Força Aérea do Exército dos Estados Unidos ficou com dois quintos dos que tiraram as notas mais altas no Teste de Classificação Geral do Exército. No Canadá, a Força Aérea absorveu apenas 90 mil dos 600 mil voluntários, usando um simulador de voo especial, projetado por especialistas em medicina e psicologia para identificar possíveis pilotos.²⁸ De início, o recrutamento britânico era mal administrado, com muitos profissionais qualificados em funções em que essas habilidades não eram aproveitadas. Os testes psicológicos foram introduzidos devagar em 1940, e por fim, em 1941, uma Diretoria de Seleção de Pessoal foi criada, usando como modelo o Instituto Nacional de Psicologia Industrial do período de paz. O novo sistema se baseava em testes de aptidão para garantir que qualificações adquiridas na vida civil fossem distribuídas de forma adequada entre as muitas áreas do serviço militar.²⁹ Como é natural, os sistemas estavam longe de ser perfeitos e refletiam as realidades de classe da época; os recrutas com notas baixas, quase sempre com baixo nível de instrução, acabavam universalmente na infantaria. Às vezes, o treinamento tinha que ser extremamente básico. Na Itália, milhares de recrutas analfabetos do interior não conseguiam distinguir entre esquerda e direita e precisavam usar uma faixa colorida no braço para lembrar qual era qual.³⁰ Todos os recrutas passavam pelo treinamento básico, mesmo que fossem servir depois numa área auxiliar. Devido à imensa escala da mobilização, os regimes de treinamento tiveram que ser estruturados para atender à demanda por mão de obra. A RAF, por exemplo, recorreu ao Plano de Treinamento Aéreo da Comunidade Britânica, acordado com o governo canadense em dezembro de 1939, sob cujos auspícios 131 mil tripulantes se formaram em 97 escolas canadenses de treinamento.³¹ Quando os Estados Unidos começaram a recrutar em grande número em 1942, um sistema de treinamento de emergência precisou ser formado em 242 lugares; as vagas para ser treinado como oficial aumentaram de 14 mil, em 1941, para 90 mil, um ano depois. A capacitação foi estendida até para alguns dos 1,6 milhão de analfabetos identificados pelas comissões de recrutamento, que aprendiam a ler e escrever enquanto recebiam a instrução militar de praxe.³² O programa mais notável foi realizado na União Soviética, com o decreto de 17 de setembro de 1941 sobre o Treinamento Militar Universal Obrigatório de Cidadãos da União Soviética, que exigia que todos os homens que ainda não estavam nas Forças Armadas frequentassem 110 horas de cursos depois do trabalho para aprender a lidar com fuzis, morteiros, metralhadoras e granadas e a preparar uma trincheira militar.[33]

A segunda variável que afetava a escala da mobilização era o impacto cumulativo das perdas. Aqui houve um contraste acentuado entre as democracias ocidentais e as ditaduras. Na Grã-Bretanha e nos Estados Unidos, havia um desejo generalizado de evitar as perdas debilitantes ditadas pela guerra de trincheiras da Grande Guerra. Deu-se mais ênfase à estratégia aérea e naval, e, embora a perda de mão de obra altamente treinada pudesse ser considerável (41% dos tripulantes do Comando de Bombardeiros da RAF), o impacto geral sobre os recursos humanos foi modesto. Os dois países só se envolveram em combates terrestres de larga escala a partir de 1944. No fim desse ano, as perdas militares absolutas americanas em todos os fronts (mortos, desaparecidos, presos) chegavam a 168 mil, menos do que as sofridas no front oriental numa única batalha.[34] O elevado número de baixas nos últimos meses de ataque na Europa e no Pacífico fez a quantidade geral de mortos em combate aumentar para 292 mil (outros 114 mil morreram de doenças e ferimentos).[35] O total de militares britânicos mortos foi 270 mil em seis anos de conflito. Essa escala de perdas permitiu que o recrutamento da Grã-Bretanha diminuísse de forma gradual nos últimos anos de guerra: 3 milhões foram recrutados até 1941, mas em 1942 apenas 547 mil, em 1943 outros 347 mil e 254 mil em 1944.[36] A desaceleração produziu uma crise de mão de obra no segundo semestre de 1944, quando as perdas atingiram o pico e se esperava que os comandantes mantivessem as baixas em níveis mínimos.[37] Sobreviver por mais tempo acabava produzindo soldados e aviadores mais experientes e inventivos, embora se tenha constatado que os combates contínuos deixavam os sobreviventes extremamente exaustos. Era sabido que os tripulantes de voo novatos corriam muito mais risco no combate de bombardeios, enquanto a decisão americana de colocar de forma gradual substitutos nos combates terrestres expunha os soldados "calouros" a um perigo muito maior. No entanto, graças aos níveis relativamente modestos de perda ano após ano, as populações britânica e americana não foram expostas a uma demanda imperativa por mão de obra militar como ocorreu em outros países aliados e inimigos, embora nos dois Estados esses níveis modestos de recrutamento provocassem ansiedade sobre a possibilidade de reposição.

As grandes batalhas de desgaste na Segunda Guerra Mundial foram travadas no front oriental. Sem esses níveis catastróficos de perda, o esforço de guerra da Alemanha teria sido menos limitado, e o conflito no Ocidente teria sido mais perigoso para as democracias. As perdas totais irrecuperáveis do lado soviético totalizaram 11,4 milhões, incluindo 6,9 milhões de mortos por combate, doença ou acidente, e 4,5 milhões de prisioneiros ou desaparecidos. Além disso, 22 milhões de militares soviéticos sofreram ferimentos, queimaduras de frio ou doenças. Se somarmos às baixas soviéticas os feridos e os doentes, o Exército Vermelho sofreu 11,8 milhões só nos primeiros dezoito meses de combates. As perdas irrecuperáveis das Forças Armadas alemãs, que atuavam em três teatros, atingiram 5,3 milhões, incluindo 4,3 milhões de mortos e desaparecidos e 548 mil que faleceram por doença, ferimento ou suicídio. As taxas de perda soviéticas diminuíram à medida que a guerra avançava, mas continuaram severas; as perdas alemãs aumentaram de forma progressiva, chegando a 1,2 milhão de mortos nas batalhas finais de 1945.[38] Todas as baixas soviéticas, menos 36 mil, foram sofridas na guerra com a Alemanha (o resto ocorreu na conquista da Manchúria, em agosto de 1945). As estimativas mais confiáveis sugerem que 75% de todas as perdas irrecuperáveis germânicas ocorreram na guerra no Leste. As estatísticas sobre mortes militares anuais são mostradas na Tabela 4.2.

TABELA 4.2 ESTATÍSTICAS COMPARATIVAS DE MORTES MILITARES ALEMÃS E SOVIÉTICAS, 1939-45[39]

	1939/1940	1941	1942	1943	1944	1945
Alemanha	102 000	357 000	572 000	812 000	180 200	154 000
União Soviética	-	802 000	1 743 000	1 945 000	1 596 000	732 000

Perdas nessa escala forçaram os dois países a recrutar homens de faixas etárias mais velhas ou mais jovens e a devolver logo os feridos para o campo de batalha. Na Alemanha, quase 50% dos que serviram nas Forças Armadas tinham nascido antes de 1914, e 7% depois de 1925.[40] O governo alemão começou a retirar mão de obra "excedente" de escritórios do Exército e de serviços de retaguarda depois de um decreto publicado em novembro de 1943, mas, em vez de chegar ao 1 milhão pretendido, se conseguiu apenas mais 400 mil para servir na linha de frente.[41] Na União Soviética, a idade mais avançada, a juventude e a invalidez não eram vistas como impedimento para o serviço militar. Os feridos eram devolvidos à linha de combate, muitas vezes em condições inadequadas, embora poucos talvez tenham igualado o lendário marechal Rokossovski, ferido 46 vezes, que participou de forma ativa da luta contra o cerco de Stalingrado num leito de hospital. À medida que avançavam 1943-4, o Exército, desesperadamente carente de infantaria, convocava qualquer homem que ainda houvesse nas áreas de ocupação alemã e lhe dava um uniforme após oferecer apenas o treinamento mais rudimentar. O Exército Vermelho foi obrigado a ser indiscriminado no recrutamento, mas os níveis cada vez mais baixos de competência e saúde física que isso produziu foram mascarados pela produção colossal de armas, que alterou de forma decisiva a relação capital-trabalho nas forças soviéticas a favor do equipamento. Isso ocorreu na maioria das Forças Armadas durante o conflito, conforme quantidades cada vez maiores de armas de melhor qualidade eram disponibilizadas para novas levas de recrutas. A força de trabalho militar sofria inevitavelmente com as pressões do sistema de treinamento e com o esforço para mobilizar recrutas marginais. Nesse sentido, quanto mais a guerra durava, mais a mobilização em massa impunha limites evidentes ao desempenho militar.

Foi, no entanto, uma guerra imperial. As exigências excepcionais de mão de obra nacional puderam ser complementadas pelos Estados combatentes que também eram impérios, antigos ou novos. Eles conseguiram mobilizar as populações sob seu controle, a maioria como tropas auxiliares ou de serviço, mas também, à medida que o conflito avançava, como unidades de combate. O Exército japonês começou a recrutar voluntários coreanos e taiwaneses em 1937 e adotou o alistamento obrigatório a partir de 1942. Mais ou menos 200 mil coreanos serviram no Exército e 20 mil na Marinha. Mais de 100 mil foram integrados em unidades do Exército japonês, embora apenas uma fração alcançasse o status de oficial.[42] O Exército italiano utilizou em grande número tropas coloniais da África Oriental, os ascari, assim como cavaleiros líbios. O novo império alemão na Europa foi fonte de amplo recrutamento. Milhares ingressaram como voluntários no Exército, na Waffen-ss e nas forças de segurança para lutar contra o que lhes era apresentado como a ameaça bolchevique à Europa, incluindo 60 mil estonianos, 100 mil letões, 38 mil belgas, 14 mil espanhóis, 12 mil noruegueses e dinamarqueses, até mesmo 135 suíços e 39 suecos.[43] Essa fonte nem sempre era vantajosa. A Legião de Voluntários Franceses contra o Bolchevismo, recrutada em 1941 entre a extrema direita francesa, chegou à Rússia a tempo de participar da ofensiva contra Moscou, porém se revelou um desastre. Liderada de forma medíocre por oficiais incompetentes e venais, carente até mesmo dos recursos mais básicos e tendo passado por um treinamento breve e rudimentar, a legião foi dizimada nos seus primeiros dias de combate e nunca retornou à linha de frente.[44] Das áreas conquistadas da União Soviética, mais de 250 mil homens se juntaram ao esforço de guerra germânico como combatentes, recrutados basicamente entre grupos anticomunistas do sul da Rússia e da Ucrânia, enquanto 1 milhão de russos trabalhava para o Exército da Alemanha atrás das linhas, como *Hilfswillige* [auxiliares voluntários], desempenhando diversas funções não combatentes e de segurança. Um dos convertidos ao lado germânico, o general soviético Andrei Vlasov, após ser capturado por uma unidade holandesa da Waffen-ss, queria formar uma tropa russa de libertação para lutar com os alemães, mas a ideia nunca se materializou como força útil. As duas divisões que foram enfim formadas às pressas em janeiro de 1945 participaram de combates em Praga nos últimos dias da guerra, quando voltaram suas armas contra os aliados germânicos para proteger companheiros eslavos do último ataque da Waffen-ss local.[45]

De todas as potências imperiais, a Grã-Bretanha foi, de longe, a que mais se beneficiou da mão de obra imperial. Na verdade, boa parte da guerra britânica, em particular na defesa do império, foi travada por não britânicos, o que costuma ser esquecido nas narrativas da Grã-Bretanha do conflito. Os quatro Domínios — Canadá, Austrália, Nova Zelândia e África do Sul — mobilizaram juntos 2,6 milhões de homens e mulheres, e a Índia, cerca de 2,7 milhões. Em 1945, a Grã-Bretanha ainda tinha 4,6 milhões de soldados em uniforme, enquanto a Índia e os Domínios tinham 3,2 milhões.[46] A mais alta taxa de mobilização de qualquer área imperial ocorreu na Nova Zelândia, com o alistamento de 67% dos homens de dezoito a 45 anos. No Canadá, mais de 1 milhão de homens, ou 41% daqueles com idade entre dezoito e 45 anos, serviu nas forças. Recrutas dos Domínios formaram uma proporção significativa dos tripulantes na ofensiva aérea estratégica do Comando de Bombardeiros da RAF contra a Alemanha, sendo os canadenses os mais numerosos, voando em seus próprios esquadrões, ao lado de tripulações britânicas. Os Domínios sofreram 96 822 mortes combatendo em nome da Grã-Bretanha, e a Índia, 87 mil. Durante a guerra, a maior força de voluntários foi formada no subcontinente. A maioria dos voluntários indianos serviu no próprio país, mantendo a segurança interna e enfrentando a ameaça japonesa, mas muitas divisões foram usadas nas campanhas do Sudeste Asiático, do Oriente Médio e, por fim, da Itália. Em 1943, havia seis divisões no exterior, enquanto no país havia vinte divisões e catorze brigadas. Nos primeiros anos, a mobilização indiana sofreu com a escassez de equipamento, mas não de voluntários. As autoridades britânicas preferiam recrutar primeiro pessoas das chamadas "raças marciais", em especial do Punjab (uma mistura de muçulmanos e siques), da Província da Fronteira Noroeste e do Nepal. Na população sique, 94% de todos os homens recrutáveis se apresentaram como voluntários para servir no Exército indiano. Porém, à medida que o fluxo de recrutas escasseava entre as "raças marciais", a convocação se estendeu mais para o sul, atingindo o pico em 1942, momento em que as "raças marciais" compunham apenas 46% das Forças Armadas indianas. Quatro quintos do Exército vinham de vilarejos rurais, pois os britânicos desconfiavam dos indianos mais urbanizados e instruídos, e quase todos eram analfabetos.[47]

A importância da contribuição dos Domínios e da Índia pode ser medida pela proporção de forças não britânicas usadas em campanhas essencialmente imperiais. Em 1941, o Oitavo Exército Britânico no Norte da África era um quarto britânico e três quartos imperial. Em 1945, sob o Comando do Sudeste Asiático, quatro quintos das tropas eram unidades indianas e africanas.[48] As divisões africanas representavam o restante do império colonial, que forneceu mais de meio milhão de voluntários e recrutas para as Forças Armadas. Os Fuzileiros Reais da África Oriental [*King's East African Rifles*], força que datava de 1902, acabou fornecendo 323 mil soldados; a Força Real de Fronteira da África Ocidental, fundada em 1900, ofereceu outros 242 600. Os territórios do Alto Comissariado da África Austral de Bechuanalândia [Botsuana], Suazilândia e Basutolândia [Lesoto] forneceram mais 36 mil. No fim do conflito, o Império Africano tinha fornecido um total de 663 mil trabalhadores e soldados negros para as Forças Armadas.⁴⁹ A maioria não chegou a lutar, mas as divisões que combateram o fizeram para proteger o império de ameaças — os Fuzileiros da África Oriental na Etiópia, em Madagascar e na Birmânia; a Força da África Ocidental na Etiópia e depois na Birmânia; e os bechuanos no Oriente Médio. As colônias caribenhas reuniram 12 mil voluntários e a maioria também serviu como não combatente. Um Regimento Caribenho foi formado em 1944 e enviado para a Itália, porém no fim não participou de nenhum combate.⁵⁰

Embora o recrutamento colonial britânico dependesse, de início, de supostos voluntários, de acordo com uma longa tradição imperial, a necessidade urgente de recrutas locais para múltiplas funções auxiliares incentivou uma mudança para estratégias de recrutamento que dificilmente poderiam ser consideradas voluntárias em qualquer sentido da palavra. Na África Ocidental, chefes locais eram usados pelos britânicos como intermediários e recebiam cotas a serem preenchidas por recrutas de suas aldeias; aos homens sob acusação judicial era oferecido um posto no Exército em vez da prisão; às vezes trabalhadores eram embarcados em caminhões sob um pretexto qualquer e levados para um acampamento do Exército; na Suazilândia, recorreu-se ao recrutamento pela força. A escassez de recrutas para servir numa guerra distante, cujo objetivo era entendido apenas de forma vaga, levou à introdução do recrutamento colonial, que se mostraria amplamente impopular. Protestos contra o alistamento militar na cidade de Winneba na Costa do Ouro (hoje Gana) deixaram seis manifestantes mortos. As autoridades coloniais preferiam homens das aldeias mais distantes, vistos também como de "raças marciais"; como disse um oficial branco, "quanto mais escuro o rosto — melhor o futuro soldado". Dava-se preferência àqueles que tinham pouco contato com o mundo moderno, e o resultado disso é que 90% dos recrutas africanos eram analfabetos.⁵¹

Um pequeno número de voluntários negros, alguns já vivendo na Grã-Bretanha, gostaria de poder ingressar nas Forças Armadas do país. Até outubro de 1939, prevalecia a regra de que só súditos britânicos filhos de britânicos de ascendência europeia poderiam servir. A regra foi derrubada depois de uma campanha feita no outono de 1939 pela Liga das Pessoas de Cor sediada na Grã-Bretanha, tendo à frente um médico negro, Harold Moody. No entanto, as Forças Armadas em geral continuaram resistindo à presença negra, exceto a RAF, que recrutou cerca de 6 mil negros caribenhos para ampliar as equipes de terra nas bases aéreas britânicas, e enfim permitiu que cerca de trezentos voluntários negros voassem como tripulantes.⁵² Um pequeno grupo de recrutas negros alcançou status de "oficial de emergência", apesar de ter que lidar com o preconceito racial persistente, embora nem de longe universal ("eu nunca tinha sido chamado de 'neguinho' antes", disse um oficial negro). No fim da guerra, o governo britânico tentou repatriar todos os voluntários negros ainda na Grã-Bretanha, porém mais uma vez protestos populares permitiram que muitos permanecessem na pátria que tinham escolhido defender.

Nos Estados Unidos, raça era uma questão delicada para as Forças Armadas predominantemente brancas. Recrutas negros tinham servido na Primeira Guerra Mundial em geral como prestadores de serviços e auxiliares. Entre os dois conflitos, as unidades de combate eram apenas brancas. A rápida expansão das Forças Armadas americanas, a partir de 1941, levantou a questão de decidir se os 10% de americanos negros deveriam ser autorizados a portar armas. Roosevelt insistia para que a Marinha e o Exército aceitassem recrutas negros, porém houve um acordo para que o número não excedesse a proporção de negros na população, com as duas forças se reservando o direito de segregar recrutas negros e brancos em instalações separadas de treinamento, serviços e unidades militares.⁵³ Essa política produziu anomalias lamentáveis. Recrutas negros dos estados do norte, de onde a segregação desaparecera havia muito tempo, foram obrigados a aceitar a discriminação racial. De modo bizarro, o Exército achava que os brancos do sul dariam oficiais de unidades negras melhores, porque tinham mais familiaridade com as comunidades negras. A política provocou ressentimentos e, vez por outra, protestos violentos por parte de recrutas já desacostumados com a segregação.⁵⁴ O conflito persistiu entre militares enviados para o exterior, onde soldados e oficiais brancos tentavam manter um apartheid militar. No porto inglês de Bristol, um motim em grande escala explodiu em julho de 1944 entre militares americanos negros e brancos, deixando um soldado negro morto e dezenas de feridos.

Os resultados do programa de recrutamento de negros foram ambíguos. Como os recrutas coloniais britânicos, muitos americanos negros não foram destacados para unidades de combate. A grande maioria dos 696 mil recrutas do Exército acabou em funções de serviço e trabalhos manuais. Nenhuma força alcançou a proporção de 10% combinada com Roosevelt.⁵⁵ O Exército alegou que os negros alistados se saíram mal no Teste de Classificação Geral (mais ou menos metade foi reprovada em 1943), o que explicava seu status subordinado. Os negros formavam apenas 1,9% do corpo de oficiais do Exército, e a proporção ainda era menor na Marinha dos Estados Unidos, na qual recrutas negros representavam apenas 4% do pessoal. A Marinha concordou de modo relutante em admitir recrutas negros em abril de 1942, mas com a condição de que não servissem no mar, apenas em instalações portuárias em terra. Na primavera de 1943,

71% dos militares negros serviam na Seção de Camareiros, atendendo oficiais brancos.⁵⁶ A Força Aérea do Exército americano também recrutou poucos aviadores negros para combate; no fim de 1944, apenas 1% dos 138 mil negros da Força Aérea tinham se qualificado como tripulantes.⁵⁷ Recrutas negros eram treinados para voo numa base separada em Tuskegee, no Alabama, mas poucos tinham permissão para voar em combate, exceto quatro esquadrões de pilotos de caça, os "Aviadores de Tuskegee", enviados ao front italiano em 1943-4, onde eram constantemente vigiados pelos superiores brancos para ver se seu desempenho correspondia aos preconceitos brancos. Ao voltar para casa em 1945 e desembarcar em Boston, havia pranchas de desembarque separadas para aviadores brancos e negros que semanas antes tinham lutado juntos. Os "Aviadores de Tuskegee" deixaram claro até que ponto os preconceitos brancos impediram a plena utilização da população negra dos Estados Unidos.⁵⁸ O Exército teve uma atitude diferente em relação aos nipo-americanos internados em campos no começo do conflito por ordem presidencial. A eles era oferecida a possibilidade de demonstrar suas credenciais americanas e se apresentar como voluntários. Cerca de 22 500 nipo-americanos, homens e mulheres, se apresentaram, e 18 mil foram organizados em unidades militares segregadas que serviram na Europa, incluindo o 422º Regimento, que se tornou a unidade mais condecorada do Exército americano.⁵⁹

A mesma mistura de preconceito e conveniência se estendeu ao recrutamento de mulheres para as Forças Armadas. Isso, também, não foi um fenômeno novo. O serviço militar para mulheres foi introduzido nos últimos anos da Primeira Guerra Mundial para atender a emergências de mão de obra, mas foi extinto em tempos de paz. A guerra total, no entanto, estava longe de ser específica a um gênero. A democratização do conflito implícita na guerra total incluía mulheres, fosse como trabalhadoras ou como defensoras civis, ou, de maneira mais limitada, como militares. Houve poucos problemas no recrutamento feminino para o trabalho de guerra ou para medidas de precaução contra ataques aéreos, uma vez que muitas evidentemente compartilhavam a opinião de que a responsabilidade no combate moderno tinha que ser compartilhada por toda a comunidade. As mulheres também pressionavam para participar do esforço militar, refletindo mais uma vez a visão do conflito como uma "guerra do povo", mais do que conduzida apenas por homens. As atitudes masculinas em relação ao recrutamento feminino eram mais ambíguas. Com exceção da União Soviética, nenhum dos outros grandes combatentes permitia que elas portassem armas. Muitas tarefas nas quais mulheres substituíam homens na estrutura militar eram do tipo que costumavam ser exercidas por mão de obra feminina na vida civil — estenógrafas, recepcionistas, funcionárias dos correios, cozinheiras, telefonistas, bibliotecárias, nutricionistas, enfermeiras.⁶⁰ O mais perto que elas chegavam das operações militares era através de funções como plotadoras de radar, operadoras de rádio, motoristas de transporte motorizado ou pessoal de inteligência, mas costumavam ficar longe da linha de frente, exceto na União Soviética.

Apenas quando o front interno se tornou a linha de frente, como ocorreu na guerra de bombardeios, é que mulheres participaram dos combates. As mulheres da Grã-Bretanha, da Alemanha e da União Soviética ingressaram nas baterias antiaéreas, embora apenas no caso soviéticos tivessem autorização para disparar armas na ausência de homens. Na Grã-Bretanha, os regulamentos do Exército foram alterados em abril de 1941 para permitir que mulheres do Serviço Territorial Auxiliar servissem em pontos de artilharia antiaérea; em 1943, houve um pico de 57 mil mulheres trabalhando como operadoras de radar, plotadoras, localizadoras de altura e equipe de holofotes. Apesar da resistência masculina nas tripulações antiaéreas, unidades mistas se tornaram a norma. Os homens faziam o trabalho pesado de carregar e disparar. Pelo Mandado Real de 1938, as mulheres não podiam portar armas, e as que trabalhavam na guarnição de postos antiaéreos tinham apenas cabos de machado e apitos. A participação feminina foi feminilizada de forma deliberada — elas recebiam apenas dois terços do soldo masculino, tinham folgas extras e acomodações mais confortáveis do que as tendas dos homens. Uma "dieta feminina" com menos carne, pão e bacon e mais leite, ovos, frutas e hortaliças logo teve que ser abandonada quando se constatou que elas passavam fome.[61] Na Alemanha, as auxiliares femininas da Força Aérea operavam holofotes, equipamentos de rádio e a rede telefônica na Linha Kammhuber de defesas antiaéreas, que se estendia pelos acessos setentrionais germânicos. Em 1944, a Força Aérea alemã tinha mais de 130 mil mulheres, algumas das quais também acabavam ajudando a disparar armas. Em março de 1945, o Quartel--General Supremo alemão enfim aceitou que auxiliares femininas recebessem revólveres e a *Panzerfaust* antitanque.[62]

Persiste ainda o mito de que as mulheres germânicas não participaram do esforço de guerra porque a ideologia nacional-socialista definia o papel feminino como mãe e dona de casa. A ideologia, na verdade, nunca foi tão inflexível. Esperava-se que as mulheres, em especial jovens e solteiras, participassem como companheiras raciais dos homens. As Forças Armadas recrutaram cerca de meio milhão de mulheres como Ajudantes das Forças Armadas [*Wehrmachthelferinnen*] para substituir os homens nos setores de comunicações, administração e serviço social. Milhares de outras mulheres trabalhavam em funções secretariais e administrativas, sem trajar uniforme militar.[63] Aproximadamente o mesmo número foi recrutado pelas Forças Armadas britânicas e americanas. As três forças britânicas restauraram as unidades femininas da Primeira Guerra Mundial logo que a Segunda Guerra começou. A Reserva Naval Real Feminina, o Serviço Territorial Auxiliar (Exército) e a Força Aérea Auxiliar Feminina logo passaram de um total de 49 mil em junho de 1940 para 447 mil em junho de 1944; três quartos eram voluntárias, apesar da introdução do alistamento feminino na Lei do Serviço Nacional (2), de dezembro de 1941, e delas mais da metade tinha menos de 22 anos.[64] Os Domínios também recrutavam mulheres. No Canadá, uma Divisão de Serviços Voluntários foi criada em 1941 para supervisionar o emprego de mulheres em funções voluntárias. Diferente dos serviços femininos britânicos, nos quais as mulheres seguiram como auxiliares, as forças canadenses integraram as mulheres como militares de pleno direito, e em 1942 as primeiras oficiais foram nomeadas.[65] A distinção masculina foi mantida — como em toda parte no esforço de guerra ocidental —, com a exclusão das mulheres do combate direto e a prática generalizada de mulheres oficiais não darem ordens para homens combatentes.

Nos Estados Unidos, havia um preconceito mais forte contra o recrutamento de mulheres, embora a necessidade premente de mão de obra tenha obrigado as Forças Armadas a cederem. Cerca de 400 mil mulheres serviram nas diferentes áreas militares, incluindo 63 mil no Corpo Auxiliar Feminino do Exército (a partir de 1943, Corpo do Exército Feminino). O grupo só foi formado quando saiu a legislação de maio de 1942, introduzida no Congresso pela representante republicana Edith Rogers. A lei foi seguida de uma longa discussão contra o alistamento de mulheres encabeçada por homens que temiam que a participação feminina levasse ao declínio moral das Forças Armadas.[66] O Exército e a Força Aérea queriam que as mulheres fossem descritas como "com o" serviço, em vez de "no" serviço, até serem obrigados pela legislação introduzida no Congresso em julho de 1943 — um segundo projeto de lei de Rogers — a permitir a integração plena.[67] A mudança resultou num sistema simplificado de alistamento e atraiu um fluxo de novas voluntárias. No entanto, a Força Aérea do Exército continuou a proibir as mulheres do Corpo Aéreo Auxiliar de servirem no sistema aéreo e antiaéreo dos Estados Unidos.[68] A Marinha relutou em empregar mulheres no começo do conflito, mas a escassez de homens para funções auxiliares por fim produziu um ramo feminino com o título deliberadamente tortuoso de Mulheres Aceitas para o Serviço Voluntário de Emergência, ou em inglês *Women Accepted for Volunteer Emergency Service*, o que formava a sigla WAVES [ondas]. O novo serviço foi criado em agosto de 1942. Diferente do Exército, as autoridades navais decidiram que as mulheres deveriam ser totalmente integradas no serviço ("no", em vez de "com o"), mas comandadas por um corpo distinto de mulheres oficiais.[69] Até o fim da guerra, cerca de 80 mil WAVES se formaram nas escolas de treinamento naval. Poucas voluntárias aceitas nas Forças Armadas americanas eram negras, e elas ficaram nos Estados Unidos até 1945, quando uma unidade negra do Corpo do Exército Feminino, o 6888º Batalhão Central de Diretório Postal, comandado por uma das duas únicas oficiais superiores negras existentes, foi enviada à Grã-Bretanha para despachar uma montanha de cartas encalhadas.⁷⁰ Até hoje se discute se as responsabilidades assumidas pelas mulheres não poderiam ter sido desempenhadas, pelo menos em parte, por homens. Tanto na Grã-Bretanha como nos Estados Unidos houve uma pressão considerável exercida pelas mulheres para que sua participação se estendesse além do trabalho de assistência social e enfermagem que em geral lhes era atribuído, e, uma vez que as democracias viam o conflito como um compromisso de fato compartilhado, a inclusão feminina era importante para solidificar a solidariedade interna para o esforço de guerra, demonstrando-se com isso que todos os cidadãos, homens e mulheres, tinham uma responsabilidade comum.

Uma das tarefas mais perigosas para as quais as mulheres se ofereciam como voluntárias nas democracias era transportar aeronaves em voos nacionais da fábrica para a base aérea, ou de um centro de treinamento para outro, ou pilotar aviões para a prática de alvos. O Serviço Auxiliar de Transporte Aéreo, criado em janeiro de 1940 na Grã-Bretanha, recrutava homens e mulheres qualificados. Ao todo, 166 mulheres serviram como pilotos auxiliares e quinze morreram, incluindo a aviadora mais famosa da Grã-Bretanha, Amy Johnson.⁷¹ Outra celebridade dos ares, a aviadora americana Jacqueline Cochran, ofereceu-se para trabalhar nos serviços auxiliares britânicos, e depois voltou aos Estados Unidos para fundar o Destacamento de Treinamento de Voo Feminino em setembro de 1942, apesar da relutância inicial do comandante-chefe da Força Aérea do Exército, Henry Arnold. Em 1943, o destacamento se fundiu com o Esquadrão Auxiliar Feminino de Transporte, sob o comando de Cochran, para formar a organização WASP [vespa], Mulheres Pilotos a Serviço da Força Aérea. O voo feminino era mais desenvolvido nos Estados Unidos do que em qualquer outro país, e havia 25 mil voluntárias para o treinamento, embora no fim apenas 1074 mulheres pilotos qualificadas tenham sido selecionadas, das quais 39 morreram em acidentes. Como no caso das britânicas, recusou-se que recebessem pleno status militar, e elas sofreram preconceitos masculinos mesquinhos contra incluir mulheres no que os pilotos consideravam exclusividade masculina. Em alguns campos, as mulheres recebiam aeronaves mais velhas ou malconservadas para pilotar na prática de alvos ou eram banidas por completo das bases. Nenhuma candidata negra foi aceita na WASP. No fim de 1944, todo o programa foi encerrado de forma sumária, graças ao excedente cada vez maior de homens pilotos treinados e ao poderoso lobby contra a suposta ameaça que as mulheres representavam para os empregos masculinos. No fim do conflito, as mulheres pilotos de guerra tinham voado 12 652 missões de transporte em 78 tipos diferentes de aeronave, incluindo o gigantesco B-29 Superfortress, que homens hesitavam em pilotar por conta de problemas técnicos iniciais. Em 1977, depois de uma longa luta por reconhecimento, o Congresso enfim aprovou leis definindo as mulheres como veteranas de guerra.⁷²

Na União Soviética, quase não houve hesitação quanto ao alistamento de mulheres. A terrível hemorragia de homens nos primeiros anos da guerra com a Alemanha fez do recrutamento feminino uma necessidade. Durante o conflito, 850 mil mulheres serviram nas Forças Armadas, 550 mil no Exército Vermelho e na Força Aérea, 300 mil em unidades de artilharia antiaérea e da retaguarda. Estima-se que 25 mil mulheres uniformizadas lutaram com os guerrilheiros.[73] Apesar da retórica pré-conflito generalizada sobre a sociedade inteira lutar para defender a Revolução, o regime soviético não soube responder de forma apropriada à onda de jovens voluntárias que apareceram nos postos de recrutamento desde os primeiros dias da guerra pedindo para entrar no Exército. Meninas do movimento da Juventude Comunista se alistaram entre os 4 milhões de voluntários civis do "corpo popular" [*opolchenie*], que combatia como milícia o avanço alemão e foi dizimado pelo inimigo.[74] O Programa Universal de Treinamento Militar era obrigatório para homens, mas não barrava as mulheres que conseguissem convencer funcionários locais a deixá-las participar. O primeiro recrutamento oficial para mulheres surgiu em outubro de 1941, quando Stálin permitiu a mobilização de três regimentos aéreos de combate com tripulantes femininas. Durante a guerra, a participação de mulheres no esforço aéreo se expandiu, e grande parte dos bombardeios noturnos de bases alemãs ficou a cargo de unidades femininas, incluindo o lendário 46º Regimento de Aviação de Bombardeiros Noturnos da Guarda, cujas tripulações realizaram 24 mil missões e conquistaram 23 medalhas de Heróis da União Soviética.[75] Igualmente famosa era a Escola Central de Mulheres para Treinamento de Atiradoras, criada em maio de 1943 depois do sucesso das atiradoras no ano anterior; um total de 1185 mulheres se formou na escola e combateu na linha de frente, matando um número não registrado de soldados alemães.[76]

Em abril de 1942, o governo soviético enfim reconheceu a necessidade de alistamento feminino para repor as perdas masculinas no front. No entanto, na União Soviética, a proporção de mulheres alistadas para exercer funções do tipo reservado para recrutas femininas no Ocidente foi bem mais baixa. Das 40 mil mulheres mobilizadas para a Força Aérea, apenas 15 mil exerceram funções de escriturária, bibliotecária, cozinheira ou lojista, enquanto 25 mil foram treinadas para trabalhar no front como motoristas, armeiras e nas tropas de comunicação. Das 520 mil que ingressaram nas Forças Armadas, cerca de 120 mil participaram de combates terrestres e aéreos, e 110 mil fizeram isso como especialistas militares não combatentes no front.[77] As mulheres enfrentavam as mesmas dificuldades que os homens, mas sofriam privações adicionais, devido à lentidão do suprimento de uniformes femininos ou de serviços de higiene e medicina adaptados para as recrutas. Diferente das forças ocidentais, os preconceitos de gênero não impediam as mulheres de comandar homens na linha de frente, embora eles existissem. "Eles me impuseram meninas", queixou-se um comandante de divisão. "Corpo de balé! Isto aqui é guerra, não é dança, uma guerra terrível!"[78] No entanto, a presença feminina continuou a ser uma característica dos combates no front durante todo o conflito. Embora a experiência soviética fosse produto tanto de necessidade como de ideologia, as demandas extremas da mais total das guerras correspondiam à visão que tinham de que a luta pela sobrevivência na Grande Guerra Patriótica exigia níveis absolutos de mobilização.

Essa necessidade raras vezes era questionada entre os recrutas das potências envolvidas no conflito. A mobilização militar em massa era tida como um fato da vida por aqueles que iriam lutar na guerra total. De modo notável, houve poucos motins na Segunda Guerra Mundial. A deserção ou a defecção eram mais comuns, mas correspondiam a uma pequena fração do total de mobilizados. A insubordinação era frequente e generalizada, mas as infrações da vida e da disciplina militares refletiam a ampla diversidade social das pessoas convocadas e não devem ser interpretadas como um protesto contra a mobilização em massa. Casos que poderiam ser vistos como motins costumavam ser resultado de circunstâncias específicas que geravam protesto, mais do que de rejeição do serviço militar em tempo de guerra. No Exército indiano, por exemplo, houve breves motins, alguns contra a ordem de servir no exterior, alguns contra a insistência britânica para que soldados siques cortassem o cabelo, tirassem o turbante e usassem capacetes de aço. As convenções religiosas siques ditavam que o turbante e os cabelos compridos eram inegociáveis, e houve motins tanto na Índia como entre militares siques em Hong Kong contra a imposição dessa política pelos britânicos. Neste último caso, 83 siques foram levados à corte marcial por motim, e onze receberam sentenças severas.[79] Nos Estados Unidos, a segregação racial nas Forças Armadas provocou violência generalizada entre soldados e aviadores negros pela forma como eram tratados. Os motins violentos começaram bem antes de os Estados Unidos entrarem no conflito. Em 1941, perto de Fort Bragg, na Carolina do Norte, policiais militares brancos e soldados negros tiveram uma intensa troca de tiros, que resultou em dois mortos e cinco feridos. A violência mais séria ocorreu em 1943, quando ocorreram motins e tiroteios em pelo menos dez acampamentos diferentes. Um conflito importante em Camp Van Dorn, no Mississippi, foi provocado pelo ressentimento de negros nortistas do 364º Regimento de Infantaria contra regras de segregação às quais não estavam acostumados. Debelado o motim, a unidade foi enviada como castigo para as ilhas Aleutas, no extremo norte do Pacífico, pelo resto da guerra.[80]

Os Estados Unidos também testemunharam o protesto popular mais ativo contra o alistamento militar. A Lei do Serviço Seletivo, do outono de 1940, e sua renovação um ano depois provocaram protestos em todo o país contra a ideia de que o recrutamento em larga escala era necessário por parte de grupos isolacionistas e antiguerra. No verão de 1941, pesquisas de opinião revelaram que quase metade dos entrevistados se opunha a ampliar o alistamento. Jornalistas investigativos percorreram acampamentos de recrutas onde constataram desilusão e ressentimento generalizados entre os jovens soldados quase ociosos, com treinamento de combate precário e pouco armamento. Estimava-se que, se pudesse, mais ou menos metade desertaria; 90% dos entrevistados expressaram hostilidade contra o governo que os obrigou a vestir uniforme. Motins violentos em acampamentos às vésperas da renovação da lei confirmaram a extensão da animosidade popular contra o serviço militar entre os novos recrutas. A Lei do Serviço Seletivo foi aprovada na Câmara de Representantes com a diferença de apenas um voto.[81] Foi a crise política mais grave enfrentada por qualquer Estado no que se referia ao recrutamento. Sem dúvida houve evasão em outros lugares, mas como decisão individual, e não consequência de uma campanha coletiva. No entanto, depois do início da guerra em dezembro de 1941, o serviço militar em massa acabou sendo aceito nos Estados Unidos também como a única possibilidade de vitória.

MOBILIZAÇÃO ECONÔMICA

A preocupação número um de todos os Estados em guerra era a capacidade de fornecer um volume adequado de armas, equipamento e suprimentos para sustentar as grandes forças de combate recrutadas. No entanto, essa prioridade levantou questões fundamentais sobre como financiar a guerra e como abastecer e alimentar a maior parte da população civil num nível suficiente para manter a mobilização nacional. As Forças Armadas eram consumidoras excepcionalmente gananciosas. A quantidade gigantesca de armas produzidas pelas grandes potências durante os anos de conflito correspondia a uma extravagante mobilização de mão de obra. O desenvolvimento, a fabricação e a distribuição de equipamento militar são tratados no cap. 6, mas a produção de guerra e o alistamento militar tiveram um efeito muito direto na população nacional, como pagadora de impostos, poupadora, consumidora e trabalhadora. A frente interna teve que financiar o esforço de guerra, trabalhar longas horas para atender a encomendas e ver grande parte dos suprimentos alimentares e bens de consumo do país desaparecer nos armazéns e refeitórios militares. A mobilização nacional significava, em termos gerais, trabalhar mais e receber menos, e isso sem protestar.

Os armamentos eram a ponta de um enorme iceberg de consumo militar. Em geral, a aquisição de armas consumia de 15% a 20% do orçamento militar. As Forças Armadas eram tão grandes que formavam uma economia própria, importando não só armamentos, como também alimentos, bens de consumo de todos os tipos, têxteis, produtos químicos, produtos derivados do petróleo, equipamento especializado para reboque e manutenção e, no caso das tropas alemãs e soviéticas, um grande número de animais. Os milhões de militares e pessoal de apoio precisaram ser alojados, e bases militares, aeródromos e armazéns foram construídos onde ainda não existiam. Muito foi feito para garantir que os militares se alimentassem bem, mesmo que faltasse para a população civil. Calculou-se que os soldados britânicos precisavam de uma ingestão diária de 4500 calorias, bem acima do nível das rações civis (e em geral acima do suprimento diário de alimentos para tropas indianas e coloniais).[82] Nos primeiros anos de guerra, os soldados alemães recebiam o equivalente a três vezes a ração de carne dos civis (depois, quatro vezes) e mais que o dobro do volume de grãos para pão. Café de verdade, chocolate, cigarros e tabaco, geleia e hortaliças também eram prioridade para os militares, mas faltavam cada vez mais para os consumidores germânicos comuns.[83] Além da comida, as economias militares absorviam uma alta proporção dos bens de consumo. Em 1941, na Alemanha, metade da produção da indústria de vestuário ia para a fabricação de uniformes; os militares ficavam com 80% de todos os móveis produzidos e com a mesma proporção de produtos químicos de consumo (como pasta de dente e graxa de sapato); levavam 60% dos pincéis, caixas de madeira e barris, 44% dos artigos de couro, e assim por diante. Nesse ano, metade de todos os bens civis produzidos na Alemanha era devorada pela máquina militar. Considerava-se tão importante o suprimento de doces para as Forças Armadas que o setor gozava da mais alta prioridade na alocação de mão de obra.[84]

As exigências desses consumidores militares gigantescos distorciam de modo fundamental a economia das potências em guerra mesmo antes do início do conflito. O efeito já era evidente na corrida armamentista dos anos 1930, quando a proporção do produto nacional dedicada a gastos militares disparou para níveis inéditos em tempos de paz, alcançando 17% na Alemanha em 1938-9 e 13% na União Soviética. Às vésperas de Primeira Guerra Mundial, as proporções eram 3% na Alemanha e 5% na Rússia tsarista, em parte porque os armamentos eram menos complexos e caros.[85] Em maio de 1939, quase um terço da mão de obra industrial germânica trabalhava diretamente para atender às encomendas das Forças Armadas; dois terços do investimento industrial alemão nos anos de 1937-9 foram dedicados a projetos militares e essenciais para a guerra. Na União Soviética, o Terceiro Plano Quinquenal, iniciado em 1938, reservou 21,9 bilhões de rublos para investimentos em defesa, em comparação com o montante de apenas 1,6 bilhão em 1937.[86] Programas de gastos dessa magnitude restringiam de maneira severa o que ficava disponível para o consumo civil e para setores não bélicos da economia, mesmo em tempos de paz. No entanto, com o início do conflito na Ásia e na Europa, os governos se viram diante das realidades econômicas da guerra total e da mobilização em grande escala.

A experiência da Primeira Guerra Mundial mostrou que era importante equilibrar demandas militares com a necessidade de estabilidade financeira e padrões de vida civis adequados. A natureza bastante improvisada da mobilização econômica do conflito anterior tinha, em geral, produzido uma inflação alta, crises financeiras e uma distribuição mal gerida de recursos entre as necessidades militares e civis. A escassez de alimentos tinha provocado protestos trabalhistas generalizados e insatisfação social. O colapso do esforço de guerra russo em 1917 e a derrota das Potências Centrais em 1918 foram atribuídos em grande parte a crises econômicas e sociais. Como resultado, havia uma crença disseminada de que a guerra total só poderia ser travada de modo bem-sucedido se o perigo da crise social e financeira fosse evitado uma segunda vez. A questão essencial era entender os efeitos do esforço de guerra na estrutura da economia nacional, de modo que recursos o bastante fossem disponibilizados para as Forças Armadas sem minar por completo o sistema financeiro ou as demandas dos consumidores. Para tanto, a mobilização de expertise era tida como essencial. O distinto economista britânico John Maynard Keynes foi contratado como conselheiro especial do Tesouro britânico no verão de 1940 depois de publicar seu influente panfleto "Como pagar a guerra", que abordava de forma direta o problema de equilibrar consumo, poupança e tributação sem risco de inflação.[87] Na Alemanha, o ministro da Economia, Walter Funk, estabeleceu um Comitê de Professores no outono de 1939 para resolver como pagar o conflito e controlar o consumo; economistas alemães construíram estatísticas provisórias da renda nacional para ilustrar como equilibrar a tributação, a poupança e o consumo de modo a atender às exigências militares.[88] O Conselho Japonês de Promoção da Poupança Nacional, criado em junho de 1938, era formado por peritos sociais e econômicos instruídos a buscar maneiras de incentivar a poupança, limitar o consumo e evitar a inflação.[89] Em todos os lugares, os economistas tratavam a "guerra total" como um problema econômico distinto. Havia pouca diferença entre as ditaduras e as democracias no que se referia ao modo de resolver o problema, uma vez que alguma forma de "economia de comando" em tempos de guerra era comum a todas.

Financiar um conflito nessa escala, evitando a inflação descontrolada, era o primeiro desafio. Com uma mobilização dessa dimensão, não havia alternativa a não ser incorrer num grande déficit, embora ele pudesse ser reduzido por tributação, ou seus efeitos econômicos pudessem ser empurrados para depois do conflito. Empréstimos governamentais de longo e médio prazos cobriram mais ou menos metade dos gastos do esforço de guerra americano, elevando a dívida nacional para níveis inéditos; na Grã-Bretanha, empréstimos de todos os tipos cobriram cerca de 42% das despesas com o conflito, elevando o déficit anual de modestos 490 milhões de libras em 1939 para 2,8 bilhões de libras em 1943, e triplicando a dívida nacional; na Alemanha, os empréstimos governamentais aumentaram dez vezes durante os anos de guerra, de 30 bilhões de marcos para 387 bilhões, cobrindo 55% das despesas; no Japão, os déficits cobriram uma proporção parecida em 1945. Só na China é que o governo recorreu ao simples expediente de imprimir dinheiro, como os Estados tinham feito na Primeira Guerra Mundial: em 1945, o déficit correspondia a 87% dos gastos estatais.[90] Os fundos eram em geral levantados nos bancos e nas instituições de crédito existentes, que quase não tinham alternativa senão comprar títulos do governo. A exceção foi a economia soviética, na qual o planejamento central e a política de preços foram projetados para equilibrar as contas o máximo possível com os fundos de impostos e as tarifas existentes através de um criativo sistema de contabilidade comunista. Os empréstimos representavam apenas 100 bilhões de rublos das receitas do governo em tempos de guerra, totalizando 1,117 trilhão de rublos, ou apenas 8,9%.[91]

Para algumas economias foi possível adiar o pagamento das despesas de guerra apenas importando bens de áreas ocupadas ou do império e bloqueando o pagamento enquanto o conflito durasse. Em Berlim, o Estado segurou um total de mais de 19 bilhões de marcos devidos aos Estados ocupados por importações vitais para a guerra, a serem pagos apenas após a vitória; outros 25,4 bilhões foram extraídos da Europa ocupada como empréstimos para pagar por mais bens.[92] A Grã-Bretanha suspendeu pagamentos ao bloco da libra esterlina por bens importados no valor de 3,4 bilhões de libras até o fim do conflito — na verdade uma forma de coerção econômica.[93] Ambos os Estados recorreram também a contribuições substanciais dos mesmos territórios imperiais ou ocupados: o esforço de guerra alemão arrecadou 71 bilhões de marcos para despesas de guerra das áreas ocupadas, enquanto a Grã-Bretanha forçou a Índia a pagar por seu papel no conflito, obrigando o governo indiano a administrar um grande déficit anual de uma economia que mal podia arcar com os custos e a aceitar aumentos bruscos em impostos para a população.[94] O regime alemão também pôde extrair dinheiro e produtos das populações judias perseguidas. O ouro saqueado de proprietários judeus ou os dentes de ouro extraídos em centros de extermínio eram depositados em bancos suíços para ajudar a financiar importações essenciais. Na Alemanha, calcula-se que de 7 bilhões a 8 bilhões de marcos em propriedades judaicas, incluindo ações, metais preciosos e joias, foram tomados pelo Estado depois das restrições legais impostas à posse de riquezas pelos judeus e de programas de "arianização" compulsória. Nas áreas conquistadas, tudo que era dos judeus era passível de ser apreendido, e os proventos eram tomados pelo Estado. Os objetos de valor eram depositados no Escritório de Butim do Tesouro do Reich em Berlim e usados para fortalecer os cofres estatais.[95]

Gastos elevados com déficits traziam implícito o grande perigo de criar o que Keynes batizou de "lacuna inflacionária", a diferença entre a quantidade de dinheiro na economia e a quantidade de bens disponíveis para a população civil comprar. De uma forma ou de outra, era preciso preencher essa lacuna, que tinha impulsionado a alta inflação na Primeira Guerra Mundial. Todos os Estados em guerra entenderam o problema, e todos, exceto a China, adotaram soluções similares: aumentar impostos, incentivar ou insistir em altas taxas de poupança pessoal, controlar salários e preços e restringir o acesso aos bens de consumo que sobravam depois que os militares pegavam a sua fatia. Na China, aumentar impostos era uma opção difícil de ser aplicada. A ocupação japonesa da maior parte das áreas produtivas do país reduziu as receitas alfandegárias em 85%, e as receitas fiscais do sal em 65%, fontes tradicionais de financiamento governamental. A crise do conflito dificultava os empréstimos, ao passo que reduzir as despesas exporia a China à derrota. Apesar dos esforços para impor novos impostos sobre renda, propriedades fundiárias e manufaturas, o governo foi obrigado a recorrer à impressão de moeda, aumentando de modo colossal a quantidade de dinheiro em circulação, a ponto de provocar a hiperinflação. A emissão de cédulas totalizou 1,4 bilhão de fabi em 1937 e 462,3 bilhões em 1945.[96] Em outros lugares, financiar a guerra e reduzir o poder de compra dos consumidores foi muito mais eficiente enquanto as populações estavam mais dispostas a cooperar com as demandas do governo. No entanto, o aumento na tributação, nos empréstimos e na poupança teve que ser apresentado como um meio de o cidadão se comprometer com o esforço de guerra de modo bem direto e pessoal, aceitando sacrifícios econômicos para o bem de toda a nação. Essa opção era inadministrável numa China dividida e arrasada pelo conflito.

A tributação como meio de lidar com as despesas de guerra foi uma ideia que se desenvolveu devagar na Primeira Guerra Mundial e que teve efeitos irregulares. Durante a Segunda Guerra Mundial, as receitas tributárias subiram de forma drástica, fornecendo em geral de um quarto a metade das receitas do governo. Nos Estados Unidos, onde o esforço de guerra produziu um rápido crescimento da renda em todos os setores, a tributação era responsável por 49% das receitas, grande parte proveniente da cobrança de imposto de renda, uma relativa novidade para muitos americanos na época. Em 1939, cerca de 93% dos americanos não pagavam imposto de renda federal, mas em 1944 dois terços de todos os assalariados eram tributados, apesar das dificuldades de estabelecer uma estrutura fiscal complexa para novos contribuintes em condições de guerra. Para que os sacrifícios do conflito parecessem de fato democráticos, Roosevelt insistiu na cobrança de um imposto sobre lucros excessivos, que acabou só perdendo para o imposto de renda na provisão de fundos para o governo.[97] No Japão, o pagamento de imposto de renda também se expandiu de forma rápida para toda a população empregada, subindo de 6% da renda pessoal em 1939 para 15% em 1944, não sendo, todavia, suficiente para acompanhar o aumento das despesas. Diferente de outras economias de guerra, menos de um quarto das despesas do Japão com o conflito era coberto por receitas fiscais.[98]

A tradição de imposto de renda era mais antiga na Grã-Bretanha e na Alemanha, e durante a guerra ambas aumentaram de modo substancial as alíquotas e a tributação indireta. O compromisso com a ideia de que cidadãos deveriam compartilhar sacrifícios de forma equitativa resultou em altas taxas para quem ganhava mais. Na Grã-Bretanha, o número de pessoas com renda superior a 4 mil libras esterlinas por ano, já deduzidos os impostos, caiu de 19 mil em 1939 para apenas 1250 três anos depois. A receita total do imposto de renda triplicou, de 460 milhões de libras em 1939-40 para 1,3 bilhão de libras em 1944-5.[99] Na Alemanha, em 1939 criou-se uma sobretaxa de emergência às rendas pessoais e, à indústria, um imposto sobre lucros excessivos, que somados aumentaram as receitas de impostos diretos de 8,1 bilhão de marcos em 1938 para 22 bilhões de marcos em 1943. As alíquotas de imposto de renda mais uma vez visaram os mais ricos. O imposto sobre rendas entre 1500 e 3 mil marcos por ano (os ganhos da maioria dos trabalhadores semiqualificados e qualificados) aumentou um quinto, mas para quem ganhava de 3 mil a 5 mil marcos subiu 55%. Nos primeiros anos do conflito, os impostos cobriram metade dos gastos alemães, em nítido contraste com a incapacidade de tributar de modo adequado durante a Grande Guerra, embora o regime temesse que a população não aceitasse níveis excepcionalmente altos de impostos sem protestar.[100]

A questão da poupança também foi afetada pelo legado do conflito anterior, quando campanhas patrióticas tentaram mobilizar assinaturas de títulos de guerra cujo valor logo foi corroído pela inflação, ou que, no caso alemão, perderam todo o valor com o colapso da moeda depois da guerra. Tanto na Grã-Bretanha como na Alemanha, não havia muita confiança na repetição dos ruidosos esquemas de arrecadação de fundos. Os Títulos de Defesa Britânicos e os Certificados de Poupança Nacional foram disponibilizados para o grande público, mas o aumento da poupança pessoal foi na maior parte desviado para pequenos depósitos em contas de correio, bancos de poupança e cooperativas, onde podia ser mobilizado pelo governo sem que fosse preciso persuadir ou coagir.[101] O mesmo sistema que o ministro germânico das Finanças batizou de "finanças silenciosas" foi adotado na Alemanha. Incentivados a poupar pela propaganda pública e com menos dinheiro para gastar em lojas, os pequenos investidores puseram suas economias em bancos de poupança ou em contas de poupança dos correios, cujo capital subiu de 2,6 bilhões de marcos em 1939 para 14,5 bilhões em 1941. O número de cadernetas de poupança dos correios aumentou de 1,5 milhão para 8,3 milhões.[102] As poupanças eram então retiradas pelo governo para ajudar a financiar o conflito, e com isso quem economizava era transformado em contribuinte involuntário. A descrença do público alemão em empréstimos de guerra depois da experiência da Primeira Guerra Mundial foi demonstrada quando o regime tentou introduzir, no fim de 1941, um esquema voluntário de "Poupança de Ferro", que seria deduzida da renda na fonte e colocada em contas bloqueadas especiais para ser usadas após o fim do conflito. O esquema cresceu muito devagar, enquanto as outras formas de poupança pessoal quadruplicaram durante esses anos.[103] Em ambos os países, quem economizava queria usar os ganhos crescentes para garantir uma reserva no pós-guerra, quando se esperava que as condições econômicas piorassem. Em vez de aceitar correr riscos financeiros em nome do país, a expansão da poupança mostrou que os cidadãos comuns, e não só os capitalistas, almejavam ganhar dinheiro com o conflito.

No Japão e na União Soviética, menos afetados pelo legado da Grande Guerra, recorria-se mais aos apelos patrióticos para comprar títulos do governo ou aumentar a poupança pessoal para o esforço de guerra. Em nenhum dos dois casos dava para considerar a poupança um ato de todo voluntário. Em ambos os países campanhas para incentivar a compra de títulos e apoiar a modernização eram política de Estado desde os anos 1920, ajudando a criar uma cultura social da frugalidade. No caso soviético, a compra de títulos era organizada como um esforço coletivo em fazendas e fábricas, de modo que qualquer um que se destacasse por se recusar a obedecer corria o risco de ser exposto publicamente ou sofrer retaliação. A poupança era monitorada pelas Comissões para a Contribuição a Créditos e Poupanças Estatais, entidades locais conhecidas de modo abreviado como *Komsody*. Elas incentivavam os trabalhadores a formar pequenos grupos responsáveis por certa quantia, que os operários ou agricultores dividiam entre si. Por causa dos riscos associados à não participação, em geral a quantidade de títulos oferecidos pelo governo era menor do que a demanda. Uma nova forma de "loteria" foi introduzida, oferecendo prêmios como casacos de pele, joias, relógios ou talheres para um povo privado até mesmo dos bens de consumo mais básicos, embora os ganhadores costumassem reclamar de não receber as recompensas prometidas.[104]

No Japão, as campanhas públicas para incentivar a poupança e a compra de títulos também vieram acompanhadas por estratégias para minimizar a não participação, explorando a ideia de poupança em grupo. Associações foram estabelecidas em nível nacional por pressão do governo, com a cooperativa, como na União Soviética, se responsabilizando por determinada soma e garantindo a contribuição de todos os membros. Em 1944, havia 65 500 associações, com 59 milhões de membros. No mesmo ano, economizaram-se notáveis 39,5% da renda disponível da população. Em todos os anos, exceto 1941, a meta do Estado para a poupança foi superada.[105] No caso dos operários, a quantia a ser economizada era determinada com base nas suas necessidades e depois descontada dos salários, como se fosse um imposto.[106] Além da poupança pessoal, campanhas nacionais de títulos eram direcionadas a cada associação de moradores, com cotas fixas. Os moradores se reuniam para definir cotas e cada um sabia exatamente o que as outras famílias se comprometiam a comprar. A não participação significava vergonha pública e o risco de sofrer uma discriminação mais drástica, incluindo a perda do direito a rações.[107] A poupança era vista acima de tudo como um dever patriótico, mas uma pesquisa estatal de 1944 que investigava as motivações revelou que 57% dos entrevistados marcavam necessidades imprevistas como motivo, e 38% pensavam num pé-de-meia para os filhos.[108]

As campanhas de títulos foram essenciais para a estratégia de arrecadação de fundos nos Estados Unidos. Elas foram menos coercitivas do que no Japão ou na União Soviética, mas a pressão para participar foi generalizada e implacável, resultando numa notável arrecadação de 40 bilhões de dólares para custear a guerra. Como no Japão, havia esquemas para deduzir contribuições voluntárias de títulos dos contracheques, e cerca de metade de todas as vendas foi indireta. O resto foi coletado em pequenos valores — em geral menos de cem dólares —, e até o fim do conflito alcançou-se a impressionante marca de 997 milhões de títulos comercializados. As campanhas dos títulos foram organizadas como projetos comerciais. O objetivo, como disse o secretário do Tesouro Henry Morgenthau, era "usar títulos para vender a guerra, e não o contrário".[109] Técnicas de publicidade modernas foram usadas, por exemplo com o recrutamento de estrelas do cinema — incluindo Bing Crosby, que cantou "Buy a Bond" [compre um título] —, e 6 milhões de voluntários visitaram residências, fábricas e clubes. Como as associações de moradores japonesas, em muitos casos a participação era apenas semivoluntária. Ali também as pesquisas de opinião revelaram que o patriotismo desempenhou certo papel na compra de títulos, mas dois terços dos entrevistados queriam apenas ajudar a adquirir o equipamento de que maridos e filhos precisavam na linha de frente. As oito campanhas nacionais ajudaram a formar uma ligação direta entre uma população distante do campo de batalha e quem lutava.[110]

Outro passo para preencher a lacuna inflacionária veio com um pacote de controle de preços, salários e produção, necessário agora por conta da severa escassez de bens para os consumidores comprarem. Os controles de preços e salários estavam intimamente ligados, uma vez que a inflação de preços descontrolada reduziria, como na Grande Guerra, o valor dos salários, estimulando protestos trabalhistas. Quando a Alemanha entrou no conflito, já tinha havia anos um regime de controle de preços e salários para lidar com os efeitos dos altos gastos militares anteriores. O Comissário de Preços, nomeado em 1936, tinha amplos poderes para determinar a estabilidade em todas as áreas de gastos civis, e durante a guerra o índice do custo de vida subiu menos de 10%, enquanto o salário médio semanal, fortalecido por longas horas de trabalho, subiu pouco mais de 10%.[111] Embora a qualidade de muitos produtos tivesse diminuído e as longas horas de jornada desgastassem a força de trabalho, o esforço para evitar a inflação fez do sistema alemão um modelo de estabilidade se comparado à espiral inflacionária do conflito anterior. O Japão também entrou no conflito já com uma política de controle de preços e salários, em resposta à guerra na China. Os preços dos alimentos e dos têxteis começaram a ser controlados em 1937, e os salários, em abril de 1939. No entanto, o nível de preços continuou a subir, a despeito das regulamentações, com os militares e os consumidores disputando produtos. O governo respondeu em setembro de 1939 com uma Portaria Geral de Congelamento, que cobria não só a maioria dos bens de consumo, mas também aluguéis, taxas, fretes e salários, todos fixados no nível do dia anterior à decisão entrar em vigor. Em 1943, os preços de 785 mil itens distintos eram controlados, numa imposição dos ministérios principais e das autoridades locais. O novo sistema estabilizou o índice de preços até 1943, mas a escassez generalizada até mesmo dos produtos mais básicos, agravada por um vasto mercado clandestino, alimentou uma inflação nos últimos meses da guerra que o Comitê Central de Controle de Preços, criado em novembro de 1943, foi incapaz de conter.[112] Apesar de uma espiral salarial incentivada pela competição ilícita entre as empresas pela mão de obra escassa, os salários reais, em 1944, tinham caído um terço em relação aos níveis pré-conflito, e no ano seguinte reduziram pela metade.[113] Em 1945, na China, onde a inflação saiu do controle, os salários reais médios tinham caído quase dois terços em relação aos níveis anteriores, empurrando muitos trabalhadores para baixo do nível de subsistência.[114]

Na Grã-Bretanha e nos Estados Unidos, a guerra fez o livre mercado ser abandonado para a formação de preços e salários. Diferente dos regimes autoritários, a introdução da regulamentação estatal precisou levar em conta os interesses empresariais e sindicais. No primeiro ano do conflito, a ausência de controle efetivo sobre preços e salários estimulou os primeiros sinais de uma perigosa inflação. No fim de 1940, o índice de custo de vida na Grã-Bretanha estava quase um terço mais alto do que no ano anterior, provocando demandas por aumentos salariais para compensar e facilitando exatamente o tipo de crise que Keynes e outros tinham previsto. Apesar da disposição dos sindicatos para aceitar tanto a contenção dos salários como os julgamentos de um novo Tribunal Nacional de Arbitragem criado em julho, ao longo de 1940 cerca de 821 mil trabalhadores entraram em greve, o pico dos anos de guerra. A prioridade do governo, como afirmou o Ministério do Trabalho, era descobrir maneiras de garantir que "o corpo geral dos trabalhadores fique satisfeito", e ao longo dos anos de conflito os salários subiram mais rápido do que o custo de vida. Com jornadas laborais mais longas, o pagamento de horas extras e de bônus, os ganhos semanais médios deram um salto de quase 40%, enquanto o custo de vida para as famílias civis subiu um terço. A regulamentação de preços foi introduzida aos poucos: em agosto de 1940, o governo aceitou conceder subsídios alimentares para manter estável o custo dos alimentos básicos; no orçamento de 1941, os aluguéis e os preços dos combustíveis foram fixados; os produtores do mercado civil foram incentivados a concentrar e racionalizar a produção para conter custos. Em julho de 1941, o governo por fim resolveu introduzir a Lei (de Controle de Preços) de Bens e Serviços, que dava ao Estado amplo controle sobre o máximo de preços e margens de lucro.[115] Em todos os casos, tanto as empresas como os trabalhadores estavam envolvidos no processo decisório para evitar qualquer impressão de que os controles estatais eram impostos de forma arbitrária; a ameaça inflacionária foi enfrentada coletivamente, de uma maneira, como disse Keynes, "que satisfaz o senso popular de justiça".[116]

A desconfiança em relação do poder do Estado na economia estava muito mais arraigada nos Estados Unidos, tanto na comunidade empresarial como no público em geral, do que na Europa, como deixaram claro os conflitos sobre o New Deal anti-Depressão nos anos 1930. No entanto, o governo Roosevelt não teve escolha senão encontrar formas de controlar preços e salários num contexto em que as Forças Armadas ficavam com metade dos bens destinados em geral aos consumidores civis. A partir de 1939, o rearmamento americano já tinha elevado os preços, mas a resposta inicial do governo foi apenas incentivar as empresas a limitarem os aumentos por contenção voluntária. O aumento acelerado dos gastos militares em 1941 acabou com qualquer contenção possível. Apesar da insistência em submeter materiais estratégicos (aço, borracha, petróleo) ao controle de preços, o governo viu o índice de preços ao consumidor saltar 12% em um ano, e os preços no atacado subirem 17%. Uma vez em guerra, o governo reconheceu a necessidade de agir de forma urgente. Em abril de 1942, o Escritório de Administração de Preços introduziu a Regulamentação Geral de Preços Máximos para todos os produtos. "General Max", como a lei foi apelidada, obrigava firmas a fixarem preços com base numa data específica, mas como o cálculo cabia às empresas, havia muita margem para uma contabilidade capitalista criativa. A inflação continuou em 1942, provocando uma onda de agitação trabalhista, porque os sindicatos tinham concordado com a contenção salarial e fechado um acordo para não fazer greves. Em abril de 1943, Roosevelt enfim obrigou empresas e sindicatos a aceitarem um congelamento de todos os preços e salários durante a guerra, a ser imposto por um novo Escritório de Estabilização Econômica. O *"Hold-the-Line"* [segure os preços], como dizia Roosevelt, funcionou muito bem, em parte porque os funcionários incumbidos de fixar preços agora tinham 6 mil comitês locais de racionamento para relatar violações, que eram penalizadas de forma rotineira. Os administradores federais determinaram o preço dos bens, abandonando qualquer resquício de livre mercado. Nos últimos três anos do conflito, o índice de preços ao consumidor aumentou a uma taxa de apenas 1,4% ao ano, menor do que a taxa registrada em qualquer lugar dos Estados em guerra.[117]

Essas estratégias econômicas visavam as populações civis, que teriam que arcar com o ônus do aumento no consumo militar e com o rápido declínio na disponibilidade de bens civis de todos os tipos. Só nos Estados Unidos e no Canadá, com vastos recursos econômicos, foi possível alcançar aumentos substanciais tanto nos canhões como na manteiga. Entre 1939 e 1944, o consumo de alimentos nos Estados Unidos aumentou 8%, mas o de roupas e calçados aumentou 23%; o de bens domésticos (exceto duráveis), 26%; e o de tabaco e álcool, 33%. De modo comparativo, as compras britânicas de alimentos caíram 11%; as de roupas e calçados, 34%; e as de bens domésticos, mais de 50%.[118] Embora haja estimativas conflitantes sobre o aumento no consumo pessoal nos Estados Unidos, todas indicam uma elevação significativa ao longo dos anos de guerra em comparação com 1939, o período de pico nos anos 1930 depois da Depressão. Os números oficiais sugerem que os gastos reais per capita (excluindo soldados no exterior e ajustados de acordo com a inflação) eram de 512 dólares em 1939 e 660 dólares em 1945.[119] Esses números são ainda mais significativos quando se leva em conta que a produção dos principais produtos duráveis, em particular veículos automotores, foi reduzida a um mínimo durante o conflito. Em vez disso, os americanos gastaram mais com roupas, sapatos, bebidas e cigarros, quando não estavam comprando títulos de guerra.

Em todos os principais Estados combatentes, o consumo pessoal foi reduzido de modo substancial para direcionar os recursos ao esforço militar. Como o aumento de impostos e as campanhas de títulos de guerra, os cortes no consumo eram apresentados como consequência inevitável da mobilização e no geral parecem ter sido aceitos como tal pela população civil. Era possível limitar fisicamente o consumo de várias formas, em vez de absorver a renda excedente: racionando bens de consumo, em particular alimentos e roupas; encerrando a produção civil não essencial ou convertendo-a em trabalho para a guerra; reduzindo a qualidade pela adulteração ou pela padronização; ou privando de materiais e mão de obra os fabricantes de bens de consumo. Na Grã-Bretanha e na Alemanha, os itens domésticos eram produzidos de acordo com um design padrão barato — produtos de "utility" para o mercado britânico, *Einheitsprodukte* [bens padronizados] para o mercado alemão —, reduzindo a escolha, mas mantendo uma oferta mínima. O gasto agregado do consumidor britânico caiu de um índice de cem em 1938 para 86 em 1944, mas a queda no consumo de itens não alimentares foi ainda mais acelerada: as roupas foram de cem para 61; os bens domésticos, de cem para 73; e os móveis, de cem para 25.[120]

Ao contrário de uma perspectiva que ainda prevalece de que o povo alemão só foi submetido às demandas econômicas da guerra quando o conflito já estava bem adiantado, a verdade é que desde o início o consumo civil sofreu reduções mais amplas e sistemáticas do que na Grã-Bretanha. A partir do outono de 1939, todos os bens foram racionados ou tiveram a produção restringida ou proibida. O gasto per capita do consumidor já vinha diminuindo antes e caiu rápido nos primeiros anos do conflito. Em 1938, ao chegar a um índice de cem o consumo caiu, levando em conta a inflação, para 82 em 1941, e por fim para setenta em 1944; se as áreas anexadas mais pobres da Grande Alemanha forem incluídas, os números passam a ser 74,4 e 67. O regime hitlerista estava decidido a evitar qualquer ameaça de crise social, responsabilizada pela derrota alemã em 1918, e em vez disso definiu um "mínimo de existência" [*Existenzminimum*] para todos os civis. Esse mínimo austero foi mantido durante quase todo o período de guerra, apesar dos intensos bombardeios aliados, mas não incluía nenhum item alimentício ou bem doméstico não essencial. A vida na Alemanha, observou um jornalista americano em 1941, era "espartana em toda parte", embora tolerável.[121] Dos civis se esperava, como na Grã-Bretanha, que "se virassem com o que tinham", remendando roupas, sapatos, consertando móveis velhos. O intenso bombardeio das cidades germânicas em 1943 e 1944 forçou a retomada da produção de bens de consumo para remediar a perda de bens domésticos, mas muitos dos atingidos foram compensados com produtos tirados de armazéns repletos de móveis, roupas e sapatos expropriados de judeus deportados e assassinados.

Para o consumidor em tempos de guerra no Japão e na União Soviética, a história era bem diferente. Esses Estados tinham um padrão de vida relativamente baixo, em que as demandas da guerra total consumiam uma proporção elevada dos recursos necessários para a população civil. No Japão, o abastecimento civil tinha baixa prioridade e vinha caindo de forma contínua desde meados dos anos 1930. A propaganda governamental ressaltava a necessidade de um estilo de vida austero e frugal; em 1940, depois que entraram em vigor novas regulamentações que restringiam a produção de bens de consumo, o slogan "O luxo é o inimigo" se tornou lugar-comum na cultura de guerra.[122] Fora o fornecimento de comida, a produção civil foi fechada e teve seus recursos transferidos para a militar. Um Plano de Necessidades Diárias, preparado em abril de 1943, concentrava-se em alimentos, combustível doméstico e têxteis, mas no mesmo ano a indústria têxtil passou a se dedicar por completo à produção militar. O objetivo do governo era reduzir o consumo civil em um terço, mas a produção de bens de consumo despencou com a insistência do regime em dar prioridade absoluta ao esforço de guerra em crise. Em 1944, caiu para a metade dos níveis anteriores ao conflito e no fim correspondia a cerca de um quinto.[123] Na União Soviética, os suprimentos civis também perderam para a indústria de guerra, caindo para um terço dos níveis anteriores. O comércio varejista a preços constantes caiu de 406 bilhões de rublos em 1940 para um mínimo de 147 bilhões em 1943; estimativas do consumo familiar médio, já muito baixo para os padrões europeus, sugerem uma queda em 1943 para 60% dos números pré-guerra. O problema para a maioria dos consumidores era a decisão do governo de permitir níveis de preços diferenciados. Alimentos racionados e produtos de guerra eram controlados, mas todo o restante estava sujeito às pressões da demanda e logo inflacionou. Os salários não acompanhavam o ritmo, deixando a maioria dos consumidores russos em uma situação bem pior do que as cifras oficiais sugerem.[124] Todos os relatos da vida durante a guerra na União Soviética ressaltam a pobreza desesperada da população civil, mas, diferente da crise na frente interna, que tinha massacrado o Estado tsarista vinte anos antes, havia um mínimo necessário de alimentos e combustíveis (e terrorismo de Estado) para evitar o colapso social.

Os exemplos japonês e soviético mostram, antes de tudo, a importância central dos alimentos como chave para sustentar o trabalho e a disposição para o conflito na população civil. Qualquer governo teria feito eco à insistência de Churchill de que "nada deve interferir nos suprimentos necessários para manter a resistência e a determinação do povo deste país".[125] O controle da produção agrícola e a sobrevivência do comércio de alimentos foram fatores essenciais para o sucesso mais amplo do esforço de mobilização. Só nos Estados Unidos e nos Domínios Britânicos, zonas de excedentes alimentícios, o problema de alimentar a população foi menos urgente, embora as altas demandas militares e a ampla exportação de alimentos tenham forçado até mesmo áreas com sobras a introduzir um racionamento limitado e controle das reservas. Nos Estados Unidos, durante os anos de combates, a maioria da população se alimentava tão bem quanto antes, ou talvez até melhor. A média de calorias diárias consumidas na verdade aumentou em relação ao nível dos anos 1930: de 3260 por pessoa em 1938 para um pico de 3360 em 1943.[126] Embora mais tarde tenha havido racionamento de carne, café, açúcar e laticínios, as rações eram generosas pelos padrões internacionais. O consumo anual de carne per capita subiu de 65 quilos para setenta quilos em 1944, elevando o teor de proteínas da dieta americana para níveis inéditos, embora os números oficiais subestimem o consumo de carne do mercado clandestino, adquirida em locais abastecidos por fazendeiros e abatedouros fora do sistema de controle do Estado.[127] Mais importante para o esforço de guerra dos Aliados foi a disposição dos Estados Unidos, através do programa Lend-Lease, de fornecer grandes quantidades de alimentos e forragem sem nenhum custo; para o esforço de guerra soviético, os 4,4 milhões de toneladas de alimentos não resolveram o problema, mas para soldados e civis famintos fizeram uma diferença significativa na luta pela sobrevivência.[128]

Nas áreas de déficit alimentar, que incluíam a União Soviética depois da perda de três quintos da área cultivada e dois terços do suprimento de grãos em 1941-2, todos os governos tentaram manter a ingestão adequada de calorias, em particular no caso dos operários da indústria e mineiros, e garantir por meio de racionamento uma distribuição equitativa de uma quantidade cada vez menor de alimentos. As cotas de racionamento nunca foram iguais — os mineiros e siderúrgicos alemães recebiam 4200 calorias diárias, enquanto o consumidor "normal", apenas 2400 — e, à medida que o conflito prosseguia, na União Soviética, no Japão e na Alemanha foi ficando difícil garantir até mesmo o direito à ração; no entanto, apenas no Japão, nos últimos meses da guerra, houve colapso no abastecimento de comida. Depois que as Forças Armadas pegavam a sua fatia, não havia como sustentar os padrões alimentares anteriores. Todos os governos optaram por aumentar os alimentos de alto valor calórico, em vez de proteínas, gorduras ou vegetais frescos, o que significava, para a maior parte dos consumidores urbanos, uma dieta monótona e rica em amidos, com conteúdo vitamínico em declínio. Era o suficiente para sobreviver, embora comprometesse a saúde a longo prazo. O alimento básico no norte da Europa era a batata; na Itália era o trigo; e no Japão e na China, o arroz. Era fácil cultivar batatas, até mesmo em solos pobres, e eram nutritivas. Na Grã-Bretanha, a produção aumentou mais de 50% entre 1940 e 1944; na Alemanha, o consumo aumentou 90% em comparação com o nível anterior ao conflito.[129] Na União Soviética, a produção em 1944 foi 134% mais alta do que antes da guerra, uma vez que, para muitos russos, mesmo os que trabalhavam em fazendas coletivas, era a única forma de nutrição. Em abril de 1942, o presidente soviético, Mikhail Kalinin, fez um apelo nacional sobre a batata: "Se quiser participar da vitória sobre os invasores fascistas alemães, plante o máximo de batatas possível".[130]

Outros alimentos básicos se mostraram difíceis de manter. Na Itália, onde o milho e o trigo eram ingredientes essenciais da dieta, a produção agrícola teve queda constante em relação aos níveis pré-conflito, o que foi agravado pela necessidade de exportar alimentos para conseguir o petróleo e as matérias-primas necessários para o esforço de guerra; a produção líquida caiu um quarto em 1943, reduzindo o conteúdo calórico dos alimentos racionados a míseras 990 calorias, embora a maior parte fosse produzida e consumida fora do regime de rações a preços cada vez mais inflacionados.[131] O arroz se mostrou o produto mais desafiador, não só para consumidores japoneses, mas em toda a área afetada pelo conflito asiático. Os consumidores urbanos do Japão passaram a receber uma ração diária de 330 gramas em abril de 1941, o que fornecia 1158 calorias básicas, suplementadas por pequenas rações de outros alimentos. O suprimento de arroz vindo do império entrou em colapso em 1944-5, como resultado do bloqueio marítimo americano, reduzindo o consumo em quase um quarto em relação aos níveis anteriores à guerra, e nessa época o consumo diário de calorias para consumidores urbanos tinha caído para entre 1600 e 1900 por dia, quantidade insuficiente para sustentar as longas horas de trabalho.[132]

A agricultura nas regiões com déficit alimentar enfrentou problemas em comum. A mão de obra masculina recrutada em grande número para as Forças Armadas; máquinas e equipamentos agrícolas desgastados e em muitos casos sem possibilidade de substituição; fertilizantes químicos competindo com explosivos pelos mesmos ingredientes; animais de tração e tratores requisitados pelo Exército. Na Alemanha, o suprimento de fertilizantes artificiais foi reduzido à metade nos anos de guerra; as cotas de ferro para equipamentos agrícolas caíram de 728 mil toneladas para 33 mil entre 1941 e 1944; e 45% da força de trabalho masculina foi recrutada nos primeiros anos de mobilização, deixando a administração das fazendas por conta das mulheres. Em 1945, 65,5% da força de trabalho nativa alemã na agricultura era feminina, auxiliada por diversos trabalhadores estrangeiros e prisioneiros de guerra.[133] Na União Soviética, as máquinas desapareceram das fazendas coletivas, os fertilizantes tinham baixa prioridade e a força de trabalho masculina ficou reduzida a uma fração. Em 1944, quatro quintos da mão de obra rural eram femininos; duplas de mulheres se atrelavam a arados que deveriam ser puxados por animais.[134] A exceção foi a experiência britânica. Antes da guerra, 70% dos alimentos da Grã-Bretanha vinham do exterior. A escassez de espaço no transporte marítimo e a campanha submarina alemã forçaram o governo a introduzir um programa para expandir de forma rápida a produção nacional — o que implicava investir em máquinas, equipamento e fertilizantes para ajudar na transição. A produção de tratores aumentou 48%; a de debulhadoras, 121%; a de arrancadeiras de batatas, 381%; não era comum os animais de tração serem requisitados, porque o Exército britânico era quase completamente motorizado. A produção nacional de cereais subiu de 4,2 milhões de toneladas em 1939 para 7,4 milhões em 1944, preenchendo a lacuna o bastante para evitar o racionamento de pão ao longo da guerra.[135] A modernização agrícola e as políticas de apoio à nutrição aprimorada, iniciadas antes do conflito, foram mantidas em nível suficiente para garantir que a população britânica comesse melhor do que os consumidores de qualquer outra área deficitária.

Por ser um suprimento alimentar tão essencial, foram encontradas maneiras — algumas legais, muitas nem tanto — de suplementar o fornecimento de bens racionados e aumentar o consumo diário de calorias para a população local. A necessidade de alimentos básicos teve como efeito uma redução na criação de animais e um aumento das áreas de cultivo. Houve resultados surpreendentes. Na Grã-Bretanha, o valor calórico dos produtos agrícolas quase dobrou entre os últimos anos de paz e 1944. O Japão insistiu em culturas de alto valor calórico, e cinquenta produtos vegetais foram restringidos ou proibidos, incluindo frutas, flores e chá.[136] Também foi possível expandir a área de cultivo com o simples recurso de incentivar a população, e em particular a população urbana, a cultivar seus próprios alimentos. Nos Estados Unidos promoveu-se de forma ampla os "jardins da vitória", e 20 milhões foram plantados (com safras recordes de tomate em 1943), enquanto o público britânico era exortado a "cavar pela vitória", transformando por completo gramados e pequenos lotes em áreas de cultivo de frutas e hortaliças. Em 1943, havia 1,6 milhão de hortas na Grã-Bretanha, fornecendo suplementos sazonais essenciais para uma dieta sem graça. No Japão, alimentos eram cultivados ao longo de trilhos de trem ou em pátios escolares.[137] As hortas acabaram sendo a salvação da força de trabalho soviética. Um decreto do Kremlin de abril de 1942 autorizou trabalhadores urbanos a explorarem terras incultas e, em 1944, havia 16,5 milhões de hortas, onde hortaliças, frutas e até carne eram produzidas. Um pequeno exército de 600 mil voluntários armados atuava como guardião, impedindo o roubo por parte da população faminta.[138]

Na impossibilidade de corrigir deficiências, sempre havia opções adulteradas e ersatz. O pão branco britânico ficou bege em 1942, quando foi ordenado aos moleiros que extraíssem mais resíduos dos grãos; o arroz branco japonês ficou amarronzado pela mesma razão. No Japão, fracassaram em grande parte os esforços da Seção de Alimentos Substitutos do Ministério da Agricultura para desenvolver uma "dieta pulverizada" usando bolotas de carvalho, videiras ou folhas de amoreira misturadas à farinha, mas na Alemanha produtos ersatz, de têxteis a café, tiveram ampla difusão, embora não fossem muito populares. Havia chá de plantas e bagas silvestres e café de cevada. Os berlinenses logo puseram apelidos depreciativos nos resultados: "suor de negro" no café, "suco de cadáver" no leite em pó que usavam para misturar com ele. Um panfleto intitulado "Não desperdice" foi divulgado na Itália em 1941, no qual se apresentavam receitas de "peixe falso" ou "carne falsa" feitos de migalhas de pão, de sobremesas "autárquicas" sem açúcar ou ovos e de café sem café.[139]

Quando todo o resto falhava, havia a tentação do mercado clandestino. Na verdade, a maioria dos mercados fora dos setores de alimentos e rações controlados não era tão condenável. Na União Soviética, o regime via com bons olhos que alimentos, exceto as rações, cultivados em especial em pequenas propriedades, fossem vendidos sem controle de preços. O preço do alimento não racionado mais do que decuplicou, ficando fora do alcance da maior parte dos trabalhadores urbanos. Na Itália e no Japão, que tinham uma grande população rural, como a União Soviética, as autoridades faziam vista grossa às viagens para buscar alimento no campo, onde as populações urbanas famintas trocavam o que podiam por comida extra. No Japão, crianças costumavam ser enviadas para isso, não só porque despertavam mais simpatia dos agricultores, mas porque era menos provável que a polícia as punisse, como fazia com outros infratores. O mercado clandestino japonês começou a operar nos anos 1930 com o agravamento da escassez de alimentos. Em 1938, criou-se a Polícia Econômica [*Keizai Keisatu*] para controlar a evasão e a manipulação de preços, e nos primeiros quinze meses 2 milhões de pessoas foram presos. O comércio ilícito se tornava parte da vida caso as famílias urbanas quisessem sobreviver, e no fim as restrições e os controles policiais acabaram tendo pouco efeito.[140] Na China, a polícia secreta [*Juntong*] também assumiu a responsabilidade de perseguir especuladores, contrabandistas e operadores do mercado clandestino que atuavam numa terra de ninguém entre o regime chinês, os caudilhos locais e os ocupantes japoneses. Ali também os milhões de multas aplicadas tiveram pouco efeito sobre o comércio ilegal.[141]

Nas sociedades onde o sistema de racionamento era mais eficiente e os controles eram mais bem organizados, o comércio ilícito era visto como criminoso e tratado com o devido rigor. Na Alemanha, um decreto contra o crime econômico foi publicado já em 4 de setembro de 1939 e incluía qualquer tentativa de escapar dos controles do suprimento de comida e do regime de racionamento. A pena mais alta era a morte, e vários casos notáveis foram tratados como traição ao povo, e os culpados, executados.[142] Mas ali também surgiu uma área cinzenta, na qual pequenas infrações podiam ser cometidas entre amigos ou com comerciantes confiáveis, ainda que os riscos fossem sempre altos. Na Grã-Bretanha, onde o racionamento cobria menos alimentos, o problema era conter as altas de preços não oficiais por parte de varejistas, que podiam impulsionar a inflação. Isso foi difícil de fiscalizar até que um sistema adequado de inspeção fosse criado; no entanto, quando o sistema entrou em vigor, o número de processos cresceu rapidamente. Nos anos de guerra, o Ministério da Alimentação entrou com nada menos do que 114 488 denúncias de violação dos controles de mercado e de comércio ilícito, mas as punições não iam além de uma multa ou de um curto período na prisão, e as violações continuaram a aumentar num dos países europeus combatentes onde, paradoxalmente, o fornecimento de alimentos era mais generoso e abrangente.[143]

Os temores oficiais de que falhas no suprimento de alimento comprometessem a mobilização da população para o esforço de guerra se mostraram infundados, e as crises revolucionárias do fim da Primeira Guerra Mundial não se repetiram. Mas isso não significava alimento disponível para todos em bases iguais. As elites políticas e empresariais podiam comer bem, e o faziam de modo ostensivo, como qualquer espectador de um banquete do Kremlin ou um jantar com Winston Churchill poderia ver. Chefes de partido na Alemanha tinham acesso a armazéns selados onde tabaco, café e alimentos de luxo eram guardados. Restaurantes elegantes em Tóquio continuavam a atender a clientela rica do Japão, enquanto lá fora a população emagrecia. Havia também um nítido contraste entre as cidades e o interior, exceto na União Soviética, onde os agricultores das fazendas coletivas só tinham permissão de ficar com uma fração da colheita e precisavam encontrar alimento extra. Houve esforços para controlar a quantidade que os "autofornecedores" (termo alemão) podiam manter da sua produção com um complexo conjunto de regulamentações que estabeleciam cotas individuais de pão, carne, manteiga, ovos e leite. No Japão, o mercado de arroz era controlado pelo governo, com cotas fixas para cada fazenda como forma de limitar a quantidade de produtos consumidos pela população rural.[144] Apesar disso, sempre se dava um jeito de burlar as regras; pessoas evacuadas dos bombardeios, quando chegavam ao interior da Alemanha e do Japão, encontravam ali uma variedade e uma quantidade de comida que havia muito tempo tinha desaparecido da cidade, além de agricultores dispostos a correr os graves riscos associados ao abate ilegal e à especulação.

Nos Estados mais vulneráveis, o consumidor urbano continuava a sobreviver com base numa dieta empobrecida. Cálculos feitos depois da guerra na Itália sugeriram que, em 1942-3, entre 7 milhões e 13 milhões de moradores das cidades receberam um suprimento alimentar "abaixo do mínimo fisiológico"; as rações soviéticas e japonesas nos anos intermediários da guerra eram insuficientes para manter um estado físico normal.[145] Evitou-se a inanição na União Soviética e no Japão, e por pouco neste último caso, mas em ambos os trabalhadores atuavam com base numa dieta que implicava fome contínua e saúde em declínio. As cotas de ração definiam aquilo a que cada pessoa tinha direito, o que não queria dizer que os alimentos estivessem de fato disponíveis. Em alguns casos, funcionários desviavam para uso próprio alimentos destinados a operários de fábrica famintos.[146] Cidadãos soviéticos que não trabalhassem não tinham direito a nada, e um número desconhecido deles morreu de fome durante o conflito. É difícil explicar como trabalhadores continuavam a executar suas tarefas com uma dieta tão miserável, muitas vezes no frio e em condições insalubres, durante dez, catorze horas por dia. Nos dois países, trabalhadores morriam de desnutrição e excesso de esforço ao lado das máquinas que operavam, consequência da forte pressão para sustentar a coletividade, respaldada por um Estado rigorosamente coercitivo.

À medida que territórios eram tomados de volta dos alemães, a situação foi melhorando para os trabalhadores soviéticos, mas em 1945 a população urbana enfrentou uma fome severa. As importações japonesas de arroz do império, que eram 2,3 milhões de toneladas em 1941-2, caíram para apenas 236 mil toneladas em 1944-5, e a produção nacional caiu de 10 milhões de toneladas para 5,8 milhões no último ano da guerra.[147] As importações sofreram com o bloqueio submarino e aéreo americano, que até 1945 tinha destruído quatro quintos da frota mercante japonesa; os bombardeios causaram um fluxo de 8 milhões de refugiados para o interior e perturbaram o ciclo de colheita e distribuição de alimentos. Nos meses de verão, o consumo per capita caiu para 1600 calorias diárias, mas essa média ocultava grandes diferenças. A crise provocou temores nas elites conservadoras do Japão de que a escassez de comida deflagrasse uma revolta social ou até mesmo uma revolução comunista, como na Rússia tsarista. O imperador Hirohito foi alertado pelo seu conselheiro pessoal, Kido Kōichi, em junho de 1945, de que a crise alimentar poderia muito bem significar que "a situação talvez não tenha mais salvação". Apesar da desordem social provocada pelo bombardeio convencional e atômico, nenhuma crise revolucionária se materializou, mas a decisão final de Hirohito de se render, tomada em 10 de agosto, foi motivada ao menos em parte pelo desejo de evitar as consequências sociais de um desastre de fome que poderia destruir o interior do império japonês antes que o conflito militar terminasse.[148]

A fome foi a consequência suprema da perturbação da guerra tanto na Europa como na Ásia. Embora em alguns casos a natureza tenha desempenhado certo papel, as maiores crises foram resultado da ação humana. Na Grécia ocupada, as Forças Armadas alemãs deveriam viver da terra, o que significou que a partir de abril de 1941 foram confiscados os estoques de alimento e os animais de carga. O confisco germânico era implacável, ignorando por completo as necessidades da população urbana da Grécia. Esforços do governo fantoche grego para organizar o racionamento fracassaram diante da resistência do 1,3 milhão de pequenos agricultores a fornecer grãos a preços fixos quando poderiam ser guardados e vendidos no mercado clandestino.[149] No outono de 1941, menos de um quarto do alimento necessário para a principal área urbana de Atenas-Pireu estava disponível. As rações de pão, que só podiam ser fornecidas de modo irregular, foram reduzidas de trezentos gramas para cem gramas por dia; as cozinhas comunitárias da Cruz Vermelha e outras instituições de caridade só conseguiam alimentar 150 mil pessoas de uma população faminta de mais de 1 milhão.[150] Em setembro, com a fome despontando, os ocupantes alemães se recusaram a ajudar, argumentando que se tratava de uma conquista italiana, pela qual o país deveria assumir a responsabilidade. Alimentos foram enviados da Itália, mas nunca em quantidade suficiente para resolver a crise de abastecimento e transporte. Já os alimentos vindos de países neutros eram impedidos de entrar pelo bloqueio naval britânico. Em Atenas, a taxa de mortalidade no inverno de 1941-2 aumentou mais de seis vezes, com os mais vulneráveis morrendo de fome ou doenças para as quais já não tinham resistência. Só em fevereiro de 1942 é que o governo britânico, sob forte pressão popular, concordou em relaxar o bloqueio, mas foi preciso esperar até junho para que uma Comissão de Socorro Sueco-Suíça organizasse a distribuição dos alimentos que passaram pelo bloqueio, e apenas no outono quantidades significativas foram enfim disponibilizadas. Em agosto de 1942, 883 mil atenienses foram alimentados nas cozinhas comunitárias, cerca de 80% da população.[151] O déficit alimentar persistiu durante todo o período de ocupação, mas a fome recuou durante 1942 e o começo de 1943. A Cruz Vermelha calculou que pelo menos 250 mil pessoas morreram de forma direta ou indireta pela fome e desnutrição entre 1941 e 1944.

Na Ásia, três grandes epidemias de fome causaram um número de mortos estimado em mais de 7 milhões. Duas ocorreram em áreas ainda sob controle dos Aliados, em Bengala e no nordeste da Índia, e na província de Henan, na China nacionalista; a terceira atingiu a área de Tonquim na Indochina Francesa, sob ocupação japonesa. As epidemias deviam alguma coisa ao clima — geadas, ciclones ou secas —, mas a perda de alimentos por causas naturais não teria sido suficiente para causar fome em massa. Nos três casos, o déficit alimentar resultou de distorções de mercado e da distribuição desigual causadas pela guerra. Bengala foi atingida pela perda de suprimentos de arroz da Birmânia, e, ao longo de 1942, o arroz produzido por pequenas fazendas de camponeses foi comprado por especuladores. O preço subiu de nove rupias por um *maund* (37 quilos) de arroz, em novembro de 1942, para trinta rupias em maio do ano seguinte, o que estava fora do alcance de trabalhadores sem-terra mais pobres e de camponeses que já tinham vendido seus estoques de arroz. O governo indiano agravou a situação ao comprar grãos para alimentar a força de trabalho de Calcutá e permitindo que houvesse livre mercado de arroz. Quando a fome atingiu a região, o governo foi incapaz de reconhecer a seriedade da situação, e o transporte marítimo que poderia ter levado arroz das áreas com excedentes tinha sido imobilizado para impedir que os japoneses capturassem os navios (cerca de dois terços dos 66 500 disponíveis) ou estava sendo usado no esforço de guerra.[152] Os excedentes de outras províncias não foram mobilizados para ajudar Bengala. As autoridades demoraram a reconhecer que havia um problema: o governador britânico lamentava as imagens de pessoas mortas ou moribundas divulgadas pela imprensa indiana e sugeriu o uso de propaganda para rebater "contos de horror que não ajudam nada". Apenas em outubro de 1943 é que medidas foram enfim tomadas para racionar e distribuir o arroz disponível, quando já se estimava que entre 2,7 milhões e 3 milhões de bengalis tinham morrido.[153]

Em 1942, na província de Henan, na região centro-norte da China, a perda das importações de arroz da Birmânia e do Vietnã exacerbou os efeitos de uma colheita menor do que o normal. Os proprietários de terras mais ricos e os especuladores estocaram grãos comprados dos camponeses mais pobres, enquanto a perda de bois de arado e de mão de obra masculina reduziu a produtividade local. As províncias vizinhas se recusaram a liberar excedentes de grãos, e o governo nacionalista quase não ofereceu um alívio eficaz. De outubro de 1942 à primavera de 1943, por volta de 2 milhões a 3 milhões morreram, mais ou menos um terço da população. Padrão semelhante ocorreu na Indochina, onde os confiscos japoneses, depois de um acordo assinado com as autoridades francesas locais de Vichy em agosto de 1942, abocanhavam 1 milhão de toneladas do melhor arroz todos os anos. O Estado colonial criou um imposto sobre grãos para milhões de pequenos produtores, enquanto a inflação dos preços incentivava os comerciantes ricos a estocarem para especular. Em Tonquim, a população enfrentou fome ou condições de quase fome do fim de 1943 ao verão de 1945, quando um quinto das pessoas já tinha morrido.[154] Nos quatro casos de fome severa, o déficit alimentar foi criado de modo artificial por apreensões militares, pela ganância dos atravessadores e pela incompetência ou indiferença das autoridades.

MÃO DE OBRA MASCULINA E MÃO DE OBRA FEMININA

Além das finanças e da alimentação, a mobilização em massa para a guerra total significava a mobilização de toda a mão de obra civil válida. Esse fenômeno estava no cerne das definições de guerra total anteriores ao conflito: todos os recursos humanos deveriam servir ao objetivo único de alcançar a vitória. Era uma pretensão extraordinária, enraizada mais uma vez na percepção dos acertos e dos erros da Grande Guerra, mas não se tratava apenas de um floreio retórico. Todos os governos combatentes buscaram mobilizar toda a população trabalhadora instilando um senso comum de propósito, e quando os recursos de mão de obra se mostraram insuficientes, como ocorreu em quase todos os lugares, eles buscaram maneiras de mobilizar novas fontes de mão de obra às margens da população empregável. Trabalhadores lutavam numa linha de frente diferente dos militares, mas eram definidos em termos semelhantes. A propaganda americana exortava os trabalhadores a se considerarem "soldados de produção" ao lado dos combatentes no ultramar. A lei trabalhista soviética de fato definia os operários como soldados. Um decreto de 26 de dezembro de 1941 definiu que faltar ao trabalho era "deserção", punível com até oito anos num campo de prisioneiros. Embora os operários alemães não fossem militarizados em nenhum sentido formal, a introdução de severos Campos de Educação para o Trabalho [*Arbeitserziehungslager*], geridos pela Gestapo, visava lembrar a população de que "na guerra cada um tem que contribuir dando o máximo do seu trabalho" ou, caso contrário, arcar com as consequências.[155]

Não havia alternativa senão o Estado e suas agências organizarem a mobilização e a distribuição da força de trabalho. A estratégia trabalhista era considerada tão importante que as agências responsáveis pela alocação de mão de obra tinham poderes quase absolutos. Na maioria dos casos, eram independentes do resto da estrutura de controle da economia de guerra, o que tornava a integração da alocação de mão de obra com os programas de produção um processo raramente simples e direto. Em alguns casos, o regime de alocação de mão de obra estava, ele mesmo, dividido. O Conselho Nacional do Trabalho de Guerra nos Estados Unidos teve que conciliar suas políticas com as da Comissão de Mão de Obra para a Guerra (duas das impressionantes 112 novas agências criadas pelo esforço de guerra americano). Na Alemanha, o Ministério do Trabalho tinha que competir com duas agências administradas por chefes do Partido, a Frente de Trabalho Alemã, de Robert Ley, e o escritório do Plenipotenciário para Alocação de Mão de Obra, de Fritz Sauckel, criado em 1942 para aumentar o recrutamento de mão de obra estrangeira. Em ambos os casos, a falta de um programa unificado prejudicou o esforço para maximizar a produção.

Na Grã-Bretanha, a política trabalhista era mais centralizada. A alocação de mão de obra (que logo seria alterada para um sistema de alistamento) foi coberta pela Portaria de Alistamento Nacional do Trabalho, em abril de 1939, e pela Portaria de Mobilização Popular publicada três meses depois, que juntas estabeleceram um programa nacional de trabalho para o esforço de guerra. Depois da nomeação do líder sindicalista Ernest Bevin como ministro do Trabalho no Gabinete de Churchill em 1940, a Lei de Serviço Nacional foi usada para alocar mão de obra onde necessário, dando a Bevin uma boa dose de poder executivo, como ele mesmo admitiu a colegas de Gabinete, "sem precedentes no país".[156] A introdução do Registro de Emprego nacional deu a Bevin uma visão geral da estrutura de mão de obra, simplificando a redistribuição de recursos humanos enquanto o conflito avançava. Nenhum poder desse tipo seria possível nos Estados Unidos, com sua forte tradição de resistência ao controle estatal. Roosevelt, frustrado, submeteu ao Congresso em 1944 um Projeto de Lei de Serviço Nacional para resolver a escassez de mão de obra, mas a proposta encontrou ampla resistência e foi sepultada em abril numa votação do Senado. Um jornalista saudou o resultado como uma decisão "de que o país não deveria se submeter a uma ditadura". No entanto, havia programas de alocação de mão de obra que incentivavam a movimentação para os empregos de guerra. A Comissão Americana de Mão de Obra de Guerra alocou trabalhadores para nada menos de 35 milhões de vagas diferentes, porém como voluntários, e não como recrutas.[157]

As estruturas de emprego nos Estados em guerra diferiam em especial no grau de mão de obra concentrada na agricultura, que era elevado no Japão, na Itália e na União Soviética, e muito baixo na Grã-Bretanha, onde a indústria e os serviços representavam a maior parte da força de trabalho. Nas economias mais industrializadas e urbanizadas, a questão central era redirecionar a mão de obra dentro da indústria de produção civil para contratos relacionados à guerra, e não absorver mão de obra de fora dela. Na Alemanha, a porcentagem da mão de obra industrial produzindo de forma direta para o esforço de guerra aumentou de 22% em 1939 para 61% em 1943, e na manufatura passou de 28% para 72%; na Grã-Bretanha, os setores industriais menos essenciais perderam 40% da mão de obra, enquanto em 1943 um terço da mão de obra industrial estava concentrado na produção direta de armamentos.[158] Onde havia um grande setor agrícola, a mão de obra rural era recrutada e, se necessário, reciclada para a indústria. O alistamento da mão de obra japonesa levou 1,9 milhão de trabalhadores da agricultura para a indústria de armamentos; na União Soviética, quase meio milhão de jovens foi transferido do interior para escolas de reserva de trabalho em 1941, onde adquiriam as qualificações necessárias para indústrias de guerra essenciais; na Itália, a escassez de trabalhadores qualificados em engenharia levou a programas de treinamento de guerra que atraíam homens do interior e de ofícios artesanais.[159] Nos Estados Unidos, a mão de obra agrícola perdeu quase 1 milhão entre 1940 e 1945, mas as chamadas Indústrias do Grupo I (que incluíam a maior parte da produção de armamentos) aumentaram de 5,3 milhões em 1940 para 11 milhões três anos depois, absorvendo não só trabalhadores agrícolas, mas também os dos setores de consumo ou de colarinho-branco. As economias diferiam também no grau de mão de obra empregada ou subempregada disponível. A Alemanha teve pleno emprego em 1939, mesmo antes de o conflito começar; a União Soviética também alegava não ter recursos humanos desempregados, razão pela qual meninas trabalhavam dez horas por dia em condições adversas. Já na Grã-Bretanha, ainda havia 1 milhão de desempregados no verão de 1940; nos Estados Unidos, mais de 8 milhões, com outros milhões cumprindo jornada reduzida. No fim da guerra, a taxa de desemprego nos Estados Unidos era insignificante — 670 mil para uma população empregada de 65 milhões —, enquanto na Grã-Bretanha o desemprego em 1944 era em média 0,6% da força de trabalho.[160]

Fossem quais fossem as diferenças na estrutura da força de trabalho, uma característica comum a todas as economias combatentes conforme a guerra prosseguia era a escassez de trabalhadores. As demandas das Forças Armadas e a necessidade de manter pelo menos um mínimo de suprimentos para o resto da população limitavam o tamanho da força de trabalho disponível para fornecer as armas, o equipamento e os materiais do esforço de guerra. A necessidade urgente de trabalhadores qualificados ficou evidente nos primeiros meses de conflito. O problema ficou pior porque a demanda por mão de obra incentivava trabalhadores a irem para onde havia salários mais altos e melhores condições laborais, e, apesar dos esforços para controlar a mobilidade da mão de obra, vinculando os funcionários a seus empregos da época, patrões e gerentes de fábrica conspiravam com trabalhadores que chegavam sem a documentação adequada porque precisavam de mão de obra extra imediata. Na União Soviética, casos de "deserção" do trabalho, apesar das punições severas, chegaram a 1,88 milhão nos anos de conflito, mas muitos "desertores" encontravam emprego em outro lugar, continuando a contribuir para o esforço de guerra.[161] A deserção do trabalho também era generalizada no Japão, com grandes empregadores encontrando maneiras de induzir trabalhadores a arriscar uma transferência não autorizada para um novo local e forjando a documentação. Salários de mercado clandestino [*yami-*

chingin] eram pagos a despeito dos esforços do ministro do Bem-Estar tanto para fixar remuneração como para controlar a movimentação não autorizada da força de trabalho através de um Sistema Nacional de Carteira de Trabalho, introduzido em outubro de 1941, e da Portaria de Controle da Rotatividade de Trabalhadores, criada quatro meses depois.[162] Nos Estados Unidos, onde trabalhadores não eram ameaçados com sanções legais ou campos de trabalho, era difícil fazer valer o acordo com os sindicatos de tempos de guerra, segundo o qual não haveria troca de emprego sem autorização. Cerca de 25 milhões de americanos se movimentavam pelo país atravessando fronteiras estaduais em busca de empregos melhores, incluindo 1 milhão de americanos negros do Sul que buscavam oportunidades nas cidades industriais do Norte. Neste último caso, o preconceito seguia os migrantes negros; apenas 3% dos contratados por empresas de armamentos eram negros porque os patrões alegavam que não tinham qualificações técnicas suficientes.[163]

Havia muitas maneiras de enfrentar a escassez. A mais simples consistia em aumentar as horas de trabalho e criar novos turnos. Turnos de dez a doze horas para homens e mulheres de todas as idades se tornaram a norma, dia e noite, para muitos trabalhadores durante a guerra. No Japão e na União Soviética, esperava-se que todos trabalhassem sete dias por semana, sem folga, exigência que deixava muita gente debilitada por exaustão e doenças. A realocação de trabalhadores numa espécie de "varredura" de mão de obra de funções não essenciais nos setores de consumo, artesanato ou serviços rendeu tanto recrutas para as Forças Armadas quanto trabalhadores adicionais para a indústria de guerra. O programa britânico de Concentração de Produção, iniciado em março de 1941, conferiu ao governo o poder de fechar negócios em 29 ramos industriais e realocar seus recursos para um núcleo das maiores e mais eficientes empresas de cada setor.[164] Operações alemãs de "varredura" ocorreram durante todo o conflito, mas as maiores transferências se deram nos dois primeiros anos. No grande setor de ofícios da Alemanha, até 1942 40% da força de trabalho tinha sido transferida para empregos relacionados à guerra, boa parte formada por trabalhadores qualificados mais velhos; o emprego de mão de obra masculina nas indústrias de consumo caiu mais de meio milhão no verão de 1940, com os homens saindo para serviços na indústria militar.[165]

Também era possível conseguir muita coisa com a "racionalização" da produção. Um layout mais eficiente das fábricas, o uso mais amplo de máquinas-ferramentas especializadas e a economia de escala decorrente da utilização de fábricas maiores concebidas para a produção em esteira ajudaram a reduzir a mão de obra e aumentar a produtividade por trabalhador. Na Grã-Bretanha e na Alemanha, inspetores estatais iam de fábrica em fábrica anotando práticas ineficientes e obrigando as empresas a adotarem os métodos usados nas melhores empresas de cada setor. Os ganhos de eficiência foram substanciais nas indústrias de defesa, muitas vezes motivados por sugestões dos trabalhadores das fábricas. Na Alemanha, 3 mil empresas tinham sistemas de sugestão funcionando em 1941; em 1943, o número passou para 35 mil. Os trabalhadores eram recompensados com bônus ou rações extras por recomendações valiosas.[166] Em abril de 1942, a produção dos bombardeiros Halifax na English Electric Company exigia 487 trabalhadores para cada aeronave, mas um ano depois só precisava de 220. Quando a produção em esteira foi introduzida na fabricação do tanque alemão Panzer III em 1943, as horas-homem por veículo caíram de 4 mil para 2 mil; a racionalização da produção de motores aeronáuticos fez o número de horas-homem por motor na BMW cair de 3260 em 1940 para 1250 em 1943.[167] O resultado foi um ganho significativo na produtividade (medida pela produção por cabeça) nas indústrias dedicadas ao esforço de guerra. Na União Soviética, onde os métodos de produção em massa foram amplamente adaptados para atender às demandas do conflito, o valor agregado por trabalhador no setor de defesa era de 6019 rublos em 1940; em 1944, passou para 18 135 rublos. Esses números foram replicados em todas as economias de guerra, enquanto a produtividade na agricultura e nas indústrias de consumo de modo geral estagnou ou entrou em declínio à medida que trabalhadores não qualificados substituíam os homens mobilizados.[168]

A mobilização de mulheres foi da maior importância para lidar com a perda de homens para as Forças Armadas e com as altas demandas de mão de obra na indústria e na agricultura em tempos de guerra. Assim como se ofereceram voluntariamente para o serviço militar, as mulheres na frente interna entenderam que eram parte integrante de qualquer esforço de guerra total e não meras substitutas dos homens ausentes, embora essa seja a impressão que costumam dar os relatos de recrutamento feminino durante o conflito. As mulheres, como trabalhadoras, eleitoras, membros de partido ou voluntárias em serviços sociais, eram parte do tecido social pré-guerra, tanto quanto os homens. Elas representavam uma proporção considerável da força de trabalho pré-guerra em toda parte, mais baixa na Grã-Bretanha e nos Estados Unidos (cerca de 26% no começo do conflito), mais alta na Alemanha e no Japão (37% e 39%, respectivamente), e bem mais alta na União Soviética (40%). Nos anos de guerra, houve considerável expansão do emprego feminino nas democracias, mas em outros lugares havia bem menos folga para preencher, e as mulheres foram redistribuídas da produção civil para o trabalho de guerra ou apenas continuaram a administrar lojas, escritórios ou fazendas por conta própria, sem ajuda masculina. A principal influência na diferença de escala do emprego feminino na indústria estava, mais uma vez, na natureza do setor agrícola. Na União Soviética, no Japão e na Alemanha, a mão de obra rural representava de um terço a metade da população trabalhadora, e uma grande fatia da mão de obra rural era feminina. A proporção de mulheres para homens aumentou conforme o conflito seguia: na União Soviética, metade da mão de obra nas fazendas coletivas era feminina em 1941, e passou para 80% em 1945; no Japão, as mulheres representavam 52% em 1940, em 1944 chegaram a 58%; as mulheres alemãs constituíam 54,5% da força de trabalho rural nativa em 1939, e 65,5% em 1944.[169] Essas mulheres foram indispensáveis para o esforço de guerra por causa da alta prioridade conferida ao abastecimento alimentar, e, como resultado disso, não havia nenhuma possibilidade de realocá-las na indústria. No contexto da guerra total, as trabalhadoras rurais faziam parte da linha de frente de produção tanto quanto as operárias industriais.

Na Grã-Bretanha e nos Estados Unidos, a mobilização feminina representou um ganho líquido substancial com milhões de mulheres, em particular casadas, optando por arranjar emprego. Nos Estados Unidos, a força de trabalho feminina teve um aumento de 5,2 milhões entre 1940 e 1944, e desse número 3,4 milhões eram casadas, a maioria com filhos mais velhos, e 832 mil eram solteiras.[170] Por mais impressionante que seja a expansão no papel, a grande maioria das mulheres americanas permaneceu em casa, com muitas fazendo trabalho voluntário para a Cruz Vermelha, arrecadando contribuições para títulos de guerra ou ajudando a tomar conta de crianças. Durante o conflito, 2 milhões na verdade deixaram o trabalho em tempo integral, com muitas optando por entrar e sair do emprego quando lhes convinha; apenas um quinto da força de trabalho feminina trabalhava na indústria. A maioria das que preencheram vagas deixadas pelos homens trabalhava em escritórios, bancos, lojas e na burocracia federal.[171] O governo americano rejeitava qualquer ideia de alistamento feminino. A reação inicial ao dilúvio de mulheres procurando trabalho de guerra foi tão pouco entusiástica como no caso do seu recrutamento para as Forças Armadas. Apenas de modo gradual, quando as empresas do setor de defesa por pura necessidade começaram a recrutar e treinar mulheres, é que os gestores homens superaram seus preconceitos.

Logo se descobriu que as mulheres eram trabalhadoras mais confiáveis — conscienciosas, organizadas, habilidosas, pacientes — do que muitos homens, e a partir de 1942 elas passaram a ser recrutadas para trabalho de guerra em números cada vez maiores. "Danem-se os homens", disse um diretor da indústria aeronáutica a um jornalista, "me tragam mulheres."[172] Nessa etapa, as mulheres representavam mais de metade da força de trabalho em algumas das novas e grandes fábricas de aeronaves da Califórnia, onde processos de produção em massa foram adaptados para atender às trabalhadoras menos qualificadas e reduzir o esforço físico.[173] Um padrão muito parecido foi desenvolvido na Grã-Bretanha, onde o recrutamento adicional de trabalhadoras rendeu apenas 320 mil no primeiro ano do conflito, com os empregadores nas fábricas de guerra hesitando em contratar mulheres que teriam que ser treinadas para trabalhar ao lado dos homens, enquanto em muitos casos os trabalhadores homens se ressentiam da chamada "diluição" da força de trabalho. O emprego feminino subiu de 6,2 milhões em 1939 para 7,7 milhões em 1943, mas, como nos Estados Unidos, muitas novatas no trabalho prefeririam substituir os homens em empregos de colarinho-branco. Para lidar com as demandas do conflito, um alistamento limitado foi introduzido em 1942 e 1943: primeiro, jovens solteiras e viúvas sem filhos, depois, em 1943, casadas sem filhos. A maior parte da força de trabalho industrial feminina era encontrada com a redistribuição de mulheres já empregadas na indústria civil para fábricas que produziam equipamento militar.[174]

A redistribuição também foi característica das economias alemã e soviética, nas quais a proporção de mulheres trabalhadoras já era muito alta, na verdade mais alta no começo da guerra do que o nível a que se acabou chegando nas democracias (ver Tabela 4.3). A taxa de participação (ou seja, de emprego) das mulheres de quinze a sessenta anos na Alemanha já era de 52% em 1939, enquanto nos Estados Unidos o pico durante o conflito foi de 36%, e na Grã-Bretanha, de 45%.

TABELA 4.3 A PROPORÇÃO DE MULHERES NA FORÇA DE TRABALHO NATIVA EM 1939-44 (%)

País	1939	1940	1941	1942	1943	1944
Grã-Bretanha	26,4	29,8	33,2	36,1	37,7	37,9
Estados Unidos	-	25,8	26,6	28,8	34,2	35,7
União Soviética: I	-	38,0	-	53,0	57,0	55,0
União Soviética: II	-	-	52,0	62,0	73,0	78,0
Alemanha	37,3	41,4	42,6	46,0	48,8	51,0
Japão	-	37,8	-	42,0	-	-

(Números soviéticos: I = emprego em todo o setor público; II = mão de obra nas fazendas coletivas.)

Na União Soviética, a participação feminina em todas as áreas era excepcional pelos padrões internacionais: 41% da força de trabalho industrial em 1940, 53% em 1943; 21% dos trabalhadores de transporte antes da guerra, 40% em 1943; e assim por diante. Tanto na Alemanha como na União Soviética, a maior parte das trabalhadoras na indústria da guerra era encontrada graças à transferência de contratos civis para a defesa, à medida que fábricas eram convertidas ou negócios não essenciais eram fechados, e não pela adição líquida. As mulheres eram sujeitas ao alistamento para trabalhar na União Soviética, e as que não trabalhavam eram velhas demais ou doentes, ou estavam sobrecarregadas pela necessidade de cuidar dos filhos.

Na Alemanha, o regime considerou a ideia de alistar toda a população feminina, mas no fim recrutou jovens solteiras, que não tinham outra opção senão trabalhar, e incentivou mulheres casadas com filhos a trabalhar em regime parcial de seis a sete horas por dia, opção adotada por 3,5 milhões de mulheres em 1944, além dos 14,8 milhões que já trabalhavam. Milhões de mulheres faziam trabalho voluntário na defesa civil, com primeiros socorros ou na organização de assistência social do Partido. Esforços para recrutar mais mulheres do que os 51% da força de trabalho nativa, o que foi alcançado em 1944, foram prejudicados pela campanha de bombardeios aliados, que enviou milhões de mulheres e crianças para o interior, afastando mães da possibilidade de exercer trabalho útil para a guerra. Quando o Japão foi submetido a intenso bombardeio em 1945, as mulheres representavam 42% da força de trabalho nacional, basicamente na agricultura e no comércio. O alistamento feminino de dezesseis a 25 anos foi introduzido em 1941, e 1 milhão de mulheres foi mobilizado; em setembro de 1943, o alistamento se estendeu a meninas de catorze e quinze anos, acrescentando outros 3 milhões. Mulheres foram enviadas para trabalhar até em minas, onde a mão de obra feminina dobrou nos anos de conflito.[175]

O recrutamento de milhões de mulheres para trabalhar no esforço de guerra não pôs fim à discriminação nem incentivou mais igualdade de gênero. As mulheres raramente assumiam cargos de supervisão ou gerência, ou executavam funções mais qualificadas. As que trabalhavam em escritório em geral ocupavam cargos mal remunerados de atendimento ao público, secretariado ou prestação de serviços. A proporção de americanas classificadas como artesãs, capatazes ou trabalhadoras qualificadas aumentou apenas de 2,1% para 4,4% durante a guerra. O salário médio feminino em 1944 era 31 dólares por semana, enquanto o dos homens era 55 dólares, mesmo quando o trabalho que executavam era quase o mesmo. Na Grã-Bretanha, os salários médios femininos ainda correspondiam a apenas metade dos masculinos.[176] As condições de trabalho para mulheres e meninas iam muitas vezes além do que muitas conseguiam suportar por anos, a não ser para mulheres como Elizaveta Kochergina e milhões de outras trabalhadoras soviéticas, que eram obrigadas a trabalhar de forma contínua até o colapso físico. As firmas acostumadas a empregar em particular homens demoravam a oferecer banheiros ou instalações médicas para mulheres e esperavam que elas aguentassem turnos de dez horas. Quando elas apresentavam taxas de absenteísmo mais altas do que a média por conta de exaustão, doenças ou problemas familiares, os preconceitos masculinos se consolidavam. Muitas sofriam pressões muito maiores do que os homens porque cuidavam de filhos, saíam à procura de artigos racionados e desempenhavam tarefas domésticas nas horas que restavam entre o trabalho e o sono. Para ajudá-las nessas responsabilidades dobradas, o Estado fornecia creches para as crianças. Em 1944, havia vagas para 1,2 milhão de bebês em creches alemãs; nos Estados Unidos, mais de 30 mil creches foram montadas, apesar da relutância do governo em ver nisso uma responsabilidade do Estado e embora tivessem atraído apenas 130 mil crianças. A cobertura da mídia deu destaque a diversos casos de creches mal administradas por funcionários indiferentes às necessidades infantis, o que levou algumas mães trabalhadoras a preferirem deixar os filhos sozinhos em casa, provocando um debate nacional sobre a situação das *latchkey children* [crianças com a chave de casa, ou seja, sem supervisão de adultos] e a onda de delinquência juvenil que esse descaso supostamente incentivava.[177]

Para os impérios da Nova Ordem, havia ainda uma fonte a ser explorada. Era possível recrutar trabalhadores nos territórios ocupados, na maioria dos casos à força, para preencher lacunas na força de trabalho nativa. Milhões trabalharam para os ocupantes nas áreas ocupadas, em canteiros de obras, construindo rodovias e ferrovias, ou em fazendas e fábricas. Estima-se que 20 milhões trabalhavam na Europa por ordem dos alemães, e não se sabe o número dos que trabalhavam no novo Império do Japão na Ásia. Muitos chineses foram alistados para trabalhar para o esforço de guerra japonês na Manchúria, no interior da Mongólia, na Coreia e nas ilhas japonesas. De 1942 a 1945, 2,6 milhões de chineses foram levados como escravizados, trabalhando em péssimas condições sem receber nada.[178] Na colônia japonesa da Coreia, os trabalhadores tiveram mais sorte por causa da alta demanda por mão de obra local, quando indústrias foram estabelecidas na península para atender às necessidades de guerra nipônicas. Em 1933, apenas 214 mil coreanos trabalhavam na indústria, na construção e no setor de transportes, mas em 1943 já eram 1,75 milhão, incluindo 400 mil no setor industrial. Quase todos os coreanos eram designados para tarefas menos qualificadas e mal pagas, mas um número crescente de engenheiros e empresários do país ganhou dinheiro com as demandas da produção em tempos de guerra.[179] Outros coreanos tiveram menos sorte. O programa de trabalhos forçados também foi estendido às colônias japonesas, e calcula-se que no fim do conflito 2,4 milhões de coreanos, um quarto da mão de obra industrial, trabalhavam em fábricas e minas japonesas em condições muito menos favoráveis.[180]

A economia de guerra alemã era muito maior do que a japonesa e, como consequência, a necessidade de mão de obra era mais aguda. Durante todo o conflito, o país recorreu ao uso de mão de obra não germânica como uma fração cada vez maior da força de trabalho. No fim de 1944, havia 8,2 milhões de estrangeiros trabalhando na Alemanha e nas áreas anexadas — a chamada "Grande Alemanha" —, ao lado de uma força de trabalho nativa de 28 milhões. Estima-se que, no decorrer do conflito, de 13,5 milhões a 14,6 milhões de trabalhadores estrangeiros, prisioneiros de guerra e prisioneiros de campos de trabalhos forçados contribuíram para o pool de mão de obra germânico dentro do próprio Reich, o que representava mais de um quinto da força de trabalho civil em 1944.[181] A mão de obra estrangeira abrangia uma imensa variedade de nacionalidades, organizadas em categorias distintas, que eram tratadas pelo regime hitlerista de diferentes maneiras. Uma pequena porção da mão de obra estrangeira era formada por voluntários. Já havia 435 mil trabalhadores estrangeiros na Alemanha na primavera de 1939 por conta das oportunidades de trabalho e dos altos salários gerados pelo rearmamento em larga escala. Muitos vinham de países vizinhos, que em um ano passariam a ser território alemão conquistado; uma grande fração migrou do aliado italiano, um total de 271 mil até 1941.[182] Depois da conquista da Holanda e da França, em 1940, números significativos de voluntários adicionais atravessaram a fronteira para trabalhar em empresas germânicas: cerca de 100 mil holandeses e 185 mil franceses. Nas áreas anexadas tomadas da Polônia em 1939, 3 milhões de poloneses trabalhavam para o Reich.[183] Em grande parte, esse trabalho voluntário tinha muito pouco de voluntário. A coerção econômica provocada pelo crescente desemprego conforme a produção diminuía nos países ocupados levava trabalhadores a aceitar funções na Alemanha. Na Itália, Mussolini prometeu a Hitler um fluxo de trabalhadores italianos migrantes em troca do fornecimento, pela Alemanha, de materiais de guerra essenciais. Com isso, funcionários fascistas locais passaram a incentivar, ou a pressionar, trabalhadores italianos da agricultura e das fábricas a se mudarem. Um acordo de guerra entre os dois ditadores obrigava o governo italiano a financiar os salários enviados de volta para as famílias deixadas na Itália. Além de conseguir mão de obra, a economia alemã evitou ter que pagar integralmente por ela.[184]

O mesmo valia para a exploração da mão de obra dos prisioneiros de guerra. A Convenção de Genebra de 1929, ratificada por todas as potências em conflito exceto a União Soviética e o Japão, restringia o uso da mão de obra de prisioneiros de guerra a setores não diretamente relacionados ao esforço de guerra. Essas restrições foram observadas mais ou menos de forma escrupulosa pelos alemães no caso de prisioneiros britânicos e americanos. De início também se aplicaram aos 300 mil prisioneiros de guerra poloneses levados para o Reich em 1939 e postos para trabalhar em fazendas alemãs, o que era permitido pela Convenção. Nove meses depois, o exército germânico capturou 1,6 milhão de prisioneiros de guerra franceses, um terço deles gente que trabalhava na agricultura. Mais de 1 milhão foi mantido na Alemanha, e metade foi posta para trabalhar, como os poloneses, na agricultura. No entanto, com o aumento da necessidade de mão de obra na indústria, descobriram-se maneiras de contornar as restrições da Convenção. Levando em conta que o Estado polonês, aos olhos dos alemães, tinha deixado de existir, argumentava-se que os prisioneiros poderiam receber status civil e ser usados para tarefas que violavam o acordo. No caso francês, para evitar as limitações do direito internacional, em abril de 1943 se criou a categoria especial do prisioneiro "transformado". Em troca de cada trabalhador enviado da

França para o Reich de forma compulsória, um prisioneiro voluntário era classificado como "trabalhador civil" na Alemanha e, como consequência, qualificado para trabalhar na indústria e receber um salário regular. Até meados de 1944, cerca de 22 mil prisioneiros franceses tinham se aproveitado do acordo.[185]

Já com os prisioneiros feitos no Leste e no Sul da Europa, o caso foi muito diferente. Os prisioneiros de guerra soviéticos não representavam nenhum problema legal, porque a União Soviética não ratificou a Convenção de Genebra. Em sua maioria, os prisioneiros morreram ou foram mortos no primeiro ano do conflito germano-soviético, e apenas com muita relutância Hitler concordou em usar cativos soviéticos na Grande Alemanha. O número continuou pequeno — em agosto de 1944, havia 631 mil prisioneiros de guerra soviéticos trabalhando no país — porque muitos trabalhavam para as Forças Armadas germânicas e para as autoridades de ocupação no Leste. A Convenção também não deu proteção aos soldados italianos capturados como prisioneiros por seus antigos aliados quando a Itália se rendeu, em setembro de 1943. Os 600 mil italianos deportados para o Reich foram classificados como "internos militares", e não como prisioneiros de guerra, e assim puderam ser usados para qualquer tipo de trabalho. Vilipendiados pelas autoridades e por boa parte do público alemão como traidores da causa do Eixo, os internos italianos eram mal alimentados, mal abrigados, fisicamente intimidados e moralmente assediados no trabalho. Até o fim do conflito, 45 600 morreram em cativeiro.[186]

Não foi possível resolver a escassez de mão de obra em 1942 só com a migração voluntária ou a utilização de prisioneiros de guerra. Na primavera de 1942, o regime decidiu impor um sistema de trabalho compulsório no Reich, utilizando pessoas das áreas ocupadas. A mudança foi sinalizada em março de 1942 com a nomeação do gauleiter nacional-socialista da Turíngia, Fritz Sauckel, para o cargo de Plenipotenciário para Alocação de Mão de Obra. O trabalho forçado já tinha sido imposto à população polonesa, e no fim de 1941 havia mais de 1 milhão de poloneses trabalhando na Alemanha, quase todos na agricultura e na mineração.[187] A responsabilidade de Sauckel era encontrar mais trabalhadores para o setor de armamentos, em expansão. No Leste, a estratégia foi mais fácil de implementar do que nas áreas ocupadas do Ocidente. Em dezembro de 1941, uma exigência geral de trabalho forçado foi introduzida para todos os homens de quinze a 65 anos, e para todas as mulheres de quinze a 45 anos. Havia alguns voluntários, e fotos de ucranianos e bielorrussos sorridentes embarcando em trens para a Alemanha foram usadas para incentivar outros. Poucos seguiram o exemplo, e na primavera de 1942 o trabalho compulsório foi imposto através de operações regulares de captura de moças e rapazes soviéticos, executadas muitas vezes por colaboradores locais que tinham de preencher cotas de trabalhadores definidas pelas autoridades alemãs e estavam livres para usar o método de recrutamento que julgassem necessário. No primeiro ano, 1,48 milhão foi enviado para a Alemanha, mas 300 mil velhos, doentes e grávidas foram devolvidos. As operações persistiram durante anos, e em agosto de 1944 havia 2,1 milhões de trabalhadores soviéticos na Alemanha, sendo que pouco mais da metade eram mulheres. Todos usavam uma braçadeira com a letra "O" bem visível costurada, o que significava *Ostarbeiter*, trabalhador oriental.[188]

O recrutamento de mão de obra compulsória na Europa Ocidental e Meridional foi mais problemático porque os Estados não tinham sido eliminados pela conquista. O alistamento de mão de obra francesa teve que ser negociado com o governo do marechal Pétain sediado na cidade de Vichy. Em junho de 1942, Sauckel chegou a um acordo com o primeiro-ministro francês Pierre Laval sobre o fornecimento de 150 mil trabalhadores para a indústria germânica. Laval ainda esperava uma vitória alemã e permitiu que as autoridades trabalhistas francesas iniciassem o registro compulsório e a alocação de trabalhadores para dois anos de trabalhos no Reich [o *relève*]. Mas isso se revelou difícil de implementar, e em fevereiro de 1943 o Estado francês montou o *Service du travail obligatoire* [Serviço de Trabalho Obrigatório, STO], que sujeitava todos os homens com idades entre vinte e cinquenta anos a terem que trabalhar para os alemães, fosse na França ou na Alemanha. Em 1944, cerca de 4 milhões de pessoas trabalhavam diretamente para as forças de ocupação germânicas, enquanto as chamadas quatro ações de recrutamento (Ações Sauckel) convocaram, entre 1942 e 1944, 728 mil homens e mulheres para serem transferidos para a Alemanha.[189] "Ações" na Holanda e na Bélgica renderam cerca de mais meio milhão. Quando a Itália se rendeu aos Aliados, Sauckel foi a Roma em setembro exigir um programa semelhante para os dois terços da península que agora estavam ocupados por forças germânicas. Seu objetivo era extrair outros 3,3 milhões de trabalhadores italianos, mas o resultado final foi desprezível, com apenas 66 mil pessoas sendo somadas aos internos militares e aos 100 mil migrantes voluntários que ficaram presos na Alemanha quando a Itália abandonou a luta.[190] A essa altura, as populações locais já sabiam o que significava o alistamento de mão de obra. Na Itália e na França, jovens de ambos os sexos saíam de casa para ingressar nos movimentos de resistência ou descobrir outras formas de escapar do recrutamento. Os baixos retornos das últimas "Ações" e o bombardeio implacável da frente interna provocaram uma mudança na política alemã. Os contratos foram descentralizados para as áreas ocupadas, de modo que menos trabalhadores tivessem que ser recrutados sob coação para trabalhar no Reich.

As condições variavam muito para os diferentes grupos de trabalhadores estrangeiros, mas nos piores casos eram ruins o suficiente para produzir uma taxa de mortalidade durante o conflito de 18% de todos aqueles que foram forçados a trabalhar.[191] Quem era da Europa Ocidental teve mais sorte, com níveis de rações alimentares comparáveis aos dos alemães, pelo menos até a escassez generalizada que se espalhou no último ano de guerra. Não eram trabalhadores escravizados, como em geral se dá a entender, e recebiam salários regulares. Depois das deduções de impostos especiais e dos custos de alimentação e habitação, sobrava para eles uma média de 32 marcos por semana, sendo que os trabalhadores alemães ganhavam 43 marcos. Além disso, contavam com os mesmos benefícios sociais em caso de doença ou acidente de trabalho. Estavam sujeitos a toque de recolher e controle de serviços e lojas que podiam usar, além das mesmas regulamentações severas aplicáveis aos trabalhadores alemães em caso de indisciplina ou violação de contrato, embora pudessem acabar em campos de concentração por má conduta persistente.

Já para os trabalhadores do Leste, as condições eram bem diferentes. Em geral eram abrigados em barracas toscas perto do local de trabalho, tinham os deslocamentos controlados de forma rigorosa e depois das deduções cobradas pela comida e pelo alojamento de má qualidade recebiam no máximo seis marcos por semana, após trabalhar de dez a doze horas por dia. Embora muitos pudessem achar as condições consideravelmente melhores do que aquelas em que viviam na União Soviética, e a disciplina um pouco diferente, o desempenho dos trabalhadores orientais em termos de produtividade estava de início bem abaixo do de alemães ou daqueles da Europa Ocidental. Uma pesquisa realizada com trabalhadores estrangeiros em 1942 revelou que os franceses (àquela altura, ainda na maioria voluntários) apresentavam uma produtividade recorde de cerca de 85% a 88% da de um trabalhador alemão, enquanto a produtividade dos russos era de apenas 68%, e a dos poloneses, 55%.[192] Logo ficou claro que, ao melhorar o fornecimento de comida e aumentar os salários, aprimorava-se também a produtividade. O soldo dos trabalhadores orientais aumentou para uma média de 9,8 marcos em 1942, e catorze marcos por semana em 1943 para quem atingisse as normas. Os trabalhadores orientais mais bem-sucedidos eram as mulheres, que logo foram alocadas em grande número para a produção de armamentos e equipamento militar. Sauckel preferia recrutar mulheres soviéticas porque, na sua opinião, elas demonstravam uma resistência saudável quando se tratava de trabalho na indústria. "Podem aguentar dez horas", disse ele a uma plateia de funcionários alemães em janeiro de 1943, "e fazem qualquer tipo de trabalho masculino." Se engravidassem depois de começar a função, eram obrigadas a abortar ou a deixar o bebê em um abrigo, e depois levadas de imediato de volta para a fábrica.[193] Em 1944, calculou-se que sua produtividade correspondia a entre 90% e 100% da de um trabalhador alemão; os trabalhadores soviéticos do sexo masculino, em especial na construção ou na mineração, alcançavam até 80%.

As pesquisas mostravam que era impossível obrigar os trabalhadores do sul da Europa a demonstrarem essa eficácia, em especial os gregos submetidos a trabalho forçado. Os níveis de produtividade ficavam entre 30% e 70% dos níveis alemães. Entre os prisioneiros de guerra postos para trabalhar em canteiros de obras, os piores eram os britânicos, com menos da metade do nível produtivo de um trabalhador alemão.[194] Em muitos casos, o labor lento e a indisciplina eram um protesto contra o trabalho compulsório e o severo regime imposto aos estrangeiros. Apesar disso, a mão de obra não germânica era indispensável. Para tentar arrancar mais deles, a Frente de Trabalho Alemã pediu ao Instituto de Psicologia do Trabalho que aplicasse testes de aptidão a meio milhão de estrangeiros, para assegurar que seriam encaminhados para tarefas adequadas à sua capacidade. O programa foi até estendido a prisioneiros de campos de concentração debilitados, que foram enviados para a indústria, onde talvez não conseguissem sobreviver mais do que algumas semanas.[195] Era mais fácil disciplinar os trabalhadores estrangeiros do que os alemães, em particular a alta porcentagem de mulheres. Em 1944, o absenteísmo médio diário na fábrica da Ford em Colônia atingiu um pico de 25% dos trabalhadores alemães, mas apenas 3% entre os estrangeiros.[196] Em agosto de 1944, os trabalhadores estrangeiros correspondiam a 46% da mão de obra rural, 34% dos trabalhadores na mineração e um quarto de todos na indústria.[197] No setor de armamentos, um terço da força de trabalho era composto de estrangeiros, obrigados a construir equipamento militar para um Estado cuja agressão os tinha colocado naquela posição.[198]

Em 1944, à medida que o recrutamento de trabalhadores estrangeiros diminuía e a resistência e a evasão se generalizavam, o número de pessoas vindas do sistema de campos de concentração se expandia. Em agosto de 1942, havia 115 mil prisioneiros no sistema de campos alemães, mas em agosto de 1944 o número tinha subido para 525 286, e em janeiro de 1945 já eram 714 211. Nessa fase, quase todos os prisioneiros eram não alemães — uma mistura de combatentes da resistência, adversários políticos, trabalhadores estrangeiros recalcitrantes e judeus que tinham sobrevivido às deportações e aos assassinatos em massa nos centros de extermínio. Na primavera de 1942, a organização ss de Heinrich Himmler estabeleceu um Escritório Central de Administração Econômica para explorar melhor as fontes de mão de obra disponíveis nos campos e entre os judeus deportados. Cerca de um quinto dos judeus deportados para os campos de extermínio foi selecionado para trabalhar, em especial pessoas jovens de ambos os sexos. Esses prisioneiros eram, para todos os efeitos, escravizados, mão de obra em empreendimentos da ss ou contratados em pequenos números para centenas de empresas alemãs que pagavam ao Tesouro do Reich seis marcos por dia por trabalhadores qualificados dos campos e quatro marcos por homens e mulheres sem qualificação.[199] No fim do conflito, havia milhares de campos na

Alemanha com colunas de trabalhadores cansados e emaciados de uniformes listrados, espancados, intimidados ou mortos por guardas alemães — uma imagem familiar. As condições eram deliberadamente terríveis, embora o objetivo fosse extrair o máximo de trabalho possível desses prisioneiros desamparados, numa paródia cruel da guerra total.

No nível mais baixo estavam as vítimas judaicas da mobilização de mão de obra. Um programa de trabalhos forçados para judeus, a cargo da administração germânica de trabalho, tinha sido introduzido já em 1938. Homens judeus eram obrigados a se inscrever para o trabalho compulsório, e no verão de 1939 havia 30 mil judeus trabalhando em unidades segregadas, em especial em canteiros de obras na Alemanha; em 1941, havia 50 mil num vasto sistema de campos e subcampos, sendo que alguns abrigavam apenas um pequeno grupo de trabalhadores de cada vez. O padrão se repetiu na Polônia ocupada, onde cerca de 700 mil judeus davam duro no programa de trabalhos forçados independente do sistema de campos administrado pela ss.[200] Ainda não eram prisioneiros, mas em 1941 a ss assumiu o programa de trabalhos forçados de judeus da administração regular de mão de obra; os destacamentos de trabalho segregado foram absorvidos pelo mais amplo de campos, junto com os judeus escolhidos para trabalhar, e não para a morte imediata, nos campos de extermínio. A escassez de mão de obra significava que, no começo de 1943, 400 mil judeus condenados a trabalhos forçados ainda atuavam na Grande Alemanha e na Polônia ocupada. As condições para os judeus eram deliberadamente piores do que as dos outros prisioneiros ou trabalhadores compulsórios, embora graças a pressões econômicas eles não costumassem ser obrigados de imediato a morrer de trabalhar. A morte vinha devagar, como efeito da desnutrição e de doenças, quando as últimas gotas de suor eram arrancadas de homens e mulheres tidos como inimigos mortais do Reich. Os números exatos de mortes resultantes das diferentes formas de trabalho forçado ou escravo são difíceis de calcular, mas no caso dos trabalhadores do sistema de campos da ss a expectativa de vida não chegava a um ano. Muitos dos possíveis 2,7 milhões de trabalhadores mortos eram do sistema de campos, sendo uma porcentagem significativa composta de judeus de todos os cantos da Europa.[201] Esse nível de mortalidade mostrava que a guerra total tinha seus limites irracionais, enquanto o regime lutava com o dilema entre suas prioridades racistas e as necessidades econômicas da guerra.

A exploração soviética da mão de obra de prisioneiros expunha o mesmo paradoxo. No sistema nacional de 59 campos de concentração do Gulag, bem como nos 69 campos provinciais e colônias de trabalhos forçados estabelecidos na década anterior à guerra, longos dias de trabalho eram compulsórios. Nos anos de conflito, mais ou menos dois terços dos prisioneiros trabalhavam na indústria, e o restante em mineração e silvicultura, em condições debilitantes e brutais. As autoridades dos campos eram instruídas a demonstrar que o máximo de mão de obra havia sido extraído e a reduzir ao mínimo os "dias de trabalho perdidos", mas durante a guerra a escassez de alimentos, as jornadas de trabalho de até dezesseis horas e a oferta mínima de assistência médica significavam que em média um terço dos internos era inválido ou incapaz de seguir trabalhando ou estava morto.[202] O próprio Stálin monitorava com frequência a produtividade dos presos para ter certeza de que não estavam se esquivando de trabalhar para o esforço de guerra. Os prisioneiros que descumpriam as normas estabelecidas eram lentamente privados de provisões, enquanto quem trabalhava mais do que o esperado era recompensado com folgas e rações extras. Os que adoeciam eram liberados para dar espaço a trabalhadores com ainda alguma capacidade a ser explorada. Em abril de 1943, um decreto do governo "Sobre medidas para punir vilões fascistas alemães, espiões e traidores da pátria e seus cúmplices" estabeleceu campos especiais de trabalho árduo [katorga], onde os prisioneiros trabalhavam por mais tempo, não importavam as temperaturas, sem dias de folga, em locais que exigiam mais esforço físico. Esses prisioneiros, como os judeus no sistema germânico de trabalho escravo, literalmente morriam de trabalhar, sendo deles extraída até a última gota de suor para um esforço de guerra soviético carente ao extremo de mão de obra. De janeiro de 1941 a janeiro de 1946, 932 mil prisioneiros morreram, testemunho da ineficiência fundamental de um regime prisional dedicado a extrair até o último grama de trabalho para a guerra total.[203]

PROTESTO E SOBREVIVÊNCIA

Trabalhadores homens e mulheres exerciam suas tarefas em condições muito diferentes de um país para o outro. Nos Estados Unidos e na Grã-Bretanha (mas não em todo o império), os trabalhadores desfrutavam de um padrão de vida razoável para tempos de guerra, com salários e economias em alta, condições melhores à medida que o conflito avançava e o direito, se quisessem, de representação sindical. Os trabalhadores alemães (excluindo os prisioneiros e os condenados a trabalhos forçados) não se alimentavam tão bem, não contavam com proteção sindical e enfrentaram condições terríveis depois que a campanha de bombardeio urbano começou. Durante toda a guerra, os trabalhadores soviéticos e japoneses tiveram problemas de desnutrição, longas horas de trabalho, supervisão implacável e rápida corrosão do padrão de vida. Em Tcheliabinsk, os trabalhadores continuavam mesmo no frio cortante, com aquecimento ruim, pouco senso de segurança na fábrica e ameaça constante de castigo. Moças trabalhavam sem sapatos ou botas, com os pés cobertos de bolhas, supurações e queimaduras causadas pelo frio.

Nesse amplo espectro de experiências, trabalhadores e consumidores tinham uma coisa em comum importante: a necessidade de lidar com um severo regime de trabalho, longas horas e escassez infinita, não só por semanas e meses, mas durante anos, sem ideia de quando a provação poderia acabar. A mobilização para a guerra total exerceu uma pressão excepcional sobre os civis, à medida que os esforços de guerra absorviam cada vez mais os recursos que costumavam abastecer a economia civil. Não há explicação fácil para como conseguiam lidar com isso, sem dúvida nenhuma que possa cobrir sem distorcer regimes políticos, estruturas sociais e sistemas econômicos tão diferentes. Para milhões, a guerra total se tornou um modo de vida. O patriotismo ou o ódio contra o inimigo podem ter motivado os trabalhadores durante um tempo, mas dificilmente explicam a motivação por um período prolongado. Está claro que a perspectiva de vitória ou derrota pesou, embora as populações alemã e japonesa persistissem de forma obstinada diante do colapso militar iminente, enquanto o público britânico e o americano mostravam sinais de desmoralização à medida que a vitória se aproximava em 1944.

É mais proveitoso entendermos que a maioria dos trabalhadores era motivada por suas próprias preocupações de assalariado, e não manipulada pela propaganda para se identificar por completo com o esforço de guerra. O conflito ofereceu pleno emprego, a oportunidade de ganhos extras (até mesmo na União Soviética, onde os que ultrapassavam as cotas de produção recebiam rações extras, além de outros privilégios), a possibilidade de poupar para quando os gastos em tempos de paz fossem restaurados, a oportunidade de adquirir novas habilidades e galgar degraus na escala salarial, ou, para as trabalhadoras, a perspectiva de ganhar melhor do que os soldos anteriores à guerra, como um passo a mais para ficar independente. Um exemplo talvez sirva para ilustrar até que ponto os trabalhadores racionalizavam a mobilização em seus próprios termos. Em 1943, um empresário sueco entrevistou uma amostra representativa dos estivadores de Hamburgo para tentar descobrir o que os motivava a continuar trabalhando para um regime com o qual poucos se identificavam politicamente. Eles foram unânimes em dizer que trabalhavam de forma árdua para uma vitória alemã porque não queriam a volta do desemprego e das dificuldades dos anos de Depressão. A vitória aliada, alegavam eles, provavelmente resultaria na fragmentação da Alemanha (como de fato ocorreu) e em seu próprio empobrecimento. Os trabalhadores germânicos, acima de tudo, não queriam correr o risco de ser acusados de traírem outra vez o Exército "esfaqueando-o pelas costas". A propaganda política britânica tentou incentivar os trabalhadores alemães a se rebelarem contra a ditadura no último ano do conflito, mas relatos contrabandeados da região de Ruhr-Renânia no começo de 1945 deixavam claro que os operários não estavam dispostos a repetir 1918, e nem queriam. Não havia "situação revolucionária na Alemanha nazista", dizia um relatório, "nem líderes, nem organizações". Os trabalhadores aguardavam a oportunidade de reconstruir uma nova Alemanha depois da derrota.[204]

A pergunta pode ser invertida. Que perspectivas tinha a população da frente interna de protestar contra os longos anos de guerra e as dificuldades que enfrentava? Era justamente isso que todos os governos queriam evitar no período. No entanto, os protestos de trabalhadores na Segunda Guerra funcionaram numa relação inversa às condições sociais e econômicas que eles vivenciavam. Nos Estados Unidos e na Grã-Bretanha, onde as condições eram menos onerosas, os protestos trabalhistas eram regulares, apesar do acordo do início do conflito segundo o qual os sindicatos suspenderiam as atividades grevistas e colaborariam com o governo, desde que este respeitasse os interesses dos trabalhadores. Na Grã-Bretanha, perdia-se em média 1,8 milhão de dias a cada ano em atividades grevistas ilegais; houve 940 paralisações em 1940, porém 3714 em 1944, embora 90% durassem menos de uma semana. Algumas eram provocadas por motivos banais ("a atitude ditatorial de uma chefe" ou "objeções a trabalhar com irlandeses"), mas todas refletiam interesses específicos dos trabalhadores em disputas sobre divisão de tarefas, disciplina, reestruturação de funções ou redução da média salarial, em vez de oposição à guerra.[205] Nos Estados Unidos, os sindicatos tentaram honrar o compromisso de não fazer greves, mas a alta de preços nos primeiros anos de conflito e o aumento desigual de salários provocaram protestos trabalhistas não oficiais. Durante a guerra, houve 14 471 greves espontâneas não autorizadas pelos sindicatos, embora nesse caso também poucas durassem mais de uma semana, e apenas 6% mais de duas semanas.

Nos Estados Unidos, as greves também diziam respeito a pagamentos e condições, não ao conflito, mas a resposta do governo era mais robusta do que na Grã-Bretanha.[206] Mesmo antes da guerra, uma grande paralisação numa fábrica da North American Aviation na Califórnia, que produzia um quarto dos caças americanos, foi encerrada quando 2500 soldados receberam ordem para assumir o controle da fábrica e obrigar os trabalhadores a voltarem ao trabalho sob a mira de armas. Protestos trabalhistas durante o conflito eram vistos pela maior parte do público como uma espécie de traição. Em 1943, o Congresso aprovou a Lei Smith-Connally das Disputas Trabalhistas de Guerra em resposta a uma grande greve no campo de carvão antracito na Pensilvânia, a despeito da oposição de Roosevelt, que dava ao governo o direito de assumir o controle de empresas essenciais para o esforço de guerra e mover ações criminais contra líderes de greves não oficiais. A nova lei foi testada em dezembro, quando uma greve desafiadora dos ferroviários levou o governo a assumir o controle de toda a rede de trens por três semanas, até os sindicatos recuarem e aceitarem um acordo salarial imposto pelo Estado.[207] Nem mesmo os líderes empresariais estavam imunes. Mais adiante na guerra, quando o presidente de uma empresa se recusou a aceitar a cláusula segundo a qual novos trabalhadores em fábricas sindicalizadas teriam que se filiar ao sindicato (elevando o número de sindicalizados de 10 milhões para 15 milhões nos anos de conflito), o ministro da Justiça encabeçou pessoalmente um grupo de soldados uniformizados para expulsá-lo do escritório e assumir o controle da empresa.

Nada que se aproximasse desse nível de protestos trabalhistas era possível nos regimes autoritários, fossem do Eixo ou dos Aliados. As greves eram proibidas em todos eles, e os riscos envolvidos na ação industrial eram bem compreendidos. Os protestos eram interpretados em termos políticos não como defesa dos interesses dos trabalhadores, mas como desafio ao esforço de guerra. Na Alemanha e na União Soviética, os infratores reincidentes acabavam nos campos de concentração. As severas condições trabalhistas no Japão, na China e na União Soviética, no entanto, provocavam descontentamento espontâneo ou esforços para escapar das duras condições e dos baixos salários mudando de emprego. Os sindicatos japoneses estavam sujeitos a restrições mesmo antes de 1939, e em 1940 foram suspensos por completo; em 1939, havia 365 mil sindicalizados, em 1944, nenhum. Os registros policiais, no entanto, revelam 216 casos de protesto industrial em 1944, embora tenham envolvido no total não mais de 6 mil trabalhadores, uma fração minúscula da força de trabalho. Alguns trabalhadores respondiam à ausência de representação com trabalho lento e malfeito, até mesmo com atos de sabotagem.[208] A força de trabalho era monitorada de forma rigorosa em busca de qualquer possível sinal de simpatia comunista, e todos os suspeitos eram presos e maltratados. Relatórios exagerados sobre os mais tênues indícios eram produzidos pelas forças de segurança para sugerir que a infiltração comunista aumentava, mas a ameaça revolucionária era uma fantasia.[209] Na indústria de defesa da China, os trabalhadores viviam sob lei militar e um duro regime de fábrica, mas mesmo assim milhares assumiam o risco de deserção como forma indireta de protesto. As empresas relatavam que metade da força de trabalho qualificada precisava ser substituída todos os anos e responsabilizavam a agitação comunista por seduzir a mão de obra para áreas sob controle comunista, mas em muitos casos os trabalhadores saíam para procurar qualquer emprego onde houvesse menos repressão e recebessem mais dinheiro ou arroz. Os trabalhadores pegos nesses atos eram levados de volta sob guarda armada e punidos com a perda de salário e de comida.[210] Na União Soviética, era possível os trabalhadores se queixarem aos funcionários comunistas das fábricas, embora fosse sempre arriscado. Os trabalhadores estavam presos à fábrica, a não ser que recebessem autorização para sair, mas o absenteísmo não oficial se tornou uma maneira indireta de contestar as péssimas condições de trabalho ou maus-tratos intoleráveis. No papel, os riscos eram enormes: de acordo com uma resolução governamental secreta de janeiro de 1942, qualquer trabalhador da indústria de defesa que se ausentasse sem licença tinha que ser denunciado aos promotores militares dentro de um dia, e os promotores podiam impor uma pena máxima de cinco a oito anos num campo de trabalhos forçados. Era um processo canhestro, e no fim a maioria das condenações era feita à revelia, uma vez que os trabalhadores fujões não podiam ser encontrados; em alguns casos, o processo era iniciado contra trabalhadores que já tinham morrido ou contra recrutas que tinham ido para o Exército; em outros, os promotores culpavam os gerentes pela incapacidade de oferecer condições decentes e deixavam os trabalhadores em liberdade.[211]

As condições para os trabalhadores alemães eram quase universalmente melhores do que as na União Soviética. Todos os trabalhadores e patrões germânicos eram representados pela vasta Frente Trabalhista Alemã, fundada em 1933, quando Hitler chegou ao poder, e, embora os trabalhadores não tivessem o direito de greve ou de protesto, era possível fazer os funcionários da Frente Trabalhista insistirem para que os patrões oferecessem instalações decentes ou mantivessem abrigos antiaéreos eficientes. Fora isso, o sistema era tão coercitivo quanto o modelo soviético. As infrações disciplinares de trabalho, definidas de modo rigoroso, eram poucas: em 1940, 1676 casos; em 1941, 2634. Em 1942, a indisciplina foi redefinida para penalizar uma ampla série de infrações, e o número de casos subiu naquele ano para 14 mil. Uma proporção cada vez maior de casos envolvia mulheres, cuja difícil dupla jornada entre trabalho e afazeres domésticos aumentava a probabilidade de absenteísmo ou negligência. A maioria dos trabalhadores acusados de indisciplina recebia uma advertência, uma fração era mandada para a prisão e um número bem pequeno para um campo de concentração. Em maio de 1941, Himmler introduziu uma nova punição, os Campos de Educação para o Trabalho, destinados a todos os trabalhadores que pela conduta eram julgados uma ameaça recalcitrante ao esforço de guerra. Esses campos eram administrados pela Gestapo, e em 1944 havia mais de cem, abrigando não apenas trabalhadores alemães, mas milhares de estrangeiros condenados a trabalhos forçados por sabotagem ou por fazerem corpo mole no trabalho. A "educação para o trabalho" era um eufemismo para condições extremas e maus-tratos, o que tornava esses lugares pouco diferentes dos campos de concentração.[212] Os estrangeiros, cujas condições eram em geral piores, às vezes arriscavam uma greve. Seiscentos trabalhadores italianos no complexo Krupp em Essen cruzaram os braços em abril de 1942 em protesto contra a comida ruim e a falta de tabaco; italianos entraram em greve numa firma em Hannover no mesmo mês pelo fornecimento insuficiente de vinho e de queijo. A polícia do trabalho, designada para manter a ordem nas empresas, ficou responsável por eles. Entre maio e agosto de 1942, uma média de 21 500 trabalhadores foi presa por mês, 85% deles estrangeiros. Os italianos vistos como encrenqueiros eram enviados de volta à Itália, onde a polícia fascista os prendia ao chegar. Entre os trabalhadores alemães, os atos de indisciplina entraram em declínio a partir de 1942. No primeiro semestre de 1944, apenas 12 945 trabalhadores germânicos se envolveram em protestos, em comparação com 193 024 estrangeiros. Os indícios sugerem uma crescente lealdade ao esforço de guerra alemão, um consenso provocado não apenas pela natureza coercitiva do regime.[213]

A limitada extensão dos protestos das populações trabalhadoras dos Estados em guerra demonstrou o poder crescente do Estado para impor um compromisso de fato nacional com a estratégia de mobilização total. Esse resultado não dependeu apenas de coerção, embora isso fosse uma realidade sempre presente, mesmo nas democracias. Os Estados provaram sua capacidade de mobilizar numa escala gigantesca, assegurando o fornecimento regular de alimentos, respondendo com flexibilidade às necessidades da força de trabalho e estendendo a rede de recrutamento de forma tão ampla quanto necessário ou possível. Seu sucesso garantiu que nada como o tumulto revolucionário da Primeira Guerra Mundial e seu rescaldo se repetissem, exceto na Itália, onde a derrota iminente, o bombardeio, a inflação e a escassez de comida insuflaram protestos sociais nos meses que antecederam a derrubada de Mussolini, em julho de 1943. A mobilização em massa dependia da construção de um pacto entre o Estado e o povo, que sublinhasse o caráter total da guerra moderna. Nos fronts militar e interno, o argumento de que a guerra total exigia a mobilização nacional nunca foi posto em dúvida de forma séria. Os que não participassem ou compreendessem as implicações da guerra total eram bombardeados com a propaganda organizada para desafiar cada indivíduo a contribuir com alguma coisa para o esforço de guerra e isolar quem não o fazia como antipatriota ou mesmo traidor, como ocorreu com os trabalhadores e gerentes soviéticos acusados de preguiça ou negligência, ou os 18 mil americanos denunciados pelos compatriotas ao FBI por supostos atos de sabotagem.[214] A guerra total, onde quer que fosse organizada, exigia a participação de todos, mas só funcionava na medida em que as pessoas pudessem ser convencidas a reconhecer por conta própria seus imperativos. Em 1945, o crítico americano Dwight Macdonald sintetizou a relação entre cidadão e Estado na guerra que tinha acabado de terminar: "Justamente porque nessa esfera o indivíduo é na realidade mais impotente é que os governantes fazem os maiores esforços para apresentar o Estado não só como instrumento para os propósitos dele, mas também como extensão da sua personalidade".[215] Macdonald poderia muito bem ter acrescentado as mulheres à sua reflexão. A guerra total exigia que todos, homens e mulheres, jovens e velhos, livres e não livres, contribuíssem o que pudessem para o esforço comum de lutar e trabalhar. Esse foi um momento histórico singular, que teria sido difícil ocorrer antes, e que agora está totalmente fora dos domínios da possibilidade.

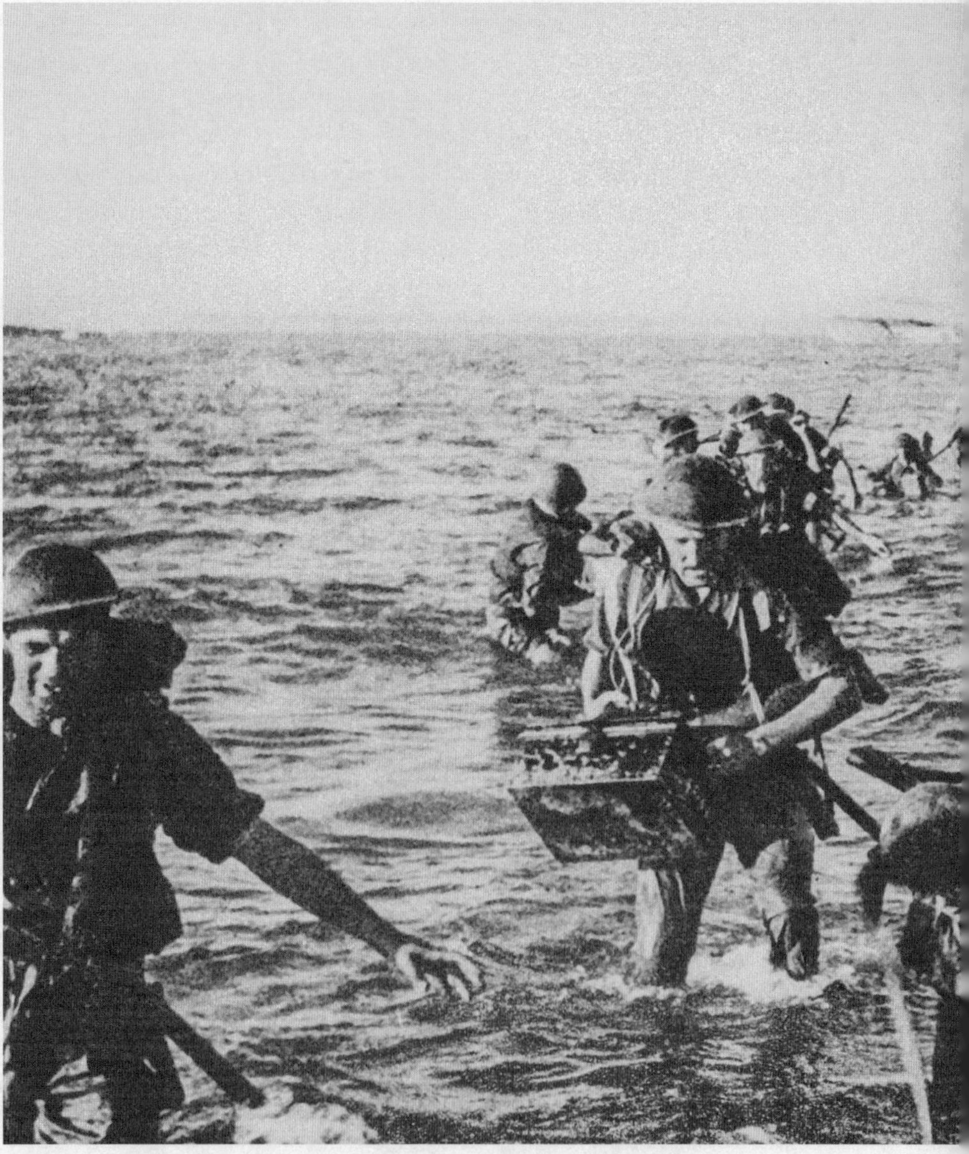

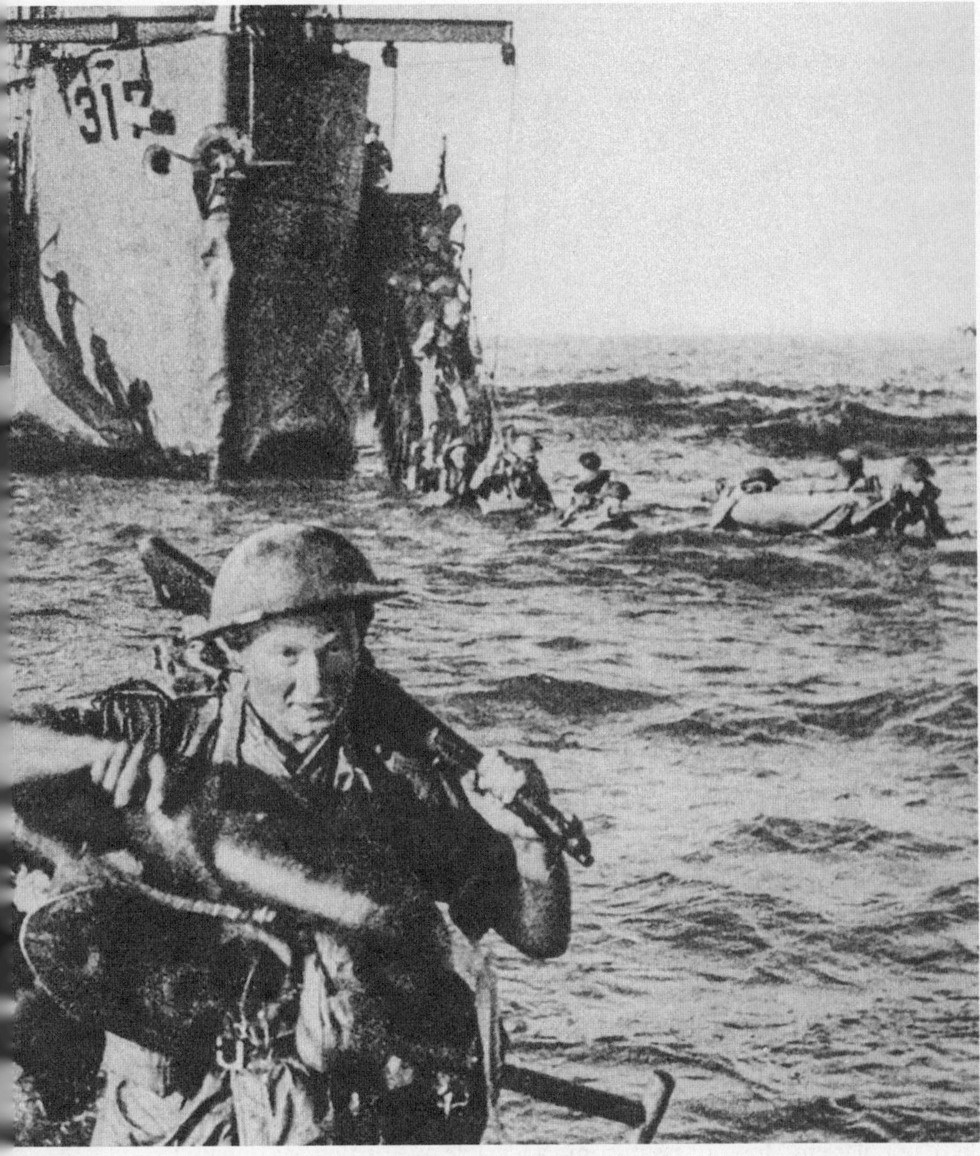
317

5. Travar a guerra

> *Um dia, uma grande história da guerra na União Soviética vai poder ser contada em torno de um relato bem simples do que aconteceu com as 25 divisões blindadas que Adolf Hitler enviou pela fronteira russa. Eram a lâmina da sua espada, as máquinas que abriam caminho para a infantaria e a artilharia. Quando venciam, os alemães venciam. Quando perdiam, os alemães perdiam.*
>
> Walter Kerr, *The Russian Army*, 1944[1]

Há uma simplicidade tentadora em achar que derrotar as divisões blindadas germânicas bastava para explicar por que a Alemanha e o Eixo europeu perderam a Segunda Guerra Mundial. Walter Kerr representava o *New York Herald Tribune* em Moscou e passou os anos de guerra conversando com comandantes do Exército Vermelho sobre suas experiências até voltar para os Estados Unidos depois de Stalingrado. Ele se baseou em boatos e em conjeturas militares para formar sua opinião sobre os blindados germânicos. As 25 divisões eram um exagero popular em Moscou; assim como a ideia de que os alemães tinham lançado a Operação Barbarossa com 18 mil tanques. No entanto, apesar de toda a desinformação, o foco nas divisões blindadas como fator central numa guerra moderna terrestre não estava de todo equivocado, ainda que o argumento estivesse incompleto. De todas as inovações da Segunda Guerra Mundial, imitadas por quase todas as potências em conflito, a organização de unidades do Exército totalmente mecanizadas, que combinavam tanques, infantaria e artilharia motorizadas, foi uma das mais significativas para explicar o resultado de combates terrestres. Até 1945, o Exército Vermelho ativou 43 corpos de tanques, e tinha chegado a sua vez de fazer o que o Exército alemão tinha feito em 1941.

A observação de Kerr implica a questão mais ampla de saber por que as potências aliadas venceram no front de combate e as do Eixo, depois de uma sequência de vitórias iniciais, perderam. A resposta pode ser encontrada no grau com que cada lado aprendeu a desenvolver e explorar uma grande variedade de "multiplicadores de força" — organização operacional, equipamento, tática, inteligência —, que aumentam de modo notável o impacto que o Exército, a Força Aérea ou a Marinha podem ter, em particular quando estão em desvantagem inicial. Se a maior parte do campo de batalha marinho ou terrestre continuou a ser apanágio dos exércitos mais tradicionais, cuja importância não deve ser subestimada — encouraçados, infantaria, artilharia, até mesmo cavalaria —, os multiplicadores de força é que, no geral, fizeram toda a diferença no desempenho no campo de batalha. O primeiro desses multiplicadores foi o desenvolvimento da guerra mecanizada e da aviação tática de apoio terrestre que a acompanhou. A organização e a integração de forças blindadas na ordem de batalha transformaram a maneira de lutar a guerra terrestre, primeiro para o Exército alemão, depois para os Aliados. As Forças Aéreas táticas foram amplamente usadas na Primeira Guerra Mundial, mas o advento de caças monoplanos rápidos, de aeronaves de ataque ao solo e de bombardeiros médios de alto desempenho, todos equipados com armamentos cada vez mais mortais, transformou também o potencial das aeronaves no campo de batalha. No mar, o poderio aéreo contribuiu para a revolução da guerra anfíbia, primeiro na guerra do Pacífico, com o avanço japonês e a contraofensiva aliada, depois na Europa, com os desembarques anfíbios no Norte da África, na Sicília, na Itália e na Normandia. São operações complexas combinadas nas quais forças aéreas, marítimas e terrestres colaboravam em busca de uma maneira de se lançar numa costa inimiga defendida de forma robusta para estabelecer ali uma área de segurança permanente. Para as potências marítimas aliadas, a guerra anfíbia era a única maneira de enfrentar os inimigos nos territórios ocupados por eles. Aprender a projetar força do mar para a terra deu aos Aliados um meio eficiente de enfrentá-los.

A evolução e a aplicação da guerra eletrônica acompanharam o desenvolvimento dos blindados, da aviação e da guerra marítima. O rádio e o radar surgiram como componentes essenciais do campo de batalha moderno, e assim permanecem desde então. A tecnologia de rádio moderna permitiu o controle centralizado de unidades aéreas e que comandantes administrassem com mais eficiência um campo de batalha complexo e ágil; a guerra marítima global foi encabeçada pelas comunicações via rádio; e o rádio era a tábua de salvação de pequenas unidades que pediam assistência ou coordenavam suas operações locais. A pesquisa de ondas de rádio levou ao desenvolvimento do radar, que de início foi introduzido para alertar sobre a aproximação de aeronaves inimigas no mar, mas não demorou a ter muitas outras aplicações importantes diretamente nos locais de operação. Entre outras coisas, o radar avisava com antecedência sobre aeronaves de ataque tático, contribuía de forma crítica para o sucesso da guerra antissubmarina, noticiava ataques a uma frota no mar e permitia que a artilharia fosse ajustada para disparar com precisão letal tanto em terra como a bordo de navios. Ao longo do conflito, os Aliados passaram a ter uma vantagem decisiva na guerra eletrônica, à medida que aprendiam a produzir e a usar uma tecnologia de ponta na guerra científica.

O rádio foi essencial também para a prática da inteligência e da contrainteligência em tempos de conflito, incluindo o desenvolvimento de operações complexas de dissimulação e despistamento. Esses são os últimos "multiplicadores de força" examinados aqui. A guerra de inteligência se dava numa série de campos, alguns mais úteis para a promoção do poder de combate, outros menos. As inteligências operacional e tática foram mais significativas no que se referia a ajudar as Forças Armadas a lutarem com mais eficácia. Durante a maior parte da guerra, os Aliados tiveram acesso mais completo às informações de inteligência e foram mais eficientes em avaliar essas informações do que seus inimigos, embora ainda seja difícil julgar o significado do impacto das informações de inteligência nas operações. O mesmo se aplica à dissimulação, amplamente explorada, mas muitas vezes um fracasso evidente. No entanto, onde a dissimulação funcionava bem, o impacto podia ser decisivo do ponto de vista operacional. As forças soviéticas eram mestras em dissimulação. A arrasadora derrota dos Exércitos do Eixo durante a Operação Urano, em novembro de 1942, e a aniquilação do Grupo de Exércitos do Centro, da Alemanha, em junho de 1944, comprovaram os efeitos dessa técnica soviética. O valor da dissimulação aliada antes da invasão da Normandia é discutível, mas ela decerto reforçou a opinião tendenciosa de Hitler de que a Normandia servia apenas para despistar e que Pas-de-Calais seria o principal ponto de invasão. Para os Aliados, informações robustas de inteligência e dissimulações bem-sucedidas ajudaram a neutralizar as grandes habilidades de combate de inimigos decididos a se apegar a cada quilômetro quadrado dos novos impérios. Nesse caso, como no da guerra blindada e aérea, das operações anfíbias e da guerra eletrônica, a explicação da vitória ou da derrota final na Segunda Guerra Mundial depende de até que ponto as Forças Armadas dessa ou daquela potência aprenderam a explorá-las.

BLINDAGEM E AVIAÇÃO

Quando as forças germânicas invadiram a Polônia em 1939, o mundo assistiu em primeira mão à revolução na organização militar personificada pelas seis divisões blindadas que participaram do ataque e pelo aríete da força aérea de bombardeiros de mergulho, bombardeiros e caças que as apoiava. Mas o êxito do ataque alemão à Polônia produziu muitos exageros. O tanque passou a ser visto como o vencedor da batalha no que passou a ser chamado de *Blitzkrieg* [guerra-relâmpago], termo amplamente utilizado no Ocidente na época e agora, mas não pelo Exército alemão. Os tanques desfrutavam de uma reputação quase lendária; o mesmo ocorreu com o bombardeiro de mergulho Junkers Ju87, com sua assustadora sirene "Trombeta de Jericó", que era ativada quando a aeronave desabava sobre o alvo. Na mente popular, o braço blindado alemão, tal como o descreveu Walter Kerr, era uma força tremenda "de ferro, aço e fogo", combatendo "segundo o padrão nazista".[2]

O tanque não era uma nova arma nem monopólio das Forças Armadas germânicas. A origem da campanha na Polônia pode ser localizada nas avaliações feitas nos anos 1920 pelo Exército alemão sobre o que tinha dado errado no último ano da Grande Guerra, quando tanques e aeronaves aliadas tinham encabeçado a ofensiva contra o front ocidental germânico na "campanha dos cem dias". Nos termos do Tratado de Versalhes, o Exército alemão estava proibido de desenvolver ou possuir tanques, e ele chegou a essa arma tarde, em meados dos anos 1930. Outros lugares desenvolveram tanques no entreguerras, quase sempre leves, ou "tanquetas", armados apenas com uma metralhadora, como o Tipo 94 japonês, o tanque de combate mais numeroso dos anos 1930.[3] Tanques mais pesados só começaram a aparecer na segunda metade dos anos 1930, em geral armados com um canhão de médio calibre (75 milímetros) e uma metralhadora. O Exército francês foi o único, em 1940, a dispor do primeiro tranque pesado, o Char B1-Bis, que tinha canhões de 75 milímetros e 47 milímetros e duas metralhadoras. Apenas no decorrer da guerra é que os tanques e a artilharia autopropulsada foram modernizados para receber canhões de 75 milímetros ou de calibre maior.[4] Os primeiros tanques destinavam-se basicamente a dar apoio à infantaria ou a missões de reconhecimento. Como arma ofensiva, as opiniões variavam. Onde a ala de tanques se desenvolveu a partir da força tradicional da cavalaria, como na Grã-Bretanha e nos Estados Unidos, persistia uma preferência pelo seu uso como cavalaria tradicional; na maioria dos casos, os tanques eram distribuídos entre as divisões de infantaria para fornecer potência de fogo móvel adicional e proteger os flancos. A ideia de usá-los como o núcleo de um punho blindado para romper e envolver uma linha inimiga floresceu por um breve período na União Soviética, no começo dos anos 1930, sob influência do chefe do

Estado-Maior do Exército Vermelho Mikhail Tukhachevsky, até que ele foi expurgado em 1937; essa ideia por fim ressurgiu no Exército alemão nos últimos anos de paz.

Como arma de linha de frente os tanques tinham vantagens e desvantagens. Eram ágeis, diferente de quase todas as peças de artilharia, podiam superar diversos obstáculos e terrenos irregulares, ser usados contra a artilharia inimiga, contra postos de metralhadora ou fortificações menores e, mais raramente, contra outros tanques. Os tanques leves, armados apenas com metralhadoras, podiam ser usados contra a infantaria inimiga, como os tanques japoneses na guerra com a China. Apesar disso, eram uma arma vulnerável. Costumavam ser lentos, e mais ainda à medida que ficavam mais pesados ao longo da guerra. O tanque alemão Panzer VI "Tigre" pesava 55 toneladas e alcançava uma velocidade máxima de trinta quilômetros por hora, com alcance limitado, e precisava tanto de manutenção regular que na prática não servia para ser usado como veículo para romper uma frente inimiga e explorar brechas, que era a intenção original.[5] A vulnerabilidade de todos os tanques a falhas mecânicas tornava necessário andar com um batalhão de manutenção logo atrás, ou então abandonar os que desenvolvessem problemas mecânicos ou sofressem pequenos danos. Embora tenham sido modernizados para adquirir uma blindagem mais forte, mesmo os mais pesados eram vulneráveis a tiros nas esteiras ou na parte traseira e lateral do casco. As condições para as tripulações eram extremamente desfavoráveis. Os tanques menores tinham pouco espaço para a equipe, da qual se esperava que realizasse uma série de tarefas num espaço apertado, mas mesmo em tanques médios e pesados, com quatro ou cinco tripulantes, o interior claustrofóbico tornava o disparo eficiente, o carregamento e a comunicação por rádio um desafio constante; a visibilidade era restrita, e o barulho do motor abafava sons externos vindos de ação inimiga ou fogo amigo; o casco do tanque se enchia de fumaça, tornando o interior quente ainda mais desagradável; o tempo todo a possibilidade de ser atingido implicava o perigo de incêndio ou de fragmentos de metal afiado, e da luta para escapar pela saída estreita. "Temos o rosto ensanguentado", escreveu um comandante de tanque soviético sobre a experiência, "[...] pequenas lascas de aço se desprenderam e entraram nas bochechas e na testa. Estamos surdos, intoxicados pela fumaça das armas, exaustos pela turbulência [...]."[6]

Acima de tudo, os tanques eram vulneráveis a uma grande variedade de armas antitanque. Apesar do medo que eles infundiam em soldados ao rolar na direção deles de modo implacável, o fato é que podiam ser imobilizados por artilharia pesada antitanque, por outros tanques e por dedicadas armas antitanque, como granadas, lança-foguetes, minas magnéticas ou fuzis antitanque. À medida que eram atualizados ao longo da guerra, as armas e munições antitanque também o eram. Os Exércitos desenvolveram pequenas unidades de infantaria "caçadoras de tanque", que se moviam pelo campo de batalha atrás de tanques isolados ou imobilizados, usando armas de ataque "corpo a corpo" para matar, como a "mina de arremesso" japonesa, que era presa a um bastão de madeira e explodia quando o soldado atacava o tanque, matando-o junto (os americanos a chamavam de "bastão de idiota"), ou as bolsas alemãs de "carga dupla", que eram penduradas perigosamente no cano da arma dos tanques inimigos para detonar poucos minutos depois com efeito incapacitante.[7] A maioria dos tanques enviados para combater na linha de frente era danificada ou destruída. Até mesmo os tanques "Tigre" ou "Tigre Rei", blindados de modo pesado, tiveram 1580 espécimes destruídos, dos 1835 produzidos.[8] A expectativa de vida de um tanque soviético T-34 em combate não passava de dois ou três dias. Dos 86 mil produzidos na União Soviética, 83 500 foram perdidos ou danificados, e só a rápida recuperação de veículos tornava possível sustentar uma guerra mecanizada.[9] A revolução blindada provocou a evolução do seu inimigo, a arma antiblindado. A capacidade de se defender dos blindados assumiu um significado comparável apenas ao próprio blindado, assim como a artilharia antiaérea cresceu em escala e eficácia contra a ameaça do poderio aéreo tático. As divisões blindadas em geral tinham tanto a capacidade de operações ofensivas móveis como a de defesa móvel contra blindados e aeronaves inimigos. Essa combinação se tornou vital para a sobrevivência.

Sozinhos os tranques tinham utilidade limitada. Em batalha, quando se adiantavam muito à infantaria, corriam o risco de ser isolados e destruídos por fogo antitanque. Não serviam para ocupar território, e o mesmo vale para as aeronaves. O êxito dos blindados durante a guerra dependia do desenvolvimento do combate de armas combinadas, no qual os tanques formavam o núcleo de uma unidade blindada trabalhando em estreita colaboração com infantaria, artilharia rebocada por veículos ou autopropulsada, canhões antitanque, baterias antiaéreas de campo, um batalhão de engenharia móvel e uma unidade de manutenção. Essa combinação, e não o próprio tanque, é que dava às formações blindadas um poder de ataque formidável. O combate de armas combinadas foi a chave do sucesso das forças blindadas e dependia, em grande parte, da mais ampla mecanização e mobilidade. Para serem bem-sucedidas, todas as armas alocadas para apoiar a guerra blindada precisavam contar com caminhões, veículos leves e versáteis, veículos blindados de transporte de pessoal e veículos de reboque necessários para o avanço conjunto, e não apenas ir atrás dos tanques.

Esse foi o fator que impediu os dois principais aliados da Alemanha, o Japão e a Itália, de se comprometerem por completo com a guerra blindada. Experimentos iniciais nos dois países reconheceram as virtudes da organização de armas combinadas, mas ambos careciam dos recursos industriais (em especial petróleo) necessários para motorizar e mecanizar de forma mais ampla suas Forças

Armadas. Em 1934, o Japão desenvolveu uma das primeiras forças armadas específicas, a Brigada Mista Independente Japonesa, que tinha um batalhão de tanques, infantaria motorizada, uma companhia de engenharia e de artilharia, e uma unidade móvel de reconhecimento, mas a hostilidade do exército de campo à ideia de uma força independente pôs fim à breve carreira da brigada no início da guerra sino-japonesa. Ela foi dissolvida e os tanques foram distribuídos para apoiar divisões individuais de infantaria. Três divisões blindadas de armas combinadas foram por fim ativadas em 1942, em resposta ao êxito evidente do exemplo germânico, e uma quarta foi acrescentada mais tarde para a defesa das ilhas japonesas. Era difícil empregá-las no conflito nas ilhas do Pacífico, o que explica a baixa prioridade conferida aos tanques na produção de guerra japonesa. Em 1944, apenas 925 foram produzidos; em 1945, só 256. As divisões eram usadas aos poucos para dar apoio à infantaria; uma delas foi destruída nas Filipinas em 1944, outra se rendeu na Manchúria em agosto de 1945, e a terceira entrou em colapso devido a reposições e manutenção inadequadas, depois de uma jornada de 1300 quilômetros pelo sul da China.[10]

Na Itália, uma unidade mecanizada de armas combinadas foi formada em 1936, a *Brigata motomeccanizzata*, com um batalhão de tanques, dois de infantaria e uma bateria de artilharia. Ela foi elevada ao status de divisão com o acréscimo de armas de apoio, mas, como o japonês, o Exército italiano ativou apenas três divisões blindadas em toda a guerra, combatendo como parte de um corpo de infantaria maior. A infantaria, de acordo com a doutrina do Exército italiano, era "o elemento decisivo em combate", e não o veículo de combate.[11] O elemento blindado foi de início composto do tanque leve Fiat 3000B, com um ineficiente canhão de 37 milímetros, e porta-metralhadoras sem torre, o cv33 e o cv35, cujo valor na guerra blindada móvel era desprezível. Em 1940, o tanque médio M11/39 foi introduzido, mas logo retirado por conta da proteção blindada limitada; o M13/40 veio em 1941, com um canhão de alta velocidade de 47 milímetros melhorado, mas com uma blindagem cuja espessura não ultrapassava 30 milímetros. Nenhum tanque italiano se mostrou adequado para as exigências da guerra blindada moderna, e durante todo o conflito apenas 1862 foram produzidos. Duas das três divisões foram destruídas na Batalha de El Alamein, no fim da qual não sobrou um único tanque. Nem o Japão, nem a Itália desenvolveram uma doutrina madura para a guerra blindada. Nos poucos combates móveis na guerra do Pacífico, os tanques japoneses avançaram contra a linha inimiga adotando uma tática blindada equivalente a uma carga *banzai*, e foram destroçados pelo fogo antitanque americano.

Foi na Alemanha, privada durante anos depois de 1919 do direito de desenvolver um Exército moderno, que as vantagens operacionais de uma força mecanizada e motorizada foram exploradas com sucesso. O Exército alemão tinha pesquisado, depois da derrota em 1919, maneiras de aumentar a velocidade e o poder de ataque das forças necessárias para a batalha decisiva [*Entscheidungsschlacht*] que escapara de suas mãos na Grande Guerra. Mesmo antes de a Alemanha possuir tanques modernos, a doutrina blindada começou a tomar forma. As manobras do Exército em 1932, usando veículos simulados, demonstraram o potencial das operações móveis. Inspirada pelo major-general Oswald Lutz, o inspetor das tropas motorizadas, e pelo jovem major Heinz Guderian, a organização de uma divisão blindada [Panzer] foi concebida ao longo dos três anos seguintes, e em 1935 as primeiras três divisões foram ativadas. A prioridade era garantir que os tanques não fossem contidos pela limitada mobilidade das armas de apoio; as unidades de motocicleta, infantaria, artilharia, reconhecimento, engenharia e comunicações eram todas motorizadas, dando à divisão um poder de combate autônomo.[12] Decidiu-se colocar os tanques num núcleo blindado de forte impacto, apesar da resistência de alguns chefes militares, que queriam a mecanização e a motorização espalhadas pelo Exército inteiro. "A concentração das forças blindadas disponíveis", escreveu Guderian em 1937, "sempre será mais eficiente do que a sua dispersão."[13] De qualquer maneira, o número limitado de veículos disponibilizados por uma indústria automobilística ainda modesta em escala e a velocidade com que o rearmamento foi conduzido impediram uma base mais ampla de motorização. As Forças Armadas alemãs entraram na Segunda Guerra Mundial essencialmente com dois Exércitos: um moderno e móvel; o outro ainda baseado numa infantaria lenta, dependente de cavalos e ferrovias para se movimentar. As divisões blindadas de Hitler, enquanto abriam caminho para a União Soviética, eram seguidas por um exército de 750 mil cavalos (junto com cavalariços, trens de forragem e equipes de veterinários). Em 1942, outros 400 mil cavalos foram requisitados em toda a Europa ocupada para rebocar peças de artilharia e armas pesadas, porque não havia veículos em número suficiente.[14]

As seis divisões Panzer disponíveis na guerra contra a Polônia e as dez usadas contra o Oeste em maio de 1940 eram o punho blindado de um longo braço de infantaria. A vitória nas duas campanhas alertou o resto do mundo sobre o impacto radical da guerra móvel alemã e incentivou imitações, mas também mascarou problemas decorrentes do rápido desenvolvimento de forças blindadas e a dificuldade de fornecer o equipamento necessário. Dos 2574 tanques usados na invasão da França e dos Países Baixos, 523 eram PKW [*Panzerkraftwagen*] I equipados apenas com metralhadoras, 955 eram PKW II com um ineficaz canhão principal de 20 milímetros, 334 eram tanques tchecos capturados, e apenas 627 eram o PKW III e o PKW IV com canhões de calibre mais grosso, nenhum deles capaz de atingir com facilidade ou avariar tanques inimigos mais pesados. Muitos dos soldados de infantaria e dos engenheiros que os acompanhavam iam em caminhões, e não em veículos blindados de transporte de pessoal. O Exército francês mobilizou 3254 tanques no total, muito mais pesados e mais bem armados.[15] O que garantiu a vitória na França, apesar da inferioridade numérica e qualitativa dos blindados alemães, foi em parte o apoio aéreo, em parte o fato de o Exército francês dispersar uma grande proporção dos seus tanques entre os exércitos de infantaria, em vez de concentrá-los — mas, em especial, as armas de apoio móveis nas divisões Panzer, unificadas por boas comunicações, que desempenharam o papel de ocupar terreno e combater veículos inimigos. No único grande confronto de tanque contra tanque da Batalha da França, em torno da cidade belga de Gembloux, os comandantes alemães descobriram que, por causa da falta de rádio, os tanques franceses manobravam mal, operavam em grupos pequenos e dispersos, e não em massa, e o fogo que disparavam era lento e pouco preciso — um problema exacerbado nos tanques franceses menores, porque a torre de um homem exigia que o comandante do tanque, além de disparar o canhão, controlasse o movimento.[16] A batalha ilustrou as vantagens da doutrina de armas combinadas e as limitações dos tanques que tentavam lutar sozinhos.

Para a invasão soviética em 1941, o Exército foi obrigado a ampliar o número de divisões armadas, mas aceitando também uma redução da sua força. As 21 divisões Panzer, organizadas em quatro grandes grupos Panzer, contavam com apenas 150 tanques cada, em vez dos 328 que tinham em setembro de 1939. Dos 3266 tanques mobilizados, 1146 eram PKW III e IV, os demais eram modelos tchecos e o PKW II com seu armamento inadequado. O colapso total da ordem de batalha do Exército Vermelho nos primeiros meses da Barbarossa fez os blindados alemães parecerem ainda mais eficazes. As perdas soviéticas nos primeiros seis meses de guerra atingiram o impressionante número total de 20 500 tanques e canhões autopropulsados, dos 28 mil disponíveis, mas as perdas germânicas aumentaram num ritmo constante.[17] Em agosto, a força de tanques alemães estava reduzida à metade; em novembro, de meio milhão de veículos de todos os tipos envolvidos na campanha, apenas 75 mil ainda funcionavam. A força mecanizada germânica sofreu progressivo declínio nos últimos anos de conflito, com altas perdas e lentidão na produção limitando o que podia ser feito. Em 1943, apenas 5993 tanques de todos os tipos foram produzidos; no mesmo ano, a União Soviética e os Estados Unidos produziram juntos 53 586. Em Kursk, em julho de 1943, as divisões mecanizadas dispunham em média de 73 tanques cada, embora algumas tivessem muito mais para a fase de assalto, mas o Nono Exército em Kursk precisou de 50 mil cavalos, enquanto o Quarto Exército Panzer precisou de 25 mil.[18]

A doutrina germânica de uso de tanques precisou ser alterada como resultado da mudança no equilíbrio de forças contra os Aliados. De armas destinadas a romper uma frente inimiga, seguida por exploração e envolvimento, os blindados alemães foram obrigados, a partir de meados de 1943, a adotar uma postura defensiva. Mesmo na defesa, eles podiam ser usados de modo ofensivo. No front oriental, unidades mecanizadas eram concentradas em *Panzerkampfgruppen* [grupos de batalha blindados], formados por tanques, infantaria blindada e artilharia rebocada, que deviam ser posicionados nos principais pontos de perigo, onde sustentavam o modelo de combate de armas autônomas e coordenadas. Mas a ênfase mudou para a destruição de blindados inimigos que se aproximavam usando uma mistura de tanques, unidades de infantaria caçadoras de tanque e armamentos antitanque, incluindo a peça de artilharia autopropulsada, o *Sturmgeschütz*, com seu canhão de 75 milímetros capaz de perfurar blindados, que, no fim da guerra, era o veículo blindado de combate mais numeroso do Exército alemão.[19] O novo PKW V "Pantera", com um canhão de 75 milímetros de alta velocidade, e o PKW VI "Tigre" armado com um canhão de 88 milímetros destruidor de tanques, usado brevemente na Batalha de Kursk na última ofensiva estratégica germânica, foram redistribuídos como veículos para contraofensivas limitadas ou, vez por outra, entrincheirados como artilharia defensiva, em vez de serem usados em sua função móvel. Há uma suprema ironia na mudança de prioridades alemãs. O Exército pioneiro em operações blindadas ofensivas tornou-se hábil, nos últimos dois anos de guerra, no combate defensivo antitanque. Em 1943, o Exército organizou *Pakfronten* [fronts de defesa antitanque] específicos com canhões antitanque entrincheirados em pontos ocultos para tocaiar blindados em suas rotas previstas, imitando o antigo "saco de fogo" soviético — uma área flanqueada por minas e obstáculos naturais, onde unidades antitanque do Exército Vermelho tentavam atrair blindados alemães para a zona de fogo. No mesmo ano, foram introduzidas duas novas armas antitanque, o projetor de foguetes de 88 milímetros RPZB 43, conhecido como *Panzerschreck* [terror de tanques], e o *Panzerfaust* [punho blindado], canhão antitanque para ser usado uma única vez que disparava uma ogiva capaz de penetrar mais de 140 milímetros de placa blindada. Ambos eram portáteis e leves e podiam ser usados por soldados treinados para imobilizar qualquer tipo de tanque médio e pesado. Mais de 8 milhões de *Panzerfaust* foram produzidos, dando às forças germânicas em retirada armas efetivas para retardar o avanço do inimigo fortemente blindado, virando de cabeça para baixo a estratégia operacional que o Exército tinha usado para começar a guerra.[20]

Em contraste, os Aliados, depois dos desastres na França em 1940 e nos estágios iniciais da invasão da União Soviética, tiveram que repensar a doutrina e a organização de blindados examinando com atenção a prática alemã. Na Grã-Bretanha e nos Estados Unidos, o desenvolvimento e a expansão de forças blindadas tiveram que começar quase do zero; na União Soviética, a destruição da grande força de tanques no verão de 1941 forçou uma mudança profunda na maneira soviética de utilizar blindados. Tanto a Grã-Bretanha como os Estados

Unidos desfrutavam da vantagem de ser as potências mais fortemente motorizadas do entreguerras e podiam contar com uma grande indústria automobilística e um grande estoque de veículos para modernizar de forma profunda o Exército. As infantarias americana e britânica eram conduzidas por caminhões e veículos blindados de transporte de pessoal; cavalos eram raridade. No entanto, suas Forças Armadas tinham surgido da tradição da cavalaria. Em ambos os casos, isso incentivou o desenvolvimento de unidades blindadas formadas apenas por tanques, e não por armas combinadas, usando tanques em massa como se fossem cavalos para perseguir o inimigo ou explorar uma brecha na linha inimiga.

Na Grã-Bretanha, nos anos 1920, os primeiros experimentos com armas combinadas foram substituídos pela ideia da força totalmente blindada, sem infantaria ou artilharia. A Brigada de Tanques, formada em 1931, era uma unidade só de tanques e forneceu o núcleo da futura Divisão Móvel (que logo passou a ser chamada de Divisão Blindada Britânica).[21] Em 1939, tomou-se a decisão de dividir as forças de tanque em duas: as brigadas de tanques, que usavam os veículos médios mais fortemente blindados ("Matilda", "Churchill e "Valentine") como armas de apoio à infantaria, foram anexadas a divisões de infantaria; as divisões blindadas, com tanques "cruzadores" mais rápidos, continuariam a ter a função móvel tradicionalmente desempenhada pela cavalaria. As brigadas de tanque de infantaria passaram a ser atualizadas com frequência com canhões de calibre mais grosso para enfrentar blindados inimigos, mas continuaram presas à infantaria à qual davam apoio. Entre 1940 e o outono de 1941, mais sete divisões blindadas foram formadas, depois que a Primeira Divisão da Grã-Bretanha foi destruída na França. Sua penosa vulnerabilidade sem o apoio de outras armas levou a uma reorganização final em 1942, com a redução do número de tanques e o acréscimo de infantaria motorizada e de maior capacidade antitanque e antiaérea. A Sexta Divisão Blindada, formada em 1943 a partir das forças sul-africanas que tinham servido no Norte da África, compreendia uma brigada de tanques, uma de infantaria motorizada, três regimentos de artilharia, um regimento de canhões antitanque e um de canhões antiaéreos, e por fim um regimento de canhões autopropulsados de 25 libras — um modelo de divisão Panzer.[22] Apesar disso, em comparação com a Alemanha e a União Soviética, o comprometimento da Grã-Bretanha com blindados foi modesto, e a qualidade dos tanques britânicos era tida de forma ampla como inadequada. No fim da guerra, havia apenas cinco divisões blindadas e oito brigadas antitanque do Exército, cada uma bastante dependente do M4 "Sherman" americano, fornecido em grandes quantidades a partir de 1942 através do programa Lend-Lease.[23] A Grã-Bretanha dedicou muito mais esforço ao ar e ao mar.

Os Estados Unidos praticamente não tinham forças blindadas antes de 1939 e, como a Grã-Bretanha, desenvolveram a primeira unidade nesse ano, a Sétima

Brigada de Cavalaria, substituindo cavalos por 112 pequenos carros blindados para reconhecimento. Em julho de 1940, depois de uma avaliação do êxito alemão na Polônia e na França, as primeiras divisões blindadas foram ativadas, mas tinham um complemento de tanques excessivo. Exercícios em 1941, realizados na Louisiana, mostraram que era muito fácil eliminar com armas antitanque um grande agrupamento desses veículos. As divisões foram reformadas às pressas para incorporar uma força equilibrada de armas com o acréscimo de infantaria, artilharia e armas antitanque, um batalhão de reconhecimento, engenheiros e serviços. As divisões eram totalmente motorizadas e mecanizadas, cada uma com 375 tanques e 759 veículos com esteiras e blindados de outros tipos, e foram projetadas, como os blindados alemães, para romper a linha inimiga. "A função das divisões blindadas", de acordo com o manual de campo liderado pelo general Adna Chaffee, primeiro comandante da Força Blindada, "é a condução de uma guerra bastante móvel, de caráter particularmente ofensivo, por uma unidade autônoma de grande poder e mobilidade [...]."[24] No entanto, problemas surgidos na campanha inicial americana na Tunísia forçaram grandes mudanças. O número planejado de divisões blindadas foi reduzido de 61 para dezesseis, e seu papel passou a ser perseguir e explorar uma brecha inicial na linha inimiga obtida pela infantaria fortemente armada, doutrina demonstrada com sucesso no avanço a partir da Normandia no fim de julho de 1944.

Em vez de mais divisões blindadas, setenta batalhões de tanques foram formados, um para cada divisão de infantaria, para todos os efeitos transformando o Exército terrestre americano numa força Panzer. Não foi feito nenhum pedido urgente de tanques pesados para igualar os avanços alemães e soviéticos, porque a agilidade era vista como a chave do sucesso, e os tanques pesados eram lentos demais. O tanque médio M4 Sherman e suas variantes foram projetados para apoiar a infantaria e para atuar em perseguições, mas também poderiam ser adaptados para uma ampla série de outras funções, como ocorreu na guerra do Pacífico contra bunkers e casamatas japoneses. Embora tenha sido superado no combate "corpo a corpo" com o Pantera ou com o Tigre alemães, era um veículo robusto, com altas taxas de confiabilidade. Também foi produzido em quantidades que simplesmente sobrepujavam o inimigo. Em dezembro de 1944, o Exército alemão tinha quinhentos Panteras no Oeste, os Exércitos aliados tinham 5 mil M4s.[25] Além disso, as forças móveis americanas desenvolveram um conjunto de armas para destruir tanques inimigos, como o lançador portátil de foguetes "Bazooka" com munição antitanque. A Bazooka (recebeu esse nome porque se parece muito com o instrumento musical bazuca) foi usada pela primeira vez durante a Operação Tocha, e uma versão bastante melhorada, com ogiva mais letal, a M9A1, foi introduzida dois anos depois. Mais de 476 mil foram produzidas e distribuídas de forma generosa entre as divisões blindadas e de infantaria. A formidável combinação de tanques, canhões autopropulsados "matadores de tanque", artilharia especial antitanque, Bazookas e aeronaves destruidoras de tanques frustrou operações blindadas inimigas, a mais notória na contraofensiva alemã em Mortain, em agosto de 1944.[26]

A transformação mais significativa na capacidade dos blindados se deu na União Soviética. Foi ali, no longo front soviético-alemão, que a maioria dos blindados germânicos foi empregada, e foi ali que a força blindada alemã, por fim, teve sua eficácia reduzida. A derrota das forças blindadas soviéticas em 1941 expôs muitas deficiências. Uma grande porcentagem dos numerosos tanques soviéticos disponíveis na véspera da invasão não estava em perfeitas condições de uso — apenas 3800 dos 14 200 —, e a maioria não era o célebre T-34, mas modelos menores e mais leves, que não representavam um grande desafio para os blindados e para a artilharia da Alemanha.[27] Um relatório preparado pelo major-general Rodion Morgunov, comandante de um corpo mecanizado na Ucrânia em junho de 1941 (onde divisões Panzer com 586 tanques alemães ajudaram a destruir quase todos os 3427 tanques soviéticos — sobraram apenas trezentos — que enfrentaram), lamentava a falta de concentração das forças mecanizadas, o baixo nível de informações de inteligência e comunicação, a inexistência de rádios, peças de reposição e combustível, e a ausência de um plano tático bem definido.[28] A partir da primavera de 1942, os blindados soviéticos foram reorganizados, abandonando-se o padrão disperso estabelecido em 1940, quando unidades mecanizadas eram atreladas a exércitos de infantaria. A unidade operacional básica passou a ser o corpo de tanques, equipado com 168 tanques, artilharia antitanque e antiaérea, e um batalhão de baterias de foguetes Katiúcha; dois corpos de tanque se juntaram a uma divisão de fuzileiros para criar um exército tanque-infantaria, o equivalente a uma divisão Panzer. De início, seu desempenho deixou a desejar por falta de comandantes experientes, mas à medida que outras unidades eram ativadas e que a força blindada se concentrava o Exército Vermelho conseguiu replicar a prática alemã. A partir de setembro de 1942, os exércitos de tanques foram suplementados por corpos mecanizados de armas combinadas, com até 224 tanques, mas uma proporção maior de infantaria, com apoio de ampla artilharia antitanque e antiaérea. Tanto os exércitos de tanques como os corpos mecanizados eram atualizados à medida que o abastecimento de recursos militares se expandia.[29] O número de unidades para um corpo de tanques aumentou em 1943 de 168 para 195, e durante 1944 começaram a chegar o tanque médio T-34 aprimorado e os tanques pesados IS-1 e IS-2 com canhões de cem milímetros e 122 milímetros, os mais avançados da guerra.

Foi ativado um total de 43 corpos de tanques e 22 corpos mecanizados, dando ao Exército Vermelho a maior concentração de blindados de todos os Estados combatentes. Os novos exércitos de tanques foram usados para perfurar os pontos mais fracos da linha inimiga, e em seguida perseguir e envolver forças inimigas, exatamente como os alemães tinham feito em 1940-1. A mobilidade melhorou com a conversão de motores a gasolina em a diesel, o que triplicou a distância que os veículos podiam viajar; o comando e o controle sofreram uma revolução com a introdução do rádio. Apesar de ainda prejudicados pelo treinamento limitado e por deficiências técnicas, o seu emprego tático melhorado era evidente na proporção de perdas entre os dois lados. Em 1941-2, as forças blindadas soviéticas perdiam seis veículos para cada veículo alemão perdido; em 1944, a proporção era de um para um, ajudada pela evolução de uma artilharia antitanque mais eficiente do lado soviético, o ZiS-3 de 76 milímetros e o gigante BS-3, de cem milímetros. Graças à produção sustentada e a um sistema de reparos eficiente, no fim de 1944 o Exército Vermelho tinha mais de 14 mil tanques para enfrentar os 4800 tanques e canhões autopropulsados germânicos; no Ocidente, os Aliados tinham 6 mil tanques para mil tanques alemães. As lições de 1940 e 1941 tinham sido assimiladas com perfeição.

Mais ou menos a mesma história ocorreu com o desenvolvimento da aviação de apoio terrestre, na qual a Força Aérea alemã desfrutava de vantagem substancial em 1939 tanto em doutrina como em equipamento. A Força Aérea alemã, como a blindada, só foi formada nos anos que precederam de imediato a guerra, mas o pensamento sobre aquilo que os alemães chamavam de "guerra aérea operacional" tomava por base a experiência da Primeira Guerra Mundial e as lições aprendidas. Nos anos 1920, o Ministério da Defesa germânico criou mais de quarenta grupos de estudos sobre a guerra aérea, quase todos dedicados a descobrir como adquirir e manter a superioridade aérea na frente de batalha para apoiar uma ofensiva terrestre.[30] O manual de "Condução da guerra aérea", de 1936, definiu o papel da Força Aérea como essencialmente ofensivo, trabalhando junto com o Exército e com a Marinha para derrotar as Forças Armadas inimigas. As aeronaves deveriam ser usadas primeiro para destruir a Força Aérea inimiga e sua organização, a fim de estabelecer a superioridade aérea no principal campo de batalha; uma vez que isso tivesse sido feito, era possível apoiar a ofensiva terrestre, primeiro de forma indireta, isolando o campo de batalha com a interdição de suprimentos, comunicações e reservas do inimigo até uma profundidade de duzentos quilômetros atrás da linha de frente, e em seguida com apoio direto às forças terrestres, utilizando bombardeiros médios e aeronaves de ataque ao solo.[31] Tratava-se de uma declaração clássica de poderio aéreo tático. O arsenal de novos modelos de aviões desenvolvidos entre 1935 e o início do conflito — o bombardeiro de mergulho Junkers Ju87, os bombardeiros médios Heinkel He111, Dornier Do17 e Junkers Ju88, os caças Messerschmitt Bf109 e Bf110

— foi todo projetado com a "guerra aérea operacional" em mente. Formavam o núcleo das Forças Aéreas táticas alemãs até o fim da guerra, quando, apesar das atualizações regulares, a maioria estava bem atrás da tecnologia aérea aliada. A organização da Força Aérea refletia essas prioridades operacionais. Atrás de cada um dos principais grupos de Exército havia uma frota aérea composta de todas as armas aéreas — aeronaves de reconhecimento, caças, bombardeiros de mergulho, bombardeiros e aeronaves de transporte — projetadas para seguir a ofensiva terrestre; eram comandadas de modo independente, submetidas a um controle central, móveis, e tinham, em 1939, um eficiente sistema de comunicação por rádio, tanto entre as unidades aéreas como entre as aéreas e as terrestres.

A organização para dar apoio ao front de combate continuou praticamente igual durante toda a guerra. Seu êxito foi evidente durante a invasão da França, quando a concentração de mais de 2700 aeronaves de combate suprimiu as forças aéreas aliadas, atacou suprimentos na retaguarda, reforços e serviços, e deu apoio direto no campo de batalha contra tropas e artilharia inimigas. As forças terrestres podiam chamar o apoio aéreo em questão de minutos graças a uma ligação estreita entre forças terrestres e aéreas, enquanto a RAF na França precisava de três horas para responder a um pedido de ajuda do exército. O choque psicológico de ataques de bombardeiros de mergulho nas tropas inimigas podia ser arrasador, ainda que a precisão fosse difícil de alcançar. Um tenente francês que se viu debaixo de uma chuva de bombas durante a travessia alemã do rio Mosa escreveu mais tarde: "Estávamos lá, imóveis, calados, curvados, encolhidos, de boca aberta para não estourar os tímpanos".[32] Na invasão da União Soviética, havia 2770 aviões, quase o mesmo número do ano anterior, devido à lenta expansão da produção de aeronaves, mas o efeito foi o mesmo que conseguiram na França, destruindo o poderio aéreo soviético em semanas e dando apoio direto às grandes investidas das forças blindadas, enquanto se aprofundavam em território soviético. Os aviões atacavam aeródromos, comunicações, concentrações de tropa e pontos fortes do campo de batalha usando uma mistura de lançamento de bombas e ataques ao solo com fogo de metralhadora e canhão. As tripulações aéreas eram instruídas a atacar blindados inimigos que estavam perigosamente perto das forças germânicas que avançavam, mas elas aprenderam a distinguir os blindados alemães dos soviéticos. "O efeito cumulativo dos nossos ataques", escreveu um piloto de BF110 em suas memórias, "podia ser visto no número crescente de veículos em chamas e tanques imóveis ou abandonados no campo de batalha lá embaixo."[33] A concentração da força aérea, como a de blindados, maximizava o impacto. A Força Aérea alemã manteve a superioridade na linha de frente contra as forças aéreas soviéticas mal organizadas e mal treinadas até a batalha de Stalingrado, quando pela primeira vez o fiel da balança deixou de pender só para um lado.

Olhando para trás, a receita alemã para ter um poderio aéreo tático bem-sucedido pode parecer nada mais do que simples bom senso. No entanto, nenhuma outra Força Aérea importante desenvolveu uma doutrina eficiente até o início da guerra. Isso era resultado de duas pressões conflitantes. Em primeiro lugar, os Exércitos queriam aeronaves para dar apoio aproximado às forças terrestres, mantendo um "guarda-chuva aéreo" defensivo sobre elas, e nos casos em que o Exército conseguia impor sua vontade, o poderio aéreo era descentralizado e subordinado a grupos locais. De outro lado, havia comandantes da Força Aérea ansiosos para desenvolver uma estratégia aérea independente, explorando a flexibilidade e o alcance das aeronaves em operações distantes do campo de batalha, até mesmo dirigidas contra a frente interna inimiga. A opinião do Exército sobre o poderio aéreo nos anos 1930 refletia a desvantagem óbvia do avião como instrumento de guerra. Em 1935, o general de brigada americano Stanley Embick resumiu assim as "limitações inerentes" das aeronaves:

> Não conseguem ocupar nem controlar de forma permanente áreas terrestres ou marítimas, são impotentes e indefesas, a não ser durante o voo, e dependem amplamente de forças terrestres e marítimas para a sua proteção. São frágeis, vulneráveis ao menor míssil, inoperáveis no mau tempo e extremamente caras.[34]

Como os tanques, os aviões também enfrentavam artilharia antiaérea cada vez mais sofisticada, projetada para derrubá-las ou afastá-las dos alvos mais valiosos. Embick podia ter acrescentado que a tecnologia em uso tornava as operações aéreas contra alvos no solo inerentemente imprecisas, a não ser quando realizadas a baixíssimas altitudes. A ideia de aviões como "destruidores de tanques" durante a guerra exagerava a chance de um pequeno alvo ser atingido do ar até o desenvolvimento de armas e munições de ataque ao solo muito melhores.

No Japão, na Itália, na França, na União Soviética e nos Estados Unidos, as aeronaves eram vistas pelo Exército no máximo como uma arma auxiliar, mais adequada para dar apoio aproximado a unidades terrestres controladas pelo Exército, e a organização das forças aéreas refletia essa prioridade. Só na Grã-Bretanha é que a Força Aérea, estabelecida como o primeiro serviço aéreo independente em 1918, desenvolveu um perfil estratégico que ignorava amplamente o compromisso com o conflito terrestre, enquanto travava uma longa luta para preservar sua autonomia em relação ao Exército e à Marinha. Em vez disso, a RAF deu prioridade à defesa aérea contra uma futura ofensiva de bombardeios e ao desenvolvimento de uma força de ataque aéreo para levar a guerra de bombardeio à frente interna do inimigo. Essas duas funções exploravam a diferença entre o exercício do poderio aéreo e o do poderio terrestre, e correspondiam à posição geopolítica da Grã-Bretanha nos anos 1920 e 1930, protegida de invasão e relutante em admitir a possibilidade de um segundo grande conflito terrestre depois do derramamento de sangue da Grande Guerra. O foco na defesa aérea e no bombardeio estratégico dificultou o surgimento da "guerra aérea operacional" prefigurada no planejamento alemão e demonstrada com êxito nos primeiros anos de batalha.

Em 1940, o fracasso das Forças Aéreas britânica e francesa na Batalha da França ressaltou o contraste com a prática alemã. Nenhuma das duas estava preparada e era priorizada para atacar a força aérea inimiga e sua organização de apoio para estabelecer superioridade aérea. A "Instrução sobre o emprego tático das principais unidades aéreas", divulgada em 1937 pelo Ministério da Aeronáutica francês, insistia em que "a participação em operações terrestres conta como a *tarefa mais fundamental* da Força Aérea".[35] O Exército queria uma Força Aérea estreitamente ligada a Exércitos individuais e grupos de Exércitos e esperava que o reconhecimento da artilharia inimiga e a proteção de tropas no solo fossem prioridade. O resultado foi um elemento aéreo que em 1940 era inflexível e descentralizado, situação agravada pelo estado primitivo das comunicações francesas.[36] Na Grã-Bretanha, era notável o quanto houve pouca preparação para operações combinadas entre o Exército e a Força Aérea. Em 1938, um manual provisório sobre "O emprego de Forças Aéreas em campo" foi preparado pelo diretor de planos da RAF, John Slessor, e pelo tenente-coronel do Exército Archibald Nye, mas a proposta "Slessor/Nye" de um componente aéreo do Exército constituído de caças, bombardeiros e aeronaves de cooperação e subordinado ao comandante do Exército foi rejeitada pelo Ministério da Aeronáutica como uma tentativa disfarçada de criar uma Força Aérea separada para o Exército. Após o início da guerra, apesar das pressões do Ministério da Guerra e do Estado-Maior Geral Imperial para criar o que o ministro da Guerra Leslie Hore-Belisha chamava de "uma Força Aérea controlada pelo Exército", o Estado-Maior da Aeronáutica continuou a rejeitar qualquer tentativa de subverter a independência da RAF.[37]

No fim, o Exército precisou se contentar com uma Força de Ataque Aéreo Avançada, composta de bombardeiros leves já obsoletos, que foram dizimados pela Força Aérea alemã, e um pequeno componente aéreo de caças e aeronaves de reconhecimento controlado não pelo exército, mas pelo Estado-Maior aeronáutico e pelos comandos de bombardeiros e caças da RAF. Não havia um quartel-general conjunto para o Exército e a Força Aérea, a comunicação entre terra e ar era precária e não se tentou engajar em operações combinadas contraforça. Como a Força Aérea francesa, a RAF foi obrigada a atuar de forma defensiva diante do ataque germânico, com equipamento inadequado, não só contra caças inimigos, mas também contra diversas baterias antiaéreas de campo, coisa que os Aliados não tinham. A RAF via a participação na batalha terrestre em termos totalmente negativos. O argumento de Slessor de que "o avião não é arma para o campo de batalha" era repetido por comandantes da RAF. Ataques a aeródromos inimigos eram vistos como um "gasto antieconômico" de esforços, dada a facilidade com que os recursos aéreos podiam ser ocultados ou redistribuídos.[38] Em meados de maio de 1940, a RAF teve a oportunidade de começar a bombardear cidades industriais alemãs como forma indireta de reduzir a força de combate na França. A pouca experiência de poderio aéreo tático parecia confirmar que os ataques "estratégicos" contra a frente interna inimiga no futuro constituiriam um uso mais lucrativo dos recursos aéreos.

A RAF passou por um longo processo de aprendizado para deixar de lado suas preferências estratégicas e desenvolver uma capacidade tática que, em 1945, era extensa e eficiente. Após o fracasso na França, o Exército criou um comitê comandado pelo tenente-general William Bartholomew para revisar o que tinha dado errado e o que precisava ser feito. O Exército atribuiu parte substancial da culpa à RAF, por não ter fornecido um guarda-chuva aéreo e protegido as forças britânicas da aviação inimiga, e nos três anos seguintes o Exército e a Força Aérea persistiram numa discussão inusitadamente amarga sobre o controle dos recursos aéreos no campo de batalha.[39] O surgimento de uma capacidade tática acabou sendo forçado pelas circunstâncias. O único lugar onde as forças terrestres britânicas podiam entrar em combate com o Eixo era o Norte da África. Ali não havia possibilidade de ataques de longo alcance contra a pátria do inimigo, portanto o Comando da RAF no Oriente Médio teve que se dedicar a criar a "guerra aérea operacional" ou correr o risco de ser engolido pelo Exército, cujo comandante-geral, o general Archibald Wavell, queria um controle mais rigoroso do Exército sobre as operações aéreas para impedir ataques acidentais às forças do Império Britânico. Primeiro comandado pelo vice-marechal do ar Arthur Longmore, depois, a partir de julho de 1941, pelo marechal do ar Arthur Tedder, a Força Aérea do Oriente Médio se pôs a desenvolver uma coisa mais parecida com a "guerra aérea operacional" germânica. Eles batiam na tecla de que só um comandante da Força Aérea poderia controlar e comandar recursos aéreos e tentaram concentrar as forças como os alemães tinham feito. Foi essa a receita que garantiu o êxito alemão, mas que se revelou tão difícil de reproduzir. Os comandantes do Exército continuavam a exigir proteção aérea aproximada, desperdiçando recursos em patrulhas defensivas ou em ataques contra alvos terrestres fortemente defendidos, nos quais as perdas de aeronaves se multiplicaram. Tedder queria que os quartéis-generais da aviação e do Exército fossem localizados um ao lado do outro, para coordenar melhor a estratégia operacional, mas durante as batalhas de 1941 e do primeiro semestre de 1942 eles por vezes ficavam separados por até 130 quilômetros de distância.[40] A RAF trabalhou nos primeiros anos com uma coleção heterogênea de aeronaves britânicas e americanas, sem unidades especializadas de ataque terrestre e com poucos bombardeiros médios eficazes. Dar forma a uma "guerra aérea operacional" a partir dessa mistura tão pouco promissora foi uma das façanhas mais notáveis do esforço de guerra da Grã-Bretanha.

A criação bem-sucedida de uma Força Aérea tática foi possibilitada em grande parte pela nomeação, em setembro de 1941, do vice-marechal do ar neozelandês Arthur "Mary" Coningham para o comando da Força Aérea do Deserto Ocidental, sob as ordens de Tedder. Sua principal contribuição foi uma vigorosa rejeição da preferência do Exército pela proteção aérea aproximada. Num panfleto sobre a cooperação Aeronáutica-Exército redigido depois da vitória em El Alamein, Coningham afirmou que o poderio aéreo precisava ser centralizado para ter eficácia e deveria estar diretamente sob comando e controle da Força Aérea. "O soldado", acrescentou ele, "não deve esperar ou querer exercer comando direto sobre forças aéreas de ataque" — conclusão a que Churchill já tinha chegado quando enviou a Wavell, em novembro de 1941, uma severa repreensão por continuar a defender uma Força Aérea do Exército. "Nunca mais", escreveu ele, "as tropas terrestres devem esperar, como algo natural, ser protegidas de ataques aéreos inimigos por aeronaves", num raro momento de intervenção política direta em questões de doutrina.[41] A resolução da disputa entre as duas instituições militares enfim abriu caminho para operações combinadas profícuas.

Coningham e Tedder desenvolveram a estratégia operacional em três camadas concebida pela Força Aérea germânica: estabelecer superioridade aérea, isolar o campo de batalha e dar apoio direto à batalha terrestre. Para este último estágio, dedicou-se grande atenção a demarcar uma clara "linha de bombardeio" para que as tropas amigas não fossem atingidas, problema que tinha infestado o apoio aéreo aproximado até o verão de 1942. Os quartéis-generais da Força Aérea e do Exército enfim foram postos lado a lado e, com novos equipamentos de rádio, radar móvel e um sistema de unidades de Controle de Apoio Aéreo para acompanhar o Exército na batalha, o tempo para conseguir apoio na linha de batalha caiu de uma média de duas a três horas para trinta minutos.[42] A RAF agora estava armada com o Hurricane IID, dotado de poderoso fogo de canhão para apoio aproximado contra tanques, a primeira aeronave britânica de ataque ao solo eficaz, e o caça-bombardeiro americano do programa Lend-Lease, o P-40D, rebatizado como Kittyhawk. No fim do verão de 1942, com Rommel prestes a atacar no Egito, Forças Aéreas britânicas e da Commonwealth conseguiram total domínio do ar. Os danos infligidos ao inimigo repetiram o sucesso de dois anos antes da Força Aérea germânica na França. A ofensiva de Rommel em Alam el Halfa em agosto foi interceptada pelo poderio aéreo tático britânico, e durante a contraofensiva de Montgomery em El Alamein dois meses depois o domínio do ar era absoluto. Rommel diria depois que qualquer Exército que fosse obrigado a combater um inimigo que detinha a superioridade aérea "luta como um selvagem contra tropas europeias modernas".[43]

As lições cuidadosamente aprendidas na campanha do Deserto Ocidental tiveram que ser reaprendidas de modo penoso quando, em novembro de 1942, uma força expedicionária combinada americano-britânica desembarcou no noroeste da África na Operação Tocha. Nem o componente da RAF, apelidado de Força Aérea Oriental, nem a 12ª Força Aérea dos Estados Unidos, comandada pelo major-general James Doolittle, dispunham de informações minuciosas sobre como o poderio aéreo tático tinha tido êxito no Egito e na Líbia, apesar de em outubro Churchill ter feito uma nova intervenção para repetir que o Exército e a Força Aérea deveriam adotar "o modelo líbio".[44] A campanha aérea inicial contra as Forças Aéreas alemã e italiana na Tunísia cometeu todos os erros laboriosamente corrigidos no Deserto Ocidental: quase não houve comunicação entre os comandantes das Forças Aéreas britânica e americana, uma vez que cada um foi incumbido de dar apoio aproximado para suas respectivas forças terrestres; Eisenhower, comandante-geral da força expedicionária, voltou a bater na tecla de que o Exército deveria ter o direito de comando direto sobre as unidades aéreas; quase não houve tentativa de conduzir uma campanha coordenada contra a força aérea inimiga, enquanto comandantes terrestres, tanto americanos como britânicos, insistiam em patrulhas de caças ao longo da linha de frente para fornecer um guarda-chuva aéreo; havia poucas aeronaves especializadas para ataque ao solo, e os pilotos de caça americanos não tinham experiência em metralhar alvos terrestres, e, de início, sequer contavam com porta-bombas externos para operações de interdição. Apenas cinco aeródromos operacionais capazes de atuar em qualquer condição meteorológica foram tomados, limitando de forma severa a mobilidade da força aérea durante uma estação de chuvas torrenciais. As perdas foram graves, enquanto os comandantes do Exército se queixavam de que suas tropas inexperientes, com taxas de baixas psiquiátricas significativas em sua primeira exposição a fogo real, precisavam de apoio aéreo aproximado a qualquer custo.[45] Os fracassos mostraram que nenhuma das forças aéreas, distantes da realidade da batalha na África, tinha absorvido ou mesmo compreendido o "modelo líbio".

A visão americana do poderio aéreo tático antes da guerra era dominada pela exigência do Exército de que deveria realizar o apoio aproximado das forças terrestres controladas por ele. Comandantes do Exército eram hostis aos argumentos da Força Aérea em favor de mais independência, mas extensos exercícios conduzidos na Louisiana em 1941 mostraram que o Exército não sabia muito bem como a Força Aérea funcionava. Uma Escola Tática do Corpo Aéreo já tinha concluído que o melhor era adotar as práticas seguidas pela Força Aérea alemã de uma guerra aérea operacional em três camadas, mas a visão que o Exército tinha de priorizar o apoio aproximado não pôde ser contestada. O primeiro manual de campo em tempos de guerra a abordar a questão do poderio aéreo tático, o FM-31-35, publicado em abril de 1942, continuou a bater na tecla de que "o comandante da força terrestre [...] decide qual é o apoio aéreo necessário". O quartel-general de Eisenhower emitiu o documento "Aviação de combate em apoio direto das forças terrestres" antes da "Tocha", deixando explícito que a Força Aérea estava subordinada ao comando terrestre.[46] O comandante do Exército britânico, o tenente-general Kenneth Anderson, trouxe consigo o preconceito contra operações aéreas independentes, e, como consequência, apoiava a insistência americana em manter a Força Aérea sendo comandada a partir do solo. Em poucas semanas, deu para ver que o poderio aéreo tático no noroeste da África era um desastre. Doolittle, a quem foi concedido apenas um papel consultivo, apesar de comandar a 12ª Força Aérea, exigiu que os Aliados "abandonassem nossa organização atual totalmente ferrada" e usassem o poderio aéreo como deveria.[47] Eisenhower logo se deu conta de que tinha entendido mal a natureza do poderio aéreo tático, e na conferência anglo-americana em Casablanca, no fim de janeiro de 1943, a organização foi reformulada de modo radical, como prelúdio para adotar as lições táticas do Deserto Ocidental. O primeiro passo foi centralizar a estrutura de comando. Tedder foi nomeado comandante-chefe geral das Forças Aéreas no Mediterrâneo, enquanto o general da Força Aérea americana Carl Spaatz foi nomeado comandante das Forças Aéreas do Noroeste da África, e o controle conjunto do poderio aéreo tático foi entregue a Coningham. Eles suspenderam de imediato o uso do "guarda-chuva aéreo", revogaram o direito de comandantes do Exército ordenarem apoio aéreo e introduziram uma campanha tática ofensiva contra a Força Aérea do Eixo.

O "modelo líbio" foi adotado por completo depois de uma reunião de cúpula no porto líbio de Trípoli, em fevereiro de 1943, entre os líderes das forças aéreas e terrestres aliadas; nela, Montgomery discorreu sobre a necessidade de uma força aérea independente que buscasse sua própria versão de superioridade. Um novo manual de campo americano foi introduzido meses depois, o FM-100-20, "Comando e emprego de poderio aéreo", que abria com as seguintes palavras, em letras maiúsculas, "PODERIO TERRESTRE E AÉREO COIGUAIS [...], NENHUM É AUXILIAR DO OUTRO". O manual reproduzia a ideia de Coningham de uma operação em três camadas, que oficiais da Força Aérea americana tinham levado para Washington.[48] Embora uma desconfiança residual entre a Força Aérea e o Exército tenha persistido em campanhas posteriores, as mudanças de organização e doutrina ocorridas no Norte da África ditaram o uso do poderio aéreo tático até o fim da guerra. Comunicações, inteligência e equipamento melhores, incluindo os caças americanos P-51 Mustang (também chamados de A-36 Apache quando utilizados como aeronaves de ataque ao solo) e o Hawker Typhoon da RAF, que disparava foguetes, ampliaram o impacto do poderio aéreo tático anglo-americano. A Nona Força Aérea Americana e a Segunda Força Aérea Tática Britânica, mobilizadas para apoiar a invasão da França em junho de 1944, nem pareciam as forças incoerentes que tinham participado da "Tocha". O poderio aéreo tático aliado se mostrou tão decisivo quanto a guerra mecanizada para explicar a vitória aliada. Já a Força Aérea alemã entrou em colapso como força tática. Foi obrigada a dedicar dois terços da sua capacidade de combate e a maior parte da artilharia antiaérea na defesa das ofensivas de bombardeiros aliados. Carente de todos os tipos de aeronave de campo de batalha e de combustível, ela teve que despachar para combate pilotos com treinamento insuficiente.[49] O chefe de operações de Hitler, o coronel-general Alfred Jodl, opinou para os interrogadores em junho de 1945 que, "no fim das contas, estabelecer superioridade aérea em toda a zona de conflito decidiu por completo a guerra."[50]

No fim de 1944, se a Força Aérea tática soviética fosse somada aos números ocidentais, as disparidades seriam ainda maiores. Embora os chefes militares alemães durante e depois da guerra tenham menosprezado o significado do poderio aéreo soviético, as mudanças na forma de conduzir a guerra aérea tática da Força Aérea Vermelha, em resposta a vitórias iniciais da Alemanha, podem ser comparadas à grande melhoria qualitativa nas Forças Aéreas anglo-americanas. O poderio aéreo soviético sofreu, assim como a doutrina e a organização dos blindados, com as reformas do fim dos anos 1930, quando as forças do ar ficaram vinculadas a tropas individuais e sob comando direto do Exército. A doutrina soviética ressaltava o papel da aviação no apoio direto das forças terrestres como uma força ofensiva combinada ar-terra. Diferente da "guerra aérea operacional" alemã ou do "modelo líbio" no Ocidente, a Força Aérea Vermelha não via distinção, do ponto de vista da doutrina, entre estabelecer superioridade aérea e o apoio aproximado de forças terrestres, porque essa superioridade deveria ser conquistada não ao bombardear aeródromos e suprimentos distantes, mas ao destruir caças e bombardeiros inimigos no campo de batalha. Nos "Regulamentos de combate para a aviação de caça", publicado em 1940, o caça aparece como o principal instrumento para alcançar superioridade em combate.[51] Em junho de 1941, apesar de algumas tentativas de atacar áreas da retaguarda germânica, bombardeiros lentos sem escolta foram derrubados de forma impiedosa por caças alemães, incentivando o Exército a limitar o apoio aéreo a operações táticas no campo de batalha, dispersando e restringindo o que a aviação soviética era capaz de realizar. A ênfase no apoio aproximado no campo de batalha foi mantida durante todo o conflito. Ataques limitados de interdição atrás da linha de frente imediata também eram considerados, na doutrina soviética, operações de apoio terrestre. Mais adiante no conflito, os pilotos soviéticos puderam adotar as chamadas táticas de "caçador livre" [*okhotniki*], buscando alvos de oportunidade no solo, mas eles estavam limitados por distâncias não maiores do que 24 quilômetros [52] Diferente da prática de todas as outras grandes potências, a aviação tática estava restrita basicamente a apoiar forças terrestres. Ironicamente, à medida que os recursos aéreos alemães diminuíam e os combates terrestres se tornavam mais intensos e prolongados, a frota aérea germânica foi abandonando o padrão de "guerra aérea operacional" para se concentrar mais no apoio aproximado ao Exército, imitando agora a Força Aérea soviética, e não o contrário.

O mau desempenho da aviação soviética no verão de 1941, quando quase todas as aeronaves atribuídas aos distritos militares ocidentais foram destruídas, levou a uma reforma na maneira de organizar o apoio no campo de batalha, ainda que a doutrina permanecesse inalterada. Em abril de 1942, o jovem general da Força Aérea Aleksandr Novikov, que se destacara na defesa aérea de Leningrado e Moscou, foi nomeado comandante-chefe da Força Aérea e de imediato começou a mudar a organização. A "aviação do Exército" e a "aviação das tropas", vinculadas a grupos e divisões individuais e que eram submetidas ao comando do Exército, foram abolidas, e em seu lugar surgiu o exército aéreo, organizado como a frota aérea germânica, com corpos de caças, bombardeiros e aeronaves de ataque ao solo. Os sete exércitos aéreos eram controlados de forma centralizada por oficiais da Força Aérea, que trabalhavam em quartéis-generais ao lado do comandante do grupo de Exércitos cujas forças tinham a incumbência de apoiar. O exército aéreo permitiu que pela primeira vez a aviação de campo de batalha fosse concentrada. Para aumentar o grau de concentração em pontos críticos na ofensiva, o *Stavka* [supremo comando soviético] organizou corpos de reserva de caças, bombardeiros e aeronaves de ataque ao solo que seriam movidos para onde houvesse necessidade. Os exércitos aéreos eram completamente móveis, como as unidades blindadas, com 4 mil veículos cada um para se movimentar rápido em direção a bases aéreas avançadas ou para se retirar com velocidade. Novikov e seu Estado-Maior introduziram outras reformas para melhorar a eficácia de combate. As comunicações e a coleta de informações de inteligência foram reformuladas com o uso do rádio e do radar; a manutenção e os reparos se tornaram prioridades; a camuflagem e a dissimulação eficientes foram praticadas para evitar que se repetisse a destruição arrasadora de 1941. O mais significativo foi a melhoria no equipamento. Os caças/caças-bombardeiros Yak-3 e La-5 estavam em pé de igualdade com os mais recentes modelos dos caças alemães Me109 e Fw190 e podiam ser modificados para carregar bombas ou foguetes. O Il-2 "Sturmovik" — apelidado de "Morte Negra" pelos soldados alemães — foi a aeronave de ataque ao solo mais numerosa de toda a guerra; ela podia ser armada com foguetes, bombas (em particular uma bomba antipessoal de fragmentação que apavorava os soldados alemães) ou lançadores de granadas, e em 1943 foi equipada com um canhão de 37 milímetros para destruir tanques. Produzida em grande número, era usada quase exclusivamente na frente de combate, onde destruía blindados germânicos e desmoralizava os soldados que bombardeava.

A Força Aérea Vermelha levou tempo para se ajustar à reorganização, ao novo sistema de comunicações e aos novos modelos de aeronave. Regimes de treinamento limitados, com os pilotos acumulando, em 1942 e 1943, pouco mais de algumas horas de voo em aviões de combate, resultaram em altas perdas no front; o foco em voos no campo de batalha também resultou em operações perigosas contra defesas antiaéreas alemãs e fogo de infantaria terrestre. Os pilotos soviéticos demoraram a aprender a confiar na comunicação por rádio, e, do espantoso total de 8545 aeródromos construídos durante a guerra, 5531 não passavam de pistas de terra, arriscadas para o pouso. No entanto, a disputa entre as duas Forças Aéreas se tornou mais equilibrada em Stalingrado e em Kursk, enquanto as táticas aéreas soviéticas amadureceram a partir de meados de 1943, durante a longa ofensiva contra as forças armadas germânicas. As aeronaves de ataque ao solo soviéticas funcionaram bem como apoio de grandes investidas blindadas, abrindo um canal para as unidades terrestres avançarem, enquanto os caças mantinham a força aérea inimiga à distância, realizando patrulhas ofensivas contínuas. Em 1945, com o oponente alemão bastante reduzido em tamanho e capacidade, foi possível fazer operações de interdição mais amplas atrás da linha de frente inimiga, mas elas ainda eram vistas como apoio direto à zona de batalha. A essa altura, a Força Aérea Vermelha tinha na linha de frente uma força de 15 500 aeronaves, dez vezes mais que o inimigo germânico. A combinação força aérea e blindados no esforço de guerra soviético, apesar de todas as deficiências identificadas em pesquisas posteriores, foi um impulso essencial irresistível para a vitória aliada de modo geral, assim como a força aérea e os blindados tinham sido essenciais para as vitórias alemãs quatro anos antes.

ASCENSÃO DAS ANFÍBIAS

"Para lançar e manter uma operação anfíbia", escreveu o almirante lorde Keyes numa edição das suas palestras de Lees-Knowles, proferida em Cambridge em 1943, "é necessário ter supremacia marítima no teatro da operação, e, com o advento do poderio aéreo, isso só pode ser alcançado por uma Marinha que tenha meios de lutar, não apenas na superfície e submersa, mas também no ar."[53] Se as guerras terrestre e aérea estavam ligadas na Segunda Guerra Mundial de forma inextricável, o mesmo se dava com a marítima e a aérea, em especial na condução de operações anfíbias que, de modo diferente da Primeira Guerra Mundial, foram um elemento importante do conflito tanto na Europa como no Pacífico e essencial para a vitória final dos Aliados.

A guerra anfíbia era um híbrido que exigia que as três armas combinassem suas operações para o ataque inicial e para manter e ampliar a área de segurança até o inimigo ser derrotado. Era distinta de um desembarque de tropas simples, em que não havia resistência inimiga, o que acontecia com frequência. A guerra anfíbia significava exatamente o que o termo dizia — lutar vindo do mar em direção à terra. Tinha baixa prioridade para a maioria das Marinhas e dos Exércitos durante o entreguerras, em parte por causa do preconceito que as armas tinham de um conceito que forçava a colaboração entre elas, em parte por causa da opinião dominante de que, com armamentos modernos, incluindo aviões, era impossível tomar de assalto uma costa defendida. O desastre aliado em Galípoli, em 1915-6, era um lembrete eloquente das dificuldades e um ponto de referência durante o entreguerras para críticos do combate anfíbio. Só no Japão e nos Estados Unidos, um de frente para o outro, separados pelo oceano Pacífico, a guerra anfíbia era levada a sério como uma necessidade estratégica e operacional em qualquer conflito futuro entre os dois países. A geografia ditava que ambos precisariam de bases remotas entre as cadeias de ilhas do Pacífico ocidental e que elas só podiam ser atacadas e tomadas pelo mar.

O pensamento americano sobre essa disputa remontava à Primeira Guerra Mundial, com a preparação do "Plano de Guerra Laranja" para um possível conflito com o Japão, mas a natureza anfíbia de uma campanha futura só se confirmou quando o país asiático foi contemplado em 1919 com os territórios insulares alemães (as ilhas Marshall, Marianas e Carolinas) como Mandatos da Liga. Desafiando a Liga, o Japão começou a construir em segredo nos anos 1920 instalações navais e aeródromos, criando na verdade o primeiro estágio do que se tornaria um longo perímetro defensivo no Pacífico durante a Segunda Guerra Mundial. À luz da nova posição estratégica do Japão no Pacífico ocidental, a Marinha dos Estados Unidos se pôs a revisar o Plano Laranja. Uma das muitas contribuições à revisão de 1922 foi um artigo de autoria do tenente-coronel Earl "Pete" Ellis, oficial de inteligência do Corpo de Fuzileiros Navais, intitulado "Operações de base avançada na Micronésia", que lançou os alicerces da doutrina americana da guerra anfíbia. Ellis entendia que um ataque vindo do mar era fundamentalmente diferente tanto do combate terrestre como do naval convencional. Sua descrição de futuras operações contra costas defendidas se antecipou em detalhes ao conflito que ocorreria no Pacífico central vinte anos depois: a necessidade de uma grande força treinada de fuzileiros navais; canais desobstruídos de minas e obstáculos para a aproximação de lanchas de desembarque na costa; apoio de flanco de fogo naval para suprimir o fogo inimigo; apoio terrestre da aviação naval; batalhões de artilharia e sinalização deixados em terra para ajudar os fuzileiros a montarem uma cabeça de praia; praias a serem marcadas e controladas à medida que homens e suprimentos fossem chegando em terra; e rápida movimentação entre navio e costa para maximizar o impacto inicial do ataque. As operações anfíbias, concluiu Ellis, seriam "bem-sucedidas ou fracassariam por completo praticamente na praia".⁵⁴ Embora a Marinha e o Exército evitassem um comprometimento com a guerra anfíbia durante a maior parte dos anos 1920 e 1930, a receita de Ellis foi adotada pelo pequeno Corpo de Fuzileiros Navais ao preparar o primeiro "Manual provisório de operações de desembarque", divulgado em 1934. O manual, por sua vez, formou o núcleo da "Publicação de treinamento da frota 167, doutrina de operações de desembarque", publicada em 1938 e mantida (com alterações) durante todo o conflito no Pacífico. Ellis não viveu para ver suas opiniões confirmadas. Com uma longa história de alcoolismo, morreu em circunstâncias misteriosas numa missão de espionagem às ilhas Carolinas, controladas pelos japoneses, em 1923.⁵⁵

O desenvolvimento japonês de uma capacidade anfíbia refletia exatamente o planejamento americano. Desde os anos 1890 e os primeiros passos do país para construir um império ultramarino, ficou evidente que o Exército e a Marinha do Japão tinham que aprender a projetar força vinda do mar contra qualquer inimigo potencial, fosse no continente asiático ou nas ilhas do Pacífico. Em 1918, um manual conjunto da Marinha e do Exército, "Esboço do emprego de forças", incluiu uma possível invasão anfíbia das Filipinas americanas; uma versão de 1923 acrescentou a base americana em Guam. O estudo minucioso da campanha de Galípoli convenceu o Exército japonês de que não dava para confiar na Marinha para conduzir operações anfíbias. O treinamento do Exército para ataques a uma costa defendida começou em 1921; o primeiro manual abrangente do Exército, "Sumário de operações anfíbias", foi lançado em 1924, e uma versão final de "Esboço de operações anfíbias", preparada em conjunto com a Marinha, apareceu em 1932. A doutrina japonesa ressaltava a necessidade de um movimento rápido do navio para a costa, apoio naval e aéreo para proteger o desembarque, e lanchas especializadas para transporte de tropas e suprimentos dos navios de transporte para a praia, de preferência à noite para desorientar os defensores, usando marcadores com tinta luminosa para guiar a lancha de desembarque. Mas tanto o Exército como a Marinha partiam do princípio de que bastava mobilizar forças relativamente pequenas. A Marinha desenvolveu as Forças Especiais de Desembarque Naval, do tamanho de um batalhão (aproximadamente mil oficiais e soldados), para operações contra bases mal defendidas no Pacífico; o Exército esperava realizar ataques com a força de uma divisão ou mais porém em um desembarque bastante disperso, cada um de um tamanho mais limitado.⁵⁶

O fator decisivo na guerra anfíbia identificado bem cedo pelo Exército japonês foi a necessidade de lanchas de desembarque especializadas e de navios de desembarque projetados para levar homens, veículos e suprimentos à costa de forma rápida. A evolução de barcos especializados para operações anfíbias foi um fator importante que determinou o êxito futuro, tanto das potências do Eixo como dos Aliados. Em 1930, o Exército japonês tinha duas lanchas de desembarque motorizadas, a Tipo I [*daihatsu*], para transportar cem soldados, equipada com uma rampa para acesso fácil à praia, e a Tipo II [*shohatsu*], menor, para trinta homens, ou dez homens e dez cavalos, mas sem rampa. Ambas eram armadas e blindadas para proteger contra fogo hostil. Para transportar a lancha de desembarque, engenheiros do Exército desenvolveram o navio de desembarque de 8 mil toneladas *Shinsu-maru*, que tinha um convés de poço com portas de popa. Depois de inundar o convés de poço, as lanchas de desembarque armazenadas ali flutuavam e seguiam direto para a praia. O *Akitsu-maru*, o maior, introduzido em 1941, podia também transportar aviões.[57] Observadores americanos e britânicos na China, no primeiro ano da guerra sino-japonesa, viram o *Shinsu-maru* e o *daihatsu* em operação. Um deles era um jovem tenente dos fuzileiros navais americanos, Victor Krulak, que enviou um relatório para o comandante do Corpo de Fuzileiros Navais, Thomas Holcomb, junto com seu próprio modelo de lancha de desembarque. Holcomb passou de imediato a pressionar por uma embarcação de calado raso com rampa de proa para descarregar tropas direto na praia, porém mais de dois anos foram necessários para convencer a Marinha de que o conceito era essencial para operações anfíbias, em especial porque uma embarcação de assalto seria recebida de forma negativa pelo lobby isolacionista no Congresso. A lancha de desembarque de veículos e pessoal e o navio de desembarque de doca, ambos em serviço em 1943, devem suas origens às inovações japonesas dos anos 1930.[58]

A linha de frente do Pacífico dava sentido aos preparativos anfíbios no Japão e nos Estados Unidos, mas na Europa quase não havia necessidade de preparar forças e equipamento para uma improvável hipótese de guerra. A expectativa era de um grande conflito terrestre. Mesmo na Grã-Bretanha, com a Marinha mais poderosa do mundo e um império global, desembarques numa costa defendida não eram vistos como prováveis. As lições de Galípoli foram bastante exploradas depois de 1918, mas um Comitê Interdepartamental sobre Operações Combinadas formado em 1920 concluiu que as Forças Armadas deveriam permanecer independentes e evitar planejar desembarques com resistência inimiga. A incumbência dos 9 mil fuzileiros navais reais era defender as bases navais existentes, e não formar o núcleo de uma força anfíbia de ataque. Um "Manual de operações combinadas", lançado pela primeira vez em 1922, quase não oferecia orientação operacional. Quando o planejamento para a guerra na Europa começou em 1939, o Exército partiu do pressuposto de que as forças britânicas lutariam ao lado das francesas, como em 1918. Ninguém pensava na perspectiva de que a Grã-Bretanha fosse expulsa do continente europeu sem uma alternativa que não fosse se preparar para um grande ataque anfíbio contra defesas preparadas, mas, no verão de 1940, essa acabou sendo a única opção. Os únicos preparativos para operações anfíbias consistiram em desenvolver pequenas lanchas de desembarque motorizadas nos anos 1920 sob os auspícios de um Comitê de Lanchas de Desembarque, mas em 1938 a Marinha só tinha oito. Naquele mesmo ano, ordenou-se que fossem desenvolvidas uma lancha de desembarque e ataque, para tropas, e uma lancha de desembarque e tanque, para veículos, numa decisão inesperadamente útil que resultou em duas embarcações padrão para as operações de 1943 e 1944.[59] Além disso, a capacidade da Grã-Bretanha de montar operações anfíbias estava relegada a um futuro duvidoso.

O inimigo alemão enfrentava restrições ainda maiores. A ocupação da Noruega teve um alto custo em navios de guerra e não foi organizada como um ataque anfíbio em grande escala. Os preparativos da Operação Leão-Marinho, no verão de 1940, para um desembarque no sul da Grã-Bretanha começaram praticamente do zero. Embora os preparativos do Exército alemão fossem o mais completos possível (incluindo a alocação de um vasto espaço de carga para forragem para alimentar os cavalos que seriam transportados pelo canal), o Exército e a Marinha não dispunham de lanchas de desembarque especializadas, veículos de transporte, apoio de flanco de navios de guerra pesados, experiência em desembarque numa praia defendida e comunicação eficaz entre navio e costa. Um plano para conduzir 22 divisões pelo canal usando 3425 navios a vapor improvisados e barcaças rebocadas era excepcionalmente ambicioso e dependia por completo de estabelecer supremacia aérea no sul da Inglaterra. O chefe do Estado-Maior do Exército, Franz Halder, rabiscou na sua cópia do plano operacional, ao lado do parágrafo sobre supremacia aérea, "conditio sine qua non" — sem isso, impossível.[60] Mesmo assim, os riscos eram muito altos. O que poderia ter sido a primeira grande operação anfíbia no teatro europeu falhou não só por causa do fracasso na batalha aérea sobre a Inglaterra, mas também devido à ausência de uma doutrina segura, equipamento especializado e forças devidamente treinadas. O mesmo problema se aplicava ao aliado italiano de Hitler, quando Mussolini decidiu tomar Malta em março de 1942 — "uma surpresa com resultados formidáveis".[61] Já havia planos para invadir e tomar a ilha, uma pedra no sapato das forças do Eixo ao transportar homens e suprimentos pelo Mediterrâneo para o front no Norte da África. Um plano operacional, o "Requisito C. 3", tinha sido preparado nos anos 1930 e foi atualizado em 1942 para levar em conta as defesas significativas de Malta. Hitler endossou a ideia sem muito entusiasmo, desde que não interrompesse as operações de Rommel no deserto. Quando começou explorar a realidade, a Marinha italiana vacilou diante do que descreveu como uma "das maiores concentrações de poder defensivo do mundo".[62] As forças italianas não tinham lanchas de desembarque especializadas ou experiência em lançar um ataque anfíbio contra uma costa bem defendida, apoiada pelo poderio aéreo da ilha e por numerosos submarinos britânicos que operavam ali. A Marinha italiana sem dúvida exagerou a força da guarnição britânica, mas o risco de fracasso era alto, e a operação não saiu da fase de planejamento.

O primeiro teste real de guerra anfíbia e da doutrina e do equipamento que lhe davam sustentação veio com o início do conflito do Pacífico, em dezembro de 1941. As forças japonesas lançaram uma série de operações marítimas contra a península da Malásia, as Índias Orientais Holandesas, as Filipinas e as ilhas do Pacífico central e sul sob domínio britânico, australiano ou americano. O Japão contava com a vantagem da supremacia naval e aérea local, tida como essencial para um ataque anfíbio bem-sucedido, e anos de experiência em desembarques na costa da China ou em deltas de rio. A maioria das invasões não encontrou resistência inimiga na costa, apesar da expectativa japonesa. A cobertura da noite e informações de inteligência sólidas antes da invasão maximizaram o impacto dos desembarques contra forças limitadas ou despreparadas. A primeira operação, na costa nordeste da Malásia, perto da cidade de Kota Bahru, enfrentou a resistência de uma fina linha de tropas indianas em casamatas. Apesar da perda de muitas lanchas de desembarque e de bombardeios intermitentes vindos da base aérea próxima, as forças japonesas em poucas horas estavam já no território, a quilômetros das praias, infiltrando-se atrás dos defensores e contando com forte apoio de aeronaves. A fase anfíbia foi rapidamente concluída. O caso mais notável de uma costa defendida foi a invasão da ilha de Singapura, poucas semanas depois, pelo 25º Exército do tenente-general Yamashita, superado tanto em efetivo como em armas. A operação conduzida pelo estreito de Jor na noite de 8 para 9 de fevereiro de 1942 foi um modelo de ataque anfíbio, apesar de mais baseada em improvisação do que em doutrina. Um plano de dissimulação conseguiu confirmar a convicção do comandante britânico de que o alvo principal era o nordeste da ilha. O noroeste, defendido de forma mais fraca, era o verdadeiro alvo japonês. Um intenso bombardeio de artilharia e de aviação precedeu o ataque para enfraquecer as defesas; usando botes infláveis e lanchas a motor, uma primeira leva de 4 mil soldados de infantaria foi transportada pelo estreito na escuridão da noite para a costa onde a resistência era mais fraca. Infiltrando-se entre posições defensivas, levas e mais levas de tropas japonesas desembarcaram, e de manhã o front aliado ao norte já tinha cedido. Mais de 20 mil soldados, junto com suprimentos e armas, incluindo 211 tanques leves, foram deixados na costa. Seis dias depois, Singapura se rendeu a Yamashita.[63]

A tomada de toda a área centro-sul do Pacífico até as ilhas Salomão e parte da ilha da Nova Guiné apresentava para os Aliados ocidentais uma situação tão intratável como a da Europa. Só seria possível obrigar os japoneses a abandonar suas conquistas com operações anfíbias contra guarnições entrincheiradas. No entanto, para os japoneses, pioneiros nesse tipo de combate, foi o fim da fase anfíbia. Exceto um número limitado de desembarques de contraofensiva fracassados nas ilhas Salomão e na Nova Guiné, as operações iniciais não se repetiram. O Exército desenvolveu um novo navio de transporte, o Tipo 101, projetado para reabastecer guarnições isoladas na área conquistada, e não lançar novos ataques anfíbios contra ilhas retomadas pelos Aliados; o novo Transporte de Primeira Classe da Marinha foi projetado para fazer mais ou menos a mesma coisa, capaz de desenvolver alta velocidade para escapar de aviões e submarinos americanos. Mas o número produzido foi pequeno demais para viabilizar uma grande operação anfíbia contra as firmes defesas dos Estados Unidos, ainda que as Forças Armadas japonesas quisessem fazê-lo.

A iniciativa agora passou para os Estados Unidos. No fim de 1941, o país estava mais perto de alcançar uma capacidade anfíbia do que dois anos antes. Em 1933, a Marinha tinha autorizado o Corpo de Fuzileiros Navais a ativar uma Força de Fuzileiros Navais da Esquadra dedicada a operações anfíbias. Em 1936, com apenas 17 mil homens e sob o comando do general mais durão dos fuzileiros navais, Holland "Howlin' Mad" Smith, a força foi transformada em unidades de armas combinadas eficientes, com o apoio da aviação do Corpo de Fuzileiros Navais. A Força de Fuzileiros Navais da Esquadra era a única especializada em ataque anfíbio do mundo. No fim de 1941, tinha 55 mil homens, no verão de 1942 tinha 143 mil, e no fim da guerra englobava 385 mil.[64] Uma longa série de exercícios anuais da frota de 1936 a 1941 simulou operações anfíbias, oferecendo uma oportunidade sólida para aprender a partir dos muitos erros cometidos. Em 1941, no sétimo exercício, as complexidades de um desembarque em caso de resistência inimiga foram entendidas com perfeição. O Exército americano, percebendo que tropas regulares também seriam necessárias em operações anfíbias futuras, adotou o manual FTP-167 da Marinha quase literalmente como o manual de campo FM-31-5, e começou a treinar suas próprias forças especializadas. Em 1940, a Marinha dos Estados Unidos enfim autorizou a produção de uma lancha de desembarque, projetada pelo construtor naval de New Orleans Andrew Higgins, com espaço para tropas e um veículo. A Lancha de Desembarque de Veículo e Pessoal (LCVP, na sigla em inglês) se tornou padrão, passando por uma atualização em 1943 para se tornar uma embarcação maior com rampa de desembarque; mais de 25 mil foram produzidas durante o conflito. A segunda inovação foi o Veículo de Desembarque com Esteiras (LVT, na sigla em inglês), desenvolvido a partir do trator "Alligator" produzido por Donald Roebling para navegar pelas Florida Keys, e em geral conhecido como "Amphtracks". O veículo anfíbio, armado e blindado podia transportar homens ou um veículo pelos recifes de coral rasos que margeavam ilhas do Pacífico e se revelou um elemento central em operações posteriores; cerca de 18 600 veículos foram construídos durante a guerra, com versões posteriores modificadas com uma rampa de proa para possibilitar um desembarque mais rápido. Por fim, a força de fuzileiros navais precisava de navios de transporte que pudessem levar cargas, homens, veículos e lanchas de desembarque. Os navios de carga americanos foram requisitados e convertidos no ano que precedeu a guerra, mas um Navio de Desembarque Tanque (LST, na sigla em inglês) específico foi projetado com grandes portas de proa, capaz de navegar pelas águas rasas perto da costa para descarregar homens, veículos e suprimentos. Esse trio de embarcações anfíbias carregava o fardo dos desembarques em tempo de guerra.[65]

Poucos desses recursos anfíbios especializados estavam disponíveis no primeiro grande ataque ordenado por insistência de Roosevelt, no verão de 1942, contra a ilha de Guadalcanal no sul das ilhas Salomão. Traduzir a doutrina em prática envolveu uma complicada curva de aprendizado, em especial para os comandantes de milhares de novos voluntários do Corpo de Fuzileiros Navais sem nenhuma experiência real em operações anfíbias. O oficial da Marinha designado para comandar a força anfíbia, o contra-almirante Richmond "Terrible" Turner — outro comandante com reputação de mal-humorado —, achava que a missão estava fadada ao fracasso devido à ausência de superioridade aérea e naval. Um grande exercício conduzido na baía de Chesapeake em janeiro de 1942 resultou num desembarque caótico, sem que as unidades encontrassem as praias designadas. Quando a força de fuzileiros navais enfim foi embarcada em sua base temporária na Nova Zelândia rumo a Guadalcanal, um grande exercício na ilha de Koro, em Fiji, foi ainda mais desastroso, sem que uma única lancha de desembarque conseguisse atravessar o recife de coral para chegar à praia.[66] O planejamento apressado resultou numa escassez de transporte; os fuzileiros tiveram que deixar para trás na Nova Zelândia três quartos dos veículos, metade da munição necessária e um terço das rações. No entanto, o desembarque principal, ocorrido na manhã de 7 de agosto, perto do aeródromo japonês, seguiu o padrão de Ellis, com intenso fogo de apoio dos navios de guerra e de aeronaves de porta-aviões, seguido pelo lançamento de uma fila de lanchas de desembarque organizada em direção à praia assim que os homens desceram rapidamente pela rede suspensa na lateral dos navios de transporte. O desembarque acabou não encontrando resistência inimiga na costa, e os fuzileiros navais logo capturaram o aeródromo. Porém, a pequena cabeça de ponta logo se tornou alvo de repetidos ataques aéreos, navais e terrestres nipônicos, de maneira que, durante seis meses, até que os japoneses abandonassem a ilha, a natureza anfíbia da operação continuou a ser uma realidade.

Apesar de bem-sucedido, o desembarque expôs muitas deficiências. O fato de os japoneses não terem atacado os navios de transporte ou bombardeado os suprimentos amontoados na areia foi pura sorte, mas a operação poderia muito bem ter sido um desastre, enfraquecendo o comprometimento com futuros planos anfíbios. O estudo cuidadoso da campanha destacou áreas que precisavam de correção. A mais significativa dizia respeito ao comando. Turner, como comandante da força anfíbia, não pôde coordenar a força-tarefa que acompanhava o ataque anfíbio, e dois dias depois o vice-almirante Frank Fletcher retirou seus porta-aviões com medo dos bombardeiros-torpedeiros japoneses, deixando a força de fuzileiros exposta a ataques aéreos japoneses até que aeronaves americanas pudessem ser enviadas para o aeródromo reparado. Por sua vez, Turner insistiu em seu direito, segundo o FTP-167, de comandar tanto o desembarque como a força de fuzileiros já em terra. O comandante dos fuzileiros, o major-general Alexander Vandegrift, foi contra um oficial da Marinha comandar forças terrestres de fuzileiros navais uma vez estabelecidas em terra, porque este último não tinha experiência de combate terrestre. Em novembro, como resultado da pressão exercida pelo alto-comando dos fuzileiros, Nimitz, o comandante da Frota do Pacífico, conseguiu permissão do comandante-chefe da Marinha, o almirante King, para alterar a doutrina, dando à Marinha o direito de comandar do navio até a praia, mas, uma vez em terra, as forças deveriam ser coordenadas pelo comandante dos fuzileiros navais ou do Exército. A reforma se mostrou difícil de implementar por causa da objeção da Marinha, no entanto foi essencial em operações posteriores, em particular no sudoeste do Pacífico, onde o comando do exército de MacArthur fez 26 desembarques na costa, quase todos encontrando pouca ou nenhuma resistência inimiga na praia.

A segunda questão dizia respeito à logística. Muito pouca atenção tinha sido dada, ao embarcar a carga em portos distantes, à doutrina de que os produtos mais importantes deveriam ser os primeiros a serem descarregados e levados para a costa. Em Guadalcanal, navios descarregaram quando e onde puderam, causando um amontoado de produtos na costa; a incapacidade dos grupos de desembarque de organizar a costa de fato resultou em grandes pilhas de munição e petróleo misturadas com alimentos e suprimentos médicos, não camufladas e desprotegidas. Depois de três dias, Turner também retirou os navios de transporte ameaçados, deixando os fuzileiros navais isolados durante seis dias, sem suprimentos adicionais. No fim, Turner usou essa inexperiência inicial para reformar a cadeia logística. Em novembro de 1942, instruções mais completas entraram em vigor para maximizar a velocidade do descarregamento de navios na praia; os locais tinham que ser marcados claramente com grandes placas; os grupos de descarregamento responsáveis por organizar a distribuição de suprimentos tinham que desembarcar primeiro; os estoques tinham que ser transferidos para um lugar seguro o mais rápido possível. A organização adequada da praia, como Ellis tinha previsto vinte anos antes, era a chave do sucesso anfíbio.[67]

As primeiras operações anfíbias no teatro europeu demonstraram a mesma inexperiência aliada. Em 1948, Churchill insistiu na criação de um Quartel-General de Operações Combinadas para supervisionar sua ideia de forças especiais fazendo incursões regulares à costa europeia. Primeiro sob o comando do almirante Roger Keyes, depois, a partir de 1942, do vice-almirante Louis Mountbatten, o quartel-general, além de desenvolver ataques de comando, começou a planejar e treinar forças para uma futura reentrada anfíbia no continente. Para testar o nível de integração das forças britânicas, planejou-se uma grande incursão ao porto de Dieppe em agosto de 1942. Escolheu-se um porto porque se supunha que não era possível conduzir e abastecer uma futura invasão a uma praia. Em 19 de agosto, enquanto os fuzileiros navais se entrincheiravam em Guadalcanal, uma pequena flotilha de navios de transporte e desembarque, escoltada por apenas quatro destróieres, aproximou-se da costa francesa. A Operação Jubileu foi um desastre caótico. As pesadas defesas alemãs foram alertadas logo no início e despejaram fogo sobre a infeliz embarcação de desembarque e sua carga. Todos os 27 tanques desembarcados foram destruídos ou danificados, assim como 33 lanchas de desembarque, e um navio foi afundado. Dos 6086 soldados britânicos e canadenses desembarcados, 3623 foram mortos, feridos ou capturados. As baixas navais e aéreas acrescentaram mais 659 soldados. Como experiência de aprendizado, o custo foi excepcionalmente alto, mas as lições eram óbvias. A revisão britânica do desastre ressaltou a natureza essencial do apoio de um poderoso fogo naval, junto com o bombardeio aéreo das defesas e apoio aéreo contra aeronaves inimigas; as comunicações deficientes levaram à conclusão de que um navio de comando anfíbio especializado deveria coordenar qualquer ataque (decisão tomada depois de Guadalcanal pelo mesmo motivo); por fim, que veículos especiais deveriam ser projetados para penetrar e desobstruir as defesas na praia. A Marinha Real também desenvolveu a "Força J", uma força de ataque naval usada para desenvolver técnicas anfíbias e para treinamento, que funcionou durante o restante do conflito.[68]

Dieppe foi um lembrete de que conduzir uma operação anfíbia na Europa era totalmente diferente das realizadas contra o perímetro insular do Japão. Na Europa, o inimigo tinha a vantagem de longas linhas internas de comunicação para potenciais reforços e suprimento em larga escala; mesmo quando bem-sucedido, o desembarque era só o prelúdio de uma grande campanha terrestre, deixando a guerra anfíbia para trás. Já no Pacífico, as guarnições inimigas ficavam isoladas da força japonesa principal, dependendo de linhas de suprimento longas e incertas e reforço pelo mar. Ali a operação anfíbia era a fonte da vitória, ilha após ilha. Isso ajuda a explicar os recursos substanciais investidos na guerra anfíbia contra o Japão. Depois de Guadalcanal, a Marinha dos Estados Unidos e o Corpo de Fuzileiros Navais construíram uma força operacional bem além da escala que o inimigo tinha à disposição, para garantir o nível necessário de supremacia naval e aérea local para cada ataque. No caso de Guadalcanal, foram designados 76 navios; na invasão de Okinawa, em abril de 1945, foi um total de 1200. Isso também explica os grandes esforços feitos para avaliar o que deu errado em operações anteriores. Mesmo assim, o primeiro grande ataque contra uma costa fortemente defendida, ocorrido em novembro de 1943 na ilha de Betio, na costa do atol de Tarawa, mostrou que ainda havia lições a serem aprendidas. O ataque realizado pela Segunda Divisão de Fuzileiros Navais a Betio e sua base aérea japonesa era tido como essencial para abrir caminho para a campanha contra as ilhas do Mandato prevista anos antes, mas representava um desafio bastante diferente de Guadalcanal. As defesas nipônicas no território minúsculo eram densas: um campo de fogo de fuzil e metralhadora cobria toda a ilha com quinhentas casamatas reforçadas e cobertas por toras, vigas de aço, concreto e rocha de coral, quase invisíveis do chão, apoiado por pesados canhões costeiros, tanques leves, artilharia de campo e morteiros. Na praia, havia arame farpado, minas e blocos de tetraedro de concreto, e atrás da praia tinha uma sólida parede de toras de coqueiro. Era a ilha mais fortemente defendida do colar de ilhas ocupadas pelo Japão. O comandante local, o contra-almirante Shibasaki Keiji, fez a célebre previsão de que "1 milhão de americanos não conseguiriam tomar Tarawa em cem anos".[69]

Tarawa, na verdade, pôde ser tomada em três dias de árduos combates, mas o primeiro ataque a um objetivo fortemente defendido levou a prática anfíbia da época ao limite. Não ajudou nem um pouco a retomada da discussão sobre quem detinha o comando, se o almirante Turner, mais uma vez comandante da força anfíbia, ou "Howlin' Mad" Smith, que teve permissão para observar, mas não dirigir, a operação dos fuzileiros navais. O comando e o controle, na manhã do ataque em 20 de novembro, ficaram de imediato comprometidos quando o encouraçado *Maryland*, atuando como navio de comando anfíbio, perdeu a comunicação por rádio devido a um bombardeio intenso. O apoio de fogo naval e os ataques aéreos que precederam o desembarque causaram pouco impacto nos bunkers fortemente reforçados da ilha. Não houve apoio de tiro costeiro de navios menores quando as lanchas de desembarque se aproximavam, dando às defesas japonesas mais ou menos vinte minutos para se recuperar do bombardeio e assumir posição com as armas. O recife de coral que margeava a ilha não pôde ser atravessado pelas lanchas de desembarque, e os fuzileiros dependeram de um pequeno número de Amphtracks — apenas 125, apesar dos furiosos apelos de Smith por mais veículos — para chegar à costa. Os navios de carga sob fogo das baterias japonesas na costa tiveram dificuldade para coordenar o descarregamento e perderam a comunicação com os fuzileiros em terra. Os suprimentos chegaram de qualquer jeito, mas a artilharia e os veículos não conseguiram atravessar com facilidade o recife. Embora 732 veículos tivessem sido designados para o ataque, poucos chegaram à terra no primeiro dia. As tropas na praia lutaram para se livrar dos obstáculos debaixo de uma tempestade de fogo contínuo. Na segunda leva de soldados transportados pelas lanchas de desembarque de Higgins, os homens foram deixados a oitocentos metros da costa e lutaram na água com as armas erguidas sob intenso fogo de metralhadora. O único resultado positivo do bombardeio foi a destruição da linha telefônica japonesa, o que impediu Shibasaki de coordenar a defesa. A vitória em Betio resultou, acima de tudo, da iniciativa e da coragem dos fuzileiros navais designados para a tarefa contra um inimigo que preferia morrer a se entregar. Os fuzileiros navais sofreram 992 mortes, em três dias quase o mesmo número que tinham sofrido em seis meses em Guadalcanal. Dos 2602 marinheiros japoneses da Sétima Força Especial de Desembarque Naval e da Terceira Força Especial de Base, apenas dezessete foram capturados; muitos dos 2217 trabalhadores coreanos da ilha também morreram, restando apenas 129 vivos quando o combate terminou.[70]

As muitas falhas em Tarawa levaram a uma revisão minuciosa do que tinha dado errado. O ataque por pouco não foi derrotado no primeiro dia. Quase todas as operações posteriores contra a cadeia de ilhas encontraram resistência de forças entrincheiradas para a defesa, mas as lições aprendidas em Tarawa contribuíram para a reforma final da doutrina e da prática anfíbias a fim de garantir que nada tão caótico voltasse a ocorrer. O contra-almirante Alan Kirk, designado comandante da Força-Tarefa Ocidental para a invasão da França, visitou o teatro do Pacífico para entender em primeira mão o que dera errado e o que precisava ser feito para evitar que os mesmos equívocos fossem cometidos. O primeiro passo era melhorar a estrutura de comando. Depois de Tarawa, a divisão entre o comandante da força anfíbia naval e o das forças terrestres foi mantida. Para coordenar a ação, um navio de comando de ataque especializado, com melhor equipamento de comunicação por rádio, substituiu os encouraçados convertidos que tinham sido utilizados nas primeiras operações. O apoio de fogo de canhão, generoso, porém ineficiente em Tarawa, seria intensificado de modo substancial com um bombardeio inicial mais longo usando projéteis perfurantes para lidar com a espessa carapaça defensiva dos espaldões de artilharia. O apoio de fogo aproximado, junto com ataques de bombardeiros de mergulho, manteria pressão sobre os defensores enquanto a força de invasão se aproximava. Mudanças de equipamento se revelaram essenciais em operações futuras. Necessitava-se de um número bem maior de Amphtracks (e o próximo grande ataque de fuzileiros navais em cabo Gloucester contaria com mais de 350 em cada divisão); tanques leves foram substituídos por tanques médios Sherman, alguns equipados com lança-chamas. Descobriu-se que eram a maneira mais eficiente de limpar casamatas e bunkers, e as tropas também foram equipadas com versões portáteis. A logística foi revisada mais uma vez depois da crise em Betio. O fluxo de suprimentos agora seria controlado do mar, com pontos de transferência específicos para garantir que chegassem à praia no lugar certo; balsas com depósitos flutuantes de suprimentos essenciais foram posicionadas na linha de partida para que as lanchas de desembarque os transportassem com rapidez até a praia; os grupos em terra seriam fortalecidos para dar apoio adequado aos homens que transferiam os mantimentos; por fim se decidiu, quando possível, transportar caminhões carregados que pudessem seguir direto dos navios para a praia.⁷¹

As lições aprendidas em Tarawa foram essenciais para o evidente aprimoramento na prática anfíbia americana, até o ataque final a Okinawa, a maior das ilhas Ryūkyū, a 1125 quilômetros ao sul do Japão, ocorrido em abril de 1945 como prelúdio do esperado desembarque nas ilhas nipônicas em algum momento mais próximo do fim do ano. A escala da operação em Okinawa foi quase comparável às maiores invasões continentais da Europa. Havia 433 navios de transporte e de desembarque, que foram carregados em onze portos diferentes do Pacífico. Homens, veículos e suprimentos foram transportados de forma desconfortável por milhares de quilômetros de oceano, muitos em barcos de calado raso que subiam e desciam as ondas com estrondo, enquanto avançavam devagar para o destino, encharcados de vômito dos soldados enjoados. A tropa de assalto tinha 183 mil soldados (duas divisões dos fuzileiros navais e três do Exército), a maior força reunida até então no Pacífico para desembarque com resistência inimiga. Na costa de Okinawa, deflagrou-se uma intensa barragem de fogo naval, apoiada pela própria Força-Tarefa Aérea-Terrestre dos fuzileiros navais, agora treinada para dar apoio direto às tropas durante o desembarque e a montagem de uma cabeça de praia. Equipes de demolição submarina ajudaram a eliminar os obstáculos para desembarcar.⁷² As forças de assalto foram abastecidas de forma generosa com LVTs, tanques médios e lança-chamas. Os grupos em terra, que controlavam e distribuíam o equipamento que chegava, eram formados por 5 mil homens, apoiados por uma Companhia Conjunta de Sinalização de Ataque, que dessa vez garantiu o funcionamento eficiente da comunicação na praia e de lá para o navio. Cerca de 313 mil toneladas de carga foram desembarcadas, armazenadas de acordo com o plano e despachadas a tempo de apoiar as forças que avançavam.

Dessa vez, o comando do Exército japonês também tinha aprendido suas lições. O tenente-general Ushijima Mitsuru, comandante da ilha, abandonou a ideia de defesa na praia, que tinha falhado todas as vezes, incluindo em Tarawa, e construiu linhas de defesa no interior, em cavernas e bunkers ocultos que eram operados por mais de 100 mil soldados japoneses. Contrariando as expectativas americanas, os desembarques iniciais quase não encontraram resistência. A conquista posterior da ilha se converteu numa operação terrestre, apoiada de forma hábil por logística marítima. Diferente de operações anteriores, acabar com os inimigos em Okinawa levou 82 dias. Morreram 7347 americanos, mas se estima que 131 mil japoneses e ilhotas foram ou sepultados vivos em bunkers e cavernas destruídos, ou incinerados, ou abatidos por fogo de infantaria. No entanto, a maior operação anfíbia no Pacífico ainda estava por vir. Em setembro de 1944, o Comitê Conjunto de Planos de Guerra dos Estados Unidos produziu um plano de invadir a ilha meridional japonesa de Kyushu: uma invasão com treze divisões, apoiadas por 7200 aeronaves da Força Aérea naval e do Exército, e 3 mil navios. A força de invasão desembarcaria em três áreas distintas na costa, tomaria aeródromos e montaria um forte apoio aéreo na ilha. No fim, a Operação Olympic e a subsequente invasão anfíbia da ilha principal de Honshu nunca se materializaram, pois o Japão se rendeu em agosto de 1945. E a força naval anfíbia acabou transportando o exército de ocupação aliado para o Japão em agosto e setembro e ajudando a levar forças chinesas de volta para as áreas costeiras ocupadas pelos japoneses.[73]

A maior operação anfíbia da guerra continuou a ser a Netuno, codinome dado à fase anfíbia da invasão aliada do noroeste da França, a Operação Overlord, em junho de 1944. Foi uma empreitada distinta das ações menores em ilhas e ao litoral no teatro do Pacífico. Comparativamente, a escala foi enorme, e seria empreendida contra uma costa defendida de forma vigorosa, onde o inimigo tinha concentrado no verão de 1944 34 divisões (com mais à disposição, se fosse necessário), passou dois anos construindo a Muralha do Atlântico, constituída de poderosas defesas costeiras, e, sob a direção do marechal de campo Rommel, comandante dos preparativos de defesa, instalou obstáculos na praia e no mar, campos minados e uma zona de fogo letal. O reforço das linhas de comunicação do interior até a Alemanha era, pelo menos em tese, uma vantagem decisiva. O fantasma de Galípoli pairava sobre a operação, o que talvez explique o baixo entusiasmo de Churchill e dos chefes militares britânicos pela empreitada. Churchill tinha atrás de si não só o legado de Galípoli, mas também o da Noruega, de Dunquerque, de Creta e de Dieppe. De outro lado, apesar dos muitos problemas encontrados, os líderes americanos podiam citar a bem-sucedida invasão do Norte da África, da Sicília e da Itália, e o triunfo contra as chances de captura em Guadalcanal. No entanto, o risco estratégico era maior do que na campanha das ilhas ou nas invasões europeias anteriores. A incapacidade de tomar a ilha de Betio não teria prejudicado de modo irremediável o avanço no Pacífico, mas o fracasso da Netuno teria colocado os Aliados diante de uma calamidade estratégica, minando as relações com Stálin, tornando difícil uma segunda tentativa e desmoralizando em um grau imprevisível a opinião pública nos Estados Unidos, na Grã-Bretanha e no Canadá. De modo retrospectivo, o êxito da operação nos parece garantido, mas a experiência de guerra anfíbia na Europa durante os dezoito meses que precederam a Netuno era uma justificativa justa para a cautela britânica.[74]

As operações anfíbias aliadas na Europa tinham começado com a Tocha ("Torch"), em novembro de 1942. Os desembarques no Marrocos e na Argélia demonstraram, ainda mais do que o ataque a Dieppe, o quanto ainda faltava ser aprendido, embora o "inimigo" nesse caso fossem as limitadas guarnições e as embarcações de guerra mantidas pela França de Vichy nas áreas imperiais do Norte da África. Esperava-se que os franceses pudessem ser convencidos a não resistir aos desembarques, mas as autoridades militares trataram a operação aliada como uma invasão do território francês. A Tocha, como a Operação Watchtower em Guadalcanal, foi preparada em cima da hora com uma boa dose de improvisação. A maioria dos tripulantes dos navios de desembarque e de transporte que cruzaram o Atlântico já carregados para o combate era de recrutas inexperientes com pouco treinamento em guerra anfíbia. Um deles recordaria depois o quanto os tripulantes eram "bisonhos": "Nunca tínhamos visto o oceano, menos ainda estado num navio".[75] O treinamento foi feito às pressas já a bordo, com modelos de praias e lanchas de desembarque, mas as Forças Armadas, diferente dos fuzileiros navais no Pacífico, não estavam preparadas para um desembarque com resistência inimiga. Na ausência de barcos, alguns recrutas foram treinados em carros que se moviam por uma superfície ondulante, numa pálida imitação das ondas. Os desembarques no Marrocos foram caóticos, com muitas lanchas de desembarque guiadas por timoneiros pouco experientes, sem mapas adequados e sem marcas eficazes das rotas de aproximação. As tropas demoraram para desembarcar por redes de metal, que ficavam escorregadias por conta da água, carregando por insistência do Exército quarenta quilos de equipamento, uma política que foi abandonada pelos fuzileiros navais no Pacífico. Falhas nos motores, colisões e a atividade aérea francesa fizeram grandes estragos nos barcos que chegaram à costa. Um navio de transporte perdeu dezoito de suas 25 lanchas de desembarque na primeira onda, e cinco das sete restantes na segunda. O esforço para levar tanques até a praia em mar revolto deixou muitos deles presos na areia molhada. No primeiro dia, apenas 2% dos suprimentos chegaram à terra. Os desembarques anglo-americanos na Argélia foram menos caóticos graças a uma melhor marcação com balizas das rotas de aproximação, mas a insistência britânica na importância dos portos resultou na repetição dos problemas de Dieppe. Nem Orã, nem Argel puderam ser tomadas antes das forças de desembarque nas praias.[76] A resistência do inimigo a todos os desembarques foi enfim vencida, ajudando a dissipar a crença de que operações anfíbias estavam fadadas ao fracasso, mas entre a Tocha e a Netuno muita coisa precisou ser aprendida, como entre Guadalcanal e Okinawa. Os muitos problemas que restavam foram perigosamente expostos nos desembarques em Salerno, em setembro de 1943, e em Anzio, poucos meses depois.

O primeiro obstáculo a ser superado para invadir a França era a questão do comando. Os Aliados ocidentais tomaram juntos a decisão de que o general Eisenhower exerceria o comando supremo, mas a operação em si teria um comandante naval para o desembarque anfíbio e um do Exército para a operação em terra, uma distinção já praticada no Pacífico. Ambos eram britânicos: o almirante Bertram Ramsay lideraria a Netuno, e o marechal de campo Montgomery coordenaria as forças terrestres na Overlord. A Força Aérea tática, essencial para a operação anfíbia, era centralizada sob o comando do marechal do ar Trafford Leigh-Mallory; a força de bombardeio estratégico, contrariando o conselho e os instintos dos comandantes de bombardeiros, ficou sob comando direto de Eisenhower e seria usada como ele achasse melhor. O planejamento e a organização de toda a operação do mar para a costa foram desenvolvidos numa escala até então inimaginável. Nove milhões de toneladas de suprimentos foram despachadas pelo Atlântico para a Grã-Bretanha com o objetivo de apoiar a invasão. Cerca de 350 mil homens e mulheres, militares e civis, trabalharam para organizar as linhas de abastecimento, treinar e distribuir milhões de homens que iriam à campanha europeia e desenvolver o equipamento especializado necessário para que um grande desembarque não fosse rechaçado nas praias.[77] Quando o número de divisões planejadas na primeira leva subiu de três para cinco, numa frente mais ampla na Normandia, a quantidade de embarcações necessárias atingiu um ponto em que a competição por suprimentos e reforços com os teatros do Mediterrâneo e do Pacífico ameaçava minar todo o plano anfíbio. A falta de barcos foi um dos argumentos usados contra tentar um grande desembarque na França em 1943, e, embora a Netuno fosse a maior operação do esforço de guerra do Ocidente, a escassez de navios de guerra, de transporte e de desembarque continuava a ser uma limitação seriíssima.

O plano inicial para a Netuno, traçado em 1943, previa 2630 lanchas de desembarque de diversos tipos, e não menos de 230 dos transportes mais importantes (Navios de Desembarque, Tanques), com sua pesada carga de veículos e suprimentos. Se comparados à produção geral, esses requisitos pareciam modestos. De 1940 a 1945, a construção de lanchas de desembarque dos Estados Unidos totalizou notáveis 63 020, embora 23 878 fossem produzidas depois de junho para atender à alta demanda no teatro do Pacífico. Apesar disso, perdas severas no Pacífico e no Mediterrâneo e a demanda contínua por lanchas de desembarque nos dois teatros para operações não necessárias em termos estratégicos (como a teimosa insistência de Churchill numa invasão anfíbia de Rodes em 1944, mesmo que isso significasse adiar a Netuno por dois meses) tornavam complicado equilibrar tantas exigências.[78] O aumento no número de divisões na primeira leva aumentou ainda mais a pressão sobre os recursos de transporte marítimo. Navios e lanchas de desembarque enfim receberam classificação de urgência especial para produção em agosto de 1943, mas demorou para que novas embarcações fossem produzidas; depois da crise em Tarawa, muitos recursos adicionais foram alocados com urgência para a produção para o Pacífico.

No fim, cerca de 4 mil lanchas de desembarque foram disponibilizadas — o suficiente, como se veria, para estabelecer a cabeça de praia inicial. A escassez mais crítica dizia respeito aos maiores Navios de Desembarque, Tanques, a maioria produzida em estaleiros americanos no rio Ohio. Os navios podiam navegar até a praia para descarregar veículos e suprimentos e, na ausência de um porto, eram vitais para manter as forças em terra abastecidas. Eisenhower queria pelo menos 230, mas em 1944, com tantos ainda no Mediterrâneo servindo as esperadas operações anfíbias na região, ele considerou o número disponível insuficiente para transportar os suprimentos necessários. A partir de outubro de 1943, um programa intensivo de produção, sob as ordens diretas de Roosevelt e King, produziu 420 LSTs até maio de 1944, mas muitos atravessaram o Atlântico tarde demais para a invasão, embora a tempo de participar do programa de reabastecimento. O cancelamento de operações na Birmânia e no Mediterrâneo liberou mais unidades, e no Dia D Eisenhower contava com 234. Para a operação, o Exército insistiu em botar o máximo de carga, até a ponto de sobrecarregá-las, ao mesmo tempo que um esforço urgente era feito para garantir que todos os navios de desembarque estivessem em condições operacionais. Em 1º de junho, faltando cinco dias, nada menos do que 229 navios de transporte estavam prontos para entrar em operação.[79]

Os preparativos para a Netuno não tiveram nada da improvisação urgente de muitas operações no Pacífico. Os milhões de soldados que seriam transportados pelo canal da Mancha passaram longos meses fazendo um treinamento regular e intensivo, que teve início com práticas em pequena escala para aprender a desembarcar e correr até a praia e terminou no começo de maio de 1944 com uma série de exercícios em grande escala na costa sul inglesa, de codinome Fabius, nos quais se usavam munição de verdade e minas. No entanto, a Netuno padeceu de uma severa escassez de marujos treinados para os navios de transporte e as lanchas de desembarque. Muitos oficiais saíram direto de um breve curso nos Estados Unidos para comandar barcos; outros foram treinados na Escola de Treinamento Anfíbio em Slapton Sands, na costa sul de Devon. A Marinha Real estabeleceu uma escola de cadetes temporária, onde oficiais juniores eram treinados para administrar um barco de ataque anfíbio, mas não para navegar em alto-mar. Uma vez treinados, esperava-se dos jovens recrutas que dominassem as ilimitadas instruções do quartel-general de Ramsay. O volume de diretivas chegava a quase 1200 páginas, cobrindo todos os aspectos da etapa anfíbia do ataque. Equipes e equipamentos especializados também foram desenvolvidos para a operação, imitando os grupos de praia e de costa usados no Pacífico. Para lidar com as defesas na praia, 32 Unidades de Demolição de Combate Naval foram criadas; pilotos de todas as Forças Aéreas táticas foram treinados como observadores de tiro de artilharia; diversos navios de carga Liberty foram convertidos em unidades de plotagem de radar para dirigir a interceptação de caças; e a cobertura intensiva por reconhecimento aéreo produziu um quadro de inteligência muito mais completo do que em outras operações anfíbias. Para colocar os tanques rapidamente nas praias, foi concebido um "tanque [anfíbio] de direção dupla", em tese capaz de navegar por conta própria até terra firme. Balsas "Rhino", grandes embarcações com motor de popa, foram construídas para içar cargas até a praia. Por fim, veículos de carga anfíbios — DUKWs — foram construídos não só para transportar cargas pela costa, mas também para deixá-las onde as tropas combatiam. Quando, em 15 de maio, Ramsay anunciou a Eisenhower que a operação estava pronta, o maior ataque anfíbio da história estava prestes a ser lançado. Em 28 de maio, Ramsay ordenou à vasta força sob seu comando: "Executar a Operação Netuno".[80]

A invasão da Normandia mostrou o quanto a capacidade anfíbia dos Aliados havia amadurecido desde seus primeiros passos incertos. Tinha muito em comum com a doutrina enunciada primeiro por Ellis e pelo Corpo dos Fuzileiros Navais nos anos 1920. O pré-requisito era a supremacia naval e aérea, o que estava definitivamente assegurado em junho de 1944. A invasão foi apoiada por mais de mil navios de guerra de todos os tipos, e as Forças Aéreas aliadas conseguiram reunir 12 mil aeronaves variadas. A Força Aérea alemã tinha sido forçada a recuar para defender o Reich, onde sofreu perdas debilitantes no primeiro semestre de 1944. No norte da França, na véspera da Netuno, a Terceira Frota Aérea Alemã só pôde reunir 540 aeronaves de todos os tipos, das quais apenas 125 eram caças.[81] A supremacia naval aliada era absoluta. Os velozes barcos torpedeiros (chamados pelo Aliados de E-boats) e os submarinos germânicos tentaram intervir, mas da vasta armada de 7 mil navios perderam-se apenas três pequenos barcos de carga, uma dezena de navios de guerra pequenos, enquanto dos 43 submarinos alemães enviados para intervir doze foram danificados e dezoito afundaram.[82]

O objetivo do ataque inicial em 6 de junho era montar de forma rápida e violenta uma cabeça de praia segura, eliminar as defesas costeiras e fazer apoio logístico suficiente para garantir que qualquer contraofensiva fosse contida. Cinco praias foram escolhidas num amplo front na costa da Normandia — "Ouro", "Juno" e "Espada", para a força combinada anglo-canadense, e "Utah" e "Omaha", para as forças americanas. Depois que os obstáculos foram removidos das praias por equipes especiais de demolição, duzentas dragas-minas desobstruíram canais marcados através dos campos minados, e lanchas de desembarque repletas de homens enjoados e nervosos iniciaram a viagem para a praia, que em alguns casos envolvia um percurso de mais de quinze quilômetros. A linha defensiva alemã foi bombardeada por navios de guerra, um pesado ataque dos maiores bombardeiros quadrimotores, e depois por uma fuzilaria costeira de foguetes vindo de lanchas de desembarque convertidas para servir de apoio a ataques táticos de bombardeiros de mergulho e bombardeiros médios. O bombardeio não destruiu as defesas, mas o objetivo era neutralizá-las o suficiente para permitir que o choque da invasão das praias desnorteasse os defensores. Os bombardeiros pesados e o fogo naval causaram danos relativamente pequenos, mas os grupos de praia e os "observadores" de aeronaves conseguiram direcionar o bombardeio para onde as forças germânicas recuavam. Os desembarques foram mais ordeiros do que seria de esperar, considerando a inexperiência de muitas tripulações. Embora parecesse que as lanchas de desembarque, os tanques anfíbios e as pilhas de caixas tinham chegado de forma confusa às praias, a ordem logo foi imposta para que suprimentos e homens pudessem ser logo levados para reforçar o desembarque inicial. Ao meio-dia, as três praias do setor britânico estavam controladas, e tropas começaram a avançar terra adentro para criar uma área de segurança robusta. Na praia "Utah", as tropas desembarcaram a certa distância do destino previsto por causa da nuvem de fumaça do bombardeio, mas, por sorte, o lugar estava mal defendido. Ao anoitecer, as forças americanas de "Utah" tinham avançado dez quilômetros.

A principal batalha no Dia D ocorreu na segunda praia americana. "Omaha" foi a Tarawa do conflito europeu. Como na operação do Pacífico, tudo que podia dar errado deu, ainda que no fim o espaço tenha sido controlado. O bombardeio naval inicial foi curto demais, como tinha acontecido na ilha de Betio; as salvas de foguete erraram o alvo; os bombardeiros pesados lançaram bombas muito atrás das defesas, de modo que, enquanto as lanchas de desembarque percorriam o longo trajeto até a praia, os defensores alemães tiveram tempo de sobra para se recuperar e se posicionar em seus canhões. Quando a primeira leva de soldados chegou à praia, os postos de morteiro, artilharia e metralhadora criaram uma muralha de fogo, destruindo lanchas e dizimando os primeiros a desembarcar. O mar agitado engoliu os tanques anfíbios, levando-os para o fundo do mar com as tripulações presas dentro, impossibilitadas de escapar. Dos 29 enviados, apenas dois chegaram à praia, enquanto em "Espada" 31 de 34 chegaram, e em "Juno", a praia canadense, 21 de 29 o fizeram.[83] As Unidades de Demolição de Combate Naval desembarcaram ainda sob a primeira barragem de tiros e perderam tantos homens e equipamento que apenas nove corredores estreitos puderam ser abertos antes que a segunda e a terceira levas de infantaria chegassem. Na costa, lanchas de desembarque e equipamento danificados obstruíram o caminho de quem veio depois, e a ordeira leva de barcos levou a uma grande confusão, com homens sendo deixados de qualquer jeito em meio a destroços e cadáveres. Recuar para se afastar da praia em muitos casos se mostrou impossível ou extremamente perigoso.

O fogo alemão prosseguiu, implacável. Depois de duas horas, parecia que o ataque a "Omaha" ia fracassar. Como em Tarawa, a coragem e a determinação dos soldados americanos sobreviventes superaram todos os obstáculos. Depois de um pedido urgente de apoio de destróieres, uma dezena de navios se desgarrou da frota principal e, apesar do mar raso, chegou a poucas centenas de metros da praia, descarregando todos os canhões sobre as posições alemãs. O bombardeio aproximado foi uma das lições aprendidas no Pacífico, e de novo se mostrou mais eficaz do que os canhões navais pesados. Como os grupos de praia responsáveis pelo direcionamento dos tiros tinham sofrido baixas severas, os destróieres disparavam à medida que as oportunidades surgiam. O resultado de adotar o apoio de fogo costeiro, apesar de improvisado, foi decisivo para que as forças americanas pudessem avançar pela estreita faixa de cascalho.[84] Ao anoitecer, o maior desastre tinha sido evitado, e uma pequena cabeça de praia havia sido montada, como em Tarawa. O custo em mortos, feridos e desaparecidos ainda não está claro, mas as estimativas coincidem em mais de 2 mil baixas, o equivalente às perdas sofridas pelos fuzileiros navais em Betio.

Nenhum desembarque anfíbio contra uma resistência inimiga determinada sairá perfeitamente como planejado, e erros foram cometidos por toda a costa invadida. Mas o fato é que uma área de segurança robusta foi formada no primeiro dia. Provavelmente nem mesmo a perda da praia "Omaha" teria comprometido a empreitada geral. A quantidade de homens, equipamentos e suprimentos descarregada nas praias na semana de abertura era suficiente para garantir que, mesmo que os alemães não tivessem dividido as forças entre a Normandia e um desembarque esperado em Pas-de-Calais, jogar as forças aliadas "de volta para o mar", como Hitler ordenou, estava além dos seus recursos militares. Até 11 de junho, a armada levou 326 mil homens, 54 mil veículos e 104 mil toneladas de suprimentos para a cabeça de praia; mesmo na maltratada linha costeira de "Omaha", cerca de 50 mil toneladas foram descarregadas até o dia 17, quando o almirante declarou a fase anfíbia da invasão concluída com êxito.[85] Foi a última grande operação anfíbia na Europa. Em ambos os teatros, o da Europa e o do Pacífico, os Aliados passaram por uma longa curva de aprendizado para transformar a doutrina anfíbia em forças treinadas, equipamento adequado e consciência tática. Esse elemento foi essencial para a vitória final, pois sem os meios para invadir uma costa defendida e montar um ponto de apoio permanente não haveria como desalojar o inimigo do território conquistado. O fantasma de Galípoli foi enfim sepultado.

MULTIPLICADORES DE FORÇA: RÁDIO E RADAR

Em 1945, numa publicação do Conselho Conjunto de Informações Científicas dos Estados Unidos, dizia-se que o dispositivo de "detecção e distanciometria por rádio" — mais conhecido pela sigla em inglês Radar [*Radio detection and ranging*] — "mudou a face da guerra mais do que qualquer outro avanço desde o avião".[86] Era uma afirmação e tanto, mas o amadurecimento durante o conflito do combate de blindados, do poderio aéreo tático, da guerra anfíbia e do combate naval-aéreo dependeu, em grande parte, da evolução da guerra eletrônica de linha de frente usando rádio e radar. A ciência das ondas de rádio tinha atingido um ponto culminante na segunda metade dos anos 1930. Num único ano nos Estados Unidos, o primeiro radar de pulso americano foi demonstrado pelo Laboratório de Pesquisa Naval, o rádio FM (modulação de frequência) foi descoberto por um antigo oficial do Corpo de Sinalização, Edwin Armstrong, e o Exército projetou um sistema de radar de pulso para detectar aeronaves. Era 1936, mas apenas cinco anos depois, quando os Estados Unidos foram obrigados a entrar na guerra, já existia uma rede de radar defensiva do canal do Panamá até as ilhas Aleutas, radar naval para detectar embarcações de superfície e direcionar de forma automática o tiro, radar ASV (ar-superfície) em aeronaves de porta-aviões, rádios FM para todos os tanques e radar AI (de interceptação aérea) para aviões do Exército. O desenvolvimento em campo foi exponencial, e assim permaneceu durante todos os anos do conflito.

O rádio tinha sido pouco usado na Primeira Guerra Mundial. Os fronts estáticos dependiam da comunicação por fio e por telefone ou usavam mensageiros, sinais de bandeira e pombos-correios. O advento dos blindados e das aeronaves tornou imperativa uma nova forma de comunicação, uma vez que as redes telefônicas estáticas tinham pouca serventia. O desenvolvimento durante o entreguerras da tecnologia de rádio civil tinha uma aplicação militar óbvia. Nos anos 1930, organizações militares de pesquisa exploraram a possibilidade de usar o rádio para comunicação no campo de batalha, em terra e no mar, tanto para comandar diretamente o front como para permitir que unidades de infantaria, artilharia e blindados na linha de frente se comunicassem em nível local. De início, a maioria dos Exércitos continuou apegada à ideia das comunicações por fio, por serem mais seguras e terem uma qualidade de som melhor, mas as Forças Aéreas em toda parte precisavam do rádio, pois não havia outro meio de comunicação entre as aeronaves ou entre o controle no solo e os aviões no ar. O rádio a bordo de embarcações de superfície e submarinos se tornou essencial para a comunicação operacional entre unidades da frota e os centros de comando. No entanto, o rádio apresentava desvantagens que precisaram ser superadas. Os primeiros aparelhos eram pesados, e as antenas eram longas demais. Os rádios AM (modulação em amplitude), padrão nos anos 1930, eram sujeitos a interferências, desvios de frequência e ruídos estáticos. O alcance dos rádios na frente de batalha era curto, os rádios AM eram quase impossíveis de usar. A bordo de navios, o rádio podia sofrer efeitos de concussão devido à potência dos canhões. Em temperaturas extremas, alta umidade ou chuvas fortes, os rádios podiam se tornar inoperáveis, ou os circuitos delicados podiam sofrer com a corrosão. A comunicação pelo rádio era insegura, uma vez que era fácil de interceptar e ser explorada pelo inimigo (a menos que as mensagens tivessem sido cifradas) ou estava sujeita à interferência de tropas de sinalização inimigas. Usar o rádio *"en clair"* [em linguagem comum] só fazia sentido em batalhas rápidas ou no ar, onde a interceptação inimiga das mensagens quase não fazia diferença. Tentou-se resolver a maioria dessas desvantagens durante os anos de guerra, à medida que a necessidade do rádio ficava mais urgente, mas a segurança e a capacidade de sobrevivência desse mecanismo nunca foram totalmente resolvidas.

A criação de forças blindadas na segunda metade dos anos 1930 foi acompanhada pela busca por melhores métodos de comunicação. As Forças Armadas alemãs foram as primeiras a explorar a possibilidade de usar o rádio para controlar o campo de batalha desde o alto-comando até as pequenas unidades de linha de frente. Em junho de 1932, um exercício do Exército em larga escala intitulado *Funkübung* [exercício de rádio] testou a comunicação no cenário hipotético de uma invasão da Alemanha pela Tchecoslováquia. O exercício serviu de base para uma sofisticada doutrina e prática de sinais na qual o rádio desempenharia função central. A experiência adquirida na Guerra Civil Espanhola pelas forças alemãs enviadas para ajudar Franco confirmava que os veículos blindados funcionavam melhor quando ligados por rádio.[87] Em 1938, cada unidade blindada era coordenada por um *Befehlspanzerwagen* [veículo de controle blindado], no qual o comandante da unidade, cercado por vários equipamentos de rádio, mantinha o controle e fazia contato com o quartel-general tático. Em 1940, havia 244 veículos de controle; na época da invasão da União Soviética, já eram 330 — uma inovação fundamental para a operação eficiente de formações blindadas.[88] A comunicação padrão por rádio bidirecional foi instalada em todos os tanques alemães e se revelou uma vantagem decisiva na invasão da França e dos Países Baixos em 1940, quando quatro quintos dos tanques franceses não tinham rádio. O controle de uma força de tanques francesa por vezes envolvia um oficial correndo de um veículo para outro, gritando nas escotilhas para ser ouvido.[89] Já nas forças alemãs, cada divisão blindada tinha um batalhão especializado e bem equipado de tropas de comunicação para sustentar o contato por rádio. O treinamento de rádio era rigoroso. Todas as comunicações tinham que empregar codinomes ("Leão", "Águia", "Gavião", e assim por diante), e deviam ser o mais breves possível, usando frases listadas numa "tabela de brevidade" para não congestionar as ondas de rádio e revelar a posição para o inimigo.[90] O alto padrão das comunicações alemãs por rádio ainda é uma justificativa importante para a capacidade do exército germânico, mesmo em retirada, preservar o seu poder de combate.

O uso do rádio em situações de campo de batalha onde blindados e veículos eram o elemento central se mostrou essencial para estabelecer o que agora é chamado des "comando e controle". Tanques, ao lutar sozinhos, ou artilharia sem uma direção central estavam em desvantagem tática permanente. No entanto, demorou para que a prática alemã fosse reproduzida em outras forças blindadas. Os regulamentos de campo do Exército britânico datados de 1935 não mencionavam o rádio. A tecnologia se desenvolveu rápido durante o primeiro ano da guerra, mas em 1940 mensageiros e telefones ainda eram o principal meio de comunicação na linha de frente. Os tanques receberam o rádio padrão ws 19 AM, que permitia a comunicação bidirecional entre tanques e com postos superiores de comando, apesar das dificuldades de usar AM num veículo em movimento.[91] Em geral, os tanques soviéticos e japoneses não tinham rádio, a não ser o do comandante das unidades de linha de frente, e os rádios que havia eram de baixa qualidade e tinham mau desempenho ou estavam em quantidade insuficiente. Nas operações blindadas japonesas, as instruções costumavam ser dadas por sinais com as mãos, sinalizadores ou um complicado sistema de bandeiras com cores e padrões específicos.[92] A derrota soviética em 1941 deveu-se em parte à falta de rádio em todos os níveis. A situação melhorou com o fornecimento generoso de 245 mil rádios de campo dos Estados Unidos e da Grã-Bretanha. Foram instalados rádios até para unidades pequenas no tanque do comandante, mas o sistema de comando e controle das forças de tanque pelo rádio nunca se igualou à prática alemã.

Nos anos 1930, o Exército dos Estados Unidos, como o britânico, partia do pressuposto de que as linhas telefônicas e as mensagens convencionais seriam meios adequados de comunicação, como tinham sido para a força expedicionária americana em 1918. Mas, pressionado pelo recém-criado Corpo Mecanizado (que logo se tornaria a Força Blindada), o Laboratório do Corpo de Sinalização começou a desenvolver aparelhos de rádio FM de alta qualidade para uso em tanques e veículos, utilizando cristais de quartzo para criar frequências estáveis, boa recepção e imunidade contra interferências e bloqueios. No verão de 1940, grandes exercícios do Exército na Louisiana mostraram que o rádio FM funcionava bem o suficiente para criar uma rede efetiva de controle dos blindados no campo de batalha. O SCR-508 se tornou o rádio padrão dos tanques para comunicação bidirecional entre veículos e com postos de comando tático, e, em 1944, demonstrou seu valor nas grandes operações blindadas na Europa.[93] O único problema era a vulnerabilidade dos cristais de quartzo FM a falhas súbitas devido a um fenômeno conhecido como envelhecimento. O físico americano Virgil Bottom, recrutado para a Seção de Cristal de Quartzo do Laboratório do Corpo de Sinalização, descobriu a causa e a cura antes dos combates na Normandia. Em 1944, forças dos Estados Unidos tinham não só o maior número de rádios por unidade de todas as potências em guerra, mas também aparelhos de alta confiabilidade e ótimo desempenho.[94]

Para as unidades de infantaria, em particular aquelas designadas para apoiar o avanço dos tanques, a comunicação era mais problemática. Os primeiros rádios eram pesados, incômodos e difíceis de operar em movimento. Mas, como a maioria das operações era móvel, foi necessário descobrir um jeito de permitir que as tropas se comunicassem com os blindados e com a artilharia e estabelecer "controle de voz" sobre unidades de infantaria na vanguarda para assegurar um desdobramento tático mais efetivo. A ideia de que uma rede integrada poderia ser construída conectando o comando a pequenas unidades e estas entre si foi difícil de pôr em prática, em especial porque blindados, artilharia e infantaria usavam rádios diferentes sintonizados em frequências distintas. Uma frequência comum só foi introduzida nas forças britânicas em 1945; o rádio comum para infantaria e blindados só chegou às unidades americanas nos últimos meses de 1944. Para as operações americanas, nas quais a infantaria e os tanques deveriam avançar de forma coordenada, o problema era real. Os rádios de infantaria comuns — o SCR-586 AM "handie-talkie" (ancestral primitivo do celular) e o maior SCR-300 AM "walkie-talkie", operados por dois homens — eram incompatíveis com o aparelho SCR-508 FM dos tanques. Para pedir ajuda ou fornecer informações de inteligência, a infantaria tinha que encaminhar mensagens através dos centros de comando tático, um procedimento lento demais para permitir a resposta imediata necessária. Improvisações foram usadas para tentar contornar o problema. Rádios de infantaria eram às vezes colocados em tanques, onde tinham o seu desempenho limitado pelo barulho e pelo movimento. A solução mais comum era soldar um telefone de campo na parte traseira e ligá-lo ao sistema de intercomunicação do veículo. Um soldado de infantaria podia passar direto para a tripulação instruções sobre alvos e riscos, embora se colocasse numa posição perigosamente exposta ao fogo de atiradores inimigos.[95]

A linha de frente das comunicações por rádio, apesar de vital para ajudar unidades pequenas a coordenar ações e pedir ajuda, enfrentava dificuldades óbvias e diversas. Fora os problemas técnicos, como frequências instáveis, válvulas quebradas ou engenharia de má qualidade, o contato pelo rádio era prejudicado com facilidade por chuva forte, água do mar e do rio e topografia adversa. Montanhas e colinas limitavam o alcance da comunicação ou a cortavam por completo, como os Aliados descobriram na Tunísia no começo de 1943 e na Itália durante a campanha na península. Rádios tinham que ser presos ao lombo de mulas e levados até o alto de colinas para funcionar. Os operadores ficavam mais vulneráveis durante o combate. Às vezes o equipamento pesado os arrastava para dentro da água quando se aproximavam da costa em operações anfíbias; atiradores de elite inimigos tentavam localizar as longas antenas, que revelavam a presença do operador de comunicações, para alvejá-lo. Apesar disso, à medida que ficavam mais confiáveis e fáceis de carregar, os rádios eram distribuídos entre as pequenas unidades em campo para serem operados por um ou dois homens. Os aparelhos alemães Torn Fu. d ("Dora") e Torn Fu. g ("Gustav") eram portáteis e confiáveis, com um alcance de até dez quilômetros. As unidades britânicas tinham o menos eficiente wss 38 walkie-talkie, com alcance de menos de um quilômetro, e o ws 18, maior e operado por dois homens, com alcance de até oito quilômetros. Apesar de serem tidos como uma ferramenta pouco confiável, 187 mil unidades dos ws 38 portáteis foram produzidas durante a guerra e usadas em toda a Europa. Ao longo do conflito, o Exército britânico recebeu 552 mil rádios, prova do seu valor indispensável em combate.[96]

A adoção do rádio na linha de frente exigiu uma curva de aprendizado acentuada. No teatro do Pacífico, a má qualidade da comunicação por rádio nas primeiras operações americanas contribuiu para um número desnecessariamente elevado de baixas em combate. Para o ataque a Tarawa, em novembro de 1943, o navio de comando USS Maryland tinha um equipamento de rádio inadequado para se comunicar com os fuzileiros navais que desembarcavam nas praias. O rádio sofreu com o efeito de concussão por conta dos enormes canhões do encouraçado, enquanto em terra os aparelhos portáteis dos fuzileiros, TBX e TBY da Marinha, funcionaram mal devido aos danos causados pela água e à curta duração das baterias. Na invasão de Okinawa, em abril de 1945, navios de comando especializados, com rádios melhores, controlaram os movimentos da invasão do navio para a costa, onde rádios portáteis mais eficientes ajudaram a organizar o campo de batalha tático com menos baixas.[97] O uso do rádio no primeiro desembarque anfíbio anglo-americano no Norte da África, em novembro de 1942, também foi incapaz de montar um sistema de comunicação viável. Os aparelhos AM foram afetados pela chuva torrencial e por frequências lotadas. Muitos operadores de rádio tinham sido treinados às pressas nos navios durante a travessia do Atlântico, enquanto o suprimento de equipamento adequado e de reposições foi insuficiente. Os sistemas de rádio americano e britânico eram incompatíveis e tiveram que ser ajustados para a comunicação entre as duas forças. O desempenho foi tão ruim que os britânicos criaram um comitê, comandado pelo major-general Alfred Godwin-Austen, para avaliar as lições aprendidas, com o objetivo de que o rádio pudesse ter um papel mais efetivo. As conclusões foram distribuídas em março de 1944, a tempo de melhorar o uso do rádio na invasão da Normandia.[98] A essa altura, a prática militar britânica e americana já tinha incorporado o rádio. Havia dez vezes mais aparelhos no Exército britânico do que em 1940; unidades do Exército americano tinham 90 mil transmissores de rádio no Dia D, na maioria rádios FM controlados por cristal, mais confiáveis, todos sintonizados em novas frequências para confundir a inteligência de sinais alemã.

Àquela altura, a indústria americana produzia 2 milhões de unidades de cristal por mês, em comparação com as 100 mil produzidas por ano antes da guerra. O rádio demonstrou seu valor durante a perseguição de forças alemãs na França, em julho e agosto de 1944, e junto com o radar terrestre foi essencial para a direção efetiva de tiro e para o controle da formidável artilharia aliada.[99]

O rádio foi ainda mais essencial para a evolução do poderio tático aéreo durante a guerra. As Forças Aéreas pediram prioridade — e foram atendidas — na alocação de aparelhos de alto desempenho. Rádios britânicos de frequência muito alta (VHF) foram instalados em todas as aeronaves para a Batalha da Grã-Bretanha, no verão e no outono de 1940, permitindo aos pilotos se comunicarem entre si e com as estações de controle terrestre, que os direcionavam para a área-alvo quando o radar ou a observação em terra identificavam aviões intrusos. O rádio era a única maneira de manter a coesão da zona aérea de combate para as aeronaves de defesa. No campo, as ofensivas aéreas eram mais difíceis de organizar e dependiam não só da criação de centros de controle avançado em terra para manter o controle de voz das aeronaves que atacavam, mas também do desenvolvimento de contato por rádio entre aviões e o exército (ou uma frota no mar) quando um alvo de superfície precisava ser neutralizado. As Forças Aéreas alemãs conseguiram fazer isso nas primeiras campanhas na Polônia e na França, ainda que os rádios do Exército e da Força Aérea operassem em frequências diferentes. Oficiais de ligação da Força Aérea eram designados para as principais unidades do Exército e desempenhavam uma função essencial na fusão de operações no ar e em terra; para a invasão da União Soviética, Destacamentos de Ligação de Sinalização Aérea foram designados para cada divisão blindada com o objetivo de convocar apoio aéreo. Nas batalhas de 1943 ocorridas no front oriental, era possível o contato direto por rádio entre comandantes de tanque e aeronaves de apoio usando a mesma frequência de rádio.[100]

Mais uma vez, o controle por rádio das Forças Aéreas táticas pelos Aliados levou anos para se aperfeiçoar. Na Grã-Bretanha, depois da calamidade na França, uma equipe conjunta do Exército e da Força Aérea, encabeçada pelo tenente-coronel J. Woodall, inventou um jeito de coordenar o papel das equipes no ar e em terra. O "relatório Woodall", concluído em setembro de 1940, recomendou centros de controle conjunto capazes de receber informações minuciosas dos alvos das unidades de sinalização com as tropas na linha de frente, e despachar de forma rápida aviões para onde fosse necessário. O sistema foi formalmente aprovado, mas nos combates no deserto no Norte da África o controle de aeronaves por rádio numa guerra de movimentação rápida se mostrou difícil de operar antes que houvesse aviões o bastante e operadores de rádio qualificados e com o preconceito persistente do Exército.[101] Apenas no outono de 1941, com a criação das Linhas de Apoio Aéreo Avançado, é que se tornou possível que a linha de frente solicitasse ataques aéreos pelo rádio, mas o pedido tinha que ir até o quartel-general da RAF para ser aprovado, o que retardava qualquer resposta operacional. Por fim, no começo de 1942, montou-se uma rede de comunicação por rádio mais sofisticada, com o Quartel-General Aéreo Avançado movendo-se com o Exército, capaz — com rádio VHF — de direcionar aviões ainda no ar de um alvo no solo para outro. Cerca de quatrocentos veículos de sinal VHF seguiam com o Exército, fornecendo informações minuciosas por rádio sobre as posições inimigas a serem atacadas pelo ar, enfim imitando — e depois superando — as comunicações germânicas.[102]

A Força Aérea soviética também precisou aprender com a prática alemã. Devido à ausência de rádios para aeronaves nos primeiros anos da guerra, de vez em quando aviões de reconhecimento tinham que alertar os pilotos sobre uma operação e conduzi-los visualmente até o alvo. Sem rádios, as unidades aéreas operavam numa formação de "siga o líder", o que as transformava em alvos fáceis para os adversários alemães, capazes de operar com mais flexibilidade graças ao rádio. O controle não muito bem coordenado das operações aéreas mereceu destaque nos relatórios da Seção de Análise de Experiência de Guerra do Exército Vermelho, e, no fim de 1942, Novikov, o novo comandante-chefe da Força Aérea, introduziu um sistema centralizado de vetorização por rádio no front de Stalingrado, usando rádio e radar para conduzir aeronaves para alvos no ar e no solo. Postos auxiliares de controle terrestre, conectados por rádio a bases aéreas e aeronaves soviéticas, foram montados a uma distância entre dois e três quilômetros da linha de frente e a intervalos de oito a dez quilômetros. Um novo manual de campo foi produzido sobre "Instruções para a Força Aérea sobre controle, informação e orientação de aviões por rádio", e quase de imediato os aviadores alemães começaram a observar uma interceptação soviética mais eficiente e direcionada. Levou tempo para que as redes de rádio fossem instaladas por toda a ampla frente de combate e para que os pilotos soviéticos entendessem e confiassem no controle por rádio. Também enviavam mensagens em linguagem comum, que a inteligência de sinais alemã interceptava com facilidade. Na Batalha de Kursk, em julho de 1943, o sistema não funcionou tão bem na defesa, mas na longa contraofensiva que se seguiu durante o verão e o outono a introdução de estações de rádio fornecidas pelos americanos e de 45 mil aparelhos para aeronaves do programa Lend-Lease possibilitou o uso da crescente superioridade numérica da União Soviética de forma mais eficiente e com mais impacto.[103]

As Forças Aéreas do Exército e da Marinha dos Estados Unidos, como a Força Aérea soviética, passaram por um aprendizado difícil. Na batalha de Guadalcanal, a partir de agosto de 1942, era essencial poder pedir apoio aéreo, mas a Marinha, o Corpo de Fuzileiros Navais e as Forças Aéreas do Exército usavam frequências diferentes de rádio. Encontrou-se uma solução improvisada num sistema de "observadores aéreos avançados", que ligavam para um rádio modificado conectado a dois microfones para que um rádio naval próximo também pudesse ouvir o relato.[104] Durante os desembarques no noroeste da África, em novembro de 1942, o componente aéreo funcionou mal, devido em especial à dificuldade de montar de forma rápida uma rede confiável de rádio e radar, além de ter suprimentos e pessoal inadequados. O resultado, como lamentou o comandante da Força Aérea Carl Spaatz, foi "um sistema de comunicações fraco e inepto", agravado pela incapacidade de integrar as frequências de controle aéreo britânicas e americanas.[105] As lições aprendidas no Norte da África acabaram produzindo um sistema de sinais mais viável. Durante a invasão da França, para as operações de apoio terrestre, Grupos de Apoio Aéreo acompanharam as principais unidades do Exército para que pudessem solicitar de forma imediata ação aérea aos postos de Controle de Apoio Aéreo. No fim do verão de 1944, Grupos de Apoio Aéreo puseram nos tanques de vanguarda um operador com rádio VHF, capaz de pedir apoio de aviões que patrulhavam acima, usando os mesmos aparelhos de rádio SCR-522 da Força Aérea. A relativa ausência de aeronaves alemãs nessa altura da campanha significava que era possível também usar os pequenos aviões de ligação L-S "Horsefly" para voar na frente das forças terrestres e transmitir por rádio alvos potenciais. [106] O rádio agora funcionava como parte de uma elaborada rede que conectava estações de controle terrestre com aviões, aeronaves entre si e com as forças terrestres. Os sistemas nunca eram perfeitos, nem do lado do Eixo, nem do lado dos Aliados, mas o rádio multiplicou o impacto que os aviões tinham na batalha, o que beneficiou os Aliados conforme se aproximavam do fim da curva de aprendizado.

O advento do rádio eficiente para controlar aeronaves, fosse em combate aéreo ou em apoio às forças de superfície, estava intimamente ligado à evolução e ao desenvolvimento do radar. Os primeiros passos na tentativa de explorar ondas de rádio para detecção foram motivados pela busca por algum meio de alertar com antecedência a aproximação de aviões hostis para além do uso convencional de grandes sensores acústicos, que tinham pouca utilidade operacional pois não conseguiam indicar nada mais do que a presença de ruídos. As pesquisas sobre ondas de rádio eram universais, e a tecnologia necessária para desenvolver o radar era de fato internacional. Dois componentes essenciais eram de origem japonesa e alemã — a antena Yagi, desenvolvida por Yagi Hidetsugu em 1926, e o tubo Barkhausen-Kurz (ou magnétron), inventado em 1920 para uso em receptores e transmissores —, mas patenteados no exterior, com a pesquisa sendo logo disponibilizada para outros. O desenvolvimento comercial da televisão no fim dos anos 1920 e começo dos anos 1930, também comum a todo o mundo industrializado, contribuiu de maneira importante para a evolução do radar, incluindo o tubo de raios catódicos, usado nas instalações de radar para fornecer uma imagem de fácil leitura do objeto detectado. A indústria civil teve um papel importante no fornecimento da inovação em engenharia que possibilitou o radar: Telefunken na Alemanha, General Electric nos Estados Unidos e na Grã-Bretanha, Nippon Electric Company no Japão, e assim por diante. Dada a natureza transnacional da ciência, não é de surpreender que as observações que deram origem ao radar ocorressem de forma quase simultânea nos principais Estados que depois entrariam em guerra. Ninguém e nenhum país em particular "inventou" o radar.

Se o desenvolvimento do radar era inevitável nos anos 1930, suas origens resultaram tanto do acaso quanto do planejamento cuidadoso. No fim de 1934, o diretor de pesquisa científica do Ministério da Aeronáutica da Grã-Bretanha, Henry Wimperis, impressionado com a afirmação do físico húngaro Nikola Tesla de que ondas de rádio concentradas podiam agir como um "raio da morte" contra aviões que se aproximavam, pediu ao superintendente da Estação de Pesquisa de Rádio, Robert Watson-Watt, que investigasse. Watson-Watt respondeu que a afirmação não era cientificamente plausível, mas que um feixe de rádio poderia ser usado para "detectar por rádio, em vez de destruir por rádio". Com base em seu trabalho na medição da ionosfera usando pulsos de rádio e eco refletido, Watson-Watt preparou um experimento a poucos quilômetros do transmissor da BBC em Daventry, em 26 de fevereiro de 1935. Uma aeronave Handley Page Heyford voou pelo feixe, retornando sinais claros ao receptor no solo. Animado com o resultado do experimento, que enfim prometia proteger de ataques de aviões hostis, Watson-Watt exclamou: "A Grã-Bretanha voltou a ser uma ilha!".[107]

Sem que a equipe britânica — que costuma ser considerada a inventora do que chamava de "detecção e distanciometria por rádio" — soubesse, o Departamento de Engenharia da Marinha dos Estados Unidos tinha registrado, em novembro de 1934, uma patente relativa a "detectar objetos por rádio", enquanto um mês depois o Laboratório de Pesquisa Naval demonstrou que o radar de pulso podia detectar uma aeronave a uma distância de 1,5 quilômetro; naquele mesmo ano, o Laboratório do Corpo de Sinalização do Exército americano já tinha iniciado um programa de "detecção de posição por rádio". Em 1934, o físico alemão Rudolf Kühnhold, diretor do Instituto de Pesquisa de Rádio da Marinha germânica, usou ondas de rádio para detectar navios, e em maio do ano seguinte, menos de três meses depois do experimento em Daventry, conseguiu demonstrar o uso do radar de pulso.[108] A pesquisa da União Soviética começou ainda mais cedo, quando em agosto de 1933 o Laboratório Central de Rádio em Leningrado foi autorizado pela Administração Central de Artilharia a trabalhar na detecção por rádio para ajudar as defesas antiaéreas. Um experimento conduzido em 3 de janeiro de 1934 por Pável Oshchepkov, no telhado de um edifício em Leningrado, mostrou que sinais de rádio podiam ser refletidos por objetos distantes.[109] Em quase todos os casos, a aplicação militar das descobertas foi compreendida de imediato, e o radar de repente passou a ser coberto por um véu de sigilo.

Embora a descoberta do radar tenha sido universal, o desenvolvimento subsequente não foi tão simples. Havia uma diferença operacional significativa entre o radar de pulso, logo adotado na Grã-Bretanha, nos Estados Unidos e na Alemanha, e a detecção por rádio baseada em transmissão de onda contínua, e não em pulsos intervalados. O verdadeiro radar transmitia um pulso de um milionésimo de segundo de duração e recebia de volta um eco do objeto detectado no intervalo entre os pulsos, que durava vários milionésimos de segundo. Esse processo aumentava o poder do feixe de rádio e permitia a medição da distância entre o receptor e o objeto (fator crítico em defesa aérea) e a direção do voo. A estimativa de altura — ou azimute — era mais difícil, mas foi resolvida ao se acrescentar um componente (no caso britânico, um goniômetro, que calculava a posição da aeronave). A transmissão de onda contínua podia indicar distância, altura e direção de modo imperfeito ou não indicar nada. A pesquisa soviética foi complicada pela insistência da Força Aérea no radar de pulso, e pela opinião do Exército de que a onda contínua atenderia aos requisitos da artilharia antiaérea, convicção que se revelou um beco sem saída, já que a distância da aeronave não podia ser calculada. A política interveio no Grande Terror de 1937-8, quando a maioria dos pesquisadores seniores de rádio e radar foi presa, incluindo o pioneiro Oshchepkov, que foi enviado durante dez anos para um campo do Gulag.[110] No Japão, nos anos 1930, não foi possível convencer nem a Marinha, nem o Exército de que a detecção por rádio tinha algo a oferecer, e quando um sistema de radar primitivo foi enfim montado na costa da China e nas ilhas japonesas em 1941, as estações de onda contínua só conseguiam indicar a presença de um avião, mas não a sua distância ou a direção, tornando o sistema inútil em termos operacionais, apesar de ter sido mantido durante a guerra. Nem o Exército, nem a Marinha colaboraram para o desenvolvimento do radar, enquanto a pequena comunidade científica e de engenharia que se dedicava à pesquisa de rádio foi marginalizada por um establishment militar desconfiado da intervenção civil.[111] A situação na Itália era consideravelmente pior. Quando o país entrou no conflito, em 1940, não havia nenhuma capacidade de radar disponível, e a pesquisa de detecção por rádio tinha baixa prioridade. As Forças Armadas preferiam a onda contínua, mas nenhuma rede costeira foi criada, mesmo com radar inadequado. Em 1941, dois aparelhos empregando ondas de radar de pulso para defesa costeira e a bordo de navios, de codinomes "Folaga" [galeirão] e "Gufo" [coruja], foram encomendados, mas apenas doze chegaram a ser produzidos. O Exército desenvolveu o aparelho de detecção de aeronaves "Lince", mas poucas unidades foram disponibilizadas antes da rendição italiana. A rede de radares que foi criada em 1943 era alemã, para proteção das forças germânicas.[112]

O interesse inicial do Exército e da Marinha na detecção por rádio tinha a ver com a possibilidade de ter um alerta precoce da aproximação de aeronaves inimigas, com informações e tempo suficientes para ativar as defesas antiaéreas e decolar de imediato aviões para interceptação. Na Grã-Bretanha, isso era visto em meados dos anos 1930 como um meio vital de reduzir a ameaça potencial de ataques a bomba, que os políticos e o público em geral temiam que tivesse um impacto decisivo numa guerra que era só questão de tempo para ocorrer. No fim de 1935, menos de um ano depois do experimento em Daventry, foram feitas as primeiras encomendas para construir cinco estações *"Chain Home"* ao longo das costas Sul e Leste. Em 1940, já havia trinta estações espalhadas entre a Cornualha, no sudoeste, e o extremo norte da Escócia. Criou-se um cordão com 31 estações *"Chain Home Low"* para detectar aviões voando baixo. O funcionamento deixava a desejar. Os primeiros radares só detectavam aeronaves no mar e não conseguiam segui-las em terra, porque os ecos de fundo de solo interferiam; continuava difícil medir a altura com exatidão, parcialmente porque grande parte do pessoal foi treinada às pressas e precisava aprender em combate para explorar plenamente o radar.[113] Apesar disso, o radar, uma vez integrado à rede de rádio e telefone, desempenhou papel central ao alertar a força de caças britânicos a tempo de interceptar as incursões diurnas regulares dos alemães em 1940. Ao longo do conflito, o desempenho do radar melhorou de forma consistente, contra um número cada vez menor de incursões inimigas.

Nos Estados Unidos, os radares para defesa costeira foram instalados a partir do fim dos anos 1930, por medo de que aeronaves japonesas ou alemãs baseadas na América Latina pudessem lançar um ataque surpresa. O radar para a detecção de longo alcance foi autorizado em 1937, e em 1939 aparelhos tanto móveis como fixos já tinham sido desenvolvidos. Em 1940, o primeiro radar fixo SCR-271 foi montado para defender o canal do Panamá; em fevereiro daquele ano o Comando de Defesa Aérea foi ativado para começar a funcionar numa rede de estações de radar ligada a forças de interceptação aérea, bem parecido com o sistema britânico. A estrutura levou tempo para se desenvolver, devido à escassez de pessoal treinado e às demandas concorrentes de rearmamento, de modo que na época de Pearl Harbor havia apenas duas estações de radar na Costa Leste e seis no Pacífico. Os radares conseguiam detectar direção e distância, mas não altura. Muitos tinham sido mal colocados no topo de colinas por instrução do Departamento de Guerra, e tiveram que ser transferidos para lugares mais baixos para otimizar o desempenho. Apenas aos poucos, com modificações do equipamento, é que os radares costeiros chegaram ao nível dos britânicos, e, no fim, uma rede abrangente de 65 locais na costa do Pacífico e trinta na Costa Leste foi formada. Nos últimos anos da guerra, o radar de Interceptação por Controle de Solo, o SCR-588, era capaz de rastrear aeronaves inimigas e amigas na mesma tela e fornecer alcance, direção e azimute, enquanto o SCR-516 fornecia o equivalente do *Chain Home Low* britânico, capaz de detectar aviões voando baixo a distâncias superiores a cem quilômetros.[114] No fim, a costa americana não foi atacada pelo ar, e com isso a complexa estrutura de radares, estações de caça, comunicação por rádio e observação em terra, tão essencial para a sobrevivência britânica em 1940, nunca foi testada. Na verdade, as estações de radar tiveram que lidar com o grande número de voos de treinamento da Força Aérea interna. Só em julho de 1942, a defesa aérea da região de Los Angeles monitorou 115 mil incursões de treinamento e nenhum avião inimigo.[115] A ironia de um sistema não testado em tempos de guerra foi ressaltada na única vez em que ele de fato foi necessário — no ataque japonês pré-guerra à base naval de Pearl Harbor. O radar tinha sido instalado em dezembro de 1941 em Opana Ridge, na costa norte de Oahu, e dois operadores de radar relataram, como era seu dever, a aproximação de um grande número de aeronaves no começo da manhã de 7 de dezembro, mas foram informados pelo oficial superior de que se tratava de bombardeiros amigos que seguiam para reforçar as bases do Pacífico. Com a tela do radar obstruída por interferência de fundo, os dois operadores largaram o radar e foram tomar café da manhã.[116]

A rede defensiva de radares mais sofisticada e extensa foi criada pela Força Aérea germânica na fronteira ocidental da Alemanha e ao longo da costa norte da Europa ocupada. Ali o combate aéreo era incessante, dos primeiros ataques britânicos em maio de 1940 até o fim dos combates, em maio de 1945. O radar alemão de alerta aéreo foi desenvolvido por duas empresas privadas, a GEMA e a Telefunken, até que o chefe de comunicações da Força Aérea, o general Wolfgang Martini, o assumiu para uso da Força Aérea, que era responsável pelo sistema de defesa aérea. A empresa GEMA deu origem ao que seria conhecido como radar "Freya", operando num amplo comprimento de onda e com um alcance costeiro de 130 quilômetros. Instalado em 1939, o radar foi aperfeiçoado com o acréscimo de medições de altura do alvo, para permitir uma vetorização precisa de caças para interceptação. O desempenho aprimorado veio em 1940, quando oito radares Freya foram colocados juntos para formar um radar de codinome "Wasserman", com alcance de trezentos quilômetros; em 1941, dezesseis radares Freya foram ligados para compor o que recebeu o codinome de "Mammoth", com alcance parecido. Com os modelos aperfeiçoados, aeronaves britânicas podiam ser detectadas ao decolar de bases no leste da Inglaterra. Wilhelm Runge, diretor do Laboratório de Pesquisa de Rádio da Telefunken, desenvolveu um radar para precisão de tiro de artilharia antiaérea, de codinome "Würzburg". Ambos os radares se tornaram aparelhos padrão do sistema de defesa aérea alemão. Mais tarde na guerra, Würzburg foi complementado pelo "Würzburg-Riese" [Würzburg Gigante] e por "Mannheim", um radar de controle para artilharia antiaérea com alcance de trinta quilômetros e precisão maior. Em 1944, para lidar com ataques de caças-bombardeiros voando baixo, um radar de vigilância móvel, o Fu MG407, foi introduzido. Montado num caminhão convertido, o radar era levado de um lugar para outro para preencher as lacunas entre as instalações Freya e Würzburg, bem distantes umas das outras.[117]

O radar foi integrado a defesas de caças, holofotes e postos antiaéreo numa linha de defesa de codinome "Himmelbett" [Cama celestial], mas que costuma ser descrita como a "Linha Kammhuber", em homenagem ao primeiro comandante das defesas de caça do Reich, o general Josef Kammhuber. O cinturão de radares se estendia da fronteira suíça, passando pelo norte da França e pela Bélgica, até a fronteira germano-dinamarquesa. O sistema, como o britânico e o americano, não funcionava à perfeição. Faltavam operadores qualificados e a produção dos radares necessários era lenta. Na primavera de 1942, apenas um terço das baterias antiaéreas tinha o sistema de mira Würzburg.[118] Mais tarde, o radar se mostrou altamente suscetível a interferências, em especial por pequenas tiras de papel-alumínio (conhecidas como "janela" na Grã-Bretanha e "joio" nos Estados Unidos) que, a partir do verão de 1943, foram jogadas às centenas de milhares para sufocar as telas dos radares inimigos. No entanto, o cinturão defensivo, com detecção de longo alcance, canhões controlados por radar e controle de interceptação de caças por radar, fosse de dia ou de noite, infligiu pesadas baixas entre os bombardeiros britânicos e americanos, e no inverno de 1943 por pouco não sufocou por completo a ofensiva de bombardeiros.

O radar naval se desenvolveu rapidamente depois dos primeiros experimentos e observações de meados dos anos 1930. Na verdade, institutos de pesquisa naval na Grã-Bretanha, nos Estados Unidos e na Alemanha foram protagonistas na evolução de uma ampla série de aplicações de radar, além dos sistemas estáticos de detecção costeira. O ritmo das pesquisas em geral refletia a disposição, da parte da Marinha, de aceitar ou não que o poderio aéreo tinha alterado o exercício do poderio marítimo entre navios de guerra e aeronaves. A detecção por rádio da aproximação de aviões de ataque era o único jeito de evitar os efeitos incapacitantes de ataques aéreos, ao avisar a tempo o porta-aviões ou mobilizar as defesas antiaéreas de um navio de guerra. O radar podia também auxiliar a navegação, ajudando a evitar colisões em combate ou em comboios e a detectar navios de superfície e submarinos. Com o radar de mira de artilharia, um navio inimigo podia ser atingido de noite, na neblina ou nas nuvens, sem a vítima perceber que estava sob ameaça — a destruição de navios de guerra italianos na Batalha do Cabo Matapan, em 28 de março de 1941, foi um dos primeiros exemplos. O uso do radar no mar, no entanto, trouxe novas dificuldades. Ele tinha que ser mantido livre de água ou gelo; as antenas eram vulneráveis aos efeitos do clima e do combate; o radar precisava de uma plataforma estável, mas os navios balançavam e mudavam de direção com o oceano; o radar também podia se tornar imprestável pelas vibrações causadas quando os navios disparavam seus grandes canhões. O radar do encouraçado *Bismarck* ficou inutilizado depois dos primeiros combates com a Marinha Real, o que o impediu de detectar o torpedeiro Swordfish, que por fim incapacitou o navio.[119] Todos esses problemas acabaram sendo resolvidos, tornando o radar um fator de importância decisiva na guerra no mar, em particular para a Grã-Bretanha e os Estados Unidos, onde a pesquisa e o desenvolvimento do radar naval abriram caminho para muitas aplicações da nova tecnologia.

Na Grã-Bretanha, o Departamento Experimental do Almirantado iniciou um programa independente de pesquisa em 1935, alegando que as condições a bordo de um navio exigiam um radar distinto do sistema em desenvolvimento para alerta precoce costeiro, e em setembro conseguiu reproduzir o experimento de Daventry com radar de pulso. Em 1937, a Escola de Sinais da Marinha assumiu a pesquisa e em um ano desenvolveu o primeiro radar naval operacional para detectar aeronaves e navios de superfície, o Type 79Y, instalado de modo experimental no encouraçado *HMS Rodney*. Nos dois anos seguintes, o sistema foi modificado e aprimorado para que o radar pudesse também direcionar fogo antiaéreo à distância correta ou apontar os principais canhões do navio para uma embarcação de superfície distante. O 79Y evoluiu para uma série de aplicações diferentes: o Type 281 era empregado para detectar navios. Os Types 282 e 285 foram desenvolvidos como telêmetros de armamento, embora nenhum funcionasse à perfeição até o pessoal naval se acostumar a explorar as possibilidades do novo equipamento; para detectar aviões voando baixo, um radar da Força Aérea para detectar navios de superfície (ASV) foi modificado como Type 286.[120] Aeronaves de porta-aviões foram equipadas com o ASV Mk II, e esse radar permitiu que os torpedeiros Swordfish do *HMS Victorious* encontrassem o *Bismarck* em maio de 1941, apesar das nuvens baixas, do mar agitado e da proximidade do anoitecer. O papel da Marinha em estimular o desenvolvimento do radar alemão foi igualmente significativo. O primeiro radar operacional da Alemanha em terra e no mar foi o DeTe-I, que costuma ser conhecido como Seetakt. Em 1938, atualizado para DeTe-II, forneceu o modelo para o Freya da Força Aérea. O radar foi primeiro instalado no malfadado encouraçado de bolso *Almirante Graf Spee*. A Marinha também introduziu o Identificação de Amigo ou Inimigo (IFF) em 1939 (conhecido como *Erstling*, "primogênito"), adotado pela Força Aérea.[121] Os pilosos usavam um sinal de pulso pré-combinado para radar doméstico para indicar que não eram uma aeronave hostil, e para que os operadores soubessem que não deviam ordenar fogo. O IFF se tornou padrão nas principais forças aéreas até 1940, embora pudesse estar sujeito a interceptação e a ser usado pelo inimigo, ou, no caso dos voos de treinamento nos Estados Unidos perto da costa, era perigosamente ignorado pela maioria dos pilotos porque não havia aeronaves inimigas. A incapacidade de desenvolver o IFF na Itália resultou em queixas regulares de que as baterias antiaéreas do aliado alemão disparavam de forma indiscriminada contra aviões italianos.

O Laboratório de Pesquisa Naval dos Estados Unidos também deu início a um programa independente de pesquisa sobre radar em 1934, e em abril de 1937 testou com sucesso equipamentos a bordo de um navio de guerra. O primeiro radar operacional americano, o XAF, foi instalado no encouraçado *New York* em janeiro de 1939. No ano seguinte, dois oficiais da Marinha cunharam a sigla RADAR, que foi adotada como nome falso para acobertar a pesquisa, mas logo passou a ser usada de forma ampla no mundo anglófono para descrever todas as formas de detecção por rádio. O progresso foi rápido na adaptação do radar a todas as necessidades navais. No fim de 1941, o radar SK foi introduzido usando outra inovação fundamental, o Indicador de Posição no Plano, que mostrava uma imagem do ambiente de combate e a geografia circundante. Era importante para aeronaves de porta-aviões que este pudesse distinguir entre elas e um inimigo no ar, e em 1937 teve início o desenvolvimento de uma versão naval americana do IFF. Até 1941, todos os porta-aviões também estavam equipados com ASV, e começou-se a trabalhar numa mira de bomba direcionada para permitir o bombardeio de navios inimigos mesmo à noite ou através das nuvens. A 14ª Força Aérea Americana, estacionada na China em 1944, alegava ter afundado 110 mil toneladas de navios japoneses usando bombardeios por radar em pequenos alvos à noite. No fim da guerra, 27 mil radares ASV padrão tinham sido produzidos.[122] Quase todas as aplicações navais foram adaptadas para serem usadas pelo Exército e pela Força Aérea. Radares para pontaria precisa eram um complemento essencial da artilharia antiaérea em terra, bem como no mar. O britânico Gun Laying Mark II (GL-Mk II) dirigido por radar possibilitou uma média de 4100 tiros disparados para cada aeronave destruída, em comparação com a prodigalidade dos 18 500 tiros do equipamento Mark I original sem radar. Seguindo a prática naval, o radar de interceptação aérea (AI, na sigla em inglês), para permitir que aeronaves chegassem perto do inimigo à noite ou em tempo ruim, auxiliado por radar de superfície, tornou-se comum em todas as grandes forças aéreas. Uma vez introduzida a interceptação por controle em solo no começo de 1941 para os caças noturnos da RAF, as perdas operacionais germânicas subiram de 0,5% para 7%. Os radares de interceptação aérea alemães Lichstenstein e SN2, desenvolvidos mais adiante na guerra, foram essenciais para vetorizar os caças noturnos na direção do fluxo de bombardeiros.

Todas as aplicações iniciais do radar de pulso foram feitas em amplos comprimentos de onda. O radar alemão funcionava em comprimentos de onda de decímetro, em geral cinquenta centímetros, e a maioria dos outros radares agia em alguma coisa entre 1,5 a três metros. Já se sabia, desde o começo dos anos 1930, que se aplicadas ao radar as micro-ondas poderiam permitir maior precisão e versatilidade, mas a pesquisa inicial na Alemanha e no Japão mostrou que os tubos de vácuo existentes não conseguiam gerar potência suficiente para tornar possível o radar de micro-ondas, e a tentativa foi abandonada. O avanço decisivo na tecnologia de micro-ondas, como a primeira observação dos ecos de rádio, ocorreu devido a uma feliz série de coincidências. Em 1939, o Comitê Britânico para a Coordenação do Desenvolvimento de Válvulas enviou contratos às universidades de Oxford, Bristol e Birmingham, para que desenvolvessem uma válvula de alta potência capaz de operar no comprimento de onda de dez centímetros. Em Birmingham, o físico australiano Marcus Oliphant recrutou dois jovens alunos de doutorado, John Randall e Henry Boot, para a equipe de pesquisadores. Desconhecendo as longas discussões sobre se o klystron ou o magnétron (dois tubos de vácuo avançados nos quais se baseara a pesquisa anterior sobre micro-ondas) eram capazes de gerar a potência necessária para comprimentos de ondas centimétricos, eles fundiram os dois para formar o que se tornaria conhecido como o magnétron de cavidade ressonante. O primeiro experimento mostrou que o novo aparelho era capaz de produzir um alto nível de potência. Em 21 de fevereiro de 1941, os dois fizeram uma demonstração do magnétron para Oliphant e sua equipe, mostrando que seria capaz de produzir comprimentos de onda de 9,8 centímetros. A produção foi imediatamente entregue à General Electric Company, cujo laboratório também tinha sido patrocinado pela Marinha Real para trabalhar com klystrons e magnétrons. Um modelo funcional ficou pronto em maio, e em agosto o Estabelecimento de Pesquisa em Telecomunicações fez uma demonstração de que sem sombra de dúvida, o magnétron de cavidade ressonante usado num sistema de pulso produzia retornos claros, mesmo de objetos pequenos (nesse caso, uma placa de metal presa a uma bicicleta conduzida por um penhasco nas proximidades). O magnétron de cavidade, designado E1198, foi embalado numa caixa de metal e, naquele mesmo mês, levado aos Estados Unidos por uma missão científica, encabeçada pelo cientista do governo Henry Tizard. Em 19 de setembro, o segredo foi revelado numa reunião de cientistas conceituados em Washington, onde provocou uma reação dramática. Houve um entendimento súbito, segundo Edward Bowen, que tinha escoltado o magnétron de cavidade desde a Inglaterra, "de que o que estava ali na mesa na nossa frente poderia ser a salvação da causa aliada".[123]

O magnétron de cavidade ressonante transformou o radar britânico e americano. A missão Tizard entregou o magnétron ao Comitê de Micro-ondas dos Estados Unidos no entendimento de que eles organizariam a sua produção em massa. Os Bell Telephone Laboratories foram incumbidos dessa responsabilidade, e, até o fim da guerra mais de 1 milhão foi produzido, a maioria deles o magnétron de cavidade "amarrado", versão melhorada desenvolvida em 1941 para aumentar a estabilidade da frequência. A pesquisa de radares assumiu uma importância central para as Forças Armadas americanas. Um Laboratório de Radiação foi criado no Instituto de Tecnologia de Massachusetts em Boston, coordenado por Lee DuBridge, onde o desenvolvimento da tecnologia de micro-ondas se tornou a atividade principal. Para evitar a duplicação de esforços, no primeiro ano da guerra americana montou-se uma filial do laboratório na Grã-Bretanha, no verão de 1943.[124] Todos os desenvolvimentos anteriores em radar de campo de batalha puderam ser postos de lado a favor de um equipamento mais preciso e versátil. A prioridade inicial era produzir um radar de interceptação aérea por micro-ondas e um de pontaria de micro-ondas para cálculo da distância e disparo automáticos de artilharia antiaérea. O radar AI foi desenvolvido no verão de 1942, como o SCR-520, e por fim atualizado para SCR-720. O radar foi introduzido em todas as aeronaves americanas e, por causa do seu desempenho avançado, foi adotado pela Força Aérea britânica como AI-Mk X para substituir o radar de micro-ondas AI-Mk VII, que tinha entrado em operação em abril de 1942. O radar de pontaria, SCR-584, foi um dos mais bem-sucedidos da guerra. Usando um computador analógico instalado no preditor MR para medir alcance e altura, os canhões disparavam de forma automática e com precisão contra aeronaves inimigas. Foi usado não apenas para fogo antiaéreo, mas em combate terrestre, onde poderia ser empregado para rastrear a trajetória de projéteis e detectar morteiros, veículos inimigos e até mesmo um único soldado através de fumaça, neblina ou escuridão. No Dia D, 39 desses aparelhos foram levados para a costa. Como consequência, a artilharia americana e o fogo antiaéreo puderam ser direcionados com a mais extrema precisão.[125]

Os comprimentos de ondas do radar de micro-ondas foram desenvolvidos inicialmente em dez centímetros, depois em três e finalmente, no fim do conflito, em um centímetro. O comprimento de onda de três centímetros foi usado para desenvolver um jeito de fazer uma análise do solo a partir de uma aeronave de bombardeio para melhorar a localização dos alvos. Essa foi uma daquelas ocasiões em que surgiram atritos entre os dois Aliados, por conta da competição na área de pesquisa. Os britânicos desenvolveram o equipamento H2S, o Laboratório de Radiação de Boston fez uma versão que chamou de H2X, e nenhum dos dois lados quis aceitar um sistema comum. Uma colaboração mais proveitosa veio com o microssistema projetado para fusíveis dos projéteis antiaéreos, capazes de rastrear o alvo usando um pequeno radar e em seguida explodir no momento certo. Proposto inicialmente em 1940 por William Butement, um físico australiano que trabalhava com radares na Grã-Bretanha, a invenção foi levada pela missão científica de Tizard aos Estados Unidos, onde o conceito foi desenvolvido de forma plena no ano seguinte. O "fusível de proximidade" foi usado pela primeira vez em janeiro de 1943 no Pacífico para derrubar uma aeronave inimiga e transformou o combate navio-ar naquele teatro. No entanto, os fusíveis foram usados com parcimônia na Europa, por medo de que a tecnologia caísse em mãos alemãs. Apesar disso, podiam ser usados no espaço aéreo britânico, o que foi feito com êxito na defesa aérea do país contra os mísseis de cruzeiro V1, derrubando cerca de metade deles. Os fusíveis acabaram sendo usados na campanha na França e na Bélgica no fim de 1944. Durante a Batalha das Ardenas, os projéteis com fusíveis de proximidade derrubaram pelo menos 394 aeronaves alemãs. Até 1945, cerca de 22 milhões foram produzidos.[126]

O radar de micro-ondas se revelou um recurso inestimável para a guerra no mar. Na Grã-Bretanha, o Almirantado promoveu o desenvolvimento de um radar ASV capaz de detectar submarinos alemães com maior precisão. O Type 271 estava pronto no começo de 1941, o primeiro radar de micro-ondas a entrar em operação. Com as micro-ondas era possível detectar não apenas o submarino, mas até o momento em que o periscópio rompia a superfície do mar. O primeiro submarino detectado e afundado usando o radar de micro-ondas estava perto de Gibraltar, em 16 de novembro de 1941. Os radares de micro-ondas a bordo de navios da Marinha Real incluíam melhor equipamento de pontaria, auxílios de navegação e indicadores de alvo. A Marinha americana insistiu em continuar a desenvolver o radar naval no Laboratório de Pesquisa Naval, e não no Laboratório de Radiação no Instituto de Tecnologia de Massachusetts, e produziu uma ampla variedade de radares centimétricos para aeronaves de porta-aviões, para porta-aviões e para navios de guerra. Introduziram-se os aparelhos SM e SP para grandes navios de guerra e porta-aviões leves, capazes de detectar aeronaves em três dimensões. Com a introdução do radar Mk 8 de dez centímetros, no fim de 1942, apontar uma arma se tornou uma operação mais sofisticada, permitindo que os canhões dos navios disparassem às cegas e rastreassem a trajetória de um projétil; o radar também mostrava na tela a eliminação do alvo. Foi usado pela primeira vez em Guadalcanal, quando um navio japonês, que de nada suspeitava, foi afundado à noite a mais de doze quilômetros de distância, mas a nova tecnologia se mostrou extremamente complicada para a maioria dos capitães de navio. Em novembro de 1942, o almirante Nimitz instruiu a todos os grandes navios de guerra que estabelecessem um Centro de Operações de Combate, para ajudar a coordenar e disseminar as informações de radar, deixando os comandantes livres para liderar. Com o codinome *"Project Cadillac"*, criaram-se Centros de Informações de Combate, como vieram a ser chamados, em toda a frota. Cada um abrigava diversos operadores de rádio e de radar, mas as figuras essenciais eram o "avaliador", que sopesava a situação operacional, e o "falador", que transmitia as informações para onde fossem necessárias — operações aéreas, artilharia antiaérea, os principais canhões do navio.[127] Nos dois últimos anos do conflito, depois que os comandantes se acostumaram a usá-la, a nova tecnologia desempenhou um papel decisivo. Em 1944, a guerra naval americana no Pacífico era totalmente eletrônica, enquanto o inimigo japonês não dispunha de nada equivalente.

O radar de micro-ondas levou a guerra eletrônica britânica e americana a um nível muito acima das conquistas alemãs e japonesas. A pesquisa alemã de radares tinha, no início do conflito, produzido excelentes radares usando comprimentos de onda de cinquenta centímetros, enquanto a pesquisa de micro-ondas no começo dos anos 1930 não produziu resultados e foi retomada durante a guerra sem grande empenho. O desenvolvimento do radar durante os combates foi prejudicado pela cultura de sigilo que cercava o assunto numa ditadura na qual qualquer negligência podia resultar em punição. O plenipotenciário para pesquisas de alta frequência, Hans Plendl, recrutado por Göring em 1940, foi demitido em 1944 por usar cientistas judeus presos no campo de concentração de Dachau para ajudar a reparar radares, sob a alegação de que "tinha passado material secreto para não alemães". Ele teve a sorte de não acabar num campo, como aconteceu com Hans Mayer, diretor de pesquisa da empresa de eletrônica Siemens, que foi encarcerado em Dachau por "conversas imprudentes". O desenvolvimento foi prejudicado também pela multiplicidade de centros de pesquisa, pela comunicação ruim entre eles e pela incapacidade de estabelecer prioridades claras. Mesmo quando o magnétron de cavidade caiu em mãos germânicas, recuperado de um bombardeiro Stirling que caiu em fevereiro de 1943, pouco proveito se tirou dele. Batizado de Rotterdam-Gerät por causa da cidade onde o avião caiu, o magnétron foi levado para o laboratório da Telefunken, onde alguns aparelhos de micro-ondas chegaram a ser produzidos até o verão de 1943, mas não foram usados. Um radar de pontaria de dez centímetros, de codinome "Marburg", foi desenvolvido, mas apenas alguns foram utilizados pelas baterias antiaéreas alemãs; outro radar de micro-ondas, de nome "Berlim", foi desenvolvido para os caças alemães até janeiro de 1945 e se tornou operacional em março do mesmo ano, tarde demais para fazer diferença na guerra aérea.[128] Nenhum fusível de proximidade foi produzido, embora pudesse ter dado uma contribuição substancial, talvez até decisiva, na defesa contra a campanha de bombardeios aliada.

O desenvolvimento do radar japonês foi prejudicado pelas relações ruins entre os estabelecimentos de pesquisa do Exército e da Marinha e pela desconfiança geral da interferência civil com a atuação de cientistas de universidades e laboratórios de pesquisa comerciais, que eram tratados, segundo Yagi Hidetsugu, como se fossem "estrangeiros". A pesquisa sobre magnétron avançou bastante pelos padrões internacionais, mas as Forças Armadas não demonstraram interesse em explorá-la. O radar só passou a ser levado a sério depois de uma visita de duas delegações japonesas à Alemanha, em 1940 e 1941, onde lhes foi mostrado um número limitado de equipamentos de radar germânicos. A captura de radares britânicos e americanos em Singapura e Corregidor no começo de 1942 permitiu que laboratórios japoneses, por engenharia reversa, desenvolvessem uma versão nipônica, mas o processo foi lento, e o primeiro radar que usou a tecnologia capturada só começou a operar em 1944. Como na Alemanha, os programas de pesquisa eram descentralizados, e o sigilo era um entrave para o desenvolvimento racional. No principal laboratório de pesquisa de rádio, metade dos engenheiros que trabalhavam com magnétrons e radares foi recrutada pelo Exército, onde acabavam não passando de soldados de infantaria. A escassez de materiais e de pessoal qualificado distorcia as prioridades. Muitos componentes eletrônicos eram de má qualidade, subcontratados de oficinas inexperientes onde faltavam metais essenciais. O radar existente era altamente suscetível a interferência das contramedidas eletrônicas americanas, um programa encabeçado pelo cientista americano Frederick Terman, recrutado em 1942 para chefiar o Laboratório de Pesquisa de Rádio. Para as operações aéreas sobre as ilhas japonesas em 1945, um bloqueador de sinal chamado "Porcupine" [porco-espinho] era usado para produzir um forte ruído de rádio e interferir no radar defensivo nipônico. O radar de micro-ondas com alcance limitado acabou sendo introduzido pelas Forças Armadas japonesas no fim da guerra, primeiro para o único sistema de radar embarcado, o Type 22, e depois para um aparelho aerotransportado, o FD-3, para caças noturnos, dos quais apenas uma centena foi produzida. Esses radares careciam de um Indicador de Posição no Plano — criação de imagens fundamental para combate —, até que um enfim foi disponibilizado em julho de 1945. Um magnétron de cavidade capaz de produzir alta potência estava em desenvolvimento quando a guerra acabou.[129] Graças a uma estranha reviravolta, a ideia de um "raio da morte", que em 1934 tinha levado Robert Watson-Watt a investigar a detecção por rádio, foi retomada pelos pesquisadores japoneses em 1945 como último e desesperado recurso. Um feixe de rádio concentrado foi usado para matar um coelho a trinta metros em dez minutos. Poucos meses depois, duas bombas atômicas foram jogadas em Hiroshima e Nagasaki, cada uma equipada com quatro fusíveis de radar.[130]

Entre os Aliados, o rádio e o radar contribuíram de modo substancial para aumentar o poder de combate. As tecnologias não ganharam a guerra, como às vezes se dá a entender, nem funcionaram com eficiência uniforme ou sem problemas técnicos, mas conferiram uma vantagem importante a Exércitos, Forças Aéreas e Marinhas do Aliados nos últimos anos do conflito. Essa vantagem refletia a estreita ligação entre governo, cientistas, engenheiros e militares. A pesquisa de ondas de rádio foi patrocinada na Grã-Bretanha e nos Estados Unidos por comitês designados pelo governo, com vastos fundos, e um nível significativo de colaboração aberta entre pesquisadores e usuários se formou mesmo antes de os Estados Unidos entrarem na guerra. A capacidade de fabricação, graças à natureza avançada da indústria eletrônica americana, era enorme. O treinamento de pessoal qualificado se deu numa escala ambiciosa. Só o Centro de Radar da Frota do Pacífico treinou 125 mil oficiais e soldados entre 1942 e 1945. No fim do conflito, os laboratórios da Marinha e do Exército que apoiavam a pesquisa de radar e rádio empregavam mais de 18 mil pessoas.[131] Os inimigos do lado do Eixo contavam com poucas dessas vantagens.

MULTIPLICADORES DE FORÇA? INTELIGÊNCIA E DISSIMULAÇÃO

Em 23 de junho de 1944, o submarino de transporte japonês I-52, ao passar pelo bloqueio aliado com uma carga de ouro, tungstênio, molibdênio, ópio, quinino, borracha e estanho para o esforço de guerra germânico, foi afundado por um torpedo acústico lançado por um bombardeiro Avenger americano enquanto navegava depois de um encontro com um submarino alemão perto do golfo de Biscaia. A posição exata do submarino tinha sido interceptada e rastreada durante semanas pela Divisão de Inteligência de Combate dos Estados Unidos usando as decodificações dos numerosos sinais de rádio do submarino. Um grupo de recepção de dignitários alemães e japoneses aguardava, impaciente, a chegada dos tripulantes japoneses em Lorient, na costa oeste da França, como um golpe publicitário para comemorar a chegada de um furador de bloqueio bem-sucedido. Mas conforme o tempo passava e sem nenhuma transmissão de rádio adicional vindo da embarcação afundada, concluiu-se que ele estava perdido, e, como as forças aliadas avançavam vindas da cabeça de ponte da Normandia, as comemorações foram interrompidas. A inteligência de sinais tinha revelado a localização de dezoito dos 27 submarinos de transporte em 1944, e todos foram afundados. O último furador de bloqueio de superfície foi afundado em janeiro de 1944, vítima do mesmo monitoramento de inteligência.[132]

O fim do I-52 foi selado pelos Aliados terem explorado a inteligência tática oriunda de sinais de rádio — em geral descrita como Sigint (acrônimo em inglês para "inteligência de sinais", embora nesse caso se tratasse mais de inteligência de comunicações, ou Comint) —, que constituía a mais importante fonte individual de inteligência operacional e tática na frente de combate, desde que devidamente interceptada e interpretada. Mais ou menos dois terços das informações de inteligência do Exército alemão durante a invasão aliada da França vieram do fluxo de comunicações transmitidas por rádio; o chefe da seção de inteligência germânica Exércitos Estrangeiros Ocidentais considerava Sigint "a queridinha de todos os homens da inteligência".[133] Não era, de forma alguma, a única fonte explorada para fins de inteligência, mas era de longe o maior elemento. Fora isso, a inteligência militar e naval dependia da chamada "inteligência humana" de agentes ou prisioneiros de guerra, quase sempre de valor duvidoso (em especial quando o agente tinha sido recrutado pelo inimigo para fornecer desinformação), de documentos capturados, que costumavam oferecer apenas um vislumbre das intenções ou disposições do inimigo, ou de reconhecimento aéreo fotográfico, que vinha logo atrás do Sigint como importante fonte de informações prontas se o material pudesse ser de fato interpretado.[134] A vantagem da interceptação de rádio estava em cobrir todos os aspectos da atividade operacional e tática do inimigo num vasto âmbito geográfico e em volume significativo. A seção de decodificação da Marinha dos Estados Unidos, OP-20-G, recuperou 115 mil mensagens da Marinha alemã durante a Batalha do Atlântico; o trabalho da Escola de Cifras e Códigos do Governo Britânico (GCCS, na sigla em inglês) sobre o tráfego da máquina germânica Enigma resultava na decodificação de 39 mil mensagens mensais no início de 1943 e de cerca de 90 mil mensais dos últimos meses de 1943 até o fim do conflito.[135] As informações provenientes de mensagens de rádio eram abundantes, refletindo o quanto o rádio se tornara parte integrante das operações militares e navais na Segunda Guerra Mundial.

Todas as potências combatentes exploraram a inteligência tática e operacional. Era muito mais difícil obter informações "estratégicas" mais amplas sobre planos, intenções e comportamento do inimigo, e em muitas ocasiões célebres os fracassos foram retumbantes — a incapacidade dos chefes militares e dos líderes políticos dos Estados Unidos de prever um iminente ataque japonês em dezembro de 1941, o erro de julgamento nipônico de achar possível intimidar os americanos para que não entrassem numa guerra total, a Alemanha subestimar a força soviética em 1941 e a desastrosa recusa de Stálin a levar a sério os mais de oitenta avisos recebidos de que uma invasão germânica estava prestes a ocorrer, a persistente expectativa de que a Alemanha entraria em colapso só por causa dos bombardeios, e assim por diante. A maioria dessas convicções foi alimentada pela inteligência, mas em muitos casos foram influenciadas também por falsas esperanças, especulação, preconceitos raciais ou políticos ou mera incredulidade até mesmo nas muitas ocasiões em que os códigos diplomáticos menos seguros foram decifrados com facilidade — como ocorreu com a leitura americana das comunicações Magic japonesas antes de Pearl Harbor. A inteligência estratégica muitas vezes foi vítima de arrogância em situações nas quais a vitória parecia garantida. O êxito inicial da contraofensiva germânica, a Operação Névoa de Outono em dezembro de 1944, foi resultado de os Aliados acreditarem que os alemães àquela altura tinham apanhado demais para retaliar de modo eficiente, ainda que a inteligência de comunicações de alta qualidade oferecesse provas do contrário; o mesmo ocorreu com a persistente convicção do Exército alemão de que as Forças Armadas soviéticas desmoronariam quando atacadas, ideia que perdurou muito além do ponto em que todos os indícios sugeriam o oposto.

Em termos de "multiplicador de força", a inteligência operacional e tática foi muito mais significativa do que a inteligência estratégica ou política. A organização e a prática da inteligência operacional refletiam culturas militares específicas na forma como eram estabelecidas e realizadas e o grau em que a inteligência estava integrada no aparelho de guerra mais amplo, mas nenhuma grande potência a negligenciou. A inteligência militar japonesa estava dividida entre o Segundo Departamento do Estado-Maior Geral do Exército e o Terceiro Departamento do Estado-Maior da Marinha. Nenhuma das Forças Armadas tinha muito respeito pela inteligência quando se tratava de organizar operações, e elas mantinham os funcionários da inteligência a uma boa distância. A Frota Combinada tinha apenas um oficial de inteligência vinculado ao quartel-general, e havia apenas um para cada frota. Esperava-se dos comandantes de unidades navais em combate que fizessem os seus próprios juízos do inimigo.[136] Não havia agência ou comitê central para coordenar a inteligência, e as duas Forças Armadas colaboravam pouco entre si. Quando a criptoanálise do Exército decifrou alguns códigos das máquinas M-94 e M-209 do Exército americano, a informação não foi compatilhada com a Marinha.[137]

A organização da inteligência militar germânica demonstrava uma relutância similar em envolver o pessoal da inteligência diretamente nas operações ou recrutar civis de forma ampla. A Seção 1c dos Estados-Maiores do Exército alemão lidava com inteligência e uma série de outras atividades, como o trabalho de propaganda com as tropas. A Força Aérea tinha uma divisão de inteligência própria, a Marinha também. A seção de inteligência aérea, D5, tinha apenas 29 funcionários em 1936 e ampliou aos poucos esse número durante o conflito, com apenas uma influência limitada sobre os comandantes operacionais. Como no caso do Exército, o pessoal da inteligência aérea também era responsável pelo bem-estar das tripulações, pelos comunicados de imprensa, pela censura e pela propaganda.[138] As equipes de inteligência nas três Forças Armadas eram pequenas, enquanto suas responsabilidades eram grandes, mas se esperava dos comandantes alemães em todos os níveis que fossem capazes de julgamento pessoal sobre operações com ou sem referência à equipe de inteligência. Assim como no Japão, havia uma compartimentalização na coleta e na disseminação de informações de inteligência, sem uma agência central que as coordenasse. Na interpretação de fotografias de reconhecimento aéreo, funcionários de baixo escalão serviam a cada comandante local, mas não havia nada equivalente ao núcleo de interpretação centralizado britânico em Medmenham, que distribuía informações de inteligência nas Forças Armadas.[139] A inteligência de sinais para as Forças Armadas também não era integrada num centro nacional, como ocorria na Grã-Bretanha. Ainda que a coleta de informações de inteligência na Alemanha em nível tático muitas vezes fosse sistemática e abundante, a integração no nível operacional era limitada.

Na Grã-Bretanha e nos Estados Unidos, a inteligência assumiu um papel maior e envolvia não só as Forças Armadas, cada uma com seu setor de inteligência, mas também o esforço de guerra civil mais amplo. A inteligência científica para atender às necessidades militares foi institucionalizada na Grã-Bretanha em 1940, e nos Estados Unidos um ano depois; o Comitê Conjunto de Inteligência britânico, formado em 1936, fornecia regularmente ao Gabinete de Guerra e às Forças Armadas análises de inteligência sobre os assuntos mais variados; a inteligência foi incorporada ao planejamento operacional do nível estratégico ao tático. A inteligência de sinais para todas as Forças Armadas foi centralizada em Bletchley Park, sede da GCCS, onde chegaram a trabalhar 10 mil pessoas, na maior parte civis, a maioria mulheres. O envolvimento de especialistas civis refletia a natureza da mobilização para a guerra nas democracias, onde havia menos preconceito militar contra o envolvimento de funcionários da inteligência, fossem militares ou não, no planejamento e na avaliação de operações. Muitos recrutados para trabalhar como tradutores ou decifradores eram universitários com um talento especial para línguas clássicas ou modernas. A divisão de inteligência da RAF recrutou setecentas pessoas durante o conflito, mas apenas 10% eram oficiais da força.[140] Acima de tudo, as avaliações e informações de inteligência eram compartilhadas entre as duas democracias nos termos de acordos formais, estabelecendo-se, no fim, uma colaboração (quase irrestrita) no setor de inteligência. Houve esforços para estender também o compartilhamento à União Soviética, mas a colaboração era quase sempre de mão única e envolvia o risco de comprometer fontes ocidentais. A recepção pelos soviéticos das informações de inteligência foi embaraçosamente deselegante.[141]

O sistema de inteligência militar dos Estados Unidos era, entre todas as grandes potências, o menos desenvolvido antes da guerra. Unidades de combate não contavam com pessoal específico de inteligência e não havia instalações especiais de treinamento. Em 1941, tanto o Exército como a Marinha começaram a ampliar as seções de inteligência — G-2 no primeiro, Escritório de Inteligência Naval no segundo —, mas, como a inteligência japonesa, sua integração deixava a desejar. No verão de 1941, o Exército começou a estabelecer um ramo separado de inteligência aérea, o A-2, que de início dependia muito de material livremente fornecido pela RAF e da cooperação dos serviços australianos de inteligência. Como no caso britânico, não havia alternativa que não fosse recrutar de forma ampla especialistas civis, professores e estudantes qualificados. O Exército montou um Serviço de Inteligência Militar que acabaria introduzindo equipes de inteligência de combate em todos os regimentos, de modo que os formados em cursos militares de língua alemã ou japonesa pudessem interrogar prisioneiros de guerra ou traduzir no local documentos capturados. A divisão de inteligência da Marinha se concentrou em operações no Pacífico, região sobre a qual pouco se sabia em 1941. O manual produzido sobre aeronaves japonesas trazia uma página em branco para o caça Mitsubishi "Zero", apesar de já haver informações minuciosas disponíveis.¹⁴² A inteligência naval tinha sede em Washington, mas em campo as equipes de inteligência de combate e de reconhecimento fotográfico forneciam informações para o Comitê Conjunto de Inteligência da Área do Pacífico, que por sua vez produzia diversos relatórios para serem distribuídos entre os serviços de combate no teatro do Pacífico.¹⁴³ A inteligência de sinais para o Exército foi alojada em Arlington Hall, na Virgínia, o equivalente americano da GCCS. A Marinha tinha um local separado de inteligência de sinais em Washington, DC, mas as duas Forças Armadas desenvolveram uma estreita colaboração ao longo da guerra. Nos últimos estágios do conflito, a inteligência era um elemento indispensável em todos os níveis do esforço de guerra americano.

A organização da inteligência militar soviética divergia de modo fundamental da dos outros principais combatentes. A coleta de informações de inteligência, *razvedka*, era um elemento essencial da doutrina operacional soviética muito antes de 1941. Era parte integrante da organização de toda formação do Exército e da Força Aérea, desde o alto-comando até a menor das unidades táticas. Para uma inteligência operacional mais ampla, material dos fronts era enviado à Diretoria Principal de Inteligência do Exército Vermelho (GRU, na sigla em russo) para ajudar a formar uma imagem composta das intenções do inimigo; a inteligência operacional e tática era coletada, analisada e disseminada no nível dos quartéis-generais de Grupos de Exércitos, Exércitos e divisões. Cada nível de comando tinha um chefe e uma equipe de inteligência trabalhando em estreita colaboração com comandantes operacionais, que tinham de formular o tipo de informações de que precisavam, os meios de consegui-las e as forças necessárias. Em combate, os comandantes de Grupos de Exércitos esperavam receber relatórios de inteligência a cada duas ou três horas, os comandantes de Exércitos individuais a cada uma ou duas horas. A inteligência era, em essência, inteligência de combate, coletada na frente de batalha, e os principais meios eram reconhecimento aéreo (quando possível), incursões e emboscadas no front inimigo, assim como o reconhecimento conduzido por unidades com capacidade de combate. Agentes e infiltrados, apoiados a partir de 1942 por destacamentos de guerrilheiros, penetravam até quinze quilômetros através das linhas inimigas. Observadores avançados em esconderijos perigosamente perto das linhas inimigas informavam a posição da artilharia e dos postos de metralhadora. Ataques envolvendo de cinco a oito homens eram preparados para capturar documentos, armas e prisioneiros, e estes últimos eram submetidos a um rigoroso interrogatório. A inteligência humana representava grande parte das informações necessárias; a Sigint só foi usada com bastante frequência nos últimos anos da guerra. Havia pouco da desconfiança que os alemães e japoneses tinham em relação à inteligência, por ela ser elemento constitutivo das operações militares soviéticas.¹⁴⁴ A doutrina e a organização do trabalho de inteligência foram aprimoradas em 1942, junto com outras reformas nas práticas do Exército Vermelho e da Força Aérea Vermelha, e a partir de 1943 a coleta de informações ficou mais bem coordenada e sistemática, embora nunca atingisse a perfeição. Em abril de 1943, uma diretiva de Stálin para agentes de inteligência em campo cobrava mais esforços para determinar os eixos nos quais o inimigo concentrava suas forças, mas a distribuição das forças alemãs na Batalha de Kursk ainda foi perigosamente mal interpretada.[145]

No entanto, a inteligência tinha limites óbvios, inerentes à natureza de sua operação, o que afetava o grau de confiança ou descrença dos comandantes militares. O quadro oferecido pela inteligência costumava ser inconsistente, com longas interrupções na capacidade de ler mensagens inimigas, avaliações deficientes das informações fornecidas por agentes ou desertores inimigos ou erros na interpretação do reconhecimento aéreo — mais notório no Ocidente, quando relatórios de pilotos que viram blindados alemães concentrados nas Ardenas em maio de 1940 não conseguiram chamar atenção suficiente dos comandantes franceses. Aqueles que avaliavam todas as fontes disponíveis estavam sujeitos aos erros humanos de sempre — excesso de otimismo, vontade de impor ordem num quadro confuso, egoísmo institucional e assim por diante. O sigilo era uma preciosidade em toda parte; mesmo na Grã-Bretanha, onde um vasto círculo estava envolvido em atividades de inteligência, a comunicação entre diferentes seções era proibida. Os que trabalhavam na GCCS com cifras de nível inferior não tinham permissão de saber nada sobre Ultra para evitar vazamentos de segurança. As mensagens Ultra só podiam ser entregues na Grã-Bretanha pela Unidade de Ligação Especial, e nos Estados Unidos pelos Oficiais de Segurança Especial, e era para serem lidas e destruídas.[146] Acima de tudo, as mudanças regulares feitas por todos os lados nos códigos e nas cifras usados em Sigint significavam que longas semanas ou meses se passariam até que os novos pudessem ser decifrados. Os criptoanalistas britânicos e americanos perderam o tráfego naval alemão da Enigma de fevereiro a dezembro de 1942, e de novo em março de 1943; a inteligência naval germânica conseguiu ler a Cifra Naval Britânica n. 3 durante a maior parte de 1942 e o começo de 1943, mas então enfrentou seu próprio apagão quando a Cifra Naval n. 5 a substituiu em junho.[147] Antes do Dia D, os Aliados conseguiam ler as mensagens entre Berlim e o alto-comando alemão em Paris, mas perderam a conexão quando as cifras mudaram em 10 de junho, num momento decisivo da batalha, e só recuperaram o tráfego de mensagens em setembro.[148]

Mesmo quando as mensagens podiam ser lidas, as decodificações costumavam chegar dias depois, tarde demais para serem usadas nas operações em andamento. A maioria das decodificações disponibilizadas para o alto-comando dos submarinos alemães na França não pôde ser lida a tempo. A transcrição também era um desafio. A versão final traduzida de informações de inteligência oriundas de comunicações interceptadas passava por várias etapas, da cifragem inicial pelo inimigo, até a versão ouvida na estação de recepção de rádio, o processo de decodificação, a tradução da mensagem e a digitação final, para enfim chegar à mesa de um ramo de inteligência das Forças Armadas. Habilidades linguísticas tiveram que ser desenvolvidas como pré-requisito para utilizar informações de inteligência. Dos tradutores britânicos de mensagens alemãs ou japonesas, se esperava que tivessem apenas um conhecimento básico de leitura; de início, os treinados em japonês tinham apenas um breve curso de introdução baseado em livros didáticos e dicionários desatualizados. Os erros eram inevitáveis, em especial por causa da escala da tarefa. O número de documentos capturados que exigiam tradução na GCCS por uma equipe já sobrecarregada cresceu de modo exponencial durante o conflito. A inteligência naval tinha mil para traduzir no começo de 1943 e 10 mil aguardando tradução no verão do ano seguinte.[149] Nos Estados Unidos, uma desesperada escassez de americanos brancos fluentes em japonês levou o Exército a recrutar nipo-americanos em 1941 como tradutores e intérpretes, programa que prosseguiu mesmo depois do confinamento forçado de nipo-americanos em 1942. Até 1945, 2078 nipo-americanos se formaram na Escola de Línguas do Serviço de Inteligência Militar, muitos enviados para combate junto com as tropas no Pacífico para interrogar japoneses capturados enquanto a luta nas ilhas continuava, correndo risco de morte ou de ferimentos.[150] A Marinha se recusou a alistar nipo-americanos, e em vez disso ela e o Corpo de Fuzileiros Navais recorriam a estudantes universitários que eram submetidos a um curso intensivo na Escola de Língua Japonesa da Marinha em Boulder, no Colorado, e, em seguida, com um conhecimento limitado de termos militares nipônicos, eram enviados para duros combates no Pacífico, onde se esforçavam para convencer seus colegas fuzileiros navais a não matar todos os japoneses antes que fossem interrogados.[151]

O inibidor mais significativo da inteligência era o esforço dedicado a garantir a segurança de todas as informações transmitidas pelo rádio que o inimigo pudesse interceptar. O maior objetivo dos que coletavam informações era conseguir romper a barreira de segurança reforçada de forma oportuna e abrangente, e isso se mostrou uma tarefa colossal diante da sofisticação cada vez maior dos sistemas mecanizados para gerar tráfego de rádio. De vez em quando mensagens podiam ser lidas sem precisar decodificar, o que potencialmente resolvia o problema, embora também pudessem ser mal interpretadas. Comunicar-se em linguagem corrente era comum em especial entre tripulantes de aeronaves que em muitos casos se mostravam descuidados com a segurança pelo rádio, em particular aviadores americanos e soviéticos, mas isso também se aplicava a forças terrestres em combate, quando cifrar mensagens demorava demais ou eram trocadas mensagens de rotina entre unidades militares. A inteligência de comunicações alemã no front soviético-alemão conseguiu 95% de interceptações não codificadas; em setembro de 1944, no front italiano, os alemães interceptaram 22 254 mensagens *en clair*, e 14 373 codificadas.[152] Mas até mesmo as mensagens não codificadas podiam apresentar problemas. Numa estação de interceptação de rádio britânica "Y", o prazer de ouvir as primeiras mensagens de rádio não codificadas entre aviadores germânicos só não foi maior porque logo se descobriu que nenhum dos presentes entendia alemão.[153] As mensagens mais importantes, no entanto, eram quase sempre criptografadas para frustrar ouvintes inimigos, algumas mais seguras do que outras. As combinações possíveis eram um desafio. O tráfego da Enigma alemã tinha 52 variantes; o tráfego da Marinha e do Exército japoneses tinha pelo menos 55.[154] No complicado esforço para desvendar esses segredos, os serviços de inteligência britânico e americano desfrutaram, nos anos de guerra, de uma vantagem significativa.

O esforço anglo-americano para decifrar mensagens inimigas decorria da natureza do campo global em que operavam e da prioridade conferida ao poderio aéreo e naval. Para a RAF e a Marinha Real, o acesso ao tráfego de rádio inimigo nos primeiros anos da guerra era essencial para proteger a Grã-Bretanha continental de ataques aéreos e manter abertas as rotas marítimas diante de submarinos, navios de guerra e navios corsários alemães e italianos. Para a Marinha dos Estados Unidos, ler os códigos japoneses foi crucial nos primeiros estágios da guerra do Pacífico para evitar a derrota, mas, por sua vez, acabou se tornando um instrumento ofensivo vital na destruição final das marinhas de guerra e mercante do Japão. A história da interceptação britânica está sempre associada a "Ultra", o nome que enfim foi adotado em 1941 para descrever as decifrações de mensagens da máquina Enigma germânica (que a Marinha chamava de "Hush" e Churchill queria que fosse "Boniface"). O foco em Ultra, no entanto, ignora não só os períodos em que as mudanças de chave de codificação impediam a leitura das mensagens, mas também deixa de levar em conta que outras formas de inteligência de sinais complementavam, suplementavam ou, às vezes, substituíam o material obtido pela Ultra. As decifrações da Enigma ficaram confinadas de início às comunicações menos seguras da Força Aérea alemã, que foram desvendadas pela primeira vez em maio de 1940 graças ao fornecimento de equipamento Enigma e à assistência de criptógrafos poloneses que fugiram da invasão alemã em setembro de 1939. Elas só podiam ser lidas com um atraso que aos poucos foi sendo reduzido com a aplicação de "bombas" eletromecânicas, máquinas projetadas para acelerar o processo de decodificação, primeiro para o tráfego da Enigma de três rotores, e depois, com a chegada em 1943 de "bombas" americanas, para o tráfego mais difícil de quatro rotores. As decodificações foram pouco usadas na Batalha da Grã-Bretanha e na blitz aérea germânica, tiveram uso limitado no Mediterrâneo até que por fim se conseguiu acessar as comunicações do Exército alemão a tempo das batalhas de Alam el Halfa e El Alamein, e foram interrompidas no auge da

Batalha do Atlântico durante dez meses desoladores, e não existentes para a Europa Ocidental porque as comunicações nas áreas ocupadas estavam confinadas a linhas terrestres. O tráfego da Enigma foi útil para a ordem de batalha alemã e para uma série de informações logísticas e organizacionais, mas forneceu poucas pistas sobre as intenções estratégicas e operacionais germânicas. Quando funcionava, Ultra dava aos Aliados uma abertura para o inimigo que de outra forma não teriam, mas tinha que ser usada com muita cautela para garantir que o lado alemão nunca percebesse que suas comunicações estavam comprometidas.

A necessidade de contextualizar Ultra pode ser ilustrada ao se examinar as informações de inteligência disponíveis para a Batalha da Grã-Bretanha e para a Batalha do Atlântico. Do lado britânico, o combate aéreo envolveu o serviço "Y" da RAF para ouvir as frequências de rádio usadas pela Força Aérea alemã, por vezes mensagens *en clair*, por vezes cifras de baixo nível e indicativos de chamada, fáceis de decifrar. Falantes de alemão foram recrutados como "computadores" para fornecer informações atualizadas sobre unidades e movimentos aéreos germânicos. Essa fonte foi suplementada pelas Unidades de Defesa Interna, que usavam técnicas de radiogoniometria para fornecer material sobre decolagem, curso e altitude de aeronaves inimigas e era capaz de distinguir entre bombardeiros e caças, o que o radar não conseguia fazer. A principal base de serviço "Y" em Cheadle, perto de Manchester, forneceu um fluxo de informações vitais para as estações de caça da RAF durante a batalha, muitas vezes com um minuto de antecedência ao tratar da chegada de aviões, quando o radar, na melhor hipótese, precisava de quatro minutos. As interceptações da Ultra forneceram poucas informações táticas úteis, embora tenham contribuído para traçar um quadro da ordem de batalha germânica. O comandante-chefe do Comando de Caças não foi nem mesmo informado da existência da Ultra até outubro, quando a campanha alemã estava praticamente terminada.[155]

Uma mistura parecida de fontes foi utilizada na Batalha do Atlântico. Uma das mais importantes foi a Radiogoniometria de Alta Frequência (HF/DF), operada a partir de estações na Grã-Bretanha, nos Estados Unidos e no Canadá (e depois espalhadas pelo mundo todo). Como as mensagens navais germânicas eram todas de alta frequência para alcançar as distâncias necessárias, as mensagens podiam ser interceptadas, e assim se localizava a presença de um submarino ou navio corsário com precisão cada vez maior à medida que o conflito prosseguia. Além disso, os submarinos usavam com frequência mensagens curtas "Beta" retiradas do *Kurzsignalheft* [livro das mensagens curtas] ao avistar um comboio; quando interceptadas, não precisavam ser decodificados, pois era evidente que o contato tinha sido feito e que a evasão era uma necessidade. As duas coisas foram essenciais no período em que a Ultra não podia mais fornecer decodificações das mensagens navais da Enigma, mas, juntas, forneciam uma rede de informações que permitia relatórios regulares de "análise de tráfego" para mostrar onde os submarinos operavam e com que força. Embora usadas de início de forma defensiva para permitir que os comboios evitassem contato com submarinos, as interceptações de rádio passaram a ser usadas ofensivamente a partir da primavera de 1943 para ajudar aeronaves e navios antissubmarino a ir atrás dos bandos de submarinos alemães. Elas se revelaram um instrumento essencial na derrota da ameaça submarina.[156]

A inteligência de sinais dos Aliados no teatro do Pacífico utilizava o mesmo codinome, "Ultra", para interceptações de tráfego de rádio japonês de alto nível. A inteligência de sinais tinha se revelado um fracasso abjeto antes de Pearl Harbor, quando pouco esforço foi dedicado à decodificação do principal código naval japonês, o JN-25b. A unidade de interceptação americana em Station Cast nas Filipinas era capaz de ler fragmentos das mensagens no fim de 1941 (embora a inteligência naval não a tenha sabido usar), mas uma semana antes do ataque a Pearl Harbor a Marinha japonesa adotou uma nova cifra, que era ilegível.[157] Em poucas semanas frenéticas da primavera de 1942, a Unidade de Rádio da Frota, Pacífico, com base no Havaí, fez um grande esforço para dominar a nova cifra e conseguiu fazê-lo a tempo de prever a operação japonesa contra a ilha de Midway. Depois disso, o JN-25 foi lido quase sem interrupções pela divisão de inteligência das comunicações responsável pelo Japão, a OP-20-GZ. Essa "Ultra" fornecia detalhes de comboios japoneses, escoltas navais e forças de guarnição nas ilhas do Pacífico.[158] Chegou até mesmo a detectar o voo do almirante Yamamoto numa inspeção de rotina das defesas das ilhas Gilbert e Salomão. Com a aprovação do almirante Nimitz, caças P-38 partiram para interceptar e derrubar o comandante da Frota Combinada do Japão. Mas nem isso alertou os japoneses para o fato de que seus códigos navais mais importantes estavam comprometidos. Em junho de 1943, criptógrafos americanos enfim decifraram o Código de Transporte Aquático do Exército japonês, usado por comboios que abasteciam as guarnições militares. Juntas, as informações de rádio permitiram que submarinos e aeronaves dos Estados Unidos e da Austrália localizassem e destruíssem uma grande proporção de navios mercantes e de escolta do Japão.

Em geral, acabou sendo mais difícil conseguir o mesmo grau de acesso ao tráfego de rádio do Exército. Em parte, isso refletia a preferência do Exército pela comunicação por linha fixa, que só podia ser interceptada através do processo arriscado de escuta telefônica atrás das linhas inimigas. Onde as linhas de batalha eram mais fluidas, o rádio era usado de forma mais ampla, embora quase nunca o suficiente para obter informações regulares e atualizadas. O reconhecimento agressivo, o reconhecimento fotográfico ou os interrogatórios de prisioneiros de guerra compensavam a escassez de inteligência de comunicações do Exército. Criptoanalistas japoneses decodificaram a cifra OKK5 do Exército soviético em 1939, mas não se beneficiaram muito disso em sua derrota em Nomonhan em agosto daquele ano e só voltaram a precisar quando a União Soviética declarou guerra em agosto de 1945, mas a essa altura a cifra já tinha mudado.[159] O Exército alemão na União Soviética, com um efetivo limitado, decifrava cifras de nível baixo no front, desvendando em 1943 e 1944 cerca de um terço das mensagens, mas as comunicações de alto-comando se revelaram uma barreira.[160] Na guerra no Norte da África, Rommel não conseguia ler com regularidade o tráfego do Exército britânico, mas tinha acesso às comunicações entre a Força Aérea e unidades do Exército, até que a cifra foi alterada no verão de 1942. Não havia equivalente alemão da Ultra para usar contra os Aliados ocidentais numa base consistente e a longo prazo. As fontes alternativas eram pouco confiáveis. O reconhecimento aéreo foi prejudicado pelo uso britânico de camuflagens complicadas em alvos industriais e militares importantes e pela crescente vulnerabilidade das aeronaves de reconhecimento alemãs; usar agentes era arriscado, porque eles podiam ser convertidos pela contrainteligência inimiga ou dar pouco mais do que informações impressionistas.

Os Aliados recorriam a várias formas de acesso a comunicações dos Exércitos alemão, italiano e japonês. Na guerra do Pacífico, de início foi dada menos atenção a decifrar mensagens do Exército, uma vez que àquela altura grande parte da campanha era contra a Marinha japonesa. No verão de 1942, apenas 25 criptoanalistas trabalhavam nas cifras do Exército, mas um ano depois já eram 270. Essas cifras eram muito mais difíceis de desvendar do que JN-25, até que na Nova Guiné foram capturados livros de código da 21ª Divisão japonesa, que estava em retirada no começo de 1944. A partir de então, as mensagens do Exército passaram a ser decifradas com regularidade.[161] No teatro do Mediterrâneo, as cifras italianas — de codinome "Zog" e depois "Musso", em Bletchley Park — se revelaram quase impossíveis de desvendar. Eram codificadas de forma aleatória e depois criptografadas de forma aleatória. No entanto, a cifra de baixo nível usada pela Marinha mercante foi desvendada em 1941 e permitiu um acúmulo constante de informações sobre suprimentos e comboios para os exércitos do Eixo no Norte da África.[162] A Enigma do Exército germânico no deserto foi por fim decifrada no verão de 1942. Uma filial da GCCS foi criada no Cairo para garantir que o conteúdo das mensagens fosse repassado de imediato para as forças aliadas antes das batalhas de Alam el Halfa e El Alamein, mas a Ultra se mostrou menos útil na longa caçada das forças do Eixo pelo deserto e sua derrota final na Tunísia.[163]

Nesse momento da guerra, os decifradores britânicos descobriram uma fonte ainda mais importante do que as decodificações da Enigma. O Exército alemão desenvolveu um link de radioteletipo usando o Schlüsselzusatz 40 (mais tarde modelo 42) da Lorenz para enviar mensagens de alto nível sem recorrer ao código Morse característico da Enigma. Cada link de teletipo tinha uma cifra própria; em 1943, havia dez desses links, e no começo de 1944 já eram 26. O Exército alemão usava os links para mensagens operacionais e estratégicas e os julgava 100% seguros. Em Bletchley Park, as mensagens eram conhecidas pelo codinome "Fish" [peixe] (em referência ao codinome alemão "Sägefisch" — peixe-espada) e o trabalho para decifrá-las teve início no começo de 1942, manualmente, com êxito limitado. Cada link recebia um codinome marinho — "Turbot" [pregado] para a linha Berlim-Copenhague, "Jellyfish" [água-viva] para a linha Berlim-Paris, "Conger" [enguia] para a linha Berlim-Atenas, e assim por diante.[164] Uma cifra para a troca de mensagens com o comando do Exército alemão nos Bálcãs foi desvendada primeiro, depois o mesmo foi feito com o link com os exércitos do marechal de campo Kesselring na Itália, em maio de 1943. Para acelerar o processo de decifração, os primeiros computadores operacionais por fim foram desenvolvidos. Embora em geral associado ao fornecimento de decodificação da Ultra, no começo de 1944 o Colossus I (seguido pelo Mark II, instalado em 1º de junho de 1944) foi projetado para decifrar "Fish", e não Enigma. O Colossus II podia processar 25 mil caracteres alfabéticos por segundo, o que o tornava 125 vezes mais rápido do que os processos mecânicos que de início eram empregados.[165] Em março de 1944, foi decifrada a comunicação operacional entre Berlim e o comandante-chefe do Exército alemão em Paris, e, embora até setembro de 1944 alterações regulares nas cifras levassem a períodos de apagão, nos últimos nove meses do conflito "Fish" forneceu uma dieta regular de mensagens germânicas de alto nível numa época em que as novas configurações da Enigma reduziam o valor da Ultra.[166] "Fish" por sua vez era suplementado por outras fontes. Até setembro de 1944, o serviço "Y" interceptava e decifrava mensagens de grau médio do Exército alemão, e a partir do fim do ano foram decifradas mensagens de baixo nível, incluindo códigos de tanques, ajudando a montar um quadro mais completo das disposições germânicas antes da invasão no Dia D. A inteligência humana de agentes da Executiva de Operações Especiais na França e de unidades da Resistência francesa completava a situação. Nesse caso, como o chefe da inteligência de Montgomery reconheceu, "poucos exércitos foram ao campo de batalha mais bem informados sobre o inimigo".[167]

Ainda é uma questão polêmica o quanto a coleta de inteligência — em particular Sigint — contribuiu para o êxito operacional, apesar do grande volume de literatura histórica tentando demonstrar seu valor essencial. Está claro que agir às cegas contra forças inimigas é desnecessariamente pouco eficaz, e nenhuma Força Armada durante a Segunda Guerra Mundial ignorava a necessidade de traçar um quadro de arranjos, capacidades, inovações técnicas e, sempre que possível, intenções do inimigo. Mas o uso dessas informações dependia do quanto estavam integradas ao planejamento operacional em todos os níveis, ou do quanto foram levadas a sério por comandantes cujo trabalho consistia em julgar a situação da frente de batalha. Informações de inteligência muitas vezes eram distorcidas pelas complexas camadas das tomadas de decisão, que inibiam seu uso operacional eficiente. Mesmo as melhores informações podiam se revelar inúteis. Um alerta resultante de decifrações da Ultra foi enviado pela primeira vez para comandantes britânicos na véspera da operação alemã para tomar Creta, o que não impediu a derrota da Grã-Bretanha; Wavell recebeu uma mensagem urgente em 30 de março de 1941 sobre o ataque iminente de Rommel, mas, para seu azar, preferiu ignorá-la. Nem mesmo o célebre avanço no fim de 1940 da inteligência científica britânica, quando os feixes de navegação aérea alemã foram identificados e distorcidos de forma deliberada, conseguiu impedir meses de mais bombardeios. Na verdade, os ataques a alvos portuários e industriais ficaram ainda menos precisos, causando, como consequência, mais vítimas civis. Os exemplos mais claros de inteligência eficaz em termos operacionais podem ser encontrados na guerra naval, na qual mensagens de rádio eram o meio de comunicação, e a interceptação e decodificação eram essenciais para o combate num campo de batalha marítimo global. O êxito dos Aliados nessa área contribuiu de forma substancial para derrotar as campanhas submarinas do Eixo, protegendo comboios e destruindo as linhas marítimas de suprimento do inimigo, ações indispensáveis para a continuidade mais ampla do conflito. Foram campanhas longas, nas quais ficou evidente que a guerra de inteligência era um multiplicador de força para os Aliados, mas o sucesso da inteligência dependia, em certa medida, da grande sorte de nem a Marinha japonesa, nem a alemã descobrirem que seus códigos e mensagens estavam comprometidos. Apesar do glamour e da ousadia associados ao mundo dos espiões e à espionagem, à inteligência secreta e à contrainteligência, no contexto da guerra foi o trabalho de rotina de análise e interpretação, dia após dia, que fez toda a diferença.

A mesma ambivalência existe nas avaliações do emprego da dissimulação durante a Segunda Guerra Mundial. Essa é a outra face da moeda da inteligência. O objetivo da dissimulação é confundir o inimigo no que diz respeito às intenções e à arrumação de forças, de tal maneira que, quando a operação surpresa for lançada, o inimigo fique confuso, maximizando o impacto das forças do dissimulador e reduzindo os custos da batalha. Ela só pode funcionar na guerra moderna quando se convence a inteligência inimiga de que o falso é verdadeiro, e a falsificação é sustentada pelo tempo necessário. Durante a Segunda Guerra Mundial, a dissimulação ia da ocultação de grandes operações estratégicas até programas mais modestos de camuflagem para proteger bases militares, aeródromos e depósitos de suprimentos da curiosidade da observação aérea. Embora operações ocasionais de dissimulação fossem comuns em todos os teatros e em ambos os lados, a dissimulação só foi institucionalizada em dois estabelecimentos militares durante a guerra, o britânico e o soviético. O ataque surpresa à União Soviética, em junho de 1941, e o ataque japonês a Pearl Harbor e ao Sudeste Asiático, em dezembro de 1941, foram praticamente as únicas grandes tentativas de dissimulação estratégica montadas pelos Estados do Eixo. Nenhum dos dois chegou a ser uma surpresa total. Apesar dos esforços de dissimulação germânicos, a campanha Barbarossa era tão conhecida em junho de 1941, graças à extensa rede de espionagem soviética, que só a intransigente relutância de Stálin em enfrentar a realidade qualificou o início da campanha como uma surpresa. A operação do Japão em Pearl Harbor foi ocultada pelo quase total silêncio de rádio da força-tarefa, quando ela se aproximava do Havaí, mas nenhum esforço deliberado foi feito para enganar as Forças Armadas americanas de antemão. Em ambos os casos, os líderes soviéticos e americanos se enganaram a si mesmos.

As operações britânicas de dissimulação se tornaram tão generalizadas no esforço de guerra da Grã-Bretanha que acabaram merecendo um volume inteiro das histórias oficiais do pós-guerra.[168] Partindo de começos modestos, a dissimulação evoluiu ao longo do conflito para objetivos estratégicos grandiosos. Os primeiros esforços foram basicamente defensivos diante de uma provável ofensiva alemã de bombardeios, e, depois, da ameaça de invasão no verão de 1940. Já em 1936, os chefes do Estado-Maior estabeleceram um Comitê Consultivo de Camuflagem, em especial para recomendar maneiras de proteger alvos vulneráveis e importantes contra os ataques de bombardeiros inimigos. O Ministério da Segurança Interna, ativado logo que o conflito teve início, em 1939, seguiu as recomendações do comitê ao criar o Estabelecimento de Camuflagem da Defesa Civil.[169] Os camufladores, em grande parte recrutados do mundo da arte, da arquitetura, do cinema e do teatro, passavam dias mascarando fábricas de guerra importantes ou tentando pintar ferrovias de verde para se misturarem com a paisagem. A RAF montou sua própria unidade de dissimulação, comandada pelo diretor de obras do Ministério da Aeronáutica, o coronel John Turner, para organizar a construção de aeródromos falsos com o objetivo de que as aeronaves alemãs os atacassem em vez dos verdadeiros; mais de cem foram construídos, sem faltar nem mesmo aviões e hangares falsos, e o fato é que eles atraíram duas vezes mais ataques do que os verdadeiros.[170] Um dos que fizeram o curso de camuflagem entre diferentes Forças Armadas criado em 1940, o cineasta Geoffrey de Barkas, foi enviado no fim de 1940 como encarregado de uma minúscula unidade de camuflagem para a guerra no Norte da África e ali, sob o comando do general Wavell, é que a dissimulação britânica se estabeleceu como um ramo sério das operações militares.

Wavell tinha observado o êxito da dissimulação contra os turcos na campanha na Palestina durante a Primeira Guerra Mundial e estava convencido de que se tratava de um multiplicador de força: "Sempre acreditei em fazer o que fosse possível para confundir e enganar o adversário".[171] Em dezembro de 1940, convenceu Churchill, que também acreditava no valor da dissimulação, a autorizar a criação de uma nova unidade para o Comando do Oriente Médio, conhecida como "Força A", responsável pela dissimulação em seus múltiplos disfarces. Wavell nomeou o animado e carismático tenente-coronel Dudley Clarke seu diretor. A missão de Clarke era usar todos os meios ao seu alcance para despistar o inimigo, como elemento auxiliar das operações, mas em especial a atividade de agentes, a desinformação pelo rádio e a unidade de camuflagem de Barkas. De início os resultados não foram de todo positivos nem de todo negativos, mas Churchill estava entusiasmado e recrutou um ex-ministro da Guerra, Oliver Stanley, como suposto chefe de um centro londrino para coordenar a dissimulação. Em maio de 1942, um escritório formal foi enfim aprovado pelos chefes do Estado-Maior como resultado de um vigoroso memorando de Wavell sobre as muitas virtudes da dissimulação. Stanley foi substituído pelo tenente-coronel John Bevan como chefe do que passou a ser chamado de Seção de Controle de Londres, a principal organização para planejar, supervisionar e coordenar as operações globais de dissimulação da Grã-Bretanha. Sua missão era encontrar meios de despistamento para "fazer o inimigo desperdiçar seus recursos militares". Apesar de verem a dissimulação com muito ceticismo, as Forças Armadas dos Estados Unidos concordaram em montar uma organização correspondente, o Controle Conjunto de Segurança (no começo com apenas dois oficiais) com o objetivo de executar a mesma tarefa para o Exército e para a Marinha americanos.[172] A maior parte da atividade inicial se concentrava em descobrir maneiras de derrotar as forças do Eixo na campanha do deserto. A natureza do terreno árido representava dificuldades especiais para a camuflagem, mas ela era essencial para proteger as forças aliadas de ataques e confundir o inimigo. Imensas quantidades de tinta parda cobriram instalações portuárias e pistas de pouso; bases aéreas foram disfarçadas de zonas residenciais com o uso astuto de tinta e sombras; os chamados "protetores contra o sol" foram projetados com materiais locais para transformar um tanque num caminhão quando visto de cima — mais desafiador era transformar um caminhão num tanque, mas galhos ou varas locais também foram usados para esse fim. Os subterfúgios para proteger as forças aliadas do reconhecimento inimigo deram tão certo que Barkas documentou seu trabalho num manual de treinamento chamado "Ocultação no campo", que foi adotado como requisito operacional e mais de 40 mil exemplares foram impressos.[173]

O êxito da dissimulação era sempre difícil de avaliar, e, sem que o lado aliado soubesse, Rommel tinha acesso a informações de inteligência sobre as mensagens do adido militar americano no Cairo e a comunicação pelo rádio entre a Força Aérea do Deserto e o Oitavo Exército, o que lhe permitia conhecer melhor as intenções e os arranjos das forças do inimigo. A dissimulação só começou a mostrar seu real valor com os preparativos para a segunda Batalha de El Alamein, no outono de 1942, quando Rommel tinha perdido as duas fontes de inteligência. Foi, de longe, a dissimulação mais complexa da guerra do Mediterrâneo e tida como necessária para manter o até então imbatível Rommel e seu aliado italiano longe do Cairo e do canal de Suez. Com o codinome Bertram, o plano de despistamento tinha seis estratagemas para convencer o inimigo de que a principal investida aliada seria no setor sul do front, quando, na verdade, era um ataque em massa com blindados no norte. A camuflagem foi essencial para o êxito. No norte, grandes suprimentos de petróleo, alimentos e munição foram espertamente disfarçados de estacionamentos de caminhão; no sul, armazéns fictícios foram construídos para parecerem de verdade quando vistos de cima. Caminhões e tanques reais foram estacionados no sul e depois deslocados para o norte, de noite, com total silêncio no rádio, e veículos falsos foram colocados nos espaços que eles tinham antes ocupado. No norte, 360 peças de artilharia foram disfarçadas para parecerem caminhões. Um total de 8400 veículos, canhões e armazéns falsos foi construído para convencer o inimigo de que o plano de batalha de Montgomery era atacar no sul. Dudley Clark organizou 25 estações de rádio fantasmas que completavam a impressão dada ao reconhecimento aéreo alemão e italiano de que a maior parte das forças aliadas estava concentrada ali.[174] Como todas as dissimulações, o plano poderia ter fracassado devido à sua escala e complexidade, mas a isca foi mordida e Rommel concentrou seus blindados no lugar errado. A batalha subsequente foi vencida por pouco, apesar da esmagadora supremacia aérea e do maior número de tanques e veículos dos Aliados. A margem de vitória, nesse caso, foi garantida pela dissimulação. Comandantes alemães e italianos capturados confirmaram que esperavam que a principal ofensiva ocorresse no flanco sul e continuaram a esperar depois de vários dias de batalha, quando já era tarde demais para remediar a situação.

O êxito da Bertram pode muito bem explicar a decisão de usar a dissimulação de forma mais plena na estratégia anglo-americana. No verão de 1943, como parte dos preparativos de longo prazo para uma invasão da França em 1944, os chefes do Estado-Maior britânico aprovaram um plano de "cobertura e camuflagem", a Operação Cockade, com o objetivo de convencer as Forças Armadas germânicas de que uma invasão pelo canal da Mancha estava sendo preparada para o fim do verão de 1943, prendendo as forças alemãs no oeste, em benefício das campanhas aliadas na Itália e na União Soviética. Os comandantes americanos não se entusiasmaram com o plano. O lado germânico percebeu as frágeis tentativas de usar agentes duplos para emitir falsos alertas e não se deixou impressionar pela limitada atividade aérea e marítima, de codinome Operação Starkey, destinada a simular preparativos para um ataque.[175] Nessa e em muitas outras tentativas fracassadas de simulação durante a guerra, a ausência de uma operação real para despistar é que minava a credibilidade de qualquer plano de dissimulação. O fracasso absoluto de Cockade, dirigida pela Seção de Controle de Londres, poderia ter encerrado de vez qualquer perspectiva de tentar enganar o inimigo em 1944. Uma segunda dissimulação, a Operação Jael, foi concebida para tentar convencer os alemães de que o Mediterrâneo seria o principal teatro estratégico para as forças anglo-americanas em 1944, suplementado pela ofensiva de bombardeiros, e não por uma invasão. Os comandantes do Exército americano acharam, com razão, que a proposta era inconvincente, e Jael foi cancelada.[176] Mesmo assim, outro plano, a Operação Torrent, foi traçado em julho de 1943 para a invasão real planejada para um ano depois, a fim de tentar confundir os alemães sobre as intenções aliadas: enquanto a força principal invadia a Normandia, uma limitada manobra de despistamento seria montada contra Pas-de--Calais com algumas divisões, com o objetivo de afastar os reforços do ataque principal. Esse plano também logo entrou em colapso, porque a simulação planejada foi tida como pequena demais para ocupar as forças germânicas por tempo suficiente para ser útil.[177]

A dissimulação sobreviveu como elemento na estratégia dos Aliados para a invasão graças a Churchill que, depois da conferência de Teerã na qual a invasão da Normandia foi confirmada, retomou mais uma vez a ideia de que o sucesso da invasão dependia de enganar o inimigo para que suas forças fossem mantidas longe do norte da França, argumento que refletia sua própria incerteza sobre o triunfo da operação anfíbia. Bevan, na Estação de Controle de Londres, foi instruído a montar uma nova dissimulação, a Operação Bodyguard, para tentar convencer os alemães de que as operações principais em 1944 seriam dirigidas contra os Bálcãs, o norte da Itália e a Escandinávia; e de que uma invasão da França seria adiada pelo menos até o fim de 1944. Mas, como Torrent e Cockade, a Bodyguard falhou em grande parte do seu objetivo. No fim de 1943, o alto-comando alemão e Hitler já tinham entendido que a grande concentração de forças nas ilhas Britânicas se destinava a uma invasão da França em algum momento da primavera ou do verão seguinte. Uma possível ameaça à Noruega e aos Bálcãs não foi descartada, e forças substanciais foram mantidas nas duas áreas, mas essa possibilidade sempre foi tida como subsidiária nos cálculos alemães sobre as intenções dos Aliados.

O plano de dissimulação para a invasão da Normandia contou, afinal, com o pessoal do teatro do Mediterrâneo que tinha experiência operacional de dissimulação. O vice de Dudley Clarke, o coronel Noel Wild, foi transferido para Londres em dezembro de 1943 para ser o responsável por dissimulação no quartel--general do recém-nomeado comandante supremo, o general Eisenhower. A indicação de Montgomery para comandar o 21º Grupo de Exércitos para a invasão completou a transição. Eisenhower e Montgomery eram ambos favoráveis à dissimulação e tinham se beneficiado dela. Wild e a divisão de Recursos Especiais trabalharam com a equipe de dissimulação do 21º Grupo de Exércitos, conhecida como Grupo "R", encabeçada pelo tenente-coronel David Strangeways, para produzir um plano de dissimulação para a operação real, de codinome Fortitude South. A Bodyguard permaneceu ativa através da Fortitude North, uma continuação da ideia desenvolvida em 1943 de que uma ameaça à Noruega e aos campos de minério de ferro na Suécia era plausível, mas, como suas antecessoras, isso teve pouco efeito no planejamento alemão, uma vez que forças significativas ainda estavam sempre presentes na Noruega e provavelmente não seriam reforçadas.

A Fortitude South foi o estratagema central, projetado para convencer os chefes militares e os líderes políticos alemães de que a invasão da Normandia era apenas o prelúdio de uma força de invasão maior que cruzaria o canal da Mancha na parte mais estreita em direção a Pas-de-Calais. Como no caso de Bertram em El Alamein, a ideia era simular a ameaça primária vindo de uma área e ao mesmo tempo mascarar a escala e o momento da ameaça real, que viria de outra. Um fictício Primeiro Grupo de Exércitos dos Estados Unidos (Fusag, na sigla em inglês) foi montado no sudeste da Inglaterra, com um comandante real — o general Patton — e apoiado por tráfego de rádio e equipamento fictícios. As fileiras de tanques e canhões falsos no leste da Inglaterra se basearam na experiência no deserto, exceto as falsas lanchas de desembarque, que se mostraram frágeis demais e encalharam ou quebraram com facilidade (embora jamais tenham sido avistadas pelo limitado reconhecimento aéreo alemão). O grande mérito do despistamento, como em El Alamein, foi manter algumas forças de verdade no sudeste da Inglaterra até pouco antes de serem transferidas para o sudoeste, e depois substituí-las por forças de reserva reais misturadas com unidades divisionais que só existiam no papel. A dissimulação foi preparada até o último detalhe e mantida sob a mais rigorosa segurança.

O uso de agentes duplos reforçava o que a Sigint e o reconhecimento aéreo germânicos poderiam descobrir. Até 1942, a segurança interna britânica, o MI5, tinha capturado quase todos os espiões alemães na Grã-Bretanha e convertido muitos deles em agentes a serviço dos Aliados. Para a Fortitude South, o agente de codinome Garbo para os Aliados (o espião espanhol Juan Pujol García) usou sua rede fictícia de agentes para fornecer informações de inteligência de alto nível para a *Abwehr* [contraespionagem] germânica. Entre janeiro e junho de 1944, ele forneceu quinhentas mensagens destinadas a fixar na cabeça dos controladores alemães a ideia de que havia um acúmulo de forças no sudeste da Inglaterra e na Escócia e, com menos êxito, a de que a invasão ocorreria mais tarde naquele ano. O aspecto mais notável da história é o quanto o serviço secreto germânico acreditou, durante anos, que os britânicos eram incapazes de detectar e eliminar espiões inimigos, enquanto espiões aliados na Europa ocupada eram capturados de forma rotineira. As informações dos agentes ainda precisavam chegar aos comandos operacionais, mas, como se descobriu depois da guerra, das 208 mensagens formalmente registradas pelo OKW em seus relatórios da situação na Grã-Bretanha, 188 foram enviadas por agentes duplos.[178] O problema da inteligência militar germânica era como interpretar o grande volume de material disponível à medida que a invasão se aproximava. A inteligência do Exército alemão, Exércitos Estrangeiros do Oeste, foi completamente enganada sobre o tamanho das forças reunidas na Grã-Bretanha. Graças à dissimulação do Fusag, as forças aliadas foram superestimadas em 50%, o que tornava provável que duas operações estivessem sendo planejadas, uma na Normandia e uma ainda maior em Pas-de-Calais. Ambas eram plausíveis, o que dificultava para Hitler e seus comandantes decidir qual era uma dissimulação e qual era real, embora as avaliações em abril já começassem a achar que seria Normandia ou Bretanha. No entanto, em meados de maio, o aumento das informações de inteligência sobre as forças do Fusag sugeria que a invasão vinda do sudeste da Inglaterra era mais provável, com a Normandia sendo a primeira operação, embora subsidiária. Decifrações de Ultra e Magic permitiram aos dissimuladores julgar se os estratagemas estavam funcionando e, no fim de maio, era evidente que, de Hitler para baixo, a ameaça a Pas-de-Calais era a que os alemães levavam a sério. Em 1º de junho, a decodificação de uma mensagem para Tóquio enviada pelo embaixador japonês em Berlim, Ōshima Hiroshi, baseada numa conversa recente com Hitler, confirmou que ele contava com um ataque à Normandia para despistar, seguido de um "segundo front total pelo estreito de Dover".[179]

O momento da invasão também era um mistério, embora a inteligência do Exército alemão reconhecesse que esforços feitos através de agentes duplos para sugerir um adiamento para o fim do ano não passavam de "despistamento deliberado das intenções do inimigo".[180] Porém, a data real escapou à inteligência germânica. Forças alemãs ao longo da costa tinham sido submetidas a dez alertas máximos entre abril e junho, e àquela altura estavam pouco inclinadas a ouvir alarmes falsos. Um resumo preparado para o comandante-chefe no Oeste, Von Rundstedt, em 5 de junho, poucas horas antes de a armada de invasão chegar à costa, concluía que "ainda não parece haver sinais claros que indiquem" uma invasão iminente.[181] O elemento-chave da dissimulação da Fortitude South, no entanto, era manter a ficção de uma segunda invasão pelo suposto Grupo de Exércitos americano algum momento depois da Normandia. Temores de um desembarque subsequente não impediram Rommel de transferir divisões blindadas às pressas para a Normandia, mas o alto-comando alemão não quis correr o risco de deixar o nordeste da França desprotegido. O uso contínuo da dissimulação por rádio, somado a mais informações aparentemente confiáveis de agentes duplos, fixou Fusag com ainda mais firmeza na cabeça dos comandantes germânicos. Um emaranhado de informações de inteligência, nem todas provenientes de agentes duplos, sugeria que o Fusag esperava que a área de segurança na Normandia mobilizasse reservas alemãs antes de lançar uma segunda operação contra a costa nordeste da França. Diante das informações disponíveis, era uma hipótese plausível, mas por isso cerca de 22 divisões germânicas foram retidas em Pas-de-Calais até meados de julho, quando os comandantes alemães enfim decidiram que o sucesso do front da Normandia tinha incentivado os Aliados a mudar de ideia e incorporar as forças do Fusag à campanha existente, em vez de iniciar uma segunda, acreditando até o fim no Grupo de Exércitos fantasma. Hitler por fim deu ordem para que as forças em Pas-de-Calais se juntassem à batalha da Normandia em agosto, mas então já era tarde.[182] Até o final, a dissimulação foi um sucesso, apesar de todos os riscos de que o despistamento aliado fosse descoberto, pois confirmou na cabeça do inimigo um cálculo estratégico que parecia inteiramente racional. Como consequência, a mais elaborada de todas as operações de dissimulação ocidentais multiplicou a força dos Aliados ao dividir a do inimigo. O resultado foi a redução do alto elemento de risco inerente a uma operação na qual os Aliados não poderiam se dar ao luxo de fracassar.

Enquanto a Fortitude South se desenrolava no oeste, uma segunda grande operação de dissimulação foi montada no front oriental pelas forças soviéticas contra o Grupo de Exércitos do Centro, da Alemanha, na Bielorrússia. Essa dissimulação igualava em escala à Operação Overlord, e seus efeitos foram devastadores para a linha de frente alemã na União Soviética. Como Fortitude, o plano de dissimulação para a Operação Bagration, lançada em 22-3 de junho de 1944, foi o ponto culminante de um longo aprendizado para dominar a dissimulação estratégica e operacional. A importância central da *maskirovka* [dissimulação ou ocultação] e da *vnezapnost* [surpresa] foi reconhecida na doutrina militar soviética nos anos 1920. Sucessivos regulamentos de campo do Exército Vermelho ressaltavam as vantagens do sigilo: "A surpresa tem um efeito atordoante sobre o inimigo". O objetivo era sempre ocultar do adversário as intenções, mascarando concentrações de forças e lançando um ataque inesperado que, de acordo com regulamentos de campo feitos mais tarde durante o conflito, "deixa o inimigo perplexo, paralisa sua vontade e o priva da oportunidade de oferecer uma resistência organizada".[183] Foi, portanto, uma ironia o fato de as forças soviéticas serem pegas de surpresa em junho de 1941 e terem sua resistência organizada temporariamente comprometida. Em setembro de 1941, o quartel-general supremo soviético insistiu para que a *maskirovka* fosse praticada em todos os níveis, estratégico, operacional e tático, e ela se tornou parte integrante de quase todas as 140 operações posteriores na linha de frente. A camuflagem era uma segunda natureza para os soldados soviéticos, e eles se tornaram mestres em ocultação e emboscada. Mas a dissimulação operacional mais ampla dependia da cuidadosa movimentação de forças à noite, de segurança rigorosa, de absoluto silêncio no rádio (mais fácil com a escassez inicial de rádios) e da exploração de terreno inesperado. Quando o exército alemão estava posicionado diante de Moscou no fim de 1941, a presença de três exércitos soviéticos inteiros já tinha passado despercebida pela inteligência germânica. Em 1942, cada quartel-general operacional tinha uma equipe específica de dissimulação para coordenar a *maskirovka* com o planejamento operacional na esperança de que a ocultação pudesse ajudar o Exército Vermelho a restaurar o equilíbrio contra as forças alemãs que avançavam.

O êxito dessas reformas ficou evidente com a Operação Urano, em novembro de 1942, projetada para isolar as forças germânicas em Stalingrado, na Batalha de Kursk oito meses depois e na espantosa derrota do Grupo de Exércitos do Centro no verão de 1944. Foi essencial dissimular o máximo possível para que a Urano fosse bem-sucedida. Comandantes, Estados-Maiores e as tropas posicionadas para contra-atacar os flancos das forças do Eixo não foram informados sobre o motivo de estarem ali. Stálin insistiu para que só houvesse instruções verbais, sem mapas ou material impresso. A segurança de rádio foi reforçada com ameaças de punição, e a infantaria recebeu ordem para não disparar contra as aeronaves inimigas que aparecessem, como costumava fazer.[184] Ao sul e ao norte do corredor alemão para Stalingrado, 300 mil homens, mil tanques e 5 mil peças de artilharia e morteiros foram levados em segredo aos seus locais. As forças do Eixo, húngaras, italianas e romenas, que ocupavam a maior parte do corredor, se deram conta de parte desse movimento, mas foram tranquilizadas pelo chefe da divisão de inteligência Exércitos Estrangeiros Ocidentais, o general Reinhard Gehlen, que lhes garantiu que nenhum grande ataque era esperado. O chefe do Estado-Maior do Exército, general Kurt Zeitzler, concluiu que a aparente falta de reservas soviéticas impossibilitava o Exército Vermelho de lançar uma "ofensiva em larga escala". Um dia antes do lançamento da Urano, em 18 de novembro de 1942, o relatório de Gehlen para os exércitos ameaçados foi vago e ambíguo.[185] A operação soviética que se seguiu explorou ao máximo o elemento surpresa. Quando os exércitos do Eixo se recuperaram, era tarde demais. As forças alemãs em Stalingrado ficaram isoladas, e os esforços para resgatá-las foram inúteis.

Todo o repertório de *maskirovka* foi usado na Batalha de Kursk, em julho de 1943. Na zona defensiva em torno do saliente, foram feitos esforços para confundir o reconhecimento aéreo alemão com a construção de postos de artilharia, estacionamentos de tanques e centros de comando falsos, ao mesmo tempo que técnicas avançadas de camuflagem foram usadas para esconder tudo que fosse real, incluindo campos minados, que foram tão bem disfarçados que em alguns casos as forças blindadas germânicas só os detectaram após a explosão do primeiro tanque. Mensagens falsas de rádio ajudavam a impedir que os alemães entendessem o tamanho e o arranjo das forças soviéticas, enquanto uma disciplina rigorosa no uso do rádio manteve ocultas a escala e a posição reais das forças soviéticas. Aeródromos fictícios foram construídos com tanto êxito que dos 25 ataques da força aérea germânica lançados contra bases aéreas soviéticas antes da operação, apenas três atingiram alvos reais.[186] No entanto, o elemento-chave para despistar foi a concentração de grandes forças de reserva atrás do saliente de Kursk, disfarçadas como parte da defesa, mas que na verdade estavam preparadas para lançar uma contraofensiva em larga escala após as forças alemãs terem sido enfraquecidas no campo defensivo. Aqui também foi ordenado um despistamento abrangente para mascarar as forças reais e dar ao inimigo a ideia de que eram reservas limitadas para fortalecer os defensores no saliente. A inteligência germânica foi incapaz de prever a súbita contraofensiva em direção a Oriol, ao norte do saliente e a Belgorod e Carcóvia, ao sul. Uma dissimulação complexa voltou a ser usada para mascarar o avanço de novas ofensivas para posições de partida, enquanto mais ao sul simulações de grandes ataques foram bem-sucedidas em desviar o foco das reservas de blindados alemães. O sucesso da *vnezapnost* foi confirmado na ampla ofensiva de agosto de 1943, que obrigou as forças germânicas no front central russo a recuarem em novembro até o rio Dnieper.

Todas essas experiências foram usadas como base na dissimulação feita para a Operação Bagration, em junho de 1944. Nesse ano, os regulamentos de campo do Exército Vermelho tornavam a ocultação e o despistamento "formas compulsórias de apoio ao combate em cada ação e operação", elementos integrantes da arte operacional soviética. Apenas cinco pessoas sabiam tudo sobre a operação — Zhukov, Vasilevski e outras três — e estavam proibidas de mencionar Bagration, fosse por telefone, carta ou telégrafo. No nível estratégico, o lado germânico recebeu todas as indicações de que grandes operações ofensivas seriam conduzidas ao sul contra os Estados balcânicos do Eixo, e, ao norte, na costa do Báltico. A inteligência do Exército alemão já tinha concluído que o peso principal das campanhas de verão seria exercido no sul e, portanto, caiu facilmente no engodo.[187] A dissimulação exigiu que fossem distribuídos para o front bielorrusso nove exércitos e onze corpos de tanques, blindados e cavalaria, e que fossem ocultadas 10 mil peças de artilharia, 300 mil toneladas de combustível e meio milhão de latas de ração. No sul, peças de artilharia, tanques e aeródromos falsos foram construídos, com a proteção de fogo antiaéreo real e patrulhas de caças para dar mais realismo à encenação. Guardar sigilo era uma tarefa difícil. O front recebeu ordem para manter a aparência de "normalidade", disparando como de costume, e sustentar um tráfego regular de rádio. As novas forças recém-chegadas tiveram que manter absoluto silêncio no rádio e se mover apenas de noite, sem poder participar de missões de reconhecimento para não serem capturadas e sem receber informações sobre o plano (devido ao risco de possíveis desertores). Os engenheiros conseguiram ocultar a construção de passagens de madeira pelo terreno alagadiço ao norte dos pântanos de Pripiat.[188] Embora comandantes locais tivessem tentado mostrar que havia preparativos ofensivos importantes à frente, o alto-comando do Exército supôs que fosse uma fraude, e nenhum recurso adicional necessário para o Grupo de Exércitos do Centro foi disponibilizado. A ofensiva teve início na noite de 22 para 23 de junho, e dentro de semanas o exército alemão foi expulso da Bielorrússia, enquanto as unidades do Exército Vermelho alcançaram as margens do rio Vístula, avistando Varsóvia, uma das grandes derrotas sofridas pelas forças germânicas durante o conflito.

Incorporar dissimulação nas operações soviéticas não era garantia de êxito, que dependia de semanas de combates árduos, mas em todas as grandes operações contra forças alemãs ela atingiu o objetivo de desorientar o inimigo o bastante para facilitar a tarefa das forças no solo e no ar. Se era necessário provar o seu valor, isso ocorreu na campanha ofensiva final da guerra soviética contra o Exército Kwantung japonês na Manchúria. Forças nipônicas ainda não tinham sido alvo de amplas operações de dissimulação. Os comandantes americanos não se sentiam muito atraídos por ela como elemento estratégico, associando-a à operação desonesta que os japoneses tinham feito em dezembro de 1941. O Controle Conjunto de Segurança, formado para se equiparar à Seção de Controle Conjunto de Londres na Europa, teve dificuldade para convencer comandantes no Pacífico a levar a dissimulação a sério. No fim de 1943, oficiais do Controle Conjunto de Segurança foram instruídos a preparar anexos de dissimulação para os planos operacionais americanos, mas sua influência foi mal recebida pelos comandantes em campo. As poucas operações de dissimulação — Wedlock, Husband, Bambino, Valentine e Bluebird — tiveram pouco efeito, pois a inteligência japonesa não conseguiu detectar ou responder às que foram totalmente fictícias. O reforço das forças nipônicas nas ilhas Curilas, em 1944, e em Taiwan, em 1945, foram quase sem dúvida ações preventivas, que os militares japoneses consideraram necessárias, e não resultado direto da operação de dissimulação Wedlock (uma invasão fantasma que teria saído das ilhas Aleutas).[189] Esforços dos britânicos para usar espiões japoneses capturados na Índia como agentes duplos fracassaram em grande parte porque eles tinham apenas contatos esporádicos com a inteligência nipônica e não havia como saber se alguma desinformação tinha de fato influenciado ou não as operações japonesas.[190]

Por outro lado, a ofensiva manchu foi um modelo de *maskirovka* soviética: os japoneses detectaram que tropas soviéticas estavam sendo transferidas para o leste, mas não compreenderam a escala. O tráfego ferroviário só era feito à noite, e as rotas próximas à Manchúria foram cobertas com túneis improvisados para mascarar o translado. Uma vez em posição, as forças soviéticas usaram todos os recursos de camuflagem e ocultação. O Exército Kwantung subestimou a força soviética em mais ou menos 50%, além de ter sido incapaz de prever a direção (o Exército Vermelho conseguiu passar por um terreno que o inimigo considerava intransponível para blindados) e o momento do ataque. Embora fosse claro que as tropas soviéticas pretendiam invadir, as estimativas sugeriam que o Exército Vermelho só estaria pronto no fim do outono ou talvez na primavera de 1946. O ataque foi totalmente inesperado, e as forças japonesas ficaram desnorteadas com o rápido desdobramento e a infiltração dos soviéticos. Uma campanha destinada a durar trinta dias foi concluída em quinze e aniquilou a maior concentração militar do Japão, o Exército Kwantung, com 1 milhão de homens, que tinha iniciado as hostilidades catorze anos antes, em 1931.[191]

Argumentos sólidos sustentam a afirmação de que a dissimulação planejada e orquestrada de forma cuidadosa desempenhou um papel significativo em vitórias aliadas que, de outro modo, poderiam ter resultado num esforço de guerra mais longo e em perdas maiores. Em El Alamein, Stalingrado e Kursk, nos ataques à Normandia e à Bielorrússia, e na Manchúria, não há dúvida de que a dissimulação foi um multiplicador de força, ainda que outros fatores também tenham sido essenciais para a vitória. Na Grã-Bretanha e na União Soviética, uma série de grandes derrotas tornou necessário encontrar maneiras de assegurar vantagens, e a dissimulação era uma dessas formas. Ela funcionou, também, por causa das vantagens de que desfrutava a inteligência aliada e da debilidade da avaliação das informações de inteligência por parte tanto dos alemães como dos japoneses. No entanto, saber até que ponto a inteligência e a dissimulação ajudaram a determinar o desfecho das operações ainda é uma questão mais aberta a debates entre os historiadores do que a dos blindados e do poderio aéreo, do rádio e do radar, ou do ataque anfíbio.

VENCEDORES E PERDEDORES: A CURVA DE APRENDIZADO
DURANTE A GUERRA

"Curva de aprendizado" foi um termo contemporâneo à crise da guerra, cunhado em 1936 e aplicado durante o conflito para avaliar o desenvolvimento da produtividade na indústria de construção naval americana. Embora se destinasse a medir a taxa com que gerentes e trabalhadores aprendiam a reduzir as horas gastas para fabricar uma unidade de produção, parece singularmente apropriada como metáfora para a maneira como as Forças Armadas aprimoraram a sua capacidade durante os combates. A teoria postula dois tipos de aprendizado: o organizacional e o laboral. O lado gerencial é importante porque gestores podem inovar em termos técnicos e observar indicadores de desempenho para ver onde é preciso fazer ajustes; o lado laboral precisa se adaptar a circunstâncias e equipamento desconhecidos e aprender a dominá-los.[192] É exatamente o que as Forças Armadas fizeram durante a guerra, embora nem sempre de maneira uniforme ou adequada. Gestores militares avaliavam deficiências, ajustavam táticas e promoviam tecnologia e organização inovadoras, enquanto o treinamento tornava o marujo e o aviador comuns mais hábeis, e, com as ajudas tecnológicas necessárias, mais eficientes no combate. A capacidade de aprender e se adaptar foi essencial tanto no desenrolar do conflito quanto na avaliação de quem venceu e perdeu batalhas durante a guerra.

No entanto, a curva de aprendizado implica o tempo necessário para avaliar resultados, identificar corretivos e treinar a força de trabalho. Para os Aliados, depois dos desastres iniciais, foi decisivo ter tido tempo suficiente para descobrir o que era necessário para melhorar a sua sorte. Embora os três principais aliados tenham sofrido uma série de derrotas, as potências do Eixo nunca conseguiram usar a força militar para impor uma derrota rápida e decisiva como os alemães tinham feito na França em 1940. A Alemanha e a Itália não conseguiram invadir as ilhas Britânicas e foram contidas no Norte da África; o Japão não conseguiu invadir os Estados Unidos ou a Grã-Bretanha; a União Soviética se revelou grande demais como entidade geográfica para ser abocanhada de uma vez. Os Estados do Eixo tinham mais espaço do que tempo, e foi o espaço que desacelerou seu avanço e os imobilizou em 1942. Os Aliados não estavam mais perto de invadir os territórios centrais do Japão, da Alemanha e da Itália em 1942, mas agora tinham tempo e alcance global para descobrir como organizar e melhorar sua capacidade militar, para assim ter condições de fazê-lo nos dois últimos anos de guerra. Seus establishments militares se tornaram o que o teórico organizacional Trent Hone chamou de "sistemas adaptativos complexos", nos quais a curva de aprendizado poderia ser gerenciada.[193]

Era essencial também que as potências aliadas entendessem a necessidade de aprender e aprimorar e que pudessem desenvolver mecanismos institucionais para isso. O processo de análise e aprendizado foi essencial para a sobrevivência soviética depois das perdas catastróficas de material e soldados em 1941. Ao longo de 1942, o Estado-Maior do Exército iniciou uma revisão generalizada do que tinha dado errado e do que precisava ser aprendido, baseando-se de modo substancial na prática germânica. Logo vieram melhorias de longo alcance em comunicações e coleta de informações, junto com uma reorganização radical de forças blindadas, divisões de infantaria e forças aéreas nos níveis tanto operacional como tático.[194] O efeito transformador foi profundo, como mais tarde os comandantes alemães descobriram por experiência própria. A capacidade militar e naval da Grã-Bretanha tinha por base uma reforma organizacional substancial no desenvolvimento de um exército bastante mecanizado, uma força aérea tática eficiente (que em 1940 praticamente não existia), e a competência para montar grandes operações anfíbias depois do desastre de Dieppe. O aprimoramento foi em muitos casos incentivado por comitês dedicados a aprender essas lições — o Comitê Bartholomew após Dunquerque, o Relatório Woodall sobre a colaboração entre ar e terra, o Comitê Godwin-Austen sobre comunicações —, mas, acima de tudo, pela longa lista de fracassos humilhantes até a primeira vitória em El Alamein.[195] Além disso, embora continuassem a depender de fogo de artilharia pesado e preciso, além de amplo apoio aéreo, as forças terrestres britânicas se tornaram taticamente mais aptas e menos travadas por estruturas de comando de cima para baixo do que nos primeiros anos do conflito. As "Breves notas sobre a conduta de batalhas por oficiais superiores", escritas e postas em circulação por Montgomery em dezembro de 1942, davam a comandantes subordinados muito mais liberdade no uso do próprio julgamento para realizar determinada missão, aproximando-se mais do famoso conceito alemão *Auftragstaktik* [táticas baseadas em missões] do que os críticos modernos das práticas do Exército britânico reconhecem.[196]

Para as Forças Armadas dos Estados Unidos, a única opção era começar a aprender. Pequenos, atrasados em termos técnicos e mal servidos de informações de inteligência, o Exército e a Força Aérea dos Estados Unidos tinham diante de si o desafio colossal de transformar uma força armada construída às pressas e composta em especial de recrutas numa organização militar profissional. A Marinha dos Estados Unidos era maior e possuía mais recursos, mas ainda tinha muito a aprender. As primeiras campanhas em Guadalcanal e no Norte da África expuseram incontáveis deficiências e levaram a uma rápida reavaliação do que era necessário. Depois do quase desastre no passo de Kasserine, na Tunísia, o tenente-general Lesley McNair, comandante das Forças Terrestres do Exército, recomendou a criação de tropas "baseadas no treino", que estivessem sempre aprendendo. No campo, passou-se a dar grande ênfase a identificar e disseminar informações táticas sobre o inimigo e como reagir. Centros de Inteligência de Combate reuniam informações vindas das experiências de combate e divulgavam resumos de informações e conselhos a unidades que enfrentavam ou estavam prestes a enfrentar o inimigo. Aos poucos, no Pacífico (e na Europa), a cultura de instruções de comando rígidas vindas do topo foi sendo transformada para permitir que oficiais de unidades pequenas tivessem autonomia para lidar com a situação tática de os japoneses defenderem até a morte.[197] Na Europa, nem sempre era possível centralizar comando e controle. Instruções para o II Corpo do Quinto Exército na Itália, em junho de 1944, estabeleciam que, nessas circunstâncias, "os comandantes devem agir de acordo com a responsabilidade, a iniciativa e o julgamento próprios. A inatividade é indesculpável".[198] A transformação do poder de combate americano e britânico foi ampla e abrangeu desde a organização de um Exército mecanizado até comunicações eficientes, melhor inteligência, doutrina e prática anfíbias bastante aperfeiçoadas e poderio aéreo tático agressivo — cada item desses foi um passo essencial na curva de aprendizado.

As forças do Eixo também aprenderam, aumentando os investimentos em recursos militares e observando de perto os inimigos. Mas o glamour das primeiras vitórias prejudicou a busca por mudanças mais transformadoras. Durante a maior parte do conflito (e do pós-guerra), os comandantes alemães de modo geral consideravam inferior a qualidade militar das forças que enfrentavam em todos os fronts. Em 1942, o Afrika Korps comentou sobre a "lentidão e a deselegância, a falta de iniciativa e de planejamento tático" do inimigo apenas algumas semanas antes de ser derrotado quase por completo em El Alamein.[199] No front oriental, os primeiros fracassos soviéticos influenciaram a visão que os alemães tinham do adversário. "Todo soldado germânico", escreveu o general Hermann Geyer no outono de 1941, "tem o direito de se sentir superior ao russo."[200] Quando essa opinião mudou, já era tarde. A combinação de blindados e aviação serviu bem ao exército alemão até Stalingrado, quando estagnou; no começo da guerra, o rádio e o radar da Alemanha estavam à frente da prática aliada, mas essa vantagem se perdeu em 1943; o combate germânico de submarinos repetiu o da Grande Guerra e terminou igualmente fracassado; o êxito da surpresa na França em 1940 ou ao lançar a Barbarossa nunca mais se repetiu. Algo similar ocorreu com as forças japonesas. As batalhas contra tropas chinesas mal equipadas quase não exerceram pressão sobre o alto-comando nipônico por reformas; as operações anfíbias definiram o sucesso japonês em 1941 e 1942, mas desapareceram logo que o perímetro do Pacífico foi assegurado; e por fim, as rendições aliadas no começo de 1942 criaram uma opinião totalmente desdenhosa do inimigo entre soldados de quem se esperava que morressem em vez de desistir.

Já os multiplicadores de força utilizados pelos Aliados, ao contrário, refletiam a fraqueza da sua eficácia militar nos primeiros anos de conflito e a necessidade de adaptação. O processo foi irregular, ainda propenso a erros, desperdícios ou limitações tecnológicas, mas foi suficiente para garantir a vitória. Há uma longa tradição de ver as forças do Eixo apenas como desgastadas pelos imensos recursos militares disponíveis para os Aliados, mas ainda eficazes em termos militares, ou, no caso alemão, como claramente superiores às Forças Armadas aliadas que enfrentavam.[201] No entanto, ter vantagens em recursos não importa muito — como o Exército Vermelho descobriu em 1941, quando foi fácil neutralizar sua grande superioridade numérica de tanques e aeronaves — se isso não for explorado por doutrina, organização, treinamento e inteligência melhores. Os Aliados precisaram se aprimorar em todas essas áreas para que sua vantagem de recursos tivesse algum significado. O combate foi o verdadeiro teste, e em todo o Pacífico, no Norte da África, na Itália e na França, e no vasto front oriental, as forças do Eixo acabaram superadas por Forças Armadas que aprenderam a duras penas. Pela teoria, a "curva de aprendizado" industrial se achata no fim do processo, quando gestores e força de trabalho conseguem otimizar o que aprenderam. A vitória aliada em 1945 foi o achatamento final da sua curva de aprendizado.

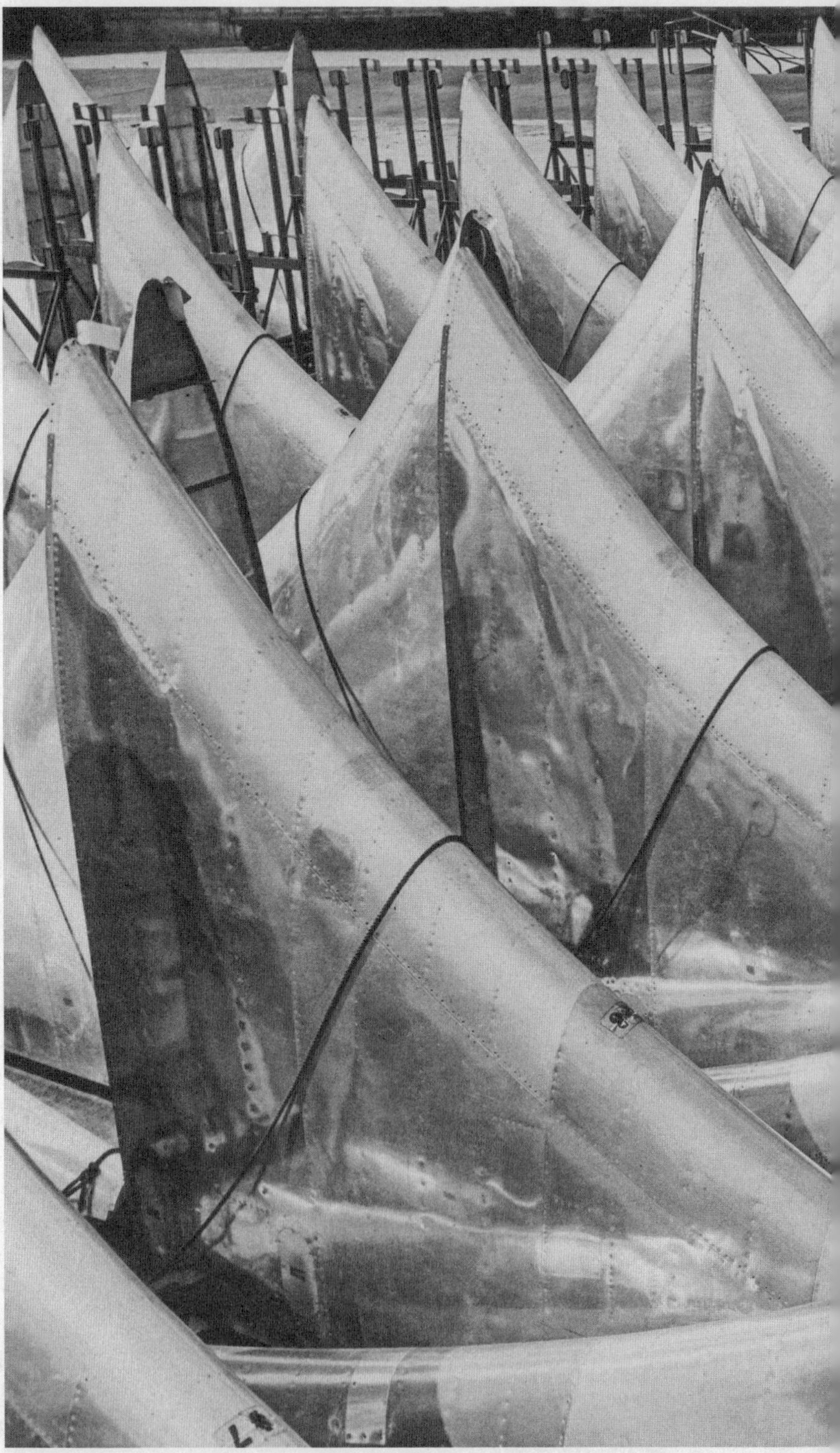

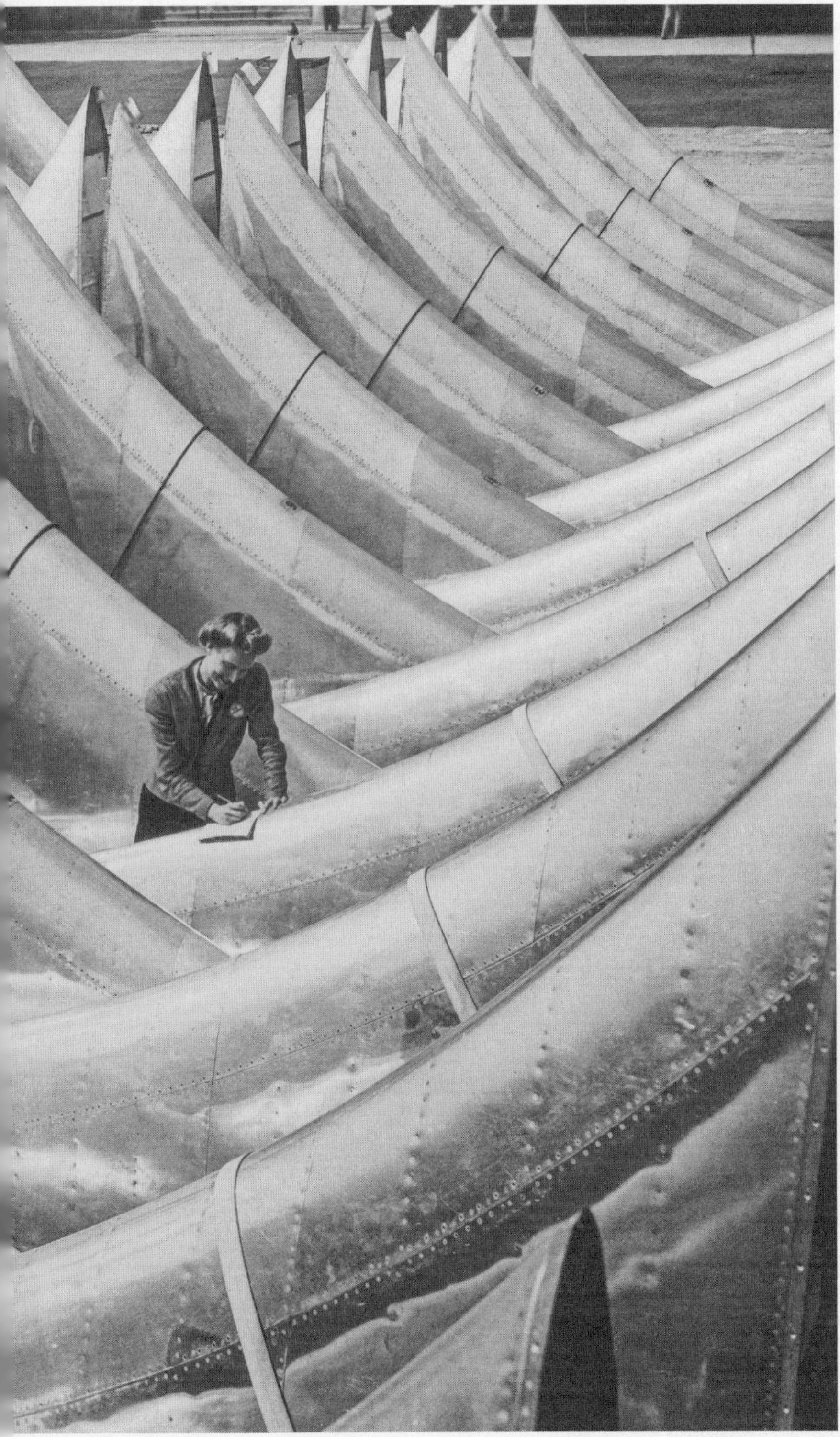

6. Economias de guerra: Economias em guerra

> *O gênio industrial americano, inigualável em todo o mundo na solução de problemas de produção, foi convocado a lançar mão de seus recursos e talentos. Fabricantes de relógios, de implementos agrícolas, de linotipos e caixas registradoras e automóveis e máquinas de costura e cortadoras de grama e locomotivas agora estão fazendo detonadores e caixotes para embalar bombas e suportes para telescópios e cartuchos e pistolas e tanques.*
>
> Franklin Roosevelt, "Conversas ao lado da lareira", 29 dez. 1940[1]

> *O aumento necessário na eficiência de nossa produção de armas e equipamentos deve, portanto, ser obtido 1.) por meio da correção minuciosa da estrutura de armas e equipamentos, no sentido de possibilitar a produção em massa segundo princípios modernos, e por meio deste método atingir a racionalização de nossos métodos manufatureiros.*
>
> Adolf Hitler, "Decreto de eficiência", 3 dez. 1941[2]

Nos Estados Unidos, a produção em massa de armas e equipamentos militares foi naturalizada. O presidente Roosevelt iniciou o rearmamento aéreo americano em maio de 1940, ao demandar a produção de 50 mil aeronaves por ano.[3] Um tempo depois, interferiu no planejamento da produção de tanques, insistindo que anualmente 25 mil deveriam ser entregues. Na época, a ideia de que essas metas poderiam ser levadas a cabo foi posta em dúvida, mas o "gênio industrial americano" a que Roosevelt se dirigira em suas "conversas ao lado da lareira" em dezembro de 1940 fez jus à demanda de rearmamento e de guerra. Em 1943, os Estados Unidos já tinham produzido mais do que todos os Estados inimigos juntos. Hitler tinha sido avisado por militares experientes a não subestimar a capacidade americana de produzir artigos militares, mas isso não o impediu de declarar guerra. Alguns dias antes do ataque japonês a Pearl Harbor, seu centro de operações emitiu um decreto assinado por ele insistindo que a indústria da guerra alemã adotasse um programa de simplificação e padronização que possibilitasse que a Alemanha também produzisse em massa.

Em geral, Hitler não recebe muito crédito como estrategista, mas sua percepção desde o começo do conflito de que para uma disputa bem-sucedida seria indispensável produzir artigos militares na maior escala possível foi confirmada pelos acontecimentos. O decreto emitido em dezembro de 1941 veio depois que ele tentou durante meses intervir como comandante supremo para que a indústria e o Exército cooperassem a fim de criar maneiras de usar os muitos recursos germânicos para maximizar a produção. Em maio de 1941, ele se reuniu com o ministro de Armamentos e Munições, Fritz Todt, e o chefe do Gabinete de Economia de Guerra das Forças Armadas, o general Georg Thomas, e apresentou suas ideias para tornar a economia de guerra mais eficiente. Ele responsabilizou o Exército por sobrecarregar a indústria com exigências técnicas complexas, pregou "uma estrutura mais primitiva, mais robusta" e o "fomento da produção grosseira em massa".[4] Foi publicada uma diretriz solicitando que as três Forças Armadas reduzissem o número e a complexidade de seus armamentos, e outras diretrizes foram lançadas durante o verão e o outono ordenando que se focasse em armas condizentes com os métodos de produção modernos, até que no decreto de dezembro Hitler enfim especificou o que esperava. "É significativo", relembrou o secretário de Albert Speer, Karl-Otto Saur, a seus captores em 1945, "que a racionalização na Alemanha só tenha sido colocada em ação em todo seu sentido prático depois da ordem de Hitler de 3 de dezembro de 1941, e que sua intervenção tenha sido necessária para que a teoria fosse levada à prática."[5] Entretanto, o decreto não encerrou a história. Dois anos depois, o chefe da produção de aeromotores da Alemanha, William Werner, reclamou que a produção ainda era "muito marcada pelo trabalho artesanal" e incentivou que fosse usado o estilo linha de montagem, "de acordo com o modelo americano".[6] O fosso entre as duas culturas produtivas se mostrou difícil de transpor e foi um fator de muita relevância para o resultado final da guerra.

ARMAS DE PRODUÇÃO EM MASSA

A produção militar das potências em guerra se agigantou em comparação com tudo o que foi visto antes ou depois dela. No entanto, por maior que fosse a escala produtiva, apenas alguns veículos e algumas armas e embarcações foram fabricados em massa de acordo com o entendimento convencional do termo. A produção em massa era associada ao "fordismo", cujas origens estão nas mudanças radicais das técnicas de produção realizadas pela indústria automotiva americana (em especial Henry Ford), nas primeiras décadas do século XX. O fordismo se prestava a várias interpretações: nos Estados Unidos, era um meio de maximizar a produção de bens de consumo baratos, padronizados, aplicando um controle racional do fluxo de recursos e componentes à linha de produção, em que a montagem era subdividida em passos fáceis de serem aprendidos e repetitivos; na União Soviética, o fordismo foi adotado pelo jovem regime comunista porque seria um símbolo da modernidade soviética e porque a produção racional em massa abasteceria o proletariado recém-fortalecido de artigos baratos. Apenas na Alemanha o fordismo era visto com ambivalência. Embora formas de produção em massa tenham sido adotadas na década de 1920 em alguns setores por admiradores do modelo de produtividade de Henry Ford, o colapso econômico depois de 1929 provocou a rejeição do modelo americano em prol da ênfase germânica na produção especializada e na engenharia de alta qualidade, dois fatores que favoreceram o desenvolvimento de um setor armamentista sofisticado e tecnicamente avançado. Essas culturas produtivas distintas se materializaram durante a Segunda Guerra Mundial e marcaram a diferença entre o volume de produção dos tanques americanos Sherman e os soviéticos T-34 e a produção relativamente modesta dos Tigres e Panteras da Alemanha, que eram bem melhores do que os blindados produzidos em massa pelos Aliados, mas eram fabricados numa quantidade totalmente insuficiente.

Na prática, a produção em massa, do modo como era entendida para bens de consumo duráveis no entreguerras, tinha limitações evidentes quando aplicada aos armamentos modernos. Na Primeira Guerra, o volume de produção de equipamentos militares se tornou essencial, e elementos modernos dos processos industriais foram implementados na produção de armas de pequeno porte, munições e artilharia para aumentar a eficiência produtiva da mão de obra e poupar recursos.[7] Mas o volume de produção da Segunda Guerra significava um aumento na fabricação de produtos de engenharia complexa, de tanques e veículos blindados a aeromotores e carcaças de avião. Em geral, uma aeronave militar precisava de mais de 100 mil peças diferentes, e portanto o volume já era um desafio extraordinário em termos de organização do escoamento de peças de centenas de fornecedores para garantir que a montagem final acontecesse sem grandes problemas. Enquanto fuzis e metralhadoras eram produzidos com facilidade a partir de algumas poucas peças padronizadas, replicando-se as práticas de produção adotadas em tempos de paz, aviões, tanques e submarinos tinham um processo de produção excepcional. O bombardeiro americano Consolidated B-24 Liberator foi montado a partir de 30 mil desenhos de produção; quando Henry Ford tentou fabricá-lo em massa usando sua experiência com carros e caminhões, a produção foi decomposta em 20 mil operações diferentes, que exigiam a instalação de 21 mil cabedais e ferramentas de produção e 29 mil moldes. O projeto demorou tanto para ser posto em prática que o bombardeiro já estava obsoleto quando a produção começou.[8] Em 1940, Ford tinha tanta certeza de que a produção em massa do período de paz poderia ser aplicada aos armamentos que se propôs a fabricar mil caças por dia usando máquinas operatrizes comuns, mas sua oferta foi recusada após uma investigação concluir que o padrão de engenharia usado para fazer carros de passeio baratos não tinha nada a ver com as exigências da produção aeronáutica moderna. Esse mesmo problema atrapalhou as tentativas da General Motors de produzir um caça veloz, o xp-75. A empresa tentou pegar atalhos comprando peças prontas de outros modelos de aviões em vez de criar um produto inteiro. Passados quatro anos, o projeto foi declarado um enorme fiasco e acabou descartado no verão de 1945 — uma prova de como era difícil uma grande fábrica de produção em massa submeter as práticas dos tempos de paz às necessidades do período de guerra, mas também um indício de que os Estados Unidos conseguiam despender esforços e recursos em projetos inúteis enquanto produziam muito mais do que qualquer outra economia.[9]

Os muitos problemas associados à produção volumosa de armamentos avançados ressaltaram as diferenças entre a produção civil de tempos de paz, em que a decisão quanto ao que deve ser fabricado e em qual quantidade é ditada pelo mercado consumidor e o gosto da população, e a economia de guerra, na qual existe um único cliente militar cujas exigências são vagas, inconstantes e imperiosas. A montagem de longos ciclos de produção e as correspondentes economias de escala eram volta e meia frustradas por mudanças imprevisíveis de estratégia e a necessidade de se equiparar ou exceder os feitos técnicos dos inimigos, ou de interromper ciclos de produção devido à insistência dos militares em fazer alterações táticas a curto prazo em uma arma já consolidada. Nessas circunstâncias, era complicado instituir modelos padronizados, peças intercambiáveis e a produção automatizada. A modificação persistente era inimiga da produção em massa em tempos de guerra. Nas palavras de Alec Cairncross, encarregado do planejamento de componentes no Ministério de Produção Aérea britânico, "a vida era uma longa batalha contra a desordem".[10] O design do bombardeiro médio alemão Junkers Ju88 sofreu 18 mil alterações nos três primeiros anos de fabricação, o que acabou com qualquer possibilidade de um ciclo de produção consolidado. As mudanças no projeto afetavam não só a montagem final de um avião ou tanque como também as centenas de fornecedores de peças, que tinham que coordenar sua produção com a das montadoras principais. Era muito comum haver uma diferença acentuada entre a possibilidade que os fornecedores tinham de produzir em grande volume, já que empresas pequenas tinham uma capacidade menor de se adaptar a novas exigências ou implementar formas mais eficientes de produção. Em 1942, os Estados Unidos planejavam fabricar 42 mil tanques, mas só conseguiram fazer 22 mil devido à escassez de peças importantes. Na Alemanha, nos anos intermediários da guerra, foi feito um esforço para garantir que todos os fornecedores de peças para artigos militares adotassem as melhores práticas existentes. Descobriu-se que a razão entre o melhor desempenho e o pior era de 1:5; depois da racionalização das práticas de fabricação, a proporção passou a ser de 1:1,5.[11]

Todas as grandes potências combatentes, exceto a Itália e a China, acabaram desenvolvendo programas de grande produção, incluindo elementos da "produção em massa" convencional, apesar dos diversos problemas associados à engenharia militar, mais complexa e dispendiosa. As façanhas dos tempos de guerra são apresentadas na tabela 6.1. As estatísticas agregadas mascaram o impacto de regimes administrativos e políticos muito diferentes sobre o desempenho produtivo, e as exigências estratégicas inconstantes explicam o que foi considerado prioridade. O Japão e a Grã-Bretanha voltaram seu volume de produção para aeronaves e navios porque, como são ilhas, essas prioridades condiziam com a natureza das estratégias escolhidas; a União Soviética e a Alemanha produziram quantidades modestas de equipamentos navais, mas volumes excepcionais de armas usadas pelo Exército e pela Força Aérea; e só os Estados Unidos, dotados de acesso a recursos hemisféricos, tinham a possibilidade de produzir equipamentos para as forças aérea e naval e para o Exército em grande escala. Os números também encobrem as diferenças de qualidade entre as produções. Embora as autoridades militares costumassem se empenhar para atualizar seus equipamentos de modo a se igualar aos inimigos, isso em geral era difícil quando a produção já estava bastante comprometida com versões anteriores, ou quando extrapolava a capacidade produtiva de uma economia. Ainda assim, a diferença qualitativa raramente era tão grande a ponto de compensar a insuficiência quantitativa. À medida que as economias em tempos de guerra amadureciam, o Exército, as empresas e os governos colaboravam para se concentrar em alguns armamentos que se saíam bem em combate e podiam ser produzidos em grandes volumes sem perder a eficiência, em vez de dispersar energia entre diversos modelos desnecessários.

TABELA 6.1 A PRODUÇÃO MILITAR DAS GRANDES POTÊNCIAS EM GUERRA, 1939-45

A: AERONAVES	1939	1940	1941	1942	1943	1944
Grã-Bretanha	7940	15 049	20 094	23 672	26 263	26 461
Estados Unidos	5836	12 804	26 277	47 826	85 998	96 318
União Soviética	10 382	10 565	15 735	25 436	34 900	40 300
Alemanha	8295	10 247	11 776	15 409	24 807	39 807
Japão	4467	4768	5088	8861	16 693	28 180
Itália	1750	3257	3503	2821	2024	-
B: NAVIOS DE GUERRA						
Grã-Bretanha	57	148	236	239	224	188
Estados Unidos	-	-	544	1854	2654	2247
União Soviética	-	33	62	19	13	23
Alemanha (apenas submarinos)	15	40	196	244	270	189
Japão	21	30	49	68	122	248
Itália	40	12	41	86	148	-
C: TANQUES						
Grã-Bretanha	969	1379	4837	8622	7217	4000
Estados Unidos	-	331	4052	24 997	29 497	17 565
União Soviética	2950	2794	6590	24 719	24 006	28 983
Alemanha (a)	794	1651	3298	4317	5993	8941
Alemanha (b)	-	394	944	1758	5941	10 749
Japão	559	1023	1216	1271	891	371
Itália	(1940-3) 1862 tanques, 645 armas autopropulsadas					
D: PEÇAS DE ARTILHARIA						
Grã-Bretanha	1400	1900	5300	6600	12 200	12 400
Estados Unidos	-	c. 1800	29 615	72 658	67 544	33 558
União Soviética	17 347	15 300	40 547	128 092	130 295	122 385
Alemanha	c. 2000	5000	7000	12 000	27 000	41 000

Navios de guerra excluem lanchas de desembarque e pequenas embarcações auxiliares; números da Alemanha fileira (a) = tanques; fileira (b) = artilharia autopropulsada e blindados para destruir tanques. O número de tanques soviéticos inclui artilharia autopropulsada; peças de artilharia da Grã-Bretanha, dos Estados Unidos e da Alemanha são apenas de médio e alto calibres. Os números da União Soviética incluem todos os calibres.

A redução do número de modelos fabricados e a gestão mais eficaz de alterações foram grandes multiplicadores do volume de produção das armas. Com a padronização, a produção em massa podia ficar concentrada nas empresas que eram melhores e maiores. Tratava-se de um processo irregular, em que a concorrência pelos meios de produção entre serviços diversos desestimulava a cooperação. No Japão, havia pouco controle sobre a Marinha e o Exército em termos de política de compras, e o resultado foi que a Marinha produziu 53 modelos básicos de aeronave com 112 variações; e o Exército, 37 modelos básicos com 52 variantes. Em 1942, a Marinha já tinha um total de 52 tipos de motor. As consequências eram ciclos de produção limitados e problemas comuns de falta de peças sobressalentes e manutenção, embora isso não tenha impedido o aumento súbito da produção de aviões e aeromotores nos últimos dois anos de guerra.[12] Na Grã-Bretanha, o processo de criar modelos padronizados levou tempo, já que a tecnologia mudava rápido, mas a produção de tanques no meio da guerra se concentrou no Churchill e no Cromwell (além dos derivados deste último, o Comet e o Challenger), e a produção de aeronaves focou os bombardeiros Lancaster e Halifax, os caças/bombardeiros combatentes Spitfire e Hawker Tempest e o bombardeiro De Havilland Mosquito. A produção de tanques se concentrou em um único motor, o Meteor, e a produção de aeromotores focou o Rolls-Royce Merlin. Os Estados Unidos asseguraram uma produção volumosa de modelos padronizados desde o começo do conflito, focando quase toda a fabricação de tanques no Sherman M4 e em seus derivados, e as aeronaves do Exército priorizadas eram os bombardeiros pesados B-17 e B-24, os caças P-38, P-47 e P-51 e o avião bimotor Douglas DC-3. Somados, o Exército e a Marinha fabricaram apenas dezoito modelos de aeronaves. A produção de veículos militares foi baseada em apenas quatro modelos testados, e o onipresente Jeep Willys era o principal veículo leve de pequeno porte. Durante todo o conflito, os soviéticos produziram os tanques T-34 e seus modelos atualizados, até o surgimento do tanque pesado Is-1, nos últimos meses da guerra. Para a Força Aérea soviética, foram produzidos em grandes quantidades o caça Yak 1-B e o bombardeiro de mergulho Ilyushin Il 2 "Sturmovik": foram, respectivamente, 16 700 e 36 mil.[13] Um dos poucos casos de sucesso da Alemanha em termos de produção padronizada, fabricaram-se 31 mil unidades do caça Messerschmitt Bf109 ao longo dos anos de guerra. A economia de escala era um resultado quase automático depois que um modelo essencial era escolhido e se tornava parte de um longo ciclo de produção.

Mesmo com um programa mais estável de seleção e padronização de modelos, fabricá-los em grandes volumes era problemático. Alterações nos modelos que estavam em produção tinham que ser negociadas com os militares, cuja prioridade era o desempenho em campo de batalha, e não a possibilidade de manter ciclos de produção ininterruptos. Na Grã-Bretanha, a modificação de modelos de aeronaves era implementada até onde fosse possível nas linhas de produção já existentes por meio de uma política de mudanças graduais de design, o que evitava contratempos. O Spitfire passou por vinte atualizações de grande porte sem que a produção fosse suspensa ou houvesse um grande programa de reestruturação, mas elas foram suficientes para transformá-lo em um caça formidável, muito mais eficaz em 1944 do que em 1940. Por outro lado, a metodologia americana era permitir uma fabricação a pleno vapor, com toda a economia gerada pelo fluxo da linha de produção, e depois mandar a aeronave finalizada para um dos vinte Centros de Alterações, onde haveria mais 25% a 50% de horas de trabalho extra para completar as modificações em cada avião, anulando a vantagem da produção em massa do produto original. Na enorme fábrica da Ford em Willow Run, no Michigan, no caso do bombardeiro B-24, as alterações pré-produção transformaram a aeronave e desencadearam mudanças regulares no maquinário, nos cabedais de montagem e nos apetrechos que causaram desperdício de tempo e dinheiro antes mesmo de a fabricação começar. Em 1944, a indústria de aeronaves foi estimulada a adotar a prática britânica, a fim de evitar não só atrasos nas entregas, mas também a confusão gerada pela coleta de todas as reivindicações táticas das forças em campo que deveriam ser integradas nos Centros de Alterações.[14]

O volume de produção também afetava a qualidade do produto final em decorrência do uso de práticas de corte de custo e de mão de obra menos qualificada. Os tanques britânicos dos anos de guerra eram notórios pela montagem ruim e volta e meia quebravam. Em setembro de 1942, o Diretório de Inspeção de Veículos de Combate foi criado, e o número de inspetores subiu de novecentos em 1940 para 1650 em meados de 1943, e em 1944 o número de defeitos mecânicos relatados já havia caído. As forças britânicas enfrentaram um problema parecido com os tanques Sherman enviados pelos Estados Unidos como parte do programa de empréstimos Lend-Lease. Descobriu-se que os 38 tanques enviados para o Norte da África em 1942 tinham 146 defeitos causados pela montagem desatenta ou mal fiscalizada.[15] A rápida produção em massa do tanque soviético T-34 foi vítima de uma queda brusca na qualidade de mão de obra. No verão de 1943, na época da Batalha de Kursk, apenas 7,7% dos tanques fabricados foram aprovados nos testes de controle de qualidade da fábrica.[16] Quando os engenheiros americanos de Aberdeen Proving Ground, em Maryland, inspecionaram o exemplar do T-34 que o lado soviético havia enviado, descobriram um catálogo de engenharia barata e acabamentos de baixa qualidade. Depois de 343 quilômetros de teste de direção, o tanque quebrou de forma irreparável porque o motor foi destruído pela terra que passava pelo filtro de ar de má qualidade; rachaduras apareceram nas chapas blindadas soldadas e, quando choveu, água entrou no tanque; as lagartas eram feitas de material de baixa qualidade e com frequência se rompiam; e assim por diante.[17] Embora a produção em grande volume fosse ideal, até fabricantes em massa proeminentes enfrentavam dificuldades imensas ao tentar fazer artigos de qualidade.

A exceção a essa experiência de fabricação volumosa foi a guerra sino-japonesa. A produção de guerra da China era reduzida devido à imaturidade de seu desenvolvimento industrial e à perda das regiões norte e leste para o Japão, onde ficava boa parte dos recursos e da pouca capacidade fabril chinesa. Por conta da invasão, foi levada a cabo uma evacuação em larga escala de máquinas e equipamentos dos arsenais militares chineses, que foram transferidos para o sudoeste da China e para a zona industrial no entorno da nova capital, Chongqing. As treze fábricas de armas aglomeradas em volta da cidade forneceram pelo menos dois terços de toda a produção de guerra chinesa do final da década de 1930 em diante.[18] O subsequente desempenho em tempos de guerra foi minúsculo se comparado ao das outras potências beligerantes. As fábricas não tinham máquinas modernas nem estoque suficiente de materiais, além de serem muito dependentes do trabalho manual. O Departamento de Artilharia do Kuomintang distribuía para as fábricas apenas 12 mil toneladas de aço por ano; no auge da produção, o número de trabalhadores que fabricavam armamentos não passava de 56 500. A força produtiva se dedicava basicamente às armas de pequeno porte e munições, ao morteiro 85 milímetros e a granadas de mão. Para um Exército que segundo as estimativas tinha trezentas brigadas de 3 milhões de homens, a produção anual de 1944 somou meros 61 850 fuzis, 3066 metralhadoras pesadas, 10 749 metralhadoras leves e 1215 morteiros. Uma artilharia de 37 milímetros foi desenvolvida em 1941, mas só se produziam entre vinte e trinta por ano, e ela tinha uma estrutura de baixa qualidade.[19] A China não produziu aeronaves, armas pesadas, tanques e veículos blindados. Esses números tornam incompreensível o fato de as forças nacionalistas terem operado durante anos contra um exército inimigo fortemente armado, sobretudo depois que a expansão japonesa impôs uma restrição severa a suprimentos vindos do exterior. Havia estoques de armas importadas antes da guerra, mas eram pequenos em escala e reabastecê-los era impossível. As forças chinesas confiavam em travar uma guerra desgastante em que a geografia fosse uma vantagem para elas, mas no combate franco essa base pobre de recursos costumava expô-las a derrotas inevitáveis.

A produção de guerra japonesa para o conflito na China era igualmente restrita, apesar do clamor aos esforços de grande escala representado pelo Decreto de Mobilização Total de 1938. Entre 1937 e 1941, a indústria japonesa fabricou uma média de seiscentos tanques leves e médios por ano. Já a produção de aeronaves para o Exército e a Marinha, baseada numa ampla gama de modelos de carcaças e motores, gerava pouco mais de 4 mil por ano.[20] Mais recursos foram dedicados à construção naval, embora tenha tido pouco efeito sobre a guerra na China. Os setores de construção naval e aviação eram relativamente modernos em termos de organização e maquinário, mas a fabricação em escala era limitada pela clara divisão entre as esferas de produção do Exército e da Marinha e pela descentralização produtiva, espalhada entre um amplo leque de pequenos fornecedores com graus muito variados de eficiência. O começo do conflito no Pacífico provocou transformações na produção de guerra. Houve um derrame de investimentos em construções de navios mercantes e aeronaves destinados à Marinha. Não houve nenhuma tentativa de aumentar o grau de mecanização ou motorização do Exército japonês, cuja maioria ainda estava atolada nos combates contra a China. Durante os anos de conflito no Pacífico, a produção de tanques atingiu o auge em 1942, com 1271 unidades, e caiu para meros 371 em 1944; iniciada em 1942, a fabricação de veículos blindados não somou mais que 1104 unidades durante toda a guerra. Se comparada ao padrão americano e europeu, a indústria automotiva japonesa era subdesenvolvida, produzindo apenas 5500 caminhões em quatro anos para servir tanto aos militares quanto à economia.[21] Quando a munição acabava no campo de batalha, os soldados japoneses usavam espadas e baionetas. A escassez severa de aço e de outros metais, exacerbada pelo impacto do bloqueio marítimo americano, explica até certo ponto o baixo nível da produção em tempos de guerra, mas isso também foi resultado de decisões estratégicas que definiram a quais produtos uma economia industrial de pequeno porte deveria se dedicar.

Em 1943, a prioridade absoluta passou a ser o avião necessário para defender os perímetros do império. A decisão de maximizar a fabricação de aeronaves pressionou demais todo o sistema de produção bélica e, em novembro de 1943, num momento já bastante avançado do conflito, o governo enfim criou um novo Ministério de Munições para supervisionar o projeto das aeronaves. Em 1944, os aviões já constituíam 34% de toda a produção, e o ministério elaborou planos minuciosos para que houvesse uma verdadeira fabricação em massa de mais de 50 mil aeronaves em 1944.[22] A Associação da Indústria Aeronáutica foi criada e dividida em catorze associações especializadas para cada subconjunto de aeronaves e de peças produzidas pelo enorme aumento da terceirização.[23] Foi apenas depois de convencer cada ponto da economia de guerra a se dedicar a aeronaves que a fabricação em grande escala se provou possível, o que ocorreu em 1943 e 1944, antes de esgotar o estoque de bauxita importada (para a produção de alumínio). Todavia, a produção foi limitada pelo baixo controle sobre fornecedores de peças, pela pouca durabilidade e precisão das máquinas operatrizes caseiras e pela falta de engenheiros de produção com experiência em fabricar em alto volume. Duas grandes fábricas foram planejadas para 1942, e nelas seriam empregados métodos de produção em massa, mas a de Kouza, cujo objetivo era produzir 5 mil aeronaves por ano, no final das contas fez apenas sessenta caças, enquanto a fábrica de aeromotores em Tsu não conseguiu fazer nenhum antes do fim do conflito.[24] O resto da indústria aeronáutica se esforçava para levar o planejamento adiante: a urgência da produção e o emprego de uma mão de obra menos qualificada fizeram a qualidade de produção cair, causando mais baixas na Força Aérea japonesa nos últimos anos da guerra do que o combate aéreo. A produtividade continuava baixa. Em 1944, a produção de aeronaves em quilos pelo dia útil de um operário era de 0,71; nos Estados Unidos, esse número era 2,76.[25] Mesmo se o grau de eficiência fosse maior, a falta de material teria limitado as possibilidades. Ao longo do conflito, a economia japonesa produziu apenas 10% da quantidade de artigos bélicos fabricados nos Estados Unidos.

Os verdadeiros produtores em massa da guerra eram a União Soviética e os Estados Unidos. De 1941 a 1945, a produção dos dois somou 443 451 aeronaves de vários tipos e 676 074 peças de artilharia, uma façanha que eclipsou a produção das outras grandes potências industriais e faria o mesmo com a produção militar atual. Os Estados Unidos fabricaram mais aeronaves do que seu aliado na guerra, e a União Soviética fez mais tanques e peças de artilharia, mas ambos garantiram níveis de produção excepcionais durante todo o conflito. No entanto, as circunstâncias das duas maiores produtoras eram completamente diferentes. O sistema soviético era a economia de um governo autoritário, de organização centralizada e controlado com um rigor excepcional para evitar qualquer lapso da gestão ou dos trabalhadores; a economia americana era de livre iniciativa, um sistema capitalista com baixo índice de intervenção do Estado, com uma profusão de iniciativas individuais e mão de obra livre. A URSS tinha muitos recursos materiais à disposição antes da invasão alemã, mas depois ela foi reduzida a uma economia irrelevante, que perdeu dois terços de seu aço e carvão. Em 1942, a indústria soviética sustentou a produção de guerra com apenas 8 milhões de toneladas de aço, contra os 18 milhões de toneladas de 1941; apenas 75 milhões de toneladas de carvão, em vez dos 150 milhões do ano anterior; e meras 51 mil toneladas de alumínio, entre outros exemplos. Por outro lado, os Estados Unidos eram mais dotados de recursos do que qualquer outra potência combatente, e em 1942 produziram 76,8 milhões de toneladas de aço, 582 milhões de toneladas de carvão e 521 mil toneladas de alumínio. No entanto, talvez o contraste mais significativo fosse o contexto da produção militar pré-guerra. A União Soviética tinha começado sua produção militar em grande escala no começo da década de 1930, e em 1941 já tinha, em tese, a maior força aérea e o maior parque de tanques do mundo. Apesar da crise gerada pela Operação Barbarossa, os engenheiros e operários soviéticos tinham anos de experiência em produzir grandes volumes de armamentos. Os Estados Unidos não tinham toda essa experiência antes de 1941, a não ser na construção naval, e portanto, na maioria dos casos, o rearmamento começou do zero. Quando os engenheiros da Chrysler Motor Corporation foram convidados para uma visita ao Rock Island Arsenal, em 1940, com a perspectiva de assumir a produção de tanques, eles nunca tinham visto um desses veículos na vida.[26] A Chrysler foi recrutada, mas tiveram que construir uma nova fábrica em uma terra cultivável do Michigan antes de ser possível algum tipo de produção — no entanto, no final de 1941, a fábrica já produzia quinze tanques por dia, uma prova da imensa força do empreendedorismo e da engenharia do sistema americano.

O feito soviético foi possibilitado pela natureza da ditadura comunista. O Comitê de Defesa do Estado (GKO, na sigla em russo) foi fundado em 30 de junho de 1941, era presidido pelo próprio Stálin e tinha plenos poderes sobre a economia. Todas as decisões sobre produção e armas eram concentradas no comitê, que atribuía a responsabilidade pela produção a comissariados nacionais. O GKO incentivava oficiais e engenheiros a fazerem uso de certa flexibilidade e improvisação, ao contrário do que acontecia em tempos de paz, quando o controle era mais rigoroso. Qualquer problema com uma peça ou com o fornecimento de materiais era relatado ao comitê, que atuava logo para tentar desbloquear o sistema, às vezes com um único telefonema colérico e ameaçador de Stálin.[27] A prioridade do esforço de guerra também era absoluta, concentrando todos os investimentos em fábricas, maquinário e matéria-prima. A eficácia do sistema foi testada quase de imediato quando o Conselho de Evacuação, criado dois dias após a invasão alemã, conseguiu transferir para o leste 50 mil oficinas e fábricas (inclusive 2593 usinas de grande porte) e 16 milhões de operários com suas famílias para novas instalações nos montes Urais, na Sibéria e no sul da Rússia.[28] O deslocamento só foi possível devido ao empenho extraordinário de engenheiros e trabalhadores, que lutaram para restabelecer a produção em temperaturas glaciais e com pouco conforto e moradia. Em 1942, a contraída economia soviética produziu um número substancialmente maior de equipamentos militares do que em 1941, e nos anos seguintes da guerra fabricou mais aeronaves, tanques, armas, morteiros e bombas do que o inimigo do Eixo. Além do mais, eram armamentos de combate de ótima qualidade. Os soldados e engenheiros que os escolheram optaram por uma gama pequena de projetos adaptados à produção em massa, capazes de enfrentar de igual para igual a tecnologia alemã e infligir o máximo de danos ao inimigo. O lançador de foguetes Katiúcha é um bom exemplo. Instalado na traseira de um caminhão para facilitar o uso, o lançador de foguetes com vários disparadores bombardeava as tropas inimigas com uma carga fortuita de explosivos. Fácil de produzir e manusear, o Katiúcha era um símbolo da mistura de simplicidade e impacto de muitas armas soviéticas.

A escala de fabricação na URSS foi possibilitada pelas características do sistema produtivo. As fábricas eram construídas em larga escala, em muitos casos projetadas como usinas integradas que faziam peças e equipamentos e montavam o produto final. Máquinas operatrizes especiais viabilizavam o uso de esteiras rolantes, com peças e montagens parciais sendo levadas à sala de montagem, às vezes em esteiras feitas com troncos ocos. As fábricas eram projetadas por engenheiros de produção com o objetivo de reduzir o desperdício de tempo e de recursos. O exemplo da Fábrica de Tratores na cidade de Tcheliabinsk, nos montes Urais, ilustra bem o funcionamento da produção soviética. Nos meses seguintes à invasão alemã, a fábrica de tratores foi transformada para produzir tanques sob a direção de Isaak Zaltsman, vice-comissário da indústria de tanques. Cerca de 5800 máquinas operatrizes foram retiradas de Leningrado e instaladas em quatro salas de montagem gigantescas, cujos tetos ainda não estavam finalizados. A ordem era de que a produção em série começasse logo, e em outubro de 1941 os primeiros tanques pesados kv-1 já estavam prontos para serem entregues, mas não tinham motor de partida. Zaltsman mandou que os motores fossem entregues em uma estação perto de Moscou e despachou os tanques de trem até a capital, para que os motores fossem instalados no caminho. Em agosto de 1942, a ordem era de que a fábrica fosse convertida para produzir tanques médios T-34 e, apesar de todos os problemas de equipá-la para um modelo novo, ela ficou pronta para fabricar o novo tanque em um mês, e no final do ano já tinha feito mais de mil.[29] Da mão de obra de 40 mil pessoas, 43% dos operários tinham menos de 25 anos e um terço era formado por mulheres; de modo geral desacostumadas ao trabalho nas fábricas, elas faziam cursos rápidos nas novas Escolas de Comércio e Indústria, fundadas em 1940, e depois eram apresentadas às tarefas relativamente simples da linha de montagem. As condições eram duras, e qualquer coisa malfeita era punida, mas por conta da produção padronizada em larga escala a produtividade por operário aumentou bastante. O valor líquido que cada trabalhador acrescentava ao setor de defesa (em preços correntes) era de 6019 rublos em 1940, mas chegou a 18 135 rublos em 1944.[30] A imprevisibilidade do sistema, no entanto, nunca ficava totalmente despercebida. Os esforços heroicos de Zaltsman para transformar Tcheliabinsk em uma cidade digna de seu apelido, "Tankogrado", não impediu Stálin de acusá-lo após a guerra de nutrir simpatia pelos contrarrevolucionários e ordenar seu rebaixamento ao modesto papel de supervisor.

    A indústria americana funcionava com poucas das limitações de recursos que eram impostas à equivalente soviética e não convivia com a ameaça do Gulag. No entanto, existe base de comparação entre a energia e a iniciativa empresariais demonstradas ao reconstruir a Fábrica de Tratores de Tcheliabinsk para que as peças de tanque fossem montadas e a edificação rápida da gigantesca fábrica de tanques da Chrysler, pois ambas, meses depois de erguidas, já produziam dez tanques por dia com o emprego de mão de obra mal qualificada em muitas das funções fixas de montagem. No âmbito da produção, tais similaridades ajudam a explicar a façanha do volume, mas o sistema que gerava o feito nos Estados Unidos era fundamentalmente oposto ao de seu correspondente soviético. Roosevelt esperava que a experiência do New Deal da década de 1930 possibilitasse que a produção de guerra fosse gerenciada de forma direta pelas agências federais, mas o planejamento estatal não fazia parte da tradição do país e mal se sabia como regular o fluxo de materiais e peças que nos tempos de paz era ditado pelas forças do mercado. A necessidade de recrutar indústrias americanas para servir ao esforço de guerra resultou em um sistema em que foram iniciativas improvisadas e empreendedoras que criaram condições para o volume de produção, em vez dos órgãos federais que eram os responsáveis oficiais por fazê-lo. O Conselho de Produção de Guerra, criado em janeiro de 1942, teve que conceder ao Exército e à Marinha o direito de firmar contratos de aquisição de armas e munições sem aprovação prévia, o que invalidava o objetivo do conselho de supervisionar a produção total. O Plano de Requisitos de Produção foi instituído com a meta de usar o racionamento de matéria-prima para restringir a independência do Exército e da Marinha, mas não tinha a estrutura burocrática necessária para impor prioridades. Um Comitê Executivo de Produção foi formado sob a jurisdição do Conselho de Produção de Guerra para tentar controlar e monitorar a alocação de peças comuns e essenciais. O comitê lançou uma Norma de Planejamento Geral para 86 delas a fim de garantir que fossem transportadas para onde eram mais necessárias e chegassem a tempo, mas o resultado nem sempre foi bom. Diversos órgãos surgiram para controlar uma parte ou outra da economia de guerra, criando um sistema que do ponto de vista administrativo era confuso e muitas vezes incentivava antagonismos em vez de cooperação.[31]

Com a inexistência da coordenação e do planejamento rigorosos do modelo soviético, a economia de guerra dependia do oportunismo e da ambição das empresas privadas americanas. O contraste foi exemplificado por uma das primeiras medidas do Conselho de Produção de Guerra, encabeçado pelo presidente da General Motors, William Knudsen. Ele convocou uma reunião com os principais diretores de empresas, leu uma lista de contratos prioritários e pediu voluntários. As oportunidades foram abocanhadas pelas empresas maiores.[32] Quatro quintos da primeira onda de contratos foram para as mãos de apenas uma centena delas, mas a necessidade de subcontratar milhares de peças e novos equipamentos levou as firmas menores a entrarem na corrida por produção e lucro. A General Motors usou 19 mil fornecedores para alimentar a linha de montagem das principais fábricas da empresa, que produziram, entre outros artigos, 13 450 aeronaves. A indústria aeronáutica inteira usou, segundo estimativas, 162 mil firmas subcontratadas.[33] Ao longo do período bélico, 500 mil empresas novas foram fundadas, em geral para suprir a gigantesca demanda por materiais específicos ligados à guerra. Empresários também foram alistados para ajudar a administrar os órgãos federais, criando um vínculo formal entre o mundo do comércio e as iniciativas do governo — Knudsen da General Motors, Donald Nelson (seu sucessor) da Sears Roebuck, Charles Wilson da General Electric, o banqueiro de investimentos Ferdinand Eberstadt, e assim por diante. Se o sistema soviético dependia do monitoramento atento de gestores estatais, o sistema americano se fiava nas tradições do voluntarismo antiestatal, da competição vigorosa e da criatividade empresarial.[34] Quando Henry Ford fez a oferta não cumprida de produzir mil caças por dia, ele acrescentou a condição de que só o faria se não houvesse nenhuma intervenção do governo federal. Apesar do preconceito contra a burocracia e as formalidades, a empresa de Ford acabou se tornando uma grande produtora de um amplo leque de armamentos: 277 896 jipes, 93 718 caminhões, 8685 bombardeiros, 57 851 aeromotores, 2718 tanques, 12 500 carros blindados. A indústria automobilística foi quase toda convertida em produtora de encomendas de guerra. Em 1941, mais de 3,5 milhões de carros de passeio foram produzidos; no auge do conflito, foram apenas 139.[35]

Os muitos problemas da tentativa de monitorar a produção de guerra — e os exemplos inevitáveis de desperdício, corrupção e incompetência que a competição entre fabricantes e órgãos gerava — eram muito menos relevantes nos Estados Unidos do que seriam em qualquer outro lugar, pois havia recursos e dinheiro em abundância em uma economia livre de bloqueios ou bombardeios. Enquanto a Alemanha tinha que despejar recursos na defesa de seu espaço aéreo e de suas cidades, os Estados Unidos não precisavam gastar quase nada. Hoje, a maioria dos historiadores acredita que o recorde de produção teria sido atingido de forma mais econômica com mais centralização e coerção, mas mesmo assim a produtividade continuou bastante alta no setor de armas por causa da economia gerada pela escala de produção e da vasta implantação da linha de montagem e do fluxo de produção até mesmo na manufatura de remessas. A produção de 303 713 aeronaves e 802 161 aeromotores em quatro anos foi um reflexo dos pontos positivos da aliança temporária entre o governo federal e a indústria, e não de suas inconveniências. Em julho de 1941, 476 gramas de aeronave per capita eram produzidos por dia útil, e esse número aumentou para 1,22 quilos três anos depois. A escala de construção de navios mercantes e de guerra também é incrível considerando a enorme dedicação às armas destinadas ao Exército. O lançamento ao mar de 1316 navios de guerra, de encouraçados a destróieres de escolta, eclipsava tudo o que era produzido por outras potências navais; além disso, havia 109 786 navios de menor porte, inclusive 83 500 lanchas de desembarque para operações anfíbias.[36] A indústria de construção de navios mercantes fez 5777 navios de grande porte, entre eles o exemplo mais famoso da produção em massa americana, o da classe Liberty, produzido pela quintessência do empreendedorismo estadunidense, Henry Kaiser.

A história dele é o clássico conto da pessoa que enriquece da noite para o dia. Ele tinha uma lojinha de fotografia em Nova York e virou chefe da grande empreiteira que ergueu a represa Hoover e a Bay Bridge. Ele gostava do desafio representado por projetos que pareciam impossíveis. Não tinha nenhuma experiência em construção naval, mas quando sua empreiteira começou a montar estaleiros novos, em 1940, ele decidiu construir também navios, apesar de nunca ter visto um ser lançado ao mar. Na Permanente Metals Yards, em Richmond, na Califórnia, ele se propôs a produzir em massa um navio de carga padrão, de 10 mil toneladas, para ajudar a substituir navios mercantes afundados por submarinos alemães. Projetado apenas com peças e montagem padrões, o navio Liberty se deslocava por uma linha de produção de alguns quilômetros, partindo do porto: as peças e submontagens eram supridas por esteiras de 24 metros de extensão e roldanas gigantescas, e operários com pouco treinamento, sob o olhar de especialistas em tempos e movimentos, se distribuíam junto à linha para fazer tarefas repetitivas. O primeiro navio saído de um estaleiro de Baltimore demorou 355 dias para ser construído e 1,5 milhão de horas úteis; em 1943, nos estaleiros de Kaiser na Califórnia, um navio já era produzido pela linha de montagem numa média de 41 dias, bastando apenas 500 mil horas úteis. No final da guerra, seus estaleiros já tinham feito 1040 navios da classe Liberty, cinquenta porta-aviões de escolta e alguns navios menores. A construção de quase um terço dos navios de guerra americanos por Kaiser foi fruto de uma cultura que vicejava graças ao entusiasmo empreendedor e ao culto da racionalização industrial.[37]

Mais questionável era a qualidade combativa geral de alguns artigos produzidos em grandes volumes. Até o navio Liberty, com seu casco totalmente soldado, uma novidade, poderia se partir no meio do oceano no mar bravio. Os militares se comprometiam com projetos que já estavam em produção ou que poderiam ser adaptados rapidamente à produção em massa, e precisaram da experiência em combate para perceber os problemas dessa forma de aquisição. Os bombardeiros B-17 e B-24 eram alvos vulneráveis ao sistema de defesa aérea germânico e só sobreviviam porque eram escoltados por caças mais modernos. Já esses caças só podiam travar combates sobre a Alemanha devido à inclusão de tanques extras de combustível, artigo produzido em massa às pressas com bastante sucesso nos Estados Unidos no final de 1943. O bombardeiro pesado de vanguarda B-29 só ficou disponível para operações no final de 1944, mas depois que foi a combate viu-se que tinha diversos problemas de design. Apesar do primeiro voo com motor a jato feito pela aeronave experimental Bell xp-59A em outubro de 1942, o trabalho de desenvolvimento era lento demais para que um avião a jato ficasse pronto a tempo de participar da guerra.[38] A decisão de insistir no projeto de um tanque médio, o M4 Sherman e seus derivados, foi aprovada pela Divisão Técnica do Departamento de Artilharia do Exército, conduzida pelo major-general Gladeon Barnes, porque poderia ser produzido de forma rápida em grandes quantidades, mas era inferior aos modelos mais recentes da Alemanha e da União Soviética. O Departamento de Artilharia não tinha nenhuma experiência real em design de tanques nem estava por dentro das necessidades bélicas das tropas blindadas. O Sherman, apesar de algumas melhorias, tinha uma blindagem ineficaz, uma silhueta vulnerável no campo de batalha e armas de velocidade insuficiente. As equipes do M4 que combateram em 1943 e 1944 tiveram que criar táticas para atingir a lateral ou a traseira dos tanques alemães, e não os acertar de frente, pois do contrário seus veículos seriam destruídos. "Temos um tanque bom", escreveu o sargento de uma divisão de artilharia, "para desfiles e treinamentos, mas para o combate o potencial deles é de virar caixão." Substituto mais pesado, o T26 Pershing, capaz de enfrentar os tanques alemães Pantera e Tigre, só ficou disponível nas últimas semanas de guerra e em pouca quantidade: 310 foram mandados para a Europa, duzentos enviados a brigadas de tanque.[39] O combate em terra por parte dos americanos triunfou sobretudo porque havia muitos equipamentos à disposição para compensar a falta de qualidade dos produtos.

Durante a guerra, o sistema econômico alemão poderia ter se tornado um grande produtor em massa. Ao contrário da Itália e do Japão, que tinham uma indústria relativamente menos desenvolvida e com enormes limitações de recursos, a Alemanha tinha uma imensa força industrial, científica e de engenharia que poderia ser recrutada para fins bélicos, e em 1941 o país já tinha nas mãos os recursos de boa parte da Europa continental. Em 1943, a União Soviética produziu 8,5 milhões de toneladas de aço, já o Império Alemão produziu 30,6 milhões; nesse mesmo ano, a Alemanha tinha 340 milhões de toneladas de carvão à disposição, enquanto a União Soviética tinha 93 milhões; a produção de alumínio — essencial em aeronaves e em muitos outros produtos usados em guerras — chegou a 250 mil toneladas na Alemanha em 1943, mas a produção soviética foi apenas uma fração disso, com 62 mil toneladas. É impossível dizer que o Terceiro Reich não tinha recursos suficientes ou investimento industrial. Mas apenas em 1943-4 a economia germânica, apesar do bombardeio pesado de suas grandes cidades industriais, começou a explorar suas riquezas com tanta eficácia a ponto de quase alcançar o volume de produção dos Aliados, sem no entanto lhe fazer frente. Antigamente, esse paradoxo era justificado pela relutância do regime hitlerista em mobilizar a economia inteira por medo de se indispor com o povo trabalhador, até ser forçado a tomar essa atitude em 1943, devido às novas circunstâncias da guerra. Essa foi a conclusão a que chegaram em 1945 os exímios economistas ligados ao Estudo de Bombardeio Estratégico dos Estados Unidos, intrigados com os motivos para a Alemanha, com todos os recursos que teria à disposição de sua economia militar, ter produzido quantidades tão módicas de aeronaves, tanques e veículos nos primeiros anos de guerra.[40]

A realidade histórica era bem diferente. Desde o início do conflito, Hitler, como comandante-chefe supremo, esperava que a produção bélica se expandisse depressa e suplantasse os níveis atingidos no final da Primeira Guerra Mundial. Em dezembro de 1939, o Bureau de Armamentos do Exército elaborou uma comparação dos resultados de 1918, os do período e o *Endziel* [objetivo final] de Hitler em relação a munições e armamentos em 1940-2. Em 1918, produziram-se

17 453 peças de artilharia, e o objetivo final de Hitler era 155 mil por ano; em 1918, 196 578 metralhadoras foram fabricadas, e a meta de Hitler era de mais de 2 milhões por ano; a produção de pólvora e explosivos somou 26 100 toneladas por mês em 1918, porém Hitler queria 60 mil por mês. A ordem que vinha do quartel-general hitlerista era que a economia alemã passasse a se dedicar à guerra "com toda a energia" para garantir "um plano com os maiores números possíveis".[41] Hitler usava essas estatísticas como parâmetro ao se queixar da ineficiência da produção militar da época. Albert Speer, apontado ministro de Armamentos e Munições em fevereiro de 1942, disse a seus interrogadores depois do conflito que Hitler "sabia os números de suprimentos da guerra anterior e nos censurava, falando que a produção em 1917-8 tinha sido mais alta do que a nossa em 1942".[42] A produção bélica alemã se expandiu entre 1939 e 1942, mas ficou bem abaixo do volume possível, visto que em 1942 quase 70% da mão de obra operária se dedicava às encomendas das Forças Armadas (porcentagem muito maior do que a Grã-Bretanha e os Estados Unidos atingiram ao longo do conflito), enquanto três quartos da produção substancial de aço da Alemanha foram alocados à indústria militar.[43] Nos primeiros anos participando do conflito, a Grã-Bretanha e a União Soviética produziram mais do que a economia alemã, mas com menos recursos materiais e menos mão de obra.

Existem diversas explicações para essa disparidade. Embora Hitler tivesse sua opinião sobre os rumos que a produção de guerra deveria tomar, ele não criou, como fez Stálin (ou até Churchill), um comitê central de defesa em que estratégia, capacidade industrial e desenvolvimento técnico poderiam ser integrados e combinados. Sem um centro onde as decisões fossem tomadas, o sistema germânico de produção bélica teve a teimosia de permanecer descentralizado, com partes diferentes da administração funcionando em separado — o Plano Quadrienal controlado por Göring, o Ministério da Economia, o Ministério do Trabalho, o Ministério de Munições criado na primavera de 1940, o Ministério da Aeronáutica, e assim por diante. O problema principal era a alegação pelas autoridades militares de que elas tinham o pleno direito de controlar o que era fabricado, por quem e em que quantidade. As forças militares não conseguiram coordenar seus planejamentos, e cada uma declarava ter necessidades urgentes e prestava pouca atenção ao que era possível da perspectiva industrial. Instintivamente, os militares desconfiavam da produção em massa e preferiam usar fornecedores consagrados, com a tradição de fazer um trabalho especializado, de alta qualidade, e fabricar armas sob encomenda. As armas modernas pediam um grau de sofisticação técnica e acabamento preciso que seriam perdidos com o volume de produção. Após o fim da guerra, ao ouvir perguntas sobre a incapacidade de acionar toda a indústria automobilística alemã, com seu potencial de produção em massa, um alto funcionário do ministério de Speer continuou a afirmar que "ela não era adequada à produção bélica [...]. Não nos concentramos em um tipo de produto que poderia ser feito em grandes volumes".[44] Os inspetores e engenheiros militares preferiram insistir que a indústria fosse flexível ao atender aos infinitos pedidos de alteração com base na experiência de combate, enquanto encomendavam um amplo leque de modelos e projetos experimentais que dificultavam a padronização e os longos ciclos de produção. Em 1942, Hitler observou que a indústria reclamava, e com razão, do "método avarento — hoje na ordem de dez obuses, amanhã de dois morteiros, e assim em diante".[45] Esperava-se que a indústria civil obedecesse às ordens; engenheiros e designers civis só eram tolerados na linha de frente se vestissem uniforme; até o Ministério de Munições, administrado por gestores civis decididos a providenciar mais armas, era considerado pelo Gabinete de Artilharia do Exército "um intruso inexperiente".[46] A consequência da economia de guerra desorganizada, fustigada por cobranças militares que inviabilizavam a produção em massa, foi um sistema que em 1941, segundo o vice de Speer, Saur, não parecia "nada racionalizado".[47]

O decreto de Hitler de dezembro de 1941 pela racionalização foi uma tentativa de romper o impasse e insistir que os militares dessem à indústria alemã a chance de se equiparar à soviética em termos de volume de produção. Os resultados foram variados. Pouco depois do decreto, o Ministério de Munições, liderado por Fritz Todt, implementou uma mudança radical na forma como a produção bélica era organizada. Comitês Principais foram estabelecidos para todas as categorias de armamentos — veículos blindados, armas portáteis, munições, máquinas operatrizes, construção naval —, e eles seriam formados por engenheiros e industriais, não por militares. No entanto, a fabricação de aeronaves, que absorvia mais de 40% dos recursos destinados à produção de guerra, continuou independente do ministério de Todt. Erhard Milch, vice de Göring no Ministério da Aeronáutica, montou "círculos" de produção similares para aviões, aeromotores e peças usadas pelos principais fabricantes, porém os 178 círculos e comitês criados até o verão de 1942 prometiam inundar o sistema mais uma vez.[48] O objetivo em ambos os casos era possibilitar que as firmas mais eficientes assumissem o protagonismo. "Essa ideia de reunir empresas sob a liderança da que era mais competente", alegou Otto Merker, que comandava o Comitê Principal de construção naval, "foi o primeiro grande passo rumo à concretização de uma racionalização bem-sucedida."[49] Em fevereiro de 1942, Todt morreu em um acidente aéreo, e Hitler o substituiu por seu arquiteto querido, o jovem Albert Speer, um civil sem nenhuma experiência em produção de armas, alçado ao posto de ministro de Armamentos e Produção Bélica. Speer deu seguimento ao trabalho de Todt e, em março, instituiu um Conselho de Planejamento Central [*Zentrale Planung*] para tentar regularizar o fornecimento das principais matérias-primas, antes distribuídas com pouco monitoramento de prioridades e bastante desperdício. Após o decreto de Hitler, a racionalização se tornou não apenas uma necessidade econômica, mas um imperativo político. Um especialista em eficiência, Theodor Hupfauer, foi chamado para fazer um laudo do desempenho produtivo geral da indústria de guerra. Ele contou aos interrogadores em 1945 que sua análise revelava que "o grau de eficiência da indústria alemã e até das firmas mais modernas era ruim". Ele descobriu que um processo podia demorar vinte vezes mais em uma empresa do que em outra, e a linha de montagem podia levar quatro ou cinco vezes mais tempo. O slogan do resto da guerra, ele escreveu, virou "AUMENTE A EFICIÊNCIA na base mais ampla possível, usando todos os meios possíveis".[50]

A tentativa de explorar de forma mais racional a capacidade industrial germânica em prol dos esforços de guerra enfrentou a resistência do Exército, que continuou reafirmando a primazia das políticas militares de aquisição. Speer acabou só obtendo o controle de todos os braços de produção militar no verão de 1944, mas o afã de racionalizar tinha o apoio direto de Hitler e questioná-lo era complicado. Uma das principais mudanças estabelecidas no começo de 1942, por iniciativa de Todt, mas contra os desejos do Exército, foi o contrato obrigatório de preço fixo, que substituiu o esquema de acordos de custo mais remuneração fixa vigente no Exército. O preço fixo possibilitava que os fabricantes cortassem gastos para obter um lucro conveniente, mas os contratos de custo mais remuneração fixa estimulavam práticas menos eficientes nas fábricas, pois as firmas tentavam se esquivar dos rigorosos controles militares de preços e custos. No regime de preço fixo, as empresas ganhavam bônus ao conseguir produzir a um preço 10% mais baixo do que o acordado, e quando aceitavam um preço muito abaixo do combinado podiam cortar gastos economizando com eficiência e ficar com a margem sem precisar pagar impostos especiais sobre o lucro de guerra. Conforme Todt explicou a um grupo de industriais alemães em janeiro de 1942, "a firma que trabalha de forma mais comedida tem os maiores lucros". Quanto mais sucesso uma firma conseguia obter no aumento da eficácia, mais ela ganhava.[51] As Forças Armadas relutaram em aceitar o fato de que já não determinavam os preços, e os radicais do Partido Nacional-Socialista não gostaram da natureza claramente "capitalista" da reforma de Todt; no entanto, em maio de 1942, Speer apresentou o novo sistema de preço fixo junto com a ameaça de que as empresas reprovadas no teste do aumento da produtividade seriam cortadas do grupo de fornecedores. É difícil calcular em que medida o aumento da produtividade teve a ver com a iniciativa para gerar lucro, já que algumas firmas de armamentos eram propriedade do Estado, mas a exclusão dos militares da formação de preços deixou as empresas à vontade para decidir sobre a produção de artigos bélicos.[52]

Já a reorganização do caos das encomendas militares e o foco em longos ciclos de produção de produtos padronizados se mostraram muito difíceis, mas as enormes perdas a partir de Stalingrado tornaram essas medidas essenciais. Speer conseguiu isso em 1943, se concentrando na produção de peças e máquinas operatrizes, recompensando as empresas mais eficientes e fechando as demais. As máquinas operatrizes eram produzidas por novecentas firmas em 1942, mas apenas 369 no outono de 1943; os trezentos tipos diferentes de vidro prismático produzidos foram reduzidos a catorze, e as empresas envolvidas foram de 23 para sete.[53] Uma Comissão de Armamentos, criada por Speer para analisar as melhores uniões entre exigências técnicas militares e capacidade industrial, resultou em um acordo com o Exército para reduzir o número de armamentos de infantaria leves de catorze para cinco, armas antitanques de doze para uma, artilharia antiaérea de dez para duas, veículos de 55 para catorze, e blindagem de dezoito para sete. Por fim, o alto-comando do Exército ordenou a "simplificação da construção" para ajudar a "produção em massa".[54] Os modelos de aeronaves foram de 42 para vinte, depois nove, e por fim, sob a supervisão da Equipe de Caças emergencial, criada na primavera de 1944 para ajudar a combater os bombardeios, a apenas cinco.[55] Os modelos escolhidos e suas peças passaram a ser feitos em longos ciclos, com a adoção da produção mecanizada, usando esteiras e roldanas. Os métodos fabris modernos não eram universais e eram solapados pelos bombardeios intensos e a necessidade de dispersar a produção. A preferência alemã por máquinas de uso geral em vez das ferramentas específicas necessárias para o fluxo de produção ainda incentivava a dependência excessiva de trabalhadores qualificados onde isso era viável, mas em 1944, quando a produção em alto volume enfim foi conquistada, boa parte da mão de obra era formada por estrangeiros semiqualificados, mais adequados à linha de montagem. O desempenho de cada empresa variava bastante — a produtividade anual da fábrica da aeronave Junkers cresceu 69%, mas a da Heinkel aprimorou apenas 0,3% —, no entanto a estatística geral da produção laboral mostra que os maiores aumentos aconteceram nos últimos dois anos de guerra.[56] A produção por cabeça na indústria de defesa alemã, segundo uma estimativa, caiu de cem em 1939 para 75,9 em 1941, depois subiu para 160 em 1944; outros cálculos sugerem uma elevação modesta entre 1939 e 1941 e uma mais brusca de 1941 para 1944, quando a curva de aprendizado na indústria bélica enfim foi dominada. O Estudo de Bombardeio pós-guerra dos americanos, que usou as estatísticas germânicas oficiais, revelou que a produtividade em setores afins — produtos químicos, ferro e aço, combustíveis líquidos — foi muito mais baixa em 1944 do que no começo do conflito. Em ambos os casos, foi uma façanha menos incrível do que a dos soviéticos e dos americanos.[57]

A meta de volume de produção foi atingida justamente no momento em que os bombardeios e o avanço dos Aliados por terra diminuíam o acesso alemão a recursos e, assim como a expansão da produção japonesa em 1944, chegou quando a produção dos Aliados extrapolava muito o que o Eixo era capaz de fabricar. A consequência disso é que o enorme aumento de produção de aeronaves e veículos entre 1943 e 1945 foi absorvido pelo ciclo de atritos em que as perdas, que se acumulavam rapidamente, anulavam o impacto militar que a produção mais volumosa poderia ter tido. No caso alemão, a ênfase na qualidade das armas, tão importante para os militares, foi desperdiçada pelo caos da economia de guerra e os fiascos no desenvolvimento de novos armamentos. Faltou bom senso à Força Aérea na hora de julgar o aperfeiçoamento de uma nova geração de aeronaves, e ela acabou produzindo versões aprimoradas dos mesmos modelos — Me109, Me110, He111, Do17, Ju52, Ju87, Ju88 — que tinham sido usados em 1938. O bombardeiro pesado Heinkel He177 e o caça pesado Messerschmitt Me210 tinham um design desastroso e não davam o retorno esperado para o investimento que se fazia neles.[58] O motor a jato Me262 foi criado às pressas em 1943-4 para substituir a antiga aeronave com motor de pistão, pois exigia menos horas de trabalho e usava uma quantidade menor de materiais já escassos, mas era malfeito e mal testado. Dos 1433 aviões a jato produzidos até o final da guerra, apenas 358 serviram para uso, enquanto centenas tiveram que ser dispensadas.[59] As pesquisas e o desenvolvimento de aeronaves ficaram isolados do front e criaram uma ruptura entre a enorme variedade de projetos avançados que pouco contribuíam para o esforço de guerra, inclusive o malogrado "Caça do Povo", que tinha turbina a jato Heinkel He162, feito às pressas em fábricas secretas nos últimos meses do conflito, assim como o Me262, e alguns poucos foram usados em operações três semanas antes de a Alemanha capitular.[60]

Na guerra naval, os totalmente submersíveis Type XXI e Type XXIII — que representaram um grande passo no design de submarinos — não foram criados a tempo de entrar em combate. Os tanques pesados Tigre I e Tigre II, apesar da potência formidável, não só foram produzidos em números módicos como eram complexos demais do ponto de vista técnico e repletos de defeitos mecânicos por conta da produção apressada. Por fim, a intervenção de Hitler em 1943 levou à conclusão de que as "Armas de Vingança", o míssil de cruzeiro V1 e o foguete V2, deveriam ser produzidas em massa. Nenhuma delas prometia grandes dividendos estratégicos, e as duas consumiam uma alta capacidade de produção que poderia ter sido usada para armas mais úteis. Embora os militares alemães dessem muita ênfase à qualidade em vez de mirar na quantidade, o limite técnico avançado atingido em 1944 era insuficiente para compensar a disparidade crescente entre a Alemanha e os Aliados no campo de batalha. A produção bélica germânica era um meio-termo entre os dois pilares da prática soviética e americana: por um lado, havia uma espécie de economia conduzida sem direção central, e por outro um sistema capitalista em que a iniciativa empresarial, em vez de liberada, era estrangulada pela intervenção militar. Os paradoxos que a situação gerou foram resolvidos tarde demais para que a visão de Hitler da produção em massa enunciada no decreto de 1941 se concretizasse.

OS ARSENAIS DA DEMOCRACIA: LOCAÇÕES E EMPRÉSTIMOS

No início de outubro de 1941, em Moscou, representantes da Grã-Bretanha e dos Estados Unidos fecharam um acordo histórico com o governo da URSS para fornecer armas e equipamentos para o esforço de guerra soviético. Presente nas conversas, Maxim Litvinov, prestes a assumir o posto de embaixador em Washington, se levantou quando o acordo foi concluído e bradou: "Agora nós vamos vencer a guerra!".[61] Stálin estava um pouco menos animado com a negociação após semanas de diálogos frios sobre a falta de ajuda. Em meio à batalha feroz no entorno da capital soviética, Stálin escreveu a Roosevelt para manifestar sua "profunda gratidão" pelos suprimentos prometidos e sua "sincera gratidão" porque só precisaria pagar por eles após o fim do conflito, se é que um dia seriam pagos.[62] No mesmo dia, 7 de novembro de 1941, o presidente americano apontou oficialmente que a União Soviética agora seria incluída entre os beneficiários do programa Lend-Lease. A única forma de as outras potências aliadas aumentarem seu acesso a equipamentos de guerra para além do que tinham capacidade de produzir dentro de seus territórios era depender da disposição dos Estados Unidos para fornecê-los sem pagamento. O acordo em Moscou era parte de um esforço logístico mundial inédito de redistribuir recursos entre os Estados que combatiam o Eixo. Numa avaliação do programa Lend-Lease em tempos de guerra, Charles Marshall, professor de política em Harvard e soldado temporário, descreveu "um enorme sistema de estratégia econômica internacional. Nações que compunham dois terços da superfície da Terra e de sua população fizeram parte dele".[63] O potencial da economia bélica dos Aliados foi transformado pelas escolhas estratégicas feitas em Washington antes mesmo de os Estados Unidos virarem uma parte ativa do conflito bélico. A promessa de Roosevelt, feita em dezembro de 1940, de que os Estados Unidos se tornariam "o grande arsenal da democracia", foi cumprida em 1945, num programa de auxílio de mais de 50 bilhões de dólares.

Os companheiros do Eixo não tinham nenhuma vantagem comparável. Não havia "arsenal da ditadura". Embora a economia de guerra germânica tivesse com a Itália e o Japão a relação que a economia americana tinha com os Aliados, a Alemanha já tinha dificuldade de suprir as necessidades das próprias tropas sem precisar sustentar a economia bélica dos cúmplices mais fracos. As poucas remessas militares a parceiros da Alemanha, pelas quais eles tinham que pagar, não eram nada diante da generosidade americana. Em 1943, a Alemanha exportou

597 aeronaves, a maioria não combatente, para Itália, Finlândia, Romênia, Hungria, Bulgária e Eslováquia em troca de petróleo, alimentos e minerais, de que estava muito necessitada; os Estados Unidos destinaram 43 mil aeronaves e 48 mil aeromotores a seus aliados entre 1941 e 1945.[64] Não estava em questão a Itália e o Japão ajudarem em termos militares a Alemanha, ainda que isso fosse possível da perspectiva logística. O auxílio das potências europeias do Eixo ao Japão era limitado pela geografia e pelo poder naval transatlântico anglo-americano. Sete aeronaves alemãs e um aeromotor BMW chegaram ao Japão em 1943. O país enfim concordou em fornecer materiais da Região Sul, que tinha sido tomada, quando ficou claro que a Alemanha não reivindicaria o território depois de conquistar a França e a Holanda, e navios que furaram o bloqueio (os chamados *Yanagi-sem*, ou "navios salgueiros") entregaram 112 mil toneladas de suprimentos, em especial borracha e estanho. Em 1943, o controle dos Aliados sobre os oceanos inviabilizou a continuidade das entregas. Nesse ano, das 17 483 toneladas de suprimentos enviadas apesar do bloqueio dos Aliados, apenas 6200 toneladas chegaram ao destino, uma fração mínima da tonelagem trocada entre os Aliados. O Japão preferiu usar submarinos de carga maiores para mandar matérias-primas para a Alemanha, mas a maioria foi afundada no caminho. Das 2606 toneladas enviadas para a Europa em 1944 e 1945, apenas 611 toneladas superaram todos os obstáculos.[65] A Alemanha ajudava a Itália em especial com carvão e aço, mas a suposição em Berlim era de que a Itália precisava adequar suas estratégias aos recursos que tinha em vez de esperar as remessas germânicas. Apenas uma fração do carvão e do aço que a Itália pediu foi fornecida de fato. As firmas alemãs se preocupavam com a possibilidade de que os equipamentos vendidos ou trocados com a Itália fossem copiados por empresas italianas no competitivo mercado pós-guerra. As autoridades italianas ouviram que prover máquinas para as fábricas bélicas do país era algo que estava no final da lista, pois a prioridade era fornecer equipamentos industriais às firmas europeias que funcionavam sob as ordens dos militares alemães. Em 1942, quando a Força Aérea italiana pediu um radar mais moderno, o Telefunken, sua principal fabricante insistiu que ele fosse operado por equipes germânicas na Itália para evitar a pirataria comercial.[66] Havia pouquíssima cooperação técnica e científica entre as três potências do Eixo. Os engenheiros alemães concordaram em mandar um exemplar do radar Würzburg para o Japão em 1942, mas um dos dois submarinos que transportavam o equipamento foi afundado no caminho.

Os Estados do Eixo tinham que confiar nos recursos materiais das regiões que cada um deles tinha conquistado para alimentar os esforços de guerra domésticos. Equipamentos militares extras em geral só eram obtidos por meio da apreensão de armas inimigas, e na melhor das hipóteses essa era uma improvisação com benefícios imprevisíveis e de curto prazo. A aquisição mais útil para as

Forças Armadas alemãs foi a de 200 mil automóveis franceses e britânicos capturados após a derrota da França, além das várias aeronaves francesas confiscadas. A exploração alemã da aviação e das indústrias automobilísticas francesas continuou ativa durante a ocupação. As empresas francesas forneceram um total de 1300 aviões em 1942 e 2600 em 1943, mas na maioria eram aeronaves de instrução e auxiliares. Eram uma fração mínima dos aviões produzidos na Alemanha durante o conflito e demandavam pagamento.[67] Os veículos blindados franceses apreendidos foram usados pelas Forças Armadas alemãs, mas de novo os números foram baixos: um relatório do Exército alemão de maio de 1943 dizia haver 670 tanques franceses ativos em todo o front germânico. Embora o alto-comando do Exército alemão quisesse que todos os tanques soviéticos possíveis fossem colocados em uso, pouquíssimos que foram confiscados ainda eram utilizáveis. No front oriental, estima-se que 300 T-34s soviéticos estivessem sempre à disposição do Exército ou das forças de segurança germânicas, porém o relatório citado, de maio de 1943, contou apenas 63 em operação nas unidades do Exército. Após grandes perdas em combate, 310 tanques apreendidos continuavam em funcionamento em abril de 1945. A essa altura, o fornecimento de tanques americanos aos Aliados chegava a 37 323 unidades.[68]

A decisão tomada nos Estados Unidos de ajudar os países que lutavam contra o Eixo sem a promessa de pagamento foi bastante difícil, não só porque o Exército americano queria ter prioridade sobre os recursos militares depois que o rearmamento já estava em andamento, em 1940, mas também porque a ajuda militar levantava questões jurídicas e constitucionais importantes em uma nação que ainda não estava em guerra. A decisão foi tomada a partir da evidência irrefutável de que a Grã-Bretanha não conseguiria pagar as encomendas militares em dólares após os primeiros meses de 1941. Durante dois anos, os contratos britânicos de equipamentos militares, sobretudo aeronaves e aeromotores, foram pagos na base do "pagou-levou", após uma alteração bem-sucedida na lei de neutralidade americana feita por Roosevelt em 1939. Em 1940, já havia 23 mil encomendas de aeronaves a fábricas americanas, mas os meios de pagamento evaporaram com o esgotamento das reservas britânicas de dólares e ouro, e sem os suprimentos americanos o esforço de guerra da Grã-Bretanha sofreria uma redução perigosa. Os Estados Unidos já tinham vendido no verão quantidades enormes de fuzis, metralhadoras, artilharia e munição para recompensar os prejuízos da Força Expedicionária Britânica na França. Em setembro de 1940, Roosevelt aprovou a liberação de cinquenta contratorpedeiros enferrujados da Primeira Guerra Mundial para a escolta de comboios da Grã-Bretanha, mas eles só seriam enviados depois que o governo britânico concordasse em oferecer uma série de bases militares às forças americanas, de Terra Nova às Bermudas. O acordo enfrentou a oposição ferrenha de grupos de lobistas hostis à intervenção, e

Roosevelt garantiu ao Congresso que as bases eram postos avançados de segurança do Hemisfério Ocidental, não de concentração para que os Estados Unidos se envolvessem na guerra europeia. Apesar de ser completamente solidário com o dilema britânico, Roosevelt entendia que a população do seu país não apenas se opunha à intervenção como tendia à anglofobia. Até os conselheiros militares de quem ele era próximo detestavam a ideia de que a assistência americana ajudasse a preservar o Império Britânico. A prioridade deles era a segurança futura dos Estados Unidos, e a assistência só poderia ser expressa nesses termos. O intervencionista mais fervoroso entre os militares de alta patente, o almirante Harold Stark, argumentava que qualquer ajuda dada à Grã-Bretanha seria apenas "para garantir o status quo do Hemisfério Ocidental e promover os interesses da nossa nação".[69] Quando o projeto de lei para auxiliar a Grã-Bretanha foi apresentado ao Congresso, em janeiro de 1941, ele recebeu um título esquisito: "Projeto de lei para fomentar a defesa dos Estados Unidos e outros objetivos", e por sugestão de Felix Frankfurter, ministro da Suprema Corte americana, ele recebeu o número patriota (e antibritânico) H. R. 1776.[70]

A criação do Lend-Lease foi instigada por uma carta de Churchill entregue a Roosevelt por um hidroavião em 9 de dezembro de 1940, quando ele estava no navio americano *Tuscaloosa*, no Caribe, tirando férias após ser eleito em novembro para o terceiro mandato presidencial. Churchill admitia que havia chegado o momento em que a Grã-Bretanha já não conseguia pagar em dinheiro os suprimentos e as remessas americanas, e sem essa ajuda "vamos ficar pelo caminho".[71] A crise já estava clara numa manifestação mais direta do embaixador britânico em Washington, lorde Lothian, ao chegar no aeroporto La Guardia, em Nova York, no final de novembro: "Pois bem, meninos", ele disse aos jornalistas que o aguardavam, "a Grã-Bretanha está quebrada. O que a gente quer é o dinheiro de vocês". No início de dezembro, o gabinete de Roosevelt debateu se os Estados Unidos deveriam socorrer a Grã-Bretanha para promover a segurança americana e a decisão foi favorável, embora ainda restasse certa desconfiança de que os recursos britânicos não estariam tão esgotados quanto o governo alegava.[72] A dificuldade era achar um jeito de financiar as encomendas do país sem violar a lei de neutralidade e o Johnson Act de 1934, que proibia emprestar a qualquer Estado, inclusive a Grã-Bretanha, que tivesse se recusado a pagar os empréstimos feitos durante a Primeira Guerra. O presidente foi visto lendo e relendo a carta de Churchill no convés do *Tuscaloosa*, até que por fim, no dia 11 de dezembro, ele confidenciou a Harry Hopkins, que também estava a bordo, a ideia de emprestar ou alugar bens à Grã-Bretanha, conforme disse em uma coletiva de imprensa dias depois, sem "o tolo, bobo símbolo do dólar".[73] É quase certo que Roosevelt tinha a expectativa de que, ao apoiar a beligerância britânica, os Estados Unidos conseguissem evitá-la; no mínimo, a ideia do Lease-Lend (como foi chamado a princípio) foi elaborada para evitar o colapso britânico ou a decisão do país de se aninhar nos braços do Eixo. A "conversa junto à lareira", de 29 de dezembro, em que Roosevelt cunhou o termo "arsenal da democracia", foi usada para garantir aos americanos que agora os Estados Unidos seriam "salvos da agonia e do sofrimento da guerra".[74] Roosevelt pediu que fosse rascunhado um projeto de lei que refletisse essa decisão, e ele foi submetido ao Congresso em 6 de janeiro de 1941.

Churchill ficou felicíssimo com o desenlace, "equivalente a uma declaração de guerra", ele disse à secretária.[75] Não era isso o que a maioria dos americanos queria. Em março de 1941, na semana em que o projeto de lei enfim foi aprovado pela Câmara dos Deputados, uma pesquisa de opinião revelou que 83% dos entrevistados eram contra os Estados Unidos entrarem no conflito. A Lei Lend-Lease causou uma profunda discórdia na opinião pública. Quem se opunha à intervenção tinha a mesma opinião de Churchill, de que isso significava guerra na prática, mas não no nome. Entre os que defendiam havia anos que as democracias recebessem ajuda, havia o medo de que o Lend-Lease fosse um passo grande demais. O presidente do Comitê em Defesa da América por meio do Auxílio a Aliados, William Allen White, renunciou em protesto contra a lei, cunhando assim o slogan "Os ianques não estão chegando". Uma sucursal do movimento isolacionista tomou o slogan emprestado para usá-lo no título de um panfleto que vendeu 300 mil cópias. Mulheres se manifestaram na escadaria do Congresso. Vestidas de preto, levantaram cartazes que pediam "Matem a Lei 1776. Não os nossos filhos".[76] A lei também suscitou diversos protestos contra os poderes que ela daria ao presidente. Isolacionistas a apelidaram de "Lei do Ditador", porque Roosevelt teria o direito de decidir quais nações seriam qualificadas para o Lend-Lease, quais produtos poderiam receber e em qual escala, tudo sem consulta ao Congresso.[77] A liberdade de ação do Executivo nessa proporção era inédita, mas com as pesquisas mostrando que dois terços da população aprovavam a lei, Roosevelt fazia pouco-caso das objeções. Nesse meio-tempo, fez duas grandes concessões: concordou que o Lend-Lease não obrigaria os Estados Unidos a escoltar os materiais supridos através do programa e que a lei só valeria por dois anos. Também aceitou entregar relatórios trimestrais sobre o andamento do auxílio ao Congresso, que teria o direito de decidir sobre o uso dos fundos necessários com uma série de "Atos Suplementares de Auxílio à Defesa".[78]

Quanto à questão de um possível reembolso, Roosevelt confiava nas vagas referências a uma recompensa "na mesma moeda" pós-guerra. Também se esperavam grandes concessões por parte da Grã-Bretanha. Roosevelt ordenou que vários bens britânicos em dólar fossem confiscados e forçou a venda de outros; o secretário de Estado Cordell Hull também obteve de Londres uma promessa, feita a contragosto, de que após a guerra o sistema de Preferência Imperial seria substituído por um regime comercial mais aberto — uma concessão que explicitava a mudança nas relações de poder entre os dois Estados e a intenção americana de eliminar os blocos econômicos imperiais que existiam antes da guerra. Não foi fácil arrancar essa promessa. A negociação para o que viria a se tornar o Grande Acordo Lend-Lease se arrastou por sete meses, enquanto as autoridades e os políticos britânicos tentavam resistir ao Artigo VII, que obrigava a Grã-Bretanha a se comprometer com o livre-comércio após o fim do conflito. O acordo só foi assinado em 23 de fevereiro de 1942, depois de Roosevelt deixar bem claro para os britânicos que, caso não o fizessem, a consequência seria a suspensão do auxílio.[79] Se em público Churchill enaltecia o Lend-Lease como "a atitude menos sórdida", em particular ele se preocupava com a ideia de que a Grã-Bretanha não seria descascada, "mas esfolada até os ossos". Também havia dúvidas se Roosevelt cumpriria o que tinha prometido. Depois de muito lobby infrutífero em Washington, uma autoridade britânica reclamou que as promessas americanas "muitas vezes não dão em nada na prática".[80] Desconfianças parecidas assolavam os chineses, cujo esforço contínuo de guerra contra o Japão foi usado por Roosevelt como justificativa para que o Lend-Lease fosse estendido também à China. Desde o começo ele prometeu bastante auxílio, que seria mandado via Empresa de Abastecimento da Defesa da China, criada em Washington e chefiada pelo cunhado de Chiang Kai-shek, T. V. Soong. Mas a pressão para que o abastecimento das forças ocidentais fosse priorizado fez com que a ajuda apenas pingasse. Chiang ficou tão isolado pelo abismo entre a promessa e a realidade que em 1943 ameaçou fazer um acordo de paz com o Japão caso o Lend-Lease não fizesse jus às suas expectativas.[81]

O Lend-Lease de fato levou um bom tempo para se concretizar onde quer que fosse. Da verba de 7 bilhões de dólares, apenas 1 bilhão tinha sido gasto no final de 1941. Nesse ano, a maioria dos suprimentos enviados pelos Estados Unidos para a Grã-Bretanha ainda era paga em espécie; apenas cem em cada 2400 aeronaves vieram das provisões do Lend-Lease. As forças americanas estavam comprometidas com o rearmamento em larga escala e se ressentiam do desvio de equipamentos militares para a Grã-Bretanha quando as academias da Força Aérea tinham pouquíssimos aviões de instrução e o Exército precisava usar tanques de mentira em seus treinamentos. A princípio, o programa Lend-Lease era conduzido por um comitê ad hoc presidido por Harry Hopkins e encampado pelos novos poderes executivos de Roosevelt, mas o sistema para ser aprovado e conseguir suprimentos através do Lend-Lease era, na melhor das hipóteses, improvisado. Quanto ao despacho dos produtos de que a Grã-Bretanha precisava, Roosevelt foi menos prestativo e a opinião pública, menos entusiástica, pois ao escoltá-los havia o risco de conflitos com submarinos alemães. Quando os navios de guerra americanos começam a se aventurar no Atlântico para blindar os comboios britânicos de artigos enviados pelo Lend-Lease, Roosevelt insistiu com a população que eram "patrulhas", não escoltas; ele também pediu que a publicidade governamental sobre o programa dissesse que os produtos "seriam entregues", não que "nós vamos entregá-los", para evitar suspeitas de que os navios americanos fossem escoltas armadas.⁸² Em 1941, o fornecimento de embarcações à frota mercante britânica se limitava a distribuir navios neutros e confiscados do Eixo em portos americanos para que cumprissem as rotas comerciais da Grã-Bretanha.⁸³ Embora seja possível argumentar que Roosevelt via o Lend-Lease como um trampolim para a intervenção americana na guerra europeia, ainda não existem provas definitivas disso. As afirmações públicas que por vezes fazia de que o programa era uma estratégia para defender os interesses americanos ajudando outros países a lutarem não devem ser ignoradas. Era uma mentalidade estratégica que também ficava evidente em conversas particulares. Em carta escrita a um congressista em maio de 1941, ele cita o editorial de um jornal que ponderava a estratégia americana: "Não estamos preocupados com as questões do Império Britânico, mas com nossa própria segurança, a proteção de nosso comércio e a integridade do nosso continente". Roosevelt acrescentou: "Eu acho isso ótimo".⁸⁴ A opinião pública continuava firmemente a favor de ajudar a Grã-Bretanha, mas a consequência disso é que também continuava bastante contrária à ideia de os Estados Unidos entrarem na guerra.

O princípio da ajuda aos países que enfrentavam o Eixo foi posto à prova mais uma vez quando as forças alemãs e do Eixo invadiram a União Soviética, em 22 de junho de 1941. Foi uma decisão mais complicada porque o "arsenal da democracia" não tinha o objetivo de apoiar regimes totalitários, e a hostilidade popular à União Soviética e ao comunismo do país era abundante. Autoridade do Ministério das Relações Exteriores, Samuel Breckinridge Long anotou em seu diário, em julho: "A grande maioria do nosso povo aprendeu que o comunismo é algo a ser suprimido e é inimigo da lei e da ordem. As pessoas não entendem como podemos nos aliar a isso, por pouco que seja".⁸⁵ Até organizações intervencionistas, contentes em ajudar a Grã-Bretanha, eram hostis à ideia de estender a mão à União Soviética, já que o intuito, segundo uma declaração divulgada pelo movimento intervencionista Fight For Freedom [Luta pela liberdade], era "ampliar a democracia, não limitá-la".⁸⁶ É quase certo que a reação britânica ajudou Roosevelt a resolver o que fazer. Churchill penhorou seu apoio incondicional no dia 22 de junho, e uma semana depois as autoridades soviéticas em Londres divulgaram uma longa lista dos itens que a União Soviética queria. Os primeiros produtos liberados ainda teriam que ser pagos, mas em 4 de setembro o governo britânico concordou que uma espécie de Lend-Lease, porém sem o nome, seria usada para cobrir os suprimentos enviados para a União Soviética, muitos dos quais seriam, na prática, bens que os Estados Unidos mandariam para a Grã-Bretanha pelo mesmo esquema.

Poucos dias após a invasão germânica, Roosevelt usou uma coletiva de imprensa para anunciar que os Estados Unidos também iriam "dar toda ajuda que pudermos à Rússia" e ordenou o descongelamento de 40 milhões em bens soviéticos para que os produtos fornecidos fossem pagos. Em 26 de junho, o embaixador soviético, Konstantin Umanski, fez uma solicitação formal de auxílio, e alguns dias depois uma lista de compras extravagante chegou de Moscou, incluindo não só pedidos de aeronaves, tanques e munição, mas de fábricas inteiras para produzir ligas metálicas, pneus e combustível de aviação.[87] A lista não só ia muito além do que os Estados Unidos eram capazes de entregar em 1941, como não havia certeza de que a União Soviética sobreviveria à investida germânica. A opinião predominante tanto em Londres como em Washington era de que a Alemanha venceria dali a alguns meses, ou seja, os materiais ocidentais cairiam em mãos inimigas. No final de julho, Hopkins voltou de uma viagem a Moscou confiante de que o esforço de guerra soviético não iria capitular. Em 2 de agosto Roosevelt enfim concordou em dar "todo auxílio econômico factível", mas, assim como no caso britânico, a ajuda teria que ser paga, o que demorou a se concretizar. Em Londres, havia quem temesse que o socorro americano à União Soviética implicasse menos ajuda à Grã-Bretanha. Lorde Beaverbrook, ministro de Suprimentos britânico, queria ter controle sobre o fluxo de ajuda ao novo aliado partilhando uma fração dos bens enviados à Grã-Bretanha pelo programa Lend-Lease, mas o lado americano negou a possibilidade.[88] Apenas em outubro, após uma reunião em Moscou, um compromisso foi firmado pelos dois Estados, chamado Primeiro Protocolo (seriam quatro), de fornecer juntos um total de 1,5 tonelada de produtos e equipamentos entre outubro de 1941 e junho de 1942. Como a opinião americana começou a pender a favor de ajudar a União Soviética, Roosevelt pediu e obteve a aprovação do Congresso para que os suprimentos fossem tratados como se fizessem parte do Lend-Lease, portanto "vitais para a defesa dos Estados Unidos", e a partir de 7 de novembro eles passaram a ser isentos de pagamento. Agora os Estados Unidos eram o arsenal de todo mundo.

A escala e a natureza do programa Lend-Lease extrapolavam qualquer coisa que tivesse sido concebida na época em que a lei foi implementada. No final do conflito, mais de 50 bilhões de dólares tinham sido destinados aos suprimentos do programa, e os bens tinham sido entregues a mais de quarenta países. O auxílio americano somava 16% de todos os gastos federais em tempos de guerra; o Lend-Lease da Grã-Bretanha para a União Soviética era uma quantia mais modesta, 269 milhões de libras, cerca de 9% das despesas do país durante o conflito.[89] O programa se tornou uma articulação entre Grã-Bretanha e Estados Unidos, com a produção bélica e o abastecimento de matérias-primas supervisionados por dois Conselhos Mistos. As missões militares britânicas em Washington negociavam as prioridades com os líderes militares americanos. Os artigos destinados à União Soviética eram tratados em separado a cada ano com as autoridades de Moscou. Em 28 de outubro de 1941, Roosevelt criou o Gabinete Administrativo de Lend-Lease, chefiado pelo empresário Edward Stettinius, e encerrou o comitê ad hoc de Hopkins. Quando o auxílio americano chegou ao ápice, em 1943-4, havia onze órgãos envolvidos na produção, partilha e distribuição dos bens, criando muitas discussões e uma duplicação do esforço. No entanto, em março de 1943, quando chegou o momento de renovar a Lei do Lend-Lease, ela foi aprovada de forma quase unânime no Congresso, sem nenhuma marca do ódio provocado pelo debate dois anos antes.[90] O principal beneficiário da assistência americana era o Império Britânico, que recebeu 30 bilhões de dólares, o equivalente a 58% do valor em dólares de todas as remessas. Grande parte foi destinada à Grã-Bretanha, e apenas uma fração seguiu para os domínios britânicos. A ajuda à União Soviética foi de 10,6 bilhões, 23% de todos os gastos; o auxílio à França Livre somou cerca de 8%; e para a China, país para o qual ficou difícil enviar suprimentos após os japoneses ocuparem a Birmânia, foi de apenas 3%. A ajuda a países latino-americanos foi de cerca de 1%.[91]

Um dos intuitos originais do sistema Lend-Lease era que seus beneficiários dessem uma recompensa à altura das generosas provisões de bens e serviços americanos, embora Churchill tenha sido muito franco com Roosevelt ao dizer que "não vamos pagar as dívidas do Lend-Lease".[92] Depois que os Estados Unidos entraram na guerra, a ideia do programa recíproco ou reverso se tornou uma possibilidade. Um "Acordo de Ajuda Mútua" formal entre Grã-Bretanha e Estados Unidos foi assinado em 28 de fevereiro de 1942. Os britânicos pagaram os muitos recursos e serviços necessários para o Exército e a Força Aérea dos Estados Unidos estacionados em seu território a partir de 1942, forneceram petróleo e outros serviços ao Norte da África e, quando necessário, realizaram serviços de remessa. O governo da Austrália pagou as muitas instalações e serviços de que forças americanas precisaram quando estiveram lá durante a Guerra do Pacífico. Durante o conflito, o auxílio britânico somou 5,6 bilhões e o australiano, 1 bilhão; a ajuda total do Império Britânico chegou a 7,5 bilhões, cerca de 15% do total americano.[93] A União Soviética fez promessas similares sob os termos dos protocolos de auxílio, mas no final das contas ofereceu apenas 2,2 milhões de dólares de ajuda recíproca, uma fração insignificante da ajuda enviada entre 1941 e 1945. Todos os acordos de Lend-Lease estipulavam, conforme Roosevelt almejava desde o começo, que sempre que possível os bens fossem devolvidos depois do conflito, como se tivessem sido de fato emprestados pelos Estados Unidos, e não dados de presente. Como quase todas as armas, matérias-primas e alimentos foram consumidos pelas demandas insaciáveis da guerra e das populações famintas, restaram poucas coisas para serem devolvidas. Os cálculos do Departamento de Guerra americano sugeriam que foi devolvido 1,1 bilhão de dólares em suprimentos, na maioria para o uso das Forças Armadas do país. O principal Estado que devolveu o Lend-Lease foi a China, pois tinha sido complicado demais enviar as pilhas de bens destinadas à China que estavam na Índia antes do fim dos combates.

O que não era oficialmente parte do programa era o projeto de ajuda negociado entre Canadá e Grã-Bretanha. Em geral, quando se narra a história do Lend-Lease, a colaboração canadense ao auxílio global é ignorada, mas ela foi relevante na assistência econômica dada pelo império mais amplo ao esforço de guerra imperial da Grã-Bretanha. A ajuda canadense, assim como a americana, foi provocada pelo esgotamento da capacidade britânica de pagar alimentos e munições em dólares canadenses e pelo medo de que eles passassem a fazer suas encomendas aos Estados Unidos sob os termos do Lend-Lease. As autoridades canadenses não queriam imitar o programa, pois ele não seria nada em comparação com o projeto americano, mas queriam que o Canadá continuasse a ser um dos arsenais da democracia. Depois de discussões desastradas no gabinete canadense, instigadas pela oposição do Quebec francófono à ajuda à Grã-Bretanha, ficou decidido que o Canadá daria um "Presente de 1 Bilhão de Dólares" para cobrir as encomendas britânicas de janeiro de 1942 a março de 1943, quando o auxílio seria reavaliado. Churchill visitava Ottawa quando o presente foi revelado e ficou pasmo com a generosidade. Temendo não ter ouvido o número direito, pediu que o repetissem. Mackenzie King, o primeiro-ministro canadense, disse ao parlamento de seu país que "a Grã-Bretanha está sendo recompensada pelo que fez para garantir a liberdade", e foi nesses termos que o presente foi explicado à população do país. No entanto, pesquisas de opinião revelaram que apenas uma maioria limitada dos canadenses aprovou a medida. O resultado é que o presente não se repetiu, mas no início de 1943 foi substituído pelo programa de Ajuda Mútua, que, assim como o Lend-Lease, mandaria os recursos do Canadá para as Nações Unidas (como os Aliados eram chamados a esta altura), e não só para a Grã-Bretanha, mas manteria a identidade canadense como algo à parte.[94]

O leque de recursos de todos os tipos que se tornaram acessíveis pelo Lend-Lease — e outros programas de ajuda mútua ou recíproca — era enorme, mas o cerne era formado por equipamentos militares e munições. A porcentagem de suprimentos e remessas militares enviados para a Grã-Bretanha pelo Lend-Lease chegou a 70% em 1943; a União Soviética tomou para si a maior parte dos produtos industriais e alimentícios, de tal modo que a ajuda militar, apesar de ter aumentado a quantidade, caiu de 63% do total em 1942 para 41% em 1945. A quantidade total de artigos militares distribuídos aos Aliados pelos Estados Unidos está na tabela 6.2. Os bens e serviços não militares incluíam petróleo, metais e quantidades grandes de alimentos. Como havia opções limitadas de envio, era preciso encontrar maneiras de despachar comida sem ocupar demais do valioso espaço de carga. Um dos principais elementos eram latas de carne de porco compactada, apelidadas de "segunda frente de batalha" pelos soldados soviéticos que comiam o enlatado. "Seria difícil", relembrou o primeiro-ministro soviético Nikita Khruschóv em seu livro de memórias, "alimentar nosso Exército com aquilo." Até o fim do conflito, quase 800 mil toneladas de carne enlatada foram enviadas para a União Soviética.[95] A desidratação de alimentos frescos fazia com que ocupassem menos da metade do espaço que ocupariam nos navios de carga, mas no caso da carne a economia era de 90%, enquanto ovos e leite eram de 85%. Ao acrescentar água na comida, o resultado não era muito apetitoso, mas os alimentos secos eram um suplemento vital para a dieta britânica. Em troca, boa parte do que a Grã-Bretanha distribuía às forças americanas estacionadas na Europa era comida desidratada, além de muito café, açúcar, cacau e geleia, que os consumidores britânicos só conseguiam comprar, quando conseguiam, em pacotinhos racionados. Para as tropas americanas estacionadas em lugares remotos, o governo providenciava ônibus chamados "Clubmobile", que levavam para as tropas entretenimento e comida, inclusive donuts, banidos das padarias britânicas.[96]

TABELA 6.2 ABASTECIMENTO DE EQUIPAMENTOS MILITARES PELOS ESTADOS UNIDOS PELO PROGRAMA LEND-LEASE, 1941-5[97]

Tipo de equipamento	Império Britânico	União Soviética	China	Outros	Total
Tanques	27 751	7172	100	2300	37 323
Carros blindados	4361	0	0	973	5334
Veículos blindados para transporte de tropas	27 512	920	0	1580	30 012
Carros militares	8065	3340	139	499	12 043
Caminhões leves	119 532	77 972	11 982	30 529	240 015
Caminhões médios	97 112	151 053	2616	9167	259 948
Caminhões pesados	64 646	203 634	10 393	13 768	292 441
Trailers	20 282	888	5842	17 745	44 757
Canhões antiaéreos	4633	5762	208	888	11 491
Metralhadoras	157 598	8504	34 471	17 176	217 749
Submetralhadoras	651 086	137 729	63 251	28 129	880 195
Fuzis	1 456 134	1	305 841	126 374	1 888 350
Aparelhos de rádio	117 939	32 169	5974	7369	163 451
Telefones de campanha	95 508	343 416	24 757	14 739	478 420
Aeronaves	25 870	11 450	1378	4323	43 021
Aeromotores	39 974	4980	551	2883	48 388

A troca de bens e serviços entre a Grã-Bretanha e os Estados Unidos era complementada por um intercâmbio significativo de inovações técnicas e científicas. Assim como o Lend-Lease, isso era fruto de uma necessidade estratégica. Depois que os Estados Unidos entraram na guerra, não havia muitas razões para não dividir informações que ajudassem a combater o Eixo, embora no caso específico do programa atômico a relação fosse mais tensa. Os líderes ocidentais presumiram, durante quase todo o conflito, que a ciência e a engenharia alemãs eram mais sofisticadas, mais integradas aos aparatos militares e mais aptas a gerar invenções científicas inesperadas e perigosas do que era a tecnologia disponível para os Aliados. Apesar de agora ser óbvio que esse respeito pela instituição militar-científica da Alemanha era exagerado, as angústias da época ajudam a explicar o grau inédito de colaboração entre os dois lados do Atlântico. O mais incrível é que isso, como o Lend-Lease, começou muito antes de os Estados Unidos entrarem em combate. Em agosto de 1940, o cientista do governo britânico Sir Henry Tizard foi enviado a Washington como chefe de uma missão técnica, a fim de passar informações técnicas e científicas secretas para os cientistas civis e militares americanos. O segredo mais importante da missão era o magnétron de cavidade desenvolvido na Universidade de Birmingham, que possibilitou a criação do radar emissor de micro-ondas, muitíssimo eficaz. Vannevar Bush, chefe do recém-inaugurado Comitê de Pesquisas em Defesa Nacional, ganhou a oportunidade de desenvolver a nova tecnologia para as Forças Armadas americanas. O Laboratório de Radiação que fundou no Instituto de Tecnologia de Massachusetts se tornou o principal grupo de pesquisa para criar o radar americano. Após a missão de Tizard, cientistas americanos e britânicos montaram vias de colaboração em todas as áreas da pesquisa militar, exceto o desenvolvimento de armas nucleares, que duraram até o fim da guerra.[98]

Os programas de pesquisa atômica, ou nuclear, contavam com uma tecnologia de vanguarda com implicações tanto civis como militares relevantes demais para que fossem partilhadas até mesmo com possíveis aliados. A Grã-Bretanha decidiu explorar a possibilidade de uma bomba ao formar o Comitê Maud em abril de 1940 para supervisionar a pesquisa. Em julho de 1941, o comitê declarou que a bomba era um projeto exequível, algo que nem Tizard, nem os cientistas americanos que ele encontrou haviam considerado possível a curto prazo. Em outubro de 1941, Roosevelt sugeriu a Churchill que os dois países combinassem suas pesquisas nucleares, mas o lado britânico se recusou por medo de que, ao compartilhar suas descobertas com cientistas americanos, segredos fossem revelados sem querer. No verão de 1942, as pesquisas americanas já estavam mais avançadas do que as britânicas, e então foi a vez de a Grã-Bretanha sugerir a colaboração. Dessa vez, os americanos se opuseram por medo de que os britânicos explorassem suas criações para fins comerciais no pós-guerra. Assim, os cientistas britânicos e canadenses fundaram o Laboratório Montreal para dar continuidade às pesquisas nucleares, usando materiais fornecidos pelos Estados Unidos, porém com parco acesso às informações técnicas americanas. Só depois que Churchill se comprometeu de forma veemente, na conferência entre os Aliados que aconteceu em Quebec em agosto de 1943, a não usar as pesquisas americanas para seus próprios objetivos é que alguns cientistas britânicos foram incorporados ao programa americano, porém sem poder acompanhar o processo de desenvolvimento da bomba na íntegra. Nos Estados Unidos, havia o temor de que a colaboração pudesse significar que outros Estados adquiririam armas nucleares e solapariam os esforços americanos de criar uma nova ordem pós-guerra. Stálin só ficou sabendo que uma bomba havia sido produzida em julho de 1945, pouco antes de ela ser usada, mas a essa altura o programa soviético, dirigido por Igor Kurchátov, já estava em andamento desde 1942, auxiliado por uma rede de espiões nos Estados Unidos de que ironicamente fazia parte Klaus Fuchs, um dos cientistas enviados pelos britânicos após o acordo de Quebec e uma grande fonte de informações para os soviéticos.[99]

O programa "lend-lease" intelectual nunca representou uma troca de todo cristalina, mas essa questão não era nada perto dos problemas logísticos e dos atritos gerados entre os Aliados pelo programa de ajuda material. A organização de um sistema global de distribuição foi uma tarefa colossal, repleta de dificuldades. A rota atlântica até a Grã-Bretanha foi um campo de batalha durante os dois primeiros anos do Lend-Lease. O fornecimento de navios mercantes era limitado, e até novembro de 1941, quando o Congresso concordou em alterar mais uma vez as Leis de Neutralidade, os navios americanos não podiam ser usados para transportar materiais bélicos. Nem os submarinos alemães, nem as demandas dos militares americanos após Pearl Harbor minaram de vez o fluxo de bens do Lend-Lease, mas as alegações conflitantes dos dois lados causavam discussões rotineiras sobre as prioridades e a quantidade limitada de produtos que chegavam aos portos britânicos. O grande problema enfrentado pela frota mercante britânica, que em 1941 tinha o triplo do tamanho da americana, era a tonelagem que vivia passando por consertos — uma média de 3,1 milhões de toneladas por mês entre 1941 e março de 1943, quando a ameaça submarina germânica se apaziguou.[100] Muitos dos navios eram reparados em estaleiros americanos por conta do Lend-Lease, mas o cronograma de consertos nunca fazia frente às exigências de espaço de carga. Apenas em 1943, quando a indústria de navios mercantes americana produziu incríveis 12,3 milhões de toneladas de embarcações novas, Roosevelt pôde prometer que um número de navios americanos suficiente seria desviado para suprir as necessidades britânicas e garantir o fluxo de ajuda militar e alimentícia. No verão de 1943, já havia mais espaço do que carga para ocupá-lo.[101]

Ainda mais desafiador era o envio de suprimentos para a União Soviética, que tirava navios britânicos e americanos das rotas de abastecimento que percorriam o Atlântico. As três rotas principais — o mar Ártico, o Corredor Persa e a via Alasca-Sibéria — apresentavam duras questões logísticas. A mais perigosa era percorrida por comboios que cruzavam o oceano Ártico rumo aos portos de Murmansk e Arcangel, no norte da União Soviética. Ali, os navios não só precisavam enfrentar o clima atroz, o mar bravio, a ameaça de que o congelamento virasse a embarcação e um ou outro fluxo de gelo e iceberg, mas também o medo constante infligido por submarinos alemães e aviões e navios vindos da Noruega. Nessas circunstâncias difíceis, as perdas foram menores do que seria de imaginar. Dos 848 barcos distribuídos em 42 comboios na rota pelo Ártico que partiram de portos na Escócia e na Islândia, 65 foram perdidos em acidentes ou abatidos por submarinos e aeronaves; mais quarenta no caminho de volta.[102] A perda mais notória ocorreu em junho de 1942 com 24 dos 36 navios do comboio PQ17, quando eles se dispersaram para evitar a possível ameaça de encouraçados alemães. O desastre fez com que os comboios do Ártico fossem adiados por meses no verão de 1942, o que enraiveceu os líderes soviéticos. A partir de 1943, a melhoria na proteção aos comboios resultou em menos baixas, e assim os navios continuaram a transitar pela rota até o último comboio em tempo de guerra partir de Clyde, na Escócia, em abril de 1945. Cerca de 4 milhões de toneladas em suprimentos, 22,6% do auxílio dado à União Soviética, foram enviados pela rota do oceano Ártico.[103]

As outras rotas principais para enviar ajuda aos soviéticos não eram ameaçadas pela presença do inimigo ou por interferências climáticas. A mais importante era a rota relativamente segura pelo norte do Pacífico, embora também ficasse cheia de gelo no inverno, fazendo com que navios encalhassem e às vezes se rompessem. Os navios que passavam ao norte da ilha japonesa de Hokkaido, fossem soviéticos ou americanos, navegavam com a bandeira soviética porque o pacto nipônico-soviético de não agressão, assinado em abril de 1941, os protegia de intervenções, apesar de os bens transportados serem uma ajuda a um país inimigo da Alemanha, aliada do Japão. Cerca de 8 milhões de suprimentos, 47% do total, fizeram esse caminho, a princípio com destino ao porto soviético de Magadan, mas depois para uma nova doca construída em Petropavlovsk. Em seguida, os materiais eram estocados ou cruzavam a Sibéria de trem, rumo a cidades industriais na região dos Urais ou à linha de frente, ainda mais distante. O custo de construir e operar as instalações que ficavam no caminho do Alasca para a Sibéria foi muito maior do que o valor real dos bens despachados.[104]

Praticamente um quarto dos suprimentos militares passou pela terceira rota, que seria aberta para a União Soviética e cruzaria a Pérsia (onde hoje fica o Irã) e começou a funcionar no começo de 1942. Era um trajeto perigoso por conta do mau estado das rodovias iranianas e da única via férrea até o Azerbaijão, no sul da União Soviética; esse percurso também foi alvo de breves ameaças no verão e no outono de 1942, quando as Forças Armadas alemãs foram de carro à região do Cáucaso e seguiram em direção ao rio Volga, em Stalingrado. A Pérsia britânica e o comando iraquiano eram responsáveis por montar a rota, algo muito trabalhoso, já que era preciso expandir as instalações portuárias tanto no Irã como no Iraque, criar ligações entre linhas férreas e preparar as rodovias para a passagem de comboios de caminhões pesados. O trajeto atravessava o deserto, trechos de terra cobertos de sal (ou o limo amarelado denso que é chamado de *kavir*) e passagens entre montanhas com centenas de ziguezagues; a temperatura em um dos lugares mais quentes do mundo alcançava 49°C, mas no inverno, nos trechos cobertos de neve, as temperaturas chegavam a -40°C. Motoristas morriam congelados no inverno ou de insolação no verão.[105] As tropas indianas que eram organizadas para proteger as estradas de ferro de bandidos podiam ser assassinadas ao negociar um dos 220 túneis escuros, ou corriam o risco de serem asfixiadas pela fumaça que jorrava de locomotivas lentas e superaquecidas. Nessas condições tão debilitantes, tropas, engenheiros e trabalhadores fizeram o milagre do suprimento. As ferrovias transportavam duzentas toneladas por dia em 1941, mas depois que o Comando Americano no Golfo Pérsico assumiu o controle das vias férreas, em 1942, a tonelagem diária média chegou a 3397. Quando a guerra estava chegando ao fim, o Corredor Persa foi substituído por uma rota mais tranquila, em que o mar Negro era cruzado rumo aos portos no sul da Rússia.[106]

Para dar assistência ao esforço anglo-americano, as autoridades soviéticas responsáveis por transporte organizaram algo que foi chamado de "Missão Especial", com o objetivo de levar produtos e veículos dos portos do sul do Irã para a União Soviética usando as rodovias abertas em 1942 e 1943. A distância era de mais de 2 mil quilômetros, e os comboios de veículos enfrentaram acidentes, roubos, tempestades de areia e nevascas. As forças britânicas e americanas instalaram seis montadoras no sul do Irã e do Iraque para juntar as peças dos veículos, que chegavam desmontados após uma longa jornada em cargueiros pelo cabo da Boa Esperança — ao todo 184 mil veículos. Em agosto de 1943, foi criado o Primeiro Destacamento Especial de Veículos Motorizados Soviético, que permitiu reduzir o tempo de transporte de um mês para uma média de doze a catorze dias. Em estradas empoeiradas e montanhas de mais de 2 mil metros montaram-se postos de alimentação e oficinas para acelerar o transporte das remessas. Já em território soviético, tinha início uma segunda jornada longa e árdua para chegar às tropas na linha de frente. Há registros de que, com as três linhas de abastecimento, a União Soviética somou mais de 16 milhões de toneladas de suprimentos, transportadas em 2600 embarcações saídas do Atlântico Norte e do Pacífico ocidental.[107]

Um pouco menos complicadas eram as rotas que levavam os produtos garantidos pelo Lend-Lease à China nacionalista. Apesar de ter sido um dos primeiros Estados a se qualificar para o auxílio, ficou combinado que o abastecimento da China era de prioridade baixíssima se comparado aos suprimentos encaminhados à Grã-Bretanha e à União Soviética. Muitos desses recursos ficaram parados, primeiro amontoados nas docas e estradas de ferro de Rangum, e depois, após a invasão japonesa à Birmânia, nos portos do litoral da Índia, aguardando o envio pela limitada rede de transporte. A ajuda chinesa poderia cruzar o Pacífico até Pearl Harbor, mas depois disso precisava dar a volta pelo Atlântico e pelos mares da Índia. Ao chegar, havia enormes obstáculos geográficos que impediam a entrega do material às tropas chinesas, pois era uma das topografias mais inóspitas do mundo, sem rodovias adequadas e estradas de ferro eficazes. O esforço feito em 1941 para construir uma conexão ferroviária de Lashio, no norte da Birmânia, a Kunming, no sul da província de Yunnan, sofreu com as péssimas condições laborais oferecidas aos cerca de 100 mil trabalhadores chineses e birmaneses, que morreram aos milhares de malária e tifo, enquanto cerca de metade deles fumava ópio para aguentar o martírio.[108] Quando as rotas birmanesas foram perdidas, a única perspectiva que restava era mandar aviões com os suprimentos das bases da Índia para Kunming, atravessando o Himalaia. Esse trajeto, apelidado de "Corcunda" pela população, era extremamente perigoso: havia a temperatura congelante das montanhas a 6 mil metros de altitude, trovoadas espetaculares, fortes vendavais que aumentavam o uso de combustível e forçavam pousos de emergência, e apenas duas pistas de decolagem na China, feitas de pedra britada. Nessa ponte aérea, foram perdidos no mínimo setecentas aeronaves e 1200 tripulantes. Até 1943, a escassez de instalações, aviões e tripulantes fazia com que o abastecimento fosse feito a conta-gotas; a partir de 1943, a ponte aérea se expandiu, mas o transporte de equipamentos pesados, veículos e máquinas era impossível. Em 1944, metade dos suprimentos que seriam enviados por via marítima ainda aguardava o despacho para a China.[109] A maioria dos materiais que chegaram ao país foi encaminhada para as forças americanas, principalmente a 14ª Força Aérea de Chennault. As autoridades chinesas calcularam que 98% foram usados pelos americanos; no entanto, ainda que esse número seja alto demais, Stilwell, o americano que foi chefe do Estado-Maior de Chiang, fez questão de controlar o fluxo de produtos do Lend-Lease para que atendessem aos objetivos dos Estados Unidos.[110]

O esforço logístico de todas as partes foi prodigioso, mas foi levado adiante não só porque o auxílio econômico era considerado um elemento crucial da estratégia dos Aliados, mas também porque as autoridades nacionais desses países tinham um envolvimento direto na negociação de acordos e no monitoramento dos resultados. No entanto, apesar do sucesso evidente da operação logística, entre os Aliados havia um atrito constante quanto ao ritmo da entrega dos materiais e à natureza dos donativos. A recepção de tanques americanos pelos britânicos foi arruinada pelas reclamações de que o M3 e seu sucessor, o M4 Sherman, precisavam de alterações para poder ser usados em batalhas; em 1944, o déficit de tanques era de mais de 3400, e no final de 1944 todas as remessas de tanques do Lend-Lease foram de repente canceladas devido às perdas imprevistas de blindados americanos.[111] Mais relevantes ainda eram os debates sobre as entregas de aeronaves. Como bombardear a Alemanha se tornou uma estratégia prioritária no verão de 1940, a Força Aérea britânica esperava que a indústria aeronáutica americana enviasse quinhentos bombardeiros pesados por mês até 1943, mas a entrega foi afetada pela demanda da Força Aérea americana, que exigia ser priorizada. Quando os primeiros bombardeiros B-17 e B-24 chegaram, a Força Aérea da Grã-Bretanha exprimiu sua decepção com o potencial de combate e discutiu a ideia de usá-los apenas em funções secundárias. No entanto, como eram as aeronaves mais benquistas do setor de bombardeiros americanos em expansão, as críticas geraram muito rancor, e Henry Arnold, o comandante-chefe da Força Aérea do Exército, se recusou a prometer mais de quatrocentos a quinhentos bombardeiros para todo o ano de 1942, porém mais tarde voltou atrás. Os caças obsoletos e os bombardeiros leves entregues em 1940 e 1941 eram, segundo o ministro britânico da Aeronáutica, Archibald Sinclair, "quase inúteis".[112] Embora por fim os Estados Unidos tenham dado à Grã-Bretanha e a seu império quase 26 mil aviões, incluíram apenas 162 do modelo B-17, mas também 3697 bombardeiros leves e 8826 aeronaves de instrução e cargueiros.[113]

O auxílio à União Soviética foi acompanhado por reclamações por parte dos soviéticos. As promessas iniciais feitas pelo governo britânico em junho de 1941 demoraram a se concretizar, e boa parte do equipamento que chegou nos meses seguintes foi considerada de baixa qualidade. Os caças Hurricane eram criticados pela falta de blindagem e pela estrutura frágil; os tanques britânicos, em especial o Matilda, eram vistos como impróprios para as condições russas, pois eram pouco protegidos e ficavam praticamente imobilizados pelas temperaturas congelantes. Em média, a resistência dos tanques britânicos era de apenas 50%. Quando os tanques americanos Sherman começaram a surgir, os engenheiros soviéticos os consideraram pouco blindados e com uma altura que os tornava um alvo fácil. As forças blindadas os apelidaram (sem nenhuma benevolência) de "túmulo para sete irmãos" por causa de sua vulnerabilidade ao fogo antitanque inimigo.[114] Sem dúvida, a verdade é que os dois Estados ocidentais preferiam se desfazer de equipamentos que não eram de primeira qualidade, a não ser quando o contrário era inevitável. A Grã-Bretanha e o Canadá continuaram a fabricar os tanques Matilda em 1942-3 para suprir as forças soviéticas, e a essa altura o modelo já tinha sido aposentado pelas tropas blindadas britânicas; quando os soviéticos pediram os bombardeiros pesados B-17 e B-24, os americanos se recusaram a enviá-los.[115]

O que atrapalhava o uso efetivo de equipamentos do Lend-Lease eram as constantes objeções do lado soviético contra permitir o acesso de ocidentais para ajudar no treinamento e no reparo ou fornecer informações sobre como o auxílio estava sendo utilizado. Em 1943, já havia pilhas enormes de materiais acumulados na União Soviética, mas era impossível verificar o motivo ou restringir as futuras entregas sem a cooperação da URSS. Na época, o sigilo soviético dificultava neutralizar as críticas constantes aos fracassos em combate, e ao mesmo tempo, apesar das promessas, as autoridades do país davam poucas informações sobre o desenvolvimento de tanques e aviões, exceto o tanque T-34, enviado para os Estados Unidos em 1942. "Ainda atendemos a seus pedidos dentro do que nossas habilidades nos permitem", reclamou o chefe da Missão Militar Americana em Moscou, John Deane, para o general Marshall, "e eles atendem aos nossos dentro dos limites mínimos para a relação não azedar."[116] A desconfiança crescente de que os pedidos soviéticos através do programa Lend-Lease, que atingiram seu ápice em 1944 e 1945, incluíam artigos que seriam usados na reconstrução do país pós-guerra causou uma pressão política para que Washington limitasse o auxílio. Em agosto de 1945, após a rendição japonesa, o presidente Truman anunciou a suspensão imediata de todos os envios do Lend-Lease sem consultar nenhum de seus principais destinatários.[117]

A tensão nas relações do programa era inevitável dada a natureza do alcance geográfico envolvido e os pedidos concomitantes de materiais urgentes, mas por fim os vastos recursos, em especial excedentes da produção americana, foram divididos entre os Aliados. Teria sido esse histórico, nas palavras de Edward Stettinius, o gestor do programa, uma "arma para a vitória"? A resposta é mais complexa do que aparenta. Durante anos, o plano oficial soviético era diminuir ou ignorar por completo o papel do Lend-Lease em seu esforço de guerra. Foi um ato deliberado de distorção histórica. Pouco depois do fim do conflito, as diretrizes informais (que nenhum autor sensato ignoraria durante o governo de Stálin) eram de que se afirmasse que o Lend-Lease "não tivera um papel relevante na vitória russa".[118] A orientação oficial até a década de 1980 era de que se insistisse que os artigos do programa chegavam tarde demais, que em geral eram de baixa qualidade e constituíam apenas 4% das armas produzidas por iniciativa da própria União Soviética. Entretanto, durante a guerra, os líderes soviéticos admitiam em privado que todas as formas de auxílio tinham sido essenciais. Nas entrevistas gravadas para seu livro de memórias, Khruschóv revelou a importância que Stálin atribuía ao auxílio, mas o seguinte trecho foi publicado apenas na década de 1990: "Diversas vezes ouvi Stálin reconhecer [o Lend-Lease] no círculo de poucas pessoas que o rodeava. Ele dizia que [...], se tivéssemos sido forçados a lidar sozinhos com a Alemanha, não teríamos conseguido". O marechal Zhukov, vitorioso em Berlim, sujeitou-se à posição do partido em seu livro de memórias, lançado em 1969, mas em uma conversa grampeada seis anos antes declarou que sem o auxílio estrangeiro a União Soviética "não poderia ter continuado a guerra".[119]

Os 4% de suprimentos dos Aliados como porcentagem da produção soviética não estão errados, mas mascaram por completo o que o Lend-Lease de fato realizou. Nas primeiras fases do conflito, os tanques e os aviões enviados pelo programa representavam uma parcela maior dos equipamentos soviéticos por conta das perdas excepcionais ocorridas nos primeiros meses de combate. Enquanto a guerra avançava, a produção soviética se restabeleceu e os equipamentos militares fornecidos pelo programa foram se tornando cada vez menos relevantes. Até a Batalha de Stalingrado, os tanques do Lend-Lease correspondiam a 19% da produção soviética. No entanto, seis meses depois, na Batalha de Kursk, que contou com uma das maiores participações de tanques durante a guerra, havia 3495 tanques fabricados pelos soviéticos e apenas 396 obtidos através do programa, o que representava 11% do total.[120] No entanto, tanques, aeronaves e armamentos não foram fatores decisivos nas vitórias dos Aliados. Muito mais relevantes foram a transformação do sistema de comunicação soviético, o apoio à formação de uma rede de ferrovias e a grandes provisões de matéria-prima, combustível e explosivos sem os quais o esforço de guerra e as campanhas militares do país seriam muito insuficientes para derrotar o volumoso Exército alemão. Uma das principais deficiências na condução de combates aéreos e por tanques nos primeiros anos de combate era a falta de equipamentos eletrônicos; isso também era um grande problema para os comandantes, que tentavam gerenciar um campo de batalha vasto apesar da comunicação escassa ou sofrível. Com o Lend-Lease, os Aliados ocidentais forneceram 35 mil aparelhos de rádio para o Exército, 389 mil telefones de campanha e mais de 1,5 milhão de quilômetros de cabos telefônicos.[121] No início de 1943, a Força Aérea Vermelha enfim se tornou capaz de operar um controle centralizado de unidades de combate aéreo, enquanto o simples ato de instalar rádios em tanques se mostrava um multiplicador de forças. O rádio também teve um papel no uso muito eficaz que o Exército Vermelho fazia de farsas e desinformações, que em muitas ocasiões impossibilitavam que o Exército alemão estimasse o tamanho, a localização e as intenções das forças inimigas.

A situação do Exército Vermelho foi transformada acima de tudo por caminhões e jipes recebidos via Lend-Lease, que chegaram a 400 mil unidades. A produção doméstica soviética fabricou 205 mil. Em janeiro de 1945, um terço dos veículos do Exército Vermelho era resultado do programa.[122] O auxílio americano também ampliou a gama de veículos que serviam ao esforço de guerra soviético: carros blindados sem capota, blindados de transporte de pessoal, semilagartas, os anfíbios Ford e 48956 jipes, também equipados com rádio para que os comandantes do Exército Vermelho pudessem controlar suas forças de modo mais eficiente.[123] A troca de homens e equipamentos por via férrea também foi respaldada pelo fornecimento americano de 1900 locomotivas (enquanto a produção soviética era de apenas 92), e 56% de todos os trilhos foram usados durante o conflito. No final de 1942, o sistema ferroviário soviético conseguia abastecer as forças na linha de frente em Stalingrado com quinze trens por dia, enquanto a média de abastecimento alemão era doze.[124] Por fim, o auxílio dos Aliados forneceu quase 58% dos combustíveis de aviação, 53% dos explosivos e metade dos pedidos de alumínio, cobre e pneus de borracha sintética.[125] O abastecimento nessa escala foi decisivo. A indústria soviética pôde se concentrar na produção em massa de armas, deixando que os Aliados se encarregassem de fornecer outros artigos necessários à economia de guerra.

Em relação ao esforço de guerra britânico, existe muito menos espaço para debate sobre o impacto do Lend-Lease, embora raramente seja apresentado como uma iniciativa de relevância histórica na memória popular do conflito. Como no caso soviético, lembrar a forte dependência de outro aliado macula a reputação nacional. Contudo, essa dependência foi total. Sem o generoso auxílio dos Estados Unidos a partir de 1941, o esforço de guerra britânico teria fracassado. A Grã-Bretanha não teria como pagar mais recursos em dólares, sobretudo óleo, e sem acesso à produção industrial, aos alimentos e às matérias-primas americanos, a economia de guerra britânica teria chegado a um limite de capacidade muito aquém do necessário para manter um esforço de guerra global ou para ter chance de derrotar a Alemanha. As campanhas militares britânicas mundo afora passaram a depender de armamentos e da movimentação de navios americanos. Em 1941, o Lend-Lease era responsável por 11% dos equipamentos militares britânicos; em 1943 já eram quase 27%; e em 1944, o auge das campanhas militares da Grã-Bretanha, eram quase 29%. Na Segunda Batalha de El Alamein, no final de outubro de 1942, os americanos já tinham fornecido ao Norte da África 1700 tanques médios e leves, mil aviões e 25 mil caminhões e jipes.[126] No total, os Estados Unidos enviaram 27 751 tanques, 27 512 veículos blindados de transporte de pessoal e 25 870 aeronaves à Grã-Bretanha e aos cenários de guerra britânicos. Assim como no caso soviético, o abastecimento americano possibilitou que a indústria se concentrasse na produção de outras armas ou, em alguns casos, que mudasse por completo a sua produção. A fabricação britânica de tanques caiu em 1944 por conta do fornecimento americano, e como resultado intensificou-se a produção de locomotivas, para melhorar a rede ferroviária do país.[127] Os acordos entre os Aliados instigaram a alocação racional de recursos em vez da duplicação dos esforços. O histórico produtivo, tanto britânico como soviético, refletiu o modelo do auxílio americano. Para ambas as nações, a noção de que não precisavam depender apenas dos próprios recursos era um amortecedor psicológico que faltava às potências do Eixo. Para os Estados Unidos, destinar quase 7% da produção doméstica ao Lend-Lease foi uma meta alcançada sem que houvesse muito prejuízo à economia nacional, além de ter como grande vantagem o fato de que as principais nações Aliadas, como Roosevelt pretendia desde o início, podiam defender os interesses americanos de modo mais eficaz.

NEGAR RECURSOS: BLOQUEIOS E BOMBARDEIOS

Se a ajuda mútua era uma estratégia econômica para fomentar os suprimentos bélicos, a guerra econômica foi um meio de diminuir o acesso dos inimigos tanto a armas acabadas quanto a recursos materiais. O sentido original da guerra econômica como algo literalmente econômico — congelamento de bens, compras preventivas, interrupção e controle do comércio com o inimigo — foi substituído na Segunda Guerra Mundial por guerras econômicas reais, travadas por submarinos e bombardeiros, com baixas numerosas de homens e equipamentos para ambos os lados, após longas batalhas de atritos econômicos. Durante o conflito, formas convencionais de guerra econômica ainda eram praticadas, mas tinham pouca importância se comparadas ao esforço feito para travar uma guerra econômica com meios militares, seja contra recursos em trânsito ou contra recursos produzidos pela economia doméstica. A guerra submarina irrestrita e o bombardeio de centros urbanos eram táticas comuns na guerra econômica, da parte tanto do Eixo como dos Aliados.

O possível sucesso da guerra econômica nesse sentido mais amplo da destruição material dos recursos inimigos antes que chegassem ao campo de batalha dependia primeiro do grau de vulnerabilidade econômica demonstrado pelos Estados combatentes. À medida que o conflito expandia seu escopo, ficava mais acentuado o contraste entre os dois lados. Os Estados Unidos eram quase imunes à guerra econômica: a geografia ainda protegia a indústria do país de ameaças de bombardeio, enquanto os vastos recursos do hemisfério ocidental blindavam a produção bélica de todos os gargalos, exceto alguns poucos, sobretudo a borracha natural, o que foi compensado com a troca urgente e em larga escala pela produção sintética. O breve período em que os submarinos alemães ficaram na Costa Leste dos Estados Unidos para afundar embarcações desacompanhadas, nos primeiros dois meses de 1942, se encerrou logo e teve pouco impacto sobre o esforço de guerra. Nas rotas marítimas do Atlântico, as cargas americanas ficavam vulneráveis, mas a grande maioria de bens e equipamentos militares escoltados chegou ao destino. A União Soviética, após a perda de sua área ocidental em 1941, poderia ter sido vítima do bombardeio de longo alcance da Alemanha contra zonas industriais, mas a Força Aérea germânica não tinha essa capacidade, e a produção soviética continuou sem interrupções. A riqueza de recursos naturais domésticos junto com o fluxo crescente de auxílio com o programa Lend-Lease (apesar da tentativa alemã de interromper os comboios no Ártico) tornavam improvável que a estratégia de guerra econômica contra a União Soviética rendesse muitos frutos. O Aliado mais vulnerável era a Grã-Bretanha, e foi contra a produção e o comércio britânicos que a Alemanha voltou suas campanhas mistas, por vias marítima e aérea, entre 1940 e 1943. Essa foi a tentativa mais séria que o Eixo fez de usar a tática da guerra econômica para enfraquecer o esforço de guerra e a capacidade bélica de um inimigo importante. No entanto, a vulnerabilidade britânica era relativa. A forte dependência do fornecimento de alimentos, matérias-primas e petróleo por parte de outros países — e mais tarde de bens militares pelo Lend-Lease — significava que muitos recursos eram desviados para a batalha para que as rotas marítimas continuassem abertas. A Grã-Bretanha tinha a maior frota de navios mercantes do mundo, e, embora não fosse inesgotável, uma tonelagem altíssima teria que ser afundada para o comércio do país entrar em colapso. Com a ajuda americana, organizou-se uma rede global de navios mercantes, dando aos Aliados os meios para movimentar materiais pelo mundo de onde fossem encontrados ou necessários, e evitar que o inimigo tivesse vantagem similar. Para combater esse sistema, o Eixo precisaria de um bloqueio marítimo global à altura, e ele não teria como levar essa ideia a cabo, mesmo se fosse uma prioridade estratégica.

Os países do Eixo tinham vulnerabilidades em comum. Os três poderiam ser submetidos a bloqueios marítimos por conta da força naval e aérea da Grã-Bretanha e dos Estados Unidos. A Itália e o Japão, especificamente, tinham economias de guerra mais fracas e dependentes de suprimentos estrangeiros, pois lhes faltava a base das matérias-primas naturais em estado bruto. O Mediterrâneo era um mar fechado, fácil de obstruir (e de fato os britânicos viram o bloqueio funcionar de ambos os lados até 1943); o Japão dependia de longas rotas nas áreas tomadas do Sudeste Asiático, mas também de alimentos e materiais vindos do Taiwan, da Manchúria e da Coreia. No entanto, a suscetibilidade da Alemanha a bloqueios convencionais, congelamentos de bens e crises econômicas, um elemento-chave da estratégia anglo-francesa em 1939, acabou se mostrando superestimada. A obsessão de Hitler pelos efeitos do bloqueio em tempos de guerra, entre 1914 e 1918, estimulou o desenvolvimento da autossuficiência doméstica ou "autarquia" na década de 1930. Em 1939, a Alemanha já produzia 80% dos gêneros alimentícios básicos e tinha programas de sintetização de petróleo, têxteis, borracha e diversos outros produtos relacionados à guerra. A escassez de ouro e de moeda estrangeira para comprar produtos essenciais para a economia militar, evidente em 1939, foi superada pela ampla estratégia de pilhagem de bens europeus e pressão sobre os Estados neutros da Europa.[128]

Depois que a guerra com o Ocidente irrompeu, o bloqueio marítimo dos Aliados de fato tirou a Alemanha da navegação transoceânica, mas a expansão territorial germânica a partir de 1938 foi elaborada em parte para tornar o país *blockadefest*, livre da ameaça de bloqueios. A tomada da Noruega assegurou o fornecimento de minério de ferro oriundo da Suécia; a ocupação dos Bálcãs garantiu mais matérias-primas e o acesso ao comércio turco. O Pacto Germano-Soviético de agosto de 1939 proporcionou um fluxo significativo de matérias-primas e alimentos até junho de 1941: em 1940, foram 617 mil toneladas de produtos petrolíferos, contra 5100 em 1939; foram 820 mil toneladas de grãos contra duzentas toneladas no ano anterior; e os suprimentos de cobre, estanho, platina, cromo e níquel saíram do zero em 1939.[129] Mesmo sem recursos soviéticos, a "Grande Economia Regional" construída entre 1938 e 1941 acabou de fato com qualquer perspectiva de que um bloqueio marítimo convencional minasse o esforço de guerra germânico. O recurso que faltava aos três países do Eixo era petróleo. Tratava-se de uma escassez crítica, já que inflamava a guerra mecanizada alemã e a Marinha imperial japonesa. A busca por petróleo levou os japoneses a invadirem o Sudeste Asiático e Hitler a tentar tomar a região do Cáucaso soviético em 1942.[130] Os Aliados controlavam ou eram donos de mais de 90% da produção de óleo natural do mundo: os países do Eixo controlavam apenas 3% da produção de óleo e 4% da capacidade de refinamento de petróleo. A Alemanha produzia combustível sintético em larga escala, chegando a 7 milhões de toneladas por ano em 1943, correspondente a três quartos do óleo usado no país, mas sempre era preciso mais.[131] A vulnerabilidade petrolífera se provaria um fator central na estratégia dos Aliados ocidentais de negar recursos e assegurar a vitória suprema.

Para os países do Eixo, absortos em seu projeto imperial, travar uma guerra econômica não era parte do planejamento estratégico de nenhum conflito mais amplo. Dos três, apenas a Alemanha tentou corrigir a lacuna estratégica ao impor um bloqueio aéreo-marítimo à Grã-Bretanha, mas em 1939 as perspectivas eram sombrias. A Marinha germânica tinha apenas 25 submarinos feitos para cruzar o oceano, e no máximo seis a oito deles percorriam os mares ao mesmo tempo, enquanto a Força Aérea estava empenhada em especial em obter superioridade aérea para dar respaldo às operações terrestres, sem nenhum planejamento prévio de condução de suas próprias campanhas estratégicas contra remessas ou indústrias inimigas. O "Plano Z" da Marinha alemã, anunciado em 1939, para construir uma grande frota capaz de cruzar oceanos demorou anos para se concretizar. Porém, em novembro de 1939, Hitler mandou que as Forças Armadas dessem início a uma guerra econômica contra a Grã-Bretanha: "Derrubar a Inglaterra é precondição para a vitória final. O jeito mais eficaz de fazê-lo é degradar a economia inglesa atingindo pontos decisivos".[132] A Força Aérea e a Marinha foram orientadas a colaborar para enfraquecer as rotas comerciais britânicas, destruindo instalações dos portos, armazéns, estoques de petróleo e de alimentos, afundando navios e bombardeando indústrias militares, sobretudo as de aeronaves. Pensando no bloqueio alimentício imposto pelos Aliados à Alemanha na Primeira Guerra, Hitler enfatizou o bloqueio do fornecimento de produtos comestíveis. Após o breve período de planejamento da invasão abortada da Grã-Bretanha, Hitler retomou o tema do "bloqueio decisivo para a guerra" com aeronaves e submarinos colaborando em uma campanha que num futuro próximo causaria "o colapso da resistência inglesa".[133]

Na época, o compromisso de Hitler com uma guerra econômica para a qual suas tropas não estavam preparadas fazia pouco sentido estratégico, mas refletia seu conceito de guerra como um empreendimento tanto de força econômica quanto de sucesso militar. Era uma visão derivada em parte da guerra submarina germânica ocorrida entre 1914 e 1918, responsável por quase enfraquecer o esforço de guerra dos Aliados, na qual 6651 navios com tonelagem média de 12,5 milhões de toneladas foram afundados por submarinos e minas.[134] Dessa vez, os funcionários navais da Alemanha, incentivados pelo otimismo de Hitler, esperavam travar o que chamavam de "a maior guerra econômica de todos os tempos". A crença de que afundar navios era a chave para derrotar a Grã-Bretanha foi ecoada pelo comandante dos submarinos germânicos, o comodoro (depois almirante-mor) Karl Dönitz, que tornou isso o principal objetivo de sua pequena tropa submarina.[135] Mesmo depois da entrada dos Estados Unidos no conflito, que poderia ter um vasto estoque de novos navios mercantes, Hitler continuou encarando a guerra econômica como um fator crucial para negar recursos. "O Führer reconhece o fato", relatou o comandante-chefe da Marinha, o almirante-mor Erich Raeder, em junho de 1942, "de que a guerra submarina no fim decidirá o resultado dos combates."[136]

Apesar da relativa escassez de recursos disponíveis para um bloqueio marítimo e aéreo, os primeiros anos de conflito trouxeram muitas conquistas. Aviões atacaram navios no canal da Mancha e no mar do Norte, enquanto no Atlântico uma combinação de submarinos, navios mercantes equipados com armas e o avião de longo alcance convertido Focke-Wulf 200 "Condor" afundou 1207 navios entre setembro de 1939 e dezembro de 1940, com a ajuda da capacidade que o serviço de inteligência da Marinha alemã, o *B-Dienst*, tinha de ler os sinais de tráfego dos comboios emitidos pelos britânicos. Em 1941, só o Condor já afundava 150 mil toneladas de remessas por mês, até que por fim os caças britânicos ficaram encarregados de perseguir e destruir o enorme e vagaroso predador. Em 1940, 580 mil toneladas foram perdidas em ataques aéreos, e em 1941 mais de 1 milhão de toneladas, num total de quinhentos navios. Os submarinos foram responsáveis por afundar 869 navios durante esse mesmo período e teriam abatido muitos mais se não fosse pelo fato de o torpedo alemão ter sérias deficiências técnicas, que só foram corrigidas no outono de 1942. As causas marinhas (colisões, naufrágios, incêndios etc.) destruíram mais 653 embarcações. A tonelagem de importação britânica sofreu uma queda brusca, de 41,8 milhões de toneladas em 1940 para 30,5 milhões de toneladas em 1941.[137]

Ao impacto da guerra no mar se somou o bloqueio aéreo, instaurado no verão de 1940, com ataques a portos e estaleiros no sul da Inglaterra e que depois foi estendido às principais cidades portuárias britânicas quando Hitler adiou a Operação Leão Marinho, em meados de setembro. Quem viveu os bombardeios na época considerou que o objetivo era acabar com o moral do país, mas a Força Aérea alemã foi orientada a dar cobertura à campanha marítima destruindo portos por onde passava o comércio de mercadorias britânicas (com foco principal em Londres, Liverpool e Manchester), bem como armazéns, silos, depósitos de petróleo e estaleiros; além desses, deviam-se atacar alvos econômico-militares, sobretudo na região central da Inglaterra, que concentrava a fabricação de aeromotores. A blitz era uma forma de guerra econômica e foi conduzida durante nove meses, de setembro de 1940 a maio de 1941, com essa ideia em mente. Se o bloqueio fosse bem-sucedido, o efeito esperado seria a diminuição da capacidade bélica da Grã-Bretanha e o declínio geral do engajamento popular na continuidade do conflito. Dos 171 grandes ataques, 141 foram contra cidades portuárias, inclusive Londres, que em 1939 tinha movimentado a maior quantidade de comércio exterior. Das 3116 toneladas de bombas incendiárias lançadas, 86% miraram portos; das 24 535 toneladas de bombas altamente explosivas, o número foi 85%.[138] A partir de janeiro de 1941, a Força Aérea alemã foi instruída a usar quantidades maiores de bombas incendiárias contra zonas portuárias em que havia estoques de mercadorias vulneráveis ao fogo. Para neutralizar a decisão britânica de transferir os bens que chegavam pelo Atlântico para os portos no oeste, como Bristol, Clydebank, Swansea, Cardiff e Liverpool, uma nova diretriz priorizava essas regiões.[139] Quando a campanha foi suspensa, com as unidades da Força Aérea indo combater no leste, todas as grandes cidades portuárias já tinham sofrido pesados bombardeios, e Hull, Plymouth, Londres e Southampton tinham sido alvos de diversas investidas.

A campanha de bombardeio se mostrou muito menos efetiva do que a guerra marítima, embora o alto-comando germânico tivesse muita dificuldade de obter informações detalhadas sobre os danos causados. Hitler ficou desiludido com os resultados. Em dezembro de 1940, achava que o impacto sobre a indústria bélica britânica tinha sido minúsculo; dois meses depois, concordou com a opinião de Raeder de que o moral britânico ficara "inabalado" com o bombardeio, e em 6 de fevereiro deu a ordem oficial que priorizava a campanha submarina e aérea contra a tonelagem de remessas como uma forma mais decisiva de guerra econômica.¹⁴⁰ Em certa medida, o bombardeio continuou em parte porque era difícil explicar para a população alemã, sujeita havia quase um ano a ataques aéreos da RAF, por que seria melhor abandonar a campanha contra a Grã-Bretanha, e em parte para convencer Stálin de que os britânicos eram a principal preocupação de Hitler enquanto, em segredo, preparava-se a invasão da União Soviética. Nesse caso, o instinto de Hitler foi certeiro. No final de 1941, os cálculos do Ministério da Aeronáutica revelaram que nem 5% da produção de guerra da Grã-Bretanha, que se expandia com velocidade, havia se perdido em decorrência dos bombardeios; nas cidades atacadas, o ritmo de produção tinha se normalizado entre três e oito dias após as investidas, exceto o grande ataque a Coventry, em novembro de 1940, depois do qual foram necessárias seis semanas para que a atividade voltasse ao ritmo anterior. O esforço para atrapalhar as provisões britânicas de petróleo e gêneros alimentícios foi igualmente limitado. Foram perdidos apenas 0,5% do petróleo estocado, 5% da capacidade de moagem de farinha, 1,6% da produção de sementes oleaginosas e 1,5% das instalações frigoríficas. Em nenhum lugar o abastecimento de água foi interrompido por mais de 24 horas, e a comunicação por via férrea continuou quase normal para os tempos de guerra, sem que nenhuma linha ficasse mais de um dia fora de serviço.¹⁴¹ O custo para a Força Aérea alemã foi alto: entre janeiro e junho de 1941, 572 bombardeiros foram destruídos, muitos foram perdidos em acidentes, e 496 ficaram danificados. Em maio de 1941, a divisão de bombardeios tinha 769 bombardeiros aproveitáveis, muito menos do que tinha sido usado na invasão à França, um ano antes.¹⁴² Para o lado britânico, o preço mais alto foi a morte de 44 652 homens, mulheres e crianças entre 1940 e 1941, vitimados por um bloqueio aéreo inconclusivo.

Hitler abandonou a ideia de que o bombardeio a alvos britânicos fosse contribuir para o bloqueio e a Força Aérea nunca mais foi usada para essa finalidade. Desse modo, concentrou-se na guerra submarina e aérea a alvos marítimos. A frota de superfície germânica pouco contribuiu — foi responsável por apenas 47 navios durante a guerra —, e depois do afundamento do encouraçado moderno *Bismarck*, em maio de 1941, os principais navios de guerra foram retirados das operações marítimas para proteger suprimentos germânicos vindos da Escandinávia e para ameaçar comboios que iam do Ártico para a União Soviética. No verão de 1941, as condições para a guerra marítima-aérea já haviam se alterado. Göring, o comandante-chefe da Força Aérea, não via com bons olhos o uso de recursos aéreos como apoio à campanha naval, ainda mais depois que a Força Aérea se comprometeu com a campanha Barbarossa. A unidade aérea indicada para apoiar a Marinha, *Kampfgruppe* 40, baseada no oeste da França, sempre careceu de recursos adequados. Entre julho de 1941 e outubro de 1942, as aeronaves afundavam em média apenas quatro navios por mês.¹⁴³ O submarino se tornou o instrumento predominante do bloqueio. Os números aumentaram bastante durante 1941, da frota total de 102 no primeiro trimestre para 233 no final do ano, mas a lentidão no conserto de submarinos danificados, a enorme necessidade de barcos de treinamento e a expansão das operações nos cenários do Norte, do Atlântico e do Mediterrâneo significavam que nunca havia mais de dezessete barcos disponíveis para atacar corredores de tráfego marítimo britânicos no Atlântico. Diversos submarinos italianos foram enviados para ajudar, porém se mostraram incapazes de lidar com o mar aberto e foram realocados para zonas mais seguras e quentes. Apenas em 1942 os números começaram a chegar perto do que Dönitz considerava essencial para que o bloqueio funcionasse: 352 em julho, 382 no final do ano, e mais de quatrocentos durante 1943. Nesse ano, a frota submarina atingiu seu ápice operacional, com 110 embarcações ao mar entre janeiro e março.[144]

A essa altura, as medidas defensivas dos Aliados já tinham começado a ter um efeito relevante sobre a guerra submarina. O Almirantado britânico criou o Comando dos Acessos Ocidentais, baseado em Liverpool, que coordenava todo o tráfego marítimo comercial na guerra contra os submarinos. O comando usava as informações fornecidas pela Sala de Monitoramento Submarino sobre a movimentação de submersíveis, recolhidas de diversas fontes, inclusive dados sobre o tráfego naval alemão criptografados pela máquina Enigma e interceptados entre maio de 1941 e fevereiro de 1942, quando o código secreto germânico foi alterado e ficou ilegível durante seis meses. O intuito do serviço de inteligência era fazer com que comboios escapassem dos submarinos que os aguardavam. O "Manual para comboios que se aproximam pelo Oeste", lançado na primavera de 1941, tornava essa fuga o objetivo principal dos comandantes de escoltas, e não a caça a submarinos. Desde o início do conflito, quase todos os navios viajavam em comboio, exceto embarcações com capacidade mínima de quinze nós, que podiam traçar sua rota de forma independente. As escoltas dos comboios ganharam um grande reforço em 1941, enquanto a cobertura aérea, apesar de nem de longe ser completa, forçava os submarinos a passarem muito tempo embaixo d'água. As escoltas e aeronaves eram equipadas com um radar de 1,7 metro, que auxiliava na detecção de submarinos, e com o aparelho moderno Asdic, um sonar inventado no último ano da Primeira Guerra. Nenhum deles funcionava com perfeição com as tempestades frequentes e as ondas compridas do mar, mas em 1940 o desenvolvimento de radares deu um salto revolucionário com o magnétron de cavidade, que possibilitava ondas muito mais estreitas. O radar Tipo 271 foi instalado em navios a partir de meados de 1941, e depois passou a ser usado em aeronaves, viabilizando uma leitura bem mais precisa da presença de submarinos, mesmo com neblina, nuvens baixas ou durante a noite. O aprimoramento das medidas antissubmarino não causou um aumento muito relevante nas perdas dessas embarcações (apenas dezenove em 1941 e 35 em 1942), mas obrigava os submersíveis a ficarem distantes das regiões de caça, no "abismo" no meio do Atlântico ou no sul, nas rotas que começavam em Gibraltar e Serra Leoa. O sucesso contra os comboios costeiros de 1940, obtido por aeronaves e submarinos, não voltaria a se repetir. Das embarcações integrantes dos 608 comboios que transitaram entre a Escócia e Londres em 1941 e 1942, apenas 61 se perderam, de um total de 21 570.[145] A tonelagem perdida em 1941 caiu de 364 mil em março para apenas 50 682 em dezembro.

O ponto alto do bloqueio alemão aconteceu entre a primavera de 1942 e a primavera de 1943, quando a tonelagem afundada de repente voltou a se ampliar de forma rápida. As razões para essa mudança de sorte foram até certo ponto circunstanciais e mascararam o âmbito em que as campanhas submarina e aérea foram, a longo prazo, comprometidas pela escala e pela criatividade da reação inimiga. A declaração de guerra contra os Estados Unidos, em dezembro de 1941, produziu uma súbita oportunidade de explorar o tráfego quase desprotegido da costa atlântica ocidental. Em 9 de dezembro, Hitler revogou todas as restrições que ainda existiam à guerra submarina, pois os Estados Unidos já não eram um país neutro. Dönitz foi pego de surpresa pela entrada dos americanos no conflito, e a princípio só tinha seis barcos à disposição; no final de janeiro, ainda tinha apenas dez embarcações. Os submarinos Tipo IXC de longo alcance foram enviados para o golfo do México e para a rota de petróleo e bauxita que vinha de Trinidad; os do Tipo VII, que eram menores, navegaram rumo à costa dos Estados Unidos. Foi lá que colheram uma safra extraordinária. Em Washington, não se imaginava que os submarinos representariam uma ameaça que chegaria tão perto de seu território. As luzes da cidade ainda estavam acesas na costa, formando a silhueta da movimentação litorânea, enquanto barcos navegavam de forma independente, com poucas restrições radiofônicas e totalmente iluminados.

O comandante-chefe da Marinha dos Estados Unidos, o almirante Ernest King, se recusou a aceitar que comboios eram necessários, e poucas escoltas e aeronaves se dedicaram à guerra antissubmarino. O resultado foi um massacre de navios aliados no primeiro semestre de 1942, o que gerava um novo recorde mensal de afundamentos — 71 embarcações em fevereiro, enquanto 124 em junho, o número mais alto da guerra. Quase todos aconteceram em águas americanas, sendo 57% navios petroleiros a caminho do noroeste do Atlântico para fomentar a indústria americana e suprir a Grã-Bretanha através do Lend-Lease.[146] As perdas mensais começaram a atingir o patamar de 700 mil a 800 mil toneladas, número que Dönitz considerava necessário para debilitar de modo definitivo a movimentação de navios dos Aliados. Agora a campanha submarina ganhava uma nova urgência, pois a entrada americana mudava a essência da disputa da guerra econômica para enfraquecer a Grã-Bretanha com a falta de recursos para a tentativa de evitar que os Estados Unidos enviassem homens e equipamentos para operações militares na Europa.

Durante o ano, outros fatores facilitaram as coisas para os alemães. O noroeste do Atlântico estava sob a responsabilidade da Marinha Real do Canadá, expandida às pressas. A escassez de navios de escolta, o treinamento limitado dos comandantes de escoltas, uma forma da Asdic antiquada e as exigências das patrulhas dos comboios que seguiam para o centro do Atlântico quase levaram o serviço ao colapso. Quando os submarinos germânicos se deslocaram até o noroeste, no verão e no outono de 1942, para uma campanha no golfo de São Lourenço, se depararam com pouca resistência: cinco submarinos afundaram dezenove navios e forçaram o fechamento do golfo para embarcações mercantes.[147] Depois que o almirante King enfim adotou os comboios e as escoltas ar/mar, os ataques às águas americanas e caribenhas diminuíram. Dönitz voltou com as "alcateias" para o "abismo" no meio do Atlântico, aonde as patrulhas aéreas ainda não conseguiam chegar. A campanha revigorada se beneficiou da decisão de mudar as configurações do Enigma naval, que impediu que os britânicos lessem informações secretas entre fevereiro e dezembro, tornando a fuga mais desafiadora, ainda que possível. Embora as escoltas estivessem mais fortes e munidas de radares centimétricos, a lacuna aérea era um fator crítico. A Marinha Real pressionou a RAF a liberar mais aeronaves de longo alcance para o Comando Costeiro, sobretudo o bombardeiro Liberator B-24, mas o principal obstáculo ao fechamento dessa lacuna acabou sendo Churchill. Ele insistia, durante os meses de crise de 1942, que a prioridade no uso dos recursos aéreos deveria ser dada ao bombardeio da Alemanha, preferindo a guerra econômica ofensiva às necessidades defensivas dos comboios. Ele presumia, com forte respaldo do comandante-chefe do Comando de Bombardeio, o marechal do ar Arthur Harris, que bombardear a produção de submarinos seria muito mais interessante do que bombardear submarinos no mar, uma perspectiva para a qual não existe nenhuma evidência digna de crédito. Foi apenas quando Churchill se deparou com a gritante realidade de que as importações para a Grã-Bretanha chegariam a um nível insuportavelmente baixo em 1943 que ele aceitou que mais recursos aéreos fossem desviados para o combate naval, mas apenas na esperança de que isso não prejudicasse os ataques dos bombardeiros. No final da primavera de 1943, com as perdas de remessas chegando a mais de 600 mil toneladas por mês, Churchill enfim permitiu a transferência de aeronaves de longo alcance; ao mesmo tempo, Roosevelt, ciente da gravidade das investidas aos comboios, obrigou a Força Aérea do Exército a colocar quinze Liberators à disposição da Força Aérea canadense, para que a fresta no Atlântico fosse fechada também pelo oeste. Em maio, cerca de 41 aeronaves de longuíssimo alcance já protegiam toda a extensão do oceano.[148]

O sucesso dos submarinos em 1942 e no início de 1943 era, sob muitos aspectos, uma ilusão de ótica. Dependia da reação casual à ameaça submarina pela Marinha americana e da incapacidade temporária de fornecer os recursos aéreos limitados necessários para caçar as matilhas alemãs no meio do Atlântico. Apesar das grandes perdas de navios mercantes, as estatísticas mostram que boa parte das remessas chegou ilesa ao destino. Entre maio de 1942 e maio de 1943, 105 dos 174 comboios que atravessaram o Atlântico passaram despercebidos; dos outros 69 que foram avistados pelos submarinos germânicos, 23 escaparam de ataques, trinta sofreram poucos danos e apenas dez ficaram muito avariados. Durante grande parte desse período de êxito da Alemanha, as vítimas eram embarcações retardatárias ou independentes, mais vulneráveis por não fazerem parte dos comboios — 277 dos 308 navios afundaram em águas americanas no primeiro semestre de 1942. Nas principais rotas dos comboios que partiam da base de Nova Escócia, cujos codinomes eram HX e SC, as perdas foram menores em 1942 do que em 1941: foram 69 navios em vez de 116.[149] O recorde de toneladas afundadas por submarino entrou em franco declínio com a continuidade da campanha: em outubro de 1940, somava 920 toneladas por dia; já em novembro de 1942, com o ápice de tonelagem afundada na lacuna do Atlântico, o número foi de apenas 220 toneladas.[150] Inúmeras vantagens técnicas e táticas para os Aliados se acumularam em 1942: o radar centimétrico, o novo equipamento de localização de direção de alta frequência que indicava com precisão o ângulo de qualquer submarino que usasse rádio, os primeiros porta-aviões de escolta para comboios, explosivos melhores, o Leigh Light, que iluminava o mar adiante quando uma aeronave estava próxima demais para o radar ser eficaz, além da descoberta, em outubro de 1942, dos novos livros de decodificação "Triton", que estavam no U-559 capturado no Mediterrâneo oriental e que possibilitou a retomada da leitura do tráfego do Enigma já em dezembro. Sob um novo comandante, o almirante Max Horton, o Comando dos Acessos Ocidentais transformou o treinamento de comandantes de escolta e introduziu grupos de apoio poderosos a navios de guerra, que procurariam e destruiriam as matilhas conforme se formassem. Embora dois comboios, SC121 e HX229, tenham sofrido danos severos em batalhas que chegaram ao ápice em março de 1943, com a destruição de 21 navios, a perda de submarinos em todas as regiões atingiu de súbito seu auge na guerra: foram dezenove em fevereiro e quinze em março.

A soma de todos esses fatores contribuiu para que de repente fosse encerrada a ameaça de bloqueio. Os navios mercantes extras dos Estados Unidos viram a tonelagem de importações britânicas aumentar de 22,8 milhões em 1942 para 26,4 milhões no ano seguinte. A "crise de importações" que tanto preocupava Churchill era passageira, provocada em grande medida pelo desvio de navios para a campanha no Pacífico e os desembarques aliados no Norte da África. O serviço de inteligência naval alemão estimava que os Aliados não construiriam mais de 5 milhões de toneladas de navios mercantes novos em 1942, mas eles fizeram 7 milhões em 1942 e 14,5 milhões em 1943. Apesar das perdas navais enfrentadas em 1942 e no começo de 1943, a construção dos Aliados dificultava que a guerra de atrito germânica afundasse navios suficientes para fazer alguma diferença decisiva. Os estoques britânicos totalizavam 18,4 milhões de toneladas de alimentos e materiais acumulados disponíveis em dezembro de 1942, 17,3 milhões em fevereiro de 1943, mas outra vez 18,3 milhões em junho.[151] Graças à construção naval americana, em 1943 havia um excedente que superava as perdas de 11 milhões de toneladas de navios mercantes. Em 1944, a Marinha alemã não podia fazer quase nada para evitar o fluxo de equipamentos e homens pelo Atlântico para se preparar para a invasão da França.

Nas batalhas marítimas houve uma total virada de mesa. Em 11 de maio de 1943, um comboio que se deslocava devagar, o SC130, foi mandado da Nova Escócia para a Grã-Bretanha sob a proteção de uma escolta naval propositalmente maciça. O comboio foi recebido com um ataque em massa de submarinos no meio do Atlântico, onde agora também atuavam as novas patrulhas dos Liberator. Seis submarinos foram afundados, mas nenhum navio mercante. No Atlântico, nesse mesmo mês, foram perdidos 33 submarinos, e 41 em todas as zonas de guerra. Isso representava um terço das embarcações funcionais. Dönitz concluiu que essas perdas eram intoleráveis e, em 24 de maio, ordenou que os submarinos voltassem à base até que tivessem novos equipamentos para virar a batalha de novo a seu favor. Em 31 de maio, ele informou a derrota temporária a Hitler, que numa atitude típica foi contra o recuo: "Não quero saber de conversa de trégua na guerra submarina. O Atlântico é minha primeira linha de defesa no Ocidente".[152] Ainda assim, o bloqueio continuou rompido até o fim do conflito. Mais submarinos do que navios mercantes foram perdidos no segundo semestre de 1943, e em 1944, em todas as zonas de guerra, os Aliados perderam apenas 170 mil toneladas de remessas, 3% das perdas de 1942. A expansão e a modernização das forças antissubmarinas tornavam as operações insustentáveis e suicidas: 237 submarinos foram afundados em 1943 e 241 em 1944. Equipamentos novos estavam sendo desenvolvidos com os submarinos Tipo XXI e XXIII, que eram submersíveis genuínos, funcionavam debaixo d'água sem serem detectados e poderiam disparar ainda submersos, com um alcance operacional que chegaria à Cidade do Cabo, mas o desenvolvimento era lento, foi prejudicado pelos bombardeios dos Aliados e o desvio de recursos para necessidades mais prementes. O primeiro modelo da nova geração de submarinos se tornou funcional em 30 de abril de 1945, abrindo caminho para o estuário do Tâmisa enquanto o esforço de guerra alemão chegava ao fim.[153]

* * *

Ao contrário do planejamento anterior ao conflito das potências do Eixo, o da Grã-Bretanha e dos Estados Unidos incluía bastante guerra econômica, ditada sobretudo pela geografia. Nenhum deles podia ser invadido por terra, o que lhes dava a liberdade de demonstrar seu poder em especial nas vias aérea e naval. O planejamento americano para o conflito contra o Japão era anterior à Primeira Guerra Mundial e estava baseado na exposição dos japoneses a um cerco econômico caso o país tentasse expulsar os Estados Unidos do Pacífico ocidental. O Plano de Guerra Laranja (a cor que representava o Japão) passou por diversos ciclos desde sua concepção 25 anos antes, mas o compromisso com a guerra econômica irrestrita permaneceu sempre intacto. O modelo era o sucesso do cerco contra os Confederados, durante a Guerra Civil Americana. A negação de todos os recursos estrangeiros, a destruição de navios, o isolamento comercial e financeiro — esses eram os instrumentos elaborados para provocar "empobrecimento e exaustão" no inimigo laranja.[154] O poder da economia americana, forçada a enfrentar um conflito que no limite era contra o Japão, garantiria que a economia japonesa fosse destruída. Na década de 1930, os planejadores também já tinham colocado o poderio aéreo na equação, com bombardeios e bloqueio como instrumentos complementares de guerra econômica. A versão do Plano de Guerra Laranja de 1936 previa o bombardeio de longo alcance de alvos industriais e de comunicação das bases nas ilhas do Pacífico muito antes de existir uma aeronave capaz de fazer isso, e ele continuou sendo uma aspiração até os meios estarem enfim disponíveis, no final da campanha no Pacífico central.[155] As aeronaves também se tornaram essenciais para os planos traçados para a guerra econômica no cenário europeu depois que a Alemanha virou uma possível inimiga. Ali, o bombardeio foi possível de imediato e seu objetivo, com a concordância dos planejadores militares americanos no final do verão de 1941, seria "o colapso da estrutura industrial e econômica".[156]

O modelo britânico para a guerra econômica era a Primeira Guerra Mundial, pois se supunha que uma das principais explicações para a ruína dos Poderes Centrais tinha sido o bloqueio naval, que negava recursos e alimentos, provocando já em 1918 uma crise industrial e social. Mais para o final do conflito, a perspectiva de bombardear a indústria alemã se somou ao bloqueio como forma de guerra econômica. O plano de uma grande ofensiva aérea aliada em 1919, com centenas de bombardeiros multimotores, foi suspenso devido ao armistício de novembro de 1918, mas a ideia de fazer um cerco aéreo à economia inimiga continuou a ser durante os vinte anos seguintes um esteio importante do raciocínio da Força Aérea. Em 1928, o chefe do Estado-Maior da Aeronáutica, o marechal da RAF Hugh Trenchard, definiu que a meta principal da Força Aérea durante a guerra era atacar as cidades industriais do inimigo e o apoio que seu povo dá ao conflito: "Os pontos em que a defesa é mais difícil para ele e nos quais é mais vulnerável a ataques".[157] Essa ambição continuou a ser crucial para a missão aérea até o início da ofensiva de bombardeiros, em maio de 1940, quando foi integrada à estratégia geral de bloqueio. O bloqueio formal ao comércio inimigo por via marítima também se manteve como uma opção permanente entre os conflitos, e em 1937 o planejamento já havia se voltado de modo mais específico para um possível embate contra a Alemanha. O Comitê de Pressão Econômica sobre a Alemanha foi criado em julho de 1937, e suas deliberações sobre a fragilidade econômica germânica ajudaram a dar forma à ideia de que a guerra econômica contra a Alemanha deveria se tornar um elemento importante da estratégia geral britânica. Um Ministério de Guerra Econômica foi formado temporariamente na época da crise de Munique, em setembro de 1938. O intuito do título era ampliar o conceito de guerra econômica (termo cunhado em 1936), de um simples bloqueio marítimo para a inclusão de todas as formas possíveis de restringir o acesso da Alemanha a produtos, finanças e serviços, abarcando até ofensivas como um "departamento de combate". Suas responsabilidades acabaram englobando a definição e a avaliação de alvos econômicos para o Comando de Bombardeio.[158] Em setembro de 1939, o ministério foi instituído formalmente como um elemento da máquina de esforço de guerra britânico.

No entanto, é provável que a guerra econômica ocidental tenha sido limitada pelas restrições legais em relação ao uso de submarinos e aeronaves contra navios mercantes e indústrias inimigas. O Tratado Naval de Londres, de 1936 — um acordo entre as grandes potências, como Alemanha e Japão —, restringia ataques submarinos lícitos a barcos de transporte de tropas, navios mercantes protegidos por escoltas navais e qualquer embarcação mercante armada que participasse de atos de guerra. A guerra submarina ilimitada foi declarada ilegal. Navios mercantes deveriam ser parados, revistados para impedir contrabando, e a segurança dos tripulantes deveria ser respeitada. Essas mesmas restrições se aplicavam às aeronaves. Segundo ordens dadas pelo Ministério da Aeronáutica britânico no começo de 1940, apenas navios de guerra poderiam ser atacados: se a ideia era desafiar embarcações por via aérea, isso deveria ser feito ao desviá-las da rota planejada.[159] Como nem submarinos, nem aeronaves tinham facilidade de pôr em prática a política lícita de "parar e revistar", o impacto dessa diretriz na guerra econômica seria quase nulo. Uma questão similar assolava o bombardeio de alvos alemães. As instruções dadas pelo governo e pelos chefes de Estado-Maior britânicos em 1939 declaravam ilegais todas as operações que visassem propositalmente civis, se os alvos não fossem identificáveis de imediato como militares (ou seja, não se podia bombardear alvos encobertos por nuvens nem atacar à noite) e se a morte de civis pudesse ser resultado de negligência.[160]

Em ambos os casos, o governo britânico contrariou durante 1940 essas restrições. O bombardeio a cidades industriais alemãs começou em meados de maio de 1940, sob o pressuposto de que as forças germânicas já tinham afrontado as leis internacionais de forma tão ostensiva que nesse caso a Grã-Bretanha não precisava mais observá-las. Em outubro, todas as restrições foram revogadas, abrindo caminho para uma estratégia em meados de 1941 que de forma deliberada definia a população civil de cidades industriais como alvos legítimos.[161] O mesmo raciocínio foi usado no conflito submarino. Como havia ficado evidente que a Alemanha tinha abraçado um combate submarino sem restrições — o que não era exatamente verdade —, não existia nenhum argumento jurídico para que a guerra irrestrita contra navios germânicos fosse proibida. A começar pela campanha alemã contra a Noruega, zonas limitadas de "afundamento imediato" foram criadas para navios e aeronaves britânicos. Essas zonas foram ampliadas aos poucos durante o ano seguinte, e então os navios do Eixo em geral já estavam sujeitos a ataques irrestritos. Para os Estados Unidos, a questão da licitude foi bastante simplificada pela operação japonesa contra Pearl Harbor. Os comandantes da base atingida receberam um telegrama seis horas depois: "EXECUTAR GUERRA AÉREA E SUBMARINA IRRESTRITA CONTRA JAPÃO".[162]

A guerra econômica sem restrições fez sua primeira aparição no Mediterrâneo. Em 13 de junho de 1940, um submarino italiano afundou um navio petroleiro norueguês sem emitir nenhum aviso em uma área marítima que a Marinha da Itália considerava "perigosa". Os campos minados pareciam ter sido criados sem a declaração formal que a legislação internacional exigia. Em meados de julho, o Gabinete de Guerra Britânico debateu e aprovou a adoção de uma ordem de "afundamento imediato" para navios italianos, primeiro na costa da Líbia, depois a cinquenta quilômetros da costa de qualquer território italiano. Submarinos, embarcações de superfície e aeronaves tinham liberdade de destruir o comércio da Itália e o suprimento de equipamentos militares e de homens que seguiam para a frente de batalha no Norte da África.[163] Ainda assim, a campanha britânica demorou um tempo para se concretizar. Em 1940, havia apenas dez submarinos no Mediterrâneo, todos de modelos antigos, de classes O e P, que eram grandes demais e de submersão lenta demais para as águas mais rasas e a visibilidade cristalina do mar interior. As aeronaves eram poucas e estavam dedicadas à defesa do Egito. Em 1941, os barcos novos de classe T, além de embarcações menores das classes S e U, começaram a chegar, e eram numerosos e mais condizentes com as condições do Mediterrâneo. Em outubro de 1940, a Marinha britânica apreendeu livros de codificação dos submarinos italianos, e em junho de 1941 o código secreto C38m da Itália foi decifrado, revelando detalhes de comboios e rotas.[164] A expansão da atividade aérea, o uso sistemático de minas e forças de combate de superfície dedicadas à caça de comboios resultaram em perdas irreparáveis de navios italianos e alemães (estes últimos tinham sido emprestados para a Itália, mas navegavam com a bandeira germânica), e aos poucos destruíram a Marinha mercante italiana.

No período dramático de janeiro a maio de 1943, os comboios italianos enfrentaram os canais estreitos entre os campos minados dos Aliados para suprir as forças do Eixo contidas na Tunísia. Sofreram com os bombardeios aéreos que vinham das bases da Grã-Bretanha e dos Estados Unidos que ficavam ali perto e foram atacados por navios e submarinos, com pouquíssima chance de sobreviver ilesos. Os marinheiros italianos apelidaram esse trajeto de "rota da morte". Com a perda de navios de guerra, nunca havia mais de dez contratorpedeiros de escolta em ação, trabalhando dia e noite, e em fevereiro já eram apenas cinco. Em março e abril, 41,5% dos suprimentos já tinham ido parar no fundo do mar; em maio, pouco antes da rendição italiana, já eram 77%. Enquanto existiu a "rota da morte", 243 navios de suprimentos foram afundados e 242 foram danificados.[165] Ao longo dos três anos de campanha, a Marinha mercante italiana foi reduzida a 2,8 milhões de toneladas dos 3,1 milhões de toneladas entre tonelagem alemã, italiana e capturada; um total de 1826 navios e tanques foi afundado, 42% por submarinos, 41% por aeronaves e 17% por navios e minas.[166] O impacto do esforço de guerra do Eixo no Norte da África foi, no entanto, misto. Apesar de todo o empenho no ataque aos comboios, apenas cerca de 15% dos suprimentos chegaram ao continente. Foi lá, empacados em portos pequenos desacostumados ao volume de produtos, que navios e suprimentos foram destruídos pelo ataque aéreo implacável das unidades da RAF no Oriente Médio, ou perdidos nas longas rotas que deveriam chegar ao front.[167] O problema não era a quantidade de perdas de comboios no mar, mas a escassez crescente de navios para o transporte de mercadorias. Milhares de toneladas ficaram paradas para conserto nos estaleiros italianos, que tinham poucos recursos. O ápice de abastecimento mensal de artigos ao front do Norte da África aconteceu entre fevereiro e junho de 1941; de julho a dezembro de 1942, a média mensal era de apenas 62% do número inicial, enquanto a força que deveriam abastecer era muito maior.[168]

Não existe tanta controvérsia quanto ao fato de que a interrupção da Marinha mercante italiana contribuiu para o declínio da produção bélica e a escassez de petróleo. O bloqueio dos Aliados mirava não apenas o tráfego para a África, mas também o comércio regular com portos italianos, do qual a indústria do país dependia para obter materiais imprescindíveis e combustível, e que era necessário para a população italiana obter alimentos. O tamanho do impacto causado pela destruição e pelos danos a navios italianos chamou menos atenção do que as rotas de suprimento que iam para a África, e é mais difícil demonstrar por meio de estatísticas. As Forças Armadas estimaram que eram necessários 8,3 milhões de toneladas de petróleo importado por ano, mas a média entregue entre

1940 e 1943 foi 1,1 milhão; de cobre e estanho, eram necessárias 159 mil toneladas, e a média de importação era 30 mil toneladas; de alumínio, apenas 5 mil toneladas chegavam por ano, das 33 mil necessárias.[169] O abastecimento de algodão e café em 1942 foi de apenas 1% dos números de 1940, de lã foi 4%, de trigo foi 11%, de ferro e aço foi 13%, e assim por diante.[170] Em que medida esses déficits eram uma consequência direta da guerra econômica dos Aliados, só podemos conjecturar, mas a perda no verão de 1943 de 90% da capacidade de transporte marítimo durante o conflito já conta uma história.

A guerra econômica contra a Alemanha teve uma escala muito maior, e, ao contrário do embate de abastecimento no Mediterrâneo, foi um esforço em larga medida aéreo, conduzido a princípio pelo Comando de Bombardeio da RAF. De 1942 em diante, contou também com a participação da Oitava Força Aérea dos Estados Unidos, estacionada na Grã-Bretanha, e a partir do final de 1943, da 15ª Força Aérea, baseada no sul da Itália. O bloqueio ao tráfego marítimo germânico acabava tendo uma serventia limitada devido ao acesso alemão aos recursos da Europa ocupada e neutra. Os submarinos britânicos nas águas europeias do norte afundaram apenas 81 navios durante o conflito; já as aeronaves do Comando Costeiro foram responsáveis por mais 366, embora muitos fossem navios costeiros de casco raso. Estima-se que as minas tenham naufragado mais 638, em geral barcos pequenos.[171] O tráfego mercantil transatlântico que seguia para a Alemanha era interceptado pelos navios de guerra britânicos em operações supostamente de "controle de contrabando" e materiais bélicos apreendidos como cargas valiosas, mas a relevância dessas cargas caiu no outono de 1939. Depois disso houve poucos furadores de bloqueio, alguns alemães, alguns japoneses, mas muitos foram afundados ou apreendidos e seu impacto estratégico foi mínimo. Mesmo antes do conflito, negar recursos ao esforço de guerra alemão foi considerado uma estratégia que seria mais bem conduzida com ataques aéreos de longo alcance contra a fonte de abastecimento. Nos meses anteriores ao início da guerra, o Ministério da Aeronáutica britânico traçou dezesseis Planos Aéreos Ocidentais, uma lista de desejos que o Comando de Bombardeio não chegava nem perto de ser capaz de cumprir. Os planos principais eram WA5, "Planos de ataque contra fontes manufatureiras alemãs", que incluíam a indústria bélica em geral, a área de Ruhr e fontes de petróleo que abasteciam a Alemanha, e WA8, com ataques noturnos contra estoques de materiais bélicos. O que se colocou em marcha em meados de maio de 1940 foi a junção desses dois planos, quando o novo Gabinete de Guerra de Churchill recebeu aprovação para fazer operações noturnas, que sem dúvida causariam mortes de civis.[172] Essas primeiras ofensivas inauguraram uma campanha de cinco anos contra a frente interna e a produção alemãs na Europa ocupada, uma campanha cuja duração e dimensão mal eram previstas. Tanto a Força Aérea americana quanto a britânica esperavam que a guerra econômica por via aérea tivesse um impacto imediato, mas, assim como o embate de atrito nos mares, a destruição de recursos econômicos se revelou um processo lento, frustrante e custoso.

Na prática, o Comando de Bombardeio não conseguiu quase nada de produtivo em seus primeiros dois anos de campanha. Embora Churchill acreditasse que só com a ofensiva os alemães sentiriam a guerra na pele, a ideia de que a indústria e os sistemas de comunicação germânicos pudessem ser fortemente abalados era contrariada pela realidade operacional e as evidências do efeito limitado do bombardeio alemão na produção britânica. O Comando de Bombardeio tinha pouquíssimas aeronaves e nenhum bombardeiro pesado, não tinha visor ou auxiliares de navegação modernos, transportava bombas altamente explosivas de pequeno calibre e poucas incendiárias e enfrentava um número assombroso de artilharia antiaérea que impedia que se aproximasse dos principais alvos na Alemanha Ocidental. Um piloto do Comando de Bombardeio declarou que as operações em 1940 contra alvos econômico-militares "eram inúteis" quando muitas tripulações não conseguiam nem mesmo achar a cidade que tinham recebido ordens de bombardear. Uma alta proporção de bombas foi lançada nas matas do interior; muitas delas falharam.[173] A exposição desses fiascos ficou famosa em agosto de 1941, quando o consultor científico de Churchill, Frederick Lindemann, pediu ao jovem estatístico David Bensusan-Butt uma análise das 650 fotografias tiradas pelas aeronaves do Comando de Bombardeio para medir sua precisão. Butt descobriu que apenas uma em cada cinco aeronaves tinha ficado a oito quilômetros do alvo, que na região industrial de Ruhr-Renânia esse número era de apenas uma em cada dez e que nas noites sem luar ou nubladas foi apenas uma em quinze. Dois meses depois, o recém-inaugurado Departamento de Pesquisas Operacionais do Comando de Bombardeio revelou que os ataques tinham sido ainda piores no outono: apenas 15% das aeronaves tinham lançado bombas a menos de oito quilômetros do alvo.[174]

Mesmo antes do Relatório Butt, a estratégia da guerra econômica do Comando de Bombardeio já tinha sido alterada, levando em conta o problema de que os ataques naquelas condições eram inerentemente imprecisos. A partir da análise do impacto do bombardeio alemão à Grã-Bretanha, o Ministério da Aeronáutica concluiu, em primeiro lugar, que bombas incendiárias causavam muito mais danos do que as altamente explosivas e deveriam ser priorizadas; em segundo, que bombardear trabalhadores e o ambiente urbano seria uma forma mais eficaz de reduzir a produção bélica inimiga do que ataques infrutíferos contra fábricas específicas. Em abril de 1941, a revisão da política de bombardeios recomendou "ataques blitz muito bem planejados, concentrados e contínuos, visando o centro da área operária de cidades alemãs". Os trabalhadores, segundo argumentou o diretor do Serviço de Inteligência Aérea, eram "os alvos menos móveis e mais vulneráveis a um ataque aéreo generalizado".[175] Quase ao mesmo tempo, o Ministério da Guerra Econômica chegou à conclusão de que a estratégia seria mais bem-sucedida se direcionada à destruição de "moradias e centros comerciais de operários", em vez de fábricas individuais, e pressionou o Ministério da Aeronáutica a fazer operações contra cidades inteiras.[176] Na lógica britânica, os trabalhadores se transformaram em alvos econômicos abstratos. Com essa definição em mente, uma nova diretriz foi lançada para o Comando de Bombardeio em julho de 1941: a de que três quartos das operações fossem contra áreas operárias e industriais, e o restante, quando possível, fosse contra transportes. Uma segunda ordem, de 14 de fevereiro de 1942, retirava os transportes como alvos úteis (raramente esse tipo de ataque era bem-sucedido) e introduzia operações contra o moral da população civil inimiga, sobretudo contra operários, como objetivo principal. As cidades industriais germânicas foram divididas com a finalidade de ressaltar as áreas residenciais vulneráveis: "Zona 1: área urbana central, totalmente construída; Zona 2(a): área residencial compacta, totalmente construída", até "Zona 4: áreas industriais". Esperava-se que o Comando de Bombardeio fizesse investidas contra as Zonas 1 e 2(a) e evitasse desperdiçar bombas em zonas industriais mais dispersas.[177] O Ministério de Guerra Econômica elaborou uma lista com 58 cidades (as chamadas "Baedeker dos Bombardeios"), em que cada uma recebia uma pontuação com base na análise do número de fábricas essenciais que abrigava. Berlim era a que tinha mais pontos, com 545; Würzburg, que mais tarde seria destruída em um incêndio, marcava apenas onze pontos. Essa atitude foi tomada não para incentivar o bombardeio preciso, mas garantir que, quando uma área urbana fosse devastada, muitos produtores importantes seriam afetados por mortes, ferimentos e deslocamento da mão de obra. Um tempo depois, a lista foi expandida e passou a incluir 120 cidades. Harris, depois de ser nomeado comandante de bombardeio, em fevereiro de 1942, carregava a lista consigo e riscava as cidades cuja destruição considerava suficiente. Em abril de 1945, quando o bombardeio urbano enfim cessou poucos dias antes da capitulação alemã, Harris já tinha riscado 72 cidades da lista.[178]

A Força Aérea do Exército dos Estados Unidos tinha uma opinião distinta sobre seu potencial na guerra econômica. Em 1940, com a ajuda dos materiais produzidos pelo Serviço de Inteligência Aérea da Grã-Bretanha, a inteligência aérea americana elaborou dossiês sobre os alvos dos sistemas econômicos que consideravam os mais prováveis de minar em definitivo o esforço de guerra alemão. Em agosto de 1941, quando foram instruídos pelo Departamento de Guerra a traçar um plano aéreo como parte do "Programa de Vitória" de Roosevelt, os analistas escolheram eletricidade, transporte, óleo combustível e moral (um tributo à influência britânica) como os principais alvos de uma ofensiva aérea estratégica. Ao contrário do planejamento da Grã-Bretanha, o plano americano awpd-1 colocava a Força Aérea germânica e a indústria e a infraestrutura que a sustentavam como "alvos imediatos" essenciais, cuja destruição era vista como pré-requisito para ser bem-sucedido ao eliminar outros alvos.[179] Em 1942, quando a Oitava Força Aérea atravessava o Atlântico em direção a bases na Inglaterra, o plano inicial foi alterado. Em setembro de 1942, o awpd-42 tirou o moral da lista de alvos úteis e acrescentou como alvos cruciais a produção de submarinos, alumínio e borracha sintética. Os ataques, a 154 alvos individuais em 1941 e 177 em 1942, foram calculados com precisão.[180] Também foram calculados o tamanho da frota de bombardeiros necessária e a carga da investida. A suposição era de que os bombardeiros dos Estados Unidos, ao usar visores que funcionavam bem, poderiam sobrevoar a Alemanha durante o dia e fazer ataques precisos contra fábricas identificadas como alvos primários. O princípio do plano americano era de que, depois que os alvos escolhidos fossem destruídos, o impacto "seria decisivo, e a Alemanha seria incapaz de continuar com seu esforço de guerra".[181] O contraste com os bombardeios noturnos da raf foi institucionalizado na Ofensiva Combinada de Bombardeiros, que por fim foi acordada na Conferência de Casablanca, em janeiro de 1943. A Operação Pointblank, que tratava da ofensiva, lançada seis meses depois, distinguia com clareza duas formas de guerra econômica — uma baseada no ataque a um sistema de alvos industriais específicos durante o dia; outra baseada na destruição, por meio de ataques surpresa durante a noite, da capacidade produtiva e da disposição dos trabalhadores alemães de continuarem a guerra. Eram estratégias separadas, mas não incompatíveis, embora os líderes da Força Aérea americana continuassem sem acreditar que a ofensiva britânica teria algum efeito decisivo em termos políticos ou econômicos. "O moral em uma sociedade totalitarista é irrelevante", concluiu o general Carl Spaatz, comandante das Forças Aéreas estratégicas americanas na Europa, "quando os modelos de controle funcionam direito."[182]

Durante o primeiro ano, a Oitava Força Aérea Americana enfrentou um aprendizado difícil. Os planos de paralisar a extravagante lista de 177 alvos específicos se mostraram irrealizáveis sob as condições vigentes. A mira de bomba Norden, muito alardeada, acabou se mostrando uma ferramenta ruim para lançar bombas a mais de 4500 metros de distância; as cidades industriais germânicas estavam sempre encobertas por nuvens ou fumaça industrial, e desse modo, entre 1943 e 1945, quase três quartos das bombas americanas foram lançados "às cegas" com o uso de radares, o que os diferenciava pouco do método britânico de atacar áreas específicas. Além disso, as investidas durante o dia sem escolta de caças provocaram um número insuportável de perdas. Em dois grandes ataques, em agosto e outubro de 1943, contra um alvo preciso, uma fábrica de rolamentos em Schweinfurt, os bombardeiros ficaram seriamente avariados: 31% foram perdidos no ataque de agosto, foram muito danificados ou forçados a voar até bases no Norte da África; em outubro, 65 bombardeiros de uma força de 229 foram perdidos.[183] Esses números eram insustentáveis e, até fevereiro de 1944, a Oitava Força Aérea escolheu alvos mais fáceis na costa norte da Alemanha ou nos países europeus ocupados.

Quando as ofensivas diurnas contra a indústria germânica foram retomadas, em fevereiro de 1944, a situação já havia mudado bastante. Sob a liderança de Spaatz, nomeado comandante de todas as Forças Aéreas estratégicas americanas na Europa no final de 1943, e o major-general James Doolittle, que assumiu o comando da Oitava Força Aérea em janeiro de 1944, a guerra econômica passou a depender da derrota militar da Força Aérea alemã que defendia a indústria do país. Havia nisso uma dimensão econômica, já que a indústria aérea era o alvo industrial prioritário. Entre 19 e 26 de fevereiro de 1944, a Oitava Força Aérea na Grã-Bretanha e a 15ª Força Aérea vinda da Itália realizaram uma onda de ataques contra dezoito montadoras de aeronaves, no que foi chamado de "Grande Semana". Os danos foram consideráveis, mas não críticos. O verdadeiro estrago foi causado pelo cenário tático alterado. Assim como os navios mercantes no mar, os comboios de bombardeiros precisavam de escolta. A partir do final de 1943, os caças americanos — o P-38 Lightning, P-47 Thunderbolt e o P-51 Mustang de alta performance (equipado com o motor britânico Merlin, produzido sob licença nos Estados Unidos) — eram munidos de tanques de combustível extras para poder ir longe do espaço aéreo alemão. Alguns protegeram os bombardeiros vulneráveis, mas os caças também tinham permissão para realizar operações "freelance", se distanciando do grupo para buscar bases aéreas, instalações e caças inimigos. Apesar do enorme aumento na fabricação de caças na Alemanha durante 1944, o índice de desgaste imposto pelas agressivas escoltas americanas se mostrou desastroso. Em fevereiro, a Força Aérea germânica perdeu um terço de sua força combativa, e em abril chegou a 43%.[184] Era impossível compensar a tempo a perda de pilotos experientes, e o padrão de treinamento caiu. Essa velocidade de dano foi insuperável, e, embora a produção de aeronaves continuasse acelerada ao longo de 1944 apesar dos bombardeios, a Força Aérea alemã perdeu a disputa de superioridade no espaço aéreo germânico.

A derrota possibilitou que os bombardeiros americanos retomassem a guerra econômica respaldada pela grande expansão no número desse tipo de aeronave. Dessa vez, o amplo leque de alvos previstos no planejamento inicial foi abandonado em prol de uma investida contra os estoques de petróleo da Alemanha. Em março de 1944, um relatório do Comitê de Alvos Inimigos declarou o petróleo o foco mais vulnerável e o que mais poderia impactar de modo geral no poder combativo germânico. Embora a ideia fosse desviar os bombardeios para apoiar a invasão dos Aliados à França, planejada para junho, Spaatz ordenou que essa campanha fosse levada adiante. Em abril, foram feitos ataques devastadores contra o campo petrolífero romeno de Ploesti, a fonte principal de óleo natural da Alemanha. Em maio e no começo de junho, ocorreram ataques pesados contra as principais fabricantes de combustível sintético e refinarias de petróleo. Embora a maioria das bombas tenha caído fora da área almejada, um número suficiente acertou os alvos e causou sérios prejuízos.[185] A produção de combustível de aviação caiu de 180 mil toneladas em março para 54 mil toneladas em junho, e 21 mil toneladas em outubro. A produção de óleo sintético foi de 348 mil toneladas em abril e 26 mil toneladas em setembro. A decisão de atacar indústrias de capital intensivo, que não podiam ser dispersadas ou dissimuladas com facilidade, se estendeu a outras substâncias químicas básicas para a fabricação de munição. A produção de nitrogênio caiu três quartos durante 1944, a de metanol caiu quatro quintos, a de bicarbonato de sódio caiu 60%, a de ácido sulfúrico diminuiu 55%, e assim por diante. Somou-se borracha sintética ao petróleo como um dos principais recursos militares, resultando na queda da produção de 12 mil toneladas em março de 1944 para 2 mil toneladas em novembro.[186] O efeito cumulativo seria a erosão dos estoques de materiais essenciais que haviam sobrado na Alemanha, tornando seus patamares insustentáveis para seguir com o conflito muito além da primavera de 1945.

A partir de setembro de 1944, além dos danos às principais usinas de petróleo e produtos químicos, Eisenhower ordenou que as Forças Aéreas americana e britânica se concentrassem também em atacar companhias de comunicação. Harris resistiu a qualquer tentativa de desviar o Comando de Bombardeio de lançar bombas sobre cidades, mas concordou em investir contra áreas urbanas onde também havia alvos ligados a petróleo e vias férreas. Grande parte da última campanha contra alvos sistemáticos específicos, inclusive a repressão contínua à Força Aérea alemã, foi conduzida por Spaatz. Em termos econômicos, a onda de ataques a ferrovias e canais a partir de setembro de 1944 se mostrou decisiva. A hidrovia do Reno foi bloqueada em um golpe de sorte, quando a ponte Mülheim de Colônia foi atingida; o canal Mittelland, que ligava a área industrial de Ruhr à Alemanha central, foi considerado praticamente inutilizável nos últimos meses do ano: em novembro, dos 250 mil vagões de carga que poderiam ser usados pelo sistema ferroviário germânico, metade estava inoperável. Carvão e aço ficavam parados em Ruhr, amontoados nos terminais ferroviários aguardando transporte; o tráfego ferroviário total caiu quase pela metade entre setembro de 1944 e janeiro de 1945.[187] A Alemanha se fragmentou em zonas econômicas, nas quais a produção militar minguava de forma rápida enquanto os recursos secavam. Após o conflito, em quase todos os interrogatórios de autoridades e empresários responsáveis pela produção bélica alemã, a queda do sistema de transportes foi destacada como a principal justificativa para a crise econômica. Por outro lado, líderes militares viam a perda do petróleo como o elemento mais relevante para o colapso militar: "Sem combustível", observou Göring, "ninguém consegue levar uma guerra adiante".[188]

As investigações pós-conflito da guerra econômica feitas pelo Estudo de Bombardeio Estratégico dos Estados Unidos e por um órgão menor, a Unidade de Pesquisa de Bombardeio Britânica, confirmaram as opiniões dadas durante os interrogatórios. Os levantamentos se concentravam nos resultados da guerra econômica, e não nas consequências políticas ou militares. Não se fez nenhuma tentativa de disfarçar que, apesar de cinco anos de bombardeios e 1,3 milhão de toneladas de bombas, a produção bélica germânica se expandiu bastante até o outono de 1944: a fabricação de caças cresceu treze vezes, a de tanques aumentou cinco vezes, a de armas pesadas quadruplicou.[189] O crescimento mais acelerado de produção aconteceu justamente nos anos em que bombardeios pesados e persistentes se tornaram possíveis. Sem dúvida, a produção teria sido maior sem os ataques, mas eles eram um dos poucos fatores que impactavam o desempenho da economia de guerra. Os autores do "Relatório Geral" americano calcularam que os bombardeios custaram à economia alemã 2,5% do potencial de produção de 1942, 9% em 1943 e 17% em 1944, quando a ofensiva americana contra alvos industriais enfim se tornou efetiva, embora essas estatísticas também incluam a produção de artigos não relacionados à guerra. O relatório, assim como os interrogatórios, concluiu que a campanha contra alvos petrolíferos e a destruição das comunicações foram os principais fatores que minaram o esforço de guerra alemão, embora o documento da divisão petrolífera do estudo revele que apenas 3,4% das bombas lançadas contra instalações ligadas a petróleo atingiram usinas e oleodutos, enquanto 84% caíram longe do alvo.[190] Como já era de esperar, o relatório americano argumenta que a campanha empreendida pelos britânicos de bombardeio a áreas específicas "teve pouco efeito sobre a produção", mas um ano depois, quando a Unidade de Pesquisa de Bombardeio Britânica fez seu relatório, a afirmação americana foi em grande medida corroborada. Um estudo sobre 21 cidades industriais mostrou que o ataque a áreas específicas reduziu a produção em apenas 0,5% em 1942, e em 1944 a diminuição foi de apenas 1%. A produção cresceu mais rápido nas cidades bombardeadas do que nas catorze cidades que ficaram ilesas e foram analisadas pelo estudo.[191] O relatório britânico concluiu que a estratégia americana direcionada aos transportes tinha sido a mais acertada. O bombardeio a áreas específicas realmente destruiu quase 40% da zona urbana da Alemanha e causou a morte de mais de 350 mil homens, mulheres e crianças, mas nem esse grau inédito de estrago evitou a trajetória ascendente da produção bélica até o outono de 1944.

A modesta façanha econômica da ofensiva aérea até o ataque a transportes e petróleo pode ser explicada por alguns fatores. Um dos economistas recrutados para avaliar a economia alemã, Nicholas Kaldor, argumentou que as economias industriais modernas em guerra têm certo "amortecimento" para absorver o impacto dos bombardeios. Na Alemanha, o amortecedor era formado pelos recursos e pela mão de obra capturados na Europa ocupada, além da racionalização do sistema de produção bélica e de sua dispersão improvisada.[192] O economista americano J. K. Galbraith, também chamado para trabalhar na avaliação, concluiu que a economia germânica estava "crescente e resiliente, não estática e frágil", como o serviço de inteligência dos Aliados havia sugerido.[193] Nem a estratégia elaborada em 1941 pela RAF e o Ministério da Guerra Econômica de os bombardeios causarem um alto índice de ausências entre os trabalhadores desmoralizados se concretizou. Quase todas as cidades que sofreram fortes ataques retomaram um mínimo de 80% da produção anterior em menos de três meses, e chegaram a um mínimo de 100% em seis meses. Hamburgo foi alvo de um enorme bombardeio em julho de 1943, e em setembro 90% da mão de obra já havia voltado ao trabalho.[194] Em 1944, no auge das investidas, as ausências provocadas por isso foram a causa de apenas 4,5% das horas perdidas na indústria, embora os índices tenham sido maiores em setores mais visados, como a produção de submarinos e aeronaves.[195] A essa altura, um terço da mão de obra era composto de estrangeiros que trabalhavam à força e em meio a ruínas e ataques urbanos. O principal custo para a economia de guerra alemã veio dos programas de assistência e reabilitação para vítimas de bombas, além da mão de obra desviada para defesa civil, resgates e restaurações. É difícil calcular em termos estatísticos em que medida tais fatos impediram a trajetória ascendente da produção bélica antes da destruição do sistema de transportes, e ninguém tentou fazer essa conta em 1945, mas parece bastante improvável que os recursos pós-bombardeios teriam contribuído para o crescimento da produção em algum grau relevante caso tivessem existido.

O custo militar para os alemães foi muito maior. No outono de 1944, 80% dos caças estavam concentrados na Alemanha para defender o país de ataques, enquanto a produção de bombardeiros caiu para apenas um décimo do número de caças, deixando as frentes de combate sem nenhum dos dois tipos de aeronaves. Em 1944, havia 56 400 artilharias antiaéreas na Alemanha, com a produção de mais 4 mil armas por mês; o armamento antiaéreo consumia metade da produção da indústria de eletrônicos e um terço dos produtos da indústria óptica.[196] Os Aliados não tinham previsto esse desvio maciço de mão de obra quando o bombardeio começou, mas por acaso ele gerou a redução no número de equipamentos disponíveis para as forças germânicas nas frentes de batalha justamente num momento crítico dos combates.

★ ★ ★

A guerra econômica contra o Japão, por sua vez, foi uma batalha levada a cabo principalmente no mar. As bases necessárias para que os bombardeiros pesados voassem até as ilhas japonesas só ficaram disponíveis no final de 1944 e no início de 1945, com a conquista americana das ilhas Marianas. O uso de bombardeios como estratégia para minar a produção bélica japonesa em qualquer escala que fosse só foi possível nos seis últimos meses de combates no Pacífico. A guerra marítima era uma espécie de guerra econômica indireta, que negava recursos materiais para a indústria bélica japonesa, óleo para o Exército e a Marinha e alimentos para a população japonesa. Essa era a intenção do "Plano Laranja", mas a suposição por trás da ideia original era a presença americana no Pacífico ocidental. A tomada das Filipinas e das bases americana em Guam e Wake pelo Japão significava que qualquer bloqueio teria de ser conduzido por submarinos e aeronaves da Marinha até que bases e portos estivessem outra vez seguros em mãos americanas.

Os líderes japoneses entendiam que a enorme dependência de importados, sobretudo de regiões conquistadas no sul do Pacífico e do Sudeste Asiático, tornava imprescindível que se garantisse o trânsito de navios mercantes em número suficiente para compensar as possíveis perdas. Os Planos de Mobilização de Materiais, elaborados em 1941 e 1942, eram baseados na disponibilidade de navios, fator que governou o desenvolvimento da economia de guerra japonesa até 1945. Sob os termos da Ordem de Controle de Transporte de Carga Marítima em Tempos de Guerra, publicada em março de 1942, um Comitê de Operações Marítimas foi constituído para controlar a requisição, movimentação e operação de todos os despachos nipônicos.[197] O comércio marítimo se tornou um setor prioritário da produção bélica. A tonelagem disponível em dezembro de 1941 era 5,2 milhões; ao ampliar os estaleiros existentes, construir seis galpões enormes e padronizar o design e a construção de embarcações, o país conseguiu acrescentar mais 3,5 milhões de toneladas no decorrer da guerra.[198] Durante boa parte dos anos de conflito o principal problema para a economia japonesa era a quantidade de navios mercantes requisitados pelo Exército e pela Marinha para realizar operações que atravessavam uma vasta extensão marítima, das ilhas Aleutas, no extremo norte do Pacífico, à Birmânia, no oceano Índico. As solicitações para que as tropas e os equipamentos fossem repostos eram implacáveis, mas o resultado foi um nível de confisco militar que durante boa parte da guerra deixou menos de 2 milhões de toneladas úteis de navios civis para abastecer as ilhas do país com alimentos, materiais e óleo. Apenas a batalha decisiva no inverno de 1942-3, na ilha de Guadalcanal, absorveu 410 mil toneladas de navios mercantes; para cumprir operações limitadas na Birmânia, em junho de 1943, os militares ocuparam 165 mil toneladas de espaço de carga do setor civil.[199]

As forças dos Estados Unidos levaram quase dois anos para conseguir explorar de forma adequada a vulnerabilidade do abastecimento estrangeiro japonês. Eram poucos os submarinos disponíveis em 1942 para o tamanho do campo de batalha marinha, e não havia uma estratégia clara quanto à sua utilização. Durante quase dois anos, o torpedo americano padrão tinha o mesmo problema do alemão: falhas constantes nos fusíveis magnéticos e de contato. Ao longo dos anos de guerra, foram necessários 14 748 torpedos para afundar 1314 navios mercantes e de guerra. Em 1942, apenas 180 navios japoneses, totalizando 725 mil toneladas, foram perdidos.[200] No entanto, em 1943, sob o comando do vice-almirante Charles Lockwood, com bases ampliadas em Pearl Harbor e nos portos australianos de Freemantle e Brisbane, submarinos americanos começaram a patrulhar as principais rotas de abastecimento no entorno do Império Japonês em busca de navios mercantes e petroleiros ou, quando possível, navios de guerra inimigos. Nesse ano, um total de 1,8 milhão foi afundado, e no final do ano o número superava o de navios novos. A tonelagem de importação japonesa caiu de 19,5 milhões de toneladas para 16,4 milhões, uma situação que era perigosa, mas até então não era crítica. A eficácia das operações submarinas foi engrandecida pelo bom serviço da inteligência e da decifragem de códigos (também chamado de Ultra no Pacífico), pelo desenvolvimento da detecção por radares e pelo avanço decisivo dos torpedos, o Mk XIV e o Mk XVIII, mais confiáveis na hora de afundar navios por contar com explosivos aprimorados e fusíveis mais robustos. A força submarina nunca foi grandiosa, mas a frota submarina de 1500 toneladas que era o padrão dos Estados Unidos alcançava distâncias de até 16 mil quilômetros e transportava suprimentos para sessenta dias no mar, e essas duas condições eram essenciais para as longas travessias do Pacífico. Os enormes danos infligidos vieram de uma força que no começo de 1944 ainda contava com apenas 75 embarcações. No decorrer da guerra, a Marinha dos Estados Unidos encomendou 288 submarinos, uma fração da quantidade construída para a guerra no Atlântico pela indústria alemã.[201]

Apesar do rápido declínio da marinha mercante à disposição — no final de 1943, restava apenas 1,5 milhão de toneladas para todas as operações não militares —, a Marinha japonesa fez muito menos tentativas do que os Aliados ocidentais tinham feito no Atlântico para proteger seu vulnerável comércio exterior. A guerra antissubmarinos foi tolhida pela falta de um radar de ondas curtas, que só ficou disponível no outono de 1944, e pela incapacidade de determinar as táticas mais eficazes para usar bombas de profundidade ou radiogoniometria. As perdas de submarinos americanos costumavam ocorrer quando atacavam comboios de suprimentos militares com escoltas pesadas: quinze foram afundados em 1943, dezenove em 1944, mas o número nunca foi suficiente para inibir a longa campanha de atrito contra a marinha mercante, que era a prioridade estratégica. Apenas em 1943 os japoneses começaram a fazer comboios regulares nas rotas principais, mas a prioridade era dada à escolta de suprimentos para a Marinha e o Exército. Uma Grande Frota de Escolta foi criada, com o apoio do 901º Esquadrão Aéreo, mas os comboios marítimos e aéreos ficaram sobrecarregados demais para montar patrulhas antissubmarinas eficazes. Em sua maioria, as aeronaves dedicadas às operações antissubmarinas foram destruídas em 1944 por porta-aviões americanos, enquanto três em cada quatro porta-aviões de escolta de pequeno porte foram afundados.[202] Em 1944, quando além dos submarinos aeronaves também passaram a caçar navios mercantes, os japoneses não tiveram como fazer muita coisa, e uma após a outra as grandes rotas de abastecimento foram fechadas. As remessas de minério de ferro enviadas do rio Yangtzé foram interrompidas pelo excesso de mineração, que reduziu em três quartos a provisão disponível: o fluxo de petróleo do sul diminuiu de 700 mil toneladas por mês para 200 mil em dezembro de 1944, e em fevereiro de 1945 a rota do petróleo foi totalmente suspensa.[203] O improviso japonês não serviu de muita coisa. Os materiais transportados por via férrea, e não por via marítima, para os portos chineses e coreanos ainda tinham que ser entregues nas ilhas do país, apesar do risco de ataques aéreos e submarinos. Embarcações pequenas — juncos e sampanas — foram confiscadas para aumentar a tonelagem disponível, e navios eram feitos de madeira por causa da escassez de aço. No entanto, em 1944, os tripulantes de submarinos americanos já estavam esgotando os alvos úteis e começaram a afundar até barcos minúsculos porque suspeitavam de que estariam transportando materiais bélicos, o que em muitos casos era verdade.[204]

A partir de novembro de 1944, as campanhas aérea e marítima da Marinha americana contra navios inimigos passaram a contar também com o bombardeio estratégico das ilhas japonesas pela Força Aérea do Exército. Os planejadores da Força Aérea pretendiam acrescentar a destruição direta da indústria bélica japonesa aos efeitos de um bloqueio mais amplo, mas os ataques iniciais com o Boeing B-29 Superfortress foram prejudicados pela dificuldade de lidar com as condições climáticas imprevistas do Japão (uma corrente de jato potente tornava quase impossível que o bombardeio de altitude fosse exato) e por nuvens comuns e fumaça industrial que pairavam sobre as cidades visadas. Além disso, o equipamento de radar padrão desenvolvido com base no radar H2X usado na Europa, o AN/APQ-13, não apresentava uma imagem clara o bastante da área do alvo.[205] Assim como na Europa, a prioridade era destruir montadoras de aeronaves e aeromotores, mas em janeiro de 1945 nenhum dos alvos apontados tinha sofrido investidas efetivas. Essas realidades operacionais causaram uma revisão de prioridades, como tinha acontecido na Grã-Bretanha em 1941. Em 1943, o Comitê de

Analistas Operacionais da Força Aérea americana já tinha recomendado ataques às seis principais cidades industriais do Japão, usando o mesmo argumento da RAF e do Ministério de Guerra Econômica de que os operários e seu meio social eram um alvo econômico legítimo, e foi essa orientação, repetida como prioridade em outubro de 1944, que contribuiu para a decisão de lançar bombas incendiárias em cidades japonesas na primavera de 1945, a começar por Tóquio na noite de 10 de março.[206]

Os bombardeios estratégicos a montadoras de aeronaves continuaram até o fim do conflito e aconteciam quando as condições climáticas permitiam, mas de modo geral a maioria das operações subsequentes foi de ataques a alvos específicos. Ao contrário da guerra na Europa, os setores de petróleo e comunicações não foram considerados possivelmente decisivos. Na verdade, a inteligência econômica japonesa sugeria que a produção fosse amplamente espalhada por pequenas oficinas escondidas em áreas residenciais de grandes cidades. Ataques incendiários a regiões específicas deveriam levar em conta a extrema inflamabilidade das construções urbanas nipônicas, e o objetivo declarado dessas investidas era matar ou incapacitar trabalhadores, destruir moradias e serviços básicos e botar abaixo oficinas pequenas, na esperança de que a destruição causasse algum impacto no desempenho produtivo "em um monte de fábricas bélicas".[207] O general Curtis LeMay, comandante do XXI Comando de Bombardeio, estacionado nas ilhas Marianas, acabou lançando bombas incendiárias à noite e de baixa altitude porque os ataques de precisão se mostraram ineficazes. Mais tarde, ele defenderia os incêndios que sua força criou, dizendo que essa era a única forma de lidar com a estratégia japonesa de dispersão industrial. "Bastaria", ele escreveu em seu livro de memórias, "visitar um desses alvos depois de ser queimado por nós e ver as ruínas de inúmeras casinhas, com uma furadeira mecânica surgindo entre os destroços de cada uma delas. A população inteira entrou em ação e trabalhou para fazer aeronaves ou munições."[208] No fim foi impossível verificar a veracidade dessa afirmação, e tanto o Comitê de Analistas Operacionais como o Estudo de Bombardeio Estratégico dos Estados Unidos, montado no Pacífico no verão de 1945, acabaram alegando que oficinas domésticas já não eram tão usadas e não deveriam ter justificado ataques a alvos específicos.[209] No entanto, a afirmativa deu o verniz de embate econômico ao que na verdade foi uma guerra letal contra civis e seu meio urbano.

A avaliação do impacto do bombardeio estratégico na economia nipônica foi bem mais difícil do que tinha sido na Alemanha, pois em 1945 a produção bélica e o esforço militar do Japão já estavam à beira do colapso por conta do nó cada vez mais apertado do bloqueio marítimo, que chegou ao ápice no ano anterior à capitulação japonesa. A produção de munição nipônica chegou ao auge em setembro de 1944, antes do começo dos bombardeios, e esse ritmo só poderia ser mantido se esgotassem os estoques acumulados de materiais e o consumo civil fosse reduzido ao mínimo. Apesar da nova capacidade de produção e do estoque cada vez maior de maquinário, a produção militar caiu de forma rápida após a reposição de materiais vindos do exterior ser suspensa. A escala de produção de munições (1941 = 100) foi 332 em setembro de 1944 e 156 em julho de 1945.[210] A importação de produtos básicos em massa caiu para 10,1 milhões de toneladas em 1944, metade da quantidade de 1941, e em 1945 não superou 2,7 milhões de toneladas. No segundo trimestre de 1945, havia apenas 890 mil toneladas de navios mercantes ainda disponíveis para uso, mas em geral ficaram bloqueados em portos nos arredores do mar do Japão quando submarinos americanos começaram a se arriscar nas águas japonesas. Como um complemento à guerra naval, o XXI Comando de Bombardeio começou uma campanha que depositou 12 mil minas na costa nipônica, afundando mais 293 navios entre março e agosto de 1945. No total, o Japão perdeu 8,9 milhões de toneladas de navios mercantes, ou mais de 90% das embarcações disponíveis, entre 1942 e 1945.[211] A perda da tonelagem mercante japonesa e seus efeitos nas importações estratégicas estão na Tabela 6.3.

TABELA 6.3 NAVIOS MERCANTES JAPONESES E COMÉRCIO DE PRODUTOS BÁSICOS, 1941-5 (1000 M. TONELADAS)[212]

	1941	1942	1943	1944	1945
Navios mercantes (ab)	5241	5252	4170	1978	1547
Civis, disponíveis para uso	1513	2260	1545	896	594
Navios mercantes construídos	210	260	769	1699	503
Navios mercantes perdidos (ab)		953	1803	3834	1607
Importação de produtos básicos em massa	20 004	19 402	16 411	10 129	2743
Carvão de coque	6459	6388	5181	2635	548
Minério de ferro	6309	4700	4298	2153	341
Bauxita	150	305	909	376	15
Borracha natural	67	31	42	31	18
Arroz	2232	2269	1135	783	151

Número de tonelagem mercante é a média de out.-dez. de cada ano, ago. para 1945; número de produtos básicos de 1945, apenas jan.-ago.; ab = arqueação bruta.

A guerra econômica levou anos para combater o atrito, mas na primavera de 1945 a produção industrial japonesa e o abastecimento de produtos alimentícios estavam chegando à exaustão. Havia poucas perspectivas de que a economia sobrevivesse com um resquício de produção industrial muito além do fim do ano.

A guerra econômica era, por natureza, uma estratégia lenta, e seus resultados eram ambíguos. "Não dá para destruir uma economia", observou o cientista do governo britânico Sir Henry Tizard em uma reavaliação da campanha de bombardeio que a Grã-Bretanha conduziu em 1947.[213] E, de fato, amplas economias industriais modernas eram mais flexíveis diante de um ataque do que se esperava antes do conflito. Em todo caso, fazia-se uma avaliação otimista demais de que a guerra econômica funcionaria de forma rápida e definitiva, sobretudo por conta da pouca preparação que os principais beligerantes tinham para enfrentar tais campanhas. O bloqueio aéreo e marítimo germânico deveria acabar com a resistência britânica em menos de um ano; os comandantes aéreos britânicos e americanos torciam para que os bombardeios fragmentassem o esforço de guerra inimigo em poucos meses. Na prática, a guerra econômica funcionou melhor quando foram escolhidos alvos muito específicos, que tinham um efeito multiplicador em razão do prejuízo causado à economia de modo mais geral. Esse foi o caso do ataque bem-sucedido aos navios mercantes japoneses e ao setor de petróleo e comunicações germânicos, mas mesmo nesses casos o impacto pareceu muito tardio, uma vez que a Alemanha e o Japão já enfrentavam derrotas no front militar por outras razões que não a perda de recursos econômicos. É significativo que a União Soviética não tenha tentado participar da guerra econômica, em certa medida porque tinha poucas oportunidades devido às limitações geográficas, mas em especial porque a doutrina militar soviética enfatizava a primazia do campo de batalha e a derrota das Forças Armadas inimigas. A União Soviética preferia confiar na produção em massa e no auxílio dos Aliados para criar condições econômicas para a vitória. Até na guerra econômica, o conflito militar determinava o rumo e o resultado. O bloqueio alemão à Grã-Bretanha foi um fiasco por causa da derrota da unidade submarina pelas Marinhas e Forças Aéreas aliadas; o êxito final do bombardeio americano à Alemanha se baseou na derrota anterior e na contínua repressão à Força Aérea germânica; a destruição das tonelagens mercantes japonesa e italiana foi uma consequência de anos de pequenas batalhas entre navios de guerra, de escolta e submarinos. A linha de frente da guerra econômica virou, na verdade, um front militar.

A guerra econômica também cobrou um preço alto para ambos os lados. No afã de negar recursos ao inimigo, era preciso distribuir recursos abundantes. As guerras de bombas contra a Grã-Bretanha em 1940-1 e contra a Alemanha em

1940-5 exigiam uma proporção grande de produção militar, e por sua vez compeliam o país sob ataque a deslocar recursos para a defesa aérea, embora em ambos os casos o impacto na economia atacada fosse limitado ou mínimo durante boa parte do tempo. O Comando de Bombardeio perdeu 47 268 homens em ação, e contra a Alemanha as Forças Aéreas estratégicas americanas perderam 30 099. Somadas, as duas forças perderam 26 606 aeronaves.[214] Os bombardeios contra a economia inimiga e o moral da mão de obra custaram mais de 650 mil vidas civis alemãs e japonesas. Submarinos germânicos foram aniquilados pela guerra, perdendo mais de quatro em cada cinco homens que haviam se voluntariado (e o extraordinário número de 781 submarinos), sem que no final conseguissem impor um bloqueio bem-sucedido ao inimigo. Os marinheiros da Marinha mercante, que apesar do status de civis eram tratados como militares, também sofreram. Nas rotas dos comboios britânicos, 29 180 foram mortos; entre os marinheiros mercantes japoneses, foram 116 mil homens mortos, desaparecidos ou incapacitados.[215] Apesar do grande sucesso, os tripulantes dos submarinos americanos tiveram o índice mais alto de perda dos serviços armados dos Estados Unidos: foram 3501 oficiais e soldados, ou 22% da força voluntária.[216] Ao mesmo tempo, milhares de bombardeiros acabaram como sucata no chão, e milhões de toneladas de navios afundaram no mar. Negar recursos era condizente com a ideia da guerra total, mas no fim a produção em massa e o compartilhamento de bens militares se mostraram uma contribuição econômica mais garantida para a vitória.

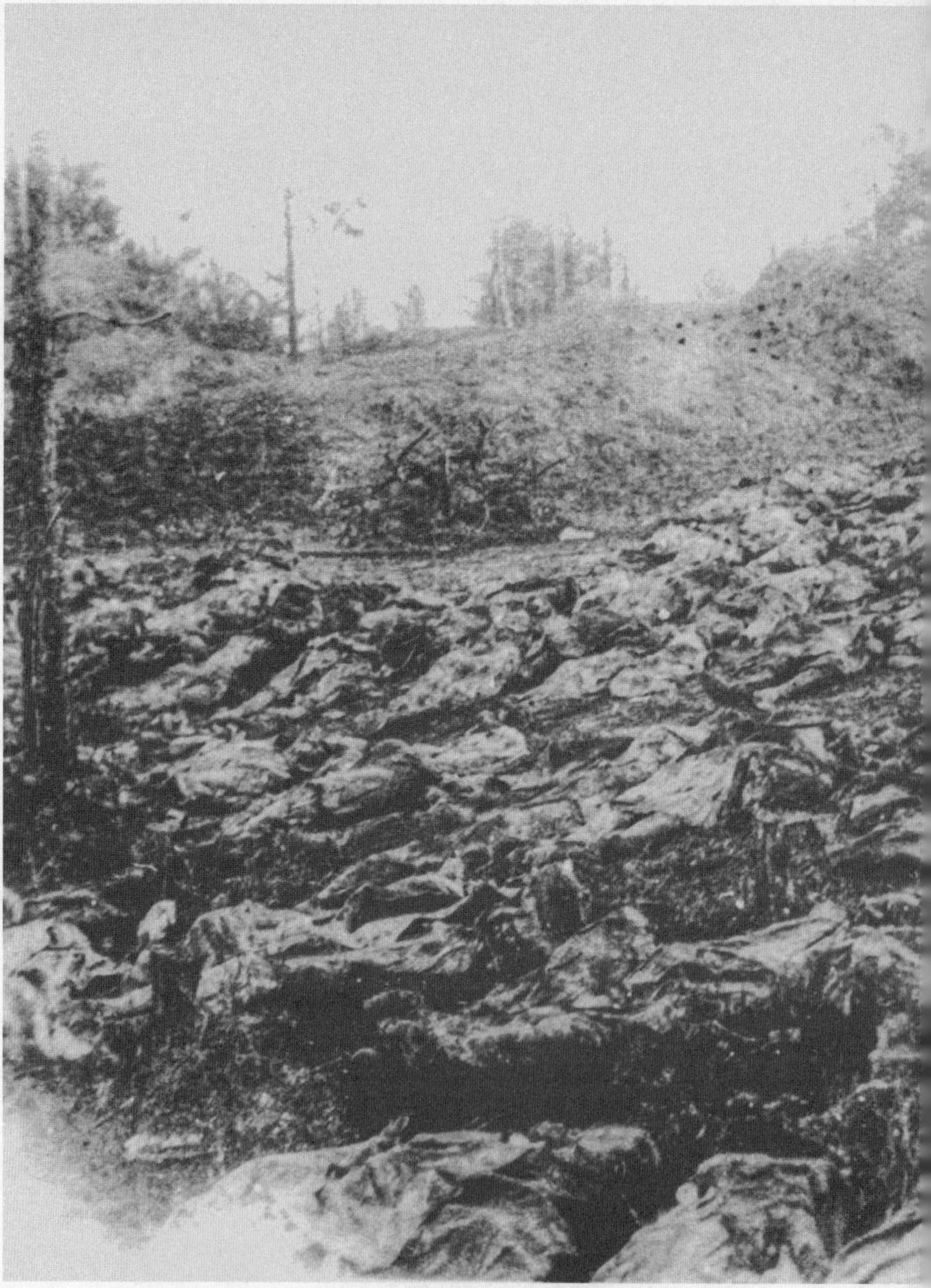

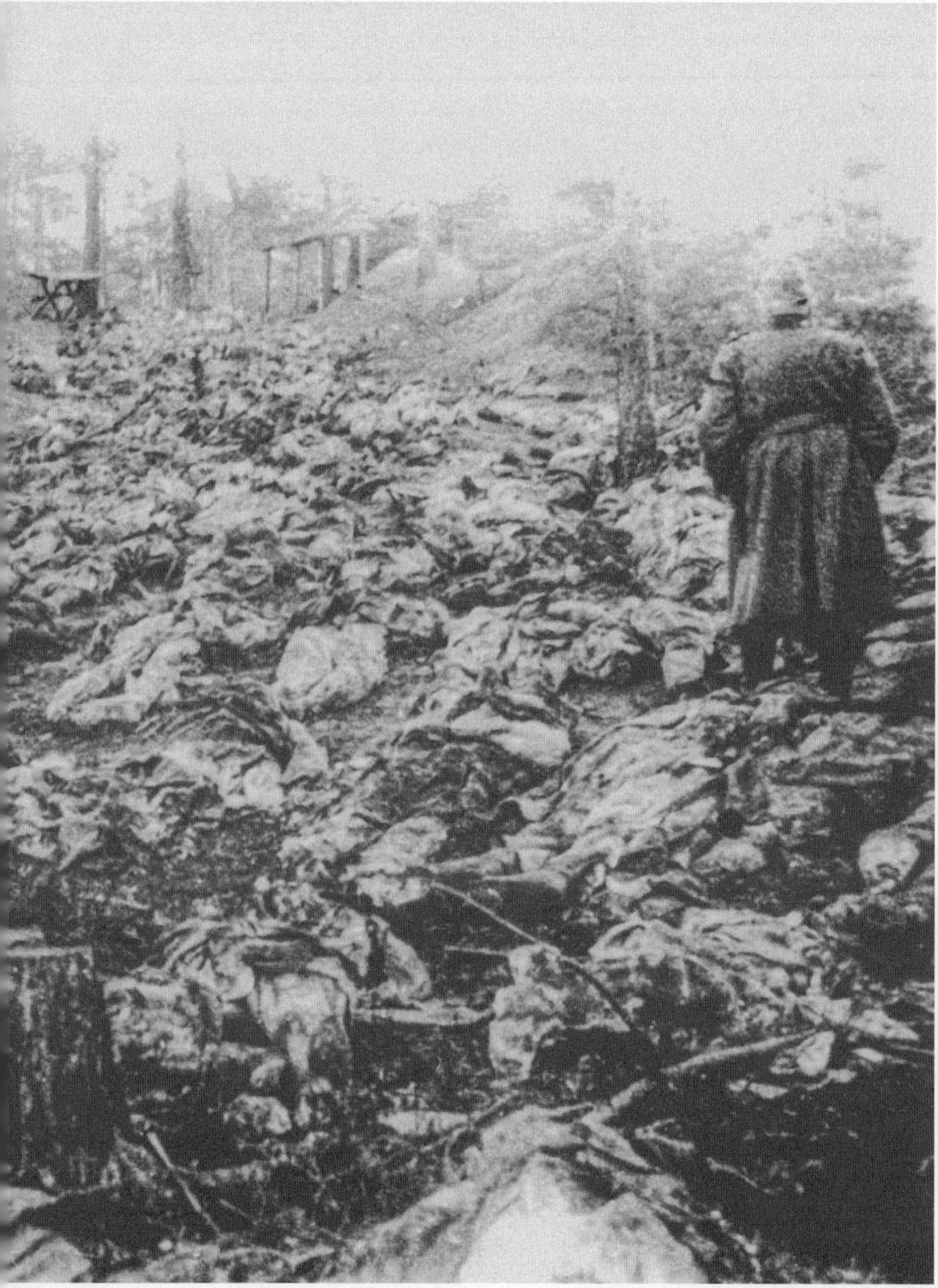

7. Guerras justas? Guerras injustas?

> *Questões morais e éticas não têm validade nenhuma na Guerra Total, a não ser na medida em que sua manutenção ou destruição contribui para a Vitória final. A conveniência, não a moralidade, é o único critério da conduta humana na Guerra Total.*
>
> Dennis Wheatley, *Total War*, 1941[1]

Todos os Estados combatentes da Segunda Guerra Mundial acreditavam que a guerra que travavam era justificada. Pensavam assim por diferentes razões e partiam de perspectivas morais distintas, mas nenhum deles tinha a consciência pesada. A justificativa para o conflito foi logo transformada na crença de que ele devia ser justo. A literatura pós-guerra é quase unânime ao retratar as alegações dos Estados agressores de que lutavam por uma causa justa como completamente espúrias, mas é complicado entender os esforços de quase todas as populações para condenar a guerra até o fim sem reconhecer que ambos os lados acreditavam estar certos. Tanto o Eixo como os Aliados se empenharam muito para persuadir suas populações sobre a virtude da causa pela qual lutavam e a vilania do inimigo, e ao fazê-lo transformaram o conflito em uma batalha entre diferentes versões de "civilização" que precisava se estender até que a vitória absoluta fosse declarada. Os que se opunham publicamente à guerra por razões éticas eram uma minoria minúscula e isolada.

Dennis Wheatley, autor britânico popular cuja visão sobre a moralidade em tempos de guerra abre este capítulo, foi recrutado em 1940 pela Equipe de Planejamento Conjunto do Exército britânico para elaborar artigos sobre a natureza da guerra total e suas implicações morais. Sua descrição poderia muito bem ter sido adotada no auge do conflito por todas as potências combatentes. "É preciso que se perceba claramente e é preciso que se afirme claramente", escreveu Wheatley, "que a Guerra Total só tem duas alternativas possíveis para a Nação-em-Guerra: a Vitória Total ou a Aniquilação Total." Nessas circustâncias difíceis, Wheatley concluiu que qualquer linha de ação que abreviasse o conflito e assegurasse a vitória era moralmente justificável "independente de suas implicações 'legais' ou 'ilegais'".[2] Os termos absolutos segundo os quais a Segunda Guerra Mundial foi travada foram singulares do ponto de vista histórico. Os regimes de ambos os lados adotaram a retórica de agir ou morrer, da extinção ou sobrevivência nacional. A busca pela vitória a qualquer custo era a argamassa moral que unia o esforço de guerra. Embora a ameaça da aniquilação absoluta fosse, na maioria dos casos, um grande exagero, essa possibilidade era um imperativo moral fácil para instigar a complacência total diante do esforço de guerra, além de justificar um empenho nacional radical dos dois lados, do Eixo e dos Aliados. A guerra pela sobrevivência era considerada em todos os lugares, por definição, justa, distorcendo a descrição legal e ética convencional do termo, que sugere que é a justiça natural, e não uma luta darwiniana, que deve determinar se um conflito é ou não justo.

JUSTIFICANDO A GUERRA

Os termos absolutos que definiram a guerra total não foram os pretendidos pelos agressores do Eixo na década de 1930, quando deram início a projetos imperialistas de tomar territórios na Ásia, na África e na Europa. Suas ambições eram regionais, e a justificativa para as conquistas estava na suposição de que a estrutura existente das potências mundiais havia lhes negado uma porção justa dos recursos globais e — em específico — de territórios suficientes. Nesse sentido, a justiça era derivada de um pressuposto anterior, de que havia povos feitos para imperar devido à superioridade racial e cultural, e povos feitos para serem colonizados, uma perspectiva evidentemente legitimada pelo histórico recente da expansão europeia. A ordem global nos anos 1930 era tida como ilegítima porque era feita para restringir essas reivindicações; as guerras de conquistas imperiais da Manchúria, em 1931, à Polônia, em 1939, prometiam corrigir a injustiça de negar a povos robustos a construção de um império e o acesso mais justo aos recursos naturais do mundo.[3] O Pacto Tripartite assinado entre os três Estados do Eixo em setembro de 1940, que atribuía a cada um deles uma nova ordem imperial na Europa, na bacia do Mediterrâneo e no Leste Asiático, declarava que a paz duradoura só seria possível depois que todas as nações do mundo (isto é, todas as nações "desenvolvidas") "recebessem o espaço que lhes é de direito", sugerindo que a nova ordem seria baseada em uma noção mais firme de justiça internacional.[4] Como uma autoridade japonesa reclamou, por que se considerava moralmente aceitável que a Grã-Bretanha dominasse a Índia, mas não que o Japão dominasse a China?

A busca por novos impérios regionais foi hesitante e improvisada, sobretudo porque os três países do Eixo entendiam que era pouco provável que a justificativa dada para a expansão violenta fosse endossada pela comunidade global de modo geral. Quando o conflito eclodiu, em setembro de 1939, o Ocidente havia formulado a ideia de que a agressão do Eixo fazia parte de um plano maior de domínio mundial, e o conceito de que o Eixo havia embarcado em uma conspiração global de conquistas foi sacralizado na percepção que os Aliados tinham do inimigo, que se estendeu até os julgamentos pós-conflito dos criminosos de guerra mais importantes, acusados acima de tudo de conspiração para promover uma guerra violenta. A alegação de que o Eixo, e em especial a Alemanha de Hitler, buscava a "dominação mundial" nunca foi definida de forma clara, mas foi usada como ferramenta retórica para maximizar a ameaça representada pelos Estados agressores. Na verdade, não existia um plano coerente ou uma conspiração deliberada para se alcançar a dominação mundial, independente da maneira como fosse definida. Aliás, os países do Eixo viam a situação como o exato oposto. Quando suas ambições imperialistas regionais enfim foram desafiadas pela guerra na Ásia e no Pacífico a partir de 1937, e na Europa a partir de 1939, eles descobriram que a justificativa que davam para o embate precisava ser reformulada como uma guerra total de autodefesa contra a hostilidade implacável e o interesse descarado dos Estados que já colhiam os frutos do imperialismo ou de terras e recursos em abundância. Na Alemanha, a violência contra a Polônia foi eclipsada pela declaração de guerra da Grã-Bretanha e da França, vista como uma nova tentativa de "cercar" a Alemanha e abafar suas alegações legítimas de paridade imperial. A opinião popular em setembro de 1939, relembrada por um jovem alemão, era de que "tínhamos sido atacados e precisávamos nos defender", e de que eram as potências ocidentais que conspiravam, não a Alemanha.[5] A defesa da essência germânica contra os inimigos se tornou o dever moral predominante em meio à população, convertendo a injustiça da agressão em uma guerra justa pela sobrevivência nacional.

Tal inversão moral era comum em todos os Estados do Eixo. Na visão deles, os poderes Aliados é que eram culpados de conspirar não apenas para limitar suas justas reivindicações territoriais, mas até para aniquilar a existência nacional da essência imperialista. Mussolini vivia declarando que a Itália estava aprisionada no Mediterrâneo pelos "poderes plutocráticos" que, em conluio, negavam ao país seu direito de potência civilizatória a *lo spazio vitale*, o espaço vital, onde uma nova civilização poderia ser fundada. A guerra era justificada pela tentativa de formar um império.[6] No Japão, havia o forte ressentimento de que a disposição ocidental inicial de transformar o Japão em aliado na Grande Guerra e de cooperar na imposição de "tratados desproporcionais" à China na década de 1930 já havia se tornado um forte preconceito contra as ambições nipônicas na Ásia. O apoio ocidental à China, após a eclosão da Segunda Guerra Sino-Japonesa, era considerado o sinal de uma conspiração mais ampla que havia se formado desde a ocupação da Manchúria para frustrar a pretensão legítima do Japão de estabelecer um império. Entre a elite militar, política e intelectual nipônica, esse chamado "perigo branco" era uma ameaça ao *kokutai*, a comunidade histórica de japoneses, e por conseguinte à missão divina de reunir todos os povos asiáticos sob a proteção imperial do Japão. O dever moral do país, escreveu Nagai Ryūtarō, era "derrubar a autocracia global do homem branco".[7] Embora a decisão final de arriscar uma guerra com os Estados Unidos e o Império Britânico seguisse um raciocínio econômico e militar sólido, o primeiro-ministro Tōjō a exprimiu como uma defesa mais fundamental do histórico Estado-império japonês contra a ameaça de que o Ocidente criasse um "pequeno Japão" e acabasse com 2600 anos de glória imperial.[8] No dia do ataque a Pearl Harbor, o governo divulgou um "Resumo de políticas de informação e propaganda" que colocava a culpa pela guerra no "desejo egoísta de conquista mundial" do Ocidente.[9] O compromisso ético do povo japonês com a guerra total seria baseado em uma inversão da realidade, similar ao caso alemão, em que a violência na China e no Pacífico foi transformada em um conflito de autodefesa contra o cerco das potências brancas. Em dezembro de 1941, o poeta japonês Takamura Kōtarō resumiu a visão que o país tinha do conflito com o Ocidente:

> *Representamos a justiça e a vida,*
> *Enquanto eles representam o lucro,*
> *Defendemos a justiça,*
> *Enquanto eles atacam pelo lucro,*
> *Eles erguem a cabeça com arrogância,*
> *Já nós construímos a família da Grande Ásia Oriental.*

Um ano depois, o *Japan Times* lembrou a seus leitores que a guerra da autodefesa era "totalmente justa".[10]

A teoria da conspiração mais complexa e perniciosa se consolidou na Alemanha. Para Hitler e as lideranças do Partido Nacional-Socialista, o verdadeiro inimigo que conspirava para lançar uma guerra contra o povo alemão era o "judaísmo mundial". Desde o começo do conflito europeu, em setembro de 1939, Hitler conjugou a guerra contra os Aliados ocidentais a um embate mais amplo contra os judeus. Os inimigos nacionais eram vistos como meros instrumentos de uma rede internacional maligna de judeus que tramava não só para frustrar as reivindicações legítimas da Alemanha à construção de um império, mas também para aniquilar o povo germânico. Essa fantasia tinha raízes profundas, anteriores ao conflito. Já fazia bastante tempo que a derrota da Alemanha em 1918 era interpretada pelo eleitorado nacionalista radical como a consequência de uma suposta punhalada pelas costas dos derrotistas e agitadores judeus na frente interna. Em seus discursos no início dos anos 1920, como líder do minúsculo Partido Nacional-Socialista, Hitler estendeu essa alegação a uma "batalha de vida ou morte" mais apocalíptica, uma guerra genuína "entre judeus e a Alemanha".[11]

Hitler e seus companheiros de antissemitismo percebiam de forma sistemática o conflito com os judeus em termos de história mundial. Para a propaganda nacional-socialista, eram os judeus que buscavam a "dominação mundial", não a Alemanha; eles que buscavam a guerra, não os alemães. Em 1936, anos antes do conflito, Heinrich Himmler, chefe da ss e mais tarde o arquiteto do genocídio hebreu, escreveu que o principal inimigo da Alemanha era o judeu, "cujo desejo é o domínio mundial, cujo prazer é a destruição, cujo propósito é o extermínio". Em novembro de 1938, Himmler avisou a uma plateia de oficiais superiores da ss que, se a guerra eclodisse, os judeus tentariam aniquilar a Alemanha e exterminar seu povo: "Falar alemão e ser filho de mãe alemã bastariam".[12] Essas duas figuras retóricas, de que os judeus queriam a guerra contra a Alemanha e conspiravam para provocá-la e de que planejavam exterminar o povo alemão — ou "ariano" — explicitavam a ligação, na mente nacional-socialista, entre o conflito e a culpa judaica. No dia 30 de janeiro de 1939, Hitler decidiu anunciar em público, em um discurso ao Reichstag no aniversário de sua posse como chanceler, a famigerada profecia de que, se os judeus conseguissem fazer a Europa mergulhar de novo numa guerra (como se alegava que tinham feito em 1914), a consequência seria a extinção da raça judaica na Europa. Historiadores tinham o cuidado de não levar a declaração ao pé da letra, porém ao longo dos anos seguintes Hitler retomou diversas vezes o tema de que por trás da eclosão do conflito e de sua subsequente expansão havia esforços malignos e deliberados do "judaísmo mundial".[13]

O entrelaçamento da guerra entre nações e a com conspiradores vagos do "judaísmo mundial" começou logo no início do conflito. Em um discurso radiofônico ao povo alemão, em 4 de setembro de 1939, Hitler pôs a culpa pela declaração de guerra da Grã-Bretanha e da França num "inimigo internacional judeu-democrático" que teria fustigado as duas potências ocidentais a declarar um conflito que não desejavam.¹⁴ O periódico antissemita *Weltdienst* chegou ao ponto de garantir que o Sétimo "Protocolo" na guerra universal no fabricado *Protocolos dos sábios de Sião* (que já tinha mais de 150 mil exemplares vendidos na Alemanha) havia se concretizado na declaração ocidental de guerra: "Haveria como exprimir com mais clareza do que essa os planos de guerra dos judeus?".¹⁵ Quando o líder do Congresso Judaico Mundial Chaim Weizmann deu apoio público à causa britânica no final de setembro, o periódico *Die Judenfrage* [A questão judaica] disse aos leitores que na Grã-Bretanha eles enfrentavam "o inimigo mundial número um: os judeus internacionais e o judaísmo mundial com sede de poder, tomado pelo ódio".¹⁶ A guerra de autodefesa era dois conflitos travados como um só: um contra os Aliados e um contra o inimigo judeu oculto. A recusa dá Grã-Bretanha em aceitar um tratado de paz após a derrota da França foi atribuída à influência judaica sobre Churchill (uma ideia recorrente). O ataque à União Soviética, para o qual havia motivações econômicas e territoriais concretas, foi apresentado como um golpe preventivo contra uma suposta trama judaica entre Londres e Moscou, uma afirmação que permitia à propaganda alemã jogar com uma aliança que de outra forma seria implausível entre a plutocracia e o bolchevismo.¹⁷

Os últimos passos rumo à guerra global — da publicação da Carta do Atlântico em agosto de 1941, que sinalizou uma colaboração entre britânicos e americanos, à entrada dos Estados Unidos no conflito em dezembro do mesmo ano — foram condenados publicamente pelos líderes germânicos como um indício definitivo, se é que havia necessidade de indício, de que a Alemanha era vítima de uma trama judaica de aniquilação do povo alemão. Quando exemplares de um livro de cem páginas, *Germany Must Perish* [A Alemanha deve perecer], autopublicado nos Estados Unidos pelo desconhecido Theodore Kaufman, chegaram à Alemanha em julho de 1941, a obra foi considerada uma prova inquestionável de que os líderes americanos dançavam conforme a música judaica. A manchete do jornal do Partido em 23 de julho alardeava: "O resultado do sadismo criminoso dos judeus: Roosevelt exige a esterilização do povo alemão!". Depois do anúncio da Carta do Atlântico, em 14 de agosto, o jornal do Partido publicou a manchete "Meta de Roosevelt é dominação mundial pelos judeus", enquanto Hitler ordenava que os judeus alemães fossem obrigados a usar a estrela de davi amarela para que a população germânica pudesse reconhecer o inimigo que vivia em meio a ela.¹⁸ Quando Hitler declarou guerra aos Estados Unidos, em um discurso ao Reichstag em 11 de dezembro, havia a certeza entre os fiéis antissemitas de que os judeus tinham mais uma vez conspirado para empurrar Roosevelt para o embate. No dia seguinte a Pearl Harbor, o comunicado à imprensa divulgado diariamente à mídia alemã alegava que a guerra na Ásia "é obra do fomentador de guerras e criminoso mundial Roosevelt, que, como acólito de judeus, há anos vem travando, junto com Churchill, uma luta incessante pelo conflito".[19] Em vez de enxergar a beligerância americana como consequência da agressão japonesa, Hitler alegou em seu discurso no Reichstag que "era o judeu, em toda sua vilania satânica", que explicava a atitude.[20] A entrada dos americanos na guerra selou a alegação, repetida por vezes em diretivas à mídia escritas pelo chefe de imprensa de Hitler, de que "bolchevismo e capitalismo são a mesma coisa na enganação mundial judaica, só que sob diferentes administrações".[21]

É evidente que a ênfase constante numa conspiração judaica mundial para explicar por que a Alemanha se meteu em uma guerra de autodefesa para enfrentar uma ameaça de aniquilação não era apenas uma manobra retórica para incentivar o povo alemão a ver o conflito como uma luta legítima pela sobrevivência. Isso seria possível sem que se fizesse referência aos judeus. Hoje, as alegações parecem — e devem ter parecido para muitos alemães na época — um completo absurdo, mas é difícil não aceitar que Hitler e as pessoas que o rodeavam de fato quisessem acreditar nelas. O paradigma que nunca foi questionado foi a culpa dos judeus pela derrota germânica na Primeira Guerra Mundial; a culpa deles pelo segundo conflito foi estabelecida por analogia. A conspiração judaica se tornou uma forte metáfora histórica que permitiu a Hitler e seus companheiros projetar ali a culpa por promover uma guerra brutal. Para as lideranças do Partido e boa parte dos soldados rasos, a conspiração judaica explicava a reviravolta inesperada da declaração de guerra anglo-francesa, a recusa da Grã-Bretanha em fazer um acordo de paz no verão de 1940, o embate necessário contra a Rússia e a intervenção dos Estados Unidos. "Conhecer o judeu", afirmava uma propaganda lançada no outono de 1944 que circulou entre autoridades do Partido, "é entender o sentido da guerra."[22] Ao ditar seus últimos apontamentos a Martin Bormann, na primavera de 1945, Hitler ponderou que o papel dos judeus explicava por que tantas coisas não tinham saído como ele queria. Em 1933, "os judeus decidiram [...] tacitamente declarar guerra contra nós"; a paz com a Grã-Bretanha era impossível "porque os judeus não aceitariam. E seus lacaios, Churchill e Roosevelt, estavam lá para impedir que isso acontecesse"; Roosevelt não estava reagindo ao ataque japonês, mas, "instado pelos judeus, já estava quase decidido a ir à guerra para aniquilar o Nacional-Socialismo". Nunca tinha existido conflito, Hitler concluía, "tão tipicamente e ao mesmo tempo tão exclusivamente judaico".[23] Após o conflito, mesmo entre os prisioneiros os interrogadores aliados descobriram que o clichê continuava vivo, ainda que fosse mais prudente abandoná-lo. Ao enfrentar o que ele considerava acusações injustas de antissemitismo, Robert Ley, ex-chefe da Frente Trabalhista Alemã, queria que os Aliados compreendessem por que os judeus tinham sido discriminados: "Nós, nacional-socialistas [...] vimos nas lutas que agora são parte do passado uma guerra apenas contra os judeus — não contra os franceses, ingleses, americanos ou russos. Acreditávamos que eles eram apenas instrumentos dos judeus".[24]

A suposta conspiração judaica servia para conferir ar de legitimidade às guerras que a Alemanha travava. A luta entre o "ariano" e o judeu era até a morte, e o dever moral de todo alemão era levar esse embate até o fim. Servia também para legitimar a guinada genocida de 1941: ao pintar o judeu como inimigo, em guerra com a Alemanha, todas as comunidades judaicas se tornaram involuntariamente militarizadas, com combatentes irregulares, o que justificava sua aniquilação. Ao projetar no "judeu mundial" a ideia de que os hebreus exterminariam os alemães, as constantes ameaças públicas de aniquilar, exterminar, destruir ou erradicar os judeus pareciam ser uma reação totalmente justificável, e até mesmo um ato moral em defesa da comunidade racial. A guerra de verdade e a fantasiosa contra os judeus criavam uma simbiose terrível na mente de Hitler e seus cúmplices de genocídio, em que havia uma equivalência moral entre o assassinato de soldados inimigos e o de judeus. Embora a causa imediata para a guinada da deportação e do isolamento em guetos para o assassinato em massa ainda seja alvo de muitos debates, a ligação entre a guerra vista por Hitler e seu círculo como produto da maquinação judaica e o que Himmler mais tarde chamou de "razão ferrenha" da exterminação parece óbvia.[25] A adoção final do assassinato em massa pode ter sido improvisada, porém o arcabouço explanatório que moldou a visão do regime da guerra foi uma precondição essencial para sua existência. Em seu diário, em maio de 1943, quando a maioria das vítimas judias já tinha sido morta, Joseph Goebbels refletiu que "Nenhuma das palavras proféticas do Führer se tornou tão inevitavelmente verdadeira quanto a previsão de que, se os judeus conseguissem provocar uma segunda guerra mundial, o resultado seria não a destruição da raça ariana, mas a eliminação dos judeus".[26]

A obsessão com a batalha contra a conspiração judaica mundial tinha implicações para a forma como os aliados da Alemanha, a Itália e o Japão, reagiam à "questão judaica". No caso das autoridades japonesas, a ausência de um contato longo com comunidades judaicas significava que elas eram em grande parte neutras acerca da questão. Dois antissemitas dedicados, o coronel do Exército Yasue Norihiro (que traduziu *Os protocolos dos sábios de Sião* para o japonês) e o capitão da Marinha Inuzuka Koreshige, foram recrutados na década de 1930 para estudar as questões judaicas, mas, embora Inuzuka descrevesse os judeus como "o câncer do mundo", nem ele, nem Yasue desenvolveram uma opinião coerente sobre a conspiração judaica ou se tornaram muito influentes. Ambos tinham a expectativa de se aproveitar dos 20 mil refugiados judeus vindos da Europa, que moravam sobretudo em Xangai, para obter acesso ao dinheiro deles e melhorar a relação com os Estados Unidos. Quando essa possibilidade desapareceu após a assinatura do Pacto Tripartite com a Alemanha e a Itália, o tratamento que as autoridades japonesas dispensavam aos refugiados judeus se tornou mais restritivo, mas não havia nada em comum com o que ocorria com os alemães. Montou-se um assentamento judaico para todos os refugiados em Shanghai, e, embora as condições não fossem nem de longe ideais, não funcionava como os guetos e os campos da Europa, e o antissemitismo não virou um tema da propaganda de guerra.[27]

A situação era diferente na Itália, onde leis raciais contra judeus entraram em vigor em 1938, sem que houvesse necessidade de a Alemanha pressionar, criando a base para um regime hostil de apartheid judaico; porém, mesmo lá, foi só depois da fundação da República Social Italiana de Mussolini, no final de 1943, que a justificativa fascista para a guerra passou a incluir de forma mais explícita a ideia de um embate contra o inimigo mundial do judaísmo, inspirado no ex--padre antissemita radical Giovanni Preziosi (que publicou sua tradução dos *Protocolos* em 1921). No "Manifesto de Verona", elaborado pela nova república de Mussolini em 1943, os judeus foram identificados especificamente como "nação inimiga".[28] Pôsteres de propaganda usavam imagens antissemitas para estigmatizar os líderes dos Aliados como marionetes do judaísmo mundial. Jornais fascistas declaravam, junto com alegações de espionagem e terrorismo, que os judeus eram "os maiores apoiadores desta guerra" e que eles "buscavam concretizar o projeto louco de dominação mundial", mas a propaganda não era sistemática nem, assim como na visão de mundo de Hitler, vinculada a uma ideia fundamental de conspiração. Os judeus foram culpados muito mais pela "traição" na queda de Mussolini, no verão de 1943, representando uma ameaça doméstica, e não internacional.[29]

Para os Aliados, era desnecessário fingir que guerras de agressão eram apenas de autodefesa contra uma ameaça externa, fosse ela racial ou não. A justiça da causa Aliada era ponto pacífico. No entanto, a autodefesa era um argumento complicado para os governos da Grã-Bretanha e da França, pois eles haviam declarado guerra à Alemanha, e não o contrário, e até setembro de 1939 nenhum dos dois Estados tinha recebido ameaças diretas de ataques germânicos. A autodefesa nos dois casos foi apresentada num sentido mais genérico, contra as ambições territoriais e a violência descarada do Terceiro Reich, que tinham que ser contidas antes que a expansão alemã de fato tentasse fazer frente aos interesses ocidentais. A defesa da Polônia era uma preocupação secundária, que nenhum país levou a sério antes de ela ser derrotada; no entanto, declarar guerra em nome da Polônia bastou para botar a França e a Grã-Bretanha na linha de frente contra as forças armadas germânicas, e esse confronto se transformou com facilidade numa retórica de autodefesa depois que Hitler resolveu que era preferível atacar a fazer um recuo defensivo perfeitamente viável. Os outros poderes Aliados, grandes e pequenos, podiam se apresentar de modo inequívoco como vítimas de agressão gratuita e que combatiam para se defender. Em 1941, Stálin anunciou no discurso anual de novembro que comemorava a Revolução que havia "dois tipos de guerra: guerras de conquista, e consequentemente injustas, e guerras de libertação, ou justas".³⁰ A defesa da Pátria-Mãe contra a agressão fascista se tornou a ambição central na retórica soviética durante o conflito. O conceito de "Grande Guerra Patriótica", termo usado na União Soviética no período, foi cunhado no jornal oficial do Partido, *Pravda*, apenas um dia após o começo das hostilidades, em 23 de junho de 1941.³¹ Nos Estados Unidos, o ataque a Pearl Harbor teve um efeito eletrizante sobre a opinião americana, muito dividida até dezembro de 1941 entre isolacionistas e intervencionistas. A argamassa que unia uma aliança improvável de forças políticas divergentes era o compromisso inequívoco de defender o país do que Roosevelt chamou de "gângsteres poderosos e astutos", empenhados em escravizar a raça humana.³² A autodefesa, em todos esses últimos casos, era condizente com a tradição da guerra justa.

Os Aliados não tiveram nenhuma dificuldade de defender a moralidade da guerra. Em 3 de setembro de 1939, Neville Chamberlain encerrou seu discurso no rádio sobre a declaração de guerra britânica com uma afirmação clara sobre o caso: "É contra coisas perversas que temos que lutar — força bruta, má-fé, injustiça, opressão e perseguição —, e contra eles eu tenho certeza de que a correção prevalecerá".³³ Em seu discurso comemorativo de 1941, Stálin disse à plateia que a "degradação moral" dos alemães os reduzira "ao nível de bestas selvagens". Em 1942, Roosevelt, enfrentando os três inimigos do Eixo, definiu a guerra dos Estados Unidos como uma luta "para limpar do mundo males antigos, desgraças antigas".³⁴ No mesmo ano, Chiang Kai-shek, no quinto aniversário da longa guerra da China contra o Japão, anunciou que o povo chinês também travava uma batalha "entre bem e mal, entre certo e errado", o que dava a eles uma "ascendência moral".³⁵ Durante o conflito, combater inimigos considerados irremediavelmente imorais constituía uma forte justificativa negativa para lutar. O pressuposto da maldade do inimigo se baseava nas evidências dos anos 1930, durante os quais os Estados ocidentais tomavam poucas medidas, mas lamentavam a expansão violenta e o autoritarismo repressivo dos países do Eixo. O contraste moral já era visto com naturalidade quando o conflito eclodiu, e a linguagem predominante de condenação moral era mobilizada sem remorsos para oferecer uma narrativa condizente em que a superação de um inimigo perverso justificava qualquer meio usado para vencê-lo. Quando o Gabinete de Guerra Britânico debateu, em meados de maio de 1940, se devia ou não permitir o bombardeio de alvos germânicos nos quais matariam civis, Churchill argumentou que o longo catálogo de crimes alemães dava "justificativas abundantes" para as operações.³⁶ Para a população britânica, o ódio ao inimigo alemão concedia à disputa um caráter quase bíblico. O autor pacifista A. A. Milne abandonou sua objeção à guerra em 1940 porque lutar contra Hitler era "de fato lutar contra o Demônio, o Anticristo". Outro ex-pacifista, o teólogo Reinhold Niebuhr, acreditava que a história nunca tinha apresentado a homens decentes "um 'mal' definido de forma mais categórica".³⁷ Nos Estados Unidos, a narrativa semioficial, apresentada no primeiro filme da série de Frank Capra *Por que lutamos*, começava com um trailer declarando que o documentário era o maior filme de gângsteres já feito: "Mais cruel... mais diabólico... mais horrível do que qualquer filme de terror que você já viu".³⁸

Elaborar justificativas positivas para o conflito era mais complexo. Dennis Wheatley observou em *Total War* que, apesar da crença quase universal de que a guerra da Grã-Bretanha era justa, havia o que ele chamou de "uma lamentável falta de munição mental" sobre a guerra positiva e o objetivo de paz britânico.³⁹ Nos Estados Unidos, Archibald MacLeish, o escolhido de Roosevelt para administrar parte do serviço de informações do governo, escreveu um memorando em abril de 1942 em que tentava entender o que renderia uma perspectiva afirmativa da guerra: "1. Essa guerra deve ser apresentada como uma cruzada? 2. Caso seja, uma cruzada em nome de quê? O que os homens querem? A. Ordem e segurança? Ordem mundial etc.? B. Vida melhor? 3. Como alcançar essas coisas?".⁴⁰ Por fim, a narrativa positiva da natureza moral do conflito foi fornecida pela ideia de que os Aliados estavam salvando a civilização e a humanidade da barbárie e da destruição de seus inimigos do Eixo. Em 1939, para a Grã-Bretanha e a França, a alegação arrogante de que defendiam valores civilizados refletia o medo profundo entre a elite intelectual e política de ambos os países de que a crise da década de 1930, criada pelo colapso econômico, o autoritarismo político e o militarismo, poderia de fato indicar que a civilização, de acordo com o que ela significava para o Ocidente, corria um risco real.⁴¹ Hitler e o hitlerismo se tornaram o para-raios de um leque de ansiedades ocidentais, e por isso a guerra contra a Alemanha em 1939 não era apenas uma tentativa de restaurar o equilíbrio de poderes, mas uma competição fundamental para decidir o destino da humanidade. Esses termos eram grandiosos. "Nossa responsabilidade", escreveu o primeiro-ministro britânico Harold Nicolson no final de 1939, em *Why Britain is at War* [Por que a Grã-Bretanha está em guerra], "é suntuosa e terrível." A Grã-Bretanha, ele continuou, luta por sua vida, mas também lutaria até o fim do conflito "para salvar a humanidade".⁴² A mesma retórica foi acionada na França. Édouard Daladier, o premiê francês, em um discurso ao Senado em dezembro de 1939, explicou que lutavam com todo o empenho pela França "ao mesmo tempo que lutamos por outras nações, e, acima de tudo, pelo alto padrão moral sem o qual a civilização deixaria de existir". A batalha era vista, por definição, como justa, porque, como disse o filósofo francês Jacques Maritain em 1939, "é em prol de realidades fundamentais sem as quais a vida humana deixa de ser humana".⁴³

No entanto, havia ambiguidades na forma como foi apresentada a guerra britânica e francesa em defesa da civilização. Havia críticas de que as alegações eram grandiosas e vagas demais para populações que desejavam uma promessa definitiva de um mundo pós-guerra em que o futuro seria melhor e mais seguro. O conceito de civilização raramente era definido, partindo do pressuposto de que o público ocidental entenderia seu significado sem precisar investigar a fundo. Boa parte da retórica salientava o estilo de vida democrático e a sobrevivência das liberdades convencionais, mas havia um estranho contraste entre quem via a guerra como uma cruzada para salvar a "civilização cristã" e quem tinha uma visão mais secular do que a civilização moderna representava. Embora Churchill tenha usado o termo "civilização cristã" no famoso discurso de junho de 1940 após a capitulação da França, anunciando a iminente "Batalha da Grã-Bretanha", era raro ele exprimir os propósitos do conflito em termos religiosos. Devido ao declínio que os valores cristãos já haviam sofrido entre as populações ocidentais, escritores cristãos tanto da França quanto da Grã-Bretanha criticavam qualquer afirmação de que a civilização cristã estivesse sendo salva.[44] Em fevereiro de 1945, um "Apelo dirigido a todos os cristãos", difundido na Grã-Bretanha pelo Comitê de Restrição a Bombardeios, assegurava que existia "uma consciência cristã predominante e velada, profundamente angustiada, contrária à busca da vitória por meio da violência irrestrita".[45]

Acima de tudo havia um duplo padrão esquisito na repetição constante de que os dois aliados (junto com os domínios brancos da Grã-Bretanha) defendiam valores democráticos, já que ambos controlavam enormes impérios coloniais onde tinham pouca intenção de instituir tais valores durante ou depois da guerra. A realidade em 1939 era que tanto a Grã-Bretanha como a França combateram não apenas para defender a pátria-mãe democrática, mas os impérios como um todo. Sem o império, Nicolson escreveu, a Grã-Bretanha perderia não só "sua autoridade, suas riquezas e suas posses: também perderia a independência".[46] Durante o conflito, Churchill se manteve imperturbável na crença de que o Império Britânico deveria sobreviver. O resultado foi a tensão contínua entre a alegação de que a guerra era uma defesa da civilização democrática e o desejo de manter o imperialismo britânico. Apesar do compromisso com salvar a democracia ocidental e as liberdades de seus cidadãos, a governança colonial se baseava na negação dessas liberdades e na repressão de qualquer protesto contra a natureza antidemocrática da dominação colonial. A propaganda de guerra sobre a importância da unidade imperial sugeria que as regiões coloniais partilhavam com a pátria-mãe o senso comum de propósito moral, mas essa afirmação mascarava uma realidade histórica menos incontestável. "A vitória dos Aliados", dizia um panfleto dos trabalhistas em 1940, "seria a consolidação do maior império do mundo, o império que ensinou os nazistas a usarem campos de concentração, o império em cujas prisões homens como Gandhi e Nehru passaram boa parte da vida."[47] No outono de 1942, quando Mahatma Gandhi lançou o movimento "Quit India" [Saiam da Índia], no qual protestava por a Grã-Bretanha não conseguir oferecer a perspectiva de um governo autônomo à Índia pós-guerra, milhares de nacionalistas indianos foram encarcerados e centenas foram assassinados quando as tropas e a polícia abriram fogo contra os manifestantes. O teólogo afro-americano Howard Thurman achava que Gandhi tinha "reduzido a um absurdo moral" a afirmação britânica de que "travava uma guerra pela liberdade".[48]

Nos Estados Unidos, a incerteza inicial a respeito de como apresentar o conflito para além de uma guerra defensiva aos poucos foi substituída por um internacionalismo inequívoco movido pela visão de Roosevelt de que certas liberdades deviam ser desfrutadas após a vitória por mais países. Seu compromisso moral com a criação de um mundo melhor já estava presente muito antes de os Estados Unidos serem forçados a entrar. Em janeiro de 1941, ele disse quais seriam as liberdades essenciais: liberdade diante da vontade, liberdade diante do medo, liberdade de fé religiosa e liberdade de expressão. As Quatro Liberdades se tornaram os alicerces da narrativa pública americana em tempos de guerra quanto aos motivos para entrar em combate. Elas foram ilustradas pelo artista Norman Rockwell, e as quatro pinturas foram reproduzidas inúmeras vezes ao longo do conflito; em 1943, foram distribuídos 2,5 milhões de folhetos que usavam os quatro retratos como incentivo à compra de bônus de guerra.[49] Duas das quatro liberdades foram sacramentadas na segunda declaração pré-guerra de propósito moral feita por Roosevelt, a Carta do Atlântico. O documento foi fruto da primeira reunião de cúpula entre Roosevelt e Churchill, na baía de Placentia, em Terra Nova, entre 9 e 12 de agosto de 1941. Foi na melhor das hipóteses uma declaração acidental, já que nem Roosevelt, nem Churchill tinham chegado à reunião preparados para produzi-la, embora o presidente tivesse a expectativa de que isso acontecesse. Nenhum dos estadistas tinha motivações imparciais. Para Roosevelt, o objetivo de fazer algum tipo de declaração era fortalecer os intervencionistas domésticos; para Churchill e o governo britânico, a torcida era para que uma declaração, por mais evasiva que fosse, indicasse que os Estados Unidos apoiavam abertamente a causa aliada e poderiam ser levados à beligerância absoluta.[50]

A carta em si era apenas uma lista de oito declarações de intenção em uma linguagem internacionalista altiva, condizente com boa parte da retórica de Roosevelt sobre a esperança de um mundo melhor. Os "princípios comuns" incluíam o desejo de desarmamento no pós-guerra, de liberdade nos mares e de justiça econômica para o vencedor e o vencido. A terceira declaração é a mais relevante: "O direito de todos os povos escolherem a forma de governo sob a qual almejam viver". Não havia explicação de como isso se daria, a não ser pela derrota da "tirania nazista".[51] A reação britânica ao documento foi silenciosa. Churchill, em especial, não estava disposto a aplicar os princípios ao império. A carta, ele disse à Câmara dos Comuns quando voltou ao país, não era "aplicável às raças de cor no império colonial", apenas aos Estados e às nações da Europa.[52] Stálin associou a União Soviética ao documento apenas como um gesto de boa vontade em relação aos Aliados que já abasteciam o esforço de guerra soviético. Na China, a Carta do Atlântico foi considerada por Chiang Kai-shek muito exclusivamente europeia nos objetivos, porém ele resolveu fazer uma interpretação livre de "tirania nazista" para incluir nela o Japão. Em janeiro de 1942, Chiang pediu oficialmente a Roosevelt que a carta fosse aplicada aos povos da Ásia sob governos coloniais; frustrado, em uma reunião de cúpula com Roosevelt e Churchill no Cairo, em novembro de 1943, ele tornou a solicitar que se fizesse uma carta aplicável ao mundo inteiro, mas não foi atendido.[53]

Ainda assim, Roosevelt permitiu que o documento se tornasse uma grande referência depois que os Estados Unidos entraram no conflito. Ela assinalava o compromisso americano com uma ordem pós-guerra mais virtuosa, que servisse não só aos interesses do país, mas tivesse implicações globais. Em uma "Conversa junto à lareira" transmitida em fevereiro de 1942, Roosevelt disse ao público americano que, na opinião dele, a carta se aplicava não só aos Estados à margem do Atlântico, mas ao mundo inteiro, e acrescentou as "Quatro Liberdades" como um princípio dos Aliados, embora só as liberdades diante do medo e da vontade tivessem sido incluídas na Carta.[54] A essa altura, Roosevelt tinha, com a aceitação relutante de Churchill, rebatizado as potências Aliadas como "Nações Unidas" e convidado todas a assinar uma declaração, publicada em 1º de janeiro de 1942, que reafirmava os princípios listados na carta. Ainda não era um aval à organização internacional pós-guerra, já que Roosevelt hesitava em suportar o que Woodrow Wilson havia sofrido com a rejeição americana a participar da Liga das Nações. Mas, em janeiro de 1943, ele já tinha sido totalmente convencido pelo Ministério das Relações Exteriores de que os interesses globais americanos seriam defendidos de forma mais eficiente em uma nova reunião internacional para promover a paz e os direitos humanos.[55] O objetivo de Roosevelt era garantir que os Aliados passassem a ser formalmente os paladinos da moral, por mais contraditório e ambíguo que fosse unir democracias, potências imperiais e ditaduras autoritárias em uma mesma iniciativa. O chamado à rendição incondicional feito na Conferência de Casablanca, em janeiro de 1943, ressaltou os compromissos éticos assumidos na carta e na declaração ao deixar claro que não haveria acordo com Estados vistos como moralmente degradados. Em janeiro de 1942, Roosevelt já tinha registrado, no discurso anual de Estado da União, sua convicção de que "nunca existiu — nunca poderá existir — um compromisso bem-sucedido entre bem e mal", um contraste que permitiu aos Aliados abandonar quaisquer escrúpulos morais que pudessem ter na condução da guerra.[56]

Quando o conflito se voltou contra o Eixo, seus países se empenharam ainda mais para achar uma forma de apresentar uma justificativa para os combates em termos mais internacionais. A propaganda alemã a partir de 1943 argumentava que a guerra de autodefesa era para salvar a civilização europeia do barbarismo bolchevique. A propaganda do Japão o retratava como o país que salvaria a Ásia dos opressores brancos. Nenhuma dessas afirmativas era verossímil perante a derrota iminente. Em 1945, os dois Estados travaram uma batalha final desesperada para evitar o que viam como uma possibilidade real de extinção nacional. A principal vantagem dos Aliados em sua justificativa pública para o conflito era a adoção da linguagem dos direitos universais, enquanto as alegações do Eixo eram sempre em nome da defesa de algum povo específico e seu direito de conquistar territórios. Esse contraste foi institucionalizado nos tribunais militares criados em Nuremberg, em 1945, e em Tóquio, em 1946 (mas não na Itália, que em 1945 havia se tornado um cobeligerante aliado). Churchill e parte de seu gabinete eram a favor de declarar os líderes alemães criminosos que poderiam ser executados assim que fossem identificados de forma adequada.[57] Mas tanto os Estados Unidos quanto o governo soviético queriam um julgamento formal para que as afirmações feitas durante a guerra da perversidade do Eixo e da justiça dos Aliados fossem demonstradas publicamente para a opinião mundial.

Nas duas séries de julgamentos, a principal acusação era a promoção de uma guerra violenta. Como isso não era algo que oficialmente infringisse leis internacionais, os acusadores Aliados usaram o Pacto Kellogg-Briand de 1928, que havia sido assinado por 62 Estados, inclusive todos os grandes países que depois se envolveriam no conflito. A ideia do pacto era ser um compromisso de que os signatários abandonariam a guerra como instrumento político, caso contrário seriam considerados "infratores da Lei das Nações".[58] Apesar de ter sido tratado mais como uma declaração de intenção moral do que como instrumento de legislação internacional, o pacto foi considerado robusto o bastante para o caso contra líderes alemães e japoneses. O procurador-geral americano, Robert Jackson, abriu o Julgamento de Nuremberg em nome de uma "civilização" indefinida contra réus acusados de perpetrar crimes calculados, malignos e assoladores contra o resto do mundo. Apesar dos muitos problemas processuais e judiciais apresentados pela justiça dos vencedores, a ideia dos julgamentos era definir guerras justas e injustas. Em dezembro de 1946, os princípios enunciados em Nuremberg foram consagrados na legislação internacional pela Organização das Nações Unidas, sucessora das Nações Unidas, a organização informal da época do conflito, como um conjunto de sete "Princípios de Nuremberg", que continuam em vigor no século xxi.[59]

UMA "GUERRA BOA" NEM TÃO BOA ASSIM

Os Estados do Eixo compreendiam que, aos olhos da maioria, eles eram inferiores do ponto de vista moral. Mas eram céticos quanto à afirmação de superioridade moral aliada. Em abril de 1945, pouco antes da derrota da Alemanha, Hitler zombou das alegações "pueris" de superioridade feitas pelos Estados Unidos, "uma espécie de vade-mécum moral, baseado em princípios elevados, mas quiméricos, e na chamada Ciência Cristã".[60] Analistas japoneses comparavam a retórica democrática do Ocidente à realidade de opressão colonial e de racismo doméstico e se deleitavam ao relatar todos os atos de repressão imperial na Índia e linchamentos e motins raciais nos Estados Unidos, citando-os como prova da hipocrisia britânica e americana. Um jornal expressou uma visão comum no Japão da "barbárie" americana: "Ao considerarmos as atrocidades que cometeram contra os indígenas americanos, os negros e os chineses, nos espanta sua presunção de usar a máscara da civilização".[61]

Os críticos do lado dos Aliados demonstraram igual desdém ao que se considerava uma alegação específica dos tempos de guerra para encobrir a ambiguidade moral da retórica aliada. W. E. B. Du Bois, defensor veterano dos direitos civis nos Estados Unidos, afirmou depois da guerra que "não existiu atrocidade nazista — campos de concentração, mutilações e assassinatos em massa, violação de mulheres ou blasfêmias medonhas contra a infância — que a civilização cristã da Europa já não praticasse há muito tempo contra pessoas de cor em todos os cantos do mundo".[62] Acima de tudo, a insistência dos Aliados de que os julgamentos pós-guerra fossem uma vitrine para os crimes contra a humanidade e contra a paz cometidos pelo Eixo suscitou uma pergunta embaraçosa: como os Estados ocidentais podiam se unir à ditadura barbaramente repressiva da União Soviética, que conspirou com a Alemanha para destruir a ocupação pós-1919 do Leste Europeu? A aparente incompatibilidade da aliança entre dois grandes Estados capitalistas e um Estado comunista alimentou até o fim do conflito a fantasia do Eixo de que a Grande Aliança se desintegraria.

Uma das consequências notáveis da união inesperada dos Aliados ocidentais com a União Soviética foi a capacidade dos três grandes Estados de deixarem de lado, durante o conflito, suas profundas divergências políticas e morais. Até a eclosão da guerra entre a Alemanha e a União Soviética, as potências ocidentais tratavam a URSS como um país pouco melhor que a Alemanha de Hitler e consideravam o comunismo, dentro de seu território ou no exterior, uma ameaça enorme ao estilo de vida e aos valores democráticos. O Pacto Germano-Soviético de agosto de 1939, seguido pela invasão soviética ao leste da Polônia em setembro e a investida contra a Finlândia no final de novembro de 1939, reforçou a ideia de que os ditadores eram farinha do mesmo saco. Embora tanto na Grã-Bretanha como nos Estados Unidos, em círculos considerados progressistas, houvesse simpatia pelo experimento soviético, a visão predominante deplorava regimes capazes de ceder ao terror em massa, cometer atos violentos e colaborar com o inimigo fascista. Com a invasão da Finlândia, o embaixador soviético em

Londres, Ivan Maisky, observou que havia uma "frenética campanha antissoviética" entre a população e os políticos. "A questão", escreveu ele em seu diário, é "quem é o inimigo número um? A Alemanha ou a União Soviética?".[63] Ele testemunhou o acalorado debate parlamentar sobre o armistício imposto à Finlândia em março de 1940, durante o qual os deputados exibiram *"fúria... fúria vívida, fervilhante e transbordante"*.[64] A Finlândia também foi um divisor de águas para Roosevelt e para muitos liberais pró-soviéticos. A União Soviética de Stálin, disse o presidente a uma plateia no final de 1939, era "uma ditadura tão absoluta quanto qualquer outra do mundo", e preconizou um embargo moral à exportação americana de armas e equipamentos que atendessem às necessidades soviéticas. Ele deplorava o que chamou de "o estupro pavoroso da Finlândia".[65] Uma breve "ameaça vermelha" renasceu nos Estados Unidos, mas a hostilidade popular ao comunismo era dirigida sobretudo ao sistema soviético e à figura de Stálin, que, segundo o arcebispo católico de Washington, era "o maior assassino de homens que o mundo já viu".[66] A comunidade internacional sinalizou sua reprovação moral expulsando a União Soviética da Liga das Nações em 14 de dezembro de 1939. Na primavera de 1940, Londres e Paris se preparavam a sério para a possibilidade de um conflito com URSS e sua nova aliada Alemanha. Roosevelt temia que a vitória germano-soviética na Europa fosse um risco à civilização.[67]

Se o mundo ocidental considerava a União Soviética inaceitável do ponto de vista moral, os líderes soviéticos eram igualmente duros ao julgar o mundo capitalista que existia além das suas fronteiras. O universo moral que ocupavam era divorciado dos valores do Ocidente liberal, ocultos sob uma linguagem que invertia a realidade histórica. Durante anos antes da eclosão da guerra em 1939, Stálin supôs que em algum momento os Estados capitalistas seriam obrigados, por necessidade histórica, a tentar destruir a experiência soviética. Repetidos sustos ocorridos durante o conflito, por mais irracionais que fossem, mantiveram viva a ideia de que o capitalismo era a principal ameaça à paz e de que os líderes burgueses eram os agentes de uma repressão de classe imoral.[68] A partir dessa perspectiva, o regime poderia justificar o pacto com Hitler em agosto de 1939 como uma forma de frustrar os planos burgueses de voltar a brutalidade alemã contra a União Soviética, assim como a resolução da guerra contra a Finlândia foi explicada ao fiéis comunistas como "uma vitória para a política de paz da União Soviética" porque impediria a concretização dos supostos planos britânicos e franceses de lançar um embate global contra a aliança germano-soviética.[69] A guerra no Ocidente foi apresentada como imperialista e travada pelas classes dominantes britânicas e francesas. O Partido Comunista da Grã-Bretanha foi informado por Moscou de que não era a Alemanha fascista, mas "a Inglaterra antissoviética, com seu enorme império colonial, o bastião do capitalismo". A "libertação" dos trabalhadores do leste da Polônia, em setembro de 1939, por outro lado, mostrava que a União Soviética era "um poderoso bastião para todas as forças amantes da paz". Durante o período do pacto alemão, o governo soviético insistia que seu principal inimigo era o imperialismo britânico, enquanto a Alemanha era considerada uma defensora da paz, obrigada a agredir para se defender das potências imperialistas. No final de 1940, Stálin chegou a cogitar a possibilidade de a União Soviética aderir ao Pacto Tripartite, assinado pelas potências do Eixo em setembro.[70] Partidos comunistas de todos os lugares acataram as ordens do Partido. O jornal britânico *Daily Worker*, na véspera de ser fechado pelo governo, em janeiro de 1941, comemorou o fato de povos de todos os lugares estarem "buscando a saída da guerra imperialista" por meio da luta de classes leninista.[71]

A condenação moral expressa por ambos os lados evaporou quando o Eixo invadiu a União Soviética em 22 de junho de 1941. Maisky observou, alguns dias após o ataque, que a população britânica ficou perplexa com a guinada: "Até outro dia, a 'Rússia' era considerada uma aliada oculta da Alemanha, quase uma inimiga. E de repente, em 24 horas, ela se tornou amiga".[72] É fato conhecido que Churchill declarou seu apoio à luta do povo russo na noite de 22 de junho, embora tenha feito a ressalva de que não voltaria nem um passo na sua longa e constante oposição ao comunismo. Para ele, como para muitos no Ocidente, Hitler era a maior ameaça do mundo: "Qualquer homem ou Estado", Churchill continuou, "que lute contra o nazismo contará com a nossa ajuda". Roosevelt compartilhava a visão de que a ameaça alemã era maior e mais urgente e deixou de lado a preocupação moral com a agressão soviética. Em uma das frequentes "Conversas junto à lareira", em que se dirigia ao público ouvinte de rádio, ele afirmou não existir nenhuma diferença insolúvel que separasse os Estados Unidos da União Soviética: "Aliás, vamos nos dar muito bem com ele [Stálin] e com o povo russo".[73]

Em Moscou, a eclosão da guerra acarretou o fim imediato da campanha contra o capitalismo imperialista. No dia da invasão, Stálin disse ao chefe da Terceira Internacional, Georgi Dimitrov, que a nova linha adotada era "uma questão de derrotar o fascismo" e que qualquer menção no exterior à revolução socialista deveria ser encerrada de forma brusca. Ao transformar o conflito em "uma guerra defensiva contra a barbárie fascista", os líderes soviéticos esperavam que a forte onda antifascista ocidental se identificasse de imediato com a luta soviética e a apoiasse.[74] No fim, ambos os lados estavam prontos para usar Belzebu para expulsar o Satanás alemão. A colaboração resultante nunca foi fácil para nenhum dos lados, mas foi motivada pela necessidade militar e pela esperança de que o comunismo e o capitalismo pudessem encontrar algum ponto em comum na construção de uma ordem pacífica pós-guerra.[75] A visão soviética do Ocidente foi azedada por argumentos sobre um segundo front na Europa e o ritmo das entregas do Lend-Lease; a boa vontade ocidental foi posta à prova pelas muitas restrições mesquinhas impostas ao seu pessoal na União Soviética e pelos indícios cada vez maiores de que os líderes soviéticos pretendiam apresentar ao Leste Europeu a "democracia" em termos comunistas. Nenhum lado tinha a confiança absoluta de que o outro não chegaria a um acordo com Hitler. Mas os líderes ocidentais fizeram vista grossa, pelo menos em público, para o histórico de agressões soviéticas entre 1939 e 1941 e a repressão política doméstica e externa, já que o imperativo moral essencial, compartilhado pelos três, era derrotar a Alemanha.

A disposição dos líderes ocidentais de adotar a União Soviética como parceira e aliada foi respaldada por uma onda de apoio popular ao esforço de guerra soviético tanto na Grã-Bretanha quanto nos Estados Unidos. Parte desse entusiasmo foi gerada pela propaganda oficial ocidental e soviética. Na Grã-Bretanha, esse fato suscitou questionamentos constrangedores sobre a melhor forma de popularizar o esforço de guerra soviético sem endossar a ideologia. Isso foi feito ao falar em "Rússia" em vez de União Soviética, como Churchill fez em seu discurso de 22 de junho. A Gestão de Guerra Política da Grã-Bretanha, encarregada da propaganda política, foi instruída a falar "sempre que possível em 'governo russo', e não em 'governo soviético'", e garantir que exposições e discursos ressaltassem a história, as artes e o caráter russos e evitassem a política russa.[76] Nos Estados Unidos, o Gabinete de Informações de Guerra — formado por liberais em geral mais favoráveis ao experimento soviético — criou uma imagem idealizada e sensível da URSS para o público americano, reforçada por longas-metragens que exploravam o heroísmo russo — *A Estrela do Norte*, *Alma russa*, *Canção da Rússia* — e pelos meios de comunicação de massa. Em março de 1943, a revista *Life* disse aos leitores que os soviéticos "parecem americanos, se vestem como americanos e pensam como americanos", e declarou Stálin "o homem do ano".[77] A propaganda soviética no Ocidente jogava com essa visão sentimental da Rússia e com a imagem de Stálin como um homem comprometido com a paz e a democracia, uma visão engolida de forma acrítica pelo público ocidental, cujo conhecimento sobre a realidade soviética era tirado por completo da imagem da propaganda. Quando o bispo de Chelmsford, presidente do Conselho Nacional para a Unidade Britânico-Soviética, abriu um congresso em Londres, em novembro de 1944, falou dos Aliados como as "três grandes democracias". Um segundo clérigo citou as "conquistas verdadeiramente religiosas do governo soviético" e a grande contribuição que o regime tinha dado "ao lado ético da vida".[78]

No entanto, boa parte do apoio popular foi espontânea, numa celebração exuberante da resistência soviética à invasão do Eixo em comparação com os poucos êxitos militares das forças britânicas e americanas. A retomada de Stalingrado foi tratada como se fosse uma vitória ocidental. Maisky anotou em seu diário, em fevereiro de 1942, sua "admiração arrebatada" pelo Exército Vermelho, a "fervorosa sovietefilia" em junho daquele ano, e depois de Stalingrado o deleite universal, "sem reservas e sem restrições".⁷⁹ Na Grã-Bretanha, a partir de 1941, comitês e grupos pela "amizade e auxílio" foram criados no país inteiro; em 1944, já eram mais de quatrocentos, organizados sob a égide do Conselho Nacional para a Unidade Britânico-Soviética. Calcula-se que cerca de 3,45 milhões de pessoas eram representadas pelas organizações que trabalhavam em prol do esforço de guerra da URSS e da boa relação com os soviéticos.⁸⁰ Nos Estados Unidos, o Comitê para a Amizade Soviético-Americana cumpriu papel semelhante na mobilização do entusiasmo popular, expresso no país inteiro com bandeiras sendo hasteadas, exposições itinerantes e comissões de arrecadação de fundos. Em ambos os países, ser antissoviético passou a ser tratado como um ato de má--fé e até mesmo traição. O Comitê da Câmara para Investigar Atividades Antiamericanas, criado em 1938 sob a direção do congressista Martin Dies com o objetivo principal de erradicar a subversão comunista, continuou seu trabalho durante a guerra, apesar do coro de críticas hostis e das acusações de simpatia pelo fascismo. Ser antissoviético deixou de ser moda antes de 1941 e passou às margens da política em tempos de guerra.⁸¹

O verniz moral dado à União Soviética e à sua luta contra o fascismo, tanto oficial quanto extraoficial, não acabou com a desconfiança constante e a hostilidade em relação ao comunismo, sobretudo nos movimentos nacionais. Na Grã-Bretanha, o MI5 (Filial F) deu continuidade à vigilância rigorosa do Partido Comunista da Grã-Bretanha depois que a União Soviética virou uma aliada inesperada. Em 1943, Douglas Springhall, organizador nacional do Partido Comunista, foi acusado de obter informações secretas e condenado a sete anos de prisão. Herbert Morrison, o secretário do Interior, avisou a Churchill que era necessário dar uma atenção extra ao assunto por causa da "simpatia vigente" pela causa soviética. Os comunistas, ele continuou, "não deviam lealdade a um 'Estado capitalista'".⁸² Churchill não precisava de muito incentivo para ficar atento. Maisky registrou uma conversa ocorrida após um jantar em abril de 1943, em que Churchill expressou admiração pela Rússia, mas aversão por sua forma de governo: "Eu não quero comunismo [...]. Se aparecesse alguém querendo instituir o comunismo no nosso país, eu enfrentaria essa pessoa com tanta ferocidade quanto faço com os nazistas agora".⁸³ Até o Partido Trabalhista, de modo geral mais simpático à causa soviética, publicou um panfleto sobre "O Partido Comunista e a guerra: um registro de hipocrisia e da traição aos trabalhadores da Europa".⁸⁴ Nos Estados Unidos, onde o movimento comunista ganhou cerca de 100 mil membros, os apoiadores do esforço de guerra soviético eram mais cautelosos quanto à ameaça que o comunismo poderia representar dentro do país. Loucos para serem considerados bons patriotas, o partido foi abolido em 1944 e se reapresentou como Associação Política Comunista, mas a essa altura o apoio ativo ao comunismo no país já minguava, como na Grã-Bretanha.

No último ano de guerra, tanto do lado ocidental quanto do soviético, a visão que se tinha do comunismo e do capitalismo antes do conflito como regimes moralmente incompatíveis começou a ressurgir. Para os líderes soviéticos, a aliança sempre foi o que John Deane, chefe da Missão Militar Americana em Moscou, chamou de "um casamento de conveniência".[85] Em Moscou, nunca se fez muita distinção moral entre os Estados fascistas e os democráticos, visto que, em última análise, todos eram considerados maculados pelas mesmas tintas capitalistas. Com a derrota iminente da Alemanha, o ministro soviético das Relações Exteriores, Viatcheslav Molotov, afirmou que "agora fica mais fácil lutar contra o capitalismo". Embora Stálin contasse com a possibilidade de uma coexistência pacífica após o fim das hostilidades, ele supôs, no início de 1945, que o próximo conflito após a derrota fascista seria "contra os capitalistas", ou seja, que a União Soviética retomaria um confronto já conhecido.[86] No outono de 1946, Nikolai Novikov, enviado a Washington como embaixador para averiguar as intenções americanas, relatou a Moscou que a preparação para uma futura guerra nos Estados Unidos "está sendo conduzida com a perspectiva de um conflito contra a União Soviética, que aos olhos dos imperialistas americanos é o principal obstáculo ao domínio mundial pelos Estados Unidos".[87]

Nos Estados Unidos, a evidência da relutância soviética em instituir uma democracia popular real nos Estados do Leste Europeu libertados pelo Exército Vermelho afastou setores importantes da opinião liberal e progressista que antes acreditavam na sinceridade da retórica soviética sobre paz e democracia. Louis Fischer, editor do jornal de esquerda *The Nation*, renunciou ao cargo em maio de 1945 em protesto contra a insistência de seus colegas de enxergar a Grã-Bretanha e os Estados Unidos como "os demônios", e Stálin como "o arcanjo". Para justificar a decisão, Fischer fez uma longa lista das violações que os soviéticos cometeram aos princípios consagrados na Carta do Atlântico.[88] Embora Roosevelt lembrasse a seus críticos que ninguém havia assinado ou ratificado o documento, por vezes sua essência era evocada em discussões contrárias à cooperação acrítica com a União Soviética. Em 1944, o ex-presidente Herbert Hoover reclamou que a carta havia sido "enviada para o hospital para passar pela grande amputação da liberdade entre as nações". Averell Harriman, o último embaixador de Roosevelt em Moscou, outrora defensor fervoroso da colaboração, alertou a seu chefe em 1945 que o programa soviético "é instituir o totalitarismo, acabando com a liberdade pessoal e a democracia como a conhecemos e respeitamos". Poucos meses depois, ele pediu a Truman, o sucessor de Roosevelt, que fizesse o possível para evitar uma "invasão bárbara" da Europa.[89] Nos últimos meses de guerra e nos primeiros meses de paz, a lua de mel da população ocidental com a União Soviética evaporou, pois ambos os lados entenderam a dificuldade que teriam para sustentar o "casamento de conveniência".

A vista grossa para as violações soviéticas da paz e dos direitos humanos, no entanto, teve que ser mantida durante a fundação da Organização das Nações Unidas e o julgamento dos principais criminosos de guerra alemães, pois nos dois casos a União Soviética interpretou um papel pleno e teve a mesma importância que os outros Aliados. O governo soviético se recusava a permitir qualquer discussão que abordasse o histórico anterior ao conflito de agressão gratuita contra a Polônia e a Finlândia, além da anexação forçada da Lituânia, da Letônia, da Estônia e das províncias do norte da Romênia. O protocolo secreto do Pacto Germano-Soviético, que dividiu a Polônia entre as duas ditaduras, era conhecido da equipe de promotores americanos (foi entregue por um diplomata alemão ao embaixador americano em Moscou, em 1939), mas foi arquivado com a palavra "agressão" rabiscada no alto da página e nunca foi usado durante o julgamento.[90] A equipe soviética queria que o crime de conspiração para travar uma guerra violenta fosse aplicado apenas aos casos de agressão germânica, não como um princípio mais universal, e os promotores ocidentais concordaram a contragosto. Uma unidade especial de segurança foi enviada de Moscou a Nuremberg em novembro de 1945 com o objetivo de tentar garantir que não se mencionassem crimes internacionais soviéticos. A sensibilidade do regime era tanta que as referências à agressão alemã contra a Polônia foram retiradas do discurso de abertura do julgamento feito pelos promotores soviéticos, para evitar quaisquer perguntas constrangedoras. O antigo procurador-geral da URSS, Andrei Vishinski, ordenou que os advogados soviéticos abafassem no decorrer do julgamento qualquer tentativa que a defesa ou os réus fizessem de trazer à tona a cumplicidade do país nas ocupações territoriais de 1939-40. A única menção feita à guerra soviético-finlandesa provocou uma intervenção barulhenta.[91]

Os Aliados também concordaram, apesar da relutância soviética, em acusar os réus alemães de "crimes contra a humanidade", para incluir na denúncia o terror praticado pelo regime contra o povo germânico e não germânico, como deportação, trabalhos forçados e assassinatos em massa. O Ocidente não apenas estava cego às desumanidades do regime stalinista como tinha pouquíssima informação concreta, pois um véu quase impenetrável encobria o tratamento dispensado a todos que fossem considerados hostis ou incompatíveis com o sistema soviético, tanto na URSS quanto nas áreas ocupadas no Leste Europeu, e isso havia ocorrido antes e depois do conflito. A não ser pelo genocídio sistemático, o aparato repressivo soviético havia cometido quase todos os outros crimes contra a humanidade enumerados em Nuremberg: deportações em massa para campos de trabalho e de concentração em grande escala; existência de campos com histórico de abusos e mortes frequentes que se equiparavam aos piores do Império

Alemão; intolerância a todas as formas de religião; além de zero liberdade de expressão, associação ou respeito ao estado de direito.[92] Enquanto o tribunal de Nuremberg exprimia sua indignação com os campos de concentração do inimigo derrotado, o aparato de segurança da URSS na zona soviética da Alemanha montava um centro de isolamento em um antigo campo alemão em Mühlberg, no rio Elba, para onde 122 mil prisioneiros germânicos foram enviados sem direito a julgamento, e 43 mil pereceram ou foram assassinados.[93] Entre um campo alemão e um soviético, escreveu Anatoli Bakanichev em um livro de memórias após ter passado por ambos, "a diferença estava apenas nos detalhes".[94]

O único caso conhecido pelo Ocidente foi o do massacre de oficiais poloneses pelo NKVD soviético, em abril de 1940, na floresta de Katyn e seus arredores, porque a propaganda germânica fez um grande alarde após a descoberta de valas comuns em 1943. Desconhecido na época, o promotor-geral soviético em Nuremberg, Roman Rudenko, tinha sido enviado por Stálin para supervisionar o assassinato de oficiais poloneses em Cracóvia, porque os oficiais locais do NKVD se melindravam em cometer o crime. As autoridades soviéticas insistiram na história de que o massacre foi uma atrocidade alemã, e, embora os britânicos tivessem quase certeza de que o aliado havia cometido o crime, considerou-se prudente, do ponto de vista político, não investigar os indícios com muito afinco (e de fato a verdade incontestável só veio à tona após o colapso da União Soviética, em 1990). A reticência ocidental em relação ao assunto e a todas as outras evidências de crimes soviéticos contra a humanidade ou de guerra foi considerada essencial para impedir que os réus alemães explorassem a crescente cisão entre os antigos Aliados. Mesmo em 1948, quando a ruptura já estava explícita e a Guerra Fria era inevitável, as autoridades soviéticas continuaram a cultivar a ficção de que seu sistema era de um humanismo singular. Em Paris, em 1948, durante a elaboração da Declaração Universal dos Direitos Humanos, na Organização das Nações Unidas, Vishinski insinuou que o documento era irrelevante para a União Soviética, pois o sistema comunista como agente principal de libertação popular representava "os direitos humanos em ação".[95]

Nenhum dos Aliados ocidentais se equiparou à União Soviética na prática implacável de violências territoriais, na repressão em massa e nas inversões morais usadas para justificá-las, mas a provocação do Eixo de que eles não teriam conseguido fazer jus à sua autoimagem democrática por causa da raça expôs uma das maiores falhas na postura moral adotada pelo Ocidente, e sobretudo pelos Estados Unidos, que, ao contrário da Grã-Bretanha, dava muita ênfase à defesa das liberdades democráticas. A principal questão racial nos Estados Unidos era o longo histórico de discriminação, segregação e violência contra a minoria afro-americana. A inexistência de direitos civis plenos e o endosso à segregação racial pelas comunidades brancas, em especial no Sul dos Estados Unidos, foram questões que o governo Roosevelt evitou na década anterior à guerra, em especial porque no Congresso o presidente dependia do apoio dos democratas do Sul, que se opunham de modo categórico a qualquer concessão à minoria negra. A chegada do conflito com o apelo à unidade nacional e à defesa da liberdade foi entendida pelos líderes negros como uma oportunidade de expressar sua frustração com as desigualdades existentes e sua esperança de que a guerra para proteger a "democracia" significasse também sua libertação. O conflito, declarou um Du Bois otimista, era "pela Igualdade Racial".[96]

Em janeiro de 1942, mês em que o primeiro linchamento em tempos de guerra aconteceu em Sikeston, no Missouri — onde trezentas pessoas assistiram a um suspeito negro ser encharcado com cinco galões de gasolina e queimado vivo —, o *Pittsburgh Courier* publicou a carta de James Thompson, um jovem negro que trabalhava em uma cantina, convocando os negros americanos a lutarem pelo "duplo V, por uma dupla vitória". Ele explicava que o primeiro V era da vitória sobre os inimigos externos dos Estados Unidos, "o segundo V era da vitória sobre nossos inimigos internos".[97] Para muitos, negros e brancos, contrários ao status de cidadãos de segunda classe dos afro-americanos, a guerra em defesa da democracia e contra a ditadura não tinha valor sem o reconhecimento de que os ideais democráticos não tinham sido estendidos às minorias não brancas. "Acredito na democracia, tanto/ Que desejo que todos na América/ Tenham um pouco dela/ Negros... Terão um pouco dela", escreveu a poetisa Rhoza Walker em setembro de 1942.[98] Os ativistas negros entenderam que era possível traçar uma comparação nada atrativa com o racismo germânico no momento em que o regime de Roosevelt jurava lealdade às "Quatro Liberdades" e às promessas da Carta do Atlântico. Em um panfleto de direitos civis de St. Louis, a manchete era "VAMOS PARAR OS ASPIRANTES A HITLER EM SOLO PÁTRIO: vamos praticar a democracia conforme a pregamos", um sentimento ecoado por todo o movimento pelos direitos civis.[99] Quando pesquisas de opinião realizadas pela imprensa afro-americana perguntaram se os negros do país se identificavam com os sentimentos elevados que Roosevelt e seu governo exprimiam, 82% disseram que não.[100] A oportunidade que a guerra representava de tirar partido da diferença moral entre a propaganda oficial e a realidade de milhões de negros americanos desembocou em um aumento enorme do ativismo negro. A circulação da imprensa afro-americana teve um crescimento de 40% durante o conflito; a filiação à Associação Nacional para o Progresso de Pessoas de Cor (NAACP, na sigla em inglês), chefiada por Walter White, cresceu dez vezes ao longo dos anos de guerra; um movimento mais radical, da Marcha sobre Washington, fundado em 1941 por A. Philip Randolph, se espalhou por todo o país.[101] A exigência de igualdade era muito anterior ao conflito, mas isso criou o contexto adequado para uma contestação mais aberta e ampla das suposições brancas sobre raça.

As consequências do ativismo cada vez maior foram diversas. Enquanto os protestos negros aumentavam, em muitos casos a intransigência branca só endurecia. Os congressistas do Sul acreditavam que as reivindicações crescentes por direitos civis e igualdade econômica eram um desastre para o país — como alguém declarou, "não existe ameaça maior".[102] Nos estados do Sul, os eleitores negros tinham que ficar longe das urnas, ao mesmo tempo que eram feitas tentativas de encontrar formas de amarrar a mão de obra rural negra para que ela servisse a fazendas de brancos. Em algumas regiões, homens negros eram forçados a portar um distintivo aonde quer que fossem com o nome do patrão e seu horário de trabalho, para evitar a possibilidade de irem presos. A cultura de "trabalho ou cadeia" foi elaborada para eliminar qualquer possibilidade de militância negra.[103] Durante a guerra, para muitos afro-americanos do Norte, o recrutamento para as Forças Armadas e o trabalho no crescente setor de defesa os expuseram a um grau desconhecido de segregação e discriminação. Quando os empregadores cederam à pressão do mercado por mão de obra, os trabalhadores negros acabaram contratados apenas para empregos que não pediam qualificação, mesmo quando eles a tinham. Nas Forças Armadas, a segregação era muito estimulada. Os recrutas negros tinham condições de vida mais precárias e eram obrigados a atuar como atendentes de refeitório ou trabalhadores braçais, e em partes do Sul chegavam a correr o risco de serem linchados caso fossem flagrados de farda fora do acampamento. "Se já houve escravidão, é agora", um soldado reclamou em uma carta ao *Pittsburgh Courier*, redigida em um acampamento onde os recrutas negros tinham que dormir no chão e usar baldes como latrinas.[104] O tratamento diferente dado aos soldados negros era reforçado pelas opiniões preconceituosas do governo. Outro recruta desiludido escreveu que o Exército dos Estados Unidos é "tão nazista quanto o de Hitler".[105] Em 1944, o Gabinete de Informações de Guerra lançou um manual sigiloso para oficiais brancos sobre "Certas características do negro", que abarcava o seguinte: "Sociável, extrovertivo [sic] [...], esquentado [...], mentalmente preguiçoso, desmemoriado, esquecido [...], regido pelos instintos e pela emoção e não pela razão [...], noção aguçada de ritmo [...], evasivo [...], não tem dificuldade de mentir e o faz com frequência, com naturalidade".[106] Da zona de guerra europeia, para se referir a notícias de violência racial no Harlem, bairro de Nova York, um soldado negro declarou que os combatentes afro-americanos se perguntavam: "Pelo que estamos lutando?".[107]

As contradições reveladas pela guerra acabaram provocando uma onda de violência racial. Trabalhadores brancos fizeram as chamadas "greves de ódio" por conta da contratação de um número cada vez maior de negros nos primeiros anos do conflito. Segregacionistas brancos se envolveram em confrontos violentos em defesa de bairros e escolas exclusivas para brancos. A mobilidade da mão de obra na época levou 1 milhão de migrantes negros para cidades do Norte e do Oeste, e com isso a tensão racial se intensificou, fazendo a violência chegar ao auge em 1943. Nesse ano, calcula-se que 242 confrontos raciais tenham acontecido em 47 cidades americanas.[108] Motins e brigas de rua ocorreram em estaleiros de Mobile, cidade do Alabama, e Port Chester, na Pensilvânia, em Centerville, no Mississippi, em Los Angeles e em Newark, Nova Jersey. Os mais letais aconteceram no verão de 1943, primeiro em Detroit, depois no Harlem. A violência em Detroit explodiu em 20 de junho devido ao ressentimento latente dos trabalhadores brancos diante do influxo de mão de obra negra; os tumultos deixaram 37 mortos (25 deles negros) e setecentos feridos antes que a ordem fosse restaurada. Em 1º de agosto, tumultos eclodiram no Harlem, resultando em seis mortos e 1450 lojas incendiadas ou saqueadas. Roosevelt foi convencido a não fazer nenhuma declaração pública sobre a questão racial, em certa medida por se preocupar com a opinião dos brancos do Sul, mas também para não atiçar ainda mais a tensão racial com a admissão do problema. Assim, o governo aumentou a coleta de informações sobre possíveis pontos de crise para que se pudessem prever mais atos de violência, e foram criados meios locais de apaziguar conflitos sociais antes que atrapalhassem os esforços de guerra.[109]

A reação discreta de Roosevelt aos sinais da crescente tensão racial era um indicativo de como ele abordaria a questão mais ampla dos direitos civis e da igualdade racial. O apoio dos democratas sulistas no Congresso era essencial para sua situação política, e ele relutava em oferecer à opinião negra algo que pudesse pôr esse apoio em risco. A única concessão que fez, em 1941, antes da guerra, foi emitir a Ordem Executiva 8802, que fundava a Comissão de Práticas Justas de Emprego com o objetivo de erradicar a discriminação racial no setor de defesa após o lobby de lideranças dos direitos civis (ou, nas palavras de seu secretário de Imprensa, Stephen Early: após um "longo uivo dos negros"). O emprego de negros na indústria de defesa de fato aumentou de 3% no início de 1942 para o máximo de 8% em 1944, mas a renda das famílias negras ainda era de 40% a 60% dos rendimentos dos brancos. Em 1942, o novo órgão de Práticas Justas de Emprego foi incorporado à Comissão de Mão de Obra de Guerra, o que limitou a possibilidade de utilizá-lo para combater a desigualdade racial. No Sul, o governo ofereceu subsídios e programas de treinamento para ajudar a aprimorar a produtividade das fazendas brancas, mas fazia vista grossa para como as reformas de tempos de guerra permitiram o aumento do controle sobre os trabalhadores negros.[110] A respeito do paradoxo apresentado por sua retórica de liberdade e a sobrevivência da segregação racial e da discriminação no país, o presidente basicamente se calou.

Pode-se dizer a mesma coisa em relação à opinião de Roosevelt sobre o racismo no Império Britânico, prudentemente cautelosa para não enfraquecer a aliança de guerra, apesar de sua visão pessoal de que os impérios coloniais estavam falidos em termos morais e deveriam ser colocados sob administração internacional ou ganhar a independência. Quando as autoridades britânicas prenderam Gandhi, em agosto de 1942, junto com milhares de apoiadores indianos da campanha "Quit India", Roosevelt não fez nenhuma declaração pública condenando a decisão ou a violência que a acompanhou. Em protesto, Walter White, secretário da NAACP, cancelou um discurso que faria em nome do Gabinete de Informações de Guerra e enviou um telegrama a Roosevelt ligando o movimento pelos direitos civis à luta mundial para que as colônias fossem emancipadas do imperialismo ocidental: "1 bilhão de pessoas pardas e amarelas no Pacífico sem dúvida vão considerar o tratamento implacável dado a líderes e povos indianos simbólico do que os brancos farão com as pessoas de cor caso as Nações Unidas vençam".[111]

O vínculo entre a luta pelos direitos civis nos Estados Unidos e o movimento global pela libertação colonial foi se tornando mais forte com o avanço do conflito. Em 1944, depois de visitar zonas de guerra no Norte da África e na Europa, White escreveu *A Rising Wind* [Um vento que surge], um livro de memórias feito para mostrar que "a luta do negro nos Estados Unidos é parte essencial da luta contra o imperialismo e a exploração da Índia, da China, da Birmânia, da África, das Filipinas, da Malásia, das Índias Ocidentais e da América do Sul".[112] Quando emissários se encontraram em San Francisco em maio de 1945 para pactuar a formação da Organização das Nações Unidas, grupos de lobistas negros tentaram fazer com que a delegação americana incluísse uma declaração sobre direitos humanos que não só abarcaria os direitos dos negros americanos, mas também concederia direitos a "colônias e povos dependentes"; no entanto, o lobby não rendeu uma resposta positiva à discriminação racial. John Foster Dulles, um dos delegados dos Estados Unidos, se preocupava com a possibilidade de que os direitos humanos ressaltassem o "problema negro do Sul".[113] Em 1948, quando as Nações Unidas se reuniram em Paris para discutir, entre outras coisas, a elaboração da Declaração de Direitos Humanos, a presidente da Comissão de Direitos Humanos, a viúva de Roosevelt, Eleanor, recusou-se a aceitar a petição redigida por Du Bois, "Um apelo ao mundo", que traçava um vínculo direto entre a opressão aos negros nos Estados Unidos e a agenda de direitos humanos, por causa das questões políticas que ela levantava. Os delegados dos principais Estados queriam garantir que uma declaração de direitos universais não insinuasse a possibilidade de intervenção em países onde tais direitos sofressem violações óbvias.[114] Em 1945, apesar da guerra travada em defesa da democracia, os Estados Unidos e as potências imperiais emergiram com a discriminação ainda entranhada na visão ocidental de raça.

Se o histórico de racismo nos países Aliados não condizia com a retórica de guerra, havia ainda mais ambiguidades na forma como se encarava o racismo do inimigo, sobretudo no caso do antissemitismo. A notoriedade desfrutada agora pelo Holocausto ou Shoah na memória pública da Segunda Guerra Mundial contribuiu para a suposição de que um fator importante no embate contra a Alemanha e seus aliados europeus do Eixo era acabar com o genocídio e libertar o que restava das populações judaicas. Isso é em grande medida uma ilusão. A guerra não foi travada para salvar os judeus da Europa e, aliás, o governo das três principais potências aliadas temia que o público pensasse ser esse o caso. A libertação, quando aconteceu, foi um subproduto da ambição mais abrangente de expulsar os Estados do Eixo dos territórios que conquistaram e restabelecer a soberania nacional de todos os povos colonizados e vitimizados. Em relação aos judeus, a atitude das potências aliadas se alternava entre negligente, cautelosa, ambivalente e moralmente questionável.

A visão que as potências aliadas tinham da chamada "questão judaica" foi moldada, por um lado, pelas reações anteriores ao conflito aos desafios representados pelo antissemitismo alemão e, por outro, pela ascensão do sionismo e das afirmações da nacionalidade judaica. A política soviética em relação aos judeus era ditada pela hostilidade às aspirações sionistas que desafiavam a lealdade judaica ao sistema soviético. Fazia muito tempo que Stálin acalentava a ideia de que os judeus eram inassimiláveis na nova União Soviética e se ressentia do que via como um desejo de "segregação". Os sionistas foram perseguidos e acabaram na clandestinidade; no início da década de 1930, a emigração judaica já tinha sido reduzida ao nível de conta-gotas e, a partir de 1934, foi proibida por completo; trabalhadores judeus não tinham folga para praticar o Shabat e centenas de sinagogas foram fechadas.[115] Quando mais 2 milhões de judeus ficaram sob domínio soviético, em 1939 e 1940, com a ocupação do leste da Polônia e dos países bálticos, eles foram submetidos à destruição de seu estilo de vida tradicional. Na região inteira, calcula-se que 250 mil judeus foram deportados para o interior da União Soviética, milhares de rabinos e líderes judaicos foram presos e enviados a campos de concentração soviéticos, sinagogas foram fechadas ou usadas para outros fins, empresas foram tomadas como propriedade do Estado e rituais religiosos e culturais públicos foram reprimidos. A vida tradicional das comunidades *shtetl* nas cidades pequenas foi castrada muito antes da chegada dos alemães em 1941.[116]

Na Grã-Bretanha e nos Estados Unidos, a questão judaica era associada a angústias em relação ao impacto da imigração judaica em massa, motivada pela perseguição cada vez maior, e, no caso britânico, à preocupação de que a migração judaica pudesse abalar a segurança frágil de seus Mandatos da Liga das Nações no Oriente Médio. Embora não houvesse antissemitismo explícito ou público em nenhum dos casos, o medo das consequências sociais e políticas de abrir as portas a refugiados judeus sem nenhuma restrição determinou a reação dos dois governos. Ainda assim, durante a década de 1930, um grande número de imigrantes judeus conseguiu escapar da Alemanha e das regiões anexadas em 1938-9, num total de aproximadamente 360 mil entre 1933 e 1939. Desse número, 57 mil se refugiaram nos Estados Unidos, 53 mil na Palestina sob mandato britânico e 50 mil nas Ilhas Britânicas. Houve também uma grande emigração de judeus europeus de outros países onde o antissemitismo também virou um problema mais grave na década de 1930. O número total de imigrantes judeus que foram para a Palestina foi 215 232 entre 1933 e 1939, fazendo dobrar a população judaica da região.[117] Esse influxo foi o fator que mais influenciou a abordagem do governo britânico ao problema dos refugiados judeus. Em 1936, uma revolta árabe generalizada foi provocada pela chegada à Palestina de uma nova onda de judeus vindos da Europa. A revolta fez boa parte do pequeno exército britânico ficar presa no território entre 1936 e 1939 e botou em risco a posição estratégica da Grã-Bretanha no Oriente Médio. O resultado foi a decisão final de 1939, publicada em um relatório oficial em maio, de passar a restringir a migração judaica a 75 mil pessoas durante cinco anos e, em seguida, suspendê-la por completo, a menos que a comunidade árabe concordasse em não a interromper, o que seria improvável. A proibição inicial de seis meses foi imposta a toda imigração como penalidade pela entrada ilegal em larga escala. Em 1939, apenas 16 mil pessoas foram autorizadas a entrar de forma legal na Palestina, porém mais 11 mil conseguiram chegar por meios ilegais. Para piorar a situação, o documento do governo também descartou a possibilidade de criar um Estado separado para os judeus, a principal ambição sionista.[118] As diretrizes estabelecidas na primavera de 1939 ditaram a política britânica durante a guerra e causaram o fechamento desastroso dessa que tinha sido uma das rotas de fuga mais importantes para os refugiados judeus.

A emigração para a Grã-Bretanha foi cortada justamente quando o antissemitismo alemão atingiu um novo patamar de discriminação e perseguição após o pogrom da *Kristallnacht* em novembro de 1938. Várias crianças desacompanhadas puderam entrar no chamado "Kindertransport", e em julho de 1939 7700 já tinham chegado à Grã-Bretanha, mas os refugiados adultos tinham cada vez mais dificuldade de cumprir os critérios de entrada e conseguir os vistos necessários. As autoridades britânicas davam preferência a imigrantes judeus que pudessem ser amparados por organizações judaicas e tivessem alguma habilidade útil ou cobrissem uma lacuna no mercado de trabalho, mas a predileção do Ministério do Interior era para quem prometesse emigrar outra vez após chegar à Grã-Bretanha. Essa possibilidade ficava cada vez menor à medida que a guerra se aproximava. Todo o mundo ocidental compartilhava cotas e limitações a imigrantes. Nos Estados Unidos, as restrições não eram aplicadas diretamente a judeus, porque eles eram tratados como cidadãos do país de onde vinham, e portanto havia longas listas de espera de até dois anos para vistos e nenhuma possibilidade de abrir exceções após esgotar a cota de um país. O governo dos Estados Unidos se recusou a fazer concessões em razão da crise enfrentada pelos judeus europeus. Após a *Kristallnacht*, pressionado a facilitar a entrada de judeus, Roosevelt comentou apenas que "o momento não é propício". Pesquisas de opinião, às quais o presidente estava sempre atento, mostravam que 75% dos americanos achavam que os judeus tinham "traços indesejáveis", e 72% se opunham a uma imigração judaica maior.[119] Um projeto de lei apresentado ao Congresso em janeiro de 1939 (a chamada "Lei das Crianças"), que permitiria a entrada de 20 mil crianças refugiadas nos Estados Unidos ao longo de dois anos, não suscitou resposta da população nem ganhou o apoio do presidente, e portanto não foi aprovado na etapa da comissão. Pesquisas de opinião mostraram outra vez uma forte oposição popular.

Em vez de encarar a perspectiva de uma possível enxurrada de refugiados desesperados, a Grã-Bretanha se deparou com a proposta de enviar os judeus para a colônia sul-americana da Guiana Britânica "a fim de apaziguar a consciência do Governo de Sua Majestade em relação aos judeus europeus", como declarou sem rodeios um funcionário do Ministério das Relações Exteriores, mas o medo da oposição local deu fim à especulação. Nos Estados Unidos, a proposta era criar um enclave judaico no Alasca, mas Roosevelt vetou a ideia por medo de criar um estado judeu dentro de um estado.[120] O que nenhum país queria era ampliar a presença judaica na frente interna, independente dos motivos morais para que isso ocorresse. O embaixador de Roosevelt em Moscou, Laurence Steinhardt, ao observar em 1940 a pressão do movimento de refugiados, resumiu a decisão que o governo precisou tomar: "Sou da opinião de que quando existe até mesmo uma possibilidade remota de conflito entre o humanitarismo e o bem-estar dos Estados Unidos, o primeiro deve dar passagem ao último".[121]

A eclosão da guerra só reforçou essa convicção. A partir de setembro de 1939, não seria permitida mais nenhuma emigração de judeus da Alemanha ou dos países europeus com ocupação germânica para a Grã-Bretanha. "No que diz respeito a nós e à França", escreveu um funcionário do Ministério das Relações Exteriores, "a situação dos judeus na Alemanha não tem mais importância prática."[122] Nos Estados Unidos, a oposição do Congresso garantiu que não se reavaliasse o rigoroso sistema de cotas vigente. As autoridades germânicas estavam loucas para expulsar o máximo de judeus possível até outubro de 1941, momento em que Himmler proibiu a emigração em favor da aniquilação. Mas as pessoas que tiveram a sorte de achar um caminho para o Ocidente foram uma fração ínfima do número que necessitava. A emigração para a Palestina, ainda permitida por cotas, nunca chegou ao nível autorizado nos documentos oficiais porque não houve nenhum esforço para facilitar a fuga de judeus da Europa. Em quinze dos 39 meses durante os quais os judeus tiveram a chance de deixar a Alemanha e seu novo império, a imigração como um todo foi suspensa pelas autoridades britânicas como punição pelo número de imigrantes ilegais. Em 1940, 36 945 judeus emigraram para os Estados Unidos, mas milhares ainda esperavam na Europa porque as cotas já haviam se esgotado. Quem conseguiu chegar à Grã--Bretanha sofreu mais um revés quando o governo ordenou, em junho de 1940, que a maioria fosse internada como estrangeiros inimigos, por conta do pânico em meio à população quanto à "quinta-coluna". De modo geral, os detidos acabaram sendo soltos, mas as condições que aguentaram nos campos temporários da Grã-Bretanha, do Canadá e da Austrália a princípio foram duras e humilhantes.[123]

A crise terrível que a população judaica da Europa enfrentava instigou a busca por rotas de fuga para escapar das regras impostas pelo Ocidente. Nesse momento, as autoridades britânicas demonstraram uma insensibilidade que desmentia a tese de que lutavam por valores dignos. Quando três navios que tinham partido da Romênia repletos de refugiados judeus famintos e temerosos da Europa Central chegaram à costa da Palestina, primeiro lhes foi negado o direito de desembarcar, depois foram levados à terra firme e internados em campos rudimentares enquanto se buscava uma maneira de forçá-los a sair da Palestina. As autoridades decidiram mandar alguns para a colônia das ilhas Maurício, mas eles, desesperados e humilhados pelos maus-tratos sofridos, se recusaram. No dia em que seriam deportados, ficaram deitados na cama nus, em protesto. A polícia colonial espancou os homens com varas e em seguida levou todos nus para o navio; seus pertences foram jogados no mar ou apreendidos e vendidos para servir de fundos para o governo palestino. A caminho da ilha, mais de quarenta morreram de tifo ou por fraqueza; na chegada, foram internados em campos com cercas de arame farpado e guardas armados, isto é, trocaram um regime cruel por outro. Continuaram presos até os últimos meses da guerra, com os homens separados das esposas e dos filhos. Sir John Shuckburgh, vice-subsecretário do Escritório Colonial, achava que os protestos eram uma demonstração de que "os judeus não têm senso de humor e de proporção".[124] A partir da primavera de 1941, a entrada ilegal na Palestina murchou.

Ficou mais complicado manter essa indiferença oficial em relação ao destino dos judeus quando o genocídio começou a ser levado a sério, no verão de 1941, primeiro no front oriental, depois em toda a Europa do Eixo. Embora no início tenha sido desafiador juntar os diversos fios de informações dos serviços de inteligência que chegavam a Londres e Washington, no começo do verão de 1942 parecia inequívoca a conclusão de que um assassinato em massa sistemático de judeus acontecia na Europa. Em maio de 1942, a resistência polonesa enviou um relatório ao governo polonês no exílio, o chamado "Relatório Bund", que detalhava o extermínio de judeus do país. Em junho, a BBC foi autorizada a divulgar para a Europa a conclusão do relatório de que 700 mil judeus já haviam sido mortos, mas o Ministério das Relações Exteriores considerou a informação duvidosa e temeu que fosse um truque para justificar o aumento da emigração para a Palestina.[125] No início de agosto de 1942, o representante do Congresso Judaico Mundial em Genebra, Gerhart Riegner, enviou um longo telegrama via Ministério das Relações Exteriores para o parlamentar britânico Sydney Silverman com detalhes dos campos de extermínio e do uso de gás, fornecidos por uma fonte alemã. O comunicado foi enviado em 8 de agosto; o Ministério das Relações Exteriores, apesar do ceticismo persistente quanto à informação não averiguada, passou o telegrama para Silverman no dia 17 com o aviso de que ele não deveria dar muita importância às notícias.[126] O telegrama também foi enviado ao Departamento de Estado em Washington, que deveria repassá-lo ao rabino Stephen Wise, chefe do Congresso Judaico Mundial, mas as autoridades decidiram que a "natureza fantástica da alegação" impedia que fosse encaminhada. Os censores americanos deixaram passar um segundo telegrama, enviado de Silverman diretamente a Wise, ao qual ele anexara o relatório Riegner. No entanto, quando Wise tentou obter permissão do Departamento de Estado para divulgar as notícias, levou três meses para consegui-la de mau grado.[127] As autoridades de ambos os países estavam cautelosas com o que ainda se consideravam informações infundadas e não queriam de jeito nenhum que grupos de lobby judaicos usassem as notícias sombrias para exigir ações do governo.

Em dezembro de 1942, a população já tinha informações suficientes para aumentar a pressão popular sobre ambos os governos ocidentais. Uma pesquisa da britânica Gallup revelou que 82% dos entrevistados estavam dispostos a acolher mais fugitivos judeus.[128] A fim de apaziguar os protestos contra a inação dos Aliados, o secretário de Relações Exteriores britânico, Anthony Eden, propôs que se fizesse uma declaração na Câmara dos Comuns em nome das potências Aliadas, que enfatizaria o assassinato dos judeus pelos alemães e prometeria retaliação contra os responsáveis pelo massacre após o conflito. Em Washington, o Departamento de Estado pensou que a declaração só serviria para estimular ainda mais protestos de judeus, o que poderia "ter um impacto negativo sobre o esforço de guerra". Por fim, as autoridades americanas concordaram, mas só depois que o trecho "relatórios da Europa que não dão margem a dúvidas" sobre o extermínio foi alterado para "diversos relatórios da Europa", o que ainda dava margem a dúvidas. Uma semana antes da declaração, Roosevelt fez sua única reunião durante o conflito com líderes judeus para discutir a reação ao genocídio. Falou durante quatro quintos do tempo, dedicou apenas dois minutos ao assunto da reunião e não prometeu nada.[129] Em Moscou, onde desde o verão de 1941 muitas evidências diretas do genocídio eram reunidas e registradas por escrito pelo serviço de segurança do NKVD (mas não repassadas ao Ocidente), existia uma ambivalência semelhante sobre uma declaração dos Aliados que colocasse os judeus como vítimas, em vez de os soviéticos de modo geral, mas a União Soviética se juntou à lista de signatários para o que acabou se tornando a única grande declaração sobre a catástrofe judaica no decorrer da guerra.[130] Em 17 de dezembro, Eden leu o documento para a Câmara dos Comuns, cujos membros se levantaram de forma espontânea para dois minutos de silêncio. Para organizações judaicas do mundo inteiro, parecia haver a possibilidade de que os Aliados afrouxassem as restrições e reagissem positivamente à situação dos judeus da Europa. Para os judeus presos na rede do Eixo, a publicidade dos Aliados foi uma faca de dois gumes: "Devíamos estar felizes com a 'preocupação' com o nosso destino", escreveu Abraham Lewin em seu diário no gueto de Varsóvia, "mas será que ela vai ter alguma serventia para nós?".[131]

A declaração de dezembro de 1942 acabou sendo o ponto alto da reação governamental às notícias do Holocausto e não gerou quase nenhuma mudança relevante na forma como os Aliados tratavam os judeus europeus que continuavam vivos. Na União Soviética, o Comitê Antifascista Judaico (criado com a aprovação de Stálin em 1942, sob a supervisão atenta do serviço de segurança) era tolerado porque atraía dinheiro americano, mas seu objetivo não era apoiar uma estratégia ativa para resgatar ou dar suporte aos judeus soviéticos que estavam sob o jugo da ocupação alemã, a maioria dos quais já estava morta no final de 1942. Na Grã-Bretanha, o secretário do Interior Herbert Morrison rejeitou pedidos para receber mais refugiados judeus e pediu ao Ministério das Relações Exteriores que pensasse em outro destino remoto, inclusive Madagascar, que já tinha sido uma possibilidade para os alemães por um breve período, em 1940. Atraindo ainda mais críticas, o Gabinete de Guerra criou um Comitê para a Recepção e Acomodação de Refugiados Judeus, mas a palavra "judeu" foi depois retirada do título para evitar a impressão de que privilegiavam um grupo específico de vítimas. Em janeiro de 1943, o comitê considerou seu objetivo em grande medida negativo: "Matar a ideia de que a imigração em massa para este país e as colônias britânicas seja possível". A única proposta de Morrison era a possibilidade de acolher mais mil ou 2 mil pessoas caso ficasse provado que os refugiados seriam úteis ao esforço de guerra britânico.[132]

Nos Estados Unidos, a declaração de dezembro não foi seguida por nenhuma medida prática imediata. As sugestões de lobbies judeus eram marginalizadas ou ignoradas por Roosevelt e pelo Departamento de Estado. Em janeiro, Washington recebeu do governo britânico a proposta de pensar em uma cúpula de alto nível sobre o problema dos refugiados e, depois de os americanos adiarem o assunto por bastante tempo, enfim houve uma conferência em meados de abril de 1943 na colônia insular britânica das Bermudas, no Caribe. Os dois lados concordaram que discutiriam o tema dos refugiados de modo geral, e não apenas dos judeus, e que não debateriam o que se via como sugestões utópicas de resgate. Os resultados, segundo o chefe da delegação britânica, foram "parcos". Os conferencistas concordaram em ressuscitar o Comitê Intergovernamental de Refugiados, estabelecido pela primeira vez em 1938, mas que nos anos seguintes teve um papel insignificante na ajuda aos judeus. Não houve nenhuma concessão para que Grã-Bretanha, Palestina ou Estados Unidos recebessem mais refugiados judeus do que a cota existente já previa, mas em 1944 Roosevelt acabou sendo pressionado a oferecer abrigo a apenas mil refugiados em Fort Ontario, em Nova York. A proposta feita nas Bermudas de montar um acampamento no Norte da África, região ocupada pelos Aliados, para refugiados judeus vindos da Espanha levou um ano para se concretizar. A preocupação em relação aos efeitos que isso teria sobre a opinião muçulmana, além da obstrução francesa, acabou provocando a criação de um campo que abrigou não milhares de pessoas, como se pretendia, mas apenas 630.[133] A principal conclusão da conferência foi de que não era possível fazer nada, nas palavras de Eden, "até que se conquiste a vitória final". Por coincidência, a conferência foi convocada no momento em que os combatentes judeus do gueto de Varsóvia lançavam sua revolta frustrada. Enquanto em um hotel nas Bermudas os delegados debatiam como conter o problema dos refugiados, os rebeldes judeus travavam sua batalha final fadada ao fracasso contra os opressores, e contaram com pouco auxílio do Exército Nacional polonês e nenhum dos Aliados. Uma das últimas mensagens do gueto atacado foi apenas: "O mundo da liberdade e da justiça está em silêncio e não faz nada".[134]

A avaliação é implacável, mas não absurda. A perseguição e o extermínio de judeus não provocaram nos Aliados ocidentais uma reação igual aos horrores do Holocausto. Na verdade, refugiados judeus que esperavam fugir da Europa e organizações judaicas que tentaram encabeçar operações de resgate enfrentaram um sem-fim de obstáculos ou recusas categóricas e apenas de vez em quando recebiam um apoio relutante. Com pleno conhecimento do que tinha acontecido, as gerações pós-guerra foram igualmente críticas ao julgar o fiasco moral da causa Aliada. As razões para esse fracasso são muitas. Em primeiro lugar, o problema de lidar com os refugiados judeus na década de 1930 suscitou, sobretudo para a administração britânica na Palestina, uma forte reação contrária a oferecer mais assistência. Em segundo lugar, havia a questão da credibilidade. À medida que os horrores se desenrolavam, os vislumbres oferecidos à população ocidental pareciam inacreditáveis, mesmo entre as comunidades judaicas. "Acredite no inacreditável", escreveu o escritório do Congresso Judaico Mundial em Londres para a sede de Nova York.[135] As histórias de atrocidades no Ocidente foram tratadas com cautela após a experiência da Primeira Guerra Mundial, e os jornalistas que apresentavam detalhes da Europa precisavam quebrar o que Leon Kubowitzki, ao discursar no Congresso Judaico Mundial de 1948, chamou de "uma crosta de ceticismo". A imprensa evitava repetir as mesmas histórias várias vezes, pois o valor delas era mal avaliado em comparação com notícias de guerra. O *New York Times*, principal jornal diário dos Estados Unidos, publicou 24 mil matérias de primeira página durante os anos de conflito, mas apenas 44 abordavam questões judaicas. O dono do jornal, o judeu americano Arthur Sulzberger, não queria usá-lo para falar demais da tragédia judaica por medo de afastar leitores ou gerar uma resposta antissemita. Portanto, o que o público conhecia do Holocausto era irregular e episódico, e é provável que inspirasse incredulidade em vez de empatia. "A luta mortal na qual o povo judeu estava envolvido", continuou Kubowitzki em seu discurso, "não era apenas incrível para a mente humana, era incompreensível."[136]

O fiasco também pode ser explicado pelo antissemitismo, outra questão mais complexa do que parece. Nos três principais Estados do lado Aliado, o antissemitismo estava presente em sua forma racista crua, embora não como um movimento principal e não no nível administrativo. Nos Estados Unidos, o antissemitismo popular aumentou na década de 1930. Nesse período, o slogan *"New Deal = Jew Deal"* [Novo Acordo = Acordo judeu] foi lançado pela extrema direita quando Roosevelt defendeu reformas econômicas. O antissemitismo populista era representado por William Pelley e seus 15 mil "camisas prateadas" fascistas; pelo reverendo Gerald Winrod, cujo jornal antissemita *Defender* foi lido por 100 mil americanos; e por Charles Coughlin, o padre do rádio que acreditava nos "Protocolos" e nos "sábios de Sião" e cujas tiradas antissemitas eram ouvidas por milhões antes de ele ser silenciado por seu arcebispo em 1942. A profanação de sinagogas e ataques regulares a judeus continuaram durante os anos de conflito.[137] O antissemitismo britânico existia na ala da direita, mas foi marginalizado no final da década de 1930, e em 1940 ativistas da União Britânica de Fascistas foram presos. No entanto, é evidente que muitos políticos e autoridades ocidentais que enfrentaram a "questão judaica" o fizeram com preconceito ou intolerância, assim como boa parte da população. A visão estereotipada do "judeu" gerou um antissemitismo passivo que teve um impacto ruim na possibilidade de uma reação mais positiva à crise judaica. Anthony Eden, que arquitetou a declaração de dezembro de 1942, disse ao seu secretário particular um ano antes: "Se é preciso termos preferências [...], prefiro árabes a judeus". Os funcionários do Ministério das Relações Exteriores e do Ministério Colonial que tiveram de lidar com a Palestina ou com o problema dos refugiados apimentaram suas atas com notas de racismo. "Na minha opinião", escreveu um em 1944, "uma quantidade desproporcional do tempo deste escritório é desperdiçada lidando com esses judeus chorosos."[138] Churchill era incomum entre seus colegas de gabinete por seu apoio aberto ao sionismo e sua preocupação com o povo judeu preso nas redes do Eixo, mas durante a guerra foi incapaz de reverter a indiferença ou hostilidade daqueles ao seu redor. Já Roosevelt pouco fazia para abordar o problema dos refugiados judeus ou responder à crise judaica, a menos que percebesse que a opinião pública exigia isso dele, o que por fim o levava a substituir o cálculo político pela preocupação humanitária.

No entanto, não era só nesse sentido que o antissemitismo ajudava a explicar a resposta ocidental. Entre grupos de lobistas e organizações judaicos, havia o medo constante de que o ativismo antes e durante o conflito provocasse uma reação antissemita e piorasse a situação dos judeus em todos os lugares. Líderes judeus na Grã-Bretanha e nos Estados Unidos não se entusiasmavam com a ideia de um grande número de imigrantes do Centro e do Leste da Europa transferirem suas comunidades já estabelecidas e difíceis de integrar. Havia também o temor de que a agitação judaica criasse a ideia de que aquela era uma minoria desleal, e era essa a visão que Stálin havia consolidado a respeito da população judaica soviética. Ao discursar no Congresso Judaico Americano, em agosto de 1943, o rabino Wise anunciou: "Somos americanos, em primeiro, em último e em todos os lugares".[139] Entre os políticos não judeus, existia uma ansiedade semelhante de que o antissemitismo fosse instigado caso uma enxurrada de refugiados judeus, encorajados pelo projeto alemão, de repente pedisse para entrar no país. Na Grã-Bretanha, a perspectiva de tal influxo permaneceu viva durante boa parte do conflito, mesmo quando a maioria da comunidade na Europa de Hitler já estava morta. Em ambos os países, identificar os judeus como as principais vítimas da guerra europeia era algo considerado problemático do ponto de vista político, porque parecia privilegiá-los às custas de outros grupos vitimizados nos territórios europeus ocupados. (Por isso a decisão de apagar a palavra "judeu" do comitê emergencial criado na Grã-Bretanha em janeiro de 1943 para lidar com os refugiados.) Por fim, tanto líderes judeus quanto não judeus se preocupavam com a possibilidade de que uma reação mais positiva à crise pudesse servir à propaganda germânica por dar a impressão de que a guerra contra a Alemanha era, de fato, uma "guerra judaica".

A reação ao Holocausto foi condicionada, acima de tudo, pela conveniência política e a necessidade militar. A questão dos refugiados judeus tinha baixa prioridade para as populações ocidentais preocupadas com o resultado do conflito mais amplo. Mesmo onde a crise judaica despertava compaixão, ela costumava ser tratada como parte de uma preocupação mais abrangente com todas as vítimas da ocupação do Eixo. Na propaganda divulgada na Europa, as autoridades britânicas se esforçavam para não criar a sensação de que os judeus, que não formavam uma "nação", deveriam ter prioridade sobre os povos que a constituíam. Os governos europeus exilados em Londres compartilhavam da preocupação de que suas populações aprisionadas se ressentissem do cuidado dispensado aos judeus em detrimento da situação do povo. O general De Gaulle, líder da

França Livre, ouviu o conselho de que "não devia ser o homem a trazer de volta os judeus". A direita francesa os culpava pela derrota em 1940, assim como os nacionalistas poloneses diziam que eles haviam traído o país em prol dos russos em setembro de 1939. Os governos exilados não queriam de jeito nenhum criar a própria "questão judaica" durante e após a guerra, e a propaganda britânica respeitou essas preocupações políticas.[140] Até quando a Alemanha ofereceu aos Estados neutros a oportunidade de repatriar judeus confiscando seus passaportes e documentos, a resposta foi uma procrastinação cautelosa por conta da opinião nacionalista interna. Dos 5 mil judeus com documentos espanhóis, só 667 chegaram à Espanha em 1943 e 1944, e apenas com a condição de que logo seguissem para outros países. Milhares foram assassinados enquanto autoridades neutras discutiam os pré-requisitos para a entrada e a verificação de documentos.[141]

A reação ambígua à catástrofe judaica continuou após a vitória que deveria ser a chave para a libertação. A introdução do termo "genocídio", usado nas deliberações do Tribunal Militar Internacional para indiciar os principais criminosos de guerra alemães em 1945, foi inspirada por Raphael Lemkin, um advogado judeu da Polônia que chegou aos Estados Unidos em 1941. Ele definiu o termo não para falar do destino de seus companheiros judeus, mas para descrever a emasculação política, cultural e social da identidade nacional de povos conquistados. A inclusão do assassinato em massa judaico na acusação veio no último instante devido à dificuldade de definir o grupo como "nação" e à hostilidade soviética à ideia de que os judeus fossem ressaltados como coletivo em vez de serem incluídos na soma de vítimas nacionais.[142] O termo "genocídio" foi usado com moderação durante o processo, mas não no julgamento final. Lemkin fez campanha para que as Nações Unidas definissem genocídio como um crime internacional, contudo isso não foi apoiado pelas grandes potências, mas por Índia, Panamá e Cuba. A Convenção para a Prevenção e a Repressão do Crime de Genocídio foi adotada em dezembro de 1948, enquanto a Declaração Universal dos Direitos Humanos era assinada, mas não sem a resistência de Grã-Bretanha, França, União Soviética e Estados Unidos, países que se preocupavam com a possibilidade de que a convenção fosse usada para se referir ao tratamento dado às populações coloniais ou minorias oprimidas na própria terra. Na época, Stálin havia autorizado um expurgo antissemita que levou ao assassinato e encarceramento de milhares de judeus soviéticos, inclusive os que comandaram o Comitê Antifascista Judaico em tempos de guerra. Nos Estados Unidos, a relutância em ratificar a convenção se devia ao medo de mais motins pelos direitos civis. E, em 1951, os ativistas pelos direitos civis Paul Robeson e William Patterson de fato apresentaram uma petição às Nações Unidas, "We Charge Genocide" [Nós acusamos o genocídio], cujo tema era o tratamento dado aos negros americanos. Lemkin lamentou a comparação da situação dos judeus com a dos negros: "Ser desigual não é a mesma coisa que estar morto". Por fim, o governo dos Estados Unidos só ratificou a Convenção de Genocídio em 1986.[143]

O relativismo moral adotado durante o conflito em relação à colaboração entre os Aliados, ao racismo doméstico e à ajuda aos judeus da Europa não equiparou os Aliados aos Estados do Eixo, porém minou a alegação universal feita pelas potências aliadas de que coletivamente representavam uma série de valores progressistas e humanos. A narrativa aliada da "guerra boa" já estava em construção enquanto o conflito acontecia e continuou sendo um clichê central desde então na memória da guerra.[144] A realidade era menos patente. A conveniência moral e política da época gerou uma história na qual as potências aliadas, movidas pelo que se considerava uma necessidade estratégica e política ou por convicção ideológica, fizeram escolhas morais que macularam a narrativa de guerra.

A GUERRA DOS POVOS: A FORMAÇÃO DO "COLETIVO MORAL"

A conveniência moral usada por todas as potências para justificar o propósito do conflito e os sacrifícios que suas populações precisavam fazer tornou essencial que boa parte do povo fosse convencida de que era uma disputa digna de apoio. A grande maioria, se questionada, teria preferido não entrar no conflito, seja por motivos práticos ou morais. "Devemos, em primeiro lugar, perceber", escreveram os líderes do Grupo Parlamentar Britânico em Prol da Paz, em 1943, "que as pessoas comuns em qualquer país civilizado têm pouca responsabilidade pela guerra. São arrastadas para dentro dela por seus governantes, apaziguadas com frases baratas e obrigadas a sofrer tudo quanto é tipo de horror e indignidade."[145] Esse julgamento parece mais cabível aos Estados do Eixo do que aos Aliados, mas havia uma necessidade propulsora de que todos os regimes combatentes garantissem a identificação do povo com um conflito que não foi causado por ele e de que houvesse um compromisso moral com o esforço de guerra, mesmo diante de uma crise ou derrota. A Primeira Guerra Mundial era uma demonstração do preço de não o fazer.

A principal forma de garantir esse compromisso era construir um "coletivo moral" em que a população se unisse de modo ostensivo para levar o conflito até o fim. O coletivo refletia a ideia de que a guerra moderna era total, travada por sociedades inteiras, não só por governos e Forças Armadas. O conceito de coletivo como uma comunidade orgânica em época de guerra, dominada por uma ética de dever e sacrifício, era universal, e não um fenômeno restrito às ditaduras. As características essenciais do construto moral foram capturadas por Chiang Kai-shek em um discurso à nação chinesa no início de 1942:

Todos vocês devem estar cientes de que a guerra moderna não é apenas uma questão de operações militares. Ela envolve toda a força e todos os recursos da nação. Não são apenas os soldados que participam, mas também todos os cidadãos, sem exceção. Estes devem considerar que o perigo à nação os afeta pessoalmente, devem concordar com a resistência a todas as privações necessárias e devem abandonar a liberdade e a satisfação pessoais quando a disciplina e o interesse público exigirem isso delas [...]. Em uma sociedade assim, a vida se conformará às exigências da guerra; isto é, o interesse da nação será considerado supremo e a vitória será considerada o objetivo dos esforços de todos os cidadãos.[146]

O coletivo moral foi captado na linguagem usada para definir o esforço de guerra. Na Grã-Bretanha, o conflito foi logo batizado de "Guerra do Povo", para distingui-lo dos do passado, travados em nome de uma elite definida de modo mais restrito: a ideia do "povo comum" unido contra a tirania se tornou central na narrativa de guerra.[147] Na Alemanha, a ideia da "Comunidade Popular" [*Volksgemeinschaft*] exclusiva em termos raciais, uma característica predominante da ideologia e da propaganda nacional-socialistas da década de 1930, foi transformada durante o conflito no conceito de uma "Comunidade de Luta" [*Kampfgemeinschaft*] que defendia o povo e, com a iminência da derrota, em uma "Comunidade de Destino" [*Schicksalsgemeinschaft*], dedicada a aguentar as dificuldades do embate final.[148] A União Soviética deveria se tornar, nas palavras de Stálin, um único "campo armado", que travaria a Grande Guerra Patriótica para expulsar o invasor fascista. A ideia de um embate popular foi captada em uma canção nas primeiras semanas da guerra, *"voina narodnaia"*, uma guerra do povo. Em setembro de 1942, Stálin anunciou que a União Soviética também lutava uma "Guerra Popular", em que todo cidadão com aptidão física, homem ou mulher, deveria estar disposto a lutar.[149] Para os Estados Unidos, cuja ética predominante era de individualismo, construir uma comunidade moral em época de guerra era mais problemático, mas a noção foi articulada na primeira transmissão de Roosevelt após Pearl Harbor: "Estamos todos nisso — até o fim. Todo homem, mulher e criança".[150]

Uma exceção foi a experiência da China e da Itália, cujas economias relativamente fracas eram uma consequência das guerras travadas durante a década de 1930. Em 1940, quando Mussolini enfim resolveu assumir o risco de entrar em conflito com outras grandes potências, o apetite que importantes setores das elites militar e política italianas e de boa parte da população tinham por mais combates era limitado. Em vez de estimular uma nova solidariedade moral, como grandes guerras fizeram em outros cantos, o conflito iniciado em 1940 expôs o abismo cada vez maior entre o regime e a população. As primeiras derrotas alimentaram o pessimismo de todo o povo; relatórios policiais mostravam a queda da fé na vitória, o medo da entrada americana no conflito e o anseio pelo fim do combate. Um relatório característico de Gênova, em novembro de 1940, destacou "a absoluta falta de entusiasmo quanto à guerra e seus objetivos".[151] A consequência foi que Mussolini hesitou em impor a mobilização total, e portanto muito mais italianos tiveram a chance de ficar de fora do conflito do que no caso da Grã-Bretanha, da Alemanha e da União Soviética. Na China, a identificação com o esforço de guerra, apesar da compreensão de Chiang sobre o que era necessário para alcançá-la, continuou restrita. Já no final de 1942, em um discurso para a sessão plenária do Conselho Político do Povo em Chongqing, Chiang repreendeu os compatriotas por não terem abraçado seu apelo à guerra total: "Em grande medida, a vida social é tão indulgente agora quanto em tempos de paz [...]. O patriotismo entusiástico é amplamente inexistente entre o povo, e os hábitos egoístas e a negligência do interesse público ainda são obstáculos".[152] Os problemas da China bastam para explicar a ausência do devido senso de esforço coletivo. Metade da nação foi ocupada pelos japoneses, e nessa região a colaboração oportunista com o inimigo foi ampla; existia um conflito latente entre o regime nacionalista de Chiang e o Partido Comunista chinês, em geral mais bem-sucedido em seu apelo por uma "guerra de todos os povos contra o Japão" nas bases que ocupou; nas aldeias, milhões de camponeses chineses enfrentavam a enxurrada de refugiados e a busca por comida ou a defesa contra o banditismo generalizado, e portanto não ficavam muito comovidos com a ideia de lutar por uma comunidade nacional; em toda a China não ocupada, a corrupção nos âmbitos superiores era abundante, ao mesmo tempo que os comerciantes se aproveitavam da falta de estoques e os ricos pagavam para que seus filhos fossem dispensados do serviço militar obrigatório.[153] Chiang lamentou a mostra de desunião, a que descreveu com a expressão chinesa "uma bandeja de areia solta", cada um por si.[154]

Onde foi construído com êxito, o coletivo moral de guerra foi planejado para ser inclusivo, a não ser para aqueles considerados excluídos por definição, como os 120 mil japoneses residentes nos Estados Unidos que em 1942 foram colocados em campos, ou judeus e trabalhadores estrangeiros na Alemanha, ou a categoria abrangente de "inimigos do povo" na União Soviética. O que se esperava era que todos os membros da população, inclusive crianças e adolescentes, exercessem algum papel, por menor ou mais passivo que fosse, para sustentar o esforço de guerra e lidar com os sacrifícios necessários. Na Alemanha, a participação da União Soviética e do Japão fazia parte da arregimentação da comunidade como um todo, na qual o envolvimento ativo de grande parte da população em nome dos objetivos coletivos era inevitável. Nesses casos, criar um coletivo de guerra, com um consenso moral compartilhado, era um prolongamento das formas já consagradas de compromisso comunitário. Estima-se que em 1939 a população da Alemanha que se organizava em associações para a juventude, no Partido, na promoção de bem-estar, na defesa civil e nas frentes de trabalho era de aproximadamente 68 milhões de uma população total de 80 milhões.[155] Todas essas organizações assumiram a partir do começo do conflito uma parte do esforço de guerra na frente interna. No Japão, em 1940, o Ministério do Interior criou uma rede de "conselhos comunitários" [*chōnaikai*] para estabelecer uma estrutura formal que envolveria a população no esforço de guerra. No final do ano, eram 180 mil, constituídos nas cidades por várias centenas de famílias e no campo por cada vila. Ao mesmo tempo, mais de 1 milhão de associações de bairro menores foram criadas, em geral por oito ou nove famílias, com o objetivo de fortalecer ainda mais o vínculo das comunidades locais com os propósitos mais amplos do conflito e facilitar o isolamento de qualquer um que não aceitasse cumprir com seus deveres morais.[156] Já na Grã-Bretanha e nos Estados Unidos, a criação de um comprometimento dependia muito mais de apelos que incentivavam a consciência individual do que de coletividades preexistentes. A narrativa de guerra americana contrastava a natureza orgânica da sociedade japonesa e seu conceito restrito de cidadania com a ideia de voluntarismo cívico, em que o indivíduo entenderia seu dever para com os outros. "O que *você* fez pela Liberdade hoje?", perguntava um pôster americano.[157] A propaganda para incentivar a inclusão complementava a forte pressão social por obediência. A incapacidade de aceitar sacrifícios de bom grado ou de participar das atividades da comunidade local era observada e delatada. Na Grã-Bretanha, apesar das evidentes diferenças de classe e região, havia o compromisso comum com a ideia de que o coletivo temporário de guerra impunha o dever moral de trabalhar pela vitória a todos que pudessem fazê-lo.

Esses coletivos eram construtos morais e emocionais muito potentes. Era difícil ficar de lado ou de fora da comunidade que lutava, e nos Estados autoritários era perigoso se abster. Na maioria dos Estados combatentes, havia um amplo endosso da obrigação moral de participar, por mais que indivíduos tivessem suas objeções. Pessoas que supostamente faziam corpo mole, eram derrotistas ou pacifistas se tornavam párias morais; na União Soviética, é provável que fossem executadas. A propaganda era indispensável, mas a construção da comunidade de guerra também dependia do desenvolvimento de uma cultura mais ampla de participação na qual a mídia, as organizações juvenis, as igrejas, os grupos de mulheres e, nos Estados ocidentais, a publicidade comercial também tinham seu papel. O envolvimento de crianças na comunidade de guerra é um exemplo extremamente revelador da maneira como o discurso sobre o coletivo foi construído e absorvido. Publicada nos Estados Unidos logo após Pearl Harbor, uma cartilha escolar sobre *Educação para a vitória* sugeria que os professores deveriam tentar incentivar as crianças a entender o discurso moral vigente: "Entender em nome do que os Estados Unidos estão lutando por meio do desenvolvimento da compreensão dos ideais democráticos [...]. Entender que a luta dos Estados Unidos por princípios democráticos é apenas uma parte da longa luta da humanidade pela liberdade". Meio milhão de exemplares do "Children's Morality Code" [Código de moralidade infantil] foi distribuído, incentivando as crianças a serem leais à família, à escola, ao Estado e à nação, e acima de tudo "leais à humanidade". Quando o secretário do Tesouro Henry Morgenthau convocou 30 milhões de jovens americanos a se juntarem à luta pela liberdade com o slogan "Salvar, servir, conservar", cerca de 28 mil escolas se inscreveram. Os alunos economizaram selos de títulos de guerra, fizeram coletas de sucata, papel e graxa de porta em porta e se uniram a projetos comunitários locais.[158]

No Japão, as crianças eram criadas para apreciar os compromissos morais com a comunidade. Na escola, fazia décadas que os alunos eram ensinados com livros didáticos de ética publicados pelo Ministério da Educação para estimular obediência, lealdade e coragem. As edições de 1941 foram reformuladas e passaram a incluir símbolos e sentimentos nacionalistas ("O Japão é um bom país/ um país puro./ O único país divino/ do mundo") e uma série de referências a cidadãos comuns dispostos a morrer pelo imperador. Histórias exemplares encorajavam as crianças a recolherem dinheiro para o esforço de guerra, escreverem cartas para soldados no exterior e serem gratas por fazer parte da grande família imperial. O manual do professor que acompanhava o livro didático explicava que a nova "moralidade nacional" agora incorporava tanto a esfera moral social quanto a individual. Em 1945, as crianças por vezes também cantavam canções de guerra em sala de aula e participavam de treinamentos militares para se preparar para a defesa final do Japão. Uma jovem estudante registrou no diário um dia de "treinamento espiritual", que incluiu combate corpo a corpo, arremesso de bolas como exercício de lançamento de granadas de mão, luta com espadas de madeira e, por fim, exercícios de espetar o oponente com uma lança: "Foi muito divertido. Eu estava cansada, mas percebi que até uma pessoa sozinha pode matar muitos inimigos".[159]

A criação do coletivo de guerra, no entanto, tinha limites claros. Não havia nada de maquinal na preservação do compromisso com a batalha entre populações com um amplo leque de perspectivas, idades, interesses e expectativas. Para garantir que a narrativa dominante de um combate travado por causas justas por uma comunidade moral de guerra fosse sustentável, todos os regimes da época lançaram mão do monitoramento sistemático da opinião pública, da censura e da propaganda seletiva a fim de garantir que quaisquer áreas que manifestassem dissidência ou expressões de ceticismo temporário e desencanto fossem identificadas e que medidas fossem tomadas para apaziguá-las ou abafá-las. O termo que estava na moda para descrever o estado de espírito da população na época era moral. Muito usado na Primeira Guerra Mundial, o conceito foi incorporado no período entre os dois conflitos à percepção popular da possível resiliência ou da falta dela em meio à população local. Em 1940, por exemplo, o acadêmico de Yale Arthur Pope formou um Comitê do Moral Nacional extraoficial para examinar como a disposição americana poderia ser mantida em tempos de guerra; a pesquisa resultante ajudou o governo a elaborar um raciocínio sobre o que fazer para sustentar o comprometimento do país com o conflito.[160] Se já era difícil definir com exatidão o moral, era ainda mais difícil mensurá-lo. Na Grã-Bretanha, pesquisas de opinião para testar a satisfação popular com o esforço de guerra mostraram grandes oscilações ao longo dos anos, de 35% no início de 1942 a máximos de 75% a 80% no último ano de combate, porém o apoio popular não sofreu nenhuma crise persistente no que dizia respeito à ideia de se levar a guerra até o fim.[161] Na União Soviética, houve ampla evidência de derrotismo no primeiro ano de crise do conflito, em especial entre os cerca de 200 mil soldados que desertaram para o lado alemão. O policiamento severo do NKVD garantiu que o derrotismo não chegasse a uma base massiva.[162] Em todos esses casos, o mal-estar popular quanto aos rumos da guerra não se traduziu necessariamente em desmoralização nociva, exceto no caso da Itália. No entanto, o monitoramento do moral, por mais vaga que fosse sua definição, era considerado uma ferramenta essencial para garantir a existência do coletivo moral; o papel do Estado, de vigiar os próprios cidadãos, excedeu em muito a experiência da Primeira Guerra Mundial em termos de escopo e ambição.

A tarefa de avaliar o humor popular era bem mais fácil nos Estados autoritários, que antes do conflito já tinham estruturas atuantes para fornecer ao regime relatórios detalhados sobre a opinião e o comportamento da população. Na ausência de uma imprensa livre e um sistema político liberal, as ditaduras dependiam de uma ampla rede de informantes que comunicavam qual era a reação pública às iniciativas governamentais dentro e fora do país. O sistema alemão era um exemplo de organização cuidadosa. Na década de 1930, um ramo do *Sicherheitsdienst* [Serviço de Segurança] se dedicava a repassar notícias do interior. Em 1939, ele foi reorganizado e virou o Departamento III do recém-criado Gabinete Principal de Segurança do Reich, chefiado pelo comandante da SS Otto Ohlendorf, e a partir de 9 de outubro começou a fazer "Relatórios sobre a situação política interna". Em novembro, o título foi alterado para "Relatórios do Reich", e continuou com esse nome até o verão de 1944, quando o tom pessimista do serviço de inteligência provocou acusações de derrotismo e causou o fim dos relatórios regulares. O escritório de Ohlendorf foi dividido em dezoito (e mais tarde 24) subgrupos que reuniriam informações sobre todos os aspectos possíveis de opinião e moral. Os dados foram coletados por cerca de 30 mil a 50 mil informantes, cujos relatórios eram filtrados por escritórios locais e provinciais antes de serem encaminhados para Berlim. Lá, um documento geral era produzido e distribuído aos líderes do Partido e ao Ministério da Propaganda. Os informantes recrutados eram de uma ampla gama de formações profissionais — médicos, advogados, funcionários civis, policiais —, e sua tarefa, segundo um escritório regional, era ter conversas sobre questões atuais com parentes, amigos e colegas de trabalho e entreouvir diálogos no trabalho, no ônibus, em lojas, no cabeleireiro, em mercados ou no bar.[163] Os relatórios eram complementados pelo trabalho da Gestapo, cuja rede de informantes identificava o potencial de danos de vozes derrotistas ou dissidentes, assim elas poderiam ser abafadas na fonte.

Sistemas semelhantes funcionavam também na Itália e na União Soviética. A polícia política secreta italiana (Ovra) usava uma rede de informantes e agentes que a partir do verão de 1940 entregava relatórios semanais sobre o estado da opinião popular [*lo spirito pubblico*]. O número de informantes foi ampliado às pressas quando ficou claro que havia enorme pessimismo e descontentamento em meio à população.[164] As informações da polícia secreta eram complementadas por relatórios das delegacias locais. Então, tudo seguia para as mãos do Ministério do Interior em Roma e, mais cedo ou mais tarde, chegava à mesa de Mussolini. Na União Soviética, as comunidades locais viviam sendo esquadrinhadas por membros e autoridades locais do Partido Comunista e pela grande rede de informantes do NKVD. Qualquer sinal de derrotismo ou crítica ao regime era delatado às autoridades policiais. A denúncia se institucionalizou a ponto de todo cidadão soviético se tornar um possível informante.[165] Por mais que na realidade os cidadãos soviéticos pudessem estar desmoralizados pelo que se exigia deles durante a guerra, todo mundo sabia que reclamar gerava riscos o bastante para sustentar pelo menos um estado de moral negativo. No entanto, nas três ditaduras, atingiu-se um equilíbrio entre coerção e concessão. As preocupações populares eram muitas vezes sobre questões muito menores do que o prosseguimento da guerra ou sua conduta moral e podiam ser aliviadas por meio de reações adequadas da parte das autoridades estatais ou da coerção direcionada.

A situação da Grã-Bretanha e dos Estados Unidos era bem diferente. Não havia nenhuma rede montada que colhesse informações sobre o estado da opinião popular. As pesquisas de opinião começaram no final da década de 1930, mas quando a guerra eclodiu ainda eram uma ferramenta imatura para testar o moral público. Na Casa Branca, Roosevelt tinha seu próprio sistema para monitorar a opinião, baseado em uma análise cuidadosa dos milhares de cartas que chegavam todos os dias, além do exame diário de mais de quatrocentos jornais americanos feito por sua equipe. Em setembro de 1939, um Gabinete de Relatórios Governamentais foi criado, elaborado, apesar do título, para rastrear mudanças na opinião pública. Em 1940, Roosevelt fez um acordo particular com Hadley Cantrill, um dos pioneiros da pesquisa seletiva, que lhe forneceria estudos regulares da opinião popular, e em 1942 ele já recebia os resultados a cada duas semanas.[166] Durante os anos de conflito, o governo criou uma série de gabinetes para monitorar a opinião e educar a população com informações adequadas. O Gabinete de Informações de Guerra, criado em junho de 1942 e dirigido pelo jornalista da CBS Elmer Davis, tinha uma Divisão de Inteligência Doméstica para comunicar regularmente qual era o moral da nação. Informantes locais foram recrutados entre empresários, clérigos, editores e líderes trabalhistas ("a fração alerta e articulada" da população, alegou o Gabinete), que faziam relatos frequentes sobre a opinião local e se incumbiam, sempre que possível, de formá-la.[167] Informantes organizados pelo Gabinete de Defesa Civil, criado em maio de 1941 sob a liderança do prefeito de Nova York Fiorello La Guardia, atuavam como supostos "guardiões do moral", relatando ao Gabinete de Informações de Guerra as condições locais. As pesquisas de opinião eram complementadas por vários programas elaborados pelo Gabinete de Informações de Guerra para ajudar a formar a perspectiva pública: a Agência de Rádio do Gabinete (que atingia uma audiência de 100 milhões); a Agência de Cinema (com seus cerca de 80 a 90 milhões de espectadores por semana); e a Agência de Artes Gráficas e Impressão, responsável por pôsteres e imagens abundantes em todos os espaços públicos. Em vez de recorrer à propaganda grosseira, o programa para fomentar o moral americano se concentrou em dar informações claras que educariam a opinião pública em vez de dar sermões, além de incentivar o setor comercial particular a reforçar a mensagem moralizante por meio da publicidade.[168]

O sistema de monitoramento britânico foi construído devagar a partir dos primeiros meses da guerra. Em dezembro de 1939, Mary Adams, uma produtora da BBC, foi encarregada de chefiar uma divisão da Inteligência Interna do Ministério da Informação e instruída a fornecer "um fluxo contínuo de informações confiáveis" que serviria de base para a publicidade governamental e "uma avaliação do moral interno". A Inteligência Interna começou a editar relatórios diários em maio de 1940, e, de setembro em diante, passou a fazer relatórios semanais que eram distribuídos aos principais ministérios e ao Gabinete de Guerra.[169] Como havia pouca experiência na coleta sistemática de informações sobre opinião, em abril de 1940 Adams recrutou a Mass-Observation, uma empresa privada, para fazer pesquisas detalhadas do moral e comunicar evidências de derrotismo. A Mass-Observation foi fundada em 1937 pelo cientista Tom Harrisson e pelo poeta Charles Madge para oferecer pesquisas de atitude e comportamento sociais, obtendo sua matéria-prima através de métodos de entrevista. A metodologia foi aplicada de imediato à missão de avaliar a disposição pública. Para cada relatório eram conduzidas cerca de sessenta entrevistas, baseadas em questões gerais sobre notícias e acontecimentos atuais. A amostra era minúscula e bastante regionalizada, e isso deveria ter minado sua credibilidade, mas a "Cota de Notícias" da Mass-Observation, entregue toda segunda e quinta-feira, continuou a ser feita até maio de 1945 e era uma grande fonte para os relatórios de moral elaborados pelo próprio Ministério da Informação.[170]

Esses relatórios eram complementados pelos informantes do Ministério, mais uma vez recrutados entre médicos, advogados, funcionários públicos, clérigos, lojistas e donos de bares, e pelo trabalho da unidade de Pesquisa Social de Guerra, fundada em junho de 1940 por acadêmicos da London School of Economics para elaborar relatórios detalhados não apenas sobre o moral, mas também uma série de questões sociais. Formada em particular por psicólogos sociais, a Pesquisa Social de Guerra fazia uma avaliação mais profissional da perspectiva popular. Em outubro de 1944, já havia conduzido 101 pesquisas, com nada menos que 290 mil entrevistas feitas de porta em porta.[171] Nessa época, os relatórios regulares da disposição pública para o Gabinete estavam suspensos, pois a partir do final de 1942 a maioria das notícias de guerra era positiva. O Ministério da Informação, que passou a ser controlado em julho de 1941 pelo confidente de Churchill, Brendan Bracken, aprendeu com as informações sobre a opinião popular a adaptar a publicidade da época, como haviam feito os Estados Unidos, de chamadas de incentivo à participação a materiais educacionais e explicativos muito objetivos. Na Grã-Bretanha, como em todos os grandes Estados, as questões levantadas pelo monitoramento da disposição pública faziam efeito em uma camada abaixo da grande narrativa da comunidade moral empenhada em levar o conflito até o fim. A crítica e a preocupação da população costumavam estar voltadas para a melhora da eficácia do esforço de guerra ou para tornar seu impacto social mais equitativo, em vez de enfraquecer o arcabouço moral mais amplo do esforço coletivo.

A vigilância rigorosa das atitudes em relação à guerra levanta a questão da eficácia dos Estados ao incutir a grande narrativa que justificava o conflito para a população em geral. Se na maioria dos casos houve um endosso genérico da ideia de uma comunidade de guerra que daria seguimento a um embate justo, a compreensão dos propósitos morais mais específicos do conflito, por vezes articulados na retórica de guerra, parecia mais problemática. Para muitas pessoas comuns envolvidas em um conflito que durou anos, a compreensão de seu rumo e objetivos às vezes era parcial, pouco clara, desinformada e instável. Se hoje a perspectiva histórica faz da guerra um todo compreensível, as pessoas na época a viam através de perspectivas subjetivas, na forma dos acontecimentos e do futuro imprevisível do conflito. Eram intrinsecamente limitadas pelo que podiam saber e dizer, uma condição que variava muito entre as diferentes nações combatentes. As notícias eram sempre censuradas, tanto pelas autoridades militares quanto pelas civis; nas ditaduras, as notícias eram gerenciadas por órgãos centrais que definiam o que o público poderia ler; nas democracias, a imprensa e a mídia não eram controladas por um órgão central, mas não podiam publicar e transmitir o que queriam. Na Austrália, por exemplo, país cujo governo era muito sensível a críticas, sobretudo do aliado americano, foram nada menos que 2272 ordens para censurar materiais de imprensa entre 1942 e 1945.[172] A imprensa de todos os lugares dependia de comunicados oficiais que eram mais ou menos econômicos em relação à verdade e raras vezes eram dignos de confiança plena. Um relatório de Milão divulgado em fevereiro de 1941 observava que a população da cidade estava "amargamente decepcionada" com a cobertura da imprensa, repleta de "palavras difíceis, previsões infundadas ou obsoletas [...], argumentos pueris".[173] Na China, o colapso da imprensa diária comum após a ocupação japonesa levou a uma proliferação de pequenos jornais locais que reproduziam os avisos insossos do governo ou, já que não tinham correspondentes de guerra dedicados ao assunto, inventavam notícias baseadas em uma mistura de rumores e suposições. Mesmo entre as poucas pessoas que sabiam ler, a credibilidade da imprensa era baixa. Para a maioria analfabeta, as notícias corriam no boca a boca, vindas de ativistas que as liam para os moradores ou eram espalhadas através de rumores.[174]

Em todos os lugares, os boatos — ou "notícias falsas" — tiveram um papel importante durante o conflito, complementando as notícias oficiais. Rumores de todos os tipos formavam o que um historiador chamou de "universo clandestino", que dava às pessoas comuns, seja na linha de frente ou no próprio país, certo poder sobre como a guerra e seus objetivos eram apresentados.[175] Nas ditaduras, era uma forma de desafiar a necessidade de se manter um silêncio cauteloso em ambientes públicos e reiterar certa autonomia. O gabinete alemão do SD que tratava de notícias domésticas contou 2740 rumores relatados entre outubro de 1939 e julho de 1944. Iam de banalidades a boatos de que Hitler estava morto ou de que o governo tinha sido derrubado, e se espalhavam país afora na velocidade da luz. Um decreto de 13 de março de 1941 distinguia rumores de piadas, julgando que estas tinham algum valor positivo, mas ordenava que medidas penais severas fossem tomadas contra qualquer um que fosse flagrado espalhando boatos "de teor malicioso e nocivo ao Estado".[176] Rumores eram frequentes na Itália por conta da ausência de notícias confiáveis, e os fascistas locais, se pegassem fofoqueiros [*vociferatori*], eram incentivados a espancá-los ou a lhes dar óleo de rícino.[177] A reação dos soviéticos foi caçar os derrotistas e "disseminadores de boatos provocativos". De junho a dezembro de 1941, 47 987 pessoas foram presas por serem fofoqueiras e derrotistas.[178]

Na Grã-Bretanha, os rumores eram investigados pelo Ministério da Informação, e a polícia era encorajada a processar "espalhadores de boatos maliciosos", mas uma série inicial de sentenças duras no verão de 1940 provocou um forte protesto popular, e em agosto os processos foram extintos. Daí em diante, a ideia era de que os rumores fossem combatidos com informações melhores.[179] Nos Estados Unidos, sobretudo nas comunidades mais isoladas, alheias à realidade do conflito, os boatos eram generalizados. O Gabinete de Informações de Guerra criou um grupo de controle de rumores na Agência de Consultas Públicas chefiado por Eugene Horowitz, que estava encarregado de investigar as fontes dos boatos e dar as informações necessárias para invalidá-los. Foram fundadas "clínicas de boatos" voluntárias, e figuras cívicas locais identificavam e relatavam rumores e, quando possível, usavam a imprensa e a rádio locais para retificar as ilusões que criavam.[180] No Japão, os boatos eram generalizados, em parte explicados por relatórios mentirosos publicados na imprensa sobre "êxitos" japoneses inacreditáveis. Entre o outono de 1937 e a primavera de 1943, 1603 boatos que violavam o Código Militar foram investigados, e 646 pessoas foram processadas. Centenas de outros foram investigados a partir de 1942 por conta de um "decreto de paz e ordem" para evitar que os boatos preocupassem a população.[181] Os rumores fantásticos exerciam a mesma função das muitas superstições que surgiram durante o conflito de ser um antídoto para o medo. As "clínicas de boatos" americanas descobriram que entre um quinto e quatro quintos dos que ouviam os rumores acreditavam neles, de acordo com uma escala de plausibilidade. As autoridades os levaram a sério, e isso explica o empenho para monitorar fontes e percursos, mas existem poucos indícios de que tenham colocado em risco as narrativas predominantes.

Os limites para entender a guerra nos termos grandiosos em que foi levada adiante se refletiram na maneira desigual com que a justificativa moral dada ao conflito foi adotada pela população em geral. A retórica oficial foi repetida nos diários e nas correspondências de civis e soldados comuns ao procurarem formas de exprimir atitudes e sentimentos. No entanto, a linguagem gerada pela propaganda de guerra sobre seus objetivos morais era mais abstrata e especulativa do que a população queria. Pesquisas de opinião nos Estados Unidos revelaram que apenas uma parcela decepcionante de tão pequena dos entrevistados assimilou a narrativa de Roosevelt: cerca de 35% tinham ouvido falar das Quatro Liberdades, mas apenas 5% conseguiram lembrar que incluía a liberdade diante da vontade e do medo; no verão de 1942, apenas um quinto dos entrevistados já tinha ouvido falar da Carta do Atlântico.[182] Em 1943, a revista *Life* observou "a perplexidade dos garotos nas Forças Armadas em relação ao significado da guerra". O vencedor de um concurso de redação para soldados americanos na Itália sobre o motivo pelo qual lutavam continha apenas duas frases curtas: "Por que estou lutando. Fui convocado".[183]

Um exemplo mais convincente é em que medida a população germânica acreditou nas alegações do Partido e do governo de que os judeus eram os responsáveis pelo conflito e o povo alemão tinha o dever moral de defender a nação contra a ameaça judaica. Já não pode restar nenhuma dúvida de que uma imensa parcela da população sabia das deportações das comunidades judaicas e, por meio de boatos ou do boca a boca que chegavam do front oriental, ou levando ao pé da letra as ameaças públicas de aniquilação feitas pelos líderes alemães, entendeu que os judeus eram assassinados de modo sistemático. Uma estimativa sugere que um terço da população sabia ou suspeitava do genocídio, porém talvez o número seja maior. Mas é possível duvidar se isso é sinal da aceitação do argumento.[184] Poucos alemães poderiam não saber do abraço sufocante da propaganda antissemita associado à guinada para o genocídio. Durante os anos intermediários do conflito, a população foi bombardeada por materiais oficiais sobre a ameaça judaica. Em novembro de 1941, Goebbels ordenou que um folheto preto com uma estrela de davi e as palavras "Alemães, este é seu inimigo mortal" fosse enviado junto com os cartões de racionamento semanais. Os pôsteres daquele inverno explicavam que os judeus "queriam esta guerra para destruir a Alemanha".[185] Milhões de pôsteres nos muros e panfletos repetiam a mensagem: foram vendidos mais de 330 mil exemplares do *Handbuch der Judenfrage* [Manual sobre a questão judaica]; um livreto elaborado pelo ministério de Goebbels no outono de 1941 sobre "os objetivos de guerra da plutocracia mundial", baseado em *Germany Must Perish*, de Kaufman, teve uma tiragem de 5 milhões.[186]

Contudo, a evidência do quanto o público alemão acreditava na propaganda e a usava para criar uma justificava mental para o conflito ainda é ambígua. Não faltam citações de diários e correspondências que mostram que uma fração, obviamente entre os membros do Partido, mas também entre os militares, considerou verdadeira a luta contra o inimigo mundial judeu. Um texto datilografado escrito em 1944 por Georg Mackensen, um alto funcionário público que não era filiado ao Partido, mostra até que ponto a cultura criada pelo regime, de alemães versus judeus, poderia ser incorporada à percepção popular do conflito: "Esta não é uma guerra comum — travada por dinastias ou enfrentada para conquistar territórios. Não! É uma luta entre duas ideologias opostas, entre duas raças [...]. De um lado temos os arianos — do outro, temos os judeus. É uma luta pela sobrevivência ou a extinção de nossa civilização ocidental".[187] Por outro lado, temos muitas evidências de ceticismo, de incerteza e até de hostilidade pelas políticas do regime contra os judeus e, portanto, pelas alegações de que se tratava de uma guerra justa contra o inimigo mundial judaico, e não um combate defensivo convencional contra inimigos reais. A atitude reservada em relação à narrativa predominante não excluía o sentimento antissemita, nem o desejo de lucrar com a exclusão judaica, nem a indiferença quanto ao destino dos judeus — que era generalizada —, mas indica que a visão de Hitler da guerra como "tipicamente judaica" não foi endossada em um piscar de olhos. As duas abordagens se fundiram apenas nos últimos anos do conflito, quando a alegação desumana feita pela propaganda de que em caso de derrota os judeus se vingariam de forma terrível foi aceita mais prontamente com a intensificação do bombardeio aliado e a aproximação do Exército Vermelho, mas esses medos eram ditados pelo conhecimento integral ou parcial do que a Alemanha de Hitler já havia feito aos judeus da Europa, e não uma aceitação tardia da teoria de uma conspiração judaica mundial.[188]

Para a população em geral dos países combatentes, as preocupações morais eram mais limitadas e pessoais do que as apresentadas pela narrativa dominante. Militares e civis construíam narrativas subjetivas particulares para dar sentido ao conflito que os rodeava e o seu papel nele. A identificação com a causa nacional dava às famílias uma maneira de lidar com a morte de entes queridos, considerando-a valorosa, até mesmo nobre, e não arbitrária ou inútil. O imperativo principal era encerrar os combates, e era por isso que o esforço coletivo mais amplo costumava ser apoiado, mesmo na União Soviética, onde havia uma ampla hostilidade latente contra Stálin e o governo comunista, e no Japão, onde existiam objeções particulares à guerra e às alegações do Estado.[189] Além da anuência, voluntária ou não, tornou-se necessário encontrar maneiras de se adaptar às condições do período que ainda preservassem a esfera privada. Então os deveres morais se estendiam a família e amigos, colegas e combatentes homens e mulheres ausentes; para os militares, se estendiam à unidade da qual faziam parte, fosse ela uma companhia de infantaria, um grupo de bombardeiros ou os tripulantes de um submarino. Nos Estados Unidos, grande parte dessa narrativa privada de guerra era dedicada à proteção da família e da vida doméstica normal, transformando o dever abstrato em um senso de responsabilidade pessoal. As ilustrações das Quatro Liberdades feitas por Norman Rockwell brincavam com cenas domésticas convencionais — um jantar de Ação de Graças, crianças deitadas na cama, uma reunião municipal —, criando uma conexão entre a esfera privada e a mensagem ética mais abrangente.[190] Para populações ocidentais, cujas expectativas podiam ser analisadas e exprimidas com liberdade, a pesquisa descobriu que a maioria desejava retomar a normalidade, uma vida sem guerras. Na Grã-Bretanha, a Pesquisa de Reconstrução Social do Nuffield College, conduzida nos anos intermediários do conflito, revelou pouco entusiasmo por grandes planos pós-guerra e um desejo generalizado pelo retorno a uma vida particular comum, livre de muita interferência do Estado e com a promessa de mais segurança econômica. Nos Estados Unidos, as pesquisas de opinião mostraram um desejo semelhante por objetivos mais imediatos e empíricos que diziam respeito a emprego, moradia e segurança pessoal e um desejo menor por agir como a consciência do mundo.[191]

Não temos motivos para não acreditar que as populações alemã, soviética e japonesa também separavam a esfera pessoal de obrigações e suas expectativas e esperanças pessoais da esfera pública da guerra. Os cidadãos soviéticos esperavam que seus sacrifícios pudessem render uma vida melhor após o conflito, mais livre do controle comunista e das dificuldades econômicas. Desde o início dos confrontos, as autoridades soviéticas reconheceram que as pessoas comuns não queriam ser chamadas a lutar em prol de ideais marxista-leninistas. Já a propaganda refletia a realidade predominante, de que os soldados e trabalhadores soviéticos enxergavam a guerra pelo prisma pessoal e não estatal — ela seria uma defesa da família, do lar e da cidade natal. A imprensa estatal permitiu a divulgação de cartas privadas que apresentavam uma afeição filial e lealdade aos entes queridos que teriam sido ignoradas na década de 1930, mas que evidentemente condiziam com o clima popular, em que o embate por razões pessoais transcendia qualquer ambivalência que houvesse na luta pelo Estado comunista.[192] Na Alemanha, era difícil as ansiedades e esperanças particulares serem expressas de forma aberta, mas também eram bastante reais. Uma conversa grampeada em 1945 entre prisioneiros de guerra alemães no Mediterrâneo revela a visão que um jovem tenente germânico tinha da tensão entre o dever de lutar e a violação que o conflito representava para vidas comuns:

> Quando penso no preço que a guerra teve para mim e para a minha geração, fico estarrecido! [...] Os melhores anos da minha vida foram jogados fora — seis anos preciosos em que eu deveria ter conseguido meu título de doutor em química, ter me casado e começado uma família, e dado alguma contribuição à minha época e ao meu país. No que realmente importa, sou muito mais pobre agora do que era seis anos atrás.[193]

Tais sentimentos não poderiam ter sido expressos enquanto ele ainda estava em combate. A consequência é que havia pouca disparidade séria, mesmo nas ditaduras, entre a ética do dever público e o sacrifício necessário para sustentar o esforço de guerra e a existência de uma ampla gama de percepções particulares do conflito, mais críticas, céticas, incrédulas ou indiferentes. Apenas na Itália de Mussolini as queixas privadas perturbaram o coletivo, e apenas diante da invasão e da derrota iminentes. Em outros lugares, romper os laços morais que garantiam a continuidade da luta por meio da rejeição a participar dos combates foi uma escolha feita por apenas um punhado de pessoas.

CONTRA A GUERRA: OS DILEMAS DO PACIFISMO

Em 1942, o reverendo americano Jay Holmes Smith — fundador da Community Church em Nova York e seguidor do clamor de Mahatma Gandhi à resistência não violenta — sugeriu que para se opor à guerra total era necessário um "pacifismo total".[194] Essa ideia se mostrou desafiadora. A rejeição absolutamente pacifista do conflito foi a postura ética adotada por uma pequena minoria, mesmo em Estados em que era possível invocar a consciência ao rejeitar o serviço militar. A participação na guerra total se tornou um imperativo moral que anulava a rejeição da violência devido à consciência mesmo para igrejas e clérigos que antes condenavam a guinada rumo a um novo conflito. Ainda assim, o pacifismo sobreviveu à chegada da guerra, apesar de todos os efeitos sufocantes da propaganda que convocava todos a participarem. A rejeição moral à violência em tempos de guerra foi uma voz dissidente com fortes raízes pré-conflito e uma longa história após 1945.

O fato de tão poucas pessoas terem adotado uma postura moral contrária aos combates depois de 1939 é um paradoxo histórico, dado o enorme sentimento popular antiguerra evidente nas décadas de 1920 e 1930 em todo o mundo ocidental. Nos anos 1920, a rejeição à guerra era ao mesmo tempo uma reação ao conflito que acabava de chegar ao fim e um apoio à nova onda de idealismo internacional que se concretizava na fundação da Liga das Nações. O movimento antiguerra era uma igreja abrangente, que abarcava pacifistas radicais que se opunham por completo a qualquer manifestação de militarismo; pacifistas cristãos que declaravam a guerra e os ensinamentos de Cristo fundamentalmente incompatíveis; socialistas e comunistas para os quais a paz era o ideal almejado; e um lobby antiguerra mais conservador que não era formalmente pacifista, mas ainda assim se esforçava muito por um mundo em paz. As diferenças abissais de perspectiva entre os muitos membros do lobby contrário ao conflito eram veladas apenas pelo desejo compartilhado de evitá-lo a qualquer custo. De resto, existia uma tensão constante entre quem enfatizava a rejeição ética à violência, sobretudo os pacifistas cristãos, quem fazia um ativismo pacifista radical ligado a uma rejeição política mais ampla a sistemas e regimes que possibilitavam os combates, e quem não excluía a possibilidade caso houvesse uma causa justa apesar do desejo de paz.

Os maiores lobbies antiguerra estavam nas potências vitoriosas em 1918, mas na Alemanha derrotada da década de 1920 também foi criado um amplo leque de grupos pacifistas vagamente organizados sob o *Deutsches Friedenskartell* [Cartel da Paz Alemão]. O mais bem-sucedido foi o ramo germânico do "Movimento Não Mais Guerra", liderado por Fritz Küster, fundador do jornal *Das andere Deutschland* [A Outra Alemanha], que, assim como todas as organizações em prol da paz, foi fechado pelo regime de Hitler e teve seus líderes presos.[195] Na França, na Grã-Bretanha e nos Estados Unidos, o sentimento pacifista e antiguerra chegou ao auge, no século XX, nas décadas de 1920 e 1930. O pacifismo francês abarcou um público amplo, que contava com ex-soldados da Grande Guerra, os *anciens combattants pacifistes*, que rejeitavam a ideia de repetir o conflito. No início da década de 1930, havia pelo menos cinquenta grupos que alegavam endossar algum programa pacifista, e eles iam dos que faziam oposição política à "guerra imperialista" até os que rejeitavam qualquer forma de violência por motivos morais, pregando o que se chamava de "pacifismo integral". Um dos movimentos mais bem-sucedidos foi a Liga Internacional dos Lutadores pela Paz, que foi fundada em 1930 por Victor Méric e tinha 20 mil membros. Em seu primeiro apelo, a liga insistiu que política, filosofia e religião eram distrações do objetivo principal: "Só uma coisa importa — *Paz*".[196] Em 1936, o líder socialista e primeiro-ministro francês Léon Blum conduziu 1 milhão de pessoas por Paris em uma grande manifestação a favor da paz. Pacifistas franceses ajudaram a fundar a Campanha Internacional pela Paz [*Rassemblement pour la paix*] em setembro desse mesmo ano, estabelecendo a união entre as atividades antiguerra das democracias ocidentais, inclusive da União Britânica da Liga das Nações, cuja filiação nominal de cerca de 1 milhão de pessoas a tornava o maior grupo antiguerra da Europa.

O apoio britânico à paz foi bem estabelecido na década de 1920, com a criação do Conselho Nacional da Paz, uma organização abrangente que representava diversas afiliadas, entre as quais o Movimento Não Mais Guerra, mas que excluía uma organização mais radical, a Organização Internacional de Resistência à Guerra, criada na casa do pacifista britânico H. Runham Brown, no norte de Londres. A Organização Internacional de Resistência à Guerra se apegou com firmeza ao princípio de que "a guerra é um crime contra a humanidade" e de que a participação em qualquer tipo, fosse direta ou indireta, devia ser totalmente rejeitada.[197] Na Grã-Bretanha, o compromisso popular com a paz era generalizado e apartidário. Em 1934, a União da Liga das Nações, ao lado de outros movimentos pela paz, lançou uma campanha nacional para que os eleitores registrassem seu apoio ao internacionalismo da Liga. Rapidamente batizada de "Eleição da Paz", os organizadores conseguiram quase 12 milhões de votos a favor do trabalho de promoção da paz da Liga. Como símbolo do sentimento pacifista britânico, a votação foi aclamada como um triunfo. A escolha que o mundo precisava fazer, escreveu o presidente da União, lorde Robert Cecil, em 1934, era entre "cooperação e paz ou anarquia e guerra".[198] No mesmo ano, aconteceu o lançamento do que se tornou o maior lobby totalmente pacifista, a União de Compromisso pela Paz. O clérigo anglicano Dick Sheppard pediu aos homens (as mulheres foram incluídas depois, mas poucas participaram) que assinassem uma declaração de que nunca participariam ou ajudariam em um confronto futuro. Em 1936, quando o movimento de compromisso foi criado de modo formal como União pelo Compromisso com a Paz, ele contava com 120 mil membros. Em 1939, já tinha 1150 filiais espalhadas pelo país. Sheppard morreu trabalhando em sua mesa, em outubro de 1937, e durante dois dias as pessoas formaram filas para velar seu corpo. A procissão que levou o falecido à Catedral de São Paulo foi rodeada por grandes multidões. O pacifismo absoluto era uma voz minoritária no eleitorado antiguerra, mas exprimia um anseio muito mais amplo por paz que existia em meio à população britânica.[199]

Nos Estados Unidos, o compromisso com a paz foi institucionalizado numa reação à experiência da Grande Guerra. Existia a crença generalizada de que o país tinha sido levado a participar do conflito por europeus traiçoeiros, que pegaram o dinheiro e os homens do Novo Mundo sem dar nada em troca. Embora em 1920 o Senado dos Estados Unidos tenha rejeitado participar da Liga das Nações, a busca pela paz era vista como essencial aos valores americanos. O Fundo Carnegie para a Paz Internacional e a Fundação pela Paz Mundial, criados em 1910, viraram instituições importantes ao buscar um mundo sem guerra após 1919; o Comitê Nacional sobre a Causa e a Cura da Guerra representava cerca de 6 milhões de mulheres; em 1921, o advogado de Chicago Solomon Levinson fundou o Comitê Americano para a Proscrição da Guerra; o Grupo Feminino pela Paz tentou, sem sucesso, fazer com que o Congresso acrescentasse uma emenda à Constituição dizendo que "a guerra com qualquer objetivo será ilegal".[200] Em 1928, quando o secretário de Estado americano Frank Kellogg, junto com o ministro das Relações Exteriores francês Aristide Briand, convenceu 59 países a assinar um pacto que proibia a guerra como meio de resolver disputas, a impressão era de que o movimento pela paz tinha conquistado o que as potências da Liga não tinham. "Hoje", afirmou o periódico americano *Christian Century*, depois que o Senado ratificou o Pacto, "a guerra internacional foi banida da civilização."[201]

Na década de 1930, a opinião antiguerra popular se expandiu em resposta à crise internacional evidente e às campanhas políticas por isolamento e neutralidade. As principais organizações pacifistas — Liga de Resistência à Guerra, Companhia da Reconciliação, Liga Internacional de Mulheres pela Paz e Liberdade — foram ganhando mais membros ao longo da década. A Liga Internacional de Mulheres, criada em 1915, já tinha 50 mil integrantes na década de 1930, espalhadas por 25 países.[202] Sua fundadora, a socióloga americana Jane Addams, recebeu o Nobel da paz em 1931. Para demonstrar a relutância da geração atual em abraçar a guerra, 750 mil universitários fizeram uma greve pela paz, com piquetes contra professores que discordavam de sua posição. Um lobby informal organizado por estudantes de Princeton sob uma irônica faixa que dizia "Veteranos de Futuras Guerras Futuras" foi copiado em trezentos campi dos Estados Unidos. Uma pesquisa com 21 mil estudantes descobriu que 39% eram "pacifistas intransigentes".[203] O presidente Roosevelt não era pacifista, mas assim como a população tinha o desejo de evitar o conflito. Quando fez o discurso de abertura na Feira Mundial de Nova

York, em abril de 1939, ele viu o futuro dos Estados Unidos atrelado a uma estrela, "a estrela da boa vontade internacional e, acima de tudo, a estrela da paz". Enquanto o mundo desmoronava em guerra, os organizadores da feira mudavam o tema de "o mundo do amanhã" para "paz e liberdade".[204]

A rejeição à guerra, adotada por milhões de pessoas dos dois lados do Atlântico, não sobreviveu à crise que engoliu o mundo. No Parlamento britânico, em 3 de setembro de 1939, houve apenas um voto contra o conflito, do socialista pacifista John McGovern. Ao justificar sua posição, ele disse à Câmara que não conseguia ver nenhum idealismo na declaração de guerra, apenas "uma luta materialista dura, desalmada e exaustiva por lucro humano".[205] Nos Estados Unidos, onde a movimentação antiguerra chegou a um frenesi durante 1941, houve outra vez apenas um voto contrário ao conflito após o ataque a Pearl Harbor, da veterana pacifista e representante republicana de Montana Jeannette Rankin. O colapso do movimento antiguerra já era óbvio bem antes do começo dos combates europeus, em setembro de 1939. Nos Estados ditatoriais, com uma cultura política dedicada à ideia de luta, fosse pelo futuro da raça ou da revolução, não havia espaço para posturas pacifistas ou antimilitares na década de 1930. Na Alemanha de Hitler, pacifistas proeminentes foram forçados a se exilar ou foram mandados para a prisão ou o campo de concentração, já que suas convicções antiguerra eram consideradas politicamente inaceitáveis em uma comunidade recém-militarizada. Em 1939, Hitler, questionado sobre o tratamento que deveria ser dado àqueles que se opunham ao serviço militar por motivos morais, respondeu que em um momento de emergência nacional a convicção pessoal tinha que dar lugar a um "propósito ético superior".[206] O pacifismo também recebeu pouquíssima atenção na União Soviética de Stálin, onde o antimilitarismo era visto como um desvio burguês. A principal organização pacifista remanescente, a Sociedade Vegetariana Tolstoiana, foi fechada em 1929; outras seitas religiosas que tinham o pacifismo como princípio básico foram obrigadas a abandonar esse valor ou sofrer, assim como os pacifistas alemães, nos campos de concentração soviéticos.[207]

Nos países democráticos, o pacifismo não sofreu perseguição direta, mas a crescente crise da guerra criou rixas irreconciliáveis no amplo movimento contrário ao conflito. A Guerra Civil Espanhola se revelou um divisor de águas para muitos pacifistas seculares, que achavam complicado conciliar a rejeição moral à guerra ao ódio pelo fascismo. Líderes pacifistas proeminentes abandonaram a causa e abraçaram a ideia de um embate justo contra a tirania. "Eu não tinha mais como justificar o pacifismo", escreveu em seu livro de memórias o veterano defensor da paz Fenner Brockway, "havendo uma ameaça fascista."[208] O pacifismo francês evaporou em 1939, com a renovação da ameaça alemã. "O apelo da força", afirmou Léon Blum, "hoje é o apelo pela paz."[209] Nos Estados Unidos, o proeminente teólogo e pacifista Reinhold Niebuhr abandonou o pacifismo e fundou a União para a Ação Democrática, pedindo "participação militar plena" para erradicar a ameaça fascista. O Comitê Pacifista Unido, criado em 1940 para combater o serviço militar obrigatório americano, viu seu apoio despencar em 1941 em meio a acusações confusas de que o pacifismo era uma fachada para a infiltração comunista ou um cavalo de troia para a extrema direita americana.[210]

Para o lobby antiguerra mais moderado de todos os lugares, o fracasso da Liga das Nações e o início do rearmamento competitivo eram um dilema que só poderia ser solucionado através do argumento paradoxal de que o conflito poderia ser inevitável para a retomada da paz. Isso já tinha ficado claro na "Eleição da Paz", quando, respondendo a se a guerra devia ser usada como um recurso final para evitar agressões, 6,8 milhões de pessoas votaram que sim. A grande maioria que se juntou a movimentos antiguerra não era pacifista e, confrontada com a realidade do conflito, aceitou que pouco se podia fazer além de fechar as organizações e planejar um mundo melhor para depois. Os pacifistas absolutos viraram uma minoria cada vez menor, vista com a desconfiança crescente de que estariam, tendo ou não consciência disso, ajudando a causa do inimigo. O mal-estar da população com as atividades da União pelo Compromisso com a Paz em Londres após a eclosão da guerra gerou pedidos de que a organização fosse fechada, e, embora o governo tenha se recusado a bani-la por completo, os pacifistas absolutos eram vigiados com atenção pelo serviço secreto. Seis oficiais foram processados por distribuir um cartaz que dizia "A guerra cessará quando os homens se recusarem a lutar".[211] Em dezembro de 1942, o secretário-geral da União pelo Compromisso com a Paz Stuart Morris foi preso sob o Regulamento de Defesa 18B e acusado de violar a Lei de Segredos Oficiais.[212] Era difícil sustentar a filiação aos principais grupos que pregavam o pacifismo absoluto diante do fiasco evidente do movimento do entreguerras em resguardar a paz e da hostilidade popular aos dissidentes do conflito. Até os companheiros de pacifismo se ressentiam dos problemas gerados por posturas intransigentes. Os "minoritários incuráveis", queixou-se a pacifista britânica Vera Brittain, tendiam a fazer mais mal do que bem aos esforços para manter vivo o compromisso moral com a paz.[213]

Os pacifistas que ainda restavam teriam toda a razão em esperar algum tipo de apoio vindo das igrejas cristãs, pois muitos clérigos tiveram um papel importante no desenvolvimento da rejeição moral à guerra na década de 1930. "Como cristãos", anunciou William Inge, deão da Catedral São Paulo em Londres, "estamos fadados a ser pacifistas."[214] Os pacifistas cristãos buscaram inspiração nos ensinamentos de Jesus, sobretudo na "doutrina da não resistência ao mal". Em 1936, os metodistas americanos declararam formalmente que a guerra era "uma negação dos ideais de Cristo".[215] Em outubro de 1939, em resposta à eclosão do conflito, o Conselho Federal Americano de Igrejas de Cristo aprovou uma resolução que declarava que a guerra "é uma coisa má, contrária ao espírito de Cristo".[216] Na Inglaterra, no verão de 1940, o clero anglicano pacifista, ao pressionar os arcebispos a fazerem um apelo à paz, alegou que a oposição aos combates exprimia "a verdade e a clareza de Jesus Cristo".[217] A hierarquia anglicana, no entanto, nunca foi oficialmente pacifista. No início de 1935, ao ser desafiado a explicar o paradoxo dos cristãos que aceitavam participar das batalhas, o arcebispo de Canterbury, Cosmo Lang, argumentou que, sem a possibilidade de coação, o resultado seria a anarquia: "Acho inacreditável que o cristianismo me obrigue a chegar a essa conclusão". Um ano depois, Lang e o arcebispo de York, William Temple, explicaram ao clero pacifista que poderia haver circunstâncias em que "a participação na guerra não seria incoerente com seu dever de cristãos".[218] Até George Bell, bispo de Chichester e um crítico inglês de destaque à guerra moderna, chegou a argumentar em 1940 que o conflito em andamento havia se abatido como um "Juízo de Deus", uma consequência inevitável do atual "reinado de violência, crueldade, egoísmo, ódio entre homens e nações", contra o qual os cristãos poderiam pegar em armas de consciência limpa. Ele citou o 37º Artigo de Religião da Igreja anglicana, que diz ser lícito para os homens cristãos "sob o comando do magistrado usar armas e servir em guerras", ainda mais, ponderou ele, contra o "tirano bárbaro".[219] Apenas um bispo anglicano, Ernest Barnes, de Birmingham, sustentou suas convicções pacifistas durante o conflito: "Por enquanto", ele reclamou, "o cristianismo está sendo prostituído" em prol da guerra.[220]

Assim como a Igreja anglicana, as igrejas cristãs de todos os lugares se uniram para dar apoio moral e prático ao esforço de guerra nacional, do mesmo modo que haviam feito na Primeira Guerra Mundial. Esse foi o caso até em lugares em que as igrejas eram alvo de discriminação ou perseguição pelas autoridades seculares do Estado. As igrejas defendiam seu interesse institucional, além do compromisso moral mais convencional de oferecer consolo às suas congregações sofridas e fazer orações patrióticas pelo esforço de guerra nacional. O apoio incondicional ao conflito prometia integrar religião e Estado e proteger os interesses da Igreja, o que explica melhor a propensão a endossar os combates. Na Alemanha, a maioria das igrejas apoiou o esforço de guerra apesar da natureza anticlerical do regime de Hitler. Os bispos luteranos não viram nenhuma injustiça na guerra com a Polônia ao oferecer, em setembro de 1939, "orações pelo nosso Führer e o Reich, pelas Forças Armadas e por quem cumpre seu dever para com a Pátria". A Igreja confessional, embora fosse uma denominação dissidente fundada em 1934 pelo clero protestante crítico à política religiosa do Estado, apoiou o conflito em todas as suas fases, pois a injunção de São Paulo (Romanos 13) exige obediência absoluta à autoridade constituída. Permanecia a incerteza de que o conflito seria de fato uma "guerra justa" em termos teológicos, mas até mesmo a parte mais radical do clero aceitou que os fiéis precisavam demonstrar "obediência à ordem de Deus" e fazer o que mandava o Estado.[221] Os membros da Igreja confessional ingressaram de forma voluntária nas Forças Armadas e condenaram a objeção de consciência, num alinhamento ao regime que garantiu que a Igreja fosse menos hostilizada pelo Estado durante o conflito. O clero católico, que sofreu mais do que os protestantes com as campanhas anticristãs do regime na década de 1930, foi mais prudente ao apoiar o esforço de guerra — ele fazia questão de não realizar orações pela vitória, mas por uma "paz justa" —, porém mesmo nesse caso os bispos católicos viam o conflito na tradição da "guerra justa" e aceitavam sua função de dar um apoio patriota àqueles que cumpriam seu dever militar. O bispo Galeno, famoso por condenar o programa de "eutanásia" para matar deficientes, enaltecia os soldados que morriam no front oriental como cruzados contra "um sistema ideológico satânico".[222] A imagem da cruzada foi muito utilizada para descrever a guerra contra a União Soviética ateia. Na Finlândia, o primeiro bispo do campo convocado para o Exército em 1941, Johannes Björklund, pediu que o clero luterano finlandês compartilhasse da "cruzada de todos os europeus contra o bolchevismo", unindo o Exército e a Igreja numa "guerra santa". Os capelães de campo finlandeses mantinham a imagem de uma guerra santa travada, como um deles afirmou, por "um guerreiro cruzado, um soldado cuja bandeira é marcada pela cruz".[223]

Na União Soviética e no Japão, que não eram oficialmente cristãos, as igrejas apoiaram a guerra como forma de demonstrar lealdade e evitar mais repressão ou fiscalização estatal. A postura da Igreja ortodoxa russa patriarcal no início dos combates, em 1941, era extremamente arriscada. Cerca de 70 mil clérigos e oficiais leigos morreram no Grande Terror, e 8 mil igrejas e casas religiosas foram fechadas. No entanto, no primeiro dia do conflito, o metropolitano Serguei de Leningrado incentivou seus compatriotas a defender a pátria-mãe e a "deixar as forças hostis do fascismo no chão".[224] O patriotismo ortodoxo era bastante real e dava continuidade à longa tradição de a Igreja apoiar a Rússia na guerra. Desde o início do conflito, a Igreja começou a recolher doações dos fiéis ortodoxos para oferecer assistência social e instalações hospitalares para feridos, roupas para soldados e refugiados e dinheiro para comprar armas, inclusive o esquadrão aéreo "Pela Pátria-Mãe". Durante os combates, a Igreja doou cerca de 300 milhões de rublos. Os cristãos ortodoxos, a quem havia muito tempo era negada a liberdade religiosa de fato, fizeram um pedido espontâneo pela reabertura das igrejas, e isso levou Stálin a afrouxar a campanha antirreligiosa e nomear um novo patriarca. Ao mesmo tempo, o apoio moral à guerra não levou a Igreja a endossar o regime comunista. Em um *Sobor* [conselho] ocorrido em fevereiro de 1945, a hierarquia ortodoxa conclamou todos os cristãos do mundo a se lembrarem das palavras de Cristo, "que aquele que viva pela espada morra pela espada", transformando a guerra em uma cruzada cristã contra o fascismo, em vez do triunfo do comunismo soviético.²²⁵ Mesmo durante o conflito, a perseguição religiosa comunista não cessou. A seita separatista ortodoxa josefita, inabalável em sua oposição ao regime, foi perseguida pela polícia e enviada para o Gulag. Não é de surpreender que a forma mais relaxada com a qual Stálin tratou a religião tenha terminado dois anos após o fim dos combates, mas o apoio da Igreja ajudou o esforço de guerra ao oferecer aos fiéis ortodoxos outro modo de encarar a situação como justa.²²⁶

O caso japonês era mais complexo. Sob o governo do imperador *shōwa* Hirohito, a religião xintoísta foi transformada em um "xintoísmo estatal", e todos os japoneses precisavam demonstrar lealdade ao deus-imperador ao realizar um ritual de adoração em santuários religiosos. A cultura da obediência ao Estado imperial foi incorporada à sociedade japonesa. Para as principais denominações cristãs no Japão, era um desafio menor à fé do que a glorificação do Estado nas ditaduras europeias. A lealdade cristã a Deus e ao imperador era tratada como um compromisso paralelo, e não concorrente. Durante o longo conflito asiático, apenas uma comunidade cristã não o aceitou como uma guerra justa ou santa para livrar a Ásia das reivindicações europeias e estabelecer o que era chamado de "Cristianismo Puro", livre da bagagem europeia. O laço entre a guerra e a criação de uma forma japonesa de cristianismo estava explícito em uma declaração emitida em outubro de 1942 pela Associação para a Conquista da Unidade da Igreja:

> Nós que cremos em Cristo estamos unidos na certeza de nossa grande responsabilidade de servir e contribuir para criar um Cristianismo Puro por meio da destruição da intenção presente nos pensamentos e na inteligência do inimigo, erradicando a cor, o cheiro e o gosto britânicos e americanos, e varrendo religiões, teologia, pensamentos e organizações dependentes da Grã-Bretanha e dos Estados Unidos.²²⁷

Apenas a Igreja da Santidade, à espera da Segunda Vinda de Cristo, e as testemunhas de Jeová se recusaram a aceitar a ideia do deus-imperador e a apoiar o esforço de guerra, e seus membros foram presos por desafiar a Lei da Organização Religiosa de 1928 e a santidade do Estado.

A situação da Igreja católica era muito diferente porque o papado era uma autoridade internacional, sem representar nenhuma nação específica. O papa e sua hierarquia simbolizavam uma parcela importante de quem lutava de todos os lados. Durante o conflito, o Vaticano relutava em condenar a violência ou sugerir que fosse incoerente católicos lutarem numa guerra que desafiava os valores cristãos. Pio XII, o papa eleito em 1939, adotou como premissa a importância de permanecer apartidário, assim como tinha feito o papa Bento XV durante a Primeira Guerra Mundial. Sua principal preocupação, ele alegava, era "a salvação das almas" onde quer que católicos lutassem, e o caminho para isso seria pela penitência e oração, mas ele também sabia dos riscos que causaria à instituição caso provocasse demais os ditadores. Geograficamente, o Vaticano ficava na capital fascista; a partir de setembro de 1943, Roma passou para as mãos dos alemães. Pio condenou as injustiças e os maus-tratos, exceto no caso notável da perseguição aos judeus, mas ele desejava afastar a Igreja de quaisquer iniciativas que o obrigassem a tomar partido. A única intervenção mais relevante que ele fez foi na véspera do Natal de 1939, quando proclamou ao Colégio dos Cardeais cinco postulados, que deveriam servir de base para uma paz honrosa e justa. O primeiro era uma clara referência ao destino recente da Polônia católica: "Uma garantia para todas as nações, grandes ou pequenas, poderosas ou fracas, de seu direito à vida e à independência". O quinto era um apelo para que os estadistas tivessem em mente o Sermão da Montanha de Cristo e a "sede moral de justiça", para que fossem guiados pelo amor universal e demonstrassem um senso de responsabilidade baseado nos "padrões sagrados e invioláveis da lei de Deus".[228] O plano de paz condenava de forma implícita a agressão do Eixo, mas depois de sua iniciativa fracassar Pio relutava em ser levado outra vez a se esforçar para acabar com o conflito.

 Sua visão pessoal era de que Hitler era um homem possuído pelo diabo. Às escondidas, Pio conduziu uma série de exorcismos de longo alcance para libertar Hitler, mas apenas em 1945, quando a guerra já tinha terminado, ele informou ao Colégio dos Cardeais que, na sua opinião, Hitler era satânico de verdade.[229] No entanto, a postura do Vaticano durante o conflito ficou mais complicada após o Eixo invadir a União Soviética, pois muitos membros da hierarquia e do clero esperavam que o bolchevismo ateísta fosse destruído. O anticomunismo católico tornava difícil condenar as atitudes dos invasores alemães e de seus aliados do Eixo, mesmo depois de certas dimensões do projeto genocida alemão se tornarem claras para as autoridades do Vaticano. "O mundo inteiro está em chamas", reclamou o bispo de Trieste após se reunir com Pio para discutir a questão judaica; "no Vaticano, eles meditam sobre as verdades eternas e rezam de maneira fervorosa."[230] Nesse caso, Pio também acreditava que a discrição era a melhor forma de bravura. Ele disse ao padre Scavizzi, capelão de um hospital militar italiano, que no que dizia respeito ao destino dos judeus ele "estava angustiado por eles e com eles", mas temia que uma intervenção papal pudesse fazer mais mal do que bem, provocando "uma perseguição mais implacável".[231] No campo, os católicos fizeram as pazes com a própria consciência, mas, em relação à pergunta se deveriam ou não lutar, o Vaticano adotou uma neutralidade prudente, enquanto as igrejas católicas nacionais tentavam não dar nenhum sinal de que não eram patriotas por completo.

Outras igrejas, protestantes e não conformistas, tinham dilemas morais mais profundos, pois nelas o pacifismo era um imperativo teológico. Quacres, metodistas, adventistas do sétimo dia, menonitas, congregacionalistas e batistas se opunham à guerra como tal, mas, em um conflito que costumava ser definido como um choque entre a civilização cristã e as forças das trevas, as igrejas pacifistas foram obrigadas a fazer concessões. Os menonitas da União Soviética se tornaram combatentes em 1941 para evitar a perseguição. Os poucos quacres da Alemanha lançaram um "Testemunho de Paz" em 1935, reafirmando o compromisso da Sociedade Religiosa dos Amigos com o pacifismo, mas ele não foi considerado obrigatório para os membros e apenas uma pessoa convocada não prestou o serviço militar como combatente.[232] Na Grã-Bretanha, as principais igrejas não conformistas estavam divididas sobre como falar de uma guerra cuja justiça parecia irrepreensível. Os batistas demoraram quatro anos para decidir se sua congregação poderia participar do conflito; os metodistas deixaram a decisão em aberto; e os quacres foram autorizados a manter a rejeição à violência porque, ao mesmo tempo, incentivavam a participação ativa na defesa civil e na assistência médica tanto no país quanto no campo de batalha, como um exemplo do que chamavam, de modo paradoxal, de "serviço pacifista de linha de frente".[233] Ambivalência semelhante caracterizou a reação das igrejas protestantes americanas enquanto ponderavam a enorme probabilidade de haver um conflito nos anos anteriores a Pearl Harbor. Nem todas as chamadas "Igrejas da Paz" eram absolutamente pacifistas, mas abraçavam a doutrina da "não resistência" ao mal, repudiando o uso da violência. A Conferência Geral da Igreja Metodista de 1940 decidiu que "não endossaria, apoiaria ou participaria oficialmente dos combates", mas depois de 1941 os metodistas estavam livres para escolher se participariam com base em que, embora não estivessem formalmente *em* guerra, Deus e a Igreja estavam *na* guerra. Na Convenção Metodista de 1944, os delegados enfim rejeitaram a decisão de não abençoar o conflito e concluíram que poderiam "orar pela vitória".[234] A Assembleia Geral da Igreja Presbiteriana aceitou que a guerra era "necessária e correta" apenas em 1943, e a essa altura muitos membros da congregação já estavam fardados. Os cristãos congregacionalistas, em sua assembleia de 1942, decidiram por 499 votos a 45 apoiar o esforço de guerra, porque "as agressões das potências do Eixo são indizivelmente cruéis e desapiedadas, e suas ideologias destroem as liberdades que prezamos".[235] Menonitas e adventistas do sétimo dia mantiveram seu compromisso com a não resistência, mas membros de ambas as denominações serviram de outras maneiras ao esforço de guerra. O pacifismo religioso na Grã-Bretanha e nos Estados Unidos evitou a rejeição direta à participação e, desse modo, endossou seu propósito moral.

Apenas uma igreja do outro lado da fronteira entre Aliados e Eixo rejeitou por completo qualquer participação no conflito. A Associação dos Estudantes da

Bíblia, mais conhecida como testemunhas de Jeová, nome adotado quando a denominação fundou uma sede em Nova York em 1931, era contrária de modo incondicional não apenas aos combates e a servir, mas às demandas do Estado. O movimento, contudo, não era de todo pacifista porque as Testemunhas esperavam o Armagedon, a batalha final entre as forças satânicas e os piedosos. Eles serviriam apenas no "exército de Deus", não como recrutas de um Estado sem Deus, e foram intransigentes ao se opor ao conflito.[236] Eles foram penalizados em todos os lugares por suas convicções escrupulosas, sobretudo porque insistiam que a guerra era uma manifestação das forças das trevas, mesmo na Grã-Bretanha e nos Estados Unidos, onde suas convicções eram toleradas em tempos de paz. Na Alemanha, a seita foi banida no final de 1933 e precisou se reunir e se organizar às escondidas. Estima-se que 10 mil dos 23 mil fiéis foram presos ou enviados a campos de concentração, inclusive mulheres, enquanto as crianças ficaram sob a custódia do Estado. Apenas quem se retratava era libertado, mas poucos membros recuaram. Antes de 1939, recusar o serviço militar acarretava uma pena de prisão de um ano, mas um novo decreto em 26 de agosto de 1939 introduziu a pena de morte obrigatória para quem se recusava a servir. As testemunhas de Jeová eram uma grande parcela dos julgados pelo *Reichskriegsgericht* [Tribunal Militar do Reich], e dos 408 adeptos processados por "subverter a força militar da nação" 258 foram executados. O tribunal, sob o comando do diretor almirante Max Bastian, podia impor uma punição menor caso a pessoa se retratasse, mas as tradições das leis militares alemã e prussiana incentivavam os juízes a serem duros.[237] No Japão, as testemunhas de Jeová consideravam o conceito do deus-imperador obra do diabo e sofriam as consequências por se recusarem a servir nas Forças Armadas, embora nesse caso tenham sido apenas cinco.[238] Na Grã-Bretanha e nos Estados Unidos, as testemunhas de Jeová foram selecionadas entre os grupos pacifistas e antiguerra, tornando-se alvo de um tratamento duríssimo. Dois terços das pessoas presas nos Estados Unidos por se recusarem a se apresentar ao serviço militar eram testemunhas de Jeová; os adeptos sofreram com a violência popular por sua suposta falta de patriotismo (em Flagstaff, no Arizona, uma multidão encurralou uma testemunha de Jeová aos brados de "Espião nazista! Pendurem ele! Arranquem sua cabeça!").[239] Na Grã-Bretanha, a alegação feita pelas testemunhas de Jeová de que cada um de seus 14 mil membros era um ministro da igreja, encarregado da conversão, foi ignorada. A organização teve negado seu reconhecimento como denominação religiosa. As reuniões foram proibidas pelo Regulamento de Defesa 39E.[240] A distinção que as testemunhas de Jeová faziam entre guerras ímpias e piedosas foi vista como prova de que não se opunham ao conflito como tal, por mais implausível que pudesse ser a batalha final com o Anticristo, e de que portanto não tinham direito à objeção de consciência.[241]

No fim, a rejeição moral a participar do conflito se restringiu a homens (e algumas mulheres) que como indivíduos estavam preparados para declarar sua objeção de consciência. Era uma postura corajosa dadas a enorme desaprovação popular e a natureza coercitiva do estado de guerra. Jamais saberemos quantas outras pessoas poderiam ter expressado seus escrúpulos morais por serem treinadas e ordenadas a matar, mas não há dúvida de que existiam. O estigma da covardia e a ameaça de punição eram fortes dissuasores. Além disso, o dever dos cidadãos de defender o Estado e sua comunidade era tido como a expressão de consciência adequada: quem se recusava a agir assim era visto como transgressor desse elevado compromisso moral. Do ponto de vista formal, a objeção só era possível nos Estados Unidos e na Comunidade Britânica, mas apenas sob condições rigorosas. Nas ditaduras, a ideia de objeção de consciência já tinha sido apagada quando o conflito eclodiu. Na União Soviética, ela era permitida por um decreto liberal de 1919, mas a crescente hostilidade do Estado em relação ao pacifismo a levou à quase extinção em 1930. Aqueles que se opuseram cumpriram penas de até cinco anos na prisão ou no Gulag. Entre 1937 e 1939, os anos do Grande Terror, ninguém tentou declarar objeção de consciência, e em 1939 o direito original foi excluído da legislação.[242] No Terceiro Reich, a lei de recrutamento introduzida em 1935 não tinha nenhum artigo que previsse a objeção de consciência, e as pessoas que se opuseram à guerra foram tratadas como desertoras e mandadas para a prisão. O regime se sobrepôs à justiça militar e insistiu que elas fossem para campos de concentração, a maioria testemunhas de Jeová. A primeira execução ocorreu no campo de Sachsenhausen em setembro de 1939; durante o conflito, calcula-se que mais trezentos foram assassinados. Em um regime em que a execução era considerada o antídoto para a objeção moral ao serviço militar, apenas a convicção profunda e uma coragem especial levariam alguém a insistir nisso.[243]

A decisão de permitir a objeção de consciência na Grã-Bretanha, nos Estados Unidos e nos domínios britânicos refletia não apenas a preocupação com o tratamento que os objetores tinham recebido na Primeira Guerra Mundial, mas também o desafio de criar tropas de recrutas em democracias liberais com minorias pacifistas vocais. Em todas as democracias, a liberdade de consciência era contrastada com a arregimentação dos inimigos do Eixo, o que impossibilitava negar que alguns cidadãos pudessem exercer sua liberdade ao se recusar a fazer o serviço militar por motivos de consciência. William Beveridge, autor do plano para um Estado de bem-estar social pós-guerra, considerava a disposição do Estado em permitir a objeção "um caso extremo de liberdade britânica".[244] Essa visão não condizia com o tratamento dado aos opositores. Na Grã-Bretanha, assim como nos Estados Unidos, a objeção secular ao serviço militar não costumava ser considerada uma postura moral aceitável. Embora o presidente de um dos tribunais locais criados para julgar a sinceridade dos objetores tenha pedido que os colegas de tribunal considerassem que "a crença de que a guerra é horrível, fútil ou desnecessária pode levar a uma convicção de que é errada", outros eram céticos quanto ao pacifismo secular. O objetor político mais convincente, segundo afirmou um juiz, seria o fascista.[245] Esperava-se que a maioria dos objetores registrados e processados por um tribunal fosse capaz de provar a sinceridade de suas convicções religiosas, já que a objeção religiosa era vista como uma postura moral aceitável.

Dos 60 mil objetores de consciência britânicos, pouquíssimos ganharam a liberação incondicional de qualquer forma de atividade de guerra. Nos tribunais, eles passavam por um duro interrogatório cujo intuito era expor as ambiguidades morais de seu ponto de vista. Nunca bastou alegar, como um objetor fez, que "o amor, e não a força, é o poder supremo no universo": a longa adesão a uma Igreja pacifista e o apoio do clero eram primordiais para garantir a incondicionalidade, que ocorreu para apenas 4,7% dos solicitantes, e o direito de realizar outras formas de serviço, na agricultura ou na defesa civil, foi concedido a mais 38% dos requerentes. Dos demais, 27% foram incumbidos de prestar serviços às Forças Armadas, mas sem entrar em combate, e os outros 30% foram retirados do registro porque não conseguiram apresentar uma defesa que convencesse os tribunais. Dos que insistiram em se recusar a participar do serviço militar, 5500 foram presos, inclusive quinhentas mulheres, e mil foram levados à corte marcial e enviados a prisões militares. Como a força de trabalho civil também estava sujeita ao recrutamento, mais 610 homens e 333 mulheres foram condenados porque se negavam a participar da indústria bélica.[246] Para alguns objetores cujo status era condicionado a realizar serviço comunitário, havia pequenas comunidades rurais criadas por pacifistas onde podiam trabalhar no que um dos funcionários do Conselho Central para Objetores de Consciência mais tarde chamou de "ilhas antiguerra em um mar marcial".[247] As Unidades Florestais e Terrestres Pacifistas Cristãs, criadas antes do conflito, proporcionavam um ambiente isento da hostilidade popular que os objetores sofriam em outros lugares. A União do Compromisso de Paz administrava uma fazenda de 120 hectares onde os opositores eram capacitados para o trabalho rural pela Associação de Treinamento Agrícola Comunitário.[248] Para quem era encaminhado para a defesa civil, havia outros obstáculos que precisavam ser superados devido à natureza semimilitar da área. Cerca de 2800 pessoas foram condenadas por se recusarem a fazer o exame médico de defesa civil por replicar o procedimento militar que já haviam rejeitado; alguns objetores que tinham se oferecido para servir de bombeiros descobriram que poderiam ser obrigados a usar armas para defender o quartel.[249] O Conselho Central, criado em 1939, pressionou o secretário do Interior, Herbert Morrison (que tinha se recusado a servir na Primeira Guerra), a assegurar que os pacifistas não receberiam ordens para fazer nada que violasse sua objeção, e no fim de 1943 ele concordou que ninguém com status de objetor fosse obrigado a fazer algo "repugnante para sua consciência", um reconhecimento de que a postura moral deveria ser tratada com respeito.

Nos Estados Unidos, a objeção de consciência tinha uma carga mais política. O Ato de Serviço Seletivo, emitido em 1940 por pressão dos pacifistas e da Igreja, foi alterado para incluir o direito de objeção por motivos religiosos, que de outro modo teria sido ilegal.[250] O Conselho Nacional de Serviço para Objetores Religiosos foi criado pelas principais igrejas pacifistas, e o governo o tratava como representante de todos que declararam objeção. Embora do ponto de vista jurídico fosse possível, a objeção era impopular entre a população e contava com pouquíssimo apoio entre as lideranças políticas. Roosevelt não queria que ficasse "fácil demais para eles" e esperava que fossem treinados pelo Exército; o presidente que o sucedeu, Harry Truman, achou os objetores que conheceu "apenas covardes e preguiçosos".[251] O general Lewis Hershey, encarregado do programa Serviço Seletivo, achou que "o melhor tratamento para os objetores é que ninguém ouça falar deles", para seu próprio bem.[252] Os conselhos de recrutamento não sabiam muito bem como lidar com quem alegava uma rejeição moral ao serviço. "A consciência", observou um oficial, "é algo indiscernível e indescritível oculto no coração e na alma do homem." Como se supunha que apenas a objeção religiosa seria um fundamento moral genuíno, muito poucos candidatos seculares recebiam o status de objetor. Aqueles que se negavam por razões políticas em geral o faziam como recrutas negros que protestavam contra a discriminação racial. Em um desses casos, o juiz do Conselho leu trechos do *Mein Kampf*, de Hitler, citando a atitude do ditador em relação aos negros. "Como você pode ficar de braços cruzados", continuou o juiz, "e dizer 'não vou levantar o dedo contra o homem que pensa que minha raça não é de todo humana?'", e ouviu uma resposta desconcertante: "Tem muitas pessoas aqui que concordam com ele".[253] O protesto político, quando levado adiante, resultava em pena de prisão, mas apenas 6% dos condenados foram classificados como casos seculares.[254]

Dos 12 milhões mobilizados nos Estados Unidos, apenas 43 mil se recusaram a prestar o serviço militar. No país não existia a categoria de objeção incondicional, presente na Grã-Bretanha. A categoria I-A-O encaminhava os objetores a serviços que não envolviam o combate; a IV-E possibilitava que exercessem funções "de importância nacional". Em qualquer uma delas, o Exército os definia como recrutas, quer gostassem disso ou não.[255] Dos que se recusaram terminantemente a servir, 6 mil foram presos, condenados a longas penas. Do restante, 25 mil receberam o status de não combatentes nas Forças Armadas, e uma nova instituição, o Serviço Público Civil, absorveu cerca de 12 mil objetores, que passaram a trabalhar em projetos considerados úteis para a sociedade, mas não relacionados de modo direto ao esforço de guerra. O programa do Serviço Público Civil era administrado pelas igrejas pacifistas por meio do Conselho Nacional de Serviço, porém estava sob o controle geral das autoridades militares; 151 campos foram criados, e os objetores tinham que pagar 35 dólares por mês por alimentação e moradia.[256] Esses locais eram propositalmente isolados, as condições eram consideradas ruins e o trabalho não qualificado na terra ou nas florestas tinha pouca importância nacional. Em 1942, houve uma onda de protestos contra o que os objetores consideravam um trabalho forçado ou escravo (pois os homens não eram pagos) e o sistema ser controlado pelos militares.[257] Os manifestantes acabaram presos junto com os pacifistas absolutos e as testemunhas de Jeová. Nas prisões, os objetores continuaram a protestar com greves de fome e confrontos não violentos, e parte de seu intuito era contestar a segregação racial que havia entre os prisioneiros. Em Chicago, em 1942, encorajado pelos protestos, o pacifista negro James Farmer fundou o Congresso pela Igualdade Racial com o objetivo de fazer campanha contra a discriminação racial usando os métodos não violentos de Gandhi.[258] Portanto, a rejeição moral ao serviço em época de guerra se entrelaçou a questões mais abrangentes ligadas às reivindicações morais dos Estados Unidos no conflito. Em 1945, o presidente Truman negou a anistia para os 6 mil objetores que ainda estavam presos, provocando uma nova onda de protestos encabeçada pelo Comitê pela Anistia. Em um ato em frente à Casa Branca, em outubro de 1945, manifestantes portavam cartazes onde se lia "Prisões federais — Campos de concentração americanos". Truman continuou a repelir a ideia de anistia geral, mas muitos prisioneiros acabaram sendo libertados durante sua presidência. Igal Roodenko, objetor que fez uma longa greve de fome, escreveria depois que "liberdade e democracia só podem se tornar artigos de exportação na medida em que são exercidas em casa".[259] Embora fossem poucos, os objetores de consciência, quando possível, defenderam o princípio de que mesmo numa guerra total podia-se desafiar os imperativos morais impostos pela comunidade em prol da escolha moral individual.

Durante o conflito, os pacifistas continuaram a prestar testemunho, muitas vezes pagando um preço muito alto, do que consideravam a futilidade e a degradação moral dos combates. A esmagadora maioria das populações dos países em guerra endossava as reivindicações morais do Estado, de bom ou mau grado, através de silêncio, cumplicidade, entusiasmo ou indiferença. Apesar da impotência demonstrada pelo amplo movimento antiguerra anterior ao conflito, o pacifismo foi um dos fatores que impeliu os Estados a adotar estratégias de controle, vigilância e fortalecimento moral para garantir que seu esforço de guerra fosse considerado legítimo e justo, mesmo nos muitos casos em que isso não era verdade.

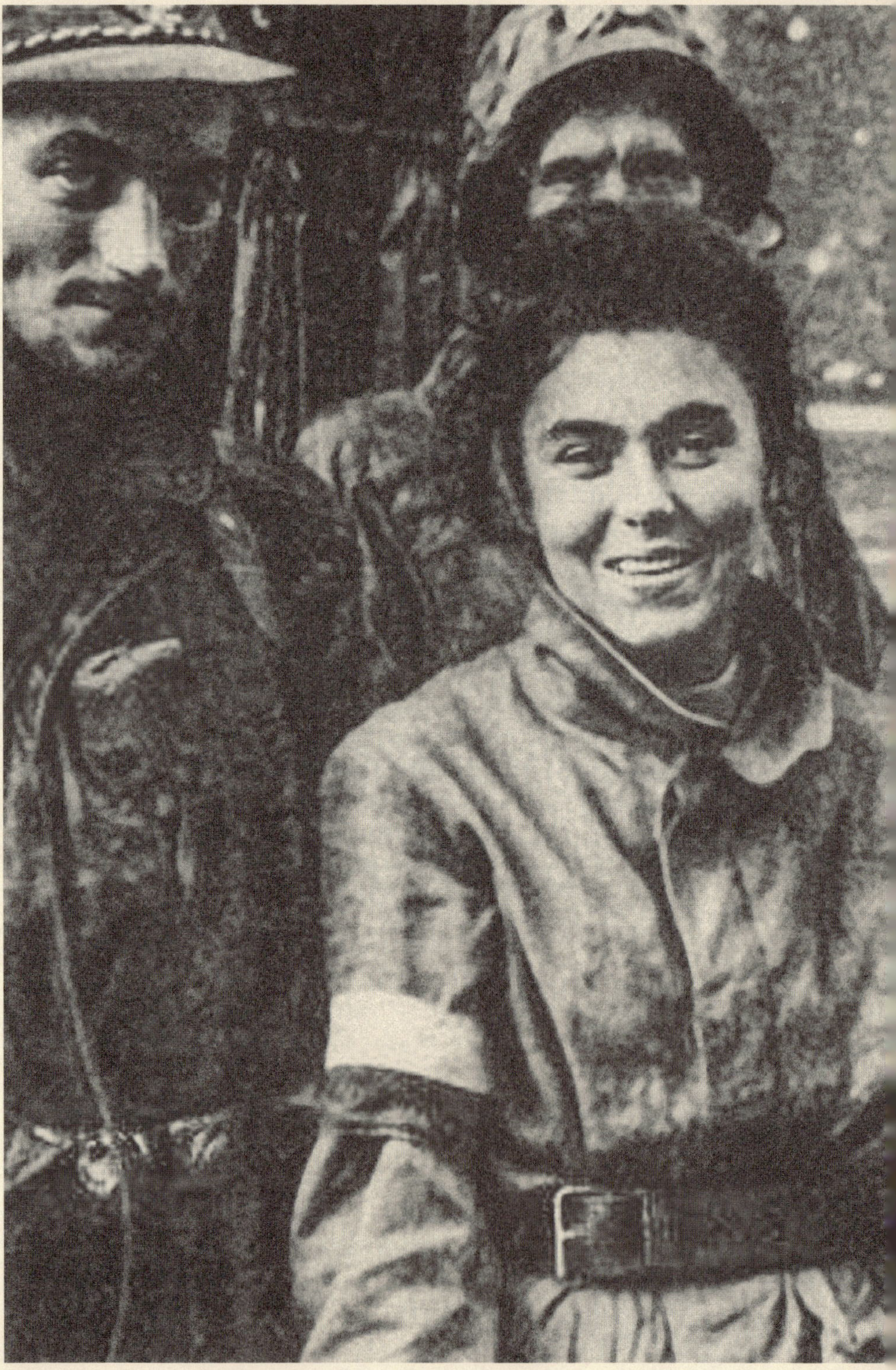

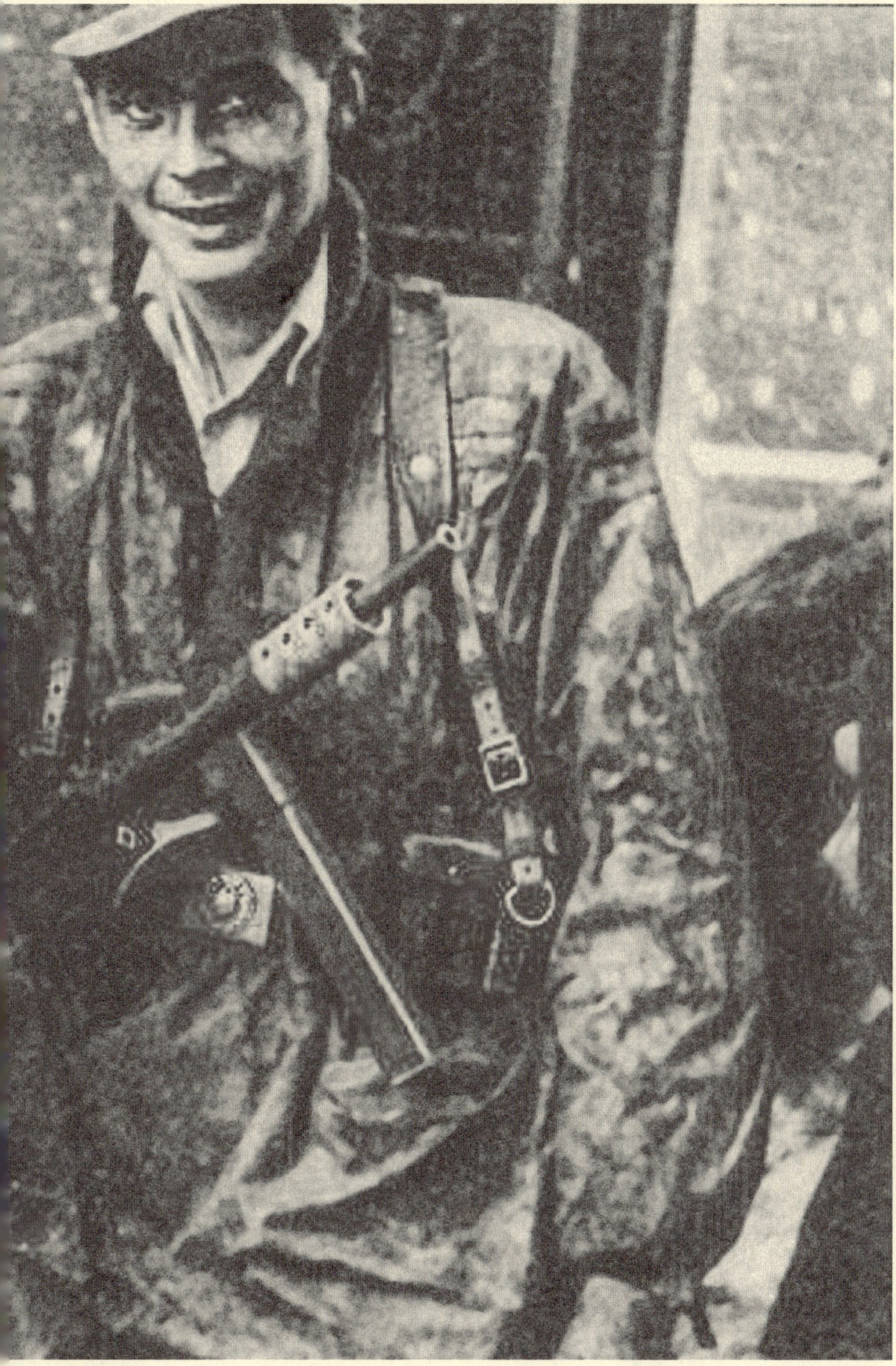

8. Guerras civis

> *As guerras de hoje não são travadas ou vencidas apenas em campos de batalha ou decididas em confrontos entre grandes frotas das nações combatentes. Elas são feitas por ministérios de Propaganda, por servidores civis leais, por homens e mulheres realizando tarefas servis em fábricas; por escriturários e vereadores, por fazendeiros que cultivam seus campos durante o dia [...] e por humildes donas de casa que, depois de concluir a jornada de trabalho, saem de casa e patrulham as ruas com luzes apagadas [...]. As guerras de hoje são travadas por todos os tipos de pessoas de todas as maneiras monótonas.*
>
> Raymond Daniell, 1941[1]

É bem sabido agora que na Segunda Guerra morreram milhões de civis a mais do que militares, o inverso da Primeira Guerra. Quando o jornalista americano Raymond Daniell se viu em Londres cobrindo o bombardeio alemão da blitz, cerca de dez civis haviam sido mortos para cada soldado do país. Na Londres bombardeada circulou uma piada sobre uma garota que deu uma pena branca (símbolo de covardia) ao namorado quando ele disse que entraria para o Exército. Os militares que, ao retornar às cidades, passavam por um ataque aéreo se mostravam mais ansiosos do que os civis. Os civis não ficaram imunes à guerra travada entre 1914 e 1918, em particular nos territórios ocupados pelo inimigo ou em países onde o conflito terminou em revolução violenta, mas o envolvimento direto na violência foi limitado. A Guerra Civil Russa, de 1918 a 1921, e a Guerra Civil Espanhola, de 1936 a 1939, anteciparam a "civilização" do conflito ocorrido entre 1939 e 1945, quando civis lutaram e morreram em defesa de suas comunidades e crenças.

Se os civis são muitas vezes retratados como vítimas passivas da violência que os inundou durante o conflito, uma fração significativa se engajou em sua própria defesa ou libertação, mudando de testemunhas para participantes ativos. Uma característica marcante dos anos de guerra foi a disposição dos civis de agir por si mesmos contra ataques aéreos, invasões e ocupações ou, no caso extremo do genocídio judeu, a ameaça de extermínio. Eles fizeram isso correndo riscos excepcionais com pouca proteção, legal ou não, ao contrário de seus correspondentes militares. O pessoal da defesa civil era exposto toda noite que havia um ataque aéreo à perspectiva de morte súbita; os combatentes da resistência, fossem guerrilheiros regulares ou insurgentes irregulares, sabiam que as leis da guerra não os defenderiam se fossem pegos e poderiam ser fuzilados à vontade por seus captores; onde a ocupação estimulou divisões raciais ou ideológicas em meio à população ocupada, os combatentes civis muitas vezes se encontravam travando uma guerra civil brutal contra outros civis, mesmo quando estavam envolvidos na resistência contra o inimigo invasor. As linhas de batalha que envolviam civis eram, em consequência, mais incoerentes e perigosas do que o serviço no esforço de guerra militar. A violência gerada pela resistência e pela guerra civil também era mais visceral e imediata do que na maioria dos confrontos militares, ao mesmo tempo que bombardeios pesados expunham os defensores civis a um nível totalmente incomum de danos físicos ao corpo humano. Os embates dos civis eram travados como parte do conflito mais amplo, mas tinham suas próprias características.

O que transformava alguns civis em combatentes variava de acordo com as circunstâncias, oportunidades e vontades. A grande maioria deles não se tornou defensores civis, resistentes ou guerrilheiros, mas buscou outras formas de acomodar seu mundo privado ao conflito que acontecia em volta. Na Grã-Bretanha e na Alemanha, entre 1% e 2% da população se inscreveu em funções formais da defesa civil; algumas estimativas sugerem que apenas entre 1% e 3% da população francesa participou de algum modo da resistência ativa, embora tais estatísticas sejam impossíveis de verificar.[2] Para a fração que o fez, havia uma convicção em geral compartilhada de que aquela guerra acima de tudo não terminava no campo de batalha, mas devia ser travada na frente doméstica, fosse se defendendo de bombardeios, se envolvendo em subversão política ou lutando como partisan. Entre os resistentes de todos os tipos, inclusive soldados derrotados que fundaram ou lideraram destacamentos guerrilheiros, houve uma recusa em aceitar que a derrota militar ou a rendição significavam que o conflito havia acabado, subvertendo a convenção militar de que um armistício ou uma ocupação militar punha fim às hostilidades. A lógica da guerra total como um conflito que abrangia sociedades inteiras explica por que os civis viam sua luta como parte do conflito militar mais amplo, não como uma aberração. O resultado não foi tanto a "civilização" da guerra, mas a militarização dos civis.

Para aqueles que ousaram cruzar o limiar do engajamento civil ativo, havia motivações individuais tão numerosas que qualquer explicação genérica é infrutífera. Patriotismo, convicção ideológica, a busca por uma nova ordem pós-guerra, ódio profundo pelo inimigo, desespero, desejo de vingança, até mesmo interesse próprio, tudo poderia desempenhar um papel para explicar por que aqueles que participavam escolheram fazê-lo. Em alguns casos, os civis foram pressionados a se envolver em vez de manifestar um comprometimento voluntário. Auxiliar na defesa civil era, em muitos casos, obrigatório, e não uma escolha livre. O apoio à resistência armada poderia ser tanto coagido quanto voluntário. Unidades guerrilheiras soviéticas costumavam arrebanhar recrutas em potencial entre os moradores locais que, de outra forma, não teriam participado. Uma ordem de alistamento publicada por partisans em Diakivka, uma aldeia ucraniana, declarava apenas que quem se recusasse a obedecer "seria fuzilado e teria a casa queimada".[3] Outros ainda foram empurrados para a resistência como um meio de escapar de ser recrutado pelos ocupantes para trabalhar ou da ameaça de deportação, e poderiam ser guerreiros civis relutantes. Nos casos em que a violência civil era transformada em guerra, civis de ambos os lados poderiam se ver transformados de maneira inesperada em combatentes, quer buscassem isso ou não. Uma guerrilheira na guerra civil grega afirmou mais tarde que as circunstâncias empurravam as pessoas relutantemente para a ação: "A vida forçava você a ser um herói, ninguém queria ser um".[4] Diante de tais demandas inesperadas, os civis se viram compelidos a fazer escolhas morais severas sobre participar ou se eximir, e em quais termos.

DEFENSORES CIVIS

O esforço de defesa civil em tempo de guerra foi o maior contexto no qual os civis puderam abandonar sua imunidade anterior e participar diretamente da execução do conflito. O bombardeio de longo alcance de cidades, fosse porque eram alvos militares e econômicos ou como um ato de desmoralização deliberada, transcendia a linha que separava a população civil urbana e o meio civil da luta no front. Na Primeira Guerra Mundial, haviam ocorrido poucos bombardeios distantes das linhas de frente: bombardeio alemão por dirigível e avião de cidades costeiras britânicas e Londres; bombardeio britânico de cidades no oeste da Alemanha; e bombardeio ocasional austríaco e italiano de alvos urbanos mais distantes. Por mais limitados que fossem os primeiros experimentos, o advento do bombardeio aéreo na guerra de 1914-8 abriu uma perspectiva imaginativa nos anos de entreguerras sobre um embate futuro no qual atacar cidades poderia provocar rapidamente agitação social e política e levar o conflito a uma conclusão rápida. A mais famosa dessas previsões foi a do general italiano Giulio Douhet em seu livro *O domínio do ar*, publicado na Itália em 1921, no qual argumentava que apenas o poder aéreo direcionado de modo implacável para cidades, infraestrutura e população inimigas poderia vencer um embate futuro, e vencê-lo de forma rápida, transformando a frente civil interna no principal objetivo estratégico e anulando os esforços do Exército para defender a população.[5] Visões apocalípticas de uma guerra contra populações civis eram universais, embora tivessem pouca relação com a realidade do poder aéreo convencional antes de 1939. Mas a cultura do desastre futuro não se concentrava nas capacidades militares de então, que eram limitadas em termos técnicos, mas na crença de que as populações urbanas eram excepcionalmente suscetíveis ao pânico e ao desespero provocados por um ataque aéreo porque a cidade moderna não tinha um sentimento firme de comunidade.[6] O teórico militar britânico J. F. C. Fuller achava que um ataque aéreo a Londres transformaria a capital em "um vasto hospício delirante [...], o tráfego cessará, os sem-teto gritarão por socorro, a cidade se tornará um pandemônio".[7] Outro catastrofista britânico, o filósofo de Cambridge Goldsworthy Lowes Dickinson, ao comentar a afirmação de que aeronaves inimigas poderiam envenenar toda a população londrina em três horas, argumentou que a guerra aérea significava agora o extermínio, "não apenas de soldados, mas de civis e da civilização".[8]

O medo dos efeitos dramáticos dos bombardeios na sociedade urbana era amplamente compartilhado entre as populações das principais potências, mas expunha um paradoxo na projeção de que a guerra futura seria total: se fosse tão fácil despedaçar a sociedade urbana em alguns dias de bombardeio, então fazia pouco sentido se preparar para a mobilização total dos recursos nacionais, já que o conflito terminaria antes que pudessem ser explorados por completo. A lacuna entre essas duas visões do embate futuro foi preenchida pelo advento das medidas de defesa civil na década de 1930, quando a perspectiva de uma grande guerra se tornou mais provável. Embora a defesa civil tenha sido introduzida em pequena escala na Primeira Guerra Mundial, em reação à experiência inicial de bombardeios de longo alcance (que logo seriam chamados de "estratégicos"), a formação de organizações nacionais de defesa civil datava da década anterior ao início da Segunda Guerra. Tratava-se de uma experiência nova e, como se viu, única, motivada não só pela ameaça representada pelos bombardeios, mas também pelo amplo endosso da visão de que os civis não deveriam esperar ficar imunes no próximo embate. A defesa civil ligou os civis de forma estreita à realidade do conflito e deu a eles um senso de participação e valor que faltara na Primeira Guerra. O propósito era mobilizar civis em defesa de suas próprias comunidades, a fim de evitar o tipo de crise que previsões mais catastróficas sugeriam. Era uma ambição que não tinha precedentes. A mobilização civil em massa em defesa da sociedade moderna foi necessária por conta do advento do bombardeiro, mas também seguiu a lógica da guerra total. Em consequência, a defesa civil se tornou outra forma de o Estado monitorar com regularidade o engajamento civil com o esforço total de guerra, fosse por meio da obediência ao apagão obrigatório de toda a iluminação, do exercício obrigatório de defesa aérea ou da participação em rondas para vigiar incêndios. Para conectar a frente de combate e a civil, os defensores civis foram transformados em pessoal paramilitar, com disciplina, uniformes e treinamento de estilo militar. Na Itália, eles foram definidos a partir de agosto de 1940 como "civis mobilizados", para dar um status militar mais formal à frente interna e evitar que os defensores civis fugissem.[9] No final do conflito, quando o ministro britânico da Segurança Interna Herbert Morrison refletiu sobre os milhões que serviram em funções de defesa civil, ele os descreveu como um "exército cidadão", composto de "guerreiros de base", tanto homens quanto mulheres.[10]

Por fim, em todo o mundo foram tomadas medidas de defesa civil, mesmo em áreas distantes demais para uma perspectiva real de bombardeio. Nenhum número agregado das pessoas envolvidas pode ser calculado com facilidade, em especial porque é preciso fazer uma distinção entre os civis que realizaram tarefas de defesa civil em tempo integral ou parcial — como guardas de ataque aéreo, bombeiros auxiliares, guardiões de abrigos, estagiários de primeiros socorros e pessoal de assistência social — e os milhões de chefes de família e jovens que foram cooptados para realizar treinamento e tarefas de ataque aéreo, mas que não eram defensores civis formalmente uniformizados. Essa segunda categoria abrangia uma população urbana vasta (e, em alguns casos, rural), que somava dezenas de milhões; esperava-se que os moradores desempenhassem um papel como civis no que as autoridades alemãs chamavam de "autoproteção" de lares e locais de trabalho, supervisionados por organizações formais de defesa civil. Em geral, os defensores civis e seus numerosos auxiliares eram encarregados de proteger sua própria comunidade e raras vezes eram transferidos para longe da região ou da cidade onde viviam, fator que desempenhou um papel importante para explicar o comprometimento deles durante anos difíceis para salvar um lugar conhecido. A defesa civil era socialmente inclusiva e não fazia distinção de gênero, oferecendo às mulheres a possibilidade de desempenhar um papel importante na defesa da comunidade, em contraste com o espaço mais restrito que tinham no aparato militar regular. As mulheres se voluntariaram em grande número para os muitos serviços de defesa civil, pois as comunidades locais perderam os homens mais jovens. Na Alemanha, cerca de 200 mil dos funcionários em tempo integral da organização de defesa civil eram mulheres; na Grã-Bretanha, em 1940, havia 151 mil trabalhadoras de defesa civil em tempo integral e parcial, incluindo o serviço auxiliar de bombeiros, e mais 158 mil que apoiavam os serviços de primeiros socorros.[11] Nos Estados Unidos, quase dois terços dos voluntários da defesa interna de Washington eram mulheres; em Detroit, cerca de metade.[12] Meninos e meninas em idade escolar também foram recrutados para tarefas específicas: escoteiros voluntários na Grã-Bretanha pedalavam corajosamente entre postos de ataque aéreo com mensagens de emergência; a União Soviética recrutou membros do *Komsomol*, o movimento juvenil soviético, para participarem de equipes de resgate ou avistarem incendiários nos telhados; nos meses finais do bombardeio da Alemanha, os membros da Juventude Hitlerista foram destacados como *Flakhelfer* [auxiliares antiaéreos], para operar armas antiaéreas na ausência de soldados regulares da Força Aérea.

As maiores organizações de defesa civil foram fundadas no Japão, na Alemanha e na União Soviética, onde defender as comunidades locais dos efeitos dos bombardeios se tornou uma obrigação quase universal. Os preparativos japoneses datavam do final da década de 1920, com práticas de blecaute e exercícios de ataque aéreo nas principais cidades que envolviam toda a população urbana. Em abril de 1937, uma Lei Nacional de Defesa Aérea introduziu um programa nacional por meio do qual as "associações de blocos" urbanas locais e grupos menores de bairros em cidades e vilas se tornaram responsáveis por garantir que todos os civis fossem transformados em potenciais defensores civis. Dois anos depois, o governo montou forças auxiliares de incêndio e polícia recrutadas de comunidades civis para ajudar a lidar com os ataques. A defesa civil se baseava em tradições de comprometimento coletivo que deixavam pouco espaço para dissidência. As grandes organizações de defesa civil criadas na União Soviética e na Alemanha eram, de modo similar, autoritárias e coletivistas, refletindo a ambição das duas ditaduras de mobilizar seus cidadãos para uma ampla gama de atividades projetadas para consolidar seu comprometimento público com os propósitos da comunidade nacional. A Sociedade Soviética de Assistência à Defesa [*Osoviakhim*], criada em 1927, tinha pelo menos 15 milhões de membros em 1933, inclusive 3 milhões de mulheres, quando a ameaça de bombardeio era mínima. Eles receberam treinamento rudimentar para se defender de ataques aéreos, lidar com um ataque de gás e primeiros socorros pós-bombardeio. Em julho de 1941, um decreto sobre preparações antiaéreas "universais e obrigatórias" transformou cada cidadão em um defensor civil improvisado. Em 1944, afirmava-se que 71 milhões de cidadãos soviéticos de todas as idades haviam recebido alguma forma de treinamento de defesa civil. Em cidades mais próximas da ameaça de bombardeio, as autoridades criaram unidades urbanas de "autodefesa" para auxiliar no combate a incêndios e resgate, e no final da guerra essas unidades tinham 2,9 milhões de membros. Esperava-se que os recrutados desempenhassem um papel integral na preparação de suas comunidades para ataques a bomba e no combate aos efeitos posteriores de uma investida. Junto com esse exército de defensores civis, o Estado criou em 1932 a Diretoria Principal de Defesa Aérea Local (MPVO), que tinha a responsabilidade formal de treinar pessoal de defesa civil, criar uma rede de abrigos, em especial em prédios residenciais, e fornecer serviços de incêndio e resgate após um ataque. Os trabalhadores da MPVO eram defensores civis paramilitares e, no auge da guerra, somavam mais 747 mil.[13]

A Liga Alemã de Defesa Aérea do Reich [*Reichsluftschutzbund*], criada em 1933 pelo recém-fundado Ministério da Aeronáutica, foi logo expandida para ser o principal agente de educação e treinamento do público sobre precauções contra ataques aéreos. Em maio de 1937, foi introduzida uma lei sobre "autoproteção" [*Selbstschutz*] que obrigava todos os chefes de família a preparar suas casas para se proteger de um ataque aéreo, a ajudar na defesa de edifícios e escritórios públicos ou a participar da "proteção do trabalho" em fábricas.[14] Como o regime insistia que a autodefesa comunitária era uma obrigação, tal como na União Soviética e no Japão, havia 11 milhões de membros na Liga em 1937, 13 milhões em 1939 e 22 milhões em 1943, o equivalente a um quarto da população alemã. A própria organização tinha 1,5 milhão de funcionários em 1942 e administrava um sistema de 3400 "escolas de ataque aéreo", onde era realizado o treinamento básico.[15] Havia também uma estrutura formal de proteção contra ataque aéreo fornecida pela Polícia de Proteção Aérea e pela Polícia de Proteção contra Incêndio e pelos comandos regionais da Força Aérea alemã, mas seu trabalho dependia muito da contribuição voluntária dos membros da Liga para organizar e inspecionar os preparativos das comunidades locais a fim de garantir que a "autoproteção" estivesse sendo observada e que se fornecessem homens e mulheres necessários para as funções de defesa civil.

Em contraste, os sistemas de defesa civil nos países ocidentais confiavam mais em voluntários que atendiam aos apelos do governo para assumir deveres cívicos em tempos de guerra. Na Grã-Bretanha, o recrutamento da defesa civil em alguma escala começou apenas no final da década de 1930. Não havia nenhuma organização de massa equivalente para se proteger de ataques aéreos que correspondesse ao exemplo alemão ou soviético, mas depois que os bombardeios começaram, no outono de 1940, o governo deixou de encorajar voluntários para tornar alguns elementos da defesa civil obrigatórios e universais. Motivado pelo medo de um combate iminente, o governo aprovou no final de 1937 a Lei das Precauções contra Ataques Aéreos, que exigia que todas as autoridades locais montassem um esquema de defesa civil e nomeassem um diretor para essas precauções (em geral o administrador municipal mais antigo) e um Comitê Executivo de Emergência ou Guerra para supervisionar a defesa civil quando o bombardeio se tornasse uma realidade. Em 1939, criou-se uma rede de comissários regionais para coordenar iniciativas locais e atuar como uma ponte entre o governo central e as comunidades.[16] A estrutura era quase toda civil; o Exército e a Força Aérea eram responsáveis apenas pelas defesas antiaéreas ativas de armas e aeronaves de caça. Para enfatizar seu caráter civil, um ministro civil de segurança interna foi nomeado para coordenar toda a defesa civil quando a guerra estourou, em setembro de 1939. No verão de 1940, havia 626 mil defensores civis, um quinto deles trabalhadores em tempo integral, e mais 354 mil funcionários de meio período para serem mobilizados durante uma emergência. Além disso, os serviços de bombeiros se expandiram de 5 mil profissionais regulares em 1937 para 85 mil em tempo integral e 139 mil auxiliares em 1940, e os Serviços Voluntários Femininos para Precauções contra Ataques Aéreos, fundados no final de 1938, podiam se gabar de ter quase 1 milhão de membros no auge do conflito.[17] Após a introdução da vigilância obrigatória de incêndios em fábricas e prédios públicos, no final de 1940, o número de defensores civis adicionais em meio período atingiu mais de 4 milhões, cerca de um décimo de toda a população.[18] Mesmo onde não era obrigatório, os civis deveriam organizar a defesa de suas comunidades residenciais a cada rua, convocando as famílias, como na Alemanha, a desempenhar algum papel em sua própria proteção.

Na França e na Itália, os dois países que no final da década de 1930 poderiam esperar ser bombardeados em algum momento, as organizações de defesa civil tinham uma escala mais modesta. Um sistema de "Defesa Passiva" foi criado por insistência do governo francês em 1935, obrigando todas as comunidades locais, como na Grã-Bretanha, a montar uma proteção contra ataques aéreos e treinar civis para desempenhar funções de defesa civil. O sistema nunca foi testado de forma adequada antes da rendição francesa em junho de 1940. Sob o regime de Vichy, a defesa civil entrou em colapso até que a Força Aérea britânica, e depois a americana, começasse a bombardear alvos na França. O governo de Pétain relutava em mobilizar civis quando o país aparentemente não estava mais em guerra ou arcar com os custos de um extenso sistema de defesa civil, mas a pressão germânica levou a reativar as responsabilidades de Defesa Passiva dos prefeitos, embora continuassem com muita falta de fundos e de pessoal.[19] Na Itália, o regime promulgou uma lei em março de 1934 que obrigava os prefeitos a criarem um sistema regional descentralizado de defesa civil, mas as Inspetorias Provinciais de Proteção Contra Ataques Aéreos resultantes continuaram a ter baixa prioridade para os recursos oficiais.[20] A defesa civil italiana dependia da filiação voluntária à União Nacional para Proteção Antiaérea (Unpa), criada pelo Ministério da Guerra em agosto de 1934 com o objetivo de formar um corpo de defensores civis, mas eles somavam apenas 150 mil em 1939, e em 1940, quando a guerra com a Grã-Bretanha e a França começou, milhares abandonaram a organização. Dava-se preferência aos membros do Partido Fascista como oficiais de defesa civil, e pouco esforço coordenado foi feito para mobilizar e organizar civis nas principais áreas urbanas para receber treinamento e adotar a "autoproteção".[21]

Longe das principais ameaças na Europa e no Leste Asiático, a defesa civil ainda era considerada não só necessária em termos estratégicos, mas uma forma de mobilizar e disciplinar populações a fim de assumir deveres cívicos para o esforço de guerra. "Acredito que chegamos a um momento na história em que o civil deve definitivamente tomar seu lugar na preparação geral do país [...]", disse o general Marshall a uma audiência de rádio americana em novembro de 1941.[22] Em maio de 1941, por ordem presidencial, criou-se um Gabinete de Defesa Civil para preparar voluntários civis não só para o possível caso de os japoneses ou os alemães encontrarem uma maneira de bombardear a Costa Oeste ou Leste americana, mas também para encorajar a participação civil numa variedade de outros programas sociais de guerra. Administrado de início pelo prefeito de Nova York Fiorello La Guardia, o escritório foi assumido em fevereiro de 1942 pelo professor de direito de Harvard James Landis, que supervisionou o recrutamento de milhões de americanos para funções de defesa civil, como guardas de ataque aéreo, bombeiros auxiliares, voluntários de primeiros socorros e equipes de resgate. No total, estima-se que de 7 milhões a 8 milhões de pessoas se voluntariaram, enquanto outros milhões, inclusive crianças em idade escolar, receberam treinamento elementar de defesa civil no local de trabalho e na escola.[23] O periódico da defesa civil ganhou o título de *Civilian Front* para explicitar o envolvimento de civis diretamente na guerra total dos Estados Unidos. A defesa civil, escreveu Landis em 1943, "é uma tarefa militar tão definida quanto aquela dada a uma força-tarefa armada com ordens para tomar e manter uma posição inimiga".[24] Embora o bombardeio do continente americano nunca tenha se materializado, apesar da ambição não realizada da Força Aérea alemã de encontrar o "bombardeiro da América" ideal, os defensores civis continuaram a receber treinamento até o fim do conflito, enquanto fiscais de ataque aéreo patrulhavam as ruas das cidades costeiras americanas. O mesmo se aplicava às partes distantes do Império Britânico, onde a ameaça de ataque aéreo não era de todo remota após a eclosão da guerra do Pacífico em dezembro de 1941 (e no caso de Hong Kong, Singapura e norte da Austrália era bastante real). Na Nova Zelândia, que, como os Estados Unidos, nunca foi bombardeada, o Serviço de Precauções de Emergência criado em março de 1942 tinha como modelo a defesa civil britânica, com guardas (um para cada quinhentas pessoas), primeiros socorros, assistência social e serviços de resgate. Ali também a defesa civil era um lembrete diário para a população de que a guerra moderna invocava a participação civil, não apenas o esforço militar. "Cidadãos da Comunidade, estejam preparados", dizia o slogan de recrutamento. "Isso pode acontecer aqui."[25]

Na prática, as exigências feitas aos defensores civis para proteger suas comunidades variaram muito no tempo e no espaço. Muitos lugares da Europa ou da Ásia foram bombardeados apenas uma vez; alguns, nenhuma. Onde houve mais ataques, podiam-se passar longos intervalos de meses ou anos entre cada experiência. Cidades da Alemanha — Hamburgo, Colônia, Essen — bombardeadas mais de duzentas vezes foram a exceção, e não a regra. Na guerra na Ásia, apenas a capital nacionalista chinesa em Chongqing, bombardeada 218 vezes entre 1938 e 1941, teve experiência igual à da Alemanha.[26] As cargas de bombas também variavam muito: uma força de seiscentos bombardeiros pesados Lancaster poderia jogar uma quantidade devastadora de bombas altamente explosivas e incendiárias, o suficiente para queimar todo o centro de uma cidade; uma pequena força de cinquenta bombardeiros médios com uma carga relativamente pequena poderia infligir danos locais sérios, mas não causar destruição em larga escala. Para a maioria dos defensores civis, a ação era espasmódica e breve; para muitos, havia pouca ou nenhuma ação para ver, às vezes por anos. O sistema de defesa civil japonês foi mantido em estado constante de preparação durante quatro ou cinco anos antes de os primeiros ataques acontecerem no final de 1944, provocando ao longo do tempo uma mistura de apatia e ressentimento entre alguns dos recrutados. Apenas nos últimos seis meses da guerra do Pacífico, depois que as cidades japonesas estavam no alcance, a defesa civil foi enfim testada. Não obstante, seus regulamentos, aplicados pelo exército de defensores civis, foram mantidos caso os bombardeiros chegassem. Em todos os lugares, os imperativos da defesa civil eram um meio eficaz de lembrar à população todos os dias, enquanto fechavam as cortinas de blecaute ou verificavam a água e a areia mantidas por conta do risco de incêndio, que estavam numa nova linha de frente civil. "Cada vez que há um exercício de defesa aérea", escreveu uma mulher de Tóquio em 1943, "somos obrigados a nos alinhar em fila única, gritar nossos nomes e a chamada é feita, com muitos murmúrios sobre quais casas não estão representadas [...]."[27] As infrações às regras do blecaute eram punidas em todos os lugares em que ocorriam. A intervenção do Estado em tempo de guerra se tornou uma realidade direta na vida cotidiana de quase todos os cidadãos.

A diferença na experiência também era ditada pela natureza da estratégia aérea implantada contra civis. Quase todos os bombardeios da Segunda Guerra Mundial foram imprecisos, muitas vezes por uma ampla margem, mas o objetivo era em geral minar a capacidade militar do inimigo atacando alvos militares e militares-econômicos distantes. Apenas em três casos a estratégia aérea foi direcionada de forma deliberada a destruir o ambiente civil e matar civis: o bombardeio japonês de Chongqing; a estratégia de bombardeio de áreas de cidades alemãs adotada pelo Comando de Bombardeiros da RAF a partir do verão de 1941; e o bombardeio de cidades japonesas pelo 21º Comando de Bombardeiros americano, que começou em Tóquio em março de 1945 e terminou com as duas bombas atômicas. O desenvolvimento da estratégia da RAF de atacar o moral inimigo por meio da destruição deliberada da área urbana teve suas raízes na década de 1930, quando a discussão sobre a futura estratégia de bombardeio presumiu que na guerra moderna não havia mais distinção entre combatentes e não combatentes. Os civis eram considerados um alvo porque contribuíam em termos materiais para sustentar o esforço de guerra inimigo, uma imagem espelhada da convicção popular civil de que seu próprio poder de permanência provavelmente seria um objetivo em qualquer conflito futuro. Em 1944, o vice-marechal do ar Richard Peck, responsável pela publicidade da RAF, defendeu o ataque indiscriminado de áreas urbanas civis com o argumento de que os trabalhadores

> são o exército industrial — seu macacão é um uniforme — cada homem é reservista do Exército, pelo Exército; cada mulher ocupa um lugar que de outra forma um homem deve preencher — eles são alojados nas proximidades da cidade — sua casa é o equivalente ao alojamento de descanso do soldado ou à trincheira de reserva.[28]

As operações de bombardeio contra cidades industriais alemãs foram projetadas para causar o máximo de dano a bairros residenciais e comodidades da classe trabalhadora, além de matar trabalhadores, e isso era alcançado com mais facilidade por altas concentrações de armas incendiárias contra as zonas residenciais centrais da cidade.[29] Era uma guerra contra a defesa civil. Pequenas quantidades de bombas de alto poder explosivo eram misturadas à carga incendiária para explodir janelas e telhados e deter os defensores civis. Para desencorajá-los ainda mais, instalaram-se explosivos em várias bombas incendiárias (cerca de 10% da carga) com fusíveis planejados para detonar em intervalos diferentes. Em 1942, pequenas bombas antipessoais foram acrescentadas às cargas das aeronaves. A intenção era matar ou mutilar qualquer defensor civil que tivesse a infelicidade de estar perto delas.[30]

Em relação ao Japão, a Força Aérea americana adotou uma política semelhante de desabilitar o sistema de defesa civil nipônico. A inflamabilidade das cidades japonesas era bem conhecida. O general Marshall, numa entrevista coletiva secreta pouco antes de Pearl Harbor, disse aos jornalistas que se a guerra acontecesse as "cidades de papel" do Japão seriam incendiadas: "Não haverá hesitação em bombardear civis — será total".[31] No entanto, apenas em 1945 os bombardeiros americanos estavam perto o suficiente para infligir ataques incendiários pesados, e o propósito explícito deles era destruir o ambiente urbano, matar ou mutilar trabalhadores japoneses e desmoralizar a força de trabalho. "Fazia muito sentido", observou o general Ira Eaker, vice-comandante das Forças Aéreas do Exército em 1945, "matar trabalhadores qualificados queimando áreas inteiras."[32] Assim como na RAF, isso envolvia uma pesquisa cuidadosa sobre as condições operacionais ideais para sobrecarregar os serviços de incêndio e emergência. Pesquisas sobre a melhor forma de queimar casas nipônicas começaram vários anos antes dos ataques, auxiliadas pela experiência britânica no cálculo científico da natureza dos danos incendiários, que foi repassada aos Aliados de forma voluntária. A destruição em massa do meio e da população urbana civil se tornou um objeto em si, como havia sido para a RAF na Alemanha. Aqui também houve um conflito direto entre Força Aérea e defensores civis.

A defesa civil enfrentou seu teste mais severo nessas campanhas que visavam de forma deliberada a população, mas, em todos os lugares em que houve bombardeios, os defensores civis lutaram para lidar com a realidade de que em qualquer ataque aéreo a maioria dos bombardeiros conseguiria lançar suas cargas nas áreas civis abaixo deles. Isso era verdade até mesmo para o sistema de defesa aérea mais sofisticado. Em 1944, a linha de defesa aérea alemã com radar, artilharia antiaérea, caças e aeronaves de caça noturna, a chamada "Linha Kammhuber" (em homenagem ao general que a idealizou, Josef Kammhuber), não tinha equivalente em nenhum outro lugar, mas toda noite e todo dia a maioria dos bombardeiros aliados alcançava a área-alvo aproximada, apesar do desgaste da força de ataque. Onde havia defesas fracas ou inexistentes, os bombardeiros estavam livres até mesmo da ameaça de caças inimigos e fogo antiaéreo eficaz. Os primeiros ataques japoneses à capital comunista chinesa de Yan'an, no final de 1938, quase não tiveram oposição, até que algumas armas antiaéreas foram instaladas numa torre da cidade da época Ming. Em Chongqing, a fraca força de caças chinesa foi destruída pelos japoneses, e o fogo antiaéreo era limitado, deixando a tripulação dos bombardeiros nipônicos com o luxo de atacar quase à vontade.[33] Mesmo na Grã-Bretanha, onde durante o dia a força de caças era capaz de infligir grandes danos aos bombardeiros alemães que chegaram nos primeiros dias da blitz, em setembro de 1940, a mudança para o ataque noturno deixou as cidades dependentes do fogo de armas antiaéreas — que atingiam poucos bombardeiros, mas os forçavam a voar mais alto e a atacar com ainda menos precisão — e de uma força de caças noturnos totalmente ineficaz até a introdução da interceptação direcionada por radar, na primavera de 1941.[34] Em consequência, os defensores civis eram, quer queira quer não, o que separava quem atacava e quem era atacado, uma linha de frente singular na qual nunca viam o rosto do inimigo que os ameaçava.

O bombardeio de cidades britânicas durante nove meses no inverno e na primavera de 1940-1 ofereceu aos defensores civis a oportunidade de demonstrar do que uma força de defesa civil organizada era capaz. A experiência inicial mostrou problemas evidentes. Havia pouca compreensão do que constituía pânico ou como ele poderia ser neutralizado. O experiente psicanalista Edward Glover, ao escrever em 1940 sobre o medo de bombardeios, só pôde sugerir como antídoto mundano para o pânico que cidadãos com nervos menos sensíveis carregassem consigo um cantil de conhaque ou um pacote de biscoitos para acalmar seus compatriotas mais agitados.[35] Em vários casos, houve pânico generalizado entre a população civil e êxodo após um ataque, embora o rápido fornecimento de abrigo e bem-estar em geral neutralizasse qualquer potencial crise social. A questão do *"trekking"*, como ficou conhecido, era mais séria em Plymouth, Southampton e Hull, todas cidades portuárias bombardeadas repetidas vezes. O pesado bombardeio de Southampton no final de novembro de 1940 foi tão severo que o sistema de defesa civil entrou em colapso temporariamente, "sobrecarregado pela magnitude do desastre", como disse o comissário regional. Um funcionário do Ministério de Alimentação encontrou as pessoas no dia seguinte ao ataque "atordoadas, perplexas, sem função e sem instrução".[36] Os defensores civis ficaram paralisados pelo colapso das comunicações e pela perda da sala de controle central de precauções contra ataques aéreos. A população fugiu para florestas e vilas próximas, embora o número de 244 mortos nos dois ataques tenha sido modesto em comparação às perdas infligidas nos bombardeios aliados ocorridos mais adiante no conflito.

As falhas iniciais levaram à rápida reforma do sistema de defesa civil, com maior ênfase em comunicação e informação eficazes, centros de bem-estar e cozinhas de emergência melhores e mais bem abastecidos e, acima de tudo, programas para rápida reabilitação de casas que poderiam ser reparadas com facilidade. Para o exército de guardas de ataques aéreos cuja tarefa era alertar as comunidades quando a sirene de alerta soasse, uma grande dificuldade era impor a disciplina do abrigo, que era a única maneira clara de reduzir as baixas. Na Alemanha e na União Soviética, buscar abrigo era obrigatório, e a polícia era responsável por apoiar os esforços dos inspetores de guerra locais para manter a disciplina no abrigo com uma mão tão pesada quanto necessário (o que na Alemanha incluía a exclusão de judeus e trabalhadores forçados estrangeiros de abrigos reservados para alemães "arianos"). Por outro lado, os guardas britânicos não tinham nenhuma sanção legal a que recorrer, de modo que ir para um abrigo era uma decisão individual, e não uma obrigação legal. O governo também preferia um sistema de abrigos descentralizados em porões e adegas, ou os "abrigos Anderson" domésticos escavados nos jardins de quem os tinha. Apenas metade da população ameaçada tinha acesso a um abrigo designado, e quase nenhum deles era de fato à prova de bombas. Pesquisas posteriores revelaram que, das famílias sem abrigo em casa, apenas 9% procuraram os públicos.[37] Estes logo se revelaram mal construídos e insalubres, quase todos sem instalações adequadas para dormir. Mesmo quando o governo iniciou, em dezembro de 1940, um programa enérgico para fornecer camas, assistência social e higiene adequada em abrigos, a confiança pública permaneceu baixa. Milhares escolhiam desafiar o sistema de defesa civil e permanecer em suas casas na cama ou debaixo de escadas e mesas, fato que ajuda a explicar o alto número de baixas sofridas por uma campanha que não teve a escala dos ataques de saturação pesados feitos contra a Alemanha e o Japão mais tarde na guerra. Na Grã-Bretanha, apenas 3% da área urbana foi destruída, enquanto na Alemanha foram 39% e no Japão, incríveis 50%.[38]

Os ataques de saturação foram projetados para romper a estrutura de defesa civil do inimigo e abrir caminho para a destruição ilimitada, quase sempre pelo fogo. Nos locais onde grandes tempestades de fogo ocorreram — em Hamburgo, em julho de 1943; em Kassel, três meses depois; e em Dresden, em fevereiro de 1945 —, a defesa civil foi de fato sobrecarregada. Em Hamburgo, durante o bombardeio, havia 34 mil bombeiros, soldados e trabalhadores de emergência, mas eles só puderam trabalhar para limitar a propagação da conflagração aos subúrbios da cidade. O chefe de polícia, em seu relatório sobre a noite de 27 para 28 de julho, reconheceu que a defesa civil era incapaz diante de uma tempestade de fogo — "a fala é impotente", escreveu ele, enquanto tentava descrever o que aconteceu —, mas recomendou grandes mudanças na maneira como os defensores civis lidavam com a ameaça de incêndio: inspecionar todos os abrigos domésticos (a "sala à prova de bombas"), com o objetivo de garantir que houvesse uma saída de emergência para evitar que quem estivesse dentro sofresse asfixia enquanto o fogo sugava o oxigênio, como ocorreu em Hamburgo; e a construção de rotas de fuga conhecidas nos centros das cidades para que a população pudesse fugir antes que a tempestade de fogo a alcançasse.[39] O pessoal da defesa civil foi aconselhado a treinar todos os moradores para lidar com bombas incendiárias de imediato, em meio a um ataque, e evitar que pequenos incêndios se transformassem numa conflagração, expondo assim muito mais civis aos perigos enfrentados pelos defensores civis regulares. Voluntários civis constituíam a maioria do 1,7 milhão de bombeiros na Alemanha em 1944, inclusive 275 mil mulheres e meninas. Cerca de 100 mil voluntários foram organizados em setecentas unidades de emergência, projetadas para se deslocar de um lugar para outro conforme necessário a fim de combater os incêndios. Em agosto de 1943, foram criados "esquadrões de autoproteção" especiais para obrigar por lei todos os civis a tomar parte ativa na defesa civil coletiva, além da autoproteção de lares individuais.[40] Hamburgo também levou a uma maior atenção à provisão de alimentos, abrigo de emergência e assistência médica para áreas bombardeadas; como na Grã-Bretanha, o fornecimento de informações eficazes, alimentos e bem-estar, junto com um programa de evacuação ou reabilitação rápida (realizado em parte pelo trabalho de campos de concentração), mostrou até que ponto os serviços de defesa civil e resgate, devidamente organizados, poderiam rebater os esforços para provocar o colapso social nas cidades bombardeadas. Em Hamburgo, estima-se que 61% das moradias residenciais foram danificadas ou destruídas, mas em poucos meses 90% dos que permaneceram na cidade, cerca de 300 mil famílias de meio milhão, foram realocados em prédios reparados ou pré-fabricados.[41]

O bombardeio incendiário de cidades japonesas foi mais uma vez o ponto em que os preparativos da defesa civil fracassaram sob extrema pressão. As autoridades japonesas esperavam bombardeios de precisão de alvos econômicos e militares, que a Força Aérea americana empreendeu na primeira onda de bombardeios, do final de 1944 a fevereiro de 1945, com pouco sucesso. O bombardeio incendiário, iniciado com o grande ataque a Tóquio na noite de 9 para 10 de março, provocou incêndios impossíveis de controlar. Os voluntários da defesa civil haviam sido treinados para lidar com ataques mais limitados; o exercício de ataque aéreo para moradores civis se mostrou completamente inadequado quando o fogo consumiu com rapidez uma zona urbana inteira. "Se houver um ataque aéreo", escreveu uma mãe japonesa para sua filha evacuada em maio de 1945, "por favor, pense na casa como se ela já não existisse mais."[42] Havia espaço de abrigo seguro para apenas 2% da população urbana. As cidades japonesas, com suas construções de madeira e papel, eram singularmente vulneráveis a bombardeios incendiários; cerca de 98% das edificações de Tóquio eram construídas com material inflamável, enquanto a densidade populacional nas principais áreas urbanas era excepcionalmente alta.[43]

Os bombardeios anteriores da capital chinesa Chongqing pela Força Aérea naval japonesa em 1939 e 1940 demonstraram que a cidade poderia ser muito vulnerável. As ruas estreitas e apertadas, com edificações construídas principalmente com madeira e bambu, eram ideais para espalhar incêndios, mesmo com uma investida limitada. Cerca de quatro quintos do centro comercial da cidade foram destruídos por completo pelo fogo em um punhado de ataques de pequenos grupos de aeronaves inimigas.[44] Para evitar um desastre semelhante no Japão, as autoridades de defesa civil ordenaram a demolição de nada menos do que 346 629 edificações para construir corta-fogos em áreas urbanas. Mas a investida americana de baixa altitude com os gigantescos bombardeiros Boeing B29 saturou a área urbana com milhares de toneladas de bombas incendiárias numa zona definida de forma estreita. Das 160 mil toneladas de bombas lançadas no Japão, 98 mil eram incendiárias.[45] No ataque a Tóquio, o colapso da defesa civil, da assistência social e dos primeiros socorros foi exacerbado pela destruição de 449 dos 857 postos de primeiros socorros, bem como de 132 dos 275 hospitais e centenas de postos de assistência social preparados com antecedência. Unidades para manter o moral e evitar o pânico — os chamados Esquadrões do Pensamento Político — eram consideradas uma prioridade, mas por conta disso os serviços de resgate e incêndio se viram mal equipados com pessoal, equipamento pesado ou aparato de resgate especializado insuficientes. O resultado foi um número excepcional de vítimas em Tóquio, onde cerca de 87 mil pessoas morreram na tempestade de fogo de 9-10 de março. Em toda a área urbana atacada durante apenas cinco meses de bombardeio, as estatísticas oficiais contabilizaram 269 187 mortos, 109 871 gravemente feridos e 195 517 que sofreram ferimentos leves.[46]

O alto número de vítimas civis se repetiu em todas as áreas fortemente bombardeadas, mas mesmo em regiões com menos bombardeios a defesa civil não conseguiu evitar perdas civis e destruição generalizada. Na Alemanha, estimativas atuais sugerem que entre 353 mil e 420 mil pessoas perderam a vida (o número oficial de 1956 afirmava 625 mil); o bombardeio da Grã-Bretanha resultou em 60 595 mortes por bombas, foguetes e mísseis de cruzeiro; o bombardeio de Estados europeus sob ocupação alemã, embora projetado para limitar as baixas sempre que possível, evitando a saturação de áreas urbanas com bombas incendiárias, produziu na França mortes estimadas entre 53 mil e 70 mil civis; na Bélgica, cerca de 18 mil; e na Holanda, mais de 10 mil; na Itália, tanto como inimiga parte do Eixo até sua rendição em setembro de 1943, e depois sob ocupação alemã até maio de 1945, o número oficial de mortos em bombardeios no pós-guerra chegou a 59 796; a estatística oficial diz que o bombardeio alemão de alvos soviéticos, embora tenha sido em pequena escala, foi responsável por mais 51 526 mortos; a melhor estimativa para mortes de chineses em bombardeios é de 95 522.[47] Além disso, houve quem ficasse gravemente ferido, o que na maioria dos casos dobra a quantidade de vítimas. O número de cerca de 1 milhão de mortos e uma quantidade semelhante de feridos graves pode sugerir que, no geral, o vasto esforço de defesa civil foi um fracasso total. A frente de batalha foi sem dúvida um caso de guerra assimétrica: bombardeiros preparados com uma gama assustadora de armas aéreas contra defensores civis que estavam desarmados e, na maioria dos casos, voluntários civis de meio período. No entanto, apesar dessa disparidade, os defensores e a grande variedade de civis que desempenharam um papel auxiliar nos muitos esquemas de autoproteção confrontaram o poder aéreo inimigo, mesmo nas cidades bombardeadas, para evitar o colapso social incontrolável que a ficção pré-guerra e a futurologia militar previam.

Não há dúvidas de que, sem os defensores civis, o nível de baixas e o deslocamento social das comunidades urbanas teriam sido consideravelmente piores, e o impacto do bombardeio teria sido mais próximo do prognóstico de Giulio Douhet. Onde a defesa civil se rompia, como aconteceu em vários casos, em particular durante os ataques de tempestade de fogo, ela podia em geral ser localizada com ajuda urgente fornecida de fora da cidade atingida. Na Grã-Bretanha, o hábito de sair de portos bombardeados não criou uma crise social permanente. Os serviços de assistência social estabeleceram "cintos de proteção" de emergência no campo ao redor, onde as famílias podiam viver enquanto os trabalhadores se deslocavam para a cidade todos os dias. Muitas outras vidas foram salvas pelos esquemas formais e informais de evacuação em massa que foram introduzidos em todas as áreas atingidas. Na Alemanha, quase 9 milhões de pessoas deixaram as cidades no início de 1945; no Japão, esse número se aproximou de 8 milhões no final da guerra. Mas vidas também foram salvas durante os próprios ataques, devido ao esforço imediato dos defensores civis para garantir que, onde houvesse abrigos disponíveis, a população pudesse ser persuadida a usá-los de forma ordenada. Quando um pânico repentino se instalava, os resultados podiam ser desastrosos, como foram após um longo ataque japonês a Chongqing em 5 de junho de 1940. Enquanto as pessoas saíam de um túnel de abrigo, outras tentavam desesperadamente entrar porque circulara um boato de que os japoneses estavam retornando com bombas de gás, fazendo com que pessoas fossem esmagadas. Os registros policiais mostraram 1527 mortos nessa debandada.[48] Um pânico na estação subterrânea do metrô de Londres Bethnal Green em 3 de março de 1943, após um alerta de ataque aéreo, criou uma pressão humana grande demais para descer a escada molhada e mal iluminada, resultando em 173 pessoas pisoteadas ou sufocadas até a morte.[49]

    Esses exemplos foram exceção. Os guardas desempenharam um papel corajoso no controle de comunidades ameaçadas e na garantia de acesso ordenado a abrigos públicos, ou no monitoramento do uso de abrigos domésticos. Bombeiros e socorristas arriscavam suas vidas enquanto as bombas caíam. Mesmo em Chongqing, onde mais de mil abrigos em túneis foram improvisados às pressas nas encostas da cidade, os guardas em geral conseguiam impor ordem em suas comunidades quando a sirene sinalizava o momento de recuar para os túneis. Em 1937, os abrigos podiam acomodar apenas 7 mil pessoas de uma população de quase meio milhão, mas em 1941 havia abrigo para 370 mil.[50] Em 1939, houve onze vítimas para cada duas bombas lançadas na cidade; mas em 1941 o número foi de uma vítima para cada 3,5 bombas.[51] As semanas de pico de vítimas na blitz sobre a Grã-Bretanha ocorreram entre setembro e novembro de 1940, quando o sistema estava aprendendo a funcionar. Em todos os lugares, os defensores civis faziam o que podiam para amenizar os piores efeitos do bombardeio e suas consequências imediatas. Relatos contemporâneos de ataques aéreos contêm inúmeras histórias de heroísmo pessoal demonstrado por civis. Na Alemanha, os defensores civis mortos no cumprimento do dever eram, como soldados tombados, autorizados a ter uma cruz de ferro ao lado de seu nome nas listas de mortos dos jornais; os heróis que sobrevivam podiam ser condecorados com a cruz de ferro militar. Durante a blitz sobre a Grã-Bretanha, o rei George VI instituiu a Medalha George por bravura excepcional demonstrada por civis, para recompensar os muitos exemplos de coragem durante os bombardeios. Entre os primeiros beneficiários estavam dois bombeiros e um bombeiro auxiliar do Serviço Auxiliar de Incêndio de Dover, que trabalharam para resgatar um navio cheio de explosivos enquanto era bombardeado, e duas motoristas de ambulância de Suffolk que resgataram um homem gravemente ferido durante um ataque.

Os defensores civis e os milhões de civis que trabalharam com eles desempenharam um papel crítico na contenção dos efeitos desmoralizantes do bombardeio e na melhora dos resultados traumáticos de um ataque. Nisso, eles funcionaram como agentes do Estado, oferecendo uma camada de gestão civil local que ligava as comunidades danificadas ao esforço nacional mais amplo para sustentar o moral e, ao mesmo tempo, ajudava a conter os danos causados pelas bombas. Trata-se sem dúvida de uma história de sucesso desigual, mas, em geral, a defesa civil ajudou a manter algum sentimento de solidariedade da comunidade local que o Estado central não teria sido capaz de alcançar sem ajuda. A dependência do Estado aumentou em consequência dos bombardeios, mas os meios pelos quais ela foi garantida estavam nos esforços de todos aqueles envolvidos na defesa civil, no bem-estar e no resgate para sustentar a vida da comunidade, mesmo diante de ataques repetidos. A guerra civil contra o bombardeio também ligou as comunidades locais mais intimamente com a realidade do conflito, enquanto a disciplina regular envolvida pelo monitoramento da conformidade com a defesa civil e no treinamento de milhões de civis transformava a frente interna num front substituto. Em 12 de julho de 1941, num discurso para trabalhadores da defesa civil, Winston Churchill se dirigiu a eles em termos militares: "Treinem as tropas civis, preparem as munições para a batalha contra o fogo, mobilizem, pratiquem e equipem o grande exército de lutadores contra bombas incendiárias".[52] Voluntários civis não eram obviamente soldados, mesmo quando usavam uniforme, mas cidadãos desarmados treinados para uma forma peculiar de combate. Sob o impacto dos bombardeios, os civis se viram travando um embate desigual durante o qual eles próprios sofreram baixas substanciais e, muitas vezes, durante anos. Nada mais representava a "civilização" do conflito de forma tão explícita quanto a guerra da defesa civil.

AS MUITAS FACES DA RESISTÊNCIA EM TEMPO DE GUERRA

A resistência civil constituía uma linha de frente de um tipo completamente diferente da defesa civil. Não se tratava de sustentar a solidariedade comunitária diante de uma ameaça compartilhada, mas de desestabilizar sociedades sob ocupação inimiga. A resistência era direcionada contra um inimigo que havia derrotado Forças Armadas nacionais ou imperiais e agora controlava áreas civis inteiras como um conquistador. No entanto, embora a defesa civil seja relativamente simples de definir, a resistência civil se mostrou, na época e agora, refratária a qualquer definição simples. Ela podia assumir muitas formas, encobertas ou abertas. Pequenos atos de não conformidade ou dissidência eram generalizados, mas dificilmente correspondiam à imagem da resistência em tempo de guerra. O jornalista francês Jean Texcier publicou de forma anônima "33 Conseils à l'occupé" [33 recomendações aos ocupados] em agosto de 1940, mas ele apenas enumerava formas para o público francês evitar contato, simpatia ou mesmo conversar com o inimigo alemão.[53] Essa atitude passiva em relação à ocupação era a forma mais comum de comportamento. A maioria dos civis esperava para ser libertada, uma atitude que a resistência francesa chamava com desdém de *attentisme* e os resistentes italianos, de *attendismo*, "esperar para ver".[54] O desejo compreensível de sobreviver de alguma forma durante a ocupação sem atrair atenção ou correr riscos era generalizado por toda a Europa e a Ásia ocupadas. A visão do pós-guerra de que as sociedades ocupadas eram bipolares — *résistants* ou *collaborateurs*, no caso francês; ou na China ocupada *káng Ri* [resistentes] ou *hanjian* [colaboradores] — faz pouco sentido histórico.[55] Os milhões que não resistiram de forma ativa encontraram um amplo espaço entre esses dois polos, às vezes se aventurando numa direção ou outra se fossem compelidos pelas circunstâncias a fazê-lo, mas tentando de outro modo proteger a esfera privada dos sofrimentos impostos pelos ocupantes e seus representantes locais. Resistentes e colaboradores, voluntários ou involuntários, sempre foram apenas uma pequena fração das populações sob ocupação.

A resistência num sentido mais ativo era um fenômeno heterogêneo. No fundo, quase todos os principais movimentos visavam alcançar a libertação nacional, uma ambição refletida nos títulos escolhidos: Comitê para a Libertação Nacional, na Itália; Conselho de Resistência Nacional, na França; Frente Grega de Libertação Nacional e Exército Nacional de Libertação Popular; Exército de Libertação Nacional, da Iugoslávia; e assim por diante. Mas esses movimentos nacionais mascaravam a grande variedade de formas pelas quais a resistência poderia se expressar e encobriam movimentos menores, muitas vezes locais, que não necessariamente se identificavam com a campanha mais ampla pela libertação nacional em bases ideológicas, políticas ou táticas. A resistência pode ser mais bem resumida como qualquer forma de confronto ativo com a autoridade de ocupação que violasse as regras dos ocupantes ou desafiasse sua presença política e militar. Em alguns casos, isso significava atividade política subversiva — publicar jornais, panfletos ou cartazes, organizar reuniões e redes ilícitas —, sem necessariamente passar para a próxima etapa da atividade organizada de guerrilha/terrorismo. O jornal de resistência francês mais popular, *Défense de la France*, impresso num porão da Sorbonne, era uma forma de confronto cultural com o regime de ocupação, mas seus editores não se envolviam em violência ativa.⁵⁶ Na China, o teatro popular de aldeia baseado nas tradicionais *yangge* [canções dos brotos de arroz] era usado como uma forma de resistência cultural nas áreas ocupadas, apresentando peças curtas sobre temas como "Entrando nas forças da guerrilha" e "Prendendo traidores", que o público camponês conseguia entender com facilidade.⁵⁷ Mas na maioria dos casos a resistência envolvia atos de violência contra o ocupante, mesmo de organizações ou grupos que de início se propunham a se envolver em luta política e evitar o terrorismo. Em março de 1944, após anos de uma repressão alemã brutal, *Défense de la France* publicou um artigo importante sobre "Um dever de matar": "Nosso dever é claro: devemos matar. Matar o alemão para limpar nosso território, matá-lo porque ele mata nosso próprio povo, matá-lo para ser livre".⁵⁸

A resistência armada assumiu muitas formas distintas. Havia atos espontâneos e individuais de terror; havia grupos que realizavam sabotagens e assassinatos, organizados por meio de uma rede mais ampla de resistentes; por fim, havia grandes unidades de guerrilheiros/partisans que se formaram na retaguarda do inimigo para assediar e intimidar suas forças. No entanto, havia uma distância grande entre a existência nas sombras de algumas centenas de resistentes operando uma rede subterrânea com o máximo de sigilo possível e os grandes exércitos de partisans ativos no final do conflito. As Forças Armadas do Partido Comunista chinês tinham 900 mil membros em 1945; o Exército de Libertação Nacional Grego (Elas) colocou em campo 80 mil pessoas em 1944, com 50 mil reservistas; o Exército de Libertação Nacional iugoslavo contribuiu com oito divisões para a reconquista da Sérvia, com até 65 mil partisans apoiando o Exército Vermelho na tomada de Belgrado.⁵⁹ Essas formas muito diferentes de resistência armada foram ditadas em parte pela geografia, em parte pela questão do momento. Para os partisans que lutavam na Europa, era possível explorar as grandes áreas de montanha e floresta densa ao longo das cadeias montanhosas na Itália, as colinas e montanhas da Iugoslávia, Macedônia e Grécia, ou as vastas florestas e pântanos no leste da Polônia e no oeste da União Soviética. Quando tentavam agir nas áreas urbanas da Europa Ocidental ou nas amplas estepes da Ucrânia e da Rússia, os resistentes eram presas fáceis. Na França, eles se reuniram em grande número a partir de 1943 nas florestas e montanhas do Maciço Central ou dos Alpes franceses, adotando a palavra corsa *maquis* [matagal] para se definirem em termos topográficos adequados. Na Ásia, as selvas das Filipinas e da Birmânia, ou as vastas áreas de montanhas, planaltos e vales fluviais no norte e no centro da China ofereciam relativa imunidade contra um inimigo espalhado pelo solo e possibilitavam um grande acúmulo de forças de resistência.

A questão do momento certo era algo que todos os movimentos, grandes ou pequenos, tinham de enfrentar. A resistência inicial era muitas vezes uma reação espontânea à invasão, fadada à ineficácia. Depois disso, os resistentes tinham de avaliar o rumo que a guerra tomava para decidir como e quando agir. A resistência continuou mesmo durante o longo período em que o rumo do conflito parecia incerto, mas em alguns casos a ação armada foi evitada ao máximo para conservar a mão de obra e o equipamento para um momento em que a vitória dos Aliados parecesse mais certa. O polonês *Armia Krajowa* [Exército Nacional] construiu uma rede de reservas nas zonas ocupadas para ser usada apenas numa revolta final, quando a libertação parecesse iminente. A estratégia, anunciou o comandante-chefe Stefan Rowecki na primavera de 1943, era "esperar com armas na mão e não se deixar levar por atos precipitados que resultariam em derrotas sangrentas".[60] Após a derrota numa batalha campal para o exército japonês no norte da China, Mao Tsé-tung insistiu que a resistência comunista se limitasse a pequenos ataques de guerrilha, até mesmo a longos períodos de inatividade, a fim de conservar as forças comunistas para o fim da guerra de resistência e para a guerra civil que viria: "Acreditamos numa estratégia de conflito prolongado e combates de decisão rápida".[61] Outros movimentos consideraram que uma guerra de atrito contra o ocupante fazia mais sentido, deixando de lado a questão de se resistir muito antes da libertação era fútil ou desmoralizante. A Frente Grega de Libertação Nacional publicou um manifesto em setembro de 1941 sobre os objetivos do movimento: "A luta deve continuar em todos os momentos e em todos os lugares [...], no mercado, no café, na fábrica, nas ruas, nas propriedades e em todo trabalho".[62]

A filiação aos movimentos de resistência e às forças militares era igualmente heterogênea e mudava ao longo do tempo. A resistência inicial dependeu bastante da contribuição de pequenos grupos de intelectuais, profissionais liberais e estudantes, que podiam ajudar a moldar os objetivos do movimento, produzir e publicar literatura de resistência e formar redes. Oficiais das Forças Armadas derrotadas também desempenhavam um papel de liderança se tivessem conseguido evitar a captura e ser enviados para um campo de prisioneiros de guerra. Os primeiros grandes grupos franceses no sul desocupado refletiam o caráter social dos primeiros ativistas: *Combat* foi fundado no verão de 1941 por Henri Frenay, um capitão do Exército com ideias estranhamente radicais; o *Libération-Sud* foi fundado pelo jornalista de esquerda Emmanuel d'Astier de la Vigerie. Na zona ocupada, o *Libération-Nord* foi criado em dezembro de 1940 por Christian Pineau, um ex-funcionário do Ministério de Informação francês, junto com dirigentes sindicais.[63] À medida que a guerra continuava e a resistência se tornava um movimento de massa, a composição social se alterava. Muitos dos primeiros líderes e ativistas foram capturados, executados e sucedidos por ativistas mais jovens. Milhares de jovens franceses aderiram à guerra de guerrilha em 1943 e 1944, a fim de evitar que fossem enviados para o trabalho compulsório na Alemanha; na Itália, após a rendição em 1943, milhares de jovens italianos fugiram para as unidades guerrilheiras a fim de evitar o recrutamento para o Exército do Estado fascista remanescente ou fugir do trabalho forçado para os alemães.[64]

A mudança na composição se deveu muito à disposição dos partidos comunistas na Europa de se envolverem na resistência depois que as forças do Eixo invadiram a União Soviética, fazendo com que não estivessem mais paralisadas pelo Pacto de Não Agressão Soviético-Alemão. Na guerra de guerrilhas italiana, os comunistas contribuíram com o maior número de unidades, com suas "brigadas Garibaldi" compondo cerca de 50% das forças guerrilheiras.[65] A resistência comunista francesa *Francs-Tireurs et Partisans* (FTP), formada em 1942, tornou-se uma das maiores organizações de resistência, com 60 mil membros ativos do partido em 1944.[66] Na Grécia, na Iugoslávia e na União Soviética, a resistência foi construída em torno dos esforços dos partidos comunistas para organizar e mobilizar um grande número de recrutas, em especial camponeses, para o movimento, que seria organizado por oficiais e membros do Partido Comunista, em geral, embora nem sempre, advindos de um contexto mais urbano ou da classe trabalhadora. Embora os combatentes comunistas acabassem em unidades de estilo militar, uma alta proporção deles era de voluntários civis ou recrutas que tiveram de se adaptar aos rigores e regulamentos do combate paramilitar para sobreviver. No Exército comunista chinês, os recrutas civis recebiam apenas um mês de treinamento, quase metade dele dedicada à educação política e histórica em vez da preparação para o combate. Além das unidades do Exército, o Partido organizou milícias locais no Corpo de Autodefesa do Povo, composto inteiramente de camponeses, incluindo "Vanguardas para Resistir ao Japão" para jovens recrutas de dezoito a 24 anos, e "Unidades Modelo" para homens mais velhos. Os recrutas civis locais somavam quase 3 milhões em 1945, dedicados à defesa de suas comunidades.[67]

Uma proporção significativa de ativistas da resistência era composta de mulheres. Seu envolvimento significava claramente que a guerra de resistência, assim como a participação na defesa civil, era uma escolha feita por civis sem divisões de gênero. As mulheres estavam presentes em todas as fases e em todos os tipos de resistência, armada ou não. Embora nas narrativas de resistência elas muitas vezes apareçam como auxiliares, ajudando a abastecer unidades partidárias, atuando como mensageiras e vigias, fornecendo casas "seguras" para os fugitivos ou cuidando dos feridos, todas essas atividades eram tratadas pelo inimigo como atos de resistência, o que de fato eram, e elas eram punidas com a mesma severidade que um partisan armado. No entanto, havia preocupações mais especificamente femininas. As mulheres estavam envolvidas de forma ampla em protestos contra o fornecimento insuficiente de alimentos racionados ou por melhores condições de trabalho e bem-estar para os milhares que agora substituíam os homens; para muitas, dentro e fora da resistência, a proteção da família era uma prioridade. Na França, calculou-se que houve pelo menos 239 manifestações de mulheres que protestavam sobre questões relacionadas ao lar.[68] Para algumas, a resistência política foi um meio adicional de desafiar a dominação masculina e abrir caminho para a emancipação feminina, permitindo que buscassem simultaneamente duas formas de libertação. Essas preocupações não se expressavam necessariamente em termos de resistência ativa, mas a divisão entre mulheres que protestavam sobre questões familiares ou domésticas e as que trabalhavam em redes de resistência era permeável. Muitos homens da resistência francesa viam o trabalho que as mulheres faziam para eles, fornecendo comida, abrigo e assistência médica, como uma extensão do lar, em vez de um passo em direção ao combate, que poucas francesas assumiram.[69] Na Iugoslávia, estimou-se que 1 milhão de mulheres, em especial camponesas, forneceram alguma forma de apoio ilícito para o número muito menor de mulheres que estavam na luta ativa. Muitas pertenciam à Frente Antifascista de Mulheres, que em 1945 tinha mais de 2 milhões de membros, com comitês regionais e locais e seus próprios jornais.[70] Na Itália, os *Gruppi di Difesa delle Donne* [Grupos de Defesa das Mulheres], criados em novembro de 1943 para fornecer, entre outras coisas, bem-estar e apoio a famílias, mulheres trabalhadoras e vítimas de bomba, também se envolveram na produção e distribuição de jornais e folhetos ilegais, bem como em outras formas mais diretas de ajuda aos partisans. A carta fundadora enfatizava seu caráter de resistência: "Os bárbaros roubam e desperdiçam, devastam e matam. Não podemos ceder. Devemos lutar pela libertação".[71]

Muitas mulheres lutaram ao lado dos homens, invadindo o que havia sido uma reserva masculina. Quando desafiada por um tribunal alemão em Lyon a explicar por que havia pegado em armas, Marguerite Gonnet, uma líder local do *Libération-Sud*, respondeu "porque os homens as largaram".[72] A imagem icônica de uma jovem mulher aninhando uma arma em seus braços não era mera propaganda. Na Itália, estima-se que 35 mil mulheres se juntaram aos partisans nas florestas e montanhas; entre 9 mil e 10 mil foram mortas, feridas, presas, deportadas ou executadas, um nível de baixas que poucos exércitos regulares conseguiam suportar.[73] Na Grécia, elas entraram para o Exército de Libertação Nacional na guerra de guerrilhas contra o Eixo, e mais tarde compuseram cerca de 20% a 30% do Exército Democrático Grego liderado pelos comunistas, em funções tanto de combate quanto auxiliares.[74] Na Iugoslávia, 100 mil mulheres serviram no Exército de Libertação Nacional após a liderança comunista iugoslava decidir em fevereiro de 1942 permitir que elas portassem armas, além das funções convencionais de enfermagem e de auxiliares que já exerciam. As *partizankas* compunham cerca de 15% das forças guerrilheiras, participando do combate em unidades mistas masculinas e femininas e sofrendo pesadas baixas — estima-se que um quarto das que lutaram. Elas eram em geral mal treinadas, tinham pouca familiaridade com o equipamento que usavam e estavam cercadas por homens, alguns dos quais eram hostis ou pouco prestativos em relação ao fluxo de mulheres em geral muito jovens. Os veteranos lembram que os homens esperavam que, além do seu papel no combate, elas realizassem as tarefas regulares do acampamento e cuidassem dos feridos. As mulheres que engravidavam eram obrigadas a abandonar seus bebês ou matá-los ao nascer, um imperativo também imposto às que serviam no movimento partisan soviético.[75]

O mundo do combate de resistência habitado por homens e mulheres era uma forma especial de guerra, bem diferente da luta entre forças militares regulares. Devido ao seu isolamento, era difícil obter informações adequadas sobre o que outros grupos faziam ou onde operavam. O combate, quando acontecia, era universalmente selvagem: matar ou ser morto. Era sem lei, não só porque os resistentes estavam fora do reino das leis de guerra existentes e podiam ser tratados como o ocupante achasse adequado, mas porque eles cometiam atos que em tempos de paz teriam sido considerados crimes graves. Com efeito, depois de 1945, o sistema judicial italiano levou a julgamento vários ex-partisans sob a alegação de que o assassinato de oficiais e milicianos fascistas era contrário à lei existente e deveria ser punido. A resistência tinha seu próprio código de ética, resultado do ambiente extremamente perigoso em que seus membros atuavam. Em muitos casos, eles faziam um juramento de sangue, como uma sociedade secreta, aceitando que pagariam com suas vidas por qualquer ato de traição ou deserção. Qualquer resistente suspeito de traição ou cuja falta de cuidado pudesse custar a vida de outros podia esperar apenas justiça dura, como havia ocorrido com a jovem comunista francesa Mathilde Dardant, cujo corpo baleado e nu foi encontrado no Bois de Boulogne em Paris, vítima de um erro judiciário comunista.[76] Os verdadeiros traidores, uma vez detectados, eram mortos de imediato ou caçados e assassinados, embora a diferença entre ser um resistente e se tornar um traidor pudesse ser tênue para alguém subornado, ameaçado ou desiludido. Também se esperava que os partisans respeitassem a população local ou sofressem as consequências, já que o crime sem dúvida afastaria aqueles cuja ajuda era necessária, mas muitos não corresponderam às expectativas. O Movimento de Libertação Nacional grego criou nas aldeias que controlavam "tribunais populares", nos quais os guerrilheiros podiam ser executados por roubar, matar gado ou estuprar.[77] Havia um medo paranoico de subversão ou espionagem; "nosso dever mais grave é a vigilância", afirmava um jornal da resistência grega.[78]

A justiça severa imposta a seus próprios recrutas refletia o constante estado de perigo que os resistentes encaravam. Ao contrário dos soldados regulares, eles sabiam que, se fossem pegos, seriam torturados, julgados (se tanto) por tribunais especiais sem perspectiva de apelação e em geral seriam executados. Em muitos casos, eram simplesmente fuzilados ou enforcados no local, uma realidade que em muitos casos era recíproca se soldados ou milícias inimigos tivessem o azar de serem feitos prisioneiros. Uma criança guerrilheira na Bielorrússia testemunhou a execução de um grupo de sete prisioneiros alemães que imitavam a justiça imposta aos guerrilheiros: forçados a se despir, eram obrigados a ficar numa fila, para depois serem fuzilados.[79] A guerra de resistência era impiedosa, de todos os lados e onde quer que fosse travada. O medo inspirado nas forças de ocupação e seus colaboradores decorria da completa imprevisibilidade de um ataque terrorista ou de uma incursão de guerrilheiros. Mao Tsé-tung, depois de escrever *Sobre a guerra prolongada* em 1938, tornou-se o principal expoente das táticas de guerrilha na guerra contra o Japão, insistindo que suas forças envolvessem o inimigo em pequenas operações contra destacamentos nipônicos isolados, usando emboscadas, a proteção da noite e a surpresa antes de desaparecerem outra vez no campo.[80] Nas cidades, a sabotagem e a matança dependiam do sigilo completo, da velocidade do ataque e de um pequeno número de perpetradores. O objetivo era evitar o confronto com o inimigo em áreas urbanas, onde os soldados regulares poderiam empregar seu melhor treinamento e armamento, e onde a fuga era mais difícil. A tática de atacar e fugir dava aos resistentes alguma forma de compensação por sua enorme inferioridade militar.

O caráter assimétrico de todo embate de resistência contra oponentes fortemente armados e organizados era exacerbado pela grande dificuldade de obter acesso a armas, equipamentos e até mesmo uniformes. Muitas das imagens conhecidas de combatentes da resistência mostram grupos de homens e mulheres vestidos com uma grande variedade de roupas, algumas militares, outras não, a maioria sem capacetes de proteção — o exato oposto do militar impecável. Ao revistar os partisans franceses em Toulouse após a libertação da cidade, o general De Gaulle ficou horrorizado com a soldadesca informal que tinha à sua frente, vestida com os trajes improvisados da guerrilha. Um delegado britânico próximo da resistência grega relembrou a aparência lamentável deles: "A maioria de suas roupas indefinidas estava em trapos, e muitos estavam literalmente descalços [...] na neve. Suas armas eram velhas, tinham cerca de sessenta anos".[81] O armamento era escasso, mas a munição para manter a luta era ainda mais difícil de obter. Armas pesadas eram uma raridade, exceto em algumas unidades de partisans no front oriental ou na Iugoslávia, que em geral eram mais bem equipadas. No entanto, mesmo a Primeira Divisão Proletária do Exército de Libertação Nacional Iugoslavo podia armar apenas metade de seus 8500 soldados.[82] O Exército Nacional polonês, que havia guardado armas por anos até o momento de atacar, tinha mais recursos do que a maioria dos movimentos de resistência, mas quando a 27ª Divisão enfim entrou em ação, em janeiro de 1944, havia 4500 rifles e 140 submetralhadoras para 7500 homens. Em dois meses de combate, a unidade foi quase destruída.[83] O exército comunista no norte da China, embora grande no papel em 1940, não conseguia fornecer uma arma de campo de batalha nem para metade dos recrutas, e para quem estava armado havia pouquíssima munição.[84] Quando começaram a lançar suprimentos para os movimentos de resistência europeus, os britânicos enviaram grandes quantidades de explosivos e fusíveis — a sabotagem era uma prioridade estratégica da Grã-Bretanha —, porém muito menos armas, que era o que a resistência queria. Ao contrário de um Exército regular, o apoio logístico para os resistentes era irregular, assistemático e quase sempre inadequado.

O campo de combate da resistência não se limitava apenas ao ocupante. Os resistentes eram duros com o inimigo, também com os colaboradores e, por vezes, com os movimentos de resistência. O inimigo podia ser definido de muitas maneiras. Os colaboradores eram um alvo específico, mais fácil de atingir, não necessariamente armados, e sua morte era um aviso para que outros em sociedades ocupadas não trabalhassem para o inimigo. Na China, a colaboração era generalizada, pois as elites locais ou os senhores da guerra se esforçavam para proteger seus interesses sob a ocupação japonesa. Estatísticas mantidas por uma administração comunista local no norte da China mostraram que, em 1942, 5764 colaboradores chineses foram mortos, contra apenas 1647 soldados japoneses; no ano seguinte, os números foram ainda mais notáveis, com 33 309 chineses contra 1060 do inimigo.[85] O próprio Mao afirmou mais tarde que apenas 10% do esforço de resistência comunista havia sido dedicado à luta contra os japoneses. Nas Filipinas, os insurgentes do Hukbalahap, liderado pelos comunistas, eram mais temidos do que os ocupantes japoneses por causa da violência imposta a supostos espiões e colaboradores, uma alta proporção das 25 mil vítimas estimadas dos rebeldes Huk.[86] Guerrilheiros gregos do Movimento de Libertação Nacional se vingavam de qualquer um suspeito de colaborar com o regime fantoche nas áreas que controlavam, uma campanha selvagem de intimidação e assassinato que incluía até supostos anglófilos, culpados, segundo se dizia, de encorajar a interferência britânica nos assuntos gregos.[87]

Na guerra de guerrilha do front oriental, colaboradores, supostos ou não, eram assassinados de forma rotineira com suas famílias. No confuso conflito contra os alemães e o Exército Nacional ucraniano nacionalista, os guerrilheiros soviéticos podiam ser bastante implacáveis. Uma unidade guerrilheira comandada por Oleksii Fedorov aniquilou a vila de Liakhovychi porque acharam que a população colaborava com os insurgentes. Uma testemunha ocular relembrou o ataque indiscriminado:

> Eles mataram todos que avistaram. Os primeiros a serem mortos foram Stepan Marchyk e sua vizinha Matrena, junto com a filha de oito anos, Mykola Khvesyk, e Matrena Khvesyk com sua filha de dez anos. [...] Eles mataram a família de Ivan

Khvesk (esposa, filho, nora e bebê) e os jogaram numa casa em chamas. [...] Cinquenta pessoas inocentes pereceram.⁸⁸

Embora destacamentos de partisans se gabassem para Moscou de terem matado dez alemães para cada colaborador, alguns registros germânicos sugerem que a proporção era mais próxima de um para 1,5, enquanto memórias de partisans sugerem que a proporção era consideravelmente maior. Os colaboradores costumavam ser torturados e, às vezes, até esfolados ou enterrados vivos.⁸⁹ Na Europa Ocidental e Meridional, uma proporção não quantificável do esforço de resistência foi gasta para assassinar ou intimidar colaboradores ou destruir equipamentos e fábricas que trabalhavam para produzir bens para o esforço de guerra alemão.

Aqueles que estavam supostamente do mesmo lado, enfrentando inimigos comuns do Eixo, podiam receber igual tratamento implacável. Na Grécia, a Frente de Libertação Nacional, maior movimento de resistência e controlado pelo Partido Comunista grego, tentou forçar os grupos menores de resistência não comunista a se fundirem a ela. Em abril de 1944, partidários do Exército de Libertação Nacional atacaram e eliminaram o movimento rival Libertação Nacional e Social e executaram seu líder, o coronel Demetrios Psarros. A Liga Nacional Democrática Grega sobreviveu, apesar de repetidos confrontos armados, apenas porque seu líder, o general Napoleon Zervas, tinha forte apoio britânico. Os comunistas gregos perseguiram supostos resistentes trotskistas e os assassinaram; os comunistas franceses fizeram o mesmo.⁹⁰ A rivalidade era alimentada por convicções ideológicas e agendas políticas muito diferentes. Na Iugoslávia, o conflito armado entre o Exército de Libertação Nacional liderado pelos comunistas e os insurgentes *chetniks* liderados pelo coronel Draža Mihailović era resultado das visões contrastantes de um Estado iugoslavo no pós-guerra, um comunista e o outro monarquista. Na primavera de 1942, os líderes comunistas optaram por uma estratégia de terror de classe contra rivais da resistência e em abril assassinaram quinhentos líderes *chetniks*, fato que marcou o início de uma longa guerra civil entre os dois lados.⁹¹ Na China, os nacionalistas do Guomindang de Chiang Kai-shek entraram diversas vezes em confronto com os comunistas no embate de guerrilha que ambos travavam na retaguarda do Exército japonês, apesar do acordo inicial para manter uma Frente Unida contra o agressor. Os líderes nacionalistas consideravam inimigos tanto os japoneses quanto os comunistas de Mao. Em janeiro de 1941, quando uma divisão do Novo Quarto Exército comunista se perdeu e seguiu para o norte pela província de Jiangsu, em direção à retaguarda japonesa, ela foi atacada por unidades das Forças Armadas do Guomindang, e 10 mil foram mortos. Depois disso, a Frente Unida nunca mais recuperou sua unidade superficial.⁹² Ambição política e rivalidade pessoal moldavam a resistência em todos os lugares. Divididos por um inimigo comum, os resistentes podiam matar uns aos outros assim como faziam com colaboradores e ocupantes.

Dentro de cada luta de resistência existia uma forma de guerra civil contra colaboradores e rivais, mas na China, na Iugoslávia e na Grécia a resistência estava ligada à guerra civil, pois as guerrilhas lideradas pelos comunistas exploravam a crise para começar a transformar o cenário social e político nas áreas que passavam a controlar, mesmo enquanto estavam envolvidas em embates de guerrilha contra o inimigo externo. Esses conflitos diziam respeito ao futuro político da nação, e seus participantes presumiam de forma implícita que as Novas Ordens do Eixo fracassariam. Em 1945, o Partido Comunista chinês já governava 100 milhões de pessoas nas grandes áreas de base de onde operava. Nessas regiões, os comunistas forçavam os proprietários sobreviventes a aceitar uma redução geral nos aluguéis e pagamentos de juros em nome da maioria camponesa. Entre as "Dez plataformas para resistir ao Japão e salvar nossa nação", proclamadas pelo Politburo do Partido em 1937, estava um compromisso com a equalização social e maior democracia local. Onde as elites locais ou os proprietários de terras se opunham, eram impostas reformas, enquanto os camponeses recebiam o direito incomum de participar das estruturas políticas locais.[93] Em 1945, o Partido já estava preparado para um confronto de classe mais radical travado com uma violência crescente contra as antigas elites e o regime do Guomindang, que logo se transformou em uma guerra civil aberta.

Na Grécia, uma transformação semelhante da vida rural foi iniciada pelo Movimento de Libertação Nacional dominado pelos comunistas e seu braço armado. Diz a lenda que, em junho de 1942, o jovem comunista grego Aris Velouchiotis entrou na aldeia Domnista, nas montanhas a trezentos quilômetros de Atenas, com quinze homens armados, uma bandeira e uma corneta, e declarou a "bandeira da revolta" não só contra o inimigo, mas contra o antigo sistema de classes.[94] Verdade ou não, o fato é que nas aldeias das áreas dominadas pelas guerrilhas estabeleceu-se a democracia popular local baseada no modelo do código de "autogoverno e justiça popular", lançado pela primeira vez na aldeia Kleistos. Cada vilarejo tinha seu próprio comissariado de guerrilha e um "responsável" local [*ipefthinos*] para organizar a vida da comunidade, mas os camponeses tinham a chance, como na China, de votar para o conselho e os comitês locais, bem como de participar deles.[95] Cada aldeia tinha seu próprio "Tribunal Popular", que se reunia aos domingos para ouvir os casos locais. A retórica do Movimento de Libertação Nacional sublinhava um compromisso com o "governo do povo", uma ideia que podia ser comunicada com facilidade a uma população rural em grande parte analfabeta sem precisar definir com mais detalhes o que isso significava.[96] Aqueles que resistiam à nova ordem ou questionavam sua legitimidade corriam o risco de sofrer uma execução arbitrária. As condições estavam longe de ser ideais, mesmo para quem obedecia, com impostos sobre a colheita, taxas a pagar às forças guerrilheiras e um acerto regular de contas locais entre famílias rivais envolvidas no conflito.[97] Anos depois, o líder comunista Yiannis Ioannidis justificou a violência generalizada: "Quando se está lutando numa guerra civil, não se pode entregar-se a sentimentalismos. [...] Elimina-se o inimigo por quaisquer meios".[98] A transformação visava criar condições para uma revolução social fundamental e um conflito de classes, e quando os alemães enfim abandonaram a ocupação, no outono de 1944, as áreas libertadas pelos guerrilheiros — conhecidas como "Grécia Livre" pela resistência — tornaram-se a base de onde o Partido Comunista grego deflagrou sua tentativa de tomar o poder em nível nacional, transformando a guerra civil implícita dos anos de ocupação em um conflito aberto no pós-guerra. A batalha pelo futuro da Grécia entre a insurgência comunista e o Exército Nacional grego, reconstruído em 1944-5, levou a uma estimativa de 158 mil mortes, todas, exceto 49 mil delas, de civis, e a anos de turbulência e deslocamento para aqueles que sobreviveram.[99]

Na Iugoslávia, a guerra civil explícita ocorreu lado a lado com a de resistência. A guerra civil foi uma mistura complexa de conflito étnico, religioso e político em que os civis ficaram presos numa teia de violência extrema como participantes ou vítimas. A melhor estimativa sugere que pouco mais de 1 milhão de iugoslavos perderam a vida durante o conflito, a maioria em lutas entre compatriotas, em vez de contra o inimigo. A resistência no país tinha um duplo significado: contra os ocupantes e contra inimigos internos. A invasão alemã em abril de 1941 destruiu o frágil Estado iugoslavo e o substituiu por uma estrutura de ocupação que convidava ao conflito interno. Uma Croácia católica independente no nome, comandada pelo líder fascista Ante Pavelić, tinha grandes minorias de bósnios muçulmanos e sérvios ortodoxos; a Itália controlava a Eslovênia e Montenegro; a Alemanha controlava um Estado sérvio remanescente com um governo fantoche pró-germânico chefiado por Milan Nedić, o Pétain sérvio. O novo regime croata queria manter sua independência e criar uma nação etnicamente limpa; os *chetniks* sérvios queriam uma Grande Sérvia que visse a monarquia restaurada, mas excluísse os muçulmanos; o pequeno Partido Comunista iugoslavo queria uma frente comum contra o inimigo fascista e uma luta implacável contra todos os movimentos cuja visão do futuro rejeitava qualquer colaboração com o comunismo.[100]

A guerra civil começou quase de imediato. Croatas assassinaram ou expulsaram a população sérvia; *chetniks* sérvios assassinaram muçulmanos bósnios cortando suas gargantas e destruíram suas aldeias; partidários comunistas lutaram de modo implacável contra monarquistas sérvios e fascistas croatas.[101] Milhares de voluntários formaram Forças Armadas irregulares para preservar suas comunidades e seus movimentos. O Exército da Pátria Iugoslava *chetnik* dedicou a maior parte de seus esforços a matar bósnios, croatas e comunistas. O Exército de Libertação Popular comunista, liderado por Josip Broz (Tito), defendeu-se da contrainsurgência alemã, mas também lutou de forma ativa contra os *chetniks*, a milícia croata Ustaša e o quase fascista Corpo de Voluntários Sérvios. Em todos os lugares, civis formaram grupos improvisados de autodefesa para resistir às muitas ameaças existenciais que enfrentavam — o Quadro Verde muçulmano, o Movimento de Libertação Muçulmana de Muhamed Pandža, a Aliança Eslovena anticomunista.[102] A violência era persistente e selvagem. "A morte não era nada incomum", escreveu o comunista Milovan Djilas em suas memórias da guerra. "A vida havia perdido todo o significado, exceto a sobrevivência."[103] Os ocupantes alemães e italianos jogaram os grupos uns contra os outros ou chegaram a acordos temporários de colaboração contra o inimigo comunista comum. Em 1944, o Movimento de Libertação de Tito começou a atrair um amplo apoio, mesmo entre ex-monarquistas, porque prometia um futuro no qual as diferenças religiosas e étnicas seriam transcendidas pela formação de um novo Estado nacional federal que respeitaria ambas. Em áreas rurais e em pequenas cidades controladas pelos partisans comunistas, foram introduzidas reformas sociais e políticas, como na Grécia e na China.[104] No outono de 1944, a campanha final para libertar a Sérvia, a região onde o movimento de Tito havia progredido menos, foi uma luta entre iugoslavos. Os alemães conseguiram mobilizar apenas alguns batalhões policiais e da ss e, em vez disso, confiaram em milhares de *chetniks* e no Corpo de Voluntários Sérvios, apoiados por voluntários anticomunistas russos. O fim da guerra na Sérvia também foi o fim de uma guerra civil.[105]

As divisões ideológicas e políticas que alimentaram a guerra civil foram apenas dois dos muitos obstáculos que os movimentos de resistência enfrentaram no período. Como a esmagadora maioria da população ocupada não resistiu de forma ativa, permaneceu uma ambivalência persistente nas atitudes populares em relação àqueles que o fizeram e, às vezes, uma clara hostilidade. Onde grandes movimentos de guerrilha surgiram, recursos e alimentos tiveram de ser retirados dos moradores locais. Em alguns casos, os fazendeiros colaboraram, mas na China e na Ucrânia os produtores camponeses viam os guerrilheiros como pouco melhores do que os ocupantes, pois confiscavam seus estoques limitados de alimentos e matavam quem resistia. Unidades isoladas de retardatários ou desertores atrás das linhas inimigas na União Soviética podiam recorrer ao banditismo aberto para sobreviver, eliminando assim qualquer pretensão de resistência. Bandos locais e improvisados surgiram na retaguarda alemã com a intenção de sobreviver às custas das comunidades no entorno. Um relatório de um comandante partisan soviético local perto de Kiev condenou as unidades "de partisans familiares" que atuavam de forma independente: "Eles se envolvem em embriaguez, no confisco de propriedade da população. [...] A desordem reina nos destacamentos". [106] O Exército Nacional ucraniano, comandado por Stepan Bandera, os *banderivtsy*, era conhecido pelos moradores locais como *bandity*, bandidos. Eles roubavam gado, assassinavam não ucranianos e ucranianos antipáticos ao movimento de Bandera, queimavam aldeias hostis e atacavam a sociedade que deveriam libertar.[107] No norte da China, o banditismo era abundante mesmo antes da invasão japonesa, pois gangues locais de pequena escala aproveitavam a ausência de poder estatal efetivo. Na guerra de resistência, alguns líderes bandidos fingiam oferecer segurança na luta contra os japoneses enquanto saqueavam e extorquiam os moradores que protegiam. Hu Jinxiu, um líder bandido feliz por adotar a prática, reuniu ao seu redor 5 mil homens que, em vez de proteger a população, se comportavam como os bandidos que eram, assassinando e roubando, até que uma investida japonesa destruiu sua força.[108] Para o campesinato chinês sob ocupação, a prioridade era encontrar qualquer forma de estabilidade, mesmo que significasse apoiar os japoneses contra guerrilheiros e bandidos locais. O Novo Quarto Exército comunista ficou surpreso ao entrar em uma pequena cidade e encontrar os habitantes agitando de forma entusiasmada bandeiras japonesas.[109] Nessas condições caóticas e violentas, o único Estado que ainda existia era o estado de natureza.

As populações locais também eram vítimas habituais de represálias selvagens praticadas pelas potências ocupantes em retaliação a atos de resistência que consideravam mero terrorismo criminoso. O resultado pretendido era encorajar a rejeição popular da campanha de resistência por medo das consequências para os inocentes. Para cada morte de um soldado alemão no sudeste ou no leste da Europa, as autoridades germânicas tinham permissão para executar até cem reféns civis inocentes; na França, onde a atrocidade da ocupação era mais contida, a proporção foi fixada em cinco reféns mortos para cada alemão morto.[110] Sob tais circunstâncias, a inquietação pública sobre se o custo da resistência não era alto demais era evidente. Uma onda inicial de assassinatos na França em 1940 e 1941 foi amplamente condenada pela população e pelas autoridades da França Livre em Londres, devido à prática germânica de capturar um grande número de reféns e cumprir a promessa de assassiná-los. Quando um Conselho de Resistência holandês foi fundado na primavera de 1943, o governo no exílio recusou o pedido de permissão para se envolver em atos de violência contra alemães pelo mesmo motivo.[111] Os resistentes eram constantemente confrontados com o dilema moral de que seus atos prejudicariam compatriotas inocentes, enquanto infligiam apenas danos modestos ou insignificantes ao ocupante. A repressão foi desde o início bastante indiscriminada, já que o objetivo era aterrorizar o resto da população para forçá-lo a obedecer. Em 1941, os comandantes japoneses locais estavam tão frustrados com os ataques da guerrilha comunista que ordenaram que as tropas adotassem o famigerado "peguem tudo, queimem tudo, matem tudo" em áreas onde se sabia que os guerrilheiros atuavam, e houve muitos exemplos no início da guerra em que unidades nipônicas destruíram todas as aldeias em seu caminho, mataram os habitantes e roubaram os produtos.[112] Na Europa, a reação foi muito parecida. Nas cidades, os resistentes eram enviados para julgamento, deportados ou executados, e os reféns eram fuzilados como retaliação, muitas vezes em público. Nas áreas rurais, aldeias inteiras foram totalmente queimadas e seus habitantes assassinados por mera suspeita de que davam refúgio a guerrilheiros ou franco-atiradores. A destruição em 1942 da vila tcheca de Lídice, em retaliação ao assassinato de Reinhard Heydrich, ou a aniquilação em junho de 1944 da vila francesa de Oradour-sur-Glane por um regimento da Divisão da ss *Das Reich* junto com todos os seus habitantes, incluindo mulheres e crianças, foram a ponta de um iceberg de punição coletiva cruel para atos individuais de resistência. Na Ucrânia, as forças de segurança e militares germânicas, lideradas pelo general da ss Erich von dem Bach-Zelewski, incendiaram 335 aldeias e, de acordo com suas próprias estatísticas precisas, porém mórbidas, assassinaram 49 294 homens, mulheres e crianças, dois terços deles em 1943, no auge da atividade partisan. Na Grécia, 70 600 pessoas foram executadas ou assassinadas em operações de represália.[113]

Os ocupantes também organizaram operações militares maiores contra as atividades de guerrilha que tiveram efeitos bastante prejudiciais para a resistência. Na Iugoslávia, a Operação Branca, ocorrida entre janeiro e março de 1943, e a Operação Preta, de maio a junho do mesmo ano, não conseguiram eliminar o Exército de Libertação Nacional, mas infligiram pesadas perdas; na Ucrânia, a Operação Seidlitz, em junho e julho de 1943, resultou em 5 mil partisans mortos. As campanhas contra resistentes realizadas no norte da Itália no inverno de 1944-5 dizimaram as brigadas e resultaram na perda de cerca de 75 mil homens e mulheres. Na França e nos Países Baixos, o trabalho persistente de detetives da Gestapo, com o auxílio habitual das forças policiais locais, havia rompido a maioria das primeiras redes e movimentos na primavera de 1944. Alguns dos recrutados para realizar operações contra a resistência eram piratas — milicianos ucranianos, muçulmanos bósnios da Divisão Handžar da ss, uma divisão cossaca na Itália — que, segundo a maioria dos relatos, apreciavam a natureza selvagem da tarefa. Contra uma oposição determinada, havia limites reais para o que a resistência poderia fazer. Quanto mais tempo demorava para os Aliados reverterem o avanço do Eixo, mais desesperado o esforço de resistência parecia. O longo atraso na libertação levou à desmoralização, até mesmo ao antagonismo em relação às potências aliadas, mas a ausência de armas pesadas suficientes e de uma estrutura de força eficaz, mesmo onde existia um exército partisan, significava que a resistência tinha pouca ou nenhuma perspectiva de garantir a libertação por meios próprios. Isso representava um paradoxo desafiador: ser mais eficaz exigia assistência prática e equipamento dos Aliados, mas aceitar tal ajuda comprometia a ambição de libertar a nação internamente e moldar seu futuro. "Na verdade", escreveu Henri Frenay, líder do *Combat*, "criamos grupos de partisans que querem lutar ainda mais por sua libertação do que contra o invasor."[114]

A RESISTÊNCIA E OS ALIADOS

Apoiar os movimentos de libertação não era uma prioridade dos Aliados. A resistência importava para eles em particular na medida em que contribuísse para a derrota do inimigo. A ajuda às forças de resistência, quando era possível oferecê-la, era fornecida no entendimento de que o material seria utilizado para fins estratégicos e que as intenções estratégicas dos Aliados seriam respeitadas. "Tínhamos que julgar cada proposta e cada empreendimento", lembrou o chefe do Estado-Maior das operações especiais da Grã-Bretanha na Europa, "do ponto de vista rigorosamente prático da contribuição que daria para vencer a guerra."[115] Os Aliados não ignoravam as implicações políticas da resistência quando se tratava de pensar sobre as consequências políticas dos embates, mas a necessidade militar governava as diretrizes do conflito, como quando o governo britânico mudou, em 1943, o apoio ao monarquista Mihailović para o comunista Tito apenas porque seu Exército de Libertação Nacional lutava contra os alemães de forma mais eficaz. (De modo paradoxal, Stálin não se opunha a apoiar as unidades *chetniks* de Mihailović, mas desconfiava das ambições do Partido Comunista de Tito, caso elas azedassem as relações com seus aliados ocidentais.) Por sua vez, para os principais movimentos de resistência, a derrota do inimigo era um meio, não um fim. Na China, na Itália, na França e nos Bálcãs, a libertação significava criar uma sociedade diferente depois que a vitória fosse assegurada, mais democrática, mais socialmente justa e mais inclusiva do que as sociedades derrubadas ou ameaçadas pela invasão. Michel Brut, chefe do *Service National Maquis*, contrastou sua visão do esforço de resistência com a dos Aliados: "Não haverá libertação sem insurreição. [...] É menos uma questão do valor estratégico imediato dessas ações do que de treinar os combatentes para a insurreição".[116]

Não obstante, havia diferenças na maneira como as principais potências aliadas exploravam a resistência. No caso soviético, a resistência partisan no país passou a se integrar intimamente ao esforço de guerra soviético do outro lado da linha de frente. Ali, a expectativa de libertação aumentava a cada vitória em 1943 e 1944, e, diferentemente dos britânicos e americanos, o Exército Vermelho e os partisans que ajudaram seu progresso estavam libertando seus próprios territórios e povos. Antes mesmo que a fronteira soviética original fosse alcançada em

1944, a guerra de resistência dos partisans foi encerrada e eles foram integrados em unidades do Exército regular. Só então o aliado soviético se envolveu com a guerra de resistência mais ampla na Europa Oriental, com resultados muito contraditórios. Mas os partisans soviéticos enfrentaram muitas das mesmas dificuldades que a resistência em outros lugares da Europa quando se tratava de ajuda externa. Em 1941, à medida que o Exército Vermelho recuava, o regime organizou unidades que ficariam para trás a fim de constituir uma força partisan, mas elas eram difíceis de sustentar, e Stálin estava menos interessado em seu potencial do que ocorreu mais tarde no conflito. Dos 216 destacamentos na Ucrânia, restavam apenas doze em 1943, com somente 241 homens. Tentativas de enviar reforços de paraquedas foram frustradas pela facilidade com que eram detectados. Os primeiros recrutas civis eram mal treinados, desacostumados às demandas do combate de guerrilha e propensos a desistir ou desertar.[117] Além disso, embora apoiasse de forma ostensiva uma guerra dos partisans para acelerar a libertação e a restauração do poder soviético, a população local demonstrava uma evidente ambivalência em relação aos combatentes que tomavam alimentos e recursos civis, colocavam aldeias inteiras sob ameaça de retaliação pelo ocupante, ofereciam proteção escassa e trariam de volta o rigoroso governo comunista.

    A situação melhorou em maio de 1942 com a nomeação do secretário do Partido bielorrusso Panteleimon Ponomarenko para chefiar uma equipe partisan central em Moscou, mas ainda era difícil estabelecer comunicações por rádio com todas as unidades ou fornecer munição e explosivos adequados. Foi apenas após a vitória em Stalingrado que as atitudes populares em relação aos guerrilheiros se tornaram menos adversas, enquanto o fornecimento de equipamento pelo Exército Vermelho e a infiltração de seus especialistas nas linhas alemãs militarizaram cada vez mais as forças irregulares que compunham os destacamentos de partisans. Ao longo de 1943, as unidades de guerrilheiros se tornaram mais eficazes e seus números aumentaram; em julho, havia 139 583 registrados oficialmente, embora as perdas permanecessem altas. Em 1943, apenas pouco mais da metade dos infiltrados nas áreas de retaguarda germânica sobreviveu, e a taxa de perdas foi ainda maior entre os muitos camponeses mal treinados recrutados para os destacamentos guerrilheiros.[118] Porém, no fim das contas, a atividade guerrilheira representou um ganho estratégico claro para o alto-comando soviético. Na primavera de 1943, os partisans já controlavam cerca de 90% das regiões florestais da Bielorrússia e dois terços da produção de grãos e carne da região, negando esses recursos ao ocupante.[119] Os ataques às comunicações alemãs atingiram um pico no segundo semestre do ano, com mais de 9 mil investidas; apenas em agosto de 1943, enquanto o exército da Alemanha se recuperava da derrota desastrosa em Kursk, os registros germânicos mostram mais de 3 mil quilômetros de trilhos destruídos e quase seiscentas locomotivas fora de atividade. Estatísticas compiladas do lado soviético, que podem distorcer a realidade, afirmam que os guerrilheiros destruíram 12 mil pontes e 65 mil veículos durante o pico de ação.[120] Até que ponto cada guerrilheiro atingiu a norma esperada de exterminar "pelo menos cinco fascistas e traidores" por mês é uma informação que está além da recuperação estatística. Em janeiro de 1944, a Central Partisan foi fechada, e unidades de guerrilheiros em áreas já liberadas foram incorporadas ao Exército Vermelho.

No início de 1944, as forças soviéticas já haviam atravessado a Ucrânia e alcançado a antiga fronteira soviética. Stálin se deparava agora com um novo ambiente de resistência no leste e no sudeste da Europa, onde os comunistas competiam com movimentos de resistência não comunistas que não queriam que a vitória soviética significasse impor uma versão comunista de libertação. Até mesmo a resistência armada comunista local, sobretudo na Iugoslávia e na Grécia, não seguia necessariamente ou mesmo entendia a linha do Partido de Moscou. As visões soviéticas da resistência podiam ser desdenhosas ou paternalistas em relação à contribuição que ela poderia dar. Um oficial soviético achava que o Exército de Libertação Nacional grego era "apenas uma turba de homens armados, que não valia a pena apoiar"; outro comandante do Exército Vermelho achava que os partidários de Tito eram "amadores muito bons", mas ainda assim amadores.[121] O exemplo mais trágico ocorreu na Polônia. Ali, a organização de resistência majoritária *Armia Krajowa* era fortemente anticomunista e antissoviética, mas enfrentava a perspectiva de que, dos principais Aliados, apenas a União Soviética estaria envolvida de forma direta na libertação da Polônia. No entanto, embora o *Armia Krajowa* fosse o maior, não era o único movimento de resistência. O Partido Camponês do pré-guerra, com um programa anticapitalista radical, montou os *Bataliony Chłopskie* [batalhões camponeses] para proteger os interesses camponeses das forças sociais conservadoras representadas de forma vigorosa no *Armia Krajowa*. Os comunistas poloneses tinham seu próprio movimento de resistência, o *Armia Ludowa* [Exército Popular], que se recusava a cooperar com o resto da resistência e, em 1944, recebia suprimentos do Exército Vermelho, que estava cada vez mais perto, como os partisans soviéticos haviam feito na Rússia ocupada pelos alemães. O número de combatentes comunistas era pequeno — em 1943, havia cerca de 1500 em todo o país; em 1944, havia quatrocentos em Varsóvia —, mas eles se beneficiaram de a onda militar que varreu o exército germânico da Ucrânia e da Bielorrússia ter sido comunista.[122]

A resistência na Polônia foi limitada até 1944, em particular porque o *Armia Krajowa* queria evitar uma insurreição prematura. Uma fração significativa dos 400 mil combatentes em potencial recrutados até 1944 havia passado por treinamento militar, embora agora fossem civis em tudo exceto no nome, inclusive milhares de mulheres polonesas. O Exército foi dividido em unidades militares convencionais e esconderam-se estoques de armas e alimentos por todo o país para aguardar o momento ideal de atacar. Isso era difícil de determinar, pois dependia do curso da guerra mais ampla entre os Aliados e os alemães. O governo polonês no exílio, em Londres, percebeu o paradoxo enfrentado pelo principal movimento de resistência. As relações políticas com a União Soviética se deterioraram rapidamente durante 1943, e, em junho de 1944, Stálin mudou por completo o apoio para um Comitê de Libertação Nacional composto de comunistas poloneses, o chamado Comitê de Lublin. Os esforços do quartel-general do *Armia Krajowa* para fazer a ligação com o alto-comando do Exército Vermelho que se aproximava foram ignorados pelo lado soviético e não estavam claras quais seriam as intenções russas. O comandante do *Armia Krajowa*, o general Tadeusz Bór-Komorowski, recebeu de Londres uma mensagem para agir "sem nenhuma consideração pela atitude militar ou política dos russos".[123] Os Aliados não tinham planos de apoiar uma revolta polonesa. Os suprimentos ocidentais de equipamentos e armas somaram não mais do que 305 toneladas entre o início de 1941 e junho de 1944. Algumas centenas de voluntários poloneses vindos do Ocidente saltaram de paraquedas na Polônia em 1943 e 1944, mas a prioridade deles era sabotar para ajudar o esforço militar aliado. No verão de 1944, Stálin disse a Churchill que a resistência não comunista na Polônia era "efêmera e carente de influência". O defensor de Stalingrado, o general Vassíli Chuikov, cujo exército avançou para o território polonês na ofensiva veranil soviética, em junho e julho de 1944, na chamada Operação Bagration, achava que o Exército Nacional polonês "simplesmente não lutou contra os alemães".[124]

Em 1944, isso não era mais verdade. Bór-Komorowski decidiu por iniciativa própria ordenar que o *Armia Krajowa* e os batalhões camponeses preparassem estações de combate para atacar os alemães em retirada. As armas foram retiradas de seus esconderijos, os estoques de alimentos foram montados e coquetéis molotov foram preparados. O Exército estava mal equipado, com uniformes rudimentares adornados com uma braçadeira nas cores nacionais polonesas, vermelho e branco. Em janeiro de 1944, a resistência lançou a Operação Burza [Tempestade] contra as forças alemãs no leste da Polônia, na esperança de que as cidades pudessem ser libertadas por combatentes poloneses antes da chegada do Exército Vermelho. A campanha expôs o grau de pensamento positivo que havia na Polônia sobre a possibilidade de alcançar a libertação nacional independentemente da iminente presença soviética. Sem que a resistência do país soubesse, Stálin já havia aprovado, em novembro de 1943, uma ordem para os comandantes do Exército Vermelho desarmarem todas as forças do *Armia Krajowa* e matarem qualquer um que não obedecesse. Entre janeiro e outubro de 1944, 21 mil homens do exército de resistência foram presos; seus oficiais foram deportados para a União Soviética, e a base foi colocada em campos alemães recém-desocupados, entre eles o campo de trabalho e extermínio em Majdanek, libertado pelo Exército Vermelho em julho.[125] A repressão soviética à resistência nacionalista já era conhecida por Bór-Komorowski e pelo comandante da região de Varsóvia, o general Antoni Chruściel. Foi a mesma punição severa imposta aos nacionalistas ucranianos quando o Exército Vermelho e o NKVD avançaram para o oeste, deportando e assassinando qualquer um em seu caminho. Tal como o Estado polonês em setembro de 1939, o Exército Nacional se viu no verão de 1944 preso entre forças soviéticas e alemãs igualmente hostis à sua sobrevivência.

Essa dura realidade torna mais fácil entender a decisão por fim tomada por Bór-Komorowski e seus comandantes de deflagrar uma grande revolta em Varsóvia em 1º de agosto. A situação militar não estava de todo clara, mas sabia-se que o Exército Vermelho estava a apenas alguns quilômetros da margem leste do rio Vístula, que dividia Varsóvia, enquanto as autoridades militares e civis alemãs em Varsóvia e nos arredores pareciam se preparar para abandonar a cidade. Transmissões de rádio de Moscou no final de julho exortavam a população da capital polonesa a se levantar contra seus opressores, embora os apelos fossem direcionados ao muito menor *Armia Ludowa* comunista, o que poderia ter alertado o resto da resistência sobre os perigos que eles decerto enfrentariam com a ocupação soviética. Vozes cautelosas vinham do governo polonês em Londres, inseguro em relação a qualquer tipo de apoio vindo dos Aliados ocidentais; Chruściel era contra correr riscos com tão poucas armas e um número não confiável de resistentes. A decisão enfim se voltou para uma questão de princípio: a resistência queria libertar Varsóvia antes de o exército soviético chegar para mostrar que a soberania nacional polonesa poderia ser conquistada apenas com sangue polonês, em vez de depender da ajuda dos Aliados. O comando do Exército Nacional calculou que não tinham mais do que quatro ou cinco dias para expulsar os alemães e receber os russos como aliados, e não como libertadores. Nesses termos, a revolta nacional, escreveu Bór-Komorowski mais tarde, "parecia real e viável".[126] Os líderes da resistência se reuniram em 31 de julho para decidir o que fazer. Ainda não havia consenso sobre a ação até que chegaram notícias — falsas, como se viu depois — de que tanques soviéticos estavam entrando nos subúrbios orientais da cidade. A informação levou ao acordo de que o momento era agora ou nunca. Depois que a ordem para começar a revolta no dia seguinte foi enviada, chegou a informação de que o Exército Vermelho não estava em movimento. Bór-Komorowski se recusou a anular a ordem.[127]

Na verdade, a revolta estava condenada ao fracasso, e a restauração da soberania nacional polonesa era uma esperança vã. Mas, para a resistência, aquele parecia um momento sublime de vingança. "Nossa vitória parecia garantida", lembrou Kazik, um sobrevivente judeu que se passou por polonês étnico, "uma atmosfera de rebelião popular, [...] um momento de euforia."[128] Em 1º de agosto, às dezessete horas, o *Armia Krajowa* lançou vários ataques por toda a cidade contra alemães surpresos. As estimativas sugerem que havia mais de 50 mil recrutas, dos quais cerca de 40 mil participaram da revolta. Os armamentos eram escassos, o suficiente para prover talvez 8500 combatentes com uma arma eficaz. Alguns voluntários eram mulheres. Havia também milhares de crianças organizadas nas "Fileiras Cinzentas", a ala paramilitar da Associação Escoteira Polonesa; apenas quem tinha mais de dezesseis anos foi autorizado a lutar, e quatro quintos deles foram mortos.[129] As forças do Exército alemão e da Waffen-ss que haviam sido enviadas às pressas para reforçar a linha do Vístula contra o Exército Vermelho que se aproximava se organizaram contra os resistentes. Quando as notícias da revolta chegaram a Hitler, ele ordenou que Varsóvia fosse apagada do mapa e seus cidadãos fossem todos assassinados, a mais patologicamente extrema de todas as suas reações à resistência. Duas brigadas com reputação de selvagens — uma unidade da ss controlada por Oskar Dirlewanger e a outra pelo renegado russo Bronislav Kaminsky — foram convocadas para garantir que as ordens de Hitler fossem obedecidas. Nas áreas onde o *Armia Krajowa* não conseguiu assumir o controle, os atacantes deflagraram uma orgia grotesca de matança e destruição, empurrando a resistência para enclaves cada vez menores na cidade. Um número desconhecido de civis assumiu o risco de aderir à revolta, mas milhares não o fizeram. Estima-se que 150 mil foram mortos por bombardeios aéreos, artilharia e assassinatos em massa, na maior atrocidade militar da guerra. Apenas com a chegada do general da ss Bach-Zelewski, o comandante veterano que havia participado do brutal combate aos partisans e que agora era comandante das forças que reprimiam a revolta, o assassinato deliberado de todos os habitantes foi alterado para uma política de deportação em massa para quem havia sobrevivido ao ataque. A ajuda aliada à revolta foi mínima. A expectativa otimista de que o Exército Vermelho chegaria a Varsóvia assim que os rebeldes expulsassem os alemães se mostrou equivocada de forma quase imediata. Em 1º de agosto, a ofensiva soviética parou após quarenta dias de combate contínuo e extenuante contra os exércitos alemães em retirada. Chegar ao Vístula tinha esgotado seus esforços e não havia nenhum plano para avançar e tomar Varsóvia; mesmo que o alto-comando soviético tivesse ordenado, as tropas do marechal Rokossovski estavam longe de um novo ataque contundente através de uma barreira fluvial que o exército germânico corria para reforçar para uma grande contraofensiva. Na verdade, foram necessárias mais seis semanas de combate até que a reação alemã fosse derrotada; a ajuda para a revolta não foi possível antes de meados de setembro. No entanto, após esmagar o Grupo de Exércitos do Centro na Bielorrússia, o objetivo de Stálin era avançar no eixo norte, em direção aos Estados bálticos, e no eixo sul mais acessível, em direção aos Bálcãs e à Europa Central, para garantir o domínio soviético da região.[130] Ele não tinha interesse em ajudar os nacionalistas poloneses, cuja revolta descartou com indiferença: "Que tipo de exército é esse, sem artilharia, tanques, força aérea? Eles nem têm armas suficientes. Na guerra moderna, isso não é nada". Em meados de agosto, uma mensagem de Stálin para Churchill descrevia a revolta como nada mais do que uma "aposta imprudente e temerária".[131] Apenas quando, contra todas as expectativas, a resistência polonesa lutou não durante quatro ou cinco dias, mas durante semanas, Stálin foi pressionado pelas unidades polonesas que lutavam com o Exército Vermelho e por seus aliados ocidentais a fazer um gesto político. Suprimentos aéreos foram lançados durante duas semanas a partir da noite de 13 para 14 de setembro, mas as aeronaves tinham de voar tão baixo para identificar os pequenos bolsões de resistência que muitos dos paraquedas presos aos lançamentos aéreos não abriram e boa parte do equipamento e da comida ficou destruída. Lançamentos aéreos realizados pelos britânicos vindos da Itália e aeronaves americanas que saíram da Grã-Bretanha forneceram mais suprimentos, mas a maioria dos pacotes caiu nas mãos dos alemães. Dos 1300 lançados pela Terceira Divisão Aérea Americana, apenas 388 foram recuperados com sucesso. As tripulações britânicas e polonesas tiveram dificuldade de chegar a Varsóvia e sofreram muitas baixas. Apenas trinta de 199 aeronaves lançaram suprimentos diretamente em Varsóvia, e destes os resistentes poloneses se beneficiaram de apenas uma fração.[132]

A ajuda aliada atrasou o inevitável, mas em 2 de outubro a batalha acabou para os resistentes maltratados e desesperados que haviam sobrado. Bór-Komorowski e 16 300 insurgentes, inclusive 3 mil mulheres, foram para o cativeiro; eles receberam status de prisioneiros de guerra, num raro tributo a forças irregulares. As estimativas variam sobre as perdas sofridas pelos resistentes, mas um número conservador de 17 mil parece provável. Após o conflito, Bach-Zelewski fez a alegação implausível de que seus homens sofreram quase o mesmo tanto, com 10 mil mortos e 7 mil desaparecidos, mas seu relatório original contava 1453 mortos e 8183 feridos. Esses números em si eram um testemunho da natureza encarniçada da disputa, que, como em Stalingrado, foi travada rua a rua, casa a casa. Os jovens sobreviventes das Fileiras Cinzentas foram enviados para campos de trabalho. Por uma ironia terrível, mais tarde os bombardeiros aliados atingiram por engano um dos campos em Brockwitz, matando muitos dos jovens poloneses que tinham sobrevivido à insurreição.

A derrota da revolta pôs fim à resistência polonesa organizada. Nos quatro meses que antecederam a montagem de uma grande operação no Vístula pelo Exército Vermelho, em janeiro de 1945, a sociedade polonesa recuou diante dos terríveis custos do fracasso. Cerca de 350 mil habitantes da capital foram expulsos para um destino incerto de refugiados, outros milhares foram levados para trabalhos forçados na Alemanha. Em 9 de outubro, Hitler repetiu sua exigência de que Varsóvia fosse fisicamente apagada; os alemães saquearam a cidade antes de destruir de forma sistemática mais da metade das edificações. Cerca de 23 500 vagões ferroviários repletos com o resultado dos saques voltaram para a Alemanha.¹³³ O efeito sobre o restante do movimento de resistência foi totalmente negativo. A repressão soviética ao *Armia Krajowa* nas áreas ocupadas pelo Exército Vermelho se intensificou após a descoberta de um apelo supostamente de Bór--Komorowski: "Ações em favor da Rússia são traição à pátria. [...] Está chegando a hora de lutar contra os soviéticos".¹³⁴ Batalhões camponeses e unidades do Exército Nacional nas áreas controladas pelos alemães foram dissolvidos. A população reagiu aos horrores de Varsóvia com crescente ressentimento dos resistentes, em vez de culpar os perpetradores. Um relatório produzido em novembro pelo governo clandestino polonês observou o "sentimento popular de impotência" e a reação generalizada contra mais resistência: "O assunto já dura há muito tempo. O número de vítimas é grande demais, os resultados são ruins".¹³⁵

Durante todo o conflito, a atitude soviética, mesmo em relação aos movimentos de resistência que eram abertamente comunistas, também estava longe de ser clara. Stálin desconfiava até dos comunistas poloneses que lutavam na resistência em 1944 porque continuavam muito independentes dos "poloneses de Moscou" que ele agora apoiava. As mensagens de Moscou para comunistas de todos os lugares eram cautelosas, para evitar confrontos e para colaborar com não comunistas. A partir da década de 1930, Stálin ficou em especial cauteloso com o Partido Comunista chinês, que agia em grande parte de forma independente em relação a Moscou. Mais tarde, Mao reclamou ao embaixador soviético que Stálin "não confiava muito em nós. Ele nos considerava um segundo Tito, uma nação atrasada". O líder soviético queria que Mao evitasse uma guerra civil e colaborasse com Chiang Kai-shek numa frente comum contra o inimigo japonês; depois que o conflito acabou, Stálin permaneceu indiferente sobre fornecer às forças de Mao equipamento militar, além de ficar hostil às ambições comunistas chinesas de governar toda a China.¹³⁶ A ênfase numa frente unida com não comunistas era política formal depois que a União Soviética foi invadida, e na Grécia e na Iugoslávia, onde os principais movimentos de resistência eram comunistas, Stálin queria evitar uma crise revolucionária, em especial porque estava ansioso para não alienar os Aliados ocidentais encorajando uma tomada comunista numa área de evidente prioridade estratégica para os britânicos. O regime soviético tinha pouco respeito pelos revolucionários gregos.¹³⁷ Stálin queria que o Partido Comunista grego evitasse a linguagem revolucionária ou o planejamento insurrecional e se concentrasse na autodefesa. Quase nenhum suprimento soviético estava disponível para o Exército de Libertação grego. No final de 1944, Stálin aconselhou os comunistas a participarem de um governo de coligação patrocinado pelos britânicos e se recusou a endossar a guerra civil emergente.¹³⁸

Na Iugoslávia, o Comintern tentou persuadir Tito a não montar uma campanha comunista demais e a colaborar com todos os outros movimentos que se opunham ao fascismo, mas a guerra civil tinha seu próprio ímpeto, fora do controle de Stálin. Em consequência, até 1944 ele continuou a apoiar o rei exilado e seu governo e a encorajar Tito a abraçar todos que eram anti-Hitler, inclusive os *chetniks* monarquistas. Foi apenas quando ficou claro que seus aliados ocidentais não desaprovariam que ele reconheceu o governo provisório de Tito, em junho de 1944.[139] No momento em que a assistência militar soviética poderia ter ajudado os guerrilheiros iugoslavos, a diretriz recebida em setembro pelo Exército Vermelho do quartel-general supremo de Stálin declarou sem rodeios: "Não ataquem a Iugoslávia, pois isso levaria à dispersão de nossas forças".[140] Depois que Tito visitou Stálin no final do mês, o líder soviético concordou em liberar forças limitadas do avanço do Exército Vermelho na Hungria para ajudá-lo a tomar Belgrado, porém partindo do pressuposto de que o Exército Vermelho se retiraria após a operação. Stálin tinha dúvidas sobre o resultado político na Iugoslávia e permitiu que unidades do Exército soviético colaborassem com os *chetniks* e com os guerrilheiros de Tito.[141] Assim que Belgrado foi tomada em outubro de 1944, o Exército Vermelho foi adiante, deixando o grupo guerrilheiro de Tito completar a libertação do país. O desconforto britânico em relação à iminente tomada comunista da Iugoslávia levou Tito a enfim romper com os Aliados ocidentais, que até então tinham apoiado suas forças com suprimentos e ataques aéreos. "Eu, como presidente e comandante supremo", disse ele à missão britânica, "não sou responsável por minhas ações perante ninguém fora do meu país."[142] Em março de 1945, Tito formou um governo com 23 comunistas num gabinete de 29 ministros e deixou os Aliados com pouca escolha a não ser reconhecê-lo como o regime legítimo. Após um sangrento ataque final à linha alemã no rio Sava, que durou até 15 de maio, uma semana após a rendição incondicional da Alemanha, a libertação nacional foi enfim alcançada sem uma presença militar aliada direta, um triunfo único entre as diversas histórias de resistência em tempo de guerra.

Na Europa Ocidental, os Aliados não isolaram e perseguiram a resistência, como a União Soviética continuou a fazer com os poloneses e outras nacionalidades da Europa Oriental bem depois da vitória em 1945, mas sua atitude foi por ter como prioridade a vitória sobre a Alemanha. Os movimentos de resistência foram tratados com cautela. Os Aliados, tal como a União Soviética fez, queriam desarmar todos os guerrilheiros após a libertação e limitar o poder da resistência para influenciar a reconstrução política das áreas libertadas, embora nesse caso o objetivo fosse limitar a disseminação do comunismo, não o encorajar. As origens do apoio ocidental à resistência estavam numa decisão britânica de julho de 1940 de encontrar maneiras indiretas de enfrentar o esforço de guerra germânico, na ausência de qualquer estratégia alternativa. Uma delas era o bloqueio marítimo; outra, o bombardeio da indústria alemã. A terceira linha era estimular movimentos de resistência que promovessem sabotagens e terror contra o ocupante, ou, na conhecida frase de Churchill, "incendiar a Europa". Isso era uma novidade na estratégia de guerra moderna. A ideia de que as populações civis deveriam se envolver em insurgência enquanto esperavam com paciência a libertação fazia pouco sentido prático em 1940 e, na verdade, os britânicos fizeram apenas esforços limitados para promover a resistência até que fosse possível reentrar no continente europeu.

Não obstante, a estratégia foi posta em ação de imediato. O ministro da Guerra Econômica, o político trabalhista Hugh Dalton, recebeu a responsabilidade de criar uma organização secreta que enviaria agentes, dinheiro e suprimentos para a Europa ocupada. Neville Chamberlain foi convidado a redigir o documento de fundação do novo departamento, e ele cunhou o título Executivo de Operações Especiais (SOE, na sigla em inglês) para descrevê-lo.[143] Dalton, que imaginava uma revolução potencial entre as classes trabalhadoras oprimidas da Europa, pensou que as perspectivas "dessa guerra de dentro" eram imensas.[144] Junto com o SOE, o governo aprovou fazer propagandas voltadas para a Europa ocupada a fim de encorajar qualquer tipo de resistência, inclusive com transmissões de rádio da BBC e folhetos lançados do ar. No auge do conflito, a BBC transmitia 160 mil palavras por dia em 23 idiomas, que eram ouvidas em toda a Europa por populações ansiosas por notícias mais confiáveis do que as da rádio do Eixo; durante o conflito, aeronaves e balões lançaram quase 1,5 bilhão de folhetos, boletins informativos e revistas. Eles eram procurados com avidez, embora a posse de uma peça de propaganda aliada pudesse significar uma sentença de morte.[145]

Uma segunda organização, Executivo de Guerra Política (PWE, na sigla em inglês), dirigida pelo ex-diplomata Robert Bruce Lockhart, foi criada para orquestrar a campanha de propaganda da sede da BBC, na Bush House, no centro de Londres. A guerra política tinha como objetivo sustentar o moral nas áreas ocupadas e encorajar atos clandestinos de resistência para "ferir ou minar" o inimigo.[146] O objetivo final era promover um movimento de resistência generalizado que seria mobilizado no momento certo para ajudar os Aliados. Lockhart e seus colegas elaboraram vários programas que esperavam que pudessem estimular a oposição. Uma campanha de "revolta camponesa" foi direcionada aos fazendeiros europeus com transmissões matinais ("Dawn Peasants" [Camponeses do Amanhecer]), convocando-os a desafiar as demandas alemãs por alimentos. A campanha, como muitas outras, baseava-se numa mistura de especulação e fantasia. "Se os camponeses não cooperarem", dizia um relatório otimista, "a máquina de guerra dos ditadores nacional-socialistas um dia deixará de funcionar."[147] Uma segunda campanha, com o codinome Cavalo de Troia, foi direcionada aos trabalhadores europeus recrutados para trabalho forçado na Alemanha. O documento estratégico elaborado em 1944 afirmava que a força de trabalho constituía uma "força revolucionária única", que poderia ser convocada para a revolta assim que a invasão aliada começasse. Apesar da falta de qualquer evidência crível ou de uma compreensão real das condições sob as quais os trabalhadores compulsórios operavam, o PWE conseguiu persuadir o quartel-general de Eisenhower a adotar a campanha.[148] O Ministério das Relações Exteriores tcheco no exílio fez uma avaliação mais realista ao alertar Lockhart de que a guerra política britânica estava a "20 mil milhas" da realidade europeia. No final do conflito, o chefe do Comitê Conjunto de Inteligência da Grã-Bretanha, Victor Cavendish Bentinck, concluiu que era de duvidar que a guerra política "encurtasse o conflito recente em uma hora".[149]

Depois que os Estados Unidos entraram na guerra, o Gabinete de Serviços Estratégicos, criado em julho de 1942 e comandado pelo general William Donovan, montou uma filial de Operações Especiais (SO, na sigla em inglês) americanas para combinar com o SOE e uma Divisão de Moral (mais tarde Divisão de Guerra Política) para imitar o trabalho do Executivo de Guerra Política.[150] Tanto o SOE quanto o ramo americano do SO organizaram e treinaram agentes especiais para se infiltrarem em território ocupado pelo inimigo e, uma vez lá, estabelecerem contato com movimentos de resistência locais para realizar atos de sabotagem ou coletar informações. Deixados por conta própria, os Aliados temiam que os resistentes civis fossem amadores ineficazes. As duas organizações operavam em todo o mundo e dividiam suas atividades geograficamente para evitar duplicar e confundir a guerra secreta. Na Ásia, os Grupos Operacionais do SO desempenharam um papel maior, exceto na Birmânia, onde a responsabilidade era compartilhada. Na Europa, o SOE predominou, e quando ele e o SO se juntaram, em janeiro de 1944, os agentes americanos foram em muitos casos absorvidos pelas unidades do SOE existentes. Essa agência chegou a ter 13 200 homens e mulheres, sendo que cerca de metade serviu como agente em campo, sofrendo grande número de baixas, tal como os resistentes locais, por traição ou detecção. No final do conflito, os OSS empregavam 26 mil agentes, uma parte servindo no SO e uma parte no ramo da inteligência secreta americana.[151]

Em alguns casos, os agentes eram falantes da língua local, recrutados entre populações de refugiados na Grã-Bretanha ou comunidades de imigrantes americanos, em outros casos não. Eles levavam uma existência perigosa e mortal depois de saltarem de paraquedas em território inimigo, caracterizada, como disse o major-general Colin Gubbins, último chefe do SOE em tempo de guerra, por "uma ansiedade contínua, o dia todo e todos os dias".[152] Sua posição precária se devia não só à presença do inimigo, que os tratava como terroristas, mas também às relações incertas com os resistentes locais, que colaboravam com agentes aliados em especial porque estes também forneciam dinheiro, armas e explosivos, sem os quais a resistência era bastante prejudicada. Ademais, existia uma tensão entre o desejo dos Aliados por operações que se adequassem às suas prioridades estratégicas e táticas e campanhas de resistência mais amplas pela libertação nacional, que os Aliados estavam menos preocupados em apoiar. Peter Wilkinson, o primeiro agente a se encontrar pessoalmente com Tito, relatou à sede do SOE que os guerrilheiros pareciam mais interessados em uma guerra civil do que em confrontar os alemães. "Tal como estão as coisas", continuava o relatório, "não há, repito, nenhum trabalho de sabotagem sendo feito, embora as possibilidades sejam enormes."[153] Os agentes lançados de paraquedas na Grécia desdenhavam ainda mais do potencial de luta dos guerrilheiros da aldeia que deveriam ajudar, homens e mulheres descartados de modo casual por Churchill como "bandidos miseráveis".[154] A ajuda ocidental era sempre condicional: esperava-se que sabotagens de todos os tipos servissem ao objetivo central de derrotar os Estados do Eixo. As armas não tinham a intenção de alimentar guerras civis. Quando a guerra civil estourou na Grécia após a libertação, no outono de 1944, o Exército britânico interveio em dezembro de 1944 para impedir uma tomada comunista de Atenas por unidades do Exército de Libertação Nacional que tinham armas aliadas. Foi o único exemplo de forças aliadas que lutaram contra os mesmos grupos de resistência que elas tinham apoiado em sua luta contra o inimigo do Eixo.[155]

A insistência de que a ajuda aos resistentes devia corresponder em especial às prioridades estratégicas das forças ocidentais é evidente nas estatísticas sobre o fornecimento de recursos e agentes por via aérea. Entre 1943 e 1945, 8455 toneladas de suprimentos foram lançadas pela RAF de bases britânicas para a resistência francesa, 484 toneladas para a Bélgica, 554 toneladas para a Holanda, 37 toneladas para a Polônia e uma única tonelada para a Tchecoslováquia, que era difícil de alcançar pelo ar sem risco para tripulações e aviões. Para os guerrilheiros iugoslavos, que seguravam pelo menos seis divisões alemãs, 16 500 toneladas foram fornecidas, mas para os italianos, cujo valor militar era visto com mais ceticismo, apenas 918 toneladas foram lançadas durante os meses críticos de batalha na frente italiana, entre junho e outubro de 1944.[156] O momento apropriado também era determinado pelo planejamento militar aliado. Os suprimentos para a França foram escassos até o início de 1944, quando se esperava que os movimentos de resistência realizassem sabotagem para apoiar a invasão da Normandia. De 1941 até o final de 1943, 602 toneladas de suprimentos foram lançadas, mas entre janeiro e setembro de 1944 as Forças Aéreas britânica e americana lançaram 9875 toneladas, das quais quase dois terços chegaram após os desembarques em junho. O número de agentes enviados de paraquedas para ajudar na invasão aliada correspondia ao fluxo de suprimentos: cerca de 415 foram enviados entre 1941 e 1943, mas 1369 chegaram de janeiro a setembro de 1944, dos quais 995 após o Dia D.[157] A ajuda também era direcionada às áreas próximas ao front, embora a resistência fosse nacional. Na Itália, a ajuda às unidades de partisans no extremo nordeste do país foi insignificante. "A RAF era um mito [...]?", escreveu um agente enraivecido do SOE em Friuli ao voltar ao quartel-general. "Se o Comando não tem intenção de se interessar", continuava ele, "não deveria ter prometido armas e materiais [...] para dar [aos partisans] falsas esperanças."[158] Na França, os resistentes na Bretanha, perto das zonas de desembarque dos Aliados, receberam 29 mil armas após o Dia D, mas na distante região de Alsácia--Ardenas-Mosela, na fronteira oriental francesa, apenas 2 mil.[159] As prioridades faziam sentido operacional para os Aliados, mas deixavam os partisans que estavam isolados da linha de frente frustrados com o que consideravam negligência deliberada de sua participação na luta.

A natureza ambígua da reação dos Aliados às forças irregulares atrás das linhas inimigas ficou evidente no caso da Itália e da França nos estágios finais do conflito. Em ambos os casos, os Aliados queriam exercer algum tipo de controle direto, até mesmo para comandar os partisans. Na Itália, isso era difícil porque o movimento italiano pela libertação nacional preferia a possibilidade de violência popular e insurrecional à lealdade formal ao alto-comando Aliado e seu planejamento militar ortodoxo. Em março de 1943, os principais movimentos de resistência antifascista — o Partido Comunista italiano, o Partido de Ação e os socialistas — concordaram com um chamado unido para a insurreição nacional, e a ênfase numa guerra civil popular de libertação permaneceu em vigor pelos dois anos seguintes. Após a rendição do país e a invasão aliada da Itália continental em setembro de 1943, a primeira violência insurrecional libertou Nápoles da ocupação germânica sem ajuda aliada. O levante foi uma reação espontânea contra a escassez de alimentos, as privações impostas pelos ocupantes alemães (que poucas horas depois da rendição começaram a tratar os italianos como um povo inimigo) e a demanda germânica de que todos os homens em idade produtiva fossem deportados para a Alemanha. O que começou em 28 de setembro como uma troca de tiros indecisa entre as forças germânicas e uma mistura de civis armados e desertores logo escalou. No dia seguinte, um relatório alemão observou que a "atividade dos bandos [de partisans] se expandiu a ponto de se transformar numa insurreição de toda a população".[160] Em quatro dias, o combate improvisado expulsou os alemães da cidade, enquanto os britânicos, agora nas ilhas de Capri e Ísquia, na baía de Nápoles, apenas observavam, recusando um pedido para fornecer homens ou munição para os rebeldes. A insurreição custou cerca de 663 vidas italianas, um quinto delas mulheres, e a destruição generalizada da cidade, mas foi uma vitória popular. A revolta napolitana, escreveu o líder da resistência Luigi Longo, foi um "exemplo orientador" que concedeu "sentido e valor" ao chamado à insurreição no resto da Itália ocupada.[161]

O movimento partisan na Itália que se desenvolveu após a ocupação alemã cresceu rapidamente depois do sucesso em Nápoles. Estimativas sugerem que no verão de 1944 as unidades de partisans tinham entre 80 mil e 120 mil homens e mulheres.[162] Elas eram vagamente coordenadas pelo Comitê de Libertação Nacional da Alta Itália (CLNAI), criado em setembro de 1943, que operava de forma independente do principal Comitê de Libertação Nacional baseado nas áreas do sul ocupadas pelos Aliados. Embora em contato com o SOE e os agentes americanos do OSS, os partisans agiam em grande medida fora do controle dos Aliados enquanto trabalhavam para expulsar os alemães do resto da península. Max Corvo, chefe do OSS na Itália ocupada, observou mais tarde como era difícil persuadir o CLNAI "a controlar suas atividades paramilitares em conjunção com os planos militares ortodoxos".[163] O alto-comando aliado estava cauteloso em relação às ambições políticas da resistência, acima de tudo a perspectiva de uma revolução social inspirada pelos comunistas. Nas cidades libertadas, os britânicos tentaram instalar aristocratas locais como autoridades provisórias, mas foram impedidos pelos comitês locais de libertação e pelo ressentimento popular. Um relatório das Forças Especiais Número 1, a sede do SOE na Itália, alertou que "bandos comunistas se preparavam para tomar o poder". A ajuda aos partisans ia para onde fosse considerada mais útil do ponto de vista militar, mas menos ameaçadora do ponto de vista político.[164] O resultado foi uma relação entre os Aliados e a resistência que era em grande medida instrumental. Quando a resistência não era necessária ou sua ajuda era vista com suspeita, o alto-comando aliado podia agir com indiferença e até mesmo hostilidade. Em 8 de agosto de 1944, eclodiu uma insurreição armada em Florença, envolvendo milhares de voluntários civis ao lado dos partisans, e as forças aliadas que se aproximavam relutaram em apoiá-la; após a retirada alemã, eles levaram tanques para os arredores dos campos dos partisans para forçar as tropas irregulares a se desarmarem. Em outubro de 1944, quando o avanço aliado enfim estagnou na Linha Gótica germânica, a resistência ao norte foi efetivamente abandonada. Naquele mês, apenas 110 toneladas de suprimentos foram lançadas, contra a promessa original de seiscentas toneladas.[165] Pior ainda, quando a linha de frente aliada fechou durante os meses de inverno, as forças alemãs e fascistas foram notificadas de que poderiam travar uma batalha selvagem contra os partisans sem medo de intervenção.

Em 13 de novembro de 1944, o general Harold Alexander, comandante-chefe dos exércitos aliados na Itália, transmitiu em linguagem clara pela estação de rádio da resistência *"Italia Combatte"* uma proclamação anunciando que as tropas aliadas interromperiam a campanha durante os meses de inverno, com uma recomendação de que os guerrilheiros cessassem seus ataques, conservassem suas armas e esperassem por instruções na primavera.[166] Quando o Exército alemão percebeu que poderia concentrar seus esforços no combate aos partisans, o resultado foi devastador para a resistência. Em outubro, ele já havia começado, junto com as "brigadas negras" fascistas e uma divisão voluntária cossaca, uma grande campanha contra os guerrilheiros, uma vez que a linha de frente se havia solidificado. Após a transmissão de Alexander, a contrainsurgência aumentou de intensidade; tribunais especiais de "contraguerrilha" foram criados, que visavam não só a resistência armada, mas qualquer um suspeito de ajudar ou apoiar o movimento partisan. Os esconderijos nas montanhas foram atacados e milhares de guerrilheiros foram mortos, enquanto outros milhares desertavam ou desciam para as planícies do vale do Pó, onde eram um alvo fácil para denúncia e perseguição. No final do ano, o número de resistentes ainda em armas já caíra para cerca de 20 mil a 30 mil.[167] A ausência de apoio dos Aliados levou a uma grande crise entre as unidades de guerrilheiros, que não tinham nem mesmo roupas básicas, botas e alimentos. As comunidades locais que haviam apoiado os partisans durante o verão foram atacadas com violência pelas unidades antiguerrilheiras, resultando numa crescente antipatia da população a colaborar mais com os partisans. A narrativa oficial do SOE admitiu mais tarde que o clima entre os guerrilheiros era de "confusão e desespero". Os Aliados logo perceberam o equívoco do apelo de Alexander, mas deixaram a resistência à deriva. A alegação de que o general sacrificou de modo deliberado o movimento para eliminar a perspectiva de uma insurreição comunista permanece sem comprovação, embora seja plausível. Na verdade, a proclamação refletiu a falha do alto-comando aliado em apreciar a verdadeira natureza do combate irregular, que não podia ser ligado ou desligado para atender suas intenções. "Não havia calmarias na guerra dos partisans", refletiu Max Corvo em suas memórias da crise, "nenhum descanso — nenhuma trégua."[168]

Em dezembro, os líderes do CLNAI viajaram a Roma para pressionar os Aliados a conceder mais apoio prático e reconhecer que sua organização e seu exército irregular representavam autoridade política atrás da frente alemã. A segunda reivindicação foi admitida com cautela, porque os Aliados não queriam encorajar o radicalismo político nas áreas que libertavam; um maior apoio direto foi aceito, mas apenas porque em janeiro de 1945 os exércitos aliados preparavam o ataque final às forças germânicas no vale do Pó e precisavam dos partisans mais uma vez para sabotar comunicações e suprimentos. Os Protocolos de Roma, como passaram a ser chamados, amenizaram o efeito do erro de Alexander. Apesar da gravidade da crise durante os meses de inverno, a perspectiva de que os italianos logo seriam capazes de libertar suas cidades do Norte antes da ofensiva aliada trouxe uma onda de novos recrutas; suprimentos aliados chegaram de repente em abundância para que unidades que passaram meses privadas de recursos úteis pudessem agora se rearmar. No início da primavera, mais de mil toneladas de suprimentos mensais chegavam para as forças guerrilheiras que em março haviam aumentado mais uma vez para cerca de 80 mil e um mês depois chegaram a 150 mil.¹⁶⁹ Os Aliados e as autoridades governamentais em Roma queriam o exército guerrilheiro apenas para lutar contra os alemães. O CLNAI concordou em março com o "emprego exclusivo de forças militares para fins de guerra", mas, embora tenha havido um aumento nas operações de sabotagem contra as linhas de comunicação germânicas, os guerrilheiros estavam mais preocupados em se preparar para uma onda final de violência insurrecional — de combatentes e civis — contra os ocupantes e seus aliados fascistas.¹⁷⁰ Quando a campanha aliada começou, em 10 de abril, o general americano Mark Clark ordenou que os partisans não fizessem nenhum movimento "sem a autorização do Comando Supremo aliado". As forças guerrilheiras ignoraram em grande parte essa ordem.¹⁷¹

À medida que os exércitos aliados rompiam rapidamente a linha germânica e começavam o avanço pelo vale do Pó, o movimento de libertação, armado e desarmado, começou a planejar maneiras de expulsar os alemães das principais cidades antes que os Aliados as alcançassem. Se isso fosse possível, eles esperavam assumir o controle do sistema de justiça local, a fim de expurgar, com violência, se necessário, os italianos que haviam apoiado o regime fantoche fascista. O CLNAI anunciou que qualquer um considerado criminoso de guerra ou traidor poderia ser executado de forma sumária, e entre as vítimas dessa justiça estavam Benito Mussolini e sua amante Clara Petacci, capturados e fuzilados em 28 de abril, quando tentavam fugir pela fronteira suíça. Nas duas últimas semanas de abril de 1945, a resistência armada, apoiada por numerosos voluntários da população civil local e um movimento de greve generalizado, libertou uma cidade após a outra: Bolonha, em 20 de abril; Milão e Gênova (onde 18 mil alemães se renderam a uma força guerrilheira menor), em 25 e 26 de abril; Turim, em 28 de abril. Muitas cidades e vilas menores foram libertadas no norte da Itália pela insurreição ou por conta da retirada alemã, chegando ao notável total de 125.¹⁷² Os exércitos aliados chegaram em poucos dias, ansiosos para supervisionar a formação do controle administrativo e judicial e para evitar a perspectiva de que um movimento revolucionário radical tentasse antecipá-los. Os partisans relutaram em entregar suas armas; milhares foram escondidos, enquanto armas danificadas ou obsoletas foram entregues. Os Aliados não conseguiram evitar uma onda de assassinatos violentos por vingança contra fascistas e colaboradores que varreu todo o Norte da Itália; de acordo com a melhor estimativa disponível, foram entre 12 mil e 15 mil mortes.¹⁷³ Qualquer que fosse a ajuda que a guerra partisan tivesse dado à causa militar aliada, a resistência estava preocupada em especial com erradicar o fascismo e, como os poloneses, alcançar a libertação nacional antes da chegada dos Aliados e do fim da guerra. Em vez de 2 de maio, quando as forças alemãs se renderam formalmente aos Aliados, a Itália comemorou desde então a vitória em 25 de abril, para deixar clara a distinção entre o fim formal da campanha militar e o momento insurrecional de libertação, ocorrido uma semana antes.

A experiência dos Aliados na França diferiu em muitos aspectos importantes da italiana. A França era uma aliada ocupada, já a Itália era uma ex-inimiga; a Grã-Bretanha sediou um movimento de libertação francês, liderado pelo general De Gaulle, ao passo que não houve nenhum movimento externo de libertação italiana; os movimentos de resistência franceses acabaram sendo colocados sob o comando militar unificado da França Livre de De Gaulle, sediada na Grã-Bretanha, e suas ações foram integradas o máximo possível às operações aliadas em 1944, enquanto o comando na Itália, na medida em que pôde ser exercido, permaneceu com o Movimento de Libertação Nacional; em 1944, havia um exército francês inteiro lutando lado a lado com os aliados ocidentais para reafirmar o direito da França de ser considerada outra vez uma grande potência, mas a Itália libertada contribuiu em especial com forças auxiliares e apenas um pequeno número de tropas de combate. Por fim, o movimento partisan italiano aproveitou o momento em 1945 para libertar as cidades do Norte por sua própria força, enquanto a maioria das cidades francesas foi libertada pelos Aliados, que incluíam um exército francês revivido.

A centralização do controle sobre os movimentos de resistência na França não foi alcançada com facilidade e, como na Itália, foi ressentida ou rejeitada em nível local devido à tensão entre quem se arriscava todos os dias em combate e quem estava na segurança de Londres tentando ditar as prioridades da resistência. De Gaulle realizou uma longa campanha não só para que sua autoridade fosse reconhecida na França, mas para que seus supostos aliados britânicos e americanos também a aceitassem. Em outubro de 1942, os principais movimentos de resistência — *Combat*, *Libération* e *Francs-Tireurs et Partisans* — foram direcionados pela França Livre a reunir seus recursos e aceitar o título geral de *Armée Sécrete* [Exército Secreto], vagamente comandado pelo general francês aposentado Charles Delestraint. Em janeiro de 1943, os grupos de resistência se uniram formalmente como *Mouvements unis de la Résistance*. O número de membros reivindicados pelo exército secreto era, na melhor das hipóteses, especulativo. Em março de 1943, havia supostamente 126 mil, mas aqueles com armas talvez não somassem mais de 10 mil; em janeiro de 1944, havia 40 mil em armas, à medida que os suprimentos aliados se multiplicavam. Em 1943, Jean Moulin, representante de De Gaulle na França, fundou o *Conseil national de la Résistance* para coordenar as alas políticas e militares do movimento, mas, com sua prisão e morte em junho de 1943 e a descoberta pela Gestapo dos arquivos da *Armée Sécrete* e dos *Mouvements unis*, a resistência se fragmentou outra vez e muitos de seus principais quadros foram vítimas do terror. O *Conseil national* encontrou abrigo junto aos Aliados e constituiu um governo em espera, instalado na cidade retomada de Argel. Quando o movimento nacional reviveu, os Aliados buscaram integrá-lo de forma mais direta com a invasão planejada da França.

Os esforços de coordenação dos planos dos Aliados para o período imediatamente anterior e posterior aos desembarques na Normandia começaram já na primavera de 1943, quando um comitê de planejamento conjunto foi criado entre o SOE e o Bureau de Inteligência e Ação da resistência. Os planos Vert, Violet, Tortue e Bleu foram elaborados para sabotar ferrovias, telecomunicações, reforço de tropas e fornecimento de eletricidade. Embora desconfiassem da ambição de De Gaulle e estivessem cautelosos quanto ao valor militar da resistência, os Aliados aceitaram a criação, em março de 1944, das *Forces françaises de l'Intérieur* (FFI), comandadas pelo general francês livre Marie-Pierre Koenig, e efetivamente sob o comando geral de De Gaulle. Eisenhower insistiu em integrar as FFI com seu Quartel-General Supremo e pôs Koenig no comando não só das forças de resistência francesas, mas também das Forças Especiais Aliadas; formou-se um Comitê Francês de Defesa para controlar a ação da resistência no front e atrás dele em nome dos Aliados ocidentais.

Houve resistentes franceses que não gostaram do resultado, mas ele convinha tanto às potências aliadas quanto à França Livre de De Gaulle, não só porque a sabotagem era um elemento essencial na estratégia da invasão como porque criava uma estrutura de comando central sobre a resistência que favorecia as operações militares em detrimento das políticas contestadas de libertação. Para garantir que o esforço de resistência, realizado em muitos casos por civis não treinados, fosse eficaz, o SOE e os agentes do SO se infiltraram pela Seção F do SOE com o objetivo de organizar redes de resistentes para operações de sabotagem e treiná-los no uso de explosivos. No Dia D, havia cerca de cinquenta redes em operação; depois, equipes especiais de três agentes, com o codinome Jedburgh (em homenagem a uma vila escocesa), foram enviadas para as áreas ocupadas, num total de 92 equipes infiltradas da Grã-Bretanha e 25 do Mediterrâneo.[174] O resultado foi um aumento significativo na atividade de sabotagem. De abril a junho de 1944, houve 1713 atos de sabotagem contra a rede ferroviária francesa; nos primeiros seis meses do ano, os resistentes destruíram ou danificaram 1605 locomotivas e 70 mil vagões de carga. Ataques de aeronaves aliadas inutilizaram mais 2536 locomotivas e 50 mil vagões.[175] O plano Tortue para deter os reforços alemães na frente da Normandia dependia muito mais da ação do SOE e da resistência no solo para destruir pontes e bloquear estradas. Isso teve um impacto significativo: a Nona e a Décima Divisões Panzer, que chegaram à Lorena em 16 de junho, levaram mais nove dias para alcançar o oeste da França; a 27ª Divisão de Infantaria levou dezessete dias para avançar 180 quilômetros.[176]

Os esforços aliados para mobilizar a resistência diretamente sob seu controle pareciam com a forma como as Forças Armadas soviéticas e o sistema de segurança passaram a controlar a atividade dos partisans na URSS. Em território liberado durante o avanço aliado no norte da França e, a partir de agosto, também no sul, os combatentes das FFI em idade de combate que se voluntariaram foram integrados ao Exército francês como soldados regulares, como tinha acontecido com os guerrilheiros na Rússia. A maioria das cidades e vilas francesas esperou para ser liberada com a chegada dos Aliados. Uma pesquisa que considerou 212 lugares mostrou que 179 foram libertados pelos Aliados ou por consequência da retirada germânica, enquanto outros 28 se envolveram em uma violência insurrecional limitada para ajudar os libertadores que se aproximavam.[177] Naquele estágio, a resistência armada foi tratada com uma selvageria especial pelos ocupantes alemães — SS, Gestapo e Exército —, de modo que o *attentisme* fez sentido até o fim.[178] Não obstante, o impulso revolucionário que mobilizara apoio para a atividade de resistência antes da invasão não desapareceu por completo, estimulado por apelos comunistas por uma "insurreição armada" em massa. Em 8 de junho de 1944, o Comitê de Libertação de Paris, dominado pela resistência comunista, convocou a população a iniciar uma revolta para matar os ocupantes e seus aliados de Vichy: "Homens e mulheres de Paris: a cada um seu Boche, seu *milicien* [milícia de Vichy], seu traidor!". Seis dias depois, o comitê militar da resistência sediado em Paris, que havia rejeitado a intenção aliada de controlar a atividade dos partisans, convocou as FFI a colaborar com as "massas populares" como um passo em direção à "insurreição nacional".[179]

Em Lille, Marselha, Limoges, Thiers, Toulouse, Castres e Brive, bem como em várias comunidades menores, a resistência conseguiu libertar a cidade antes da chegada dos Aliados, mas sem uma insurreição geral. Em Toulouse, unidades das FFI dominadas pelos comunistas controlaram a cidade após a libertação, mas, com a ameaça de que uma divisão do Exército francês regular seria convocada para restaurar a autoridade do governo provisório, a liderança comunista cedeu.[180] A insurreição mais significativa ocorreu em Paris, onde uma força improvisada de insurgentes civis e unidades das FFI decidiu que preferia desafiar as instruções de Koenig e do Comitê de Libertação Nacional em Argel, que ordenaram que se evitasse um conflito anárquico com uma grande guarnição alemã, a esperar pelos Aliados. Chegou-se ao clímax em agosto, quando as forças aliadas irromperam da cabeça de ponte da Normandia, no norte da França. Eisenhower não pretendia libertar Paris, mas avançar para o norte e para o sul a fim de cruzar o Sena e cercar a guarnição germânica. Mas as notícias da derrota da Alemanha no noroeste da França aceleraram os planos na capital de uma insurreição popular. Em 17 de agosto, os líderes da resistência realizaram uma reunião para discutir essa possibilidade. As opiniões estavam divididas, com os mais prudentes conscientes não apenas de que De Gaulle não queria violência popular, mas também da crise enfrentada naquele momento pela resistência em Varsóvia. No final, a opção insurrecional prevaleceu: "Não se pode permitir a entrada [dos Aliados] sem insurreição", dizia a ata da reunião.[181]

Em 18 de agosto, o líder comunista das forças de resistência parisienses Henri Rol-Tanguy ordenou que se afixassem cartazes em toda a cidade convocando a população a dar início no dia seguinte à insurreição, embora ele estimasse que a força de cerca de 20 mil homens e mulheres não tinha mais do que seiscentas armas disponíveis. A luta que se seguiu foi esporádica, ao contrário da disputa encarniçada em Varsóvia, e o resultado não foi decisivo. Uma breve trégua foi declarada, mas os combatentes das FFI, ansiosos para provar a si mesmos, a violaram. Foram construídas às pressas barricadas, símbolo icônico da longa tradição revolucionária parisiense, nos bairros predominantemente da classe trabalhadora. "A liberdade está voltando", escreveu o escritor Jean Guénenno em seu diário. "Não sabemos onde está, mas durante à noite está a nossa volta."[182] Incerto sobre o resultado, no dia 20 Rol-Tanguy enviou um emissário ao alto-comando aliado pedindo ajuda, e no dia seguinte De Gaulle convenceu Eisenhower a desviar uma divisão francesa comandada pelo general Philippe Leclerc para garantir a libertação e evitar uma tomada comunista. As tropas regulares chegaram no dia 24, quando a insurreição havia enfim alcançado seu objetivo contra uma guarnição alemã desmoralizada. O comandante alemão em Paris, o general Dietrich von Choltitz, ignorou a exigência de Hitler de que a cidade fosse defendida até o último homem e reduzida a cinzas como Varsóvia e se rendeu a Leclerc e Rol-Tanguy um dia depois.[183] No entanto, a chegada simultânea de De Gaulle comprometeu a insurreição popular. A resistência parisiense teve de aceitar a autoridade de Koenig, a integração das FFI aos exércitos aliados e um governo francês organizado por De Gaulle com o apoio relutante das autoridades britânicas e americanas, que de início queriam um governo militar no território francês que tinham libertado. Por fim, 35 regimentos e batalhões das FFI foram integrados como unidades do Primeiro Exército francês, num total de pelo menos 57 mil homens. Milhares de outros voltaram para casa em vez de lutar no Exército regular, alguns para garantir seus empregos, outros exaustos demais para continuar ou relutantes em trocar o glamour e o perigo da resistência clandestina pelos rigores da vida no Exército regular.[184] Para os Aliados ocidentais, o valor da resistência foi medido, como na União Soviética, pela extensão em que sua atividade minou ou impediu operações e reduziu recursos do inimigo. Grandes suprimentos de equipamentos e a infiltração em larga escala de agentes ocorreram apenas quando as forças aliadas precisaram de apoio para grandes operações próprias. Poucos resistentes teriam concordado com o chefe do Estado-Maior do SOE, brigadeiro-general Richard Barry, quando em 1958, durante a primeira conferência sobre a história da resistência, ele informou ao público que, sem a ajuda dos Aliados, "pouca ou nenhuma resistência teria sido possível".[185] A resistência continuou na Europa e na Ásia independente da ajuda aliada e com uma escala de tempo e propósito ditados mais pelas condições e possibilidades locais do que pelas necessidades dos Aliados. Para aqueles com a coragem civil excepcional de resistir, na maioria homens e mulheres civis fermentados com um núcleo de ex-soldados e desertores, o objetivo era demonstrar às potências ocupantes que elas não exerceriam autoridade sem contestação e que a libertação das comunidades locais e da nação também seria disputada internamente. A ambição de desempenhar um papel como insurgentes civis era uma declaração política e moral, não apenas uma contribuição para a vitória, razão pela qual em Varsóvia, em Milão ou em Paris a insurreição foi considerada uma opção melhor do que aceitar de modo passivo a libertação pelas forças aliadas. Os atos finais de insurreição foram uma forma de validar tanto aqueles que resistiram quanto os anos de luta dos quais participaram. Uma jovem partisan de Brescia, no norte da Itália, relembrou em seu diário o dia em que os guerrilheiros libertaram a cidade antes do Exército americano: "Nossos rapazes passam de maneira orgulhosa, com suas metralhadoras engatilhadas. Em seus olhos brilha a alegria da vitória. Eles ganharam a cidade e ela agora está em suas mãos [...], o coração canta. A cidade está livre".[186]

ESTAMOS PERDIDOS, MAS DEVEMOS LUTAR: A RESISTÊNCIA DOS JUDEUS

A resistência das comunidades civis judaicas da Europa diferiu de modo fundamental de todas as outras. Ao contrário das formações de resistência e dos partisans que lutavam para libertar a nação da ocupação, ou lutavam entre si para decidir como deveria ser no pós-guerra, os judeus europeus se defrontaram com um regime que estava decidido a perpetrar uma guerra de extermínio contra seu povo. Nesses termos, resistir significava lutar para limitar ou desafiar o programa de aniquilação, ou, se possível, encontrar maneiras de escapar de um destino inevitável com o uso de estratégias de ocultação ou fuga. Não havia nação judaica ou futuro político para o qual a luta pudesse ser direcionada. Judeus que resistiram como tal o fizeram porque, por mais condenada que a empreitada pudesse ser, preferiam a morte que escolheram ao destino preparado pelos alemães e seus cúmplices. "Estamos perdidos", afirmou o dr. Icheskel Atlas, um líder partisan judeu, em 1942, "mas devemos lutar." Ele morreu naquele mesmo ano, nas batalhas dos partisans no leste da Polônia.[187]

Porém, a questão do que constitui a resistência judaica não é simples. Em primeiro lugar, vários resistentes judeus se viam como parte do movimento nacional e não queriam ser vistos como defensores de necessidades especificamente judaicas. Era uma posição comum entre os judeus que estavam bem integrados na comunidade nacional, como na França, onde muitos queriam se identificar com a campanha patriótica mais ampla em vez de sofrer acusações de que serviam apenas aos interesses judaicos. "Eu sou francês", escreveu o combatente Léon Nisand em suas memórias, "e nossa família é francesa porque [...] participamos dos fortúnios e infortúnios da nossa República."[188] Os judeus franceses desempenharam um papel proeminente no movimento de resistência não judaico inicial na França, como fundadores do círculo Musée de l'Homme em 1940, como metade do grupo que lançou o *Libération* em julho de 1941 e como resistentes ativos em Paris, onde cerca de dois terços de todos os ataques entre julho de 1942 e julho de 1943 envolveram grupos judeus.[189] Comunistas judeus de toda a Europa também estavam divididos entre o desejo de ajudar de alguma forma as comunidades judaicas vitimizadas e a necessidade de permanecer leais em especial à luta de classes política contra o fascismo. Na União Soviética, nas áreas ocupadas pelos alemães após 1941, alguns dos judeus que fugiram para as florestas para se juntar ou formar unidades guerrilheiras descobriram que poderiam se proteger melhor ao fundir-se a unidades não judias, que lutavam para restabelecer o poder soviético e que não se importavam com o destino dos judeus russos. Os jovens judeus que conseguiam escapar de serem fuzilados por suspeita de colaborarem com os alemães eram encorajados a adotar pseudônimos russos para evitar o perigo real da violência antissemita. O resultado foi um paradoxo: tinham de parecer não judeus para lutar contra os inimigos do povo judeu.[190]

O segundo problema é definir com mais precisão o que significa resistência no contexto do genocídio judeu. A resistência política era limitada, já que a perseguição não era repressão política. Argumentou-se muitas vezes que a luta armada é a única definição adequada da resistência judaica. No entanto, como o propósito da máquina alemã de extermínio era matar todos, exceto a fração que foi mantida viva por tempo suficiente para que sua força de trabalho declinante fosse extraída, a resistência também abraçou o esforço de esconder, ajudar na fuga ou fornecer identidades falsas a judeus — atos que também tiveram a contribuição de muitos não judeus. Todas essas estratégias desafiavam uma prioridade central do regime ao negar aos perpetradores a chance de assassinar suas vítimas pretendidas. A sobrevivência era, em si, uma forma de resistir aos imperativos genocidas que os judeus enfrentavam em todos os lugares da Europa ocupada ou do Eixo, mas, exceto aqueles que fugiam para florestas e pântanos da Europa Oriental e da Rússia, a evasão dependia de civis não judeus corajosos o bastante para desafiar os nazistas. O resgate foi generalizado na Europa Ocidental, onde as comunidades judaicas costumavam ser mais integradas e a população, mais propensa a rejeitar as exigências germânicas; na França, cerca de 75% da população judaica nativa sobreviveu ao genocídio, na Itália, cerca de 80%.[191] Em contraste, nas áreas conquistadas no leste, a presença de uma aversão generalizada, muitas vezes visceral, aos judeus tornou muito mais difícil encontrar não judeus dispostos a correr os muitos riscos envolvidos. No entanto, estima-se que 28 mil judeus poloneses estavam escondidos em Varsóvia fora do gueto, e cerca de dois quintos deles sobreviveram. Algumas famílias bielorrussas e ucranianas também esconderam judeus, mas em geral por não muito tempo, já que os judeus em fuga no leste buscavam, se pudessem, alcançar a relativa segurança das pequenas comunidades judaicas escondidas em florestas.[192]

A ocultação como forma de resistência carregava todos os perigos usuais associados à oposição política e militar: buscas domiciliares, interrogatórios policiais, denúncias por vizinhos interessados, pelo menos no leste, em pegar o saco de açúcar ou de sal oferecido como recompensa por cada judeu capturado. Como no caso dos resistentes regulares, quem em qualquer casa ou instituição fosse considerado culpado de abrigar judeus estava sujeito à pena de morte ou a ser enviado para um campo. As estimativas sugerem que entre 2300 e 2500 poloneses foram executados por ajudar judeus, mas como eles podiam ser mortos de forma sumária, sem nenhum processo legal, o número é quase sem dúvida muito maior. Onde havia redes de resgate, os socorristas podiam ser torturados para revelar outros nomes e casas "seguras", recebendo o mesmo tratamento dos resistentes políticos. As buscas da Gestapo focavam de modo particular crianças, que eram mais fáceis de esconder, e entre aquelas com mais chance de encontrar um lar adotivo. Na Polônia, cerca de 2500 crianças judias foram resgatadas e escondidas de modo bastante arriscado pelo Żegota, o Conselho de Ajuda aos Judeus, enviadas para viver com famílias ou em orfanatos ou sob os cuidados da Igreja católica. Uma vez capturadas, as crianças, na maioria dos casos órfãs ou abandonadas, sofreriam do mesmo modo que os não judeus que as abrigavam, sendo enviadas para campos de extermínio ou mortas no local. Quando a Gestapo descobriu que monges da Irmandade Silésia em Varsóvia abrigavam várias crianças judias, eles e seus jovens protegidos foram enforcados numa sacada alta, visível de uma rua movimentada, e seus corpos foram deixados lá para apodrecer como um aviso. Os socorristas do Żegota se esforçaram para garantir que crianças pequenas que falavam apenas iídiche aprendessem orações católicas em polonês para ajudar em seu disfarce, mas uma menina de seis anos, Basia Cukier, não conseguiu recitá-las na frente dos oficiais da Gestapo e foi levada para a morte.[193] Sob tais circunstâncias, em que qualquer tipo de ocultação era criminalizado, e as penalidades eram cruelmente severas, tanto o resgatado quanto o socorrista devem ser considerados resistentes por direito próprio.

A resistência armada judaica, assim como os esforços para ocultar ou resgatar judeus, diferia de modos importantes de outras formas de confrontar a ocupação do Eixo. Por ser uma resposta ao padrão mutável da perseguição alemã e do Eixo, o momento da resistência judaica não foi ditado pelo curso do conflito mundial mais amplo, mas pela guerra de Hitler contra os judeus. Na maior parte da Europa e da Ásia, a resistência atingiu o pico apenas nos últimos dezoito meses do conflito, quando ficou claro que os Estados agressores enfrentariam mais cedo ou mais tarde a derrota. A resistência judaica, por outro lado, ocorreu em especial em 1942 e 1943 como uma reação ao programa de deportação em massa de populações judaicas dos guetos no leste e da Europa Ocidental. A resistência armada judaica na França foi mais evidente nos anos intermediários da guerra, quando outros grupos de resistência estavam mais cautelosos. Na Polônia, a ação foi diretamente contra os interesses do Exército Nacional, que não queria confrontar o ocupante até que a derrota fosse iminente. Não havia intenção de a resistência judaica ajudar o esforço de guerra dos Aliados, embora às vezes o fizesse de maneiras marginais, nem os Aliados forneceram armas ou dinheiro para sustentar a atividade de grupos judeus, como fizeram com outros movimentos de guerrilha. Dos 240 voluntários judeus da Palestina, treinados de forma relutante pelo SOE, apenas 32 saltaram de paraquedas na Europa em 1944, tarde demais para ajudar as comunidades judaicas sitiadas.[194] Os combatentes judeus eram em especial civis, a maioria com nenhuma experiência militar ou apenas limitada, e estavam mal equipados para enfrentar o aparato de segurança alemão bem armado e seus numerosos auxiliares não alemães — lituanos, letões, russos, ucranianos ou poloneses. A resistência era sobre confundir o processo implacável de genocídio de uma forma limitada ou outra, mas a maioria dos resistentes judeus entendia que sua oposição estava condenada. A guerra contra os alemães, como disse um combatente judeu, foi "a declaração de guerra mais desesperançosa já feita".[195]

A resistência judaica ativa se expressava de duas formas contrastantes: a primeira era encontrar meios de garantir que pelo menos uma pequena fração da população judaica isolada pudesse ser salva da deportação e, se a geografia permitisse, pudesse formar grupos de autoproteção ou bandos de guerrilha para defender as comunidades proibidas; a segunda era organizar revoltas que, embora desde o início condenadas ao fracasso, demonstrassem aos agressores alemães que as populações judaicas não eram universalmente passivas ao confrontar seu destino, mas, como disse o líder da juventude sionista Hirsch Belinski, iriam "morrer com dignidade, e não como animais caçados".[196] Na verdade, havia pouca diferença no destino dos judeus em ambos os contextos. "Todo judeu carrega consigo uma sentença de morte", observou o cronista do Gueto de Varsóvia Emanuel Ringelblum.[197] A natureza perigosa da resistência ativa e o pequeno número de armas disponíveis ajudam a explicar por que apenas uma minoria muito pequena das populações judaicas condenadas participou de fato do combate. Dos habitantes que restavam no Gueto de Varsóvia na primavera de 1943, estima-se que apenas 5% de fato lutaram na revolta. Em março de 1943, o movimento de resistência no grande Gueto de Vilnius tinha apenas trezentos combatentes.[198] Aqueles que escaparam de guetos e campos para se juntar a grupos armados constituíam uma fração minúscula de toda a população desses lugares; os que chegaram ao relativo abrigo das florestas eram uma fração menor ainda, pois a milícia e a polícia caçavam os fugitivos com um zelo implacável.

As oportunidades eram sem dúvida limitadas, mas havia muitos outros fatores para explicar por que mais pessoas não resistiam. Comunidades judaicas de todos os lugares tinham apenas uma compreensão limitada ou parcial do que estava sendo feito a elas e uma forte predisposição para acreditar que o pior não poderia ser verdade. Um memorialista no Gueto de Varsóvia deplorou os "rumores aterrorizantes [...], produtos de alguma imaginação inflada".[199] Havia um medo realista de que a ação armada pudesse piorar as coisas ao acelerar deportações e assassinatos ou encorajar represálias selvagens dos alemães. Os potenciais resistentes enfrentavam a difícil escolha moral entre proteger sua família e seus companheiros ou abandoná-los para pegar em armas. Preservar a família e, em particular, salvar crianças era um forte incentivo entre as comunidades do gueto para não resistir com violência.[200] Havia também divisões políticas e religiosas profundas dentro das comunidades judaicas, em particular entre judeus mais conservadores e aqueles das várias organizações comunistas judaicas, o que tornava a cooperação mais complexa e, às vezes, impossível. Muitos judeus ortodoxos negaram que houvesse algum direito de obstruir o destino ordenado por Deus e apelaram às congregações para se concentrarem em fortalecer o espírito diante da opressão.[201] Acima de tudo, estava a crença desesperada de que, ao cooperar com as autoridades alemãs, alguns habitantes do gueto, em especial aqueles que trabalhavam em oficinas germânicas, poderiam sobreviver o suficiente para ver a derrota da Alemanha e a libertação. O fracasso do movimento de resistência no Gueto de Vilnius decorreu do amplo apoio da população ao líder judeu Jacob Gens, cuja estratégia de conformidade parecia mais propensa a salvar vidas do que uma revolta infrutífera.[202] Um policial judeu do gueto refletiu que ninguém daria o passo heroico para a resistência "enquanto existisse uma centelha de esperança de que eles perdurariam". A esperança, observou Herman Kruk em seu diário do Gueto de Vilnius, é "a pior doença do gueto".[203]

Estimativas do número de pessoas que conseguiram escapar das batidas germânicas ou da vida nos guetos e campos variam bastante entre 40 mil e 80 mil pessoas em toda a Europa ocupada pela Alemanha, mas elas estavam em geral concentradas na Europa Oriental, onde as condições geográficas eram mais favoráveis. No Governo Geral Polonês, que tinha uma população de cerca de 3 milhões de judeus em 1942, outras estimativas sugerem que cerca de 50 mil escaparam como refugiados para as florestas ao redor de Lublin e Radom, embora esses números não sejam verificáveis.[204] Uma vez lá, os fugitivos tinham uma série de escolhas difíceis. Alguns formavam grupos guerrilheiros judeus independentes, com o número de membros variando de um punhado a centenas, movidos em muitos — talvez na maioria — dos casos por um desejo de vingança contra seus algozes.[205] Usando armas roubadas ou por vezes compradas, o objetivo era confrontar o inimigo em vez de apenas garantir a sobrevivência, envolvendo-se em pequenos ataques antes de sumir outra vez em florestas e pântanos. Outros formavam as chamadas "unidades familiares", onde uma comunidade judaica era construída em segredo com o propósito principal de garantir que pelo menos alguns sobrevivessem ao conflito. Estima-se que de 6 mil a 9500 pessoas viviam nessas unidades na área soviética conquistada.[206] Elas estavam mal armadas e evitavam o combate direto sempre que possível, usando o equipamento militar limitado que tinham para defender a comunidade. A unidade liderada por Shalom Zorin, por exemplo, resistiu à pressão dos guerrilheiros soviéticos para se juntar à campanha militar agindo como um grupo de suprimentos, ajudando a encontrar comida e fornecendo serviços médicos e artesanais para os guerrilheiros não judeus. A famosa brigada de Bielski "Nova Jerusalém", que chegou em alguns momentos a ter 1200 refugiados, se mudava de tempos em tempos de um esconderijo para outro a fim de evitar confrontos. "Não se apressem para lutar e morrer", teria dito Tuvia Bielski, "tão poucos de nós sobraram, temos de salvar vidas."[207]

A vida nas florestas e nos pântanos, fosse para se esconder ou lutar, era extremamente difícil. A maioria dos fugitivos vinha de cidades ou vilas e não estava familiarizada com as exigências de viver na natureza. Era difícil obter comida e havia grandes riscos envolvidos em tentar convencer os camponeses, já sujeitos às exigências germânicas ou às depredações de partisans soviéticos ou poloneses, a entregar mais de seus produtos. Como a dependência de alimentos da floresta — plantas, nozes, frutas — era sazonal, a comida muitas vezes precisava ser roubada ou, por vezes, trocada. Os fugitivos judeus ganharam uma reputação indesejada, mesmo entre resistentes não judeus, de saqueadores e criminosos. Um sobrevivente judeu lembrou mais tarde que os fugitivos estavam entre heróis e ladrões: "Precisávamos viver e tínhamos de privar os camponeses de seus escassos pertences".[208] Quando encontravam comida, os fugitivos precisavam deixar de lado quaisquer escrúpulos sobre consumir apenas alimentos kosher ou o tabu contra a carne de porco. Uma sobrevivente relembrou que foi introduzida ao dilema quando lhe ofereceram uma boca de porco, e ela a comeu. Cozinhar envolvia o risco adicional de o fogo revelar o esconderijo. Ajudantes camponeses ensinaram os grupos a fazer fogo usando sílex e musgo e quais madeiras emitiam pouca ou nenhuma fumaça. As roupas tinham de ser improvisadas, inclusive sapatos feitos de casca de carvalho ou bétula.[209] Os cuidados com a saúde eram rudimentares e doenças, fome e fraqueza eram endêmicas. No inverno, a sobrevivência era uma questão de sorte.

Todas essas dificuldades eram eclipsadas pelo medo de ser descoberto e da morte certa que se seguia. Os fugitivos eram caçados por unidades policiais alemãs e pela "Polícia Azul" colaboradora polonesa, e a partir de 1942 também por auxiliares soviéticos das chamadas unidades *Ostlegion*, que tratavam os prisioneiros judeus com especial selvageria.[210] Eles também eram vítimas de outros grupos guerrilheiros, poloneses, ucranianos e soviéticos, entre os quais o antissemitismo era generalizado, inclusive nas Forças Armadas Nacionais polonesas (NSZ) e por vezes em unidades do Exército Nacional polonês. Um sobrevivente judeu que integrava uma unidade guerrilheira polonesa havia aprendido os ritos cristãos na prisão e se fez passar por católico: "Eu não podia ser judeu", lembrou ele, "teriam me matado". As estimativas sugerem que um quarto das mortes de fugitivos judeus ocorreu nas mãos de partisans não judeus.[211] Os guerrilheiros soviéticos foram instruídos a desconfiar de judeus como potenciais espiões enviados pelos alemães, o que encorajou mais violência grotesca. Um grupo de mulheres judias fugitivas capturadas por guerrilheiros foi despido, estuprado, amarrado com arame farpado e incendiado.[212] Para os judeus escondidos, não havia uma forma fácil de distinguir entre amigos e inimigos, e havia poucos amigos. De quem fugia da perseguição, estimativas sugerem que entre 80% e 90% pereceram por violência, doença, frio ou fome.

A resistência armada ativa era um pouco menos perigosa. Pelo menos quatro quintos de todos os envolvidos morreram, ao lado de milhares que foram apanhados no fogo cruzado ou vítimas de represália dura e indiscriminada. A reação dos líderes alemães era ver toda ação armada como prova de como o inimigo judeu era perigoso, em vez de como um esforço desesperado para evitar a onda genocida. "No entanto, vemos o que podemos esperar dos judeus quando conseguem colocar as mãos em armas", observou Joseph Goebbels em seu diário em maio de 1943, durante a Revolta do Gueto de Varsóvia.[213] Na França, várias organizações de resistência judaica surgiram com a intenção de defender os interesses judaicos. *La main forte* [A mão forte] foi fundada em Toulouse em 1940 por um grupo de judeus, em grande parte imigrantes, comprometidos em combater as políticas antijudaicas do regime de Vichy; um ano depois, em agosto de 1941, se tornou *Armée juive* [Exército judeu] e depois *Organisation juive de combat* [Organização judaica de combate]. Ela não respondia à resistência francesa, mas ao movimento sionista Haganá, com sede na Palestina.[214] O grupo foi responsável não só por montar resgate e apoio social para judeus na França, mas por ataques armados periódicos contra alvos alemães e franceses de Vichy, incluindo o assassinato de franceses conhecidos por terem denunciado judeus para a Gestapo. Eles enfrentavam riscos excepcionais e pagaram por isso sendo alvos de denúncias, prisões e execuções. Bem antes da invasão aliada, o *Armée juive* foi por fim desmantelado por três ondas de prisões em massa em 1943. Os esforços para recriá-lo em 1944 tiveram destino semelhante.[215]

Na Europa Oriental, a resistência armada longe dos esconderijos nas florestas consistiu em inúmeras revoltas que eram, em grande parte, reações espontâneas à deportação, às condições nos campos de trabalho e de concentração ou, no caso das Unidades Especiais [*Sonderkommando*] responsáveis por queimar os corpos das vítimas mortas nos campos de extermínio, representava um breve esforço para sabotar a máquina assassina. Esse tipo de reação foi generalizado. Houve revoltas em sete grandes guetos e em 45 menores, e estima-se que houve movimentos de resistência em um quarto de todos eles. Nos campos de concentração, houve cinco levantes, e nos de trabalho forçado ocorreram mais dezoito.[216] No campo de extermínio de Sobibor, uma revolta em 14 de outubro de 1943 resultou na morte de onze homens da ss e do comandante do campo, além da fuga de trezentos prisioneiros para as florestas; em 2 de agosto de 1943, em Treblinka, rebeldes mataram guardas, incendiaram o campo e permitiram que seiscentas pessoas escapassem, mas a maioria foi fuzilada ou recapturada mais tarde. Em Auschwitz-Birkenau, uma revolta do *Sonderkommando* em 7 de outubro de 1944 deixou 450 dos 663 membros mortos; outros duzentos foram executados mais tarde.[217] Fugas eram possíveis após uma revolta, mas para a maioria dos participantes seria o último gesto. Himmler reagiu à violência ordenando a eliminação de todos os trabalhadores judeus. Em 3 de novembro de 1943, 18 400 homens e mulheres foram assassinados no campo de trabalho de Majdanek.[218]

A maior revolta armada ilustra os muitos problemas enfrentados pelos judeus que decidiam que lutar era uma declaração moral profunda para recuperar, ainda que por pouco tempo, sua autonomia e algum senso de autoestima contra um inimigo que os via como menos que humanos. A Revolta do Gueto de Varsóvia, que começou em 19 de abril de 1943, seguiu as deportações em massa que tiveram início no verão de 1942. Nesse caso, a revolta esteve longe de ser espontânea. No outono de 1942, a Organização de Combate Judaica (ZOB) foi criada por sionistas de esquerda, liderada por Mordechai Anielewicz; a desconfiança de sua simpatia pelo comunismo levou revisionistas sionistas a fundarem a União Militar Judaica (ZZW); o Bund judeu socialista se recusou a aderir, mas concordou em cooperar, enquanto vários grupos "selvagens" eram criados fora da principal organização rebelde. Na época da revolta, a ZOB tinha cerca de 22 grupos de combate e a ZZW tinha dez espalhados em diferentes distritos do gueto. Em janeiro de 1943, quando as autoridades alemãs comandadas pelo coronel da ss Ferdinand von Sammern-Frankenegg começaram um novo programa de deportações, os insurgentes foram pegos de surpresa, mas encenaram uma breve batalha de quatro dias, o suficiente para avisar os alemães de que o próximo estágio de deportação provavelmente seria combatido com mais firmeza. Himmler ordenou que o gueto fosse liquidado assim que possível. Uma grande força da Waffen-ss, da polícia e de auxiliares ucranianos, apoiada por armas pesadas, foi organizada para realizar a próxima grande deportação. Sammern-Frankenegg foi substituído no último instante pelo major-general da ss Jürgen Stroop, que deveria agir de modo implacável, decisivo e rápido para acabar com qualquer resistência.[219]

Avisadas de antemão que um grande movimento estava sendo planejado, as duas principais organizações de combate enfim colaboraram para formar locais de resistência e obter armas limitadas. Na época da revolta, a zob tinha apenas uma submetralhadora, alguns rifles e um número maior de pistolas, granadas e coquetéis molotov. O Exército Nacional polonês ofereceu algum treinamento e algumas armas para uma força civil bastante inexperiente, mas não daria mais porque eram necessárias para um futuro levante geral.[220] Quando a tropa liderada pelos alemães de cerca de 2 mil homens entrou no gueto, foi recebida por entre 750 e mil rebeldes posicionados em pontos-chave. A batalha que se seguiu frustrou por completo os planos germânicos. Um sobrevivente relembrou sua alegria ao ver "soldados alemães gritando em pânico" enquanto fugiam das minas e dos atiradores que encontraram de repente.[221] Embora os insurgentes tivessem poucos recursos, o uso cuidadoso do que tinham e o elemento surpresa inicial fizeram com que o levante continuasse até a primeira semana de maio. As táticas germânicas foram alteradas e passaram a usar artilharia, bombardeios aéreos e disparos de fogo para destruir o gueto rua por rua. Em um dos muitos bunkers vulneráveis onde os combatentes se abrigavam, Anielewicz se matou para não ser capturado. Ações limitadas de guerrilha duraram até o verão, enquanto os restos do gueto queimado eram limpos e os últimos judeus eram enviados para ser exterminados em Treblinka. Estima-se que 7 mil morreram na luta, inclusive a maioria dos combatentes da zob e da zzw, e talvez mais 5 mil a 6 mil nos incêndios. A grande maioria dos mortos eram judeus escondidos; eles foram expulsos por lança-chamas e granadas de gás ou queimados vivos nos incêndios generalizados provocados pelos atacantes. Stroop alegou ter perdido apenas dezesseis homens, o que parece implausível dada a duração do conflito, mas números mais altos são especulações.[222]

A revolta fez pouco para deter as deportações por mais do que algumas semanas, embora tenha permitido que mais alguns judeus escapassem do gueto. Mesmo condenado, o levante também sinalizou de forma clara para o mundo o que os judeus enfrentavam. Para os alemães, o levante foi uma interrupção inconveniente de um programa que continuou inabalável até 1943, quando os últimos habitantes do Gueto de Varsóvia foram eliminados. A resistência judaica, diferentemente dos movimentos de resistência no resto da Europa e na Ásia, importava no contexto único do genocídio, em vez do quadro mais amplo de uma guerra mundial na qual o destino dos judeus foi marginalizado. Apenas quando participaram da resistência não judaica mais ampla e dos movimentos guerrilheiros é que seu papel contribuiu para a luta pela libertação. Nesses casos, os judeus sofreram um risco duplo como resistentes e como supostos inimigos raciais dos alemães, que de todo modo achavam que a maior parte da resistência armada era inspirada pelos judeus. Os combates separados contra o genocídio foram limitados e autodestrutivos, colocando civis desarmados ou mal equipados contra um aparato de segurança com muitos recursos. Foi um conflito no qual os civis judeus não esperavam entrar e para o qual não estavam preparados de modo adequado, em todos os sentidos. De todas as muitas guerras civis travadas entre 1939 e 1945, a resistência judaica ao Holocausto foi a mais desigual e a que causou mais perdas.

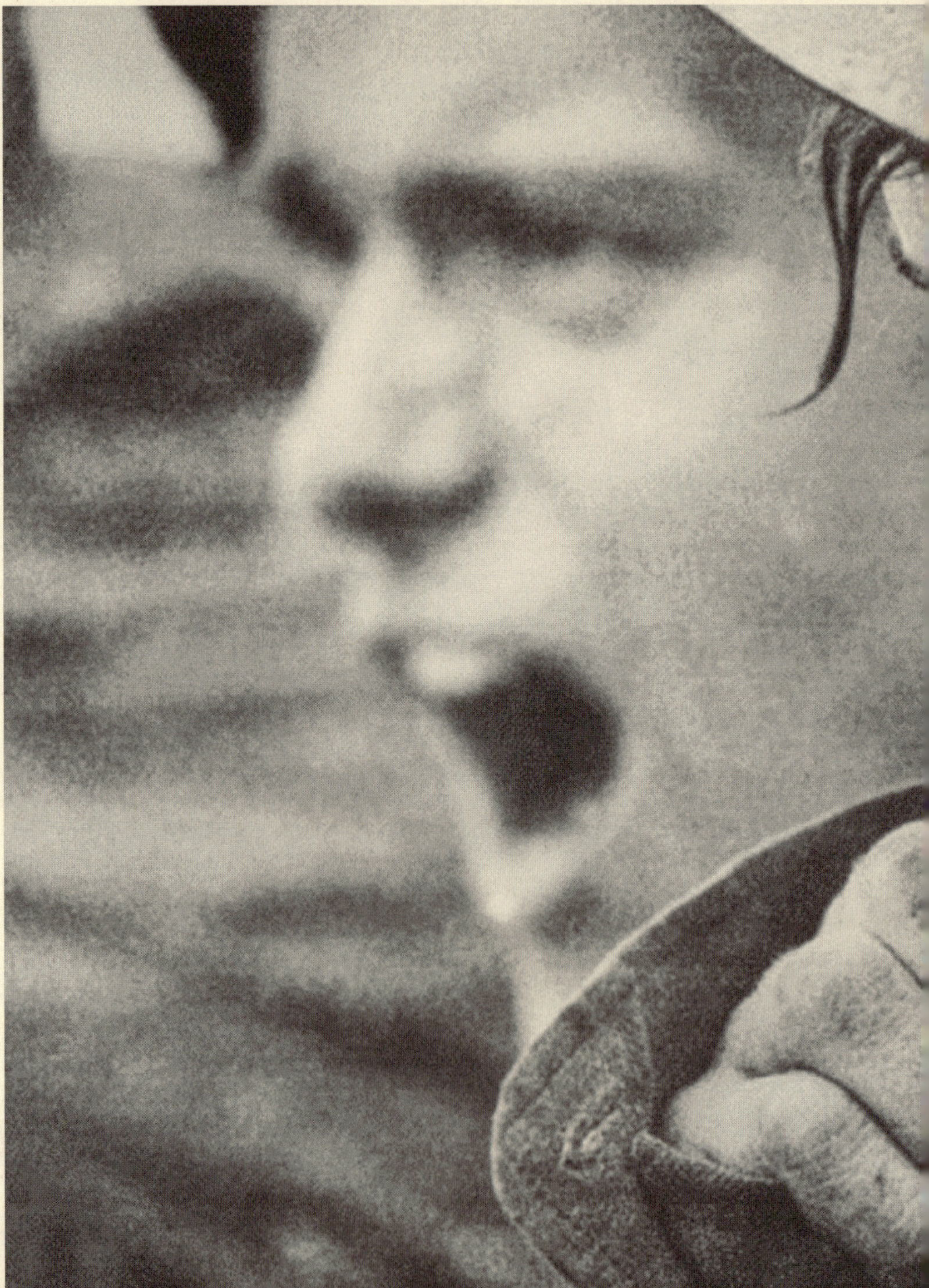

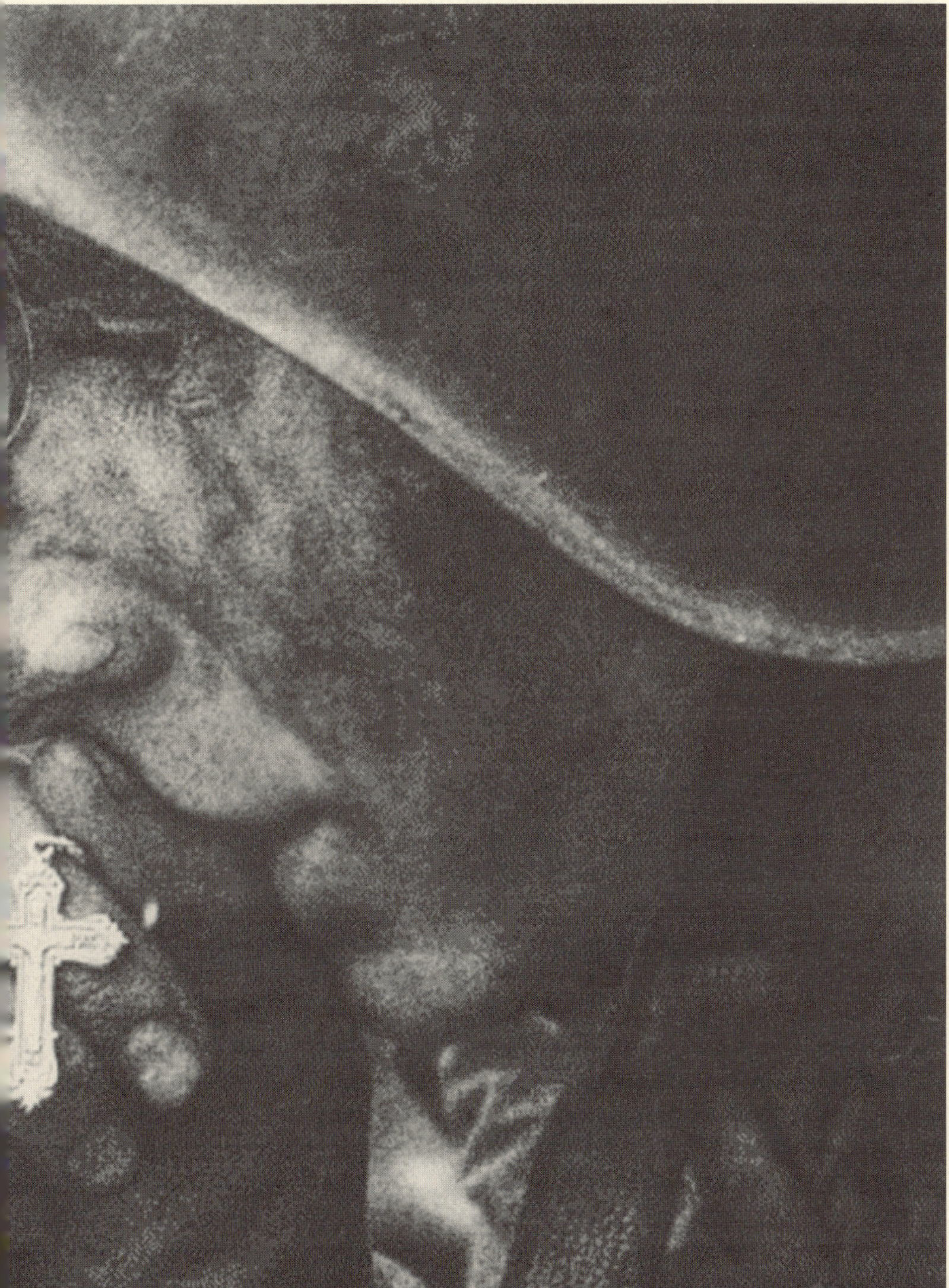

9. A geografia emocional da guerra

> *Chorei tanto nas últimas noites que até eu acho insuportável. Vi um camarada chorando também, mas ele tinha um motivo diferente. Ele chorava por seus tanques perdidos, dos quais morria desesperadamente de orgulho. [...] Tenho chorado nas últimas três noites pelo condutor de tanque russo morto que eu assassinei [...], à noite eu choro tanto quanto uma criança.*
> Uma última carta de Stalingrado, janeiro de 1943[1]

As últimas cartas enviadas por soldados germânicos de Stalingrado nunca foram lidas por suas famílias ou seus amigos. O Exército alemão recebeu ordens de confiscar os sete últimos sacos de correspondência que saíram de lá para fazer alguma avaliação do moral dos soldados condenados. O resultado não foi bem o que se esperava. Uma análise das cartas mostrou que apenas 2,1% aprovavam a condução da guerra, enquanto 37,4% pareciam na dúvida ou indiferentes, e 60,5% eram céticos, negativos ou absolutamente contrários. Quando se fizeram planos de usá-las num livro de propaganda sobre a luta heroica no Volga, Joseph Goebbels rejeitou: "A coisa toda é uma marcha fúnebre!". Por ordem de Hitler, todas foram destruídas. Cerca de 39 cartas foram copiadas pelo funcionário de propaganda que deveria escrever o livro e mais tarde, após o fim do conflito, foram publicadas.[2] Como o soldado choroso que abre este capítulo, a perspectiva e o comportamento dos soldados alemães não combinavam de forma alguma com a imagem de guerreiros raciais heroicos que lutavam para libertar a Europa da ameaça bolchevique. Os mortos, escreveu um sobrevivente, "estão espalhados à nossa volta — alguns sem braços, pernas ou olhos, e outros com as barrigas abertas. Alguém deveria filmar isso, apenas para desacreditar de vez a Forma Mais Nobre de Morte. É uma maneira imunda de morrer".[3]

A resposta emocional dos homens que estavam em Stalingrado não foi nada excepcional na Segunda Guerra Mundial. Foi uma reação ao horrível campo de batalha em que habitavam e às perspectivas sombrias de sobrevivência que compartilhavam. Em sua forma mais extrema, ela podia resultar em reações psiquiátricas ou psicossomáticas severas que incapacitaram de forma temporária ou permanente centenas de milhares de militares. A emoção primária compartilhada por quem enfrentava o combate em todas as suas múltiplas formas, inclusive os civis que sofriam bombardeios aéreos ou de artilharia, costuma ser definida como medo. Como termo genérico, o medo é pouco mais do que um guarda-chuva descritivo para uma ampla gama de estados emocionais — ansiedade prolongada, terror, histeria, pânico, depressão aguda, até mesmo agressão — e pode desencadear uma variedade igualmente ampla de condições neuropsiquiátricas, psicóticas ou psicossomáticas. As reações provocadas por formas extremas de medo, hoje em geral entendidas como estresse traumático, embora universais em combates em tempo de guerra, não são necessariamente incapacitantes para todos que as vivenciam. Soldados em combate enfrentam com frequência uma variedade desconcertante de emoções. Um soldado britânico que lutava na Birmânia estava "assustado, mas não sem razão", e descreveu seu estado emocional como uma mistura confusa de "raiva, terror, euforia, alívio e espanto".[4] Uma mulher soviética numa unidade da linha de frente lembrou que, quando um ataque tem início, "você começa a tremer. A ter calafrios. Mas isso é antes do primeiro tiro. [...] Depois que ouve o comando, você não lembra de mais nada; você se levanta com todos e corre. E não pensa mais em ter medo". Em vez disso, concluía ela, a guerra expôs "um vislumbre de algo bestial" em quem lutou nela.[5] Para comandantes militares ou governos combatentes, os estados emocionais provocados pela violência do conflito só se tornavam um problema quando ameaçavam ser incapacitantes, minando a eficácia militar ou criando pânico em massa e desmoralização debilitante na frente interna. Gerenciar a resposta emocional de soldados e civis à realidade visceral do combate se tornou um elemento importante no esforço de guerra de cada Estado combatente. Por outro lado, lidar com o trauma era a dura realidade para dezenas de milhões de homens e mulheres comuns apanhados nas espirais da guerra total. Em geral, suas reações psiquiátricas não eram tratadas e foram esquecidas nas narrativas sobre o período feitas no pós-guerra.

"AS NEUROSES DE GUERRA SÃO CAUSADAS PELA GUERRA"

A experiência de crise emocional generalizada nas Forças Armadas deve ser entendida no contexto particular do conflito da Segunda Guerra Mundial. As Forças Armadas eram excepcionalmente grandes, contando quase por completo com recrutas civis (uma fração dos quais havia prestado um breve período de serviço militar), cujas expectativas e cujos valores eram moldados por um meio civil. Em tempos de guerra, as Forças Armadas representavam uma amostra ampla das sociedades das quais eram extraídas, abrangendo grandes diferenças de classe social, educação, personalidade e temperamento. Apesar dos esforços das instituições militares para moldar os homens e as mulheres à sua disposição, não havia um caráter militar padrão. Os jovens civis enfrentavam as formas mais extremas de estresse: o risco de serem mortos e a exigência de matar outros.[6] Portanto, era certo que num campo de batalha moderno o pessoal de serviço exibiria diversas reações físicas e mentais. As condições de combate também maximizavam a perspectiva de baixas psiquiátricas devido à natureza do armamento avançado. Ataques de aeronaves a tropas em campo e contra civis durante as ofensivas de bombardeiros de longo alcance evocavam um terror particular provocado pela impotência de quem estava no solo e pela imprevisibilidade do alvo. No combate terrestre, o poder da artilharia moderna em todas as suas muitas formas, ou a ameaça representada pelos tanques enquanto rolavam por posições de infantaria expostas, produzia um cenário que testava os homens mais corajosos. O efeito cumulativo, escreveu um psiquiatra de guerra, de "constantes explosões, estrondos, estalos de metralhadoras, gemidos de projéteis de artilharia, farfalhar de morteiros, zumbido de motores de avião desgasta a resistência".[7] O soldado médio (e o civil bombardeado) também tinha de aceitar a visão habitual de corpos mortos e mutilados, campos ou ruas cobertos de partes de corpos, cenas horríveis totalmente estranhas à vida civil diária. O próprio ambiente militar, com sua disciplina rígida, anti-individualismo e supressão da identidade, provocava o que um psiquiatra australiano descreveu como um "naufrágio mental" muito antes de chegar ao campo de batalha.[8] Em 1941, o Exército britânico estacionado em casa teve 1300 baixas psiquiátricas por mês. Soldados americanos destacados para o extremo norte das ilhas Aleutas foram diagnosticados com "fadiga de combate", embora não tivessem lutado. A triagem psiquiátrica de soldados australianos que retornavam da Nova Guiné descobriu que dois terços das baixas psiconeuróticas não tinham visto combate, levando à conclusão de que não havia provas para supor que era apenas o combate que produzia a psiconeurose.[9]

A escala de baixas psiquiátricas nessas condições era potencialmente enorme, como ficou provado na prática. Os Estados Unidos rejeitaram cerca de 2 milhões de recrutas por motivos psiquiátricos, mas, mesmo assim, tiveram 1,3 milhão de baixas psiquiátricas diagnosticadas durante o conflito, sendo que 504 mil foram dispensados das Forças Armadas. No teatro europeu, 38,3% de todas as baixas americanas foram definidas em uma ou outra categoria de transtorno psiconeurótico. Estimou-se que 98% de todos os soldados de infantaria que sobreviveram à campanha da Normandia foram, em algum momento, baixas psiquiátricas.[10] Na mesma campanha, entre 10% e 20% de todas as baixas do Exército britânico foram definidas como psiquiátricas, e no Exército canadense foram 25%. Dos dispensados por motivos médicos dos exércitos britânico e americano, um terço era de pacientes psiquiátricos.[11] Para a Marinha dos Estados Unidos, a proporção foi muito menor, em parte porque o campo de combate era bem diferente, sem mortes face a face e curtos períodos de combate intenso. Apenas 3% dos dispensados da Marinha haviam sofrido transtornos psiconeuróticos.[12] Os números para os exércitos alemão e soviético são mais difíceis de julgar, pois as condições neuróticas eram muitas vezes ignoradas ou tratadas como orgânicas e, portanto, médicas. Uma estimativa sugere cerca de 1 milhão de baixas psiquiátricas no Exército Vermelho; outra, menos plausível, sugere apenas 100 mil.[13] No Exército alemão, os casos psiconeuróticos nos estágios iniciais da campanha Barbarossa aumentaram de forma acentuada até se tornar a fonte mais importante de baixas. Em janeiro de 1944, as estimativas sugerem que havia de 20 mil a 30 mil baixas psiquiátricas por mês, e na virada de 1944 para 1945, talvez até 100 mil por mês. Até 1943, os números sugerem que, entre os dispensados do serviço militar, 19,2% eram casos psiconeuróticos, mas essa estatística sem dúvida aumentou em 1944-5 com condições mais difíceis de combate, perspectivas crescentes de morte ou ferimentos e o recrutamento de homens cada vez mais jovens e mais velhos.[14] Os registros italianos são incompletos demais para fornecer estatísticas agregadas, mas as evidências locais mostram que os soldados sofreram a mesma gama debilitante de transtornos psiquiátricos que outros exércitos.[15]

Havia outras maneiras pelas quais o combate, ou a ameaça de combate, podia ser evitado que não derivavam necessariamente de uma forma de transtorno neurótico, embora seja provável que uma proporção substancial de quem infligiu em si mesmo ferimentos, desertou ou se rendeu também tenha sofrido em maior ou menor grau de reação psiquiátrica ao medo, a uma experiência traumática ou aos efeitos sufocantes da vida militar. Ferimentos autoinfligidos traziam muitos riscos (e às vezes podiam ser fatais). Em geral eram praticados com um tiro na mão ou no pé. O registro sugere que ocorriam na maioria das Forças Armadas, mas os números são escassos. Na campanha no noroeste da Europa, cerca de 1100 militares americanos escolheram essa rota para relativa segurança; na mesma campanha, o Exército canadense registrou 232 casos em 1944. No Exército Vermelho, um ferimento autoinfligido podia ser rapidamente seguido por execução; eles sempre foram tratados como exemplos de abdicação vergonhosa. Em hospitais militares americanos, os pacientes tinham a placa "SIW" [sigla em inglês para "ferimento autoinfligido"] pendurada acima da cama e eram tratados pela equipe como párias, embora ainda não tivessem sido formalmente punidos.[16]

A deserção era de uma ordem diferente. No Exército Vermelho, a deserção (incluindo aqueles que passavam para o lado inimigo) atingiu a impressionante cifra de 4,38 milhões. Dos 2,8 milhões definidos como desertores ou que escaparam do recrutamento do lado soviético, 212 400 nunca foram apanhados (e podem, de fato, ter morrido). Muitos não eram tecnicamente desertores, mas perderam contato com suas unidades durante as grandes retiradas de 1941-2 ou conseguiram escapar das linhas alemãs nas batalhas de cerco, e esses soldados eram em geral devolvidos às suas unidades.[17] Entre os classificados como desertores estavam aqueles que fugiam para as linhas alemãs, fosse por desilusão com o sistema soviético, fosse por más condições e liderança ruim, ou apenas pela esperança (desesperada como se viu) de uma chance de sobrevivência melhor. As estimativas sugerem pelo menos 116 mil deserções entre 1942 e 1945, e talvez até 200 mil em 1941, embora os números estejam sujeitos a grandes margens de erro.[18] No exército americano na Europa, houve 19 mil desertores de um total de 40 mil em todo o mundo. No Exército britânico, o total da guerra foi de 110 350, atingindo o auge nos anos de relativa inatividade em 1941-2, motivado pela frustração com a falta de ação e a proximidade de casa, em vez da experiência de batalha. Os números conhecidos do Exército alemão são limitados aos capturados e condenados à morte como desertores, que somaram 35 mil. Relatos da guerra na Ásia sugerem que homens pegos fugindo dos exércitos japonês ou chinês costumavam ser fuzilados, mas o campo de batalha era muito confuso para esperar estatísticas precisas. Os números oficiais do Exército japonês para 1943 e 1944 davam apenas 1023 e 1085 desertores, respectivamente, mais sessenta que passaram para o lado inimigo, mas até então muitos soldados haviam fugido para áreas de selva ou montanha a fim de se esconder do inimigo e não puderam ser rastreados para as estatísticas.[19] Os homens desertavam por muitas razões — por motivos emocionais, em consequência de neurose induzida pela guerra, por razões criminais, como protesto político e consciente —, mas todos eram tratados como quem queria fugir do combate. A escala de deserções pressionou bastante o sistema militar para evitar pânico em massa, e, embora a maioria não tenha sido fuzilada, ela era punida e estigmatizada para garantir que não atingisse proporções epidêmicas.[20]

A decisão de abandonar a luta ou ter uma crise psiquiátrica não era evidentemente universal. Grande parte dependia das circunstâncias particulares com as quais os soldados se confrontavam, em vez da natureza de suas personalidades. Em condições de batalha com altas perdas, em situações em que os homens ficavam presos com pouca esperança de ajuda, com a morte repentina de companheiros próximos ou um quase acidente com uma bomba ou granada, as perspectivas de uma reação de estresse eram muito altas. Em 1942, na campanha do Norte da África, a desmoralização entre as tropas do Império Britânico e da Comunidade Britânica que lutavam contra um inimigo com melhor armamento e generalato levou a um aumento muito grande no número de pessoas que se renderam em vez de continuar lutando ou que se ausentaram sem permissão. Entre março e julho de 1942, houve 1700 mortes no Oitavo Exército, mas 57 mil "desaparecidos", a maioria resultado de rendição.[21] Numa situação em que o sistema de substituição alimentava aos poucos unidades desconhecidas com novos soldados, como era o caso do Exército americano, havia entre eles uma alta incidência de mortes em batalha ou colapso psiquiátrico. Em algumas topografias, as condições exigiam muito mais da capacidade humana de suportar — a rede de rios e montanhas na China, o combate na selva no Sudeste Asiático, a guerra de inverno na frente russa ou as duras condições na frente montanhosa italiana, onde geada, neve, lama e doenças causaram muitas perdas. As taxas de baixas psiquiátricas nos exércitos aliados aumentaram de modo acentuado durante a primeira campanha invernal no sul da Itália; na campanha da Birmânia, o ambiente assustador da floresta tropical combinado a doenças que costumavam produzir reações de estresse provocaram altas taxas de baixas com diagnóstico indeterminado.[22]

A única conclusão comum de todas as frentes de combate era que ninguém, nas condições mais extremas, estava imune ao colapso. "Neuroses de guerra", escreveram os psiquiatras americanos Roy Grinker e John Spiegel em 1943, "são causadas pela guerra."[23] O Setor de Pesquisas dos Estados Unidos, criado em outubro de 1941 para monitorar o estado sociológico e psicológico do Exército, concluiu durante o conflito que nenhum homem estava imune aos efeitos psicologicamente distorcidos do combate. Após o psiquiatra militar John Appel fazer o relato de uma viagem de campo de seis semanas na Itália, o médico-chefe americano Norman Kirk emitiu, em dezembro de 1944, a todos os comandos do Exército a visão oficial de que "as baixas psiquiátricas são tão inevitáveis quanto ferimentos por tiros e estilhaços".[24] Até mesmo o comando do Exército alemão, em geral hostil à ideia de que homens decentes sucumbiam sob fogo, produziu diretrizes em 1942 para tratar neuroses, que reconheciam que "soldados excepcionalmente eficientes" não eram mais imunes ao estresse emocional do que qualquer outro.[25] Em 1944, psiquiatras militares discutiram sobre quantos dias de combate o soldado médio poderia suportar. A estimativa britânica era de cerca de quatrocentos dias, mas com intervalos para curtos períodos de descanso; os médicos americanos achavam que o limite estava entre oitenta e duzentos dias. Em maio de 1945, o Exército americano ordenou o limite de 120 dias. Para a tripulação de bombardeiros na campanha contra a Alemanha, sugeriu-se o limite entre quinze e vinte investidas, mas a tripulação aérea costumava voar trinta missões e alguns retornavam para uma segunda leva de trinta. Como apenas 16% sobreviviam a uma segunda rodada de operações, a maioria dos aviadores morria antes de poder ser classificada como psiquiatricamente desgastada. Pesquisas modernas sugeriram que, após sessenta dias em combate, um militar deixa de ser eficaz.[26]

Na Segunda Guerra Mundial, foi necessário criar e desenvolver em todas as instituições militares um sistema para lidar com baixas emocionais que reduzisse a perspectiva de "contaminação" emocional daqueles não afetados e retornasse o máximo de homens possível para a linha de frente. A experiência de exaustão de batalha na Primeira Guerra Mundial (que costuma ser conhecida como "choque de granada") desempenhou um papel nas expectativas militares do novo conflito, mas muitas lições aprendidas foram esquecidas ou superadas pelos avanços contemporâneos em medicina psiquiátrica e psicologia.[27] O desenvolvimento mais importante veio com a revolução freudiana no entreguerras, que encorajou a crença generalizada de que certas personalidades eram predispostas a conflitos psicológicos inconscientes causados por experiências na infância, Embora os médicos psiquiatras desconfiassem das afirmações psicológicas feitas por Freud e seus seguidores, a ideia de predisposição foi reforçada pela evolução do pensamento genético sobre a herança do defeito mental, e isso estimulou os psiquiatras a presumirem que, de uma forma ou de outra, a predisposição determinava as reações psiquiátricas.[28] Tanto a psiquiatria quanto a psicologia competiam com a neurologia, cujos especialistas argumentavam que todos os transtornos psiquiátricos tinham uma origem orgânica no funcionamento do cérebro e do sistema nervoso e rejeitavam a ideia de "doença" psicológica. Todas essas perspectivas, e os cientistas que as representavam e as defendiam, desempenharam um papel no desenvolvimento da psiquiatria militar em tempos de guerra, mas o resultado foi uma boa dose de discussão não resolvida e confusão sobre a forma adequada de tratamento. A situação era exacerbada pela desconfiança demonstrada por muitos comandantes militares em relação a qualquer médico que desse força à ideia de que o colapso psiquiátrico era uma forma aceitável de baixa médica. Um psicólogo chamado para avaliar recrutas numa seletiva em Idaho foi informado sem rodeios pelo oficial encarregado que sua ajuda não era necessária: "Eu sei como lidar com homens com merda nas veias".[29]

As diferentes abordagens culturais e científicas da ideia de estresse emocional explicam as divergências substanciais na forma como a psiquiatria militar foi aplicada na Segunda Guerra Mundial. Ela estava totalmente integrada ao esforço militar americano, um reflexo do amplo entusiasmo público pelos avanços da psicologia. Ela foi menos integrada nas organizações militares alemãs, soviéticas e japonesas.[30] Nas Forças Armadas americanas, foi criado um departamento neuropsiquiátrico no mais alto nível tanto para o Exército quanto para a Marinha. Antes da guerra, havia 3 mil psiquiatras praticantes nos Estados Unidos, mas apenas 37 no Corpo Médico do Exército.[31] A situação mudou durante o conflito, quando 2500 psiquiatras foram recrutados para os serviços sanitários e médicos das Forças Armadas. Em 1943, havia um psiquiatra designado para cada divisão do Exército. A Marinha criou um ramo de neuropsiquiatria em 1940 e montou unidades psiquiátricas em todo o serviço, compostas de um psiquiatra, um psicólogo e um neurologista, talvez para aliviar as tensões teóricas entre eles.[32] Nas Forças Armadas britânicas, a integração da psiquiatria foi um processo mais lento. No início, havia pouquíssimos psiquiatras recrutados, até que em abril de 1940 decidiu-se pela nomeação de um psiquiatra consultor para cada comando do Exército. No entanto, foi apenas em janeiro de 1942 que um sistema formal foi criado para tratar casos psiquiátricos, e uma Diretoria de Psiquiatria do Exército só foi montada em abril daquele ano, refletindo talvez o preconceito de Churchill de que a psiquiatria "poderia facilmente degenerar em charlatanismo". Em 1943, ainda havia apenas 227 psiquiatras vinculados a todo o Exército britânico, dos quais apenas 97 estavam no exterior.[33] A RAF, que enfrentou a maior parte do combate nos primeiros anos do conflito, montou um ramo neuropsiquiátrico em 1940, comandado por um importante neurologista britânico para lidar com o estresse do voo de combate. O ramo criou doze centros especiais para avaliar baixas emocionais que recebiam o título presuntivo Neurótico Ainda Não Diagnosticado. A maioria dos médicos designados para a RAF era composta de psiquiatras ou neurologistas.[34]

Na Alemanha e na União Soviética, os militares mantinham os psiquiatras à distância. Isso ocorria em parte por desconfiança das ciências psicológicas em ambos os regimes, onde a saúde do coletivo era enfatizada em detrimento das necessidades do indivíduo. A presunção era que os soldados (e as mulheres recrutadas, no caso soviético) superariam a crise emocional inspirados pelo comprometimento ideológico. O chefe do departamento psiquiátrico da Academia Médica Militar Soviética escreveu em 1934 que o "nível do moral político do soldado do Exército Vermelho, sua consciência de classe política durável, o capacitará a superar com mais facilidade as reações psicóticas".[35] Para o soldado alemão, escreveu um psiquiatra, o impulso da mera autopreservação em situações de perigo real "é conquistado e suprimido por meio de seu apego a altos valores e ideais".[36] Na Alemanha, psiquiatras e psicólogos eram recrutados para auxiliar na seleção para as Forças Armadas e, durante a guerra, para atuar como consultores [*Beratenden Psychiater*] em cada grupo principal do Exército. O chefe do Ramo Sanitário das Forças Armadas tinha sob sua direção sessenta psiquiatras, que davam conselhos sobre moral e tratamento médico para o Exército e a Força Aérea, mas no nível do campo de batalha o tratamento era responsabilidade dos oficiais médicos. Tanto psicólogos quanto psiquiatras foram integrados de modo mais completo aos serviços médicos da Força Aérea. Um ramo para psicoterapia foi criado em 1939, e foram abertos onze hospitais psiquiátricos para tripulantes com sintomas debilitantes de estresse. No entanto, em 1942, exatamente no ponto em que as democracias estavam expandindo suas instalações, Hitler ordenou o fechamento da psicologia militar, primeiro na Força Aérea em maio, então, dois meses depois, no Exército. A psiquiatria manteve uma posição precária no front, onde a suposição era de que quem entrava em crise precisava de uma educação mais severa em valores militares, em vez de terapia extensiva.[37]

Na União Soviética, a situação da psiquiatria era ainda mais frágil, pois havia uma escassez persistente de qualquer pessoal treinado e uma forte crença de que as condições psiquiátricas tinham uma raiz orgânica e poderiam ser tratadas por uma equipe médica comum. Os psiquiatras que trabalhavam na Diretoria Sanitária Militar Principal foram enfim solicitados a abrir hospitais psiquiátricos em setembro de 1941, mas lidavam somente com os casos mais intratáveis. Os hospitais militares alocavam apenas trinta leitos para pacientes psiquiátricos. Vários psiquiatras foram designados para as principais frentes do Exército em 1942 como conselheiros, alguns foram enviados para certas divisões do Exército. A grande maioria dos casos de colapso emocional era tratada no front por médicos com pouca experiência ou compaixão.[38] O Exército japonês presumia a priori que os recrutas mostrariam resistência até a morte e, portanto, quase não se preparou para cuidados psiquiátricos. Supunha-se que aqueles que tinham colapso nervoso eram criminosos ou desajustados, e eles eram enviados para a "Unidade de Educação" do Exército, onde eram tratados como degenerados mentais. Os poucos psiquiatras vinculados ao Exército estavam lá apenas para explicar por que alguns soldados exibiam instintos criminosos psicopáticos (inclusive o assassinato de oficiais), mas não para manter a saúde mental dos soldados.[39]

A psiquiatria e a psicologia foram exploradas nas Forças Armadas de duas maneiras muito diferentes, refletindo a tensão na ciência entre quem favorecia a ideia de uma predisposição ao colapso emocional e quem via a baixa psiquiátrica como resultado da natureza exigente em termos psicológicos e físicos do combate. Após a experiência da Primeira Guerra Mundial, havia uma crença generalizada de que procedimentos de seleção mais eficazes de recrutas civis eliminariam de forma antecipada qualquer pessoa cujo histórico ou traços de personalidade indicassem a possibilidade de colapso emocional. Depois que o combate estava em andamento, existia uma crença igualmente ampla de que quem exibia estados emocionais incapacitantes era pré-programado para fazê-lo, ou, como disse um oficial australiano, "os vasos mais fracos quebram com mais facilidade".[40] Apenas as Forças Armadas dos Estados Unidos insistiram que um psiquiatra ou psicólogo deveria estar envolvido em cada painel de seleção de recrutas. As entrevistas para o perfil psiquiátrico costumavam levar de três a quinze minutos, tempo raras vezes suficiente para estabelecer se estados de ansiedade ou psicologia anormal poderiam de fato ser detectados. Os entrevistadores eram instruídos a procurar homens que exibissem qualquer uma das 22 condições possíveis, de "solidão" a "estranheza reconhecida" ou "inclinações homossexuais". Esse filtro arbitrário resultou na rejeição de mais de 2 milhões de recrutas. Em geral, os psiquiatras americanos concordavam que o histórico familiar e a personalidade eram primordiais — "neuroses de guerra são 'feitas na América'" — e que podiam detectá-los com testes simples.[41] Os psiquiatras das Forças Armadas australianas e americanas elaboraram perguntas banais para eliminar uma potencial vítima emocional. "Você se preocupa muito?" ou "Você desanima com muita facilidade?" eram típicas, mas dificilmente provocariam respostas francas ou úteis.[42] Para ajudar quem era selecionado, o Exército americano oferecia o manual *Fear in Battle* [Medo em batalha], que explicava que era normal que os homens sentissem medo, mas que isso podia ser superado por meio de um processo de "ajuste" emocional.[43]

As forças britânicas foram muito mais lentas em desenvolver a seleção por motivos psiquiátricos e apenas 1,4% dos recrutas foram rejeitados por condições psicóticas óbvias, em comparação com 7,3% de todos os recrutas americanos. Os selecionadores britânicos estavam muito mais preocupados em combinar aptidões particulares ao trabalho certo, embora tentassem eliminar aqueles com uma óbvia "disposição tímida e temperamento ansioso".[44] Na Alemanha, os psicólogos eram vinculados a centros de seleção sob a premissa de ser uma necessidade racial e militar eliminar todos aqueles definidos como "associais" ou com defeitos de personalidade óbvios, do mesmo modo como o regime tentava eliminá-los ou excluí-los da comunidade racial. O preconceito contra os "neuróticos de guerra" entre os veteranos alemães do primeiro conflito, encorajados pelos esforços nacional-socialistas para moldar uma geração de soldados "masculinos" em vez de potenciais histéricos, estava refletido nos procedimentos de triagem militar. O Exército estava ansioso para evitar qualquer repetição dos pânicos de choque de granada provocados pelo combate de trincheiras e era hostil à perspectiva de ter de lidar com homens que considerava preguiçosos e "candidatos a pensão".[45] Otto Wuth, conselheiro psiquiátrico da Inspeção Sanitária do Exército, distinguia entre os "dispostos" e os "relutantes", e os psiquiatras eram usados para eliminar os da segunda categoria, entre eles supostos fracassados psicológicos e encrenqueiros. O nível reduzido de baixas psiquiátricas nos dois primeiros anos do conflito, com rápidas vitórias móveis e nenhuma repetição do árduo combate de trincheiras de 1914-8, parecia confirmar que a triagem havia de fato eliminado o neurótico de guerra. Os casos registrados foram atribuídos em grande parte à predisposição: "Essas pessoas não têm valor espiritual total", escreveu um psiquiatra em 1940. "Aqui não se trata de uma doença real em um sentido médico, mas [de pessoas] de menor valor."[46]

A ênfase na predisposição para falhar psicologicamente como soldado era contestada pela evidência generalizada de que o colapso psiquiátrico ocorria em todo tipo de recrutas. Mas não era eliminado por completo porque estava claro que havia um número de homens com transtornos psicóticos graves numa coorte populacional tão grande, enquanto a ideia de que alguns tinham nascido covardes ou preguiçosos estava de acordo com os preconceitos militares existentes. O exemplo mais famoso ocorreu em um hospital de campanha americano, na cidade siciliana de Nicósia, onde o general George Patton, comandante americano da invasão da Sicília, deu um tapa no rosto de uma aparente baixa psiquiátrica por suposta simulação (na verdade, o soldado sofria de um caso de malária diagnosticado de forma incorreta). "Homens assim são covardes", relatou ele mais tarde.[47] Patton foi afastado por seu comportamento, mas a intolerância militar a baixas psiquiátricas era instintiva. Arthur Harris, comandante-chefe do Comando de Bombardeiros da RAF, era conhecido por desdenhar dos "fracos e vacilantes" que cediam sob a pressão do combate, mas esse preconceito foi incorporado ao tratamento dado pela RAF à tripulação de voo a partir do momento em que, em abril de 1940, a chamada "carta dos vacilantes" foi enviada aos comandos, recomendando que lidassem de forma rápida com qualquer sinal de colapso emocional que pudesse ser definido como "falta de fibra moral" (LMF, na sigla em inglês). A LMF se tornou a descrição-padrão para toda tripulação liberada do serviço por suposta simulação ou covardia, e, embora a maioria das baixas psiquiátricas fosse tratada por psiquiatras de campo com mais simpatia, o ônus recaía sobre o militar, que precisava convencer seus superiores de que ele não era um covarde.[48] A prioridade da RAF era identificar e remover casos emocionais antes que tripulantes saudáveis fossem infectados: "A tarefa importante para psicólogos não é remendar um material inferior, mas eliminá-lo antes que possa falhar".[49] Os psiquiatras que trabalhavam para o Exército australiano mantiveram a primazia da predisposição durante toda a guerra. Um estudo sobre os soldados australianos na Nova Guiné identificou 51% dos casos como resultado de condições psicológicas preexistentes. Os psiquiatras procuravam homens que haviam estado em orfanatos ou tinham um histórico familiar neurótico ou pais alcoólatras. O objetivo era evitar mimar "desperdiçadores e psicopatas".[50]

Não obstante, à medida que a guerra avançava, ficava cada vez mais óbvio que predisposição, falhas de caráter ou supostas qualidades raciais ruins não poderiam explicar os altos níveis de baixas definidas como psiquiátricas, em particular nas Forças Armadas americanas e alemãs, que haviam se esforçado bastante para selecionar recrutas com base em sua capacidade de adaptação psicológica ao serviço militar. Para psiquiatras que trabalhavam em campo, era óbvio que aquilo que observavam eram reações de estresse a combates extremos ou prolongados, alguns apenas produto de exaustão física e mental, e algumas reações de choque traumáticas genuínas que provocavam distúrbios psicóticos mais sérios. Os sintomas exibidos já eram conhecidos na Primeira Guerra Mundial. "Olhos escuros fundos com uma expressão assustada", lembrou um soldado americano, "com roupas grandes demais, fumante compulsivo, mãos trêmulas, tiques nervosos."[51] Os homens tremiam ou choravam de modo incontrolável, perdiam o controle de suas habilidades motoras, defecavam ou urinavam involuntariamente, se encolhiam em posição fetal ou ficavam sem reação e apáticos. Muitos desenvolviam condições psicossomáticas — perda de audição, mutismo, gagueira, ataques de espasmos, úlceras pépticas (uma epidemia no Exército alemão). A explicação fisiológica para os efeitos do medo extremo nas funções corporais já era compreendida por alguns neurologistas antes da guerra, mas não era aplicada a vítimas psiquiátricas. A defecação involuntária, experimentada de acordo com uma pesquisa por um quarto dos soldados americanos, era alvo preferido para acusações de covardia, mas tratava-se de uma reação fisiológica normal provocada pelo sistema nervoso simpático. De maneira gradual, as autoridades militares passaram a reconhecer que a maioria dos homens em combate não era covarde nem preguiçosa, mas vítimas do estresse produzido pelo perigo prolongado. A resposta foi desenvolver um tratamento apropriado em vez de estigmatizar militares com moral baixo.[52]

As Forças Armadas soviéticas e alemãs tinham uma visão mais clara dos efeitos do combate do que as democracias porque estavam mais inclinadas a tratar reações psiquiátricas como condições orgânicas e a ver apenas o menor elemento de pacientes psicóticos como vítimas reais de distúrbios neuróticos. Na década de 1930, as Forças Armadas alemãs já haviam identificado quatro categorias para serem tratadas na linha de frente: exaustão nervosa e reações psicogênicas temporárias (relacionadas à experiência), que deveriam ser tratadas no front ou perto dele; e fortes reações histéricas e psicoses, que deveriam ser tratadas em hospitais de retaguarda ou os pacientes deveriam voltar para casa. Quando a guerra no Leste começou a impor muitas baixas no outono de 1941, distúrbios funcionais induzidos psicologicamente foram tratados primeiro em ambulatórios da linha de frente ou em centros de repouso, onde comida, sono, tratamento narcótico, aconselhamento e a presença de companheiros tinham sido projetados para que os homens logo retornassem ao front. A Força Aérea montou centros de repouso mais distantes da linha de frente para aviadores que eram designados como *abgeflogen* [literalmente "voados para fora" — estresse de voo], três em 1940 em Paris, Bruxelas e Colônia, mais oito em 1943.[53] O Exército Vermelho empregou o mesmo sistema de centros médicos avançados, onde se esperava que descanso, alimentação decente e saneamento transformassem homens exaustos pelo combate em soldados saudáveis o suficiente para retornar ao front. Os exércitos democráticos demoraram mais para reconhecer o problema e oferecer o que veio a ser chamado de "psiquiatria avançada". O Exército da Nova Zelândia foi o primeiro a introduzir centros de repouso no Norte da África em 1942, mas logo foi seguido pelos britânicos e americanos que lutavam na campanha pela Tunísia. Roy Halloran, diretor da Divisão Neuropsiquiátrica do Exército Americano, aprovou a criação de unidades de linha de frente para fornecer cuidados psiquiátricos porque logo se notou que homens levados muito para trás do front tendiam a piorar em vez de melhorar, pois se viam definidos como casos psiquiátricos. A primeira clínica avançada foi criada na Tunísia em março de 1943, em caráter experimental. Seu sucesso imediato levou à criação de tratamento avançado em todo o Exército.[54] O Exército britânico criou um sistema semelhante, começando com unidades de ambulância avançadas para cuidados psiquiátricos, seguido em 1943 por unidades de triagem de enfermaria e centros para combatentes exaustos. No final da guerra, muitos dos considerados vítimas de exaustão de combate já eram tratados nas linhas de batalha ou logo atrás delas.[55]

Mesmo com tratamento avançado, a tensão entre diferentes visões das reações de estresse e a maneira mais eficaz de cuidar delas continuou a produzir atrito e, em inúmeros casos, diagnósticos incorretos (embora poucos tivessem sofrido a mesma indignidade que uma vítima no front da Birmânia, cujo registro médico preliminar apenas declarava "lunático").[56] A rivalidade profissional desempenhava um papel em como se agia em relação à terapia construtiva. Psiquiatras militares na Alemanha argumentaram contra a tendência em hospitais da Força Aérea de permitir terapias longas, influenciadas pela prática terapêutica psicanalítica, e sugeriram que muitos aviadores eram os beneficiários afortunados do que equivalia a um "fracasso da arte médica" e uma contravenção da "disciplina militar viril".[57] Os psiquiatras alemães trataram de penalizar qualquer coisa que lembrasse simulação entre baixas psiquiátricas; com efeito, a ameaça de um regime punitivo de tratamento parece ter desempenhado um papel no incentivo ao retorno voluntário ao front. No Exército Vermelho, a cultura militar predominante insistia que não havia lugar para preguiçosos ou chorões, e o conhecimento do que poderia acontecer com eles quase decerto ajudou a acelerar qualquer recuperação que a camaradagem e o sono já tivessem possibilitado.[58]

A própria linguagem usada para descrever vítimas psiquiátricas refletia a confusão em torno do que a psiquiatria alegava tratar e as visões céticas da liderança militar sobre o que contava como uma condição aceitável. Na primeira grande batalha no Pacífico, em Guadalcanal, o único psiquiatra vinculado à Divisão Americana estava tão preocupado com ações que poderiam ser tomadas em relação ao colapso psiquiátrico que diagnosticou os homens com o termo "concussão explosiva", que soava mais militarizado; os serviços médicos soviéticos usavam a palavra "contusão" pelo mesmo motivo.⁵⁹ Na Grã-Bretanha, o termo "choque de granada" foi abandonado muito antes da guerra, para não encorajar os soldados a pensar que o colapso sob fogo era aceitável, mas os novos termos — síndrome do esforço, síndrome da fadiga — eram igualmente capazes de ser explorados, até que "exaustão de batalha" foi introduzido para a campanha na Normandia.⁶⁰ Nas forças americanas, o reconhecimento de que a grande maioria dos casos era consequência de condições de combate resultou num diagnóstico habitual de "exaustão de combate" para soldados, e "fadiga operacional" para aviadores. Os próprios psiquiatras dividiam numa ampla variedade de categorias médicas os pacientes que não se recuperavam em ambulatórios avançados, refletindo o progresso que havia sido feito durante os anos do entreguerras para compreender a natureza do dano psiquiátrico, mas ao mesmo tempo encorajando os homens que não queriam voltar ao front a se verem como inválidos por uma condição específica aprovada.

No fim das contas, o teste da medicina psiquiátrica na guerra era até que ponto os soldados que apresentavam sintomas de exaustão ou estados psicóticos ou psicossomáticos mais sérios poderiam retornar ao serviço. Psiquiatras e psicólogos eram bastante pressionados para mostrar que seu lugar na estrutura médica militar era merecido; a ansiedade profissional com quase toda certeza significava que os homens que eram devolvidos ao front ou a tarefas de não combatentes não estavam em nenhum sentido "curados", embora não estivessem mais obviamente incapacitados. Empregava-se uma grande variedade de terapias para ajudar a superar a exaustão e o medo, como narcóticos, terapia de sugestão, injeções de insulina (para estimular o ganho de peso) e, em alguns casos, iniciar um estado induzido por drogas no qual traumas específicos eram revividos pelo paciente a pedido do psiquiatra para liberar terrores reprimidos.⁶¹ A taxa de retorno ao serviço reivindicada pelas unidades neuropsiquiátricas variava muito, e a maioria dos que voltavam era enviada para funções não combatentes no front ou logo atrás, embora os hospitais psiquiátricos italianos da linha de frente devolvessem apenas cerca de 16% para suas unidades, enquanto a grande maioria das vítimas era enviada de volta para a Itália.⁶² Em março de 1943, os psiquiatras militares americanos na frente tunisiana reivindicavam taxas de retorno de 30% após apenas trinta horas de descanso e tratamento, e 70% após 48 horas, mas outras estimativas sugeriam que apenas 2% de fato voltavam ao combate.⁶³ As taxas gerais de retorno britânicas foram estimadas em 1943 entre 50% e 70% em uma semana, mas mais uma vez a maioria voltava para funções não combatentes. Em geral, na Força Aérea britânica, os aviadores que não eram classificados em termos formais como LMF não voltavam a voar. Dos que retornavam, pouco esforço foi feito para verificar as taxas de recaída. Alguns estudos de guerra sugeriram que apenas um pequeno número se tornou baixa de novo, mas estudos de unidades específicas mostraram muito menos sucesso. Uma pesquisa que analisou 346 baixas de infantaria que voltaram a lutar na Itália em 1943 mostrou que três meses depois apenas 75 ainda estavam em combate.[64] Após semanas de uma batalha dura na Normandia, apenas 15% dos enviados para centros de exaustão da linha de frente puderam ser devolvidos às suas unidades, enquanto metade foi enviada de volta à Grã-Bretanha.[65] A maioria dos que voltavam ao front como aptos o suficiente eram combatentes ineficazes. O resultado foi que novos recrutas, muitas vezes com pouco treinamento e logo imersos na confusão do conflito, tiveram que tomar o lugar de homens que não eram mais capazes de lutar, com uma grande chance de rapidamente se tornarem baixas emocionais.

Para aqueles que não podiam ser ajudados nos ambulatórios psiquiátricos avançados, destinos diversos os aguardavam enquanto voltavam pela cadeia de hospitais e clínicas psiquiátricas da retaguarda. Alguns eram apenas reconhecidos como esgotados e não eram submetidos a nenhum esforço adicional. O que passou a ser chamado de "síndrome do sargento velho" (ou, no Exército britânico, "histeria do guarda") foi reconhecido pelas forças aliadas na campanha italiana em 1943 e 1944, quando um número cada vez maior de oficiais e suboficiais com registros impecáveis de combate entrou em colapso após meses no front. Eles foram considerados intratáveis e dispensados com honra.[66] Na Grã-Bretanha, os diagnosticados com estados psicóticos ou psicopáticos voltavam para casa a fim de se tratar e eram dispensados se a condição não tivesse chance de melhorar, ou eram mantidos nas Forças Armadas para trabalhar em bases e depósitos se fossem considerados capazes o suficiente para realizar tarefas que liberariam homens aptos para o front.[67] Nas ditaduras, por outro lado, a presunção era de que quem sofria colapso emocional estava provavelmente simulando ou exagerando os sintomas como uma forma do que os psiquiatras alemães chamavam de *Kriegsflucht*, fuga da guerra. No Exército Vermelho, supostos preguiçosos ou fingidores eram enviados para batalhões de punição, onde o provável é que logo fossem eliminados. Na Alemanha, quem voltava às clínicas de retaguarda era submetido a uma forma deliberadamente dolorosa de terapia de choque elétrico, durante a qual podiam acontecer ataques cardíacos ou ossos quebrados. Se resistisse ao tratamento ou se recusasse a voltar ao serviço, era colocado em "departamentos especiais" de punição na retaguarda, onde as condições eram semelhantes às dos campos de concentração, ou, a partir de abril de 1942, em batalhões de punição no front. Em 1943, o Exército decidiu colocar quem sofria de problemas psicossomáticos de estômago ou audição nos chamados "batalhões dos doentes" [*Krankenbatallionen*] para substituir as tropas regulares em serviços de guarnição e fortificação. Uma pequena minoria daqueles que, por seu caráter "associal", eram considerados sem nenhuma esperança ia para as instalações de "eutanásia" e morte.[68]

A grande quantidade de baixas psiquiátricas, a baixa taxa de retorno aos deveres de combate e a admissão de novos recrutas despreparados para as demandas escaldantes do front significavam que todas as Forças Armadas se tornavam menos eficazes à medida que o conflito avançava. O declínio do elemento humano foi mascarado pela produção militar em massa e por melhorias operacionais e táticas substanciais no modo como essas forças lutavam, mas o combate prolongado em condições difíceis diminuiu a capacidade delas de aproveitar ao máximo as mudanças materiais. Exércitos terrestres, em particular, cambaleavam sob o peso das perdas e, como boxeadores bêbados, achavam que se tornava mais difícil nocautear conforme o tempo de combate se prolongava. É possível encontrar vários exemplos de pânico no front em pequenas unidades em todas as frentes de batalha. Relatos contemporâneos da guerra sino-japonesa estão cheios desses momentos num campo de batalha fluido e confuso, com homens fugindo "assustados como ratos", de acordo com um oficial chinês.[69] Não obstante, houve poucos exemplos de pânico coletivo ou de colapso total da disciplina. A retirada britânica da Noruega em 1940, o colapso da disciplina na ilha de Singapura no início de 1942 ou a divisão italiana em Tobruk que se rendeu assustada quando 6 mil soldados poloneses sem munição os atacaram com baionetas foram incomuns. Rendições em massa (pelo menos até os últimos dias da guerra) ocorreram em geral no início do conflito — na França e na Bélgica em 1940, na África Oriental e na União Soviética em 1941 — ou quando a luta não podia mais continuar, como em Stalingrado. Mesmo aqueles casos em que os exércitos entraram em colapso temporário — o Exército francês em 1940, o Exército Vermelho no verão de 1942 na estepe do Don, ou a retirada desorganizada dos alemães pela França em 1944 —, terminavam com a montagem de uma nova linha de defesa, à medida que os soldados em pânico voltavam a ser controlados e seus medos eram disciplinados. Os homens continuavam a lutar apesar dos efeitos psicológicos do combate moderno e da epidemia de baixas psiquiátricas, como haviam feito na Primeira Guerra Mundial.

MANTENDO O "MORAL"

Se as pressões emocionais de guerra para centenas de milhares de homens e mulheres em serviço eram grandes demais para suportar, por razões que não são difíceis de compreender, permanece a questão sobre como a maioria que não sucumbiu à crise psiquiátrica, temporária ou de longo prazo, conseguiu superar suas reações ao combate e continuar a lutar. Trata-se de uma questão que costuma ser apresentada como o problema de manter o moral, mas o termo "moral" é nebuloso. Ele é usado para cobrir não só uma ampla gama de explicações possíveis para o motivo de os homens lutarem, como é aplicado também a todo o espectro de possíveis reações de pessoas cujas diferenças em inteligência, origem social, estado psicológico ou circunstâncias pessoais sem dúvida tornarão insustentável qualquer suposição genérica sobre seu estado moral ou emocional. Durante a Segunda Guerra Mundial, as organizações militares tendiam a presumir que, com treinamento eficaz e educação motivacional, todos os militares poderiam ser comprimidos no mesmo molde. O general britânico Ronald Adam escreveu em 1943 que "a vasta maioria dos homens pode ser treinada para lidar com o medo, assim como para lidar com os alemães".[70] Até mesmo os psiquiatras imaginaram a existência de um indivíduo normativo que poderia se adaptar à guerra moderna e à vida militar, ao contrário daqueles que eram "discretos ou tímidos, e inibidos, mas irresolutos", que não conseguiam isso, como disse um psiquiatra britânico.[71] A suposição predominante era que a maioria poderia superar seus medos quando ordenada a fazê-lo. "Por trás dessa crença está a ideia de que, de algum modo, coragem e covardia são escolhas livres que vêm a cada homem, anulando todo estresse emocional [...], e que ele pode ser corajoso se lhe disserem que deve ser", escreveu o psiquiatra consultor do Exército britânico J. R. Rees.[72]

Qualquer conclusão genérica de que todos os homens podem ser preparados para o combate, exceto a fração cujo estado emocional os exclui, considera pouco as amplas diferenças culturais e sociais entre os ambientes militares das potências combatentes ou as diferentes condições de combate. Muito foi dito em narrativas de guerra sobre a importância da liderança sólida ou do entusiasmo moral gerado pela perspectiva de vitória, mas nenhum argumento funciona melhor como uma explicação geral do que a afirmação de que os homens podem ser treinados para serem corajosos. As forças alemãs e japonesas continuaram a lutar com determinação sombria diante da derrota iminente; conforme a vitória parecia mais próxima, as tropas aliadas se tornaram visivelmente mais cautelosas e relutantes em se arriscar a morrer. O general George Marshall, chefe do Estado-Maior do Exército dos Estados Unidos, introduziu na instituição uma Divisão de Moral apenas em 1944, quando a vitória parecia garantida.[73] Na União Soviética, a virada em 1943-4 fez menos diferença para o estado das tropas do que era de esperar. "Após três anos de guerra", afirmou um combatente do Exército Vermelho em 1944, "o soldado soviético está cansado, em termos físicos e morais."[74] O comando-geral ruim e o erro de julgamento operacional não impediram as forças dos Estados Unidos de lutar na cabeça de ponte de Anzio, no sul da Itália, em 1943-4, ou na desastrosa campanha da floresta de Hürtgen no final de 1944, onde ambos os lados, americano e alemão, sofreram baixas horríveis por uma operação sem sentido. As Forças Armadas continuaram lutando nas circunstâncias mais desmoralizantes para as quais nenhum argumento geral sobre a natureza do moral pode fornecer uma explicação satisfatória.

A explicação óbvia, embora menos na moda, é a coerção militar. Todas as organizações militares são por natureza coercitivas, embora não igualmente punitivas. Na Segunda Guerra Mundial, elas pegaram uma ampla amostra representativa da sociedade civil e a obrigaram a aceitar a estrutura, a disciplina e as demandas diárias da vida militar. O sistema de justiça militar foi expandido para lidar com os problemas que isso provavelmente causaria, mas as preocupações eram bem distintas da esfera da justiça civil porque foram projetadas para restringir quase qualquer liberdade de escolha e prescrever uma faixa estreita de comportamento aceitável desde o campo de treinamento até o front. Os hábitos diários de disciplina eram deliberadamente intrusivos, inibidores e sempre presentes, minando o indivíduo e enfatizando o poder do coletivo. Em todos os níveis de atividade militar, teatros e serviços, a coerção mantinha a organização e o poder de luta do material humano à disposição. A disciplina era suplementada pelo treinamento (cuja severidade variava entre as culturas militares), por programas de educação política e ideológica, por campanhas deliberadas para aumentar o moral e (por uma fração) a perspectiva de promoção e prêmios. Está claro que esses fatores importavam muito para quem vivia e trabalhava no ambiente desconhecido do combate moderno, mas a coerção e a ameaça de punição sustentavam a capacidade das Forças Armadas de recrutar, treinar e disciplinar as dezenas de milhões de ex-civis que participavam da luta.

No entanto, o grau de coerção diferia de um ambiente militar para outro; as Forças Armadas de regimes autoritários eram, em geral, mais punitivas de modo significativo do que as das democracias. As culturas militares na Alemanha e no Japão se baseavam em tradições de honra e obediência — no caso dos soldados japoneses, até a morte. Estes podiam ser açoitados publicamente por qualquer indício de covardia ou desobediência, e até mesmo espancados por seus companheiros recrutas por abandonar de algum modo o dever.[75] Tratava-se de culturas psicologicamente coercitivas, nas quais, sob as mais árduas circunstâncias, obediência absoluta e dever inabalável eram esperados de todo soldado como os mais altos valores militares, mesmo que nem sempre fossem cumpridos.[76] O sistema de justiça e os padrões de disciplina militares estavam em seu ponto mais extremo nas ditaduras soviética e alemã, onde a deserção ou o colapso psiquiátrico eram menos tolerados. O sistema penal militar era uma extensão do terror de Estado praticado por ambas as ditaduras, onde desvios de qualquer tipo dos objetivos ideológicos do regime acarretavam penalidades severas. O fracasso ou a falta de vontade de participar da luta pelo futuro da raça alemã ou pela defesa da pátria soviética era considerado um lapso imperdoável na motivação política, bem como um desafio aos códigos de conduta militares. Na Itália, o fascismo tinha a mesma visão. Os 130 soldados condenados à morte por deserção pelos tribunais militares extraordinários, embora fossem apenas uma fração dos que foram apanhados, pretendiam ser um exemplo "pedagógico" para os demais, a fim de encorajar um empenho maior pela causa.⁷⁷

Na União Soviética, ordens para executar todos os desertores e covardes foram enviadas de Moscou para os conselhos de grupos do Exército em agosto de 1941, depois para o Exército e as unidades de combate. Para evitar deserções em massa ou retiradas, o Exército Vermelho criou em setembro de 1941 os chamados "destacamentos de bloqueio" de tropas de retaguarda ou homens de segurança do NKVD. Sua principal tarefa era deter soldados assustados e isolados quando retornavam das derrotas e devolvê-los às suas unidades. Nos primeiros meses da invasão alemã, os destacamentos capturaram 657 364 homens, mas a maioria foi mandada de volta para o front, exceto 10 201, cuja deserção foi considerada séria o suficiente para merecer execução. Em julho de 1942, Stálin publicou a Ordem n. 227, "Nem um passo para trás", com o objetivo de deixar claro que nenhum soldado poderia abandonar sua posição sem punição. Ao longo do conflito, estimou-se que 158 mil foram executados por deserção, covardia, atividade criminosa ou desvio político; outros 436 mil foram enviados para a rede de campos do Gulag, o equivalente a cerca de sessenta divisões soviéticas.⁷⁸ A partir de 1943, qualquer lapso do pessoal de serviço soviético era investigado por uma nova organização de segurança chamada "Morte aos Espiões" [Smersh, no acrônimo em russo]; junto com a caça a sinais de traição, os oficiais da Smersh também assumiam a responsabilidade por desertores, covardes e aqueles com ferimentos autoinfligidos. O objetivo era incutir um medo de punição que fosse mais forte do que o do inimigo.⁷⁹ Como o regime também ameaçava punir as famílias de quem desertava ou se rendia, os soldados soviéticos tinham uma pressão adicional para superar quaisquer crises emocionais que enfrentassem e seguir lutando.

Nas Forças Armadas alemãs, presumia-se que quem abandonava a luta, fosse por deserção física ou psicológica, era um companheiro de raça inferior que merecia ser punido por abandonar a luta que garantiria o futuro da Alemanha. À medida que a escassez de mão de obra começou a forçar os militares a recrutar soldados menos capazes ou capazes de se adaptar a servir no front, a ameaça de punição — ou "tratamento especial" [*Sonderbehandlung*], no léxico do regime — passava a ser mais usada para impor a submissão. A justiça militar contra a "fuga da guerra" ou o enfraquecimento da disciplina militar era aplicada conforme a Seção 51 do Código Penal Militar; os casos com frequência exigiam que um psiquiatra enviasse um relatório para confirmar que o culpado não era um caso psiquiátrico grave e poderia ser punido de acordo.⁸⁰ Muitas vezes, punição significava execução e, como nas Forças Armadas soviéticas, a intenção de criar o medo das consequências do abandono do dever era manter os homens lutando.⁸¹ As Forças Armadas alemãs não tinham tanta mão de obra para esbanjar quanto o Exército Vermelho, mas o total de mortes superou as 48 execuções realizadas na Primeira Guerra Mundial. Estima-se que 35 mil militares foram condenados à morte, e 22 750 foram executados, dos quais cerca de 15 mil eram desertores, mas o número total é quase sem dúvida maior do que isso.[82] No último ano do conflito, soldados fugitivos encontrados no Reich foram enforcados em postes de luz como exemplo para os demais ou foram fuzilados pela polícia militar, deixando poucos rastros estatísticos. Havia ainda mais ofensas menores, e o serviço prisional militar se tornou uma instituição importante. O total de sentenças de prisão aplicadas a militares durante a guerra foi de cerca de 3 milhões; destas, cerca de 370 mil foram por períodos de mais de seis meses, e 23 124 foram sentenças longas de trabalho forçado.[83] O paradoxo apresentado pelas estatísticas dos exércitos soviético e alemão é que o medo da punição não funcionou como impedimento. A luta no front oriental foi particularmente longa, encarniçada e sangrenta. Ambas as Forças Armadas fizeram uso de uma disciplina severa para garantir que todos os soldados soubessem o custo de abandonar o dever, mas isso nunca foi suficiente para conter o fluxo de quem estava com medo ou desencantado demais para continuar.

Nas Forças Armadas democráticas, a coerção existia como uma realidade organizacional e diária, mas sem a ameaça de uma justiça militar punitiva em excesso. Deserção e crime eram punidos, mas apenas um soldado americano foi fuzilado por desertar durante o conflito; do lado britânico, ninguém foi executado, apesar do pedido enérgico do general Claude Auchinleck, comandante-chefe no Norte da África, de que a pena de morte fosse restaurada para homens que abandonassem a luta.[84] O que se enfatizava mais era envergonhar quem abandonava a luta sem uma causa médica justa com dispensa desonrosa ou cerimônias públicas formais de rebaixamento. Os aviadores britânicos investigados por LMF tinham seus distintivos e insígnias retirados dos uniformes e eram obrigados a desfilar pelas ruas para o público ver, antes mesmo de qualquer decisão formal ter sido tomada sobre seu estado mental ou físico.[85] Para quem se escondia, havia ainda um regime de punição, embora não houvesse mais perigo. No último ano do conflito, 8425 militares britânicos foram condenados por deserção.[86] Ao longo de toda a guerra, houve 30 299 condenações por corte marcial; quase 27 mil foram por deserção ou ausência sem licença, 265 por ferimentos autoinfligidos, mas apenas 143 por covardia.[87] O Exército dos Estados Unidos realizou 1,7 milhão de cortes marciais, em especial por delitos triviais no campo, porém prendeu 21 mil por deserção.

A coerção também era complementada por uma abordagem mais positiva para manter o moral, com programas de comprometimento orquestrado. A tentativa de motivar a força de trabalho militar oferecendo educação política regular e conversas para elevar o moral foi outra vez mais intrusiva nas Forças Armadas de ditaduras do que nas democracias. De acordo com as reformas introduzidas em 1939, cada unidade militar soviética tinha um comissário político militar cujo papel era elevar o nível de consciência política dos recrutas, identificar lapsos políticos e punir a rebeldia política. Moscou enviava questões para discussão e propaganda, e os soldados deveriam participar quando possível. Em 1942, mesmo quando a função operacional do comissário político foi rebaixada por insistência da liderança do Exército, não se abandonou o papel da educação política. O boletim informativo do Exército *Estrela Vermelha*, com sua mistura de notícias dos combates e lições sobre a ideologia do período, era publicado aos milhões e distribuído a todos os soldados. A cultura soviética de guerra se baseava em histórias de heroísmo notável, poucas das quais eram de todo verdadeiras; o objetivo era criar um vínculo emocional entre o indivíduo soldado e o modelo idealizado que só poderia ser redimido por mais atos de coragem altruísta. Milhões de militares que se destacaram em combate pegaram um atalho para se tornar membros do Partido Comunista.[88] Nas Forças Armadas alemãs, a educação política e a construção do moral também desempenharam um papel importante para incentivar a se identificar com a luta da Alemanha pela sobrevivência, com a guerra contra o inimigo judeu e com os valores da "Comunidade Popular" nacional-socialista. Em abril de 1939, criou-se um Departamento de Propaganda das Forças Armadas, que organizava companhias de propaganda para elevar o moral militar e distribuir material de leitura no front. Em outubro de 1940, foram publicadas diretrizes sobre educação militar com base em quatro elementos-chave: "O povo alemão" [*Volk*]; "O império alemão"; "Espaço vital alemão"; e "Nacional-socialismo como a fundação".[89] Em outubro de 1943, no momento em que a educação política nas forças soviéticas perdia força, Hitler ordenou a criação de uma Equipe de Liderança Nacional-Socialista, cuja tarefa era nomear comissários políticos para as unidades militares. Em dezembro de 1943, havia 1047 comissários em tempo integral e mais 47 mil oficiais que combinavam sua função militar normal com atividades para elevar o moral.[90]

É difícil julgar a eficácia desses programas de comprometimento orquestrado que tinham o objetivo de ajudar os soldados a se identificarem com a causa e manterem a disciplina. Em um nível, todas as Forças Armadas entendiam o inimigo com quem lutavam e a necessidade da vitória, mas isso não era algo que sustentasse as tropas de modo significativo nos dias alternados de tédio ou perigo. Os soldados soviéticos estavam com frequência tão exaustos pelo combate que estimular o comprometimento emocional com a luta dificilmente faria muita diferença, embora eles entendessem que a conversa derrotista ou a dissidência política seriam penalizadas de qualquer maneira: "Você fica indiferente", afirmou um soldado do Exército Vermelho, "você não fica mais feliz nem mesmo por estar vivo."[91] Em 1944, os soldados alemães também estavam num ponto em que lutar pelos ideais iniciais, se é que tinham tido algum impacto, estava quase extinto. Um jovem tripulante de tanques observou no seu diário, em julho de 1944, que ele e os seus companheiros estavam "lutando apenas pelo sentido de dever que lhes foi incutido".[92] Os ideais sem dúvida não haviam sustentado os homens em Stalingrado. "Ninguém pode me dizer", escreveu um soldado em uma das últimas cartas, "que meus companheiros morreram com palavras como 'Alemanha' ou 'Heil Hitler' em seus lábios."[93] Apenas o Exército americano pesquisou as opiniões dos soldados a respeito da extensão de sua compreensão sobre a causa que representavam. Entre os entrevistados, 37% no Pacífico e 40% na Europa disseram que isso não fazia nenhuma diferença em por que lutavam. Quando o Gallup pediu aos soldados que declarassem quais eram as quatro liberdades que Roosevelt havia prometido defender na guerra, apenas 13% conseguiram citar pelo menos uma.[94] Um veterano disse à Divisão de Pesquisas do Exército que ele era "patriota pra caramba" ao se alistar, mas o combate o mudou: "Você está lutando pela sua pele. [...] Não há patriotismo em jogo".[95] Nas unidades britânicas, o serviço de educação do Exército encontrou soldados muito mais dispostos a discutir o mundo após a vitória, mas a natureza do conflito e o comprometimento com a vitória encontraram reações mais negativas. O comprometimento orquestrado pode ter feito mais sentido do que uma estrutura coercitiva de disciplina, mas sua capacidade de mobilizar soldados para superar a reação imediata a medo, desespero ou perigo é uma questão que continua em aberto.

O mesmo pode ser dito sobre os esforços para mobilizar o ódio coletivo pelo inimigo. Pode-se supor que esse sentimento é a priori uma característica da guerra, e há muitas provas de que, em certos momentos, ele (ou mais propriamente uma explosão repentina de raiva) motivava os homens a se vingarem da morte de companheiros, da falta de remorso de franco-atiradores e metralhadoras ou de provas de crimes de guerra. Os diários da guerra sino-japonesa estão salpicados de expressões espontâneas de ódio como forma de automotivação contra um inimigo perigoso e muitas vezes oculto.[96] Há, no entanto, muitas evidências de que os esforços formais para incutir esse sentimento nas tropas tiveram resultados contraditórios. O ódio, como disse um importante psicólogo britânico em 1940, é "irregular e caprichoso", uma emoção difícil de se sustentar por qualquer período de tempo.[97] Em 1942, o Exército britânico decidiu criar escolas de batalha com um elemento de treinamento de ódio, projetado, como anunciou um programa da BBC, "para ensinar os homens [...] a odiar o inimigo e como usar esse sentimento". Quando ficou claro que o treinamento envolvia visitas a matadouros onde os recrutas eram salpicados de sangue de forma deliberada, houve um clamor público. A prática foi encerrada por insistência de Montgomery, então comandante-chefe da Região Sudeste, que considerava o ódio uma forma fútil de mobilizar emoções para a guerra.[98] O antropólogo social John

Dollard, em um estudo de 1943 sobre o medo na batalha, descobriu que o "ódio ao inimigo" ficava em oitavo lugar entre nove motivações, apenas alguns pontos percentuais à frente de "manter-se ocupado".[99] Pesquisas sobre o moral do Exército americano descobriram que 40% dos militares na Europa não consideravam o ódio um motivo; no Pacífico, esse número era de 30%, mas lá a propaganda a que os soldados eram expostos tratava os japoneses como especialmente odiosos.[100] O sentimento era recíproco. Os militares japoneses eram expostos a propaganda regular de ódio contra os "bárbaros" americanos. Pesquisas americanas do pós-guerra sobre o moral nipônico descobriram que 40% expressavam ódio extremo, raiva e desprezo pelo inimigo, e apenas um décimo não tinha nenhum desses sentimentos.[101]

Uma maneira mais convincente de explicar como os militares lidavam com as demandas emocionais do conflito sem se abater com a pressão é olhar para o nível básico da experiência diária. As Forças Armadas de massa não são, é claro, uma massa, mas um amálgama de milhares de pequenas comunidades militares — uma companhia de infantaria, uma tripulação de submarino, uma unidade de artilharia, uma tripulação de bombardeiro. Grande parte da literatura sobre o moral em tempo de guerra enfatiza a importância da unidade imediata como foco de lealdade, comprometimento e apoio emocional. Na linha de frente, a maioria dos militares, até mesmo oficiais, sabe pouco sobre como o resto da força está lutando; eles têm pouca compreensão da estratégia mais ampla a que servem; informações de todos os tipos são racionadas para o que eles precisam saber a fim de executar operações específicas. Para os soldados japoneses estacionados em ilhas remotas do Pacífico ou nas selvas da Nova Guiné ou da Birmânia, não havia como sequer entender se venciam ou não a guerra, embora a linha oficial, se chegasse até eles, fosse sempre otimista. Apenas os historiadores têm o luxo de ver o todo e avaliar as consequências. Com base na experiência do dia a dia, a prioridade para a maioria dos homens (e mulheres, no caso soviético) era apoiar o pequeno coletivo ao qual pertenciam como o único meio de garantir uma chance de sobrevivência. O que preocupava os combatentes eram questões mundanas, como o soldado alemão que chora pela perda de seus tanques. Cada pequeno coletivo constituía o que os psicólogos sociais chamam de "universo de obrigação", no qual a sobrevivência de cada membro depende da ajuda mútua do resto.[102] O principal compromisso moral e emocional é com aqueles que compartilham de forma imediata os mesmos perigos, não com qualquer comunidade mais ampla de obrigação. Embora muitas vezes se presuma que o moral é administrado de cima para baixo, ele era muitas vezes autoadministrado de baixo para cima.

Esse contexto menor envolvia um conjunto de diferentes reações emocionais. Os homens permaneciam na tarefa por sentimentos de comprometimento emocional e lealdade ao grupo e pelo medo real da vergonha ou culpa que poderiam sentir se abdicassem de sua responsabilidade ou cedessem. O teste de coragem verdadeira para milhões não foi um ato aleatório de heroísmo, mas a capacidade de superar o senso generalizado de medo e continuar pelo bem daqueles a sua volta. "Eu descobri que a diferença entre estar assustado e ser um covarde é o fato de outras pessoas descobrirem", escreveu um veterano americano.[103] Até mesmo homens feridos podiam ser vistos lutando contra lágrimas por causa do estigma que poderia ser atribuído a eles numa cultura militar que encorajava demonstrações públicas de masculinidade.[104] Os psiquiatras descobriram que baixas físicas e psiquiátricas estavam muitas vezes atormentadas pela culpa por sua própria incapacidade de resistência e ansiosas para provar outra vez seu valor para seus companheiros. Pesquisas realizadas com militares americanos descobriram que 87%, nos dois principais teatros, acreditavam que não decepcionar os homens a sua volta era de importância fundamental. Por melhor que fosse a causa, como disse um veterano, "não era tão importante quanto o respeito que os homens tinham uns pelos outros".[105] Estudos da sociologia dos exércitos soviético e alemão confirmaram que a coesão de pequenos grupos era de grande relevância, e, embora altas perdas significassem que os grupos com frequência se fragmentavam rapidamente, eles podiam ser reformados por necessidade à medida que novos homens eram recrutados para unidades que mantinham sua identidade independentemente das perdas.[106] Os críticos observaram de forma correta que os laços também podem existir no nível do regimento ou mesmo da divisão, ou não existir de nenhum modo, e podem ser encorajados pelo comprometimento com ideologias ou sistemas de valores predominantes, mas esses são fatores externos às unidades primárias que compõem a batalha e cujo senso interno de comprometimento era mais relevante, independente do quão diversas fossem suas origens, sua composição e aparência.[107] Na guerra aérea, as tripulações de bombardeiros na ofensiva contra a Alemanha sofreram taxas de perdas excepcionais, mas uma vez a bordo de uma aeronave, mesmo com uma tripulação que não teve tempo de se unir, a comunidade fechada não tinha escolha a não ser trabalhar em conjunto para sua própria sobrevivência. Por essa razão, considerava-se essencial que um elo fraco na tripulação, qualquer que fosse a explicação psicológica, fosse removido com rapidez do combate para não afetar o resto.[108] Nenhuma dessas pequenas unidades era idêntica, e elas poderiam ser perturbadas pelas tensões emocionais conhecidas em qualquer grupo humano, ou interrompidas por colapso psicológico ou desastre militar, mas a luta só poderia ser sustentada em Forças Armadas de massa pela miríade de pequenas comunidades temporárias forjadas pelas circunstâncias da guerra.

Dentro dessas pequenas solidariedades, a vida diária era governada por fatores simples. A disponibilidade de alimentos e recursos era uma preocupação constante (embora a escassez não impedisse os homens de lutar); a perspectiva de saque de qualquer tipo, mas em especial comida, estava sempre presente, e ele era praticado por todos os exércitos, a começar pela invasão alemã da Polônia em 1939.[109] Pequenos privilégios, por mais triviais que fossem, podiam ter um impacto importante no moral de cada pequena unidade. Os esforços consideráveis do Exército britânico para fornecer chá até mesmo para as frentes mais remotas possibilitaram as infusões que tanto surpreenderam os soldados americanos e da Comunidade Britânica ao observar soldados da Grã-Bretanha bebendo chá mesmo durante períodos de combate. As autoridades soviéticas decidiram que a distribuição em massa de gaitas de boca gratuitas poderia ter um efeito edificante em tropas cansadas e desanimadas.[110] Sempre que os encontravam, as forças de todos os lugares se apropriavam de álcool e drogas para amenizar os efeitos do medo. Os soldados soviéticos bebiam álcool de madeira ou anticongelante e morriam devido aos efeitos colaterais; soldados aliados na Itália podiam contar com um suprimento constante de narcóticos ilícitos de portos no Oriente Médio; soldados japoneses usavam grandes quantidades de bebidas alcoólicas distribuídas pelo Exército para amenizar os horrores do campo de batalha.[111] Para homens em geral longe de casa, a privação sexual também era um problema. Os exércitos faziam vista grossa para a prostituição local ou montavam bordéis controlados e distribuíam preservativos para evitar uma epidemia de doenças venéreas. O Exército japonês permitiu a criação de postos para escravidão sexual na China e no Sudeste Asiático, onde as chamadas "mulheres de conforto" eram forçadas a prisões virtuais e eram rotineiramente estupradas por soldados japoneses, enquanto a busca predatória do Exército Vermelho por saques sexuais é bem conhecida. Ambos são explorados em maior profundidade no próximo capítulo.[112] A busca por sexo não se limitava a homens solteiros, mas os casados enfrentavam uma série de problemas emocionais se participassem. A ansiedade em relação a esposas e famílias, muitas vezes muito distantes, sem perspectiva de licença, era considerada um dos aspectos mais desmoralizantes da vida diária nas Forças Armadas. As mulheres americanas estavam sujeitas a ampla pressão pública para permanecerem fiéis a seus parceiros enviados ao exterior, mas com claros resultados contraditórios. Em janeiro de 1945, a Cruz Vermelha americana repreendeu publicamente os civis que enviavam cartas a soldados em serviço denunciando a infidelidade de suas esposas porque isso minava o moral militar. Esforços extenuantes foram feitos para sustentar o fluxo de correspondência entre o país de origem e a linha de frente. Um serviço expresso especial foi criado para famílias na Alemanha para permitir que os homens no front soubessem que haviam sobrevivido a bombardeios. Parece que a escassez de correspondência ou cartas trazendo más notícias de casa tinham um efeito mais debilitante no moral do que a perspectiva de combate imediato.[113]

Entre as pequenas ansiedades e prazeres da vida militar diária, homens e mulheres desenvolveram mecanismos de defesa de um tipo ou outro. Superstições e talismãs eram comuns a todas as Forças Armadas. Submarinistas americanos levavam consigo pequenos modelos do Buda e esfregavam a barriga rechonchuda antes do combate como um símbolo de boa sorte. Às vezes, os militares se convenciam de que um talismã garantiria sua própria invulnerabilidade. Embora os psiquiatras pensassem que essa confiança fosse um sinal perigoso de crise psiquiátrica iminente, semelhante ao estupor fatalista encontrado em outras vítimas ao contemplarem sua própria morte, estava claro que as superstições ajudavam alguns indivíduos a lidar com o estresse que enfrentavam.[114] Para alguns, embora não todos, a religião das Forças Armadas assumiu uma importância crescente como forma de lidar com os medos provocados pelo combate. Os soldados japoneses entendiam que seu sacrifício em batalha tinha um significado religioso central, embora não saibamos se isso tornava mais fácil lidar com a perspectiva da morte. No Exército soviético, a religião estava excluída pela ideologia comunista, mas durante a guerra Stálin relaxou a campanha contra a prática religiosa, igrejas foram reabertas e ataques ateus violentos às reivindicações religiosas foram amenizados. Não obstante, Deus não era o primeiro tribunal de apelação do soldado soviético. Na Alemanha, a hostilidade do regime à religião se refletiu na luta travada pelo alto-comando do Exército para colocar capelães em unidades militares. No fim, apenas cerca de mil foram recrutados para um Exército de 6 milhões, e seu acesso ao front era controlado de modo arbitrário.[115] Que a religião importava para os soldados comuns fica evidente nas cartas sobreviventes de Stalingrado, nas quais apelos à providência de Deus se misturavam a alegações de que a experiência havia destruído a crença.

Os exércitos dos Estados Unidos e da Comunidade Britânica eram muito mais bem dotados de capelães, e não havia preconceito anterior contra a prática religiosa. Havia 8 mil capelães de uma ampla gama de denominações vinculados às forças americanas, 3 mil nas forças britânicas e novecentos no Exército canadense, que era muito menor. Os padres britânicos mantinham discussões regulares durante a "hora do padre", inclusive uma talvez apropriadamente intitulada "Podemos acreditar na imortalidade?". A Rádio Padre da BBC tinha uma audiência de 7 milhões em 1941. Os capelães americanos eram inundados com pedidos de consolo e apoio e alguns realizavam até cinquenta entrevistas por dia; o general Eisenhower enfatizava que "consolo religioso" deveria ser inscrito nos registros médicos militares. Pesquisas realizadas em 1943 e 1944 com militares americanos mostraram que 79% dos entrevistados disseram que sua fé em Deus havia se fortalecido como resultado da guerra. Uma pesquisa com tropas na Europa descobriu que 94% achavam que a oração ajudava muito a lidar com o estresse do combate.[116] O apelo óbvio da "religião de trincheira" para recrutas de um país com uma forte cultura de religiosidade provocou um debate sobre se os soldados em um momento de crise eram capazes do que um capelão chamou de "oração verdadeira", mas a questão para eles não era seu grau de fé, e sim até que ponto a oração poderia melhorar de forma temporária os estados de medo crônico que vivenciavam em combate. Pesquisas realizadas no final do conflito confirmaram a ligação entre oração e estresse.[117] Essa foi uma das muitas maneiras pelas quais os efeitos psicológicos debilitantes da guerra foram mediados para quem sobreviveu no front e continuou a lutar.

EMOÇÕES NA FRENTE INTERNA

As populações civis dos países em guerra, dentre as quais as Forças Armadas eram recrutadas, suportaram sua própria parcela de pressão emocional, mas isso atraiu muito menos atenção dos historiadores do que os aspectos psicológicos do moral militar. Medo e incerteza estavam sempre presentes, embora compartilhados de maneiras diferentes e raramente como um estado emocional contínuo. Ansiedade de separação, medo de notícias de mortes ou ferimentos, raiva do inimigo, desespero em relação ao futuro se misturavam com a realidade emocional cotidiana da vida doméstica. O grau de perigo ou privação variava bastante: a sociedade americana nunca foi afetada de forma direta pela guerra, embora a Sociedade Americana de Psiquiatria tenha feito em 1939 preparativos para ajudar a população a enfrentar a "insegurança e o medo" provocados pelo conflito e, em 1940, um grupo de acadêmicos tenha fundado um Comitê para o Moral Nacional a fim de ajudar a criar "uma unidade emocional intensa e duradoura".[118] Por sua vez, a sociedade soviética estava mergulhada em nada menos do que a luta para sobreviver a longas horas de trabalho, suprimentos escassos de alimentos e um front que absorvia a grande maioria dos homens soviéticos. Entre esses polos estavam os países cujas populações civis foram submetidas a campanhas de bombardeio que trouxeram uma experiência parecida à da linha de frente para a frente doméstica. Populações urbanas de Grã-Bretanha, Alemanha, Itália e Japão foram fortemente bombardeadas por longos períodos (e sofreram com a morte de cerca de 750 mil civis); a França e grande parte do resto da Europa controladas pelo Eixo sofreram bombardeios de alvos industriais ou táticos, mas numa escala tal que pesadas perdas civis eram inevitáveis. Durante o conflito, cerca de 1 milhão de civis foram mortos por bombardeios aéreos, e um número similar ficou gravemente ferido por razões já exploradas no cap. 8.[119] Apenas as condições dos campos de prisioneiros e as deportações geraram uma experiência emocional tão prejudicial em termos psicológicos quanto a de repetidos bombardeios aéreos.

Em 1939, antes do início da guerra global, presumia-se que o moral civil seria provavelmente um alvo em qualquer conflito futuro, e que o bombardeio pesado de áreas urbanas, usando uma mistura de bombas comuns, gás e guerra biológica, obrigaria um povo aterrorizado a forçar seu governo a pedir a paz. Grande parte dos textos populares sobre conflitos futuros destacava a vulnerabilidade psicológica dos civis, que não tinham treinamento de soldado, não tinham como revidar e eram facilmente suscetíveis ao pânico em massa e ao colapso emocional. Os governos estavam cientes do dano potencial a qualquer esforço de guerra futuro se civis fossem submetidos a bombardeios e, em particular, do risco de trabalhadores aterrorizados se envolverem numa forma de "deserção econômica" de fábricas ameaçadas, minando assim a economia de guerra. Em todos os lugares, foram feitos preparativos de defesa civil e proteção antiaérea, junto com planos para prover apoio social e abrigo a comunidades ameaçadas, mas também se organizaram serviços médicos para uma possível onda de baixas psiquiátricas por conta de bombardeios. Psicólogos da Grã-Bretanha e da Alemanha apoiavam a ideia de que os bombardeios causariam colapso emocional para além de ferimentos físicos, e pacientes de hospitais psiquiátricos foram retirados para dar lugar a vítimas de guerra.[120]

Quando os bombardeios estratégicos habituais de longo alcance começaram em 1940, as consequências emocionais pareceram ser muito menos severas do que o esperado. As populações urbanas não sofreram pânico em massa, e os hospitais psiquiátricos não ficaram cheios de pacientes com graves perturbações emocionais. Durante a blitz de bombardeio alemão na Grã-Bretanha, psicólogos e psiquiatras começaram a pesquisar as razões pelas quais havia tão poucos distúrbios crônicos ou persistentes.[121] Um estudo com 1100 pessoas que costumavam ocupar os mesmos abrigos em Londres descobriu que apenas 1,4% manifestavam qualquer problema psicológico prolongado. Um funcionário do Comitê Britânico de Emergência em Saúde Mental que visitou áreas do East End de Londres fortemente atingidas em setembro de 1940 não conseguiu encontrar "nenhum caso óbvio de distúrbio emocional".[122] Quando o Ministério Britânico de Segurança Interna organizou uma pesquisa sobre a saúde mental da cidade portuária de Hull, bastante bombardeada em 1941, os psiquiatras relataram que não conseguiram encontrar quase nenhuma evidência de "histeria" (em geral a condição mais prevista) e concluíram que a população era mentalmente estável.[123] A maioria dos psiquiatras britânicos presumiu que os poucos que entraram em colapso eram, tal como os recrutas militares, predispostos a isso. Um estudo sobre a "fobia de ataques aéreos" confirmou que as poucas vítimas psiquiátricas admitidas no hospital tinham todas um histórico prévio de distúrbios neuróticos.[124] Na verdade, observou-se que alguns casos psicóticos melhoraram com o estresse do bombardeio; os masoquistas, assim foi argumentado, gostavam da ameaça física a seus corpos.[125] O mesmo fenômeno foi observado entre outras populações bombardeadas. Na Alemanha, psiquiatras entrevistados para a pesquisa sobre bombardeios americanos em 1945 confirmaram que houve notavelmente poucos casos de "doenças neurológicas orgânicas ou transtornos psiquiátricos" por quem havia passado por suas clínicas. Mesmo no Japão, pesquisadores descobriram que após o lançamento das duas bombas atômicas não houve nenhum nível excepcional de depressão, apenas uma apreensão sustentada. As admissões para tratamento psiquiátrico durante toda a campanha de bombardeios foram, como as experiências britânica e alemã, consideradas normais.[126]

A aparente ausência de transtornos crônicos e de altos níveis de hospitalização mascarava uma realidade muito mais dura. Por uma série de razões, a quantidade total das baixas psiquiátricas causadas pelos bombardeios foi subestimada por aqueles com interesse profissional em medi-la. Isso ocorreu, em parte, porque muitos médicos psiquiatras foram recrutados para as Forças Armadas, deixando um grupo muito menor para monitorar o resto da população. Ao contrário do crescimento da psiquiatria militar ocorrido durante a guerra, nenhuma provisão foi feita para a população civil, e os civis foram desencorajados a sobrecarregar o sistema hospitalar existente. Alguns psiquiatras mais experientes da Grã-Bretanha achavam que a população civil era muito propensa a exagerar sintomas, e que uma xícara de chá e uma conversa séria seriam remédio suficiente.[127] Em consequência, a maioria dos civis que se tornaram vítimas psiquiátricas temporárias ou sofreram reações psicossomáticas severas ou até mesmo distúrbios mais prolongados cuidava de suas crises emocionais em particular. Assim como acontecia com os soldados, muitas das reações de choque eram tratadas como sendo de origem orgânica, em vez de psicológicas, e quem as sofria era listado, se tanto, como baixa médica. Numa pesquisa britânica com cem pessoas em duas estradas bombardeadas em Bristol, descobriu-se que uma alta proporção sofria de reações somáticas que se presumia que poderiam ser tratadas com remédios de venda livre, enquanto alguns dos que tinham reações psiquiátricas evidentes tinham vergonha de admitir seu estado.[128]

Essas vítimas eram diagnosticadas com "neuroses traumáticas temporárias" na Grã-Bretanha ou "sintomas de reação fugaz" na Alemanha. Seu número é impossível de calcular (um psicólogo britânico sugeriu que era pelo menos cinco vezes maior do que os casos observados), mas as evidências sugerem que a reação emocional ao bombardeio resultou em baixas psiquiátricas generalizadas, embora muitas vezes temporárias. Como os soldados, aqueles observados pelos psiquiatras como mais propensos a sofrer crises psicológicas não eram necessariamente os predispostos, mas os que tiveram o que se chamou de experiência de "quase no alvo" — enterrados vivos, uma casa destruída ou a família morta. O envolvimento pessoal era um fator crítico na precipitação de reações emocionais severas, fator que também foi confirmado por médicos alemães que foram entrevistados após o conflito.[129] Os sintomas se assemelhavam em alguns aspectos aos de soldados submetidos a bombardeios ou artilharia pesada: tremor excessivo, perda do controle da bexiga, distúrbios sensoriais e motores, estado de estupor, depressão pronunciada e, entre mulheres civis, amenorreia. Reações psicossomáticas eram comuns, envolvendo mutismo temporário, perda de audição, paralisia das pernas ou dos braços ou, no caso alemão, uma epidemia de úlceras pépticas entre civis.[130] As evidências do estudo de caso acumuladas durante a pesquisa em Hull mostraram, apesar da conclusão otimista dos psiquiatras, a existência de uma ampla gama de distúrbios emocionais. Algumas vítimas femininas revelaram que desmaiaram, urinaram ou vomitaram ao som da sirene de ataque aéreo; homens admitiram dispepsia pronunciada, insônia, depressão, consumo excessivo de álcool e irritabilidade. A maioria se recusou a consultar um médico, e os homens retornaram ao trabalho em poucos dias ou semanas, apesar de seu estado de ansiedade.[131] Os custos psiquiátricos dos bombardeios foram enfrentados ali, do mesmo modo que em todas as outras cidades bombardeadas, como uma crise privada, o que o escritor James Stern, um dos membros da equipe do moral americano recrutada para entrevistar as vítimas alemãs dos bombardeios, chamou de "dano oculto".[132] Algumas pesquisas do pós-guerra, como a experiência de Stern com mulheres entrevistadas na Alemanha que tremiam e choravam a cada ruído repentino, descobriram que os efeitos de experiências traumáticas intensas para civis eram duradouros. Médicos que trabalharam em Leningrado em 1948 identificaram a síndrome da "hipertensão de Leningrado" entre os sobreviventes do cerco, em que uma mistura de fome e bombardeios havia, sem surpresa, produzido traumas psicológicos graves.[133]

Mas a questão que preocupava os governos era até que ponto a reação psicológica ao bombardeio poderia provocar pânico em massa e desmoralização rápida. Contudo, mesmo nas circunstâncias mais severas, o bombardeio não se tornava socialmente incapacitante. O medo gerado pela perspectiva e pela realidade do bombardeio provocou evidências temporárias de pânico, mas assumiu a forma de um desejo compreensível de fugir do local imediato da violência, uma opção raramente disponível para os militares. Em casos de bombardeios pesados, as populações saíam das cidades para o interior e vilas próximas, um produto da razão, e não do pânico. Isso aconteceu nas cidades britânicas, em particular nas conurbações menores que foram bastante atingidas pela blitz, como Southampton, Hull, Plymouth ou Clydebank; acontecia também nas cidades germânicas, onde a fuga não era apreciada pelas autoridades, mas a curto prazo era inevitável; aconteceu nas cidades do Japão em 1945, onde as populações bombardeadas fugiram para o campo. Em todos os países bombardeados, foram criados programas formais de evacuação para evitar que a fuga se transformasse numa crise social. Na Grã-Bretanha, cerca de 1 milhão de mulheres e crianças foi evacuado; na Itália, estima-se que 2,2 milhões; mas na Alemanha, no final da guerra, o número era de quase 9 milhões; e no Japão, 8 milhões. O medo de que essas grandes transferências populacionais pudessem minar a economia de guerra se mostrou infundado. Estudos da força de trabalho na Grã-Bretanha descobriram que quase todos os trabalhadores retornavam alguns dias após um ataque, mesmo que fosse indo e voltando do local de trabalho para a zona rural ao redor. Na Alemanha, o bombardeio pesado e contínuo em 1943 e 1944 não produziu altos níveis de absenteísmo. Apenas 2,5% das horas perdidas foram diretamente atribuíveis ao bombardeio; na verdade, o total de horas trabalhadas nos setores de economia de guerra aumentou entre março e outubro de 1944, embora grande parte da nova mão de obra fosse composta de trabalhadores estrangeiros ou prisioneiros de campos de concentração forçados a prosseguir durante os ataques.[134]

Houve amplas explicações para o motivo pelo qual as cidades bombardeadas não entraram em colapso como unidades sociais e econômicas. As autoridades públicas desempenharam um papel na construção de "regimes emocionais" que encorajavam os civis a aceitar sacrifícios e evitar demonstrações desmoralizantes de emoção. Esses regimes não eram iguais e, com efeito, refletiam diferenças culturais muito específicas entre os Estados beligerantes. No Japão, a cultura de morte e sacrifício impregnou os esforços das autoridades para formar um engajamento emocional da população no esforço de guerra que correspondesse ao das Forças Armadas.[135] Na Grã-Bretanha, o tema de propaganda predominante durante a blitz de que "a Grã-Bretanha pode aguentar" usou estereótipos britânicos de calma resolução diante da crise. Imagens das cidades bombardeadas mostravam pessoas ainda caminhando para o trabalho em meio aos escombros da manhã ou mulheres alegres distribuindo canecas de chá.[136] Na Alemanha, a ditadura enfatizava que os civis estavam unidos aos soldados numa "comunidade de destino" na qual as ansiedades pessoais tinham que ser deixadas de lado na luta pela existência da nação. As imagens da propaganda mostravam a determinação sombria do povo diante dos sacrifícios compartilhados do coletivo e uma obsessão mórbida com a morte heroica. O Exército germânico se recusava a enviar baixas psicóticas de volta para a Alemanha devido ao efeito que isso poderia causar na população civil se a realidade do colapso não heroico se tornasse visível. O regime soviético também enfatizava o sacrifício coletivo e o esforço heroico, mas o fazia de formas que evitavam a morbidez do inimigo alemão.[137]

A morte, embora uma realidade sempre presente para civis que sofriam com ataques aéreos e para as famílias dos soldados, era mantida a uma distância emocional com funerais planejados que demonstravam uma resolução pública, em vez de tristeza. No Japão, comunidades inteiras celebravam os "espíritos heroicos" perdidos em cerimônias elaboradas e encenadas. As imagens de civis mortos eram censuradas, e na Grã-Bretanha, detalhes sobre os números de vítimas eram suprimidos ou restringidos de forma deliberada durante a campanha de bombardeio, com o objetivo de evitar pânico.[138] Demonstrações de emoção histérica eram desaprovadas e quando ocorriam em abrigos antiaéreos públicos a equipe de defesa civil era encorajada a retirar os infratores. Os "regimes emocionais" se tornaram modelos para as populações civis contra os quais elas poderiam testar sua própria capacidade de resistência passiva e estabilidade emocional. Na verdade, o grau em que os indivíduos podiam ajustar seu estado emocional para cumprir as normas variava muito, mas o ordenamento normativo fornecia a estrutura que mantinha a construção do moral positivo no lugar. A congruência entre a imagem pública e o comportamento privado era reforçada pela pressão social e pela prática oficial, de modo que quem não conseguia lidar com o estresse se tornava um desviante emocional, que devia ser ajudado ou disciplinado como um soldado.

A ajuda material também era essencial para lidar com as consequências do bombardeio. Os psiquiatras de Hull concluíram que "a estabilidade da saúde mental da população depende muito mais do seu estado nutricional". Os esforços do Estado para fornecer alimentos, assistência social, compensação e programas de reabilitação costumavam funcionar bem o bastante para evitar protestos sociais generalizados ou a desmoralização. Para as vítimas imediatas, havia uma espécie de "psiquiatria avançada", embora em geral por acaso, em centros de repouso e postos de primeiros socorros que forneciam comida, sono e a chance de as pessoas falarem sobre o pior da experiência recente, ainda que não houvesse nenhum tratamento psiquiátrico formal. Na Grã-Bretanha, os psiquiatras adotaram uma abordagem pragmática para o sofrimento civil, sugerindo formas banais de "primeiros socorros mentais": palavras firmes e um tapinha nas costas. Esconder o medo dos outros era considerado uma prioridade, mas dizia-se que indivíduos agitados podiam ser acalmados com biscoitos, doces ou um gole de brandy.[139] Os abrigos antiaéreos comunitários também eram considerados pequenas comunidades de autossuficiência nas quais o medo seria atenuado ao cooperar com a organização de uma vida comunitária subterrânea ativa. Mesmo nas áreas mais bombardeadas da Alemanha, os psicólogos viam os abrigos como locais "psicoterapêuticos" para controlar as emoções e ajudar quem se descontrolava a vencer as consequências do medo e do choque.[140] Os psiquiatras notaram a capacidade de civis que eram periodicamente bombardeados de se habituar à experiência, ao contrário de quem vivenciava combates contínuos na linha de frente, onde a exposição repetida poderia produzir o efeito oposto. Pesquisas do pós-guerra realizadas na Alemanha concluíram que 66% dos entrevistados alegaram ter o mesmo medo ou menos depois de serem bombardeados, enquanto apenas 28% estavam mais temerosos.[141] Em entrevistas feitas durante a blitz na Grã-Bretanha, questionou-se o que as pessoas mais temiam, e a ameaça ao suprimento de alimentos apareceu em primeiro lugar em duas ocasiões; o bombardeio foi classificado como o pior que poderia ocorrer por apenas 12% em novembro de 1940 e por 8% quatro meses depois.[142]

Como os militares em campo, muitos civis confiavam em outros mecanismos de enfrentamento para lidar com o medo, que assumiam a forma de superstição, dependência de talismãs ou um fatalismo ou uma apatia perceptível em relação às perspectivas de sobrevivência. Os civis japoneses foram instruídos a pôr uma cebola na cabeça para afastar a ameaça de bombas; na Grã-Bretanha, havia lojas cheias de amuletos de "Boa Sorte" e talismãs. Em 1941, a organização britânica Mass-Observation realizou uma pesquisa sobre superstições e descobriu que 84% das mulheres e 50% dos homens entrevistados admitiram que eram influenciados por elas.[143] Uma superstição predominante na Alemanha e na Itália era a ideia de que os civis estavam sendo punidos pelos crimes de seus governos e que apenas o "bom comportamento" manteria os bombardeiros afastados. Na Itália, existia uma poderosa crença supersticiosa de que uma aeronave solitária de origem indefinida, apelidada de "Pippo", sobrevoava as cidades da península procurando malfeitores para punir ou, em alguns relatos, alertando sobre um ataque iminente.[144] Os civis bombardeados também podiam lidar de modo fatalista com o medo, fosse pela crença de que uma bomba "com seu nome" era inevitável, ou por um mecanismo psicológico de enfrentamento descrito por um psiquiatra como um "estado de invulnerabilidade", durante o qual os indivíduos assumiam riscos irracionais porque atribuíam sua sobrevivência pessoal à ação sobrenatural.[145]

Por fim, alguns civis, tal como os militares, passaram a confiar com mais força na religião como uma salvaguarda e um consolo sob a chuva de bombas. Em todos os lugares, observadores encontraram um aumento na frequência à igreja ou um aumento na confiança em orações, mas os bombardeios também inibiam a prática religiosa, pois igrejas foram destruídas e congregações, dispersas. Na Alemanha, Hitler decretou que os serviços religiosos não poderiam ser realizados se fossem colidir com as prioridades da defesa civil e da recuperação pós-ataque. Em 1943, os bispos da Renânia pediram a Hitler que relaxasse as restrições para ajudar as pessoas a lidar com "a enorme tensão psicológica e nervosa crescente" ocasionada pelas investidas, mas ele se recusou a fazê-lo.[146] Na década de 1940, a Grã-Bretanha já era um país secular demais para que a religião desempenhasse o mesmo papel, e, embora houvesse indícios de "orações de crise" e um Dia Nacional de Oração inaugurado em setembro, a partir de 1942 a frequência à igreja diminuiu.[147] A religião era uma fonte mais útil de consolo nas comunidades católicas, onde a cultura de conforto por meio da oração, de apelos por ajuda divina e da intervenção dos santos era mais fácil de adaptar às condições da guerra de bombardeios. Nas cidades italianas ameaçadas, as famílias montavam pequenos altares para Nossa Senhora ou para santos locais a fim de afastar o perigo das bombas; foram criadas orações que invocavam a Virgem Maria para fazer os bombardeiros recuarem. Onde estátuas de Nossa Senhora sobreviveram em meio às ruínas, as congregações consideraram isso um milagre de libertação. Em Forlì, no norte da Itália, 40 mil pessoas passaram pela Madonna del Fuoco, ainda intacta após o bombardeio. O marianismo cresceu tanto na Alemanha quanto na Itália. Quando uma jovem garota de uma aldeia perto da cidade italiana de Bergamo alegou ter tido treze visões de Nossa Senhora, dezenas de milhares de italianos se aglomeraram no local em busca de proteção, consolo ou da promessa do fim da guerra. A linha oficial minimizava a evidência de visões e milagres, mas para muitos católicos italianos a Igreja substituiu o Estado como principal fonte de ajuda prática e socorro psicológico com as bombas.[148]

No extremo do espectro do sofrimento civil estavam aqueles milhões pegos no turbilhão de deportação, assassinatos genocidas, atrocidades em massa e guerra na vasta zona do conflito germano-soviético. Ali não havia nenhuma "psiquiatria avançada", nenhuma tentativa de afastar o impacto bruto do estresse traumático ao extremo, nenhuma preocupação com regimes emocionais ou morbidez controlada. "A morte reina", escreveu um sobrevivente na cidade faminta e bombardeada de Leningrado: "A morte se tornou um fenômeno observável a cada momento. As pessoas estão acostumadas a ela. Elas estão apáticas [...]. O sentimento de pena desapareceu. Ninguém se importa".[149] Algum conhecimento do estado emocional ou psicológico de milhões de vítimas pode ser extraído das memórias de sobreviventes, depoimentos orais ou diários e cartas da época, mas não era uma preocupação dos perpetradores, e milhões dos que morreram não deixaram nenhuma nota. Os historiadores encontraram registros inadequados para rastrear os padrões de reação traumática exatamente no ponto em que a violência não mediada, diferente daquela controlada do campo de batalha, empurrou os seres humanos para os limites primitivos da conduta humana. "Retornamos aos tempos pré-históricos", escreveu o mesmo autor do diário de Leningrado.[150] Na União Soviética, os psiquiatras tiveram uma oportunidade repentina de compreender a extensão do dano emocional quando o Exército Vermelho libertou áreas no oeste do país que haviam passado por dois anos ou mais de ocupação alemã. Eles se concentraram no estado das crianças que encontraram, milhares delas profundamente traumatizadas pela violência dos ocupantes. O terror tinha sido direcionado não só à população adulta, mas também aos filhos. Os ocupantes alemães tratavam os jovens como suspeitos de serem partisans ou potenciais trabalhadores forçados, mesmo os que tinham nove ou dez anos, ou os assassinavam por prazer; no caso de meninas, elas eram enviadas para bordéis de campanha. Muitas crianças ficaram órfãs e foram forçadas a viver nas ruas e roubar para comer, criando um alvo adicional para os maus-tratos indiferentes dos ocupantes.[151] Era essa a experiência cotidiana da vida sob ocupação para milhões de pessoas apanhadas no fogo cruzado do conflito. Nas áreas libertadas, os médicos soviéticos levaram os casos mais extremos de colapso psiquiátrico para tratamento e encontraram crianças que haviam testemunhado o assassinato de pais ou vizinhos, escapado de edificações onde toda a população da aldeia tinha sido queimada até a morte ou assistido a cenas de tortura e mutilação. Um grande estudo realizado em 1943-4 concluiu que as crianças viviam com "medo e ansiedade constantes", expressos por sintomas convencionais de ansiedade — desmaios, sonambulismo, enurese noturna, dores de cabeça, irritabilidade extrema — ou reações somáticas, como paralisia, tiques nervosos, gagueira, mutismo ou estados de estupor. Os relatórios mostraram que os pacientes infantis respondiam razoavelmente bem ao repouso e a um ambiente seguro, mas as síndromes de reação eram persistentes. Barulhos altos ou explosões podiam causar crises de náusea, defecação involuntária, tremores e transpiração intensa, reações muito semelhantes às observadas após bombardeios ou entre soldados com cicatrizes psiquiátricas causadas pelo combate.[152] Reações psicogênicas ao medo extremo continuaram a se manifestar muito depois de passarem os perigos, mas as unidades psiquiátricas soviéticas estavam carentes demais de recursos e de pessoal para conseguirem acolher mais do que uma fração de quem havia sofrido.

Um pequeno número de crianças soviéticas eram judeus que tinham escapado da aniquilação, mas representava apenas uma fração de quem havia sofrido com o Holocausto, os *She'arit Hapleta* ou "remanescentes", que ainda estavam vivos em 1945. Pouco esforço parece ter sido feito para tratar ou pesquisar os estados emocionais desses sobreviventes, já que na maioria dos casos suas necessidades pareciam ser mais médicas do que psicológicas, enquanto a cultura da "libertação", mesmo que significasse pouco para os prisioneiros famintos e desorientados do campo, criou a ilusão de que a experiência traumática havia acabado.[153] Em um "concerto da libertação" realizado três semanas após o fim da guerra europeia, Zalman Grinberg, que trabalhava num hospital cheio de pacientes judeus, tentou captar o estado emocional de quem tinha passado pela provação:

> Nós pertencemos àqueles que foram mortos por gás, enforcados, torturados, mortos de fome, obrigados a trabalhar e atormentados até a morte nos campos de concentração. [...] Não estamos vivos. *Ainda estamos mortos*. [...] Parece-nos que, no presente, a humanidade não entende o que passamos e vivenciamos durante esse período. E parece-nos que também não seremos compreendidos no futuro. Desaprendemos a rir; não podemos mais chorar; não entendemos nossa liberdade; isso provavelmente ocorre porque ainda estamos entre nossos camaradas mortos.[154]

Para os sobreviventes, havia também sentimentos de culpa ou vergonha por estarem vivos enquanto a grande maioria havia sido morta, emoções que competiam com a angústia da descoberta, muitas vezes bastante tempo depois, de que a família ou os amigos tinham de fato falecido. Nos campos para Pessoas Deslocadas (PDS), onde no início os sobreviventes judeus viveram em condições desmoralizantes, eles viviam, de acordo com um observador, em "um estado constante de medo, ansiedade e incerteza". As autoridades que tentavam lidar com a administração dos campos encontraram entre os sobreviventes evidências de comportamento disruptivo, neurótico e pouco cooperativo, como enurese noturna, regressão infantil, pequenos furtos e má higiene, o que evidentemente refletia a resposta psiquiátrica a traumas graves e incerteza contínua.[155] O mais surpreendente é a evidência nos campos para sobreviventes judeus de um restabelecimento enérgico da cultura e da comunidade judaicas. Apesar das ansiedades de que os danos psiquiátricos pudessem ter induzido impotência ou um estado permanente de amenorreia, a taxa de natalidade entre os sobreviventes judeus em 1948 estava entre as mais altas do mundo, sete vezes maior que entre os alemães sobreviventes.[156]

Apenas um ano após o fim da guerra é que psicólogos foram autorizados a visitar campos de PD na Alemanha, que agora abrigavam a grande maioria dos sobreviventes judeus. No Ocidente, houve mais interesse em tentar entender o estado emocional dos perpetradores ao identificar e descrever uma "mente nazista" em vez de definir o que a perseguição significou em termos emocionais para as vítimas.[157] Em abril de 1946, o psicólogo polonês Tadeusz Grygier, interessado em estudar o "impacto da opressão na mente humana", foi autorizado a encontrar um grupo de ex-prisioneiros de campo e trabalhadores forçados para servir de fonte, mas as PDs judias rejeitaram o pedido, uma reação que Grygier atribuiu à influência da "opressão extrema".[158] Em julho de 1946, o psicólogo fisiológico russo-americano David Boder (nascido Aron Mendel Michelson) também recebeu permissão para realizar um programa de entrevistas nos campos de PD. Ele estava interessado em estudar "a personalidade sob estresse sem precedentes" e considerou os sobreviventes do campo judeu um grupo de estudo óbvio. Como judeu, ele não enfrentou nenhum dos problemas de Grygier e estudou diversos sobreviventes, tanto judeus que haviam resistido aos campos quanto trabalhadores forçados estrangeiros que viveram na Alemanha em tempos de guerra em condições muito mais fáceis.[159]

Boder começou usando um "teste de percepção temática" padrão no qual se mostrava uma seleção de imagens aos entrevistados, a que eles deveriam responder com reações associadas. Ele logo descobriu que o teste dizia muito pouco, já que seus entrevistados eram muitas vezes evasivos ou céticos de que seria possível obter uma compreensão adequada do mundo emocional da perseguição. "Os psicólogos estão tão avançados que conhecem mesmo a natureza humana tão bem?", perguntou Abe Mohnblum, de dezoito anos. Quando Boder objetou que a psicologia estava no processo de explorar novos caminhos, seu entrevistado retrucou que os psicólogos "são absolutamente incapazes de avaliar o que pode de fato acontecer".[160] Boder ficou evidentemente humilhado pela disjunção entre seus objetivos como psicólogo e a realidade inimaginável confrontada por seu grupo de sobreviventes, recontada a ele de forma extensa. Em 1949, ele intitulou *I Did Not Interview the Dead* [Eu não entrevistei os mortos] a eventual publicação de uma seleção de suas gravações. Nela, ele estabeleceu o que chamou de "índice traumático" (em edições posteriores foi alterado para "inventário traumático"), no qual havia doze categorias em que ele definiu "psicologicamente o que aconteceu com essas pessoas". O índice cobria todas as áreas da experiência deles que os havia despojado do mundo emocional e físico do presente culto e substituído por um passado primitivo, incluindo como item 7: "Sobrecarga crônica da capacidade física e mental de suportar".[161] Embora Boder tenha usado o termo "trauma" de maneira bem diferente de seu uso atual para descrever uma reação reprimida ao estresse, sua intenção era retratar o dano psicológico cumulativo que a experiência da perseguição havia deixado naquele fragmento de vítimas que tinham sobrevivido. Ele tentou quantificar o sofrimento delas medindo-o em "unidades catastróficas" e descobriu, sem surpresa, que os sobreviventes do campo suportaram uma carga traumática pelo menos três vezes maior do que os trabalhadores estrangeiros.[162]

Milhões que sofreram crises emocionais durante a guerra não conseguiram sobreviver ao front, a bombas ou a atrocidade, fome e genocídio. Das Forças Armadas alemãs, soviéticas e japonesas, cerca de 18 milhões estavam mortos no final do conflito, em contraste com cerca de 1 milhão das Forças Armadas ocidentais. Isso significou que muitos outros milhões dos exércitos democráticos retornaram para casa para serem reintegrados à sociedade civil. Assim como o tratamento de sobreviventes dos campos, isso não foi um processo simples, pois os militares de ambos os sexos, agora acostumados a um mundo de valores bem diferentes e trazendo consigo a bagagem emocional e psiquiátrica de campos de batalha distantes, tentaram lidar com a retomada do comportamento civil normativo e dos laços emocionais convencionais. Apenas nos Estados Unidos o ajuste psiquiátrico foi considerado uma questão urgente. Vários guias foram publicados em 1945, inclusive o *Psychiatric Primer for the Veteran's Family and Friends* [Manual psiquiátrico para familiares e amigos de veteranos], que explicava que quem voltava provavelmente estaria "inquieto, agressivo e ressentido".[163] O medo generalizado de que os militares que retornavam pudessem desencadear uma onda de crimes ou que seus transtornos psiquiátricos desafiassem o renascimento das comunidades em tempos de paz levou o Exército americano a financiar dois filmes publicitários em 1945, um sobre "exaustão de combate" e outro chamado de modo inadequado de *The Returning Psychoneurotics* [O retorno dos psiconeuróticos]. O segundo filme, dirigido por John Huston, explorava terapias para reabilitar pacientes gravemente transtornados num hospital psiquiátrico de Nova York, mas o Exército decidiu que as imagens eram muito mórbidas para um público americano que ainda não estava ciente de quanto dano emocional a guerra havia infligido ao que o roteiro escolheu chamar de "salvamento humano". Embora o título tenha sido trocado para *Let There Be Light* [Que haja luz], o Exército proibiu sua exibição até 1981.[164]

As poucas pesquisas realizadas entre militares após a guerra mostraram que as cicatrizes emocionais do conflito sobreviveram à paz. Nos Estados Unidos, 41% dos veteranos receberam indenização por invalidez causada por transtornos psiquiátricos. Outra pesquisa publicada pelo Departamento de Guerra em 1946 mostrou que entre 40% e 50% de todos que receberam cuidados médicos durante o conflito eram casos de exaustão de combate.[165] Na Grã-Bretanha, foram realizados vários pequenos estudos para acompanhar casos psiquiátricos liberados para voltar à comunidade durante a guerra. Eles mostraram que muitos desses homens acharam difícil manter um emprego ou reavivar a autoestima. Embora pareça que não foram feitas pesquisas sistemáticas com veteranos que retornaram à vida civil na Alemanha, na União Soviética ou no Japão, o processo de reintegração emocional foi difícil ou, no caso alemão e japonês, às vezes muito atrasado pela decisão da Grã-Bretanha, da França e da União Soviética de manter prisioneiros dessas nacionalidades para tarefas laborais na reconstrução do pós-guerra muito depois do período estipulado pela Convenção de Genebra.[166] Quando prisioneiros japoneses na União Soviética foram enfim enviados de volta, no início da década de 1950, houve uma preocupação pública generalizada com homens que não só foram capturados de forma desonrosa, mas que agora também se mostravam disruptivos e "argumentativos" em seu retorno à vida civil.[167]

Os Estados Unidos eram os únicos a exigir que, sempre que possível, os restos mortais de quem tinha morrido em combate no exterior fossem devolvidos após 1945. Os militares de ambos os sexos dos Aliados e do Eixo que serviram no exterior costumavam ser enterrados no teatro onde morreram. O desejo avassalador do público americano, cujos soldados pereceram a milhares de quilômetros de distância, era enterrar outra vez os mortos em solo americano. O efeito foi suspender o regime emocional do país em tempo de guerra, no qual a linha oficial era velar a realidade e a extensão das mortes em batalha e, pela primeira vez, permitir um momento de luto coletivo, embora orquestrado. Em outubro de 1947, os primeiros 6200 caixões retornaram da Europa. Um Soldado Desconhecido foi escolhido de forma aleatória e seu caixão desfilou numa cavalgada solene pela Quinta Avenida de Nova York, diante de meio milhão de pessoas; no Central Park, um serviço fúnebre foi realizado para 150 mil espectadores.[168] Alguns choravam, outros sentiam-se incapazes de assistir: o momento captou as emoções reprimidas dos anos de conflito. "Lá vai meu garoto", gritou uma mulher da multidão. Durante anos, milhões de militares tiveram que lidar com a tensão entre seus medos e suas ansiedades particulares e um regime militar de disciplina e abnegação, enquanto, por sua vez, civis em todo o mundo viveram com a contradição entre culturas públicas de resistência e a realidade privada da tristeza e da perda.

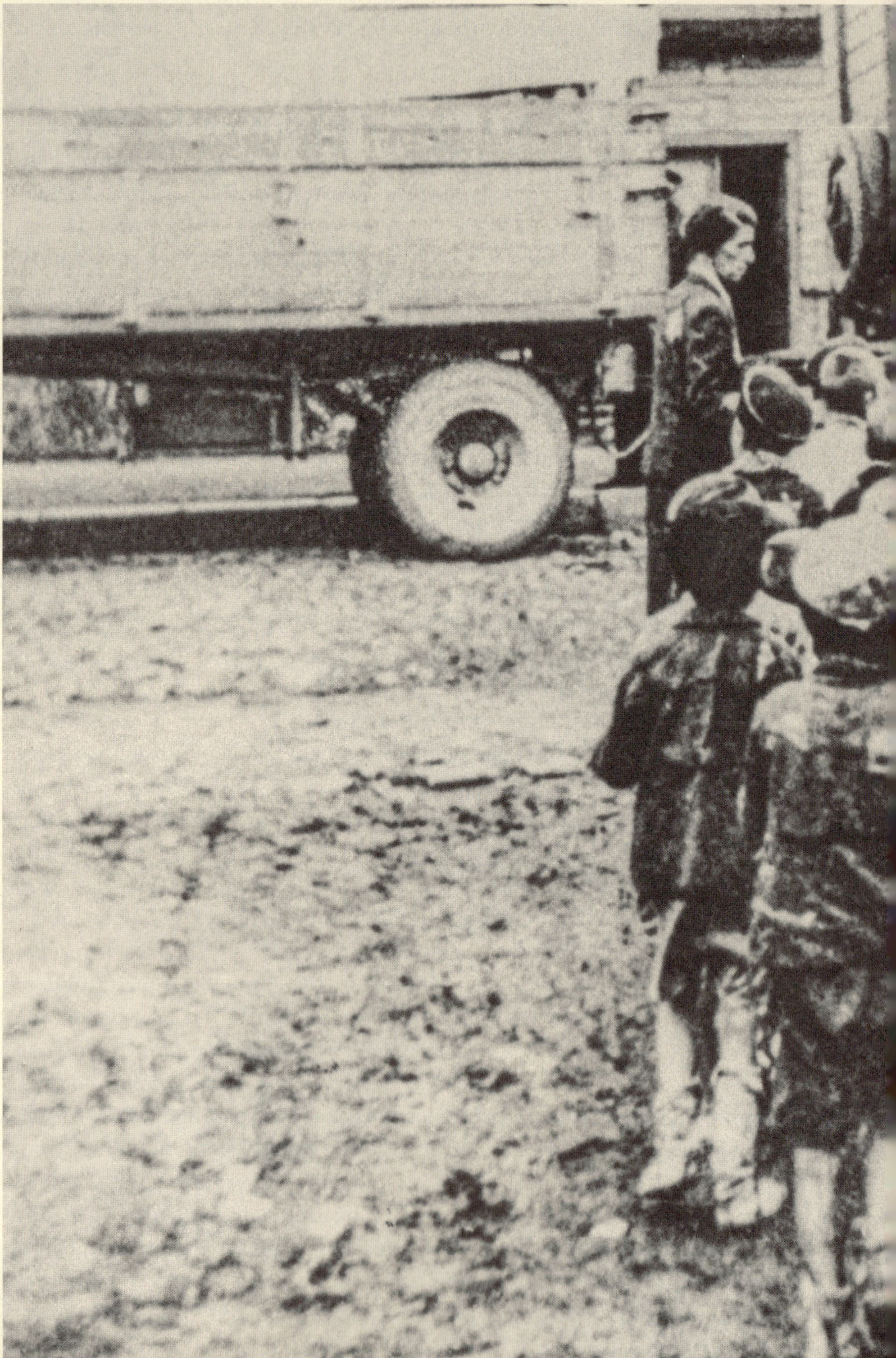

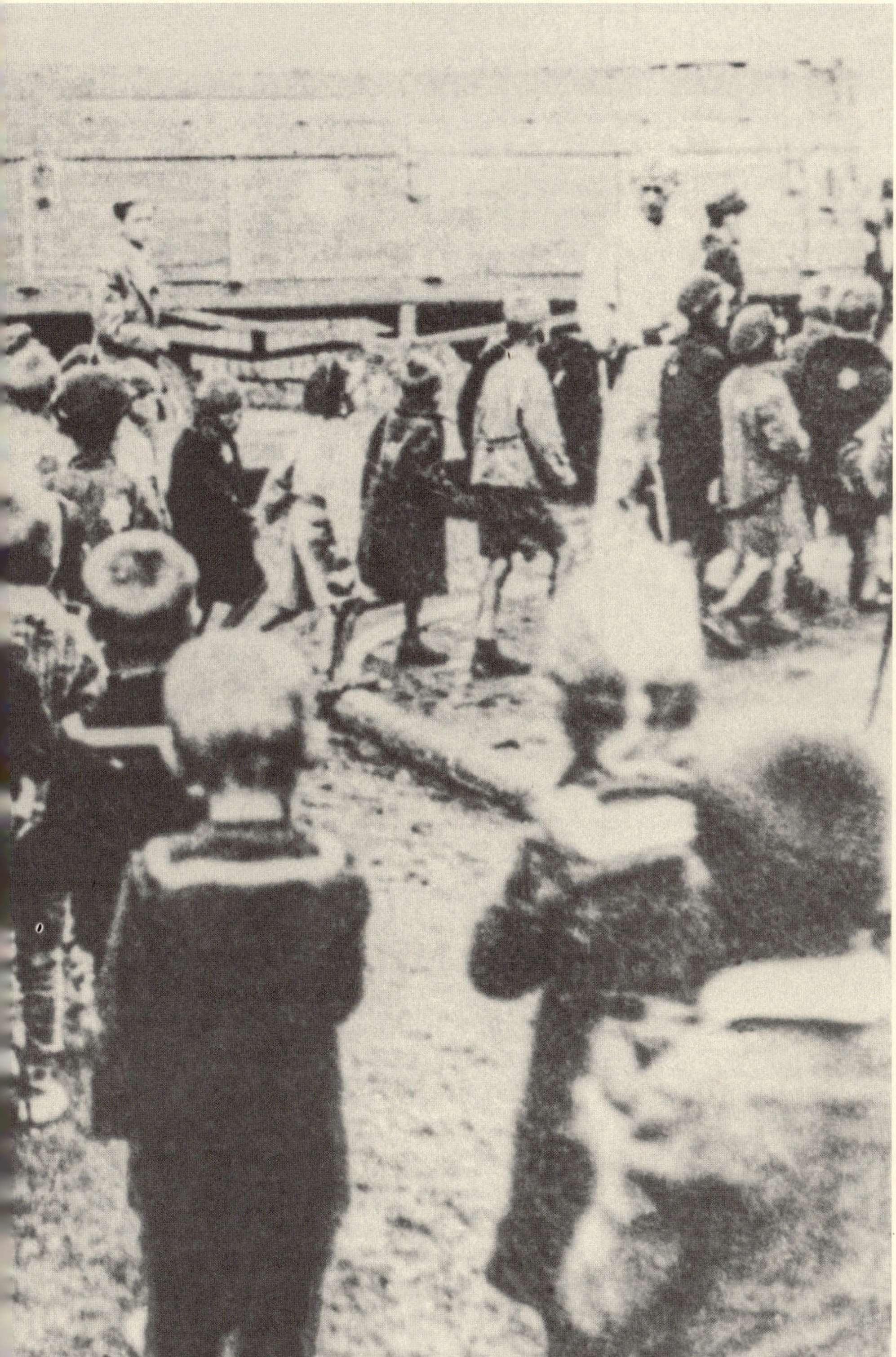

10. Crimes e atrocidades

Quando os judeus foram tirados de seus apartamentos para serem fuzilados, a professora Liza Lozinskaia estava escondida em algum lugar. No dia seguinte, após os fuzilamentos em massa, os assassinos da Gestapo a pegaram. Os bandidos a arrastaram para a praça do mercado, amarraram-na a um poste telegráfico e começaram a atirar punhais afiados nela. Os monstros penduraram um cartaz em seu pescoço com a inscrição "eu impedi autoridades alemãs de executar leis e regulamentos".

Testemunho gravado, "Os alemães em Mozir"[1]

Uma vez, um soldado alemão foi capturado e levado para a base [guerrilheira]. Eles nem conseguiram interrogá-lo. As pessoas basicamente o despedaçaram. Foi uma imagem horrível; arrancaram seus cabelos, mulheres, idosos. E todos gritavam "pelo meu filho, pelo meu marido" etc.

Entrevista com Leonid Okon[2]

A Segunda Guerra Mundial foi um conflito atroz. Do começo ao fim, crimes e atrocidades pontuaram a conduta de soldados, pessoal de segurança e civis numa escala e com uma energia implacável que dificilmente poderiam ter sido previstas. Atrocidade levava a atrocidade num ciclo vicioso de desforra. O aldeão que relembrou o destino de Liza Lozinskaia também se recordava de uma guerrilheira soviética capturada e punida da mesma forma por "impedir" o trabalho de policiais alemães e auxiliares locais, cuja tarefa era conduzir os judeus bielorrussos das proximidades para fossos fora da aldeia e fuzilá-los, uma camada por vez.

O jovem Leonid Okon, um fugitivo do gueto de Minsk, juntou-se aos guerrilheiros com um pensamento: "Eu queria lutar o tempo todo. Eu queria vingança".[3] Os alemães e seus ajudantes viviam com medo dessa vingança, e a ansiedade deles alimentava novas ondas de violência cruel para tentar manter a ameaça sob controle. Essa foi uma linha de frente entre muitas na narrativa de atrocidades em tempo de guerra. Não havia um único teatro ao qual ela estivesse confinada e nenhuma causa única que a explicasse; o lado sombrio da Segunda Guerra Mundial era feito de muitas partes. Algumas atrocidades eram crimes de guerra comuns que desrespeitavam leis e costumes estabelecidos para um conflito. Algumas eram produto de ódios raciais ou preconceitos profundos. Algumas, mais fáceis de esconder, eram fruto da persistente violência masculina contra as mulheres.

Para os contemporâneos, o conceito de "crime de guerra" costumava ser entendido como uma violação dos anexos da Convenção de Haia de 1907 sobre Guerra Terrestre que regiam as "leis e costumes da guerra em terra" e a Convenção de Genebra sobre a Cruz Vermelha Internacional, acordada originalmente em 1864. Nessa definição, esses crimes eram cometidos por Forças Armadas contra Forças Armadas inimigas no campo e na prisão, ou contra civis inimigos que deveriam ser protegidos de violações de acordo com as "leis de humanidade" existentes entre "povos civilizados".[4] A Convenção não se aplicava a populações coloniais definidas como "semicivilizadas" ou "incivilizadas". A natureza dos crimes não era definida de forma muito precisa nem estava claro como poderiam ser investigados ou punidos, uma vez que não havia nenhum tribunal internacional para fazer cumprir os acordos. Durante a Grande Guerra, os costumes e usos do conflito foram violados por ambos os lados, embora não de forma sistemática, uma vez que por longos períodos as zonas de combate se limitaram ao embate de trincheiras, sem lutas de partisans ou civis na linha de fogo. No entanto, a guerra levou à classificação de outros "crimes" considerados violações das Convenções de Haia. Um catálogo com 32 delitos foi elaborado no final do conflito pelos vencedores, uma lista que indicava condutas consideradas criminosas, como "assassinatos e massacres" (direcionados em particular à matança turca de armênios), "terrorismo sistemático", "tortura de civis" e deportação e trabalho forçado de não combatentes.[5] Em fevereiro de 1919, os Aliados nomearam uma Comissão sobre as Responsabilidades pela Guerra e Sua Conduta, que por sua vez criou um subcomitê sobre violações das leis de guerra que deveria relatar o processo de criminosos inimigos conhecidos. Porém, os Estados Unidos vetaram a ideia de um tribunal internacional para julgar supostos crimes de guerra alemães e turcos e, por fim, os governos desses dois países realizaram alguns julgamentos simbólicos com o incentivo dos Aliados, e os franceses e os belgas julgaram e condenaram 1200 prisioneiros ainda em seu poder. Um Gabinete de Investigação alemão compilou, por sua vez, 5 mil dossiês sobre crimes de guerra dos Aliados, mas em 1919 a justiça estava com os vencedores, não com o inimigo derrotado.[6]

As falhas óbvias de definição e procedimento expostas em 1919 resultaram durante os dez anos seguintes em esforços para se chegar a um acordo internacional mais preciso sobre conduta aceitável em tempo de guerra. Durante o conflito, os dois lados bombardearam civis. Embora o "bombardeio aéreo" fosse proibido pela Convenção de 1907, não havia um corpo específico de direito internacional que determinasse a conduta da guerra aérea. Em 1923, após uma decisão tomada na Conferência Naval de Washington no ano anterior, um comitê internacional de juristas reunido em Haia elaborou as Regras de Haia para a Guerra Aérea. Ainda que as regras nunca tenham sido ratificadas por nenhum governo, considerava-se que tinham força de direito internacional, em especial a disposição de que nenhum ataque deveria ser feito a vidas e propriedades civis, mas apenas a objetivos militares identificáveis.[7] Em 1925, chegou-se a um acordo em Genebra para uma convenção que proibisse o uso (embora não a posse) de gás e armas bacteriológicas. Quatro anos depois, elaborou-se uma nova convenção para o tratamento de prisioneiros de guerra, ampliando a proteção já concedida pelos Tratados de Haia. Em 1936, criaram-se novas regras para o combate naval, proibindo o uso irrestrito de submarinos, como praticado durante a Grande Guerra; os navios de guerra eram obrigados a parar e revistar navios mercantes suspeitos de abastecer o inimigo e a fornecer segurança para suas tripulações em vez de afundá-los quando eram avistados.

Muitas dessas salvaguardas adicionais já haviam sido violadas durante a década de 1930. Itália e Japão usaram gás venenoso nas invasões da Etiópia e da China; aeronaves japonesas bombardearam civis na guerra na China, e aviões italianos e alemães fizeram o mesmo na Espanha durante a Guerra Civil; prisioneiros de guerra chineses foram mortos de surpresa pelo exército nipônico. Durante a Segunda Guerra Mundial, todos os acordos internacionais foram violados por uma ou outra parte do conflito; em muitos casos, foram violações graves numa escala nunca nem mesmo contemplada na época em que os instrumentos do direito internacional foram redigidos. Quando ficou clara a prática de atrocidades numa proporção inimaginável, a ideia que o século xx tinha de crime de guerra foi levada ao limite e além. No final dos combates, um novo conceito foi criado para lidar com as consequências de um conflito tão atroz, de modo que fosse possível penalizar a deportação em massa, a exploração e o assassinato de populações civis. Esses ultrajes foram então classificados com o termo genérico de "crimes contra a humanidade".[8] Em 1945, os Aliados vitoriosos definiram mais uma vez a natureza do crime de guerra. Além dos chamados criminosos de guerra de Classe A, acusados de tramar um conflito agressivo, havia criminosos de Classe B (violadores dos costumes e usos da guerra) e os de Classe C, acusados de crimes contra a humanidade.

A VIOLAÇÃO DE "LEIS E USOS DA GUERRA"

Os crimes de guerra no sentido mais restrito de violência ilegítima entre Forças Armadas rivais ou entre Forças Armadas e a população civil mostraram que era impossível restringi-los por acordos em papel. As violações no campo de batalha eram numerosas por razões óbvias. Ao contrário do combate de trincheiras da Primeira Guerra Mundial, na Segunda Guerra havia batalhas campais em luta aberta e móvel. Nessas circunstâncias, às vezes era mais simples fuzilar soldados rendidos ou inimigos feridos, em vez de desviar homens e esforços para transferi-los para a retaguarda. No combate de infantaria, os soldados que tentavam se render minutos depois de matar o inimigo podiam muito bem ser mortos no ato; atiradores de tocaia costumavam ser executados quando pegos porque eram considerados um tipo especial de homicida. Nas guerras soviético-alemã e na Ásia, os feridos eram massacrados onde caíam. No calor da batalha, os soldados não tinham a Convenção de Genebra em mente, e oficiais de todos os exércitos não parecem ter tentado demais conter seus homens, e, em alguns casos, até podem ter encorajado e instigado ativamente crimes de guerra. No mar, o campo de batalha era muito diferente, mas também havia oportunidades de violar acordos estabelecidos quando marinheiros e soldados eram abandonados na água, botes salva-vidas eram deliberadamente alvejados ou sobreviventes eram metralhados. Apenas no combate aéreo as regras eram observadas mais de perto, embora todos os lados fossem culpados de às vezes metralharem aviadores de paraquedas; o combate ar-solo, por outro lado, levantava questões embaraçosas devido à natureza imprecisa, às vezes até aleatória, de bombardeios e voos rasantes com metralhadora durante as operações terrestres. Acima de tudo, o bombardeio "estratégico" de longo alcance levantava questões éticas profundas por matar civis em grande número, em alguns casos de propósito, bem como destruir de forma indiscriminada hospitais, escolas, igrejas e tesouros culturais.

A maioria dos crimes de guerra de Classe B foi cometida em combates terrestres, nos quais os soldados ficavam cara a cara com a perspectiva de matar ou serem mortos. "Há uma regra aqui", escreveu em diário um engenheiro americano na guerra do Pacífico, "MATAR, MATAR, MATAR."[9] Embora as violações no calor do momento fossem rotineiras, a escala e a natureza das atrocidades de guerra entre Forças Armadas eram determinadas por uma ampla gama de fatores em cada teatro de guerra — geografia, ideologia e propaganda, cultura militar, ausência de contenção e assim por diante. É improvável que qualquer coisa, exceto a falta de contenção, estivesse na mente de quem cometia a violência no momento em que era perpetrada. Onde a contenção estava ausente ou as regras eram desrespeitadas pelas autoridades militares de forma deliberada, os soldados estavam livres para se comportar com violência instintiva no campo de batalha. Em dezembro de 1941, por exemplo, Hitler disse ao exército que lutava na União Soviética que a guerra ali não tinha nada a ver com "cavalheirismo militar ou com os acordos da Convenção de Genebra" e que esperava que suas tropas tirassem as próprias conclusões. No entanto, na guerra contra as potências ocidentais, ele queria que suas forças respeitassem o máximo possível as regras de combate estabelecidas, uma visão que ele reiterou ao Exército quando recebeu a notícia do massacre de soldados americanos pela Waffen-ss em Malmédy, no final de 1944.[10] Embora muito mais raro entre as forças ocidentais, ainda era possível que as regras fossem às vezes suspensas. Antes da invasão americana de Guam em 1944, fuzileiros navais e soldados foram informados de que não deveriam fazer nenhum prisioneiro.[11]

Não obstante, o contexto mais amplo em que as campanhas foram travadas explica as grandes diferenças na escala e na barbárie do crime no campo de batalha de um teatro para outro. Na Europa Ocidental e no Mediterrâneo, as Forças Armadas opostas costumavam respeitar as convenções estabelecidas por acordo internacional. A única exceção foi o combate ocidental contra a Waffen-ss, que se via como um grupo com leis próprias, estava comprometida de modo fanático com Hitler e tinha uma conduta inescrupulosa. Em 1944 e 1945, durante as batalhas encarniçadas na Itália e ao longo da fronteira alemã, os membros da Waffen--ss eram às vezes enviados para onde eram apanhados. Quando as notícias sobre as atrocidades da Waffen-ss chegaram aos soldados, eles tiraram suas próprias conclusões. Na Batalha das Ardenas, pouquíssimos Waffen-ss chegaram aos currais de prisioneiros. "A guerra sendo o que é, e as pessoas sendo o que são", lembrou mais tarde um veterano americano, "muitas vezes um sujeito fica tão bravo que só perde o controle de si mesmo e as emoções tomam conta."[12] Às vezes, as forças britânicas reagiam da mesma forma, e o Serviço Aéreo Especial, criado pela primeira vez em 1941, raramente fazia prisioneiros. Os crimes de guerra germânicos contra outros soldados no Norte da África, na Itália e na Europa Ocidental também eram exemplos relativamente isolados quando comparados à escala da atrocidade na União Soviética e na China. As vítimas nesses teatros eram dezenas ou centenas, enquanto na Rússia e na Ásia eram centenas de milhares. Na guerra marinha, ambos os lados adotaram o embate submarino irrestrito em desafio ao Tratado Naval de Londres de 1936, mas em geral se abstiveram de matar quem abandonava o navio, enquanto a Marinha Real em quase todos os casos resgatava aqueles que estavam na água.[13]

O teatro da Europa Oriental e a guerra na Ásia tinham uma natureza completamente diferente. Nas duas regiões, os exércitos defensores logo entenderam os termos em que o inimigo que avançava estava preparado para lutar e reagiram da mesma forma. O resultado foi um crescendo de atrocidades, com cada represália cruel provocando uma degeneração maior do comportamento das tropas de ambos os lados. A "barbarização da guerra" — termo cunhado pelo historiador Omer Bartov para descrever o conflito selvagem travado pelo exército germânico na Rússia — foi deliberada nos casos alemão e japonês, mas também houve muitas pressões circunstanciais dos dois lados para transformar homens que de outra forma não teriam cometido atrocidades em assassinos cruéis.[14] Não menos importante foi o papel da geografia. Os soldados se viam lutando nas mais inóspitas condições, longe de casa, com pouca perspectiva de licença. As demandas feitas às tropas pelas condições da selva da Birmânia, pelas ilhas remotas do Pacífico Sul, pelas montanhas e rios da China central ou pela vasta estepe russa, escaldante e empoeirada no verão, congelante no inverno, desempenharam de forma evidente um papel no incentivo ao combate grosseiro. Nessas zonas remotas, a realidade generalizada da morte em massa por combate, doença ou ferimento contribuiu para uma cultura profundamente mórbida na qual as mortes de inimigos eram tratadas com completa indiferença. Os soldados alemães achavam as táticas quase suicidas do Exército Vermelho difíceis de compreender, mas o resultado foi tratar os soldados soviéticos como bucha de canhão. Os soldados japoneses lutavam até a morte num sistema militar no qual o princípio da *gyokusai* [aniquilação gloriosa de si mesmo] foi incutido em cada recruta.[15] Ataques e defesa suicidas insensibilizaram as atitudes americanas, australianas e britânicas em relação às mortes nipônicas. Nas estradas onde corpos de japoneses jaziam insepultos, o tráfego aliado logo reduzia qualquer cadáver a uma sombra achatada e ressecada.

O combate japonês na China foi travado desde o início com pouca ou nenhuma consideração pelas convenções da guerra moderna. Os soldados chineses que se rendiam eram fuzilados ou decapitados no local de forma rotineira, conforme o exército nipônico avançava. Os feridos eram finalizados com baionetas ou espadas, armas que a infantaria do Japão explorava com prazer. Embora folhetos tenham sido lançados por aeronaves encorajando soldados nacionalistas chineses a se renderem com a promessa de que o exército inimigo "não machucaria prisioneiros", relatos de diários de soldados japoneses deixam claro que a promessa não passava de um estratagema. No ataque à província de Hebei, um soldado japonês registrou seu prazer em bater em chineses feridos com uma pedra e abrir um prisioneiro com uma espada. Enquanto sua unidade seguia as forças chinesas em retirada para a província de Shanxi, ele escreveu que matar soldados inimigos em fuga era divertido: "Também era divertido brincar com os feridos e fazê-los se matar".[16] Os diários revelam ainda a profunda insegurança e o medo que atormentavam os soldados do Japão em seu avanço, pois eram submetidos a emboscadas constantes por soldados chineses que tinham desaparecido do campo de batalha e agora recorriam a táticas irregulares de guerrilha. O exército japonês sofreu muitas baixas ao avançar, e os soldados se vingavam do inimigo com sadismo calculado.

O auge da atrocidade foi alcançado no ataque e na tomada da capital nacionalista chinesa de Nanquim, onde cerca de 20 mil soldados chineses foram massacrados ao lado de milhares de civis. Embora o alto-comando japonês na China quisesse que os soldados mostrassem contenção, os longos meses de combate difícil numa paisagem sem fim encorajaram um anseio por represália. Dois soldados japoneses se tornaram celebridades da noite para o dia quando chegou ao Japão a notícia de uma competição entre eles para ver quem conseguiria cortar cem cabeças de chineses primeiro; o "concurso de matar cem homens" continuou em 1938 e, em março, um dos tenentes já havia decapitado 374 homens. Poemas, canções e até livros infantis celebraram os "cem assassinatos patrióticos de homens".[17] Em todos os lugares, soldados chineses eram caçados e massacrados por uma variedade de formas cruéis de execução: prisioneiros enforcados pela língua, enterrados vivos, queimados vivos, usados para prática de baioneta, jogados nus em buracos no gelo no inverno para "ir pescar".[18] Um soldado japonês passou por um grupo de 2 mil chineses mortos e mutilados em Nanquim que se haviam rendido com uma bandeira branca. Eles foram, observou ele, "mortos de todas as maneiras diferentes" e deixados para apodrecer na estrada.[19] A violência desenfreada decorreu da decisão dos militares japoneses de definir soldados chineses como bandidos, removendo qualquer barreira legal ao seu assassinato. O governo do Japão não havia ratificado a Convenção de Genebra sobre prisioneiros, mas, mesmo que o tivesse feito, os limites impostos pelo direito internacional consagrados nos acordos de Genebra não foram comunicados nem mesmo aos comandantes mais antigos.[20] À medida que os soldados japoneses se endureciam por uma vida de combate selvagem, o hábito de matar inimigos feridos e capturados se tornou um modo de vida. "Eu pisei nos cadáveres de soldados chineses sem cuidado", escreveu uma testemunha de Nanquim em seu diário, "pois meu coração havia se tornado selvagem e perturbado."[21]

Em dezembro de 1941, quando o Japão atacou as possessões americanas, britânicas e holandesas no Sudeste Asiático e no Pacífico Sul, a maioria dos soldados já havia servido na guerra da China, ao contrário dos exércitos aliados que enfrentaram, que tinham pouca ou nenhuma experiência de batalha. Os soldados japoneses transferiram os hábitos de quatro anos de combate para o embate contra as potências coloniais. A reputação de selvageria os precedeu, mas o impacto foi um choque para os militares ocidentais, que não só subestimaram as habilidades táticas de combate do inimigo como presumiram que, em combate com exércitos brancos, os japoneses respeitariam as convenções que restringiam a violência ilimitada. Quando o governador britânico rendeu Hong Kong aos japoneses no Natal de 1941, eles invadiram a cidade e mataram prisioneiros, passaram pela baioneta os feridos nos hospitais, estupraram e assassinaram enfermeiras (embora apenas alguns dias antes soldados e policiais britânicos tivessem abatido saqueadores chineses com fogo de metralhadora e, em um caso, enfileirado setenta supostos quintas-colunas, colocado sacos sobre suas cabeças e os fuzilado, um de cada vez).[22] Na invasão da Malásia, soldados nipônicos mataram prisioneiros enquanto avançavam pela península e massacraram os feridos, um padrão que se repetiria em todos os combates no Pacífico. Na Nova Guiné, com as forças japonesas com frequência próximas da fome e com pouca munição, soldados australianos capturados foram encontrados mais tarde amarrados nus em árvores para prática de baioneta, cortados em tiras com espadas e, em vários casos, massacrados para fornecer carne humana para tropas japonesas famintas.[23] As forças americanas encontraram camaradas mortos mutilados e torturados, ou troféus tirados de americanos nos bolsos de japoneses mortos. No mar, a Marinha do Japão afundava navios à vista e deixava os sobreviventes se afogarem ou os metralhava na água; o pessoal naval em terra durante a invasão das Índias Orientais (atual Indonésia) massacrou centenas de soldados australianos e holandeses capturados na ilha de Amboina, dando à equipe de execução a escolha de decapitá-los ou atravessar-lhes o peito com uma baioneta.[24] A Marinha americana também adotou o combate submarino irrestrito desde o início da guerra. Em 1945, havia pouco para afundar, e os tripulantes de submarinos se voltaram para embarcações de pesca e sampanas costeiras, violando as regras de combate. Se os sobreviventes japoneses na água ou que se arrastavam para botes salva-vidas seriam abandonados ou mortos era uma questão de consciência para os comandantes individualmente, e não uma questão legal.[25]

Para os invasores nipônicos, o comportamento atroz em relação às forças aliadas foi de todo contraproducente. Como os japoneses não fizeram nenhuma tentativa de sustentar as convenções da guerra, as forças que os enfrentavam no campo retaliaram na mesma moeda. Nem todos os soldados aliados e nem todos os soldados japoneses cometeram atos que desafiaram as leis de guerra, mas no conflito do Pacífico essa violação foi comum, e soldados e fuzileiros navais não esperavam ser disciplinados por isso. A atitude dos militares americanos estava condicionada pela onda de raiva espontânea diante do ataque a Pearl Harbor. O diretor de operações navais, o almirante Harold Stark, anunciou poucas horas após o início do conflito que as forças americanas poderiam empreender uma "batalha aérea e submarina irrestrita contra o Japão", anulando compromissos internacionais antes mesmo do início do combate. William Leahy, conselheiro pessoal de Roosevelt, também deixou claro que, ao lutar contra "selvagens japoneses", as regras estabelecidas "devem ser abandonadas", enquanto o vice-almirante William Halsey sinalizava para as tripulações de sua frota de porta-aviões: "Matem japas, matem japas, matem mais japas".[26] Nessa situação, não havia perspectiva de os militares americanos serem contidos por restrições legais, ainda menos quando testemunharam em primeira mão a realidade das violações nipônicas. "Matem os desgraçados" se tornou um motivo-padrão na literatura lida pelos soldados americanos. As forças japonesas em defesa não obedeciam a nenhuma regra, desafiando até mesmo toda a razão: usavam bandeiras de trégua para emboscar o inimigo que se aproximava; ficavam imóveis no campo de batalha para simular a morte antes de abrir fogo; rendiam-se com uma granada viva amarrada em seus braços para matar a si mesmos e seus captores; e, em raras ocasiões, atacavam em massa com espadas desembainhadas contra metralhadoras inimigas.[27]

Os fuzileiros navais e a infantaria dos Estados Unidos tinham aversão e desprezo generalizados pelo inimigo, alimentados pela propaganda que os pintava como animais desumanos, produtos de uma cultura exótica e insondável. No campo, o "japonês bom" era o "japonês morto", e se faziam poucos prisioneiros. Os feridos podiam ser liquidados com um corte na garganta. Partes cortadas de corpos viravam troféus, alguns dos mortos eram escalpelados e tinham dentes de ouro arrancados para serem guardados em pequenas bolsas de troféus. A mutilação física era tão disseminada que o Departamento de Guerra ordenou em setembro de 1942 que todos os comandantes proibissem a coleta de lembranças medonhas, mas a atitude teve pouco efeito. Quando esqueletos japoneses foram repatriados das ilhas Marianas após o conflito, 60% não tinham crânios. Um abridor de cartas esculpido no osso de um soldado japonês foi até mesmo presenteado a Roosevelt, que insistiu que deveria ser devolvido ao Japão.[28] Alguns prisioneiros nipônicos, incapazes de aceitar seu fracasso em morrer em combate, lutaram de forma tão violenta que seu desejo foi atendido por seus captores. Na batalha pela ilha Salomão de Guadalcanal, foi tão difícil encontrar um japonês vivo para ser interrogado que os homens da Divisão Americana receberam a promessa de uísque e cerveja extra se trouxessem algum.[29] Em outubro de 1944, após três anos de combate, havia apenas 604 japoneses nas mãos dos Aliados. Em todo o teatro do Pacífico, apenas 41 mil soldados e marinheiros nipônicos foram feitos prisioneiros, quase todos no final do conflito. O conhecimento de que os americanos e australianos não costumavam fazer prisioneiros só reforçou o Código de Serviço de Campo japonês, que exigia morte em vez de desonra. O mesmo se aplicava à guerra na Birmânia, onde as forças britânicas, da África Ocidental e da Índia matavam prisioneiros e feridos japoneses com tanta regularidade depois de testemunhar atrocidades cometidas pelo Japão que não havia incentivo para os soldados se renderem. Numa ocasião, soldados indianos queimaram 120 japoneses feridos; em outra, enterraram mais de vinte vivos. Os japoneses feridos eram mortos de forma rotineira com baionetas ou fuzilados, e enfiavam baionetas nos corpos para ter certeza de que estavam mortos. "Eles eram animais e eram tratados como tal", comentou um major de brigada.[30]

A guerra no front oriental exibiu muitos dos mesmos elementos. O exército alemão já havia agido com severidade na invasão da Polônia em 1939, quando cerca de 16 mil soldados poloneses capturados foram fuzilados em ações de represália. Mesmo antes do início do conflito com a União Soviética, as forças alemãs foram instruídas com o panfleto "Você conhece o inimigo?", que deveria prepará-las para esperar que as tropas soviéticas fossem "imprevisíveis, dissimuladas e insensíveis" na maneira como lutavam, um preconceito baseado em parte na lembrança das práticas do Exército russo na Primeira Guerra Mundial.[31] Uma mistura de preconceito racial e hostilidade ao "judeu-bolchevismo" encorajou os comandantes do Exército a concordar com a alegação de Hitler, comunicada a eles em março de 1941, de que a campanha na Rússia era uma "guerra de extermínio" na qual os alemães precisavam "se afastar da ideia de camaradagem militar". O general Georg von Küchler, comandante do 18º Exército para a invasão, disse a seus oficiais que eles lutariam contra "soldados racialmente estrangeiros" que não mereciam "nenhuma misericórdia" na batalha.[32] O major-general Eugen Müller descreveu a maneira como os soldados germânicos deveriam lutar na Rússia como um retorno a "uma forma anterior de guerra", quando as regras de combate ainda não tinham sido codificadas em Haia e Genebra.[33] Três diretivas emitidas pelo Quartel-General Supremo de Hitler em maio e junho, pouco antes da invasão, definiram o que seria essa "forma anterior". As Diretrizes para a Conduta das Tropas na Rússia exigiam crueldade total para eliminar todas as formas de resistência; a Ordem dos Comissários dava instruções para passar todos os comissários militares soviéticos capturados — personificações da "forma asiática de guerra" — diretamente à ss para execução; a diretiva final sobre a Restrição da Jurisdição Militar dava uma anistia geral a qualquer soldado que cometesse o que o direito internacional definia como um crime contra soldados ou civis. Embora alguns comandantes alemães estivessem preocupados que as diretivas encorajassem o que o marechal de campo Walter von Reichenau descreveu como um "delírio de fuzilamento" indisciplinado, a maioria parece ter aprovado e depois levado a cabo o combate sem piedade.[34]

O conflito que se desenrolou a partir de junho de 1941 confirmou os preconceitos germânicos sobre a maneira como as forças soviéticas lutariam. Os soldados alemães, à medida que avançavam, encontravam cadáveres mutilados de seus companheiros — soldados cujas línguas foram pregadas a uma mesa, prisioneiros pendurados em ganchos de carne, outros apedrejados até a morte. Histórias de atrocidades soviéticas, verdadeiras ou não, logo se espalharam pelas unidades germânicas que avançavam, e, nas primeiras semanas da campanha, soldados capturados do Exército Vermelho em pequenos grupos costumavam ser fuzilados ao se render. Em setembro de 1941, o alto-comando do Exército definiu todos os soldados soviéticos encontrados atrás das linhas alemãs como guerrilheiros que deveriam ser executados sem mais delongas.[35] Como os japoneses, os soldados soviéticos lutavam com frequência em situações desesperadoras até o último homem, se escondiam em emboscadas para atacar a retaguarda das forças germânicas, ou se fingiam de mortos antes de abrir fogo ou continuavam a lutar mesmo quando gravemente feridos. Esperava-se que os soldados soviéticos, como os japoneses, não fossem feitos prisioneiros, e para sublinhar o éthos do sacrifício pelo bem do coletivo o regime soviético emitiu a Ordem 270 em agosto de 1941, condenando todos que se rendessem ou fossem feitos prisioneiros como "traidores da pátria", com penalidades para suas famílias.[36] Nas primeiras batalhas desesperadas, o Exército Vermelho raras vezes fazia prisioneiros; mais tarde, quando ele passou a avançar com velocidade, os soldados inimigos capturados eram uma desvantagem. Um jovem soldado alemão, perdido numa floresta no final de 1944, evitou o destino do resto de sua unidade; quando voltou a encontrar seus companheiros, eles estavam dispostos numa fileira em um campo, com as cabeças esmagadas e os estômagos abertos com baionetas.[37]

Os soldados soviéticos não tinham obrigação de cumprir as regras. Eles lutavam com quaisquer meios, justos ou não, porque o compromisso moral central ao qual deveriam se vincular era salvar a pátria soviética dos invasores fascistas. Histórias de atrocidades germânicas se espalharam pelas fileiras, reforçando a visão de que o inimigo merecia pouca misericórdia.[38] Sua tarefa era matar alemães. Tal como a literatura americana na guerra do Pacífico, os jornais do Exército Vermelho traziam exortações cheias de ódio para matar. "Nada nos dá tanta alegria quanto cadáveres alemães", escreveu o poeta Ilya Ehrenburg no *Estrela Vermelha*. Os soldados eram encorajados a matar pelo menos um alemão por dia, se pudessem. Em 1941, os retardatários nas retiradas formaram unidades de guerrilheiros que assediavam constantemente as linhas de comunicação germânicas e torturavam e matavam qualquer alemão que capturassem. Nessas circunstâncias, cumprir as leis teóricas da guerra não fazia sentido para as tropas que lutavam de forma desesperada para virar a maré contra um agressor inesperado. Não obstante, milhões foram capturados nas grandes batalhas de cerco de

1941 e logo se espalhou a notícia de que milhares de prisioneiros haviam sido assassinados de forma sistemática por seus captores alemães. O Exército germânico se mostrou em geral leal à diretriz de matar comissários, comunistas e judeus entre os prisioneiros, assassinando um total estimado de 600 mil durante o conflito. Por sua vez, os soldados alemães encontraram prisioneiros, como dizia o protesto do Ministério das Relações Exteriores da Alemanha a Moscou, "assassinados e torturados de forma bestial e indescritível".[39] Em ambas as organizações militares, nenhum esforço foi feito para conter a violência porque ela era sancionada de cima. A matança diminuiu de 1942 para 1943 apenas porque os dois regimes queriam usar o trabalho de prisioneiros em suas economias de guerra, mas naquela época metade dos alemães capturados já estava morta, assim como dois terços das tropas soviéticas nas mãos da Alemanha.

O destino dos prisioneiros de guerra longe da linha de frente refletia as diferentes abordagens das regras do conflito no próprio front. As taxas de sobrevivência dão uma indicação clara dessa diferença. Os prisioneiros nas mãos do Império Britânico e dos Estados Unidos não foram submetidos a punições severas ou torturas, ou levados até perto da fome, embora o grande número de inimigos feitos prisioneiros em 1945, quando a guerra terminou, enfrentasse problemas inesperados de falta de abrigos e alimentação e níveis de mortalidade maiores do que o previsto nos campos improvisados. Dos 545 mil italianos em mãos britânicas e americanas, todos, exceto 1%, sobreviveram.[40] Prisioneiros ocidentais em posse da Alemanha e da Itália foram tratados de acordo com os termos da Convenção de Genebra, e dos 353 474 prisioneiros 9300 morreram, a maioria por ferimentos ou doenças (2,7%); em contraste, dos 132 134 prisioneiros feitos pelos japoneses, 35 756 morreram ou foram mortos (27%). Os prisioneiros americanos e australianos no Pacífico tiveram o pior desempenho: um terço dos 43 mil prisioneiros morreu.[41] Relativamente poucos japoneses se tornaram prisioneiros antes do fim da guerra, já que a maioria morreu ou foi morta na linha de frente. Na Birmânia, 1700 japoneses foram capturados, mas 185 mil morreram. Apenas quatrocentos dos sobreviventes estavam aptos, e todos tentaram cometer suicídio ritual.[42] Devido à enorme escala do conflito germano-soviético, e apesar do assassinato habitual de soldados rendidos, um número muito grande foi feito prisioneiro. Dos 5,2 milhões de soldados soviéticos capturados, as estimativas variam entre 2,5 milhões e 3,3 milhões que pereceram em cativeiro (43%-63%); dos 2,88 milhões de alemães que acabaram em prisões soviéticas, 356 mil morreram (14,9%). Mais 1,1 milhão de prisioneiros foi capturado da Itália, da Romênia, da Hungria e da Áustria (contados separadamente dos alemães), dos quais 162 mil morreram (14,7%). Dos 600 mil japoneses capturados na conquista da Manchúria em agosto de 1945, 61 855 morreram (10,3%).[43] A exceção nas mãos soviéticas foi o destino dos italianos enviados por Mussolini em 1941 para lutar contra o bolchevismo: dos 48 947 que acabaram em campos de prisioneiros, cerca de 27 683 (56,5%) pereceram.[44]

O nível excepcional de mortalidade dos prisioneiros soviéticos em mãos germânicas e dos prisioneiros aliados em mãos japonesas foi uma consequência de decisões tomadas de forma deliberada para maltratar, negligenciar ou matar quem tinha sobrevivido aos encontros mortais no campo de batalha. A atitude dos militares japoneses em relação aos prisioneiros de guerra era totalmente negativa já na década de 1930, quando a ideologia de sofrer uma morte heroica pelo imperador em vez de se render atingiu o auge. O fracasso moral de se tornar um prisioneiro foi incutido em cada recruta do Japão. Em janeiro de 1941, o general Tōjō Hideki, ministro do Exército japonês, elaborou um folheto para todos os soldados com "Instruções para o campo de batalha", que reiterava o aviso: "Não sofra a vergonha de ser capturado vivo".[45] Em consequência, as forças nipônicas consideravam os prisioneiros inimigos totalmente indignos. Os chineses capturados podiam ser mortos como "bandidos", sendo considerados não seres humanos, como disse um oficial japonês, mas "porcos".[46] Quando um grande número de prisioneiros aliados caiu em mãos nipônicas após as rendições em Singapura, em fevereiro de 1942, e em Corregidor três meses depois, eles foram vistos com uma mistura de incredulidade e desprezo por seus captores, ficando sujeitos a maus-tratos rotineiros. O Japão havia assinado, mas não ratificado a Convenção de Genebra de 1929 sobre prisioneiros de guerra, embora em janeiro de 1942 o governo tenha se oferecido para cumprir as disposições se os Aliados fizessem o mesmo. De modo significativo, a oferta japonesa excluía as cláusulas que proibiam o uso de trabalho de prisioneiros para o esforço de guerra inimigo, e Tōjō, então primeiro-ministro, ordenou que os prisioneiros de guerra fossem usados como um recurso na construção de estradas, campos de aviação e ferrovias para os militares japoneses. Na verdade, os prisioneiros aliados não receberam nenhuma das salvaguardas da Convenção de Genebra, e os encarregados de administrar os campos e guardá-los não foram instruídos a aplicá-las. O chefe do Escritório de Informações sobre Prisioneiros de Guerra do Japão, o tenente-general Uemura Mikio, era a favor de um tratamento duro como forma de demonstrar às populações das colônias conquistadas a "superioridade da raça nipônica" e a queda dos caucasianos.[47]

A alta taxa de mortalidade que se seguiu teve várias causas. Os guardas de grande parte do sistema de campos eram recrutados entre conscritos coreanos e taiwaneses, que foram ensinados a considerar os prisioneiros animais e tinham em grande medida liberdade para lidar com eles como bem entendessem. Tratados de forma brutal por soldados e oficiais japoneses, muitas vezes com falta de comida e suprimentos médicos, os guardas descontaram suas frustrações nos homens que vigiavam. Havia uma visão generalizada de que os prisioneiros de guerra mereciam condições inferiores à já dura situação imposta aos próprios soldados do Japão. A prioridade dos comandantes e funcionários do campo era concluir as tarefas de trabalho, e não proteger os prisioneiros de abusos. Eles eram privados de rações alimentares adequadas ou suprimentos médicos e quase todos sofriam de doenças tropicais e disenteria endêmica. Os destacamentos de trabalho eram submetidos a brutalidade aleatória, espancados com bastões e chicotes, torturados caso fossem considerados preguiçosos, e estavam sujeitos a longos períodos na cela de punição por pequenas infrações dos regulamentos. Na cela de punição, eram privados de água por três dias e de comida por sete. Se tentassem escapar, poderiam ser fuzilados. Se o Serviço Especial da *Kempeitai* [Polícia Militar], responsável pela vigilância política, suspeitasse de planos de resistência por parte de prisioneiros, eles poderiam ser torturados para confessar. Os métodos usados tinham como objetivo obter resultados e incluíam a "tortura do arroz", na qual a vítima era alimentada à força com grandes quantidades de arroz cru e depois obrigada a tomar muita água; o arroz se expandia no estômago, causando dores terríveis durante dias. Para tornar as surras mais insuportáveis, esfregavam areia molhada na pele da vítima, criando escoriações sangrentas em toda a área atingida.[48] Os torturados morriam enquanto eram interrogados ou admitiam conspirações bizarras. Depois de confessar, um tribunal de faz de conta declarava sua execução ou um longo período na prisão. Essas provações eram impostas a homens já debilitados pela fome e por doenças de longa duração. A sobrevivência era uma loteria, dependendo do capricho dos oficiais japoneses locais ou da sorte de ser colocado onde havia menos enfermidades ou guardas menos sádicos.

A ideologia desempenhava um papel importante na alta taxa de mortalidade dos prisioneiros no conflito entre os países do Eixo e a União Soviética. Como as Forças Armadas alemãs foram instruídas a ignorar as Convenções de Haia e Genebra, elas não tinham obrigação de tratar de forma decente os soldados e aviadores soviéticos capturados. Em setembro de 1941, quando milhões de soldados soviéticos já haviam sido feito prisioneiros, Reinhard Heydrich, chefe do Escritório Principal de Segurança do Reich (RSHA, na sigla em alemão), emitiu uma diretiva definindo que, como os prisioneiros de guerra soviéticos não eram melhores do que criminosos, não tinham direito a "tratamento de soldado honrado".[49] Poucas provisões haviam sido feitas para o enorme número de prisioneiros. Os soldados soviéticos foram enfiados em campos improvisados, muitas vezes forçados a caminhar centenas de quilômetros até seu destino. Os campos eram pouco mais do que áreas cercadas por arame farpado e metralhadoras; havia pouca água, a comida era escassa e de má qualidade, e o atendimento médico era negado a menos que fosse realizado por pessoal médico soviético capturado. Uniformes e botas eram roubados por guardas alemães. Os que tentavam escapar eram fuzilados; os fuzilamentos nos campos não eram apenas de judeus e membros do Partido Comunista caçados pelas forças de segurança, mas de qualquer soldado que infringisse as regras do campo; houve um caso em que dois prisioneiros foram fuzilados por canibalismo, em vez de morrer de fome como ocorria com o resto.[50] Aqueles que ainda estavam em forma o suficiente eram colocados para trabalhar, mas o frio e a fome fizeram seu trabalho junto com uma epidemia de febre tifoide. Alguns dos que sobreviveram ao cativeiro em 1941 e 1942 o fizeram apenas porque concordaram em trabalhar para o Exército alemão como *Hilfswillige*, auxiliares voluntários, mas muitos cativos, após semanas encarcerados, não eram capazes de realizar um trabalho útil e eram deixados para morrer. Em fevereiro de 1942, 2 milhões de prisioneiros soviéticos já estavam mortos; pouco esforço havia sido feito para mantê-los vivos.[51]

Tal como o Japão, a União Soviética não havia ratificado a Convenção de Genebra de 1929 e considerava que todos os acordos pré-revolucionários feitos pelo regime tsarista, inclusive as duas Convenções de Haia, não eram mais válidos. No final de junho de 1941, o governo soviético tentou usar os escritórios da Cruz Vermelha Internacional para obter um acordo com a Alemanha segundo o qual ambos os lados respeitariam os termos em que os prisioneiros deveriam ser tratados, mas o governo germânico se recusou a concordar. Naquela época, ambos os exércitos já haviam violado qualquer termo que pudesse ser convencionado. Como a guerra foi inesperada, as Forças Armadas soviéticas não se prepararam para abrigar prisioneiros. No final de 1941, apenas três campos estavam disponíveis, capazes de abrigar os 8427 soldados alemães que conseguiram sobreviver à matança na linha de frente; em 1943, o número já tinha aumentado para 31, com capacidade para até 200 mil prisioneiros. Eles foram colocados para trabalhar conforme um decreto de 1º de julho de 1941 sobre o uso de prisioneiros. Eles eram classificados da mesma maneira que os prisioneiros soviéticos nos campos de concentração do Gulag e recebiam as mesmas rações. Como os prisioneiros soviéticos, eles podiam ganhar mais comida se trabalhassem duro, mas as condições severas em tendas e barracões grosseiros, com suprimentos de comida cada vez menores, deixavam muitos debilitados demais para trabalhar. Os prisioneiros alemães não foram deixados de forma deliberada para morrer de fome, como ocorreu com os soviéticos, mas o sistema de suprimento de alimentos quebrou em 1942 e 1943, fazendo centenas de milhares de condenados do Gulag soviético perecerem por inanição. No inverno de 1942-3, a taxa de mortalidade dos prisioneiros do Eixo atingiu 52%; 119 mil morreram de distrofia extrema. Durante todo o período de junho de 1941 a abril de 1943, 171 774 dos 296 856 prisioneiros capturados morreram, vítimas de doenças, frio e negligência médica.[52]

A partir da primavera de 1943, as más condições começaram aos poucos a melhorar por ordem do Comitê de Defesa Soviético e do Comissariado do Interior (NKVD), e no final do conflito a taxa de mortalidade caiu para 4%. Àquela altura, as autoridades soviéticas estavam tentando reeducar os prisioneiros alemães para convertê-los do fascismo ao comunismo; um quinto dos que permaneceram vivos se inscreveu no movimento de inspiração comunista "Alemanha Livre".[53] A morte em massa de prisioneiros de guerra italianos também não foi uma política deliberada, mas resultado de negligência, fome e frio. Nos primeiros campos montados após a derrota do Eixo em Stalingrado, a taxa de mortalidade foi excepcional. Os prisioneiros já chegavam enfraquecidos após semanas sem comida e proteção adequada contra as temperaturas congelantes. No campo de Tchrenovoe, havia 26 805 prisioneiros no final de janeiro de 1943, mas apenas 298 estavam vivos dois meses depois. Nesse caso, o comandante do campo foi preso por ignorar as diretrizes do NKVD sobre o tratamento de prisioneiros, cujo trabalho era agora essencial para o esforço de guerra soviético. Os prisioneiros italianos estavam mal preparados para a situação, e os campos em que foram concentrados estavam entre os piores. Entre janeiro e junho de 1943, mais 31 230 morreram, alguns a caminho dos campos, outros nos centros de detenção iniciais, a maioria nos campos de destino, de fome, hipotermia e uma epidemia de tifo, como ocorreu com muitos prisioneiros soviéticos em mãos alemãs.[54]

A falha em observar as regras de combate convencionadas ou em respeitar o status de prisioneiro de guerra expôs a natureza frágil de todos os acordos internacionais que limitavam a possibilidade de crimes durante o conflito. Uma das principais preocupações nas Convenções de Haia originais foi garantir alguma medida de imunidade civil, mas, assim como crimes entre militares floresceram com as condições de combate durante a Segunda Guerra Mundial, o mesmo ocorreu com os crimes perpetrados pelos militares contra civis. A imunidade civil foi comprometida pelos imperativos da guerra total, não só porque os civis podiam ser considerados parte integral do esforço de guerra inimigo, mas porque em muitos casos eles escolheram confrontar uma força de ocupação também com violência. Além disso, foi comprometida pela grande escala do poder militar, à medida que os exércitos devastavam territórios hostis ou amigáveis aos milhões, independente das infelizes populações civis em seu caminho. Aqueles que redigiram a Convenção de Haia em 1907 não podiam imaginar até que ponto a imunidade civil seria violada pelos países que a assinaram.

A violação que todas as Forças Armadas praticaram foi o saque, embora nas circunstâncias de combate os Estados fossem os principais culpados. Os artigos 46 e 47 das "Leis e Costumes da Guerra em Terra" de Haia estipulavam que "a propriedade privada não pode ser confiscada" e que "a pilhagem é formalmente proibida".[55] A definição do que constituía saque tinha limites obscuros. De acordo com o direito internacional, um conquistador tinha o direito de fazer uso dos bens públicos do Estado conquistado, inclusive de barras de ouro e reservas monetárias, mas deveria garantir que as necessidades econômicas e sociais da população ocupada fossem totalmente atendidas. Embora o Estado pudesse tomar muito, o soldado individual deveria respeitar a propriedade privada dos civis, abstendo-se por completo de saqueá-los.[56] Era uma aspiração idealista, mesmo quando foi redigida. Na Segunda Guerra Mundial, a restrição legal era quase impossível de impor, e para oficiais e policiais militares que poderiam definir restrições a tarefa estava simplesmente além dos meios disponíveis, mesmo quando a vontade existia. O general Eisenhower, comandante supremo aliado na Europa, ordenou que o Exército americano não saqueasse, mas os soldados o fizeram em grande escala, mesmo entre os civis que libertavam.[57] Nas primeiras semanas da invasão da União Soviética, comandantes do Exército alemão ordenaram que as unidades pagassem aos fazendeiros pelos bens que apreendessem, em vez de apenas tomá-los, mas em poucas semanas o saque foi aceito como inevitável e incontrolável.[58] A extensão e a natureza do saque ou da pilhagem variavam com as circunstâncias e a oportunidade. Iam de pequenos furtos de bens, alimentos e bebidas alcoólicas de casas civis usadas como alojamentos a saques em massa e destruidores. Em alguns casos, era associado ao estupro de mulheres e meninas da casa, abusadas como espólio sexual; no caso de judeus roubados de suas últimas posses por soldados e milícias na guerra da Alemanha no leste, era o prelúdio para o assassinato. Eram atrocidades compostas, que são o tema das seções posteriores deste capítulo.

Para os países conquistadores, os saques eram uma coisa natural. Desde os primeiros dias da campanha alemã na Polônia, em 1939, os soldados se apoderaram das posses polonesas. O médico polonês Zygmunt Klukowski anotou as depredações dia após dia em seu diário: "Destruição geral e pilhagem de lojas"; "Os alemães [...] procuram em particular por boa comida, bebidas alcoólicas, tabaco, cigarros e talheres"; "Hoje até os oficiais alemães começaram a revistar casas de judeus, levando todo o dinheiro e as joias". Ele viu soldados alemães roubando tesouros de igrejas católicas. A polícia militar, observou ele, ficou parada e não fez nada.[59] Na conquista da Europa Ocidental, os saques costumavam ser mais contidos, mas trens carregados de alimentos, bebidas e móveis seguiram para as famílias germânicas. Na conquista dos Bálcãs, os saques repetiram a experiência polonesa. Na Grécia, tudo foi tomado, desde tesouros de museus a bens domésticos, por oficiais e soldados. Em Atenas, um observador chocado se perguntou por que os alemães "viraram todos ladrões". Ele observou que "eles esvaziavam as casas de tudo o que viam. [...] Nas casas pobres da área, apreenderam lençóis e cobertores [...], até mesmo as maçanetas de metal das portas".[60]

Uma ampla pilhagem da população civil, tanto na cidade quanto no campo, estava reservada para os soviéticos após a invasão em 1941. Esperava-se que as forças germânicas, como os japoneses na China e no Sudeste Asiático, vivessem o mais longe possível da terra. Em vastas faixas de território conquistado na Rússia e na China, os exércitos roubavam tudo o que encontravam com fazendeiros pobres, e nenhum esforço era feito para sustentar os padrões de vida locais. Eram áreas em que os padrões de vida já eram baixos e as perspectivas de encontrar um bom butim eram ruins. Não obstante, as forças alemãs e japonesas agiram como gafanhotos nas zonas ocupadas. As forças japonesas foram encorajadas por instruções emitidas em 1940, em reação aos ataques da guerrilha chinesa, a responder aterrorizando a população local ou "pegar tudo, queimar tudo, matar tudo", como as vítimas chinesas descreveram.[61] Nas províncias do centro e do sul da China, onde o conflito se desenrolava, o campo foi devastado, pois o gado foi roubado, aldeias foram totalmente queimadas e cidades foram reduzidas a escombros por bombardeios. Na Rússia, as tropas em movimento apreendiam tudo de que precisavam como suprimentos, enquanto os soldados alemães se serviam de roupas russas quentes para se abrigar do clima rigoroso. Os saques eram sistemáticos para sustentar a ofensiva germânica. As tropas, observou um soldado alemão no avanço para Leningrado, "não tinham escolha a não ser saquear as hortas. [...] A população pobre teve então mais itens absolutamente necessários para seu sustento levados pelas unidades de bagagem. Atrás de nós vieram outras organizações que assumiram a causa". Outro oficial, ao ver os soldados confiscarem toda a forragem e os animais de camponeses pobres, percebeu como havia pouco para levar, "e quando partimos, não resta nada".[62]

Quando os exércitos aliados saqueavam em grande escala, como fizeram nos meses que levaram à derrota final e à ocupação da Alemanha, os motivos eram mais complexos. As forças britânicas e americanas começaram a saquear sem autorização durante seu avanço pela França na segunda metade de 1944. Em 1940, tinha sido difícil controlar os saques britânicos, quando a força expedicionária alienou a população francesa local com roubos habituais, mas em 1944 a escala foi muito maior. O governo britânico acabou pagando 60 mil libras esterlinas de compensação pelos roubos. Os soldados americanos levavam comida, bebida e roupas quentes ou cobertores para ajudar a lidar com o frio extremo no inverno de 1944-5; casas deixadas vazias por refugiados eram um convite aberto aos saqueadores. No entanto, uma vez em solo alemão, os saques não foram mais considerados roubos pelas tropas, mas sim um butim justificado para o vencedor, "libertando os alemães", como veio a ser chamado. Apenas quem era apanhado em flagrante pela polícia militar seria provavelmente punido, se tanto. "Somos devastação", escreveu um sargento americano numa carta de abril de 1945. "Por onde passamos, pouco resta — nenhuma câmera, nenhuma pistola, nenhum relógio, muito poucas joias e pouquíssimas virgens."[63] Grandes estoques de bebidas alcoólicas já saqueados na França pelos alemães foram, por sua vez, tomados pelos libertadores. Em Koblenz, mesmo enquanto a luta final estava em andamento, um jovem soldado encontrou uma adega cheia de champanhe. Sua unidade encheu uma banheira com a bebida e se revezou para se lavar com vinho, "como uma daquelas estrelas de cinema nuas", esperando que não houvesse um contra-ataque germânico.[64]

Os soldados soviéticos, ao entrarem em território alemão, também saquearam suprimentos de qualquer tipo de bebida que encontrassem, mesmo quando os efeitos eram venenosos. Soldados foram encontrados afogados em adegas cheias de vinho que jorrava de buracos de bala nos barris. Hospitais foram vandalizados em busca de qualquer coisa que tivesse gosto de álcool. Mas os soldados soviéticos também tinham outros motivos para saques abrangentes. Após anos de dificuldades, isso era considerado um privilégio irreprimível da guerra. As casas e fazendas em seu caminho eram pilhadas, muitas vezes destruídas de forma gratuita. O que despertava a raiva dos soldados comuns do Exército Vermelho era o abismo evidente entre a vida soviética e a relativa prosperidade germânica. Era difícil para eles entender por que as posses limitadas do povo soviético haviam sido apreendidas por invasores que já desfrutavam de uma existência tão bem-dotada. O mesmo contraste havia alimentado seis anos antes o saque soviético na ocupação do leste da Polônia e dos Estados bálticos; agora desencadeava uma orgia de pilhagem, tanto por oficiais quanto por soldados comuns.[65] O roubo era oficialmente endossado, permitindo que os soldados enviassem todo mês de volta à Rússia um pacote de cinco quilos, e os oficiais, um pacote de 14,5 quilos. O sistema postal militar foi inundado pela enxurrada de mercadorias enviadas para famílias na União Soviética, que durante anos tiveram negada a perspectiva de comida decente e bens de consumo.[66]

A pilhagem era apenas a ponta de um iceberg de crimes contra populações civis. Ao longo dos anos, de meados da década de 1930 até o final da década de 1940, milhões de civis foram mortos ou morreram de fome, uma proporção desconhecida deles foi vítima de atrocidades perpetradas pelas tropas e pelos serviços de segurança que combatiam em seus territórios. Assim como os crimes entre Forças Armadas, as mortes de civis foram consequência de uma série de motivos e circunstâncias diferentes. Mas reconstituir o número de mortos e o propósito das atrocidades é difícil em contextos em que foram feitos poucos registros precisos dos números de mortos ou dos danos infligidos. A única exceção é o padrão de atrocidade na Itália, onde tanto o número de vítimas quanto a variedade de circunstâncias foram mapeados em toda a península. Entre 1943 e 1945, houve 5566 casos de violência contra civis por forças germânicas e milícias fascistas italianas (mobilizadas pela República Social Italiana, fantoche de Mussolini), resultando em 23 479 vítimas. Elas foram mortas em retaliação a ataques de guerrilheiros italianos, como punição coletiva por atos considerados rebeldes ou, em alguns casos, porque as populações das aldeias se recusaram a se mover quando ordenadas a sair das áreas do front. Quase um terço das vítimas eram homens e mulheres guerrilheiros apanhados desarmados em batidas, que não tinham proteção legal. Embora mulheres e crianças tenham sido assassinadas em vários casos notórios, 87% das vítimas na Itália eram homens, a maioria em idade militar.[67] O assassinato de mulheres e crianças ocorreu em vários massacres punitivos excepcionalmente violentos, entre eles a ação em Monte Sole, perto de Bolonha, onde as 770 vítimas constituíram o maior número de mortos numa única atrocidade realizada no teatro da Europa Ocidental.[68] Na França, a atrocidade mais notória praticada foi o assassinato e a destruição da vila de Oradour-sur-Glane por unidades da Segunda Divisão ss Panzer *Das Reich*, que resultou na morte de 642 habitantes, sendo 247 mulheres e 205 crianças, supostamente em retaliação à atividade de resistência francesa local. O assassinato de civis franceses ocorreu depois da escalada nos ataques de partisans durante a invasão aliada da Normandia, após anos em que atrocidades foram, na medida do possível, evitadas. Em junho de 1944, 7900 foram mortos, sendo 4 mil apenas pela Divisão *Das Reich*.[69]

As estatísticas de civis assassinados, mortos de fome ou torturados na guerra no leste e no sudeste da Europa, ou na guerra na Ásia, superam por completo a violência na Europa Ocidental. As mortes de civis no conflito germano-soviético totalizaram cerca de 16 milhões (dos quais 1,5 milhão eram judeus soviéticos); as mortes na Polônia chegaram a 6 milhões, das quais metade eram vítimas judias. Não há números exatos das mortes de civis chineses, mas as estimativas variam entre 10 milhões e 15 milhões. Na guerra do Pacífico, civis pereceram às centenas de milhares nos territórios ocupados pelos japoneses, sendo 150 mil nos estágios finais da ocupação nipônica nas Filipinas. Cerca de 100 mil okinawanos, cidadãos do Japão, morreram na defesa e na conquista brutais da ilha pelas mãos de forças japonesas e americanas; eles foram apanhados numa linha de frente selvagem, mortos por bombardeio aéreo e artilharia, privados de comida por ambos os lados, forçados a sair de seus refúgios para serem abatidos por fogo de metralhadora ou baionetas e explodidos por soldados japoneses se tentassem se render.[70] Nas guerras dos partisans, os civis podiam ser vítimas da violência guerrilheira se fossem suspeitos de colaborar com o inimigo ou tentassem esconder comida de forma deliberada. No norte da Birmânia, os partisans chineses, parte guerrilheiros, parte bandidos, atacavam a população local, arrasando aldeias e assassinando camponeses que resistiam às suas depredações. Os partisans russos na Ucrânia eram implacáveis com a população que tentavam libertar e enforcavam publicamente supostos colaboradores.[71] Os civis soviéticos e chineses também foram vítimas de seus próprios regimes na guerra contra comunidades suspeitas de ajudar o inimigo. Durante os anos do conflito, milhões foram deportados para o exílio interno na União Soviética, inclusive centenas de milhares de poloneses e povos bálticos sob ocupação soviética em 1939-41: em 1941, descendentes dos alemães do Volga (uma população que se havia mudado para a Rússia no século XVIII) foram acusados como um todo de atividade de quinta-coluna. Mulheres e crianças foram enviadas para campos improvisados na Ásia Central, enquanto os homens seguiram para campos de trabalho forçado, onde milhares morreram de fome e maus-tratos. Em 1944, foi a vez dos povos não russos na Crimeia e no Cáucaso, que foram brutalmente desenraizados e deportados para a Sibéria. Todo cidadão soviético arriscava sofrer acusações de sabotagem ou derrotismo pela menor infração ou por abandono do dever, o que poderia render um período nos campos de concentração do Gulag, onde cerca de 974 mil pessoas morreram entre 1940 e 1945.

Porém, a esmagadora maioria das baixas civis na Europa e na Ásia foi vítima das forças conquistadoras alemãs e japonesas. O esforço para tomar a Eurásia apresentava dificuldades inevitáveis. O Japão se viu ocupando um território que tinha 160 milhões de pessoas com um exército e uma administração militar espalhados por toda a região conquistada; as forças germânicas e do Eixo ocuparam uma área soviética que tinha uma população de 60 milhões de pessoas, policiadas por unidades militares e de segurança que contavam com algumas centenas de milhares de membros. A pacificação era uma prioridade para os comandantes japoneses e alemães, mas a escala da tarefa era assustadora, e os atos de resistência eram generalizados e imprevisíveis. Por toda a Rússia e a China parecia existir um espaço infinito que era infinitamente perigoso. Os invasores tratavam a população local com uma mistura tóxica de medo e desprezo; essas eram áreas consideradas maduras para a colonização, e o tratamento severo de civis refletia a longa história de expansão colonial violenta. Para os povos que resistiam ao projeto colonizador, não havia proteção no direito internacional. O tratamento germânico das populações no leste diferia de modo fundamental de como os europeus ocidentais e do norte eram tratados.[72] O paradigma colonial também estava em ação nas atrocidades cometidas pela Itália contra a resistência civil pré-guerra na Etiópia e na insurgência na Líbia, onde o Exército e a brutal *Polizia dell'Africa* reprimiram o levante árabe e berbere com métodos considerados práticas coloniais aceitáveis: execuções em massa, enforcamentos públicos e açoites. Os colonos locais se vingavam dos insurgentes, matando-os com granadas, queimados vivos ou usados como alvo de prática de tiro.[73] A polícia colonial italiana colaborava com as forças de segurança alemãs, fornecendo aconselhamento e treinamento para o próprio policiamento colonial da Alemanha no leste. Práticas de segurança semelhantes foram estendidas ao domínio italiano na Grécia e na Iugoslávia, onde a queima de aldeias e a execução de civis espelhavam a experiência africana.[74]

As estratégias de pacificação na Rússia e na China eram governadas pela necessidade de criar uma área de retaguarda segura para a maior parte do exército que lutava num front distante. Em ambos os casos, os invasores tiveram de enfrentar não só as unidades regulares do inimigo, mas a resistência irregular de soldados isolados de suas próprias forças, milícias civis ou civis dedicados a obstruir o projeto de colonização. Na China, soldados regulares tiravam seus uniformes e se misturavam à população civil ou aderiam aos numerosos grupos de guerrilha ou gangues de bandidos que agiam na retaguarda japonesa. Na União Soviética, era difícil policiar comunidades nas quais os resistentes podiam se passar por trabalhadores comuns, como a jovem empregada que assassinou Wilhelm Kube, comissário da Bielorrússia, em seu quartel-general em Minsk. Nos dois casos, as Forças Armadas japonesas e alemãs viam a insurgência irregular como uma profunda ameaça à segurança e bem-estar de suas próprias tropas, que devia ser tratada de forma resoluta e dura. No Japão, o Exército recebeu permissão para combater a insurgência com "punição severa por lei" [*genju-shobun*] ou no campo com "punição imediata" [*genchi-shobun*]. Os comandantes locais, diante de ameaças rotineiras de emboscada, assassinato e tiros de tocaia, decidiam em grande parte por conta própria, permitindo que soldados assassinassem civis, queimassem aldeias e executassem reféns sem restrições. As forças germânicas, desde o início do conflito na União Soviética, receberam permissão para usar todos os meios para garantir a pacificação. Em julho de 1941, em seu quartel-general na Prússia Oriental, Hitler pediu a seus comandantes que pacificassem a região conquistada o mais rápido possível, "atirando em qualquer um que olhasse de soslaio". Em 25 de julho, o alto-comando do Exército emitiu uma diretiva de que todos os ataques e atos de violência praticados por irregulares contra as forças alemãs deveriam ser "reprimidos de modo implacável" e, se os perpetradores não pudessem ser encontrados, era preciso tomar "medidas coletivas violentas". Essas instruções abriram caminho desde o início da campanha para uma violência extrema contra qualquer suposta ameaça. Os civis irregulares eram enforcados publicamente como aviso, aldeias eram arrasadas e milhares de reféns foram executados semanas após a invasão. Reinhard Heydrich, chefe das forças de segurança, emitiu uma diretiva no mesmo mês permitindo a execução no campo de todos os "elementos radicais (sabotadores, propagandistas, atiradores, assassinos, agitadores etc.)", permitindo violência ilimitada.[75]

Conforme as campanhas na Rússia e na China chegavam a um impasse, o tratamento da população civil e a ameaça guerrilheira passaram a se radicalizar. Em maio de 1941, estimava-se que havia 467 mil guerrilheiros no teatro chinês, um pouco mais do que gangues de bandidos lucrando com as zonas sem lei na retaguarda japonesa, alguns comunistas, outros de unidades infiltradas do sudoeste nacionalista para perturbar as comunicações nipônicas.[76] A insegurança e o medo sentidos pelos soldados japoneses eram projetados nos civis infelizes entre os quais os guerrilheiros agiam. O tratamento dado por eles aos civis em expedições punitivas era extremado. Embora alguns depoimentos posteriores tenham sem dúvida enfatizado a natureza selvagem da ocupação nipônica, há muitos relatos de civis enterrados vivos, queimados até a morte, decapitados ou afogados, ou de bebês jogados vivos em água fervente, mulheres estaqueadas no chão pela vagina, para que isso seja apenas produto de boato ou invenção. Os soldados japoneses não só escolhiam desabafar sua frustração, condicionamento brutal e ansiedades permanentes nos civis com quem cruzavam como muitas vezes o faziam com um sadismo calculado e grotesco. Por vezes, isso era consequência de um espasmo repentino de violência durante o avanço das tropas, como a mistura tóxica de euforia da vitória e da vingança que animou a orgia de matança em Nanquim. Às vezes, parecia ser apenas pelo prazer derivado de um espetáculo macabro, como a jovem de uma missão americana na Nova Guiné que foi imobilizada enquanto gritava e sua cabeça era cortada, ou as crianças holandesas obrigadas a escalar palmeiras até escorregarem exaustas para as baionetas que as aguardavam embaixo. Às vezes, era produto de um planejamento bizarro, como o estranho caso da morte de trinta civis confinados na ilha da Nova Irlanda, no Pacífico Sul, inclusive sete clérigos alemães, nativos da aliada do Japão. Em vez de apenas atirar neles, os oficiais envolvidos coreografaram um assassinato arrepiante. Eles foram instruídos a fazer as malas e seguir para o cais a fim de embarcar para outro destino. Foram então conduzidos um de cada vez, sem que os outros os vissem, e obrigados a se sentar na beira do cais. Ali, colocaram um capuz em suas cabeças, seguido por dois laços que foram rapidamente apertados por homens de pé em ambos os lados. Após o estrangulamento silencioso, os corpos eram amarrados com arame a um grande bloco de concreto, levados para o mar e empurrados para o oceano.[77]

A contrainsurgência alemã também foi radicalizada pela crescente ameaça de resistência irregular, e, como no Japão, punições coletivas severas foram aplicadas como um alerta para a população não se opor às instruções alemãs ou auxiliar os guerrilheiros. A reação germânica combinava o trabalho de unidades regulares do Exército e da polícia que atuava atrás do front, cuja tarefa era manter a ordem e combater a atividade guerrilheira, com os esforços da polícia de segurança e do serviço de segurança [*Sicher heitspolizei* e *Sicherheitsdienst*], que prendiam suspeitos, interrogavam e torturavam e, na maioria dos casos, executavam os prisioneiros.[78] As autoridades alemãs se viram envolvidas numa versão anterior da guerra contra o terror, na qual tinham o direito legal de reagir com medidas severas o bastante para inibir mais terrorismo. A partir de 1941, insurgentes em todos os cantos do território ocupado pela Alemanha foram chamados de "bandidos" ou "gangues" para evitar o risco de receberem o status de combatentes e enfatizar sua condição de criminosos. A linguagem do contraterrorismo permeava a longa linha de ordens e diretivas que fluíam do quartel-

-general de Hitler e desciam pela cadeia de comando. Em agosto de 1942, Hitler deplorou o "alcance insuportável" dos ataques terroristas e ordenou uma política de "extermínio", uma injunção vaga o suficiente para permitir que unidades em campo massacrassem sem restrições. Em dezembro de 1942, Hitler enfim aprovou "os meios mais brutais [...] contra mulheres e crianças também", embora muito antes disso as tropas e os seguranças alemães estivessem matando mulheres e crianças em varreduras antiguerrilheiras. Em 30 de julho de 1944, o Quartel-General Supremo de Hitler emitiu uma nova diretiva sobre "a luta contra terroristas e sabotadores", para deixar claro que não deveria haver consideração pelos civis quando uma ação drástica fosse necessária.[79] Em nível local, os comandantes interpretavam as diretivas centrais à sua maneira. Para as principais operações de contrainsurgência na Croácia em 1943, o comandante alemão emitiu a seguinte instrução: "*Toda* medida que garanta a segurança das tropas [...] é justificável. [...] Ninguém deve ser responsabilizado por agir com severidade excessiva". O general Karl Kitzinger, transferido do comando na Ucrânia para o na França, ordenou que "o método mais duro" é sempre "o correto".[80] Pesquisas mostraram que nem todas as unidades agiam da mesma maneira, mas havia forte pressão sobre os oficiais para não se esquivarem de cometer assassinatos de civis. O marechal de campo Hugo Sperrle, o segundo oficial da Força Aérea em comando na França, alertou os comandantes de que se eles agissem "de forma branda ou irresoluta" seriam penalizados, mas "medidas severas demais" seriam toleradas. Foi dito aos soldados que aqueles com escrúpulos morais cometiam "um crime contra o povo alemão e os soldados na frente de batalha".[81]

A radicalização da política antiterrorista germânica para incluir comunidades inteiras, homens, mulheres e crianças, não ocorreu no vácuo. Os insurgentes usavam táticas terroristas contra os ocupantes, antecipando o padrão de guerra assimétrica que se desenvolveria mundialmente após 1945. O profundo sentimento de medo e insegurança das forças de ocupação, em particular nas áreas atrás dos combates, decorria do comportamento imprevisível de um inimigo escondido entre montanhas e florestas distantes, ou invisível em meio às multidões urbanas. Os insurgentes sabiam que não tinham proteção legal se fossem pegos e, portanto, não davam trégua ao inimigo. Na União Soviética, soldados alemães capturados por guerrilheiros eram executados de forma rotineira. Um jovem guerrilheiro lembrou mais tarde que, quando dois soldados alemães foram pegos, até mesmo "as crianças queriam pelo menos bater neles com um pedaço de pau". Isso era uma desforra branda comparada aos relatos de guerrilheiros russos que esfolavam prisioneiros vivos, arrancavam olhos, cortavam orelhas e línguas, decapitavam ou afogavam seus cativos.[82] O partisan italiano Giovanni Pesce escreveu um relato no pós-guerra de um conflito no qual nenhum dos lados dava trégua: "Nós enfrentamos o terror do inimigo com terror, sua retaliação com represália, sua captura com emboscada, sua prisão com ataque surpresa".[83] As realizações de sua brigada em algumas semanas de luta em Milão mostraram a natureza da campanha de terror que Pesce travou:

> Em 14 de julho (1944), dois Gappisti[*] feriram gravemente Odilla Bertolotti, uma espiã fascista e, naquela mesma noite, dois Gappisti destruíram um grande caminhão alemão na Viale Tunisia. Um oficial alemão que tentou intervir foi morto. Entre 20 de julho e 8 de agosto, oito caminhões grandes e dois carros de funcionários alemães foram destruídos. Três caminhões grandes foram incendiados com coquetéis molotov. Na Via Leopardi, um tanque alemão foi incendiado. Dois oficiais foram mortos.[84]

O custo das atividades terroristas exercidas por Pesce e outros era pago por civis locais, "cúmplices de bandidos" de acordo com as instruções alemãs para as Forças Armadas, cujas aldeias foram destruídas e as populações dizimadas pelas atrocidades habituais. No fim, a guerra do Eixo contra o terror resultou na morte de milhões de civis, num esforço para acabar com os milhares que aterrorizavam suas tropas.

As forças terrestres aliadas não assassinavam de forma rotineira civis em seu caminho porque lutavam como libertadores e esperavam que a população as tratasse desse modo. O Exército Vermelho se vingou dos soviéticos que colaboraram com os ocupantes do Eixo, mas em geral em julgamentos e execuções encenados. As primeiras unidades do Exército Vermelho a chegar em solo alemão na Prússia Oriental se envolveram em violência espasmódica, mas extrema, contra as primeiras cidades e vilas que encontraram, enfurecidas pela devastação do interior soviético por onde passaram. "Feliz é o coração ao dirigir por uma cidade alemã em chamas", escreveu um soldado para casa. "Estamos nos vingando de tudo, e nossa vingança é justa. Fogo por fogo, sangue por sangue, morte por morte."[85] Mas após os primeiros dias de violência, os comandantes soviéticos começaram a impor uma disciplina maior para reduzir a destruição de propriedades e o assassinato de civis alemães (mas fecharam os olhos para as múltiplas vítimas de estupro). Não se sabe quantos civis morreram na sede inicial de vingança, porém mais tarde civis alemães que serviram a ditadura de Hitler em uma função ou outra foram presos e colocados num antigo campo de concentração germânico, onde mais de 43 mil morreram no decorrer de 1945 e 1946, em especial de desnutrição e doenças.

Por outro lado, as Forças Aéreas aliadas — britânica, americana e canadense — mataram cerca de 900 mil civis em ofensivas de bombardeio na Europa e no

---

[*] *Gappisti*: militantes dos Grupos de Ação Patriótica. (N. T.)

Pacífico; mais de 140 mil vítimas estavam entre as populações que seriam libertadas, acrescentando outra camada de complexidade a qualquer julgamento legal ou ético sobre a ausência de respeito pela imunidade civil. O grau em que a morte de civis inimigos constituiu um crime de guerra continua a ser uma questão controversa. Há pouca dúvida de que as bombas resultaram em condições atrozes no solo, pois centros inteiros de cidades foram incendiados e milhares morreram devido aos efeitos de explosivos de alta potência, asfixia ou queimaduras graves. Em Hamburgo, mais de 18 mil alemães foram incinerados numa única noite de ataques em 27 para 28 de julho de 1943, consumidos na tempestade de fogo resultante, que deixou ruas repletas de cadáveres carbonizados e bunkers cheios de pessoas que foram asfixiadas de forma lenta enquanto o oxigênio era sugado do ar. A morte de 87 mil civis no ataque a Tóquio, em 10 de março de 1945, ou os 200 mil que morreram nos bombardeios atômicos de Hiroshima e Nagasaki em agosto daquele ano estabeleceram recordes de guerra para o número de civis mortos em uma operação por qualquer combatente.

Todos os países que se envolveram em ataques aéreos estratégicos de longo alcance durante a guerra sabiam que a visão legal predominante era condenar o bombardeio em que civis e o meio civil seriam as vítimas deliberadas ou "negligentes". As Regras de Haia priorizavam a proteção de civis contra ataques aéreos, limitando de forma rigorosa o que poderia ser considerado um alvo legítimo. Embora não tenham sido ratificadas em termos formais, elas foram tratadas como tendo força de lei internacional. A opinião ocidental considerou os ataques japoneses a cidades da China na década de 1930 ou os bombardeios italianos e alemães na Guerra Civil Espanhola como investidas terroristas que claramente desrespeitavam não apenas as Regras de Haia, mas as leis internacionais de guerra do modo como costumavam ser entendidas. A posição britânica sobre a legalidade era explícita. O Ministério da Aeronáutica e os chefes de gabinete anunciaram no início do conflito europeu, no outono de 1939, que as operações de bombardeio contra alvos militares em áreas urbanas civis, os bombardeios noturnos em que os alvos não podiam ser distinguidos ou o ataque deliberado a civis e seu meio eram todos ilegais conforme as leis de guerra vigentes.[86] Essas restrições legais impostas aos aviadores britânicos foram suspensas de maneira progressiva em 1940, quando o bombardeio noturno se tornou a norma contra um inimigo agora demonizado como bárbaro, enquanto eles dificilmente apareciam nas avaliações americanas do que era aceitável na campanha de bombardeio.[87] "Nunca achei que houvesse qualquer sentimento moral entre os líderes das Forças Aéreas do Exército", afirmou Ira Eaker, comandante da Oitava Força Aérea dos Estados Unidos em 1942 e 1943. "Um militar tem de ser treinado e acostumado a fazer o trabalho."[88] O bombardeio em que civis seriam evidentemente mortos em grande número, de propósito ou não, tornou-se uma prática aceita por todas as forças aéreas que realizavam ataques aéreos estratégicos de longo alcance. As implicações legais das operações em que civis e seu meio seriam vitimados foram em grande medida deixadas de lado em favor de argumentos pragmáticos sobre como realizar operações aéreas de forma mais eficaz contra a frente interna inimiga.

Ao julgar a posição legal, costuma-se defender que há diferenças evidentes entre o assassinato face a face de civis em operações de contrainsurgência do Eixo e a morte de civis por bombardeios. Cidades bombardeadas eram quase sempre defendidas por aviões de caça e fogo antiaéreo (embora sem eficácia, no caso das cidades chinesas), e os pilotos se consideravam engajados num conflito militar regular ao voar, em vez de agentes de destruição civil. Em operações de bombardeio, havia uma longa distância, literal e psicológica, entre aqueles que o praticavam e os que estavam no solo, um distanciamento que criava a ilusão de que o bombardeio era, em algum sentido, independente da ação humana. Em teoria, as populações eram livres para deixar as áreas ameaçadas, enquanto as vítimas de atrocidades de represália não. Na verdade, tratava-se de uma liberdade muito limitada diante da escala do problema apresentado pela evacuação completa, mas alterava a maneira como as vítimas civis eram vistas. Por fim, a maioria das Forças Aéreas direcionava formações de bombardeiros para atacar alvos militares no sentido mais amplo, o que incluía alvos industriais e de transporte que sustentavam o esforço de guerra interno, e não alvejar civis de modo deliberado. Isso era feito sabendo-se que civis seriam mortos, provavelmente em grande número, o que sem dúvida violava as Regras de Haia de 1923, mas a intenção era danificar a infraestrutura física, não matar pessoas, uma distinção legal sutil que significava pouco para quem era bombardeado.

As principais exceções foram a ofensiva de bombardeiros britânicos contra a Alemanha e o bombardeio urbano dos americanos ao Japão em 1945. Apesar das diretrizes iniciais de guerra de que bombardear "de forma negligente" para causar baixas civis era ilegal, a RAF, com a aprovação do governo, estendeu a definição de alvo militar para abranger cidades inteiras que trabalhavam para o esforço de guerra e suas populações civis. A partir das diretrizes de julho de 1941 e fevereiro de 1942, os bombardeiros foram instruídos a minar o moral da população da classe trabalhadora, atacando-os e destruindo o meio civil. Embora a mudança na estratégia tenha sido disfarçada sob o argumento de que matar e "desalojar" trabalhadores era uma função da guerra econômica e, portanto, não um bombardeio civil deliberado, as diretrizes privadas do Ministério da Aeronáutica, endossadas pelo entusiasmo intermitente de Churchill por bombardear "cada buraco huno", deixavam claro que matar civis e queimar áreas residenciais era o objetivo operacional. Em dezembro de 1942, o marechal do ar Charles Portal, chefe do Estado-Maior da Aeronáutica, explicou a seus colegas que, no ano seguinte, a ambição era matar 900 mil alemães e mutilar mais 1 milhão.[89] Um dos cientistas vinculados ao Comando de Bombardeiros, escrevendo no outono de 1943, lamentou que os ataques recentes não tivessem produzido um "holocausto que tudo consumisse" numa cidade germânica.[90] A radicalização da estratégia de bombardeio britânica encontrou o agente ideal em Arthur Harris, comandante-chefe do Comando de Bombardeiros desde fevereiro de 1942. Ele não tinha escrúpulos em proclamar que o objetivo era a destruição urbana generalizada e a morte de civis. Quando perguntado, perto do fim do conflito, por que ainda atacava áreas que já haviam sido quase obliteradas por bombas anteriores, ele rabiscou na lateral da carta que o fez apenas "para matar boches".[91] Matar civis franceses, holandeses, belgas e italianos era mais problemático do ponto de vista ético. Para isso, os altos-comandos britânicos e americanos usaram a necessidade militar como explicação, já que os civis mortos para libertar seus compatriotas não eram, nesse caso, o alvo deliberado. A matança de civis alemães foi deliberada, e uma boa dose de esforço científico e técnico foi investida para encontrar a melhor forma de matar mais deles. A estratégia era uma clara violação das restrições legais que governam o uso do poder aéreo que os líderes políticos e militares britânicos haviam anunciado pela primeira vez em 1939 e uma violação do espírito das Convenções de Haia anteriores a 1914 sobre proteger civis de danos deliberados.

As mesmas restrições legais e morais talvez tenham impedido o bombardeio americano de cidades japonesas com ataques incendiários em massa projetados, como os planejadores da Força Aérea pretendiam, para matar e mutilar trabalhadores civis e destruir o ambiente residencial-industrial em que trabalhavam.[92] Carl Spaatz, o comandante geral das Forças Aéreas estratégicas americanas na Europa, ficou chocado com os ataques com bombas incendiárias no Japão: "Eu nunca fui a favor da destruição de cidades como tal com todos os seus habitantes sendo mortos", escreveu ele em seu diário, em agosto de 1945.[93] O secretário de Guerra americano Henry Stimson reclamou mais tarde ao presidente Truman dos bombardeios, dizendo que não queria "que os Estados Unidos ganhassem a reputação de superar Hitler".[94] No entanto, desde o início do conflito, quando o general Marshall ordenou guerra aérea e marítima irrestrita contra o Japão, quaisquer escrúpulos legais ou éticos haviam sido removidos. As cidades nipônicas eram consideradas em especial vulneráveis devido às moradias compactas e à preponderância de construções em madeira. Em fevereiro de 1944, Henry Arnold, comandante-chefe das Forças Aéreas do Exército americano, recomendou a Roosevelt que iniciasse "conflagrações incontroláveis" para incendiar cidades do Japão e as indústrias militares espalhadas entre elas. Trabalhadores japoneses, assim como os alemães, eram considerados um alvo legítimo por serem parte do esforço de guerra inimigo. "NÃO HÁ CIVIS NO JAPÃO", escreveu um oficial de inteligência da Força Aérea em julho de 1945, depois que o governo japonês declarou a mobilização de todos os civis para o esforço de guerra.⁹⁵ Sobre o Japão, os aviadores americanos não achavam que cometiam crimes ao incinerar civis, mas aceleravam o fim do conflito contra um inimigo demonizado como bárbaro, fanático e criminoso. "Sabíamos que mataríamos muitas mulheres e crianças quando bombardeamos aquela cidade [Tóquio]", escreveu o general Curtis LeMay, comandante do 21º Comando de Bombardeiros no teatro do Pacífico. "Tinha de ser feito."⁹⁶ Na verdade, esses ataques violavam não só as leis convencionais da guerra, mas também o espírito do apelo de Roosevelt às potências beligerantes, em setembro de 1939, para que se abstivessem de bombardear cidades inimigas. Eles também contrastavam com o esforço no teatro europeu para distanciar a prática de bombardeio americana do bombardeio britânico de zonas civis em cidades alemãs, que era considerado militarmente ineficiente. Contra o Japão, a necessidade militar urgente foi usada para deixar de lado preocupações morais convencionais sobre a matança de civis. Tanto para a liderança britânica quanto para a americana, houve uma relutância compreensível após o conflito em citar o bombardeio como uma infração passível de indiciamento no julgamento de criminosos de guerra. Quando isso foi discutido no verão de 1945 em Londres, o Ministério das Relações Exteriores britânico insistiu em excluir uma acusação que, de outra forma, tornaria os Aliados ocidentais igualmente culpados de crimes graves.⁹⁷

CRIMES RACIAIS

Entre as muitas atrocidades cometidas contra comunidades civis, havia um núcleo de violência extrema que tinha base racial. Que a diferença racial ou étnica pudesse dar origem a uma categoria específica de crimes de guerra é algo que não havia sido previsto em nenhum dos instrumentos legais internacionais elaborados antes da Primeira Guerra Mundial. Porém, em 1919, os Aliados vitoriosos exploraram a perspectiva de indiciar os perpetradores turcos dos massacres armênios, uma iniciativa que poderia ter consagrado a atrocidade racial no direito internacional. Ainda não havia o conceito de genocídio, termo cunhado pela primeira vez no final da Segunda Guerra Mundial, nem uma expectativa generalizada de que o extermínio racial deveria ser tratado por um processo legal internacional. No fim das contas, o precedente turco mostrou ser complexo demais para ser aplicado na ausência de um corpo de leis convencionado e de um tribunal internacional competente. A violência racial era algo difícil de condenar num mundo dominado por impérios onde a diferença racial era uma característica definidora, e a violência racializada, até mesmo genocida, era comum. Em 1919, quando a delegação japonesa em Versalhes quis que uma cláusula racial fosse inserida na seção do tratado que estabelecia a Liga das Nações como garantia de que a discriminação racial não seria usada contra eles como um povo asiático, os outros Aliados não aceitaram. A diferenciação entre raças estava inserida num mundo imperialista dominado por europeus brancos. A ciência biológica moderna foi mobilizada para confirmar que havia raças superiores e inferiores, mas a discriminação dependia em especial de diferenças culturais percebidas. Os europeus dos Estados imperiais consideravam grande parte do resto do mundo semicivilizada, até mesmo incivilizada, e presumiam que, mesmo com o domínio europeu, as raças não poderiam se tornar iguais.[98] Essa visão racializada do mundo estimulou preconceitos profundos sobre o outro, não só nas áreas do império, mas no caldeirão étnico da Europa Oriental e Central, onde o acordo de 1919 forçou grandes frações étnicas a viver sob o domínio do grupo nacional dominante, e deixou a zona de assentamento judeu do antigo Império tsarista, onde a maioria dos judeus da Europa vivia, atravessada por novas e desconhecidas fronteiras nacionais.

Em um mundo onde a diferença e as hierarquias raciais desempenhavam um papel tão definidor, a raça sem dúvida seria uma questão no esforço para construir novos impérios na década de 1930 ou para defender os antigos; era inevitável, com os profundos deslocamentos da guerra, que os ódios raciais seriam um dos fatores que encorajariam crimes atrozes. A Alemanha de Hitler não foi de forma alguma o único regime a promover uma visão racializada do inimigo ou a usar isso como justificativa para a violência extrema. A construção dos impérios japonês e italiano nas décadas de 1930 e 1940 também foi racialmente edificada, compartilhando com o imperialismo europeu anterior a visão de que os povos recém-subjugados eram de modo inerente inferiores à raça colonizadora e podiam ser tratados com o desprezo violento reservado aos colonizados. Na guerra do Pacífico, o comportamento selvagem dos dois lados refletiu ideologias raciais concorrentes: hostilidade japonesa em relação a seus oponentes brancos e o desprezo racial dos Aliados pelos japoneses. Na maioria desses casos, o racismo não era a única explicação para a violência, mas dava uma justificativa que os soldados comuns podiam entender, ao mesmo tempo que legitimava a violência militar que, de outro modo, poderia ser considerada claramente criminosa pelos perpetradores.

Nas guerras da Ásia e do Pacífico, a percepção do inimigo em termos raciais permeou todos os níveis de combate e o tratamento severo dispensado às populações civis. A atitude dos militares japoneses em relação à população chinesa nos territórios ocupados estava enraizada na crença de que os japoneses eram uma raça especial, historicamente destinada a dominar a região imperial que ocupavam e as raças que governavam. Os chineses costumavam ser considerados pouco mais que animais, a serem tratados com severidade se se opusessem ao projeto imperial nipônico. Nas áreas conquistadas do Sudeste Asiático, as comunidades chinesas locais eram o único grupo racial escolhido para a vitimização atroz. Em Singapura, após a rendição britânica em fevereiro de 1942, o Exército e a polícia secreta do Japão, num deliberado "expurgo de chineses no exterior" [*kakyo shukusei*], massacraram até 10 mil residentes chineses em atos de ferocidade horrível. Ao lutar contra as potências europeias e os Estados Unidos, as ansiedades nipônicas em relação à intenção da "frente unida branca" de castrar o futuro racial do Japão deram lugar a um crescente desprezo pelo inimigo branco e a uma indiferença às violações no campo de batalha. Os Estados Unidos eram apresentados na imprensa japonesa como um país bárbaro, cuja barbárie era exemplificada pelas fotos exibidas na imprensa de Roosevelt segurando um abridor de cartas esculpido num antebraço japonês.[99] A hostilidade racial nipônica ao inimigo branco era emoldurada por décadas de ressentimento contra a presença das potências ocidentais no Leste Asiático e a persistente difamação racial dos japoneses na visão racializada do mundo ocidental. A ameaça do "perigo branco" seria anulada pela conquista japonesa do Sudeste Asiático.[100] Após a queda de Hong Kong, uma coluna enlameada de colonos brancos teve de desfilar pelas ruas para demonstrar ao mundo exterior a natureza vazia das alegações de superioridade do homem branco.

As visões americanas e australianas dos japoneses também derivavam de longas décadas de preconceito, mas a base racial da guerra travada por ambos os Estados no Pacífico foi inflamada pelas invasões e pela natureza selvagem da luta nipônica. A atitude devia alguma coisa à herança da violência exterminadora contra os nativos americanos ou os povos aborígenes australianos. O historiador Allan Nevins concluiu que provavelmente "nenhum inimigo foi tão detestado quanto os japoneses. [...] Emoções esquecidas desde as mais selvagens guerras indígenas foram despertadas".[101] O público e as forças dos Estados Unidos compartilhavam a visão exterminadora do inimigo nipônico; numa pesquisa com veteranos do Pacífico, 42% queriam que os japoneses fossem exterminados. A violência desenfreada dirigida contra os japoneses no Pacífico estava enquadrada pelo preconceito racial extremo expresso pela mídia aliada e absorvido pelas tropas. Os soldados japoneses, escreveu um tenente americano, "vivem como ratos, gritam como porcos e agem como macacos". Um panfleto de treinamento do Exército sobre "O soldado japonês" afirmava que ele costumava exalar "o cheiro dos animais de caça".[102] Os soldados reagiam vendo os japoneses como caça, a ser abatida por esporte. "Temporada aberta para japoneses" passou a ser um adesivo popular em veículos, junto com inúmeras metáforas de caça que sublinhavam a conexão entre o legado da fronteira americana e a nova fronteira no Pacífico.[103] As tropas australianas reagiram com uma hostilidade racializada parecida contra "amarelos feios" ou "canalhas amarelos sujos", que se comportavam, como disse um soldado, como "animais inteligentes com certas características humanas". Em um discurso às tropas australianas em 1943, o general Thomas Blamey disse a seus homens que os japoneses eram "uma raça curiosa — um cruzamento entre o ser humano e o macaco".[104] Contra um inimigo definido em termos raciais tão depreciativos, a violência excessiva foi normalizada, como havia sido por décadas no contato entre os povos asiáticos e o Ocidente.

A guerra na Europa foi racializada de uma maneira diferente. Na Europa Ocidental, gerou fortes hostilidades, algumas das quais eram consequência de estereótipos grosseiros do inimigo, mas o conflito não era racial. Pesquisas americanas mostraram que apenas um décimo dos entrevistados achava que os alemães deveriam ser exterminados ou esterilizados até a extinção. A única exceção foi a resposta germânica ao emprego francês de tropas negras na Batalha da França em 1940, que envolveu atrocidades, embora não orquestradas, por motivos raciais. A hostilidade ao uso francês de soldados coloniais negros remonta à Primeira Guerra Mundial e à ocupação francesa do Ruhr-Renânia em 1923, quando soldados negros foram usados para fazer cumprir as reivindicações francesas por reparações. Ao encontrar os *Tirailleurs Sénégalais* da África Ocidental, as unidades alemãs fizeram poucos prisioneiros, assassinando talvez até 1500 numa série de atrocidades em maio e junho de 1940. Soldados negros lutavam de maneira tenaz, às vezes ficando abaixados para atacar as tropas germânicas pelos lados e pela retaguarda. Oficiais da Alemanha consideravam os negros selvagens que usavam suas facas tradicionais *coupe-coupes* para mutilar prisioneiros alemães. Nem todas as unidades germânicas matavam soldados negros, mas eles sofriam condições de cativeiro mais precárias do que os soldados brancos e eram alvo de discriminação motivada por raça. Aos *tirailleurs* mortos negavam enterro ou marcação de sepultura.[105]

As guerras germânicas no Leste, da Polônia à campanha Barbarossa contra a União Soviética, foram racializadas desde o início. Nesse caso, a atrocidade não era motivada apenas pelas condições no campo, mas era uma política deliberada ditada pela liderança política e militar alemã e executada por agentes do Estado. O projeto imperial germânico, com seu compromisso central com a limpeza étnica e a colonização brutal, já foi descrito (ver cap. 2), mas os crimes cometidos no campo por soldados, policiais e agentes de segurança contra a população judaica da União Soviética em assassinatos face a face em 1941 e 1942 foram atrocidades singularmente raciais que refletiam as prioridades raciais do regime. O assassinato de não judeus nas campanhas de contrainsurgência e pacificação teve implicações raciais, mas eles foram mortos como parte de operações de segurança selvagens e indiscriminadas, e não em particular por causa da raça. O assassinato de cerca de 212 mil ciganos na Europa refletiu a ideia de que os povos nômades eram provavelmente espiões, criminosos ou sabotadores, embora o preconceito racial tenha desempenhado um papel em sua perseguição. No Leste, eles eram tratados como guerrilheiros ou cúmplices, o que significava que "eram tratados como judeus" e tinham famílias inteiras assassinadas, muitas vezes na companhia de vítimas judias.[106] Para os perpetradores, até mesmo o assassinato de judeus soviéticos, que logo se estendeu à eliminação de todos os homens, mulheres e crianças, não se baseava por completo na raça. A identificação dos judeus soviéticos como portadores do vírus bolchevique deu uma pincelada política espúria ao projeto genocida, enquanto a ficção de que os judeus eram os principais insurgentes que perturbavam as forças alemãs foi usada desde o início para justificar assassinatos em massa. "Onde há guerrilheiros", anunciou o general da ss Erich von dem Bach-Zelewski em setembro de 1941, "há judeus; onde há judeus, há guerrilheiros."[107] Durante o verão e o outono de 1941, esse silogismo grosseiro mascarou a realidade de que os judeus, independente da idade ou do sexo, deveriam ser massacrados como tal.

As atrocidades realizadas contra os judeus começaram já nos primeiros dias da campanha na União Soviética, com a desculpa de que eles haviam tentado obstruir o avanço do Exército alemão. As razões ainda não estão claras, embora o Exército sempre exagerasse a ameaça potencial da população civil. As "ordens criminais" do Quartel-General Supremo de Hitler especificavam a eliminação de judeus do sexo masculino do Partido Comunista Soviético ou de funcionários estatais, mas não veio à tona nenhuma orientação para as forças militares e de segurança assassinarem judeus de forma indiscriminada. Muito em breve, todos os homens judeus em idade militar foram acrescentados à lista de vítimas aprovadas. Embora matar alvos judeus selecionados tivesse a aprovação de Hitler e Himmler, nas primeiras semanas a liderança alemã estava preocupada se o público do país e os soldados de base no Leste reagiriam de modo negativo à evidência de atrocidade em massa. Logo ficou claro que isso estava longe de ser o caso, e, a partir de julho de 1941, as unidades de segurança, a polícia e os militares, bem como os quatro *Einsatzgruppen* alocados na campanha do Leste, foram encorajados a colaborar na identificação e eliminação de judeus como parte de uma operação de limpeza mais ampla em toda a zona ocupada.[108] Àquela altura, o assassinato em massa de judeus já havia começado. Em 23 de junho, na cidade lituana de Gargždai, o SD prendeu 201 judeus (inclusive uma mulher e uma criança) por crimes contra o Exército alemão, e no dia seguinte eles foram executados por unidades da polícia local. Em 27 de junho, em Białystok, no que havia sido o leste da Polônia antes da invasão soviética em 1939, 2 mil judeus foram mortos por um batalhão da Polícia da Ordem Alemã regular, que trabalhava por ordem da 221ª Divisão de Segurança do Exército, incluindo quinhentos homens, mulheres e crianças que foram queimados vivos na sinagoga. Ainda não havia nenhuma instrução sobre matar mulheres e crianças, mas no final de julho, provavelmente por insistência de Himmler, a prática foi aprovada como padrão. Naquele mês, Friedrich Jeckeln, comandante do *Einsatzgruppe* C, ordenou que a Primeira Brigada da ss assassinasse 1658 mulheres e homens judeus numa operação de limpeza perto de Jitomir. Em 30 de julho, o *Einsatzkommando* 9 fuzilou 350 homens e mulheres judeus em Vileika, depois que o comandante foi repreendido por não seguir a nova diretriz. A partir de agosto, mulheres e crianças foram incluídas de forma rotineira nos massacres.[109]

A rápida escalada do assassinato de judeus ocorreu no contexto da chamada "autolimpeza", em que não alemães nos Estados bálticos, na Polônia e na Romênia usaram o colapso repentino da presença soviética para dar vazão a sua própria vingança selvagem sobre as populações judaicas locais que eram acusadas, entre outras coisas, de colaborar com os ocupantes soviéticos. Essas atrocidades foram em alguns casos espontâneas; em outros, foram consequência da pressão germânica. No nordeste da Polônia, onde a presença soviética entre 1939 e 1941 havia sido dura, a população local assassinou judeus em pelo menos vinte cidades durante o interregno entre a retirada soviética e a organização da autoridade alemã. À medida que as forças germânicas avançavam para o leste, os poloneses formavam grupos de justiceiros para se vingar. Em Kolno, em 23 de junho, soldados alemães assistiram poloneses locais massacrarem famílias judias inteiras; em Grajewo, de acordo com depoimentos do pós-guerra, centenas de judeus foram aprisionados na sinagoga, onde foram torturados de maneiras grotescas, com as mãos amarradas com arame farpado, alguns tiveram língua e unhas arrancadas, e todos eram submetidos a cem chicotadas todas as manhãs. Em Radziłów, os poloneses assassinaram e estupraram seus vizinhos judeus, depois forçaram os sobreviventes a entrar num celeiro que foi incendiado; quando outros judeus foram encontrados escondidos, foram obrigados a subir uma escada e saltar nas chamas. Em alguns casos, as autoridades polonesas locais perguntaram aos alemães se matar judeus era permitido antes de iniciar os pogroms. Um oficial alemão respondeu que os judeus estavam "sem nenhum direito" [*rechtlos*] e podiam ser tratados como os poloneses achassem adequado.[110] As autoridades germânicas em Berlim mantinham uma vigilância constante sobre a violência, mas não faziam nada para obstruí-la. "Nenhum obstáculo deve ser colocado no caminho dos 'esforços de autolimpeza'", Heydrich informou aos *Einsatzgruppen* em junho de 1941, "[...] ao contrário, eles devem ser instigados, de maneira imperceptível, é claro, intensificados e direcionados para o caminho certo."[111]

Um espasmo de violência selvagem também foi direcionado aos judeus pelo Exército e pela polícia da Romênia quando ela participou da invasão da União Soviética, em 2 de julho de 1941. À medida que o Exército Vermelho se retirava às pressas das antigas províncias romenas da Bessarábia e da Bucóvina do Norte, ocupadas pela União Soviética em junho de 1940, as comunidades locais começaram uma série de pogroms contra seus vizinhos judeus, que nesse caso também eram acusados der ter ajudado o invasor "judeu-bolchevique". Quando o exército romeno chegou alguns dias depois, os massacres estavam em andamento: as estimativas do número de mortos nos primeiros dias da guerra variam entre 43 500 e 60 mil. A chegada do exército e dos gendarmes romenos aumentou a violência. Em 4 de julho, em Storojinet, na Bucóvina do Norte, os soldados fuzilaram duzentos homens, mulheres e crianças enquanto os vizinhos das vítimas saqueavam suas casas. Fazendeiros ucranianos da província se entregaram a uma vingança particularmente selvagem, assassinando seus vizinhos judeus com suas ferramentas agrícolas; ainda vivo, um açougueiro kosher foi serrado em pedaços com seu próprio equipamento.[112] Indivíduos do *Einsatzgruppe* D acompanharam os romenos, mas a violência foi além da provocação da ss. Até mesmo testemunhas alemãs ficaram chocadas com o nível de brutalidade e indisciplina demonstrado pelas forças romenas e seus cúmplices locais, que continuaram inabaláveis até a tomada romeno-alemã da cidade de Odessa.

A violência polonesa e romena era um produto contraditório de uma cultura pré-guerra de antissemitismo e ressentimento visceral pelo papel que os judeus supostamente desempenharam na ocupação soviética. As autoridades alemãs logo trataram de acabar com a violência ilimitada e a pilhagem extensiva de propriedades judaicas, mas as manifestações de hostilidade aos judeus em toda a área ocupada entre junho e setembro de 1941 acabaram com qualquer dúvida que havia sobre a viabilidade de aumentar a violência germânica. Com efeito, é possível argumentar que as forças de segurança alemãs, ao observar o massacre desenfreado de comunidades judaicas, foram encorajadas a adotar uma prática mais exterminadora. Também foi fácil encontrar voluntários antissemitas entusiasmados entre as forças policiais e milícias nos Estados bálticos e na zona soviética ocupada na Bessarábia e na Ucrânia depois que ficou claro que não havia mão de obra germânica suficiente para expandir a matança. Criaram-se formações auxiliares para ajudar a identificar, reunir e vigiar os judeus, para depois conduzi-los aos locais de execução. No final de 1941, havia 33 mil auxiliares [*Schutzmänner*]; no verão de 1942, eram 165 mil; e em 1943 o número chegava a 300 mil. Às vezes, os bielorrussos tomavam a iniciativa de matar populações judaicas locais, como foi o caso da aniquilação do gueto de Borisov, em outubro de 1941, com o massacre de seus 6500 a 7 mil habitantes.[113] A denúncia de judeus escondidos ou de quem tentava esconder sua identidade judaica era tão difundida que as autoridades alemãs criaram postos de informação [*Anzeigestellen*] para encorajar a traição; informações precisas eram recompensadas com cem rublos, por vezes com a promessa de uma casa de judeus.[114]

As mãos que apertavam o gatilho no massacre de judeus soviéticos eram quase sempre alemãs. A partir de julho de 1941, Himmler e o chefe da Polícia da Ordem Kurt Daluege expandiram de maneira substancial os números envolvidos na matança. Aos 3 mil membros originais dos *Einsatzgruppen* foram acrescentados cerca de 6 mil policiais da Ordem em batalhões de reserva e 10 mil das Waffen-ss. O pessoal era liberado e substituído com frequência, mas o número de cerca de 20 mil perpetradores alemães permaneceu mais ou menos constante ao longo do ano de massacres que se seguiu. Quando necessário, essas unidades eram auxiliadas pelo SD, pela Polícia de Segurança, pela Polícia Secreta de Campo e pela Gendarmaria de Campo. Era menos comum que se solicitasse ao Exército o fornecimento não apenas de armas, munição e suprimentos, o que ele fazia de bom grado, mas também soldados para a matança. Nem todos os comandantes do Exército colaboraram com entusiasmo depois que ficou claro que a matança de judeus era indiscriminada, mas as opiniões do comandante do Sexto Exército, o marechal de campo Von Reichenau, não eram incomuns. Em outubro de 1941, ele anunciou aos seus homens a "necessidade de uma expiação dura, mas justa, a ser extraída da raça judaica subumana".[115] Unidades do Exército de Von Reichenau colaboraram no início de agosto de 1941 com o *Sonderkommando* 4a, uma subunidade do *Einsatzgruppe* C, na captura de 402 judeus, em especial idosos, em Jitomir, para serem executados após a prisão de dois homens judeus como supostos agentes do NKVD. O assassinato em um cemitério local destacou alguns dos problemas já encontrados em massacres anteriores: as vítimas foram fuziladas por um pelotão em frente a uma cova preparada, mas se observou que cerca de um quarto delas ainda estava vivo ao cair; atirar na cabeça das vítimas era difícil, pois os assassinos eram pulverizados com cérebro e sangue; no final, os meio-mortos foram deixados para serem cobertos pelos próximos corpos e camadas de solo. Após a execução, oficiais da ss e do Exército se reuniram para discutir formas mais eficazes de realizar os assassinatos e reduzir a pressão psicológica sobre seus homens.[116]

Durante os meses seguintes, a ss, a polícia e o Exército foram aos poucos desenvolvendo um conjunto ordenado de procedimentos para cada local de assassinato. Em setembro de 1941, realizou-se um curso na cidade tomada de Mogilev, instigado pelo comandante do Exército da área, sobre como lidar com judeus e guerrilheiros. O curso foi concluído com uma demonstração prática da execução de 32 homens e mulheres judeus. O aprendizado pelo exemplo era generalizado. Para alguns soldados era difícil assassinar mulheres e crianças, então foi dada permissão para que as mulheres segurassem os filhos, que seriam fuzilados antes que os pais fossem despachados. Quando a ordem para assassinar mulheres e crianças chegou às unidades *Einsatzgruppe*, o chefe do *Sonderkommando* 11b demonstrou pessoalmente o método para seus homens, atirando primeiro numa criança, depois na mãe.[117] Nas unidades da Polícia da Ordem, era comum, a princípio, que um oficial mostrasse aos homens como matar com um tiro na nuca e, então, os convidasse a seguir o exemplo. Durante a segunda onda de assassinatos em massa que começou no início da primavera de 1942, a experiência do ano anterior foi usada para garantir que os massacres fossem conduzidos de modo a reduzir a pressão sobre os soldados e maximizar a eficiência do assassinato. A matança envolvia uma divisão precisa do trabalho entre aqueles designados como "atiradores" do dia, os que vigiavam o comboio de vítimas para as fossas, os que dirigiam caminhões e os que mantinham os corpos na fossa empilhados em ordem, para permitir espaço para a próxima camada. Um judeu assassinado em Tarnopol deixou uma carta não postada na qual descrevia como a matança parecia ser bem estruturada: "Além disso, eles têm que classificar os primeiros, os executados, nas sepulturas para que o espaço seja bem utilizado e a ordem prevaleça. Todo o procedimento não demora muito".[118] Os erros no teatro da execução eram desaprovados (embora em geral não fossem punidos), enquanto se esperava que os assassinos permanecessem distantes e clínicos, como se realizassem uma cirurgia difícil em vez de uma atrocidade confusa. Os homens da ss que exibiam brutalidade excessiva — e havia muitos — às vezes corriam o risco de disciplina se o comando achasse que estavam subvertendo a ética da organização por um comportamento impróprio para um homem da ss. Ainda assim, ao julgar um oficial em 1943, o Tribunal da ss de Munique observou que, por mais humilhante que fosse sua conduta, "os judeus devem ser aniquilados; não há grande perda quando se trata de um deles".[119]

As atrocidades cometidas contra a população judaica da União Soviética continuaram até 1942, sobrepondo-se à operação dos campos de extermínio criados no início daquele ano para o programa de destruição genocida das populações judaicas da Europa. Os campos de extermínio foram criados pela liderança da ss em parte para reduzir a tensão psicológica sobre os milhares de soldados alemães nos massacres na Rússia. Contudo, a matança continuou ao longo do ano, conforme o exército germânico avançava, arrastando na rede genocida os judeus que haviam conseguido fugir como refugiados das áreas conquistadas no ano anterior. Na remota aldeia de Peregruznoe, perto de Stalingrado, uma pequena unidade de sinalização do Quarto Exército Panzer reuniu em setembro de 1942 todos os habitantes e refugiados judeus — homens, mulheres, crianças e bebês — com a justificativa de que levariam informações para as distantes linhas soviéticas. O comandante, tenente Fritz Fischer, não tinha ordens de cima. Nacional-socialista e antissemita convicto, ele pode muito bem ter desejado dar sua própria pequena contribuição para o programa mais amplo de extermínio. Os judeus foram carregados em caminhões durante a noite e depois levados para a estepe por um pequeno grupo de soldados, que se voluntariou ou não resistiu ao pedido de seu oficial. O primeiro caminhão parou, os judeus foram autorizados a sair e foram fuzilados enquanto corriam ou cambaleavam para longe. Para evitar a desagradável tarefa de matar o próximo grupo em meio à pilha de mortos e moribundos, os caminhões foram levados duzentos metros mais adiante, para um campo de extermínio limpo. Os homens terminaram a tarefa e voltaram a tempo de tomar café da manhã.[120]

A matança em Peregruznoe é um exemplo entre milhares e levanta as mesmas questões que se aplicam aos assassinatos de judeus que os alemães praticaram em todas as execuções face a face. Essas mortes foram diferentes dos pogroms na Polônia, na Romênia ou nos Estados bálticos, onde comunidades mataram os judeus de seu meio num espasmo de violência extrema e expropriação que durou um dia ou pouco mais que isso no máximo, deflagrado por ódios étnicos. A matança alemã foi sistemática e persistente. Unidades da Polícia da Ordem, que executaram grande parte dela, se viram responsáveis não só por um único massacre, mas por diversos seguidos. O Batalhão de Polícia de Reserva 101 começou sua carreira assassina com a morte de cerca de 1500 judeus do gueto de Józefów, em 13 de julho de 1942, porém nove meses depois já havia participado do assassinato de mais de 80 mil homens, mulheres e crianças judeus.[121] Ao contrário dos instigadores dos pogroms, os criminosos alemães não conheciam suas vítimas (embora dependessem de informantes locais para ajudar a encontrá-las) e não tinham nenhuma razão intrínseca para odiá-las. Os assassinatos foram executados a sangue-frio, o oposto dos outros exemplos de violência genocida do século XX e diferente de muitas outras categorias de crime descritas neste capítulo. Como foi possível para os perpetradores matarem de forma abstrata e sem discriminação, perseguindo cada judeu que pudesse ser encontrado com uma energia forense implacável, é algo que desafia a explicação histórica e psicológica.

A tentação é assumir que a ideologia antissemita do regime estava enraizada o suficiente entre os diferentes grupos de perpetradores para permitir que justificassem suas ações e anulassem quaisquer escrúpulos que pudessem ter. É evidente que todos os envolvidos na matança estavam cientes de que serviam a um regime antissemita no qual a demonização do judeu como o arqui-inimigo do povo germânico era um tema central. A propaganda era direcionada aos homens em campo para sublinhar, como uma publicação de dezembro de 1941 explicou, que um objetivo central da guerra era "uma Europa livre de judeus".[122] O grau em que soldados e policiais comuns poderiam relacionar a ideia do judeu como *Weltfeind* [inimigo mundial] da Alemanha aos amontoados de pessoas assustadas, desorientadas e empobrecidas que eles massacraram é mais questionável. A maioria dos relatos das unidades de extermínio no Leste enfatiza a importância dos instigadores, oficiais de níveis médio e baixo dos serviços de segurança e da força policial que recebiam treinamento político adicional, com cursos periódicos nos quais a natureza maligna da conspiração mundial judaica era um ingrediente central. Fantasias sobre a ameaça judaica surgem com frequência suficiente nas conversas e correspondências das forças de segurança, da ss e do Exército para mostrar como a paranoia do regime poderia ser apropriada para sancionar o assassinato em massa. "Os judeus então cairão sobre nós", refletiu um soldado de infantaria alemão em 1944 sobre a perspectiva de derrota, "e exterminarão tudo o que é alemão, haverá um massacre cruel e terrível."[123] Algumas unidades tinham uma alta proporção de membros nacional-socialistas ou da ss entre os oficiais e suboficiais, e entre eles havia claramente um elemento de competição ou emulação ao executar suas tarefas com rigorosa eficiência.[124] Para os assassinos de base da polícia ou do Exército, nenhuma generalização pode ser feita com facilidade. Eles representavam uma amostra da sociedade germânica, alguns dedicados às causas do regime, outros não. No entanto, fossem céticos, entusiasmados ou indiferentes, pouquíssimos dos recrutados para o papel inesperado de assassino se recusaram a participar.

A psicologia social da execução sugere que os homens encontraram uma variedade de formas de lidar com a tarefa que foram ordenados a realizar, pois não estavam apenas obedecendo ordens.[125] Os assassinos vinham de diversas origens, com uma ampla gama de tipos de personalidade, e se acomodaram à matança, cada um à sua maneira. Depois que um procedimento padrão foi estabelecido, a divisão do trabalho permitiu que alguns indivíduos de cada unidade evitassem matar, voluntariando-se para serem motoristas, guardas ou escriturários. Era possível se recusar a participar, mas alguns que se recusavam um dia podiam aceitar no dia seguinte por uma sensação de vergonha de seus companheiros terem precisado fazer a parte deles. Outros demonstravam um entusiasmo positivo pela matança após o derramamento de sangue inicial e, às vezes, precisavam ser contidos. É provável que alguns tenham desenvolvido ódio pelas vítimas cujo destino os forçou a se tornarem assassinos relutantes, culpando os judeus pelo que acontecia, mas não a si mesmos. Evidências de crueldade gratuita são generalizadas, assim como o elemento de espetáculo, quando soldados e policiais tiravam fotos dos tormentos infligidos às vítimas. O número de espectadores levou a uma diretiva do chefe da Gestapo Heinrich Müller, em agosto de 1941, que ordenava aos *Einsatzgruppen* "impedir a aglomeração de espectadores durante as execuções em massa".[126] Por insistência de Himmler, os executores recebiam doses generosas de bebidas alcoólicas, muitas vezes disponíveis antes e durante o assassinato. Os auxiliares ucranianos eram notórios por sua crueldade bêbada, supostamente jogando crianças no ar para serem alvejadas como pássaros. Após as matanças, os homens eram encorajados a passar as noites juntos festejando e bebendo. Depois da execução em massa de 33 mil judeus e prisioneiros soviéticos nas ravinas de Babi Yar, perto de Kiev, os assassinos desfrutaram de um banquete para marcar a ocasião. Essas noitadas eram planejadas pela liderança da ss para amenizar o impacto psicológico das execuções, que de outra forma poderiam prejudicar "a mente e o caráter" dos homens. Himmler esperava que eles se unissem como alemães decentes fazendo um trabalho duro e evitassem seguir para a brutalização e a "melancolia".[127] Alguns assassinos sucumbiam à pressão da rotina de matança e sofriam colapsos nervosos. Eram enviados de volta para a Alemanha e tratados como vítimas de uma tarefa difícil e estressante.

A visão de que os perpetradores eram, em algum sentido, vítimas dos atos que cometiam que precisavam de consolo e recuperação era apenas uma das muitas inversões morais que tornaram os assassinatos alemães possíveis. A preocupação com o bem-estar dos homens envolvidos deixava as verdadeiras vítimas excluídas por completo, quase invisíveis no universo moral distorcido que os perpetradores e seus comandantes habitavam. As comunidades judaicas eram representadas fora da esfera moral dos assassinos, cujas obrigações primárias eram para com o resto de sua unidade e o cumprimento de sua tarefa. As consequências de um processo psicológico descrito pela neurociência moderna como "alterização" eram profundas. As vítimas judias se tornaram meros objetos nas cerimônias cruéis de sua obliteração. Em todos os relatos e testemunhos sobreviventes das unidades de extermínio, quase não há exemplos de assassinos fazendo o menor gesto de compaixão por aqueles que deveriam matar, porque fazê-lo readmitiria a vítima numa esfera moral compartilhada. Em vez disso, os criminosos deixavam de lado os sentimentos de culpa e os substituíam por ansiedades caso demonstrassem qualquer sinal de escrúpulo ou suavidade ou decepcionassem seus companheiros. Pertencer ao grupo que compartilhava os crimes tornou possível parar de vê-los como crimes convencionais.

VIOLÊNCIA DE GÊNERO E GUERRA

Os crimes cometidos contra mulheres na Segunda Guerra Mundial pairam de maneira incerta entre crimes de guerra, como foram definidos de modo estreito, e crimes contra a humanidade. O tratamento de vítimas femininas por forças inimigas foi sem dúvida desumano, e os exemplos são abundantes. Em junho de 1941, na invasão alemã da Letônia, um grupo de homens do regimento de granadeiros Württemberg-Baden sequestrou duas estudantes da Universidade de Riga, amarrou-as nuas a duas cadeiras cujos assentos almofadados haviam sido substituídos por folhas de lata, acendeu dois fogões primus embaixo delas e então dançou em círculo ao redor das vítimas que se contorciam. Um ano depois, quando as tropas da Alemanha retomaram cidades na Crimeia, encontraram corpos de enfermeiras da Cruz Vermelha despidas e estupradas, torturadas por soldados soviéticos, algumas com os seios cortados, outras com cabos de vassoura enfiados na vagina. Na guerra asiática, atrocidades contra mulheres eram rotineiras. Numa aldeia do norte da China, na região de Beipiao, as forças japonesas estupraram todas as mulheres na frente de suas famílias. Uma mulher grávida foi despida, amarrada a uma mesa, estuprada e depois esfaqueada com uma baioneta para ter o feto removido. Soldados tiraram fotos como lembranças da cena macabra.[128]

Essas histórias sórdidas revelam sadismo irrestrito; elas têm em comum a exploração cruel de mulheres para o entretenimento de homens, o que torna essas atrocidades únicas. Embora esses exemplos tenham sido tomados de forma aleatória, podem ser multiplicados muitas vezes e em muitos contextos diferentes. Devido à natureza dos crimes e das vítimas, o direito internacional foi amplamente omisso sobre o abuso sexual de mulheres em tempos de guerra. Na Convenção de Haia de 1907, a proteção da "honra e dos direitos da família" era uma das diretrizes para a imunidade civil e costumava ser entendido por "honra" que as mulheres não deveriam ser violadas durante um conflito. A Convenção de Genebra de 1929 especificou que as prisioneiras deveriam ser tratadas com "todas as considerações devidas ao seu sexo". No entanto, apenas quando o crime sexual foi definido na Quarta Convenção de Genebra, em 1949, é que "estupro, prostituição forçada ou qualquer forma de agressão indecente" foram por fim declarados ilegais.[129] Não obstante, o estupro era considerado um crime na maioria dos sistemas judiciais militares. Assim como os soldados não deveriam saquear inimigos ou aliados, a predação sexual era considerada um crime que trazia desonra e ameaçava a disciplina militar. No entanto, o crime sexual, como o saque, era generalizado, embora sua escala seja impossível de medir. As mulheres vítimas desses crimes ou de outras formas definidas como "molestamento" relutavam em falar sobre sua provação ou eram incapazes de encontrar locais onde sua violação fosse levada a sério.[130] A cultura da vergonha era reforçada pela desaprovação social da exposição pública de crimes sexuais e pelas estratégias de negação masculina.

O sexo sem dúvida seria um grande problema em tempos de guerra. Dezenas de milhões de homens foram tirados de suas comunidades durante anos, habitaram instituições quase inteiramente masculinas e com perspectivas decrescentes de licença para retornar às famílias ou às parceiras em casa. Muitos foram submetidos a longos períodos de alto estresse e níveis não naturais de agressão, aumentando seu desejo sexual e a sensação de frustração. As autoridades militares entendiam essas questões, mas também os perigos que surgiam de epidemias de doenças venéreas se as oportunidades sexuais não fossem regulamentadas ou os homens não fossem abastecidos com quantidades adequadas de preservativos. O Ministério da Guerra japonês considerava o fornecimento de bordéis para as tropas "especialmente benéfico" para a saúde psicológica e o espírito de luta dos homens. Uma diretiva do Ministério da Guerra alegou que o fornecimento de conforto sexual "afetaria a elevação do moral, a manutenção da disciplina e a prevenção do crime e das doenças venéreas". Durante o conflito, mais de 32 milhões de preservativos foram entregues para tentar evitar a propagação de doenças, mas sua distribuição era irregular, e os soldados eram encorajados a lavá-los e reutilizá-los.[131] Heinrich Himmler achava que sexo periódico em bordéis aumentaria a eficiência não só dos soldados alemães, mas também dos trabalhadores forçados e prisioneiros de campos de concentração. Em campos na Alemanha, na Áustria e na Polônia, foram montados dez bordéis para prisioneiros privilegiados.[132] Era também uma maneira de controlar doenças sexuais. Para garantir que soldados e homens da ss não dependessem de remédios falsos, Himmler proibiu todas as formas de auxílios profiláticos, exceto preservativos, que eram disponibilizados gratuitamente.[133] As diretrizes emitidas para as tropas sobre comportamento sexual exigiam "contenção com relação ao outro sexo", mas as Forças Armadas e a ss também organizavam casas de saneamento para o tratamento de doenças venéreas, já que a prioridade não era estigmatizar a falta de contenção, mas levar os homens de volta às unidades de combate.[134]

O Exército britânico não oferecia bordéis, embora os soldados em geral não fossem impedidos de usá-los, exceto no distrito de luz vermelha "Berka" do Cairo, onde as doenças venéreas eram abundantes. A atitude das autoridades médicas do Exército era presumir que os soldados britânicos fariam a coisa decente e se absteriam de usar os serviços de prostitutas, ou mesmo qualquer tipo de sexo. Não se esperava que oficiais visitassem prostitutas como uma questão de honra, e eles poderiam ser demitidos por fazê-lo. A continência sexual, anunciou o diretor de serviços médicos no Oriente Médio, o major-general E. M. Cowell, "é um dever para consigo mesmo, sua família e seus camaradas". Esportes enérgicos eram encorajados como um substituto, embora conjuntos profiláticos (sabão, algodão, creme antisséptico) estivessem disponíveis para os soldados que não resistissem à tentação, "o sujeito sensual bastante estúpido", como disse um venereologista experiente. Se contraíssem doenças venéreas e fossem tratados, os soldados eram forçados a usar uma gravata vermelha como sinal de vergonha; se contraíssem uma doença e não a relatassem, perderiam o soldo ou poderiam ter a patente rebaixada. No teatro do Oriente Médio, a taxa de infecção variou ao longo do tempo de 34 em cada mil em 1940 para 25 em cada mil em 1942, mas na Itália, no final da guerra, a taxa era de 71 para mil. Eram níveis relativamente baixos, o que sugere que no caso britânico o apelo por autocontrole e esportes saudáveis não foi de todo equivocado.[135]

Para as Forças Armadas da Alemanha e do Japão, os bordéis se tornaram uma característica central da cultura militar em tempos de guerra. Já em 1936, as autoridades militares germânicas decidiram que os bordéis militares eram "uma necessidade urgente". Em 9 de setembro de 1939, o Ministério do Interior alemão ordenou a construção de quartéis onde fosse possível concentrar prostitutas para servir às tropas. Ali, elas eram submetidas a inspeções médicas periódicas, e o acesso dos soldados era regulado para uma média de cinco a seis sessões por mês. Os bordéis militares proliferaram nas campanhas orientais, em contraste com a situação na Europa Ocidental, onde os soldados podiam explorar a rede existente de zonas de prostituição. As mulheres reunidas para servir aos militares eram de fato encarceradas; a recusa em aceitar a prostituição militar carregava a ameaça de serem mandadas para um campo de concentração, para onde algumas prostitutas já haviam sido enviadas, como as chamadas "associais" na década de 1930. Para preencher as cotas, a polícia enviava mulheres e meninas cuja suposta vida desenfreada e sexualidade flagrante as definiam como candidatas à prostituição forçada. Os bordéis estavam cada vez mais cheios de mulheres do Leste ocupado, ciganas e até mesmo judias, embora as relações sexuais com judeus fossem proibidas pelas Leis de Nuremberg de 1935. A dificuldade de encontrar mulheres soviéticas numa sociedade onde a prostituição era agora incomum significava que muitas das que se "voluntariavam" para os bordéis o faziam apenas pelo desespero da fome e da privação. Um policial que servia ao lado do exército italiano na Rússia descreveu uma visita sombria a um bordel cheio de mulheres do lugar: "Corpos magros, subnutridos e desajeitados, enfeitados com trapos, de olhos assustados, sentavam-se em nichos frios e sórdidos". Uma alta proporção das jovens forçadas pelas dificuldades a se apresentarem para trabalhar como prostitutas era virgem, e, em muitos casos, eram rejeitadas. Os organizadores alemães começaram a recrutar mulheres polonesas, enquanto os donos de bordéis italianos importavam meninas da Romênia.[136] Em 1943 e 1944, quando os militares recuaram pela União Soviética ocupada, a política de terra arrasada podia ser estendida às mulheres forçadas a se prostituir. Os corpos de cem prostitutas foram atirados nas ravinas de Babi Yar quando as tropas alemãs saíram de Kiev, em novembro de 1943.[137]

De longe, o maior e mais coercitivo serviço de prostituição militar foi criado pelas Forças Armadas japonesas. Desde os primeiros meses da guerra na Manchúria e no norte da China, em 1931-2, até o final do conflito, quando milhares de prostitutas forçadas foram assassinadas num clímax de violência pela vergonha da derrota, os militares japoneses criaram uma vasta rede de bordéis militares permanentes, estações de sexo improvisadas ou temporárias que se moviam com as linhas de frente, ou centros de detenção menores e muitas vezes não autorizados, onde mulheres eram presas e estupradas. Alguns eram operados por colaboradores chineses que usavam prostitutas locais ou sequestravam mulheres e meninas para satisfazer a demanda nipônica. A grande variedade de instituições é em geral agregada no termo único e irônico de "estação de conforto" [*ianjo*], ocupada pelas chamadas "mulheres de conforto" [*ianfu*]. O próprio termo "conforto" sugere que os homens eram vítimas da guerra, e não as mulheres que sofriam prostituição forçada ou escravidão sexual. O sistema funcionava numa escala muito grande. As autoridades militares calcularam que seriam necessárias cerca de 20 mil mulheres para cada 700 mil soldados. O número médio de homens que uma mulher deveria "servir" a cada dia variava entre trinta e 35.[138] Algumas eram recrutadas pela polícia entre a grande população de prostitutas do Japão; prostitutas coreanas também eram recrutadas para o serviço sexual militar, quisessem ou não, ao lado de um número desconhecido de mulheres coreanas sequestradas ou enganadas. Estimativas sugerem que havia algo entre 80 mil e 200 mil, com quatro quintos delas vindos da Coreia.[139] As prostitutas japonesas desfrutavam de condições melhores, assinavam um contrato e recebiam pequenos pagamentos; muitas eram reservadas para estações de conforto montadas para oficiais, que pagavam mais pelos serviços. Elas não eram livres para ir ou vir e, de forma bizarra, como os militares, podiam ser punidas por desertar de seu posto.

Para dezenas de milhares de mulheres e meninas encarceradas na rede mais ampla e muitas vezes informal das estações de sexo, a prostituição era imposta. Em toda a China ocupada, depois na Malásia, na Birmânia, nas Índias Orientais Holandesas e nas Filipinas, mulheres eram sequestradas, atraídas sob falsos pretextos por ofertas de emprego ou vendidas por suas famílias para atender às crescentes demandas sexuais das forças japonesas. Várias mulheres europeias capturadas foram forçadas a se prostituir ou eram ameaçadas de morte. Todas essas mulheres vítimas eram objetos sexuais literais. Elas eram classificadas pela organização de logística japonesa como "suprimentos militares". Na China, onde talvez cerca de 200 mil tenham sido abusadas em estações de sexo, elas eram mantidas como prisioneiras e punidas com severidade se tentassem escapar. Em alguns casos, a família inteira de uma mulher era decapitada como punição e aviso para as outras. Havia pouca ou nenhuma supervisão nas muitas estações montadas por unidades do Exército na linha de frente; algumas estações de detenção, ou "fortalezas", como eram às vezes chamadas, mantinham um punhado de mulheres que seriam estupradas repetidas vezes pelos soldados locais. Relatos de sobreviventes chinesas falam de brutalidade rotineira, má alimentação e rápido colapso da saúde. Na ilha chinesa de Hainan, havia mais de sessenta estações servindo à pequena força de ocupação. No final da guerra, das trezentas mulheres chinesas forçadas à escravidão sexual na ilha, duzentas estavam mortas. Havia pouco controle sobre a maneira como eram tratadas, pois poderiam ser substituídas pela próxima onda de sequestros. Mulheres que engravidavam ou adoeciam eram mortas de forma rotineira. Em uma "estação de conforto" na China central, mulheres que engravidaram dos múltiplos estupros aos quais foram submetidas foram amarradas nuas a estacas e usadas para prática de baioneta pelos soldados que antes haviam abusado delas.[140] Nenhuma quantidade de súplica especial ou prestidigitação linguística pode mascarar o terrível preço cobrado das mulheres forçadas a fornecer sexo. Elas foram vítimas de estupro do primeiro ao último soldado; qualquer uma que sobreviveu a cem dias de abuso pode ter sido estuprada até 3 mil vezes.

Uma das muitas ironias cruéis do sistema de "conforto" japonês era a esperança manifestada pelas autoridades militares de que isso reduziria o risco de estupro não regulamentado e a disseminação de doenças e, ao mesmo tempo, tranquilizaria a população local de que a pacificação não levaria a crimes sexuais irrestritos. Em vez disso, as forças japonesas combinaram o conforto dos bordéis militares com estupros aleatórios e universais em todas as áreas que ocuparam. O estupro era a forma mais extrema de sofrimento imposta às mulheres durante a guerra, mas havia outros tipos de abuso sexual que não chegavam a ser uma violação real. As prisioneiras eram com frequência forçadas a se despir em um interrogatório com o objetivo de aumentar sua ansiedade e humilhação; revistas íntimas por homens violavam a integridade feminina; a tortura de mulheres em geral envolvia infligir dor nos órgãos genitais ou a ameaça de estupro.[141] No entanto, a definição de estupro é direta, apesar dos argumentos masculinos habituais sobre o que constitui ou não consentimento: estupro é a violação sexual de uma mulher sem seu consentimento. Não obstante, as abordagens judiciais da época deixavam muitas áreas cinzentas na avaliação do grau do crime e influenciaram a maneira como ele era visto pelo establishment militar masculino. O romancista e veterano de guerra William Wharton lembrou mais tarde que não havia uma grande diferença entre os soldados russos que atropelavam mulheres "do mesmo jeito que você atropelaria um veado ou um coelho" e os americanos que usavam a oferta de cigarros e comida para seduzir mulheres desesperadas, "o mais próximo possível de um estupro, mas sem muita violência desenfreada".[142] Com efeito, milhares de mulheres recorreram à prostituição temporária para aliviar as dificuldades e a fome, levando a ideia de sexo consensual ao limite.

O estupro também era um crime difícil de denunciar a um establishment masculino e de obter reparação adequada. Na União Soviética, as autoridades judiciais militares alemãs insistiam que o estupro só seria investigado se uma mulher fizesse uma queixa formal e pudesse identificar o culpado, uma decisão que significava, na verdade, que a maioria não seria denunciada nem investigada.[143] Um sentimento de vergonha ou a desaprovação das famílias também limitava a disposição das vítimas de se apresentar para expor seu abuso. Em consequência, o número de estupros cometidos durante a guerra em todos os teatros é desconhecido. As estimativas do número de mulheres alemãs violadas por soldados soviéticos em 1945 variam de 200 mil a 2 milhões. Uma das estimativas atuais de estupros por militares americanos na Europa, cerca de 18 mil, baseia-se numa investigação criminológica da década de 1950 que alegou que apenas 5% dos estupros foram relatados, uma extrapolação impossível de verificar.[144] Uma estimativa mais recente, baseada no número de filhos ilegítimos registrados na Alemanha, sugere que houve 190 mil estupros praticados por americanos durante o período de ocupação. Todas são suposições estatísticas.[145] Apenas 904 casos de estupro cometidos por americanos foram de fato investigados, mas é óbvio que muitos outros não foram registrados. Numa pesquisa forense de quatro províncias chinesas controladas pelos comunistas em 1946, chegou-se ao número de 363 mil estupros pelos ocupantes japoneses, mas no teatro asiático milhares de mulheres foram estupradas e depois assassinadas, deixando pouco ou nenhum vestígio no pós-guerra.[146]

No entanto, se é simples de definir, o estupro assumiu muitas formas durante o conflito e foi causado por uma variedade de motivos. Dos muitos crimes de estupro para os quais há registro histórico, os coletivos (ou "estupros de amigos") eram amplamente difundidos, às vezes envolvendo apenas dois ou três homens, às vezes muitos mais, abusando repetidas vezes de uma vítima. Na campanha da Nova Guiné, soldados australianos encontraram o corpo de uma mulher papua amarrada com os braços e as pernas abertos numa varanda, cercada por setenta preservativos usados.[147] Na guerra da China, os soldados japoneses costumavam compartilhar suas vítimas, às vezes mantendo-as em suas próprias casas para repetidos estupros ao longo de dias. Nas primeiras semanas da invasão da Alemanha, era possível ver soldados soviéticos amontoados em grupos ao redor de mulheres e meninas alemãs dispostas ao longo da rodovia, aguardando ansiosamente sua vez.[148] Houve estupros conduzidos por um estuprador solitário, agindo de forma oportunista, que se assemelhavam mais aos cometidos em comunidades em tempos de paz, mas os crimes em grupo serviam a um propósito além da mera gratificação sexual, unindo os homens como grupo e reforçando uma masculinidade desafiada pelos medos e perigos da guerra. Se hesitasse em se juntar aos companheiros, um soldado poderia ser pressionado a participar em vez de deixar em aberto a questão de suas próprias credenciais masculinas ou a condenação implícita do ato. Após o conflito, um oficial soviético relembrou a ansiedade que sentiu ao hesitar em aceitar a oferta de uma garota alemã dentre um amontoado de vítimas, pois temia ser considerado impotente ou covarde.[149] Estupros em massa eram muitas vezes incentivados pelo consumo de bebidas alcoólicas, quando qualquer inibição remanescente era logo extinta, e em muitos casos constituíam um espetáculo sádico para ser apreciado pelos soldados que assistiam ou participavam, como o estupro e assassinato de enfermeiras da Cruz Vermelha em Varsóvia durante a revolta de 1944 pela psicopata Brigada Dirlewanger. Após o estupro em massa, as enfermeiras nuas foram penduradas pelos pés na Adolf Hitler Platz e baleadas no estômago, enquanto eram observadas por uma multidão lasciva composta de soldados alemães, saqueadores russos e a Juventude Hitlerista.[150]

Em conflitos recentes, o estupro tem sido explorado como uma estratégia deliberada para exercer poder masculino e dominar ou ameaçar a comunidade inimiga. É mais difícil ter certeza dos motivos que fundamentam a incidência desse crime em massa ou sistemático durante a Segunda Guerra Mundial. O que é chamado de "estupro compensatório" desempenhou claramente um papel, pois soldados frustrados e tensos tomaram o butim sexual que eles consideravam um privilégio masculino da guerra.[151] O estupro como uma expressão de dominação completa sobre a comunidade inimiga representava um uso mais aberto do crime como estratégia. Na China e na Alemanha, soldados japoneses e soviéticos costumavam estuprar mulheres e meninas na frente das famílias e fuzilavam ou decapitavam qualquer homem que interviesse, destacando a impotência deles e o poder dos perpetradores. Em 1945, o estupro em massa em Berlim, escreveu uma das muitas vítimas, constituiu nada menos que "a derrota do sexo masculino". Como mulheres de qualquer idade ou condição podiam ser submetidas, o desejo de dominar era indiscriminado.[152] Outros exemplos de estupro em larga escala ocorreram com a liberação da tensão após meses de combate duro e a repentina perspectiva de vitória. O estupro de mulheres na região central da Itália por forças francesas, e em particular por tropas coloniais francesas do Norte da África, foi uma reação ao colapso da frente alemã e à oportunidade repentina que se abriu para saquear e violar a população local — perspectiva que algumas tropas coloniais tomavam como certa após sua própria experiência de violência colonial. O aumento repentino na incidência relatada de estupro por soldados americanos na Alemanha em 1945, e mais tarde no mesmo ano no Japão, foi um produto da mesma sede de vitória. Na Alemanha, houve 552 estupros relatados praticados por americanos, contra 181 cometidos na França e na Bélgica. Na conquista americana de Okinawa, estima-se que 10 mil mulheres foram estupradas, sequestradas e por vezes assassinadas.[153] Quando as ilhas japonesas foram ocupadas, seguiu-se um espasmo de estupros coletivos por soldados americanos e da Comunidade Britânica contra um inimigo cuja própria violência sexual parecia justificar o pagamento em espécie. Em um distrito japonês, houve 1336 casos relatados nos primeiros dez dias de ocupação. Para proteger as mulheres do país de novas violações, as autoridades japonesas autorizaram no final de agosto de 1945 a criação de "casas de conforto" sob o título eufemístico de "Associação de Recreação e Diversão", povoadas por 20 mil prostitutas japonesas como substitutas para o estupro.[154] Numa cidade portuária, as prostitutas foram informadas de que tinham de satisfazer a luxúria americana para salvar a raça nipônica: "Esta é uma ordem vinda dos deuses. [...] O destino de todas as mulheres japonesas é o fardo sobre seus ombros".[155]

Que o estupro era crime não havia dúvida em todas as jurisdições militares, mas havia uma grande distância entre sua condição ilegal e a disposição dos militares de levá-lo muito a sério. Dos 904 soldados americanos realmente acusados de estupro no teatro europeu, houve apenas 461 condenações. Os crimes sexuais representaram apenas 3,2% das cortes marciais americanas. Mas a punição para os condenados era severa visando desencorajar novos crimes, e setenta dos condenados foram executados. A maior parte das condenações envolvia soldados negros ou hispânicos (72%), sugerindo que o policiamento de crimes sexuais tinha um caráter fortemente racista.¹⁵⁶ Na Itália, as autoridades militares francesas reagiram à onda de estupros também penalizando de modo pesado as tropas norte-africanas. Em geral, as comunidades italianas culpavam "os marroquinos", embora soldados franceses brancos também estivessem envolvidos, às vezes em "estupros de camaradagem" com seus companheiros norte-africanos. A onda de violência sexual ocorreu em especial nas províncias italianas de Lácio e Toscana de maio a julho de 1944; as autoridades italianas contaram 1117 estupros ou tentativas no período de três meses entre o rompimento da Linha Gustav alemã, a captura de Roma e o avanço sobre Florença. O esforço para restabelecer a disciplina envolveu a condenação de apenas 156 soldados, um número consideravelmente menor do que o de estupros, dos quais 144 eram soldados coloniais do Marrocos, da Argélia, da Tunísia e de Madagascar. No mesmo período, as autoridades italianas relataram apenas 35 estupros por soldados americanos e dezoito por tropas do Império Britânico; quarenta desses casos envolviam criminosos negros ou indianos, mais uma vez um número desproporcional em relação ao de militares brancos.¹⁵⁷

Os militares alemães também condenavam o estupro, mas a abordagem da questão do crime sexual se baseava menos na preocupação com as vítimas do que na ansiedade sobre a honra militar e a ameaça que o estupro representava para as estratégias de pacificação. O estupro era mais preocupante no teatro ocidental, onde os crimes eram muito evidentes e o protesto local era possível, embora, como um oficial alemão disse a um magistrado investigador francês: "Nós somos os vencedores! Vocês foram derrotados! [...] Nossos soldados têm o direito de se divertir".¹⁵⁸ Na França, por sua vez, houve apenas dezesseis casos levados ao tribunal, resultando em seis condenações com servidão penal; na Itália, também houve poucos casos, porque os militares alemães queriam evitar virar a população contra a ocupação imposta em setembro de 1943.¹⁵⁹ O estupro foi mais comum na guerra no Leste, onde a supervisão rigorosa era mais difícil e a atitude em relação às mulheres soviéticas e polonesas era moldada pelo projeto de colonização. Os soldados germânicos sabiam que a legislação sobre profanação racial deveria limitar seus apetites sexuais na região, mas evidências sugerem que na maior parte do tempo os militares faziam vista grossa para a lei. A profanação racial era explorada como um mecanismo regulatório no próprio Reich, onde prisioneiros de guerra poloneses e russos ou trabalhadores forçados eram enforcados ou enviados para um campo se fossem descobertos tendo relações sexuais com uma alemã. Em janeiro de 1943, diretrizes do Ministério da Justiça alertavam mulheres germânicas que entravam num relacionamento sexual com prisioneiros de guerra inimigos que elas "traíram o front, causaram danos graves à honra de sua nação". Se consideradas culpadas, elas perdiam seus direitos civis e podiam enfrentar uma sentença de prisão.¹⁶⁰

Mas na ampla área de ocupação germânica no Leste havia muito mais oportunidades para crimes sexuais, embora haja poucos indícios de estupro coletivo. Soldados e seguranças alemães usavam a desculpa de procurar insurgentes para molestar mulheres que prendiam ou revistavam; a tortura sexual era usada sem escrúpulos. Os soldados tinham um ódio particular pelas atiradoras soviéticas, as chamadas *Flintenweiber*, esposas de espingardas. Quando apanhadas, elas enfrentavam a perspectiva de tortura sexual, mutilação genital e estupro. Às vezes, seus corpos podiam ser vistos com os braços e as pernas abertos na rua, vestidos apenas com suas jaquetas de uniforme, como um aviso para as mulheres não desafiarem os homens num mundo masculino.[161] O sistema judiciário militar investigou e puniu uma série de casos de estupro, em particular se envolvesse outras formas de violência gratuita ou assassinato, e em alguns casos impôs uma sentença pesada. Mas a maioria dos crimes sexuais rendia punição de dois meses a dois anos, grande parte do tempo gasta servindo num batalhão penal onde a distinção no serviço poderia render remissão. A prioridade maior era devolver os homens ao serviço ativo. O estupro não era designado como um "crime primário" e havia pouca simpatia pelas mulheres soviéticas, que careciam, de acordo com as visões germânicas da sociedade russa, de "integridade sexual". Anotações de casos de sobreviventes mostram que os homens condenados eram culpados não só de estupro, mas de abandono do dever ou comportamento antissocial que refletiam mal nas Forças Armadas e minavam os esforços para pacificar a vasta região oriental: eles "prejudicavam os interesses das Forças Armadas alemãs", "prejudicavam a reputação das Forças Armadas", minavam o "trabalho de pacificação", e assim por diante. Esses soldados "associais" recebiam penas muito mais pesadas.[162] Aqui, como em outros lugares, o crime sexual era deplorado por seu impacto na reputação das Forças Armadas masculinas na zona ocupada, não pelo lapso moral do perpetrador ou pelo terror da vítima.

Em dois casos, o crime sexual foi generalizado e ficou impune porque as instituições militares envolvidas toleravam os excessos sexuais e faziam pouco esforço para contê-los. Embora o estupro violasse o código militar japonês, era designado como uma subcategoria no código de conduta, e apenas 28 soldados foram condenados durante o conflito por tribunais militares, e outros 495 pelos tribunais criminais nacionais.[163] No campo, os soldados tiravam qualquer vantagem que pudessem da vulnerabilidade e impotência das mulheres cujo território ocupavam. Em Nanquim, estima-se que 20 mil foram violadas, mutiladas ou assassinadas, embora esse número não seja verificável. Quando reclamaram a um oficial japonês do estupro em massa de enfermeiras na cidade, ele retrucou que "elas deveriam se sentir honradas por serem estupradas por um oficial do Exército imperial japonês", numa frase que decerto não pretendia ser irônica.[164] O estupro se tornou uma característica endêmica da cultura militar japonesa durante o longo período do conflito, ajudado pela visão geral do alto-comando de que o sexo, mesmo sob condições de atrocidade descontrolada, ajudava a renovar o espírito de luta masculino. Como as tropas japonesas tinham acesso à maior organização de bordéis militares de qualquer Força Armada, a persistência do estupro em massa fora do sistema regular de "estações de conforto" sugere questões mais fundamentais sobre as atitudes nipônicas da época em relação às mulheres, e às inimigas em particular, que eram tratadas apenas como objetos de gratificação cruel, em vez de seres humanos. Uma vez que era tão difundido, o estupro não era evidentemente considerado um crime em nenhum sentido convencional. Os soldados japoneses foram ensinados a agir num universo moral fechado de lealdade coletiva ao imperador, no qual não existia respeito pela humanidade daqueles fora dessa ordem.

O estupro em massa praticado pelos militares soviéticos foi diferente da experiência japonesa, em especial porque ficou em larga medida confinado a um ano de extrema violência sexual, quando o Exército Vermelho entrou na Europa Oriental e na Alemanha, durante a investida final pela vitória. Embora também fosse um crime presente no código militar soviético, raramente era usado como acusação contra soldados que violavam o inimigo. O crime sexual era tolerado no ápice da ditadura. Em 1945, quando o proeminente comunista iugoslavo Milovan Djilas se queixou para Stálin do estupro de mulheres iugoslavas por soldados do Exército Vermelho, o dirigente soviético explicou que, depois de todos os horrores pelos quais as tropas haviam passado, "o que há de tão terrível em se divertir com uma mulher?".[165] O oficial russo Lev Kopelev, que tentou impedir que soldados estuprassem, foi acusado de "humanismo burguês" e "piedade pelo inimigo" e condenado a dez anos num campo de trabalho. Aqui também um universo moral fechado aplaudiu a crueldade com que o inimigo foi punido e absolveu da culpa os perpetradores. O estupro só era contido pelas autoridades militares por encorajar indisciplina e provocar hostilidade, mas não porque necessariamente o desaprovassem.[166] A propaganda do Exército Vermelho preparava o caminho para a violação que viria. "Quebrem com força a arrogância racial das mulheres alemãs!", exortou Ilya Ehrenburg. "Tomem-nas como espólios legítimos de guerra!"[167] Os homens do Exército Vermelho precisavam de pouca incitação. Os estupros começaram antes mesmo de eles chegarem à fronteira soviética, contra colaboradoras ou não russas que encontraram em seu caminho. Após a ocupação de Bucareste em 1944 e Budapeste no início de 1945, os soldados promoveram uma onda de violência sexual pelas cidades, alimentados por qualquer suprimento de bebida alcoólica que pudessem encontrar. Na Hungria, estima-se que 50 mil mulheres e meninas foram estupradas, embora durante anos após a guerra o regime comunista de Budapeste insistisse que o Exército Vermelho havia sido um modelo de libertadores e que o sexo teria sido consensual.[168] Em toda a Prússia Oriental e em Berlim, mulheres e meninas de todas as idades foram estupradas em grupo, às vezes mutiladas e assassinadas se resistissem, às vezes torturadas e mutiladas por diversão. "Não havia mulheres suficientes", lembrou um veterano, "encontramos mulheres muito jovens. Doze ou treze anos de idade. [...] Se chorasse, nós a espancávamos, enfiávamos algo em sua boca. Era doloroso para ela, mas engraçado para nós."[169] Os soldados do Exército Vermelho também eram movidos por um ódio cru pelo inimigo e viam as mulheres não apenas como um objeto para satisfazer a luxúria reprimida, mas como uma forma de estampar sua conquista nos corpos e no corpo das nações que haviam violado a sociedade soviética. O estupro era também uma maneira de contestar as falsas reivindicações alemãs de superioridade racial. A violência era incontrolável e indiscriminada, direcionada em muitos casos a mulheres refugiadas, que ficavam mais vulneráveis longe de suas comunidades de origem. Até mesmo as prisioneiras encontradas em campos não estavam imunes, tampouco as várias mulheres judias que haviam conseguido se esconder durante os anos de perseguição e que, ao emergir de seus esconderijos, eram estupradas por seus libertadores.

Os anos de guerra expuseram as mulheres judias a um duplo perigo, como vítimas tanto de perseguição racial quanto de abuso sexual. Embora as leis germânicas sobre profanação racial tenham sido promulgadas de início especificamente para proibir relações sexuais entre alemães e judeus, houve poucos casos em que soldados, ss ou policiais foram punidos por desrespeitá-las. Henryk Szoszkies, um dos líderes da comunidade judaica em Varsóvia, foi informado por um oficial alemão que tentava recrutar jovens judias para um bordel militar: "Não deixe que as leis raciais o incomodem. Guerra é guerra e, nessa situação, todas as teorias morrem".[170] Como o abuso sexual de mulheres judias era considerado transgressivo, muitas das provas desapareceram. No Leste, era mais fácil esconder os abusos, e, como os judeus estavam destinados ao extermínio, muitas mulheres podiam ser estupradas antes de serem mortas, como o estupro coletivo e assassinato de duas meninas judias por sete soldados testemunhados perto da ravina, em Babi Yar, nos arredores de Kiev.[171] Algumas vezes mulheres judias eram mantidas como concubinas por oficiais da ss e, mais tarde, mortas ou enviadas para os campos; nos guetos judeus, há registros de homens e soldados da ss em incursões de saque com o objetivo de encontrar meninas para estuprar; algumas mulheres eram enviadas para bordéis do Exército para prostituição forçada, com sua identidade racial escondida das autoridades militares; judias escondidas podiam ser ameaçadas por seus protetores masculinos.[172]

Uma vez que os judeus eram definidos como vítimas fora do escopo da justiça normativa, não havia reparação por estupro e abuso. Seu isolamento e perseguição os tornavam um alvo fácil também para não germânicos, fossem milícias e guardas ucranianos trabalhando para os alemães durante o Holocausto ou antissemitas locais nas áreas "libertadas" dos Estados bálticos. Na Romênia, o Exército e a polícia se envolveram em violência sexual em massa contra comunidades judaicas após a invasão e reocupação da Bessarábia e da Bucóvina do Norte e as deportações de judeus romenos para a Transnístria. Soldados romenos vagavam por ruas e mercados dos guetos sequestrando mulheres jovens para as bases militares locais. No verão de 1942, um grupo de meninas do gueto de Bershad foi capturado e forçado a passar "pelas fileiras" no quartel, onde teriam sido estupradas até a morte.[173] Muitos testemunhos do pós-guerra sobre o estupro de mulheres judias se concentraram nos campos, onde elas estavam totalmente isoladas e indefesas e eram vítimas de violência sexual aleatória e degradante. Nesse mundo crepuscular aterrorizante de crimes sexuais baseados na raça, as mulheres judias foram forçadas a suportar sua dupla vitimização.

CRIME E CASTIGO

A esmagadora maioria de todos os crimes de guerra cometidos ficou impune e em geral não foi registrada, exceto pelo depoimento de testemunhas oculares sobreviventes. Nem todos os militares cometeram algum tipo de crime. Um cálculo aproximado de crimes de guerra atribuídos a soldados americanos no teatro do Pacífico sugeriu que não mais do que 5% foram criminosos; numa pesquisa feita durante o conflito, apenas 13% dos militares dos Estados Unidos admitiram ter testemunhado crimes, embora 45% tivessem ouvido falar deles.[174] Em Forças Armadas de grande porte, até 5% teriam cometido um total global de talvez 5 milhões de crimes, da violência irregular no campo de batalha a saques, estupros, execuções em massa e assassinatos. Apenas a polícia e as forças de segurança designadas para os teatros militares na Rússia e na Ásia cometeram atrocidades regulares, em especial em seu papel na "matança selvagem" de judeus na Europa Oriental e na Rússia e no contexto de operações selvagens de contrainsurgência. Em nenhum dos casos, elas teriam considerado suas próprias atividades como criminosas.

A atitude do militar comum em relação ao crime variava muito, indo de forte desaprovação à aceitação cínica de que os atritos da guerra total o tornavam inevitável; no outro extremo do espectro estava a recusa em aceitar que o que havia sido feito pudesse ser definido de forma inequívoca como criminoso. Relatos de memórias sobre a brutalidade excessiva em tempos de guerra costumavam culpar as condições do conflito pelo efeito distorcido na natureza humana. "Quão baixo os seres humanos podem chegar quando você tira a coleira deles", escreveu William Wharton.[175] Em muitos casos, os criminosos podiam justificar suas ações como se fossem a consequência de uma compulsão externa abstrata que fazia a escolha moral individual desaparecer. Num diário publicado mais tarde, Azuma Shiro escreveu sobre o assassinato de 7 mil prisioneiros chineses e admitiu que não conseguia pensar no crime como "desumano ou horrível". "No campo de batalha", continuou ele, "a vida não tem mais valor do que um punhado de arroz. Nossas vidas são descartadas numa grande lata de lixo chamada guerra."[176]

No assassinato de judeus na Europa Oriental, a ênfase nos muitos locais em que o crime era praticado face a face estava em manter um senso de ordem na coreografia da matança, até mesmo ao ponto de emitir instruções para o tamanho preciso das valas nas quais as vítimas deveriam ser enterradas e insistir que os judeus aguardassem sua execução em uma fila organizada.[177] Um policial que acompanhava uma coluna de judeus do gueto de Riga até o local da matança, quando foi questionado sobre o motivo de fuzilar idosos ou enfermos durante o caminho, respondeu: "Estamos agindo em total conformidade com as instruções que recebemos. Devemos aderir estritamente ao cronograma para levar a coluna ao seu local designado; portanto, estamos eliminando das fileiras todos que possam diminuir o ritmo".[178] A ordem e as ordens ditavam o senso de obrigação dos criminosos e nublavam a necessidade de respeitar a humanidade das vítimas. "Mas alguém precisa fazer isso", respondeu um policial no Leste ao perguntarem o motivo daquilo. "Ordens são ordens."[179] Esse deslocamento da ação individual também ficou evidente no combate de bombardeio. A tripulação aérea, fosse alemã, britânica ou americana, não se via como agentes de matança em massa de civis (embora fosse esse o resultado), mas como militares cujo trabalho era levar bombas da base para o alvo conforme ordenado, evitar a ameaça de fogo antiaéreo e aeronaves hostis, lançar as bombas e voltar para casa. Quase nenhuma das memórias da tripulação de bombardeiros aborda algum senso de lapso moral na violação da imunidade civil, mas revelam o poderoso compromisso moral que os membros da tripulação tinham uns com os outros e a prioridade de sua própria sobrevivência.

Os milhões de perpetradores de crimes, grandes ou pequenos, não eram sádicos profissionais ou psicopatas, mas eram em geral homens normais (e algumas mulheres) que não teriam pensado em roubar, estuprar ou assassinar em suas próprias comunidades. Eles não eram exatamente "homens comuns", como Christopher Browning afirmou em um livro inovador sobre crimes genocidas na Europa Oriental, porque eram soldados e pessoal de segurança, selecionados e treinados para matar o inimigo, combater a insurgência de modo implacável ou obedecer a ordens de exterminar qualquer ameaça possível à raça. Alguns entre os milhões de militares e policiais tinham claras tendências psicopatas, como poderiam ter tido na vida civil, embora as organizações militares em geral tentassem eliminar qualquer pessoa de suas fileiras que fosse manifestamente insana. A mudança nos "homens normais" era provocada pelas circunstâncias excepcionais em que se encontravam, em que a bússola moral que ditava o comportamento em casa estava presente de modo fraco ou totalmente ausente. No deserto moral do combate na Ásia e no Pacífico ou na Europa Oriental, os perpetradores se acostumaram a um mundo distorcido de violência extrema, em que as restrições normais ao comportamento sádico ou à matança foram revertidas; tal comportamento se tornou um objeto de aprovação, até mesmo entretenimento no que um historiador chamou de "turismo de execução".[180] Nesses ambientes estrangeiros, a brutalização era um processo cumulativo, em que cada ato impune empurrava o limite do que era permitido ainda mais para a frente. No final de sua carreira assassina no front oriental, um policial alemão disse à esposa que "ele podia fuzilar um judeu enquanto comia um sanduíche".

A ausência de uma bússola moral segura fez com que poucos criminosos expressassem muito arrependimento na época ou depois. Muitas das atrocidades foram atos coletivos, nos quais a responsabilidade era distribuída pelo grupo, libertando os indivíduos do fardo usual da culpa. Os crimes de campo de batalha, em particular, forneciam uma espécie de justiça bruta na ausência de qualquer policiamento formal. Um capitão de submarino americano afirmou mais tarde, ao ser perguntado se tinha escrúpulos de consciência em relação a todos os marinheiros e soldados que abandonara na água: "Na verdade não, eu considerava um grande privilégio matar aqueles canalhas".[181] Entre os muitos depoimentos de policiais que assassinaram judeus no Leste coletados para julgamentos na década de 1960, qualquer senso de fracasso moral é reservado não para as vítimas, mas para os momentos em que eles decepcionaram seus companheiros ou falharam em seu dever.[182] Em um depoimento oral tomado de uma ampla seleção de tripulantes de bombardeiros sobreviventes da RAF na década de 1990, apenas um admitiu lamentar ter se comportado "como um terrorista" ao lançar bombas em civis.[183] Em todos esses casos, a ideia de criminalidade estava amplamente ausente das reflexões do pós-guerra. Durante o conflito, a criminalidade era projetada na comunidade de vítimas como um objeto de profundo ressentimento. A insurgência era considerada ilegal e, portanto, a punição severa imposta era moralmente justificada; os judeus foram definidos na visão de mundo nacional-socialista como conspiradores empenhados em destruir o povo alemão, e seu crime justificava a natureza extrema da reação germânica; até mesmo o crime sexual poderia ser apresentado como algo que as mulheres mereciam, e não como uma violência imerecida infligida a elas.

A perpetração de crimes e atrocidades não seguiu nenhum padrão universal. Foi menor em escala e intensidade na Europa Ocidental e setentrional, onde a estrutura estatal e o sistema de justiça permaneceram em vigor durante a ocupação, e os crimes foram observados e relatados com mais facilidade. Os teatros mais atrozes, onde crimes de guerra no campo de batalha, raciais e sexuais se sobrepuseram em grande escala, foram áreas onde as estruturas estatais eram fracas ou foram derrubadas com a invasão e a ocupação, onde houve deslocamento de populações em larga escala, como refugiados ou deportados, e onde a justiça normativa era difícil de manter ou estava ausente. Nessas circunstâncias excepcionais, as comunidades locais eram extremamente vulneráveis ao serem invadidas por forças armadas inimigas. A grande escala das campanhas fazia com que a polícia militar e as autoridades judiciais não fossem capazes de conter toda a incidência de crimes. No entanto, o fator que tornava o comportamento das forças militares e de segurança na Ásia e na Europa Oriental particularmente tóxico não era a ausência de contenção, embora isso tenha desempenhado um papel, mas a ativa direção, aprovação ou tolerância à violência da liderança militar e política. As "ordens criminais" germânicas, a estratégia japonesa de "pegar tudo, matar tudo, queimar tudo", a ordem dada por Stálin ao Exército Vermelho em novembro de 1941 para igualar a violência alemã com sua própria "guerra de extermínio", tudo contribuiu para a degeneração dos costumes e das leis da guerra. Por sua vez, a selvageria de um lado provocou, como aconteceu com os soldados americanos, uma selvageria reativa que foi amplamente tolerada pelos comandantes em campo. "Eu não considerava os soldados que enfrentamos pessoas", lembrou um veterano da Divisão Americana em Guadalcanal. "Eles torturavam [...] prisioneiros e mutilavam nossos mortos e feridos. Pensávamos neles como a forma mais baixa de vida."[184] Nesses teatros atrozes, as vítimas dos crimes eram de fato desumanizadas. O mesmo autor do diário que escreveu sobre o assassinato de prisioneiros chineses os descreveu como "uma matilha de bestas", cujo status como inimigo humano era "impensável".[185] O almirante William Halsey pensava que os japoneses eram "como animais. [...] Eles vão para a selva como se tivessem sido criados lá e, como alguns animais selvagens, você nunca os vê até que estejam mortos".[186] Até mesmo o combate de bombardeios mascarava o alvo humano com uma linguagem eufemística. Quando solicitado pelo secretário-geral do Conselho Federal das Igrejas de Cristo a justificar o lançamento de bombas atômicas, o presidente Truman deu a famosa resposta: "Ao lidar com um animal, você tem de tratá-lo como tal".[187]

A maioria dos perpetradores de crimes e atrocidades que sobreviveram à guerra evitou qualquer punição. A vitória dos Aliados em 1945 ignorou quaisquer alegações que pudessem ter sido feitas contra as forças aliadas, deixando apenas o punhado de soldados capturados e condenados por crimes graves na prisão. Na União Soviética, a justiça foi aplicada a críticos dos crimes soviéticos ou prisioneiros de guerra que retornavam acusados de covardia ou de colaboração com o inimigo, mas não a um perpetrador. Muitos dos culpados de crimes de guerra e contra a humanidade do lado do Eixo estavam mortos no final do conflito, tornando em muitos casos redundante a tarefa de rastrear e indiciar criminosos conhecidos. A maioria dos perpetradores sobreviventes se fundiu de volta à sociedade civil, mais uma vez dentro da estrutura convencional de justiça normativa e contenção moral, deixando para trás seus saques, estupros ou assassinatos. Demorou vinte anos para que as autoridades judiciais federais alemãs começassem a prender e processar as centenas de policiais da reserva que participaram do assassinato em massa de judeus na Polônia e na Rússia, mas suas curtas sentenças desmentiam a realidade de que muitos ajudaram a assassinar dezenas de milhares de homens, mulheres e crianças. No Japão, pouco esforço foi feito para indiciar qualquer soldado ou marinheiro por crimes de guerra, embora as autoridades policiais tivessem de cooperar com a caçada aliada a militares considerados criminosos pelos vencedores. Após 1945, a sociedade japonesa continuou durante anos a presumir que as ações dos militares eram justificadas a serviço do ideal imperial e, portanto, não podiam ser consideradas crimes. Um oficial que escreveu depois do fim da guerra deplorou a moda ocidental de chamar os massacres dos quais participou de "atrocidades": "Em tempos de paz, esses atos seriam totalmente impensáveis e desumanos, mas no estranho ambiente do campo de batalha, eles são fáceis".[188]

De todo modo, os Aliados queriam usar sua vitória para sublinhar a maldade de seus antigos inimigos. Em vez de encontrar os muitos milhões que participaram de crimes, eles se concentraram em comandantes de alto e médio escalão que poderiam ser responsabilizados pelo que as forças sob seu comando cometeram no campo. Que indivíduos, em vez de Estados ou instituições abstratas, fossem processados pelo direito internacional foi em si uma inovação notável. Houve, no entanto, grandes dificuldades no caso de crimes de guerra e contra a humanidade, porque a Convenção de Haia de 1907 não definiu de modo explícito os atos que proscrevia como criminosos, mas apenas como violações de guerra que as potências signatárias concordaram em evitar. Essas limitações no tratamento de prisioneiros de guerra e na pilhagem (Artigos 22, 23 e 28) foram usadas como ponto de partida para discutir crimes de guerra, mas os Tribunais Militares Internacionais (TMI) criados para julgar os principais criminosos na Alemanha e no Japão tiveram de definir suas ações como tal. Juristas aliados argumentaram que existia um entendimento comum e costumeiro da violação das leis de guerra e que os tribunais militares convencionais tratavam de modo direto tais violações como criminosas sem fazer referência à Convenção.[189] A Carta de Londres, convencionada entre os principais Aliados em 1944, definia de forma retrospectiva os crimes de guerra no Artigo 6 (b) para que os tribunais tivessem algo com que acusar os réus. A definição geral continuava a ser "violações dos costumes e usos da guerra", mas isso deveria incluir, embora não se limitasse a, "assassinato, maus-tratos ou deportação para trabalho escravo" de uma população civil sob ocupação, assassinato ou maus-tratos de prisioneiros de guerra ou "pessoas no mar", matança de reféns, saque de propriedade privada e pública, destruição gratuita de cidades, vilas ou aldeias ou qualquer outra devastação não justificada pela necessidade militar. Tratava-se de um passo ousado, já que o governo e as forças soviéticos no campo também se haviam entregado em algum momento a muitas das violações da lista, enquanto os ataques atômicos ainda por vir estenderiam a ideia de necessidade militar além de qualquer limite legal. Quando a Carta do TMI para o Extremo Oriente foi anunciada em 1946, a complexidade da definição foi contornada na cláusula 5 (b) "Crimes de Guerra Convencionais" ao publicar apenas o princípio geral de abertura: "Violações dos costumes e usos da guerra". Nessa fase, a ideia de "crimes contra a humanidade", que incluía todas as formas grosseiras de perseguição racial e política, "assassinato, extermínio, escravidão, deportações", foi separada dos crimes de guerra convencionais na acusação final apresentada ao tribunal europeu para garantir que todos os aspectos das consequências atrozes do conflito fossem criminalizados, e o tribunal de Tóquio adotou a mesma distinção.[190]

Essas definições foram utilizadas em muitos julgamentos da época ou realizados mais tarde na Ásia e na Europa para processar criminosos conhecidos entre os comandantes militares, homens de segurança e policiais que ordenaram ou organizaram crimes de guerra. Na Ásia, houve tribunais adicionais em Yokohama, Manila, Luzon, Nanquim, Guangzhou e outras cidades, nas quais 5600 indivíduos foram levados a julgamento, 4400 foram condenados e 920 executados. O governo francês criou um Tribunal Militar Permanente em Saigon para perseguir soldados japoneses que assassinaram militares e civis franceses nos últimos seis meses do conflito, mas foi a morte de cidadãos franceses que preocupou o tribunal, em vez das atrocidades persistentes e generalizadas cometidas contra a população não branca da Indochina. Ao longo de quatro anos, os franceses julgaram 230 réus e condenaram 63 à morte, inclusive 37 à revelia, uma indicação de como era difícil rastrear e extraditar os acusados. No final da década de 1940, as autoridades francesas perderam o interesse em perseguir crimes de guerra, e criminosos conhecidos e proeminentes foram recrutados para servir aos interesses franceses no conflito contra o Viet Minh [Liga para a Independência do Vietnã].[191] Aproximadamente o mesmo número agregado foi julgado na Europa, onde houve dificuldades semelhantes para rastrear réus conhecidos e identificados, alguns dos quais haviam fugido para o exterior, enquanto outros viviam agora na Europa ocupada pelos soviéticos, onde seu destino ou paradeiro eram incertos. Nos julgamentos subsequentes do TMI na Alemanha, conduzidos por uma equipe de promotoria americana, 177 foram julgados, 142 condenados e 25 executados. Os outros países europeus realizaram seus próprios julgamentos de criminosos de guerra acusados de violações contra militares ou civis: os tribunais militares britânicos condenaram setecentos e sentenciaram 230 à morte; Os tribunais franceses julgaram 2100, condenaram 1700 e executaram 104. A soma de todos os julgamentos de crimes de guerra realizados entre 1947 e 1953 resultou num total de 5025 acusados condenados e um décimo sentenciado à morte.[192] Nessa fase, as penas de morte costumavam ser comutadas para penas modestas de prisão, enquanto outros culpados de crimes graves encontravam estratégias para evitar o indiciamento ou eram tratados com leniência pelos tribunais. Quando o tenente Fischer foi enfim preso e julgado em 1964 pelos assassinatos em Peregruznoe, o tribunal decidiu, contra todas as evidências, que ele não havia cometido assassinato conforme definido no Código Penal federal alemão, porque seus atos não foram deliberadamente cruéis, não foram produto de motivos básicos e não exibiram nenhuma das "características repreensíveis que distinguem assassinatos deliberados e ilegais".[193]

O esforço dos Aliados para definir crimes de guerra no direito internacional foi formalizado na Cláusula 6 da Carta das Nações Unidas, na qual os chamados "Princípios de Nuremberg" foram consagrados, definindo os crimes contra a paz, de guerra e contra a humanidade. Os princípios foram endossados pela Assembleia da ONU de 14 de dezembro de 1946. No mesmo mês, a Resolução 96 (1) definiu genocídio como crime de acordo com o direito internacional, e dois anos depois foi publicada a Convenção sobre Genocídio. Em 1949, novas Convenções de Genebra foram decididas: Convenção n. III, "Relativa ao tratamento de prisioneiros de guerra", e Convenção n. IV, "Relativa à proteção de pessoas civis em tempo de guerra". Protocolos adicionais foram acrescentados em 1977, quando pela primeira vez foi concedida uma proteção mais explícita às potenciais vítimas de futuros bombardeios. Com a quarta convenção de 1949, as mulheres receberam pela primeira vez o reconhecimento internacional específico de que ataques "à sua honra" eram ilegais; a estipulação incluía estupro, embora ainda fosse tratado como uma violação moral em vez de um ato de extrema violência física e psicológica. Apenas nos Protocolos Adicionais de 1977 à Convenção de Genebra I e II a ideia de "honra" foi substituída por "ultrajes à dignidade pessoal", incluindo estupro, prostituição forçada e qualquer outra forma de agressão indecente.[194] O foco específico na violência dirigida às mulheres foi consagrado na Declaração das Nações Unidas sobre a Eliminação da Violência contra as Mulheres, publicada em 1993, mas não era juridicamente vinculativa. O abuso sexual como crime de guerra foi processado pela primeira vez apenas na década de 1990 nos tribunais especiais para a ex-Iugoslávia e Ruanda.

Permanece uma questão de especulação se acordos mais sólidos sobre as leis da guerra ou um corpo acordado de direito internacional humanitário poderiam ter limitado os crimes e as atrocidades da Segunda Guerra Mundial, uma vez que falharam em fazê-lo na maioria dos conflitos que ocorreram depois. Parece improvável, uma vez que mesmo onde as Convenções de Genebra ou Haia existentes eram conhecidas e entendidas elas não tinham força de lei. Quando um oficial japonês ferido foi capturado em Okinawa, ele informou seus captores que, pela Convenção de Genebra, ele tinha o direito de ser levado a um hospital e receber tratamento médico. "Mije nas calças, seu idiota", foi a resposta, e ele foi fuzilado onde estava.[195] A criminalidade generalizada da Segunda Guerra Mundial refletiu a vasta escala e a ferocidade e determinação com que foi travada. Acima de tudo, refletiu a diversidade de diferentes formas de conflito e violência, desde encontros selvagens no campo de batalha até contrainsurgência, guerras civis, pacificação colonial, genocídio e crime sexual, cada um dos quais gerou formas distintas de atrocidade e um amplo espectro de vítimas infelizes.

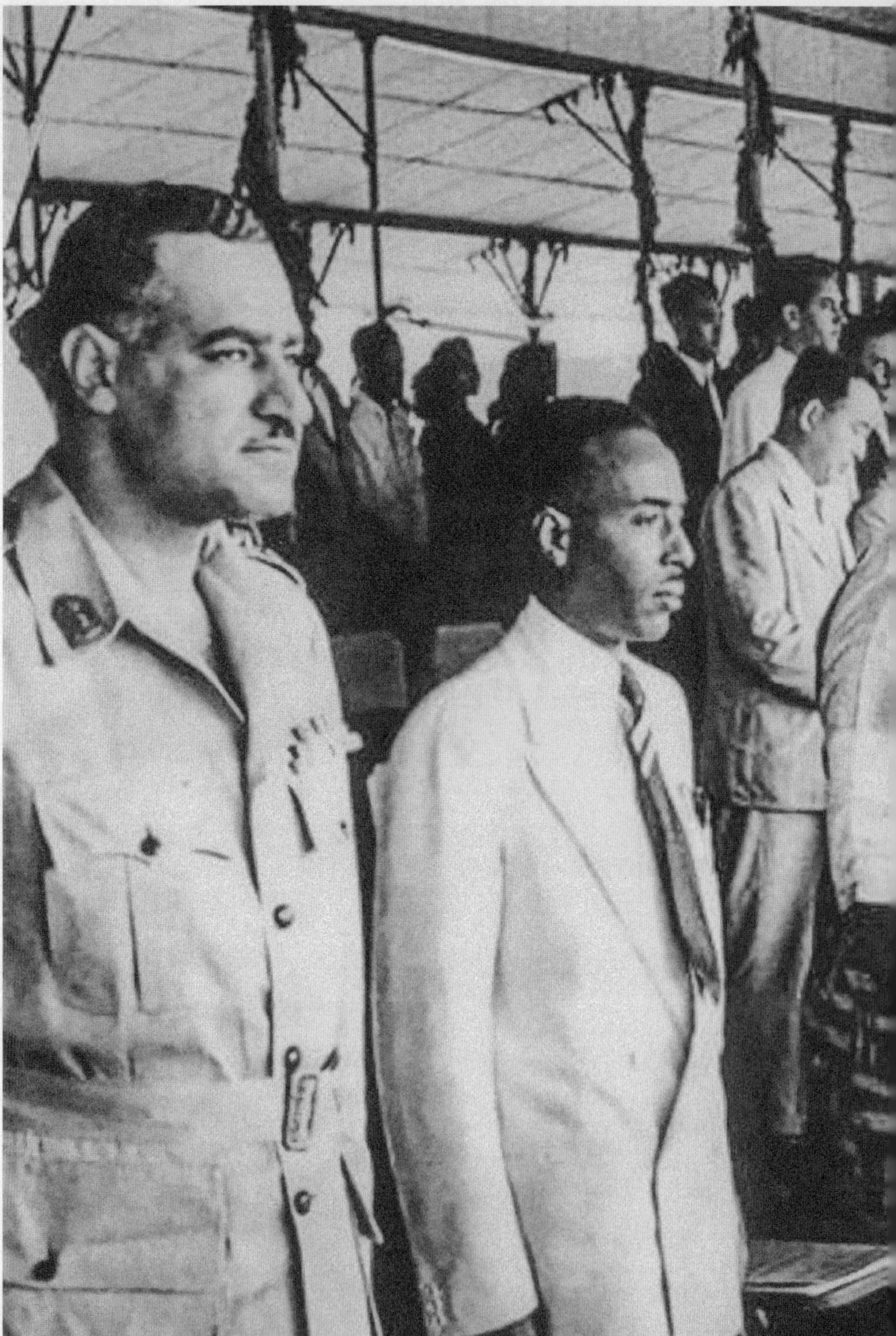

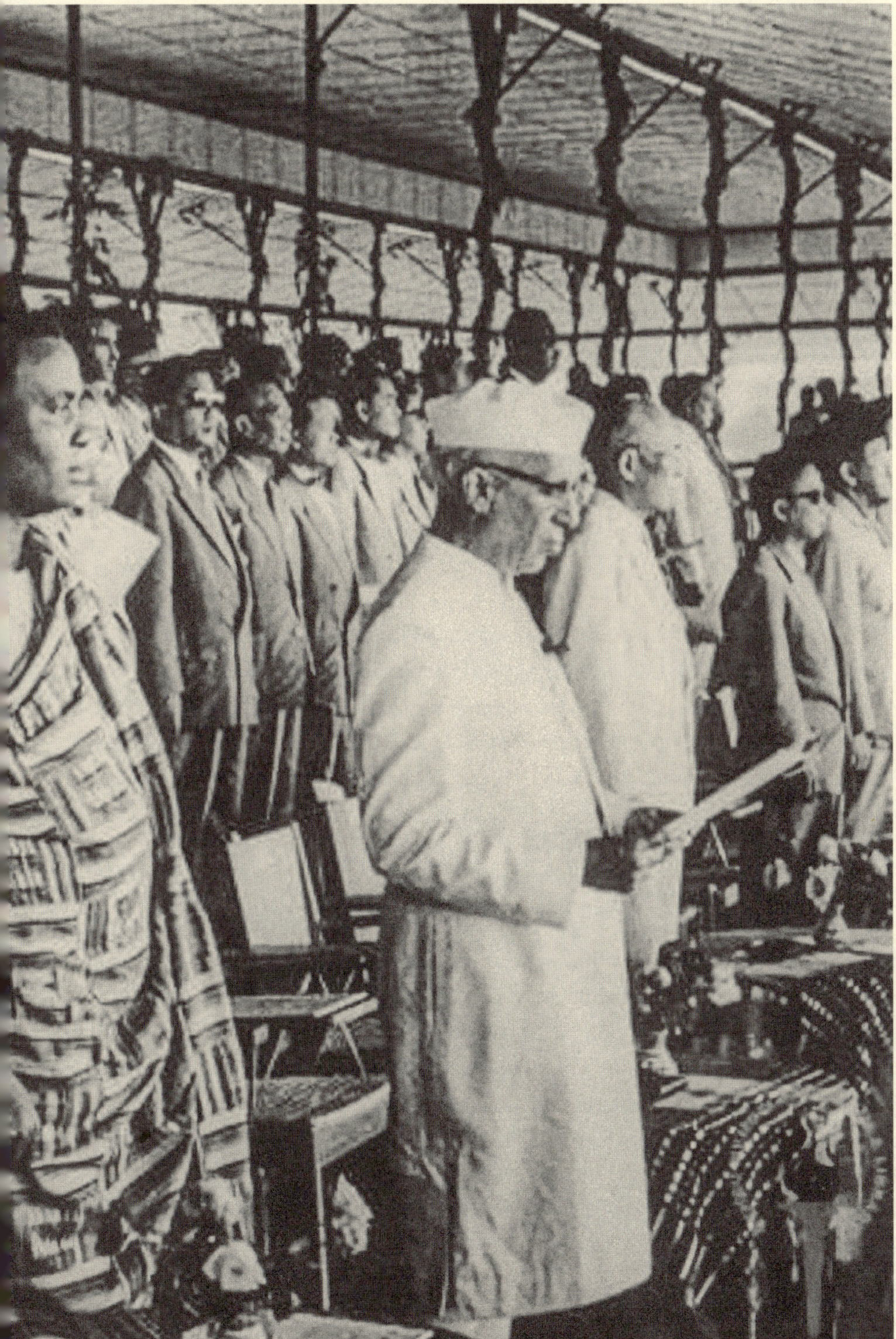

11. De impérios a nações: Uma era mundial diferente

> *A antiga ordem está se desintegrando, e uma nova está surgindo em seu lugar. Em todo o mundo, os alicerces da velha sociedade em que um grupo de pessoas cavalgava alegremente nas costas dos outros estão sendo destruídos. Os povos oprimidos da Terra estão se voltando em sua miséria e degradação e estão revidando [...]. O imperialismo não liquida a si mesmo.*
> Amanke Okafor, Nigeria: Why We Fight for Freedom, 1949[1]

Quatro anos depois do fim da guerra, o comunista e estudante de direito nigeriano George Amanke Okafor, com suas atividades monitoradas de perto pelo serviço de segurança britânico, escreveu e publicou um panfleto em Londres defendendo a independência africana da dominação colonial europeia.[2] O ativista pelos direitos civis e cantor americano Paul Robeson acrescentou um prefácio que endossava o movimento em toda a África para "sacudir os grilhões do colonialismo". A derrota e liquidação dos impérios italiano, japonês e alemão em 1945 provocaram uma rejeição popular generalizada do imperialismo ainda praticado pelos vencedores britânicos e franceses, e pelos belgas e holandeses libertados. Apesar da vontade que as potências vencedoras tinham de se apegar ao domínio imperial que exercem sobre pessoas que ainda viviam, de acordo com o ministro trabalhista do pós-guerra lorde Pethick-Lawrence, "num estado de civilização primitiva", a consequência geopolítica mais significativa da guerra foi colapsar em menos de duas décadas todo o projeto imperial europeu e fazer surgir um mundo de Estados-nação. Em 1960, a Nigéria, a maior possessão colonial remanescente da Grã-Bretanha, ganhou a independência, restaurando, nas palavras de Okafor, "a dignidade dos povos africanos".[3]

A história dos anos imediatamente posteriores à guerra foi dominada pela vasta crise humanitária gerada pelo conflito, pelo desenvolvimento de um sistema global renovado de colaboração econômica e cooperação internacional, dominado pelo Ocidente e, acima de tudo, pelo início da Guerra Fria entre os antigos aliados da Segunda Guerra Mundial. Menos atenção foi dada ao fim do imperialismo, mas o desmantelamento dos impérios, antigos e novos, foi o contexto que moldou a crise humanitária, o novo internacionalismo e a emergente Guerra Fria. A derrota e o desaparecimento dos impérios do Eixo foram logo seguidos pelos últimos suspiros dos impérios mais antigos que o Eixo havia buscado suplantar. Na Ásia, no Oriente Médio e na África, a estrutura geopolítica foi alterada de maneira radical com a retirada das potências europeias e do Japão, para ser substituída por uma geografia política que persistiu até o século XXI.

FINAIS DE IMPÉRIOS

A derrota e a rendição da Alemanha e do Japão em 1945, e a rendição anterior da Itália em 1943, levaram ao fim repentino e dramático dos catorze anos da construção violenta de impérios iniciada em 1931 com a invasão da Manchúria. Em nenhum dos três países do Eixo os círculos que haviam apoiado o novo imperialismo tentaram reanimá-lo ou procuraram sustentar o nacionalismo radical que o havia alimentado. A destruição dos três impérios expôs o rastro de enorme custo humano que esse imperialismo havia deixado, custo que agora era arcado pelas grandes populações de alemães, japoneses e italianos encalhadas no que havia sido por um breve período território colonial ou imperial. A destruição dos novos impérios havia sido um objetivo central do que veio a ser chamado, a partir de janeiro de 1942, de "Nações Unidas", termo que Roosevelt imaginou durante a visita de Churchill a Washington no final de dezembro de 1941, mas que logo passou a definir os Aliados como um todo.[4] Nas discussões sobre a rendição do Eixo, presumiu-se que a Alemanha (e seus aliados europeus Romênia, Bulgária e Hungria) teria de abandonar todos os seus ganhos territoriais; que a Itália perderia suas colônias na África e os territórios apreendidos na Europa; e que o Japão perderia todas as colônias, mandatos e protetorados ocupados no Leste Asiático e no Pacífico. Os três seriam confinados às suas fronteiras nacionais, conforme definidas pelos vencedores. Eles seriam nações, não mais "nações-império".

A reconstrução nacional mais radical ocorreu na Alemanha. Os Aliados não queriam apenas restringir a Alemanha ao território definido após o Tratado de Versalhes de 1919, como, depois do acordo com Stálin na Conferência de Ialta, a Polônia deveria ser compensada pela perda dos territórios orientais ocupados pela União Soviética em setembro de 1939 com uma grande fatia da Alemanha Oriental. Os três principais Aliados também concordaram que o que restasse da Alemanha seria dividido entre eles em três zonas de governo militar, deixando indefinida a constituição final de uma nova nação germânica; após pressão do governo provisório francês em 1944, a França também recebeu uma pequena zona de ocupação no sul. Houve até sugestões em Londres de que a Alemanha fosse transformada temporariamente num domínio britânico enquanto os alemães aprendiam lições de democracia.[5] No final, as potências ocupantes não conseguiram chegar a um acordo sobre um futuro unido germânico e, em 1949, criaram duas nações separadas: a República Democrática Alemã, na zona soviética, e a República Federal da Alemanha, construída a partir da união das três zonas ocidentais. A situação era mais simples no Japão. Havia apenas uma autoridade de ocupação, o comandante supremo aliado Douglas MacArthur. Coreia, Taiwan, Manchúria e as ilhas do mandato da Liga pré-guerra não eram mais japonesas. Okinawa, a maior das ilhas Ryūkyū, foi colocada sob administração americana até 1972. Num acordo entre os Estados Unidos e a União Soviética, a Coreia foi dividida no Paralelo 38, como havia ocorrido em 1904, quando o Japão e a Rússia delimitaram pela primeira vez as zonas de influência. As forças soviéticas ocuparam o norte e as forças americanas, o sul. Taiwan e Manchúria foram entregues à China de Chiang Kai-shek, com concessões à União Soviética na Manchúria, enquanto as ilhas do Pacífico ficaram com os Estados Unidos como territórios sob tutela das Nações Unidas.

O tratamento da Itália foi uma questão mais delicada porque de setembro de 1943 em diante ela foi cobeligerante com os Aliados e, em maio de 1945, tornou-se mais uma vez um país unido dentro das fronteiras de 1919. Após o fim do conflito, um impasse militar entre o Exército britânico e os partidários iugoslavos de Tito sobre o futuro do porto adriático de Trieste terminou com a cidade sendo devolvida à Itália; um segundo impasse com as forças francesas no Val d'Aosta, nos Alpes ocidentais, impediu a anexação francesa do território italiano.[6] As antigas colônias italianas estavam todas sob administração militar britânica, e a Etiópia havia sido restaurada como uma nação independente em 1941, com o imperador Haile Selassie sendo reintegrado. Havia um lobby nacionalista em Roma que esperava retomar algumas ou todas as antigas colônias como medida de prestígio num mundo renovado de impérios, mas a situação em 1945 era totalmente diferente da de 1919. A onda de sentimento anticolonial do pós-guerra significava que havia pouca simpatia internacional pelos esforços italianos, e o artigo 23 do Tratado de Paz assinado em fevereiro de 1947 descartou especificamente qualquer retorno a um papel imperial. Mas isso não resolvia as sérias discussões entre os antigos Aliados sobre o que fazer com as colônias perdidas pela Itália. Em julho de 1945, na Conferência de Potsdam, o governo soviético requisitou a tutela de pelo menos um território italiano. A Grã-Bretanha e os Estados Unidos não queriam uma base soviética na África e persistiram em recusar o envolvimento da URSS, atitude que acrescentou mais um prego no caixão de uma possível cooperação pós-guerra entre eles. Os Estados Unidos tampouco queriam uma solução que fortalecesse a posição imperial da Grã-Bretanha na África, e por isso rejeitaram as propostas para o Chifre da África e o futuro da Líbia, o que daria aos britânicos uma presença contínua na região.[7] No final, o fracasso em chegar a um acordo aceitável levou os Aliados a entregarem a questão às Nações Unidas. Em maio de 1949, a Assembleia Geral da ONU rejeitou tanto os esforços diplomáticos italianos para anular a decisão do tratado de paz quanto as esperanças britânicas de reorganizar a região de acordo com o seu interesse. A Líbia ganhou a independência, a Eritreia foi federada com a Etiópia, e, por fim, em dezembro de 1950, a Assembleia concordou em conceder à Itália a tutela das Nações Unidas sobre a Somália, a mais pobre e a menor das antigas colônias do país. Com as inúmeras dificuldades em encontrar fundos e pessoal para administrar a tutela diante do nacionalismo somali organizado, autoridades italianas prepararam o território tutelado para a independência, e o último vestígio do imperialismo da Itália foi extinto em 30 de junho de 1960.[8]

O fim do império do Eixo foi acompanhado por um êxodo, em parte voluntário, mas na maior parte coagido, de italianos, alemães e japoneses que ainda viviam nos territórios dos impérios agora extintos. A maioria não era de colonos recentes, mas comunidades estabelecidas havia muito tempo, datando de bem antes do início da expansão violenta na década de 1930 (no caso alemão, alguns tinham centenas de anos), mas foram penalizados como representativos dessas ambições imperiais, como alguns o eram.[9] Muitos emigrantes italianos já haviam retornado bem antes de 1945, inclusive 50 mil da Etiópia, mas na Somalilândia italiana havia mais de 4 mil, na Eritreia havia 37 mil e no leste da Líbia havia cerca de 45 mil, de modo que, no final da década de 1940, o total dos que retornaram à Itália atingiu mais de 200 mil. Outros 250 mil fugiram ou foram expulsos do breve império europeu da Itália na Ístria e na Dalmácia. Era difícil reintegrar os colonos à sociedade italiana; muitos foram colocados em campos de refugiados e só foram liberados no início da década de 1950.[10] Porém, esses números eram pequenos em comparação com os milhões de japoneses e alemães que foram desenraizados e devolvidos à pátria. Em agosto de 1945, quando a guerra terminou, estimou-se que havia 6,9 milhões de militares e civis japoneses espalhados na China, no Sudeste Asiático e no Pacífico. Os Aliados planejaram repatriar os militares, mas para os civis não havia uma política clara. Os Estados Unidos assumiram a liderança ao considerar que a deportação de civis japoneses era necessária, em parte para protegê-los da violência e em parte para sinalizar o fim do projeto imperial.[11] Muitos tinham raízes antigas nas colônias e perderam posses e riquezas quando foram ordenados a sair; o resto eram migrantes recentes na Manchúria e no norte da China, ou funcionários e empresários que administravam o império. A experiência dos repatriados ou deportados variou muito. Na Manchúria, a maioria era composta de mulheres e crianças que receberam pouca assistência, foram assediadas ou violadas pelas forças soviéticas e possuíam poucos meios de transporte ou acesso a alimentos. Sua provação foi a mais dura, abandonadas durante nove meses ou mais entre uma população hostil e a força de ocupação. Os 223 mil colonos camponeses começaram uma fuga para o leste quando o Exército Vermelho chegou, mas muitos, talvez a maioria, tiveram seus bens e alimentos roubados, deixando dezenas de milhares a mendigar ou roubar. Apenas 140 mil retornaram ao Japão; 78 500 morreram por causa de violência, doença ou fome.[12] A repatriação organizada do restante da população japonesa na Manchúria começou apenas no verão de 1946, quando mais de 1 milhão de civis foi transferido para campos no Japão. Nas regiões controladas pelos Estados Unidos e pela China, o programa de repatriação começou mais cedo e foi menos árduo do que na Manchúria, graças ao fornecimento de transporte marítimo americano, porém envolveu reassentamento compulsório e a perda de moradia e bens. Na metade da Coreia ocupada pelas forças americanas, a repatriação de tropas e civis japoneses foi declarada obrigatória em 17 de setembro de 1945, logo após a rendição, e o transporte para o Japão começou no mesmo mês; no entanto, muitos civis escolheram permanecer. Em março de 1946 eles receberam ordem de sair no início de abril ou enfrentar uma punição. A pequena quantia de dinheiro e posses que podiam levar foi prescrita pelo governo militar americano. Em Taiwan, os chineses nacionalistas deram um prazo igualmente curto, anunciando em março de 1946 que haveria deportação compulsória, a ser concluída até o final de abril. Em questão de semanas, 447 mil japoneses foram enviados para o Japão, abandonando seu passado colonial. Nas ilhas japonesas originais, começou um longo período de reajuste dos centros de repatriação para a vida civil regular. Os japoneses puseram uma barreira invisível entre eles e quem havia sido expulso, que era visto como símbolo do projeto imperial fracassado e seus custos sombrios.[13]

Na China continental, a deportação de civis, em especial em barcos americanos, começou em novembro de 1945 e foi em grande medida concluída no verão seguinte; por outro lado, várias unidades militares japonesas foram mantidas pelo governo chinês para garantir a ordem pública em Xangai e Beijing e combater os comunistas chineses insurgentes. A repatriação mais lenta ocorreu na área do Comando do Sudeste Asiático, do lorde Louis Mountbatten. As condições de vida dos soldados e civis japoneses eram deliberadamente precárias. Os cativos militares foram redefinidos como "Pessoal Militar Rendido" em vez de prisioneiros de guerra, para que as autoridades britânicas pudessem evitar os requisitos da Convenção de Genebra. Eles foram mantidos como trabalhadores forçados, e mesmo quando a maior parte das forças japonesas foi enfim repatriada, no verão de 1946, mais uma vez com o uso do transporte marítimo americano, 100 mil foram mantidos como trabalhadores até o início de 1949, desafiando a Convenção.[14] Os civis tiveram uma transição difícil. Muitos foram colocados em campos mal administrados com regimes de trabalho rigorosos. Um funcionário do governo japonês na Indonésia relembrou a rotina exaustiva no campo de prisioneiros britânico onde ficou, no qual prisioneiros seminus eram forçados a limpar pistas de pouso de bases aéreas com uma escova de arame sob sol forte e com pouca água ou comida; mais tarde, ele foi transferido para a ilha Galang, perto de Singapura, num campo isolado sem abrigo do sol, sem suprimento natural de água e uma ração de menos de meia xícara de arroz por dia. As condições melhoraram apenas depois de uma inspeção da Cruz Vermelha.[15]

De longe, o maior movimento de deportados e refugiados dos novos impérios envolveu os alemães, que se viram de forma involuntária como parte do novo Reich, à medida que ele se espalhava pela Europa central, oriental e sudeste, incluindo os habitantes germânicos de terras perdidas no Acordo de Versalhes, recuperadas após 1939 e que agora eram perdidas outra vez. O número de deslocados para a Alemanha ocupada é estimado entre 12 milhões e 14 milhões (números mais precisos estão além da recuperação histórica); eles vinham predominantemente da Tchecoslováquia e dos "Territórios Recuperados" poloneses no que havia sido a Alemanha Oriental, e que agora eram transferidos para a Polônia. Também houve expulsões para o território germânico da Romênia, da Iugoslávia e da Hungria, junto com um número desconhecido de alemães soviéticos do Volga que conseguiram fugir para o oeste com o exército germânico em retirada. O exército soviético deportou 140 mil alemães da Romênia e da Hungria na outra direção, para o leste, para campos dentro da União Soviética.[16] A maior parte dos expulsos eram mulheres, crianças e idosos; muitos homens aptos foram retidos pelas autoridades para servir de mão de obra para a recuperação econômica da região. Apesar da esperança aliada expressa em Potsdam de que as expulsões deveriam ser "ordenadas e humanas", a onda de violência vingativa que se seguiu à derrota germânica recaiu de forma indiscriminada sobre minorias alemãs com pouca ordem ou humanidade. As estimativas de mortes entre os expulsos variam bastante, de meio milhão a 2 milhões, mas não há dúvida de que centenas de milhares morreram de fome, hipotermia, doenças e assassinatos deliberados.[17] Os primeiros seis meses após o fim do conflito foram um período das chamadas "expulsões selvagens", quando as comunidades germânicas foram forçadas a cruzar marchando a fronteira para as quatro zonas de ocupação aliadas, ou foram amontoadas em trens insalubres com pouca comida ou roupas para viagens longas e debilitantes ao território germânico. Na primeira onda de desforra, a polícia e os soldados trataram os alemães como os judeus tinham sido tratados nas deportações para o Leste. Numa atrocidade cometida em junho de 1945, soldados tchecos forçaram 265 alemães dos Sudetos a saírem de um trem em Horní Moštěnice. O grupo, que incluía 120 mulheres e 74 crianças, foi forçado a cavar uma vala comum atrás da estação e depois foi fuzilado na nuca e jogado no fosso.[18] Em muitos casos, os expulsos recebiam apenas algumas horas de aviso, em outros apenas alguns minutos, e podiam levar pouca coisa com eles. Os vagões eram cheios para que os expulsos só conseguissem ficar de pé, esmagados uns contra os outros, e os trens eram enviados sem água ou comida a bordo; os mortos eram removidos nas estações ao longo do caminho. Alguns foram de início confinados em campos improvisados onde os homens faziam trabalho forçado em condições familiares a todos os campos de concentração — comida ruim, piolhos, tifo, brutalidades rotineiras.

Para os Aliados, as primeiras ondas de expulsão foram difíceis de lidar em zonas onde problemas de alimentação e reabilitação eram complicados para a população alemã existente. Houve ocasiões em que as autoridades de recepção recusaram a entrada. As autoridades americanas estavam preocupadas que eles estivessem conspirando com o que alguém chamou de "essas coisas terríveis e desumanas". Autoridades da Grã-Bretanha relataram a Londres as atrocidades rotineiras que testemunharam, mas a visão do Ministério das Relações Exteriores era evitar condenar tchecos ou poloneses para que os britânicos não ganhassem a reputação de "serem desnecessariamente moles com os alemães".[19] Por fim, os Aliados concordaram em impor alguma ordem nas expulsões. Em outubro de 1945, foi criado um Executivo de Repatriação Combinada, responsável pelo programa logístico de transferência de expulsos para a Alemanha e "pessoas deslocadas" de volta para seus países de origem, resultando num total de mais de 6 milhões de pessoas. Em novembro, anunciou-se um acordo do Conselho de Controle Aliado, alocando números de expulsos para cada zona (2,75 milhões para a zona soviética, 2,25 milhões para a americana, 1,5 milhão para a britânica e 150 mil para a francesa), e no ano seguinte as expulsões continuaram supervisionadas pelos Aliados. As condições continuavam precárias para os alemães deportados, apesar dos esforços para definir regulamentações sobre seu tratamento e sua transferência, mas as condições na Alemanha raramente eram melhores. Os Aliados não previram o vasto êxodo de alemães da Europa Central e Oriental, e eles foram instalados em campos improvisados, até mesmo antigos campos de concentração, com comida e bem-estar limitados e poucas perspectivas de emprego. Na zona soviética, havia 625 campos até o final de 1945; nas zonas ocidentais, milhares a mais. Como no Japão, a reintegração dos expulsos foi um processo longo e extenuante para a população residente, e muitos desconfiavam dos recém-chegados e desaprovavam o custo de mantê-los.[20]

Enquanto o fluxo de expulsos dos novos impérios se movia numa direção, milhões de homens, mulheres e crianças deslocados pela guerra como refugiados, órfãos, trabalhadores forçados ou prisioneiros seguiam na direção oposta, fosse para voltar para casa ou para buscar um novo lar no exterior. Essas vítimas da nova onda de construção de impérios somavam dezenas de milhões de pessoas, uma escala sem precedentes de deslocamento forçado. No Leste Asiático, o maior deslocamento ocorreu na China, onde o governo de Chiang Kai-shek estimou que 42 milhões tinham durante o conflito "fugido para outro lugar", para usar o termo oficial. As estimativas do pós-guerra referentes a toda a população de refugiados, incluindo aqueles que se mudaram mais de uma vez, sugerem que 95 milhões de pessoas, um quarto da população, tinham sido deslocados em algum momento durante o conflito. Das províncias ocupadas no norte e no leste, entre 35% e 44% da população se mudou. A maioria retornou da melhor forma possível às antigas áreas ocupadas, muitas vezes após meses de movimento adicional, mas menos de 2 milhões deles receberam ajuda estatal. Alguns abandonaram o esforço e continuaram deslocados de modo permanente. Os refugiados que voltavam encontravam as redes familiares rompidas e casas e posses tomadas por quem tinha ficado para trás, o que provocou um ressentimento crescente nas comunidades que não fugiram dos japoneses, mas, por implicação, colaboraram.[21] O retorno de trabalhadores forçados, tropas coloniais mobilizadas para as Forças Armadas japonesas e numerosas "mulheres de conforto" obrigadas a se prostituir era responsabilidade das autoridades de ocupação americanas e britânicas e ocorreu durante 1945, por meio de um programa de repatriação baseado numa estimativa aproximada da nacionalidade atribuída.

No teatro europeu, os Aliados em tempo de guerra perceberam muito antes do fim do conflito que o novo império alemão, por meio da exploração do trabalho escravo, da deportação racial e do terror, havia criado um problema potencialmente ilimitado de deslocamento. Nesse caso, os deslocados não eram refugiados da nova ordem germânica, mas foram tirados de suas comunidades de origem para servir à máquina de guerra ou para encher os campos de concentração. Alguns eram voluntários da máquina militar no Leste ocupado, agora encalhados pela derrota. Em 1943, dois anos antes de a Organização das Nações Unidas ser formalmente criada, a probatória "Nações Unidas" inaugurou a Administração de Assistência e Reabilitação (UNRRA) para tentar antecipar os problemas que seriam enfrentados quando a Alemanha e os países do Eixo fossem derrotados. O bem-estar era para ajudar, nas palavras de Roosevelt, "as vítimas da barbárie alemã e japonesa".²² No fim, a UNRRA atuou em dezesseis países da Ásia e da Europa, distribuindo uma ajuda alimentar entre 1945 e 1947 avaliada em 10 bilhões de dólares. Na Europa Ocidental, a administração foi organizada em pequenos grupos de treze pessoas, compostos de equipe médica, de bem-estar, clerical e organizacional, sendo que mais da metade vinha da Europa continental, com o objetivo de ajudar com os problemas de idioma previstos. Na zona soviética, as missões da UNRRA colaboraram com autoridades locais na Polônia, na Tchecoslováquia, na Ucrânia e na Bielorrússia, mas os bens tinham de ser entregues em portos ou na fronteira para serem distribuídos por agentes do governo, em vez da agência.²³ No verão de 1945, havia 322 equipes administrando cerca de 227 centros nas zonas ocidentais da Alemanha e 25 na Áustria; em 1947, havia 762 centros de deslocados na Itália, na Áustria e na Alemanha.²⁴

O número total da população não germânica deslocada foi estimado em 14 milhões, porém mais uma vez é impossível calcular de forma exata. Os números para as áreas ocupadas pelo Exército Vermelho são incertos, pois a UNRRA não atuava de maneira direta nas zonas soviéticas. Milhões voltaram para casa nas semanas que se seguiram ao fim do conflito, auxiliados por caminhões americanos e trens prioritários. Do 1,2 milhão de deportados e prisioneiros franceses na Alemanha, apenas 40 550 foram deixados até junho de 1945. Em julho, 3,2 milhões de deslocados retornaram para casa, deixando 1,8 milhão nos centros administrados pela UNRRA. No início, as condições eram caóticas, pois os deslocados eram alojados e alimentados em quartéis improvisados. A comida era escassa, apesar da prioridade dada a eles, e, em 1947, quando ainda havia mais de meio milhão de deslocados nos campos, a ingestão diária de calorias caiu para 1600 per capita, bem abaixo do nível necessário para manter saúde plena.²⁵

Os Aliados ocidentais presumiam que todos os deslocados iriam querer voltar para casa após sua provação, mas na prática a questão da repatriação estava longe de ser simples. Os deslocados judeus receberam um status especial como "cidadãos das Nações Unidas", com o objetivo de evitar que fossem devolvidos para as áreas onde tinham sido vítimas de perseguição.²⁶ O principal problema era a relutância de milhões de europeus orientais em retornar ao regime comunista. Em setembro de 1945, cerca de 2 milhões de cidadãos soviéticos espalhados por toda a Europa foram devolvidos para casa, mas o Ocidente entendia pouco o que significava essa transferência para homens e mulheres que seriam tratados como se estivessem contaminados pelo fascismo. Examinados pelo NKVD ou pela agência de inteligência militar Smersh, alguns foram autorizados a voltar para casa, outros foram exilados para partes remotas da União Soviética, enquanto milhares foram enviados para campos de concentração e de trabalho soviéticos. Dos 5,5 milhões de soldados e civis repatriados, cerca de 3 milhões foram punidos de uma forma ou de outra. Cerca de 2,4 milhões foram autorizados a voltar para casa, mas, desses, 638 mil foram presos de novo.[27] Funcionários e oficiais soviéticos percorreram os campos de deslocados ocidentais em busca daqueles que classificavam como cidadãos soviéticos para repatriação. De início, os Exércitos ocidentais colaboraram para forçar deportados relutantes a voltar à URSS, com a única exceção de cidadãos das repúblicas bálticas, cuja independência havia sido destruída em 1939-41 pela ocupação soviética. Milhares de iugoslavos que lutaram contra os partidários de Tito ou que apoiaram a causa monarquista foram devolvidos contra sua vontade pelo Exército britânico e foram massacrados ou presos ao voltar.[28]

Em outubro de 1945, já havia tantas provas de abuso sistemático de quem retornava às mãos comunistas que Eisenhower, como comandante supremo no Ocidente, ordenou formalmente que os deslocados da região pudessem escolher se voltariam ou não, apesar dos vigorosos protestos soviéticos, e a decisão foi confirmada pela Assembleia Geral das Nações Unidas de fevereiro de 1946. "Essa chamada tolerância", lamentou o delegado soviético, Andrei Vishinski, "é conhecida pela história por uma palavra: Munique!"[29] Não obstante, nos dois anos seguintes, grandes esforços foram feitos pela UNRRA e por sua sucessora, a Organização Internacional de Refugiados, para persuadir russos, poloneses e iugoslavos a voltar para casa. Um núcleo duro de 450 mil soldados e civis soviéticos se recusou. No final, os países ocidentais permitiram que diversos deslocados emigrassem, estimulados pela escassez de mão de obra do pós-guerra. Na Grã-Bretanha, 115 mil veteranos das unidades polonesas que lutaram no Ocidente foram autorizados a ficar; o Canadá levou 157 mil até o final de 1951, e a Austrália, mais 182 mil. Pressionado por um grupo de lobby multipartidário chamado Comitê Civil para Pessoas Deslocadas, o presidente Truman foi persuadido a aprovar duas leis de habilitação em junho de 1948 e junho de 1950 para permitir que 400 mil deslocados vivessem nos Estados Unidos. Em 1952, restavam apenas 152 mil deslocados dependentes, a maioria idosos, deficientes ou portadores de tuberculose crônica. Os últimos centros foram fechados pelo governo federal alemão em 1957.[30]

"MERDEKA DENGAN DARAH" — INDEPENDÊNCIA PELO SANGUE

O envolvimento inicial das Nações Unidas na questão do futuro dos impérios do Eixo antecipou um compromisso mais amplo, consagrado no Artigo 1º da Carta Fundadora, enfim adotado em junho de 1945, de respeitar a autodeterminação dos povos. Isso era mais do que uma resposta à destruição de nações nas mãos dos impérios do Eixo. Implicava que os outros impérios coloniais mais antigos deveriam ver o fim do colonialismo alemão, japonês e italiano como um prelúdio para um programa global mais amplo que acabaria eventualmente com todos os impérios territoriais. "Os dias do colonialismo passaram", declarou o rival republicano de Roosevelt, Wendell Willkie, numa turnê mundial em 1942, "esta guerra deve significar o fim do império das nações sobre outras", e poucos americanos discordariam.[31] "Imperialismo é imperialismo, seja ele antigo ou novo", dizia um editorial do *American Mercury* em fevereiro de 1945, "e a violência diária necessária para manter antigas tiranias é quase tão indesculpável quanto uma nova agressão."[32]

O fim do conflito em 1945 produziu um resultado fundamentalmente diferente de 1919, quando as demandas populares por autodeterminação evaporaram diante da resistência das potências imperiais. Três dos quatro principais vencedores em 1945 — Estados Unidos, União Soviética e China — se opuseram à sobrevivência do poder imperial e da posse colonial. Embora esperassem que, como membros seniores das Nações Unidas e permanentes do Conselho de Segurança, a nova organização internacional pudesse ajudar a proteger e revitalizar seus impérios após os anos de crise, Grã-Bretanha e França logo foram desiludidas. O conflito foi um divisor de águas para os impérios europeus. Os críticos anticoloniais argumentavam que a guerra contra o Eixo tinha por objetivo garantir a independência política de todos os povos, não apenas dos Estados europeus libertados. Com base na linguagem da Carta do Atlântico de 1941 e nos Catorze Pontos de Woodrow Wilson, o nacionalista nigeriano Nnamdi Azikiwe (mais tarde, primeiro presidente da Nigéria independente) redigiu em 1943 uma "Carta da Liberdade", que incluía o direito à vida, à liberdade de expressão, à associação e à autodeterminação. Ambos os documentos anteriores, sustentava Azikiwe, confirmavam "o direito de todas as pessoas de escolher a forma de governo sob a qual querem viver".[33] O primeiro-ministro iraquiano Nuri al-Sa'id escreveu a Churchill que esperava que "os autores da Carta do Atlântico não deixem de encontrar uma maneira de as Nações Unidas garantirem [a independência] para os árabes".[34] No fim, as Nações Unidas só definiram "autodeterminação" como um direito substantivo em dezembro de 1950, e isso não era legalmente vinculativo a dezembro de 1960, quando a Resolução 1514 da ONU foi aprovada por uma maioria esmagadora com o título "Declaração sobre a concessão de independência aos povos e países coloniais". Esse documento se tornou um "texto sagrado das Nações Unidas", observou o Escritório Colonial britânico.[35]

Não era o resultado que as potências imperiais europeias queriam. Elas presumiam que 1945 seria muito parecido com 1919, com a autodeterminação restabelecida na Europa (embora de uma forma muito diferente na área dominada pela União Soviética), mas não aplicada aos territórios dos impérios. Após a guerra, todas as potências imperiais viam como prioridade reconstruir a economia de tempos de paz e explorar o império como forma de restabelecer a credibilidade política e o prestígio após o repentino lapso de autoridade política e moral durante o conflito. Um relatório do oss para Washington alertou que o governo trabalhista britânico que tinha substituído a coalizão de guerra em julho de 1945 "é tão imperialista quanto seu predecessor conservador comandado por Churchill".[36] O novo primeiro-ministro britânico Clement Attlee achava que a "simples rendição" de territórios coloniais era "indesejável e impraticável". Quando Montgomery, agora chefe do Estado-Maior Imperial, fez uma excursão pela África em novembro e dezembro de 1947, relatou ao governo que considerava que o africano ainda era "um completo selvagem". Ele era a favor de explorar o império "para que a Grã-Bretanha possa sobreviver".[37] Em 1944, o general De Gaulle, na Conferência de Brazzaville no Congo francês, pediu maior integração entre as colônias e a França, ao mesmo tempo que descartava "qualquer ideia de autonomia, qualquer possibilidade de evolução fora do bloco francês do império".[38] O governo holandês, em seu retorno aos Países Baixos, partiu imediatamente para desenvolver uma nova forma de "comunidade" num império reestruturado, agora que toda a perspectiva de assentamento holandês no oriente alemão conquistado havia desaparecido.[39] Todos os aliados imperiais durante o conflito entenderam que, para serem respeitáveis na nova ordem do pós-guerra, teriam de enfatizar seu comprometimento com o desenvolvimento econômico e social de seus impérios, como haviam feito nos anos do entreguerras, ao mesmo tempo que evitavam a promessa de independência.

Para Grã-Bretanha e França, o equilíbrio de poder alterado no final do conflito era difícil de aceitar. Elas eram as duas maiores potências mundiais em 1939 graças ao império, e ele poderia voltar a restaurar sua posição de grande potência. O delegado britânico na conferência de fundação das Nações Unidas pôde até mesmo afirmar que o império tinha sido "uma vasta máquina para a defesa da liberdade" e deveria ser mantido.[40] Ambos os governos temiam que os Estados Unidos insistissem durante a fundação das Nações Unidas, em maio de 1945, que todas as colônias se tornassem territórios tutelados com supervisão internacional. O sucesso deles na conferência de San Francisco em introduzir o Artigo 2º (7) na Carta, confirmando que o governo colonial era um assunto interno e não sujeito a interferência, permitiu que desenvolvessem seus impérios outra vez para sustentar sua posição global. O secretário de Relações Exteriores britânico Ernest Bevin era um defensor consistente do império como um meio de criar uma "terceira potência" entre a União Soviética e os Estados Unidos, adotando a ideia de um "sistema tripartite" já desenvolvido pelo Ministério das Relações Exteriores britânico em maio de 1945 para garantir que os vencedores europeus fossem tratados como iguais.[41] Bevin se opunha à independência da Índia, esperava estender o Império Britânico à Líbia e não gostava do esquema de tutela da onu. Havia uma forte preferência pela expansão da ideia de "riqueza comum", uma associação frouxa (e definida de forma vaga) de Estados independentes, dominada pela Grã-Bretanha, como uma terceira força global. (O prefixo "britânica" foi retirado do título da Commonwealth em 1949 para evitar acusações de neocolonialismo.)[42] Bevin adotou outra ideia do Ministério das Relações Exteriores de um bloco de potências imperiais europeias — Grã-Bretanha, França, Bélgica — que exploraria a "Euráfrica" para ajudar a garantir, disse ele ao Gabinete Britânico em janeiro de 1948, "uma igualdade com o hemisfério ocidental e os blocos soviéticos".[43] Hugh Dalton, ministro do Tesouro, achava que com a exploração dos recursos africanos "poderíamos ter os Estados Unidos dependentes de nós".[44] O projeto fracassou devido ao apoio morno do governo francês. Em vez disso, os franceses planejavam criar para seu império uma nova estrutura constitucional que vincularia as colônias de forma mais estreita à França metropolitana, prometendo status de cidadania aos súditos coloniais e uma versão limitada de autonomia local. A União Francesa foi fundada após um plebiscito realizado em 1946, mas logo ficou claro que seu propósito era garantir a sobrevivência a longo prazo de um relacionamento no qual os súditos coloniais não desfrutariam do mesmo sufrágio, direitos civis, provisão de bem-estar ou oportunidades econômicas dos franceses. Não havia intenção de que a União permitisse a independência nacional; União significava laços que uniam o império com mais força.[45]

Grande parte do programa para revitalizar o império era uma ilusão. A Grã-Bretanha, a França e os Países Baixos enfrentaram graves problemas de recuperação econômica. A Grã-Bretanha estava quase falida por conta da guerra, a economia francesa tinha sido minada por anos de ocupação. Era inevitável depender dos Estados Unidos para assistência econômica, e o renascimento do império como fonte de força econômica ficou comprometido pela insistência americana, após o Acordo de Bretton Woods em 1944, de fechar os sistemas de comércio imperial e desmantelar as áreas monetárias em favor de um sistema global de comércio mais livre. A introdução do Programa de Recuperação Europeia em 1947, em geral conhecido como Plano Marshall, amarrou os impérios europeus de maneira mais estreita à dependência dos Estados Unidos. Quando a Grã-Bretanha lhes negou acesso incondicional à bauxita jamaicana, o empréstimo Marshall de 1949 foi condicionado à concordância britânica.[46] Se o império era uma fonte de mercados e materiais, era também caro. Para parecer menos colonial, tanto a Grã-Bretanha quanto a França criaram programas de desenvolvimento — a Lei de Desenvolvimento e Bem-Estar Colonial britânica em 1945, o Fundo de Desenvolvimento Econômico e Social francês um ano depois —, mas grande parte do dinheiro era para estimular no império projetos econômicos que beneficiariam a recuperação dos padrões de vida da população da metrópole, em vez de contribuir para projetos voltados aos povos submetidos. O dinheiro usado pela Grã-Bretanha veio de créditos coloniais bloqueados em Londres durante o conflito, um truque que evitou ter de usar o dinheiro dos contribuintes britânicos.

As potências imperiais tampouco perceberam até que ponto a sobrevivência dos impérios se tornaria um campo de batalha nas Nações Unidas e um fator importante na transição da aliança durante os tempos de conflito para a Guerra Fria. De 1946 em diante, a União Soviética escolheu renovar a campanha contra o imperialismo que havia abandonado no início do embate germano-soviético. Em discurso amplamente divulgado em 1947 para representantes de organizações comunistas na Europa (Cominform), Andrei Jdánov anunciou a visão soviética de que agora havia "dois campos" no mundo, o imperialista e antidemocrático, e o anti-imperialista e democrático. O objetivo soviético era lutar contra "novas guerras e a expansão imperialista".[47] O Escritório Colonial britânico começou a monitorar a atividade soviética como "defensora dos povos coloniais", e Bevin enviou em 1948 instruções para todas as missões diplomáticas sobre "combater os ataques soviéticos ao colonialismo".[48] Um funcionário do Ministério do Interior francês alertou o embaixador americano em abril de 1947 de que um dos principais objetivos do comunismo soviético era "a desintegração das possessões coloniais existentes" para enfraquecer as potências coloniais e torná-las presas fáceis "para a dominação comunista final".[49] A delegação soviética nas Nações Unidas estava na linha de frente das críticas ao colonialismo e das demandas por autodeterminação, inclusive o patrocínio da Resolução 1514 em 1960 pelo primeiro-ministro soviético Nikita Krushchóv mas o sentimento predominante da Assembleia era de qualquer modo hostil à sobrevivência dos impérios, ainda mais com a aprovação da Declaração dos Direitos Humanos em 1948, que foi invocada de forma habitual na campanha anticolonial posterior. Em 1947, um funcionário britânico observou que, desde a fundação das Nações Unidas dois anos antes, "a atenção mundial tem se concentrado em questões coloniais". Uma década depois, um relatório britânico sobre o trabalho nas Nações Unidas concluiu, de modo correto, que ela era "infinitamente menos favorável aos interesses da Europa Ocidental do que a composição da Liga".[50]

Mas o principal impulso para o colapso dos antigos impérios veio do crescimento do sentimento nacionalista e anticolonial em todo o mundo colonizado, encorajado pelo curso da guerra e suas consequências. Mesmo sem o conflito, as demandas por autonomia e independência teriam desafiado os sistemas imperiais, como haviam feito em 1919, mas a velocidade com que os antigos impérios desapareceram após 1945 foi produto de uma hostilidade mundial a eles em sua forma tradicional e a criação de redes anti-imperialistas na esteira da mobilização em tempo de guerra. A mudança foi simbolizada pela organização de um Congresso Pan-Africano em Manchester, em outubro de 1945, no qual representantes de sessenta países e movimentos anticoloniais se encontraram para estimular a demanda por emancipação do domínio colonial e o fim da discriminação racial. O recrutamento em tempo de guerra por sindicatos ou corpos de trabalhadores no império deu uma base adicional para protestos organizados, que se ligaram à campanha de marxistas, como George Padmore, de Trinidad, para ver a luta contra o império em termos de direito econômico.[51] Norman Manley, fundador jamaicano do Partido Nacional do Povo, trabalhava com a Liga Progressista Jamaicana, fundada no Harlem de Nova York, e incentivava os trabalhadores negros americanos a lutar não só por seus próprios direitos, mas por "grupos minoritários e coloniais em todo o mundo".[52] As redes podiam alcançar até os cantos mais remotos dos impérios. Em 1945, em Guadalcanal, cenário de uma das batalhas mais dramáticas da guerra, Jonathan Fifi'i, um sargento do Corpo de Trabalhadores das ilhas Salomão durante o conflito, queria criar um movimento político nacional após trabalhar lado a lado com soldados negros americanos: "Ficamos com raiva", lembrou ele mais tarde, "por termos sido tratados como lixo" pelos britânicos. Citando a Carta da ONU em apoio, ele e outros ajudaram a fundar a *Maasina Ruru* [Regra da Fraternidade], que criava um sistema tribal alternativo de autoridade, recusava-se a pagar impostos e boicotava os "conselhos nativos" britânicos. As autoridades da Grã-Bretanha reagiram nas ilhas Salomão com a Operação DeLouse, com o objetivo de reprimir o movimento. Milhares foram presos por sedição até o início dos anos 1950.[53]

Dessa vez, a onda de nacionalismo anti-imperialista se mostrou irreversível e foi recebida pelas antigas potências imperiais com uma mistura desigual de compromisso conveniente e violência extrema. Quando surgiram, as crises dos impérios não eram imprevisíveis como um terremoto, mas seus efeitos foram sísmicos. O colapso dos impérios asiáticos europeus entre 1946 e 1954 encerrou em oito anos séculos de construção de impérios. Para a Grã-Bretanha, isso era uma preocupação central porque o grande arco que ia da Índia, passava pela Birmânia e seguia até Malásia e Singapura era a maior e mais rica parte do todo; essencial, assim se argumentava, para a continuação de uma presença britânica segura na Ásia e um status global. A crise na Índia, motivada pela campanha *Quit India* em 1942, tinha sido suprimida, mas os anos de guerra criaram um movimento de massa dedicado à ideia de que, após as obrigações e sacrifícios do conflito, deveriam vir *azadi* [liberdade] e *swaraj* [autogoverno]. "Sofremos na guerra", afirmou um soldado indiano em 1946, "[...] suportamos isso para que pudéssemos ser livres." Mais de 1 milhão foi desmobilizado em 1945 para retornar a vilas e cidades deslocadas pela guerra.[54] O desejo de independência do domínio britânico, sustentado pelas elites políticas na década de 1930, era agora uma demanda populista em larga escala. A Liga Muçulmana All-India foi de um partido com pouco mais de mil membros no final da década de 1920 para um partido de massas com 2 milhões de membros em 1946. Em 1940, a Liga publicou a

Resolução de Lahore, na qual definia a aspiração de um Paquistão muçulmano soberano.⁵⁵ No final do conflito, o Congresso Nacional Indiano se tornou uma aliança de forças nacionalistas populares, com uma massa de seguidores rurais e urbanos. Quando, em 14 de junho de 1945, os líderes do Congresso foram libertados da prisão para continuar a campanha pelo fim do domínio britânico, encontraram um movimento diferente. Jawaharlal Nehru, o presidente libertado do Congresso, alertou Stafford Cripps, agora presidente do Conselho de Comércio no novo governo trabalhista, que a independência era então inevitável: "O povo ficou desesperado [...], não deve haver tergiversação".⁵⁶

A atitude do governo Attlee era incerta, mas não havia nenhuma dúvida da magnitude da crise iminente. Escassez de alimentos, protestos trabalhistas generalizados e um motim naval em grande escala na primavera de 1946 de marinheiros indianos estacionados em Bombaim (Mumbai) foram relacionados pela imprensa popular e por políticos indianos à questão mais ampla da liberdade para a Índia. A decisão mal calculada do governo de levar a julgamento membros do Exército Nacional Indiano por sua associação com o inimigo japonês se tornou uma causa nacional célebre, resultando em protestos violentos. A presença britânica era, na verdade, fraca demais para manter um subcontinente fervilhando de hostilidade à continuação do Raj. Em 1946, havia apenas cerca de 97 mil britânicos em toda a Índia, enquanto a grande maioria do Exército e da força policial era indiana. As eleições realizadas na primavera de 1946 deram um mandato esmagador para a mudança. A Liga Muçulmana de Muhammad Jinnah venceu em todas as províncias de maioria muçulmana, e o Partido do Congresso, no resto. Os indianos governavam agora em todas as províncias. O vice-rei, o marechal de campo Wavell, comunicava o drama político em desenvolvimento a Londres com um pessimismo crescente; no verão de 1946, a Índia estava perto de ser ingovernável. O grau em que o governo de Londres entendia a precariedade da situação era limitado, mas enfim se tomou a decisão de enviar uma Missão do Gabinete à Índia, chefiada pelo secretário de Estado para a Índia, lorde Pethick-Lawrence, com o objetivo de elaborar um futuro constitucional para um domínio indiano independente que responderia à Coroa. Em junho de 1946, a missão propôs enfim uma estrutura federal complicada para que um governo central de toda a Índia cuidasse da defesa e da política externa, com federações provinciais que representassem populações majoritariamente muçulmanas ou hindus responsáveis pela maioria das questões internas. Uma assembleia constituinte deveria ser eleita, e um governo indiano interino seria instalado. A proposta logo fracassou: o Congresso temia que os britânicos planejassem "balcanizar" a Índia; a Liga Muçulmana queria um compromisso firme com o Paquistão e começou a defender a partição. Os britânicos acharam impossível policiar a crescente violência, e o governo local logo passou para as mãos dos indianos.

A prova de que a crise na Índia estava além da redenção pelo regime britânico veio em meados de agosto de 1946, quando tumultos selvagens eclodiram em Calcutá (Kolkata) entre seguidores muçulmanos e hindus rivais durante o Dia de Ação Direta convocado por Jinnah em resposta às propostas da Grã-Bretanha. A violência replicou confrontos que haviam ocorrido no norte da Índia durante mais de um ano nas linhas divisórias religiosas em Punjab e Bengala, mas numa escala mais vasta e letal. Gangues vagavam pela cidade assassinando e se mutilando umas às outras com armas improvisadas, queimando lojas e casas junto com seus moradores, sequestrando e estuprando mulheres e meninas, mas foi apenas seis dias depois que o vice-rei enfim mandou tropas britânicas, indianas e *gurkhas*. As estimativas das mortes variam bastante do número oficial de 4 mil a até 15 mil, com mais de 100 mil feridos. A subsequente Comissão de Inquérito sobre Distúrbios de Calcutá não tomou nenhuma decisão, e não havia nada que os britânicos pudessem fazer com poder militar limitado para conter a disseminação de mais violência.[57] Os assassinatos aumentaram durante o inverno de 1946-7, alimentados em parte pela incerteza sobre o que os britânicos pretendiam fazer após a fracassada Missão do Gabinete e pelo medo gerado nas comunidades minoritárias hindus e muçulmanas de que poderiam acabar no lado errado de qualquer linha de demarcação religiosa.

Em março de 1947, Wavell foi substituído por lorde Mountbatten no posto de vice-rei, com instruções de Londres para encontrar alguma solução que permitisse a retirada britânica. Ele decidiu que a partição em dois Estados, um muçulmano e outro hindu, era inevitável e, uma vez persuadido o Gabinete Britânico, anunciou no rádio, em 3 de junho de 1947, que o subcontinente seria dividido em dois domínios britânicos soberanos, Índia e Paquistão. A decisão foi implementada com uma pressa indecente. O Dia da Independência foi marcado para 15 de agosto de 1947, e as forças e os oficiais britânicos começaram a se retirar de imediato. Os limites da partição foram definidos de forma rápida e milhões de muçulmanos, hindus e a minoria sique (cujas opiniões foram em grande medida ignoradas) se encontraram praticamente num estado de guerra civil. Nenhuma estimativa precisa do número subsequente de mortos pode ser feita, mas flutua entre meio milhão e 2 milhões; 3 milhões de refugiados cruzaram a divisão religiosa. Demorou anos até que as consequências da abdicação repentina da Grã-Bretanha na Índia fossem superadas. Em 1949, os dois novos Estados se tornaram repúblicas, rejeitando continuar como domínios britânicos.

Nada confirmou o fim do império de modo tão decisivo quanto a independência da Índia e do Paquistão. No ano seguinte, o Ceilão (Sri Lanka) se tornou a primeira colônia da Coroa a se tornar independente. Enquanto a Índia estava nos espasmos da independência, os nacionalistas birmaneses começaram uma campanha para expulsar os britânicos, estimulados pelo breve período de "independência" experimentado com os japoneses. O Exército Nacional Birmanês, que sob o comando de Aung San (conhecido popularmente como Bogyoke) havia mudado de lado, deixando de apoiar o Japão para lutar ao lado dos Aliados, esperava que a Grã-Bretanha renunciasse ao seu governo desacreditado. Aung San liderava o principal partido político nacionalista, o curiosamente intitulado Movimento de Liberdade Popular Antifascista. Sob seus auspícios, criaram-se Organizações Voluntárias Populares paramilitares a fim de mobilizar o campo pela causa nacional, acumulando armas britânicas e japonesas que haviam sobrado da guerra. Os eventos na Índia estimularam os nacionalistas birmaneses. A Birmânia também se tornou quase ingovernável durante 1946, com grandes áreas do país praticamente fora do controle britânico. Uma onda de greves no outono ameaçou paralisar o país, enquanto havia indícios por toda parte de que era provável uma rebelião armada contra o domínio britânico. Montgomery disse aos chefes de Estado-Maior que a Grã-Bretanha não tinha mão de obra para manter a Birmânia, já que as forças indianas não podiam mais ser usadas para suprimir uma insurgência contra a Grã-Bretanha. Em 20 de dezembro de 1946, Attlee anunciou no Parlamento que agora "apressaria o momento em que a Birmânia realizaria sua independência", embora ele ainda esperasse que ela permanecesse na Comunidade e intimamente ligada à Grã-Bretanha por acordos comerciais e de defesa.[58] Em janeiro de 1947, Aung San visitou Londres, onde se chegou a um acordo para a Birmânia ficar independente em janeiro de 1948. Aung San foi assassinado em julho de 1947 por um esquadrão de milícias fortemente armadas que trabalhava para o político corrupto de direita U Saw, que esperava manter laços comerciais estreitos com a Grã-Bretanha. Ele foi julgado, considerado culpado e enforcado. Em 4 de janeiro de 1948, a Birmânia se tornou um Estado independente, porém uma república, fora da Comunidade. Só então a mistura instável de forças nacionalistas, comunistas e separatistas no país caiu num longo período de confronto violento. Nesse caso, como na Índia, a Grã-Bretanha saiu antes que a violência tivesse de ser enfrentada por ela.[59]

O mesmo não aconteceu no Sudeste Asiático, onde as colônias tomadas pelos japoneses foram reocupadas com ondas de repressão violenta, na Malásia, na Indochina Francesa e nas Índias Orientais Holandesas. Em contraste com a perda do sul da Ásia, britânicos, franceses e holandeses enviaram grandes forças armadas nos anos posteriores a 1945 para retomar as colônias e impedir que os movimentos nacionalistas acabassem rápido com o domínio colonial. Para as três potências imperiais, o Sudeste Asiático mantinha importância como recurso econômico, em particular para gerar ganhos em dólares muito necessários; para as três, o medo da disseminação do comunismo, agora o novo inimigo global após a derrota do Eixo, ajuda até certo ponto a explicar o grau de violência eventualmente exercido. Acima de tudo, a violência demonstrada pelos grupos insurgentes contra os colonizadores que retornavam levou a guerras selvagens para restabelecer o controle, que em muitos aspectos se assemelhavam às campanhas de contrainsurgência travadas pelo Eixo na Europa e na Ásia. Na Indonésia, o patrocínio japonês ao movimento de independência e a concessão final de "independência" aos líderes nacionalistas Sukarno e Muhammad Hatta na véspera da rendição nipônica levaram à declaração de uma Indonésia independente em 17 de agosto de 1945. Tal como na Birmânia e na Índia, havia um movimento populista mais amplo que florescera durante a guerra, comprometido com o ideal de *merdeka*, liberdade da opressão colonial. Entre os jovens javaneses, o movimento *pemuda* criou uma geração radical e rebelde, comprometida com a rejeição violenta do retorno holandês: "Nós, extremistas", falou pelo rádio o carismático líder *pemuda* Bung Tomo, "preferiríamos ver a Indonésia afogada em sangue e afundada no mar a colonizada mais uma vez!".[60] Os Aliados, no entanto, acharam que restaurariam alguma forma de governo holandês, e forças do Império Britânico foram enviadas para Java e Sumatra em setembro de 1945, seguidas na primavera seguinte pelos primeiros contingentes holandeses. Os comandantes britânicos acharam os oficiais holandeses que retornavam intransigentes na questão de retomar o controle. Muitos deles haviam ficado de fora da guerra no "Camp Colombia", na Austrália, esperando a chance de retomar os velhos hábitos coloniais, e tinham pouca noção da mudança do humor popular. Quando o tenente governador míope Hubertus van Mook chegou em outubro de 1945 para retomar suas funções, foi recebido por cartazes que não conseguia ler. "Morte a Van Mook", seus assessores o informaram com discrição.[61]

As forças britânicas permaneceram até novembro de 1946, presas entre um governo republicano que os holandeses não aceitavam, unidades militares e policiais holandesas que se comportavam com violência conspícua contra a população indonésia e uma insurgência desorganizada que cobrava um preço contínuo em vidas holandesas. Isso não impediu que a *pemuda* presumisse que os britânicos também eram uma barreira à independência. Antes da evacuação das forças do Império Britânico, elas travaram uma batalha campal em novembro de 1945 contra forças nacionalistas na cidade portuária de Surabaya, onde a milícia *pemuda*, fortemente armada pelos japoneses que se retiravam, tomou a cidade, matou o comandante britânico local e se envolveu em atos grotescos de vingança assassina contra os holandeses e eurasianos presos na cidade, cortando cabeças, membros e genitália.[62] A reação, no entanto, foi desproporcional. Uma barragem naval, seguida por um ataque com 24 mil soldados, 24 tanques e 24 aeronaves, reduziu grande parte da cidade a escombros, matando cerca de 15 mil indonésios, a maioria apanhada no fogo cruzado, mas deixando seiscentos mortos das forças britânicas. Houve menos consequências do que o esperado: um cessar-fogo com os insurgentes foi negociado, e um status de semi-independência foi oferecido à república, mas as negociações fracassaram no verão de 1947.

Os holandeses intransigentes insistiram numa resposta militar. Enviaram 160 mil soldados e 30 mil policiais militarizados para a Indonésia entre 1945 e 1949 e um corpo de "tropas de choque" (o *Depot Speciale Troepen* liderado por Raymond Westerling) para instilar terror na resistência nacionalista.[63] Pouca conexão foi feita entre a resistência holandesa durante a guerra e a repressão selvagem dos indonésios, embora os políticos que endossaram esta última tivessem sido eles mesmos resistentes.[64] Um ditado popular — "Se as Índias forem perdidas, a ruína virá" — manteve o público holandês comprometido com um conflito cuja conduta violava as regras convencionais de combate. Para evitar acusações de crimes de guerra, as forças holandesas chamaram a campanha de "ações policiais". Detenções sem julgamento, torturas durante interrogatórios e assassinatos arbitrários se tornaram elementos estruturais da contrainsurgência. "Aqui você precisa ser duro como pedra", escreveu um soldado holandês, "e não deve deixar o sofrimento e a miséria o afetarem." A palavra de ordem para os soldados que chegavam da Holanda era: "Atire antes de ser baleado e não confie em ninguém negro!".[65] Ao longo dos quatro anos de conflito, estima-se que de 100 mil a 150 mil indonésios foram mortos, alguns apanhados no fogo cruzado, outros vítimas de violência interétnica, num embate que no final se mostrou custoso demais em vidas e dinheiro para o governo holandês justificar a um público cada vez mais crítico. Em 27 de dezembro de 1949, a rainha Juliana presidiu formalmente a transferência de poder para o presidente Sukarno após o acordo de que seriam parceiros iguais numa "comunidade".[66] O acordo logo naufragou devido à insistência holandesa em manter o restante da Nova Guiné Ocidental como um agrado ao lobby colonial decepcionado. Os planos de transformá-la num assentamento modelo de colonos não se materializaram, e as reivindicações indonésias quase levaram os dois lados à guerra, até que a Holanda cedeu o território à Organização das Nações Unidas, que de pronto o concedeu à Indonésia em 1963.[67]

O Comando do Sudeste Asiático de Mountbatten também estava na linha de fogo inicial no Vietnã, quando tropas do Império Britânico ocuparam o sul do país até o Paralelo 16, enquanto as forças nacionalistas chinesas ocupavam o norte. Ali, como na Indonésia, a rendição japonesa foi usada como oportunidade para que os nacionalistas, agrupados no Viet Minh liderado pelos comunistas, declarassem a independência o mais rápido possível. O líder comunista Ho Chi Minh chegou a Hanói no final de agosto de 1945 e em 2 de setembro, data da rendição formal do Japão, declarou, citando o compromisso das Nações Unidas com a autodeterminação e a igualdade dos povos, a independência da República Democrática do Vietnã para uma grande multidão emocionada.[68] Formou-se um governo provisório para todo o Vietnã ocupado. Poucos dias depois, o general britânico Douglas Gracey assumiu o comando do sul, seguido pelo general francês Philippe Leclerc com uma força expedicionária cujo propósito era restabelecer de forma ostensiva, em suas palavras, "o futuro da raça branca na Ásia".[69] Um dos primeiros atos dos soldados franceses libertados foi enforcar alguns membros do "Comitê do Povo" do Viet Minh criado em Saigon para representar o governo de Hanói. Os britânicos reagiram de maneira violenta ao avanço para Saigon do Viet Minh mal armado, impondo lei marcial e ordenando que os soldados atirassem ao avistar qualquer "anamita armado".[70] A repressão britânica foi logo eclipsada por uma contraofensiva feroz das forças coloniais francesas, ordenada pelo homem escolhido para ser o alto-comissário francês, o almirante Georges-Thierry d'Argenlieu, um católico fervoroso e ex-monge que queria que os vietnamitas aceitassem a autoridade da civilização cristã. Desafiando as instruções de Paris, D'Argenlieu estabeleceu uma república separada da Cochinchina (o núcleo do posterior Vietnã do Sul) e carimbou uma autoridade francesa brutal no sul do país. No norte, uma Assembleia Nacional convocada pelo Viet Minh se reuniu em outubro de 1946 em Hanói e elegeu Ho Chi Minh presidente. Quando ficou claro que a França queria que o Vietnã se tornasse um membro associado da União Francesa, e não um Estado independente, uma guerra aberta eclodiu entre o Viet Minh e os franceses, que continuou, apesar de tentativas esporádicas de acordo, durante os oito anos seguintes.

Os franceses, com crescente apoio dos Estados Unidos, travaram uma guerra exaustiva contra as forças guerrilheiras do Viet Minh. Em 1949, numa tentativa de obter um acordo, as autoridades francesas escolheram o antigo imperador Annam Bao Dai, que havia sido instalado por um breve período pelos japoneses em 1945, para ser o líder de um Estado unitário dentro da União Francesa. O governo central provisório foi criado formalmente em 2 de julho de 1949. A França ainda controlava de forma efetiva o Vietnã, e a nomeação de Bao Dai fez pouca diferença no conflito, já que o Viet Minh se recusou a aceitar a ausência de independência total. No início da década de 1950, havia 150 mil soldados franceses e coloniais no Vietnã, apoiados por um Exército nacional vietnamita probatório de cerca de 100 mil homens, treinados e comandados pelo Exército francês para travar o que para eles era uma guerra civil.[71] Unidades militares foram estacionadas de modo inseguro em áreas do centro e do norte, onde o Viet Minh, com seu núcleo amplamente comunista, controlava grandes áreas do interior camponês. Nessa época, os insurgentes tinham o apoio da China, após a vitória de Mao Tsé-tung sobre os nacionalistas de Chiang na guerra civil, e de Stálin, que até 1950 se recusara a reconhecer a República Democrática do Vietnã. Como consequência, o conflito assumiu então uma dimensão de Guerra Fria.[72] A região tinha dois regimes diferentes, um baseado em Saigon e o outro nas regiões dominadas por Ho Chi Minh, no centro e no norte do país. No início de 1954, o general francês Henri Navarre planejou um confronto final com as forças do Viet Minh; a pequena vila de Dien Bien Phu, perto da fronteira entre o norte do Vietnã e o Laos, foi escolhida como o local projetado para fazer o inimigo entrar numa grande batalha. A área foi transformada numa grande fortaleza, e 13 200 paramilitares foram enviados para incrementar a força local. O general esperava que o Viet Minh investisse contra a fortaleza com ataques frontais inúteis e fosse liquidado.

Navarre contava que a batalha fosse decisiva para o futuro da França no Vietnã, e assim ocorreu. Reforçado com armas pesadas fornecidas pelos chineses, o comandante do Viet Minh, Vo Nguyen Giap, cruzou com 100 mil soldados e auxiliares as montanhas ao redor de Dien Bien Phu e em março de 1954 começou um cerco à base francesa, em vez de realizar um ataque frontal. A artilharia pesada destruiu a pista de pouso improvisada, impedindo a chegada de mais suprimentos aéreos. Os pequenos redutos de artilharia fora da fortaleza principal foram eliminados um por um; bombardeios persistentes desgastaram os defensores, a quem faltavam comida, munição e suprimentos médicos. Na noite de 6 para 7 de maio, os franceses se renderam. O dia seguinte foi o início das negociações em Genebra, numa reunião de cúpula convocada pela Grã-Bretanha e pela União Soviética para tentar resolver a crise no Vietnã. A derrota francesa tornou inevitável que as aspirações coloniais fossem por fim frustradas. Foi feito um acordo para dividir o Vietnã em dois Estados. A França abandonou a Indochina, e o Vietnã do Norte, o Vietnã do Sul, o Laos e o Camboja se tornaram Estados soberanos independentes. O custo em baixas foi grande para ambos os lados, embora desigual. Estima-se que 500 mil vietnamitas morreram na primeira guerra pela independência, enquanto 46 mil soldados franceses e coloniais foram mortos — não muito distante das perdas sofridas na derrota de 1940.[73]

Enquanto os franceses travavam uma guerra em larga escala no Vietnã, os britânicos restabeleciam a posse colonial da Malásia e de Singapura. Embora o sucesso na Malásia em evitar que algo na escala da insurgência na Indonésia e no Vietnã tenha sido atribuído com frequência aos esforços britânicos para ganhar "corações e mentes" em vez de se envolver em campanhas de pacificação brutais e fracassadas, nesse caso a insurgência também encorajou um conflito prolongado e terrível, que foi de 1948 até o final da década de 1950, a última guerra colonial na Ásia. A presença japonesa criou as condições que levaram à rejeição do domínio colonial. A grande população chinesa da península, cerca de 38% do total, tinha desempenhado um papel importante na oposição à ocupação japonesa com o Exército Antijaponês do Povo Malaio e o Partido Comunista Malaio. No final da guerra, o exército foi dissolvido, mas o radicalismo dos anos do conflito permaneceu, encorajado pela fome e pelo desemprego generalizados resultantes do deslocamento causado pela ocupação japonesa. Nos dois anos posteriores ao fim dos combates, houve greves e protestos frequentes contra as más condições existentes durante a Administração Militar Britânica e, depois, o regime colonial civil renovado. A guerra gerou uma crise de legitimidade semelhante com o retorno do poder colonial e o ressentimento pela reimposição da exploração comercial britânica da península. Ao lado do Partido Comunista, o Partido Nacionalista Malaio e a "Geração da Juventude Consciente" (API), que tinha por modelo o movimento *pemuda* indonésio, clamavam pelo fim do império com o slogan *Merdeka dengan darah*, "independência pelo sangue", usado para condenar o líder da API Ahmad Boestamam em 1947.[74] Os britânicos contavam com as divisões políticas e étnicas na Malásia para impedir uma rebelião unida, e em 1947 criaram uma Federação da Malásia que favorecia a maioria malaia, porém o rompimento da ordem em partes da península já era evidente. Um choque total aconteceu apenas em 1948, quando o regime colonial se tornou mais antiliberal ao lidar com a imprensa e os partidos políticos. Em junho de 1948, o governador declarou "Estado de Emergência", um dispositivo legal baseado na Lei de Poderes de Emergência britânica de 1939, aprovada no início da guerra, que permitia ao regime colonial na Malásia (e mais tarde no Quênia, no Chipre e em Omã) prender sem julgamento, manter suspeitos em campos de detenção, empregar tortura durante interrogatórios, impor toques de recolher, criminalizar "literatura sediciosa" e até mesmo matar suspeitos procurados no ato. Um dos primeiros assassinatos, ocorrido numa invasão policial armada a uma cabana isolada em julho de 1948, foi do ex-comandante da força de guerrilha antijaponesa, que havia liderado o contingente malaio no desfile da vitória em Londres três anos antes.[75]

A emergência se estendeu por mais dez anos, durante os quais as forças de segurança britânicas e malaias usaram todas as medidas para extinguir a resistência. Os grupos insurgentes ativos do Exército de Libertação das Raças Malaias nunca somaram mais do que entre 7 mil e 8 mil membros, mas tiveram amplo apoio da população. A maioria era chinesa, como havia sido na guerra contra os japoneses, mas não todos. Embora nem todos fossem comunistas, as autoridades britânicas presumiam que o eram, então a insurgência também se conectava aos medos mais amplos que o império sentia da Guerra Fria. A reação aqui, como na Indonésia, foi totalmente desproporcional. Apesar de na época e desde então os britânicos insistirem em alegar que empregavam apenas a "força mínima", os manuais de campo faziam referência apenas à força mínima necessária, o que estava aberto a ampla interpretação — o que, como disse o secretário de Estado britânico para a guerra ao Parlamento, "será bastante força".[76] Ela incluía bombardeios navais periódicos apontados de modo especulativo para pequenos acampamentos de guerrilheiros; ao longo de oito meses de 1955, durante a Operação Nassau, o bombardeio naval foi realizado quase todas as noites.[77] No pico de 1952, havia 40 mil soldados britânicos, 67 mil policiais e 250 mil "Guardas Nacionais" malaios armados, recrutados em grande parte entre malaios hostis aos chineses e ao comunismo, para impor a emergência. Tratava-se de um nível excepcional de segurança para uma população de apenas 6 milhões de pessoas.[78]

Os rebeldes eram tratados com escassa consideração pela legalidade. Para justificar a repressão, o Escritório Colonial revogou o termo "insurgente" e o substituiu por "bandido", como os alemães haviam feito ao combater guerrilheiros na Europa durante a guerra. Sir Henry Gurney, o governador-geral em 1949, admitiu em particular que "a polícia e o Exército estão infringindo a lei todos os dias".[79] Foi apenas em 1952 que o Escritório Colonial enfim proibiu a prática de trazer de volta cabeças decepadas de operações antiguerrilha para fins de identificação, mesmo ano em que a palavra "bandido" foi abandonada em favor do termo da Guerra Fria CT, sigla em inglês para "terrorista comunista". Os regulamentos de emergência legalizaram claramente a "força razoável", que passou a significar que os suspeitos poderiam ser fuzilados nas chamadas "zonas de fogo livre" sem recriminação; foram criados campos de detenção para suspeitos detidos sem julgamento; conforme o regulamento 17C, a deportação foi autorizada, permitindo que as autoridades deportassem 20 mil chineses para a China continental.[80] Para impedir que a população local desse apoio aos insurgentes, os britânicos enfim autorizaram um esquema de reassentamento compulsório. Cerca de meio milhão de chineses foi transferido das franjas da floresta para "Novas Aldeias", cercadas por arame farpado, com torres de armas e uma entrada vigiada. Os moradores deveriam fornecer informações sobre o paradeiro dos guerrilheiros, e a falha em fazê-lo era penalizada com rações reduzidas, fechamento de lojas e toques de recolher. Em 1954, havia 480 Novas Aldeias, e outros 600 mil trabalhadores foram realocados para facilitar o controle. Três anos depois, mais de dois terços dos insurgentes estavam mortos, e a ameaça comunista foi dada por encerrada. A Malásia obteve a independência em 1957 durante o governo de Tunku Abdul Rahman, vencedor das primeiras eleições nacionais em 1955 com um eleitorado esmagadoramente malaio.

O fim do império no Sudeste Asiático sustentou a violência e a coerção da guerra durante uma década após o fim do conflito. A independência foi conquistada tanto quanto concedida por potências imperiais incertas sobre como recolonizar territórios perdidos. O colapso dos impérios em toda a Ásia foi enfim celebrado como um marco histórico com a Conferência dos Estados Afro-Asiáticos, realizada na cidade indonésia de Bandung, de 18 a 24 de abril de 1955. Os 29 Estados presentes, entre eles a China comunista, representavam 1,5 bilhão de pessoas, mais da metade da população mundial. O evento resumiu a rejeição do "ocidentalismo" explicitada nos movimentos pela independência. O comunicado final pedia o fim de todo o colonialismo subsistente ou tentativas de neocolonialismo. Os organizadores consideraram a conferência um marco simbólico da mudança da ordem no pós-guerra. Sukarno, o presidente da Indonésia, organizador do evento, saudou uma "mudança na história do mundo" quando os países asiáticos e africanos puderam por fim se encontrar como "livres, soberanos e independentes".

A liberdade de colônias, protetorados e territórios sob tutela na África ainda estava para ser conquistada. Após a primeira onda de descolonização, a região continuou a ser a única do mundo onde as potências imperiais ainda exerciam um domínio colonial significativo. Ali, elas acreditavam que o terreno estaria mais seguro quando a perturbação da guerra acabasse. O nacionalismo asiático era uma força difícil de confrontar, mas os movimentos nacionais africanos eram menos desenvolvidos. Embora França, Grã-Bretanha e Bélgica apoiassem de maneira falsa a ideia de que desenvolviam territórios africanos como exemplos de "imperialismo liberal", presumia-se de forma ampla que a autodeterminação era um objetivo distante para povos que ainda não seriam capazes de governar a si próprios. Alguns territórios, afirmou o ministro colonial britânico Henry Hopkinson em 1954, "nunca poderão esperar ser independentes por completo".[81] O historiador britânico Hugh Seton-Watson lamentou que a extensão da democracia aos africanos indicaria a "trágica decadência da civilização" e "uma reversão à barbárie". Os europeus, continuou ele, serão substituídos "pela cabra, pelo macaco e pela selva".[82] Não obstante, esperava-se que as potências imperiais, nos termos da Carta das Nações Unidas, "aceitassem a obrigação [...] de assegurar o progresso das populações dependentes", e isso incluía seguir em direção ao governo autônomo. Depois que a independência foi concedida em toda a Ásia, tornou-se difícil politicamente resistir a estender a autodeterminação às colônias e aos protetorados africanos. Isso era ainda mais verdadeiro para os territórios sob tutela das Nações Unidas, a maioria dos quais ficava na África. As potências que exercem a tutela eram as mesmas que haviam dirigido os territórios como Mandatos da Liga das Nações, mas dessa vez a atividade seria supervisionada por um Comitê Especial das Nações Unidas sobre Informações de Territórios Não Autônomos e um Conselho de Tutela. O Conselho tinha oito membros que exercem tutela, no entanto outros oito foram escolhidos entre os países da Assembleia Geral das Nações Unidas. O Comitê Especial se tornou um campo de batalha entre os colonizadores e seus críticos, já que muitos membros vinham de territórios recém-independentes. Os britânicos e os franceses se recusavam a fornecer informações sobre questões políticas e constitucionais no relatório anual obrigatório, argumentando que eram assuntos internos não sujeitos a interferência, mas em 1951 foi aprovada uma resolução solicitando que os administradores apresentassem informações adicionais sobre direitos humanos. As potências imperiais se viram sujeitas ao escrutínio sobre a maneira como tratavam os povos africanos, um fator que contribuiu para a batalha que teve início no final dos anos 1950 e início dos anos 1960 para abandonar o modelo colonial.[83]

Mesmo sob escrutínio, a repressão política era possível nos territórios sob tutela. No Camarões francês, a União dos Povos de Camarões, movimento de independência fundado em 1948 com base no fato de que a autodeterminação era agora um direito humano formal, foi perseguida de modo implacável pela administração colonial francesa, e em 1955 foi banida por ser uma organização comunista, o primeiro partido político proscrito num território sob tutela. Os líderes do movimento fugiram para o vizinho Território sob Tutela da República de Camarões Britânicos, onde os franceses caçaram e assassinaram o presidente do partido. Os britânicos seguiram o exemplo, baniram o partido em junho de 1957 e deportaram os líderes para o Sudão. A Liga Internacional dos Direitos do Homem, órgão de vigilância de direitos humanos de Nova York, calculou que França e Grã-Bretanha violaram pelo menos cinco dos principais artigos da Declaração da ONU sobre Direitos Humanos. Apenas em 1956, houve 45 mil petições de Camarões sobre abusos de direitos humanos enviadas às Nações Unidas.[84]

Longe do escrutínio do comitê de tutela, a governança colonial podia ser tão dura quanto no Sudeste Asiático. No Quênia, uma rebelião de indivíduos do povo kikuyu contra a perda de terras e a exploração da comunidade por colonos brancos levou a outro estado de emergência, declarado em outubro de 1952. Os *"mau mau"* (literalmente "comedores gananciosos" de autoridade tribal tradicional) organizaram um Exército da Liberdade da Terra, sendo que alguns deles haviam lutado com os britânicos contra os japoneses na Birmânia. "Não podíamos mais aceitar a crença de que um *mzungu* [europeu] era melhor do que um africano", afirmou um deles.[85] Eles se vingavam de fazendeiros brancos e suas famílias ao formar grupos que portavam uma mistura de armas modernas e tradicionais e realizar assassinatos aleatórios.[86] A reação das autoridades à rebelião foi a mais extrema de todas as contrainsurgências da Grã-Bretanha. Os kikuyu foram responsabilizados de forma indiscriminada pela violência, embora alguns tenham servido numa "Guarda Nacional" local em apoio ao regime colonial, responsável por grande parte da violência desencadeada contra os rebeldes, em mais um exemplo de guerra civil colonial.[87] Como na Malásia, um sistema de "Novas Aldeias" foi imposto, e 1 milhão de kikuyus foi forçado a viver nelas; foram montados centros de detenção em áreas remotas onde, no auge, havia 70 mil detidos, sujeitos a trabalho debilitante e violência habitual, impostos em particular por outros quenianos que trabalhavam para as autoridades coloniais.[88] Mais de mil líderes *mau mau* foram enforcados, e 11 503 (o número oficial) foram mortos em zonas de fogo livre e varreduras de segurança. Os detidos eram oficialmente examinados para extrair confissões de quem havia feito o juramento *mau mau*, mas esse processo envolvia uma rotina de torturas, espancamentos, ameaças de castração e ser pendurado pelos braços ou de cabeça para baixo. As autoridades faziam vista grossa até que a notícia de espancamento e morte de onze detidos no Campo de Hola — conhecido por praticar abuso por anos — em 1959 finalmente chegou ao público.[89] Após anos de repressão, os rebeldes kikuyus foram forçados à submissão, e os nacionalistas moderados liderados por Jomo Kenyatta negociaram com o governo, prometendo respeitar os direitos dos colonos brancos em troca da independência, concedida em 1963. Nessa fase, os governos britânico e francês perceberam que a independência não poderia mais ser negada de forma razoável, e 23 Estados africanos se tornaram independentes entre 1959 e 1961.

A única exceção proporcionou o drama mais violento do fim dos impérios. Os governos franceses na década de 1950 passaram da ideia de União Francesa para uma Comunidade Francesa das antigas colônias, que colaborariam juntas como Estados independentes no nome, mas mantendo laços estreitos com a França, e foi essa estrutura, após referendos locais, que permitiu que quase todas as colônias francesas africanas alcançassem a independência até 1962. A Argélia, no norte da África, foi a exceção. Não era uma colônia, ainda que suas populações árabes e berberes fossem tratadas como se fosse, mas parte integrante da França, dividida em departamentos administrativos, com um eleitorado de colonos em grande parte francês. Durante a guerra, a Argélia permaneceu fiel ao regime de Vichy até a ocupação aliada, em novembro de 1942, quando milhares de argelinos foram convocados para o Exército da França Livre. Em 1945, no dia em que se celebrou a Vitória na Europa, um violento confronto entre colonos franceses (os *pieds noirs* — "pés pretos", assim chamados por conta dos sapatos europeus) e manifestantes árabes em Sétif resultou na morte de cerca de 3 mil rebeldes argelinos e marcou o início da longa luta pela independência, que só terminou em 1962.[90]

Como a Argélia era considerada pelos políticos de Paris parte da França, o nacionalismo argelino era visto como uma profunda ameaça interna, embora a sociedade indígena da Argélia estivesse muito distante da realidade da França metropolitana. Em janeiro de 1955, quando foi nomeado governador-geral da Argélia, Jacques Soustelle anunciou que a região e a França eram indivisíveis: "A França não deixará a Argélia mais do que deixará Provença ou a Bretanha".[91] Poucos meses antes, uma Frente de Libertação Nacional (FLN), que tinha alguns líderes que haviam sido veteranos da revolta de Sétif e tinham passado longos períodos na prisão, começou uma campanha de violência terrorista esporádica contra a administração, os colonos e os "colaboradores" argelinos. Os franceses responderam com uma nova onda de repressão violenta, instada, como no Quênia, por uma grande comunidade de colonos que queria proteção efetiva. Foi o início de uma contrainsurgência familiar, com detenções arbitrárias, zonas de fogo livre, assassinatos de suspeitos desarmados e tortura rotineira de guerrilheiros e seus supostos cúmplices. O efeito foi contraproducente; as forças da FLN cresceram em número e capacidade, forçando a colaboração de comunidades locais, que ficaram na linha de fogo entre os dois lados. Em 1956, havia 450 mil soldados franceses na Argélia, a maioria recrutas. A escala da reação pode ser medida pela contagem final de 2,5 milhões de soldados franceses que serviram em algum momento no conflito. Destes, mais de 18 mil foram mortos. O número de argelinos mortos foi calculado em meio milhão, vítimas da guerra, de assassinatos por vingança, da fome e de doenças.[92]

A sociedade argelina foi devastada pela decisão de imitar os esquemas de reassentamento no Sudeste Asiático. Sob a direção de Maurice Papon, responsável por enviar judeus franceses para a morte durante a Segunda Guerra, o regime inaugurou um programa para isolar os rebeldes da população em geral com uma política de *regroupement*, o reassentamento forçado em povoados modernos rudimentares que destruíam a vida tradicional de aldeia ou nômade. Em torno desses locais, foram adotadas políticas de terra arrasada, com zonas de fogo livre para qualquer um que fosse tolo o bastante para cruzá-las. Em 1961, havia 2380 centros de reagrupamento; os números oficiais sugeriam que 1,9 milhão foi transferido, mas estimativas mais recentes sugerem 2,3 milhões, ou um terço da população rural. Cerca de 400 mil nômades das franjas do Saara foram transferidos e perderam 90% de seu gado. O deslocamento em massa minou a agricultura argelina: as safras de trigo e cevada diminuíram em três quartos entre 1954 e 1960, expondo milhares à ameaça da fome. Estima-se que 75% da área florestal da Argélia foi destruída pelo uso de napalm.[93] A estratégia de isolamento e a mobilização em massa de soldados acabaram erodindo a base militar da FLN, cujo tamanho em 1958 era estimado em 50 mil militantes. Perseguidas pelo Exército francês, por 60 mil *harkis* (milicianos argelinos que trabalhavam para os franceses) e por colonos justiceiros, as unidades de guerrilha foram reduzidas pela metade em 1959.[94] Mas, àquela altura, a natureza intratável e custosa da contrainsurgência havia levado à queda da Quarta República Francesa e à volta ao poder do líder da guerra, Charles de Gaulle. Ele entendeu que o público francês estava farto de um conflito colonial invencível que agora desafiava de maneira inútil a onda de descolonização. Em 16 de setembro de 1959, anunciou que buscaria um cessar-fogo, autorizaria uma anistia, convocaria eleições e começaria o movimento para a autodeterminação. A oposição encarniçada da comunidade de colonos atingiu o pico com uma onda de violência e um golpe fracassado em 1960-1, deflagrado por generais que apoiavam a cruel campanha de contraguerrilha da *Organisation de l'armée secrète* (OAS). Em julho de 1962, a Argélia se tornou independente sob a presidência do líder da FLN Ahmed Ben Bella, um veterano da campanha da guerra na Itália e condecorado por seu papel na batalha de monte Cassino.

Tal como o fim do império do Eixo, o colapso prolongado dos antigos impérios provocou uma nova onda de reassentamento, enquanto colonos, funcionários e policiais britânicos, franceses, holandeses e belgas buscavam um novo lar. Os *pieds noirs* deixaram a Argélia, 1,38 milhão para se estabelecer na França,

50 mil seguiram para a Espanha; 300 mil holandeses deixaram a Indonésia; e 90 mil belgas abandonaram o Congo Belga quando a independência foi enfim concedida, em 1960. Estimativas sugerem que entre 5,4 milhões e 6,8 milhões de pessoas dos antigos territórios do império retornaram à Europa depois da guerra e de suas longas e violentas consequências. Para os colonizados, a última investida do império produziu altos níveis de mortandade em todas as áreas insurgentes, consequência da guerra, de conflito interétnico e inter-religioso, de fome e doença — talvez até 1 milhão da Indonésia à Argélia, embora a maioria das estatísticas seja especulativa. Além disso, trabalho forçado, detenção sem julgamento, reassentamento compulsório, exílio e deportação deslocaram comunidades locais e permitiram o abuso de poder rotineiro numa escala notável. Essas foram as primeiras "guerras contra o terror" do Ocidente e violaram não só a Declaração das Nações Unidas sobre Direitos Humanos, mas também os princípios de Nuremberg aprovados após o julgamento dos principais criminosos de guerra alemães. Os abusos ficavam em geral impunes e não eram divulgados. As "guerras pós-guerra" coloniais propiciaram uma coda confusa e violenta para a era do novo imperialismo territorial que teve início na década de 1870, atingiu o pico na década de 1940, e entrou em colapso na década de 1960.

UM MUNDO DE ESTADOS-NAÇÕES

O fim dos impérios na Ásia e na África transformou a natureza das Nações Unidas. "Nação" havia sido o termo definidor para Roosevelt e Churchill quando a frente da instituição foi criada em 1942, embora a Grã-Bretanha e a França fossem impérios. Nenhum líder pensou muito além das nações estabelecidas da Europa e do Novo Mundo, mas em duas décadas a descolonização deu à organização uma maioria esmagadora do "Terceiro Mundo", composta de Estados independentes da Ásia, da África e do Oriente Médio. Embora as fronteiras do mundo imperial tivessem sido traçadas com pouca consideração pelas diferenças culturais ou étnicas, a maioria dos movimentos de independência após 1945 foi forçada a trabalhar com os limites definidos pelas potências coloniais. Ideias de federação ou comunidade que transcendiam a camisa de força da nacionalidade, populares em especial na África francófona, fracassaram em minar o apelo sedutor da identidade nacional.[95] Na conferência de fundação, havia 51 nações representadas. O teste de inclusão foi uma declaração de guerra aos Estados do Eixo até 8 de março de 1945. Entre os presentes estavam, após muita discussão entre os Aliados, Ucrânia e Bielorrússia, que não eram estritamente nações; Índia, que ainda não era independente; e Polônia, cuja admissão era um pomo de discórdia da Guerra Fria, apesar de ter sido a primeira a lutar. Em 1955 e na época da

Conferência de Bandung, havia 76 Estados, inclusive os antigos Estados do Eixo Áustria, Hungria, Romênia e Itália. Quando Argélia e Quênia ganharam a independência em 1962 e 1963, havia 112, inclusive todos os principais territórios coloniais, exceto Angola e Moçambique portugueses, que só se tornaram independentes em 1975 e 1976, respectivamente. O Japão foi admitido em 1956; os dois Estados alemães, apenas em 1973. A Organização das Nações Unidas, apesar de todas as críticas da época e de agora sobre sua capacidade de garantir a paz e promover os direitos humanos, simbolizou de forma muito palpável a mudança de um mundo de impérios globais para um de Estados-nação.

Em 1945, entre as nações soberanas presentes na reunião de fundação em San Francisco estavam Estados do Oriente Médio: Egito, Iraque, Irã, Síria e Líbano. A presença deles mascarava uma realidade diferente, pois em 1945 todos estavam ocupados por forças e funcionários do Império Britânico, uma consequência da guerra que de fato comprometia sua soberania; metade do Irã ainda estava ocupada pela União Soviética, segundo os termos do acordo do outono de 1941. Durante a Segunda Guerra, proteger a região havia sido uma prioridade central na grande estratégia da Grã-Bretanha, e a independência nominal dos cinco Estados havia sido pisoteada pelas forças britânicas. Além disso, a Palestina e a Transjordânia ainda eram mantidas como mandatos da Liga das Nações, uma situação que sobreviveu temporariamente à fundação das Nações Unidas. No entanto, estava evidente em 1945 que a dominação britânica e francesa do pré-guerra não poderia mais ser sustentada. Síria e Líbano declararam sua independência depois que os franceses de Vichy foram derrotados pelas forças britânicas em 1941, e em 1944 ambos os países foram reconhecidos pela União Soviética e pelos Estados Unidos. Os franceses livres com De Gaulle esperavam restaurar a posição na Síria após o fim do conflito, e, no final de maio de 1945, a guarnição francesa local começou a bombardear o centro de Damasco, em retaliação às manifestações anticoloniais, mas a ação foi interrompida pelo Exército britânico, cujo comandante declarou lei marcial e confinou as tropas francesas em quartéis. Britânicos e americanos não tinham nenhum desejo de ver a França restabelecida no Oriente Médio e estavam felizes em endossar a independência. Em 21 de junho de 1945, os governos sírio e libanês uniram forças para rejeitar qualquer reivindicação francesa de autoridade residual nos mandatos e a independência foi assegurada. As últimas tropas aliadas foram embora no verão de 1946.[96] O mandato da Liga Britânica na Transjordânia também foi logo encerrado após o acordo com o rei Abdullah de que a Grã-Bretanha continuaria a desfrutar do direito de estacionar tropas no país e poderia até mesmo apoiar a ambição privada do rei de criar uma "Grande Síria" a partir do território adjacente, até que o Departamento de Estado americano rejeitou qualquer perspectiva de expansão jordaniana. A Transjordânia se tornou um Estado independente em março de 1946, mas como permaneceu intimamente ligada aos interesses britânicos os Estados Unidos e a União Soviética só a reconheceram em 1949, quando a Jordânia, como passou a ser chamada, assumiu seu lugar nas Nações Unidas.[97]

Depois que a França foi expulsa da região, as principais preocupações da Grã-Bretanha no Oriente Médio refletiam as prioridades de guerra: impedir a infiltração soviética, proteger os interesses petrolíferos britânicos no Iraque e no Irã e manter um controle estratégico sobre o canal de Suez como rota para o império oriental. A situação parecia mais perigosa no Irã, onde o medo da presença soviética e a ameaça ao fornecimento de petróleo estavam intimamente ligados. O acordo de guerra estipulava que as forças britânicas e soviéticas deixariam o Irã seis meses após o fim do conflito. Os britânicos se retiraram em março de 1946, mas as forças soviéticas permaneceram. A URSS tentou pressionar o governo iraniano, agora liderado pelo nacionalista Ahmad Qavam, a fazer uma concessão de petróleo no norte do país e apoiou os esforços da população azerbaijana para criar uma zona autônoma. Em maio de 1946, as forças soviéticas se retiraram, presumindo que Qavam havia concordado com um tratado que aceitava as demandas soviéticas, mas após forte pressão americana e britânica o Irã rejeitou o tratado. Mais uma vez, Stálin recuou, porque queria evitar um conflito enquanto estava preocupado com a reconstrução política da Europa Oriental.[98] Mas a ameaça comunista permaneceu com a ascensão do Partido Tudeh [das Massas] e uma onda de greves e protestos populares. O Ministério das Relações Exteriores britânico e os funcionários locais da Anglo-Iranian Oil Company lançaram uma campanha de propaganda anticomunista, subornando funcionários e editores de jornais, e quando uma grande greve, motivada pelo Tudeh, atingiu o campo petrolífero de Abadan em julho de 1946, Bevin ordenou que tropas fossem enviadas à base britânica em Basra, no Iraque, como ameaça. A greve evaporou, mas no mês seguinte Qavam rejeitou que houvesse mais interferência estrangeira nos assuntos iranianos.[99] Três anos depois, em março de 1951, o novo primeiro-ministro, Mohammed Mossaddegh, ganhou o apoio do Parlamento iraniano para nacionalizar as participações petrolíferas britânicas. Herbert Morrison, o novo ministro das Relações Exteriores da Grã-Bretanha após a morte de Bevin, queria enviar 70 mil soldados para proteger os interesses britânicos, mas os Estados Unidos pediram cautela — "pura loucura", de acordo com o secretário de Estado Dean Acheson —; em outubro de 1951, os britânicos foram expulsos do Irã. "O prestígio deles no Oriente Médio acabou", declarou a reportagem de um jornal egípcio.[100] Conclusão prematura. Em 1953, o serviço secreto britânico, trabalhando em estreita colaboração com a CIA americana, provocou um golpe em Teerã para derrubar o regime de Mossaddegh. O petróleo iraniano continuou a fluir para empresas britânicas e americanas até a revolução islâmica de 1979.[101]

O Iraque também estava na linha de frente das esperanças britânicas de conter a ameaça soviética ao manter bases aéreas no país para possíveis operações contra alvos soviéticos. Embora independente no nome, o Iraque foi administrado como se fosse um mandato desde a supressão da revolta de 1941 até o fim da guerra. Políticos clientes aceitavam a presença britânica, que permaneceu após o fim do conflito com a restauração, pelo menos em nome, da independência iraquiana. O Iraque era um exemplo excelente da ambição de Bevin de criar um "império por tratado" no Oriente Médio. Embora os administradores britânicos e a maioria das forças do império tenham deixado o Iraque em 1947, um novo acordo para substituir o tratado de independência de 1930 foi negociado a bordo do HMS *Victory* no porto de Portsmouth, um cenário imperial simbólico. O Tratado de Portsmouth (não confundir com o documento de 1906 assinado em Portsmouth, no Maine, para encerrar a guerra russo-japonesa) foi acertado em janeiro de 1948, dando à Grã-Bretanha concessões militares contínuas no Iraque. Mas os britânicos subestimaram, como em outros lugares, a força do sentimento anti-imperial. Após tumultos antibritânicos generalizados, o regente iraquiano Abd al-Ilah rejeitou o tratado, e os interesses britânicos no país diminuíram. Em 1948, o Iraque deixou o bloco da moeda esterlina e, quatro anos depois, negociou um acordo para ficar com metade das receitas do petróleo da concessão britânica. Em 1955, as duas bases aéreas da Grã-Bretanha, das quais sairiam supostos bombardeios contra a ameaça soviética, foram entregues ao controle iraquiano, e em 1958 um golpe do Exército enfim encerrou o que restava da conexão com a Grã-Bretanha.[102]

Nada importava mais para os britânicos do que manter uma presença nos dois lados do canal de Suez, que haviam defendido com firmeza durante os primeiros anos da guerra. Os chefes de Estado-Maior consideravam o canal uma artéria essencial que ligava a Grã-Bretanha ao império asiático, e que continuou sendo feito mesmo depois que a Índia e o Paquistão se tornaram independentes, sob o argumento de que combater o comunismo exigia bases para lançar forças aéreas e terrestres contra possíveis ameaças soviéticas. A obsessão com uma presença militar priorizava chegar a um acordo com o governo egípcio e, acima de tudo, estabilizar o mandato britânico na Palestina, após anos de discussão sobre o futuro das populações árabe e judia. As relações com o rei e o governo egípcios foram ruins durante a guerra e se deterioraram de forma rápida após a vitória dos Aliados, quando os Estados Unidos substituíram a Grã-Bretanha como fonte importante de investimento e assistência comercial.[103] O rei Farouk queria o fim do tratado de defesa mútua de 1936, que tinha permitido que as forças do Império Britânico fizessem campanha em solo egípcio durante o conflito. Em 1945, a Zona do Canal de Suez, controlada pelos britânicos, era a maior base militar do mundo, com dez campos de aviação, 34 acampamentos do Exército e 200 mil soldados.[104] Os números diminuíram com a desmobilização, e em 1946 as forças do Império Britânico deixaram o resto do território egípcio, ocupando apenas a

Zona do Canal. Mas o governo egípcio insistiu na evacuação completa e revogou o tratado de defesa mútua de 1936, levando as forças britânicas em Suez a expandirem outra vez para 84 mil. A área se tornou difícil de defender contra ataques persistentes de soldados irregulares egípcios, inclusive da Irmandade Muçulmana, enquanto os violentos contra-ataques das forças britânicas que essas incursões provocavam eram fortemente condenados pelos Estados Unidos.

Depois que Farouk foi derrubado em 1952 por um golpe do Exército, a Grã-Bretanha continuou a negociar para manter sua presença no país, a fim de evitar o que Churchill, outra vez o primeiro-ministro, chamou de "uma fuga humilhante e prolongada diante de todo o mundo".[105] Não obstante, ele concordou dois anos depois em fechar a base do Canal, e as forças britânicas foram embora em outubro de 1955. Isso não foi o final da história. Em julho de 1956, o governo egípcio, comandado pelo coronel Gamal Abdel Nasser, nacionalizou o canal de Suez, provocando a última investida do imperialismo anglo-francês no Oriente Médio. A decisão de tomar a Zona do Canal à força, em cooperação com o governo israelense, foi um desastre. A guerra começou em 24 de outubro, mas em 6 de novembro a pressão universal, tanto da opinião interna quanto das Nações Unidas, forçou o cessar-fogo e a retirada.[106] A Commonwealth ameaçou entrar em colapso quando os antigos domínios condenaram a ação britânica — "é como encontrar um tio querido preso por estupro", reclamou o primeiro-ministro do Canadá.[107] A crise de Suez foi de fato o fim do esforço britânico para permanecer como um grande ator no Oriente Médio e o último e débil esforço de uma tradição imperial mais antiga.

Tendo em vista os problemas na ocupação do Egito, o governo britânico procurou, desde 1945, explorar o mandato da Palestina como uma base estratégica alternativa e que estaria sob controle direto da Grã-Bretanha, em vez de depender de tratado. Isso era, na verdade, uma fantasia estratégica. A Palestina era o local de uma crise militar prolongada iniciada em 1945, com o fim da guerra e a retomada da demanda da população árabe por uma Palestina árabe independente, junto com as esperanças judaicas de transformar sua presença na pátria israelita em um Estado nacional judeu. A questão do que fazer com a Palestina foi adiada até o fim das hostilidades. A preferência britânica era evitar fazer qualquer coisa que alienasse a opinião árabe, da qual dependia a presença britânica contínua no Oriente Médio, e isso significava não fazer nenhuma concessão às demandas judaicas por um Estado. A política ainda era governada pelo Livro Branco de maio de 1939, que restringia a imigração judaica para a Palestina e negava o direito à autonomia. No entanto, durante a guerra, a Agência Judaica, como representante de cerca de 650 mil judeus que viviam no mandato, preparou-se para a possibilidade de um Estado. "Os judeus devem agir como se fossem o Estado na Palestina", declarou o chefe da Agência David Ben-Gurion, "e devem continuar a agir assim até que haja um Estado judeu lá."[108] A Agência tinha um "parlamento" judeu, um executivo e a ilegal Haganah, uma força paramilitar com potencial para mobilizar pelo menos 40 mil combatentes. Em maio de 1942, sionistas reunidos num hotel em Nova York elaboraram a "Declaração de Biltmore", na qual pediam a criação de uma comunidade judaica na Palestina e o controle judaico da imigração. O apoio dos Estados Unidos veio não só dos numerosos judeus americanos que forneceram um financiamento generoso para a Agência, mas da liderança do país. Em outubro de 1944, Roosevelt pediu "a abertura da Palestina à imigração judaica irrestrita", uma política à qual os britânicos se opuseram de maneira enfática naquela época e nos anos de imediato posteriores à guerra.[109] A ala radical do movimento nacionalista judeu passou a ver os britânicos como mais inimigos do Estado judeu que os alemães. Durante o conflito, duas organizações, a *Lohamei Herut Israel* (mais conhecida como gangue Stern, nome de seu líder Abraham Stern) e a *Irgun Zvai Leumi* (liderada, entre outros, por Menachem Begin, futuro primeiro-ministro israelense), começaram uma campanha terrorista contra alvos britânicos. A Haganah se opôs publicamente à violência, mas em privado apoiou o objetivo dos terroristas. Em novembro de 1944, lorde Moyne, vice-ministro de Estado no Egito, foi assassinado por membros da *Lohamei Herut Israel*, e até mesmo Churchill, que havia apoiado a causa sionista, ficou chocado e reconsiderou sua lealdade "mantida de forma tão consistente no passado".[110]

As simpatias britânicas costumavam estar mais do lado da causa árabe. Em março de 1945, Egito, Síria, Líbano, Iraque e Arábia Saudita fundaram a Liga Árabe, que tinha como uma das prioridades fazer campanha pela soberania genuína de todos os Estados árabes, inclusive uma futura Palestina.[111] Depois que a Grã-Bretanha voltou a permitir partidos políticos no mandato, seis organizações árabes surgiram, sendo a mais significativa o Partido Árabe Palestino, liderado por Jamal al-Husayni, que exigia o máximo — uma Palestina árabe independente. Nos meses após o fim do conflito, com a aprovação britânica, pequenos grupos de militantes árabes *al-Najjda* (literalmente "prontos para socorrer") surgiram disfarçados de uma rede de clubes esportivos, que eram na verdade unidades de treinamento paramilitar contra a crise que se aproximava. Em fevereiro de 1946, a Liga Árabe encorajou os nacionalistas palestinos a trabalharem juntos num Comitê Superior, então sob um Executivo Superior Árabe, liderado pelo Grande Mufti Amin al-Husayni. Surgiram outras unidades paramilitares, entre elas o Exército da Jihad Sagrada e o Exército de Resgate, baseado na Síria e composto principalmente de palestinos exilados e voluntários sírios, ambas dedicadas a erradicar a ameaça de um Estado judeu com violência, mas muito mal treinadas e armadas para um conflito sério.[112] Diante de uma guerra civil incipiente, o governo britânico reagiu posicionando 100 mil soldados na Palestina, apoiados por 20 mil policiais armados. Tornou-se tão perigoso para o pessoal do serviço britânico aparecer nas ruas que suas bases foram apelidadas de "Bevingrados", em homenagem ao homem que os havia enviado para lá.

Os ataques terroristas judeus aumentaram em intensidade. Em uma única noite de outubro de 1945, houve 150 ataques à rede ferroviária local. Em junho de 1946, o alto-comissário britânico recebeu poderes discricionários para lidar com a emergência da violência judaica. Montgomery, chefe do Estado-Maior imperial, insistiu com franqueza impolítica que os judeus "devem ser totalmente derrotados e suas organizações ilegais devem ser esmagadas para sempre".[113] No verão de 1946, agentes britânicos já haviam vinculado a Agência Judaica de forma direta à campanha terrorista, e em 29 de junho o Exército de ocupação lançou a Operação Agatha, invadiu a sede da Agência e prendeu 2700 suspeitos. Os soldados britânicos que realizaram o ataque, frustrados pelo terrorismo, gritavam "o que precisamos são câmaras de gás" e rabiscaram em prédios invadidos "morte aos judeus". Em reação, Begin ordenou o bombardeio da sede britânica no King David Hotel em Jerusalém, ocorrido em 22 de julho e que resultou na morte de 91 pessoas presas lá dentro, 28 delas britânicas. O ataque foi um ponto de virada, alienando o público britânico do custo e do sacrifício da ocupação e deixando as forças da Grã-Bretanha estacionadas na Palestina com a perspectiva de conduzir uma dura operação de contrainsurgência sob o olhar atento do público. Quando alguns meses depois foi proclamada a lei marcial, ela foi suspensa após duas semanas devido aos riscos políticos envolvidos.

Isso não impediu que as autoridades britânicas agissem de modo implacável para tentar impedir a imigração ilegal de judeus para a Palestina, que visava contornar as rígidas restrições ainda em vigor. Navios, inclusive o *Ben Hecht*, pagos com doações sionistas nos Estados Unidos, foram interceptados ilegalmente fora das águas territoriais palestinas, as tripulações foram presas e os refugiados, enviados para campos em Chipre. Instruções secretas de Bevin, denominadas de maneira apropriada Operação Embarrass [envergonhar], permitiram que agentes britânicos sabotassem navios que transportavam refugiados judeus em portos na Europa, inclusive com a contaminação de suprimentos de comida e água e o uso de bombas-lapa. No caso mais famoso, o *Exodus 1947*, lotado de refugiados escolhidos por sua vulnerabilidade — idosos, gestantes, crianças —, foi abalroado e danificado por dois contratorpedeiros britânicos (após escapar por pouco de um plano de miná-lo). O navio foi rebocado para um porto na Palestina, onde os passageiros foram forçados a desembarcar, reembarcados em três navios de deportação e enviados a Hamburgo, onde foram recebidos pela polícia britânica e por soldados armados com mangueiras, gás lacrimogêneo e cassetetes, cujo objetivo era forçar judeus exaustos e debilitados a saírem do barco e voltarem para campos na Alemanha.[114] O resultado foi um desastre de relações públicas. "A verdade nua e crua, para a qual fechamos os olhos com tanta firmeza", escreveu um funcionário do Escritório Colonial, "é que neste caso de detenção de emergência estamos seguindo o exemplo nazista."[115]

A questão da imigração se tornou central para o colapso final da responsabilidade da Grã-Bretanha pelo mandato. Ela dividiu a reação americana da britânica à crise na Palestina e prejudicou a reputação internacional da Grã-Bretanha. De início, no verão de 1945, havia apenas cerca de 27 mil judeus deslocados nas zonas ocidentais da Alemanha e da Áustria, mas eles logo foram suplementados por um fluxo de judeus da Europa Oriental enviados pelos governos polonês e soviético como "não repatriáveis", supostamente por motivos humanitários, mas na verdade para evitar os problemas de integração no clima de antissemitismo do pós-guerra. No verão de 1946, havia cerca de 250 mil judeus deslocados, a maioria no ambiente mais simpático dos campos americanos. Entre eles, havia um desejo avassalador de emigrar para o território do mandato britânico. A UNRRA distribuiu um questionário entre 19 mil deslocados judeus para descobrir sua preferência declarada por um novo lar, e 18 700 escreveram Palestina. "Trabalhamos e lutamos durante muito tempo nas terras de outros povos", explicou um judeu idoso em 1945. "Devemos construir uma terra nossa."[116] O presidente Truman enviou Earl Harrison, um delegado do Comitê Intergovernamental de Refugiados, para investigar a situação dos judeus na Europa. Seu relatório foi uma acusação devastadora da situação deles e um endosso inequívoco de seu direito de emigrar para a Palestina. Truman pediu a Attlee que aceitasse 100 mil imigrantes, porém o governo britânico foi evasivo. Bevin queria enviar apenas o suficiente "para apaziguar o sentimento judaico", mas a entrada de um grande número de pessoas na Palestina agravaria a crise e alienaria a opinião árabe.[117] Embora a iniciativa de Truman fosse vista como uma jogada política para apaziguar o grande bloco de eleitores judeus nos Estados Unidos e evitar a vinda de um grande número de refugiados, a opinião americana costumava ser crítica à posição britânica e esperava que o governo da Grã-Bretanha respondesse de forma mais completa e humana ao desejo judaico de emigrar. Organizações de refugiados na Europa passaram a definir os deslocados judeus primeiro como apátridas, depois como uma "nação não territorial", concedendo de modo efetivo status nacional. Em 4 de outubro de 1946, Truman pediu um "Estado judeu viável" para atender à demanda por nacionalidade. Para o governo britânico, o conflito intratável na Palestina, como a crise na Índia, era impossível de ser resolvido de modo unilateral. Em fevereiro de 1947, Bevin propôs uma Palestina binacional administrada pela Grã-Bretanha por pelo menos cinco anos, mas já era evidente que nenhum dos lados no território aceitaria isso. No mesmo mês, os britânicos entregaram o problema às Nações Unidas. "A natureza pode dividir a Palestina", foi o tiro de despedida de Bevin.[118]

O Comitê Especial da ONU para a Palestina concluiu que a divisão em um Estado judeu e um árabe era a única solução. Seu relatório, bastante apoiado pelos Estados Unidos e pela União Soviética, foi aprovado numa votação dramática da Assembleia Geral em 29 de novembro de 1947, após forte pressão dos Estados Unidos para garantir a concordância dos países da América Latina e da Europa Ocidental. Os britânicos se abstiveram e se recusaram a implementar os termos da divisão elaborados pelo Comitê Especial. Em vez disso, o governo anunciou que a Grã-Bretanha se retiraria de forma unilateral do mandato em 15 de maio de 1948, e a vasta presença militar na Palestina permaneceu confinada aos quartéis. O resultado foi uma guerra civil, pois judeus e árabes começaram a lutar por áreas designadas no mapa elaborado pelo Comitê Especial para um lado ou outro. O Exército de Resgate se infiltrou na Palestina vindo de bases sírias, acompanhado por uma variedade de voluntários antissemitas bósnios, alemães, britânicos e turcos. A Legião Árabe do rei Abdullah, treinada por oficiais britânicos, mudou-se para a margem oeste do rio Jordão para defender Jerusalém do ataque judeu. A Agência Judaica ordenou que a Haganah, que contava agora com entre 35 mil a 40 mil homens armados, inclusive 5 mil veteranos da Brigada Judaica em tempo de guerra, tomasse a ofensiva. Numa série de batalhas pequenas, mas sangrentas, eles conquistaram o controle das áreas de partição e atacaram assentamentos árabes para tentar adquirir mais território.[119] As forças judaicas estavam mais bem armadas, disciplinadas e lideradas do que seus oponentes árabes, e quando Ben-Gurion declarou a formação do Estado de Israel em 14 de maio, um dia antes da retirada britânica, o Estado de partição estava consolidado o suficiente para começar a funcionar de imediato. A Liga Árabe então declarou guerra para eliminar o recém-chegado, mas as tropas árabes estavam com recursos muito escassos e não conseguiram cooperar umas com as outras. Tréguas temporárias foram impostas pelas Nações Unidas, mas amplamente ignoradas. Em 1949, havia 650 mil refugiados palestinos, mais da metade da população árabe. O Estado árabe separado não se materializou; a Jordânia assumiu a Cisjordânia, para onde a maioria dos refugiados palestinos havia fugido, e o Egito, a Faixa de Gaza. Uma série de acordos de armistício foi por fim intermediada pelas Nações Unidas em 1949, e em 11 de maio daquele ano Israel foi admitido nas Nações Unidas. Entre 1948 e 1951, 331 594 judeus europeus emigraram para Israel.[120]

O único grande Estado ausente nas primeiras décadas das Nações Unidas foi a República Popular da China, fundada em outubro de 1949 após a vitória do exército de libertação comunista de Mao Tsé-tung na guerra civil. A China era representada por Taiwan, onde Chiang Kai-shek havia se refugiado em 1949 com um pequeno grupo do seu partido e o exército nacionalista. Entre todas as convulsões após 1945 que ajudaram a moldar a nova ordem global do pós-guerra, a mais significativa tanto a curto quanto a longo prazo foi a criação de um Estado-nação unitário pelo Partido Comunista a partir da China dividida e em conflito que emergiu da resistência à agressão japonesa. Quando o conflito com o Japão terminou, tanto Chiang quanto Mao imaginaram que poderiam explorar o caos e a desorganização para criar uma nova ordem. A partir do final de agosto de 1945, Mao e Zhou Enlai, o principal negociador dos comunistas, passaram seis semanas como convidados de Chiang na capital nacionalista Chongqing, para ver se poderiam fazer nascer uma nova China baseada na colaboração, mas as negociações expuseram um abismo óbvio entre suas visões do que o novo país significava. Mao se recusou a limitar o tamanho do exército comunista, que logo seria chamado de Exército de Libertação Popular, ou a integrá-lo ao exército de Chiang, de comando nacionalista. Os comunistas tampouco abririam mão da demanda de governar as cinco províncias do norte que haviam garantido no último ano de guerra.[121] Embora Mao tivesse sido advertido por Stálin para evitar uma guerra civil e sobre a provável desintegração da China, a recusa em deixar de lado o controle sobre uma força armada com mais de 1 milhão de recrutas a tornou quase inevitável. Ainda durante as negociações, a luta eclodiu entre os dois lados no vale do Yangtzé e nas províncias do norte, e as tropas comunistas começaram a invadir a Manchúria sob o olhar atento do Exército Vermelho ocupante.

Tendo em vista a presença de forças soviéticas na Manchúria e de conselheiros e equipamentos militares americanos no sul, o futuro da China do pós-guerra também era uma questão internacional importante. Os aliados ocidentais de Chiang durante o conflito tinham visões diferentes de como o país se encaixaria numa nova ordem mundial. Roosevelt queria que fosse um dos "Quatro Policiais" que garantiriam a segurança durante o pós-guerra, e a China se tornou membro do Conselho de Segurança das Nações Unidas em 1946.[122] Para Churchill, a reivindicação de ser uma grande potência era mera "afetação". As autoridades britânicas continuavam a ver a China da mesma forma e presumiam que seria possível reafirmar o "império informal" britânico, que havia sido abandonado de modo relutante em 1943, quando Chiang insistiu em revogar os "tratados desiguais" que davam aos ocidentais o direito à extraterritorialidade nos principais portos comerciais chineses.[123] O Comitê do Extremo Oriente do gabinete britânico recomendou todos os esforços para "recuperar o máximo possível de nossa influência anterior na China", em particular concessões econômicas. O teste das intenções britânicas veio com a reocupação de Hong Kong em setembro de 1945, realizada pela Marinha Real em desafio a um acordo com Chiang para permitir que as forças chinesas a recuperassem. Os Estados Unidos se opuseram ao fato consumado, e todos os esforços foram feitos para garantir que a Grã-Bretanha não tentasse ressuscitar seu antigo status. Roosevelt mandara o general Patrick Hurley como enviado especial à China no final de 1944, com instruções expressas para "ficar de olho no imperialismo europeu".[124] A grande presença militar e empresarial americana atrapalhou a atividade britânica, mas o principal obstáculo foi Chiang, que não tinha intenção de abandonar a insistência nacionalista de que a velha ordem de influência europeia e japonesa agora estava morta.

Depois de 1945, os britânicos preferiam a ideia de uma China fraca e dividida, onde concessões regionais ainda poderiam ser extraídas, mas enfrentaram uma administração americana comprometida com o que o general George Marshall, sucessor de Hurley como enviado especial, descreveu como uma China "forte, democrática, unificada".[125] Enquanto a presença britânica foi atenuada e mal tolerada, o envolvimento americano na China do pós-guerra foi extenso. Pacotes de ajuda que totalizavam 800 milhões de dólares foram distribuídos entre 1945 e 1948, mais do que o valor de toda a ajuda de guerra à China. Conselheiros militares americanos treinaram dezesseis divisões do exército nacionalista e deram treinamento preliminar a outras vinte, enquanto 80% do equipamento militar de Chiang vinha dos Estados Unidos.[126] A política americana se baseava no apoio a Chiang em vez de aos comunistas, mas a ajuda era condicional à disposição do líder chinês de fazer o país progredir de forma rápida para o modelo americano de democracia, uma exigência que indicava o quanto os Estados Unidos haviam aprendido pouco sobre a China em quatro anos de aliança. Em dezembro de 1945, Truman enviou Marshall a Chongqing como mediador para evitar a guerra civil e trazer os dois principais movimentos políticos para a coalizão "por meios pacíficos e democráticos".[127] Ele criou um "Comitê dos Três" — o próprio Marshall, Zhou Enlai e o ministro do Kuomindang Zhang Qun — para discutir o acordo mais uma vez. Em janeiro, o comitê negociou um compromisso sobre um cessar-fogo entre os dois lados, um governo de coalizão e a integração dos dois exércitos. Chiang se comprometeu a começar o trabalho de democratização da China, enquanto Mao escreveu prometendo que "a democracia chinesa deve seguir o caminho americano".[128] Marshall ficou encantado com o resultado: "Muito notável como conseguimos endireitar o que pareciam condições impossíveis [...], até chegarmos, nada podia ser feito". Seu otimismo era prematuro. Chiang confidenciou em seu diário no final de janeiro de 1946 que Marshall não entendia bem a política chinesa: "Os americanos tendem a ser ingênuos e confiantes [...], enganados pelos comunistas". A visão real de Mao era que todos os acordos com imperialistas eram pedaços de papel. "Tudo é decidido pela vitória ou pela derrota no campo de batalha", disse ele aos comandantes de seu exército.[129]

Enquanto Marshall pensava que tinha um acordo sólido, a guerra civil começou no norte do país e na Manchúria, ignorando o cessar-fogo que nominalmente entrara em vigor em meados de janeiro. A Manchúria se tornou o principal campo de batalha, longe das discussões em Chongqing. Para Chiang, o controle da região era uma prioridade, em especial porque tinha sido ali que a longa Segunda Guerra Mundial havia começado em 1931, quando a reação nacionalista tinha sido um fracasso total. Em agosto de 1945, Chiang conseguiu chegar a um acordo com Stálin de que a Manchúria ocupada pelos soviéticos seria devolvida à soberania chinesa. O Tratado Sino-Soviético de 14 de agosto deu à União Soviética o controle de dois portos importantes na Manchúria, mas prometeu a Chiang "assistência moral, militar e outros materiais" para estabelecer seu governo indiscutível sobre uma China unida.[130] Os comunistas chineses não participaram do acordo e não entenderam direito a atitude de Stálin. Nos primeiros meses após o fim da guerra, mais de meio milhão de soldados comunistas se mudou para a região sob o comando de Lin Biao, introduzindo a reforma agrária e desenvolvendo quadros partidários locais no interior. O Exército Vermelho resistiu à entrada nas cidades da Manchúria porque Stálin havia prometido a região a Chiang. Do final de 1945 em diante, a Marinha dos Estados Unidos ajudou a enviar 228 mil soldados nacionalistas e equipamentos para a Manchúria, inclusive as melhores forças de Chiang, os novos Primeiro e Sexto Exércitos; nos meses seguintes, 70% das tropas de Chiang chegaram à Manchúria.[131] As escaramuças logo se transformaram em grandes batalhas quando as forças soviéticas começaram a se retirar em março e abril de 1946. Os comunistas foram expulsos de Cheniangue (Mukden) em março, mas em abril o Exército de Libertação comunista destruiu uma guarnição nacionalista em Changchun. O cessar-fogo foi um fracasso, como Mao e Chiang sabiam que seria. Para Marshall, os meses seguintes foram de desilusão, e por fim ele persuadiu Truman a impor um embargo de armas e suprimentos para as tropas de Chiang, deixando-os nas campanhas que se seguiram sem munição e peças de reposição para suas armas americanas. A guerra civil tinha agora ímpeto próprio, fora do controle dos Estados Unidos ou da União Soviética.

O resultado do conflito para o futuro da China não estava previamente determinado. Nos dezoito meses após o rompimento do cessar-fogo, as forças nacionalistas retomaram o controle de cidades, aldeias e áreas rurais ocupadas pelos comunistas nas regiões sul, leste e norte, até a Grande Muralha. No final de 1946, os comunistas já haviam perdido o controle de 165 cidades e 174 mil quilômetros quadrados de território. Em março de 1947, o general nacionalista Hu Zongnan lançou uma grande ofensiva em Xianxim para tomar a capital comunista em Yan'an. Avisados com antecedência por um espião infiltrado no quartel-general de Hu, Mao e a liderança comunista moveram tudo para bases fora da cidade ao norte e a leste. Uma força simbólica foi deixada para defender Yan'an, mas as tropas de Hu entraram numa cidade deserta de comunistas. A tomada foi saudada pela liderança e pela imprensa nacionalistas como uma vitória histórica, até mesmo o clímax bem-sucedido da guerra.[132] Porém, era uma ilusão, pois, apesar das pesadas perdas nos dezoito meses de conflito, o Partido Comunista chinês permanecia enraizado em grande parte da China rural ao norte e na Manchúria. Assim como no combate contra o Japão, a estratégia comunista foi estabelecer e proteger áreas de base e fazer o que o general Zhu De chamou de "guerra de pardais", desgastando com ataques curtos e de surpresa unidades isoladas do inimigo antes de sumir outra vez no entorno. "O campo circunda as cidades" era o slogan comunista, e era ali, ao estimular uma revolução social, que se daria o sucesso final do comunismo na China.[133]

A situação do pós-guerra na China favoreceu mais a visão de futuro comunista do que a nacionalista. A convulsão do conflito tinha levado a um deslocamento e uma expropriação generalizados; os valores confucionistas convencionais que regiam a vida familiar e as atitudes em relação à autoridade se desintegraram à medida que as famílias se separavam e a confiança no regime evaporava sob o peso da ocupação japonesa e um esforço de guerra nacionalista ineficaz. Os jovens chineses, em particular, foram afetados pela ruptura da ordem e por um novo senso de libertação dos laços sociais tradicionais. Metade dos recrutas do Partido Comunista e do Exército de Libertação tinha menos de vinte anos. Para o campesinato de grande parte da China, a guerra havia sido uma experiência negativa. Na província de Hunan, entre 2 milhões e 3 milhões de pessoas morreram de fome em 1944-5; em 1946, mais 4 milhões morreram. Latifundiários, agentes de mercados negros e bandidos exploravam e assediavam os moradores de vilarejos em todo o país. Em áreas onde era possível, os comunistas protegiam os camponeses e introduziam a reforma agrária. A "Diretiva sobre a questão da terra", publicada pelo Partido Comunista em 4 de maio de 1946, exigia a expropriação da classe dos proprietários de terras e a redistribuição para quem trabalhava no campo. O conflito de classes que havia sido suspenso durante a guerra com o Japão se tornou a tábua central do apelo comunista. Nas aldeias do norte, foi introduzido um programa de "falar da amargura", no qual camponeses e trabalhadores locais eram encorajados a se apresentar para denunciar aqueles que os oprimiam. O objetivo era conscientizar os pobres rurais sobre as razões de sua pobreza e focar o inimigo de classe. "Oradores da amargura" treinados foram enviados às comunidades pelo Partido, com instruções para usar uma expressão triste e dar vazão a uma raiva simulada.[134] As represálias contra os exploradores eram duras, muitas vezes com execução sumária; os colaboradores dos japoneses ou dos nacionalistas eram punidos com violência arbitrária. Os comunistas exploravam acima de tudo a hostilidade a Chiang e ao regime nacionalista, que eram culpados por impedir a construção de uma nova China a partir das ruínas da guerra.

Para Chiang e o movimento nacionalista, os anos do pós-guerra apenas exacerbaram as crises financeiras e sociais geradas pela emergência do conflito. A espiral inflacionária continuou, piorada pelas exigências militares que consumiam quase dois terços dos gastos do Estado. A taxa de câmbio do fabi chinês em relação ao dólar americano se deteriorou de 2655 em junho de 1946 para 36 826 um ano depois, e 180 mil em janeiro de 1948. A hiperinflação afetou consumidores e poupadores na China urbana dominada pelos nacionalistas, mas teve menos efeito nas áreas rurais mais autossuficientes onde o comunismo estava agora enraizado. Quando Chiang insistiu em converter a moeda de ocupação japonesa em fabi a uma taxa de um para duzentos, milhares que haviam trabalhado para os ocupantes ou enriquecido no mercado clandestino foram arruinados.[135] Aqueles que haviam colaborado com os japoneses, ou que se julgava que haviam colaborado, foram expulsos de suas casas e suas propriedades foram confiscadas pelos apoiadores do Guomindang, alienando e empobrecendo muitos membros da antiga elite comercial e burocrática, mas beneficiando uma nova elite que enriqueceu com confiscos. A corrupção e a criminalidade que prejudicaram o esforço de guerra persistiram, enquanto as pessoas competiam por vantagens ou apenas buscavam sobreviver. O dedicado ramo chinês da UNRRA viu a corrupção ocorrer em larga escala, pois bens foram saqueados ou vendidos de forma privada para empresas, em vez de fornecidos aos refugiados destituídos que precisavam deles.[136] Apesar do sucesso no campo de batalha, a população foi alienada pela guerra contínua e pelo regime de Chiang que a sustentou. Em fevereiro de 1948, Chiang observou em seu diário: "Em todos os lugares, o povo está perdendo a confiança".[137]

A maior dificuldade enfrentada por Chiang era consolidar suas vitórias ao norte e na Manchúria e assim eliminar a resistência comunista. A escolha estratégica da Manchúria fazia sentido para Chiang porque o conflito de lá garantiria que a promessa de Stálin de soberania chinesa para a província fosse resgatada, enquanto os exércitos comunistas poderiam ser destruídos por tropas treinadas pelos americanos e com equipamentos americanos. No entanto, a região, muito distante, era difícil de reforçar com uma única linha ferroviária, que era facilmente sabotada pelo inimigo, enquanto o embargo de armas americano anulava a vantagem de tê-las se não podiam ser abastecidas com munição. Marshall ficou desanimado com seu papel de "transportador de mensagens" e se sentiu aliviado ao retornar aos Estados Unidos no início de janeiro de 1947 para ser secretário de Estado.[138] O governo americano começou a se distanciar do apoio direto a Chiang, uma vez que o custo de mais ajuda militar parecia perigosamente indefinido. Novos suprimentos começaram a chegar apenas em setembro de 1948, quando já era tarde demais.[139]

Como a ameaça comunista havia recuado para o campo, as tropas nacionalistas ficaram detidas nas principais cidades, incapazes de retornar ao sul da China até que a vitória fosse completa e cada vez mais desmoralizadas pelo clima e pelas condições severas do norte. Após as derrotas de 1946-7, o Partido Comunista se reorganizou, recrutou novas ondas de voluntários entre os jovens urbanos empobrecidos e alienados e reconstruiu o Exército de Libertação com a ajuda de equipamentos soviéticos, fornecidos pela fronteira da Manchúria com a União Soviética, para onde as tropas haviam recuado em 1946. No outono de 1947, havia outra vez cerca de 1 milhão de homens e mulheres do Exército de Libertação na Manchúria. Em dezembro de 1947, em temperaturas de -35°C, 400 mil soldados comunistas começaram a reconquista da Manchúria urbana ao cruzar o rio Sungari congelado para sitiar a cidade de Cheniangue. O cerco de dez meses de cerca de 200 mil soldados nacionalistas numa cidade de 4 milhões de habitantes levou a uma escassez desesperada de alimentos e combustível. Unidades comunistas cortaram a principal ligação ferroviária, isolando a Manchúria de uma possível ajuda. Uma imensa superioridade em artilharia compensou a falta de poder aéreo comunista, enquanto conselheiros técnicos soviéticos ajudavam a transformar uma força de guerrilha em um exército moderno capaz de guerrear em larga escala.[140] Em maio de 1948, Lin Biao sitiou Changchun, mais ao norte. Quando o comandante nacionalista se recusou a se render, Lin Biao ordenou que suas forças transformassem o local em "uma cidade da morte".[141] De maio a outubro, um sítio total foi imposto. A cidade foi cercada à distância por linhas defensivas de arame farpado, casamatas e trincheiras. Refugiados da população faminta tentaram atravessar pela terra de ninguém estéril entre a cidade e as linhas comunistas, mas não conseguiram passar pelos guardas comunistas nem foram autorizados a voltar para a cidade atingida. Corpos inchados se amontoavam no calor do verão; estima-se que 160 mil morreram dentro e fora da cidade. Quando Chiang ordenou que o comandante nacionalista Zheng Dong-guo tentasse escapar, metade de sua força se amotinou, e a cidade se rendeu em 16 de outubro de 1948.[142]

A queda de Changchun foi logo seguida pela captura de Jinzhou, depois Cheniangue, que se rendeu após uma encarniçada luta corpo a corpo em 1º de novembro. Nas batalhas da cidade, Chiang perdeu a maioria de suas melhores tropas, um total estimado em 1,5 milhão de homens. Cada sucesso comunista trazia um enxame de desertores do lado inimigo, enquanto muitos chineses de elite — a chamada "facção do vento" — mudavam de lado na esperança de ganhar mais com a ordem comunista. A derrota na Manchúria tornou o fracasso em outros lugares quase inevitável. O que se seguiu espelhou de forma notável o padrão geográfico do avanço japonês dez anos antes. Beijing foi submetida a um cerco de quarenta dias que terminou com a rendição, em 22 de janeiro de 1949. Os 240 mil soldados nacionalistas foram absorvidos pelo Exército de Libertação

Popular. Um retrato de Mao desenhado às pressas foi pendurado na praça da Paz Celestial para substituir a imagem de Chiang. Incapaz de suportar a perda de Beijing e sendo derrotado em todos os lugares, Chiang renunciou ao cargo de presidente em 21 de janeiro e entregou a seu vice Li Zongren o cargo de presidente "interino", com a tarefa árdua de negociar o fim da guerra civil. Em abril, Mao exigiu rendição incondicional, o que Li Zongren não podia aceitar. Chiang reclamou em seu diário que a derrota veio do fracasso perene em construir "um sistema e uma estrutura" eficazes a partir do partido rebelde do Guomindang e de um exército não reformado.[143] As forças comunistas se espalharam pelo norte da China. A maior batalha da guerra civil ocorreu para tomar o entroncamento ferroviário na cidade de Xuzhou. Quase 2 milhões de homens lutaram pelo acesso para o sul, mas as tropas nacionalistas voltaram a ruir. Mais ao sul, a capital de Chiang, Nanquim, caiu em 23 de abril, seguida por Wuhan e, logo depois, Xangai, em maio de 1949. Embora no início do mês, antes da chegada do inimigo, Chiang tivesse ido à cidade declarar que Xangai seria a Stalingrado da China, houve apenas uma resistência esporádica. O embaixador britânico Lionel Lamb escreveu para Londres que a população no sul agora considerava "o colapso do governo central inevitável".[144] Um milhão de soldados comunistas, reforçados por centenas de milhares de desertores do lado inimigo, estavam agora na margem norte do Yangtze, prontos para invadir o sul.

Poucos meses antes, Stálin havia intervindo mais uma vez para pedir a Mao que se abstivesse de cruzar o Yangtzé enquanto aguardava a mediação soviética. Ele preferia uma divisão norte-sul, como a da Coreia. Seus motivos parecem ter sido o medo de que uma China comunista unificada pudesse não só ser indigesta, como também alienaria os Estados Unidos e atravessaria esferas de interesse combinadas. A ideia de "Dois Reinos" ressoava na história chinesa, e tanto o governo britânico quanto o americano se perguntaram se a divisão não seria preferível, caso Chiang pudesse unir o sul.[145] Mao rejeitou a proposta, e as forças comunistas, embora enfraquecidas por meses de campanha exaustiva e incertas sobre como a população do sul reagiria, atravessaram o Yangtzé. Em outubro, tomaram o principal porto do sul de Guangzhou [Cantão]. Chiang fugiu de novo para Chongqing, mas, ao contrário dos japoneses, o Exército de Libertação tomou a antiga capital. Chiang voou para Taiwan em 9 de dezembro de 1949. A luta continuou em 1950 em áreas onde os nacionalistas se recusavam a se render, mas um novo Estado unitário era uma realidade. Em um discurso feito em setembro para a Conferência Consultiva do Povo, uma assembleia criada originalmente por Chiang para satisfazer a demanda de Marshall por uma democracia que seguisse o modelo americano, Mao proclamou de modo triunfal o fim do regime nacionalista e de seus apoiadores imperialistas: "A nossa não será mais uma nação sujeita a insultos e humilhações. Nós nos levantamos".[146]

Ao chegar a Beijing, Mao anunciou a uma multidão entusiasmada na praça da Paz Celestial, em 1º de outubro de 1949, a fundação da República Popular da China. O jovem doutor Li Zhisui, que se tornou médico pessoal de Mao, relembrou em suas memórias que ele estava naquele dia "tão cheio de esperança, tão feliz, que a exploração e o sofrimento, a agressão de estrangeiros, acabariam para sempre".[147] A guerra civil estava perto do fim, mas a tarefa de construir uma sociedade comunista não prometia o fim do sofrimento imposto àqueles que fracassassem no teste da "classe boa" e fossem classificados como "classe média" ou "classe má". Ironicamente, uma das primeiras nações ocidentais a reconhecer o novo Estado chinês, em 6 de janeiro de 1950, para desafiar os Estados Unidos, foi a Grã-Bretanha, que havia sido a nêmesis imperial da China durante mais de um século, ainda na esperança de oportunidades comerciais. O reconhecimento do novo status chinês nas Nações Unidas teve de esperar mais vinte anos. Após uma moção apresentada pela Albânia em julho de 1971, a Assembleia Geral votou em 15 de outubro de 1971 para que a República Popular fosse o único Estado chinês legítimo. Os representantes da República da China de Chiang argumentaram que a contribuição dos nacionalistas para vencer a Segunda Guerra Mundial justificava sua filiação, mas foram rejeitados e expulsos da sessão. Em novembro, a China de Mao assumiu uma cadeira na Assembleia e no Conselho de Segurança.

NOVOS IMPÉRIOS NO LUGAR DOS ANTIGOS?

A guerra criou duas superpotências, os Estados Unidos e a União Soviética. Ambos se envolveram na reconstrução da ordem pós-imperial e se firmaram como os principais adversários numa Guerra Fria que devia muito às crises relacionadas ao fim dos impérios. Logo após 1945, os contemporâneos começaram a refletir se as duas superpotências poderiam se tornar "impérios" e suceder a ordem extinta, e ao longo das décadas seguintes os termos "Império Soviético" e "Império Americano" se tornaram uma descrição comum do poder hegemônico exercido pelos dois Estados federais no contexto da Guerra Fria. Muitos dos líderes presentes na Conferência Afro-Asiática de Bandung em 1955 temiam que o fim do antigo colonialismo abrisse caminho para novas formas imperiais. O delegado iraniano Djalal Abdoh alertou os colegas líderes sobre os novos agressores comunistas que estavam "reinventando o colonialismo de novas maneiras" para subverter a "soberania e liberdade dos povos" conquistadas a duras penas.[148] Por sua vez, os simpatizantes do marxismo consideravam o poder global emergente dos Estados Unidos após 1945 um império com aparência diferente. As acusações soviéticas de que os americanos praticavam agora um imperialismo mundial ficaram embutidas no discurso comunista até o fim do bloco soviético, em 1990. Os críticos liberais americanos do imperialismo estavam igualmente dispostos a aplicar o termo ao longo do envolvimento dos Estados Unidos nas guerras pós-coloniais no Vietnã. O termo se tornou bastante aceito no contexto do poder unipolar americano após 1990 e do colapso do bloco soviético.[149]

Não se discute que a União Soviética e os Estados Unidos se tornaram potências hegemônicas no mundo do pós-guerra graças a sua enorme superioridade militar herdada dos anos de combate e às ambições políticas compartilhadas para projetar essa influência em todo o globo. Mas ambos eram potências anticoloniais durante o conflito e nos anos do pós-guerra. Stálin deplorava o colonialismo e na Conferência de Teerã, em novembro de 1943, aceitou a ideia de Roosevelt de que todas as colônias deveriam ser entregues à supervisão internacional após o fim dos combates. Com o início da Guerra Fria, os líderes soviéticos não queriam apenas tutela, mas autodeterminação universal. A disputa bipolar entre "socialismo" e "imperialismo" foi o pilar central do planejamento estratégico soviético e do pensamento do final da década de 1940 em diante.[150] Numa sessão tempestuosa nas Nações Unidas em novembro de 1960, o delegado soviético Valerian Zorin denunciou o colonialismo como "o fenômeno mais vergonhoso na vida da humanidade" e exigiu a independência de todos os povos coloniais dentro de um ano. O delegado britânico deplorou a repetição de "slogans leninistas desgastados" e destacou a ausência da autodeterminação para as repúblicas soviéticas, mas a União Soviética estava formalmente comprometida com a ideologia e com a estratégia prática de intervir, onde fosse conveniente fazê-lo, nas lutas de libertação colonial.[151]

Os líderes americanos da época da guerra se opunham ao colonialismo não só em virtude do idealismo liberal defendido por Roosevelt, mas também por um desejo pragmático de criar uma economia global aberta, desmantelando as preferências comerciais especiais incorporadas nas economias imperiais anteriores ao conflito. O general Hurley, enviado de Roosevelt ao Oriente Médio em 1943, reclamou que a Grã-Bretanha recebia ajuda americana "não com o propósito de construir um admirável mundo novo baseado na Carta do Atlântico e nas Quatro Liberdades, mas para a conquista britânica, o domínio imperialista britânico e o monopólio comercial britânico".[152] A criação do Fundo Monetário Internacional e do Banco Mundial após a cúpula econômica em Bretton Woods em 1944 e o posterior Acordo Geral sobre Tarifas e Comércio em 1947 foram elementos importantes nos esforços americanos para subverter blocos fechados e restrições comerciais e monetárias características dos sistemas imperiais antes e durante o conflito. As ambições econômicas estavam intimamente interligadas aos planos de descolonização. Um comitê territorial do Departamento de Estado começou em 1942 a explorar maneiras pelas quais os territórios dependentes poderiam ser desvinculados do domínio colonial fechado após a guerra. Em novembro daquele ano, o comitê chegou à ideia de "Tutela Internacional", mais tarde consagrada na nova organização de Tutela das Nações Unidas.[153] Roosevelt foi o principal porta-voz do fim do colonialismo tradicional. Ele era a favor da tutela universal para todos os territórios dependentes, e o planejamento antes de 1945 visava claramente acabar com as estruturas imperiais tradicionais, apesar da resistência de seu aliado britânico. No final do conflito, em Washington, alguma forma de tutela foi prevista para o mundo dependente com base no ideal de desenvolvimento em direção à autodeterminação combinado com assistência econômica internacional.

A forte oposição da Grã-Bretanha e da França fez com que, no final, um sistema de tutela universal fosse abandonado durante a conferência de abertura das Nações Unidas, mas Harry Truman, que substituiu Roosevelt, não estava mais apegado à ideia de restaurar os antigos impérios do que seu antecessor, o que ficou evidente na hostilidade de seu governo aos esforços britânicos para reafirmar o império informal tradicional na China e no Irã. A oposição americana à restauração de colônias era, no entanto, ambígua, porque o medo crescente do comunismo soviético fez com que os líderes americanos fossem menos insistentes na questão da tutela universal como uma rota rápida para a independência. No Caribe, apesar do lobby para acabar com todo o colonialismo do Novo Mundo pela Organização dos Estados Americanos, formada em 1948, os Estados Unidos temiam que seu flanco sul pudesse ser ameaçado se os britânicos fossem pressionados demais a descolonizar, e assim apoiaram os esforços da Grã-Bretanha para identificar e combater a "penetração inimiga" por comunistas agitadores em favor da independência.[154] Na Indochina, a forte aversão de Roosevelt à restauração das colônias ao domínio francês foi comprometida após 1945 por temores de que, sem o apoio americano, haveria um Vietnã comunista. Na Indonésia, por outro lado, a ausência de uma grande ameaça comunista deu a Truman mais margem de manobra para encorajar os esforços holandeses de oferecer autonomia governamental e acabar com a contrainsurgência ou enfrentar possíveis sanções.

O foco anticolonial da política americana também ficou evidente no processo de descolonização dos territórios dependentes americanos após 1945, quando a ruptura da guerra e a pobreza alimentaram protestos radicais contra a presença americana e quem havia colaborado com ela. Em 1946, as Filipinas receberam a independência, conforme prometido em 1934, mas o conflito social resultou numa guerra civil que terminou em 1954 com o nacionalismo filipino fortalecido. Nacionalistas porto-riquenhos, liderados por Pedro Albizu Campos, iniciaram uma campanha de protesto violento, inclusive com um ataque a tiros na Câmara dos Representantes dos Estados Unidos e um plano para assassinar o presidente Truman.[155] O território recebeu o status de "commonwealth" em 1952, enquanto fundos de desenvolvimento eram injetados para manter as demandas radicais sob controle. As ilhas do Havaí deixaram de ser um protetorado para se tornarem um estado pleno da União em 1959, após a vitória do Partido Democrata nas eleições insulares de 1954. Cuba, tomada na guerra hispano-americana de 1898, era independente no nome, mas estava intimamente ligada aos Estados Unidos até a revolução de 1959 levar Fidel Castro ao poder, rompendo o relacionamento entre os dois países durante mais de meio século. Convencido de que isso era "penetração inimiga" comunista no Caribe, o governo Eisenhower buscou políticas para isolar ou eliminar o regime de Castro. O resultado foi um alinhamento próximo, embora temporário, de Cuba com Moscou, onde poucos vínculos desse tipo existiam até então.[156]

A classificação da União Soviética e dos Estados Unidos como "impérios" não é de forma evidente direta. Império é um termo elástico, aplicado com pouca precisão a uma ampla gama de exemplos históricos do mundo clássico ao século XXI. A mudança que ocorreu em 1945 encerrou o império com um caráter definido de modo mais preciso: impérios territoriais que envolviam subjugação direta e perda de soberania da população indígena, fosse em colônias, protetorados, mandatos, assentamentos especiais ou condomínios territoriais. Os impérios alemão, italiano e japonês da época da guerra compartilhavam essas características com os impérios europeus mais antigos, alguns dos quais datavam de cerca de quatrocentos anos. A posição hegemônica desfrutada pelas duas superpotências não se baseava nessa forma de império territorial e não foi revivida depois de 1945. Na verdade, o neocolonialismo foi praticado de maneira muito mais ampla pelas antigas potências imperiais, que em muitos casos tiveram sucesso, mesmo muito tempo depois da independência, em sustentar interesses culturais, econômicos e de defesa nos antigos territórios coloniais.

O caso do império soviético repousa em especial na relação de poder estabelecida entre a União Soviética e as áreas da Europa Oriental e Central libertadas do império alemão em 1944-5. Ali, o Exército Vermelho e as forças de segurança soviéticas travaram uma luta prolongada contra movimentos nacionais na Ucrânia, na Polônia, na Eslováquia e nos Estados bálticos, cujos membros não queriam ser governados por comunistas. Grandes campanhas de contrainsurgência tiveram início em 1944, quando as tropas soviéticas recuperaram o território bielorrusso e ucraniano, e continuaram quando a Estônia, a Letônia e a Lituânia foram reincorporadas à União Soviética, e na Polônia, onde nacionalistas do Exército Nacional continuaram a lutar contra a perspectiva de um governo comunista. A reação do Exército Vermelho e das forças de segurança do NKVD mostrou o mesmo desdém pela legalidade ao realizar operações antiguerrilha que caracterizavam as contrainsurgências coloniais. Por sua vez, os insurgentes se envolveram em atos selvagens de violência para intimidar a população local e forçar que dessem apoio passivo ou ativo. A Organização dos Nacionalistas Ucranianos se gabava de seu desrespeito pelas pessoas que tentavam libertar. "Não intimidar, mas destruir", exortou o comandante da ala militar do grupo. "Não devemos nos preocupar com as pessoas poderem nos condenar por brutalidade."[157] As guerras de libertação tiveram um alto custo para ambos os lados. Em 1944-6, a resistência guerrilheira resultou na morte de 26 mil policiais, soldados, oficiais soviéticos e civis; em 1945-6, estima-se que 100 mil insurgentes foram mortos, com uma alta proporção na região da Ucrânia ocidental. As guerras continuaram até o início da década de 1950, quando os últimos grupos guerrilheiros foram caçados e eliminados. Entre 1944 e 1953, 20 mil guerrilheiros lituanos foram mortos, mas apenas 188 no último ano de resistência.[158] A principal diferença entre as contrainsurgências soviéticas e as dos Estados imperiais estava na estratégia de deportação em massa de insurgentes e suas famílias para colônias penais na União Soviética. Isso foi feito em grande escala, não só para livrar a região da resistência nacionalista, mas para fazer a reconstrução social da Europa Oriental, eliminando "inimigos de classe" — camponeses mais ricos, proprietários de terras, clérigos, políticos nacionalistas e supostos colaboradores da Alemanha. Entre 1945 e 1952, 108 362 pessoas foram deportadas da Lituânia; da Ucrânia ocidental (território polonês incorporado à União Soviética), 203 662 "cúmplices de bandidos" e camponeses ricos foram exilados para "assentamentos especiais" soviéticos.[159] Na Letônia, em março de 1949 ocorreu a deportação em massa de 43 mil nacionalistas, guerrilheiros capturados, camponeses mais ricos e suas famílias para a Sibéria. Outros 150 mil foram punidos por crimes políticos definidos pelos ocupantes soviéticos.[160]

Junto com a deportação de inimigos de classe e "bandidos" — termo quase universal aplicado a guerrilheiros que lutavam pela libertação —, as autoridades soviéticas iniciaram um grande programa de reconstrução étnica nas áreas conquistadas para evitar que houvesse no pós-guerra uma resistência baseada em conflitos étnicos, que tinham atormentado os novos Estados da Europa Oriental após 1919. Em novembro de 1945, 1 milhão de poloneses foi deportado da Ucrânia e da Bielorrússia para o novo Estado polonês, e 518 mil bielorrussos e ucranianos foram enviados da Polônia para a União Soviética. Após anexar a Ucrânia Transcarpátia da Tchecoslováquia, um acordo soviético-tcheco foi obtido para repatriar até 35 mil tchecos e eslovacos da região.[161] Os programas de reconstrução étnica e social tinham por objetivo sustentar o surgimento de democracias populares nas áreas do Leste e Sudeste da Europa libertadas pelas forças comunistas. A reação inicial de Stálin não foi impor o governo comunista, mas estimular amplas coalizões das quais o apoio ao comunismo se desenvolveria de forma natural como resultado da reforma social e econômica em linhas socialistas. Stálin disse ao líder comunista tcheco Klement Gottwald em julho de 1946 que "após a derrota da Alemanha de Hitler, após a Segunda Guerra Mundial [...] que destruiu a classe dominante [...], a consciência das massas populares foi elevada".[162] Os múltiplos caminhos para o socialismo se mostraram difíceis na prática e entraram em conflito com a prioridade de Stálin de construir uma barreira de Estados pró-soviéticos para garantir que não houvesse mais ameaças de antigos inimigos à segurança da URSS.[163] Os comunistas passaram a dominar os novos regimes da Bulgária, da Romênia, da Polônia e da Hungria. A liderança soviética ficou preocupada com a possibilidade de intervenção ocidental quando a Guerra Fria se solidificou em 1947, um medo simbolizado por Stálin no Plano Marshall de recuperação europeia, do qual o regime tchecoslovaco estava ansioso para participar. O plano foi rejeitado pelo bloco comunista como um instrumento para "fortalecer o imperialismo e preparar uma nova guerra imperialista".[164] Em fevereiro de 1948, o governo tcheco de coalizão do presidente Beneš foi derrubado e se instalou um regime comunista linha-dura. Em 1949, quando a Zona Soviética na Alemanha foi convertida na República Democrática Alemã, os Estados da Europa Oriental já eram todos pró-soviéticos e liderados pelos comunistas.

Isso equivalia a um império soviético? Há argumentos claros contra essa alegação. Os Estados Bálticos foram incorporados à força na União Soviética como repúblicas socialistas federais. Os Estados reconstituídos na Europa Oriental, que faziam parte de um projeto colonial do Terceiro Reich, foram restaurados como soberanos, e suas populações passaram a ser tratadas como cidadãos, não súditos, apesar da ausência de direitos civis convencionais. O objetivo, conforme Stálin disse em um discurso em fevereiro de 1946, era "restaurar as liberdades democráticas", no sentido comunista do termo, e parte da iniciativa na construção das "democracias populares" veio dos comunistas locais, afirmando seu direito de determinar seu futuro.[165] Na Conferência de Bandung, Nehru defendeu o bloco comunista, apesar de sua aversão ao comunismo, porque "não é colonialismo se reconhecermos a soberania deles". Embora o sistema político imposto não fosse democrático em nenhuma forma ocidental reconhecível e violasse direitos humanos de forma rotineira, não era o mesmo que o governo de um governador-geral sobre povos súditos. Embora os números do desenvolvimento econômico comunista possam ser vistos com ceticismo, os novos Estados da Europa Oriental vivenciaram o rápido progresso da indústria e da urbanização e a introdução de políticas sociais e de bem-estar que eram universais.

Também havia limites para até onde as ambições soviéticas poderiam ir. Stálin se recusou a ajudar os comunistas gregos na guerra civil ocorrida após 1945; a Iugoslávia de Tito rompeu com a autoridade de Stálin em março de 1948 e foi expulsa do Cominform (o sucessor do Comintern) em junho; a Albânia seguiu o exemplo em 1961, acusando a União Soviética de se desviar da linha anti-imperialista. Stálin respeitou a independência finlandesa e insistiu que os grandes partidos comunistas na Itália e na França cooperassem para restaurar a democracia ocidental convencional. Fora da Europa, ele demonstrou relutância em ser atraído para as batalhas da descolonização. Concordou em devolver a Manchúria após a ocupação soviética a Chiang Kai-shek em vez de a Mao Tsé-tung; só reconheceu a República Democrática do Vietnã de Ho Chi Minh após cinco anos e deu pouco apoio direto, ao contrário da China de Mao; evitou o confronto com os britânicos no Irã; enquanto encorajava a Coreia do Norte a testar a determinação americana em 1950, afastou-se do envolvimento direto na guerra que se seguiu, que mais uma vez trouxe a China comunista para o conflito; no sul da Ásia, no Oriente Médio e na África, a União Soviética contribuiu pouco para os movimentos nacionalistas e de libertação, apesar dos persistentes temores ocidentais. A KGB, serviço de segurança soviético, só abriu um departamento para a África subsaariana em 1960, durante a onda final de descolonização e independência.[166]

O argumento em favor da existência de um império americano é igualmente problemático. O poder recém-descoberto encontrado pelos Estados Unidos foi expresso por meio de pressão política, ameaças econômicas, vigilância de inteligência mundial e uma presença militar global, mas não era um império territorial. Nas áreas ocupadas da Alemanha, da Itália e do Japão, os governos militares ajudaram a restaurar serviços, forneceram capital para projetos de reconstrução e prepararam os antigos Estados inimigos para recuperar a soberania total sob regimes parlamentares. Depois disso, a presença americana consistiu em forças aéreas e terrestres em bases especiais, mas como elas também existiam na Grã-Bretanha, dificilmente eram provas de imperialismo, exceto por analogia grosseira. Não obstante, o império americano foi descrito como um "império de bases". No século XXI, elas já somavam pelo menos 725 em 38 países, tendo cada região global seu próprio comandante-chefe.[167] A presença militar permitiu que os Estados Unidos projetassem poder em nível global, mas não da mesma maneira que os britânicos ou franceses fizeram como potências coloniais. Quando Roosevelt refletiu sobre se não seria melhor assumir as possessões coloniais britânicas no Caribe para proteger as novas instalações militares definidas no acordo "contratorpedeiros por bases", de 1940, ele rejeitou a ideia como contrária ao espírito do anticolonialismo americano. Tal como Stálin, os líderes americanos estavam mais preocupados com a segurança, em particular contra a ameaça percebida do comunismo, do que com o império em qualquer sentido historicamente significativo. Daí os pactos de segurança regionais, cujo maior e mais duradouro é a Organização do Tratado do Atlântico Norte, fundada em 1949.

Os Estados Unidos encararam os maiores desafios ao tentar lidar com conflitos pós-coloniais. Na Coreia, a partição combinada no Paralelo 38 em 1945 deixou as forças americanas responsáveis por uma antiga colônia desprovida de súbito de seus senhores coloniais. O XXIV Corpo destacado para o sul da Coreia, comandado pelo general John Hodge, enfrentou uma tarefa assustadora. Quase nenhum dos oficiais falava coreano ou tinha qualquer conhecimento detalhado do país e de seu passado recente. Os coreanos queriam enfim poder organizar partidos políticos, mas em outubro de 1945 havia 54 deles, e em 1947 havia cerca de trezentos.[168] Os americanos formaram um Governo Militar comandado pelo major-general Archibald Arnold, mas a organização inicial era muito dependente da assistência de ex-oficiais japoneses, que antes de serem repatriados forneceram 350 memorandos detalhados para a nova administração. Os coreanos exigiam autodeterminação e reforma econômica, e em poucos meses houve greves generalizadas e protestos rurais. Em outubro de 1946, uma pesquisa de opinião mostrou que quase metade dos entrevistados preferia o governo japonês ao americano.[169] Ao norte, as forças soviéticas instalaram como líder comunista local o antigo guerrilheiro antijaponês Kim Il Sung, que havia vivido os anos de guerra na Sibéria. O medo da infiltração comunista nos muitos comitês populares que surgiram no interior da Coreia do Sul desviou a atenção americana da demanda generalizada por autonomia dos antigos súditos do Japão.

Em setembro de 1945, os nacionalistas do sul declararam a República Popular da Coreia, mas três meses depois Hodge a vetou, porque a considerou comunista demais. Em uma conferência realizada em Moscou em 27 de dezembro de 1945, a União Soviética, a Grã-Bretanha, a China e os Estados Unidos concordaram em operar uma tutela conjunta na Coreia por pelo menos quatro anos. A ampla hostilidade dos nacionalistas coreanos à ideia de que o país teria de esperar pela independência levou ao impasse. Sob supervisão soviética, Kim Il Sung e outros comunistas iniciaram reformas radicais no norte, em especial redistribuição de terras, que os camponeses de ambos os lados do Paralelo 38 queriam. Uma Frente Democrática Nacional Coreana foi criada no final de 1946, e o futuro Estado comunista começou a tomar forma. No sul, o Governo Militar proibiu sindicatos e o direito de greve e, em setembro de 1946, uma rebelião na cidade de Taegu foi reprimida com violência. Outras negociações com a União Soviética para a criação de uma Coreia unificada e independente fracassaram, e, em setembro, ansiosos para se desvencilhar de uma ocupação custosa e desafiadora, os Estados Unidos pediram às Nações Unidas que assumissem a responsabilidade. Um Comitê Temporário da ONU sobre a Coreia se movimentou com o objetivo de realizar eleições nacionais para formar uma nova assembleia, mas a União Soviética se recusou a reconhecer sua autoridade. No sul foram realizadas eleições, e uma Assembleia Nacional, que representava apenas uma fração da população coreana, aprovou uma constituição e elegeu o veterano nacionalista

Syngman Rhee — que havia começado sua campanha pela independência ao fazer uma petição para Woodrow Wilson em 1919 — para presidente do que se tornou no dia 15 de agosto de 1948 a República da Coreia. O norte também convocou eleições "nacionais", e a Assembleia Popular Suprema, que incluía comunistas do sul do país, inaugurou a República Popular Democrática em 9 de setembro de 1948. Um ano depois, a divisão correspondeu ao arranjo das duas Alemanhas. Os dois lados alegaram representar uma Coreia nacional, mas apenas a República da Coreia foi considerada pelas Nações Unidas um governo legítimo.[170] Uma Comissão das Nações Unidas para a Unificação e Reabilitação da Coreia foi criada em 1950, mas qualquer perspectiva de sucesso desapareceu com a Guerra da Coreia e suas longas consequências. Apenas em setembro de 1991, as duas repúblicas coreanas foram aceitas como membros da ONU.[171]

Os Estados Unidos se retiraram da República da Coreia em 1949, mas voltaram menos de um ano depois. Tanto no sul quanto no norte da península, permaneceu o objetivo da unidade nacional, mas o sul não tinha desejo de ser comunista, e o norte comunista não queria se unir ao regime nacionalista e anticomunista de Rhee. Em junho de 1950, o Exército Popular Coreano invadiu o sul na esperança de unificar uma Coreia comunista. As forças limitadas da República foram empurradas para uma pequena área ao redor do porto de Busan, no extremo sul. O Conselho de Segurança das Nações Unidas, na ausência temporária da União Soviética, resolveu enviar forças militares para ajudar o sul. Os invasores foram repelidos até bem ao norte, e Rhee, por sua vez, esperava criar uma Coreia unificada, pois a resistência comunista estava minguando. Em novembro de 1950, a intervenção chinesa forçou mais uma vez a retirada das Nações Unidas, mas em abril de 1951 a linha de frente havia se estabilizado próximo de onde havia começado a guerra, e negociações para encerrar o conflito tiveram início. Apenas em julho de 1953 um armistício foi por fim assinado, e nesse ínterim as Forças Aéreas Estratégicas dos Estados Unidos lançaram mais bombas na República Democrática do que haviam lançado durante a Segunda Guerra na Alemanha. As principais cidades do norte sofreram entre 75% e 90% de destruição. O custo do conflito superou em muito qualquer um dos outros conflitos coloniais e pós-coloniais: estima-se 750 mil mortes militares e algo entre um mínimo de 800 mil e um máximo de quase 2 milhões de civis mortos.[172]

Os combates na Coreia demonstraram até que ponto o confronto mais amplo da Guerra Fria era alimentado pelos pontos de crise da descolonização, como ocorreu depois na Guerra do Vietnã. Mas o resultado só refletiu em grau limitado a sugestão de que era também um choque dos "impérios" soviético e americano, em vez de um confronto ideológico. Não era apenas uma diferença semântica. A Coreia foi dividida em dois Estados soberanos depois de 35 anos como colônia, e eles permaneceram independentes após quatro anos de conflito. Os soviéticos e americanos hegemônicos desempenharam seu papel no resultado e nas consequências, assim como a recém-comunista China, mas o fim do império japonês em 1945 não foi um convite para recolonizar.

A longa Segunda Guerra Mundial, da década de 1930 aos violentos anos do pós-guerra, acabou não só com uma forma particular de império, mas desacreditou a história mais longa do termo. Em suas Reith Lectures de 1961 para a BBC, a africanista de Oxford Margery Perham observou que, de todas as "antigas autoridades" condenadas após a guerra, "nenhuma se saiu pior do que o imperialismo". Na opinião dela, tratou-se de uma profunda mudança histórica. "Ao longo dos sessenta séculos de história mais ou menos registrada", continuou ela, "tomou-se por certo que o imperialismo, a extensão do poder político de um Estado sobre outro, fazia parte da ordem estabelecida." A única autoridade que as pessoas aceitariam agora depois da guerra "é aquela que surge de suas próprias vontades, ou que se assemelhe a isso".[173] Daí a disputa pelo status de nação, um total de 193 nas Nações Unidas, em 2019. O novo corpo de Estados-nação, representado por instituições internacionais e pactos regionais, evidentemente não encerrou o conflito, seja internacional ou nacional, mas é uma era diferente daquela que existia antes do início da última guerra imperial. A Segunda Guerra Mundial, mais do que as lutas revolucionária e napoleônica, ou a Primeira Guerra Mundial, criou as condições para transformar não apenas a Europa, mas toda a ordem geopolítica global. Esse estágio final dos impérios territoriais não seria, como Leonard Woolf havia especulado em 1928, "enterrado de forma pacífica", mas com um excesso de "sangue e ruínas".

Notas

PREFÁCIO [pp. 13-9]

1. Frederick Haberman (org.), *Nobel Lectures: Peace, 1926-1950*. Amsterdam, 1972, p. 318.
2. Christopher Browning, *Ordinary Men: Reserve Police Battalion 101 and the Final Solution in Poland*. Londres, 1992. Ver também Richard Overy, "'Ordinary men', Extraordinary Circumstances: Historians, Social Psychology, and the Holocaust". *Journal of Social Issues*, v. 70, 2014, pp. 515-30.
3. Ver Gordon Corrigan, *The Second World War: A Military History*. Londres, 2010; Antony Beevor, *The Second World War*. Londres, 2013; Max Hastings, *All Hell Let Loose: The World at War 1939-1945*. Londres, 2011; e Andrew Roberts, *The Storm of War: A New History of the Second World War*. Londres, 2009. Os melhores livros com menor foco militar são: Gerhard Weinberg, *A World at Arms: A Global History of World War II*. Cambridge, 1994; Evan Mawdsley, *World War Two: A New History*. Cambridge, 2012; e o clássico estudo de Gordon Wright, *The Ordeal of Total War, 1939-1945*. Nova York, 1968; mais recentemente Andrew Buchanan, *World War II in Global Perspective: A Short History*. Hoboken, 2019; e Victor Hanson, *The Second World Wars: How the First Great Global Conflict was Fought and Won*. Nova York, 2019. Um acréscimo estimulante ao debate sobre o resultado militar é Phillips O'Brien, *How the War was Won*. Cambridge, 2015.
4. Reto Hofmann e Daniel Hedinger, "Axis Empires: Towards a Global History of Fascist Imperialism". *Journal of Global History*, v. 12, 2017, pp. 161-5. Ver também Daniel Hedinger, "The Imperial Nexus: The Second World War and the Axis in Global Perspective". Ibid., pp. 185-205.
5. Sobre a Grande Guerra e suas consequências para o império, ver Robert Gerwarth e Erez Manela, "The Great War as a Global War". *Diplomatic History*, v. 38, 2014, pp. 786-800; Jane Burbank e Frederick Cooper, "Empires After 1919: Old, New, Transformed". *International Affairs*, v. 95, 2019, pp. 81-100.
6. Sobre os limites da história "militar", ver a estimulante palestra de Stig Förster, "The Battlefield: Towards a Modern History of War". German Historical Institute, Londres, 2007 Annual Lecture; e Jeremy Black, *Rethinking World War Two: The Conflict and its Legacy*. Londres, 2015.

PRÓLOGO — "SANGUE E RUÍNAS": A ERA DA GUERRA IMPERIAL [pp. 53-79]

1. Leonard Woolf, *Imperialism and Civilization*. Londres, 1928, p. 17.
2. Ibid., pp. 9-12.
3. Birthe Kundrus, *Moderne Imperialisten: Das Kaiserreich im Spiegel seiner Kolonien*. Colônia, 2003, p. 28. Ver também Helmut Bley, "Der Traum vom Reich? Rechtsradikalismus als Antwort auf gescheiterte Illusionen im deutschen Kaiserreich 1900-1938". Em Birthe Kundrus (org.), *Phantasiereiche: zur Kulturgeschichte des deutschen Kolonialismus*. Frankfurt, 2003, pp. 56-67.
4. Nicola Labanca, *Oltremare: Storia dell'espansione coloniale Italiana*. Bolonha, 2002, p. 57.
5. Louise Young, *Japan's Total Empire: Manchuria and the Culture of Wartime Imperialism*. Berkeley, 1998, pp. 12-3, 22-3; Frederick Dickinson, "The Japanese Empire". Em Robert Gerwarth e Erez Manela (orgs.), *Empires at War, 1911-1923*. Oxford, 2014, pp. 198-200.
6. A ideia de nação-império tem sido amplamente discutida. Ver em particular o artigo de Gary Wilder, "Framing Greater France between the Wars". *Journal of Historical Sociology*, v. 14, 2000, pp. 198-202; e Heather Jones, "The German Empire". Em Robert Gerwarth e Erez Manela (orgs.), *Empires at War, 1911-1923*, op. cit., pp. 56-7.
7. Birthe Kundrus, "Die Kolonien — 'Kinder des Gefühls und der Phantasie'". Em *Phantasiereiche: zur Kulturgeschichte des deutschen Kolonialismus*, op. cit., pp. 7-18.
8. Paul Crook, *Darwinism, War and History*. Cambridge, 1994, pp. 88-9. Ver também Mike Hawkins, *Social Darwinism in European and American Thought 1860-1945*. Cambridge, 1997, pp. 203-15.
9. Friedrich von Bernhardi, *Germany and the Next War*. Londres, 1914, p. 18.
10. Benjamin Madley, "From Africa to Auschwitz: How German South West Africa Incubated Ideas and Methods Adopted and Developed by the Nazis in Eastern Europe". *European History Quarterly*, v. 35, 2005, pp. 432-4; Guntram Herb, *Under the Map of Germany: Nationalism and Propaganda 1918-1945*. Londres, 1997, pp. 50-1.
11. Timothy Parsons, *The Second British Empire: In the Crucible of the Twentieth Century*. Lanham, 2014, p. 8; Troy Paddock, "Creating an Oriental 'Feindbild'". *Central European History*, v. 39, 2006, p. 230.
12. Benjamin Madley, "From Africa to Auschwitz…", op. cit., p. 440.
13. Uma discussão proveitosa sobre a visão conceitual de império está em Pascal Grosse, "What Does German Colonialism Have to Do with National Socialism? A Conceptual Framework". Em Eric Ames, Marcia Klotz e Lora Wildenthal (orgs.), *Germany's Colonial Pasts*. Lincoln, 2005, pp. 118-29.
14. Martin Thomas, *The French Empire between the Wars: Imperialism, Politics and Society*. Manchester, 2005, p. 1; Gary Wilder, "Framing Greater France between the Wars", op. cit., p. 205; Timothy Parsons, *The Second British Empire: In the Crucible of the Twentieth Century*, op. cit., pp. 5, 83-4.
15. Giuseppe Finaldi, "'The Peasants Did Not Think of Africa': Empire and the Italian State's Pursuit of Legitimacy, 1871-1945". Em John MacKenzie (org.), *European Empires and the People: Popular Responses to Imperialism in France, Britain, the Netherlands, Germany and Italy*. Manchester, 2011, p. 214.
16. Birthe Kundrus, *Moderne Imperialisten: Das Kaiserreich im Spiegel seiner Kolonien*, op. cit., pp. 32-7; Bernhard Gissibl, "Imagination and Beyond: Cultures and Geographies of Imperialism in Germany, 1848-1918". Em John MacKenzie (org.), *European Empires and the People…*, op. cit., pp. 175-7.

17. Kristin Kopp, "Constructing Racial Difference in Colonial Poland". Em Eric Ames, Marcia Klotz e Lora Wildenthal (orgs.), *Germany's Colonial Pasts*, op. cit., pp. 77-80; Helmut Bley, "Der Traum vom Reich?...", op. cit., pp. 57-8; Kristin Kopp, "Arguing the Case for a Colonial Poland". Em Volker Langbehn e Mohammad Salama (orgs.), *German Colonialism: Race, the Holocaust and Postwar Germany*. Nova York, 2011, pp. 148-51; "deepest barbarism" em Matthew Fitzpatrick, *Purging the Empire: Mass Expulsions in Germany, 1871-1914*. Oxford, 2015, p. 103.

18. Kristin Kopp, "Constructing Racial Difference in Colonial Poland", op. cit., pp. 85-9; Bernhard Gissibl, "Imagination and Beyond: Cultures and Geographies of Imperialism in Germany, 1848-1918", op. cit., pp. 162-3, 169-77.

19. Robert Nelson, "The Archive for Inner Colonization, the German East and World War I". Em Robert Nelson (org.), *Germans, Poland, and Colonial Expansion to the East*. Nova York, 2009, pp. 65-75. Ver também Edward Dickinson, "The German Empire: An Empire?". *History Workshop Journal*, v. 66, 2008, pp. 132-5.

20. Louise Young, *Japan's Total Empire: Manchuria and the Culture of Wartime Imperialism*, op. cit., pp. 89-90.

21. Daniel Immerwahr, "The Greater United States: Territory and Empire in US History". *Diplomatic History*, v. 40, 2016, pp. 377-81.

22. Números tirados de Timothy Parsons, *The Second British Empire: In the Crucible of the Twentieth Century*, op. cit., p. 32.

23. Giuseppe Finaldi, "'The Peasants Did Not Think of Africa': Empire and the Italian State's Pursuit of Legitimacy, 1871-1945", op. cit., p. 214; ver também Lorenzo Veracini, "Italian Colonialism Through a Settler Colonial Studies Lens" (*Journal of Colonialism and Colonial History*, v. 19, 2018, p. 2) para a ideia de que italianos contrastavam seu imperialismo "proletário" com o "aristocrático" e o "burguês".

24. Nicola Labanca, *Oltremare: Storia dell'espansione coloniale Italiana*, op. cit., pp. 104-17.

25. Richard Bosworth e Giuseppe Finaldi, "The Italian Empire". Em Robert Gerwarth e Erez Manela (orgs.), *Empires at War, 1911-1923*, op. cit., p. 35; Giuseppe Finaldi, "'The Peasants Did Not Think of Africa': Empire and the Italian State's Pursuit of Legitimacy, 1871-1945", op. cit., pp. 210-1; Nicola Labanca, *Oltremare: Storia dell'espansione coloniale Italiana*, op. cit., pp. 123-4.

26. As melhores análises recentes da crise de 1914 estão em: Christopher Clark, *The Sleepwalkers: How Europe Went to War in 1914*. Londres, 2012 [ed. bras.: *Os sonâmbulos: Como eclodiu a Primeira Guerra Mundial*. Trad. de Laura Teixeira Motta e Berilo Vargas. São Paulo: Companhia das Letras, 2014]; Margaret MacMillan, *The War that Ended Peace: How Europe Abandoned Peace for the First World War*. Londres, 2013.

27. Ver a discussão em Robert Gerwarth e Erez Manela, "The Great War as a Global War". *Diplomatic History*, v. 38, 2014, pp. 786-800.

28. William Mulligan, *The Great War for Peace*. New Haven, 2014, pp. 91-2, 104-6; Richard Bosworth e Giuseppe Finaldi, "The Italian Empire", op. cit., pp. 40-3; Nicola Labanca, *Oltremare: Storia dell'espansione coloniale Italiana*, op. cit., pp. 117-27.

29. Detalhes em Heather Jones, "The German Empire", op. cit., pp. 63-4.

30. Frederick Dickinson, "The Japanese Empire", op. cit., pp. 199-201; Nicholas Tarling, *A Sudden Rampage: The Japanese Occupation of Southeast Asia, 1941-1945*. Londres, 2001, pp. 24-6.

31. John Darwin, *The Empire Project: The Rise and Fall of the British World System, 1830-1970*. Cambridge, 2009, pp. 315-8; David Fieldhouse, *Western Imperialism and the Middle East, 1914-1958*. Oxford, 2006, pp. 47-51.

32. Heather Jones, "The German Empire", op. cit., p. 62; detalhes sobre o programa alemão para desestabilizar impérios inimigos em Jennifer Jenkins, "Fritz Fischer's 'Programme for Revolution': Implications for a Global History of Germany in the First World War". *Journal of Contemporary History*, v. 48, 2013, pp. 399-403; David Olusoga, *The World's War*. Londres, 2014, pp. 204-7, 224-8.

33. David Fieldhouse, *Western Imperialism and the Middle East, 1914-1958*, op. cit., pp. 57-60.

34. Vejas Liulevicius, *War Land on the Eastern Front: Culture, National Identity and German Occupation in World War I*. Cambridge, 2000, pp. 63-72.

35. Citado em Heather Jones, "The German Empire", op. cit., p. 59, de Andrew Donson, "Models for Young Nationalists and Militarists: German Youth Literature in the First World War". *German Studies Review*, v. 27, 2004, p. 588.

36. Troy Paddock, "Creating an Oriental 'Feindbild'", op. cit., p. 230; Vejas Liulevicius, "The Language of Occupation: Vocabularies of German Rule in Eastern Europe in the World Wars". Em Robert Nelson (org.), *Germans, Poland, and Colonial Expansion to the East*, op. cit., pp. 122-30.

37. Citado em John Darwin, *The Empire Project: The Rise and Fall of the British World System, 1830-1970*, op. cit., p. 313. Sobre a África, ver Heather Jones, "The German Empire", op. cit., pp. 69-70.

38. Robert Gerwarth e Erez Manela, "Introduction". Em *Empires at War, 1911-1923*, op. cit., pp. 8-9; Philip Murphy, "Britain as a Global Power". Em Andrew Thompson (org.), *Britain's Experience of Empire in the Twentieth Century*. Oxford, 2012, pp. 39-40.

39. Richard Fogarty, "The French Empire", em Robert Gerwarth e Erez Manela (orgs.), *Empires at War, 1911-1923*, op. cit., pp. 109, 120-1. Um número maior, de 607 mil soldados recrutados, é dado em Berny Sèbe, "Exalting Imperial Grandeur: The French Empire and Its Metropolitan Public". Em John MacKenzie (org.), *European Empires and the People...*, op. cit., p. 34.

40. Erez Manela, *The Wilsonian Moment: Self-determination and the International Origins of Anticolonial Nationalism*. Oxford, 2007, pp. 23-4, 43-4; Trygve Throntveit, "The Fable of the Fourteen Points: Woodrow Wilson and National Self-determination". *Diplomatic History*, v. 35, 2011, pp. 446-9, 454-5.

41. Erez Manela, *The Wilsonian Moment: Self-determination and the International Origins of Anticolonial Nationalism*, op. cit., p. 37; Marcia Klotz, "The Weimar Republic: A Postcolonial State in a Still Colonial World". Em Eric Ames, Marcia Klotz e Lora Wildenthal (orgs.), *Germany's Colonial Pasts*, op. cit., p. 139-40.

42. Edward Drea, *Japan's Imperial Army: Its Rise and Fall, 1853-1945*. Lawrence, 2009, pp. 142-5. Sobre o medo do bolchevismo na Europa, ver Robert Gerwarth e John Horne, "Bolshevism as Fantasy: Fear of Revolution and Counter-revolutionary Violence, 1917-1923". Em Robert Gerwarth e John Horne (orgs.), *War in Peace: Paramilitary Violence in Europe after the Great War*. Oxford, 2012, pp. 40-51.

43. Erez Manela, *The Wilsonian Moment: Self-determination and the International Origins of Anticolonial Nationalism*, op. cit., pp. 59-65, 89-90.

44. Citado em ibid., p. 149.

45. Ibid., pp. 60-1.

46. Para detalhes, ver Susan Pedersen, *The Guardians: The League of Nations and the Crisis of Empire*. Oxford, 2015, pp. 1-4, 29-32.

47. Ibid., pp. 2-3, 77-83.

48. Ibid., pp. 24-6.

49. Gary Wilder, "Framing Greater France between the Wars", op. cit., pp. 204-5; Martin Thomas, *The French Empire between the Wars: Imperialism, Politics and Society*, op. cit., pp. 31-4.

50. Ibid., pp. 94-8, 103.

51. Henri Cartier, *Comment la France "civilize" ses colonies*. Paris, 1932, pp. 5-6, 24.

52. Berny Sèbe, "Exalting Imperial Grandeur: The French Empire and Its Metropolitan Public", op. cit., pp. 36-8; Martin Thomas, *The French Empire between the Wars: Imperialism, Politics and Society*, op. cit., pp. 199-202.

53. Brad Beaven, *Visions of Empire: Patriotism, Popular Culture and the City, 1870-1939*. Manchester, 2012, pp. 150-1, 164; Matthew Stanard, "Interwar Pro-Empire Propaganda and European Colonial Culture: Towards a Comparative Research Agenda". *Journal of Contemporary History*, v. 44, 2009, p. 35.

54. William Fletcher, *The Search for a New Order: Intellectuals and Fascism in Prewar Japan*. Chapel Hill, 1982, pp. 31-2; Frederick Dickinson, "The Japanese Empire", op. cit., pp. 203-4; John Darwin, *After Tamerlane: The Global History of Empire since 1405*. Londres, 2007, pp. 396-8; Hosoya Chihiro, "Britain and the United States in Japan's view of the International System, 1919-1937". Em Ian Nish (org.), *Anglo-Japanese Alienation, 1919-1952: Papers of the Anglo-Japanese Conference on the History of the Second World War*. Cambridge, 1982, pp. 4-6.

55. Nicholas Tarling, *A Sudden Rampage: The Japanese Occupation of Southeast Asia, 1941-1945*, op. cit., p. 26.

56. Sarah Paine, *The Wars for Asia, 1911-1949*. Cambridge, 2012, pp. 15-6; Jonathan Clements, *Prince Saionji: Japan — The Peace Conferences of 1919-23 and their Aftermath*. Londres, 2008, pp. 131-6.

57. William Fletcher, *The Search for a New Order: Intellectuals and Fascism in Prewar Japan*, op. cit., p. 29-33, 42; Nicholas Tarling, *A Sudden Rampage: The Japanese Occupation of Southeast Asia, 1941-1945*, op. cit., pp. 25-7; Sarah Paine, *The Wars for Asia, 1911-1949*, op. cit., pp. 21-2; Louise Young, *Japan's Total Empire: Manchuria and the Culture of Wartime Imperialism*, op. cit., pp. 35-8.

58. MacGregor Knox, *Common Destiny: Dictatorship, Foreign Policy and War in Fascist Italy and Nazi Germany*. Cambridge, 2000, pp. 114-5.

59. Richard Bosworth e Giuseppe Finaldi, "The Italian Empire", op. cit., p. 41.

60. Spencer Di Scala, *Vittorio Orlando: Italy — The Peace Conferences of 1919-23 and Their Aftermath*. Londres, 2010, pp. 140-1, 170-1.

61. Claudia Baldoli, *Bissolatiimmaginario: Le origini del fascism cremonese*. Cremona, 2002, pp. 50-3; William Mulligan, *The Great War for Peace*, op. cit., pp. 269, 275-7, 281.

62. Spencer Di Scala, *Vittorio Orlando: Italy*, op. cit., pp. 156-7, 173.

63. Ver John Gooch, *Mussolini and His Generals: The Armed Forces and Fascist Foreign Policy, 1922-1940*. Cambridge, 2007, pp. 62-8.

64. Greg Eghigian, "Injury, Fate, Resentment, and Sacrifice in German Political Culture, 1914-1939". Em G. Eghigian e M. Berg (orgs.), *Sacrifice and National Belonging in Twentieth-Century Germany*. College Station, 2002, pp. 91-4.

65. Dirk van Laak, *Über alles in der Welt: Deutscher Imperialismus im 19. und 20. Jahrhundert*. Munique, 2005, p. 107; Shelley Baranowski, *Nazi Empire: German Colonialism and Imperialism from Bismarck to Hitler*. Cambridge, 2011, pp. 154-5.

66. Wolfe Schmokel, *Dream of Empire: German Colonialism, 1919-1945*. New Haven, 1964, pp. 18-9.

67. Christian Rogowski, "'Heraus mit unseren Kolonien!': Der Kolonialrevisionismus der Weimarer Republik und die 'Hamburger Kolonialwoche' von 1926". Em Birthe Kundrus (org.), *Phantasiereiche: zur Kulturgeschichte des deutschen Kolonialismus*, op. cit., pp. 247-9.

68. Uta Poiger, "Imperialism and Empire in Twentieth-Century Germany". *History and Memory*, v. 17, 2005, pp. 122-3; Dirk van Laak, *Über alles in der Welt: Deutscher Imperialismus im 19. und 20. Jahrhundert*, op. cit., pp. 109-10; Wolfe Schmokel, *Dream of Empire: German Colonialism, 1919-1945*, op. cit., pp. 2-3, 44-5; Andrew Crozier, "Imperial Decline and the Colonial Question in Anglo--German Relations 1919-1939". *European Studies Review*, v. 11, 1981, pp. 209-10, 214-7.

69. David Murphy, *The Heroic Earth: Geopolitical Thought in Weimar Germany, 1918-1933*. Kent, 1997, pp. 16-7; Woodruff Smith, *The Ideological Origins of Nazi Imperialism*. Nova York, 1986, pp. 218-20.

70. David Murphy, *The Heroic Earth: Geopolitical Thought in Weimar Germany, 1918-1933*, op. cit., pp. 26-30; Woodruff Smith, *The Ideological Origins of Nazi Imperialism*, op. cit., pp. 218-24; Dirk van Laak, *Über alles in der Welt: Deutscher Imperialismus im 19. und 20. Jahrhundert*, op. cit., pp. 116-9.

71. Guntram Herb, *Under the Map of Germany: Nationalism and Propaganda 1918-1945*, op. cit., p. 77.

72. Ibid., pp. 52-7, 108-10.

73. Vejas Liulevicius, *The German Myth of the East: 1800 to the Present*. Oxford, 2009, p. 156.

74. Susan Pedersen, *The Guardians: The League of Nations and the Crisis of Empire*, op. cit., pp. 199-202; sobre descolonização, ver Dirk van Laak, *Über alles in der Welt: Deutscher Imperialismus im 19. und 20. Jahrhundert*, op. cit., p. 120. Foi cunhada pelo economista Moritz Julius Bonn.

75. William Fletcher, *The Search for a New Order: Intellectuals and Fascism in Prewar Japan*, op. cit., pp. 40-1; Hosoya Chihiro, "Britain and the United States in Japan's view of the International System, 1919-1937", op. cit., pp. 5-10.

76. MacGregor Knox, *Common Destiny: Dictatorship, Foreign Policy and War in Fascist Italy and Nazi Germany*, op. cit., pp. 121-2, 126-8.

77. Nicola Labanca, *Oltremare: Storia dell'espansione coloniale Italiana*, op. cit., pp. 138-9, 149-52, 173-5; A. de Grand, "Mussolini's Follies: Fascism and Its Imperial and Racist Phase". *Contemporary European History*, v. 13, 2004, pp. 128-32; John Gooch, *Mussolini and His Generals: The Armed Forces and Fascist Foreign Policy, 1922-1940*, op. cit., pp. 123-6.

78. Essa opinião é apoiada pelo melhor relato recente da crise: ver Robert Boyce, *The Great Interwar Crisis and the Collapse of Globalization*. Basingstoke, 2012, em especial pp. 425-8.

79. Dirk van Laak, *Über alles in der Welt: Deutscher Imperialismus im 19. und 20. Jahrhundert*, op. cit., pp. 127-8.

80. Robert Boyce, *The Great Interwar Crisis and the Collapse of Globalization*, op. cit., p. 299.

81. Jim Tomlinson, "The Empire/Commonwealth in British Economic Thinking and Policy". Em Andrew Thompson (org.), *Britain's Experience of Empire in the Twentieth Century*, op. cit., pp. 219-20; Martin Thomas, *The French Empire between the Wars: Imperialism, Politics and Society*, op. cit., pp. 93-8.

82. Takafusa Nakamura e Kônosuke Odaka (orgs.), *Economic History of Japan, 1914-1955*. Oxford, 1999, pp. 33-7.

83. Sarah Paine, *The Wars for Asia, 1911-1949*, op. cit., pp. 22-3; William Fletcher, *The Search for a New Order: Intellectuals and Fascism in Prewar Japan*, op. cit., pp. 40-2.

84. Sobre o caso alemão, ver Horst Kahrs, "Von der 'Grossraumwirtschaft' zur 'Neuen Ordnung'". Em Horst Kahrs (org.), *Modelle für ein deutschen Europa: Ökonomie und Herrschaft im Grosswirtschaftsraum*. Berlim, 1992, pp. 9-13.

85. Joyce Lebra, *Japan's Greater East Asia Co-Prosperity Sphere in World War II: Selected Readings and Documents*. Oxford, 1975, pp. 74-5.

86. "Report on the Work of the Central Committee to the Seventeenth Congress of the CPSU, 26 January 1934". Em Ióssif Stálin, *Problems of Leninism*. Moscou, 1947, p. 460.

I. NAÇÕES-IMPÉRIO E CRISE GLOBAL, 1931-40 [pp. 83-175]

1. Citado em Louise Young, *Japan's Total Empire: Manchuria and the Culture of Wartime Imperialism*. Berkeley, 1998, pp. 57-8.

2. Ibid., pp. 39-41; Sarah Paine, *The Wars for Asia, 1911-1949*. Cambridge, 2012, pp. 13-5; Edward Drea, *Japan's Imperial Army: Its Rise and Fall, 1853-1945*. Lawrence, 2009, pp. 167-9.

3. A. de Grand, "Mussolini's Follies: Fascism and Its Imperial and Racist Phase". *Contemporary European History*, v. 13, 2004, p. 137.

4. Louise Young, *Japan's Total Empire: Manchuria and the Culture of Wartime Imperialism*, op. cit., pp. 146-7.

5. Nicholas Tarling, *A Sudden Rampage: The Japanese Occupation of Southeast Asia, 1941-1945*. Londres, 2001, p. 28.

6. Ver Michael Geyer, "'There Is a Land Where Everything Is Pure: Its Name Is Land of Death': Some Observations on Catastrophic Nationalism". Em Greg Eghigian e Matthew Berg (orgs.), *Sacrifice and National Belonging in Twentieth-Century Germany*. College Station, 2002, pp. 120-41.

7. Steven Morewood, *The British Defence of Egypt 1935-1940: Conflict and Crisis in the Eastern Mediterranean*. Londres, 2005, pp. 25-6.

8. CCAC, Christie Papers, 180/1/4, "Notes of a Conversation with Göring", de Malcolm Christie (ex-adido aeronáutico britânico em Berlim): "Wir wollen ein *Reich*" [ênfase de Christie].

9. Aurel Kolnai, *The War against the West*. Londres, 1938, p. 609.

10. A. de Grand, "Mussolini's Follies: Fascism and Its Imperial and Racist Phase", op. cit., p. 136; Davide Rodogno, *Fascism's European Empire: Italian Occupation during the Second World War*. Cambridge, 2006, pp. 44-6.

11. Gerhard Weinberg (org.), *Hitler's Second Book*. Nova York, 2003, p. 174.

12. Louise Young, *Japan's Total Empire: Manchuria and the Culture of Wartime Imperialism*, op. cit., pp. 101-6, 116-32.

13. Rainer Zitelmann, *Hitler: The Politics of Seduction*. Londres, 1999, pp. 206-7; sobre antiocidentalismo, ver Heinrich Winkler, *The Age of Catastrophe: A History of the West, 1914-1945*. New Haven, 2015, pp. 909-12.

14. Patrick Bernhard, "Borrowing from Mussolini: Nazi Germany's Colonial Aspirations in the Shadow of Italian Expansionism". *Journal of Imperial and Commonwealth History*, v. 41, 2013, pp. 617-8; Ray Moseley, *Mussolini's Shadow: The Double Life of Count Galeazzo Ciano*. New Haven, 1999, p. 52.

15. Nicola Labanca, *Oltremare: Storia dell'espansione coloniale Italiana*. Bolonha, 2002, pp. 328-9; A. de Grand, "Mussolini's Follies: Fascism and Its Imperial and Racist Phase", op. cit., pp. 133-4. Em 1935, o Império Italiano fornecia apenas 4,8% das importações do país. Sobre a Albânia, ver Bernd Fischer, *Albania at War, 1939-1945*. Londres, 1999, pp. 5-6.

16. Ramon Myers, "Creating a Modern Enclave Economy: The Economic Integration of Japan, Manchuria and North China, 1932-1945". Em Peter Duus, Ramon Myers e Mark Peattie (orgs.), *The Japanese Wartime Empire, 1931-1945*. Princeton, 1996, p. 148; Sarah Paine, *The Wars for Asia, 1911-1949*, op. cit., pp. 13-5, 23; Nicholas Tarling, *A Sudden Rampage: The Japanese Occupation of Southeast Asia, 1941-1945*, op. cit., pp. 27-8.

17. Karsten Linne, *Deutschland jenseits des Äquators? Die NS-Kolonialplanungen für Afrika*. Berlin, 2008, p. 39.

18. CCAC, Christie Papers, 180/1/5, "Notes from a Conversation with Göring", 3 fev. 1937, p. 51.

19. Gerhard Weinberg (org.), *Hitler's Second Book*, op. cit., pp. 16-8, 162. Sobre as mudanças no pensamento econômico alemão, ver Horst Kahrs, "Von der 'Grossraumwirtschaft' zur 'Neuen Ordnung'". Em Kahrs et al., *Modelle für ein deutsches Europa: Ökonomie und Herrschaft im Grosswirtschaftsraum*. Berlin, 1992, pp. 9-10, 12-4; E. Teichert, *Autarkie und Grossraumwirtschaft in Deutschland*,

1930-1939. Munique, 1984, pp. 261-8. Sobre o pensamento econômico de Hitler, ver Rainer Zitelmann, *Hitler: Selbstverständnis eines Revolutionärs*. Hamburgo, 1989, pp. 195-215.

20. Sobre isso, ver Patricia Clavin, *The Failure of Economic Diplomacy: Britain, Germany, France and the United States, 1931-1936*. Londres, 1996, cap. 6-7.

21. Otto Tolischus, *Tokyo Record*. Londres, 1943, p. 32.

22. George Steer, *Caesar in Abyssinia*. Londres, 1936, p. 401.

23. Malcolm Muggeridge (org.), *Ciano's Diplomatic Papers*. Londres, 1948, pp. 301-2.

24. Edward Drea, *Japan's Imperial Army: Its Rise and Fall, 1853-1945*, op. cit., pp. 182-6.

25. Wilhelm Treue, "Denkschrift Hitlers über die Aufgaben eines Vierjarhresplan". *Vierteljahreshefte für Zeitgeschichte*, v. 3, 1954, pp. 204-6.

26. Kathleen Burke, "The Lineaments of Foreign Policy: The United States and a 'New World Order', 1919-1939". *Journal of American Studies*, v. 26, 1992, pp. 377-91.

27. G. Bruce Strang, "Imperial Dreams: The Mussolini-Laval Accords of January 1935". *The Historical Journal*, v. 44, 2001, pp. 807-9.

28. Richard Overy, "Germany and the Munich Crisis: A Mutilated Victory?". *Diplomacy & Statecraft*, v. 10, 1999, pp. 208-11.

29. Susan Pedersen, *The Guardians: The League of Nations and the Crisis of Empire*. Oxford, 2015, pp. 289-92.

30. Sarah Paine, *The Wars for Asia, 1911-1949*, op. cit., p. 25.

31. Benito Mussolini, "Politica di vita" [*Il popolo d'Italia*, 11 out. 1935], em *Opera Omnia di Benito Mussolini*. Florença, 1959. v. xxvii., pp. 163-4.

32. Chad Bryant, *Prague in Black: Nazi Rule and Czech Nationalism*. Cambridge, EUA, 2007, pp. 41-4.

33. Kristin Kopp, "Arguing the Case for a Colonial Poland". Em Volker Langbehn e Mohammad Salama (orgs.), *German Colonialism: Race, the Holocaust and Postwar Germany*. Nova York, 2011, pp. 150-11; David Furber, "Near as Far in the Colonies: The Nazi Occupation of Poland". *International History Review*, v. 26, 2004, pp. 541-51.

34. James Crowley, "Japanese Army Factionalism in the Early 1930s". *Journal of Asian Studies*, v. 21, 1962, pp. 309-26.

35. Edward Drea, *Japan's Imperial Army: Its Rise and Fall, 1853-1945*, op. cit., pp. 183-6; Nicholas Tarling, *A Sudden Rampage: The Japanese Occupation of Southeast Asia, 1941-1945*, op. cit., pp. 40-3.

36. Detalhes tirados de Sarah Paine, *The Wars for Asia, 1911-1949*, op. cit., pp. 34-40; Takafusa Nakamura, "The Yen Bloc, 1931-1941". Em Peter Duus, Ramon Myers e Mark Peattie (orgs.), *The Japanese Wartime Empire, 1931-1945*, op. cit. p. 1789.

37. Sarah Paine, *The Wars for Asia, 1911-1949*, op. cit., p. 15.

38. Takafusa Nakamura e Kōnosuke Odaka (orgs.), *Economic History of Japan 1914-1945*. Oxford, 1999, pp. 49-51; Sarah Paine, *The Wars for Asia, 1911-1949*, op. cit., pp. 24-30; Ramon Myers, "Creating a Modern Enclave Economy: The Economic Integration of Japan, Manchuria and North China, 1932-1945", op. cit., p. 160.

39. Yoshiro Miwa, *Japan's Economic Planning and Mobilization in Wartime, 1930s-1940s*. Cambridge, 2015, pp. 62-4; Takafusa Nakamura e Kônosuke Odaka (orgs.), *Economic History of Japan, 1914-1955*, op. cit, pp. 47-51; Akira Hari, "Japan: Guns before Rice". Em Mark Harrison (org.), *The Economics of World War II: Six Great Powers in International Comparison*. Cambridge, 1998, pp. 283-7.

40. Hans van de Ven, *China at War: Triumph and Tragedy in the Emergence of the New China 1937-1952*. Londres, 2017, pp. 58-64.

41. Ibid., 66-70; Sarah Paine, *The Wars for Asia, 1911-1949*, op. cit., pp. 128-9.

42. Rana Mitter, *China's War with Japan, 1937-1945: The Struggle for Survival*. Londres, 2013, pp. 73-4.

43. Hans van de Ven, *China at War: Triumph and Tragedy in the Emergence of the New China 1937-1952*, op. cit., pp. 68-76; Odd Arne Westad, *Restless Empire: China and the World since 1750*. Londres, 2012, pp. 256-7.

44. Sarah Paine, *The Wars for Asia, 1911-1949*, op. cit., pp. 128-9.

45. Hans van de Ven, *War and Nationalism in China, 1925-1945*. Nova York, 2003, pp. 194-5.

46. Sarah Paine, *The Wars for Asia, 1911-1949*, op. cit., pp. 181-2.

47. Rana Mitter, *China's War with Japan, 1937-1945: The Struggle for Survival*, op. cit., pp. 128-35; sobre os massacres ver Iris Chang, *The Rape of Nanking: The Forgotten Holocaust of World War II*. Nova York, 1997, cap. 3-4.

48. Hans van de Ven, *War and Nationalism in China, 1925-1945*. Nova York, 2003, pp. 221-6.

49. Diana Lary, *The Chinese People at War: Human Suffering and Social Transformation, 1937-1945*. Cambridge, 2010, pp. 60-2; Rana Mitter, *China's War with Japan, 1937-1945: The Struggle for Survival*, op. cit., pp. 158-61.

50. Sarah Paine, *The Wars for Asia, 1911-1949*, op. cit., pp. 134-5, 140-2; Mark Peattie, Edward Drea e Hans van de Ven (orgs.), *The Battle for China: Essays on the Military History of the Sino-Japanese War of 1937-1945*. Stanford, 2011, pp. 34-5.

51. Dagfinn Gatu, *Village China at War: The Impact of Resistance to Japan, 1937-1945*. Copenhague, 2007, pp. 415-7.

52. Sarah Paine, *The Wars for Asia, 1911-1949*, op. cit., pp. 165-7.

53. MacGregor Knox, *Common Destiny: Dictatorship, Foreign Policy and War in Fascist Italy and Nazi Germany*. Cambridge, 2000, p. 69.

54. Steven Morewood, *The British Defence of Egypt 1935-1940: Conflict and Crisis in the Eastern Mediterranean*, op. cit., pp. 32-45; Nicola Labanca, *Oltremare: Storia dell'espansione coloniale Italiana*, op. cit., pp. 184-8.

55. Alberto Sbacchi, *Ethiopia under Mussolini: Fascism and the Colonial Experience*. Londres, 1985, pp. 13-4; Steven Morewood, *The British Defence of Egypt 1935-1940: Conflict and Crisis in the Eastern Mediterranean*, op. cit., pp. 25-7.

56. Claudia Baldoli, "The 'Northern Dominator' and the Mare Nostrum: Fascist Italy's 'Cultural War' in Malta". *Modern Italy*, v. 13, 2008, pp. 7-12; Deborah Paci, *Corsica fatal, malta baluardo di romanità: Irredentismo fascista nel mare nostrum (1922-1942)*. Milão, 2015, pp. 16-9, 159-67.

57. Matteo Dominioni, *Lo sfascio dell'impero: Gli italiani in Etiopia 1936-1941*. Roma, 2008, pp. 9-10; Alberto Sbacchi, *Ethiopia under Mussolini: Fascism and the Colonial Experience*, op. cit., pp. 15-8.

58. George Steer, *Caesar in Abyssinia*, op. cit., pp. 135-6, 139; Alberto Sbacchi, *Ethiopia under Mussolini: Fascism and the Colonial Experience*, op. cit., pp. 16-8.

59. Angelo Del Boca, *I gas di Mussolini*. Roma, 1996, pp. 76-7, 139-41, 148. Houve ao todo 103 ataques com uso de 281 bombas de gás mostarda e 326 bombas de fosgênio.

60. Sobre a guerra, ver Nicola Labanca, *Oltremare: Storia dell'espansione coloniale Italiana*, op. cit., pp. 189-92; Giorgio Rochat, *Le guerre italiane, 1935-1943*. Turim, 2005, pp. 48-74; Alberto Sbacchi, *Ethiopia under Mussolini: Fascism and the Colonial Experience*, op. cit., pp. 25-8.

61. Cifras de Alberto Sbacchi, *Ethiopia under Mussolini: Fascism and the Colonial Experience*, op. cit., p. 33.

62. Nicola Labanca, *Oltremare: Storia dell'espansione coloniale Italiana*, op. cit., pp. 200-2; Alberto Sbacchi, *Ethiopia under Mussolini: Fascism and the Colonial Experience*, op. cit., pp. 36-7.

63. Giulia Barrera, "Mussolini's Colonial Race Laws and State-Settler Relations in Africa Orientale Italiana". *Journal of Modern Italian Studies*, v. 8, 2003, pp, 429-30; Fabrizio De Donno, "'La Razza

Ario-Mediterranea': Ideas of Race and Citizenship in Colonial and Fascist Italy, 1885-1941". *Interventions: International Journal of Postcolonial Studies*, v. 8, 2006, pp. 404-5.

64. John Gooch, *Mussolini and His Generals: The Armed Forces and Fascist Foreign Policy, 1922-1940*. Cambridge, 2007, p. 253.

65. Vera Zamagni, "Italy: How to Win the War and Lose the Peace". Em Mark Harrison (org.), *The Economics of World War II: Six Great Powers in International Comparison*, op. cit., p. 198; Giorgio Rochat, *Le guerre italiane, 1935-1943*, op. cit., p. 139. Há estimativas diferentes do custo da guerra etíope, que vão de 57,3 bilhões de liras a 75,3 bilhões, dependendo do que é contado como contribuição para o esforço de guerra e para a pacificação posterior.

66. Haile Larebo, *The Building of an Empire: Italian Land Policy and Practice in Ethiopia*. Trenton, 2006), pp. 59-60.

67. Alberto Sbacchi, *Ethiopia under Mussolini: Fascism and the Colonial Experience*, op. cit., pp. 98-100; A. de Grand, "Mussolini's Follies: Fascism and Its Imperial and Racist Phase", op. cit., p. 133; Haile Larebo, "Empire Building and Its Limitations: Ethiopia (1935-1941)". Em Ruth Ben--Ghiat e Mia Fuller (orgs.), *Italian Colonialism*. Basingstoke, 2005, pp. 88-90.

68. Giulia Barrera, "Mussolini's Colonial Race Laws and State-Settler Relations in Africa Orientale Italiana", op. cit., pp. 432-4.

69. Alexander Nützenadel, *Landwirtschaft, Staat und Autarkie: Agrarpolitik im faschistischen Italien (1922-1943)*. Tübingen, 1997, pp. 144, 317, 394.

70. Giorgio Rochat, *Le guerre italiane, 1935-1943*, op. cit., pp. 117-21

71. "Mussolini's Follies: Fascism and Its Imperial and Racist Phase", op. cit., pp. 128-9; Davide Rodogno, *Fascism's European Empire: Italian Occupation during the Second World War*, op. cit., pp. 46-7.

72. Fabrizio De Donno, "'La Razza Ario-Mediterranea': Ideas of Race and Citizenship in Colonial and Fascist Italy, 1885-1941", op. cit., p. 409.

73. Bernd Fischer, *Albania at War, 1939-1945*, op. cit., pp. 5-7; Ray Moseley, *Mussolini's Shadow: The Double Life of Count Galeazzo Ciano*, op. cit., pp. 51-2.

74. Nicholas Doumanis, *Myth and Memory in the Mediterranean: Remembering Fascism's Empire*. Londres, 1997, pp. 41-4.

75. Bernd Fischer, *Albania at War, 1939-1945*, op. cit., pp. 17-20.

76. Ibid., pp. 20, 35, 37-40, 90-1; Ray Moseley, *Mussolini's Shadow: The Double Life of Count Galeazzo Ciano*, op. cit., pp. 53-5; Davide Rodogno, *Fascism's European Empire: Italian Occupation during the Second World War*, op. cit., pp. 59-60.

77. Albert Speer, *Inside the Third Reich*. Londres, 1970, p. 72.

78. Christian Leitz, "Arms as Levers: *Matériel* and Raw Materials in Germany's Trade with Romania in the 1930s". *International History Review*, v. 19, 1997, pp. 317, 322-3.

79. Pierpaolo Barbieri, *Hitler's Shadow Empire: Nazi Economics and the Spanish Civil War*. Cambridge, EUA, 2015, pp. 180-2, 260.

80. Wilhelm Treue, "Denkschrift Hitlers über die Aufgaben eines Vierjarhresplan", op. cit., pp. 204-6.

81. BAB, R261/18, "Ergebnisse der Vierjahresplan-Arbeit, Stand Frühjahr 1942", para um sumário das atividades do Plano desde 1936.

82. Richard Overy, *War and Economy in the Third Reich*. Oxford, 1994, pp. 20-1.

83. Manfred Weissbecker, "'Wenn hier Deutsche wohnten': Beharrung und Veränderung im Russlandbild Hitlers und der NSDAP". Em Hans-Erich Volkmann (org.), *Das Russlandbild im Dritten Reich*. Colônia, 1994, p. 9.

84. Milan Hauner, "Did Hitler Want a World Dominion?". *Journal of Contemporary History*, v. 13, 1978, pp. 15-32.

85. "Colloquio del ministro degli esteri, Ciano, con il cancelliere del Reich, Hitler", 24 out. 1936. Em *I documenti diplomatici italiani, 8 serie, v. V, 1 settembre-31 dicembre 1936*. Roma, 1994, p. 317.

86. Patrick Bernhard, "Borrowing from Mussolini: Nazi Germany's Colonial Aspirations in the Shadow of Italian Expansionism", op. cit., pp. 623-5.

87. Wolfe Schmokel, *Dream of Empire: German Colonialism, 1919-1945*. New Haven, 1964, pp. 21-2, 30-2; Willeke Sandler, *Empire in the Heimat: Colonialism and Public Culture in the Third Reich*. Nova York, 2018, pp. 3, 177-83.

88. Robert Gordon e Dennis Mahoney, "Marching in Step: German Youth and Colonial Cinema". Em Eric Ames, Marcia Klotz e Lora Wildenthal (orgs.), *Germany's Colonial Pasts*. Lincoln, 2005, pp. 115-34.

89. Karsten Linne, *Deutschland jenseits des Äquators? Die NS-Kolonialplanungen für Afrika*, op. cit., p. 39.

90. CCAC, Christie Papers, 180/1, "Notes of a Conversation with Göring", 3 fev. 1937, pp. 53-4.

91. Coronel Hossbach, "Minutes of the Conference in the Reich Chancellery, November 5th, 1937". *Documents on German Foreign Policy*. ser. D, v. I. Londres, 1954, pp. 29-39.

92. Geoffrey Megargee, *Inside Hitler's High Command*. Lawrence, 2000, pp. 41-8.

93. Chad Bryant, *Prague in Black: Nazi Rule and Czech Nationalism*, op. cit., pp. 29-45; Alice Teichova, "Instruments of Economic Control and Exploitation: The German Occupation of Bohemia and Moravia". Em Richard Overy, Gerhard Otto e Johannes Houwink ten Cate (orgs.), *Die "Neuordnung" Europas: NS-Wirtschaftspolitik in den besetzten Gebiete*. Berlim, 1997, pp. 84-8. Ver também Heinrich Winkler, *The Age of Catastrophe: A History of the West, 1914-1945*, op. cit., pp. 658-60.

94. Alice Teichova, "Instruments of Economic Control and Exploitation: The German Occupation of Bohemia and Moravia", op. cit., pp. 50-8.

95. Todos os detalhes em Ralf Banken, *Edelmetallmangel und Grossraubwirtschaft: Die Entwicklung des deutschen Edelmetallsektors im 'Dritten Reich', 1933-1945*. Berlim, 2009, pp. 287-91, 399-401.

96. Richard Overy, *War and Economy in the Third Reich*, op. cit., pp. 147-51.

97. Ibid., pp. 319-21; Alice Teichova, "Instruments of Economic Control and Exploitation: The German Occupation of Bohemia and Moravia", op. cit., pp. 89-92.

98. Chad Bryant, *Prague in Black: Nazi Rule and Czech Nationalism*, op. cit., pp. 121-8.

99. Alice Teichova, "Instruments of Economic Control and Exploitation: The German Occupation of Bohemia and Moravia", op. cit., pp. 103-4.

100. Roman Ilnytzkyi, *Deutschland und die Ukraine 1934-1945*. 2 v. Munique, 1958, pp. i, 21-2.

101. Essa opinião é defendida com mais vigor em Gerhard Weinberg, *The Foreign Policy of Hitler's Germany: Starting World War II, 1937-1939*. Chicago, 1980; Adam Tooze, *The Wages of Destruction: The Making and Breaking of the Nazi Economy*. Londres, 2006, pp. 332-5, 662-5. Para uma perspectiva diferente, ver Richard Overy, *War and Economy in the Third Reich*, op. cit., pp. 221-6.

102. Ibid., p. 238-9.

103. IWM, Mi 14/328 (d), atas da OKW da reunião de Inspetores da Economia de Guerra, 21 ago. 1939; OKW, Wehrmachtteile Besprechung, 3 set. 1939.

104. Richard Overy, *1939: Countdown to War*. Londres, 2009, pp. 31-40.

105. Hildegard von Kotze (org.), *Heeresadjutant bei Hitler 1938-1945: Aufzeichnungen des Majors Engel*. Stuttgart, 1974, p. 60, anotação relativa a 29 ago.; IWM, FO 645, Caixa 156, testemunho de Hermann Göring em Nuremberg, 8 set. 1945, pp. 2, 5.

106. Citado em John Toland, *Adolf Hitler*. Nova York, 1976, p. 571.

107. Vejas Liulevicius, "The Language of Occupation: Vocabularies of German Rule in Eastern Europe in the World Wars". Em Robert Nelson (org.), *Germans, Poland, and Colonial Expansion in the East*. Nova York, 2009, pp. 130-1.

108. Alexander Rossino, *Hitler Strikes Poland: Blitzkrieg, Ideology, and Atrocity*. Lawrence, Kansas, 2003, pp. 6-7.

109. Ibid., pp. 7, 24-5, 27.

110. Winfried Baumgart, "Zur Ansprache Hitlers vor den Führern der Wehrmacht am 22 August 1939". *Vierteljahreshefte für Zeitgeschichte*, v. 19, 1971, p. 303.

111. Elke Fröhlich (org.), *Die Tagebücher von Joseph Goebbels: Band 7: Juli 1939-März 1940*. Munique, 1998, p. 87, anotação relativa a 1º set. 1939; Christian Hartmann, *Halder: Generalstabschef Hitlers 1938-1942*. Paderborn, 1991, p. 139.

112. Sobre o equilíbrio militar, ver Klaus Maier, Horst Rohde, Bernd Stegmann e Hans Umbreit, *Das Deutsche Reich und der Zweite Weltkrieg: Band II: Die Errichtung der Hegemonie auf dem europäischen Kontinent*. Stuttgart, 1979, pp. 102-3, 111.

113. Halik Kochanski, *The Eagle Unbowed: Poland and the Poles in the Second World War*. Londres, 2012, pp. 84-5.

114. Ibid., p. 84; Klaus Maier, Horst Rohde, Bernd Stegmann e Hans Umbreit, *Das Deutsche Reich und der Zweite Weltkrieg: Band II...*, op. cit., p. 133. Cifras soviéticas em Alexander Hill, "Voroshilov's 'Lightning' War — The Soviet Invasion of Poland, September 1939". *Journal of Slavic Military Studies*, v. 27, 2014, p. 409.

115. Sobre a Força Aérea, ver Caius Bekker, *The Luftwaffe War Diaries*. Londres, 1972, pp. 27-78, 466.

116. Jürgen Zimmerer, "The Birth of the Ostland Out of the Spirit of Colonialism: A Postcolonial Perspective on the Nazi Policy of Conquest and Extermination". *Patterns of Prejudice*, v. 39, 2005, pp. 197-8.

117. David Furber, "Near as Far in the Colonies: The Nazi Occupation of Poland", op. cit., pp. 552, 570. Sobre o paradigma colonial, ver Shelley Baranowski, *Nazi Empire: German Colonialism and Imperialism from Bismarck to Hitler*. Cambridge, 2011, pp. 237-9.

118. M. Riedel, *Eisen und Kohle für das Dritte Reich*. Göttingen, 1973, pp. 275-6, 301-2; Halik Kochanski, *The Eagle Unbowed: Poland and the Poles in the Second World War*, op. cit., p. 100.

119. Catherine Epstein, *Model Nazi: Arthur Greiser and the Occupation of Western Poland*. Oxford, 2010, pp. 135-7, 140.

120. Lora Wildenthal, *German Women for Empire, 1884-1945*. Durham, 2001, pp. 197-8.

121. Alexander Rossino, *Hitler Strikes Poland: Blitzkrieg, Ideology, and Atrocity*, op. cit., pp. 10-3; Edward Westermann, *Hitler's Police Battalions: Enforcing Racial War in the East*. Lawrence, 2005, pp. 124-8.

122. Jürgen Matthäus, Jochen Böhler e Klaus-Michael Mallmann, *War, Pacification, and Mass Murder 1939: The Einsatzgruppen in Poland*. Lanham, 2014, pp. 2-7.

123. Ibid., p. 20.

124. Timothy Snyder, *Bloodlands: Europe between Hitler and Stalin*. Londres, 2010, pp. 126-8.

125. David Furber, "Near as Far in the Colonies: The Nazi Occupation of Poland", op. cit., pp. 562-3; Robert van Pelt, "Bearers of Culture, Harbingers of Destruction: The Mythos of the Germans in the East". Em Richard Etlin (org.), *Art, Culture and Media under the Third Reich*. Chicago, 2002, pp. 100-2, 127-9; Kristin Kopp, "Arguing the Case for a Colonial Poland", op. cit., pp. 146-8, 155-7.

126. Christian Ingrao, *The Promise of the East: Nazi Hopes and Genocide 1939-43*. Cambridge, 2019, p. 5.

127. Isabel Heinemann, "'Another Type of Perpetrator': The ss Racial Experts and Forced Population Movements in the Occupied Regions". *Holocaust and Genocide Studies*, v. 15, 2001, pp. 391-2; Michael Burleigh, *Germany Turns Eastwards: A Study of Ostforschung in the Third Reich*. Cambridge, 1988, pp. 159-60, 162-3; Baranowski, *Nazi Empire: German Colonialism and Imperialism from Bismarck to Hitler*, op. cit., pp. 243-52.

128. Para um relato recente de Nomonhan, ver Alistair Horne, *Hubris: The Tragedy of War in the Twentieth Century*. Londres, 2015, pp. 133-56.

129. Keith Neilson, *Britain, Soviet Russia and the Collapse of the Versailles Order, 1919-1939*. Cambridge, 2005, pp. 328-9.

130. Ibid., pp. 257-61.

131. Arquivos da London School of Economics, documentos do Conselho Nacional de Paz, 2/5, atas do Comitê Executivo, 13 mar., 17 abr. 1939.

132. Josef Konvitz, "Représentations urbaines et bombardements stratégiques, 1914-1945". *Annales*, v. 44, 1989, pp. 823-47.

133. Daniel Hucker, "French Public Attitudes towards the Prospect of War in 1938-39: 'Pacifism' or 'War Anxiety'?". *French History*, v. 21, 2007, pp. 439, 441.

134. Gerald Lee, "'I See Dead People': Air-Raid Phobia and Britain's Behaviour in the Munich Crisis'. *Security Studies*, v. 13, 2003, p. 263.

135. Lawrence Pratt, *East of Malta, West of Suez: Britain's Mediterranean Crisis, 1936-1939*. Cambridge, 1975, p. 3.

136. Ibid., pp. 239-40.

137. Daniel Hucker, "French Public Attitudes towards the Prospect of War in 1938-39: 'Pacifism' or 'War Anxiety'?", op. cit., pp. 442-4; Donald Watt, "British Domestic Politics and the Onset of War". Em *Comité d'histoire de la Deuxième Guerre Mondiale, les relations franco-brittaniques de 1935 à 1939*. Paris, 1975, pp. 257-8; Charles-Robert Ageron, "Vichy, les français et l'empire". Em Jean-Pierre Azéma e François Bédarida (orgs.), *Le Régime de Vichy et les français*. Paris, 1992, p. 122.

138. Donald Low, *Eclipse of Empire*. Cambridge, 1991, pp. 11, 29.

139. Matthew Hughes, *Britain's Pacification of Palestine: The British Army, the Colonial State and the Arab Revolt, 1936-1939*. Cambridge, 2019, pp. 377-84.

140. League Against Imperialism, "The British Empire", jul. 1935, pp. 4-5.

141. Martin Thomas, *The French Empire between the Wars: Imperialism, Politics and Society*. Manchester, 2005, pp. 226-32; Timothy Parsons, *The Second British Empire: In the Crucible of the Twentieth Century*. Lanham, 2014, pp. 86-96.

142. Claude Quétel, *L'Impardonnable Défaite*. Paris, 2010, pp. 206-7.

143. TNA, AIR 9/8, memorando do Estado-Maior da Aeronáutica, 15 jan. 1936; (Planos) do Ministério da Aeronáutica para o vice-chefe do Estado-Maior, 24 set. 1936.

144. Sobre as abordagens históricas do apaziguamento, ver Brian McKercher, "National Security and Imperial Defence: British Grand Strategy and Appeasement, 1930-1939". *Diplomacy & Statecraft*, v. 19, 2008, pp. 391-42; Sidney Aster, "Appeasement: Before and After Revisionism", ibid., pp. 443-80.

145. Ver, por exemplo, Martin Thomas, "Appeasement in the Late Third Republic". *Diplomacy & Statecraft*, v. 19, 2008, pp. 567-89.

146. Ver, por exemplo, Pierre Guillen, "Franco-Italian Relations in Flux, 1918-1940". Em Robert Boyce (org.), *French Foreign and Defence Policy, 1918-1940: The Decline and Fall of a Great Power*.

Londres, 1998, pp. 149-61; Greg Kennedy, "1935: A Snapshot of British Imperial Defence in the Far East". Em Greg Kennedy e Keith Neilson (orgs.), *Far-Flung Lines: Essays on Imperial Defence in Honour of Donald Mackenzie Schurman*. Londres, 1996, pp. 190-210; Martin Thomas, "Appeasement in the Late Third Republic", op. cit., pp. 578-91.

147. Sidney Paish, "Containment, Rollback, and the Origins of the Pacific War, 1933-1941". Em Kurt Piehler e Sidney Paish (orgs.), *The United States and the Second World War: New Perspectives on Diplomacy, War and the Home Front*. Nova York, 2010, pp. 42-3, 45.

148. Orlando Pérez, "Panama: Nationalism and the Challenge to Canal Security". Em Thomas Leonard e John Bratzel (orgs.), *Latin America during World War II*. Nova York, 2006, pp. 65-6.

149. Neill Lochery, *Brazil: The Fortunes of War*. Nova York, 2014, pp. 39-40, 61-2, 70.

150. Sean Casey, *Cautious Crusade: Franklin D. Roosevelt, American Public Opinion and the War against Nazi Germany*. Nova York, 2001, p. 23.

151. Documentos de Chamberlain, Universidade de Birmingham, NC 18/1/1108, Chamberlain para a irmã, Ida, 23 jul. 1939.

152. George Peden, "Sir Warren Fisher and British Rearmament Against Germany". *English Historical Review*, v. 94, 1979, pp. 43-5; Robert Shay, *British Rearmament in the Thirties*. Princeton, 1977, pp. 159, 223; Joe Maiolo, *Cry Havoc: The Arms Race and the Second World War, 1931-1941*. Londres, 2010, pp. 99-101.

153. Steven Morewood, *The British Defence of Egypt 1935-1940: Conflict and Crisis in the Eastern Mediterranean*, op. cit., pp. 1, 95-6, 180-6.

154. Franco Macri, *Clash of Empires in South China: The Allied Nations' Proxy War with Japan, 1935-1941*. Lawrence, 2012, pp. 119-20, 154-7; Ashley Jackson, *The British Empire and the Second World War*. Londres, 2006, pp. 17-9.

155. Eugenia Kiesling, "'If It Ain't Broke, Don't Fix It': French Military Doctrine between the Wars". *War in History*, v. 3, 1996, pp. 215-8; Robert Doughty, *The Seeds of Disaster: The Development of French Army Doctrine, 1919-39*. Mechanicsburg, 1985, pp. 95-105, 108-10.

156. Martin Thomas, *The French Empire between the Wars: Imperialism, Politics and Society*, op. cit., pp. 312-3, 323-5, 333-4.

157. Steven Morewood, *The British Defence of Egypt 1935-1940: Conflict and Crisis in the Eastern Mediterranean*, op. cit., pp. 37-48.

158. Peter Jackson, *France and the Nazi Menace: Intelligence and Policy Making, 1933-1939*. Oxford, 2000, pp. 289-96.

159. Hans Groscurth, *Tagebuch eines Abwehroffiziers*. Stuttgart, 1970, p. 124. Para essa perspectiva de Munique, ver Richard Overy, "Germany and the Munich Crisis: A Mutilated Victory?", op. cit., pp. 193-210.

160. *Akten zur deutschen Auswärtigen Politik*, série D, v. 2, 772, atas de encontros entre Hitler e Horace Wilson, 27 set. 1938; Wacław Jędrzejewicz (org.), *Diplomat in Berlin, 1933-1939: Papers and Memoirs of Józef Lipski*. Nova York, 1968, p. 425, carta de Lipski para Josef Beck.

161. H. Michaelis e E. Schraepler (orgs.), *Ursachen und Folgen vom deutschen Zusammenbruch 1918 bis 1945. Vol. 12: Das sudetendeutsche Problem*. Berlim, 1976, pp. 438-40, Fritz Wiedemann über seine Eindrücke am 28 Sept. 1938.

162. Hans Groscurth, *Tagebuch eines Abwehroffiziers*, op. cit., p. 128, anotações de 28 e 30 set. 1938.

163. André Maurois, *Why France Fell*. Londres, 1941, pp. 21-2.

164. Jean Levy e Simon Pietri, *De La République à l'État français, 1930-1940: Le chemin de Vichy*. Paris, 1996, pp. 160-1.

165. TNA, AIR 9/105, chefes de Estado-Maior, "British Strategical Memorandum, March 20, 1939", pp. 6-7. Sobre planejamento conjunto, ver William Philpott e Martin Alexander, "The Entente Cordiale and the Next War: Anglo-French Views on Future Military Cooperation, 1928-1939". *Intelligence and National Security*, v. 13, 1998, pp. 68-76.

166. John Darwin, *The Empire Project: The Rise and Fall of the British World-System, 1830-1970*. Cambridge, 2009, pp. 494-7; Christopher Waters, "Australia, the British Empire and the Second World War". *War & Society*, v. 19, 2001, pp. 93-4.

167. Martin Thomas, *The French Empire between the Wars: Imperialism, Politics and Society*, op. cit., pp. 314-25; Martin Thomas, "Economic Conditions and the Limits to Mobilization in the French Empire, 1936-1939". *Historical Journal*, v. 48, 2005, pp. 482-90.

168. Daniel Hucker, "French Public Attitudes towards the Prospect of War in 1938-39: 'Pacifism' or 'War Anxiety'?", op. cit., pp. 442, 446; George Gallup (org.), *The Gallup International Public Opinion Polls: Great Britain, 1937-1975*. Nova York, 1976, pp. 10, 16, 21.

169. Richard Overy, *The Morbid Age: Britain and the Crisis of Civilization between the Wars*. Londres, 2009, pp. 21-2.

170. Keith Neilson, *Britain, Soviet Russia and the Collapse of the Versailles Order, 1919-1939*, op. cit., pp. 314-5.

171. TNA, PREM 1/331a, nota sobre proposta italiana, 2 set. 1939.

172. Brian Bond (org.), *Chief of Staff: The Diaries of Lieutenant General Sir Henry Pownall — Volume One*. Londres, 1972, p. 221.

173. TNA, PREM 1/395, tradução do discurso de Hitler de 6 out. 1939 para o primeiro-ministro, p. 18.

174. Heinrich Winkler, *The Age of Catastrophe: A History of the West, 1914-1945*, op. cit., pp. 670-1.

175. Claude Quétel, *L'Impardonnable Défaite*, op. cit., pp. 216-7.

176. André Maurois, *Why France Fell*, op. cit., p. 73.

177. Albert Speer, *Inside the Third Reich*, op. cit., p. 163.

178. Geoffrey Megargee, *Inside Hitler's High Command*, op. cit., p. 76; Nicolaus von Below, *At Hitler's Side: The Memoirs of Hitler's Luftwaffe Adjutant 1937-1945*. Londres, 2001, pp. 40-1.

179. TNA, PREM 1/395, Lorde Halifax, rascunho da resposta a Hitler, 8 out. 1939; Churchill para Chamberlain, 9 out. 1939; minuta para Chamberlain de Alexander Cadogan (do Ministério das Relações Exteriores), 8 out. 1939.

180. Willi Boelcke (org.), *The Secret Conferences of Dr. Goebbels, 1939-1943*. Londres, 1967, p. 6, diretiva de 16 dez. 1939; *Fuehrer Conferences on Naval Affairs, 1939-1945*. Londres, 1990, p. 60, Conferência de chefes de departamento, 25 nov. 1939.

181. Geoffrey Megargee, *Inside Hitler's High Command*, op. cit., p. 76.

182. Karl-Heinz Frieser, *The Blitzkrieg Legend: The 1940 Campaign in the West*. Annapolis, 2012, pp. 63-8; Mungo Melvin, *Manstein: Hitler's Greatest General*. Londres, 2010, pp. 136-7, 142, 149-51, 154-5; Nicolaus von Below, *At Hitler's Side: The Memoirs of Hitler's Luftwaffe Adjutant 1937-1945*, op. cit., pp. 40-1.

183. Martin Alexander, "'The Fall of France, 1940". *Journal of Strategic Studies*, v. 13, 1990, pp. 13-21; Julian Jackson, *The Fall of France: The Nazi Invasion of 1940*. Oxford, 2003, pp. 75-6.

184. TNA, PREM 1/437, comunicado de imprensa sobre a reunião do Conselho Supremo de Guerra, 15 nov. 1939.

185. Brian Bond, *France and Belgium, 1939-1940*. Londres, 1990, pp. 40-1, 49-51, 58-9.

186. Martin Alexander, "'Fighting to the Last Frenchman?': Reflections on the BEF Deployment

to France and the Strains in the Franco-British Alliance, 1939-1940". Em Joel Blatt (org.), *The French Defeat of 1940: Reassessments*. Providence, 1998, pp. 323-6; Brian Bond, *France and Belgium, 1939-1940*, op. cit., pp. 76-7.

187. Claude Quétel, *L'Impardonnable Défaite*, op. cit., p. 237; Robert Desmond, *Tides of War: World News Reporting 1931-1945*. Iowa City, 1984, p. 93.

188. George Gallup (org.), *The Gallup International Public Opinion Polls: Great Britain, 1937-1975*, op. cit., pp. 22, 30.

189. Claude Quétel, *L'Impardonnable Défaite*, op. cit., p. 246; Alan Allport, *Browned Off and Bloody-Minded: The British Soldier Goes to War, 1939-1945*. New Haven, 2015, p. 44.

190. Talbot Imlay, "France and the Phoney War, 1939-1940". Em Robert Boyce (org.), *French Foreign and Defence Policy, 1918-1940: The Decline and Fall of a Great Power*, op. cit., pp. 265-6.

191. TNA, WO 193/144, Memorando do Gabinete de Guerra para o Conselho Supremo de Guerra, 15 dez. 1939; relatório do diretor de operações militares, "Operational Considerations affecting Development of Equipment for Land Offensive", 12 abr. 1940.

192. Richard Overy, "Air Power, Armies, and the War in the West, 1940". 32nd Harmon Memorial Lecture, US Air Force Academy, Colorado Springs, 1989, pp. 1-2.

193. Pierre Guillen, "Franco-Italian Relations in Flux, 1918-1940", op. cit., pp. 160-1.

194. Steven Morewood, *The British Defence of Egypt 1935-1940: Conflict and Crisis in the Eastern Mediterranean*, op. cit., pp. 139-47.

195. Franco Macri, *Clash of Empires in South China: The Allied Nations' Proxy War with Japan, 1935-1941*, op. cit., pp. 195-201, 214-5.

196. Geoffrey Roberts, "Stalin's Wartime Vision of the Peace, 1939-1945". Em Timothy Snyder e Ray Brandon (orgs.), *Stalin and Europe: Imitation and Domination 1928-1953*. Nova York, 2014, pp. 234-6; Martin Kahn, *Measuring Stalin's Strength during Total War*. Gothenburg, 2004, pp. 87-9.

197. TNA, WO 193/144, memorando do Ministério da Guerra, "Ajuda à Finlândia", 16 dez. 1939 ("Não podemos recomendar uma declaração de guerra à Rússia"); Martin Kahn, *Measuring Stalin's Strength during Total War*, op. cit., pp. 90-2.

198. Gabriel Gorodetsky (org.), *The Maisky Diaries: Red Ambassador at the Court of St James's, 1932-1943*. New Haven, 2015, op. cit., p. 245, nota de 12 dez. 1939.

199. Patrick Salmon, "Great Britain, the Soviet Union, and Finland". Em John Hiden e Thomas Lane (orgs.), *The Baltic and the Outbreak of the Second World War*. Cambridge, 1991, pp. 116-7; Thomas Munch-Petersen, "Britain and the Outbreak of the Winter War". Em Robert Bohn et al. (orgs.), *Neutralität und totalitäre Aggression: Nordeuropa und die Grossmächteim Zweiten Weltkrieg*. Stuttgart, 1991, pp. 87-9; John Kennedy, *The Business of War*. Londres, 1957, pp. 47-8.

200. TNA, PREM 1/437, Reynaud para Chamberlain e lorde Halifax, 25 mar. 1940

201. TNA, PREM 1/437, memorando para o primeiro-ministro, "Possibilities of Allied Action against the Caucasus", mar. 1940, p. 3. Para detalhes da operação, ver C. O. Richardson, "French Plans for Allied Attacks on the Caucasus Oil Fields, January-April 1940". *French Historical Studies*, v. 8, 1973, pp. 130-53.

202. Edward Spears, *Assignment to Catastrophe*. Londres, 1954, pp. 102-6; Julian Jackson, *The Fall of France: The Nazi Invasion of 1940*, op. cit., pp. 82-4.

203. Walter Warlimont, *Inside Hitler's Headquarters, 1939-45*. Londres, 1964, pp. 66-72.

204. *Fuehrer Conferences on Naval Affairs*, op. cit., pp. 63-7, 80-4.

205. Klaus Maier, Horst Rohde, Bernd Stegmann e Hans Umbreit, *Das Deutsche Reich und der Zweite Weltkrieg: Band II...*, op. cit., pp. 212-7; Ministério Britânico do Ar, *The Rise and Fall of the German Air Force*. Londres, 1983, pp. 60-3.

206. Klaus Maier, Horst Rohde, Bernd Stegmann e Hans Umbreit, *Das Deutsche Reich und der Zweite Weltkrieg: Band II...*, op. cit., p. 224.

207. Robert Rhodes James (org.), *The Diaries of Sir Henry Channon*. Londres, 1993, pp. 244-50, notas de 7, 8, 9 maio 1940.

208. Karl-Heinz Frieser, *The Blitzkrieg Legend: The 1940 Campaign in the West*, op. cit., pp. 36-48. As estatísticas sobre poderio aéreo estão sujeitas a variação, dependendo dos níveis de operacionalidade em dias específicos e da classificação das reservas. Patrick Facon, em *L'Armée de l'Air dans la tourmente: La Bataille de France 1939-1940* (Paris, 1997, pp. 151-69), chega a cifras diferentes: 5524 aeronaves dos Aliados, 3959 do lado alemão. Ver também Ernest May, *Strange Victory: Hitler's Conquest of France*. Nova York, 2000, p. 479, que traz cifras sobre bombardeiros e caças dos dois lados: 2779 alemães contra 5133 Aliados.

209. Karl-Heinz Frieser, *The Blitzkrieg Legend: The 1940 Campaign in the West*, op. cit., p. 45; Patrick Facon, *L'Armée de l'Air dans la tourmente: La Bataille de France 1939*-1940, op. cit., pp. 169, 205; Julian Jackson, *The Fall of France: The Nazi Invasion of 1940*, op. cit., pp. 15-7.

210. Julian Jackson, *The Fall of France: The Nazi Invasion of 1940*, op. cit., pp. 21-5. Sobre a retaguarda alemã puxada por cavalos, ver Richard Dinardo, *Mechanized Juggernaut or Military Anachronism? Horses and the German Army of WWII*. Mechanicsburg, 2008, pp. 24-6.

211. Claude Quétel, *L'Impardonnable Défaite*, op. cit., p. 246.

212. Karl-Heinz Frieser, *The Blitzkrieg Legend: The 1940 Campaign in the West*, op. cit., p. 93.

213. Henri Wailly, "La Situation intérieure". Em Philippe Ricalens e Jacques Poyer (orgs.), *L'Armistice de juin 1940: Faute ou necessité?*. Paris, 2011, pp. 48-9.

214. Nicolaus von Below, *At Hitler's Side: The Memoirs of Hitler's Luftwaffe Adjutant 1937-1945*, op. cit., p. 57.

215. Karl-Heinz Frieser, *The Blitzkrieg Legend: The 1940 Campaign in the West*, op. cit., pp. 107-12.

216. Ibid., p. 161.

217. Julian Jackson, *The Fall of France: The Nazi Invasion of 1940*, op. cit., pp. 45-7.

218. David Dilks (org.), *The Diaries of Sir Alexander Cadogan, 1938-1945*. Londres, 1971, p. 284, nota de 16 maio; Edward Spears, *Assignment to Catastrophe*, op. cit., p. 150.

219. Geoffrey Megargee, *Inside Hitler's High Command*, op. cit., p. 85.

220. Hugh Sebag-Montefiore, *Dunkirk: Fight to the Last Man*. Londres, 2006, p. 3.

221. Max Schiaron, "La Bataille de France, vue par le haut commandement français". Em Philippe Ricalens e Jacques Poyer (orgs.), *L'Armistice de juin 1940: Faute ou necessité?*, op. cit., p. 35.

222. Stephen Roskill, *Hankey: Man of Secrets*. Londres, 1974. v. III: *1931-1963*, pp. 477-8.

223. Claude Huan, "Les Capacités de transport maritime". Em Philippe Ricalens e Jacques Poyer (orgs.), *L'Armistice de juin 1940: Faute ou necessité?*, op. cit., pp. 37-8.

224. Karl-Heinz Frieser, *The Blitzkrieg Legend: The 1940 Campaign in the West*, op. cit., pp. 301-2.

225. Alan Allport, *Browned Off and Bloody-Minded: The British Soldier Goes to War, 1939-1945*, op. cit., pp. 55-6.

226. Hugh Sebag-Montefiore, *Dunkirk: Fight to the Last Man*, op. cit., pp. 250-3.

227. Paul Gaujac, "L'Armée de terre française en France et en Afrique du Nord". Em Philippe Ricalens e Jacques Poyer (orgs.), *L'Armistice de juin 1940: Faute ou necessité?*, op. cit., pp. 15-6.

228. Claude Huan, "Les Capacités de transport maritime", op. cit., pp. 38-9. Sobre soldados poloneses, ver Halik Kochanski, *The Eagle Unbowed: Poland and the Poles in the Second World War*, op. cit., pp. 212-6.

229. Jacques Belle, "La Volonté et la capacité de défendre l'Afrique du Nord". Em Philippe Ricalens e Jacques Poyer (orgs.), *L'Armistice de juin 1940: Faute ou necessité?*, op. cit., pp. 150-7; Paul Gaujac, "L'Armée de terre française en France et en Afrique du Nord", op. cit., pp. 20-2.

230. Max Schiaron, "La Bataille de France, vue par le haut commandement français", op. cit., pp. 7-8.

231. Ibid., pp. 9-11; Elisabeth du Réau, "Le Débat de l'armistice". Em Philippe Ricalens e Jacques Poyer (orgs.), *L'Armistice de juin 1940: Faute ou necessité?*, op. cit., pp. 65-9.

232. Max Schiaron, "La Bataille de France, vue par le haut commandement français", op. cit., pp. 11-2; Julian Jackson, *The Fall of France: The Nazi Invasion of 1940*, op. cit., p. 143.

233. Gilles Ragache, "La Bataille continue!". Em Philippe Ricalens e Jacques Poyer (orgs.), *L'Armistice de juin 1940: Faute ou necessité?*, op. cit., pp. 142-5.

234. Giorgio Rochat, *Le guerre italiane, 1935-1943*, op. cit., p. 239.

235. John Gooch, *Mussolini and His Generals: The Armed Forces and Fascist Foreign Policy, 1922-1940*, op. cit., pp. 494-8, 508-11; Robert Mallett, *Mussolini and the Origins of the Second World War, 1933-1940*. Basingstoke, 2003, pp. 214-7.

236. John Gooch, *Mussolini and His Generals: The Armed Forces and Fascist Foreign Policy, 1922-1940*, op. cit., p. 510.

237. Galeazzo Ciano, *Diario 1937-1943*. Org. de Renzo di Felice. Milão, 1998, pp. 429, 435, 442, notas de 13 maio, 28 maio, 10 jun. 1940.

238. Davide Rodogno, *Fascism's European Empire: Italian Occupation during the Second World War*, op. cit., pp. 25-6; Galeazzo Ciano, *Diario 1937-1943*, op. cit., p. 444, nota de 18-9 jun. 1940.

239. Ibid., p. 443, nota de 18-9 jun. 1940.

240. Gilles Ragache, "La Bataille continue!", op. cit., pp. 143-4.

241. Giorgio Rochat, *Le guerre italiane, 1935-1943*, op. cit., pp. 248-50.

242. Karine Varley, "Entangled Enemies: Vichy, Italy and Collaboration". Em Ludivine Broch e Alison Carrol (orgs.), *France in an Era of Global War, 1914-1945: Occupation Politics, Empire and Entanglements*. Basingstoke, 2014, pp. 153-5; Davide Rodogno, *Fascism's European Empire: Italian Occupation during the Second World War*, op. cit., pp. 26-7. Sobre os termos alemães, ver Thomas Laub, *After the Fall: German Policy in Occupied France, 1940-1944*. Oxford, 2010, pp. 36-9.

243. Geoffrey Roberts, "Stalin's Wartime Vision of the Peace, 1939-1945", op. cit., pp. 236-7.

244. Galeazzo Ciano, *Diario 1937-1943*, op. cit., p. 443, nota de 18-9 jun. 1940.

245. Randolph Churchill (org.), *Into Battle: Speeches by the Right Hon. Winston S. Churchill*. Londres, 1941, pp. 255-6, 259.

246. John Colville, *The Fringes of Power: Downing Street Diaries, 1939-1955*. Londres, 1985. v. I: *1939-October 1941*, p. 267, nota de 20 ago. 1940.

247. Gabriel Gorodetsky (org.), *The Maisky Diaries: Red Ambassador at the Court of St James's, 1932-1943*, op. cit., p. 304, nota de 20 ago. 1940.

248. Ibid., p. 287, nota de 17 jun. 1940.

249. Hastings Ismay, *Memoirs*. Londres, 1960, p. 153.

250. Robert Rhodes James (org.), *The Diaries of Sir Henry Channon*, op. cit., pp. 261-2.

251. Srinath Raghavan, *India's War: The Making of Modern South Asia, 1939-1945*. Londres, 2016, pp. 47-8.

252. Sobre os pontos de vista soviéticos, ver Sergei Kudryashov, "The Soviet perspective". Em Paul Addison e Jeremy Crang (orgs.), *The Burning Blue: A New History of the Battle of Britain*. Londres, 2000, pp. 71-2. Sobre a França, ver Robert Tombs e Isabelle Tombs, *That Sweet Enemy: Britain and France*. Londres, 2007, pp. 10, 571-3.

253. John Colville, *The Fringes of Power: Downing Street Diaries, 1939-1955*, op. cit., p. 176, nota de 6 jun. 1940.

254. Robert Self, *Neville Chamberlain: A Biography*. Aldershot, 2006, p. 434; para a citação de Churchill, ver Edward Spears, *Assignment to Catastrophe*, op. cit., p. 70, que transmitiu o comentário de Churchill de que "somos perfeitamente capazes de derrotar os alemães sozinhos".

255. Paul Addison e Jeremy Crang (orgs.), *Listening to Britain: Home Intelligence Reports on Britain's Finest Hour May-September 1940*. Londres, 2011, pp. 80, 123, 126, notas de 5 jun., 17 jun. e 18 jun. 1940. Ver também Richard Toye, *The Roar of the Lion: The Untold Story of Churchill's World War II Speeches*. Oxford, 2013, pp. 51-9.

256. John Charmley, *Lord Lloyd and the Decline of the British Empire*. Londres, 1987, p. 251.

257. John Ferris e Evan Mawdsley, "The War in the West". Em John Ferris e Evan Mawdsley (orgs.), *The Cambridge History of the Second World War*. Cambridge, 2015. v. I: *Fighting the War*, p. 350.

258. Richard Toye, *Lloyd George and Churchill: Rivals for Greatness*. Londres, 2007, pp. 342, 363-9, 380; Antony Lentin, *Lloyd George and the Lost Peace: From Versailles to Hitler, 1919-1940*. Basingstoke, 2001, pp. 121-7.

259. Robert Self, *Neville Chamberlain: A Biography*, op. cit., p. 433.

260. Richard Hallion, "The American Perspective". Em Paul Addison e Jeremy Crang (orgs.), *The Burning Blue: A New History of the Battle of Britain*, op. cit., pp. 83-4.

261. Richard Overy, *The Bombing War: Europe, 1939-1945*. Londres, 2013, pp. 252-4.

262. Richard Toye, *The Roar of the Lion: The Untold Story of Churchill's World War II Speeches*, op. cit., p. 54.

263. Id., *Churchill's Empire: The World that Made Him and the World He Made*. Nova York, 2010, pp. 203-4.

264. Ashley Jackson, *The British Empire and the Second World War*, op. cit., pp. 21-3.

265. Timothy Parsons, *The Second British Empire: In the Crucible of the Twentieth Century*, op. cit., pp. 108-9; K. Fedorowich, "Sir Gerald Campbell and the British High Commission in Wartime Ottawa, 1938-40". *War in History*, v. 19, 2012, pp. 357-85; Richard Toye, *Churchill's Empire: The World that Made Him and the World He Made*, op. cit., p. 209; Jonathan Vance, *Maple Leaf Empire: Canada, Britain, and Two World Wars*. Oxford, 2012, pp. 149-50, 179; John Darwin, *The Empire Project: The Rise and Fall of the British World System, 1830-1970*, op. cit., pp. 495-7.

266. Clair Wills, *The Neutral Island: A History of Ireland during the Second World War*. Londres, 2007, pp. 41-8; Richard Toye, *Churchill's Empire: The World that Made Him and the World He Made*, op. cit., pp. 196-7, 207.

267. Srinath Raghavan, *India's War: The Making of Modern South Asia, 1939-1945*, op. cit., pp. 13-6, 38-9, 52-60, 69-70.

268. David Dilks (org.), *The Diaries of Sir Alexander Cadogan, 1938-1945*, op. cit., p. 311, nota para 5 jul. 1940; Nicholas Tarling, *A Sudden Rampage: The Japanese Occupation of Southeast Asia, 1941-1945*, op. cit., pp. 54-5.

269. Steven Morewood, *The British Defence of Egypt, 1935-1940: Conflict and Crisis in the Eastern Mediterranean*, op. cit., pp. 174-7, 193-8.

270. Charles-Robert Ageron, "Vichy, les français et l'empire", op. cit., p. 122.

271. Wolfe Schmokel, *Dream of Empire: German Colonialism, 1919-1945*, op. cit., pp. 144-54.

272. Gerhard Schreiber, Bernd Stegemann e Detlef Vogel, *Germany and the Second World War*. Oxford, 1995. v. III, pp. 282-8; Wolfe Schmokel, *Dream of Empire: German Colonialism, 1919-1945*, op. cit., pp. 140-4.

273. Donald Nuechterlein, *Iceland: Reluctant Ally*. Ithaca, Nova York, 1961, pp. 23-36.

274. William Roger Louis, *Imperialism at Bay: The United States and the Decolonization of the British Empire, 1941-1945*. Oxford, 1977, pp. 158, 175-7; Neil Smith, *American Empire: Roosevelt's Geographer and the Prelude to Globalization*. Berkeley, 2003, pp. 353-5.

275. Guy Vanthemsche, *Belgium and the Congo, 1885-1980*. Cambridge, 2012, pp. 122-6, 130.

276. Jonathan Helmreich, *United States Relations with Belgium and the Congo, 1940-1960*. Newark, 1998, pp. 25-40.

277. Jennifer Foray, *Visions of Empire in the Nazi-Occupied Netherlands*. Cambridge, 2012, pp. 3-5.

278. Ibid., pp. 50-1, 54, 109-15.

279. Ibid., pp. 50-3; Nicholas Tarling, *A Sudden Rampage: The Japanese Occupation of Southeast Asia, 1941-1945*, op. cit., pp. 66-8.

280. Marcel Boldorf, "Grenzen des nationalsozialistischen Zugriffs auf Frankreichs Kolonialimporte (1940-1942)". *Vierteljahresschrift für Wirtschafts-Sozialgeschichte*, v. 97, 2010, pp. 148-50.

281. Charles-Robert Ageron, "Vichy, les français et l'empire", op. cit., pp. 123-4, 128-9; Frederick Quinn, *The French Overseas Empire*. Westport, 2000, pp. 219-20.

282. Nicholas Tarling, *A Sudden Rampage: The Japanese Occupation of Southeast Asia, 1941-1945*, op. cit., pp. 53-4; Martin Thomas, *The French Empire at War, 1940-45*. Manchester, 1998, pp. 45-6.

283. John Charmley, *Lord Lloyd and the Decline of the British Empire*, op. cit., pp. 246-7.

284. Robert Tombs e Isabelle Tombs, *That Sweet Enemy: Britain and France*, op. cit., pp. 561, 572-3.

285. Ibid., pp. 562-3; Christopher Bell, *Churchill and Sea Power*. Oxford, 2013, pp. 197-9; Raymond Dannreuther, *Somerville's Force H: The Royal Navy's Gibraltar-based Fleet, June 1940 to March 1942*. Londres, 2005, pp. 28-34.

286. Martin Thomas, "Resource War, Civil War, Rights War: Factoring Empire into French North Africa's Second World War". *War in History*, v. 18, 2011, pp. 225-48.

287. Karine Varley, "Entangled Enemies: Vichy, Italy and Collaboration", op. cit., pp. 155-6.

288. Frederick Quinn, *The French Overseas Empire*, op. cit., pp. 221-2; Martin Thomas, *The French Empire at War, 1940-45*, op. cit., pp. 52-8.

289. Robert Frank, "Vichy et les Britanniques 1940-41: Double jeu ou double langage?". Em Jean-Pierre Azéma e François Bédarida (orgs.), *Le Régime de Vichy et les français*, op. cit., pp. 144-8. Sobre Dacar, ver Martin Thomas, *The French Empire at War, 1940-45*, op. cit., pp. 75-6; Christopher Bell, *Churchill and Sea Power*, op. cit., p. 209.

290. Jennifer Foray, *Visions of Empire in the Nazi-Occupied Netherlands*, op. cit., pp. 93, 103.

291. Karine Varley, "Entangled Enemies: Vichy, Italy and Collaboration", op. cit., pp. 155-8.

292. Galeazzo Ciano, *Diario 1937-1943*, op. cit., pp. 449, 452, notas para 2 jul., 16 jul. 1940.

293. Max Domarus, *Hitler: Reden und Proklomationen, 1932-1945*. 3 v. Munique, 1965. v. II: *Untergang*, p. 1538.

294. Elke Fröhlich (org.), *Die Tagebücher von Joseph Goebbels: Sämtliche Fragmente*. 4 v. Munique: K. G. Saur, 1987. v. IV, pp. 221, 227, notas para 28 jun., 4 jul. 1940. Sobre os "mensageiros", ver Karina Urbach, *Go-Betweens for Hitler*. Oxford, 2015.

295. Max Domarus, *Hitler: Reden und Proklomationen, 1932-1945*, op. cit., v. II, pp. 1537-8, notas de Halder sobre a reunião em Berghof, 13 jul. 1940; Nicolaus von Below, *At Hitler's Side: The Memoirs of Hitler's Luftwaffe Adjutant 1937-1945*, op. cit., pp. 67-8.

296. Gerwin Strobl, *The Germanic Isle: Nazi Perceptions of Britain*. Cambridge, 2000, pp. 84, 92-4.

297. Max Domarus, *Hitler: Reden und Proklomationen, 1932-1945*, op. cit., v. II, pp. 1557-8.

298. Elke Fröhlich (org.), *Die Tagebücher von Joseph Goebbels: Sämtliche Fragmente*, op. cit., v. IV, p. 246-7, nota para 20 jul. 1940.

299. John Colville, *The Fringes of Power: Downing Street Diaries, 1939-1955*, op. cit., p. 234, nota para 24 jul. 1940.

300. Elke Fröhlich (org.), *Die Tagebücher von Joseph Goebbels: Sämtliche Fragmente*, op. cit., v. IV, p. 250, nota para 24 jul. 1940.

301. Walter Hubatsch (org.), *Hitlers Weisungen für die Kriegführung*. Frankfurt, 1962, pp. 71-2, diretiva n. 16.

302. Nicolaus von Below, *At Hitler's Side: The Memoirs of Hitler's Luftwaffe Adjutant 1937-1945*, op. cit., pp. 68-9, nota para 21 jul. 1940.

303. Max Domarus, *Hitler: Reden und Proklomationen, 1932-1945*, op. cit., v. II, p. 1561, relato do general Halder sobre encontro com o Führer, 21 jul. 1940.

304. Richard Toye, *Lloyd George and Churchill: Rivals for Greatness*, op. cit., p. 376.

305. Max Domarus, *Hitler: Reden und Proklomationen, 1932-1945*, op. cit., v. II, pp. 1561; Elke Fröhlich (org.), *Die Tagebücher von Joseph Goebbels: Sämtliche Fragmente*, op. cit., v. IV, p. 249.

306. BA-MA, I Fliegerkorps, "Gedanken über die Führung des Luftkrieges gegen England", 24 jul. 1940. Sobre os preparativos alemães, ver Horst Boog, "The Luftwaffe's Assault". Em Paul Addison e Jeremy Crang (orgs.), *The Burning Blue: A New History of the Battle of Britain*, op. cit., pp. 40-1.

307. Christopher Bell, *Churchill and Sea Power*, op. cit., p. 199.

308. Richard Overy, *The Bombing War: Europe, 1939-1945*, op. cit., pp. 251-2.

309. TNA, AIR 16/212, n. 11 Group Operational Orders, "Measures to Counter an Attempted German Invasion, Summer 1940", 8 jul. 1940, p. 2.

310. AHB, "Battle of Britain: Despatch by Air Chief Marshal Sir Hugh Dowding", 20 ago. 1940, p. 569.

311. Walter Hubatsch (org.), *Hitlers Weisungen für die Kriegführung*, op. cit., p. 75-6; AHB, traduções alemãs, v. 1, VII/21, diretiva do OKW "Operation Sea Lion", 1º ago. 1940.

312. TNA, PREM 3/29 (3), Ordem de Batalha do Comando de Caças, 6 set. 1940.

313. TNA, AIR 22/72, relatório sobre propaganda alemã, ago. 1940.

314. Percy Schramm (org.), *Kriegstagebuch/OKW: Band 1, Teilband 1*. Augsburg, 2007, pp. 59-60, nota para 3 set. 1940.

315. TNA, AIR 16/432, resumo de inteligência de Segurança Interna, "Operations during the Night of 5/6 September".

316. Ibid., relatórios para 24-5, 25-6 e 28-9 ago. 1940. Na primeira noite, três bairros de Londres foram atingidos; na segunda, cinco; e na terceira, onze.

317. Richard Overy, *The Bombing War: Europe, 1939-1945*, op. cit., pp. 83-4; Elke Fröhlich (org.), *Die Tagebücher von Joseph Goebbels: Sämtliche Fragmente*, op. cit., v. IV, p. 309.

318. Alan Allport, *Browned Off and Bloody-Minded: The British Soldier Goes to War, 1939-1945*, op. cit., p. 68.

319. David French, *Raising Churchill's Army: The British Army and the War against Germany, 1919-1945*. Oxford, 2000, pp. 185, 189-90; Alex Danchev e Daniel Todman (orgs.), *War Diaries: Field Marshal Lord Alanbrooke, 1939-1945*. Londres, 2001, p. 108, nota para 15 set. 1940.

320. TNA, AIR 8/372, minuta do chefe do Estado-Maior da Aeronáutica, 22 maio 1940; Cripps para o Gabinete de Guerra, 26 jun. 1940; minuta do Ministério das Relações Exteriores para Churchill, 3 jul. 1940.

321. TNA, INF 1/264, Inteligência Interna, resumo de relatórios diários, 4 set. 1940.

322. Virginia Cowles, *Looking for Trouble*. Londres, 1941, pp. 448-9, 452.

323. Walter Warlimont, *Inside Hitler's Headquarters, 1939-45*, op. cit., p. 114.

324. Ibid., pp. 115-7; Nicolaus von Below, *At Hitler's Side: The Memoirs of Hitler's Luftwaffe Adjutant 1937-1945*, op. cit., p. 72.

2. FANTASIAS IMPERIAIS, REALIDADES IMPERIAIS, 1940-3 [pp. 178-291]

1. F. C. Jones, *Japan's New Order in East Asia*. Oxford, 1954, p. 469. Tradução de um texto alemão. O original estava em inglês, e a versão trazia "cada um em seu devido lugar", em vez de "o espaço a que tem direito [...]". O termo "Raum" [espaço] foi inserido na versão alemã para tornar mais explicitamente territorial a natureza da Nova Ordem.

2. Galeazzo Ciano, *Diario 1937-1943*. Renzo de Felice (org.). Milão, 1998, pp. 466-7; William Shirer, *Berlin Diary: The Journal of a Foreign Correspondent, 1934-1941*. Londres, 1941, pp. 417-20, nota de 27 set. 1940.

3. Sobre a versão em inglês, ver *Akten der deutschen auswärtigen Politik: Band XI:I*. Göttingen, 1964, pp. 153-4, Von Mackensen para o Ministério das Relações Exteriores, 24 set. 1940, pp. 140-1; Von Ribbentrop para Von Mackensen, 24 set. 1944; Otto Tolischus, *Tokyo Record*. Londres, 1943, p. 30, discurso de 27 jan. 1941.

4. Horst Kahrs, "Von der 'Grossraumwirtschaft' zur 'Neuen Ordnung'". Em Kahrs et al., *Modelle für ein deutschen Europa: Ökonomie und Herrschaft im Grosswirtschaftsraum*. Berlim, 1992, pp. 17-22; Gustavo Corni, *Il sogno del "grande spazio": Le politiche d'occupazione nell'europa nazista*. Roma, 2005, pp. 61-8; Paolo Fonzi, *La moneta nel grande spazio: Il progetto nazionalsocialista di integrazione monetaria europea, 1939-1945*. Milão, 2011, pp. 116-7, 121, 167-9.

5. Geoffrey Megargee, *Inside Hitler's High Command*. Lawrence, 2000, pp. 90-1; Nicolaus von Below, *At Hitler's Side: The Memoirs of Hitler's Luftwaffe Adjutant, 1937-1945*. Londres, 2001, pp. 72-3.

6. O melhor relato dessas negociações está em Norman Goda, *Tomorrow the World: Hitler, Northwest Africa, and the Path toward America*. College Station, 1998. Ver também H. James Burgwyn, *Mussolini Warlord: Failed Dreams of Empire, 1940-1943*. Nova York, 2012, pp. 22-9.

7. Gabriel Gorodetsky, *Grand Delusion: Stalin and the German Invasion of Russia*. New Haven, 1999, pp. 17-8.

8. Joachim von Ribbentrop, *The Ribbentrop Memoirs*. Londres, 1954, pp. 149-52.

9. Nicolaus von Below, *At Hitler's Side: The Memoirs of Hitler's Luftwaffe Adjutant 1937-1945*, op. cit., pp. 74-5.

10. Sönke Neitzel, *Der Einsatz der deutschen Luftwaffe über dem Atlantik und der Nordsee 1939-1945*. Bonn, 1995, pp. 55-6, 68.

11. Christopher Bell, *Churchill and Sea Power*. Oxford, 2013, p. 215.

12. W. J. R. Gardner, *Decoding History: The Battle of the Atlantic and Ultra*. Basingstoke, 1999, p. 177; Marc Milner, *The Battle of the Atlantic*. Stroud, 2005, pp. 40, 46.

13. Marc Milner, *The Battle of the Atlantic*, op. cit., pp. 40-1; Christopher Bell, *Churchill and Sea Power*, op. cit., pp. 216, 224.

14. Marc Milner, *The Battle of the Atlantic*, op. cit., pp. 43-4.

15. Números calculados com base em Arnold Hague, *The Allied Convoy System, 1939-1945: Its Organization, Defence and Operations*. Londres, 2000, pp. 23-5, 107-8.

16. Ralph Erskine, "Naval Enigma: A Missing Link". *International Journal of Intelligence and Counter-Intelligence*, v. 3, 1989, pp. 497-9.

17. Richard Overy, *The Bombing War: Europe, 1939-1945*. Londres, 2013, pp. 84-5; Percy Schramm (org.), *Kriegstagebuch/OKW: Band 1, Teilband 1*. Augsburg, 2007, p. 76, nota de 14 set. 1940.

18. BA-MA, RL2 IV/27, "Grossangriffe bei Nacht gegen Lebenszentren Englands, 12.8.1940-26.6.41".

19. TSAMO, f. 500, o. 725168, d. 110, *Luftwaffe Operations Staff Report on British Targets and Air Strength*, 14 jan. 1941; *Fuehrer Conferences on Naval Affairs, 1939-1945*. Londres, 1990, p. 179, "Basic Principles of the Prosecution of the War against British War Economy".

20. Michael Postan, *British War Production*. Londres, 1957, pp. 484-5; Klaus Maier, Horst Rohde, Bernd Stegmann e Hans Umbreit, *Das Deutsche Reich und der Zweite Weltkrieg: Band II: Die Errichtung der Hegemonie auf dem europäischen Kontinent*. Stuttgart, 1979, pp. 402-4.

21. C. B. A. Behrens, *Merchant Shipping and the Demands of War*. Londres, 1955, p. 325. Em 1941, havia em estoque quase 17 milhões de toneladas de alimentos e materiais importados.

22. John Darwin, *The Empire Project: The Rise and Fall of the British World-System, 1830-1970*. Cambridge, 2009, pp. 510-1.

23. Warren Kimball, "'Beggar My Neighbor': America and the British Interim Finance Crisis, 1940-41". *Journal of Economic History*, v. 29, 1969, pp. 758-72; id. (org.), *Churchill & Roosevelt: The Complete Correspondence*. 3 v. Londres, 1984. v. I, p. 139, memorando de Churchill, 1º mar. 1941.

24. Nigel Nicolson (org.), *Harold Nicolson: Diaries and Letters, 1939-45*. Londres, 1967, pp. 144-5, carta para W. B. Jarvis.

25. Orio Vergani, *Ciano: Una lunga confessione*. Milão, 1974, p. 97.

26. Davide Rodogno, *Fascism's European Empire: Italian Occupation During the Second World War*. Cambridge, 2006, p. 38, nota de diário pelo general Bongiovanni.

27. Mario Cervi, *Storia della Guerra di Grecia, ottobre 1940-aprile 1941*. Milão, 1986, p. 51.

28. Orio Vergani, *Ciano: Una lunga confessione*, op. cit., p. 88.

29. Marco Bragadin, *The Italian Navy in World War II*. Annapolis, 1957, pp. 28-9; Simon Ball, *The Bitter Sea*. Londres, 2009, pp. 52-3.

30. Lucio Ceva, "Italia e Grecia, 1940-1941: Una guerra a parte". Em Bruna Micheletti e Paolo Poggio (orgs.), *L'Italia in guerra, 1940-43*. Brescia, 1991, p. 190; H. James Burgwyn, *Mussolini Warlord: Failed Dreams of Empire, 1940-1943*, op. cit., pp. 38-9.

31. Lucio Ceva, "Italia e Grecia, 1940-1941: Una guerra a parte", op. cit., pp. 191-2.

32. Mario Cervi, *Storia della Guerra di Grecia, ottobre 1940-aprile 1941*, op. cit., pp. 40, 51-2; Simon Ball, *The Bitter Sea*, op. cit., pp. 50-2; Giorgio Rochat, *Le guerre italiane 1935-1943: Dall'impero d'Etiopia alla disfatta*. Turim, 2005, p. 261.

33. Lucio Ceva, "Italia e Grecia, 1940-1941: Una guerra a parte", op. cit., p. 192; Davide Rodogno, *Fascism's European Empire: Italian Occupation during the Second World War*, op. cit., pp. 29-30.

34. Mario Luciolli, *Mussolini e l'Europa: La politica estera fascista*. Florença, 2009, p. 220 (publicado pela primeira vez em 1945).

35. Lucio Ceva, "Italia e Grecia, 1940-1941: Una guerra a parte", op. cit., pp. 193-201; Giorgio Rochat, *Le guerre italiane, 1935-1943*, op. cit., pp. 262-3, 274.

36. Marco Bragadin, *The Italian Navy in World War II*, op. cit., pp. 41-2; Gerhard Schreiber, Bernd Stegmann e Detlef Vogel, *Germany and the Second World War*. Oxford, 1995. v. III: *The Mediterranean, South-east Europe and North Africa, 1939-1941*, pp. 426-9.

37. Leland Stowe, *No Other Road to Freedom*. Londres, 1942, pp. 182-3.

38. Lucio Ceva, "Italia e Grecia, 1940-1941: Una guerra a parte", op. cit., pp. 201-2; Marco Bragadin, *The Italian Navy in World War II*, op. cit., pp. 42, 79.

39. Giorgio Rochat, *Le guerre italiane, 1935-1943*, op. cit., pp. 279-80. Lucio Ceva, "Italia e Grecia, 1940-1941: Una guerra a parte", dá um total mais alto de 40 mil italianos mortos. Milhares morreram de queimaduras de frio longe da frente de batalha, o que talvez explique a discrepância nas estatísticas.

40. Jack Greene e Alessandro Massignani, *The Naval War in the Mediterranean*. Londres, 1998, pp. 103-7; Marco Bragadin, *The Italian Navy in World War II*, op. cit., p. 44-6.

41. Marco Bragadin, *The Italian Navy in World War II*, op. cit., pp. 90-5.

42. Sobre a incapacidade de tomar Trípoli, ver Klaus Schmider, "The Mediterranean in 1940-1941: Crossroads of Lost Opportunities?". *War & Society*, v. 15, 1997, pp. 27-8.

43. Gerhard Schreiber, Bernd Stegmann e Detlef Vogel, *Germany and the Second World War*, op. cit., v. III, pp. 92-5. Sobre a condução das operações, ver Giorgio Rochat, *Le guerre italiane, 1935-1943*, op. cit., pp. 268-77.

44. Richard Carrier, "Some Reflections on the Fighting Power of the Italian Army in North Africa, 1940-1943". *War in History*, v. 22, 2015, pp. 508-14.

45. Gerhard Schreiber, Bernd Stegmann e Detlef Vogel, *Germany and the Second World War*, op. cit., v. III, pp. 454-6.

46. Walter Warlimont, *Inside Hitler's Headquarters, 1939-45*. Londres, 1964, p. 128.

47. John Kennedy, *The Business of War: The War Narratives of Major-General Sir John Kennedy*. Londres, 1957, pp. 72-5.

48. Orio Vergani, *Ciano: Una lunga confessione*, op. cit., p. 100.

49. John Kennedy, *The Business of War: The War Narratives of Major-General Sir John Kennedy*, op. cit., pp. 101-3.

50. Nigel Nicolson (org.), *Harold Nicolson: Diaries and Letters, 1939-45*, op. cit., p. 161, nota para 4 abr. 1941; Daniel Todman, *Britain's War: Into Battle 1937-1941*. Londres, 2016, p. 565.

51. Ashley Jackson, *Persian Gulf Command: A History of the Second World War in Iran and Iraq*. New Haven, 2018, pp. 56-7.

52. Jeffrey Herf, *Nazi Propaganda for the Arab World*. New Haven, 2009, p. 60-1.

53. Ashley Jackson, *Persian Gulf Command: A History of the Second World War in Iran and Iraq*, op. cit., p. 88.

54. Ibid., p. 99.

55. Ibid., pp. 94-104; Jeffrey Herf, *Nazi Propaganda for the Arab World*, op. cit., pp. 57-8, 61.

56. Walther Hubatsch (org.), *Hitlers Weisungen für die Kriegführung 1939-1945*. Munique, 1965, pp. 139-41, "Weisung Nr. 30: Mittlerer Orient"; pp. 151-5, "Weisung Nr. 32: Vorbereitungen für die Zeit nach Barbarossa".

57. Jeffrey Herf, *Nazi Propaganda for the Arab World*, op. cit., pp. 36-9.

58. David Motadel, *Islam and Nazi Germany's War*. Cambridge, EUA, 2014, pp. 84-9.

59. Ibid., pp. 107-9.

60. Ibid., pp. 111-2, 130. Sobre o tratamento dado pelos italianos à população líbia, ver Patrick Bernhard, "Behind the Battle Lines: Italian Atrocities and the Persecution of Arabs, Berbers, and Jews in North Africa during World War II". *Holocaust and Genocide Studies*, v. 26, 2012, pp. 425-46.

61. Nicholas Tamkin, "Britain, the Middle East, and the 'Northern Front', 1941-1942". *War in History*, v. 15, 2008, p. 316.

62. David Fieldhouse, *Western Imperialism in the Middle East, 1914-1958*. Oxford, 2006, pp. 325-6.

63. Stefanie Wichhart, "Selling Democracy during the Second British Occupation of Iraq, 1941-5". *Journal of Contemporary History*, v. 48, 2013, p. 515.

64. Ibid., p. 523.

65. Gerry Kearns, *Geopolitics and Empire: The Legacy of Halford Mackinder*. Oxford, 2009, p. 155.

66. W. H. Parker, *Mackinder: Geography as an Aid to Statecraft*. Oxford, 1982, pp. 150-8; Geoffrey Sloan, "Sir Halford J. Mackinder: The Heartland Theory Then and Now". Em Colin Gray e Geoffrey Sloan (orgs.), *Geopolitics, Geography and Strategy*. Londres, 1999, pp. 154-5.

67. Geoffrey Sloan, *Geopolitics in United States Strategic Policy, 1890-1987*. Londres, 1988, pp. 31-6; Gerry Kearns, *Geopolitics and Empire: The Legacy of Halford Mackinder*, op. cit., pp. 15-7.

68. Benjamin Madley, "From Africa to Auschwitz: How German South West Africa Incubated Ideas and Methods Adopted and Developed by the Nazis in Eastern Europe". *European History Quarterly*, v. 35, 2005, pp. 432-4.

69. Andrew Gyorgy, *Geopolitics: The New German Science*. Berkeley, 1944, pp. 207-8, 221.

70. Gerry Kearns, *Geopolitics and Empire: The Legacy of Halford Mackinder*, op. cit., p. 20; L. H. Gann, "Reflections on the German and Japanese Empires of World War II". Em Peter Duus, Ramon Myers e Mark Peattie (orgs.), *The Japanese Wartime Empire, 1931-1945*. Princeton, 1996, p. 338.

71. Volker Ullrich, *Hitler: Downfall 1939-45*. Londres, 2020, p. 145; Walter Warlimont, *Inside Hitler's Headquarters, 1939-45*, op. cit., p. 140.

72. Max Domarus, *Hitler: Reden und Proklamationen 1932-1945*. 3 v. Munique, 1965. v. II: *Untergang*, p. 1731, Proclamação de Hitler ao povo alemão, 22 jun. 1941.

73. Walter Warlimont, *Inside Hitler's Headquarters, 1939-45*, op. cit., p. 139.

74. Joachim von Ribbentrop, *The Ribbentrop Memoirs*, op. cit., p. 153.

75. Volker Ullrich, *Hitler: Downfall 1939-45*, op. cit., p. 145.

76. Albert Kesselring, *The Memoirs of Field Marshal Kesselring*. Londres, 1953, p. 87.

77. Michael Bloch, *Ribbentrop*. Londres, 1992, p. 317.

78. Hugh Trevor-Roper (org.), *Hitler's Table Talk, 1941-1944: His Private Conversations*. Londres, 1973, p. 15, nota para 27 jul. 1941.

79. Stephen Fritz, *The First Soldier: Hitler as Military Leader*. New Haven, 2018, pp. 132-8.

80. David Stahel, *Operation Barbarossa and Germany's Defeat in the East*. Cambridge, 2009, pp. 47-53.

81. Geoffrey Megargee, *Inside Hitler's High Command*, op. cit., pp. 114-5.

82. Stephen Fritz, *The First Soldier: Hitler as Military Leader*, op. cit., pp. 151-2.

83. Walter Warlimont, *Inside Hitler's Headquarters, 1939-45*, op. cit., p. 140.

84. Jürgen Förster, "Hitler Turns East: German War Policy in 1940 and 1941". Em Bernd Wegner (org.), *From Peace to War: Germany, Soviet Russia and the World, 1939-1941*. Oxford, 1997, p. 129; Andreas Hillgruber, "The German Military Leaders' View of Russia Prior to the Attack on the Soviet Union". Em Bernd Wegner (org.), *From Peace to War: Germany, Soviet Russia and the World, 1939-1941*, op. cit., pp. 171-2, 180. Sobre o uso de pejorativos raciais, ver Andrei Grinev, "The Evaluation of the Military Qualities of the Red Army in 1941-1945 by German Memoirs and Analytic Materials. *Journal of Slavic Military Studies*, v. 29, 2016, pp. 228-9.

85. Stephen Fritz, *The First Soldier: Hitler as Military Leader*, op. cit., pp. 124-5; Elke Fröhlich (org.), *Die Tagebücher von Joseph Goebbels: Sämtliche Fragmente: Band 4*. Munique, 1987, p. 695, nota para 16 jun. 1941.

86. David Stahel, *Operation Barbarossa and Germany's Defeat in the East*, op. cit., p. 74.

87. R. L. Dinardo, *Mechanized Juggernaut or Military Anachronism? Horses and the German Army of WWII*. Nova York, 1991, pp. 36-9.

88. David Stahel, *Operation Barbarossa and Germany's Defeat in the East*, op. cit., pp. 78, 132-3.

89. Klaus Schüler, "The Eastern Campaign as a Transportation and Supply Problem". Em Bernd Wegner (org.), *From Peace to War: Germany, Soviet Russia and the World, 1939-1941*, op. cit., pp. 207-10.

90. F. Seidler e D. Zeigert, *Die Führerhauptquartiere: Anlagen und Planungen im Zweiten Weltkrieg*. Munique, 2000, pp. 193-6; Walter Warlimont, *Inside Hitler's Headquarters, 1939-45*, op. cit., p. 162.

91. Johannes Kaufmann, *An Eagle's Odyssey: My Decade as a Pilot in Hitler's Luftwaffe*. Barnsley, 2019, p. 97.

92. Christian Ingrao, *The Promise of the East: Nazi Hopes and Genocide 1939-43*. Cambridge, 2019, pp. 21-2, 99-101.

93. Horst Boog et al., *Das Deutsche Reich und der Zweite Weltkrieg: Band 4: Der Angriff auf die Sowjetunion*. Stuttgart, 1983, pp. 129-35.

94. Stephen Fritz, *Ostkrieg: Hitler's War of Extermination in the East*. Lexington, 2011, pp. 61-2; Alex Kay, "'The Purpose of the Russian Campaign is the Decimation of the Slavic Population by Thirty Million': The Radicalization of German Food Policy in Early 1941". Em Alex Kay, Jeff Rutherford e David Stahel (orgs.), *Nazi Policy on the Eastern Front, 1941: Total War, Genocide, and Radicalization*. Rochester, 2012, pp. 107-8.

95. David Stahel, *Operation Barbarossa and Germany's Defeat in the East*, op. cit., pp. 114-6.

96. Oula Silvennoinen, "Janus of the North? Finland 1940-44: Finland's Road into Alliance with Hitler". Em John Gilmour e Jill Stephenson (orgs.), *Hitler's Scandinavian Legacy*. Londres, 2013, pp. 135-6.

97. Joumi Tilli, "'Deus Vult!': The Idea of Crusading in Finnish Clerical Rhetoric 1941-1944". *War in History*, v. 24, 2017, pp. 364-5, 372-6.

98. Oula Silvennoinen, "Janus of the North? Finland 1940-44: Finland's Road into Alliance with Hitler", op. cit., pp. 139-40.

99. Dennis Deletant, "Romania". Em David Stahel (org.), *Joining Hitler's Crusade: European Nations and the Invasion of the Soviet Union, 1941*. Cambridge, 2018, pp. 66-9.

100. Ibid., pp. 9, 69-70

101. Jan Rychlík, "Slovakia". Em David Stahel (org.), *Joining Hitler's Crusade: European Nations and the Invasion of the Soviet Union, 1941*, op. cit., pp. 123-4; Ignác Ramsics, "Hungary". Em ibid., pp. 88-9, 92-5, 100-1.

102. Jürgen Förster, "Freiwillige für den 'Kreuzzug Europas' gegen den Bolschewismus". Em Horst Boog et al., *Das Deutsche Reich und der Zweite Weltkrieg: Band 4: Der Angriff auf die Sowjetunion*, op. cit., pp. 908-9.

103. Thomas Schlemmer, *Invasori, non Vittime: La campagna italiana di Russia, 1941-1943*. Roma, 2019, pp. 9-12.

104. Nicolaus von Below, *At Hitler's Side: The Memoirs of Hitler's Luftwaffe Adjutant, 1937-1945*, op. cit., p. 111.

105. Alessandro Massignani, "Die italienischen Streitkräfte unde der Krieg der 'Achse'". Em Lutz Klinkhammer, Amadeo Guerrazzi e Thomas Schlemmer (orgs.), *Die "Achse" im Krieg: Politik, Ideologie und Kriegführung, 1939-1945*. Paderborn, 2010, pp. 123-6, 135-7.

106. Eugen Dollmann, *With Hitler and Mussolini: Memoirs of a Nazi Interpreter*. Nova York, 2017, pp. 192-3. Dollmann usou artigos que escreveu na época para registrar os acontecimentos.

107. K. Arlt, "Die Wehrmacht im Kalkul Stalins". Em Rolf-Dieter Müller e Hans-Erich Volkmann (orgs.), *Die Wehrmacht: Mythos und Realität*. Munique, 1999, pp. 107-9.

108. David Glantz, *Stumbling Colossus: The Red Army on the Eve of World War*. Lawrence, 1998, pp. 95-6, 103-4; R. E. Tarleton, "What Really Happened to the Stalin Line?". *Journal of Slavic Military Studies*, v. 6, 1993, p. 50; C. Roberts, "Planning for War: The Red Army and The Catastrophe of 1941". *Europe-Asia Studies*, v. 47, 1995, p. 1319.

109. David Glantz, *Stumbling Colossus: The Red Army on the Eve of World War*, op. cit., pp. 239-43; Christopher Andrew e O. Gordievsky, *KGB: The Inside Story*. Londres, 1990, pp. 209-13; David Glantz, *The Role of Intelligence in Soviet Military Strategy in World War II*. Novato, 1990, pp. 15-9.

110. Isso agora é um debate antigo. Ver Klaus Schmider, "No Quiet on the Eastern Front: The Suvorov Debate in the 1990s". *Journal of Slavic Military Studies*, v. 10, 1997, pp. 181-94; V. Suvorov, "Who Was Planning to Attack Whom in June 1941, Hitler or Stalin?". *Military Affairs*, v. 69, 1989.

111. R. H. McNeal, *Stalin: Man and Ruler*. Nova York, 1988, p. 238.

112. Georgii Zhukov, *Reminiscences and Reflections*. Moscou, 1985. v. I: pp. 217-29; Alexander Hill, *The Red Army and the Second World War*. Cambridge, 2017, pp. 205-7.

113. Nicolaus von Below, *At Hitler's Side: The Memoirs of Hitler's Luftwaffe Adjutant 1937-1945*, op. cit., p. 103.

114. J. Schecter e V. Luchkov (orgs.), *Khrushchev Remembers: The Glasnost Tapes*. Nova York, 1990, p. 56.

115. Henrik Eberle e Matthias Uhl (orgs.), *The Hitler Book: The Secret Dossier Prepared for Stalin*. Londres, 2005, p. 73; Joachim von Ribbentrop, *The Ribbentrop Memoirs*, op. cit., p. 153.

116. W. J. Spahr, *Zhukov: The Rise and Fall of a Great Captain*. Novato, 1993, p. 43; A. G. Chor'kov, "The Red Army during the Initial Phase of the Great Patriotic War". Em Bernd Wegner (org.), *From Peace to War: Germany, Soviet Russia and the World, 1939-1941*, op. cit., pp. 417-8.

117. Victor Kamenir, *The Bloody Triangle: The Defeat of Soviet Armor in the Ukraine, June 1941*. Minneapolis, 2008, pp. 247-54.

118. Nicolaus von Below, *At Hitler's Side: The Memoirs of Hitler's Luftwaffe Adjutant 1937-1945*, op. cit., p. 107.

119. Evan Mawdsley, *Thunder in the East: The Nazi-Soviet War, 1941-1945*. Londres, 2005, p. 19.

120. Victor Kamenir, *The Bloody Triangle: The Defeat of Soviet Armor in the Ukraine, June 1941*, op. cit., pp. 21-5.

121. C. Roberts, "Planning for War: The Red Army and The Catastrophe of 1941", op. cit., p. 1307; A. G. Chor'kov, "The Red Army during the Initial Phase of the Great Patriotic War", op. cit., p. 416; R. Stolfi, *Hitler's Panzers East: World War II Reinterpreted*. Norman, 1991, pp. 88-9.

122. James Lucas, *War on the Eastern Front: The German Soldier in Russia, 1941-1945*. Londres, 1979, pp. 31-3.

123. G. F. Krivosheev, *Soviet Casualties and Combat Losses in the Twentieth Century*. Londres, 1997, pp. 96-7, 101.

124. Hugh Trevor-Roper (org.), *Hitler's Table Talk, 1941-1944: His Private Conversations*, op. cit., pp. 17, 24, notas para 27 jul., 8-9 ago. 1941.

125. Geoffrey Megargee, *Inside Hitler's High Command*, op. cit., pp. 132-3.

126. Martin Kahn, "From Assured Defeat to 'The Riddle of Soviet Military Success': Anglo-American Government Assessments of Soviet War Potential, 1941-1943". *Journal of Slavic Military Studies*, v. 26, 2013, pp. 465-7.

127. Johannes Hürter (org.), *A German General on the Eastern Front: The Letters and Diaries of Gotthard Heinrici, 1941-1942*. Barnsley, 2015, p. 68, carta de 6 jul. 1941.

128. Ibid., pp. 73-4, cartas de 1º e 3 ago.; p. 78, carta de 28 ago. 1941.

129. Hans Schröder, "German Soldiers' Experiences during the Initial Phase of the Russian Campaign". Em Bernd Wegner (org.), *From Peace to War: Germany, Soviet Russia and the World, 1939-1941*, op. cit., p. 313.

130. David Stahel, *Operation Barbarossa and Germany's Defeat in the East*, op. cit., p. 182.

131. R. L. Dinardo, *Mechanized Juggernaut or Military Anachronism? Horses and the German Army of WWII*, op. cit., pp. 45-9; David Stahel, *Operation Barbarossa and Germany's Defeat in the East*, op. cit., pp .183-5.

132. R. L. Dinardo, *Mechanized Juggernaut or Military Anachronism? Horses and the German Army of WWII*, op. cit., p. 53; David Stahel, *Operation Barbarossa and Germany's Defeat in the East*, op. cit., p. 234.

133. Stephen Fritz, *Ostkrieg: Hitler's War of Extermination in the East*, op. cit., pp. 129-32.

134. Peter Longerich, *Hitler: A Biography*. Oxford, 2019, p. 753.

135. Dmitri Pavlov, *Leningrad 1941-1942: The Blockade*. Chicago, 1965, pp. 75, 79, 84, 88; N. Kislitsyn e V. Zubakov, *Leningrad Does Not Surrender*. Moscou, 1989, pp. 116-8. O número de mortos durante o inverno de 1941-2 em toda a área de bloqueio é aproximado, mas hoje costuma ser considerado a melhor estimativa disponível com as provas atuais. Ver Richard Bidlack e Nikita Lomagin, *The Leningrad Blockade, 1941-1944*. New Haven, 2012, pp. 270-3.

136. Geoffrey Megargee, *Inside Hitler's High Command*, op. cit., p. 135.

137. Max Domarus, *Hitler: Reden und Proklomationen, 1932-1945*, op. cit., v. II, pp. 1758-67.

138. Jack Radey e Charles Sharp, "Was It the Mud?". *Journal of Slavic Military Studies*, v. 28, 2015, pp. 663-5.

139. Ibid., pp. 667-70.

140. Stephen Fritz, *Ostkrieg: Hitler's War of Extermination in the East*, op. cit., p. 161.

141. Klaus Reinhardt, "Moscow 1941: The Turning Point". Em John Erickson e David Dilks (orgs.), *Barbarossa: The Axis and the Allies*. Edimburgo, 1994, pp. 218-9; Stephen Fritz, *Ostkrieg: Hitler's War of Extermination in the East*, op. cit., pp. 189-90.

142. Stephen Fritz, *Ostkrieg: Hitler's War of Extermination in the East*, op. cit., pp. 187-9.

143. W. J. Spahr, *Zhukov: The Rise and Fall of a Great Captain*, op. cit., pp. 74-5.

144. *Kriegstagebuch des Oberkommandos der Wehrmacht*. 5 v. Frankfurt, 1961-3. v.: I, p. 1120; estatísticas de Stephen Fritz, *Ostkrieg: Hitler's War of Extermination in the East*, op. cit., p. 192.

145. Sobre as deficiências soviéticas, ver Alexander Hill, *The Red Army and the Second World War*, op. cit., pp. 302-3.

146. Christian Hartmann, *Operation Barbarossa: Nazi Germany's War in the East 1941-1945*. Oxford, 2015, pp. 54-5.

147. Johannes Hürter (org.), *A German General on the Eastern Front: The Letters and Diaries of Gotthard Heinrici, 1941-1942*, op. cit., p. 126, carta de 2 jan. 1942.

148. Carl Boyd, *Hitler's Japanese Confidant: General Ōshima Hiroshi and Magic Intelligence, 1941-1945*. Lawrence, 1993, pp. 27-30.

149. Klaus Reinhardt, *Moscow: The Turning Point — The Failure of Hitler's Strategy in the Winter of 1941-42*. Oxford, 1992, p. 58.

150. Gerhard Krebs, "Japan and the German-Soviet War". Em Bernd Wegner (org.), *From Peace to War: Germany, Soviet Russia and the World, 1939-1941*, op. cit., pp. 548-50, 554-5; John Chapman, "The Imperial Japanese Navy and the North-South Dilemma". Em John Erickson e David Dilks (orgs.), *Barbarossa: The Axis and the Allies*, op. cit., pp. 168-9, 177-9.

151. Walter Warlimont, *Inside Hitler's Headquarters, 1939-45*, op. cit., pp. 207-9.

152. Eri Hotta, *Japan 1941: Countdown to Infamy*. Nova York, 2013, pp. 6-7.

153. Hans Boberach (org.), *Meldungen aus dem Reich: Die geheimen Lageberichte des Sicherheitsdienst der SS 1938-1945*. Herrsching, 1984, VIII, p. 3073, relatório de 11 dez. 1941; IX, pp. 3101-2, relatório de 19 dez. 1941; Will Boelcke (org.), *The Secret Conferences of Dr.Goebbels, 1939-1941*. Londres, 1967, p. 194, conferência de 18 dez. 1941.

154. *Fuehrer Conferences on Naval Affairs*, op. cit., p. 245, Relatório do C-C da Marinha para o Führer, 12 dez. 1941.

155. Henrik Eberle e Matthias Uhl (orgs.), *The Hitler Book: The Secret Dossier Prepared for Stalin*, op. cit., p. 79.

156. Ben-Ami Shillony, *Politics and Culture in Wartime Japan*. Oxford, 1981, pp. 134-6, 142-5; Nicholas Tarling, *A Sudden Rampage: Japan's Occupation of Southeast Asia, 1941-1945*. Londres, 2001, pp. 127-8.

157. Carl Boyd, *Hitler's Japanese Confidant: General Ōshima Hiroshi and Magic Intelligence, 1941-1945*, op. cit., p. 44.

158. Friedrich Ruge, *Der Seekrieg: The German Navy's Story, 1939-1945*. Annapolis, 1957, pp. 252-5.

159. Eugen Dollmann, *With Hitler and Mussolini: Memoirs of a Nazi Interpreter*, op. cit., p. 204. Esse é o argumento apresentado em Tobias Jersak, "Die Interaktion von Kriegsverlauf und Judenvernichtung: ein Blick auf Hitlers Strategie im Spätsommer 1941". *Historisches Zeitschrift*, v. 268, 1999, pp. 345-60.

160. Christian Gerlach, "The Wannsee Conference, the Fate of the German Jews, and Hitler's Decision in Principle to Exterminate All European Jews". *Journal of Modern History*, v. 70, 1998, pp. 784-5. Para o encontro de 12 de dezembro, ver Martin Moll, "Steuerungsinstrument im 'Ämterchaos'? Die Tagungen der Reichs und Gauleiter der NSDAP". *Vierteljahreshefte für Zeitgeschichte*, v. 49, 2001, pp. 240-3.

161. Otto Tolischus, *Tokyo Record*, op. cit., p. 30, citando discurso na Dieta, 20 jan. 1941.

162. Sean Casey, *Cautious Crusade: Franklin D. Roosevelt, American Public Opinion and the War against Nazi Germany*. Nova York, 2001, p. 39.

163. Jonathan Marshall, *To Have and Have Not: Southeast Asian Raw Materials and the Origins of the Pacific War*. Berkeley, 1995, pp. 36-41; Sidney Pash, "Containment, Rollback, and the Origins of the Pacific War, 1933-1941". Em Kurt Piehler e Sidney Pash (orgs.), *The United States and the Second World War: New Perspectives on Diplomacy, War and the Home Front*. Nova York, 2010, pp. 43-4.

164. Sidney Pash, "Containment, Rollback, and the Origins of the Pacific War, 1933-1941", op. cit., pp. 46-51; Sarah Paine, *The Wars for Asia, 1911-1949*. Cambridge, 2012, pp. 175-82; Nicholas Tarling, *A Sudden Rampage: The Japanese Occupation of Southeast Asia, 1941-1945*, op. cit., pp. 71-3. Citação de Grew em Joseph Grew, *Ten Years in Japan*. Londres, 1944, p. 257.

165. Eri Hotta, *Japan 1941: Countdown to Infamy*, op. cit. pp. 4-7.

166. Gerhard Krebs, "Japan and the German-Soviet War", op. cit., pp. 550-1.

167. Nicholas Tarling, *A Sudden Rampage: The Japanese Occupation of Southeast Asia, 1941-1945*, op. cit., pp. 73-4; Sarah Paine, *The Japanese Empire: Grand Strategy from the Meiji Restoration to the Pacific War*. Cambridge, 2017, pp. 147-8, 153.

168. Sidney Pash, "Containment, Rollback, and the Origins of the Pacific War, 1933-1941", op. cit., pp. 53-5, 57-8; Jonathan Marshall, *To Have and Have Not: Southeast Asian Raw Materials and the Origins of the Pacific War*, op. cit., pp. 147-50.

169. Jonathan Marshall, *To Have and Have Not: Southeast Asian Raw Materials and the Origins of the Pacific War*, op. cit., p. 163.

170. Eri Hotta, *Japan 1941: Countdown to Infamy*, op. cit. pp. 265-8.

171. Nicholas Tarling, *A Sudden Rampage: The Japanese Occupation of Southeast Asia, 1941-1945*, op. cit., p. 77.

172. Gerhard Krebs, "Japan and the German-Soviet War", op. cit., pp. 558-9.

173. Alan Zimm, *Attack on Pearl Harbor: Strategy, Combat, Myths, Deceptions*. Filadélfia, 2011, p. 15.

174. Eri Hotta, *Japan 1941: Countdown to Infamy*, op. cit. pp. 234-5; John Chapman, "The Imperial Japanese Navy and the North-South Dilemma", op. cit., p. 166.

175. Richard Hallion, "The United States Perspective". Em Paul Addison e Jeremy Crang (orgs.), *The Burning Blue: A New History of the Battle of Britain*. Londres, 2000, pp. 101-2.

176. Alan Zimm, *Attack on Pearl Harbor: Strategy, Combat, Myths, Deceptions*, op. cit., pp. 151-4; Sarah Paine, *The Wars for Asia, 1911-1949*, op. cit., pp. 187-8.

177. Alan Zimm, *Attack on Pearl Harbor: Strategy, Combat, Myths, Deceptions*, op. cit., pp. 223-4, 228-9.

178. David Roll, *The Hopkins Touch: Harry Hopkins and the Forging of the Alliance to Defeat Hitler*. Oxford, 2015, p. 158.

179. Andrew Buchanan, *American Grand Strategy in the Mediterranean during World War II*. Cambridge, 2014, pp. 23-4, 31-2; Mark Stoler, *Allies in War: Britain and America against the Axis Powers*. Londres, 2005, pp. 42-5.

180. Debi Unger e Irwin Unger, *George Marshall: A Biography*. Nova York, 2014, pp. 148-9.

181. Nicholas Tarling, *A Sudden Rampage: The Japanese Occupation of Southeast Asia, 1941-1945*, op. cit., pp. 81-2.

182. Evan Mawdsley, *December 1941: Twelve Days that Began a World War*. New Haven, 2011, pp. 230-4.

183. Nicholas Tarling, *A Sudden Rampage: The Japanese Occupation of Southeast Asia, 1941-1945*, op. cit., pp. 91-2; David Kennedy, *The American People in World War II: Freedom from Fear*. Nova York, 1999, pp. 102-5.

184. Alan Warren, *Singapore 1942: Britain's Greatest Defeat*. Londres, 2002, pp. 46, 301-2; Christopher Bayly e Tim Harper, *Forgotten Armies: The Fall of British Asia, 1941-1945*. Londres, 2004, p. 146.

185. Alan Warren, *Singapore 1942: Britain's Greatest Defeat*, op. cit., pp. 272-4, 290-2; Richard Toye, *Churchill's Empire: The World that Made Him and the World He Made*. Nova York, 2010, pp. 217-8.

186. Christopher Bayly e Tim Harper, *Forgotten Armies: The Fall of British Asia, 1941-1945*, op. cit., p. 156.

187. Hans van de Ven, *China at War: Triumph and Tragedy in the Emergence of the New China, 1937-1952*. Londres, 2017, pp. 162-3; Nicholas Tarling, *A Sudden Rampage: The Japanese Occupation of Southeast Asia, 1941-1945*, op. cit., pp. 95-6.

188. William Grieve, *The American Military Mission to China, 1941-1942*. Jefferson, 2014, pp. 188-90.

189. Ibid., pp. 108-16, 191.

190. Jay Taylor, *The Generalissimo: Chiang Kai-Shek and the Struggle for Modern China*. Cambridge, EUA, 2011, p. 190.

191. Hans van de Ven, *China at War: Triumph and Tragedy in the Emergence of the New-China, 1937-1952*, op. cit., p. 164; William Grieve, *The American Military Mission to China, 1941-1942*, op. cit., pp. 196-7, 202.

192. Jay Taylor, *The Generalissimo: Chiang Kai-Shek and the Struggle for Modern China*, op. cit., pp. 197-200.

193. Srinath Raghavan, *India's War: The Making of Modern South Asia, 1939-1945*. Londres, 2016, p. 209.

194. Rana Mitter, *China's War with Japan, 1937-1945: The Struggle for Survival*. Londres, 2013, pp. 256-61; Nicholas Tarling, *A Sudden Rampage: The Japanese Occupation of Southeast Asia, 1941-1945*, op. cit., pp. 98-100; Francis Pike, *Hirohito's War: The Pacific War, 1941-1945*. Londres, 2016, p. 303.

195. Christopher Bayly e Tim Harper, *Forgotten Armies: The Fall of British Asia, 1941-1945*, op. cit., pp. 169, 177-8, 196-7; Francis Pike, *Hirohito's War: The Pacific War, 1941-1945*, op. cit., pp. 299-300.

196. Rana Mitter, *China's War with Japan, 1937-1945: The Struggle for Survival*, op. cit., p. 260.

197. Sarah Paine, *The Wars for Asia, 1911-1949*, op. cit., p. 128.

198. Daniel Hedinger, "Fascist Warfare and the Axis Alliance: From Blitzkrieg to Total War". Em Miguel Alonso, Alan Kramer e Javier Rodrigo (orgs.), *Fascist Warfare, 1922-1945: Aggression, Occupation, Annihilation*. Cham, 2019, pp. 205-8.

199. Alan Warren, *Singapore 1942: Britain's Greatest Defeat*, op. cit., p. 60; Ken Kotani, *Japanese Intelligence in World War II*. Oxford, 2009, pp. 111-3.

200. Christopher Bayly e Tim Harper, *Forgotten Armies: The Fall of British Asia, 1941-1945*, op. cit., pp. 5-7; Ken Kotani, *Japanese Intelligence in World War II*, op. cit., pp. 116-7.

201. Gerald Horne, *Race War: White Supremacy and the Japanese Attack on the British Empire*. Nova York, 2004, pp. 72-4; Philip Snow, *The Fall of Hong Kong: Britain, China and the British Occupation*. New Haven, 2003, pp. 66-72.

202. David Horner, "Australia in 1942: A Pivotal Year". Em Peter Dean (org.), *Australia 1942: In the Shadow of War*. Cambridge, 2013, pp. 18-9.

203. Craig Symonds, *World War Two at Sea: A Global History*. Nova York, 2018, pp. 235-7.

204. Arthur Marder, M. Jacobsen e J. Horsfield, *Old Friends, New Enemies: The Royal Navy and the Imperial Japanese Navy, 1942-1945*. Oxford, 1990, pp. 155-9; James Brown, Eagles Strike: South African Forces in World War II. Cidade do Cabo, 1974. v. IV, pp. 388-400.

205. Gerald Horne, *Race War: White Supremacy and the Japanese Attack on the British Empire*, op. cit., pp. 217-8.

206. Neil Smith, *American Empire: Roosevelt's Geographer and the Prelude to Globalization*. Berkeley, 2004, pp. 349-50; William Roger Louis, *Imperialism at Bay: The United States and the Decolonization of the British Empire, 1941-1945*. Oxford, 1977, pp. 173-6.

207. Simon Rofe, "Pre-War Postwar Planning: The Phoney War, the Roosevelt Administration and the Case of the Advisory Committee on Problems of Foreign Relations". *Diplomacy & Statecraft*, v. 23, 2012, pp. 254-5, 258-9.

208. William Roger Louis, *Imperialism at Bay: The United States and the Decolonization of the British Empire, 1941-1945*, op. cit., p. 149.

209. David Roll, *The Hopkins Touch: Harry Hopkins and the Forging of the Alliance to Defeat Hitler*, op. cit., pp. 188-9; M. Subrahmanyan, *Why Cripps Failed*. Nova Delhi, 1942, pp. 5-11, 25.

210. Gerald Horne, *Race War: White Supremacy and the Japanese Attack on the British Empire*, op. cit. pp. 215-7.

211. Yasmin Khan, *The Raj at War: A People's History of India's Second World War*. Londres, 2015, p. 191; Kaushik Roy, *India and World War II: War, Armed Forces and Society, 1939-45*. Nova Delhi 2016, p. 176.

212. Kaushik Roy, *India and World War II: War, Armed Forces and Society, 1939-45*, op. cit., pp. 177-8; Srinath Raghavan, *India's War: The Making of Modern South Asia, 1939-1945*, op. cit., pp. 272-4.

213. Yasmin Khan, *The Raj at War: A People's History of India's Second World War*, op. cit. p. 191.

214. William Roger Louis, *Imperialism at Bay: The United States and the Decolonization of the British Empire, 1941-1945*, op. cit., pp. 156-7, 181.

215. Matthew Jones, *Britain, the United States and the Mediterranean War, 1942-44*. Londres, 1996, p. 223.

216. Rana Mitter, *China's War with Japan, 1937-1945: The Struggle for Survival*, op. cit., pp. 216-9; Timothy Brook, "The Great Way Government of Shanghai". Em Christian Henriot e Wen Hsin Yeh (orgs.), *In the Shadow of the Rising Sun: Shanghai under Japanese Occupation*. Cambridge, 2004, pp. 67-8.

217. David Barrett, "The Wang Jingwei Regime, 1940-1945: Continuities and Disjunctures with Nationalist China". Em David Barrett e Larry Shyu (orgs.), *Chinese Collaboration with Japan, 1932-1945: The Limits of Accommodation*. Stanford, 2001, pp. 104-12.

218. Timothy Brook, *Collaboration: Japanese Agents and Local Elites in Wartime China*. Cambridge, EUA, 2005, pp. 35-8.

219. Ibid., pp. 41-7.

220. Mark Peattie, "Nanshin: The 'Southward Advance', 1931-1941, as a Prelude to the Japanese Occupation of Southeast Asia". Em Peter Duus, Ramon Myers e Mark Peattie (orgs.), *The Japanese Wartime Empire, 1931-1945*, op. cit. pp. 236-7.

221. Takuma Melber, *Zwischen Kollaboration und Widerstand: Die japanische Besatzung Malaya und Singapur (1942-1945)*. Frankfurt, 2017, pp. 186-9; Paul Kratoska, *The Japanese Occupation of Malaya, 1941-1945*. Londres, 1998, pp. 52-4.

222. Nicholas Tarling, *A Sudden Rampage: The Japanese Occupation of Southeast Asia, 1941-1945*, op. cit., pp. 84-5; Paul Kratoska, *The Japanese Occupation of Malaya, 1941-1945*, op. cit., pp. 85-7.

223. Kiyoko Nitz, "Japanese Military Policy Towards French Indo-China During the Second World War: The Road to Meigo Sakusen". *Journal of South East Asian Studies*, v. 14, 1983, pp. 331-3.

224. Takuma Melber, *Zwischen Kollaboration und Widerstand: Die japanische Besatzung Malaya und Singapur (1942-1945)*, op. cit., p. 189; Nicholas Tarling, *A Sudden Rampage: The Japanese Occupation of Southeast Asia, 1941-1945*, op. cit., pp. 127, 133-4.

225. Peter Duus, "Imperialism without Colonies: The Vision of a Greater East Asia Co-prosperity Sphere". *Diplomacy & Statecraft*, v. 7, 1996, pp. 58-9, 62, 68-9.

226. Ethan Mark, *Japan's Occupation of Java in the Second World War*. Londres, 2018, pp. 116-9, 163.

227. Nicholas Tarling, *A Sudden Rampage: The Japanese Occupation of Southeast Asia, 1941-1945*, op. cit., pp. 127-8.

228. Ethan Mark, *Japan's Occupation of Java in the Second World War*, op. cit., pp. 1, 129-30

229. Ibid., p. 232.

230. Ibid., pp. 107-8.

231. Takuma Melber, *Zwischen Kollaboration und Widerstand: Die japanische Besatzung Malaya und Singapur (1942-1945)*, op. cit., pp. 325-33; Paul Kratoska, *The Japanese Occupation of Malaya, 1941-1945*, op. cit., pp. 94-7.

232. Nicholas Tarling, *A Sudden Rampage: The Japanese Occupation of Southeast Asia, 1941-1945*, op. cit., pp. 167-8.

233. Takuma Melber, *Zwischen Kollaboration und Widerstand: Die japanische Besatzung Malaya und Singapur (1942-1945)*, op. cit., p. 289.

234. Chong-Sik Lee, *Revolutionary Struggle in Manchuria: Chinese Communism and Soviet Interest, 1922-1945*. Berkeley, 1983, pp. 271, 291-4.

235. Li Yuk-wai, "The Chinese Resistance Movement in the Philippines during the Japanese Occupation". *Journal of South East Asian Studies*, v. 23, 1992, pp. 308-9.

236. Takuma Melber, *Zwischen Kollaboration und Widerstand: Die japanische Besatzung Malaya und Singapur (1942-1945)*, op. cit., p. 520.

237. Ibid., p. 521.

238. Li Yuk-wai, "The Chinese Resistance Movement in the Philippines during the Japanese Occupation", op. cit., pp. 312-5.

239. Ben Hillier, "The Huk Rebellion and the Philippines' Radical Tradition: A People's War without a People's Victory". Em Donny Gluckstein (org.), *Fighting on All Fronts: Popular Resistance in the Second World War*. Londres, 2015, pp. 325-33.

240. Takuma Melber, *Zwischen Kollaboration und Widerstand: Die japanische Besatzung Malaya und Singapur (1942-1945)*, op. cit., pp. 545, 549-53.

241. Nicholas Tarling, *A Sudden Rampage: The Japanese Occupation of Southeast Asia, 1941-1945*, op. cit., p. 152.

242. Paul Kratoska, *The Japanese Occupation of Malaya, 1941-1945*, op. cit., pp. 223-44.

243. USSBS, *The Effects of Strategic Bombing on Japan's War Economy*. Washington, DC, 1946, pp. 121, 190; Nicholas White, J. M. Barwise e Shakila Yacob, "Economic Opportunity and Strategic Dilemma in Colonial Development: Britain, Japan and Malaya's Iron Ore, 1920s to 1950s". *International History Review*, v. 42, 2020, pp. 426-33.

244. Paul Kratoska, *The Japanese Occupation of Malaya, 1941-1945*, op. cit., pp. 223, 241.

245. Robert Goralski e Russell Freeburg, *Oil and War: How the Deadly Struggle for Fuel in WWII Meant Victory or Defeat*. Nova York, 1987, pp. 150-2; Daniel Yergin, *The Prize: The Epic Quest for Oil, Money, and Power*. Nova York, 1991, pp. 355-66.

246. USSBS, *The Effects of Strategic Bombing on Japan's War Economy*, op. cit., p. 135 (cifras para os anos fiscais de 1940-1 e 1944-5).

247. Gregg Huff e Sinobu Majima, 'The Challenge of Finance in South East Asia during the Second World War". *War in History*, v. 22, 2015, pp. 192-7.

248. Ibid.; Paul Kratoska, "'Banana Money': Consequences of Demonetization of Wartime Japanese Currency in British Malaya". *Journal of South East Asian Studies*, v. 23, 1992, pp. 322-6.

249. Paul Kratoska (org.), *Food Supplies and the Japanese Occupation in South East Asia*. Londres, 1998, pp. 4-6.

250. Id., *The Japanese Occupation of Malaya, 1941-1945*, op. cit., pp. 183-200.

251. Ethan Mark, *Japan's Occupation of Java in the Second World War*, op. cit., pp. 263-5.

252. Ju Zhifen, "Labor Conscription in North China, 1941-1945". Em Stephen MacKinnon, Diana Lary e Ezra Vogel (orgs.), *China at War: Regions of China, 1937-45*. Stanford, 2007, pp. 217-9.

253. Nicholas Tarling, *A Sudden Rampage: The Japanese Occupation of Southeast Asia, 1941-1945*, op. cit., pp. 230, 238; Ethan Mark, *Japan's Occupation of Java in the Second World War*, op. cit., pp. 259-65.

254. Paul Kratoska, *The Japanese Occupation of Malaya, 1941-1945*, op. cit., pp. 44-5; Joyce Lebra, *Japan's Greater East Asia Co-Prosperity Sphere in World War II: Selected Readings and Documents*. Kuala Lumpur, 1975, p. 92.

255. Nicholas Tarling, *A Sudden Rampage: The Japanese Occupation of Southeast Asia, 1941-1945*, op. cit., p. 128.

256. Srinath Raghavan, *India's War: The Making of Modern South Asia, 1939-1945*, op. cit., pp. 284-94; Paul Kratoska, *The Japanese Occupation of Malaya, 1941-1945*, op. cit., pp. 104-8.

257. Nicholas Tarling, *A Sudden Rampage: The Japanese Occupation of Southeast Asia, 1941-1945*, op. cit., pp. 155-7; Joyce Lebra, "Postwar Perspectives on the Greater East Asia Co-Prosperity Sphere". 34th Harmon Memorial Lecture, US Air Force Academy, Colorado Springs, 1991, pp. 5-6.

258. Nicholas Tarling, *A Sudden Rampage: The Japanese Occupation of Southeast Asia, 1941-1945*, op. cit., pp. 167-72.

259. Ethan Mark, *Japan's Occupation of Java in the Second World War*, op. cit., pp. 271-2.

260. Kiyoko Nitz, "Japanese Military Policy Towards French Indo-China During the Second World War: The Road to Meigo Sakusen", op. cit., pp. 337-46.

261. Trevor Barnes e Claudio Minca, "Nazi Spatial Theory: The Dark Geographies of Carl Schmitt and Walter Christaller". *Annals of the Association of American Geographers*, v. 103, 2013, pp. 676-7; Timothy Snyder, *Black Earth: The Holocaust as History and Warning*. Londres, 2015, pp. 144-5.

262. Wolfgang Benz, "Typologie der Herrschaftsformen in den Gebieten unter deutschen Einfluss". Em Wolfgang Benz, Johannes ten Cate e Gerhard Otto (orgs.), *Die Bürokratie der Okkupation: Strukturen der Herrschaft und Verwaltung im besetzten Europa*. Berlim, 1998, pp. 15-9.

263. Karen Gram-Skjoldager, "The Law of the Jungle? Denmark's International Legal Status during the Second World War". *International History Review*, v. 33, 2011, pp. 238-46.

264. Nicola Labanca, David Reynolds e Olivier Wieviorka, *La Guerre du désert 1940-1943*. Paris, 2019, pp. 188-9, 193-7.

265. Davide Rodogno, *Fascism's European Empire: Italian Occupation during the Second World War*, op. cit., pp. 36-8.

266. Para este e outros detalhes sobre anexação, ver ibid., pp. 9-10, 73-102.

267. Srdjan Trifković, "Rivalry between Germany and Italy in Croatia, 1942-1943". *Historical Journal*, v. 31, 1995, pp. 880-2, 904.

268. Alessandra Kersevan, *Lager italiani: Pulizia etnica e campi di concentramento fascisti per civili jugoslavi, 1941-1943*. Roma, 2008, pp. 100-3.

269. Davide Rodogno, *Fascism's European Empire: Italian Occupation during the Second World War*, op. cit., pp. 168-71, 177-8, 357-9.

270. Jürgen Förster, "Die Wehrmacht und die Probleme der Koalitionskriegführung". Em Lutz Klinkhammer, Amadeo Guerrazzi e Thomas Schlemmer (orgs.), *Die "Achse" im Krieg: Politik, Ideologie und Kriegführung, 1939-1945*, op. cit., p. 113.

271. M. Pearton, *Oil and the Romanian State*. Oxford, 1971, p. 231; Anand Toprani, "Germany's Answer to Standard Oil: The Continental Oil Company and Nazi Grand Strategy, 1940-1942". *Journal of Strategic Studies*, v. 37, 2014, pp. 956-9.

272. Dieter Eichholtz, *Deutsche Ölpolitik im Zeitalter der Weltkriege: Studien und Dokumente*. Leipzig, 2010, pp. 345-9.

273. Srdjan Trifković, "Rivalry between Germany and Italy in Croatia, 1942-1943", op. cit., pp. 884-7.

274. Davide Rodogno, *Fascism's European Empire: Italian Occupation during the Second World War*, op. cit., pp. 232-40.

275. Julgamentos de Nuremberg, caso XI, Livro de Documentos da Acusação 113, pp. 1-3, Decreto de Göring sobre a distribuição de fundições em Lorena e Luxemburgo, 5 fev. 1941.

276. Patrick Nefors, *La Collaboration industrielle en Belgique, 1940-1945*. Bruxelas, 2006, pp. 180-2, 223-5, 236-7.

277. Henry Picker (org.), *Hitlers Tischgespräche im Führerhauptquartier*. Wiesbaden, 1984, pp. 62, 69, notas para 1º ago. e 8-9 ago. 1941; Hugh Trevor-Roper (org.), *Hitler's Table Talk, 1941-1944: His Private Conversations*, op. cit., pp. 15, 33, 35, 68, notas para 27 jul., 17 set. e 17 out. 1941.

278. Brendan Simms, *Hitler: Only the World was Enough*. Londres, 2019, pp. 422-3.

279. Jürgen Matthäus e Frank Bajohr (orgs.), *The Political Diary of Alfred Rosenberg and the Onset of the Holocaust*. Lanham, 2015, p. 239, nota para 11 abr. 1941.

280. Karel Berkhoff, *Harvest of Despair: Life and Death in Ukraine under Nazi Rule*. Cambridge, EUA, 2004, p. 50.

281. Klaus Arnold, "Die Eroberung und Behandlung der Stadt Kiew durch die Wehrmacht im September 1941: zur Radikalisierung der Besatzungspolitik". *Militärgeschichtliche Mitteilungen*, v. 58, 1999, p. 35.

282. Ben Kiernan, *Blood and Soil: A World History of Genocide and Extermination from Sparta to Darfur*. New Haven, 2007, p. 422.

283. Elissa Mailänder Koslov, "'Going East': Colonial Experiences and Practices of Violence among Female and Male Majdanek Camp Guards (1941-44)". *Journal of Genocide Research*, v. 10, 2008, pp. 567-70.

284. Johannes Enstad, *Soviet Russians under Nazi Occupation: Fragile Loyalties in World War II*. Cambridge, 2018, pp. 51-3, 66-8.

285. Jonathan Steinberg, "The Third Reich Reflected: German Civil Administration in the Occupied Soviet Union, 1941-4". *English Historical Review*, v. 110, 1995, p. 628.

286. Hugh Trevor-Roper (org.), *Hitler's Table Talk, 1941-1944: His Private Conversations*, op. cit., p. 34, nota para 17 set. 1941.

287. Nicholas Terry, "How Soviet was Russian Society under Nazi Occupation?". Em Claus-Christian Szejnmann (org.), *Rethinking History, Dictatorship and War*. Londres, 2009, pp. 134-6.

288. Karel Berkhoff, *Harvest of Despair: Life and Death in Ukraine under Nazi Rule*, op. cit., pp. 48-9.

289. Grzegorz Rossoliński-Liebe, "The 'Ukrainian National Revolution' of 1941: Discourse and Practice of a Fascist Movement". *Kritika*, v. 12, 2011, pp. 83, 93-106.

290. Jürgen Matthäus e Frank Bajohr (orgs.), *The Political Diary of Alfred Rosenberg and the Onset of the Holocaust*, op. cit., pp. 253-7.

291. Theo Schulte, *The German Army and Nazi Policies in Occupied Russia*. Oxford, 1989, pp. 65-8.

292. Roland Clark, "Fascists and Soldiers: Ambivalent Loyalties and Genocidal Violence in Wartime Romania". *Holocaust and Genocide Studies*, v. 31, 2017, p. 411.

293. Jonathan Steinberg, "The Third Reich Reflected: German Civil Administration in the Occupied Soviet Union, 1941-4", op. cit., p. 615.

294. Theo Schulte, "Living Standards and the Civilian Economy in Belorussia". Em Richard Overy, Gerhard Otto e Johannes Houwink ten Cate (orgs.), *Die "Neuordnung Europas": NS-Wirtschaftspolitik in den besetzten Gebieten*. Berlim, 1997, p. 176; Jonathan Steinberg, "The Third Reich Reflected: German Civil Administration in the Occupied Soviet Union, 1941-4", op. cit., p. 635.

295. Wendy Lower, "The Reibungslose Holocaust? The German Military and Civilian Implementation of the 'Final Solution' in Ukraine, 1941-1944". Em Gerald Feldman e Wolfgang Seibel (orgs.), *Networks of Nazi Persecution: Bureaucracy, Business and the Organization of the Holocaust*. Nova York, 2005, pp. 246-7.

296. Nicholas Terry, "How Soviet was Russian Society under Nazi Occupation?", op. cit., p. 131; Kim Priemel, "Occupying Ukraine: Great Expectations, Failed Opportunities, and the Spoils of War, 1941-1943". *Central European History*, v. 48, 2015, p. 39.

297. Richard Overy, *Goering: The Iron Man*. 3. ed. Londres, 2020, pp. 131-2.

298. Kim Priemel, "Scorched Earth, Plunder, and Massive Mobilization: The German Occupation of Ukraine and the Soviet War Economy". Em Jonas Scherner e Eugene White (orgs.), *Paying for Hitler's War: The Consequences of Nazi Hegemony for Europe*. Cambridge, 2016, pp. 406-7.

299. Richard Overy, *Goering: The Iron Man*, op. cit., pp. 132-3.

300. Kim Priemel, "Occupying Ukraine: Great Expectations, Failed Opportunities, and the Spoils of War, 1941-1943", op. cit., pp. 37-9, 48, 50-2.

301. Dieter Eichholtz, *Deutsche Ölpolitik im Zeitalter der Weltkriege: Studien und Dokumente*, op. cit., pp. 450-60.

302. Kim Priemel, "Occupying Ukraine: Great Expectations, Failed Opportunities, and the Spoils of War, 1941-1943", op. cit., pp. 42-8.

303. Christoph Buchheim, "Die besetzten Länder im Dienste der deutschen Kriegswirtschaft während des Zweiten Weltkrieges". *Vierteljahrshefte für Zeitgeschichte*, v. 34, 1986, pp. 123, 143-5.

304. Klaus Arnold, "Die Eroberung und Behandlung der Stadt Kiew durch die Wehrmacht im September 1941: zur Radikalisierung der Besatzungspolitik", op. cit., p. 36.

305. Ibid., p. 39.

306. Sergei Kudryashov, "Labour in the Occupied Territory of the Soviet Union 1941-1944". Em Richard Overy, Gerhard Otto e Johannes Houwink ten Cate (orgs.), *Die "Neuordnung Europas": NS-Wirtschaftspolitik in den besetzten Gebieten*, op. cit., pp. 165-6; Theo Schulte, "Living Standards and the Civilian Economy in Belorussia", op. cit., pp. 179-80.

307. Kim Priemel, "Scorched Earth, Plunder, and Massive Mobilization: The German Occupation of Ukraine and the Soviet War Economy", op. cit., pp. 405-6.

308. Theo Schulte, *The German Army and Nazi Policies in Occupied Russia*, op. cit., pp. 96-7.

309. Gustavo Corni e Horst Gies, *Brot, Butter, Kanonen: Die Ernährungswirtschaft in Deutschland unter der Diktatur Hitlers*. Berlim, 1997, pp. 553-4, 574.

310. Stephan Lehnstaedt, *Imperiale Polenpolitik in den Weltkriegen*. Osnabrück, 2017, p. 433.

311. Isabel Heinemann, "'Ethnic Resettlement' and Inter-Agency Cooperation in the Occupied Eastern Territories". Em Em Gerald Feldman e Wolfgang Seibel (orgs.), *Networks of Nazi Persecution: Bureaucracy, Business and the Organization of the Holocaust*, op. cit., pp. 217-22; id., "'Another Type of Perpetrator': The ss Racial Experts and Forced Population Movements in the Occupied Regions". *Holocaust and Genocide Studies*, v. 15, 2001, pp. 391-2.

312. Dietrich Beyrau e Mark Keck-Szajbel, "Eastern Europe as 'Sub-Germanic Space': Scholarship on Eastern Europe under National Socialism". *Kritika*, v. 13, 2012, pp. 694-5.

313. Trevor Barnes e Claudio Minca, "Nazi Spatial Theory: The Dark Geographies of Carl Schmitt and Walter Christaller", op. cit., pp. 670-4; Christian Ingrao, *The Promise of the East: Nazi Hopes and Genocide 1939-43*, op. cit., pp. 99-100, 144-8.

314. Stephan Lehnstaedt, *Imperiale Polenpolitik in den Weltkriegen*, op. cit., p. 447; sobre "den Erdboden gleichzumachen" em Moscou e Leningrado, Klaus Arnold, "Die Eroberung und Behandlung der Stadt Kiew durch die Wehrmacht im September 1941: zur Radikalisierung der Besatzungspolitik", op. cit., p. 27.

315. Christian Ingrao, *The Promise of the East: Nazi Hopes and Genocide 1939-43*, op. cit., p. 101.

316. Gerhard Wolf, "The Wannsee Conference in 1942 and the National Socialist Living Space Dystopia". *Journal of Genocide Research*, v. 17, 2015, p. 166; Andrej Angrick, "Annihilation and Labor: Jews and Thoroughfare IV in Central Ukraine". Em Ray Brandon e Wendy Lower (orgs.), *The Shoah in Ukraine: History, Testimony, Memorialization*. Bloomington, 2008, pp. 208-11.

317. Markus Leniger, *Nationalsozialistische 'Volkstumsarbeit' und Umsiedlungspolitik 1933-1945*. Berlim, 2011, p. 89.

318. Christian Ingrao, *The Promise of the East: Nazi Hopes and Genocide 1939-43*, op. cit., pp. 108-9.

319. Heiko Suhr, *Der Generalplan Ost: Nationalsozialistische Pläne zur Kolonisation Ostmitteleuropas*. Munique, 2008, pp. 18-20; Stephan Lehnstaedt, *Imperiale Polenpolitik in den Weltkriegen*, op. cit., p. 450.

320. Daniel Siemens, "'Sword and Plough': Settling Nazi Stormtroopers in Eastern Europe, 1936-43". *Journal of Genocide Research*, v. 19, 2017, pp. 200-4.

321. Ben Kiernan, *Blood and Soil: A World History of Genocide and Extermination from Sparta to Darfur*, op. cit., p. 452.

322. Geraldien von Frijtag Drabbe Künzel, "'Germanje': Dutch Empire-Building in Nazi-Occupied Europe". *Journal of Genocide Research*, v. 19, 2017, pp. 241, 248-51; Daniel Siemens, "'Sword and Plough': Settling Nazi Stormtroopers in Eastern Europe, 1936-43", op. cit., p. 204.

323. Christian Ingrao, *The Promise of the East: Nazi Hopes and Genocide 1939-43*, op. cit., pp. 108-14; Michael Wildt, *Generation des Unbedingten: Das Führungskorps des Reichssicherheitshauptamtes*. Hamburgo, 2002, pp. 663-5, 669-70.

324. Disponível em: <www.holocaustresearchproject.org>, acesso em: 10 out. 2024, Speech of the Reichsführer-ss at the ss Group Leader Meeting in Posen, 4 out. 1943, p. 16.

325. Disponível em: <http://prorev.com/wannsee.htm>, Wannsee Protocol, 20 jan. 1941, p. 5.

326. Timothy Snyder, *Black Earth: The Holocaust as History and Warning*, op. cit., pp. 5-8.

327. Wilhelm Treue, "Hitlers Denkschrift zum Vierjahresplan, 1936". *Vierteljahrshefte für Zeitgeschichte*, v. 3, 1955, pp. 204-5.

328. Peter Longerich, *The Unwritten Order: Hitler's Role in the Final Solution*. Stroud, 2001, p. 155.

329. Alon Confino, *A World without Jews: The Nazi Imagination from Persecution to Genocide*. New Haven, 2014, p. 195.

330. Max Domarus, *Hitler: Reden und Proklomationen, 1932-1945*, op. cit., v. II, pp. 1866-7, discurso de 26 abr. 1942. Tradução do autor.

331. Gustavo Corni, *Hitler's Ghettos: Voices from a Beleaguered Society 1939-1944*. Londres, 2002, pp. 23-5.

332. Leni Yahil, *The Holocaust: The Fate of European Jewry 1932-1945*. Nova York, 1990, p. 164.

333. Wolf Gruner, *Jewish Forced Labour under the Nazis: Economic Needs and Racial Aims, 1938-1944*. Cambridge, 2006, pp. 232-52.

334. Volker Ullrich, *Hitler: Downfall 1939-45*, op. cit., pp. 251-3.

335. Ibid., p. 267.

336. Wendy Lower, "The Reibungslose Holocaust? The German Military and Civilian Implementation of the 'Final Solution' in Ukraine, 1941-1944", op. cit., p. 250.

337. Waitman Beorn, "A Calculus of Complicity: The Wehrmacht, the Anti-Partisan War, and the Final Solution in White Russia, 1941-42". *Central European History*, v. 44, 2011, pp. 311-3.

338. Christian Ingrao, *Believe and Destroy: Intellectuals in the SS War Machine*. Cambridge, 2013, pp. 148-50.

339. Leonid Rein, "The Radicalization of Anti-Jewish Policies in Nazi-Occupied Belarus". Em Alex Kay, Jeff Rutherford e David Stahel (orgs.), *Nazi Policy on the Eastern Front, 1941: Total War, Genocide, and Radicalization*, op. cit., p. 228.

340. Walter Manoschek, *"Serbien ist judenfrei": Militärische Besatzungspolitik und Judenvernichtung in Serbien 1941/42*. Munique, 1993, pp. 102-8.

341. Alexander Kruglov, "Jewish Losses in Ukraine, 1941-1944". Em Ray Brandon e Wendy Lower (orgs.), *The Shoah in Ukraine: History, Testimony, Memorialization*, op. cit., pp. 278-9.

342. Stephen Lehnstaedt, "The Minsk Experience: German Occupiers and Everyday Life in the Capital of Belarus". Em Alex Kay, Jeff Rutherford e David Stahel (orgs.), *Nazi Policy on the Eastern Front, 1941: Total War, Genocide, and Radicalization*, op. cit., pp. 244-5.

343. Gustavo Corni, *Hitler's Ghettos: Voices from a Beleaguered Society 1939-1944*, op. cit., pp. 34-6.

344. Alexander Kruglov, "Jewish Losses in Ukraine, 1941-1944", op. cit., p. 275.

345. Karel Berkhoff, *Harvest of Despair: Life and Death in Ukraine under Nazi Rule*, op. cit., p. 75.

346. Jürgen Matthäus e Frank Bajohr (orgs.), *The Political Diary of Alfred Rosenberg and the Onset of the Holocaust*, op. cit., pp. 263-4.

347. Christian Gerlach, *The Extermination of the European Jews*. Cambridge, 2016, pp. 84-8; Gerhard Wolf, "The Wannsee Conference in 1942 and the National Socialist Living Space Dystopia", op. cit., pp. 165-6, 167-8.

348. Robert Gerwarth, *Hitler's Hangman: The Life of Heydrich*. New Haven, 2011, pp. 206-7.

349. Bertrand Perz, "The Austrian Connection: The ss and Police Leader Odilo Globocnik and his Staff in the Lublin District". *Holocaust and Genocide Studies*, v. 29, 2015, p. 400.

350. Christian Gerlach, *The Extermination of the European Jews*, op. cit., p. 90.

351. Dieter Pohl, "The Murder of Ukraine's Jews under German Military Administration and in the Reich Commissariat Ukraine". Em Ray Brandon e Wendy Lower (orgs.), *The Shoah in Ukraine: History, Testimony, Memorialization*, op. cit., pp. 50-2.

352. Wolf Gruner, *Jewish Forced Labour under the Nazis: Economic Needs and Racial Aims, 1938-1944*, op. cit., pp. 258-62, 270.

353. Frediano Sessi, *Auschwitz: Storia e memorie*. Veneza, 2020, pp. 279-80.

354. William Brustein e Amy Ronnkvist, "The Roots of Anti-Semitism in Romania before the Holocaust". *Journal of Genocide Research*, v. 4, 2002, pp. 212-9.

355. Dennis Deletant, "Transnistria and the Romanian Solution to the 'Jewish question'". Em Ray Brandon e Wendy Lower (orgs.), *The Shoah in Ukraine: History, Testimony, Memorialization*, op. cit., pp. 157-8; Roland Clark, "Fascists and Soldiers: Ambivalent Loyalties and Genocidal Violence in Wartime Romania", op. cit., pp. 409-10, 417-21; Waitman Beorn, *The Holocaust in Eastern Europe: At the Epicentre of the Final Solution*. Londres, 2018, pp. 185-7.

356. Dennis Deletant, "Transnistria and the Romanian Solution to the 'Jewish Question'", op. cit., pp. 172-9.

357. Eduard Nižňanskí, "Expropriation and Deportation of Jews in Slovakia". Em Beate Kosmola e Feliks Tych (orgs.), *Facing the Nazi Genocide: Non-Jews and Jews in Europe*. Berlim, 2004, pp. 210-23, 230.

358. Krisztian Ungváry, "Robbing the Dead: The Hungarian Contribution to the Holocaust". Em Beate Kosmola e Feliks Tych (orgs.), *Facing the Nazi Genocide: Non-Jews and Jews in Europe*, op. cit., pp. 233-44; Dieter Pohl, "The Murder of Ukraine's Jews under German Military Administration and in the Reich Commissariat Ukraine", op. cit., pp. 29-31.

359. Christian Gerlach, *The Extermination of the European Jews*, op. cit., pp. 114-5.

360. Frederick Chary, *The Bulgarian Jews and the Final Solution, 1940-1944*. Pittsburgh, 1972, pp. 35-8, 41-4, 54-5, 58-9, 184-7; Waitman Beorn, *The Holocaust in Eastern Europe: At the Epicentre of the Final Solution*, op. cit., pp. 195-9.

361. Peter Staubenmaier, "Preparation for Genocide: The 'Center for the Study of the Jewish Problem' in Trieste, 1942-44". *Holocaust and Genocide Research*, v. 31, 2017, pp. 2-4.

362. Jonathan Steinberg, *All or Nothing: The Axis and the Holocaust, 1941-43*. Londres, 1991, pp. 54-61.

363. Liliana Picciotto, "The Shoah in Italy: Its History and Characteristics". Em Joshua Zimmerman (org.), *Jews in Italy under Fascist and Nazi Rule, 1922-1945*. Cambridge, 2005, pp. 211-9.

364. Id., "Italian Jews Who Survived the Shoah: Jewish Self-Help and Italian Rescuers, 1943-1945". *Holocaust and Genocide Studies*, v. 30, 2016, pp. 20-8; Simon Levis Sullam, "The Italian Executioners: Revisiting the Role of Italians in the Holocaust". *Journal of Genocide Research*, v. 19, 2017, pp. 21-7.

365. Christian Gerlach, *The Extermination of the European Jews*, op. cit., pp. 375-6.

366. Anne Grynberg, *Les Camps de la honte: Les Internés juifs des camps français, 1939-1944*. Paris, 1991, pp. 151-3.

367. Michael Meyer, "The French Jewish Statute of October 5, 1940: A Reevaluation of Continuities and Discontinuities of French Anti-Semitism". *Holocaust and Genocide Studies*, v. 33, 2019, p. 13.

368. Ibid., pp. 6-7, 15.

369. Julian Jackson, *France: The Dark Years, 1940-1944*. Oxford, 2001, pp. 354-9.

370. Ibid., p. 362; Christian Gerlach, *The Extermination of the European Jews*, op. cit., pp. 95-6.

371. Orna Keren-Carmel, "Another Piece in the Puzzle: Denmark, Nazi Germany, and the Rescue of Danish Jewry". *Holocaust Studies*, v. 24, 2018, pp. 172-82; Christian Gerlach, *The Extermination of the European Jews*, op. cit., pp. 301-3.

372. Simo Muir, "The Plan to Rescue Finnish Jews in 1944". *Holocaust and Genocide Studies*, v. 30, 2016, pp. 81-90.

373. Hugh Trevor-Roper (org.), *The Testament of Adolf Hitler: The Hitler-Bormann Documents*. Londres, 1959, p. 105, notas de 25 abr. 1945.

3. A MORTE DA NAÇÃO-IMPÉRIO, 1942-5 [pp. 294-435]

1. Carl Boyd, *Hitler's Japanese Confidant: General Ōshima Hiroshi and Magic Intelligence 1941-1945*. Lawrence, 1993, p. 72.

2. Gerhard Krebs, "Gibraltar oder Bosporus? Japans Empfehlungen für eine deutsche Mittelmeerstrategie im Jahre 1943". *Militärgeschichtliche Mitteilungen*, v. 58, 1999, pp. 66-77.

3. Carl Boyd, *Hitler's Japanese Confidant: General Ōshima Hiroshi and Magic Intelligence 1941-1945*, op. cit., p. 94.

4. John Gooch, *Mussolini's War: Fascist Italy from Triumph to Collapse 1935-1943*. Londres, 2020, p. 325.

5. Ikuhiko Hata, "Admiral Yamamoto's Surprise Attack and the Japanese War Strategy". Em Saki Dockrill (org.), *From Pearl Harbor to Hiroshima: The Second World War in Asia and the Pacific, 1941-45*. Londres, 1994, p. 66.

6. Sarah Paine, *The Wars for Asia 1911-1949*. Cambridge, 2012, p. 192; Hans van de Ven, *China at War: Triumph and Tragedy in the Emergence of Modern China, 1937-1952*. Londres, 2017, p. 162; Edward Drea e Hans van de Ven, "An Overview of Major Military Campaigns during the Sino-Japanese War, 1937-1945". Em Mark Peattie, Edward Drea e Hans van de Ven (orgs.), *The Battle for China: Essays on the Military History of the Sino-Japanese War of 1937-1945*. Stanford, 2011, pp. 38-43.

7. Ronald Lewin, *The Other Ultra: Codes, Ciphers, and the Defeat of Japan*. Londres, 1982, pp. 85-106.

8. Craig Symonds, *World War II at Sea: A Global History*. Nova York, 2018, pp. 283-92; J. Tach, "A Beautiful Silver Waterfall". Em E. T. Wooldridge (org.), *Carrier Warfare in the Pacific: An Oral History Collection*. Washington, DC, 1993, p. 58.

9. Craig Symonds, *World War II at Sea: A Global History*, op. cit., pp. 332-3, 345-6.

10. Lucio Ceva, *Storia delle Forze Armate in Italia*. Turim, 1999, pp. 315-7.

11. Niall Barr, *Pendulum of War: The Three Battles of El Alamein*. Londres, 2004, pp. 12-3.

12. Ibid., pp. 16-21.

13. Andrew Buchanan, "A Friend Indeed? From Tobruk to El Alamein: The American Contribution to Victory in the Desert". *Diplomacy & Statecraft*, v. 15, 2004, pp. 279-89.

14. Gabriel Gorodetsky (org.), *The Maisky Diaries: Red Ambassador to the Court of St. James's, 1932-1943*. New Haven, 2015, p. 442, nota para 3 jul. 1942.

15. Bernd Wegner, "Vom Lebensraum zum Todesraum. Deutschlands Kriegführung zwischen Moskau und Stalingrad". Em Jürgen Förster (org.), *Stalingrad: Ereignis, Wirkung, Symbol*. Munique, 1992, pp. 20-1.

16. Geoffrey Roberts, *Stalin's Wars: From World War to Cold War, 1939-1953*. New Haven, 2006, pp. 123-4.

17. Robert Citino, *Death of the Wehrmacht: The German Campaigns of 1942*. Lawrence, 2007, pp. 102-8.

18. Bernd Wegner, "Vom Lebensraum zum Todesraum. Deutschlands Kriegführung zwischen Moskau und Stalingrad", op. cit., pp. 23-4; Robert Citino, *Death of the Wehrmacht: The German Campaigns of 1942*, op. cit., pp. 108-14.

19. David Glantz, *The Role of Intelligence in Soviet Military Strategy in World War 2*. Novato, 1990, pp. 49-51.

20. Robert Citino, *Death of the Wehrmacht: The German Campaigns of 1942*, op. cit., p. 266.

21. Walther Hubatsch, *Hitlers Weisungen für die Kriegführung 1939-1945*. Munique, 1965, pp. 227-30.

22. Mikhail Heller e Aleksandr Nekrich, *Utopia in Power: The History of the Soviet Union from 1917 to the Present*. Londres, 1982, p. 391; David Glantz e Jonathan House, *When Titans Clashed: How the Red Army Stopped Hitler*. Lawrence, 1995, p. 121.

23. Joachim Wieder, *Stalingrad und die Verantwortung der Soldaten*. Munique, 1962, p. 45.

24. David Horner, "Australia in 1942: A Pivotal Year". Em Peter Dean (org.), *Australia 1942: In the Shadow of War*. Cambridge, 2013, pp. 18-20, 25.

25. Debi Unger e Irwin Unger, *George Marshall: A Biography*. Nova York, 2014, pp. 173-6.

26. Mark Stoler, *Allies and Adversaries: The Joint Chiefs of Staff, The Grand Alliance and U. S. Strategy in World War II*. Chapel Hill, 2000, pp. 76-8.

27. Maury Klein, *A Call to Arms: Mobilizing America for World War II*. Nova York, 2013, pp. 302-3; John Jeffries, *Wartime America: The World War II Home Front*. Chicago, 1996, pp. 153-5; Sean Casey, *Cautious Crusade: Franklin D. Roosevelt, American Public Opinion and the War against Nazi Germany*. Nova York, 2001, pp. 48-50. A média das pesquisas de dezembro de 1941 a março de 1942 mostrava 62% a favor de se concentrar no Japão e 21% a favor de se concentrar na Alemanha.

28. David Roll, *The Hopkins Touch: Harry Hopkins and the Forging of the Alliance to Defeat Hitler*. Nova York, 2013, pp. 183-4.

29. Ibid., pp. 197-8.

30. David Kennedy, *The American People in World War II*. Nova York, 1999, pp. 148-50.

31. Matthew Jones, *Britain, The United States and the Mediterranean War 1942-44*. Londres, 1996, p. 19.

32. Debi Unger e Irwin Unger, *George Marshall: A Biography*, op. cit., pp. 150-5, 171-2; David Roll, *The Hopkins Touch: Harry Hopkins and the Forging of the Alliance to Defeat Hitler*, op. cit., pp. 204-8.

33. Mark Stoler, *Allies and Adversaries: The Joint Chiefs of Staff, The Grand Alliance and U. S. Strategy in World War II*, op. cit., p. 88.

34. David Kennedy, *The American People in World War II*, op. cit., pp. 153-4; Mark Stoler, *Allies and Adversaries: The Joint Chiefs of Staff, The Grand Alliance and U. S. Strategy in World War II*, op. cit., pp. 79-85; Debi Unger e Irwin Unger, *George Marshall: A Biography*, op. cit., pp. 172-7; David Roll, *The Hopkins Touch: Harry Hopkins and the Forging of the Alliance to Defeat Hitler*, op. cit., pp. 214-21; Andrew Buchanan, *American Grand Strategy in the Mediterranean during World War II*. Cambridge, 2014, pp. 48-9.

35. Hastings Ismay, *The Memoirs of Lord Ismay*. Londres, 1960, pp. 279-80.

36. Essa descrição da história oficial: Frank Hough, *The Island War: The United States Marine Corps in the Pacific*. Filadélfia, 1947, pp. 41, 61, 84-5.

37. John Lorelli, *To Foreign Shores: U. S. Amphibious Operations in World War II*. Annapolis, 1995, pp. 43-4; Richard Frank, *Guadalcanal*. Nova York, 1990, pp. 33-44.

38. David Ulbrich, *Preparing for Victory: Thomas Holcomb and the Making of the Modern Marine Corps, 1936-1943*. Annapolis, 2011, pp. 130-2.

39. John Lorelli, *To Foreign Shores: U. S. Amphibious Operations in World War II*, op. cit., pp. 46-50; Frank Hough, *The Island War: The United States Marine Corps in the Pacific*, op. cit., pp. 45-8.

40. Meirion Harries e Susie Harries, *Soldiers of the Sun: The Rise and Fall of the Imperial Japanese Army*. Londres, 1991, pp. 339-40.

41. Craig Symonds, *World War II at Sea: A Global History*, op. cit., pp. 328-9.

42. Ibid., pp. 366-71; Trent Hone, "'Give Them Hell': The us Navy's Night Combat Doctrine and the Campaign for Guadalcanal". *War in History*, v. 13, 2006, pp. 188-95.

43. Richard Frank, *Guadalcanal*, op. cit., pp. 559-61, 588-95.

44. Meirion Harries e Susie Harries, *Soldiers of the Sun: The Rise and Fall of the Imperial Japanese Army*, op. cit., pp. 341-2; Frank Hough, *The Island War: The United States Marine Corps in the Pacific*, op. cit., pp. 79-85; Richard Frank, *Guadalcanal*, op. cit., pp. 611-3; Francis Pike, *Hirohito's War: The Pacific War, 1941-1945*. Londres, 2016, pp. 574-5. Frank dá o número um pouco mais baixo de 30 343 mortes japonesas.

45. Richard Frank, *Guadalcanal*, op. cit., pp. 618-9.

46. Ashley Jackson, *Persian Gulf Command: A History of the Second World War in Iran and Iraq*. New Haven, 2018, p. 254.

47. Glyn Harper, "'No Model Campaign': The Second New Zealand Division and the Battle of El Alamein, October-December 1942". Em Jill Edwards (org.), *El Alamein and the Struggle for North Africa: International Perspectives from the Twenty-first Century*. Cairo, 2012, p. 88.

48. John Kennedy, *The Business of War: The War Narrative of Major-General Sir John Kennedy*. Londres, 1957, p. 251.

49. John Gooch, *Mussolini's War: Fascist Italy from Triumph to Collapse 1935-1943*, op. cit., pp. 312-3.

50. Jonathan Fennell, *Fighting the People's War: The British and Commonwealth Armies and the Second World War*. Cambridge, 2019, pp. 179-80.

51. Nigel Hamilton, *Monty: Master of the Battlefield, 1942-1944*. Londres, 1983, p. 9; Glyn Harper, "'No Model Campaign': The Second New Zealand Division and the Battle of El Alamein, October-December 1942", op. cit., p. 75.

52. Jonathan Fennell, *Fighting the People's War: The British and Commonwealth Armies and the Second World War*, op. cit., pp. 268-9.

53. Richard Hammond, *Strangling the Axis: The Fight for Control of the Mediterranean during the Second World War*. Cambridge, 2020, pp. 141-3.

54. Niall Barr, *Pendulum of War: The Three Battles of El Alamein*, op. cit., pp. 218-9.

55. Jonathan Fennell, *Fighting the People's War: The British and Commonwealth Armies and the Second World War*, op. cit., p. 268; Robert Citino, *Death of the Wehrmacht: The German Campaigns of 1942*, op. cit., pp. 213-4.

56. David French, *Raising Churchill's Army: The British Army and the War against Germany, 1919-1945*. Oxford, 2000, p. 256.

57. Horst Boog et al., *Das Deutsche Reich und der Zweite Weltkrieg, Band 6: Der globale Krieg*. Stuttgart, 1990, p. 694.

58. David French, *Raising Churchill's Army: The British Army and the War against Germany, 1919-1945*, op. cit., p. 243.

59. Peter Stanley, "'The Part We Played in this Show': Australians and El Alamein". Em Jill Edwards (org.), *El Alamein and the Struggle for North Africa: International Perspectives from the Twenty-first Century*, op. cit., pp. 60-6, sobre a experiência australiana; Glyn Harper, "'No Model Campaign': The Second New Zealand Division and the Battle of El Alamein, October-December 1942", op. cit., pp. 73-5, 86-8, sobre a divisão da Nova Zelândia.

60. David French, *Raising Churchill's Army: The British Army and the War against Germany, 1919-1945*, op. cit., pp. 246-54; Jonathan Fennell, *Fighting the People's War: The British and Commonwealth Armies and the Second World War*, op. cit., pp. 276-8, 283-90.

61. Andrew Buchanan, "A Friend Indeed? From Tobruk to El Alamein: The American Contribution to Victory in the Desert", op. cit., pp. 289-91.

62. Jonathan Fennell, *Fighting the People's War: The British and Commonwealth Armies and the Second World War*, op. cit., p. 301; Lucio Ceva, *Storia delle Forze Armate in Italia*, op. cit., pp. 319-20;

Horst Boog et al., *Das Deutsche Reich und der Zweite Weltkrieg, Band 6: Der globale Krieg*, op. cit., p. 694, que nota que a força total da RAF no teatro do Oriente Médio consistia em mais de 1500 aeronaves.

63. Niall Barr, *Pendulum of War: The Three Battles of El Alamein*, op. cit., pp. 276-7; Richard Carrier, "Some Reflections on the Fighting Power of the Italian Army in North Africa, 1940-1943". *War in History*, v. 22, 2015, pp. 508-9, 516; Domenico Petracarro, "The Italian Army in Africa, 1940-1943: An Attempt at Historical Perspective". *War & Society*, v. 9, 1991, pp. 115-6.

64. Rick Stroud, *The Phantom Army of Alamein: The Men Who Hoodwinked Rommel*. Londres, 2012, pp. 183-209. O plano de dissimulação é tratado de forma mais minuciosa no cap. 5.

65. Simon Ball, *Alamein*. Oxford, 2016, pp. 16-22.

66. Jonathan Fennell, *Fighting the People's War: The British and Commonwealth Armies and the Second World War*, op. cit., pp. 308-12; Simon Ball, *Alamein*, op. cit., pp. 37-41; Niall Barr, *Pendulum of War: The Three Battles of El Alamein*, op. cit., pp. 398-401.

67. Niall Barr, *Pendulum of War: The Three Battles of El Alamein*, op. cit., p. 404; Lucio Ceva, *Storia delle Forze Armate in Italia*, op. cit., p. 320; Ball, *Alamein*, 47; John Gooch, *Mussolini's War: Fascist Italy from Triumph to Collapse 1935-1943*, op. cit., p. 322.

68. Niall Barr, *Pendulum of War: The Three Battles of El Alamein*, op. cit., pp. 406-7.

69. David Glantz, *Colossus Reborn: The Red Army at War, 1941-1943*. Lawrence, 2005, p. 37.

70. Horst Boog et al., *Das Deutsche Reich und der Zweite Weltkrieg, Band 6: Der globale Krieg*, op. cit., pp. 965-6; Robert Citino, *Death of the Wehrmacht: The German Campaigns of 1942*, op. cit., p. 254.

71. Robert Citino, *Death of the Wehrmacht: The German Campaigns of 1942*, op. cit., p. 257.

72. Geoffrey Megargee, *Inside Hitler's High Command*. Lawrence, 2000, pp. 181-7.

73. Alexander Statiev, *At War's Summit: The Red Army and the Struggle for the Caucasus Mountains in World War II*. Cambridge, 2018, pp. 130-1, 264.

74. Geoffrey Roberts, *Stalin's Wars: From World War to Cold War, 1939-1953*, op. cit., p. 142.

75. Evan Mawdsley, *Thunder in the East: The Nazi-Soviet War, 1941-1945*. Londres, 2005, pp. 205-7.

76. Alexander Hill, *The Red Army and the Second World War*. Cambridge, 2017, pp. 392-3.

77. Stephen Fritz, *Ostkrieg: Hitler's War of Extermination in the East*. Lexington, 2011, pp. 291-2.

78. Bernd Wegner, "Vom Lebensraum zum Todesraum. Deutschlands Kriegführung zwischen Moskau und Stalingrad", op. cit., p. 32.

79. Vasily Chuikov, *The Beginning of the Road: The Story of the Battle of Stalingrad*. Londres, 1963, pp. 14-27, 93-102.

80. Stephen Fritz, *Ostkrieg: Hitler's War of Extermination in the East*, op. cit., p. 295.

81. Geoffrey Roberts, *Stalin's Wars: From World War to Cold War, 1939-1953*, op. cit., pp. 145-7.

82. Kurt Zeitzler, "Stalingrad". Em William Richardson e Seymour Frieden (orgs.), *The Fatal Decisions*. Londres, 1956, p. 138.

83. Horst Boog et al., *Das Deutsche Reich und der Zweite Weltkrieg, Band 6: Der globale Krieg*, op. cit., pp. 995-7.

84. Alexander Hill, *The Red Army and the Second World War*, op. cit., pp. 395-7; Geoffrey Roberts, *Stalin's Wars: From World War to Cold War, 1939-1953*, op. cit., p. 151.

85. John Erickson, *The Road to Stalingrad*. Londres, 1975, pp. 447-53; David Glantz e Jonathan House, *When Titans Clashed: How the Red Army Stopped Hitler*, op. cit., pp. 133-4.

86. Williamson Murray, *Luftwaffe: Strategy for Defeat*. Londres, 1985, pp. 141-4.

87. Stephen Fritz, *Ostkrieg: Hitler's War of Extermination in the East*, op. cit., p. 316.

88. Ibid., pp. 319-20.

89. Ibid., pp. 318-9.

90. Thomas Kohut e Jürgen Reulecke, "'Sterben wie eine Ratte, die der Bauer ertappt': Letzte Briefe aus Stalingrad". Em Jürgen Förster (org.), *Stalingrad: Ereignis, Wirkung, Symbol*, op. cit., p. 464.

91. As perdas soviéticas calculadas com base em G. Krivosheev, *Soviet Casualties and Combat Losses in the Twentieth Century*. Londres, 1997, pp. 124-8; as perdas alemãs com base em Rüdiger Overmans, *Deutsche militärische Verluste im Zweiten Weltkrieg*. Munique, 2004, p. 279; as perdas italianas em John Gooch, *Mussolini's War: Fascist Italy from Triumph to Collapse 1935-1943*, op. cit., p. 296.

92. David Glantz, "Counterpoint to Stalingrad: Operation 'Mars' (November-December 1942): Marshal Zhukov's greatest defeat". *Journal of Slavic Strategic Studies*, v. 10, 1997, pp. 105-10, 117-8, 133.

93. *La Semaine*, 4 fev. 1943, p. 6.

94. TNA, WO 193/856, adido militar em Ancara ao Departamento de Guerra, 23 jul. 1943.

95. Henrik Eberle e Matthias Uhl (orgs.), *The Hitler Book: The Secret Dossier Prepared for Stalin*. Londres, 2005, pp. 91, 130, 133.

96. Fabio De Ninno, "The Italian Navy and Japan: The Indian Ocean, Failed Cooperation, and Tripartite Relations". *War in History*, v. 27, 2020, pp. 231-40, 245.

97. Bernd Martin, "The German-Japanese Alliance in the Second World War". Em Saki Dockrill (org.), *From Pearl Harbor to Hiroshima: The Second World War in Asia and the Pacific, 1941-45*, op. cit., pp. 158-9.

98. Rotem Kowner, "When Economics, Strategy, and Racial Ideology Meet: Inter-Axis Connections in the Wartime Indian Ocean". *Journal of Global History*, v. 12, 2017, pp. 237-42; Bernd Martin, "Japan und Stalingrad: Umorientierung vom Bündnis mit Deutschland auf 'Grossostasien'". Em Jürgen Förster (org.), *Stalingrad: Ereignis, Wirkung, Symbol*, op. cit., pp. 242-6.

99. Matthew Jones, *Britain, The United States and the Mediterranean War 1942-44*, op. cit., pp. 38-9.

100. Andrew Buchanan, *American Grand Strategy in the Mediterranean during World War II*, op. cit., pp. 72-4; Martin Thomas e Richard Toye, *Arguing about Empire: Imperial Rhetoric in Britain and France, 1882-1956*. Oxford, 2017, pp. 184-6.

101. Matthew Jones, *Britain, The United States and the Mediterranean War 1942-44*, op. cit., p. 75-6.

102. Ibid., p. 33.

103. Andrew Buchanan, *American Grand Strategy in the Mediterranean during World War II*, op. cit., p. 70.

104. Ibid., pp. 76-80.

105. Ibid., p. 21; Mark Stoler, *Allies and Adversaries: The Joint Chiefs of Staff, The Grand Alliance and U. S. Strategy in World War II*, op. cit., p. 117; Richard Toye, *Churchill's Empire: The World that Made Him and the World He Made*. Nova York, 2010, pp. 245-6.

106. Mark Stoler, *Allies and Adversaries: The Joint Chiefs of Staff, The Grand Alliance and U. S. Strategy in World War II*, op. cit., p. 168.

107. Marco Aterrano, "Prelude to Casablanca: British Operational Planning for Metropolitan Italy and the Origins of the Allied Invasion of Sicily, 1940-1941". *War in History*, v. 26, 2019, pp. 498-507.

108. Steve Weiss, *Allies in Conflict: Anglo-American Strategic Negotiations 1938-1944*. Londres, 1996, pp. 70-1.

109. John Gooch, *Mussolini's War: Fascist Italy from Triumph to Collapse 1935-1943*, op. cit., pp. 342-5; Giorgio Rochat, *Le guerre italiane 1935-1943: Dall'impero d'Etiopia alla disfatta*. Turim, 2005, p. 358.

110. Matthew Jones, *Britain, The United States and the Mediterranean War 1942-44*, op. cit., pp. 50-2.

111. Jonathan Fennell, *Fighting the People's War: The British and Commonwealth Armies and the Second World War*, op. cit., pp. 317-8; Geoffrey Megargee, *Inside Hitler's High Command*, op. cit., p. 194. Há várias estimativas sobre o número de prisioneiros, que vão de 220 mil a 275 mil, mas a cifra mais alta hoje parece ser a mais provável.

112. Craig Symonds, *World War II at Sea: A Global History*, op. cit., pp. 423-4.

113. Matthew Jones, *Britain, The United States and the Mediterranean War 1942-44*, op. cit., pp. 57-9; David Jablonsky, *War by Land, Sea and Air: Dwight Eisenhower and the Concept of Unified Command*. New Haven, 2010, pp. 95-6.

114. Craig Symonds, *World War II at Sea: A Global History*, op. cit., pp. 424-5.

115. Alfred Chandler (org.), *The Papers of Dwight David Eisenhower. The War Years: IV*. Baltimore, 1970, p. 1129, Eisenhower para Marshall, 13 maio 1943.

116. John Gooch, *Mussolini's War: Fascist Italy from Triumph to Collapse 1935-1943*, op. cit., pp. 378-80.

117. Craig Symonds, *World War II at Sea: A Global History*, op. cit., pp. 438-9; Mark Stoler, *Allies and Adversaries: The Joint Chiefs of Staff, The Grand Alliance and U. S. Strategy in World War II*, op. cit., p. 118.

118. Matthew Jones, *Britain, The United States and the Mediterranean War 1942-44*, op. cit., p. 62.

119. John Gooch, *Mussolini's War: Fascist Italy from Triumph to Collapse 1935-1943*, op. cit., p. 383.

120. Philip Morgan, *The Fall of Mussolini*. Oxford, 2007, pp. 11-17, 23-6.

121. Eugen Dollmann, *With Hitler and Mussolini: Memoirs of a Nazi Interpreter*. Nova York, 2017, p. 219.

122. Helmut Heiber e David Glantz (org.), *Hitler and his Generals: Military Conferences, 1942-45*. Londres, 2002, pp. 252, 255. Encontro do Führer com o marechal de campo Von Kluge, 26 jul. 1943.

123. Geoffrey Megargee, *Inside Hitler's High Command*, op. cit., p. 198; John Gooch, *Mussolini's War: Fascist Italy from Triumph to Collapse 1935-1943*, op. cit., pp. 389, 404.

124. Elena Rossi, *Cefalonia: La resistenza, l'eccidio, il mito*. Bolonha, 2016, pp. 53-60, 113-5.

125. Lutz Klinkhammer, *L'occupazione tedesca in Italia, 1943-1945*. Turin, 1996, pp. 48-54; Frederick Deakin, *Storia della repubblica di Salò*. 2 v. Turim, 1963. v. II, pp. 740-8.

126. Frederick Deakin, *Storia della repubblica di Salò*, op. cit. v. II: pp. 766, 776-8, 817.

127. Matthew Jones, *Britain, The United States and the Mediterranean War 1942-44*, op. cit., p. 146-8.

128. Ibid., p. 150, diário de Montgomery, nota de 26 set. 1943.

129. Craig Symonds, *World War II at Sea: A Global History*, op. cit., pp. 454-8; Carlo D'Este, *Eisenhower: Allied Supreme Commander*. Londres, 2002, pp. 452-3.

130. John Lorelli, *To Foreign Shores: U. S. Amphibious Operations in World War II*, op. cit., pp. 94-6.

131. Ibid., pp. 163-4; Craig Symonds, *World War II at Sea: A Global History*, op. cit., pp. 488-9.

132. John Lorelli, *To Foreign Shores: U. S. Amphibious Operations in World War II*, op. cit., pp. 94-5, 98-9.

133. Craig Symonds, *World War II at Sea: A Global History*, op. cit., p. 475.

134. Francis Pike, *Hirohito's War: The Pacific War, 1941-1945*, op. cit., pp. 671-2, 695; John Lorelli, *To Foreign Shores: U. S. Amphibious Operations in World War II*, op. cit., pp. 156-61.

135. Francis Pike, *Hirohito's War: The Pacific War, 1941-1945*, op. cit., pp. 680-91, 695.

136. Frank Hough, *The Island War: The United States Marine Corps in the Pacific*, op. cit., p. 126.

137. Ibid., p. 146.

138. Ibid., p. 145.

139. John Lorelli, *To Foreign Shores: U. S. Amphibious Operations in World War II*, op. cit., p. 117.

140. Ibid., pp. 193-4.

141. Ibid., pp. 193-204.

142. David Kennedy, *The American People in World War II*, op. cit., p. 162.

143. David Reynolds e Vladimir Pechatnov (orgs.), *The Kremlin Letters: Stalin's Wartime Correspondence with Churchill and Roosevelt*. New Haven, 2018, pp. 263-9, Churchill para Stálin, 20 jun. 1943; Stálin para Churchill, 24 jun. 1943.

144. Geoffrey Roberts, *Stalin's Wars: From World War to Cold War, 1939-1953*, op. cit., pp. 165-6.

145. David Reynolds e Vladimir Pechatnov (orgs.), *The Kremlin Letters: Stalin's Wartime Correspondence with Churchill and Roosevelt*, op. cit., p. 354; Geoffrey Roberts, *Stalin's Wars: From World War to Cold War, 1939-1953*, op. cit., p. 180.

146. David Reynolds e Vladimir Pechatnov (orgs.), *The Kremlin Letters: Stalin's Wartime Correspondence with Churchill and Roosevelt*, op. cit., p. 269.

147. Evan Mawdsley, *Thunder in the East: The Nazi-Soviet War, 1941-1945*, op. cit., pp. 252-6.

148. Geoffrey Megargee, *Inside Hitler's High Command*, op. cit., pp. 193-4.

149. Stephen Fritz, *Ostkrieg: Hitler's War of Extermination in the East*, op. cit., pp. 336-8.

150. Roman Töppel, "Legendenbildung in der Geschichtsschreibung — Die Schlacht bei Kursk". *Militärgeschichtliche Zeitschrift*, v. 61, 2002, pp. 373-4.

151. Valeriy Zamulin, "Could Germany Have Won the Battle of Kursk if It Had Started in Late May or the Beginning of June 1943?". *Journal of Slavic Military Studies*, v. 27, 2014, pp. 608-9; Lloyd Clark, *Kursk: The Greatest Battle*. Londres, 2011, pp. 188-90.

152. Georgii Zhukov, *Reminiscences and Reflections: Volume II*. Moscou, 1985, pp. 168-79; Konstantin Rokossovskii, *A Soldier's Duty*. Moscou, 1970, pp. 184-90; Lloyd Clark, *Kursk: The Greatest Battle*, op. cit., p. 211.

153. Roman Töppel, "Legendenbildung in der Geschichtsschreibung — Die Schlacht bei Kursk", op. cit., pp. 376-8; Stephen Fritz, *Ostkrieg: Hitler's War of Extermination in the East*, op. cit., pp. 339-40.

154. Lloyd Clark, *Kursk: The Greatest Battle*, op. cit., p. 199; Stephen Fritz, *Ostkrieg: Hitler's War of Extermination in the East*, op. cit., p. 343. Desses, duzentos eram "Panteras" e 128, "Tigres".

155. William Spahr, *Zhukov: The Rise and Fall of a Great Captain*. Novato, 1993, pp. 119-21.

156. David Glantz, *The Role of Intelligence in Soviet Military Strategy in World War 2*, op. cit., pp. 100-3; Georgii Zhukov, *Reminiscences and Reflections: Volume II*, op. cit., pp. 180-3.

157. Alexander Hill, *The Red Army and the Second World War*, op. cit., pp. 439-40; Von Hardesty e Ilya Grinberg, *Red Phoenix Rising: The Soviet Air Force in World War II*. Lawrence, 2012, p. 226 para cifras sobre Força Aérea; Alexander Vasilevskii, "Strategic Planning of the Battle of Kursk". Em *The Battle of Kursk*. Moscou, 1974, p. 73. Números um pouco diferentes em Lloyd Clark, *Kursk: The Greatest Battle*, op. cit., p. 204.

158. Stephen Fritz, *Ostkrieg: Hitler's War of Extermination in the East*, op. cit., p. 343

159. Charles Sydnor, *Soldiers of Destruction: The SS Death's Head Division 1933-1945*. Princeton, 1977, pp. 233-8.

160. Roman Töppel, "Legendenbildung in der Geschichtsschreibung — Die Schlacht bei Kursk", op. cit., pp. 381-5; Alexander Hill, *The Red Army and the Second World War*, op. cit., pp. 450-2; Stephen Fritz, *Ostkrieg: Hitler's War of Extermination in the East*, op. cit., pp. 349-50.

161. Valeriy Zamulin, "Soviet Troop Losses in the Battle of Prochorovka, 10-16 July 1943". *Journal of Slavic Military Studies*, v. 32, 2019, pp. 119-21.

162. Lloyd Clark, *Kursk: The Greatest Battle*, op. cit., p. 402.

163. Roman Töppel, "Legendenbildung in der Geschichtsschreibung — Die Schlacht bei Kursk", op. cit., pp. 389-92; Lloyd Clark, *Kursk: The Greatest Battle*, op. cit., pp. 399-402.

164. Alexander Hill, *The Red Army and the Second World War*, op. cit., p. 454; Stephen Fritz, *Ostkrieg: Hitler's War of Extermination in the East*, op. cit., p. 367; Roman Töppel, "Legendenbildung in der Geschichtsschreibung — Die Schlacht bei Kursk", op. cit., pp. 396-9.

165. Stephen Fritz, *Ostkrieg: Hitler's War of Extermination in the East*, op. cit., p. 378.

166. Alexander Hill, *The Red Army and the Second World War*, op. cit., p. 466.

167. Alexander Werth, *Russia at War 1941-1945*. Londres, 1964, pp. 752-4.

168. Evan Mawdsley, *Thunder in the East: The Nazi-Soviet War, 1941-1945*, op. cit., pp. 273-5.

169. Boris Sokolov, *Myths and Legends of the Eastern Front: Reassessing the Great Patriotic War*. Barnsley, 2019, p. x.

170. David Glantz, *Colossus Reborn: The Red Army at War, 1941-1943*, op. cit., pp. 60-2.

171. Mark Stoler, *Allies and Adversaries: The Joint Chiefs of Staff, The Grand Alliance and U. S. Strategy in World War II*, op. cit., pp. 165-6; Theodore Wilson, "Coalition: Structure, Strategy and Statecraft". Em Warren Kimball, David Reynolds e Alexander Chubarian (orgs.), *Allies at War: The Soviet, American and British Experience, 1939-1945*. Nova York, 1994, p. 98.

172. Robert Dallek, *Franklin D.Roosevelt: A Political Life*. Londres, 2017, p. 533; Matthew Jones, *Britain, The United States and the Mediterranean War 1942-44*, op. cit., p. 153.

173. Andrew Buchanan, *American Grand Strategy in the Mediterranean during World War II*, op. cit., p. 159.

174. Sally Burt, "High and Low Tide: Sino-American Relations and Summit Diplomacy in the Second World War". *Diplomacy & Statecraft*, v. 29, 2018, pp. 175-8.

175. Jay Taylor, *The Generalissimo: Chiang Kai-Shek and the Struggle for Modern China*. Cambridge, EUA, 2009, pp. 247-8.

176. Valentin Berezhkov, *History in the Making: Memoirs of World War II Diplomacy*. Moscou, 1983, p. 282.

177. Ibid., p. 287; Keith Eubank, *Summit at Teheran*. Nova York, 1985, pp. 350-1.

178. Wenzhao Tao, "The China Theatre and the Pacific War". Em Saki Dockrill (org.), *From Pearl Harbor to Hiroshima: The Second World War in Asia and the Pacific, 1941-45*, op. cit., pp. 137-41.

179. Jay Taylor, *The Generalissimo: Chiang Kai-Shek and the Struggle for Modern China*, op. cit., pp. 256-61.

180. Alex Danchev e Daniel Todman (orgs.), *War Diaries, 1939-1945: Field Marshal Lord Alanbrooke*. Londres, 2001, pp. 458, 490, notas 7 out., 3 dez. 1943.

181. Keith Sainsbury, *The Turning Point: Roosevelt, Stalin, Churchill, Chiang Kai-Shek, 1943*. Oxford, 1986, pp. 288-96.

182. John Buckley, *Monty's Men: The British Army and the Liberation of Europe*. New Haven, 2013, pp. 253-4.

183. Frank Hough, *The Island War: The United States Marine Corps in the Pacific*, op. cit., pp. 298-300; Waldo Heinrichs e Marc Gallicchio, *Implacable Foes: War in the Pacific, 1944-1945*. Nova York, 2017, pp. 160-3.

184. Douglas Delaney, "The Eighth Army at the Gothic Line, August-September 1944: A Study of Staff Compatibility and Coalition Command". *War in History*, v. 27, 2020, pp. 288-90.

185. Wang Qisheng, "The Battle of Hunan and the Chinese Military's Response to Operation Ichigō". Em Mark Peattie, Edward Drea e Hans van de Ven (orgs.), *The Battle for China: Essays on the Military History of the Sino-Japanese War of 1937-1945*, op. cit., pp. 404-10; Hara Takeshi, "The Ichigō Offensive". Em ibid., pp. 392-5.

186. Rana Mitter, *China's War with Japan, 1937-1945: The Struggle for Survival*. Londres, 2013, pp. 327-9.

187. Hara Takeshi, "The Ichigō Offensive", op. cit., pp. 399-401; Wang Qisheng, "The Battle of Hunan and the Chinese Military's Response to Operation Ichigō", op. cit., pp. 410-2.

188. Christopher Bayly e Tim Harper, *Forgotten Armies: The Fall of British Asia, 1941-1945*. Londres, 2004, pp. 381-2, 388.

189. Srinath Raghavan, *India's War: The Making of Modern South Asia*. Londres, 2016, pp. 427-8.

190. Jay Taylor, *The Generalissimo: Chiang Kai-Shek and the Struggle for Modern China*, op. cit., pp. 280-6.

191. Rana Mitter, *China's War with Japan, 1937-1945: The Struggle for Survival*, op. cit., pp. 334-5; Mark Peattie, Edward Drea e Hans van de Ven (orgs.), *The Battle for China: Essays on the Military History of the Sino-Japanese War of 1937-1945*, op. cit., p. 46.

192. Louis Allen e David Steeds, "Burma: The Longest War, 1941-45". Em Saki Dockrill (org.), *From Pearl Harbor to Hiroshima: The Second World War in Asia and the Pacific, 1941-45*, op. cit., p. 114.

193. John Lorelli, *To Foreign Shores: U. S. Amphibious Operations in World War II*, op. cit., pp. 208-9.

194. Waldo Heinrichs e Marc Gallicchio, *Implacable Foes: War in the Pacific, 1944-1945*, op. cit., pp. 62-7.

195. John Lorelli, *To Foreign Shores: U. S. Amphibious Operations in World War II*, op. cit., pp. 234-5.

196. Richard Muller, "Air War in the Pacific, 1941-1945". Em John Olsen (org.), *A History of Air Warfare*. Washington, DC, 2010, pp. 69-70.

197. Waldo Heinrichs e Marc Gallicchio, *Implacable Foes: War in the Pacific, 1944-1945*, op. cit., pp. 103-8.

198. Frank Hough, *The Island War: The United States Marine Corps in the Pacific*, op. cit., pp. 245-6.

199. Waldo Heinrichs e Marc Gallicchio, *Implacable Foes: War in the Pacific, 1944-1945*, op. cit., pp. 115-23; John Lorelli, *To Foreign Shores: U. S. Amphibious Operations in World War II*, op. cit., pp. 243-7.

200. Carl Boyd, *Hitler's Japanese Confidant: General Ōshima Hiroshi and Magic Intelligence 1941-1945*, op. cit., p. 157.

201. Frederick Morgan, *Overture to Overlord*. Londres, 1950, pp. 134-6, 142-4; John Ehrman, *Grand Strategy: Volume V: August 1943 to September 1944*. Londres, 1946, pp. 54-6.

202. TNA, AIR 8/1103, CCS atas de reunião, 4 jun. 1943; Charles Webster e Noble Frankland, *Strategic Air Offensive against Germany*. Londres, 1961. v. IV, p. 160, Diretiva para Harris, 3 set. 1943.

203. TNA, AIR 14/783, Portal para Harris anexo "Extent to which the Eighth USAAF and Bomber Command Have Been Able to Implement the GAF Plan", p. 1.

204. TNA, AIR 14/739A, "Conduct of the Strategic Bomber Offensive before Preparatory Stage of 'Overlord'", 17 jan. 1944; LC, Documentos de Spaatz, Caixa 143, Arnold para Spaatz, 24 abr. 1944.

205. Air Force Historical Research Agency, Maxwell, Ala, Disc A1722, "Army Air Forces Evaluation Board, Eighth Air Force 'Tactical Development August 1942-May 1945'", pp. 50-5; Stephen McFarland e Wesley Newton, *To Command the Sky: The Battle for Air Superiority over Germany, 1942-44*. Washington, DC, 1991, pp. 141, 164-6.

206. Horst Boog et al., *Das Deutsche Reich und der Zweite Weltkrieg: Band 7: Das Deutsche Reich in der Defensive*. Stuttgart, 2001, p. 11; Richard Davis, *Carl A. Spaatz and the Air War in Europe*. Washington, DC, 1993, pp. 322-6, 370-9; Williamson Murray, *Luftwaffe: Strategy for Defeat*, op. cit., p. 215.

207. Horst Boog et al., *Das Deutsche Reich und der Zweite Weltkrieg, Band 7*, op. cit., p. 293. Havia 198 bombardeiros em condições de operar.

208. Günter Bischof e Rolf Steininger, "Die Invasion aus der Sicht von Zeitzeugen". Em Günter Bischof e Wolfgang Krieger (orgs.), *Die Invasion in der Normandie 1944*. Innsbruck, 2001, p. 68.

209. Ian Gooderson, *A Hard Way to Make a War: The Italian Campaign in the Second World War*. Londres, 2008, p. 260; Matthew Jones, *Britain, The United States and the Mediterranean War 1942-44*, op. cit., pp. 154-6.

210. John Lorelli, *To Foreign Shores: U. S. Amphibious Operations in World War II*, op. cit., pp. 187-8

211. Matthew Jones, *Britain, The United States and the Mediterranean War 1942-44*, op. cit., p. 157.

212. John Lorelli, *To Foreign Shores: U. S. Amphibious Operations in World War II*, op. cit., pp. 188-90; Ian Gooderson, *A Hard Way to Make a War: The Italian Campaign in the Second World War*, op. cit., pp. 268-71.

213. James Parton, *'Air Force Spoken Here': General Ira Eaker and the Command of the Air*. Bethesda, 1986, pp. 363-5.

214. Ian Gooderson, *A Hard Way to Make a War: The Italian Campaign in the Second World War*, op. cit., pp. 271-8; Peter Caddick-Adams, *Monte Cassino: Ten Armies in Hell*. Londres, 2012, pp. 211-2.

215. Peter Caddick-Adams, *Monte Cassino: Ten Armies in Hell*, op. cit., pp. 225-7; Halik Kochanski, *The Eagle Unbowed: Poland and the Poles in the Second World War*. Londres, 2012, pp. 473-5.

216. Matthew Jones, *Britain, The United States and the Mediterranean War 1942-44*, op. cit., pp. 163-5; Ian Gooderson, *A Hard Way to Make a War: The Italian Campaign in the Second World War*, op. cit., pp. 278-9.

217. Stephen Roskill, *The War at Sea: Volume IV*. Londres, 1961, pp. 25-8.

218. TNA, AIR 37/752, memorando de Harris, "The Employment of the Night Bomber Force in Connection with the Invasion of the Continent", 13 jan. 1944; LC, Documentos de Spaatz, Caixa 143, Spaatz para Eisenhower [sem data, mas abr. 1944].

219. Stephen Ambrose, *Eisenhower: Soldier and President*. Nova York, 1991, p. 126; Richard Davis, *Carl A. Spaatz and the Air War in Europe*, op. cit., pp. 336-8.

220. Andrew Knapp e Claudia Baldoli, *Forgotten Blitzes: France and Italy under Allied Air Attack, 1940-1945*. Londres, 2012, p. 29; número de mortos em Richard Overy, *The Bombing War: Europe, 1939-1945*. Londres, 2013, p. 574.

221. Wesley Craven e James Cate, *The Army Air Forces in World War II*. Chicago, 1983. v. III, p. 158. Sobre a campanha de pontes, ver Stephen Bourque, *Beyond the Beach: The Allied War against France*. Annapolis, 2018, cap. 9.

222. Detlef Vogel, "Deutsche Vorbereitungen auf eine allierte Invasion im Westen". Em Günter Bischof e Wolfgang Krieger (orgs.), *Die Invasion in der Normandie 1944*, op. cit., p. 52.

223. Günter Bischof e Rolf Steininger, "Die Invasion aus der Sicht von Zeitzeugen", op. cit., p. 56.

224. Detlef Vogel, "Deutsche Vorbereitungen auf eine allierte Invasion im Westen", op. cit., p. 45; Olivier Wieviorka, *Histoire du Débarquement en Normandie: Des Origins à la liberation de Paris, 1941-1944*. Paris, 2007, pp. 191-3.

225. Detlef Vogel, "Deutsche Vorbereitungen auf eine allierte Invasion im Westen", op. cit., pp. 46-8.

226. Gordon Harrison, *Cross Channel Attack: The United States Army in World War II*. Washington, 1951, pp. 154-5, 249-52; Friedrich Ruge, *Rommel und die Invasion: Erinnerungen von Friedrich Ruge*. Stuttgart, 1959, pp. 174-5.

227. Alex Danchev e Daniel Todman (orgs.), *War Diaries, 1939-1945: Field Marshal Lord Alanbrooke*, op. cit., p. 554, anotação de 5 jun. 1944.

228. Carlo D'Este, *Eisenhower: Allied Supreme Commander*, op. cit., pp. 518-22.

229. Henrik Eberle e Matthias Uhl (orgs.), *The Hitler Book: The Secret Dossier Prepared for Stalin*, op. cit., p. 149.

230. *Report by the Supreme Commander to the Combined Chiefs of Staff on the Operations in Europe of the Allied Expeditionary Force*. Londres, 1946, p. 32.

231. Detlef Vogel, "Deutsche Vorbereitungen auf eine allierte Invasion im Westen", op. cit., pp. 50-1; Günter Bischof e Rolf Steininger, "Die Invasion aus der Sicht von Zeitzeugen", op. cit., p. 66.

232. Jonathan Fennell, *Fighting the People's War: The British and Commonwealth Armies and the Second World War*, op. cit., p. 534.

233. Volker Ullrich, *Hitler: Downfall, 1939-45*. Londres, 2020, pp. 427-9.

234. Alistair Horne e David Montgomery, *The Lonely Leader: Monty, 1944-1945*. Londres, 1994, p. 207; L. Ellis, *Victory in the West*. Londres, 1962. v. I: *The Battle for Normandy*, pp. 329-30.

235. Percy Schramm (org.), *Kriegstagebuch des Oberkommandos der Wehrmacht*. 4 v. Munique, 1963. v. IV, p. 326; Eddy Bauer, *Der Panzerkrieg*. 2 v. Bonn, 1965. v. II, pp. 104-5, 125-6; John English, *The Canadian Army and the Normandy Campaign*. Nova York, 1991, pp. 227-31.

236. Joachim Ludewig, *Rückzug: The German Retreat from France, 1944*. Lexington, 2012, pp. 34-5, 40.

237. Ralph Bennett, *Ultra in the West: The Normandy Campaign of 1944 to 1945*. Londres, 1979, pp. 112-6; Martin Blumenson, *Breakout and Pursuit: U.S. Army in World War II*. Washington, DC, 1961, pp. 457-65.

238. Klaus-Jürgen Müller, "Die Zusammenbruch des deutschen Westheeres: Die operative Entwicklung im Bereich der Heeresgruppe B Juli bis Ende August". Em Michael Salewski e Guntram Schulze-Wegener (orgs.), *Kriegsjahr 1944: Im Grossen und im Kleinen*. Stuttgart, 1995, pp. 31-2.

239. Carlo D'Este, *Eisenhower: Allied Supreme Commander*, op. cit., p. 572.

240. Milton Shulman, *Defeat in the West*. Londres, 1947, p. 175.

241. Matthew Jones, *Britain, The United States and the Mediterranean War 1942-44*, op. cit., p. 183.

242. Joachim Ludewig, *Rückzug: The German Retreat from France, 1944*, op. cit., pp. 58-62.

243. Carlo D'Este, *Eisenhower: Allied Supreme Commander*, op. cit., p. 567.

244. Joachim Ludewig, *Rückzug: The German Retreat from France, 1944*, op. cit., p. 73.

245. Sobre o papel de De Gaulle e das Forças Francesas Livres, ver Olivier Wieviorka, *Histoire du Débarquement en Normandie: Des Origins à la liberation de Paris, 1941-1944*, op. cit., pp. 402-8.

246. Jonathan Fennell, *Fighting the People's War: The British and Commonwealth Armies and the Second World War*, op. cit., p. 565.

247. Günter Bischof e Rolf Steininger, "Die Invasion aus der Sicht von Zeitzeugen", op. cit., p. 65.

248. David Kahn, *Hitler's Spies: German Military Intelligence in World War II*. Londres, 1978, pp. 440-1.

249. John Erickson, *The Road to Berlin: Stalin's War with Germany*. Londres, 1983, p. 253; David Glantz, "The Red Mask: The Nature and Legacy of Soviet Deception in the Second World War". Em Michael Handel (org.), *Strategic and Operational Deception in the Second World War*. Londres, 1987, pp. 213-7; S. L. Sokolov e John Erickson, *Main Front: Soviet Leaders Look Back on World War II*. Nova York, 1987, pp. 177-8, 192.

250. Stephen Fritz, *The First Soldier: Hitler as Military Leader*. New Haven, 2018, pp. 320-1; Gerd Niepold, "Die Führung der Heeresgruppe Mitte von Juni bis August". Michael Salewski e Guntram Schulze-Wegener (orgs.), *Kriegsjahr 1944: Im Grossen und im Kleinen*, op. cit., pp. 61-3; Rolf Hinze, "Der Zusammenbruch der Heeresgruppe Mitte". Em ibid., p. 97.

251. Stephen Fritz, *The First Soldier: Hitler as Military Leader*, op. cit., p. 296; para números um pouco mais baixos de fontes soviéticas, ver Rolf Hinze, "Der Zusammenbruch der Heeresgruppe Mitte", op. cit., p. 79-80.

252. Paul Winterton, *Report on Russia*. Londres, 1945, p. 23.

253. Karl-Heinz Frieser et al., *Das Deutsche Reich und der Zweite Weltkrieg: Band 8: Die Ostfront 1943/44*. Munique, 2007, pp. 814-5.

254. Oula Silvennoinen, "Janus of the North? Finland 1940-44". Em John Gilmour e Jill Stephenson (orgs.), *Hitler's Scandinavian Legacy*. Londres, 2013, pp. 141-2; Juhana Aunesluoma, "Two Shadows over Finland: Hitler, Stalin and the Finns Facing the Second World War as History, 1944-2010". Em ibid., pp. 205-7.

255. Deborah Cornelius, *Hungary in World War II: Caught in the Cauldron*. Nova York, 2011, pp. 256-9, 271-80.

256. Peter Sipos, "The Fascist Arrow Cross Government in Hungary (October 1944-April 1945)". Em Wolfgang Benz, Johannes Houwink ten Cate e Gerhard Otto (orgs.), *Die Bürokratie der Okkupation: Strukturen der Herrschaft und Verwaltung im besetzten Europa*. Berlim, 1998, pp. 50, 53-5.

257. Ben-Ami Shillony, *Politics and Culture in Wartime Japan*. Oxford, 1981, pp. 62-3.

258. Theodore Hamerow, *On the Road to the Wolf's Lair: German Resistance to Hitler*. Cambridge, EUA, 1997, pp. 320-1; Klemens von Klemperer, *German Resistance against Hitler: The Search for Allies Abroad*. Oxford, 1992, pp. 432-3.

259. Randall Hansen, *Disobeying Hitler: German Resistance in the Last Year of WWII*. Londres, 2014, pp. 38-44.

260. Volker Ullrich, *Hitler: Downfall, 1939-45*, op. cit., pp. 475-7.

261. Sönke Neitzel, *Tapping Hitler's Generals: Transcripts of Secret Conversations, 1942-45*. Barnsley, 2007, p. 263, registrando uma conversa entre pai e filho, o general Heinz Eberbach e o tentente Heinz Eugen Eberbach, 20-1 set. 1944.

262. Nick Stargardt, *The German War: A Nation under Arms, 1939-45*. Londres, 2016, pp. 452-3; Ian Kershaw, *The End: Hitler's Germany, 1944-45*. Londres, 2011, pp. 31-3.

263. Ben-Ami Shillony, *Politics and Culture in Wartime Japan*, op. cit., pp. 51-2, 59-60, 71-4.

264. John Dower, *Japan in War and Peace: Essays on History, Race and Culture*. Londres, 1993, pp. 102-7.

265. Ibid., p. 129.

266. Frank Gibney (org.), *Senso: The Japanese Remember the Pacific War*. Nova York, 2007, pp. 169-78; Samuel Yamashita, *Daily Life in Wartime Japan, 1940-1945*. Lawrence, 2015, pp. 163-72.

267. Alfons Kenkmann, "Zwischen Nonkonformität und Widerstand". Em Dietmar Süss e Winfried Süss (orgs.), *Das "Dritte Reich": Eine Einführung*. Munique, 2008, pp. 150-2.

268. Kershaw, *The End*, Ian Kershaw, *The End: Hitler's Germany, 1944-45*, op. cit., pp. 36-7.

269. Randall Hansen, *Disobeying Hitler: German Resistance in the Last Year of WWII*, op. cit., pp. 209-10.

270. Ralf Bank, *Bitter Ends: Die letzten Monate des Zweiten Weltkriegs im Ruhrgebiet, 1944/45*. Essen, 2015, p. 232.

271. Michael Sellmann, "Propaganda und SD — 'Meldungen aus dem Reich'". Em Michael Salewski e Guntram Schulze-Wegener (orgs.), *Kriegsjahr 1944: Im Grossen und im Kleinen*, op. cit., pp. 207-8.

272. Nick Stargardt, *The German War: A Nation under Arms, 1939-45*, op. cit., pp. 477-80.

273. Benjamin Uchigama, *Japan's Carnival War: Mass Culture on the Home Front, 1937-1945*. Cambridge, 2019, p. 241.

274. Ibid., pp. 242-3.

275. Aaron Moore, *Writing War: Soldiers Record the Japanese Empire*. Cambridge, EUA, 2013, pp. 237-8.

276. Thomas Kühne, *The Rise and Fall of Comradeship: Hitler's Soldiers, Male Bonding and Mass Violence in the Twentieth Century*. Cambridge, 2017, pp. 160, 171.

277. Thomas Brooks, *The War North of Rome: June 1944-May 1945*. Nova York, 1996, p. 363.

278. Nick Stargardt, *The German War: A Nation under Arms, 1939-45*, op. cit., p. 476.

279. Jeffrey Herf, *The Jewish Enemy: Nazi Propaganda During World War II and the Holocaust*. Cambridge, EUA, 2006, pp. 257-61.

280. Robert Kramm, "Haunted by Defeat: Imperial Sexualities, Prostitution and the Emergence of Postwar Japan". *Journal of World History*, v. 28, 2017, pp. 588-91.

281. Richard Frank, *Downfall: The End of the Japanese Imperial Empire*. Nova York, 1999, pp. 188-90.

282. Nick Stargardt, *The German War: A Nation under Arms, 1939-45*, op. cit., pp. 456-7; Stephen Fritz, *Endkampf: Soldiers, Civilians, and the Death of the Third Reich*. Lexington, 2004, p. 91.

283. David Kennedy, *The American People in World War II*, op. cit., p. 358.

284. Maury Klein, *A Call to Arms: Mobilizing America for World War II*, op. cit., pp. 681-6.

285. Daniel Todman, *Britain's War: A New World 1943-1947*. Londres, 2020, pp. 582, 591, 654.

286. Martha Gellhorn, *The Face of War from Spain to Vietnam*. Londres, 1967, p. 142.

287. Geoffrey Picot, *Accidental Warrior: In the Front Line from Normandy till Victory*. Londres, 1993, pp. 196-7, 201.

288. Paul Fussell, *The Boys' Crusade: American GIs in Europe — Chaos and Fear in World War II*. Londres, 2003, pp. 93-9.

289. Catherine Merridale, *Ivan's War: The Red Army, 1939-45*. Londres, 2005, pp. 230-2, 242-3.

290. Maury Klein, *A Call to Arms: Mobilizing America for World War II*, op. cit., pp. 676-83, 717-9.

291. Waldo Heinrichs e Marc Gallicchio, *Implacable Foes: War in the Pacific, 1944-1945*, op. cit., pp. 424-6.

292. Daniel Todman, *Britain's War: A New World 1943-1947*, op. cit., pp. 655-6.

293. Waldo Heinrichs e Marc Gallicchio, *Implacable Foes: War in the Pacific, 1944-1945*, op. cit., p. 422.

294. Stephen Fritz, *The First Soldier: Hitler as Military Leader*, op. cit., pp. 336-7.

295. Rana Mitter, *China's War with Japan, 1937-1945: The Struggle for Survival*, op. cit., p. 342.

296. Hans van de Ven, *China at War: Triumph and Tragedy in the Emergence of Modern China, 1937-1952*, op. cit., pp. 196-7.

297. Ben-Ami Shillony, *Politics and Culture in Wartime Japan*, op. cit., p. 76.

298. Tohmatsu Haruo, "The Strategic Correlation between the Sino-Japanese and Pacific Wars". Em Mark Peattie, Edward Drea e Hans van de Ven (orgs.), *The Battle for China: Essays on the Military History of the Sino-Japanese War of 1937-1945*, op. cit., pp. 438-9.

299. Christopher Baxter, "In Pursuit of a Pacific Strategy: British Planning for the Defeat of Japan, 1943-45". *Diplomacy & Statecraft*, v. 15, 2004, pp. 254-7; Nicholas Sarantakes, "The Royal Air Force on Okinawa: The Diplomacy of a Coalition on the Verge of Victory". *Diplomatic History*, v. 27, 2003, pp. 481-3.

300. Mark Jacobsen, "Winston Churchill and a Third Front". *Journal of Strategic Studies*, v. 14, 1991, pp. 349-56.

301. Daniel Todman, *Britain's War: A New World 1943-1947*, op. cit., p. 673; Nicholas Sarantakes, "The Royal Air Force on Okinawa: The Diplomacy of a Coalition on the Verge of Victory", op. cit., p. 486.

302. Waldo Heinrichs e Marc Gallicchio, *Implacable Foes: War in the Pacific, 1944-1945*, op. cit., pp. 150-4.

303. Ibid., pp. 180-90.

304. Craig Symonds, *World War II at Sea: A Global History*, op. cit., pp. 585-7.

305. Alfred Chandler (org.), *The Papers of Dwight David Eisenhower. The War Years: IV*, op. cit., p. 2115, Eisenhower a todos os comandantes, 4 set. 1944.

306. Ibid., pp. 2143-4, Eisenhower para Marshall, 14 set. 1944; Eisenhower para Montgomery, 15 set. 1944.

307. Ian Gooderson, *A Hard Way to Make a War: The Italian Campaign in the Second World War*, op. cit., pp. 281-4.

308. Thomas Brooks, *The War North of Rome: June 1944-May 1945*, op. cit., pp. 254-8, 304.

309. Alfred Chandler (org.), *The Papers of Dwight David Eisenhower. The War Years: IV*, op. cit., pp. 2125-7, Eisenhower para o ccs, 9 set. 1944.

310. John Buckley, *Monty's Men: The British Army and the Liberation of Europe*, op. cit., p. 240.

311. Jonathan Fennell, *Fighting the People's War: The British and Commonwealth Armies and the Second World War*, op. cit., p. 582.

312. Carlo D'Este, *Eisenhower: Allied Supreme Commander*, op. cit., pp. 626-7.

313. Joachim Ludewig, *Rückzug: The German Retreat from France, 1944*, op. cit., pp. 206-7.

314. Alistair Noble, *Nazi Rule and the Soviet Offensive in Eastern Germany 1944-1945*. Eastbourne, 2009, pp. 102-17.

315. Bastiann Willems, "Defiant Breakwaters or Desperate Blunders? A Revision of the German Late-War Fortress Strategy". *Journal of Slavic Military Studies*, v. 28, 2015, pp. 353-8.

316. Stephen Fritz, *Ostkrieg: Hitler's War of Extermination in the East*, op. cit., pp. 432-4; Evan Mawdsley, *Thunder in the East: The Nazi-Soviet War, 1941-1945*, op. cit., pp. 303-5. O lado soviético disse ter capturado 274 mil quando a Curlândia se rendeu em 10 de maio de 1945.

317. Krisztián Ungváry, *Battle for Budapest: 100 Days in World War II*. Londres, 2019, pp. 4-6, 49-56.

318. Ibid., pp. 330-1.

319. Joachim Ludewig, *Rückzug: The German Retreat from France, 1944*, op. cit., pp. 204-5.

320. Volker Ullrich, *Hitler: Downfall, 1939-45*, op. cit., p. 507.

321. Ibid., p. 508.

322. Ibid., p. 509.

323. Walter Warlimont, *Inside Hitler's Headquarters, 1939-45*. Londres, 1964, p. 486; Volker Ullrich, *Hitler: Downfall, 1939-45*, op. cit., p. 514.

324. John Buckley, *Monty's Men: The British Army and the Liberation of Europe*, op. cit., p. 259; Alfred Chandler (org.), *The Papers of Dwight David Eisenhower. The War Years: IV*, op. cit., p. 2355, Eisenhower para Brehon Somervell, 17 dez. 1944.

325. Carlo D'Este, *Eisenhower: Allied Supreme Commander*, op. cit., pp. 635-6.

326. Charles MacDonald, *The Battle of the Bulge*. Londres, 1984, p. 608; Ministério Britânico do Ar, *The Rise and Fall of the German Air Force, 1933-1945*. Londres, 1986, pp. 376-80.

327. Richard Overy, *The Air War, 1939-1945*. Londres, 1980, p. 77.

328. Alfred Chandler (org.), *The Papers of Dwight David Eisenhower. The War Years: IV*, op. cit., p. 2407, Eisenhower para ccs.

329. Walter Warlimont, *Inside Hitler's Headquarters, 1939-45*, op. cit., pp. 487-9.

330. David Jablonsky, *War by Land, Sea and Air: Dwight Eisenhower and the Concept of Unified Command*, op. cit., pp. 129-30.

331. Carlo D'Este, *Eisenhower: Allied Supreme Commander*, op. cit., p. 658; Harry Butcher, *Three Years with Eisenhower: The Personal Diary of Captain Harry C. Butcher, 1942-1945*. Londres, 1946, pp. 626-8.

332. Alfred Chandler (org.), *The Papers of Dwight David Eisenhower. The War Years: IV*, op. cit., p. 2419, Eisenhower para Marshall, 10 jan. 1945.

333. Heinrich Schwendemann, "Strategie der Selbstvernichtung: Die Wehrmachtführung im 'Endkampf' um das 'Dritte Reich'". Em Rolf-Dieter Müller e Hans-Erich Volkmann (orgs.), *Die Wehrmacht: Mythos und Realität*. Munique, 1999, p. 228.

334. Frank Hough, *The Island War: The United States Marine Corps in the Pacific*, op. cit., pp. 732-3.

335. Nicolaus von Below, *At Hitler's Side: The Memoirs of Hitler's Luftwaffe Adjutant, 1937-1945*. Londres, 2001, p. 223.

336. Michael Geyer, "Endkampf 1918 and 1945: German Nationalism, Annihilation, and Self-Destruction". Em Alf Lüdtke e Bernd Weisbrod (orgs.), *No Man's Land of Violence: Extreme Wars in the 20th Century*. Göttingen, 2006, pp. 45-51.

337. Werner Maser (org.), *Hitler's Letters and Notes*. Nova York, 1974, pp. 346-50.

338. Horst Boog et al., *Das Deutsche Reich und der Zweite Weltkrieg, Band 7*, op. cit., p. 105.

339. Richard Davis, *Carl A. Spaatz and the Air War in Europe*, op. cit., apêndice 8; Henry Probert, *Bomber Harris: His Life and Times*. Londres, 2006, pp. 305-6.

340. Charles Webster e Noble Frankland, *Strategic Air Offensive against Germany*, op. cit., v. IV, pp. 174-6, Diretiva de Bottomley para Harris, 13 out. 1944; pp. 177-9, "1st November 1944: Directive No. 2 for the Strategic Air Forces in Europe".

341. Richard Overy, *The Bombing War: Europe, 1939-1945*, op. cit., pp. 391-4.

342. Evan Mawdsley, *Thunder in the East: The Nazi-Soviet War, 1941-1945*, op. cit., p. 325.

343. S. M. Plokhy, *Yalta: The Price of Peace*. Nova York, 2010, p. 330.

344. Geoffrey Roberts, *Stalin's Wars: From World War to Cold War, 1939-1953*, op. cit., p. 235; S. M. Plokhy, *Yalta: The Price of Peace*, op. cit., p. xxv.

345. Fraser Harbutt, *Yalta 1945: Europe and America at the Crossroads*. Cambridge, 2010, pp. 305, 313-7.

346. S. M. Plokhy, *Yalta: The Price of Peace*, op. cit., pp. 331-4, 343-4.

347. Richard Bessel, *Germany 1945: From War to Peace*. Nova York, 2009, pp. 21-2.

348. Thomas Brooks, *The War North of Rome: June 1944-May 1945*, op. cit., p. 371; L. P. Devine, *The British Way of Warfare in Northwest Europe, 1944-5*. Londres, 2016, pp. 163-7.

349. Richard Bessel, *Germany 1945: From War to Peace*, op. cit., pp. 17-8.

350. Martin Moll (org.), *Führer-Erlasse: 1939-1945*. Stuttgart, 1997, pp. 486-7, "Zerstörungsmassnahmen im Reichsgebiet", 19 mar. 1945.

351. John Buckley, *Monty's Men: The British Army and the Liberation of Europe*, op. cit., p. 278; Carlo D'Este, *Eisenhower: Allied Supreme Commander*, op. cit., p. 681.

352. John Buckley, *Monty's Men: The British Army and the Liberation of Europe*, op. cit., p. 286.

353. Ian Kershaw, *The End: Hitler's Germany, 1944-45*, op. cit., pp. 304-5.

354. Carlo D'Este, *Eisenhower: Allied Supreme Commander*, op. cit., pp. 683, 696-7.

355. Stephen Fritz, *Endkampf: Soldiers, Civilians, and the Death of the Third Reich*, op. cit., pp. 15-9

356. Alfred Chandler (org.), *The Papers of Dwight David Eisenhower. The War Years: IV*, op. cit., p. 2569, Eisenhower para o ccs, 31 mar. 1945.

357. Stephen Fritz, *Endkampf: Soldiers, Civilians, and the Death of the Third Reich*, op. cit., pp. 40-1.

358. Thomas Brooks, *The War North of Rome: June 1944-May 1945*, op. cit., pp. 363-6.

359. Catherine Merridale, *Ivan's War: The Red Army, 1939-45*, op. cit., p. 243.

360. Evan Mawdsley, *Thunder in the East: The Nazi-Soviet War, 1941-1945*, op. cit., pp. 355-6.

361. Alexander Hill, *The Red Army and the Second World War*, op. cit., pp. 523-31.

362. Georgii Zhukov, *Reminiscences and Reflections: Volume II*, op. cit., pp. 353-5.

363. Ivan Konev, *Year of Victory*. Moscou, 1969, pp. 171-2; John Erickson, *The Road to Berlin: Stalin's War with Germany*, op. cit., pp. 809-11.

364. Henrik Eberle e Matthias Uhl (orgs.), *The Hitler Book: The Secret Dossier Prepared for Stalin*, op. cit., p. 219.

365. Martin Moll (org.), *Führer-Erlasse: 1939-1945*, op. cit., pp. 495-6, Diretiva, 24 abr. 1945.

366. Ibid., p. 241, nota de rodapé 2.

367. Michael Geyer, "Endkampf 1918 and 1945: German Nationalism, Annihilation, and Self--Destruction", op. cit., p. 51.

368. Alvin Coox, "Strategic Bombing in the Pacific, 1942-1945". Em R. Cargill Hall (org.), *Case Studies in Strategic Bombardment*. Washington, DC, 1998, pp. 296-7. Bombardeiros japoneses atacaram os aeródromos de B-29 de novembro de 1944 a janeiro de 1945.

369. Waldo Heinrichs e Marc Gallicchio, *Implacable Foes: War in the Pacific, 1944-1945*, op. cit., pp. 231-3.

370. Ibid., pp. 248-55.

371. Ibid., pp. 255-6.

372. Ibid., pp. 358-9.

373. Ibid., pp. 265-6.

374. Frank Hough, *The Island War: The United States Marine Corps in the Pacific*, op. cit., pp. 342-3.

375. Waldo Heinrichs e Marc Gallicchio, *Implacable Foes: War in the Pacific, 1944-1945*, op. cit., pp. 281-3; Craig Symonds, *World War II at Sea: A Global History*, op. cit., p. 606.

376. Richard Frank, *Downfall: The End of the Japanese Imperial Empire*, op. cit., pp. 69-70.

377. Craig Symonds, *World War II at Sea: A Global History*, op. cit., pp. 619-26.

378. Richard Frank, *Downfall: The End of the Japanese Imperial Empire*, op. cit., p. 70.

379. Ibid., p. 271; Waldo Heinrichs e Marc Gallicchio, *Implacable Foes: War in the Pacific, 1944-1945*, op. cit., pp. 400-1.

380. Theodore Roscoe, *United States Submarine Operations in World War II*. Annapolis, Maryland, 1949, p. 523.

381. USSBS, *The Effects of Strategic Bombing on Japan's War Economy*. Washington, DC, 1946, pp. 180-1; Akira Hari, "Japan: Guns Before Rice". Em Mark Harrison (org.), *The Economics of World War II: Six Great Powers in International Comparison*. Cambridge, 1998, p. 245; Theodore Roscoe, *United States Submarine Operations in World War II*, op. cit., p. 453.

382. Barrett Tillman, *Whirlwind: The Air War against Japan, 1942-1945*. Nova York, 2010, pp. 139-45.

383. Alvin Coox, "Strategic Bombing in the Pacific, 1942-1945", op. cit. pp. 317-21.

384. Ibid., pp. 340-8.

385. USSBS, Pacific Theater, Report 1, "Summary Report", Washington, DC, 1º jul. 1946, p. 19.

386. Richard Frank, *Downfall: The End of the Japanese Imperial Empire*, op. cit., pp. 84-5, 182-4.

387. Ibid., pp. 96-8.

388. Thomas Hall, "'Mere Drops in the Ocean': The Politics and Planning of the Contribution of the British Commonwealth to the Final Defeat of Japan, 1944-45". *Diplomacy & Statecraft*, v. 16, 2005, pp. 101-4, 109.

389. Nicholas Sarantakes, "The Royal Air Force on Okinawa: The Diplomacy of a Coalition on the Verge of Victory", op. cit., p. 479.

390. Barton Bernstein, "Truman and the A-Bomb: Targeting Non-Combatants, Using the Bomb, and His Defending His 'Decision'". *Journal of Military History*, v. 62, 1998, pp. 551-4.

391. Richard Frank, *Downfall: The End of the Japanese Imperial Empire*, op. cit., pp. 134-45.

392. Waldo Heinrichs e Marc Gallicchio, *Implacable Foes: War in the Pacific, 1944-1945*, op. cit., p. 515.

393. Elena Agarossi, *A Nation Collapses: The Italian Surrender of September 1943*. Cambridge, 2000, pp. 14-22.

394. David Ellwood, *Italy 1943-1945*. Leicester, 1985, pp. 22-3.

395. Elena Agarossi, *A Nation Collapses: The Italian Surrender of September 1943*, op. cit., pp. 14-26.

396. Ibid., pp. 28-32.

397. Ibid., pp. 64-72, 80-7; Philip Morgan, *The Fall of Mussolini*, op. cit., pp. 91-3; Carlo D'Este, *Eisenhower: Allied Supreme Commander*, op. cit., pp. 449-52.

398. David Ellwood, *Italy 1943-1945*, op. cit., pp. 41-6.

399. Marc Trachtenberg, "The United States and Eastern Europe 1945: A Reassessment". *Journal of Cold War Studies*, v. 10, 2008, pp. 106, 124-31.

400. Allen Dulles, *The Secret Surrender*. Londres, 1967, pp. 97-100, 177-8.

401. David Reynolds e Vladimir Pechatnov (orgs.), *The Kremlin Letters: Stalin's Wartime Correspondence with Churchill and Roosevelt*, op. cit., pp. 570-1, 578-9, Stálin para Roosevelt, 3 abr. 1945; Stálin para Roosevelt, 7 abr. 1945.

402. TNA, WO 106/3974, Military Mission Moscow para AGWAR, 24 abr. 1945; Moscow Mission para SHAEF, 25 abr. 1945.

403. Giorgio Bocca, *Storia dell'Italia partigiana, settembre 1943-maggio 1945*. Milão, 1995, pp. 506, 519-20; Max Corvo, *OSS Italy, 1942-1945: A Personal Memoir of the Fight for Freedom*. Nova York, 2005, pp. 267-9.

404. J. Lee Ready, *Forgotten Allies: Volume 1, European Theater*. Jefferson, Carolina do Norte, 1985, pp. 426-7.

405. TNA, CAB 106/761, Instrumento de rendição local de forças alemãs e de outras forças, 29 abr. 1945; PREM 3/198/3, telegrama de Churchill para Stálin, 29 abr. 1945.

406. TNA, PREM 3/198/3, Alexander para Eisenhower, 2 maio 1945; Richard Lamb, *War in Italy, 1943-1945: A Brutal Story*. Londres, 1993, pp. 293-5; Giorgio Bocca, *Storia dell'Italia partigiana, settembre 1943-maggio 1945*, op. cit., p. 523.

407. David Stafford, *Mission Accomplished: SOE and Italy, 1943-1945*. Londres, 2011, p. 325; Giorgio Bocca, *Storia dell'Italia partigiana, settembre 1943-maggio 1945*, op. cit., pp. 521-2; Richard Lamb, *War in Italy, 1943-1945: A Brutal Story*, op. cit., pp. 262-5.

408. David Stafford, *Mission Accomplished: SOE and Italy, 1943-1945*, op. cit., pp. 318-9.

409. TNA, PREM 3/193/6º, relatório JIC "German Strategy and Capacity to Resist", 16 out. 1944, p. 2.

410. Henrik Eberle e Matthias Uhl (orgs.), *The Hitler Book: The Secret Dossier Prepared for Stalin*, op. cit., p. 269.

411. Allen Dulles, *The Secret Surrender*, op. cit., pp. 176-8.

412. Nicolaus von Below, *At Hitler's Side: The Memoirs of Hitler's Luftwaffe Adjutant, 1937-1945*, op. cit., p. 239.

413. Brendan Simms, *Hitler: Only the World was Enough*. Londres, 2019, p. 516; TNA, FO 1005/1701, CCG (British Element), Bulletin of the Intelligence Bureau, 28 fev. 1946, interrogatório de Von Bellow, ajudante de assuntos aeronáuticos de Hitler.

414. Allen Dulles, *The Secret Surrender*, op. cit., p. 178.

415. TNA, PREM 3/197/4, telegrama de John Deane para o Ministério das Relações Exteriores britânico, 7 maio 1945.

416. Ian Kershaw, *The End: Hitler's Germany, 1944-45*, op. cit., pp. 367-70.

417. TNA, WO 106/4449, embaixada em Moscou para o Ministério das Relações Exteriores, 12 maio 1945; Eisenhower para o CCS, 7 maio 1945.

418. John Galbraith, *A Life in Our Times: Memoirs*. Londres, 1981, pp. 221-2; Albert Speer, *Inside the Third Reich*. Londres, 1970, pp. 498-9.

419. TNA, PREM 3/197/4, memorando de Churchill para Orme Sargent, Ministério das Relações Exteriores, 14 maio 1945; memorando do Ministério das Relações Exteriores sobre general Busch, 12 maio 1945.

420. Richard Overy, "'The Chap with the Closest Tabs': Trevor-Roper and the Hunt for Hitler". Em Blair Worden (org.), *Hugh Trevor-Roper: The Historian*. Londes, 2016, pp. 192-206.

421. TNA, WO 219/2086, SHAEF G-3 Relatório, "Arrest of Members of Acting German Government", 23 maio 1945.

422. Gerhard Krebs, "Operation Super-Sunrise? Japanese–United States Peace Feelers in Switzerland, 1945". *Journal of Military History*, v. 69, 2005, pp. 1081, 1087, 1115-7.

423. Ben-Ami Shillony, *Politics and Culture in Wartime Japan*, op. cit., pp. 77-8, 81.

424. Gerhard Krebs, "Operation Super-Sunrise? Japanese–United States Peace Feelers in Switzerland, 1945", op. cit. pp. 1087-96.

425. Essas ideias são desenvolvidas de modo mais completo em Yukiko Koshiro, "Eurasian Eclipse: Japan's End Game in World War II". *American Historical Review*, v. 109, 2004, pp. 417-26, 434-7.

426. Jeremy Yellen, "The Specter of Revolution: Reconsidering Japan's Decision to Surrender". *International History Review*, v. 35, 2013, pp. 209-10, 213-4.

427. Ben-Ami Shillony, *Politics and Culture in Wartime Japan*, op. cit., p. 85; Jeremy Yellen, "The Specter of Revolution: Reconsidering Japan's Decision to Surrender", op. cit., p. 214.

428. Waldo Heinrichs e Marc Gallicchio, *Implacable Foes: War in the Pacific, 1944-1945*, op. cit., pp. 523-6.

429. Eric Fowler, "Will-to-Fight: Japan's Imperial Institution and the United States Strategy to End World War II". *War & Society*, v. 34, 2015, pp. 47-8.

430. Waldo Heinrichs e Marc Gallicchio, *Implacable Foes: War in the Pacific, 1944-1945*, op. cit., pp. 512-3, 541; Andrew Rotter, *Hiroshima: The World's Bomb*. Oxford, 2008, pp. 162-4.

431. Michael Neiberg, *Potsdam: The End of World War II and the Remaking of Europe*. Nova York, 2015, pp. 244-5.

432. David Holloway, "Jockeying for Position in the Postwar World: Soviet Entry into the War with Japan in August 1945". Em Tsuyoshi Hasegawa (org.), *The End of the Pacific War: Reappraisals*. Stanford, 2007, pp. 172-5.

433. Phillips O'Brien, "The Joint Chiefs of Staff, the Atom Bomb, the American Military Mind and the End of the Second World War". *Journal of Strategic Studies*, v. 42, 2019, pp. 975-85.

434. Waldo Heinrichs e Marc Gallicchio, *Implacable Foes: War in the Pacific, 1944-1945*, op. cit., p. 552.

435. LC, Arnold Papers, Reel 199, nota "Atomic Bomb Cities", [s.d.].

436. Andrew Rotter, *Hiroshima: The World's Bomb*, op. cit., pp. 191-3.

437. Sumio Hatano, "The Atomic Bomb and Soviet Entry into the War". Em Tsuyoshi Hasegawa (org.), *The End of the Pacific War: Reappraisals*, op. cit., pp. 98-9.

438. Ibid., pp. 99-101.

439. Jeremy Yellen, "The Specter of Revolution: Reconsidering Japan's Decision to Surrender", op. cit., pp. 216-7.

440. Samuel Yamashita, *Daily Life in Wartime Japan, 1940-1945*, op. cit., pp. 173-9; Frank Gibney (org.), *Senso: The Japanese Remember the Pacific War*, op. cit., p. 215

441. Citado dos japoneses em Jeremy Yellen, "The Specter of Revolution: Reconsidering Japan's Decision to Surrender", op. cit., p. 219.

442. Ronald Spector, "After Hiroshima: Allied Military Occupation and the Fate of Japan's Empire". *Journal of Military History*, v. 69, 2005, pp. 1122-3; Ben-Ami Shillony, *Politics and Culture in Wartime Japan*, op. cit., p. 89.

443. Hans van de Ven, *China at War: Triumph and Tragedy in the Emergence of Modern China, 1937-1952*, op. cit., pp. 203-5, 209-13.

444. Sarah Paine, *The Japanese Empire: Grand Strategy from the Meiji Restoration to the Pacific War*. Cambridge, 2017, pp. 167-70.

445. Christian Goeschel, *Suicide in Nazi Germany*. Oxford, 2009, pp. 149-52.

446. Haruko Cook e Theodore Cook (orgs.), *Japan at War: An Oral History*. Nova York, 1992, pp. 364-5.

447. Samuel Yamashita, *Daily Life in Wartime Japan, 1940-1945*, op. cit., p. 188.

4. MOBILIZANDO UMA GUERRA TOTAL [pp. 438-501]

1. Citado em Lennart Samuelson, *Tankograd: The Formation of a Soviet Company Town: Cheliabinsk 1900-1950s*. Basingstoke, 2011, p. 230.

2. Ibid., pp. 229, 231.

3. Cifras de renda nacional de Mark Harrison (org.), *The Economics of World War II: Six Great Powers in International Comparison*. Cambridge, 1998, p. 21.

4. Edward Drea, *Japan's Imperial Army: Its Rise and Fall, 1853-1945*. Lawrence, 2009, p. 160.

5. Thomas Hippler, *Governing from the Skies: A Global History of Aerial Bombing*. Londres, 2017, pp. 15-6, 112-3.

6. Erich Ludendorff, *The Nation at War*. Londres, 1935, pp. 22-3.

7. *Akten zur deutschen auswärtigen Politik*, série D, v. VI. Göttingen, 1956, p. 481, conferência do Führer com comandantes militares, 29 maio 1939.

8. Rudolf Absolon, *Die Wehrmacht im Dritten Reich: Band IV, 5 February 1938 bis 31 August 1939*. Boppard-am-Rhein, 1979, pp. 9-11.

9. Roxanne Panchasi, *Future Tense: The Culture of Anticipation in France between the Wars*. Ithaca, 2009, pp. 81, 84.

10. Cyril Falls, *The Nature of Modern Warfare*. Londres, 1941, p. 7.

11. TNA, AIR 9/39, vice-marechal do ar Arthur Barrett, "Air Policy and Strategy", 23 mar. 1936, pp. 5-6.

12. Academia da Força Aérea dos Estados Unidos, Colorado Springs, McDonald Papers, série v, caixa 8, "Development of the US Air Forces Philosophy of Air Warfare", pp. 13-5.

13. Sobre o Japão, ver Samuel Yamashita, *Daily Life in Wartime Japan 1940-1945*. Lawrence, 2015, pp. 11-4; sobre a Alemanha e a União Soviética, ver Richard Overy, *The Dictators: Hitler's Germany and Stalin's Russia*. Londres, 2004, pp. 459-67.

14. Hans van de Ven, *War and Nationalism in China, 1925-1945*. Londres, 2003, pp. 279-81.

15. Stephen King-Hall, *Total Victory*. Londres, 1941.

16. *Total War and Total Peace: Four Addresses by American Leaders*. Oxford, 1942, p. 29, de um discurso proferido em 23 jul. 1942.

17. USSBS, Teatro do Pacífico, relatório 1, "Summary Report", Washington, DC, 1º jul. 1946, pp. 10-1.

18. IWM, Coleção Speer, caixa S368, interrogatório Schmelter, apêndice 1, "The Call-Up of Workers from Industry for the Armed Forces", pp. 7-8; Alan Bullock, *The Life and Times of Ernest Bevin*. Londres, 1967. v. II: *Minister of Labour, 1940-1945*, p. 55.

19. Maury Klein, *A Call to Arms: Mobilizing America for World War II*. Nova York, 2013, pp. 340-1, 691-4.

20. Anna Krylova, *Soviet Women in Combat: A History of Violence on the Eastern Front*. Cambridge, 2010, pp. 146-51; John Erickson, "Soviet Women at War". Em John Garrard e Carol Garrard (orgs.), *World War 2 and the Soviet People*. Londres, 1993, pp. 50-76.

21. Edward Drea, *Japan's Imperial Army: Its Rise and Fall, 1853-1945*, op. cit., pp. 198-9, 234. Apenas 11% eram soldados efetivos em maio de 1938, 22,6% da primeira reserva (entre 24 e 28 anos), 45,2% da segunda reserva (entre 29 e 34 anos).

22. Diana Lary, *The Chinese People at War: Human Suffering and Social Transformation, 1937-1945*. Cambridge, 2010, pp. 160-1; Hans van de Ven, *War and Nationalism in China, 1925-1945*, op. cit., pp. 255-8, 269-71; Joshua Howard, *Workers at War: Labor in China's Arsenals, 1937-1953*. Stanford, 2004, pp. 171-2.

23. Mark Stoler, *Allies and Adversaries: The Joint Chiefs of Staff, the Grand Alliance, and U.S. Strategy in World War II*. Chapel Hill, 2000, pp. 48-9, 54-5.

24. Stephen Schwab, "The Role of the Mexican Expeditionary Air Force in World War II: Late, Limited, but Symbolically Significant". *Journal of Military History*, v. 66, 2002, pp. 1131-3; Neill Lochery, *Brazil: The Fortunes of War: World War II and the Making of Modern Brazil*. Nova York, 2014, pp. 230-4.

25. Mark Harrison (org.), The Economics of World War II: Six Great Powers in International Comparison, op. cit., pp. 14, 253.

26. Halik Kochanski, *The Eagle Unbowed: Poland and the Poles in the Second World War*. Londres, 2012, pp. 209-10, 467.

27. David French, *Raising Churchill's Army: The British Army and the War against Germany, 1919-1945*. Oxford, 2000, p. 186; Ulysses Lee, *The Employment of Negro Troops*. Washington, DC, 1994, p. 406.

28. Wesley Craven e James Cate, *The Army Air Forces in World War II*. Chicago, 1955. v. VI: *Men and Planes*, pp. 429-30; Allan English, *The Cream of the Crop: Canadian Aircrew, 1939-1945*. Montreal, 1996, p. 19.

29. Emma Newlands, *Civilians into Soldiers: War, the Body and British Army Recruits, 1939-1945*. Manchester, 2014, pp. 31-2; Jeremy Crang, *The British Army and the People's War, 1939-1945*. Manchester, 2000, pp. 7-11, 14-5.

30. Domenico Petracarro, "The Italian Army in Africa, 1940-1943: An Attempt at Historical Perspective". *War & Society*, v. 9, 1991, pp. 104-5.

31. Arquivo do Parlamento, Londres, Balfour Papers, BAL/4, "The British Commonwealth Air Training Plan, 1939-1945", Ottawa, 1949, pp. 3-8.

32. Maury Klein, *A Call to Arms: Mobilizing America for World War II*, op. cit., pp. 340-1; Steven Casey, *Cautious Crusade: Franklin D. Roosevelt, American Public Opinion and the War against Nazi Germany*. Nova York, 2001, p. 86.

33. Anna Krylova, *Soviet Women in Combat: A History of Violence on the Eastern Front*, op. cit., p. 114.

34. Maury Klein, *A Call to Arms: Mobilizing America for World War II*, op. cit., p. 694.

35. Hugh Rockoff, *America's Economic Way of War: War and the US Economy from the Spanish-American War to the Persian Gulf War*. Cambridge, 2012, p. 160.

36. *Statistical Digest of the War*. Londres, 1951, p. 11.

37. David French, *Raising Churchill's Army: The British Army and the War against Germany, 1919-1945*, op. cit., pp. 244-6.

38. Rüdiger Overmans, *Deutsche militärische Verluste im Zweiten Weltkrieg*. Munique, 2004, pp. 261-6; G. F. Krivosheev (org.), *Soviet Casualties and Combat Losses in the Twentieth Century*. Londres, 1997, pp. 85, 87; David Glantz, *Colossus Reborn: The Red Army, 1941-1943*. Lawrence, 2005, pp. 135-9.

39. Rüdiger Overmans, *Deutsche militärische Verluste im Zweiten Weltkrieg*, op. cit., p. 266; G. F. Krivosheev (org.), *Soviet Casualties and Combat Losses in the Twentieth Century*, op. cit., pp. 96-7.

40. Bernhard Kroener, "Menschenbewirtschaftung. Bevölkerungsverteilung und personelle Rüstung in der zweiten Kriegshälfte". Em Bernhard Kroener, *Rolf-Dieter Müller and Hans Umbreit, Das Deutsche Reich und der Zweite Weltkrieg: Band 5/2: Organisation und Mobilisierung des deutschen Machtbereichs*. Stuttgart, 1999, pp. 853-9; Rüdiger Overmans, *Deutsche militärische Verluste im Zweiten Weltkrieg*, op. cit., p. 244.

41. Geoffrey Megargee, *Inside Hitler's High Command*. Lawrence, 2000, p. 202.

42. Carter Eckert, "Total War, Industrialization, and Social Change in Late Colonial Korea". Em Peter Duus, Ramon Myers e Mark Peattie (orgs.), *The Japanese Wartime Empire, 1931-1945*. Princeton, 1996, pp. 28-30.

43. Rolf-Dieter Müller, *The Unknown Eastern Front: The Wehrmacht and Hitler's Foreign Soldiers*. Londres, 2012, pp. 169, 176, 212, 223-4; David Stahel (org.), *Joining Hitler's Crusade: European Nations and the Invasion of the Soviet Union, 1941*. Cambridge, 2018, pp. 6-7.

44. Oleg Beyda, "'La Grande Armée in Field Gray': The Legion of French Volunteers against Bolshevism, 1941". *Journal of Slavic Military Studies*, v. 29, 2016, pp. 502-17.

45. Joachim Hoffmann, *Die Geschichte der Wlassow-Armee*. Freiburg, 1984, pp. 205-6; Rolf-Dieter Müller, *The Unknown Eastern Front: The Wehrmacht and Hitler's Foreign Soldiers*, op. cit., p. 235.

46. F. W. Perry, *The Commonwealth Armies: Manpower and Organisation in Two World Wars*. Manchester, 1988, p. 227.

47. Kaushik Roy, *India and World War II: War, Armed Forces, and Society, 1939-1945*. Nova Delhi, 2016, pp. 12, 16-7, 28, 35, 37, 53, 80; Tarak Barkawi, *Soldiers of Empire: Indian and British Armies in World War II*. Cambridge, 2017, pp. 51-4.

48. Ashley Jackson, *The British Empire and the Second World War*. Londres, 2006, pp. 1-2.

49. David Killingray, *Fighting for Britain: African Soldiers in the Second World War*. Woodbridge, 2010, p. 44.

50. Stephen Bourne, *The Motherland Calls: Britain's Black Servicemen and Women, 1939-1945*. Stroud, 2012, pp. 10-2.

51. David Killingray, *Fighting for Britain: African Soldiers in the Second World War*, op. cit., pp. 35-40, 42, 47-50, 75.

52. Stephen Bourne, *The Motherland Calls: Britain's Black Servicemen and Women, 1939-1945*, op. cit., pp. 11, 23-4.

53. Morris MacGregor, *Integration of the Armed Forces, 1940-1965*. Washington, DC, 1985, pp. 17-24.

54. Sherie Merson e Steven Schlossman, *Foxholes and Color Lines: Desegregating the U. S. Armed Forces*. Baltimore, 1998, pp. 67, 77-8, 82-3; Chris Dixon, *African Americans and the Pacific War, 1941-1945*. Cambridge, 2018, pp. 59-60.

55. Chris Dixon, *African Americans and the Pacific War, 1941-1945*, op. cit., pp. 53, 63-5.

56. Ulysses Lee, *The Employment of Negro Troops*, op. cit., pp. 411-6; Morris MacGregor, *Integration of the Armed Forces, 1940-1965*, op. cit., p. 24; Sherie Merson e Steven Schlossman, *Foxholes and Color Lines: Desegregating the U. S. Armed Forces*, op. cit., pp. 64-5.

57. Sherie Merson e Steven Schlossman, *Foxholes and Color Lines: Desegregating the U. S. Armed Forces*, op. cit., p. 63.

58. Ulysses Lee, *The Employment of Negro Troops*, op. cit., p. 286; Morris MacGregor, *Integration of the Armed Forces, 1940-1965*, op. cit., pp. 28-30. Sobre os Aviadores de Tuskegee, ver J. Todd Moye, *Freedom Flyers: The Tuskegee Airmen of World War II*. Nova York, 2010; William Percy, "Jim Crow and Uncle Sam: The Tuskegee Flying Units and the US Army Air Forces in Europe during World War II". *Journal of Military History*, v. 67, 2003, pp. 775, 786-7, 809-10; Stanley Sandler, *Segregated Skies: All-Black Combat Squadrons in World War II*. Washington, DC, 1992, cap. 5.

59. Robert Asahima, *Just Americans: How Japanese Americans Won a War at Home and Abroad*. Nova York, 2006, pp. 6-7; Brenda Moore, *Serving Our Country: Japanese American Women in the Military during World War II*. New Brunswick, 2003, pp. XI-XII, 19.

60. Ver, por exemplo, a lista de funções típicas em Rosamond Greer, *The Girls of the King's Navy*. Victoria, Colúmbia Britânica, 1983, pp. 14-5, 144.

61. Gerard DeGroot, "Whose Finger on the Trigger? Mixed Anti-Aircraft Batteries and the Female Combat Taboo". *War in History*, v. 4, 1997, pp. 434-7.

62. Birthe Kundrus, "Nur die halbe Geschichte: Frauen im Umfeld der Wehrmacht". Em Rolf-Dieter Müller e Hans-Erich Volkmann (orgs.), *Die Wehrmacht: Mythos und Realität*. Munique, 1999, pp. 720-1.

63. Franz Siedler, *Blitzmädchen: Die Geschichte der Helferinnen der deutschen Wehrmacht*. Bonn, 1996, p. 169.

64. *Statistical Digest of the War*, op. cit., pp. 9, 11; Jeremy Crang, *Sisters in Arms: Women in the British Armed Forces During the Second World War*. Cambridge, 2020, pp. 2-3, 30, 36, 310.

65. Rosamond Greer, *The Girls of the King's Navy*, op. cit., pp. 14-6.

66. Maury Klein, *A Call to Arms: Mobilizing America for World War II*, op. cit., pp. 352-3.

67. Jeanne Holm, *In Defense of a Nation: Servicewomen in World War II*. Washington, DC, 1998, pp. 1, 41, 75.

68. Wesley Craven e James Cate, *The Army Air Forces in World War II*, op. cit., v. VI, pp. 102-4.

69. Jeanne Holm, *In Defense of a Nation: Servicewomen in World War II*, op. cit., pp. 48-9, 57-9.

70. Stephen Bourne, *The Motherland Calls: Britain's Black Servicemen and Women, 1939-1945*, op. cit., p. 121.

71. Helena Schrader, *Sisters in Arms: The Women who Flew in World War II*. Barnsley, 2006, pp. 8-16.

72. Kathleen Cornelsen, "Women Airforce Service Pilots of World War II". *Journal of Women's History*, v. 17, 2005, pp. 111-2, 115-6; Stephen Bourne, *The Motherland Calls: Britain's Black Servicemen and Women, 1939-1945*, op. cit., pp. 120-1; Helena Schrader, *Sisters in Arms: The Women who Flew in World War II*, op. cit., pp. 138-45.

73. Anna Krylova, *Soviet Women in Combat: A History of Violence on the Eastern Front*, op. cit., p. 3; John Erickson, "Soviet Women at War", op. cit., pp. 52, 62-9.

74. Roger Reese, *Why Stalin's Soldiers Fought: The Red Army's Military Effectiveness in World War II*. Lawrence, 2011, pp. 104-5, 114.

75. Reina Pennington, *Wings, Women and War: Soviet Airwomen in World War II*. Lawrence, 2001, pp. 1-2.

76. Anna Krylova, *Soviet Women in Combat: A History of Violence on the Eastern Front*, op. cit., pp. 158-63.

77. Ibid., pp. 151-2, 168-9.

78. Svetlana Alexievich, *The Unwomanly Face of War*. Londres, 2017, p. 8, do testemunho de Maria Morozova. [Ed. bras.: *A guerra não tem rosto de mulher*. São Paulo: Companhia das Letras, 2016.]

79. Kaushik Roy, *India and World War II: War, Armed Forces, and Society, 1939-1945*, op. cit., pp. 96-9.

80. Stanley Sandler, *Segregated Skies: All-Black Combat Squadrons in World War II*, op. cit., pp. 68-72.

81. Lynne Olson, *Those Angry Days: Roosevelt, Lindbergh, and America's Fight over World War II, 1939-1941*. Nova York, 2013, pp. 351-2.

82. Emma Newlands, *Civilians into Soldiers: War, the Body and British Army Recruits, 1939-1945*, op. cit., p. 57; Kaushik Roy, *India and World War II: War, Armed Forces, and Society, 1939-1945*, op. cit., pp. 128-30.

83. USSBS, Artigo Especial 4, "Food and Agriculture", exhibits G. J. M; BAB, R26 IV/51, reunião do Plano Quadrienal, Geschäftsgruppe Ernährung, 11 mar. 1942.

84. IWM, FD 5444/45, Protokoll über die Inspekteurbesprechung, 22 fev. 1942, "Ersatzlage der Wehrmacht"; IWM, EDS Al/1571, Wirtschaft und Rüstungsamt, Niederschrift einer Besprechung, 9 jan. 1941.

85. Richard Overy, *The Dictators: Hitler's Germany and Stalin's Russia*, op. cit., pp. 452-3.

86. IWM, FD 3056/49, "Statistical Material on the German Manpower Position", 31 jul. 1945, Tabela 7; Lennart Samuelson, *Plans for Stalin's War Machine: Tukhachevskii and Military-Economic Planning 1925-1941*. Londres, 2000, pp. 191-5; N. S. Simonov, "Mobpodgotovka: Mobilization Planning in Interwar Industry". Em John Barber e Mark Harrison (orgs.), *The Soviet Defence Industry Complex from Stalin to Khrushchev*. Londres, 2000, pp. 216-7.

87. Richard Toye, "Keynes, the Labour Movement, and 'How to Pay for the War'". *Twentieth Century British History*, v. 10, 1999, pp. 256-8, 272-8.

88. BAB, R7 XVI/7, Relatório do "Professoren-Ausschuss" para o ministro da Economia Funk, 16 dez. 1939.

89. Sheldon Garon, "Luxury is the Enemy: Mobilizing Savings and Popularizing Thrift in Wartime Japan". *Journal of Japanese Studies*, v. 26, 2000, pp. 51-2.

90. Jingping Wu, "Revenue, Finance and the Command Economy under the Nationalist Government during the Anti-Japanese War". *Journal of Modern Chinese History*, v. 7, 2013, pp. 52-3.

91. Hugh Rockoff, *America's Economic Way of War: War and the US Economy from the Spanish-American War to the Persian Gulf War*, op. cit., pp. 166-7; Stephen Broadberry e Peter Howlett, "The United Kingdom: Victory at All Costs". Em Mark Harrison (org.), *The Economics of World War II: Six Great Powers in International Comparison*, op. cit., p. 195; Willi Boelcke, "Kriegsfinanzierung im internationalen Vergleich". Em Friedrich Forstmeier e Hans-Erich Volkmann (orgs.), *Kriegswirtschaft und Rüstung 1939-1945*. Düsseldorf, 1977, pp. 40-1; Akira Hara, "Japan: Guns before Rice". Em Mark Harrison (org.), *The Economics of World War II: Six Great Powers in International Comparison*, op. cit., pp. 256-7; Mark Harrison, "The Soviet Union: The Defeated Victor". Em ibid., pp. 275-6.

92. Jonas Scherner, "The Institutional Architecture of Financing German Exploitation: Principles, Conflicts and Results". Em Jonas Scherner e Eugene White (orgs.), *Paying for Hitler's War: The Consequences of Nazi Hegemony for Europe*. Cambridge, 2016, pp. 62-3.

93. Hein Klemann e Sergei Kudryashov, *Occupied Economies: An Economic History of Nazi-Occupied Europe, 1939-1945*. Londres, 2012, pp. 210-1; Stephen Broadberry e Peter Howlett, "The United Kingdom: Victory at All Costs", op. cit., pp. 52-3. A dívida em libras esterlinas incluía 1,321 bilhão para a Índia, a maior das dívidas bloqueadas.

94. Karl Brandt, Otto Schiller e Franz Ahlgrimm (orgs.), *Management of Agriculture and Food in the German-Occupied and Other Areas of Fortress Europe*. 2 v. Stanford, 1953, pp. II, 616-7; Srinath Raghavan, *India's War: The Making of Modern South Asia*. Londres, 2016, pp. 342-7.

95. Sidney Zabludoff, "Estimating Jewish Wealth". Em Avi Beker (org.), *The Plunder of Jewish Property during the Holocaust*. Nova York, 2001, pp. 48-64; H. McQueen, "The Conversion of Looted Jewish Assets to Run the German War Machine". *Holocaust and Genocide Studies*, v. 18, 2004, pp. 29-30.

96. Diana Lary, *The Chinese People at War: Human Suffering and Social Transformation, 1937-1945*, op. cit., pp. 36, 157; Jingping Wu, "Revenue, Finance and the Command Economy under the Nationalist Government during the Anti-Japanese War", op. cit., pp. 49-50.

97. Hugh Rockoff, *America's Economic Way of War: War and the US Economy from the Spanish-American War to the Persian Gulf War*, op. cit., pp. 166-7; James Sparrow, *Warfare State: World War II America and the Age of Big Government*. Oxford, 2011, pp. 123-5.

98. Bruce Johnston, *Japanese Food Management in World War II*. Stanford, 1953, p. 167; Bernd Martin, "Japans Kriegswirtschaft 1941-1945". Em Friedrich Forstmeier e Hans-Erich Volkmann (orgs.), *Kriegswirtschaft und Rüstung 1939-1945*, op. cit., p. 280; Sheldon Garon, "Luxury is the Enemy: Mobilizing Savings and Popularizing Thrift in Wartime Japan", op. cit., p. 55.

99. "National Finances in 1944". *The Banker*, v. 74, 1945, p. 66; Sidney Pollard, *The Development of the British Economy, 1914-1967*. Londres, 1969, p. 308; R. Sayers, *Financial Policy*. Londres, 1956, p. 516.

100. BAB, R7 xvi/8, Statistisches Reichsamt report, "Zur Frage der Erhöhung des Eikommens- und Vermögenssteuer", 3 fev. 1943; NARA, coleção de microfilmes T178, rolo 15, quadros 3671912-7, Ministério das Finanças do Reich, "Statistische Übersichten zu den Reichshaushaltsrechnungen 1938 bis 1943", nov. 1944.

101. Sidney Pollard, *The Development of the British Economy, 1914-1967*, op. cit., p. 328; H. Durant e J. Goldmann, "The Distribution of Working-Class Savings". Em Instituto de Estatística da Universidade de Oxford, *Studies in War Economics*, Oxford, 1947, pp. 111-23.

102. BAB, R7 xvi/22, memorando "Die Grenzen der Staatsverschuldung", 1942, p. 4; R28/98, Reichsbank Alemão, "Die deutsche Finanz-und Wirtschaftspolitik im Kriege", 8 jun. 1943, pp. 11-2. Sobre "finanças silenciosas", ver Willi Boelcke, *Die Kosten von Hitlers Krieg*. Paderborn, 1985, pp. 103-4.

103. Wolfgang Werner, *"Bleib übrig": Deutsche Arbeiter in der nationalsozialistischen Kriegswirtschaft*. Düsseldorf, 1983, pp. 220-1.

104. Kristy Ironside, "Rubles for Victory: The Social Dynamics of State Fundraising on the Soviet Home Front". *Kritika*, v. 15, 2014, pp. 801-20.

105. Sheldon Garon, "Luxury is the Enemy: Mobilizing Savings and Popularizing Thrift in Wartime Japan", op. cit., pp. 42-6, 56-7.

106. Bernd Martin, "Japans Kriegswirtschaft 1941-1945", op. cit., p. 280; Takafusa Nakamura e Konosuke Odaka (orgs.), *Economic History of Japan, 1914-1945: A Dual Structure*. Oxford, 1999, p. 82.

107. Samuel Yamashita, *Daily Life in Wartime Japan, 1940-1945*, op. cit., pp. 30-2.

108. Sheldon Garon, "Luxury is the Enemy: Mobilizing Savings and Popularizing Thrift in Wartime Japan", op. cit., p. 61.

109. James Sparrow, *Warfare State: World War II America and the Age of Big Government*, op. cit., pp. 127-9.

110. Ibid., pp. 129, 134-46; Theodore Wilson, "The United States: Leviathan". Em Warren Kimball, David Reynolds e Alexander Chubarian (orgs.), *Allies at War: The Soviet, American, and British Experience, 1939-1945*. Nova York, 1994, p. 182.

111. BAB, RD-51/21-3, Deutsche Reichsbank, "Deutsche Wirtschaftszahlen", mar. 1944, p. 2.

112. Bruce Johnston, *Japanese Food Management in World War II*, op. cit., pp. 17-3.

113. Richard Rice, "Japanese Labor in World War II". *International Labor and Working-Class History*, v. 38, 1990, pp. 38-9; Benjamin Uchiyama, "The Munitions Worker as Trickster in Wartime Japan". *Journal of Asian Studies*, v. 76, 2017, pp. 658-60, 666-7.

114. Joshua Howard, *Workers at War: Labor in China's Arsenals, 1937-1953*, op. cit., pp. 138-9.

115. Ina Zweiniger-Bargielowska, *Austerity in Britain: Rationing, Controls and Consumption, 1939-1945*. Oxford, 2000, pp. 46-7.

116. *The Collected Writings of John Maynard Keynes*. Cambridge, 2012. v. XXII, p. 223, "Notes on the Budget", 28 set. 1940.

117. Hugh Rockoff, *America's Economic Way of War: War and the US Economy from the Spanish-American War to the Persian Gulf War*, op. cit., pp. 174-8; Theodore Wilson, "The United States: Leviathan", op. cit., p. 178-80.

118. Ina Zweiniger-Bargielowska, *Austerity in Britain: Rationing, Controls and Consumption, 1939-1945*, op. cit., p. 54.

119. Hugh Rockoff, "The United States: From Ploughshares to Swords". Em Mark Harrison (org.), *The Economics of World War II: Six Great Powers in International Comparison*, op. cit., pp. 90-1.

120. Ina Zweiniger-Bargielowska, *Austerity in Britain: Rationing, Controls and Consumption, 1939-1945*, op. cit., pp. 53-4.

121. Richard Overy, *War and Economy in the Third Reich*. Oxford, 1994, pp. 278-85. "Spartan throughout" de Lothrop Stoddard, *Into the Darkness: Nazi Germany Today*. Londres, 1941, p. 80.

122. Sheldon Garon, "Luxury is the Enemy: Mobilizing Savings and Popularizing Thrift in Wartime Japan", op. cit., pp. 41-2.

123. Akira Hara, "Wartime Controls". Em Takafusa Nakamura e Konosuke Odaka (orgs.), *Economic History of Japan, 1914-1945: A Dual Structure*, op. cit., pp. 271-2, 282; Bernd Martin, "Japans Kriegswirtschaft 1941-1945", op. cit., p. 279.

124. Mark Harrison, "The Soviet Union: The Defeated Victor", op. cit., pp. 277-9, 290-1.

125. C. B. Behrens, *Merchant Shipping and the Demands of War*. Londres, 1955, p. 198.

126. Hugh Rockoff, "The United States: From Ploughshares to Swords", op. cit., p. 93.

127. Id., *America's Economic Way of War: War and the US Economy from the Spanish-American War to the Persian Gulf War*, op. cit., p. 179; Theodore Wilson, "The United States: Leviathan", op. cit., p. 179.

128. Mark Harrison, *Soviet Planning in War and Peace, 1938-1945*. Cambridge, 1985, pp. 258-9; William Moskoff, *The Bread of Affliction: The Food Supply in the USSR during World War II*. Cambridge, 1990, pp. 121-2.

129. Gustavo Corni e Horst Gies, *Brot. Butter. Kanonen. Die Ernährungswirtschaft in Deutschland unter der Diktatur Hitlers*. Berlin, 1997, pp. 478-9; Ina Zweiniger-Bargielowska, *Austerity in Britain: Rationing, Controls and Consumption, 1939-1945*, op. cit., p. 37.

130. William Moskoff, *The Bread of Affliction: The Food Supply in the USSR during World War II*, op. cit., pp. 222-4.

131. Alberto De Bernardi, "Alimentazione di guerra". Em Luca Alessandrini e Matteo Pasetti (orgs.), *1943: Guerra e società*. Roma, 2015, pp. 129-30; Vera Zamagni, "Italy: How to Lose the War and Win the Peace". Em Mark Harrison (org.), *The Economics of World War II: Six Great Powers in International Comparison*, op. cit., p. 191.

132. Takafusa Nakamura, "The Age of Turbulence: 1937-54". Em Takafusa Nakamura e Konosuke Odaka (orgs.), *Economic History of Japan, 1914-1945: A Dual Structure*, op. cit., pp. 71-3; Bruce Johnston, *Japanese Food Management in World War II*, op. cit., pp. 161-4; Samuel Yamashita, *Daily Life in Wartime Japan, 1940-1945*, op. cit., pp. 38-9.

133. Gustavo Corni e Horst Gies, *Brot. Butter. Kanonen. Die Ernährungswirtschaft in Deutschland unter der Diktatur Hitlers*, op. cit., pp. 424-38; Freda Wunderlich, *Farm Labor in Germany, 1810-1945*. Princeton, 1961, pp. 297-9.

134. Alec Nove, "The Peasantry in World War II". Em Susan Linz (org.), *The Impact of World War II on the Soviet Union*. Totowa, 1985, pp. 79-84.

135. Stephen Broadberry e Peter Howlett, "The United Kingdom: Victory at All Costs", op. cit., pp. 59, 61-3.

136. Bruce Johnston, *Japanese Food Management in World War II*, op. cit., p. 116-8.

137. Sobre a Grã-Bretanha e os Estados Unidos, Lizzie Collingham, *The Taste of War: World War Two and the Battle for Food*. Londres, 2011, pp. 390, 418; sobre o Japão, Samuel Yamashita, *Daily Life in Wartime Japan, 1940-1945*, op. cit., p. 55.

138. William Moskoff, *The Bread of Affliction: The Food Supply in the USSR during World War II*, op. cit., pp. 108-9, 175.

139. Lizzie Collingham, *The Taste of War: World War Two and the Battle for Food*, op. cit., pp. 388-9; Alberto De Bernardi, "Alimentazione di Guerra", op. cit., p. 131; William D. Bayles, *Postmarked Berlin*. Londres, 1942, pp. 18-20, 24; Bruce Johnston, *Japanese Food Management in World War II*, op. cit., p. 202.

140. Owen Griffiths, "Need, Greed, and Protest: Japan's Black Market, 1938-1949". *Journal of Social History*, v. 35, 2002, pp. 827-30.

141. Hans van de Ven, *War and Nationalism in China, 1925-1945*, op. cit., pp. 285-6.

142. Gustavo Corni e Horst Gies, *Brot. Butter. Kanonen. Die Ernährungswirtschaft in Deutschland unter der Diktatur Hitlers*, op. cit., pp. 414-5.

143. Ina Zweiniger-Bargielowska, *Austerity in Britain: Rationing, Controls and Consumption, 1939-1945*, op. cit., p. 54.

144. Gustavo Corni e Horst Gies, *Brot. Butter. Kanonen. Die Ernährungswirtschaft in Deutschland unter der Diktatur Hitlers*, op. cit. pp. 494-7; Bruce Johnston, *Japanese Food Management in World War II*, op. cit., pp. 169-70.

145. Alberto De Bernardi, "Alimentazione di guerra", op. cit., p. 131 (baseado em pesquisa do demógrafo Luzzatto Fegiz na Trieste pós-guerra).

146. Wendy Goldman, "The Hidden World of Soviet Wartime Food Provisioning: Hunger, Inequality, and Corruption". Em Hartmut Berghoff, Jan Logemann e Felix Römer (orgs.), *The Consumer on the Home Front: Second World War Civilian Consumption in Comparative Perspective*. Oxford, 2017, pp. 57-65.

147. Bruce Johnston, *Japanese Food Management in World War II*, op. cit., p. 136; Samuel Yamashita, *Daily Life in Wartime Japan, 1940-1945*, op. cit., p. 37.

148. Jeremy Yellen, "The Specter of Revolution: Reconsidering Japan's Decision to Surrender". *International History Review*, v. 35, 2013, pp. 213-7.

149. Hein Klemann e Sergei Kudryashov, *Occupied Economies: An Economic History of Nazi-Occupied Europe, 1939-1945*, op. cit., pp. 281-2.

150. Mark Mazower, *Inside Hitler's Greece: The Experience of Occupation 1941-1944*. New Haven, 1993, pp. 27-30.

151. Violetta Hionidou, "Relief and Politics in Occupied Greece, 1941-4". *Journal of Contemporary History*, v. 48, 2013, pp. 762-6.

152. Kaushik Roy, *India and World War II: War, Armed Forces, and Society, 1939-1945*, op. cit., pp. 129-30; Sugato Bose, "Starvation among Plenty: The Making of Famine in Bengal, Honan and Tonkin, 1942-45". *Modern Asian Studies*, v. 24, 1990, pp. 715-7.

153. Yasmin Khan, *The Raj at War: A People's History of India's Second World War*. Londres, 2015, p. 208.

154. Sugato Bose, "Starvation among Plenty: The Making of Famine in Bengal, Honan and Tonkin, 1942-45", op. cit., pp. 718-21.

155. James Sparrow, *Warfare State: World War II America and the Age of Big Government*, op. cit., pp. 161-2; Martin Kragh, "Soviet Labour Law during the Second World War". *War in History*, v. 18, 2011, p. 535; Wolfgang Werner, *"Bleib übrig": Deutsche Arbeiter in der nationalsozialistischen Kriegswirtschaft*, op. cit., p. 178.

156. TNA, LAB 8/106, memorando do ministro do Trabalho para o Gabinete de Guerra, "Labour Supply Policy since May 1940", 17 jul. 1941; ; Alan Bullock, *The Life and Times of Ernest Bevin*, op. cit., pp. II, 55.

157. James Sparrow, *Warfare State: World War II America and the Age of Big Government*, op. cit., p. 163; Maury Klein, *A Call to Arms: Mobilizing America for World War II*, op. cit., pp. 626-88, 748-50.

158. IWM, FD 3056/49, "Statistical Material on the German Manpower Position during the War Period 1939-1943". FIAT report EF/LM/1, jul. 1945, tabela 7; G. Ince, "The Mobilisation of Manpower in Great Britain in the Second World War". *The Manchester School of Economic and Social Studies*, v. 14, 1946, pp. 17-52; William Hancock e Margaret Gowing, *British War Economy*. Londres, 1949, p. 453.

159. Bruce Johnston, *Japanese Food Management in World War II*, op. cit., pp. 95, 99.

160. Em 1944, o desemprego britânico era de apenas 54 mil. Ver Henry Parker, *Manpower: A Study of Wartime Policy and Administration*. Londres, 1957, p. 481.

161. Martin Kragh, "Soviet Labour Law during the Second World War", op. cit., p. 540.

162. Richard Rice, "Japanese Labor in World War II", op. cit., pp. 31-2; Benjamin Uchiyama, "The Munitions Worker as Trickster in Wartime Japan", op. cit., pp. 658-60.

163. James Sparrow, *Warfare State: World War II America and the Age of Big Government*, op. cit., pp. 113-4.

164. G. C. Allen, "The Concentration of Production Policy". Em Norman Chester (org.), *Lessons of the British War Economy*. Cambridge, 1951, pp. 166-77.

165. IWM, EDS/AL 1571, "Arbeitseinsatz und Einziehungen in der nicht zum engeren Rüstungsbereichgehörenden Wirtschaft", relatório OKW, 9 jan. 1941, p. 3; Rolf Wagenführ, *Die Deutsche Industrie im Kriege*. Berlim, 1963, pp. 47-8.

166. Lutz Budrass, Jonas Scherner e Jochen Streb, "Fixed-Price Contracts, Learning, and Outsourcing: Explaining the Continuous Growth of Output and Labour Productivity in the German Aircraft Industry during the Second World War". *Economic History Review*, v. 63, 2010, p. 131.

167. Números britânicos de TNA, AVIA 10/289, memorando para o Ministério da Produção de Aeronaves, "The Supply of Labour and the Future of the Aircraft Industry Programme", 19 maio 1943; números alemães em IWM, caixa 368, relatório 65, interrogatório de Ernst Blaicher, chefe do Principal Comitê de Tanques, p. 12; IWM, 4969/45, relatório BMW, "Ablauf der Lieferungen seit Kriegsbeginn", s. d., p. 25

168. Números alemães de Rüdiger Hachtmann, *Industriearbeit im "Dritten Reich"*. Göttingen, 1989, pp. 229-30; números soviéticos em Mark Harrison, "The Soviet Union: The Defeated Victor", op. cit., pp. 285-6.

169. Mark Harrison, "The Soviet Union: The Defeated Victor", op. cit., pp. 284-5; Freda Wunderlich, *Farm Labor in Germany, 1810-1945*, op. cit., pp. 297-9; Bruce Johnston, *Japanese Food Management in World War II*, op. cit., p. 244.

170. Hugh Rockoff, "The United States: From Ploughshares to Swords", op. cit., pp. 101-3.

171. John Jeffries, *Wartime America: The World War II Home Front*. Chicago, 1996, pp. 95-6, 102; David Kennedy, *The American People in World War II*. Nova York, 1999, pp. 351-3.

172. Maury Klein, *A Call to Arms: Mobilizing America for World War II*, op. cit., p. 354.

173. Gerald Nash, *World War II and the West: Reshaping the Economy*. Lincoln, 1990, pp. 77-8.

174. Geoffrey Field, *Blood, Sweat and Toil: Remaking the British Working Class, 1939-1945*. Oxford, 2011, pp. 129-30, 145.

175. Samuel Yamashita, *Daily Life in Wartime Japan, 1940-1945*, op. cit., p. 16; Bernd Martin, "Japans Kriegswirtschaft 1941-1945", op. cit., p. 281; Bruce Johnston, *Japanese Food Management in World War II*, op. cit., p. 244.

176. Henry Parker, *Manpower: A Study of Wartime Policy and Administration*, op. cit., pp. 435-6; John Jeffries, *Wartime America: The World War II Home Front*, op. cit., p. 96.

177. Leila Rupp, *Mobilizing Women for War: German and American Propaganda*. Princeton, 1978, p. 185; John Jeffries, *Wartime America: The World War II Home Front*, op. cit., pp. 90-1; Maury Klein, *A Call to Arms: Mobilizing America for World War II*, op. cit., p. 710.

178. Diana Lary, *The Chinese People at War: Human Suffering and Social Transformation, 1937-1945*, op. cit., p. 161.

179. Carter Eckert, "Total War, Industrialization, and Social Change in Late Colonial Korea", op. cit., pp. 17-21, 24-5.

180. Akira Hara, "Japan: Guns before Rice", op. cit., p. 246; Michael Seth, *A Concise History of Modern Korea*. Lanham, 2016, v. II, p. 83.

181. Mark Spoerer, *Zwangsarbeit unter dem Hakenkreuz*. Stuttgart, 2001, pp. 221-3; Johann Custodis, "Employing the Enemy: The Economic Exploitation of POW and Foreign Labor from Occupied Territories by Nazi Germany". Em Jonas Scherner e Eugene White (orgs.), *Paying for Hitler's War: The Consequences of Nazi Hegemony for Europe*, op. cit., p. 79.

182. Ulrich Herbert, *Fremdarbeiter: Politik und Praxis des "Ausländer-Einsatzes" in der Kriegswirtschaft des Dritten Reiches*. Bonn, 1985, pp. 56-8; Gustavo Corni, "Die deutsche Arbeitseinsatzpolitik in besetzten Italien, 1943-1945". Em Richard Overy, Gerhard Otto e Johannes Houwink ten Cate (orgs.), *Die "Neuordnung Europas": NS-Wirtschaftspolitik in den besetzten Gebieten*. Berlim, 1997, pp. 137-41.

183. Mark Spoerer, *Zwangsarbeit unter dem Hakenkreuz*, op. cit., pp. 50, 59-60, 66; Bernd Zielinski, "Die deutsche Arbeitseinsatzpolitik in Frankreich 1940-1944". Em Richard Overy, Gerhard Otto e Johannes Houwink ten Cate (orgs.), *Die "Neuordnung Europas": NS-Wirtschaftspolitik in den besetzten Gebieten*, op. cit., p. 119.

184. Gustavo Corni, "Die deutsche Arbeitseinsatzpolitik in besetzten Italien, 1943-1945", op. cit., pp. 138-9.

185. Mark Spoerer, *Zwangsarbeit unter dem Hakenkreuz*, op. cit., pp. 45-7, 62-5; Bernd Zielinski, "Die deutsche Arbeitseinsatzpolitik in Frankreich 1940-1944", op. cit., pp. 111-2.

186. Gustavo Corni, "Die deutsche Arbeitseinsatzpolitik in besetzten Italien, 1943-1945", op. cit., pp. 143-9.

187. Ulrich Herbert, *Fremdarbeiter: Politik und Praxis des "Ausländer-Einsatzes" in der Kriegswirtschaft des Dritten Reiches*, op. cit., pp. 83-90, 99.

188. Mark Spoerer, *Zwangsarbeit unter dem Hakenkreuz*, op. cit., pp. 73-80; Ulrich Herbert, *Fremdarbeiter: Politik und Praxis des "Ausländer-Einsatzes" in der Kriegswirtschaft des Dritten Reiches*, op. cit., pp. 157-60, 271.

189. Bernd Zielinski, "Die deutsche Arbeitseinsatzpolitik in Frankreich 1940-1944", op. cit., pp. 121-3, 131; Mark Spoerer, *Zwangsarbeit unter dem Hakenkreuz*, op. cit., pp. 64-5. Zielinski traz os números de 850 mil a 920 mil deportados, incluindo os capturados fora das quatro "ações".

190. Gustavo Corni, "Die deutsche Arbeitseinsatzpolitik in besetzten Italien, 1943-1945", op. cit., pp. 150-60.

191. Johann Custodis, "Employing the Enemy: The Economic Exploitation of POW and Foreign Labor from Occupied Territories by Nazi Germany", op. cit., p. 95.

192. Cesare Bermani, Sergio Bologna e Brunello Mantelli, *Proletarier der "Achse": Sozialgeschichte der italienischen Fremdarbeiter in NS-Deutschland 1937 bis 1943*. Berlim, 1997, p. 222.

193. Elizabeth Harvey, "Last Resort or Key Resource? Women Workers from the Nazi-Occupied Soviet Territories, the Reich Labour Administration and the German War Effort". *Transactions of the Royal Historical Society*, v. 26, 2016, p. 163.

194. Mark Spoerer, *Zwangsarbeit unter dem Hakenkreuz*, op. cit., p. 186. Os números se baseiam em quatro pesquisas alemãs distintas, conduzidas em 1943-4.

195. Rüdiger Hachtmann, "Fordism and Unfree Labour: Aspects of Work Deployment of Concentration Camp Prisoners in German Industry Between 1942 and 1944". *International Review of Social History*, v. 55, 2010, p. 496.

196. IWM, Speer Collection, FD 4369/45, British Bombing Survey Unit, "Manuscript Notes on Ford, Cologne".

197. Mark Spoerer, *Zwangsarbeit unter dem Hakenkreuz*, op. cit., p. 226; Ulrich Herbert, *Fremdarbeiter: Politik und Praxis des "Ausländer-Einsatzes" in der Kriegswirtschaft des Dritten Reiches*, op. cit., pp. 270-1.

198. Johann Custodis, "Employing the Enemy: The Economic Exploitation of POW and Foreign Labor from Occupied Territories by Nazi Germany", op. cit., pp. 72.

199. Rüdiger Hachtmann, "Fordism and Unfree Labour: Aspects of Work Deployment of Concentration Camp Prisoners in German Industry Between 1942 and 1944", op. cit., pp. 505-6. Para o debate sobre se o termo "escravo" é apropriado, ver Marc Buggeln, "Were Concentration Camp Prisoners Slaves? The Possibilities and Limits of Comparative History and Global Historical Perspectives". *International Review of Social History*, v. 53, 2008, pp. 106-25.

200. Wolf Gruner, *Jewish Forced Labor under the Nazis: Economic Needs and Racial Aims, 1938-1944*. Nova York, 2006, pp. 63-75, 282.

201. Mark Spoerer, *Zwangsarbeit unter dem Hakenkreuz*, op. cit., pp. 228-9.

202. Golfo Alexopoulos, *Illness and Inhumanity in Stalin's Gulag*. New Haven, 2017, pp. 160-1, 208-9, 216.

203. Ibid., pp. 197-8; Wilson Bell, *Stalin's Gulag at War: Forced Labour, Mass Death, and Soviet Victory in the Second World War*. Toronto, 2019, pp. 8-9, 157-8.

204. TNA, FO 371/46747, coronel Thornley para G. Harrison (Ministério das Relações Exteriores), encaminhando em anexo o "Jupp Report", 26 fev. 1945.

205. TNA, LAB 10/132, Paralisações Comerciais: retornos semanais ao Ministério do Trabalho, 1940-4; Geoffrey Field, *Blood, Sweat and Toil: Remaking the British Working Class, 1939-1945*, op. cit., pp. 102-3.

206. James Atleson, *Labor and the Wartime State: Labor Relations and Law during World War II*. Urbana, 1998, p. 142; Richard Polenberg, *War and Society: The United States, 1941-1945*. Filadélfia, 1972, pp. 159-72.

207. David Kennedy, *The American People in World War II*, op. cit., pp. 213-9; Maury Klein, *A Call to Arms: Mobilizing America for World War II*, op. cit., pp. 624-6.

208. Richard Rice, "Japanese Labor in World War II", op. cit., pp. 34-5, 38.

209. Bernd Martin, "Japans Kriegswirtschaft 1941-1945", op. cit., p. 282; Jeremy Yellen, "The Specter of Revolution: Reconsidering Japan's Decision to Surrender", op. cit., pp. 207-11.

210. Joshua Howard, *Workers at War: Labor in China's Arsenals, 1937-1953*, op. cit., pp. 172-5.

211. Martin Kragh, "Soviet Labour Law during the Second World War", op. cit., pp. 537-40.

212. Wolfgang Werner, *"Bleib übrig": Deutsche Arbeiter in der nationalsozialistischen Kriegswirtschaft*, op. cit., pp. 172-89.

213. Cesare Bermani, Sergio Bologna e Brunello Mantelli, *Proletarier der "Achse": Sozialgeschichte der italienischen Fremdarbeiter in NS-Deutschland 1937 bis 1943*, op. cit., pp. 210-1, 220-2; Wolfgang Werner, *"Bleib übrig": Deutsche Arbeiter in der nationalsozialistischen Kriegswirtschaft*, op. cit., pp. 189-92.

214. James Sparrow, *Warfare State: World War II America and the Age of Big Government*, op. cit., pp. 82-3.

215. Robert Westbrook, *Why We Fought: Forging American Obligations in World War II*. Washington, DC, 2004, p. 11.

5. TRAVAR A GUERRA [pp. 504-93]

1. Walter Kerr, *The Russian Army*. Londres, 1944, p. 69.

2. Ibid., pp. 69-70.

3. Steven Zaloga, *Japanese Tanks, 1939-1945*. Oxford, 2007, pp. 7-10.

4. Peter Chamberlain e Chris Ellis, *Tanks of the World, 1915-1945*. Londres, 2002, p. 39.

5. Christopher Wilbeck, *Sledgehammers: Strengths and Flaws of Tiger Tank Battalions in World War II*. Bedford, 2004, pp. 182-9.

6. Victor Kamenir, *The Bloody Triangle: The Defeat of Soviet Armor in the Ukraine, June 1941*. Minneapolis, 2008, p. 187.

7. Gordon Rottman, *World War II Infantry Anti-Tank Tactics*. Oxford, 2005, pp. 19-20, 57.

8. Christopher Wilbeck, *Sledgehammers: Strengths and Flaws of Tiger Tank Battalions in World War II*, op. cit., p. 186; Markus Pöhlmann, *Der Panzer und die Mechanisierung des Krieges: Eine deutsche Geschichte 1890 bis 1945*. Paderborn, 2016, p. 527.

9. Gary Dickson, "Tank Repair and the Red Army in World War II". *Journal of Slavic Military Studies*, v. 25, 2012, pp. 382-5.

10. Gordon Rottman e Akira Takizawa, *World War II Japanese Tank Tactics*. Oxford, 2008, pp. 3-6.

11. MacGregor Knox, "The Italian Armed Forces, 1940-3". Em Allan Millett e Williamson Murray (orgs.), *Military Effectiveness*. Cambridge, 1988. v. III: *The Second World War*, p. 151.

12. Markus Pöhlmann, *Der Panzer und die Mechanisierung des Krieges: Eine deutsche Geschichte 1890 bis 1945*, op. cit., pp. 190-1, 207-12; Richard Ogorkiewicz, *Tanks: 100 Years of Evolution*. Oxford, 2015, pp. 129-30; Robert Citino, *The Path to Blitzkrieg: Doctrine and Training the German Army, 1920-39*. Mechanicsburg, Pensilvânia, 2008, pp. 224-31.

13. Heinz Guderian, *Achtung-Panzer!*. Londres, 1992, p. 170 (traduzido da edição alemã de 1937).

14. R. L. Dinardo, *Mechanized Juggernaut or Military Anachronism? Horses and the German Army of WWII*. Mechanicsburg, 2008, pp. 39, 55-7.

15. Karl-Heinz Frieser, *The Blitzkrieg Legend: The 1940 Campaign in the West*. Annapolis, 2005, pp. 36-42.

16. Jeffrey Gunsburg, "The Battle of the Belgian Plain, 12-14 May 1940: The First Great Tank Battle". *Journal of Military History*, v. 56, 1992, pp. 241-4.

17. G. F. Krivosheev, *Soviet Casualties and Combat Losses in the Twentieth Century*. Londres, 1997, p. 252.

18. R. L. Dinardo, *Mechanized Juggernaut or Military Anachronism? Horses and the German Army of WWII*, op. cit., p. 67; Richard Ogorkiewicz, *Armoured Forces: A History of Armoured Forces & Their Vehicles*. Londres, 1970, pp. 78-9; Matthew Cooper, *The German Army, 1933-1945*. Londres, 1978, pp. 74-9. Para números de tanques, ver Lloyd Clark, *Kursk: The Greatest Battle*. Londres, 2011, pp. 197-9.

19. Richard Ogorkiewicz, *Armoured Forces: A History of Armoured Forces & Their Vehicles*, op. cit., p. 1523; Markus Pöhlmann, *Der Panzer und die Mechanisierung des Krieges: Eine deutsche Geschichte 1890 bis 1945*, op. cit., pp. 432-4.

20. Gordon Rottman, *World War II Infantry Anti-Tank Tactics*, op. cit., pp. 46-7, 49-52.

21. Giffard Le Q. Martel, *Our Armoured Forces*. Londres, 1945, pp. 40-3, 48-9.

22. Willem Steenkamp, *The Black Beret: The History of South Africa's Armoured Forces*. Solihull, 2017. v. II: *The Italian Campaign 1943-45 and Post-War South Africa 1946-61*, pp. 35-9.

23. Richard Ogorkiewicz, *Armoured Forces: A History of Armoured Forces & Their Vehicles*, op. cit., pp. 120-3; Christopher Wilbeck, *Sledgehammers: Strengths and Flaws of Tiger Tank Battalions in World War II*, op. cit., pp. 203-4.

24. Steven Zaloga, *Armored Thunderbolt: The U. S. Army Sherman in World War II*. Mechanicsburg, 2008, pp. 16-7.

25. Ibid., pp. 24, 329-30.

26. Gordon Rottman, *World War II Infantry Anti-Tank Tactics*, op. cit., pp. 29-32.

27. G. F. Krivosheev, *Soviet Casualties and Combat Losses in the Twentieth Century*, op. cit., p. 241. Alexander Hill, em *The Red Army and the Second World War* (Cambridge, 2017, p. 691), indica que havia 12 782 tanques disponíveis, dos quais apenas 2157 eram novos e não precisavam de manutenção.

28. Victor Kamenir, *The Bloody Triangle: The Defeat of Soviet Armor in the Ukraine, June 1941*, op. cit., pp. 255-6, 280-1.

29. David Glantz, *Colossus Reborn: The Red Army at War, 1941-1943*. Lawrence, 2005, pp. 225-34.

30. James Corum, "From Biplanes to Blitzkrieg: The Development of German Air Doctrine between the Wars". *War in History*, v. 3, 1996, pp. 87-9.

31. Karl-Heinz Völker, *Dokumente und Dokumentarfotos zur Geschichte der deutschen Luftwaffe*. Stuttgart, 1968, p. 469, doc. 200, "Luftkriegführung"; Michel Forget, "Die Zusammenarbeit zwischen Luftwaffe und Heer bei den französischen und deutschen Luftstreitkräfte im Zweiten Weltkrieg". Em Horst Boog (org.), *Luftkriegführung im Zweiten Weltkrieg*. Herford, 1993, pp. 489-91.

32. Ernest May, *Strange Victory: Hitler's Conquest of France*. Nova York, 2000, p. 429.

33. Johannes Kaufmann, *An Eagle's Odyssey: My Decade as a Pilot in Hitler's Luftwaffe*. Barnsley, 2019, p. 117.

34. NARA, RG 165/888.96, memorando de Embick, "Aviation Versus Coastal Fortifications", 6 dez. 1935.

35. Michel Forget, "Die Zusammenarbeit zwischen Luftwaffe und Heer...", op. cit., p. 486 (destaque no original).

36. P. Le Goyet, "Evolution de la doctrine d'emploi de l'aviation française entre 1919 et 1939". *Revue d'histoire de la Deuxième Guerre Mondiale*, v. 19, 1969, pp. 22-34; R. Doughty, "The French Armed Forces 1918-1940". Em Alan Millett e Williamson Murray (orgs.), *Military Effectiveness*. Cambridge, 1988. v. II: *The Interwar Period*, p. 58.

37. David Hall, *Strategy for Victory: The Development of British Tactical Air Power, 1919-1945*. Westport, 2007, pp. 30-42.

38. Comentário de em Peter Smith, *Impact: The Dive Bomber Pilots Speak*. Londres, 1981, p. 34; TNA, AIR 9/99, "Appreciation of the Employment of the British Air Striking Force against the German Air Striking Force", 26 ago. 1939, p. 5; TNA 9/98, "Report on Trials to Determine the Effect of Air Attack Against Aircraft Dispersed about an Aerodrome Site", jul. 1938.

39. Matthew Powell, "Reply to: The Battle of France, Bartholomew and Barratt: The Creation of Army Cooperation Command". *Air Power Review*, v. 20, 2017, pp. 93-5.

40. David Smathers, "'We Never Talk about that Now': Air-Land Integration in the Western Desert, 1940-42". *Air Power Review*, v. 20, 2017, pp. 36-8.

41. Richard Hallion, *Strike from the Sky: The History of Battlefield Air Attack, 1911-1945*. Washington, DC, 1989, pp. 131-3, 182.

42. David Smathers, "'We Never Talk about that Now': Air-Land Integration in the Western Desert, 1940-42", op. cit., pp. 40-3; Robert Ehlers, "Learning Together, Winning together: Air-Ground Cooperation in the Western Desert". *Air Power Review*, v. 21, 2018, pp. 213-6; Vincent Orange, "World War II: Air Support for Surface Forces". Em Alan Stephens (org.), *The War in the Air, 1914-1994*. Maxwell, 2001, pp. 87-9, 95-7.

43. Richard Hallion, *Strike from the Sky: The History of Battlefield Air Attack, 1911-1945*, op. cit., pp. 159-61.

44. David Syrett, "The Tunisian Campaign, 1942-43". Em Benjamin Cooling (org.), *Case Studies in the Development of Close Air Support*. Washington, DC, 1990, pp. 159-60.

45. B. Michael Bechthold, "A Question of Success: Tactical Air Doctrine and Practice in North Africa". *Journal of Military History*, v. 68, 2004, pp. 832-8.

46. Ibid., pp. 830-4.

47. David Syrett, "The Tunisian Campaign, 1942-43", op. cit., p. 167.

48. Richard Hallion, *Strike from the Sky: The History of Battlefield Air Attack, 1911-1945*, op. cit., pp. 171-3; David Syrett, "The Tunisian Campaign, 1942-43", op. cit., pp. 184-5.

49. Richard Overy, *The Air War, 1939-1945*. 3 ed. Dulles, 2005, p. 77. Os números eram 46 244 aeronaves americanas, 8395 britânicas e 6297 alemãs.

50. NARA, United States Strategic Bombing Survey, Entrevista 62, coronel-general Jodl, 29 jun. 1945.

51. Kenneth Whiting, "Soviet Air-Ground Coordination". Em Benjamin Cooling (org.), *Case Studies in the Development of Close Air Support*, op. cit., pp. 117-8.

52. Von Hardesty e Ilya Grinberg, *Red Phoenix Rising: The Soviet Air Force in World War II*. Lawrence, 2012, pp. 204-5, 261-2.

53. Lord Keyes, *Amphibious Warfare and Combined Operations*. Cambridge, 1943, p. 7.

54. Edward Miller, *War Plan Orange: The U. S. Strategy to Defeat Japan, 1897-1945*. Annapolis, 1991, pp. 115-9; John Lorelli, *To Foreign Shores: U. S. Amphibious Operations in World War II*. Annapolis, 1995, pp. 10-1.

55. Allan Millett, "Assault from the Sea: The Development of Amphibious Warfare between the Wars — The American, British, and Japanese Experiences". Em Allan Millett e Williamson

Murray (orgs.), *Military Innovation in the Interwar Period*. Cambridge, 1996, pp. 71-4; John Lorelli, *To Foreign Shores: U. S. Amphibious Operations in World War II*, op. cit., pp. 13-4; Edward Miller, *War Plan Orange: The U. S. Strategy to Defeat Japan, 1897-1945*, op. cit., p. 174. Sobre o destino de Ellis, ver John Reber, "Pete Ellis: Amphibious Warfare Prophet". Em Merrill Bartlett (org.), *Assault from the Sea: Essays on the History of Amphibious Warfare*. Annapolis, 1983, pp. 157-8.

56. Hans von Lehmann, "Japanese Landing Operations in World War II". Em Merrill Bartlett (org.), *Assault from the Sea: Essays on the History of Amphibious Warfare*, op. cit., pp. 197-8; Allan Millett, "Assault from the Sea: The Development of Amphibious Warfare between the War…", op. cit., pp. 65-9.

57. Hans von Lehmann, "Japanese Landing Operations in World War II", op. cit., p. 198; Allan Millett, "Assault from the Sea: The Development of Amphibious Warfare between the War…", op. cit., pp. 81-2.

58. David Ulbrich, *Preparing for Victory: Thomas Holcomb and the Making of the Modern Marine Corps, 1936-1943*. Annapolis, 2011, pp. 95, 187-8.

59. Allan Millett, "Assault from the Sea: The Development of Amphibious Warfare between the War…", op. cit., pp. 59-60, 78-9.

60. TSAMO, Sonderarchiv, f.500, o. 957972, d. 1419, comandante-chefe do Exército, von Brauchitsch, "Anweisung für die Vorbereitung des Unternehmens 'Seelöwe'", 30 ago. 1940, pp. 2-5, Anlage 1; OKH, memorando do Estado-Maior geral "Seelöwe", 30 jul. 1940, p. 4. Ver também Frank Davis, "Sea Lion: The German Plan to Invade Britain, 1940". Em Merrill Bartlett (org.), *Assault from the Sea: Essays on the History of Amphibious Warfare*, op. cit., pp. 228-35.

61. Renzo de Felice (org.), *Galeazzo Ciano: Diario 1937-1943*. Milão, 1990, p. 661, nota de 26 maio 1942.

62. IWM, série italiana, caixa 22, E2568, "Esigenza 'C.3' per l'occupazione dell'isola di Malta", pp. 25-7; ver também Mariano Gabriele, "L'operazione 'C.3' (1942)". em Romain Rainero e Antonello Biagini (orgs.), *Italia in guerra: Il terzo anno, 1942*. Roma, 1993, p. 409 ff.

63. Alan Warren, *Singapore: Britain's Greatest Defeat*. Londres, 2002, pp. 60-4, 221-32.

64. David Ulbrich, *Preparing for Victory: Thomas Holcomb and the Making of the Modern Marine Corps, 1936-1943*, op. cit., pp. XIII, 123; Robert Heinl, "The U. S. Marine Corps: Author of Modern Amphibious Warfare". Em Merrill Bartlett (org.), *Assault from the Sea: Essays on the History of Amphibious Warfare*, op. cit., pp. 187-90.

65. Craig Symonds, *Operation Neptune: The D-Day Landings and the Allied Invasion of Europe*. Nova York, 2014, pp. 149-52; David Ulbrich, *Preparing for Victory: Thomas Holcomb and the Making of the Modern Marine Corps, 1936-1943*, op. cit., pp. 61-2, 84; Frank Hough, *The Island War: The United States Marine Corps in the Pacific*. Filadélfia, 1947, pp. 212-5.

66. John Lorelli, *To Foreign Shores: U. S. Amphibious Operations in World War II*, op. cit., pp. 38, 49; Frank Hough, *The Island War: The United States Marine Corps in the Pacific*, op. cit., p. 36.

67. John Lorelli, *To Foreign Shores: U. S. Amphibious Operations in World War II*, op. cit., pp. 53-6; David Ulbrich, *Preparing for Victory: Thomas Holcomb and the Making of the Modern Marine Corps, 1936-1943*, op. cit., pp. 130-2, 138-9.

68. John Lorelli, *To Foreign Shores: U. S. Amphibious Operations in World War II*, op. cit., pp. 58-9; Craig Symonds, *Operation Neptune: The D-Day Landings and the Allied Invasion of Europe*, op. cit., pp. 75-6.

69. USMC Command and Staff College paper, "Tarawa to Okinawa: The Evolution of Amphibious Operations in the Pacific during World War II", p. 9.

70. Ibid., pp. 9-11, 17-20; John Lorelli, *To Foreign Shores: U. S. Amphibious Operations in World War II*, op. cit., pp. 162-76; Frank Hough, *The Island War: The United States Marine Corps in the Pacific*, op. cit., pp. 132-8.

71. USMC Command and Staff College paper, "Tarawa to Okinawa: The Evolution of Amphibious Operations in the Pacific during World War II", pp. 14-25; John Lorelli, *To Foreign Shores: U. S. Amphibious Operations in World War II*, op. cit., pp. 178-81.

72. Frank Hough, *The Island War: The United States Marine Corps in the Pacific*, op. cit., pp. 215-6; USMC Command and Staff College paper, "Tarawa to Okinawa: The Evolution of Amphibious Operations in the Pacific during World War II", pp. 11-2.

73. John Lorelli, *To Foreign Shores: U. S. Amphibious Operations in World War II*, op. cit., pp. 307-13.

74. Frederick Morgan, *Overture to Overlord*. Londres, 1950, pp. 146-8.

75. John Lorelli, *To Foreign Shores: U. S. Amphibious Operations in World War II*, op. cit., p. 63.

76. Ibid., pp. 71-9; Craig Symonds, *Operation Neptune: The D-Day Landings and the Allied Invasion of Europe*, op. cit., pp. 88-91.

77. Robert Coakley e Richard Leighton, *Global Logistics and Strategy*. Washington, 1968. v. II: *1943-1945*, apêndice D-3, p. 836; apêndice D-5, p. 838; Dwight D. Eisenhower, *Report by the Supreme Commander to the Combined Chiefs of Staff*. Londres, 1946, p. 16.

78. Coakley e Leighton, *Global Logistics*, pp. 805-7, 829; Craig Symonds, *Operation Neptune: The D-Day Landings and the Allied Invasion of Europe*, op. cit., pp. 163-4.

79. Robert Coakley e Richard Leighton, *Global Logistics and Strategy*, v. II, pp. 309-11, 348-50, 829; John Lorelli, *To Foreign Shores: U. S. Amphibious Operations in World War II*, op. cit., pp. 215-6, 222.

80. Craig Symonds, *Operation Neptune: The D-Day Landings and the Allied Invasion of Europe*, op. cit., pp. 196-210, 220-1; John Lorelli, *To Foreign Shores: U. S. Amphibious Operations in World War II*, op. cit., pp. 215-22.

81. Ministério Britânico do Ar, *Rise and Fall of the German Air Force, 1919-1945*. Poole, 1983 [original publicado em 1947], pp. 323-5, 327-32.

82. Friedrich Ruge, "The Invasion of Normandy". Em Hans-Adolf Jacobsen e Jürgen Rohwer (orgs.), *Decisive Battles of World War II: The German View*. Londres, 1965, pp. 336, 342-3; Royal Navy Historical Branch, resumo de batalha n. 39, *Operation Neptune*. Londres, 1994, p. 132; Ministério Britânico do Ar, *Rise and Fall of the German Air Force, 1919-1945*, op. cit., p. 329.

83. Craig Symonds, *Operation Neptune: The D-Day Landings and the Allied Invasion of Europe*, op. cit., pp. 256-7.

84. Ibid., pp. 291-9.

85. Dwight D. Eisenhower, *Report by the Supreme Commander to the Combined Chiefs of Staff*, op. cit., p. 32. Diretiva de Hitler em Hugh Trevor-Roper (org.), *Hitler's War Directives, 1939-1945*. Londres, 1964, p. 220, diretiva 51, 3 nov. 1943.

86. Joint Board on Scientific Information, *Radar: A Report on Science at War*. Washington, DC, 1945, p. 1.

87. Robert Citino, *The Path to Blitzkrieg: Doctrine and Training the German Army, 1920-39*, op. cit., pp. 208-11; Markus Pöhlmann, *Der Panzer und die Mechanisierung des Krieges: Eine deutsche Geschichte 1890 bis 1945*, op. cit., p. 269.

88. Riccardo Niccoli, *Befehlspanzer: German Command, Control and Observation Armored Combat Vehicles in World War Two*. Novara, 2014, pp. 2-6, 88.

89. Karl Larew, "From Pigeons to Crystals: The Development of Radio Communications in US Army Tanks in World War II". *The Historian*, v. 67, 2005, pp. 665-6; Jeffrey Gunsburg, "The Battle of the Belgian Plain, 12-14 May 1940: The First Great Tank Battle", op. cit., pp. 242-3.

90. Wolfgang Schneider, *Panzer Tactics: German Small-Unit Armor Tactics in World War II*. Mechanicsburg, 2000, pp. 186-91.

91. Richard Thompson, *Crystal Clear: The Struggle for Reliable Communications Technology in World War II*. Hoboken, 2012, pp. 5-6; Simon Godfrey, *British Army Communications in the Second World War*. Londres, 2013, pp. 6-12.

92. Gordon Rottman e Akira Takizawa, *World War II Japanese Tank Tactics*, op. cit., pp. 27-8.

93. Richard Thompson, *Crystal Clear: The Struggle for Reliable Communications Technology in World War II*, op. cit., pp. 13-4, 20-2.

94. Ibid., pp. 145-57.

95. Steven Zaloga, *Armored Thunderbolt: The U. S. Army Sherman in World War II*, op; cit., pp. 151-3.

96. Simon Godfrey, *British Army Communications in the Second World War*, op. cit., p. 233; Gordon Rottman, *World War II Battlefield Communications*. Oxford, 2010, pp. 29-30, 35-6; Anthony Davies, "British Army Battlefield Radios of the 1940s". *Proceedings of the International Conference on Applied Electronics*, 2009, pp. 2-4.

97. USMC Command and Staff College paper, "Tarawa to Okinawa: The Evolution of Amphibious Operations in the Pacific during World War II", pp. 14-5.

98. Simon Godfrey, *British Army Communications in the Second World War*, op. cit., pp. 12-3, 144; Richard Thompson, *Crystal Clear: The Struggle for Reliable Communications Technology in World War II*, op. cit., pp. 51-2.

99. Richard Thompson, *Crystal Clear: The Struggle for Reliable Communications Technology in World War II*, op. cit., pp. 163-7; Karl Larew, "From Pigeons to Crystals: The Development of Radio Communications in US Army Tanks in World War II", op. cit., pp. 675-7.

100. Williamson Murray, 'The Luftwaffe Experience, 1939-1941". Em Benjamin Cooling (org.), *Case Studies in the Development of Close Air Support*, op. cit., pp. 79, 83, 98; Hermann Plocher, *The German Air Force Versus Russia, 1943*. Nova York, 1967, pp. 263-4.

101. David Smathers, "'We Never Talk about that Now': Air-Land Integration in the Western Desert, 1940-42", op. cit., pp. 33-6, 42-3.

102. Robert Ehlers, *The Mediterranean Air War: Air Power and Allied Victory in World War II*. Lawrence, 2015, pp. 103, 186; Richard Hallion, *Strike from the Sky: The History of Battlefield Air Attack, 1911-1945*, op. cit., p. 154.

103. Von Hardesty e Ilya Grinberg, *Red Phoenix Rising: The Soviet Air Force in World War II*, op. cit., pp. 121, 129-31, 147-9, 257-8; Kenneth Whiting, "Soviet Air-Ground Coordination", op. cit., pp. 130-4, 139-40; Richard Hallion, *Strike from the Sky: The History of Battlefield Air Attack, 1911-1945*, op. cit., pp. 241-2, 183.

104. Richard Hallion, *Strike from the Sky: The History of Battlefield Air Attack, 1911-1945*, op. cit., p. 165.

105. Richard Thompson, *Crystal Clear: The Struggle for Reliable Communications Technology in World War II*, op. cit., pp. 49-52.

106. B. Michael Bechthold, "A Question of Success: Tactical Air Doctrine and Practice in North Africa", op. cit., pp. 831-2; W. Jacobs, "The Battle for France, 1944". Em Benjamin Cooling (org.), *Case Studies in the Development of Close Air Support*, op. cit., pp. 254-6, 265, 271-2; Richard Hallion, *Strike from the Sky: The History of Battlefield Air Attack, 1911-1945*, op. cit., pp. 181, 199.

107. Raymond Watson, *Radar Origins Worldwide: History of Its Evolution in 13 Nations through World War II*. Bloomington, 2009, pp. 43-6.

108. Ibid., pp. 115-25, 233-41; H. Kummritz, "German Radar Development up to 1945". Em Russell Burns (org.), *Radar Development to 1945*. Londres, 1988, pp. 209-12.

109. John Erickson, "The Air Defence Problem and the Soviet Radar Programme, 1934/5-1945". Em Russell Burns (org.), *Radar Development to 1945*, op. cit., pp. 229-31; Raymond Watson, *Radar Origins Worldwide: History of Its Evolution in 13 Nations through World War II*, op. cit., pp. 280-7.

110. Louis Brown, *A Radar History of World War II: Technical and Military Imperatives*. Londres, 1999, pp. 87-9.

111. Raymond Watson, *Radar Origins Worldwide: History of Its Evolution in 13 Nations through World War II*, op. cit., pp. 319-20; Shigeru Nakajima, "The History of Japanese Radar Development to 1945". Em Russell Burns (org.), *Radar Development to 1945*, op. cit., pp. 243-58.

112. Raymond Watson, *Radar Origins Worldwide: History of Its Evolution in 13 Nations through World War II*, op. cit., pp. 342–5; M. Calamia e R. Palandri, "The History of the Italian Radio Detector Telemetro". Em Russell Burns (org.), *Radar Development to 1945*, op. cit., pp. 97-105.

113. Colin Dobinson, *Building Radar: Forging Britain's Early Warning Chain, 1935-1945*. Londres, 2010, pp. 302-5, 318.

114. Wesley Craven e James Cate, *The Army Air Forces in World War II*. Chicago, 1955. v. VI: *Men and Planes*, pp. 82-5, 89, 96-8.

115. Ibid., pp. 103-4.

116. Takuma Melber, *Pearl Harbor: Japans Angriff und der Kriegseintritt der USA*. Munique, 2016, pp. 129-30.

117. G. Muller e H. Bosse, "German Primary Radar for Airborne and Ground-Based Surveillance". Em Russell Burns (org.), *Radar Development to 1945*, op. cit., pp. 200-8; Raymond Watson, *Radar Origins Worldwide: History of Its Evolution in 13 Nations through World War II*, op. cit., pp. 236-41; H. Kummritz, "German Radar Development up to 1945", op. cit., pp. 211-7.

118. Alfred Price, *Instruments of Darkness: The History of Electronic Warfare, 1939-1945*. Londres, 2005, pp. 55-9.

119. Alan Cook, "Shipborne Radar in World War II: Some Recollections". *Notes and Records of the Royal Society*, v. 58, 2004, pp. 295-7.

120. Raymond Watson, *Radar Origins Worldwide: History of Its Evolution in 13 Nations through World War II*, op. cit., pp. 73-85.

121. Ibid., pp. 236-8; H. Kummritz, "German Radar Development up to 1945", op. cit., pp. 211, 219-22.

122. Raymond Watson, *Radar Origins Worldwide: History of Its Evolution in 13 Nations through World War II*, op. cit., pp. 115-29; Joint Board on Scientific Information, *Radar: A Report on Science at War*, op. cit., pp. 19-22, 26-7.

123. Raymond Watson, *Radar Origins Worldwide: History of Its Evolution in 13 Nations through World War II*, op. cit., pp. 142-7, 157-8; Russell Burns, "The Background to the Development of the Cavity Magnetron". Em id. (org.), *Radar Development to 1945*, op. cit., pp. 268-79.

124. Chris Eldridge, "Electronic Eyes for the Allies: Anglo-American Cooperation on Radar Development during World War II". *History & Technology*, v. 17, 2000, pp. 11-3.

125. Louis Brown, *A Radar History of World War II: Technical and Military Imperatives*, op. cit. pp. 398-402; Raymond Watson, *Radar Origins Worldwide: History of Its Evolution in 13 Nations through World War II*, op. cit., pp. 210-2; Chris Eldridge, "Electronic Eyes for the Allies: Anglo-American Cooperation on Radar Development during World War II", op. cit., p. 16.

126. Edward Bowen, "The Tizard Mission to the USA and Canada". Em Russell Burns (org.), *Radar Development to 1945*, op. cit., p. 306; Louis Brown, *A Radar History of World War II: Technical and Military Imperatives*, op. cit. pp. 402-5; Guy Hartcup, *The Effect of Science on the Second World War*. Basingstoke, 2000, pp. 39-43.

127. Trent Hone, *Learning War: The Evolution of Fighting Doctrine in the U. S. Navy, 1898-1945*. Annapolis, 2018, pp. 206-14; Raymond Watson, *Radar Origins Worldwide: History of Its Evolution in 13 Nations through World War II*, op. cit., pp. 167-9, 185-6, 208-10; Joint Board on Scientific Information, *Radar: A Report on Science at War*, op. cit., pp. 20-1, 40-1; Louis Brown, *A Radar History of World War II: Technical and Military Imperatives*, op. cit. pp. 368-70.

128. Raymond Watson, *Radar Origins Worldwide: History of Its Evolution in 13 Nations through World War II*, op. cit., pp. 250-60; H. Kummritz, "German Radar Development up to 1945", op. cit., pp. 222-6.

129. Shigeru Nakajima, "The History of Japanese Radar Development to 1945", op. cit, pp. 244-52, 255-6.

130. Louis Brown, *A Radar History of World War II: Technical and Military Imperatives*, op. cit. pp. 424-5.

131. Joint Board on Scientific Information, *Radar: A Report on Science at War*, op. cit., p. 44; Raymond Watson, *Radar Origins Worldwide: History of Its Evolution in 13 Nations through World War II*, op. cit., p. 223.

132. Carl Boyd, "U. S. Navy Radio Intelligence during the Second World War and the Sinking of the Japanese Submarine I-52". *Journal of Military History*, v. 63, 1999, pp. 340-54.

133. David Kahn, *Hitler's Spies: German Military Intelligence in World War II*. Nova York, 1978, p. 210.

134. Sobre as questões relativas à importância do reconhecimento fotográfico, ver Taylor Downing, *Spies in the Sky: The Secret Battle for Aerial Intelligence in World War II*. Londres, 2011, pp. 327-34.

135. Jeffrey Bray (org.), *Ultra in the Atlantic*. Laguna Hills, 1994. v. I: *Allied Communication Intelligence*, p. 19; F. H. Hinsley, "An Introduction to FISH". Em F. H. Hinsley e Alan Stripp (orgs.), *Code Breakers: The Inside Story of Bletchley Park*. Oxford, 1993, p. 144.

136. John Chapman, "Japanese Intelligence, 1919-1945: A Suitable Case for Treatment". Em Christopher Andrew e Jeremy Noakes (orgs.), *Intelligence and International Relations, 1900-1945*. Exeter, 1987, pp. 147, 155-6.

137. Ken Kotani, *Japanese Intelligence in World War II*. Oxford, 2009, pp. 122, 140, 161-2.

138. Samir Puri, "The Role of Intelligence in Deciding the Battle of Britain". *Intelligence and National Security*, v. 21, 2006, pp. 420-1.

139. Taylor Downing, *Spies in the Sky: The Secret Battle for Aerial Intelligence in World War II*, op. cit., pp. 337-9.

140. Sebastian Cox, "A Comparative Analysis of RAF and Luftwaffe Intelligence in the Battle of Britain, 1940". *Intelligence and National Security*, v. 5, 1990, p. 426.

141. Para um relato completo de uma tortuosa relação, ver Bradley Smith, *Sharing Secrets with Stalin: How the Allies Traded Intelligence, 1941-1945*. Lawrence, 1996.

142. Douglas Ford, "Informing Airmen? The US Army Air Forces' Intelligence on Japanese Fighter Tactics in the Pacific Theatre, 1941-5". *International History Review*, v. 34, 2012, pp. 726-9.

143. Wilfred J. Holmes, *Double-Edged Secrets: U. S. Naval Intelligence Operations in the Pacific War During World War II*. Annapolis, 1979, pp. 150-3; Karl Abt, *A Few Who Made a Difference: The World War II Teams of the Military Intelligence Service*. Nova York, 2004, pp. 3-4.

144. David Glantz, *The Role of Intelligence in Soviet Military Strategy in World War II*. Novata, 1990, pp. 109-12, 219-20.

145. Valerii Zamulin, "On the Role of Soviet Intelligence during the Preparation of the Red Army for the Summer Campaign of 1943". *Journal of Slavic Military Studies*, v. 32, 2019, pp. 246, 253.

146. Alan Stripp, *Codebreaker in the Far East*. Oxford, 1989, pp. 117-8.

147. W. Jock Gardner, *Decoding History: The Battle of the Atlantic and Ultra*. Londres, 1999, pp. 137-9.

148. F. H. Hinsley, "An Introduction to FISH", op. cit., pp. 146-7.

149. Hilary Footitt, "Another Missing Dimension? Foreign Languages in World War II Intelligence". *Intelligence and National Security*, v. 25, 2010, pp. 272-82.

150. James McNaughton, *Nisei Linguists: Japanese Americans in the Military Intelligence Service during World War II*. Washington, DC, 2006, pp. 18-23, 328-9, 331.

151. Roger Dingman, "Language at War: US Marine Corps Japanese Language Officers in the Pacific War". *Journal of Military History*, v. 68, 2004, pp. 854-69.

152. David Glantz, "The Red Mask: The Nature and Legacy of Soviet Military Deception in the Second World War". Em Michael Handel (org.), *Strategic and Operational Deception in the Second World War*. Londres, 1987, pp. 206-9; David Kahn, *Hitler's Spies: German Military Intelligence in World War II*, op. cit., pp. 203-4.

153. Hilary Footitt, "Another Missing Dimension? Foreign Languages in World War II Intelligence", op. cit., p. 272.

154. Alan Stripp, *Codebreaker in the Far East*, op. cit. pp. 65-6.

155. Arthur Bonsall, "Bletchley Park and the RAF 'Y' Service: Some Recollections". *Intelligence and National Security*, v. 23, 2008, pp. 828-32; Samir Puri, "The Role of Intelligence in Deciding the Battle of Britain", op. cit., pp. 430-2; Sebastian Cox, "A Comparative Analysis of RAF and Luftwaffe Intelligence in the Battle of Britain, 1940", op. cit., p. 432.

156. Ralph Erskine, "Naval Enigma: A Missing Link". *International Journal of Intelligence and Counterintelligence*, v. 3, 1989, pp. 494-504; W. Jock Gardner, *Decoding History: The Battle of the Atlantic and Ultra*, op. cit., pp. 126-31; Jeffrey Bray (org.), *Ultra in the Atlantic*, op. cit. v. I: *Allied Communication Intelligence*, pp. XIV-XX, 19-24.

157. Brian Villa e Timothy Wilford, "Signals Intelligence and Pearl Harbor: The State of the Question". *Intelligence and National Security*, v. 21, 2006, pp. 521-2, 547-8.

158. Edward Van Der Rhoer, *Deadly Magic: Communications Intelligence in World War II in the Pacific*. Londres, 1978, pp. 11-3, 49, 138-46; Stephen Budiansky, *Battle of Wits: The Complete Story of Codebreaking in World War II*. Londres, 2000, pp. 320-3.

159. Ken Kotani, *Japanese Intelligence in World War II*, op. cit., p. 122.

160. David Glantz, "The Red Mask: The Nature and Legacy of Soviet Military Deception in the Second World War", op. cit., pp. 206-9; David Kahn, *Hitler's Spies: German Military Intelligence in World War II*, op. cit., 204-6.

161. Stephen Budiansky, *Battle of Wits: The Complete Story of Codebreaking in World War II*, op. cit. pp. 319-22.

162. Patrick Wilkinson, 'Italian Naval Decrypts". Em F. H. Hinsley e Alan Stripp (orgs.), *Code Breakers: The Inside Story of Bletchley Park*, op. cit., pp. 61-4.

163. F. H. Hinsley, "The Influence of Ultra". Em F. H. Hinsley e Alan Stripp (orgs.), *Code Breakers: The Inside Story of Bletchley Park*, op. cit., pp. 4-5.

164. Jack Copeland, "The German Tunny Machine". Em id. (org.), *Colossus: The Secrets of Bletchley Park's Codebreaking Computers*. Oxford, 2006, pp. 39-42.

165. Thomas Flowers, "D-Day at Bletchley Park". Em Jack Copeland (org.), *Colossus: The Secrets of Bletchley Park's Codebreaking Computers*, op. cit., pp. 80-1.

166. F. H. Hinsley, "An Introduction to FISH", op. cit., pp. 141-7.

167. Id. et al., *British Intelligence in the Second World War*. Londres, 1988. v. III, parte II, pp. 778-80; David Kenyon, *Bletchley Park and D-Day*. New Haven, 2019, p. 246.

168. Michael Howard, *Strategic Deception in the Second World War*. Londres, 1990.

169. Rick Stroud, *The Phantom Army of Alamein*. Londres, 2012, pp. 23-8.

170. Charles Cruickshank, *Deception in World War II*. Oxford, 1981, pp. 4-5.

171. Michael Handel, "Introduction: Strategic and Operational Deception in Historical Perspective". Em id. (org.), *Strategic and Operational Deception in the Second World War*, op. cit., pp. 15-9.

172. Michael Howard, *Strategic Deception in the Second World War*, op. cit., pp. 23-8.

173. Rick Stroud, *The Phantom Army of Alamein*, op. cit., pp. 80-6; Charles Cruickshank, *Deception in World War II*, op. cit., pp. 20-1.

174. Niall Barr, *Pendulum of War: The Three Battles of El Alamein*. Londres, 2004, pp. 299-301; Charles Cruickshank, *Deception in World War II*, op. cit., pp. 26-33; Rick Stroud, *The Phantom Army of Alamein*, op. cit., pp. 193-7, 212-8.

175. John Campbell, "Operation Starkey 1943: 'A Piece of Harmless Playacting'?". Em Michael Handel, *Strategic and Operational Deception in the Second World War*, op. cit., pp. 92-7.

176. Michael Howard, *Strategic Deception in the Second World War*, op. cit., pp. 104-5.

177. John Campbell, "Operation Starkey 1943: 'A Piece of Harmless Playacting'?", op. cit., pp. 106-7.

178. Michael Handel, "Introduction: Strategic and Operational Deception in Historical Perspective", op. cit., p. 60.

179. Thaddeus Holt, *The Deceivers: Allied Military Deception in the Second World War*. Londres, 2004, pp. 565-6

180. Michael Howard, *Strategic Deception in the Second World War*, op. cit., p. 122.

181. Ibid., pp. 122, 132.

182. Ibid., pp. 186-93; T. L. Cubbage, "The German Misapprehensions Regarding Overlord: Understanding Failure in Estimative Process". Em Michael Handel, *Strategic and Operational Deception in the Second World War*, op. cit., pp. 115-8.

183. David Glantz, "The Red Mask: The Nature and Legacy of Soviet Military Deception in the Second World War", op. cit., pp. 175-81, 189.

184. Alexander Hill, *The Red Army and the Second World War*, op. cit., pp. 399-400; David Glantz, "The Red Mask: The Nature and Legacy of Soviet Military Deception in the Second World War", op. cit., pp. 204-5.

185. David Glantz, "The Red Mask: The Nature and Legacy of Soviet Military Deception in the Second World War", op. cit., pp. 206-9; David Kahn, *Hitler's Spies: German Military Intelligence in World War II*, op. cit., pp. 437-9.

186. David Glantz, *Soviet Military Deception in the Second World War*. Londres, 1989, pp. 152-3; Alexander Hill, *The Red Army and the Second World War*, op. cit., pp. 444-5.

187. David Kahn, *Hitler's Spies: German Military Intelligence in World War II*, op. cit., pp. 440-1.

188. Jonathan House e David Glantz, *When Titans Clashed: How the Red Army Stopped Hitler*. Lawrence, 1995, pp. 205-6.

189. Katherine Herbig, "American Strategic Deception in the Pacific". Em Michael Handel, *Strategic and Operational Deception in the Second World War*, op. cit., pp. 260-75; Thaddeus Holt, *The Deceivers: Allied Military Deception in the Second World War*, op. cit., pp. 730-43.

190. Charles Cruickshank, *Deception in World War II*, op. cit., pp. 214-5; Michael Handel, "Introduction: Strategic and Operational Deception in Historical Perspective", op. cit., pp. 50-2.

191. David Glantz, "The Red Mask: The Nature and Legacy of Soviet Military Deception in the Second World War", op. cit., pp. 192, 233-8.

192. Louis Yelle, "The Learning Curve: Historical Review and Comprehensive Survey". *Decision Sciences*, v. 10, 1979, pp. 302-12.

193. Trent Hone, *Learning War: The Evolution of Fighting Doctrine in the U. S. Navy, 1898-1945*, op. cit., p. 3.

194. David Glantz, *Colossus Reborn: The Red Army at War, 1941-1943*, op. cit., pp. 123-41.

195. Ver David French, *Raising Churchill's Army: The British Army and the War against Germany, 1919-1945* (Oxford, 2000), pp. 212-35, para um relato das deficiências de combate britânicas na campanha no deserto.

196. Patrick Rose, "Allies at War: British and us Army Command Culture in the Italian Campaign, 1943-1944". *Journal of Strategic Studies*, v. 36, 2013, pp. 47-54. Ver também L. P. Devine, *The British Way of Warfare in Northwest Europe, 1944-5*. Londres, 2016, pp. 178-82.

197. Douglas Ford, "us Assessments of Japanese Ground Warfare Tactics and the Army's Campaigns in the Pacific Theatres, 1943-1945: Lessons Learned and Methods Applied". *War in History*, v. 16, 2009, pp. 330-4, 341-8.

198. Patrick Rose, "Allies at War: British and us Army Command Culture in the Italian Campaign, 1943-1944", op. cit., p. 65.

199. David French, *Raising Churchill's Army: The British Army and the War against Germany, 1919-1945*, op. cit., p. 5.

200. Andrei Grinev, "The Evaluation of the Military Qualities of the Red Army in 1941-1945 by German Memoirs and Analytic Materials". *Journal of Slavic Military Studies*, v. 29, 2016, pp. 228-32.

201. John Cushman, "Challenge and Response at the Operational and Tactical Levels, 1914-45". Em Allan Millett e Williamson Murray (orgs.), *Military Effectiveness*. v. III: *The Second World War*, pp. 328-31; Richard Carrier, "Some Reflections on the Fighting Power of the Italian Army". *War in History*, v. 22, 2015, pp. 193-210; David French, *Raising Churchill's Army: The British Army and the War against Germany, 1919-1945*, op. cit., pp. 4-10.

6. ECONOMIAS DE GUERRA: ECONOMIAS EM GUERRA [pp. 596-667]

1. Russell Buhite e David Levy (orgs.), *FDR's Fireside Chats*. Norman, 1992, p. 172.

2. IWM, EDS Mi 14/433 (arquivo 2), Der Führer, "Vereinfachung und Leistungssteigerung unserer Rüstungsproduktion", 3 dez. 1941, p. 1.

3. Jeffery Underwood, *Wings of Democracy: The Influence of Air Power on the Roosevelt Administration 1933-1941*. College Station, 1991, p. 155. Roosevelt também queria que o número de soldados do Exército e da Marinha atingisse os 50 mil.

4. IWM, EDS Mi 14/463 (arquivo 3), OKW, "Aktenvermerk über die Besprechung bei Chef OKW, Reichskanzler, 19 Mai 1941", pp. 2-3.

5. IWM, Coleção Speer, Caixa 368, Relatório 901, "The Rationalisation of the German Armaments Industry", p. 8.

6. Rüdiger Hachtmann, "Fordism and Unfree Labour: Aspects of the Work Deployment of Concentration Camp Prisoners in German Industry between 1941 and 1944". *International Review of Social History*, v. 55, 2010, p. 501. Para uma discussão geral sobre o assunto, ver Richard Overy, *War and Economy in the Third Reich*. Oxford, 1994, cap. 11.

7. Charles Maier, "Between Taylorism and Technocracy: European Ideologies and the Vision of Industrial Productivity in the 1920s". *Journal of Contemporary History*, v. 5, 1970, pp. 33-5, 45-6.

8. Jonathan Zeitlin, "Flexibility and Mass Production at War: Aircraft Manufacturers in Britain, the United States, and Germany, 1939-1945". *Technology and Culture*, v. 36, 1995, p. 57.

9. Irving B. Holley, "A Detroit Dream of Mass-Produced Fighter Aircraft: The XP-75 Fiasco". *Technology and Culture*, v. 28, 1987, pp. 580-2, 585-91.

10. Alec Cairncross, *Planning in Wartime: Aircraft Production in Britain, Germany and the USA*. Londres, 1991, p. xv.

11. IWM, Coleção Speer, Caixa 368, Relatório 90 IV, "Rationalization of the Munitions Industry", p. 4.

12. Yoshiro Miwa, *Japan's Economic Planning and Mobilization in Wartime: The Competence of the State*. Nova York, 2016, pp. 413-5.

13. John Guilmartin, "The Aircraft that Decided World War II: Aeronautical Engineering and Grand Strategy". 44th Harmon Memorial Lecture, Academia da Força Aérea dos Estados Unidos, 2001, pp. 17, 22.

14. Jonathan Zeitlin, "Flexibility and Mass Production at War: Aircraft Manufacturers in Britain, the United States, and Germany, 1939-1945", op. cit., pp. 53-5, 59-61; John Rae, *Climb to Greatness: The American Aircraft Industry, 1920-1960*. Cambridge, EUA, 1968, pp. 147-9; Wesley Craven e James Cate, *The Army Air Forces in World War II*. Chicago, 1955. v. IV: *Men and Planes*, pp. 217-20, 335-6.

15. Benjamin Coombs, *British Tank Production and the War Economy, 1934-1945*. Londres, 2013, pp. 91-3, 102.

16. Steven Zaloga, *Soviet Lend-Lease Tanks of World War II*. Oxford, 2017, pp. 31-2.

17. Boris Kavalerchik, "Once again about the T-34". *Journal of Slavic Military Studies*, v. 28, 2015, pp. 192-5.

18. Joshua Howard, *Workers at War: Labor in China's Arsenals, 1937-1953*. Stanford, 2004, pp. 51-5.

19. Ibid., pp. 64-73.

20. USSBS, Pacific Theater, "The Effects of Strategic Bombing on Japan's War Economy, Over-All Economic Effects Division", dez. 1946, p. 221.

21. Ibid., pp. 220-2.

22. Tetsuji Okazaki, "The Supplier Network and Aircraft Production in Wartime Japan". *Economic History Review*, v. 64, 2011, pp. 974-9, 984-5.

23. Akira Hara, "Wartime Controls". Em Takafusa Nakamura e Konosuke Odaka (orgs.), *Economic History of Japan, 1914-1955*. Oxford, 1999, pp. 273-4.

24. Yoshiro Miwa, *Japan's Economic Planning and Mobilization in Wartime: The Competence of the State*, op. cit., pp. 422-3, 426-7; Masayasu Miyazaki e Osamu Ito, "Transformation of Industries in the War Years". Em Takafusa Nakamura e Konosuke Odaka (orgs.), *Economic History of Japan, 1914-1955*, op. cit., pp. 289-92.

25. Bernd Martin, "Japans Kriegswirtschaft, 1941-1945". Em Friedrich Forstmeier e Hans-Erich Volkmann (orgs.), *Kriegswirtschaft und Rüstung, 1939-1945*. Düsseldorf, 1977, pp. 274-8; Jerome Cohen, *Japan's Economy in War and Reconstruction*. Minneapolis, 1949, p. 219; Irving B. Holley, *Buying Aircraft: Material Procurement for the Army Air Forces*. Washington, DC, 1964, p. 560.

26. Maury Klein, *A Call to Arms: Mobilizing America for World War II*. Nova York, 2013, pp. 252-4.

27. S. R. Lieberman, "Crisis Management in the USSR: The Wartime System of Administration and Control". Em Susan Linz (org.), *The Impact of World War II on the Soviet Union*. Totowa, 1985, pp. 60-1.

28. F. Kagan, "The Evacuation of Soviet Industry in the Wake of Barbarossa: A Key to Soviet Victory". *Journal of Slavic Military History*, v. 8, 1995, pp. 389-406; G. A. Kumanev, "The Soviet Economy and the 1941 Evacuation". Em Joseph Wieczynski (org.), *Operation Barbarossa: The German Attack on the Soviet Union, June 22 1941*. Salt Lake City, 1992, pp. 161-81.

29. Lennart Samuelson, *Tankograd: The Formation of a Soviet Company Town: Cheliabinsk 1900s to 1950s*. Basingstoke, 2011, pp. 196-204.

30. Mark Harrison, "The Soviet Union: The Defeated Victor". Em id. (org.), *The Economics of World War II: Six Great Powers in International Comparison*. Cambridge, 1998, pp. 285-6; Mark Harrison, *Accounting for War: Soviet Production, Employment and the Defence Burden, 1940-1945*. Cambridge, 1996, pp. 81-5,101.

31. Hugh Rockoff, *America's Economic Way of War*. Cambridge, 2012, pp. 183-8; Theodore Wilson, "The United States: Leviathan". Em Warren Kimball, David Reynolds e Alexander Chubarian (orgs.), *Allies at War: The Soviet, American and British Experience, 1939-1945*. Nova York, 1994, pp. 175-7, 188.

32. Alan Clive, *State of War: Michigan in World War II*. Ann Arbor, 1979, p. 25.

33. Wesley Craven e James Cate, *The Army Air Forces in World War II*, op. cit., v. IV, p. 339.

34. Para um bom exemplo, ver Jacob Meulen, *The Politics of Aircraft: Building an American Military Industry*. Lawrence, 1991, pp. 182-220.

35. Allen Nevins e Frank Hill, *Ford: Decline and Rebirth 1933-1961*. Nova York, 1961, p. 226; Francis Walton, *Miracle of World War II: How American Industry Made Victory Possible*. Nova York, 1956, p. 559; Alan Clive, *State of War: Michigan in World War II*, op. cit., p. 22.

36. *U. S. Navy at War: 1941-1945. Official Reports to Secretary of the Navy by Fleet Admiral Ernest J. King*. Washington, DC, 1946, pp. 252-84.

37. Kevin Starr, *Embattled Dreams: California in War and Peace, 1940-1950*. Nova York, 2002, pp. 145-9; Frederic Lane, *Ships for Victory: A History of Shipbuilding under the U. S. Maritime Commission in World War II*. Baltimore, 1951, pp. 53-4, 224ff.; Francis Walton, *Miracle of World War II: How American Industry Made Victory Possible*, op. cit., p. 79; David Kennedy, *The American People in World War II*. Nova York, 1999, pp. 225-8.

38. Hermione Giffard, *Making Jet Engines in World War II: Britain, Germany and the United States*. Chicago, 2016, pp. 37-41.

39. Steven Zaloga, *Armored Thunderbolt: The U. S. Army Sherman in World War II*. Mechanicsburg, 2008, pp. 43-5, 289-90; David Johnson, *Fast Tanks and Heavy Bombers: Innovation in the U. S. Army, 1917-1945*. Ithaca, 1998, pp. 189-97.

40. Richard Overy, *War and Economy in the Third Reich*, op. cit., pp. 259-61; USSBS, "Overall Report: European Theater", set. 1945, p. 31.

41. IWM, Coleção Speer, FD 5445/45, OKW Kriegswirtschaftlicher Lagebericht, 1º dez. 1939; EDS, Mi 14/521 (parte 1), Heereswaffenamt, "Munitionslieferung im Weltkrieg"; BA-MA, Wi I F 5412, "Aktenvermerk über Besprechung am 11 Dez. 1939 im Reichskanzlei".

42. IWM, Coleção Speer, Caixa 368, Relatório 54, interrogatório de Speer em 13 jul. 1945.

43. Sobre trabalho, ver IWM, FD 3056/49, "Statistical Material on the German Manpower Position during the War Period, 1939-1944", 31 jul. 1945, Tabela 7. As proporções eram 28,6 em 1939, 62,3 em 1940, 68,8 em 1941 e 70,4 em 1942. Números de 31 de maio de cada ano.

44. NARA, RG 243, entrada 32, Interrogatório do dr. Karl Hettlage pelo USSBS, 16 jun. 1945, p. 9.

45. Hugh Trevor-Roper (org.), *Hitler's Table Talk 1941-44*. Londres, 1973, p. 633.

46. IWM, Coleção Speer, Caixa 368, Relatório 83, "Relationship between the Ministry and the Army Armaments Office", out. 1945. A opinião de Speer era de que o Comando Geral "não tinha nenhuma compreensão de questões técnicas e econômicas".

47. IWM, Coleção Speer, Caixa 368, Relatório 90 I, interrogatório de Karl-Otto Saur, p. 4.

48. Lutz Budrass, *Flugzeugindustrie und Luftrüstung in Deutschland, 1918-1945*. Düsseldorf, 1998, pp. 742-6; Rolf-Dieter Müller, "Speers Rüstungspolitik im totalen Krieg: Zum Beitrag der moder-

nen Militärgeschichte im Diskurs mit der Sozial-und Wirtschaftsgeschichte". *Militärgeschichtliche Zeitschrift*, v. 59, 2000, pp. 356-62.

49. IWM, Coleção Speer, Caixa 368, Relatório 90 IV, "Rationalization of the Munitions Industry", p. 44.

50. IWM, Coleção Speer, Caixa 368, Relatório 85 II, p. 4 (maiúsculas no original).

51. Lotte Zumpe, *Wirtschaft und Staat in Deutschland: Band I, 1933 bis 1945*. Berlim, 1980, pp. 341-2; Rolf-Dieter Müller, "Speers Rüstungspolitik im totalen Krieg...", op. cit., pp. 367-71.

52. Rolf-Dieter Müller, "Speers Rüstungspolitik im totalen Krieg...", op. cit., pp. 373-7.

53. Dieter Eichholtz, *Geschichte der deutschen Kriegswirtschaft 1939-1945: Band II: Teil II: 1941-1943*. Munique, 1999, pp. 314-5; IWM, Coleção Speer, Caixa 368, Relatório 90 v, "Rationalization in the Components Industry", p. 34.

54. IWM, EDS, Mi 14/133, Oberkommando des Heeres, "Studie über die Rüstung 1944", 25 jan. 1944.

55. IWM, EDS AL/1746, interrogatório de Saur, 10 ago. 1945, p. 6; ver também Daniel Uziel, *Arming the Luftwaffe: The German Aviation Industry in World War II*. Jefferson, 2012, pp. 85-90.

56. Lutz Budrass, Jonas Scherner e Jochen Streb, "Fixed-Price Contracts, Learning, and Outsourcing: Explaining the Continuous Growth of Output and Labour Productivity in the German Aircraft Industry during the Second World War". *Economic History Review*, v. 63, 2010, p. 124.

57. Dieter Eichholtz, *Geschichte der deutschen Kriegswirtschaft 1939-1945: Band II: Teil II: 1941-1943*, op. cit., p. 265. Esse número é uma estimativa baseada nas tabelas de armamentos elaboradas pelas autoridades do Gabinete de Estatísticas do Reich. O Estudo de Bombardeio Estratégico dos Estados Unidos calculou um aumento de 48% na produção per capita no mesmo período pelo setor metalúrgico. O estudo faz parte de "Industrial Sales, Output and Productivity Prewar Area of Germany, 1939-1944", 15 mar. 1946, pp. 21-2, 65. Ver também Adam Tooze, "No Room for Miracles: German Output in World War II Reassessed". *Geschichte & Gesellschaft*, v. 31, 2005, pp. 50-3.

58. Willi Boelcke, "Stimulation und Verhalten von Unternehmen der deutschen Luftrüstungsindustrie während der Aufrüstungs-und Kriegsphase". Em Horst Boog (org.), *Luftkriegführung im Zweiten Weltkrieg*. Herford, 1993, pp. 103-4.

59. Hermione Giffard, "Engines of Desperation: Jet Engines, Production and New Weapons in the Third Reich". *Journal of Contemporary History*, v. 48, 2013, pp. 822-5, 830-7.

60. Daniel Uziel, *Arming the Luftwaffe: The German Aviation Industry in World War II*, op. cit., pp. 259-61. Sobre o isolamento da comunidade pesquisadora, ver Helmut Trischler, "Die Luftfahrtforschung im Dritten Reich: Organisation, Steuerung und Effizienz im Zeichen von Aufrüstung und Krieg". Em Horst Boog (org.), *Luftkriegführung im Zweiten Weltkrieg*, op. cit., pp. 225-6.

61. W. Averell Harriman e Elie Abel, *Special Envoy to Churchill and Stalin, 1941-1945*. Londres, 1945, pp. 90-1.

62. David Reynolds e Vladimir Pechatnov (orgs.), *The Kremlin Letters: Stalin's Wartime Correspondence with Churchill and Roosevelt*. New Haven, 2018, pp. 62-3, Stálin a Roosevelt, 7 nov. 1941.

63. Charles Marshall, "The Lend-Lease Operation". *Annals of the American Academy of Political and Social Science*, v. 225, 1943, p. 187.

64. Números alemães de IWM, arquivo do Ministério da Aeronáutica do Reich, FD 3731/45, Entregas a neutros e aliados, maio 1943-fev. 1944; números americanos de Gabinete do Chefe de História Militar, "United States Army in World War II: Statistics: Lend-Lease", 15 dez. 1952, p. 33.

65. IWM, FD 3731/45, Localização de entregas a neutros e aliados, 18 jun. 1943, 18 ago. 1943; Berthold Puchert, "Deutschlands Aussenhandel im Zweiten Weltkrieg". Em Dietrich Eichholtz (org.), *Krieg und Wirtschaft: Studien zur deutschen Wirtschaftsgeschichte, 1939-1945*. Berlim, 1999, p. 277;

Rotem Kowner, "When Economics, Strategy and Racial Ideology Meet: Inter-Axis Connections in the Wartime Indian Ocean". *Journal of Global History*, v. 12, 2017, pp. 231-4, 235-6.

66. Richard Overy, *The Bombing War: Europe, 1939-1945*. Londres, 2013, pp. 515-6.

67. Números do Subcomitê de Objetivos de Inteligência Combinada, "German Activities in the French Aircraft Industry", 1946, apêndice 4, pp. 79-80.

68. Jochen Vollert, *Panzerkampfwagen T34-747(r): The Soviet T-34 Tank as Beutepanzer and Panzerattrappe in German Wehrmacht Service, 1941-45*. Erlangen, 2013, pp. 16, 33-4; Números americanos de Gabinete do Chefe de História Militar, "Statistics: Lend-Lease", p. 25.

69. Mark Stoler, *Allies and Adversaries: The Joint Chiefs of Staff, the Grand Alliance, and U. S. Strategy in World War II*. Chapel Hill, 2000, pp. 29-30; Matthew Jones, *Britain, the United States and the Mediterranean War, 1942-44*. Londres, 1996, pp. 6, 11-13.

70. Ted Morgan, *FDR: A Biography*. Nova York, 1985, p. 579; Maury Klein, *A Call to Arms: Mobilizing America for World War II*, op. cit., pp. 134-5.

71. Warren Kimball (org.), *Churchill & Roosevelt: The Complete Correspondence*. Londres, 1984. v. I: *Alliance Emerging*, pp. 102-9, Churchill a Roosevelt via telegrama, 7 dez. 1940.

72. David Kennedy, *The American People in World War II*, op. cit., pp. 40-2.

73. David Roll, *The Hopkins Touch: Harry Hopkins and the Forging of the Alliance to Defeat Hitler*. Nova York, 2013, pp. 74-5.

74. Russell Buhite e David Levy (org.), *FDR's Fireside Chats*, op. cit., pp. 164, 169-70.

75. John Colville, *The Fringes of Power: The Downing Street Diaries, 1939-1955*. Londres, 1986, pp. 331-2, entrada de 11 jan. 1941.

76. Andrew Johnstone, *Against Immediate Evil: American Internationalism and the Four Freedoms on the Eve of World War II*. Ithaca, 2014, pp. 116-21; Ted Morgan, *FDR: A Biography*, op. cit., pp. 580-1.

77. David Kennedy, *The American People in World War II*, op. cit., pp. 45-6.

78. Hans Aufricht, "Presidential Power to Regulate Commerce and Lend-Lease Transactions". *Journal of Politics*, v. 6, 1944, pp. 66-7, 71.

79. Richard Overy, "Co-operation: Trade, Aid and Technology". Em Warren Kimball, David Reynolds e Alexander Chubarian (orgs.), *Allies at War: The Soviet, American and British Experience, 1939-1945*, op. cit., pp. 213-4.

80. Gavin Bailey, "'An Opium Smoker's Dream': The 4000-Bomber Plan and Anglo-American Aircraft Diplomacy at the Atlantic Conference, 1941". *Journal of Transatlantic Studies*, v. 11, 2013, p. 303; David Kennedy, *The American People in World War II*, op. cit., p. 50. Sobre as concessões britânicas, ver Cordell Hull, *The Memoirs of Cordell Hull*. 2 v. Nova York, 1948, v. II, pp. 1151-3.

81. William Grieve, *The American Military Mission to China, 1941-1942: Lend-Lease Logistics, Politics and the Tangles of Wartime Cooperation*. Jefferson, 2014, pp. 155-7.

82. J. Garry Clifford e Robert Ferrell, "Roosevelt at the Rubicon: The Great Convoy Debate of 1941". Em Kurt Piehler e Sidney Pash (orgs.), *The United States and the Second World War: New Perspectives on Diplomacy, War and the Home Front*. Nova York, 2010, pp. 12-7.

83. Kevin Smith, *Conflicts Over Convoys: Anglo-American Logistics Diplomacy in the Second World War*. Cambridge, 1996, pp. 67-9.

84. Elliott Roosevelt (org.), *The Roosevelt Letters: Volume Three, 1928-1945*. Londres, 1952, p. 366, carta ao senador Josiah Bailey, 13 mai. 1941.

85. Fred Israel (org.), *The War Diary of Breckinridge Long: Selections from the Years 1939-1944*. Lincoln, 1966, p. 208.

86. Andrew Johnstone, *Against Immediate Evil: American Internationalism and the Four Freedoms on the Eve of World War II*, op. cit., pp. 156-7.

87. *Foreign Relations of the United States* (FRUS), 1941, 1, pp. 769-70 e 771-2, Memorando de conversa com embaixador soviético, 26 jun. 1941; carta de Steinhardt a Cordell Hull, 29 jun. 1941.

88. Richard Leighton e Robert Coakley, *Global Logistics and Strategy, 1940-1943*. Washington, DC, 1955, pp. 98-102; *FRUS*, 1941, 1, pp. 815-6, Sumner Welles a Oumansky, 2 ago. 1941.

89. Ministério da Informação, *What Britain Has Done, 1939-1945*, 9 mai. 1945 (relançado, Londres, 2007), pp. 98-9.

90. Hans Aufricht, "Presidential Power to Regulate Commerce and Lend-Lease Transactions", p. 74.

91. Chefe de História Militar, "Statistics: Lend-Lease", pp. 6-8.

92. Citado por Edward Stettinius em seu diário de tempos de guerra, *The Diaries of Edward R. Stettinius, Jr., 1943-1946*. Nova York, 1975, p. 61, entrada de 19 abr. 1943.

93. H. Duncan Hall, *North American Supply*. Londres, 1955, p. 432; Serviço de Informação Britânico, "Britain's Part in Lend-Lease and Mutual Aid", abr. 1944, pp. 3-4, 15-6.

94. Hector Mackenzie, "Transatlantic Generosity: Canada's 'Billion Dollar Gift' for the United Kingdom in the Second World War". *International History Review*, v. 34, 2012, pp. 293-308.

95. Alexander Lovelace, "Amnesia: How Russian History has Viewed Lend-Lease". *Journal of Slavic Military Studies*, v. 27, 2014, p. 593; "segunda frente de batalha" em Alexander Werth, *Russia at War, 1941-1945*. Londres, 1964; H. Van Tuyll, *Feeding the Bear: American Aid to the Soviet Union, 1941-1945*. Nova York, 1989, pp. 156-61.

96. Serviço de Informação Britânico, "Britain's Part", pp. 6-8; Charles Marshall, "The Lend-Lease Operation", op. cit., pp. 184-5.

97. Chefe de História Militar, "Statistics: Lend-Lease", pp. 25-34.

98. David Zimmerman, "The Tizard Mission and the Development of the Atomic Bomb". *War in History*, v. 2, 1995, pp. 268-70.

99. John Baylis, *Anglo-American Defence Relations, 1939-1984*. Nova York, 1984, pp. 4-5, 16-32; Donald Avery, "Atomic Scientific Co-operation and Rivalry among the Allies: The Anglo-Canadian Montreal Laboratory and the Manhattan Project, 1943-1946". *War in History*, v. 2, 1995, pp. 281-3, 288.

100. Kevin Smith, *Conflicts Over Convoys: Anglo-American Logistics Diplomacy in the Second World War*, op. cit., pp. 61-7.

101. Ibid., pp. 177-83.

102. Arnold Hague, *The Allied Convoy System, 1939-1945*. Londres, 2000, p. 187.

103. V. F. Vorsin, "Motor Vehicle Transport Deliveries through 'Lend-Lease'". *Journal of Slavic Military Studies*, v. 10, 1997, p. 154.

104. Ibid., p. 155; Steven Zaloga, *Soviet Lend-Lease Tanks of World War II*, op. cit., p. 43.

105. Departamento de Guerra Britânico, *Paiforce: The Official Story of the Persia and Iraq Command 1941-1946*. Londres, 1948, pp. 97-105.

106. Ashley Jackson, *Persian Gulf Command: A History of the Second World War in Iran and Iraq*. New Haven, 2018, pp. 297-307, 348-9.

107. V. F. Vorsin, "Motor Vehicle Transport Deliveries through 'Lend-Lease'", op. cit., pp. 156-65.

108. William Grieve, *The American Military Mission to China, 1941-1942: Lend-Lease Logistics, Politics and the Tangles of Wartime Cooperation*, op. cit., pp. 32-3, 135-8.

109. Ibid., pp. 151-5; Edward Stettinius, *Lend-Lease: Weapon for Victory*. Londres, 1944, pp. 166-70.

110. Jay Taylor, *The Generalissimo: Chiang Kai-Shek and the Struggle for Modern China*. Cambridge, 2011, p. 271.

111. Benjamin Coombs, *British Tank Production and the War Economy, 1934-1945*, op. cit., pp. 109, 115, 125.

112. Gavin Bailey, "'An Opium Smoker's Dream': The 4000-Bomber Plan and Anglo-American Aircraft Diplomacy at the Atlantic Conference, 1941", op. cit., pp. 294-8.

113. Chefe de História Militar, "Statistics: Lend-Lease", pp. 33-4.

114. Alexander Hill, "British Lend-Lease Aid to the Soviet War Effort, June 1941-June 1942". *Journal of Military History*, v. 71, 2007, pp. 787-97; Steven Zaloga, *Soviet Lend-Lease Tanks of World War II*, op. cit., pp. 10-1, 26-7, 31-2.

115. Benjamin Coombs, *British Tank Production and the War Economy, 1934-1945*, op. cit., p. 109; Robert Coakley e Richard Leighton, *Global Logistics and Strategy 1943-1945*. Washington, DC, 1968, p. 679.

116. John Deane, *The Strange Alliance: The Story of American Efforts at Wartime Co-Operation with Russia*. Londres, 1947, p. 84.

117. G. C. Herring, "Lend-Lease to Russia and the Origins of the Cold War, 1944-1946". *Journal of American History*, v. 61, 1969, pp. 93-114.

118. Alexander Lovelace, "Amnesia: How Russian History has Viewed Lend-Lease", op. cit., pp. 595-6.

119. Boris Sokolov, "Lend-Lease in Soviet Military Efforts, 1941-1945". *Journal of Slavic Military Studies*, v. 7, 1994, pp. 567-8; Jerrold Schecter e Vyacheslav Luchkov (orgs.), *Khrushchev Remembers: The Glasnost Tapes*. Nova York, 1990, p. 84.

120. Denis Havlat, "Western Aid for the Soviet Union during World War II: Part I". *Journal of Slavic Military Studies*, v. 30, 2017, pp. 314-6; Steven Zaloga, *Soviet Lend-Lease Tanks of World War II*, op. cit., p. 30.

121. Van Tuyll, *Feeding the Bear: American Aid to the Soviet Union, 1941-1945*, op. cit., pp. 156-7; Joan Beaumont, *Comrades in Arms: British Aid to Russia, 1941-1945*. Londres, 1980, pp. 210-2.

122. V. F. Vorsin, "Motor Vehicle Transport Deliveries through 'Lend-Lease'", op. cit., pp. 169-72.

123. Alexander Hill, "The Bear's New Wheels (and Tracks): US-Armored and Other Vehicles and Soviet Military Effectiveness during the Great Patriotic War". *Journal of Slavic Military Studies*, v. 25, 2012, pp. 214-7.

124. H. G. Davie, "The Influence of Railways on Military Operations in the Russo-German War, 1941-1945". *Journal of Slavic Military Studies*, v. 30, 2017, pp. 341-3.

125. Boris Sokolov, "Lend-Lease in Soviet Military Efforts, 1941-1945", op. cit., pp. 570-81.

126. Denis Havlat, "Western Aid for the Soviet Union during World War II: Part I", op. cit., pp. 297-8.

127. Benjamin Coombs, *British Tank Production and the War Economy, 1934-1945*, op. cit., pp. 122-3.

128. Neville Wylie, "Loot, Gold and Tradition in the United Kingdom's Financial Warfare Strategy, 1939-1945". *International History Review*, v. 31, 2005, pp. 299-328.

129. Edward Ericson, *Feeding the German Eagle: Soviet Economic Aid to Nazi Germany, 1933-1941*. Westport, 1999, pp. 195-6.

130. Ver Dietrich Eichholtz, *Krieg um.l: Ein Erd.limperium als deutsches Kriegsziel (1938-1943)*. Leipzig, 2006, pp. 90-100.

131. USSBS, Report 109, Oil Division Final Report, 25 ago. 1945, pp. 18-9.

132. Walther Hubatsch (org.), *Hitlers Weisungen für die Kriegführung, 1939-1945*. Munique, 1965, p. 46, Weisung n. 9 "Richtlinien für die Kriegführung gegen die feindliche Wirtschaft", 29 nov. 1939.

133. Ibid., pp. 118-9, Weisung n. 23 "Richtlinien für die Kriegführung gegen die englische Wehrwirtschaft", 6 fev. 1941.

134. Arnold Hague, *The Allied Convoy System, 1939-1945*, op. cit., p. 19.

135. Sönke Neitzel, *Der Einsatz der deutschen Luftwaffe über dem Atlantik und der Nordsee, 1939-1945*. Bonn, 1995, pp. 49-50.

136. *Fuehrer Conferences on Naval Affairs, 1939-1945*. Londres, 1990, p. 285, informe de conferência entre o comandante-chefe da Marinha e o Führer, 15 jun. 1942.

137. Kevin Smith, *Conflicts Over Convoys: Anglo-American Logistics Diplomacy in the Second World War*, op. cit., p. 249; Arnold Hague, *The Allied Convoy System, 1939-1945*, op. cit., pp. 107-8; Edward von der Porten, *The German Navy in World War II*. Londres, 1969, pp. 174-8; Stephen Roskill, *The War at Sea 1939-1945*. 4 v. Londres, 1954-61. v. I: pp. 500, 603.

138. BA-MA, RL2 IV/7, palestra de Otto Bechtle "Grossangriffe bei Nacht gegen Lebenszentren Englands, 12.8.1940-26.6.1941".

139. TSAMO, Moscou, Fond 500/725168/110, Luftwaffe Operations Staff, relatório sobre alvos britânicos, 14 jan. 1941.

140. Nicolaus von Below, *At Hitler's Side: The Memoirs of Hitler's Luftwaffe Adjutant, 1937-1945*. Londres, 2001, p. 79; *Fuehrer Conferences on Naval Affairs*, pp. 177-8.

141. Richard Overy, *The Bombing War: Europe, 1939-1945*, op. cit., pp. 113-4.

142. AHB Translations, v. 5, VII/92, "German Aircraft Losses (West)", jan.-dez. 1941.

143. Sönke Neitzel, *Der Einsatz der deutschen Luftwaffe über dem Atlantik und der Nordsee, 1939-1945*, op. cit., p. 125.

144. David White, *Bitter Ocean: The Battle of the Atlantic 1939-1945*. Nova York, 2006, pp. 297-8.

145. Arnold Hague, *The Allied Convoy System, 1939-1945*, op. cit., p. 120.

146. Marc Milner, *Battle of the Atlantic*. Stroud, 2005, pp. 85-9; Michael Hadley, *U-Boats against Canada: German Submarines in Canadian Waters*. Montreal, 1985, pp. 52-5.

147. Michael Hadley, *U-Boats against Canada: German Submarines in Canadian Waters*, op. cit., pp. 112-3.

148. Christopher Bell, *Churchill and Sea Power*. Oxford, 2013, pp. 259-79.

149. Arnold Hague, *The Allied Convoy System, 1939-1945*, op. cit., p. 116; Marc Milner, *Battle of the Atlantic*, op. cit., pp. 85-9; Jürgen Rohwer, *The Critical Convoy Battles of March 1943*. Annapolis, 1977, p. 36; Patrick Beesly, *Very Special Intelligence: The Story of the Admiralty's Operational Intelligence Centre, 1939-1945*. Londres, 1977, p. 182.

150. Karl Dönitz, *Memoirs: Ten Years and Twenty Days*. Londres, 1959, pp. 253, 315.

151. Kevin Smith, *Conflicts Over Convoys: Anglo-American Logistics Diplomacy in the Second World War*, op. cit., p. 257.

152. *Fuehrer Conferences on Naval Affairs*, 334, minutas da conferência do comandante-chefe da Marinha com o Führer, 31 maio 1943.

153. Marc Milner, *Battle of the Atlantic*, op. cit., pp. 251-3.

154. Edward Miller, *War Plan Orange: The U. S. Strategy to Defeat Japan, 1897-1945*. Annapolis, 1991, pp. 21-8.

155. Ibid., pp. 344, 348-50.

156. Conrad Crane, *American Airpower Strategy in World War II: Bombs, Cities, Civilians and Oil*. Lawrence, 2016, p. 30.

157. TNA, AIR 9/8, "Note upon the Memorandum of the Chief of the Naval Staff", maio 1928.

158. William Medlicott, *The Economic Blockade*. Londres, 1952. v. I: pp. 13-6.

159. Richard Hammond, "British Policy on Total Maritime Warfare and the Anti-Shipping Campaign in the Mediterranean, 1940-1944". *Journal of Strategic Studies*, v. 36, 2013, pp. 792-4.

160. TNA, AIR 14/429, "Air Ministry Instructions and Notes on the Rules to be Observed by the Royal Air Force in War", 17 ago. 1939; AIR 41/5, J. M. Spaight, "International Law of the Air 1939-1945", p. 7.

161. Joel Hayward, "Air Power, Ethics and Civilian Immunity during the First World War and Its Aftermath". *Global War Studies*, v. 7, 2010, pp. 127-9; Peter Gray, "The Gloves Will Have to Come Off: A Reappraisal of the Legitimacy of the RAF Bomber Offensive against Germany". *Air Power Review*, v. 13, 2010, pp. 13-4, 25-6.

162. Clay Blair, *Silent Victory: The U. S. Submarine War against Japan*. Filadélfia, 1975, p. 106.

163. Richard Hammond, "British Policy on Total Maritime Warfare and the Anti-Shipping Campaign in the Mediterranean, 1940-1944", op. cit., pp. 796-7.

164. Jack Greene e Alessandro Massignani, *The Naval War in the Mediterranean 1940-1943*. Londres, 1998, pp. 266-7; Richard Hammond, "British Policy on Total Maritime Warfare and the Anti-Shipping Campaign in the Mediterranean, 1940-1944", op. cit., p. 803.

165. Marc'Antonio Bragadin, *The Italian Navy in World War II*. Annapolis, 1957, pp. 245-9.

166. Ibid., pp. 364-5; Richard Hammond, "British Policy on Total Maritime Warfare and the Anti-Shipping Campaign in the Mediterranean, 1940-1944", op. cit., p. 807. Existem diversas estimativas das perdas sofridas pelo Eixo no Mediterrâneo. O Almirantado calcula que 1544 foram afundados durante todo o conflito, mas o total é 4,2 milhões de toneladas. Ver Robert Ehlers, *The Mediterranean Air War: Airpower and Allied Victory in World War II*. Lawrence, 2015, p. 403.

167. Esta é a conclusão de Martin van Creveld, *Supplying War: Logistics from Wallenstein to Patton* (Cambridge,1977), pp. 198-200.

168. Marc'Antonio Bragadin, *The Italian Navy in World War II*, op. cit., p. 356. O número de 1941 foi 89 563 e o de 1942 foi de 56 209.

169. Vera Zamagni, "Italy: How to Win the War and Lose the Peace". Em Mark Harrison (org.), *The Economics of World War II: Six Great Powers in International Comparison*, op. cit., p. 188.

170. Istituto Centrale di Statistica, *Statistiche storiche dell'Italia 1861-1975*, Roma, 1976, p. 117.

171. Richard Hammond, "British Policy on Total Maritime Warfare and the Anti-Shipping Campaign in the Mediterranean, 1940-1944", op. cit., p. 808; Christina Goulter, *Forgotten Offensive: Royal Air Force Coastal Command's Anti-Shipping Campaign, 1940-1945*. Abingdon, 2004, pp. 296-8, 353.

172. Charles Webster e Noble Frankland, *The Strategic Air Offensive against Germany 1939-1945*. Londres, 1961. v. IV: pp. 99-102, 109.

173. Citado em Edward Westermann, *Flak: German Anti-Aircraft Defences, 1914-1945*. Lawrence, 2001, p. 90.

174. Charles Webster e Noble Frankland, *The Strategic Air Offensive against Germany 1939-1945*, op. cit., v. IV, p. 205, "Report by Mr. Butt to Bomber Command, 18 August 1941"; Randall Wakelam, *The Science of Bombing: Operational Research in RAF Bomber Command*. Toronto, 2009, pp. 42-6.

175. CCAC, Documentos de Bufton, 3/48, Revisão da ofensiva aérea estratégica atual, 5 abr. 1941, apêndice C, p. 2.

176. TNA, AIR 40/1814, memorando escrito por O. Lawrence (MEW), 9 maio 1941.

177. Richard Overy, "'The Weak Link'? The Perception of the German Working Class by RAF Bomber Command, 1940-1945". *Labour History Review*, v. 77, 2012, pp. 25-7.

178. Museu RAF, Hendon, Documentos de Harris, Caixa de Miscelânea A, Pasta 4, "One Hundred Towns of Leading Economic Importance in the German War Effort", n.d.

179. Haywood Hansell, *The Air Plan that Defeated Hitler*. Atlanta, 1972, pp. 81-3, 298-307.

180. Stephen McFarland e Wesley Newton, "The American Strategic Air Offensive against Germany in World War II". Em R. Cargill Hall (org.), *Case Studies in Strategic Bombardment*. Washington, DC, 1998, pp. 188-9.

181. Conrad Crane, *American Airpower Strategy in World War II: Bombs, Cities, Civilians and Oil*, op. cit., pp. 32-3.

182. LC, Documentos de Spaatz, Caixa 67, "Plan for the Completion of the Combined Bomber Offensive. Annex: Prospect for Ending War by Air Attack Against German Morale", 5 mar. 1944, p. 1.

183. Friedhelm Golücke, *Schweinfurt und der strategische Luftkrieg*. Paderborn, 1980, pp. 134, 356-7; Richard Davis, *Bombing the European Axis Powers: A Historical Digest of the Combined Bomber Offensive, 1939-1945*. Maxwell, 2006, pp. 158-61.

184. Richard Davis, *Carl A. Spaatz and the Air War in Europe*. Washington, DC, 1993, pp. 322-6, 370-79; Williamson Murray, *Luftwaffe: Strategy for Defeat, 1933-1945*. Londres, 1985, p. 215.

185. Richard Overy, *The Bombing War: Europe, 1939-1945*, op. cit., pp. 370-1.

186. USSBS, Oil Division Final Report, pp. 17-26, figs. 49, 60.

187. Alfred Mierzejewski, *The Collapse of the German War Economy: Allied Air Power and the German National Railway*. Chapel Hill, 1988, pp. 191-3; AHB, traduções alemãs, v. VII/23, "Some Effects of the Allied Air Offensive on German Economic Life", 7 dez. 1944, pp. 1-2, e v. VII/38, Albert Speera Wilhelm Keitel (OKW), "Report on the Effects of Allied Air Activity against the Ruhr", 7 nov. 1944.

188. LC, Documentos de Spaatz, Caixa 68, USSTAF HQ, Interrogatório da Nova Força Aérea a Hermann Göring, 1º jun. 1945.

189. Charles Webster e Noble Frankland, *The Strategic Air Offensive against Germany 1939-1945*, op. cit., v. IV, pp. 469-70, 494, Apêndice 49 (III) e 49 (XXII); Rolf Wagenführ, *Die deutsche Industrie im Kriege 1939-1945*. Berlim, 1963, pp. 178-81.

190. USSBS, Overall Report (European Theater), pp. 25-6, 37-8, 73-4; USSBS, Oil Division Final Report, fig. 7.

191. Sebastian Cox (org.), *The Strategic Air War against Germany, 1939-1945: The Official Report of the British Bombing Survey Unit*. Londres, 1998, pp. 94-7, 129-34, 154.

192. UEA, Arquivo Zuckerman, SZ/BBSU/103, cópia datilografada de Nicholas Kaldor, "The Nature of Strategic Bombing", pp. 4-6; cópia datilografada de Kaldor, "Capacity of German Industry", pp. 2-5.

193. LC, Documentos de Spaatz, Caixa 68, memorando de Galbraith, "Preliminary Appraisal of Achievement of the Strategic Bombing of Germany", p. 2.

194. Werner Wolf, *Luftangriffe auf die deutsche Industrie, 1942-45*. Munique, 1985, pp. 60, 74.

195. BAB, R3102/10031, Reichsministerium für Rüstung und Kriegswirtschaft, "Vorläufige Zusammenstellung des Arbeiterstundenausfalls durch Feindeinwirkung", 4 jan. 1945.

196. Charles Webster e Noble Frankland, *The Strategic Air Offensive against Germany 1939-1945*, op. cit., v. IV, pp. 494-5, 501-2; Sebastian Cox (org.), *The Strategic Air War against Germany, 1939-1945: The Official Report of the British Bombing Survey Unit*, op. cit., p. 97.

197. Yoshiro Miwa, *Japan's Economic Planning and Mobilization in Wartime: The Competence of the State*, op. cit., p. 240; Akira Hara, "Japan: Guns Before Rice". Em Mark Harrison (org.), *The Economics of World War II: Six Great Powers in International Comparison*, op. cit., pp. 241-3.

198. Masayasu Miyazaki e Osamu Ito, "Transformation of Industries in the War Years", op. cit., pp. 290-91; Theodore Roscoe, *United States Submarine Operations in World War II*. Annapolis, 1949, p. 523.

199. Akira Hara, "Wartime controls", op. cit., pp. 271, 277; org., "Japan: Guns before Rice", op. cit., p. 245.

200. Clay Blair, *Silent Victory: The U. S. Submarine War against Japan*, op. cit., pp. 118-9, 361.

201. Ibid., p. 552; Samuel Eliot Morison, *The Two-Ocean War: A Short History of the United States Navy in the Second World War*. Boston, 1963, pp. 494-9.

202. Roscoe, *United States Submarine Operations*, pp. 215-17.

203. USSBS, Pacific Theater, "The Effects of Strategic Bombing", pp. 35-42; Clay Blair, *Silent Victory: The U. S. Submarine War against Japan*, op. cit., p. 816. Para um relato completo, ver Phillips O'Brien, *How the War Was Won*. Cambridge, 2015, pp. 432-44.

204. Michael Sturma, "Atrocities, conscience, and unrestricted warfare: US submarines during the Second World War", *War in History*, 16 (2009), pp. 455-6; Akira Hara, "Wartime controls", op. cit., p. 277.

205. Thomas Searle, "'It made a lot of sense to kill skilled workers': the firebombing of Tokyo in March 1945", *Journal of Military History*, 66 (2002), pp. 108-12.

206. William Ralph, "Improvised destruction: Arnold, LeMay, and the firebombing of Japan", *War in History*, 13 (2006), pp. 502-3.

207. Searle, "'It made a lot of sense to kill skilled workers'", pp. 119-21.

208. Conrad Crane, "Evolution of U.S. strategic bombing of urban áreas", *Historian*, 50 (1987), pp. 36-7.

209. Ralph, "Improvised destruction", pp. 521-2.

210. USSBS, Pacific Theater, "The Effects of Strategic Bombing", p. 205.

211. Theodore Roscoe, *United States Submarine Operations in World War II*, op. cit., p. 523; Akira Hara, "Japan: Guns before Rice", op. cit., p. 245; Barrett Tillman, *Whirlwind: The Air War against Japan, 1942-1945*. Nova York, 2010, pp. 194-9.

212. Theodore Roscoe, *United States Submarine Operations in World War II*, op. cit., p. 453; Akira Hara, "Japan: Guns before Rice", op. cit., p. 245; USSBS, Pacific Theater, "The Effects of Strategic Bombing", pp. 180-1.

213. UEA, Arquivo Zuckerman, SZ/BBSU/3, Anotações rascunhadas sobre exercício com Thunderbolt, 13-6 ago 1947.

214. TNA, AIR 20/2025, Casualties of RAF, Dominion and Allied Personnel at RAF Posting Disposal, 31 maio 1947; AIR 22/203, "War Room Manual of Bomber Command Operations, 1939-1945", p. 9; números dos Estados Unidos em Richard Davis, *Carl A. Spaatz and the Air War in Europe*, op. cit., apêndice 4, p. 9.

215. Arnold Hague, *The Allied Convoy System, 1939-1945*, op. cit., p. 107; Theodore Roscoe, *United States Submarine Operations in World War II*, op. cit., p. 523.

216. Theodore Roscoe, *United States Submarine Operations in World War II*, op. cit., p. 493; Clay Blair, *Silent Victory: The U. S. Submarine War against Japan*, op. cit., p. 877.

7. GUERRAS JUSTAS? GUERRAS INJUSTAS? [pp. 670-735]

1. Dennis Wheatley, *Total War: A Paper*. Londres, 1941, p. 17.

2. Ibid., pp. 18, 20.

3. Davide Rodogno, *Fascism's European Empire: Italian Occupation during the Second World War*. Cambridge, 2006, pp. 44-9.

4. F. C. Jones, *Japan's New Order in East Asia*. Oxford, 1954, p. 469. Trata-se de uma tradução para o inglês do texto alemão do acordo. O rascunho do original foi feito em inglês e nesta versão dizia-se "a cada um o lugar que lhe cabe", e não "o espaço que lhes é de direito". A ideia de "espaço" foi inserida na versão alemã a fim de tornar a natureza da Nova Ordem mais explicitamente territorial.

5. Eric Johnson e Karl-Heinz Reuband, *What We Knew: Terror, Mass Murder and Everyday Life in Germany*. Londres, 2005, p. 106. Ver também Nick Stargardt, *The German War: A Nation under Arms, 1939-45*. Londres, 2015, pp. 15-7.

6. Davide Rodogno, *Fascism's European Empire: Italian Occupation during the Second World War*, op. cit., pp. 46-50.

7. Peter Duus, "Nagai Ryutaro and the 'White Peril', 1905-1944". *Journal of Asian Studies*, v. 31, 1971, pp. 41-4.

8. Sidney Paish, "Containment, Rollback and the Origins of the Pacific War, 1933-1941". Em Kurt Piehler e Sidney Paish (orgs.), *The United States and the Second World War: New Perspectives on Diplomacy, War and the Home Front*. Nova York, 2010, pp. 53-5, 57-8.

9. John Dower, *War without Mercy: Race and Power in the Pacific War*. Nova York, 1986, pp. 205-6.

10. Ben-Ami Shillony, *Politics and Culture in Wartime Japan*. Oxford, 1981, pp. 136, 141-3.

11. Werner Maser (org.), *Hitler's Letters and Notes*. Londres, 1973, pp. 227, 307, anotações para discursos 1919-20.

12. André Mineau, "Himmler's Ethic of Duty: A Moral Approach to the Holocaust and to Germany's Impending Defeat". *The European Legacy*, v. 12, 2007, p. 60; Alon Confino, *A World without Jews: The Nazi Imagination from Persecution to Genocide*. New Haven, 2014, pp. 152-3.

13. Randall Bytwerk, "The Argument for Genocide in Nazi Propaganda". *Quarterly Journal of Speech*, v. 91, 2005, pp. 37-9; Alon Confino, *A World without Jews: The Nazi Imagination from Persecution to Genocide*, op. cit., pp. 153-5.

14. Heinrich Winkler, *The Age of Catastrophe: A History of the West, 1914-1945*. New Haven, 2015, pp. 87-91.

15. Randall Bytwerk, "Believing in 'Inner Truth': The Protocols of the Elders of Zion and Nazi Propaganda, 1933-1945". *Holocaust and Genocide Studies*, v. 29, 2005, pp. 214, 221-2.

16. Jeffrey Herf, *The Jewish Enemy: Nazi Propaganda during World War II and the Holocaust*. Cambridge, EUA, 2006, pp. 61-2.

17. Ibid., pp. 64-5.

18. Tobias Jersak, "Die Interaktion von Kriegsverlauf und Judenvernichtung: ein Blick auf Hitlers Strategie im Spätsommer 1941". *Historische Zeitschrift*, v. 268, 1999, pp. 311-74; Randall Bytwerk, "The Argument for Genocide in Nazi Propaganda", op. cit., pp. 42-3; Jeffrey Herf, *The Jewish Enemy: Nazi Propaganda during World War II and the Holocaust*, op. cit., p. 110.

19. Helmut Sündermann, *Tagesparolen: Deutsche Presseweisungen 1939-1945. Hitlers Propaganda und Kriegführung*. Leoni am Starnberger See, 1973, pp. 203-4.

20. Alon Confino, *A World without Jews: The Nazi Imagination from Persecution to Genocide*, op. cit., p. 194.

21. Helmut Sündermann, *Tagesparolen: Deutsche Presseweisungen 1939-1945. Hitlers Propaganda und Kriegführung*, op. cit., p. 255, instruções à imprensa de 13 ago. 1943.

22. Randall Bytwerk, "The Argument for Genocide in Nazi Propaganda", op. cit., p. 51, citando uma circular *Sprechabendsdienst* [serviço de discussão vespertino], set.-out. 1944.

23. François Genoud (org.), *The Testament of Adolf Hitler: The Hitler-Bormann Documents February-April 1945*. Londres, 1961, pp. 33, 51-2, 76, entradas de 1º-4, 13 e 18 fev 1945.

24. Nara, RG 238 Documentos de Jackson, Caixa 3, tradução da carta de Ley para o advogado dr. Pflücker, 24 out 1945 (não enviada).

25. André Mineau, "Himmler's Ethic of Duty: A Moral Approach to the Holocaust and to Germany's Impending Defeat", op. cit., p. 63, de um discurso aos oficiais da Abwehr em 1944: "A única coisa que tinha que prevalecer era a razão ferrenha: com um sentimentalismo fora de lugar, não se vencem guerras em que está em jogo a vida da raça"; ver também Claudia Koonz, *The Nazi Conscience*. Cambridge, EUA, 2003, pp. 254, 265; Christopher Browning, "The Holocaust: Basis and Objective of the *Volksgemeinschaft*". Em Martina Steber e Bernhard Gotto (orgs.), *Visions of Community in Nazi Germany*. Oxford, 2014, pp. 219-23.

26. Randall Bytwerk, "The Argument for Genocide in Nazi Propaganda", op. cit., p. 49.

27. Gao Bei, *Shanghai Sanctuary: Chinese and Japanese Policy toward European Jewish Refugees during World War II*. Oxford, 2013, pp. 20-5, 93-4, 104-7, 116-25.

28. Amedeo Guerrazzi, "Die ideologischen Ursprünge der Judenverfolgung in Italien". Em Lutz Klinkhammer e Amedeo Guerrazzi (orgs.), *Die "Achse" im Krieg: Politik, Ideologie und Kriegführung 1939-1945*. Paderborn, 2010, pp. 437-42.

29. Simon Levis Sullam, "The Italian Executioners: Revisiting the Role of Italians in the Holocaust". *Journal of Genocide Research*, v. 19, 2017, pp. 23-8.

30. Joseph Stalin, *The War of National Liberation*. Nova York, 1942, p. 30, discurso de 6 nov. 1941.

31. Oleg Budnitskii, "The Great Patriotic War and Soviet Society: Defeatism 1941-42". *Kritika*, v. 15, 2014, p. 794.

32. Russell Buhite e David Levy (orgs.), *FDR's Fireside Chats*. Norman, 1992, p. 198, conversa de 9 dez. 1941.

33. Keith Feiling, *The Life of Neville Chamberlain*. Londres, 1946, p. 416.

34. Joseph Stalin, *The War of National Liberation*, op. cit., p. 30; Susan Brewer, *Why America Fights: Patriotism and War Propaganda from the Philippines to Iraq*. Nova York, 2009, p. 87.

35. Ministério da Informação chinês, *The Voice of China: Speeches of Generalissimo and Madame Chiang Kai-shek*. Londres, 1944, pp. 32-3, discurso ao povo chinês, 7 jul. 1942.

36. Martin Gilbert, *Finest Hour: Winston S. Churchill, 1939-1941*. Londres, 1983, pp. 329-30.

37. Keith Robbins, "Britain, 1940 and 'Christian Civilisation'". Em Derek Beales e Geoffrey Best (orgs.), *History, Society and the Churches: Essays in Honour of Owen Chadwick*. Cambridge, 1985, pp. 285, 294.

38. John Dower, *War without Mercy: Race and Power in the Pacific War*, op. cit., p. 17.

39. Dennis Wheatley, *Total War*, op. cit., pp. 33, 54.

40. Susan Brewer, *Why America Fights: Patriotism and War Propaganda from the Philippines to Iraq*, op. cit., p. 88.

41. Sobre as ansiedades da época, ver Richard Overy, *The Morbid Age: Britain and the Crisis of Civilization*. Londres, 2009; Roxanne Panchasi, *Future Tense: The Culture of Anticipation in France between the Wars*. Ithaca, 2009.

42. Harold Nicolson, *Why Britain is at War*. Londres, 1939, pp. 135-6, 140.

43. Jacques Maritain, *De la Justice politque: Notes sur la présente guerre*. Paris, 1940, p. 23; Hugh Dalton, *Hitler's War: Before and After*. Londres, 1940, p. 102.

44. Keith Robbins, "Britain, 1940 and 'Christian Civilisation'", op. cit., pp. 279, 288-91; Jacques Maritain, *De la Justice politique: Notes sur la présente guerre*, op. cit., cap. 3, "Le Renouvellement moral".

45. Casa de amigos, Londres, Documentos de Foley, MS 448 2/2, "An Appeal Addressed to All Christians", 8 fev. 1945.

46. Harold Nicolson, *Why Britain is at War*, op. cit., pp. 132-3.

47. University Labour Federation, "How We Can End the War", panfleto n. 5, 1940, pp. 4-5.

48. Penny Von Eschen, *Race against Empire: Black Americans and Anticolonialism 1937-1957*. Ithaca, 1997, p. 31 (citado no jornal americano *Courier*).

49. James Sparrow, *Warfare State: World War II Americans and the Age of Big Government*. Nova York, 2013, pp. 44-5; Robert Westbrook, *Why We Fought: Forging American Obligation in World War II*. Washington, DC, 2004, pp. 40-6.

50. David Roll, *The Hopkins Touch: Harry Hopkins and the Forging of the Alliance to Defeat Hitler*. Nova York, 2013, pp. 142-5.

51. H. V. Morton, *Atlantic Meeting*. Londres, 1943, pp. 126-7, 149-51.

52. Penny Von Eschen, *Race against Empire: Black Americans and Anticolonialism 1937-1957*, op. cit., p. 26.

53. Gerhard Weinberg, *Visions of Victory: The Hopes of Eight World War II Leaders*. Cambridge, 2005, pp. 86-9; Jay Taylor, *The Generalissimo: Chiang Kai-Shek and the Struggle for Modern China*. Cambridge, EUA, 2011, p. 186.

54. Russell Buhite e David Levy (orgs.), *FDR's Fireside Chats*, op. cit., p. 217, transmissão de 23 fev. 1942.

55. Stephen Wertheim, "Instrumental Internationalism: The American Origins of the United Nations, 1940-3". *Journal of Contemporary History*, v. 54, 2019, pp. 266-80.

56. Michaela Moore, *Know Your Enemy: The American Debate on Nazism, 1933-1945*. Nova York, 2010, p. 119.

57. Richard Overy, *Interrogations: The Nazi Elite in Allied Hands*. Londres, 2001, pp. 6-8.

58. International Law Association, *Briand-Kellogg Pact of Paris: Articles of Interpretation as Adopted by the Budapest Conference 1934*. Londres, 1934, pp. 1-2, 7-10.

59. Howard Ball, *Prosecuting War Crimes and Genocide: The Twentieth-Century Experience*. Lawrence, 1999, pp. 85-7.

60. François Genoud (org.), *The Testament of Adolf Hitler: The Hitler-Bormann Documents February-April 1945*, op. cit., p. 108, entrada de 2 abr. 1945.

61. Ben-Ami Shillony, *Politics and Culture in Wartime Japan*. Oxford, 1981, p. 146.

62. David Mayers, "Humanity in 1948: The Genocide Convention and the Universal Declaration of Human Rights". *Diplomacy & Statecraft*, v. 26, 2015, p. 464.

63. Gabriel Gorodetsky (org.), *The Maisky Diaries: Red Ambassador to the Court of St. James's, 1932-1943*. New Haven, 2015, pp. 244-5, entrada de 12 dez. 1939.

64. Ibid., pp. 258-9, entrada de 13 mar. 1940.

65. Elliott Roosevelt (org.), *The Roosevelt Letters: Volume Three, 1928-1945*. Londres, 1952, p. 290, Roosevelt a Lincoln MacVeagh, 1º dez. 1939.

66. George Sirgiovanni, *An Undercurrent of Suspicion: Anti-Communism in America during World War II*. New Brunswick, 1990, pp. 33-4, 36; David Mayers, "The Great Patriotic War, FDR's embassy Moscow and US-Soviet Relations". *International History Review*, v. 33, 2011, pp. 306-7.

67. Elliott Roosevelt (org.), *The Roosevelt Letters: Volume Three, 1928-1945*, op. cit., pp. 292-3, carta de Roosevelt e William Allen White, 14 dez. 1939.

68. James Harris, "Encircled by Enemies: Stalin's Perception of the Capitalista World, 1918-1941". *Journal of Strategic Studies*, v. 31, 2008, pp. 534-43.

69. Fridrikh Firsov, Harvey Klehr e John Haynes, *Secret Cables of the Comintern 1933-1943*. New Haven, 2014, pp. 140-1, 175.

70. Ibid., pp. 153-7, 164.

71. *Daily Worker*, 21 jan. 1941, p. 4.

72. Gabriel Gorodetsky (org.), *The Maisky Diaries: Red Ambassador to the Court of St. James's, 1932-1943*, op. cit., p. 368, entrada de 27 jun. 1941.

73. George Sirgiovanni, *An Undercurrent of Suspicion: Anti-Communism in America during World War II*, op. cit., pp. 3-5; Russell Buhite e David Levy (org.), *FDR's Fireside Chats*, op. cit., pp. 277-8, transmissão de 24 dez. 1943.

74. Fridrikh Firsov, Harvey Klehr e John Haynes, *Secret Cables of the Comintern 1933-1943*, op. cit., pp. 184-5.

75. Sobre expectativas de colaboração, ver Martin Folly, *Churchill, Whitehall, and the Soviet Union, 1940-1945*. Basingstoke, 2000, pp. 78-9, 165-6.

76. TNA, FO 800/868, Desmond Morton a Lorde Swinton, 11 nov. 1941; Morton a Robert Bruce Lockhart, 15 nov. 1941.

77. George Sirgiovanni, *An Undercurrent of Suspicion: Anti-Communism in America during World War II*, op. cit., pp. 3-5; Frank Warren, *Noble Abstractions: American Liberal Intellectuals and World War II*. Columbus, 1999, pp. 181-4.

78. "Britain, Russia and Peace", Relatório oficial do Congresso Nacional de Amizade e Cooperação com a URSS, 4-5 nov. 1944, pp. 14-5.

79. Gabriel Gorodetsky (org.), *The Maisky Diaries: Red Ambassador to the Court of St. James's, 1932-1943*, op. cit., p. 411, 436, 475, entradas de 15 fev., 24 jun. 1942, 5 fev. 1943.

80. "Britain, Russia and Peace", op. cit., pp. 3-4.

81. George Sirgiovanni, *An Undercurrent of Suspicion: Anti-Communism in America during World War II*, op. cit., pp. 49-56.

82. Daniel Lomas, "Labour Ministers, Intelligence and Domestic Anti-Communism, 1945-1951". *Journal of Intelligence History*, v. 12, 2013, p. 119; Christopher Andrew, *The Defence of the Realm: The Authorized History of MI5*. Londres, 2009, pp. 273-81.

83. Gabriel Gorodetsky (org.), *The Maisky Diaries: Red Ambassador to the Court of St. James's, 1932-1943*, op. cit., pp. 509-10.

84. Andrew Thorpe, *Parties at War: Political Organisation in Second World War Britain*. Oxford, 2009, pp. 39-40.

85. John Deane, *The Strange Alliance: The Story of American Efforts at Wartime Co-Operation with Russia*. Londres, 1947, p. 319.

86. Jonathan Haslam, *Russia's Cold War: From the October Revolution to the Fall of the Wall*. New Haven, 2011, pp. 23-32; Geoffrey Roberts, "Stalin's Wartime Vision of the Peace, 1939-1945". Em Timothy Snyder e Ray Brandon (orgs.), *Stalin and Europe: Imitation and Domination, 1928-1953*. Nova York, 2014, pp. 249-59.

87. John Iatrides, "Revolution or Self-Defense? Communist Goals, Strategy and Tactics in the Greek Civil War". *Journal of Cold War Studies*, v. 7, 2005, p. 24.

88. Frank Warren, *Noble Abstractions: American Liberal Intellectuals and World War II*, op. cit., pp. 172-4.

89. George Sirgiovanni, *An Undercurrent of Suspicion: Anti-Communism in America during World War II*, op. cit., pp. 58, 85-6; David Mayers, "The Great Patriotic War, FDR's embassy Moscow and US-Soviet Relations", op. cit., p. 318-24.

90. NARA, RG 238, Caixa 32, tradução de "Secret Additional Protocol to the German-Soviet Pact of 23.8.39"; David Mayers, "The Great Patriotic War, FDR's Embassy Moscow and US-Soviet Relations", op. cit., p. 303.

91. Arkady Vaksberg, *The Prosecutor and the Prey: Vyshinsky and the 1930s Show Trials*. Londres, 1990, p. 259; S. Mironenko, "La Collection des documents sur le proces de Nuremberg dans les archives d'état de la federation russe". Em Anna Wiewiorka (org.), *Les Procès de Nuremberg et de Tokyo*. Paris, 1996, pp. 65-6.

92. Para dois relatos excelentes e recentes da desumanidade soviética, ver Golfo Alexopoulos, *Illness and Inhumanity in Stalin's Gulag*. New Haven, 2017; Jörg Baberowski, *Scorched Earth: Stalin's Reign of Terror*. New Haven, 2016, esp. caps. 5-6.

93. Achim Kilian, *Einzuweisen zur v.lligen Isolierung. NKWD-Speziallager Mühlberg/Elbe 1945-1948*. Leipzig, 1993, p. 7.

94. Andrew Stone, "'The Differences Were only in the Details': The Moral Equivalency of Stalinism and Nazism in Anatoli Bakanichev's *Twelve Years Behind Barbed Wire*". *Kritika*, v. 13, 2012, pp. 123, 134.

95. David Mayers, "Humanity in 1948: The Genocide Convention and the Universal Declaration of Human Rights", op. cit., pp. 462-3.

96. Ronald Takaki, *Double Victory: A Multicultural History of America in World War II*. Nova York, 2000, p. 6.

97. David Welky, *Marching Across the Color Line: A. Philip Randolph and Civil Rights in the World War II Era*. Nova York, 2014, pp. 86-9.

98. Thomas Sugrue, "Hillburn, Hattiesburg and Hitler: Wartime Activists Think Globally and Act Locally". Em Kevin Kruse e Stephen Tuck (orgs.), *Fog of War: The Second World War and the Civil Rights Movement*. Nova York, 2012, p. 91.

99. David Welky, *Marching Across the Color Line: A. Philip Randolph and Civil Rights in the World War II Era*, op. cit., p. 89.

100. Sugrue, "Hillburn, Hattiesburg and Hitler", pp. 91-2.

101. Ibid., pp. 93-4; David Welky, *Marching Across the Color Line: A. Philip Randolph and Civil Rights in the World War II Era*, op. cit., pp. xx-xxi, 112.

102. Julian Zelizer, "Confronting the Roadblock: Congress, Civil Rights, and World War II". Em Kevin Kruse e Stephen Tuck (orgs.), *Fog of War: The Second World War and the Civil Rights Movement*, op. cit., pp. 38-40.

103. Daniel Kryder, *Divided Arsenal: Race and the American State during World War II*. Oxford, 2000, pp. 208-10, 248-9.

104. Ronald Takaki, *Double Victory: A Multicultural History of America in World War II*, op. cit., pp. 28-9.

105. Chris Dixon, *African Americans and the Pacific War 1941-1945: Race, Nationality, and the Fight for Freedom*. Cambridge, 2018, p. 68.

106. David Welky, *Marching Across the Color Line: A. Philip Randolph and Civil Rights in the World War II Era*, op. cit., p. 112.

107. Ronald Takaki, *Double Victory: A Multicultural History of America in World War II*, op. cit., p. 53.

108. Daniel Kryder, *Divided Arsenal: Race and the American State during World War II*, op. cit., p. 3.

109. Ibid, pp. 229-32; David Welky, *Marching Across the Color Line: A. Philip Randolph and Civil Rights in the World War II Era*, op. cit., pp. 121-2; Robert Dallek, *Franklin D. Roosevelt: A Political Life*. Londres, 2017, p. 520.

110. Daniel Kryder, *Divided Arsenal: Race and the American State during World War II*, op. cit., pp. 208-10; Ronald Takaki, *Double Victory: A Multicultural History of America in World War II*, op. cit., pp. 43-4.

111. Kenneth Janken, "From Colonial Liberation to Cold War Liberalism: Walter White, the NAACP, and Foreign Affairs, 1941-1955". *Ethnic and Racial Studies*, v. 21, 1998, pp. 1076-8.

112. Ibid., p. 1079; Penny Von Eschen, *Race against Empire: Black Americans and Anticolonialism 1937-1957*, op. cit., pp. 2-5.

113. Elizabeth Borgwardt, "Race, Rights and Nongovernmental Organisations at the UN San Francisco Conference: A Contested History of Human Rights without Discrimination". Em Kevin Kruse e Stephen Tuck (orgs.), *Fog of War: The Second World War and the Civil Rights Movement*, op. cit., pp. 188-90, 192-6; Penny Von Eschen, *Race against Empire: Black Americans and Anticolonialism 1937-1957*, op. cit., pp. 81-2.

114. Kenneth Janken, "From Colonial Liberation to Cold War Liberalism: Walter White, the NAACP, and Foreign Affairs, 1941-1955", op. cit., p. 1082; David Mayers, "Humanity in 1948: The Genocide Convention and the Universal Declaration of Human Rights", op. cit., pp. 457-9.

115. J. B. Schechtman, "The USSR, Zionism and Israel". Em Lionel Kochan (org.), *The Jews in Soviet Russia since 1917*. Oxford, 1978, p. 118; Nora Levin, *Paradox of Survival: The Jews in the Soviet Union since 1917*. 2 v. Londres, 1990. v. I, pp. 275-6.

116. Ben-Cion Pinchuk, *Shtetl Jews under Soviet Rule: Eastern Poland on the Eve of the Holocaust*. Londres, 1990, pp. 39, 55, 129-31.

117. Bernard Wasserstein, *Britain and the Jews of Europe, 1939-1945*. Oxford, 1979, pp. 7, 11.

118. Ibid., pp. 18-20; Louise London, *Whitehall and the Jews 1933-1948: British Immigration Policy, Jewish Refugees and the Holocaust*. Cambridge, 2000, p. 140.

119. Ronald Takaki, *Double Victory: A Multicultural History of America in World War II*, op. cit., p. 195; Joseph Bendersky, "Dissension in the Face of the Holocaust: The 1941 American Debate over Anti-Semitism". *Holocaust and Genocide Studies*, v. 24, 2010, p. 89.

120. Bernard Wasserstein, *Britain and the Jews of Europe, 1939-1945*, op. cit., pp. 46-7; Ronald Takaki, *Double Victory: A Multicultural History of America in World War II*, op. cit., pp. 195-6.

121. David Mayers, "The Great Patriotic War, FDR's embassy Moscow and US-Soviet Relations", op. cit., p. 305.

122. Bernard Wasserstein, *Britain and the Jews of Europe, 1939-1945*, op. cit., p. 52.

123. Leah Garrett, *X-Troop: The Secret Jewish Commandos who Helped Defeat the Nazis*. Londres, 2021, pp. 26-41.

124. Bernard Wasserstein, *Britain and the Jews of Europe, 1939-1945*, op. cit., pp. 54-76.

125. Michael Fleming, "Intelligence from Poland on Chelmno: British Responses". *Holocaust Studies*, v. 21, 2015, pp. 172-4, 176-7; Jan Láníček, "Governments-in-Exile and the Jews during and after the Second World War". *Holocaust Studies*, v. 18, 2012, pp. 73-5.

126. Michael Fleming, "Intelligence from Poland on Chelmno: British Responses", op. cit., pp. 174-5.

127. David Wyman, *The Abandonment of the Jews: America and the Holocaust 1941-1945*. Nova York, 1984, pp. 43-5; Zohar Segev, *The World Jewish Congress during the Holocaust: Between Activism and Restraint*. Berlim, 2017, pp. 23-6.

128. Louise London, *Whitehall and the Jews 1933-1948: British Immigration Policy, Jewish Refugees and the Holocaust*, op. cit., pp. 207-8.

129. David Wyman, *The Abandonment of the Jews: America and the Holocaust 1941-1945*, op. cit., pp. 73-5.

130. Leonid Smilovitskii, "Antisemitism in the Soviet Partisan Movement 1941-1945: The Case of Belorussia". *Holocaust and Genocide Studies*, v. 20, 2006, pp. 708-9; Jeffrey Herf, "The Nazi Extermination Camps and the Ally to the East: Could the Red Army and Air Force Have Stopped or Slowed the Final Solution?". *Kritika*, v. 4, 2003, pp. 915-16; Alexander Gogun, "Indifference, Suspicion, and Exploitation: Soviet Units behind the Front Lines of the Wehrmacht and Holocaust in Ukraine, 1941-44". *Journal of Slavic Military Studies*, v. 28, 2015, pp. 381-2.

131. Jan Láníček, "Governments-in-Exile and the Jews during and after the Second World War", op. cit., p. 76.

132. Louise London, *Whitehall and the Jews 1933-1948: British Immigration Policy, Jewish Refugees and the Holocaust*, op. cit., p. 218; Bernard Wasserstein, *Britain and the Jews of Europe, 1939-1945*, op. cit., pp. 183, 188.

133. Bernard Wasserstein, *Britain and the Jews of Europe, 1939-1945*, op. cit., pp. 190-203; Shlomo Aronson, *Hitler, the Allies and the Jews*. Nova York, 2004, pp. 85-100; Ronald Takaki, *Double Victory: A Multicultural History of America in World War II*, op. cit., pp. 205-6.

134. Bernard Wasserstein, *Britain and the Jews of Europe, 1939-1945*, op. cit., p. 304.

135. Zohar Segev, *The World Jewish Congress during the Holocaust: Between Activism and Restraint*, op. cit., pp. 26-30.

136. Laurel Leff, *Buried by the Times: The Holocaust and America's Most Important Newspaper*. Nova York, 2005, pp. 330-41.

137. Joseph Bendersky, "Dissension in the Face of the Holocaust: The 1941 American Debate over Anti-Semitism", op. cit., pp. 89-96; Ronald Takaki, *Double Victory: A Multicultural History of America in World War II*, op. cit., pp. 189-91.

138. Bernard Wasserstein, *Britain and the Jews of Europe, 1939-1945*, op. cit., pp. 34, 351.

139. Zohar Segev, *The World Jewish Congress during the Holocaust: Between Activism and Restraint*, op. cit., p. 41.

140. Jan Láníček, "Governments-in-Exile and the Jews during and after the Second World War", op. cit., pp. 81-5; Bernard Wasserstein, *Britain and the Jews of Europe, 1939-1945*, op. cit., pp. 295-302.

141. Rainer Schulze, "The *Heimschaffungsaktion* of 1942-3: Turkey, Spain and Portugal and their Responses to the German Offer of Repatriation of their Jewish Citizens". *Holocaust Studies*, v. 18, 2012, pp. 54-8.

142. Richard Overy, *Interrogations: The Nazi Elite in Allied Hands*, op. cit., pp. 48-9, 178-9.

143. Joseph Bendersky, "Dissension in the Face of the Holocaust: The 1941 American Debate over Anti-Semitism", op. cit., pp. 108-9; David Mayers, "Humanity in 1948: The Genocide Convention and the Universal Declaration of Human Rights", op. cit., pp. 448-55.

144. Kenneth Rose, *Myth and the Greatest Generation: A Social History of Americans in World War II*. Nova York, 2008, pp. 1-7.

145. Parliamentary Peace Aims Group, "Towards a Total Peace: A Restatement of Fundamental Principles", 1943, p. 4.

146. Ministério de Informação da China, *The Voice of China*, p. 12, pronunciamento à nação, 18 fev. 1942.

147. Sonya Rose, *Which People's War? National Identity and Citizenship in Wartime Britain 1939-1945*. Oxford, 2003, pp. 286-9.

148. Frank Bajohr e Michael Wildt (orgs.), *Volksgemeinschaft: Neue Forschungen zur Gesellschaft des Nationalsozialismus*. Frankfurt am Main, 2009, pp. 7-9; Detlef Schmiechen-Ackermann, "Social Control and the Making of the *Volksgemeinschaft*". Em Martina Steber e Bernhard Gotto (orgs.), *Visions of Community in Nazi Germany*, op. cit., pp. 240-53.

149. Michael David-Fox, "The People's War: Ordinary People and Regime Strategies in a World of Extremes". *Slavic Review*, v. 75, 2016, p. 552; Anika Walke, *Pioneers and Partisans: An Oral History of Nazi Genocide in Belorussia*. Nova York, 2015, p. 140.

150. Russell Buhite e David Levy (orgs.), *FDR's Fireside Chats*, op. cit., p. 199, transmissão de 9 dez 1941.

151. Luigi Petrella, *Staging the Fascist War: The Ministry of Popular Culture and Italian Propaganda on the Home Front, 1938-1943*. Berna, 2016, pp. 142-3; Romano Canosa, *I servizi segreti del Duce: I persecutori e le vittime*. Milão, 2000, pp. 387-93.

152. Ministério de Informação da China, *The Voice of China*, p. 40, discurso de Chiang Kai-shek, 22 out. 1942.

153. Sobre as questões enfrentadas pelos esforços de Chiang ver Rana Mitter, *China's War with Japan 1937-1945*. Londres, 2013, pp. 177-82; sobre a colaboração ver o resumo em David Barrett e Larry Shyu (orgs.), *Chinese Collaboration with Japan, 1932-1945*. Stanford, 2001, pp. 3-12; sobre a mobilização comunista, Lifeng Li, "Rural Mobilization in the Chinese Communist Revolution:

From the Anti-Japanese War to the Chinese Civil War". *Journal of Modern Chinese History*, v. 9, 2015, pp. 97-104.

154. Ministério de Informação da China, *The Voice of China*, p. 46, discurso de Chiang Kai-shek, 31 out. 1942.

155. Frank Bajohr e Michael Wildt (orgs.), *Volksgemeinschaft: Neue Forschungen zur Gesellschaft des Nationalsozialismus*, op. cit., p. 7.

156. Samuel Yamashita, *Daily Life in Wartime Japan*. Lawrence, 2015, pp. 13-4.

157. James Sparrow, *Warfare State: World War II Americans and the Age of Big Government*, op. cit., pp. 72-3; Robert Westbrook, *Why We Fought: Forging American Obligation in World War II*, op. cit., pp. 8-9.

158. William Tuttle, *"Daddy's Gone to War": The Second World War in the Lives of American Children*. Nova York, 1993, pp. 115-6, 118, 121-3.

159. Samuel Yamashita, *Daily Life in Wartime Japan*, op. cit., pp. 66-70, 87.

160. James Sparrow, *Warfare State: World War II Americans and the Age of Big Government*, op. cit., p. 65.

161. Ian McLaine, *Ministry of Morale: Home Front Morale and the Ministry of Information in World War II*. Londres, 1979, orelhas do livro.

162. Oleg Budnitskii, "The Great Patriotic War and Soviet Society: Defeatism 1941-42", op. cit., pp. 771-81; Mark Edele, *Stalin's Defectors: How Red Army Soldiers became Hitler's Collaborators, 1941-1945*. Oxford, 2017, pp. 21, 29-31. Não existe um número exato de deserções, e 200 mil representam um teto provável.

163. Hans Boberach (org.), *Meldungen aus dem Reich: Die geheimen Lageberichte des Sicherheitsdienstes der SS 1938-1945: Band I*. Herrsching, 1984, pp. 11-6, 20; David Welch, "Nazi Propaganda and the Volksgemeinschaft: Constructing a People's Community". *Journal of Contemporary History*, v. 39, 2004, p. 215.

164. Mimmo Franzinelli, *I tentacoli dell'Ovra: agenti, collaboratori e vittime della polizia politica fascista*. Turim, 1999, pp. 386-8; Romano Canosa, *I servizi segreti del Duce: I persecutori e le vittime*, op. cit., pp. 380-5.

165. Amir Weiner, "Getting to Know You: The Soviet Surveillance System 1939-1957". *Kritika*, v. 13, 2012, pp. 5-8.

166. James Sparrow, *Warfare State: World War II Americans and the Age of Big Government*, op. cit., p. 43.

167. Ibid., p. 69; Susan Brewer, *Why America Fights: Patriotism and War Propaganda from the Philippines to Iraq*, op. cit., pp. 93-6, 103.

168. Neil Wynn, "The 'Good War': The Second World War and Postwar American Society". *Journal of Contemporary History*, v. 31, 1996, pp. 467-70; James Sparrow, *Warfare State: World War II Americans and the Age of Big Government*, op. cit., pp. 67-8, 87-8; Robert Westbrook, *Why We Fought: Forging American Obligation in World War II*, op. cit., pp. 49-50, 69-70.

169. Paul Addison e Jeremy Crang (orgs.), *Listening to Britain: Home Intelligence Reports on Britain's Finest Hour, May to September 1940*. Londres, 2011, pp. xi-xii.

170. James Hinton, *The Mass Observers: A History, 1937-1949*. Oxford, 2013, pp. 166-7.

171. Ian McLaine, *Ministry of Morale: Home Front Morale and the Ministry of Information in World War II*, op. cit., pp. 256-7, 260; Paul Addison e Jeremy Crang (orgs.), *Listening to Britain: Home Intelligence Reports on Britain's Finest Hour, May to September 1940*, op. cit., pp. xiii-xiv; James Hinton, *The Mass Observers: A History, 1937-1949*, op. cit., pp. 179-80.

172. John Hilvert, *Blue Pencil Warriors: Censorship and Propaganda in World War II*. St. Lucia, Qld, 1984, pp. 220-2.

173. Luigi Petrella, *Staging the Fascist War: The Ministry of Popular Culture and Italian Propaganda on the Home Front, 1938-1943*, op. cit., p. 136.

174. Chang-tai Hung, *War and Popular Culture: Resistance in Modern China, 1937-1945*. Berkeley, 1994, pp. 181-5.

175. Peter Fritzsche, *An Iron Wind: Europe under Hitler*. Nova York, 2016, pp. 10-3.

176. Hans Boberach (org.), *Meldungen aus dem Reich: Die geheimen Lagebericte des Sicherheitsdienstes der SS 1938-1945: Band I*, op. cit., p. 25.

177. Luigi Petrella, *Staging the Fascist War: The Ministry of Popular Culture and Italian Propaganda on the Home Front, 1938-1943*, op. cit., pp. 136-8.

178. Oleg Budnitskii, "The Great Patriotic War and Soviet Society: Defeatism 1941-42", op. cit., p. 791.

179. Ian McLaine, *Ministry of Morale: Home Front Morale and the Ministry of Information in World War II*, op. cit., pp. 80-4.

180. James Sparrow, *Warfare State: World War II Americans and the Age of Big Government*, op. cit., pp. 86-8.

181. John Dower, *Japan in War and Peace: Essays on History, Race and Culture*. Nova York, 1993, p. 129.

182. James Sparrow, *Warfare State: World War II Americans and the Age of Big Government*, op. cit., p. 45.

183. Kenneth Rose, *Myth and the Greatest Generation: A Social History of Americans in World War II*, op. cit., p. 64.

184. Eric Johnson e Karl-Heinz Reuband, *What We Knew: Terror, Mass Murder and Everyday Life in Germany*, op. cit., pp. 194, 224.

185. Frank Bajohr e Dieter Pohl, *Der Holocaust als offene Geheimnis: Die Deutschen, die NS-Führungund die Allierten*. Munique, 2006, pp. 35-6, 56-7; Jeffrey Herf, *The Jewish Enemy: Nazi Propaganda during World War II and the Holocaust*, op. cit., pp. 114-22.

186. Randall Bytwerk, "The Argument for Genocide in Nazi Propaganda", op. cit., pp. 43-4; Randall Bytwerk, "Believing in 'Inner Truth': The Protocols of the Elders of Zion and Nazi Propaganda, 1933-1945", op. cit., p. 215.

187. Detlef Schmiechen-Ackermann, "Social Control and the Making of the *Volksgemeinschaft*", op. cit., p. 249.

188. Peter Longerich,*"Davon haben wir nichts gewusst!": Die Deutschen und die Judenverfolgung, 1933-1945*. Munique, 2006, pp. 317-21, 326-7; Randall Bytwerk, "The Argument for Genocide in Nazi Propaganda", op. cit., pp. 53-4.

189. Ver Mark Edele, *Stalin's Defectors: How Red Army Soldiers became Hitler's Collaborators, 1941-1945*, op. cit., pp. 169-74; Samuel Yamashita, *Daily Life in Wartime Japan*, op. cit., pp. 165-71.

190. Robert Westbrook, *Why We Fought: Forging American Obligation in World War II*, op. cit., pp. 8-9, 40-50.

191. Jose Harris, "Great Britain: The People's War". Em Warren Kimball, David Reynolds e Alexander Chubarian (orgs.), *Allies at War: The Soviet, American and British Experience, 1939-1945*. Nova York, 1994, pp. 244-51; Susan Brewer, *Why America Fights: Patriotism and War Propaganda from the Philippines to Iraq*, op. cit., pp. 115-7.

192. Lisa Kirschenbaum, "'Our City, our Hearths, our Families': Local Loyalties and Private Life in Soviet World War II Propaganda". *Slavic Review*, v. 59, 2000, pp. 825-30.

193. LC, Documentos de Eaker, Caixa I:30, Seção de Inteligência MAAF, "What is the German saying?" [s.d. porém mar. 1945], entrada (g).

194. Timothy Stewart-Winter, "'Not a Soldier, Not a Slacker': Conscientious Objection and Male Citizenship in the United States during the Second World War". *Gender & History*, v. 19, 2007, p. 533; Barbara Habenstreit, *Men Against War*. Nova York, 1973, pp. 142-3.

195. Rennie Smith, *Peace verboten*. Londres, 1943, pp. 45-8.

196. Norman Ingram, *The Politics of Dissent: Pacifism in France 1919-1939*. Oxford, 1991, pp. 134-9. Sobre a Campanha Internacional pela Paz (em francês, *Rassemblement universel pour la Paix*), ver Richard Overy, *The Morbid Age: Britain and the Crisis of Civilization*, op. cit., pp. 257-9.

197. H. Runham Brown, *The War Resisters' International: Principle, Policy and Practice*. Londres, 1936 [?], pp. 1-5.

198. Storm Jameson (org.), *Challenge to Death*. Londres, 1935, p. XII. Sobre as "Eleições da Paz", ver Martin Caedel, "The First Referendum: The Peace Ballot 1934-35". *English Historical Review*, v. 95, 1980, pp. 818-29.

199. Richard Overy, *The Morbid Age: Britain and the Crisis of Civilization*, op. cit., pp. 243-50; D. C. Lukowitz, "British Pacifists and Appeasement: The Peace Pledge Union". *Journal of Contemporary History*, v. 9, 1974, pp. 116-7.

200. Barbara Habenstreit, *Men Against War*, op. cit., pp. 126-33.

201. Gerald Sittser, *A Cautious Patriotism: The American Churches and the Second World War*. Chapel Hill, 1997, pp. 18-9.

202. Ibid., pp. 133-4; Scott Bennett, "American Pacifism, the 'Greatest Generation', and World War II". Em Kurt Piehler e Sidney Pash (orgs.), *The United States and the Second World War: New Perspectives on Diplomacy, War and the Home Front*, op. cit., pp. 260-1.

203. Barbara Habenstreit, *Men Against War*, op. cit., pp. 138-9.

204. *The Public Papers and Addresses of Franklin D. Roosevelt: 1939 Volume: War and Neutrality*. Nova York, 1941, p. 300, "President Opens the New York World's Fair, April 30 1939"; Marco Duranti, "Utopia, Nostalgia, and World War at the 1939-40 New York World's Fair". *Journal of Contemporary History*, v. 41, 2006, p. 663.

205. *Parliamentary Debates*, v. 351, col. 298, 3 set. 1939.

206. Graham Jackman, "'Ich kann nicht zwei Herren dienen': conscientious objectors and Nazi 'Militärjustiz'". *German Life and Letters*, v. 64, 2011, p. 205.

207. Peter Brock, *Against the Draft: Essays on Conscientious Objection from the Radical Reformation to the Second World War*. Toronto, 2006, pp. 329-31, 340.

208. Tobias Kelly, "Citizenship, Cowardice and Freedom of Conscience: British Pacifists in the Second World War". *Comparative Studies in Society and History*, v. 57, 2015, p. 701.

209. Mona Siegel, *The Moral Disarmament of France: Education, Pacifism and Patriotism, 1914-1940*. Cambridge, 2004, pp. 192-201.

210. Carrie Foster, *The Women and the Warriors: The U. S. Section of the Women's International League for Peace and Freedom, 1915-1946*. Syracuse, 1995, pp. 263-4, 284-5.

211. Neil Stammers, *Civil Liberties in Britain during the 2nd World War*. Londres, 1989, pp. 93-4; D. C. Lukowitz, "British Pacifists and Appeasement: The Peace Pledge Union", op. cit., pp. 115-28.

212. TNA, MEPO 3/3113, trecho de debates parlamentares, 6 mar. 1940, 26 nov. 1941; MEPO 3/2111, arquivo sobre processo de Stuart Morris.

213. Martin Caedel, *Pacifism in Britain, 1914-1945: The Defining of a Faith*. Oxford, 1980, p. 299; Vera Brittain, *One Voice: Pacifist Writings from the Second World War*. Londres, 2005, p. 39, "Functions of a Minority".

214. Peter Brock e Nigel Young, *Pacifism in the Twentieth Century*. Syracuse, 1999, p. 165.

215. Gerald Sittser, *A Cautious Patriotism: The American Churches and the Second World War*, op. cit., p. 19.

216. Ray Abrams, "The Churches and the Clergy in World War II". *Annals of the American Academy of Political and Social Science*, v. 256, 1948, pp. 111-3.

217. John Middleton Murry, *The Necessity of Pacifism*. Londres, 1937, p. 106; Arquivo da London School of Economics, Documentos da Women's International League for Peace and Freedom, 2IAW/2/C/46, "Report of a Deputation of Pacifist Clergy to the Archbishops of Canterbury and York", 11 jun. 1940.

218. Richard Overy, *The Morbid Age: Britain and the Crisis of Civilization*, op. cit., pp. 242-3.

219. George Bell, *Christianity and World Order*. Londres, 1940, pp. 78-81.

220. Stephen Parker, "Reinvigorating Christian Britain: The Spiritual Issues of the War, National Identity, and the Hope of Religious Education". Em Tom Lawson e Stephen Parker (orgs.), *God and War: The Church of England and Armed Conflict in the Twentieth Century*. Farnham, 2012, p. 63.

221. Donald Wall, "The Confessing Church and the Second World War". *Journal of Church and State*, v. 23, 1981, pp. 19-25.

222. Thomas Brodie, "Between 'National Community' and 'Milieu': German Catholics at War, 1939-1945". *Contemporary European History*, v. 26, 2017, pp. 428-32.

223. Jouni Tilli, "'Deus Vult!': The Idea of Crusading in Finnish Clerical War Rhetoric". *War in History*, v. 24, 2017, pp. 369-75.

224. Roger Reese, "The Russian Orthodox Church and 'Patriotic' Support for the Stalinist Regime during the Great Patriotic War". *War & Society*, v. 33, 2014, pp. 134-5.

225. Jan Bank com Lieve Grevers, *Churches and Religion in the Second World War*. Londres, 2016, p. 506.

226. Roger Reese, "The Russian Orthodox Church and 'Patriotic' Support for the Stalinist Regime during the Great Patriotic War", op. cit., pp. 144-5.

227. Para este parágrafo, ver John Mitsuru Oe, "Church and State in Japan in World War II". *Anglican and Episcopal History*, v. 59, 1990, pp. 202-6.

228. George Bell, *Christianity and World Order*, op. cit., pp. 98-100.

229. Frank Coppa, "Pope Pius XII: From the Diplomacy of Impartiality to the Silence of the Holocaust". *Journal of Church and State*, v. 55, 2013, pp. 298-9; Gerard Noel, *Pius XII: The Hound of Hitler*. Londres, 2008, pp. 3-4.

230. Jan Bank com Lieve Grevers, *Churches and Religion in the Second World War*, pp. 483-94.

231. Frank Coppa, "Pope Pius XII: From the Diplomacy of Impartiality to the Silence of the Holocaust", op. cit., p. 300.

232. Peter Brock, *Against the Draft: Essays on Conscientious Objection from the Radical Reformation to the Second World War*, op. cit., pp. 350-2; Anna Halle, "The German Quakers and the Third Reich". *German History*, v. 11, 1993, pp. 222-6.

233. Tobias Kelly, "Citizenship, Cowardice and Freedom of Conscience: British Pacifists in the Second World War", op. cit., pp. 701-2; Richard Overy, "Pacifism and the Blitz, 1940-1941". *Past & Present*, n. 219, 2013, pp. 217-8.

234. W. Edward Orser, "World War II and the Pacifist Controversy in the Major Protestant Churches". *American Studies*, v. 14, 1973, pp. 7-10; Gerald Sittser, *A Cautious Patriotism: The American Churches and the Second World War*, op. cit., pp. 35-6.

235. Edward Orser, "World War II and the Pacifist Controversy in the Major Protestant Churches", op. cit., pp. 12-8.

236. Gabriele Yonan, "Spiritual Resistance of Christian Conviction in Nazi Germany: The Case of the Jehovah's Witnesses". *Journal of Church and State*, v. 41, 1999, pp. 308-9, 315-6; Timothy Stewart-Winter, "'Not a Soldier, Not a Slacker': Conscientious Objection and Male Citizenship in the United States during the Second World War", op. cit., p. 532.

237. Thomas Kehoe, "The Reich Military Court and its Values: Wehrmacht Treatment of Jehovah's Witness Conscientious Objection". *Holocaust & Genocide Studies*, v. 33, 2019, pp. 351-8; Gabriele Yonan, "Spiritual Resistance of Christian Conviction in Nazi Germany: The Case of the Jehovah's Witnesses", op. cit., p. 309; Graham Jackman, "'Ich kann nicht zwei Herren dienen': conscientious objectors and Nazi 'Militärjustiz'", op. cit., pp. 189, 193.

238. John Mitsuru Oe, "Church and State in Japan in World War II", op. cit., p. 210.

239. Gerald Sittser, *A Cautious Patriotism: The American Churches and the Second World War*, op. cit., pp. 186-7.

240. Denis Hayes, "Liberty in the War", folheto publicado por *Peace News*, set. 1943, pp. 5-6.

241. Scott Bennett, "American Pacifism, the 'Greatest Generation', and World War II", op. cit., p. 267; Timothy Stewart-Winter, "'Not a Soldier, Not a Slacker': Conscientious Objection and Male Citizenship in the United States during the Second World War", op. cit., p. 532; Tobias Kelly, "Citizenship, Cowardice and Freedom of Conscience: British Pacifists in the Second World War", op. cit., p. 710.

242. Peter Brock, *Against the Draft: Essays on Conscientious Objection from the Radical Reformation to the Second World War*, op. cit., pp. 329-30.

243. Graham Jackman, "'Ich kann nicht zwei Herren dienen': conscientious objectors and Nazi 'Militärjustiz'", op. cit., pp. 189-93, 197-8.

244. Tobias Kelly, "Citizenship, Cowardice and Freedom of Conscience: British Pacifists in the Second World War", op. cit., p. 699.

245. Biblioteca Nacional de Gales, Documentos de Stanley Jevons, I IV/103, Anotações do Presidente do Tribunal Sudeste (s.d. mas set.-out. 1941); Tobias Kelly, "Citizenship, Cowardice and Freedom of Conscience: British Pacifists in the Second World War", op. cit., p. 709.

246. Peter Brock e Nigel Young, *Pacifism in the Twentieth Century*, op. cit., pp. 158-9; a citação é de Tobias Kelly, "Citizenship, Cowardice and Freedom of Conscience: British Pacifists in the Second World War", op. cit., p. 694.

247. Denis Hayes, *Challenge of Conscience: The Story of Conscientious Objectors of 1939-1949*. Londres, 1949, p. 210.

248. Andrew Rigby, "Pacifist communities in Britain during the Second World War". *Peace & Change*, v. 15, 1990, pp. 108-13.

249. Rachel Barker, *Conscience, Government and War: Conscientious Objection in Britain, 1939-45*. Londres, 1982, p. 58; Richard Overy, "Pacifism and the Blitz, 1940-1941", op. cit., pp. 222-3.

250. Gerald Sittser, *A Cautious Patriotism: The American Churches and the Second World War*, op. cit., pp. 131-2.

251. Scott Bennett, "'Free American Political Prisoners': Pacifist Activism and Civil Liberties, 1945-48". *Journal of Peace Research*, v. 40, 2003, p. 424; Timothy Stewart-Winter, "'Not a Soldier, Not a Slacker': Conscientious Objection and Male Citizenship in the United States during the Second World War", op. cit., pp. 527-8.

252. Timothy Stewart-Winter, "'Not a Soldier, Not a Slacker': Conscientious Objection and Male Citizenship in the United States during the Second World War", op. cit., p. 522.

253. Ibid., pp. 522-6.

254. Scott Bennett, "American Pacifism, the 'Greatest Generation', and World War II", op. cit., p. 267.

255. Nicholas Krehbiel, *General Lewis B. Hershey and Conscientious Objection during World War II*. Columbia, 2011, pp. 5-6, 97.

256. Ibid., pp. 260, 265-6; Timothy Stewart-Winter, "'Not a Soldier, Not a Slacker': Conscientious Objection and Male Citizenship in the United States during the Second World War", op. cit., p. 521.

257. Nicholas Krehbiel, *General Lewis B. Hershey and Conscientious Objection during World War II*, op. cit., pp. 112-6.

258. Barbara Habenstreit, *Men Against War*, op. cit., pp. 151-2; Scott Bennett, "American Pacifism, the 'Greatest Generation', and World War II", op. cit., pp. 264, 272-3, 275-7; id., "'Free American Political Prisoners': Pacifist Activism and Civil Liberties, 1945-48", op. cit., pp. 414-5.

259. Id., "'Free American Political Prisoners': Pacifist Activism and Civil Liberties, 1945-48", op. cit., pp. 413-4, 423-30.

8. GUERRAS CIVIS [pp. 738-99]

1. Raymond Daniell, *Civilians Must Fight*. Nova York, 1941, pp. 4-5.

2. Mark Edele, *Stalin's Defectors: How Red Army Soldiers became Hitler's Collaborators, 1941-1945*. Nova York, 2017, p. 177; sobre as estatísticas da defesa civil britânica, Fred Iklé, *The Social Impact of Bomb Destruction*. Norman, 1958, pp. 163-4.

3. Alexander Gogun, *Stalin's Commandos: Ukrainian Partisan Forces on the Eastern Front*. Londres, 2016, pp. 155-7.

4. Margaret Anagnostopoulou, "From Heroines to Hyenas: Women Partisans during the Greek Civil War". *Contemporary European History*, v. 10, 2001, p. 491, entrevista da autora com uma veterana guerrilheira.

5. Giulio Douhet, *The Command of the Air*. Maxwell, 2019, pp. 14-24 [ed. bras.: *O domínio do ar*. Belo Horizonte: Itatiaia, 1988]; ver também Thomas Hippler, *Bombing the People: Giulio Douhet and the Foundations of AirPower Strategy, 1884-1939*. Cambridge, 2013, cap. 4.

6. Sobre esses temas, ver John Konvitz, "Représentations urbaines et bombardements stratégiques". *Annales*, v. 44, 1989, pp. 823-47; Susan Grayzel, "'A Promise of Terror to Come': Air Power and the Destruction of Cities in British Imagination and Experience, 1908-39". Em Stefan Goebel e Derek Keene (orgs.), *Cities into Battlefields: Metropolitan Scenarios, Experiences and Commemorations of Total War*. Farnham, 2011, pp. 47-62.

7. Ian Patterson, *Guernica and Total War*. Londres, 2007, p. 110.

8. Goldsworthy Lowes Dickinson, *War: Its Nature, Cause and Cure*. Londres, 1923, pp. 12-3.

9. Franco Manaresi, "La protezione antiaerea". Em Cristina Bersani e Valeria Monaco (orgs.), *Delenda Bononia: Immagini dei bombardamenti, 1943-1945*. Bolonha, 1995, pp. 29-30.

10. Prefácio de Stephen Spender, *Citizens in War — and After*. Londres, 1945, p. 5.

11. Terence O'Brien, *Civil Defence*. Londres, 1955, p. 690, Apêndice x. Sobre a questão dos papéis de gênero, ver Lucy Noakes, "'Serve to Save': Gender, Citizenship and Civil Defence in Britain, 1937-41". *Journal of Contemporary History*, v. 47, 2012, pp. 748-9.

12. Matthew Dallek, *Defenseless Under the Night: The Roosevelt Years and the Origins of Homeland Security*. Nova York, 2016, pp. 248-9.

13. Richard Overy, *The Bombing War: Europe 1939-1945*. Londres, 2013, pp. 215-7.

14. BAB, R 1501/823, Luftschutzgesetz, 7 Durchführungsverordnung, 31 ago. 1943.

15. Bernd Lemke, *Luftschutz in Grossbritannien und Deutschland 1923 bis 1939*. Munique, 2005, pp. 254-5.

16. Terence O'Brien, *Civil Defence*, op. cit., caps. 3-5; Bernd Lemke, *Luftschutz in Grossbritannien und Deutschland 1923 bis 1939*, op. cit., pp. 342-62.

17. TNA, HO 186/602, estatísticas sobre o pessoal da defesa civil, resumo de todos os serviços, 30 jun. 1940, 14 nov. 1940; HO 187/1156, pesquisa histórica, "Manpower in the National Fire Service"; Shane Ewen, "Preparing the British Fire Service for War: Local Government, Nationalisation and Evolutionary Reform, 1935-41". *Contemporary British History*, v. 20, 2006, pp. 216-9; Charles Graves, *Women in Green: The Story of the W. V. S.* Londres, 1948, pp. 14-20.

18. Terence O'Brien, *Civil Defence*, op. cit., pp. 548-58, 690.

19. Claudia Baldoli e Andrew Knapp, *Forgotten Blitzes: France and Italy under Allied Air Attack, 1940-1945*. Londres, 2012, pp. 51-5, 92-3; Service Historique de l'Armée de l'Air, Vincennes, Paris, 3D/44/Dossier 1, "Formations et effectifs réels, Défense Passive", 15 de jan. de 1944.

20. Nicola della Volpe, *Difesa del territorio e protezione antiaerea (1915-1943)*. Roma, 1986, pp. 194-203, doc. 17 "Istruzione sulla protezione antiaerea".

21. Ibid., pp. 46-8; Claudia Baldoli e Andrew Knapp, *Forgotten Blitzes: France and Italy under Allied Air Attack, 1940-1945*, op. cit., p. 54.

22. Larry Bland (org.), *The Papers of George Catlett Marshall*. Baltimore, 1986. v. II: "We Cannot Delay", pp. 607-8, Programa de rádio sobre o Corpo de Defesa dos Cidadãos, 11 de nov. de 1941.

23. Matthew Dallek, *Defenseless Under the Night: The Roosevelt Years and the Origins of Homeland Security*, op. cit., pp. 223-5.

24. NARA, RG107, Lovett Papers, Caixa 139, James Landis, "We're Not Safe from Air Raids", *Civilian Front*, 15 maio 1943.

25. Biblioteca da Universidade de Cambridge, Bernal Papers, Add 8287, Box 58/2, E.P.S. Bulletin n. 1, mar. 1942.

26. Tetsuo Maeda, "Strategic Bombing of Chongqing by Imperial Japanese Army and Naval Forces". Em Yuki Tanaka e Marilyn Young (orgs.), *Bombing Civilians: A Twentieth-Century History*. Nova York, 2009, p. 141.

27. Samuel Yamashita, *Daily Life in Wartime Japan, 1940-1945*. Lawrence, 2015, p. 28.

28. RAF Museum, Hendon, Bottomley Papers, AC 71/2/31, Palestra no Thirty Club de Richard Peck, 8 mar. 1944, p. 8. Para uma discussão completa sobre a mudança para o bombardeio de áreas de cidades industriais ver Richard Overy, "'The Weak Link'? The Perception of the German Working Class by RAF Bomber Command, 1940-1945". *Labour History Review*, v. 77, 2012, pp. 24-31.

29. TNA, AIR 14/783, Air Staff memorandum, 7 out. 1943: os objetivos dos ataques a essas áreas era "a destruição das moradias dos trabalhadores, a morte de trabalhadores qualificados e a perturbação geral dos serviços públicos".

30. Richard Overy, *The Bombing War: Europe 1939-1945*, op. cit., pp. 328-30.

31. Larry Bland (org.), *The Papers of George Catlett Marshall*, op. cit. v. II: "We Cannot Delay", p. 678, relato da entrevista coletiva, 15 nov. 1941.

32. Thomas Searle, "'It Made a Lot of Sense to Kill Skilled Workers': The Firebombing of Tokyo in March 1945". *Journal of Military History*, v. 66, 2002, pp. 116-9.

33. Rana Mitter, *China's War with Japan 1937-1945: The Struggle for Survival*. Londres, 2013, pp. 191-2; Tetsuo Maeda, "Strategic Bombing of Chongqing by Imperial Japanese Army and Naval Forces", op. cit., pp. 146-9.

34. Richard Overy, *The Bombing War: Europe 1939-1945*, op. cit., pp. 99-105.

35. Edward Glover, *The Psychology of Fear and Courage*. Londres, 1940, pp. 35, 63.

36. TNA, HO 186/608, relatório do Comisário Regional Sul, 14 dez. 1940; relatório do Ministério da Alimentação, "Brief Visit to Southampton, December 3rd 1940", 5 dez. 1940.

37. Dietmar Süss, "Wartime Societies and Shelter Politics in National Socialist Germany and Britain". Em Claudia Baldoli, Andrew Knapp e Richard Overy (orgs.), *Bombing, States and Peoples in Western Europe, 1940-1945*. Londres, 2011, pp. 31-3; University of East Anglia, Zuckerman Archive, OEMU/59/13, rascunho do relatório "Shelter Habits", tabela B, tabela C.

38. Kevin Hewitt, "Place Annihilation: Area Bombing and the Fate of Urban Places". *Annals of the Association of American Geographers*, v. 73, 1983, p. 263.

39. TNA, AIR/20/7287, "Secret Report by the Police President of Hamburg on the Heavy Raids on Hamburg July/August 1943", 1º dez. 1943, pp. 22-3, 67-8, 87-99.

40. Hans Rumpf, *The Bombing of Germany*. Londres, 1957, pp. 186-7; Andreas Linhardt, *Feuerwehr im Luftschutz 1926-1945: Die Umstruktierung des öffentlichen Feuerlöschwesens in Deutschland unter Gesichtspunkten des zivilen Luftschutzes*. Brunswick, 2002, pp. 171-82.

41. Fred Iklé, *The Social Impact of Bomb Destruction*, op. cit., pp. 67-8.

42. Samuel Yamashita, *Daily Life in Wartime Japan, 1940-1945*, op. cit., p. 102, de uma carta enviada em maio de 1945. Ver também Aaron Moore, *Bombing the City: Civilian Accounts of the Air War in Britain and Japan, 1939-1945*. Cambridge, 2018, pp. 112-4.

43. USSBS Pacific Theater, relatório 11, 6, 69.

44. China Information Committee, *China After Four Years of War*. Chongqing, 1941, pp. 174-5.

45. USSBS Pacific Theater, relatório 11, 69, 200.

46. Ibid., 2, 9-11.

47. Estatísticas das seguintes fontes: França, Jean-Charles Foucrier, *La Stratégie de la destruction: Bombardements alliés en France, 1944*. Paris, 2017, pp. 9-10; China, Diana Lary, *The Chinese People at War: Human Suffering and Social Transformation, 1937-1945*. Cambridge, 2010, p. 89.

48. Rana Mitter, *China's War with Japan 1937-1945: The Struggle for Survival*, op. cit., pp. 231-2.

49. Bernard Donoughue e G. W. Jones, *Herbert Morrison: Portrait of a Politician*. Londres, 2001, pp. 316-8.

50. Edna Tow, "The Great Bombing of Chongqing and the AntiJapanese War, 1937-1945". Em Mark Peattie, Edward Drea e Hans van de Ven (orgs.), *The Battle for China: Essays on the Military History of the SinoJapanese War of 1937-1945*. Stanford, 2011, pp. 269-70, 277-8.

51. China Information Committee, *China After Four Years of War*, op. cit., p. 179.

52. CCAC, CHAR 9/182B, Notas para um discurso para os trabalhadores da defesa civil, County Hall, Londres, 12 jul. 1940, pp. 4-5.

53. Matthew Cobb, *The Resistance: The French Fight against the Nazis*. Nova York, 2009, pp. 39-40.

54. Tom Behan, *The Italian Resistance: Fascists, Guerrillas and the Allies*. Londres, 2008, pp. 67-8; Matthew Cobb, *The Resistance: The French Fight against the Nazis*, op. cit., pp. 163-4.

55. Sobre o caso chinês, ver Poshek Fu, "Resistance in Collaboration: Chinese Cinema in Occupied Shanghai, 1940-1943". Em David Barrett e Larry Shyu (orgs.), *Chinese Collaboration with Japan, 1932-1945*. Stanford, 2002, pp. 180, 193.

56. Robert Gildea, *Fighters in the Shadows: A New History of the French Resistance*. Londres, 2015, pp. 70-1, 143-4.

57. Changtai Hung, *War and Popular Culture: Resistance in Modern China, 1937-1945*. Berkeley, 1994, pp. 221-30.

58. Matthew Cobb, *The Resistance: The French Fight against the Nazis*, op. cit., pp. 223-4.

59. Gaj Trifković, "'Damned Good Amateurs': Yugoslav Partisans in the Belgrade Operation

1944". *Journal of Slavic Military Studies*, v. 29, 2016, pp. 256, 270; Yang Kuisong, "Nationalist and Communist Guerrilla Warfare in North China". Em Mark Peattie, Edward Drea e Hans van de Ven (orgs.), *The Battle for China: Essays on the Military History of the SinoJapanese War of 1937-1945*, op. cit., p. 325; John Loulis, *The Greek Communist Party, 1940-1944*. Londres, 1982, p. 153.

60. Shmuel Krakowski, *The War of the Doomed: Jewish Armed Resistance in Poland, 1942-1944*. Nova York, 1984, p. 5.

61. Svetozar Vukmanović, *How and Why the People's Liberation Struggle of Greece Met with Defeat*. Londres, 1985, p. 41, citando Mao Tsé-tung em *The Strategic Problems of the Chinese Revolutionary War*.

62. L. S. Stavrianos, "The Greek National Liberation Front (EAM): A Study in Resistance Organization and Administration". *Journal of Modern History*, v. 24, 1952, p. 43.

63. Matthew Cobb, *The Resistance: The French Fight against the Nazis*, op. cit., pp. 60-3.

64. Olivier Wieviorka e Jack Tebinka, "Resisters: From Everyday Life to CounterState". Em Robert Gildea, Olivier Wieviorka e Annette Warring (orgs.), *Surviving Hitler and Mussolini; Daily Life in Occupied Europe*. Oxford, 2006, pp. 158-9.

65. Tom Behan, *The Italian Resistance: Fascists, Guerrillas and the Allies*, op. cit., pp. 45-8.

66. Philippe Buton, *Les Lendemains qui déchantant: Le Parti communiste français à la Libération*. Paris, 1993, p. 269.

67. Yang Kuisong, "Nationalist and Communist Guerrilla Warfare in North China", op. cit., pp. 323-5; Daoxuan Huang, "The Cultivation of Communist Cadres during the War of Resistance against Japanese Aggression". *Journal of Modern Chinese History*, v. 10, 2016, p. 138.

68. Julia Ebbinghaus, "Les Journaux clandestins rédigés par les femmes: Une résistance spécifique". Em Mechtild Gilzmer, Christine LevisseTouzé e Stefan Martens, *Les Femmes dans la Résistance en France*. Paris, 2003, pp. 141-4, 148-50; JeanMarie Guillon, "Les Manifestations de ménagères: Protestation populaire et résistance féminine spécifique", ibid., pp. 115-20.

69. Julian Jackson, *France: The Dark Years 1940-1945*. Oxford, 2001, pp. 491-4.

70. Barbara Jancar, "Women in the Yugoslav National Liberation Movement: An Overview". *Studies in Comparative Communism*, v. 14, 1981, pp. 150, 155-6.

71. Jomane Alano, "Armed with the Yellow Mimosa: Women's Defence and Assistance Groups in Italy, 1943-45". *Journal of Contemporary History*, v. 38, 2003, pp. 615, 618-20.

72. Robert Gildea, *Fighters in the Shadows: A New History of the French Resistance*, op. cit., p. 131.

73. Jomane Alano, "Armed with the Yellow Mimosa: Women's Defence and Assistance Groups in Italy, 1943-45", op. cit., p. 616.

74. Margaret Anagnostopoulou, "From Heroines to Hyenas: Women Partisans during the Greek Civil War", op. cit., pp. 481-2.

75. Jelena Batinić, *Women and Yugoslav Partisans: A History of World War II Resistance*. Cambridge, 2015, pp. 128-9, 143-8, 156-7; Barbara Jancar, "Women in the Yugoslav National Liberation Movement: An Overview", op. cit., pp. 155-6, 161.

76. Matthew Cobb, *The Resistance: The French Fight against the Nazis*, op. cit., p. 185.

77. L. S. Stavrianos, "The Greek National Liberation Front (EAM): A Study in Resistance Organization and Administration", op. cit., pp. 45-50; Dominique Eudes, *The Kapetanios: Partisans and Civil War in Greece, 1943-1949*. Londres, 1972, pp. 22-3.

78. Spyros Tsoutsoumpis, *A History of the Greek Resistance in the Second World War*. Manchester, 2016, p. 226.

79. Anika Walke, *Pioneers and Partisans: An Oral History of Nazi Genocide in Belorussia*. Nova York, 2015, pp. 191-2.

80. Hans van de Ven, *China at War: Triumph and Tragedy in the Emergence of the New China, 1937-1952*. Londres, 2017, pp. 139-41; Yang Kuisong, "Nationalist and Communist Guerrilla Warfare in North China", op. cit., pp. 309-10.

81. Dominique Eudes, *The Kapetanios: Partisans and Civil War in Greece, 1943-1949*, op. cit., p. 22.

82. Gaj Trifković, "'Damned Good Amateurs': Yugoslav Partisans in the Belgrade Operation 1944", op. cit., p. 271.

83. Halik Kochanski, *The Eagle Unbowed: Poland and the Poles in the Second World War*. Londres, 2012, pp. 389-90.

84. Yang Kuisong, "Nationalist and Communist Guerrilla Warfare in North China", op. cit., pp. 319-20.

85. Peter Seybolt, "The War within a War: A Case Study of a County on the North China Plain". Em David Barrett e Larry Shyu (orgs.), *Chinese Collaboration with Japan, 1932-1945*, op. cit., p. 221.

86. Ben Hillier, "The Huk Rebellion and the Philippines Radical Tradition". Em Donny Gluckstein (org.), *Fighting on All Fronts: Popular Resistance in the Second World War*. Londres, 2015, p. 327.

87. Mark Mazower, *Inside Hitler's Greece: The Experience of Occupation, 1941-44*. New Haven, 1993, pp. 289-90, 318-20.

88. Alexander Gogun, *Stalin's Commandos: Ukrainian Partisan Forces on the Eastern Front*, op. cit., p. 109.

89. Hans-Heinrich Nolte, "Partisan war in Belorussia, 1941-1945". Em Roger Chickering, Stig Förster e Bernd Greiner (orgs.), *A World at Total War: Global Conflict and the Politics of Destruction, 1937-1945*. Cambridge, 2005, pp. 268-73.

90. John Loulis, *The Greek Communist Party, 1940-1944*, op. cit., pp. 85-90, 122; L. S. Stavrianos, "The Greek National Liberation Front (EAM): A Study in Resistance Organization and Administration", op. cit., pp. 42-3; John Iatrides, "Revolution or Self-Defense? Communist Goals, Strategy, and Tactics in the Greek Civil War". *Journal of Cold War Studies*, v. 7, 2005, pp. 7-8.

91. Stevan Pavlowitch, *Hitler's New Disorder: The Second World War in Yugoslavia*. Londres, 2008, pp. 114-5.

92. Hans van de Ven, *China at War: Triumph and Tragedy in the Emergence of the New China, 1937-1952*, op. cit., pp. 146-9.

93. Lifeng Li, "Rural Mobilization in the Chinese Communist Revolution: From the Anti-Japanese War to the Chinese Civil War". *Journal of Modern Chinese History*, v. 9, 2015, pp. 97-101.

94. Dominique Eudes, *The Kapetanios: Partisans and Civil War in Greece, 1943-1949*, op. cit., pp. 5-6, 13-4.

95. L. S. Stavrianos, "The Greek National Liberation Front (EAM): A Study in Resistance Organization and Administration", op. cit., pp. 45-8.

96. Mark Mazower, *Inside Hitler's Greece: The Experience of Occupation, 1941-44*, op. cit., pp. 265-79.

97. Spyros Tsoutsoumpis, *A History of the Greek Resistance in the Second World War*, op. cit., pp. 8-9, 214-8.

98. John Iatrides, "Revolution or Self-Defense? Communist Goals, Strategy, and Tactics in the Greek Civil War", op. cit., p. 6.

99. André Gerolymatos, *An International Civil War: Greece, 1943-1949*. New Haven, 2016, pp. 287-8.

100. John Newman, *Yugoslavia in the Shadow of War*. Cambridge, 2015, pp. 241-61.

101. David Motadel, *Islam and Nazi Germany's War*. Cambridge, EUA, 2014, pp. 178-83; Stevan Pavlowitch, *Hitler's New Disorder: The Second World War in Yugoslavia*, op. cit., pp. 115-7, 124-32.

102. David Motadel, *Islam and Nazi Germany's War*, op. cit., pp. 183, 212; Stevan Pavlowitch, *Hitler's New Disorder: The Second World War in Yugoslavia*, op. cit., pp. 142-5.

103. Stevan Pavlowitch, *Hitler's New Disorder: The Second World War in Yugoslavia*, op. cit., p. 106.

104. Blaž Torkar, "The Yugoslav Armed Forces in Exile". Em Vít Smetana e Kathleen Geaney (orgs.), *Exile in London: The Experience of Czechoslovakia and the Other Occupied Nations, 1939-1945*. Praga, 2017, pp. 117-20.

105. Gaj Trifković, "The Key to the Balkans: The Battle for Serbia 1944". *Journal of Slavic Military Studies*, v. 28, 2015, pp. 544-9.

106. Alexander Gogun, *Stalin's Commandos: Ukrainian Partisan Forces on the Eastern Front*, op. cit., p. 10.

107. Jared McBride, "Peasants into Perpetrators: The OUNUPA and the Ethnic Cleansing of Volhynia, 1943-1944". *Slavic Review*, v. 75, 2016, pp. 630-1, 636-8.

108. Peter Seybolt, "The War within a War: A Case Study of a County on the North China Plain", op. cit., pp. 205-15.

109. Lifeng Li, "Rural Mobilization in the Chinese Communist Revolution: From the Anti-Japanese War to the Chinese Civil War", op. cit., pp. 98-9.

110. Geraldien von Künzel, "Resistance, Reprisals, Reactions". Em Robert Gildea, Olivier Wieviorka e Annette Warring (orgs.), *Surviving Hitler and Mussolini; Daily Life in Occupied Europe*, op. cit., pp. 179-81.

111. Mark Kilion, "The Netherlands 1940-1945: War of Liberation". Em Donny Gluckstein (org.), *Fighting on All Fronts: Popular Resistance in the Second World War*, op. cit., pp. 147-8.

112. Peter Seybolt, "The War within a War: A Case Study of a County on the North China Plain", op. cit., pp. 219-20.

113. Alexander Gogun, *Stalin's Commandos: Ukrainian Partisan Forces on the Eastern Front*, op. cit., pp. 187-8; Olivier Wieviorka e Jack Tebinka, "Resisters: From Everyday Life to Counter-State", op. cit., p. 169.

114. Matthew Cobb, *The Resistance: The French Fight against the Nazis*, op. cit., p. 163.

115. *European Resistance Movements 1939-1945: First International Conference on the History of the Resistance Movements*. Londres, 1960, pp. 351-2.

116. Matthew Cobb, *The Resistance: The French Fight against the Nazis*, op. cit., pp. 183-4.

117. Alexander Gogun, *Stalin's Commandos: Ukrainian Partisan Forces on the Eastern Front*, op. cit., pp. 45-6.

118. Ibid., pp. 56-9.

119. Hans-Heinrich Nolte, "Partisan war in Belorussia, 1941-1945", op. cit., pp. 274-5.

120. Alexander Gogun, *Stalin's Commandos: Ukrainian Partisan Forces on the Eastern Front*, op. cit., pp. XV-XVI; A. A. Maslov, "Concerning the Role of Partisan Warfare in Soviet Military Doctrine of the 1920s and 1930s". *Journal of Slavic Military Studies*, v. 9, 1996, pp. 892-3.

121. Gaj Trifković, "'Damned Good Amateurs': Yugoslav Partisans in the Belgrade Operation 1944", op. cit., p. 261; John Loulis, *The Greek Communist Party, 1940-1944*, op. cit., pp. 81-2.

122. Anita Prazmowska, "The Polish Underground Resistance during the Second World War: A Study in Political Disunity during Occupation". *European History Quarterly*, v. 43, 2013, pp. 465-7, 472-4.

123. Tadeusz BórKomorowski, "Le Mouvement de Varsovie". Em *European Resistance Movements 1939-1945: First International Conference on the History of the Resistance Movements*, op. cit., p. 287.

124. Halik Kochanski, *The Eagle Unbowed: Poland and the Poles in the Second World War*, op. cit., pp. 385-6, 395.

125. Ibid., pp. 390-2, 396-7.

126. Tadeusz BórKomorowski, "Le Mouvement de Varsovie", op. cit., pp. 288-9.

127. Alexandra Richie, *Warsaw 1944: The Fateful Uprising*. Londres, 2013, pp. 176-80.

128. Kazik (Simha Rotem), *Memoirs of a Warsaw Ghetto Fighter*. New Haven, 1994, pp. 119, 122.

129. Ewa Stańczyk, "Heroes, Victims, Role Models: Representing the Child Soldiers of the Warsaw Uprising". *Slavic Review*, v. 74, 2015, p. 740; Halik Kochanski, *The Eagle Unbowed: Poland and the Poles in the Second World War*, op. cit., pp. 402, 424-5.

130. David Glantz, "Stalin's Strategic Intentions, 1941-45". *Journal of Slavic Military Studies*, v. 27, 2014, pp. 687-91; Alexander Statiev, *The Soviet Counterinsurgency in the Western Borderlands*. Cambridge, 2010, pp. 120-2.

131. Valentin Berezhkov, *History in the Making: Memoirs of World War II Diplomacy*. Moscou, 1983, pp. 357-8; David Reynolds e Vladimir Pechatnov (orgs.), *The Kremlin Letters: Stalin's Wartime Correspondence with Churchill and Roosevelt*. New Haven, 2018, p. 459, Stálin para Churchill, 16 ago. 1944.

132. TNA, AIR 8/1169, "Despatches from MAAF on Dropping Operations to Warsaw" [n.d.]; Norman Davies, *Rising '44: The Battle for Warsaw*. Londres, 2003, pp. 310-1; Halik Kochanski, *The Eagle Unbowed: Poland and the Poles in the Second World War*, op. cit., pp. 408-11.

133. Alexandra Richie, *Warsaw 1944: The Fateful Uprising*, op. cit., pp. 610, 617.

134. Alexander Statiev, *The Soviet Counterinsurgency in the Western Borderlands*, op. cit., p. 122.

135. Shmuel Krakowski, *The War of the Doomed: Jewish Armed Resistance in Poland, 1942-1944*, op. cit., pp. 8-9.

136. Dongill Kim, "Stalin and the Chinese Civil War". *Cold War History*, v. 10, 2010, pp. 186-91.

137. John Loulis, *The Greek Communist Party, 1940-1944*, op. cit., pp. 81-2.

138. John Iatrides, "Revolution or Self-Defense? Communist Goals, Strategy, and Tactics in the Greek Civil War", op. cit., pp. 11-2, 16-8, 19-21.

139. Tommaso Piffer, "Stalin, the Western Allies and Soviet Policy towards the Yugoslav Partisan Movement, 1941-44". *Journal of Contemporary History*, v. 54, 2019, pp. 424-37.

140. David Glantz, "Stalin's Strategic Intentions, 1941-45", op. cit., p. 690, Diretiva de 5 de set. de 1944.

141. Gaj Trifković, "'Damned Good Amateurs': Yugoslav Partisans in the Belgrade Operation 1944", op. cit., pp. 254-5, 276-7.

142. Stevan Pavlowitch, *Hitler's New Disorder: The Second World War in Yugoslavia*, op. cit., p. 236.

143. Michael Foot, *SOE: The Special Operations Executive, 1940-46*. Londres, 1984, pp. 20-1.

144. Olivier Wieviorka, *The Resistance in Western Europe, 1940-1945*. Nova York, 2019, p. 27.

145. TNA, FO 898/457, "Annual Dissemination of Leaflets by Aircraft and Balloon, 1939-1945".

146. Richard Overy, "Bruce Lockhart, British Political Warfare and Occupied Europe". Em Smetana e Geaney (eds.), *Exile in London*, pp. 201-4.

147. TNA, FO 898/338, PWE "Special Directive on Food and Agriculture", 1º ago. 1942; memorando do PWE "The Peasant in Western Europe", 5 abr. 1943; major Baker para Ritchie Calder (PWE), "The Peasant Revolt", 13 fev. 1942.

148. TNA, FO 898/340, Patrick Gordon-Walker, "Harnessing the Trojan Horse", 31 mar. 1944; SHAEF Political Warfare Division, "Propaganda to Germany: The Final Phase", 4 jul. 1944.

149. TNA, FO 800/879, dr. Jan Kraus para Lockhart, 10 nov. 1942; FO 898/420, "Suggested Enquiry into the Effects of British Political Warfare against Germany", 12 jul. 1945.

150. Ian Dear, *Sabotage and Subversion: The SOE and OSS at War*. Londres, 1996, pp. 12-3.

151. Ibid., pp. 12-4.

152. Michael Foot, *SOE: The Special Operations Executive, 1940-46*, op. cit., p. 171.

153. Peter Wilkinson, *Foreign Fields: The Story of an SOE Operative*. Londres, 1997, p. 148.

154. Mark Mazower, *Inside Hitler's Greece: The Experience of Occupation, 1941-44*, op. cit., pp. 297-8, 352.

155. André Gerolymatos, *An International Civil War: Greece, 1943-1949*, op. cit., pp. 138-41.

156. Mark Seaman, "'The Most Difficult Country': Some Practical Considerations on British Support for Clandestine Operations in Czechoslovakia during the Second World War". Em Vít Smetana e Kathleen Geaney (orgs.), *Exile in London: The Experience of Czechoslovakia and the Other Occupied Nations, 1939-1945*, op. cit., pp. 131-2; David Stafford, *Mission Accomplished: SOE and Italy, 1943-45*. Londres, 2011, p. 225.

157. Michael Foot, SOE *in France*. Londres, 1966, pp. 473-4.

158. David Stafford, *Mission Accomplished: SOE and Italy, 1943-45*, op. cit., p. 223.

159. Olivier Wieviorka, *Histoire de la résistance, 1940-1945*. Paris, 2013, pp. 498-9.

160. Gabriella Gribaudi, *Guerra Totale: Tra bombe alleate e violenze naziste: Napoli e il fronte meridionale 1940-44*. Turim, 2005, p. 197.

161. Ibid., pp. 197-8; Tom Behan, *The Italian Resistance: Fascists, Guerrillas and the Allies*, op. cit., pp. 37-8.

162. Santo Peli, *Storia della Resistenza in Italia*. Turim, 2006, pp. 121-3.

163. Max Corvo, OSS *Italy, 1942-1945*. Nova York, 1990, p. 215.

164. Santo Peli, *Storia della Resistenza in Italia*, op. cit., pp. 152-3.

165. Tommaso Piffer, *Gli Alleati e la Resistenza italiana*. Bolonha, 2010, pp. 177-81; David Stafford, *Mission Accomplished: SOE and Italy, 1943-45*, op. cit., p. 226; Tom Behan, *The Italian Resistance: Fascists, Guerrillas and the Allies*, op. cit., pp. 89-92.

166. Max Corvo, OSS *Italy, 1942-1945*, op. cit., p. 227; Santo Peli, *Storia della Resistenza in Italia*, op. cit., pp. 113-4.

167. Santo Peli, *Storia della Resistenza in Italia*, op. cit., pp. 114, 123-5, 139.

168. Max Corvo, OSS *Italy, 1942-1945*, op. cit., p. 228.

169. David Stafford, *Mission Accomplished: SOE and Italy, 1943-45*, op. cit., p. 217; Santo Peli, *Storia della Resistenza in Italia*, op. cit., pp. 137-9.

170. Claudio Pavone, *A Civil War: A History of the Italian Resistance*. Londres, 2013, pp. 603-4.

171. Santo Peli, *Storia della Resistenza in Italia*, op. cit., pp. 160-1.

172. Tommaso Piffer, *Gli Alleati e la Resistenza italiana*, op. cit., pp. 227-8.

173. Claudio Pavone, *A Civil War: A History of the Italian Resistance*, op. cit., pp. 609-10.

174. Ian Dear, *Sabotage and Subversion: The SOE and OSS at War*, op. cit., pp. 155, 182-3.

175. Georges Ribeill, "Aux Prises avec les voies ferrées: Bombarder ou saboter? Un dilemme revisité". Em Michèle Battesti e Patrick Facon (orgs.), *Les Bombardements alliés sur la France durant la Seconde Guerre Mondiale: Stratégies, bilans matériaux et humains*. Vincennes, 2009, p. 162; CCAC, BUFt 3/51, relatório Shaef "The Effect of the Overlord Plan to Disrupt Enemy Rail Communications", pp. 1-2.

176. Olivier Wieviorka, *Histoire de la résistance, 1940-1945*, op. cit., pp. 504-5.

177. Philippe Buton, *Les Lendemains qui déchantant: Le Parti communiste français à la Libération*, op. cit., pp. 104-5.

178. Thomas Laub, *After the Fall: German Policy in Occupied France, 1940-1944*. Oxford, 2010, pp. 277-80 para detalhes sobre a política de represália em 1944.

179. Olivier Wieviorka, *Histoire de la résistance, 1940-1945*, op. cit., pp. 507, 522-3; Philippe Buton, *Les Lendemains qui déchantant: Le Parti communiste français à la Libération*, op. cit., pp. 91-2.

180. Raymond Aubrac, *The French Resistance, 1940-1944*. Paris, 1997, pp. 35-7; Robert Gildea, *Fighters in the Shadows: A New History of the French Resistance*, op. cit., pp. 386-7.

181. Robert Gildea, *Fighters in the Shadows: A New History of the French Resistance*, op. cit., pp. 394-5.

182. Jean Guénenno, *Diary of the Dark Years, 1940-1944: Collaboration, Resistance, and Daily Life in Occupied Paris*. Oxford, 2014, p. 270, anotação de 21 ago. 1944.

183. Jean-François Muracciole, *Histoire de la Résistance en France*. Paris, 1993, pp. 119-20; Robert Gildea, *Fighters in the Shadows: A New History of the French Resistance*, op. cit., pp. 395-401.

184. Philibert de Loisy, *1944, les FFI deviennent soldats: L'amalgame: De la résistance à l'armée régulière*. Paris, 2014, pp. 187-9, 192-3, 258-9.

185. Richard Barry, "Statement by UK Representatives". Em *European Resistance Movements 1939-1945: First International Conference on the History of the Resistance Movements*, op. cit., p. 351.

186. Maria Pasini, *Brescia 1945*. Brescia, 2015, pp. 40-1.

187. Nechama Tec, *Defiance: The Bielski Partisans*. Nova York, 1993, pp. 81-2.

188. Léon Nisand, *De l'Étoile jaune à la Résistance armée: Combat pour la dignité humaine, 1942-1944*. Besançon, 2006, p. 21.

189. Renée Poznanski, "Geopolitics of Jewish Resistance in France". *Holocaust and Genocide Studies*, v. 15, 2001, pp. 256-57; org., "Reflections on Jewish Resistance and Jewish Resistants in France". *Jewish Social Studies*, v. 2, 1995, pp. 129, 134-5.

190. Anika Walke, *Pioneers and Partisans: An Oral History of Nazi Genocide in Belorussia*, op. cit., pp. 132-4; Zvi BarOn, "On the Position of the Jewish Partisan in the Soviet Partisan Movement". Em *European Resistance Movements 1939-1945: First International Conference on the History of the Resistance Movements*, op. cit., pp. 210-1.

191. Christian Gerlach, *The Extermination of the European Jews*. Cambridge, 2016, pp. 407, 409-10.

192. Halik Kochanski, *The Eagle Unbowed: Poland and the Poles in the Second World War*, op. cit., p. 303; sobre a Bielorússia, Anika Walke, *Pioneers and Partisans: An Oral History of Nazi Genocide in Belorussia*, op. cit., pp. 121-5.

193. Halik Kochanski, *The Eagle Unbowed: Poland and the Poles in the Second World War*, op. cit., pp. 319-21; Janey Stone, "Jewish Resistance in Eastern Europe". Em Donny Gluckstein (org.), *Fighting on All Fronts: Popular Resistance in the Second World War*, op. cit., pp. 113-8.

194. Philip Friedman, "Jewish Resistance to Nazism: Its Various Forms and Aspects". Em *European Resistance Movements 1939-1945: First International Conference on the History of the Resistance Movements*, op. cit., pp. 198-9.

195. Rachel Einwohner, "Opportunity, Honor and Action in the Warsaw Ghetto 1943". *American Journal of Sociology*, v. 109, 2003, p. 665.

196. Ibid., p. 661.

197. Shmuel Krakowski, *The War of the Doomed: Jewish Armed Resistance in Poland, 1942-1944*, op. cit., pp. 163-5.

198. Gustavo Corni, *Hitler's Ghettos: Voices from a Beleaguered Society, 1939-1944*. Londres, 2002, pp. 306-7.

199. Ibid., pp. 293-7.

200. James Glass, *Jewish Resistance During the Holocaust: Moral Uses of Violence and Will*. Basingstoke, 2004, pp. 21-2; Philip Friedman, "Jewish Resistance to Nazism: Its Various Forms and Aspects", op. cit., p. 196-7.

201. Philip Friedman, "Jewish Resistance to Nazism: Its Various Forms and Aspects", op. cit., pp. 201-2; Gustavo Corni, *Hitler's Ghettos: Voices from a Beleaguered Society, 1939-1944*, op. cit., p. 303.

202. Eric Sterling, "The Ultimate Sacrifice: The Death of Resistance Hero Yitzhak Wittenberg and the Decline of the United Partisan Organisation". Em Ruby Rohrlich (org.), *Resisting the Holocaust*. Oxford, 1998, pp. 59-62.

203. Ibid., p. 63; Rachel Einwohner, "Opportunity, Honor and Action in the Warsaw Ghetto 1943", op. cit., p. 660.

204. Suzanne Weber, "Shedding City Life: Survival Mechanisms of Forest Fugitives during the Holocaust". *Holocaust Studies*, v. 18, 2002, p. 2; Shmuel Krakowski, *The War of the Doomed: Jewish Armed Resistance in Poland, 1942-1944*, op. cit., pp. 10-1.

205. James Glass, *Jewish Resistance During the Holocaust: Moral Uses of Violence and Will*, op. cit., pp. 3, 14. A vingança aparece muito nos testemunhos orais que Glass reuniu de sobreviventes judeus do movimento de guerrilhas.

206. Anika Walke, *Pioneers and Partisans: An Oral History of Nazi Genocide in Belorussia*, op. cit., pp. 164-5; James Glass, *Jewish Resistance During the Holocaust: Moral Uses of Violence and Will*, op. cit., pp. 80.

207. Anika Walke, *Pioneers and Partisans: An Oral History of Nazi Genocide in Belorussia*, op. cit., pp. 180-1; Nechama Tec, *Defiance: The Bielski Partisans*, op. cit., p. 81-2; Philip Friedman, "Jewish Resistance to Nazism: Its Various Forms and Aspects", op. cit., p. 191; James Glass, *Jewish Resistance During the Holocaust: Moral Uses of Violence and Will*, op. cit., pp. 9-10.

208. Nechama Tec, *Defiance: The Bielski Partisans*, op. cit., p. 73; Shmuel Krakowski, *The War of the Doomed: Jewish Armed Resistance in Poland, 1942-1944*, op. cit., pp. 13-6.

209. Suzanne Weber, "Shedding City Life: Survival Mechanisms of Forest Fugitives during the Holocaust", op. cit., pp. 5-14, 21-2.

210. Shmuel Krakowski, *The War of the Doomed: Jewish Armed Resistance in Poland, 1942-1944*, op. cit., pp. 12-3; Suzanne Weber, "Shedding City Life: Survival Mechanisms of Forest Fugitives during the Holocaust", op. cit., pp. 23-4.

211. James Glass, *Jewish Resistance During the Holocaust: Moral Uses of Violence and Will*, op. cit., pp. 3, 93; Zvi Bar-On, "On the Position of the Jewish Partisan in the Soviet Partisan Movement", op. cit., pp. 235-6.

212. Amir Weiner, "'Something to Die for, a lot to Kill for': The Soviet System and the Barbarisation of Warfare". Em George Kassimeris (org.), *The Barbarisation of Warfare*. Londres, 2006, p. 119.

213. Janey Stone, "Jewish Resistance in Eastern Europe", op. cit., p. 102; Saul Friedländer, *The Years of Extermination: Nazi Germany and the Jews, 1939-1945*. Londres, 2007, p. 525.

214. Robert Gildea, *Fighters in the Shadows: A New History of the French Resistance*, op. cit., pp. 229-30.

215. Renée Poznanski, "Geopolitics of Jewish Resistance in France", op. cit., pp. 250, 254-8.

216. Janey Stone, "Jewish Resistance in Eastern Europe", op. cit., p. 104; Ruby Rohrlich (org.), *Resisting the Holocaust*, op. cit., p. 2.

217. Frediano Sessi, *Auschwitz: Storia e memorie*. Veneza, 2020, p. 316.

218. Saul Friedländer, *The Years of Extermination: Nazi Germany and the Jews, 1939-1945*, op. cit., pp. 557-9.

219. Para uma descrição detalhada, ver Shmuel Krakowski, *The War of the Doomed: Jewish Armed Resistance in Poland, 1942-1944*, op. cit., pp. 163-89; Saul Friedländer, *The Years of Extermination: Nazi Germany and the Jews, 1939-1945*, op. cit., pp. 520-4.

220. Halik Kochanski, *The Eagle Unbowed: Poland and the Poles in the Second World War*, op. cit., pp. 309-10.

221. Kazik (Simha Rotem), *Memoirs of a Warsaw Ghetto Fighter*, op. cit., p. 34.

222. Shmuel Krakowski, *The War of the Doomed: Jewish Armed Resistance in Poland, 1942-1944*, op. cit., pp. 211-3; Janey Stone, "Jewish Resistance in Eastern Europe", op. cit., pp. 101-2; Philip Friedman, "Jewish Resistance to Nazism: Its Various Forms and Aspects", op. cit., p. 204; Gustavo Corni, *Hitler's Ghettos: Voices from a Beleaguered Society, 1939-1944*, op. cit., pp. 317-20.

9. A GEOGRAFIA EMOCIONAL DA GUERRA [pp. 802-39]

1. *Last Letters from Stalingrad*. Trad. de Anthony Powell. Londres, 1956, pp. 61-3.
2. Ibid., pp. v-vii.
3. Ibid., pp. 24-5.
4. Citado em Pat Jalland, *Death in War and Peace: A History of Loss and Grief in England, 1914-1970*. Oxford, 2010, pp. 172-3.
5. Svetlana Alexievich, *The Unwomanly Face of War*. Londres, 2017, pp. 135-6, entrevista com Olga Omelchenko. [Ed. bras.: *A guerra não tem rosto de mulher*. São Paulo: Companhia das Letras, 2016.]
6. David Grossman, "Human Factors in War: The Psychology and Physiology of Close Combat". Em Michael Evans e Alan Ryan (orgs.), *The Human Face of Warfare: Killing, Fear and Chaos in Battle*. Londres, 2000, p. 10. Os psiquiatras e neurologistas concordam agora que as ameaças de ser morto e de matar outros são os principais "estressantes" em situações de combate.
7. Thomas Brown, "'Stress' in us Wartime Psychiatry: World War II and the Immediate Aftermath". Em David Cantor e Edmund Ramsden (orgs.), *Stress, Shock and Adaptation in the Twentieth Century*. Rochester, 2014, p. 123.
8. Ann-Marie Condé, "'The Ordeal of Adjustment': Australian Psychiatric Casualies of the Second World War". *War & Society*, v. 15, 1997, pp. 65-6.
9. Emma Newlands, *Civilians into Soldiers: War, the Body and British Army Recruits, 1939-1945*. Manchester, 2014, p. 156; Ann-Marie Condé, "'The Ordeal of Adjustment': Australian Psychiatric Casualies of the Second World War", op. cit., pp. 64-5; Walter Bromberg, *Psychiatry Between the Wars, 1918-1945*. Nova York, 1982, p. 162.
10. David Grossman, "Human Factors in War: The Psychology and Physiology of Close Combat", op. cit., p. 7; Paul Wanke, "'Inevitably any Man Has his Threshold': Soviet Military Psychiatry during World War II — A Comparative Approach". *Journal of Slavic Military Studies*, v. 16, 2003, p. 92; Paul Wanke, "American Military Psychiatry and its Role among Ground Forces in World War II". *Journal of Military History*, v. 63, 1999, pp. 127-33.
11. Robert Ahrenfeldt, *Psychiatry in the British Army in the Second World War*. Londres, 1958, pp. 175-6, 278; Terry Copp e Bill McAndrew, *Battle Exhaustion: Soldiers and Psychiatrists in the Canadian Army*. Montreal, 1990, p. 126.
12. Frederick McGuire, *Psychology Aweigh! A History of Clinical Psychology in the United States Navy, 1900-1988*. Washington, DC, 1990, pp. 99-100.
13. Paul Wanke, "'Inevitably any Man Has his Threshold': Soviet military Psychiatry during World War II — A Comparative Approach", op. cit., p. 94, que sugere uma comparação com a taxa de baixas americanas, produzindo 1 007 585 baixas por motivos psiquiátricos de um total de 18 319 723 baixas do Exército Vermelho. Para um cálculo mais modesto, ver Catherine Merridale, *Ivan's War: The Red Army, 1939-1945*. Londres, 2005, p. 232. A quantidade verdadeira é decerto maior,

pois muitos casos não eram diagnosticados, ou os homens eram mortos ou capturados antes que seus sintomas pudessem ser identificados pelos médicos.

14. Peter Riedesser e Axel Verderber, *"Maschinengewehre hinter der Front": Zur Geschichte der deutschen Militärpsychiatrie*. Frankfurt, 1996, pp. 146-7, 168; Klaus Blassneck, *Militärpsychiatrie im Nationalsozialismus*. Würzburg, 2000, pp. 35-7.

15. Paolo Giovannini, *La psichiatria di guerra: Dal fascismo alla seconda guerra mondiale*. Milão, 2015, pp. 73-6.

16. Walter Bromberg, *Psychiatry Between the Wars, 1918-1945*, op. cit., p. 163; Terry Copp e Bill McAndrew, *Battle Exhaustion: Soldiers and Psychiatrists in the Canadian Army*, op. cit., p. 135; Roger Reese, *Why Stalin's Soldiers Fought: The Red Army's Military Effectiveness in World War II*. Lawrence, 2011, pp. 238-9.

17. Roger Reese, *Why Stalin's Soldiers Fought: The Red Army's Military Effectiveness in World War II*, op. cit., pp. 173-5.

18. Mark Edele, *Stalin's Defectors: How Red Army Soldiers Became Hitler's Collaborators, 1941-1945*. Oxford, 2017, pp. 30-1, 111.

19. Samuel Yamashita, *Daily Life in Wartime Japan 1940-1945*. Lawrence, 2015, p. 159.

20. Estatísticas americanas tiradas de Paul Fussell, *The Boys' Crusade: American G.I.s in Europe: Chaos and Fear in World War Two*. Londres, 2004, p. 108; estatísticas britânicas de Robert Ahrenfeldt, *Psychiatry in the British Army in the Second World War*, op. cit., apêndice B, p. 273; dados alemães de Dieter Knippschild, "'Für mich ist der Krieg aus': Deserteure in der deutschen Wehrmacht". Em Norbert Haase e Gerhard Paul (orgs.), *Die anderen Soldaten: Wehrkraftzersetzung, Gehorsamsverweigerung und Fahnenflucht im Zweiten Weltkrieg*. Frankfurt, 1995, pp. 123, 126-31; sobre a Itália, Mimmo Franzinelli, *Disertori: Una storia mai racconta della seconda guerra mondiale*. Milão, 2016, pp.133-49.

21. Jonathan Fennell, "Courage and Cowardice in the North African Campaign: The Eighth Army and Defeat in the Summer of 1942". *War in History*, v. 20, 2013, pp. 102-5.

22. Sobre a Itália, ver Albert Cowdrey, *Fighting for Life: American Military Medicine in World War II*. Nova York, 1994, pp. 149-50; Terry Copp e Bill McAndrew, *Battle Exhaustion: Soldiers and Psychiatrists in the Canadian Army*, op. cit., pp. 50-1. Sobre a frente indiana, B. L. Raina, *World War II: Medical Services: India*. Nova Delhi, 1990, pp. 40-1.

23. Thomas Brown, "'Stress' in US Wartime Psychiatry: World War II and the Immediate Aftermath", op. cit., p. 127.

24. Albert Cowdrey, *Fighting for Life: American Military Medicine in World War II*, op. cit., p. 151; G. Kurt Piehler, "Veterans Tell their Stories and Why Historians and Others Listened". Em G. Kurt Piehler e Sidney Pash (orgs.), *The United States and the Second World War: New Perspectives on Diplomacy, War, and the Home Front*. Nova York, 2010, pp. 228-9; Rebecca Plant, "Preventing the Inevitable: John Appel and the Problem of Psychiatric Casualties in the US Army in World War II". Em Frank Biess e Daniel Gross (orgs.), *Science and Emotions after 1945*. Chicago, 2014, pp. 212-7.

25. Klaus Blassneck, *Militärpsychiatrie im Nationalsozialismus*, op. cit., p. 20.

26. David Grossman, "Human Factors in War: The Psychology and Physiology of Close Combat", op. cit., pp. 7-8; Edgar Jones, "LMF: The Use of Psychiatric Stigma in the Royal Air Force during the Second World War". *Journal of Military History*, v. 70, 2006, p. 449; Albert Cowdrey, *Fighting for Life: American Military Medicine in World War II*, op. cit., p. 151; Robert Ahrenfeldt, *Psychiatry in the British Army in the Second World War*, op. cit., pp. 172-3; Rebecca Plant, "Preventing the Inevitable: John Appel and the Problem of Psychiatric Casualties in the US Army in World War II", op. cit., p. 222.

27. Sobre a crise emocional na Primeira Guerra Mundial ver, por exemplo, Michael Roper, *The Secret Battle: Emotional Survival in the Great War*. Manchester, 2009, pp. 247-50, 260-5.

28. Sobre a mudança de atitude dos alemães em relação ao "choque de granada", ver Jason Crouthamel, "'Hysterische Männer?' Traumatisierte Veteranen des Ersten Weltkrieges und ihr Kampf um Anerkennung im 'Dritten Reich'". Em Babette Quinkert, Philipp Rauh e Ulrike Winkler (orgs.), *Krieg und Psychiatrie: 1914-1950*. Göttingen, 2010, pp. 29-34. Sobre as discussões nos Estados Unidos, ver Martin Halliwell, *Therapeutic Revolutions: Medicine, Psychiatry and American Culture 1945-1970*. New Brunswick, 2013, pp. 20-7, e na Grã-Bretanha, Harold Merskey, "After Shell-Shock: Aspects of Hysteria since 1922". Em Hugh Freeman e German Berrios (orgs.), *150 Years of British Psychiatry*. Londres, 1996. v. II: *The Aftermath*, pp. 89-92.

29. Walter Bromberg, *Psychiatry Between the Wars, 1918-1945*, op. cit., p. 158.

30. Paul Wanke, *Russian/Soviet Military Psychiatry, 1904-1945*. Londres, 2005, pp. 91-2.

31. Paul Wanke, "'Inevitably any Man Has his Threshold': Soviet Military Psychiatry during World War II — A Comparative Approach", op. cit., p. 132.

32. Gerald Grob, "Der Zweite Weltkrieg und die USamerikanische Psychiatrie". Em Babette Quinkert, Philipp Rauh e Ulrike Winkler (orgs.), *Krieg und Psychiatrie: 1914-1950*, op. cit., p. 153; Albert Cowdrey, *Fighting for Life: American Military Medicine in World War II*, op. cit., p. 139; Frederick McGuire, *Psychology Aweigh! A History of Clinical Psychology in the United States Navy, 1900-1988*, op. cit., pp. 35-41.

33. Edgar Jones e Simon Wessely, *Shell Shock to PTSD: Military Psychiatry from 1900 to the Gulf War*. Hove, 2005, pp. 70-1, 76; Ben Shephard, *A War of Nerves: Soldiers and Psychiatrists, 1914-1994*. Londres, 2000, p. 195.

34. Edgar Jones, "LMF: The Use of Psychiatric Stigma in the Royal Air Force during the Second World War", op. cit., pp. 440, 445; Sydney Brandon, "LMF in Bomber Command 1939-1945: Diagnosis or Denouement?". Em Hugh Freeman e German Berrios (orgs.), *150 Years of British Psychiatry*, op. cit., pp. 119-20.

35. Paul Wanke, "'Inevitably any Man Has his Threshold': Soviet Military Psychiatry during World War II — A Comparative Approach", op. cit., pp. 80-1.

36. Klaus Blassneck, *Militärpsychiatrie im Nationalsozialismus*, op. cit., p. 21.

37. Geoffrey Cocks, *Psychotherapy in the Third Reich: The Göring Institute*. New Brunswick, 1997, pp. 308-16; Klaus Blassneck, *Militärpsychiatrie im Nationalsozialismus*, op. cit., pp. 41-5; Peter Riedesser e Axel Verderber, *"Maschinengewehre hinter der Front": Zur Geschichte der deutschen Militärpsychiatrie*, op. cit., pp. 135-8.

38. Paul Wanke, "'Inevitably any Man Has his Threshold': Soviet Military Psychiatry during World War II — A Comparative Approach", op. cit., pp. 92-7.

39. Janice Matsumura, "Combating Indiscipline in the Imperial Japanese Army: Hayno Torao and Psychiatric Studies of the Crimes of Soldiers". *War in History*, v. 23, 2016, pp. 82-6.

40. Ann-Marie Condé, "'The Ordeal of Adjustment': Australian Psychiatric Casualties of the Second World War", op. cit., p. 65.

41. Thomas Brown, "'Stress' in US Wartime Psychiatry: World War II and the Immediate Aftermath", op. cit., pp. 123-4 (a citação é de uma publicação de 1944 de Merrill Moore e J. L. Henderson); Walter Bromberg, *Psychiatry Between the Wars, 1918-1945*, op. cit., pp. 153-8; Martin Halliwell, *Therapeutic Revolutions: Medicine, Psychiatry and American Culture 1945-1970*, op. cit., p. 25; Ellen Herman, *The Romance of American Psychology: Political Culture in the Age of Experts*. Berkeley, 1995, pp. 86-8. Sobre a homossexualidade, ver Naoko Wake, "The Military, Psychiatry, and 'Unfit' Soldiers, 1939-1942". *Journal of the History of Medicine and Allied Sciences*, v. 62, 2007, pp. 473-90.

42. Frederick McGuire, *Psychology Aweigh! A History of Clinical Psychology in the United States Navy, 1900-1988*, op. cit., pp. 101-2; Ann-Marie Condé, "'The Ordeal of Adjustment': Australian Psychiatric Casualties of the Second World War", op. cit., pp. 67-8.

43. Ellen Herman, *The Romance of American Psychology: Political Culture in the Age of Experts*, op. cit., pp. 110-1; Ben Shephard, *A War of Nerves: Soldiers and Psychiatrists, 1914-1994*, op. cit., p. 235.

44. R. D. Gillespie, *Psychological Effects of War on Citizen and Soldier*. Nova York, 1942, pp. 166-72; Ben Shephard, *A War of Nerves: Soldiers and Psychiatrists, 1914-1994*, op. cit., pp. 187-9.

45. Jason Crouthamel, "'Hysterische Männer?' Traumatisierte Veteranen des Ersten Weltkrieges und ihr Kampf um Anerkennung im 'Dritten Reich'", op. cit., pp. 30-4; Manfred Messerschmidt, *Was damals Recht war... NS-Militär und Strafjustiz im Vernichtungs krieg*. Essen, 1996, pp. 102-6.

46. Peter Riedesser e Axel Verderber, *"Maschinengewehre hinter der Front": Zur Geschichte der deutschen Militärpsychiatrie*, op. cit., pp. 103-5, 115-7; Klaus Blassneck, *Militärpsychiatrie im Nationalsozialismus*, op. cit., pp. 17-20, 22-3.

47. Albert Cowdrey, *Fighting for Life: American Military Medicine in World War II*, op. cit., pp. 138-9.

48. Edgar Jones, "LMF: The Use of Psychiatric Stigma in the Royal Air Force during the Second World War", op. cit., pp. 439-44; Sydney Brandon, "LMF in Bomber Command 1939-1945: Diagnosis or Denouement?", op. cit., pp. 119-23. Para um relato completo sobre psiquiatria e as tripulações de bombardeiros, ver Mark Wells, *Courage and Air Warfare: The Allied Aircrew Experience in the Second World War*. Londres, 1995, pp. 60-89.

49. Allan English, "A Predisposition to Cowardice? Aviation Psychology and the Genesis of 'Lack of Moral Fibre'". *War & Society*, v. 13, 1995, p. 23.

50. Ann-Marie Condé, "'The Ordeal of Adjustment': Australian Psychiatric Casualties of the Second World War", op. cit., pp. 65-72.

51. John McManus, *The Deadly Brotherhood: The American Combat Soldier in World War II*. Nova York, 1998, p. 193.

52. David Grossman, "Human Factors in War: The Psychology and Physiology of Close Combat", op. cit., pp. 9-10, 13-5; Thomas Brown, "'Stress' in US Wartime Psychiatry: World War II and the Immediate Aftermath", op. cit., pp. 130-2.

53. Klaus Blassneck, *Militärpsychiatrie im Nationalsozialismus*, op. cit., pp. 55-56; Geoffrey Cocks, *Psychotherapy in the Third Reich: The Göring Institute*, op. cit., pp. 309-12; Peter Riedesser e Axel Verderber, *"Maschinengewehre hinter der Front": Zur Geschichte der deutschen Militärpsychiatrie*, op. cit., pp. 145-6.

54. Hans Pols, "Die Militäroperation in Tunesien 1942/43 und die Neuorientierung des US-amerikanischen Militärpsychiatrie". Em Babette Quinkert, Philipp Rauh e Ulrike Winkler (orgs.), *Krieg und Psychiatrie: 1914-1950*, op. cit., p. 133.

55. Edgar Jones e Simon Wessely, "'Forward Psychiatry' in the Military: Its Origin and Effectiveness". *Journal of Traumatic Stress*, v. 16, 2003, pp. 413-5; Mark Harrison, *Medicine and Victory: British Military Medicine in the Second World War*. Oxford, 2004, pp. 171-3.

56. B. L. Raina, *World War II: Medical Services: India*, op. cit., p. 41.

57. Peter Riedesser e Axel Verderber, *"Maschinengewehre hinter der Front": Zur Geschichte der deutschen Militärpsychiatrie*, op. cit., pp. 135-7.

58. Catherine Merridale, "The Collective Mind: Trauma and Shell-Shock in Twentieth-Century Russia". *Journal of Contemporary History*, v. 35, 2000, pp. 43-7.

59. Id., *Ivan's War: The Red Army, 1939-1945*, op. cit., p. 232; Albert Cowdrey, *Fighting for Life: American Military Medicine in World War II*, op. cit., p. 137.

60. R. D. Gillespie, *Psychological Effects of War on Citizen and Soldier*, op. cit., pp. 32-3, 191-4; Edgar Jones e Stephen Ironside, "Battle Exhaustion: The Dilemma of Psychiatric Casualties in Normandy, June-August 1944". *Historical Journal*, v. 53, 2010, pp. 112-3.

61. Hans Pols, "Die Militäroperation in Tunesien 1942/43 und die Neuorientierung des US--amerikanischen Militärpsychiatrie", op. cit., pp. 135-7.

62. Paolo Giovannini, *La psichiatria di guerra: Dal fascismo alla seconda guerra mondiale*, op. cit., pp. 74-6.

63. Ibid., pp. 137-9.

64. Robert Ahrenfeldt, *Psychiatry in the British Army in the Second World War*, op. cit., pp. 168-70; Edgar Jones e Simon Wessely, "'Forward Psychiatry' in the Military: Its Origin and Effectiveness", op. cit., pp. 411-5.

65. Edgar Jones e Stephen Ironside, "Battle Exhaustion: The Dilemma of Psychiatric Casualties in Normandy, June-August 1944", op. cit., p. 114.

66. Albert Cowdrey, *Fighting for Life: American Military Medicine in World War II*, op. cit., pp. 149-50; Hans Pols, "Die Militäroperation in Tunesien 1942/43 und die Neuorientierung des US--amerikanischen Militärpsychiatrie", op. cit., pp. 140-2; Mark Harrison, *Medicine and Victory: British Military Medicine in the Second World War*, op. cit., p. 114.

67. Robert Ahrenfeldt, *Psychiatry in the British Army in the Second World War*, op. cit., pp. 155-6.

68. Klaus Blassneck, *Militärpsychiatrie im Nationalsozialismus*, op. cit., pp. 47-53, 73-85; Peter Riedesser e Axel Verderber, *"Maschinengewehre hinter der Front": Zur Geschichte der deutschen Militärpsychiatrie*, op. cit., pp. 118-23, 140-3, 153-6.

69. Aaron Moore, *Writing War: Soldiers Record the Japanese Empire*. Cambridge, EUA, 2013, pp. 94, 95, 127.

70. Mark Harrison, *Medicine and Victory: British Military Medicine in the Second World War*, op. cit., p. 177.

71. R. D. Gillespie, *Psychological Effects of War on Citizen and Soldier*, op. cit., p. 166.

72. Robert Ahrenfeldt, *Psychiatry in the British Army in the Second World War*, op. cit., p. 167.

73. Martin Halliwell, *Therapeutic Revolutions: Medicine, Psychiatry and American Culture 1945-1970*, op. cit., p. 27.

74. Catherine Merridale, *Ivan's War: The Red Army, 1939-1945*, op. cit., p. 282.

75. Janice Matsumura, "Combating Indiscipline in the Imperial Japanese Army: Hayno Torao and Psychiatric Studies of the Crimes of Soldiers", op. cit., pp. 82-3, 90-1.

76. Isso fica evidente nas conversas gravadas de prisioneiros alemães quando eles falavam sobre virtudes militares. Ver Sönke Neitzel e Harald Welzer, *Soldaten: Protokolle vom Kämpfen, Töten und Sterben*. Frankfurt, 2011, pp. 299-307.

77. Mimmo Franzinelli, *Disertori: Una storia mai racconta della seconda guerra mondiale*, op. cit., pp. 115-6.

78. Roger Reese, *Why Stalin's Soldiers Fought: The Red Army's Military Effectiveness in World War II*, op. cit., pp. 161-5, 173-5.

79. Ibid., p. 171.

80. Klaus Blassneck, *Militärpsychiatrie im Nationalsozialismus*, op. cit., pp. 47-50; Peter Riedesser e Axel Verderber, *"Maschinengewehre hinter der Front": Zur Geschichte der deutschen Militärpsychiatrie*, op. cit., pp. 109, 115-6, 163-6.

81. Omer Bartov, *Hitler's Army: Soldiers, Nazis, and War in the Third Reich*. Nova York, 1991, pp. 96-9.

82. Dieter Knippschild, "'Für mich ist der Krieg aus': Deserteure in der deutschen Wehrmacht", op. cit., pp. 123-6.

83. Fietje Ausländer, "'Zwölf Jahre Zuchthaus! Abzusitzen nach Kriegsende!' Zur Topographie des Strafgefangenenwesens der deutschen Wehrmacht". Em Norbert Haase e Gerhard Paul (orgs.), *Die anderen Soldaten: Wehrkraftzersetzung, Gehorsamsverweigerung und Fahnenflucht im Zweiten Weltkrieg*, op. cit., p. 64; Jürgen Thomas, "'Nur das ist für die Truppe Recht, was ihr nützt...' Die Wehrmachtjustiz im Zweiten Weltkrieg", em ibid., p. 48.

84. Jonathan Fennell, "Courage and Cowardice in the North African Campaign: The Eighth Army and Defeat in the Summer of 1942", op. cit., p. 100.

85. Edgar Jones, "LMF: The Use of Psychiatric Stigma in the Royal Air Force during the Second World War", op. cit., p. 448; Sydney Brandon, "LMF in Bomber Command 1939-1945: Diagnosis or Denouement?", op. cit., pp. 120-1.

86. Alan Allport, *Browned Off and Bloody Minded: The British Soldier Goes to War 1939-1945*. New Haven, 2015, pp. 251, 256.

87. Emma Newlands, *Civilians into Soldiers: War, the Body and British Army Recruits, 1939-1945*, op. cit., pp. 137-8.

88. Catherine Merridale, "The Collective Mind: Trauma and Shell-Shock in Twentieth-Century Russia", op. cit., pp. 49-50; Bernd Bonwetsch, "Stalin, the Red Army, and the 'Great Patriotic War'". Em Ian Kershaw e Moshe Lewin (orgs.), *Stalinism and Nazism: Dictatorships in Comparison*. Cambridge, 1997, pp. 203-6; T. H. Rigby, *Communist Party Membership in the URSS, 1917-1967*. Princeton, 1968, pp. 246-9.

89. Arne Zoepf, *Wehrmacht zwischen Tradition und Ideologie: Der NS-Führungsoffizier im Zweiten Weltkrieg*. Frankfurt, 1988, pp. 35-9.

90. Jürgen Förster, "Ludendorff and Hitler in Perspective: The Battle for the German Soldier's Mind, 1917-1944". *War in History*, v. 10, 2003, pp. 329-31.

91. Roger Reese, *Why Stalin's Soldiers Fought: The Red Army's Military Effectiveness in World War II*, op. cit., pp. 156-8.

92. Günther Koschorrek, *Blood Red Snow: The Memoirs of a German Soldier on the Eastern Front*. Londres, 2002, pp. 275-6.

93. *Last Letters from Stalingrad*, op. cit., p. 27, carta 12.

94. John McManus, *The Deadly Brotherhood: The American Combat Soldier in World War II*, op. cit., pp. 269-72; Michael Snape, "War, Religion and Revival: The United States, British and Canadian Armies during the Second World War". Em Callum Brown e Michael Snape (orgs.), *Secularisation in a Christian World: Essays in Honour of Hugh McLeod*. Farnham, 2010, p. 146.

95. G. Kurt Piehler, "Veterans Tell their Stories and Why Historians and Others Listened", op. cit., p. 226.

96. Aaron Moore, *Writing War: Soldiers Record the Japanese Empire*, op. cit., pp. 112-3, 120.

97. Edward Glover, *The Psychology of Fear and Courage*. Londres, 1940, pp. 82, 86.

98. Robert Ahrenfeldt, *Psychiatry in the British Army in the Second World War*, op. cit., pp. 200-2.

99. Jonathan Fennell, "Courage and Cowardice in the North African Campaign: The Eighth Army and Defeat in the Summer of 1942", op. cit., pp. 110-1.

100. John McManus, *The Deadly Brotherhood: The American Combat Soldier in World War II*, op. cit., pp. 269-70.

101. Irving Janis, *Air War and Emotional Stress*. Nova York, 1951, pp. 129-31.

102. Helen Fein, *Accounting for Genocide: National Responses and Jewish Victimization during the Holocaust*. Nova York, 1979. Sobre pequenas comunidades emocionais ver também Barbara Rosenwein, "Problems and Methods in the History of Emotions". *Passions in Context*, v. 1, 2010, pp. 10-9.

103. William Wharton, *Shrapnel*. Londres, 2012, p. 155.

104. Emma Newlands, *Civilians into Soldiers: War, the Body and British Army Recruits, 1939-1945*, op. cit., pp. 164-7.

105. John McManus, *The Deadly Brotherhood: The American Combat Soldier in World War II*, op. cit., pp. 323-4.

106. Simon Wessely, "Twentieth-Century Theories on Combat Motivation and Breakdown". *Journal of Contemporary History*, v. 41, 2006, pp. 277-9.

107. Thomas Kühne, *The Rise and Fall of Comradeship: Hitler's Soldiers, Male Bonding and Mass Violence in the Twentieth Century*. Cambridge, 2017, pp. 107-11.

108. Richard Overy, *The Bombing War: Europe 1939-1945*. Londres, 2013, pp. 351-2.

109. Ver, por exemplo, S. Givens, "Liberating the Germans: The US Army and Looting in Germany during the Second World War". *War in History*, v. 21, 2014, pp. 33-54.

110. Emma Newlands, *Civilians into Soldiers: War, the Body and British Army Recruits, 1939-1945*, op. cit., p. 63; Catherine Merridale, "The Collective Mind: Trauma and Shell-Shock in Twentieth--Century Russia", op. cit., pp. 53-4.

111. Janice Matsumura, "Combating Indiscipline in the Imperial Japanese Army: Hayno Torao and Psychiatric Studies of the Crimes of Soldiers", op. cit., pp. 92-3; Catherine Merridale, *Ivan's War: The Red Army, 1939-1945*, op. cit., pp. 271, 288-9.

112. Peipei Qiu, Su Zhiliang e Chen Lifei, *Chinese Comfort Women: Testimonies from Imperial Japan's Sex Slaves*. Nova York, 2013, pp. 21-34; Emma Newlands, *Civilians into Soldiers: War, the Body and British Army Recruits, 1939-1945*, op. cit., pp. 124-35.

113. Hester Vaizey, *Surviving Hitler's War: Family Life in Germany, 1939-1948*. Basingstoke, 2010, p. 65; Ann Pfau, "Allotment Annies and Other Wayward Wives: Wartime concerns about Female Disloyalty and the Problem of the Returned Veteran". Em G. Kurt Piehler e Sidney Pash (orgs.), *The United States and the Second World War: New Perspectives on Diplomacy, War, and the Home Front*, op. cit., pp. 100-5.

114. Michael Snape, *God and Uncle Sam: Religion and America's Armed Forces in World War II*. Woodbridge, 2015, pp. 349, 358-9; Irving Janis, *Air War and Emotional Stress*, op. cit., p. 172-4. Sobre os aviadores, ver Simon MacKenzie, "Beating the Odds: Superstition and Human Agency in RAF Bomber Command 1942-1945". *War in History*, v. 22, 2015, pp. 382-400.

115. Michael Snape, "War, Religion and Revival: The United States, British and Canadian Armies during the Second World War", op. cit., p. 138.

116. Detalhes em ibid., pp. 138-49; John McManus, *The Deadly Brotherhood: The American Combat Soldier in World War II*, op. cit., pp. 273-5.

117. Michael Snape, *God and Uncle Sam: Religion and America's Armed Forces in World War II*, op. cit., pp. 327, 332-3, 343.

118. James Sparrow, *Warfare State: World War II Americans and the Age of Big Government*. Nova York, 2011, pp. 65-7; Walter Bromberg, *Psychiatry Between the Wars, 1918-1945*, op. cit., p. 152.

119. Para detalhes dos bombardeios de guerra na Europa ver Richard Overy, *The Bombing War: Europe 1939-1945*, op. cit., passim. Para a guerra aérea contra o Japão, Kenneth Werrell, *Blankets of Fire: U. S. Bombers over Japan during World War II*. Washington, DC, 1996; Barrett Tillman, *Whirlwind: The Air War against Japan, 1942-1945*. Nova York, 2010.

120. Edward Glover, *War, Sadism and Pacifism: Further Essays on Group Psychology and War*. Londres, 1947, pp. 161-6; Edgar Jones et al., "Civilian Morale during the Second World War: Responses to Air Raids Reexamined". *Social History of Medicine*, v. 17, 2004, pp. 463-79; Ben Shephard, *A War of Nerves: Soldiers and Psychiatrists, 1914-1994*, op. cit., pp. 178-9.

121. Irving Janis, *Air War and Emotional Stress*, op. cit., p. 72; Dietmar Süss, *Death from the Skies: How the British and Germans Survived Bombing in World War II*. Oxford, 2014, pp. 344-6.

122. R. D. Gillespie, *Psychological Effects of War on Citizen and Soldier*, op. cit., pp. 107-8; Irving Janis, *Air War and Emotional Stress*, op. cit., p. 72.

123. UEA, Zuckerman Archive, OEMU/57/3, draft report, "Hull" (s.d. mas nov. de 1941).

124. E. Stengel, "Air Raid Phobia". *British Journal of Medical Psychology*, v. 20, 1944-6, pp. 135-43.

125. Irving Janis, *Air War and Emotional Stress*, op. cit., pp. 78-9.

126. Ibid., pp. 59-60, 73-7.

127. Ben Shephard, *A War of Nerves: Soldiers and Psychiatrists, 1914-1994*, op. cit., pp. 181-2.

128. Irving Janis, *Air War and Emotional Stress*, op. cit., p. 78; M. I. Dunsdon, "A Psychologist's Contribution to Air Raid Problems". *Mental Health (London)*, v. 2, 1941, pp. 40-1; E. P. Vernon, "Psychological Effects of Air Raids", *Journal of Abnormal and Social Psychology*, v. 36, 1941, pp. 457-76.

129. Irving Janis, *Air War and Emotional Stress*, op. cit., pp. 103-4, 106-8.

130. Ibid., pp. 88-91; R. D. Gillespie, *Psychological Effects of War on Citizen and Soldier*, op. cit., pp. 126-7.

131. UEA, Zuckerman Archive, OEMU/57/5, Hull report, apêndice II, Case Histories.

132. James Stern, *The Hidden Damage*. Londres, 1990 [1947].

133. Catherine Merridale, "The Collective Mind: Trauma and Shell-Shock in Twentieth-Century Russia", op. cit., pp. 47-8.

134. Richard Overy, *The Bombing War: Europe 1939-1945*, op. cit., pp. 462-3.

135. Samuel Yamashita, *Daily Life in Wartime Japan, 1940-1945*, op. cit., pp. 13-4, 17-34.

136. Ver, por exemplo, Mark Connelly, *We Can Take It! Britain and the Memory of the Second World War*. Harlow, 2004.

137. Sobre a Alemanha, ver J. W. Baird, *To Die for Germany: Heroes in the Nazi Pantheon*. Bloomington, 1990; Neil Gregor, "A *Schicksalsgemeinschaft*? Allied Bombing, Civilian Morale, and Social Dissolution in Nuremberg, 1942-1945". *Historical Journal*, v. 43, 2000, pp. 1051-70; Peter Riedesser e Axel Verderber, "Maschinengewehre hinter der Front": Zur Geschichte der deutschen Militärpsychiatrie, op. cit., pp. 105-6, 163-4; sobre a União Soviética, Catherine Merridale, "The Collective Mind: Trauma and Shell-Shock in Twentieth-Century Russia", op. cit., pp. 43-50.

138. Sobre a Grã-Bretanha ver Pat Jalland, *Death in War and Peace: A History of Loss and Grief in England, 1914-1970*, op. cit., pp. 132-37; sobre o Japão, ver Samuel Yamashita, *Daily Life in Wartime Japan, 1940-1945*, op. cit., pp. 20-1.

139. Edward Glover, *The Psychology of Fear and Courage*, op. cit., pp. 62-5.

140. Geoffrey Cocks, *Psychotherapy in the Third Reich: The Göring Institute*, op. cit., pp. 312-4.

141. Irving Janis, *Air War and Emotional Stress*, op. cit., pp. 110-1.

142. George Gallup (org.), *The Gallup International Public Opinion Polls: Great Britain 1937-1975*. 2 v. Nova York, 1976. v. I, pp. 37, 43.

143. Vanessa Chambers, "'Defend Us from All Perils and Dangers of this Night': Coping with Bombing in Britain during the Second World War". Em Claudia Baldoli, Andrew Knapp e Richard Overy (orgs.), *Bombing, States and Peoples in Western Europe, 1940-1945*. Londres, 2012, pp. 162-3.

144. Claudia Baldoli, "Religion and Bombing in Italy, 1940-1945". Em Claudia Baldoli, Andrew Knapp e Richard Overy (orgs.), *Bombing, States and Peoples in Western Europe, 1940-1945*, op. cit., pp. 146-8; Claudia Baldoli e Marco Fincardi, "Italian Society under the Bombs: Propaganda, Experience and Legend, 1940-1945". *Historical Journal*, v. 52, 2009, pp. 1030-2; Alan Perry, "Pippo: An Italian Folklore Mystery of World War II". *Journal of Folklore Research*, v. 40, 2003, pp. 115-6, 120-3.

145. Irving Janis, *Air War and Emotional Stress*, op. cit., pp. 172-4.

146. Dietmar Süss, *Death from the Skies: How the British and Germans Survived Bombing in World War II*, op. cit., pp. 263-6.

147. Vanessa Chambers, "'Defend Us from All Perils and Dangers of this Night': Coping with Bombing in Britain during the Second World War", op. cit., pp. 156-7.

148. Claudia Baldoli, "Religion and Bombing in Italy, 1940-1945", op. cit., pp. 139-49; Dietmar Süss, *Death from the Skies: How the British and Germans Survived Bombing in World War II*, op. cit., pp. 267-8, 271-2.

149. Elena Skrjabina, *Siege and Survival: The Odyssey of a Leningrader*. Carbondale, 1971, pp. 39-41, anotações de 15 e 26 nov. 1941.

150. Ibid., p. 24, anotação de 5 set. 1941.

151. Olga Kucherenko, *Little Soldiers: How Soviet Children went to War 1941-1945*. Oxford, 2011, pp. 204-6, 226-7.

152. Detalhes dos relatórios e casos estão em Paul Wanke, *Russian/Soviet Military Psychiatry, 1904-1945*, op. cit., pp. 74-8.

153. Ruth Gay, *Safe Among the Germans: Liberated Jews after World War II*. New Haven, 2002, pp. 44-5; Dan Stone, *The Liberation of the Camps: The End of the Holocaust and its Aftermath*. New Haven, 2015, pp. 1-26.

154. Ruth Gay, *Safe Among the Germans: Liberated Jews after World War II*, op. cit., pp. 74-5.

155. Joseph Berger, "Displaced Persons: A Human Tragedy of World War II". *Social Research*, v. 14, 1947, pp. 49-50; Ralph Segalman, "The Psychology of Jewish Displaced Persons". *Jewish Social Service Quarterly*, v. 23-4, 1947, pp. 361, 364-5.

156. Ruth Gay, *Safe Among the Germans: Liberated Jews after World War II*, op. cit., pp. 67-8.

157. Daniel Pick, *The Pursuit of the Nazi Mind: Hitler, Hess and the Analysts*. Oxford, 2012.

158. Tadeusz Grygier, *Oppression: A Study in Social and Criminal Psychology*. Londres, 1954, pp. XII, 20-3, 27, 42.

159. David Boder, "The Impact of Catastrophe: I. Assessment and Evaluation". *Journal of Psychology*, v. 38, 1954, pp. 4-8.

160. Alan Rosen, *The Wonder of Their Voices: The 1946 Holocaust Interviews of David Boder*. Oxford, 2010, pp. 134-5, 183-6. Uma versão completa da entrevista foi publicada na tradução alemã. Ver David Boder, *Die Toten habe ich nicht befragt*. Org. de Julia Faisst, Alan Rosen e Werner Sollors. Heidelberg, 2011, pp. 125-238.

161. Alan Rosen, *The Wonder of Their Voices: The 1946 Holocaust Interviews of David Boder*, op. cit., pp. 195-98; David Boder, *Die Toten habe ich nicht befragt*, op. cit., pp. 16-7.

162. David Boder, "The Impact of Catastrophe: I. Assessment and Evaluation", op. cit., pp. 4, 16, 42-7.

163. Ann Pfau, "Allotment Annies and Other Wayward Wives: Wartime concerns about Female Disloyalty and the Problem of the Returned Veteran", op. cit., pp. 107-9.

164. Martin Halliwell, *Therapeutic Revolutions: Medicine, Psychiatry and American Culture 1945-1970*, op. cit., pp. 20-2; Erin Redfern, *The Neurosis of Narrative: American Literature and Psychoanalytic Psychiatry during World War II*. Northwestern University, Evanston, 2003, pp. 16-25. (Tese de PhD.)

165. Martin Halliwell, *Therapeutic Revolutions: Medicine, Psychiatry and American Culture 1945-1970*, op. cit., pp. 20, 25.

166. Axel Schildt, "Impact of Experiences and Memories of War on West German Society". Em Jörg Echternkamp e Stefan Martens (orgs.), *Experience and Memory: The Second World War in Europe*. Nova York, 2010, pp. 200-1.

167. Lori Watt, *When Empire Comes Home: Repatriation and Reintegration in Postwar Japan*. Cambridge, EUA, 2009, pp. 134-5, 202-3.

168. Stephen Casey, *When Soldiers Fall: How Americans Have Confronted Combat Losses from World War I to Afghanistan*. Nova York, 2014, pp. 49-59, 99.

10. CRIMES E ATROCIDADES [pp. 842-99]

1. Joshua Rubenstein e Ilya Altman (orgs.), *The Unknown Black Book: The Holocaust in the German-Occupied Soviet Territories*. Bloomington, 2008, pp. 273-4, testemunho gravado por M. Grubian.

2. Anika Walke, *Pioneers and Partisans: An Oral History of Nazi Genocide in Belorussia*. Oxford, 2015, p. 191, testemunho de Leonid Okon.

3. Joshua Rubenstein e Ilya Altman (orgs.), *The Unknown Black Book: The Holocaust in the German-Occupied Soviet Territories*, op. cit., p. 274; Anika Walke, *Pioneers and Partisans: An Oral History of Nazi Genocide in Belorussia*, op. cit., p. 191.

4. Howard Ball, *Prosecuting War Crimes and Genocide: The Twentieth-Century Experience*. Lawrence, 1999, pp. 73-4.

5. NARA, RG107, McCloy Papers, caixa 1, memorando a Comissão de Crimes de Guerra das Nações Unidas, 6 out. 1944, anexo A.

6. Jürgen Matthäus, "The Lessons of Leipzig: Punishing German War Criminals after the First World War". Em Jürgen Matthäus e Patricia Heberer (orgs.), *Atrocities on Trial: Historical Perspectives on the Politics of Prosecuting War Crimes*. Lincoln, 2008, pp. 4-8; Alfred de Zayas, *The Wehrmacht War Crimes Bureau, 1939-1945*. Lincoln, 1989, pp. 5-10.

7. Joel Hayward, "Air Power, Ethics, and Civilian Immunity during the First World War and Its Aftermath". *Global War Studies*, v. 7, 2010, pp. 107-8; Heinz Hanke, *Luftkrieg und Zivilbevölkerung*. Frankfurt, 1991, pp. 71-7.

8. William Schabas, *Unimaginable Atrocities: Justice, Politics, and Rights at the War Crimes Tribunals*. Oxford, 2012, pp. 25-32.

9. Peter Schrijvers, *The GI War against Japan: American Soldiers in Asia and the Pacific during World War II*. Nova York, 2002, p. 208.

10. Mary Habeck, "The Modern and the Primitive: Barbarity and Warfare on the Eastern Front". Em George Kassimeris (org.), *The Barbarisation of Warfare*. Londres, 2006, p. 91; Alfred de Zayas, *The Wehrmacht War Crimes Bureau, 1939-1945*, op. cit., p. 118.

11. Peter Schrijvers, *The GI War against Japan: American Soldiers in Asia and the Pacific during World War II*, op. cit., p. 222.

12. John McManus, *The Deadly Brotherhood: The American Combat Soldier in World War II*. Nova York, 1998, pp. 227-30.

13. Alfred de Zayas, *The Wehrmacht War Crimes Bureau, 1939-1945*, op. cit., pp. 107-8.

14. Omer Bartov, *The Eastern Front, 1941-45: German Troops and the Barbarisation of Warfare*. 2. ed. Basingstoke, 2001. Ver também George Kassimeris, "The Barbarisation of Warfare". Em id., *Barbarisation of Warfare*, op. cit., pp. 1-18.

15. Yuki Tanaka, *Hidden Horrors: Japanese War Crimes in World War II*. Boulder, 1996, pp. 195-8.

16. Aaron Moore, *Writing War: Soldiers Record the Japanese Empire*. Cambridge, EUA, 2013, pp. 90, 111.

17. Benjamin Uchiyama, *Japan's Carnival War: Mass Culture on the Home Front, 1937-1945*. Cambridge, 2019, pp. 54-64.

18. Howard Ball, *Prosecuting War Crimes and Genocide: The Twentieth-Century Experience*, op. cit., pp. 67-9.

19. Aaron Moore, *Writing War: Soldiers Record the Japanese Empire*, op. cit., p. 123.

20. Meirion Harries e Susie Harries, *Soldiers of the Sun: The Rise and Fall of the Imperial Japanese Army, 1868-1945*. Londres, 1991, pp. 408-9; Yuki Tanaka, *Hidden Horrors: Japanese War Crimes in World War II*, op. cit., pp. 21-2.

21. Aaron Moore, *Writing War: Soldiers Record the Japanese Empire*, op. cit., p. 119.

22. Gerald Horne, *Race War: White Supremacy and the Japanese Attack on the British Empire*. Nova York, 2004, pp. 71-2.

23. Mark Johnston, *Fighting the Enemy: Australian Soldiers and Their Adversaries in World War II*. Cambridge, 2000, pp. 94-9.

24. Raymond Lamont-Brown, *Ships from Hell: Japanese War Crimes on the High Seas*. Stroud, 2002, pp. 68-9.

25. Michael Sturma, "Atrocities, Conscience and Unrestricted Warfare: US Submarines during the Second World War". *War in History*, v. 16, 2009, pp. 450-8.

26. Ibid., pp. 449-50; John Dower, *War without Mercy: Race and Power in the Pacific War*. Nova York, 1986, p. 36.

27. Mark Johnston, *Fighting the Enemy: Australian Soldiers and Their Adversaries in World War II*, op. cit., pp. 78-80, 94-5; John McManus, *The Deadly Brotherhood: The American Combat Soldier in World War II*, op. cit., pp. 210-1.

28. James Weingartner, "Trophies of War: US Troops and the Mutilation of Japanese War Dead, 1941-1945". *Pacific Historical Review*, v. 61, 1992, pp. 56-62; Simon Harrison, "Skull Trophies of the Pacific War: Transgressive Objects of Remembrance". *Journal of the Royal Anthropological Institute*, v. 12, 2006, pp. 818-28.

29. Peter Schrijvers, *The GI War against Japan: American Soldiers in Asia and the Pacific during World War II*, op. cit., pp. 207-10; Mark Johnston, *Fighting the Enemy: Australian Soldiers and Their Adversaries in World War II*, op. cit., pp. 80-2; Craig Cameron, "Race and Identity: The Culture of Combat in the Pacific War". *International History Review*, v. 27, 2005, pp. 558-9.

30. Tarak Barkawi, *Soldiers of Empire: Indian and British Armies in World War II*. Cambridge, 2017, pp. 208-17.

31. Theo Schulte, *The German Army and Nazi Policies in Occupied Russia*. Oxford, 1989, pp. 317-20.

32. Jeff Rutherford, *Combat and Genocide on the Eastern Front: The German Infantry's War 1941-1944*. Cambridge, 2014, pp. 69, 81.

33. Mary Habeck, "The Modern and the Primitive: Barbarity and Warfare on the Eastern Front", op. cit., p. 85; ver também Alex Kay, "A 'War in a Region beyond State Control?': The German-Soviet War, 1941-1944". *War in History*, v. 18, 2011, pp. 111-2.

34. Felix Römer, "The Wehrmacht in the War of Ideologies". Em Alex Kay, Jeff Rutherford e David Stahel (orgs.), *Nazi Policy on the Eastern Front, 1941: Total War, Genocide, and Radicalization*. Nova York, 2012, pp. 74-5, 81.

35. Sönke Neitzel e Harald Welzer, *Soldaten: Protokolle vom Kämpfen, Töten und Sterben*. Frankfurt, 2011, pp. 135-7; Jeff Rutherford, *Combat and Genocide on the Eastern Front: The German Infantry's War 1941-1944*, op. cit., pp. 86-90; Omer Bartov, *The Eastern Front, 1941-45: German Troops and the Barbarisation of Warfare*, op. cit., p. 110.

36. Amaon Sella, *The Value of Human Life in Soviet Warfare*. Londres, 1992, pp. 100-2.

37. Günther Koschorrek, *Blood Red Snow: The Memoirs of a German Soldier on the Eastern Front*. Londres, 2002, p. 275.

38. Catherine Merridale, *Ivan's War: The Red Army, 1939-1945*. Londres, 2005, pp. 110-4.

39. Alfred de Zayas, *The Wehrmacht War Crimes Bureau, 1939-1945*, op. cit., p. 88.

40. Maria Giusti, *I prigionieri italiani in Russia*. Bolonha, 2014, p. 132.

41. Felicia Yap, "Prisoners of War and Civilian Internees of the Japanese". *Journal of Contemporary History*, v. 47, 2012, p. 317; Howard Ball, *Prosecuting War Crimes and Genocide: The Twentieth-Century Experience*, op. cit., p. 84.

42. Niall Ferguson, "Prisoner Taking and Prisoner Killing: The Dynamic of Defeat, Surrender and Barbarity in the Age of Total War". Em George Kassimeris (org.), *The Barbarisation of Warfare*, op. cit., p. 142.

43. Para os dados soviéticos, sou grato a James Bacque por me repassar as estatísticas compiladas pelo Departamento de Prisões do Ministério das Relações Exteriores soviético sobre "prisioneiros de guerra dos antigos Exércitos europeus, 1941-1945", 28 abr. 1956. Ver também *Russkii Arkhiv 13: Nemetskii Voennoplennye v SSSR* (Moscou, 1999), parte I, p. 9. Sobre os prisioneiros japoneses, ver S. I. Kuznetsov, "The Situation of Japanese Prisoners of War in Soviet Camps". *Journal of Slavic Military Studies*, v. 8, 1995, pp. 612-29. Sobre os prisioneiros soviéticos, Alfred Streim, *Sowjetische Gefangene in Hitlers Vernichtungskrieg: Berichte und Dokumente*. Heidelberg, 1982, p. 175; Christian Streit, "Die sowjetische Kriegsgefangenen in den deutschen Lagern". Em D. Dahlmann e Gerhard Hirschfeld (orgs.), *Lager, Zwangsarbeit, Vertreibung und Deportationen*. Essen, 1999, pp. 403-4.

44. Maria Giusti, *I prigionieri italiani in Russia*, op. cit., p. 133.

45. Eri Hotta, *Japan 1941: Countdown to Infamy*. Nova York, 2013, p. 93.

46. Howard Ball, *Prosecuting War Crimes and Genocide: The Twentieth-Century Experience*, op. cit., p. 63.

47. Felicia Yap, "Prisoners of War and Civilian Internees of the Japanese", op. cit., pp. 323-4; Yuki Tanaka, *Hidden Horrors: Japanese War Crimes in World War II*, op. cit., pp. 16-8.

48. Yuki Tanaka, *Hidden Horrors: Japanese War Crimes in World War II*, op. cit., pp. 26-7.

49. Mary Habeck, "The Modern and the Primitive: Barbarity and Warfare on the Eastern Front", op. cit., p. 87.

50. Christian Hartmann, "Massensterbung oder Massenvernichtung? Sowjetische Kriegsgefangenen im 'Unternehmen Barbarossa'". *Vierteljahreshefte für Zeitgeschichte*, v. 49, 2001, p. 105; Catherine Merridale, *Ivan's War: The Red Army, 1939-1945*, op. cit., pp. 122-3; Omer Bartov, *The Eastern Front, 1941-45: German Troops and the Barbarisation of Warfare*, op. cit., pp. 111-2.

51. Christian Streit, *Keine Kameraden: Die Wehrmacht und die sowjetischen Kriegsgefangenen, 1941-1945*. Bonn, 1978, p. 128.

52. Stefan Karner, *Im Archipel GUPVI: Kriegsgefangenschaft und Internierung in der Sowjetunion 1941-1956*. Viena, 1995, pp. 90-4; *Russkii Arkhiv 13*, parte II, pp. 69, 76, 159-60; Maria Giusti, *I prigionieri italiani in Russia*, op. cit., p. 127.

53. Stefan Karner, *Im Archipel GUPVI: Kriegsgefangenschaft und Internierung in der Sowjetunion 1941-1956*, op. cit., pp. 94-104.

54. Maria Giusti, *I prigionieri italiani in Russia*, op. cit., pp. 100-2, 110-1, 125-9.

55. Seth Givens, "Liberating the Germans: The US Army and Looting in Germany during the Second World War". *War in History*, v. 21, 2014, pp. 35-6.

56. Neville Wylie, "Loot, Gold, and Tradition in the United Kingdom's Financial Warfare Strategy, 1939-1945". *International History Review*, v. 31, 2009, pp. 301-2; Howard Ball, *Prosecuting War Crimes and Genocide: The Twentieth-Century Experience*, op. cit., pp. 15-6.

57. Seth Givens, "Liberating the Germans: The US Army and Looting in Germany during the Second World War", op. cit., pp. 35-6.

58. Jeff Rutherford, *Combat and Genocide on the Eastern Front: The German Infantry's War 1941-1944*, op. cit., pp. 107-8.

59. Zygmunt Klukowski, *Diary of the Years of Occupation, 1939-1944*. Urbana, 1993, pp. 28-30, 47, anotações de 20, 23 set., 30 out. 1939.

60. Mark Mazower, *Inside Hitler's Greece: The Experience of Occupation, 1941-44*. New Haven, 1993, pp. 23-4.

61. Howard Ball, *Prosecuting War Crimes and Genocide: The Twentieth-Century Experience*, op. cit., p. 64; Meirion Harries e Susie Harries, *Soldiers of the Sun: The Rise and Fall of the Imperial Japanese Army, 1868-1945*, op. cit., p. 411.

62. Jeff Rutherford, *Combat and Genocide on the Eastern Front: The German Infantry's War 1941-1944*, op. cit., pp. 105-10.

63. Seth Givens, "Liberating the Germans: The US Army and Looting in Germany during the Second World War", op. cit., pp. 33, 46-7.

64. William Wharton, *Shrapnel*. Londres, 2012, pp. 182-3.

65. Amir Weiner, "'Something to Die for, a Lot to Kill for': The Soviet System and the Barbarisation of Warfare". Em George Kassimeris (org.), *The Barbarisation of Warfare*, op. cit., pp. 102-5.

66. Seth Givens, "Liberating the Germans: The US Army and Looting in Germany during the Second World War", op. cit., pp. 45-6.

67. Gianluca Fulvetti e Paolo Pezzino (orgs.), *Zone di Guerra, Geografie di Sangue: L'atlante delle stragi naziste e fasciste in Italia (1943-1945)*. Bolonha, 2016, pp. 96-122.

68. Massimo Storchi, *Anche contro donne e bambini: Stragi naziste e fasciste nella terra dei fratelli Cervi*. Reggio Emilia, 2016, pp. 11-2.

69. Peter Lieb, "Repercussions of Eastern Front Experiences on Anti-Partisan Warfare in France, 1943-1944". *Journal of Strategic Studies*, v. 31, 2008, pp. 797-9, 818-9.

70. Alastair McLauchlan, "War Crimes and Crimes against Humanity on Okinawa: Guilt on Both Sides". *Journal of Military Ethics*, v. 13, 2014, pp. 364-77.

71. Hans van de Ven, *War and Nationalism in China, 1925-1945*. Londres, 2003, p. 284; Amir Weiner, "'Something to Die for, a Lot to Kill for': The Soviet System and the Barbarisation of Warfare", op. cit., pp. 119-21.

72. Wendy Lower, *Nazi Empire-Building and the Holocaust in Ukraine*. Chapel Hill, 2005, pp. 19-29 sobre o caráter colonial da ocupação alemã do Leste. Sobre a diferença entre a prática alemã no Leste e no Oeste, ver Peter Lieb, "Repercussions of Eastern Front Experiences on Anti-Partisan Warfare in France, 1943-1944", op. cit., pp. 797-8, 802-3.

73. Patrick Bernhard, "Behind the Battle Lines: Italian Atrocities and the Persecution of Arabs, Berbers and Jews in North Africa in World War II". *Holocaust and Genocide Studies*, v. 26, 2012, pp. 425-32.

74. Patrick Bernhard, "Die 'Kolonialachse'. Der NS-Staat und Italienisch-Afrika 1935 bis 1943". Em Lutz Klinkhammer e Amedeo Guerrazzi (orgs.), *Der "Achse" im Krieg: Politik, Ideologie und Kriegführung 1939-1945*. Paderborn, 2010, pp. 164-8. Para um estudo geral das atrocidades do exército italiano, ver Gianni Oliva, *"Si Ammazza Troppo Poco": I crimini di guerra italiani 1940-43*. Milão, 2006.

75. Alex Kay, "Transition to Genocide, July 1941: Einsatzkommando 9 and the Annihilation of Soviet Jewry". *Holocaust and Genocide Studies*, v. 27, 2013, pp. 411-3; id., Alex Kay, "A 'War in a Region beyond State Control?': The German-Soviet War, 1941-1944", op. cit., pp. 112-5.

76. Hans van de Ven, *War and Nationalism in China, 1925-1945*, op. cit., pp. 283-4.

77. Yuki Tanaka, *Hidden Horrors: Japanese War Crimes in World War II*, op. cit., pp. 186-92; Meirion Harries e Susie Harries, *Soldiers of the Sun: The Rise and Fall of the Imperial Japanese Army, 1868-1945*, op. cit., p. 405.

78. Henning Pieper, "The German Approach to Counter-Insurgency in the Second World War". *International History Review*, v. 57, 2015, pp. 631-6; Alexander Prusin, "A Community of Violence: Structure, Participation, and Motivation in Comparative Perspective". *Holocaust and Genocide Studies*, v. 21, 2007, pp. 5-9.

79. Massimo Storchi, *Anche contro donne e bambini: Stragi naziste e fasciste nella terra dei fratelli Cervi*, op. cit., p. 29; Ben Shepherd, "With the Devil in Titoland: A Wehrmacht Anti-Partisan Division in Bosnia-Herzegovina, 1943". *War in History*, v. 16, 2009, pp. 84; Edward Westermann, "'Ordinary Men' or 'Ideological Soldiers'? Police Battalion 310 in Russia, 1942". *German Studies Review*, v. 21, 1998, p. 57.

80. Peter Lieb, "Repercussions of Eastern Front Experiences on Anti-Partisan Warfare in France, 1943-1944", op. cit., p. 806; Ben Shepherd, "With the Devil in Titoland: A Wehrmacht Anti-Partisan Division in BosniaHerzegovina, 1943", op. cit., pp. 84-5.

81. Massimo Storchi, *Anche contro donne e bambini: Stragi naziste e fasciste nella terra dei fratelli Cervi*, op. cit., p. 23; Peter Lieb, "Repercussions of Eastern Front Experiences on Anti-Partisan Warfare in France, 1943-1944", op. cit., p. 798.

82. Anika Walke, *Pioneers and Partisans: An Oral History of Nazi Genocide in Belorussia*, op. cit., pp. 191-2; Amir Weiner, "'Something to Die for, a Lot to Kill for': The Soviet System and the Barbarisation of Warfare", op. cit., pp. 117-21.

83. Giovanni Pesce, *And No Quarter: An Italian Partisan in World War II*. Athens, EUA, 1972, p. 211.

84. Ibid., p. 176.

85. Catherine Merridale, *Ivan's War: The Red Army, 1939-1945*, op. cit., p. 269.

86. TNA, AIR 41/5 J. M. Spaight, "The International Law of the Air 1939-1945", 1946, pp. 1-15.

87. Richard Overy, *The Bombing War: Europe 1939-1945*. Londres, 2013, pp. 247-9; Peter Gray, "The Gloves Will Have to Come Off: A Reappraisal of the Legitimacy of the RAF Bomber Offensive against Germany". *Air Power Review*, v. 13, 2010, pp. 15-6.

88. Ronald Schaffer, "American Military Ethics in World War II: The Bombing of German Civilians". *Journal of American History*, v. 67, 1980, p. 321.

89. Charles Webster e Noble Frankland, *The Strategic Air Offensive against Germany*. 4 v. Londres, 1961. v. IV, pp. 258-60. Ver também Richard Overy, "'Why We Bomb You': Liberal War-Making and Moral Relativism in the RAF Bomber Offensive, 1940-45". Em Alan Cromartie (org.), *Liberal Wars: Anglo-American Strategy, Ideology, and Practice*. Londres, 2015, pp. 25-9.

90. TNA, AIR 14/1812, relatório de pesquisa operacional, 14 set. 1943.

91. TNA, AIR 14/1813, minuta de A. G. Dickens para Arthur Harris, 23 fev. 1945 (anotações de Harris nas margens).

92. Thomas Earle, "'It Made a lot of Sense to Kill Skilled Workers': The Firebombing of Tokyo in March 1945". *Journal of Military History*, v. 66, 2002, pp. 117-21.

93. Conrad Crane, "Evolution of US Strategic Bombing of Urban Areas". *Historian*, v. 50, 1987, p. 37.

94. Craig Cameron, "Race and Identity: The Culture of Combat in the Pacific War", op. cit., p. 564.

95. Tsuyoshi Hasegawa, "Were the Atomic Bombs Justified?". Em Yuki Tanaka e Marilyn Young (orgs.), *Bombing Civilians: A Twentieth-Century History*. Nova York, 2009, pp. 118-9.

96. Conrad Crane, "Evolution of US Strategic Bombing of Urban Areas", op. cit., p. 36.

97. Richard Overy, "The Nuremberg Trials: International Law in the Making". Em Philippe Sands (org.), *From Nuremberg to The Hague: The Future of International Criminal Justice*. Cambridge, 2003, pp. 10-1.

98. Sobre violência e genocídio colonial, ver as contribuições recentes de Michelle Gordon, "Colonial Violence and Holocaust Studies". *Holocaust Studies*, v. 21, 2015, pp. 273-6; Tom Lawson, "Coming to Terms with the Past: Reading and Writing Colonial Genocide in the Shadow of the Holocaust". *Holocaust Studies*, v. 20, 2014, pp. 129-56.

99. Gerald Horne, *Race War: White Supremacy and the Japanese Attack on the British Empire*, op. cit., pp. 266, 270.

100. Peter Duus, "Nagai Ryutaru and the 'White Peril', 1905-1944". *Journal of Asian Studies*, v. 31, 1971, pp. 41-7.

101. Ronald Takaki, *Double Victory: A Multicultural History of America in World War II*. Boston, 2001, p. 148.

102. John McManus, *The Deadly Brotherhood: The American Combat Soldier in World War II*, op. cit., p. 202; Peter Schrijvers, *The GI War against Japan: American Soldiers in Asia and the Pacific during World War II*, op. cit., pp. 218-9.

103. Simon Harrison, "Skull Trophies of the Pacific War: Transgressive Objects of Remembrance", op. cit., pp. 818-21.

104. Mark Johnston, *Fighting the Enemy: Australian Soldiers and Their Adversaries in World War II*, op. cit., pp. 85-7.

105. Raffael Scheck, "'They are Just Savages': German Massacres of Black Soldiers from the French Army, 1940". *Journal of Modern History*, v. 77, 2005, pp. 325-40.

106. Ver, por exemplo, Mikhail Tyaglyy, "Were the 'Chingené' Victims of the Holocaust? Nazi Policy Toward the Crimean Roma, 1941-1944". *Holocaust and Genocide Studies*, v. 23, 2009, pp. 26-40. Sobre o destino dos ciganos no Leste, Johannes Enstad, *Soviet Russians under Nazi Occupation: Fragile Loyalties in World War II*. Cambridge, 2018, pp. 66-70; Brenda Lutz, "Gypsies as Victims of the Holocaust". *Holocaust and Genocide Studies*, v. 9, 1995, pp. 346-59.

107. Thomas Kühne, "Male Bonding and Shame Culture: Hitler's Soldiers and the Moral Basis of Genocidal Warfare". Em Olaf Jensen e Claus-Christian Szejnmann (orgs.), *Ordinary People as Mass Murderers: Perpetrators in Comparative Perspective*. Basingstoke, 2008, pp. 69-71.

108. Jürgen Matthäus, "Controlled Escalation: Himmler's Men in the Summer of 1941 and the Holocaust in the Occupied Soviet Territories". *Holocaust and Genocide Studies*, v. 21, 2007, pp. 219-20.

109. Wendy Lower, *Nazi Empire-Building and the Holocaust in Ukraine*, op. cit., pp. 75-6; Alex Kay, "Transition to Genocide, July 1941: Einsatzkommando 9 and the Annihilation of Soviet Jewry", op. cit., p. 422; Jürgen Matthäus, "Controlled Escalation: Himmler's Men in the Summer of 1941 and the Holocaust in the Occupied Soviet Territories", op. cit., p. 223.

110. Sara Bender, "Not Only in Jedwabne: Accounts of the Annihilation of the Jewish Shtetlach in North-Eastern Poland in the Summer of 1941". *Holocaust Studies*, v. 19, 2013, pp. 2-3, 14, 19-20, 24-5.

111. Leonid Rein, "Local Collaboration in the Execution of the 'Final Solution' in Nazi-Occupied Belorussia". *Holocaust and Genocide Studies*, v. 20, 2006, p. 388.

112. Simon Geissbühler, "'He Spoke Yiddish like a Jew': Neighbours' Contribution to the Mass Killing of Jews in Northern Bukovina and Bessarabia, July 1941". *Holocaust and Genocide Studies*, v. 28, 2014, pp. 430-36; id., "The Rape of Jewish Women and Girls during the First Phase of the Romanian Offensive in the East, July 1941". *Holocaust Studies*, v. 19, 2013, pp. 59-65.

113. Leonid Rein, "Local Collaboration in the Execution of the 'Final Solution' in Nazi-Occupied Belorussia", op. cit., pp. 392-4; Eric Haberer, "The German Police and Genocide in Belorussia, 1941-1944: Part I: Police Deployment and Nazi Genocidal Directives". *Journal of Genocide Research*, v. 3, 2001, pp. 19-20.

114. Leonid Rein, "Local Collaboration in the Execution of the 'Final Solution' in Nazi--Occupied Belorussia", op. cit., p. 391.

115. Thomas Kühne, "Male Bonding and Shame Culture: Hitler's Soldiers and the Moral Basis of Genocidal Warfare", op. cit., pp. 57-8, 70; um estudo de caso interessante é Peter Lieb, "Täter aus Überzeugung? Oberst Carl von Andrian und die Judenmorde der 707 Infanteriedivision 1941/42". *Vierteljahrshefte für Zeitgeschichte*, v. 50, 2002, pp. 523-4, 536-8.

116. Wendy Lower, *Nazi Empire-Building and the Holocaust in Ukraine*, op. cit., pp. 78-81.

117. Andrej Angrick, "The Men of *Einsatzgruppe D*: An Inside View of a State-Sanctioned Killing Unit in the 'Third Reich'". Em Olaf Jensen e Claus-Christian Szejnmann (orgs.), *Ordinary People as Mass Murderers: Perpetrators in Comparative Perspective*, op. cit., p. 84.

118. Dick de Mildt, *In the Name of the People: Perpetrators of Genocide in the Reflection of Their Post-War Prosecution in West Germany*. Haia, 1996, p. 2.

119. Jürgen Matthäus, "Controlled Escalation: Himmler's Men in the Summer of 1941 and the Holocaust in the Occupied Soviet Territories", op. cit., pp. 228-9.

120. Waitman Beorn, "Negotiating Murder: A Panzer Signal Company and the Destruction of the Jews of Peregruznoe, 1942". *Holocaust and Genocide Studies*, v. 23, 2009, pp. 185-95.

121. Christopher Browning, *Ordinary Men: Reserve Police Battalion 101 and the Final Solution in Poland*. Londres, 1992, pp. 141-2.

122. Jürgen Matthäus, "Die Beteiligung der Ordnungspolizei am Holocaust". Em Wolf Kaiser (org.), *Täter im Vernichtungskrieg: Der Überfall auf die Sowjetunion und der Völkermord an den Juden*. Berlim, 2002, pp. 168-76.

123. Stephen Fritz, *Ostkrieg: Hitler's War of Extermination in the East*. Lexington, 2011, p. 374.

124. Ver, por exemplo, Edward Westermann, "'Ordinary Men' or 'Ideological Soldiers'? Police Battalion 310 in Russia, 1942", op. cit., pp. 43-8. Entre os homens do Batalhão 310, a filiação ao Partido variava de 38% a 50% em cada companhia de polícia.

125. Hoje existe uma extensa literatura sobre a psicologia social da perpetração no Holocausto. Ver Richard Overy, "'Ordinary Men', Extraordinary Circumstances: Historians, Social Psychologists and the Holocaust". *Journal of Social Issues*, v. 70, 2014, pp. 513-38; Arthur Miller, *The Social Psychology of Good and Evil*. Nova York, 2004, cap. 9.

126. Leonid Rein, "Local Collaboration in the Execution of the 'Final Solution' in Nazi-Occupied Belorussia", op. cit., pp. 394-5.

127. Edward Westermann, "Stone-Cold Killers or Drunk with Murder? Alcohol and Atrocity during the Holocaust". *Holocaust and Genocide Studies*, v. 30, 2016, pp. 4-7.

128. Ilya Ehrenburg e Vasily Grossman, *The Complete Black Book of Russian Jewry*. Org. de David Patterson. New Brunswick, 2002, p. 382; Alfred de Zayas, *The Wehrmacht War Crimes Bureau, 1939-1945*, op. cit., p. 189; Peipei Qiu com Su Zhiliang e Chen Lifei, *Chinese Comfort Women: Testimonies from Imperial Japan's Sex Slaves*. Nova York, 2013, p. 22.

129. Gloria Gaggioli, "Sexual Violence in Armed Conflicts: A Violation of International Humanitarian Law and Human Rights Law". *International Review of the Red Cross*, v. 96, 2014, pp. 506, 512-3.

130. Nomi Levenkron, "Death and the Maidens: 'Prostitution', Rape, and Sexual Slavery during World War II". Em Sonja Hedgepeth e Rochelle Saidel (orgs.), *Sexual Violence against Jewish Women during the Holocaust*. Waltham, 2010, pp. 15-7.

131. Yuki Tanaka, *Hidden Horrors: Japanese War Crimes in World War II*, op. cit., pp. 96-7; George Hicks, "The 'Comfort Women'". Em Peter Duus, Ramon Myers e Mark Peattie (orgs.), *The Japanese Wartime Empire*. Princeton, 1996, p. 310.

132. Nicole Bogue, "The Concentration Camp Brothel in Memory". *Holocaust Studies*, v. 22, 2016, p. 208.

133. Annette Timm, "Sex with a Purpose: Prostitution, Venereal Disease, and Militarized Masculinity in the Third Reich". *Journal of the History of Sexuality*, v. 11, 2002, pp. 225-7; Janice Matsumura, "Combating Indiscipline in the Imperial Japanese Army: Hayno Torao and Psychiatric Studies of the Crimes of Soldiers". *War in History*, v. 23, 2016, p. 96.

134. Regina Mühlhäuser, "The Unquestioned Crime: Sexual Violence by German Soldiers during the War of Annihilation in the Soviet Union, 1941-45". Em Raphaëlle Branche e Fabrice Virgili (orgs.), *Rape in Wartime*. Basingstoke, 2017, pp. 35, 40-2.

135. Emma Newlands, *Civilians into Soldiers: War, the Body and British Army Recruits, 1939-45*. Manchester, 2014, pp. 124-35; Mark Harrison, *Medicine and Victory: British Military Medicine in the Second World War*. Oxford, 2004, pp. 98-104.

136. Raffaello Pannacci, "Sex, Military Brothels and Gender Violence during the Italian Campaign in the USSR, 1941-43". *Journal of Contemporary History*, v. 55, 2020, pp. 79-86.

137. Annette Timm, "Sex with a Purpose: Prostitution, Venereal Disease, and Militarized Masculinity in the Third Reich", op. cit., pp. 237-50; Nomi Levenkron, "Death and the Maidens: 'Prostitution', Rape, and Sexual Slavery during World War II", op. cit., pp. 19-20; Helene Sinnreich, "The Rape of Jewish Women during the Holocaust". Em Sonja Hedgepeth e Rochelle Saidel (orgs.), *Sexual Violence against Jewish Women during the Holocaust*, op. cit., pp. 110-5; Jeffrey Burds, "Sexual Violence in Europe during World War II, 1939-1945". *Politics & Society*, v. 37, 2009, pp. 37-41.

138. Peipei Qiu com Su Zhiliang e Chen Lifei, *Chinese Comfort Women: Testimonies from Imperial Japan's Sex Slaves*, op. cit., pp. 1, 9-11, 37-8; George Hicks, "The 'Comfort Women'", op. cit., pp. 311-2.

139. George Hicks, "The 'Comfort Women'", op. cit., p. 312; Yuki Tanaka, *Hidden Horrors: Japanese War Crimes in World War II*, op. cit., pp. 98-9; Michael Seth, *A Concise History of Modern Korea*. Lanham, 2016, pp. 81-2.

140. Peipei Qiu com Su Zhiliang e Chen Lifei, *Chinese Comfort Women: Testimonies from Imperial Japan's Sex Slaves*, op. cit., pp. 30-8, 48. A história dos golpes de baioneta foi contada por um veterano da 14ª Divisão, estacionada no norte da China nos últimos estágios da guerra.

141. Brigitte Halbmayr, "Sexualised Violence against Women during Nazi 'Racial' Persecution". Em Sonja Hedgepeth e Rochelle Saidel (orgs.), *Sexual Violence against Jewish Women during the Holocaust*, op. cit., pp. 33-5; Regina Mühlhäuser, "The Unquestioned Crime: Sexual Violence by German Soldiers during the War of Annihilation in the Soviet Union, 1941-45", op. cit., pp. 37-8.

142. William Wharton, *Shrapnel*, op. cit., p. 189.

143. David Snyder, *Sex Crimes under the Wehrmacht*. Lincoln, 2007, p. 137.

144. J. Robert Lilly, *Taken by Force: Rape and American GIs in Europe during World War II*. Basingstoke, 2007, p. 11; Elisabeth Krimmer, "Philomena's Legacy: Rape, the Second World War, and the Ethics of Reading". *German Quarterly*, v. 88, 2015, pp. 83-4.

145. Miriam Gebhardt, *Crimes Unspoken: The Rape of German Women at the End of the Second World War*. Cambridge, 2017, pp. 18-22.

146. Peipei Qiu com Su Zhiliang e Chen Lifei, *Chinese Comfort Women: Testimonies from Imperial Japan's Sex Slaves*, op. cit., pp. 37-8.

147. Mark Johnston, *Fighting the Enemy: Australian Soldiers and Their Adversaries in World War II*, op. cit., pp. 98-9.

148. Amir Weiner, "'Something to Die for, a Lot to Kill for': The Soviet System and the Barbarisation of Warfare", op. cit., pp. 114-5.

149. Catherine Merridale, *Ivan's War: The Red Army, 1939-1945*, op. cit., p. 268.

150. Alexandra Richie, *Warsaw 1944: The Fateful Uprising*. Londres, 2013, pp. 283, 302.

151. Elisabeth Wood, "Conflict-Related Sexual Violence and the Policy Implications of Recent Research". *International Review of the Red Cross*, v. 96, 2014, pp. 472-4.

152. James Messerschmidt, "Review Symposium: The Forgotten Victims of World War II — Masculinities and Rape in Berlin, 1945". *Violence Against Women*, v. 12, 2006, pp. 706-9.

153. Peter Schrijvers, *The GI War against Japan: American Soldiers in Asia and the Pacific during World War II*, op. cit., pp. 210-2; Alastair McLauchlan, "War Crimes and Crimes against Humanity on Okinawa: Guilt on Both Sides", op. cit., pp. 364-5.

154. J. Robert Lilly, *Taken by Force: Rape and American GIs in Europe during World War II*, op. cit., p. 12; Yuki Tanaka, *Hidden Horrors: Japanese War Crimes in World War II*, op. cit., pp. 101-3; Joanna Bourke, *Rape: A History from 1860 to the Present*. Londres, 2007, pp. 357-8.

155. Robert Kramm, "Haunted by Defeat: Imperial Sexualities, Prostitution, and the Emergence of Postwar Japan". *Journal of World History*, v. 28, 2017, pp. 606-7.

156. J. Robert Lilly, *Taken by Force: Rape and American GIs in Europe during World War II*, op. cit., pp. 22-3.

157. Julie Le Gac, *Vaincre sans gloire: Le Corps expéditionnaire français en Italie (novembre 1942-juillet 1944)*. Paris, 2014, pp. 432-46.

158. Annette Warring, "Intimate and Sexual Relations". Em Robert Gildea, Olivier Wieviorka e Annette Warring (orgs.), *Surviving Hitler and Mussolini: Daily Life in Occupied Europe*. Oxford, 2006, p. 113.

159. David Snyder, *Sex Crimes under the Wehrmacht*, op. cit., pp. 149, 157-8.

160. Birthe Kundrus, "Forbidden Company: Domestic Relationships between Germans and Foreigners 1939 to 1945". *Journal of the History of Sexuality*, v. 11, 2002, pp. 201-6.

161. Anika Walke, *Pioneers and Partisans: An Oral History of Nazi Genocide in Belorussia*, op. cit., p. 152; Regina Mühlhäuser, "The Unquestioned Crime: Sexual Violence by German Soldiers during the War of Annihilation in the Soviet Union, 1941-45", op. cit., pp. 38-9.

162. David Snyder, *Sex Crimes under the Wehrmacht*, op. cit., pp. 138-42; Regina Mühlhäuser, "The Unquestioned Crime: Sexual Violence by German Soldiers during the War of Annihilation in the Soviet Union, 1941-45", op. cit., pp. 41-2.

163. Peipei Qiu com Su Zhiliang e Chen Lifei, *Chinese Comfort Women: Testimonies from Imperial Japan's Sex Slaves*, op. cit., pp. 28-9.

164. Janice Matsumura, "Combating Indiscipline in the Imperial Japanese Army: Hayno Torao and Psychiatric Studies of the Crimes of Soldiers", op. cit., p. 91.

165. Milovan Djilas, *Conversations with Stalin*. Nova York, 1962, p. 161.

166. Miriam Gebhardt, *Crimes Unspoken: The Rape of German Women at the End of the Second World War*, op. cit., pp. 73-5.

167. Elisabeth Krimmer, "Philomena's Legacy: Rape, the Second World War, and the Ethics of Reading", op. cit., pp. 90-1.

168. James Mark, "Remembering Rape: Divided Social Memory of the Red Army in Hungary, 1944-1945". *Past & Present*, n. 188, 2005, pp. 133, 140-2.

169. Svetlana Alexievich, *The Unwomanly Face of War*. Londres, 2017, p. xxxvi. [Ed. bras.: *A guerra não tem rosto de mulher*. São Paulo: Companhia das Letras, 2016.]

170. Helene Sinnreich, "'And It Was Something We Didn't Talk about': Rape of Jewish Women during the Holocaust". *Holocaust Studies*, v. 14, 2008, pp. 10-1.

171. Anatoly Podolsky, "The Tragic Fate of Ukrainian Jewish Women under Nazi Occupation". Em Sonja Hedgepeth e Rochelle Saidel (orgs.), *Sexual Violence against Jewish Women during the Holocaust*, op. cit., p. 99.

172. Nomi Levenkron, "Death and the Maidens: 'Prostitution', Rape, and Sexual Slavery during World War II", op. cit., pp. 16-9; Helene Sinnreich, "The Rape of Jewish Women during the Holocaust", op. cit., pp. 109-15; Zoë Waxman, "Rape and Sexual Abuse in Hiding". Em Sonja Hedgepeth e Rochelle Saidel (orgs.), *Sexual Violence against Jewish Women during the Holocaust*, op. cit., pp. 126-31; Edward Westermann, "Stone-Cold Killers or Drunk with Murder? Alcohol and Atrocity during the Holocaust", op. cit., pp. 12-3; Jeffrey Burds, "Sexual Violence in Europe during World War II, 1939-1945", op. cit., pp. 42-6.

173. Anatoly Podolsky, "The Tragic Fate of Ukrainian Jewish Women under Nazi Occupation", op. cit., pp. 102-3; Simon Geissbühler, "'He Spoke Yiddish like a Jew': Neighbours' Contribution to the Mass Killing of Jews in Northern Bukovina and Bessarabia, July 1941", op. cit., pp. 430-4.

174. Peter Schrijvers, *The GI War against Japan: American Soldiers in Asia and the Pacific during World War II*, op. cit., pp. 220-1.

175. William Wharton, *Shrapnel*, op. cit., p. 252.

176. Aaron Moore, *Writing War: Soldiers Record the Japanese Empire*, op. cit., p. 145.

177. Sönke Neitzel e Harald Welzer, *Soldaten: Protokolle vom Kämpfen, Töten und Sterben*, op. cit., pp. 158-9.

178. Ilya Ehrenburg e Vasily Grossman, *The Complete Black Book of Russian Jewry*, op. cit., pp. 388-9.

179. Christopher Browning, *Nazi Policy, Jewish Workers, German Killers*. Cambridge, 2000, pp. 155-6. Sobre o significado psicológico da ordem, ver Harald Welzer, "On Killing and Morality: How Normal People Become Mass Murderers". Em Olaf Jensen e Claus-Christian Szejnmann (orgs.), *Ordinary People as Mass Murderers: Perpetrators in Comparative Perspective*, op. cit., pp. 173-9.

180. Theo Schulte, "The German Soldier in Occupied Russia". Em Paul Addison e Angus Calder (orgs.), *Time to Kill: The Soldier's Experience of War in the West, 1939-1945*. Londres, 1997, pp. 274-6. Sobre a ideia de reverter a restrição de matança, ver Dorothea Frank, *Menschen Töten*. Düsseldorf, 2006, p. 12.

181. Michael Sturma, "Atrocities, Conscience and Unrestricted Warfare: US Submarines during the Second World War", op. cit., p. 458.

182. Richard Overy, "'Ordinary Men', Extraordinary Circumstances: Historians, Social Psychologists and the Holocaust", op. cit., pp. 518-9, 522-3.

183. Trata-se de entrevistas feitas para um documentário da BBC sobre o Comando de Bombardeiros em 1995-6. Ver Richard Overy, *Bomber Command, 1939-1945*. Londres, 1997, esp. pp. 198-201 para exemplos das entrevistas.

184. John McManus, *The Deadly Brotherhood: The American Combat Soldier in World War II*, op. cit., p. 206.

185. Aaron Moore, *Writing War: Soldiers Record the Japanese Empire*, op. cit., p. 145.

186. Tsuyoshi Hasegawa, "Were the Atomic Bombs Justified?", op. cit., p. 119.

187. Andrew Rotter, *Hiroshima: The World's Bomb*. Oxford, 2008, p. 128, numa carta a Samuel Cavert, 11 ago. 1945.

188. Aaron Moore, *Writing War: Soldiers Record the Japanese Empire*, op. cit., p. 245.

189. Andrew Clapham, "Issues of Complexity, Complicity and Complementarity: From the Nuremberg Trials to the Dawn of the International Criminal Court". Philippe Sands (org.), *From Nuremberg to The Hague: The Future of International Criminal Justice*, op. cit., pp. 31-3, 40; Howard Ball, *Prosecuting War Crimes and Genocide: The Twentieth-Century Experience*, op. cit., p. 73.

190. Andrew Clapham, "Issues of Complexity, Complicity and Complementarity: From the Nuremberg Trials to the Dawn of the International Criminal Court", op. cit., pp. 40-1; Howard Ball, *Prosecuting War Crimes and Genocide: The Twentieth-Century Experience*, op. cit., p. 77; Norbert Ehrenfreund, *The Nuremberg Legacy: How the Nazi War Crimes Trials Changed the Course of History*. Nova York, 2007, pp. 115-21.

191. Beatrice Trefalt, "Japanese War Criminals in Indochina and the French Pursuit of Justice: Local and International Constraints". *Journal of Contemporary History*, v. 49, 2014, pp. 727-9.

192. Howard Ball, *Prosecuting War Crimes and Genocide: The Twentieth-Century Experience*, op. cit., pp. 56-7, 74-6; Craig Cameron, "Race and Identity: The Culture of Combat in the Pacific War", op. cit., p. 564.

193. Waitman Beorn, "Negotiating Murder: A Panzer Signal Company and the Destruction of the Jews of Peregruznoe, 1942", op. cit., p. 199.

194. Gloria Gaggioli, "Sexual Violence in Armed Conflicts: A Violation of International Humanitarian Law and Human Rights Law", op. cit., pp. 512-3, 519-20.

195. John McManus, *The Deadly Brotherhood: The American Combat Soldier in World War II*, op. cit., p. 211.

11. DE IMPÉRIOS A NAÇÕES: UMA ERA MUNDIAL DIFERENTE [pp. 902-55]

1. Amanke Okafor, *Nigeria: Why We Fight for Freedom*. Londres, 1949, p. 6.

2. TNA, KV2/1853, "Colonial Office to Special Branch", 22 set. 1950; "Security Liaison Office to Director General", MI5, 20 out. 1950, "G. N. A. Okafar"; "Director General to Security Liaison Office, West Africa", 12 jun. 1950.

3. Amanke Okafor, *Nigeria: Why We Fight for Freedom*, op. cit., pp. 5, 30, 39.

4. David Roll, *The Hopkins Touch: Harry Hopkins and the Forging of the Alliance to Defeat Hitler*. Nova York, 2013, pp. 173-4.

5. TNA, FO 898/413, Political Warfare Executive, "Projection of Britain", propaganda to Europe: general policy papers.

6. Jean-Christophe Notin, *La Campagne d'Italie, 1943-1945: Les Victoires oubliées de la France*. Paris, 2002, pp. 692-3; Richard Lamb, *War in Italy, 1943-1945: A Brutal Story*. Londres, 1993, pp. 259-60; David Stafford, *Endgame 1945: Victory, Retribution, Liberation*. Londres, 2007, pp. 354, 469-70.

7. Nicola Labanca, *Oltremare: Storia dell'espansione coloniale italiana*. Bolonha, 2002, pp. 428-33; Saul Kelly, *Cold War in the Desert: Britain, the United States and the Italian Colonies, 1945-52*. Nova York, 2000, pp. 164-7.

8. Antonio Morone, *L'ultima colonia: Come l'Italia è tornata in Africa 1950-1960*. Roma, 2011, pp. 131-3, 176-7, 383; Saul Kelly, *Cold War in the Desert: Britain, the United States and the Italian Colonies, 1945-52*, op. cit., pp. 169-71.

9. Ian Connor, *Refugees and Expellees in Post-War Germany*. Manchester, 2007, pp. 8-10 sobre assentamentos alemães antigos.

10. Nicola Labanca, *Oltremare: Storia dell'espansione coloniale italiana*, op. cit., pp. 438-9; Gerard Cohen, *In War's Wake: Europe's Displaced Persons in the Postwar Order*. Nova York, 2012, p. 6.

11. Lori Watt, *When Empire Comes Home: Repatriation and Reintegration in Postwar Japan*. Cambridge, EUA, 2009, pp. 1-3, 43-4.

12. Louise Young, *Japan's Total Empire: Manchuria and the Culture of Wartime Imperialism*. Berkeley, 1998, pp. 410-1.

13. Lori Watt, *When Empire Comes Home: Repatriation and Reintegration in Postwar Japan*, op. cit., pp. 43-7, 97.

14. Ibid., pp. 47-50.

15. Haruko Cook e Theodore Cook (orgs.), *Japan at War: An Oral History*. Nova York, 1992, pp. 413-5, testemunho de Iitoyo Shogo, funcionário do Ministério de Comércio e Indústria.

16. Ian Connor, *Refugees and Expellees in Post-War Germany*, op. cit., p. 13.

17. Raymond Douglas, *Orderly and Humane: The Expulsion of the Germans after the Second World War*. New Haven, 2012, pp. 1-2, 93-6.

18. Ibid., p. 96.

19. Ibid., pp. 126, 149.

20. Ibid., pp. 124-5, 160-1, 309; Ruth Wittlinger, "Taboo or Tradition? The 'Germans-as-victims' Theme in the Federal Republic until the Mid1990s". Em Bill Niven (org.), *Germans as Victims*. Basingstoke, 2006, pp. 70-3.

21. Diana Lary, *The Chinese People at War: Human Suffering and Social Transformation, 1937-1945*. Cambridge, 2010, p. 170.

22. G. Daniel Cohen, "Between Relief and Politics: Refugee Humanitarianism in Occupied Germany". *Journal of Contemporary History*, v. 43, 2008, p. 438.

23. Jessica Reinisch, "'We Shall Build Anew a Powerful Nation': UNRRA, Internationalism, and National Reconstruction in Poland". *Journal of Contemporary History*, v. 43, 2008, pp. 453-4.

24. Mark Wyman, *DPs: Europe's Displaced Persons, 1945-1951*. Ithaca, 1998, pp. 39, 46-7.

25. Ibid., pp. 17-9, 37, 52. Havia 844 144 deslocados dependentes da UNRRA em março de 1946 e 562 841 em agosto de 1948.

26. G. Daniel Cohen, "Between Relief and Politics: Refugee Humanitarianism in Occupied Germany", op. cit., pp. 445, 448-9.

27. R. Rummell, *Lethal Politics: Soviet Genocide and Mass Murder since 1917*. Londres, 1996, pp. 194-5; Mark Edele, *Stalin's Defectors: How Red Army Soldiers became Hitler's Collaborators, 1941-1945*. Oxford, 2017, pp. 139-42.

28. Nicolas Bethell, *The Last Secret: Forcible Repatriation to Russia, 1944-1947*. Londres, 1974, pp. 92-118; Keith Lowe, *Savage Continent: Europe in the Aftermath of World War II*. Londres, 2012, pp. 252-62.

29. Gerard Cohen, *In War's Wake: Europe's Displaced Persons in the Postwar Order*, op. cit., p. 26.

30. Mark Wyman, *DPs: Europe's Displaced Persons, 1945-1951*, op. cit., pp. 186-90, 194-5, 202-4.

31. James Barr, *Lords of the Desert: Britain's Struggle with America to Dominate the Middle East*. Londres, 2018, p. 22.

32. Jessica Pearson, "Defending the Empire at the United Nations: The Politics of International Colonial Oversight in the Era of Decolonization". *Journal of Imperial and Commonwealth History*, v. 45, 2017, pp. 528-9.

33. Jan Eckel, "Human Rights and Decolonization: New Perspectives and Open Questions". *Humanity: An International Journal of Human Rights, Humanitarianism and Development*, v. 1, 2010, pp. 114-6.

34. Stefanie Wichhart, "Selling Democracy during the Second British Occupation of Iraq, 1941-45". *Journal of Contemporary History*, v. 48, 2013, pp. 525-6.

35. Jan Eckel, "Human Rights and Decolonization: New Perspectives and Open Questions", op. cit., p. 118; Dane Kennedy, *Decolonization: A Very Short Introduction*. Oxford, 2016, p. 1; W. David McIntyre, *Winding up the British Empire in the Pacific Islands*. Oxford, 2014, pp. 90-1.

36. Lanxin Xiang, *Recasting the Imperial Far East: Britain and America in China, 1945-1950*. Armonk, 1995, p. 38.

37. Peter Catterall, "The Plural Society: Labour and the Commonwealth Idea, 1900-1964". *Journal of Imperial and Commonwealth History*, v. 46, 2018, p. 830; H. Kumarasingham, "Liberal Ideals and the Politics of Decolonization". Em ibid., p. 818. A citação de Montgomery vem de "Tour of Africa, November-December 1947", 10 dez. 1947.

38. Dane Kennedy, *Decolonization: A Very Short Introduction*, op. cit., pp. 34-5.

39. Geraldien von Frijtag Drabbe Künzel, "'Germanje': Dutch Empire-Building in Nazi-Occupied Europe". *Journal of Genocide Research*, v. 19, 2017, pp. 251-3; Bart Luttikhuis e Dirk Moses, "Mass Violence and the End of Dutch Colonial Empire in Indonesia". *Journal of Genocide Research*, v. 14, 2012, pp. 260-1; Dane Kennedy, *Decolonization: A Very Short Introduction*, op. cit., pp. 34-5.

40. Mark Mazower, *No Enchanted Palace: The End of Empire and the Ideological Origins of the United Nations*. Princeton, 2009, pp. 150-1.

41. Anne Deighton, "Entente Neo-Coloniale? Ernest Bevin and Proposals for an Anglo-French Third World Power, 1945-1949". *Diplomacy & Statecraft*, v. 17, 2006, pp. 835-9; H. Kumarasingham, "Liberal Ideals and the Politics of Decolonization", op. cit., pp. 815-6.

42. Christopher Prior, "'The Community which Nobody Can Define': Meanings of the Commonwealth in the Late 1940s and 1950s". *Journal of Imperial and Commonwealth History*, v. 47, 2019, pp. 569-77.

43. Harry Mace, "The Eurafrique Initiative, Ernest Bevin and Anglo-French Relations in the Foreign Office, 1945-50". *Diplomacy & Statecraft*, v. 28, 2017, pp. 601-3.

44. Anne Deighton, "Entente Neo-Coloniale? Ernest Bevin and Proposals for an Anglo-French Third World Power, 1945-1949", op. cit., pp. 842-5.

45. Martin Thomas, *Fight or Flight: Britain, France and Their Roads from Empire*. Oxford, 2014, pp. 86-90.

46. Jason Parker, "Remapping the Cold War in the Tropics: Race, Communism, and National Security in the West Indies". *International History Review*, v. 24, 2002, pp. 337-9.

47. Geoffrey Roberts, *Stalin's Wars: From World War to Cold War, 1939-1953*. New Haven, 2006, pp. 318-9.

48. Leslie James, "Playing the Russian Game: Black Radicalism, the Press, and Colonial Office Attempts to Control Anti-Colonialism in the Early Cold War, 1946-50". *Journal of Imperial and Commonwealth History*, v. 43, 2015, pp. 511-7.

49. Balázs Szalontai, "The 'Sole Legal Government of Vietnam': The Bao Dai Factor and Soviet Attitudes toward Vietnam, 1947-1950". *Journal of Cold War Studies*, v. 20, 2018, p. 16.

50. Jan Eckel, "Human Rights and Decolonization: New Perspectives and Open Questions", op. cit., pp. 122, 126.

51. Penny Von Eschen, *Race against Empire: Black Americans and Anticolonialism, 1937-1957*. Ithaca, 1997, pp. 45-50; Leslie James, "Playing the Russian Game…", op. cit., pp. 509, 512.

52. Jason Parker, "Remapping the Cold War in the Tropics: Race, Communism, and National Security in the West Indies", op. cit., pp. 322-3; Penny Von Eschen, *Race against Empire: Black Americans and Anticolonialism, 1937-1957*, op. cit., p. 47.

53. W. David McIntyre, *Winding up the British Empire in the Pacific Islands*, op. cit., pp. 24-6.

54. Yasmin Khan, *The Great Partition: The Making of India and Pakistan*. New Haven, 2007, p. 25.

55. Mary Becker, *The AllIndia Muslim League, 1906-1947*. Karachi, 2013, pp. 225-9; Yasmin Khan, *The Great Partition: The Making of India and Pakistan*, op. cit., p. 38.

56. Christopher Bayly e Tim Harper, *Forgotten Wars: The End of Britain's Asian Empire*. Londres, 2007, p. 77.

57. Ranabir Samaddar, "Policing a Riot-Torn City: Kolkata, 16-18 August 1946". *Journal of Genocide Research*, v. 19, 2017, pp. 40-1, 43-5.

58. Christopher Bayly e Tim Harper, *Forgotten Wars: The End of Britain's Asian Empire*, op. cit., pp. 253-7.

59. Martin Thomas, *Fight or Flight: Britain, France and Their Roads from Empire*, op. cit., pp. 108-9.

60. Christopher Bayly e Tim Harper, *Forgotten Wars: The End of Britain's Asian Empire*, op. cit., pp. 163-5, 173.

61. Ibid., pp. 170-1.

62. William Frederick, "The Killing of Dutch and Eurasians in Indonesia's National Revolution (1945-49): A 'Brief Genocide' Reconsidered". *Journal of Genocide Research*, v. 14, 2012, pp. 362-4.

63. Petra Groen, "Militant Response: The Dutch Use of Military Force and the Decolonization of the Dutch East Indies". *Journal of Imperial and Commonwealth History*, v. 21, 1993, pp. 30-2; Bart Luttikhuis e Dirk Moses, "Mass Violence and the End of Dutch Colonial Empire in Indonesia", op. cit., pp. 257-8.

64. Jennifer Foray, *Visions of Empire in the Nazi-Occupied Netherlands*. Cambridge, 2012, pp. 296-7, 301-3.

65. Gert Oostindie, Ireen Hoogenboom e Jonathan Verwey, "The Decolonisation War in Indonesia, 1945-1949: War Crimes in Dutch Veterans' Egodocuments". *War in History*, v. 25, 2018, pp. 254-5, 265-6; Bart Luttikhuis, "Generating Distrust through Intelligence Work: Psychological Terror and the Dutch Security Services in Indonesia". *War in History*, v. 25, 2018, pp. 154-7.

66. Dane Kennedy, *Decolonization: A Very Short Introduction*, op. cit., pp. 53-4; John Darwin, *After Tamerlane: The Global History of Empire since 1405*. Londres, 2008, pp. 435-6, 450-1.

67. Vincent Kuitenbrouwer, "Beyond the 'Trauma of Decolonization': Dutch Cultural Diplomacy during the West New Guinea Question (1950-1962)". *Journal of Imperial and Commonwealth History*, v. 44, 2016, pp. 306-9, 312-5.

68. Robert Schulzinger, *A Time for War: The United States and Vietnam, 1941-1975*. Nova York, 1997, pp. 16-7.

69. Christopher Bayly e Tim Harper, *Forgotten Wars: The End of Britain's Asian Empire*, op. cit., pp. 148-9.

70. Ibid., p. 20; Martin Thomas, *Fight or Flight: Britain, France and Their Roads from Empire*, op. cit., pp. 124-5.

71. François Guillemot, "'Be Men!': Fighting and Dying for the State of Vietnam (1951-54)". *War & Society*, v. 31, 2012, pp. 188-95.

72. Balázs Szalontai, "The 'Sole Legal Government of Vietnam': The Bao Dai Factor and Soviet Attitudes toward Vietnam, 1947-1950", op. cit., pp. 3-4, 26-9.

73. Dane Kennedy, *Decolonization: A Very Short Introduction*, op. cit., pp. 51, 53.

74. Christopher Bayly e Tim Harper, *Forgotten Wars: The End of Britain's Asian Empire*, op. cit., pp. 355-6.

75. Ibid., pp. 428-32; David French, "Nasty not Nice: British Counter-Insurgency Doctrine and Practice, 1945-1967". *Small Wars and Insurgencies*, v. 23, 2012, pp. 747-8.

76. Bruno Reis, "The Myth of British Minimum Force in Counter-Insurgency Campaigns dur-

ing Decolonization (1945-1970)". *Journal of Strategic Studies*, v. 34, 2011, pp. 246-52; David French, "Nasty not Nice: British Counter-Insurgency Doctrine and Practice, 1945-1967", op. cit., pp. 748-9.

77. Steven Paget, "'A Sledgehammer to Crack a Nut'? Naval Gunfire Support during the Malayan Emergency". *Small Wars and Insurgencies*, v. 28, 2017, pp. 367-70.

78. Keith Hack, "Everyone Lived in Fear: Malaya and the British Way of Counter-Insurgency". *Small Wars and Insurgencies*, v. 23, 2012, pp. 671-2; Martin Thomas, *Fight or Flight: Britain, France and Their Roads from Empire*, op. cit., pp. 139-40.

79. David French, "Nasty not Nice: British Counter-Insurgency Doctrine and Practice, 1945-1967", op. cit., p. 748.

80. Keith Hack, "Everyone Lived in Fear: Malaya and the British Way of Counter-Insurgency", op. cit., pp. 681, 689-92.

81. H. Kumarasingham, "Liberal Ideals and the Politics of Decolonization", op. cit., p. 816.

82. Ian Hall, "The Revolt against the West: Decolonisation and Its Repercussions in British International Thought, 1945-75". *International History Review*, v. 33, 2011, p. 47.

83. Jessica Pearson, "Defending the Empire at the United Nations: The Politics of International Colonial Oversight in the Era of Decolonization", op. cit., pp. 528-36; Meredith Terretta, "'We Had Been Fooled into Thinking that the UN Watches over the Entire World': Human Rights, UN Trust Territories, and Africa's Decolonisation". *Human Rights Quarterly*, v. 34, 2012, pp. 332-7.

84. Meredith Terretta, "'We Had Been Fooled into Thinking that the UN Watches over the Entire World'...", op. cit., pp. 338-43.

85. Daniel Branch, "The Enemy within: Loyalists and the War against Mau Mau in Kenya". *Journal of African History*, v. 48, 2007, p. 298.

86. Martin Thomas, *Fight or Flight: Britain, France and Their Roads from Empire*, op. cit., pp. 218-9, 223-6.

87. Daniel Branch, "The Enemy within: Loyalists and the War against Mau Mau in Kenya", op. cit., pp. 293-4, 299.

88. Timothy Parsons, *The Second British Empire: In the Crucible of the Twentieth Century*. Lanham, 2014, pp. 176-7.

89. David Anderson, "British Abuse and Torture in Kenya's Counter-Insurgency, 1952-1960". *Small Wars and Insurgencies*, v. 23, 2012, pp. 701-7; David French, "Nasty not Nice: British Counter-Insurgency Doctrine and Practice, 1945-1967", op. cit., pp. 752-6; Martin Thomas, *Fight or Flight: Britain, France and Their Roads from Empire*, op. cit., pp. 232-3.

90. Jean-Charles Jauffert, "The Origins of the Algerian War: The Reaction of France and Its Army to the Two Emergencies of 8 May 1945 and 1 November 1954". *Journal of Imperial and Commonwealth History*, v. 21, 1993, pp. 19-21.

91. Martin Thomas, *Fight or Flight: Britain, France and Their Roads from Empire*, op. cit., p. 288.

92. Dane Kennedy, *Decolonization: A Very Short Introduction*, op. cit., pp. 56-7.

93. Keith Sutton, "Population Resettlement: Traumatic Upheavals and the Algerian Experience". *Journal of Modern African Studies*, v. 15, 1977, pp. 285-9.

94. Martin Thomas, *Fight or Flight: Britain, France and Their Roads from Empire*, op. cit., pp. 318-28.

95. Sobre a França, ver Frederick Cooper, *Citizenship between Empire and Nation: Remaking France and French Africa*. Princeton, 2014, pp. 5-9.

96. David Fieldhouse, *Western Imperialism in the Middle East, 1914-1958*. Oxford, 2006, pp. 299-302, 326-7; Aiyaz Husain, *Mapping the End of Empire: American and British Strategic Visions*

in the Postwar World. Cambridge, 2014, pp. 14-5, 135-42; Martin Thomas, *Fight or Flight: Britain, France and Their Roads from Empire*, op. cit., pp. 68-70.

97. James Barr, *Lords of the Desert: Britain's Struggle with America to Dominate the Middle East*, op. cit., pp. 94-6; David Fieldhouse, *Western Imperialism in the Middle East, 1914-1958*, op. cit., pp. 232-3.

98. Edward Judge e John Langdon, *The Struggle against Imperialism: Anticolonialism and the Cold War*. Lanham, 2018, pp. 11-2.

99. Alexander Shaw, "'Strong, United, and Independent': The British Foreign Office, Anglo--Iranian Oil Company and the Internationalization of Iranian Politics at the Dawn of the Cold War, 1945-46". *Middle Eastern Studies*, v. 52, 2016, pp. 505-9, 516-7.

100. James Barr, *Lords of the Desert: Britain's Struggle with America to Dominate the Middle East*, op. cit., pp. 126-30, 134-9.

101. Calder Walton, *Empire of Secrets: British Intelligence, the Cold War, and the Twilight of Empire*. Londres, 2013, pp. 288-92.

102. David Fieldhouse, *Western Imperialism in the Middle East, 1914-1958*, op. cit., pp. 107-11.

103. Robert Vitalis, "The 'New Deal' in Egypt: The Rise of Anglo-American Commercial Competition in World War II and the Fall of Neocolonialism". *Diplomatic History*, v. 20, 1996, pp. 212-3, 234.

104. Timothy Parsons, *The Second British Empire: In the Crucible of the Twentieth Century*, op. cit., p. 124; John Kent, "The Egyptian Base and the Defence of the Middle East, 1945-1954". *Journal of Imperial and Commonwealth History*, v. 21, 1993, p. 45.

105. John Kent, "The Egyptian Base and the Defence of the Middle East, 1945-1954", op. cit., pp. 53-60; Edward Judge e John Langdon, *The Struggle against Imperialism: Anticolonialism and the Cold War*, pp. 78-9.

106. Martin Thomas e Richard Toye, *Arguing about Empire: Imperial Rhetoric in Britain and France, 1882-1956*. Oxford, 2017, pp. 207-12, 215-27.

107. Calder Walton, *Empire of Secrets: British Intelligence, the Cold War, and the Twilight of Empire*, op. cit., p. 298.

108. Aiyaz Husain, *Mapping the End of Empire: American and British Strategic Visions in the Postwar World*, op. cit., p. 29.

109. James Barr, *Lords of the Desert: Britain's Struggle with America to Dominate the Middle East*, op. cit., pp. 24-8, 61; David Fieldhouse, *Western Imperialism in the Middle East, 1914-1958*, op. cit., pp. 184-5.

110. David Fieldhouse, *Western Imperialism in the Middle East, 1914-1958*, op. cit., pp. 205-6.

111. Stefanie Wichhart, "The Formation of the Arab League and the United Nations, 1944-45". *Journal of Contemporary History*, v. 54, 2019, pp. 329-31, 336-41.

112. Eliezer Tauber, "The Arab Military Force in Palestine Prior to the Invasion of the Arab Armies". *Middle Eastern Studies*, v. 51, 2016, pp. 951-2, 957-62.

113. James Barr, *Lords of the Desert: Britain's Struggle with America to Dominate the Middle East*, op. cit., pp. 73-4; David Fieldhouse, *Western Imperialism in the Middle East, 1914-1958*, op. cit., pp. 187-8.

114. James Barr, *Lords of the Desert: Britain's Struggle with America to Dominate the Middle East*, op. cit., pp. 84-8; Martin Thomas, *Fight or Flight: Britain, France and Their Roads from Empire*, op. cit., p. 117.

115. Calder Walton, *Empire of Secrets: British Intelligence, the Cold War, and the Twilight of Empire*, op. cit., pp. 105-6.

116. Mark Wyman, *DPs: Europe's Displaced Persons, 1945-1951*, op. cit., pp. 138-9, 155; Gerard Cohen, *In War's Wake: Europe's Displaced Persons in the Postwar Order*, op. cit., pp. 131-40.

117. James Barr, *Lords of the Desert: Britain's Struggle with America to Dominate the Middle East*, op. cit., pp. 63-4.

118. Ibid., pp. 88-90.

119. Eliezir Tauber, "The Arab Military Force in Palestine Prior to the Invasion of the Arab Armies", op. cit., pp. 966-77; James Bunyan, "To What Extent did the Jewish Brigade Contribute to the Establishment of Israel?". *Middle Eastern Studies*, v. 51, 2015, pp. 40-1; David Fieldhouse, *Western Imperialism in the Middle East, 1914-1958*, op. cit., pp. 193-5.

120. Mark Wyman, *DPs: Europe's Displaced Persons, 1945-1951*, op. cit., p. 155.

121. Hans van de Ven, *China at War: Triumph and Tragedy in the Emergence of the New China, 1937-1952*. Londres, 2017, pp. 213-4.

122. Beverley Loke, "Conceptualizing the Role and Responsibility of Great Power: China's Participation in Negotiations toward a Post-War World Order". *Diplomacy & Statecraft*, v. 24, 2013, pp. 213-4.

123. Robert Bickers, *Out of China: How the Chinese Ended the Era of Western Domination*. Londres, 2017, pp. 230-31; Xiaoyan Liu, *A Partnership for Disorder: China, the United States, and Their Policies for the Post-War Disposition of the Japanese Empire*. Cambridge, 1996, p. 153.

124. Lanxin Xiang, *Recasting the Imperial Far East: Britain and America in China, 1945-1950*, op. cit., pp. 4, 25-6.

125. Ibid., p. 55.

126. Ibid., pp. 94-5; Sarah Paine, *The Wars for Asia 1911-1949*. Cambridge, 2012, p. 234.

127. Debi Unger e Irwin Unger, *George Marshall: A Biography*. Nova York, 2014, p. 371.

128. Jay Taylor, *The Generalissimo: Chiang KaiShek and the Struggle for Modern China*. Cambridge, EUA, 2009, pp. 339-43.

129. Odd Arne Westad, *Decisive Encounters: The Chinese Civil War, 1946-1950*. Stanford, 2003, p. 35; Jay Taylor, *The Generalissimo: Chiang KaiShek and the Struggle for Modern China*, op. cit., p. 343; Debi Unger e Irwin Unger, *George Marshall: A Biography*, op. cit., p. 375.

130. Xiaoyan Liu, *A Partnership for Disorder: China, the United States, and Their Policies for the Post-War Disposition of the Japanese Empire*, op. cit., p. 282.

131. Jay Taylor, *The Generalissimo: Chiang KaiShek and the Struggle for Modern China*, op. cit., p. 350; Sarah Paine, *The Wars for Asia 1911-1949*, op. cit., pp. 239-40.

132. Odd Arne Westad, *Decisive Encounters: The Chinese Civil War, 1946-1950*, op. cit., pp. 47, 150-3.

133. Diana Lary, *China's Civil War: A Social History, 1945-1949*. Cambridge, 2015, p. 3; Sarah Paine, *The Wars for Asia 1911-1949*, op. cit., pp. 226.

134. Lifeng Li, "Rural Mobilization in the Chinese Communist Revolution: From the Anti--Japanese War to the Chinese Civil War". *Journal of Modern Chinese History*, v. 9, 2015, pp. 103-9.

135. Diana Lary, *China's Civil War: A Social History, 1945-1949*, op. cit., pp. 89-90.

136. Robert Bickers, *Out of China: How the Chinese Ended the Era of Western Domination*, op. cit., pp. 264-6.

137. Jay Taylor, *The Generalissimo: Chiang Kai-Shek and the Struggle for Modern China*, op. cit., p. 381.

138. Debi Unger e Irwin Unger, *George Marshall: A Biography*, op. cit., pp. 379-81.

139. Sarah Paine, *The Wars for Asia 1911-1949*, op. cit., pp. 245, 251.

140. Hans van de Ven, *War and Nationalism in China, 1925-1945*, op. cit., pp. 244-7.

141. Frank Dikötter, *The Tragedy of Liberation: A History of the Chinese Revolution 1945-57*. Londres, 2013, pp. 4-5.

142. Ibid., pp. 6-8.

143. Jay Taylor, *The Generalissimo: Chiang Kai-Shek and the Struggle for Modern China*, op. cit., p. 400.

144. Hans van de Ven, *War and Nationalism in China, 1925-1945*, op. cit., p. 251.

145. Donggil Kim, "Stalin and the Chinese Civil War". *Cold War History*, v. 10, 2010, pp. 186-91.

146. Odd Arne Westad, *Restless Empire: China and the World since 1750*. Londres, 2012, p. 292.

147. Frank Dikötter, *The Tragedy of Liberation: A History of the Chinese Revolution 1945-57*, op. cit., p. 41.

148. Roland Burke, *Decolonization and the Evolution of International Human Rights*. Filadélfia, 2010, pp. 27-8.

149. Dane Kennedy, "Essay and Reflection: On the American Empire from a British Imperial Perspective". *International Historical Review*, v. 29, 2007, pp. 83-4. Um exemplo típico talvez seja Joshua Freeman, *American Empire: The Rise of a Global Power, the Democratic Revolution at Home*. Nova York, 2012.

150. Alexander Gogun, "Conscious Movement toward Armageddon: Preparation of the Third World War in Orders of the USSR War Ministry, 1946-1953". *Journal of Slavic Military Studies*, v. 32, 2019, pp. 257-79.

151. W. David McIntyre, *Winding up the British Empire in the Pacific Islands*, op. cit., pp. 88-9.

152. Simon Davis, "'A Projected New Trusteeship': American Internationalism, British Imperialism, and the Reconstruction of Iran". *Diplomacy & Statecraft*, v. 17, 2006, p. 37.

153. Neil Smith, *American Empire: Roosevelt's Geographer and the Prelude to Globalization*. Stanford, 2003, pp. 351-5.

154. Jason Parker, "Remapping the Cold War in the Tropics: Race, Communism, and National Security in the West Indies", op. cit., pp. 319-22, 328-31.

155. Daniel Immerwahr, "The Greater United States: Territory and Empire in US History". *Diplomatic History*, v. 40, 2016, pp. 373-4.

156. A. G. Hopkins, "Globalisation and Decolonisation". *Journal of Imperial and Commonwealth History*, v. 45, 2017, pp. 738-9.

157. Alexander Statiev, *The Soviet Counterinsurgency in the Western Borderlands*. Cambridge, 2010, p. 131.

158. Ibid., pp. 117, 125, 133.

159. Ibid., pp. 177, 190.

160. Commission of the Historians of Latvia, *The Hidden and Forbidden History of Latvia under Soviet and Nazi Occupations, 1940-1991*. Riga, 2005, pp. 217-8, 251.

161. Ibid., p. 182.

162. Geoffrey Roberts, *Stalin's Wars: From World War to Cold War, 1939-1953*, op. cit., pp. 247-8.

163. Mark Kramer, "Stalin, Soviet Policy, and the Establishment of a Communist Bloc in Eastern Europe, 1941-1948". Em Timothy Snyder e Ray Brandon (orgs.), *Stalin and Europe: Imitation and Domination, 1928-1953*. Nova York, 2014, pp. 270-1.

164. Ibid., pp. 280-1; Geoffrey Roberts, *Stalin's Wars: From World War to Cold War, 1939-1953*, op. cit., pp. 314-9.

165. Norman Naimark, *Stalin and the Fate of Europe: The Postwar Struggle for Sovereignty*. Cambridge, EUA, 2019, pp. 18-25.

166. Calder Walton, *Empire of Secrets: British Intelligence, the Cold War, and the Twilight of Empire*, op. cit., pp. 224-5.

167. Dane Kennedy, "Essay and Reflection: On the American Empire from a British Imperial Perspective", op. cit., pp. 98-9.

168. Michael Seth, *A Concise History of Modern Korea*. Lanham, 2016, p. 105; Ronald Spector, "After Hiroshima: Allied Military Occupation and the Fate of Japan's Empire". *Journal of Military History*, v. 69, 2005, p. 1132.

169. Ronald Spector, "After Hiroshima: Allied Military Occupation and the Fate of Japan's Empire", op. cit., pp. 1132-4.

170. Michael Seth, *A Concise History of Modern Korea*, op. cit., pp. 101-5.

171. *Basic Facts about the United Nations*. Nova York, 1995, pp. 89-90.

172. Michael Seth, *A Concise History of Modern Korea*, op. cit., pp. 120-1.

173. Margery Perham, *The Colonial Reckoning: The Reith Lectures*. Londres, 1963, p. 13.

Índice remissivo

Abadan (Irã), 932
Abd al-Ilah, regente do Iraque, 933
Abdulillah, príncipe, 196
Abdullah, rei da Transjordânia, 931, 938
Aberdeen Proving Ground (Maryland), 603
Abissínia *ver* Etiópia
Academia Médica Militar Soviética, 809
Achém (sultanato), 59
Acheson, Dean, 932
Acordo Geral sobre Tarifas e Comércio (EUA, 1947), 947
Acordo Naval Anglo-Germânico (1935), 125
Acordo Sykes-Picot (1915), 63
Adam, Ronald, 818
Adams, Mary, 714
Addams, Jane, 723
Áden (Egito), 99, 160, 186
Adis Abeba (Etiópia), 86, 89, 100-1, 191
Adriático, mar, 103, 188, 190, 352, 362, 409, 904

adventistas do sétimo dia, 730
aeronaves: alemãs (Dornier Do17, 517, 617; Focke-Wulf Fw190, 526; Heinkel He111, 198, 517, 617; Heinkel He162, 617; Heinkel He177, 617; Junkers Ju52, 617; Junkers Ju87, 172, 507, 517, 617; Junkers Ju88, 517, 599, 617; Messerschmitt Bf109, 170, 517, 526, 602, 617; Messerschmitt Bf110, 170, 198, 517, 617; Messerschmitt Me262, 617); americanas (Bell XP-59A, 611; Boeing B-17 Flying Fortress, 230, 233, 315, 602, 611, 634-5; Boeing B-29 Superfortress, 389, 413, 415, 417, 432, 457, 611, 663, 752; Brewster Buffalo, 235; Consolidated B-24, 315, 599, 602, 611, 634-5, 646, 648; Curtiss P-40 Kittyhawk, 522; Curtiss SB2C Helldiver,

357; Douglas DC-3, 602; Douglas SBD Dauntless, 297; Grumman FBF Hellcat, 357; Grumman TBF Avenger, 357, 567; Lockheed P-38 Lightning, 360, 576, 602, 657; North American P-51 Mustang, 360, 415, 524, 602, 657; Republic P-47 Thunderbolt, 360, 602, 657); britânicas (Avro Lancaster, 402, 602, 747; De Havilland Mosquito, 602; Fairey Swordfish, 190, 560; Gloster Gladiator, 197; Handley Page Halifax, 484, 602; Handley Page Heyford, 555; Hawker Hurricane, 149, 170, 522, 634; Hawker Tempest, 602; Hawker Typhoon, 524; Short Sunderland, 183; Supermarine Spitfire, 149, 170, 602; Vickers Wellington, 298); italianas (Fiat CR-42, 198); japonesas (Aichi D3 "Val", 231; Mitsubishi

A6M "Zero", 231, 570; Nakajima BSB "Kate", 231); soviéticas (Ilyushin Il 2 "Sturmovik", 526, 602; Lavochkin La-5, 348, 526; Yakovlev Yak-1b, 348, 602; Yakovlev Yak-3, 526; Yakovlev Yak-7b, 348)
Afeganistão, 63-4
África do Sul, 131, 159, 162, 166, 451
África Oriental alemã, 63
África Oriental italiana [*Africa Orientale italiana*], 101, 191
Afrika Korps, 193, 298, 311-2, 330, 593
Agência Judaica, 934, 936, 938
Ageron, Charles-Robert, 164
Águias Astecas, 445
Ahmed Ben Bella, 929
Ahmet Zogu (rei Zog), 103
Ain el Gazala (Líbia), 298
Aisne, rio, 149, 151
Aktion Reinhard [Operação Reinhard], 281
Alam el Halfa (Egito), 314, 522, 574, 577
Alamogordo (Novo México), 431
Alasca, 631, 699
Albânia, 72, 87, 90, 103-4, 186, 188-9, 190, 195, 260, 946, 951-2
Albert, canal, 145
Alcorão (livro sagrado), 199-200
"alemães do Volga", 76, 280, 862, 907
Alemanha, 16, 54, 57, 62, 76, 84, 105, 107, 119, 125, 157, 179, 199-201, 210, 285, 294, 304, 351, 358, 591, 650, 697, 706, 709, 930, 936, 952; abandona a Liga das Nações, 89; derrota da, 411-2; e acordo pós-guerra (1919), 67, 73; e acordo pós-guerra (1945), 904; e ajuda ao Eixo, 618-9; e bloqueio da Grã-Bretanha, 640-7; e bombardeio de cidades alemãs, 158, 360, 402, 654-7, 659-60; e campanha na Itália, 361-3; e campos de concentração, 493-4; e colapso do Eixo, 376-8; e colapso no Leste, 373-6; e colonização, 58-9, 75-7, 108, 207; e complô de julho, 379-83; e defesa civil, 739, 742, 744, 750-2; e deflagração da guerra nipo-americana, 222-3, 229; e Depressão econômica, 78-9; e exploração econômica, 266-70; e expropriação judaica, 463; e guerra de blindados, 511-3; e guerra no Ocidente, 142-8, 151-5; e guerra nos Bálcãs, 194-6; e Holocausto, 274-7, 279-80, 282, 718, 873-81; e Império Francês, 164; e invasão aliada da França, 364, 367-9, 372, 375; e invasão da Grã-Bretanha, 169-71; e invasão da Polônia, 114-6; e invasão da União Soviética, 202, 212, 219, 675; e mão de obra 444, 480-1, 483-4, 496, 499; igrejas na, 726, 731; mobilização econômica da, 461-3, 465-7; mobilização militar na, 443, 449; mulheres trabalhadoras na, 486; Nova Ordem na Europa e, 255-6; ocupação da União Soviética pela, 263-6; padrões de vida na, 461, 470-1, 473, 475, 477; Primeira Guerra Mundial e, 64-5, 441; problema do espaço e, 88; produção de armas na, 600, 612-7; rearmamento da, 105-7; resistência final da, 382-4, 400, 406-11; trabalho forçado na, 488-93

"Alemanha Livre", movimento, 857
Aleppo (Síria), 198
Aleutas, ilhas, 15, 296, 459, 547, 589, 661, 804
Alexander, Harold, 236, 312, 329, 335, 361, 371, 393, 783-4
Alexandria (Egito), 127-8, 165, 190, 298
Ali Maher, 161
aliança anglo-japonesa (1902), 71
aliança anglo-polonesa (1939), 114
Aliança Eslovena anticomunista, 767
Alicante (Espanha), 104
Almirantado, ilhas, 356
Almirantado britânico, 156, 644
Almirantado francês, 149, 151
Alpenfestung [fortaleza alpina], 408, 410
Alpes, 408
Alsácia-Lorena, 67, 256, 260, 271, 372, 399
Alta Silésia, 117
Alto Nilo (Sudão), 311
Amarelo, inundação do rio (1938), 97
Amau, doutrina (1934), 93
Amba Aradam (Etiópia), 100
Amboina, ilha, 849
Ambrosio, Vittorio, 332
Amin al-Husayni, 197, 935
"Amphtracks", 533, 538
Amritsar (Índia), 67
Anatólia (Turquia), 63
Anders, Władysław, 362
Anderson, Kenneth, 326, 524
Anglo-Iranian Oil Company, 932
Angola, 931
Anielewicz, Mordechai, 797-8
Annam (Vietnã moderno), 59
anti-imperialismo, 90, 159, 162, 238-40, 350, 621, 905, 931, 947-8

antissemitismo, 107, 112, 118-9, 274-5, 278, 283-8, 290, 697-8, 704-5, 796, 875-80, 937-8
Antonescu, Ion, 209, 265, 283-4, 376-7
Antonescu, Mihai, 209
Antonov, Aleksei, 374, 426
Antuérpia, 392-4, 397
Anzio, 361-2, 371, 541, 818
Aosta, Amadeo, duque de, 191
apaziguamento, 124-5, 133
Appel, John, 807
Arábia Saudita, 199, 935
"Arcadia" (conferência), 231-2, 238, 304
Arcangel (URSS), 204, 208, 631
Ardenas, floresta das, 144, 146, 383, 397, 408
Argel (Argélia), 327, 541, 786, 788
Argélia, 166, 326, 329, 540, 889, 928-31
Argenlieu, Georges-Thierry, 922
Argentan (comuna francesa), 370
Arita, Hachirō, 79
Arlington Hall, 571
armas antitanque, 352, 508-9, 513-7
Armée juive [Exército judeu], 796
Armée Sécrete [Exército Secreto], 786
Armellini, Quirino, 186
Armia Krajowa [Exército Nacional] *ver* Exército Nacional polonês
Armia Ludowa [Exército Popular] *ver* Exército Popular polonês
armistício franco-alemão (1940), 150, 152
armistício franco-italiano (1940), 154
Armstrong, Edwin, 547
Arnhem (Holanda), 393
Arnim, Hans-Jürgen von, 329

Arnold, Archibald, 953
Arnold, Henry, 402, 413, 432, 457, 634
Arras, 148
Ártico, mar, 631
Asaka, príncipe, 96
Assam (Índia), 236
Assembleia Nacional de Weimar (1919), 73
Associação de Assistência ao Caminho Imperial, 244
Associação para a Conquista da Unidade da Igreja (Japão), 728
Associação Escoteira Polonesa, 775
Associação dos Estudantes da Bíblia *ver* testemunhas de Jeová
Associação da Indústria Aeronáutica (Japão), 605
Associação de Lealdade Popular (Filipinas), 247
Associação Nacional para o Progresso de Pessoas de Cor (NAACP, EUA), 693, 696
Associação Política Comunista (EUA), 690
Associação para a Promoção de uma Nova Ordem (Japão), 244
"Associação de Recreação e Diversão" (Japão, "casas de conforto"), 888
Astier de la Vigerie, Emmanuel d', 758
Astracã (atual Rússia), 204, 302
ataques atômicos, 432, 566, 748, 830, 867
Atenas (Grécia), 189, 192, 194, 478, 765, 781, 858
Atlântico, oceano, 157, 541-3, 623, 631-2, 638, 644-5
Atlas, Icheskel, 790
Attlee, Clement, 913, 917, 919, 937
Attu (ilha Aleuta), 296
Auchinleck, Claude, 298-9, 311-2, 314, 821

Aung San, 253, 355, 919
Auschwitz-Birkenau, campo de extermínio, 282, 285-6, 797
Austrália, 68, 127, 131, 194, 233, 237, 296, 298, 303, 356, 416, 451, 716, 746, 911, 920
Áustria, 67, 79, 89, 109-11, 281, 335, 409-10, 424, 853, 883, 910, 931, 937
Avanzis (comunidade valenciana), 424
"Aviadores de Tuskegee", 454
Avola (Itália), 330
Avranches (Bretânia), 370
Azikiwe, Nnamdi, 912

Ba Maw, 254
Babi Yar (ravina ucraniana), 279, 880, 884, 892
Bach-Zelewski, Erich von dem, 769, 775-6, 874
Backe, Herbert, 208, 268, 271
Badoglio, Pietro, 100, 152, 332, 421, 426, 428
Bagdá (Iraque), 197-8, 199-200
Bai Chongxi, 96
baixas: alemãs na guerra, 449; civis, 860-2; de marinheiros mercantes, 667; de tripulações de bombardeiros, 667; de vítimas de bombardeios, 753-4, 867; durante a guerra alemã na Polônia, 116; durante a guerra italiana na Etiópia, 101; durante a guerra italiana na Grécia, 190; durante a guerra no Ocidente (1940), 143; durante a invasão da França, 372; em 1945, 400; em El Alamein, 316; em Guadalcanal, 310; em Ichigō, 354; em Iwo Jima, 415; em Kursk, 345; em Okinawa, 416, 539; em Stalingrado, 323; em Tarawa, 338; na Argélia, 929; na Batalha das Ardenas, 399; na Birmânia, 236,

355; na Guerra da Coreia, 954; na guerra sino-japonesa, 99; na ocupação da Albânia, 104; na Operação Barbarossa, 214, 221; na Operação Market-Garden, 394; na Noruega, 142; nas Filipinas, 414; nas Marianas, 358; no avanço japonês pelo sul, 236; no levante de Varsóvia, 776; soviéticas na guerra, 449
baixas psiquiátricas, 804, 807-16
Bakanichev, Anatoli, 692
Baku (Azerbaijão), 208, 214, 264, 302, 318, 350
Balaton, lago, 396, 406
Bálcãs, 55, 61-2, 73, 103, 193, 196, 198, 333, 349-50, 376, 396, 578, 583, 640, 770, 775, 858
Báltico, mar, 60, 107, 117
Baltimore (EUA), 611
Banco Mundial, 947
Bandera, Stepan, 264, 768
Bandung, Conferência de (1955), 925, 931, 946, 951
Bangkok (Tailândia), 252-3
Bao Dai, 254, 922
Barbados, 124
Barbarians at the Gate [Os bárbaros no portão] (Wolf), 132
Barbey, Daniel, 336, 356
Bardia (Líbia), 191
Barkas, Geoffrey de, 580-1
Barkhausen-Kurz, tubo, 554
Barnes, Ernest, 726
Barnes, Gladeon, 611
Barry, Richard, 789
Bartholomew, William, 521
Bartov, Omer, 847
Basra (Iraque), 196, 932
Bastian, Max, 731
Bastogne (Bélgica), 398
Basutolândia [Lesoto], 452
Bataan, península, 233, 238
Batalha das Ardenas (1944), 397-9, 564, 846

Batalha do Atlântico, 183, 225, 303, 568, 575, 643-8
Batalha do Cabo Matapan (1940), 190, 559
batalha em Dolo (1935), 100
Batalha de El Alamein, 294, 312, 316-8, 323, 510, 522, 574, 577, 582, 584, 590, 592-3, 637
Batalha de Gazala (1942), 298, 311-2
Batalha do Golfo de Leyte (1944), 391-2
Batalha da Grã-Bretanha (1940), 171-4, 183, 552, 574
Batalha das Ilhas Salomão Orientais (1942), 309
Batalha de Kursk, 341-6, 512, 527, 553, 572, 587-8, 590, 636, 771
Batalha do Mar de Coral (1942), 237
Batalha do Mar das Filipinas (1944), 357
Batalha de Midway (1942), 296-7, 303, 308-10
batalha por Moscou (1941), 220-1
Batalha de Punta Stilo (1940), 187
Batalha de Stalingrado (1942--3) *ver* Stalingrado
Batávia (atual Jacarta), 164, 252
Batum (Geórgia), 214
Bauer, Hans, 108
Bayerische Motorenwerke (BMW), 484, 619
Bayeux (França), 368
"Bazooka" M9A1, 515
Beaverbrook, lorde Max, 158, 625
Bechuanalândia [Botsuana], 452
Beck, Ludwig, 110, 378
Beda Fomm (Líbia), 191
Begin, Menachem, 935-6
Beijing (China), 92-5, 97, 242, 906, 944, 946

Beipiao (região na China), 881
Beirute (Líbano), 199
Beitaying (base militar), 83
Belarus *ver* Bielorrússia
Belfast (Irlanda do Norte), 184
Bélgica, 67, 88, 136-7, 143-4, 147, 150, 163, 256, 287, 289, 392, 491, 559, 564, 753, 781, 817, 888, 914, 926
Belgorod (Rússia), 341, 344-5, 588
Belgrado (Sérvia), 195, 278, 396, 757, 778
Belinski, Hirsch, 793
Bell, George, 726
Bell, Joseph, 68
Bell Telephone Laboratories, 562
Below, Nikolaus von, 210
Belzec, campo de extermínio, 281
Ben Hecht (navio), 936
Beneš, Edouard, 951
Bengala (Índia), 918; baía de, 350; fome em, 479
Ben-Gurion, David, 934, 938
Bensusan-Butt, David, 654
Bento XV, 728
Bergamo (comuna italiana), 835
Berlim, 74, 85, 110, 120, 129, 166, 178, 203, 207, 212, 218, 225, 255, 278, 280, 286, 288, 294, 360, 379, 393-4, 403, 410-2, 424-5, 427, 463, 578, 713, 888, 891
Bermudas, 620; conferência em (1943), 702
Berna (Suíça), 422-3
Bernhardi, Friedrich von, 56
Bessarábia, 209, 213, 273, 283, 875, 892
Best, Werner, 256, 290
Bethnal Green (metrô de Londres), 754
Betio, ilha, 338-9, 352, 537-8, 540
Bevan, John, 581, 583

Beveridge, William, 732
Bevin, Ernest, 481, 913, 915, 932, 936-7
Biak, ilha, 356
Bialystok (Polônia), 265
Bielorrússia, 212, 265, 279, 373-4, 379, 392, 396, 403, 586, 589-90, 762, 771-2, 775, 863, 910, 930
Bielski, brigada de, 795
Bielski, Tuvia, 795
Bintan, ilha, 250
Bir Hacheim (Líbia), 298-9
Birmânia, 234-6, 243, 250, 253, 350-1, 353-5, 358, 389, 419, 452, 479, 543, 626, 633, 661, 696, 757, 780, 803, 807, 814, 824, 847, 853, 885, 916, 919, 927; Estrada da, 161, 351, 355; Exército de Independência da, 253; Força de Defesa da, 253
Birmingham (Grã-Bretanha), 184, 726; Universidade de, 562, 629
Bismarck, príncipe Otto von, 58
Bizerta (Tunísia), 329
Björklund, Johannes, 727
Blamey, Thomas, 873
Blaskowitz, Johannes, 371-2
Bletchley Park, 183, 570, 577
blitz *ver* bombardeio
bloqueio, 106, 158, 163, 168, 779; da Alemanha, 158-9, 619, 639, 649-50, 653; da Grã-Bretanha, 181-3, 640-1, 643-5, 652; da Itália, 191, 639, 652; do Japão, 250, 413, 416-7, 661-3
Blum, Léon, 722, 724
Blumentritt, Günther, 205
Bobruisk (Bielorrússia), 374-5
Bocage (França), região do, 368
Bochum (cidade independente alemã), 382
Bock, Fedor von, 212, 219-20, 223, 302

Boder, David, 837
Boêmia e Morávia (República Tcheca), 91, 110
Boestamam, Ahmad, 924
Bolonha (comuna italiana), 287, 393, 409, 785, 861
Bolzano (comuna italiana), 334, 424
Bombaim (Mumbai), 238, 917
bombardeio, 115, 140, 145, 153, 158, 666, 741, 744, 746, 779, 830-1; da Alemanha, 158, 328, 402, 471, 487, 521, 558, 616, 634, 650, 654, 679, 740-1, 748, 751, 828, 830, 832-3, 866-70; da França, 364, 366; da Grã-Bretanha, 181, 184-5, 642-3, 666, 740, 749-51, 754, 832-3; da Itália, 332, 500, 828, 834; do Japão, 417, 432, 661, 663-6, 748, 751, 828, 831
Bonin, ilhas, 55, 413-4
Bonnet, Georges, 122
Boot, Henry, 562
Bordeaux (França), 152, 165
Boris, tsar, 286
Borisov (Bielorrússia), 279; gueto, 876
Bór-Komorowski, Tadeusz, 773-4, 776-7
Bormann, Martin, 262, 676
Bornéu Britânico, 234, 243, 250
Bornéu Holandês, 243, 252
Bose, Subhas Chandra, 253-4
Boston (EUA), 454
Botoşani (Romênia), 347
Bottai, Giuseppe, 86
Bottom, Virgil, 549
Bougainville, ilha, 337
Boulogne, porto de, 148-9, 394
Bourguébus (serra), 369
Bowen, Edward, 562
Bracken, Brendan, 326, 715
Bradley, Omar, 367-9, 394-5, 398-9, 407
Brandenberger, Erich, 397
Brasil, 126, 445

Brauchitsch, Walter von, 202, 205, 221
Braun, Eva, 425
Brazzaville, Conferência de (Congo, 1944), 913
Breda (Países Baixos), 145
Bremen (Alemanha), 408
Brenner, passagem do, 409
Brérié, Jules, 162
Brescia (comuna italiana), 790
Breslávia (Polônia), 404
Brest (França), 149, 370
Brest (URSS), 375-6
Brest-Litovsk, Tratado de (1918), 64
Bretanha (França), 151, 329, 367, 370, 782
Bretton Woods, Acordo de (1944), 914, 947
Briand, Aristide, 723
Briansk (Rússia), 219
Brisbane (Austrália), 356, 662
Bristol (Grã-Bretanha), 184, 453, 642, 830; Universidade de, 562
British Broadcasting Corporation (BBC), 555, 700, 714, 779, 823, 827, 955
Brittain, Vera, 725
Brive, 788
Brockway, Fenner, 724
Brockwitz, campo em, 776
Brody (Polônia), 375
Brooke, Alan, 171, 173, 305, 312, 326, 367, 369, 373, 386, 399-400, 407
Brown, H. Runham, 722
Browning, Christopher, 14
Broz, Josip *ver* Tito
Brut, Michel, 770
Brüx (Most), 111
Bruxelas (Bélgica), 122, 163, 385, 813
Bucareste (Romênia), 377, 891
Buchenwald, campo de concentração de, 163
Buckner, Simon Bolivar, 416, 418

Bucóvina do Norte, 154, 209, 213, 283, 875, 892
Budapeste (Hungria), 286, 396, 406, 891
Bulgária, 189, 193, 257, 286, 377, 405, 422, 619, 951
Busan, 954
Busch, Ernst, 373-5, 427
Bush, Vannevar, 629
Butement, William, 563
Byrnes, James, 430, 433
Bzura, rio, 116

Cacto (codinome de Guadalcanal), Força Aérea, 309
Caen (comuna francesa), 359, 367-8, 370
Cairncross, Alec, 599
Cairo (Egito), 191, 257, 299, 311, 577, 581; conferência no (1943), 350-1, 355, 683
Calábria (Itália), 187, 335
Calais (França), 148-9, 364, 366, 394
Calcutá [Kolkata], 479, 918
Califórnia (EUA), 296, 485, 497
Callaghan, Daniel, 310
Calmúquia, estepe da, 318
Cam Ranh Bay (Vietnã), 128
Camarões alemão, 63, 68
Camarões britânico, 927
Camarões francês, 166, 926
Camboja, 67, 254, 923
Cambridge (Grã-Bretanha), 527, 741
camicase, Força de Ataque Especial, 383, 392, 415
Camp Van Dorn (EUA), 459
campanha da "Grande Muralha", 92
Campanha Internacional pela Paz [*Rassemblement pour la paix*], 122, 722
Campos, Pedro Albizu, 948
Canadá, 159, 447, 451, 456, 470, 540, 627, 634, 911, 934
Canal de Suez, 64, 99, 103, 123, 127, 161, 167, 180, 187, 190, 194, 298, 300, 311-2, 582, 933, 934; Zona do, 934
Cannes (França), 372
Cantão (China) *ver* Guangzhou
Cantrill, Hadley, 713
Capra, Frank, 680
Capri, ilha, 782
Carcóvia [Kharkiv], 300, 340-1, 346, 588, 692
Cardiff (Grã-Bretanha), 642
Carélia, istmo da, 373
Caribe, 15, 123, 163, 240, 621, 646, 948, 952
Carol II, rei da Romênia, 283
Carolinas, ilhas, 338, 528
Cárpatos, cordilheira dos, 348
Carta de Londres (1944), 897
Carta do Atlântico, 232, 239, 280, 327, 675, 682, 690, 693, 717, 912
Cartel da Paz Alemão [Deutsches Friedenskartell] *ver* Deutsches Friedenskartell
Casablanca (Marrocos), 326, 328; Conferência de (1943), 325, 327-8, 339, 359, 419, 524, 656, 683
Caserta (Itália), 423
Cáspio, mar, 210
Cassibile (vila italiana na Sicília), 421
Cassino (Itália), 335, 362
Castellano, Giuseppe, 421
Castres, 788
Castro, Fidel, 949
Catânia, 331
Catedral de São Paulo (Londres), 723, 725
Catorze Pontos, 66, 239, 912
Cáucaso, 65, 140, 200, 217, 265-7, 272, 300, 302-3, 318, 322, 325, 341, 632, 640, 862
Cavallero, Ugo, 298, 313
Cavendish Bentick, Victor, 780
Cawnpore, 123
Cecil, lorde Robert, 122, 722
Cefalônia, ilha, 333
Ceilão (Sri Lanka), 238, 918

Celebes, ilha, 243
censura, 715-6
Centerville (EUA), 695
Central Partisan, 772
Centro de Operações de Combate (EUA), 564
Centro de Radar da Frota do Pacífico (Grã-Bretanha/EUA), 566
Centros de Alterações, 603
Chade, 166
Chaffee, Adna, 515
Chahar, províncias de, 95
Chamberlain, Neville, 68, 135, 175, 679; e apaziguamento, 124-5; e a crise polonesa, 126, 132-3; e a crise tcheca, 110, 129-30; e a derrota francesa, 150, 156-7; e a Garantia Polonesa, 122, 130; renúncia de, 141-2; e SOE, 779
Changchun (China), 941, 944
Changsha (China), 353
Channon, Henry "Chips", 156
Cheadle (Inglaterra), 575
chefes de Estado-Maior britânicos, 128-9, 138-9, 155, 165, 170, 196, 238, 305, 349, 386, 393, 399, 408, 582, 650
Chefes de Estado-Maior Conjunto (EUA), 232, 305, 327, 335-6, 339, 349, 355, 359, 361, 390-1, 393, 400, 404, 408, 418, 420, 431
Chelmno, campo de extermínio de, 281
Chen Gongbo, 242
Cheniangue (Mukden), 84, 941
Chennault, Claire, 354, 389, 633
Cherbourg (França), porto de, 149, 151, 306, 359, 368-9
chetniks, 764, 766-7, 770, 778
Chiang Kai-shek, 119, 295-6, 389, 444, 764, 777, 904, 909, 952; e a campanha na Birmânia, 235-6; e a Carta do Atlântico, 683; na conferên-

cia no Cairo, 350-1; e a Guerra Civil Chinesa, 922, 938-9, 942, 944; e a guerra nipo-americana, 223, 235; e a guerra total, 707-9; e a rendição japonesa, 431; e o início da guerra com o Japão, 93, 94, 97; e os suprimentos ocidentais, 161, 227-8, 623, 633

China, 14-5, 17, 61, 63, 77, 90-1, 105, 111, 139, 200, 216, 226, 240, 350, 354, 391, 473, 672-3, 683, 696, 708, 716, 770, 847, 904, 925, 948, 953; acordo de paz de 1919 e, 71-2; campanha de Ichigō e, 353, 389; defesa civil e, 754-5; deportação de japoneses e, 906-7; domínio japonês na, 242-3, 673, 858, 871, 885, 887; economia de guerra da, 463-4, 468, 476; fundação da República Popular da, 946; Guerra Civil da, 765, 922, 938-45; Guerra da Coreia e, 953-4; início da Segunda Guerra Sino-Japonesa e, 94-5; invasão japonesa na, 91-3, 530, 844; Lend-Lease e, 623, 626, 633; mobilização na, 440, 442, 444; Primeira Guerra Sino-Japonesa e, 59; produção de armas na, 600, 603-4; protesto de trabalhadores na, 498; refugiados na, 909; rendição japonesa e, 434; resistência na, 756-7, 764; trabalho forçado e, 488

Chipre, 103, 127, 924, 936
Chir, rio, 317
Choltitz, Dietrich von, 789
Chongqing (China), 96-7, 235-6, 296, 309, 389, 431, 604, 709, 747, 749, 752, 754, 939-40, 945
Chruściel, Antoni, 774

Chrysler Motor Corporation, 606
Chuikov, Vassíli, 320, 322, 412, 773
Churchill, Randolph, 155
Churchill, Winston Spencer, 135, 160-1, 165-6, 175, 185, 191, 234, 301, 365, 372, 420, 425, 431, 472-6, 522, 535, 542, 574, 613, 627, 629, 675, 679, 704, 715, 755, 776, 809, 903, 930, 939; Batalha do Atlântico e, 183, 647; campanha italiana e, 361, 363, 371; na Conferência de Casablanca, 325-6, 328, 339; na Conferência de Ialta, 400, 404-6; Conferência de Teerã e, 349-51; derrota de, na França, 147, 149, 150, 156; discurso sobre "os poucos" e, 155; dissimulação e, 581, 583; estratégia britânica e, 158, 167, 304, 334, 654; guerra nipo-americana e, 231; guerra no deserto e, 194, 299, 311, 317; império e, 155-6, 238-40, 328, 934-5; invasão da Alemanha e, 408; Lend-Lease e, 185, 621-4, 626; movimentos de resistência e, 780-1; objetivos de guerra de, 681-3, 688; Operação Overlord e, 358, 364, 373, 540; opiniões de, sobre a Índia, 238-9; poder aéreo tático e, 520, 523; rendições e, 421, 423, 427; Sudeste Asiático e, 390; torna-se primeiro-ministro, 142; União Soviética e, 169, 339, 687, 689

Ciano, Galeazzo, 103-4, 133, 138, 153, 162, 167, 178, 188, 195
ciganos, 278, 284, 873, 884
Cirenaica (atual Líbia), 58, 61, 298

Clark, Mark, 334, 361-2, 393, 409, 785
Clarke, Dudley, 581, 583
Clyde, rio, 631
Clydebank (Escócia), 642, 831
Cochran, Jaqueline, 457
Código de Serviço de Campo japonês, 851
colinas Albanas, 361
Colombo (Ceilão), 238
Colônia (Alemanha), 493, 747, 813
Colônias e o Terceiro Reich (Bauer), 108
Colossus (computador), 578
Colville, John, 155
Comando Americano no Golfo Pérsico, 632
Comando Costeiro (RAF), 170, 183, 646, 653
Comando de Bombardeiros (RAF), 170, 402, 448, 451, 646, 650, 653-5, 658, 664, 667, 748, 812, 869, 870
Comando de Defesa Aérea (EUA), 557
Comando do Oriente Médio (RAF), 311, 521, 581
Comando do Sudeste Asiático (Grã-Bretanha), 434, 451, 907, 921
Comando dos Acessos Ocidentais (Grã-Bretanha), 183, 644, 647
Combat (grupo ativista francês), 758, 770, 786
Cominform, 915
Comissão Armamentos da Alemanha, 616
Comissão de Assuntos Políticos do Norte da China, 242
Comissão Holandesa para o Destacamento de Agricultores para a Europa Oriental, 273
Comissão de Inquérito sobre Distúrbios de Calcutá (1946), 918

Comissão Italiana de Armistício, 154
Comissão de Mão de Obra para a Guerra (EUA), 480, 695
Comissão Permanente de Mandatos da Liga das Nações, 68, 76
Comissão de Práticas Justas de Emprego (EUA), 695
Comissão Real de Assentamento Prussiano, 58
Comissão sobre as Responsabilidades pela Guerra e Sua Conduta (1919), 843
Comissão de Socorro Sueco-Suíça, 478
Comissariado do Povo para Assuntos Internos [NKVD] (URSS) ver NKVD [Comissariado do Povo para Assuntos Internos] (URSS)
Comissariado do Reich Ostland, 265
Comissariado do Reich Ucrânia, 265, 281, 347
Comitê de Alvos Inimigos (EUA), 657
Comitê Americano para a Proscrição da Guerra, 723
Comitê para a Amizade Soviético-Americana, 689
Comitê de Analistas Operacionais (EUA), 663-4
Comitê Antifascista Judaico (URSS), 702, 706
Comitê Britânico de Emergência em Saúde Mental, 829
Comitê da Câmara para Investigar Atividades Antiamericanas, 689
Comitê Central de Controle de Preços (Japão), 468
Comitê Civil para Pessoas Deslocadas, 911
Comitê Conjunto de Inteligência (Grã-Bretanha), 425, 570
Comitê Conjunto de Inteligência da Área do Oceano Pacífico, 571
Comitê Conjunto de Planos de Guerra dos Estados Unidos, 539-40
Comitê Consultivo de Camuflagem (Grã-Bretanha), 580
Comitê Contramorteiros (Grã-Bretanha), 352
Comitê de Defesa do Estado (GKO, URSS), 607
Comitê Francês de Defesa, 787
Comitê Interdepartamental sobre Operações Combinadas (Grã-Bretanha), 530
Comitê Intergovernamental de Refugiados, 703, 937
Comitê de Libertação de Paris, 788
Comitê de Libertação Nacional (França), 327, 372, 788
Comitê de Libertação Nacional (Itália), 756
Comitê de Libertação Nacional (Polônia), 773
Comitê de Libertação Nacional da Alta Itália (CLNAI), 783
Comitê de Lublin ver Comitê de Libertação Nacional (Polônia)
Comitê Maud, 629
Comitê de Micro-ondas dos Estados Unidos, 562
Comitê do Moral Nacional (EUA), 712, 828
Comitê Nacional sobre a Causa e a Cura da Guerra (EUA), 723
Comitê Pacifista Unido, 725
Comitê de Pesquisas em Defesa Nacional (EUA), 629
Comitê de Pressão Econômica sobre a Alemanha (Grã-Bretanha), 650
Comitê de Requisitos de Defesa (Grã-Bretanha), 126
Comitê de Restrição a Bombardeios (Grã-Bretanha), 681
Companhia da Reconciliação, 723
Companhia de Desenvolvimento do Norte da China, 92
Compiègne (França), 153
complô de julho (1944), 378-80, 382
Comunidade Britânica (Commonwealth), 732, 827, 888, 914, 919, 934
Comunidade Francesa, 928; ver também União Francesa
Conferência Consultiva do Povo (China), 945
Conferência de Desarmamento (1932-4), 105
Conferência de Desarmamento de Washington (1922), 72, 844
Conferência Econômica Mundial (1933), 88
conferência do Ministério do Grande Leste Asiático (1943), 254
Conferência de Paz de Paris (1919), 66, 68-9, 71-3, 75, 99
Congo Belga, 65, 162-3, 930
Congresso pela Igualdade Racial, 735
Congresso Judaico Mundial, 675, 701, 703
Congresso Pan-Africano (1945), 915
Coningham, Arthur, 315, 522, 524
Conselho de Anciãos [*jūshin*], 380, 428
Conselho Central para Objetores de Consciência (Grã-Bretanha), 733
Conselho Central de Planejamento (Japão), 381, 614
Conselho Conjunto de Informações Científicas dos Estados Unidos, 546
Conselho Consultivo Aliado (Itália), 422-3

Conselho Consultivo de Guerra (Índia), 160
Conselho de Controle Aliado (Alemanha), 428, 908
Conselho de Defesa do Reich, 441
Conselho de Evacuação (URSS), 607
Conselho Federal Americano de Igrejas de Cristo, 725, 896
Conselho Japonês de Promoção da Poupança Nacional, 462
Conselho Nacional da Paz (Grã-Bretanha), 122, 722
Conselho Nacional de Serviço para Objetores Religiosos (EUA), 734
Conselho Nacional do Trabalho de Guerra (EUA), 480
Conselho Nacional para a Unidade Britânico-Soviética, 688
Conselho de Produção de Guerra (EUA), 609
Conselho de Relações Exteriores dos Estados Unidos, 238
Conselho de Resistência holandês, 768
Conselho de Resistência Nacional francês, 756
Conselho Supremo de Guerra (Aliados), 136, 140
Constantinopla (atual Istambul), 63
Controle Conjunto de Segurança (EUA), 581, 589
Controle de Apoio Aéreo (Grã-Bretanha), 522
Convenção de Genebra (1929), 489-90, 839, 845, 853-6, 882, 907
Convenção sobre Genocídio (1948), 706, 899
Convenção de Haia de 1907 sobre Guerra Terrestre, 843-4, 855, 857, 869, 882, 897

Convenções de Genebra (1949), 899; Protocolos Adicionais da (1977), 899
Corap, André, 147
Coreia, 59, 67, 201, 380, 389, 429, 432, 434, 488, 639, 885, 904, 906, 945, 953
Cornualha, 557
Corpo Aéreo Auxiliar (EUA), 456
Corpo Auxiliar Feminino do Exército (EUA), 456
Corpo de Combate de Cidadãos Patrióticos (Japão), 385
Corpo de Fuzileiros Navais dos Estados Unidos [United States Marine Corps] (USMC), 528, 530, 533, 537, 544, 573; Força de Fuzileiros Navais da Esquadra do, 533; Primeira Divisão do, 307, 310, 352; Quarta Divisão do, 339, 356; Quinta Força Anfíbia do, 338; Segunda Divisão do, 338, 356
Corpo Médico do Exército (EUA), 809
corpo de observadores britânico, 171
Corpo de Sinalização do Exército americano, 547, 549, 555
Corpo de Voluntários Antijaponeses Chineses das Filipinas, 248
Corporação de Reconstrução Financeira (EUA), 185
Corradini, Enrico, 61
Corredor Persa, 631-2
Corredor Polonês, 67, 112, 130, 410
Corregidor, ilha-fortaleza de, 233, 565
Córsega, ilha, 99, 103, 123, 153, 330
Corvo, Max, 783-4
Costa do Ouro (hoje Gana), 452

Cotentin, península do, 306, 359, 366-8
Coughlin, Charles, 704
Coutances (comuna francesa), 370
Coventry (Grã-Bretanha), 184, 643
Cowell, E. M., 883
Cracóvia (Polônia), 117
Creta (Grécia), 195, 258, 540, 579
Crimeia, 217, 265, 271-2, 300-1, 347, 403, 862, 881
crimes de guerra, 843-4, 856, 892-7
crimes sexuais, 826, 881-93
Cripps, Stafford, 154, 169, 173, 239, 917
Cristiano x, rei da Dinamarca, 256
Croácia, 257-8, 260, 283, 766, 865
Crosby, Bing, 467
Croydon (Grã-Bretanha), 172
Cruz Vermelha americana, 826
Cuba, 706, 949
Culala, Felipa, 249
Cunningham, Andrew, 190, 330
Curaçao (colônias caribenhas), 163
Curilas, ilhas, 55, 229, 434, 589
Curlândia, península da, 396, 406
Curzon, lorde George, 56

Dacar (África Ocidental), posto de, 165-6
Dachau, campo de concentração de, 565
Daladier, Édouard, 122-3, 130-1, 133, 135, 139-40, 680
Dalmácia, região da, 72, 257, 258-9, 905
Dalton, Hugh, 158, 779, 914
Daluege, Kurt, 877
Damasco (Síria), 199, 931
Daniell, Raymond, 738
Dannecker, Theodor, 289

Danúbio, rio, 409-10
Danzigue, Cidade Livre de, 112, 115, 117, 130, 132, 396, 410
Dardant, Mathilde, 761
Darlan, Jean, 128, 156, 166, 326
Darwin, porto de, 237
Daventry (Grã-Bretanha), 555, 557, 560
Davis, Elmer, 714
Davis, Norman, 238
De Bono, Emilio, 100
De Chair, Somerset, 198
De Gaulle, Charles, 148, 151, 165-6, 327, 372, 705-6, 762, 786-9, 913, 929, 931
De Valera, Éamon, 160
De Vecchi, Cesare, 188
De Vleeschauwer, Albert, 163
Deane, John, 635, 690
decadência do Ocidente, A (Spengler), 78
Declaração da Europa Libertada (1945), 404-6
"Declaração de Biltmore", 935
Decreto Nacional de Mobilização Total (Japão, 1938), 442, 604
defesa civil, 739, 741-2, 749, 751, 753, 755
Deir el Shein, 312
Delestraint, Charles, 786
Déli (sultanato), 160
Demchugdongrub, príncipe, 92
Dempsey, Miles, 367
Departamento Experimental do Almirantado (Grã-Bretanha), 560
Departamento de Guerra (EUA), 334, 557, 626, 655, 839, 850
Departamento de Propaganda das Forças Armadas (Alemanha), 822
deserção, 806
Desna, rio, 346
Destacamento de Treinamento de Voo Feminino (EUA), 457
Destacamentos de Ligação de Sinalização Aérea (Alemanha), 552
Detroit (EUA), 695, 743
Deutsches Friedenskartell [Cartel da Paz Alemão], 721
Deutschland und der nächste Krieg [A Alemanha e a próxima guerra] (Bernhardi), 56
Deutz, Henri, 199
Devers, Jacob, 372
Dia D, 363, 367, 543, 545, 551, 563, 578, 782, 787; *ver também* Operação Overlord
"Dia da Águia" (1940), 171
Dia da Vitória, 427
Dia do Império, 70
Diakivka (aldeia ucraniana), 740
Dickinson, Goldsworthy Lowes, 741
Dien Bien Phu (Vietnã), 923
Dieppe, ataque aéreo a (1942), 306, 536, 540, 592
Dies, Martin, 689
Dietrich, Sepp, 397-8, 410
Dill, John, 199
Dimitrov, Georgi, 687
Dinamarca, 67, 74, 141, 256, 408, 426, 450
Dinant (Bélgica), 146
Diretoria de Psiquiatria do Exército (Grã-Bretanha), 809
Diretoria Principal de Defesa Aérea Local (URSS), 744
Dirlewanger, Oskar, 775
dissimulação, 579-90; na campanha da Manchúria, 589-90; em El Alamein, 582; invasão da Normandia e, 364, 365, 583-6; Operação Bagration e, 374, 586, 588-9
Divisão de Guerra Política (EUA), 780
Divisão de Inteligência de Combate (EUA), 567
Divisão de Inteligência Doméstica (EUA), 714
Divisão de Moral do Exército (EUA), 818
Divisão de Pesquisas do Exército dos Estados Unidos, 807, 823
Divisão de Serviços Voluntários (Canadá), 456
Divisão Neuropsiquiátrica do Exército Americano, 814
Djalal Abdoh, 946
Djilas, Milovan, 767, 891
Dnepropetrovsk (Ucrânia), 346
Dnieper, rio, 212-3, 342, 346, 588
Dniester, rio, 213, 347
Dodecaneso, ilhas, 61-2, 103, 351
Dollard, John, 823-4
Dollmann, Friedrich, 365
domínio do ar, O (Douhet), 741
Domnista (aldeia grega), 765
Don, rio, 300, 302, 317
Donets, bacia do, 217, 267, 345
Dönitz, Karl, 182, 426-7, 435, 641, 644-6, 648
Donovan, William, 780
Doolittle, James, 296, 360, 523-4, 657
Douhet, Giulio, 741, 753
Dowding, Hugh, 171
Drancy, campo principal de deportação de, 288
Dresden (Aleamanha), 402, 751
Du Bois, W. E. B., 685, 693, 696
Dubno (Ucrânia), 213
DuBridge, Lee, 563
Duína, rio, 212
Duisburg (Alemanha), 408
Dulles, Allen, 422-3, 428, 429
Dulles, John Foster, 696
Dunquerque (França), 148, 394; evacuação de, 149, 173, 195, 540
Düsseldorf (Alemanha), 382
Dykes, Vivian, 240
Dyle, rio, 137, 145

Eaker, Ira, 360, 749, 867

Early, Stephen, 695
Eben-Emael, fortaleza de, 145
Eberstadt, Ferdinand, 609
Eden, Anthony, 123, 194-5, 404, 701-4
Educação para a vitória (cartilha americana), 710
Egeu, mar, 61, 103, 198, 257
Egito, 67, 99, 160, 194-5, 199, 304; independência do, no pós-guerra, 931, 934, 938; invadido pelo Eixo, 180, 186-7, 190, 296, 298-9, 306, 311, 522; presença britânica no, 161, 174, 196, 312; Primeira Guerra Mundial e, 63, 64, 67; Tratado Anglo-Egípcio e (1936), 123-4, 127
Ehlich, Hans, 273
Ehrenburg, Ilya, 852, 891
Eichmann, Adolf, 274, 283, 285, 289, 291
Einsatzgruppen [unidades de ação especial], 118, 207-9, 277-8, 280, 874-5, 877, 880
Eire [Irlanda], 160
Eisenhower, Dwight D., 304-5, 326, 329, 334, 361, 388, 400, 402, 583, 787, 827, 858, 949; e Batalha das Ardenas, 398-9; na fronteira alemã, 407; e invasão da Alemanha, 407-8; e a Operação Overlord, 359, 363-4, 366, 368-70, 372, 541, 543-4, 788-9; e rendições, 421, 426-7; e repatriações, 911; e a Tocha, 524
El Agheila (Líbia), 298
El Alamein (Egito), 294-5, 299, 306, 311, 324; *ver também* Batalha de El Alamein
Elba, rio, 403, 407, 410-1, 692
"Eleição da Paz" (Grã-Bretanha, 1934), 722, 725
Ellis, Earl "Pete", 528, 534-5, 544
Elsenborn, montanhas, 398
Embick, Stanley, 519

Emmerich, Walter, 117
Empresa de Abastecimento da Defesa da China, 623
Enfield (bairro londrino), 172
English Electric Company, 484
"Enigma" *ver* "Ultra", inteligência (Europa)
Eniwetok, ilha, 339
Enola Gay (bombardeiro), 432
entente anglo-francesa (1904), 60-1
entente anglo-russa (1907), 61
Épiro (Grécia), 188
Epp, Franz Ritter von, 108, 162
Equipe de Liderança Nacional-Socialista (Alemanha), 822
Equipe de Planejamento Conjunto do Exército britânico, 671
Eritreia, 58, 77, 99, 257, 905
Escalda, rio, 137, 394
Escandinávia, 139-40, 142, 170, 287, 290, 583, 643
Escócia, 171, 326, 557, 584, 631, 645
Escola Central de Mulheres para Treinamento de Atiradoras (URSS), 458
Escola de Cifras e Códigos do Governo Britânico (GCCS), 568, 570, 572-3, 577
Escola Colonial (Alemanha), 74
Escola Colonial para Mulheres (Alemanha), 74, 118
Escola de Guerra Naval britânica, 442
Escola Tática do Corpo Aéreo (EUA), 523
Escola de Treinamento Anfíbio (Grã-Bretanha), 543
Escritório de Administração de Preços (EUA), 469
Escritório de Botim do Tesouro do Reich, 463
Escritório Central de Administração Econômica (Alemanha), 493
Escritório Colonial britânico, 700, 704, 912, 915, 925, 937

Escritório de Economia de Guerra das Forças Armadas (Alemanha), 268
Escritório de Estabilização Econômica (EUA), 469
Escritório da Índia (Londres), 239
Esfera de Coprosperidade do Grande Leste Asiático, 244-5, 249, 254-5
Eslováquia, 110, 115, 208, 210, 283, 285, 377, 619, 949
Eslovênia, 188, 257, 259, 766
"espaço vital" [*Lebensraum*], 56, 75, 88, 106, 109, 204, 207
Espanha, 54, 60-1, 68, 74, 89, 104, 180-1, 186, 703, 930
Essen (Alemanha), 499, 747
Estabelecimento de Pesquisa em Telecomunicações (Grã-Bretanha), 562
Estação de Pesquisa de Rádio (Grã-Bretanha), 555
"Estado de Emergência" malaio, 924
Estado Livre Irlandês, 67
Estados Bálticos, 64, 139, 154, 203, 212, 265, 272, 274, 396, 697, 775, 860, 875-6, 879, 892, 949
Estados Unidos, 16, 69, 71, 89, 107, 120, 134, 179, 204, 206, 223, 229, 240, 350, 377, 685, 922, 931; desmobilização dos, 388; e a ameaça do Eixo, 125-6; e a crise judaica, 697-8, 701-3, 705; e a crise da reconversão, 387, 430; e defesa civil, 746; e a deflagração da guerra germano-soviética, 215; e a deflagração da guerra com o Japão, 222, 226, 228, 230-2, 557, 679; e a derrota francesa, 154; e o acordo de paz de 1919, 68; e o anti-imperialismo, 159, 162-3, 303, 621, 905, 912, 947-8; economia

de guerra dos, 439, 444-5, 467, 470; estratégia de guerra dos, 304-5, 336, 350; guerra anfíbia e, 533-5, 536-9; guerra de blindados e, 512, 514-5; Guerra Civil Chinesa e, 939-41, 945; Guerra da Coreia e, 952-5; guerra econômica e, 649; Guerra Hispano-Americana e, 60; ideia de um "império americano" e, 946, 949, 952; internação de japoneses e, 710; Iwo Jima/Okinawa e, 414-6; Lend-Lease e, 618-38; mobilização de mão de obra nos, 444, 480, 482-3, 495; mobilização militar nos, 445, 804; objetivos de guerra dos, 680, 682, 692; opinião popular dos, sobre a União Soviética, 624, 685, 688-90; Oriente Médio no pós-guerra e, 932-3, 936-7; pacifismo nos, 723-5, 731, 735; poder aéreo tático dos, 522-4; Primeira Guerra Mundial e, 65-6; produção de armas nos, 600, 602-3, 608-12; recrutamento feminino nos, 456-7; recrutas negros dos, 453; rendição japonesa e, 430-1, 434; repatriações no pós-guerra e, 906-8; segregação racial nos, 459, 692-4; suprimento de alimentos nos, 472; trabalho feminino nos, 485-8

Estatuto Judaico (França, 1940), 288

Estocolmo, 429

Estônia, 67, 217, 271, 691, 949

"estrada de gelo", 218

Estudo de Bombardeio Estratégico dos Estados Unidos, 612, 616, 659, 664

Etiópia (Abissínia), 58, 61, 87, 89-90, 99-104, 108, 110-1, 114, 119, 186, 190, 257-8, 452, 844, 862, 904

Eufrates, rio, 197

Executiva de Operações Especiais (SOE, Grã-Bretanha), 158, 248, 578, 779-81, 783, 787, 789, 793

Executivo de Guerra Política (PWE, Grã-Bretanha), 688, 779-80

Executivo Superior Árabe, 935

Exército alemão, 144-5, 205, 208, 373, 446, 507, 851; atrocidades do, no campo de batalha, 851-2, 876-80; baixas psiquiátricas do, 805, 809, 811-3, 816; campanha dos Bálcãs e, 194-6; campanha italiana e, 334, 361-3, 393, 409-10; campanhas do, de 1942, 299-303, 318; colapso do, no Leste, 374-5; defesa da Alemanha pelo, 393-6, 407-9, 411-2; derrota da Polônia e, 116; deserções do, 820; guerra no Ocidente e, 144-8, 151; invasão da França pelo, 365, 368-73; em Kursk, 341-5; no Norte da África, 193-4, 298, 299, 311-8, 329; objeção de consciência do, 731-2; Operação Barbarossa e, 203-9, 212-21; Operação Névoa de Outono e, 397-9; política do, em relação a sexo, 883-4, 886, 889-90; recrutamento feminino no, 455-6; recrutas estrangeiros no, 450; Stalingrado e, 319-23

Exército Antijaponês do Povo [Hukbalahap], 248-9, 763

Exército Antijaponês do Povo Malaio, 248, 923

Exército belga, 148

Exército britânico, 138, 191, 298-9, 352, 514, 804; baixas psiquiátricas do, 809, 811, 815-6; deserção do, 806; intervenção do, na Indonésia, 920; política do, em relação a sexo e, 883; rações militares e, 461; recrutamento feminino no, 455

Exército da Área do Norte da China, 95

Exército Democrático Grego, 760

Exército dos Estados Unidos, 233, 309, 446, 694; baixas psiquiátricas do, 805, 807-8, 810, 814-6, 839; Batalha das Ardenas e, 398-9; campanha italiana e, 331, 334-5, 393, 409-10; campanha nas Filipinas e, 413-4; deserções do, 821; guerra de blindados e, 514-6; invasão da Alemanha e, 395, 407-9; invasão da França e, 366-9, 371; mobilização do, 445, 447; nipo-americanos e, 454; no Norte da África, 326, 329; ódio dos japoneses pelo, 872-3; Okinawa e, 416; operações anfíbias e, 533-4; no Pacífico Sul, 356; política do, em relação a crimes sexuais, 886, 888; recrutamento feminino no, 456-7; recrutas negros no, 453

Exército francês, 144, 371

Exército da Guarnição da China, 93

Exército holandês, 145

Exército italiano: baixas psiquiátricas do, 805; desertores do, 819; mobilização do, 450

Exército japonês: ataque à Índia e, 354-5; atrocidades do, 848-9, 896-7; Avanço Meridional e, 232-5, 242-3; na China, 83-4, 93-5, 389; crimes sexuais do, 887, 890-1; defesa do Japão pelo, 416-9;

em Guadalcanal, 307-11; Ichigō e, 353; mobilização do, 440
Exército da Jihad Sagrada, 935
Exército de Kwantung, 84, 92, 95, 228, 589-90
Exército da Liberdade da Terra, 927
Exército de Libertação Nacional da Iugoslávia, 396, 756, 760, 762, 764, 769-70
Exército de Libertação Nacional Grego, 756-7, 760, 764, 772, 781
Exército de Libertação Popular (China), 939-40, 942, 944-5
Exército de Libertação das Raças Malaias, 924
Exército Nacional Birmanês, 919
Exército Nacional Indiano, 253-4, 917
Exército Nacional polonês (*Armia Krajowa*), 703, 758, 762, 772, 774-7, 793, 796, 798, 949
Exército Nacional ucraniano nacionalista, 763, 768
Exército Nacionalista chinês, 94-6, 389, 444-5, 939
Exército da Pátria Iugoslava, 767
Exército Popular Coreano, 954
Exército Popular polonês (*Armia Ludowa*), 772, 774
Exército de Resgate (Síria), 935, 938
Exército Vermelho, 89, 120, 132, 169, 203, 205, 215, 268, 282, 290, 299, 300, 306, 319, 339, 377, 387, 504, 513, 593, 689-90, 719, 757, 770, 778, 860, 891, 941, 949; atrocidades e, 852, 866; baixas psiquiátricas do, 805, 809-10, 816; batalhas da Carcóvia e, 300, 340-1; campanhas de 1943 e, 340-1, 346-8; campanhas de 1944 e, 373-6, 396; campanha Vístula-Oder e, 403-4; crimes sexuais do, 887-8, 891-2; defesa de Moscou pelo, 221; deserções do, 806, 820; dissimulação e, 587-90; em Kursk, 341, 343-5; guerra de blindados e, 516; guerra polonesa e, 116; insurgências do, no pós-guerra, 949-50; inteligência do, 571-2; invasão alemã e, 211-3, 215, 218-9; invasão da Manchúria e, 432, 589-90; libertação da Polônia e, 774-7; Operação Bagration e, 373-6; recrutamento feminino no, 458-9; Stalingrado e, 301-2, 317, 319, 320, 322; tomada de Berlim pelo, 411-2
exposição colonial (Berlim, 1925), 74
Exposição Colonial de Vincennes (1931), 69-70
Exposição do Império Britânico (1924-5), 70

Fábricas de Armas Tchecas, 112
Falaise (comuna francesa), 370-1
Falkenhorst, Nikolaus von, 141
Falls, Cyril, 441
Fallujah (Iraque), 197
"falta de fibra moral" (LMF, na sigla em inglês), 812, 815, 821
Fang Xianjue, 354
Farmer, James, 735
Farouk, rei do Egito, 161, 933
Fedorov, Oleksii, 763
ferrovia do sul da Manchúria, 84
Fifi'i, Jonathan, 916
Fight For Freedom [Luta pela liberdade], movimento, 624
Fiji, 534
Filipinas, 60, 68, 222, 229, 233, 243, 246, 248, 253, 339, 356, 390-2, 413-4, 419, 510, 529, 532, 576, 661, 696, 757, 763, 861, 948
Finlândia, 67, 139, 208-9, 290, 376, 619, 685-6, 691, 727
Finschhafen, porto de, 337
Fischer, Fritz, 878, 898
Fischer, Hans, 75
Fischer, Louis, 690
Flagstaff (EUA), 731
Flensburgo (Alemanha), 426-7
Fletcher, Frank, 297, 308, 310, 535
Florença (Itália), 180, 189, 393, 783, 889
Florida Keys (arquipélago), 533
Foggia (comuna italiana), 335
Força Aérea alemã, 115-6, 143, 146, 170, 360, 399, 639; Batalha da Grã-Bretanha e, 170-5; blitz na Grã-Bretanha e, 181-4; derrota da, 360-1, 544, 657; exaustão de combate e, 813-4; poder aéreo tático da, 517
Força Aérea Auxiliar Feminina (Grã-Bretanha), 455
Força Aérea belga, 138, 143
Força Aérea chinesa, 95, 749
Força Aérea do Deserto Ocidental, 312-3, 315, 522, 581
Força Aérea do Exército americano, 355, 447, 748; bombardeio da Alemanha e, 402, 656-9, 867; bombardeio do Japão e, 417, 752-3, 868-70; poder aéreo tático do, 519
Força Aérea holandesa, 143
Força Aérea italiana, 331
Força Aérea do Mediterrâneo (RAF), 372
Força Aérea Real (RAF), 128, 157, 168, 447, 561, 570, 574, 634, 646, 652, 748; Batalha da Grã-Bretanha e, 170-4; bombardeio da Alemanha

e, 185, 402, 643; "falta de fibra moral" e, 812; guerra no Ocidente e, 143, 149, 518; inteligência na, 570, 575; no Iraque, 197-8; poder aéreo tático da, 520-3; recrutas negros na, 452; Segunda Força Aérea Tática da, 524; suprimentos para a resistência da, 776, 781; tratamento psiquiátrico na, 812; tripulação polonesa e, 446

Força Aérea Vermelha, 213, 322, 343, 525-7, 553

Força de Ataque Aéreo Avançada (Grã-Bretanha), 520

Força Expedicionária Britânica (BEF), 137-8, 145, 148-9, 620

Força Guerrilheira Antijaponesa Chinesa das Filipinas, 248

Força Naval Especial japonesa, 338

Força Real de Fronteira da África Ocidental, 452

Forças Armadas Nacionais polonesas (NSZ), 796

Forças Especiais de Desembarque Naval japonesas, 529, 538

Forces françaises de l'Intérieur (FFI), 787-9

Ford, Henry, 598-9, 609

Forlì (comuna italiana), 834

Formosa ver Taiwan

Fort Bragg (Califórinia, EUA), tumultos de, 459

Fort Ontario (Nova York, EUA), 703

Fossoli, campos de concentração em, 287

França, 61, 88, 90, 107-8, 122, 135, 149, 152, 174, 180-1, 208, 216, 350, 392, 564, 591, 706, 753; ajuda aliada à, 781-2; campanha da Noruega e, 141-2; crimes de guerra da, 898; crise de Munique e, 129-30; crise polonesa e, 113-5, 120; defesa civil da, 739, 745; fim do império da, 922-3, 926, 948; guerra da Argélia e, 928-9; Guerra Fino-Soviética e, 139-40; guerra no Ocidente e, 138, 520, 680; império e, 54, 57, 65, 69-70, 131, 161, 164, 180, 186, 912; invasão aliada em 1944 e, 361, 363, 525, 541, 657; invasão e derrota da, 143-4, 179, 186, 205, 277, 511, 513, 620, 817; mandato sobre territórios e, 68; mobilização na, 444; opinião pública na, 121-2, 132; pacifismo na, 721-2; Primeira Guerra Mundial e, 63-4; questão judaica na, 288; rearmamento da, 127-8; recrutamento imperial na, 131; regime de Vichy e, 154, 156, 162, 165, 180, 198, 254, 256, 288, 325-6, 372, 479, 541, 745, 928; resistência da, 756-7, 770, 786-7; trabalho forçado na, 489, 491

França Livre, 166, 199, 299, 367, 371, 626, 706, 768, 786-7, 928

Franco, Francisco, 89, 102, 106, 180

Francônia (Alemanha), 409

Francs-Tireurs et Partisans (FTP), 759, 786

Frank, Hans, 117, 270, 276, 280, 435

Frankfurter, Felix, 621

Freikorps, 114

Fremantle, porto de, 662

Frenay, Henri, 758, 770

Frente Antifascista de Mulheres (Iugoslávia), 760

Frente Grega de Libertação Nacional, 756, 758, 761, 763-5

Frente de Libertação Nacional (FLN, Argélia), 928-9

Frente Democrática Nacional Coreana, 953

Frente Popular francesa, 127

Frente de Trabalho Alemã, 481, 493, 499, 676

Frère, Aubert, 152

Freud, Sigmund, 808

Freyberg, Bernard, 194

Friedeburg, Hans-Georg von, 435

Friuli, 424, 782

Fronteira Noroeste (província), 451

Frota Britânica do Pacífico, 416

Frota do Pacífico (EUA), 226, 230, 307, 310, 336, 535; Força-Tarefa 58 e, 355, 357; Quinta, 338, 355, 414; Sétima, 356; Terceira, 336

Fuchs, Klaus, 630

Fujian (província), 63

Fujimura, Yoshikazu, 429

Fuller, J. F. C., 741

Funafuti (Tuvalu), 338

Fundação pela Paz Mundial, 723

Fundo Carnegie para a Paz Internacional, 723

Fundo de Desenvolvimento Econômico e Social francês (1946), 914

Fundo Monetário Internacional (FMI), 947

Funk, Walter, 109, 462

fusível de proximidade, 563, 565

fuzileiros navais reais, 530

Gabão, 166

Gabinete Americano de Serviços Estratégicos (OSS), 422, 780, 783, 913

Gabinete Central de Raça e Reassentamento da SS (RUSHA), 270-1

Gabinete Central de Segurança do Reich (RSHA), 270, 276-7, 280, 286, 712, 855

Gabinete de Defesa Civil (EUA), 714, 746
Gabinete de Informações de Guerra (EUA), 688, 694, 714, 717
Gabinete de Investigação alemão, 844
Gaervenitz, Gero von, 422
Galang, ilha, 907
Galbraith, John K., 660
Galeno, Clemens von, 727
Galícia (comunidade autônoma espanhola), 265, 271-2, 282, 285
Galípoli, península de, 528-30, 540; campanha de, 361
Gamelin, Maurice, 134, 136-7, 145-7, 149
Gana ver Costa do Ouro
Gandhi, Mahatma, 160, 239, 681, 696, 720
Gandin, Antonio, 316
garantia polonesa (1939), 130
García, Juan Pujol (Garbo), 584
Gargždai (Lituânia), 874
Garibaldi, brigadas, 759
Gariboldi, Italo, 191, 193
Gaza, Faixa de, 938
Gazala, linha de, 298
Gehlen, Reinhard, 342, 373, 587
Geisler, Hans, 193
Gela (comuna italiana), 330-1
Gellhorn, Martha, 386
Gembloux (Bélgica), 512
Genebra, 68, 89, 923
General Electric, 555, 562, 609
General Motors, 599, 609
Gengis Khan, linha de, 409
Gênova, 153, 709, 785; golfo de, 371
Gens, Jacob, 794
Gensoul, Marcel-Bruno, 165
geografia política, 56
geopolítica, 201-2
George VI, rei da Grã-Bretanha, 754
Georges, Alphonse, 137, 146-7, 151

"Geração da Juventude Consciente" (API), 924
Gestapo, 274, 283, 287-8, 379-80, 499, 713, 769, 788, 792, 796
Geyer, Hermann, 593
Ghormley, Robert, 307
Gibraltar, 103, 165, 180, 645
Gilbert e Ellice, ilhas, 236-7, 336, 338, 576
Giolitti, Giovanni, 61
Giraud, Henri, 327
Gleiwitz (estação de rádio), 115
Globocnik, Odilo, 272, 277, 281
Gloucester, cabo, 538
Glover, Edward, 750
Glubokoye (Bielorrússia), 265
Godwin-Austen, Alfred, 551, 592
Goebbels, Joseph, 115, 135, 167-9, 224-5, 379, 382, 397, 412, 677, 718, 796, 802
Goerdeler, Carl, 378
Gonnet, Marguerite, 760
Göring, Hermann, 86, 88, 108, 129, 379, 441, 565; Áustria e, 109; e Barbarossa, 202, 208; Batalha da Grã-Bretanha e, 171, 173-4; blitz sobre a Grã-Bretanha e, 181, 643; bombardeio da Alemanha e, 659; crise polonesa e, 114; exploração da Europa e, 260, 264, 266, 269-70; Plano Quadrienal e, 106, 208, 260, 613; suicídio de, 435
Gort, John, 149
Gótica, linha, 352, 393, 783
Gott, William, 312
Gottwald, Klement, 951
Governo Geral polonês, 117-8, 265, 270-1, 273, 276, 280-2, 794
"Governo Nacional da República Chinesa", 98
Governo Provisório (Rússia), 66
Governo Provisório da Índia Livre [Azad Hind], 253

Grã-Bretanha, 60-1, 78, 89-90, 107-8, 122, 135, 149, 152, 203, 206, 227, 591, 706, 952; ajuda americana à, 620-7, 634, 637; Batalha da, 171-4, 183; blitz sobre a, 184, 642; campanha italiana e, 393; campanha norueguesa e, 141-2; Conferência de Teerã e, 350-1; crise da Etiópia e, 100, 128; crise do Iraque e, 196-7; crise de Munique e, 128-30; crise da Palestina e, 934-8; crise polonesa e, 113-5, 120, 132-3; defesa civil na, 739, 744-5; deportações da, no pós-guerra, 907-8, 925; fim do Império e, 912-9, 923-8, 932, 947; futuro da China e, 939, 945, 948; guerra anfíbia e, 530; guerra de blindados e, 514; guerra na Birmânia e, 355; guerra econômica e, 649-50, 653; guerra fino-soviética e, 139-40; guerra no Norte da África e, 190-1, 194-6, 298-9, 311-8, 326-30; guerra no Ocidente e, 138, 142-50, 680; hostilidade ao comunismo na, 124, 685; Império da, 54, 57, 65, 70-1, 122-4, 127, 131, 155, 159-60, 174, 179, 181, 233-4, 237, 240, 350, 443, 681-2; Império Francês e, 164-6; invasão da França e, 366-71, 583-4; mandato da, sobre territórios, 68; mão de obra do Império da, 451-3; mobilização econômica na, 439, 462, 465, 468-9; mobilização de mão de obra na, 444, 481, 495; mobilização militar na, 443, 446; moral nacional na, 829, 833; e movimentos de resistência na, 778-9, 781, 783, 786-7; opinião pública na, 121-2,

132, 689, 712; pacifismo na, 721-2, 730, 732-4; padrões de vida na, 470, 473-4; perda do império asiático pela, 233-40; planos de desmobilização da, 388; política judaica na, 697-703, 705, 934-7; Primeira Guerra Mundial e, 63-4; produção de armas na, 602-3; recrutamento feminino na, 455, 484-6
Gracey, Douglas, 921
Grajewo (Polônia), 875
"Grande Abate de Peru nas Marianas", 357
Grande Conselho Fascista, 332
Grande Frota de Escolta japonesa, 663
Grande Guerra *ver* Primeira Guerra Mundial
Grandi, Dino, 332
Graziani, Rodolfo, 100-1, 187, 190-1, 193, 423
Grécia, 15, 130, 180, 186, 190, 256, 286, 405, 757, 772, 858; ajuda britânica à, 194, 781; domínio do Eixo na, 257, 260, 862; fome na, 478; Guerra Civil da, 740, 766; invasão italiana na, 188-90, 192
Greiser, Arthur, 281
Grenoble (comuna francesa), 372
greves, 497
Grew, Joseph, 227
Grimm, Hans, 75
Grinberg, Zalman, 836
Grinker, Roy, 807
Grossraum ["grande área"], 75, 255, 260-1, 268, 274-5, 280, 282, 291
Grozny (Rússia), 302, 318
Grupo Parlamentar Britânico em Prol da Paz, 707
Grygier, Tadeusz, 837
Guadalcanal, 294-5, 298, 306-11, 317, 323-4, 335-7, 391, 534-6, 538, 592, 661, 814, 850, 896, 916
Guam, 60, 236, 243, 355, 357, 529, 661, 846
Guangxi, grupo de, 96
Guangzhou (Cantão), 97-8, 354, 389, 898, 945
Gubbins, Colin, 780
Guderian, Heinz, 146, 147, 217, 219, 220, 342, 395, 511
Guénenno, Jean, 789
guerra anfíbia, 330, 336, 527
Guerra Árabe-Israelense (1948), 938
guerra de blindados, 144, 212-3, 344, 345, 504-5, 509-17, 548, 636
Guerra Civil Espanhola, 102, 104, 106, 124, 442, 548, 724, 739, 844, 867
Guerra Civil Russa, 442, 739
Guerra da Coreia (1950-3), 953-4
Guerra Fria, 17, 125, 203, 435, 692, 903, 915, 922, 924-5, 930, 946, 951, 954
Guerra Hispano-Americana (1898-99), 60, 71, 949
Guerra Ítalo-Turca (1911-2), 61, 85
Guerra de Mentira, 137-8
Guerra Russo-Japonesa (1904-5), 60, 71
Guerra Sino-Soviética, 139-40, 376
guerra submarina, 183, 567, 593, 638, 641, 643-8, 650-1, 662-3
Guerra Sul-Africana (1899--1902), 60, 71, 85, 100
guerra total, 441-2, 454, 671
Guerra dos Trinta Anos, 15
Guerra do Vietnã, 954
guetos, 276, 279-81, 793, 797
Guiana Britânica, 699
Guidi, Guido, 287
Guilhermina, rainha da Holanda, 163
Guiné, golfo da, 72
Gumbinnen (Rússia), 396
Günsche, Otto, 425
Gurney, Henry, 925
Gurs, campo de, 288
Gustav, Linha, 335, 361, 371, 889
Guzzoni, Alfredo, 330

Habbaniya (Iraque), 197-8
Hácha, Emil, 110
Haganah (força paramilitar), 796, 935, 938
Haifa, 197
Haile Selassié, imperador da Etiópia, 100, 191, 904
Hainan (província chinesa), 97, 228, 885
Halder, Franz, 114, 118, 148, 167, 202, 206, 214, 220, 318, 531
Halifax, lorde Edward, 133, 150, 159, 168
Halloran, Roy, 814
Halsey, William, 310, 336, 392, 850, 896
Hamburgo, 360, 496, 660, 747, 751, 867, 936
Hangzhou (Hankow), 296
Hankey, Maurice, 149
Hannover, 499
Hanói (Vietnã), 921-2
Harlem (Nova York, EUA), 694-5, 916
Harrar (província), 102
Harriman, Averill, 690
Harris, Arthur, 359, 402, 646, 655, 658, 812, 869
Harrison, Earl, 937
Harrisson, Tom, 714
Hassan Sabry, 161
Hatta, Muhammad, 920
Haushofer, Karl, 75, 200-1
Havaí, 231, 296-8, 576, 580, 949
Hawley-Smoot, tarifa (1930), 78
He Yingqin, 434
Hebei (província), 92, 353

Heinkel, companhia de aviação, 616
Heinrici, Gotthard, 215, 222
Helli (cruzador grego), 188
Helsinque (Finlândia), 376
Henan (província), 353, 479
Hendaye (comuna francesa), 180
Henderson Field, 308, 310
Hengyang (China), 353
Hershey, Lewis, 734
Herzegovina, 260
Hess, Rudolf, 56, 201
Heydrich, Reinhard, 118, 276, 280-1, 769, 855, 863, 875
Higashikuni, príncipe, 378, 434
Higgins, Andrew, 533, 537
Hilfswillige [auxiliares voluntários], 450, 856
Himalaia, cordilheira do, 633
Himmler, Heinrich, 76, 291, 674; bordéis de campos e, 883; campos de trabalho e, 493; colonização polonesa e, 118; como Comissário do Reich, 118, 270, 272; genocídio judeu e, 275, 277, 279-81, 677, 797, 874-6, 880; guerra na União Soviética e, 207, 264; planos para o Leste de, 264-5, 271-4; suicídio de, 435
Hiroaki, Abe, 310
Hirohito, imperador do Japão, 84, 310, 420; crise social e, 429, 478; Pacto das Três Potências e, 179; rendição de, 430-1, 433-4
Hiroshima (Japão), 432, 566, 867
Hitler, Adolf, 14, 56, 65, 79, 105-6, 109, 121, 128, 162, 167, 179-80, 209, 255, 326, 332, 363, 489, 525, 680, 685, 834; ajuda Mussolini, 193; blitz sobre a Grã-Bretanha e, 184, 642; bloqueio e, 640-1; campanha de 1942 na União Soviética e, 299-303, 317-8; campanha da Noruega e, 141; colapso do Eixo Europeu e, 377; colônias e, 107-8, 261-3; complô de julho e, 378-80; crise tcheca e, 109-10, 112, 128-9; derrota e, 323, 396, 401, 412; domínio na União Soviética e, 263, 268, 272, 863; encontro com Molotov e, 181; guerra no deserto e, 311, 316; guerra com os Estados Unidos e, 223-4; guerra no Ocidente e, 134-6, 148, 153, 678; guerra contra a Polônia e, 89-90, 112-5, 130-4; invasão da França e, 364-9, 372, 546, 583, 585; Kursk e, 341-2, 345; *Lebensraum* e, 88, 112, 202; levante de Varsóvia e, 775-6; morte de, 424-5, 427; Operação Barbarossa e, 212-4, 217-8, 220, 295, 846, 851; Operação Névoa de Outono e, 397-9; pacifismo e, 724; Partido Nacional Socialista e, 73, 86; plano de, para invadir a União Soviética, 168-9, 181, 192, 202-4; planos de, contra a Grã-Bretanha, 167-9, 171, 173-4; produção em massa e, 597, 612, 614, 618; queda de Mussolini e, 332-3; questão judaica e, 225-6, 275-7, 280, 283, 285, 290, 673-8, 718, 792, 874; rendição de, 420, 422, 424-5; rendição francesa e, 153; resistência final de, 385, 388, 406; revolta no Iraque e, 198; Stalingrado e, 321, 324, 341; trabalho de prisioneiros e, 490
Ho Chi Minh, 921-2, 952
Hochlinden (Polônia), 115
Hodge, John, 953
Hodges, Courtney, 395, 398
Hofer, Franz, 410, 424
Hohenlohe-Schillingfürst, príncipe Chlodwig zu, 55
Hokkaido (Japão), 434, 631
Hola, Campo de, 927
Holanda (Países Baixos), 54, 88, 143, 144, 163, 233, 256, 288-9, 407, 426, 491, 619, 753, 781, 913, 921
Holcomb, Thomas, 530
Hollandia, porto de, 356
Holocausto, 274, 277-82, 697, 702-5, 836, 874-81, 892-3
Hone, Trent, 591
Hong Kong, 127, 139, 234, 237, 243, 389, 459, 746, 872, 939
Honshu (Japão), 418, 540
Hoover, Herbert, 690
Hopkins, Harry, 231, 238, 349, 621, 623, 625
Hopkinson, Henry, 926
Hore-Belisha, Leslie, 520
Horní Moštěnice (República Tcheca), 908
Horowitz, Eugene, 717
Horrocks, Brian, 393
Horstenau, Edmund von, 258
Horthy, Miklós, 210, 285, 377-8
Horton, Max, 647
Hossbach, Fritz, 109, 112
Hoth, Hermann, 146, 318-9, 342, 344, 345
Houx (comuna francesa), 147
Hu Jinxiu, 768
Hu Zongnan, 941
Hubei (província), 97
Hull (Grã-Bretanha), 642, 750, 829, 831, 833
Hull, Cordell, 13, 19, 162, 229, 349, 443, 622
Hunan (província), 97, 353, 942
Hungria, 106, 195, 210, 282-3, 285, 302, 348, 376-8, 396, 422, 619, 778, 853, 907, 931, 951
Huntziger, Charles, 147
Hupfauer, Theodor, 615
Hurley, Patrick, 939, 947

Hürtgen, floresta de, 395, 818
Huston, John, 838
Hyakutake Harukichi, 309

I Did Not Interview the Dead [Eu não entrevistei os mortos] (Boder), 837-8
I. G. Farben, 112
Ialta, 279; Conferência de (1945), 391, 400, 403-7, 410, 431, 904
Ichirō, Motono, 71
Idris, rei da Líbia, 257
Iêmen, 67, 99, 187
Igreja batista, 730
Igreja católica, 728-9, 792
Igreja confessional, 726
Igreja congregacional, 730
Igreja menonita, 730
Igreja metodista, 725, 730
Igreja ortodoxa russa, 727
Igreja presbiteriana, 730
Igreja da Santidade, 728
Iida, Shōjirō, 235
Ilhas Salomão britânicas, 294, 298, 307, 336-7, 532, 534, 576, 916
Imperialism and Civilization [Imperialismo e civilização] (Woolf), 53
Império Austríaco, 58, 62, 65
Império Otomano, 58, 60-3, 65, 72
Império Russo, 54, 58, 60, 62, 274
Imphal (Índia), 236, 354
"Incidente da Manchúria", 84, 88-9, 91
Índia, 56, 64, 67, 156, 262, 294, 353-4, 589, 633, 672, 696, 706, 930, 937; agitação civil na, 123; campanha *"Quit India"* e, 239, 681, 696; demanda por independência e, 238-9; fome em Bengala e, 479; independência para, 913, 916-8, 933; mobilização na, 160-1, 451, 459; recuo da Birmânia e, 236-7

Índias Orientais Holandesas (Indonésia), 59, 164, 229, 233-4, 236, 244, 249, 259, 532, 849, 885, 919-21, 948
Índico, oceano, 15, 65, 161, 238, 325, 633, 661
Indochina Francesa, 67, 97, 164, 227, 243, 251, 254, 353, 479, 919, 923, 948
Indonésia *ver* Índias Orientais Holandesas
Inge, William, 725
Inönü, Ismet, 351
Instituto de Guerra Total, 245, 253
Instituto Nacional de Psicologia Industrial (Grã-Bretanha), 447
Instituto de Pesquisa de Rádio da Marinha germânica, 555
Instituto de Psicologia do Trabalho (Alemanha), 493
Instituto de Tecnologia de Massachusetts (MIT), 562-3
insurreição parisiense, 788-9
inteligência, 506, 578, 655; americana, 230, 356, 398, 568, 570-1, 573, 576, 578; britânica, 235, 569-70, 573, 575-6, 578; decodificação de, 573-8, 651; "de sinais" (Sigint), 567, 572, 578, 584; italiana, 210, 577; japonesa, 569, 576; soviética, 211, 568, 571-2
Inteligência Interna do Ministério da Informação (Grã-Bretanha), 714
Interlandi, Telesio, 103
Internacional Comunista [Comintern], 66, 687, 778
Ioannidis, Yiannis, 766
Irã, 63-4, 197, 210, 325, 631-2, 931-2, 948, 952
Iraque, 64, 68, 71, 123-4, 127, 140, 160, 196, 200, 325, 632, 931-3, 935
Irmandade Muçulmana, 934
Irmandade Silésia, 792

Irrawaddy, planície de, 355
Islândia, 162, 631
Ismay, Hastings, 155, 306
Ísquia, ilha, 782
Israel, 938
Istambul (Turquia), 103, 377
Itália, 15-6, 54, 62, 70, 76, 84, 104, 110-1, 119, 134, 138, 158, 179, 186, 294, 302, 392, 505, 591, 619, 673, 677, 684, 708, 716, 753, 770, 807, 853, 883, 952; abandona a Liga das Nações, 89; acordo pós--guerra de 1919, 72-3, 85; acordo pós-guerra de 1945, 904-5, 931; anexação da Albânia pela, 103-4; antissemitismo na, 286-7, 677-8; armistício na, 333, 420-1; colônias e, 58, 61, 77, 904-5; crimes sexuais na, 888-9; defesa civil na, 742, 745; guerra de blindados e, 509-10; guerra na Etiópia e, 99-102; guerra no Norte da África e, 180, 186-7, 190, 298-9, 314, 342, 652; guerra no Ocidente e, 153; invasão aliada da, 328, 332, 361, 540, 782; invasão da Grécia e, 180, 187-90; mobilização econômica na, 600; Nova Ordem na Europa e, 257-60; Operação Barbarossa e, 208, 210; padrões de vida na, 473, 477; Primeira Guerra Mundial e, 62; resistência de partisans na, 758, 760, 782-6; trabalho na Alemanha e, 499-500
Iugoslávia, 67, 99, 106, 186, 194-5, 257, 760, 762, 772, 778, 862, 907, 951
Iukhnov (Rússia), 222
Iwo Jima (Japão), 391, 401, 413-6, 419

Jablonica, passagem de, 348
Jackson, Robert, 684

Jamal al-Husayni, 935
Japão, 16, 54, 70, 72, 76, 91, 104, 110-1, 119, 125, 134, 138, 179, 200, 294, 351, 528, 591, 619, 650, 661, 672, 677, 709, 832, 839, 931, 952; abandona a Liga das Nações, 89; acordo pós-guerra de 1945, 903-6; avanço meridional do, 232-5, 242-3; bombardeio do, 417, 432, 661, 663-6; campanha das Marianas e, 355-8; construção de um Império do, na China, 83-4, 87, 91-3; defesa civil no, 743, 747, 752; deflagração de guerra do, aos Estados Unidos, 222, 226, 228, 230-2; deflagração da guerra sino-japonesa e, 93-9; Depressão econômica e, 78; Guadalcanal e, 307-11; guerra anfíbia e, 532; guerra de blindados e, 509; Guerra Russo-Japonesa e, 60, 71; Ichigō e, 353; invasão soviética da Manchúria e, 432; Manchukuo e, 90, 92; mandato sobre territórios e, 68, 528; mão de obra no, 482, 484, 495, 498; mobilização no, 443, 450; mobilização econômica no, 439, 463, 465-8; movimentos de independência no, 253-5; oposição à guerra no, 380-1, 429, 719; padrões de vida no, 471, 472-3, 475-7; Primeira Guerra Mundial e, 63, 66; Primeira Guerra Sino-Japonesa e, 59; produção de armas no, 601, 604-5; recursos meridionais e, 249-51; religião de guerra no, 728; rendição do, 428, 432; resistência final do, 382-3, 385, 400, 412-9; rumores no, 717; trabalho forçado no, 488;

transporte marítimo do, durante a guerra, 661-3
Jassin, H. B., 245
Java (Indonésia), 243, 245, 250-2, 920
Jdánov, Andrei, 915
Jeckeln, Friedrich, 875
Jerusalém, 938
Jiangsu (província), 764
Jiangxi (província), 296
Jinnah, Muhammad, 917
Jinzhou (China), 944
Jitomir (Ucrânia), 279, 875, 877
Jodl, Alfred, 174, 204, 368, 379, 412, 427, 525
Johnson, Amy, 457
Johnson Act (1934), 621
Jônicas, ilhas, 188, 257
Jordânia *ver* Transjordânia
Jordão, rio, 938
Józefów, gueto de, 879
Juin, Alphonse, 362
Juliana, rainha dos Países Baixos, 921
Juventude Hitlerista, 385, 409, 743, 887

Kaiser, Henry, 610
Kalach (Rússia), 317, 321
Kaldor, Nicholas, 660
Kalinin, Mikhail, 473
Kalisch (Polônia), 276
Kaluga (Rússia), 221
Kamianets-Podilsky (Ucrânia), 285
Kaminsky, Bronislav, 775
Kammhuber, Joseph, 559, 749
Kammhuber, Linha, 455, 559, 749
Kammler, Hans, 272
Karachi (Paquistão), 123
Karlshorst (Alemanha), 427
Kassa (Eslováquia), 210
Kassel (Alemanha), 751
Kasserine, passo de, 329, 592
Kastl, Ludwig, 76
Katyn, assassinatos de, 692
Katzmann, Friedrich, 272

Kaufman, Theodore, 675, 718
Kaunas (Lituânia), 375
Kawaguchi, Kiyotake, 309
Kedah (província), 244, 251
Keitel, Wilhelm, 223, 379, 426-7
Kelantan (província), 244
Kellogg, Frank, 723
Kempeitai [polícia militar], 242, 246-7, 381, 855
Kempf, Werner, 342
Kenyatta, Jomo, 928
Kepner, William, 360
Kerama Retto, 415
Kerr, Walter, 504, 507
Kesselring, Albert, 203, 298, 313, 334, 361-2, 371, 409, 422, 424, 578
Keyes, Roger, 527, 535
Keynes, John Maynard, 462-3, 468-9
Kherson (Ucrânia), 76
Khoroshunova, Irina, 279-80
Khruschóv, Nikita, 212, 628, 635, 915
Kido, Kōichi, 380, 429, 433, 478
Kiev (Ucrânia), 213-4, 217, 219, 269, 279, 347, 767, 884; Distrito Militar Especial de, 213
Kiichirō, Hiranuma, 433
Kim Il Sung, 953
Kimmel, Husband, 230
Kindertransport, 698
King, Ernest, 307-8, 339, 390, 413, 535, 543, 645-6
King, Mackenzie, 131, 627
King David Hotel, bombardeio no, 936
Kinkaid, Thomas, 356
Kircher, tarifas (1928), 69, 78
Kirk, Alan, 538
Kirk, Alex, 299
Kirk, Norman, 807
Kiska, ilha, 296
Kislenko, Alexei, 423
Kitzinger, Karl, 865
Kiyonao, Ichiki, 308
Kleist, Ewald von, 318

Klin (Rússia), 221
Kluge, Günther von, 342, 345, 368, 370
Klukowski, Zygmunt, 858
Knudsen, William, 609
Koblenz, 407, 859
Koch, Erich, 265
Koenig, Marie-Pierre, 787-9
Koestler, Arthur, 288
Kohima (distrito indiano), 354
Koiso, Kuniaki, 254, 380
Kokura (Japão), 432
Kolno (Polônia), 875
Kolombangara, ilha de, 337
Komaki, Tsunekichi, 201
Kondō, Nobutake, 310
Konev, Ivan, 218, 343, 347, 376, 403, 404, 410-1
Königsberg (na antiga Prússia), 404
Konoe, Fumimaro, príncipe, 93-4, 96, 227-8, 244, 380
Kontinental-Öl (holding germânica), 259, 266
Kopelev, Lev, 891
Korechika, Anami, 435
Koreshige, Inuzuka, 677
Koritsa, 189
Körner, Paul, 208
Koro, ilha, 534
Koryzis, Alexandros, 194
Kosovo, 257, 260
Kota Bahru (Malásia), 532
Kretschmer, Otto, 183
Krivoi Rog (Ucrânia), 347
Krueger, Walter, 413
Kruk, Herman, 794
Krulak, Victor, 530
Krupp, indústria, 499
Kuban, planície de, 318
Kube, Wilhelm, 863
Kubowitzki, Leon, 703-4
Küchler, Georg von, 340, 346, 851
Kühnhold, Rudolf, 555
Kuibyshev (Rússia), 220
Kundrus, Birthe, 55
Kunming (China), 633

Kurchátov, Igor, 630
Kuribayashi, Tadamichi, 414-6
Kurita, Takeo, 392
Kuroshima, Kameto, 229
Kursk (Rússia), 269, 341, 512; ver também Batalha de Kursk
Kurusu, Saburō, 228
Küster, Fritz, 721
Küstrin, cidade-fortaleza de, 403
Kwajalein, ilha, 339
Kwantung, Território Alugado de, 84, 91
Kyushu, ilha de, 418-9, 430, 540

La Guardia, Fiorello, 714, 746
La Spezia (comuna italiana), 330
Laboratório Central de Rádio, 555
Laboratório de Pesquisa Naval (EUA), 547, 555, 561
Laboratório de Radiação (EUA), 562-3, 629
Lácio (província italiana), 889
Ladoga, lago, 76, 218
Lae, porto de, 337
Lahore, Resolução de (1940), 917
Lai Tek, 248
Lamb, Lionel, 945
Lampedusa, ilha, 330
Landis, James, 746
Lang, Cosmo, 726
Lansing-Ishii, acordo de (1917), 71
Laos, 67, 254, 923
Lapônia, 377
Lashio (Birmânia), 235, 633
Laurel, Salvador, 254
Laval, Pierre, 156, 288, 491
Le Havre (comuna francesa), 149, 394
Leahy, William, 419, 850
Lebensraum ver "espaço vital" [Lebensraum]
Leclerc, Philippe, 372, 789, 922

Leeb, Ritter von, 217
Leese, Oliver, 393
Legião Árabe, 938
Legião de Voluntários Franceses contra os Bolcheviques, 450
Lei de Controle de Exportações (Japão, 1940), 227
Lei de Desenvolvimento e Bem-Estar Colonial britânica (1945), 914
Lei dos Poderes de Emergência britânica (1939), 924
Lei das Precauções contra Ataques Aéreos (Grã-Bretanha, 1937), 744
Lei de Serviço Nacional (Grã-Bretanha), 481
Lei do Serviço Seletivo (EUA, 1940), 459, 734
Lei Geral de Mobilização do Estado (China, 1942), 442
Lei Nacional de Defesa Aérea (Japão), 743
Lei Smith-Connally das Disputas Trabalhistas de Guerra (EUA, 1943), 497
Lei Vinson (1938), 125
Leigh Light, 647
Leigh-Mallory, Trafford, 364, 542
Leis da Neutralidade (EUA, 1935-7), 125, 158, 630
LeMay, Curtis, 417, 664, 870
Lemkin, Rafael, 706
Lend-Lease, programa (1941), 185, 225, 235, 303, 354, 374, 472, 553, 603, 621-4, 629-30, 634-9
Lênin, Vladimir, 66, 90
Leningrado (URSS), 204, 209, 212, 214, 217, 272, 340, 346, 348, 526, 555, 727, 831, 835
Letônia, 67, 212, 271, 279, 396, 691, 881, 949-50
levante popular na Eslováquia, 377
Levinson, Solomon, 723

Lewin, Abraham, 702
Lewis, Robert, 432
Ley, Robert, 435, 481, 676
Leyte, ilha, 391
Li Zhisui, 946
Li Zongren, 96, 945
Liang Hongzhi, 242
Líbano, 67-8, 199, 931, 935
Libération-Nord (grupo ativista francês), 758, 786, 791
Libération-Sud (grupo ativista francês), 758, 760, 786, 791
Líbia, 58, 61, 63, 71, 73, 77, 87, 104, 108, 151, 191, 193, 257, 294, 299, 305, 313, 523, 905, 913
Lídice (vila tcheca), 769
Life (revista), 386, 688, 717
Liga Americana de Autogoverno da Índia, 67
Liga Alemã de Defesa Aérea do Reich [*Reichsluftschutzbund*], 744
Liga Antijaponesa e Antifantoche Chinesa das Filipinas, 248
Liga Árabe, 935, 938
Liga Colonial alemã, 162
"Liga da Concórdia", 243
Liga da Independência Indiana, 253
Liga Internacional de Mulheres pela Paz e Liberdade, 723
Liga Internacional dos Direitos do Homem, 927
Liga Internacional dos Lutadores pela Paz, 722
Liga do Leste Asiático, 378
Liga Marítima e Colonial francesa, 164
Liga Muçulmana All-India, 916-7
Liga Nacional Democrática Grega, 764
Liga das Nações, 67, 69, 71, 76, 78, 85, 89-90, 99, 103, 139, 528, 683, 686, 721-2, 725, 871; mandatos da, 68, 100, 528, 697, 904, 926, 931
Liga das Pessoas de Cor, 452
Liga Progressista Jamaicana, 916
Ligúria, linha da, 409
Lille (França), 788
Limoges (França), 788
Lin Biao, 941, 944
Lindemann, Frederick, 654
"Linha Molotov", 203
Linlithgow, lorde Victor, 131, 239
Liri, vale do, 362
List, Wilhelm, 193, 195, 302
Lituânia, 67, 212, 279, 375, 691, 949
Litvinov, Maxim, 618
Liubliana (província italiana), 257
Liutej (aldeia ucraniana), 347
Livadia, Palácio de, 403-4
Liverpool (Grã-Bretanha), 183, 642, 644
Lloyd, lorde George, 165
Lloyd George, David, 65, 157
Locarno, Tratado de (1925), 76, 105
Lockhart, Robert Bruce, 779-80
Lockwood, Charles, 662
Łódź (Polônia), 282, 376
Loire, vale do, 152
Lokhvitsa (Ucrânia), 217
London School of Economics, 715
Londres (Grã-Bretanha), 62, 120, 149, 160, 163, 173, 184, 194, 225, 233, 311, 332, 340, 363, 625, 642, 675, 688, 786, 829, 904, 919, 945
Long, Samuel Breckinridge, 624
Longmore, Arthur, 521
Longo, Luigi, 782
Lopatin, Aleksandr, 320
Lorient (França), 370, 567
Los Angeles (EUA), 558, 695
Lossberg, Bernhard von, 204
Lothian, lorde Philip, 159, 621
Louisiana (EUA), exercícios do Exército em, 515, 523
Lower, Wendy, 277
Lozinskaia, Liza, 842
Lübeck (Alemanha), 408
Lublin (Polônia), 272, 277, 281, 376, 794
Lucas, John, 361
Ludendorff, Erich, 441
Lugouqiao ver "Ponte Marco Polo", incidente da
Lutsk (Ucrânia), 347
Lutz, Oswald, 511
Luxemburgo, 144, 146, 256, 398
Luzon (Filipinas), 233, 249, 391, 413-4, 898
Lvov (Ucrânia), 213, 264, 375-6
Lyon (França), 424, 760

MacArthur, Douglas, 233, 303, 307, 336-7, 339, 356, 390, 413-4, 419, 434, 535, 904
Macdonald, Dwight, 500
Macedônia, 257, 260, 286, 757
Maček, Vladko, 258
Machida, Keiji, 245
Maciço Central, florestas e montanhas do, 757
Mackensen, Eberhard von, 362
Mackensen, Georg, 718
Mackinder, Halford, 200-1, 204, 223
MacLeish, Archibald, 680
Madagascar, 15, 153, 162, 238, 277, 452, 702, 889; plano, 153, 162
Madge, Charles, 714
Madri (Espanha), 149
Magadan, porto soviético de, 631
"Magic", comunicações, 228, 568, 585
Maginot, Linha, 127, 129, 136, 138, 144, 148
magnétron de cavidade, 562, 565-6, 629
Maikop (Cáucaso), 267, 303
Maisky, Ivan, 139, 155, 299, 319, 686-9
Majdanek, campo de concentração de, 262, 282, 774, 797

Makin (ilhas Gilbert), 336, 338
Malásia, 229, 233, 243, 246, 248-9, 251, 253, 325, 390, 532, 696, 849, 885, 916, 919, 923
Malinovski, Roman, 396
Malmédy (Bélgica), 846
Maloelap (ilhas Marshall), 339
Malta, 99, 103, 123, 186, 190, 193, 331, 400, 404, 421, 531
Manchester (Grã-Bretanha), 184, 642, 915
Manchukuo (Estado fantoche), 90, 92, 101, 104, 107, 111, 228, 242-3, 247-8, 251-2, 333
Manchúria, 14, 60, 63, 87, 97-9, 102, 119, 201, 227, 229, 429, 432, 434, 449, 488, 510, 639, 671, 673, 903, 906, 939-41, 943
Mandalay (Birmânia), 355
mandatos *ver* Liga das Nações
"Manifesto de Verona" (1943), 678
Manila, 233, 413-4, 898
Manley, Norman, 916
Mannerheim, Gustav, 376
Manstein, Erich von, 148; campanhas de, em 1943, 342-7; guerra no Ocidente e, 136; Operação Azul e, 301; Stalingrado e, 322
Mantes-Gassicourt (França), 371
Manteuffel, Hasso von, 397, 399
Mao Tsé-tung, 434, 758, 762, 777, 922, 938, 940, 945, 952
mar de Azov, 346, 348
mar do Japão, 60, 665
mar do Sul da China, 233
Marcks, Erich, 204-5
Mareth, Linha, 329
Marianas, ilhas, 339, 355-6, 413, 417, 432, 528, 661, 664, 850
Marinha alemã, 162, 182-3, 640-5, 648
Marinha dos Estados Unidos, 222, 336; baixas psiquiátricas na, 805; Batalha do Golfo de Leyte e, 392; Batalha do Mar das Filipinas e, 357; em Midway, 296-7; em Okinawa, 415; em Pearl Harbor, 231; Guadalcanal e, 307-8, 310; guerra anfíbia e, 528, 537-8; guerra submarina e, 661-2, 645-8, 849; recrutas femininos na, 456; recrutas negros na, 453
Marinha francesa, 138, 165
Marinha italiana, 100, 187, 190, 330, 531
Marinha japonesa, 297, 336, 356-7, 391-2; guerra anfíbia e, 529, 532; inteligência da, 569
Marinha Real, 126, 129, 157, 190, 192, 574; Batalha do Atlântico e, 183, 644-7; em Dacar, 166; em Dieppe, 536; em Dunquerque, 149; Esquadrão da China e, 139; guerra no Mediterrâneo e, 187, 190; Mers el-Kébir e, 165; Operação Overlord e, 543-4
Marinha Real do Canadá, 646
Maritain, Jacques, 680
Marrocos, 71, 326, 540, 889; crises do (1905/1908), 61
Marrocos francês, 151
Marselha (França), 372, 788
Marshall, Charles, 618
Marshall, George, 331, 393, 400, 408, 746; campanha das Filipinas e, 391; derrota do Japão e, 418; estratégia de, no Mediterrâneo, 304-5, 329; guerra com o Japão e, 232, 748, 869; moral do Exército e, 818; Operação Overlord e, 359; papel de, na China, 940-1, 945
Marshall, ilhas, 336, 338-9, 355, 528
Martini, Wolfgang, 558
Mass-Observation (empresa), 715, 834
Matsui, Iwane, 96
Matsuoka, Yōsuke, 179, 223, 226-7, 244
Mauchenheim, Gustav von, 279
Maurício, ilhas, 700
Maurois, André, 134
Mayer, Hans, 565
McGovern, John, 724
McNair, Leslie, 592
Mediterrâneo, mar, 62, 72, 86, 103, 107, 114, 157, 166, 179, 186-7, 295, 304, 315, 327, 329, 334, 339, 350, 361, 405, 542, 574, 577, 639, 644, 651, 673, 846
Medmenham (Grã-Bretanha), 569
Mein Kampf [*Minha luta*] (Hitler), 107, 201, 734
Melitopol (Ucrânia), 346
Memel (Lituânia), 395
Mengkukuo (Estado "independente"), 92
Menton (França), 154
Menzies, Robert, 159
Merano (Itália), 334
mercados clandestinos, 475-6
Méric, Victor, 722
Merker, Otto, 614
Merlin (aeromotor), 602, 657
Mersa Matruh (Egito), 299
Mers-el-Kébir (Argélia), 128, 165-6
Messe, Giovanni, 329
Messina (comuna italiana), 331
Metaxas, Ioannis, 194
Meteor (motor), 602
México, 445; golfo do, 645
Meyer-Heitling, Konrad, 207, 270
Miao Pin, 389
Midway (ilha), 296, 297, 576
Miguel, rei da Romênia, 377
Mihailović, Draža, 764, 770
Milão (Itália), 423, 716, 785, 790, 866

Milch, Erhard, 267, 614
Milne, A. A., 679
Milner, lorde Alfred, 65
Mindanao (Filipinas), ilha menor de, 249
Ministério da Aeronáutica alemão, 613-4, 744
Ministério da Aeronáutica britânico, 124, 555, 643, 650, 653-4, 867-8
Ministério da Aeronáutica francês, 520
Ministério da Agricultura japonês, 475
Ministério da Alimentação britânico, 476, 750
Ministério Britânico de Segurança Interna, 829
Ministério Colonial italiano, 72, 100
Ministério da Defesa alemão, 517
Ministério da Educação japonês, 711
Ministério do Exterior alemão, 74, 162, 198, 283, 287, 853
Ministério do Exterior italiano, 259
Ministério do Grande Leste Asiático, 244, 254, 264
Ministério da Guerra alemão, 109
Ministério da Guerra italiano, 745
Ministério de Guerra Econômica britânico, 650, 655, 660, 664
Ministério da Guerra japonês, 882
Ministério da Informação britânico, 714-6
Ministério do Interior alemão, 883
Ministério do Interior britânico, 698
Ministério do Interior italiano, 713
Ministério do Interior japonês, 710
Ministério da Justiça alemão, 889
Ministério de Munições alemão, 613-4
Ministério das Munições japonês, 605
Ministério de Produção Aérea britânico, 599
Ministério da Propaganda alemão, 713
Ministério das Relações Exteriores britânico, 699, 701-2, 704, 870, 908, 913, 932
Ministério das Relações Exteriores francês, 147
Ministério dos Territórios Ocupados do Leste, 262, 264
Ministério do Trabalho alemão, 481, 613
Ministério do Trabalho britânico, 468
Minsk (Bielorrússia), 212, 265, 279, 375-6, 843, 863
Missão Militar Americana, 349, 635, 690
Missão Petrolífera Alemã, 198
Mitscher, Marc, 355
Mittelland, canal, 658
Mius, rio, 345
Mobile (Alabama, EUA), 695
mobilização, 438-40, 446, 500; econômica, 439, 460-70; da força de trabalho, 480-9; das Forças Armadas, 440, 445-8, 451-3, 455-60; de prisioneiros e trabalhadores forçados, 488-95
Moçambique, 931
Model, Walter, 342-3, 345-6, 370, 374-6, 397, 399, 408
Mogilev (Bielorrússia), 279, 374-5, 877
Mohar Singh, 253
Mohnblum, Abe, 837
Moldávia, 154, 347
Molotov, Viatcheslav, 181, 203-4, 212, 240, 304, 306, 347, 349, 405, 423, 690
Molucas, ilhas, 243
Moncornet (França), 148, 151
Mongólia, 63, 242
Mongólia Interior, 92, 488
Monte Cassino, 362, 929
monte Elbrus, 303
Monte Sole, massacre do, 861
Montenegro, 257, 766
Montgomery, Bernard Law, 386, 392, 524, 578, 582, 592; em Alam el Halfa, 314-5; Batalha das Ardenas e, 398-9; campanha na Tunísia e, 326-7, 329; como chefe do Estado-Maior Imperial, 913, 919, 936; El Alamein e, 315-8, 522; invasão da Alemanha e, 404, 407-8; na Itália, 330-1, 334; Market Garden e, 393-4; Oitavo Exército e, 312; Operação Overlord e, 359, 367-8, 370, 542; rendições e, 426-7
Monthermé (comuna francesa), 146-7
Montoire (comuna francesa), 180-1
Moody, Harold, 452
Mook, Hubertus van, 920
moral, 711-3, 721, 807, 817-28
Morgan, Frederick, 358
Morgenthau, Henry, 467, 711
Morgunov, Rodion, 516
Morris, Stuart, 725
Morrison, Herbert, 689, 702, 733, 742, 932
Mortain (comuna francesa), 370, 516
Mosa, rio, 144, 147, 397, 518
Moscou (Rússia), 139, 173, 185, 204, 208, 211-2, 214, 217-8, 220, 225, 239, 272, 300, 346, 349, 375, 404, 426, 429, 432, 450, 504, 587, 608, 618, 625, 675, 687, 690, 764, 771, 853, 949
Mosela, rio, 395
Mosul (Iraque), 198

Mossaddegh, Mohammed, 932
Moulin, Jean, 786
Mountbatten, lorde Louis, 359, 389, 434, 535, 907, 918, 921
Movimento de Liberdade Popular Antifascista (Birmânia), 919
Movimento de Libertação Muçulmana (Iugoslávia), 767
Movimento de Libertação Nacional e Social (Grécia), 764
Movimento de Pacificação Rural (China), 242
"Movimento dos Três As", 245
"Movimento Não Mais Guerra", 721-2
Movimento Revolucionário Croata (*Ustaša*), 258
Moyne, lorde Walter, 935
Mozhaisk, linha, 220
Mühlberg (Alemanha), 692
Mukden, porto de *ver* Cheniangue
Mulheres Aceitas para Serviço Voluntário de Emergência [WAVES, Women Accepted for Volunteer Emergency Service] (EUA), 456
"mulheres de conforto", 826, 884-6, 891
Mulheres Pilotos do Serviço da Força Aérea [WASP, Women Airforce Service Pilots] (EUA), 457
Müller, Heinrich, 880
Munda, ilha de, 337
Munique (Alemanha), 105, 130, 155, 201, 324, 333; Acordo de (1938), 90, 110-1, 132; Conferência de (1938), 122, 128-30
Münstereifel (Alemanha), 146
Muralha do Atlântico, 365, 540
Muralha Ocidental, 144
Murmansk (Rússia), 209, 631
Mussert, Anton, 166
Mussolini, Benito, 14, 58, 61, 73, 77, 86, 114, 123, 128, 153, 162, 164, 167, 180, 191, 255, 295, 378, 420, 422, 425, 439, 489, 531, 678, 713; Albânia e, 103; crise polonesa e, 133, 138; Egito e, 186-7, 299; guerra com a Grécia e, 188-9, 192, 194-5; guerra no Ocidente e, 150, 152-4, 186, 708; invasão aliada e, 330, 332; invasão da Etiópia e, 90, 99-101; morte de, 785; na Conferência de Munique, 129; Nova Ordem na Europa e, 258-9; Operação Barbarossa e, 210, 212; e planos de expansão imperial de, 99, 102, 673; queda de, 332, 421, 500, 720; questão judaica e, 287; rendição italiana e, 420, 423
Mutaguchi, Renya, 354
Myitkyina (Birmânia), 355

Nações Unidas (ONU), 161, 232, 256, 404, 627, 684, 691, 696, 706, 903, 905, 912-3, 915, 921, 926, 930-1, 934, 937-8, 946-8, 953; Administração de Assistência e Reabilitação (UNRRA) das, 909-10, 937, 943; Carta das, 899, 911, 913, 916, 926; Comissão das, para a Unificação e Reabilitação da Coreia, 954; Comitê Especial das, para a Palestina, 938; Comitê Temporário das, sobre a Coreia, 953; Conselho de Segurança das, 350, 912, 939, 946, 954; Declaração das (1942), 239, 683; Declaração das, sobre a Eliminação da Violência contra as Mulheres, 899; Declaração das, sobre Direitos Humanos (1948), 692, 696, 706, 915, 927, 930; Resolução 1514 das, 912, 915; territórios sob tutela das, 904, 926

Nagai, Ryūtarō, 673
Nagasaki (Japão), 432, 566, 867
Nagumo, Chūichi, 229-30, 237, 297, 309
Namier, Lewis, 156
Nanchang (China), 296
Nanjing (China), 93, 96, 98, 242, 434, 848, 864, 890, 898, 945
Nankou (China), 95
Nanumea (atol de Tuvalu), 338
Nápoles (Itália), 190, 335, 782; baía de, 335, 782
Narev, rio, 376
Narva (Estônia), 346
Narvik (Noruega), 140-1
Nasser, Gamal Abdel, 934
Navarre, Henri, 922
navios de guerra alemães: *Almirante Graf Spee*, 560; *Bismarck*, 182, 559-60, 643; *Gneisenau*, 182; *Hipper*, 182; *Scharnhorst*, 182; *Scheer*, 182; *Schleswig Holstein*, 115
navios de guerra franceses: *Bretagne*, 165; *Dunkerque*, 165; *Richelieu*, 166
navios de guerra italianos: *Caio Duilio*, 190; *Conte di Cavour*, 190; *Littorio*, 190; *Vittorio Veneto*, 190
navios de guerra japoneses: *Akagi*, 296-7; *Hiei*, 310; *Hiryū*, 297; *Kaga*, 296, 297; *Kirishima*, 310; *Musashi*, 392; *Shokaku*, 357; *Sōryū*, 297; *Taiho*, 357
navios de guerra da Marinha dos Estados Unidos: USS *Arizona*, 231; USS *Enterprise*, 296-7; USS *Hornet*, 296, 298; USS *Indianapolis*, 416; USS *Iowa*, 349; USS *Maryland*, 537, 551; USS *Missouri*, 434; USS *New Mexico*, 416; USS *New York*, 561; USS *Saratoga*, 297; USS *Washington*, 310; USS *Wasp*, 297; USS *Yorktown*, 296-7

navios de guerra da Marinha Real britânica: HMS *Bulolo*, 328; HMS *Courageous*, 128; HMS *Hood*, 182; HMS *Illustrious*, 190, 193; HMS *Prince of Wales*, 233; HMS *Repulse*, 233; HMS *Rodney*, 560; HMS *Victorious*, 560; HMS *Victory*, 933
navios Liberty, 394, 543, 610
Nebe, Arthur, 279
Nedić, Milan, 766
Negro, mar, 65, 204, 301, 318, 632
Nehru, Jawaharlal, 156, 681, 917, 951
Neisse, rio, 411
Nelson, Donald, 609
Nepal, 451
Neurath, conde Constantin von, 109
Nevins, Allen, 872
New Deal (1933-9), 125, 469, 608, 704
New York Times, The (jornal), 137, 704
Newark, Nova Jersey, 695
Nicolson, Harold, 186, 680-1
Nicósia (Sicília), 812
Niebuhr, Reinhold, 679, 725
Nierstein, 407
Nigéria, 162, 903
Niigata (Japão), 432
Nijmegen (Holanda), 393
Nikopol, 267, 346-7
Nilo, delta do, 311
Nimitz, Chester, 297, 303, 336, 338-9, 355, 390-1, 413, 535, 564, 576
Nippon Electric Company, 555
Nisand, Léon, 791
Nishihara, Kanji, 419
Nishina, Yoshio, 431
NKVD [Comissariado do Povo para Assuntos Internos] (URSS), 692, 701, 712-3, 774, 820, 856-7, 877, 910, 949
Noguès, Charles, 151

Nomonhan, 98, 577
Nomura, Kichisaburō, 228-9
Nona Divisão de Infantaria australiana, 337
Normandia, 329, 352, 359, 363, 365-6, 371, 373, 386, 505-6, 542, 544, 546, 549, 567, 583-6, 590, 805, 815, 861
Norte, mar do, 141
Norte da África francês, 151, 154, 166, 304
North American Aviation, 497
Noruega, 140-2, 157, 175, 194, 230, 256, 435, 450, 531, 540, 583-4, 631, 640, 651, 817
Nova Bretanha, 307, 336
Nova Escócia, 647-8
Nova Geórgia, 337
Nova Guiné, 237, 243, 309, 336-7, 356, 358, 532, 577, 804, 812, 824, 864, 887
Nova Guiné alemã, 68
Nova Guiné Ocidental, 921
Nova Irlanda, 864
Nova York (EUA), 610, 621, 694, 703, 714, 723-4, 731, 746, 838, 916, 927
Nova Zelândia, 68, 127, 131, 194, 296, 451, 534, 746
Novas Hébridas, 166
Novikov, Aleksandr, 526, 553
Novikov, Nikolai, 690
Novo México (EUA), 431
Nuffield College, Pesquisa de Reconstrução Social do, 719
Nuremberg, Leis de (1935), 884
Nuremberg, tribunal de, 435, 684, 691, 706
Nuri al-Sa'id, 912
Nye, Archibald, 520

Oahu (ilhas havaianas), 230, 233, 558
Oberkommando der Wehrmacht [Alto-comando das Forças Armadas] (OKW), 109, 180, 193, 223, 278, 316, 333, 341, 368, 371, 382, 399, 427, 585
Obersalzberg (Alemanha), 379
objetores de consciência, 732-5
Oboyan (Rússia), 344
Oder, rio, 403, 410
Odessa (Ucrânia), 204, 209, 213, 876
Ofensiva Combinada de Bombardeiros, 359, 656
Ofensiva de Março (1918), 65
Ohio, rio, 543
Ohlendorf, Oto, 712
Oise, rio, 151
Oitava Força Aérea soviética, 320
Okafor, George Amanke, 902
Okamura, Yasuji, 434
Okinawa (Japão), 391, 413-6, 419, 430, 435, 536, 539, 541, 551, 888, 899
Okon, Leonid, 842
Oliphant, Marcus, 562
Olkhovatka (cordilheira), 344
Omã, 924
"Omaha", praia, 367, 544-5
Operação Achse (Eixo, 1943), 335
Operação Aerial (1940), 151
Operação Agatha, 936
Operação Alarich (1943), 333
Operação Ameaça (1940), 166
Operação Anakim, 351
Operação Anvil *ver* Operação Dragoon
Operação Azul (1942), 299-303, 322
Operação Bagration (1944), 373-6, 586, 773
Operação Barbarossa (1941), 16, 94, 202-15, 221, 223, 261, 271, 277, 285, 504, 512, 580, 593, 606, 643, 805, 873
Operação Baytown (1943), 335
Operação Bodenplatte (1944), 398
Operação Branca, 769
Operação Braunschweig (1942), 302, 318

Operação Buccaneer, 350
Operação Burza [Tempestade], 773
Operação Carbonado, 389
Operação Cartwheel (1943), 336-7
Operação Catapulta (1940), 165
Operação Charnwood (1944), 369
Operação Cidadela (1943), 340-1, 343-5
Operação Cobra (1944), 369
Operação Compass (1940), 191, 193
Operação Coronet, 418
Operação Crusader (1941), 298
Operação Culverin, 390
Operação De-Louse (1945), 916
Operação Despertar da Primavera (1945), 410
Operação Detachment (1945), 414-5
Operação Diadem (1944), 362
Operação Dínamo (1940), 149
Operação Dipper (1943), 337
Operação Downfall, 418
Operação Dragoon (1944), 371
Operação Embarrass, 936
Operação Estrela (1943), 341
Operação Fagulha (1943), 340
Operação Felix (1940), 180
Operação Flintlock (1944), 339
Operação Forager (1944), 356
Operação Fredericus (1942), 301
Operação Furacão, 402
Operação Girassol (1941), 193
Operação Gomorrah (1943), 359
Operação Goodwood (1944), 369
Operação Grenade (1945), 404
Operação Gymnast *ver* Operação Torcha
Operação Himmler (1939), 115
Operação Hubertus, 321
Operação Husky (1943), 328
Operação Iceberg (1945), 414, 416
Operação Ichigō (1944), 353, 355, 389
Operação Ironclad (1942), 238
Operação Jubileu (1942), 306, 536
Operação Ka (1942), 309
Operação Ke, 310
Operação Ketsu-gō [Decisiva], 418-9
Operação Kolt'so [Anel], 322
Operação Kutuzov (1943), 344
Operação Leão-Marinho (1940), 168, 174, 179, 187, 531, 642
Operação Lightfoot (1942), 315
Operação Mailfist, 390
Operação Margarethe (1944), 377
Operação Marita (1940), 193
Operação Marte (1942), 321, 323
Operação Meigo Sakusen [Ação da Lua Brilhante] (1945), 254
Operação Nassau, 924
Operação Netuno (1944), 540-3
Operação Névoa de Outono (1944), 383, 397-9, 568
Operação Olive (1944), 352, 393
Operação Olympic, 418, 540
Operação Overlord (1944), 329, 334, 335, 340, 349, 350, 358-9, 361-3, 540
Operação Paukenschlag (1942), 225
Operação Perch (1944), 368
Operação Persecution (1944), 356
Operação Plunder (1945), 407
Operação Preta, 769
Operação Reckless (1944), 356
Operação Roland (1943), 345
Operação Rumiantsev (1943), 345
Operação Sabine, 196
Operação Seidlitz, 769
Operação Shingle (1944), 361
Operação Shōgo (1944), 391
Operação Sonata ao Luar (1940), 184
Operação Sunrise, 422
Operação Supercharge (1942), 316
Operação Suvorov (1943), 346
Operação Tannenberg (1939), 118
Operação Torcha (1942), 305, 317, 325-7, 515, 523, 525, 541
Operação Tufão (1941), 219-21
Operação Ugō (1944), 354-5
Operação Urano (1942), 321, 506, 587
Operação Valquíria (1944), 379
Operação Venezia (1942), 298
Operação Veritable (1945), 404
Operação Watchtower (1942--43), 307, 541
Operação Weserübung (1940), 141
Operação Wilfred (1940), 140
Operação Wintergewitter [Tempestade de Inverno] (1942), 322
Operação Zipper, 390
Operações Especiais (filial) (SOE, EUA), 780, 787
Oppeln (Silésia), 395
Oppenheim (Alemanha), 407
Orã (Argélia), 165, 326, 541
Oradour-sur-Glane (vila francesa), 769, 861
Orange, Estado Livre de, 60
Ordem dos Comissários, 851
Organisation de l'armée secrète (OAS), 929
Organização das Nações Unidas (ONU) *ver* Nações Unidas (ONU)
Organização de Combate Judaica (ZOB, Polônia), 797-8
Organização do Tratado do Atlântico Norte (Otan, 1949), 952
Organização dos Estados Americanos (OEA), 948
Organização dos Nacionalistas Ucranianos, 264, 950

Organização Internacional de Refugiados, 911
Organização Internacional de Resistência à Guerra, 722
Organização Todt (OT), 272, 365
Oriol (Rússia), 219, 263, 300, 341, 588
Orlando, Vittorio, 72-3
Orsha (Bielorrússia), 374-5
Oshchepkov, Pavel, 555-6
Ōshima, Hiroshi, 223, 294-5, 358, 585
Oslo (Noruega), 141
Ostfasergesellschaft (monopólio têxtil), 266
Ostmark (subdivisão da Alemanha nazista), 110
Ostrog (Montenegro), 213
Ostwall [Linha Oriental], 270, 346, 395
Ottawa (Canadá), 627
Ovaro (comuna italiana), 424
Oxford, Universidade de, 562
Ozawa, Jisaburō, 357

Pacífico, oceano, 200, 224, 229, 236, 296, 306, 335, 339, 352, 527, 631-2, 649, 661
pacifismo, 720-6
Pacto Anticomintern (1936), 107
Pacto de Aço (1939), 114, 167
Pacto de Defesa franco-japonês (1941), 244
Pacto do Eixo (1936), 107
Pacto Hoare-Laval (1935), 100
Pacto Kellogg-Briand (1928), 684, 723
Pacto da Liga das Nações, 67, 71
Pacto Mólotov-Ribbentrop *ver* Pacto de Não Agressão Soviético-Alemão
Pacto de Não Agressão Nipo-Soviético (1941), 223, 631
Pacto de Não Agressão Soviético-Alemão (1939), 113, 116, 120, 132, 134, 139, 169, 180, 269, 640, 685, 686, 691, 759
Pacto Tripartite (1940), 178, 181, 186, 192, 195, 223, 257, 291, 324, 619, 671, 677, 687
Padmore, George, 916
Países Baixos *ver* Holanda
Palau, ilhas, 352
Palermo (Sicília), 331
Palestina, 63, 68, 123, 127, 196-7, 311, 580, 698-9, 701, 703, 793, 796, 931, 933-8
Panamá, 706; canal do, 126, 547, 557
pan-asiatismo, 253
Pancino, 330
Pantelleria, ilhas de, 330
Panzerfaust [punho blindado], 352, 455, 513
Panzerschreck [terror de tanques], 513
Papagos, Alexandros, 189
Papon, Maurice, 929
Papua, 309
Paquistão, 917-8, 933
Paris (França), 120, 130, 149, 152, 288, 367, 370-2, 379, 385, 578, 692, 722, 788-9, 791, 922
Partido de Ação italiano, 782
Partido Árabe Palestino, 935
Partido Camponês Croata, 258
Partido Comunista chinês, 98, 709, 765, 777, 887, 906, 942, 944; Forças Armadas do, 762-3, 757; Guerra Civil e, 922, 939, 940, 942, 944; Novo Quarto Exército do, 764, 768; rendição japonesa e, 434; resistência e, 247, 758-9, 762-3, 765
Partido Comunista da Grã-Bretanha, 686, 689
Partido Comunista grego, 764, 777
Partido Comunista Indiano, 160
Partido Comunista italiano, 782
Partido Comunista iugoslavo, 766
Partido Comunista Malaio, 248, 923
Partido do Congresso indiano, 156, 160, 239, 917
Partido da Cruz Flechada, 378
Partido Fascista Italiano, 73, 99, 332, 746
Partido Minseitō (Japão), 77-8
Partido Nacional do Povo jamaicano, 916
Partido Nacional-Socialista holandês, 163
Partido Nacional Socialista dos Trabalhadores Alemães (NSDAP), 73-4, 79, 86, 108, 201, 275, 395, 615, 673, 878, 880, 895
Partido Nacionalista Malaio, 924
Partido da Pátria Alemã, 64
Partido Trabalhista britânico, 689
Partido Tudeh [das Massas] (Grã-Bretanha), 932
Pas-de-Calais (França), 358, 364, 506, 546, 583-6
Patch, Alexander, 310, 371
Patterson, William, 706
Patton, George, 330-1, 364, 369-72, 395, 398, 408, 584, 812
Paulus, Friedrich, 303, 317, 319-21
Pavelić, Ante, 258, 766
Pearl Harbor, 222-3, 226, 229-32, 243, 303, 557, 568, 576, 580, 597, 630, 633, 651, 662, 673, 675, 679, 710, 724, 748, 850
Pearson, Karl, 56
Peck, Richard, 748
Peleliu, ilha, 352
Pelley, Wiilliam, 704
pemuda (movimento), 920, 924
Penck, Albrecht, 75
Pensilvânia, greve do carvão na (EUA, 1943), 497

Percival, Arthur, 234, 237
Peregruznoe (aldeia soviética), 878-9, 898
Perham, Margery, 955
Perlis (província), 244
Permanente Metals Yards (Califórnia, EUA), 610
Pérsia ver Irã
Pesce, Giovanni, 865
pesquisa nuclear, 629-30
Pesquisa Social de Guerra (Grã-Bretanha), 715
Pessoas Deslocadas (PDS), 836, 908-11, 937
Petacci, Clara, 785
Pétain, Philippe, 149, 152-4, 157, 164, 180, 441, 491, 745
Pethick-Lawrence, lorde Frederick, 902, 917
petróleo, 106, 140, 197-8, 228, 250, 259, 267-8, 299, 311, 317, 341, 402, 639, 657, 659, 932
Petropavlovsk (Rússia), 631
Phillips, William, 239
Pineau, Christian, 758
Pio XII, papa, 728-9
Pireu (Grécia), 258
Pisa (Itália), 349, 361
Placentia, baía de, 232, 682
Plaek Phibunsongkhram, 243
"Plano da Fome", 208, 266, 268, 271
Plano de Construção Econômica de Manchukuo, 92
"Plano de Guerra Laranja", 528, 649, 661
Plano de Treinamento Aéreo da Comunidade Britânica, 447
Plano Geral de Assentamento, 273
"Plano Geral para o Leste" [Generalplan Ost], 207, 271, 273
"Plano de Guerra" Anglo-Francês, 131
Plano Marshall, 914, 951
Plano Quadrienal (1936), 89, 106, 208, 260, 613

"Plano Z", 640
Planos Aéreos Ocidentais (Grã-Bretanha), 653
Planos Quinquenais (URSS), 89
Pleiger, Paul, 266
Plendl, Hans, 565
Plenipotenciário para Alocação de Mão de Obra, 481, 490
Ploesti (campo petrolífero), 188, 373, 377, 658
Plymouth (Grã-Bretanha), 642, 750, 831
Pó, rio, 406, 409-10
Polícia Superior Especial japonesa ("Polícia do Pensamento"), 381
política econômica japonesa, 475-6
Polônia, 58, 64, 67, 73, 89, 105, 126, 135, 170, 181, 202, 216, 256, 262, 272, 392, 494, 671, 678, 729, 861, 874, 879, 910; acordo pós-guerra e, 904, 907, 930, 949; colonização alemã da, 117-9, 261, 270, 272; invasão alemã na, 112-8, 507-8, 672, 691, 851, 858; invasão soviética da, 116-7, 139, 685-6, 691; libertação da, 375, 404-5, 772-3; no serviço aliado, 446; trabalho forçado na, 489
Poltava (distrito ucraniano), 263
Pomerânia, 403, 410
Ponomarenko, Panteleimon, 771
"Ponte Marco Polo", incidente da, 93-4, 308
Ponyri (Rússia), 343
Pope, Arthur, 712
Port Chester (Pensilvânia, EUA), 695
Port Moresby (Nova Guiné), 237, 298
Portal, Charles, 868
Portaria de Alistamento Nacional do Trabalho (Grã-Bretanha), 481

Porto Rico, 60, 948
Portsmouth (Grã-Bretanha), 933
Portugal, 54, 74
Posen (província), 117
Potsdam, Conferência de (1945), 430-1, 905, 907
Potsdam, Declaração de, 431-3
praça da Paz Celestial (China), 945-6
Praga (República Tcheca), 103, 110, 409, 411, 450
Prasca, Sebastiano, 188
Preferência Imperial, 78, 622
"Presente de 1 Bilhão de Dólares" canadense, 627
Preziosi, Giovanni, 678
Primeira Divisão Canadense, 330
Primeira Frota Aérea japonesa, 230
Primeira Guerra Mundial (Grande Guerra), 13-4, 16, 18, 54, 57, 59, 62, 68, 70-1, 76, 84, 106, 114, 120, 136, 143, 149, 159, 161, 190, 197, 200, 206, 214, 275, 345, 352, 368, 439, 441-2, 444, 446, 448, 462, 464, 466-7, 476, 480, 500, 505, 507, 511, 517, 520, 527, 580, 612, 621, 641, 644, 649, 676, 703, 707, 712, 723, 726, 732, 738, 740, 808, 810, 821, 843, 844, 870, 955
Primeiro Exército Canadense, 394, 407
Princeton, Universidade de, 723
"Princípios de Nuremberg", 684, 899, 930
Pripiat (pântanos), 589
prisioneiros de guerra, 405, 407, 409, 853; na guerra soviético-alemã, 856; em mãos japonesas, 854; taxas de sobrevivência de, 853; trabalho forçado de, 489-90, 493

Programa de Recuperação da Europa *ver* Plano Marshall
Programa Universal de Treinamento Militar (URSS), 447-8, 458
Projeto Manhattan, 431
Prokhorovka (Rússia), 344-5
propaganda, 683, 688, 710-1, 717-8, 822
Protocolos dos Sábios de Sião, 675, 677, 704
Provença (França), 371, 928
Prússia, 58, 67
Prússia Oriental, 115, 117, 265, 396, 403, 406, 410, 866, 891
Psarros, Demetrios, 764
Psel, rio, 344
Punjab (Índia), 451, 918
Puyi, imperador da China, 90

Qattara, Depressão de, 299
Qavam, Ahmad, 932
Quacres, 730
"Quadrante", reunião do (Quebec, 1943), 334, 359, 421, 630
Quadro Verde muçulmano, 767
Quartel-General Aéreo Avançado, 553
Quartel-General Supremo *ver* Oberkommando der Wehrmacht [Alto-comando das Forças Armadas] (OKW)
Quatro Liberdades, 682, 693, 717, 823
Quebec (Canadá), 334, 349, 359, 627, 630
Quênia, 160, 191, 924, 928, 931; rebelião "mau mau" no, 927
Quioto (Japão), 432
Quisling, Vidkun, 141, 256
"Quit India" ["Deixe a Índia"], campanha, 239, 681, 696, 916

Raabe, Karl, 260
Rabaul (Nova Bretanha), 307-9, 336-8

radar, 352, 505, 546-7, 554-5, 644, 662; alemão, 555, 558, 560-1, 565; na Batalha do Atlântico, 183; na Batalha da Grã-Bretanha, 171-2; britânico, 555-7, 560-1, 563; centimétrico, 561-4; nos Estados Unidos, 557, 561-4; na Itália, 556; no Japão, 556; naval, 559-61, 564; no Pacífico, 310; na União Soviética, 555
rádio, 505-6, 547, 550-1; na Alemanha, 548, 551-2; AM, 547, 549, 551; FM, 547, 549; e forças aéreas, 552-5; na Grã-Bretanha, 549-52; na Primeira Guerra Mundial, 547; na União Soviética, 549, 553; nos Estado Unidos, 549-54; VHF, 552-4
Rádio Bari, 99
Rádio Roma, 99
Radom (Polônia), 794
Radziłów (aldeia polonesa), 875
Raeder, Erich, 174, 224, 641-2
Rahn, Rudolf, 333
Rai, Lala Lajpat, 67
Ramsay, Bertram, 542-4
Randall, John, 562
Randolph, A. Philip, 693
Rangum (Birmânia), 235, 252, 355
Rankin, Jeannette, 724
Rappard, William, 68
Rash Behari Bose, 253
Rashid Ali al-Kailani, 196-8
Ratzel, Friedrich, 56, 75
Ravena (Itália), 393, 409
rearmamento, 105, 126-8
recrutas iraquianos, 197
Rees, J. R., 818
"Região Sul" [*Nampō*] japonesa, 242-4, 247, 250, 252, 254, 309, 619
regime de Vichy, 154, 156, 162, 165, 180, 198, 254, 256, 288, 325-6, 372, 479, 541, 745, 928

Regras de Haia para a Guerra Aérea (1923), 844, 867-8
Rehe (província), 92
rei judeu Dajjal, 199
Reichenau, Walter von, 262, 851, 877
Reichskriegsgericht [Tribunal Militar do Reich], 731
Reichswerke "Hermann Göring", 111, 117, 260, 266
Reims (comuna francesa), 427
Reinhardt, Hans, 146
"Relatório Bund", 700
Relatório Butt (1941), 654
Relatório Woodall, 552, 592
Remagen (Alemanha), 407
Renânia, remilitarização da (1936), 89, 105, 109, 127
rendição incondicional, 328, 419-20, 428
Rendsburg (Alemanha), 118
Reno, rio, 393, 395, 404, 406-8, 658
República da Cochinchina, 922
República Social Italiana, 334, 378, 678, 860
Reserva Naval Real Feminina, 455
resistência, 755-63, 789-90; contra o Japão, 247-9, 759, 847; e contrainsurgência, 768-70, 784, 863-6; feminina, 760-1; judaica, 790-9; na Alemanha, 378-82; na Polônia, 772-7
Restauração Meiji (1868), 54
reversão britânica do Lend-Lease, 626
revolta no Iraque (1941), 196-9
Revolução Bolchevique, 64, 66, 347
Reynaud, Paul, 140, 142, 149-51
Ribbentrop, Joachim von, 109, 114, 139, 153, 162, 181, 202-3, 212, 223, 290, 426
Richter, Gustav, 284
Richthofen, Werner von, 301, 320

Riegner, Gerhart, 701
Rife, Guerra do, 69
Riga (Letônia), 212, 279, 375; gueto de, 894; Universidade de, 881
Rimini (comuna italiana), 349, 361, 393
Ringelblum, Emanuel, 793
Rising Wind, A [Um vento que surge] (White), 696
Ritchie, Neil, 298
Robeson, Paul, 706, 902
Rochefort, Joseph, 297
Röchling, Hermann, 261
Rock Island Arsenal, 606
Rockwell, Norman, 682, 719
Ródano, vale francês do, 153, 186, 372, 395
Rodes (Grécia), 351, 542
Rodésia do Norte, 124
Rodogno, Davide, 257
Roebling, Donald, 533
Roer, rio, 395, 404
Rogers, Edith, 456
Rokossovski, Konstantin, 319, 341-2, 344, 375-6, 410, 449, 775
Rol-Tanguy, Henri, 789
Roma (Itália), 101, 153-4, 166, 187, 287, 332-4, 361, 363, 371, 385, 393, 421, 491, 713, 784, 904; Protocolos de, 784
Romênia, 106, 116, 130, 188, 203, 208-9, 259, 272-3, 283-5, 302, 373, 376-7, 405, 422, 691, 700, 853, 875, 879, 884, 892, 907, 931, 951
Rommel, Erwin, 147, 193, 298-9, 311-3, 329, 334, 365-8, 522, 540, 577, 579, 581, 585
rōmusha ver trabalho forçado
Roodenko, Igal, 735
Roosevelt, Eleanor, 696
Roosevelt, Franklin Delano, 125, 185, 225, 238, 303, 365, 412, 464, 497, 534, 629, 655, 679, 686-7, 690, 704, 713, 723, 850, 869, 870, 872, 935; atitude de, em relação à cri-se judaica, 699, 701-2, 705; atitude de, em relação à União Soviética, 687; Chiang Kai-shek e, 235, 389, 939; controles econômicos e, 469; deflagração da guerra contra o Japão e, 226-7, 229, 303, 909-10; discriminação racial e, 695; fim dos impérios e, 238, 240, 350, 939, 947-8, 952; Lei do Serviço Nacional e, 481; Lend-Lease e, 618, 620-5, 638; na Conferência de Casablanca, 327-8, 419; na Conferência de Ialta, 400, 404; na Conferência de Teerã, 349-51, 358, 386; no Norte da África, 299, 311, 325-6; objetivos de guerra de, 679, 682-3, 717, 823, 903, 930; Operação Overlord e, 364, 543; produção em massa e, 596-7, 608; recrutas negros e, 453; relações de, com Churchill, 231-2; rendições e, 419-20, 423

Rosenberg, Alfred, 210, 262-4, 266, 271, 273, 280
Rostov (Rússia), 221, 300-1, 322
Roterdã (Holanda), 145
Rothschild, Louis, 112
Rotmistrov, Pavel, 344
Rouen (França), 152
Roundup (codinome), 304
Rovno (Ucrânia), 347
Rowecki, Stefan, 758
Ruanda e Burundi (bacia oriental do Congo), 68, 163
Rudenko, Roman, 692
Ruhr-Renânia, 158, 365, 393, 395, 407, 496, 653-4, 658, 873
Ruhullah Musavi (aiatolá Khomeini), 199
Rumbula, floresta de, 279
rumores, 716-7
Rundstedt, Gerd von, 144, 148, 213, 217, 366, 368, 384, 397, 409, 585
Runge, Wilhelm, 558
Rybalko, Pavel, 376
Ryti, Risto, 209
Ryūkyū, ilhas, 55, 414, 539, 904

Sacalinas, ilhas, 434
Saigon (Indochina), 243, 434, 898, 922
Saipan (ilhas Marianas), 355-7, 390-1
Saitō, Yoshitsugu, 356
Sala de Monitoramento Submarino (Grã-Bretanha), 644
Salerno (Itália), 335, 421, 541
Salmuth, Hans von, 365
Salò, regime de, 287, 334, 423; *ver também* República Social Italiana
Salomão, ilhas, 916
Salônica (Grécia), 195
Sammern-Frankenegg, Ferdinand von, 797
Samoa Ocidental, 68
San Bernardino, estreito de, 392
San Francisco (EUA), 696; conferência de (1945), 913, 931
Sandomierz (Polônia), 376, 403
Sanji, Iwabuchi, 413
Santerno, rio, 409
São Lourenço, golfo de, 646
saques, 857-60
Sardenha, 328, 330, 371
Sarraut, Albert, 69
Sarre (Alemanha), 134, 393, 395
Sartre, Jean-Paul, 137
Sauckel, Fritz, 481, 490-2
Saur, Karl-Otto, 597, 614
Sava, rio, 778
Savo, ilha, 308
Scapa Flow, 349
Scavizzi, Pirro, 729
Schacht, Hjalmar, 106, 108
schlafende Heer, Das [O exército adormecido] (Viebig), 59
Schleswig-Holstein (província), 427

Schlieben, Karl-Wilhelm von, 368
Schmitt, Carl, 75, 255
Schörner, Ferdinand, 410
Schultz, Paul, 424
Schutzmannschaften (unidades auxiliares), 263, 876
Schutzstaffel [Tropa de Proteção] (SS), 76, 115, 199, 207, 246, 265, 270, 272-3, 276, 278-9, 281, 283-4, 286, 379, 395, 493-4, 674, 788, 851, 877-8, 880, 883; Brigada de Cavalaria da, 278; Divisão Handžar da, 769; Segundo Corpo Panzer da, 344-5, 861; Sexto Exército Panzer da, 397-8, 410
Schweinfurt (Alemanha), ataques aéreos a, 656
Schweppenburg, Geyr von, 366-7
Sebastopol (Rússia), 301
Seção de Controle de Londres, 581, 583, 589
Sedan, 145-7
Seeadler, porto de, 356
Seelow, colinas de, 411
Segunda Arbitragem de Viena (1940), 209
Segunda Divisão da Nova Zelândia, 313
Segundo Corpo Polonês, 362
"segundo front", 299, 305, 319, 328, 350, 687
Selangor (Malásia), 248
Sena, rio, 359, 367, 370, 371
Senegal, 166
Serguei (metropolitano), 727
Serra Leoa, 645
Sérvia, 62, 257, 260, 377, 767; Corpo de Voluntários da, 767
Service du travail obligatoire [Serviço de Trabalho Obrigatório, STO], 491
Serviço Aéreo Especial (Grã-Bretanha), 846

Serviço Auxiliar de Transporte Aéreo (Grã-Bretanha), 457
Serviço Especial japonês, 242
Serviço de Informações da Grã-Bretanha, 390
Serviço de Inteligência Militar (EUA), 570, 573
Serviço de Precauções de Emergência (Nova Zelândia), 746
Serviço Público Civil (Grã-Bretanha), 734
Serviço Territorial Auxiliar (Alemanha), 455
Serviços Voluntários Femininos para Precauções contra Ataques Aéreos (Grã-Bretanha), 745
Sétif (Argélia), 928
Seton-Watson, Hugh, 926
Sexta Brigada Blindada Sul-africana, 514
Sextante, reunião (1944), 350
Seyss-Inquart, Arthur, 256, 289
Shandong, península de, 63, 71
Shanxi (província), 848
Sheppard, Richard, 722
Shibasaki, Keiji, 537-8
Shigemitsu, Mamoru, 434
Shikoku (Japão), 418
Shiro, Azuma, 893
Shlisselburg, 217
Shuckburgh, John, 700
Sião *ver* Tailândia
Sibéria, 66, 280, 607, 631, 862, 950, 953
Sicherheitsdienst [Serviço de Segurança] (SD), 207, 379, 712, 716, 874
Sicília, 193, 328, 330, 333, 339, 345, 421, 505, 812
Sidi Barrani (Egito), 187
Sigint, inteligência, 568
Sigmaringen (Alemanha), 372
Sikeston, Missouri, 693
Silésia, 67, 113, 404, 410
Silverman, Sydney, 701
Sinclair, Archibald, 634
Singapura, 160, 234, 236, 238,

246, 251, 390, 434, 532, 565, 746, 817, 854, 872, 907, 916, 923; base naval de, 127, 131, 139, 233
sionismo, 697, 704, 793, 796, 936
Síria, 64, 67-9, 71, 140, 149, 154, 197-9, 311, 931, 935, 938
Skoda, 112
Slapton Sands (Grã-Bretanha), 543
Sledgehammer (codinome), 304-6
Slessor, John, 520
Slim, William, 236, 354
Smersh ["Morte aos espiões"], 820, 910
Smith, Holland, 338, 356, 533, 537
Smith, James Holmes, 720-1
Smolensk (Rússia), 213, 346
Smuts, Jan, 131
Sobibór, campo de extermínio de, 281, 797
Sociedade Americana de Psiquiatria, 828
Sociedade Colonial Alemã (DKG), 58, 74
Sociedade Soviética de Assistência à Defesa [*Osoaviakhim*], 743
Sociedade Vegetariana Tolstoiana, 724
Soddu, Ubaldo, 153
Sófia (Bulgária), 286, 377
Sokolov, Boris, 348
Sokolovski, Vassíli, 346
"solução final, a" [*Endlösung*], 57, 275, 280, 287
Somália italiana, 58, 77, 99-100, 257, 905
Somalilândia britânica, 187
Somalilândia francesa, 153
Somerville, James, 165
Somme, rio, 149-51
Song Zheyuan, 95
Soustelle, Jacques, 928
Southampton, 642, 750, 831
Sovetski (vilarejo russo), 321

Spaatz, Carl, 360, 364, 524, 554, 656-7, 869
Speer, Albert, 105, 134, 311, 403, 597, 613-4, 616
Spengler, Oswald, 78
Sperrle, Hugo, 865
Spiegel, John, 807
Springhall, Douglas, 689
Spruance, Raymond, 297, 338-9, 355, 357, 414
Sri Lanka *ver* Ceilão
St. Nazaire (comuna francesa), 370
St. Vith (Bélgica), 398
Stagg, John, 367
Stálin,Ióssif, 79, 93, 185, 203, 238, 295, 312, 349, 358, 458, 495, 540, 572, 607, 613, 643, 678-9, 708, 827, 891, 896, 932, 947; armistícios em 1944 e, 376-8; campanhas de 1942, e 301-2, 318; campanhas de 1943 e, 339-41, 343, 346-7; comunismo chinês e, 777, 945; crise polonesa e, 132, 139; defesa de Moscou e, 220; Europa Oriental e, 169, 388, 396, 770, 772, 775, 777, 950-1; golpes de 1944 e, 373, 375; guerra no Ocidente e, 154; guerras na Ásia e, 922, 939, 941, 943, 945; invasão alemã e, 207, 211, 568, 580; invasão da Alemanha e, 410-1; judeus soviéticos e, 697, 702, 705; Lend-Lease e, 618, 635; na Conferência de Ialta, 403-6, 431, 904; na Conferência de Teerã, 349-50; Pacto das Três Potências e, 181; Polônia no pós-guerra e, 405, 773, 777; rendições e, 422-3, 427, 434; "segundo front" e, 306, 319, 325, 339; Stalingrado e, 319-21, 323; tomada de Berlim e, 411-2
Stalingrado (URSS), 294-5, 300, 302-3, 306-7, 317, 319-23, 324-5, 339, 347, 376, 518, 527, 587, 590, 593, 616, 632, 636, 688, 771, 773, 802, 817, 827, 857
Stanley, Oliver, 581
Stapel, Wilhelm, 86
Stark, Harold, 621, 850
Stauffenberg, Claus von, 378-80
Steinhardt, Lawrence, 699
Stern, Abraham, 935
Stern, James, 831
Stettinius, Edward, 626, 635
Stilwell, Joseph, 235-6, 354-5, 389, 418, 633
Stimson, Henry, 305, 334, 349, 351, 386, 430, 869
Storojinet (Ucrânia), 876
Strangeways, David, 584
Stresemann, Gustav, 74, 77
Strong, Kenneth, 398
Stroop, Jürgen, 798
Student, Kurt, 195
Stülpnagel, Carl-Heinrich von, 135
Stumme, Georg, 316
Stumpff, Hans-Jürgen, 360
Stumpp, Karl, 271
Sturmabteilung [Divisão de Assalto] (SA), 273
Suazilândia, 452
Sudão, 99, 191, 311, 927
Sudetos, 110-1, 128, 908
Sudoeste da África alemão, 57, 63
Suécia, 140, 290, 584, 640
Sugiyama, Hajime, 94, 435
Suíça, 186, 287, 423-4, 428
Sukarno, 920-1, 925
Sulzberger, Arthur, 704
Sumatra (Indonésia), 243, 250, 390, 920
Sungari, rio, 944
suprimento de alimentos, 251-2, 268-9, 471-8, 627, 641
Surabaya (Indonésia), 920
Suribachi, monte, 415
Surigao, estreito de, 392
Suriname, 163
Susloparov, Ivan, 427
Suzuki, Kantarō, 428, 432-3
Swansea (Grã-Bretanha), 642
Syngman Rhee, 953-4
Szálasi, Ferenc, 378
Szoszkies, Henryk, 892
Sztójny, Döme, 377

T4 (Tiergarten 4), programa, 281
Taegu (Coreia do Sul), 953
Taganrog (Rússia), 346
Taierzhuang (China), 96
Tailândia, 233, 243, 249
Taiti, 166
Taiwan, 60, 233, 390, 412, 434, 589, 639, 904, 906, 938, 945
Takamura, Kōtarō, 673
Takushiro, Hattori, 353-4
Tang Enbo, 95
Tanganica, 123-4
Tanggu (China), 92
tanques, 508-9, 600, 620; alemães (PKW I, 511; PKW II, 511; PKW III, 342, 484, 511; PKW IV, 342, 344, 511; PKW V "Pantera", 342, 513, 515, 598, 612; PKW VI "Tigre", 342, 508-9, 513, 515, 598, 612, 617; PKW VI II "Tigre Rei", 509); americanos (M3 Lee/Grant, 314, 634; M4 Sherman, 314, 370, 514-5, 598, 602-3, 611, 634; T26 Pershing, 612); britânicos (Challenger, 602; Churchill, 514, 602; Comet, 602; Cromwell, 602; Matilda, 514, 634; Valentine, 514); franceses (Char B1-Bis, 507); italianos (CV33, 510; CV35, 510; Fiat 3000B, 510; M11/39, 510; M13/40, 510); japoneses (Tipo 94, 507); soviéticos (IS-1, 516, 602; IS-2, 516; KV-I, 213, 608; T-26, 213; T-34, 213, 509, 516, 598, 602-3, 608, 620, 635)
Tarac, Luis, 249

Taranto (comuna italiana), 190, 193, 229, 231
Tarawa, atol de, 336, 338-9, 537, 538-9, 542, 545; *ver também* Betio, ilha
Tarnopol (Ucrânia), 878
Tassigny, Jean de Lattre de, 371-2
Tauber, rio, 409
Tchecoslováquia, 67, 89, 109, 114, 126, 781; condições da, no pós-guerra, 907, 910, 950; libertação da, 409; rompimento da, 90, 109-10, 112, 128-9; sob domínio alemão, 256
Tcheliabinsk (URSS), 438, 495, 607-8
Tedder, Arthur, 330, 364, 427, 521-2, 524
Teerã (Irã), 299, 340, 349-51, 932; Conferência de (1943), 340, 349-52, 358, 361, 583, 947
Telefunken (companhia), 555, 558, 565, 619
Teleki, Pál, 285
Tembien (Etiópia), 100
Temple, William, 726
Terauchi, Hisaichi, 244
Terboven, Josef, 256, 435
Terman, Frederick, 566
Terra Nova (Canadá), 232, 620, 682
Tesla, Nikola, 555
testemunhas de Jeová, 728, 731-2
Texcier, Jean, 756
Thiers (comuna francesa), 788
Thomas, Georg, 205, 268, 597
Thompson, James, 693
Thurman, Howard, 682
Tianjin (China), 94-5, 139
Tikhvin (Rússia), 221
Timoshenko, Semion, 211, 213, 218, 301
Tinian (ilhas Marianas), 355-6, 358, 432
Tirana (Albânia), 189

Tirol-Vorarlberg (divisão administrativa da Alemanha nazista), 410
Tiso, Jozef, 284
Tito (Josip Broz), 767, 770, 777-8, 781, 904, 911, 951
Tizard, Henry, 562-3, 629, 666
Tobruk (Líbia), 191, 194, 298-9, 311, 313, 817
Toca do Lobo [*Wolfsschanze*], 207, 212, 379
Todt, Fritz, 206, 220, 597, 614
Togo, 63
Tōgō, Shigenori, 432
Tōjō, Hideki, 227-9, 252-4, 358, 378, 380, 428, 435, 673, 854
Tomislau II, 258
Tonquin (Vietnã), 59, 252, 479, 480; golfo de, 97
Tóquio, 84, 91-2, 94, 178, 223-4, 243, 254, 295-6, 310, 353, 389, 415, 418, 429, 476, 585; bombardeio de (1945), 417, 664, 748, 752, 867
Torgau (Alemanha), 411
Torokina, cabo, 337
Toscana (Itália), 889
Toulon (França), 372
Toulouse (França), 762, 788, 796
Toyoda, Teijiro, 223
trabalhadoras, 484-8
trabalho árduo [*katorga*], 495
trabalho forçado, 252, 276-7, 281-2, 488-95, 759
Trácia, 189, 257, 286
Transilvânia (Romênia), 209
Transjordânia, 68, 197, 931, 938
Transnístria, 265, 279, 284, 892
Transvaal (África do Sul), 60
Tratado de Amizade Germano-Soviético (1939), 120
Tratado Anglo-Egípcio (1936), 123, 127
Tratado Comercial (Estados Unidos-Japão, 1911), 227
Tratado de Comércio e Amizade (Itália-Iêmen), 99

Tratado de Lausanne (1923), 103
Tratado de Londres (1915), 72, 99
Tratado Naval de Londres (1930), 72, 847
Tratado das Nove Potências (1922), 72
Tratado de Portsmouth (1906), 933
Tratado Sino-Soviético (1945), 941
Tratado de Versalhes (1919), 73, 89, 105, 108, 112, 125, 154, 507, 870, 904, 907
Treblinka, campo de extermínio de, 281, 797-8
Trenchard, Hugh, 649
Trenganu (Malásia), 244
Tresckow, Hennig von, 378
Tribunal Militar Internacional (IMT) *ver* Nuremberg, Tribunais de
Tribunal Militar Internacional de Tóquio, 684
Tribunal Nacional de Arbitragem (Grã-Bretanha), 468
Tribunal Popular (Alemanha), 381
Trident, Conferência (1943), 328, 340
Trieste (Itália), 904
Trinidad, 124, 645, 916
Tríplice Aliança (1882), 62
Trípoli (Líbia), 63, 191, 193, 317, 524
Tripolitânia (Líbia), 58, 61
Triquinimale (Ceilão), 238
Trondheim (Noruega), 141
Truk (ilhas Carolinas), 338
Truman, Harry S., 418-9, 635, 690, 869, 911, 948; bombas atômicas e, 431-2, 896; China e, 940-1; fim dos impérios e, 948; objetores de consciência e, 734-5; Palestina e, 937; rendição japonesa e, 430, 433-4
Truscott, Lucian, 362, 371, 409

Tsolakoglou, Georgios, 195
Tsunoda, Tomoshige, 378
Tukhatchevsky, Mikhail, 508
Tula (Rússia), 220
Tulagi (ilhas Salomão), 307-8
Túnis (Tunísia), 326, 329
Tunísia, 67, 103, 123, 153, 317, 328, 331, 342, 379, 515, 523, 550, 577, 652, 814, 889
Tunku Abdul Rahman, 925
Turim, 153, 785
Turner, John, 580
Turner, Richmond, 308, 336, 338, 356, 534-5, 537
Turquia, 61, 63, 72, 103, 181, 194, 197, 351

U Saw, 919
Ucrânia, 15, 76, 204, 210, 213, 217, 226, 264, 266, 268, 272, 274, 279, 281-2, 341, 346-7, 450, 757, 767, 769, 771-2, 861, 876, 910, 930, 949
Uemura, Mikio, 854
Ugaki, Matome, 415
"Ultra", inteligência: Europa, 173, 183, 301, 313, 370, 568, 572, 574-5, 577, 578; Pacífico, 576, 662
Umanski, Konstantin, 625
União para a Ação Democrática (EUA), 725
União Antijaponesa do Povo Malaio, 248
União Britânica de Fascistas, 704
União Britânica da Liga das Nações, 122
União de Compromisso pela Paz, 722, 725, 733
União Francesa, 914, 922, 928
União Militar Judaica (ZZW, Polônia), 797-8
União Nacional para Proteção Antiaérea (Unpa, Itália), 745
União dos Povos de Camarões, 926
União Soviética (URSS), 16, 89, 120, 134, 141, 168, 181, 198, 203, 223, 229, 241, 271, 295, 304, 306, 350, 377, 390, 426, 438, 666, 685, 706, 750, 839, 931, 938, 953; ajuda a China, 97; campanhas de 1944 e, 373-6; crise polonesa e, 113, 116, 132, 139; defesa civil na, 743; defesa de Moscou e, 220-1; deportações e, 861, 907, 909, 950; derrota da Alemanha e, 411-2; expansão da, na Europa Oriental, 154; guerra aérea e, 525-7; guerra de blindados e, 512; guerra da, contra a Finlândia, 139, 140, 685, 691; guerra de guerrilhas e, 770-2; guerra da, contra o Japão, 405, 432-3, 576-7; igrejas na, 727, 732; "Império Soviético" e, 946, 949, 951-2; insurgências no pós-guerra e, 950-1; invasão alemã na, 211-5, 217, 220, 625; Lend-Lease e, 603, 626-7, 631, 633-6, 687; mão de obra na, 443, 480-2, 495, 498; mobilização econômica na, 439, 461, 463, 466; mobilização militar na, 443, 447, 449; objetivos de guerra da, 683, 686; pacifismo e, 719, 724; padrões de vida na, 471-3, 475-7; produção de armas na, 600, 606-9; psiquiatria no pós-guerra e, 835; recrutamento feminino na, 454, 458, 459; rendições e, 422, 429; repatriação e, 910; retomada de Kiev e, 347; Stalingrado e, 322-3; trabalho feminino na, 484-6
Unidade de Pesquisa de Bombardeio Britânica, 659
Unidade de Rádio da Frota, Pacífico, 576
unidades da Força Aérea alemã: Décimo Corpo Aéreo, 193; Frota Aérea 2, 203; Frota Aérea 3, 361, 544; Frota Aérea 4, 320; Frota Aérea do Reich, 360; Oitavo Corpo Aéreo, 193
unidades da Força Aérea do Exército americano: 12ª Força Aérea, 523; 14ª Força Aérea, 389, 561, 633; 15ª Força Aérea, 335, 362, 402, 653, 657; 21º Comando de Bombardeiros, 417, 665, 748, 870; Décima Força Aérea, 315; Nona Força Aérea, 524; Oitava Força Aérea, 359-60, 402, 446, 653, 656-7, 867; Oitavo Comando de Caças, 360
Unidades de Demolição de Combate Naval, 543, 545
unidades do Exército alemão: 12º Exército, 193, 195; 14º Exército, 362; 15ª Divisão Panzer, 298, 316; 15º Exército, 365, 394; 21ª Divisão Panzer, 298, 316, 367; Décimo Exército, 335; Divisão Hermann Göring, 330; Grupo de Exércitos A (1940), 144, 146, 148, 151; Grupo de Exércitos B (1940), 144; Grupo de Exércitos C (1940), 144, 148; Grupo de Exércitos de Centro, 208, 212, 216-9, 279, 300, 321, 323, 340-2, 368, 373, 375, 378, 410, 506, 586, 589, 775; Grupo de Exércitos Don, 322; Grupo de Exércitos G, 371-2; Grupo de Exércitos do Norte, 212, 340, 346, 375, 396; Grupo de Exércitos do Norte da Ucrânia, 374; Grupo de Exércitos Sul, 209-10, 213, 217, 221, 300, 302, 321, 341-2, 346-7; Nono Exército, 342-3, 512; Nono Exército Panzer, 411;

Quarto Exército, 375; Quarto Exército Panzer, 318-9, 322, 342, 512, 878; Quinta Divisão Panzer, 329; Segundo Corpo Panzer ss, 344, 394; Segundo Exército Panzer, 217, 219, 220, 344; Sétima Divisão Panzer, 147; Sétimo Exército, 365, 370; Sexto Exército, 262, 317, 319, 376, 877; Terceiro Exército Panzer, 411; Terceiro Grupo de Exércitos Panzer, 219

unidades do Exército britânico: 21º Grupo de Exércitos, 359, 394, 397, 407, 583; Oitavo Exército, 298-9, 311-4, 316, 329-31, 334, 352, 362, 393, 409, 451, 581, 807; Primeira Divisão Blindada, 514; Primeiro Exército, 326; Primeiro Exército Aerotransportado, 393; regimento caribenho, 452; Segundo Exército, 367, 407; Sétima Divisão Blindada, 191, 368; Sexta Divisão Aerotransportada, 367

unidades do Exército dos Estados Unidos: 12º Grupo de Exércitos, 369, 394-6, 407; 82ª Divisão Aerotransportada, 367; 101ª Divisão Aerotransportada, 367; Divisão Americana, 814, 850, 896; Nona Divisão Blindada, 407; Nono Exército, 399, 404, 407; Primeiro Exército, 367, 395; Primeiro Grupo de Exércitos (Fusag), 364, 584-6; Quinto Exército, 334, 393, 592; Segunda Divisão Blindada, 299; Sétima Brigada de Cavalaria, 514-5; Sétimo Exército, 330, 371; Sexto Grupo de Exércitos, 372, 395, 408; Terceiro Exército, 369, 370-2, 395, 407-8

unidades do Exército francês: 55ª Divisão, 147; Corpo Expedicionário, 362; Nono Exército, 145, 147; Primeiro Exército (1940), 145, 148-9; Primeiro Exército (1944), 789; Quarta Divisão Blindada, 148; Segundo Exército, 145, 147; Sétimo Exército, 145, 148-9, 152

unidades do Exército italiano: Décimo Exército, 191; Divisão Aríete, 311, 316; Divisão Folgore, 316; Divisão Littorio, 104; Divisão Livorno, 331

unidades do Exército japonês: 11º Exército, 97; 14º Exército, 233; 15º Exército, 235, 354; 16º Exército, 234; 17º Exército, 309, 337; 25º Exército, 234, 532; 32º Exército, 415; 33º Exército, 355; Exército da Área do Norte da China, 353; Exército Expedicionário Chinês, 353; Exército do Sul, 244, 253; Primeiro Exército Geral, 418; Segundo Exército Geral, 418; Vigésimo Exército, 389

unidades do Exército Nacionalista chinês: Força X, 355; Força Y, 355; Novo Primeiro Exército, 941; Novo Sexto Exército, 941; Quinto Exército, 235; Sexto Exército, 235

unidades do Exército Vermelho: 13º Exército, 344; 62º Exército, 317, 320; 64º Exército, 317; Grupo de Exércitos de Briansk, 344; Grupo de Exércitos Central, 342, 344; Grupo de Exércitos da Estepe, 343, 345, 347; Grupo de Exércitos Ocidental, 218, 220, 346, 349; Grupo de Exércitos Voronej, 342, 345, 347; Oitavo Exército da Guarda, 412; Primeiro Exército de Tanques, 344; Primeiro Grupo de Exércitos Bielorrusso, 374-5, 403; Primeiro Grupo de Exércitos do Báltico, 374-5; Primeiro Grupo de Exércitos Ucraniano, 347, 375, 403, 411; Quarto Exército de Tanques da Guarda, 411; Quinto Exército, 213; Quinto Exército de Tanques de Guarda, 344; Segundo Grupo de Exércitos Bielorrusso, 374, 403, 410; Segundo Grupo de Exércitos Ucraniano, 347, 396; Sexto Exército, 213; Terceiro Exército de Tanques de Guardas, 347, 376, 411; Terceiro Grupo de Exércitos Bielorrusso, 374-5, 403

Unidades Voluntárias de Combate (Japão), 385
Urais, montes, 210, 271-2, 607
Ushijima, Mitsuru, 415-6, 539

V1 (míssil de cruzeiro), 383, 564, 617
V2 (foguete), 383, 617
Val d'Aosta (Alpes ocidentais), 904
Vandegrift, Alexander, 308, 310, 535
Vandenberg, Arthur, 159
Vansittart, lorde Robert, 168
Vargas, Jorge, 254
Varsóvia (Polônia), 116-7, 272, 376, 589, 772, 774-5, 789-90, 892; gueto de, 702-3, 792-4; revolta em, 774-6, 788-9; Revolta do Gueto de, 796-8
Vasilevski, Aleksandr, 321, 341, 374, 588
Vaticano, 428, 728-9
Vatutin, Nikolai, 342, 344-5, 347
Veesenmeyer, Edmund, 377
Velouchiotis, Aris, 765
Verdun (França), 149, 441
Vergani, Orio, 186

Viazma (Rússia), 219
Viebig, Clara, 59
Viena (Áustria), 195, 371, 393-4, 396, 411
Viet Minh [Liga para a Independência do Vietnã], 898, 921-3
Vietinghoff-Scheel, Heinrich von, 409, 422-3
Vietnã, 59, 67, 164, 254, 389, 434, 479, 921-3, 947-8, 952
Vietnã do Norte, 923
Vietnã do Sul, 922-3
Vileika (Bielorrússia), 875
Villa Incisa (Itália), 154
Vilnius (Lituânia), 375; gueto de, 793-4
Vishinski, Andrei, 691-2, 911
Vístula, rio, 375, 395, 403, 589, 774-6
Vitebsk (Bielorrússia), 279, 374-5
Vittorio Emanuele III, rei da Itália, 99, 104, 332, 421
Vlasov, Andrei, 450
Vo Nguyen Giap, 923
Volga, rio, 204, 214, 300, 302, 317, 319-20, 632
Volk ohne Raum [Um povo sem espaço] (Grimm), 75
Volkssturm (milícia popular), 385
Voronej (Rússia), 300-1
Vosges, montanhas dos, 396

Wagner, Edouard, 218
Wainwright, Jonathan, 233
Wakde, ilha, 356
Wake, ilha, 236, 661
Walcheren, ilha, 394
Walker, Rhoza, 693
Wang Jingwei, 98, 242
Wang Kemin, 242
Wannsee, conferência de (Alemanha, 1942), 280
Wanping (China), cidade-fortaleza de, 93
Warthegau, 117, 276, 281

Washington, DC (EUA), 200, 228-9, 231, 233, 238, 240, 304, 328, 340, 351, 359, 433, 524, 562, 571, 618, 623, 625, 629, 635, 690, 700, 743, 903, 913, 948
Watson-Watt, Robert, 555, 566
Wavell, Archibald, 191, 194, 197, 235, 298, 303, 521-2, 579-80, 917-18
Wedemeyer, Albert, 389
Weichs, Maximilian von, 302, 319
Weizmann, Chaim, 675
Wenck, Walther, 411
Werner, Wilhelm, 597
Wesel (Alemanha), 407
Westerling, Raymond, 921
Wetzel, Erhard, 273
Weygand, Maxime, 149, 150-1
Wharton, William, 886, 893
Wheatley, Dennis, 671, 680
White, Walter, 693, 696
Wieluń (Polônia), 115
Wild, Noel, 583
Wilkinson, Peter, 781
Willkie, Wendell, 912
Willow Run, 603
Willys, Jeep, 602
Wilson, Charles, 609
Wilson, Henry, 65
Wilson, Henry Maitland, 359
Wilson, Horace, 110, 129
Wilson, Woodrow, 66-8, 72, 90, 239, 253, 683, 954
Wimperis, Henry, 555
Winneba (Gana), 452
Winrod, Gerald, 704
Wise, Stephen, 701, 705
Wisliceny, Dietmar, 284
Wolff, Karl, 422, 424-5, 428
Woolf, Leonard, 53-4, 132, 955
Wotje (ilhas Marshall), 339
Wuhan (China), 96-7, 945
Wuth, Otto, 811

Xangai (China), 94-7, 677, 906, 945; Municipalidade Especial de, 242

Xian (China), 93
Xianxim (província), 93, 95, 941
Xue Yue, 354
Xuzhou (China), 96, 945

Yagi, Hidetsugu, 554, 565
Yamaguchi, Tamon, 296
Yamamoto, Isoroku, 229-30, 296, 309, 576
Yamashita, Tomoyuki, 234, 413-4, 532
Yangtzé, rio, 94, 96, 98, 663, 939, 945
Yan'na (China), 749, 941
Yasue, Norihiro, 677
Yenangyaung (Mianmar), 234
Yeremenko, Andrei, 320
Yokohama (Japão), 898
Yoshizawa, Kenkichi, 244
Yunnan (província), 355, 633

Zagreb (Croácia), 258
Zaltsman, Isaak, 608
Zamość (Polônia), 273
Zaporizhzhia (URSS), barragem de, 267
Zaporozhe (Ucrânia), 346
Zeesen (Alemanha), 198
Żegota (Conselho de Ajuda aos Judeus), 792
Zeitzler, Kurt, 318, 321-2, 587
Zervas, Napoleon, 764
Zhang Qun, 940
Zhang Xueliang, 84, 93
Zhejiang (província), 296
Zheng Dong-guo, 944
Zhijiang (China), 389
Zhou Enlai, 939-40
Zhu De, 942
Zhukov, Georgii, 211, 220, 319, 340-1, 343-4, 347, 374, 403, 407, 410-2, 588, 636
zona de assentamento, 274, 871
Zorin, Shalom, 795
Zorin, Valerian, 947
Zossen (Alemanha), 411
Zuckerman, Solly, 364

ESTA OBRA FOI COMPOSTA PELO ACQUA ESTÚDIO EM DANTE
E IMPRESSA EM OFSETE PELA LIS GRÁFICA SOBRE PAPEL PÓLEN NATURAL
DA SUZANO S.A. PARA A EDITORA SCHWARCZ EM JUNHO DE 2025

A marca FSC® é a garantia de que a madeira utilizada na fabricação do papel deste livro provém de florestas que foram gerenciadas de maneira ambientalmente correta, socialmente justa e economicamente viável, além de outras fontes de origem controlada.